Internationale Standardlehrbücher der Wirtschafts- und Sozialwissenschaften

Herausgegeben von Universitätsprofessor Dr. Lutz Kruschwitz

Bisher erschienene Werke:

Volkswirtschaftslehre

Von
Joseph E. Stiglitz
Professor der Volkswirtschaftslehre an der
Stanford University

Aus dem Englischen übersetzt
von
Dr. Michaela I. Kleber
und
Dr. Angela Lechner

Zweite Auflage

R. Oldenbourg Verlag München Wien

© der amerikanischen Originalausgabe 1997 by W. W. Norton & Company, Inc.
© der deutschsprachigen Ausgabe 1999 by R. Oldenbourg Verlag GmbH, München

Die Deutsche Bibliothek - CIP-Einheitsaufnahme

Stiglitz, Joseph E.:
Volkswirtschaftslehre / Joseph E. Stiglitz. Aus dem Engl. übers. von
Michaela I. Kleber und Angela Lechner. – 2. Aufl. (1. dt.-sprachige
Aufl.) - München ; Wien : Oldenbourg, 1999
  (Internationale Standardlehrbücher der Wirtschafts- und
  Sozialwissenschaften)
  Einheitssacht.: Economics <dt.>
  ISBN 3-486-23379-3

© 1999 R. Oldenbourg Verlag
Rosenheimer Straße 145, D-81671 München
Telefon: (089) 45051-0, Internet: http://www.oldenbourg.de

Gedruckt auf säure- und chlorfreiem Papier
Gesamtherstellung: R. Oldenbourg Graphische Betriebe GmbH, München

ISBN 3-486-23379-3

Über den Autor

Joseph Stiglitz wird international als führender Wirtschaftswissenschaftler seiner Generation anerkannt und hat wesentliche Beiträge zu praktisch allen wichtigen Disziplinen der Volkswirtschaftslehre geliefert: Makroökonomik, Geldtheorie und -politik, öffentliche Finanzen, Finanzierung privater Unternehmungen, Außenhandelstheorie, Entwicklungsökonomie und die Theorie industrieller Organistionsformen. Nachdem er mehrere Jahre in Yale, Princeton und Oxford unterrichtet hatte, übernahm er 1988 einen Lehrstuhl an der Stanford University. Dort hielt er seinem breiten Interessensgebiet entsprechend eine Vielzahl von Vorlesungen, darunter „Economics 1", eine der beliebtesten Veranstaltungen am Fachbereich. 1995 berief ihn Präsident Clinton zum Vorstand seines *Council of Economic Advisers* (dem Stab der Wirtschaftsberater des US-Präsidenten) und zum Kabinettsmitglied. Seit Anfang 1997 ist Joseph Stiglitz Chef-Ökonom der Weltbank. Professor Stiglitz ist Autor und Herausgeber von Hunderten wissenschaftlicher Aufsätze und Lehrbücher, darunter die Bestseller *Economics of the Public Sector* und - zusammen mit Anthony Atkinson - *Lectures in Public Economics*. Er war Vizepräsident der *American Economic Association* und ist Mitbegründer und Herausgeber des *Journal of Economic Perspectives*, das 1987 ins Leben gerufen wurde, um die Kommunikationsbarrieren abzubauen, die durch die starke Spezialisierung der führenden wirtschaftswissenschaftlichen Zeitschriften entstanden waren. Unter zahlreichen Preisen hat Professor Stiglitz auch den *John Bates Clark Award* der *American Economic Association* erhalten, eine Auszeichnung für Wissenschaftler unter 40 Jahren, welche die wichtigsten Beiträge zur Entwicklung der Volkswirtschaftslehre geliefert haben. Joe Stiglitz lebt heute zusammen mit seiner Frau und vier Kindern in Washington, D.C.

Unter der Adresse www.wwnorton.com/college/econ/stigim findet man im Internet ausführliche Lehr- und Studienmaterialien zu diesem Lehrbuch.

Inhalt

Vorwort

Dieses Buch soll Studienanfängern die Lebendigkeit der modernen Volkswirtschaftslehre vor Augen führen. Als ich mit der Arbeit an der ersten Auflage begann, hatte ich das Gefühl, daß keines der verfügbaren Lehrbücher ein angemessenes Verständnis der *modernen* Volkswirtschaftslehre vermittelt; dazu gehört zum einen die Art und Weise, wie moderne Wirtschaftswissenschaftler die Welt sehen, und zum anderen diejenigen ökonomischen Prinzipien, die man braucht, um die aktuellen wirtschaftlichen Themen zu verstehen. Offensichtlich wurde mein Gefühl von vielen Lesern geteilt, wie der überwältigende Erfolg der ersten Auflage gezeigt hat. Das Buch wurde nicht nur von Colleges und Universitäten auf der ganzen Welt eingeführt, sondern auch in viele Sprachen übersetzt, in die spanische, die italienische, die japanische, die chinesische und sogar in die lettische Sprache. Dank der vielen Rückmeldungen meiner Leser habe ich nun große Anstrengungen unternommen, um das Buch für die zweite Auflage vom Anfang bis zum Ende zu verbessern. Ich glaube, daß Studenten und Dozenten über das Ergebnis erfreut sein werden.

Diese zweite Auflage profitiert auch von meinen jüngsten beruflichen Erfahrungen. In den beiden letzten Jahren habe ich selbst die Wirtschaftspolitik der USA als Vorsitzender des Council of Economic Advisors und als Mitglied des Kabinetts mitgestaltet. Diese Erfahrung hat mich in meiner Überzeugung bestärkt, daß traditionelle Einführungskurse von den wirtschaftspolitischen Problemen unseres Landes und von den modernen wirtschaftswissenschaftlichen Theorien, die sie beleuchten können, zu weit entfernt sind. Hinzu kommt, daß mein Dienst als wirtschaftspolitischer Berater mir die Gelegenheit gegeben hat, wirtschaftliche Schlüsselfragen mit hochrangigen Politikern in der ganzen Welt, in den wichtigsten westlichen Industrieländern aber auch in Indien, China, Rußland und anderswo zu diskutieren. Es ist also eine einmalige Perspektive, aus der ich in den letzten beiden Jahren an den Wochenenden und während zahlloser Stunden vor dem Morgengrauen an dieser Neuauflage gearbeitet habe.

Die Volkswirtschaftslehre ist in erster Linie eine Wissenschaft von den menschlichen Entscheidungen, und das Schreiben eines Lehrbuches ist mit vielen Entscheidungen verbunden. Als ich mit der zweiten Auflage begann, war ich überzeugt davon, daß die Entscheidungen, die ich in der ersten Auflage getroffen hatte - zum Beispiel der Raum, den ich neuen Themen wie dem technologischen Wandel und der Unternehmensfinanzierung gewidmet hatte, sowie die deutlichere Betonung internationaler Themen - Schritte in die richtige Richtung waren. Inzwischen war ich jedoch noch mehr davon überzeugt, daß eine Analyse dieser neuen Themen auf einem soliden Verständnis der etablierten Grundlagen beruhen mußte; ich denke dabei zum Beispiel an das Gesetz von Angebot und Nachfrage, an die Theorie der Unternehmung und die traditionellen Sichtweisen von Arbeitslosigkeit, Inflation und Wirtschaftswachstum. Ich stand also bei der Überarbeitung gleichzeitig vor mehreren Herausforderungen, nicht zuletzt deshalb, weil ich die Darstellung der Grundlagen vertiefen und gleichzeitig die Diskussion neuer Themen ausbauen wollte.

Als ich mit der Arbeit an der zweiten Auflage begann, standen einige der dramatischen Veränderungen, die in den frühen neunziger Jahren von so großer Bedeutung gewesen waren, noch immer im Mittelpunkt, aber es waren auch neue Themen und neue Sichtweisen aufgetaucht. Der Kalte Krieg ist beendet, und das politische und wirtschaftliche System des Kommunismus ist dabei der klare Verlierer. Die Volkswirtschaften der ehemaligen Sowjetunion und Osteuropas befinden sich auf einem langsamen und schmerzhaften Übergang zur Marktwirtschaft. Die Länder Ostasiens haben ein nie dagewesenes Wachstum erlebt, das in einigen Fällen mehr als zehn Prozent pro Jahr betrug; sie haben gezeigt, daß Entwicklung tatsächlich möglich ist. Japan stieg zu einer Wirtschaftsmacht auf, während Korea, Taiwan und die anderen asiatischen „Tiger" sich von armen, rückständigen Ländern zu wichtigen Akteuren in der internationalen Arena entwickelten. Der internationale Handel gewann weltweit an Bedeutung, auch für die Vereinigten Staaten. Riesige private Kapitalströme trugen zur Finanzierung der Entwicklung vieler Länder bei, aber auch zur Finanzierung der ungeheuren Haushaltsdefizite, die die USA und andere Länder anzuhäufen begannen. Wenn die Anleger das Vertrauen in ein Land verloren, wie das 1995 in Mexiko geschah, lösten dieselben Kapitalströme eine Wirtschaftskrise aus, die sich schnell ausbreitete und nur durch entschlossene internationale Kooperation eingedämmt werden konnte.

Der Erfolg Ostasiens in den siebziger und achtziger Jahren ist die Ausnahme in einer Welt, die von ihrer wirtschaftlichen Entwicklung enttäuscht ist. Die Länder Afrikas mußten zusehen, wie ihre verzweifelte wirtschaftliche Lage sich noch verschlechtert hat. Von 1973 an kam es zu einer deutlichen Verlangsamung des Wachstums in den Industrieländern, auch in den USA. In Europa, wo die Arbeitslosigkeit in den sechziger Jahren auf einen extrem niedrigen Stand gefallen war, stiegen die Arbeitslosenquoten steil an, oft auf zweistellige Höhen, und blieben hartnäckig bestehen. In den Vereinigten Staaten, wo das Wachstum allen gesellschaftlichen Gruppen zugute gekommen war, insbesondere den Armen, nahm die Ungleichheit wieder zu; für die Menschen am unteren Ende der Einkommensskala verschlechterte sich der Lebensstandard sogar absolut.

Innerhalb der USA zeigten sich Mitte der neunziger Jahre Anzeichen für eine Umkehrung einiger dieser Trends. Arbeitslosigkeit und Inflationsrate fielen auf niedrige Niveaus, wie sie schon seit einem Vierteljahrhundert nicht mehr dagewesen waren. Die Einkommen aller Gruppen, insbesondere die der Armen, stiegen wieder an, und der Anteil der Armen an der Bevölkerung begann abzunehmen. Die amerikanische Industrie erfuhr ein starkes Produktivitätswachstum und einen entsprechenden Exporterfolg - die amerikanische Autoindustrie erreichte wieder die Weltspitze. Aber unter den Arbeitskräften blieb die Angst bestehen; ihre Reallöhne und Einkommen waren zwar gestiegen, hatten aber ihre früheren Spitzenwerte noch nicht wieder erreicht, und niemand war sicher, ob diese Trends anhalten würden. Das Produktivitätswachstum blieb ebenfalls hinter den früheren Wachstumsraten zurück. Das explodierende Haushaltsdefizit - es war das größte Defizit gewesen, das die Vereinigten Staaten jemals in Friedenszeiten erreicht hatten, und die Staatsverschuldung hatte sich zwischen 1981 und 1992 vervierfacht - war zwar unter Kontrolle, aber die langfristigen Perspektiven blieben dennoch erschreckend; wenn die Babyboom-Generation das Rentenalter erreicht haben wird, werden die Renten- und Krankenversicherungssysteme unter einen nie dagewesenen Druck geraten.

Nicht nur die Welt hat sich verändert, sondern auch die Erwartungen. Zwar hat sich die Luftqualität in Städten wie Pittsburgh und Gary, Indiana, stark verbessert, und der Erie-See konnte vor dem Umkippen bewahrt werden, aber unsere Erwartungen an die Umweltqualität haben sich noch schneller verändert; wir werden uns der Umweltkosten unseres Lebensstils immer mehr bewußt. Die Lebenserwartung hat sich verlängert, aber unser Wissen über lebensverlängernde Techniken ist noch schneller gewachsen, und die steigenden Kosten des Gesundheitssystems sind zu einem wichtigen politischen Thema geworden. Die ökonomische Rolle der Frauen hat sich gewandelt: Nicht nur ihre Erwerbsbeteiligung hat sich erhöht, sondern auch die Erwartungen in bezug auf die Arten von Arbeitsplätzen, die für Frauen in Frage kommen, haben sich stark verändert.

Und praktisch jedes einzelne wichtige wirtschaftliche Thema führt zu einer Debatte über die Rolle des Staates. In den USA ist der Staatssektor enorm gewachsen. Vor dem Zweiten Weltkrieg hat der Staat weniger als ein Fünftel des Einkommens für sich beansprucht, heute ist es bereits ein Drittel. Dennoch ist die Staatsquote in den USA kleiner als in den meisten anderen Industrieländern. Einerseits herrscht eine bemerkenswerte Einigkeit über die Aufgaben des Staates: Er ist zum Beispiel verantwortlich für die Aufrechterhaltung von Vollbeschäftigung und Preisstabilität, für den Umweltschutz, für die Förderung der Schulbildung und für die äußere Sicherheit. Aber wie der Staat seiner Verantwortung in all diesen Bereichen gerecht werden soll, ist sehr umstritten. Fragen, die mit den Aufgaben, den Handlungsmöglichkeiten und den Strategien des Staates in der Wirtschaft zu tun haben, sind ins Zentrum der politischen Debatte gerückt.

Das sind spannende Themen und Ereignisse, die die Titelseiten unserer Zeitungen und Abendnachrichten im Fernsehen füllen. Trotzdem fühlte ich mich früher frustriert, wenn ich einen Einführungskurs in Volkswirtschaftslehre zu unterrichten hatte: Keines der vorhandenen Lehrbücher vermittelte dieses Gefühl der Spannung. Bei all ihren Qualitäten schien doch keines die Studenten ausreichend darauf vorzubereiten, diese wichtigen wirtschaftlichen Ereignisse zu interpretieren und zu verstehen.

Je mehr ich darüber nachdachte, desto klarer wurde mir einer der Gründe für dieses Problem: Die Prinzipien, die in dem hundert Jahre alten, klassischen Lehrbuch von Alfred Marshall oder in dem beinahe fünfzig Jahre alten Buch von Paul Samuelson dargelegt werden, sind nicht diejenigen, die wir heute brauchen. Die Welt hat sich verändert, und mit ihr die Art, wie Wirtschaftswissenschaftler ihre Disziplin verstehen, aber die Lehrbücher haben damit nicht Schritt gehalten. Unser professioneller Diskurs beruht auf einer modernen Volkswirtschaftslehre, aber diese neuen Entwicklungen haben sich einfach in keinem der verfügbaren Lehrbücher angemessen niedergeschlagen.

Tatsächlich hat die Volkswirtschaftslehre in den vergangenen fünfzig Jahren genauso weitreichende Veränderungen durchgemacht wie die Welt selbst. Das Modell des vollkommenen Wettbewerbs wurde in den fünfziger Jahren vervollständigt. Seit dieser Zeit sind die Wirtschaftswissenschaftler in verschiedenen Richtungen über dieses Modell hinausgegangen, immer in dem Maß, in dem sie die Grenzen dieses Modells besser verstanden haben. Früher haben die Forscher Lippenbekenntnisse abgelegt über die Bedeutung der Anreize und der Probleme, die durch beschränkte Information entstehen. Erst in den letzten beiden Jahrzehnten hat man jedoch einen wirklichen Fortschritt im Verständnis dieser Themen erzielt. 1996 wurde der Nobelpreis zwei Wirtschaftswissenschaftlern verliehen, die für unser Verständnis der Rolle der Information und der Anreize in der Wirtschaft Pionierarbeit geleistet haben. Ihre Arbeit und die anderer Forscher auf diesem Gebiet können auf viele Probleme unmittelbar angewendet werden. Sowohl der Zusammenbruch des früheren Ostblocks als auch die Krise der amerikanischen Sparkassen können als Folgen falscher wirtschaftlicher Anreize interpretiert werden. Bei der Debatte über Wachstum und Produktivität ist eine zentrale Frage, wie die Volkswirtschaft bessere Anreize für Innovationen setzen kann. Die Diskussion über Umweltverschmutzung und Umweltpolitik dreht sich um die Vor- und Nachteile von Regulierung einerseits und von wirtschaftspolitischen Anreizen zur Umweltentlastung und Bewahrung von Ressourcen andererseits.

In den letzten fünfzig Jahren sind auch die Grenzen zwischen Volks- und Betriebswirtschaftslehre neu überdacht worden. Themen wie Finanzierung und Management waren früher den Business-Schulen vorbehalten, wo sie ohne Bezugnahme auf volkswirtschaftliche Prinzipien gelehrt wurden. Heute wissen wir, daß wir verstehen müssen, wie Unternehmungen finanziert und gemanagt werden, wenn wir die Funktionsweise von Marktwirtschaften begreifen wollen. Durch die Anwendung grundlegender ökonomischer Prinzipien und insbesondere durch ein gründliches Verständnis der Anreize kann man ungeheure Einsichten gewinnen. Nach der Geschichte einer Firmenübernahme erscheint auf den Titelseiten oft ein Konkursbericht, wenn eine Unternehmung sich mit einem Firmenaufkauf übernommen hat. 1990 wurde der Nobelpreis an drei Wirtschaftswissenschaftler verliehen, die am meisten dazu beigetragen hatten, die Finanzierungslehre in die

Volkswirtschaft zu integrieren. In die Einführungslehrbücher haben aber die Grundprinzipien von Finanzierung und Management noch nicht Eingang gefunden.

Wir haben inzwischen auch die Vorzüge des Wettbewerbs besser schätzen gelernt. Wir verstehen zum Beispiel heute, daß der Wettbewerb nicht nur für die Preissetzung sondern auch für den technologischen Fortschritt von großer Bedeutung ist. Gleichzeitig ist auch klarer geworden, warum der Wettbewerb so oft beschränkt zu sein scheint. Auch hier zeigte mir ein Blick in die vorhandenen Lehrbücher, daß keines meinen Studenten dieses neue Verständnis näherbringen konnte.

Das bahnbrechende Lehrbuch von Samuelson war anerkanntermaßen das erste, das die (damals) neuen Einsichten der keynesianischen Theorie mit der traditionellen Mikroökonomik verbunden hat. Samuelson verwendete das Konzept der neoklassischen Synthese, die Sichtweise, daß die alten klassischen Prinzipien anwendbar sind, sobald die Volkswirtschaft zur Vollbeschäftigung zurückgefunden hat. Im Ergebnis hatte man den Eindruck, daß in der Wirtschaft zwei voneinander verschiedene Regime am Werk waren. Waren die Ressourcen einer Volkswirtschaft unterbeschäftigt, so waren die makroökonomischen Prinzipien anzuwenden; bei Vollbeschäftigung dagegen war die Mikroökonomik relevant. Daß beide Regime voneinander verschieden und kaum miteinander verbunden waren, spiegelte sich in den Lehrbüchern und im Unterricht wider; es spielte keine Rolle, ob zuerst Mikro und dann Makro unterrichtet wurde oder umgekehrt. In den letzten Jahrzehnten ist diese Spaltung zwischen Mikro- und Makroökonomik in Frage gestellt worden. Die ganze Profession ist zu der Einsicht gelangt, daß das makroökonomische Verhalten einer Volkswirtschaft auf die darunterliegenden mikroökonomischen Prinzipien zurückgeführt werden muß; es gibt nicht zwei Arten von ökonomischen Prinzipien sondern nur eine. Aber auch diese Sicht hat sich in den verfügbaren Lehrbüchern noch nicht durchgesetzt.

Dieses Buch unterscheidet sich in mehrerlei Hinsicht von den meisten anderen Lehrbüchern. Einige der auffälligsten Unterschiede seien im folgenden aufgeführt.

- Ich habe meine jüngsten Erfahrungen in der Wirtschaftspolitik genutzt und überall Beispiele eingestreut, die die Verbindung zwischen Theorie und aktueller politischer Diskussion herstellen. In jedem Kapitel gibt es einen Kasten mit dem Titel *Ein Blick in die Wirtschaftspolitik*, der ein bestimmtes Thema genauer beleuchtet. Diese wirtschaftspolitischen Diskussionen machen den Unterricht lebendiger und bereichern das Verständnis der Studenten für den Basislehrstoff.

- Wirtschaftswissenschaftler streiten gerne und doch sind sie sich über die meisten Themen bei weitem nicht so uneins wie ökonomische Laien. Tatsächlich gibt es unter den Wirtschaftswissenschaftlern ein hohes Maß an Konsens, und ich habe in verschiedenen Kapiteln insgesamt 20 Konsenspunkte formuliert, die die Aufmerksamkeit darauf lenken sollen.

- Traditionell füllt das Modell der vollkommenen Konkurrenz den gesamten Einführungskurs in die Mikroökonomik. Im Gegensatz dazu wird dieses Modell in kompakter Form in den ersten beiden Teilen dieses Buches abgehandelt. So können die Studenten ein vollständiges Bild des Grundmodells entwickeln und sich dann systematisch mit der Rolle der Marktunvollkommenheiten beschäftigen.

- Den wirtschaftlichen Anreizen und den Problemen der unvollständigen Information wird ein breiter Raum gewidmet. Zwei von vielen Beispielen seien erwähnt: In Kapitel 19 geht es darum, daß die Reputation für die Unternehmungen einen Anreiz darstellt, die Qualität ihrer Produkte aufrechtzuerhalten; in Kapitel 20 wird dargestellt, wie die Unternehmungen versuchen, ihre Manager zu motivieren, und wie Manager ihrerseits versuchen, ihre Angestellten zu motivieren.

- Schlüsselthemen, die in anderen Lehrbüchern zu kurz kommen, werden präzise und klar dargelegt und auf die ökonomischen Grundbegriffe bezogen. So wird zum Beispiel die Finanzierung als wichtiger Teil der Volkswirtschaftslehre anerkannt, und den Innovationen - sowohl ihren mikroökonomischen Grundlagen als auch ihren makroökonomischen Konsequenzen - gebührende Aufmerksamkeit geschenkt.

- Der makroökonomische Teil wurde neu strukturiert, um den engen Zusammenhang mit den mikroökonomischen Grundlagen aufzuzeigen. Ich beginne die Darstellung deshalb in Teil V mit einem gesamtwirtschaftlichen Vollbeschäftigungsmodell bei vollkommenem Wettbewerb und vollkommen flexiblen Löhnen und Preisen. Daran schließt sich in Teil VI das andere Extrem an, nämlich ein Unterbeschäftigungsmodell mit starren Löhnen und Preisen, also die traditionelle Makroökonomik. Das führt uns in Teil VII schließlich zu einer Diskussion der Anpassungsdynamik und einer Sicht der Volkswirtschaft, in der Löhne und Preise weder vollkommen flexibel noch vollkommen starr sind und in der die Inflationsrate im Mittelpunkt steht. Im gesamten makroökonomischen Teil stütze ich mich auf das Instrumentarium des aggregierten Angebots und der aggregierten Nachfrage. Ein Vorteil dieser neuen Struktur besteht darin, daß ich schon relativ früh, nämlich in Kapitel 26, auf das wichtige Thema des Wirtschaftswachstums eingehen kann.

- Internationale Themen spielen in diesem Buch eine große Rolle und sind sorgfältig in die Analyse integriert worden. So wird zum Beispiel schon zu Beginn in Kapitel 3 der Handel angesprochen. Im makroökonomischen Teil benutze ich das Vollbeschäftigungsmodell aus Kapitel 25, um in Kapitel 26 den internationalen Kapitalverkehr und die Bestimmung der Wechselkurse zu erläutern. Bei der Darstellung der Theorie der Unterbeschäftigung (Teil VI) und der Anpassungsdynamik (Teil VII) werden die internationalen Dimensionen stets sorgfältig miteinbezogen, insbesondere bei Geldtheorie und Geldpolitik. Kapitel 38 ist der Außenhandelspolitik gewidmet.

Ich betone in diesem Buch, daß die meisten wirtschaftlichen Aufgaben nicht von einem Menschen alleine erledigt werden können. Diese Einsicht gilt natürlich auch für das Schreiben und Überarbeiten eines Lehrbuchs. Bei der ersten Auflage konnte ich von den Reaktionen meiner Studenten in den Einführungskursen in Princeton und Stanford profitieren, die die ersten Textfassungen im Kurs getestet haben. Ihre begeisterte Reaktion auf das Manuskript hat mir in verschiedenen kritischen Stadien immer wieder die nötige Motivation gegeben. Die Aufnahme der ersten Auflage am Markt, hat gezeigt, daß sich die Mühe sehr wohl gelohnt hat. Genauso habe ich bei der Überarbeitung von den Erfahrungen der vielen Studenten und Dozenten profitiert, die das Buch benutzt und mir wertvolle Rückmeldungen gegeben haben.

Diese und die vorangegangene Auflage haben durch zahlreiche Kritiker gewonnen. Das Buch ist durch ihre Ratschläge und Einwände enorm verbessert worden. Insbesondere gilt mein Dank Robert T. Averitt vom Smith College, Mohsen Bahmani-Oskooee von der University of Wisconsin in Milwaukee, H. Scott Bierman vom Carleton College, John Payne Bigelow von der University of Missouri, Bruce R. Bolnick von der Northeastern University, Adhip Chaudhuri von der Georgetown University, Michael D. Curley vom Kennesaw State College, John Devereux von der University of Miami, K. K. Fung von Memphis State, Christopher Georges vom Hamilton College, Ronald D. Gilbert von der Texas Tech University, Robert E. Graf, Jr., von der United States Military Academy, Glenn W. Harrison von der University of South Carolina, Marc Hayford von der Loyola University, Yutaka Horiba von der Tulane University, Charles Howe von der University of Colorado, Sheng Cheng Hu von der Purdue University, Glenn Hubbard von der Columbia University, Allen C. Kelley von der Duke University, Michael M. Knetter vom Dartmouth College, Stefan Putz von der Purdue University, Mark J. Machina von der University of California in San Diego, Burton G. Malkiel von der Princeton University, Lawrence Martin von der Michigan State University, Thomas Mayer von der University of California in Davis, Craig J. McCann von der University of South Carolina, Henry N. McCarl von der University of Alabama in Birmingham, John, McDermott von der University of South Carolina, Marshall H. Medoff von der University of California in Irvine, Peter Mieszkowski von der Rice University, W. Douglas Morgan von der University of California in Santa Barbara, John S. Murphy vom Canisius College, William Nielson von der Texas A&M University, Neil B. Niman von der University of New Hampshire, David H. Papell von der University of Houston, James E. Price von der Syracuse University, Daniel M. G. Raff von der Harvard Business School, Christina D. Romer von der University of California in Berkeley, Richard Rosenberg von der Pennsylvania State University, Christopher J. Ruhm von der Boston University, Suzanne A. Scotchmer von der University of California in Berkeley, Richard Selden von der University of Virginia, Andrei Shleifer von der Harvard University, John L. Solow von der University of Iowa, George Spiva von der University of Tennessee, Mark Sproul von der University of California in Los Angeles, Frank P. Stafford von der University of Michigan, Raghu Sundaram von der University of Rochester, Hal R. Varian von der University of Michigan, Franklin V. Walker von der State University of New York in Albany, James M. Walker von der Indiana University, Andrew Weiss von der Boston University und Gilbert R. Yochum von der Old Dominion University.

Es ist mir auch eine Freude, die Hilfe von vielen Forschungsassistenten anzuerkennen. Viele von ihnen haben nicht nur die aufgetragenen Aufgaben ausgeführt, also Daten gesammelt und in Graphiken aufbereitet, sondern auch hilfreiche Kritik am Manuskript geübt. Dazu gehören Edwin Lai von der Vanderbilt University, Chulsoo Kim von der Rutgers University, Alexander Dyck von der Harvard University, Patricia Nabti und Andreas Rodriguez von der University of Chicago, Marcie Smith und Kevin Woodruff. Mein besonderer Dank gebührt John Williams, der das Manuskript für die erste Auflage im Endstadium überwacht und koordiniert hat und mir bei der gesamten Vorbereitung der zweiten Auflage geholfen hat. Darüber hinaus ist John mir für neue Ideen, neue Gliederungsstrukturen und neue Arten der Darstellung ein ständiger Gesprächspartner gewesen.

Bei beiden Auflagen habe ich das Glück gehabt, Helfer zu finden, die einerseits ein tiefes Verständnis der Volkswirtschaftslehre mitbringen und andererseits über die feingeschliffene Feder eines Herausgebers verfügen: Bei der ersten Auflage war das Timothy Taylor und bei der zweiten Felicity Skidmore. Beide haben erstaunliche redaktionelle Fähigkeiten, beide sind seit langem der Auffassung, daß moderne wirtschaftswissenschaftliche Ideen weit verbreitet werden sollten und daß man sie tatsächlich auf eine Weise darstellen kann, die gleichzeitig einsichtig und unterhaltsam ist. Timothy, John und Felicity haben alle ihre Energie und Kreativität in dieses Projekt gesteckt, und das Buch hat dadurch unschätzbar gewonnen.

Dies ist das zweite Buch, das ich bei Norton veröffentlicht habe, ein Verlag, der viele Aspekte der Organisationsstruktur, die ich im Text darlege, verwirklicht hat. Dieses Buch wäre nicht annähernd das gleiche ohne die Sorgfalt und Aufmerksamkeit vieler Mitarbeiter des Verlags, die sich über mein Werk tiefe Gedanken gemacht haben. Einige davon verdienen, besonders erwähnt zu werden. Donald Lamm, der Vorstandsvorsitzende von Norton hat nicht nur innerhalb seiner Firma die richtigen Anreizstrukturen geschaffen, sondern hat auch die Zeit gefunden, frühe Versionen der ersten Auflage in mehreren kritischen Stadien zu lesen und wie immer kenntnisreiche Vorschläge gemacht. Nicht genug danken kann ich Drake McFeely, der die erste Auflage redigiert hat (und der Nachfolger von Don Lamm als Präsident von Norton geworden ist) und Ed Parsons, der die Redaktion der zweiten Auflage übernommen hat. Beide haben sich über die Ideen *und* über ihre Darstellung Gedanken gemacht und beide waren harte, aber konstruktive Kritiker. Kate Barry hat das Manuskript mit Energie und Freude angefertigt. Alle vier haben meine Arbeit schwerer gemacht, damit die Leser dieses Buches es leichter haben sollten. Einige andere Mitarbeiter von Norton seien ebenfalls erwähnt: Rosanne Fox, die das Manuskript Korrektur gelesen hat, Ashley Deeks und Claire Acher, die die Photographien bearbeitet haben, Antonina Krass, die das ausgezeichnete Design beigesteuert hat, und Roy Tedoff und Jane Carter, die die Produktion koordiniert haben. Stephen King, Steve Hoge und Linda Puckette haben mit ihren einmaligen Talenten zur Erstellung von innovativen elektronischen Hilfsmaterialien für das Lehrbuch beigetragen.

Mein besonderer Dank gebührt auch denjenigen, die die Hilfsmaterialien für das Lehrbuch geschaffen haben. Aufgrund der Tatsache, daß dieses Buch vom Standardmuster der Vergangenheit abweicht, war ihre Aufgabe sowohl wichtiger als auch schwieriger. Mit Enthusiasmus, Verständnis und harter Arbeit haben sie eine Reihe von wirklich hervorragenden Hilfsmitteln geschaffen: Lawrence Martin von der Michigan State University hat den gedruckten Studienführer erstellt und seine Umwandlung in elektronische Form überwacht, Ward Hanson von Stanford hat eine Online-Version des Dozentenhandbuchs entwickelt, und Alan Harrison von der McMaster University hat die Textbank für die zweite Auflage vorbereitet.

Üblicherweise bedankt man sich an dieser Stelle im Vorwort bei seinem Ehepartner und seinen Kindern, die so große Opfer bringen mußten (vermutlich die Zeit, die der Autor andernfalls mit ihnen verbracht hätte). Meine Schuld geht weit über diese Allgemeinplätze hinaus. Meine Frau und meine Kinder haben mich zum einen durch ihre wißbegierigen Fragen über die sich schnell wandelnde Wirtschaftswelt motiviert und zum anderen durch ihren kritischen Geist herausgefordert, dem einfache Erklärungen im volkswirtschaftlichen Standardjargon niemals genügten. Aus ihrer Sicht ist die einzige Rechtfertigung dafür, daß ich sie und meine Arbeit als Lehrer und Forscher vernachlässigt habe, die Produktion eines Lehrbuchs, das die Grundideen der modernen Volkswirtschaftslehre wirkungsvoller kommuniziert als die bereits vorhandenen. Ich hoffe, daß das, was ich mit der großen Hilfe aller Genannten hier vorlegen kann, ihr Gefallen findet.

Gliederung für einen einsemestrigen Kurs

Dieses Buch kann für Kurse über ein oder zwei Semester benutzt werden. Im folgenden mache ich einen Gliederungsvorschlag für einen einsemestrigen Kurs, der 20 Kapitel aus Mikro- und Makroökonomik umfaßt. Die meisten theoretischen Grundlagen sind darin enthalten, aber einige der spannenden neuen Themen muß man notwendigerweise auslassen. Natürlich ist es weitgehend eine Geschmacksfrage, auf welche Themen man verzichtet.

Kapitelnummer	Titel
2	Die Denkweise der Wirtschaftswissenschaftler
3	Handel
4	Angebot, Nachfrage und Preise
5	Angebot und Nachfrage
7	Der öffentliche Sektor
8	Die Konsumentscheidung
9	Arbeitsangebot und Ersparnis
11	Die Kosten der Unternehmung
12	Produktion
14	Monopole und unvollkommener Wettbewerb
18	Unvollkommene Information an den Gütermärkten
24	Gesamtwirtschaftliche Ziele und Maßzahlen
25	Das Vollbeschäftigungsmodell
27	Eine allgemeine Theorie der Unterbeschäftigung
28	Die gesamtwirtschaftliche Nachfrage
30	Geld und Kredit
31	Geldtheorie
33	Inflation: Lohn- und Preisdynamik
36	Wachstum und Produktivität
37	Haushaltsdefizit und Haushaltskonsolidierung

Teil I: Einführung

Die Wirtschaft macht heutzutage die größten Schlagzeilen. Wenn man eine Zeitung aufschlägt oder die Fernsehnachrichten einschaltet, wird man meistens mit Arbeitslosenquoten, Inflationsraten oder Export- und Importzahlen bombardiert. Jeder scheint wissen zu wollen, wie gut die USA im Wettbewerb mit Japan abschneiden. Politische Karrieren und die Schicksale von Ländern, Unternehmungen und einzelnen Menschen hängen von der wirtschaftlichen Entwicklung ab.

In Teil I dieses Buches gehen wir der Frage nach, worum es in der Volkswirtschaftslehre überhaupt geht. Kapitel 1 beleuchtet viele der grundlegenden Themen, mit denen sich die Volkswirtschaftslehre beschäftigt, anhand der Geschichte der Automobilindustrie.

In Kapitel 2 wird das Modell der vollkommenen Konkurrenz vorgestellt und erklärt, warum Konzepte wie Eigentum, Gewinn, Preis und Kosten im wirtschaftswissenschaftlichen Denken eine so zentrale Rolle spielen.

In der modernen Welt sind die Menschen und die Volkswirtschaften voneinander abhängig. Selbst ein reiches Land wie die Vereinigten Staaten ist bei vielen lebenswichtigen Importgütern auf andere Länder angewiesen. In Kapitel 3 diskutieren wir den Gewinn, der aus dem Handel resultiert. Wir analysieren, warum Handel eine größere Spezialisierung ermöglicht, und warum diese größere Spezialisierung zu einem Anstieg der Produktivität führt. Das Kapitel enthält auch eine Erklärung für die Handelsstruktur, also dafür, warum jedes Land bestimmte Güter ein- bzw. ausführt.

Preise sind entscheidend für das Funktionieren der Wirtschaft. In den Kapiteln 4 und 5 gehen wir der Frage nach, wie Preise bestimmt werden und welche Faktoren Preisveränderungen auslösen. Warum ist zum Beispiel das lebensnotwendige Wasser normalerweise so billig, während Diamanten sicherlich entbehrlich aber sehr teuer sind? Wie verändern sich die Preise von Bier und Zigaretten, wenn der Staat eine Steuer auf diese Güter erhebt? In manchen Ländern gibt es gesetzlich vorgeschriebene Mindestlöhne oder Obergrenzen für die Miete, die Vermieter fordern dürfen. Welche Folgen haben solche staatlichen Interventionen?

Das wirtschaftliche Leben hat eine Zeitdimension und es ist voller Risiken. Entscheidungen in der Gegenwart haben Auswirkungen in der Zukunft, und diese Auswirkungen sind normalerweise sehr unsicher. In Kapitel 6 geht es darum, wie Wirtschaftswissenschaftler mit den Problemen von Zeit und Unsicherheit umgehen.

Kapitel 7 schließlich beschäftigt sich mit der Rolle des Staates in modernen Volkswirtschaften. Im Mittelpunkt steht die Frage, warum der Staat bestimmte Aufgaben übernommen hat, und wie das Verhalten des Staates ökonomisch gerechtfertigt werden kann. Es wird auch beschrieben, welche Möglichkeiten der

Staat hat, in der Wirtschaft aktiv zu werden, und wie sich seine Rolle im Lauf der Zeit verändert hat.

Kapitel 1

Das Auto und die Volkswirtschaftslehre

Stellen Sie sich die Welt vor 100 Jahren vor: Keine Autos, keine Flugzeuge, keine Computer (und Computerspiele!), keine Spielfilme, ganz zu schweigen von Atomenergie, Lasertechnik und Transistoren. Die Liste der Erfindungen seit damals scheint endlos zu sein.

Von allen Erfindungen, welche die Welt während dieses Jahrhunderts geprägt haben, hat vielleicht keine eine so tiefgreifende Wirkung gehabt wie das Auto. Es hat die Arbeits- und Lebensweise und die Freizeitgestaltung der Menschen vollkommen verändert. Aber wie jede große Erfindung hat das Auto seine Licht- und Schattenseiten: Auf der einen Seite die Möglichkeit, an unerschlossene Orte zu gelangen, auf der anderen Seite die Verkehrsstaus. Für die einen hat das Auto neue Möglichkeiten geschaffen, für die anderen hatte es verheerende Auswirkungen. Einige Berufe wie z.B. der Hufschmied sind praktisch vollkommen verschwunden. Andere wie die Wagenmacher haben sich umgestellt (auf die Produktion von Autokarosserien) oder haben ihr Geschäft aufgegeben. Aber die Gewinne der vielen, die aus der neuen Industrie Nutzen ziehen konnten, haben die Verluste der anderen mehr als aufgewogen.

Die Geschichte des Autos ist bekannt. Aber wenn wir sie aus der Perspektive der Volkswirtschaftslehre betrachten, können wir viel über die Denkweise dieses Faches lernen.

1.1 Eine kurze Geschichte des Automobils

Die Idee zu einem motorisierten Wagen tauchte in den USA und in Europa in etwa zur gleichen Zeit auf. Aber Ideen sind nicht genug. Die Übersetzung einer Idee in ein vermarktbares Produkt setzt voraus, daß technische Probleme gelöst werden und daß Investoren gefunden werden, die bereit sind, das Projekt zu finanzieren.

Wenn man die ersten Autos in einem Museum betrachtet, stellt man fest, daß viele Menschen unabhängig voneinander unterschiedliche Lösungen für die gleichen technischen Probleme gefunden haben. Um die Jahrhundertwende gab es in der Gegend von Detroit viele Techniker, die sich mit der Entwicklung von Autos beschäftigten - Ransom E. Olds, die Gebrüder Dodge und Henry Ford. Der Geist, der damals geherrscht hat, muß dem von Silicon Valley (der Gegend zwischen San Francisco und San Jose in Kalifornien), das in den vergangenen fünfundzwanzig Jahren als Entwicklungszentrum der Computertechnologie galt, sehr ähnlich gewesen sein: ein Geist, der geprägt ist von aufregenden Entwicklungen, Durchbrüchen und neuen Meilensteinen. Die verschiedenen Autoentwickler konnten aus einem

Vorrat von Ideen schöpfen, die einfach so „in der Luft lagen". Sie konnten auch auf die Hilfe spezialisierter Unternehmungen zurückgreifen, die eine Vielzahl spezieller Technologien und Fertigkeiten entwickelt hatten: Zum Beispiel neue Metallegierungen, mit deren Hilfe man leichtere Motoren bauen konnte, und neue Maschinentechniken mit größerer Leistung, Präzision und Haltbarkeit.

Im allgemeinen wird Henry Ford die Erkenntnis zugeschrieben, welchen potentiellen Wert ein Fahrzeug haben würde, das zu einem vernünftigen Preis hergestellt und verkauft werden konnte. Vor Ford war das Auto ein Luxusgut, das sich nur die Reichsten leisten konnten. Er sah den potentiellen Marktvorteil, den der Anbieter eines erschwinglichen Transportmittels haben würde. Nachdem er 1909 das *Model T* zum Spottpreis von 900 $ auf den Markt gebracht hatte, senkte er den Preis immer weiter, 1914 auf 440 $ und 1916 auf 360 $. Die Umsätze explodierten von 58.000 $ im Jahr 1909 auf 730.000 $ im Jahr 1916. Fords Prognose eines Massenmarktes für kostengünstige Autos hatte sich bestätigt.

Der Erfolg war jedoch weder schnell noch einfach zu haben. Um seine Idee in die Praxis umzusetzen, mußte Ford eine Unternehmung gründen, herausfinden, wie man Autos kostengünstig produzieren konnte und das notwendige Kapital beschaffen.

Die Kapitalbeschaffung war besonders schwierig, denn das Unternehmen war außerordentlich risikoreich. Ford mußte nicht nur in der Entwicklung erfolgreich sein, er mußte auch schneller sein als die anderen, und es mußte ihm gelingen, die Kosten soweit zu senken, daß viele Menschen sich sein Auto leisten konnten. Gelang ihm all dies, so bestand immer noch die Gefahr, daß Nachahmer seine Erfindung kopieren und ihm damit den Massenabsatz wegnehmen würden, den er brauchte, um Gewinn zu machen.

Ford ging bei der Entwicklung seines ersten Autos eine Partnerschaft ein. Er sollte die Ideen und die technische Umsetzung liefern, während seine Partner für die Finanzierung verantwortlich waren. Als er sein erstes Auto produzierte, hatte Ford bereits den dritten Geschäftspartner. Die beiden ersten Partnerschaften waren in Konkurs gegangen, wobei Ford jedesmal von seinem Partner vorgeworfen wurde, er habe all seine Zeit mit der Entwicklung von Ideen verbracht anstatt mit ihrer Umsetzung.

Selbst als sich der Erfolg endlich einstellte, waren Fords Partner unzufrieden: Sie behaupteten, er würde den Löwenanteil der Profite selbst einheimsen. Vielleicht hat Ford argumentiert, daß seine Ideen viel wichtiger waren als das Geld, das die Finanziers zur Verfügung stellten, um die Ideen zu verwirklichen. Streitigkeiten darüber, wessen Beitrag der wertvollere sei und wer welchen Anteil am Gewinn erhalten solle, sind unter Geschäftspartnern ein häufiges Problem.

Das Geheimnis von Fords Erfolg war zum einen sein Geschick bei der Lösung von technischen Problemen, zum anderen aber ebenso seine Fähigkeit, neue Anreiz-

und Organisationsstrukturen für die Produktion zu finden. Diese Fähigkeit zeigte sich bereits in seiner ungewöhnlichen Personalpolitik. Er bezahlte seinen Arbeitern den damals fürstlichen Stundenlohn von fünf Dollar, mehr als doppelt so viel wie am Markt üblich war. Im Gegenzug verlangte er harte Arbeit; durch das von ihm erfundene Fließband konnte er seine Arbeiter zu einem schnellen Arbeitsrhythmus antreiben. Die von jedem Arbeiter produzierte Menge stieg enorm an. Dennoch wußte jeder, daß die besondere Anstrengung durch die hohen Löhne reichlich entgolten war. Die Arbeiter prügelten sich fast um die von ihm angebotenen Arbeitsplätze. Ford hatte eine alte Wahrheit wiederentdeckt: Manchmal wird der Arbeitgeber für hohe Löhne durch eine höhere Produktivität, durch größere Firmentreue, härtere Arbeit und geringere Fehlzeiten belohnt.

Fords Produktivitätsvorsprung bedeutete, daß er seine Autos viel billiger verkaufen konnte als die Konkurrenten. Die niedrigeren Preise und der höhere Umsatz, der damit einher ging, erlaubten es ihm, die Möglichkeiten der von ihm entwickelten Massenproduktionstechnologie voll auszuschöpfen. Allerdings wären Fords Pläne einmal beinahe durchkreuzt worden, als ein Rechtsanwalt und Erfinder namens George Baldwin Selden behauptete, Ford habe gegen das Patentrecht verstoßen.

Die amerikanische Regierung erteilt Patentrechte, damit Innovatoren die Früchte ihrer Arbeit ernten können. Solche Patente beziehen sich in der Regel auf bestimmte Erfindungen, wie zum Beispiel ein neuartiges Bremsensystem oder ein neuartiges Getriebe, nicht jedoch auf allgemeine Ideen. Fords Fließbandidee zum Beispiel war keine patentfähige Erfindung und wurde von anderen Autoherstellern nachgeahmt. Ein Patent gibt dem Erfinder für eine begrenzte Zeit das exklusive Recht auf die Nutzung seiner Erfindung und hilft damit, sicherzustellen, daß er an einer erfolgreichen Erfindung auch verdienen kann. Patentrechte können zur Folge haben, daß solche neuen Produkte teurer sind, denn sie verhindern Konkurrenz. Aber man geht davon aus, daß die Vorteile, die die Gesellschaft aus der Tätigkeit der Erfinder hat, die vorübergehenden Preisnachteile für die Konsumenten mehr als wettmachen.

Selden hatte sich erfolgreich um ein Patent für einen pferdelosen Wagen mit eigenem Antrieb bemüht. Er verlangte nun von anderen Autoherstellern Patentgebühren, also eine Bezahlung für das Recht auf die Nutzung einer patentierten Erfindung. Ford focht Seldens Patent gerichtlich an, mit der Begründung, daß die Idee eines „pferdelosen Wagens mit eigenem Antrieb" zu unbestimmt und damit nicht patentierbar sei. Er bekam recht. Die massenhafte Produktion von Autos zu niedrigen Preisen machte Ford reich und brachte vielen Millionen von Amerikanern einen höheren Lebensstandard, indem sie es ihnen jeden Tag ermöglichte, einfacher, schneller und billiger an ihr Ziel zu kommen.

Die Krise in der amerikanischen Automobilindustrie

Im Vergleich zur Computer- oder Gentechnologie ist das Auto heute eine alte Technologie und kann keineswegs mehr als Symbol für technische Durchbrüche gelten. Während der letzten beiden Jahrzehnte hatte die amerikanische Autoindustrie ein ähnlich wechselhaftes Geschick wie viele andere Industriezweige in den USA.

Im Herbst des Jahres 1903 existierten in den USA mehr als hundert Automobilhersteller; 27 davon teilten sich mehr als 70 Prozent des Marktes. In den frühen sechziger Jahren dagegen hatten lediglich drei Unternehmungen zusammen einen Marktanteil von 88 Prozent. Viele der Autohersteller, die zu Beginn des Jahrhunderts existiert hatten, waren in Konkurs gegangen oder hatten das Geschäft aufgegeben, und die übrigen hatten fusioniert oder waren von mächtigeren Konkurrenten aufgekauft worden.

Die schwierigsten Herausforderungen der Branche in den sechziger Jahren hatten mit der Luftverschmutzung und der Fahrzeugsicherheit zu tun. Wegen der Luftverschmutzung wurden die Abgaswerte gesetzlich begrenzt, und die Hersteller mußten ihre Modelle entsprechend verändern. Auf das gestiegene Sicherheitsbewußtsein reagierten die Autofirmen relativ schnell durch den Einbau von Sicherheitsgurten.

Dieses vergleichsweise rosige Bild veränderte sich im Jahr 1973 dramatisch. In diesem Jahr beschloß die Organisation der erdölexportierenden Länder (OPEC) eine Beschränkung der Ölproduktion mit dem Ziel, die Knappheit zu erhöhen und dadurch den Preis nach oben zu treiben. Gegen Ende des gleichen Jahres hat die OPEC sogar einige spannungsgeladene Wochen lang den Ölhahn ganz zugedreht. Die Macht dieses Ölkartells war für viele eine Überraschung, auch für die amerikanische Automobilindustrie. Amerikanische Autos waren im Durchschnitt größer und schwerer als japanische oder europäische. Dafür gibt es eine einfache Erklärung: In den USA waren die Einkommen höher; die Amerikaner konnten sich also die größeren Autos und ihren hohen Benzinverbrauch leisten. Auch waren in Japan und in Europa die Benzinsteuern deutlich höher als in den USA, so daß die Konsumenten in diesen Ländern einen Anreiz hatten, kleinere Autos mit geringerem Benzinverbrauch zu kaufen.

Die amerikanische Autoindustrie war also auf die Erhöhung der Benzinpreise durch die Politik der OPEC schlecht vorbereitet. Andere Länder dagegen, insbesondere Japan, waren mit ihren kleineren, billigeren und sparsameren Automodellen gut gerüstet, um aus der Krise Kapital zu schlagen. Der Marktanteil der Importwagen in den USA konnte sich von 15 Prozent im Jahr 1970 auf 27 Prozent im Jahr 1980 fast verdoppeln und blieb bis in die neunziger Jahre hinein auf einem hohen Niveau. Abbildung 1.1 zeigt den dramatischen Anstieg der Importe von neuen Pkws aus Kanada, Deutschland und besonders aus Japan während der letzten dreißig Jahre.

Natürlich haben die japanischen Unternehmungen nur angeboten, was die amerikanischen Konsumenten wollten, aber die Auswirkungen auf die amerikanische Automobilindustrie waren verheerend. Die Gewinne fielen, und viele Arbeitskräfte wurden entlassen.

Chrysler: Der Staat wird zu Hilfe gerufen

Gegen Ende der siebziger Jahre war die Firma Chrysler am Rande des Zusammenbruchs. Da die Unternehmung die Mittel zur Rückzahlung von fälligen Krediten nicht hatte und auch nicht leihen konnte, rief sie den Staat zu Hilfe. In der darauf folgenden Debatte argumentierten die Befürworter einer staatlichen Rettungsaktion mit den Arbeitsplatzverlusten und leerstehenden, verschwendeten Produktionsstätten.

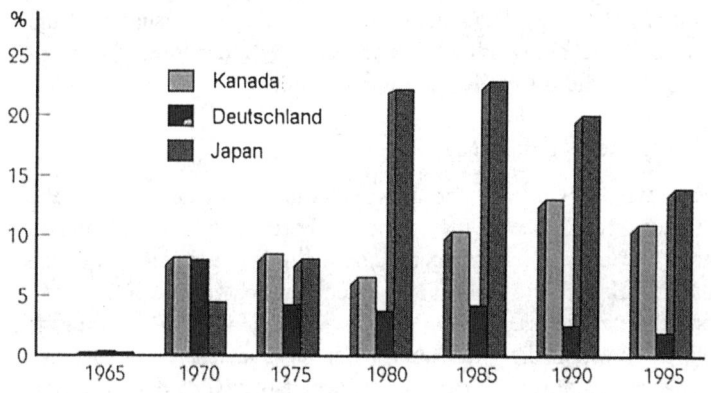

Abbildung 1.1 Marktanteil der Importe aus Kanada, Japan und Deutschland am US-amerikanischen Automobilmarkt. Die Importe aus Kanada und Deutschland nahmen gegen Ende der sechziger Jahre zu. In den siebziger Jahren dagegen kam es zu einem steilen Anstieg der Importe aus Japan, und die japanischen Hersteller eroberten eine mächtige Marktposition, die sie bis heute verteidigen konnten. *Quelle: Ward's Automotive Reports* (verschiedene Jahrgänge).

Gegner einer staatlichen Einmischung wiesen darauf hin, daß die Arbeitskräfte, Maschinen und Gebäude einer in Konkurs gegangenen Unternehmung nicht einfach verschwinden, sondern daß sie von neuen Unternehmungen unter neuen Managern angemietet oder gekauft werden können. Eine Umwidmung von Ressourcen schien den Kritikern angemessen, denn der drohende Konkurs zeigte, daß das Chrysler-Management die ihm anvertrauten Ressourcen nicht gut eingesetzt hatte.

Letztendlich gab der Staat Bürgschaften für einige neue Kredite. Sollte Chrysler diese Kredite nicht zurückzahlen können, dann würde der Staat mit Steuergeldern einspringen. Aufgrund dieser Garantie erhielt Chrysler von privaten Investoren und Banken Kredite zu einem relativ niedrigen Zinssatz. Die Erfolgsgeschichte der nächsten Jahre ist oft erzählt worden, wobei der Präsident von Chrysler, Lee Iacocca, die Lorbeeren größtenteils für sich selbst beansprucht.

Der Staat hatte damals einen starken Anreiz, Chrysler zu Hilfe zu kommen. Es ging nicht nur darum, einen der drei größten Automobilhersteller des Landes am Leben zu erhalten. Der Staat hätte durch den Konkurs selbst sehr viel Geld verloren aufgrund einer Arbeitersozialversicherung, die einige Jahre zuvor eingerichtet worden war. Dieses Programm garantierte, daß die Betriebsrentenansprüche der Arbeitskräfte erhalten blieben, auch wenn eine Unternehmung in Konkurs gegangen war. Ein Konkurs von Chrysler hätte den Staat unter Umständen mehrere hundert Millionen Dollar an Rentenzahlungen gekostet.

Am Ende hat der Staat an der Rettungsaktion für Chrysler sogar verdient. Die Regierung setzte durch, daß sie als Gegenleistung für die Bürgschaften Eigentumsanteile an der Unternehmung erhielt. Durch den Erfolg der Firma in den darauffolgenden Jahren sind diese Anteile recht wertvoll geworden.

Schutz vor ausländischer Konkurrenz

Ähnliche Probleme wie bei Chrysler gab es während der siebziger Jahre in abgeschwächter Form auch bei General Motors und bei Ford. Aber aus verschiedenen Gründen begannen zu Beginn der achtziger Jahre alle drei Firmen sich zu erholen. Die Gewerkschaften nahmen ihre Lohnforderungen deutlich zurück. Kleinere Autos mit geringerem Benzinverbrauch wurden entwickelt. Und die Regierung griff noch einmal ein, diesmal um die Branche vor der ausländischen Konkurrenz zu schützen. Wieder war das Motiv die Angst vor Arbeitsplatzverlusten: 1980 hatte die Arbeitslosigkeit im Staat Michigan, wo die Autoproduktion eine große Rolle spielt, 12,6 Prozent erreicht (im Gegensatz zu einer durchschnittlichen Arbeitslosenquote von nur 7,1 Prozent). Anstatt importierte Autos mit einem Zoll zu belegen, verhandelte die amerikanische Regierung mit Japan über eine Beschränkung der japanischen Autoexporte. Zwar sprach man von einer freiwilligen Exportbeschränkung, tatsächlich haben die Amerikaner jedoch starken Druck ausgeübt. Wenn die Japaner zu der „freiwilligen" Exportbeschränkung nicht bereit gewesen wären, hätte der Kongreß wahrscheinlich ein Gesetz verabschiedet, das sie dazu gezwungen hätte.

Das verringerte Angebot an japanischen Autos führte nicht nur zu höheren Umsätzen bei den amerikanischen Autoherstellern, sondern auch zu höheren Preisen für japanische und amerikanische Autos. Die amerikanische Autoindustrie wurde also nicht von den Steuerzahlern insgesamt subventioniert, sondern von den Autokäufern selbst über die höheren Preise. Die japanischen Autohersteller konnten sich nicht beklagen, denn auch sie profitierten von den höheren Preisen. Hätten sich die japanischen Hersteller zusammengetan und auf höhere Preise und ein geringeres Angebot verständigt, dann wäre das als Verletzung des US-Kartellrechts betrachtet worden, das Kartelle verbietet. Aber hier war es die amerikanische Regierung selbst, die die Wettbewerbsbeschränkung gefördert hatte.

Ein Blick in die Wirtschaftspolitik: Was macht einen Lastwagen zum Pkw?

Im April 1994 führte der amerikanische Handelsdiplomat Mickey Kantor an der Spitze eines Teams Verhandlungen mit seinem Kollegen aus Japan. Die Vereinigten Staaten haben ein riesiges Handelsbilanzdefizit gegenüber Japan, das heißt, sie importieren mehr aus Japan als sie dorthin exportieren. Dieses Defizit hat viele Ursachen. Was jedoch die amerikanischen Geschäftsleute besonders erbost, sind sogenannte „unfaire Handelspraktiken". Damit sind subtile Maßnahmen der japanischen Regierung gemeint, durch die sie den amerikanischen Export behindert. Reis ist dafür ein gutes Beispiel. Die Japaner weigerten sich bis 1994, amerikanischen Reis zu importieren. Autoteile sind ein anderes Beispiel. Bestimmte Vorschriften, die mit der Fahrzeugsicherheit gerechtfertigt wurden, legten fest, daß nur der Hersteller selbst die Ersatzteile für ein Auto liefern durfte. Nur Toyota konnte Ersatzteile für einen Toyota herstellen. Da jedoch fast alle in Japan verkauften Autos auch in Japan produziert wurden, wurden dadurch nicht-japanische Produzenten effektiv vom Markt ferngehalten.

Ein Teil von Kantors Mission war es, solche unfairen Handelspraktiken zu reduzieren, und er benutzte den Mini-Van als Druckmittel. Der Mini-Van hat auf den ersten Blick nichts mit Reis zu tun, aber im Kontext dieser Verhandlung gab es eine Verbindung. In den USA müssen Fahrzeugimporteure einen Importzoll bezahlen, eine besondere Steuer, die für Pkws höher ist als für Lkws.

Mini-Vans werden derzeit als Lkws eingestuft. Über diese Einstufung kann man jedoch streiten. Sie haben zwar einen Lkw-Rahmen, transportieren aber Menschen und nicht Güter. Da die Importe aus Japan in den USA bei Mini-Vans einen Marktanteil von 7 Prozent haben, wären die amerikanischen Hersteller hocherfreut, wenn die japanische Konkurrenz dadurch entschärft werden könnte, daß man den Mini-Van als Pkw einstuft und entsprechend besteuert. Der höhere Importzoll würde natürlich den Preis erhöhen, den amerikanische Konsumenten für japanische Mini-Vans bezahlen müssen, und dadurch ihre Attraktivität am amerikanischen Markt verringern. Die unausgesprochene Drohung mit einer solchen Neueinstufung verfehlte ihre Wirkung auf die Japaner nicht.

Die Japaner reagierten noch auf andere Art und Weise auf diese Handelsbeschränkungen. Sie beschlossen, durch den Aufbau von Produktionsstätten in den USA die Exportbeschränkungen zu umgehen. Wie Abbildung 1.2 zeigt, wurden 1995 mehr als ein Drittel aller in den USA hergestellten Autos von ausländischen Firmen produziert. Diese ausländischen Fabriken werden in den USA als *Transplants* bezeichnet. Honda, Mazda, Nissan und Toyota verfügen alle über Produktionsstätten in den Vereinigten Staaten.

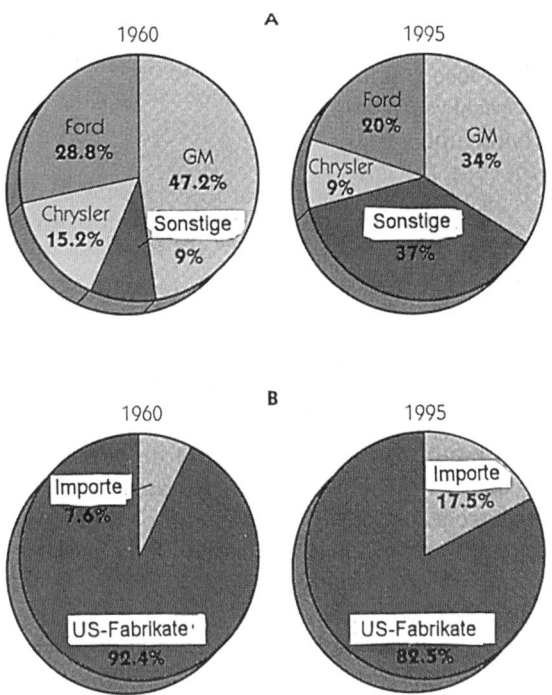

Abbildung 1.2   Anteile am US-amerikanischen Automarkt. Diese Kuchendiagramme zeigen einige der Veränderungen am amerikanischen Automarkt in den vergangenen Jahrzehnten. Teil A zeigt die Produktion: Die hohe Konzentration ist unverändert geblieben. 1960 waren die „anderen" Unternehmungen kleine amerikanische Firmen wie Studebaker und American Motors; 1995 waren es ausländische Firmen wie Honda. Teil B bezieht sich auf die Käufe und zeigt die dramatische Zunahme der Importe. *Quelle: Ward's Automotive Reports* (verschiedene Jahrgänge).

Die Wiedergeburt der amerikanischen Automobilindustrie

Wir wissen nicht, was geschehen wäre, wenn die Autoindustrie die Atempause durch die Exportbeschränkungen für japanische Autos nicht bekommen hätte. Vielleicht wäre sie dadurch gezwungen gewesen, sich schneller anzupassen. Vielleicht hätte die eine oder andere Firma ihre Fabriken schließen müssen. Was wir wissen ist, daß die Branche während der achtziger Jahre hart gearbeitet hat, um ihre Wettbewerbsfähigkeit gegenüber den japanischen Produzenten zu behaupten. Dabei verfolgten die einzelnen Firmen unterschiedliche Strategien.

General Motors konzentrierte sich zum Beispiel auf die Automation und investierte große Summen in Roboter und andere neue Produktionsanlagen. Ein großer Teil davon stellte sich später als Verschwendung heraus. Aber es gelang GM ein großes neues Projekt, das Saturn-Projekt, zum Erfolg zu führen. Nicht nur das Produktdesign und die Herstellungstechnologie wurde verbessert, sondern auch die Personal- und Absatzpolitik. Neue Mitbestimmungsmöglichkeiten für die Belegschaft wurden eingeführt. Anstatt zu feilschen, wie das bei Autokäufen üblich ist, kauften die Konsumenten den Saturn einfach zum Ladenpreis. Das Auto war bei den Kunden so beliebt, daß 44.000 Menschen kamen, als die Firma im Juni 1994 Saturn-Besitzer zu einem Fest in die Fabrik einlud.

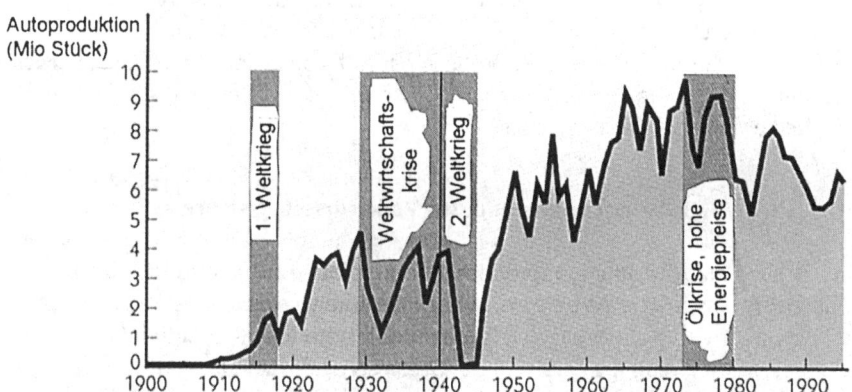

Abbildung 1.3 Jährliche Produktion der US-amerikanischen Automobilindustrie von 1900 bis in die Gegenwart. Während des zwanzigsten Jahrhunderts war die Automobilproduktion in den USA sowohl ein Spiegel als auch ein Einflußfaktor für wichtige Ereignisse in der amerikanischen Wirtschaft und in der Weltwirtschaft. *Quelle: Ward's Automotive Reports* (verschiedene Jahrgänge).

Die Geschichte des Automobils im Licht der Statistik

Abbildung 1.3 veranschaulicht die Geschichte der Automobilproduktion in den USA. Das Auf und Ab der Kurve gibt Aufstieg, Niedergang und Erholung der Branche wieder. Die Produktionszahlen werden vor dem Hintergrund der wichtigsten Ereignisse dargestellt, von denen die Wirtschaft insgesamt betroffen war. Die Zeit ist auf der horizontalen Achse abgetragen, die Anzahl der produzierten Autos auf der vertikalen Achse. Technische Fortschritte in der Massenproduktion führten zu dem Umsatzboom zu Anfang des Jahrhunderts. Während der Weltwirtschaftskrise der dreißiger Jahre gingen die Umsätze stark zurück, und während des Zweiten Weltkriegs kam die zivile Fahrzeugproduktion vollständig zum Stillstand. Während der Hochkonjunktur der fünfziger und sechziger Jahre stieg die Produktion wieder an. In den siebziger Jahren waren die starken Benzinpreiserhöhungen ein Auslöser unter anderen für zwei weltweite Rezessionen, in deren Verlauf der Autoabsatz wieder abnahm. Dann erholte sich die US-Wirtschaft und fand Mitte der achtziger Jahre zu einem stetigen Wachstum zurück, wodurch der Umsatzrückgang der Autoindustrie mindestens vorübergehend zum Stillstand gebracht wurde.

Auf dem Weg in die 1990 beginnende Rezession zeigte die Branche wieder ihre Abhängigkeit von der Gesundheit der Gesamtwirtschaft. Schwindendes Vertrauen in die Wirtschaft und verringerte Einkommen führten dazu, daß die Konsumenten den Kauf von Neuwagen aufschoben. Umgekehrt trug der Absatzrückgang in der Automobilbranche zur Verlangsamung des wirtschaftlichen Wachstums bei. Erst 1993, als die Zinsen fielen und die Volkswirtschaft sich zu erholen begann, stiegen auch die Umsätze der Automobilindustrie wieder an; die Gewinne schossen nach oben und erreichten Rekordniveaus.

1.2 Der Gegenstand der Volkswirtschaftslehre

Die Geschichte der Automobilproduktion illustriert viele Aspekte der Volkswirtschaftslehre; doch jetzt ist es an der Zeit, den Gegenstand dieses Fachgebiets zu definieren. In der **Volkswirtschaftslehre** geht es darum, wie Individuen, Unternehmungen, Regierungen und andere Organisationen innerhalb unserer Gesellschaft **Entscheidungen** treffen, und wie diese Entscheidungen die Verwendung der gesellschaftlichen Ressourcen beeinflussen. Dabei spielt die **Knappheit** eine wichtige Rolle: Nur weil die Ressourcen knapp sind, muß über ihre Verwendung sorgfältig entschieden werden. Man stelle sich einen extrem reichen Menschen vor, der alles kaufen kann, was er will. Man könnte denken, daß Knappheit für ihn nicht existiert - aber auch die Zeit ist eine Ressource, und der Reiche muß täglich entscheiden, welchem teuren Spielzeug er seine Zeit widmen möchte. Berücksichtigt man auch die Zeit, so ist die Knappheit eine Grundtatsache im Leben jedes Menschen.

Um ein einziges Produkt, wie zum Beispiel ein Auto herzustellen, müssen Tausende von Entscheidungen getroffen werden. Da in jeder Volkswirtschaft nicht nur Autos sondern Millionen von Gütern hergestellt werden, ist es schon ein Wunder, wenn sie die meiste Zeit über relativ gut funktioniert. Das wird vor allem dann klar, wenn man sich Beispiele für wirtschaftliche Krisenzeiten vor Augen führt: in den dreißiger Jahren die Weltwirtschaftskrise, als in den USA 25 Prozent der Erwerbstätigen keine Arbeit finden konnten; heute die Staaten auf dem Gebiet der früheren Sowjetunion, wo einfache Konsumgüter, wie Karotten oder Toilettenpapier, oft einfach nicht erhältlich sind; und schließlich die Entwicklungsländer in Afrika, Asien und Lateinamerika, wo der Lebensstandard niedrig geblieben und zum Teil sogar gesunken ist.

Einzelne Menschen, Haushalte, Unternehmungen und staatliche Stellen müssen wirtschaftliche Entscheidungen treffen, die in ihrer Gesamtheit bestimmen, wie die begrenzten Ressourcen einer Volkswirtschaft, der Boden, die Arbeitskräfte, die Maschinen, das Öl und andere natürliche Ressourcen, genutzt werden. Welche Faktoren entscheiden darüber, ob ein Stück Land für den Getreideanbau oder für eine Autofabrik genutzt wird? Wie ist es gekommen, daß innerhalb weniger Jahrzehnte Ressourcen aus der Produktion von Pferdefuhrwerken in die Produktion von Autos umgelenkt und Hufschmiede durch Automechaniker ersetzt wurden? Wie funktioniert das Zusammenspiel von Millionen von Konsumenten, Arbeitskräften, Investoren, Managern und Regierungsvertretern, deren Interaktionen die Verwendung der knappen gesellschaftlichen Ressourcen bestimmen? Aus der Sicht der Wirtschaftswissenschaft geht es hier um vier Grundfragen über die Funktionsweise von Volkswirtschaften:

1. *Was wird produziert und in welchen Mengen?* Während der letzten fünfzig Jahre hat sich das Konsumverhalten stark verändert. 1950 betrugen zum Beispiel die Ausgaben für medizinische Versorgung nur 3,5 Prozent der gesamten Konsumausgaben. 1995 floß dagegen bereits mehr als ein Siebtel aller Ausgaben in den Gesundheitssektor. Ständig kommen neue Produkte wie Videorecorder und neue Dienstleistungen wie Geldautomaten auf den Markt. Gleichzeitig hat sich von Jahr zu Jahr der Umfang der Produktion verändert, ein Prozeß, der oft von großen Schwankungen im Niveau der Beschäftigung und der Arbeitslosigkeit begleitet ist. Es stellt sich die Frage, wie solche Veränderungen erklärt werden können.

In den USA werden Struktur und Niveau der Güterproduktion vor allem durch das Zusammenspiel privater Unternehmungen und Konsumenten bestimmt, aber auch der Staat spielt dabei eine Rolle. Die Preise haben einen entscheidenden Einfluß auf die Produktion. Wenn der Preis eines Gutes steigt, haben die Unternehmungen einen Anreiz, mehr davon zu produzieren, um ihren Gewinn zu steigern. Wirtschaftswissenschaftler fragen deshalb vor allem, warum manche Güter teurer sind als andere, und warum die Preise von bestimmten Gütern gestiegen oder gefallen sind.

2. *Wie werden diese Güter produziert?* Oft gibt es verschiedene Möglichkeiten, etwas Bestimmtes herzustellen. Textilien kann man zum Beispiel mit Handwebrahmen herstellen. Moderne Maschinen machen es möglich, daß weniger Arbeitskräfte mehr Stoff produzieren. Im Extremfall sind diese Maschinen an Computer angeschlossen, so daß ein Arbeiter viel mehr Maschinen überwachen kann als früher. Im allgemeinen sind bessere Maschinen auch teurer, aber sie kommen mit weniger Arbeitskraft aus. Henry Ford führte das Fließband ein. In jüngerer Zeit haben Autohersteller begonnen, Roboter einzusetzen. Welche Technologien verwendet werden und welche Faktoren das Tempo des technischen Fortschritts beeinflussen, auch das ist eine Grundfrage der Volkswirtschaftslehre.

In Marktwirtschaften sind es die Unternehmungen, die die Art und Weise der Produktion bestimmen. Auch hier hat der Staat wieder einen Einfluß über Verordnungen und Gesetze, die alle Aspekte der Produktion betreffen - von der Gesamtorganisation der Unternehmung bis hin zu ihrem Umgang mit Angestellten und Kunden.

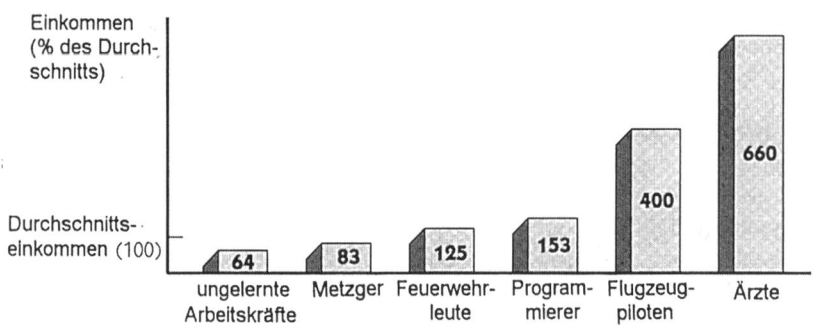

Abbildung 1.4   Wer erhält den Output der amerikanischen Wirtschaft? Dieses Diagramm zeigt das Einkommen einer Anzahl verschiedener Berufe relativ zum Lohn eines durchschnittlichen Arbeiters. Der Verdienst eines Feuerwehrmanns liegt um 25 Prozent über dem Durchschnittslohn, der eines Arztes beträgt das Sechsfache davon.

3. *Für wen werden diese Güter produziert?* Menschen mit höherem Einkommen können mehr Güter konsumieren. Mit dieser Antwort wird die Frage aber nur um einen Schritt weiter verschoben: Woher kommen die Einkommens- und Lohnunterschiede? Welche Rolle spielen dabei Glück, Ausbildung, Vererbung, Sparverhalten, Arbeitserfahrung und Fleiß? Diese Fragen sind schwer zu be-

antworten. Hier begnügen wir uns mit der Feststellung, daß in Marktwirtschaften wie den USA zwar die Einkommen überwiegend durch private Interaktionen zwischen Unternehmungen und Haushalten bestimmt werden, daß aber der Staat die Einkommen durch Steuern und andere wirtschaftspolitische Instrumente umverteilt.

Abbildung 1.4 zeigt die relativen Arbeitseinkommen für eine Anzahl verschiedener Berufe. Gemessen am Einkommen erhält jeder Arzt vom gesamtwirtschaftlichen Output fünfmal so viel wie ein Feuerwehrmann und siebenmal so viel wie ein Metzger.

4. *Wer trifft die wirtschaftlichen Entscheidungen und wie sieht der Entscheidungsprozeß aus?* In einer **Zentralverwaltungswirtschaft** wie der ehemaligen Sowjetunion ist die Regierung für so gut wie jeden Aspekt des Wirtschaftslebens verantwortlich. Die ersten drei Fragen werden vom Staat beantwortet. Ein zentrales Plankomitee entscheidet mit Hilfe eines riesigen Verwaltungsapparates, welche Güter mit welchen Methoden produziert werden und wer sie konsumieren soll. Am anderen Ende des Spektrums sind Volkswirtschaften, die sich vorwiegend auf den freien Austausch zwischen Produzenten und Konsumenten verlassen, um das Was, Wie und für Wen zu entscheiden. Die Vereinigten Staaten sind diesem Ende des Spektrums näher, wenn sie auch eine **gemischte Wirtschaft** haben, das heißt, eine Mischung aus staatlichen und privaten Entscheidungsträgern. In gewissen Grenzen tun die Produzenten was sie wollen; sie benutzen die Produktionsmethoden, die ihnen angemessen erscheinen; und der Output wird an die Konsumenten nach ihrem Einkommen verteilt.

Wenn Wirtschaftswissenschaftler eine Volkswirtschaft untersuchen, dann wollen sie wissen, inwieweit die wirtschaftlichen Entscheidungen durch den Staat und inwieweit sie durch private Entscheidungsträger getroffen werden. Benutzen wir wieder die Automobilbranche als Beispiel: Zwar treffen in den USA die meisten Konsumenten ihre eigenen Entscheidungen darüber, welches Auto sie kaufen; aber der Staat mischt sich auf verschiedene Weisen ein: Er hat dafür gesorgt, daß der Import von japanischen Autos beschränkt wird, er hat Grenzwerte für Abgase festgelegt und Verbesserungen beim Benzinverbrauch und bei der Fahrzeugsicherheit gefördert.

In diesem Zusammenhang ist auch zu fragen, ob die Individuen wirtschaftliche Entscheidungen in ihrem eigenen Interesse oder im Interesse eines Arbeitgebers, also einer Unternehmung oder einer staatlichen Institution, treffen. Das ist eine wichtige Unterscheidung. Wenn Menschen im eigenen Namen handeln, orientieren sie sich bei ihren Entscheidungen an ihrem eigenen Nutzen. Wenn sie im Namen einer Organisation handeln, kann es jedoch zu Interessenkonflikten kommen. Oft spricht man von Unternehmungen und vom Staat, als ob es sich dabei um ein einziges Subjekt handelt. Wirtschaftswissenschaftler weisen darauf hin, daß Organisationen definitionsgemäß aus einer Vielzahl von Individuen bestehen, deren Interessen nicht notwendig miteinander oder auch mit den Interessen der Organisation selbst übereinstimmen. Organisationen werfen also bei der Analyse von Entscheidungsprozessen eine Reihe von speziellen Problemen auf.

Wie man sieht fragen Wirtschaftswissenschaftlern nicht nur danach, *wie* in einer Volkswirtschaft die vier Grundfragen beantwortet werden, sondern auch *wie gut* sie beantwortet werden. Es geht ihnen also darum, ob eine Volkswirtschaft effizient ist, oder ob sie von einigen Gütern mehr produzieren könnte, ohne die Produktion anderer Güter einzuschränken, oder auch einige Menschen besser stellen könnte, ohne anderen Opfer abzuverlangen.

1.3 Markt und Staat in der gemischten Wirtschaft

Der Dominanz privater Entscheidungen in den Vereinigten Staaten entspricht die Überzeugung der Wirtschaftswissenschaftler, daß diese Dominanz angemessen und notwendig ist, um wirtschaftliche Effizienz zu gewährleisten. Das schließt nicht aus, daß man auch bestimmte staatliche Eingriffe in den Markt für notwendig hält. Die richtige Balance zwischen dem öffentlichen und dem privaten Sektor ist ein zentrales Thema der ökonomischen Analyse.

Die Märkte

Der ökonomische Begriff des Marktes beinhaltet jede Tauschsituation, auch wenn sie keine große Ähnlichkeit mit einem traditionellen Wochenmarkt hat. In Kaufhäusern und Einkaufszentren wird nur selten über den Preis gefeilscht. Die Produzenten tauschen die Rohstoffe und Vorprodukte, die sie für die Produktion brauchen, gegen Geld und nicht gegen andere Güter. Die meisten Güter, von der Kamera bis zur Kleidung, werden nicht direkt von den Herstellern an die Konsumenten verkauft. Sie gehen von den Herstellern an die Großhändler, von den Großhändlern an die Einzelhändler und von den Einzelhändlern an die Konsumenten. Alle diese Transaktionen sind im Konzept des **Marktes** und der **Marktwirtschaft** enthalten.

Wenn in einer Marktwirtschaft Wettbewerb herrscht, treffen die Konsumenten Entscheidungen, die ihre eigenen Bedürfnisse widerspiegeln. Die Unternehmungen treffen Entscheidungen, die ihre Gewinne maximieren; das ist nur möglich, wenn sie Güter produzieren, die die Konsumenten wollen, und wenn ihre Produktionskosten nicht höher sind als die der Konkurrenten. Der Wettbewerb zwischen gewinnorientierten Unternehmungen dient den Konsumenten, den er sorgt dafür, daß sie zu möglichst günstigen Preisen mit den richtigen Gütern versorgt werden. Die Antworten der Marktwirtschaft auf die vier Grundfragen der Volkswirtschaftslehre

Unter die Lupe genommen:
Die gescheiterte Alternative zur gemischten Wirtschaft

Die gemischte Wirtschaft ist heute das dominierende Wirtschaftssystem; sie ist aber nicht die einzig mögliche Antwort auf die wirtschaftlichen Grundfragen. Im Jahr 1917 begann ein Experiment mit einer beinahe vollständigen staatlichen Kontrolle über die Wirtschaft auf dem Boden der späteren Sowjetunion.

Produktionsniveau und Produktionsstruktur wurden vom Staat bestimmt und in Planziele übersetzt, die Arbeitskräfte und Unternehmungen dann einzuhalten versuchten. Auch das Wie der Produktion wurde praktisch vom Staat bestimmt, denn die Planer entschieden darüber, mit welchen Rohstoffen und Vorprodukten jede Fabrik beliefert wurde. Genauso waren auch die Verteilung und damit die Konsummöglichkeiten der Menschen ein Ergebnis der staatlichen Entscheidungen über die Löhne. Im Prinzip konnten die Menschen selbst wählen, welche Güter sie in den staatlichen Läden und Kaufhäusern zu den vom Staat festgesetzten Preisen erwerben wollten, aber in der Praxis waren viele Güter in diesen Läden nicht erhältlich. Entscheidungsträger war die staatliche Plankommission, und sie gründete ihre Entscheidungen auf die von ihr selbst festgelegten nationalen wirtschaftlichen Ziele.

Zu Beginn schien dieses Plansystem recht vernünftig zu sein, aber wie schon der frühere sowjetische Premierminister Nikita Khrushchev sagte: „Die Wirtschaft ist ein Gegenstand, der sich nicht nach unseren Wunschvorstellungen richtet." Von den vielen Beispielen für die wirtschaftliche Leidensgeschichte der Sowjetunion beschränken wir uns hier auf zwei. Die Sowjetunion war der größte Schuhhersteller der Welt. Der durchschnittliche Schuh war jedoch von so geringer Qualität, daß er innerhalb von wenigen Wochen auseinanderfiel, und in den Kaufhäusern verrotteten riesige Lagerbestände von Schuhen, die niemand wollte. Den Landarbeitern war es traditionell erlaubt, ein kleines Stück Land privat zu bewirtschaften. Die staatliche Landwirtschaft war so unproduktiv, daß die drei Prozent des Landes, die privat bewirtschaftet wurden, ungefähr ein Viertel des gesamten landwirtschaftlichen Outputs produzierten, und das obwohl der Staat die Zeit beschränkte, welche die Bauern auf ihrem privaten Land verbringen durften.

Heute liegt der Lebensstandard in der früheren Sowjetunion unter dem der Vereinigten Staaten und Westeuropas und ist kaum höher als in Schwellenländern wie Brasilien und Mexiko. Unter den Arbeitskräften in der Sowjetunion machte ein grimmiger Spruch die Runde: „Wir tun so als ob wir arbeiten und sie tun so als ob sie uns bezahlen."

Der Zusammenbruch der Sowjetunion resultierte zum großen Teil aus dem Versagen ihres Wirtschaftssystems. Ein Anliegen dieses Buches ist es, zu erklären, warum gemischte Wirtschaften so gut funktionieren.

sind also offensichtlich. Und im Großen und Ganzen gewährleisten diese Antworten, daß die Wirtschaft effizient funktioniert.

Allerdings ist für viele die Antwort der Marktwirtschaft auf die Frage, für wen die Güter produziert werden, nicht akzeptabel. Die Zahlungsbereitschaft und Zahlungsfähigkeit der Marktteilnehmer hängt von ihrem Einkommen ab, ähnlich wie die der Bieter bei einer Auktion. Manche Bevölkerungsgruppen, wie zum Beispiel diejenigen Menschen, die keine marktgängigen Fähigkeiten haben, erhalten ein derart niedriges Einkommen, daß sie nicht in der Lage sind, ohne Unterstützung von außen eine Familie zu ernähren. Der Staat gibt diese Unterstützung durch verschiedene Umverteilungsmaßnahmen. Diese Maßnahmen schwächen jedoch oft die Leistungsanreize. Sozialhilfe mag zwar für die Mittellosen ein wichtiges Sicherheitsnetz sein; die zu ihrer Finanzierung erforderlichen Steuern können aber die Arbeits- und Sparbereitschaft bremsen. Wenn der Staat ein Drittel oder sogar die Hälfte des Arbeitseinkommens beansprucht, werden manche vielleicht weniger arbeiten wollen. Trifft die Steuer das Zinseinkommen, dann kann es sein, daß die Menschen mehr ausgeben und weniger sparen. Auch die richtige Balance zwischen sozialer Gerechtigkeit und Effizienz ist ein wichtiges Thema der modernen Volkswirtschaftslehre.

Die Rolle des Staates

Die Antworten des Marktes auf die vier Grundfragen gewährleisten im Großen und Ganzen die Effizienz. Aber viele haben das Gefühl, daß Marktlösungen auf bestimmten Gebieten inadäquat sind. Der Markt produziert zuviel Umweltverschmutzung, zuviel Ungleichheit und zuwenig Leistungen für Ausbildung, Gesundheit und innere Sicherheit. Wenn sie solche Probleme wahrnehmen, rufen die Menschen nach dem Staat.

Der Staat spielt in modernen Volkswirtschaften eine wichtige Rolle. Es ist wichtig, zu verstehen, worin diese Rolle besteht und warum der Staat sich auf diese Weise engagiert. Die Geschichte der Automobilindustrie enthält einige Beispiele. Zu Beginn konnte George Baldwin Selden beinahe mit Hilfe des vom Staat geschaffenen Patentrechts die Entwicklung der Branche verändern. Gegen Ende der siebziger Jahre wurde Chrysler durch staatliche Kreditbürgschaften gerettet. Die vom Staat durchgesetzten Importbeschränkungen für japanische Autos haben der Branche genutzt, aber die vom Staat erlassenen Emissionsgrenzwerte haben ihr wahrscheinlich geschadet. Die Stärke der Automobilgewerkschaften, die in ihrer erfolgreichen Hochlohnpolitik zum Ausdruck kommt, hat auch mit den Rechten zu tun, die sie durch die Bundesgesetzgebung erhalten haben. In späteren Kapiteln wird sich zeigen, daß der Staat die Industrie noch auf vielen anderen Wegen beeinflußt.

Die US-Regierung schafft den Rahmen, innerhalb dessen private Unternehmungen und Haushalte ihren Geschäften nachgehen. Sie stellt Regeln auf, die sicherstellen sollen, daß Unternehmungen nicht nach Geschlecht oder Rasse diskriminieren, daß sie die Konsumenten nicht irreführen, daß sie in bezug auf die Arbeitssicherheit Sorgfalt walten lassen und daß sie Luft und Wasser nicht verschmutzen. In manchen Branchen verhält sich der Staat wie eine private Unternehmung: Die staatliche Tennessee Valley Authority (TVA) ist einer der größten Stromerzeuger der USA; die meisten Kinder gehen auf öffentliche Schulen; und der größte Teil der Briefsendungen wird immer noch von der staatlichen Post zugestellt. In anderen Bereichen versorgt der Staat die Bürger mit Gütern und Dienstleistungen, die der private Sektor nicht anbietet, wie zum Beispiel die Landesverteidigung, der Straßenbau und die Geldversorgung. Der Staat sorgt für die ältere Generation durch die Rentenversicherung und durch Medicare, einen Fonds zur Finanzierung der ärztlichen Versorgung älterer Menschen. Der Staat hilft Menschen, die vorübergehend oder dauerhaft aus dem Erwerbsleben herausgefallen sind, durch Arbeitslosenunterstützung und Erwerbsunfähig-keitsrenten. Über verschiedene Wohlfahrtsprogramme schafft er auch ein soziales Netz für die Armen, insbesondere für Kinder.

Natürlich könnte der Staat die Wirtschaft auch direkter kontrollieren. In verschiedenen europäischen Ländern sind Stahlproduktion, Kohleförderung und Telefonnetz in staatlicher Hand. Zumindest bis vor kurzem haben in Ländern wie der Sowjetunion und China die Regierungen versucht, praktisch alle wichtigen Entscheidungen in bezug auf die Ressourcenallokation zu kontrollieren.

Die drei wichtigsten Märkte

Im Mittelpunkt der Marktwirtschaft steht der Austausch zwischen Haushalten, die von den Unternehmungen Güter und Dienstleistungen kaufen, und den Unternehmungen, die aus Rohstoffen und Vorleistungen (**Inputs**) die Güter und Dienstleistungen (**Outputs**) herstellen, die sie dann am Markt verkaufen. Wirtschaftswissenschaftler konzentrieren ihre Aufmerksamkeit auf drei grobe Kategorien von Märkten, auf denen Haushalte und Unternehmungen interagieren. Die Märkte, auf denen die Unternehmungen ihren Output an die Haushalte verkaufen, bezeichnet man zusammenfassend als **Gütermarkt**. Viele Unternehmungen verkaufen auch Güter an andere Unternehmungen; der Output einer Firma wird dann zum Input einer anderen. Auch diese Transaktionen finden am Gütermarkt statt.

Auf der Inputseite benötigen die Unternehmungen zur Produktion ihrer Güter neben Vorleistungen und Rohstoffen eine bestimmte Kombination von Arbeit und Kapital. Die Leistungen der Arbeitskräfte kaufen sie am **Arbeitsmarkt**. Die finanziellen Mittel zum Kauf der Inputs beschaffen sie sich am **Kapitalmarkt**. Früher wurde in der Volkswirtschaftslehre auch der Boden als dritter Produktionsfaktor miteinbezogen, aber in modernen Industriewirtschaften ist der Boden nur noch von nachrangiger Bedeutung. Für die meisten Zwecke genügt es, sich auf die drei genannten Hauptmärkte zu konzentrieren, wie wir es auch in diesem Buch tun werden.

Wie Abbildung 1.5 zeigt, können einzelne Menschen an allen drei Märkten teil-nehmen. Wenn sie Güter oder Dienstleistungen kaufen, sind sie **Konsumenten** am Gütermarkt. Wenn sie als **Arbeitskräfte** auftreten, sagt man, sie „verkaufen ihre Arbeitsleistungen" am Arbeitsmarkt. Wenn sie Aktien kaufen, oder einer Unter-nehmung Kredit geben, beteiligen sie sich als **Investoren** am Kapitalmarkt.

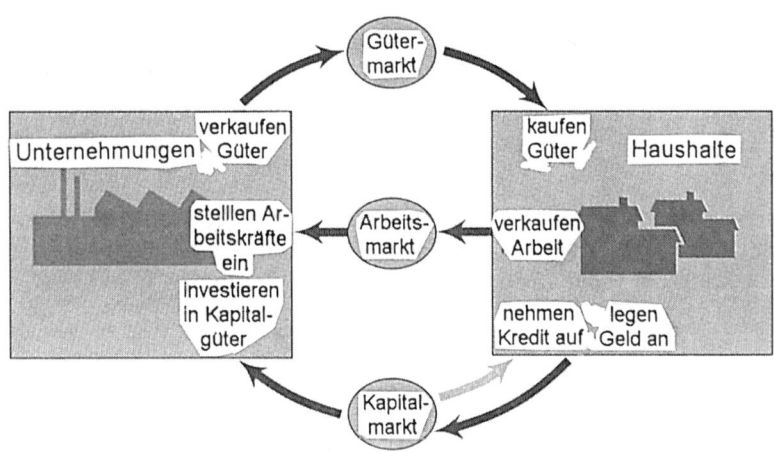

Abbildung 1.5   Drei Märkte. Wirtschaftswissenschaftler sehen die Menschen in ver-schiedenen Rollen: Sie sind Konsumenten am Gütermarkt, Arbeitskräfte am Arbeitsmarkt und Schuldner oder Gläubiger am Kapitalmarkt.

Zwei mögliche Mißverständnisse

Ökonomische Fachausdrücke sind oft der Alltagssprache entnommen, haben aber eine andere Bedeutung. Die Begriffe **Markt** und **Kapital** sind geeignet, um das Problem zu verdeutlichen.

Obwohl man bei dem Begriff Markt an einen belebten **Marktplatz** denkt, gibt es für die meisten Güter und Dienstleistungen keinen bestimmten Ort, an dem sie ge-handelt werden. Es gibt Käufer und Verkäufer, und die Wirtschaftswissenschaftler analysieren das Ergebnis ihrer Aktivitäten so *als ob* es einen einzigen Marktplatz gäbe, wo alle Transaktionen stattfinden.

Oft spricht man auch über „den Arbeitsmarkt", so als ob alle Arbeitskräfte gleich wären. Es ist aber ganz offensichtlich, daß Arbeitskräfte sich in unzähligen Aspekten unterscheiden. Manchmal sind diese Unterschiede wichtig. Wir sprechen dann über den „Markt für Fachkräfte" oder den „Markt für Installateure". Aber in anderen Fällen kann man diese Unterschiede vernachlässigen, so zum Beispiel wenn wir über den Gesamtzustand der Volkswirtschaft sprechen und die Arbeitslosenquote betrachten (den Prozentsatz der Arbeitskräfte, die einen Arbeitsplatz suchen aber noch keinen gefunden haben).

Wenn in der Presse vom Kapitalmarkt die Rede ist, dann sind damit die Wertpapierhändler und Aktienmakler gemeint und die Unternehmungen der Finanzbranche, für die sie arbeiten. In der Volkswirtschaftslehre hat das Wort Kapitalmarkt eine breitere Bedeutung. Es umfaßt alle Institutionen, die Finanzkapital vermitteln (und, wie wir später sehen werden, auch solche, die Risiken verteilen und versichern), einschließlich der Banken und Versicherungen.

Der Begriff „Kapital" bezieht sich in der Volkswirtschaftslehre auch auf die Maschinen und Gebäude, die bei der Produktion benutzt werden. Um diesen speziellen Wortgebrauch zu unterscheiden, bezeichnen wir in diesem Buch Maschinen und Gebäude als **Kapitalgüter**. Der Begriff Kapitalmarkt bezeichnet also die Märkte, auf denen finanzielle Mittel beschafft und entliehen werden. Die Märkte für Maschinen und Gebäude nennen wir dagegen **Kapitalgütermärkte**.

1.4 Mikroökonomik und Makroökonomik

Die detaillierte Untersuchung der Güter-, Arbeits- und Kapitalmärkte nennt man **Mikroökonomik**. Die Mikroökonomik („mikro" kommt aus dem Griechischen und bedeutet „klein") beschäftigt sich mit dem Verhalten der Einheiten - der Unternehmungen, Haushalte und Individuen - aus denen die Volkswirtschaft besteht. Dabei geht es darum, wie Entscheidungen getroffen werden und wodurch sie beeinflußt werden. Im Gegensatz dazu analysiert die **Makroökonomik** (das griechische Wort „makro" bedeutet „groß") das Verhalten der Volkswirtschaft insgesamt, und insbesondere das Verhalten aggregierter Größen wie der Arbeitslosenquote, der Inflationsrate, der Wachstumsrate und der Zahlungsbilanz. Aus aggregierten Zahlen kann man nicht erkennen, wie sich eine einzelne Unternehmung oder ein einzelner Haushalt verhält. Sie geben Auskunft darüber, was insgesamt oder im Durchschnitt geschieht.

Man muß sich klarmachen, daß diese beiden Zweige der Volkswirtschaftslehre nur zwei verschiedene Sichtweisen des gleichen Gegenstandes sind. In der Mikroökonomik betrachtet man die Volkswirtschaft von unten, in der Makroökonomik von oben. Das Verhalten der Gesamtwirtschaft hängt ab vom Verhalten der einzelnen Einheiten, aus denen sie besteht.

Die Geschichte der Automobilindustrie hat sowohl mikro- als auch makroökonomische Aspekte. Einerseits besteht diese Geschichte aus mikroökonomischen Interaktionen zwischen einzelnen Unternehmungen, Investoren und Gewerkschaften. Andererseits enthält sie auch globale ökonomische Kräfte wie Ölknappheiten und

Konjunkturzyklen. Als die Autohersteller gegen Ende der siebziger Jahre Arbeits-kräfte entließen, haben sie damit die gesamtwirtschaftliche Arbeitslosenquote auf-gebläht. In der Rezession zu Beginn der neunziger Jahre sind die Absatzzahlen der Autoindustrie stark zurückgegangen. Mit der gesamtwirtschaftlichen Erholung nahmen auch die Autoverkäufe schnell wieder zu.

1.5 Volkswirtschaftslehre als Wissenschaft

Die Volkswirtschaftslehre ist eine Sozialwissenschaft. Sie liefert eine wissen-schaftliche Analyse gesellschaftlicher Entscheidungsprobleme, und das bedeutet, daß sie auf einer systematischen Erforschung von Entscheidungssituationen beruht. Dabei werden sowohl Theorien formuliert als auch empirische Daten untersucht.

Eine **Theorie** besteht aus einer Menge von Annahmen (oder Hypothesen) und aus den Schlußfolgerungen, die aus diesen Annahmen abgeleitet werden. Theorien sind logische Aussagen: *Wenn* die Annahmen richtig sind, *dann* folgen die Ergeb-nisse. Wenn alle Hochschulabsolventen bessere Arbeitsmarktchancen haben, und wenn Helene eine Hochschulabsolventin ist, dann hat sie bessere Arbeits-marktchancen als jemand, der nicht studiert hat. Wirtschaftswissenschaftler benut-zen ihre Theorien, um Prognosen abzugeben. Sie können zum Beispiel mit Hilfe einer Theorie vorhersagen, was geschieht, wenn eine Steuer erhöht wird oder wenn Importbeschränkungen für ausländische Autos verhängt werden. Die Prognosen aufgrund einer Theorie haben die Form: „Wenn die Steuer erhöht wird und wenn es sich um einen Wettbewerbsmarkt handelt, dann wird der Output zurückgehen und die Preise werden steigen."

Zur Entwicklung ihrer Theorien benutzen die Wirtschaftswissenschaftler Modelle. Um die Verwendung von Modellen zu verstehen, betrachten wir einen modernen Autohersteller, der versucht, einen neuen Autotyp zu entwickeln. Es ist sehr teuer, ein neues Auto zu bauen. Anstatt zu jeder Idee der Techniker und Designer ein ei-genes vollständiges Auto zu bauen, benutzt die Unternehmung Modelle. Die Desi-gner können zum Beispiel ein Plastikmodell benutzen, um den Gesamteindruck der Fahrzeugform zu studieren und die Reaktionen auf den ästhetischen Aspekt des Autos einzuschätzen. Die Techniker benutzen vielleicht ein bestimmtes Compu-termodell, um den Luftwiderstand zu untersuchen, aus dem sie dann den Benzin-verbrauch ausrechnen können, und ein anderes, um den Komfort zu beurteilen.

So wie die Techniker verschiedene Modelle bauen, um bestimmte Aspekte eines Autos zu untersuchen, so konstruieren Wirtschaftswissenschaftler verbale oder mathematische Modelle, um bestimmte Aspekte der Volkswirtschaft darzustellen. Ein ökonomisches Modell kann einen Zusammenhang allgemein beschreiben („Wenn die Einkommen steigen, werden mehr Autos gekauft"), es kann den Zu-sammenhang quantifizieren („Wenn die Einkommen um zehn Prozent steigen, nimmt die Anzahl der gekauften Autos durchschnittlich um zwölf Prozent zu") oder eine allgemeine Prognose treffen („Ein Anstieg der Mineralölsteuer wird die Nachfrage nach Autos drosseln").

Die Entdeckung und Interpretation von Zusammenhängen

Eine **Variable** ist eine Größe, die sich verändert und die gemessen werden kann. Preise, Löhne, Zinssätze und Umsätze sind Variablen. Was die Wirtschaftswissenschaftler interessiert, ist der Zusammenhang zwischen verschiedenen Variablen. Wenn sie glauben, eine Beziehung zwischen bestimmten Variablen zu sehen, dann versuchen sie herauszufinden, ob es sich dabei um einen Zufall oder um einen systematischen Zusammenhang handelt. Das ist die Frage nach der **Korrelation**.

In der Volkswirtschaftslehre benutzt man statistische Tests, um Korrelationen nachzuweisen und zu messen. Angenommen, jemand wollte herausfinden, ob eine Münze ungleichseitig ist. Wenn man die Münze zehnmal wirft und dabei sechsmal Kopf und viermal Zahl erhält, kann man nicht sagen, ob sie symmetrisch ist oder systematisch häufiger Kopf zeigt. Statistische Tests zeigen, daß dieses Ergebnis leicht zufällig entstehen kann und nicht beweist, daß die Münze ungleichseitig ist. Es beweist auch nicht das Gegenteil. Es reicht einfach nicht aus, um die eine oder andere Schlußfolgerung zu ziehen. Wirft man jedoch eine Münze hundertmal und erhält achtzigmal Kopf, dann ist die statistische Wahrscheinlichkeit, daß es sich hier um einen Zufall handelt, extrem niedrig. Die Indizien stützen dann die Annahme, daß die Münze ungleichseitig ist.

Eine ähnliche Logik kann auf die Korrelationen in wirtschaftlichen Daten angewandt werden. Menschen mit mehr Schulbildung erreichen tendenziell höhere Arbeitseinkommen. Auch dieser Zusammenhang könnte ein bloßer Zufall sein. Statistische Tests zeigen, ob die Datenbasis für eine Schlußfolgerung zu schwach ist, oder ob sie die Annahme einer systematischen Beziehung zwischen Bildung und Einkommen stützt.

Kausalität versus Korrelation

In der Wissenschaft möchte man mehr erreichen, als nur die Feststellung, daß verschiedene Variable tatsächlich miteinander korreliert sind. Man möchte zu der Schlußfolgerung kommen, daß Veränderung der einen Variablen Veränderungen bei anderen Variablen *verursachen*. Die Unterscheidung zwischen Korrelation und **Kausalität** oder Verursachung ist wichtig. Wenn eine Variable die Ursache der anderen ist, dann werden Veränderungen dieser einen Variablen auch Veränderungen der anderen bewirken. Ist die Beziehung nur eine Korrelation, dann ist das nicht notwendig der Fall.

Wir haben gehört, daß nach 1973 die Importe japanischer Autos mehr als zehn Jahre lang angestiegen sind, während der Absatz der amerikanischen Automobilindustrie zurückging. Die beiden Variablen waren negativ korreliert. Daraus kann man aber nicht schließen, daß die gestiegenen japanischen Autoimporte die Ursache der gesunkenen US-amerikanischen Absatzzahlen waren. Der Rückgang der US-amerikanischen Autoproduktion während dieser Zeit konnte auch daran liegen, daß die amerikanischen Firmen große Benzinschlucker produzierten, die die Leute nicht mehr wollten. In diesem Fall würde eine Reduktion der japanischen Autoimporte den Absatz US-amerikanischer Autos nicht unbedingt erhöhen. Anders ausgedrückt: Wenn beide Veränderungen eine gemeinsame Ursache hatten, zum Beispiel die gestiegenen Ölpreise, dann konnte man diese Trends nur umkehren, wenn die Hersteller in den USA Autos mit sparsamerem Benzinverbrauch anbieten würden.

In manchen Fällen ist die *Richtung* der Kausalität unklar: Hat der japanische Verkaufserfolg die Absatzflaute bei den US-amerikanischen Firmen verursacht oder umgekehrt? Eine nähere Untersuchung hätte zum Beispiel auch ergeben können, daß die eigentliche Erklärung des Absatzrückgangs in den USA Streiks waren, die Produktionsausfälle verursachten; als dann keine US-amerikanischen Autos verfügbar waren, stellten sich die Konsumenten auf japanische Autos um. Um sicher zu sein, welche Erklärung richtig ist, ob also der Erfolg der japanischen Hersteller die Flaute bei den amerikanischen Herstellern bewirkt hat oder umgekehrt, oder ob beide durch einen dritten Faktor ausgelöst worden sind, muß man die Begleitumstände dieser Entwicklungen genauer untersuchen.

Experimente in der Volkswirtschaftslehre

In vielen Wissenschaften benutzt man Laborexperimente um alternative Erklärungen zu testen, denn solche Experimente machen es möglich, den Einfluß eines einzelnen Faktors isoliert zu untersuchen. Aber die Volkswirtschaft ist kein Chemielabor. Ähnlich wie die Astronomie muß die Wirtschaftswissenschaft sich mit den Experimenten begnügen, die die Natur bietet. Wirtschaftswissenschaftler suchen nach Situationen, in denen sich nur ein Faktor verändert, um die Folgen dieser Veränderung zu untersuchen. Eine Veränderung der Einkommensteuertarife könnte ein solches natürliches Experiment sein. Aber leider hält die Welt nicht still. Während das neue Steuersystem seine Wirkung entfaltet, geschehen auch andere Veränderungen in der Volkswirtschaft, und es ist oft schwierig zu entscheiden, ob eine bestimmte Entwicklung auf das neue Steuersystem oder auf andere wirtschaftliche Veränderungen zurückzuführen ist. Manchmal kann man die sogenannte **Ökonometrie** anwenden, einen speziellen Zweig der Statistik, der entwickelt wurde, um die spezifischen Meßprobleme zu analysieren, die in der Volkswirtschaftslehre auftauchen.

Gelegentlich machen Wirtschaftswissenschaftler auch Experimente mit Kontrollgruppen. So hat man zum Beispiel zwei ähnliche Gruppen gebildet und diese Gruppen mit unterschiedlichen Einkommensteuersystemen oder Wohlfahrtsprogrammen konfrontiert. In den letzten Jahren ist die **experimentelle Wirtschafts-**

forschung zu einem wichtigen neuen Zweig der Wirtschaftswissenschaften geworden. Sie untersucht bestimmte Aspekte des ökonomischen Verhaltens in einer kontrollierten Laborumgebung. So kann man zum Beispiel testen, wie Menschen auf Risiken reagieren, wenn man in einer solchen Umgebung eine risikobehaftete Situation konstruiert und die Versuchspersonen dazu zwingt, Entscheidungen zu treffen und danach zu handeln. Indem man nun die Art des Risikos und die Höhe der Gewinne und Verluste ändert, kann man herausfinden, wie die Menschen auf verschiedene Risiken im wirklichen Leben reagieren. Auf ähnliche Weise kann man unterschiedliche Arten von Auktionen in einer kontrollierten Laborumgebung simulieren, um die Reaktionen der Käufer zu testen. Die Lehren aus solchen Versuchsauktionen sind schon gelegentlich von Regierungen umgesetzt worden, wenn es darum ging, staatliche Auktionen zu organisieren.

Trotz all dieser Hilfsmittel ist es nicht leicht, Korrelationen zwischen verschiedenen Datenreihen zu finden und zu entscheiden, ob wirklich Kausalzusammenhänge dahinter stehen. Und es ist nicht nur wissenschaftliche Neugier, die die Forscher motiviert. Oft hängen wichtige wirtschaftspolitische Fragen davon ab, wie man sich die wirtschaftliche Realität vorstellt. Ob es sich zum Beispiel lohnt, mehr Ressourcen in die höhere Schulbildung zu stecken, hängt davon ab, ob man glaubt, daß die Lohnunterschiede zwischen Gruppen mit unterschiedlicher Schulbildung auf die Fähigkeiten und Kenntnisse zurückzuführen sind, die die Menschen in der Schule erworben haben, oder daß die gleichen natürlichen Begabungen für den Schulerfolg und den Erfolg am Arbeitsmarkt verantwortlich sind.

Wir halten fest, daß (1) eine Korrelation noch kein Beweis für einen Kausalzusammenhang ist, (2) verschiedene Erklärungen getestet werden können, indem man nur einen Faktor variiert und alle anderen konstant hält, und (3) aus empirischen Daten nicht immer konkrete Schlußfolgerungen abgeleitet werden können.

1.6 Meinungsverschiedenheiten innerhalb der Volkswirtschaftslehre

Oft erwartet man von Wirtschaftswissenschaftlern Urteile über wirtschaftspolitische Fragen. Soll der Staat das Haushaltsdefizit reduzieren? Soll die Inflation bekämpft werden und mit welchen Mitteln? In solchen politischen Diskussionen sind sich Wirtschaftswissenschaftler oft nicht einig. Sie haben unterschiedliche Ansichten darüber, wie die Welt funktioniert, verwenden unterschiedliche Beschreibungen wirtschaftlicher Zusammenhänge und leiten daraus unterschiedliche Prognosen über die Folgen bestimmter Maßnahmen ab. Und sie sind sich auch nicht darüber einig, wie diese Folgen zu bewerten sind.

Beschreibungen der Volkswirtschaft und Modelle, die die wirtschaftliche Entwicklung oder die Konsequenzen verschiedener politischer Maßnahmen vorhersagen, gehören zur **positiven Theorie**. Die Bewertung alternativer Politikmaßnahmen und die Abwägung ihrer Nutzen und Kosten sind Teil der **normativen Theorie**. Die positive Theorie beschreibt, wie die Volkswirtschaft funktioniert. Die normative Theorie urteilt darüber, ob verschiedene politische Handlungsweisen wünschenswert sind. Die normative Theorie baut auf der positiven Theorie auf. Man kann den Wert einer politischen Maßnahme nicht beurteilen, wenn man kein klares Bild von ihren Konsequenzen hat. Eine gute normative Theorie versucht, auch die zugrundeliegenden Werturteile und Ziele explizit zu machen. Sie versucht, ihren Aussagen die Form zu geben: „Wenn diese Ziele angestrebt werden ..., dann ist das die beste Politik."

Betrachten wir die normativen und positiven Aspekte des Vorschlags, die japanischen Autoimporte zu beschränken. Die positive Theorie würde die Folgen beschreiben: höhere Preise für die Konsumenten, mehr Umsatz, höhere Gewinne und mehr Beschäftigung in der US-amerikanischen Automobilindustrie, sowie höhere Ölimporte und mehr Umweltverschmutzung, denn amerikanische Autos verbrauchen im Durchschnitt mehr Benzin als japanische. Letztendlich stellt sich dann die Frage, ob die Importbeschränkungen wünschenswert sind. Das ist eine normative Frage: Die normative Theorie würde die verschiedenen Folgen, den Schaden für die Konsumenten und für die Umwelt und den Nutzen für die Arbeitskräfte und die Hersteller gegeneinander aufrechnen, um zu einem Gesamturteil zu kommen. Die normative Theorie entwickelt systematische Vorgehensweisen, um in derart komplizierten Situationen zu einem Urteil zu kommen.

Meinungsverschiedenheiten innerhalb der positiven Theorie

Schon bei der Beschreibung der Volkswirtschaft gehen die Meinungen auseinander. Erstens sind sich die Wirtschaftswissenschaftler nicht einig darüber, welches Modell das richtige ist. Dabei geht es zum einen darum, wie gut einzelne Menschen und Unternehmungen in der Lage sind, ihr Eigeninteresse wahrzunehmen und zu kalkulieren, und zum anderen darum, in welchem Maße auf den Märkten Wettbewerb herrscht. Unterschiedliche Modelle produzieren verschiedene Ergebnisse. Oft geben die Daten keine Auskunft darüber, welches von zwei konkurrierenden Modellen einen bestimmten Markt besser beschreibt.

Meinungsverschiedenheiten innerhalb der normativen Theorie

Jede wirtschaftspolitische Maßnahme hat im allgemeinen viele Konsequenzen, von denen einige nützlich und andere schädlich sind. Vergleicht man zwei Maßnahmen, dann begünstigt eine davon eine bestimmte Gruppe und die andere eine andere Gruppe. Selten ist eine wirtschaftspolitische Maßnahme eindeutig besser als die andere. Die Entscheidung hängt immer von Werturteilen ab. Verringert man die Besteuerung von Börsengewinnen, dann steigt vielleicht die Ersparnis, aber die meisten dieser Gewinne fließen an die Reichen; also vergrößert diese Maßnahme gleichzeitig die Ungleichheit. Eine Steuersenkung mit dem Zweck, die

Unter die Lupe genommen:
Konsens und Uneinigkeit unter Wirtschaftswisenschaftlern

In einer Umfrage wurden die folgenden sechs Aussagen einer Reihe von Wirtschaftswissenschaftlern vorgelegt.

	Ablehnung	*Zustimmung*	*Zustimmung mit Vorbehalt*
1. Einfuhrzölle und -quoten schaden meist der wirtschaftlichen Wohlfahrt.	6,5 %	21,3 %	71,3 %
2. Durch eine Mietbindung wird der verfügbare Wohnraum verringert.	6,5 %	16,6 %	76,3 %
3. Die Ursache für den Anstieg der Benzinpreise im Gefolge der irakischen Invasion Kuwaits ist die Monopolmacht der großen Ölkonzerne.	67,5 %	20,3 %	11,4 %
4. Das Handelsbilanzdefizit ist vor allem eine Folge der mangelnden Wettbewerbsfähigkeit der amerikanischen Firmen.	51,1 %	29,7 %	18,1 %
5. Geldzuwendungen erhöhen die Wohlfahrt der Empfänger stärker als Sachzuwendungen im gleichen Wert.	15,1 %	25,9 %	58,0 %

In der Bevölkerung sind diese Fragen umstritten. Viele Menschen glauben, daß Importbeschränkungen gut sind, daß eine Regulierung der Mieten durch den Staat kaum schädliche Nebenwirkungen hat, daß das Handelsbilanzdefizit hauptsächlich durch die mangelnde Wettbewerbsfähigkeit US-amerikanischer Firmen bedingt ist, daß der Staat den Armen kein Bargeld geben sollte (weil sie dazu neigen, es zu verschwenden), und daß die Ölkonzerne an den Ölpreissteigerungen schuld sind.

Wirtschaftswissenschaftler sind sich dagegen weitgehend darüber einig, daß viele dieser populären Meinungen falsch sind. Die Prozentzahlen in der obigen Tabelle stammen aus einer Umfrage, die Wissenschaftler der Weber State University und der Brigham Young University im Jahr 1990 durchgeführt haben. Der weit überwiegende Teil der Befragten glaubt offensichtlich, daß Importbeschränkungen meist schädlich sind, daß staatliche Mietkontrollen negative Auswirkungen haben, daß die Ölkonzerne nicht an den Ölpreissteigerungen schuld sind, daß das Handelsbilanzdefizit nicht durch die Wettbewerbsprobleme einzelner Unternehmungen bedingt ist und daß Geldzuwendungen den Armen mehr nützen als Sachzuwendungen in Form von Essen, Unterkunft und medizinischer Versorgung.

Quellen: Richard M. Alston, J. R. Kearl und Michael B. Vaughan, „Is There a Consensus Among Economists in the 1990s?" *American Economic Review* (Mai 1992).

Wirtschaft zu beleben, kann die Arbeitslosigkeit reduzieren, aber sie kann auch die Inflation anheizen. Selbst wenn zwei Wissenschaftler sich über das Modell einig sind, können sie zu unterschiedlichen Empfehlungen kommen. In unserem letzten Beispiel wird ein Wissenschaftler, dem die Beschäftigung mehr am Herzen liegt, die Steuersenkung empfehlen, während ein anderer, der sich mehr um den Geldwert sorgt, davon abraten wird. In diesem Fall sind unterschiedliche Werturteile die Quelle der Meinungsverschiedenheit. Tatsächlich überwiegen aber die Übereinstimmungen unter den Wirtschaftswissenschaftlern, auch wenn die Meinungsverschiedenheiten mehr Aufmerksamkeit erregen. Und selbst dort, wo sie sich uneinig sind, versuchen sie, die Ursache der Meinungsverschiedenheit zu klären: (1) Manchmal ist die Ursache die Verschiedenheit der Modelle, (2) manchmal die unterschiedlichen Einschätzungen der quantitativen Zusammenhänge und (3) manchmal die Verschiedenheit der Werturteile.

1.7 Konsens über die Bedeutung der Knappheit

In diesem Kapitel haben wir größtenteils Themen behandelt, über die sich die Wirtschaftswissenschaftler weitgehend einig sind. Dazu gehört auch die Feststellung, daß die Vereinigten Staaten ein gemischtes Wirtschaftssystem haben und daß es bestimmte Grundfragen gibt, auf die alle Wirtschaftssysteme eine Antwort geben müssen. Wir werden in jedem Kapitel die wichtigsten Konsenspunkte herausstreichen. Unser erster Konsenspunkt (der wichtigste in diesem Kapitel) betrifft die Knappheit.

1   Knappheit

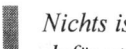

Nichts ist umsonst. Wenn man von irgend etwas mehr haben möchte, muß man dafür etwas anderes aufgeben. Knappheit ist eine Grundtatsache des Lebens.

Zusammenfassung

1. Die Volkswirtschaftslehre analysiert die Entscheidungen der Haushalte, der Unternehmungen und des Staates innerhalb der Gesellschaft. Entscheidungen sind unvermeidlich, denn die begehrten Güter, Dienstleistungen und Ressourcen sind notwendigerweise knapp.

2. Es gibt vier Grundfragen, die Wirtschaftswissenschaftler stellen, wenn sie eine Volkswirtschaft untersuchen. (1) Was wird produziert und in welchen Mengen? (2) Wie werden diese Güter produziert? (3) Für wen werden diese Güter produziert? (4) Wer trifft die wirtschaftlichen Entscheidungen und wie sehen die Entscheidungsprozesse aus?

3. Die Vereinigten Staaten haben eine gemischte Wirtschaft; dieser Ausdruck bezieht sich auf eine Mischung zwischen staatlichen und privaten wirtschaftlichen Entscheidungen. Das Wirtschaftsleben besteht überwiegend aus dem Zusammenspiel privater Haushalte

und Unternehmungen, aber der Staat spielt ebenfalls eine wichtige Rolle. Das zentrale Problem jeder gemischten Wirtschaft ist die richtige Balance zwischen dem öffentlichen und dem privaten Sektor.

4. Der Begriff des Marktes bezieht sich auf jede Situation, in der ein Austausch stattfindet. In Marktwirtschaften interagieren Haushalte, Unternehmungen und Staat auf Gütermärkten, Arbeitsmärkten und Kapitalmärkten.

5. Wirtschaftswissenschaftler benützen Modelle, um zu untersuchen, wie die Volkswirtschaft funktioniert, und um die Folgen von Veränderungen vorherzusagen. Ein Modell kann in Worten oder in Gleichungen ausgedrückt werden und soll die wesentlichen Eigenschaften eines bestimmten Phänomens abbilden.

6. Eine Korrelation existiert, wenn zwei Variable sich in vorhersehbarer Weise parallel zueinander entwickeln. Die bloße Existenz einer Korrelation beweist jedoch noch nicht, daß ein Faktor die Ursache des anderen ist. Es kann auch sein, daß beide von einem dritten Faktor beeinflußt werden.

7. In der positiven Theorie wird die Funktionsweise der Wirtschaft untersucht. Innerhalb der positiven Theorie gibt es Meinungsverschiedenheiten über das richtige Modell für die Gesamtwirtschaft oder einen einzelnen Markt und über die quantitativen Zusammenhänge innerhalb eines Modells. Die normative Theorie beschäftigt sich damit, welche wirtschaftspolitischen Maßnahmen wünschenswert sind. Meinungsverschiedenheiten innerhalb der normativen Theorie haben damit zu tun, daß die Kosten und Nutzen von wirtschaftspolitischen Maßnahmen unterschiedlich bewertet werden.

Schlüsselbegriffe

Zentralverwaltungswirtschaft	Korrelation	Arbeitsmarkt
gemischte Wirtschaft	Kausalität	Kapitalmarkt
Marktwirtschaft	positive Theorie	Kapitalgüter
Mikroökonomik	normative Theorie	Gütermarkt
Makroökonomik		

Wiederholungsfragen

1. Warum sind Entscheidungen unvermeidlich?

2. Wie sind die vier Grundfragen in der US-amerikanischen Wirtschaft beantwortet?

3. Was ist eine gemischte Wirtschaft? Beschreiben Sie einige der Aufgaben, die der Staat in einer gemischten Wirtschaft übernehmen kann oder auch nicht.

4. Nennen Sie die drei wichtigsten Märkte und beschreiben Sie, wie ein einzelner Mensch an jedem dieser Märkte als Käufer und Verkäufer teilnehmen kann.

5. Nennen Sie je zwei Beispiele für wirtschaftliche Fragen, die vor allem mikroökonomischer bzw. vor allem makroökonomischer Natur sind. Was ist der grundlegende Unterschied zwischen Mikroökonomik und Makroökonomik?

6. Was ist ein Modell? Warum benutzen Wirtschaftswissenschaftler Modelle?

7. Würden Sie erwarten, daß eine Korrelation existiert, wenn ein Kausalzusammenhang vorliegt? Würden Sie aus einer Korrelation auf einen Kausalzusammenhang schließen? Erläutern Sie ihre Antwort.

8. „Alle Meinungsverschiedenheiten zwischen Wirtschaftswissenschaftlern sind rein subjektiv." Kommentieren Sie diese Aussage.

Aufgaben

1. Sind die folgenden Ereignisse mikroökonomischer oder makroökonomischer Natur oder beides?
   a) Die Arbeitslosigkeit ist in diesem Monat gestiegen.
   b) Ein Pharmaunternehmen entwickelt und vermarktet ein neues Medikament.
   c) Eine Bank gewährt einer großen Unternehmung Kredit, lehnt aber den Kreditantrag einer kleinen Firma ab.
   d) Für alle Schuldner sinken die Zinssätze.
   e) Eine Gewerkschaft verhandelt, um höhere Löhne und Verbesserungen bei der betrieblichen Krankenversicherung durchzusetzen.
   f) Der Ölpreis steigt.

2. Spielen sich die folgenden Ereignisse am Arbeitsmarkt, am Kapitalmarkt oder am Gütermarkt ab?
   a) Ein Anleger versucht zu entscheiden, von welcher Unternehmung er Aktien kauft.
   b) Durch Übung werden die Arbeiter am Fließband effizienter.
   c) Durch die Öffnung der Volkswirtschaften in Osteuropa entstehen neue Märkte für US-amerikanische Produkte.
   d) Eine große Unternehmung, die in die Verlustzone geraten ist, hofft, ihre Kosten zu reduzieren, indem sie den Arbeitskräften ein Frühpensionierungsprogramm anbietet.
   e) Ein Konsument macht einen Einkaufsbummel und sucht nach Geburtstagsgeschenken.
   f) Die Bundesregierung muß mehr Kredit aufnehmen, um ihre Ausgaben zu finanzieren.

3. Welche Anreizprobleme könnten in jeder der folgenden Situationen entstehen? (Hinweis: Erinnern Sie sich an die Geschichte der Automobilindustrie zu Beginn dieses Kapitels.)
   a) Sie wollen Geld anlegen und Ihr Anlageberater macht Sie mit einigen Softwaremanagern bekannt, die ihre eigene Firma gründen wollen. Worüber sollten Sie sich Gedanken machen, bevor Sie in diese Firma investieren?
   b) Sie leiten eine kleine Unternehmung und Ihre Angestellten versprechen, ihren Arbeitseinsatz zu steigern, wenn Sie die Löhne erhöhen.
   c) Eine große Unternehmung steht vor dem Konkurs und bittet um staatliche Unterstützung.

4. Durch welche Interventionen hat der Staat in den vergangenen zwanzig Jahren der Automobilindustrie geholfen und wodurch hat er ihr geschadet?

5. Auf der Rückseite einer Packung mit Katzenstreu wird behauptet: „Katzen, die Katzenstreu benutzen, leben drei Jahre länger als andere." Glauben Sie, daß Katzenstreu tatsächlich die Lebenserwartung von Katzen verlängert, oder können Sie sich einen anderen Faktor vorstellen, der diese Korrelation erklärt? Wie könnten Sie versuchen, Ihre Erklärung zu testen?

6. In Schweden beträgt die Lebenserwartung 78 Jahre, in Indien 61 Jahre. Bedeutet das, daß ein Inder länger lebt, wenn er nach Schweden auswandert? Anders ausgedrückt: Erhöht sich die Lebenserwartung, wenn man in Schweden lebt, oder fällt Ihnen eine andere Erklärung für diese Tatsachen ein? Welche Informationen könnten Sie zu sammeln versuchen, um ihre Erklärung zu testen?

Kapitel 2

Die Denkweise der Wirtschaftswissenschaftler

Jeder Mensch denkt zumindest gelegentlich über wirtschaftliche Zusammenhänge nach. Wir denken über Geld nach (und wünschen uns, wir hätten mehr davon) und wir denken über Arbeit nach (und wünschen uns, wir hätten weniger davon). Wirtschaftswissenschaftler haben eine ganz eigene Art und Weise, ökonomische Fragen anzugehen. In diese spezielle Denkweise einzuführen, ist ein Anliegen dieses Buches. Das vorliegende Kapitel beginnt mit einem Grundmodell der Wettbewerbswirtschaft. Danach wird genauer untersucht, wie die Grundeinheiten, aus denen die Volkswirtschaft besteht, also einzelne Menschen, Unternehmungen und Regierungen, Entscheidungen treffen in Situationen, die durch Knappheit gekennzeichnet sind. In den Kapiteln 3 bis 5 analysieren wir das Zusammenspiel zwischen diesen Grundeinheiten, sowie die Frage, wie die Gesamtheit ihrer Interaktionen die Allokation der gesellschaftlichen Ressourcen bestimmt.

2.1 Das Grundmodell der Wettbewerbswirtschaft

Das Grundmodell der Wettbewerbswirtschaft hat drei Gruppen von Bestandteilen: Annahmen über das Verhalten der Konsumenten, Annahmen über das Verhalten der Unternehmungen und Annahmen über die Märkte, auf denen Konsumenten und Unternehmungen interagieren. In diesem Modell kommt der Staat nicht vor, denn man muß zunächst untersuchen, wie eine Wirtschaft ohne staatliche Einmischung funktionieren könnte, bevor man die besondere Rolle des Staates verstehen kann.

Rationalität und Gewinnmaximierung

Knappheit bedeutet, daß Individuen und Unternehmungen Entscheidungen treffen müssen. Fast alle wirtschaftswissenschaftlichen Analysen beruhen auf der Grundannahme der **Rationalität**, das heißt, man geht davon aus, daß die Menschen Kosten und Nutzen jeder Handlungsmöglichkeit abwägen. Dahinter steht die Erwartung, daß Individuen und Unternehmungen sich konsistent verhalten, daß sie also eine einigermaßen wohldefinierte Vorstellung von ihren Vorlieben und Zielen haben, sowie davon, wie sie diese Ziele erreichen können.

Bezogen auf einen einzelnen Menschen bedeutet Rationalität, daß die von ihm getroffenen Entscheidungen seinem Eigeninteresse am besten dienen. Unterschiedliche Menschen werden natürlich verschiedene Wünsche und Ziele haben. Sabine möchte einen Porsche, eine Yacht und ein großes Haus besitzen und nimmt dafür viele Überstunden in Kauf. Andreas bevorzugt ein niedrigeres Einkommen und mehr Freizeit. Wirtschaftswissenschaftler urteilen nicht darüber, wessen Präferenzen „besser" sind. Sie beschäftigen sich nicht einmal mit der Frage, warum die Menschen so unterschiedliche Vorlieben haben oder warum sich ihre Vorlieben im Zeitablauf verändern. Diese Fragen gehören eher zum Interessengebiet von Psychologen und Soziologen. In der Volkswirtschaftslehre geht es dagegen um die Folgen, die sich aus diesen unterschiedlichen Präferenzen ergeben. Welche Entscheidungen werden Sabine und Andreas mit ihren jeweiligen unterschiedlichen Interessen treffen, wenn sie sich rational verhalten?

Bezogen auf Unternehmungen bedeutet Rationalität einfach, daß sie versuchen, ihren Gewinn zu maximieren.

Wettbewerbsmärkte

Um das Modell zu vervollständigen, braucht der Wirtschaftswissenschaftler Annahmen über die Märkte, das heißt, die Orte, wo die rationalen Konsumenten und die gewinnmaximierenden Unternehmungen miteinander in Kontakt treten. Der Einfachheit halber konzentriert man sich zunächst auf den Fall, daß es für ein bestimmtes Gut viele Käufer und viele Verkäufer gibt. Als Bild dafür kann man sich einen überfüllten Wochenmarkt vorstellen, auf dem nur ein einziges Gut gehandelt wird, etwa einen Wochenmarkt in Florida, wo an jedem Stand ausschließlich Orangen angeboten werden.

Jeder Anbieter würde gerne seinen Preis erhöhen. Wenn er dann weiterhin genauso viele Orangen verkaufen könnte, würde sein Gewinn steigen. Angesichts einer großen Zahl von Anbietern, kann sich aber keiner allzu weit von den Preisen der anderen entfernen, den sonst würde er seine Kunden an den Nachbarstand verlieren. Gewinnmaximierende Unternehmungen sind genau in der gleichen Lage. Im Extremfall würde eine Unternehmung, deren Preis vom gängigen Marktpreis abweicht, ihren gesamten Umsatz verlieren. Dieser Fall wird **vollkommene Konkurrenz** genannt. Bei vollkommener Konkurrenz ist jede Unternehmung ein **Preisnehmer**. Das bedeutet einfach, daß sie den Marktpreis nicht beeinflussen kann und ihn deshalb als gegeben hinnehmen muß. Jede Unternehmung akzeptiert den Marktpreis, denn sie kann nicht davon abweichen, ohne ihren gesamten Umsatz zu verlieren; zum Marktpreis kann sie dagegen jede beliebige Menge verkaufen. Auch wenn sie ihren Absatz verzehnfachen würde, wären die Auswirkungen auf die Gesamtmenge am Markt sowie auf den Marktpreis vernachlässigbar. Auf Märkten für landwirtschaftliche Güter herrscht vollkommene Konkurrenz, solange der Staat sich nicht einmischt. So gibt es zum Beispiel so viele Getreidebauern, daß jeder glaubt, er könne soviel Getreide anbauen und verkaufen wie er will, ohne daß sich der Getreidepreis dadurch ändert. (In späteren Kapiteln werden wir Märkte kennenlernen, auf denen nur ein eingeschränkter - oder wie beim Monopol überhaupt kein - Wettbewerb herrscht, so daß die Unternehmungen ihre Preise erhöhen können, ohne den gesamten Umsatz einzubüßen.)

Auf der anderen Seite unseres Wochenmarktes stehen rationale Konsumenten, von denen jeder so wenig wie möglich für seine Orangen bezahlen möchte. Sie sind aber gezwungen, den Marktpreis zu bezahlen, solange die Anbieter auf andere Käufer ausweichen können, die bereit sind, die Orangen zum gängigen Preis zu kaufen. Also werden auch die Konsumenten den Marktpreis als gegeben akzeptieren und die Entscheidung darüber, wieviele Orangen sie kaufen werden, von anderen Faktoren abhängig machen und zwar in erster Linie von ihrer Vorliebe für Orangen.

Diese Vorstellung von rationalen, am Eigeninteressse ausgerichteten Konsumenten und rationalen, gewinnmaximierenden Firmen, die auf Wettbewerbsmärkten als Preisnehmer miteinander interagieren hat eine sehr starke Implikation: Wenn Märkte tatsächlich so funktionieren, ist die Wirtschaft effizient. Es werden keine Ressourcen verschwendet, und es ist nicht möglich, von irgendeinem Gut mehr zu produzieren, ohne die Produktion eines anderen Gutes einzuschränken; ja es ist nicht einmal möglich, irgendjemanden besserzustellen, ohne einem anderen etwas wegzunehmen. Das ist das Ergebnis eines Wirtschaftsmodells ohne staatliche Einmischung.

Praktisch alle Wirtschaftswissenschaftler geben zu, daß das Modell der vollkommenen Konkurrenz kein vollkommenes Abbild der tatsächlichen Zustände sein kann; dennoch verwenden es die meisten - so wie auch das vorliegende Buch - als Vergleichsmaßstab. Dort wo unsere Beobachtungen nicht mit den Vorhersagen des Wettbewerbsmodells übereinstimmen, betrachten wir die Abweichungen als Wegweiser zu anderen Modellen, mit deren Hilfe wir bestimmte Märkte und Situationen besser beschreiben können. Für andere Märkte paßt das Modell zwar nicht hundertprozentig, es ist aber doch eine hinreichend genaue Beschreibung, so daß sich daraus einigermaßen zutreffende Vorhersagen ableiten lassen. Wie wir sehen werden, gibt es unter den Wirtschaftswissenschaftlern Meinungsverschiedenheiten darüber, wieviele Märkte durch das Modell der vollkommenen Konkurrenz beschrieben werden können, wie zutreffend diese Beschreibung ist und was alternative Modelle leisten.

2.2 Preise, Eigentumsrechte und Gewinn: Leistungsanreize und Information

Marktwirtschaften können nur dann effizient funktionieren, wenn die Unternehmungen und die Konsumenten wohlinformiert sind und einen Anreiz haben, auf die verfügbaren Informationen auch zu reagieren. Tatsächlich könnte man die Anreizstrukturen als wichtigsten Aspekt der Wirtschaftswissenschaft betrachten. Es muß eine Belohnung dafür geben, daß die Menschen morgens zur Arbeit gehen, daß sie neue Produkte auf den Markt bringen, daß sie für schlechte Zeiten Ersparnisse bilden.

In Marktwirtschaften basieren Informationen und Anreize auf *Preisen, Gewinnen* und *Eigentumsrechten.* Preise liefern Informationen über die relative Knappheit verschiedener Güter. Das **Preissystem** stellt sicher, daß die Güter an diejenigen Konsumenten und Unternehmungen gehen, die bereit und in der Lage sind, dafür den höchsten Preis zu bezahlen. Preise zeigen den Unternehmungen, welchen Wert die Menschen verschiedenen Gütern beimessen.

Das Gewinnstreben sorgt dafür, daß die Unternehmungen auf die Preisinformationen auch reagieren. Sie können ihren Gewinn erhöhen, indem sie auf möglichst effiziente Weise und mit möglichst geringem Ressourcenverbrauch das produzieren, was die Konsumenten wünschen. Auch bei den Konsumenten sorgt das Eigeninteresse dafür, daß sie auf Preise reagieren: Sie kaufen teurere - und damit in gewissem Sinne knappere - Güter nur dann, wenn damit auch ein entsprechend größerer Nutzen verbunden ist.

Damit das Gewinnmotiv wirksam werden kann, ist es notwendig, daß die Unternehmungen mindestens einen Teil ihrer Gewinne behalten dürfen. Ebenso müssen Haushalte einen Teil des Ertrags aus ihren Investitionen behalten dürfen. (Der Ertrag einer Investition ist die Differenz zwischen den Rückflüssen und dem investierten Betrag. Er kann auch negativ sein.) Es muß also **Privateigentum** geben mit den dazugehörigen **Eigentumsrechten.** Eigentumsrechte umfassen sowohl das Recht, eine Sache nach Belieben zu nutzen, als auch das Recht, sie zu verkaufen.

Durch diese beiden Aspekte des Eigentums hat jeder einen Anreiz, sein Eigentum effizient zu nutzen. Der Eigentümer eines Grundstücks wird versuchen, die gewinnträchtigste Art der Nutzung dafür zu finden; er wird zum Beispiel entscheiden, ob er einen Laden oder ein Restaurant bauen soll. Wenn er einen Fehler macht und ein Restaurant eröffnet, obwohl ein Laden mehr Gewinn abgeworfen hätte, muß er den Einkommensverlust tragen. Der Gewinn, den er erzielen kann, wenn er die richtigen Entscheidungen trifft, und der Verlust, den er tragen muß, wenn seine Entscheidungen falsch sind, geben ihm den Anreiz, seine Entscheidungen sorgfältig zu bedenken und die notwendigen Informationen einzuholen. Die Eigentümerin eines Ladens versucht sicherzustellen, daß ihre Kunden mit dem Warenangebot und der Qualität des Service zufrieden sein können. Sie hat einen Anreiz, eine gute Reputation aufzubauen, denn sie kann dadurch den Umsatz und den Gewinn steigern.

Die Ladeneigentümerin wird auch daran interessiert sein, ihr Eigentum zu erhalten, das jetzt neben dem Grundstück auch den Laden umfaßt, denn so wird sie eines Tages, wenn sie sich dazu entschließt, ihr Geschäft zu verkaufen, einen höheren Preis dafür erhalten. Aus dem gleichen Grund hat ein Hauseigentümer einen Anreiz, sein Eigentum zu erhalten. Auch hier entsteht der Anreiz aus dem Zusammentreffen von Privateigentum und Gewinnstreben.

Leistungsanreiz versus Gleichheit

Leistungsanreize sind zwar der Motor einer Marktwirtschaft, sie sind aber nicht kostenlos zu haben, denn sie führen zu einer ungleichen Verteilung. Jedes Anreizsystem muß einen Zusammenhang zwischen Belohnung und Leistung herstellen. Da Glück und Begabung unterschiedlich verteilt sind, werden verschiedene Menschen immer auch unterschiedliche wirtschaftliche Leistungen hervorbringen. Oft ist es nicht einmal möglich herauszufinden, warum Leistungen sich unterscheiden. Ein Verkäufer mag behaupten, daß er durch überdurchschnittliches Geschick und Anstrengung einen hohen Umsatz erzielt hat, während sein Kollege dagegenhält, daß er einfach nur Glück gehabt hat.

Wenn die Bezahlung an die Leistung geknüpft ist, kommt es unweigerlich zu einer gewissen Ungleichheit. Je enger der Zusammenhang zwischen Leistung und Belohnung ist, desto ungleicher wird die Einkommensverteilung sein; es existiert also ein *Trade-off* **zwischen Anreizeffizienz und Gleichheit**. Wenn eine Gesellschaft stärkere Leistungsanreize setzen will, wird die Gesamtproduktion wahrscheinlich steigen, aber es wird wahrscheinlich auch eine größere Ungleichheit in der Verteilung geben.

Bei der Gestaltung des Steuer- und Sozialsystems ist es eine der wichtigsten Fragen, wie stark die wirtschaftliche Leistung darunter leiden wird, wenn man die Steuersätze erhöht, um ein besseres Sozialsystem zu finanzieren und damit die Ungleichheit zu reduzieren.

Wenn die Eigentumsrechte versagen

Preise, Gewinne und Eigentumsrechte sind die drei wichtigsten Bestandteile einer Marktwirtschaft. Ihre Bedeutung versteht man am besten, wenn man Situationen untersucht, in denen Eigentumsrechte und Preisbildung beeinträchtigt sind. Jedes der folgenden Beispiele beleuchtet ein Problem von allgemeiner Bedeutung. Wann immer eine Gesellschaft bestimmten Ressourcen nicht klar und eindeutig einen Eigentümer zuweist und es dem Meistbietenden nicht erlaubt, die Ressourcen zu nutzen, entstehen Ineffizienzen. Ressourcen werden verschwendet oder zumindest nicht optimal genutzt.

- *Fehlende Eigentumsrechte:* Fisch ist eine wertvolle Ressource. Vor nicht allzu langer Zeit wimmelte es in den Grand Banks, der Gegend zwischen Neufundland und Maine, von Fischen. Wie nicht anders zu erwarten, wimmelte es auch von Fischern, die sich mit dem Fischfang auf einfache Weise ihren Lebensunterhalt verdienen wollten. Da keine Eigentumsrechte definiert waren, versuchte jeder, soviel wie irgend möglich zu fischen. Für jeden einzelnen Fischer war es rational, davon auszugehen, daß die Fische, die er nicht selbst fing, von anderen gefangen würden. Das Ergebnis war eine Tragödie: Die Grand Banks waren so überfischt, daß sich der gewerbliche Fischfang nicht mehr lohnte. Inzwi-

schen haben sich Kanada und die Vereinigten Staaten auf vertraglich festge-
schriebene Fangquoten geeinigt und die Fischpopulation der Grand Banks hat
sich im Verlauf der Jahre allmählich wieder erholt.

* *Eingeschränkte Eigentumsrechte:* In Kalifornien teilt der Staat den verschiedenen Gruppen Wasserrechte zu. Da Wasser knapp ist, sind diese Wasserrechte
außerordentlich wertvoll. Sie sind aber mit einer Einschränkung versehen, denn
sie sind nicht transferierbar, können also nicht verkauft werden. Die Viehzüchter haben derzeit Rechte auf ungefähr zehn Prozent des kalifornischen
Wassers, etwas weniger als der Anteil, der von den Haushalten konsumiert
wird. Der Staat verlangt von den Viehzüchtern nur 50 $ pro *acre-foot* Wasser;
die Einwohner von San Francisco bezahlen statt dessen 256 $ pro *acre-foot*
und in manchen Kleinstädten ist der Preis noch höher. Der Wert, den das Wasser für die durstige städtische Bevölkerung hat, - das heißt ihre Zahlungsbereitschaft für zusätzliches Wasser - ist höher als der Gewinn aus der Viehzucht.
Wenn Wasserrechte gehandelt werden dürften, hätten die Viehzüchter einen
starken Anreiz, die Viehzucht aufzugeben und ihre Wasserrechte an die Städte
zu verkaufen. Alle Beteiligten würden dabei gewinnen.[1] In diesem Fall ist die
Einschränkung der Eigentumsrechte die Ursache für Ineffizienzen.

* *Nutzungsrechte als Eigentumsrechte:* Eigentumsrechte beinhalten nicht immer
die volle Verfügungsgewalt über eine Sache. Ein **Nutzungsrecht** wie zum Beispiel ein lebenslanges Wohnrecht zu einer Festmiete, wie es in einigen Großstädten üblich ist, wird von vielen Wirtschaftswissenschaftlern als Eigentumsrecht betrachtet. Der Mieter ist zwar nicht Eigentümer der Wohnung und kann
sie deshalb nicht verkaufen, er kann aber auch nicht gekündigt werden.

Solche unvollständigen Eigentumsrechte führen zu vielerlei Ineffizienzen. Da der
Mieter sein Wohnrecht nicht (legal) verkaufen kann, hat er mit zunehmendem Alter unter Umständen immer weniger Anreiz, die Wohnung instandzuhalten oder sie
gar zu verbessern.

Konsens über die Bedeutung von Leistungsanreizen

Leistungsanreize, Preise, Gewinne und Eigentumsrechte sind zentrale Bestandteile
jedes Wirtschaftssystems. Ihre Bedeutung ist unter Wirtschaftswissenschaftlern
unstrittig. Damit kommen wir zum zweiten Konsenspunkt:

---

[1] Die Interessen der Rinder gehen nicht in das Kosten-Nutzen-Kalkül ein.

2 *Leistungsanreize*

Ein grundlegendes Problem jeder Volkswirtschaft besteht darin, die richtigen Leistungsanreize zu setzen. In modernen Marktwirtschaften sind die Gewinne der Leistungsanreiz für die Unternehmungen und die Löhne der Leistungsanreiz für die Arbeitskräfte. Eigentumsrechte motivieren die Menschen zum Investieren und Sparen und auch dazu, ihr Vermögen optimal zu nutzen.

2.3 Rationierung

Das Preissystem ist nur eine Möglichkeit der Ressourcenallokation. Ein Vergleich mit anderen Möglichkeiten hilft, die Vorteile des Marktes zu klären. Wenn die Nachfrager von einem Gut weniger erhalten, als sie zu den gegebenen Bedingungen haben möchten, spricht man von **Rationierung**. Es gibt unterschiedliche Rationierungsverfahren, das heißt Verfahren zur Zuteilung der knappen Ressourcen in der Gesellschaft.

- *Rationierung nach dem Warteschlangenprinzip:* Anstatt die Güter denjenigen zu geben, die bereit und in der Lage sind, den höchsten Preis dafür zu zahlen, könnte man sie auch denjenigen geben, die am längsten darauf gewartet haben. Eintrittskarten für Filme, Sportveranstaltungen oder Rockkonzerte werden oft nach dem **Warteschlangenprinzip** vergeben. Ein Preis wird festgesetzt und unabhängig von der Anzahl der Kaufwilligen nicht verändert. (Die Schwarzmarktpreise für besonders begehrte Eintrittskarten sind ein Indikator für die wahre Zahlungsbereitschaft des Publikums.)

Viele glauben, daß eine Rationierung nach dem Warteschlangenprinzip sich für die Allokation medizinischer Leistungen besser eignet als der Preismechanismus. Warum - so das Argument - sollten die Reichen, die für ärztliche Dienstleistungen am meisten zahlen können, besser versorgt werden? Aufgrund dieses Arguments bietet Großbritannien eine kostenlose medizinische Versorgung für alle. Um einen Arzt zu konsultieren, muß man lediglich bereit sein zu warten. Die Rationierung nach dem Warteschlangenprinzip ist jedoch nur eine Umkehrung des Allokationsproblems: Da für Niedriglohnempfänger die Zeit einen geringeren Wert hat, sind sie eher bereit, zu warten, und erhalten deshalb einen überproportionalen Anteil an der staatlichen Gesundheitsversorgung.

Allgemein ist die Rationierung nach dem Warteschlangenprinzip eine ineffiziente Art der Ressourcenverteilung, denn die Zeit, die die Menschen mit Warten verbringen, ist eine verschwendete Ressource. Meistens gibt es Möglichkeiten, das gleiche Problem mit Hilfe eines Preissystems so zu lösen, daß jeder bessergestellt ist. Um bei dem Beispiel der medizinischen Versorgung zu bleiben: Wenn einige Patienten für die ärztlichen Dienstleistungen bezahlen dürften, anstatt sich in die Warteschlange einzureihen, könnten mehr Ärzte angestellt werden und die Wartezeit für die anderen Patienten könnte verkürzt werden.

- *Rationierung mit Hilfe von Losverfahren:* Von einem **Losverfahren** spricht man, wenn Güter über einen Zufallsprozeß alloziiert werden. In den Vereinigten Staaten wurden früher bestimmte Bergwerksrechte und Lizenzen für Radiosendefrequenzen über Losverfahren vergeben. Wie das Warteschlangensystem gelten auch Losverfahren als fair, weil jeder die gleichen Chancen hat. Sie sind jedoch ebenfalls ineffizient, weil die knappen Ressourcen nicht denjenigen Individuen oder Unternehmungen gegeben werden, die bereit und in der Lage sind, den höchsten Preis zu zahlen und damit die höchste Wertschätzung zum Ausdruck bringen.

- *Rationierung über Zuteilungsscheine:* In Kriegszeiten greifen die meisten Regierungen zur Rationierung mit Hilfe von **Zuteilungsscheinen**. Jeder erhält zum Beispiel monatlich eine bestimmte Menge an Benzin, Zucker und Mehl zugeteilt. Um die Waren zu erhalten, muß man den Marktpreis bezahlen und gleichzeitig einen Zuteilungsschein vorweisen. Der Grund für dieses Rationierungsverfahren liegt darin, daß ohne die Zuteilungsscheine die Preise stark steigen könnten, so daß es zu unzumutbaren Härten für die ärmeren Bevölkerungsschichten käme.

Bei diesem Verfahren macht es einen wesentlichen Unterschied, ob die Zuteilungsscheine handelbar sind oder nicht. Sind sie nicht handelbar, so entstehen die gleichen Ineffizienzen wie bei den meisten anderen Rationierungsverfahren - die Güter gehen in der Regel nicht an die Konsumenten mit der höchsten Zahlungsbereitschaft. Dann ist es immer möglich, durch Tauschhandel alle Beteiligten besser zu stellen. Jemand kann zum Beispiel daran interessiert sein, einen Teil seiner Mehlration bei anderen gegen Zucker einzutauschen. Bei nichthandelbaren Zuteilungsscheinen sind solche Transaktionen gesetzlich verboten. Wenn Kupons nicht legal gehandelt werden können, dann besteht ein starker Anreiz zur Bildung eines **Schwarzmarktes**, eines illegalen Marktes, auf dem Güter oder Zuteilungsscheine für Güter gehandelt werden.

2.4 Möglichkeitenmengen

In Marktwirtschaften bleibt es den Haushalten und Unternehmungen selbst überlassen, welche Güter sie nachfragen. Verhalten sich Haushalte und Unternehmungen rational, so beginnen Entscheidungsprozesse stets damit, daß die Wahlmöglichkeiten geklärt werden. Die **Möglichkeitenmenge** ist einfach die Menge aller verfügbaren Optionen. Wenn man ein belegtes Brötchen möchte und hat nur Roastbeef und Thunfisch im Kühlschrank, dann kann man ein Roastbeefbrötchen, ein Thunfischbrötchen, ein etwas seltsames Brötchen mit einer Kombination aus Roastbeef und Thunfisch oder gar nichts essen. Ein Schinkenbrötchen ist in der

Möglichkeitenmenge nicht enthalten. Man kann sich nach einem Schinkenbrötchen sehnen oder nach anderen Dingen, die nicht in der Möglichkeitenmenge enthalten sind, aber wenn es darum geht, Entscheidungen zu treffen, dann ist nur der Inhalt der Möglichkeitenmenge relevant.

Budget- und Zeitbeschränkungen

Eine Möglichkeitenmenge ist durch ihre Grenze definiert. In den meisten wirtschaftlich relevanten Entscheidungssituation werden die Wahlmöglichkeiten eines Menschen durch Zeit und Geld beschränkt. Möglichkeitenmengen, die durch Geld beschränkt sind, heißen **Budgetbeschränkungen**; solche, die durch Zeit beschränkt sind, heißen **Zeitbeschränkungen**. Ein Milliardär wird das Gefühl haben, daß seine Wahlmöglichkeiten nicht durch Geld, sondern durch Zeit eingeschränkt sind. Dagegen hat ein einfacher Arbeitsloser viel Zeit und es ist eher das Geld, das seine Wahlmöglichkeiten einschränkt.

Die Budgetbeschränkung definiert eine typische Möglichkeitenmenge. Tabelle 2.1 enthält die Budgetbeschränkung eines Konsumenten Alfred, der beschlossen hat, 100 $ für Musikkassetten oder CDs auszugeben. Eine CD kostet zehn Dollar, eine Musikkassette fünf Dollar. Alfred kann also entweder zehn CDs oder zwanzig Kassetten kaufen, oder aber neun CDs und zwei Kassetten, acht CDs und vier Kassetten und so weiter. Die verschiedenen Wahlmöglichkeiten sind in Abbildung 2.1 graphisch dargestellt:[2] Entlang der vertikalen Achse wird die Anzahl der gekauften Kassetten gemessen, entlang der horizontalen Achse die Anzahl der CDs. Die Linie $B_1 B_2$ ist die Budgetbeschränkung. Die Punkte B_1 und B_2 stellen Extremsituationen dar, in denen Alfred ausschließlich Kassetten bzw. ausschließlich CDs kauft. Die Punkte, die auf der Budgetgerade zwischen B_1 und B_2 liegen, repräsentieren alle anderen möglichen Kombinationen. Die Gesamtkosten jeder dieser Kombinationen müssen sich zu 100 $ addieren. Der Punkt, den Alfred tatsächlich wählt, ist mit E bezeichnet. (Er kauft vier CDs für 40 $ und zwölf Kassetten für 60 $.)

Tabelle 2.1 Alfreds Möglichkeitenmenge

Musikkassetten	0	2	4	6	8	10	12	14	16	18	20
CDs	10	9	8	7	6	5	4	3	2	1	0

Die Budgetbeschränkung ist diejenige Linie, die die Grenze der Möglichkeitenmenge oder Budgetmenge definiert. Die gesamte Budgetmenge ist größer (schraffierte Fläche). Sie enthält auch alle Punkte unterhalb der Budgetbeschrän-

---

[2] Hilfestellungen beim Lesen von Graphiken enthält der Anhang zu diesem Kapitel.

kung. Die Budgetbeschränkung zeigt für jede Anzahl von CDs, wieviele Musik-kassetten Alfred maximal kaufen kann, und umgekehrt. Er ist am glücklichsten, wenn er einen Punkt auf der Budgetbeschränkung wählt. Um das zu verstehen, vergleichen wir die Punkte *E* und *D*. In Punkt *E* hat Alfred von beiden Gütern mehr als in Punkt *D*. Er wäre sogar noch zufriedener in Punkt *F*, denn die Güter-kombination *F* enthält wiederum von beiden Gütern mehr als *E*, sie ist aber per de-finitionem nicht erreichbar.

Abbildung 2.1 Alfreds Budgetbe-schränkung. Die Budgetbeschränkung definiert die Grenzen von Alfreds Möglichkeitenmenge beim Kauf von CDs und Musikkassetten. Die Punkte B_1 und B_2 bezeichnen jeweils den Ex-tremfall, daß er sein ganzes Geld für eines der beiden Güter ausgibt. Tat-sächlich wählt er den Punkt *E*. Punkte innerhalb der schattierten Fläche sind möglich, spenden aber weniger Nutzen als Punkte auf der Budgetbeschrän-kung.

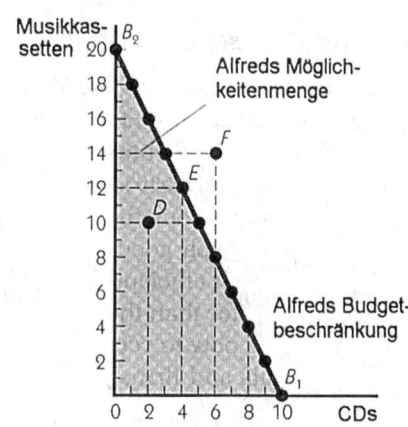

Abbildung 2.2 Möglichkeitenmenge für verschiedene Aktivitäten. Diese Möglichkeitenmenge ist durch eine Zeitbeschränkung begrenzt. Die Zeit-beschränkung definiert den *Trade-off* zwischen der Zeit, die man mit Fern-sehen verbringt, und der Zeit, die für andere Aktivitäten zur Verfügung steht. Punkt *D* mit fünf Stunden Fern-sehen pro Tag entspricht der Wahl des Durchschnittsamerikaners.

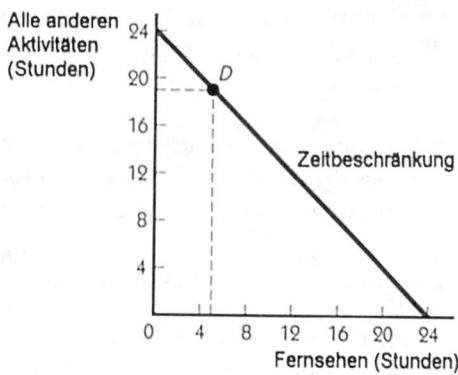

Abbildung 2.2 stellt eine Zeitbeschränkung dar. Die allgemeinste Zeitbeschrän-kung besagt einfach, daß die Zeit, die jemand täglich mit den verschiedensten Ak-tivitäten und mit Schlafen verbringt, insgesamt 24 Stunden betragen muß. In der

Abbildung wird die Anzahl der Stunden vor dem Fernseher auf der horizontalen Achse gemessen, die Zeit für alle anderen Aktivitäten auf der vertikalen Achse. Die Zeitbeschränkung ist der Budgetbeschränkung recht ähnlich. Niemand kann mehr als 24 Stunden oder weniger als null Stunden täglich mit Fernsehen verbringen. Je mehr Zeit man für das Fernsehen braucht, desto weniger Zeit bleibt für andere Aktivitäten. Punkt *D* zeigt die Zeit, die ein durchschnittlicher Amerikaner täglich mit Fernsehen verbringt, nämlich fünf Stunden.

Die Produktionsmöglichkeitenkurve

Auch Unternehmungen und die Volkswirtschaft insgesamt sind mit Beschränkungen konfrontiert und müssen aus einer begrenzten Möglichkeitenmenge wählen. Hier geht es um die **Produktionsmöglichkeiten**, das heißt die Menge an Gütern, die mit einer gegebenen Ausstattung an Boden, Arbeit und anderen Inputs produziert werden können.

Ein oft diskutiertes Beispiel ist eine Gesellschaft, deren wirtschaftliche Produktion in zwei Kategorien aufgeteilt ist, nämlich in militärische Güter und zivile Güter. Natürlich besteht jede dieser Gütergruppen aus vielen verschiedenen Güterarten, aber wir interessieren uns hier zunächst für die Entscheidung zwischen diesen beiden breiten Kategorien. In Abbildung 2.3 werden die militärischen Güter der Einfachheit halber „Kanonen" genannt, die zivilen Güter „Butter". Die Produktion von Kanonen wird auf der vertikalen Achse gemessen, die Produktion von Butter auf der horizontalen Achse. Die herstellbaren Kombinationen von Kanonen und Butter stellen die Möglichkeitenmenge dar. In Tabelle 2.2 sind einige mögliche Kombinationen aufgeführt: 90 Mio. Kanonen und 40 Mio. Tonnen Butter, oder 40 Mio. Kanonen und 90 Mio. Tonnen Butter. Diese Möglichkeiten sind in die Abbildung eingezeichnet. Wenn es um Produktionsentscheidungen geht, wird die Grenze der Möglichkeitenmenge - die maximale Anzahl von Kanonen, die bei jeder gegebenen Buttermenge produziert werden können - als **Produktionsmöglichkeitenkurve** bezeichnet.

Tabelle 2.2 Produktionsmöglichkeiten der Volkswirtschaft

Kanonen (Mio. Stück)	100	90	70	40	0
Butter (Mio. t)	0	40	70	90	100

Die Bedeutung dieses *Trade-off*s zwischen Kanonen und Butter zeigt sich besonders dramatisch in Abbildung 1.3: Während des Zweiten Weltkriegs brach in den USA die Autoproduktion beinahe vollständig zusammen, weil die Autofabriken für die Produktion von Panzern und anderen militärischen Fahrzeugen genutzt wurden. Wenn man die Möglichkeitenmenge eines einzelnen Menschen mit der Produktionsmöglichkeitenmenge der Gesellschaft vergleicht, fällt ein wichtiger

Unterschied ins Auge. Die individuelle Budgetbeschränkung ist eine Gerade, während die Produktionsmöglichkeitenmenge nach außen gekrümmt ist. Dafür gibt es einen guten Grund. Ein Einzelner ist typischerweise mit fixen *Trade-offs* konfrontiert: Wenn Alfred zehn Dollar mehr für CDs ausgibt, hat er zehn Dollar weniger für Musikkassetten.

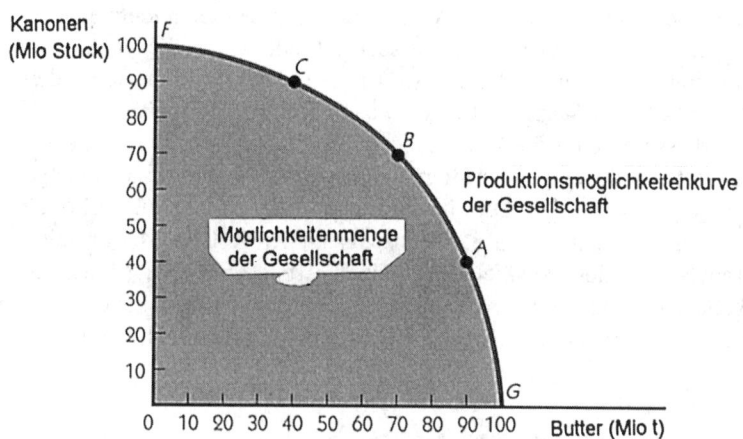

Abbildung 2.3 Der *Trade-off* zwischen Kanonen und Butter. Die Möglichkeitenmenge der Gesellschaft kann man mit Hilfe einer Produktionsmöglichkeitenkurve ausdrücken. Die hier dargestellte Produktionsmöglichkeitenkurve beschreibt den *Trade-off* zwischen militärischen Ausgaben („Kanonen") und zivilen Ausgaben („Butter"). Die Punkte *F* und *G* stehen für die Extremfall, daß die Volkswirtschaft ausschließlich Kanonen oder ausschließlich Butter produziert. Man beachte, daß die Produktionsmöglichkeitenkurve - im Gegensatz zu Budget- und Zeitbeschränkung - gekrümmt ist und damit abnehmende Grenzerträge ausdrückt.

Dagegen sind die *Trade-off*s, mit denen es eine Volkswirtschaft zu tun hat, nicht fix. Wenn nur wenige Kanonen produziert werden, dann werden diejenigen Ressourcen (Arbeitskräfte und Maschinen) in der Kanonenproduktion verwendet, die sich dafür am besten eignen. Versucht man aber, immer mehr Kanonen zu produzieren, so wird es immer schwieriger, dafür geeignete Ressourcen zu finden, und man wird mehr und mehr Ressourcen aus der Butterproduktion abziehen, die zur Kanonenproduktion nur wenig geeignet sind. Wenn die Volkswirtschaft ihre Kanonenproduktion von 40 Mio. pro Jahr (Punkt *A*) auf 70 Mio. (Punkt *B*) erhöht, geht die Butterproduktion um 20 Mio. t (von 90 auf 70 Mio. t) zurück. Erhöht man jedoch die Kanonenproduktion um weitere 20 Mio. auf 90 Mio. (*C*), so muß die Butterproduktion schon um 30 Mio. Tonnen verringert werden. Bei jeder weiteren

Steigerung der Kanonenproduktion muß die Butterproduktion um eine größere Menge reduziert werden. Deshalb ist die Produktionsmöglichkeitenkurve gekrümmt.

Ein anderes Beispiel ist Farmland, das sich entweder für den Anbau von Getreide (aber nicht für den Maisanbau) eignet oder umgekehrt für den Anbau von Mais (aber nicht für den Getreideanbau). In diesem Fall kann man die Getreideproduktion nur dadurch erhöhen, daß man Arbeitskräfte von den Maisfeldern abzieht und auf die Getreidefelder schickt. Je mehr Arbeitskräfte auf den Getreidefeldern arbeiten, desto mehr Getreide wird produziert, aber mit jedem zusätzlichen Arbeiter fällt die Produktionssteigerung geringer aus. Der erste Arbeiter kann die größten und schädlichsten Unkrautpflanzen entfernen. Zusätzliche Arbeitskräfte jäten mehr Unkraut und verbessern damit die Ernte. Aber die zusätzlich entfernten Unkrautpflanzen sind kleiner und weniger schädlich und der Output kann nur um eine geringere Menge gesteigert werden. Dies ist ein Beispiel für das allgemeine Prinzip der **abnehmenden Ertragszuwächse**. Wenn man immer größere Mengen eines bestimmten Inputs, wie zum Beispiel Düngemittel, Arbeitskraft oder Maschinen, mit einer gegebenen Menge anderer Inputfaktoren wie Saatgut oder Land kombiniert, wächst die Produktionsmenge, aber die Ertragszuwächse werden immer kleiner.

Tabelle 2.3 Abnehmende Ertragszuwächse

Zahl der Arbeitskräfte in der Maisproduktion	Maisoutput (in Zentner)	Zahl der Arbeitskräfte in der Weizenproduktion	Weizenoutput (in Zentner)
1.000	60.000	5.000	200.000
2.000	110.000	4.000	180.000
3.000	150.000	3.000	150.000
4.000	180.000	2.000	110.000
5.000	200.000	1.000	60.000

Tabelle 2.3 zeigt den Ertrag der Mais- und Weizenfelder bei zunehmendem Arbeitsinput pro Feld. Angenommen, die Unternehmung hat 6.000 Arbeitskräfte, die sie auf die Mais- und Weizenproduktion aufteilen kann. Dann zeigen die zweite und dritte Spalte die Produktionsmöglichkeiten der Unternehmung, die auch in Abbildung 2.4 dargestellt sind.

Ineffizienz: Punkte unterhalb der Produktionsmöglichkeitenkurve

Es ist anzunehmen, daß keine Unternehmung oder Volkswirtschaft ihre Produktionsmöglichkeiten ständig ausschöpft. Jede Ineffizienz führt zu einem Punkt unterhalb der Produktionsmöglichkeitenkurve wie Punkt *A* in Abbildung 2.4. Eine der wichtigsten Aufgaben der Wirtschaftswissenschaften ist es, herauszufinden, an welchen Stellen die Volkswirtschaft ineffizient arbeitet.

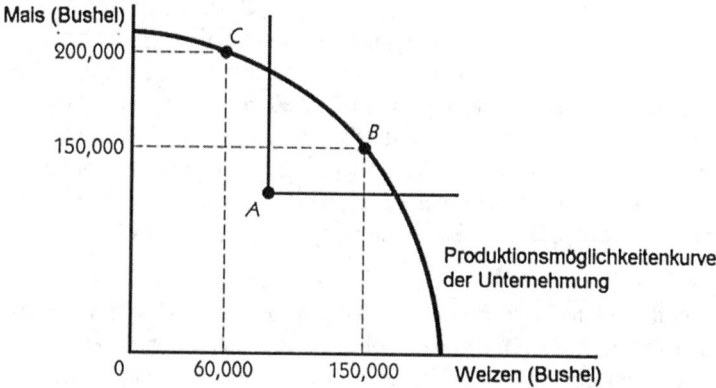

Abbildung 2.4   Der *Trade-off* zwischen Mais und Weizen. Die Produktionsmöglichkeitenkurve zeigt, daß mit zunehmender Weizenproduktion auf immer größere Mengen an Mais verzichtet werden muß. Oder anders ausgedrückt: Je weniger Mais angebaut wird, desto geringer ist die zusätzliche Weizenmenge, die man durch den Verzicht auf eine bestimmte Menge Mais gewinnen kann. Punkt *A* unterhalb der Produktionsmöglichkeitenkurve ist ein ineffizientes Ergebnis.

Immer wenn die Volkswirtschaft unterhalb ihrer Produktionsmöglichkeitenkurve bleibt, könnten die Menschen von jedem Gut mehr erhalten - mehr Weizen und mehr Mais, mehr Kanonen und mehr Butter. Welche Güter auch immer wir bevorzugen, wir könnten mehr davon haben. Deshalb können wir uneingeschränkt sagen, daß Punkte unterhalb der Produktionsmöglichkeitenkurve unerwünscht sind. Das bedeutet aber nicht, daß jeder Punkt auf der Produktionsmöglichkeitenkurve besser ist als irgendein Punkt darunter. Vergleichen wir die Punkte *A* und *C* in Abbildung 2.4. Die Maisproduktion ist in *C* höher, aber die Weizenproduktion ist niedriger. Wenn die Menschen Mais nicht gerne mögen, kann es sein, daß die höhere Maisproduktion sie für die geringere Weizenproduktion nicht angemessen entschädigt.

Es gibt viele Gründe, warum sich eine Volkswirtschaft unterhalb ihrer Produktionsmöglichkeitenkurve befinden kann. Es kann sein, daß auf einem Stück Land, das sich besser für den Maisanbau eignet, versehentlich Getreide angebaut wird. Es kommt auch vor, daß ein Teil der Ressourcen einer Volkswirtschaft - Land, Arbeitskräfte oder Kapitalgüter - überhaupt nicht genutzt werden, wie zum Beispiel während einer tiefen Rezession. Fehlende oder unvollständig definierte Eigentumsrechte, wie wir sie weiter oben in diesem Kapitel diskutiert haben, führen ebenfalls dazu, daß die Produktionsmöglichkeitenkurve nicht erreicht wird.

2.5 Kosten

Möglichkeitenmengen wie zum Beispiel Budgetbeschränkungen, Zeitbeschränkungen oder Produktionsmöglichkeitenkurven sind ein besonders elegantes Analyseinstrument, weil sie die Kosten einer Option in Einheiten einer anderen Option ausdrücken. Befindet man sich auf einer Budgetbeschränkung oder Produktionsmöglichkeitenkurve, so kann man von einer Sache nur dann mehr bekommen, wenn man irgendetwas anderes dafür opfert. Die „Kosten" einer weiteren Einheit eines Gutes entsprechen der Menge des anderen Gutes, auf die man dafür verzichten muß.

Für einen Wirtschaftswissenschaftler sind also Kosten immer *Trade-offs* im Rahmen einer Möglichkeitenmenge. Gehen wir zurück zu der Entscheidung zwischen CDs und Musikkassetten in Abbildung 2.1. Der *Trade-off* ist durch den **relativen Preis** gegeben, also durch das Preisverhältnis von CDs und Musikkassetten. In unserem Beispiel ist der relative Preis 10 \$: 5 \$ = 2; Für jede CD, auf die Alfred verzichtet, kann er zwei Musikkassetten bekommen. Genauso sind Volkswirtschaften und Unternehmungen mit *Trade-offs* entlang der Produktionsmöglichkeitenkurve konfrontiert, wie zum Beispiel derjenigen in Abbildung 2.3. Hier ist A ein Produktionspunkt mit 40 Mio. Kanonen und 90 Mio. t Butter. Um den *Trade-off* zu berechnen, muß man die Punkte *A* und *B* vergleichen. Das Land kann 30 Mio. zusätzliche Kanonen haben, wenn es auf 20 Mio. t Butter verzichtet.

Wegen der Knappheit der Ressourcen sind *Trade-offs* unvermeidlich. Wenn man etwas haben möchte, muß man dafür bezahlen, indem man etwas anderes aufgibt. Wenn jemand an einem Abend die Bibliothek besuchen möchte, muß er darauf verzichten, ins Kino zu gehen. Wenn in einem Sägewerk aus einem gegebenen Holzvorrat mehr Balken gemacht werden sollen, können nicht so viele Bretter entstehen.

Opportunitätskosten

Wenn Sie gefragt würden, was es kostet ins Kino zu gehen, würden Sie wahrscheinlich antworten „sieben Dollar" oder was auch immer Sie für Ihren letzten Kinobesuch bezahlt haben. Nachdem wir das Konzept der *Trade-offs* kennengelernt haben, sehen wir, daß das keine vollständige Antwort ist. Die Kosten sind offensichtlich nicht die sieben Dollar sondern das, was man von diesem Geld andernfalls hätte kaufen können. Darüber hinaus ist auch Ihre Zeit eine knappe Ressource, deren Wert mit eingerechnet werden muß. Sowohl das Geld als auch die Zeit stehen für Möglichkeiten, auf die Sie verzichtet haben, um ins Kino zu gehen. In der Wirtschaftswissenschaft spricht man von den **Opportunitätskosten** des Kinobesuchs. Eine Ressource einer bestimmten Verwendung zuzuführen bedeutet, daß sie nicht für irgend etwas anderes verwendet werden kann. Wenn wir also eine Ressource für einen bestimmten Zweck verwenden wollen, sollten wir ihre nächstbeste alternative Verwendung bedenken. Diese nächstbeste Verwendung ist das Maß für die Opportunitätskosten.

Einige Beispiele werden helfen, das Konzept der Opportunitätskosten zu verdeutlichen. Sarah immatrikuliert sich an einem College. Sie stellt sich vor, daß die Kosten für ihre Ausbildung aus den Studiengebühren und den Kosten für ihr Zimmer und das Mensaessen bestehen. Aber der Wirtschaftswissenschaftler denkt sofort an den Arbeitsplatz, den sie haben könnte, wenn sie nicht studieren würde. Hätte sie zum Beispiel während eines Studienjahres 15.000 $ verdienen können, so sind das die Opportunitätskosten ihrer Zeit, die zu den Collegerechnungen hinzugefügt werden müssen, wenn man die Gesamtkosten des Studienjahres berechnen will.

Ein anderes Beispiel ist eine Unternehmung, die für ihre Firmenzentrale ein Gebäude gekauft hat, das größer ist als notwendig. Wenn die Unternehmung für jeden nicht benötigten Quadratmeter pro Monat drei Dollar Miete erhalten könnte, dann sind das die Opportunitätskosten der Raumverschwendung.

Diese Analyse kann man auch auf die öffentlichen Haushalte anwenden. Die Regierung der Vereinigten Staaten besitzt zum Beispiel große Wildnisgebiete. Um zu entscheiden, ob es sich lohnt, einen Teil dieses Landes zum Nationalpark zu erklären, muß die Regierung die Opportunitätskosten dieser Art von Nutzung bedenken. Der gleiche Boden könnte statt dessen zur Produktion von Bauholz genutzt werden oder als Schafweide dienen. Die volkswirtschaftlichen Kosten der Errichtung eines Nationalparks entsprechen dem Wert des Landes in seiner nächstbesten Verwendung. Die Tatsache, daß die Regierung das Land nicht zu kaufen braucht, bedeutet nicht, daß es als freies Gut behandelt werden sollte.

Versunkene Kosten

Wie wir gesehen haben, enthält der ökonomische Kostenbegriff auch Kosten, an die ein Nichtfachmann nicht denken würde; umgekehrt werden aber andere Kosten, die ein Nichtfachmann selbstverständlich mit einbeziehen würde, im wirtschaftswissenschaftlichen Kostenkalkül vernachlässigt. Gemeint sind hier Ausgaben, die bereits getätigt worden sind, und die durch keine Entscheidung rückgängig gemacht werden können. Diese sogenannten **versunkenen Kosten** würde ein rational kalkulierender Mensch ignorieren.

Um das Konzept der versunkenen Kosten zu verstehen, benutzen wir nochmals das Beispiel des Kinobesuchs. Angenommen, Sie hätten bereits sieben Dollar für eine

Unter die Lupe genommen: Opportunitätskosten von Dienstbesprechungen

Unternehmungen vernachlässigen oft die wichtigsten Opportunitätskosten, nämlich die Zeit ihrer leitenden Angestellten. Die Personalagentur Accountemps hat 200 Manager aus den 1.000 größten US-amerikanischen Firmen befragt, um das Ausmaß der Zeitverschwendung zu messen. Die Manager schätzten, daß sie durchschnittlich 15 Minuten pro Tag am Telephon auf ihre Gesprächspartner warteten, durchschnittlich 32 Minuten pro Tag mit dem Lesen oder Schreiben unnötiger Berichte zubrachten und durchschnittlich 72 Minuten am Tag an unnötigen Besprechungen teilnahmen. Bei vier Wochen Jahresurlaub verbringt also der durchschnittliche Manager pro Jahr 60 Stunden mit dem Warten am Telephon, 128 Stunden mit unnötigen Berichten und 288 Stunden mit unnötigen Sitzungen!

Natürlich sind solche Schätzungen als Anschauungsmaterial gedacht und nicht als präzise Information. Vielleicht kann man auch gar nicht im voraus wissen, ob eine Besprechung nützlich sein wird oder nicht; eine produktive Sitzung kann wahrscheinlich nur entstehen, wenn man das Risiko eingeht, seine Zeit zu verschwenden. Dennoch gewinnt man den Eindruck, daß in vielen Unternehmungen Besprechungen angesetzt werden in dem Glauben, daß damit keine Kosten verbunden sind, da die Teilnehmer keine Extrabezahlung dafür erhalten. Man ignoriert die Opportunitätskosten, also die Tatsache, daß die hochbezahlten Manager mit ihrer Zeit auch etwas anderes anfangen könnten.

Ein halb ernstgemeinter Vorschlag geht dahin, daß man die Opportunitätskosten von Sitzungen messen und auf einer Anzeigetafel in einer Ecke des Sitzungsraums sichtbar machen sollte. Jeder, der den Sitzungsraum betritt, würde sein Gehalt pro Stunde eingeben und die Anzeigetafel würde dann die Kosten für die Zeit aller Teilnehmer aufaddieren. Wenn zum Beispiel zwanzig Manager an einer Besprechung teilnehmen, die im Durchschnitt pro Stunde 45 $ verdienen, würde die Anzeige in jeder Sitzungsstunde um 900 $ nach oben gehen. Man könnte auch die Opportunitätskosten der Raumnutzung mit einbeziehen, die Kosten, die dadurch entstehen, daß man Anrufe beantworten muß, die während der Sitzung eingegangen sind, und so weiter. Wenn dann die Anzeigetafel für die Opportunitätskosten der nachmittäglichen Routinesitzung im vierstelligen Bereich angelangt ist, entstünde ein starker Anreiz, schnell fertig zu werden, so daß jeder sich wieder seinen anderen Aufgaben zuwenden kann.

Quelle: „Executives on Hold 60 Hours a Year", *San Jose Mercury News*, 10. Juli 1990, S. 7A.

Eintrittskarte ausgegeben, obwohl Sie sich nicht sicher waren, ob der Film das Geld wert sein würde. Eine halbe Stunde nach Beginn des Films haben sich Ihre schlimmsten Befürchtungen bestätigt: der Film ist katastrophal schlecht. Sollen Sie nun das Kino verlassen? Bei dieser Entscheidung sollten die sieben Dollar vernachlässigt werden. Sie sind versunkene Kosten, denn Sie erhalten Ihr Geld nicht zurück, unabhängig davon, ob Sie bleiben oder gehen. Relevant ist jetzt nur noch die Frage, wie Sie die nächsten 90 Minuten verbringen wollen, ob Sie einen furchtbaren Film sehen oder mit Ihrer Zeit etwas anderes anfangen wollen.

Oder nehmen Sie an, daß Sie gerade für 2.000 $ einen raffinierten Laptop gekauft haben. Eine Woche später kündigt der Hersteller an, daß ein neuer, doppelt so mächtiger Computer zum Preis von 1.000 $ auf den Markt kommt. Für einen Aufpreis von 400 $ können Sie Ihren alten Computer gegen einen neuen austauschen. Sie ärgern sich, weil Sie gerade 2.000 $ für einen Computer bezahlt haben, der nun, nachdem Sie ihn noch kaum benutzt haben, schon nahezu wertlos ist. Sie beschließen, den neuen Computer erst in einem Jahr zu kaufen, wenn sich Ihre Investition wenigstens zum Teil amortisiert haben würde. Auch hier würde ein Wirtschaftswissenschaftler wieder sagen, daß Sie das Problem nicht rational angehen. Die Ausgaben der Vergangenheit sind versunkene Kosten. Jetzt sollten Sie sich nur noch die Frage stellen, ob die zusätzliche Leistungskraft des moderneren Computermodells die zusätzlichen 400 $ wert ist. Wenn ja, kaufen Sie ihn, andernfalls nicht.

Grenzkosten

Ein dritter Kostenbegriff, den Wirtschaftswissenschaftler häufig gebrauchen, ist der Begriff der **Grenzkosten**. Das sind die zusätzlichen Kosten, die durch eine bestimmte Aktivität entstehen, und die gegen den zusätzlichen Nutzen oder **Grenznutzen** dieser Aktivität abgewogen werden. Bei den schwierigsten Entscheidungen, die wir zu treffen haben, geht es nicht darum, ob wir etwas tun oder nicht, sondern in welchem Maß wir es tun. Kaum jemand kann entscheiden, ob er arbeiten will oder nicht. Daß wir arbeiten müssen, steht fest; es geht nur darum, ob wir ein paar Stunden mehr oder weniger arbeiten. Eine Regierung denkt nicht darüber nach, ob sie eine Armee haben soll oder nicht; sie entscheidet darüber, ob die Armee größer oder kleiner sein soll.

Jakob hat gerade einen Job gefunden, für den er ein Auto braucht. Er muß entscheiden, wieviel Geld er für das Auto ausgeben will. Wenn er mehr ausgibt, kann er ein größeres und bequemeres Auto kaufen. Aber er muß sich darüber klarwerden, ob ein größeres Auto oder Extras wie zum Beispiel schicke Radkappen oder elektrische Fensterheber ein paar hundert (oder tausend) zusätzliche Dollar wert sind.

Paula möchte für ein Skiwochenende nach Colorado fliegen. Sie hat drei Tage frei. Das Flugticket kostet 200 $, das Hotelzimmer 100 $ pro Nacht und die Liftkarte 35 $ pro Tag. Für Essen hat sie die gleichen Ausgaben wie zuhause. Sie möchte entscheiden, ob sie zwei oder drei Tage in Colorado verbringen wird. Die *Grenzkosten* des dritten Tages betragen 135 $, nämlich die Übernachtungskosten plus die Kosten für die Liftkarte. Diese Grenzkosten muß sie vergleichen mit dem zusätzlichen Genuß, den ihr der dritte Tag verschaffen wird.

Anwendungsbeispiel:
Marginalanalyse als Grundlage für die Festlegung von Sicherheitsstandards

Während der vergangenen zwei Jahrzehnte hat die Regierung aktiv zur Erhöhung der Verkehrssicherheit von Kraftfahrzeugen beigetragen. Sie hat Sicherheitsstandards festgelegt, die alle Neuwagen erfüllen müssen. So muß ein Kraftfahrzeug zum Beispiel einem Seitenaufprall mit einer bestimmten Geschwindigkeit standhalten können. Die Festsetzung dieser Standards ist ein schwieriges Problem. Kürzlich hat die Regierung erwogen, für Lastkraftwagen die Standards für den Seitenaufprallschutz zu verschärfen. Der Entscheidung lagen Berechnungen zugrunde, wonach die verschärften Sicherheitsbestimmungen die Zahl der Verkehrstoten um 79 pro Jahr verringern und die Kosten eines Lastkraftwagens um 81 $ erhöhen würden. (Zusätzlich würden die Lastkraftwagen durch das höhere Gewicht mehr Benzin verbrauchen.) Bei der Entscheidung, ob die Sicherheitsstandards verschärft werden sollten, hat die Regierung also Grenzkosten- und Grenznutzenüberlegungen zugrunde gelegt.

Bewußt oder unbewußt vergleichen die Menschen bei den meisten Entscheidungen Grenzkosten und Grenznutzen. Wirtschaftswissenschaftler stellen diese Größen explizit in den Vordergrund. Neben den Opportunitätskosten und den versunkenen Kosten sind die Grenzkosten das dritte entscheidende Konzept, das Ökonomen anwenden, um die Kosten alternativer Wahlmöglichkeiten systematisch zu untersuchen.

Ein Blick in die Wirtschaftspolitik: Die Anwendung der Marginalanalyse

Steuergutschriften für Investitionen sind seit langem ein beliebtes Instrument der Wirtschaftspolitik. Bei einem Anrechnungssatz von zehn Prozent erhält eine Unternehmung, die 100 Mio. $ zum Beispiel in den Bau einer neuen Produktionsanlage investiert, 10 Mio. $ Abzug von ihrer Steuerschuld. Damit bezahlt der Staat zehn Prozent der Investition. 1993 schlug die Clinton-Regierung eine neue Art der Steuergutschrift vor, bei der Unternehmungen dafür belohnt werden sollten, daß sie ihre Investitionsausgaben im Vergleich zum Vorjahr erhöhten. Im Gegensatz zu diesem Vorschlag wird bei der üblichen Investitionsförderung die Gesamtsumme der Investitionsausgaben zugrunde gelegt, obwohl der größte Teil dieser Ausgaben auch ohne Steuergutschrift stattgefunden hätte. Der Clinton-Vorschlag, den der Kongreß nicht verabschiedet hat, ist ökonomisch durchaus sinnvoll. Da sich die Förderung auf die zusätzlichen Ausgaben oder Grenzausgaben bezieht, die im

Zentrum der unternehmerischen Investitionsentscheidung stehen, könnte man dadurch mit jedem Dollar aus Steuermitteln eine größere Wirkung erzielen.

Die Begründung ist folgende: Wie wir gesehen haben, werden durch eine Steuergutschrift, die es den Unternehmungen erlaubt, zehn Prozent von ihren Investitionsausgaben von der Steuerschuld abzuziehen, die Investitionskosten um zehn Prozent reduziert. Dadurch wird ein starker Anreiz zu neuen Investitionen gesetzt. Dieser Anreiz ist aber teuer, denn der größte Teil der Investitionen wäre ohnehin getätigt worden. Wenn zum Beispiel die Investitionsausgaben in einer Volkswirtschaft 750 Mrd. $ betragen, und wenn diese Summe durch die Steuervergünstigungen auf 810 Mrd. $ ansteigt, dann haben die zusätzlichen Investitionen in Höhe von 60 Mrd. $ insgesamt 81 Mrd. $ an entgangenen Staatseinnahmen gekostet.

Die Gesetzesvorlage, die 1993 vom Kongreß abgelehnt wurde, bedeutete statt dessen eine Steuergutschrift auf den Ausgabenzuwachs. Man wollte nur diejenigen Ausgaben subventionieren, die ohne die Steuergutschrift nicht stattgefunden hätten. Über die Höhe dieser zusätzlichen Ausgaben gibt es keine Information. Aber der Anstieg der Investitionsausgaben gegenüber dem Vorjahr ist ein brauchbarer, wenn auch unvollkommener Ersatz. In unserem Zahlenbeispiel nehmen wir an, daß die Investitionsausgaben im Vorjahr 700 Mrd. $ betragen hätten - eine unvollkommene Schätzgröße für die 750 Mrd. $, die ohne steuerlichen Anreiz im laufenden Jahr ausgegeben worden wären. Da für die Entscheidungen der Investoren nur die Grenzkosten relevant sind, wird eine zehnprozentige Steuergutschrift auf den Ausgabenzuwachs die Investitionen wie bei der bisherigen Regelung auf 810 Mrd. $ erhöhen. Da jedoch der Steuergutschrift nur 110 Mrd. $ zugrunde gelegt werden (810 Mrd. $ minus 700 Mrd. $), verliert das Finanzministerium nur elf Milliarden Dollar (110 Mrd. $ × 10 %) - 70 Mrd. $ weniger als bei dem üblichen Verfahren.

1993 hat der Kongreß zwar bei der Steuergutschrift für Investitionen die Chance verpaßt. Er hat aber Grenzkostenüberlegungen berücksichtigt, als er eine Verordnung verlängert hat, die eine zwanzigprozentige Steuergutschrift für den Ausgabenzuwachs im Bereich Forschung und Entwicklung vorsieht.

Zusammenfassung

1. Das grundlegende Wettbewerbsmodell setzt rationale, eigennutzorientierte Individuen und gewinnmaximierende Unternehmungen voraus, die auf Wettbewerbsmärkten miteinander interagieren.

2. Gewinnorientierung und Privateigentum geben rationalen Individuen und Unternehmungen einen Anreiz zu harter und effizienter Arbeit. Fehlende oder unvollständige Eigentumsrechte können zu Ineffizienzen führen.

3. Die Gesellschaft ist oft mit Entscheidungssituationen konfrontiert, in denen zwischen Effizienz und Gleichheit gewählt werden muß. Effizienz setzt Anreizstrukturen voraus,

bei denen Einzelne und Unternehmungen in Abhängigkeit von ihrer Leistung unterschiedliche Belohnungen erhalten, während Gleichheit bedeutet, daß Einkommen und Vermögen mehr oder minder gleich verteilt sind.

4. Das Preissystem in einer Marktwirtschaft ist *eine* Methode der Allokation von Gütern und Dienstleistungen. Andere Möglichkeiten sind Rationierungsverfahren wie zum Beispiel Warteschlangen, Losverfahren und Zuteilungsscheine.

5. Eine Möglichkeitenmenge ist die graphische Darstellung der Wahlmöglichkeiten in einer Entscheidungssituation. Budget- und Zeitrestriktionen definieren die Möglichkeitenmengen einzelner Konsumenten. Sie zeigen wieviel jemand von einer Sache aufgeben muß, um eine Einheit einer anderen Sache zu erhalten.

6. Eine Produktionsmöglichkeitenkurve definiert die Möglichkeitenmenge einer Unternehmung oder einer Gesellschaft. Sie stellt diejenigen Güterkombinationen dar, die die Unternehmung oder Gesellschaft maximal produzieren kann. Wenn eine Unternehmung oder Gesellschaft unterhalb ihrer Produktionsmöglichkeitenmenge arbeitet, sagt man, daß sie ineffizient ist, denn sie könnte von jedem Gut mehr produzieren, ohne die Produktion des anderen Gutes einzuschränken.

7. Opportunitätskosten sind die Kosten der Nutzung einer Ressource. Sie werden gemessen, indem man die nächstbeste alternative Nutzungsmöglichkeit für diese Ressource betrachtet.

8. Versunkene Kosten sind in der Vergangenheit getätigte Ausgaben, die nicht rückgängig gemacht werden können, unabhängig davon, welche Entscheidung in der Gegenwart getroffen wird. Rationale Entscheidungsträger ignorieren solche Kosten.

9. Bei den meisten wirtschaftlichen Entscheidungen geht es um marginale Wahlmöglichkeiten, bei denen die zusätzlichen Kosten oder Grenzkosten einer Handlungsmöglichkeit mit ihrem zusätzlichen Nutzen oder Grenznutzen verglichen werden.

Schlüsselbegriffe

vollkommener Wettbewerb	Budgetbeschränkung	Opportunitätskosten
Preissystem	Zeitbeschränkung	versunkene Kosten
Rationierungsverfahren	Produktionsmöglichkeiten	Grenzkosten
Möglichkeitenmenge	*Trade-offs*	Grenznutzen
abnehmende Grenzerträge		

Wiederholungsfragen

1. Was sind die wesentlichen Elemente des grundlegenden Wettbewerbsmodells?

2. Stellen Sie sich einen See in einem Nationalpark vor, wo jeder nach Belieben fischen darf. Welches Ergebnis würden Sie vorhersagen? Könnte man dieses Problem vermeiden, wenn der See in Privateigentum stünde und wenn Fischereilizenzen verkauft würden?

3. Warum können wirtschaftspolitische Maßnahmen zugunsten einer weniger ungleichen Einkommensverteilung die Effizienz herabsetzen?

4. Zählen Sie die Vor- und Nachteile verschiedener Rationierungsverfahren auf (Warteschlangen, Losverfahren, Zuteilungsscheine). Könnten einige der Nachteile dieser Verfahren gemildert werden, wenn die Regierung die Bildung eines Schwarzmarktes zuläßt?

5. Nennen Sie einige Opportunitätskosten einer Universitätsausbildung? Welche Opportunitätskosten sollte die Regierung bei der Entscheidung über den Ausbau einer Fernstraße in Betracht ziehen?

6. Nennen Sie zwei Beispiele für versunkene Kosten und erklären Sie, warum diese Kosten für Entscheidungen in der Gegenwart nicht relevant sind.

7. Welche Rolle spielt die Marginalanalyse bei der Entscheidung über den Kauf eines Autos oder eines Hauses? Welche Rolle spielt die Marginalanalyse, nachdem man sich schon für einen bestimmten Autotyp entschieden hat?

Aufgaben

1. Stellen Sie sich vor, daß an einem Fluß viele Produktionsanlagen liegen, die industriellen Abfall ins Wasser abgeben. Flußabwärts liegt eine große Stadt, die den Fluß zur Trinkwasserversorgung und als Erholungslandschaft nutzt. Welche Probleme können auftauchen, wenn die Eigentumsrechte am Fluß unzureichend definiert sind?

2. Angenommen unter einem Stück Land, das mehrere private Eigentümer hat, befindet sich ein unterirdisches Ölvorkommen. Jede Ölförderungsanlage reduziert die Ölmenge, die andere entnehmen können. Werden die Ölvorräte schneller oder langsamer erschöpft sein, verglichen mit einer Situation, in der ein einziger Mensch die Eigentumsrechte an dem gesamten Ölvorkommen hat.

3. In einigen amerikanischen Staaten werden Jagdlizenzen durch Losverfahren zugeteilt; wenn man eine Lizenz möchte, muß man sich an der Lotterie beteiligen. Kann man mit diesem System erreichen, daß diejenigen, die der Jagd den größten Wert beimessen, eine Lizenz erhalten? Wie würde sich die Situation verbessern, wenn diejenigen, die eine Lizenz gewinnen, sie an andere verkaufen dürften?

4. Stellen Sie sich vor, daß die Regierung in Kriegszeiten bestimmte Güter über Zuteilungsscheine rationiert. Was spricht dafür, den Handel mit diesen Zuteilungsscheinen zu erlauben? Welche Nachteile würden sich daraus ergeben?

5. Kathi, eine Studentin, hat pro Woche ein Taschengeld von 20 $ zur Verfügung; sie gibt das Geld entweder für *Junk-food* aus, wobei jeder Imbiß 2,50 $ kostet, oder für Benzin zum Preis von 0,25 $ pro Liter. Zeichnen Sie Kathis Möglichkeitsmenge. Berechnen Sie den *Trade-off* zwischen *Junk-food* und Benzin. Dann zeichnen Sie jeweils die neue Budgetbeschränkung, die sich ergeben würde, wenn (a) eine freundliche Verwandte ihr zusätzlich 10 $ pro Woche schicken würde; (b) der Preis für einen *Junk-food*-Imbiß auf 2 $ fallen würde; (c) der Benzinpreis auf 0,30 $ pro Liter steigen würde. Wie verändert sich jeweils der *Trade-off* zwischen *Junk-food* und Benzin?

6. Warum sind die Opportunitätskosten eines Medizinstudiums höher als die eines Colle-
   gestudiums? Warum sind die Opportunitätskosten der Kindererziehung für eine Mutter
   mit Universitätsabschluß höher als für eine Mutter, die nur Abitur hat?

7. Robert verbringt seine Freizeit gerne mit Kinobesuchen und Musikhören. Pro Woche
   hat er für diese Aktivitäten 20 Stunden zur Verfügung; um einen Film zu sehen, braucht
   er zwei Stunden, um eine CD zu hören eine Stunde. Zeichnen Sie seine Zeitbeschränkung. Robert hat auch nur eine beschränkte Geldsumme zur Verfügung, die er für seine
   Freizeitaktivitäten ausgeben kann, nämlich 60 $ pro Woche. Ein Kinobesuch kostet 5 $,
   eine CD 12 $. (Er hört sich die gleiche CD niemals zweimal an.) Zeichnen Sie seine
   Budgetbeschränkung. Wie sieht seine Möglichkeitenmenge aus?

Anhang: Anleitung zum Lesen von Kurven

In ökonomischen Analysen sind Diagramme außerordentlich nützlich. Betrachten
wir zum Beispiel Abbildung 2.5; sie entspricht der Abbildung 2.1 und zeigt die
Budgetbeschränkung von Alfred. Allgemein ausgedrückt zeigt eine Kurve ein
Verhältnis zwischen zwei Variablen, hier zwischen der Anzahl der CDs und der
Anzahl der Musikkassetten, die Alfred kaufen kann. Die Budgetbeschränkung gibt
für jede Zahl von bereits gekauften CDs an, wieviele Kassetten Alfred noch kaufen
kann.

In einem solchen Diagramm wird eine Variable (hier die CDs) auf der horizontalen
Achse und die andere auf der vertikalen Achse abgetragen. Für den Punkt E kann
man zum Beispiel an den beiden Achsen ablesen, daß er vier CDs und zwölf Musikkassetten entspricht. Punkt A bedeutet fünf CDs und zehn Kassetten, wie man
ebenfalls an den Achsen sieht.

Alle Punkte aus der Tabelle wurden in das Diagramm eingetragen und dann miteinander verbunden. Man benutzt dafür den allgemeinen Ausdruck „Kurve", obwohl die Kurve in unserem Fall eine gerade Linie ist. Der Vorteil, den die Kurve
gegenüber den einzelnen Punkten hat, besteht darin, daß wir aus der Zeichnung
Punkte ablesen können, die auf der Budgetbeschränkung liegen, aber nicht in der
Tabelle enthalten sind.

Manchmal ist natürlich nicht jeder Punkt auf der Kurve ökonomisch sinnvoll zu
interpretieren. Man kann nicht eine halbe Musikkassette oder eine halbe CD kaufen. Meistens vernachlässigt man solche Überlegungen beim Kurvenzeichnen; man
tut einfach so, als ob jeder Punkt auf der Budgetbeschränkung auch wirklich realisierbar wäre.

Die Steigung einer Kurve

Analog zur Steigung an einem Berg mißt die **Steigung** einer Kurve, um welchen
Betrag sich der Wert der Variablen entlang der vertikalen Achse erhöht, wenn der

Variablenwert auf der horizontalen Achse um eine Einheit zunimmt. Die Steigung wird manchmal auch beschrieben als „Anstieg geteilt durch Entfernung"; das bedeutet, daß man sie berechnen kann, indem man die Veränderung entlang der vertikalen Achse (den „Anstieg") durch die Veränderung entlang der horizontalen Achse (die „Entfernung") dividiert.

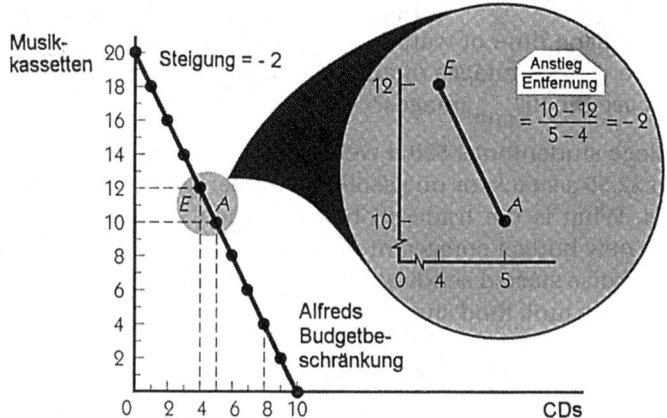

Abbildung 2.5   Kurvenlesen am Beispiel der Budgetbeschränkung. Kurven können benutzt werden, um die Beziehung zwischen zwei Variablen darzustellen. Die hier abgebildete Kurve zeigt den Zusammenhang zwischen der Zahl der Kassetten, die Alfred kauft (vertikale Achse) und der Zahl der CDs, die er kaufen kann (horizontale Achse). Die Steigung der Budgetbeschränkung ist negativ und zeigt, auf wieviele Musikkassetten Alfred verzichten muß, wenn er eine zusätzliche CD kauft.

Betrachten wir Abbildung 2.5. Auf dem Weg von *E* nach *A* steigt die Anzahl der CDs um eine, die Anzahl der Kassetten geht um zwei zurück. Für jede zusätzlich gekaufte CD muß auf zwei Musikkassetten verzichtet werden. Die Steigung der Linie beträgt also

$$\frac{\text{Anstieg}}{\text{Entfernung}} = \frac{10-12}{5-4} = \frac{-2}{1} = -2.$$

Wenn wie in Abbildung 2.5 bei einer Zunahme der horizontal gemessenen Variablen die vertikal gemessene Variable zurückgeht, sagt man, daß die Kurve oder Linie negativ geneigt ist oder eine **negative Steigung** hat. Eine Budgetbeschränkung ist immer negativ geneigt. Wenn man die Steigung einer Budgetbeschränkung beschreibt, vermeidet man allerdings häufig den Ausdruck „negativ". Man sagt, die Steigung beträgt 2 und weiß, daß man eigentlich genauer sagen müßte, die Steigung beträgt minus 2, weil es sich um eine Budgetbeschränkung handelt. Alternativ heißt es manchmal, die Steigung hat einen absoluten Wert von 2.

Abbildung 2.6 zeigt eine Kurve mit **positiver Steigung**. Die Variable entlang der vertikalen Achse, das Einkommen, steigt mit zunehmender Ausbildung, so daß eine Linie entsteht, die von links nach rechts ansteigt.

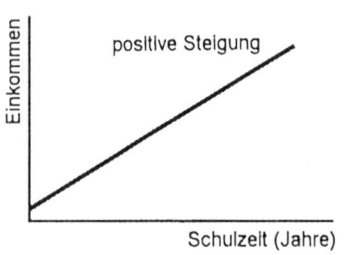

Abbildung 2.6   Eine Kurve mit positiver Steigung. Mit der Anzahl der absolvierten Schuljahre steigt das Einkommen.

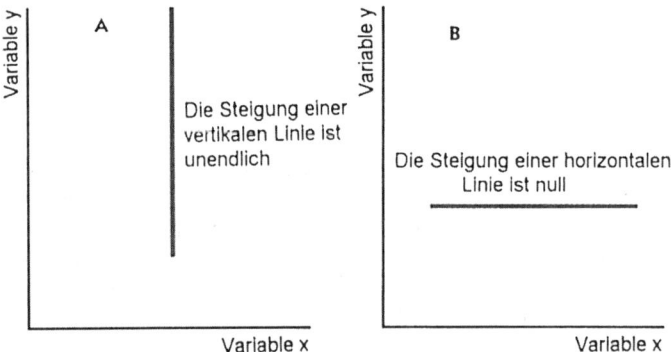

Abbildung 2.7   Grenzfälle. Die Steigung einer vertikalen Linie (Teil der Abbildung) ist unendlich. Die Steigung einer horizontalen Linie (Teil B) ist null.

In späteren Kapiteln werden wir zwei Spezialfällen begegnen. Eine sehr steile Linie hat eine sehr große Steigung; das bedeutet, daß jeder Zuwachs um eine Einheit entlang der horizontalen Achse zu einem sehr starken Anstieg entlang der vertikalen Achse führt. Der Extremfall ist eine vollkommen vertikale Linie mit unendlicher Steigung (Abbildung 2.7, Teil A). Das andere Extrem ist eine horizontale Linie; da der Wert der vertikal gemessenen Variablen nicht ansteigt, unabhängig davon, wie groß die Veränderung entlang der horizontalen Achse ist, sagt man, die Steigung einer solchen Kurve ist null (Teil B).

In den Abbildungen 2.5 und 2.6 sind gerade Linien zu sehen. Entlang einer Geraden ist die Steigung überall gleich. Anders in Abbildung 2.8, die die Produktionsmöglichkeitenkurve aus Abbildung 2.3 zeigt. In Teil B erscheint die Gegend um Punkt *E* herum vergrößert. Man sieht, daß die Produktion von Kanonen um eine Million abnimmt, wenn die Produktion von Butter um eine Million Tonnen zunimmt. Damit ist die Steigung

$$\frac{\text{Anstieg}}{\text{Entfernung}} = \frac{69-70}{71-70} = -1.$$

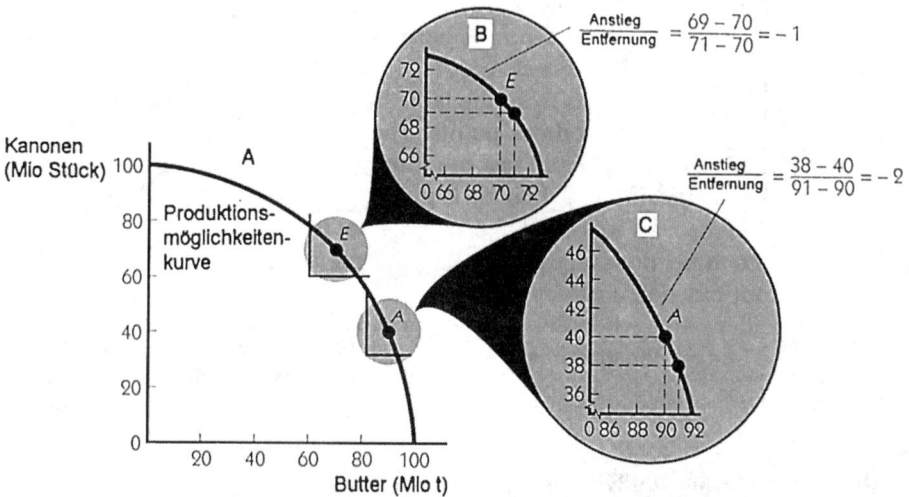

Abbildung 2.8 Der *Trade-off* zwischen Kanonen und Butter. Teil A zeigt den *Trade-off* zwischen militärischen und zivilen Ausgaben. Die Gesellschaft wählt den Punkt *E*. Teil B ist eine Vergrößerung der Gegend um *E*, die die Steigung der Kurve und damit den *Trade-off* in diesem Punkt deutlich macht. Entsprechend ist Teil C eine Vergrößerung der Gegend um *A* und zeigt, mit welchem *Trade-off* die Gesellschaft in der Nähe dieses Punktes konfrontiert ist.

Betrachten wir nun Punkt *A*, wo die Volkswirtschaft mehr Butter produziert. Teil C ist eine Vergrößerung der Gegend um *A*. Man sieht, daß für einen Anstieg der Butterproduktion um eine Einheit auf mehr Kanonen verzichtet werden muß als vorher. Die Steigung in *A* beträgt

$$\frac{\text{Anstieg}}{\text{Entfernung}} = \frac{38-40}{91-90} = -2.$$

Bei gekrümmten Kurven wie der Produktionsmöglichkeitenkurve ist die Steigung an jedem Punkt der Kurve verschieden groß.

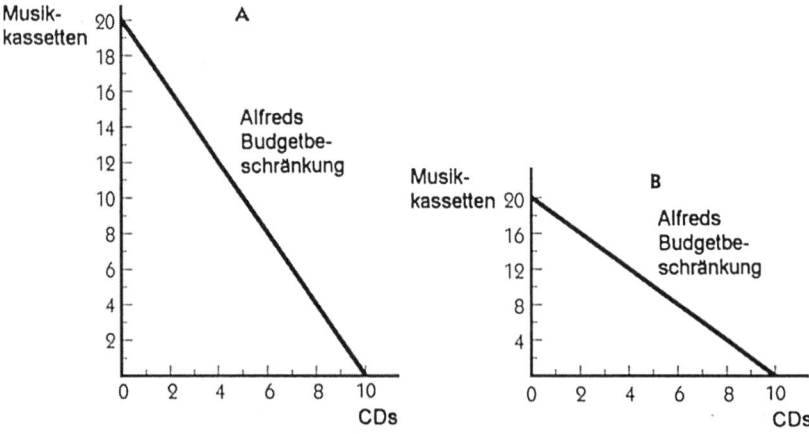

Abbildung 2.9 Maßstab und Steigung. Welche der beiden Linien hat die größere Steigung? Die Maßeinteilung entlang der vertikalen Achse ist unterschiedlich. Die beiden Kurven haben genau die gleiche Steigung.

Die Interpretation von Kurven

Betrachten wir Abbildung 2.9. Auf den ersten Blick hat die linke Kurve eine in absoluten Werten größere Steigung. Wenn man die Achsen genau ansieht, stellt man fest, daß die vertikale Achse von Teil A gegenüber der von Teil B gestreckt erscheint. Der gleiche Abstand, der in Teil A für 20 Musikkassetten steht, bedeutet in Teil B nur 10 Musikkassetten. Tatsächlich stellen beide Kurven dieselbe Budgetbeschränkung dar und haben genau die gleiche Steigung.

Ähnlich vorsichtig muß man interpretieren, wenn man Kurven mit empirischen Daten betrachtet wie in Kapitel 1. Vergleichen wir zum Beispiel Teil A und B in Abbildung 2.10. Die Kurve in Teil B scheint zu bedeuten, daß sich die Autoproduktion im Zeitablauf nicht sehr stark verändert. Aber auf den zweiten Blick erkennt man wieder, daß die vertikale Achse in Teil A gestreckt worden ist. Die beiden Kurven geben exakt dieselben Daten wieder und sind tatsächlich vollkommen identisch.

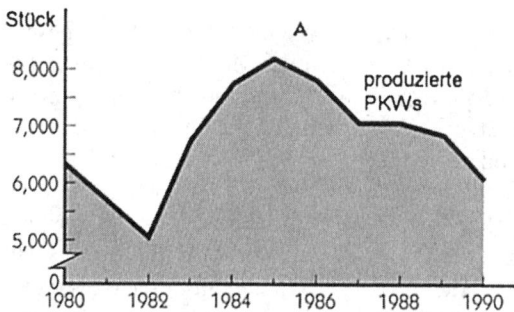

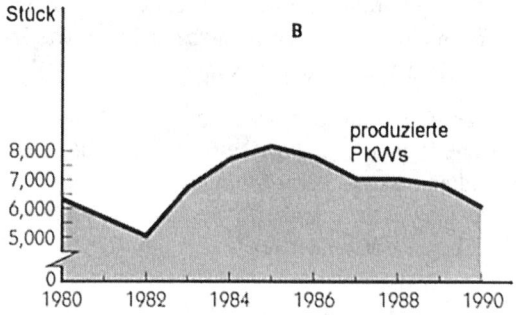

Abbildung 2.10 Der Einfluß des Maßstabs bei der graphischen Darstellung empirischer Daten. Welche der beiden Kurven zeigt größere Outputschwankungen in der Automobilindustrie? Die beiden Kurven enthalten die gleichen Daten. Lediglich die Skala entlang der vertikalen Achse wurde verändert. *Quelle: Ward's Automotive Reports* (1991).

Kapitel 3

Handel

Ein Wesen, das von einem anderen Planeten aus auf die modernen Industriegesell-schaften der Erde herabschaut, könnte die Aktivitäten der Menschen mit einer rie-sigen Ameisenkolonie vergleichen. Jede Ameise hat offensichtlich eine bestimmte Aufgabe. Manche bewachen Häuser oder Menschen. Einige füttern die Jungen. Einige bringen die Ernte ein und andere verteilen sie. Wieder andere hantieren mit Papier, schreiben Notizen in Hefte und tippen auf Tastaturen vor Computerbild-schirmen. Manche arbeiten in Fabriken, befestigen Schrauben, beaufsichtigen Ma-schinen und so weiter. Es stellt sich die Frage, wie alle diese Aktivitäten koordi-niert werden. Kein Diktator oder superintelligentes Computerhirn gibt Weisungen. Und dennoch werden irgendwie auf eine einigermaßen vernünftig koordinierte Weise ungeheure Leistungen vollbracht. Es ist ein zentrales Anliegen der Wirt-schaftswissenschaft, zu verstehen, wie eine komplexe Volkswirtschaft funktioniert, wie es kommt, daß bestimmte Menschen eine bestimmte Aufgabe erfüllen, wie In-formationen weitergegeben und Entscheidungen getroffen werden.

In diesem Kapitel diskutieren wir Fragen, die mit der wirtschaftlichen Arbeitstei-lung und der wechselseitigen wirtschaftlichen Abhängigkeit zu tun haben, und zwar sowohl zwischen den Haushalten und Unternehmungen innerhalb einer Volkswirtschaft als auch zwischen verschiedenen Ländern innerhalb der Weltwirt-schaft. Viele Prinzipien kann man auf beide Ebenen anwenden.

3.1 Die Vorteile des Handels

Wir betrachten zunächst die Vorteile, die sich aus dem Handel mit bereits vorhan-denen Gütern ergeben.

Wenn Menschen unterschiedliche Güter besitzen, wenn sie unterschiedliche Wün-sche haben, oder wenn beides der Fall ist, dann ist es möglich, einen Handel abzu-schließen, der allen Beteiligten Vorteile bringt. Beim Tauschen von Sportlerbil-dern lernen Kinder die Grundprinzipien des Handels. Wenn jeder ein anderes Bild doppelt hat, können beide durch einen Tausch gewinnen. Das gleiche gilt für Län-der. Nigeria hat mehr Öl als es verbrauchen kann, aber es produziert nicht genü-gend Lebensmittel, um seine Bevölkerung zu ernähren. Die Vereinigten Staaten haben mehr Getreide, als die Menschen dort brauchen, aber sie müssen Öl impor-tieren. Durch Handel können beide Länder gewinnen.

Bei einem freiwilligen Handel gewinnen immer alle Parteien. Wenn bei einem Tauschgeschäft eine Partei verlieren würde, dann würde diese Partei es vorziehen, das Geschäft nicht abzuschließen. Die Freiwilligkeit des Handels hat also grundsätzlich zur Folge, daß alle Beteiligten davon profitieren.

Wenn man sich beim Handel übervorteilt fühlt

Trotz dieses auf den ersten Blick überzeugenden Arguments kommt es oft vor, daß jemand den Eindruck hat, bei einem Geschäft übervorteilt worden zu sein. Hier ist es wichtig zu verstehen, daß die Aussage über die wechselseitige Vorteilhaftigkeit eines freiwilligen Handels nicht bedeutet, daß beide Parteien mit dem Handel zufrieden sind.

Stellen Sie sich zum Beispiel vor, daß Frank einen antiken Schaukelstuhl auf einem Flohmarkt anbietet. Er ist grundsätzlich bereit, ihn für 100 $ zu verkaufen, hofft aber auf einen Erlös von 200 $. Helene sucht auf dem Flohmarkt nach einem solchen Stuhl. Sie ist bereit, bis zu 200 $ dafür auszugeben, hofft aber, daß 100 $ genügen werden. Beide argumentieren und feilschen und einigen sich schließlich auf einen Preis von 125 $. Auf dem Heimweg äußern beide Unzufriedenheit. Frank meint, der Preis sei zu niedrig gewesen, Helene sagt, er sei zu hoch gewesen.

Aus der Sicht des Wirtschaftswissenschaftlers sind solche Beschwerden ein Widerspruch in sich. Wenn Frank *wirklich* der Meinung wäre, daß 125 $ zu wenig sind, hätte er den Stuhl nicht zu diesem Preis verkauft. Wenn Helene *wirklich* überzeugt wäre, daß dieser Preis zu hoch ist, hätte sie ihn nicht bezahlt. Wirtschaftswissenschaftler sagen deshalb, daß die Menschen ihre Präferenzen nicht durch ihre Aussagen offenbaren, sondern durch ihre Handlungen. Wenn jemand freiwillig ein Geschäft abschließt, dann gibt er damit zu, daß dieses Geschäft, auch wenn es nicht vollkommen sein mag, doch besser ist als kein Geschäft.

Gegen diese Argumentation gibt es zwei gängige Einwände. Beide haben etwas damit zu tun, daß Frank oder Helene ihren jeweiligen Tauschpartner übervorteilen, so daß dieser durch den Tausch nicht gewinnt sondern verliert.

Der erste Einwand geht dahin, daß entweder Frank oder Helene nicht wirklich wissen, worauf sie sich einlassen. Vielleicht erkennt Helene, daß der Stuhl eine wertvolle Antiquität ist, aber es gelingt ihr, ihn für 125 $ zu kaufen, weil sie es Frank nicht erzählt. Vielleicht weiß Frank, daß die Kufen nicht mehr halten, aber, um einen hohen Preis zu erzielen, verkauft er den Stuhl, ohne Helene darüber zu informieren. In beiden Fällen ist derjenige, dem die entscheidende Information fehlt, im Nachhinein ein Verlierer.

Der zweite Einwand betrifft die gerechte Verteilung des **Gewinns aus dem Handel**. Da Helene bereit gewesen wäre, bis zu 200 $ zu bezahlen, ist die Differenz zu dem tatsächlich bezahlten Preis für sie ein Gewinn. Genauso wäre Frank bereit gewesen, den Stuhl für nur 100 $ zu verkaufen; jeder Mehrerlös ist also für ihn ein Gewinn. Der Gesamtgewinn aus dem Handel beträgt 100 $, die Differenz zwischen der maximalen Zahlungsbereitschaft von Helene und dem Mindestpreis, zu dem Frank bereit war, zu verkaufen. Beim Preis von 125 $ hat Frank von diesem Gewinn 25 $ erhalten, Helene 75 $. Der Einwand lautet, daß diese Verteilung nicht fair ist.

Wirtschaftswissenschaftler haben mit diesen Einwänden nicht sehr viel Geduld. Wie die meisten Menschen sind sie dafür, daß beide Geschäftspartner so viele Informationen wie möglich haben sollten, und daß sie gezwungen werden sollten, ihre Versprechungen zu halten. Aber sie argumentieren, daß das nachträgliche Bereuen eines Geschäfts nicht zählt. Wenn Frank seine Antiquität auf einem Flohmarkt verkauft, anstatt sie von einem renommierten Antiquitätenhändler schätzen zu lassen, dann hat er eine freiwillige Entscheidung getroffen, Zeit und Energie zu sparen. Wenn Helene ein altes Möbelstück auf einem Flohmarkt kauft, anstatt zu einem renommierten Händler zu gehen, dann weiß sie, daß sie ein Risiko eingeht.

Die Freiwilligkeit eines Handels bedeutet jedoch nicht, daß jeder mit dem Ergebnis glücklich sein muß. Es bedeutet einfach nur, daß die Beteiligten dieses Geschäft lieber wollen als kein Geschäft. Und wenn sie es vorziehen, dieses Geschäft abzuschließen, dann sind sie zum Zeitpunkt der Transaktion per definitionem *subjektiv* besser gestellt als vorher.

Die genannten Einwände enthalten jedoch eine wichtige Botschaft: Die meisten Tauschgeschäfte, die in der wirklichen Welt abgeschlossen werden, sind um einiges komplizierter als der Handel zwischen Frank und Helene, denn sie sind mit Informationsproblemen, Schätzrisiken und Zukunftserwartungen befrachtet. Diese Komplikationen werden in späteren Kapiteln behandelt. Ohne ins Detail zu gehen, können wir hier folgendes festhalten: Wenn man sich Sorgen macht, ob man genügend Informationen hat, um ein Geschäft abzuschließen, dann muß man Angebote vergleichen, eine Garantie verlangen, eine Expertenmeinung einholen oder eine Versicherung abschließen. Wenn man diese Vorsichtsmaßnahmen außer Acht läßt, dann darf man nicht so tun, als hätte man keine andere Wahl gehabt. Man weiß, daß man ein Risiko eingeht, genau wie jemand, der sich ein Lotterielos kauft.

Wirtschaftliche Beziehungen als Tauschgeschäfte

In einer modernen Volkswirtschaft ist jeder Mensch ständig in eine große Zahl freiwilliger Tauschgeschäfte verwickelt. Man tauscht Arbeitsleistungen (Zeit und Fähigkeiten) beim Arbeitgeber gegen Geld. Man tauscht bei einer großen Anzahl von Händlern Geld gegen Güter (wie Lebensmittel und Benzin) und Dienstleistungen (wie Haushaltsreparaturen und Haarschnitte). Der Arbeitgeber tauscht die Güter, die er produziert, gegen Geld und das Geld gegen Arbeitsleistungen. Sogar ein Sparkonto kann als Tauschgeschäft betrachtet werden: Man gibt der Bank heute 100 $ gegen das Versprechen, daß man am Ende des Jahres 105 $ zurückerhält (ihre ursprüngliche Einlage plus fünf Prozent Zinsen).

3.2 Internationaler Handel

Auch für Länder ist der Handel von Vorteil. So wie ein einzelner Mensch sich nicht vollständig selbst versorgen kann, kann auch ein Land nicht autark sein, ohne seinen Lebensstandard zu opfern. Die Vereinigten Staaten sind seit langem in die Weltwirtschaft integriert. Der Grad dieser Integration und damit die gegenseitige Abhängigkeit zwischen den USA und ihren Handelspartnern hat in den letzten Jahrzehnten zugenommen. Im folgenden untersuchen wir, wie sich dieser Prozeß auf die drei wichtigsten Märkte in den USA ausgewirkt hat.

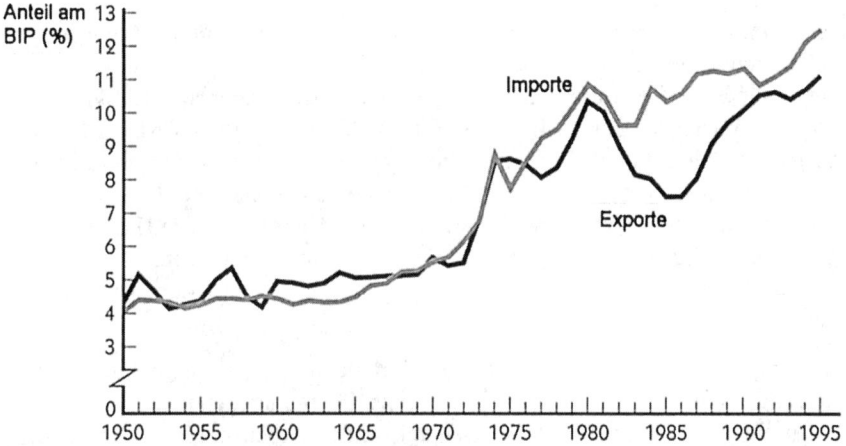

Abbildung 3.1 Internationaler Handel. Hier sind die Importe und Exporte der USA als Anteil am Bruttoinlandsprodukt (BIP) dargestellt. Man beachte, daß der Handel mit der Zeit zugenommen hat und daß die Importe in den 80er und 90er Jahren höher waren als die Exporte. *Quelle: Economic Report of the President (1995), Tabelle B-1.*

- *Integration der Gütermärkte:* Auf den amerikanischen Gütermärkten sind ausländische Güter allgegenwärtig. In den neunziger Jahren waren zum Beispiel mehr als ein Viertel der verkauften Neuwagen **Importe** (Importe sind Güter, die im Ausland hergestellt und im Inland gekauft werden), ein Drittel der Bekleidung, ein Drittel des Öls und so gut wie alle Diamanten. Viele Mineralien, die für die US-Wirtschaft unverzichtbar sind, müssen ebenfalls aus dem Ausland importiert werden. Gleichzeitig gehen beinahe zwei Fünftel der amerikanischen Agrarproduktion in den **Export** (Exporte sind Güter, die im Inland produziert und im Ausland verkauft werden); beim Weizen sind es beinahe drei Viertel, bei der Baumwolle ein Drittel.

Die Importe haben in den vergangenen Jahrzehnten nicht nur absolut sondern auch relativ, als Prozentsatz der Gesamtproduktion, zugenommen. Die Exporte sind beinahe im gleichen Umfang gewachsen. Abbildung 3.1 zeigt die Zunahme von Exporten und Importen verglichen mit dem gesamten Output der Volkswirtschaft: Gemessen in Prozent des Bruttoinlandsprodukts haben sich beide in den letzten 25 Jahren mehr als verdoppelt. Kleinere Länder sind typischerweise noch stärker vom internationalen Handel abhängig als die USA. Großbritannien und Kanada importieren ein Viertel ihrer Güter, Frankreich ein Fünftel.

Auslandsumsätze sind für einige der größten amerikanischen Unternehmungen eine Haupteinkommensquelle; bei Boeing machen die Exporte 45 Prozent des Umsatzes aus, bei Hewlett-Packard 20 Prozent und bei Ford 12 Prozent.

- *Integration der Arbeitsmärkte:* Die wirtschaftliche Integration geht über den Güterhandel zwischen Ländern hinaus. Mehr als 99 Prozent der US-Amerikaner sind entweder selbst eingewandert oder stammen von Einwanderern ab. Wenn auch der Zustrom von Einwanderern im Vergleich zur Bevölkerungszahl sich seit der Jahrhundertwende verlangsamt hat, beträgt er doch immer noch mehrere Millionen pro Jahr. Heute sind viele ländliche Gegenden von ausländischen Ärzten und Krankenschwestern abhängig. Die Hälfte der Ingenieure, die zur Zeit an amerikanischen Universitäten promovieren, sind Ausländer. Bei vielen Feldfrüchten steht und fällt die Ernte mit den Wanderarbeitern aus Mexiko.

In Europa erkennt man zunehmend die Vorteile aus diesen internationalen Arbeitskräftewanderungen. Eine der wichtigsten Bestimmungen innerhalb der Europäischen Union erlaubt die Freizügigkeit der Arbeitskräfte zwischen den Mitgliedsländern.

- *Integration der Kapitalmärkte:* Die Vereinigten Staaten haben hohe Auslandsschulden angesammelt und investieren gleichzeitig selbst hohe Beträge in anderen Ländern. 1995 besaßen zum Beispiel private amerikanische Investoren ausländische Vermögenswerte (Produktionsanlagen, Unternehmungen, Immobilien, Kredite etc.) in Höhe von 2,5 Billionen Dollar. Gleichzeitig besaßen ausländische Investoren Vermögenswerte in Höhe von 2,8 Billionen Dollar in den Vereinigten Staaten. Amerikanische Unternehmungen sind ständig auf der Suche nach profitablen Investitionsmöglichkeiten in anderen Ländern, wo sie ihre besonderen Fähigkeiten und Kenntnisse nutzen können, um hohe Erträge zu erwirtschaften. Sie haben Zweigstellen und Produktionsstätten in Europa, Japan, Lateinamerika und anderen Teilen der Welt errichtet.

Auch in Europa hat man die Vorteile des freien Kapitalverkehrs erkannt. Finanzkapital kann dort investiert werden, wo es die höchsten Erträge bringt. Wissen und Fertigkeiten aus einem Land können mit dem Kapital eines anderen Landes kombiniert werden, um Güter herzustellen, die den Menschen in allen Ländern nützen. Obwohl die Liberalisierung in bezug auf den Handel und den Verkehr von Menschen und Kapital in der Europäischen Union schon seit mehr als 20 Jahren fortschreitet, war 1992 ein entscheidendes Datum, denn zu diesem Zeitpunkt waren alle verbliebenen Schranken offiziell beseitigt.

Multilateraler Handel

Viele der bisherigen Beispiele bezogen sich auf den Handel zwischen zwei Individuen oder Ländern, den **bilateralen Handel**. Tauschgeschäfte zwischen zwei Parteien sind jedoch oft weniger vorteilhaft als der Handel zwischen mehreren Parteien, der **multilaterale Handel**. So gibt es zum Beispiel in Japan keine Ölvorkommen; Öl wird aus den arabischen Ländern importiert. Die arabischen Länder wollen Öl verkaufen, aber sie brauchen Getreide und Lebensmittel und nicht die Autos und Fernseher, die Japan anbieten kann. Die Vereinigten Staaten bilden das fehlende Bindeglied, indem sie Autos und Fernseher aus Japan kaufen und Lebensmittel an die arabischen Länder verkaufen. Dieser dreiseitige Handel ist vorteilhafter als ein bilateraler Handel. Die vielen Länder, die an der Weltwirtschaft teilnehmen, schaffen Handelsmuster, die bei weitem komplexer sind, als dieses vereinfachte Beispiel.

Abbildung 3.2 bezieht sich auf die Fertigung eines Ford Escort in Europa und illustriert eindrucksvoll die Bedeutung multilateraler Handelsbeziehungen. Die Teile, die für einen Escort gebraucht werden, kommen aus vielen verschiedenen Ländern. Für viele Komponenten in diesem Bild könnte man wieder ähnliche Abbildungen konstruieren; die Aluminiumlegierungen können Bauxit aus Jamaica enthalten, für die verchromten Teile kann Chrom aus Südafrika benutzt worden sein, das Kupfer für die Drähte kann aus Chile kommen.

Zeitungskolumnisten und Manager über „unfaire" Handelsbilanzen, wenn die Vereinigten Staaten aus einem bestimmten Land (meistens Japan) mehr importieren, als sie in dieses Land exportieren. Es gibt die populäre aber falsche Meinung, daß Handel eine Straße mit Verkehr in beiden Richtungen sein müsse. Aber der Handel auf dem Weltmarkt ist so beschaffen, daß es hunderte von möglichen Straßen zwischen zwei Ländern gibt. Es gibt zwar legitime Gründe, wegen des gesamten Handelsbilanzdefizits der USA besorgt zu sein, aber es gibt keinen Grund, warum Exporte und Importe im Handel mit einem bestimmten Land ausgeglichen sein müßten.

Multilateraler Handel bedeutet, daß die Handelsbilanz zwischen je zwei Teilnehmern nicht ausgeglichen zu sein braucht. In unserem obigen Beispiel verkaufen die Araber Öl an Japan und erhalten dafür keine Güter, sondern lediglich Yen. Niemand würde behaupten, daß der Handel zwischen den arabischen Ländern und Japan deshalb unfair sei. Trotzdem beschweren sich einige Kongreßabgeordnete, Zeitungskolumnisten und Manager über „unfaire" Handelsbilanzen, wenn die Vereinigten Staaten aus einem bestimmten Land (meistens Japan) mehr importieren, als sie in dieses Land exportieren. Es gibt die populäre aber falsche Meinung, daß Handel eine Straße mit Verkehr in beiden Richtungen sein müsse. Aber der Handel auf dem Weltmarkt ist so beschaffen, daß es hunderte von möglichen Straßen zwischen zwei Ländern gibt. Es gibt zwar legitime Gründe, wegen des gesamten Handelsbilanzdefizits der USA besorgt zu sein, aber es gibt keinen Grund, warum Exporte und Importe im Handel mit einem bestimmten Land ausgeglichen sein müßten.

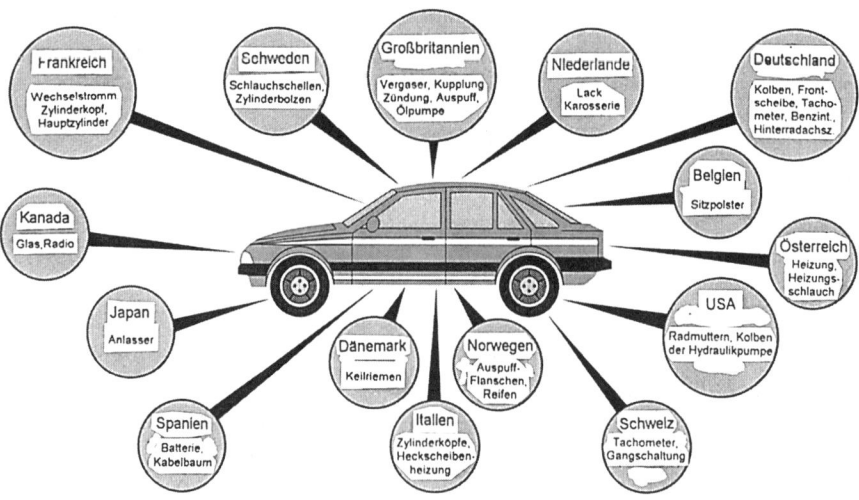

Abbildung 3.2   Die Herstellung eines modernen Autos. Die Bestandteile für einen Ford Escort werden aus der ganzen Welt zusammengetragen. *Quelle: World Development Report (1990).*

Anwendungsbeispiel: Die Berechnung der Vorteile aus dem Handel

Aufgabe: Benutzen Sie das Beispiel von der Weizen- und Computerproduktion in Japan und den Vereinigten Staaten und berechnen Sie die *Trade-off*s und die Vorteile aus der Spezialisierung. Nehmen Sie an, daß in beiden Ländern 240.000 Arbeitsstunden zur Verfügung stehen, die in der Ausgangssituation gleichmäßig auf die Produktion der beiden Güter verteilt sind.

Lösung: Zeichnen Sie zunächst die Produktionsmöglichkeitenkurven wie in den untenstehenden Abbildungen. Da die Produktionskosten (in Arbeitsstunden) für eine Einheit jedes Gutes fix sind, ist die Produktionsmöglichkeitenkurve eine gerade Linie. Wenn die USA ihre gesamte Arbeitskraft in der Computerindustrie einsetzen würden, könnten sie 2.400 Computer herstellen; wenn sie sich vollkommen auf den Weizenanbau spezialisieren würden, könnten sie 48.000 Tonnen Weizen produzieren. Japan kann mit all seiner Arbeitskraft entweder 2.000 Computer oder 30.000 t Weizen produzieren.

Bezeichnen Sie den Produktionspunkt, bei dem die Arbeit zwischen beiden Industrien gleichverteilt ist, auf beiden Kurven mit A. Berechnen Sie dann die Steigung der Produktionsmöglichkeitenkurven, also die *Trade-off*s: In den USA ist eine Steigerung des Weizenoutputs um 1.000 t mit einem Rückgang der Computerproduktion um 50 Stück verbunden. In Japan dagegen kann die Computerproduktion um 66 2/3 Stück erhöht werden, wenn man auf die Produktion von 1.000 t Weizen verzichtet. Durch jede Verschiebung der Weizenproduktion von Japan in die USA um 1.000 t, erhöht sich also die Weltcomputerproduktion um 16 2/3 Stück.

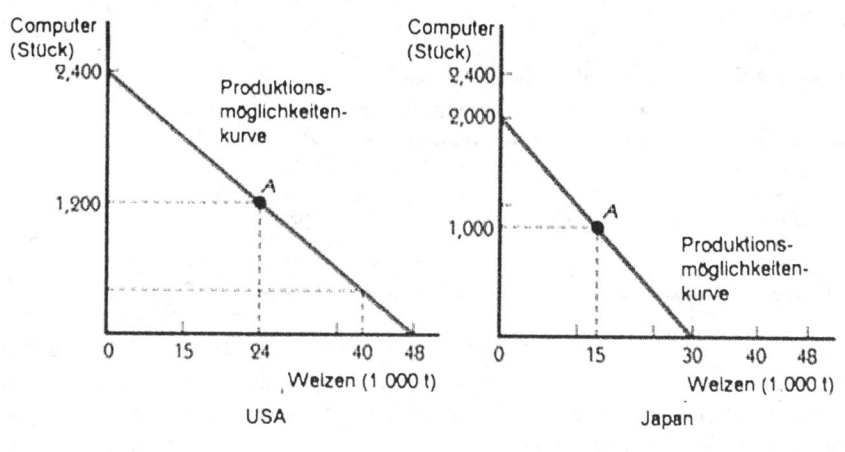

Das Prinzip des komparativen Kostenvorteils

Bisher haben wir uns auf den Austausch bereits existierender Güter konzentriert. Aber natürlich müssen die meisten Güter, die gehandelt werden sollen, erst einmal produziert werden. Der Handel erlaubt es einzelnen Menschen und Ländern, das zu produzieren, was sie am besten können.

Einige hochentwickelte Länder sind bei der Produktion von fast allen Gütern effizienter als andere Länder; man sagt, sie haben einen **absoluten Kostenvorteil** gegenüber den anderen. Aber auch Länder mit Produktivitätsnachteilen können aus dem Handel Gewinn ziehen. Der Grund ist das Prinzip des **komparativen Kostenvorteils**: Es besagt, daß einzelne Menschen und Länder sich auf solche Güter spezialisieren sollen, bei deren Produktion sie einen *relativen* (nicht absoluten) Produktivitätsvorteil haben.

Um den Begriff des komparativen Vorteils zu verstehen, stellen wir uns vor, die Vereinigten Staaten und Japan produzierten zwei Güter, nämlich Computer und Weizen. Tabelle 3.1 zeigt die Arbeitsstunden, die für die Produktion dieser Güter notwendig sind. (Die Zahlen sind rein hypothetisch.) Die USA sind bei der Produktion beider Güter effizienter, das heißt, sie brauchen weniger Arbeitsstunden. Amerika kann zu Recht für sich in Anspruch nehmen, daß es die effizienteste Computerindustrie der Welt hat und dennoch importiert es Computer aus Japan. Der Grund liegt darin, daß die *relativen* Kosten der Computerproduktion (ausgedrückt in Arbeitsstunden) im Verhältnis zu den Produktionskosten für eine Tonne Weizen in Japan niedriger sind als in den USA. In Japan braucht man für die Produktion eines Computers fünfzehnmal so viele Stunden wie für die Produktion einer Tonne Weizen (120/8); in den USA zwanzigmal so viele (100/5). Japan hat also zwar einen absoluten Nachteil bei der Computerproduktion aber einen *komparativen* Vorteil.

Tabelle 3.1   Produktionskosten von Computern und Weizen (in Arbeitsstunden)

	USA	Japan
Arbeitsaufwand für einen Computer	100	120
Arbeitsaufwand für eine Tonne Weizen	5	8

Das Prinzip des komparativen Kostenvorteils kann man auf einzelne Menschen ebenso anwenden wie auf Länder. Die leitende Managerin einer Unternehmung kann vielleicht schneller tippen als ihre Sekretärin. Trotzdem zahlt es sich aus, die Sekretärin die Briefe schreiben zu lassen, denn die Managerin hat wahrscheinlich einen komparativen Vorteil beim Knüpfen von Kontakten mit neuen Kunden, während die Sekretärin zwar keinen absoluten aber doch einen relativen Vorteil beim Tippen hat.

Produktionsmöglichkeitenkurven und komparativer Kostenvorteil

Die Produktionsmöglichkeitenkurve aus Kapitel 2 bietet eine einfache Möglichkeit, den komparativen Vorteil verschiedener Länder aufzuzeigen. Abbildung 3.3 zeigt Teile von hypothetischen Produktionsmöglichkeitenkurven zweier Länder, nämlich von China und den Vereinigten Staaten, bezogen auf die Produktion von Textilien (Kleidungsstücken) und Flugzeugen. In beiden Kurven stellt Punkt E das gegenwärtige Produktionsniveau dar. Wir untersuchen, was geschieht, wenn die Flugzeugproduktion in den USA um 100 Stück erhöht und in China um 100 Stück reduziert wird.

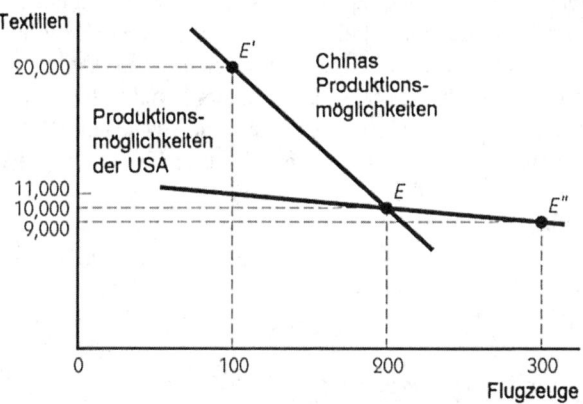

Abbildung 3.3 Die Nutzung komparativer Kostenvorteile. Die Produktionsmöglichkeitenkurven für China und die Vereinigten Staaten zeigen für verschiedene Produktionspunkte die *Trade-off*s zwischen Flugzeug- und Textilproduktion. Punkt E ist das gegenwärtige Produktionsniveau in jedem Land; E' und E'' stehen für Produktionsentscheidungen, bei denen der komparative Kostenvorteil jedes Landes besser genutzt wird.

China hat einen **komparativen** Vorteil in der Textilindustrie. Wenn es seine Flugzeugproduktion um 100 Stück reduziert, kann die Textilproduktion um 10.000 Stück erhöht werden. Dieser *Trade-off* zwischen Flugzeugen und Kleidungsstücken heißt **Grenzrate der Transformation**. Im Gegensatz dazu könnten die Vereinigten Staaten nur 1.000 Kleidungsstücke mehr produzieren, wenn sie auf die Produktion von 100 Flugzeugen verzichten. Entsprechend brauchen sie auch die Textilproduktion nur um 1.000 Stück einzuschränken, um die Flugzeugproduktion um 100 Stück auszuweiten. Wir sehen, daß es für die Welt insgesamt besser ist, wenn jedes Land seinen komparativen Vorteil nutzt. Wenn China sich von E nach E' bewegt (seine Flugzeugproduktion um 100 Stück reduziert) und die Vereinigten Staaten von E nach E'' (ihre Flugzeugproduktion um 100 Stück erhöhen), bleibt die Weltflugzeugproduktion unverändert, aber die Welttextilproduktion erhöht sich um 9.000 Kleidungsstücke. Solange die *Trade-off*s in der Produktion (die Grenzraten der Transformation) unterschiedlich sind, ist es für China vorteilhaft, sich stärker auf die Textilindustrie zu konzentrieren, und für die USA, sich mehr auf Flugzeuge zu spezialisieren. Man beachte, daß dieses Ergebnis nur Informationen über die *Trade-off*s in der Produktion voraussetzt. Man braucht dafür nicht zu wissen, wieviel Arbeit oder Kapital in jedem Land gebraucht wird, um Flugzeuge oder Textilien herzustellen.

Obwohl es sich für jedes Land auszahlt, die Produktion und den Export von Gütern zu steigern, bei denen es einen komparativen Vorteil hat, und Güter, bei denen es einen komparativen Nachteil hat, verstärkt zu importieren, muß dies nicht zu vollständiger Spezialisierung führen. Die USA haben noch immer eine umfangreiche Textilindustrie trotz der zahlreichen Importe aus dem Fernen Osten. Das Prinzip des komparativen Vorteils wird dadurch nicht durchbrochen: Nicht alle Textilien stellen die gleichen Anforderungen an Geschicklichkeit und Erfahrung. Während also China einen komparativen Vorteil bei billigen Textilien hat, haben die USA vielleicht einen komparativen Vorteil bei höherwertigen Textilien. Dennoch gibt es Güter, bei denen der komparative Vorteil anderer Länder so groß ist, daß es sich überhaupt nicht lohnt, sie in den USA zu produzieren. Beispiel dafür sind Fernseh- und Videogeräte und eine ganze Reihe von anderen elektronischen Geräten.

Komparativer Kostenvorteil und Spezialisierung

Um die Vorteile der Spezialisierung zu erkennen, betrachten wir einen Bleistift. Zuerst muß ein Baum von der richtigen Holzart gefällt werden; er muß zu einem Sägewerk transportiert und dort in Stücke geschnitten werden, die zu Bleistiftgehäusen weiterverarbeitet werden können. Dann werden der Graphitstab in der Mitte des Bleistifts, der Radiergummi an seinem Ende und das Metallstück, das Bleistift und Radiergummi zusammenhält, von jeweils speziell dafür angelernten Arbeitskräften hergestellt. Ein Bleistift ist ein einfaches Werkzeug, aber es würde ungeheuer viel Geld und Zeit kosten, ihn selbst zu machen.

- *Produktivitätsgewinne durch Spezialisierung:* Es gibt drei Gründe, warum Spezialisierung die Produktivität steigert und damit zu den Vorteilen des Handels beiträgt. Erstens kann man durch Spezialisierung die Zeit einsparen, die man benötigt, um von einer Tätigkeit zu einer anderen zu wechseln. Zweitens erwirbt man durch die Wiederholung derselben Tätigkeit größere Geschicklichkeit. Und drittens entsteht durch Spezialisierung der Nährboden für Erfindungen.

Durch **Arbeitsteilung**, das heißt durch die Aufteilung von Produktionsprozessen in Teilaufgaben, die es jeder Arbeitskraft erlauben, spezielle Fähigkeiten zu üben und zu vervollkommnen, kann die Produktivität hundert- oder tausendfach gesteigert werden. Bei einfachen Tätigkeiten wie dem Annähen von Knöpfen, dem Basketballspielen oder dem Aufaddieren von Zahlen wird beinahe jeder, der etwas Übung hat, viel geschickter sein als jemand, der diese Tätigkeit zum ersten Mal ausführt. Aus ähnlichen Gründen wird ein Land, das sich auf die Produktion von Sportwagen spezialisiert, dabei einen komparativen Vorteil entwickeln. Eine relativ große Produktionsmenge erlaubt es, Aufgaben auf verschiedene Arbeitskräfte aufzuteilen; da mit der Zeit jeder seine Aufgabe immer besser erfüllt, steigt die Produktivität.

Arbeitsteilung führt auch oft zu Erfindungen. Wer eine spezielle Aufgabe besonders gut gelernt hat, kann leicht Möglichkeiten finden, ihre Durchführung zu erleichtern, bis hin zur Erfindung einer Maschine, die den gleichen Zweck erfüllt. Arbeitsteilung und Erfindungen verstärken sich gegenseitig. Ein kleiner anfänglicher Vorteil bei der Produktion eines Gutes führt zu hohen Produktionszahlen und dadurch zu mehr Erfindungen, die wieder die Produktion steigern und damit die Arbeitsteilung vertiefen.

- *Grenzen der Spezialisierung:* Das Ausmaß der Arbeitsteilung oder Spezialisierung ist durch die Größe des Marktes beschränkt. Bei industriellen Massenwaren wie standardisierten Bilderrahmen gibt es mehr Spielraum für Spezialisierung als bei maßgeschneiderten Produkten wie den Rahmen für Kunstwerke. Das ist ein Grund dafür, warum die Produktionskosten für massenhaft hergestellte Güter so stark gesunken sind. Aus ähnlichen Gründen gibt es in einer großen Stadt mehr Spielraum für Spezialisierung als in einem Dorf. Deshalb findet man kleine Spezialgeschäfte eher in großen Städten als auf dem Dorf.

Es liegt in der Natur der Spezialisierung, daß ihre Vorteile nicht unbegrenzt sind. Monoton wiederholte Handgriffe können Langeweile und Lustlosigkeit erzeugen. Ein allzu schmales Spezialgebiet verhindert neue Einsichten und Ideen, die durch eine abwechslungsreiche Arbeitstätigkeit entstehen können.

Die Determinanten des komparativen Vorteils

Wir haben gesehen, daß der komparative Kostenvorteil das Handelsmuster bestimmt. Im folgenden untersuchen wir, wie komparative Kostenvorteile zustande kommen.

- *Natürliche Ausstattung:* David Ricardo hat zu Beginn des 19. Jahrhunderts als erster das Prinzip des komparativen Kostenvorteils dargestellt und benutzte als Beispiel dafür den Handel zwischen Portugal und Großbritannien. In Ricardos

Beispiel hatte Portugal einen absoluten Kostenvorteil bei der Produktion von Wolle und Wein und Großbritannien hatte einen komparativen Kostenvorteil bei der Wollproduktion. In diesem und anderen frühen Beispielen wurde meistens angenommen, daß der komparative Kostenvorteil eines Landes hauptsächlich durch seine natürliche Ausstattung gegeben ist. Länder, in denen der Boden und das Klima sich für den Traubenanbau *relativ* besser eignen als für Weideland, werden sich auf die Weinproduktion spezialisieren; Länder, in denen Boden und Klima eher für eine Nutzung als Weideland sprechen, werden hauptsächlich Schafe halten und Wolle produzieren.

In modernen Volkswirtschaften spielt die natürliche Ausstattung immer noch eine Rolle: Länder, die wie China im Vergleich zu anderen Ressourcen vor allem einen Überfluß an unqualifizierten Arbeitskräften haben, haben einen komparativen Vorteil bei der Produktion von Textilien und anderen Gütern, die viel Handarbeit erfordern. Aber im heutigen technologischen Zeitalter können Länder einen komparativen Kostenvorteil auch aktiv erwerben.

- *Erworbene Ausstattung*: Japan hat nur wenige natürliche Ressourcen und ist doch einer der wichtigsten Mitspieler im internationalen Handel, unter anderem, weil es eine entsprechende erworbene Ausstattung hat. Japan ist ein gutes Beispiel dafür, daß ein Land durch Ersparnisse, Kapitalakkumulation und den Aufbau großer Produktionsstätten einen komparativen Vorteil in kapitalintensiven Branchen wie der Stahlindustrie erwerben kann. Durch Investitionen in ein gutes Bildungssystem kann ein Land einen komparativen Vorteil bei Gütern mit hohen Anforderungen an die Qualifikation der Arbeitskräfte erwerben. So können also erworbene Ressourcen - die Qualifikation der Menschen und das akkumulierte Kapital - ebenfalls zu komparativen Kostenvorteilen führen.

- *Überlegenes Wissen:* In einer modernen Volkswirtschaft kann ein komparativer Kostenvorteil auch einfach durch Erfahrungswissen über die effiziente Ressourcennutzung entstehen. Die Schweiz hat einen komparativen Kostenvorteil in der Uhrenindustrie, denn die Menschen in diesem Land haben im Lauf der Zeit in der Uhrenproduktion ein überlegenes Fachwissen erworben. Belgien hat einen komparativen Vorteil bei der Produktion von Spitzen, denn die Arbeitskräfte haben dort die notwendigen Fertigkeiten erworben. Eine Laune des Schicksals hätte ebensogut dazu führen können, daß Belgien in der Uhrenproduktion einen komparativen Vorteil entwickelt hätte und die Schweiz in der Herstellung von Spitzen.

Obwohl solche Spezialisierungsmuster manchmal wie historische Zufälle erscheinen, sind sie in jüngerer Zeit wahrscheinlich eher ein Ergebnis bewußter Entscheidungen. In den USA ist die Halbleiterindustrie dafür ein Beispiel. In dieser Branche werden die winzigen Silikonchips hergestellt, die das Gehirn der Computer bilden. Die Halbleiter wurden von einem Amerikaner namens Robert Noyce erfunden und in den siebziger Jahren hatten die USA einen starken komparativen Kostenvorteil bei ihrer Produktion. In den achtziger Jahren gelang es Japan jedoch, sich zu einem ernstzunehmenden Konkurrenten zu entwickeln. Der Aufstieg der amerikanischen Halbleiterindustrie ist zum Teil auf Entscheidungen der Bundesregierung zurückzuführen, die die notwendige Forschung finanziert hat (hauptsächlich, um die Halbleiter bei der Flugsteuerung von Raketen und anderen Waffen zu nutzen). In ähnlicher Weise hat die japanische Regierung mit ihrer Unterstützung der Halbleiterindustrie zu deren Aufstieg beigetragen.

Entwicklungen wie die der Halbleiterindustrie haben dazu geführt, daß manche Wirtschaftswissenschaftler fordern, die Regierung solle zum Beispiel durch Forschungsförderung bestimmten Branchen helfen, einen technischen Vorsprung zu gewinnen.

• *Spezialisierung:* Wie wir gesehen haben, führen komparative Kostenvorteile zu Spezialisierung. Umgekehrt kann aber auch Spezialisierung komparative Kostenvorteile erst hervorbringen. Die Schweizer produzieren hochwertige Uhren und haben aufgrund ihrer langjährigen, einzigartigen Erfahrung einen komparativen Vorteil in diesem Markt. Ein solches überlegenes Wissen erklärt jedoch nicht, warum Großbritannien, Deutschland und die USA, deren technische Erfahrung in der Autoherstellung in etwa auf gleichem Niveau ist, untereinander mit Autos handeln. Wie können alle diese Länder gleichzeitig einen komparativen Kostenvorteil bei der Autoherstellung haben? Die Antwort liegt in der Spezialisierung.

Wenn sich Großbritannien auf Sportwagen und Deutschland auf Luxuswagen spezialisiert oder umgekehrt, können beide Länder gewinnen, denn durch die Spezialisierung steigt die Produktivität. Genau wie einzelne Menschen können Länder einen komparativen Kostenvorteil durch Spezialisierung entwickeln oder verstärken. Infolgedessen können Länder auf ähnlichem Entwicklungsniveau durch Arbeitsteilung gewinnen, auch wenn sie sich nur auf verschiedene Varianten von grundsätzlich ähnlichen Produkten spezialisieren.

3.3 Die Kosten der internationalen Arbeitsteilung

Wenn das Argument von der allseitigen Vorteilhaftigkeit des freiwilligen Handels so überzeugend ist, stellt sich die Frage, warum in den Vereinigten Staaten und in vielen anderen Ländern von Zeit zu Zeit dermaßen starke Ressentiments gegen den Freihandel entstehen. Man spricht von **Protektionismus**, um auszudrücken, daß die Wirtschaft vor den Auswirkungen des Handels geschützt werden soll. Einige der Einwände gegen den internationalen Handel erinnern an die bereits erwähnten Einwände gegen Tauschgeschäfte zwischen einzelnen Menschen. Es geht um die Tauschgerechtigkeit und um ungleiche Verhandlungspositionen, also letztlich darum, wie der Gewinn aus dem Handel verteilt wird. Schwache Länder können den

Eindruck haben, daß sie von starken Ländern übervorteilt werden. Ihre schwächere Verhandlungsposition kann dazu führen, daß die stärkeren Partner einen größeren Teil des Handelsgewinns erhalten. Das ist aber kein Widerspruch zu unserer grundlegenden Prämisse, daß nämlich alle Beteiligten, also starke und schwache Länder, durch freiwillige Tauschgeschäfte gewinnen.

Unter die Lupe genommen: Der komparative Kostenvorteil der USA

Wenn man die Stärken der USA im Vergleich zum Rest der Welt betrachtet, denkt man an die High-Tech-Industrien. Da mehr als drei Viertel der Menschheit in armen Ländern leben und nicht einmal genügend Kapital für die Errichtung einfacher Produktionsstätten haben, könnte man denken, daß diese Länder einen *komparativen* Kostenvorteil in der Landwirtschaft haben. Dann hätten die USA in der Landwirtschaft einen komparativen Kostennachteil. Diese intuitive Antwort ist nur halb richtig. Es stimmt, daß die USA Hochtechnologieprodukte exportieren, wie zum Beispiel Computerausrüstungen, Flugzeuge und Flugzeugmotoren, industriell hergestellte organische Chemikalien, Kunststoffe und Harze, sowie pharmazeutische Produkte. Darüber hinaus fließen jedes Jahr zwei Millionen Dollar an Patentnutzungsgebühren aus dem Ausland in die Vereinigten Staaten.

Aber gleichzeitig sind die USA einer der weltweit größten Exporteure von landwirtschaftlichen Gütern, bei Weizen, Mais und Corn-flakes sogar der größte. Sie exportieren auch Reis, Milchprodukte und eine Menge anderer landwirtschaftlicher Produkte.* Bei einigen Gütern ist der Exporterfolg darauf zurückzuführen, daß die Regierung durch wirtschaftspolitische Eingriffe die Gesetze des Marktes außer Kraft setzt: So sind zum Beispiel bei Milchprodukten die Produktionskosten höher als die Weltmarktpreise, und die Steuerzahler müssen über Exportsubventionen für die Differenz aufkommen. In den meisten Fällen haben die USA jedoch einen echten komparativen Vorteil: In der amerikanischen Landwirtschaft ist unqualifizierte Arbeit ersetzt worden durch differenziertes landwirtschaftliches Wissen und eine Technologie, die mit qualifizierten Arbeitskräften, hochentwickeltem Saatgut, Düngemitteln, Schädlingsbekämpfungsmitteln und Maschinen arbeitet.

* Der Wirtschaftswissenschaftler und Nobelpreisträger Wassily Leontief hat in einem berühmten Aufsatz von 1953 als erster auf die scheinbar paradoxe Beobachtung hingewiesen, daß die USA weniger kapitalintensive Güter exportieren und besonders kapitalintensive Güter importieren. Ihm zu Ehren wurde dieses Phänomen Leontief-Paradox genannt.

Es gibt aber einen wichtigen Unterschied zwischen Tauschgeschäften unter einzelnen Menschen und dem internationalen Handel. Innerhalb eines Landes haben einige Menschen einen Vorteil vom internationalen Handel, andere einen Nachteil. Da der Handel insgesamt für das Land vorteilhaft ist, sind die Gewinne größer als die Verluste. Im Prinzip könnten also die Gewinner den Verlierern leicht eine Entschädigung bezahlen. Im wirklichen Leben bleiben die Verlierer jedoch auf ihren Verlusten sitzen und sind deshalb Gegner des Freihandels mit dem Argument, daß durch den Handel Arbeitsplätze vernichtet und Löhne gedrückt werden. Diese Bedenken sind ganz besonders akut geworden, seit die ungelernten Arbeitskräfte mit Niedriglohnarbeitskräften aus Asien und Lateinamerika konkurrieren. Sie können nur konkurrenzfähig bleiben, indem sie sich mit niedrigeren Löhnen zufriedengeben.

Diese Probleme haben 1993 in der Debatte über die Verabschiedung des Nordamerikanischen Freihandelsabkommens (NAFTA) eine große Rolle gespielt. Aufgrund dieses Abkommen können mexikanische Produkte ohne jede Zollbelastung in die USA importiert werden. Die Befürworter der NAFTA argumentierten, daß (1) durch die neuen Exportmöglichkeiten mehr Arbeitsplätze entstehen, als durch die Konkurrenz mexikanischer Unternehmungen verlorengehen würden; und daß (2) die neugeschaffenen Arbeitsplätze höher bezahlt sein würden infolge des Gewinns aus der Spezialisierung auf Bereiche, in denen die Vereinigten Staaten einen komparativen Kostenvorteil haben.

Gegner des Freihandels im allgemeinen und der NAFTA im besonderen sind durch solche Argumente nicht zu überzeugen. Sie betonen statt dessen die Kosten, die Arbeitnehmern und Gemeinden entstehen, wenn bestimmte Branchen aufgrund der Importe aus dem Ausland schrumpfen. Der Textilarbeiter in North Carolina, der wegen der Importe von billiger Bekleidung aus China seinen Arbeitsplatz verliert, kann sich nicht über Nacht in einen Softwareprogrammierer in Kalifornien oder einen Flugzeugingenieur bei Boeing verwandeln. Es ist aber eine Tatsache, daß unabhängig vom Handel ständig Arbeitsplätze zerstört und neugeschaffen werden. Und langfristig kann der wirtschaftliche Anreiz, der von den neugeschaffenen Arbeitsplätzen bei Boeing ausgeht, jemanden im Mittleren Westen dazu veranlassen, seinen Job als angelernter Arbeiter aufzugeben und die Ausbildung zu erwerben, die er für einen der qualifizierten Arbeitsplätze bei Boeing braucht. Die freigewordene Stelle wird dann vielleicht jemand aus Kentucky ausfüllen, der wiederum dem entlassenen Textilarbeiter aus North Carolina seinen Job überläßt.

Wegen der praktischen Schwierigkeiten und der sehr realen Kosten, die mit Umschulung und Ortswechsel verbunden sind, wird zunehmend anerkannt, daß die Regierung solche Arbeitsplatzwechsel fördern sollte. Wenn es gelingt, daß dadurch die Anzahl der Gewinner aus dem internationalen Handel steigt, dann müßte auch die Opposition gegen den Freihandel schwächer werden.

Zwar kann man die spürbaren Kosten des Freihandels nicht ignorieren, insbesondere, wenn sie zum Brennpunkt einer hitzigen politischen Auseinandersetzung werden. Daß ein Land insgesamt von der Reduktion der Handelsbarrieren profitiert, ist aber einer der zentralen Lehrsätze, über die sich die meisten Wirtschaftswissenschaftler einig sind. Damit sind wir bei unserem dritten Konsenspunkt.

3 Handel

Freiwilliger Handel ist für alle Beteiligten von Vorteil. Das gilt sowohl für den Handel zwischen einzelnen Menschen als auch für den Handel zwischen Ländern. Handel erlaubt es den Beteiligten, sich auf diejenigen Tätigkeiten zu spezialisieren, bei denen sie einen komparativen Kostenvorteil haben.

Ein Blick in die Wirtschaftspolitik: Der NAFTA-Vertrag

Das Nordamerikanische Freihandelsabkommen (NAFTA), in dessen Rahmen innerhalb von 15 Jahren alle Handelsbarrieren zwischen den USA, Kanada und Mexiko abgeschafft werden sollen, wird die größte Freihandelszone der Welt mit 380 Millionen Menschen und einem Bruttosozialprodukt von acht Billionen Dollar schaffen. Die Opposition gegen den NAFTA-Vertrag war jedoch so stark, daß er im US-Kongreß beinahe abgelehnt worden wäre. Insbesondere zwei Gruppen, nämlich die Gewerkschaften und die Umweltschutzorganisationen, verfügten im Kongreß über genügend Stimmen, um den Vertrag und damit die potentiellen Freihandelsgewinne zu gefährden - bis ihren Bedenken durch eine Reihe von Nebenvereinbarungen Rechnung getragen wurde.

Beide Gruppen fürchteten die Auswirkungen des Wettbewerbs mit Mexiko, obwohl genügend Tatsachen - und auch das Gesetz des komparativen Vorteils - dafür sprechen, daß durch den Abbau von Handelsbarrieren das Volkseinkommen zunehmen würde, möglicherweise sogar in erheblichem Umfang. Die Gewerkschaften waren gegen die NAFTA, weil sie die Konkurrenz von mexikanischen Niedriglohnarbeitskräften fürchteten. Die Umweltschützer wandten ein, daß der Wettbewerb mit Mexiko (und seinen niedrigen Umweltstandards) die Vereinigten Staaten zwingen würde, ihre Umweltstandards zu senken, um wettbewerbsfähig zu bleiben.

Für die Clinton-Regierung war klar, daß es nicht ausreichen würde, sich auf das Gesetz des komparativen Kostenvorteils zu berufen, um diese Kritiker zu entwaffnen. Deshalb setzte sie Nebenvereinbarungen durch, in denen sich jedes der drei Länder verpflichtete, seine eigenen Arbeits- und Umweltgesetze anzuwenden. Dadurch konnten genügend oppositionelle Stimmen gewonnen werden, um die Verabschiedung zu sichern. Eine besonders wichtige Absicherung war die Einrichtung einer gemeinsamen mexikanisch-amerikanischen Kommission zur Luftreinhaltung, um die drängenden Umweltprobleme entlang der Grenze zwischen Mexiko und den USA zu lindern. Durch diese und andere Sicherheitsklauseln ist zu erwarten, daß die NAFTA die Arbeits- und Umweltschutzstandards südlich der US-amerikanischen Grenze verbessern wird.

Mit der NAFTA verbindet man zwar in erster Linie eine Verringerung der Barrieren für den Güterhandel; sie hat aber auch wichtige Auswirkungen auf die Arbeits- und Kapitalmärkte. In seinen Angriffen gegen die NAFTA beschwor Ross Perot und Kapitalmärkte. In seinen Angriffen gegen die NAFTA beschwor Ross Perot mit dramatischen Worten die Vorstellung, daß Arbeitsplätze und Investitionskapital „mit einem gewaltigen Ansauggeräusch" nach Süden abfließen würden. Glücklicherweise haben sich seine bösen Vorahnungen nicht bewahrheitet. Langfristig wird der Zugang zum US-amerikanischen Markt Investitionen in Mexiko viel attraktiver machen; aber die Mittel für diese Investitionen werden aus dem gesamten weltweiten Kapitalmarkt abgezogen. Und der verbesserte Zugang zum mexikanischen Markt wird auch Investitionen in vielen Industriezweigen der Vereinigten Staaten lohnender erscheinen lassen. Ein Anstieg der Löhne in Mexiko wird den Einwanderungsdruck auf die USA verringern. Und schließlich sind auch die Bedenken wegen möglicher Arbeitsplatzverluste stark übertrieben. Nicht nur werden die Exporte nach Mexiko langfristig mehr Arbeitsplätze in den USA schaffen als durch die Konkurrenz mexikanischer Importgüter verloren gehen; die meisten dieser Arbeitsplätze wären ohnehin verloren gegangen, ob nun durch die Konkurrenz aus Mexiko oder aus Asien oder anderen lateinamerikanischen Ländern. In Mexiko werden zwar niedrigere Löhne gezahlt, die Arbeitskräfte sind aber im Durchschnitt auch weniger produktiv. Eben weil die US-amerikanischen Arbeitskräfte produktiver sind, können die US-amerikanischen Firmen auch höhere Löhne bezahlen.

Insgesamt werden sowohl die USA als auch Mexiko von der NAFTA profitieren, wenn jedes Land seinen komparativen Kostenvorteil nutzt und dadurch in beiden Ländern der Lebensstandard steigt.

Zusammenfassung

1. Die Vorteile der Arbeitsteilung und des Handels gelten für einzelne Menschen und für Unternehmungen innerhalb eines Landes, sowie für Länder innerhalb der Weltwirtschaft. Kein Einzelner und kein Land kann vollkommen autark sein.

2. Freiwilliger Handel bringt sowohl dem Einzelnen als auch den Ländern Vorteile. Manchmal sind die Möglichkeiten für den bilateralen Handel beschränkt; multilateraler Handel ist jedoch meistens von Vorteil.

3. Das Prinzip des komparativen Vorteils besagt, daß Länder diejenigen Güter exportieren sollten, bei deren Produktion sie *relativ* niedrige Kosten haben.

4. Aus drei Gründen erhöht Spezialisierung tendenziell die Produktivität: Man spart die Zeit für die Umstellung von einer Aufgabe auf eine andere; durch die Wiederholung einer Aufgabe entwickelt man größere Geschicklichkeit; Spezialisierung schafft den Nährboden für Erfindungen.

5. Der komparative Vorteil eines Landes kann naturgegeben oder historisch erworben sein, er kann auf überlegenem Wissen oder auf Spezialisierung beruhen.

6. Es gibt einen grundlegenden Unterschied zwischen dem Handel innerhalb eines Landes und dem Handel zwischen verschiedenen Ländern: Durch den Handel zwischen verschiedenen Ländern können tatsächlich einzelne Menschen innerhalb eines Landes verlieren. Obwohl im Prinzip diejenigen, die vom Handel profitieren, die Verlierer mehr als entschädigen könnten, finden solche Kompensationszahlungen in der Realität selten statt. Obwohl der Freihandel das Volkseinkommen erhöht, hat die Angst der weniger qualifizierten Arbeitskräfte vor Arbeitsplatzverlust und Lohnsenkungen dazu geführt, daß protektionistische Maßnahmen gefordert werden. Es könnte wünschenswert sein, daß die Regierung Maßnahmen ergreift, um den Betroffenen die nötigen Anpassungen zu erleichtern.

Schlüsselbegriffe

Importe	Tauschgewinne	natürliche Ausstattung
Exporte	absoluter Vorteil	erworbene Ausstattung
bilateraler Handel	komparativer Vorteil	Protektionismus
multilateraler Handel	Grenzrate der Transformation	Arbeitsteilung

Wiederholungsfragen

1. Warum sind freiwillige Tauschgeschäfte immer für alle Beteiligten vorteilhaft?

2. Beschreiben Sie eine (notfalls auch hypothetische) Situation, in der ein bilateraler Handel nicht zustande kommen kann, aber dennoch multilateraler Handel möglich ist.

3. Inwiefern sind der Handel zwischen einzelnen Menschen und der Handel zwischen Ländern ähnlich? Was ist der grundlegende Unterschied?

4. Hat ein Land mit einem absoluten Kostenvorteil bei einem Produkt notwendig auch einen komparativen Kostenvorteil beim gleichen Produkt? Kann ein Land mit einem absoluten Kostennachteil bei einem Produkt gleichzeitig einen komparativen Kostenvorteil beim gleichen Produkt haben? Erläutern Sie ihre Antwort.

5. Warum steigt durch Spezialisierung tendenziell die Produktivität?

6. „Der komparative Kostenvorteil eines Landes ist durch seine natürlichen Ressourcen gegeben." Diskutieren Sie diese Aussage.

7. „Wenn der Handel mit einem anderen Land jemandem im eigenen Land Nachteile bringt, sollte die Regierung protektionistische Gesetze erlassen, um diese spezielle Handelsbeziehung abzubrechen." Kommentieren Sie diese Forderung.

Aufgaben

1. Vier Spieler eines Kinder-Baseballteams entdecken, daß jeder von ihnen Bilder von Baseball-Spielern sammelt, und vereinbaren, miteinander zu tauschen. Kann bei diesem Tausch jeder profitieren? Würden Sie eine andere Antwort geben, wenn Sie wüßten, daß einer der Spieler schon viel mehr Bilder gesammelt hat als die anderen?

2. In vielen unterentwickelten Ländern Afrikas und Lateinamerikas haben führende Politiker argumentiert, daß sie wegen des großen Entwicklungsabstands zu den Industrieländern Europas und Nordamerikas beim Handel mit diesen Ländern verlieren würden. Sie behaupten, daß sie zuerst ihre eigenen Industrien entwickeln müßten, bevor sie vom Handel profitieren könnten. Was wäre die Antwort eines Wirtschaftswissenschaftlers auf solche Behauptungen?

3. Wer würde wahrscheinlich einen Vorteil davon haben, wenn die Vereinigten Staaten ihre Einwanderungsquote für ungelernte Arbeitskräfte erhöhen würden? Wer würde dadurch verlieren? Bedenken Sie die Auswirkungen auf die Konsumenten, die Unternehmungen, die ungelernte Arbeit verwenden, und die Arbeitskräfte mit niedriger Qualifikation in den USA und in den Ursprungsländern der Migranten.

4. David Ricardo hat als Beispiel für das Prinzip des komparativen Kostenvorteils den Handel zwischen England und Portugal mit Portwein und Wolle benutzt. Angenommen, in England braucht man 120 Arbeitskräfte, um eine bestimmte Menge Wein zu produzieren, in Portugal aber nur 80. Für die Produktion einer bestimmten Menge Wolle sollen in England 100 Arbeitskräfte nötig sein, in Portugal nur 90. Zeichnen Sie die Opportunitätsmengen unter der Voraussetzung, daß jedes Land 72.000 Arbeitskräfte zur Verfügung hat. Zeichnen Sie den Ausgangspunkt ein, bei dem jedes Land gleich viele Arbeitskräfte in beiden Branchen beschäftigt. Dann beschreiben Sie einen Produktionsplan mit Handel, der für beide Seiten vorteilhaft sein kann.

5. Wie kann man den komparativen Kostenvorteil zweier Länder an den unterschiedlichen Steigungen ihrer Produktionsmöglichkeitenkurven erkennen? In welchem Sinn kann ein kleines, armes Land, das mit einem viel größeren, reichen Land Handel treibt, im Nachteil sein? Wie können sich diese Unterschiede auf die Verteilung der Gewinne aus dem Handel auswirken?

6. 1981 hat die US-Regierung auf die japanischen Autohersteller Druck ausgeübt, damit sie sich zu einer Beschränkung der Autoexporte in die USA verpflichteten. Wer hat in den USA und in Japan von dieser protektionistischen Maßnahme profitiert? Wer hat in den beiden Ländern darunter gelitten? Denken Sie an die Unternehmungen und die Arbeitskräfte in der Autoindustrie, sowie an die Konsumenten.

7. Ein Welttextilabkommen begrenzt seit vielen Jahren die Menge an Textilien, die die Industrieländer Europas und Nordamerikas von den ärmeren Ländern in Asien und Lateinamerika kaufen. Textilien können mit relativ geringem Kapitaleinsatz von relativ niedrig qualifizierten Arbeitskräften hergestellt werden. Wer profitiert durch das Welttextilabkommen und wer leidet darunter?

Kapitel 4

Angebot, Nachfrage und Preise

Entscheidungen in Knappheitssituationen sind, wie wir gesehen haben, das Grundthema der Wirtschaftswissenschaft. Der **Preis** eines Gutes ist das, was im Austausch für dieses Gut hergegeben wird. Wenn die Angebots- und Nachfragekräfte sich frei entfalten können, mißt der Preis die Knappheit und vermittelt damit eine entscheidende wirtschaftliche Information. Wenn eine Ressource einen hohen Preis hat, dann haben die Unternehmungen einen größeren Anreiz, sie sparsam zu verwenden. Wenn das Produkt einer Unternehmung einen hohen Preis hat, dann hat die Unternehmung einen größeren Anreiz, mehr von diesem Gut zu produzieren, und seine Kunden sind bemüht, es sparsam zu verwenden. Auf diesen und anderen Wegen vermitteln Preise der Volkswirtschaft Anreize, die knappen Ressourcen effizient zu nützen. In diesem Kapitel geht es darum, wie die Preise auf Wettbewerbsmärkten bestimmt werden.

4.1 Die Rolle der Preise

Über die Preise kommunizieren die Teilnehmer in der Wirtschaft miteinander. Angenommen, eine Dürre trifft das Land, und das Maisangebot wird dadurch drastisch verringert. Die Haushalte werden ihren Maiskonsum einschränken müssen, wenn der Vorrat für alle ausreichen soll. Nun ist die Frage, woher sie das wissen sollen. Nehmen wir an, daß Zeitungen im ganzen Land einen Artikel veröffentlichen, der die Leute darüber informiert, daß sie weniger Mais essen sollten. Welchen Anreiz hätten die Leute, diesem Artikel Beachtung zu schenken? Woher sollte jede Familie wissen, um wieviel sie ihren Konsum verringern müßte? Stellen wir uns als Alternative die Auswirkung einer Erhöhung des Maispreises vor. Der höhere Preis vermittelt schnell und effektiv die ganze relevante Information. Er sagt den Familien, daß Mais knapper geworden ist und gleichzeitig gibt er ihnen einen Anreiz, weniger Mais zu konsumieren. Die Konsumenten brauchen den Grund für die Knappheit nicht zu kennen, und man braucht ihnen auch nicht zu sagen, um wieviel sie ihren Konsum verringern sollen.

Preisänderungen und Preisunterschiede stellen uns vor interessante Probleme und Rätsel. Zu Beginn der achtziger Jahre stieg der Preis für ein durchschnittliches Haus in Los Angeles um 41 Prozent, während der Preis für ein Haus in Milwaukee, Wisconsin lediglich um 4 Prozent stieg. Im gleichen Zeitraum fiel der Computerpreis drastisch, während der Brotpreis stieg, wenn auch viel langsamer als der Immobilienpreis in Los Angeles. Der „Preis" der Arbeit sind einfach die gezahlten Löhne und Gehälter. Warum verdient ein Physiker drei mal so viel wie ein Collegeprofessor, obwohl der Collegeprofessor in den gemeinsam belegten Collegekursen vielleicht besser abgeschnitten hat? Warum fiel in der USA der Durchschnittslohn zwischen 1973 und 1983? Warum ist der Preis von Wasser, ohne das wir nicht leben können, meist sehr niedrig, jedoch der Preis von Diamanten, ohne die wir sicher auch leben können, sehr hoch? Die einfache Antwort auf all diese Fragen ist, daß in Marktwirtschaften wie den USA der Preis durch Angebot und Nachfrage bestimmt wird. Preisänderungen werden durch Angebots- und Nachfrageänderungen bestimmt.

Preisänderungen erklären und vorhersagen zu können ist nicht nur von akademischem Interesse. Eines der Ereignisse, welche die Französische Revolution beschleunigten, war der Anstieg der Brotpreise, für den die Leute die Regierung verantwortlich machten. Vor nicht allzu langer Zeit haben starke Preisänderungen in einigen Ländern, wie Marokko, der Dominikanischen Republik, Rußland und Polen, den Anlaß für politischen Aufruhr gegeben.

Wirtschaftliche Laien sehen in Preisen viel mehr, als die unpersönlichen Kräfte von Angebot und Nachfrage. Es war der Vermieter, der die Wohnungsmiete heraufsetzte; es war die Ölgesellschaft oder der Tankstellenbesitzer, der die Benzinpreise erhöhte. Diese Leute bzw. Unternehmungen haben sich entschieden, ihre Preise zu erhöhen, sagt der Nichtökonom entrüstet. Richtig, antwortet der Wirtschaftswissenschaftler, aber es muß einen Grund geben, warum sie sich entschieden haben, gerade zu diesem Zeitpunkt ihre Preise zu erhöhen. Und die gleichen unpersönlichen Kräfte können zu einem anderen Zeitpunkt den Vermieter oder die Ölgesellschaft zwingen, ihre Preise zu senken. Ökonomen sehen also die Preise als Symptome für tieferliegende Prozesse und konzentrieren sich auf die Kräfte von Angebot und Nachfrage, die hinter den Preisen stehen.

4.2 Die Nachfrage

Man benutzt das Konzept der **Nachfrage**, um die Menge eines Gutes oder einer Dienstleistung zu beschreiben, die ein Haushalt oder eine Unternehmung zu einem gegebenen Preis kaufen möchte. Dabei geht es nicht nur darum, was die Leute sich wünschen, sondern wofür sie sich bei gegebener Budgetbeschränkung und den gegebenen Preisen tatsächlich entscheiden. Im folgenden analysieren wir zuerst, wie die Nachfragemenge eines einzelnen Konsumenten auf Preisänderungen reagiert, unter der Voraussetzung, daß alle anderen Einflußfaktoren konstant bleiben.

Die individuelle Nachfragekurve

Überlegen wir uns, was passiert, wenn sich der Preis von Schokoriegeln ändert. Zum Preis von 5,00 $ wird man wahrscheinlich nie einen kaufen. Für 3,00 $ kauft man vielleicht einen pro Woche als besonderen Genuß. Für 1,25 $ kauft man wahrscheinlich mehrere und, falls der Preis auf 0,50 $ fallen würde, würde man vielleicht viele kaufen. Tabelle 4.1 faßt die wöchentliche Nachfrage eines einzelnen Konsumenten (Rudolf) nach Schokoriegeln bei verschiedenen Preisen zusammen. Wir sehen, daß die nachgefragte Menge um so größer ist, je niedriger der Preis ist. Abbildung 4.1 stellt die Punkte aus der Tabelle in einer Kurve dar. Die nachgefragte Menge wird entlang der horizontalen Achse gemessen und der Preis entlang der vertikalen Achse.

Tabelle zu Abbildung 4.1
Rudolfs Nachfrage nach Schokoriegeln bei verschiedenen Preisen

Preis in $	5,00	3,00	2,00	1,50	1,25	1,00	0,75	0,50
nachgefragte Menge	0	1	2	3	4	6	9	15

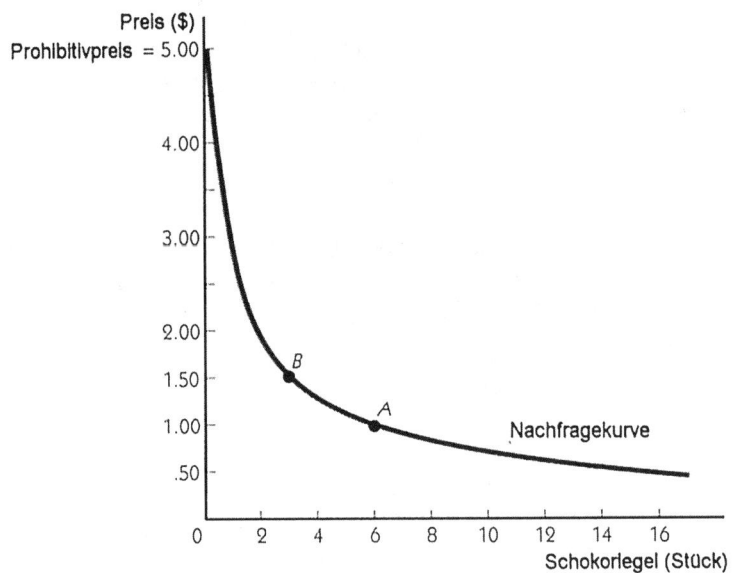

Abbildung 4.1 Die Nachfragekurve eines einzelnen Konsumenten. Diese Nachfragekurve zeigt die Menge an Schokoriegeln, die Rudolf beim jeweiligen Preis konsumiert. Man beachte, daß die nachgefragte Menge sinkt, wenn der Preis steigt, daß also die Nachfragekurve eine negative Steigung hat.

Um die Punkte zu verbinden, kann man eine kontinuierliche Kurve ziehen, die sogenannte **Nachfragekurve**, die zu jedem Preis die nachgefragte Menge angibt. Falls man also wissen will, wie viele Schokoriegel pro Woche Rudolf bei einem

Preis von 1,00 $ nachfragen wird, schaut man einfach auf die vertikale Achse beim Preis von 1,00 $, findet den zugehörigen Punkt *A* auf der Nachfragekurve und liest dann darunter auf der horizontalen Achse ab. Beim Preis von 1,00 $ kauft Rudolf sechs Schokoriegel pro Woche. Möchte man dagegen wissen, bei welchem Preis er nur drei Schokoriegel kaufen wird, so schaut man auf die horizontale Achse bei der Menge 3, findet auf der Nachfragekurve den zugehörigen Punkt *B* und liest dann links davon auf der vertikalen Achse ab. Rudolf wird drei Schokoriegel bei einem Preis von 1,50 $ kaufen.

Die Tatsache, daß die nachgefragte Menge sinkt, wenn der Preis der Schokoriegel steigt, ist aus der Tabelle 4.1 ersichtlich und daraus, daß die Nachfragekurve in der Abbildung 4.1 von links oben nach rechts unten verläuft. Diese negative Steigung ist für Nachfragekurven typisch und auch einleuchtend: Je billiger ein Gut ist (je weiter unten auf der vertikalen Achse ein Punkt liegt), desto mehr wird jemand davon kaufen (desto weiter rechts auf der horizontalen Achse muß der Punkt liegen).

Die Marktnachfragekurve

Stellen wir uns eine ganz einfache Volkswirtschaft vor, in der es nur zwei Konsumenten gibt, Rudolf und Jessica. Abbildung 4.2 zeigt, wie man die Nachfragekurven dieser beiden Konsumenten addieren muß, um eine Nachfragekurve für den Gesamtmarkt zu erhalten. Man „addiert" die Nachfragekurven horizontal, indem man zu jedem Preis die Nachfrage von Rudolf und Jessica zusammenrechnet. Bei einem Preis von 0,75 $ kauft Rudolf neun Schokoriegel und Jessica elf, so daß die gesamte Marktnachfrage 20 Stück beträgt. Marktnachfragekurven werden immer nach dem gleichen Muster gebildet, unabhängig davon aus wievielen Konsumenten eine Volkswirtschaft besteht. Die **Marktnachfragekurve** zeigt zu jedem Preis die Gütermenge, die insgesamt am Markt nachgefragt wird. Tabelle 4.2 gibt zum Beispiel die Gesamtmenge an Schokoriegeln an, die von allen Konsumenten einer Volkswirtschaft bei verschiedenen Preisen nachgefragt werden. Falls wir eine Tabelle wie Tabelle 4.1 für jede Person in der Volkswirtschaft hätten, würden wir die Tabelle 4.2 einfach bilden, indem wir bei jedem Preis die gesamte gekaufte Schokoriegelmenge aufaddieren. Abbildung 4.3 faßt diese Information in einer Marktnachfragekurve zusammen und zeigt, daß zum Beispiel bei einem Preis von 3,00 $ pro Schokoriegel die gesamte Marktnachfrage bei einer Million Schokoriegel liegt und daß eine Preissenkung auf 2,00 $ die Marktnachfrage auf drei Millionen Schokoriegel steigert. Wie bei der Abbildung 4.1 wird der Preis auf der vertikalen Achse abgetragen, aber hier mißt die horizontale Achse die Menge, die alle Konsumenten nachfragen. Verbindet man die Punkte der Abbildung, so erhält man die Marktnachfragekurve.

Falls wir zum Beispiel wissen wollen, wie hoch die gesamte Nachfrage nach Schokoriegeln bei einem Preis von 1,50 $ ist, sehen wir auf der vertikalen Achse beim Preis von 1,50 $ nach, finden den zugehörigen Punkt *A* auf der Nachfragekurve

und lesen darunter auf der horizontalen Achse ab. Bei diesem Preis liegt die Gesamtnachfrage bei vier Millionen Schokoriegel. Falls wir wissen wollen, wie hoch
der Preis von Schokoriegeln ist, wenn 20 Mio. nachgefragt werden, suchen wir auf
der horizontalen Achse nach 20 Mio., sehen nach oben, um den zugehörigen Punkt
B auf der Marktnachfragekurve zu finden und lesen links daneben auf der vertikalen Achse den Preis ab. Der Preis, bei dem 20 Mio. Schokoriegel nachgefragt werden, ist 0,75 $.

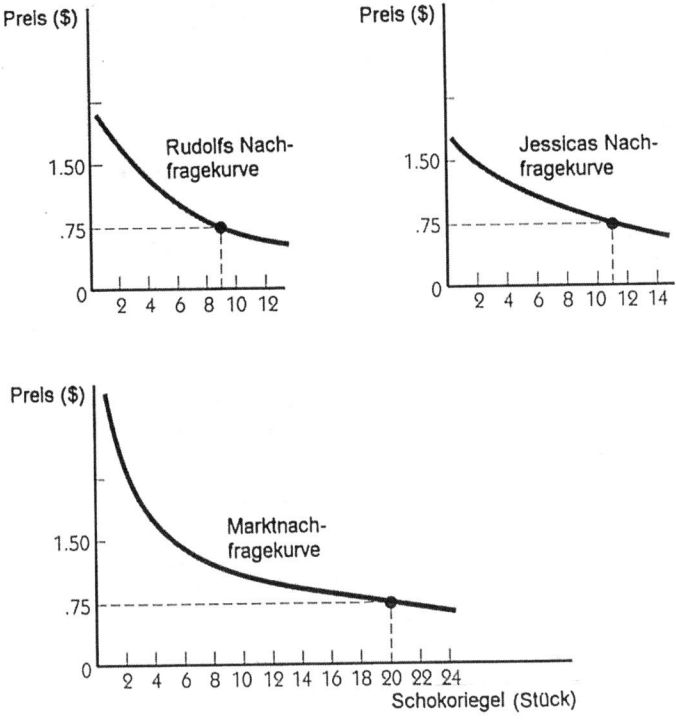

Abbildung 4.2 Die Ableitung der Marktnachfragekurve. Die Marktnachfragekurve wird
konstruiert, indem man zu jedem Preis die Mengen aufaddiert, die von jedem einzelnen
Konsumenten nachgefragt werden. Die Kurve hier zeigt die Marktnachfrage für den Fall,
daß es nur zwei Konsumenten gibt. In Wirklichkeit ist wegen der Vielzahl der Konsumenten die Marktnachfrage viel größer (siehe Abbildung 4.3).

Tabelle zu Abbildung 4.3

Marktnachfrage nach Schokoriegeln bei verschiedenen Preisen

Preis (in $)	5,00	3,00	2,00	1,50	1,25	1,00	0,75	0,50
nachgefragte Menge (in Mio.)	0	1	3	4	8	13	20	30

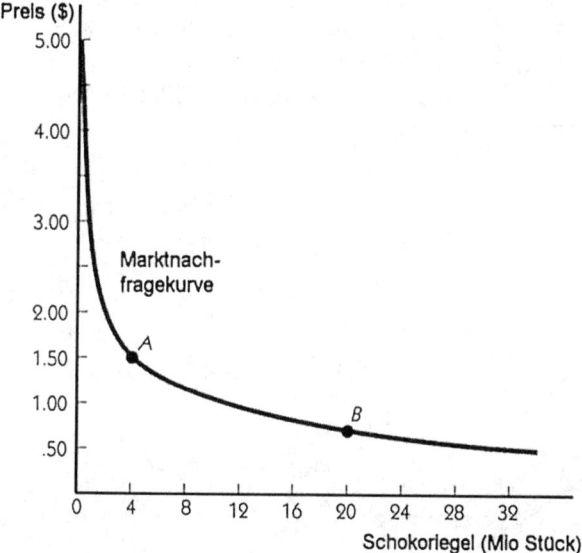

Abbildung 4.3   Die Marktnachfragekurve. Die Marktnachfragekurve zeigt die von allen Konsumenten am Markt zum jeweiligen Preis nachgefragte Menge eines Gutes. Die Marktnachfragekurve hat aus zwei Gründen eine negative Steigung: Bei einem höheren Preis kauft jeder Konsument weniger und wenn die Preise hoch genug sind, entscheiden sich einige Konsumenten dafür überhaupt nicht zu kaufen - sie verlassen den Markt.

Man beachte, daß die Nachfrage des Einzelnen sinkt, wenn der Preis von Schokoriegeln steigt, und daß deshalb auch die Marktnachfrage sinkt. Somit fällt die Marktnachfragekurve von links oben nach rechts unten ab. Diese allgemeine Regel gilt aus zwei Gründen, zum einen weil die Nachfragekurve jeder Einzelperson negativ geneigt ist, zum anderen weil sich bei Preisänderungen einige Konsumenten entschließen, in den Markt einzutreten oder den Markt zu verlassen. In Abbildung

4.1 z. B. *verläßt* Rudolf *den Markt* (konsumiert null Einheiten) beim Preis von 5,00 $, bei dem die Nachfragekurve die vertikale Achse berührt.

Verschiebungen der Nachfragekurve

Wenn der Preis eines Gutes steigt, nimmt die Nachfrage nach diesem Gut ab - vorausgesetzt, alle anderen Einflußfaktoren auf die Nachfrage werden konstant gehalten. Aber in der Realität können wir diese Einflußfaktoren nicht konstant halten. Jede Veränderung, die nicht den Preis des betrachteten Gutes betrifft, verschiebt die (gesamte) Nachfragekurve, das heißt sie verändert die Menge, die zu jedem Preis nachgefragt wird. Ein gutes Beispiel dafür ist die Nachfragekurve für Süßigkeiten, die sich aufgrund des gestiegenen Gesundheitsbewußtseins der Amerikaner verschoben hat. Abbildung 4.4 zeigt hypothetische Nachfragekurven für Schokoriegel von 1960 und 1995. Wir können daraus zum Beispiel ablesen, daß bei einem Preis von 0,75 $ die Nachfrage von 20 Mio. Stück (Punkt E_{1960}, das ursprüngliche Gleichgewicht) auf 10 Mio. Stück (Punkt E_{1995}) gefallen ist, weil sich der „Geschmack" der Menschen verändert hat.

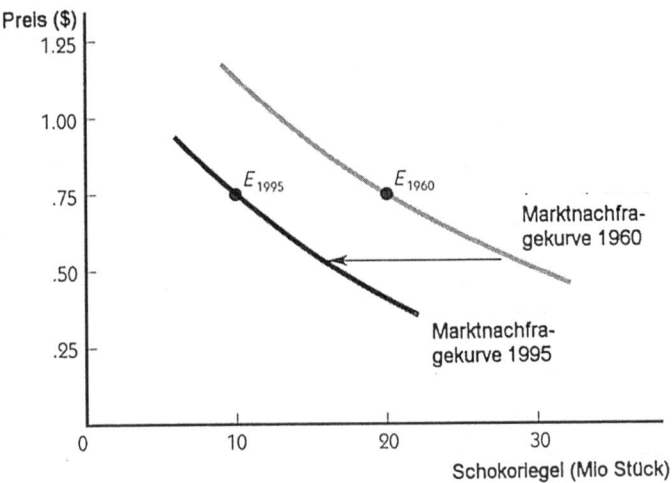

Abbildung 4.4 Verschiebungen der Nachfragekurve. Eine Verschiebung der Nachfragekurve nach links bedeutet, daß zu jedem gegebenen Marktpreis eine geringere Menge nachgefragt wird.

Unter die Lupe genommen:
Der Benzinpreis und die Nachfrage nach kleineren Autos

Wenn die Nachfragen nach mehreren Güter voneinander abhängen, dann wirken sich die gleichen Bedingungen auf den Preis für ein Produkt und auf die Nachfrage nach einem anderen Produkt aus. Als zum Beispiel in den siebziger Jahren die Benzinpreise in den USA stiegen, beeinflußte diese Veränderung auch die Nachfrage nach Kleinwagen.

Eigentlich ist der Benzinpreis in den siebziger Jahren zweimal gestiegen: zuerst Ende 1973, als die Organisation der erdölexportierenden Länder (OPEC) den Ölexport in die USA einstellte, und dann nochmals, als der Schah von Iran 1979 entmachtet wurde, was zu Turbulenzen beim Ölangebot führte. Der Benzinpreis an den Zapfsäulen stieg von 0,27 $ pro Gallone (vier Liter) im Jahr 1973 auf 0,50 $ pro Gallone im Jahr 1977, und dann auf 1,40 $ im Jahr 1981. Benzin einzusparen war für die Amerikaner nicht leicht. Wohnort und Arbeitsplatz lagen oft weit auseinander, und die Leute mußten zu ihrer Arbeit pendeln. Eine Folge war, daß die amerikanischen Autofahrer kleinere Autos mit niedrigerem Benzinverbrauch kauften, wenn ihre alten Autos ersetzt werden mußten.

Klassifiziert man die zugelassenen Neuwagen nach ihrer Größe, dann zeigt sich folgendes Bild: Kurz nach der ersten Benzinpreiserhöhung wurden pro Jahr ungefähr 2,5 Mio. große Wagen, 2,8 Mio. Mittelklassewagen und 2,3 Mio. Kleinwagen gekauft. Bis 1985 hatten sich die Proportionen drastisch verschoben. In diesem Jahr wurden ungefähr 1,5 Mio. große Wagen verkauft, was eine bedeutende Verringerung gegenüber den Zahlen Mitte der siebziger Jahre war. Die Anzahl der verkauften Kleinwagen blieb mit 2,2 Mio. relativ konstant, aber die Anzahl der verkauften Mittelklassewagen stieg auf 3,7 Mio.

Die Nachfragekurve für jedes Gut (wie z. B. Autos) setzt voraus, daß der Preis von Komplementärgütern (wie z. B. Benzin) konstant ist. Die Benzinpreiserhöhung führte dazu, daß sich die Nachfragekurve für Mittelklassewagen nach rechts und die Nachfragekurve für große Wagen nach links verschob. Der Grund ist leicht zu verstehen. Angenommen, jemand fährt 15.000 Meilen pro Jahr. Ein großes Auto hat einen Verbrauch von 1 Gallone für 15 Meilen, was bedeutet, daß 1.000 Gallonen Benzin pro Jahr gekauft werden müßten. Hingegen hat ein kleines Auto einen Verbrauch von 1 Gallone für 30 Meilen, was bedeutet, daß nur 500 Gallonen Benzin pro Jahr zu kaufen wären. Als der Benzinpreis 1981 bei der Höchstmarke von 1,40 $ pro Gallone lag, konnten durch den niedrigeren Verbrauch pro Jahr umgerechnet 700 $ gespart werden.

Quellen: Benzinpreise aus verschiedenen Ausgaben von *„Survey of Current Business"*; Autoabsatzdaten von Linda Williams und Patric Hu vom Oak Ridge National Laboratory; *Light Duty Vehicle Summary: Model Year 1976 to the First Half of Model Year 1989.*

Ursachen von Verschiebungen der Nachfragekurve

Zwei der Faktoren, welche die Nachfragekurve verschieben, sind wirtschaftlicher Natur, nämlich Einkommensänderungen und Preisänderungen bei anderen Gütern. Mit steigendem Einkommen kauft man normalerweise mehr von jedem Gut. Also verschieben Einkommenssteigerungen die Nachfragekurve nach rechts, wie in Abbildung 4.5 dargestellt: Bei jedem Preis konsumiert man eine größere Menge als vorher.

Preisänderungen bei anderen Gütern, besonders bei eng korrelierten Gütern, werden ebenfalls die Nachfragekurve eines Gutes verschieben. Wenn z. B. der Preis von Margarine steigt, werden einige Konsumenten Margarine durch Butter ersetzen. Zwei Güter, wie zum Beispiel Butter und Margarine sind **Substitutionsgüter**, wenn eine Preiserhöhung bei einem der beiden Güter dazu führt, daß die Nachfrage nach dem anderen Gut steigt. Wenn die Leute zwischen Butter und Margarine wählen, ist ein wichtiger Faktor der relative Preis, d. h. das Verhältnis zwischen Butterpreis und Margarinepreis. Durch eine Preiserhöhung bei Butter, sowie durch eine Preissenkung bei Margarine, steigt der relative Preis von Butter. Somit bieten beide Preisänderungen einen Anreiz, Butter durch Margarine zu ersetzen.

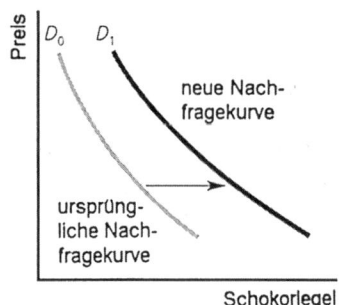

Abbildung 4.5 Eine Rechtsverschiebung der Nachfragekurve. Wenn bei jedem Preis die nachgefragte Menge gestiegen ist, dann hat sich die Nachfragekurve nach rechts verschoben. Die Ursache kann eine Einkommenssteigerung sein, ein Preisanstieg bei einem Substitutionsgut oder eine Preissenkung bei einem Komplementärgut.

Schokoriegel und Müsliriegel können auch als Substitutionsgüter angesehen werden, da die beiden Güter ähnliche Bedürfnisse decken. Eine Verteuerung von Müsliriegeln führt also dazu, daß Schokoriegel relativ attraktiver werden, und damit zu einer Rechtsverschiebung der Nachfragekurve für Schokoriegel. (Bei jedem Preis ist die Nachfrage nach Schokoriegel größer.)

Manchmal hat jedoch eine Preissteigerung bei anderen Gütern genau den entgegengesetzten Effekt. Angenommen, jemand ist gewohnt, Zucker in seinem Kaffee zu haben. Wenn ein solcher Konsument entscheidet, wieviel Kaffee er nachfragen will, dann ist der Preis von einer Tasse Kaffee *mit* Zucker relevant. Falls Zucker teurer wird, wird er weniger Kaffee nachfragen. Für diesen Konsumenten sind

Zucker und Kaffee **Komplementärgüter**, d. h. eine Preiserhöhung bei einem der beiden Güter *verringert* die Nachfrage nach dem anderen Gut. Eine Preissteigerung bei Zucker verschiebt die Nachfragekurve für Kaffee nach links: Die Kaffeenachfrage ist bei jedem Preis niedriger als vorher. Entsprechend verschiebt sich die Kaffeenachfragekurve nach rechts, wenn Zucker billiger wird.

Ein Blick in die Wirtschaftspolitik: Gute oder schlechte Nachricht?

In der zweiten Hälfte des Jahres 1993 sind die Ölpreise beinahe um 25 Prozent gefallen. Für die Konsumenten war das eine gute Nachricht, aber für die Clinton-Regierung stellte es ein Problem dar. Im August 1992 hatten die Vereinigten Staaten das Rahmenabkommen über den Klimaschutz unterzeichnet, das als Abkommen von Rio bekannt ist, und sich damit verpflichtet, bis zum Jahr 2000 die Emission von Treibhausgasen auf das Niveau von 1990 zu reduzieren. (Treibhausgase wie zum Beispiel Kohlendioxid, tragen zur globalen Erwärmung bei.) Da die Produktion im Jahr 2000 deutlich größer sein wird als 1990, kann dieses Ziel nur durch eine entsprechende Effizienzverbesserung bei der Energienutzung erreicht werden. Im September 1993 hatten die Vereinigten Staaten einen ehrgeizigen nationalen Aktionsplan aufgestellt, um ihren Verpflichtungen nachzukommen. Dieser Plan beruht aber auf der Voraussetzung, daß die Ölpreise sich nicht ändern würden. Durch die Verbilligung des Öls würde die Nachfrage steigen. Mithilfe von Nachfragekurven von der Art, wie sie in diesem Kapitel diskutiert werden, konnten Fachleute den zu erwartenden Anstieg des Energieverbrauchs und damit der Treibhausgas-Emissionen berechnen. Diese Berechnungen haben gezeigt, daß die USA deutlich hinter den angestrebten Zielen zurückbleiben würden, wenn nicht noch zusätzliche Maßnahmen ergriffen würden.

Auch Faktoren, die nicht wirtschaftlicher Natur sind, können die Marktnachfragekurve verschieben. Die bedeutendsten Beispiele sind Geschmacksveränderungen und demographische Veränderungen. Wie erwähnt ist die Schokoriegelnachfrage ein Beispiel für die Auswirkungen von Geschmacksveränderungen. In ähnlicher Weise haben die amerikanischen Konsumenten in den letzten zehn Jahren tendenziell Schnaps durch Wein ersetzt und fettes Fleisch durch cholesterinarme Lebensmittel. Durch jede dieser Geschmacksveränderungen haben sich die entsprechenden Marktnachfragekurven verschoben.

Demographische Veränderungen, die Marktnachfragekurven verschieben, haben oft mit dem Altersaufbau der Bevölkerung zu tun. Junge Familien mit Babys kaufen Wegwerfwindeln. Die Nachfrage nach neuen Häusern und Wohnungen steht in enger Verbindung zur Zahl der neu gegründeten Haushalte, die wiederum von der Zahl der Personen im heiratsfähigen Alter abhängig ist. Das Durchschnittsalter der Bevölkerung der USA ist gestiegen, zum einen weil die Lebenserwartung steigt, zum anderen weil die Geburtenraten nach dem Babyboom der Nachkriegszeit etwas gefallen sind. So hat sich die Nachfrage zuungunsten von Windeln und Wohnungsbau entwickelt. Wirtschaftswissenschaftler, die für bestimmte Unternehmungen und Industriezweige arbeiten, verwenden viel Energie darauf, die Auswirkungen der **demographischen Veränderungen** auf die Nachfrage nach Gütern der jeweiligen Unternehmung oder Branche zu ermitteln.

Manchmal verschieben sich Nachfragekurven aufgrund von neuen Informationen. Der Nachfragerückgang bei Alkohol und Fleisch und insbesondere bei Zigaretten ist auf die verbesserten Informationen der Konsumenten über Gesundheitsrisiken zurückzuführen.

Auch Veränderungen in der Verfügbarkeit von Krediten können bei Gütern, die typischerweise auf Kredit gekauft werden, wie Autos und Immobilien, die Nachfragekurven verschieben. Wenn zum Beispiel die Banken das Kreditvolumen für Konsumenten- und Hypothekenkredite reduzieren, verschieben sich die Nachfragekurven für Autos und Immobilien nach links.

Und schließlich können auch geänderte Zukunftserwartungen Nachfragekurven verschieben. Falls die Leute damit rechnen, arbeitslos zu werden, werden sie ihre Ausgaben reduzieren. In diesem Fall sagt man, daß ihre Nachfragekurve von Erwartungen abhängig ist.

Verschiebungen der Nachfragekurve versus Bewegungen auf der Nachfragekurve

Es ist wichtig, zwischen den Veränderungen zu unterscheiden, die zu einer *Verschiebung* der Nachfragekurve führen, und den Veränderungen, die einer *Bewegung auf* der Nachfragekurve entsprechen. Eine Bewegung auf der Nachfragekurve ist einfach die Mengenänderung, die sich aufgrund von Preisänderungen ergibt. Abbildung 4.6A stellt eine Bewegung auf der Nachfragekurve vom Punkt *A* zum Punkt *B* dar. *Bei gegebener Nachfragekurve* wird bei niedrigeren Preisen mehr konsumiert. Abbildung 4.6B zeigt eine Rechtsverschiebung der Nachfragekurve; *beim gegebenen Preis* wird mehr konsumiert. Die Menge steigt wiederum von Q_0 auf Q_1, aber der Preis bleibt unverändert.

4.3 Das Angebot

Das Konzept des **Angebots** wird in der Volkswirtschaftslehre benutzt, um die Menge eines Gutes oder einer Dienstleistung zu beschreiben, die ein Haushalt oder eine Unternehmung bei einem bestimmten Preis verkaufen will. Damit können so unterschiedliche Dinge gemeint sein wie z. B. die Anzahl Schokoriegel, die eine Unternehmung verkaufen möchte, oder die Stundenzahl, die ein Arbeiter bereit ist zu arbeiten. Die erste Frage ist auch hier wieder, wie die angebotene Menge auf

Preisänderungen reagiert, vorausgesetzt, daß alle anderen Einflußfaktoren konstant bleiben.

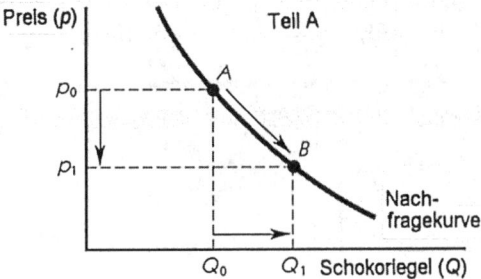

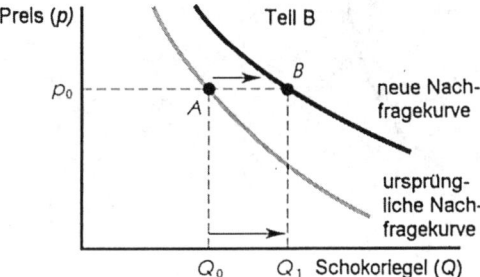

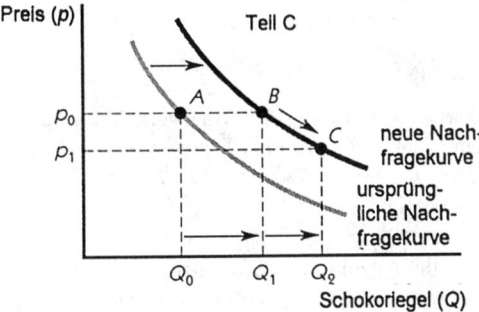

Abbildung 4.6   Bewegung auf der Nachfragekurve oder Verschiebung der Nachfragekurve. Teil A zeigt einen Anstieg der nachgefragten Menge aufgrund einer Preissenkung - eine Bewegung auf einer gegebenen Nachfragekurve. Teil B zeigt einen Anstieg der nachgefragten Menge aufgrund einer Verschiebung der gesamten Nachfragekurve. Teil C zeigt eine Verschiebung der Nachfragekurve (Bewegung von *A* nach *B*) kombiniert mit einer Bewegung auf der Nachfragekurve (von *B* nach *C*).

Tabelle zu Abbildung 4.7 Das Angebot einer Unternehmung

Preis ($)	5,00	3,00	2,00	1,50	1,25	1,00	0,75	0,50
Angebot (1.000 Stück)	100	95	85	70	50	25	0	0

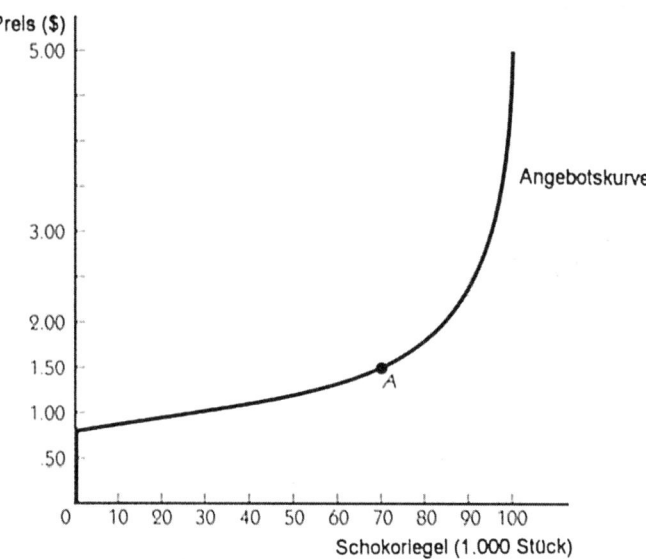

Abbildung 4.7 Die Angebotskurve einer Unternehmung. Die Angebotskurve zeigt die Menge eines Gutes, die eine Unternehmung zum jeweiligen Preis bereit ist zu produzieren. Normalerweise will eine Unternehmung um so mehr produzieren, je höher der Preis ist; deshalb hat die Angebotskurve eine positive Steigung.

Abbildung 4.7 zeigt zu jedem Preis die Anzahl der Schokoriegel, welche die Schokoladefirma Süß gerne verkaufen oder am Markt anbieten würde. Mit steigendem Preis steigt auch die angebotene Menge. Bei einem Preis unter 1,00 $ ist die Produktion für die Unternehmung unrentabel. Bei 2,00 $ würde sie gerne 85.000 Schokoriegel verkaufen und 100.000 Stück bei 5,00 $.

In der Abbildung werden diese Punkte in einer **Angebotskurve** verbunden. Sie zeigt die Menge, welche die Firma Süß bei jedem Preis anbieten wird, wenn alle anderen Faktoren konstant gehalten werden. Wie bei der Nachfragekurve wird der Preis auf der vertikalen Achse abgetragen und die angebotene Menge auf der horizontalen Achse. Also zeigt zum Beispiel der Punkt *A* auf der Kurve, daß die Unternehmung bei einem Preis von 1,50 $ 70.000 Schokoriegel anbieten würde.

Tabelle zu Abbildung 4.8 Das Gesamtangebot an Schokoriegeln

Preis (in $)	5,00	3,00	2,00	1,50	1,25	1,00	0,75	0,50
Angebotsmenge (Mio. Stück)	82	80	70	59	47	34	20	5

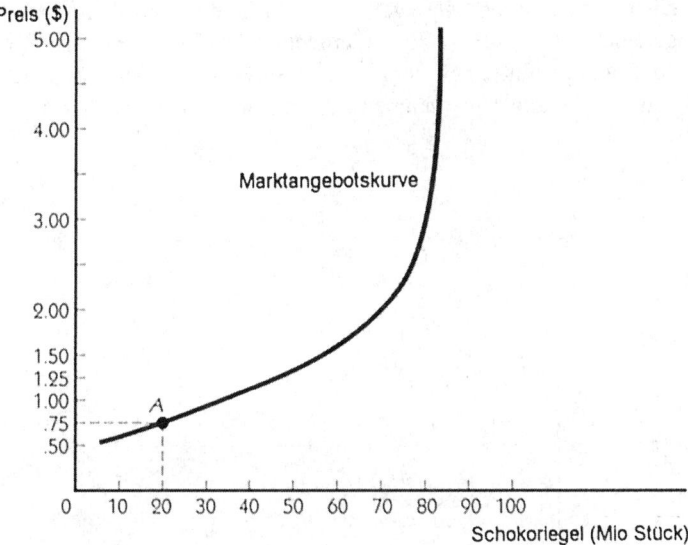

Abbildung 4.8 Die Marktangebotskurve. Die Marktangebotskurve zeigt die Menge eines Gutes, die alle Unternehmungen am Markt bereit sind zum jeweiligen Preis anzubieten. Die Marktangebotskurve ist normalerweise positiv geneigt, weil einerseits jede Unternehmung bereit ist, zu einem höheren Preis mehr von dem Gut anzubieten, und weil andererseits höhere Preise neue Unternehmungen auf den Markt locken.

Im Gegensatz zur Nachfragekurve verläuft die typische Angebotskurve von links unten nach rechts oben. Bei höheren Preisen werden die Unternehmen mehr anbieten.[1] Die Angebotskurve hat eine positive Steigung, weil höhere Preise für die

---

[1] In Kapitel 11 werden einige ungewöhnliche Situationen beschrieben, in denen die Angebotskurve keine positive Steigung haben könnte.

Anbieter einen höheren Gewinn bedeuten, sie geben also einen Anreiz, die Produktion zu steigern.

Das Marktangebot

Das **Marktangebot** eines Gutes ist die Gesamtmenge, die alle Unternehmen in der Volkswirtschaft bei einem gegebenen Preis anbieten wollen. Ähnlich ist das Marktangebot an Arbeit die gesamte Arbeitsmenge, die alle Haushalte in der Volkswirtschaft bei einem gegebenen Lohn bereit sind anzubieten. Die Tabelle zu Abbildung 4.8 sagt uns zum Beispiel, daß bei einem Preis von 2,00 $ alle Schokoladefirmen zusammen 70 Mio. Schokoladeriegel anbieten werden, bei einem Preis von 0,50 $ dagegen nur fünf Millionen. Abbildung 4.8 stellt dieselbe Information in Form einer **Marktangebotskurve** dar. Die Marktangebotskurve zeigt die gesamte Menge eines Gutes, welche die Unternehmen bei jedem Preis zu produzieren bereit sind. Somit bedeutet z.B. Punkt *A* auf der Marktangebotskurve, daß bei einem Preis von 0,75 $ alle Unternehmen zusammen 20 Mio. Schokoriegel verkaufen wollen.

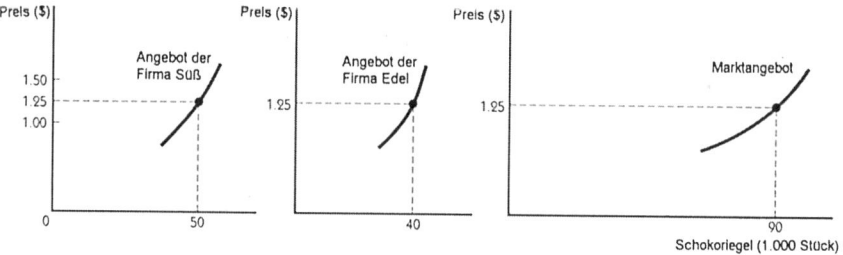

Abbildung 4.9 Ableitung der Marktangebotskurve. Die Marktangebotskurve wird gebildet, indem man die Menge aufaddiert, die jede Unternehmung in der Volkswirtschaft zum jeweiligen Preis anzubieten bereit ist. Hier wird dieser Vorgang für einen Markt mit nur zwei Produzenten gezeigt. Das tatsächliche Marktangebot ist wesentlich größer, weil es viele Produzenten gibt (siehe Abbildung 4.8).

Mit steigendem Preis nimmt ceteris paribus die angebotene Menge zu. Die Marktangebotskurve steigt von links unten nach rechts oben an, zum einen weil jede Unternehmung bei höheren Preisen mehr produzieren möchte, und zum anderen, weil bei höheren Preisen mehr Unternehmungen bereit sind, in den Markt einzutreten und das Gut zu produzieren.

Die Marktangebotskurve wird aus den Angebotskurven der verschiedenen Unternehmen genauso berechnet, wie die Marktnachfragekurve aus den Nachfragekurven der verschiedenen Haushalte: Bei jedem Preis addiert man horizontal die Mengen, die jedes der Unternehmen bereit ist zu produzieren.

Abbildung 4.9 zeigt diesen Vorgang für einen Markt mit nur zwei Produzenten. Bei einem Preis von 1,25 $ produziert die Firma Süß 50.000 Schokoriegel und die Firma Edel 40.000 Schokoriegel. So ergibt sich ein Marktangebot von 90.000 Schokoriegeln. Das gleiche Prinzip kann auf Märkte mit vielen Anbietern angewandt werden.

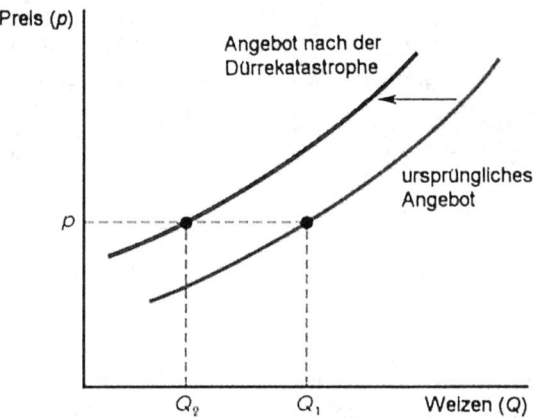

Abbildung 4.10 Linksverschiebung der Angebotskurve. Eine Dürre oder eine andere Naturkatastrophe führt zu einer Linksverschiebung der Angebotskurve, so daß bei jedem Preis eine geringere Menge angeboten wird.

Verschiebungen der Angebotskurve

Auch Angebotskurven können sich verschieben, so daß bei jedem Preis die angebotene Menge größer oder kleiner ist als vorher. Angenommen, eine Dürre trifft den Getreidegürtel im Mittleren Westen. Abbildung 4.10 veranschaulicht die Situation. Die Angebotskurve für Weizen verschiebt sich nach links, was bedeutet, daß die Unternehmungen zu jedem Weizenpreis eine geringere Menge anbieten wollen.

Ursachen für Verschiebungen der Angebotskurve

Es gibt verschiedene Ursachen für Verschiebungen der Marktangebotskurve. Eine
Ursache sind Preissenkungen für die bei der Produktion verwendeten Inputgüter.
Abbildung 4.11 zeigt, daß sich die Angebotskurve für Cornflakes nach rechts verschiebt, wenn Mais billiger wird. Die Produktion von Cornflakes wird billiger,
weshalb die Unternehmungen bereit sind, zu jedem Preis eine größere Menge anzubieten. Deshalb ist beim gleichen Preis die angebotene Menge auf der Kurve S_1
größer als auf der Kurve S_0.

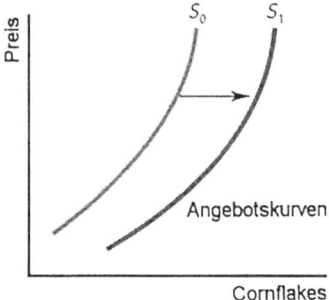

**Abbildung 4.11 Rechtsverschiebung der
Angebotskurve.** Eine technologische Verbesserung oder eine Senkung von Inputpreisen führt
(neben anderen möglichen Faktoren) zu einer
Rechtsverschiebung der Angebotskurve, so daß
zu jedem Preis eine größere Menge angeboten
wird.

Technologische Fortschritte, wie sie während der letzten zwei Jahrzehnte in der
Computerindustrie erreicht wurden, führen ebenfalls zu einer Rechtsverschiebung
der Marktangebotskurve. Eine andere Ursache für solche Verschiebungen ist die
Natur. Die Angebotskurve für Agrarprodukte kann sich aufgrund von Wetterbe-
dingungen, Insektenplagen oder Tierseuchen nach rechts bzw. links verschieben.
Eine Verknappung der zur Verfügung stehenden Kreditsumme kann dazu führen,
daß den Unternehmungen die Mittel zum Erwerb von Inputs für die Produktion
fehlen, was ebenfalls eine Linksverschiebung der Angebotskurve bewirken wird.
Und schließlich können auch veränderte Erwartungen die Angebotskurve verschieben. Falls die Unternehmen glauben, daß in zwei Jahren eine neue Technologie für die Autoproduktion verfügbar sein wird, wird diese Erwartung heute Investitionen verhindern und zu einer vorübergehenden Linksverschiebung der
Angebotskurve führen.

**Verschiebungen der Angebotskurve versus Bewegungen auf der Angebots-
kurve**

Wie schon bei der Nachfragekurve muß man auch bei der Angebotskurve zwischen einer *Bewegung auf der Kurve* und einer *Kurvenverschiebung* unterschei-

den. In Abbildung 4.12A ist der Preis für Schokoriegel gestiegen und hat eine entsprechende Erhöhung der Angebotsmenge bewirkt. Hier hat also eine Bewegung auf der Angebotskurve stattgefunden.

Im Gegensatz dazu hat sich in Abbildung 4.12B die Angebotskurve nach rechts verschoben, vielleicht weil eine neue Produktionstechnik die Kosten der Schokoriegelproduktion gesenkt hat. Deshalb steigt hier die angebotene Menge, obwohl sich der Preis nicht verändert hat. Die Angebotsmenge auf einem Markt kann entweder steigen, weil *bei gegebener Angebotskurve* der Preis des Gutes gestiegen ist, oder weil sich *bei gegebenem Preis* die Angebotskurve verschoben hat.

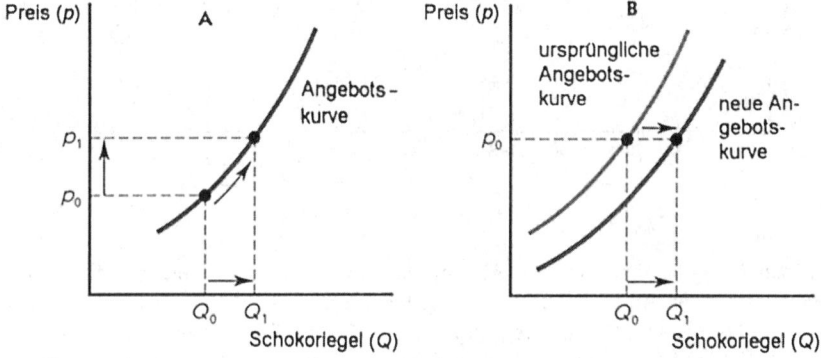

Abbildung 4.12   Bewegung auf der Angebotskurve versus Verschiebung der Angebotskurve. Teil A zeigt eine Erhöhung der angebotenen Menge aufgrund eines gestiegenen Preises - eine Bewegung auf einer gegebenen Angebotskurve. Teil B zeigt eine Erhöhung der angebotenen Menge aufgrund einer Verschiebung der gesamten Angebotskurve, so daß zu jedem Marktpreis eine größere Menge nachgefragt wird.

4.4 Das Gesetz von Angebot und Nachfrage

Dieses Kapitel begann mit der Behauptung, daß Angebot und Nachfrage zusammenwirken, um den Marktpreis auf Wettbewerbsmärkten zu bestimmen. In Abbildung 4.13 zeigen wir anhand einer Angebots- und einer Nachfragekurve, wie dies geschieht. Der Preis, der tatsächlich am Markt bezahlt wird, ist durch den Schnittpunkt der beiden Kurven bestimmt. Der Gleichgewichtspunkt ist mit E_0 gekennzeichnet. Der entsprechende Preis (0,75 $) und die entsprechende Menge (20 Mio.) werden als **Gleichgewichtspreis** bzw. **Gleichgewichtsmenge** bezeichnet.

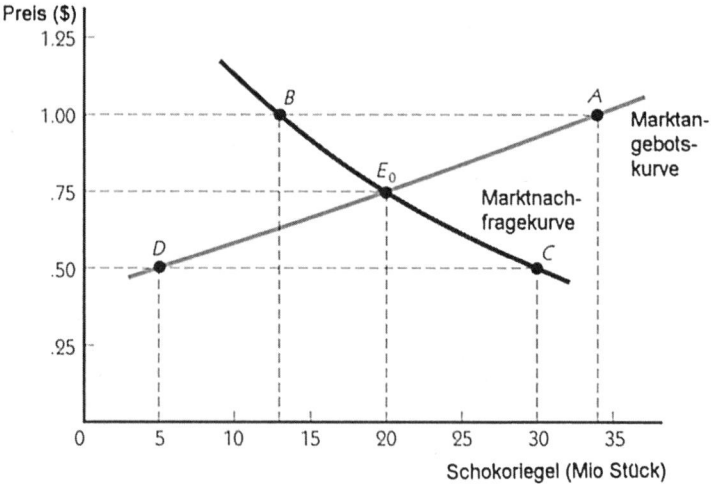

Abbildung 4.13 Gleichgewicht von Angebot und Nachfrage. Das Gleichgewicht entsteht
im Schnittpunkt von Angebots- und Nachfragekurve im Punkt E_0. Bei jedem Preis oberhalb von E_0 ist die angebotene Menge größer als die nachgefragte Menge; es wird also zuviel angeboten, und der Markt ist nicht im Gleichgewicht. Bei jedem Preis unterhalb von
E_0 ist die nachgefragte Menge größer als die angebotene Menge; es wird also zuviel nachgefragt, so daß der Markt auch hier nicht im Gleichgewicht ist.

Da der Begriff **Gleichgewicht** durch das ganze Buch hindurch wiederkehren wird,
ist es wichtig, dieses Konzept genau zu verstehen. Das Gleichgewicht beschreibt
eine Situation, in der es keine Kräfte (Gründe) gibt, die Veränderungen herbeiführen. Niemand hat einen Anreiz, das Ergebnis (im Fall von Angebot und Nachfrage
den Preis und die konsumierte bzw. produzierte Menge) zu ändern.

Physiker sprechen vom Gleichgewicht, wenn sie ein Gewicht beschreiben, das am
Ende einer Sprungfeder hängt. Auf dieses Gewicht wirken zwei Kräfte. Die
Schwerkraft zieht es nach unten, die Sprungfeder zieht es nach oben. Wenn sich
das Gewicht in der Ruhelage befindet, ist es im Gleichgewicht, und die beiden
Kräfte gleichen sich gegenseitig genau aus. Falls das Gewicht ein wenig nach unten gezogen und dann losgelassen wird, wird die Kraft der Sprungfeder größer als
die Schwerkraft sein und das Gewicht wird nach oben schießen. Ohne weitere Störungen wird es schließlich auf und ab pendeln, um dann schließlich seine Gleich-
gewichtsposition zu finden.

Ein wirtschaftliches Gleichgewicht kommt in etwa auf die gleiche Weise zustande. Beim Gleichgewichtspreis bekommen die Konsumenten genau die Menge des Gutes, die sie zu diesem Preis kaufen wollen, und die Hersteller verkaufen genau die Menge, die sie zu diesem Preis verkaufen wollen. Somit haben weder die Produzenten noch die Konsumenten einen Anreiz, den Preis oder die Menge zu ändern.

Betrachten wir dagegen den Preis von 1,00 $ in Abbildung 4.13. Dort ist der Markt nicht im Gleichgewicht. Zuerst sucht man 1,00 $ auf der vertikalen Achse. Dann schaut man nach rechts, um den Punkt *A* auf der Angebotskurve zu finden, und liest darunter auf der horizontalen Achse die Menge ab. Punkt *A* besagt, daß bei einem Preis von 1,00 $ die Unternehmen 34 Mio. Schokoriegel anbieten wollen. Nun vergleicht man mit Punkt *B* auf der Nachfragekurve. Es zeigt sich, daß bei einem Preis von 1,00 $ die Konsumenten nur 13 Mio. Schokoriegel kaufen wollen. Wie das Gewicht, das an der Sprungfeder auf und ab pendelt, wird sich der Markt zurück zum Gleichgewicht bewegen: Bei einem Preis von 1,00 $ besteht ein **Angebotsüberschuß**. Wenn die Produzenten merken, daß sie nicht so viel verkaufen können, wie sie zu diesem Preis gerne verkaufen würden, werden einige von ihnen ihre Preise leicht senken, in der Hoffnung, dadurch anderen Anbietern einen Teil der Kunden wegnehmen zu können. Wenn ein Hersteller die Preise senkt, werden seine Konkurrenten darauf reagieren müssen, da sie sonst befürchten müßten, ihre Güter nicht mehr verkaufen zu können. Wenn die Preise sinken, werden die Konsumenten mehr kaufen usw., bis der Markt den Gleichgewichtspreis und die Gleichgewichtsmenge erreicht.

Nun nehmen wir an, daß der Preis sich bei 0,50 $ und damit unter dem Gleichgewichtspreis befindet. Zum niedrigeren Preis besteht eine **Nachfrageüberschuß**: Die Konsumenten wollen 30 Mio. Schokoriegel kaufen (Punkt *C*), während die Unternehmen nur 5 Mio. produzieren wollen (Punkt *D*). Weil sie nicht so viel kaufen können, wie sie wollen, werden einige Konsumenten anbieten, etwas mehr zu bezahlen. Andere haben Angst, daß sie nichts mehr bekommen, und werden sich den höheren Geboten anpassen oder sogar noch mehr bieten. Wenn die Preise zu steigen beginnen, haben die Hersteller auch einen größeren Anreiz, mehr zu produzieren. Auch hier bewegt sich der Markt wieder zum Gleichgewichtspunkt hin.

Um es noch einmal zu betonen: Im Gleichgewicht hat kein Käufer und kein Anbieter einen Anreiz, den Preis oder die Menge zu ändern. Auf Wettbewerbsmärkten sind die tatsächlichen Preise tendenziell Gleichgewichtspreise, bei denen die Nachfrage dem Angebot entspricht. Das **Gesetz von Angebot und Nachfrage**. bedeutet nicht, daß der Preis zu jedem Zeitpunkt genau im Schnittpunkt von Angebots- und Nachfragekurve liegt. Wie bei dem Beispiel mit dem Gewicht und der Sprungfeder kann sich der Markt im Anpassungsprozeß auf und ab bewegen. Das Gesetz von Angebot und Nachfrage beschreibt aber die Kräfte, die den Markt vom Ungleichgewicht zum Gleichgewicht bringen.

Die Anwendung von Angebots- und Nachfragekurven

Die Angebotskurve, die Nachfragekurve und das Marktgleichgewicht als Schnittpunkt beider Kurven stellen das Grundmodell von Angebot und Nachfrage dar. Dieses Modell hat sich als äußerst nützlich erwiesen. Es hilft zu erklären, warum manche Güter hohe und andere niedrige Preise haben. Es hilft auch, die Folgen bestimmter Ereignisse *vorherzusagen*. Die Vorhersagen des Modells können dann mit der tatsächlichen Entwicklung verglichen werden. Einer der Gründe für die Nützlichkeit dieses Modells liegt darin, daß seine Vorhersagen ziemlich genau sind.

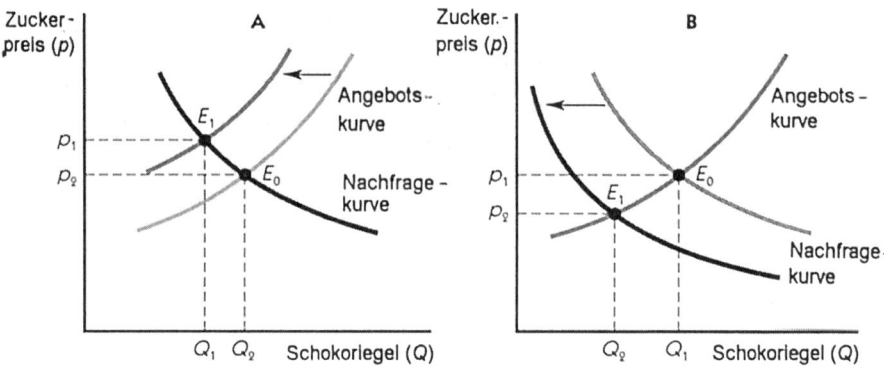

Abbildung 4.14   Die Vorhersage von Preisänderungen mit Hilfe von Angebots- und Nachfragekurven. Im Ausgangspunkt E_0 ist der Markt für Schokoriegel im Gleichgewicht. Ein Anstieg der Kosten für Zucker verschiebt die Angebotskurve nach links wie in Teil A der Abbildung. Im neuen Gleichgewicht E_1 ist der Preis höher und die konsumierte Menge niedriger als vorher. Verändert sich der Geschmack, so daß Süßigkeiten weniger geschätzt werden, dann verschiebt sich die Nachfragekurve nach links wie in Teil B. Im neuen Gleichgewicht E_1 sind Preis und Absatzmenge niedriger als vorher.

Abbildung 4.14 zeigt noch einmal die Angebots- und Nachfragekurven für Schokoriegel. Nehmen wir nun an, daß der Zuckerpreis steigt. Infolgedessen reduziert sich bei jedem Preis die Menge an Schokoriegeln, welche die Süßwarenindustrie anbieten möchte. Die Angebotskurve verschiebt sich nach links, wie in Teil A. Es kommt zu einem neuen Gleichgewicht bei einem höheren Preis und einer geringeren Menge an verkauften Schokoriegeln.

Gehen wir nun statt dessen davon aus, daß die Amerikaner ein größeres Gesundheitsbewußtsein entwickeln und daß infolgedessen bei jedem Preis weniger Schokoriegel nachgefragt werden: Die Nachfragekurve verschiebt sich nach links wie in Teil B. Auch hier entsteht ein neues Gleichgewicht bei einem niedrigeren Preis und einer geringeren Menge an verkauften Schokoriegeln.

Das zeigt, wie man Veränderungen der beobachteten Preise als Verschiebungen der Nachfragekurve oder Verschiebungen der Angebotskurve interpretieren kann. Als 1990 durch den Golfkrieg das Ölangebot aus dem Nahen Osten ins Stocken kam, war das eine Verschiebung der Angebotskurve. Mit Hilfe des Modells kann man vorhersagen, daß der Ölpreis steigen muß. Dieser Preisanstieg ist das natürliche Ergebnis des Gesetzes von Angebot und Nachfrage.

Anwendungsbeispiel:
Die Vorhersage der Auswirkungen der Dürrekatastrophe von 1988

Im Jahr 1988 traf den Mittleren Westen der USA eine der schlimmsten Dürrekatastrophen der Geschichte. Die Maisernte lag um 35 Prozent unter den Erwartungen; die Sojabohnenernte um 20 Prozent, die Weizenernte um mehr als zehn Prozent, Hafer und Gerste um mehr als 40 Prozent. Als das Ausmaß der Mißernte abzusehen war, versuchten Wirtschaftswissenschaftler, mit Hilfe des Gesetzes von Angebot und Nachfrage ihre Folgen vorherzusagen.

Durch die Trockenheit hat sich bei allen Feldfrüchten das Angebot zu jedem gegebenen Preis verringert. Man kann also sagen, daß die Dürrekatastrophe die Angebotskurve stark nach links verschoben hat. Bei gegebener Nachfragekurve ist leicht vorherzusehen, daß das zu deutlichen Preiserhöhungen führen muß: Gegen Ende des Sommers war der Maispreis um 80 Prozent gestiegen, der Sojabohnenpreis um fast 70 Prozent und der Weizenpreis um 50 Prozent.

Man hat das Modell von Angebot und Nachfrage auch benutzt, um die Auswirkungen auf die Märkte anderer Produkte vorherzusagen. Getreide ist ein wichtiger Inputfaktor bei der Viehzucht und der Hühneraufzucht. Da die Viehhaltung immer weniger profitabel wurde, schlachteten viele Farmer ihr Vieh früher, als sie ursprünglich geplant hatten. Infolgedessen stieg die Fleischproduktion leicht an. Das kurzfristig erhöhte Angebot führte zu einem Rückgang der (inflationsbereinigten) Fleischpreise. Die Angebotskurven für Hühner und Hühnereier verschoben sich nach links mit der Folge, daß die Preise für diese Güter anstiegen. Dadurch kam es wiederum zu einer Rechtsverschiebung der Nachfragekurven für andere Lebensmittel, die von den Verbrauchern als Substitutionsgüter für Hühnerfleisch und Eier betrachtet werden. Die Preise für Lebensmittel wie Gemüse und Obst, deren Ernte von der Dürrekatastrophe im Mittleren Westen nicht betroffen war, stiegen allein im Juli 1988 um fünf Prozent.

Unter die Lupe genommen: Die Struktur volkswirtschaftlicher Modelle

Jedes volkswirtschaftliche Modell, auch das in diesem Kapitel vorgestellte Marktmodell, besteht aus drei Arten von Beziehungen, nämlich aus Identitäten, Verhaltensbeziehungen und Gleichgewichtsbedingungen. Wenn man diese drei Komponenten kennt, kann man die Denkweise von Wirtschaftswissenschaftlern und viele ihrer Meinungsverschiedenheiten leichter verstehen.

Die Marktnachfrage entspricht der Summe der individuellen Nachfragen. Das ist eine Identität. Eine Identität ist eine Feststellung, die einfach aufgrund der Definition der darin enthaltenen Ausdrücke wahr ist. Oder anders ausgedrückt: Die Marktnachfrage ist als Summe der Nachfragen aller einzelnen Konsumenten _definiert_. Genauso ist es auch eine Identität, daß das Marktangebot der Summe der Angebote aller einzelnen Unternehmen entspricht. Die Begriffe sind einfach so definiert.

Die Nachfragekurve stellt eine Beziehung zwischen dem Preis und der nachgefragten Menge dar. Normalerweise nimmt bei steigenden Preisen die nachgefragte Menge eines Gutes ab. Das ist eine Beschreibung des Verhaltens von einzelnen Menschen und wird als Verhaltensbeziehung bezeichnet. Die Angebotskurve von jedem Unternehmen ist ebenfalls eine Verhaltensbeziehung.

In bezug auf die Verhaltensbeziehungen kann es in der Wirtschaftswissenschaft Meinungsverschiedenheiten geben. Zum einen kann man über die Wirkungsstärke eines Ereignisses streiten, also zum Beispiel darüber, ob eine Preisänderung bei irgendeinem Produkt zu einer großen oder einer geringen Mengenänderung führt. Zum anderen kann man aber auch über die Wirkungsrichtung eines Ereignisses unterschiedliche Meinungen haben. Es gibt einige besondere Fälle, bei denen ein höherer Preis tatsächlich zu einer _niedrigeren_ Angebotsmenge führt (dies wird in einigen der folgenden Kapitel behandelt).

Und schließlich liegt eine Gleichgewichtsbeziehung vor, wenn es keine Kräfte gibt, die Änderungen hervorrufen. Im Angebot- und Nachfragemodell ergibt sich eine Gleichgewichtssituation, wenn die nachgefragte Menge der angebotenen Menge entspricht. Eine Gleichgewichtsbedingung ist nicht das gleiche wie eine Identität. Es ist möglich, daß eine Volkswirtschaft sich zumindest für eine gewisse Zeit im Ungleichgewicht befindet. Natürlich impliziert ein Ungleichgewichtszustand, daß es Veränderungskräfte gibt, die ein Gleichgewicht herbeiführen. Eine Identität dagegen muß definitionsgemäß zu jeder Zeit erfüllt sein.

Wirtschaftswissenschaftler sind sich für gewöhnlich darüber einig, wie ein Gleichgewicht aussehen müßte, aber sie sind sich oft uneinig darüber, ob die Kräfte, welche die Märkte ins Gleichgewicht führen, stark oder schwach sind, ob also die Volkswirtschaft dem Gleichgewicht meistens ziemlich nahe ist oder ob sie in der Regel ziemlich weit davon entfernt ist.

Konsens über die Bestimmung der Preise

Das Gesetz von Angebot und Nachfrage spielt in der Wirtschaftswissenschaft eine so herausragende Rolle, daß man gelegentlich den Witz hört, man könne einen Papagei zum Wirtschaftswissenschaftler machen, indem man ihm einfach beibringt „Angebot und Nachfrage" zu sagen. Daß die Preise durch das Gesetz von Angebot und Nachfrage determiniert sind, ist eine der ältesten und am wenigsten umstrittenen Ideen in der Volkswirtschaftslehre. Damit kommen wir zu unserem vierten Konsenspunkt.

4 Preise

Auf Wettbewerbsmärkten sind die Preise durch das Gesetz von Angebot und Nachfrage bestimmt. Verschiebungen der Angebots- oder Nachfragekurve führen zu Veränderungen des Gleichgewichtspreises. Dieses Prinzip gilt auch für Arbeits- und Kapitalmärkte. Der Preis für die Arbeit ist der Lohn, der Preis für das Kapital ist der Zinssatz.

4.5 Preis, Wert und Kosten

Aus der Sicht des Wirtschaftswissenschaftlers ist der Preis das, was im Austausch für ein Gut oder eine Dienstleistung hergegeben wird. Der so definierte Preis wird durch die Angebots- und Nachfragekräfte bestimmt. Adam Smith, der vielen als Begründer der modernen Volkswirtschaftslehre gilt, nannte diese Vorstellung vom Preis den „Tauschwert" im Gegensatz zum „Gebrauchswert":

> „Dinge mit dem größten Gebrauchswert haben vielfach nur einen geringen oder keinen Tauschwert, umgekehrt haben solche mit dem größten Tauschwert häufig wenig oder keinerlei Gebrauchswert. Nichts ist nützlicher als Wasser, und doch läßt sich damit kaum etwas kaufen oder eintauschen. Dagegen besitzt ein Diamant kaum einen Gebrauchswert, doch kann man oft im Tausch dafür eine Menge anderer Güter bekommen." [2]

Das Gesetz von Angebot und Nachfrage kann helfen, das Diamanten-Wasser-Paradox zu erklären und auch viele ähnliche Beispiele, bei denen Tauschwert und Gebrauchswert sehr unterschiedlich sind. Abbildung 4.15 zeigt eine Nachfrage- und eine Angebotskurve für Wasser. Punkt *A* auf der Nachfragekurve zeigt, daß die Menschen für das Wasser, das sie zum Überleben brauchen, einen hohen Preis zu zahlen bereit sind. Aber wenn einmal eine gewisse Wassermenge zur Verfügung steht, wie in Punkt *B*, werden die Leute für zusätzliches Wasser fast nichts

---

[2] *Adam Smith: Der Wohlstand der Nationen* (1776), Erstes Buch, Viertes Kapitel. Übersetzung aus dem Englischen von *Horst Claus Recktenwald*. 7. Auflage, München 1996, S. 27.

zahlen. In den meisten bevölkerten Teilen der Erde ist genügend Wasser verfügbar, so daß es in reichlichen Mengen zu niedrigen Preisen angeboten wird. Dann schneidet die Angebotskurve für Wasser die Nachfragekurve (wie in der Abbildung) rechts von *B* und es bildet sich ein niedriger Gleichgewichtspreis. Natürlich kann in der Wüste das Wasserangebot sehr begrenzt sein, und dann kann der Preis auf ein sehr hohes Niveau ansteigen.

Ökonomisch betrachtet ist die Feststellung, daß der Diamantenpreis hoch und der Wasserpreis niedrig ist, eine Aussage über die Angebots- und Nachfragebedingungen auf den jeweiligen Märkten. Sie hat aber nichts damit zu tun, daß Diamanten „wichtiger" oder „besser" sind als Wasser. Mit Adam Smith könnten wir sagen, daß damit keine Aussage über den Gebrauchswert verbunden ist.

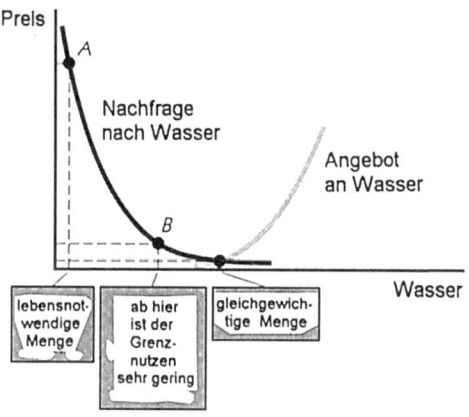

Abbildung 4.15 Angebot und Nachfrage am Wassermarkt. Punkt *A* zeigt, daß die Menschen bereit ist, für die ersten Einheiten Wasser einen relativ hohen Preis zu zahlen. Aber rechts von *B* haben die Leute bereits genügend Wasser und werden für zusätzliches Wasser nicht viel ausgeben. Der Wasserpreis ist durch den Schnittpunkt von Angebots- und Nachfragekurve bestimmt. Meistens kommt dabei ein sehr niedriger Preis heraus.

Der Preis steht in Beziehung zum *Grenzwert* eines Gutes, das heißt zum Wert einer zusätzlichen Einheit des Gutes. Wasser hat einen niedrigen Preis, nicht weil der *Gesamtwert* des Wassers niedrig ist (der Gesamtwert ist offensichtlich hoch, weil wir nicht ohne Wasser leben können), sondern weil sein *Grenzwert* niedrig ist, also das, was wir zahlen würden, um ein weiteres Glas Wasser pro Jahr zu trinken.

In der Volkswirtschaftslehre unterscheiden wir aber nicht nur zwischen den Begriffen „Preis" und „Wert" sondern auch zwischen dem *Preis* eines Gutes (den man erhält, wenn man es verkauft) und seinen *Kosten* (den Ausgaben für die Herstellung). Die Kosten, die bei der Produktion eines Gutes anfallen, beeinflussen den Preis, zu dem die Unternehmungen bereit sind, das Gut anzubieten. Eine Produktionskostensteigerung wird normalerweise eine Preissteigerung bewirken. Im Wettbewerbsmodell entspricht der Preis eines Gutes *im Gleichgewicht* normalerweise den (Grenz-)Kosten der Produktion (einschließlich der Summe, die dem Unternehmenseigentümer dafür bezahlt werden muß, daß er bereit ist, seine Unternehmung weiterzuführen, anstatt sich eine andere Beschäftigung zu suchen). Wie wir in späteren Kapiteln sehen werden, gibt es aber einige wichtige Marktsituationen, in denen der Preis nicht den Kosten entspricht.

Wenn man über die Beziehung zwischen Preis und Kosten nachdenkt, ist es interessant, sich mit einem Gut zu beschäftigen, dessen Angebot fix ist, wie zum Beispiel dem Boden. Normalerweise betrachten wir Land als etwas, das nicht produziert werden kann, so daß seine Produktionskosten als unendlich hoch betrachtet werden können (obwohl man zugegebenermaßen Land auch produzieren kann, wie zum Beispiel Chicago Teile des Lake Michigan aufgefüllt hat, um sein Seeufer zu vergrößern). Trotzdem gibt es einen Gleichgewichtspreis für Boden, nämlich den Punkt, bei dem die Nachfrage nach Land dem festen Angebot entspricht.

Zusammenfassung

1. Die Nachfragekurve eines einzelnen Konsumenten zeigt die zu jedem möglichen Preis nachgefragte Menge eines Gutes. Normalerweise ist die Nachfragekurve negativ geneigt, d. h. daß bei niedrigeren Preisen eine größere Menge nachgefragt wird und bei höheren Preisen eine geringere Menge.

2. Die Marktnachfragekurve zeigt für jeden Preis die gesamte Menge eines Gutes, die von allen Personen in einer Volkswirtschaft nachgefragt wird. Bei steigenden Preisen fällt die Nachfrage, weil jeder weniger von diesem Gut nachfragt und auch weil einige Konsumenten ganz auf das Gut verzichten.

3. Die Angebotskurve einer Unternehmung zeigt für jeden Preis die Menge eines Gutes, welche die Unternehmung anbieten möchte. Normalerweise ist die Angebotskurve positiv geneigt, d. h. daß Unternehmungen bei höheren Preisen eine größere Menge des Gutes anbieten und bei niedrigeren Preisen eine geringere Menge.

4. Die Marktangebotskurve zeigt für jeden Preis die gesamte Menge eines Gutes, die alle Unternehmungen in der Volkswirtschaft anbieten. Bei steigenden Preisen steigt das Angebot, zum einen weil jede Unternehmung mehr von dem Gut anbietet und zum anderen weil einige zusätzliche Unternehmungen in den Markt eintreten.

5. Das Gesetz von Angebot und Nachfrage besagt, daß auf Wettbewerbsmärkten der Gleichgewichtspreis derjenige Preis ist, bei dem die nachgefragte Menge der angebote-

nen Menge entspricht. In einem Marktdiagramm liegt das Gleichgewicht im Schnittpunkt von Angebots- und Nachfragekurve.

6. Eine Nachfragekurve zeigt *nur* die Beziehung zwischen der Nachfragemenge und dem Preis. Änderungen des Geschmacks, der demographischen Entwicklung, der Einkommen, der Preise von anderen Gütern, der Information, der Kreditbereitstellung oder der Erwartungen spiegeln sich in einer Verschiebung der gesamten Nachfragekurve wider.

7. Eine Angebotskurve zeigt *nur* die Beziehung zwischen der Angebotsmenge und dem Preis. Änderungen von Faktoren wie der Technologie, der Inputpreise, der natürlichen Umwelt, der Erwartungen oder der Kreditbereitstellung spiegeln sich in einer Verschiebung der gesamten Angebotskurve wider.

8. Bewegungen auf einer Nachfragekurve sind von Verschiebungen der Nachfragekurve zu unterscheiden; ebenso sind Bewegungen auf der Angebotskurve von Verschiebungen der Angebotskurve zu unterscheiden.

Schlüsselbegriffe

Nachfragekurve	Angebotsüberschuß	Komplementärgut
Angebotskurve	Nachfrageüberschuß	Substitutionsgut
Gleichgewichtspreis	demographische Effekte	

Wiederholungsfragen

1 Warum ist die Nachfragekurve eines einzelnen Konsumenten normalerweise negativ geneigt? Warum ist die Marktnachfragekurve normalerweise negativ geneigt?

2. Warum ist die Angebotskurve eines Unternehmens normalerweise positiv geneigt? Warum ist die Marktangebotskurve normalerweise positiv geneigt?

3. Welche Bedeutung hat der Schnittpunkt von Angebots- und Nachfragekurve?

4. Wie stellen die Angebots- und Nachfragekräfte das Gleichgewicht wieder her, wenn der Preis eines Gutes über dem Gleichgewichtspreis liegt. Wie wird das Gleichgewicht wieder hergestellt, wenn der Preis eines Gutes unter seinem Gleichgewichtspreis liegt?

5. Nennen Sie einige Ereignisse, durch die sich die Nachfragekurve nach rechts verschieben kann.

6. Nennen Sie einige Ereignisse, durch die sich die Angebotskurve nach links verschieben kann.

Aufgaben

1. Stellen Sie sich eine Firmenkantine vor, die Pizza in Stücken verkauft. Tragen Sie die folgenden Daten als Punkte in ein Diagramm ein und zeichnen Sie die Angebots- und Nachfragekurve. Bestimmen Sie den Gleichgewichtspreis und die Gleichgewichtsmenge. Zeichnen Sie einen Preis ein, bei dem eine Übernachfrage bestehen würde, sowie einen Preis, bei dem ein Überangebot bestehen würde.

Stückpreis ($)	1	2	3	4	5
Nachfrage (Anzahl der Stücke)	420	210	140	105	84
Angebot (Anzahl der Stücke)	0	100	140	160	170

2. Angenommen, eine schlimme Trockenheit trifft die Zuckerrohrernte. Stellen Sie dar, wie sich das auf den Gleichgewichtspreis und die Gleichgewichtsmenge auf dem Zuckermarkt und dem Honigmarkt auswirkt. Veranschaulichen Sie ihre Antwort mit Marktdiagrammen.

3. Angenommen, durch eine neue Erfindung können Minenarbeiter doppelt so viel Kohle abbauen. Stellen Sie mit Hilfe von Marktdiagrammen dar, wie sich das auf den Gleichgewichtspreis und die Gleichgewichtsmenge auf dem Kohlemarkt und dem Heizölmarkt auswirkt.

4. Die Präferenzen der Amerikaner haben sich von Rindfleisch zu Hähnchenfleisch verschoben. Stellen Sie mit Hilfe von Marktdiagrammen dar, wie sich diese Veränderung auf den Gleichgewichtspreis und die Gleichgewichtsmenge auf dem Rindfleischmarkt, dem Hähnchenmarkt und dem Markt für Hamburgerstände am Straßenrand auswirkt.

5. Während der siebziger Jahre erreichte die Babyboom-Generation der Nachkriegszeit das Arbeitsalter. Gleichzeitig wurde die Berufstätigkeit für verheiratete Frauen mit Kindern akzeptabler. Stellen Sie dar, wie sich die gestiegene Zahl der Arbeitskräfte auf den Gleichgewichtslohn und die Gleichgewichtsbeschäftigung auswirkt. Zeichnen Sie Angebots- und Nachfragekurven, um Ihre Antwort zu veranschaulichen.

Kapitel 5

Angebot und Nachfrage

Das Konzept von Angebot und Nachfrage gehört zu den am häufigsten verwendeten Instrumenten der Wirtschaftswissenschaft. Mit Hilfe von Angebot und Nachfrage kann man erklären, warum Ärzte mehr verdienen als Rechtsanwälte, oder warum das Einkommen von ungelernten Arbeitern weniger stark angestiegen ist als das von qualifizierten Arbeitskräften. Man kann damit auch vorhersagen, wie hoch die Nachfrage nach Eigentumswohnungen oder nach Wegwerfwindeln in 15 Jahren sein wird, oder was passiert, wenn der Staat die Tabaksteuer erhöht. Man kann nicht nur prognostizieren, daß sich die Preise ändern werden, sondern auch bestimmen, um wieviel sie steigen oder sinken werden.

Dieses Kapitel verfolgt zwei Zielsetzungen. Als erstes soll ein Teil des Instrumentariums entwickelt werden, mit dem diese Art von Vorhersagen getroffen werden können. Zur Veranschaulichung werden eine Reihe von Beispielen vorgestellt, bei denen das Konzept von Angebot und Nachfrage verwendet werden kann.

In einem zweiten Schritt werden die Konsequenzen von Eingriffen in die Wettbewerbswirtschaft untersucht. Mieten können zu hoch erscheinen, um ärmeren Menschen ein angemessenes Wohnen zu ermöglichen. Getreidepreise mögen ungerecht niedrig erscheinen und die Bauern nicht ausreichend für ihre Arbeit entschädigen. Es gibt ständig politischen Druck auf Regierungen, zugunsten von Gruppen, die durch den freien Markt benachteiligt werden, in die Wirtschaft einzugreifen - seien es Arme, Bauern, oder Ölfirmen (die staatliche Unterstützung fordern, wenn die Ölpreise fallen). Im zweiten Teil dieses Kapitels werden die Konsequenzen politischer Eingriffe auf einigen Märkten aufgezeigt.

5.1 Die Preiselastizität der Nachfrage

Wenn morgen alle Supermärkte die Preise für Brot und Milch um fünf Prozent herabsetzen würden, würden sich die nachgefragten Mengen nur geringfügig ändern. Wenn die Geschäfte aber die gleiche Preissenkung bei Spitzen-Eiskrem durchführen würden, würde die Nachfrage danach erheblich steigen. Daß Preisänderungen manchmal kleine und ein anderes Mal große Auswirkungen haben, hat mit dem Verlauf der Angebots- und Nachfragekurven zu tun.

Die Nachfrage nach Eiskrem reagiert stärker auf Preisänderungen als die Nachfrage nach Milch. Man kann dies aus dem Verlauf der Nachfragekurven in Abbildung 5.1 erkennen. Die Nachfragekurve für Eiskrem (Teil A) ist viel flacher als diejenige für Milch (Teil B). Wenn die Nachfragekurve flach ist, hat eine Preisänderung, beispielsweise eine Erhöhung von 2,00 $ auf 2,10 $ je Gallone, eine große Auswirkung auf die konsumierte Menge des Gutes. In Teil A der Abbildung 5.1 sinkt die Nachfrage nach Eiskrem von 100 Mio. Pints bei einem Preis von 2,00 $ pro Pint auf 90 Mio. Pints bei einem Preis von 2,10 $ pro Pint.

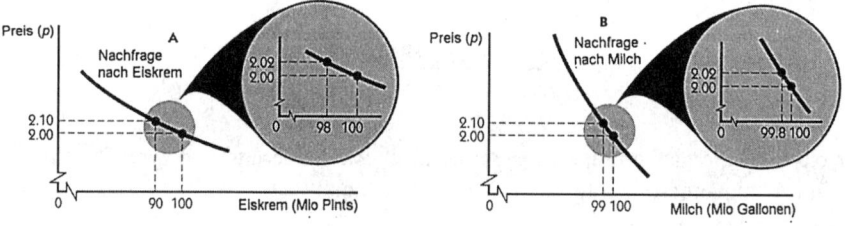

Abbildung 5.1 Elastische versus unelastische Nachfragekurven. Teil A zeigt eine hypothetische Nachfragekurve für Eiskrem. Man sieht, daß die nachgefragte Menge schon auf kleine Preisänderungen stark reagiert, das heißt die Nachfrage nach Eiskrem ist elastisch. Der vergrößerte Abschnitt der Nachfragekurve zeigt, daß ein einprozentiger Preisanstieg zu einer Reduzierung der Nachfragemenge um zwei Prozent führt. Teil B zeigt eine hypothetische Nachfragekurve für Milch. Da sich die nachgefragte Menge bei Preisvariationen nur wenig ändert, ist die Nachfrage nach Milch unelastisch. Der vergrößerte Abschnitt der Nachfragekurve zeigt, daß ein einprozentiger Preisanstieg zu einer Reduzierung der Nachfragemenge um 0,2 Prozent führt.

Wenn die Nachfragekurve dagegen steil ist, reagiert die nachgefragte Menge nur wenig auf eine Preisänderung. In Teil B der Abbildung 5.1 verringert sich die Nachfrage nach Milch von 100 Mio. Gallonen bei einem Preis von 2,00 $ je Gallone nur auf 99 Mio. Gallonen bei einem Preis von 2,10 $ je Gallone. Die Erklärung durch die Steigung der Nachfragekurven verschiebt die Fragestellung jedoch nur einen Schritt weiter: Warum sind manche Nachfragekurven steiler als andere?

Die Antwort liegt in den Substitutionsmöglichkeiten begründet. Obwohl es für fast alle wirtschaftlichen Güter und Dienstleistungen Substitute gibt, sind manche Güter schwerer zu ersetzen als andere. Wenn die Substitution für ein Gut schwierig ist, wird sich die nachgefragte Menge bei einer Preisänderung kaum ändern. Der typische Konsument wird nicht Bier – oder etwas anderes – statt Milch trinken – auch wenn Milch ein ganzes Stück teurer wird.

Wenn andererseits ein Gut leicht zu substituieren ist, wird eine Preissenkung zu einer starken Steigerung der nachgefragten Menge führen. Es gibt zum Beispiel viele gute Substitute für Eiskrem wie etwa Sorbets oder gefrorenen Joghurt. Die Preissenkung bei Eiskrem bedeutet, daß diese nahen Substitute relativ teurer geworden sind, und die Nachfrage nach Eiskrem wird daher erheblich steigen.

Zur präzisen Beschreibung der Steigung von Nachfragekurven verwenden Wirtschaftswissenschaftler das Konzept der **Preiselastizität der Nachfrage** (kurz auch: Preiselastizität oder Nachfrageelastizität). Die Preiselastizität der Nachfrage ist definiert als die prozentuale Änderung der nachgefragten Menge dividiert durch die prozentuale Änderung des Preises. Mathematisch ausgedrückt lautet sie

$$\text{Nachfrageelastizität} = \frac{\text{prozentuale Änderung der nachgefragten Menge}}{\text{prozentuale Preisänderung}}.$$

Wenn sich die nachgefragte Menge bei einer Preisänderung von zwei Prozent um acht Prozent ändert, beträgt die Nachfrageelastizität vier.

(Streng genommen sind Nachfrageelastizitäten im Normalfall *negative* Zahlen: bei einer Preiserhöhung sinkt die nachgefragte Menge. Man verwendet die Preiselastizität jedoch im allgemeinen als absolute Zahl, von der man weiß, daß sie eigentlich negativ ist.)

Am einfachsten kann man die Nachfrageelastizität berechnen, wenn man eine einprozentige Preisänderung unterstellt. Dann ist die Nachfrageelastizität einfach die Änderung der nachgefragten Menge. Der vergrößerte Ausschnitt der Abbildung 5.1A zeigt, daß eine Erhöhung des Eiskrempreises von 2,00 $ auf 2,02 $ pro Pint – also eine Preissteigerung um ein Prozent – die Nachfrage von 100 Mio. Pints auf 98 Mio. Pints sinken läßt, eine Reduzierung um zwei Prozent. Die Preiselastizität der Nachfrage für Eiskrem beträgt damit zwei.

Betrachten wir dagegen eine Erhöhung des Milchpreises von 2,00 $ auf 2,02 $ pro Gallone (wiederum eine Preiserhöhung um ein Prozent), so sehen wir in dem vergrößerten Ausschnitt der Abbildung 5.1B, daß sich die nachgefragte Menge von 100 Mio. Gallonen auf 99,8 Mio. Gallonen im Jahr reduziert. Die Nachfrage nach Milch ist um 0,2 Prozent gesunken, die Preiselastizität der Nachfrage ist daher 0,2. Hohe Werte der Preiselastizität bedeuten, daß die Nachfrage stark auf eine Preisänderung reagiert, niedrige Werte weisen auf eine geringe Preissensibilität hin.

Preiselastizität und Erlös

Der Erlös einer Unternehmung beim Verkauf eines Gutes errechnet sich aus dem Preis multipliziert mit der abgesetzten Menge. Wir bezeichnen Den Erlös mit R, den Preis mit p und die Menge mit Q. Die einfache Formel zur Berechnung des Einkommens lautet dann:

$$R = p \cdot Q .$$

Ob der Erlös der Unternehmung bei einer einprozentigen Preiserhöhung steigt oder sinkt, hängt also davon ab, wie stark die nachgefragte Menge zurückgeht. Wenn die Menge um mehr als ein Prozent sinkt, geht der Erlös zurück; wenn sie um weniger als ein Prozent sinkt, steigt der Erlös.

Wir können auch dieses Ergebnis mit dem Konzept der Preiselastizität beschreiben. Wenn die Nachfrageelastizität größer als Eins ist, wird die Preisänderung durch die Mengenänderung überkompensiert. Wir sprechen in diesem Fall von einer **relativ elastischen** oder *preissensiblen* Nachfrage. Der Erlös sinkt bei einer Preiserhöhung und steigt bei einer Preissenkung.

Bei einer Preiselastizität der Nachfrage von **eins** wird die Preisänderung durch die Änderung der nachgefragten Menge genau ausgeglichen. Preisänderungen haben in diesem Fall keinen Effekt auf den Erlös der Unternehmung. Ist die Nachfrageelastizität kleiner als eins, sinkt die nachgefragte Menge bei einer einprozentigen Preiserhöhung um weniger als ein Prozent. Bei Preiselastizitäten zwischen null und eins führen Preiserhöhungen also zu einer Erhöhung des Einkommens für die Unternehmung. Umgekehrt sinkt auch der Erlös bei einer Preissenkung. Da sich die Nachfrage in diesem Fall nur wenig ändert, sprechen wir von einer **relativ unelastischen** oder *preisunsensiblen* Nachfrage.

Für Firmen ist die Preiselastizität der Nachfrage sehr wichtig. Nehmen wir an, der einzige Zementproduzent in einer Stadt denkt über eine Preiserhöhung von einem Prozent nach. Er möchte wissen, wie sich die Preiserhöhung auf die abgesetzte Menge auswirken wird und engagiert einen Wirtschaftswissenschaftler, um die Nachfrageelastizität zu schätzen. Der Wirtschaftswissenschaftler errechnet eine Nachfrageelastizität von zwei. Das heißt, bei einer Preiserhöhung um ein Prozent wird sich die nachgefragte Menge um zwei Prozent verringern.

Die Manager der Zementfirma werden über dieses Ergebnis nicht sehr erfreut sein. Um zu verdeutlichen warum, unterstellen wir, daß bei einem ursprünglichen Preis von 1.000 $/t 100.000 t Zement verkauft werden konnten. Die Einnahmen betrugen damit 1.000 $ × 100.000 = 100 Mio. $. Bei einer Preiserhöhung um ein Prozent würde eine Tonne Zement 1.010 $ kosten. Die Nachfrageelastizität von 2 bedeutet, daß die nachgefragte Menge auf 98.000 t sinkt. Die Einnahmen sinken damit auf 98,98 Mio. $ (1.010 $ × 98.000), ein Rückgang von etwas mehr als einem Prozent. Wegen der hohen Preiselastizität führt eine Preis*erhöhung* für diese Zementfirma zu einem *Rückgang* der Einnahmen.

Die Nachfrageelastizität liefert das analoge Ergebnis für den Fall einer Preissenkung. Nehmen wir an, die Zementfirma will den Preis um ein Prozent auf 990 $ reduzieren. Bei einer Nachfrageelastizität von zwei würde die Nachfrage dann um zwei Prozent auf 102.000 t steigen. Die Einnahmen würden damit auf 100,98 Mio. $ (990 $ × 102.000) *steigen*, also um etwas weniger als ein Prozent.

Extremfälle

Zwei Extremfälle verdienen besondere Aufmerksamkeit. Der erste ist der einer horizontalen Nachfragekurve. Wir sprechen in diesem Fall von einer vollständig elastischen Nachfrage, die **Nachfrageelastizität** ist **unendlich**. Eine noch so kleine Preiserhöhung läßt die Nachfrage auf null fallen. Der andere Extremfall ist der senkrechte Verlauf einer Nachfragekurve. Da die nachgefragte Menge unabhängig vom Preis konstant bleibt, bezeichnen wir sie als vollständig unelastisch; die **Nachfrageelastizität** ist gleich **null**.

Preiselastizitäten in der US-Wirtschaft

Während die Nachfrageelastizität bei den meisten Nahrungsmitteln gering ist (eine Preiserhöhung ändert die Nachfragemenge nur wenig), weisen die meisten Luxusgüter – wie Parfüm, Skiurlaube oder Mercedes-Autos – eine hohe Nachfrageelastizität auf (eine Preiserhöhung führt zu einer sehr viel geringeren Nachfrage). Tabelle 5.1 gibt die Nachfrageelastizitäten für einige wichtige Güter an. Die Preiselastizität für Lebensmittel oder Tabak ist beispielsweise nur 0,6, während sie bei Kraftfahrzeugen 1,14 beträgt. Die Tabelle zeigt auch Preiselastizitäten für breitere Gütergruppen. Man kann ein Fertiggericht leicht durch eine selbst zubereitete Mahlzeit ersetzen, aber man kann nicht ganz auf Lebensmittel verzichten. Die Preiselastizität für Fertiggerichte ist daher mit 2,27 ziemlich hoch, während die Elastizität für Lebensmittel insgesamt sehr viel niedriger, nämlich bei 0,58 liegt. Allgemeiner formuliert haben leicht substituierbare Güter eine hohe Preiselastizität; Güter, die nur schwer zu ersetzen sind, dagegen eine niedrige Preiselastizität.

Tabelle 5.1 Einige Preiselastizitäten in den USA

Branche	Preiselastizität	Branche	Preiselastizität
	elastische Nachfrage		
Fertiggerichte	2,27	Kraftfahrzeuge	1,14
Metalle	1,52	Verkehrsmittel	1,03
Möbel, Holz	1,25		
	unelastische Nachfrage		
Gas, Strom, Wasser	0,92	Lebensmittel	0,58
Öl	0,91	Wohnen	0,55
Chemische Produkte	0,89	Bekleidung	0,49
Getränke	0,78	Bücher, Zeitungen	0,34
Tabak	0,61	Fleisch	0,20

Quellen: Ahson Mansur und John Whalley, „Numerical Specification of Applied General Equilibrium Models: Estimation, Calibration, and Data," in Scarf and Shoven (Hrsg.), *Applied General Equilibrium Analysis* (New York: Cambridge University Press, 1984), S. 109; Hendrik S. Houthakker und Lester D. Taylor, *Consumer Demand in the United States: Analysis and Projections* (Cambridge: Harvard University Press, 1970).

Elastizität und Steigung

Die Elastizität einer Nachfragekurve ist nicht das gleiche wie ihre Steigung. Am einfachsten kann man dies anhand einer linearen Nachfragekurve, wie sie in Abbildung 5.2. abgebildet ist, sehen. Bei einer linearen Nachfragekurve berechnet sich die nachgefragte Menge nach der Formel

$$Q = a - bp\,.$$

Wenn $a = 120$ und $b = 2$, ist bei einem Preis von 10, $Q = 100$; bei einem Preis von 11, $Q = 98$; bei einem Preis von 12, $Q = 98$, usw..

Die Nachfragekurve gibt gleichzeitig den Preis an, zu dem eine bestimmte Menge des Gutes nachgefragt wird. Wir können die Gleichung also umschreiben in

$$p = \frac{a}{b} - \frac{Q}{b}\,,$$

so daß (mit $a = 120$, $b = 2$ wie zuvor) für $Q = 100$, $p = 10$; für $Q = 99$, $p = 10{,}5$; für $Q = 98$, $p = 11$.

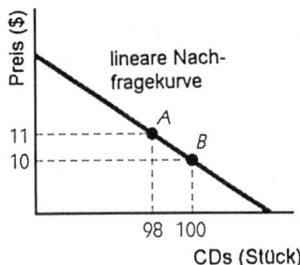

Abbildung 5.2 Die lineare Nachfragekurve.
Die lineare Nachfragekurve ist eine gerade Linie; sie wird mathematisch durch die Gleichung $Q = a - bp$ beschrieben. Die lineare Nachfragekurve hat eine konstante Steigung. Aber die Elastizität variiert mit der Menge. Bei niedrigen Mengen (hohen Preisen) ist sie sehr hoch, bei großen Mengen (niedrigen Preisen) ist sie sehr niedrig.

Die Steigung der Kurve gibt die vertikale Änderung im Verhältnis zur horizontalen Änderung an. Mit dem Preis auf der vertikalen und der Menge auf der horizontalen Achse lautet die Steigung der Nachfragekurve

$$\text{Steigung} = \frac{\text{Preisänderung}}{\text{Mengenänderung}} = \frac{\Delta p}{\Delta Q},$$

wobei das Symbol Δ – der griechische Buchstabe Delta – die Änderung bezeichnet. Wir können auch sagen, die Steigung ist die Preisänderung, die aus einer Änderung der Menge um eine Einheit resultiert. In unserem Beispiel beträgt diese Preisänderung $1/2$. Die Steigung dieser linearen Nachfragekurve ist also $1/2$.[1]

Die Nachfrageelastizität ist, wie wir wissen, definiert als

$$\text{Elastizität} = \frac{\text{prozentuale Mengenänderung}}{\text{prozentuale Preisänderung}}.$$

Die prozentuale Mengenänderung ist wiederum

$$\text{prozentuale Mengenänderung} = \frac{\text{Mengenänderung}}{\text{Menge}} = \frac{\Delta Q}{Q}.$$

---

[1] Der Preis für die Menge $Q+1$ ist $\dfrac{a}{b} - \dfrac{Q+1}{b}$. Die Preisänderung ist also:

$$\frac{a}{b} - \frac{Q}{b} - \left(\frac{a}{b} - \frac{Q+1}{b}\right) = \frac{a}{b} - \frac{Q}{b} - \frac{a}{b} + \frac{Q+1}{b} = \frac{1}{b}.$$

Und genauso,

$$\text{prozentuale Preisänderung} = \frac{\text{Preisänderung}}{\text{Preis}} = \frac{\Delta p}{p}.$$

Wir können damit den Ausdruck für die Elastizität umschreiben in:

$$\text{Elastizität} = \frac{\Delta Q / Q}{\Delta p / p} = \frac{\Delta Q}{\Delta p} \times \frac{p}{Q} = b \times \frac{p}{Q} = \frac{1}{\text{Steigung}} \times \frac{p}{Q}.$$

Die Steigung ist bei einer linearen Nachfragekurve immer konstant; aber bei geringen Mengen ist die Elastizität sehr hoch und bei großen Mengen sehr niedrig.

Abbildung 5.3 Elastizitäten im Vergleich. Wenn sich zwei Nachfragekurven schneiden, hat die flachere Kurve im Schnittpunkt die höhere Preiselastizität.

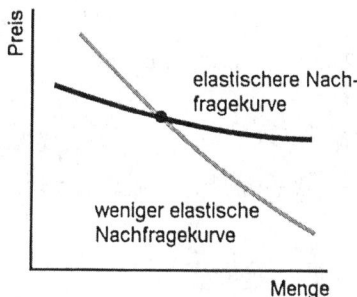

Die Formel für die Elastizität hat eine weitere wichtige Implikation, die in Abbildung 5.3 veranschaulicht wird. Wenn sich zwei Nachfragekurven schneiden, hat die flachere Kurve am Schnittpunkt die höhere Elastizität. Im Schnittpunkt sind p und Q (und damit P/Q) für beide Kurven gleich. Nur die Steigung ist unterschiedlich. Also hat die Kurve mit der geringeren Steigung die höhere Elastizität.

Kleine versus große Preisänderungen

Wirtschaftswissenschaftler sind häufig an den Auswirkungen großer Preisänderungen interessiert. Was passiert zum Beispiel mit der Nachfrage nach Zigaretten, wenn eine 50-prozentige Steuer auf Tabak erhoben wird?

Bei kleinen und mittleren Preisänderungen können wir *extrapolieren*. Wir haben oft Informationen über die Auswirkung einer kleinen Preisänderung. Wenn wir nun extrapolieren, heißt das, wir nehmen an, daß eine etwas größere Preisänderung eine Mengenänderung in proportional größerem Ausmaß zur Folge hat. Wenn also eine einprozentige Preisänderung zu einer Nachfrageänderung von drei Prozent führt, wird eine Preisänderung um zwei Prozent wahrscheinlich eine Mengenänderung um sechs Prozent zur Folge haben.

Bei größeren Preisänderungen werden solche Extrapolationen jedoch zunehmend ungenauer. Der Grund liegt darin, daß *die Preiselastizität typischerweise an unterschiedlichen Punkten der Nachfragekurve unterschiedlich hoch ist*

Preiselastizität der Nachfrage

Elastizität	Beschreibung	Mengenänderung bei einer einprozentigen Preiserhöhung	Erlösänderung bei einer einprozentigen Preiserhöhung
0	vollkommen un-elastisch (vertikale Nachfragekurve)	0	Erhöhung (= 1 %)
Zwischen 0 und 1	unelastisch	Senkung (< 1 %)	Erhöhung (< 1 %)
1		Senkung (= 1 %)	keine
Größer als 1	elastisch	Senkung (> 1 %)	Senkung (je größer die Elastizität, umso mehr sinkt der Erlös
unendlich	vollkommen ela-stisch (horizontale Nachfragekurve)	Senkung (auf 0)	Senkung (auf 0)

Bestimmungsfaktoren der Nachfrageelastizität

In unserer bisherigen Diskussion haben wir bereits über eine Determinante der Nachfrageelastizität gesprochen: die Verfügbarkeit von Substituten. Es gibt aber noch zwei andere wichtige Faktoren, die den Grad der Substituierbarkeit eines Gutes bestimmen: der relative Preis eines Gutes und die Zeit, die für die Substitution notwendig ist.

Wenn der Preis eines Rohstoffs niedrig ist, und viel davon verbraucht wird, gibt es eine Reihe von Substituten. Abbildung 5.4 zeigt dies am Beispiel von Aluminium. Bei einem niedrigen Aluminiumpreis wird es zum Verpacken von Lebensmitteln (Aluminiumfolie), als Behälter für Konserven und wegen seines leichten Gewichts in der Flugzeugproduktion verwendet. In dem Maße, indem der Preis steigt, suchen die Verbraucher nach Ersatzprodukten. Zunächst sind diese noch leicht zu finden, und die Nachfrage sinkt stark. Zum Beispiel kann man Plastikfolien anstelle von Aluminium verwenden. Wenn der Preis weiter steigt, verwendet man bei der Herstellung von Dosen Blech anstatt Aluminium. Und bei sehr hohen Preisen, sagen wir bei Punkt *A*, wird Aluminium nur noch dort verwendet werden, wo sein leichtes Gewicht notwendig ist, wie z.B. bei der Herstellung von Flugzeugen. An diesem Punkt muß schon eine sehr große Preiserhöhung erfolgen, bevor der Einsatz eines anderen Materials ökonomisch sinnvoll wird.

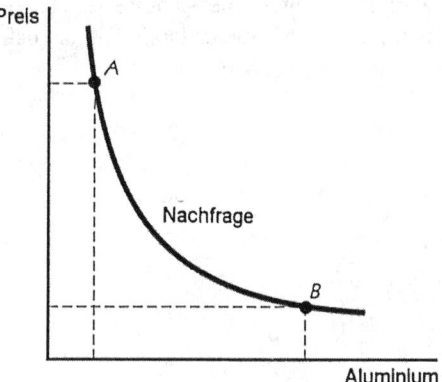

Abbildung 5.4 Veränderungen der Elastizität entlang einer Nachfragekurve. Bei hohen Preisen (in der Nähe von Punkt *A*) ist die Nachfragekurve steil und unelastisch. Im Bereich von Punkt *B* ist die Nachfragekurve sehr flach und elastisch.

Der zweite wichtige Bestimmungsfaktor der Nachfrageelastizität ist die Zeit. Da es umso einfacher ist, Anpassungen vorzunehmen, je mehr Zeit man hat, ist die Nachfrageelastizität normalerweise *langfristig* – in dem Zeitraum, in dem man alle Anpassungen vornehmen kann, – größer als *kurzfristig*, wenn zumindest einige Anpassungen nicht sofort durchgeführt werden können. Abbildung 5.5 zeigt den Unterschied zwischen einer kurzfristigen und einer langfristigen Nachfragekurve für Benzin.

Der starke Ölpreisanstieg in den siebziger Jahren liefert ein hervorragendes Beispiel. Die kurzfristige Nachfrageelastizität für Benzin war 0,2 (ein einprozentiger Preisanstieg führte lediglich zu einer Reduzierung der Nachfrage um 0,2 Prozent), während die langfristige Elastizität mehr als 0,7 betrug; die kurzfristige Elastizität für Heizöl war ebenfalls 0,2, und die langfristige belief sich sogar auf 1,2. Kurzfristig waren die Verbraucher an ihre alten Autos mit hohem Benzinverbrauch, an zugige Häuser, und auch an energieverschwendende Lebensgewohnheiten gebunden. Aber langfristig kauften sie kleinere Autos, gewöhnten sich an leicht niedrigere Heiztemperaturen, isolierten ihre Häuser besser und nutzten auch in stärkerem Maße alternative Energiequellen. Die langfristige Nachfragekurve war daher ela-

stischer (flacher) als die kurzfristige. Die langfristige Nachfrageelastizität stellte
sich sogar als größer heraus, als man sie zunächst angenommen hatte.

Welchen Zeitraum man als langfristig betrachten muß, läßt sich nicht eindeutig sagen. Das Tempo der wird von Produkt zu Produkt unterschiedlich sein. Manchmal
können Anpassungen sehr schnell erfolgen; in anderen Fällen passieren sie nur
schrittweise. Wenn alte Benzinschlucker kaputt gingen, wurden sie durch neue
benzinsparende Modelle ersetzt. Wenn Heizungen ihren Dienst aufgaben, baute
man effizientere ein. Neue Häuser baut man heute mit besserer Isolierung, so daß
der Anteil von Häusern mit guter Isolation schrittweise zunimmt.

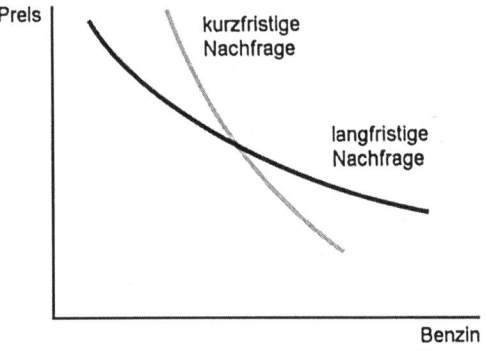

Abbildung 5.5 Zeitabhängigkeit der Nachfrageelastizität. Nachfragekurven sind kurzfristig eher unelastisch, wenn wenig Zeit besteht, um auf Preisänderungen zu reagieren.
Langfristig sind sie dagegen elastischer.

5.2 Die Preiselastizität des Angebots

Angebotskurven weisen normalerweise eine positive Steigung auf. Wie Nachfragekurven sind sie in manchen Fällen steiler, in anderen flacher. Die Steilheit der
Angebotskurve spiegelt ihre Sensitivität bezüglich Preisänderungen wider. Eine
steile Angebotskurve, wie das Angebot für Öl in Abbildung 5.6A, bedeutet, daß
eine große Preisänderung nur eine kleine Änderung der Angebotsmenge hervorruft. Eine flachere Kurve, wie die Angebotskurve für Hühnerfleisch in Abbildung
5.6B, heißt, daß eine kleine Preisänderung zu einer großen Angebotsänderung
führt. Analog zum Konzept der Nachfrageelastizität wird die Sensitivität des Angebots bezüglich Preisänderungen durch die **Preiselastizität des Angebots** be-

schrieben. Sie ist definiert als die prozentuale Änderung der Angebotsmenge, die durch eine einprozentige Preisänderung hervorgerufen wird.

$$\text{Angebotselastizität} = \frac{\text{prozentuale Änderung der Angebotsmenge}}{\text{prozentuale Preisänderung}}.$$

Die Angebotselastizität für Öl ist niedrig – eine Ölpreiserhöhung hat kaum einen Effekt auf die angebotene Menge. Die Angebotselastizität für Hühnerfleisch ist dagegen sehr hoch, wie Präsident Nixon feststellen mußte, als er im August 1971 Preisbeschränkungen einführte. Als der Preis für Hühnerfleisch um mehr als zehn Prozent unter den Marktpreis gedrückt wurde, fanden es die Hühnerzüchter einfach unprofitabel, Hühner zu züchten und zu diesem Preis zu verkaufen; das Angebot ging stark zurück und das Ergebnis war eine gewaltige Unterversorgung.

Wie im Fall der Nachfrage sprechen wir von einem elastischen Angebot, wenn eine einprozentige Preiserhöhung zu einer Angebotserhöhung von mehr als einem Prozent führt. Wenn die angebotene Menge um weniger als ein Prozent erhöht wird, bezeichnen wir das Angebot als unelastisch. Im Extremfall der senkrechten Angebotskurve – wenn die angebotene Menge vom Preis völlig unabhängig ist – ist die Kurve vollkommen unelastisch, sie hat eine Elastizität von *null*; die waagerechte Angebotskurve bezeichnen wir als vollkommen elastisch, ihre Elastizität ist *unendlich*.

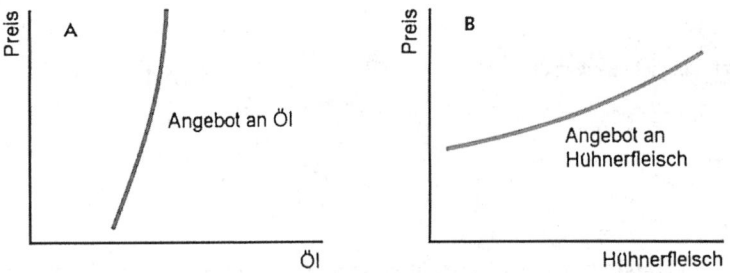

Abbildung 5.6 Unterschiedliche Angebotselastizitäten. Teil A zeigt eine Angebotskurve für Öl. Sie ist unelastisch: Die Angebotsmenge steigt bei einer Preiserhöhung nur wenig. Teil B zeigt eine Angebotskurve für Hühnerfleisch. Sie ist elastisch: Eine Preisänderung hat eine deutliche Erhöhung der Angebotsmenge zur Folge.

Preiselastizität des Angebots

Elastizität	Beschreibung	Mengenänderung bei einer einprozentigen Preiserhöhung
0	vollkommen unelastisch (Angebotskurve senkrecht)	0
zwischen 0 und 1	unelastisch	Verringerung (< 1 %)
1		Verringerung (= 1 %)
größer als 1	elastisch	Verringerung (> 1 %)
unendlich	vollkommen elastisch (Nachfragekurve horizontal)	Erhöhung auf unendlich

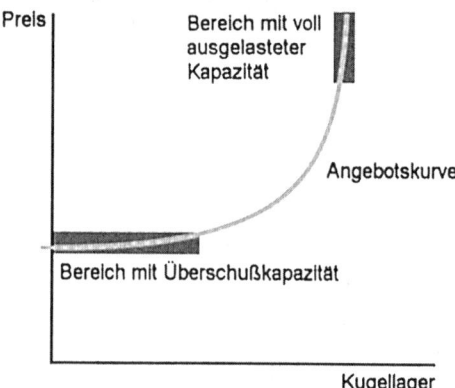

Abbildung 5.7   Veränderung der Elastizität entlang einer Angebotskurve. Wenn der Output gering ist, und viele Maschinen nicht in Betrieb sind, kann eine kleine Preisänderung zu einer starken Ausweitung der produzierten Menge führen, so daß die Angebotskurve flach und elastisch ist. Bei hohem Output und voller Auslastung aller Maschinen, ist eine sehr große Preisänderung notwendig, um nur eine kleine Änderung des Outputs zu induzieren; die Angebotskurve ist steil und unelastisch.

So wie die Nachfrageelastizität an verschiedenen Punkten der Nachfragekurve unterschiedlich ist, ändert sich auch die Angebotselastizität entlang der Angebotskurve. Abbildung 5.7 zeigt den typischen Verlauf einer Angebotskurve in der Produktion, z.B. von Kugellagern. Bei sehr niedrigen Preisen können die Fabriken gerade ihre Betriebskosten decken. Einige Anlagen werden nicht betrieben. In dieser Situation führt eine leichte Preiserhöhung zu einer großen Ausweitung des Angebots. Die Angebotskurve ist relativ flach (elastisch). Wenn die Produktionskapazitäten dagegen voll ausgelastet sind, wird es schwieriger, die Angebotsmenge zu erhöhen. Die Angebotskurve wird beinahe senkrecht (unelastisch). Auch bei einer noch so starken Preiserhöhung wird die Angebotsmenge kaum reagieren.

Kurze Frist versus lange Frist

Wirtschaftswissenschaftler unterscheiden auch bei der Reaktion des Angebots auf Preisänderungen zwischen kurzer und langer Frist. Die langfristige Angebotselastizität ist größer als die kurzfristige. Wir definieren die kurzfristige Angebotskurve als die Angebotskurve beim *gegebenen Bestand an Maschinen und Gebäuden.* Bei der langfristigen Angebotskurve wird unterstellt, daß die Unternehmungen ihre Produktionsanlagen anpassen können.

Die Ernte von Feldfrüchten ist ein typisches Beispiel für ein kurzfristig nicht sehr preissensitives Angebot; die Angebotskurve ist steil (unelastisch). Wenn die Bauern im Frühjahr ihre Saat ausbringen, legen sie sich auf ein bestimmtes Produktionsniveau fest. Wenn der Preis später steigt, können sie nicht die Zeit zurückdrehen und mehr anpflanzen. Wenn der Preis sinkt, sind sie ebenfalls an den Ertrag gebunden, den ihre Aussaat erbringt. In diesem Beispiel ist die Angebotskurve beinahe senkrecht, wie in dem Fall der steileren Angebotskurve in Abbildung 5.8.

Abbildung 5.8 Zeitabhängigkeit der Angebotselastizität. Angebotskurven können kurzfristig unelastisch und langfristig sehr elastisch sein, zum Beispiel bei Feldfrüchten wie Sojabohnen.

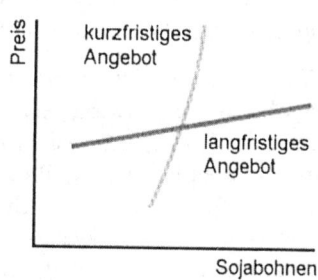

Die langfristige Angebotskurve für viele Feldfrüchte ist dagegen sehr flach (elastisch). Eine relativ kleine Preisänderung kann zu einer sehr großen Änderung der Angebotsmenge führen. Wenn der Preis von Sojabohnen im Verhältnis zu demjenigen von Mais ein wenig steigt, werden viele Bauern auf ihren Feldern Sojabohnen statt Mais oder anderen Feldfrüchten anbauen und damit das Angebot an

Sojabohnen stark erhöhen. Dies ist in der Abbildung 5.8 durch die flachere Kurve dargestellt.

Wir haben bereits die langfristige Reaktion der Konsumenten auf die starke Ölpreiserhöhung in den siebziger Jahren beschrieben. Das gleiche gilt für das Angebot. Die höheren Ölpreise führten dazu, daß Firmen in den USA ebenso wie in Kanada, Mexiko und in der Nordsee, nach neuen Ölvorkommen suchten. Obwohl das Angebot kurzfristig nicht stark erhöht werden konnte (die kurzfristige Angebotskurve war unelastisch bzw. steil), wurden langfristig neue Ölvorkommen entdeckt. Die langfristige Angebotselastizität war also viel größer (die Angebotskurve war flacher) als die kurzfristige Angebotselastizität.

5.3 Anwendung von Nachfrage- und Angebotselastizitäten

Wenn sich die Nachfragekurve für ein Gut nach rechts verschiebt – zum Beispiel wenn Wein bei den Konsumenten beliebter wird, so daß die Nachfrage zu jedem Preis größer ist als vorher – steigt sowohl der Gleichgewichtspreis als auch die konsumierte Menge. Ähnlich verhält es sich, wenn sich die Angebotskurve für ein Gut nach links verschiebt – weil beispielsweise wegen einer Dürreperiode die Maisernte geringer ausfällt, so daß die Bauern zu jedem Preis weniger Mais anbieten. Die Erhöhung des Gleichgewichtspreises für Mais geht dann einher mit einer Reduzierung der Menge. Eine Verschiebung der Kurven wird also zu einer Veränderung des Preises *und* der Menge führen. Um festzustellen, welche Änderung stärker ausfällt, müssen wir die Preiselastizitäten sowohl der Nachfrage als auch des Angebots untersuchen.

Abbildung 5.9 zeigt die möglichen Ergebnisse. Wenn die Angebotskurve sehr elastisch ist (beinahe waagerecht, wie in Teil A der Abbildung), führt eine Verschiebung der Nachfragekurve zu einer relativ starken Änderung der Gleichgewichtsmenge, während sich der Preis nur wenig ändert. Wenn die Angebotskurve *relativ* unelastisch ist (beinahe senkrecht, wie in Teil B der Abbildung) löst eine Verschiebung der Nachfragekurve höhere Preis- als Mengenänderungen aus. Wenn die Nachfragekurve sehr elastisch ist (beinahe waagerecht, wie in Teil C der Abbildung), führt eine Verschiebung der Angebotskurve zu einer relativ hohen Mengenänderung. Wenn schließlich die Nachfragekurve *relativ* unelastisch ist (beinahe senkrecht, wie in Teil D der Abbildung), so hat eine Verschiebung der Angebotskurve eine hohe Preisänderung, aber kaum eine Mengenänderung zur Folge.

Die Extremfälle kann man sich anhand der Abbildung 5.9 leicht vor Augen führen. Wenn wir die Angebotskurve in Teil A so zeichnen, daß sie vollkommen horizontal verläuft (vollkommen elastisch ist), hat die Verschiebung der Nachfragekurve keine Auswirkung auf den Preis. Bei einer senkrechten (vollkommen elastischen) Angebotskurve in Teil B, bleibt die Gleichgewichtsmenge bei einer Verschiebung der Nachfragekurve konstant.

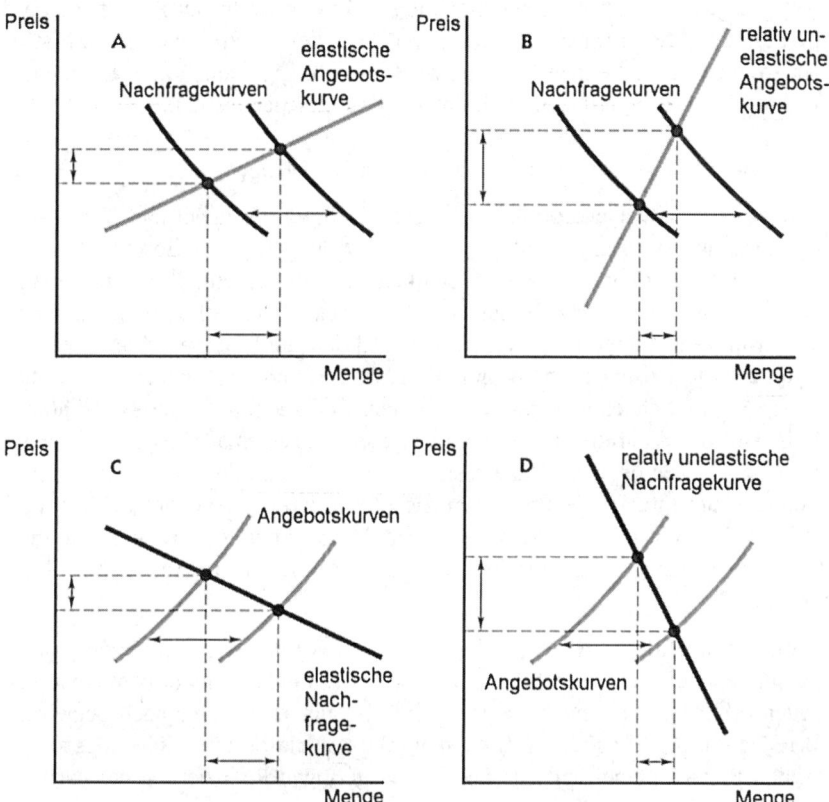

Abbildung 5.9 Elastizität von Angebots- und Nachfragekurven. Im Normalfall führt eine Verschiebung der Nachfragekurve sowohl zu einer Mengen- als auch zu einer Preisänderung (Teil A und B). Wenn die Angebotskurve sehr elastisch ist, resultiert hauptsächlich eine Mengenänderung; wenn sie relativ unelastisch ist, folgt in erster Linie eine Preisanpassung. Ebenso führt eine Verschiebung der Angebotskurve zu einer Änderung des Gleichgewichtspreises und der -menge (Teil C und D). Wenn die Nachfragekurve sehr elastisch ist, fällt die Mengenänderung sehr stark aus; wenn sie relativ unelastisch ist, ergibt sich hauptsächlich eine Preisänderung.

Langfristige versus kurzfristige Anpassung

Da sowohl Nachfrage- als auch Angebotskurven kurzfristig unelastischer (steiler) sind als langfristig, führen Verschiebungen der Kurven kurzfristig eher zu Preisänderungen, langfristig aber zu Mengenreaktionen. In der Tat haben Preissteigerungen die Funktion, den Firmen zu signalisieren, daß sie ihre Produktion langfristig erhöhen sollten. Daher können kurzfristige Preiserhöhungen auch als verantwortlich für Produktionssteigerungen in der langen Frist gesehen werden.

Steuerpolitik und das Gesetz von Angebot und Nachfrage

Für viele Fragen der Finanzpolitik liefert das Gesetz von Angebot und Nachfrage wichtige Erkenntnisse. Eine der wichtigsten Anwendungen dieses Gesetzes liegt in der Voraussage der ökonomischen Auswirkungen von Steuern. Nehmen wir an, daß die Steuer auf eine Schachtel Zigaretten um zehn Cents erhöht wird, daß sie von den Produzenten abgeführt werden muß und daß die Unternehmungen versuchen werden, die Kostenerhöhung auf die Konsumenten abzuwälzen, indem sie den Preis für eine Schachtel Zigaretten um zehn Cents erhöhen. Durch den höheren Preis wird der Zigarettenkonsum zurückgehen; das Ausmaß dieses Rückgangs hängt von der Größe der Nachfrageelastizität ab. Aufgrund der niedrigeren Nachfrage müssen die Firmen die Preise reduzieren, so daß das Angebot der verminderten Nachfrage entspricht. Das Ausmaß der Preissenkung wird wiederum durch die Angebotselastizität bestimmt. Das neue Gleichgewicht ist in Abbildung 5.10A dargestellt.

Damit die Unternehmungen die gleiche Menge wie vor der Steuererhöhung produzieren, müssen sie zehn Cents (die sie an den Staat abführen) mehr pro Schachtel Zigaretten erhalten. Die Angebotskurve wird also um zehn Cents nach oben verschoben. Da die Nachfrage nach Zigaretten relativ unelastisch ist, führt dies zu einer großen Preiserhöhung und zu einer relativ geringen Reduzierung der nachgefragten Menge.

Wenn eine Steuer auf ein Produkt zu höheren Preisen führt, sprechen Wirtschaftswissenschaftler von einer **Steuerüberwälzung**. Die Tatsache, daß die Steuer von den Konsumenten getragen wird (obwohl sie von den Unternehmungen abgeführt wird), bedeutet aber nicht, daß die Produzenten „mächtiger" sind oder Absprachen getroffen haben. Es liegt einzig und allein am Prinzip von Angebot und Nachfrage. Beachten Sie, daß der Preis trotzdem nicht um die ganzen zehn Cents gestiegen ist. Die Produzenten erhalten nach der Steuererhöhung leicht reduzierte Preise und tragen damit auch einen kleinen Teil der Steuerlast.

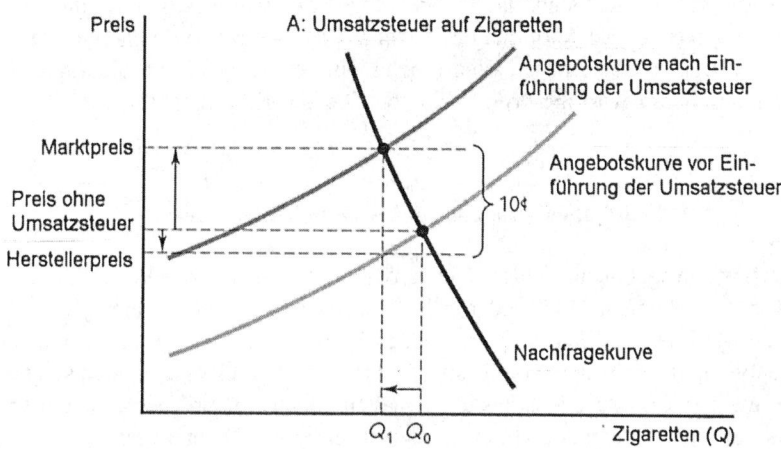

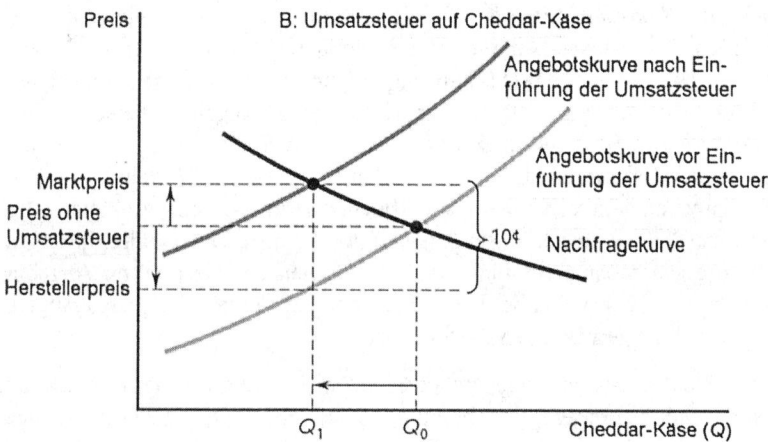

Abbildung 5.10 Steuerüberwälzung auf die Verbraucher. Eine Mengensteuer auf ein Produkt verschiebt die Angebotskurve um den Steuerbetrag parallel nach oben. Teil A zeigt, daß bei einer relativ unelastischen Nachfrage, wie zum Beispiel nach Zigaretten, der Großteil der Steuer in Form von höheren Preisen auf die Verbraucher überwälzt werden kann. Bei einer relativ elastischen Nachfrage hingegen, beispielsweise nach Cheddar-Käse, kann nur ein geringer Teil der Steuer abgewälzt werden. Teil B zeigt, daß in diesem Fall die Produzenten den Großteil der Steuer zu tragen haben.

Bei einer Steuer auf ein Gut mit einer relativ elastischen Nachfrage sieht das Ergebnis anders aus. Wir nehmen an, die Regierung erhebe eine Steuer auf Cheddar-Käse (aber nicht auf andere Käsesorten). Da es viele Käsesorten gibt, die dem Cheddar-Käse sehr ähnlich sind, ist die Nachfragekurve sehr elastisch. In diesem Fall haben, wie Teil B der Abbildung 5.10 zeigt, die Produzenten einen Großteil der Steuer zu tragen, denn sie erhalten (abzüglich der Steuer) einen niedrigeren Preis. Als Konsequenz wird die Produktion von Cheddar-Käse drastisch zurückgeschraubt.

5.4 Nachfrageüberschuß und Angebotsüberschuß

Das Gesetz von Angebot und Nachfrage funktioniert in den entwickelten Volkswirtschaften so reibungslos, daß jeder sich darauf verlassen kann. Wenn man bereit ist, den Marktpreis – den vorherrschenden Preis, der durch den Schnittpunkt von Angebots- und Nachfragekurve bestimmt wird – zu bezahlen, kann man so gut wie jede Ware oder jede Dienstleistung erhalten. Ebenso kann jeder Verkäufer seine Güter absetzen, wenn er nicht mehr als den Marktpreis dafür verlangt.

Wenn der Marktpreis gerade so hoch ist, daß die Nachfrage gleich dem Angebot ist – so daß jeder Konsument so viel von diesem Gut kaufen kann, wie er zu diesem Preis möchte, und jeder Anbieter so viel verkaufen kann, wie er zu diesem Preis will – spricht man von **Markträumung**. Wenn der Markt dagegen nicht geräumt wird, gibt es einen Nachfrageüberschuß oder einen Angebotsüberschuß. Ein **Nachfrageüberschuß** bedeutet für den Wirtschaftswissenschaftler, daß Individuen zum gängigen Marktpreis etwas kaufen wollen, aber keinen Verkäufer finden. Umgekehrt sprechen wir von einem **Angebotsüberschuß**, wenn Anbieter zum Marktpreis nicht die gewünschte Menge verkaufen können. Diese Fälle, in denen die Marktkräfte scheinbar nicht funktionieren, machen das Gesetz von Angebot und Nachfrage am besten deutlich: Das Problem liegt darin, daß der „gängige Preis" nicht der gleichgewichtige Marktpreis ist.

Wir können Nachfrage- und Angebotsüberschuß in unserem Standard-Diagramm von Angebot und Nachfrage in Abbildung 5.11 sehen. Der gleichgewichtige Marktpreis liegt in beiden Fällen (A und B) bei p^*. In Teil A der Abbildung ist der gängige Marktpreis p_1 aber niedriger als p^*. Zum Preis p_1 ist die Nachfrage größer als das Angebot. Wenn wir die Mengen auf der horizontalen Achse abtragen, ist Q_d die nachgefragte Menge, Q_s die Angebotsmenge und der Abstand zwischen den beiden Punkten der Nachfrageüberschuß. Die Konsumenten konkurrieren beim gängigen Preis p_1 um das beschränkte Angebot.

In Teil B der Abbildung liegt dagegen der gängige Preis p_1 oberhalb von p^*. Jetzt ist das Angebot zum Preis p_1 größer als die Nachfrage; der Angebotsüberschuß ist $Q_s - Q_d$ auf der horizontalen Achse. Die Verkäufer müssen zusehen, Abnehmer für ihr Gut zu finden.

Märkte waren zu verschiedenen Zeiten und für verschiedene Güter nicht geräumt. Es gab eine Verknappung von Apartments in New York; Produktionsüberschüsse im Agrarbereich treten in Westeuropa wie den USA immer wieder auf; 1973 gab es nicht genug Benzin, mit dem Ergebnis, daß sich lange Warteschlangen von Autos vor den Tankstellen bildeten. Auch Arbeitslosigkeit ist eine Form von Angebotsüberschuß, wenn Menschen, die zu den gängigen Löhnen gerne arbeiten würden, ihre Arbeitskraft nicht verkaufen können.

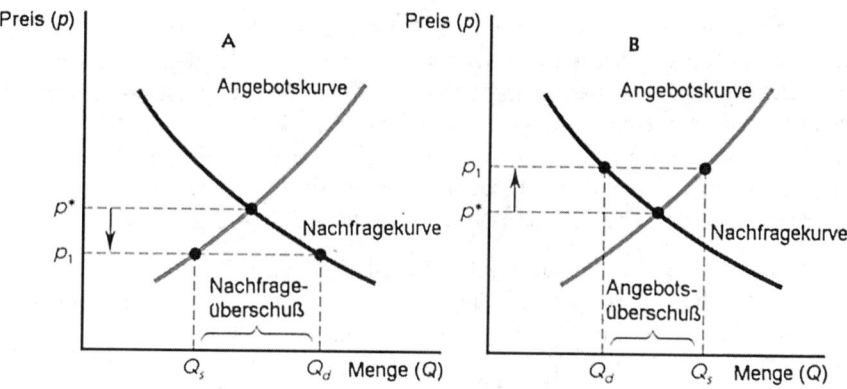

Abbildung 5.11 Nachfrageüberschuß und Angebotsüberschuß. In Teil A liegt der aktuelle Preis p_1 unter dem markträumenden Preis p^*. Beim Preis p_1 ist die nachgefragte Menge größer als die angebotene Menge; es existiert ein Nachfrageüberschuß. In Teil B liegt der aktuelle Preis p_1 über dem Gleichgewichtspreis p^*. In diesem Fall ist die angebotene Menge größer als die nachgefragte, und es gibt einen Angebotsüberschuß oder eine Marktschwemme.

Auf vielen Märkten, wie zum Beispiel dem Aktienmarkt, findet die Preisanpassung nach Angebots- oder Nachfrageverschiebungen sehr rasch statt. In anderen Fällen, wie dem Wohnungsmarkt, gehen die Anpassungen nur sehr langsam vor sich. Bei trägen Preisen treten während des Anpassungsprozesses Nachfrage- oder Angebotsüberschüsse auf. Bei nachlassender Nachfrage nach Wohnraum kann man beispielsweise Häuser oder Wohnungen nicht mehr so schnell verkaufen; dies setzt sich nur langsam in einen Preisrückgang um.

Wenn auf einem Markt ein neues Gleichgewicht nicht sofort erreicht wird, sprechen Wirtschaftswissenschaftler von Preisträgheit oder kurzfristiger **Preisstarr-**

heit. Aber auch in diesen Fällen ist die Analyse des Marktgleichgewichts von Nutzen. Sie gibt die Richtung der Preisveränderung an – wenn der Gleichgewichtspreis über dem derzeitigen Preis liegt, gibt es eine Tendenz zu Preissteigerungen. Darüber hinaus ist die Geschwindigkeit, mit der die Preise steigen oder fallen, oft abhängig von der Höhe der Nachfrage- bzw. Angebotslücke.

Anwendungsbeispiel: Die Reaktion auf Änderungen des Ölpreises

Während der letzten Jahrzehnte mußten Fachleute der Regierung wiederholt die Auswirkungen der starken Ölpreisschwankungen auf den Ölverbrauch berechnen. Wenn die Vereinigten Staaten mehr Öl konsumieren, müssen sie mehr importieren, und das hat wiederum Auswirkungen auf die Zahlungsbilanz.

Nehmen wir an der Ölpreis wird in den nächsten zwei Jahren voraussichtlich um zehn Prozent steigen. Wie wird der Ölverbrauch in den Vereinigten Staaten reagieren, wenn die Nachfrageelastizität gleich 0,7 ist? Eine Nachfrageelastizität von 0,7 bedeutet, daß ein einprozentiger Preisanstieg die Nachfrage um 0,7 Prozent schrumpfen läßt. Ein Preisanstieg um zehn Prozent wird daher zu einer Verringerung der Nachfrage um sieben Prozent führen. Wenn die jetzige Nachfrage 100 Mio. Barrel beträgt, wird sie auf 93 Mio. Barrel fallen.

Wie verändern sich die Gesamtausgaben für Öl? Bei einem Preis von 20 $ je Barrel beliefen sich die Ausgaben ursprünglich auf zwei Milliarden Dollar. Bei einem Preis von 22 $ je Barrel (ein Anstieg um zehn Prozent von 20 $), steigen sie auf 22 $ × 93 Mio. = 2,04 Mrd. $.

Die Vereinigten Staaten importieren Öl aus dem Ausland, und da der Preis für jedes Barrel Öl, das sie einführen, steigen wird, sind sie schlechter daran als zuvor. Aber dieser Effekt wird zum Teil durch den Nachfragerückgang aufgehoben. Nehmen wir an, die Vereinigten Staaten produzieren 50 Mio. Barrel Öl, und diese Produktion bleibt unverändert. Anfangs wurden 50 Mio. Barrel eingeführt, aber nun nur noch 43 Mio. Barrel. Die Ausgaben der USA für Ölimporte gehen in der Tat zurück: Anfangs waren die Ausgaben 50 Mio. × 20 $ = 1 Mrd. $; nun betragen sie nur noch 43 Mio. Barrel × 22 $ pro Barrel = 946 Mio. $.

Langfristig ist die Preiselastizität der Nachfrage größer, so daß der Nachfragerückgang noch höher ausfällt. Wenn die langfristige Nachfrageelastizität gleich eins ist, fällt der Verbrauch auf 90 Mio. Barrel, und die gesamten Ausgaben für Öl bleiben konstant. Die Importe fallen auf 40 Mio. Barrel, mit einem Wert von 880 Mio. $.

5.5 Eingriffe in das Gesetz von Angebot und Nachfrage

Das Gesetz von Angebot und Nachfrage, das den Marktpreis bestimmt, kann zu Ergebnissen führen, die für einige Individuen oder Gruppen unangenehm sind. Zum Beispiel kann ein niedrigeres Ölangebot zu höheren Ölpreisen führen. Der höhere Preis ist keine Funktionsstörung des Gesetzes von Angebot und Nachfrage, aber das ist nur ein schwacher Trost für diejenigen, die Benzin für ihre Autos und Öl für ihre Heizung brauchen. Eine geringe Nachfrage nach unqualifizierten Arbeitskräften kann zu sehr niedrigen Löhnen für unqualifizierte Arbeit führen. Eine Erhöhung der Nachfrage nach Apartments in New York führt kurzfristig (bei unelastischem Angebot) zu höheren Mieten – sehr zur Freude der Hausbesitzer, aber zum Mißfallen der Mieter.

In jedem dieser Fälle hat der politische Druck derjenigen, die mit dem Ergebnis des Marktprozesses nicht zufrieden waren, dazu geführt, daß die Regierung zu Maßnahmen der Preisregulierung gegriffen hat. Die Preise von Öl und Erdgas wurden reguliert; Mindestlohngesetze setzen einen Lohn fest, den Arbeitgeber mindestens zahlen müssen, selbst wenn Arbeitskräfte bereit wären, für weniger Geld zu arbeiten; und Mietspiegel legen fest, wie hoch Mieten maximal steigen dürfen. Die Bedenken, die zu diesen Markteingriffen geführt haben, sind zwar verständlich, aber der Ruf nach staatlichen Maßnahmen basiert auf zwei Irrtümern.

Erstens wurde jemandem (oder einer Gruppe) die Schuld für die Preisänderung zugeschoben: Für die Erhöhung des Ölpreises wurden die Ölfirmen, für niedrige Löhne die Arbeitgeber, und für Mietsteigerungen die Hausbesitzer verantwortlich gemacht. Wie bereits erklärt, betonen Wirtschaftswissenschaftler statt dessen die Rolle der anonymen Marktkräfte bei der Festlegung dieser Preise. Wenn Vermieter oder Ölfirmen dieselben Personen sind wie letzte Woche, muß es schließlich einen Grund geben, wenn sie diese Woche die Preise erhöhen. Manchmal gehen Preiserhöhungen auch darauf zurück, daß Produzenten Preisabsprachen treffen. Dies war 1973 der Fall, als die OPEC beschoß, die Preise zu erhöhen. Die alltäglichere Situation läßt sich jedoch am Beispiel des Ölpreisanstiegs im August 1990, als der Irak in Kuwait einmarschierte, veranschaulichen. Zu diesem Zeitpunkt gab es keine Preisabsprachen. Der höhere Preis spiegelte lediglich den antizipierten Rückgang des Ölangebots wider. Die Leute stürzten sich auf Öl, die kurzfristige Nachfrage erhöhte sich und trieb den Preis nach oben.

Der zweite Irrtum bestand darin, zu vergessen, daß Regierungen – so mächtig sie auch sein mögen – das Gesetz von Angebot und Nachfrage genauso wenig ändern können wie das Gesetz der Schwerkraft. Wenn in das Wirken der Marktkräfte eingegriffen wird, können diese nicht zum Ausgleich kommen. Es wird entweder Nachfrage- oder Angebotsüberschüsse geben, die neue Probleme mit sich bringen, die oft schlimmer sind als das ursprüngliche Problem, das die Regierung lösen wollte.

Ein Blick in die Wirtschaftspolitik: Scheingewinne durch Luxussteuern?

Keine Regierung erhöht gerne Steuern, denn Steuererhöhungen kosten Wählerstimmen. 1990, als sich die Regierung in den USA steigendem Druck ausgesetzt sah, das Haushaltsdefizit zu verringern, und der Spielraum für Ausgabenkürzungen erschöpft zu sein schien, versuchte man einen Weg für eine möglichst „schmerzlose" Steuererhöhung zu finden. Es wurde eine Luxussteuer von zehn Prozent eingeführt, die auf Güter wie Vergnügungsboote, Privatflugzeuge, Luxusautos, Schmuck und Pelze erhoben wurde. Solche Luxussteuern sind oft populär, weil sie niemand zahlen *muß*: reiche Leute zahlen sie nur, weil sie diese Güter kaufen *wollen*. Alle Steuern treffen irgendjemanden, aber eine Steuer, die nur reiche Menschen belastet, die sich extravagante Luxusgüter leisten, ist einer der sozialverträglichsten Wege für den Staat, seine Einnahmen zu erhöhen.

Aber der Erfolg dieser Steuern hängt von der Preiselastizität der Nachfrage ab. Wenn die Nachfrage sehr elastisch ist, genügt eine leichte Preiserhöhung infolge der Steuer, um die Nachfrage sinken zu lassen, und das Steueraufkommen wird sehr gering sein.

Wie sich herausgestellt hat, ist die Nachfrage nach diesen Luxusgütern ziemlich elastisch. Der Verkauf von Vergnügungsbooten fiel im südlichen Florida Anfang 1991 um beinahe 90 Prozent; die Leute kauften ihre Boote auf den Bahamas, um die Steuer zu umgehen. Der Verkauf von teuren Autos wie Mercedes und Lexus ging ebenfalls drastisch zurück. Der Absatz von Luxusgütern verschlechterte sich weiter durch die Rezession von 1991, da das Einkommen von vielen potentiellen Käufern zurückging; die Nachfragekurve verschob sich zusätzlich nach links.

Diese unerwartet hohe Nachfrageelastizität barg zwei schlechte Neuigkeiten für die Wirtschaft. Erstens traf die Steuer nicht wie erhofft die Reichen, sondern statt dessen die Arbeiter und Händler, welche die Luxusgüter herstellen und verkaufen. Zweitens brachte die Steuer viel weniger Geld ein, als erwartet worden war. Das Kongreßbüro für den Haushalt hatte ein Steueraufkommen von ca. 1,5 Mrd. $ über fünf Jahre prognostiziert. Aber 1991 brachte die Steuer nur 30 Mio. $ ein. Wenn man die Verwaltungskosten für die Einführung und Durchsetzung der neuen Steuer mitberücksichtigt, kostete sie den Staat wahrscheinlich mehr als sie einbrachte. Es überrascht daher nicht, daß die Steuer 1993 wieder abgeschafft wurde.

Quellen: Bernard Baumohl, „Tempest in a Yacht Basin," *Time*, 1. Juli 1991, S. 52; Nick Ravo, „Big Boats Take It on the Chin," *New York Times*, 14. April 1991, Teil III, S. 9.

Zwei einfache Beispiele, mit denen Regierungen versuchen, das Gesetz von Angebot und Nachfrage außer Kraft zu setzen, ist die Festlegung von **Höchst-** oder **Mindestpreisen** für ein Gut. Mietpreisbindungen sind Höchstpreise, Mindestlöhne und Agrarpreisstützungen sind Mindestpreise. Eine genauere Analyse zeigt uns die Gefahren von Eingriffen in das Gesetz von Angebot und Nachfrage.

Höchstpreise: Das Beispiel der Mietpreisbindung

Das Festlegen von Höchstpreisen ist immer eine Versuchung für Regierungen. Man glaubt, auf einfache Weise sicherstellen zu können, daß sich ein bestimmtes Produkt alle leisten können. Daher wurden in den letzten Jahrzehnten in den Vereinigten Staaten eine Reihe von Höchstpreisen festgelegt, vom Preis für Hühnerfleisch über den Ölpreis bis hin zu den Zinssätzen. Jedesmal war das Ergebnis ein Nachfrageüberschuß zu dem festgelegten Preis. Die Verbraucher wollen mehr von dem Gut kaufen als die Produzenten zu diesem Preis herstellen wollen. Es gibt keinen Anreiz für letztere, die Produktion zu erhöhen. Diejenigen, die zu dem günstigeren Preis etwas erhalten, profitieren; die Leidtragenden sind die Produzenten sowie diejenigen, deren Kaufwunsch nicht erfüllt wird.

Die Auswirkung einer **Mietpreisbindung** – zum Beispiel die Festlegung der maximalen Miete, die ein Hausbesitzer für ein Ein-Zimmer-Appartment verlangen darf – wird in Abbildung 5.12 gezeigt. In Teil A ist $R*$ die gleichgewichtige Miete, bei der die Nachfrage nach Wohnungen genauso hoch ist wie das Angebot. Die lokale Verwaltung ist jedoch besorgt, daß sich viele arme Menschen zum Preis $R*$ keine Wohnung in der Stadt leisten können. Sie legt daher per Gesetz fest, daß die Mieten nicht höher als R_1 sein dürfen. Zum Preis R_1 gibt es einen Nachfrageüberschuß auf dem Wohnungsmarkt. Wenn auch die Motive der Regierung lobenswert gewesen sein mögen, so hat sie doch eine künstliche Verknappung erzeugt.

Die Probleme, die durch Mietpreisbindungen hervorgerufen werden, werden sich noch verschärfen, wenn man die langfristige Entwicklung betrachtet, da langfristige Angebotskurven eine höhere Elastizität aufweisen als kurzfristige. Kurzfristig bleibt das Angebot an Mietwohnungen weitgehend konstant. Aber langfristig kann die Anzahl an Wohnungen aus verschiedenen Gründen abnehmen, da die Haus- und Grundstückseigentümer versuchen werden, die Verluste, die sie durch die Mietpreisbindung erleiden, zu minimieren. Wohnungen können aufgegeben werden, weil sie nicht mehr instandgehalten werden; sie können in Eigentumswohnungen umgewidmet und verkauft anstatt vermietet werden; und Hausbesitzer werden keine neuen Wohnungen bauen, wenn sie nicht genug Miete erhalten können, um ihre Kosten zu decken.

Teil B der Abbildung 5.12 zeigt, wie der Wohnungsmangel bei Mietpreisbindung im Zeitablauf zunimmt. Mietpreisbindung hat zur Folge, daß alle bereits *existierenden* Mieter einen Vorteil haben, zumindest solange wie ihr Vermieter im Geschäft bleibt. Aber die Anzahl an verfügbaren Wohnungen wird abnehmen, so daß viele Menschen keine Wohnung auf dem Markt finden werden. Da Mieter im all-

gemeinen ärmer sind als diejenigen, die sich ein Haus oder eine Wohnung kaufen
können, wird der Mangel an Mietwohnungen die Ärmsten am meisten treffen.

Unter die Lupe genommen: Mietpreisbindung in New York City

Die Stadtverwaltung von New York führte während des Zweiten Weltkrieges
„vorübergehende" Mietpreisbindungen ein. Ein halbes Jahrhundert später sind sie
immer noch in Kraft. Der Journalist William Tucker hat Geschichten über wohlha-
bende New Yorker Bürger gesammelt, die von dieser Situation profitieren. Der
Führer der Minderheit im städtischen Senat zahlt zum Beispiel eine monatliche
Miete von 1.800 $ für eine *Zehn-Zimmer*-Wohnung mit Blick auf den Central
Park. Ein Neuankömmling muß dagegen 1.500 $ für ein Ein-Zimmer-Apartment
im mittleren Manhattan bezahlen. Ein Richter, der über Mietpreisbindungen urteilt, bezahlt monatlich 93 $ für eine Wohnung mit zwei Schlafzimmern in einem
Haus, in dem Studios (ohne eigenes Schlafzimmer) für 1.200 $ vermietet werden.

Natürlich sind Leute, die seit Jahrzehnten Mieten weit unter dem Marktwert zahlen
konnten, für die Mietpreisbindung. Aber da die Mietpreisbindung effektiv als
Höchstpreis fungiert, ist aufgrund des Gesetzes von Angebot und Nachfrage zu
erwarten, daß daraus Probleme entstehen, und das ist auch tatsächlich der Fall.

Zum Beispiel wurden trotz der schwerwiegenden Wohnungsknappheit in New
York über 300.000 Mieteinheiten einfach aufgegeben. Es werden so gut wie keine
neuen Mietshäuser gebaut. Nur zwei Prozent der Apartments in New York werden
irgendwann einmal frei, im Gegensatz zu durchschnittlichen Raten von sechs Prozent in anderen Städten an der Ostküste, wie zum Beispiel Baltimore, die keine
Mietpreisbindung haben. Wenn sich viele Leute um die wenigen freien Apartments
raufen, sind arme Menschen diejenigen, die den Kürzeren ziehen.

Trotz Mietpreisbindung ist die *durchschnittliche* Miete in New York vergleichbar
mit derjenigen in anderen großen Städten, wie Chicago. Aber in Chicago kann ein
Neuankömmling ein Apartment irgendwo in der Nähe der Durchschnittsmiete finden. In New York hingegen müssen Neulinge häufig spezielle Provisionen zahlen,
um überhaupt ein Apartment zu bekommen, und dann exorbitant hohe Mieten, mit
denen diejenigen subventioniert werden, die schon seit langem in der Stadt leben.

Der Versuch, angemessenen und preiswerten Wohnraum zur Verfügung zu stellen,
ist ein wertvolles politisches Ziel. Aber das Beispiel von New York und anderen
Städten mit Mietpreisbindung zeigt, daß auch der Wert des Ziels das Gesetz von
Angebot und Nachfrage nicht einfach außer Kraft setzen kann.

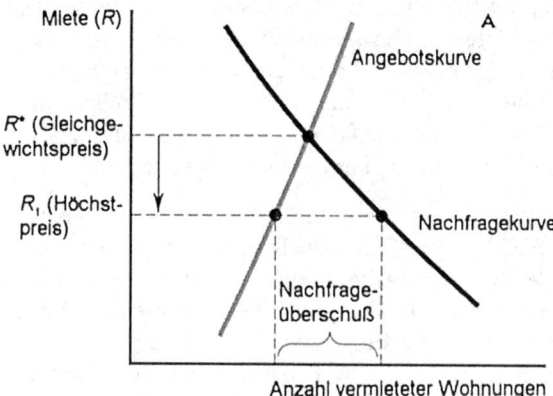

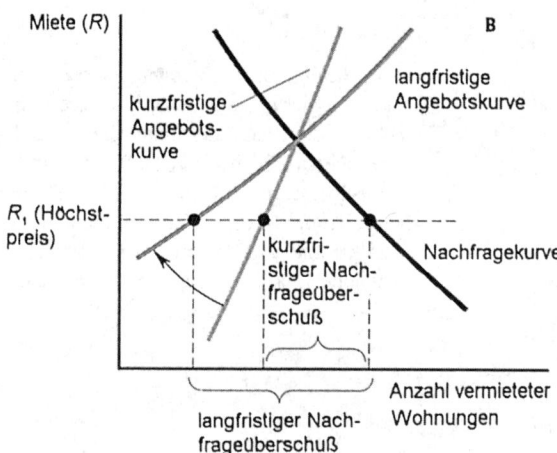

Abbildung 5.12 Höchstpreise. Mietpreisbindungen begrenzen die Mieten, die Wohnungsbesitzer verlangen können. Wenn die Mieten unterhalb des markträumenden Niveaus $R*$, zum Beispiel bei R_1, wie in Teil A, festgelegt werden, gibt es einen Nachfrageüberschuß am Wohnungsmarkt. Teil B zeigt das langfristige Ergebnis. Das Angebot an Mietwohnungen ist langfristig elastischer, da sich Grundstückseigentümer weigern können, neue Miethäuser zu bauen, oder sie können vorhandene Apartments als Eigentumswohnungen verkaufen. Der Höchstpreis kann dazu führen, daß die angebotene Menge langfristig sogar noch weiter unter die Nachfrage sinkt.

Mindestpreise: Das Beispiel der Agrarpreispolitik

So wie Konsumenten versuchen, die Regierung dazu zu bewegen, die Preise, die sie zahlen nach oben hin zu begrenzen, haben Verkäufer ein Interesse an einer Preisuntergrenze: ein Mindestlohn für die Arbeitskräfte, ein Mindestpreis für Weizen und andere landwirtschaftliche Produkte für die Bauern. Beide Gruppen appellieren an die Gerechtigkeit. Der Preis, den sie erhalten, reiche nicht aus, um ihren persönlichen Einsatz (und den Aufwand anderer Ressourcen) zu decken.

Den Landwirten gelang es aufgrund ihres politischen Einflusses, einen Mindestpreis – einen Preis, der, wie in Abbildung 5.13 dargestellt, über dem Marktgleichgewichtspreis liegt, – für viele landwirtschaftliche Produkte zu erreichen. Das Ergebnis sollte nunmehr auf der Hand liegen: Das Angebot übersteigt die Nachfrage. Um den Preis aufrechtzuerhalten, mußte die Regierung riesige Mengen an landwirtschaftlichen Erzeugnissen aufkaufen und lagern. Die Kosten für diese Preispolitik gingen in die Milliarden – 1986, auf dem Höhepunkt, gab die Regierung in den USA mehr als 25 Mrd. \$, oder im Durchschnitt mehr als 11.000 \$ für jeden Landwirt aus.

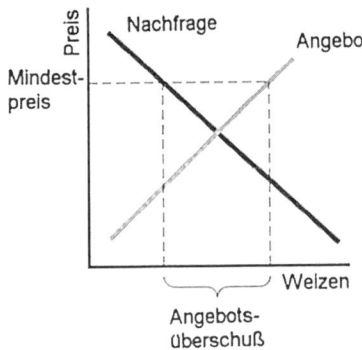

Abbildung 5.13 Mindestpreise. Wenn die Regierung einen Mindestpreis für Weizen festlegt, der über dem Gleichgewichtspreis liegt, entsteht ein Angebotsüberschuß. Entweder muß die Regierung diese Überschußproduktion aufkaufen und lagern oder vernichten, oder sie muß die Produktion begrenzen.

Die durch den staatlichen Eingriff hervorgerufene Störung des Gesetzes von Angebot und Nachfrage führt zu einem nicht endenden Labyrinth von Problemen. Um das Angebot zu reduzieren, wurden den Bauern Produktionsbeschränkungen auferlegt. Produktionsbeschränkungen sind nicht nur ein mühsamer Verwaltungsakt, sondern beeinträchtigen auch die Anpassungsfähigkeit des Marktes. Da die Produktionsquoten aufgrund von historischen Daten festgelegt werden, erlaubt das Quotensystem keine einfache Ausdehnung oder Beschränkung bestimmter Anbaubereiche, wenn eine Änderung der Rahmenbedingungen dies verlangt. Schlimmer noch: Weizenbauern müssen Weizen anbauen, sonst verlieren sie ihre Quote. Aber das bedeutet, daß sie keinen Fruchtwechsel vornehmen können – und das schadet dem Boden und der Umwelt. Um den Aufbau von Überschüssen zu vermeiden, verabschiedete der Kongreß ein Programm zur Subventionierung von Exporten. Aber diese Subventionen haben andere Länder verärgert, die darin eine unfaire Verletzung des Wettbewerbs sehen. Die Subventionen für den Export von US-amerikanischem Weizen nach Mexiko haben die wirtschaftlichen Beziehungen zu Argentinien beeinträchtigt. Sogar Mexiko hat darauf allergisch reagiert, da die Exporte mit seinen landwirtschaftlichen Reformbemühungen kollidierten.

Die Regierung ist sich dieser Probleme bewußt, aber der politische Druck hat dazu geführt, daß die Preissubventionierung für lange Zeit aufrechterhalten wurde. Erst das 1996 verabschiedete Gesetz für die Landwirtschaft sieht einen Abbau der Mindestpreisregelung für die meisten wichtigen Feldfrüchte vor.

Alternative Lösungsansätze

Starke Preisveränderungen verursachen Unbehagen. Es ist natürlich, nach einem Sündenbock zu suchen und von der Regierung eine Lösung zu erwarten. Solche Situationen verlangen Mitgefühl, und die Warnung des Wirtschaftswissenschaftlers mag kaltherzig erscheinen. Aber die Tatsache bleibt bestehen, daß auf Wettbewerbsmärkten Preisänderungen einfach das Ergebnis des unpersönlichen Funktionierens des Gesetzes von Angebot und Nachfrage sind. Ohne die Preisänderungen gäbe es Nachfrage- und Angebotsüberschüsse. Die Beispiele über die Versuche der Regierung, in das Gesetz von Angebot und Nachfrage einzugreifen, beinhalten eine Lehre, die zur Vorsicht mahnt: Wenn man das Gesetz von Angebot und Nachfrage ignoriert, wird der Schaden nur noch größer. Das bedeutet jedoch nicht, daß die Regierung die Probleme, die durch Preis- und Lohnschwankungen entstehen, einfach ignorieren sollte. Es heißt nur, daß der Staat bei der Handhabung dieser Probleme eine gewisse Vorsicht walten lassen sollte; direkte Preisregulierungen, einschließlich der Festlegung von Preisgrenzen, sind selten ein geeignetes Instrument.

In späteren Kapiteln werden wir Möglichkeiten diskutieren, wie Regierungen bei Unzufriedenheit über die Ergebnisse des Gesetzes von Angebot und Nachfrage vorgehen können – indem sie von den Marktkräften Gebrauch machen, anstatt gegen sie anzukämpfen. Wenn die Regierung zum Beispiel etwas gegen zu niedrige Löhne unternehmen will, kann sie versuchen, die Nachfrage nach unqualifizierten Arbeitskräften zu erhöhen. Eine Verschiebung der Nachfragekurve nach rechts wird zu einer Erhöhung der Löhne für diese Arbeitskräfte führen. Die Regierung kann entweder die Beschäftigung von unqualifizierten Arbeitskräften subventionieren oder die Ausbildung der Arbeitskräfte fördern und damit ihre Produktivität erhöhen.

Wenn die Regierung das Angebot an Wohnungen für arme Leute erhöhen will, kann sie die Mieten subventionieren, was auch zu einem größeren Angebot führen würde. Wenn die Regierung den Verbrauch von Benzin zurückschrauben will, kann sie eine Steuer auf Benzin erheben. Nicht-Ökonomen wenden häufig ein, daß diese Form der ökonomischen Anreizsetzung ebenfalls negative Auswirkungen hat, und manchmal ist das auch richtig. Aber wirtschaftspolitische Ansätze, die das Gesetz von Angebot und Nachfrage in ihr Kalkül mit einbeziehen, werden bessere Ergebnisse erzielen und weniger unangenehme Nebeneffekte hervorrufen als Politikansätze, die die voraussagbaren ökonomischen Konsequenzen aus der Mißachtung des Gesetzes von Angebot und Nachfrage ignorieren.

Zusammenfassung

1. Die Preiselastizität der Nachfrage beschreibt, wie stark die nachgefragte Menge eines Gutes auf Preisänderungen des Gutes reagiert. Wenn die Nachfrage unelastisch ist, hat eine Preiserhöhung kaum einen Effekt auf die nachgefragte Menge, und die Nachfragekurve ist steil; wenn die Nachfrage elastisch ist, hat eine Preiserhöhung eine große Mengenänderung zur Folge, und die Kurve ist flach. Die Nachfrage nach lebensnotwendigen Gütern ist normalerweise ziemlich unelastisch; die Nachfrage nach Luxusgütern ist elastisch.

2. Die Preiselastizität des Angebots gibt an, wie stark die angebotene Menge eines Gutes auf Preisänderungen des Gutes reagiert. Wenn Preisänderungen keine große Änderung des Angebots hervorrufen, ist die Angebotskurve sehr steil und wir bezeichnen sie als unelastisch. Wenn die Angebotskurve sehr flach ist, lösen Preisänderungen starke Mengenreaktionen aus und wir sprechen von einem elastischen Angebot.

3. Das Ausmaß, in dem sich eine Verschiebung der Angebotskurve in Preis- oder Mengenänderungen niederschlägt, hängt von der Gestalt der Nachfragekurve ab. Je elastischer die Nachfrage, um so mehr wird sich eine gegebene Verschiebung des Angebots in einer Änderung der Gleichgewichtsmenge und um so weniger in einer Änderung des Gleichgewichtspreises auswirken. Je unelastischer die Nachfrage, desto stärkere Preisänderungen und desto geringere Mengenänderungen werden induziert.

4. Ebenso hängt das Ausmaß von Preis- und Mengenänderungen bei einer Verschiebung der Nachfragekurve von der Form der Angebotskurve ab.

5. Nachfrage- und Angebotskurven sind langfristig elastischer als kurzfristig. Daher wird eine Verschiebung der Nachfrage- oder Angebotskurve kurzfristig stärkere Preiseffekte und langfristig stärkere Mengeneffekte zur Folge haben.

6. Mit Hilfe von Elastizitäten kann man vorhersagen, in welchem Ausmaß der Preis für die Konsumenten steigen wird, wenn eine Steuer auf ein Gut eingeführt wird. Wenn die Nachfragekurve für das Gut sehr unelastisch ist, wird die Steuer in der Tat von den Verbrauchern gezahlt. Wenn die Nachfrage sehr elastisch ist, werden sowohl die angebotene Menge, als auch der Preis, den der Produzent erhält, erheblich sinken.

7. Staatliche Eingriffe können verhindern, daß sich der Gleichgewichtspreis auf einem Markt einstellt und damit zu Nachfrage- (bei Höchstpreisen) oder Angebotsüberschüssen (bei Mindestpreisen) führen.

Schlüsselbegriffe

Preiselastizität der Nachfrage	unelastisch	Preisstarrheit
Preiselastizität des Angebots	unendlich elastisch	markträumende Preise
	Mindestpreise	Steuerüberwälzung
	Höchstpreise	

Wiederholungsfragen

1. Was bedeuten die Begriffe Preiselastizität der Nachfrage und Preiselastizität des Angebots? Wo liegen die Anwendungsmöglichkeiten dieser Konzepte?

2. Verläuft eine vollkommen elastische Nachfrage- oder Angebotskurve waagerecht oder senkrecht? Verläuft eine vollkommen unelastische Nachfrage- oder Angebotskurve waagerecht oder senkrecht? Erklären Sie jeweils, warum.

3. Was passiert mit den Einnahmen einer Unternehmung bei einer Preiserhöhung, wenn die Nachfrageelastizität gleich eins ist? Was passiert, wenn die Nachfrage nach einem Produkt sehr unelastisch ist? Was, wenn sie sehr elastisch ist?

4. Unter welchen Bedingungen führt eine Verschiebung der Nachfragekurve in erster Linie zu einer Mengenänderung? Und wann zu einer Preisänderung?

5. Unter welchen Bedingungen führt eine Verschiebung der Angebotskurve in erster Linie zu einer Preisänderung? Und wann zu einer Mengenänderung?

6. Warum unterscheiden sich die kurzfristigen Elastizitäten der Nachfrage und des Angebots von denen in der langen Frist?

7. Unter welchen Umständen kann eine Verbrauchsteuer auf die Konsumenten überwälzt werden?

8. Warum führen Höchstpreise zu Nachfrageüberschüssen? Warum haben Mindestpreise Angebotsüberschüsse zur Folge?

Aufgaben

1. Nehmen Sie an, die Elastizität der Nachfrage nach Benzin sei kurzfristig 0,2 und langfristig 0,7. Welche Auswirkungen wird ein Anstieg des Benzinpreises um 28 Prozent kurzfristig haben? Und langfristig?

2. Stellen Sie sich vor, daß die Angebotselastizität für Mais ist kurzfristig 0,3 und langfristig 2. Wie ändern sich die Angebotsmengen kurzfristig und langfristig, wenn der Maispreis um 30 Prozent fällt? Wie groß sind die kurz - und langfristigen Mengeneffekte bei einer Preissteigerung von 15 Prozent? Was passiert in jeder dieser Situationen mit den Einnahmen der Bauern?

3. Die Nachfragekurve für Spirituosen sei sehr unelastisch, und die Angebotskurve sehr elastisch. Wird die Auswirkung auf den Preis oder auf die Menge größer sein, wenn die Vorliebe der Konsumenten für Spirituosen zurückgeht? Welche Effekte hat die Einführung einer Steuer auf Spirituosen, die bei den Produzenten erhoben wird? Welche Wir-

kungen hat eine Anzeigenkampagne, die die Verbraucher erfolgreich vom Alkoholgenuß abhält? Zeichnen Sie für jede ihrer Antworten ein Diagramm zur Veranschaulichung.

4. Stellen Sie sich vor, daß Löhne (der Preis für Arbeitskraft) kurzfristig starr sind, und daß Arbeitskräfte auf den Markt drängen. Wird der Arbeitsmarkt kurzfristig ins Gleichgewicht kommen? Warum oder warum nicht? Falls nicht, erklären Sie das Verhältnis zwischen angebotener und nachgefragter Arbeitsmenge, das Sie erwarten, und zeichnen Sie ein Diagramm zur Veranschaulichung. Erklären Sie, welcher Zusammenhang zwischen starren Löhnen und Arbeitslosigkeit besteht.

5. Erklären Sie für jeden der folgenden Märkte, ob Sie mit Preisträgheiten rechnen oder nicht.
   a) Aktienmarkt;
   b) Markt für Mechaniker;
   c) Wohnungsmarkt;
   d) Markt für Schnittblumen;
   e) Markt für Arbeitskräfte bei Pizza-Services.

6. Angenommen, die Regierung wolle gewährleisten, daß sich ihre Bürger angemessenes Wohnen leisten können. Beurteilen Sie die folgenden drei Wege, um dieses Ziel zu erreichen: Eine Methode besteht im Erlaß eines Gesetzes, daß alle Mieten um ein Viertel gesenkt werden müssen. Der zweite Weg ist eine Subvention für den Hausbau. Und drittens könnten die Mieter selbst eine Subvention in Höhe von einem Viertel ihres Mietpreises erhalten. Beschreiben Sie, welche Auswirkungen jeder dieser Vorschläge kurz- und langfristig auf den Mietpreis und das Angebot an Mietwohnungen haben wird.

Kapitel 6

Zeit und Risiko

Ein zentraler Punkt in Bill Clintons Programm für die Präsidentschaftswahl 1992 war, daß das Land nicht genug in seine Zukunft investiere. Die *Entscheidungen*, die wir heute treffen, beeinflussen unseren Lebensstandard in der Zukunft. Ein Großteil wirtschaftswissenschaftlicher Überlegungen ist daher *zukunftsorientiert*. Die Grundprinzipien von Märkten und Entscheidungsprozessen – das Gesetz von Angebot und Nachfrage – finden hierbei genauso ihre Anwendung. Aber in einigen Aspekten unterscheiden sich zukunftsorientierte Wahlhandlungen von der statischen Gleichgewichtsanalyse. Diese Aspekte werden im ersten Teil dieses Kapitels dargestellt. Wir zeigen zum Beispiel, welcher Zusammenhang zwischen gegenwärtigen Preisen und den Erwartungen über zukünftige Preise besteht.

Trotz aller Unterschiede sind sich Republikaner und Demokraten darin einig, daß das private Unternehmertum gefördert werden muß. Ein Großteil der neuen Arbeitsplätze wird in neuen und kleinen Unternehmungen geschaffen. Aber der Aufbau einer neuen Firma ist risikobehaftet – eines der vielen Risiken, welche die Volkswirtschaft durchdringen. Es stellt sich die Frage, wie Individuen und Unternehmungen auf diese Risiken reagieren und wie Unsicherheit die Märkte beeinflußt. Die Funktion von Versicherungen ist der Schutz vor Risiken. Hausbesitzer versichern sich beispielsweise meistens gegen Brandschäden. Aber viele Risiken können nicht so einfach abgesichert werden. Eine Unternehmung, die ein neues Produkt auf den Markt bringen will, kann sich zum Beispiel nicht dagegen versichern, daß es ein Flop wird. Der Erfolg von Volkswirtschaften hängt eng damit zusammen, wie sie mit den Problemen umgehen, die durch die Existenz von Risiken verursacht werden. Im zweiten Teil dieses Kapitels werden Versicherungen und andere Märkte, die vor Risiko schützen, untersucht.

6.1 Zinsen

Wenn jemand Geld auf einem Sparkonto anlegt, führt er eine zukunftsorientierte Transaktion durch. Er leiht der Bank sein Geld, und die Bank verspricht, es ihm zurückzuzahlen. Aber Banken bieten mehr als nur Sicherheit; sie bieten einen *Ertrag* auf die Ersparnisse. Diesen Ertrag nennen wir **Zinsen**. Wer 1.000 $ anlegt, erhält bei einem Zinssatz von 10 % nach einem Jahr 1.100 $ zurück. 100 $ sind die Zinszahlung, und 1.000 $ sind die Rückzahlung des **Kapitalbetrag**s, den er der Bank geliehen hat.

Für den Wirtschaftswissenschaftler ist der Zinssatz ein Preis. Preise werden normalerweise in Währungseinheiten, z. B. in Dollar ausgedrückt. Wenn der Preis für eine Orange ein Dollar ist, muß man einen Dollar hergeben, um eine Orange zu erhalten. Der relative Preis zweier Güter ist die Menge eines Gutes, die man hergeben muß, um eine Einheit des anderen Gutes zu erhalten: Der relative Preis ist das Verhältnis der beiden Dollarpreise.

Wenn zum Beispiel ein Apfel einen halben Dollar und eine Orange einen Dollar kostet, ist der relative Preis (das Verhältnis der beiden Preise) zwei. Wenn wir eine zusätzliche Orange wollen, müssen wir zwei Äpfel dafür aufgeben. Der relative Preis beschreibt damit einen *Trade-off*. Angewendet auf einen Zinssatz von zehn Prozent heißt das, daß ein Sparer heute auf Konsum im Wert von einem Dollar verzichten muß, um in einem Jahr 1,10 $ zur Verfügung zu haben. Der Zinssatz gibt damit an, wieviel zukünftigen Konsum wir für den Verzicht auf eine Einheit des Gegenwartskonsums bekommen. Er ist der relative Preis zwischen der Gegenwart und der Zukunft.

Der Zeitwert des Geldes

Zinssätze sind im Normalfall positiv. Bei einem Zinssatz von fünf Prozent wird aus einem Dollar in einem Jahr 1,05 $.

Ein Dollar heute ist also mehr wert als ein Dollar in der Zukunft. Wirtschaftswissenschaftler bezeichnen dies als den **Zeitwert des Geldes**. Das Konzept des **Barwerts** (auch abdiskontierter Wert oder Gegenwartswert) gibt uns exakt an, wie wir den Zeitwert des Geldes messen können. Der Barwert von 100 $ in einem Jahr ist der Betrag, den man jetzt hergeben würde, um in einem Jahr 100 $ zu haben. Bei einem Zinssatz von zehn Prozent würde man für den Betrag von 90,91 $ in einem Jahr 9,09 $ an Zinsen erhalten, was zusammen 100 $ ergibt. Der Barwert von 100 $ in einem Jahr ist also bei einem Zinssatz von zehn Prozent 90,91 $.

Es gibt eine einfache Formel, um den Barwert zu berechnen: Man dividiert den Betrag in einem Jahr durch Eins plus den jährlichen Zinssatz. Der jährliche Zinssatz wird im allgemeinen mit r bezeichnet.

Der Barwert von einem Dollar in einem Jahr ist 1\$/(1 + Zinssatz). Wenn wir den Zinssatz mit r bezeichnen, lautet die Formel 1\$/(1 + r).

Um die Formel zu überprüfen, berechnen wir den Betrag, den wir für den Barwert von 100 $, also laut Formel 100 $ / (1 + r), in einem Jahr erhalten:

$$\frac{100\$}{1+r} \times (1+r) = 100\$,$$

womit bestätigt ist, daß 100 $ / (1 + r) heute genauso viel wert sind wie 100 $ in einem Jahr.

Wenn der Zinssatz steigt, wird der Barwert geringer. Bei einem Zinssatz von 20 % schrumpft er zum Beispiel auf 83,33 $ (100/1,2).

Das Konzept des Barwerts ist in der Wirtschaftswissenschaft sehr wichtig, da die meisten wirtschaftlichen Entscheidungen zukunftsorientiert sind. Ob jemand ein Haus kauft oder für seine Rente spart, oder ob eine Unternehmung eine neue Fabrik baut oder andere Investitionen tätigt, der Entscheidungsträger muß den Wert des Geldes einschätzen, das er in ein, zwei, fünf oder zehn Jahren erhalten wird.

Anwendungsbeispiel: Der Wert eines Lotteriegewinns

Wir haben alle schon von Menschen gehört, die einen Jackpot von 10 Mio. $ in einer Lotterie gewinnen. Was die meisten Leute jedoch nicht realisieren ist, daß nicht 10 Mio. $ in bar auf die Hand ausbezahlt werden. Statt dessen bekommt die Gewinnerin mickrige 500.000 $ pro Jahr über 20 Jahre hinweg. Obwohl das kein Grund ist, den Gewinn abzulehnen, muß man doch feststellen, daß das sehr viel weniger wert ist, als heute 10 Mio. $ zu erhalten.

Um den Gegenwartswert dieses Jackpots zu berechnen, addieren wir die Barwerte von 500.000 $ in einem Jahr, in zwei Jahren, in drei Jahren, und so weiter. Bei einem Zinssatz von zehn Prozent kommen dabei 4.256.781,86 $ heraus, sehr viel weniger als 10 Mio. $ heute in bar. (Um die Berechnung selbst durchzuführen, werfen Sie einen Blick in den Anhang dieses Kapitels.)

6.2 Der Kreditmarkt

Im vorangegangenen Abschnitt haben wir erklärt, daß der Zinssatz ein Preis ist wie der Preis Äpfel oder Orangen. Der Preis für einen ausgeliehenen Dollar (das, was man in einem Jahr zurückzahlen muß) ist der Dollar plus dem jährlichen Zinssatz. Bei der Berechnung des Barwerts wird der Zinssatz als gegeben angenommen. Aber offensichtlich ändert sich der Zinssatz im Zeitablauf. Der Zinssatz wird ebenso wie andere Preise durch das Gesetz von Angebot und Nachfrage bestimmt.

Zu jedem Zeitpunkt gibt es einige Haushalte und Unternehmungen, die Geld ausleihen möchten, so daß sie mehr ausgeben können, als sie im Moment haben. Rachel hat gerade ihren ersten Job bekommen und weiß, daß sie ein Auto braucht; Georg braucht Küchengeräte, Tische und Stühle, um einen Schnellimbiß zu eröffnen. Andere würden gerne sparen, oder weniger ausgeben als sie im Moment haben. Johannes legt Geld für die Ausbildung seiner Kinder und für seinen Ruhestand beiseite; Willi spart für eine Anzahlung, um ein Haus zu kaufen.

Tauschgeschäfte, die sich über einen Zeitraum erstrecken, werden **intertemporaler Handel** genannt. Die Gewinne aus dem Handel, die wir im dritten Kapitel diskutiert haben, treten hier gleichermaßen auf. Wenn eine Person einer anderen Geld leiht, gewinnen beide. Johannes und Willi können Rachel und Georg Geld leihen. Johannes und Willi werden Zinszahlungen erhalten und damit dafür kompensiert werden, daß sie Rachel und Georg jetzt ihre Mittel zur Verfügung stellen. Rachel und Georg sind bereit, die Zinsen zu zahlen, weil es für sie mehr wert ist, jetzt Geld zur Verfügung zu haben, als zu warten. Der Kreditnehmer kann ein Unternehmer wie Georg sein, der glaubt, daß er mit diesen Mitteln eine Investition tätigen kann, die einen sehr viel höheren Ertrag abwirft als den Zinssatz, den er zahlen muß. Oder der Kreditnehmer ist eine Person, die sich in einer Notlage befindet und sofort Geld, z. B. für eine medizinische Behandlung, braucht. Der Kreditnehmer kann auch einfach ein Freigeist sein, der so viel wie er kann (und soviel ihm andere bereit sind zu leihen) konsumieren möchte und sich keine Gedanken über die Zukunft macht.

Der Ausgleich zwischen angebotenen und nachgefragten Geldmitteln erfolgt durch den Zinssatz. Wenn der Zinssatz steigt, werden einige potentielle Kreditnehmer von ihrem Vorhaben Abstand nehmen. Rachel könnte sich entscheiden, mit dem Fahrrad zur Arbeit zu fahren und den Kauf eines Autos zu verschieben, bis sie selbst genug Geld gespart hat (oder bis die Zinsen wieder sinken). Gleichzeitig werden einige Sparer bei höheren Zinssätzen mehr sparen als zuvor. Ihr Anreiz zu sparen ist gestiegen. Johannes stellt fest, daß jeder Dollar, den er heute spart, in der Zukunft mehr Geld einbringen wird, und wird deshalb vielleicht mehr beiseite legen.[1] Abbildung 6.1 zeigt die Angebots- und Nachfragekurve für Kreditmittel. Der Zinssatz ist hierbei der Preis, und der ver- bzw. geliehene Geldbetrag ist die Menge. Beim Zinssatz $r*$ ist die Nachfrage nach Kreditmitteln gleich dem Angebot.

Nun können wir auch erklären, warum der gleichgewichtige Zinssatz positiv ist. Wenn er Null oder negativ wäre, würden potentielle Kreditnehmer mehr Mittel nachfragen als die Sparer bereit wären, zur Verfügung zu stellen. Negative Zinssätze würden sogar bedeuten, daß Menschen heute einen Kredit aufnehmen und in der Zukunft weniger zurückzahlen könnten, und daß Sparer weniger zurückerhalten würden, als sie gespart haben. Nur bei einem positiven Zinssatz können Nachfrage und Angebot auf dem Kreditmarkt zum Ausgleich kommen.

In einer Volkswirtschaft treffen Kreditnehmer und Kreditgeber normalerweise nicht persönlich aufeinander. Statt dessen treten Banken und andere Finanzinstitutionen als Vermittler auf; sie sammeln die Ersparnisse von den Sparern ein und verteilen das Geld an diejenigen, die einen Kredit aufnehmen wollen. Diese Vermittler sorgen dafür, daß der Kreditmarkt reibungslos funktioniert. Für ihre Dienstleistung verlangen die Vermittler Gebühren, die durch die Differenz zwischen Soll- und Habenzinsen gemessen werden können.

---

[1] In Kapitel 9 werden wir sehen, daß es eine kontroverse Diskussion darüber gibt, ob höhere Zinsen immer zu höheren Ersparnissen führen.

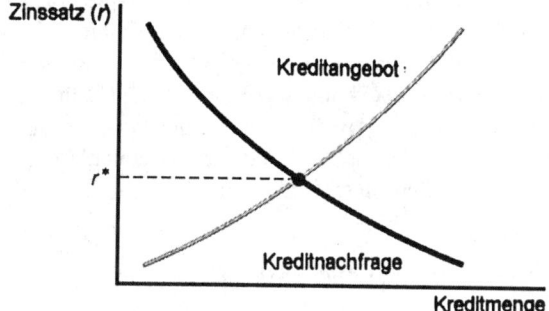

Abbildung 6.1 Angebot und Nachfrage nach Krediten. Der Geldbetrag, der verliehen wird, ist die Menge, und der Zinssatz ist der Preis. Beim gleichgewichtigen Zinssatz r^* sind Angebot und Nachfrage ausgeglichen.

6.3 Inflation und reale Verzinsung

Wir haben gesehen, daß der Zinssatz ein Preis ist. Er sagt uns, wieviel Geld wir in der kommenden Periode für einen Dollar bekommen, den wir heute beiseite legen. Aber abgesehen von Geizhälsen, die Geld um des Geldes willen sammeln, beziehen Dollars ihren Wert nur aus den Gütern, die man damit kaufen kann. Wegen der Inflation – dem Anstieg der Preise im Zeitablauf – kann man für die gleiche Menge Dollars in der Zukunft weniger kaufen als heute. Bei der Entscheidung über Kreditaufnahme oder Ersparnis wollen die Individuen wissen, wieviel *Konsum* sie morgen bekommen, wenn sie heute Konsum im Wert von einem Dollar aufgeben. Die Antwort gibt der **Realzins**. Dieser unterscheidet sich vom **Nominalzins**, dem Zinssatz der in den Banken ausgehängt und in der Zeitung abgedruckt ist und der einfach aussagt, wieviel Dollars man morgen für einen Dollar, den man heute aufgibt, bekommt. Es gibt eine einfache Beziehung zwischen dem realen und dem nominalen Zinssatz: Der Realzins ist gleich Nominalzins abzüglich der Inflationsrate (der durchschnittlichen jährlichen Preisveränderung). Wenn der Nominalzins zehn Prozent beträgt und sich die Inflationsrate auf sechs Prozent beläuft, so ist der Realzins vier Prozent. Wenn man heute einen Dollar verleiht (oder spart), so kann man die Menge an Gütern, die man in einem Jahr kaufen kann, um vier Prozent erhöhen.

Betrachten wir eine Person, die sich entscheidet, 1.000 \$ auf einem Sparkonto anzulegen. Bei einem Zinssatz von zehn Prozent wird sie am Jahresende 1.100 \$ haben. Aber in der Zwischenzeit sind die Preise um sechs Prozent gestiegen. Ein

Gut, das am Jahresanfang noch 1.000 $ gekostet hat, kostet nun 1.060 $. In „Kaufkraft"-Einheiten ausgedrückt hat die Person nur 40 $ (1.100 $ - 1.060 $) mehr zur Verfügung – vier Prozent mehr als am Jahresanfang. Das ist der reale Ertrag der Sparanlage. Ein Kreditnehmer ist in einer inflationären Wirtschaft in der gleichen Situation. Er weiß, daß der Geldbetrag, den er nach einer Kreditaufnahme zurückzahlen muß, weniger wert sein wird, als wenn er ihn heute erhält. Für die Spar- und Kreditaufnahmeentscheidungen der Individuen ist also der *Realzins* ausschlaggebend, der die Inflationsrate mit berücksichtigt. Auf der vertikalen Achse in Abbildung 6.1 müssen wir daher den realen Zinssatz abtragen.

6.4 Der Markt für Kapitalanlagen

Gärtner wären heute schockiert über den Preis von Tulpenzwiebeln im Holland des frühen 17. Jahrhunderts, wo eine Tulpenzwiebel den Gegenwert von 16.000 heutigen Dollar kostete. Das goldene Zeitalter der Tulpen dauerte jedoch nicht lange an, und 1637 fielen die Preise für Tulpenzwiebeln um über 90 Prozent. Dramatische Preisschwankungen sind aber nicht nur historische Kuriositäten. Zwischen 1973 und 1980 stieg der Goldpreis von 98 $ um 525 Prozent auf 613 $; zwischen 1980 und 1985 fiel er dann wieder auf 318 $. Der Preis für Ackerland in Iowa stieg zwischen 1977 und 1980 um 40 Prozent, nur um zwischen 1980 und 1987 um mehr als 60 Prozent zu fallen. Am 19. Oktober 1987 fielen die Preise auf den Aktienmärkten in den USA um eine halbe *Billion* Dollar, beinahe 25 Prozent. Selbst ein größerer Krieg würde wahrscheinlich nicht ein Viertel des US-Kapitalstocks an einem einzigen Tag zerstören. Aber es gab keinen Krieg oder ein anderes externes Ereignis, das den Börsenkrach von 1987 erklären könnte.

Wie kann das Modell von Angebot und Nachfrage aus dem vierten und fünften Kapitel diese enormen Preisschwankungen erklären? Die Angebotskurven für die Güter können sich sicher nicht so dramatisch verschoben haben. Auch können Veränderungen in den Vorlieben, im Einkommen oder bei Substituten keine derart phantastischen Verschiebungen der Nachfragekurven zur Folge haben. Die Antwort auf dieses Rätsel liegt zwar in Verschiebungen der Nachfragekurven, aber nicht aus den Gründen, die wir in Kapitel vier gesehen haben.

Der erste Schritt auf dem Weg zur Lösung ist die Erkenntnis, daß es sich bei den erwähnten Beispielen nicht um Güter wie Eiswaffeln, Zeitungen oder andere Güter handelt, die von den Konsumenten in erster Linie für den sofortigen Verbrauch gekauft werden. Gold, Land, Aktien und sogar Tulpenzwiebeln im Holland des 17. Jahrhunderts sind alles Beispiele für **Kapitalanlagen**. Kapitalanlagen sind langlebige Güter und können daher zu einem Zeitpunkt gekauft und zu einem anderen verkauft werden. Aus diesem Grund wird der Preis für diese Güter nicht nur von den gegenwärtigen Bedingungen – dem gegenwärtigen Kapitalertrag – bestimmt, sondern auch von den Erwartungen über die zukünftigen Bedingungen, insbesondere über den Preis, zu dem die Güter in der Zukunft wieder verkauft werden können.

Das Konzept des Barwerts sagt uns, wie wir antizipierte zukünftige Erträge messen und vergleichen können. Veränderungen im Barwert verschieben – wie in Abbildung 6.2 dargestellt – die Nachfragekurve, weil die Zahlungsbereitschaft der Individuen heute vom Barwert des erwarteten zukünftigen Werts abhängt.

Barwerte können sich aus zwei Gründen ändern: Zum einen reagieren sie auf eine Veränderung des Zinssatzes. Eine Erhöhung des Zinssatzes reduziert den Barwert des erwarteten zukünftigen Geldbetrages. Dies ist ein Grund dafür, warum Zinserhöhungen häufig einen Verfall der Aktienkurse auslösen, und umgekehrt. Kluge Investoren versuchen daher, die Zinssätze genau zu prognostizieren. Zum zweiten ändert sich der Barwert einer Kapitalanlage, wenn sich die Erwartungen über den zukünftigen Verkaufspreis ändern. Auch dies führt zu einer Verschiebung der Nachfragekurve. Solche **Erwartungen** können sehr volatil sein und erklären damit einen Großteil der Preisschwankungen bei Kapitalanlagen.

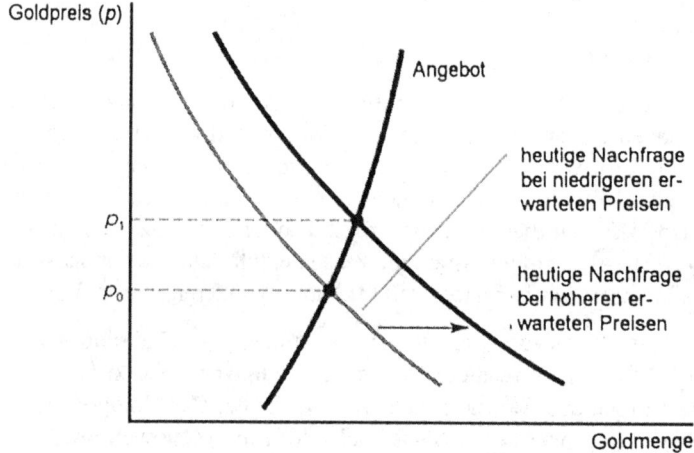

Abbildung 6.2 Erwartungen verschieben die Nachfragekurve. Die Erwartung, daß der Preis einer Kapitalanlage in Zukunft steigen wird, kann die Nachfragekurve nach rechts verschieben und damit zu einer Erhöhung des aktuellen Preises führen.

Um zu sehen, wie Erwartungen über zukünftige Ereignisse *laufende* Preise beeinflussen, konstruieren wir ein hypothetisches Beispiel. Die Einwohner von Los Angeles stellen plötzlich fest, daß aufgrund neuer Umweltschutzauflagen bestimmte Teile der Stadt in zehn Jahren sehr viel attraktivere Wohngegenden sein werden als heute. Zukunftsorientierte Menschen werden überlegen, daß deshalb die Grundstückspreise in diesen Gegenden in zehn Jahren sehr viel höher sein werden, sagen wir eine Million Dollar pro Acre. Aber sie beziehen auch mit ein, daß es bereits in neun Jahren allgemein bekannt sein wird, daß ein Acre in nur einem Jahr eine Million Dollar wert sein wird. Also werden die Investoren schon in neun Jahren annähernd eine Million Dollar für das Land zahlen – auch wenn bis zu diesem Zeitpunkt die Luftverunreinigung noch nicht ganz verschwunden ist. Aber dann werden die gleichen Leute feststellen, daß bereits in acht Jahren derselbe Prozeß stattfindet und das Land beinahe eine Million Dollar wert sein wird. Diese Rückwärtsüberlegung kann immer weiter fortgesetzt werden und zeigt, daß der Preis bereits heute steigen muß, wenn die Investoren davon überzeugt sind, daß das Land in zehn Jahren deutlich mehr wert sein wird.

Während also eine *heutige* Veränderung von Vorlieben, Technologien, Einkommen oder Substituten die zu Anfang beschriebenen starken Preisschwankungen nicht erklären konnte, wird eine Änderung der Erwartung über irgendeinen dieser Faktoren in der Zukunft eine Auswirkung auf die *heutige* Nachfrage haben. Die Märkte für Kapitalanlagen sind intertemporal miteinander verbunden. Ein Ereignis, dessen Eintritt in zehn, 15 oder sogar 50 Jahren erwartet wird, kann eine direkte Rückwirkung auf den heutigen Markt haben.

Die Bildung von Erwartungen

Änderungen in den Erwartungen über zukünftige Erträge oder Zinssätze können also große Änderungen in den heutigen Preisen auslösen. Individuen und Unternehmungen bilden ihre Erwartungen zum Teil aufgrund von Erfahrungen aus der Vergangenheit. Wenn der Wert einer Unternehmung stetig gewachsen ist, werden Investoren erwarten, daß sich dieser Wachstumspfad fortsetzt. Wenn die Zentralbank nach jedem Anstieg der Inflationsrate die Zinsen erhöht, um das wirtschaftliche Wachstum zu bremsen, wird erwartet, daß Inflation zu höheren Zinsen führt.

Psychologen und Wirtschaftswissenschaftler haben studiert, wie Individuen ihre Erwartungen bilden. Manchmal reagieren Menschen **myopisch**, oder kurzsichtig: Sie erwarten, daß morgen das Gleiche gelten wird wie heute. Der Goldpreis wird morgen genauso hoch sein wie heute. Manchmal bilden die Menschen **adaptive** Erwartungen: Sie extrapolieren vergangene Ereignisse in die Zukunft. Wenn der Goldpreis heute um fünf Prozent höher ist als letztes Jahr, erwarten sie, daß er bis zum nächsten Jahr wiederum um fünf Prozent steigen wird.

Wenn die Menschen alle relevanten und verfügbaren Informationen in ihre Erwartungsbildung einbeziehen, bezeichnet man diese Erwartungen als **rational**. Wenn der Goldpreis in einer Periode hoher Inflation steigt, geht er auch wieder zurück, wenn die Inflation abnimmt. Wenn man also weiß, daß die Wirtschaftsexperten einen Rückgang der Inflationsrate erwarten, wird man nicht davon ausgehen, daß sich der Goldpreisanstieg fortsetzt. Aber auch wenn Menschen ihre

Erwartungen rational bilden, werden sie nicht immer richtig liegen. Manchmal werden sie zu optimistisch sein, ein anderes Mal zu pessimistisch (obwohl sie sich beim Treffen ihrer Entscheidungen dieser Möglichkeiten durchaus bewußt sind). Die Annahme rationaler Erwartungen besagt nur, daß sie im Durchschnitt Recht haben werden.

Die siebziger Jahre waren eine Phase adaptiver Erwartungsbildung. Viele Investoren gingen davon aus, daß die Immobilienpreise weiterhin rasch steigen würden. Je mehr man investierte desto mehr Geld konnte man verdienen. Die Idee, daß die Immobilienpreise auch wieder sinken könnten, schien außerhalb der Vorstellungskraft zu liegen – obwohl die Geschichte voll von Episoden ist, in denen die Immobilienpreise drastisch sanken (zuletzt in den dreißiger Jahren). Erst der schwache Immobilienmarkt in den achtziger Jahren erinnerte die Investoren wieder daran, wie wichtig es ist, historische Daten in die Erwartungsbildung miteinzubeziehen.

Aber, wie bei allen Formen der Wahrsagerei, wiederholt sich die Geschichte nie in genau der gleichen Weise. Da die Situation heute nie vollständig einer vergangenen Situation entspricht, ist es nie absolut klar, welche Tatsachen die ausschlaggebenden sein werden. Selbst die bestinformierten Experten sind selten einer Meinung. Wenn es darum geht, die Zukunft vorherzusagen, wird jede Kristallkugel von Wolken überzogen.

6.5 Der Markt für Risiko

Die meisten Menschen mögen das Risiko nicht, das mit zukunftsorientierten wirtschaftlichen Aktivitäten verbunden ist. Auch wenn sie ab und zu ein paar Dollar für einen Lottoschein ausgeben oder an den Spielautomaten in Las Vegas oder Atlantic City ihr Glück versuchen, bemühen sie sich doch meistens, größere Risiken zu vermeiden oder das Risiko wenigstens zu minimieren. Psychologen, die dieses „risikovermeidende Verhalten" untersucht haben, betonen die Ängste, die durch Unsicherheit ausgelöst werden. Wirtschaftswissenschaftler bezeichnen Menschen, die Risiken zu vermeiden suchen, als **risikoavers**.

Der Umgang mit Risiko

Obwohl die meisten Individuen risikoavers sind, ist die Inkaufnahme von Risiken lebenswichtig für eine Volkswirtschaft. Neue Unternehmungen sind der Motor wirtschaftlichen Wachstums, aber sie sind mit Risiko verbunden. Unser Wirtschaftssystem hat daher eine Reihe von Methoden des Risikotransfers, der Risikotransformation und der Risikoverteilung entwickelt. Die Institutionen und Vereinbarungen, über die dies abgewickelt wird, sind allgemein als der **Markt für Risiko** bekannt.

Vermeidung und Abmilderung von Risiken

Der einfachste Weg, mit Risiko umzugehen, ist, es zu vermeiden: Laß die Finger
vom Spielautomaten! Aber wenn jeder alle Risiken vermeiden würde, würden alle
wirtschaftlichen Aktivitäten zum Stillstand kommen. Es würden keine Investitionen mehr getätigt werden. Unternehmungen würden nicht einmal Arbeitskräfte
einstellen: Es besteht immer die Gefahr, daß sich ein Angestellter als ungeeignet
erweist.

Es können daher nicht alle Risiken vermieden werden. Aber es gibt viele Möglichkeiten für Individuen und Unternehmungen, den Grad des Risikos sowie seine
Auswirkungen zu reduzieren. Firmen investieren in Alarmanlagen und Feuerlöscher, um einen möglichen Brandschaden zu reduzieren. Genaueste Analyse – das
Sammeln von möglichst vielen Informationen – bevor ein Investitionsprojekt gestartet wird, reduziert das damit verbundene Risiko.

Das Offenhalten von Möglichkeiten

Ein zweite Möglichkeit des Umgangs mit Risiko besteht darin, sich möglichst viele
Optionen offenzuhalten. Viele Unsicherheiten lösen sich nach einer gewissen Zeit
von selbst auf. Zu Wochenbeginn weiß Tim noch nicht, ob es am Sonntag regnen
wird. Aber am Freitag liefert der Wetterbericht schon eine sehr viel genauere Information – eine bessere Schätzung der Regenwahrscheinlichkeit. Und am Sonntag
morgen wird die Prognose sogar noch zuverlässiger sein. Wenn es nicht regnet,
würde Tim gerne am Sonntag nachmittag ins Fußballstadion gehen. Wenn es allerdings regnet, würde er einen Kinobesuch vorziehen. Aber die Karten für das Fußballspiel werden bereits am Freitag ausverkauft sein. Er muß seine Entscheidung
also schon vorher treffen. Er könnte die Eintrittskarte am Montag kaufen, verbunden mit dem Risiko, daß er sie nicht benutzen wird (wenn es regnet). Der Kauf eines Tickets am Montag hält ihm alle Optionen offen. Wenn er das Ticket nicht
kauft, verschließt er sich die Alternative, das Fußballspiel anzusehen. Am Samstag
morgen regnet es. Tim erkennt, daß die Ausgaben für das Fußballticket nun versunkene Kosten sind. Obwohl er das Geld bereits ausgegeben hat, zieht er es vor,
noch fünf Dollar draufzulegen und ins Kino zu gehen, anstatt sich beim Fußballspiel eine Erkältung zu holen. Sich alle Möglichkeiten offenzuhalten war ihm aber
das Geld wert.

Unternehmungen geben oft beträchtliche Summen aus, um Optionen offenzuhalten. Sie können in einen neuen Markt eintreten, obwohl sie wissen, daß ihnen in
den nächsten ein bis zwei Jahren nur Verluste entstehen werden. Aber sie hoffen,
daß sie aus den gemachten Erfahrungen lernen werden und daß es später sehr viel
härter (kostspieliger) sein wird, in den Markt einzutreten. Es lohnt sich für sie,
vorübergehend Geld zu verlieren, um sich eine Option offenzuhalten.

Diversifizierung

Eine dritte Devise im Umgang mit Risiko ist: Nicht alles auf ein Pferd setzen. Unternehmen können zum Beispiel verschiedene Geschäftsbereiche betreiben, um das Risiko zu reduzieren. Bauern werden verschiedene Arten von Feldfrüchten anbauen. Wenn die Dinge in einem Bereich schieflaufen, ist die Chance immer noch groß, daß das Ergebnis in einem anderen Bereich besser ist.

Risikotransfer und die Umverteilung von Risiken

Als vierte Möglichkeit kann man Risiko auch weitergeben oder umverteilen. Wenn ich keine Brandversicherung habe und mein Haus brennt ab, wäre das eine finanzielle Katastrophe für mich. Aber wenn eine kein besonderer finanzieller Verlust. Sie wird das kleine Risiko für eine Gebühr eingehen, die ein wenig oberhalb ihrer erwarteten Zahlung liegt, falls mein Haus abbrennt. Wenn die Wahrscheinlichkeit, daß mein Haus abbrennt, ein Prozent ist, beträgt diese

$$\text{erwartete Zahlung} = \text{Verlustwahrscheinlichkeit} \times \text{Zahlung im Schadensfall}$$
$$= 0{,}01 \times 100\ \$ = 1\ \$.$$

Die *Risikoprämie* ist die *zusätzliche* Zahlung, die eine Person oder eine Unternehmung für die Bereitschaft, ein Risiko zu übernehmen, erhalten muß. Wenn sie bereit ist, das Risiko für eine Zahlung von 1,10 $ zu tragen, beträgt die Risikoprämie 0,10 $. Ich würde ihr sogar mehr als 1,10 $ zahlen, um das Risiko abzufangen. Im Idealfall müßte ich nur 1.000 Personen finden, um mein Haus im Wert von 100.000 $ zu versichern; ich hätte dann das Risiko eines Brandes vollständig auf sie transferiert.

Versicherungen sind die Institutionen in unserer Wirtschaft, die darauf spezialisiert sind, Risiken zu übernehmen. Die ersten Versicherungen – bekannt unter dem Namen Lloyd's of London – taten nicht mehr, als eine Gruppe von Investoren zusammenzuführen, die bereit waren, hohe Risiken – wie das von Schiffsunglücken – zu übernehmen. Heute übernehmen die Versicherungen das Risiko selbst.

Grenzen der Versicherbarkeit von Risiken

Trotz der Existenz eines Versicherungsmarktes kann man sich nicht gegen alle Formen von Risiken versichern. Ein Unternehmen kann sich zum Beispiel nicht gegen das Risiko versichern, daß die Nachfrage nach seinem Produkt zurückgehen wird, oder daß Konkurrenten ein besseres Produkt entwickeln und damit die Firma in den Konkurs treiben werden. Wirtschaftswissenschaftler haben zwei Probleme gefunden, die der Versicherung als Instrument des Risikotransfers inhärente Grenzen setzen: Adverse Selektion und moralisches Risiko (*moral hazard*). Wir stellen diese Probleme im folgenden zwar im Kontext von Versicherungen vor, aber sie gelten allgemeiner auch für andere Methoden der Risikoverteilung, einschließlich Aktien und festverzinslichen Wertpapieren.

Ein Blick in die Wirtschaftspolitik:
Adverse Selektion in der Krankenversicherung

Politiker stehen vor dem Problem, die Praxis des „Rosinenpickens" in der Krankenversicherungsbranche zu unterbinden. Versicherungen würden am liebsten nur diejenigen Personen versichern, die eine gute Gesundheit und ein niedriges Gesundheitsrisikoprofil haben (und daher der Versicherung wenig Kosten verursachen). Diejenigen, die bereits krank sind oder bei denen ein großes Risiko für zukünftige Erkrankungen besteht (und die daher der Versicherung hohe Kosten verursachen), werden dagegen abgelehnt. Diese Form der adversen Selektion kommt noch zu dem in den USA bestehenden Problem hinzu, daß viele Leute gar keine Krankenversicherung haben.

Zur Reform des Systems wurde vorgeschlagen, (1) einen Aufnahmezwang einzuführen, das heißt, den Versicherungen zu verbieten, Personen aufgrund bestehender gesundheitlicher Probleme abzulehnen, und (2) unabhängig vom Gesundheitszustand, dem Alter oder dem Geschlecht einheitliche Prämien vorzuschreiben. Dies entspräche einer Regelung, wie sie im System der gesetzlichen Krankenversicherung in Deutschland zu finden ist.

Solche Vorschläge können das Problem der adversen Selektion zwar abmildern, aber nicht vollständig aufheben, da den Versicherungen immer noch Mittel bleiben, die „guten Risiken" auszusuchen. Sie können zum Beispiel ihr Büro in den fünften Stock eines Hauses ohne Aufzug legen und potentiellen Kunden ein persönliches Erscheinen zur Auflage machen. Sie können auch ihre Angebote speziell auf junge und gesunde Menschen zuschneiden – zum Beispiel, indem sie mit großzügigen Leistungen im sportmedizinischen Bereich oder freier Mitgliedschaft in einem Fitneßclub werben.

Eine Möglichkeit, das Rosinenpicken zu verhindern, wäre eine Steuer oder Subvention für Versicherungen, die von der spezifischen Risikostruktur ihrer Versicherten abhängig ist. Diese Steuer-/Subventions-Lösung wird „Risikoausgleich" genannt und hebt den Kostenvorteil auf, der durch die Auswahl der besten Risiken entsteht. Eine andere Möglichkeit ist die Standardisierung von Leistungen, so daß spezielle Pakete, die Gruppen mit niedrigem Risiko anziehen sollen, nicht mehr angeboten werden können. Diese und ähnliche Vorschläge zur Regulierung des Versicherungsmarkts bringen jedoch alle wiederum ihre eigenen Probleme mit sich. Die meisten Vorschläge sind auch nicht perfekt, und einige setzen einen enormen und teuren bürokratischen Aufwand für Entwicklung, Verwaltung und Durchsetzung voraus.

Adverse Selektion

Die Wahrscheinlichkeit, daß ein Individuum einen Schaden erleiden wird, hängt von persönlichen Eigenschaften und Lebensgewohnheiten ab, die für eine Versicherung nicht vollständig beobachtbar sind. Wenn die unterschiedlichen Schadenswahrscheinlichkeiten exakt festgestellt werden könnten, würden sie auf einem vollkommenen Versicherungsmarkt genau in den Risikoprämien widergespiegelt werden. Zum Beispiel müßten Extremsportler höhere Krankenversicherungsprämien zahlen, welche die höheren durchschnittlichen Ausgaben dieser Gruppe für ärztliche Behandlung widerspiegeln, als Leute mit weniger gefährlichen Hobbys.

Aber die Versicherungen wissen eben nicht alles über die individuellen Risiken einer Person. Die Prämien können sich daher nur an beobachtbaren Eigenschaften orientieren; Prämien in der Kfz-Versicherung sind beispielsweise abhängig vom bisherigen Schadensverlauf, vom Alter des Fahrzeughalters und vom Typ des Autos. Alle Menschen mit den gleichen beobachtbaren Eigenschaften müssen den gleichen Versicherungsbeitrag zahlen. Wenn die Versicherungsgesellschaft feststellt, daß die Prämien einer bestimmten Gruppe deren Risiko nicht abdecken können, werden die Beitragssätze angehoben. Das ist die Situation, in der es zu adverser Selektion kommen kann.

Das Problem der **adversen Selektion** tritt dann auf, wenn Versicherungsgesellschaften versuchen, ihre Prämien zu erhöhen, und die besten Risiken daraufhin keine Versicherungspolicen mehr kaufen. Sie können sich entweder entscheiden, sich gar nicht zu versichern (und das Risiko selbst zu tragen), oder die Versicherung bei einer anderen Gesellschaft abschließen. Die schlechten Risiken – diejenigen, die wissen, daß sie tatsächlich eine Versicherung brauchen, weil sie beispielsweise nicht vollkommen gesund sind, oder die bei anderen Unternehmen abgelehnt werden würden – bleiben dagegen bei der Gesellschaft. Wenn sich die besten Risiken absentieren, verschlechtert sich das *durchschnittliche* Risiko der Versicherten. Es kann sich soweit verschlechtern, daß die durchschnittlichen Gewinne sogar sinken – die Erhöhung der Beiträge wird dann durch die Erhöhung des durchschnittlichen Risikos überkompensiert.

Obwohl der Begriff der adversen Selektion ursprünglich für diesen *adversen* Effekt auf die Zusammensetzung der Versicherten bei einer Prämienerhöhung geprägt wurde, wird er mittlerweile für alle Phänomene verwendet, die zu einer Veränderung der Struktur der versicherten Personen führen.

Bei vielen Versicherungsarten, wie zum Beispiel bei der Brandversicherung, spielt die adverse Selektion kaum eine Rolle. Die entscheidenden Informationen (welche die Wahrscheinlichkeit eines Feuerausbruchs bestimmen) können leicht beobachtet werden – zum Beispiel durch Gebäudeinspektionen. Bei der Kranken- oder der Kfz-Versicherung hingegen ist die adverse Selektion von großer Bedeutung. Die Versicherungsgesellschaften können in diesen Fällen die individuellen spezifi-

schen Risiken nur schwer identifizieren. Bei einer Versicherung gegen den Fehlschlag eines Produkts auf dem Markt verschärft sich das Problem noch. Es ist für
eine Versicherung so gut wie unmöglich, die Absatzaussichten für ein neues Produkt zu bestimmen. Die Unternehmen werden selbst immer sehr viel besser über
die Erfolgschancen auf ihren Märkten informiert sein, als dies eine Versicherung
jemals sein kann. Es überrascht daher nicht, daß Versicherungsgesellschaften aufgrund dieses extremen Informationsnachteils keinen derartigen Versicherungsschutz anbieten.

Unter die Lupe genommen:
Kfz-Versicherung und adverse Selektion in New Jersey

Die Prämien der privaten Kfz-Versicherungen kletterten in den Vereinigten Staaten in den späten Achtzigern auf astronomische Höhen. Das allgemeine Preisniveau stieg zu dieser Zeit um 3,5 Prozent pro Jahr. Die Beiträge in der Kfz-Versicherung nahmen dagegen um neun Prozent jährlich zu.

In New Jersey mußte man aus verschiedenen Gründen mit größeren Problemen
rechnen als in anderen Staaten. Wegen der höchsten Bevölkerungsdichte im Land
waren die Autobahnen entsprechend stark befahren. Von den 25 Städten in den
USA, in denen die meisten Autodiebstähle passieren, liegen neun im Staat New
Jersey. New Jersey war einer von nur zwei Staaten, in denen es keine Begrenzung
der Behandlungskosten nach einem Autounfall gab. Anfang der neunziger Jahre
kostete die Versicherung eines Autos in New Jersey durchschnittlich 1.000 $, mehr
als doppelt so viel als im nationalen Durchschnitt.

Aber New Jersey hat selbst viel zu diesem Problem beigetragen. 1983 richtete der
Staat die sogenannte Joint Underwriting Authority (JUA) ein, die diejenigen Personen versichern sollte, die von den privaten Versicherungen wegen des zu hohen
Risikos abgelehnt wurden. Die Prämien der JUA sollten denen der privaten Versicherungsgesellschaften vergleichbar sein, was schwer zu beziffern war, da diese
den betreffenden Personenkreis ja gar nicht versichern wollten. In der Praxis
konnte damit jeder bei der JUA eine Versicherung zu einer Prämie bekommen, die
sich nicht wesentlich von der Durchschnittsprämie für Autofahrer mit geringem
Unfallrisiko unterschied.

Es war vorhersehbar, daß dieses Gesetz ein Muster der adversen Selektion verursachen würde. Die privaten Unternehmen gaben ihre höchsten Risiken an die JUA
ab, und versicherten nur noch die niedrigen Risiken selbst. Ende der achtziger Jahre war die Hälfte der Autofahrer in New Jersey bei der JUA versichert. Diese hatte
ein Defizit von 3 Mrd. $ angesammelt, das jährlich um eine weitere Milliarde
Dollar wuchs. Es mußten neue Steuern erhoben werden, um den Verlust zu dek-
ken, was einen politischen Skandal im „*Garden State*" hervorrief.

Wie so häufig suchte man die Schuld bei der Versicherungsbranche. Die Regierung begann, die Versicherungsprämien zu regulieren, und zwang die Gesellschaften, auch Autofahrer mit hohem Risiko zu versichern. Die Versicherungsgesellschaften klagten gegen den Staat, und viele Firmen, wie zum Beispiel Allstate, zogen es vor, New Jersey zu verlassen anstatt Versicherungen mit Verlust zu verkaufen. Versicherungen können Risiken transferieren und umverteilen, aber sie können keine Absicherung umsonst bieten.

Quellen: Insurance Information Institute, *1990 Property/Casualty Insurance Facts*; „Insurers Under Siege: Lawmakers, Consumers, and Corporate Customers Are Fighting Mad," *Business Week*, 21. August 1989, S. 72-79; Joseph J. Sullivan, „Compromise on Insurance Isn't Working in New Jersey," *New York Times*, 22. Oktober 1989, Teil XII, S. 1; Romano, „New Law on Auto Insurance Draws Fire," *New York Times*, 18. März 1990, Teil XII, S. 1.

Moral Hazard

Das zweite Problem bei Versicherungen ist ein Anreizproblem: Der Abschluß einer Versicherung übt einen negativen Effekt auf die Bereitschaft der Versicherten aus, das Risiko, gegen das sie versichert sind, zu vermeiden. Eine Person, die keine Feuerversicherung abgeschlossen hat, wird versuchen, das Brandrisiko zu begrenzen, indem sie sich besonders vorsichtig verhält und indem sie Rauchdetektoren und Feuerlöscher einbauen läßt. Aber wenn dieselbe Person gegen das Brandrisiko versichert ist, wird sie vielleicht nicht mehr so sorgsam sein. Wenn die Versicherung nach einem Brand mehr als den Marktwert des Hauses bezahlen würde, mag der Versicherte sogar versucht sein, das Haus selbst in Brand zu setzen, um die Versicherungssumme zu kassieren.

Dieses allgemeine Charakteristikum von Versicherungen, daß nämlich der Anreiz zur Schadensvermeidung durch die Versicherung selbst reduziert wird, nennt man **moral hazard** (moralisches Risiko). Aus der Sicht des Wirtschaftswissenschaftlers ist das natürlich nicht eine Frage der Moral, sondern nur eine Frage der Anreizeffekte. Wenn eine Person gar nicht oder nur für einen Teil der Folgen ihres Handelns einstehen muß – wie es nach dem Abschluß einer Versicherung der Fall ist – ändert sich ihre Anreizstruktur.

In den späten sechziger Jahren, als es viele politische Unruhen in den Städten gab, fiel der Wert von Grundstücken in den Innenstädten drastisch ab. Die entsprechende Versicherungsdeckung paßte sich zwar an, aber nur langsam. In der Zwischenzeit waren viele Gebäude weit über ihrem Marktwert versichert. So war es wohl kein purer Zufall, daß der Verlust durch Brandschäden zwischen 1966 und 1970 um 55 Prozent anstieg.

Auch *Moral-hazard*-Probleme sind nicht bei jeder Versicherungsart von Bedeutung; eine Person, die eine Lebensversicherung über eine hohe Summe abschließt, damit ihre Kinder im Falle ihres Ablebens gut versorgt sind, wird ihr Leben kaum in größerem Ausmaß aufs Spiel setzen. (Es gab jedoch vor einigen Jahren einen gruseligen Fall in Kalifornien, wo sich jemand sein Bein abhackte, um eine Erwerbsunfähigkeitsrente zu bekommen.) Aber bei vielen Risiken, die Unternehmensmanager *gerne* absichern *würden*, ist *moral hazard* sehr wichtig. Wenn ein Unternehmen beispielsweise eine Versicherung abschließen könnte, die einen gewissen Mindestprofit garantieren würde, hätten die Manager weniger Anreiz, sich anzustrengen, um ein gutes Unternehmensergebnis zu erzielen. Wenn die *Moral-hazard*-Probleme eine sehr große Rolle spiele, werden Versicherungsgesellschaften nur eine begrenzte – oder gar keine – Versicherung für das entsprechende Risiko anbieten.

Der *Trade-off* zwischen Risiko und Anreiz

Wir haben gesehen, daß eine Versicherung Anreize vermindert. Je größer die Deckung durch die Versicherung, um so mehr werden die Anreize reduziert. Wenn mein Haus nur zu 50 Prozent gegen einen Schaden versichert ist, habe ich einen starken Anreiz, dafür zu sorgen, daß kein Brand ausbricht. Wenn ein Schaden dagegen hundertprozentig abgedeckt ist, habe ich keinen Grund mehr, Ressourcen für irgendwelche Vorsichtsmaßnahmen aufzuwenden.

Es gibt also einen *Trade-off* zwischen dem verbleibenden Risiko und dem Anreiz der Risikovermeidung. Je mehr sich ein Individuum eincs Risikos entledigen kann, um so schwächer wird sein Anreiz, „schlechte Ergebnisse" zu vermeiden und „gute Ergebnisse" zu erreichen. Dieses Prinzip gilt auch in anderen Zusammenhängen, die über die einfache Versicherung hinausgehen. Ein Geschäftsführer mit einem festen Gehalt trägt kaum ein Risiko, aber er hat auch wenig Anreiz. Wenn sein Gehalt dagegen nach dem Umsatz bemessen wird, hat er stärkere Anreize, trägt aber auch ein höheres Risiko. Trotz seiner besten Anstrengungen kann der Umsatz zurückgehen – vielleicht aufgrund einer Rezession, vielleicht einfach, weil die Nachfrage nach seinem Produkt zurückgeht; in beiden Fällen wird sein Einkommen niedriger sein.

In vielen Fällen gibt es daher Kompromißlösungen: Eine teilweise Versicherung läßt einen Teil des Risikos, aber auch der Anreize bei dem Versicherten. In der privaten Krankenversicherung ist es beispielsweise üblich, daß die Versicherungsgesellschaft nur einen bestimmten Prozentsatz (zum Beispiel 80 Prozent) der Ausgaben für medizinische Versorgung zahlt (das Prinzip der Selbstbeteiligung oder auch Mitversicherung). In diesem Fall hat der Versicherte einen finanziellen Anreiz, keine unnötigen Leistungen in Anspruch zu nehmen, ist aber immer noch großzügig abgesichert.

Ähnlich muß ein Unternehmen, das einen Kredit für eine Investition aufnimmt, auch einen bestimmten Teil seines Eigenkapitals in das Projekt stecken oder dem Kreditgeber Sicherheitsgarantien einräumen, für den Fall, daß das Projekt scheitert. Kreditgeber wissen, daß Schuldner die Gelder sorgsamer einsetzen werden, wenn auch ihr eigenes Kapital auf dem Spiel steht.

6.6 Unternehmertum

Innovation spielt eine lebenswichtige Rolle für die kapitalistische Wirtschaft. Sie demonstriert auch die Antriebskraft, die Zeit und Risiko haben. Man denke an die vielen neuen Produkte und Produktionsprozesse, die das alltägliche Leben im letzten Jahrhundert so bereichert (oder zumindest verändert) haben: Schnellimbisse, Radios, Computer, Flugzeuge, Autos, Fernsehen – die Liste ist endlos. Jede dieser Neuerungen erforderte mehr als nur eine Idee. Es waren Leute nötig, die bereit waren, dem Ratschlag des früheren britischen Premierministers David Lloyd George zu folgen, der sagte: „Hab keine Angst, einen großen Schritt zu machen, wenn es nötig ist. Du kannst eine Kluft nicht mit zwei kleinen Sprüngen überwinden."

Für Innovationen müssen einzelne Menschen und Unternehmungen Risiken auf sich nehmen. Innovatoren brauchen auch Kapital, da die Menschen mit den innovativen Ideen, wie Henry Ford, oft nicht das Kapital haben, um sie auszuführen. Sie müssen andere finden, die ihnen die notwendigen Ressourcen zur Verfügung stellen, meistens im Austausch für eine Beteiligung an den eventuellen Erträgen. Schließlich trägt der Kapitalgeber ein Risiko und er muß eine Kompensation für seine Risikobereitschaft erhalten.

Bei der Entscheidung über die Durchführung einer möglichen Innovation bilden Erfinder und Investoren Erwartungen über die Zukunft. Aber da es sich um neue Ideen, Produkte und Prozesse handelt, werden die Erwartungen vernünftiger Menschen recht unterschiedlich sein. Wenn das Ergebnis feststeht und ein Projekt erfolgreich war oder gescheitert ist, ist es oft sogar im Rückblick schwierig zu sagen, wieso es dazu gekommen ist. Die Entscheidungsträger – die Kreditabteilung einer Bank, die Manager eines Pensionsfonds oder anderer Finanzinstitutionen, die Vorstände von Unternehmen – haben also eine schwierige Aufgabe zu bewältigen. Aber das Fehlen einer einfachen Formel bedeutet nicht, daß es nicht unterschiedlich gute Wege der Entscheidungsfindung gäbe. Die Bildung von Erwartungen und die Bewertung von Risiken ist mit einem Fußballspiel im Nebel vergleichbar; man kann nicht immer genau sagen, was vor sich geht, aber trainierte Spieler mit gutem Weitblick haben immer noch einen Vorteil.

Unternehmer – die Individuen, die dafür verantwortlich sind, neue Geschäftsbereiche zu eröffnen, neue Produkte auf dem Markt zu lancieren, neue Produktionsprozesse zu entwickeln – stehen all diesen Problem gegenüber, die wir diskutiert haben. Aber Unternehmer, welche die Verantwortung für ein neues Geschäftsfeld übernehmen, tragen ein größeres Risiko als bereits im Markt etablierte Firmen. Auch eine bestehende Unternehmung braucht meistens zusätzliche Finanzierungsquellen für neue Projekte, aber junge Firmen benötigen fast immer eine umfangreiche externe Finanzierung. Aus einer Menge von potentiellen Projekten und Unternehmungen diejenigen auszuwählen, denen finanzielle Mittel zur Verfügung gestellt werden sollten, ist besonders schwierig, da diese Projekte ja neu sind und daher noch keinen Ruf aufbauen konnten. Aus Angst vor einem Fehlschlag könnten Kreditgeber daher sehr zögerlich reagieren.

Da sich Unternehmer gegen die meisten der Risiken, denen sie sich gegenübersehen, nicht versichern können, müssen sie auch bereit sein, diese Risiken selbst zu tragen. Unternehmer brauchen einen Ertrag, um für ihre Anstrengungen und die Risiken, die sie auf sich nehmen, kompensiert zu werden. Auch die Kapitalgeber für junge Unternehmen müssen einen größeren Ertrag als bei einer alternativen Anlage erhalten, um für das zusätzliche Risiko kompensiert zu werden. Es gibt eine langandauernde Diskussion über den Effekt verschiedener wirtschaftspolitischer Maßnahmen, insbesondere der Steuerpolitik, auf diese Erträge. Wir werden in einem späteren Kapitel auf die Fragen eingehen, ob das gegenwärtige Steuersystem Unternehmertum benachteiligt und welche Politikmaßnahmen entworfen werden können, um es zu fördern.

6.7 Die Rolle der Finanzmärkte

Unser Wirtschaftssystem wird oft als Kapitalismus bezeichnet, ein Begriff, der die Wichtigkeit von Kapitalmärkten – oder allgemeiner von Finanzmärkten – in unserer Wirtschaft widerspiegelt. Wirtschaftswissenschaftler sind sich über die zentrale Bedeutung dieser Märkte einig. Damit sind wir bei unserem fünften Konsenspunkt.

5 *Finanzmärkte*

Finanzmärkte sind ein zentraler Bestandteil moderner Volkswirtschaften. Sie sind notwendig für die Kapitalaufnahme durch junge Unternehmungen, für die Expansion laufender Geschäfte und für die Umverteilung von Risiken.

Zusammenfassung

1. Wirtschaftliche Entscheidungen sind zukunftsorientiert; Haushalte und Unternehmungen müssen daher Erwartungen über die Zukunft bilden und sind mit Problemen konfrontiert, die aus Risiko und Unsicherheit resultieren.

2. Der Zinssatz ist ein Preis. Er bringt die von Sparern angebotenen und die von Kreditnehmern nachgefragten Geldmittel zum Ausgleich. Sparer erhalten einen Zins dafür, daß sie ihren Konsum in die Zukunft verschieben, und Kreditnehmer zahlen einen Zins

dafür, daß sie heute konsumieren oder investieren können und erst später zahlen müssen.

3. Der Marktzinssatz ist immer positiv; dies bedeutet, daß ein Dollar heute mehr wert ist als ein Dollar in der Zukunft. Diese Tatsache wird als Zeitwert des Geldes bezeichnet. Der Gegenwartswert eines Dollars, den wir in der Zukunft erhalten, ist der mit dem herrschenden Zinssatz abdiskontierte Wert des zukünftigen Dollars.

4. Der Realzins mißt die tatsächliche Kaufkraftsteigerung, wenn eine Person Geld spart; er ist gleich dem Nominalzins abzüglich der Inflationsrate.

5. Die aktuelle Zahlungsbereitschaft von Investoren für ein langlebiges Kapitalgut hängt stark von ihren Erwartungen über seinen zukünftigen Verkaufswert ab. Veränderungen in den Erwartungen können daher zu Verschiebungen der Nachfragekurve und damit zu Änderungen des aktuellen Preises führen.

6. Die meisten Menschen sind risikoavers. Sie reagieren auf Risiken, indem sie sie zu vermeiden suchen oder ihre Auswirkungen abmildern wollen, durch das Offenhalten von Optionen, durch Diversifikation, durch Risikotransfer und indem sie Risiken mit anderen teilen.

7. Versicherungsgesellschaften sind die wichtigsten Institutionen, die Risiko absorbieren. Sie sind mit zwei Problemen konfrontiert. Das erste besteht darin, daß diejenigen Personen, die eine Versicherung kaufen wollen, meist mit höheren Risiken behaftet sind, und daß eine Prämienerhöhung die Personen mit geringerem Risiko vom Abschluß einer Versicherung abhält. Dieser Effekt wird als adverse Selektion bezeichnet. Das zweite Problem besteht in der negativen Wirkung auf den Vermeidungsanreiz von versicherten Personen. Dieses Problem nennt man *moral hazard*.

8. Unternehmerische Innovation spielt eine zentrale Rolle in den modernen Volkswirtschaften.

Schlüsselbegriffe

Zinssatz	Nominalzins	rationale Erwartungen
Barwert	Kapitalgüter	Risikoaversion
Gegenwartswert	Erwartungen	adverse Selektion
intertemporaler Handel	myopische Erwartungen	*moral hazard*
Realzins	adaptive Erwartungen	Unternehmer

Wiederholungsfragen

1. Wer sind die Nachfrager und wer die Anbieter auf dem Kreditmarkt? Was ist der Preis auf diesem Markt?

2. Würden Sie lieber in einem Jahr oder in fünf Jahren 100 $ bekommen? Warum? Ändert sich ihre Antwort, wenn die Inflationsrate gleich Null ist?

3. Wie lautet die Beziehung zwischen dem nominalen und dem realen Zinssatz?

4. Ist die folgende Aussage falsch oder richtig? „Nachfragekurven sind nur von den heutigen Bedürfnissen der Menschen abhängig; Erwartungen über die Zukunft spielen keine Rolle." Erklären Sie Ihre Antwort.

5. Was bedeutet der Begriff Risikoaversion? Nennen Sie einige Konsequenzen aus der Tatsache, daß die meisten Menschen risikoavers sind!

6. Warum sind Leute bereit, Versicherungsprämien zu bezahlen, wenn sie hoffen und erwarten, daß ihnen nichts Schlimmes passieren wird?

7. Was ist Moral Hazard? Was ist adverse Selektion? Welche Auswirkungen haben sie auf Versicherungsmärkte?

8. Warum gibt es einen *Trade-off* zwischen Risiko und Anreiz? Beschreiben Sie ein Beispiel für diesen *Trade-off*!

Aufgaben

1. Unternehmen begeben gelegentlich Anleihen mit einem festen Rückzahlungsbetrag, beispielsweise nach einem Jahr, aber ohne Verzinsung. Wie hoch ist der aktuelle Marktwert einer Anleihe über 1.000 $ mit einer Restlaufzeit von einem Jahr, wenn der Marktzinssatz bei fünf Prozent liegt? Wie hoch ist er bei einem Marktzins von zehn Prozent und wie hoch bei einem Zins von 20 Prozent?

2. Eine Produktionsanlage kostet eine Million Dollar und erbringt im nächsten Jahr einen Output von 1,1 Mio. $ (alle anderen Kosten bereits abgezogen). Danach ist sie abgenutzt und wertlos. Bei welchem Zinssatz ist der Barwert des Ertrags (1,1 Mio. $) der Maschine gleich ihren Anschaffungskosten? Wenn der aktuelle Marktzinssatz höher ist als dieser Zinssatz würden Sie die Maschine dann kaufen? Warum bzw. warum nicht?

3. Viele Staaten haben sogenannte Wuchergesetze erlassen, die eine Preisobergrenze für den Zinssatz, den ein Kreditgeber verlangen darf, festlegen. Zeigen Sie in einem Angebots-Nachfrage-Diagramm, welchen Effekt solche Preisobergrenzen auf das Kreditangebot haben! Wer profitiert von Wuchergesetzen? Wer hat einen Nachteil?

4. Nehmen Sie an, die Beschäftigten einer bestimmten Unternehmung beklagen sich darüber, daß ihre Krankenversicherung nicht genügend Leistungen abdeckt. Um die Loyalität der Belegschaft zu erhöhen, beschließt die Firma, mehr Punkte in den Leistungskatalog aufzunehmen. Dennoch stellt sie fest, daß sowohl die Anzahl der Krankheitstage als auch ihre Ausgaben für die Gesundheitsversorgung drastisch steigen. Wie kann das passieren? Wie wird dieser Effekt bezeichnet?

5. Sie heuern jemanden an, um Ihr Haus zu streichen. Da es eine längere Beschäftigung ist, vereinbaren sie mit ihm einen Stundenlohn. Welches Moral-Hazard-Problem müssen Sie bedenken? Erklären Sie an diesem Beispiel den *Trade-off* zwischen Risiko und Anreizen.

6. (Diese Aufgabe kann mit Hilfe des nachfolgenden Anhangs bearbeitet werden.) Stellen Sie sich vor, daß sie 1.000 $ auf einem Konto für fünf Jahre festgelegt haben; die Verzinsung betrage zehn Prozent und soll auf dem Konto angesammelt werden. Am Ende des ersten Jahres werden 100 $ Zinsertrag auf dem Konto gutgeschrieben, der im näch-

sten Jahr Zinseszinsen erbringt und so weiter. Wie hoch wird der Kontostand nach fünf Jahren sein? Wie hoch wäre er bei einem Zinssatz von zwölf Prozent? Wie hoch wäre er, wenn die Zinsen monatlich gutgeschrieben werden würden?

7. (Diese Aufgabe kann mit Hilfe des nachfolgenden Anhangs bearbeitet werden.) Angenommen, sie wollen in drei Jahren ein Auto kaufen und wissen, daß es dann 10.000 $ kosten wird. Wieviel müssen Sie bei einem Zinssatz von sieben Prozent heute beiseite legen, um in drei Jahren 10.000 $ zu haben? Wie hoch wäre der Betrag bei einem Zinssatz von fünf Prozent?

Anhang: Die Berechnung von Barwerten

Wir haben in diesem Kapitel beschrieben, wie der Barwert (BW) eines Dollars, den man in einem Jahr erhält, berechnet wird. Der Barwert eines Dollars, den man in zwei Jahren bekommt, kann ähnlich berechnet werden. Aber wieviel sind beispielsweise 100 $, die man in zwei Jahren erhält, *heute* wert? Wenn man heute BW $ bekommen und anlegen würde, hätte man am Ende des Jahres BW $ $\times (1 + r)$. Läßt man das Geld für ein weiteres Jahr auf dem Konto, so erhält man nach dem zweiten Jahr Zinsen auf den gesamten Betrag, der nach dem ersten Jahr auf dem Konto war, also $r \times$ BW $(1 + r)$. Also hätte man nach zwei Jahren insgesamt:

$$\text{BW} (1 + r) + [r \times \text{BW} (1 + r)] = \text{BW} (1 + r) (1 + r) = \text{BW} (1 + r)^2 .$$

Tabelle 6.1 Der Barwert von 100 $

Zeitpunkt, zu dem man den Betrag erhält	Barwert
in einem Jahr	$\dfrac{1}{1+r} \times 100 = \dfrac{100}{1+r}$
in zwei Jahren	$\dfrac{1}{1+r} \times \dfrac{100}{1+r} = \dfrac{100}{\left(1+r\right)^2}$
in drei Jahren	$\dfrac{1}{1+r} \times \dfrac{100}{1+r} = \dfrac{100}{\left(1+r\right)^2}$

Der Barwert von 100 $ in zwei Jahren ist also 100 $ $/ (1 + r)^2$. Wenn man heute 100 $ $/ (1 + r)^2$ auf einem Bankkonto anlegt, hat man in zwei Jahren 100 $ $/ (1 + r)^2 \times (1 + r)^2 = 100$ $. Bei der Berechnung haben wir auch die **Zinseszinsen** mit berücksichtigt. Wenn die Zinsen akkumuliert werden, werden aus 100 $ in einem Jahr 110 $ und in zwei Jahren 121 $ (*nicht* 120 $). Der Barwert von 121

$ in zwei Jahren ist also 100 $. Tabelle 6.1 zeigt, wie der Barwert von 100 $ in einem Jahr, in zwei Jahren und in drei Jahren berechnet wird.

Man kann nun den Wert eines Investitionsprojekts berechnen, das einen Ertrag über mehrere Jahre hinweg abwirft. Man berechnet den Barwert der Erträge für jedes Jahr und addiert diese anschließend. Tabelle 6.2 zeigt eine Berechnung für ein Projekt, das im nächsten Jahr 10.000 $ einbringt und im zweiten Jahr 15.000 $, und das man im dritten Jahr für 50.000 $ verkaufen möchte. In der zweiten Spalte steht der Ertrag in jedem Jahr, in der dritten der jeweilige Diskontierungsfaktor – den Faktor, mit dem man den Ertrag dieses Jahres multiplizieren muß, um den Barwert zu erhalten, der in der vierten Spalte ausgewiesen ist. Den Berechnungen ist ein Zinssatz von zehn Prozent zugrundegelegt. In der untersten Zeile der Tabelle sind die einzelnen Beträge addiert, um den gesamten Barwert des Projekts zu erhalten. Dieser ist sehr viel kleiner als der Betrag, den wir aus der einfachen Addition der Erträge erhalten, die den „undiskontierten" Ertrag des Projekts angeben.

Tabelle 6.2 Der Barwert eines dreijährigen Investitionsprojekts

Jahr	Ertrag	Diskontierungsfaktor $(r = 0{,}10)$	Barwert $(r = 0{,}10)$
1	10.000 $	$\dfrac{1}{1{,}10}$	9.091 $
2	15.000 $	$\dfrac{1}{(1{,}10)^2} = \dfrac{1}{1{,}21}$	12.397 $
3	50.000 $	$\dfrac{1}{(1{,}10)^3} = \dfrac{1}{1{,}331}$	37.566 $
Summe	75.000 $	———	59.054 $

Kapitel 7

Der öffentliche Sektor

Auch in Marktwirtschaften gibt es einen staatlichen oder öffentlichen Sektor, der in allen Bereichen des Wirtschaftslebens eine Rolle spielt. In diesem Kapitel geht es darum, die Rolle des Staates in der Wirtschaft zu erklären.

Wie wir gesehen haben, gibt das Gewinnstreben den Unternehmungen einen Anreiz, diejenigen Güter zu produzieren, die von den Konsumenten gewünscht werden. Die Preise sorgen dafür, daß die Unternehmungen mit knappen Gütern sparsam umgehen. Die Preise koordinieren auch die wirtschaftlichen Aktivitäten und signalisieren Veränderungen der Rahmenbedingungen. Das Privateigentum gibt den Menschen den Anreiz zum Kauf und zur Erhaltung von Gebäuden, Maschinen, Grundstücken, Autos und anderen Besitztümern. In Kapitel 3 ging es darum, daß es für einzelne Menschen und für ganze Volkswirtschaften vorteilhaft ist, auf freiwilliger Basis Handel zu betreiben und sich auf diejenigen Aktivitäten zu spezialisieren, bei denen sie einen komparativen Kostenvorteil haben. Die Kapitel 4 und 5 haben gezeigt, wie auf freien Märkten die Preise durch das Zusammenspiel von Angebot und Nachfrage bestimmt werden.

Damit ist klar geworden, wie privatwirtschaftlich organisierte Marktsysteme die vier Grundfragen beantworten, die wir in Kapitel 1 gestellt haben: *Was* produziert wird und *in welchen Mengen*, wird durch das Zusammenspiel von Angebot und Nachfrage bestimmt; dabei kommen sowohl die Bedürfnisse der Konsumenten zum Tragen als auch die Produktionskosten der Unternehmungen. *Wie* produziert wird, entscheidet sich durch den Wettbewerb zwischen den Unternehmungen, welche die kostengünstigsten Produktionsmethoden finden müssen, um im Geschäft zu bleiben. *Für wen* produziert wird, hängt vom Einkommen der Menschen in der Volkswirtschaft ab. Wer ein hohes Einkommen hat, erhält einen größeren Teil der produzierten Güter und Dienstleistungen, wer ein niedriges Einkommen hat, erhält einen geringeren Teil. Diese Einkommen wiederum hängen von den Lohnsätzen und vom Ertrag der Ersparnisse ab, also von Angebot und Nachfrage auf den Arbeits- und Kapitalmärkten. Die Antwort auf die Frage, *wer* die Entscheidungen trifft, lautet einfach „jeder". Art und Umfang der Güterproduktion hängen von Millionen von Entscheidungen ab, die in der ganzen Volkswirtschaft in Haushalten und Unternehmungen getroffen werden. Im Wettbewerb gegeneinander sind die Unternehmungen gezwungen, diejenigen zu Managern zu machen, die in der Lage sind, die schwierigen Entscheidungen zu fällen (z.B. ob die Unternehmung in einen neuen Markt eintreten oder ein neues Produkt entwickeln soll), die im Interesse des langfristigen Überlebens am Markt notwendig sind.

Wenn dieses privatwirtschaftliche Marktsystem so gut funktioniert, stellt sich die Frage, welche Rolle der Staat dabei überhaupt zu spielen hat. Es ist allgemein anerkannt, daß der Staat für die Verabschiedung und Durchsetzung der Gesetze zuständig ist, und daß er Rahmenbedingungen schaffen muß, innerhalb derer die Konkurrenz zwischen den Unternehmungen auf faire Weise ausgetragen werden kann. Wenn der Staat darüber hinaus jedoch weitere Funktionen übernimmt, muß man fragen, warum die privaten Märkte diese Funktion nicht erfüllen können. In diesem Kapitel untersuchen wir, welche wirtschaftlichen Aufgaben der öffentliche Sektor übernommen hat, und wie und warum er diese Aufgaben erfüllt.

7.1 Staatliche Aufgaben im Wandel

Die richtige Balance zwischen dem öffentlichen und dem privaten Sektor ist Gegenstand heftiger Auseinandersetzungen und jedes Land hat dafür eine andere Lösung gefunden. In der Schweiz ist der öffentliche Sektor klein und spielt nur eine sehr untergeordnete Rolle im Wirtschaftsleben. Vor dem Zusammenbruch der Sowjetunion und vor den Wirtschaftsreformen in China hat in diesen Ländern der Staat versucht, praktisch alle Aspekte des Wirtschaftslebens zu kontrollieren und zu **verstaatlichen**, obwohl die damit verbundenen Schwierigkeiten immer offensichtlicher wurden. Zwischen diesen beiden Extremen liegt ein weites Spektrum: freie Marktwirtschaften wie Hongkong, wo die Tätigkeit der Unternehmungen wesentlich weniger reguliert wird als in den USA und in Westeuropa; Wohlfahrtsstaaten wie Schweden, wo der Staat eine wesentliche Verantwortung für die Gesundheitsversorgung, die Kinderbetreuung und viele andere soziale Dienste übernimmt, wo es aber gleichzeitig auch einen großen privaten Sektor gibt; und eine Anzahl von europäischen Ländern wie Großbritannien, wo bis vor kurzem wichtige Industriezweige wie Stahl, Kohle, Eisenbahnen, Fluglinien und kommunale Versorgungsbetriebe in staatlicher Hand waren. Die USA kommen in diesem Spektrum einer freien Marktwirtschaft näher als die meisten entwickelten Industrieländer.

Bestimmte Bereiche, wie zum Beispiel das Rechtssystem und die innere und äußere Sicherheit, sind als grundlegende öffentliche Aufgaben unumstritten und lagen deshalb immer schon in staatlicher Verantwortung. In anderen Bereichen hat sich die Rolle des Staates mit der Zeit verändert, und zwar meistens als Reaktion auf ein wahrgenommenes Versagen der Marktwirtschaft. Gegen Ende des neunzehnten Jahrhunderts begann der Staat, die Tätigkeit der Eisenbahngesellschaften zu regulieren und große Monopolfirmen wie Standard Oil zu zerschlagen, weil man gesehen hatte, daß sie ihre Marktmacht skrupellos ausnützten, um die Wirtschaft zu kontrollieren und die Konsumenten auszubeuten. In den dreißiger Jahren dieses Jahrhunderts hat die Regierung unter dem Eindruck der verheerenden Schäden durch die Weltwirtschaftskrise eine ganze Reihe von neuen Verantwortlichkeiten übernommen, die unter dem Namen New Deal bekanntgeworden sind. Damals war ein Viertel aller Arbeitskräfte arbeitslos, Banken und Börsen brachen zusammen, und die Preise für landwirtschaftliche Güter fielen ins Bodenlose, so daß die Farmer ihre Kredite nicht mehr zurückzahlen konnten und ihr Land verloren.

1946 hat die Regierung mit dem Full Employment Act auch die Erhaltung der Vollbeschäftigung zur staatlichen Aufgabe erklärt. Dieses staatliche Engagement trug dazu bei, daß eine Zeit nie dagewesenen Wohlstands begann. Die Früchte dieses Wohlstands wurden aber sehr ungleich verteilt. Viele Amerikaner wuchsen in Armut und Elend auf. Sie hatten kaum Aussicht auf Bildung und wenig Chancen, einen Arbeitsplatz zu erhalten. In den sechziger Jahren reagierte der Staat durch eine weitere Ausweitung seines Aufgabenbereichs, diesmal in Form von Präsident Johnsons *Great-Society*-Programmen, zu denen auch das *War-on-Poverty*-Programm gehörte.

In den siebziger Jahren änderte sich die Richtung: Staatliche Regulierungen wurden als große Belastung gesehen, welche die Wirtschaft eher behindern als fördern. Tatsächlich gab es zu dieser Zeit eine weltweite Bewegung in Richtung **Deregulierung** und **Privatisierung**. In den Vereinigten Staaten wurden zum Beispiel die Preiskontrollen für Flüge und Lastwagentransporte abgeschafft. Gegen Ende der achtziger Jahre tauchte eine neue Sorge auf, die mit der Wettbewerbsfähigkeit der amerikanischen Wirtschaft zu tun hatte. Die Amerikaner sparten einen geringeren Teil ihres Einkommens als die Bürger anderer Industriestaaten. Der starke Produktivitätsanstieg der fünfziger und sechziger Jahre hatte sich verlangsamt. Erneut wurde der Ruf nach staatlicher Wirtschaftsförderung laut. Die Regierung verstärkte ihre Programme zur Förderung von Forschung und Entwicklung im zivilen Bereich, während solche Fördermittel in früheren Zeiten hauptsächlich für militärische Zwecke zur Verfügung gestellt worden waren.

Ein Blick in die Statistik

Veränderungen der Rolle des Staates in der Wirtschaft kann man erkennen, wenn man die **Staatsquote**, das heißt den Anteil des Staatssektors am Bruttosozialprodukt oder Bruttoinlandsprodukt mißt. Im Jahr 1900 betrugen die Staatsausgaben acht Prozent des BIP. Bis zum Jahr 1950 war die Staatsquote auf 21 Prozent angewachsen und 1981, dem Jahr vor der Amtsübernahme von Ronald Reagan, auf 32 Prozent. Heute liegt sie bei 34 Prozent.

Abbildung 7.1 zeigt, wofür die Bundesregierung Geld ausgibt. 1950 flossen noch etwas mehr als die Hälfte aller Ausgaben in den Verteidigungshaushalt und jeweils etwa ein Achtel in den Sozialhaushalt und den Zinsendienst für die Staatsverschuldung, so daß für alle anderen staatlichen Aufgaben ein Viertel des Staatshaushalts übrigblieb. Seit damals hat sich der Anteil des Verteidigungshaushalts drastisch verringert: 1995 wurde nur noch jeder fünfte Dollar für militärische Zwecke aus-

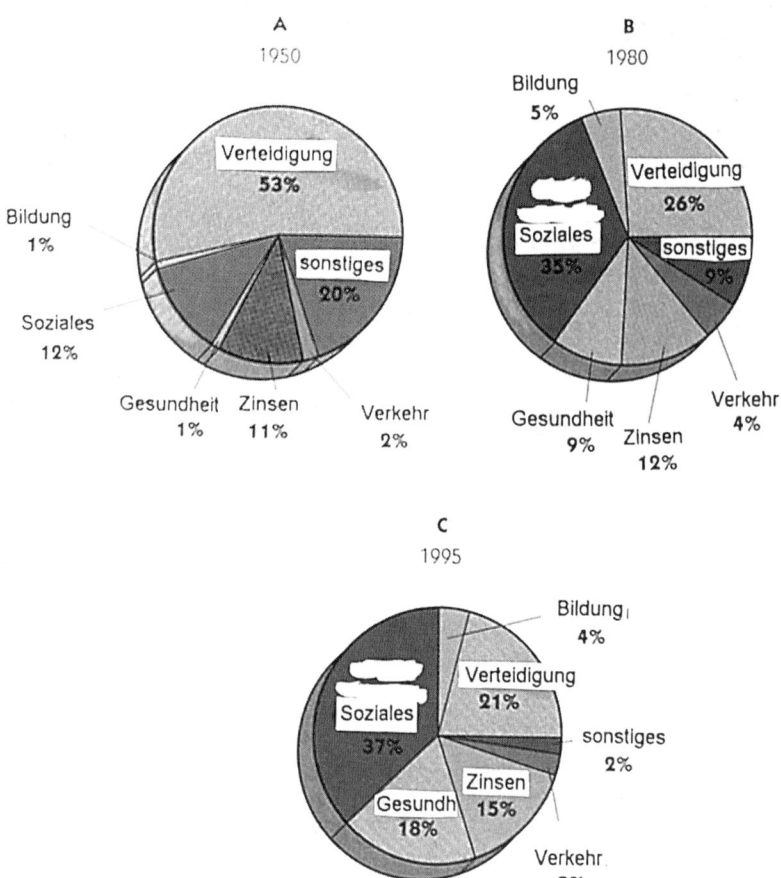

Abbildung 7.1 Wechselnde Ausgabenstruktur im amerikanischen Bundeshaushalt.
Seit 1950 ist der Anteil der Bundesausgaben für das Gesundheitswesen, die Rentenversicherung und die Sozialhilfe ständig gestiegen, während das Gewicht des Verteidigungshaushalts deutlich abgenommen hat. Aufgrund der stark wachsenden Haushaltsdefizite ist der Anteil der Zinszahlungen für die Staatsverschuldung zwischen 1980 und 1995 gestiegen. *Quellen: Statistical Abstract of the United States (1995), Table 520, Mid-Session Review of the 1997 Budget,* 16. Juli 1996.

gegeben. Die Ausgaben für das Sozial- und Gesundheitswesen sind dagegen ständig gestiegen und nehmen heute zusammengenommen die Hälfte des Staatshaushalts in Anspruch. Die Zinsbelastung war 1950 relativ hoch wegen der gewaltigen Schulden, die zur Finanzierung der Beteiligung am Zweiten Weltkrieg angehäuft worden waren. Aber der Anstieg des Haushaltsdefizits unter Reagan und Bush hat die Zinsen für die Staatsverschuldung auf neue Rekordhöhen getrieben, so daß sie nun 15 Prozent des Staatshaushalts beanspruchen. Für alle übrigen staatlichen Aufgaben, einschließlich der Kosten für Regierung und Verwaltung selbst stehen nur noch neun Prozent des Staatshaushalts zur Verfügung!

Blick in die Wirtschaftspolitik:
Die „Friedensdividende" - wie gewonnen so zerronnen

Ein dramatisches Ereignis läutete die neunziger Jahr ein - das Ende des Kalten Krieges. Man versprach sich davon eine sogenannte „Friedensdividende". Der Rüstungswettlauf würde durch internationale Zusammenarbeit ersetzt werden, und die Ressourcen, die zuvor durch das Wettrüsten absorbiert worden waren, könnten nun zur Abwechslung für die Bedürfnisse der eigenen Bevölkerung ausgegeben werden. Aber die Diskussionen über die Verwendung der Friedensdividende sind mittlerweile einem Konsens darüber gewichen, daß diese Dividende gar nicht existiert. Befürworter einer Politik der militärischen Stärke argumentierten, daß neue Waffensysteme gebraucht würden, damit die USA den neuen Herausforderungen der Welt nach dem Kalten Krieg gewachsen sein würden. Das amerikanische Militär mußte in die Lage versetzt werden, in zwei Regionen gleichzeitig zu kämpfen. Während die Notwendigkeit einer nuklearen Abschreckung zweifellos kleiner geworden war, hatte sich der Bedarf an konventionellen Waffen möglicherweise vergrößert.

Trotz des breiten Konsenses über die Dringlichkeit von sozialen Verbesserungen, von Investitionen in Bildung und Forschung und einer Politik der Haushaltskonsolidierung haben sich inzwischen diejenigen durchgesetzt, die eine Fortsetzung der Verteidigungsausgaben in unveränderter Größenordnung für wünschenswert halten. Real betrachtet wird der Verteidigungshaushalt im Lauf der nächsten zehn Jahre vermutlich nur geringfügig schrumpfen. Irgendwie ist die Friedensdividende verschwunden, noch bevor sie irgend jemand gesehen hat.

Bundesstaaten und Gemeinden

Die meisten Dienstleistungen, welche die Menschen vom Staat erwarten - Polizeischutz, Schulen, Straßen, Feuerwehr, Bibliotheken, Parks - sind in den USA überwiegend Sache der Bundesstaaten und Gemeinden, die einen Anteil von 40 Prozent an den Gesamtausgaben des öffentlichen Sektors haben. Auf vielen Gebieten sind die Aufgabenbereiche der staatlichen und lokalen Ebene im Wachsen begriffen. Bei einigen Dienstleistungen, wie zum Beispiel bei der Bildung haben auch die Bundeszuschüsse zugenommen. So sind zum Beispiel heute zwar noch immer die Bundesstaaten und Gemeinden für Grundschulen und weiterführende Schulen *verantwortlich*, aber die Bundesregierung finanziert ungefähr sechs Prozent der Kosten.

Unterschiede zwischen dem privaten und dem öffentlichen Sektor

In einer Demokratie gibt es zwei wichtige Unterschiede zwischen privaten und öffentlichen Institutionen. Erstens werden die Menschen, die öffentliche Institutionen leiten, entweder gewählt oder von jemandem ernannt, der selbst gewählt worden ist. Die Legitimation eines Amtsinhabers ist direkt oder indirekt aus einem Wahlprozeß abgeleitet. Zweitens hat der Staat ein bestimmtes Recht, Zwang auszuüben. So kann zum Beispiel der amerikanische Staat die Bürger zum Zahlen von Steuern zwingen; er kann das Eigentum säumiger Steuerzahler konfiszieren und sie sogar ins Gefängnis sperren. Der Staat hat auch das Recht, junge Leute zu Löhnen, für die sie nicht freiwillig dienen würden, zum Militärdienst zu zwingen. Darüber hinaus hat der Staat die *Enteignungsbefugnis*, das heißt, er kann Privateigentum im öffentlichen Interesse in staatliche Hand übernehmen, vorausgesetzt, daß er den Eigentümer gerecht entschädigt.

Dieses Recht zur Zwangsanwendung bedeutet, daß staatliche Stellen Dinge tun können, die privaten Institutionen verwehrt sind. Sobald zum Beispiel über den Bau einer bestimmten öffentlichen Straße entschieden worden ist, kann die Gemeinde sicherstellen, daß sich jeder Einwohner an der Finanzierung beteiligt. Manchmal stellen Regierungen Regeln auf, um sich selbst zu binden, so daß sie nicht vollkommen *nach Belieben* verfahren können. So hat zum Beispiel der Staat für sich selbst ausgefeilte Einstellungsprozeduren entwickelt, die privaten Unternehmen in der Regel zu mühsam sind. Die Eigentümerin einer privaten Firma kann selbst entscheiden, wen sie einstellen möchte; wenn sie einen inkompetenten Mitarbeiter auswählt, werden sie selbst und ihre Unternehmung darunter zu leiden haben. Wenn dagegen der Manager einer staatlichen Unternehmung einen inkompetenten Mitarbeiter einstellt, bezahlen das die Steuerzahler. Die strengen staatlichen Einstellungsprozeduren sollen helfen, falsche Personalentscheidungen zu vermeiden, sie können aber auch zu Inflexibilitäten führen, die es den staatlichen Unternehmungen schwer machen, mit privaten Firmen um die talentiertesten Bewerber zu konkurrieren.

Durch diese und andere Beschränkungen - und auch durch das Fehlen des Profitmotivs, das den Entscheidungsträgern im privaten Sektor einen starken Anreiz zu Effizienz, Kostenreduzierung und nachfrageorientierter Produktion gibt - gerät der öffentliche Sektor auf wohlfunktionierenden Märkten gegenüber dem Privatsektor

Unter die Lupe genommen: Die Staatsquote im internationalen Vergleich

Im Lauf des zwanzigsten Jahrhunderts ist der Bundeshaushalt dramatisch gewachsen. Dennoch ist die Staatsquote der USA gering im Vergleich zu anderen großen Industrieländern. In den Niederlanden und in Großbritannien machen die Staatsausgaben ungefähr die Hälfte des BIP aus, in den USA dagegen nur etwa ein Viertel. Unter den wichtigsten Industrieländern haben nur Japan und Australien Staatsausgaben von weniger als einem Drittel des BIP. Ein bedeutender Teil des US-amerikanischen Bundeshaushalts sind militärische Ausgaben (etwa vier Prozent des BIP). Daher ist der relative Umfang der nichtmilitärischen Ausgaben im internationalen Vergleich noch geringer. Während die USA auf Bundesebene etwa 19 Prozent des BIP für nichtmilitärische Aufgaben des öffentlichen Sektors ausgeben, sind es in den Niederlanden 50 Prozent und in Großbritannien 39 Prozent. Vor allem die Ausgaben für Wohlfahrtsprogramme und soziale Sicherheit sind in diesen Ländern viel höher als in den Vereinigten Staaten.

Aus diesem internationalen Vergleich kann man ganz verschiedene Schlüsse ziehen. Befürworter einer aktiveren Rolle des Staates argumentieren, daß die Vereinigten Staaten hinterherhinken. Andere halten dagegen, daß alle diese Länder gut daran tun würden, ihre Staatsausgaben zu reduzieren.

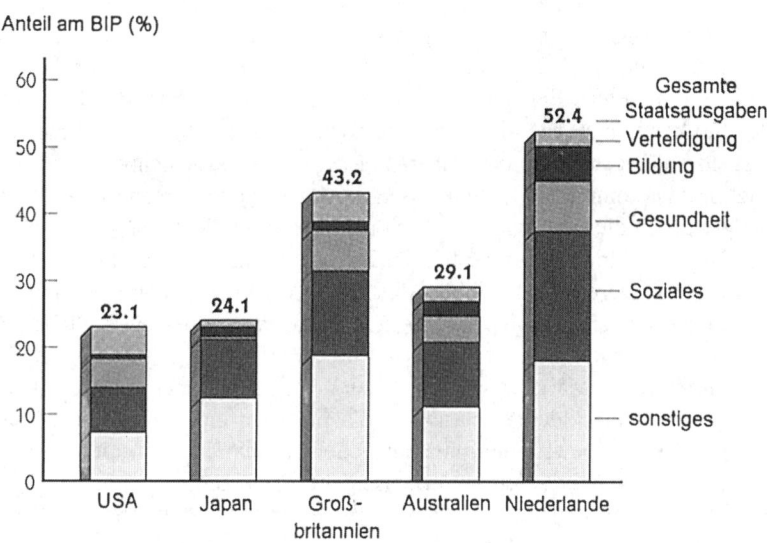

Quelle: Government Finance Statistics Yearbook (1995).

Unter die Lupe genommen:
Adam Smith - Begründer der modernen Volkswirtschaftslehre

Adam Smith, der Begründer der modernen Volkswirtschaftslehre, lebte in der zweiten Hälfte des achtzehnten Jahrhunderts und war Professor für Moralphilosophie an der Universität Glasgow. Sein großes Meisterwerk, *The Wealth of Nations* (Der Wohlstand der Nationen), wurde 1776 veröffentlicht, im gleichen Jahr, in dem die Vereinigten Staaten von Amerika die Unabhängigkeitserklärung unterzeichneten. Die amerikanische Revolution traf mit zwei anderen Revolutionen zusammen. Die industrielle Revolution bedeutete den Übergang von der vorwiegend agrarischen zur vorwiegend industriellen Produktionsweise und vom vorwiegend ländlichen zum vorwiegend städtischen Leben. Gleichzeitig begann eine Revolution der Ideen und Ideologien die hergebrachte Sichtweise in Frage zu stellen, in der die gesellschaftlichen Institutionen mit großer Selbstverständlichkeit als Teil einer gottgegebenen Ordnung akzeptiert worden waren. Intellektuelle begannen die Funktionen dieser Institutionen (Schulen, Kirchen, Staat) zu untersuchen und über Veränderungen zum Nutzen der Gesellschaft nachzudenken. Von dieser Denkweise zeugen die Schriften der Föderalisten, die der Verfassung der Vereinigten Staaten zugrunde liegen, und auch die Französische Revolution gegen Ende des achtzehnten Jahrhunderts.

Weder für die industrielle noch für die ideologische Revolution kann man genau angeben, wann und wo sie begonnen haben. Nicht zufällig war in beiden Fällen Glasgow das Zentrum: Die beiden Revolutionen schürten und verstärkten sich gegenseitig. Die Schlüsselidee in der Wirtschaftstheorie von Adam Smith bestand darin, daß die an ihrem Eigennutz orientierten Individuen mehr für das Allgemeinwohl tun konnten als die Regierung (zu dieser Zeit ein Monarch). Diese Auffassung stand im Gegensatz zu der früheren *merkantilistischen* Sichtweise, wonach die Regierung die kommerziellen Interessen des Landes aktiv voranbringen sollte, insbesondere durch die Förderung des Exports. Weil er die Rolle privatwirtschaftlich organisierter Märkte herausgestrichen hat, wird Adam Smith oft als Befürworter einer sehr begrenzten Rolle des Staates in Anspruch genommen. Auf den zweiten Blick offenbart sein *Wohlstand der Nationen* ein viel ausgeglicheneres Bild. Er hat zwar nicht den modernen Ausdruck „Marktversagen" gebraucht, aber er hat die Grenzen der Märkte erkannt und sah den Staat in einer wichtigen Funktion, insbesondere im Bildungswesen. Er erkannte auch die Tendenz der Unternehmungen, den Wettbewerb einschränken oder abschaffen zu wollen, und die schädlichen Auswirkungen solcher Wettbewerbsbeschränkungen.

allgemein ins Hintertreffen. Auf der Suche nach den effizientesten Lösungen für wirtschaftliche Probleme fragen Wirtschaftswissenschaftler deshalb nach den Bedingungen, unter denen Märkte gut funktionieren bzw. versagen und nach den Voraussetzungen dafür, daß der Staat ein solches Marktversagen korrigieren kann.

7.2 Die „unsichtbare Hand" von Adam Smith und die zentrale Rolle der Märkte

Das heutige Vertrauen in die wirtschaftliche Leistungsfähigkeit privater Märkte geht bereits auf Adam Smith zurück. In seinem 1776 veröffentlichten Meisterwerk *The Wealth of Nations* (Der Reichtum der Nationen) argumentiert Smith, daß das Eigeninteresse der Arbeiter und Unternehmer die Grundlage für den Erfolg einer Volkswirtschaft ist. Dem öffentlichen Interesse sei am besten gedient, wenn die einzelnen Menschen nur ihr eigenes Wohlergehen und das ihrer Familien im Auge hätten. In den Worten von Adam Smith:

> „Dagegen ist der Mensch fast immer auf Hilfe angewiesen, wobei er jedoch kaum erwarten kann, daß er sie allein durch das Wohlwollen der Mitmenschen erhalten wird. Er wird sein Ziel wahrscheinlich viel eher erreichen, wenn er deren Eigenliebe zu seinen Gunsten zu nutzen versteht, indem er ihnen zeigt, daß es in ihrem eigenen Interesse liegt, das für ihn zu tun, was er von ihnen wünscht ... Nicht vom Wohlwollen des Metzgers, Brauers und Bäckers erwarten wir das, was wir zum Essen brauchen, sondern davon, daß sie ihre eigenen Interessen wahrnehmen. Wir ... erwähnen nicht die eigenen Bedürfnisse, sondern sprechen von ihrem Vorteil." [1]

Smith verstand, daß die Menschen sich dann am härtesten für die Produktion innerhalb einer Volkswirtschaft einsetzten, wenn ihre Bemühungen ihnen selbst zugute kamen. Er argumentierte, daß ein „durchschaubares und einfaches System bürgerlicher Freiheit" den Menschen die besten Möglichkeiten geben würde, sich selbst zu helfen und damit auch den größten gesellschaftlichen Reichtum zu schaffen.

Smith benutzte die Metapher der „**unsichtbaren Hand**", um zu beschreiben, wie das Eigeninteresse dem gesellschaftlichen Wohlergehen dient:

> „ Er strebt lediglich nach eigenem Gewinn. Und er wird in diesem wie auch in vielen anderen Fällen von einer unsichtbaren Hand geleitet, um einen Zweck zu fördern, den zu erfüllen er in keiner Weise beabsichtigt hat... Gerade dadurch, daß er das eigenen Interesse verfolgt, fördert er häufig das der Gesellschaft nachhaltiger, als wenn er wirklich beabsichtigt, es zu tun. " [2]

---

[1] Adam Smith, Der Wohlstand der Nationen (1776). Erstes Buch, Zweites Kapitel. Hrsg. v. H. Recktenwald, München 1978, S. 17.

[2] Adam Smith, a.a.O. Viertes Buch, Zweites Kapitel. S. 371.

Die Volkswirtschaftslehre hat sich seit Adam Smith weiterentwickelt, aber sein grundlegendes Argument ist noch immer attraktiv. Tatsächlich hat ein Land nach dem anderen durch größere wirtschaftliche Freiheit für den Einzelnen enorme Produktionszuwächse geschaffen, von denen vielleicht nicht alle aber doch fast alle profitiert haben. Trotzdem stößt man immer wieder auf Unzufriedenheit mit dem Funktionieren der Märkte. Da gibt es die Sorge, daß Märkte von manchen Dingen wie Luft- und Wasserverschmutzung zuviel produzieren und von anderen, wie zum Beispiel Unterstützung für die Künste oder Kindertagesstätten, zu wenig. Allgemein kann man die Kritik an den Ergebnissen des Marktes in drei Kategorien einteilen: Ein Teil der Einwände beruht auf Unwissen über die wirtschaftlichen Gesetze, ein anderer Teil hat zu tun mit dem Wunsch nach einer Umverteilung des Einkommens, und der dritte Teil bezieht sich auf ein echtes Versagen der privatwirtschaftlich organisierten Märkte.

7.3 Der Ruf nach dem Staat aus Unwissenheit über die Gesetze der Wirtschaft

Manche Menschen stellen sich vor, daß die Welt ein besserer Platz wäre, wenn jedem alle Güter kostenlos zur Verfügung stünden. Sie klagen über die Märkte und offenbaren damit ihre Unwissenheit über die Gesetze der Wirtschaft. Die Dinge haben einen Preis, weil sie knapp sind. Wenn Öl einen hohen Preis hat, dann deshalb, weil es knapp ist und der hohe Preis diese Knappheit widerspiegelt. In Kapitel 4 haben wir gesehen, daß Wirtschaftswissenschaftler solche Situationen nicht als Marktversagen betrachten, sondern als Ausdruck der harten Realität des Wirtschaftslebens. So gerne wir alle in einer Welt leben möchten, in der alle Menschen, beinahe alles, was sie wollen, zu erschwinglichen Preisen bekommen können, so ist dieses Bild doch einfach unrealistisch. Wer nach dem Staat ruft, um das Problem der Knappheit durch Preisvorschriften zu „lösen", verschiebt die Knappheit lediglich in andere Bereiche. Indem der Staat bei einigen Gütern die Preise reduziert, verschärft er die Knappheit bei allen anderen.

7.4 Umverteilung als Aufgabe des Staates

Die zweite Gruppe von Einwänden gegen den Markt hat ihren Grund in der Unzufriedenheit mit der Einkommensverteilung. Marktwirtschaften sind zwar leistungsfähig und effizient bei der Produktion von Reichtum, aber dabei können einige Leute sehr reich werden und andere verhungern. Jemand, der eine seltene und wertvolle Begabung hat, wird aufgrund des Gesetzes von Angebot und Nachfrage ein hohes Einkommen erhalten. Jemand anderer, dessen Fähigkeiten weit verbreitet sind, wird einen Lohn akzeptieren müssen, der vielleicht nicht einmal zum Überleben ausreicht. Es kann eine sehr ungleiche Einkommensverteilung entstehen.

Die meisten Wirtschaftswissenschaftler sehen eine wichtige staatliche Aufgabe in der Einkommensumverteilung. Aus ihrer Sicht braucht die Gesellschaft die Einkommensverteilung, die sich aus dem Marktprozeß ergibt, nicht zu akzeptieren. Einkommen- und Vermögensteuern für die Reichen und Wohlfahrtsprogramme für die Armen sind ein Teil dieser Umverteilungsaufgabe des Staates.

Obwohl die Umverteilung an sich eine allgemein akzeptierte Aufgabe des Staates ist, gibt es viele Meinungsverschiedenheiten über Nutzen und Kosten bestimmter Umverteilungsmaßnahmen. Sogar dann, wenn die Politiker sich über das angestrebte Ausmaß der Umverteilung geeinigt haben, werden die Wirtschaftswissenschaftler immer noch darüber streiten, welche Methode sich dafür am besten eignet. Der Grund liegt darin, daß Maßnahmen zur Einkommensumverteilung die Leistungsanreize schwächen.

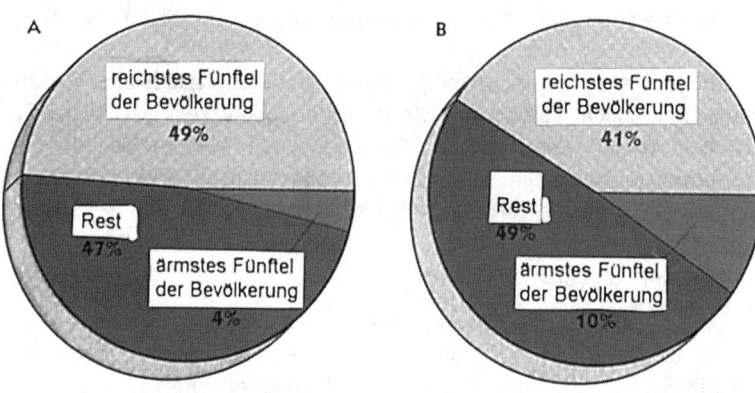

Abbildung 7.2 Umverteilung und Wachstum.
Teil A zeigt, daß die Armen nur einen kleinen Teil der gesamtwirtschaftlichen Produktion erhalten. Umverteilungspläne streben die Situation in Teil B an, in der die Armen einfach einen größeren Anteil erhalten. Wenn aber die Umverteilung schlecht organisiert oder zu umfangreich ist, kann sie die Größe des Gesamtkuchens deutlich schrumpfen lassen, wie in Teil C, so daß am Ende alle Gruppen schlechter dastehen als vorher. *Quelle: 1994 Current Population Reports*, Bureau of the Census (Juni 1996).

Wenn es um die Umverteilung geht, spricht man oft von dem Kuchen, den es zu verteilen gilt. Das Kuchendiagramm Abbildung 7.2A zeigt, daß die ärmsten 20 Prozent der Bevölkerung ein relativ kleines Stück erhalten, nämlich nur vier Prozent des Gesamteinkommens, während die reichsten 20 Prozent ein relativ großes Stück, nämlich 49 Prozent des Gesamteinkommens erhalten. Bei der Umverteilung geht es aber nicht einfach darum, den Kuchen anders aufzuteilen, den Reichen ein etwas kleineres und den Armen ein etwas größeres Stück zu geben, wie in Teil B der Abbildung. Wenn nämlich der Umverteilungsprozeß die Leistungsanreize schwächt und die Produktivität der Wirtschaft drosselt, wird der Kuchen insgesamt kleiner werden, wie in Teil C. Dann erhalten die Armen ein größeres Stück von einem kleineren Kuchen. Die Reichen sind dann sehr viel schlechter gestellt als vorher - sie erhalten ein kleineres Stück von einem kleineren Kuchen. Wenn der Kuchen sehr stark schrumpft, können sogar die Armen verlieren. Wenn die staatlichen Umverteilungsprogramme geschickt angelegt sind, kann es gelingen, das Ausmaß dieser negativen Auswirkungen auf die Produktivität zu begrenzen.

7.5 Die Korrektur des Marktversagens als Aufgabe des Staates

Und schließlich wird kritisiert, daß privatwirtschaftlich organisierte Märkte in bestimmten Situationen tatsächlich nicht in der Lage sind, wirtschaftliche Effizienz herzustellen. In der Volkswirtschaftslehre faßt man diese Probleme unter dem Titel **Marktversagen** zusammen. Ein solches Marktversagen kann unter Umständen durch staatliche Eingriffe korrigiert werden.

Stabilitätsprobleme

Das drastischste Beispiel für Marktversagen sind die periodisch wiederkehrenden Zeiten hoher Arbeitslosigkeit, die für kapitalistische Volkswirtschaften typisch sind. Es ist schwer, die Vorteile effizienter Märkte anzupreisen, wenn ein Viertel der arbeitsfähigen Bevölkerung und des Kapitalstocks nicht genutzt wird, wie auf dem Höhepunkt der Weltwirtschaftskrise in den dreißiger Jahren. Zwar glauben viele Wirtschaftswissenschaftler, daß es Kräfte gibt, welche die Volkswirtschaft schließlich zur Vollbeschäftigung zurückführen, aber das Warten auf die Selbstheilungskräfte der Wirtschaft ist mit enormen Kosten - in Form von entgangener Produktion und menschlichem Elend - verbunden. Deshalb sieht man heute in praktisch allen Ländern eine Aufgabe des Staates darin, daß er *versucht*, extreme Schwankungen der wirtschaftlichen Aktivität zu vermeiden, und zwar sowohl extreme Rezessionen, in denen ein großer Teil der menschlichen Arbeitskraft und der Maschinen brach liegt, als auch extreme Hochkonjunkturen, die eine starke und anhaltende Inflation hervorrufen können. Warum es zu diesen Fluktuationen kommt, und ob und wie der Staat sie spürbar verringern kann, das sind Themen der Makroökonomik.

Wenn knappe Ressourcen brach liegen, arbeitet die Volkswirtschaft unterhalb ihrer Produktionsmöglichkeitenkurve, wie in Abbildung 7.3 gezeigt wird. Der Einfachheit halber haben wir wieder zwei Gütergruppen angenommen, Kanonen und

Butter, die das gesamtwirtschaftliche Produktionsniveau im öffentlichen und im privaten Sektor repräsentieren. Der Staat versucht, die Wirtschaft von Punkt *E* aus näher an die Produktionsmöglichkeitenkurve heranzuführen (z.B. zum Punkt *E'*).

Abbildung 7.3 Eine Volkswirtschaft, die ihr Produktionspotential nicht ausschöpft. Die Volkswirtschaft befindet sich im Punkt *E* unterhalb ihrer Produktionsmöglichkeitenkurve. Der Staat versucht, sie näher an die Kurve heranzubringen, zum Beispiel zum Punkt *E'*.

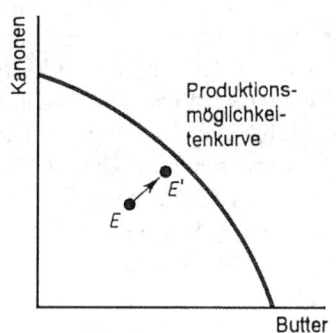

Wettbewerbsbeschränkungen

Wettbewerb ist eine wesentliche Voraussetzung für die Effizienz eines Marktes. Wettbewerb zwingt die Unternehmungen, effizientere Produktionsweisen zu suchen und die Konsumentenwünsche besser zu befriedigen. Ohne Wettbewerb wird eine geringere Menge zu einem höheren Preis angeboten als mit Wettbewerb. Aber für die Unternehmungen selbst ist das Leben ohne Wettbewerb einfacher, und die Gewinne sind höher. Deshalb versuchen sie ständig, den Wettbewerb zu beschränken. In vielen Marktwirtschaften gibt es Gesetze gegen Kartellbildung und unfairen Wettbewerb, mit deren Hilfe der Staat versucht, den Wettbewerb zu fördern.

Externe Effekte

Selbst wenn der Wettbewerb funktioniert, kann der Marktprozeß dazu führen, daß von einigen Gütern zuviel und von anderen zuwenig hergestellt wird. Dafür können **externe Effekte** die Ursache sein. Man spricht von externen Effekten, wenn die Aktivitäten eines Einzelnen oder einer Unternehmung anderen auf direkte Weise Nutzen stiften oder Schaden zufügen, ohne daß der Verursacher dafür entschädigt wird, bzw. dafür bezahlen muß. Der Verursacher trägt also nicht alle Folgen seiner Handlungen, sondern ein Teil der Folgen ist aus seiner Sicht „extern". Externe Effekte sind allgegenwärtig. Eine Bergsteigerin, die Abfall hinterläßt, ein Autofahrer, dessen Wagen Abgase emittiert, ein Kind, das nach dem Spielen Unordnung hinterläßt, ein Raucher, der in einem überfüllten Raum eine Zigarette raucht, sie alle verursachen externe Effekte. In jedem dieser Beispiele ist der Handelnde nicht der einzige, der die Konsequenzen seines Handelns tragen muß; andere sind ebenfalls davon betroffen. Externe Effekte sind Situationen, in denen das Preissystem nicht greift. Die Bergsteigerin braucht für ihren Abfall nicht zu bezahlen, genausowenig wie der Autofahrer für die von ihm verursachte Luftverschmutzung.

Die bisherigen Beispiele sind negative externe Effekte oder externe Kosten. Ein weiteres Beispiel dafür ist die Luftverschmutzung durch den Schornstein einer Fabrik. Die Fabrik hat von den Emissionen einen Vorteil, denn die Unternehmung kann ohne technische Vorrichtungen zur Abgasentgiftung ihr Produkt billiger herstellen. Die Gesellschaft als Ganzes trägt die externen Kosten der Luftverschmutzung. Wenn die Unternehmung für ihre Emissionen bezahlen müßte, würde sie Mittel und Wege finden, sie zu reduzieren. Genau das ist der Zweck vieler staatlicher Umweltvorschriften.

Anwendungsbeispiel: Die Korrektur von externen Effekten

Wirtschaftswissenschaftler haben versucht, die von Autofahrern und Rauchern verursachten externen Kosten zu berechnen. Die Autofahrer ignorieren die Kosten von Unfällen, Staus und Luftverschmutzung. Die jährliche Gesamtsumme dieser externen Kosten wird auf mehrere Milliarden Dollar geschätzt. Die Mineralölsteuer verteuert das Autofahren und wirkt dadurch dem übermäßigen Benzinverbrauch entgegen. Angenommen, die Mineralölsteuer beträgt 20 Prozent des Benzinpreises und das Benzinangebot ist vollkommen elastisch. Dann steigt der Benzinpreis durch die Steuer um etwa 20 Prozent. Wenn die Preiselastizität der Benzinnachfrage 0,5 beträgt, müßte sich die Zahl der gefahrenen Kilometer dadurch um etwa zehn Prozent verringern.

Rauchen verursacht ebenfalls externe Kosten. Einige Studien weisen darauf hin, daß Passivrauchen der Gesundheit schadet. Normalerweise bezahlen die Leute nur einen Teil ihrer Arztkosten. Es gibt starke Indizien dafür, daß Rauchen Lungen- und Herzkrankheiten verursacht und damit zur Ausgabensteigerung im Gesundheitssektor beiträgt. Auf der anderen Seite hat das Rauchen auch einen externen „Nutzen": Raucher sterben früher und verringern damit die Ausgaben der Rentenversicherungen. Da die negativen externen Effekte größer sind als die positiven, hielt man früher eine relativ geringe Steuer von ungefähr 20 Cents pro Packung Zigaretten für angemessen. Bei einer Preiselastizität von 0,3 und einem Preis vor Steuern von 2,00 $, würde durch diese Steuer der Zigarettenkonsum um drei Prozent verringert (10 % × 0,3). In dieser Rechnung war allerdings ein wichtiger Faktor nicht berücksichtigt: Rauchen in der Schwangerschaft schädigt den Fötus in seiner Entwicklung, was sich zum Beispiel darin zeigt, daß Kinder von Raucherinnen im Durchschnitt ein niedrigeres Geburtsgewicht haben. Die dadurch entstehenden externen Kosten werden recht hoch eingeschätzt.

Es gibt auch positive externe Effekte. Ein bekanntes Beispiel sind Erfindungen. Wenn jemand eine Entdeckung macht, die zu größerer wirtschaftlicher Produktivität führt, haben davon auch andere Menschen (oder Unternehmungen) einen Nutzen. Der Erfinder erhält über den Preis seines Produkts nur einen Teil der gesamtgesellschaftlichen Gewinne aus seiner Erfindung. Andere Unternehmungen werden sie kopieren und davon lernen. Erfindungen wie die Lasertechnik oder der Transistor haben den Konsumenten sowohl durch neue Produkte als auch durch kostengünstigere Produktionstechniken Nutzen gebracht. Während der einzelne Forscher selbst die Kosten seiner Erfindung trägt, erntet die Gesellschaft positive externe Effekte. Wenn jeder, der aus einer Erfindung Nutzen zieht, den Erfinder dafür entschädigen müßte, gäbe es einen viel größeren Anreiz für Forschung und Entwicklung. Tatsächlich ist es der Sinn des Patentrechts und anderer Gesetze zum Schutz von intellektuellem Eigentum, daß die Erfinder für ihre Investitionen einen größeren Ertrag erzielen können.

Wenn externe Effekte im Spiel sind, ist die Allokation über den Markt ineffizient. Verursacht die Produktion eines Gutes (z.B. Stahl) externe Kosten, so wird über den Markt zuviel von diesem Gut hergestellt. Dazu kommt es, weil der Hersteller die wahren gesellschaftlichen Kosten bei seiner Produktionsentscheidung nicht in Rechnung stellt. Oder anders ausgedrückt: Der Stahlpreis, der durch das Gesetz von Angebot und Nachfrage auf einem Wettbewerbsmarkt zustandekommt, spiegelt lediglich die *privaten Kosten* wider, also die Kosten, welche die Unternehmungen tatsächlich selbst tragen müssen. Wenn die Unternehmungen nicht *alle* Kosten bezahlen müssen (einschließlich der Kosten der Umweltverschmutzung), werden Gleichgewichtspreis und Output höher sein als in einer Situation, in der die gesamten gesellschaftlichen Kosten eingerechnet werden.

Der Staat kann hier auf verschiedenen Wegen kompensierend eingreifen. Er kann zum Beispiel eine Steuer einführen. Abbildung 7.4A zeigt die Angebots- und Nachfragekurve für Stahl, sowie das Marktgleichgewicht im Schnittpunkt Q_0 der beiden Kurven. Wenn der Staat die Produktion von Stahl besteuert, wird sich die Angebotskurve nach links verschieben (bei jedem Preis wird die produzierte Menge abnehmen) und die Produktionsmenge im Gleichgewicht, Q_1, wird niedriger sein als vorher.

Verursacht die Produktion eines Gutes positive externe Effekte, dann wird davon
zuwenig produziert, und der Staat kann versuchen, das Angebot zu vergrößern. Ein
Beispiel für einen positiven externen Effekt ist die Renovierung eines Wohnhauses
in einem heruntergekommenen Viertel einer Großstadt; dadurch wird wahrscheinlich der Wert der Nachbargebäude ebenfalls steigen. Abbildung 7.4B zeigt die
Angebots- und Nachfragekurven für renovierte Gebäude. Eine staatliche Subvention für Renovierungsarbeiten verschiebt die Angebotskurve nach rechts und erhöht
die Anzahl der renovierten Gebäude von Q_0 auf Q_1.

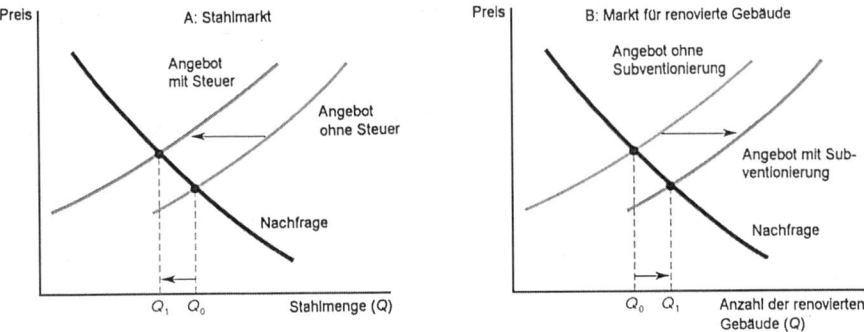

Abbildung 7.4 Angebot, Nachfrage und externe Effekte. Die Stahlindustrie produziert
externe Kosten in Form von Luftverschmutzung. In Teil A der Abbildung verschiebt eine
Stahlsteuer die Angebotskurve nach links, so daß Produktion und Luftverschmutzung abnehmen. In Teil B verschiebt sich das Angebot an renovierten Häusern durch eine Subvention nach rechts, so daß mehr Gebäude renoviert werden und mehr positive externe Effekte
durch die Verschönerung der Wohnviertel entstehen.

Öffentliche Güter

Bei den sogenannten **öffentlichen Güter** handelt es sich um den Extremfall eines
positiven externen Effekts. Wenn ein einzelner Konsument ein solches öffentliches
Gut konsumiert (oder benutzt), wird dadurch der Nutzen des Gutes für andere
Konsumenten nicht geschmälert. Man sagt deshalb, daß öffentliche Güter durch

Nichtrivialität im Konsum gekennzeichnet sind. Zugleich haben sie die Eigenschaft der **Nichtausschließbarkeit**, das heißt, daß es hohe Kosten verursacht, einen Konsumenten von der Nutzung eines öffentlichen Gutes auszuschließen. Das Standardbeispiel für ein öffentliches Gut ist die Landesverteidigung. Wenn es gelungen ist, das Territorium der Vereinigten Staaten vor einem Angriff zu bewahren, dann verursacht es keine Extrakosten, ein neugeborenes Kind ebenfalls vor der Invasion zu schützen. Darüber hinaus ist es praktisch unmöglich, das Neugeborene vom Nutzen der Landesverteidigung auszuschließen.

Öffentliche Parks entlang der Landstraßen sind ein anderes Beispiel. Jeder, der auf der Landstraße fährt, kann den Ausblick genießen. Die Tatsache, daß eine Person sich an der Parklandschaft erfreut, nimmt den anderen nichts von ihrem Genuß; und es wäre tatsächlich teuer, jemanden, der die Landstraße benutzt, vom Genuß der Aussicht auszuschließen. Ein Leuchtturm, der Schiffe um gefährliche Untiefen oder Klippen herumleitet, ist ein weiteres Beispiel. Ein weiteres Schiff, das in der Nähe des Leuchtturms navigiert, verursacht keine zusätzlichen Kosten, und es wäre schwierig, das Licht im Leuchtturm gerade rechtzeitig abzuschalten, um ein bestimmtes Schiff an der Nutzung des Leuchtturms zu hindern.

Ein **reines öffentliches Gut** liegt vor, wenn die Grenzkosten der Bereitstellung dieses Gutes für eine zusätzliche Person genau null sind, und wenn es unmöglich ist, jemanden vom Konsum des Gutes auszuschließen. Viele öffentliche Güter, die der Staat zur Verfügung stellt, sind in diesem Sinne keine *reinen* öffentlichen Güter. Die zusätzlichen Kosten, die ein weiteres Fahrzeug auf einer nicht überfüllten Autobahn verursacht, sind sehr gering, aber sie sind nicht null, und es ist zwar relativ teuer, aber nicht unmöglich, Leute von der Nutzung der Autobahn auszuschließen (oder dafür eine Gebühr zu verlangen).

In Abbildung 7.5 wird für einige vom Staat zur Verfügung gestellten Güter gezeigt, inwieweit sie mit der strengen Definition eines reinen öffentlichen Gutes übereinstimmen. Die Ausschließbarkeit wird entlang der horizontalen Achse gemessen und die (Grenz-)Kosten durch einen zusätzlichen Benutzer entlang der vertikalen Achse. Reine öffentliche Güter stehen in der linken unteren Ecke. Von den wichtigsten Staatsausgaben kommt nur die Landesverteidigung einem reinen öffentlichen Gut nahe. Wenig befahrene Landstraßen und Autobahnen sind ein anderes Beispiel. In der rechten oberen Ecke stehen reine private Güter (Gesundheitsdienste und Bildung), bei denen die Ausschließungskosten niedrig sind und die Grenzkosten für einen zusätzlichen Nutzer hoch.

Viele Güter sind keine reinen öffentlichen Güter, haben aber zu einem gewissen Grad die eine oder die andere Eigenschaft von öffentlichen Gütern. Die Feuerwehr hat mit den privaten Gütern gemeinsam, daß es relativ leicht ist, jemanden davon auszuschließen - wenn jemand sich weigert, für den Feuerschutz zu bezahlen, könnte man ihm im Brandfall einfach keine Feuerwehr schicken. Aber gleichzeitig hat der Feuerschutz Ähnlichkeit mit einem öffentlichen Gut, denn es kostet nicht viel, eine zusätzliche Person zu schützen. Die meiste Zeit sind Feuerwehrleute nicht mit der Brandbekämpfung beschäftigt, sondern warten auf einen Alarm. Nur in dem seltenen Fall, daß an zwei Stellen gleichzeitig Feuer ausbricht, verursacht der Schutz einer weiteren Person nennenswerte Kosten.

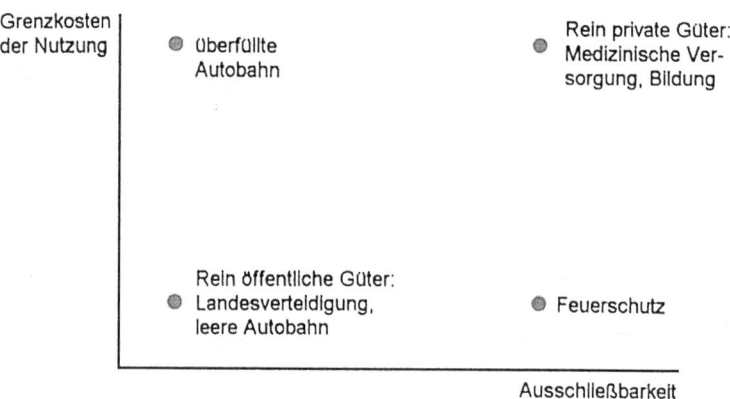

Abbildung 7.5   Öffentlich bereitgestellte Güter. Reine öffentliche Güter haben die Eigenschaften der Nichttrivialität im Konsum (die Grenzkosten für einen zusätzlichen Nutzer sind null) und der Nichtausschließbarkeit (es verursacht prohibitive Kosten, einen Konsumenten von der Nutzung des Gutes auszuschließen). Die Güter, die von der öffentlichen Hand bereitgestellt werden, haben diese Eigenschaften in unterschiedlichem Ausmaß.

Es gibt auch Güter, die leicht zugänglich sind, die also die Eigenschaft der Nichtausschließbarkeit haben, bei denen aber die Grenzkosten eines zusätzlichen Nutzers hoch sind. Wenn sich auf einer Autobahn ein Stau entwickelt, dann steigen die Kosten ihrer Nutzung dramatisch, zwar nicht die Kosten der Straßenabnutzung, aber die Kosten für die Autofahrer in Form von verlorener Zeit. Eine Nutzungsgebühr zu erheben und jeden auszuschließen, der nicht bezahlt hat, ist teuer. Praktisch muß man die Straße zur Mautstraße machen und ironischerweise wird durch die Mauthäuschen die Staugefahr oft noch vergrößert.

Bei vielen Gütern, die von der öffentlichen Hand zur Verfügung gestellt werden, wie bei der Schulbildung und den Gesundheitsdiensten, sind mit der Bedienung weiterer Konsumenten hohe Kosten verbunden. Bei den meisten dieser Güter ließe sich ein Ausschluß relativ leicht bewerkstelligen. Tatsächlich werden viele dieser Güter und Dienste in manchen Ländern ausschließlich vom privaten Sektor angeboten oder gleichzeitig vom öffentlichen und vom privaten Sektor. Selbst wenn sie öffentlich angeboten werden, sind sie keine *reinen* öffentlichen Güter im Sinne der Definition des Fachbegriffs.

Auf privaten Märkten ist das Angebot an öffentlichen Gütern zu gering. Wenn nur ein einziger Schiffseigentümer den Hafen nutzen würde, in dessen Nähe ein Leuchtturm gebaut wird, dann könnte er Kosten und Nutzen des Leuchtturms gegeneinander abwägen. Wenn es aber eine große Reederei und viele kleine Schiffseigentümer gibt, dann lohnt es sich für keinen der kleinen Eigentümer, den Leuchtturm zu bauen; die große Reederei dagegen würde bei der Entscheidung über den Bau des Leuchtturms ausschließlich ihren eigenen Nutzen in Rechnung stellen, nicht jedoch den Nutzen für die kleinen Schiffseigentümer. Wenn die Baukosten den Nutzen für die Reederei übersteigen, wird der Leuchtturm nicht gebaut. Würde man dagegen den Nutzen für alle Schiffseigentümer zusammen zugrunde legen, dann könnte es sein, daß die Kosten aufgewogen werden, so daß es wünschenswert wäre, den Leuchtturm zu bauen.

Nun könnte man sich vorstellen, daß sich die Schiffseigentümer in dieser Situation freiwillig zusammentun, um den Leuchtturm zu bauen. Dann kann es aber leicht geschehen, daß einige kleine Schiffseigentümer sich weigern, zur Finanzierung beizutragen, weil sie denken, daß der Leuchtturm auch ohne ihren Beitrag gebaut werden wird. Das ist das **Trittbrettfahrer-Problem**, das mit öffentlichen Gütern verbunden ist; weil es schwierig ist, jemanden von der Nutzung auszuschließen, haben die Nutznießer dieser Güter keinen Anreiz, sich an der Finanzierung zu beteiligen. Wenn sich zu viele Schiffseigentümer zum Trittbrettfahren entschließen, wird der Leuchtturm nicht gebaut werden.

Der Staat hat bei der Bereitstellung von öffentlichen Gütern einen wichtigen Vorteil. Er kann die Bürger zwingen, für diese Güter zu bezahlen. Ohne staatliche Intervention kann ein *gewisses* Versorgungsniveau bei öffentlichen Gütern (Leuchttürmen, öffentlichen Parks, sogar Polizei- und Feuerschutz) zustande kommen. Aber die gesellschaftliche Wohlfahrt würde zunehmen, wenn das Produktionsniveau erhöht würde, und wenn die Bürger gezwungen würden über die Steuern zu diesem höheren Niveau der Versorgung mit öffentlichen Gütern beizutragen.

Fehlende Märkte

Marktwirtschaften funktionieren nur dann gut, wenn tatsächlich für alle Güter Märkte oder marktähnliche Institutionen existieren. Bevor der Staat Arbeitslosenversicherung, Erwerbsunfähigkeitsversicherung und Rentenversicherung eingerichtet hatte, konnten die Menschen diese Arten von Versicherungen am Markt

nicht kaufen.[3] In vielen Gegenden gibt es noch immer keine Versicherungen gegen
Hochwasserschäden, Ernteausfälle oder Diebstahl. Vor fünfundsiebzig Jahren, bevor der Staat auf diesem Sektor aktiv wurde, konnten viele Haushalte keine Hypotheken für den Kauf eines Hauses bekommen. Das sind alles Beispiel für
fehlende Märkte. In späteren Kapiteln werden wir die Ursachen für das Fehlen
von wichtigen Märkten behandeln. Oft ist dieser Mangel der Anstoß für den Staat,
die Lücke durch eigene Programme zu schließen.

Information und Wissen

Eine der großen Stärken der Marktwirtschaft ist die Effizienz, mit der Informationen erzeugt und verbreitet werden. Die Produzenten brauchen die Wünsche der
einzelnen Konsumenten nicht zu kennen; und die Konsumenten brauchen sich um
die Einzelheiten der Herstellung von Konsumgütern nicht zu kümmern. Die Preise
enthalten alle Informationen über die Knappheit. Über das Gesetz von Angebot
und Nachfrage vermitteln die Preise den Produzenten die Information über die
Wertschätzung der Konsumenten für die verschiedenen Güter und den Konsumenten über die Ressourcen, die für die Produktion (einer weiteren Einheit) jedes
Gutes benötigt werden.

Aber einige Arten von Informationen, wie zum Beispiel Wettervorhersagen, sind
öffentliche Güter: Die zusätzlichen Kosten dafür, daß eine weitere Person von diesen Informationen profitiert, sind vernachlässigbar, während die Ausschlußkosten
sehr hoch sein können. Solche Informationen können für die Effizienz der Wirtschaft ebenfalls wichtig sein, aber die Märkte stellen sie nicht in ausreichendem
Umfang her. In den USA werden Wetterberichte deshalb von einer staatlichen Behörde angeboten, dem U.S. Meteorological Service.

Wir haben bereits gesehen, daß Innovationen typischerweise mit externen Effekten
verbunden sind. Forschung kann als ein Prozeß der Informationsgewinnung angesehen werden und Innovation als Prozeß der Übersetzung von Ideen, also ebenfalls
Information, in neue Produkte. Weiter unten werden wir auf diejenigen staatlichen
Aktivitäten und Programme zu sprechen kommen, die sicherstellen sollen, daß für
die Forschung in angemessenem Umfang Mittel bereitgestellt werden und daß sie
in die richtige Richtung gelenkt wird.

Jenseits des Marktversagens

Wenn die Märkte gut funktionieren und wenn kein Marktversagen auftritt, ist sichergestellt, daß die Wirtschaft effizient arbeitet, daß also keine Ressourcen ver-

---

[3] In den seltenen Fällen, wo ein Versicherungsschutz erhältlich war, war der Preis wesentlich höher als durch das Risiko allein gerechtfertigt werden kann.

schwendet werden und daß sich die Volkswirtschaft auf ihrer Produktionsmöglichkeitenkurve befindet.

Effizienz ist aber nicht alles. Auch ein effizienter Markt kann zu einer Einkommensverteilung führen, bei der einige im Überfluß leben, während andere kaum überleben können.

Staatliche Aktivitäten sind natürlich nicht auf wirtschaftliche Belange beschränkt. Der Staat versucht zum Beispiel auch, die Menschen von Raub, Vergewaltigung und Mord abzuschrecken. Im Großen und Ganzen jedoch kann der Einzelne tun, was er will, solange seine Aktivitäten die Interessen anderer nicht direkt verletzen. Es mag einem seltsam vorkommen, daß jemand lieber Vanilleeis als Schokoladeneis ißt oder lieber Kirschkuchen als Blaubeerkuchen; das ist aber kein Grund, anderen die eigenen Präferenzen aufzuzwingen. Der Grundsatz, daß jeder Einzelne am besten weiß, was in seinem eigenen Interesse ist, und daß seine Präferenzen zu respektieren sind, wird **Prinzip der Konsumentensouveränität** genannt. Es gibt jedoch einige Güter, bei denen der Staat dieses Prinzip verletzt: Jemand, der Marihuana raucht, fügt niemand anderem dadurch Schaden zu, und doch ist der Marihuana-Genuß in den meisten US-Bundesstaaten verboten. Oft werden für solche staatlichen Verbote andere Rechtfertigungen angegeben, etwa die Existenz externer Kosten; dennoch sind sie im Grunde mit der Konsumentensouveränität nicht vereinbar. So war es zum Beispiel von 1920 bis 1933 in den Vereinigten Staaten verboten, alkoholische Getränke herzustellen oder zu verkaufen. Einer der Gründe für diese sogenannte Prohibition waren die schädlichen Auswirkungen des Trinkens auf Unbeteiligte, wie zum Beispiel alkoholbedingte Verkehrsunfälle; aber die Leidenschaft, mit der die Prohibition betrieben wurde, hatte ihren Grund in der Auffassung, daß das Trinken *moralisch* verwerflich sei.

Einerseits versucht der Staat bestimmte Güter durch Verbote oder Abschrekkungsmaßnahmen zurückzudrängen, andererseits fördert er den Genuß anderer Güter durch Zwang oder Belohnungen. Er verlangt zum Beispiel von Eltern, daß sie ihre Kinder zur Schule schicken. Güter, deren Produktion oder Konsum der Staat fördert, weil man glaubt, daß ein „öffentliches Interesse" an ihrem Konsum besteht, das nicht einfach nur ein externer Effekt ist (wenn es auch über die privaten Interessen der Konsumenten hinausgeht) werden **meritorische Güter** genannt.

7.6 Die Optionen des Staates

Wenn auf der politischen Ebene beschlossen worden ist, daß der Staat aktiv werden muß, dann stellt sich die Frage, mit welchen Mitteln der Staat die gesellschaftlichen Ziele am effizientesten erreichen kann. Grundsätzlich gibt es vier Möglichkeiten: Der Staat kann selbst aktiv werden, er kann Anreize setzen, damit der private Sektor aktiv wird, er kann an den privaten Sektor Aufträge vergeben, oder irgendeine Kombination aus diesen drei Wegen wählen.

Eigenaktivitäten des Staates

Eine Option besteht darin, daß der Staat selbst tätig wird. Wenn die verantwortlichen Politiker zum Beispiel glauben, daß bei der medizinischen Versorgung ein Marktversagen vorliegt, dann können sie den Gesundheitssektor verstaatlichen, wie in Großbritannien nach dem Zweiten Weltkrieg. Wenn die Regierung glaubt, daß Luftfahrt oder Eisenbahn von Marktversagen betroffen sind, kann sie diese Branchen, oder den Teil davon, mit dessen Leistung sie unzufrieden ist, in staatliche Regie übernehmen. Wenn sie ein Marktversagen bei der Versorgung ärmerer Bevölkerungsschichten mit Wohnungen wahrnimmt, kann sie staatliche Wohnungsbauprogramme auflegen.

Solche Eigeninitiative heißt nicht notwendig, daß der Staat die betreffenden Güter selbst produziert. Er kann sie auch vom privaten Sektor kaufen. Die medizinische Versorgung in den USA ist dafür ein Beispiel. Der Staat bezahlt zwar einen großen Teil der Gesundheitsdienste für Arme und Alte (über Medicaid bzw. Medicare), aber die tatsächliche Arbeit wird von privaten Ärzten und Krankenhäusern geleistet. Andererseits gibt es auch staatliche Krankenhäuser für Veteranen.

Anreize für den privaten Sektor

Der Staat kann auch aus der Ferne agieren und Anreize setzen, um die Aktivitäten des privaten Sektors in die gewünschte Richtung zu lenken. Das können direkte Subventionen sein, wie zum Beispiel im Landwirtschaftssektor. In den USA sind jedoch indirekte Anreize durch die entsprechende Ausgestaltung des Steuersystems der üblichere Weg. So gibt es zum Beispiel Steuerabzüge für energiesparende Maßnahmen. Um die Investitionstätigkeit zu fördern, erhalten Unternehmungen Steueraufschübe für die Anschaffung neuer Maschinen und Produktionsanlagen. Spezielle Steuervorschriften belohnen Unternehmer für die Bereitstellung von Betriebskrankenkassen und Betriebsrenten.

Durch Subventionen und Steuervorschriften manipuliert der Staat das Preissystem im Sinne seiner eigenen Zwecke. Sorgt man sich zum Beispiel wegen der unzulänglichen Wohnverhältnisse der Armen, dann kann der Staat den Wohnungsbaugesellschaften Zuschüsse geben, oder er kann für Investitionen in heruntergekommenen Wohnvierteln Steuernachlässe gewähren. Beide Maßnahmen verschieben die Angebotskurve für billige Wohnungen nach rechts. Wenn der Staat Benzineinsparungen durchsetzen möchte, kann er das über eine Mineralölsteuer erreichen. Der Benzinpreis wird steigen und zu Einsparungen anregen. Der Staat kann aber auch eine Sondersteuer für Kraftfahrzeuge mit hohem Benzinverbrauch einführen und deren Preis dadurch erhöhen.

Vorschriften für den privaten Sektor

Unzufriedenheit mit der Wirksamkeit von indirekten Anreizen oder mit deren Kosten (in Form von Steuerausfällen oder direkten Zahlungen) kann den Staat dazu veranlassen, das erwünschte Verhalten über Vorschriften durchzusetzen, an deren Nichteinhaltung rechtliche Konsequenzen geknüpft sind. Der Staat kann zum Beispiel verlangen, daß private Unternehmungen ihren Arbeitnehmern eine Krankenversicherung anbieten müssen. Er kann den Automobilherstellern vorschreiben, daß Neuwagen bestimmte Standards für den Benzinverbrauch erfüllen müssen. Wohnungsbaufirmen, die eine Genehmigung für ein großes Wohnungsbauprojekt beantragen, können verpflichtet werden, eine bestimmte Anzahl von Sozialwohnungen bereitzustellen oder sich an der Finanzierung einer Zufahrtsstraße oder nahegelegenen Schule zu beteiligen. Alle diese staatlichen Vorschriften erscheinen nicht als Kosten in den Haushalten des Staates oder der Gemeinden. Dennoch entstehen dadurch Kosten, die recht hoch sein können und von Arbeitnehmern, Unternehmungen und Konsumenten getragen werden müssen.

Gemischte Strategien

Oft werden mehrere dieser Vorgehensweisen miteinander kombiniert, um einen bestimmten Zweck zu erreichen. Betrachten wir zum Beispiel die Gesundheitsversorgung. Die US-Regierung bezahlt die ärztliche Versorgung für Arme und Alte; sie unterhält eigene Krankenhäuser für Veteranen; sie setzt steuerliche Anreize für die Einrichtung und den Unterhalt von Betriebskrankenkassen; und es hat auch schon Vorschläge gegeben, Betriebskrankenkassen verbindlich vorzuschreiben. Die Zusammensetzung solcher Maßnahmenbündel ist von Land zu Land verschieden. In einigen Ländern ist der gesamte Gesundheitssektor in staatlicher Hand, wie zum Beispiel in Großbritannien; in anderen Ländern sorgt der Staat für eine allgemeine Krankenversicherung und bezahlt sie aus Steuermitteln.

7.7 Staatsversagen

Marktversagen ist immer ein Hinweis auf eine *potentielle* Staatsaufgabe. Eine Regierung muß die Alternativen, die wir in diesem Kapitel vorgestellt haben, bedenken und ihre Erfolgswahrscheinlichkeiten einschätzen. Eine solche Einschätzung kann auch zu dem Schluß kommen, daß es besser ist, gar nicht zu intervenieren. In den vergangenen Jahrzehnten hat es zahlreiche Beispiele für staatliche Programme gegeben, die gescheitert sind oder zumindest nicht die in sie gesetzten Hoffnungen erfüllt haben. Stadterneuerungsprogramme, welche die Innenstädte wiederbeleben und erschwinglichen Wohnraum für die Armen schaffen sollten, haben am Ende mehr billige Wohnungen zerstört, als sie geschaffen haben. Kritiker sind der Meinung, daß Wohlfahrtsprogramme, die den Armen soziale Sicherheit geben sollten, in Wirklichkeit nur dazu beitragen, den Teufelskreis der Armut zu verfestigen. Aus diesen Mißerfolgen staatlicher Aktivitäten hat sich ein besseres Verständnis der Ursachen des Staatsversagens entwickelt.

Unvollkommene Information

Informationsmängel sind nicht nur für den privaten sondern auch für den öffentlichen Sektor ein Problem. Der Staat möchte zum Beispiel sicherstellen, daß nur die wirklich Bedürftigen soziale Unterstützung erhalten. Aber es ist teuer, die Bedürftigkeit effektiv nachzuprüfen. Durch höhere Ausgaben für die Überprüfung der Antragsteller können die Bedürftigen genauer identifiziert werden. Es bleibt dann aber auch weniger Geld für deren Unterstützung übrig. Wie so oft haben wir es auch hier wieder mit einem Trade-Off zu tun.

Leistungsanreize im öffentlichen Sektor

Anreizprobleme sind im öffentlichen Sektor häufiger als in der Privatwirtschaft. Die Besitzer eines Eigenheims zum Beispiel erhalten ihr Eigentum nicht nur deshalb, weil es angenehmer ist, in einem schönen Haus zu wohnen, sondern auch, weil sie dann im Verkaufsfall einen höheren Preis erzielen können. Das Gleiche gilt für die Eigentümer eines Mietshauses. Die Mieter von Wohnungen im Privateigentum haben einen Anreiz, keine Zerstörungen anzurichten, weil ihnen sonst gekündigt werden kann. Die Mieter von Wohnungen im Eigentum der öffentlichen Hand haben keinen solchen Anreiz. Aus ihrer Sicht ist der Zustand des Mietshauses ein öffentliches Gut; für den einzelnen Bewohner lohnt es sich nicht, die gemeinsam genutzten Einrichtungen instandzuhalten. Die Verwalter von Wohnanlagen der öffentlichen Hand haben keinen Anreiz, der mit dem von Privateigentümern verglichen werden könnte, und meistens nur einen begrenzten Ermessensspielraum für Kündigungen. Das Anreizproblem im öffentlichen Sektor wird zusätzlich noch dadurch erschwert, daß für öffentliche Angestellte bestimmte Regeln über die Gehaltseinstufung und den Aufstieg nach Dienstalter gelten, die es schwierig machen, erstklassige Arbeitskräfte einzustellen oder Belohnungen für besondere Leistungen auszusetzen. Durch diese Regeln ist es kaum möglich, im öffentlichen Sektor die gleichen Gehälter zu bieten, wie sie Arbeitskräfte mit vergleichbaren Qualifikationen und Leistungen in der Privatwirtschaft erhalten, oder gute Leistungen durch schnelle Beförderung zu belohnen. Es ist auch schwieriger, inkompetente oder arbeitsunwillige Angestellte zu entlassen oder zu degradieren.

Das Anreizsystem im öffentlichen Sektor kann tatsächlich zu Entscheidungen führen, die dem nationalen Interesse im allgemeinsten Sinn zuwiderlaufen. Die Sorge der Abgeordneten um ihre Wiederwahl führt zu einer Gesetzgebung, deren Hauptverdienst darin besteht, daß im Wahlbezirk eines Abgeordneten Arbeitsplätze oder öffentliche Einrichtungen entstehen. Viele Projekte würden nicht unternommen, wenn die Bewohner eines Wahlbezirks selbst dafür bezahlen müßten, aber sie sind attraktiv, wenn sie auf allgemeine Steuerkosten finanziert werden. So ist zum Beispiel die Meinung weit verbreitet, daß eine große Zahl von überflüssigen Militärstützpunkten aufrechterhalten worden sind, weil im Kongreß der entsprechende Druck ausgeübt worden ist.

Zudem benötigen gewählte Amtsinhaber Mittel, um ihren Wahlkampf zu finanzieren. Das macht sie besonders aufmerksam gegenüber potentiellen Spendern. Der politische Einfluß der Landwirtschaftslobby, der in keinem Verhältnis steht zur Anzahl derjenigen, die von der Landwirtschaft leben, wird oft dieser Art von Lobbyarbeit zugeschrieben. Gewerkschaften und viele andere Gruppen haben politische Aktionskomitees gebildet, um Kongreßabgeordnete zu unterstützen, die mit ihren Interessen und Ansichten sympathisieren. Natürlich behaupten diese Interessengruppen, daß sie die Politiker nicht kaufen, sondern lediglich mit den Informationen versorgen, die sie benötigen, um qualifizierte Entscheidungen zu treffen, und dann diejenigen unterstützen, welche die Wahrheit eingesehen haben. Manche Wirtschaftswissenschaftler, zu denen auch die Nobelpreisträger James Buchanan und George Stigler gehören, gehen so weit, die Probleme des öffentlichen Sektors als unvermeidliches Nebenprodukt des politischen Prozesses zu akzeptieren.

Verschwendung im öffentlichen Sektor

Aus diesen und anderen Gründen glauben viele Amerikaner, daß der Staat *notwendigerweise* weniger effizient arbeitet als private Unternehmungen. Dieses Urteil wird durch einzelne Verschwendungsskandale bestätigt, aber auch durch Statistiken, die zeigen, daß staatliche Wohnungsgesellschaften systematisch höhere Kosten (bis zu 20 Prozent) haben als private. Zwar gibt es zahlreiche Beispiele für die Ineffizienz des Staates, aber es gibt auch Indizien, die daran zweifeln lassen, daß diese Ineffizienz unvermeidlich ist. Wenn zum Beispiel staatliche Unternehmungen dem Wettbewerb ausgesetzt werden, wie im Fall der staatlichen kanadischen Eisenbahngesellschaft Canadian National Railroad, die in einem harten Wettbewerb gegen die private Canadian Pacific Railroad steht, sind sie gezwungen, die gleiche Effizienz zu entwickeln, wie die konkurrierenden Privatunternehmungen. Die Verwaltungskosten vieler privater Versicherungsgesellschaften verschlingen bis zu 30 Prozent und mehr von den Versicherungsprämien und sind damit deutlich höher als die Verwaltungsausgaben der staatlichen Rentenversicherung. In Frankreich steht die staatliche Elektrizitätsgesellschaft in dem Ruf, genauso effizient so sein wie irgendeine private Unternehmung.

Es gibt auch theoretische Gründe, die gegen die Schlußfolgerung sprechen, daß öffentliche Unternehmungen notwendigerweise weniger effizient sind. *Einige* der Probleme, die zu Ineffizienzen im öffentlichen Sektor führen, treten auch im privaten Sektor auf. Auch hier gibt es nur selten *direkte* Belohnungen für besondere Leistungen. Die großen Firmen mit mehr als 500 Angestellten, die noch immer mehr als die Hälfte des gesamtwirtschaftlichen Outputs produzieren, haben bürokratische Probleme, die denen des staatlichen Sektors in nichts nachstehen.

Allmählich bildet sich unter Wirtschaftswissenschaftlern ein Konsens heraus, daß der Staat zwar *oft* weniger effizient ist, als private Unternehmungen, die ähnliche Aufgaben erledigen, aber nicht notwendigerweise immer. Derzeit werden große Anstrengungen unternommen, um die Effizienz der öffentlichen Hand zu erhöhen.

Unvorhergesehene Reaktionen auf staatliche Maßnahmen

Erfolg oder Mißerfolg von staatlichen Aktivitäten hängt nicht nur von den Staatsbediensteten ab, sondern auch von den Reaktionen des privaten Sektors. Es ist nicht leicht, diese privaten Reaktionen vorherzusehen, und viele staatliche Programme stoßen aus diesem Grund auf Schwierigkeiten. So hat zum Beispiel die beinahe kostenlose Bereitstellung von medizinischer Versorgung für alte Menschen durch Medicare die Nachfrage der älteren Generation nach Gesundheitsdienstleistungen stark erhöht, so daß die Kosten weit über die ursprünglichen Planzahlen hinaus angestiegen sind. 1990 hat die Regierung eine Vorschrift erlassen, daß die Pharmaindustrie dem Staat Medikamente zum niedrigsten Marktpreis anbieten muß. Es war beobachtet worden, daß Pharmafirmen an manche Konsumenten Medikamente billiger verkauften als an den Staat im Rahmen des Medicare Programms. Daraus hatte man geschlossen, daß der Staat Einsparungen in Milliardenhöhe realisieren könnte, wenn er die gleichen Rabatte durchsetzen könnte. Aber die Pharmafirmen schafften alle Rabatte ab, denn sie rechneten sich aus, daß es sich nicht auszahlen würde, Rabatte zu geben, wenn sie dann jedesmal dem Staat die gleiche Vorzugsbehandlung zukommen lassen müßten. Anstatt dem Staat Kosten zu sparen, verursachte das Gesetz am Ende Mehrkosten für andere Konsumenten von pharmazeutischen Produkten.

Oft entstehen Probleme nicht durch die Grundkonstruktion eines staatlichen Programms, sondern durch eine einzelne Vorschrift. Das Hilfsprogramm für Familien mit minderjährigen Kindern enthielt früher eine Vorschrift, wonach der Anspruch auf Hilfsleistungen davon abhing, daß es im Haushalt keinen Mann gab (in einigen Staaten gilt diese Vorschrift noch immer). Das Programm hat dadurch wahrscheinlich zur Auflösung von Familien beigetragen. In anderen Fällen ist es das Programm selbst, das beinahe zwangsläufig zu Problemen führt. Höhere Rentenansprüche haben es vielen alten Leuten ermöglicht, selbständig zu leben, anstatt von ihren Kindern abhängig zu sein. Diese älteren Menschen, deren einzige Einkommensquelle die Sozialrente ist, sind (abgesehen von den Vorteilen der Selbständigkeit) oft materiell schlechter gestellt als früher als sie noch bei ihren Kindern lebten. Die wahren Nutznießer der gestiegenen Sozialrenten sind möglicherweise nicht die alten Menschen, sondern ihre Kinder, die von einer Last befreit worden sind, die sie andernfalls auf sich genommen hätten.

Ein Blick in die Wirtschaftspolitik: Die Neuerfindung des Staates

1993 machte Präsident Clinton den Vizepräsidenten Al Gore zum Vorsitzenden einer Arbeitsgruppe, die systematisch erforschen sollte, an welchen Stellen der Staat seine Aufgaben ineffizient erledigte, und Verbesserungsvorschläge erarbeiten sollte. Das war der Auftrag, „den Staat neu zu erfinden". Die Arbeitsgruppe deckte ernsthafte Probleme bei der Beschaffung von Gütern aus dem privaten Sektor auf. Wenn eine staatliche Stelle zum Beispiel ein gewöhnliches T-Shirt kaufen möchte, braucht sie mehr als dreißig engbedruckte Seiten, um die gewünschte Ware zu beschreiben. Kein Wunder, daß ein vom Staat gekauftes T-Shirt mehr kostet als ein privat erstandenes, selbst wenn es vom gleichen Händler kommt!

Der Staat hat sich in bester Absicht in dieses Problem hineinmanövriert. Die meisten Staatsaufträge müssen öffentlich ausgeschrieben werden, um sicherzustellen, daß der Staat seinen Bedarf zum niedrigsten Preis decken kann. Dieser Prozeß macht es aber erforderlich, daß der Staat seine Nachfrage genau spezifiziert. Ohne detaillierte Spezifikation könnte ein Bieter bei den T-Shirts zum Beispiel an der Stoffqualität oder der Verarbeitung sparen. Solche Knauserigkeit mag pro Hemd nur eine Ersparnis von zehn Cents bringen. Wenn der Staat aber eine Million T-Shirts kauft, entsteht daraus ein zusätzlicher Gewinn von 100.000 $.

Dermaßen detaillierte Spezifikationen haben aber fast sicher zur Folge, daß die T-Shirts sich vom üblichen Standard der großen Hersteller unterscheiden und dann als Sonderanfertigung höhere Kosten verursachen. Darüber hinaus ist die Anzahl der Bieter beschränkt, weil die meisten Hersteller den bürokratischen Aufwand scheuen, so daß der Preis noch höher ausfallen wird. Anstatt die Beschaffungskosten zu senken, führt der Ausschreibungsprozeß dazu, daß der Staat tatsächlich einen höheren Preis bezahlen muß.

Die Gore-Kommission schlug eine einfache Reform vor, um dieses allgemeine Problem zu lösen. Es sollte dem Staat erlaubt sein, durch die normalen kommerziellen Kanäle Standardware zu erwerben, wenn die Preise dadurch niedriger gehalten werden könnten als durch eine öffentliche Ausschreibung. Diese Reform des Beschaffungswesens könnte dem Staat jährlich mehrere Milliarden Dollar an Einsparungen bringen. Zu dieser Neuerfindung des Staates gehören auch Anstrengungen, die erfolgreichsten Geschäftspraktiken der effizientesten amerikanischen Unternehmungen zu übernehmen. So soll zum Beispiel die staatliche Flugsicherheit in ein Unternehmen der öffentlichen Hand umgewandelt werden.

Der Wettbewerb zwingt den privaten Sektor ständig dazu, sich selbst „neu zu erfinden", das heißt, nach besseren und effizienteren Arbeitsmethoden zu suchen. Im Gegensatz dazu ist die Neuerfindung des Staates eine Reaktion auf politischen Druck, der unter anderem auch durch das riesige Haushaltsdefizit entstanden ist.

7.8 Eine Einschätzung der Rolle des Staates

Die angemessene Rolle des Staates ist eines der am meisten umstrittenen politischen Themen. Man denke zum Beispiel an die Rolle des Staates bei der Einkommensumverteilung. Es gibt keine Einigkeit bei der Einschätzung der Trade-Offs, wie etwa der Größenordnung der negativen Anreizeffekte, die mit der Besteuerung der Reichen verbunden sind. Selbst wenn über die Größenordnung dieser Anreizwirkungen Einigkeit erzielt werden könnte, würde man immer noch darüber streiten, ob der Nutzen für die Armen die Kosten für die Reichen und die Effizienzverluste aufwiegt. Uneinigkeit besteht auch über grundlegende Bewertungen, wie zum Beispiel darüber, ob das höhere Einkommen der Wohlhabenden nur die gerechte Belohnung für höhere Leistungen darstellt. Trotzdem sind sich die Wirtschaftswissenschaftler im allgemeinen einig darüber, daß der Staat heutzutage eine wichtige Rolle zu spielen hat. Das ist unser sechster Konsenspunkt:

6 *Die Rolle des Staates*

Der Staat spielt in modernen Volkswirtschaften eine wichtige Rolle: Er korrigiert Marktversagen, sorgt für eine gewisse Einkommensumverteilung und organisiert soziale Versicherungen gegen Risiken wie Arbeitslosigkeit, Krankheit, Arbeitsunfähigkeit und Alter. Obwohl Art und Umfang der staatlichen Aktivitäten umstritten sind, gibt es doch einen breiten Konsens über die Wichtigkeit der Aufgaben des Staates in der Wirtschaft.

Zusammenfassung

1. In den meisten Industrieländern spielt der Staat in allen Bereichen der Wirtschaft eine wichtige Rolle. In den USA beträgt der Bundeshaushalt beinahe ein Drittel des gesamtwirtschaftlichen Outputs. Damit ist die Staatsquote viel größer als vor vierzig Jahren, aber kleiner als in den meisten Ländern Westeuropas. Der Hauptgrund für den Anstieg sind die gewachsenen Ausgaben für soziale Sicherheit und Gesundheit, sowie der Zinsendienst für die Staatsverschuldung.

2. In einer Demokratie gibt es zwei wesentliche Unterschiede zwischen dem öffentlichen und dem privaten Sektor. Der Staat bezieht Legitimation und Autorität aus den allgemeinen Wahlen; gleichzeitig hat er bestimmte Möglichkeiten, Zwang auszuüben, zum Beispiel um Steuern einzutreiben oder die Beachtung von Gesetzen sicherzustellen.

3. Im Großen und Ganzen sorgen die privaten Märkte für eine effiziente Allokation der Ressourcen. In einer Reihe von Fällen kommt es jedoch zu Marktversagen wie zum Beispiel bei externen Effekten und öffentlichen Gütern. Darüber hinaus werden manchmal die vorhandenen Ressourcen (Produktionskapazitäten und Arbeitskräfte) nicht vollständig genutzt. Selbst wenn die Volkswirtschaft effizient arbeitet, kann die Einkommensverteilung Anlaß zur Unzufriedenheit geben.

4. Güter mit negativen externen Effekten (wie Luft- oder Wasserverschmutzung) in Produktion oder Konsum werden zu häufig produziert bzw. genutzt, weil Hersteller und

Konsumenten nicht alle damit verbundenen Kosten tragen müssen. Güter mit positiven externen Effekten (wie Erfindungen) werden dagegen zu wenig produziert, denn die Hersteller werden nicht für alle Nutzen über den Preis entschädigt.

5. Bei öffentlichen Gütern verursacht ein zusätzlicher Nutzer keine oder nur geringe Kosten, aber es ist sehr teuer, jemanden von der Nutzung auszuschließen. Landesverteidigung und Leuchttürme sind zwei Beispiele dafür. Auf freien Märkten werden zu wenige öffentliche Güter hergestellt.

6. Wenn die Märkte nicht effizient funktionieren, hat der Staat eine Reihe von Reaktionsmöglichkeiten. Er kann selbst tätig werden oder den privaten Sektor durch Anreize oder Vorschriften in die gewünschte Richtung lenken.

7. Marktversagen ist zwar eine potentielle Rechtfertigung für staatliches Handeln, der Staat verfügt aber manchmal nicht über die richtigen Mittel, um das Marktversagen zu korrigieren. Genauso wie es systematische Gründe für Marktversagen gibt, gibt es auch systematische Gründe für Staatsversagen.

8. Das richtige Gleichgewicht zwischen dem öffentlichen und dem privaten Sektor ist ein wichtiges Thema der Volkswirtschaftslehre.

Schlüsselbegriffe

Verstaatlichung	Marktversagen	öffentliche Güter
Deregulierung	externe Effekte	Trittbrettfahrerverhalten
Privatisierung	fehlende Märkte	„unsichtbare Hand"
Konsumentensouveränität	Staatsquote	

Wiederholungsfragen

1. Auf welche Weise berührt der Staat das Leben aller Bürger sowohl im Wirtschaftsleben als auch in anderen Bereichen?

2. „Da demokratische Regierungen von einer Mehrheit gewählt sind, brauchen sie nicht auf Zwangsmittel zurückzugreifen." Kommentieren Sie diese Behauptung.

3. Wie ist es möglich, daß der Egoismus der Einzelnen am Ende zur gesellschaftlichen Wohlfahrt beiträgt?

4. Nennen Sie Beispiele für Marktversagen.

5. Warum werden Güter mit externen Kosten tendenziell in zu großen Mengen produziert? Warum werden Güter mit externen Nutzen tendenziell in zu geringen Mengen produziert? Geben Sie für beide Gesetzmäßigkeiten ein Beispiel an.

6. Durch welche beiden Eigenschaften ist ein öffentliches Gut definiert? Nennen Sie ein Beispiel.

7. Welche drei Arten von Instrumenten hat der Staat, um seine Ziele zu erreichen?

8. Bedeutet die Existenz von Marktversagen notwendigerweise, daß ein Eingreifen des Staates wünschenswert ist? Begründen Sie Ihre Antwort.

Aufgaben

1. Geben Sie für jeden der folgenden Bereiche an, wie der Staat darin involviert ist: als Produzent, als regulierende Instanz, als Käufer der Endprodukte, die dann direkt an die Konsumenten verteilt oder innerhalb des Staatssektors genutzt werden, oder in einer anderen Rolle: (a) Bildung, (b) Postzustellung, (c) Wohnungsbau, (d) Luftverkehr, (e) Landesverteidigung. Geben Sie für jeden Bereich an, ob und auf welche Weise die Rolle des Staates vom privaten Sektor übernommen werden könnte.

2. Erläutern Sie, warum selbst ein wohlwollender Staat manchmal zum Mittel der Enteignung greifen muß. (Hinweis: Bedenken Sie, welche Handlungsanreize jemand hat, der weiß, daß sein Grundstück das letzte Hindernis für den Bau einer Autobahnstrecke darstellt.)

3. Erläutern Sie, warum staatliche Umverteilungsprogramme nicht nur für die Reichen sondern auch für die Armen mit einem Trade-Off zwischen Risiko und Anreiz verbunden sind.

4. In jeder der unten angegebenen Situationen tritt ein externer Effekt auf. Geben Sie an, ob es sich um einen positiven oder negativen externen Effekt handelt, und erklären Sie, warum das betreffende Gut auf freien Märkten in zu großen oder zu kleinen Mengen produziert wird: (a) Forschungs- und Entwicklungsprojekte, (b) Abfallbeseitigung in einen Fluß, (c) Konzerte in einem großen öffentlichen Park, (d) Rauchen in kleinen, schlecht gelüfteten Konferenzräumen.

5. Soll man Aktivitäten verbieten, die externe Kosten wie Umweltverschmutzung verursachen? Begründen Sie Ihre Antwort. (Hinweis: Bedenken Sie Grenzkosten und Grenznutzen.)

6. Autobahnen und Landstraßen werden oft als öffentliche Güter bezeichnet. Diese Einstufung ist jedoch nicht vollkommen korrekt. Worin bestehen die Ausschließungskosten? Können Sie eine Situation beschreiben, in der die Grenzkosten für einen zusätzlichen Fahrer auf einer solchen Straße ziemlich hoch sein können? Wie könnte die Gesellschaft mit diesem Problem umgehen?

Teil II: Vollkommene Märkte

In Teil II geht es um das grundlegende mikroökonomische Modell der vollkommenen Konkurrenz, in dem rationale wohlinformierte Konsumenten auf Wettbewerbsmärkten mit gewinnmaximierenden Unternehmungen interagieren. Wir studieren die Implikationen dieses Modells und fragen, welche Einsichten es uns ermöglicht. Dabei stellt sich heraus, daß das Modell der vollkommenen Konkurrenz zwar ein guter Ausgangspunkt für die Analyse ist, daß die Konsumenten aber oft nicht so wohlinformiert sind und der Wettbewerb nicht so vollkommen ist, wie es in diesem Modell vorausgesetzt wird. In Teil III wird das Grundmodell erweitert, um es der Realität stärker anzunähern.

Die Wirtschaft besteht aus drei Gruppen von Teilnehmern, den Haushalten, den Unternehmungen und dem Staat, die auf drei Märkten, dem Arbeitsmarkt, dem Kapitalmarkt und dem Gütermarkt, miteinander interagieren. In Teil II folgen wir dieser Einteilung mit einer wichtigen Ausnahme: Die Rolle des Staates wird erst in Teil III diskutiert. In Teil II geht es darum, zu verstehen, wie eine rein private Marktwirtschaft funktionieren könnte. In den Kapiteln 8-10 werden die Entscheidungen der Haushalte über Konsum, Ersparnis und Arbeitsangebot diskutiert. In den Kapiteln 11 und 12 analysieren wir, wie die Unternehmungen über Produktionsmengen und Produktionstechnologien entscheiden.

Kapitel 13 schließlich bringt Haushalte und Unternehmungen auf den drei Märkten zusammen. Arbeit wird von den Haushalten angeboten und von den Unternehmungen nachgefragt. Das Zusammenspiel von Arbeitsangebot und Arbeitsnachfrage bestimmt den Lohn. Die Haushalte bieten auch Kapital an, das die Unternehmungen brauchen, um Fabriken zu bauen und neue Maschinen zu kaufen. Ihre Interaktion auf dem Kapitalmarkt bestimmt den Zinssatz und das gleichgewichtige Niveau von Ersparnis und Investition in der Volkswirtschaft. Die Haushalte verwenden ihr Einkommen, also den Lohn und die Kapitalerträge, für den Kauf von Gütern. Mit Hilfe von Fabriken, Maschinen und Arbeitskräften produzieren die Unternehmungen die Güter, die die Haushalte nachfragen. Das Güterangebot der Unternehmungen und die Güternachfrage der Haushalte treffen auf dem Gütermarkt zusammen, und ihr Zusammenspiel bestimmt die Preise der unzähligen Güter, die wir konsumieren.

Kapitel 8

Die Konsumentscheidung

Mehr als 100 Millionen US-amerikanische Haushalte treffen täglich unzählige Ausgabenentscheidungen. Die gesamtwirtschaftliche Nachfrage nach Autos und Fahrrädern, nach Kleidung und Wohnungen und einer Unmenge anderer Produkte hängt von diesen Entscheidungen ab. Die Mitglieder jedes Haushalts treffen auch Entscheidungen über ihre Arbeitszeit, etwa darüber, ob sie Überstunden machen und ob in einer Ehe beide Partner einer Erwerbsarbeit nachgehen, und damit auch über das Einkommen, das für Konsumausgaben zur Verfügung steht. Sie entscheiden, welchen Teil ihres Einkommens sie sparen wollen und wie sie ihre Ersparnisse investieren wollen.

Haushalte sind also mit vier grundlegenden Arten von wirtschaftlichen Entscheidungen konfrontiert, nämlich mit Arbeits-, Konsum-, Spar- und Investitionsentscheidungen. In diesem Kapitel geht es um die Konsumentscheidungen und darum, wie diese Entscheidungen durch das Steuersystem und durch andere Bereiche der Wirtschaftspolitik beeinflußt werden. Im neunten Kapitel werden Arbeits- und Sparentscheidungen analysiert. Das zehnte Kapitel beschäftigt sich mit den Investitionsentscheidungen der Haushalte.

Diese mikroökonomischen Entscheidungen haben auch makroökonomische Konsequenzen. Wenn Haushalte beschließen, japanische anstelle von amerikanischen Autos zu kaufen, dann vergrößert sich dadurch das amerikanische Handelsbilanzdefizit. Arbeitszeitentscheidungen wirken sich auf die Arbeitslosigkeit und die gesamtwirtschaftliche Produktion aus. Spar- und Investitionsentscheidungen beeinflussen das zukünftige Wachstum der Volkswirtschaft.

8.1 Das Grundproblem der Konsumentscheidung

Das erste Grundproblem, mit dem ein Konsument konfrontiert ist, ist leicht zu beschreiben, wenn auch schwer zu lösen: Es geht darum, was man mit dem Einkommen, das für den Konsum zur Verfügung steht, tun soll. Der Konsument muß dieses verfügbare Einkommen auf alternative Güter (CDs, Kinobesuche, Schokoriegel, Pullover ...) aufteilen. In einer Welt ohne Knappheit wäre die Antwort schnell gegeben: Man würde einfach alle attraktiven Konsumgüter kaufen.

In Kapitel 2 haben wir bereits den Rahmen für wirtschaftliche Entscheidungen entwickelt. Der Konsument definiert seine Möglichkeitenmenge, das heißt, er macht sich klar, welche Güterbündel mit der gegebenen Budgetbeschränkung *erreichbar* sind, und wählt dann innerhalb dieser Menge den von ihm am meisten bevorzugten Punkt. In diesem Kapitel wiederholen wir zunächst die Definition der

Möglichkeitenmenge und fragen dann, wie sie sich verändert und wie sich die Entscheidung des Konsumenten verändert, wenn das Einkommen und die Güterpreise variieren.

Die Budgetbeschränkung

Die Möglichkeitenmenge eines Konsumenten wird durch die Budgetbeschränkung definiert. Wenn jemand ausschließlich von seiner Arbeit lebt und nach Abzug der Steuern einen Wochenlohn von 300 $ erhält, dann ist das seine Budgetbeschränkung. Die Ausgaben für Lebensmittel, Kleidung, Miete, Unterhaltung, Reisen und alles andere können 300 $ pro Woche nicht überschreiten. (Für den Moment sehen wir davon ab, daß der Konsument Geld leihen oder Geld sparen könnte oder daß er seine Budgetbeschränkung durch eine Verkürzung oder Verlängerung seiner Arbeitszeit verändern könnte.)

Die Linie *BC* in Abbildung 8.1A zeigt eine vereinfachte individuelle Budgetbeschränkung. Die Studentin Franziska hat pro Semester ein Taschengeld von 300 $, das sie für ihren Freizeitbedarf ausgeben kann. In Abbildung 8.1 wird vorausgesetzt, daß nur zwei Güter in Frage kommen, Schokoriegel und CDs. Mit Hilfe dieser Vereinfachung kann man die Hauptpunkte der Analyse besonders deutlich herausarbeiten.

Angenommen, ein Schokoriegel kostet einen Dollar und eine CD 15 $. Wenn Franziska ihr gesamtes Taschengeld für Schokoriegel verwendet, kann sie 300 Stück kaufen (Punkt *B* auf der Budgetlinie). Beschränkt sie sich dagegen auf CDs, so reicht ihr Geld für 20 Stück (Punkt *C* auf der Budgetlinie). Franziska kann auch jeden Punkt zwischen *B* und *C* wählen. Sie könnte zum Beispiel zehn CDs (150 $) und 150 Schokoriegel (150 $) kaufen oder 15 CDs (225 $) und 75 Schokoriegel (75 $). Jedes Güterbündel auf der Budgetlinie kostet insgesamt 300 $.

Wie wir aus Kapitel 2 wissen, hat jedes Diagramm einer Budgetbeschränkung zwei wichtige Eigenschaften. Erstens sind nur die Punkte auf der Linie *BC* wirklich relevant, obwohl jeder Punkt innerhalb des Dreiecks *OBC* von Abbildung 8.1 erreichbar ist. Der Grund liegt darin, daß der Konsument sein Budget nicht ausschöpfen würde, wenn er einen Punkt unterhalb seiner Budgetbeschränkung wählen würde. Zweitens kann man am Verlauf der Budgetlinie erkennen, mit welchen *Trade-Offs* der Konsument konfrontiert ist, das heißt, wieviele Schokoriegel er aufgeben muß, um eine zusätzliche CD zu erhalten, und umgekehrt. Betrachten wir die Punkte *F* und *A*. In Teil B ist dieser Teil der Budgetlinie vergrößert dargestellt. In Punkt *A* hat Franziska zehn CDs, in *F* elf. In *F* hat sie 135 Schokoriegel, in *A* 150. Um eine zusätzliche CD zu bekommen, muß sie auf 15 Schokoriegel verzichten..

Dieser *Trade-Off* ist durch die relativen Preise der beiden Güter bestimmt. Wenn das eine Gut zweimal so teuer ist wie das andere, dann muß man zwei Einheiten des billigeren Gutes aufgeben, um eine zusätzliche Einheit des teureren Gutes zu bekommen. Wenn, wie in unserem Fall, ein Gut fünfzehnmal so teuer ist wie das andere, dann muß man 15 Einheiten des billigeren Gutes aufgeben, um eine weitere Einheit des teureren Gutes zu erhalten.

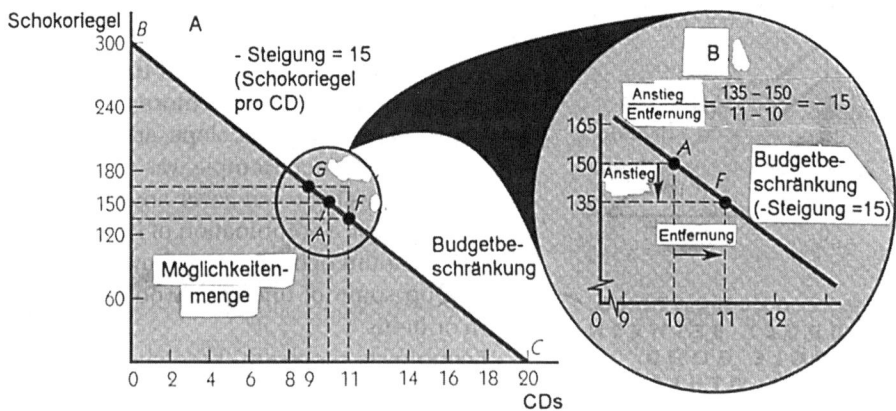

Abbildung 8.1 Die Budgetbeschränkung eines einzelnen Konsumenten. Teil A der Abbildung zeigt, welche Kombinationen von CDs (zu 15 $) und Schokoriegeln (zu 1 $) ein Konsument mit einem Budget von 300 $ kaufen kann. Franziska wählt Punkt *F* mit einer relativ großen Zahl von CDs; Gerhard wählt Punkt *G* mit einer relativ großen Zahl von Schokoriegeln. Teil *B* zeigt den *Trade-Off* einer Bewegung von *A* nach *F* in der Vergrößerung. Für eine zusätzliche CD muß der Konsument auf 15 Schokoriegel verzichten.

Die Steigung der Budgetlinie gibt uns ebenfalls Auskunft über den *Trade-Off.* Die Steigung entspricht dem Anstieg (der Bewegung entlang der vertikalen Achse) geteilt durch die Entfernung (die Bewegung entlang der horizontalen Achse). Die Steigung unserer Budgetgeraden ist also 15.[1] Sie sagt uns, wieviel von einem Gut man bei einem gegebenen Preis hergeben muß, um eine zusätzliche Einheit des anderen Gutes zu erhalten.

Der relative Preis von CDs im Verhältnis zu Schokoriegeln ist 15; das heißt, daß eine CD fünfzehnmal so viel kostet wie ein Schokoriegel. Es ist kein Zufall, daß auch die Steigung der Budgetgeraden 15 beträgt und der *Trade-Off* zwischen beiden Gütern (die Anzahl der Schokoriegel, die Franziska aufgeben muß, um eine

---

[1] Wir vernachlässigen das negative Vorzeichen. Eine detailliertere Erklärung der Steigung einer Kurve ist im Anhang von Kapitel 2 zu finden.

CD zu erhalten). Relativer Preis, Steigung und Trade-Off haben den gleichen Wert.

Wir haben dieses Zwei-Güter-Beispiel gewählt, weil man es leicht mit einem Diagramm illustrieren kann. Aber die gleiche Logik gilt für die Entscheidung zwischen beliebig vielen Gütern. Das Einkommen kann entweder für ein bestimmtes Gut oder für eine Kombination aller anderen Güter ausgegeben werden. Die Budgetbeschränkung bildet die Wahlmöglichkeiten bei einem gegebenen Einkommen und gegebenen Güterpreisen ab. Der Verzicht auf ein Gut macht es möglich, von einem oder mehreren anderen Gütern mehr zu kaufen.

Man kann diese Entscheidung abbilden, indem man die Menge des Gutes, das im Mittelpunkt des Interesses steht (z.B. CDs), auf der horizontalen Achse abträgt und „alle anderen Güter" auf der vertikalen Achse. Definitionsgemäß steht der Betrag, der nicht für CDs ausgegeben wird, für den Kauf aller anderen Güter zur Verfügung. Abbildung 8.2 zeigt eine realistischere Budgetbeschränkung für Franziska. Der Schnittpunkt B der Budgetgeraden mit der vertikalen Achse liegt bei 300 $. Wenn sie keine CDs kauft, hat sie also 300 $ für andere Güter zur Verfügung. Der Schnittpunkt mit der horizontalen Achse liegt bei 20 Stück (C). Wenn sie ausschließlich CDs zum Preis von 15 $ pro Stück kauft, reicht ihr Taschengeld für 20 Stück. Wählt Franziska Punkt F, so kauft sie elf CDs (für 165 $) und hat 135 $ für andere Güter zur Verfügung. Die Strecke OD auf der vertikalen Achse mißt den Betrag, den sie für andere Güter ausgibt; die Strecke BD mißt den Betrag, den sie für CDs ausgibt.

Abbildung 8.2 Die Aufteilung des Budgets zwischen einem bestimmten Gut und allen anderen Gütern. Manche Budgetbeschränkungen zeigen die Wahl zwischen einem bestimmten Gut, in unserem Fall CDs, und allen anderen Gütern. In diesem Fall wird die Gesamtheit der anderen Güter einfach in Geldeinheiten gemessen, wie hier entlang der vertikalen Achse.

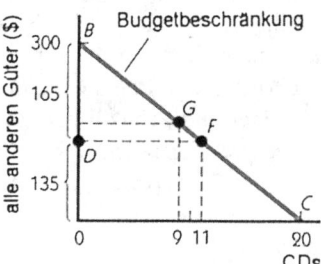

Individuelle Präferenzen: Die Wahl eines Punktes auf der Budgetlinie

Die Budgetbeschränkung mit ihren *Trade-Offs* ist der Ausgangspunkt einer Analyse des Konsumentenverhaltens. Zwei beliebige Menschen mit dem gleichen Einkommen sind auch mit der gleichen Budgetbeschränkung konfrontiert. Wenn ein Konsument einen Laden betritt, kann man aufgrund des Geldbetrags in seiner Tasche und aufgrund der ausgeschilderten Preise seine Budgetbeschränkung und seine *Trade-Offs* ermitteln. Ein Wirtschaftswissenschaftler könnte aber nur vorhersagen, daß der Konsument *irgendeinen* Punkt auf der Budgetgeraden wählen wird. Das tatsächlich gewählte Güterbündel hängt von den individuellen Präferenzen ab: Franziska, die gerne Musik hört, könnte in Abbildung 8.1 Punkt *F* wählen, während Gerhard, der gerne Süßigkeiten ißt, eher *G* wählen wird.

Nur wenige Menschen werden einen Randpunkt auf der Budgetgeraden wählen, wie *B* oder *C* in Abbildung 8.1, die jeweils nur eines der beiden Güter enthalten. Je mehr man nämlich von einem Gut bereits hat, um so weniger wertvoll ist eine weitere Einheit dieses Gutes im Vergleich zu zusätzlichen Einheiten anderer Güter. Bei Punkten in der Nähe von *C* kann man sicher annehmen, daß die meisten Menschen eine zusätzliche CD weniger attraktiv finden werden als ein paar Schokoriegel. Sicherlich würden auch in der Nähe von Punkt *B* die meisten Menschen sich mit Schokolade so vollgestopft fühlen, daß sie lieber noch eine CD kaufen würden.

Welches Güterbündel jemand wählt, hängt von seiner Wertschätzung für die beiden Güter ab. In Kapitel 2 haben wir betont, daß Menschen ihren Entscheidungen vor allem an *marginalen* Größen ausrichten; sie vergleichen die zusätzlichen Kosten und den zusätzlichen Nutzen. In unserem Fall muß man an jedem Punkt der Budgetgeraden zwischen einer weiteren CD und fünfzehn zusätzlichen Schokoriegeln wählen. Wenn Gerhard und Franziska verschiedene Punkte auf der Budgetgeraden wählen, so deshalb, weil sie den Grenznutzen (den zusätzlichen Genuß durch eine weitere CD) und die Grenzkosten (den Schmerz durch den Verzicht auf 15 Schokoriegel) verschieden bewerten. Gerhard wählt Punkt *G* in Abbildung 8.1, weil für ihn an diesem Punkt der Grenznutzen einer weiteren CD genau ihren Grenzkosten, nämlich den 15 Schokoriegeln, entspricht. Wenn dagegen Franziska, die gerne Musik hört, Punkt *G* betrachtet, stellt sie fest, daß für sie in diesem Punkt CDs wichtiger und Schokoriegel unwichtiger sind als für Gerhard. Sie geht also entlang der Budgetgeraden weiter, bis sie an einen Punkt kommt, der so viele CDs und so wenige Schokoriegel beinhaltet, daß für sie der Grenznutzen einer weiteren CD gerade die Grenzkosten, also 15 Schokoriegel, aufwiegt. Wie wir angenommen haben, ist das gerade in *F* der Fall.

Die gleiche Logik kann man auf eine Budgetgerade wie die in Abbildung 8.2 anwenden. Hier wählen Gerhard und Franziska zwischen CDs und allen anderen Gütern, gemessen in Geldeinheiten. Hier vergleichen sie den Grenznutzen einer weiteren CD mit den anderen Gütern, die sie dafür aufgeben müßten. Ein CD-Preis von 15 $ bedeutet, daß man für eine weitere CD andere Güter im Wert von 15 $ aufgeben muß. Für Gerhard entspricht der Grenznutzen einer weiteren CD den Grenzkosten in Höhe von 15 $, wenn er nur neun CDs hat und deshalb noch 165 $ für andere Güter verwenden kann. Für Franziska, die eine größere Vorliebe für CDs hat, wird der Grenznutzen einer weiteren CD erst dann von den Grenzkosten aufgewogen, wenn sie elf CDs hat und noch 135 $ für andere Güter ausgeben kann. Der Preis ist also ein quantitatives Maß für den Grenznutzen.

Konsumentscheidungen und Einkommensveränderungen

Ein steigendes Einkommen bedeutet, daß eine größere Geldsumme für den Konsum zur Verfügung steht. Normalerweise wird ein Konsument von vielen Gütern mehr kaufen, wenn auch in unterschiedlichem Ausmaß. Verschiedene Menschen werden entsprechend ihrer unterschiedlichen Präferenzen zusätzliches Einkommen für verschiedene Dinge ausgeben. Hannes wird vielleicht öfters zum Essen ausgehen, während Willi einen großen Teil seines zusätzlichen Einkommens für ein teureres Auto ausgibt.

Die **Einkommenselastizität der Nachfrage** (analog zur Preiselastizität der Nachfrage in Kapitel 5) mißt, wie die Nachfrage nach einem bestimmten Gut auf Veränderungen des Einkommens reagiert:

$$\text{Einkommenselastizität der Nachfrage} = \frac{\text{prozentuale Veränderung des Konsums}}{\text{prozentuale Veränderung des Einkommens}}.$$

Die Einkommenselastizität der Nachfrage ist in anderen Worten die prozentuale Veränderung des Konsums, die sich aus einer Erhöhung des Einkommens um ein Prozent ergibt. Wenn die Einkommenselastizität der Nachfrage nach einem bestimmten Gut bei einem Konsumenten größer als eins ist, dann löst eine Erhöhung seines Einkommens um ein Prozent einen Anstieg seiner Ausgaben für dieses Gut um mehr als ein Prozent aus. Seine Ausgaben für dieses Gut wachsen also überproportional mit dem Einkommen. Entsprechend bedeutet eine Einkommenselastizität der Nachfrage von weniger als eins, daß eine einprozentige Einkommenserhöhung einen Ausgabenzuwachs von weniger als einem Prozent zur Folge hat. In diesem Fall geht der Anteil des Gutes an den Gesamtausgaben des Konsumenten mit steigendem Einkommen zurück.

Mit steigendem Einkommen verändern sich oft die Konsumentscheidungen der Menschen. Insbesondere haben sie mehr Geld für Luxusgüter zur Verfügung. Sie geben zwar vielleicht einen Teil des zusätzlichen Einkommens für höherwertige Lebensmittel und andere Güter des täglichen Bedarfs aus; aber sicher erhöhen sie ihre Ausgaben für Kinobesuche, teurere Autos, Urlaubsreisen und andere Luxusgüter. Entsprechend geben die Armen einen größeren Teil ihres Einkommens für Lebensmittel und Wohnung aus und einen geringeren Teil für Güter wie zum Beispiel Parfum. In anderen Worten: Die Einkommenselastizität der Nachfrage nach Gütern des täglichen Bedarfs ist niedriger als eins, und die Einkommenselastizität der Nachfrage nach Luxusgütern ist größer als eins.

Bei einigen Gütern nimmt die Nachfrage mit steigendem Einkommen sogar ab und umgekehrt. Diese Güter nennt man **inferiore Güter**, im Gegensatz zu den **nor-**

malen Gütern, bei denen die Nachfrage mit steigendem Einkommen zunimmt. Anders ausgedrückt: Güter mit einer *negativen* Einkommenselastizität der Nachfrage sind definitionsgemäß inferior, während alle anderen Güter normal genannt werden. Wenn zum Beispiel Franziska, die bisher mit dem Bus zur Arbeit gefahren ist, eine Lohnerhöhung erhält, stellt sie vielleicht fest, daß sie sich ein Auto leisten kann. Nachdem sie das Auto gekauft hat, gibt sie weniger Geld für Busfahrscheine aus. In diesem speziellen Sinn sind Busfahrten ein inferiores Gut.

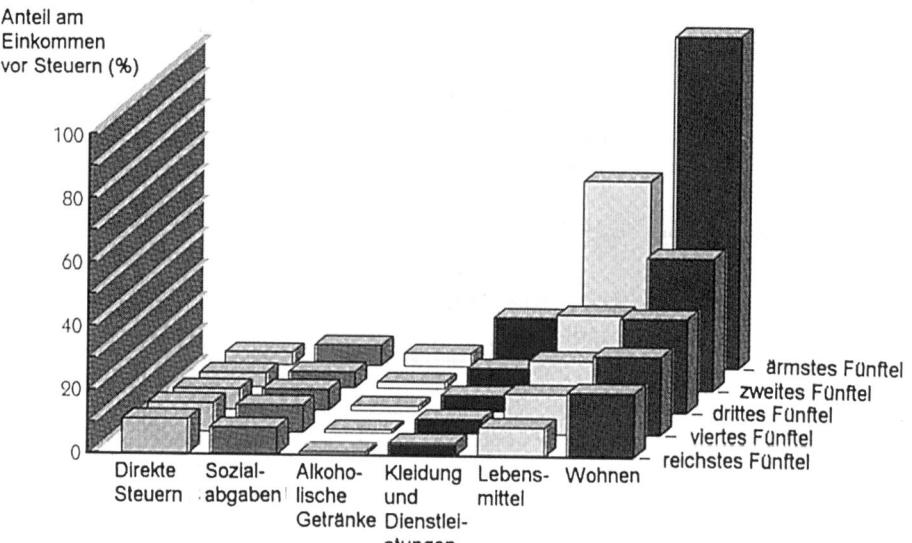

Abbildung 8.3 Ausgabenstrukturen von Haushalten unterschiedlicher Einkommensschichten. Die Armen verwenden einen größeren Teil ihres Einkommens für Güter des täglichen Bedarfs wie Lebensmittel und Wohnen als die Reichen. *Anmerkung:* Im Einkommen vor Steuern sind Kredite oder Unterstützungsleistungen aus staatlichen Programmen nicht enthalten; das erklärt, daß die Ausgaben 100 Prozent übersteigen. *Quelle: Consumer Expenditure Survey Data,* 1984-87, Bulletin 2333.

Abbildung 8.3 zeigt, wofür Haushalte verschiedener Einkommensklassen ihr Einkommen typischerweise ausgeben. Wir sehen, daß die ärmsten 20 Prozent der Bevölkerung im Durchschnitt mehr als 100 Prozent ihres Einkommens vor Steuern für das Wohnen ausgeben. (Staatliche Unterstützungsleistungen wie Sozialhilfe oder Arbeitslosenhilfe sind hier nicht zum Einkommen gerechnet.) Im Gegensatz dazu geben die reichsten 20 Prozent nur ein Fünftel ihres Einkommens für Wohnen aus. Während die ärmsten 20 Prozent beinahe die Hälfte ihres Einkommens vor Steuern für Lebensmittel ausgeben, ist es bei den reichsten 20 Prozent weniger als ein Zehntel.

Tabelle 8.1   Einige (langfristige) Einkommenselastizitäten der Nachfrage

Einkommenselastische Nachfrage		Einkommensunelastische Nachfrage	
Kinobesuche	3,41	Autoreparaturen	0,90
Medikamente	3,04	Tabakwaren	0,86
selbstgenutzter Wohnraum	2,45	Porzellan, Glaswaren und Küchengeräte	0,77
Spielwaren	2,01	Schuhreparaturen	0,72
Elektrischer Strom	1,94	Alkoholische Getränke	0,62
Mahlzeiten im Restaurant	1,61	Wasser	0,59
Öffentlicher Nahverkehr	1,38	Wohnungseinrichtung	0,53
Benzin und Öl	1,36	Bekleidung	0,51
Autoversicherungen	1,26		
Ärztliche Dienstleistungen	1,15		
Autos	1,07		

Quelle: H.S.Houthakker und Lester D. Taylor, *Consumer Demand in the United States* (Cambridge, Mass.: Harvard University Press, 1970).

Tabelle 8.1 enthält die Einkommenselastizitäten der Nachfrage für einige Konsumgüter. In den Kapiteln 4 und 5 haben wir gesehen, daß Anpassungen von Konsumenten und Unternehmungen an veränderte Preise um so deutlicher ausfallen, je mehr Zeit sie dafür zur Verfügung haben. Deshalb sind die langfristigen Preiselastizitäten normalerweise höher - oft sogar viel höher - als die kurzfristigen. Das gleiche gilt für Reaktionen auf Einkommensänderungen. Die Daten in der Tabelle beziehen sich auf langfristige Elastizitäten. Die Nachfrage nach Benzin und Öl ist ein gutes Beispiel für den Unterschied zwischen langfristigen und kurzfristigen Elastizitäten; hier beträgt die langfristige Einkommenselastizität 1,36, die kurzfristige dagegen 0,55.

Man beachte, daß die Einkommenselastizität des Wassers 0,59 beträgt. Es mag überraschen, daß Wasser überhaupt eine Einkommenselastizität hat, denn Arme und Reiche brauchen schließlich gleichermaßen Wasser zum Überleben. Die Tatsache, daß zwischen dem Einkommen und dem Wasserkonsum überhaupt eine systematische Beziehung besteht, zeigt einfach, daß man mit einiger Anstrengung beinahe an jeder Ressource sparen kann. Bei einem niedrigeren Einkommen waschen die Leute ihre Autos weniger oft, gießen ihren Rasen seltener, usw.

Informationen wie die in Abbildung 8.3 sind von großem praktischem Nutzen. Sie helfen zum Beispiel herauszufinden, wie sich eine bestimmte Steuer auf verschiedene Bevölkerungsgruppen auswirkt. Jeder, der Alkohol konsumiert, erleidet durch eine Alkoholsteuer Einbußen. Wenn aber die Armen einen größeren Teil ihres Einkommens für Alkohol ausgeben, wie aus der Abbildung hervorgeht, dann tragen sie auch einen überproportionalen Anteil der Belastung durch die Steuer.

8.2 Die Nachfragekurve genauer betrachtet

In Kapitel 4 haben wir die Haupteigenschaften der Nachfragekurve kennengelernt: Wenn der Preis eines Gutes steigt, geht die nachgefragte Menge in der Regel zurück. Die Gründe dafür wollen wir im folgenden genauer untersuchen. Dadurch werden wir besser verstehen, warum manche Güter stärker auf Preisänderungen reagieren, das heißt, warum sie eine größere Preiselastizität der Nachfrage aufweisen.

Benutzen wir noch einmal das Beispiel aus Abbildung 8.2. Wenn der Preis von CDs von 15 $ auf 20 $ ansteigt, ist Franziska mit einer neuen Budgetbeschränkung konfrontiert. Falls sie keine CDs kauft, hat sie noch immer 300 $ für andere Güter; verwendet sie aber ihr gesamtes Taschengeld für CDs, dann kann sie nur 15 statt 20 Stück kaufen. Ihre neue Budgetgerade entspricht der fett eingezeichneten Linie in Abbildung 8.4.

Der Preisanstieg bei CDs hat eine offensichtliche und bedeutsame Wirkung: Franziska kann nicht länger die gleiche Anzahl CDs und die gleiche Menge von allen anderen Gütern kaufen wie vorher. Würde sie zum Beispiel weiterhin elf CDs kaufen, dann müßte sie dafür 55 $ mehr ausgeben als bisher, die dann bei den anderen Gütern fehlen würden. Auf jeden Fall ist Franziska durch die Preissteigerung schlechter gestellt. Es ist so, *als ob* sie ein geringeres Einkommen hätte. Bei einem geringeren Einkommen reduziert sie ihre Ausgaben für jedes Gut, auch für CDs. Diesen Teil ihrer Reaktion auf die Preiserhöhung nennt man den **Einkommenseffekt**. Ein Einkommensanstieg von 55 $ oder 18 Prozent (55 $ von 300 $) würde den Preisanstieg gerade wettmachen.[2] Angenommen die Einkommenselastizität der Nachfrage ist ungefähr eins; das bedeutet, daß sie als Reaktion auf die Einkommenskürzung von 18 Prozent auch ihren Konsum von CDs um ungefähr 18

---

[2] Tatsächlich würde dadurch der Preisanstieg leicht überkompensiert. Mit einer Einkommenserhöhung von 55 $ könnte Franziska genau das gleiche Güterbündel kaufen wie vorher, aber, wie wir sehen werden, wird sie es vorziehen, ihre Ausgaben etwas anders zu verteilen. Diese Reallokation bewirkt, daß sie einen größeren Nutzen hat als vorher.

Prozent, also um zwei CDs einschränken würde. Dieser Teil der Reduktion ihrer Nachfrage nach CDs von elf auf neun Stück ist der Einkommenseffekt.

Abbildung 8.4 Wirkung eines Preisanstiegs. Durch einen Preisanstieg bei CDs verschiebt sich die Budgetlinie, wie gezeigt, nach innen. Franziska muß beim Verbrauch einiger Güter sparen. Hier haben wir ein Güterbündel eingezeichnet, das sowohl weniger CDs als auch weniger andere Güter enthält.

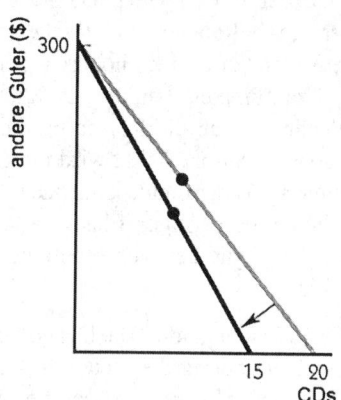

Die Größenordnung des Einkommenseffekts hängt von zwei Faktoren ab, nämlich zum einen von der Einkommenselastizität der Nachfrage und zum anderen von der individuellen Wertschätzung dieses Gutes, also davon, welcher Teil des Einkommens für dieses Gut ausgegeben wird. Da in den meisten Fällen die Konsumenten für irgendein beliebiges Gut nur einen relativ kleinen Teil ihres Einkommens ausgeben, ist der Einkommenseffekt relativ klein. Ein Gegenbeispiel ist das Wohnen, denn dafür geben die Haushalte im Durchschnitt ein Viertel bis ein Drittel ihres Einkommens aus, so daß der Einkommenseffekt eines Preisanstiegs deutlich spürbar ist.

Zurück zu Franziska und ihren CDs. Beim höheren Preis kann sie durch den Verzicht auf eine CD mehr andere Güter erhalten. Der relative Preis der CDs oder der *Trade-Off* zwischen CDs und anderen Gütern hat sich verändert. Beim höheren Preis *substituiert* (ersetzt) sie einen Teil der teurer gewordenen CDs durch billigere Güter. Diese Wirkung der Preiserhöhung heißt **Substitutionseffekt.** Die Größenordnung des Substitutionseffekts hängt davon ab, wie leicht es für Franziska ist, CDs durch andere Güter zu ersetzen. Wenn sie ihren Kassettenrecorder noch hat, und wenn der Preis von Musikkassetten unverändert geblieben ist, kann der Substitutionseffekt recht groß sein. Vielleicht reduziert sie die Anzahl der CDs in ihrem Güterbündel bis auf zwei. Wenn sie jedoch keinen Kassettenrecorder hat, wenn Musikhören die einzige Unterhaltung ist, die sie mag, und wenn sie gleichzeitig die Musik der örtlichen Radiosender nicht leiden kann, dann kann der Substitutionseffekt unbedeutend sein. Vielleicht reduziert sie die Anzahl der gekauften CDs nur auf acht.

Anwendungsbeispiel: Die Berechnung von Steuereinnahmen

Während der letzten Jahre hat die Regierung die Besteuerung einer Anzahl von „Lastern", wie Rauchen und Trinken, sowie die Besteuerung von Umweltbelastungen, etwa in Form einer höheren Benzinsteuer, erwogen, um zu mehr Staatseinnahmen zu kommen. Um die zusätzlichen Staatseinnahmen durch eine neue Steuer zu berechnen, muß die Regierung die Preiselastizität der Nachfrage schätzen. Bei einer hohen Preiselastizität wird eine Steuer, die den Preis eines Gutes erhöht, die konsumierte Menge und damit auch das erzielbare Steueraufkommen reduzieren. Selbst bei einer geringen Elastizität könnte eine empfindliche Verbrauchsteuer, so wie sie für Zigaretten vorgeschlagen worden ist, zu einem starken Konsumrückgang führen.

Die Preiselastizität der Nachfrage für Zigaretten wird zum Beispiel auf 0,3 geschätzt. 1994 betrug die Steuer 24 Cents oder 12 Prozent des Packungspreises. Es wurde vorgeschlagen, die Zigarettensteuer um 69 Cents, 99 Cents oder sogar um 2 $ zu erhöhen und damit (unter der Voraussetzung, daß die Steuerbelastung über den Preis vollständig an die Konsumenten weitergegeben wird) den Preis um 22,5, 37,5 bzw. 88 Prozent anzuheben. Vernachlässigt man andere Ursachen von Preiserhöhungen sowie den ohnehin bestehenden Trend zur Reduzierung des Zigarettenkonsums, dann würde die Steuer den Zigarettenumsatz um 6,8, 11,3 bzw. 26,4 Prozent reduzieren, und die geschätzten Mehreinnahmen wären deutlich geringer als ohne diese Nachfragereaktion. Würde man zum Beispiel den Steuersatz auf 99 Cents vervierfachen, dann würde das Steueraufkommen nicht um das vierfache sondern lediglich um das 2,5-fache steigen.

Die Ableitung von Nachfragekurven

Wir sehen jetzt, wie man die Nachfragekurve ableitet, und warum sie eine negative Steigung hat. Wir zeichnen zu jedem Preis die Budgetbeschränkung und identifizieren die gewählten Punkte auf der Budgetlinie. Mit steigendem CD-Preis wählt Franziska Güterbündel auf den jeweiligen Budgetlinien, die immer weniger CDs enthalten: Die Preiserhöhung verringert den Wert ihres Einkommens und veranlaßt sie, bei allen Gütern zu sparen (Einkommenseffekt). Der *im Vergleich zu anderen Gütern* gestiegene Preis bedeutet aber auch, daß sie CDs durch andere Güter ersetzt (Substitutionseffekt).

Ein Blick in die Wirtschaftspolitik: Das Schicksal der BTU-Steuer

Manche Unterschiede in den individuellen Konsumentscheidungen bei gleicher Budgetbeschränkung sind einfach durch Geschmacksunterschiede zu erklären - Franziska hört lieber Musik als Gerhard. Andere Unterschiede im Konsumverhalten sind systematischer Natur und spiegeln zum Beispiel. unterschiedliche Lebensumstände. Eleanor lebt in Neuengland und verbraucht deshalb mehr Heizöl als Jim, der in Florida wohnt; Amy, die in Montana, 200 Meilen von der nächsten Stadt entfernt lebt, verbraucht mehr Geld für Benzin und Autos als jemand in New York City.

Wenn man diese systematischen Einflüsse auf das Ausgabenverhalten der Leute kennt, kann man besser verstehen, warum Gesetzesvorlagen der Regierung zur Besteuerung verschiedener Güter in den verschiedenen Regionen des Landes deutlich unterschiedliche Reaktionen hervorrufen. Ein Beispiel dafür hat sich 1993 abgespielt, nachdem die Clinton-Regierung mit dem Versprechen angetreten war, das riesige Defizit im Bundeshaushalt zu reduzieren. Viele Spezialisten innerhalb und außerhalb der Regierung waren für die Einführung einer Energiesteuer. In den Vereinigten Staaten sind die meisten Energieträger im Vergleich zu vielen anderen Industrieländern relativ billig. Niedrige Energiepreise begünstigen den hohen Energieverbrauch der Amerikaner und damit auch die Staus in den Ballungsgebieten, die Luftverschmutzung und die Emission von Treibhausgasen. Eine Energiesteuer würde einen Anreiz zu Energieeinsparungen setzen und wäre deshalb auch unter umweltpolitischen Gesichtspunkten ein vernünftiger Weg zur Erhöhung der Staatseinnahmen und zur Reduzierung des Haushaltsdefizits.

Die Regierung nannte ihren Steuervorschlag BTU-Steuer, nach der Britischen Wärmeeinheit (*British Thermal Unit*), einem Standardmaß für Energie. Die Idee war, den Energieverbrauch zur Bemessungsgrundlage zu machen und dabei alle Energiequellen gleich zu behandeln. Der Vorschlag stieß sofort auf heftigen Widerstand bei denjenigen, die besonders viel Energie verbrauchen. Die Menschen im Nordosten der USA, die eine lange Heizperiode haben, argumentierten, daß ihre höhere Steuerbelastung unfair sei. Die Aluminiumindustrie und andere energieintensive Branchen bildeten ebenfalls eine starke Opposition.

Um die politische Akzeptanz der Steuer und ihre Erfolgschancen im Kongreß zu verbessern wurde die Gesetzesvorlage reduziert und in eine reine Benzinsteuer verwandelt. Der Vorschlag lief nun darauf hinaus, daß die Benzinsteuer von 14,1 Cents auf 20,6 Cents pro Gallone angehoben werden sollte. In den westlichen Staaten, wo die Menschen an einem durchschnittlichen Tag viel weitere Strecken zurücklegen als anderswo, wurde sofort heftiger Protest laut. Unter diesem politischen Druck mußte der vorgeschlagene Steuersatz verringert werden. Was der Kongreß am Ende verabschiedete und der Präsident unterschrieb, war eine Erhöhung der Benzinsteuer um bescheidene 4,3 Cents pro Gallone. Dadurch entstanden zusätzliche Staatseinnahmen von 24 Mrd. $ zwischen 1993 und 1998 oder weniger als 5 Mrd. $ pro Jahr. Der Steuersatz ist zu niedrig, um das Fahrverhalten oder gar den Energieverbrauch insgesamt spürbar zu beeinflussen, und die zusätzlichen Einnahmen haben einen ähnlich geringfügigen Effekt auf das Haushaltsdefizit des Bundes.

**Die Bedeutung der Unterscheidung zwischen Einkommens- und Substituti-
onseffekt**

Aus zwei Gründen ist es wichtig, zwischen dem Einkommens- und dem Substitutionseffekt einer Preiserhöhung zu unterscheiden.

• *Reaktionen auf Preisänderungen verstehen*: Erstens verbessert diese Unterscheidung unser Verständnis für Konsumreaktionen auf Preisänderungen.
  Wenn wir den Substitutionseffekt betrachten, verstehen wir, warum die Preiselastizität bei manchen Nachfragekurven niedrig und bei anderen hoch ist. Es
  leuchtet auch ein, warum die Preiselastizität an verschiedenen Punkten der
  Nachfragekurve verschieden hoch sein kann. Erinnern wir uns an Kapitel 5:
  Wenn jemand von einem bestimmten Gut eine große Menge konsumiert, ist es
  leicht, Substitutionsgüter dafür zu finden und ein geringer Preisanstieg kann
  schon zu einer deutlichen Reduktion der nachgefragten Menge führen; je geringer die konsumierte Menge ist, um so schwieriger wird es, das Gut durch ein
  anderes zu ersetzen.

  Oder betrachten wir die Wirkung eines Preisanstiegs bei einem Gut auf die
  Nachfrage nach *anderen* Gütern. Es gibt immer einen Einkommenseffekt, der
  für sich genommen dazu führt, daß der Konsum von allen Gütern eingeschränkt
  wird. Aber der Substitutionseffekt führt zu einer *erhöhten* Nachfrage nach Substitutionsgütern. Also wird ein Preisanstieg bei CocaCola zu einer höheren
  Nachfrage nach Pepsi-Cola (bei jedem Preis) führen; die Nachfragekurve für
  Pepsi-Cola verschiebt sich nach rechts, weil der Substitutionseffekt den geringfügigen Einkommenseffekt überwiegt.

• *Durch Steuern verursachte Ineffizienzen verstehen*: Einkommens- und Substitutionseffekt helfen auch, einige der Ineffizienzen zu identifizieren, die durch
  die Besteuerung verursacht werden. Der Zweck einer Steuer ist es, die Staatseinnahmen zu erhöhen, damit der Staat seinerseits Güter kaufen kann; Steuern
  stellen also einen Kaufkrafttransfer von den Haushalten an den Staat dar. Wenn
  der Staat mehr Ressourcen beansprucht, müssen die Privaten weniger konsumieren. Jede Steuer muß also einen Einkommenseffekt haben.

  Darüber hinaus beeinträchtigen Steuern jedoch oft auch die wirtschaftliche
  Aktivität. Die Allokationsverzerrungen, die durch Steuern ausgelöst werden,
  haben mit dem Substitutionseffekt zu tun. Man denke zum Beispiel an die Fen-
  stersteuer im mittelalterlichen England. Damit wurde bezweckt, das Steueraufkommen zu erhöhen. Statt dessen führte sie zum Bau von fensterlosen Häusern,
  also zu einer gewaltigen Allokationsverzerrung. Die Verzerrungen, die durch
  moderne Steuern ausgelöst werden, sind subtiler. Man denke an eine Steuer auf
  Flugtickets oder auf Telephongespräche. Es kann ein legitimes Ziel der Besteuerung sein, Güter zurückzudrängen, deren Konsum gegen die Interessen
  der Gesellschaft verstößt. Aber die Regierung hat nichts gegen das Fliegen

oder gegen das Telephonieren. Die Steuer hat den Zweck, die Staatseinnahmen zu erhöhen, und gleichzeitig die unbeabsichtigte Nebenwirkung, die Zahl der Flüge und Telephongespräche zu verringern. Jede Steuer führt über den Einkommenseffekt zu einer *gewissen* Reduktion des Konsums. Aber die meisten Steuern verändern auch die relativen Preise; das heißt, sie haben auch einen Substitutionseffekt. Dieser Substitutionseffekt ist es, der zu Allokationsverzerrungen führt. Ist der Substitutionseffekt gering, dann hält sich auch die Verzerrung in Grenzen, ist er groß, dann ist auch die Verzerrung spürbar.

Anwendungsbeispiel: Einkommens- und Substitutionseffekte

Nach dem starken Anstieg der Ölpreise in den späten siebziger Jahren wollte Präsident Carter durch eine weitere Verteuerung des Ölverbrauchs Energieeinsparungen bewirken. Ein Plan lief darauf hinaus, daß die Regierung den Benzinpreis durch eine Steuer erhöhen, aber gleichzeitig die daraus fließenden Einnahmen über eine Senkung der Einkommensteuer wieder an die Konsumenten zurückgeben sollte. Einige Kommentatoren machten sich über diese Idee lustig. Welcher Sinn sollte darin liegen, eine Steuer zu erheben und sie anschließend wieder zurückzubezahlen? Die Antwort ist einfach und hat mit dem Substitutionseffekt zu tun.

Angenommen, Lucia hat vor der Einführung des Gesetzes ein Einkommen von 20.000 $. Sie verwendet 500 $ pro Jahr (2,5 Prozent) für Benzin; Bei einem Preis von einem Dollar pro Gallone kann sie 500 Gallonen Benzin kaufen. Gehen wir zunächst davon aus, daß die Benzinsteuer um 20 Cents pro Gallone erhöht wird und daß dadurch der Benzinpreis auf 1,20 $ steigt. Bei einer Preiselastizität der Nachfrage nach Benzin von 0,5 wird dieser Preisanstieg zu einem Rückgang der nachgefragten Menge um 10 Prozent (= 20 Prozent × 0,5) führen. Lucia kauft jetzt 450 Gallonen (90 Prozent von 500) zu einem Preis von 1,20 $ pro Gallone und gibt insgesamt 540 $ dafür aus. Das zusätzliche Steueraufkommen beträgt 0,20 $ × 450 = 90 $. Angenommen, die Regierung würde Lucia die 90 $ zurückerstatten. (In der Praxis entspricht die Rückzahlung nicht dem Betrag, den Lucia tatsächlich gezahlt hat, denn sie ist für alle Steuerzahler gleich. In unserem Beispiel ist Lucia eine durchschnittliche Person, so daß sie genau den Betrag zurückerhält, den sie tatsächlich bezahlt hat.) Durch die Rückzahlung macht die Regierung den Effekt der Benzinsteuererhöhung nicht völlig zunichte. Wenn Lucia auch aus der Steuerrückerstattung 2,5 Prozent für Benzin verwendet, dann steigen ihre Benzinausgaben nur um etwas mehr als 2 $ (2,5 Prozent × 90 $). Ihr Benzinverbrauch ist trotz der Rückzahlung insgesamt noch immer niedriger als vorher.

8.3 Der Nutzen und die Beschreibung der Präferenzen

Wie wir gesehen haben, wählen die Menschen einen Punkt auf ihrer Budgetlinie, indem sie den **Nutzen** einer zusätzlichen Einheit des einen Gutes gegen die Kosten des Verzichts auf andere Güter abwägen. Vermutlich kann jeder Mensch angeben, ob er ein bestimmtes Güterbündel einem anderen Güterbündel vorzieht. In der Fachsprache sagt man, daß das bevorzugte Güterbündel dem Konsumenten ein höheres Nutzenniveau gibt als die alternativen Güterbündel, die er hätte wählen können. Statt dessen kann man auch sagen, daß der Konsument innerhalb seiner Budgetbeschränkung dasjenige Güterbündel wählt, das seinen Nutzen maximiert. Im neunzehnten Jahrhundert hofften Sozialwissenschaftler wie der britische Philosoph Jeremy Bentham, daß die Wissenschaft eines Tages eine Maschine entwickeln würde, mit deren Hilfe man den Nutzen tatsächlich messen könnte. Ein Wissenschaftler könnte dann einfach ein paar Elektroden an den Kopf eines Menschen anschließen und davon ablesen, wie „glücklich" er sei. Die meisten heutigen Wirtschaftswissenschaftler glauben, daß es keine *richtige* Methode der Nutzenmessung gibt, aber einige nützliche Methoden, um Veränderungen des Wohlbefindens einer Person zu messen.

Für unsere Zwecke soll eine einfache Meßmethode genügen: Wir fragen, wieviel jemand zu zahlen bereit wäre, um nicht in Situation B sondern in Situation A zu sein. Wenn zum Beispiel Johannes Schokoladeneis lieber mag als Vanilleeis, kann man davon ausgehen, daß er für einen Löffel Schokoladeneis auch mehr zu zahlen bereit wäre. Oder wenn Diana lieber in Kalifornien als in New Jersey leben möchte, ist es nur logisch, daß sie für eine Wohnung an der Westküste auch mehr zu zahlen bereit wäre.

Man beachte, daß die Zahlungsbereitschaft einer Person für ein bestimmtes Gut nicht das gleiche ist wie der tatsächliche Preis des Gutes. Daß Johannes bereit ist, für Schokoladeneis mehr zu bezahlen, heißt nicht, daß er auch mehr bezahlen muß. Der Marktpreis hängt von der Marktsituation ab; die Zahlungsbereitschaft dagegen von den subjektiven Präferenzen. Die Zahlungsbereitschaft ist ein gutes Maß für den Nutzen und hilft zum Beispiel zu erklären, welchen Punkt auf seiner Budgetlinie ein Konsument wählt. Aber die Hoffnungen der Wirtschaftswissenschaftler des neunzehnten Jahrhunderts, daß wir eine Methode finden würden, um den Nutzen eines Güterbündels für zwei verschiedene Menschen miteinander zu vergleichen, betrachtet man heute als Luftschlösser.

Wenn wir die Zahlungsbereitschaft als Maß für den Nutzen verwenden, können wir ein Diagramm wie in Abbildung 8.5A konstruieren, das zeigt, wie Marias Nutzenniveau mit der Anzahl der Sweatshirts, die sie kauft, ansteigt. Die gleiche Information ist in Tabelle 8.2 enthalten. Hier wird angenommen, daß Maria für fünf Sweatshirts 200 $ zahlen würde, für sechs Sweatshirts 228 $, für sieben Sweatshirts 254 $ und so weiter. Ihr Nutzenniveau beträgt also bei fünf Sweatshirts 200,

Tabelle 8.2 Nutzen und Grenznutzen

Zahl der Sweatshirts	Zahlungs- bereitschaft (Nutzen)	Grenznutzen	Zahl der Pizzas	Zahlungs- bereitschaft (Nutzen	Grenznutzen
0	0	50	0	0	18
1	50	45	1	18	16
2	95	40	2	34	15
3	135	35	3	49	14
4	170	30	4	63	13
5	200	28	5	76	12
6	228	26	6	88	11
7	254	24	7	99	10
8	278	23	8	109	9
9	301	22	9	118	8
10	323	21	10	126	7
11	344	20	11	133	6
12	364	19	12	139	5
13	383	18	13	144	4
14	401	17	14	148	
15	418	16			
16	434	15			
17	449	14			
18	463	13			
19	476	12			
20	488				

bei sechs Sweatshirts 228 und bei sieben Sweatshirts 254. Marias Zahlungsbereit-schaft steigt mit der Anzahl der Sweatshirts, weil zusätzliche Sweatshirts ihr zu-sätzlichen Nutzen verschaffen. Der zusätzliche Nutzen eines weiteren Sweatshirts, hier gemessen an ihrer zusätzlichen Zahlungsbereitschaft, wird **Grenznutzen** ge-nannt. Die Zahlen in der dritten Spalte von Tabelle 8.2 geben jeweils den Grenz-nutzen des letzten Sweatshirts an. Wenn Maria fünf Sweatshirts besitzt, gibt ihr ein weiteres Sweatshirt einen zusätzlichen Nutzen oder Grenznutzen von 28 (228 - 200); wenn sie sechs Sweatshirts besitzt, gibt ihr das siebte einen Grenznutzen von

26 (254 - 228). In Abbildung 8.5B ist für jede Anzahl von Sweatshirts der Grenznutzen eines weiteren Sweatshirts abgetragen.[3]

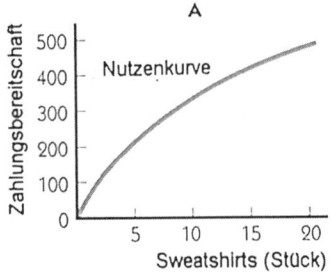
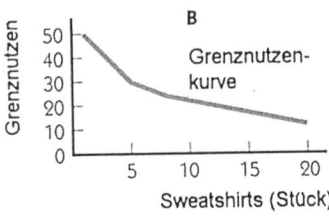

Abbildung 8.5 Nutzen und Grenznutzen. Teil A der Abbildung zeigt, daß der Nutzen mit
zunehmender Menge eines Gutes kontinuierlich ansteigt, daß die Nutzenkurve dabei aber
immer flacher wird. Teil B zeigt den Grenznutzen explizit; man sieht, daß er um so kleiner
wird, je mehr von dem Gut konsumiert wird.

Je mehr von einem Gut ein Mensch bereits konsumiert, desto weniger steigt sein
Nutzen durch eine zusätzliche Einheit dieses Gutes. Das ist das Gesetz des **abnehmenden Grenznutzens.** Das erste Sweatshirt ist sehr begehrenswert und ein
weiteres ist ebenfalls attraktiv. Aber das jeweils letzte Sweatshirt erhöht den Nutzen um weniger als das vorletzte und irgendwann ist der Punkt erreicht, wo Maria
sich beinahe kein zusätzliches Vergnügen verschaffen kann, indem sie ihrer Garde-
robe noch ein weiteres Sweatshirt hinzufügt. Wenn Maria bei einem gegebenen
Budget zwischen zwei Gütern mit dem gleichen Preis wählen muß, sagen wir
Sweatshirts und Pizzas zu je 15 $, wird sie ihre Wahl so treffen, daß jedes Gut den
gleichen Grenznutzen hat. Tabelle 8.2 zeigt Marias Zahlungsbereitschaft für
Sweatshirts und Pizzas (ihren Nutzen aus dem Konsum dieser Güter). Angenommen, sie kauft von ihren 300 $ 20 Sweatshirts und keine Pizza. Der Grenznutzen
des letzten Sweatshirts ist 12, der Grenznutzen der ersten Pizza ist 18. Wenn sie
auf ein Sweatshirt verzichtet und statt dessen eine Pizza kauft, verliert sie einen
Nutzen von 12 und gewinnt einen Nutzen von 18. Offensichtlich lohnt sich der
Tausch für sie.

---

[3] Da der Grenznutzen der zusätzliche Nutzen einer weiteren konsumierten Einheit ist, entspricht er der Steigung der Nutzenkurve in Bild A.

Betrachten wir nun eine Situation, in der sie 17 Sweatshirts und 3 Pizzas kauft. Der Grenznutzen des letzten Sweatshirts beträgt 15, der Grenznutzen der letzten Pizza ebenfalls. An diesem Punkt wird sie nicht mehr weiter tauschen wollen. Ein zusätzliches Sweatshirt würde ihr einen Nutzenzuwachs von 14 verschaffen, aber die dritte Pizza, die sie dann aufgeben müßte, hat einen Grenznutzen von 15; sie verliert also mehr, als sie gewinnt. Wenn sie eine weitere Pizza kauft, gewinnt sie ebenfalls 14, aber der Verzicht auf das letzte Sweatshirt (das 17.) kostet 15; wieder ist der Tausch netto ein Verlust. Wir sehen also, daß sie ihr Budget am besten verwendet, wenn der Grenznutzen beider Güter gleich ist.

Das Grundprinzip ist das gleiche, auch wenn die Güter unterschiedliche Preise haben. Angenommen ein Sweatshirt kostet zweimal so viel wie eine Pizza. Solange der Grenznutzen bei Sweatshirts mehr als doppelt so hoch ist wie der bei Pizzas, lohnt es sich für Maria, mehr Sweatshirts und weniger Pizzas zu kaufen. Um ein weiteres Sweatshirt zu erhalten, muß sie auf zwei Pizzas verzichten und wie zuvor wird sie ihr Güterbündel anpassen, bis sie zu dem Punkt kommt, wo der zuletzt ausgegebene Dollar in beiden Verwendungsrichtungen den gleichen Grenznutzen hat. Die allgemeine Regel lautet: Ein Konsument wählt sein Güterbündel so, daß das Grenznutzenverhältnis dem Preisverhältnis entspricht. Ist ein Gut doppelt so teuer wie ein anderes, dann muß die zuletzt gekaufte Einheit des teureren Gutes auch einen zweimal so großen Grenznutzen mit sich bringen wie die zuletzt gekaufte Einheit des anderen Gutes. In Gleichungsform lautet dieses Ergebnis einfach

$$\frac{GN_x}{P_x} = \frac{GN_y}{P_y}.$$

Dabei steht GN_x für den Grenznutzen von Gut x, GN_y für den Grenznutzen von Gut y, P_x für den Preis von x und P_y für den Preis von y. Das Verhältnis zwischen Grenznutzen und Preis muß für alle Güter gleich sein.

In unserem Beispiel sind wir davon ausgegangen, daß Marias Zahlungsbereitschaft für Sweatshirts - das Maß für ihren Nutzen - nicht davon abhängt, wieviele Pizzas oder andere Güter sie hat. Das ist jedoch nur selten der Fall. Der Nutzen und damit auch der Grenznutzen der Sweatshirts wird normalerweise davon abhängen, wieviele Pizzas, Bücher und andere Güter jemand konsumiert. Eine Veränderung der Preise anderer Güter wirkt sich dann auch auf den Konsum von Sweatshirts aus, selbst wenn sich der Preis für Sweatshirts nicht ändert. Das gleiche gilt für Einkommensänderungen.

Konsumentenrente

Angenommen, ein Konsument geht in einen Laden, um eine Dose Limonade zu kaufen. Die Dose kostet 50 Cents. Der Konsument wäre bereit gewesen, einen Dollar zu bezahlen. Die Differenz zwischen dem, was er tatsächlich bezahlt hat und dem, was er zu zahlen bereit gewesen wäre, wird **Konsumentenrente** genannt. Die Konsumentenrente, die Maria durch den Kauf von Pizza erhält, können wir aus ihrer Nachfragekurve ablesen. Wir benutzen dazu die Grenznutzenanalyse des letzten Abschnitts. Wenn Maria elf Pizzas hat, ist sie bereit, sechs Dollar für eine weitere Pizza auszugeben. Bei zwölf Pizzas würde sie fünf Dollar ausgeben usw.

Maria kauft so viele Pizzas, daß der Preis gerade dem Grenznutzen der letzten Pizza entspricht. Natürlich bezahlt sie für jede Pizza, die sie kauft, den gleichen Preis. Bei einem Pizzapreis von fünf Dollar kauft sie 13 Stück. Die dreizehnte Pizza verschafft ihr einen Grenznutzen von fünf und kostet fünf Dollar. Damit hat sie ein gutes Geschäft gemacht, denn ihre Zahlungsbereitschaft für die ersten zwölf Pizzas wäre höher gewesen. Für die erste Pizza hätte sie bis zu 18 Dollar bezahlt, für die zweite 16, und so weiter. Insgesamt wäre sie bereit gewesen, 144 $ für die 13 Pizzas auszugeben. Die Differenz zwischen dem, was sie für die 13 Pizzas tatsächlich bezahlt hat (5 $ × 13 = 65 $) und dem, was sie zu zahlen bereit gewesen wäre (144 $) ist ihre Konsumentenrente. In diesem Fall beträgt die Konsumentenrente 79 $.

Solange ein Konsument für jede gekaufte Einheit eines Gutes einen festen Preis bezahlt, erhält er immer eine gewisse Konsumentenrente. Die Tatsache, daß die Nachfragekurve negativ geneigt ist, bedeutet, daß die ersten gekauften Einheiten dem Konsumenten mehr wert sind als die Grenzeinheit. Er hätte für die ersten Einheiten einen höheren Preis bezahlt, aber er braucht es nicht zu tun.

In Abbildung 8.6 entspricht Marias Zahlungsbereitschaft für 13 Pizzas der gesamten Fläche unter der Nachfragekurve zwischen der vertikalen Achse und der Menge 13. Diese Fläche ist die Summe ihrer Zahlungsbereitschaft für jede einzelne Pizza bis zur dreizehnten. Der Betrag, den sie tatsächlich bezahlen muß, entspricht der dunklen Fläche (Preis mal Menge). Ihre Konsumentenrente ist die Differenz, die helle Fläche oberhalb der Preislinie und unterhalb der Nachfragekurve bis hin zur gekauften Menge.

8.4 Das Modell der vollkommenen Konkurrenz und die Realität

In der Marktwirtschaft gibt es eine einfache Antwort auf die Frage, für wen die Güter produziert werden: Güter werden für Konsumenten hergestellt. Eine Theorie der Konsumentscheidungen ist deshalb von großer Bedeutung für das Verständnis von Marktwirtschaften. Das Modell der Budgetbeschränkungen und individuellen Präferenzen, das wir in diesem Kapitel skizziert haben, ist das volkswirtschaftliche Grundmodell der Konsumentscheidungen. Es ist sehr aussagekräftig, denn man kann daraus Schlußfolgerungen ableiten, die über das Niveau dieses Einführungsbuches weit hinausgehen. Dennoch ist dieses Modell Gegenstand der Kritik. Vier Kritikpunkte werden im folgenden zusammengefaßt. Der erste ist ökonomisch nicht relevant, die anderen drei haben jedoch eine gewisse Bedeutung.

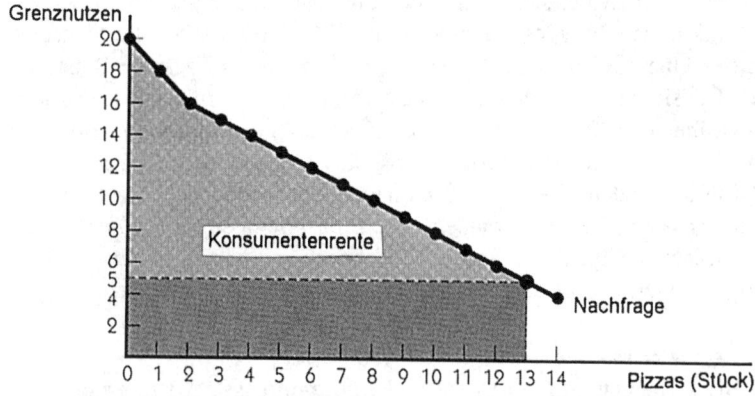

Abbildung 8.6 Konsumentenrente. Die Nachfragekurve zeigt Marias Zahlungsbereitschaft für jede einzelne Pizza. Ihre gesamte Zahlungsbereitschaft für 13 Pizzas entspricht der Fläche unterhalb der Nachfragekurve bis hin zur dreizehnten Pizza. Der tatsächlich bezahlte Preis entspricht der dunklen Fläche. Die Konsumentenrente ist die Differenz zwischen beiden, die helle Fläche oberhalb der Preislinie und unterhalb der Nachfragekurve.

Der erste Kritikpunkt zielt darauf ab, daß das Modell den gedanklichen Entscheidungsprozeß der Konsumenten nicht realistisch widerspiegelt. Das ist so, als würde man das Bewegungsmodell der Physiker kritisieren, das mit großer Präzision das Zusammenspiel von Billiardbällen vorhersagen kann, nur weil die meisten Billardspieler nicht die Modellgleichungen durchgehen, bevor sie einen Stoß ausführen. Die richtige Frage ist, ob das Modell der Konsumentscheidung verläßliche Vorhersagen erzeugt. Das ist im Großen und Ganzen der Fall. So haben zum Beispiel viele Unternehmungen das Modell hilfreich gefunden, wenn es darum ging, die Entwicklung der Nachfrage nach ihren Produkten vorherzusagen. Und Wirtschaftswissenschaftler haben in einer Vielzahl von Situationen mit Hilfe des Modells mit beachtlichem Erfolg das Konsumentenverhalten vorhergesagt.

Der zweite Kritikpunkt betrifft die Annahme des Modells, daß die Konsumenten wissen, was sie wollen, daß sie also wohldefinierte Präferenzen haben. Daran ist etwas Wahres. Wohldefinierte Präferenzen bedeuten, daß jemand, der vor die Wahl zwischen zwei Güterbündeln gestellt wird, schnell angeben könnte, welches Güterbündel er bevorzugt. Darüber hinaus müßte er morgen und übermorgen auf die gleiche Frage die gleiche Antwort geben. Aber in Wirklichkeit wissen die Menschen oft nicht genau, was sie wollen, und ihre Vorlieben können sich von Tag zu Tag ändern. Die Präferenzen eines Konsumenten sind auch von den Präferenzen der anderen abhängig. Sonst könnte man die Modewellen bei Lebensmitteln und Bekleidung und vielen anderen Aspekten unseres Lebens nicht erklären.

Der dritte Kritikpunkt richtet sich gegen die Annahme, daß die einzelnen Konsumenten die Marktpreise für jedes Gut kennen. In Wirklichkeit haben die Menschen oft keinen guten Überblick über die Preise. Sie wissen, daß es irgendwo Sonderangebote gibt, aber sie wissen auch, daß es Zeit kostet, danach zu suchen. Wir können uns zwar über den Marktpreis für Weizen unterhalten, aber nicht über den Preis für ein Sofa oder ein Haus. Mit etwas Glück können wir vielleicht ein Ledersofa für 1.000 $ finden. Wenn wir Pech haben, kann es sein, daß wir nach einem ganzen Tag Suche keines gefunden haben, das weniger als 1.500 $ kostet. Wenn wir ein besonders günstiges Sofa gekauft haben, dann ist es mit etwas Glück vielleicht sogar besser, als wir dachten, es kann aber auch bald kaputt sein.

Unter die Lupe genommen: Preis- und Einkommenselastizitäten der Nachfrage nach Lebensmitteln im internationalen Vergleich

Für viele Menschen in ärmeren Ländern ist die Nahrungsbeschaffung ein täglicher Überlebenskampf. Für die Bewohner reicher Länder ist es dagegen sehr einfach, ihren Nahrungsmittelbedarf zu decken. Diese Unterschiede in den Lebensumständen spiegeln sich wider in den verschiedenen Einkommens- und Preiselastizitäten der Nachfrage. In der nachfolgenden Tabelle sind in der linken Spalte ausgewählte Länder aufgeführt, geordnet nach ihrem Pro-Kopf-Einkommen, das als Prozentsatz des Pro-Kopf-Einkommens in den USA in der zweiten Spalte erscheint. Die dritte Spalte zeigt die Einkommenselastizität der Nachfrage nach Nahrungsmitteln und die vierte Spalte die Preiselastizität.

Es fällt auf, daß die Einkommenselastizität der Nachfrage nach Nahrungsmitteln mit steigendem Einkommen abnimmt. Das ist intuitiv einleuchtend: Arme Menschen, deren Einkommen steigt, werden tendenziell einen größeren Teil des zusätzlichen Einkommens für Nahrungsmittel ausgeben als reiche Menschen. In Indien führt ein Einkommensanstieg um 10 Prozent zu einer Erhöhung der nachgefragten Nahrungsmittelmenge um 7,6 Prozent. Ein Blick auf die vierte Spalte zeigt, daß in reichen Ländern wie zum Beispiel den Vereinigten Staaten und Kanada ein Preisanstieg bei Nahrungsmitteln um 10 Prozent die Nahrungsmittelkäufe mengenmäßig nur um 1 Prozent reduziert.

In reicheren Ländern besteht ein größerer Teil der Ausgaben für Nahrungsmittel aus Luxusgütern: Essen in Restaurants, Hummer, Steaks. Man könnte denken, daß die Preiselastizität der Nachfrage deshalb in reicheren Ländern höher sein müßte als in ärmeren Ländern. Hier ist aber ein anderer Effekt dominierend. In ärmeren Ländern geben die Menschen einen viel größeren Teil ihres Einkommens für Nahrung aus. Wenn die Nahrungsmittelpreise steigen, müssen sie ihren Konsum bei-

nahe einschränken. Preiserhöhungen haben deshalb in ärmeren Ländern einen größeren Einkommenseffekt.

Land	Pro-Kopf-Einkommen (in % des US-Niveaus)	Einkommenselastizität der Nachfrage nach Nahrungsmitteln	Preiselastizität der Nachfrage nach Nahrungsmitteln
Indien	5,2	0,76	-0,32
Nigeria	6,7	0,74	-0,33
Indonesien	7,2	0,72	-0,34
Bolivien	14,4	0,68	-0,35
Philippinen	16,8	0,67	-0,35
Korea	20,4	0,64	-0,35
Polen	34,6	0,55	-0,33
Brasilien	36,8	0,54	-0,33
Israel	45,6	0,49	-0,31
Spanien	55,9	0,43	-0,36
Japan	61,6	0,39	-0,35
Italien	69,7	0,34	-0,30
Großbritannien	71,7	0,33	-0,22
Frankreich	81,1	0,27	-0,19
Deutschland	85,0	0,25	-0,17
Kanada	99,2	0,15	-0,10
USA	100,0	0,14	-0,10

Quelle: Ching-Fun Cling und James Peale, Jr., „Income and Price Elasticities," in Henri
Thell, Hrsg., *Advances in Econometrics Supplements* (Greenwich, CT: JAI Press, 1989),
Daten von 1980.

Der letzte Kritikpunkt läuft darauf hinaus, daß das Zusammenspiel von Preisen
und Präferenzen manchmal komplizierter ist, als wir es in diesem Kapitel dargestellt haben. Die Einstellung der Menschen gegenüber einem Gut kann von seinem
Preis abhängen. Teurere Güter können einen Snobappeal haben. Bei bestimmten
Gütern kann man die Qualität nicht leicht beurteilen; dann kann es sein, daß die
Konsumenten vom Preis auf die Qualität schließen, weil in der Regel bessere
(haltbarere) Güter teurer sind. In diesem Fall sieht die Nachfragekurve ganz anders
aus, als in diesem Kapitel beschrieben. Eine Preissenkung kann tatsächlich dazu
führen, daß auch die Nachfrage zurück geht.

Die Tatsache, daß das Grundmodell in einigen Fällen erweitert oder modifiziert
werden muß, ändert nichts an seiner Nützlichkeit in den weitaus meisten Situatio-

nen, wo es genau die Information liefert, die Unternehmungen und Regierungen brauchen, um wichtige Entscheidungen zu treffen. Selbst für die Situationen, auf die das Modell nicht so gut paßt, liefert es eine Grundstruktur, die uns hilft, das Verhalten den Haushalte zu verstehen. Die Frage, welche der Grundannahmen des Modells in der jeweiligen Situation unpassend erscheint, leitet unsere Suche nach einem besseren Modell für die Konsumentscheidung.

Zusammenfassung

1. Die Menge eines Gutes, die jemand aufgeben muß, um ein anderes Gut zu kaufen, ist durch die relativen Preise der beiden Güter bestimmt und entspricht der Steigung der Budgetgeraden.

2. Wenn ein Gut im Vergleich zu anderen Gütern teurer wird, werden die Konsumenten das teurer gewordene Gut durch andere ersetzen. Das ist der Substitutionseffekt einer Preissteigerung.

3. Wenn der Preis eines Gutes steigt, verringert sich die Kaufkraft eines Konsumenten. Die Reaktion auf dieses verringerte „Realeinkommen" ist der Einkommenseffekt der Preissteigerung. Die Nachfrage nach einem normalen Gut steigt mit steigendem Einkommen. Also führen normalerweise sowohl der Substitutionseffekt als auch der Einkommenseffekt einer Preissteigerung zu einem Rückgang der Nachfrage nach dem betreffenden Gut.

4. Wenn ein Gut leicht substituiert werden kann, ist die Nachfragekurve elastisch oder flach. Ist die Substitution dagegen nur schwer möglich, so ist die Nachfragekurve unelastisch oder steil.

5. Wirtschaftswissenschaftler bezeichnen den Gewinn, den ein Mensch aus dem Konsum eines bestimmten Güterbündels zieht, als den Nutzen dieses Güterbündels. Der zusätzliche Nutzen durch den Konsum einer weiteren Einheit eines Gutes wird Grenznutzen dieses Gutes genannt.

Schlüsselbegriffe

Steigung	Grenznutzen	normales Gut
Einkommenselastizität	abnehmender Grenznutzen	Einkommenseffekt
der Nachfrage	Nutzen	Substitutionseffekt
inferiores Gut	Konsumentenrente	

Wiederholungsfragen

1. Was hat die Steigung einer Budgetgeraden mit den relativen Preisen der Güter auf den beiden Achsen des Diagramms zu tun?

2. Warum haben Menschen mit dramatisch unterschiedlichen Präferenzen dennoch die gleiche Budgetbeschränkung?

3. Ist die Einkommenselastizität der Nachfrage bei einem normalen Gut positiv oder negativ?

4. Wie wirkt sich der Einkommenseffekt einer Preissteigerung bei einem normalen Gut auf die Nachfragemenge aus?

5. Was versteht man unter dem Substitutionseffekt? Warum verstärken sich der Einkommens- und der Substitutionseffekt normalerweise gegenseitig? Gilt das auch für ein inferiores Gut?

6. Erläutern Sie, wie sich eine größere Verfügbarkeit von Substitutionsgütern auf die Preiselastizität der Nachfrage auswirkt.

7. Warum nimmt der Grenznutzen tendenziell ab?

8. Was versteht man unter der Konsumentenrente?

Aufgaben

1. Eine Studentin hat ein Taschengeld von 120 $ pro Trimester und verwendet es für Konzertkarten zu zehn Dollar und für Kinokarten zu sechs Dollar. Angenommen der Preis für eine Kinokarte fällt zunächst auf vier Dollar, dann auf drei Dollar und schließlich auf zwei Dollar. Zeichnen Sie die vier Budgetbeschränkungen und tragen Sie dabei die Anzahl der Kinokarten auf der horizontalen Achse ab. Die Nachfrage der Studentin nach Kinokarten ist durch die Funktion $D = 60 - 10p$ beschrieben, wobei p für den Preis steht. Zeichnen Sie die Nachfragekurve, sowie den Punkt auf der Budgetgeraden, den die Studentin bei jedem Preis wählt.

2. Wählen Sie zwei normale Güter und zeichnen Sie eine Budgetbeschränkung, die den Trade-Off zwischen beiden Gütern wiedergibt. Zeigen Sie, wie sich die Budgetgerade verschiebt, wenn das Einkommen steigt. Legen Sie einen beliebigen Punkt auf der ersten Budgetgeraden fest, den ein bestimmter Konsument wählen würde. Finden Sie nun zwei Punkte auf der neuen Budgetgeraden, die die Eigenschaft haben, daß der neue Konsumpunkt desselben Konsumenten genau zwischen ihnen liegt.

3. DINKs sind Haushalte mit doppeltem Einkommen und ohne Kinder (*„double income, no kids"*). In Ihrer Nachbarschaft nimmt die Anzahl dieser Haushalte zu. Sie wollen damit ein Geschäft machen und einen Gourmet-Imbiß mit Heimservice eröffnen. Sie wissen, daß bei DINKs die Preiselastizität der Nachfrage nach Ihren Produkten 0,5 beträgt und die Einkommenselastizität der Nachfrage 1,5. Durch welche der beiden folgenden Veränderungen würde Ihr Umsatz stärker betroffen?
   a) Die Anzahl der DINKs in Ihrer Nachbarschaft geht um zehn Prozent zurück.
   b) Das Durchschnittseinkommen der DINKs fällt um fünf Prozent.

4. Vergleichen Sie einen Armen mit einem Jahreseinkommen von 10.000 $ und einen Reichen mit einem Jahreseinkommen von 60.000 $. Angenommen, der Arme trinkt pro Jahr 15 Flaschen Wein zu einem durchschnittlichen Preis von zehn Dollar pro Flasche, während der Reiche pro Jahr 50 Flaschen Wein zu einem durchschnittlichen Preis von 20 $ pro Flasche trinkt. Wer von beiden bezahlt den größeren Betrag, wenn eine Weinsteuer von einem Dollar pro Flasche eingeführt wird? Wer zahlt mehr gemessen an sei-

nem Einkommen? Wer bezahlt den größeren Betrag, wenn für Wein eine besondere Umsatzsteuer von zehn Prozent eingeführt wird? Wer bezahlt mehr gemessen an seinem Einkommen? Die Daten in Tabelle 8.1 zeigen eine Einkommenselastizität der Nachfrage nach alkoholischen Getränken von 0,62. Betrachten Sie zwei Personen mit Jahreseinkommen von 20.000 bzw. 40.000 $. Angenommen auf alle alkoholischen Getränke wird derselbe Steuersatz erhoben. Um wieviel Prozent mehr Steuern bezahlt der Konsument mit dem höheren Einkommen im Vergleich zu dem Konsumenten mit dem niedrigeren Einkommen? Warum könnte man das für unfair halten?

5. Vergleichen Sie zwei verschiedene Möglichkeiten, Gemeinden zur Einrichtung oder Erweiterung von öffentlichen Parks zu ermutigen. Der erste Vorschlag läuft darauf hinaus, daß die Bundesregierung für öffentliche Parks feste Zuschüsse gewährt. Nach dem zweiten Vorschlag verspricht die Bundesregierung, ein Viertel aller Ausgaben für die Einrichtung oder Erweiterung eines Parks zu bezahlen. Welches der Programme verspricht Ihrer Meinung nach die wirksamste Förderung, vorausgesetzt, daß jeweils die gleiche Summe aufgewendet wird? Erläutern Sie Ihre Antwort und benutzen Sie dabei die Begriffe Einkommenseffekt und Substitutionseffekt.

Anhang: Indifferenzkurven und Konsumentscheidungen[4]

Will man Konsumentscheidungen und Folgen von Preisänderungen streng formal analysieren, dann sind die sogenannten **Indifferenzkurven** ein äußerst nützliches Instrument. Indifferenzkurven zeigen diejenigen Güterbündel, zwischen denen ein bestimmter Konsument indifferent ist, die ihm also das gleiche Nutzenniveau bringen. In diesem Anhang wird gezeigt, wie man aus Indifferenzkurven Nachfragefunktionen ableitet und wie man den Einkommenseffekt und den Substitutionseffekt einer Preisänderung präziser unterscheiden kann.

Das Konzept der Indifferenzkurve

In diesem Kapitel haben wir die Konsumentscheidungen als zweistufigen Prozeß beschrieben: Zuerst wird die Möglichkeitenmenge identifiziert und dann der am meisten präferierte Punkt auf der Budgetgeraden gefunden. Abbildung 8.7 zeigt noch einmal die Budgetbeschränkung für Franziska, die ihr Taschengeld auf Schokoriegel und CDs aufteilen muß. In diesem Kapitel haben wir einfach festgestellt, daß sie den subjektiv besten Punkt auf der Budgetgeraden wählt. Wenn sie CDs sehr gerne hat, könnte sie Punkt *B* wählen; wenn sie eine starke Präferenz für Süßigkeiten hat, wird sie sich eher für Punkt *A* entscheiden.

---

[4] Diesen Anhang kann man überspringen, ohne daß das Verständnis der weiteren Kapitel beeinträchtigt wird.

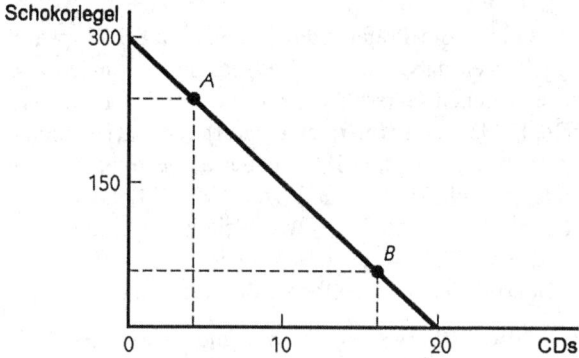

Abbildung 8.7 Budgetbeschränkung. Die Budgetbeschränkung definiert die Möglichkeitenmenge. Franziska kann jeden Punkt auf oder unterhalb der Budgetgeraden wählen. Wenn sie eine starke Präferenz für CDs hat, wählt sie vielleicht Punkt *B*; wenn sie Schokoriegel sehr schätzt, wird sie sich vielleicht für Punkt *A* entscheiden.

Abbildung 8.8 Indifferenzkurven. Eine Indifferenzkurve verbindet alle Güterbündel, zwischen denen ein bestimmter Konsument indifferent ist. Jede der gezeichneten Kurven beschreibt Franziskas Geschmack in bezug auf CDs und Schokoriegel. Bei allen Punkten, die auf einer Indifferenzkurve liegen (z.B. *A*, *B*, *C*, *D* und *F* auf I_0) hat sie das gleiche Nutzenniveau.

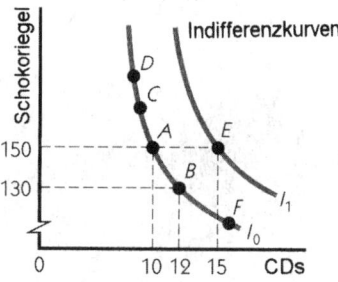

Mit Hilfe der Indifferenzkurve können wir darstellen, welchen dieser Punkte sie tatsächlich wählt.

Die Indifferenzkurve zeigt die verschiedenen Güterbündel, die jemanden gleich glücklich machen. So enthält z.B. in Abbildung 8.8 die Indifferenzkurve I_0 alle Kombinationen von Schokoriegel und CDs, die Franziska genauso attraktiv findet wie ein Güterbündel mit 150 Schokoriegeln und zehn CDs (Punkt *A* auf der Kurve). In Punkt *B* hat sie z.B. zwölf CDs, aber nur 130 Schokoriegel. Aus ihrer Sicht gleichen die zusätzlichen CDs den Verlust von 20 Schokoriegeln gerade aus. Die Tatsache, daß *B* und *A* auf der gleichen Indifferenzkurve liegen, bedeutet, daß

Franziska zwischen diesen beiden Punkten indifferent ist. Wenn man sie fragen würde, welchen Punkt sie vorzieht, würde sie antworten, daß es ihr egal ist.

Indifferenzkurven beschreiben einfach die Präferenzen in bezug auf Güterpaare. Im Gegensatz zu den Nachfragekurven haben sie mit Budgetbeschränkungen und Preisen nichts zu tun. Die verschiedenen Güterbündel auf einer Indifferenzkurve kosten unterschiedlich viel Geld. Man konstruiert eine Indifferenzkurve, indem man einen Konsumenten danach fragt, welches Güterbündel er bevorzugt: Zehn Schokoriegel und zwei CDs oder 15 Schokoriegel und eine CD? Elf Schokoriegel und zwei CDs oder 15 Schokoriegel und eine CD? Zwölf Schokoriegel und zwei CDs oder 15 Schokoriegel und eine CD? Wenn die Antwort lautet „es ist mir egal", dann liegen die beiden Güterbündel auf derselben Indifferenzkurve.

Bewegungen auf Franziskas Indifferenzkurve zeigen, wieviele Schokoriegel sie gegen eine zusätzliche CD eintauschen würde und umgekehrt. Jeder Punkt auf ein- und derselben Indifferenzkurve verschafft ihr definitionsgemäß das gleiche Nutzenniveau, unabhängig davon, ob er eher in der Mitte liegt, wie die Punkte A und C, oder eher am Rand wie die Punkte D und F.

Würde man Franziska jedoch ein Güterbündel anbieten, das genauso viele Schokoriegel enthält wie Punkt A, aber mehr CDs (z.B. Punkt E mit 150 Schokoriegeln und 15 CDs), dann würde sie daraus einen größeren Nutzen ziehen nach dem Prinzip „mehr ist besser". Die neue Indifferenzkurve I_1 verbindet alle Güterkombinationen, die ihr genauso viel wert sind wie E.

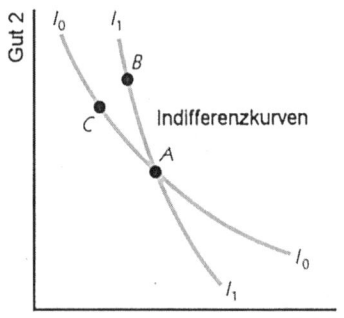

Gut 1

Abbildung 8.9   Warum sich Indifferenzkurven nicht schneiden können. Wenn sich zwei Indifferenzkurven schneiden würden, käme es zu einem logischen Widerspruch. In der Abbildung wäre Franziska indifferent zwischen A und B, sowie zwischen A und C und deshalb auch zwischen B und C. Da aber B von beiden Gütern mehr enthält als C, muß B gegenüber C vorgezogen werden.

Abbildung 8.8 zeigt zwei Indifferenzkurven für Franziska. Weil mehr besser ist, wird Franziska ein Güterbündel auf einer höher gelegenen Indifferenzkurve bevorzugen. Auf der höher gelegenen Indifferenzkurve kann sie von beiden Gütern mehr haben. Definitionsgemäß können wir für jeden Punkt in dem Raum, der durch die beiden Achsen des Diagramms aufgespannt wird, eine Indifferenzkurve zeichnen. Auch folgt aus der Definition von Indifferenzkurven, daß sie sich nicht schneiden können. In Abbildung 8.9 sind zwei Indifferenzkurven I_0 und I_1 eingezeichnet, die sich im Punkt A schneiden. Das würde bedeuten, daß Franziska zwischen dem Punkt A und allen Punkten auf I_0 und auf I_1 indifferent ist. Insbesondere ist sie auch zwischen A und B, sowie zwischen A und C indifferent und damit auch zwischen B und C. Es ist aber offensichtlich, daß der Punkt B dem Punkt C vorgezogen wird; also können sich Indifferenzkurven nicht schneiden.

Indifferenzkurven und die Grenzrate der Substitution

Die Steigung der Indifferenzkurve mißt die Anzahl der Schokoriegel, auf die der Konsument verzichten würde, um eine weitere CD zu erhalten. Der Fachausdruck für die Steigung einer Indifferenzkurve lautet **Grenzrate der Substitution**. Die Grenzrate der Substitution gibt an, wieviel ein Konsument von einem Gut aufgeben würde, um eine Einheit eines anderen Gutes zu erhalten. Das ist nicht zu verwechseln mit der Menge, die ein Konsument aufgeben *muß*, die durch die relativen Preise und die Budgetbeschränkung bestimmt wird. Wenn für Franziska die Grenzrate der Substitution zwischen Schokoriegeln und CDs 15 beträgt, dann bedeutet das, daß sie bereit ist, 15 Schokoriegel aufzugeben, um eine weitere CD zu erhalten. Aus ihrer Sicht wäre es angenehmer, wenn sie nur zwölf Schokoriegel herzugeben bräuchte. Wenn der Preis einer weiteren CD 20 Schokoriegel ausmachen würde, wäre sie zu diesem Tausch nicht bereit. Gerhard verhält sich vielleicht gegenüber diesen beiden Konsumgütern ganz anders. Seine Grenzrate der Substitution könnte 25 sein. Er würde dann 25 Schokoriegel aufgeben, um eine weitere CD zu erhalten. Die Grenzrate der Substitution ist kleiner oder größer, je nachdem, welche Menge eines Gutes der Konsument bereits hat. Betrachten wir zum Beispiel Punkt F in Abbildung 8.8, ein Güterbündel mit vielen CDs und wenigen Schokoriegeln. In diesem Fall hat Franziska ihre Lieblings-CD bereits gekauft. Die nächste CD, die sie kaufen würde, gefällt ihr ebenfalls, aber sie muß sie nicht um jeden Preis haben. Anders ausgedrückt: Weil sie schon eine große Anzahl von CDs hat, ist eine weitere CD nicht mehr so wichtig. Statt dessen würde sie lieber ein paar Schokoriegel haben. Ihre Grenzrate der Substitution von Schokoriegeln gegen CDs ist im Punkt F ziemlich niedrig; vielleicht würde sie schon für zehn Schokoriegel eine auf CD verzichten. Ihre Grenzrate der Substitution ist also zehn.

Die umgekehrte Situation entsteht, wenn Franziska sehr viele Schokoriegel und wenige CDs hat. Da sie täglich bereits mehrere Schokoriegel ißt, ist ihr die Chance, einen weiteren zu bekommen, nicht viel wert. Gleichzeitig kauft sie nur wenige CDs und besitzt noch nicht alle ihre Lieblingsaufnahmen. Der Grenznutzen eines weiteren Schokoriegels ist relativ niedrig, der einer weiteren CD dagegen relativ hoch. Deshalb wird Franziska möglicherweise eine CD nur gegen 30 zusätzliche Schokoriegel hergeben. Hier beträgt ihre Grenzrate der Substitution also 30.

Wenn man sich entlang einer Indifferenzkurve bewegt, steigt die Menge eines bestimmten Gutes (z.B. CDs), die der Konsument bereits hat. In unserem Fall verlangt Franziska immer weniger Schokoriegel als Ausgleich für den Verzicht auf eine CD. Dieses Prinzip heißt abnehmende Grenzrate der Substitution. Aus dem Prinzip der abnehmenden Grenzrate der Substitution folgt, daß die Indifferenzkurve von links nach rechts immer flacher wird.

Die Darstellung der Konsumentscheidung mit Hilfe von Indifferenzkurven

Definitionsgemäß ist es dem Konsumenten gleichgültig, auf welchem Punkt einer *gegebenen* Indifferenzkurve er sich befindet. Es ist die Budgetbeschränkung, die seine Wahl bestimmt. Wie Abbildung 8.10 zeigt, ist die höchste Indifferenzkurve, die ein Konsument erreichen kann, diejenige, welche die Budgetlinie gerade noch berührt. Der Konsument wählt genau den Berührungspunkt (*E*) oder Tangentialpunkt zwischen Budgetlinie und Indifferenzkurve. Gehen wir von irgendeinem anderen Punkt auf der Budgetgeraden aus, zum Beispiel von *A*. Die Indifferenzkurve, die durch *A* verläuft, liegt unterhalb der Kurve durch *E*. Der Konsument ist also in *E* besser gestellt als in *A*. Betrachten wir andererseits eine Indifferenzkurve oberhalb von I_0, zum Beispiel I_1. Da jeder Punkt auf I_1 oberhalb der Budgetlinie liegt, gibt es auf I_1 kein Güterbündel, das der Konsument mit seinem gegebenen Einkommen kaufen kann.

Abbildung 8.10   Indifferenzkurven und Budgetbeschränkung. Die höchste erreichbare Indifferenzkurve ist diejenige, welche die Budgetlinie gerade noch berührt, in unserem Fall I_0. Die Budgetbeschränkung der Konsumentin erlaubt es ihr nicht, I_1 zu erreichen. Einen Punkt wie *A* dagegen würde sie nicht wählen wollen, denn auf der Indifferenzkurve I_2 hat sie ein geringeres Nutzenniveau.

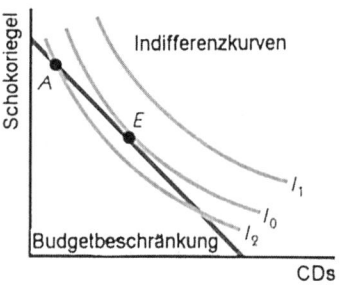

Wenn eine Kurve eine Gerade berührt, dann haben beide im Tangentialpunkt die gleiche Steigung. Die Steigung der Indifferenzkurve entspricht also im Tangentialpunkt genau der Steigung der Budgetgeraden. Die Steigung der Indifferenzkurve ist die Grenzrate der Substitution; die Steigung der Budgetgeraden ist der relative Preis. Dieses zweidimensionale Diagramm illustriert also ein Grundprinzip der Konsumentscheidung: *Die Konsumenten wählen denjenigen Punkt, bei dem die Grenzrate der Substitution dem relativen Preis entspricht.*

Dieses Prinzip leuchtet ein. Wenn das Preisverhältnis zwischen CDs und Schokoriegeln 15 beträgt (CDs kosten 15 $ und Schokoriegel kosten einen Dollar), und Franziskas Grenzrate der Substitution 20 (sie ist bereit auf 20 Schokoriegel zu verzichten, um eine weitere CD zu bekommen), dann lohnt es sich für sie, mehr CDs zu kaufen und weniger Schokoriegel. Ist ihre Grenzrate der Substitution zehn, dann kann sie ihren Nutzen erhöhen, indem sie weniger CDs und mehr Schokoriegel kauft. Wenn also die Grenzrate der Substitution den relativen Preis übersteigt, wird Franziska mehr CDs kaufen; liegt sie darunter, dann kauft Franziska weniger CDs. Nur wenn die Grenzrate der Substitution genau dem relativen Preis entspricht, kann sie sich durch eine Veränderung ihres Güterbündels nicht verbessern.

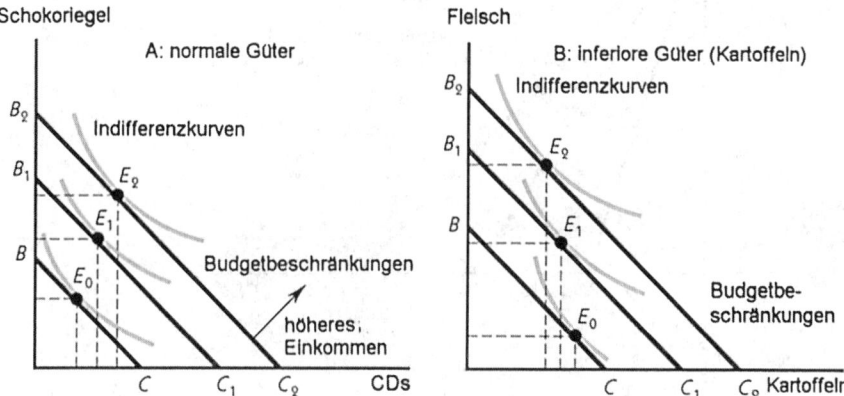

Abbildung 8.11 Indifferenzkurven für normale und inferiore Güter. Teil A der Abbildung zeigt den Fall von zwei normalen Gütern. Durch einen Anstieg des Einkommens verschiebt sich die Budgetbeschränkung nach außen, von BC nach B_1C_1 und B_2C_2, und die Nachfrage nach beiden Gütern steigt von E_0 auf E_1 und E_2. In Teil B ist eines der Güter inferior. Wenn sich die Budgetgerade nach außen verschiebt, geht die Nachfrage nach Kartoffeln zurück.

Die Einkommenselastizität der Nachfrage

Mit Hilfe von Budgetgeraden und Indifferenzkurven kann man zeigen, daß die Einkommenselastizität der Nachfrage normalerweise positiv ist, aber bei manchen Gütern auch negativ. Mit steigendem Einkommen verschiebt sich die Budgetgerade parallel nach rechts außen, in Abbildung 8.11 etwa von BC nach B_1C_1 und schließlich nach B_2C_2. Die gewählten Konsumpunkte - die Tangentialpunkte mit den entsprechenden Indifferenzkurven - sind die Punkte E_0, E_1 und E_2. In Teil A der Abbildung sehen wir den Normalfall, wo mit jeder Verschiebung der Budgetlinie nach rechts außen mehr Schokoriegel und mehr CDs konsumiert werden. Teil B zeigt den Fall der inferioren Güter. Auf der horizontalen Achse sind Kartoffeln abgetragen, auf der vertikalen Achse Fleisch. Mit steigendem Einkommen bewegt sich der Tangentialpunkt nach links (von E_0 nach E_1 und E_2; der Kartoffelkonsum geht tatsächlich zurück.

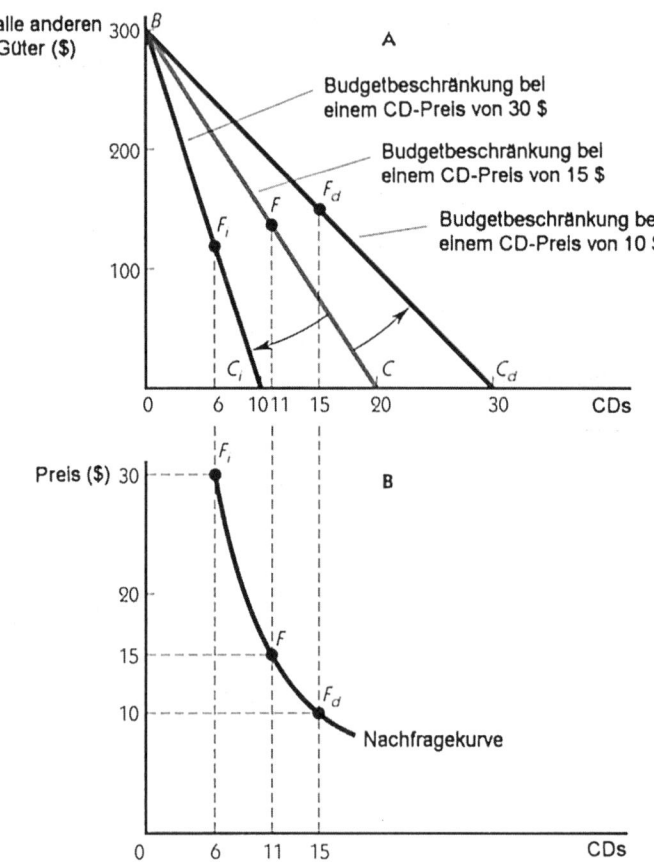

Abbildung 8.12 Die Ableitung der Nachfragekurve aus Verschiebungen der Budget-geraden. In Teil A der Abbildung dreht sich mit steigendem CD-Preis die Budgetgerade nach links; Franziska verändert daraufhin ihre Konsumentscheidung von F nach F_i. Geht der Preis dagegen zurück, so dreht sich die Budgetgerade nach rechts und Franziska bewegt sich von F nach F_d. Teil B zeigt die entsprechende Nachfragekurve für CDs. Man sieht, daß steigende Preise zu einem Rückgang der nachgefragten Menge führen.

Die Ableitung der Nachfragekurve mit Hilfe von Indifferenzkurven

Man kann Indifferenzkurven und Budgetbeschränkungen benutzen, um die Nachfragekurve für ein Gut abzuleiten, also um zu zeigen, was geschieht, wenn der Preis dieses Gutes steigt. Dabei geht man in zwei Schritten vor.

Zuerst stellt man fest, wie sich die Budgetgerade verändert, wenn zum Beispiel der Preis von CDs steigt. In Abbildung 8.12A sind CDs auf der horizontalen Achse und alle anderen Güter auf der vertikalen Achse abgetragen. Wenn Franziska keine CDs kauft, kann sie 300 $ für andere Güter ausgeben. Bei einem CD-Preis von 15 $ kann sie bis zu 20 CDs kaufen. Mit steigendem CD-Preis dreht sich die Budgetgerade nach innen. Die Menge der anderen Güter, die sie sich leisten kann, wenn sie auf CDs verzichtet, bleibt gleich. Die Anzahl der CDs, die sie kaufen kann, nimmt jedoch proportional zum Preisanstieg ab. Wenn der Preis auf 30 $ steigt, kann sie nur noch halb so viele CDs kaufen.

Für jede Budgetgerade finden wir den Tangentialpunkt mit der entsprechenden Indifferenzkurve, also die Punkte F_i, F und F_d, die tatsächlich gewählten Güterbündel. An der horizontalen Achse können wir zu jedem CD-Preis die nachgefragte Menge ablesen. Diese Preise und Mengen werden dann in Teil B übertragen. Bei einem Preis von 15 $ kauft Franziska elf CDs, bei einem Preis von 30 $ nur sechs CDs.

Substitutions- und Einkommenseffekt

Indifferenzkurven ermöglichen auch eine genaue Definition von Substitutions- und Einkommenseffekten. Abbildung 8.13 zeigt einige von Jakobs Indifferenzkurven in bezug auf CDs und Schokoriegel. Ursprünglich ist BC seine Budgetlinie und er wählt den Punkt E_0 auf der Indifferenzkurve I_0; angenommen, der Preis für Schokoriegel steigt. Er kann jetzt weniger Schokoriegel kaufen, aber die Anzahl der CDs, die er sich leisten kann, wenn er ganz auf Schokoriegel verzichtet, hat sich nicht geändert. Jakobs Budgetlinie ist als flacher geworden (B_2C). Während er ursprünglich den Punkt E_0 auf der Indifferenzkurve I_0 gewählt hatte, entscheidet er sich nun für E_1 auf der niedrigeren Indifferenzkurve I_1.

Jakobs Reaktion auf die Preiserhöhung kann auf zwei Ursachen zurückgeführt werden, nämlich auf den Einkommenseffekt und den Substitutionseffekt. Wir konzentrieren uns zuerst auf den Substitutionseffekt und fragen, wie sich Jakobs Konsumentscheidung verändert hätte, wenn die Verschiebung des relativen Preises bei unverändertem Nutzenniveau stattgefunden hätte. Um Jakobs Nutzenniveau konstant zu halten, müssen wir auf der alten Indifferenzkurve I_0 bleiben. Der Substitutionseffekt ist also eine Bewegung auf einer gegebenen Indifferenzkurve. Wenn der Preis für Schokoriegel steigt, kauft Jakob mehr CDs und weniger Schokoriegel und bewegt sich dabei auf seiner Indifferenzkurve nach rechts. Die Bewegung von E_0 nach E_2 stellt den Substitutionseffekt dar. Die Budgetbeschränkung B_1C_1 entspricht dem neuen Preisverhältnis, aber sie berücksichtigt natürlich nicht den Einkommenseffekt, da Jakob sich immer noch auf derselben Indifferenzkurve befindet.

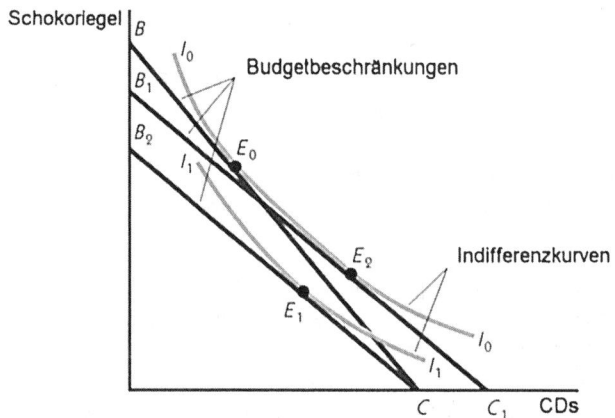

Abbildung 8.13 Substitutions- und Einkommenseffekt. Mit steigendem Preis für Schokoriegel dreht sich die Budgetbeschränkung nach innen. Die Veränderung von Jakobs Nachfrageverhalten kann in einen Einkommenseffekt und einen Substitutionseffekt aufgespalten werden. Die Linie B_1C_1 zeigt den Substitutionseffekt, nämlich die Verschiebung der Budgetgeraden, die eingetreten wäre, wenn sich zwar die relativen Preise verändert hätten, aber das Nutzenniveau gleich geblieben wäre. (Man beachte, daß Jakob dabei auf der selben Indifferenzkurve bleibt.) Der Substitutionseffekt allein bewirkt also eine Bewegung von E_0 nach E_2. Die Verschiebung der Budgetgeraden von B_1C_1 nach B_2C zeigt den Einkommenseffekt, also die Reaktion auf die Reduktion des Einkommens bei unveränderten relativen Preisen. Der Einkommenseffekt bewirkt für sich genommen eine Bewegung von E_2 nach E_1.

Um Jakob auf derselben Indifferenzkurve zu halten, haben wir praktisch sein Einkommen erhöht. Seinem tatsächlichen Einkommen entspricht die neue Budgetgerade B_2C und der neue Gleichgewichtspunkt E_1. Die Bewegung von E_2 nach E_1 wird Einkommenseffekt genannt, da sich dabei nur das Einkommen verändert. Wir haben also die Bewegung vom alten Gleichgewicht E_0 zum neuen Gleichgewicht E_1 aufgespalten in eine Bewegung von E_0 nach E_2, den Substitutionseffekt, und eine Bewegung von E_2 nach E_1, den Einkommenseffekt.

Kapitel 9

Arbeitsangebot und Ersparnis

Die erste der vier Grundentscheidungen des Haushalts, die Konsumentscheidung, haben wir in Kapitel 8 diskutiert. Das Konsumbudget des Haushalts hängt wiederum von zwei anderen Grundentscheidungen ab, nämlich vom gewählten Arbeitsumfang (und damit der Höhe des Einkommens) und von der Ersparnis (oder den Ausgaben daraus). Diese beiden Entscheidungen werden im vorliegenden Kapitel behandelt. Wir werden sehen, daß die Konsumtheorie direkt auf die Arbeits- und Sparentscheidungen angewandt werden kann. Wir werden die Arbeitsangebotskurve und die Kapitalangebotskurve ableiten und ihre Form diskutieren. In Kapitel 10 geht es dann um die vierte Grundentscheidung, also darum, wie die Menschen ihre Ersparnisse investieren.

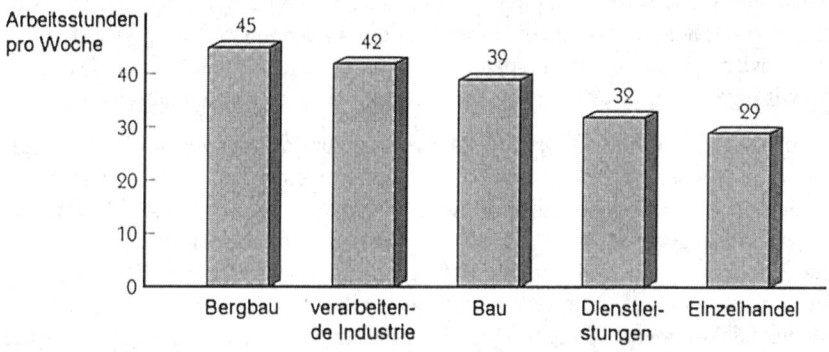

Abbildung 9.1 Durchschnittliche Wochenarbeitszeit in verschiedenen Berufen. Das Balkendiagramm vergleicht die durchschnittliche wöchentliche Arbeitszeit in verschiedenen Berufen und Branchen im Jahr 1995. *Quelle:* U.S. Department of Labor, Bureau of Labor Statistics.

9.1 Die Arbeitsangebotsentscheidung

Die Struktur des Arbeitsangebots und die Arbeitszeitmuster haben sich in den vergangenen drei Jahrzehnten stark verändert. Die durchschnittliche Arbeitswoche eines Fabrikarbeiters ist seit 1950 um ein Achtel kürzer geworden. Gleichzeitig ist der Anteil der Frauen an den Erwerbspersonen stark gestiegen. Infolgedessen verbringt ein typisches Ehepaar mehr Stunden mit Erwerbsarbeit als um die Jahrhundertwende. Die Wochenarbeitszeit ist heute von Arbeitsplatz zu Arbeitsplatz und von Branche zu Branche verschieden. Wie Abbildung 9.1 zeigt, arbeiten Bergleute in den USA durchschnittlich 45 Stunden pro Woche, während die Arbeitswoche für Angestellte im Einzelhandel weniger als 30 Stunden beträgt.

Die Wahl zwischen Freizeit und Konsum

Mit Hilfe des grundlegenden Entscheidungsmodell versuchen Wirtschaftswissenschaftler, diese Veränderungen des Arbeitsangebots zu verstehen. Die Entscheidung über den Umfang des Arbeitsangebots ist eine Wahl zwischen Konsum (oder Einkommen) und Freizeit. (Freizeit bedeutet hier die gesamte Zeit, die ein Mensch potentiell für die Erwerbsarbeit zur Verfügung hätte, die er aber mit anderen Beschäftigungen verbringt. In diesem Sinne ist zum Beispiel auch die Zeit, die Eltern damit verbringen, sich um ihre Kinder zu kümmern, Freizeit.) Durch den Verzicht auf Freizeit erhält ein Arbeitsanbieter zusätzliches Einkommen und dadurch mehr Konsummöglichkeiten. Arbeitet er dagegen weniger und verzichtet auf einen Teil seines Konsums, dann hat er mehr Freizeit zur Verfügung. Ein höheres Einkommen bedeutet nicht *automatisch* mehr Konsum. Der Konsument muß entscheiden, ob er das zusätzliche Einkommen sofort oder erst in der Zukunft ausgeben möchte. Damit werden wir uns in einem späteren Abschnitt beschäftigen. Für den Moment gehen wir davon aus, daß die Menschen ihr gesamtes Einkommen ausgeben.

Obwohl der typische Arbeitsplatz feste Arbeitszeitanforderungen mit sich bringt, gibt es eine Reihe von Möglichkeiten, wie der Einzelne den Umfang seines Arbeitsangebots beeinflussen kann. Viele Arbeitskräfte müssen einen Vollzeitarbeitsplatz mit gegebener Wochenarbeitszeit akzeptieren, aber sie haben einen gewissen Einfluß darauf, ob und in welchem Umfang sie Überstunden machen. Hinzu kommt, daß viele Menschen nachts einen zweiten Job haben, der ihnen zusätzliches Einkommen verschafft. Bei den meisten dieser Jobs, wie zum Beispiel beim Taxifahren, kann man den Arbeitsumfang im wesentlichen selbst bestimmen. Die Tatsache, daß die wöchentliche Arbeitszeit von Arbeitsplatz zu Arbeitsplatz unterschiedlich ist, bedeutet auch, daß ein Arbeitsanbieter möglicherweise durch die Wahl seines Arbeitsplatzes die gewünschte Arbeitszeit realisieren kann. Und schließlich glauben die Wirtschaftswissenschaftler, daß gesellschaftliche Konventionen in bezug auf die Standard-Arbeitswoche, die 40-Stunden-Woche, die mittlerweile zur 35-Stunden-Woche geworden ist, sich mit der Zeit an die Präferenzen der Arbeitskräfte anpassen.

Wir wenden nun die Analyse aus Kapitel 8 auf die Wahl zwischen Arbeitszeit und Freizeit an. Abbildung 9.2 zeigt die Budgetbeschränkung von Stefan, der einen Stundenlohn von fünf Dollar hat. Wenn Stefan auf eine Stunde Freizeit verzichtet und dafür länger arbeitet, verdient er also fünf Dollar zusätzlich; das heißt, seine Konsumausgaben steigen um fünf Dollar. Seine Budgetbeschränkung beruht auf einer Zeitbeschränkung. Er hat täglich nur eine bestimmte Anzahl von Stunden, sagen wir 16, die er auf Arbeitszeit und Freizeit verteilen kann. Jede Stunde Mehrarbeit kostet ihn eine Stunde Freizeit. Wenn er 16 Stunden arbeitet und keine Freizeit hat, beträgt sein Einkommen 5 \$ × 16 = 80 \$. Seine Budgetbeschränkung zeigt einen *Trade-off* von 5 \$ pro Stunde.

Stefan wird einen Punkt auf seiner Budgetgeraden wählen, der seinen Präferenzen entspricht, genauso wie er in Kapitel 8 ein Güterbündel gewählt hat. Angenommen, er wählt den Punkt E_0. In E_0 hat er zehn Stunden Freizeit, und damit bei einer verfügbaren Gesamtzeit von 16 Stunden, sechs Stunden Arbeitszeit und ein Einkommen von 30 \$ pro Tag.

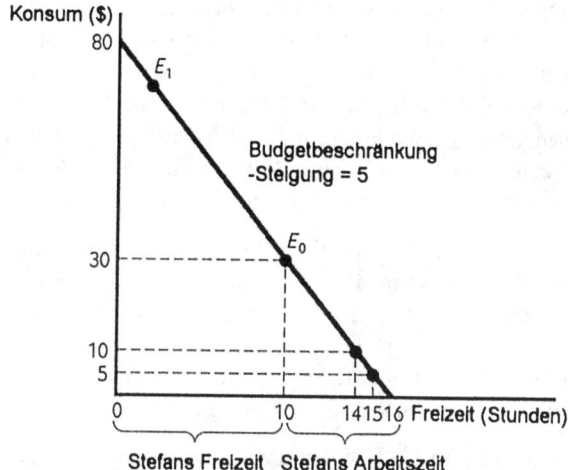

Abbildung 9.2 Budgetbeschränkung für die Wahl zwischen Freizeit und Einkommen.
Arbeitskräfte tauschen Freizeit für ein höheres Einkommen und damit einen höheren Konsum. Die Abbildung zeigt, daß Stefan auf seiner Budgetgeraden den Punkt E_0 wählt - mit einer täglichen Freizeit von zehn Stunden, einer täglichen Arbeitszeit von sechs Stunden und einem täglichen Lohn von 30 \$.

Bei der Entscheidung für einen bestimmten Punkt auf der Budgetgeraden wägt Stefan ab zwischen dem Grenznutzen des Einkommens aus einer zusätzlichen Arbeitsstunde und den Grenzkosten, also dem Wert einer Stunde Freizeit, auf die er dafür verzichten müßte. Stefan und sein Bruder Jakob bewerten diese Grenznutzen und Grenzkosten unterschiedlich: Stefan wählt Punkt E_0, sein Bruder wählt E_1. Jakob legt mehr Wert auf materielle Dinge und weniger auf Freizeit.

Für Stefan wird im Punkt E_0 der Grenznutzen einer zusätzlichen Konzertkarte oder anderer Güter, die er mit dem Lohn einer zusätzlichen Arbeitsstunde kaufen könnte, durch die Grenzkosten dieser Stunde, die entgangene Freizeit, gerade aufgewogen. Links von E_0 hat Stefan weniger Freizeit (der Grenznutzen der Freizeit ist höher) und mehr Güter (der Grenznutzen zusätzlicher Güter ist niedriger). Der Grenznutzen zusätzlicher Freizeit ist hier also größer als die Grenzkosten; deshalb reduziert er seine Arbeitszeit und bewegt sich nach rechts in Richtung E_0. Auf Punkte rechts von E_0 trifft die umgekehrte Argumentation zu.

Mit Hilfe ähnlicher Überlegungen können wir uns klar machen, warum der arbeitsbesessene Jakob einen Punkt links von E_0 wählt. Bei E_0 schätzt Jakob Güter mehr und Freizeit weniger; der Grenznutzen einer zusätzlichen Arbeitsstunde wiegt mehr als die Grenzkosten. Im Punkt E_1 dagegen gleichen sich beide gerade aus.

Mit Hilfe dieses Analyserahmens können die Wirkungen von Einkommens- und Lohnveränderungen auf Arbeitszeit-Freizeit-Entscheidung genauso dargestellt werden, wie die Wirkungen von Einkommens- und Preisänderungen auf die Nachfrage nach Gütern und Dienstleistungen. So hat zum Beispiel ein Anstieg des Zins- oder Gewinneinkommens normalerweise zur Folge, daß die Menschen von allen „Gütern" einschließlich der Freizeit mehr konsumieren: Bei unveränderten Löhnen nimmt das Arbeitsangebot ab, wenn das Zins- oder Gewinneinkommen steigt.

Lohnänderungen haben einen Einkommens- und einen Substitutionseffekt. Eine Lohnerhöhung bringt einen erhöhten Wohlstand mit sich. Mit steigendem Wohlstand arbeiten die Menschen weniger. Das ist der Einkommenseffekt. Aber eine Lohnerhöhung verändert auch die *Trade-off*-Beziehungen. Der Arbeitsanbieter kann jetzt für den Verzicht auf eine weitere Stunde Freizeit mehr Güter bekommen als vorher. Deshalb ist er bereit, mehr zu arbeiten. Das ist der Substitutionseffekt.

Bei normalen Gütern haben wir gesehen, daß Einkommens- und Substitutionseffekt sich gegenseitig verstärken. Eine Preissteigerung bedeutet, daß die Konsumenten schlechter gestellt sind, so daß sie von jedem Gut weniger konsumieren; gleichzeitig führt sie dazu, daß die Konsumenten das Gut, dessen Preis gestiegen ist, durch ein anderes ersetzen. *Beim Arbeitsangebot haben Einkommens- und Substitutionseffekt entgegengesetzte Richtungen, so daß der Nettoeffekt einer Lohnerhöhung nicht eindeutig bestimmbar ist.*

Wir leiten die Arbeitsangebotskurve auf die gleiche Weise ab wie in Kapitel 8 die Nachfragekurve für ein Gut. Abbildung 9.3 zeigt die beiden möglichen Ergebnisse.

Abbildung 9.3A zeigt den Normalfall einer von links nach rechts ansteigenden Arbeitsangebotskurve, bei welcher der Substitutionseffekt dominiert. Teil B stellt eine Arbeitsangebotskurve mit teilweise negativer Steigung dar. Bei hohen Löhnen überwiegt der Einkommenseffekt einer weiteren Lohnerhöhung, so daß das Arbeitsangebot abnimmt. Ärzte, Zahnärzte und Angehörige anderer Professionen mit hohem Einkommen, die nur vier Tage in der Woche arbeiten, können als Beleg dafür betrachtet werden, daß manche Arbeitsangebotskurven bei hohen Einkommen negativ geneigt sind.

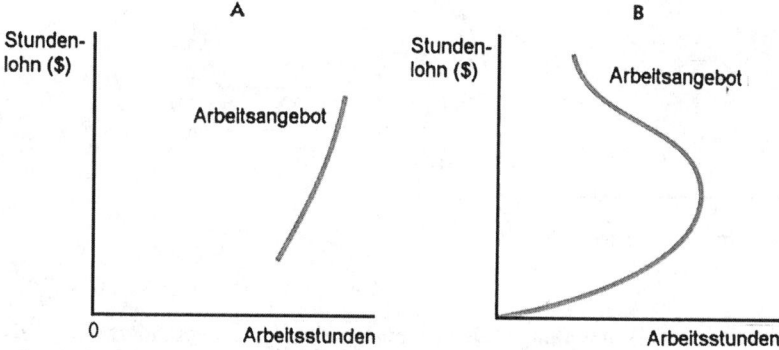

Abbildung 9.3 Die Arbeitsangebotskurve. Teil A der Abbildung zeigt den Fall, daß der Substitutionseffekt den Einkommenseffekt gerade überkompensiert, so daß Lohnerhöhungen nur zu einer geringfügigen Veränderung des Arbeitsangebots führen und die Arbeitsangebotskurve beinahe senkrecht verläuft. In Teil B dominiert bei niedrigen Löhnen der Substitutionseffekt, so daß die Arbeitsangebotskurve eine positive Steigung hat; bei hohen Löhnen dominiert der Einkommenseffekt, so daß die Arbeitsnachfragekurve in diesem Bereich negativ geneigt ist.

Wenn Einkommens- und Substitutionseffekt sich gerade die Waage halten, wird das Arbeitsangebot bei Lohnsatzänderungen relativ unberührt bleiben. Empirische Daten zeigen, daß zumindest bei Männern die Elastizität des Arbeitsangebots - also der prozentuale Anstieg des Arbeitsangebots bei einem einprozentigen Reallohnanstieg - zwar positiv, aber gering ist. Das ist der Grund, warum sich trotz des enormen Anstiegs der Löhne über die letzten fünfzig Jahre hinweg die durchschnittliche Arbeitszeit für Männer kaum verändert hat.

Die Entscheidung über die Erwerbsbeteiligung

Die Entscheidung über das Arbeitsangebot kann in zwei Teilentscheidungen aufgespalten werden, nämlich erstens die grundsätzliche Entscheidung über die **Erwerbsbeteiligung** und zweitens die Entscheidung über den Umfang der Erwerbsbeteiligung. Abbildung 9.4 zeigt eine individuelle Arbeitsangebotskurve, die zu jedem Lohnsatz die Anzahl der angebotenen Arbeitsstunden angibt. Der niedrigste Lohn, zu dem der Arbeitsanbieter überhaupt zu arbeiten bereit ist, W_R, wird **Reservationslohn** genannt. Unterhalb des Reservationslohns nimmt der betreffende Mensch nicht am Erwerbsleben teil.

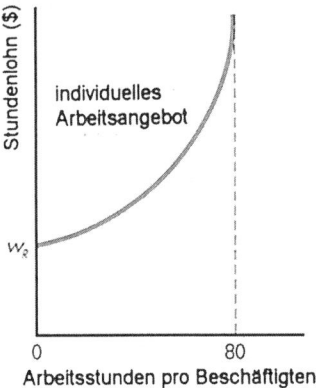

Abbildung 9.4 Die Entscheidung über die Erwerbsbeteiligung. Der Reservationslohn W_R ist der niedrigste Lohn, zu dem der Betreffende bereit ist, Arbeit anzubieten.

Heute haben sich die Vorstellungen über die Rolle der Frauen verändert. Die meisten Frauen, die keine kleinen Kinder haben, nehmen am Erwerbsleben teil, und viele Mütter pausieren nur für eine relativ kurze Zeit. Hier sei darauf hingewiesen, daß zu den **Erwerbspersonen** nicht nur diejenigen gehören, die einen Arbeitsplatz haben, sondern auch diejenigen, die einen Arbeitsplatz suchen. 1890 beteiligten sich nur 17 Prozent aller Frauen am Erwerbsleben; heute beträgt ihre Erwerbsquote 57 Prozent. Abbildung 9.5 zeigt den dramatischen Anstieg der Erwerbsbeteiligung der Frauen während der vergangenen vierzig Jahre.

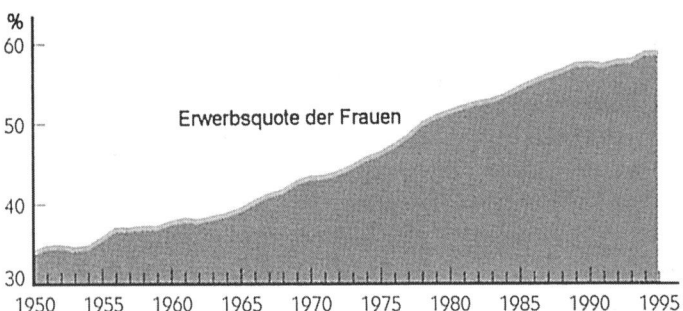

Abbildung 9.5 Die Erwerbsbeteiligung der Frauen. Während sich 1950 nur ein Drittel der Frauen am Erwerbsleben beteiligten, ist es heute mehr als die Hälfte. *Quelle: ERP* (1996), Table B-35.

Diese Veränderung kann zum Teil als *Verschiebung* der Arbeitsangebotskurve und zum Teil als *Bewegung auf* der Arbeitsangebotskurve interpretiert werden. Abbildung 9.6 zeigt, daß die Anzahl der Frauen, die sich am Erwerbsleben beteiligen, mit dem Lohnsatz steigt. Eine solche Kurve nennt man Erwerbsbeteiligungskurve. Wenn alle Frauen die gleiche Anzahl von Arbeitsstunden anbieten würden (sagen wir 35 Stunden pro Woche), dann würden die Erwerbsbeteiligungskurve und die Arbeitsangebotskurve der Frauen gleich aussehen.

Abbildung 9.6 Eine Erklärung für die veränderte Arbeitsmarktbeteiligung. Die gestiegene Erwerbsbeteiligung der Frauen ist zum Teil als eine Bewegung auf der Arbeitsangebotskurve aufgrund höherer Löhne (die Bewegung von L_0 nach L_1) zu verstehen und zum Teil als Verschiebung der Angebotskurve selbst (Bewegung von L_1 nach L_2).

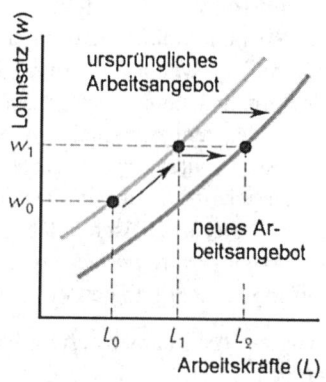

Es haben aber auch noch zwei andere Veränderungen zu diesem Trend beigetragen. Seit etwa 1973 sind die Reallöhne nicht mehr in demselben Tempo gewachsen wie in der Nachkriegszeit. Die Menschen hatten sich an regelmäßige Einkommenserhöhungen gewöhnt und haben ihr Ausbleiben als Verlust empfunden. Diese Entwicklung hat viele verheiratete Frauen dazu gebracht, Vollzeit- oder Teilzeitarbeitsplätze anzunehmen, um das Familieneinkommen weiter zu erhöhen, oder auch in manchen Fällen, um einen Rückgang zu verhindern.

Es hat sich aber auch die Einstellung verändert, und zwar sowohl bei den Frauen als auch bei den Arbeitgebern. Die Anzahl der Studentinnen an den Universitäten stieg stark an, ein Zeichen für die geänderte Einstellung der Frauen selbst. 1963 wurde die direkte Diskriminierung von Frauen durch Bundesgesetz verboten. Der Rückgang der Diskriminierung machte es für die Frauen attraktiver, sich am Erwerbsleben zu beteiligen. Diese Veränderungen erklären die Verschiebung der Erwerbsbeteiligungskurve der Frauen. In Abbildung 9.6 bewirkt diese Verschiebung einen Anstieg der Erwerbsbeteiligung von L_1 auf L_2.

Steuerpolitik und Arbeitsangebot

Die Auswirkungen von Lohnänderungen auf das Arbeitsangebot haben wichtige wirtschaftspolitische Implikationen. So hört man zum Beispiel oft, daß eine Steuererhöhung die Menschen von der Arbeit abschreckt. Eine Erhöhung der Steuersätze hat die gleichen Auswirkungen wie eine Lohnsenkung, denn sie vermindert die Nettolöhne, die die Arbeitskräfte erhalten. Wenn aber die Arbeitsangebotskurve negativ geneigt ist, dann kann eine Steuererhöhung und die damit verbundene Verminderung der Nettolöhne tatsächlich zu einer Erhöhung des Arbeitsangebots führen.

Unterschiedliche Ansichten über die relativen Größenordnungen von Einkommens- und Substitutionseffekt in bezug auf das Arbeitsangebot haben in letzter Zeit in den steuerpolitischen Debatten eine wichtige Rolle gespielt. Wenn man Arbeitskräfte fragt, wie sie auf eine Steuererhöhung reagieren würden, dann sagen sie „ich muß mehr Überstunden machen, um meinen Lebensstandard aufrechtzuerhalten" oder „ich reduziere meine Arbeitszeit, denn es lohnt sich nicht, so hart zu arbeiten". Sie benutzen die Ausdrücke Einkommens- und Substitutionseffekt nicht. Aber Wirtschaftswissenschaftler interpretieren die unterschiedlichen Antworten mit Hilfe dieser analytischen Konzepte. Insbesondere interessieren sie sich dafür, wie die Arbeitskräfte *im Durchschnitt* reagieren und wie ganz bestimmte Bevölkerungsgruppen innerhalb der Volkswirtschaft reagieren.

In bezug auf die Männer besteht weitgehend Übereinstimmung darin, daß die Elastizität des Arbeitsangebots relativ niedrig ist, so daß Steueränderungen weder auf die Erwerbsbeteiligung noch auf die durchschnittliche Arbeitszeit einen großen Einfluß haben. Einige wenige Wirtschaftswissenschaftler glauben jedoch, daß die Arbeitsangebotselastizität der Männer recht hoch ist, und daß der Steuersatz von 50 Prozent auf hohe Einkommen, der in den USA bis 1986 galt, einen starken negativen Einfluß auf das Arbeitsangebot hatte. Einige Angebotstheoretiker (so benannt wegen ihrer Betonung der wirtschaftlichen Anreize, die das Angebot bestimmen) haben sogar vorausgesagt, daß die Bevölkerungsgruppe mit den höchsten Einkommen nach einer Steuersenkung um so viel mehr arbeiten würde, daß das Steueraufkommen trotz der niedrigeren Steuersätze steigen würde. Die Fakten zeigen im Großen und Ganzen, daß die Arbeitsangebotselastizität der Männer tatsächlich niedrig ist. Die durchschnittliche Arbeitszeit ist aufgrund der Steuersenkungen der achtziger Jahre, wenn überhaupt, nur wenig gestiegen, und das gesamte Steueraufkommen ist zurückgegangen. Das Steueraufkommen von den *oberen* Einkommensgruppen ist jedoch tatsächlich angestiegen. Dabei ist allerdings unklar, ob die Reichen wegen des gesunkenen Steuersatzes mehr gearbeitet haben. Zwei andere Erklärungen sind mindestens genauso plausibel. Erstens ist durch die niedrigeren Steuersätze der Wert der Steuervermeidung durch Investitionen in steuerbegünstigte Anlagen zurückgegangen. Die Investoren haben also einen Teil ihres Geldes wieder in besteuerte Aktivitäten umgelenkt. Zweitens - und das ist vielleicht die wichtigere Erklärung - hat die Einkommensungleichheit während der betrachteten Periode zugenommen. Die Reichen sind reicher geworden, nicht weil sie länger gearbeitet hätten, sondern weil sie pro Arbeitsstunde mehr verdient haben.

Im Gegensatz zu den Männern haben Frauen eine hohe Arbeitsangebotselastizität. Höhere Löhne bringen viele zusätzliche Frauen auf den Arbeitsmarkt, und höhere Steuern bringen viele Frauen dazu, den Arbeitsmarkt wieder zu verlassen. Ein Blick auf den Einkommensteuertarif der USA zeigt, warum die Steuern so eine starke Wirkung auf die Erwerbsbeteiligung der Frauen haben können. Für eine vierköpfige Familie sind die ersten 16.000 $ Einkommen steuerfrei. Wenn aber der Hauptverdiener des Haushalts mehr als diesen Betrag verdient, muß der Ehepartner/die Ehepartnerin jeden Dollar seines/ihres Einkommens versteuern. Liegt das Einkommen des Hauptverdieners über 54.000 $, so beträgt der Einkommensteuersatz des Bundes für jeden zusätzlich verdienten Dollar schon 28 Prozent; dazu kommen noch die Sozialversicherungsabgaben und die Einkommensteuer, die der einzelne Bundesstaat erhebt.

Ein Blick in die Wirtschaftspolitik:
Die zwiespältigen Wirkungen der negativen Einkommensteuer

1993 hat der Kongreß den sogenannten *earned income credit* (EIC) stark erweitert. Mit dem EIC erhalten Arbeitskräfte mit niedrigem Einkommen vom Staat einen Zuschuß, anstatt Steuern zu zahlen. Mit dem EIC wollte man sicherstellen, daß sich Arbeit lohnt. Selbst beim Minimumlohn kann jemand, der eine Familie hat, mit Hilfe des EIC (beinahe) aus der Armut herauskommen. Der Staat bezahlt eine Subvention von ungefähr 30 Prozent. Ein Arbeiter mit zwei Kindern und einem Jahreslohn von 8.000 $ würde also zusätzlich 2.400 $ erhalten. Aber oberhalb der Grenze von 11.000 $ läuft die Subvention aus, das heißt, der staatliche Zuschuß wird langsam geringer. Eine vierköpfige Familie mit einem Jahreseinkommen von 25.300 $ erhält überhaupt keinen Zuschuß.

Im Bereich niedriger Einkommen wird die Erwerbsbeteiligung durch den EIC gefördert, denn die Arbeit zahlt sich so besser aus. Aber in dem Einkommensbereich, in dem die Subvention abnimmt, wird den Arbeitskräften der Anreiz zu Überstunden genommen. Das zusätzliche Einkommen für eine zusätzliche Arbeitsstunde wird stark verringert. Es entsteht also ein starker Substitutionseffekt, genauso als ob die Arbeitskräfte plötzlich einen Steuersatz von 17,7 Prozent bezahlen müßten. Wenn man die Senkung des EIC berücksichtigt, erhält ein Arbeiter mit einem Stundenlohn von 5,00 $ nur 4,12 $ für eine zusätzliche Arbeitsstunde. Hinzu kommt, daß der Arbeiter möglicherweise die Bundeseinkommensteuer von 15 Prozent bezahlen muß. In diesem Fall ist sein Nettolohn nach Abzug der EIC-Anpassung und der Einkommensteuer nur 3,37 $ pro Stunde. Das entspricht einem Grenzsteuersatz von 33 Prozent!

Die Situation wird dadurch noch weiter verschlimmert, daß Familien, in denen beide Ehepartner arbeiten, zusätzliche Kosten tragen müssen, zum Beispiel für die

Kinderbetreuung, für Fertigmahlzeiten oder Mahlzeiten in Restaurants. Berücksichtigt man den höheren Steuersatz und die Extrakosten, dann ist der finanzielle Arbeitsanreiz für viele Zweitverdiener niedrig. Dadurch können Veränderungen des Nettolohns die Zahl der Zweitverdiener, die sich für eine bezahlte Arbeit entscheiden, stark verändern. Es ist ernüchternd, zu sehen, daß in Amerika noch immer in der Regel die Ehefrau die Zweitverdienerin ist.

Bis 1986 hat das Steuerrecht dieses Problem berücksichtigt und das Einkommen des Zweitverdieners der Familie nicht so hoch besteuert. Aber diese Regelung führt ebenso zu Ungleichbehandlung. Betrachten wir den Fall einer Familie, in der die Mutter nicht arbeitet, der Vater jedoch gleichzeitig einen Ganztags- und einen Halbtagsjob hat und insgesamt 60 Stunden pro Woche arbeitet. Vergleichen wir diese Situation mit einer Familie, in der beide Ehepartner einer Erwerbsarbeit nachgehen und zusammen ebenfalls 60 Stunden pro Woche arbeiten. Es ist nicht einzusehen, warum diese letztere Familie mit einem niedrigeren Satz besteuert werden soll als der Mann, der alleine mehr als 40 Stunden pro Woche arbeitet. Argumente wie dieses haben dazu geführt, daß 1986 die Steuerregelung zugunsten des Zweitverdieners in einer Familie wieder aufgehoben wurde.

Die Ruhestandsentscheidung

Der Zeitpunkt des Übergangs in den Altersruhestand ist ein weiterer wichtiger Aspekt der Erwerbsbeteiligung. Um die Jahrhundertwende hatte ein vierzigjähriger amerikanischer Mann eine Lebenserwartung von 68 Jahren. Gleichzeitig nahmen 68 Prozent der Männer über 65 noch am Erwerbsleben teil. Der durchschnittliche Arbeiter blieb also in seinem Job, bis er starb oder zu krank war, um zu arbeiten. Heute hat ein vierzigjähriger Mann eine Lebenserwartung von 76 Jahren, aber nur 16 Prozent der Männer über 65 arbeiten oder suchen nach Arbeit. Selbst im Alter zwischen 55 und 64 Jahren gehören nur 67 Prozent der Männer zu den Erwerbspersonen. In der Regel erwartet man, vor 65 in den Ruhestand zu gehen, und die Anzahl der Rentner im mittleren Alter wird vermutlich weiter wachsen.

Auch diese Ruhestandsentscheidungen kann man mit Hilfe eines einfachen ökonomischen Modells erklären. Ein höheres Lebenszeit-Einkommen hat dazu geführt, daß die Menschen im Laufe ihres Lebens auch mehr Freizeit wollen; das ist der schon bekannte Einkommenseffekt. Die Entscheidung, frühzeitig in Rente zu gehen, kann man als Entscheidung für mehr Freizeit interpretieren. In der Tat ist es sinnvoll, daß die Menschen in den späteren Lebensjahren mehr Freizeit wollen, wenn ihre Produktivität den Gipfel überschritten hat und ihre Löhne kaum mehr weiter steigen werden.

Gleichzeitig sind die Löhne heute viel höher als noch vor fünfzig Jahren. Das bedeutet, daß es für die Menschen teurer geworden ist, frühzeitig in Rente zu gehen, denn sie müssen auf mehr Konsum verzichten. Das ist der Substitutionseffekt. Offensichtlich ist bei vielen Menschen der Einkommenseffekt stärker als der Substitutionseffekt.

9.2 Humankapital und Ausbildung

Der Output einer Volkswirtschaft hängt nicht nur von der Gesamtzahl der Arbeitsstunden ab, sondern auch davon, wie produktiv diese Arbeitsstunden sind. Einer der wichtigsten Bestimmungsfaktoren der Arbeitsproduktivität - und damit auch der Löhne - ist die Ausbildung.

Indem sie länger zur Schule gehen und ihren Eintritt in das Erwerbsleben verschieben, können die Menschen ihr erwartetes Jahreseinkommen erhöhen. Auch mehr Anstrengung und der Verzicht auf Freizeit während der Ausbildung kann zu besseren Noten und Fähigkeiten führen, aus denen dann in der Zukunft höhere Löhne resultieren. In der Ausbildung hat man es also mit einem *Trade-off* zwischen Freizeit in der Gegenwart und Konsum oder Einkommen in der Zukunft zu tun.

Ein Jahr auf dem College hat ganz offensichtliche Kosten: das Schulgeld, sowie die Kosten für Unterkunft und Verpflegung. Hinzu kommen jedoch auch noch Opportunitätskosten wie etwa das Einkommen, das man in der gleichen Zeit hätte verdienen können. Diese Opportunitätskosten sind genauso Ausbildungskosten wie das Schulgeld. Wirtschaftswissenschaftler sprechen vom **Humankapital**, das durch Ausbildungsinvestitionen produziert wird, analog zum **Sachkapital**, das Unternehmungen durch Investitionen in Fabriken und Ausrüstungen erwerben. Humankapital wird durch schulische und betriebliche Ausbildung und Arbeitserfahrung entwickelt, aber auch durch viele andere Aufwendungen von Geld und Zeit, die Eltern in ihre Kinder investieren.

Tabelle 9.1 Anzahl der Schuljahre nach Altersgruppen

Altersgruppe (1993)	ohne Highschoolabschluß (%)	mit Highschoolabschluß aber ohne Studium (%)	mit Studium bis mindestens zum Bachelor (%)
25-44	12,3	62,5	25,2
45-64	19,8	57,8	22,4
65 und älter	39,7	48,3	12,0

Die Vereinigten Staaten investieren enorme Summen in Humankapital. Tatsächlich hat das Humankapital eine größere Bedeutung als das Sachkapital, denn es beträgt zwischen zwei Dritteln und drei Vierteln des Gesamtkapitals. Diese Investitionen werden sowohl staatlich als auch privat finanziert. Gemeinden, Bundesstaaten und Bund geben pro Jahr ungefähr eine Viertel Billion Dollar für Bildung aus. Die Staatsausgaben für Grundschulen und höhere Schulen sind mit mehr als zwanzig Prozent der größte Ausgabenposten der Gemeinden und Bundesstaaten. Tabelle 9.1 zeigt den enormen Anstieg der Bildungsausgaben in den vergangenen fünfzig Jahren. Fast 40 Prozent der Menschen, die 65 Jahre oder älter sind, hat keinen Highschool-Abschluß; von den 25- bis 44-jährigen hat nur ein Achtel keinen Highschool-Abschluß. Und auch der Prozentsatz derjenigen, die mindestens bis zum Bachelor studiert haben, ist in der Gruppe der 25- bis 44-jährigen doppelt so hoch wie in der Gruppe der über 65-jährigen.

Ausbildung und wirtschaftliche *Trade-offs*

Mit Hilfe der Produktionsmöglichkeitenkurve, die wir in Kapitel 2 eingeführt haben, kann man illustrieren, wie Investitionsentscheidungen in bezug auf das Humankapital getroffen werden. Zu diesem Zweck teilen wir die Lebenszeit in zwei Perioden auf: die „Jugend" und die „späteren Arbeitsjahre". Abbildung 9.7 zeigt das Verhältnis zwischen dem Konsum in der Jugendzeit und im späteren Leben. Konsumverzicht in der Jugend durch längere Ausbildungszeiten erhöht das erwartete Einkommen und damit den erwarteten zukünftigen Konsum. Wir haben der Kurve eine Form gegeben, die sinkende Grenzerträge impliziert: Höhere Bildungsausgaben (und damit niedrigere Konsumausgaben) in der Jugend erhöhen das spätere Einkommen, aber jede zusätzliche Bildungsinvestition bringt einen immer geringeren Ertrag.

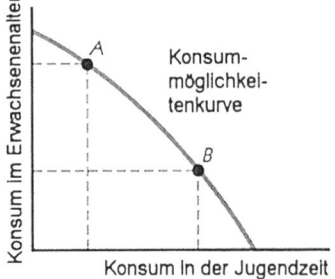

Abbildung 9.7 Ausbildung und der *Trade-off* zwischen gegenwärtigem und zukünftigem Konsum. Punkt *A* stellt die Entscheidung für Konsumverzicht und bessere Ausbildung in der Gegenwart und einen höheren Konsum in der Zukunft dar. Punkt *B* entspricht einem höheren Konsumniveau und entsprechend niedrigeren Ausbildungsinvestitionen in der Gegenwart, kombiniert mit einem entsprechend niedrigeren Konsumniveau in der Zukunft.

Punkt *A* steht für die Ausbildungsentscheidung eines Studenten, der vier Jahre lang aufs College geht und bis zum Abschluß über wenig Geld verfügt, dafür aber im späteren Leben ein höheres Einkommen hat. Punkt *B* zeigt die Konsequenzen der Entscheidung, die Ausbildung mit der Highschool zu beenden. Wer das tut, hat ein höheres Einkommen in seiner Jugend, aber ein niedrigeres Einkommen im späteren Leben. Punkte zwischen *A* und *B* stellen Situationen dar, in denen ein Student das College nach ein oder zwei Jahren abbricht.

Unter die Lupe genommen:
Die Kinderentscheidung eines „rationalen" Paares

Sparen und Arbeitsangebot sind zwei der wichtigsten Entscheidungen, die wir mit unserem einfachen Modell der Konsumwahl analysieren können. Es gibt aber auch noch andere wichtige Haushaltsentscheidungen, auf die man dieses Modell anwenden kann. Zu den bedeutenderen gehört die Entscheidung über die Kinderzahl, eine Entscheidung, die langfristig einen Einfluß auf das Arbeitsangebot einer Volkswirtschaft hat. Stellen wir uns ein romantisches Dinner bei Kerzenlicht vor und zwei Frischvermählte, die ihre Zukunft besprechen. Sie wissen über Familienplanung Bescheid und wollen über die Größe ihrer zukünftigen Familie eine rationale Entscheidung treffen. Ihre gemeinsame Vorfreude auf das Elternglück steigt, und sie schieben ihre Teller weg und holen die Taschenrechner heraus. Natürlich haben sie beide im College Kurse über Volkswirtschaftslehre besucht.

Sie berücksichtigen alle Kosten der Kindererziehung, einschließlich der Opportunitätskosten der Zeit, welche die Mutter andernfalls mit Erwerbsarbeit verbringen könnte, und stellen fest, daß das erwartete Einkommen der Ehefrau in ihren Berechnungen eine wichtige Rolle spielt. Sie ordnen ihre Gedanken, indem sie Grenzkosten und Grenznutzen von Kindern gegeneinander aufrechnen. Aus dieser Perspektive sehen sie ihre Entscheidung als Nachfrage nach Kindern und eine Zunahme des erwarteten Einkommens der Mutter als Steigerung des „Preises" für ein Kind, die zu einer Abwärtsbewegung auf der Nachfragekurve führt.

Falls Ihnen inzwischen Zweifel gekommen sind: Das ist ganz offensichtlich nicht die Art und Weise, wie die typische Familie Entscheidungen über Kinder trifft, zumindest nicht explizit. Aber Wirtschaftswissenschaftler haben festgestellt, daß dieses Modell tatsächlich die Fakten erklärt. Frauen mit höheren Reallöhnen haben im Durchschnitt kleinere Familien. Und die Geburtenraten in Ländern mit hohen Einkommen sind niedriger als die Geburtenraten in Ländern mit geringen Verdienstmöglichkeiten. Dieser Zusammenhang hat sich sowohl in Zeitreihenanalysen als auch im Ländervergleich immer wieder bestätigt.

Die wachsende Lohndifferenz

College-Absolventen verdienen durchschnittlich mehr als Arbeitskräfte ohne Highschoolabschluß. Der Durchschnittslohn von Arbeitskräften mit mindestens vier Jahren Collegeausbildung ist um zwei Drittel höher als der von Arbeitskräften, deren Schulbildung mit einem Highschool-Diplom abgeschlossen wurde. Der Einfachheit halber unterscheiden wir im folgenden nur zwischen gelernten und ungelernten Arbeitskräften. Da ungelernte Arbeitskräfte nicht die gleichen Arbeiten verrichten können wie gelernte Arbeitskräfte, ist es nützlich, sich die Löhne der beiden Gruppen als Ergebnisse zweier getrennter Arbeitsmärkte vorzustellen, wie in Abbildung 9.8. Teil A zeigt die Angebots- und Nachfragekurven von ungelernten Arbeitskräften, Teil B die Angebots- und Nachfragekurven von gelernten Arbeitskräften. Der Gleichgewichtslohn für gelernte Arbeitskräfte ist höher.

Angenommen, eine Veränderung der Technologie verschiebt die Nachfragekurve für gelernte Arbeitskräfte nach rechts (NG_1) und die Nachfragekurve für ungelernte Arbeitskräfte nach links (NU_1). Die Löhne für ungelernte Arbeitskräfte werden von wu_0 auf wu_1 fallen und diejenigen für gelernte Arbeitskräfte von wg_0 auf wg_1 steigen. Langfristig bringt diese vergrößerte Lohndifferenz mehr Menschen dazu, eine längere Ausbildung zu durchlaufen, so daß das Angebot an ungelernten Arbeitskräften sich nach links verschiebt und das Angebot an gelernten Arbeitskräften nach rechts. Infolge dessen steigt der Lohn für ungelernte Arbeit von wu_1 auf wu_2 und der für gelernte Arbeit sinkt von wg_1 auf wg_2. Die langfristigen Angebotsreaktionen machen also die kurzfristigen Lohnbewegungen teilweise wieder rückgängig.

Während der beiden letzten Jahrzehnte hat sich der Einkommensabstand zwischen Collegeabsolventen und Highschoolabsolventen enorm erhöht, und ebenso der Abstand zwischen Arbeitskräften mit und solchen ohne Highschool-Abschluß. Tatsächlich sind die Reallöhne (also die um Veränderungen der Lebenshaltungskosten bereinigten Löhne) ungelernter Arbeitskräfte dramatisch zurückgegangen (um bis zu 30 Prozent). Die wichtigste Erklärung dafür ist die relative Zunahme der Nachfrage nach gelernten Arbeitskräften, die wahrscheinlich hauptsächlich durch technologische Veränderungen bedingt ist.

Die prognostizierte langfristige Verschiebung des Arbeitsangebots wird zwar einigermaßen sicher stattfinden, aber wir wissen nicht, wie schnell dieser Prozeß vor sich geht. Es ist durchaus möglich, daß diese Angebotsverschiebungen zu einem Zeitpunkt stattfinden, in dem sich die Nachfragekurven ebenfalls wieder weiter verschieben, so daß die Lohndifferenzen noch größer werden. Es ist die Frage, wie lange es dauern wird, bis die Lohndifferenz wieder so weit verringert sein wird, wie es dem Stand der sechziger Jahre entspricht. In der Zwischenzeit wächst die Sorge über die sozialen Konsequenzen der ständig wachsenden Ungleichheit der Löhne (und Einkommen).

9.3 Budgetbeschränkungen und Sparentscheidung

Die Annahme, daß die Menschen wirtschaftliche Entscheidungen rational treffen und die Alternativen klar durchdenken, gilt für das Sparen genauso wie für die

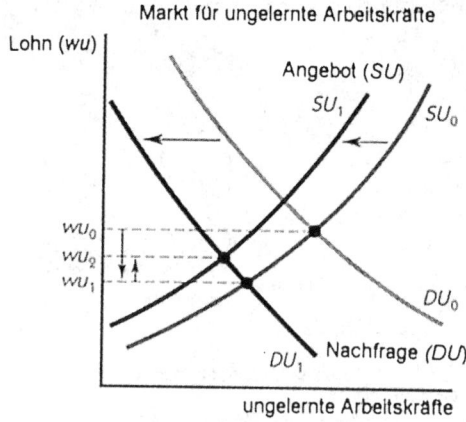

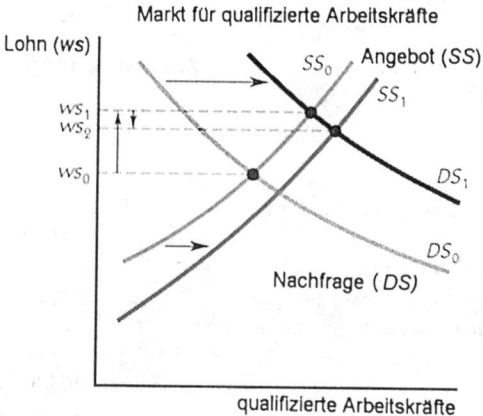

Abbildung 9.8 Die Märkte für gelernte und ungelernte Arbeit. In Teil A verschiebt eine neue fortschrittliche Technologie die Nachfragekurve nach ungelernten Arbeitskräften nach links und reduziert ihre Löhne von wu_0 auf wu_1. In Teil B verschiebt die selbe neue Technologie die Nachfragekurve für gelernte Arbeitskräfte nach rechts und erhöht damit deren Löhne von wg_0 auf wg_1. Mit der Zeit kann diese vergrößerte Lohndifferenz dazu führen, daß sich mehr Menschen für eine längere Ausbildung entscheiden. Dadurch würden einerseits die Angebotskurve für ungelernte Arbeit nach links verschoben und der Lohn von wu_1 auf wu_2 angehoben, und andererseits die Angebotskurve für gelernte Arbeit nach rechts verschoben und der Lohn entsprechend von wg_1 auf wg_2 gesenkt.

Konsum- und Arbeitsangebotsentscheidungen. Sparentscheidungen kann man als Entscheidungen über den *Zeitpunkt* des Konsums interpretieren. Wenn jemand heute weniger konsumiert und statt dessen mehr spart, kann er morgen mehr konsumieren.

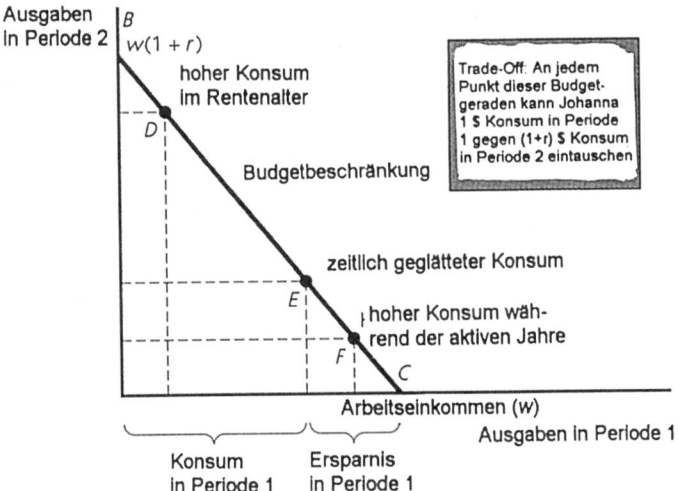

Abbildung 9.9 Die Zwei-Perioden-Budgetbeschränkung. Die Budgetbeschränkung *BC* beschreibt die erreichbaren Kombinationen von gegenwärtigem und zukünftigem Konsum. Arbeitseinkommen, die in Periode 1 nicht ausgegeben werden, werden zu Ersparnissen, für die man Zinsen erhält. Wenn man also heute auf Konsum im Wert von einem Dollar verzichtet, steigt der zukünftige Konsum um mehr als einen Dollar.

Wir benutzen die Budgetbeschränkung, um diese Entscheidung zu analysieren. In Abbildung 9.9 zeigt die Budgetgerade nicht die Wahl zwischen zwei Gütern sondern die Wahl zwischen Konsumausgaben in zwei verschiedenen Perioden. Das ist ähnlich wie die Darstellung der Entscheidung über Humankapitalinvestitionen. Der einzige Unterschied besteht darin, daß anstelle der beiden Perioden „Jugend" und „spätere Arbeitsjahre" hier „Arbeitsjahre" und „Ruhestand" betrachtet werden. Betrachten wir den Fall von Johanna. Sie ist für ihre Lebenszeit mit der abgebildeten Budgetbeschränkung konfrontiert. Die erste Periode wird entlang der horizontalen Achse dargestellt, die zweite entlang der vertikalen Achse. Ihr Lohneinkommen während ihres Arbeitslebens beträgt *w*. Sie könnte also im Extremfall während der ersten Periode die gesamte Summe *w* für Konsum ausgeben und für den Ruhestand nichts zurückbehalten (Punkt *C*). Das andere Extrem wäre, in der ersten Periode nichts zu konsumieren und das gesamte Einkommen zu sparen. In diesem Fall stünde die Summe *w* einschließlich der akkumulierten Zinsen in der zweiten Periode zur Verfügung (Punkt *B*). Wenn wir den Zinssatz mit *r* bezeichnen, beträgt ihr Konsum in der zweiten Periode *w*(1+*r*). Auf der Geraden zwischen diesen beiden Extremen liegen alle übrigen Wahlmöglichkeiten. Das ist Johannas Zwei-Perioden-Budgetbeschränkung.

Durch das Aufschieben des Konsums, also durch das Sparen, kann Johanna den Gesamtwert der Güter, die sie erhalten kann, steigern, denn sie erhält auf ihre Ersparnisse Zinsen. Die Kosten dafür bestehen im Warten auf den Konsum. Nun stellt sich die Frage, was der *Trade-off* zwischen gegenwärtigem und zukünftigem Konsum ist, oder anders ausgedrückt, wieviel zusätzlichen Konsum Johanna sich in der Zukunft leisten kann, wenn sie auf eine Einheit Konsum in der Gegenwart verzichtet.

Wenn sich Johanna entschließt, heute auf einen Dollar Konsum zu verzichten, kann sie diesen Dollar zur Bank bringen und am Ende des Jahres mit Zinsen zurückerhalten. Beträgt der Zinssatz zehn Prozent, so erhält Johanna für jeden Dollar Konsumverzicht im laufenden Jahr zusätzlichen Konsum im Wert von 1,10 $ im kommenden Jahr. Der relative Preis (der Preis des Konsums in diesem Jahr relativ zum Konsum im nächsten Jahr) ist also eins plus dem Zinssatz. Weil Johanna auf Konsum im Wert von mehr als einem Dollar in der zweiten Periode verzichten muß, um heute einen Dollar zusätzlich für Konsum ausgeben zu können, ist der gegenwärtige Konsum teurer als der zukünftige Konsum. Wie wir in Kapitel 6 bereits betont haben, legt Johanna bei diesen Überlegungen den *Realzinssatz* zugrunde, also den Nominalzinssatz korrigiert um die Inflationsrate.

In unserem Beispiel haben wir Johannas Leben in eine Arbeitsperiode und eine Ruhestandsperiode aufgeteilt. In der Realität ist die durchschnittliche Zeitspanne zwischen der Zeit, in der Geld verdient und gespart wird, und der Zeit, in der diese Ersparnisse verwendet werden, um den Ruhestand zu finanzieren, relevant. Bei einer durchschnittlichen Person sind das vielleicht 35 Jahre. Johanna muß bei ihren Berechnungen also auch berücksichtigen, daß ihr Geld auf der Bank Zinseszinsen verdient; das bedeutet, daß die Bank auch auf die bereits verdienten Zinsen wiederum Zinsen bezahlt und nicht nur auf die Sparsumme selbst.

In den letzten Jahren lag der Realzinssatz in etwa bei vier Prozent jährlich. Ohne Zinseszinsen ergibt sich daraus in 35 Jahren ein Gesamtertrag von 35 × 4 % = 140 Prozent. Wenn Johanna heute einen Dollar auf die Bank trägt, erhält sie in 35 Jahren ohne Zinseszinsen real 2,40 $ zurück. Wenn jedoch die Zinsen Jahr für Jahr zur Summe hinzugerechnet werden, ergibt die Rechnung für jeden gesparten Dollar $(1 + 0{,}04)^{35}$.[1] Die Gesamtsumme der Zinsen und Zinseszinsen beträgt dann

---

[1] Am Ende des ersten Jahres hat Johanna 1,04 Dollar. Im zweiten Jahr verdient sie darauf vier Prozent Zinsen, so daß ihr Kapital 1,04$ *plus* 0,04 × 1,04$ oder $(1{,}04)^2$$ beträgt. Im dritten Jahr verdient sie auf diesen kumulierten Betrag wieder vier Prozent Zinsen oder

294,6 Prozent. Wenn sie heute einen Dollar zur Bank bringt, wird sie in 35 Jahren real 3,94 $ zurückerhalten. Zinseszinsen machen einen großen Unterschied.

Die Steigung von Johannas Budgetbeschränkung beträgt also 3,94 - für jeden Dollar Konsumverzicht während ihrer Arbeitsjahre erhält sie im Ruhestand zusätzlichen Konsum im Wert von 3,94 $.

Johanna wählt zwischen den Punkten auf der Budgetgeraden entsprechend ihrer persönlichen Präferenzen. Betrachten wir zum Beispiel Punkt D, wo Johanna während ihres Arbeitslebens sehr wenig konsumiert. Da sie in der Gegenwart sehr wenig ausgibt, hat jede zusätzliche Ausgabe einen hohen Grenznutzen. Sie wird also relativ leicht dazu bereit sein, zukünftigen Konsum durch gegenwärtigen Konsum zu ersetzen. Punkt F stellt das andere Extrem dar, wo sie in der Gegenwart sehr viel ausgibt. Zusätzlicher Konsum in der Gegenwart wird daher einen relativ geringen Grenznutzen haben, während zukünftiger Konsum einen hohen Grenznutzen hat. Sie wird also relativ erpicht darauf sein, mehr zu sparen. Sie wählt einen Punkt E in der Mitte, wo der Konsum in den beiden Perioden nicht zu unterschiedlich ausfällt. Man sagt, sie hat ihren Konsum **geglättet**; das heißt, die Konsumausgaben in jeder der beiden verschiedenen Perioden sind ungefähr gleich. Diese Art von Ersparnissen, die der Glättung des Konsums über die Lebenszeit eines Menschen und der Vorsorge für den Ruhestand dienen, nennt man **Lebenszyklus**-Ersparnisse. In Abbildung 9.9 entsprechen Johannas Ersparnisse der Differenz zwischen dem Einkommen (w) und den Konsumausgaben der ersten Periode.

Sparentscheidung und Zinssatz

In diesem Abschnitt geht es um die Frage, wie sich Johannas Sparentscheidung verändert, wenn der Zinssatz steigt. Ihre neue Budgetbeschränkung ist in Abbildung 9.10 mit $B'C$ bezeichnet. Wenn sie nicht spart, hat der Zinssatz keinen Einfluß auf ihren Konsum. Sie verbraucht einfach ihr gesamtes Einkommen während ihres Arbeitslebens und behält nichts für den Ruhestand übrig. Bei allen anderen Entscheidungen kann sie jedoch im Ruhestand durch die Zinserhöhung mehr konsumieren.

Der gestiegene Zinssatz hat einen Einkommens- und einen Substitutionseffekt. Weil Johanna spart, bringt ihr ein gestiegener Zinssatz mehr Wohlstand. Weil sie wohlhabender ist, konsumiert sie in der Gegenwart mehr, das heißt, sie reduziert ihre Ersparnis. Das ist der Einkommenseffekt. Ein gestiegener Zinssatz bedeutet aber auch, daß der Ertrag ihrer Ersparnisse gestiegen ist. Für jeden Dollar aufgeschobenen Konsum kann sie sich im Ruhestand mehr Konsum leisten als zuvor. Das ist ein Anreiz, weniger zu konsumieren und mehr zu sparen, der Substitutions-

---

$0,4 \times (1,04)^2$ $. Ihr gesamtes Sparkapital beträgt dann $(1,04)^2$ $ + $0,04 \times (1,04)^2$ $ = $(1,04)^3$ $.

effekt. Substitutions- und Einkommenseffekt wirken also in entgegengesetzte Richtungen, und der *Netto*effekt ist nicht eindeutig. Ein höherer Zinssatz kann zu mehr oder weniger Ersparnis führen. In unserer Zeichnung bleibt der gegenwärtige Konsum und damit die Ersparnis unverändert.

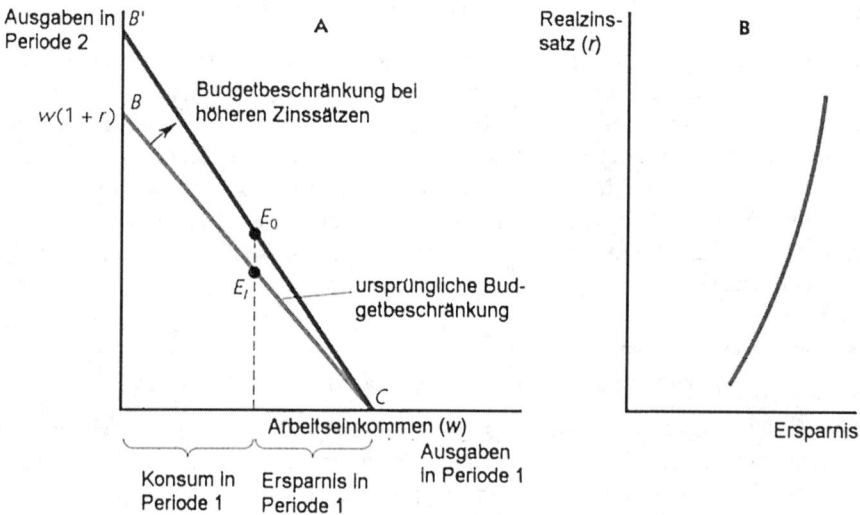

Abbildung 9.10 Sparentscheidung und Zinssatz. Durch einen Anstieg des Zinssatzes dreht sich die Budgetgerade nach rechts von BC nach $B'C$ (Teil A). Der Zinsanstieg verbessert die Einkommenssituation und hat damit einen Einkommenseffekt, das heißt er führt zu einem Anstieg des Konsums in der Gegenwart (und in der Zukunft). Ein höherer Konsum in der Gegenwart impliziert eine niedrigere Ersparnis. Gleichzeitig macht jedoch der gestiegene Zinssatz den Zukunftskonsum billiger; der Substitutionseffekt, der mit der veränderten Steigung der Budgetgeraden verbunden ist, führt zu erhöhten Ersparnissen in der Gegenwart (Teil B). Die Sparfunktion in Teil B zeigt für jeden Realzinssatz die Höhe der Ersparnis. Die dargestellte Kurve hat die typische Form: Ein Anstieg des Realzinssatzes führt zu einer leichten Erhöhung der Ersparnis; der Einkommenseffekt wird durch den Substitutionseffekt leicht überkompensiert.

Wie die Ersparnis im *Durchschnitt* reagiert, ist eine schwierige empirische Frage. Die meisten Schätzungen deuten an, daß der Substitutionseffekt den Einkommenseffekt dominiert, so daß ein Anstieg des Realzinssatzes eine schwach positive Wirkung auf die Sparquote hat.

Teil B der Abbildung 9.10 zeigt die Sparfunktion, die für jeden Realzinssatz die Höhe der Ersparnis angibt. Sie wird abgeleitet, indem man für verschiedene Realzinssätze (verschiedene Steigungen der Budgetgeraden) die bevorzugte Kombination aus gegenwärtigem und zukünftigem Konsum findet. Die dargestellte Kurve hat die typische Form. Erhöhungen des Realzinssatzes führen zu leichten Zunahmen bei der Ersparnis; der Substitutionseffekt ist etwas stärker als der Einkommenseffekt. Aber die Sparkurve könnte auch einen vertikalen Verlauf haben; dann kompensieren sich Einkommens- und Substitutionseffekt gerade gegenseitig. Oder sie könnte sogar abwärts geneigt sein; dann hat der Einkommenseffekt ein leichtes Übergewicht.

Die Stärke der Reaktion der Sparentscheidungen auf den Zinssatz ist eine wichtige Frage. Wirtschaftspolitische Maßnahmen zur Erhöhung des Sparzinssatzes, wie zum Beispiel Steuerbefreiungen für bestimmte Sparformen, beruhen auf dem Glauben, daß ein Anstieg des Zinssatzes die gesamtwirtschaftliche Ersparnis deutlich erhöht. Da reiche Menschen mehr sparen, profitieren sie natürlich auch stärker von einer Reduktion des Steuersatzes auf Zinseinkommen, die den effektiven Zinssatz für die Sparer erhöht. Daher vergrößern solche Maßnahmen die Einkommensungleichheit.

Anwendungsbeispiel: Die Zinselastizität der Ersparnis

Die Zinselastizität der Ersparnis ist die Schlüsselgröße bei der Beurteilung von Maßnahmen zur Sparförderung durch die Verringerung der Steuer auf Sparerträge. Angenommen, die Zinselastizität der Ersparnis beträgt 0,1, so daß ein einprozentiger Anstieg des Ertrags nach Steuern zu einem Anstieg der Ersparnis um 0,1 Prozent führt. Wenn die Haushalte pro Jahr 150 Mrd. $ sparen, und wenn der durchschnittliche Sparer einen Einkommensteuersatz von 28 Prozent hat, würde die Abschaffung der Einkommensteuer auf Kapitalerträge die Ersparnis der Haushalte um 2,8 % × 150 Mrd. $ = 4,2 Mrd. $ erhöhen. Ist der durchschnittliche Kapitalertrag vor Steuern zehn Prozent, und haben die Haushalte insgesamt zwei Billionen Dollar Sparkapital angesammelt, dann beträgt der Einkommensverlust des Staates 28 % × 2 Billionen $ = 56 Mrd. $. Das Bundeshaushaltsdefizit steigt stärker als die Ersparnis der Haushalte. Damit ist der Versuch gescheitert, mit Hilfe der Abschaffung der Zinsbesteuerung die gesamtwirtschaftliche Ersparnis der USA zu erhöhen.

Andere Bestimmungsfaktoren der Ersparnis

Wir haben nun gesehen, wie man mit Hilfe des Konsumwahlmodells aus Kapitel 8 die Sparentscheidungen der Haushalte betrachten kann. Die zwei wichtigsten Determinanten der Ersparnis sind Einkommen und Zinssatz. Mit steigendem Einkommen wollen die Menschen im Ruhestand mehr konsumieren und müssen also auch mehr sparen. Bei Zinssatzänderungen wirken der Einkommens- und der Substitutionseffekt in verschiedene Richtungen, so daß der Nettoeffekt nicht eindeutig ist.

Ein Blick in die Wirtschaftspolitik: Sparförderung

Eines der populärsten wirtschaftspolitischen Programme zur Sparförderung ist das steuerfreie Rentensparkonto (*Individual Retirement Account* oder IRA). Im Rahmen dieser Regelung kann jeder Einzelne von seinem zu versteuernden Einkommen diejenigen Beträge abziehen, die er in ein IRA investiert hat (bis zu einem gewissen jährlichen Höchstbetrag von zum Beispiel 2.000 $). Hinzu kommt, daß die Zinsen für dieses Geld erst besteuert werden, wenn sie im Alter abgehoben werden. Diese Konten sind deshalb so beliebt, weil Menschen, die reich genug sind, um Ersparnisse zu haben, einfach Geld von einem besteuerten Konto auf ihr steuerfreies Rentensparkonto umschichten können; sie haben einen Steuervorteil, ohne daß sie zusätzlich sparen. Das mag zynisch klingen, aber die ökonomische Theorie unterstützt diese Argumentation. Für jemanden, der ohnehin mehr als die erlaubten 2.000 $ pro Jahr spart, besteht keinerlei Anreiz zu einer zusätzlichen Ersparnis. Der Ertrag aus der Ersparnis eines zusätzlichen Dollars ändert sich dadurch nicht. Es gibt keinen Substitutionseffekt, der eine zusätzliche Ersparnis motivieren könnte. Oder allgemeiner ausgedrückt: Die empirischen Daten deuten darauf hin, daß die Zinselastizität der Ersparnis niedrig ist. In dieser Situation würde die Ersparnis auch dann nicht sehr stark stimuliert, wenn es keine Höchstgrenze für die Einzahlungen auf den steuerfreien Konten gäbe. Hinzu kommt, daß die ärmeren Schichten die Vorteile der IRAs wahrscheinlich am wenigsten nutzen, so daß die Steuervergünstigung für diese Konten vor allem der Mittelklasse und den Reichen zugute kommt. Ob das nun gut oder schlecht ist, hängt natürlich davon ab, welchen Wert man auf die Gleichheit legt.

Trotz der theoretischen Argumente, die den Schluß nahelegen, daß die IRAs die Ersparnis kaum stimulieren würden, haben sie sich als wirkungsvolle Sparförderung erwiesen. Ein Grund ist die aggressive Werbung der Banken für die steuerfreien Sparkonten. Werbeträger „verkaufen" Sparkonten genauso, wie sie Autos oder Zigaretten verkaufen.

Vor kurzem ist eine IRA-Regelung vorgeschlagen worden, die für mehr Steuergerechtigkeit sorgt. Danach könnten nur solche Einzahlungen auf ein IRA-Konto vom zu versteuernden Einkommen abgezogen werden, die einen bestimmten Grenzwert, etwa zehn Prozent des Einkommens, überschreiten. Reichere Menschen hätten damit einen höheren Grenzwert.

Die Sparentscheidung hängt jedoch noch von einem weiteren und wichtigeren Einflußfaktor ab, nämlich von der Sozialversicherung. Wieviel die Menschen für ihren

Ruhestand sparen müssen, hängt davon ab, wie hoch die Rente ist, die sie von der Sozialversicherung erhalten. Ein großzügiges Sozialversicherungssystem reduziert die Notwendigkeit, für das Alter selbst vorzusorgen. Unter diesen Umständen drängt sich die Frage auf, warum in den Vereinigten Staaten die privaten Rentenversicherungen zugenommen haben, während zur gleichen Zeit die Sozialrenten großzügiger geworden sind. Üblicherweise werden zwei Erklärungen angeführt. Erstens ist der Bedarf an Renteneinkommen schneller gestiegen als die Großzügigkeit der Sozialversicherung, da die Lebenserwartung weit über das normale Rentenalter hinaus angestiegen ist. Zweitens steigt mit dem Einkommen, wie wir zu Beginn dieses Kapitels gesehen haben, auch der Wunsch nach Freizeit, und die Frühpensionierung ist ein Ausdruck davon. Je früher der Ruhestand beginnt, desto höher muß das Renteneinkommen sein.

Unter die Lupe genommen: Ursachen der niedrigen Sparquote in den USA

Als Taiwan 1992 große Summen in die Firma McDonnell-Douglas investieren wollte, waren viele Beobachter schockiert. Vor nicht allzu langer Zeit hatte Taiwan noch zu den ärmeren Ländern gehört; nun schickte es sich an, einen großen Anteil an einer der weltweit führenden Raumfahrtfirmen zu kaufen. Wie war das möglich?

Auf einer Ebene ist die Antwort einfach. Die Haushalte in Taiwan (und in Japan und vielen anderen wichtigen Ländern, die mit den USA am Weltmarkt konkurrieren) sparen einen viel größeren Teil ihrer Einkommen als diejenigen in den USA. Es bleibt aber die Frage nach den Gründen für diese Unterschiede. Wirtschaftswissenschaftler geben hier mehrere Antworten. Erstens sind in den USA die Sozialrenten relativ großzügig, so daß die Notwendigkeit, für das Alter zu sparen, verringert wird. Zweitens ist es viel einfacher geworden, für alle möglichen Zwecke Kredite aufzunehmen. Oder anders ausgedrückt: Der Kapitalmarkt in diesem Land hat seine Dienstleistungen für private Kreditnehmer verbessert. Drittens haben die Amerikaner im Vergleich zu den Menschen in anderen Ländern eine stärkere Präferenz für den Konsum in der Gegenwart und machen sich weniger Gedanken über den zukünftigen Konsum. Wenn mehr Menschen mehr ausgeben, geht die gesamtwirtschaftliche Ersparnis zurück. Viertens ist die Notwendigkeit, für schlechte Zeiten vorzusorgen, durch Verbesserungen bei Krankenversicherung, Arbeitslosenversicherung und so weiter geringer geworden. Und schließlich ist während der achtziger Jahre der Wert des privaten Vermögens in Form von Wohneigentum und Aktien dramatisch angewachsen - um jeweils ungefähr 800 Mrd. $. Als die Menschen sahen, daß ihr Immobilien- und Aktienvermögen wuchs, fingen sie an, einen größeren Teil ihres Einkommens auszugeben und weniger zu sparen.

Die gesamtwirtschaftliche Ersparnis

Die Summe der Ersparnisse aller Haushalte in der Gesellschaft ist die **gesamtwirtschaftliche Ersparnis**. Zu jedem Zeitpunkt sparen einige Haushalte und andere geben ihre Ersparnisse aus (oder wie die Wirtschaftswissenschaftler sagen, sie **entsparen**). Die gesamtwirtschaftliche Ersparnis ist die Summe dieser beiden Aktivitäten. Die **gesamtwirtschaftliche Sparquote** ist definiert als aggregierte Ersparnis geteilt durch aggregiertes Einkommen. Demographische Faktoren, insbesondere die Wachstumsrate der Bevölkerung, sind wichtige Bestimmungsfaktoren der gesamtwirtschaftlichen Sparquote. Rentner entsparen normalerweise. Das heißt, sie heben von ihren Sparkonten ab und verkaufen Aktien und Wertpapiere, falls sie so etwas überhaupt besitzen, um ihr Sozialrenten- und Zinseinkommen aufzustocken. Die niedrige gesamtwirtschaftliche Sparquote in den Vereinigten Staaten (die wir weiter unten genauer besprechen), ist immer wieder Anlaß zur Sorge. Ein Grund dafür sind die Veränderungen in der Altersstruktur der Bevölkerung. Wenn in einem Land, wie den USA, die Bevölkerung langsamer wächst, dann hat es einen höheren Prozentsatz an älteren Menschen und allein deswegen schon eine niedrigere gesamtwirtschaftliche Sparquote als Länder mit schnellerem Bevölkerungswachstum und höheren Geburtenraten.

Das Konsumwahlmodell liefert wichtige Einsichten über die Bestimmungsgründe der Ersparnis. Aber einige Sparmotive, die für das Verständnis wichtig sind, sind in diesem Modell nicht berücksichtigt.

Erstens wollen die meisten Menschen ihren Nachkommen etwas hinterlassen. Das ist das **Vererbungsmotiv**. Lawrence Summers, der stellvertretende Finanzminister, und Laurence Kotlikoff von der Universität Boston argumentieren, daß eine kleine Gruppe von sehr reichen Leuten mehr spart als der ganze Rest der Bevölkerung, und daß das Vererbungsmotiv der Hauptgrund für die Ersparnisse der Reichen ist. Ein anderer Grund für das Sparen ist das **Vorsichtsmotiv**. Für schlechte Zeiten zu sparen schützt die Menschen gegen Notlagen, für die sie nicht versichert sind. Sparen aus Vorsicht ist vor allem für Kleinunternehmer und Bauern wichtig, deren Einkommen von Jahr zu Jahr stark schwanken können. Ein weiteres und damit verbundenes Motiv ist das Sparen für einen bestimmten Zweck. Das Zwecksparen hat mit Bedürfnissen zu tun, die man schwer über Kredite finanzieren kann, wie zum Beispiel die Anzahlung für ein Haus oder die College-Ausbildung der Kinder.

Zusammenfassung

1. Die Entscheidung über die Aufteilung der Zeit zwischen Arbeit und Freizeit kann man mit Hilfe der Konzepte der Budgetbeschränkung und der Präferenzen analysieren. Die Budgetgerade eines Menschen zeigt seinen *Trade-off* zwischen Freizeit und Einkom-

men. Der Lohnsatz bestimmt das Einkommen, das man erhalten kann, wenn man eine Stunde Freizeit aufgibt.

2. Auf den Arbeitsmärkten wirken der Substitutions- und der Einkommenseffekt einer Lohnänderung in verschiedene Richtungen. Eine Lohnerhöhung verschafft den Menschen mehr Einkommen, und führt dazu, daß sie gleichzeitig mehr Freizeit und mehr Konsum genießen wollen; das ist der Einkommenseffekt. Aber eine Lohnerhöhung erhöht auch die Opportunitätskosten der Freizeit und bietet damit einen Anreiz, mehr zu arbeiten; das ist der Substitutionseffekt. Der Gesamteffekt einer Lohnerhöhung hängt davon ab, ob der Substitutionseffekt oder der Einkommenseffekt letztendlich stärker ist.

3. Eine ansteigende Arbeitsangebotskurve stellt eine Situation dar, in der der Substitutionseffekt einer Lohnerhöhung den Einkommenseffekt dominiert. Eine einigermaßen vertikale Arbeitsangebotskurve ist zu beobachten, wenn Substitutionseffekt und Einkommenseffekt annähernd gleich stark sind. Die Arbeitsangebotskurve ist negativ geneigt, wenn bei niedrigen Löhnen der Substitutionseffekt dominiert (eine Lohnerhöhung führt zu einem steigenden Arbeitsangebot) und bei hohen Löhnen der Einkommenseffekt (eine Lohnerhöhung führt zu einem abnehmenden Arbeitsangebot).

4. Das Grundmodell der Entscheidung zwischen Freizeit und Einkommen kann auch benutzt werden, um Entscheidungen über die Erwerbsbeteiligung zu analysieren, einschließlich der Entscheidungen über den Eintritt in das Erwerbsleben und den Übergang in den Ruhestand.

5. Humankapital erhöht die wirtschaftliche Produktivität genauso wie Sachkapital. Es wird durch schulische und betriebliche Ausbildung entwickelt, sowie durch Geld und Zeit, die die Eltern auf andere Weise in ihre Kinder investieren.

6. Bei Sparentscheidungen sind die Menschen mit einem *Trade-off* zwischen gegenwärtigem und zukünftigem Konsum konfrontiert. Der reale Zinssatz bestimmt, wieviel zusätzlichen Konsum in der Zukunft man erreichen kann, wenn man in der Gegenwart den Konsum reduziert.

7. Ein Anstieg des Realzinssatzes erhöht das Einkommen der Sparer. Der Einkommenseffekt führt zu einer Erhöhung des gegenwärtigen Konsums (*und* des zukünftigen Konsums) und zu einer Abnahme der Ersparnis. Gleichzeitig macht ein Anstieg des Realzinssatzes das Sparen attraktiver; das ist der Substitutionseffekt, der zu einem Rückgang des gegenwärtigen Konsums führt. Der Nettoeffekt ist also nicht eindeutig, obwohl die empirischen Daten darauf hindeuten, daß ein Anstieg des Realzinssatzes einen leicht positiven Effekt auf die Ersparnis hat.

Schlüsselbegriffe

Arbeitsmarktbeteiligung	Lebenszyklus-Ersparnis	Reservationslohn
Vorsichtsmotiv des Sparens	gesamtwirtschaftliche Sparquote	Humankapital
Vererbungsmotiv des Sparens	Zwecksparen	

Wiederholungsfragen

1. Beschreiben Sie die Entscheidung eines Arbeitnehmers über sein Arbeitsangebot bei gegebenen persönlichen Präferenzen und gegebenem Reallohn am Arbeitsmarkt.

2. Wie beeinflußt der Einkommenseffekt einer Lohnsenkung die angebotene Arbeitszeit? Wie beeinflußt der Substitutionseffekt einer Lohnsenkung die angebotene Arbeitszeit? Wie sieht die Arbeitsangebotskurve aus, wenn der Einkommenseffekt dominiert? Wie sieht sie aus, wenn der Substitutionseffekt dominiert?

3. Beschreiben Sie die Entscheidung über Investitionen in Humankapital.

4. Wie beeinflußt die Konsumentscheidung in der Gegenwart den zukünftigen Konsum?

5. Was ist der relative Preis des zukünftigen Konsums gegenüber dem gegenwärtigen Konsum?

6. Wie beeinflußt der Einkommenseffekt einer Zinssatzerhöhung die gegenwärtige Ersparnis? Wie beeinflußt der Substitutionseffekt einer Zinssatzerhöhung die gegenwärtige Ersparnis?

7. Nennen Sie einige der Faktoren, die neben dem Einkommen und dem Zinssatz die Ersparnis beeinflussen.

Aufgaben

1. Stellen Sie sich vor, ein reicher Verwandter stirbt und hinterläßt Ihnen ein Treuhandvermögen, das Ihnen auf Lebenszeit ein Einkommen von 20.000 $ pro Jahr garantiert. Zeigen Sie in einem Diagramm die Verschiebung Ihrer Budgetbeschränkung in bezug auf Freizeit und Konsum. Werden Sie aufgrund dieser Erbschaft mehr oder weniger arbeiten wollen? Berücksichtigen Sie dabei den Einkommens- und den Substitutionseffekt.

2. Die meisten Menschen würden keinen Zweitarbeitsplatz annehmen, auch wenn sie einen bekommen könnten (zum Beispiel als Taxifahrer), und das obwohl in ihrem Hauptjob die wöchentliche Arbeitszeit vielleicht nur 37 Stunden beträgt. Die meisten „Moonlight-Jobs" bieten einen niedrigeren Stundenlohn als normale Arbeitsplätze. Zeichnen Sie die typische Budgetbeschränkung eines Arbeitnehmers. Welche Konsequenzen hat der Knick in der Budgetgeraden?

3. In der gegenwärtigen wirtschaftlichen Situation wird ein ungelernter Arbeiter vielleicht einen Stundenlohn von fünf Dollar erhalten. Angenommen, der Staat beschließt, dafür zu sorgen, daß alle Menschen mit einem wöchentlichen Einkommen von weniger als 150 $ einen Zuschuß über die Differenz zwischen dieser Summe und ihrem aktuellen Einkommen erhalten. Zeichnen Sie die ursprüngliche Budgetgerade eines ungelernten Arbeitnehmers, sowie die Budgetbeschränkung unter Berücksichtigung des Wohlfahrtsprogramms. Wird dieses Wohlfahrtsprogramm einen Arbeitnehmer, der ursprünglich 30 Stunden pro Woche gearbeitet hat, dazu bringen, seine Arbeitszeit zu reduzieren? Wie reagiert ein Arbeitnehmer, der bisher weniger als 30 Stunden gearbeitet hat, bzw. jemand, der mehr als 30 Stunden gearbeitet hat? Erläutern Sie, wie der Staat diese negativen Wirkungen verringern könnte, indem er eine Lohnsubvention anbietet,

die den Stundenlohn für die ersten 20 Stunden auf sechs Dollar erhöht, und zeichnen Sie eine neue Budgetbeschränkung, um diesen Vorschlag zu illustrieren.

4. In diesem Kapitel haben wir die Sparentscheidung unter der Bedingung analysiert, daß ein Mensch für eine Periode im Erwerbsleben steht und in der nächsten Periode im Ruhestand ist und keine Sozialrente erhält.

    a) Zeigen Sie, wie sich die Budgetbeschränkung verändert, wenn während des Ruhestands eine bestimmte Summe als Sozialrente ausbezahlt wird. Welchen Einfluß hat diese Veränderung auf die Ersparnis?

    b) Zeigen Sie, wie sich die Budgetbeschränkung verändert, wenn das Einkommen in der ersten Periode besteuert wird und in der zweiten Periode eine Sozialrente ausbezahlt wird. Welchen Einfluß hat diese Veränderung auf die Ersparnis?

5. In diesem Kapitel ging es darum, wie der Zinssatz die Ersparnis beeinflußt. Stellen Sie sich einen Nettoschuldner vor. Welchen Einkommenseffekt hat eine Zinserhöhung auf seine Entscheidungen? Wird eine Zinserhöhung dazu führen, daß er mehr oder weniger Kredit aufnimmt?

6. Legen Sie das Lebenszyklus-Modell der Ersparnis zugrunde und entscheiden Sie für jede der folgenden Situationen, ob Sie einen Anstieg oder einen Rückgang der Ersparnis der privaten Haushalte erwarten würden.

    a) Mehr Menschen gehen in den Ruhestand, bevor sie 65 Jahre alt geworden sind.

    b) Die Lebenserwartung erhöht sich.

    c) Der Staat verabschiedet ein Gesetz, das die Unternehmungen verpflichtet, für großzügigere Firmenrenten zu sorgen.

7. Erläutern Sie, wie jede der folgenden Veränderungen das Sparverhalten beeinflussen könnte.

    a) Die Erbschaftssteuer wird erhöht.

    b) Ein staatliches Programm sorgt dafür, daß College-Studenten leichter Kredite erhalten.

    c) Der Staat verspricht Schadenersatz bei Naturkatastrophen wie Orkanen, Wirbelstürmen und Erdbeben.

    d) Mehr Paare entscheiden sich gegen Kinder.

    e) Die wirtschaftliche Entwicklung ist in einem bestimmten Jahr viel schlechter, als erwartet worden war.

8. Die Wirtschaftswissenschaftler sind sich ziemlich sicher, daß eine Preiserhöhung bei den meisten Gütern zu einem Nachfragerückgang führt, aber sie sind sich nicht sicher, ob eine Zinserhöhung dazu führt, daß die Menschen mehr sparen. Erläutern Sie mit Hilfe der Konzepte des Substitutions- und des Einkommenseffekts, warum die Wirtschaftswissenschaftler im ersten Fall relativ sichere Schlüsse ziehen können, aber nicht im zweiten Fall.

9. Es gibt eine negative Korrelation zwischen dem Reallohn von Frauen und der Familiengröße. Zwei mögliche Erklärungen werden dafür angeführt. Die erste geht dahin, daß Frauen mit höheren Reallöhnen sich für weniger Kinder *entscheiden*. Erklären Sie, warum das der Fall sein könnte. Die zweite Begründung läuft darauf hinaus, daß Frauen mit großen Familien niedrigere Löhne erhalten, zum Beispiel weil sie Arbeitsplätze an-

nehmen müssen, bei denen sie zu Hause bleiben können, wenn die Kinder krank sind. Welche empirischen Fakten könnten Ihnen helfen, sich für eine dieser beiden Erklärungen zu entscheiden?

Anhang: Die Beschreibung von Arbeitsangebots- und Sparentscheidungen mit Hilfe von Indifferenzkurven

Dieser Anhang untersucht die Arbeitsangebots- und Sparentscheidungen mit Hilfe der Indifferenzkurven, die im Anhang zu Kapitel 8 dazu benutzt wurden, um die Konsumentscheidung darzustellen. Beginnen wir mit der Wahl zwischen Freizeit und Konsum.

Abbildung 9.11 zeigt Thomas' Budgetbeschränkung in bezug auf Freizeit und Konsum. Die Steigung der Budgetgeraden entspricht dem Lohnsatz. Die Abbildung enthält auch zwei Indifferenzkurven; jede davon zeigt alle Kombinationen von Freizeit und Konsum, zwischen denen Thomas indifferent ist. Da mehr Freizeit und mehr Konsum immer präferiert werden, wird Thomas die höchste erreichbare Indifferenzkurve wählen. Das ist diejenige Indifferenzkurve, welche die Budgetbeschränkung gerade noch tangiert.

Abbildung 9.11 Indifferenzkurven und die Wahl zwischen Einkommen und Freizeit. Mit den abgebildeten Indifferenzkurven wird man sich für diejenige Kombination aus Einkommen und Freizeit entscheiden, die dem Punkt *E* entspricht. Punkt *A* wäre wünschenswerter, ist aber nicht erreichbar. Andere Punkte auf oder unterhalb der Budgetgeraden sind erreichbar, liegen aber auf niedrigeren Indifferenzkurven und sind damit weniger attraktiv.

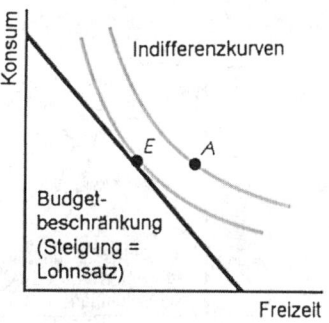

Die Steigung der Indifferenzkurve ist die Grenzrate der Substitution zwischen Freizeit und Konsum. Sie mißt den zusätzlichen Konsum, der Thomas dafür entschädigen würde, daß er auf eine zusätzliche Stunde Freizeit verzichtet. Im Berührungspunkt *E* zwischen der Indifferenzkurve und der Budgetgeraden haben beide die gleiche Steigung. Das heißt, die Grenzrate der Substitution entspricht in diesem Punkt genau dem Lohnsatz.

Wie schon im Anhang zu Kapitel 8 können wir auch hier wieder leicht sehen, warum Thomas diesen Punkt wählt. Angenommen, seine Grenzrate der Substitution sei 15 $, während der Stundenlohn 20 $ beträgt. Wenn er eine Stunde mehr arbeitet - und damit eine Stunde Freizeit aufgibt - steigt sein Konsum um 20 $. Es sind aber nur 15 $ nötig, um ihn für die entgangene Freizeit zu entschädigen. Da der Lohn seinen Verzicht mehr als kompensiert, zieht er es vor, mehr zu arbeiten.

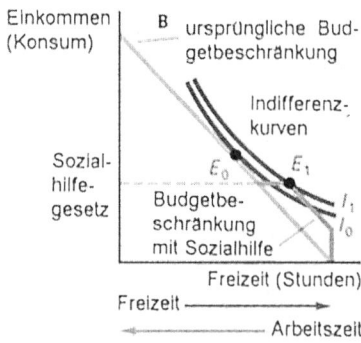

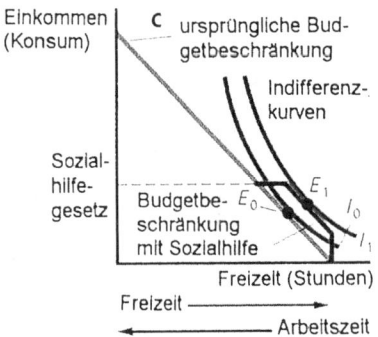

Abbildung 9.12 Indifferenzkurven und Wohlfahrtsprogramme. Teil A zeigt den Fall eines Arbeitnehmers, der sich für eine Erwerbsbeteiligung entscheidet, unabhängig davon, ob es ein Sozialhilfeprogramm gibt. In Teil B liegt das Einkommen des Arbeitnehmers über der für die Sozialhilfe relevanten Grenze, bevor das Sozialhilfeprogramm eingeführt wird. Nach der Einführung des Programms kann dieser Arbeitnehmer eine höhere Indifferenzkurve erreichen, indem er seine Arbeitszeit verringert und Sozialhilfe beantragt. Teil C zeigt die Situation eines Arbeitnehmers, dessen Einkommen unter der Sozialhilfegrenze liegt, der aber nach der Einführung des Sozialhilfeprogramms noch weniger arbeiten würde.

Die Entscheidung über die Erwerbsbeteiligung

Abbildung 9.12 zeigt, wie man die Indifferenzkurven benutzt, um Entscheidungen über die Erwerbsbeteiligung zu analysieren. Angenommen, jemand erhält einen niedrigen Lohn, lebt aber in einem Wohlfahrtsstaat, in dem man unterhalb einer bestimmten Einkommensgrenze einen festen Zuschuß erhält. Diese Sozialhilfe wird gestrichen, wenn das Einkommen die festgelegte Grenze überschreitet. Die Indifferenzkurve I_0 berührt die Budgetbeschränkung ohne Sozialhilfe im Punkt E_0. Die höchste Indifferenzkurve, die mit der Sozialhilferegelung erreicht werden kann, ist I_1.

Die Bilder A, B und C illustrieren die drei möglichen Fälle. In Teil A liegt die Indifferenzkurve I_0, die durch den Punkt E_0 verläuft, höher als die Kurve I_1. Der Arbeitnehmer entscheidet sich für den Punkt E_0 und wird durch das Sozialhilfeprogramm nicht beeinflußt. In den Bildern B und C arbeitet der Arbeitnehmer so wenig, daß er einen Anspruch auf Sozialhilfe hat; das heißt, I_1 liegt höher als I_0 und er wählt den Punkt E_1. In Teil B stellt der Arbeitnehmer fest, daß er seinen Sozialhilfeanspruch verliert, wenn er mehr arbeitet. Er verdient gerade wenig genug, um die Kriterien zu erfüllen. In Teil C hat das Sozialhilfesystem ausschließlich einen Einkommenseffekt. Wenn die Sozialhilfe hoch genug ist, kann es sein, daß der Arbeitnehmer beschließt, überhaupt nicht mehr am Erwerbsleben teilzunehmen (dann wäre im Punkt E_1 die Arbeitszeit null).

Die Sparentscheidung

Die Sparentscheidung kann man als Aufteilung des Lebenszyklus-Einkommens auf Gegenwart und Zukunft interpretieren. Dieser *Trade-off* wird durch die Zwei-Perioden-Budgetbeschränkung ausgedrückt, die wir in diesem Kapitel eingeführt haben. Dabei wird der Gegenwartskonsum entlang der horizontalen Achse gemessen und der Zukunftskonsum entlang der vertikalen Achse. Die Steigung der Budgetgeraden beträgt $1+r$, wobei r für den Zinssatz steht, also für den zusätzlichen Konsum, den wir in der Zukunft erhalten, wenn wir heute auf eine Einheit Konsum verzichten.

Abbildung 9.13 zeigt drei Indifferenzkurven. Die Indifferenzkurve, die durch den Punkt A verläuft, enthält alle Kombinationen von Gegenwarts- und Zukunftskonsum, zwischen denen eine Sparerin indifferent ist (sie hat auf jedem Punkt entlang der Kurve genau den gleichen Nutzen wie in A). Da die Menschen generell lieber mehr als weniger konsumieren, ziehen sie höhere Indifferenzkurven immer vor. Die höchste erreichbare Indifferenzkurve ist diejenige, die die Budgetbeschränkung gerade noch berührt. Den Berührungspunkt bezeichnen wir mit E. Es ist klar, daß die Sparerin die Indifferenzkurve durch A vorziehen würde, sie kann aber keinen Punkt auf dieser Kurve erreichen, weil die gesamte Indifferenzkurve oberhalb der Budgetbeschränkung liegt. Der Punkt F wäre für sie erreichbar, aber die dazugehörige Indifferenzkurve liegt unterhalb von derjenigen, die durch den Punkt E verläuft.

Wie wir aus dem Anhang zu Kapitel 8 wissen, ist die Steigung der Indifferenzkurve an einem bestimmten Punkt gleich der Grenzrate der Substitution in diesem Punkt. In diesem Fall sagt sie uns, wieviel zusätzlicher Zukunftskonsum notwendig ist, um den Sparer für den Verzicht auf eine Einheit Konsum in der Gegenwart gerade zu entschädigen. Im Tangentialpunkt entspricht die Steigung der Indifferenz-kurve der Steigung der Budgetgeraden. Die Grenzrate der Substitution in diesem Punkt E beträgt $1+r$. Wenn der Sparer auf eine Konsumeinheit verzichtet, erhält er $1+r$ zusätzliche Konsumeinheiten in der Zukunft, und das ist genau die Menge, die erforderlich ist, um ihn für den Verzicht in der Gegenwart zu entschädigen. Ist an-dererseits die Grenzrate der Substitution kleiner als $1+r$, so lohnt es sich, mehr zu sparen. Um das zu verstehen, benutzen wir ein Zahlenbeispiel. Sei $1+r = 1{,}5$ und die Grenzrate der Substitution für den betrachteten Sparer 1,2. Wenn er seinen Konsum in der Gegenwart um eine Einheit verringert, erhält er in der Zukunft 1,5 Einheiten zusätzlich. Er wäre aber zufrieden gewesen, wenn er nur 1,2 Einheiten zusätzlich erhalten hätte. Es lohnt sich also für ihn, mehr zu sparen.

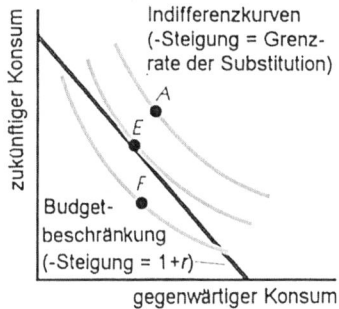

Abbildung 9.13   Indifferenzkurven und Sparverhalten. Der Sparer wählt diejenige Kombination von Gegenwarts- und Zukunftskonsum, die Punkt E ent-spricht. Punkt A wäre noch wünschens-werter, ist aber nicht erreichbar. Punkt F ist erreichbar, liegt aber auf einer niedri-geren Indifferenzkurve und ist deshalb weniger attraktiv.

Der Einfluß von Zinsänderungen auf die Sparentscheidung

Mit Hilfe von Indifferenzkurven und Budgetbeschränkungen können wir die Wir-kung einer Zinssatzerhöhung sehen. Abbildung 9.14 zeigt den Fall von Margarete, die in ihren jungen Jahren arbeitet und für ihren Ruhestand spart. Die vertikale Achse mißt den Konsum während des Ruhestands, die horizontale Achse den Kon-sum während der Arbeitsjahre. Durch einen Zinsanstieg dreht sich die Budgetge-rade von BC nach B_2C. Es ist nützlich, diese Veränderung in zwei Schritte aufzu-spalten. Zuerst fragen wir, was passiert wäre, wenn Margarete nach der Zinsänderung auf der gleichen Indifferenzkurve geblieben wäre. Das entspricht ei-ner Bewegung der Budgetgeraden von BC nach B_1C_1. Infolge der Zinserhöhung verringert Margarete ihren Konsum in der Gegenwart und spart mehr. Das ist der Substitutionseffekt, der in der Abbildung in der Bewegung von E_0 nach E_2 zum Ausdruck kommt.

Im zweiten Schritt stellen wir fest, daß Margarete als Sparerin durch diese Zinser-höhung besser gestellt wird. Um sie nach der Zinserhöhung auf der gleichen Indif-ferenzkurve zu lassen, mußten wir ihr Einkommen reduzieren. Ihre wahre Budget-beschränkung nach der Zinserhöhung ist B_2C und liegt rechts von B_1C_1 und parallel dazu. Die beiden Budgetgeraden haben die gleiche Steigung, da die Zinssätze nach Steuern die gleichen sind. Die Bewegung von B_1C_1 nach B_2C ist der zweite Schritt. In diesem Schritt erhöht Margarete ihren Konsum von E_2 auf E_1. Bei höheren Einkommen und unveränderten relativen Preisen (Zinssätzen) konsumieren die Menschen in jeder Periode mehr, was auch bedeutet, daß sie weniger sparen. Die Bewegung von E_2 nach E_1 entspricht dem Einkommenseffekt.

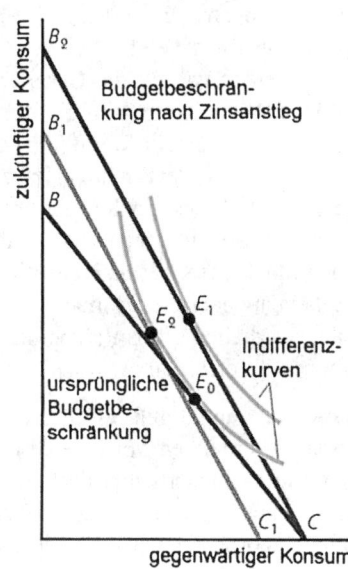

Abbildung 9.14 Einkommens- und Substitutionseffekt einer Zinssatzerhöhung. Durch eine Erhöhung des Zinssatzes dreht sich die Budgetgerade von BC nach B_2C. Der Substitutionseffekt beschreibt, was geschieht, wenn sich die relativen Preise ändern, aber Margarete auf der gleichen Indifferenzkurve bleibt; es kommt zu einer Verschiebung der Budgetgeraden von BC nach B_1C_1 und zu einer Erhöhung der Ersparnis von E_0 auf E_2. Der Einkommenseffekt ist das Ergebnis einer Rechtsverschiebung der Budgetgeraden bei unveränderten relativen Preisen; er wird beschrieben durch die Verschiebung der Budgetgeraden von B_1C_1 nach B_2C und durch den Anstieg des Gegenwartskonsums von E_2 auf E_1.

Der Substitutionseffekt führt also zu einer Erhöhung der Ersparnis und der Einkommenseffekt zu einer Verringerung. Damit ist die Gesamtwirkung nicht eindeutig. In unserem Beispiel kommt es zu einem leichten Anstieg der Ersparnis.

Kapitel 10

Investitionsleitfaden für Studenten

Zu jeder Sparentscheidung gehört eine Entscheidung darüber, was man mit diesen Ersparnissen anfangen möchte. Natürlich könnte man sie unter die Matratze legen, aber normalerweise werden Ersparnisse angelegt - auf Bankkonten, in Aktien oder festverzinslichen Wertpapieren, in Immobilien oder anderen Anlageformen. Für den Einzelnen wie für die Gesellschaft insgesamt sind diese Anlagemöglichkeiten ein Anreiz, den Konsum in die Zukunft zu verschieben und Teile des Einkommens zu sparen. Allgemein formuliert ist eine Investition der Kauf eines Vermögensgegenstands, von dem man erwartet, daß er einen Ertrag abwirft. Gesamtwirtschaftlich muß man Sachinvestitionen von Finanzinvestitionen unterscheiden. Eine Sachinvestition ist zum Beispiel der Bau einer neuen Fabrik oder der Kauf von neuen Maschinen. Finanzinvestitionen sind Bankkonten, Aktien, Wertpapiere usw. Die beiden Märkte sind miteinander verbunden: Über die Finanzinvestitionen der Anleger erhalten die Unternehmungen die Mittel, die sie brauchen, um Sachinvestitionen durchzuführen.

In diesem Kapitel geht es um Finanzinvestitionen. Wir stellen zunächst die wichtigsten Alternativen vor, die den Sparern zur Verfügung stehen und diskutieren dann die Besonderheiten der verschiedenen Anlagemöglichkeiten, soweit sie für die Anleger von Bedeutung sind. Aus diesen Besonderheiten können wir eine einfache Theorie ableiten, die die Preisbildung für Vermögensanlagen erklärt. Am Ende des Kapitels werden intelligente Investitionsstrategien besprochen.

10.1 Alternative Anlagemöglichkeiten

Jeder Sparer ist bei der Investition seiner Ersparnisse mit einer Unmenge von Möglichkeiten konfrontiert. Seine Entscheidungen hängen von der Höhe der Geldbeträge ab, die ihm zur Verfügung stehen, von seiner Sparmotivation, seiner Risikofreudigkeit, seinem Alter und seinem Gesundheitszustand. Aus der scheinbar endlosen Palette der Anlagemöglichkeiten sind fünf besonders wichtig: Bankeinlagen, einschließlich der Einlagenzertifikate, Immobilien, festverzinsliche Wertpapiere, Aktien und Investmentfonds. Bei ihren Entscheidungen richten sich die Anleger nach vier Kriterien: Ertrag, Risiko, Liquidität und Besteuerung.

Bankeinlagen

Studenten verfügen meistens hauptsächlich über Ersparnisse aus Ferienjobs, die dann im kommenden Studienjahr wieder ausgegeben werden. In diesem Fall ist die Anlageentscheidung in der Regel einfach. Ein **Sparkonto** (oder ein ähnliches Bankkonto) hat drei Vorteile: Es wirft Zinsen ab, ist leicht kündbar und bietet Sicherheit, denn selbst wenn die Bank in Konkurs geht, sind Bankeinlagen bis zu einem Wert von 100.000 $ durch die Federal Deposit Insurance Corporation abgesichert.

Wenn man das Studium beendet hat, werden die Anlageentscheidungen schwieriger. Man möchte vielleicht einen Teil seiner Ersparnisse als Anzahlung für ein Haus verwenden. Je mehr man spart, desto wichtiger wird die Höhe der Zinsen. Ein **Termingeld-** oder **Festgeldkonto**, bei dem man Geld für einen vorher festgelegten Zeitraum auf einem Bankkonto anlegt, ist so sicher wie ein normales Bankkonto und wirft einen etwas höheren Ertrag ab. Der Nachteil von Termingeldern besteht darin, daß man Strafzinsen bezahlen muß, wenn man das Geld vor Ablauf der festgesetzten Zeit abhebt. Die Leichtigkeit, mit der man eine Finanzanlage in Bargeld verwandeln kann, wird **Liquidität** genannt. Vollkommen liquide Finanzanlagen können schnell und ohne Wertverlust in Bargeld umgetauscht werden. Festgeldkonten sind also weniger liquide als Sparkonten.

Immobilien

Zwei Drittel der amerikanischen Haushalte haben ihre Ersparnisse in ein Eigenheim investiert. Diese Investition ist viel risikoreicher als ein Bankkonto oder ein Einlagenzertifikat. Immobilienpreise steigen zwar meistens mit der Zeit, aber dafür gibt es keine Garantie. 1986 gingen die Immobilienpreise in Houston um elf Prozent zurück; 1990 fielen sie im Nordosten und im Westen um 6,8 bzw. 3,5 Prozent. Hinzu kommt, daß selbst bei Preissteigerungen Umfang und Tempo unsicher sind. Die Preise können einige Jahre lang beinahe unverändert bleiben und dann innerhalb eines einzigen Jahres um 20 Prozent in die Höhe schießen. Die Bank stellt zwar den größten Teil der Mittel für den Hauskauf zur Verfügung, das Risiko trägt jedoch ausschließlich der Eigentümer, denn er ist für die Hypothekenrückzahlungen verantwortlich, unabhängig davon, wie sich der Marktpreis des Hauses entwickelt.

Als Investitionsform haben Immobilien noch zwei weitere Eigenschaften, eine positive und eine negative. Positiv schlägt zu Buche, daß Grundsteuer, Vermögenssteuer und Hypothekenzinsen von der Einkommensteuer abgezogen werden können, und daß die Kapitalgewinne in aller Regel gänzlich unversteuert bleiben. Ein Negativfaktor ist die mangelnde Liquidität von Immobilien. Häuser und Wohnungen sind sehr verschieden und man braucht oft lange Zeit, um jemanden zu finden, dem eine bestimmte Immobilie wirklich gefällt. Versucht man, sein Haus sehr schnell zu verkaufen, dann erhält man im Durchschnitt einen niedrigeren Preis, als wenn man sich zwei oder drei Monate Zeit nimmt. Darüber hinaus fallen beim Verkauf eines Hauses recht hohe Transaktionskosten an, die oft mehr als fünf Prozent des Kaufpreises ausmachen und in jedem Fall höher sind als die Kosten beim Verkauf von Aktien und festverzinslichen Wertpapieren.

Festverzinsliche Wertpapiere

Anleihen sind ein Mittel der Kreditaufnahme für Unternehmungen und Regierungen. Der Schuldner – sei es eine Unternehmung, ein Bundesstaat, eine Kommune oder die US-Regierung – verspricht dem Gläubiger (dem Käufer der Anleihe, dem Investor) die Rückzahlung eines festgelegten Betrages zum Ende der Laufzeit. Zusätzlich zahlt der Schuldner dem Anleger einen festen Zinsertrag auf den geliehenen Betrag. Wenn also der Zinssatz für eine zehnjährige Anleihe mit einem Nennwert von 10.000 $ zehn Prozent beträgt, erhält der Investor über zehn Jahre hinweg 1.000 $ pro Jahr sowie nach zehn Jahren 10.000 $. Der Zeitraum bis zur Rückzahlung einer Anleihe wird **Laufzeit** genannt. Anleihen, die in wenigen Jahren fällig werden, heißen **kurzfristige Anleihen**; beträgt die Laufzeit mehr als zehn Jahre, so handelt es sich um **langfristige Anleihen**. Eine langfristige Staatsanleihe kann eine Laufzeit von 20 oder sogar 30 Jahren haben.

Festverzinsliche Wertpapiere erscheinen als relativ sicheres Anlageinstrument, da der Investor genau weiß, welche Beträge er erhält. Wenn jedoch der Besitzer einer zehnjährigen Anleihe mit einem Nennwert von 10.000 $ nach ein paar Jahren feststellt, daß er Bargeld braucht und deshalb die Anleihe verkaufen will, gibt es keine Garantie, daß er auch 10.000 $ dafür bekommt. Er kann mehr, aber auch weniger Geld für die Anleihe bekommen. Wenn der Marktzinssatz seit der Emission der Anleihe von zehn auf fünf Prozent gefallen ist, würde eine neu emittierte Anleihe im Wert von 10.000 $ einen jährlichen Zinsertrag von nur 500 $ abwerfen. Damit muß der Kurs der Anleihe mit dem Zinsertrag von 1.000 $ erheblich über dem Nennwert von 10.000 $ liegen. Ein Zinsrückgang führt also zu einer Kurserhöhung von festverzinslichen Wertpapieren; ein Zinsanstieg führt aufgrund derselben Logik zu einer Wertminderung. Das Risiko von langlaufenden festverzinslichen Wertpapieren liegt also in der Unsicherheit über ihre Wertentwicklung.[1]

Selbst wenn der Anleger das festverzinsliche Wertpapier bis zum Ende der Laufzeit behält und damit 10.000 $ zurückbekommt, bleibt ein gewisses Risiko, da er nicht weiß, wie hoch die Kaufkraft von 10.000 $ in zehn Jahren sein wird. Wenn der allgemeine Preisanstieg in diesen zehn Jahren jährlich sieben Prozent beträgt,

---

[1] Der Marktpreis eines festverzinslichen Wertpapiers entspricht dem abdiskontierten Gegenwartswert aller Zahlungen, die es abwirft. Der Wert einer dreijährigen Anleihe, die in den ersten beiden Jahren jeweils zehn Dollar an Zinserträgen und im dritten Jahr 110 $ (zehn Dollar Zinsen plus 100 $ Rückzahlung) abwirft, beträgt zum Beispiel

$$\frac{10}{1+r} + \frac{10}{(1+r)^2} + \frac{110}{(1+r)^3},$$

wobei r den Marktzinssatz bezeichnet. Man sieht, daß der Wert der Anleihe abnimmt, wenn r steigt und umgekehrt.

wird der reale Wert der 10.000 $ nur noch halb so hoch sein wie bei stabilen Preisen.[2]

Langfristige Anleihen müssen die Investoren für das höhere Risiko, das aus diesen Unsicherheiten resultiert, durch eine Verzinsung kompensieren, die – im Durchschnitt – über derjenigen einer vergleichbaren kurzfristigen Anleihe liegt. Und da für jede Unternehmung zumindest ein kleines Konkursrisiko besteht, müssen Industrieobligationen mit höheren Zinssätzen ausgestattet sein als Staatsanleihen. Untersuchungen haben jedoch ergeben, daß diese höhere Verzinsung den Anleger für das zusätzliche Konkursrisiko überkompensiert. Wenn ein Anleger Anleihen von sehr vielen verschiedenen Unternehmungen mit hoher Bonität kauft, ist die Wahrscheinlichkeit, daß mehr als ein oder zwei Unternehmungen in Konkurs gehen sehr gering. Der gesamte Ertrag wird dann bedeutend höher ausfallen als der Ertrag von Staatsanleihen mit der gleichen Laufzeit.

Manche Industrieobligationen sind riskanter als andere – das heißt, die Unternehmungen haben eine höhere Konkurswahrscheinlichkeit. Diese Anleihen müssen extrem hohe Zinsen abwerfen, um Käufer zu finden. Als Chrysler 1980 am Rande des Konkurses stand, rentierten Chrysler-Anleihen mit 23 Prozent. Je höher der Schuldenstand einer Unternehmung ist, um so größer ist die Wahrscheinlichkeit, daß sie ihren Zahlungsverpflichtungen nicht mehr nachkommen kann und um so riskanter sind ihre Anleihen. Anleihen mit extrem hohem Risiko werden *Junk Bonds* genannt; die Renditen solcher Anleihen sind sehr viel höher als die einer Unternehmung mit solider Finanzbasis, aber der Anleger muß eine höhere Ausfallwahrscheinlichkeit miteinkalkulieren.

Aktien

Als weitere Anlagemöglichkeit bietet sich der Kauf von Aktien und damit die Beteiligung an einer Aktiengesellschaft an. Wenn jemand Aktien einer Unternehmung kauft, besitzt er buchstäblich einen Anteil an der Unternehmung. Wenn eine Unternehmung eine Million Aktien ausgegeben hat, besitzt ein Anleger, der 100 Aktien gekauft hat, 0,01 Prozent der Unternehmung. Zwei Gründe sprechen für den Erwerb von Aktien als Vermögensanlage.

Zum einen schütten Unternehmungen einen Teil ihrer Gewinne – ihre Einnahmen abzüglich aller Ausgaben für Arbeiter, Vorleistungen, Material und Zinsen – in Form von **Dividenden** direkt an die Aktionäre aus. Im Durchschnitt verwenden Aktiengesellschaften ein Drittel ihrer Gewinne für Dividendenzahlungen; der Rest, die **einbehaltenen Gewinne** werden für Investitionen in die Unternehmung ver-

---

[2] Bei einem jährlichen Preisanstieg von sieben Prozent ist das Preisniveau in zehn Jahren $(1,07)^{10}$-mal so hoch wie heute; $(1,07)^{10}$ ist ungefähr zwei; die Preise haben sich verdoppelt.

wendet. Im Gegensatz zu einer festen Verzinsung hängt die Höhe der Dividende von der Höhe des Unternehmensgewinns ab und davon welcher Anteil dieses Gewinns ausgeschüttet wird.

Neben den Dividenden hoffen die Käufer von Aktien, daß der Kurs ihrer Titel steigt und sie die Aktien dann zu einem höheren Preis verkaufen können. Der realisierte Kursgewinn einer Aktie (oder jeder anderen Vermögensanlage) heißt **Kapitalgewinn**. (Wenn die Anlage zu einem niedrigeren Preis als dem Kaufpreis verkauft wird, realisiert der Anleger einen **Kapitalverlust**.)

Die Anlage in Aktien ist aus verschiedenen Gründen mit Risiko behaftet. Erstens sind die Unternehmensgewinne großen Schwankungen unterworfen. Selbst wenn eine Unternehmung ihre Dividendenzahlungen konstant hält, führen Gewinnschwankungen zu Schwankungen bei den einbehaltenen Gewinnen und schlagen sich im Wert der Aktien nieder. Darüber hinaus sind Aktienkurse von den Erwartungen der Investoren abhängig, zum Beispiel über die Aussichten für die gesamte Wirtschaft, die Branche und für die spezielle Unternehmung. Ein Vertrauensverlust in jeden dieser Faktoren kann zu einem Verfall des Aktienkurses führen. Jemand, der seine Aktien in einer Notlage verkaufen muß, mag dann feststellen, daß sich ihr Wert erheblich verringert hat. Auch wenn der Anleger glaubt, daß der Aktienkurs vielleicht wieder steigen wird, kann er möglicherweise nicht so lange warten.

Die Anlage in Aktien ist riskanter als der Kauf von festverzinslichen Wertpapieren. Wenn eine Unternehmung in Konkurs geht, müssen laut Gesetz zuerst so weit wie möglich die Ansprüche der Gläubiger befriedigt werden, bevor die Aktionäre Geld bekommen. Ein Anleihenbesitzer wird also im Konkursfall vielleicht einen Teil seiner Investition zurückbekommen, während der Aktionär wahrscheinlich leer ausgeht. Langfristig betrachtet war die Anlage in Aktien ertragreicher. Während Unternehmensanleihen im Zeitraum von 1926 bis 1994 eine durchschnittliche reale Rendite von zwei Prozent erzielt haben, belief sich der reale Ertrag von Aktien in der gleichen Periode auf beinahe sieben Prozent.

Investmentfonds

Ein **Investmentfonds** sammelt die Gelder von vielen verschiedenen Investoren und kann damit eine große Zahl von Vermögensanlagen kaufen. Ein **Geldmarktfonds** investiert beispielsweise in Festgelder und ähnlich sichere Anlagen.

Der Vorteil eines Geldmarktfonds besteht darin, daß man höhere Zinsen erhält als auf einem Bankkonto, aber trotzdem über die gleiche Liquidität verfügt. Die Fondsmanager wissen, daß die meisten Anleger ihr Geld im Fonds lassen, und daß einige neue Gelder anlegen, während andere Geld abziehen. Sie können daher einen großen Teil ihrer Gelder festlegen und müssen trotzdem keine Strafzinsen für eine vorzeitige Verfügung bezahlen. Daher können Geldmarktfonds ihren Anlegern die gleiche leichte Verfügbarkeit wie Bankkonten und gleichzeitig die höheren Renditen von Einlagenzertifikaten bieten.

Geldmarktfonds können das Geld ihrer Kunden auch in kurzfristige Staatsanleihen, sogenannte **Schatzwechsel**, investieren. Schatzwechsel sind nur in großer Stückelung (10.000 $ und mehr) erhältlich. Sie versprechen die Rückzahlung eines bestimmten Betrages (ihres Nennwerts, zum Beispiel 10.000 $) in relativ kurzer Zeit, in weniger als 90 oder 180 Tagen. Sie werden zu einem niedrigeren Preis als dem Nennwert verkauft, und der Ertrag für den Anleger besteht in der Differenz zwischen dem Kaufpreis und dem Nennwert, der zum Ende der Laufzeit zurückgezahlt wird.

Die meisten Geldmarktfonds erlauben sogar die Ausstellung einer monatlich begrenzten Anzahl von Schecks zu Lasten des Kontos. Der Hauptnachteil von Geldmarktfonds gegenüber Bankkonten besteht in der fehlenden staatlichen Ausfallgarantie. Allerdings investieren einige Geldmarktfonds nur in staatlichen oder staatlich abgesicherten Wertpapieren, so daß sie de facto die gleiche Sicherheit bieten wie Bankkonten.

Andere Investmentfonds investieren in Aktien und Anleihen. Typischerweise kaufen sie Wertpapiere von Dutzenden, manchmal sogar von Hunderten verschiedener Firmen. Die Anleger können damit vom Vorteil der **Diversifizierung** profitieren – sie legen nicht alle Eier in einen Korb. Wenn jemand seine gesamten Ersparnisse in Aktien einer einzigen Unternehmung investiert und diese Unternehmung ein schlechtes Jahr hat, wird er einen herben Verlust erleiden. Wenn er jedoch Aktien von zwei Unternehmungen besitzt, können Verluste der einen Unternehmung durch Gewinne bei der anderen ausgeglichen werden. In der Tat erlauben Investmentfonds eine sehr viel breitere Diversifizierung. Wenn allerdings der Aktienmarkt als Ganzes schlecht abschneidet, werden auch Aktienfonds Verluste erleiden. Manche Fonds investieren gleichzeitig in Aktien und in festverzinsliche Wertpapiere, da die Kurse von Anleihen häufig steigen, wenn die Aktienkurse sinken. Andere Fonds investieren in riskante Unternehmungen, die – wenn sie erfolgreich sind – einen hohen Ertrag abwerfen; diese Fonds werden manchmal als „Wachstumsfonds" bezeichnet. Es gibt jede Menge speziell zugeschnittener Fonds, und sie erfreuen sich alle zusammen einer großen Beliebtheit. Die meisten Anleger machen ihren ersten Streifzug auf den Renten- oder Aktienmarkt, indem sie Fondsanteile kaufen.

10.2 Wünschenswerte Eigenschaften von Vermögensanlagen

Tabelle 10.1 faßt die beschriebenen Anlagemöglichkeiten und ihre wichtigsten Eigenschaften zusammen. In diesem Abschnitt werden diese Eigenschaften genauer

Tabelle 10.1   Eigenschaften verschiedener Anlagemöglichkeiten

Art der Anlage	erwartete Rendite	Risiko	Steuervorteile	Liquidität
Sparkonten	niedrig	niedrig	keine	hoch
Festgeld-konten	etwas höher als beim Sparkonto	niedrig	keine	etwas niedriger als beim Sparkonto
Immobilien	hohe Rendite von Mitte der 70er bis Mitte der 80er; danach negative Wertentwicklung in manchen Regionen	früher sicher, mittlerweile etwas risikoreicher	viele spezielle Steuervorteile	relativ illiquide
langfristige Staatsanleihen	normalerweise leicht höher als bei Schatzwechseln	unsicherer Marktwert in der nächsten Periode; langfristig unsichere Kaufkraft	von der Einkommensteuer ausgenommen	kleine Gebühr für Verkauf vor Fälligkeit
Industrie-obligationen	höhere Rendite als Staatsanleihen	Risiko langfristiger Staatsanleihen plus Konkursrisiko	keine	leicht illiquider als Staatsanleihen (abhängig vom emittierenden Unternehmen)
Aktien	hoch	hoch	Kapitalgewinn leicht steuerbegünstigt	hohe Liquidität bei großen Börsenwerten; Nebenwerte oft sehr illiquide
Fonds	abhängig von den Anlagen, in die der Fonds investiert	abhängig von den Anlagen, in die der Fonds investiert; geringeres Risiko durch Diversifizierung	abhängig von den Anlagen, in die der Fonds investiert	sehr illiquide
Schatzwechsel	ungefähr wie bei Festgeldkonten	niedrig	von der Einkommensteuer ausgenommen	kleine Gebühr für Verkauf vor Fälligkeit

untersucht. Bei ihrer Anlageentscheidung müssen Investoren aus dem breiten Spektrum der Anlagemöglichkeiten diejenige auswählen, die ihren persönlichen Bedürfnissen am ehesten entspricht. Die ideale Anlage hätte eine hohe Rendite, ein geringes Risiko und wäre steuerfrei. Aber solch eine Anlagemöglichkeit zu finden ist genauso wahrscheinlich wie einen Jungbrunnen zu entdecken. Man kann nur mehr von einer wünschenswerten Eigenschaft erhalten – zum Beispiel höhere Erträge – wenn man bei einer anderen Eigenschaft, beispielsweise der Sicherheit der Anlage, Abstriche macht. Um die Bedeutung dieser *Trade-off*s zu verstehen, müssen wir die wichtigsten Eigenschaften noch genauer untersuchen.

Erwarteter Ertrag

Der erste Punkt auf der Liste der wünschenswerten Eigenschaften einer Vermögensanlage ist ein möglichst hoher Ertrag. Wie bereits festgestellt, besteht der Ertrag aus zwei Komponenten: den regelmäßigen Zahlungen wie den Zinsen (von Anleihen), Dividenden (von Aktien) und Mieten (von Immobilien) sowie der Wertsteigerung (Kapitalgewinn). Wenn man Aktien für 1.000 $ kauft, während des Jahres 150 $ Dividenden erhält und die Aktien nach Ablauf eines Jahres für 1.200 $ wieder verkauft, ist der gesamte Ertrag der Anlage 150 $ + 200 $ = 350 $. Wenn man die Aktien nur für 900 $ verkaufen kann, ist der Ertrag 150 $ - 100 $ = 50 $. Wenn man die Aktien für 800 $ verkauft, wird der Ertrag *negativ* (- 50 $).

Um den gesamten Ertrag einer Geldanlage abzuschätzen, addiert der Anleger die laufenden Erträge (Zinsen auf ein Bankkonto oder eine Anleihe, Dividenden, Mieten, usw.) und die potentielle Wertsteigerung. Aber dann bleiben immer noch zwei Probleme beim Vergleich zweier alternativer Anlagemöglichkeiten bestehen. Zum einen können die Erträge in verschiedenen Jahren anfallen. Eine Anlage im Wert von 1.000 $, die im nächsten Jahr 300 $ einbringt, ist einer Anlage im selben Wert vorzuziehen, die erst in zehn Jahren 300 $ abwirft. Wie in Kapitel 6 gezeigt, ist Geld, das man in der Zukunft erhält, weniger wert als Geld, das man heute bekommt. Um die unterschiedlichen Zahlungszeitpunkte zu berücksichtigen, müssen wir also den abdiskontierten Gegenwartswert der Erträge vergleichen.

Das zweite Problem besteht in der Unsicherheit, die mit den Zahlungsströmen verbunden ist. Wir verwenden daher die Methode der **erwarteten Erträge** für den Vergleich zweier Kapitalanlagen. Der erwartete Ertrag ist die Aufsummierung aller möglichen Erträge, gewichtet mit der jeweiligen Wahrscheinlichkeit, daß man sie erhält. Die für die Zukunft *erwarteten* Erträge sind für die Investitionsentscheidung ausschlaggebend; vergangene Erträge spielen nur insoweit eine Rolle als sie Aufschlüsse über die erwartete zukünftige Wertentwicklung geben können.

Der Einfachheit halber nehmen wir an, eine der beiden Anlagen sei eine Aktie zum Preis von 100 $, die seit Jahren eine Dividende von 4 $ pro Jahr abwirft. Die Dividendenzahlung liefert also eine Rendite von vier Prozent; aber wir brauchen noch eine Einschätzung über die voraussichtliche Wertentwicklung. Abbildung 10.1 zeigt drei verschiedene mögliche Preise für die Aktie, wenn sie in einem Jahr verkauft wird, und gibt die jeweilige Eintrittswahrscheinlichkeit für jedes dieser Ergebnisse an. Eine Möglichkeit ist, daß die Aktie nur noch 97 $ wert sein wird. Dennoch wirft die Anlage noch eine Rendite von einem Prozent ab (97 $ + 4 $ =101 $). Nehmen wir weiter an, daß Experten dieses Ergebnis in einem von vier Fällen (mit einer Wahrscheinlichkeit von 25 Prozent) erwarten. Die zweite Möglichkeit ist ein Preis von 104 $ und damit eine Rendite von 8 Prozent (104 $ + 4 $ = 108 $). Dieses Szenario trete in zwei von vier Fällen (mit einer Wahrscheinlichkeit von 50 Prozent) auf. Die dritte Möglichkeit sei schließlich ein Preis von 111 $, und damit eine Rendite von 15 Prozent (111 $ + 4 $ = 115 $). Wie die erste Möglichkeit soll sie ebenfalls in einem von vier Fällen (mit einer Wahrscheinlichkeit von 25 Prozent) auftreten. (Die Summe der Wahrscheinlichkeiten muß definitionsgemäß eins ergeben.)

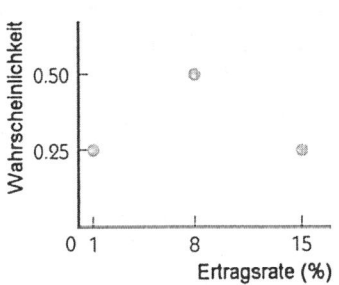

Abbildung 10.1 Eine Wahrscheinlichkeitsverteilung für verschiedene Renditen. Diese Kapitalanlage hat drei verschiedene mögliche Renditen: in einem von vier Fällen liefert sie eine Rendite von einem Prozent, in zwei von vier Fällen beträgt die Rendite acht Prozent und in einem von vier Fällen 15 Prozent. Der erwartete Ertrag wird berechnet, indem die möglichen Renditen mit ihrer jeweiligen Wahrscheinlichkeit multipliziert und die Ergebnisse aufaddiert werden.

Tabelle 10.2 Die Berechnung des erwarteten Ertrags

Rendite (in %)	Wahrscheinlichkeit (in %)	Rendite × Wahrscheinlichkeit (in %)
1	25	0,25
8	50	4
15	25	3,75
		Summe = 8

Im nächsten Schritt zur Berechnung des erwarteten Ertrags müssen die einzelnen möglichen Ergebnisse mit ihrer jeweiligen Wahrscheinlichkeit multipliziert werden. Das Ergebnis ist in Tabelle 10.2 dargestellt. Die Summe dieser Ergebnisse, acht Prozent, ist der erwartete Ertrag der Investition. Dieselbe Art von Berechnung muß dann für die alternative Anlage durchgeführt werden. Wenn sonst alle wichtigen Eigenschaften der beiden Alternativen gleich sind, würde der Investor die Anlage mit dem höheren erwarteten Ertrag wählen.

Verschiedene Personen werden unterschiedliche Einschätzungen über die Eintrittswahrscheinlichkeiten der verschiedenen Renditen haben. In einem gewissen Ausmaß basieren die Einschätzungen auf den vergangenen Erfahrungen. Wenn Wirtschaftswissenschaftler sagen, die durchschnittliche Rendite von Aktien sei höher als die von festverzinslichen Wertpapieren, meinen sie, daß die Durchschnittsrenditen von Aktien in der Vergangenheit, in den letzten hundert Jahren, höher waren als die von Anleihen. Das heißt nicht notwendigerweise, daß die Renditen von Aktien im nächsten Jahr höher sein werden als die von Anleihen, und auch nicht, daß die Rendite einzelner Aktien höher sein wird als die einzelner festverzinslicher Wertpapiere. Jemand, der mit einer erheblichen Verschlechterung der wirtschaftlichen Lage im nächsten Jahr rechnet, wird davon ausgehen, daß die Rendite von Aktien im nächsten Jahr niedriger sein wird als diejenige von Anleihen und dies bei der Berechnung seines erwarteten Ertrages mit der entsprechenden Gewichtung berücksichtigen.

Eine wichtige erste Lektion in der Investitionstheorie lautet: *Wenn es zwischen Kapitalanlagen keine weiteren Unterschiede gäbe als die Art und Weise, in der sie einen Ertrag produzieren (Zinsen, Dividenden, Mieten, usw.) wären die erwarteten Erträge aller Anlagealternativen gleich hoch.* Der Grund dafür liegt darin, daß Investoren für Anlagen mit einer überdurchschnittlichen Rendite mehr zu zahlen bereit sind. Wenn die erwartete Rendite von acht Prozent in obigem Beispiel im Vergleich zu anderen Investitionsobjekten hoch erschiene, würde durch die erhöhte Nachfrage der Preis der Aktie über 100 $ steigen. Bei steigendem Preis würde die erwartete Rendite sinken. Der Preisdruck hielte so lange an, bis die erwartete Rendite auf das Niveau aller anderen Investitionsalternativen gesunken wäre.

In Wirklichkeit weichen die erwarteten Renditen verschiedener Anlagealternativen jedoch erheblich voneinander ab, da eine Menge anderer wichtiger Eigenschaften den Ertrag einer Anlage beeinflussen. Dazu gehört das Risiko, daß der erwartete Ertrag nicht erzielt wird, die steuerliche Behandlung der Erträge und die Liquidität, das heißt die Möglichkeit des Wiederverkaufs der Anlage. Die Nachfrage nach einer Anlage mit geringerem Risiko, höherer Liquidität oder steuerlicher Vorzugsbehandlung wird höher sein. Die höhere Nachfrage führt zu höheren Preisen und damit zu niedrigeren Renditen. Der Ertrag vor Steuern von Anlagen, die sicherer, liquider oder von der Steuer ausgenommen sind, wird daher niedriger sein. Man sagt, daß Anlagen mit solchen wünschenswerten Eigenschaften mit einer **Prämie** gehandelt werden, während risikoreichere oder illiquidere Anlagemöglichkeiten mit einem **Preisabschlag** versehen sind. Die Marktkräfte gewährleisten jedoch, daß Anlagen mit vergleichbarem Risiko, Liquidität und steuerlicher Behandlung die gleiche erwartete Rendite erzielen.

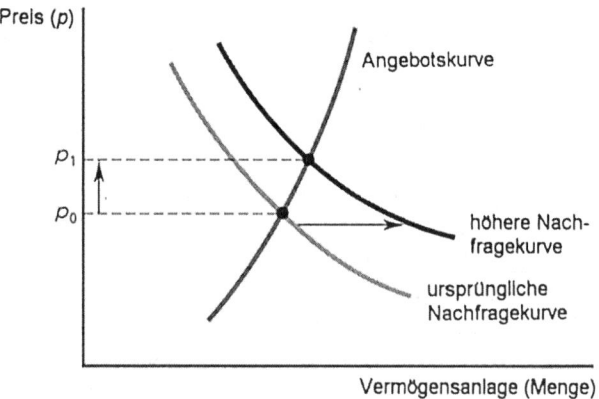

Abbildung 10.2   Der Effekt einer Veränderung des Risikos, der Liquidität oder der Steuern. Eine Verringerung des Risikos, eine Erhöhung der Liquidität oder eine Steuererleichterung verschieben die Nachfragekurve für einen Vermögenswert nach rechts; dadurch steigt der Gleichgewichtspreis, und die durchschnittliche Rendite sinkt.

Abbildung 10.2 zeigt den Effekt von Veränderungen des Risikos, der Liquidität oder der steuerlichen Behandlung. Eine Verringerung des Risikos einer Anlage, eine Steuererleichterung oder eine Erhöhung der Liquidität verschieben die Nachfragekurve nach der Anlage nach rechts. Kurzfristig ist das Angebot unelastisch, und auch langfristig wird es nicht vollkommen elastisch sein. Der Preis der Vermögensanlage steigt also von p_0 auf p_1. Die Preiserhöhung ist von einer Verringerung der Rendite pro investiertem Dollar begleitet.

In den folgenden Abschnitten werden diese drei Eigenschaften von Vermögensanlagen – Risiko, steuerliche Behandlung und Liquidität – genauer untersucht und gezeigt, wie sie Prämien und Preisabschläge generieren.

Risiko

Die Finanzmärkte werden als der Ort für den Handel mit Risiko bezeichnet. Eine vollständige Untersuchung dieser Aussage würde den Rahmen dieses Lehrbuches sprengen, aber wir wollen die wichtigsten Risiken, die mit Kapitalanlagen verbunden sind, herausstellen. Eine Anlegerin kann eine hohe oder niedrige Rendite erhalten. Sie kann sogar weniger zurückbekommen, als sie in eine Anlage hineingesteckt hat; dann realisiert sie einen Verlust. Die Unsicherheit kann sich auf den

Wert der Vermögensanlage in der nächsten Woche, im nächsten Monat oder im nächsten Jahr beziehen. Der Preis einer Aktie kann steigen oder fallen. Langfristige Anleihen sind risikobehaftet; obwohl der Zinssatz festgelegt ist, kann sich der Marktwert verändern. Darüber hinaus ist die zukünftige Preisentwicklung unsicher; obwohl der nominale Ertrag eines festverzinslichen Wertpapiers feststeht, ist der *reale* Ertrag unsicher.

Die erste Überlegung bei jeder Anlageentscheidung ist daher das Risiko, das mit den verschiedenen Alternativen verbunden ist. Bankkonten sind diesbezüglich sicher. Seit in den 30er Jahren nach dem großen Börsenkrach die staatliche Einlagensicherung eingeführt wurde, hat niemand in den Vereinigten Staaten sein Geld aus einem abgesicherten Bankkonto verloren. Aber Investitionen in Immobilien, Aktien, festverzinsliche Wertpapiere und fast alle anderen Anlagemöglichkeiten sind mit Risiko behaftet. Der Ertrag kann sehr viel niedriger ausfallen als man erwartet hat, oder man kann einen Teil oder sogar sein ganzes Geld verlieren.

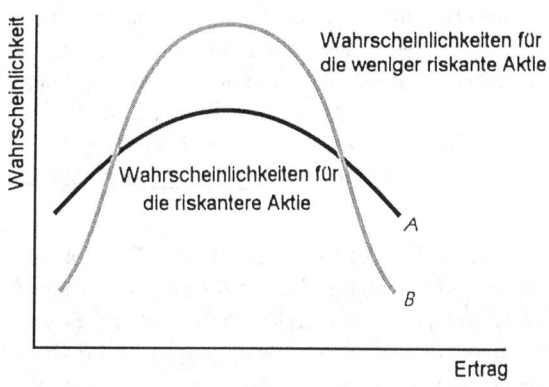

Abbildung 10.3 Die Abbildung von Risiken mit Hilfe von Wahrscheinlichkeitsverteilungen. Die zwei Wahrscheinlichkeitsverteilungen sind beide symmetrisch und haben den gleichen Mittelwert, also den gleichen erwarteten Ertrag. Dennoch hat die Aktie, die durch Kurve *A* beschrieben ist, mit einer größeren Wahrscheinlichkeit sehr niedrige oder sehr hohe Erträge, sie ist also riskanter als die Aktie, die durch Kurve *B* beschrieben wird.

Einige Vermögenswerte sind riskanter als andere, das heißt die Wahrscheinlichkeit für eine sehr niedrige Rendite ist größer, aber auch die Wahrscheinlichkeit für sehr hohe Erträge. Abbildung 10.3 ist eine etwas umfassendere Version der Abbildung 10.1. Anstelle von drei Alternativen beschreibt das Diagramm alle möglichen Zahlungsströme für zwei verschiedene Aktienanlagen. Die beiden Aktienwerte haben den gleichen durchschnittlichen Ertrag, aber die Aktie, deren Ertrag durch die

Kurve *A* beschrieben ist, weist ein höheres Risiko auf als die Aktie in Kurve *B*. Die Wahrscheinlichkeit sowohl für sehr niedrige als auch für sehr hohe Renditen ist größer.

Unter die Lupe genommen: Börsenkrach

Am 19. Oktober 1987 fielen die Aktienkurse an der New Yorker Börse an einem einzigen Tag um 22,6 Prozent. Es war der größte Kurssturz an einem Tag in der Börsengeschichte.

Ein Börsenkrach ist für einen Wirtschaftswissenschaftler schwierig zu erklären, so wie auch der genaue Weg einer fliehenden Tierherde oder einer Lawine schwer zu erklären ist? Kurz nach dem Börsenkrach von 1987 wurde die Task Force on Market Mechanisms eingerichtet, um nach einer Erklärung zu suchen. Unter der Leitung von Nicholas Brady, der später Finanzminister wurde, lieferte die Task Force einige neue Erkenntnisse.

Auf einem effizienten Aktienmarkt, einem Markt auf dem die verfügbaren Informationen breit verteilt sind und Preisbewegungen durch neue Informationen ausgelöst werden, würde ein Börsenkrach *dann* Sinn machen, *wenn* vorher extrem schlechte Nachrichten bekannt geworden sind. Obwohl es in den Wochen vor dem 19. Oktober einige schlechte Neuigkeiten gab, waren sie doch nicht schlimm genug – wie ein Erdbeben oder eine Seuche – um einen derartigen Kollaps auszulösen. Die Gesamtwirtschaft blieb sogar für fast drei Jahre nach dem Börsenkrach auf einem Wachstumspfad.

Wenn keine fundamentalen ökonomischen Faktoren Auslöser für den Börsenkrach waren, so lautete die Schlußfolgerung, dann mußte die Ursache in der Art und Weise liegen, wie der Handel mit Aktien ablief. Zumindest theoretisch ist es vorstellbar, daß die Handelsmechanismen die Preise irgendwie zu weit in die Höhe trieben – höher als die zugrundeliegenden Unternehmenswerte es rechtfertigen würden – und sie dann im Börsenkrach zu weit nach unten drückten. Wirtschaftswissenschaftler haben einige Zeit an der Frage gearbeitet, wie es dazu kommen kann, daß Preisbewegungen derart übertrieben verlaufen.

Eine mögliche Erklärung liegt darin, daß ein Teil der Börsenmakler tendenziell die Aktien kauft, deren Preise gerade steigen, und sie verkauft, wenn die Kurse nach unten gehen. Auf einem haussierenden Aktienmarkt würden diese Händler die Kurse noch weiter nach oben treiben; bei einem Kursrückgang drücken sie die Kurse noch weiter nach unten.

Diese Erklärung klingt zwar ganz plausibel, aber dennoch sind eine Reihe von Wirtschaftswissenschaftlern damit noch nicht zufrieden. Die Annahme, daß ein höherer Kurs zu einer höheren Nachfrage nach der entsprechenden Aktie führt, widerspricht zum Beispiel der fundamentalen Vorstellung einer negativ geneigten

Nachfragekurve. Eigentlich sollten Investoren aus dem Börsenkrach die Lehre ziehen, daß Aktienkurse nicht unendlich hoch steigen können. Am meisten Besorgnis erregt vielleicht die Tatsache, daß in der zweiten Hälfte der 80er Jahre die schlechtesten Börsentage seit der Weltwirtschaftskrise verzeichnet wurden. Man befürchtet, daß es en immanenten Mechanismus moderner Aktienmärkte gibt, der die Wahrscheinlichkeit für einen Börsenkrach steigen läßt.

Einige Experten schlugen vor, die Börse zu schließen, wenn ein substantieller Rückgang der Kurse auftritt, um einen Börsenkrach zu verhindern. Kritiker wandten dagegen ein, daß Aktien weltweit gehandelt werden und daß die US-Regierung den privaten Handel nicht verhindern kann. Wenn die Schließung der Börse neue Panik auslöst, könnte sie sogar kontraproduktiv wirken. Trotz dieser Bedenken hat die New York Stock Exchange nach 1987 eine Regel eingeführt, nach der der Programmhandel, der von Computern automatisch durchgeführt wird, ausgesetzt wird, wenn der *Dow Jones Industrial Average* während eines Handelstages um mehr als 50 Punkte steigt oder fällt.

Steuerliche Überlegungen

Der Staat ist ein stiller Teilhaber bei fast allen Kapitalanlagen. Er ist nicht die Art von Geschäftspartner, die man sich normalerweise wünscht, denn er streicht einen Teil der Gewinne ein, beteiligt sich aber meistens nicht an den Verlusten. Anleger müssen bei ihrer Investitionsentscheidung mit einkalkulieren, daß ein nicht unerheblicher Teil des Ertrags einer erfolgreichen Investition in Form von Steuern an den Staat abgeführt werden muß. Da unterschiedliche Vermögenswerte einer unterschiedlichen steuerlichen Behandlung unterliegen, sind bei der Zusammenstellung eines Portfolios offensichtlich auch steuerliche Überlegungen wichtig. Schließlich ist der Ertrag nach Steuern, und nicht derjenige vor Steuern, für den Investor ausschlaggebend. Kapitalanlagen, die einer relativ niedrigen steuerlichen Belastung unterliegen, heißen **steuerbegünstigt**.

Dieser Punkt kann am Beispiel von Staats- und Kommunalanleihen veranschaulicht werden. Diese Anleihen erzielen eine niedrigere Rendite als Unternehmensanleihen mit vergleichbarem Risiko und vergleichbarer Liquidität. Die Leute kaufen diese Anleihen trotzdem, da die Zinserträge von Anleihen, die von den Einzelstaaten oder Kommunen begeben werden, generell von der Bundessteuer ausgenommen sind. Je höher das Einkommen eines Anlegers ist, umso wertvoller wird diese Steuerbefreiung; die Steuerersparnis ist um so höher, je größer der individuelle Steuer*satz* ist. Die erhöhte Nachfrage von Investoren mit hohem Einkommen nach diesen steuerfreien Anleihen treibt deren Preise in die Höhe, wodurch die Rendite der Anleihen sinkt. Die Rendite wird solange sinken, bis sie höchstens noch leicht über dem Ertrag nach Steuern (für Anleger mit hohem Einkommen) von vergleichbaren Anleihen liegt, die normal besteuert werden.

Ein Blick in die Wirtschaftspolitik: Kapitalgewinne

Steuern vermindern nicht nur den Nettoertrag, sie beeinflussen auch die Investitionsstrategie auf verschiedene Art und Weise. Dies gilt vor allen Dingen für die Besteuerung von Kapitalgewinnen.

1995 war ein sehr erfolgreiches Börsenjahr. Obwohl sich das Vermögen von Aktienbesitzern dadurch stark vermehrte, mußten sie ihre Kapitalgewinne nur dann versteuern, wenn sie ihre Aktien verkauften. So lange Anleger ihre Vermögenswerte behalten, können sie die Kapitalgewinnsteuer in die Zukunft verschieben. Das reduziert den Verlust aus – oder technischer ausgedrückt, den Barwert – der abzuführenden Steuer. Wenn jemand seine Aktien bis zum Tod behält, kann die Kapitalgewinnsteuer sogar gänzlich vermieden werden.* Dieser Effekt kann an folgendem Beispiel verdeutlicht werden. Wenn Johannes Aktien für 100 $ gekauft hat, die nun 1.100 $ wert sind, muß er 1.000 $ Kapitalgewinn versteuern, falls er die Aktien verkauft; wenn sein individueller Steuersatz 28 Prozent beträgt, bleiben ihm nur 820 $ für eine Neuinvestition. Nehmen wir an, Johannes kauft für diese 820 $ eine neue Anlage, die vor Steuern eine Rendite von zehn Prozent abwirft, aber er braucht das Geld in einem Jahr für die College-Ausbildung seiner Tochter. Nach einem Jahr wird er 879 $ haben.** Wenn er sein Geld in der alten Aktienanlage gelassen hätte – für die er eine viel niedrigere Rendite von nur acht Prozent erwartet – hätte er nach einem Jahr 883 $ zur Verfügung gehabt.[†] Durch die Kapitalgewinnsteuer wird also das Halten des alten Aktienbesitzes für Johannes attraktiver, obwohl die Rendite vor Steuern niedriger ist als die der alternativen Anlage. Dieses Phänomen wird als die mobilitätshemmende Wirkung der Kapitalgewinnbesteuerung oder als *Locked-in*-Effekt bezeichnet.

Nehmen wir nun an, daß Johannes stirbt und die Aktien seiner Tochter vererbt. In diesem Fall wird der *Locked-in*-Effekt noch größer. Wäre Johannes vor seinem Tod zu der Alternativanlage mit der höheren Rendite vor Steuern gewechselt, könnte seine Tochter die Wertpapiere für 902 $ verkaufen – nur der Kapitalgewinn des letzten Jahres bliebe für sie steuerfrei. Aber wenn Johannes die alten Aktien behalten hätte, hätte seine Tochter nun 1.188 $.

Eine Reduzierung der Steuer auf Kapitalgewinne verstärkt den Anreiz für Aktienbesitzer, Aktien mit bislang unrealisierten Kapitalgewinnen zu verkaufen. Dieser Effekt kann so groß sein, daß durch die verstärkte Realisierung von Kapitalgewinnen die Einnahmen aus der Kapitalgewinnsteuer trotz Steuersenkung steigen. Dieser Effekt kann natürlich auch nur von vorübergehender Natur sein. Langfristig ist die Auswirkung einer Senkung der Kapitalgewinnsteuer sehr viel niedriger. Es gibt gravierende Meinungsverschiedenheiten darüber, ob die Steuereinnahmen kurzfristig steigen werden, und noch größere Unterschiede bezüglich der langfristigen Effekte. Als die Demokraten die Mehrheit im Kongreß hatten, rechneten sie aus, daß eine Senkung der Kapitalgewinnsteuer die Steuereinnahmen sogar kurzfristig verringern würde; aber als die Republikaner 1994 die Mehrheit bekamen, rechneten sie mit einer Erhöhung der Steuereinnahmen, zumindest kurzfristig.

Da der Kongreß bis zum Jahr 2002 ein ausgeglichenes Budget erreichen wollte, richtete sich das Augenmerk der Politiker vor allem auf die Auswirkungen der Steuerpolitik in diesem Jahr. Und da nach den offiziellen Berechnungen eine Steuersenkung die Einnahmen in diesem Zeithorizont erhöhen würde, schien die Senkung der Kapitalgewinnsteuer besonders attraktiv. Der effektivste Weg zur Verringerung des *Locked-in*-Effektes läge jedoch in der Beseitigung des Schlupfloches, das Kapitalgewinne beim Tode des Besitzers völlig von der Steuer befreit. Obwohl dies die Steuereinnahmen schätzungsweise beträchtlich erhöhen würde, haben diesbezügliche Vorschläge in der politischen Debatte nur sehr spärliche Aufmerksamkeit gefunden.

* Dieses Schlupfloch heißt „*step-up-in basis*". Die Erben des Aktienbesitzes werden so behandelt, *als ob* sie die Aktien zum Zeitpunkt des Erbanfalls gekauft hätten. Der Kapitalgewinn des Erblassers wird vollkommen vernachlässigt.

** Die 820 $ bringen 82 $ Rendite, von denen er 23 $ Steuern abführen muß.

† Aus 1.100 $ werden bei acht Prozent Rendite 1.188 $. Die Kapitalgewinnsteuer beträgt dann $0,28 \times 1.088$ $, das sind ungefähr 305 $.

Betrachten wir zwei Anleihen, die sich nur durch ihre steuerliche Behandlung unterscheiden. Für beide erhält man im nächsten Jahr 110 $, wobei zehn Dollar Zinsen sind. Der Preis der zu versteuernden Anleihe ist 100 $. Der Gleichgewichtspreis für eine Kommunalanleihe muß dann höher als 100 $ sein. Das heißt, ihre Rendite vor Steuern ist weniger als zehn Prozent – weniger als die Rendite der zu versteuernden Anleihe. Wenn die meisten Anleger ihr Zinseinkommen mit einem Steuersatz von 30 Prozent versteuern müssen, ist der Ertrag nach Steuern nur sieben Dollar, nicht zehn Dollar. Die Anleger werden die steuerfreie Anleihe so lange kaufen, wie ihre Rendite mindestens sieben Prozent beträgt. Sinkt die Rendite unter dieses Niveau, werden sie lieber die Anleihe kaufen, deren Zinserträge versteuert werden müssen. Der Gleichgewichtspreis für die steuerfreie Anleihe ist infolge dessen 110 $ ÷ 1,07 = 102,80 $. Die steuerfreie Anleihe bringt also bei einem Preis von ungefähr 103 $ die gleiche Rendite wie die zu versteuernde Anleihe bei einem Preis von 100 $.

Der Kauf von Immobilien, insbesondere wenn man selbst darin wohnt, ist ein weiteres Beispiel für eine steuerbegünstigte Vermögensanlage, von der viele Amerikaner Gebrauch machen. Schuldzinsen und Grundsteuern können bei der Berechnung der Einkommensteuer abgesetzt werden. Darüber hinaus muß die Wertsteigerung nicht versteuert werden, solange das Haus nicht verkauft wird. Selbst beim Verkauf gibt es einen Freibetrag von 155.000 $, wenn man ein neues Haus kauft oder älter als 55 Jahre ist. Wenn die Steuervergünstigungen für Immobilienbesitz aufgehoben werden würden, würde man kurzfristig (bei unelastischem Angebot) einen starken Rückgang der Immobilienpreise beobachten können, wie es in Abbildung 10.4 dargestellt ist. Es besteht jedoch wenig Gefahr, daß diese Vergünstigungen plötzlich abgeschafft werden, da in den USA die meisten Wähler Hausbesitzer sind und die Politiker es vermeiden, einen so großen Teil ihrer Wählerschaft zu verärgern.

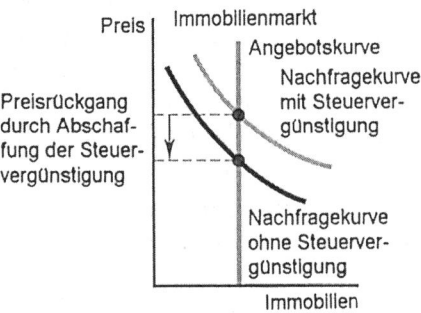

Abbildung 10.4   Auswirkung einer Aufhebung der Steuerbegünstigung von Immobilienbesitz. Eine Aufhebung der Steuervergünstigung für Immobilienbesitz verschiebt die Nachfragekurve für Immobilien nach unten; dies führt kurzfristig (bei unelastischem Immobilienangebot) zu einem markanten Verfall der Immobilienpreise.

Liquidität

Die vierte wichtige Eigenschaft einer Kapitalanlage ist ihre Liquidität. Eine Geldanlage wird als liquide bezeichnet, wenn ihr Verkauf wenig kostet. Ein Bankkonto ist vollkommen liquide (mit der seltenen Ausnahme eines Bankkonkurses), weil man es praktisch kostenlos in Bargeld verwandeln kann, indem man zum Beispiel einen Scheck ausstellt. Aktien eines großen Unternehmens sind weitgehend liquide, da bei einem Verkauf zu einem wohldefinierten Marktpreis nur relativ geringe Kosten entstehen.

Im Modell des vollkommenen Wettbewerbs werden alle Vermögensanlagen als vollkommen liquide angenommen. Es gibt einen wohldefinierten Preis, zu dem alles gekauft und verkauft werden kann; jeder Haushalt und jede Unternehmung kann zu diesem Preis beliebig viel kaufen oder verkaufen; und die Transaktion wird praktisch kostenlos durchgeführt. Aber diese Annahmen treffen in der Realität nicht immer zu. Der Verkauf oder Kauf einer Vermögensanlage ist oft mit erheblichen Kosten verbunden. Die Kosten für den Verkauf eines Hauses können beispielsweise fünf Prozent und mehr seines Wertes betragen. Manchmal sind sogar Kommunalanleihen als ziemlich illiquide anzusehen. Die Spanne zwischen dem Kauf- und Verkaufspreis solcher Anleihen hat schon mehr als 20 Prozent betragen.

10.3 Effiziente Märkte

Die Nachfrage nach einer Vermögensanlage ist von allen vier diskutierten Eigenschaften abhängig – der durchschnittlichen Rendite, dem Risiko, der steuerlichen Behandlung und der Liquidität. Auf einem funktionierenden Wettbewerbsmarkt gibt es keine besonders günstigen Kaufgelegenheiten; man bekommt das, wofür man bezahlt hat. Wenn eine Anlageform eine höhere Rendite verspricht, als die meisten anderen Geldanlagen, hat sie entweder ein höheres Risiko, oder sie ist weniger liquide oder weniger steuerbegünstigt.

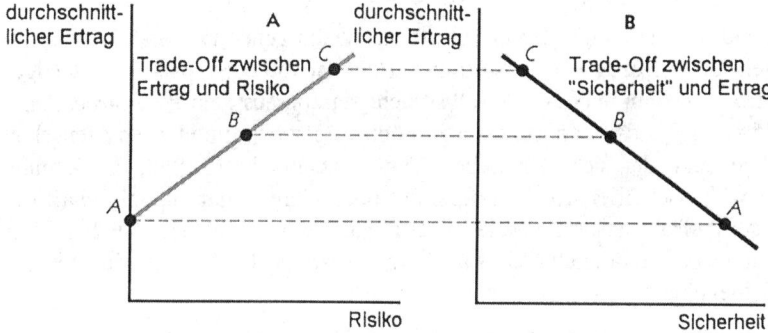

Abbildung 10.5 Der *Trade-off* zwischen Risiko und Ertrag. Um eine höhere erwartete Rendite zu erzielen, muß ein Anleger ein größeres Risiko eingehen, wie es in Teil A dargestellt ist. Sicherheit kann als das Gegenteil von Risiko betrachtet werden. Teil B zeigt den entsprechenden *Trade-off* zwischen Sicherheit und Ertrag; um mehr Sicherheit zu erlangen, muß der Anleger eine niedrigere Rendite in Kauf nehmen.

Daß es keine günstigen Kaufgelegenheiten gibt, heißt aber nicht, daß das Leben eines Investors leicht wäre. Er muß immer noch entscheiden, was er will, genauso beim Kauf von Lebensmitteln. Abbildung 10.5 zeigt einen Teil der Wahlmöglichkeiten, die er hat. Der Einfachheit halber vernachlässigen wir die Liquidität und die steuerliche Behandlung und konzentrieren uns nur auf die Durchschnittsrendite und das Risiko. Teil A den *Trade-off* zwischen Ertrag und Risiko. In Teil B ist auf der horizontalen Kurve die „Sicherheit" einer Anlage abgetragen, wodurch die Möglichkeitskurve die gewohnte negative Steigung erhält. Größere Sicherheit kann man nur auf Kosten einer niedrigeren Rendite bekommen. In beiden Abbildungen sieht man, daß Anlagen mit größerem Risiko (geringerer Sicherheit) einen höheren durchschnittlichen Ertrag erzielen. Punkt *A* repräsentiert eine kurzfristige Staatsanleihe – kein Risiko, aber eine geringe Rendite. Punkt *B* könnte eine Aktie oder einen Aktienmix mit durchschnittlichem Risiko darstellen, Punkt *C* Aktien mit hohem Risiko. Ein Investor mit einer sehr hohen Risikoaversion wird Punkt *A* wählen, einer mit einer geringeren Risikoaversion Punkt *B* und jemand, der risikofreudig ist, wird sich für Punkt *C* entscheiden.

Die Theorie **effizienter Märkte** beschreibt die Tatsache, daß sich die Eigenschaften einer Geldanlage vollständig in ihrem Preis niederschlagen – es gibt keine besonders günstigen Preise. Da die Theorie effizienter Märkte hauptsächlich am Beispiel börsennotierter Aktien entwickelt wurde, konzentriert sich auch unsere Diskussion darauf. Sie kann jedoch problemlos auf alle anderen Vermögenswerte angewendet werden.

Effizienz des Aktienmarktes

Kaum jemand rechnet damit, daß er auf die Rennbahn gehen und dort ein Vermögen machen kann. Bezüglich des Aktienmarktes ist diese Skepsis weit weniger ausgeprägt. Auch wenn man es sich selbst nicht zutraut, aus dem *Wall Street Journal* nur die besten Aktien herauspicken zu können, glauben die meisten Menschen doch, daß jemand, der sich sein Leben lang nur damit beschäftigt, das könnte. Wirtschaftswissenschaftler haben Anfang der 60er Jahre in der Gemeinschaft der Börsianer für Aufruhr gesorgt, als sie zeigten, daß die Auswahl erfolgreicher Aktien nicht einfacher – aber auch nicht schwieriger – ist, als die Auswahl der schnellsten Pferde bei einem Rennen.

Die Theorie effizienter Märkte hilft, diese unterschiedlichen Anschauungen zu erklären. Bei einem effizienten Markt denken Wirtschaftswissenschaftler an einen Markt, auf dem alle relevanten Informationen breit gestreut sind und schnell an alle Marktteilnehmer verbreitet werden. Um die Sache ein wenig zu überzeichnen, sie denken an einen Aktienmarkt, wo alle Anleger die Zeitungen *Barron's* und *Fortune* und alle anderen guten Informationsquellen über die Geschäftsentwicklung der Unternehmungen lesen und wo die Unternehmungen gezwungen sind, alle wichtigen Informationen zu veröffentlichen. Die erwartete Rendite, das Risiko, die steuerliche Behandlung usw. jeder Aktie ist damit allen Anlegern vollständig bekannt. Da alle Marktteilnehmer über alle Informationen verfügen, schlagen sie sich vollständig in den Marktpreisen nieder.

Es hat sich jedoch herausgestellt, daß diese Annahme der breiten Informationsverteilung nicht nur unrealistisch, sondern auch unnötig ist. Man hat gezeigt, daß auf effizienten Märkten nicht notwendigerweise *alle* Marktteilnehmer über die Informationen verfügen müssen. Wenn eine ausreichende Anzahl von Marktteilnehmern informiert ist, werden sich die Preise so verhalten, als ob die Information über den ganzen Markt gestreut wäre. Es braucht nur ein paar Leute, die genug Informationen haben, um einen Zusatzgewinn zu erkennen, und die Preise werden sich schnell an das Niveau anpassen, auf dem sie bei vollständiger Information liegen würden. Und da die Preise vollständige Information widerspiegeln, können auch uninformierte Käufer, die zum Marktpreis kaufen, am Profit teilhaben; sie können zwar den Markt nicht ausstechen, aber sie brauchen auch keine Sorgen zu haben, durch ein überbewertetes Wertpapier „betrogen" zu werden.

Man kann einen effizienten Markt genausowenig „schlagen" wie die Rennbahn. Man kann nur Glück haben. Alle Untersuchungen großer Investmenthäuser und individueller Anleger beziehen sich auf einen Markt, der in mancher Beziehung wie ein Spielkasino ist. Dies ist die Ironie der Ansicht, die die meisten Wirtschaftswissenschaftler vertreten, daß der Aktienmarkt ein effizienter Markt ist. Wenn man auf einem effizienten Aktienmarkt Geld machen will, genügt es nicht, Unternehmungen auszusuchen, von denen man in der Zukunft Erfolg erwartet. Wenn ein Anleger erwartet, daß eine Unternehmung erfolgreich sein wird, und alle anderen das auch erwarten, wird aufgrund der verfügbaren Information der Kurs der Aktien dieser Unternehmung bereits ziemlich hoch sein. Die einzige Möglichkeit, überdurchschnittliche Profite zu erzielen, ist die Auswahl von Unternehmungen, die den Markt überraschen und besser abschneiden als allgemein erwartet wird.

Die einzige Ausnahme ist keine wirkliche Ausnahme, weil sie sich auf Informationen bezieht, die andere Marktteilnehmer noch nicht haben. **Insiderhandel** ist der Handel von Personen mit Aktien der Unternehmung, in der sie arbeiten. Untersuchungen haben gezeigt, daß solche Insiderinformationen tatsächlich zu überdurchschnittlichen Gewinnen führen. Es ist gesetzlich vorgeschrieben, daß Insiderhandel öffentlich angezeigt werden muß. Anleger, die zwar nicht über das Insiderwissen verfügen, aber den Handel der Insider nachahmen, können ebenfalls leicht überdurchschnittliche Renditen erzielen. Das Gesetz schränkt auch die Möglichkeiten von Insidern ein, ihre Informationen an außenstehende Personen weiterzugeben, die von diesem zusätzlichen Wissen Gebrauch machen könnten. Für Verletzungen der Insider-Gesetze sind hohe Strafen vorgesehen. Ivan Boesky wurde zu hohen Geldstrafen verurteilt und verbrachte sogar einige Zeit im Gefängnis, weil er in den 80er Jahren aufgrund von Insiderwissen mit Millionen von Aktien gehandelt hatte, ohne dies anzuzeigen.

Da in den Preisen auf einem effizienten Markt bereits alle verfügbaren Informationen enthalten sind, können Preisänderungen nur aufgrund *unvorhergesehener* Neuigkeiten auftreten. Wenn bereits bekannt war, daß ein gutes Ereignis für eine Unternehmung eintreten würde, zum Beispiel daß ein neues Computermodell vorgestellt werden würde, das besser als alle bisher erhältlichen Modelle ist, würde sich das bereits im Aktienkurs niederschlagen (er wäre hoch), bevor der Computer tatsächlich auf den Markt gebracht wird. Man weiß aber vielleicht nicht, um wieviel genau besser als die Konkurrenzmodelle der neue Computer sein wird und kann daher nicht genau voraussagen, um wieviel die zukünftigen Gewinne der Unternehmung steigen werden. Das kann man nur schätzen. Der Markt wird den Durchschnitt der individuellen Schätzungen reflektieren. Wenn der neue Computer

vorgestellt wird, ist er mit einer gewissen Wahrscheinlichkeit besser als die durchschnittliche Erwartung; in diesem Fall wird der Aktienkurs weiter steigen. Aber es
gibt auch eine gewisse Wahrscheinlichkeit dafür, daß er schlechter sein wird, und
dann wird der Aktienkurs fallen, auch wenn der Computer in der Tat besser ist als
alle Konkurrenzprodukte. In diesem Fall besteht die „Überraschung" darin, daß
der Computer nicht so gut ist, wie es der Markt erwartet hat.

Da die Neuigkeiten von morgen definitionsgemäß unvorhergesehen sind, kann
niemand voraussagen, ob die Aktienkurse steigen oder fallen werden. Auf einem
effizienten Aktienmarkt können Preisbewegungen nicht prognostiziert werden, da
sie durch unerwartete Nachrichten ausgelöst werden. Wenn die Wahrscheinlichkeit
dafür, daß der Kurs einer Aktie relativ zum Markt steigt, genauso groß ist, wie daß
er fällt, bewegen sich die Preise gemäß einem *Random Walk*. Abbildung 10.6
zeigt einen computergenerierten *Random Walk* und vermittelt eine Vorstellung davon, wie unvorhersehbar solch ein Preispfad ist.

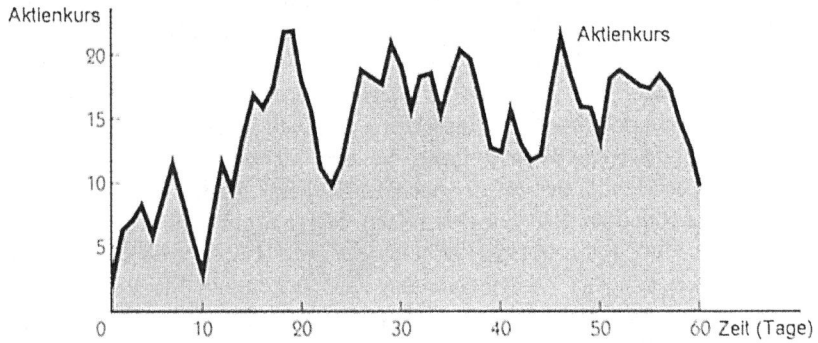

Abbildung 10.6 Ein computergenerierter *Random Walk*. Der hier abgebildete Preispfad
könnte die Schlußkurse einer Aktie an 60 aufeinanderfolgenden Börsentagen darstellen.
Man kann am Ende eines Tages nicht voraussagen, ob der Kurs am nächsten Tag steigen
oder fallen wird.

Ein *Random Walk* weckt die Vorstellung eines Betrunkenen, der die Straße ent-
langschwankt; seine Bewegung folgt einem instabilen – und nicht voraussagbaren
– Weg. Genauso verhält es sich mit dem Aktienmarkt. Obwohl es einen generellen
Aufwärtstrend gibt, kann man nicht vorhersagen, ob eine spezifische Aktie besser
oder schlechter als der Durchschnitt abschneiden wird. Wenn die Aktienkursent-
wicklung tatsächlich einem *Random Walk* folgt, ist es schlichtweg unmöglich, den
Markt auszustechen. Man kann genauso gut blind mit dem Finger auf den Kursteil
der Tageszeitung tippen wie die Unternehmensaussichten jeder einzelnen Firma

genau studieren. Die einzige Möglichkeit, ein besseres Ergebnis als der Gesamtmarkt zu erzielen, besteht darin, ein höheres Risiko in Kauf zu nehmen; aber ein größeres Risiko bedeutet auch eine höhere Verlustwahrscheinlichkeit als im Gesamtmarkt.

Die Zufallsbedingtheit der Kursentwicklung hat eine bedeutende Konsequenz: *einige* (beliebige) Anleger werden erfolgreich sein. Das sind schlechte Nachrichten für Leute, die glauben, daß sie ihren Erfolg ihren sorgfältigen Studien und nicht ihrem Glück verdanken.

Effiziente Märkte oder Zufallsschwankungen?

Während es breite Übereinstimmung darüber gibt, daß einzelne Anleger, auch wenn sie viel Geld für den Erwerb von Informationen verwenden, die allgemeine Marktentwicklung nicht überbieten können, gehen die Meinungen darüber weit auseinander, wie diese Feststellung zu interpretieren ist. Einige sehen es als Beweis für die Effizienz des Aktienmarktes an. Aber andere sehen darin nichts anderes als die Zufallsbedingtheit der Kursentwicklung. Die Vertreter dieser Ansicht führen an, daß es oft starke Kursbewegungen gibt, ohne daß diese durch „Neuigkeiten" ausreichend erklärt werden könnten. Es gibt zum Beispiel normalerweise zehn bis 15 Tage im Jahr, an denen sich die Aktienkurse um mehr als zwei Prozent ändern – eine sehr große Kursveränderung für einen Tag – ohne daß es einen offensichtlichen Bezug zu neuen Meldungen gibt.

Der berühmte Wirtschaftswissenschaftler John Maynard Keynes hat die Voraussagen über die Entwicklung von Aktien mit den Voraussagen über den Gewinner eines Schönheitswettbewerbs verglichen. Man muß nicht entscheiden, wer die Schönste ist, sondern wen die anderen Preisrichter am schönsten finden werden. Wenn die Anleger plötzlich das „Vertrauen" in eine Unternehmung oder in den gesamten Aktienmarkt „verlieren", oder wenn sie glauben, daß andere das Vertrauen verlieren, können die Aktienkurse drastisch fallen.

10.4 Intelligente Investitionsstrategien

Wir haben nun die wichtigsten Anlagealternativen untersucht, ihre wesentlichen Eigenschaften dargestellt und gezeigt, wie sich diese Eigenschaften in den Preisen niederschlagen. Wer genug Geld hat, um diese Alternativen gegeneinander abzuwägen, sollte die folgenden vier Regeln beherzigen. Sie geben keine Ratschläge dafür, wie man mit 25 Jahren Millionär werden kann, aber sie helfen, die schlimmsten Klippen bei der Geldanlage zu umschiffen.

1. *Stellen Sie fest, welche Eigenschaften einer Vermögensanlage ihrer persönlichen Situation am besten entsprechen.* Jede Vermögensanlage ist spezifisch in der Rendite, dem Risiko, der steuerlichen Behandlung und der Liquidität. Bei

der Entscheidung zwischen verschiedenen Anlagestrategien sollte die persönliche Einstellung gegenüber diesen Attributen *mit der auf dem Markt vertretenen Durchschnittshaltung verglichen werden*. Die meisten Menschen ziehen sicherere, steuerbegünstigte, liquidere Anlageformen vor. Deshalb ist für Anlagen mit diesen Eigenschaften eine Prämie zu zahlen (und eine niedrigere Rendite damit verbunden). Sind Sie bereit, diesen Preisaufschlag für die zusätzliche Sicherheit oder Liquidität zu bezahlen? Jemand, der weniger risikoavers als der Durchschnitt ist, wird risikoreichere Anlageformen vorziehen. Er ist nicht bereit den höheren Preis – und damit die niedrigere Rendite – für eine sicherere Geldanlage in Kauf zu nehmen. Und jemand, der sicher ist, daß er über einen Vermögenswert nicht kurzfristig verfügen muß, wird nicht bereit sein, den Preisaufschlag für höhere Liquidität zu bezahlen. Wer andererseits Geld für Studiengebühren beiseite legt, die er im nächsten Jahr zahlen muß, wird eine relativ liquide Anlageform wählen.

Unter die Lupe genommen: Wie schlau ist „schlaues Geld" angelegt?

Die Wirtschaftspresse verfolgt genau die Gewinner und Verlierer in der Welt der Finanzmärkte. Viele Wirtschaftszeitungen, darunter das *Wall Street Journal* veröffentlichen regelmäßig Listen der besten und schlechtesten Fonds aus verschiedenen Anlagebereichen. Jeder möchte natürlich sein Geld möglichst geschickt anlegen. Aber schneiden die Top-Analysten wirklich soviel besser ab als der Durchschnitt? Um das herauszufinden, stellen wir einen Vergleich mit der Performance des *S&P-500* an, dem Index der 500 größten Aktiengesellschaften in den USA. Seit 1976 bildet der *Vanguard Index Trust 500* in seinem Portfolio exakt die Zusammensetzung des *S&P-500* ab. Er verwaltet heute Fondsgelder in Höhe von über acht Milliarden Dollar. Ein Vorteil eines solchen Indexfonds besteht darin, daß die Kosten für Marktanalysen und den Kauf und Verkauf der Aktien extrem niedrig sind. Anleger konnten mit dem *Vanguard 500* in den letzten zehn Jahren eine Rendite von 14,8 Prozent erzielen. Mit diesem Maßstab können wir das „schlaue Geld" bewerten. Eine der größten Erfolgsgeschichten wurde von dem Anlage-Guru Peter Lynch mit seinem *Fidelity Magellan Fonds* geschrieben. Dieser Fonds übertraf den *Vanguard 500* um ungefähr 3,8 Prozent pro Jahr. Aber ist der *Magellan Fonds* eine Ausnahme oder die Regel?

Wie wir wissen, erfordern risikoreichere Anlagen eine Extrarendite oder eine Risikoprämie. Um also Äpfel mit Äpfeln zu vergleichen, haben wir Portfolios mit einer Risikostruktur herausgesucht, die mit dem S&P-500 vergleichbar ist. Die Abbildung zeigt die Renditen über zehn Jahre von 52 aktiv verwalteten Fonds. Ihre durchschnittliche Rendite war nur 13,9 Prozent pro Jahr, fast ein Prozentpunkt weniger als der *Vanguard 500* erzielt hat. Das schlaue Geld war also gar nicht so schlau! Tatsächlich schafften es weniger als 30 Prozent der Fonds „den Markt zu schlagen". Aus wirtschaftswissenschaftlicher Perspektive ist dieses Ergebnis ein weiteres Argument für die Gültigkeit der Theorie effizienter Märkte. Ob ein Fonds besser als ein anderer abschneidet, ist eine Frage des Glücks (und niedriger Verwaltungskosten).

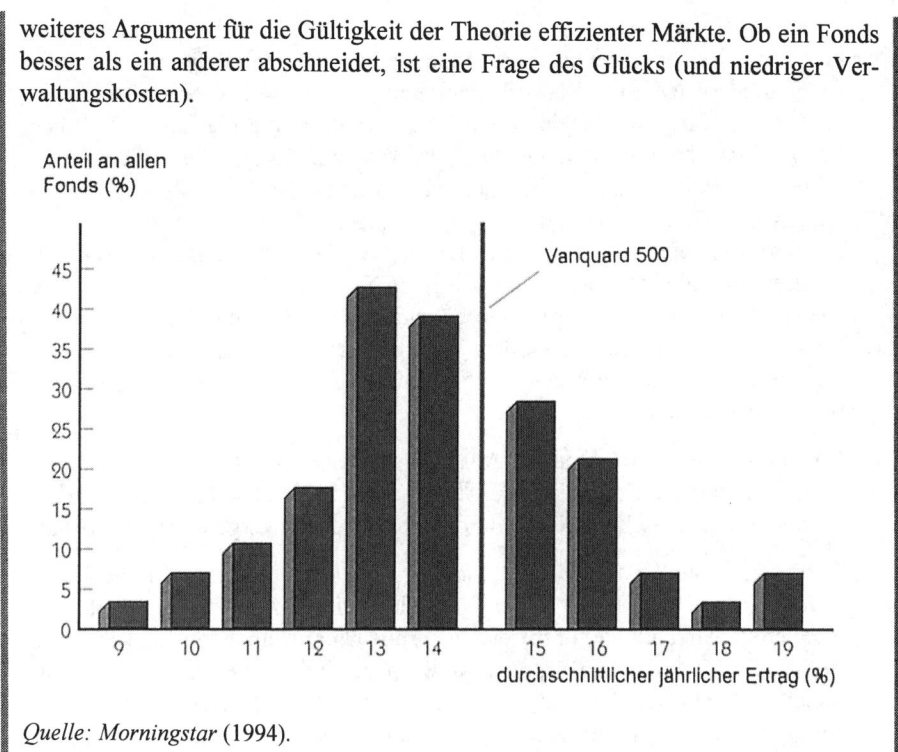

Quelle: *Morningstar* (1994).

2.   *Stellen Sie Ihr Portfolio auf eine breite Basis.* Bei der Auswahl von Vermögensanlagen muß man nicht nur jede Anlageform für sich betrachten, sondern auch auf die Kombination der einzelnen Werte achten. Die Gesamtheit aller Vermögensanlagen einer Person bezeichnet man als **Portfolio**. (Zum Portfolio gehören auch die Verbindlichkeiten – also die Schulden – einer Person, aber das geht über den Rahmen dieses Kapitels hinaus.) Die Bedeutung dieser Regel wird am klarsten bei der Betrachtung des Risikos. Eine Möglichkeit zur Verringerung des Risikos besteht in der Diversifizierung des Portfolios. Bei einem gut diversifizierten Portfolio ist die Wahrscheinlichkeit dafür, daß alle Vermögenswerte gleichzeitig ihren Wert verlieren, extrem gering. Zwar muß auch ein Anleger mit einem diversifizierten Portfolio Ereignisse befürchten wie eine Rezession oder Zinsänderungen, die alle Aktienkurse beeinflussen. Aber Ereignisse, die in erster Linie eine bestimmte Unternehmung betreffen, werden auf das gesamte Portfolio nur einen geringen Einfluß haben.

Viele Fonds beanspruchen für sich mehr als nur Risikodiversifizierung: Sie behaupten, daß sie durch ihre Unternehmens- und Marktanalysen die erfolgreichsten Aktien herauspicken können. Die Diskussion über effiziente Märkte läßt starke Zweifel an dieser Behauptung aufkommen. Es gibt aber auch Fonds, die keine Analysen erstellen und keine besonderen Erkenntnisse für sich beanspruchen, sondern lediglich Risikodiversifizierung betreiben. Dies sind die sogenannten **Indexfonds**. Es gibt verschiedene Indizes, die die durchschnittliche Entwicklung des Aktienmarktes messen. Der *Standard & Poor's (S&P) 500* bildet zum Beispiel die durchschnittliche Entwicklung von 500 ausgewählten Aktien ab, die den Gesamtmarkt repräsentieren. Andere Indizes bilden bestimmte Branchen ab, wie zum Beispiel Verkehr, Versorgerbetriebe oder Hochtechnologie. Indexfonds strukturieren ihr Portfolio exakt gemäß einem solchen Index. Es gibt beispielsweise viele Indexfonds, die den *S&P 500* nachbilden. Diese Fonds schneiden dann natürlich genauso – nicht besser und nicht schlechter – als der *S&P 500* ab, abzüglich einer kleinen Gebühr für die Verwaltung des Fonds.

Da Indexfonds relativ niedrige Ausgaben haben, vor allem im Vergleich zu Fonds, die bessere Ergebnisse als der Gesamtmarkt erzielen wollen, bieten sie eine höhere Durchschnittsrendite als andere Fonds mit vergleichbarem Risiko.

3. *Berücksichtigen Sie alle Risiken, mit denen Sie konfrontiert sind, nicht nur die Anlagerisiken.* Viele Leute haben ihre Risiken viel weniger diversifiziert als sie glauben. Jemand arbeite für die einzige große Unternehmung in einer Stadt. Sie besitzt ein Haus, hat einen guten Arbeitsplatz, hält Aktien an der Unternehmung, Geld auf dem Bankkonto und eine betriebliche Altersversorgung. Aber wenn diese einzige Unternehmung in Konkurs geht, wird sie ihren Arbeitsplatz verlieren, der Wert des Aktienbesitzes wird fallen, der Verkaufspreis ihres Hauses wird sinken, da sich die Wirtschaftslage in der Region verschlechtert, und sogar die betriebliche Altersversorgung könnte niedriger ausfallen als erwartet.

4. *Denken Sie zweimal darüber nach, wenn Sie glauben, den Markt ausstechen zu können!* Die Theorie effizienter Märkte gibt Anlegern einen wichtigen Hinweis. Man sollte einem Anlageberater niemals Glauben schenken, der eine Anlage empfiehlt, die andere in jeder Hinsicht ausstlicht. Die Anleihe, die eine höhere als die durchschnittliche Marktrendite abwirft, trägt ein höheres Risiko. Ein Bankkonto mit einer höheren Verzinsung ist weniger liquide. Das Traumhaus zu einem unglaublich günstigen Preis hat wahrscheinlich ein undichtes Dach. Die steuerbegünstigte Anleihe hat eine niedrige Rendite – und so weiter. Die Theorie effizienter Märkte besagt, daß alle Informationen über diese Eigenschaften in den Preisen und damit den Renditen von Vermögensanlagen enthalten sind. Die Rendite einer Anlagestrategie kann nur durch eine Anpassung des Risikos verändert werden. Der Autor des Bestsellers *A Random Walk Down Wall Street*, Burton Malkiel, verwendet diese Theorie für seine persönliche Anlagestrategie. „Jeder Anleger muß für sich über den *Trade-off* zwischen

Anwendungsbeispiel: Gibt es risikofreie Arbitragegewinne?

Die grundlegende Annahme der Theorie effizienter Märkte ist, daß hohe Gewinne nur als das Resultat eines hohen Risikos erzielt werden können. Gelegentlich tauchen Gelegenheiten für hohe Gewinne bei niedrigem oder gar keinem Risiko auf – aber Wettbewerbsmärkte sorgen dafür, daß solche Gelegenheiten schnell wieder verschwinden. Die bekannteste dieser Gelegenheiten ist die *Arbitrage*. Gelegenheiten zur Arbitrage treten auf, wenn ein und dasselbe Gut zu unterschiedlichen Preisen gekauft und verkauft wird. Wenn zum Beispiel Gold in New York zu einem Preis von 350 $ pro Unze gehandelt wird und in Zürich zu einem Preis von 351 $, würde es sich lohnen, Gold in New York zu kaufen und in Zürich zu verkaufen, unter der Annahme, daß für den Transfer des Goldes von New York nach Zürich keine Kosten entstehen. Arbitrage bedeutet, daß meistens nur kleine Preisdifferenzen auf einem lange Markt bestehen können. Wenn Investoren Gold in New York kaufen, wird der Preis dort nach oben gehen; und wenn sie in Zürich Gold verkaufen, wird der Preis dort sinken. Der Prozeß endet dann, wenn die Preise weitgehend gleich sind.

Arbitrage kann manchmal auch in viel subtileren Formen auftreten. Ein geschlossener Fonds kauft in großer Anzahl Aktien anderer Unternehmen, die seine einzigen Vermögenswerte darstellen. Der Wert des Fonds sollte dann genau so groß sein, wie der Wert der Aktien, die er besitzt. Die Anteile geschlossener Fonds werden aber gelegentlich mit einem deutlichen Abschlag gegenüber dem Wert ihrer Aktien gehandelt. Ein Anleger könnte Anteile an diesem Fonds kaufen und gleichzeitig eine Vereinbarung über den Verkauf der entsprechenden Stückzahl der *zugrundeliegenden* Aktien treffen. Daran kann man sehen, wie Arbitrage einen solchen Preisabschlag verschwinden läßt – zumindest, kurz bevor der Fonds aufgelöst wird, das heißt, seine Aktien verkauft und die Besitzer der Fondsanteile einen Scheck über deren Gegenwert erhalten. Nehmen wir der Einfachheit halber an, der Fonds besitze nur Aktien von General Motors, und zwar eine Million Stück. Auch die Anzahl der Fondsanteile soll genau eine Million Stück betragen. Der Kauf eines Fondsanteils ist dann *äquivalent* zum Kauf einer Aktie von General Motors. Nehmen wir weiter an, eine General-Motors-Aktie koste 30 $ und ein Fondsanteil 25 $. Ein Anleger könnte dann einen Fondsanteil für 25 $ erwerben, gleichzeitig den Verkauf einer Aktie von General Motors für 30 $ vereinbaren und hätte einen garantierten Gewinn von fünf Dollar.

Auch wenn sie schwer zu finden sind, halten intelligente Investoren immer nach Arbitragemöglichkeiten Ausschau.

gut Essen und gut Schlafen entscheiden. Die Entscheidung liegt bei Ihnen. Hohe Renditen können nur für den Preis eines erheblichen Risikos erzielt werden."[3]

Zusammenfassung

1. Sparbücher, Immobilien, festverzinsliche Wertpapiere, Aktien und Investmentfonds sind verschiedene Möglichkeiten der Geldanlage.

2. Die Erträge von Vermögensanlagen treten in vier verschiedenen Formen auf: Zinsen, Dividenden, Mieten und Kapitalgewinne.

3. Vermögensanlagen unterscheiden sich in vier wichtigen Gesichtspunkten: ihrem durchschnittlichen Ertrag, ihrem Risiko, ihrer steuerlichen Behandlung und ihrer Liquidität.

4. Der erwartete Ertrag eines Vermögenswerts wird berechnet, in dem die möglichen Ergebnisse mit ihrer jeweiligen Eintrittswahrscheinlichkeit multipliziert werden und die Summe aus diesen Faktoren gebildet wird.

5. Durch Risikodiversifizierung können spezifische Risiken verringert werden, aber nicht das Risiko des Gesamtmarkts.

6. Die Theorie effizienter Märkte besagt, daß alle verfügbaren Informationen in die Preisbildung eingehen. Preisänderungen können dementsprechend nur aufgrund unvorhergesehener Ereignisse auftreten. Sie sind daher zufallsbedingt und nicht voraussagbar.

7. Es gibt vier Regeln für eine intelligente Investitionsstrategie: (1) Stellen Sie fest, welche Eigenschaften einer Vermögensanlage ihrer persönlichen Situation am besten entsprechen. (2) Stellen Sie Ihr Portfolio auf eine breite Basis. (3) Berücksichtigen Sie alle Risiken, mit denen Sie konfrontiert sind, nicht nur die Anlagerisiken. (4) Denken Sie zweimal darüber nach, wenn sie glauben, den Markt ausstechen zu können.

Schlüsselbegriffe

Investition	Kapitalgewinn	Theorie effizienter Märkte
Termingeld- oder Festgeldkonto	Fonds	*Random Walk*
Liquidität	Schatzwechsel	Portfolio
Dividenden	erwartete Erträge	

Wiederholungsfragen

1. Ein Anleger stehe vor der Wahl zwischen zwei Anlagealternativen mit gleicher erwarteter Rendite. Welche drei Eigenschaften der Anlageformen könnten ihm bei der Auswahl helfen?

---

[3] 6. Ausgabe (New York: Norton, 1995).

2. Nennen Sie die grundlegenden Investitionsalternativen, die es gibt. Wie heißen die Erträge der einzelnen Anlageformen? Ordnen Sie sie anhand der Eigenschaften, die Sie in Frage 1 beschrieben haben.

3. Ist die folgende Aussage richtig oder falsch: „Zwei verschiedene Anlageformen müssen die gleiche erwartete Rendite haben." Ändert sich ihre Antwort, wenn wir die Aussage wie folgt modifizieren? „Zwei verschiedene Anlageformen mit identischem Risiko müssen die gleiche erwartete Rendite haben." Erklären Sie ihre Antwort.

4. Würden Sie das Investitionsverhalten von Unternehmenschefs nachahmen, die Aktien ihrer eigenen Unternehmung kaufen oder verkaufen? Warum bzw. warum nicht?

5. Was besagt die Theorie effizienter Märkte? Welche Schlußfolgerungen lassen sich aus dieser Theorie bezüglich der Frage ableiten, ob der Markt geschlagen werden kann? Folgt daraus, daß alle Aktien dieselbe erwartete Rendite aufweisen müssen?

6. Warum gehen Wirtschaftswissenschaftler davon aus, daß der Aktienmarkt effizient ist?

7. Welche unterschiedlichen Interpretationen gibt es für die Beobachtung, daß Anleger nicht besser als der Gesamtmarkt abschneiden können, selbst wenn sie erhebliche Summen für die Informationsbeschaffung ausgeben?

8. Nennen und erklären Sie die vier Regeln für eine intelligente Anlagestrategie.

9. Ist die folgende Aussage richtig oder falsch: „Ein einzelner Investmentfonds kann eine höhere Diversifizierung bieten als ein Portfolio mit einem Dutzend Aktien." Erklären Sie Ihre Antwort.

Aufgaben

1. Stellen Sie sich eine Lotterie vor, bei der eine Million Lose zum Preis von einem Dollar pro Stück verkauft werden und der Gewinner 700.000 $ erhält. Wie hoch ist der erwartete Ertrag aus dem Kauf eines Loses für diese Lotterie? Wird eine risikoaverse Person ein Los für diese Lotterie kaufen?

2. Ändert sich die Rendite festverzinslicher Wertpapiere mit ihrer Restlaufzeit? Warum bzw. warum nicht?

3. Warum könnte ein risikoaverser Anleger einen Teil seines Geldes in *Junk Bonds* anlegen?

4. Würden Sie vermuten, daß
   a) die Vorsteuerrendite von Immobilienbesitz höher oder niedriger ist als die Vorsteuerrendite anderer Vermögensanlagen?
   b) Anleger mehr oder weniger für eine Aktie zahlen würden, die eine hohe Rendite abwirft, wenn die Wirtschaft boomt, und eine niedrige Rendite, wenn es eine Rezession gibt, als wenn das Verhältnis zwischen Rendite und Wirtschaftslage gerade umgekehrt wäre?
   c) eine Vermögensanlage mit geringer Liquidität im Vergleich zu einer Anlage mit höherer Liquidität mit einem Preisauf- oder -abschlag versehen ist?

5. Zwei Vermögensanlagen sollen folgende gleiche Wahrscheinlichkeitsverteilung für die Rendite aufweisen: In einem von zehn Fällen beträgt die Rendite minus zehn Prozent, in einem von fünf Fällen zwei Prozent, in einem von drei Fällen sechs Prozent, in einem von fünf Fällen zehn Prozent und in einem von sechs Fällen zwölf Prozent. Zeichnen Sie diese Wahrscheinlichkeitsverteilung und berechnen Sie die erwartete Rendite. Welche Anlageform würden Sie unter Gesichtspunkten wie Liquidität oder steuerliche Behandlung vorziehen, wenn es sich bei Anlage A um eine Immobilie handelt und bei Anlage B um Aktien?

6. Betrachten Sie eine kurzfristige Unternehmensanleihe im Nennwert von 1.000 $, die in den nächsten drei Jahren eine feste Verzinsung von acht Prozent verspricht. Die Auszahlungen sind dann in den ersten beiden Jahren 80 $ und 1.080 $ im dritten Jahr. Nach einem Jahr ist der Marktzinssatz jedoch auf zwölf Prozent gestiegen. Wie groß ist zu diesem Zeitpunkt der Wert dieser Anleihe für einen Anleger, der nicht allzu viel Wert auf Sicherheit legt? Wie wird sich der erwartete Ertrag dieser Anleihe verändern, wenn die Unternehmung vor dem Konkurs zu stehen scheint?

7. Der Golfspieler Lee Trevino hat einmal gesagt: „Ich habe aus dem Verlust zweier Vermögen gelernt. Wenn mir heute jemand ein Geschäft vorschlägt, das mir eine Million Dollar einbringen soll, antworte ich ihm ‚Erzählen Sie das Ihrer Mutter'. Warum sollte mir ein Fremder eine Million Dollar verschaffen?" Erklären Sie, wie Trevinos Ansicht mit der Theorie effizienter Märkte zusammenpaßt.

Kapitel 11

Die Kosten der Unternehmung

In den letzten drei Kapiteln haben wir uns mit den Entscheidungen von Haushalten und Individuen beschäftigt. In diesem Kapitel geht es um die Untersuchung der Entscheidungen von Unternehmungen. Unternehmungen entscheiden unter der Vorgabe der Gewinnmaximierung, was, wieviel und wie sie produzieren.

Unser Ausgangspunkt ist wieder das Grundmodell der Wettbewerbswirtschaft. Viele Unternehmungen, die alle das gleiche Gut produzieren, konkurrieren miteinander darum, diese Güter an gutinformierte Kunden zu verkaufen, die jede Preisdifferenz sofort erkennen und entsprechend darauf reagieren. Da alle Käufer bestens über die Preise informiert sind, müssen alle Unternehmungen auf einem Wettbewerbsmarkt das Preisschema, das durch die Kräfte von Angebot und Nachfrage auf dem Gesamtmarkt festgelegt wird, für ihre Produkte akzeptieren. Wenn eine Unternehmung versucht, ihr Gut zu einem höheren Preis zu verkaufen, wird sie alle ihre Kunden verlieren. Unternehmungen sind auf Wettbewerbsmärkten daher **Preisnehmer**. Ein klassisches Beispiel für einen Wettbewerbsmarkt ist der Markt für landwirtschaftliche Produkte – Tausende von Bauern, die zum Beispiel Milch produzieren. Ein Milchbauer verschwendet keine Zeit für die Überlegung, welchen Preis er für die Milch verlangen soll. Er weiß, daß er den „gängigen" Preis bekommen wird.

Dennoch hat eine Unternehmung die Kontrolle über ihre Kosten. Die Gesamtkosten einer Unternehmung sind, unter anderem, abhängig von der Höhe ihres Outputs und der Wahl der Inputfaktoren (der Produktionsmethode). In Kapitel 12 wird gezeigt, wie eine Unternehmung mit Hilfe dieses Zusammenhangs die Outputmenge bestimmt, die ihren Gewinn maximiert. In diesem Kapitel untersuchen wir, wie Unternehmungen ihre Kosten minimieren und wie diese Kosten vom Produktionsniveau beeinflußt werden.

Auch wenn wir von „Produktion" und „Gütern" sprechen, ist es wichtig, im Kopf zu behalten, daß nur ein Drittel der US-Wirtschaft aus Industriezweigen besteht, die im herkömmlichen Sinne Güter produzieren – Industrieproduktion, Bergbau, Bauwirtschaft und Landwirtschaft. Die anderen zwei Drittel der Wirtschaft produzieren in erster Linie Dienstleistungen – Branchen wie Transport, Erziehung und Ausbildung, Gesundheitsversorgung, Groß- und Einzelhandel und der Finanzbereich. Die Regeln, die hier abgeleitet werden, gelten jedoch gleichermaßen für diese anderen Wirtschaftsbereiche.

11.1 Gewinne, Kosten und Produktionsfaktoren

Ein Betrieb, der über einen längeren Zeitraum hinweg Verluste produziert, wird seine Existenz aufgeben müssen, da er nicht genug Geld hat, um seine Rechnungen zu bezahlen. Unternehmungen stehen unter dem ständigen Druck, Gewinne zu erzielen. Das Motiv, so viel Geld wie möglich zu verdienen – den Gewinn zu maximieren – ist ein wichtiger Ausgangspunkt für die Analyse des Verhaltens von Unternehmungen auf Wettbewerbsmärkten.

Die Definition des **Gewinns** ist einfach:

$$\text{Gewinn} = \text{Erlös} - \text{Kosten}.$$

Der **Erlös**, den eine Unternehmung aus dem Verkauf ihrer Produkte erzielt, ist die Menge des verkauften Gutes multipliziert mit seinem Preis. Die **Kosten** einer Unternehmung sind definiert als die gesamten Aufwendungen für die Produktion des Gutes.

Die Mittel, die die Unternehmung für die Produktion ihrer Güter braucht, heißen **Produktionsfaktoren**: Arbeit, Material und Kapitalgüter. Die gesamten Kosten der Unternehmung sind einfach die Summe der Kosten dieser Inputs. Die Arbeitskosten bestehen aus den Löhnen für die beschäftigten Arbeitskräfte und den Gehältern für die Manager, die deren Arbeit überwachen. Zwischenprodukte sind alles, was die Unternehmung von anderen Firmen kauft – zum Beispiel Samen, Dünger und Benzin bei einer Farm; Eisenerz, Kohle, Koks, Kalkstein und elektrische Energie bei einer Stahlfabrik. Zu den Kosten für Kapitalgüter gehören die Kosten für den Maschinenpark und für Einrichtungen wie Gebäude und Fabriken.

Die Unternehmungen setzen alles daran, ihre Kosten so niedrig wie möglich zu halten. Bei gegebenen Preisen und festgelegtem Produktionsniveau maximiert eine Unternehmung ihren Gewinn, indem sie den kostengünstigsten Produktionsweg sucht. Gewinnmaximierende Unternehmungen sind also gleichzeitig immer auch Kostenminimierer. Innerhalb bestimmter Grenzen können Unternehmungen die Zusammensetzung der Arbeitskräfte, der Vorprodukte und der verwendeten Kapitalgüter variieren; und sie werden das so lange tun, bis sie die Methode gefunden haben, mit der eine bestimmte Menge des Produkts von vorgegebener Qualität zu den niedrigsten Kosten produziert werden kann. Ein einfaches Beispiel, um zu verstehen, wie Unternehmungen den Produktionspunkt mit den niedrigsten Kosten finden, ist eine Unternehmung mit nur zwei Produktionsfaktoren, einem fixen und einem variablen. Als variabel bezeichnen wir Inputs, deren Einsatzmenge sich mit der Produktionsmenge ändert.

Produktion mit einem variablen Inputfaktor

Unser Beispiel sei ein Weizenfarmer mit einer gegebenen Menge an Land, der seine Ernte nur mit Hilfe von Arbeitskraft produziert. Je mehr Arbeit er aufwendet (seine eigene Zeit plus die Zeit der Arbeiter, die er beschäftigt), um so größer wird sein Output. Arbeit ist der einzige variable Produktionsfaktor (Input).

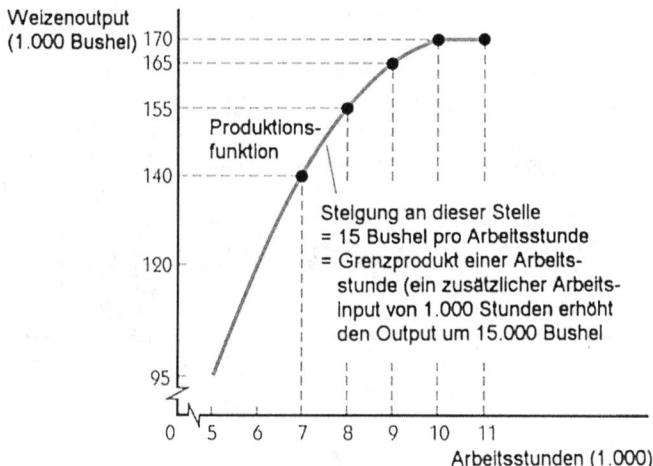

Abbildung 11.1 Produktionsfunktion mit abnehmenden Grenzerträgen des Produktionsfaktors. Die Höhe des Outputs (Weizen) steigt mit der eingesetzten Menge des Inputs (Arbeit). Aber die Grenzerträge der Arbeit nehmen ab; jede zusätzlich eingesetzte Arbeitseinheit führt zu zunehmend kleineren Erhöhungen des Weizenoutputs. Da sich die Grenzproduktivität der Arbeit graphisch in der Steigung der Produktionsfunktion niederschlägt, wird diese mit zunehmendem Arbeitseinsatz flacher.

Die Beziehung zwischen der eingesetzten Inputmenge und dem Produktionsniveau wird als **Produktionsfunktion** bezeichnet. Abbildung 11.1 zeigt die Produktionsfunktion des Weizenfarmers; die zugehörigen Daten sind in Tabelle 11.1 dargestellt. Die Erhöhung des Outputs, die durch den zusätzlichen Einsatz einer Einheit des Inputfaktors, in diesem Beispiel von Arbeit, erzielt werden kann, ist die **Grenzproduktivität** dieses Produktionsfaktors. Wenn zum Beispiel die Anzahl der jährlichen Arbeitsstunden von 8.000 auf 9.000 erhöht wird, steigt der Output um 10.000 Bushel, von 155.000 auf 165.000. Die Grenzproduktivität der 1.000 zusätzlichen Arbeitsstunden ist dementsprechend 10.000 Bushel. Die Grenzproduktivität ist in der Tabelle in der letzten Spalte aufgeführt. Graphisch wird sie durch die Steigung der Produktionsfunktion angegeben. Die Steigung einer Kurve besteht in der Veränderung entlang der vertikalen Achse (die Erhöhung des Outputs) bei einer Erhöhung um eine Einheit entlang der horizontalen Achse (der Erhöhung des Arbeitsinputs).

Tabelle 11.1 Produktionsmenge bei unterschiedlichem Arbeitseinsatz

Anzahl der Arbeitsstunden	Menge des produzierten Weizens (in Bushel)	Grenzproduktivität (zusätzlicher Output bei 1.000 zusätzlichen Arbeitsstunden)
5.000	95.000	25.000
6.000	120.000	20.000
7.000	140.000	15.000
8.000	155.000	10.000
9.000	165.000	5.000
10.000	170.000	0
11.000	170.000	

Abnehmende Grenzerträge

Bei dem Beispiel des Weizenbauers nimmt die Grenzproduktivität der Arbeit mit zunehmendem Arbeitseinsatz ab. Dies ist ein weiteres Beispiel für das Konzept abnehmender Grenzerträge, das in Kapitel 2 dargelegt wurde. Im Fall der Produktionsfunktion einer Unternehmung bedeuten abnehmende Grenzerträge, daß jede zusätzliche Arbeitseinheit zu einer geringeren Zunahme des Outputs führt als die vorangegangene Einheit. Die Erhöhung der Arbeitsstunden von 7.000 auf 8.000 erhöht den Ertrag um 15.000 Bushel, aber die weitere Steigerung der Arbeitsstunden von 8.000 auf 9.000 steigert den Output nur noch um 10.000 Bushel. Je höher die Menge des eingesetzten Inputs bereits ist, um so drastischer wird die Abnahme der Grenzerträge; die Erhöhung des Arbeitseinsatzes von 10.000 auf 11.000 Stunden bringt gar keinen zusätzlichen Ertrag mehr. Graphisch schlägt sich das Gesetz abnehmender Grenzerträge in einer mit zunehmendem Arbeitseinsatz flacher werdenden Kurve nieder. Man sieht deutlich, daß Erhöhungen des eingesetzten Inputfaktors den Output unterproportional steigern; eine Verdoppelung des Inputfaktors erhöht den Output auf weniger als das Doppelte.

Zunehmende Grenzerträge

Zwar sind Produktionsfunktionen meistens durch abnehmende Grenzerträge gekennzeichnet, aber es treten auch andere Fälle auf. Abbildung 11.2 zeigt eine Produktionsfunktion, bei der eine Zunahme des Inputfaktors (hier Arbeit) den Output überproportional erhöht. Eine Unternehmung mit einer derartigen Produktionsfunktion hat **zunehmende Grenzerträge**. In dem hier abgebildeten Ein-Produktionsfaktor-Fall ist es klar, daß die Grenzproduktivität des Inputfaktors mit zunehmender Outputmenge steigt; das heißt, wenn die Unternehmung schon viel produziert, kann sie ihre Produktion durch eine zusätzliche Arbeitskraft stärker erhöhen als bei einem niedrigeren Produktionsniveau.

Abbildung 11.2 Produktionsfunktion mit zunehmenden Grenzerträgen des Produktionsfaktors. Die Produktion steigt mit zunehmendem Einsatz des Faktors Arbeit. Aber die Grenzerträge der Arbeit nehmen in diesem Fall zu; eine sukzessive Erhöhung der eingesetzten Arbeitsmenge steigert den Output jeweils um einen höheren Betrag. In der Graphik wird dies durch die zunehmende Steigung der Kurve bei höherem Arbeitseinsatz deutlich.

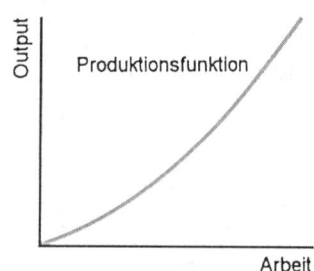

Eine Unternehmung sammle in einem bestimmten Gebiet den Müll jedes fünften Hauses. Wenn es ihr gelingt, die Anzahl ihrer Kunden in der Gegend zu verdoppeln, wird sie zwar mehr Arbeitskräfte brauchen, aber durch die Verringerung der Fahrwege können diese den doppelten Müll in weniger als der doppelten Zeit einsammeln. Eine Verdoppelung des Outputs kann also erreicht werden, indem der eingesetzte Inputfaktor weniger als verdoppelt wird. Es gibt viele Beispiele wie die Müllabfuhr, bei der zunehmende Grenzerträge dadurch entstehen, daß mehr Menschen in einem gegebenen Gebiet versorgt werden. Telephongesellschaften und Stromversorger sind weitere gängige Beispiele für dieses Phänomen.

Konstante Grenzerträge

Zwischen den beiden Fällen abnehmender und zunehmender Grenzerträge gibt es auch noch den Fall konstanter Grenzerträge, der in Abbildung 11.3 dargestellt ist. Jede zusätzliche Einheit des Inputfaktors erhöht den Output um dieselbe Menge, und der Zusammenhang zwischen Input und Output wird durch eine Gerade abgebildet.

Fixe und variable Produktionsfaktoren

Unternehmungen brauchen normalerweise einen bestimmten Mindesteinsatz an Produktionsfaktoren, um im Geschäft zu bleiben. Bevor eine Firma ihren Betrieb aufnehmen kann, braucht sie beispielsweise ein Grundstück (oder eine Bürofläche) und einige Maschinen. Sie muß jemanden für die Personalabteilung und die Anleitung der Arbeitskräfte einstellen. Diese Faktoren werden als **fixe Produktions-**

faktoren bezeichnet, da sie unabhängig vom Produktionsniveau anfallen. Die Menge der **variablen Produktionsfaktoren** steigt und fällt dagegen mit der Höhe des produzierten Outputs. Eine Unternehmung kann ihre Maschinerie beispielsweise nur für eine Schicht pro Tag laufen lassen, oder aber auch im 24-Stunden-Betrieb. Sie braucht dann lediglich mehr Arbeitskräfte und mehr Vorprodukte. Arbeitskräfte und Vorprodukte sind variable Produktionsfaktoren.

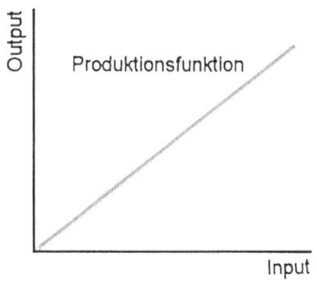

Abbildung 11.3 Produktionsfunktion mit konstanten Grenzerträgen des Produktionsfaktors. Das Grenzprodukt der Arbeit bei einer Produktionsausdehnung ist hier weder zunehmend noch abnehmend, sondern konstant. Die Steigung der Produktionsfunktion in der Abbildung ändert sich nicht.

Abbildung 11.4 zeigt eine Produktionsfunktion mit fixem und variablem Einsatz des Produktionsfaktors Arbeit. Am Punkt L_0 wird nur die fixe Menge des Produktionsfaktors eingesetzt. Der Output steigt daher bei einer Erhöhung des Arbeitseinsatzes über L_0 hinaus zunächst überproportional. Der Output bei L_2 ist mehr als doppelt so hoch wie im Punkt L_1, obwohl die Inputmenge L_2 doppelt so hoch ist wie L_1. Dies ist die Folge des fixen Produktionsfaktors. Die sukzessive Erhöhung der variablen Inputmenge führt aufgrund abnehmender Grenzerträge zu immer geringeren Outputsteigerungen. Jenseits von L_3 überwiegen die abnehmenden Grenzerträge den Effekt des fixen Produktionsfaktors, und die produzierte Menge steigt unterproportional zum eingesetzten Input.

Das Verhältnis der produzierten Menge zur eingesetzten Inputmenge ist die **Durchschnittsproduktivität**. Im Punkt E^* ergibt sich die durchschnittliche Produktivität durch Division des vertikalen Achsenabschnitt Q_3 durch den horizontalen Abstand L_3. Dies ist gleichbedeutend mit der Steigung einer Linie vom Ursprung zum Punkt E^*. An diesem Punkt ist der Output pro eingesetzter Inputeinheit maximal. Die Durchschnittsproduktivität – die Steigung einer Geraden vom Ursprung zu jedem Punkt der Produktionsfunktion – nimmt mit steigendem Input bis zum Punkt E^* zu und wird darüber hinaus wieder geringer. Die Grenzproduktivität – die Steigung der Produktionsfunktion selbst – nimmt dagegen ab dem Punkt L_0 mit zunehmendem Arbeitseinsatz kontinuierlich ab.

Kostenkurven

Die Produktionsfunktion ist für die Unternehmung sehr wichtig, da die Inputfaktoren, die sie abbildet, die Kosten der Produktion bestimmen. Der Fall der in Abbildung 11.4 dargestellten Produktionsfunktion mit fixen Inputfaktoren kommt in der Wirtschaft am häufigsten vor. Ein Blick auf die Kosten, die sie erzeugt, gibt uns daher einen Überblick über die wichtigsten Kostenarten, die Wirtschaftswissenschaftler interessieren.

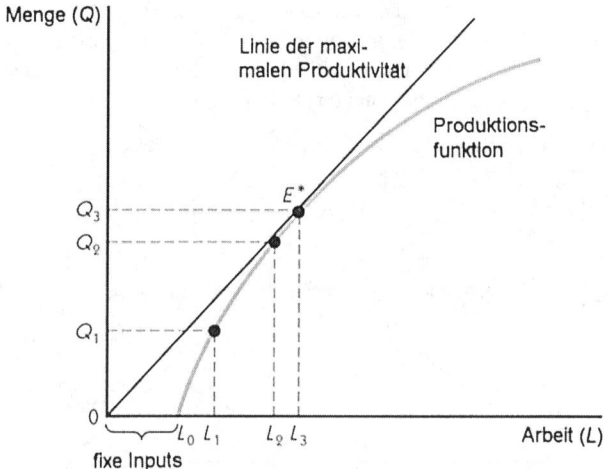

Abbildung 11.4 Produktionsfunktion mit fixem und variablem Faktoreinsatz. Bei zunehmendem Einsatz des variablen Faktors nehmen die Grenzerträge ab; die Steigung der Produktionsfunktion wird flacher. Die durchschnittliche Produktivität wird durch die Steigung einer Geraden von jedem Punkt der Produktionsfunktion zum Ursprung angegeben. Aufgrund des fixen Faktoreinsatzes L_0 ist sie im Punkt E^* am größten.

Fixe und variable Kosten

Kosten, die durch den Einsatz vom Produktionsniveau unabhängiger Faktoren entstehen, heißen **fixe Kosten**. Egal, ob die Unternehmung gar nicht oder unter voller Auslastung ihrer Kapazitäten produziert, es entstehen die gleichen fixen Kosten. Abbildung 11.5 zeigt die Abhängigkeit der Kosten von der produzierten Menge. In Teil A sind die fixen Kosten als horizontale Gerade eingezeichnet – definitionsgemäß sind sie unabhängig vom Produktionsniveau. Wenn jemand beispielsweise einen Bauernhof einschließlich Gerätschaften für 25.000 $ kaufen kann, belaufen sich seine fixen Kosten für die Produktion von Weizen auf 25.000 $.

Abbildung 11.5 Fixe Kosten, variable Kosten und Gesamtkosten. Teil A zeigt die fixen Kosten einer Unternehmung; definitionsgemäß sind die fixen Kosten vom Outputniveau unabhängig. In Teil B sind die variablen Kosten abgebildet, sie steigen mit zunehmender Produktionsmenge. Die zunehmende Steigung der Kurve zeigt an, daß die Grenzkosten zunehmen; ein Ausfluß abnehmender Grenzerträge. Teil C zeigt die Gesamtkostenkurve. Sie hat die gleiche Steigung wie die variable Kostenkurve, liegt aber um den Betrag der Fixkosten höher.

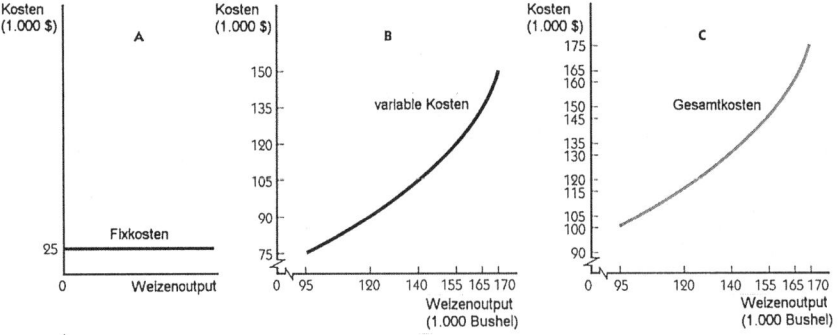

Variable Kosten entstehen aus dem Einsatz variabler Produktionsfaktoren. Diese Kosten steigen und fallen mit dem Produktionsniveau. Alle Kosten, die eine Unternehmung im betrachteten Zeitraum ändern kann, sind variable Kosten. In dem Maß, in dem Arbeitskosten und Kosten für Vorprodukte mit der Outputmenge steigen und fallen können, sind sie variable Kosten. Der Weizenfarmer verfüge nur über einen variablen Produktionsfaktor, Arbeit, den er für 15 $ pro Stunde kaufen kann. Die zu den Outputlevels aus Tabelle 11.1 korrespondierenden variablen Kosten sind in Tabelle 11.2 aufgelistet und in Abbildung 11.5B graphisch dargestellt.

Da die variablen Kosten mit zunehmendem Output steigen, ist die Steigung der Kurve positiv.

Tabelle 11.2   Kosten der Weizenproduktion

Output (1.000 Bushel)	Arbeit (Stunden)	variable Kosten ($, bei einem Stundenlohn von 15 $)	Gesamt-kosten ($)	Grenzkosten ($/ Bushel)	Durch-schnitts-kosten ($/Bushel)	durch-schnittliche variable Kosten ($/Bushel)
95	5.000	75.000	100.000	—	1,05	0,79
120	6.000	90.000	115.000	0,60	0,96	0,75
140	7.000	105.000	130.000	0,75	0,93	0,75
155	8.000	120.000	145.000	1,00	0,94	0,77
165	9.000	135.000	160.000	1,50	0,97	0,82
170	10.000	150.000	175.000	3,00	1,03	0,88

Gesamtkosten

Tabelle 11.2 enthält auch eine Spalte mit dem Titel „Gesamtkosten". Die **Gesamt-kosten** sind die Summe der variablen und der fixen Kosten, die Zahlen in dieser Spalte unterscheiden sich also von der Spalte mit den variablen Kosten um den Betrag von 25.000 $, den Fixkosten der Unternehmung. Die Gesamtkostenkurve, die diese Punkte abbildet, ist in Teil C der Abbildung 11.5 dargestellt.

Grenzkosten und Grenzproduktivität

Analog zu den wirtschaftlichen Entscheidungsprozessen, die wir in diesem Buch bereits diskutiert haben, sind die **Grenzkosten** die wichtigsten Kosten für die Entscheidungsträger einer Unternehmung. Die Grenzkosten sind die zusätzlichen Kosten, die durch die Produktion einer weiteren Outputeinheit entstehen. Im Beispiel des Weizenproduzenten (Tabelle 11.2) steigt der Output um 15.000 Bushel, wenn er den Arbeitseinsatz von 7.000 auf 8.000 Stunden erhöht. Um also 1.000 Bushel mehr zu produzieren, muß er $1.000/15 = 66\,^2/3$ zusätzliche Arbeitsstunden aufwenden. Die Kosten für die Produktion von weiteren 1.000 Bushel sind also $66\,^2/3$ × den Stundenlohn. Wenn der Lohn 15 $ pro Stunde beträgt, sind die Grenzkosten für die Produktion von 1.000 Bushel 1.000 $.

Wenn wir die Grenzproduktivität der Arbeit (15 Bushel pro Stunde) mit *GPA* bezeichnen und den (Stunden-)Lohn (15 $ pro Stunde) mit *w*, so sind die Grenzkosten für die Produktion einer weiteren Outputeinheit allgemein *w/GPA* (1 $ pro Bushel).

Die positive Steigung der Grenzkostenkurve in Abbildung 11.6 spiegelt die Tatsache wider, daß es um so schwieriger wird, die Produktion weiter auszudehnen, je höher das Produktionsniveau bereits ist – ein Beispiel für das Prinzip abnehmender Grenzerträge.

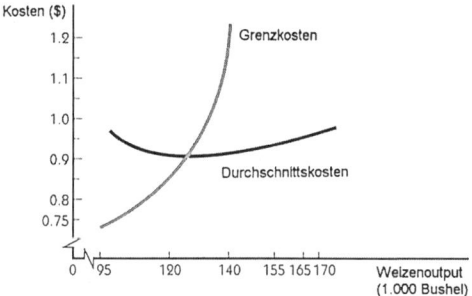

Abbildung 11.6 Grenz- und Durchschnittskostenkurve. Grenzkosten sind die zusätzlichen Kosten, die für die Produktion einer weiteren Outputeinheit entstehen. Bei abnehmenden Grenzerträgen des Inputfaktors nehmen die Grenzkosten mit steigendem Output zu. Die Durchschnittskosten sind die Gesamtkosten dividiert durch die produzierte Menge.

Zusammenhang zwischen Grenzkosten- und Gesamtkostenkurve

Es gibt einen einfachen Zusammenhang zwischen der Grenzkostenkurve und der Gesamtkostenkurve. Die Grenzkosten sind die Steigung der Gesamtkostenkurve – die Veränderung der Gesamtkosten (Bewegung entlang der vertikalen Achse in Abbildung 11.5C), die aus einer Veränderung des Outputs um eine Einheit (Bewegung entlang der horizontalen Achse) resultiert.

Durchschnittskosten

Schließlich sind noch die **Durchschnittskosten** für eine Unternehmung wichtig. Dies sind einfach die gesamten Kosten dividiert durch die Outputmenge. Die

Durchschnittskostenkurve gibt für verschiedene Outputmengen die durchschnittlichen Kosten an. Abbildung 11.6 zeigt auch die Durchschnittskostenkurve, die sich aus der Gesamtkostenkurve in Abbildung 11.5C ergibt. Für die Bestimmung der Durchschnittskosten zeichnet man eine Gerade vom Ursprung zu dem Punkt auf der Gesamtkostenkurve, der zu der jeweiligen Outputmenge gehört. Die Steigung dieser Gerade ist

$$\frac{\text{Gesamtkosten}}{\text{Output}} = \text{Durchschnittskosten.}$$

Durchschnittliche variable Kosten

Die **variablen Durchschnittskosten** sind die gesamten variablen Kosten dividiert durch die Outputmenge. Wir benötigen das Konzept der variablen Durchschnittskosten für die Analyse der Produktionsentscheidung im nächsten Kapitel.

Die U-förmige Durchschnittskostenkurve

Die typische Durchschnittskostenkurve hat die Form eines U. Dies läßt sich bei einer genaueren Untersuchung der typischen Produktionsfunktion ableiten. Teil A der Abbildung 11.7 zeigt eine leicht variierte Form der Produktionsfunktion mit einem fixen Inputfaktor, wie sie bereits in Abbildung 11.4 dargestellt wurde. Zwei Eigenschaften dieser Produktionsfunktion sind wichtig.

1. Die Aufnahme der Produktion erfordert eine bestimmte Menge des Inputfaktors Arbeit, die in der Abbildung durch L_0 gekennzeichnet ist.

2. Wegen der abnehmenden Grenzerträge ist jenseits eines bestimmten Produktionsniveaus für jede zusätzliche Outputeinheit immer mehr Arbeitseinsatz erforderlich. Ab einem gewissen Punkt wird es sogar praktisch unmöglich, die Produktion weiter auszudehnen. Deshalb wird die Produktionsfunktion immer flacher.

Teil B zeigt, welche Implikationen sich aus diesen Eigenschaften für die Gesamtkostenkurve ergeben. Zunächst gibt es die fixen Kosten c_0. Zum zweiten folgt aus den abnehmenden Grenzerträgen, daß die Gesamtkosten nicht nur mit zunehmendem Output steigen, sondern daß die Gesamtkostenkurve auch immer steiler wird. Drittens erreichen die Durchschnittskosten, die Gesamtkosten dividiert durch die Outputmenge, ihr Minimum beim Output Q*. Dies ist in Abbildung 11.8 dargestellt. Die Durchschnittskosten sind die Summe aus den durchschnittlichen fixen Kosten – den Fixkosten dividiert durch den Output – und den durchschnittlichen variablen Kosten. Mit zunehmenden Output werden die fixen Durchschnittskosten niedriger. Die variablen Durchschnittskosten steigen andererseits aufgrund der abnehmenden Grenzerträge mit zunehmendem Output immer stärker. Bei niedrigen Produktionsniveaus überwiegt der erste Effekt, so daß die gesamten Durchschnittskosten abnehmen. Aber wenn ein genügend hohes Outputniveau erreicht ist, überwiegt der zweite Effekt und die gesamten Durchschnittskosten steigen mit dem Output (siehe Abbildung 11.8).

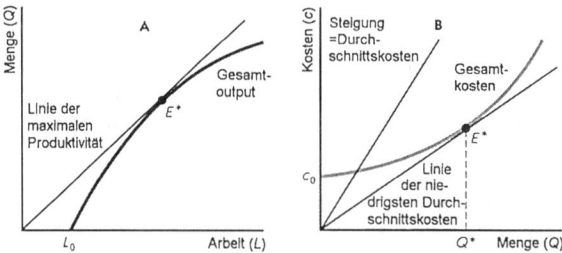

Abbildung 11.7 Die Ableitung der Gesamtkostenkurve aus der typischen Produktionsfunktion. Teil A zeigt eine typische Produktionsfunktion mit fixen Kosten und abnehmenden Grenzerträgen. Die Durchschnittsproduktivität ist am Punkt E^* maximal. Teil B zeigt die zugehörige Gesamtkostenkurve. Aufgrund der abnehmenden Grenzerträge wird die Steigung der Kurve zunehmend steiler; der Punkt mit den niedrigsten Durchschnittskosten – die durch die Steigung der Ursprungsgerade angegeben werden – entspricht dem Punkt mit der höchsten Durchschnittsproduktivität.

Auch bei einer U-förmigen Durchschnittskostenkurve kann die Outputmenge, bei der die Durchschnittskosten minimiert werden, so hoch sein, daß es die Nachfrage nicht rechtfertigt, so viel zu produzieren. Wenn Wirtschaftswissenschaftler von abnehmenden Durchschnittskosten sprechen, meinen sie damit, daß die Durchschnittskosten in dem Bereich, der für den Markt relevant ist, abnehmen.

Der Zusammenhang zwischen Durchschnittskosten- und Grenzkostenkurve

ist in Abbildung 11.8 dargestellt. Die Grenzkostenkurve schneidet die Durchschnittskostenkurve am tiefsten Punkt des U – den *minimalen* Durchschnittskosten. So lange die Grenzkosten niedriger sind als die Durchschnittskosten, vermindert die Produktion einer zusätzlichen Einheit die Durchschnittskosten. Die Durchschnittskostenkurve ist also immer fallend, solange die Grenzkosten unterhalb der Durchschnittskosten liegen. Wenn die Grenzkosten über die Durchschnittskosten steigen, hebt die Produktion einer zusätzlichen Einheit die Durchschnittskosten an. Daher muß die Durchschnittskostenkurve steigen, wenn die Grenzkostenkurve oberhalb von ihr liegt. Dieser Zusammenhang zwischen den Durchschnitts- und den Grenzkosten zeigt, daß die Grenzkostenkurve die Durchschnittskostenkurve *immer* an deren niedrigstem Punkt schneidet.

Abbildung 11.8 Der Zusammenhang zwischen Grenzkosten- und Durchschnittskostenkurve. Die Durchschnittskostenkurve ist normalerweise U-förmig. Sie ist zunächst fallend, da sich die fixen Kosten auf eine größere Outputmenge verteilen, und beginnt zu steigen, wenn die abnehmenden Grenzerträge des variablen Faktors an Bedeutung gewinnen. Die Grenzkostenkurve schneidet die U-förmige Durchschnittskostenkurve in deren Minimum.

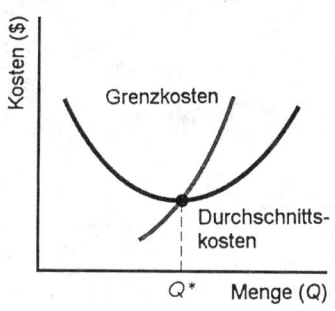

Andere Formen von Kostenkurven

Wir haben bereits gesehen, daß Produktionsfunktionen auch zunehmende oder konstante Grenzerträge haben können. Wenn die Grenzerträge zunehmen, steigt der Output überproportional zum eingesetzten Produktionsfaktor und die Gesamtkosten steigen weniger stark an als der Output (Abbildung 11.9A). In diesem Fall sinken die Durchschnittskosten, wie in Teil B der Abbildung 11.9 dargestellt. Da die Grenzproduktivität der Arbeit mit zunehmendem Output steigt, sinken auch die Grenzkosten.

Bei konstanten Grenzerträgen verdoppelt sich der Output bei einer Verdoppelung des Faktoreinsatzes und damit der Kosten. In diesem Fall steigen die Gesamtkosten proportional zum Output (Teil C), die Durchschnitts- und Grenzkosten sind konstant und gleich hoch (Teil D).

Kostenkurven und die Änderung von Faktorpreisen

Die Kostenkurven bislang waren aus festen Preisen abgeleitet, zu denen die Unternehmung ihre Produktionsfaktoren kauft. Eine Erhöhung des Preises für einen variablen Produktionsfaktor, wie Arbeit oder Rohstoffe, verschiebt die Gesamt-, Durchschnitts- und Grenzkostenkurve wie in Abbildung 11.10 nach oben. Eine Preiserhöhung für einen fixen Produktionsfaktor verschiebt nur die Gesamt- und Durchschnittskostenkurve nach oben.

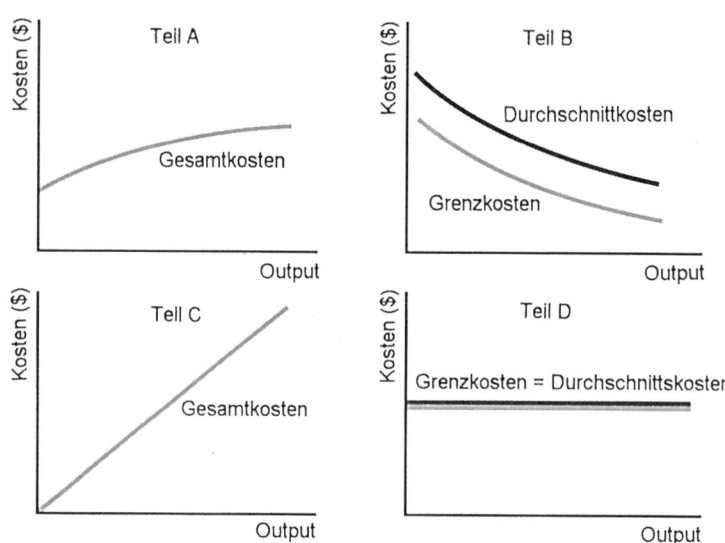

Abbildung 11.9 Kostenkurven bei zunehmenden oder konstanten Grenzerträgen. Teil A und B zeigt die Gesamt-, Grenz- und Durchschnittskostenkurve bei zunehmenden Grenzerträgen. Die Durchschnittskosten sinken mit zunehmender Produktionsmenge. Teil C zeigt eine Gesamtkostenkurve bei konstanten Grenzerträgen; da die Grenzerträge des variablen Faktors konstant und die Fixkosten gleich Null sind, beginnt die Gesamtkostenkurve im Ursprung und ihre Steigung ändert sich nicht. Teil D zeigt die Grenz- und Durchschnittskosten bei konstanten Grenzerträgen; die Grenzkosten und damit auch die Durchschnittskosten ändern sich nicht.

11.2 Produktion mit mehreren Faktoren

Die Grundprinzipien des Falles mit nur zwei Produktionsfaktoren – einem fixen und einem variablen – gelten auch für Unternehmungen, die viele Produkte mit vielen verschiedenen Produktionsfaktoren herstellen. Der einzige fundamentale Unterschied besteht darin, daß es mit mehreren Produktionsfaktoren möglich wird, dieselbe Outputmenge auf verschiedene Art und Weise herzustellen. Kostenminimierung erfordert daher die Abwägung der Kosten verschiedener Kombinationen von Produktionsfaktoren. (Die formale Analyse ist etwas komplizierter und erfolgt im Anhang zu diesem Kapitel.)

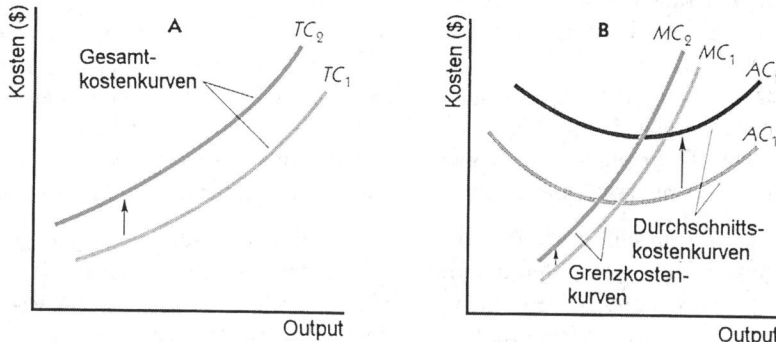

Abbildung 11.10 Die Auswirkung von Faktorpreisänderungen auf die Kostenkurven.
Eine Erhöhung des Preises für einen variablen Produktionsfaktor verschiebt die Gesamt-,
Durchschnitts- und Grenzkostenkurve nach oben.

Kostenminimierung

Normalerweise kann ein Gut auf verschiedene Art und Weise hergestellt werden,
mit unterschiedlichen Mengen der einzelnen Produktionsfaktoren. Tabelle 11.3
gibt zwei verschiedene Produktionswege für die Herstellung von Autokarosserien
wider. Ein hochautomatisierter Produktionsprozeß erfordert nur wenig Arbeit,
während ein anderer Produktionsprozeß, der weniger automatisiert ist, mehr Fließ-
bandarbeiter benötigt. Die Tabelle zeigt die täglichen Lohn- und Kapitalkosten für
jeden Prozeß. Beide Methoden produzieren den gleichen Output (10.000 Karosserien pro Tag). Für dieses einfache Beispiel nehmen wir an, daß die Arbeiter alle
gleich (ausgebildet) sind und daher den gleichen Lohn erhalten und daß alle Maschinen dasselbe kosten. Aus der Tabelle kann man ablesen, daß der weniger automatisierte Produktionsprozeß bei den gegebenen Lohn- (20 $ pro Arbeiter und
Stunde) und Maschinenkosten (1.000 $ Miete pro Tag) deutlich teurer ist.

Diese Tabelle zeigt nur zwei Extremfälle auf. Aber es ist klar, daß die verschiedenen Produktionsmöglichkeiten in den meisten Fällen ein Kontinuum darstellen.
Wenn man die Menge eines Inputs ein wenig erhöht, sinkt der Einsatz eines anderen etwas und die Produktionsmenge bleibt gleich. Bei der Herstellung von Autos
unterscheiden sich beispielsweise verschiedene Produktionsanlagen nur leicht im
Grad der Automatisierung. Maschinen, die weniger Arbeitskräfte für ihre Bedienung brauchen, sind teurer. Wenn Unternehmungen eine Investitionsentscheidung
treffen, steht ihnen daher eine weitaus größere Anzahl von Wahlmöglichkeiten offen, die zwischen den beiden hier angegebenen Extremfällen liegen.

Unter die Lupe genommen: Welche Bedeutung hat die Liste der *Fortune 500*?

Das Modell vieler kleiner, miteinander im Wettbewerb stehender Unternehmungen mag wie eine Abstraktion erscheinen. Wenn man an die amerikanische Wirtschaft denkt, hat man große Konzerne wie Exxon, IBM oder General Motors vor Augen. Das Magazin *Fortune* erstellt jedes Jahr eine Liste der 500 größten Unternehmungen in den Vereinigten Staaten; es ist eine Art Ehrenliste des amerikanischen Unternehmertums, die Erfolg mit Größe gleichsetzt. Aber die Existenz großer Firmen ist kein Gegenbeweis für die Bedeutung des Modells der Wettbewerbswirtschaft.

Auch große Firmen sind nicht immun gegen Wettbewerb, weder von anderen Großunternehmen noch von Neustartern. In den letzten Jahrzehnten hat die Bedeutung der *Fortune-500*-Unternehmen relativ zum Wachstum der übrigen Wirtschaft abgenommen. Der Wettbewerbsdruck nagt selbst an den größten Konzernen, während die Anzahl kleiner und mittelständischer Unternehmungen zugenommen hat. 1970 beschäftigten die *Fortune-500*-Unternehmen beispielsweise zusammen 14,6 Mio. Arbeitnehmer. Diese Zahl ist bis 1990 um 15 Prozent auf 12,4 Mio. geschrumpft. Da die Anzahl der Beschäftigten in der übrigen Wirtschaft während dieses Zeitraums gestiegen ist, hat der Anteil der *Fortune-500*-Unternehmungen an der gesamten Beschäftigung abgenommen. Nur noch einer von zehn Arbeitnehmern arbeitet für eines der 500 größten Unternehmungen.

Die Umsatzzahlen erzählen eine ähnliche Geschichte. Zwischen 1970 und 1990 haben die Umsätze der Fortune-500-Unternehmungen real um 59 Prozent zugenommen. Die Gesamtwirtschaft wuchs dagegen um 72 Prozent, so daß die *Fortune-500*-Unternehmungen auch in diesem Punkt hinterherhinken.

Der Bedeutungsverlust der größten Unternehmungen in den USA hat einige Diskussionen ausgelöst. Manche argumentieren, daß die globalen Verflechtungen der Wirtschaft die Notwendigkeit großer Unternehmungen erhöhen. Große Firmen können in größere Projekte investieren, ihre Produkte auf der ganzen Welt verkaufen und mit Großunternehmen aus anderen Ländern konkurrieren. Dagegen wird vorgebracht, daß die Entstehung kleiner Unternehmungen den Wettbewerb und die Innovation fördert und den Verbrauchern damit einen besseren Dienst leistet. So hat die David-und-Goliath-Geschichte von Apple, deren erster Computer in der Garage ihrer Gründer hergestellt wurde, gegen den Computergiganten IBM viele Beobachter fasziniert. Konfrontiert mit unzähligen Wettbewerbern auf dem PC-Markt – unter vielen anderen Compaq, Dell und Toshiba – konnte IBM seine marktbeherrschende Stellung nicht aufrechterhalten. Ihr Weltmarktanteil bei PCs ist auf nur noch 8 Prozent gesunken.

Quellen: Die *Fortune-500*-Zahlen stammen aus den April-Ausgaben des Magazins *Fortune*; die Zahlen über die US-Wirtschaft sind aus dem *Economic Report of the President* (1991) entnommen.

Tabelle 11.3 Produktionskosten

Produktionsfaktoren	stark automatisierter Prozeß	wenig automatisierter Prozeß
Arbeit	50 Mann-Stunden à 20 $ = 1.000 $	500 Mann-Stunden à 20 $ = 10.000 $
Maschinen	5 Maschinen à 1.000 $ = 5.000 $	2 Maschinen à 1.000 $ = 2.000 $
Gesamt	6.000 $	12.000 $

Das Prinzip der Substitution

Eine der bedeutendsten Konsequenzen des Kostenminimierungsprinzip bei mehreren Produktionsfaktoren ist, daß Unternehmungen bei relativen Preisänderungen eines Produktionsfaktors (z.B. von Öl) den teurer gewordenen Faktor durch billigere Faktoren substituieren. Dies ist ein Anwendungsbeispiel für das allgemeine **Substitutionsprinzip**, das im vierten Kapitel vorgestellt wurde.

In manchen Fällen geht die Substitution schnell und einfach; in anderen Fällen kann sie schwieriger sein und mehr Zeit in Anspruch nehmen. Als sich der Ölpreis 1973 vervierfachte und dann 1979 nochmals verdoppelte, fanden Unternehmungen viele Möglichkeiten, um ihren Ölverbrauch zu reduzieren. Zum Beispiel wechselten sie die Energiequelle und verwendeten statt Öl Gas (Stromversorger wechselten häufig zu Kohle). Energiesparende Autos und Lastwagen wurden gebaut, oft unter Verwendung leichterer Materialien wie Aluminium und Plastik. Diese Substitutionsprozesse nahmen zwar Zeit in Anspruch, aber sie fanden statt.

Das Substitutionsprinzip sollte denjenigen eine Warnung sein, die denken, sie könnten die Preise erhöhen, ohne irgendwelche Konsequenzen tragen zu müssen. Argentinien hat fast ein Weltmonopol auf Leinöl. Früher wurde im allgemeinen Leinöl für hochwertige Ölgemälde verwendet. Da es keinen Wettbewerb gab, entschied Argentinien, den Preis für Leinöl zu erhöhen, und nahm an, daß jedermann gezwungen sein würde, den höheren Preis zu zahlen. Aber als der Preis anstieg, begannen die Maler, andere Naturöle zu verwenden, die fast genauso gut waren.

Lohnerhöhungen sind ein weiteres Beispiel. Während der Boomphase in den 60er und 70er Jahren forderten die Gewerkschaften in der Auto- und Stahlindustrie erfolgreich höhere Löhne für ihre Mitglieder Die Unternehmungen bezahlten die höheren Löhne, verdoppelten aber gleichzeitig ihre Anstrengungen zur Automatisierung des Produktionsprozesses und wurden dadurch weniger abhängig von ihren Belegschaften. Im Lauf der Zeit brachten diese Anstrengungen den gewünschten Erfolg und führten zu einer Abnahme der Beschäftigung in diesen Industriezweigen.

Ein Blick in die Wirtschaftspolitik:
Substitutionsprinzip und globale Erwärmung

In den zweihundert Jahren seit Beginn der industriellen Revolution ist der Gehalt von Kohlendioxyd (CO_2) in der Atmosphäre enorm angestiegen, und für die kommenden Jahrzehnte wird ein noch rascherer Anstieg der Kohlendioxyd-Konzentration erwartet. Es wird kaum noch bestritten, daß die zunehmende Konzentration des Kohlendioxyd und anderer verwandter Gase (der sogenannten Treibhausgase) zu globaler Erwärmung und damit zu erheblichen Auswirkungen auf die Umwelt führt. Aufgrund dieser Erkenntnis haben die Staaten der Welt 1992 in Rio de Janeiro eine Vereinbarung unterzeichnet, den weiteren Anstieg der Treibhausgase einzuschränken. Die Verringerung des Ausstoßes von Treibhausgasen bedeutet eine Reduzierung des Energieverbrauchs und die Substitution von Energiequellen mit einem hohen Ausstoß an Treibhausgasen – wie Kohle – hin zu solchen mit einem niedrigeren – wie Erdgas – oder gar keinem, wie die Gewinnung von Energie aus Wasserkraft. Um die Substitution weg von der Kohle und hin zu umweltverträglicheren Brennstoffen zu fördern, wurde eine Kohlendioxyd-Steuer vorgeschlagen, die auf verschiedene Brennstoffe entsprechend ihrem Ausstoß an Treibhausgasen erhoben werden soll.

Graphische Analyse

Die Funktionsweise des Substitutionsprinzips kann man auch im Durchschnittskostendiagramm darstellen. Der oben erwähnte Autoproduzent kann zwischen zwei verschiedenen Produktionsprozessen wählen, die jeweils ihre eigene Durchschnittskostenkurve haben und beide in Abbildung 11.11 eingezeichnet sind. Das Prinzip der Kostenminimierung erfordert allgemein, daß die Unternehmung die Methode wählt, mit der die geplante Outputmenge zu den niedrigsten Durchschnittskosten hergestellt werden kann. In der Abbildung ist der höher automatisierte Produktionsprozeß mit der Durchschnittskostenkurve AC_2 bei Produktionsmengen, die größer als Q_1 sind, kostengünstiger als der weniger automatisierte Prozeß mit der Durchschnittskostenkurve AC_1. Ein kleinerer Hersteller wird also trotzdem den Produktionsprozeß mit dem niedrigeren Automatisierungsgrad wählen. Nehmen wir nun an, daß sich die Arbeitskosten erhöhen. Dies verschiebt beide Kostenkurven nach oben. Da aber der weniger automatisierte Produktionsprozeß einen höheren Arbeitseinsatz erfordert, fällt die Verschiebung der Durchschnittskostenkurve AC_1 deutlich höher aus. In der Konsequenz verringert sich die kritische Outputmenge, ab der sich der Einsatz des stärker automatisierten Produktionsprozesses lohnt, von Q_1 auf Q_2. Wenn also der Preis der Arbeit steigt, wechseln mehr Unternehmungen zu dem stärker automatisierten Produktionsprozeß – Arbeit wird durch Kapitalgüter (Maschinen) ersetzt.

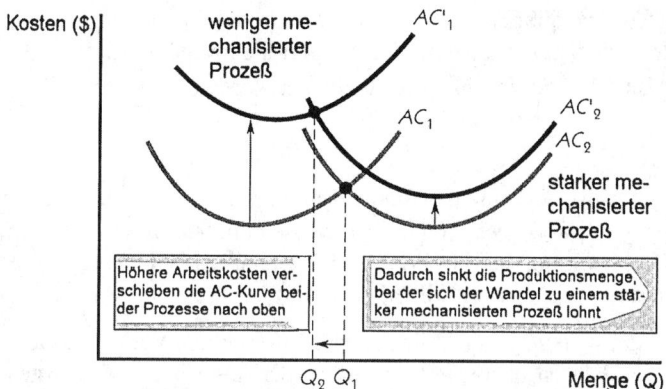

Abbildung 11.11 Kostenminimierung bei Faktorpreisänderungen. Die Kostenkurven zweier Produktionsprozesse werden bei einer Faktorpreiserhöhung – in diesem Fall des Faktors Arbeit – beide nach oben verschoben. Da aber die Kostenkurve AC_1 mehr Arbeitskosten enthält, fällt ihre Verschiebung höher aus. Das bedeutet, daß Unternehmungen bereits bei einem niedrigeren Produktionsniveau (Q_2 anstelle von Q_1) zu der stärker automatisierten Produktionstechnologie wechseln. Es entsteht eine Bewegung weg vom teurer gewordenen Produktionsfaktor Arbeit hin zum relativ billigeren Kapital.

Jede Preiserhöhung eines Produktionsfaktors verschiebt die Kostenkurve nach oben. Wie hoch diese Verschiebung ausfällt, ist von verschieden Faktoren abhängig, zum Beispiel davon, wieviel von dem Produktionsfaktor vor der Preiserhöhung verwendet wurde und wie leicht er durch andere Inputfaktoren ersetzt werden kann. Wenn der Produktionsprozeß viel von dem Faktor einsetzt, wird sich die Kostenkurve stark verschieben. Wenn sich ein Faktorpreis sehr stark erhöht und die Unternehmung den Produktionsfaktor nicht leicht ersetzen kann, dann verschiebt sich die Kostenkurve stärker als es bei einer einfachen Substitution durch andere Produktionsfaktoren der Fall gewesen wäre.

11.3 Kurzfristige und langfristige Kostenkurven

Bis hierher haben wir nur zwischen fixen (von der produzierten Menge unabhängigen) und variablen (von der Produktionsmenge abhängigen) Produktionsfaktoren unterschieden. Wir haben die Tatsache außer acht gelassen, daß Kosten zwar für einen bestimmten Zeitraum fix sein können, aber bei langfristiger Betrachtung dennoch mit der Produktionsmenge variieren. Der Maschinenpark einer Unternehmung ist beispielsweise kurzfristig gegeben. Die Produktion kann dann nur durch eine Erhöhung des Arbeitseinsatzes ausgedehnt werden. Langfristig können jedoch sowohl der Arbeitseinsatz als auch die Kapitalausstattung angepaßt werden. Die kurzfristige Kostenkurve gibt damit die Kosten der Produktion bei *gegebenem* Kapitaleinsatz wieder. Die langfristige Kostenkurve gibt die Produktionskosten für den Fall an, daß der Einsatz *aller* Produktionsfaktoren variiert werden kann.[1]

Kurzfristige Kostenkurven

Bei einer kurzfristig gegebenen Kapitalausstattung und Arbeit als variablem Produktionsfaktor liefert die Analyse der Produktionsfunktion mit nur einem variablen Faktor eine gute Beschreibung für kurzfristige Kostenkurven. Die kurzfristige *Durchschnitts*kostenkurve ist daher im Normalfall U-förmig.

Die kurzfristige *Grenz*kostenkurve in Abbildung 11.12 weist einen Verlauf auf, der in der industriellen Produktion häufig beobachtet werden kann. Die Grenzkosten sind für einen großen Bereich weitgehend konstant. Solange die neuesten Maschinen nicht voll ausgelastet sind, erfordert die Ausweitung der Produktion um zehn Prozent auch eine Erhöhung des Arbeitseinsatzes und der übrigen Inputs (Rohstoffe und Vorprodukte) um jeweils zehn Prozent. Es werden einfach die noch nicht benötigten Maschinen in Gang gesetzt. Ab einem bestimmten Punkt steigen die Kosten für die zusätzliche Produktion jedoch an. Die Arbeiter machen Überstunden (wofür sie meistens mehr – das Eineinhalbfache bis das Doppelte – bezahlt bekommen), überlastete Maschinen brechen häufiger zusammen. Ältere, weniger effiziente Maschinen müssen wieder eingesetzt werden. Ab einem bestimmten Produktionsniveau wird es so gut wie unmöglich, die Produktion ohne Inkaufnahme exorbitant hoher Kosten weiter auszudehnen.

Wir haben damit zwei wesentliche Eigenschaften kurzfristiger Kostenkurven festgestellt. (1) Solange es unausgelastete Produktionskapazitäten gibt, steigen die Grenzkosten nur geringfügig an – die Grenzkostenkurve ist sehr flach. (2) Ab einem bestimmten Punkt wird die Grenzkostenkurve sehr steil. (Wir sind immer noch bei der kurzfristigen Betrachtung; es gibt also eine bestimmte Produktions-

---

[1] Die Unterscheidung zwischen kurz- und langfristigen Kosten entspricht der in Kapitel 4 vorgenommenen Differenzierung zwischen kurz- und langfristigen Angebotskurven. Der genaue Zusammenhang zwischen Angebotskurve und Produktionskosten wird in Kapitel 12 ausgeführt. Es wäre jedoch übertrieben zu behaupten, daß nur der Kapitaleinsatz kurzfristig fix sei und der Einsatz von Arbeitskräften vollkommen variabel. Manchmal kann auch die Kapitalausstattung ohne großen Aufwand verändert werden, zum Beispiel wenn eine Unternehmung Autos mietet. Andererseits wird eine Veränderung des Arbeitseinsatzes schwierig, wenn sich eine Firma durch langfristige Arbeitsverträge an ihre Belegschaft bindet.

kapazität, für die der Betrieb ausgelegt ist, und die Anzahl der Maschinen ist gegeben.)

Abbildung 11.12 Kurzfristige Grenzkosten. Solange die Produktionskapazität nicht voll ausgelastet ist, steigen die Grenzkosten einer zusätzlichen Outputeinheit kaum an und die Grenzkostenkurve ist flach. Aber wenn die Produktion bis an die Kapazitätsgrenze geht, können sich die Grenzkosten drastisch erhöhen.

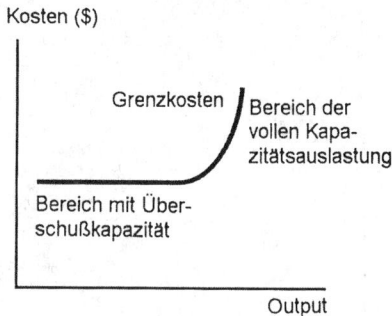

Bevor wir uns nun der langfristigen Betrachtung zuwenden, rekapitulieren wir noch einmal die Bedeutung fixer Kosten. Bislang haben wir damit Kosten bezeichnet, die unabhängig von der produzierten Menge auftreten. Diese Vorstellung verwischt allerdings die Unterscheidung zwischen zwei miteinander verwobenen Kostenkonzepten. Auch wenn eine Unternehmung den Einsatz aller Produktionsfaktoren sofort anpassen könnte, gäbe es immer noch Gemeinkosten, die allein durch die Existenz des Betriebes entstehen. Wir definieren daher **Gemeinkosten** als diejenigen Kosten, die einer Unternehmung einfach durch die Aufnahme des Geschäftsbetriebs entstehen, ungeachtet dessen, ob sie kurzfristig variabel sind oder nicht. Um überhaupt im Geschäft sein zu können, braucht eine Unternehmung zum Beispiel einen Telephonanschluß. Als **fixe Kosten** bezeichnen wir dagegen alle Kosten, die kurzfristig fix sind, unabhängig davon, ob es sich dabei um Gemeinkosten handelt oder nicht. Wenn eine Unternehmung beispielsweise ein Lagerhaus für eine monatliche Miete von 5.000 $ für zehn Jahre fest anmietet, sind die Mietkosten für das Lagerhaus kurzfristig fix.

Langfristige Kostenkurven

Auch wenn kurzfristige Durchschnittskostenkurven für eine gegebene Produktionskapazität U-förmig sind, so gilt das nicht für die langfristige Durchschnittskostenkurve. Mit zunehmender Produktion wird es sich lohnen, eine zweite Fabrik zu bauen, dann eine dritte, eine vierte, und so weiter. In Abbildung 11.13A sind die gesamten Produktionskosten, die entstehen, wenn die Unternehmung nur eine Produktionsstätte hat, mit TC_1 bezeichnet. Die Abbildung enthält auch die Gesamtkostenkurven für zwei Fabriken (TC_2) und für drei Fabriken (TC_3). Die Unternehmung will natürlich die (gesamten) Kosten für jedes Outputniveau minimieren. Die *relevante* Gesamtkostenkurve ist also die fett gezeichnete untere Grenze der drei

Kurven. Zwischen 0 und dem Output Q_1 produziert die Unternehmung nur mit einer Fabrik, zwischen Q_1 und Q_2 benützt sie eine zweite, und für Produktionsmengen größer als Q_3 produziert sie in drei Fabriken.

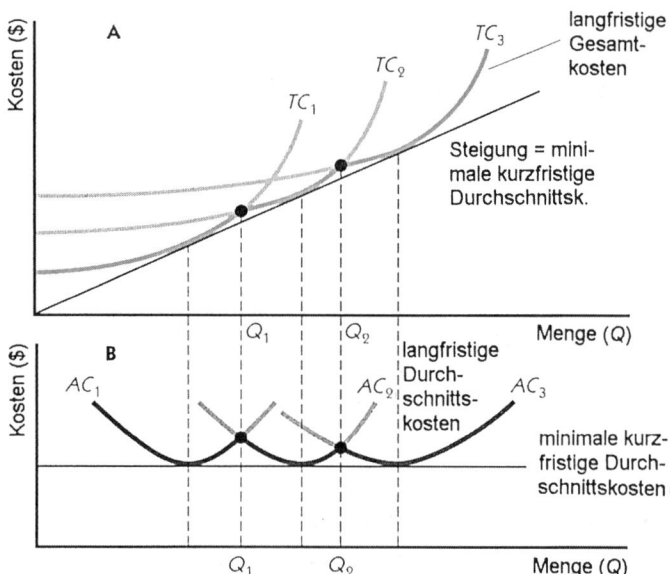

Abbildung 11.13 Kurzfristige und langfristige Kostenkurven. Teil A zeigt eine Reihe kurzfristiger Gesamtkostenkurven, TC_1, TC_2 und TC_3, die jeweils für unterschiedliche Höhen des fixen Kapitaleinsatzes gelten. Langfristig kann ein kostenminimierendes Unternehmen frei zwischen diesen Kostenkurven und damit für jedes Produktionsniveau die niedrigsten Kosten wählen. Die langfristige Kostenkurve wird daher durch die fett gezeichnete untere Grenze der drei Kurven gebildet. Teil B zeigt eine Reihe kurzfristiger Durchschnittskostenkurven, AC_1, AC_2 und AC_3, die jeweils für unterschiedliche Höhen des fixen Kapitaleinsatzes gelten. Da die kostenminimierende Unternehmung langfristig zwischen allen drei Kurven wählen kann, wird die langfristige Durchschnittskostenkurve durch die fett gezeichnete untere Grenze der drei Kurven gebildet.

Teil B zeigt dasselbe Ergebnis anhand der Durchschnittskostenkurven. Wenn die Unternehmung die Gesamtkosten für jedes Outputniveau minimiert, minimiert sie offensichtlich die Durchschnittskosten für diesen Output. Die Abbildung zeigt die Durchschnittskostenkurven für die Produktion in einer, in zwei und in drei Fabriken. Die Unternehmung wählt die Anzahl von Fabriken, welche die Durchschnittskosten für die geplante Produktionsmenge minimiert. Wenn die Unternehmung also weniger als Q_1 produzieren will, baut sie nur eine Fabrik; AC_1 ist für alle Produktionsmengen unterhalb von Q_1 niedriger als AC_2. Wenn die Unternehmung eine Menge zwischen Q_1 und Q_2 produzieren will, baut sie zwei Fabriken, da AC_2 in diesem Bereich niedriger ist als AC_1 oder AC_3. Für Produktionsmengen größer als Q_2 baut die Unternehmung entsprechend drei Fabriken.

In diesem Fall ist die langfristige Durchschnittskostenkurve die fett gezeichnete, wellige Kurve in Abbildung 11.13B. Da diese Wellen bei großen Produktionsmengen vergleichsweise klein erscheinen, ignorieren wir sie normalerweise und zeichnen eine glatte langfristige Durchschnittskostenkurve.

Um den Verlauf langfristiger Durchschnittskostenkurven zu bestimmen, rufen wir uns noch einmal in Erinnerung, wie wir die Form der kurzfristigen Durchschnittskostenkurve mit einem variablen Input abgeleitet haben. Wir sind dabei von der Produktionsfunktion ausgegangen, welche die Beziehung zwischen der Inputmenge und dem Outputniveau angibt. Wenn der Output bei einer Inputerhöhung aufgrund abnehmender Grenzerträge unterproportional zunimmt, hat die Durchschnittskostenkurve einen steigenden Verlauf. Bei zunehmenden Grenzerträgen nimmt die Produktionsmenge überproportional zum Input zu, und die Durchschnittskostenkurve ist fallend.

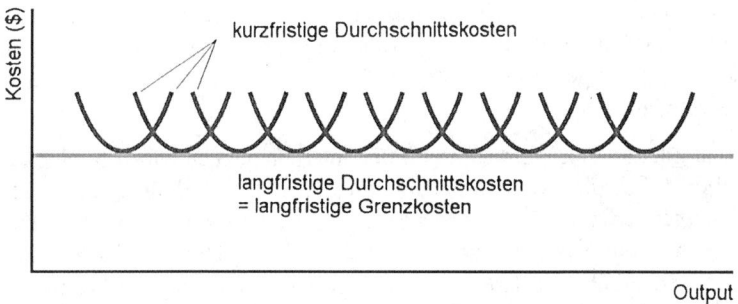

Abbildung 11.14 Der Verlauf der langfristigen Durchschnittskostenkurve. Wenn es viele Möglichkeiten zur Variation der Unternehmensgröße, zum Beispiel durch den Kauf neuer Maschinen, und damit viele kurzfristige Durchschnittskostenkurven gibt, kann die langfristige Durchschnittskostenkurve, die durch die untere Grenze der kurzfristigen Durchschnittskostenkurven gebildet wird, als glatt angenommen werden. In diesem Fall verläuft die langfristige Durchschnittskostenkurve horizontal. Die Unternehmung kann den Output erhöhen, indem sie einfach identische Produktionsstätten hinzufügt; die Skalenerträge sind konstant.

Für den Fall mehrerer Produktionsfaktoren können wir exakt dieselbe Analyse anwenden. Wir erhöhen alle Inputs gleichzeitig um denselben Faktor und beobachten, wie sich der Output verändert. Steigt er proportional zur Erhöhung des Inputs, so handelt es sich um **konstante Skalenerträge**; bei einer unterproportionalen Steigerung hat die Produktionsfunktion **abnehmende Skalenerträge**; und wenn sich die Produktionsmenge überproportional zu den Inputfaktoren erhöht, liegen **zunehmende Skalenerträge** oder **Größenvorteile** vor.

Viele Wirtschaftswissenschaftler argumentieren, daß im industriellen Sektor der Fall konstanter Skalenerträge am häufigsten auftritt; eine Unternehmung kann die Produktion immer erhöhen, indem sie eine existierende Produktionsstätte identisch nachbaut. Die langfristigen Grenz- und Durchschnittskosten entsprechen dann den minimalen kurzfristigen Durchschnittskosten. In Abbildung 11.14 sind die Durchschnitts- und Grenzkostenkurven für diesen Fall dargestellt. Es gibt sehr viele Produktionsstätten, und die langfristige Kostenkurve verläuft horizontal. (Die kleinen „Wellen" kommen dadurch zustande, daß der Output nicht immer ein ganzzahliges Vielfaches der Produktionsmenge sein muß, die eine Fabrik zu ihren minimalen Durchschnittskosten produzieren kann; aber wie man in der Graphik sieht, können diese Wellen bei sehr großen Outputmengen vernachlässigt werden.)

Es gibt jedoch auch allgemeine Kosten, die für die Aufrechterhaltung des Geschäftsbetriebs anfallen – die Gemeinkosten. Diese Kosten treten auf, egal ob die Unternehmung eine, zwei oder 100 Produktionsstätten unterhält. Zu diesen Gemeinkosten gehören nicht nur die Kosten für den Sitz der Unternehmung, sondern auch die Entwicklungskosten für die erste Produktionsstätte. Wir gehen daher davon aus, daß die langfristige Kostenkurve wie in Abbildung 11.15A im Normalfall leicht abwärts geneigt ist.

Aber manchmal gilt „klein ist fein", und große Unternehmungen haben Nachteile. In diesen Fällen weist die Produktionsfunktion abnehmende Skalenerträge auf. Wenn die Unternehmung wächst und neue Fabriken baut, erhöht sich der Führungsaufwand. Die Unternehmung muß zusätzliche Führungsebenen schaffen, und jede dieser Ebenen erhöht die Kosten. Wenn die Unternehmung sehr klein ist, kann der Besitzer selbst alle Arbeiter beaufsichtigen. Bei zehn Angestellten kann er aber nicht mehr alle effektiv kontrollieren, und er braucht jedesmal auch einen neuen Vorarbeiter, wenn er zehn Leute mehr beschäftigt. Wenn die Unternehmung bis auf 100 Arbeiter angewachsen ist, hat sie auch 10 Vorarbeiter. Nun verbringt der Besitzer seine meiste Zeit mit der Kontrolle der Vorarbeiter, anstatt die Arbeiter direkt zu beaufsichtigen.

Möglicherweise wird es für den Unternehmer zu aufwendig, die Vorarbeiter zu kontrollieren, so daß er dafür einen Manager einstellen muß. In diesem Beispiel nimmt das Verhältnis von Vorarbeitern und Managern zu den Beschäftigten mit wachsender Unternehmensgröße zu. Eine Organisation mit zehn Beschäftigten braucht nur einen Vorarbeiter; bei 100 Beschäftigten braucht man zehn Vorarbeiter plus einen Manager; 1.000 Beschäftigte erfordern 100 Vorarbeiter, zehn Manager und einen Top-Manager. Neben der puren Anzahl von Verwaltungskräften müssen Entscheidungen nun eine Reihe von bürokratischen Ebenen passieren, und die Kommunikation verläuft oft langsamer.

Ab einem bestimmten Punkt können die Durchschnittskosten also auch anfangen zu steigen, wie in Abbildung 11.15B. Ob ein bestimmter Industriezweig am besten durch Abbildung 11.14 oder durch Abbildung 11.15A oder 11.15B beschrieben wird, ist abhängig von dem Gewicht der Gemeinkosten und dem Grad, in dem sich der Führungs- und Verwaltungsaufwand mit der Unternehmensgröße erhöht.

Abbildung 11.15 Langfristige Durchschnittskosten. In Teil A ist die langfristige Durchschnittskostenkurve aufgrund von Gemeinkosten leicht fallend, aber sie wird mit zunehmendem Output immer flacher. In Teil B steigen ab einem bestimmten Punkt die Durchschnitts- und Grenzkosten aufgrund zunehmender Führungskosten wieder an. Teil C zeigt, daß die langfristigen Kosten bei zunehmenden Skalenerträgen kontinuierlich fallen.

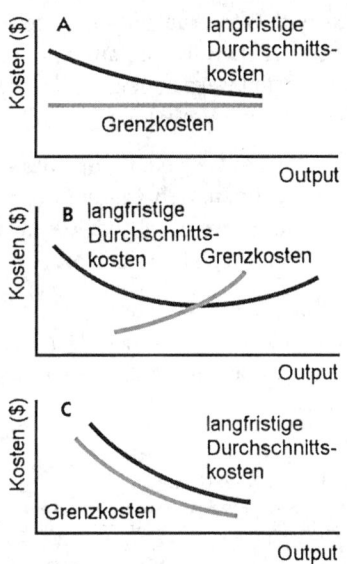

In einigen Industriezweigen können sogar auch bei sehr großen Produktionsmengen zunehmende Skalenerträge auftreten. Wenn eine Unternehmung mehr produziert, kann sie größere und effizientere Maschinen einsetzen, die sich für einen kleinen Betrieb nicht lohnen würden. Bei zunehmenden Skalenerträgen ist der Verlauf der langfristigen Durchschnitts- und Grenzkostenkurve wie in Abbildung 11.15C abwärts geneigt.

Anwendungsbeispiel: Größenvorteile bei Bankfilialen

Eine große Geschäftsbank steht vor der Frage, ob sie ihren Bekanntheitsgrad steigern sollte, indem sie an jeder Straßenecke eine Filiale eröffnet, oder lieber die Effizienz erhöht, indem sie alle Geschäfte in einer Zentrale zusammenfaßt. Die Antwort darauf hängt zum Teil davon ab, ob große Zweigstellen wirklich Kostenersparnisse mit sich bringen.

Im Bankensektor wird für die Untersuchung dieser Frage ein „operatives Verhältnis" berechnet. Dazu werden alle Kosten aufaddiert, die für eine Filiale anfallen, also alle Gehälter und Zusatzleistungen, Miete, Instandhaltung, Reparaturen, Strom- und Wasserversorgung, Steuer und Versicherung, Möbel und Einrichtung sowie sämtliche Büroausstattung vom Computer bis zu den Glühbirnen. Diese operativen Kosten werden dann durch die Summe der Einlagen dividiert; das Ergebnis ist das operative Verhältnis.

Eine Studie hat festgestellt, daß das operative Verhältnis einer Bankfiliale abnahm – das heißt ihr Betrieb wurde effizienter – solange die Einlagen bis zu 50 Mio. $ anwuchsen. Es wäre um 20 Prozent teurer gewesen, zwei Filialen mit jeweils 25 Mio. $ Einlagen zu betreiben als eine Filiale mit 50 Mio. $.

Aber für Filialgrößen jenseits von 50 Mio. $ konnten keine zusätzlichen Effizienzgewinne festgestellt werden. Der Grund dafür liegt vermutlich darin, daß die Koordinationsprobleme und -kosten einer großen Büroeinheit die Kostenersparnisse aufheben.

Quelle: Linda Farrell, „Larger Branches Do Offer More Efficiency", *Savings Institutions* (April 1989), S. S20-S24.

11.4 Ein Blick über das Grundmodell hinaus:
Kostenkurven und Wettbewerbsgrad

Der Wettbewerbsgrad in einem Industriezweig ist in beträchtlichem Ausmaß von der Kostenstruktur in dieser Industrie abhängig. Dies führt uns zu einigen Erkenntnissen, die über den Rahmen des Grundmodells hinausgehen. Angenommen, eine Unternehmung decke die gesamte Nachfrage eines Marktes bei sinkenden Durchschnittskosten. Wenn eine neue Unternehmung in diesen Markt eintreten und weniger als die eingesessene Firma produzieren möchte, wären ihre Durchschnittskosten höher als die des Marktbeherrschers. Solange die eingesessene Firma mehr produziert als der Neueinsteiger, sind ihre Kosten niedriger, so daß sie den Newcomer unterbieten und sogar zu einem so niedrigen Preis anbieten kann, daß die neue Unternehmung einen Verlust realisiert, während die eingesessene Unternehmung immer noch einen Gewinn macht. Wenn die marktbeherrschende Unternehmung den Preis bis zu ihren Durchschnittskosten senkt (oder mit einer solchen Preissenkung für den Fall droht, daß eine andere Unternehmung versucht, in ihren Markt einzudringen), gibt es in der Tat keine Möglichkeit für einen profitablen Markteintritt.

Wenn die eingesessene Unternehmung dagegen zwar der einzige Anbieter ist, aber sich auf dem aufsteigenden Ast einer Durchschnittskostenkurve befindet, kann eine neue Unternehmung versuchen, zu niedrigeren Durchschnittskosten weniger zu produzieren. Nun kann wenigstens ein Newcomer die marktbeherrschende Unternehmung unterbieten, und die Kräfte des Wettbewerbs haben eine gewisse Wirkung.

Die Höhe der kostenminimalen Produktionsmenge hängt vor allem vom Verhältnis der Gemeinkosten zu den Gesamtkosten ab. In Industriezweigen mit niedrigen Gemeinkosten wird es normalerweise viele Anbieter geben, da die Durchschnittskosten ihr Minimum bei einem relativ niedrigen Produktionsniveau erreichen. Da die Durchschnittskostenkurve möglicherweise jenseits einer relativ kleinen Outputmenge rasch ansteigen wird, können kleine Unternehmungen Großbetriebe unterbieten, und es wird viele Firmen auf dem Markt geben. Zu den Geschäftszweigen mit niedrigen Gemeinkosten gehören die Vermittlung von Immobilien sowie Reisebüros. In diesen Branchen ist die typische Unternehmung klein, und es gibt Tausende von ihnen.

In Industriezweigen mit hohen Gemeinkosten wird das Minimum der Durchschnittskosten jedoch erst bei einem sehr hohen Output erreicht, und es wird relativ wenige Unternehmungen auf dem Markt geben. Produzenten mit niedrigen Kosten sind tendenziell große Unternehmungen, und es reichen wenige, um die Nachfrage zu befriedigen. Beispiele sind Hersteller von Autos und Haushaltsgeräten. In einigen Industriezweigen sinken die durchschnittlichen Gemeinkosten für die Produktionsmengen, die nachgefragt werden. In diesen Fällen wird es, zumindest innerhalb einer abgegrenzten Region, nur einen Anbieter geben. Strom- und andere Versorger sowie Zementfirmen sind hierfür typische Beispiele. Bei den meisten Versorgungsunternehmen entstehen die Hauptkosten durch das Verlegen von Kabeln (für Strom und Telephon) oder Rohren (für Zu- und Abwasser).

Kosten für die Entwicklung eines neuen Produkts haben den gleichen Effekt auf die Möglichkeit eines Markteintritts wie Gemeinkosten. Unternehmungen können natürlich frei entscheiden, wieviel sie in Forschung und Entwicklung investieren, aber diese Kosten sind unabhängig vom Produktionsniveau der Unternehmung. Es überrascht daher nicht, daß es in vielen Wirtschaftszweigen, in denen ein hoher Aufwand für Forschung und Entwicklung notwendig ist, nur relativ wenige Firmen gibt. Zum Beispiel wird die Chemie von einer geringen Anzahl großer Unternehmen beherrscht.

11.5 Vorteile durch Verbundproduktion

Die meisten Unternehmungen produzieren mehr als ein Gut. Die zentralen Probleme, vor denen die Manager einer Unternehmung stehen, sind die Entscheidungen darüber, welche Güter produziert werden sollen, in welchen Mengen, und auf welche Art und Weise. Gäbe es nicht einige wichtige Zusammenhänge zwischen der Produktion mancher Güter, könnten diese Fragen relativ leicht beantwortet werden. Aber die Produktion eines Gutes kann einen Einfluß auf die Kosten für die Produktion eines anderen Gutes haben.

In manchen Fällen werden Güter natürlicherweise zusammen produziert; wir sprechen dann von **Verbundprodukten**. So werden auf einer Schaffarm Wolle, Lammfleisch und Hammelfleisch gleichzeitig hergestellt. Wenn mehr Lämmer geschlachtet werden, gibt es weniger Wolle und weniger Hammelfleisch.

Wenn es billiger ist, eine Kombination von Produktion gemeinsam herzustellen als sie getrennt zu produzieren, sprechen Wirtschaftswissenschaftler von **Vorteilen der Verbundproduktion**. Das Konzept der Verbundproduktion hilft uns zu verstehen, warum ein und dieselbe Unternehmung bestimmte Aktivitäten miteinander kombiniert. Auch in der Frage der Regulierung haben Aspekte der Verbundproduktion in den letzten beiden Jahrzehnten eine bedeutende Rolle gespielt. Als der Telekommunikationskonzern AT&T, zerschlagen wurde, der zuvor sowohl den Bereich von Orts- als auch Ferngesprächen sowie die Forschung in der Telekommunikation dominiert hatte, führten einige Ökonomen gegen die Zerschlagung das Argument an, es gebe bedeutende Vorteile der Verbundproduktion zwischen diesen Aktivitäten.

Zusammenfassung

1. Die Produktionsfunktion einer Unternehmung gibt die Outputmengen an, die mit der jeweiligen Kombination von Produktionsfaktoren hergestellt werden können. Die Erhöhung des Outputs, die aus der Erhöhung des Inputs um eine Einheit resultiert, ist das Grenzprodukt dieses Inputfaktors.

2. Kurzfristige Grenzkostenkurven haben im allgemeinen eine positive Steigung, da aufgrund der abnehmenden Grenzerträge immer größere Mengen eines Produktionsfaktors eingesetzt werden müssen, um eine zusätzliche Outputeinheit zu produzieren.

3. Die typische kurzfristige Durchschnittskostenkurve ist U-förmig. Bei U-förmigen Durchschnittskostenkurven schneidet die Grenzkostenkurve die Durchschnittskostenkurve in deren Minimum.

4. Bei der Produktion mit mehreren Produktionsfaktoren wird die Unternehmung bei einer Preiserhöhung den teurer gewordenen Faktor durch einen relativ billigeren ersetzen; dies ist eine Anwendung des Substitutionsprinzips.

5. Wirtschaftswissenschaftler unterscheiden häufig zwischen kurzfristigen und langfristigen Kostenkurven. Dem liegt die Annahme zugrunde, daß Unternehmungen im allgemeinen in der kurzen Frist ihre Kapitalausstattung nicht variieren können. In der langen Frist ist dies jedoch sehr wohl möglich. Auch bei U-förmigen kurzfristigen Durchschnittskostenkurven kann die langfristige Durchschnittskostenkurve verschiedene Formen annehmen. Sie können beispielsweise horizontal verlaufen, oder stetig abnehmen, aber auch zunächst abnehmen und später ansteigen.

6. Vorteile der Verbundproduktion treten dann auf, wenn es billiger ist, zwei Güter zusammen zu produzieren als jedes Gut in einem getrennten Produktionsprozeß herzustellen.

Schlüsselbegriffe

Gewinn	Fixkosten	konstante, abnehmende
Erlös	Gemeinkosten	oder zunehmende
Produktionsfunktion	variable Kosten	Grenzerträge
Grenzproduktivität	Gesamtkosten	(Größenvorteile)
fixe Produktionsfaktoren	Grenzkosten	Vorteile der
variable Produktionsfaktoren	Durchschnittskosten	Verbundproduktion
Durchschnittsproduktivität	variable Durchschnittskosten	

Wiederholungsfragen

1. Was ist eine Produktionsfunktion? Warum steigt die Produktionsmenge bei einem (variablen) Produktionsfaktor normalerweise unterproportional zum Faktoreinsatz? Welche alternativen Formen kann der Zusammenhang zwischen Faktoreinsatz und Produktionsmenge noch annehmen? Beschreiben Sie den Zusammenhang zwischen dem Verlauf der Produktionsfunktion und der Kostenfunktion!

2. Was bezeichnen die folgenden Kostenkonzepte: Gesamtkosten, Durchschnittskosten, variable Durchschnittskosten, Grenzkosten und Fixkosten? Welche Zusammenhänge gibt es zwischen diesen verschiedenen Kostenarten? Was sind kurzfristige und langfristige Kosten? Welcher Zusammenhang besteht zwischen ihnen?

3. Warum sind kurzfristige Durchschnittskostenkurven häufig U-förmig? Welche Beziehung gilt bei U-förmigen Durchschnittskosten zwischen der Grenzkosten- und der Durchschnittskostenkurve? Wie sieht die Gesamtkostenkurve bei U-förmigen Durchschnittskosten aus?

4. Was passiert mit den Durchschnitts-, Grenz- und Gesamtkosten, wenn der Preis eines Produktionsfaktors steigt?

5. Wenn eine Unternehmung mit mehreren variablen Produktionsfaktoren produziert, wird sie dann mehr oder weniger von einem Input einsetzen, dessen Preis gestiegen ist? Begründen Sie Ihre Antwort!

6. Was sind abnehmende, konstante und zunehmende Grenzerträge? Unter welchen Umständen werden Sie welche Eigenschaft der Grenzerträge erwarten? Worin besteht der

Zusammenhang zwischen diesen Eigenschaften der Produktionsfunktion und dem Verlauf der langfristigen Durchschnitts- und Gesamtkostenkurve?

7. Was sind Vorteile der Verbundproduktion und wie beeinflussen sie die Produktionsentscheidung einer Unternehmung?

Aufgaben

1. Thomas und Dirk besitzen einen Friseursalon. Sie müssen entscheiden, wieviele Friseure sie beschäftigen sollen. Die Produktionsfunktion für ihren Friseursalon sieht folgendermaßen aus:

Anzahl der Friseure	Haarschnitte pro Tag	Grenzproduktivität
0	0	
1	12	
2	36	
3	60	
4	72	
5	80	
6	84	

Berechnen Sie die Grenzproduktivitäten zusätzlicher Friseure, und ergänzen Sie die letzte Spalte der Tabelle. Über welchen Bereich nimmt die Grenzproduktivität der Arbeit zu? Wann ist sie konstant, wann nimmt sie ab? Zeichnen Sie die Produktionsfunktion! Stellen Sie anhand der Zeichnung fest, an welchem Punkt die Durchschnittsproduktivität der Arbeit am größten ist! Berechnen Sie die Durchschnittsproduktivität für jeden Punkt der Produktionsfunktion, um Ihre Antwort zu überprüfen!

2. Die Gemeinkosten des Friseursalons belaufen sich auf 160 $ pro Tag. Ein Friseur erhält einen Lohn von 80 $ pro Tag. Erstellen Sie aufgrund dieser Angaben und der Angaben aus Aufgabe 1 eine Tabelle mit folgenden Spalten: Anzahl der Haarschnitte, benötigter Arbeitseinsatz, variable Gesamtkosten, Gesamtkosten, Grenzkosten, variable Durchschnittskosten und gesamte Durchschnittskosten. Wie hoch ist der Gewinn, wenn der Preis für einen Haarschnitt 10 $ beträgt und der Salon 80 Frisuren pro Tag erstellt?

3. Zeichnen Sie anhand der Angaben aus Aufgabe 1 und 2 die Gesamtkostenkurve für den Friseursalon! Stellen Sie in einer zweiten Abbildung die Grenzkostenkurve, die Durchschnittskostenkurve und die variable Durchschnittskostenkurve dar! Sehen diese Kurven wie erwartet aus? Schneiden sich die Grenzkosten- und die Durchschnittskostenkurve in dem Punkt, in dem Sie es erwarten?

4. Nehmen Sie an, eine Unternehmung könne zwischen zwei Produktionsprozessen wählen: Die eine Methode hat Fixkosten in Höhe von 10 $ und Grenzkosten in Höhe von 2 $; bei der anderen Methode belaufen sich die Fixkosten auf 20 $ und die Grenzkosten auf 1 $. Zeichnen Sie die Gesamtkosten- und die Durchschnittskostenkurven für die

beiden Produktionsprozesse! Bei welchen Produktionsmengen wird sich die Unternehmung für den Prozeß mit den niedrigen Fixkosten entscheiden? Bei welchen Produktionsmengen wird sie die Technologie mit den hohen Fixkosten wählen?

5. Eine Unternehmung produziere Autos unter Einsatz von Arbeit und Kapital. Angenommen, die durchschnittliche Arbeitsproduktivität – die Anzahl der produzierten Autos dividiert durch die dazu benötigte Anzahl der Arbeitskräfte – sei in den letzten Monaten angestiegen. Bedeutet das, daß sich die Arbeiter mehr anstrengen oder daß die
Unternehmung effizienter geworden ist? Erklären Sie Ihre Antwort!

Anhang: Kostenminimierung bei mehreren Produktionsfaktoren

In diesem Anhang wird gezeigt, wie die Grundprinzipien der Kostenminimierung
auf die Entscheidung einer Unternehmung über die Wahl der optimalen Faktoreinsatzkombination angewendet werden können. Dazu werden ähnliche Werkzeuge
und Konzepte verwendet wie im Anhang zu Kapitel 8, wo die Konsumentscheidung der Haushalte analysiert wurde.

Isoquanten

Die unterschiedlichen Produktionsverfahren, mit denen eine bestimmte Outputmenge erzeugt werden kann, können graphisch mit Hilfe von **Isoquanten** dargestellt werden. Der erste Teil dieses Ausdrucks kommt von dem griechischen Wort
iso, das „gleich" bedeutet, während „quant" aus dem lateinischen Wort *quantitas*,
das „Menge" heißt, abgeleitet ist. Isoquanten sind also die graphische Abbildung
der verschiedenen Faktorkombinationen, mit denen die gleiche Menge produziert
werden kann.

Wir erweitern das Beispiel in Tabelle 11.3 auf Seite 317 um einen weiteren Produktionsprozeß. Eine Unternehmung kann damit zwischen drei verschiedenen
Produktionsanlagen wählen, mit denen Karosserien für Autos gebaut werden können. Eine ist hochautomatisiert und erfordert nur sehr wenig Arbeitseinsatz. Eine
andere ist sehr viel weniger automatisiert und benötigt deutlich mehr Arbeitskräfte.
Die dritte Maschine liegt zwischen den beiden Extremen. Diese drei Produktionsanlagen verkörpern drei verschiedene Möglichkeiten, die gleiche Outputmenge zu
produzieren.

Angenommen, die Unternehmung möchte 10.000 Karosserien pro Tag herstellen.
Sie könnte das mittels der hochtechnisierten, der mittleren oder der nur wenig automatisierten Anlage bewerkstelligen. Der für jede dieser drei Möglichkeiten jeweils notwendige gesamte Einsatz an Kapital und Arbeit ist in Abbildung 11.16
dargestellt. An der horizontalen Achse wird der Kapitaleinsatz, an der vertikalen
der Arbeitseinsatz abgetragen. Punkt *A* repräsentiert den hochautomatisierten Pro-

duktionsprozeß, die Produktion mit der geringsten Automatisierung wird durch Punkt *C* abgebildet, und dazwischen liegt Punkt *B*.

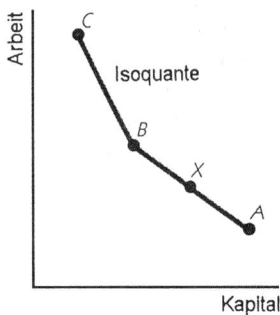

Abbildung 11.16 Drei alternative Produktions-methoden für die gleiche Outputmenge. Punkt *A* gibt den Einsatz an Produktionsfaktoren an, der notwendig ist, um mit einem hochautomatisierten Produktionsprozeß eine bestimmte Anzahl von Autokarosserien zu produzieren; Punkt *C* repräsentiert einen Produktionsprozeß mit einer sehr viel billigeren Produktionsanlage, der aber einen weitaus höheren Arbeitseinsatz erfordert; Punkt *B* bildet eine Technologie ab, die zwischen diesen beiden Extremen liegt. Indem sie die verschiedenen Produktionsprozesse miteinander kombiniert, kann die Unternehmung auch Faktorkombinationen realisieren, die auf der Geraden zwischen *A* und *B* liegen, wie zum Beispiel Punkt *X*. Die Kurve *ABC* ist eine Isoquante.

Die Unternehmung kann auch die Hälfte ihres Outputs mit Hilfe der hochtechnisierten Anlage erstellen und die andere Hälfte auf der mittleren Produktionsanlage. In diesem Fall würde der notwendige Kapitaleinsatz in der Mitte zwischen den beiden Punkten *A* und *B* liegen, und der Arbeitseinsatz ebenfalls. Diese Möglichkeit wird durch den Punkt *X* abgebildet. Durch eine Variation der Anteile, die auf den beiden Produktionsanlagen hergestellt werden, kann die Unternehmung jeden Punkt auf der Geraden zwischen *A* und *B* realisieren. Analog kann auch durch eine Kombination der entsprechenden Produktionsprozesse jeder Punkt auf der Geraden zwischen *B* und *C* erreicht werden. Die Kurve *ABC* ist also die Isoquante. Sie gibt alle möglichen Kombinationen von Kapital- und Arbeitseinsatz an, mit denen 10.000 Karosserien pro Tag produziert werden können. Jede Kombination von Produktionsfaktoren auf dieser Kurve führt zur selben Outputmenge.

Überlegen wir nun, was passiert, wenn viele Produktionstechnologien und nicht nur drei zur Verfügung stehen. Wie in Abbildung 11.17A dargestellt, besteht die Isoquante dann aus vielen Punkten, die jeweils einen Produktionsprozeß darstellen, und kurzen Verbindungslinien zwischen diesen Punkten, die jeweils durch die Kombination zweier Produktionsmethoden realisiert werden können. Wenn sehr viele Produktionstechnologien zur Verfügung stehen, wird die Isoquante zu einer glatt verlaufenden Kurve, wie sie in Teil B der Abbildung 11.17 dargestellt ist.

Teil B zeigt viele verschiedene Isoquanten, die jeweils ein bestimmtes Produktionsniveau repräsentieren. Auf den höher gelegenen Isoquanten ist die Produktionsmenge jeweils höher als auf den darunterliegenden.[2] Es gibt auch einen einfachen Zusammenhang zwischen der Produktionsfunktion und den Isoquanten. Die Produktionsfunktion gibt an, welche Outputmenge mit dem jeweiligen Faktoreinsatz produziert werden kann. Die Isoquante gibt an, mit welchen Inputmengen ein bestimmter Output hergestellt werden kann.

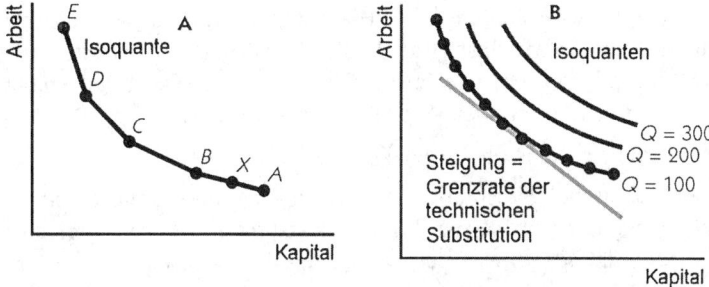

Abbildung 11.17 Isoquanten und die Grenzrate der technischen Substitution. Teil A zeigt eine Isoquante, die sich aus vielen verschiedenen Produktionsalternativen ergibt. Teil B zeigt, daß bei zunehmender Anzahl der Produktionstechnologien die Isoquante zu einer glatt verlaufenden Kurve wird. Die Steigung der Isoquante gibt an, wieviel von einem Produktionsfaktor zusätzlich eingesetzt werden muß, um die Aufgabe einer Einheit des anderen Faktors zu kompensieren; dies ist die Grenzrate der technischen Substitution.

Die Grenzrate der technischen Substitution

Die Idee der Grenzrate der Substitution wurde bereits im Anhang zu Kapitel 8 eingeführt, um die Bereitschaft der Individuen zu beschreiben, etwas von einem Gut herzugeben, um dafür mehr von einem anderen Gut zu erhalten. Das Konzept kann ebenso für die Entscheidung einer Unternehmung verwendet werden, welche Produktionstechnologie sie einsetzen möchte. Im Fall der Unternehmung ist die Grenzrate der Substitution jedoch nicht von Präferenzen abhängig, sondern von physischen Faktoren, den technologischen Gegebenheiten. Wenn eine Unternehmung den Einsatz eines Produktionsfaktors um eine Einheit reduziert und dafür den Einsatz eines anderen Produktionsfaktors soweit erhöht, daß sie dieselbe Out-

---

[2] Lesern, die bereits den Anhang zu Kapitel 8 studiert haben, wird die Ähnlichkeit zwischen Indifferenzkurven und Isoquanten auffallen: Während Indifferenzkurven diejenigen Güterbündel angeben, aus denen ein Individuum jeweils denselben Nutzen zieht, gibt die Isoquante die Güter-(Faktor-)Kombinationen an, mit denen die Unternehmung denselben Output produzieren kann.

putmenge herstellen kann, bezeichnen wir das als **Grenzrate der technischen Substitution**.

Anhand eines Beispiels soll dieses Konzept veranschaulicht werden. Wenn eine Unternehmung ihren Kapitaleinsatz um eine Maschine reduzieren und durch den zusätzlichen Einsatz zweier Arbeitskräfte dieselbe Produktionsmenge erstellen kann, können zwei Arbeitskräfte durch eine Maschine ersetzt werden. In diesem Fall beträgt die Grenzrate der technischen Substitution zwischen Arbeitskräften und Maschinen 2/1. Wie aus Abbildung 11.17B ersichtlich ist, wird die Grenzrate der technischen Substitution graphisch durch die Steigung der Isoquanten bestimmt: Die Steigung gibt an, um wieviel der Einsatz an Arbeitskräften erhöht werden muß, um die Rückführung des Kapitaleinsatzes um eine Einheit zu kompensieren, so daß die gleiche Produktionsmenge hergestellt werden kann.[3]

Die Grenzrate der technischen Substitution und die Steigung der Isoquante ändern sich je nach der Menge der eingesetzten Produktionsfaktoren. Bei sehr geringem Kapitaleinsatz wird es immer schwieriger, Maschinen durch Arbeitskräfte zu ersetzen. Die Grenzrate der technischen Substitution steigt an, und die Steigung der Isoquante wird immer steiler. Am anderen Ende der Isoquante, bei sehr hohem Kapitaleinsatz, wird es immer einfacher, eine der Maschinen zu ersetzen. Die Grenzrate der technischen Substitution nimmt mit steigendem Kapitaleinsatz ab, die Steigung der Isoquante wird flacher. Analog zum Gesetz der abnehmenden Grenzrate der Substitution im Konsum gibt es ein Gesetz der **abnehmenden Grenzrate der technischen Substitution** in der Produktion.

Die Grenzrate der technischen Substitution kann aus den Grenzproduktivitäten der Arbeit und des Kapitals berechnet werden. Wenn der Einsatz einer zusätzlichen Arbeitskraft die Produktion von Autokarosserien um eine Einheit erhöht, ist die Grenzproduktivität einer zusätzlichen Arbeitskraft in diesem Produktionsprozeß gleich 1 (Karosserie). Angenommen, der Einsatz einer zusätzlichen Maschine erhöhe den Output um zwei Autos pro Tag. Die Grenzproduktivität des Kapitals ist damit 2. In diesem Beispiel bleibt der Output unverändert, wenn eine Maschine durch zwei Arbeitskräfte ersetzt wird. Die Grenzrate der technischen Substitution beträgt also 2/1. Allgemein ist die Grenzrate der technischen Substitution gleich dem Verhältnis der Grenzproduktivitäten.

Das Prinzip abnehmender Grenzerträge erklärt, warum die Grenzrate der technischen Substitution mit zunehmendem Kapitaleinsatz abnimmt. Je mehr Kapital

---

[3] Im Anhang zu Kapital 8 wurde die Steigung der Indifferenzkurven ebenfalls als Grenzrate der Substitution bezeichnet; sie gibt an, wieviel mehr ein Konsument von einem Gut erhalten muß, wenn der Konsum eines anderen Gutes um eine Einheit reduziert wird, so daß das Nutzenniveau des Konsumenten erhalten bleibt – also weiterhin derselben Indifferenzkurve entspricht.

eingesetzt wird, um so niedriger wird die Grenzproduktivität des Kapitals. Wenn die Anzahl der eingesetzten Arbeitskräfte reduziert wird, steigt andererseits die Grenzproduktivität der Arbeit. Mit zunehmender Grenzproduktivität der Arbeit und abnehmender Grenzproduktivität des Kapitals, wird es zunehmend leichter, Maschinen durch zusätzliche Arbeitskräfte zu ersetzen.

Die Berechnung der Grenzrate der technischen Substitution sagt für sich genommen noch nichts darüber aus, ob eine Unternehmung Maschinen durch Arbeitskräfte, oder Arbeitskräfte durch Maschinen ersetzen *sollte*. Die Zahl gibt nur den faktischen Trade-Off bei den verfügbaren technischen Möglichkeiten an. Für die Entscheidung über die Faktorkombination muß die Unternehmung auch die Marktpreise der verschiedenen Produktionsfaktoren kennen.

Kostenminimierung

Die Kostenminimierung ist eine Frage von Marginal-Entscheidungen. Unternehmungen kennen ihre gegenwärtige Produktionstechnologie und können eine Änderung erwägen, indem sie einige Inputs gegen andere ersetzen. Für die Entscheidung, ob solch ein Trade-Off die Kosten reduzieren wird, berechnen sie die Grenzrate der technischen Substitution und vergleichen den Marktpreis des Produktionsfaktors, dessen Einsatz reduziert werden soll, mit demjenigen des auszudehnenden Produktionsfaktors. Wenn eine Unternehmung unter Aufrechterhaltung des Outputniveaus eine Maschine durch zwei Arbeitskräfte ersetzen kann, und wenn eine Arbeitskraft 12.000 $ und eine Maschine 25.000 $ pro Jahr kostet, kann die Unternehmung ihre Kosten reduzieren, indem sie eine Maschine durch zwei Arbeitskräfte ersetzt. Wenn dagegen eine Arbeitskraft 13.000 $ kostet, lohnt es sich, zwei Arbeitskräfte zu entlassen (und damit 26.000 $ zu sparen) und dafür eine Maschine mehr einzusetzen (was nur 25.000 $ kostet).

Nur wenn die Grenzrate der technischen Substitution gleich dem relativen Preisverhältnis der beiden Produktionsfaktoren ist, lohnt es sich für die Unternehmung nicht, die gewählte Faktoreinsatzkombination zu verändern. Der Grund dafür ist analog dazu, warum Individuen ihre persönliche Grenzrate der Substitution so wählen, daß sie dem Verhältnis der Marktpreise entspricht. Der Unterschied besteht nur darin, daß die Grenzrate der Substitution von Individuen durch deren Präferenzen bestimmt wird, während die Grenzrate der technischen Substitution von Unternehmungen durch die Produktionstechnologie bestimmt wird.

Isokostenkurven

Die **Isokosten**kurve gibt diejenigen Faktoreinsatzkombinationen an, die dieselben Kosten verursachen. Die Isokostenkurve entspricht der individuellen Budgetgerade in der Haushaltstheorie, die diejenigen Güterbündel beschreibt, die denselben Betrag kosten. Wenn die Preise der Produktionsfaktoren für eine Unternehmung gegeben sind, ist die Isokostenkurve eine Gerade, deren Steigung durch die relativen

Preise bestimmt wird; wenn also eine Arbeitskraft beispielsweise 50 $ pro Tag kostet, dann kann die Unternehmung 50 $ mehr für Maschinen ausgeben, wenn sie eine Arbeitskraft einspart. Wenn eine Maschine 100 $ pro Tag kostet, dann kann die Unternehmung mit dem Betrag, den sie durch die Entlassung zweier Arbeitskräfte einspart, eine Maschine mehr einsetzen. Es gibt natürlich viele Isokostenlinien, für jedes Ausgabenniveau eine. Niedriger gelegene Isokostenlinien repräsentieren niedrigere Ausgaben für Produktionsfaktoren. Die Kosten entlang der Linie C_1C_1 in Abbildung 11.18 sind niedriger als die Kosten entlang der Linie CC. Die unterschiedlichen Isokostenlinien verlaufen parallel zueinander, genauso wie die verschiedenen Budgetgeraden des Haushalts, die unterschiedliche Einkommensniveaus repräsentieren, parallel zueinander verlaufen.

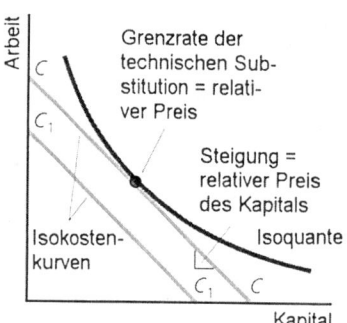

Abbildung 11.18 Kostenminimierung. Kostenminimierende Firmen wollen bei gegebenem Ausgabenniveau so viel wie möglich produzieren. Also wählen sie die höchste Isoquante, die sie bei gegebener Isokostenlinie erreichen können; das ist diejenige Isoquante, die die Isokostenlinie tangiert.

Alle Unternehmungen, die denselben gegebenen Faktorpreisen gegenüberstehen, haben die gleichen Isokostenlinien. Ebenso unterliegen unterschiedliche Individuen mit dem gleichen Einkommen der gleichen Budgetbeschränkung, auch wenn sich ihre Präferenzen unterscheiden. Die Isoquanten einer Unternehmung basieren jedoch auf dem erzeugten Gut sowie der Technologie und dem Wissen, das der Unternehmung zur Verfügung steht. Isoquanten sind daher von Unternehmung zu Unternehmung unterschiedlich.

Mit Hilfe der Isoquanten und Isokostenlinien kann das Verhalten einer kostenminimierenden Unternehmung erklärt werden. Beispielsweise wird jede effiziente, gewinnmaximierende Unternehmung den Output maximieren, den sie mit gegebenen Ausgaben herstellen kann. Oder, um denselben Sachverhalt anders auszudrükken, die Unternehmung muß bei einem bestimmten Niveau der Ausgaben für Produktionsfaktoren, das durch eine bestimmte Isokostenlinie repräsentiert wird, die höchstmögliche Isoquante erreichen. Die höchstmögliche Isoquante wird die Isokostenlinie nur an einem einzigen Punkt berühren; die beiden Kurven tangieren einander.

Das Problem der Kostenminimierung kann auch noch auf andere Art und Weise beschrieben werden. Angenommen, die Unternehmung will eine bestimmte Menge produzieren und ihre Kosten dafür minimieren. Die Unternehmung legt dann zuerst eine Isoquante fest und versucht anschließend denjenigen Punkt auf der Isoquante zu finden, der auf der niedrigsten erreichbaren Isokostenlinie liegt. Wiederum wird die kostenminimierende Unternehmung den Tangentialpunkt zwischen der Isokostenlinie und der Isoquante wählen.

Im Tangentialpunkt sind die Steigungen der beiden Kurven gleich groß. Die Steigung der Isoquante ist die Grenzrate der technischen Substitution. Die Steigung der Isokostenlinie ist das relative Preisverhältnis. *Die Grenzrate der technischen Substitution muß daher gleich dem relativen Preisverhältnis sein.*

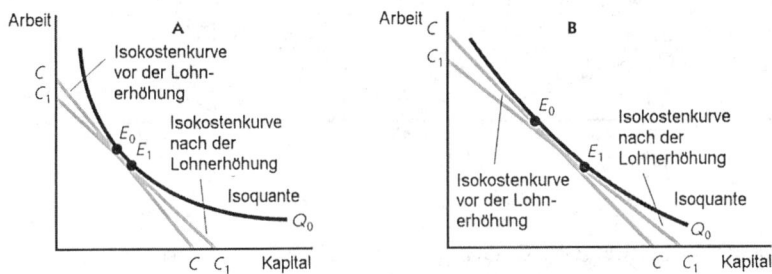

Abbildung 11.19 Faktorpreisänderungen. Diese Unternehmung hat ihr Produktionsniveau entsprechend der abgebildeten Isoquante gewählt, und die kostenminimierende Faktoreinsatzkombination für die Produktion dieses Outputs liegt ursprünglich im Punkt E_0. Aber durch die Lohnerhöhung verändern sich die relativen Faktorpreise, und die kostenminimierende Produktionsmethode für den gegebenen Output wandert nach E_1. In Teil A hat die Lohnerhöhung einen niedrigen Substitutionseffekt. Aber in Teil B führt die Lohnerhöhung zu einer sehr viel höheren Substitution von Arbeit durch Kapital.

Anwendung der graphischen Analyse

Mit Hilfe des Isoquanten/Isokostenlinien-Diagramms kann man zeigen, wie eine Veränderung der relativen Preise die optimale Faktoreinsatzkombination verändert. Eine Änderung der relativen Preise verändert die Isokostenlinie. In Abbildung 11.19 wird die Isokostenlinie durch eine Lohnerhöhung flacher. CC ist die ursprüngliche Isokostenkurve, die die Kosten für die Produktion des Outputs Q_0 minimiert (das heißt, CC tangiert die Isoquante Q_0). C_1C_1 ist die neue Isokostenlinie bei höheren Löhnen, die die ursprüngliche Isoquante tangiert. Es ist offensichtlich, daß die Produktion der gleichen Menge bei höheren Löhnen mehr kostet. Die Abbildung zeigt aber auch, welche Auswirkungen die Änderung der relativen Faktorpreise auf die kostenminimierende Faktoreinsatzkombination hat: Wie erwartet substituiert die Unternehmung die teurer gewordene Arbeit durch Kapital (von Punkt E_0 zu E_1).

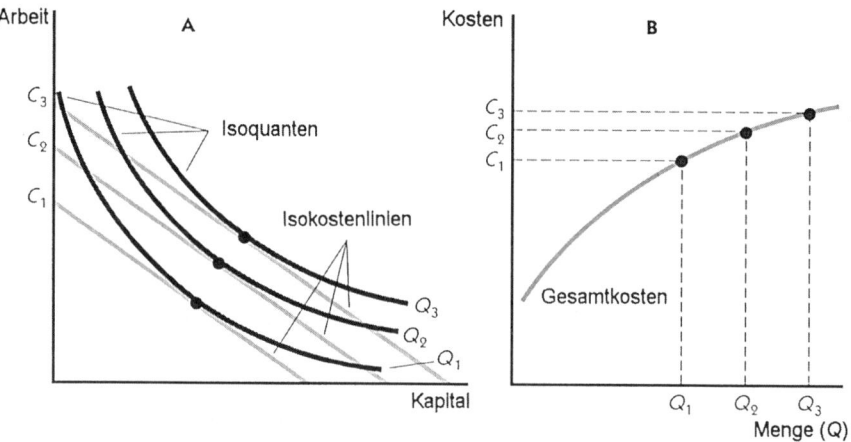

Abbildung 11.20 Ableitung der Gesamtkostenkurve. Die Gesamtkostenkurve beschreibt die gesamten Produktionskosten für verschiedene Outputmengen. Teil A zeigt drei Isoquanten, die unterschiedliche Outputniveaus repräsentieren, und drei Isokostenlinien, die diese Isoquanten tangieren und die kostenminimale Produktionsmethode für das jeweilige Outputniveau darstellen. In Teil B sind die tatsächlich realisierten Kosten für jedes Outputniveau eingezeichnet; dies ergibt die bekannte Gesamtkostenkurve.

Natürlich wird sich das Ausmaß der Substitution von Industriezweig zu Industriezweig stark unterscheiden, abhängig von der Form der Isoquante. Darüber hinaus ist eine Substitution langfristig sehr viel wahrscheinlicher als kurzfristig; wenn die vorhandenen Maschinen altern, versuchen Firmen den teurer gewordenen Produktionsfaktor einzusparen, usw. Die Abbildung zeigt diese verschiedenen Substitutionsmöglichkeiten. In Teil A sind die Möglichkeiten zur Substitution sehr begrenzt. Die Isoquante ist stark gekrümmt. In diesem Fall ist es sehr schwierig, (zumindest kurzfristig) Arbeitskräfte durch Maschinen zu ersetzen (zum Beispiel durch den Einsatz von Hochöfen in der Stahlproduktion). In Teil B ist die Substitution dagegen sehr leicht; die Isoquante verläuft sehr flach. In diesem Fall ist es relativ leicht für eine Unternehmung, Arbeitskräfte durch Maschinen zu ersetzen, zum Beispiel durch den Einsatz von Robotern.

Die Ableitung von Kostenkurven

Die Kostenkurven in diesem Kapitel beschreiben bei gegebenen Faktorpreisen die Minimalkosten für die Produktion verschiedener Outputmengen. Abbildung 11.20A zeigt die kostenminimierende Produktionsmenge für drei verschiedene Outputniveaus, Q_1, Q_2 und Q_3. In Teil B der Abbildung werden daraus für jede Produktionsmenge die tatsächlich entstehenden Kosten abgeleitet. Die Isokosten-kurven, welche die Isoquanten für das jeweilige Outputniveau in Teil A tangieren, geben die Minimalkosten für die Produktion dieses Outputs an. Die Übertragung der zu jedem Outputniveau gehörenden Minimalkosten in Diagramm B ergibt die Gesamtkostenkurve. Wenn wir einmal die Gesamtkostenkurve haben, wissen wir bereits, wie daraus die Grenzkostenkurve (die Steigung der Gesamtkostenkurve) und die Durchschnittskostenkurve (die Steigung der jeweiligen Ursprungsgeraden an die Gesamtkostenkurve) abgeleitet werden können.

Kapitel 12

Produktion

In Kapitel 11 haben wir den Gewinn als Differenz zwischen Erlös und Kosten definiert und die wichtigsten Instrumente zur Darstellung der Produktionskosten eingeführt. In diesem Kapitel wird gezeigt, wie die Erlöse berechnet werden, und untersucht, wie die Unternehmungen Kosten und Erlöse gegeneinander aufrechnen. Dieser Balanceakt bestimmt die Produktionsentscheidung der gewinnmaximierenden Unternehmung.

Dieses Kapitel rundet die Darstellung der Märkte ab, da mit der Produktionsentscheidung der Unternehmungen die noch fehlenden Bestandteile eines vollständigen Modells der Volkswirtschaft geliefert werden. Mit all diesen Bestandteilen – die ökonomischen Grundentscheidungen von Individuen und Haushalten zur Maximierung ihres Nutzens und von Unternehmungen zur Maximierung ihres Gewinns – werden wir in Kapitel 13 in der Lage sein, ein vollständiges Modell der Volkswirtschaft zu konstruieren.

12.1 Erlöse

Betrachten wir das hypothetische Beispiel der High Strung Violin Company, die Violinen von Weltklasse produziert. Die Unternehmung stellt Arbeitskräfte ein, sie kauft Holz, Energie und anderes Rohmaterial; und sie mietet ein Gebäude und Maschinen. Die Violinen werden für 40.000 $ pro Stück verkauft. Die Unternehmung hat im letzten Jahr sieben Violinen verkauft und damit einen Bruttoerlös in Höhe von 280.000 $ erzielt. Tabelle 12.1 gibt die Gewinn- und Verlustrechnung der Firma für das vergangene Jahr wieder und vermittelt einen Einblick in die finanzielle Situation der Unternehmung.

Die Firma High Strung hat Erlöse in Höhe von 280.000 $ erzielt, ihre Kosten lagen bei 180.000 $; der Gewinn der Unternehmung beträgt also 100.000 $. Wenn die Kosten 400.000 $ statt 180.000 $ betragen hätten, wäre ein Verlust von 120.000 $ entstanden.

Der Zusammenhang zwischen Erlös und Produktionsmenge wird durch die **Erlöskurve** in Abbildung 12.1 dargestellt. Auf der horizontalen Achse wird die produzierte Menge, auf der vertikalen Achse der Erlös abgetragen. Wenn der Preis für eine Violine 40.000 $ beträgt und die Unternehmung neun Violinen verkauft, erzielt sie einen Erlös von 360.000 $; wenn sie zehn Violinen verkauft, beläuft sich der Erlös auf 400.000 $.

Tabelle 12.1   **Gewinn- und Verlustrechnung der**
                       High Strung Violin Company

Bruttoerlös	280.000 $
Kosten	180.000 $
Löhne (mit Zusatzleistungen)	150.000 $
Holz und anderes Rohmaterial	20.000 $
Strom und Wasser	1.000 $
Miete für Gebäude	5.000 $
Miete für Maschinen	2.000 $
Diverse Ausgaben	2.000 $
Gewinn	100.000 $

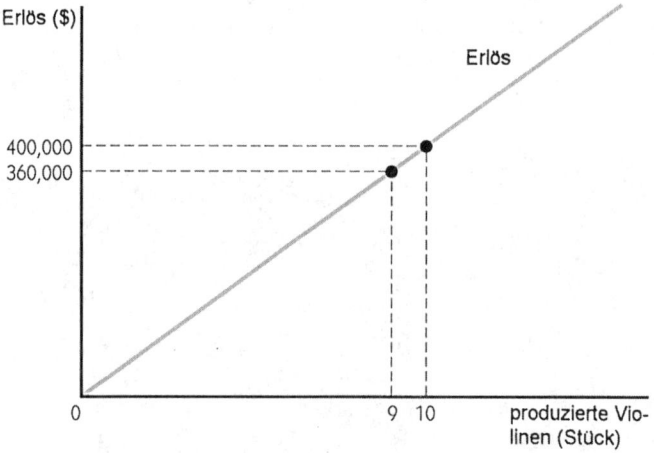

Abbildung 12.1 Die Erlöskurve. Die Erlöskurve zeigt den Erlös einer Unternehmung für jede Produktionsmenge. Auf einem Wettbewerbsmarkt ändert sich der Preis bei steigender Produktionsmenge nicht, so daß die Erlöskurve eine Gerade mit konstanter Steigung ist. In diesem Beispiel beträgt der Erlös jeder zusätzlichen Violine immer 40.000 $.

Den zusätzlichen Erlös, den eine Unternehmung aus dem Verkauf einer zusätzlichen Einheit erzielt, bezeichnen wir als Grenzerlös. Der zusätzliche (oder Grenz-) Erlös aus dem Verkauf der zehnten Violine beträgt also 40.000 $. Der Grenzerlös ist nicht zufällig gleich dem Preis der Violine. Die Tatsache, daß Unternehmungen – unabhängig von der Anzahl der verkauften Einheiten – denselben Marktpreis für jede verkaufte Einheit erhalten, ist ein charakteristisches Merkmal von Wettbewerbsmärkten. Auf Wettbewerbsmärkten ist damit der Grenzerlös aus dem zusätzlichen Verkauf einer Einheit immer gleich dem Marktpreis dieser Einheit.

12.2 Kosten

Die Kosten von High Strung steigen mit zunehmender Produktionsmenge. Die Gesamtkosten der Produktion sind in der ersten Spalte von Tabelle 12.2 angegeben und in Teil A der Abbildung 12.2 graphisch dargestellt. Teil B zeigt die dazugehörigen Durchschnitts- und Grenzkosten. Die Durchschnittskosten von High Strung weisen den für verarbeitende Unternehmungen typischen U-förmigen Verlauf auf.

Tabelle 12.2 Produktionskosten der High Strung Violin Company (in 1.000 $)

Output (Stück)	(1) Gesamt-kosten	(2) Durch-schnitts-kosten	(3) Grenz-kosten	(4) gesamte variable Kosten	(5) variable Durchschnitts-kosten
0	90				
1	100	100	10	10	10
2	110	55	10	20	10
3	120	40	10	30	10
4	130	32,5	10	40	10
5	140	28	10	50	10
6	150	25	10	60	10
7	175	25	25	85	12,1
8	215	26,9	40	125	15,6
9	270	30	55	180	20
10	400	40	130	210	21

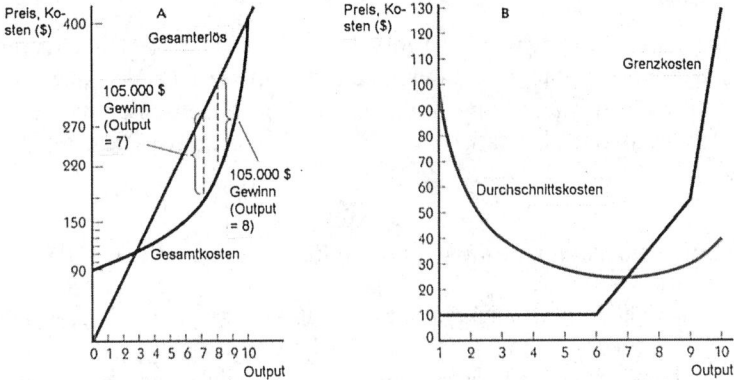

Abbildung 12.2 Der Zusammenhang zwischen Erlös und Kosten. In Teil A sind Gesamterlös und Gesamtkosten abgebildet. Wenn der Gesamterlös über den Gesamtkosten liegt, macht die Unternehmung einen Gewinn. Der Gewinn, die Differenz zwischen Erlös und Kosten, wird durch den Abstand zwischen den beiden Kurven gemessen; in diesem Beispiel erreicht er bei einer Produktion von sieben oder acht Violinen sein höchstes Niveau. Wenn die Gesamtkosten den Gesamterlös übersteigen, macht die Unternehmung einen Verlust. An den Schnittpunkten der beiden Kurven entsteht ein Gewinn von null. Teil B zeigt die Grenz- und Durchschnittskosten für diese Unternehmung, die den erwarteten Verlauf aufweisen. Die Grenzkosten sind bis zu einer Produktionsmenge von sechs konstant und beginnen dann zu steigen. Die Durchschnittskostenkurve ist U-förmig.

Noch bevor sie ihre erste Violine herstellt, muß die Unternehmung bereits 90.000 $ aufwenden. Ein Gebäude muß gemietet, einige Arbeitskräfte müssen eingestellt, Maschinen müssen gekauft werden. Unabhängig davon, wie viele oder wie wenige Violinen High Strung produziert, bleiben die fixen Kosten bei 90.000 $.

Die *zusätzlichen* Kosten, die durch die Produktion einer weiteren Violine entstehen, die Grenzkosten, sind in Spalte 3 dargestellt. Dabei geht es immer um die zusätzlichen Kosten, die durch die Produktion einer *bestimmten* Outputeinheit entstehen. Die Grenzkosten, die für die Ausdehnung der Produktion von einer auf zwei Violinen entstehen, belaufen sich beispielsweise auf 10.000 $. Bis zu einer Outputmenge von sechs Violinen kostet die Produktion jeder zusätzlichen Violine 10.000 $ mehr. Die zusätzlichen (oder Grenz-) Kosten für die Produktion der

siebten Violine betragen 25.000 $. Die Grenzkosten für die Produktion der achten
Violine belaufen sich auf 40.000 $.

Die Durchschnittskosten der High Strung Violin Company nehmen anfänglich mit
steigender Produktionsmenge ab, da sich die Fixkosten auf mehr Outputeinheiten
verteilen. Aber nach der siebten Violine beginnen die Durchschnittskosten zu steigen, da der Effekt der steigenden variablen Durchschnittskosten den Fixkosteneff-
fekt überwiegt.

12.3 Gewinnmaximierung und Angebot bei vollkommenem Wettbewerb

Bei der Entscheidung über die Produktionsmenge muß eine gewinnmaximierende
Unternehmung ihr Augenmerk auf die Marginalbedingungen richten. Wenn die
Fixkosten, die für den Markteintritt entstehen, einmal aufgebracht sind, geht es bei
der Produktionsentscheidung im allgemeinen nicht mehr darum, ob produziert
wird oder nicht, sondern darum, ob eine Einheit mehr oder weniger des Gutes hergestellt werden soll. Für eine Unternehmung auf einem Wettbewerbsmarkt ist die
Antwort auf dieses Problem relativ einfach: Sie vergleicht einfach den Grenzerlös,
den sie durch den Verkauf einer zusätzlichen Einheit erhalten wird – und der
gleich dem Preis des Gutes ist –, mit den Grenzkosten, also den zusätzlichen Kosten, die durch die Produktion entstehen. So lange der Grenzerlös die Grenzkosten
übersteigt, wird die Unternehmung durch die Ausdehnung der Produktion einen
zusätzlichen Gewinn erzielen. Wenn der Grenzerlös niedriger ist als die Grenzkosten, verringert die Produktion einer zusätzlichen Einheit den Gewinn, und die
Unternehmung wird die Produktion zurückschrauben. Kurz gesagt, die Unternehmung wählt diejenige Produktionsmenge, bei der die Grenzkosten gleich dem
Grenzerlös sind, der bei vollkommener Konkurrenz wiederum gleich dem Marktpreis des Gutes ist.

Die gewinnmaximale Produktionsmenge, bei der die Grenzkosten gleich dem
Marktpreis sind, kann in Teil A der Abbildung 12.3 abgelesen werden. Die Abbildung zeigt die Grenzkostenkurve einer Unternehmung mit steigenden Grenzkosten. Die Unternehmung produziert bis zu dem Punkt, an dem der Preis (der gleich
dem Grenzerlös ist) den Grenzkosten entspricht. Wenn sie mehr produzieren würde, würden die zusätzlichen Kosten den zusätzlichen Erlös übersteigen. Die Abbildung zeigt, wieviel die Unternehmung bei jedem Preis produziert. Beim Preis p_1
wird sie die Menge Q_1 produzieren. Beim Preis p_2 produziert sie die Menge Q_2.
Bei einer positiv geneigten Grenzkostenkurve liegt es auf der Hand, daß die Unternehmung bei steigenden Preisen mehr produziert.

Die Grenzkostenkurve hat wie die Angebotskurven in Kapitel Vier einen steigenden Verlauf. Auch dies ist kein Zufall: Die Grenzkostenkurve einer Unternehmung
ist in der Tat das gleiche wie ihre Angebotskurve. Die Grenzkostenkurve zeigt die
zusätzlichen Kosten der Produktion einer weiteren Outputeinheit bei verschiede-

nen Produktionsniveaus. Bei vollkommener Konkurrenz wählt die gewinnmaximierende Unternehmung diejenige Produktionsmenge, bei der die Kosten für die Produktion einer zusätzlichen Einheit (d.h., die Grenzkosten) gleich dem Marktpreis sind. Wir können daher aus der Grenzkostenkurve die Angebotsmenge der Unternehmung bei jedem Marktpreis ablesen: Es wird jeweils diejenige Menge sein, bei der die Grenzkosten gleich diesem Preis sind.

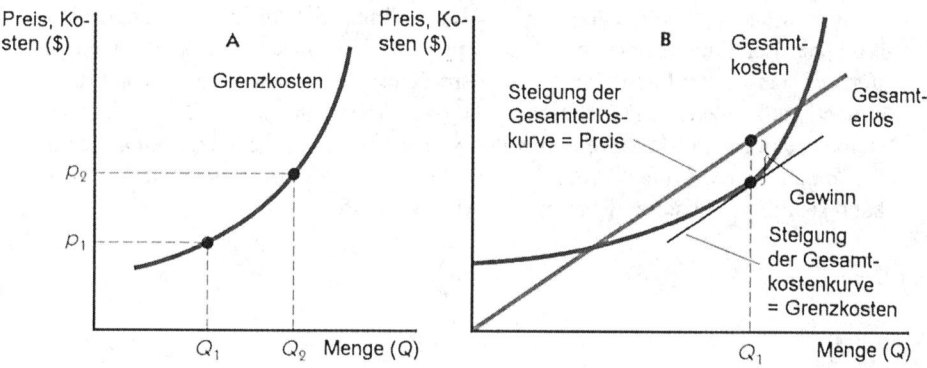

Abbildung 12.3 Die gewinnmaximale Produktionsmenge. Auf einem Wettbewerbsmarkt maximiert eine Unternehmung ihren Gewinn, indem sie die Produktionsmenge wählt, bei der die Grenzkosten gleich dem Marktpreis sind. In Teil A ist das die Menge Q_1 beim Preis p_1. Teil B zeigt Gesamterlös und Gesamtkosten. Der Gewinn ist dann maximal, wenn der Abstand zwischen den beiden Kurven am höchsten ist. Dies ist an dem Punkt der Fall, an dem beiden Kurven parallel verlaufen (und damit die gleiche Steigung haben).

Abbildung 12.2A zeigt den Gesamterlös und die Gesamtkosten der High Strung Violin Company. Man kann sehen, daß der Gewinn – der Abstand zwischen Erlösen und Kosten – bei einer Produktionsmenge von sieben oder acht am höchsten ist. Wenn der Preis nur ein wenig niedriger als 40.000 $ wäre, läge die gewinnmaximale Produktionsmenge bei sieben, bei einem leicht höheren Preis würde der Gewinn bei einer Menge von acht maximiert.

Die gewinnmaximale Produktionsmenge ist auch in Teil B der Abbildung 12.3 zu sehen, in der die Gesamtkosten und der Gesamterlös dargestellt sind. Der Gewinn ist wiederum die Differenz zwischen Erlös und Kosten. In der Abbildung wird der Gewinn durch den vertikalen Abstand zwischen der Gesamterlös- und der Gesamtkostenkurve angegeben. Die gewinnmaximierende Unternehmung wird diejenige Produktionsmenge wählen, bei der dieser Abstand am größten ist. Dies ist bei der Menge Q_1 der Fall. Links von Q_1 ist der Preis (die Steigung der Erlöskurve) höher als die Grenzkosten (die Steigung der Kostenkurve), so daß der Gewinn bei einer

Erhöhung des Outputs steigt; rechts von Q_1 ist der Preis niedriger als die Grenzkosten, der Gewinn würde also bei einer weiteren Ausdehnung der Produktionsmenge wieder sinken.

12.4 Markteintritt, Marktaustritt und Marktangebot

Wir können nun die Angebotskurve für den Gesamtmarkt beschreiben. Dazu müssen wir nur noch etwas mehr über die Markteintrittsentscheidung einer Unternehmung wissen. Wir betrachten zunächst eine Firma, die im Moment noch nichts produziert, und untersuchen die Frage, unter welchen Umständen sie die fixen Kosten auf sich nehmen wird, um in den Markt einzutreten. Das Problem kann relativ einfach gelöst werden: Die Unternehmung vergleicht einfach die Durchschnittskostenkurve mit dem Marktpreis. *Wenn der Preis höher als die Durchschnittskosten ist, lohnt es sich, in den Markt einzutreten.* Denn wenn sie in den Markt eintritt, kann sie die produzierten Güter mit Gewinn verkaufen.

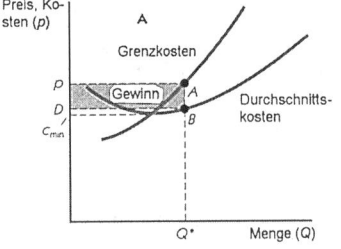 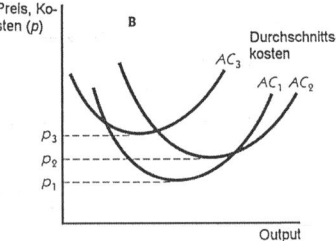

Abbildung 12.4 Kostenkurven, Gewinne und Markteintritt. Teil A zeigt, daß bei einem Preis oberhalb des Minimums der Durchschnittskostenkurve Gewinne entstehen. Der Gewinn entspricht der Fläche des schraffierten Rechtecks, also dem Stückgewinn (Preis abzüglich Durchschnittskosten, entsprechend der Entfernung AB) multipliziert mit der Outputmenge Q^*. In Teil B sind die Durchschnittskosten für drei verschiedene Unternehmungen abgebildet. Beim Preis p_1 wird nur eine Unternehmung in den Markt eintreten. Wenn der Preis auf p_2 und dann auf p_3 steigt, wird zunächst die Firma mit der Durchschnittskostenkurve AC_2 und dann diejenige mit der Kostenkurve AC_3 in den Markt eintreten.

Anwendungsbeispiel: Der Einstieg ins Malergeschäft

Das Streichen von Häusern ist ein typisches Sommergeschäft. Die Tage sind heiß und lang, und wegen der Schul- und Semesterferien kann man leicht ungelernte Arbeitskräfte bekommen. Nachdem er einen Einführungskurs in Volkswirtschaft gehört hatte, beschloß Michael, etwas Geld zu verdienen und gründete den Betrieb „Schnell-Streicher". Allein die Aufnahme des Geschäftsbetriebs verursachte bereits erhebliche Fixkosten. Da Michael den Betrieb vom Haus seiner Eltern aus führte, entstanden ihm keine Mietkosten. Seine Fixkosten sahen wie folgt aus:

Fixkosten

Gebrauchter Kleinlastwagen	5.000 $
Farbe und Vorräte	2.000 $
Flugblätter und Werbung	1.200 $
Visitenkarten und Briefpapier	500 $
Telephonanschluß und Anrufbeantworter	300 $
Summe	9.000 $

Michael machte sich an die Arbeit und trieb Kunden auf. Er nahm Anrufe von potentiellen Kunden entgegen, klopfte an Türen, erstellte Kostenvoranschläge und unterbreitete Angebote. Natürlich stand er im Wettbewerb mit anderen Malereibetrieben und mußte den Marktpreis einhalten, um einen Auftrag zu bekommen.

Michael stellte fest, daß der gängige Stundenlohn für Arbeitskräfte bei 10 $ lag. Realistischerweise ist Arbeit natürlich nicht der einzige variable Inputfaktor für das Streichen von Häusern. Man braucht auch zusätzliche Farben und Pinsel, aber der Einfachheit halber wollen wir annehmen, daß Michaels Vorräte für einen Sommer ausreichten. Seine variablen Kosten waren also von der Anzahl der Arbeitskräfte abhängig, die er einstellen muß.

Die variablen Kosten sind aber auch abhängig davon, wie lange es dauert, ein Haus zu streichen, und damit von der Qualität der Arbeitskräfte, die man finden kann. Die variablen Kosten von „Schnell-Streicher" sahen folgendermaßen aus:

gestrichene Häuser	benötigte Arbeitsstunden	Lohnkosten
5	100	1.000 $
10	300	3.000 $
15	600	6.000 $
20	1.000	10.000 $
25	1.500	15.000 $
30	2.100	21.000 $

Mit diesen Informationen konnte Michael die Kostenkurven für „Schnell-Streicher" berechnen:

Häuser	Gesamtkosten	Durchschnittskosten	Grenzkosten (pro Haus)
0	9.000 $		
5	10.000 $	2.000 $	200 $
10	12.000 $	1.200 $	400 $
15	15.000 $	1.000 $	600 $
20	19.000 $	950 $	800 $
25	24.000 $	960 $	1.000 $
30	30.000 $	1.000 $	1.200 $

Michael stellte fest, daß er bei diesen Grenz- und Durchschnittskostenkurven einen Gewinn erzielen konnte, wenn er für das Streichen eines typischen Hauses 1.000 $ oder mehr erhalten würde und wenn er mindestens 25 Häuser streichen würde. Grob gesagt, war das dann auch das Ergebnis dieses Sommers. Mit dem Streichen von 25 Häusern à 1.000 $ machte Michael einen Gewinn von 1.000 $.

Dachte er. In Michaels Kostenliste tauchten nirgendwo die Opportunitätskosten seiner Arbeitszeit auf. Er bekam nicht zehn Dollar pro Stunde für Streicharbeiten; er war unterwegs, um Aufträge zu akquirieren, Arbeitskräfte zu beschaffen und einzustellen, er nahm Anrufe entgegen und beantwortete Beschwerden.

Nehmen wir an, Michael hätte ein alternatives Jobangebot als Kellner gehabt. Er hätte dort sechs Dollar pro Stunde (einschließlich Trinkgeld) verdient und während der 12-wöchigen Sommerferien 40 Stunden die Woche gearbeitet. Damit hätte er während des Sommers ohne großen Streß und Risiko 2.880 $ verdienen können. Wenn man seine Opportunitätskosten zu den Fixkosten hinzuzählt, wird aus seinem scheinbaren Gewinn ein Verlust. Da „Schnell-Streicher" Michaels Opportunitätskosten nicht deckte *und* ihn auch nicht für das Risiko und den Ärger eines eigenen Geschäftes kompensierte, wäre es für ihn lohnender gewesen, die Mägen der Leute zu füllen anstatt ihre Häuser zu streichen.

Abbildung 12.4 zeigt die U-förmige Durchschnittskostenkurve. Das Minimum der Durchschnittskosten liegt bei c_{min}. Wenn der Preis unter c_{min} liegt, gibt es keine Produktionsmenge, die die Unternehmung gewinnbringend herstellen kann. Wenn der Preis höher ist als c_{min}, wird die Unternehmung die Menge Q^* produzieren, bei der der Preis (p) gleich den Grenzkosten ist. Bei Q^* sind die Grenzkosten höher als die Durchschnittskosten. (Dies gilt für alle Outputmengen jenseits des Minimums der Durchschnittskosten.) Der Stückgewinn ist die Differenz zwischen dem Preis und den Durchschnittskosten. Der Gesamtgewinn ist das Produkt aus Stückgewinn und Produktionsmenge (die schraffierte Fläche in der Abbildung).

Verschiedene Unternehmungen können unterschiedliche Durchschnittskostenkurven aufweisen. Einige werden ein besseres Management, andere einen günstigeren

Standort haben. Dementsprechend unterscheiden sich auch die minimalen Durchschnittskosten der Unternehmungen. Wenn die Preise steigen, wird der Markteintritt für mehr Unternehmungen profitabel. Abbildung 12.4B zeigt die U-förmigen Durchschnittskostenkurven AC_1, AC_2 und AC_3 für drei verschiedene Unternehmungen. Die erste Unternehmung tritt bei einem Marktpreis von p_1 in den Markt ein, die zweite bei einem Preis von p_2 und die dritte erst bei einem Preis von p_3.

Versunkene Kosten und Marktaustritt

Das Gegenstück zur Markteintrittsentscheidung ist die Entscheidung einer Unternehmung, die bereits produziert, über den Marktaustritt. **Versunkene Kosten** sind Kosten, die nicht mehr rückgängig gemacht werden können, selbst wenn die Unternehmung die Produktion einstellt. Die High Strung Violin Company könnte beispielsweise eine aufwendige Werbekampagne im Fernsehen durchgeführt haben. Die Kosten dieser Kampagne sind versunkene Kosten. Es gibt keine Möglichkeit, diese Ausgaben zurückzuholen, selbst wenn die Produktion eingestellt würde. Wenn es keine versunkenen Kosten gäbe, wäre die Marktaustrittsentscheidung das direkte Spiegelbild der Entscheidung über den Markteintritt. Unternehmungen würden den Markt verlassen, wenn die Durchschnittskosten über den Preis steigen. Aber da einige Kosten auch bei einem Marktaustritt bestehen bleiben, stellt sich für die Unternehmung die Frage, ob sie besser gestellt ist, wenn sie weiter produziert oder wenn sie den Markt verläßt.

Nehmen wir der Einfachheit halber an, daß alle Fixkosten versunkene Kosten seien. Für eine Unternehmung, die keine Fixkosten aufwenden mußte, sind die Durchschnittskosten gleich den variablen Durchschnittskosten. Die Unternehmung wird die Produktion in dem Moment einstellen, in dem der Preis unter das Durchschnittskostenminimum fällt, den tiefsten Punkt der U-förmigen variablen Durchschnittskostenkurve. Aber für eine Unternehmung *mit* fixen Kosten stellt sich die Entscheidung anders dar. In Abbildung 12.5A ist für diesen Fall sowohl die Kurve der variablen Durchschnittskosten als auch die Kurve der gesamten Durchschnittskosten dargestellt. Wie im Fall ohne versunkene Kosten stellt die Unternehmung die Produktion dann ein, wenn der Preis niedriger ist als p_1, das Minimum der durchschnittlichen *variablen* Kosten (derjenigen Kosten, die mit der Höhe des Outputs schwanken). Aber wenn der Preis zwischen den variablen Durchschnittskosten und den gesamten Durchschnittskosten liegt, wird die Unternehmung weiter produzieren, selbst wenn ihr dadurch ein Verlust entsteht. Sie setzt die Produktion fort, da die Einstellung der Produktion einen noch größeren Verlust verursachen würde. Da der Preis über den variablen Durchschnittskosten liegt, übersteigen die Erlöse die zusätzlichen Kosten, die durch die Produktion entstehen. (Wir werden später in diesem Kapitel noch den Fall diskutieren, in dem die Fixkosten nicht notwendigerweise auch versunkene Kosten sind.)

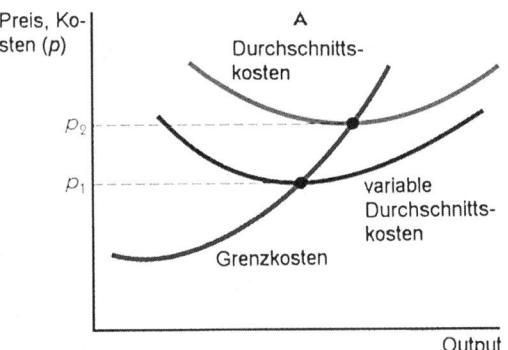

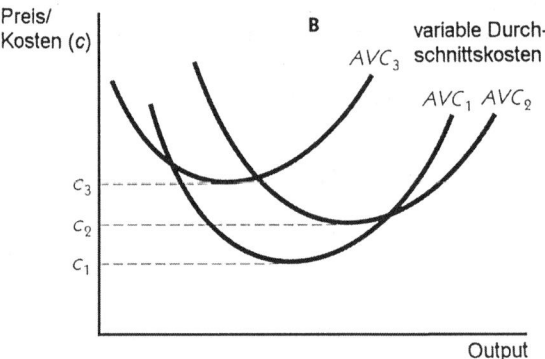

Abbildung 12.5 Variable Durchschnittskosten und Produktionsentscheidung. Teil A zeigt die variablen Durchschnittskosten einer Unternehmung. Kurzfristig produzieren Unternehmungen so lange, wie der Preis oberhalb der variablen Durchschnittskosten liegt. Die Unternehmung wird daher bei Preisen zwischen p_1 und p_2 die Produktion fortsetzen, auch wenn dadurch ein Verlust entsteht (der Preis ist niedriger als die gesamten Durchschnittskosten). Teil B zeigt, daß Unternehmungen mit unterschiedlichen variablen Durchschnittskostenkurven bei unterschiedlichen Preisen aus dem Markt austreten. Wenn der Preis unter c_3, das Minimum der variablen Durchschnittskosten für Unternehmung 3, fällt, stellt diese Firma die Produktion ein; fällt der Preis unter c_2, so verläßt Unternehmung 2 den Markt. Wenn der Preis schließlich unter c_1 sinkt, hört auch Unternehmung 1 auf, zu produzieren.

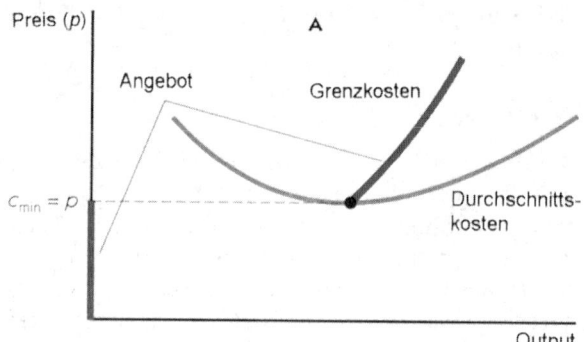

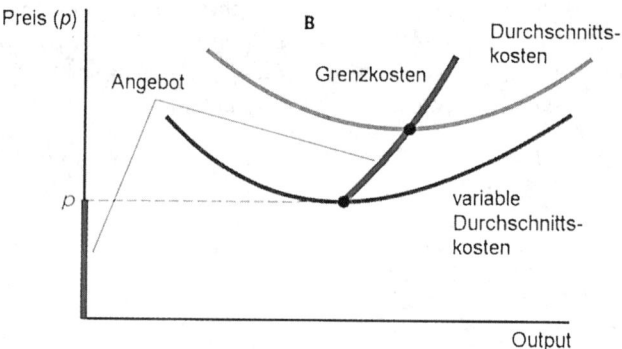

Abbildung 12.6 Die Angebotskurve einer einzelnen Unternehmung. Teil A zeigt die Angebotskurve einer Unternehmung aus der Sicht vor dem Markteintritt. Solange der Preis unterhalb der Durchschnittskosten liegt, ist die Angebotsmenge null. Oberhalb des Markteintrittspreises fällt die Angebotskurve mit der Grenzkostenkurve der Unternehmung zusammen. Teil B zeigt die Angebotskurve einer Unternehmung, der beim Markteintritt versunkene Kosten entstanden sind. Sie wird solange produzieren wie der Preis oberhalb des Minimums der variablen Durchschnittskosten liegt.

Verschiedene Unternehmungen in einem Industriezweig werden auch unterschiedliche variable Durchschnittskosten haben und den Marktaustritt daher bei unterschiedlichen Preisniveaus lohnend finden. Abbildung 12.5B zeigt die Kurven der variablen Durchschnittskosten für drei verschiedene Unternehmungen. Ihre Kostenkurven unterscheiden sich voneinander; einige können beispielsweise eine neuere Ausstattung haben als andere. Wenn der Preis sinkt, stellt zuerst die Unternehmung mit dem höchsten Minimum der variablen Durchschnittskosten fest, daß sie beim gängigen Marktpreis keinen Gewinn mehr erzielen kann, und entscheidet sich für die Einstellung der Produktion. Unternehmung 3 (repräsentiert durch die Kurve AVC_3) stellt die Produktion ein, sobald der Preis unter c_3 fällt, Unternehmung 2 schließt bei einem Preis niedriger als c_2, und Unternehmung 1 stellt den Betrieb ein, sobald der Preis unter c_1 fällt.

Die Angebotskurve der Unternehmung

Wir sind nun in der Lage, die Angebotskurve einer Unternehmung zu zeichnen. Wie Abbildung 12.6A zeigt, ist das Angebot einer Firma gleich null, solange der Preis unter dem für den Markteintritt kritischen Niveau liegt, das durch das Minimum der Durchschnittskosten bestimmt ist. Bei Preisen unterhalb von $c_{min} = p$ produziert die Unternehmung also nichts. Bei Preisen, die höher als $c_{min} = p$ liegen, produziert die Unternehmung so viel, daß der Preis gleich den Grenzkosten ist; die Angebotskurve der Unternehmung fällt also mit der Grenzkostenkurve zusammen. Bei einer Unternehmung, die beim Markteintritt versunkene Kosten auf sich genommen hat (Teil B der Abbildung), fällt die Angebotskurve solange mit der Grenzkostenkurve zusammen, wie der Preis das Minimum der *variablen* Durchschnittskosten übersteigt; wenn der Preis unter dieses Minimum sinkt, tritt die Firma aus dem Markt aus, und das Angebot fällt wieder auf null.

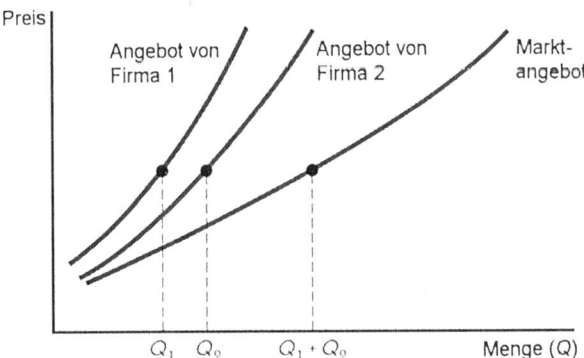

Abbildung 12.7 Die Marktangebotskurve. Die Marktangebotskurve ergibt sich aus der horizontalen Addition der Angebotskurven der einzelnen Unternehmungen. Generell gilt, daß bei steigenden Preisen jede Firma mehr produziert und neue Unternehmungen in den Markt eintreten.

Die Marktangebotskurve

Aus diesen Informationen über die Kostenkurven der einzelnen Unternehmungen kann nun auch die Marktangebotskurve abgeleitet werden. In Kapitel 4 haben wir die Marktangebotskurve bereits als die Summe der Angebotsmengen der einzelnen Firmen bei jedem gegebenen Marktpreis definiert. In Abbildung 12.7 ist die graphische Darstellung der gesamtwirtschaftlichen Angebotskurve für einen Markt mit zwei Unternehmungen wiedergegeben. Wenn der Preis steigt, ist es für die bereits im Markt befindlichen Unternehmungen (1 und 2) gewinnbringend, ihren Output zu erhöhen. Darüberhinaus wird der Markteintritt auch für neue Unternehmungen (mit höheren variablen Durchschnittskosten) profitabel. Da höhere Preise auf einem Wettbewerbsmarkt den Markteintritt zusätzlicher Firmen induzieren, reagiert die Marktangebotskurve stärker auf eine Preiserhöhung als dies bei einer gegebenen Anzahl von Unternehmungen der Fall wäre. Bei fallenden Preisen gibt es dementsprechend ebenfalls zwei Marktreaktionen. Die Unternehmungen, für die die Produktion auch bei niedrigeren Preisen noch gewinnbringend ist, werden weniger produzieren; Unternehmungen mit höheren Kosten werden den Markt verlassen. Dadurch ist auf Wettbewerbsmärkten sichergestellt, daß jedes Produkt zum geringstmöglichen Preis von den am effizientesten arbeitenden Unternehmungen hergestellt wird.

Abbildung 12.8 Kurzfristige und langfristige Preiselastizität des Angebots. Da die Unternehmung langfristig mehr Möglichkeiten hat, auf Preisänderungen zu reagieren, ist die Preiselastizität der Angebotskurve langfristig höher als kurzfristig.

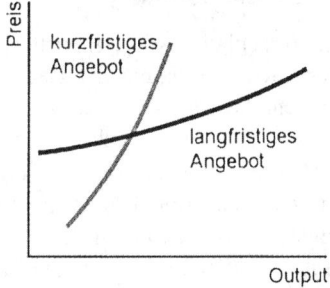

12.5 Langfristiges versus kurzfristiges Angebot

Wie wir in Kapitel 11 gesehen haben, hat die typische Unternehmung kurzfristig eine U-förmige Durchschnittskostenkurve, und die Grenzkosten steigen bei Outputmengen, die oberhalb des niedrigsten Punkts des U liegen. Aber die langfristige Grenzkostenkurve ist flacher. Dies liegt daran, daß Anpassungen an veränderte Marktbedingungen Zeit beanspruchen, und einige Anpassungen brauchen mehr Zeit als andere. Kurzfristig kann man mehr Arbeitskräfte einstellen, zusätzliche Schichten einlegen und die Maschinen stärker auslasten (oder die Produktionsgeschwindigkeit herunterfahren), aber man ist wahrscheinlich bezüglich der vorhandenen Ausrüstung festgelegt. Langfristig kann man zusätzliche Gebäude und Maschinen kaufen (oder verkaufen). Die langfristige Angebotskurve einer Unternehmung ist daher elastischer (flacher) als die kurzfristige Angebotskurve (vgl. Abbildung 12.8).

Ein Blick in die Wirtschaftspolitik: Die Benzinkrise von 1996

Zwischen Januar und April 1996 stiegen die Benzinpreise um beinahe 20 Prozent. Ein Grund war der ungewöhnlich kalte Winter, der mehr Rohöl in die Produktion von Heizöl lenkte. Aber ein weit wichtigerer Faktor war die Unsicherheit bezüglich der Öllieferungen aus dem Irak. Nach dem Golfkrieg 1991 durfte der Irak kein Öl mehr auf den internationalen Märkten verkaufen. Anfang 1996 wurden jedoch angesichts der steigenden Nahrungsmittelknappheit im Irak entscheidende Fortschritte bei der Vereinbarung eines Programms gemacht, das es dem Irak erlauben sollte, Öl im Wert von 2 Mrd. $ zu verkaufen, um dafür Lebensmittel zu beziehen. Dieses zusätzliche Öl hätte den Ölpreis auf dem Weltmarkt erheblich unter Druck gebracht, und die amerikanischen Ölimporteure wollten unter diesen Umständen keine großen Lagerbestände halten. Aber bis April war immer noch kein Abkommen erreicht worden.

Ein Vorschlag, um die Belastung der Konsumenten zu reduzieren, war eine vorübergehende Senkung der Benzinsteuer um 4,3 Cents pro Gallone. Die meisten Wirtschaftswissenschaftler waren davon überzeugt, daß diese Steuersenkung kurzfristig kaum einen Effekt haben würde. Sie glaubten, daß die kurzfristige Angebotskurve für Benzin sehr unelastisch sei; die amerikanischen Raffinerien arbeiteten bereits an ihrer Kapazitätsgrenze. Der hohe Preis war also auf das begrenzte Angebot zurückzuführen. Jede Preissenkung hätte nur dazu geführt, daß die Nachfrage das kurzfristige Angebot überstiegen hätte. Die Steuersenkung wäre damit nur den Ölgesellschaften in Form von höheren Gewinnen zugute gekommen.

Natürlich kann man in einer solchen Situation mehr Benzin aus dem Ausland importieren, und das ist auch geschehen. Berücksichtigt man die Reaktionszeit der Importe, so kommt binnen einer Frist von ein bis zwei Monaten die langfristige Angebotskurve ins Spiel.

Dasselbe gilt, sogar in noch stärkerem Ausmaß, für einen gesamten Industriezweig – wiederum weil die Anzahl der produzierenden Unternehmungen nicht fix ist. Selbst wenn jede einzelne Unternehmung nur eine Produktionsstätte betreiben kann, kann der gesamte Output des Industriezweigs um fünf Prozent erhöht werden, wenn die Anzahl der Unternehmungen um fünf Prozent steigt. Die zusätzlichen Kosten für die Erhöhung des Outputs um fünf Prozent entsprechen dann in etwa den Durchschnittskosten. Die langfristige Marktangebotskurve verläuft dementsprechend annähernd horizontal. Unter diesen Bedingungen wird der Markt, auch bei einer drastischen Verschiebung der Nachfragekurve für das Produkt, bei

annähernd gleichem Preis sehr viel mehr produzieren, da zusätzliche Produktionsstätten in Betrieb genommen werden und weitere Unternehmungen in den Markt
eintreten.

Auch die Marktangebotskurve ist daher langfristig sehr viel elastischer als kurzfristig. In der *ganz* kurzen Frist kann es sogar für eine Unternehmung unmöglich
werden, mehr ausgebildete Arbeitskräfte einzustellen oder ihre Kapazität zu erhöhen. Ihre Angebotskurve wäre – ebenso wie die Marktangebotskurve – annähernd
senkrecht. In der kurzen Frist sind Maschinen und Anzahl der Unternehmungen
gegeben, aber Arbeit und andere Inputfaktoren können variiert werden.

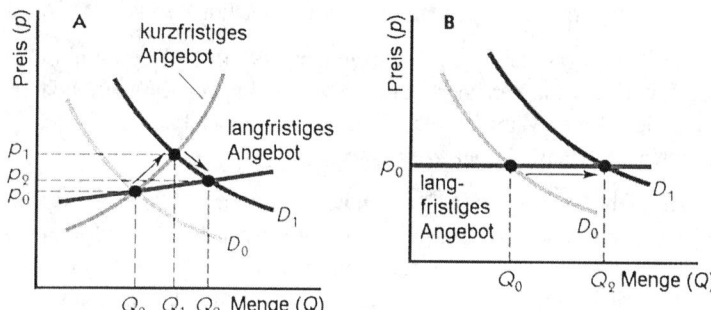

Abbildung 12.9 Kurzfristiges und langfristiges Marktgleichgewicht. In Teil A der Abbildung liegt das ursprüngliche Marktgleichgewicht beim Preis p_0 und bei der Outputmenge Q_0. Kurzfristig führt eine Verschiebung der Nachfragekurve von D_0 nach D_1 zu
einer Preiserhöhung auf p_1 und einer Produktionsausweitung auf Q_1. Langfristig ist die
Elastizität des Angebots größer, so daß die Preiserhöhung geringer – der Preis steigt nur auf
p_2 – und die Mengenausweitung stärker – auf Q_2 – ausfällt. Wenn das Angebot wie in Teil
B der Abbildung langfristig vollkommen elastisch ist, wird eine Verschiebung der Nachfragekurve nur zu einer Änderung der produzierten Menge führen, während der Marktpreis
gleich bleibt.

Vergleichen wir in Abbildung 12.9 die kurzfristige Marktangebotskurve mit der
langfristigen. Die kurzfristige Kurve hat eine sehr viel größere Steigung. Eine Verschiebung der Nachfrage hat einen größeren Effekt auf den Preis und einen kleineren auf die Menge als dies bei der langfristigen Betrachtung der Fall ist. Langfristig kann die Marktangebotskurve horizontal verlaufen. In diesem Fall hat eine
Verschiebung der Nachfragekurve *nur* einen Mengeneffekt (vgl. Abbildung
12.9B). Der Preis bleibt auf dem Niveau der minimalen Durchschnittskosten; der

Wettbewerb führt dazu, daß so viele neue Firmen in den Markt eintreten, daß der Gewinn auf null schrumpft.

Wieder stellt sich die Frage, wie lange "langfristig" ist. Dies ist abhängig von der Art des Industriezweigs. Ein Stromversorgungsunternehmen braucht Jahre, um seine Kapazität zu erhöhen. Die meisten anderen Unternehmungen können Gebäude und Maschinenpark wenn nicht innerhalb von Monaten, so doch sicherlich im Zeitraum von ein bis zwei Jahren erweitern. Die jüngsten technischen Verbesserungen, wie computergestütztes Design und Produktionsverfahren, erlauben es den meisten Betrieben, ihre Produktion schneller anzupassen. Dadurch wurde die lange Frist erheblich abgekürzt, so daß Angebotskurven heutzutage elastischer sind als in der Vergangenheit.

Unter die Lupe genommen: Der Marktaustritt von Pan Am

Pan American World Airways stellte am 4. Dezember 1991 ihren Betrieb ein. Die Gesellschaft flog seit 1927 und war über viele Jahrzehnte hinweg die marktbeherrschende Fluglinie der Welt. Manche behaupteten sogar, das Pan-Am-Logo sei einmal das bekannteste Firmenlogo der Welt gewesen.

Der Firmentod kam nicht überraschend. Pan Am hatte zwischen 1980 und 1991 bis auf ein Jahr in jedem Jahr einen Verlust gemacht – Verluste, die sich auf knapp 2 Mrd. $ addierten. Im Januar 1991 hatte die Firma offiziell Konkurs angemeldet. Hier stellt sich die Frage, wie es möglich ist, daß eine Unternehmung über ein Jahrzehnt hinweg Verluste macht und den Betrieb sogar noch weiter aufrechterhält, nachdem es Konkurs angemeldet hat.

Das auf den Kostenkurven basierende Modell des Marktein- und -austritts erklärt, warum Pan Am nicht bereits nach dem ersten verlustbringenden Jahr den Betrieb eingestellt hat. Solange eine Unternehmung einen Preis verlangen kann, der die variablen Durchschnittskosten deckt, ist es ökonomisch sinnvoll, den Geschäftsbetrieb aufrechtzuerhalten, selbst wenn der Preis unter den gesamten Durchschnittskosten liegt und die Unternehmung daher einen Verlust einfährt.

Pan Am schien jedoch noch weiter zu fliegen, als der Preis bereits unter die variablen Durchschnittskosten gefallen war. Die Firma hoffte, daß sich die Marktbedingungen wieder verbessern würden und wollte sich diese Option offenhalten. Aber Pan Am bezahlte einen hohen Preis für diese Strategie.

Um trotz hoher Verluste im Geschäft bleiben zu können, muß eine Unternehmung über Vermögenswerte verfügen, die sie verkaufen kann. In ihren vielen gewinnbringenden Jahren hatte Pan Am eine ganze Reihe solcher Vermögenswerte angesammelt, und in den 80er Jahren begann sie damit, sie zu verkaufen. Die Gesellschaft verkaufte das Pan-Am-Gebäude für 400 Mio. $ an die Metropolitan Lebensversicherung; ihre Tochtergesellschaft Intercontinental Hotels verkaufte sie für 500 Mio. $; ihre pazifischen Fluglinien und später auch die Verbindungen nach London verkaufte sie an United Airlines; und eine erhebliche Menge an Gebäuden und Grundstücken in Tokio wurden ebenfalls veräußert. Ende 1991 schlug Pan Am vor, den Großteil ihrer Linien an Delta zu verkaufen und eine kleine Fluglinie mit Sitz in Miami zu werden, die hauptsächlich den lateinamerikanischen Markt bedienen würde. Anders gesagt, obwohl Pan Am während der 80er Jahre unter Verlust weiter flog, vollzog die Firma doch während der ganzen Zeit schrittweise den Marktaustritt.

In der Tat sind Wirtschaftswissenschaftler manchmal unterschiedlicher Auffassung darüber, ob die Marktwirtschaft den Marktaustritt schnell genug erzwingt. Wie der Fall von Pan Am zeigt, kann der Marktaustritt ein sehr langgezogener Prozeß sein. Sicher profitieren davon einige Arbeitskräfte, die damit über einen längeren Zeitraum einen Jobwechsel vermeiden können. Aber die Aktienbesitzer wären besser daran gewesen, wenn die Gesellschaft in den frühen 80er Jahren verkauft worden wäre, bevor sie die Gelegenheit hatte, noch mehr Geld zu verlieren.

Quellen: Brett Pulley, „Pan Am Ceases Operations, Race Opens to Get Its Valuable Latin American Routes," *Wall Street Journal* vom 5. Dezember 1991, S. A7; Agis Salpukas, „Its Cash Depleted, Pan Am Shuts," *New York Times* vom 5. Dezember 1991, S. D1; Severin Borenstein, „The Evolution of U.S. Airline Competition," *Journal of Economic Perspectives* (Frühjahr 1992).

Ein Blick über das Grundmodell hinaus: Versunkene Kosten, Markteintritt und Wettbewerb

Der hohe Wettbewerbsgrad, der im Modell der vollkommenen Konkurrenz unterstellt wird, verlangt eine große Anzahl von Firmen, die miteinander um den Verkauf ihrer Produkte konkurrieren. Der Wettbewerb zwischen diesen Unternehmungen drückt den Marktpreis auf ein Niveau, bei dem auf dem Markt keine Gewinne (in der ökonomischen Definition) entstehen. (Die Opportunitätskosten der Eigentümer und die Kapitalkosten sind Bestandteil der Kosten.)

Aber auch ohne eine große Anzahl von Unternehmungen auf einem Markt lassen sich die Voraussagen des Modells der vollkommenen Konkurrenz noch aufrechterhalten. An dieser Stelle wird die Unterscheidung zwischen Gemeinkosten (oder *fixen* Kosten) und *versunkenen* Kosten wichtig. Gemeinkosten sind Kosten, die unabhängig von der Höhe des Outputs entstehen. Die Kosten für den Betrieb des Unternehmenssitzes sind in diesem Sinne Gemeinkosten. Aber wenn eine Unternehmung die Produktion einstellt, kann sie das Gebäude verkaufen und einen Großteil der Kosten abdecken. Die Kosten für das Gebäude sind in diesem Fall, obwohl sie fix sind, nicht versunken. Eine Unternehmung dagegen, die nicht nur ein Gebäude gekauft, sondern auch eine Menge Geld für ein Firmenlogo ausgegeben hat, das auf dem Gebäude prangt, kann zwar die Kosten für das Gebäude durch einen Verkauf wiedererlangen, *nicht* aber die Kosten für das Logo. Niemand würde das Firmenlogo einer Konkurs gegangenen Unternehmung aus zweiter Hand kaufen. Werbeausgaben sind typischerweise versunkene Kosten. Ausgaben für Vermögenswerte, die auch für andere Zwecke verwendet werden können – Gebäude und Autos – sind dagegen meistens keine versunkenen Kosten.

Die Theorie der **bestreitbaren Märkte** besagt, daß eine Unternehmung sogar auf einem Markt, auf dem sie der einzige Anbieter ist, wie auf einem Wettbewerbsmarkt einen Nullgewinn erzielen wird, *wenn* die versunkenen Kosten niedrig sind. Die Drohung, daß andere Unternehmungen in den Markt eintreten könnten, reicht aus, um die Unternehmung davon abzuhalten, ihren Preis über die Durchschnittskosten hinaus zu erhöhen. Dieses Ergebnis gilt auch bei hohen Fix- oder Gemeinkosten, solange diese aus Gebäuden, Autos, Flugzeugen oder anderen Vermögenswerten bestehen, die leicht verkauft werden können. Eine Unternehmung, die in den Markt eintritt, hat wenig zu verlieren, da sie ihre Entscheidung stets rückgängig machen und ihre Investitionen zurückgewinnen kann.

Aber wenn ein erheblicher Teil dieser Vermögenswerte keine anderweitige Verwendung finden kann – wie beispielsweise ein Atomkraftwerk – werden diese Kosten versunkene Kosten und die Konkurrenzdrohung verschwindet. Potentielle Konkurrenten bedenken nun, daß sich bei einem Markteintritt ihrerseits der Wettbewerb verschärfen könnte. Und sie haben Recht mit ihren Bedenken, da alle Unternehmungen den Markt wegen der hohen versunkenen Kosten nur sehr widerstrebend verlassen werden. Wenn der Wettbewerb scharf genug ist, kann der Preis sogar unter die Durchschnittskosten fallen, und die Konkurrenten werden den Markt immer noch nicht verlassen. Wenn der Preis unter den Durchschnittskosten liegt, kann eine neue Unternehmung keinen Ertrag auf ihre Investition erzielen. Solange sie noch nicht in den Markt eingetreten ist, hat sie einen Vorteil: Sie hat die versunkenen Kosten noch nicht auf sich genommen. Unter dem beschriebenen Szenario wird sie ihren Blick von der Verlockung hoher Gewinne abwenden, weil sie weiß, daß sie nur ein Trugbild sind. Die Gewinne werden verschwinden, wenn die neue Unternehmung sie einzustreichen versucht und in den Markt eintritt. Aber für die begrenzte Anzahl von Unternehmungen, die bereits im Markt sind, können sie bestehen bleiben, wenn es ihnen gelingt, die potentiellen Newcomer vom Markteintritt abzuhalten. Auf Märkten mit hohen versunkenen Kosten können daher ohne große Markteintrittsdrohung hohe Gewinne nachhaltig bestehen bleiben – eine klare Abweichung vom Modell der vollkommenen Konkurrenz.

12.6 Gewinn in Buchhaltung und Wirtschaftswissenschaft

Unsere Ausgangsannahme war, daß Unternehmungen ihre Gewinne maximieren. Nun scheint aber der Wettbewerb die Gewinne auf null zu drücken. Dies erscheint den meisten Leuten wie ein Widerspruch: Wenn die Gewinne wirklich null wären, würden die Unternehmungen wohl nicht mehr produzieren. Einerseits stellen wir fest, daß der Wettbewerb die Gewinne auf null drückt. Aber in der wirtschaftlichen Realität beobachten wir natürlich, daß Unternehmungen regelmäßig Gewinne erzielen.

Die Antwort auf diesen scheinbaren Widerspruch liegt in der grundsätzlich unterschiedlichen Definition des Gewinns in Buchhaltung und Wirtschaftswissenschaft begründet. Zwei Punkte verdienen unsere besondere Aufmerksamkeit: Zum einen berücksichtigen Wirtschaftswissenschaftler bei der Berechnung von Gewinnen auch die Opportunitätskosten. Der zweite Punkt hat mit dem ökonomischen Konzept der Renten zu tun.

Opportunitätskosten

Um den Zusammenhang zwischen Opportunitätskosten und Gewinn aus wirtschaftswissenschaftlicher Sicht zu verstehen, betrachten wir eine kleine Firma, in die der Besitzer 100.000 $ investiert hat. Wir nehmen an, der Besitzer erhalte ein kleines Einkommen und bringe 60 Stunden pro Woche für die Unternehmung auf. Ein Volkswirt würde argumentieren, daß der Besitzer seine Opportunitätskosten, die durch die Investition von Zeit und Geld in die Unternehmung entstehen, berechnen sollte. Die Opportunitätskosten seiner Arbeitszeit bestehen in dem höchstmöglichen Gehalt, das er erzielen könnte, wenn er bei einer anderen Beschäftigung 60 Stunden pro Woche arbeiten würde. Die Opportunitätskosten des Kapitals sind die Rendite, die die 100.000 $ in einer alternativen Kapitalanlage abwerfen würden. Dies sind die wahren Kosten der Investition von Geld und Zeit des Eigentümers. Um den Gewinn im ökonomischen Sinn zu berechnen, müssen diese Opportunitätskosten subtrahiert werden.

Betrachten wir eine Unternehmung, deren Buchhaltung einen Gewinn von drei Prozent des investierten Kapitals ausweist. Ein Wirtschaftswissenschaftler würde feststellen, daß das Kapital auf einem Bankkonto eine Rendite von mindestens fünf Prozent erzielt hätte. Er würde also zu dem Schluß kommen, daß das Geschäft einen Verlust aufweist. Die Vernachlässigung der Opportunitätskosten führt dazu, daß die ausgewiesenen Gewinne die wahren ökonomischen Gewinne meistens überzeichnen.

Die Berücksichtigung von Opportunitätskosten ist nicht immer einfach; die alternativen Verwendungsmöglichkeiten von Ressourcen können oft nicht eindeutig bestimmt werden. Die Zeit eines Managers für die Expansion der Unternehmung in eine Richtung könnte zum Beispiel auch für die Kostenkontrolle oder für eine andere Expansionsrichtung verwendet werden. Land, auf dem ein Golfplatz für die Mitarbeiter liegt, könnte für einen anderen Zweck verwendet werden, der möglicherweise soviel Geld abwirft, daß die Mitgliedschaft in einem Golfclub für alle Angestellten, die das wollen, bezahlt werden kann. Bei derartigen Entscheidungen müssen sich Unternehmungen ständig fragen, welchen Ertrag die Ressourcen in anderen Verwendungen brächten.

Manchmal können Marktdaten angemessene Preise für die Berechnung von Opportunitätskosten liefern. Die Opportunitätskosten riesiger Büros für das Top-Management können beispielsweise durch die Miete gemessen werden, die bei Vermietung an eine andere Unternehmung eingenommen werden würde. Aber die Berechnung erweist sich oft als schwieriger, zum Beispiel wenn die Opportunitätskosten des Vizepräsidenten berechnet werden sollen, der nicht entlassen werden kann und frühestens in fünf Jahren zurücktreten wird.

Ein weiteres Problem sind Kosten, die bereits aufgewendet wurden, zum Beispiel für den Kauf eines Gebäudes, das eigentlich nicht mehr gebraucht wird. Die relevanten Opportunitätskosten bestehen nicht in dem ursprünglichen Kauf- oder Leasingpreis, sondern im Wert, den das Gebäude bei anderen Verwendungen hat, zum Beispiel bei Vermietung des Gebäudes.

Die wichtige Feststellung dieses Abschnittes ist, daß man Opportunitätskosten nicht einfach aus entstandenen Kosten berechnen kann. Stellen wir uns einen Autohersteller vor, der ein Stück Land für eine Million Dollar pro Morgen gekauft hat. Es stellt sich heraus, daß die Unternehmung einen Fehler gemacht hat und daß das Land nur 100.000 $ pro Morgen wert ist. Die Unternehmung muß sich nun zwischen zwei Produktionsanlagen entscheiden, von denen die eine sehr viel mehr Platz braucht als die andere. Für die Entscheidung ist es wichtig, ob die Opportunitätskosten 1 Mio. oder 100.000 $ pro Morgen betragen. Je nachdem wird die Unternehmung Land einsparen oder auch nicht. Vom wirtschaftswissenschaftlichen Standpunkt aus gesehen, liegt die Antwort auf der Hand: Die Kosten sollten entsprechend den *aktuellen* Opportunitätskosten bewertet werden. Die Tatsache, daß die Unternehmung beim Kauf des Landes einen Fehler gemacht hat, sollte bei der aktuellen Entscheidung keine Rolle spielen.

Individuen wie Unternehmungen verschlimmern jedoch häufig ihre ökonomischen Fehlentscheidungen, indem sie ihr Augenmerk auf die vergangenen Ausgaben richten. Geschäftsführer, die ursprünglich für eine schlechte Entscheidung verantwortlich waren, lassen die Vergangenheit oft besonders ungern auf sich beruhen. Die öffentliche Mitteilung, daß der Marktpreis für Land in obigem Beispiel nur 100.000 $ ist, wäre beispielsweise gleichbedeutend einem Eingeständnis, daß ein schwerer Fehler gemacht wurde. Die Anerkennung solch eines Fehlers würde die Zukunft des Managers in der Firma aufs Spiel setzen.

Renten

Eine zweite Unterscheidung zwischen der Gewinndefinition eines Wirtschaftswissenschaftlers und der eines Buchhalters betrifft die **Renten** im ökonomischen Sinn.

Die Rente ist die Differenz zwischen dem Preis, der tatsächlich für ein Produkt bezahlt wird, und dem Preis, der notwendig ist, damit ein Gut produziert wird.

Der ökonomische Begriff der (Grund-)Rente wurde historisch im Zusammenhang mit der Nutzung von Ackerland entwickelt.[*] Obwohl Renten mittlerweile in viel breiter gefaßten Anwendungen analysiert werden, ist das Beispiel der Grundrente sehr lehrreich. Die kritische Eigenschaft von Land in diesem Zusammenhang ist die mangelnde Angebotselastizität. Höhere Pachtzahlungen für Land führen zu keiner Ausweitung des Angebots. Selbst wenn ein Grundeigentümer so gut wie nichts für die Verpachtung des Landes bekommen würde, wäre das gleiche Land vorhanden. Viele andere Produktionsfaktoren weisen den gleichen unelastischen Charakter auf. Auch wenn man sein Gehalt verdoppeln würde, würde Greg Maddux nicht mehr „Pitches" für die Atlanta Braves „produzieren". Die Extrahonorare für diese Art seltener Talente fallen unter die ökonomische Definition der Rente. Jeder, der in der Lage ist, Renten zu erzielen, ist in der Tat glücklich zu schätzen, da diese „Renten" ohne Anstrengung entstehen. Ihre Zahlung ist vollständig durch die Nachfrage bestimmt.

Unternehmungen können Renten erzielen, wenn sie effizienter produzieren als ihre Konkurrenten. Wir haben festgestellt, daß eine Unternehmung dann bereit ist zu produzieren, wenn der Preis die minimalen Durchschnittskosten deckt. Wenn einige Unternehmen effizienter sind als andere, liegen ihre Durchschnittskostenkurven niedriger. Stellen wir uns einen Markt vor, auf dem alle Unternehmungen außer einer die gleichen Durchschnittskostenkurven haben und auf dem der Marktpreis dem Minimum der Durchschnittskosten dieser Unternehmungen entspricht. Die eine Unternehmung sei supereffizient, so daß sie weit unter den Durchschnittskosten der anderen produzieren kann. Die Unternehmung wäre auch bereit, bei einem niedrigeren Marktpreis, dem Minimum ihrer Durchschnittskosten, zu produzieren. Was sie darüberhinaus erhält sind Renten – Erträge, die aus der Überlegenheit der Unternehmung resultieren.

Wenn Wirtschaftswissenschaftler also sagen, daß der Wettbewerb die Gewinne auf null schrumpfen läßt, richten sie ihr Augenmerk auf die Tatsache, daß im Wettbewerbsgleichgewicht der Preis gleich den Grenzkosten für jede produzierende Unternehmung ist. Eine Unternehmung kann ihren Gewinn nicht durch eine Ausdehnung der Produktion erhöhen, und für Außenseiter lohnt es sich nicht, in den Markt einzutreten. Wir sagen, der Wettbewerb drückt den Gewinn der marginalen Unternehmung auf null.

In einigen Fällen ist das Angebot von Produktionsfaktoren kurzfristig unelastisch, aber langfristig elastisch. Ein Beispiel ist die Miete für ein Gebäude. Kurzfristig ist

---

[*] Der Begriff „*rent*" bezeichnet im Englischen sowohl Miet- und Pachtzahlungen als auch „Renten" im ökonomischen Sinne. [Anmerkung der Übers.]

das Angebot an Häusern unabhängig vom Ertrag, und die Zahlungen für die Benutzung eines Gebäudes sind Renten im ökonomischen Sinne. Aber langfristig
reagiert das Angebot auf die Höhe der Mieten – Investoren werden keine neuen
Häuser bauen, wenn sie nicht einen höheren Ertrag erzielen können. Daher ist die
Miete (im Englischen: „*rent*"), die der Hausbesitzer erhält, im ökonomischen Sinne keine wirkliche Rente.[1]

12.7 Faktornachfrage

Im Rahmen der Entscheidung über die Angebotsmenge und ihre kostengünstigste
Herstellungsmethode entscheiden Unternehmungen auch, wieviel sie von den verschiedenen Produktionsfaktoren einsetzen. Dies ist die **Faktornachfrage**. Man
spricht manchmal auch von einer abgeleiteten Nachfrage, weil sich die Faktornachfrage aus den übrigen Entscheidungen der gewinnmaximierenden Unternehmung ableitet. Wie in Kapitel 11 bei der Analyse der Kosten unterscheiden wir
zwei Fälle, den Fall eines einzigen variablen Produktionsfaktors und den Fall verschiedener Produktionsfaktoren. Arbeit ist wiederum unser Hauptbeispiel für den
Input, aber die dargestellten Prinzipien gelten ebenso für jeden anderen Produktionsfaktor.

Im Fall eines einzigen Produktionsfaktors, sagen wir Arbeit, ist mit der Entscheidung über die Produktionsmenge auch die Anzahl an Arbeitskräften festgelegt, die
eingestellt werden muß. Sobald wir den Preis des Gutes kennen, können wir aus
der Grenzkostenkurve die Angebotsmenge (den Output) berechnen; und sobald wir
die Produktionsmenge kennen, können wir durch einen einfachen Blick auf die
Produktionsfunktion die dafür benötigte Arbeitsmenge ablesen. Die Produktionsfunktion gibt den Output für jeden Arbeitseinsatz an und damit umgekehrt auch die
benötigte Arbeitsmenge für jedes Outputniveau. In Abbildung 12.10 ist beim Preis
p_1 die produzierte Menge gleich Q_1 (Teil A) und die für die Produktion dieses
Outputs benötigte Arbeit (die Faktornachfrage) beträgt L_1 (Teil B).

Die Faktornachfrage kann auch noch auf andere Art und Weise abgeleitet werden.
Wenn die Unternehmung beispielsweise eine zusätzliche Arbeitskraft einstellt, hat
sie zusätzliche Kosten in Höhe des Lohnes *w;* der zusätzliche Erlös entspricht dem
Output des Arbeiters, multipliziert mit dem Preis des Gutes. Der durch den zusätzlichen Arbeiter geschaffene zusätzliche Output ist die Grenzproduktivität der Arbeit. (Grenzproduktivitäten können analog für alle anderen Produktionsfaktoren
berechnet werden.) Wenn wir die Grenzproduktivität der Arbeit mit dem Preis des

---

[1] Wirtschaftswissenschaftler verwenden manchmal den Begriff der „Quasi-Rente" für
Zahlungen für Gebäude und andere Produktionsfaktoren, deren Angebot kurzfristig unelastisch, langfristig aber elastisch ist.

produzierten Gutes multiplizieren, erhalten wir das **Wertgrenzprodukt der Arbeit**. Die Unternehmung stellt solange zusätzliche Arbeiter ein, bis deren Grenzproduktivität (ihr Grenzertrag) gleich ihrem Preis, in diesem Fall dem Lohn, ist.

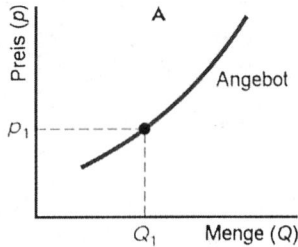 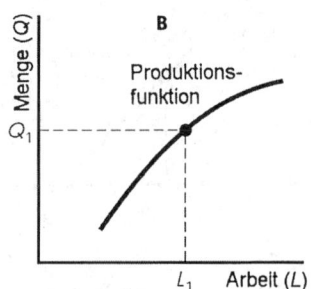

Abbildung 12.10 Die Nachfrage nach Arbeit. Die Nachfrage nach Arbeit kann aus der Angebotskurve der Unternehmung und der Produktionsfunktion ermittelt werden. Teil A zeigt, wie die Unternehmung beim gegebenen Marktpreis p_1 aus ihrer Angebotskurve die Outputmenge Q_1 festlegt. Teil B zeigt, daß für die Produktion des Outputs Q_1 die Menge L_1 an Arbeitseinheiten erforderlich ist. L_1 ist die Nachfrage nach Arbeit.

Bezeichnen wir den Preis den Gutes mit p, das Grenzprodukt der Arbeit mit GPA und den Lohn der Arbeitskräfte mit w, so können wir diese Gleichgewichtsbedingung wie folgt schreiben:

$$\text{Wertgrenzprodukt der Arbeit} = p \times GPA = w = \text{Lohn}.$$

Aus dieser Gleichgewichtsbedingung kann man ebenfalls die Nachfragekurve nach Arbeit ableiten. Die Kurve in Abbildung 12.11 gibt für jede Arbeitsmenge das zugehörige Wertgrenzprodukt wieder. Da die Grenzproduktivität der Arbeit mit steigendem Arbeitseinsatz abnimmt, sinkt auch das Wertgrenzprodukt der Arbeit. Beim Lohn w_1 ist das Wertgrenzprodukt der Arbeit bei L_1 gleich dem Lohnsatz, beim Lohn w_2 ist das Wertgrenzprodukt der Arbeitsmenge L_2 gleich dem Lohn. L_2 ist damit die nachgefragte Menge an Arbeit beim Lohn w_2. Die Kurve des Wertgrenzprodukts bei jeder Beschäftigungsmenge *ist* damit die Nachfragekurve nach Arbeit.

Mit Hilfe dieses Diagramms kann man leicht den Effekt einer Preiserhöhung sehen. In Abbildung 12.12 erhöht der gestiegene Preis das Wertgrenzprodukt der Arbeit bei jedem Beschäftigungsniveau. Daraus folgt unmittelbar, daß die Nachfrage nach Arbeit bei jedem Lohnsatz ansteigt, die Arbeitsnachfragekurve verschiebt sich nach rechts.

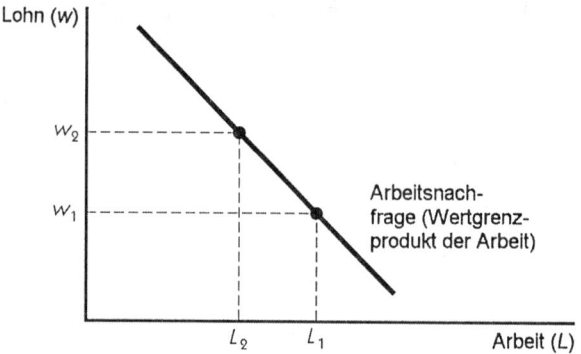

Abbildung 12.11 Die Arbeitsnachfragekurve. Das Wertgrenzprodukt der Arbeit nimmt mit zunehmendem Arbeitseinsatz ab. Da Arbeitskräfte bis zu dem Punkt eingestellt werden, an dem der Lohn gleich dem Wertgrenzprodukt ist, liegt die Beschäftigung beim Lohn w_1 bei L_1, beim Lohn w_2 beträgt sie L_2. Die Arbeitsnachfragekurve entspricht damit den Wertgrenzprodukten der Arbeit bei verschiedenen Beschäftigungsniveaus.

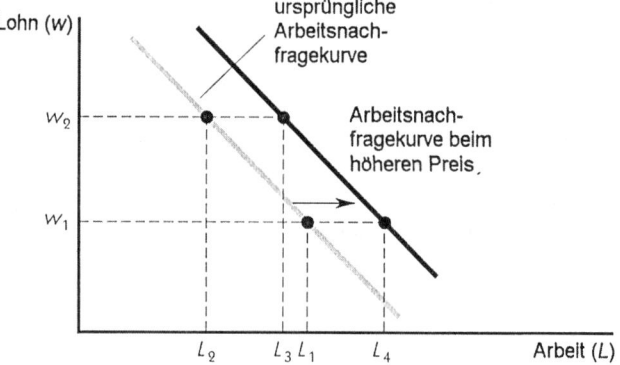

Abbildung 12.12 Die Auswirkung einer Preisänderung auf die Arbeitsnachfrage. Eine Erhöhung des Preises, den die Unternehmung für ihre Produkte erhält, erhöht das Wertgrenzprodukt der Arbeit, so daß die Nachfrage nach Arbeit bei jedem Lohnsatz steigt. Beim Lohn w_1 steigt die Beschäftigung von L_1 auf L_4; beim Lohn w_2 steigt sie von L_2 auf L_3.

Die Arbeitsnachfrage reagiert also sowohl auf den Lohn als auch auf den Preis der Güter, welche die Unternehmung verkauft. Wie wir gleich sehen werden, ist die Arbeitsnachfrage sogar nur vom Verhältnis der beiden Größen abhängig.

Wenn wir obige Gleichgewichtsbedingung auf beiden Seiten durch den Preis dividieren, erhalten wir die Bedingung

$$GPA = w/p \, .$$

Der Lohnsatz dividiert durch den Preis des produzierten Gutes ist als der **reale Produktlohn** definiert. Er gibt an, was die Unternehmung den Arbeitskräften in Einheiten des produzierten Gutes statt in Geldeinheiten bezahlt. Die Unternehmung stellt also solange Arbeitskräfte ein, bis der reale Produktlohn gleich der Grenzproduktivität der Arbeit ist.

Dieser Grundsatz ist in Abbildung 12.13 veranschaulicht, die die Grenzproduktivität der Arbeit zeigt. Aufgrund abnehmender Grenzerträge nimmt die Grenzproduktivität mit steigendem Arbeitseinsatz (und Output) ab. Wenn der reale Produktlohn steigt, geht die Nachfrage nach Arbeitskräften zurück.

Abbildung 12.13 Die Arbeitsnachfragekurve der Unternehmung und der reale Produktlohn. Unternehmungen stellen solange Arbeitskräfte ein, bis der reale Produktlohn gleich der Grenzproduktivität der Arbeit ist. Wenn der reale Produktlohn steigt, geht die Nachfrage nach Arbeit zurück.

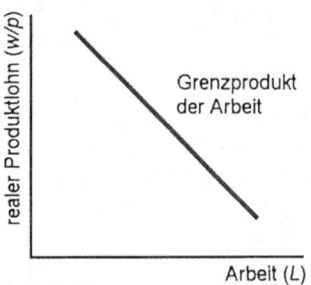

Von der Faktornachfrage der Unternehmung zur gesamtwirtschaftlichen Faktornachfrage

Nachdem wir die Arbeitsnachfragekurve der Unternehmung abgeleitet haben, können wir nun daraus auch die gesamtwirtschaftliche Arbeitsnachfrage ableiten. Bei einem gegebenen Satz von Preisen addieren wir einfach die nachgefragte Arbeit der einzelnen Unternehmen bei jedem Lohnsatz. Die Summe ist die gesamtwirtschaftliche Arbeitsnachfrage bei diesem Lohnsatz. Da jede Unternehmung bei höheren Löhnen weniger Arbeitskräfte einstellt, ist auch die gesamtwirtschaftliche Nachfragekurve abwärts geneigt. Abbildung 12.14 zeigt graphisch die Addition der Arbeitsnachfragkurven zweier Unternehmungen, die High Strung Violin Company und die Fine Tunes Violin Company. Beim Lohn w_1 beschäftigt High Strung

30 Arbeitskräfte und Fine Tunes ebenfalls 30 Arbeitskräfte, das ergibt zusammen 60 Arbeitskräfte. Beim Lohn w_2 beschäftigt High Strung 20 und Fine Tunes zehn Leute, das sind zusammen 30 Arbeitskräfte.

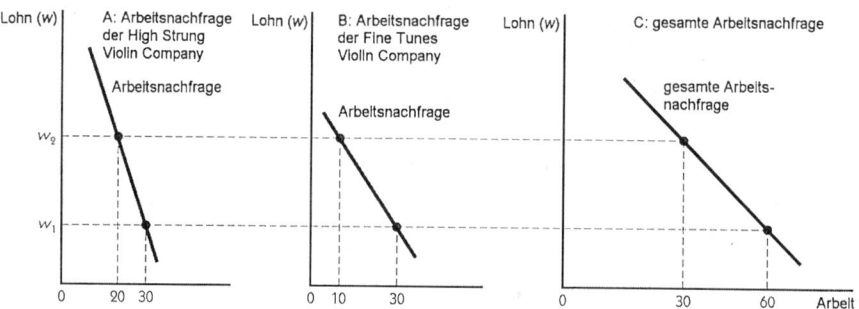

Abbildung 12.14 Die gesamtwirtschaftliche Arbeitsnachfragekurve. Durch horizontale Addition der Arbeitsnachfragekurven jeder einzelnen Unternehmung erhält man für jeden Lohn die gesamtwirtschaftliche Nachfrage nach Arbeit. Wenn der Lohn steigt, wird bei einem gegebenen Produktpreis weniger Arbeit nachgefragt.

Unter die Lupe genommen: Faktorpreiselastizitäten in der Landwirtschaft

In der Landwirtschaft kann mit den grundlegenden Inputfaktoren wie Boden, Maschinen und Energie eine Vielzahl verschiedener Güter erzeugt werden. Ein Produktionsfaktor, dessen Preis steigt, ist jedoch bei einigen Produkten schwerer einzusparen als bei anderen.

Die Tabelle zeigt die Elastizitätsbeziehungen zwischen drei Produktionsfaktoren und drei Gütern in der Landwirtschaft. Die ersten drei Reihen der Tabelle geben an, um wieviel sich der Output von Vieh, Milch und Getreide ändert, wenn sich die Preise der drei Inputfaktoren ändern. Mit Hilfe dieser zahlen kann man vorhersagen, welche Produktionsmengen von einer Änderung der verschiedenen Inputpreise am stärksten betroffen wären. Eine zehnprozentige Änderung des Preises von Maschinen hätte den bei weitem geringsten Einfluß auf das Angebot von Getreide, während eine zehnprozentige Änderung der Grundstückspreise bei der Angebotsmenge von Vieh am wenigsten zum Tragen käme.

Infolge einer Erhöhung der Faktorpreise würde außerdem die Nachfrage nach dem betreffenden Produktionsfaktor zurückgehen, da weniger davon für die Produktion jeder einzelnen Outputeinheit verwendet würde und der Output insgesamt niedriger ausfiele. Dies ist durch die Zahlen in den letzten drei Reihen dargestellt. Die erste Zahl in der Reihe für Maschinen besagt, daß die Nachfrage nach Maschinen um 12,71 Prozent zurückgehen würde, wenn der Preis dieser Maschinen um zehn Prozent anstiege.

Der dritte Effekt der Änderung eines Faktorpreises ist die Änderung der Nachfrage nach den übrigen Produktionsfaktoren. In diesem Beispiel wird die Erhöhung irgendeines Faktorpreises auch eine Reduzierung der Nachfrage nach den übrigen Produktionsfaktoren zur Folge haben. Dies ist auf den ersten Blick überraschend. Man würde annehmen, daß ein schlauer Bauer einen teurer gewordenen Produktionsfaktor durch die anderen Inputs substituieren würde. Solch ein Substitutionseffekt wird sicher auch auftreten. Aber die Abnahme der gesamten Produktionsmenge wird dazu führen, daß von allen Produktionsfaktoren weniger nachgefragt wird, selbst wenn sich das Faktoreinsatzverhältnis verschiebt. Wenn der Energiepreis um zehn Prozent ansteigt, fällt die Energienachfrage um 9,41 Prozent, es werden 3,21 Prozent weniger Maschinen nachgefragt und 2,06 Prozent weniger Land. Da die Nachfrage nach Energie am stärksten zurückgeht, wird der Produktionsprozeß nun relativ weniger Energie verbrauchen als zuvor. Weil aber die gesamte Angebotsmenge zurückgeht, wird nun von allen Produktionsfaktoren weniger gebraucht.

| | Elastizität bezüglich des Preises von | | |
	Maschinen	Boden	Energie
Vieh	-0,534	-0,275	-0,286
Milch	-0,556	-0,319	-0,409
Getreide	-0,192	-0,425	-0,166
Maschinen	-1,271	-0,192	-0,321
Boden	-0,237	-0,584	-0,206
Energie	-0,647	-0,336	-0,941

Quelle: U. F. Ball, *American Journal of Agricultural Economics*, November 1988, S. 823. Die Daten stammen aus den Jahren 1978 und 1979, alle Elastizitäten sind kurzfristig.

Faktornachfrage bei zwei und mehr Produktionsfaktoren

Nun ist es an der Zeit, unsere Annahme, daß Unternehmungen mit nur einem Inputfaktor produzieren, aufzuheben. Bei mehr als einem Produktionsfaktor steigt die Nachfrage nach dem Produktionsfaktor, dessen Preis fällt, aus zwei Gründen.

Erstens substituiert die Unternehmung (und der Industriezweig als Ganzes) andere Produktionsfaktoren durch den billiger gewordenen Input. Für jede produzierte Outputeinheit wird damit eine größere Menge des billigeren Faktors verwendet. Zum zweiten verringert der niedrigere Faktorpreis die Grenzkosten der Produktion bei jedem Outputniveau, was zu einer Ausdehnung der produzierten Menge führt. Da die gesamte Nachfrage nach einem Produktionsfaktor gleich der Nachfrage pro Outputeinheit multipliziert mit der Outputmenge ist, und da sowohl die Faktornachfrage pro Outputeinheit als auch der Output selbst steigen, steigt die gesamte Nachfrage nach dem Produktionsfaktor.

Wenn wir die Arbeitsnachfragekurve zeichnen, die die Nachfrage nach Arbeit bei jedem Lohnsatz angibt, halten wir gedanklich den Outputpreis und die übrigen Faktorpreise fest. Wenn sich einer dieser Preise ändert, verschiebt sich die Nachfragekurve. Wenn beispielsweise der Outputpreis steigt, erhöht sich, wie wir gesehen haben, das Wertgrenzprodukt der Arbeit, und die Nachfragekurve verschiebt sich nach rechts.

Die Theorie der Unternehmung bei vollkommener Konkurrenz

Damit ist unsere Beschreibung der Unternehmung bei vollkommener Konkurrenz abgeschlossen. Die Unternehmung nimmt die Produktpreise, als gegeben hin, ebenso wie die Preise für die Inputfaktoren, einschließlich der Löhne für die Arbeitskräfte und der Kosten für die Kapitalgüter. Sie wählt ihre Outputmenge und die Produktionsfaktoren so, daß der Gewinn maximiert wird.

Wir haben die Angebotskurven für die Güter und die Nachfragekurven nach Arbeit und Kapital, die bereits in Teil I verwendet wurden, aus der Produktionsfunktion abgeleitet. Mit zunehmenden Preisen steigt der Output; die einzelne Unternehmung produziert mehr, und neue Unternehmungen treten in den Markt ein. Daher haben die Angebotskurven einen steigenden Verlauf.

Bei steigenden Löhnen – und konstanten Preisen der übrigen Produktionsfaktoren – verschiebt sich die Grenzkostenkurve der Unternehmungen nach oben. Daher produzieren sie bei jedem Outputpreis weniger. Der höhere *relative* Preis der Arbeit führt dazu, daß die Unternehmungen Arbeit durch andere Produktionsfaktoren substituieren; sie verwenden für die Produktion jeder Outputeinheit weniger Arbeitseinheiten. Daher hat die Nachfragekurve nach Arbeit (und nach den anderen Produktionsfaktoren) einen abnehmenden Verlauf.

Im folgenden Kapitel werden wir diese Ergebnisse, zusammen mit der Analyse des Verhaltens der Haushalte aus Kapitel 8-10 zu einem gesamtwirtschaftlichen Modell zusammenfügen.

Zusammenfassung

1. Eine Erlöskurve gibt den Zusammenhang zwischen der gesamten Outputmenge einer Unternehmung und ihrem Erlös an. Für eine Unternehmung bei vollkommener Konkurrenz besteht der Grenzerlös für den zusätzlichen Verkauf einer Outputeinheit im Preis dieser Einheit.

2. Bei vollkommener Konkurrenz wird eine Unternehmung ihr Outputniveau so wählen, daß der Marktpreis – der Grenzerlös aus der zusätzlichen Produktion einer Outputeinheit – gleich den Grenzkosten für die Produktion dieser Einheit ist.

3. Eine Unternehmung tritt dann in einen Markt ein, wenn der Marktpreis für ein Gut ihre minimalen Durchschnittskosten übersteigt; nur dann kann sie einen Gewinn erzielen, da sie das Gut zu einem Preis verkaufen kann, der über den Produktionskosten liegt.

4. Wenn der Preis unter die minimalen Durchschnittskosten sinkt, und die Unternehmung keine versunkenen Kosten hat, wird sie sofort aus dem Markt austreten. Hat die Unternehmung versunkene Kosten, so wird sie solange weiter produzieren, wie der Marktpreis über den (kurzfristigen) variablen Durchschnittskosten liegt.

5. Das Angebot einer Unternehmung ist null bis zu dem Punkt, an dem der Preis gleich den minimalen Durchschnittskosten ist. Oberhalb dieses Preises ist die Angebotskurve gleich der Grenzkostenkurve.

6. Die Marktangebotskurve erhält man durch horizontale Addition der Angebotskurven der einzelnen Unternehmungen eines Industriezweigs. Bei steigenden Preisen wollen mehr Firmen produzieren, und die einzelnen Firmen produzieren mehr; die Marktangebotskurve hat daher im Normalfall einen steigenden Verlauf.

7. Die ökonomische und die buchhalterische Definition des Gewinns unterscheiden sich durch die Behandlung von Opportunitätskosten und ökonomischen Renten.

8. Die Faktornachfragekurve einer Unternehmung leitet sich aus ihrer Entscheidung über die zu produzierende Menge ab. Produktionsfaktoren werden bis zu dem Punkt nachgefragt, an dem das Wertgrenzprodukt eines Produktionsfaktors gleich seinem Preis ist.

9. Die Faktornachfragekurve ist aus zwei Gründen abwärts geneigt. Bei steigenden Faktorpreisen wird weniger produziert, und die Unternehmung substituiert den teurer gewordenen Produktionsfaktor bei jedem Outputniveau .

Schlüsselbegriffe

versunkene Kosten	bestreitbare Märkte	Erlöskurve
Wertgrenzprodukt der Arbeit	ökonomische Renten	Grenzerlös
Faktornachfrage		

Wiederholungsfragen

1. Nach welchen Regeln wird auf einem Wettbewerbsmarkt die gewinnmaximierende Outputmenge festgelegt? Wie lautet der Zusammenhang zwischen der Angebotskurve einer Unternehmung und ihrer Grenzkostenkurve?

2. Was bestimmt die Markteintrittsentscheidung einer Unternehmung? Was ihre Entscheidung über den Marktaustritt? Erklären Sie die Bedeutung der variablen Durchschnittskostenkurve für die Entscheidung über den Marktaustritt!

3. Wie Unterscheiden sich die wirtschaftswissenschaftliche und die buchhalterische Definition des Gewinns?

4. Was bestimmt die Faktoreinsatzentscheidung einer Unternehmung? Warum ist die Nachfragekurve nach Produktionsfaktoren (wie der Arbeit) negativ geneigt?

Aufgaben

1. Der Marktpreis für das Streichen eines Hauses in Centerville ist 10.000 $. Die Total Cover-up House-Painting Company hat fixe Kosten in Höhe von 4.000 $ für Leitern, Pinsel usw. und die variablen Kosten sehen wie folgt aus:

Output (gestrichene Häuser):	2	3	4	5	6	7	8	9	10
Variable Kosten (in 1.000 $):	26	32	36	42	50	60	72	86	102

Berechnen Sie die gesamten Kosten der Unternehmung und zeichnen Sie die Erlöskurve und die Gesamtkostenkurve! Haben die Kurven den Verlauf, den Sie erwartet haben? In welchem Bereich kann die Unternehmung einen Profit machen?

2. Berechnen und zeichnen Sie die Grenzkosten, die gesamten und die variablen Durchschnittskosten für die Total Cover-up House-Painting Company! Bei welchem Output wird die Unternehmung bei dem gegebenen Marktpreis ihren Gewinn maximieren? Welchen Gewinn (oder Verlust) macht sie bei diesem Outputniveau? Bei welchem Preis macht die Unternehmung keinen Gewinn mehr? Angenommen, die Fixkosten seien versunkene Kosten, es gebe also keinen Markt für gebrauchte Leitern, Pinsel usw. Bei welchem Preis wird die Unternehmung den Betrieb einstellen?

3. Zeichnen sie eine U-förmige Durchschnittkostenkurve. Kennzeichnen Sie in Ihrem Diagramm, bei welchem Preisniveau Sie den Markteintritt und bei welchem den Marktaustritt erwarten, wenn alle Fixkosten versunkene Kosten sind. Was passiert, wenn nur die Hälfte der Fixkosten versunkene Kosten sind? Erläutern Sie ihre Überlegungen!

4. Josef ist gelernter Elektriker und verdient bei einer ortsansässigen Firma 50.000 $ pro Jahr. Aber er spielt mit dem Gedanken, die Firma zu verlassen und sein eigenes Geschäft zu gründen. Er spricht mit einem Buchhalter, der ihm hilft, die folgende Tabelle mit ihren besten Schätzungen über Kosten und Erlöse aufzustellen (S. 356).

Der Unternehmerlohn scheint ein bißchen wenig, gesteht der Buchhalter zu, aber er gibt Josef zu bedenken, daß er als Eigentümer des Geschäfts ja auch die Gewinne bekomme.

Ist die Liste des Buchhalters aus der Sicht eines Wirtschaftswissenschaftlers vollständig? Wie hoch ist aus dieser Sicht Josefs erwarteter Gewinn?

	Geschätzte jährliche Kosten	Geschätzte jährliche Einnahmen
Unternehmerlohn	20.000 $	75.000 $
Büromiete	12.000 $	
Miete für Ausstattung	18.000 $	
Werkzeuge	2.000 $	
Verschiedenes	5.000 $	

Anhang: Alternative Methoden für die Bestimmung der Arbeitsnachfrage

Wir haben drei verschiedene Methoden zur Bestimmung der Arbeitsnachfrage kennengelernt. Die erste geht von der Bedingung für die optimale Produktionsmenge aus – der Preis muß gleich den Grenzkosten sein – und bestimmt daraus den notwendigen Arbeitseinsatz. Im zweiten Fall erfolgt die Ableitung direkt aus der Bedingung für die gewinnmaximale Arbeitsnachfrage: Das Wertgrenzprodukt der Arbeit wird gleich dem Lohn gesetzt. Die dritte Methode setzt den realen Produktlohn gleich der Grenzproduktivität der Arbeit. In diesem Anhang wird gezeigt, daß diese drei Methoden tatsächlich nur drei verschiedene Wege sind, die gleiche Bedingung aufzuschreiben.

Mit Arbeit als einzigem Produktionsfaktor bestehen die Extrakosten für die Produktion einer zusätzlichen Outputeinheit einfach in den zusätzlich erforderlichen Arbeitseinheiten, multipliziert mit dem Lohnsatz. Die zusätzlich benötigte Arbeitskraft ist $1/GPA$, 1 dividiert durch die Grenzproduktivität der Arbeit. Wenn eine zusätzliche Arbeitskraft zwei Violinen pro Jahr produziert, braucht man eine halbe Arbeitskraft, um eine zusätzliche Violine herzustellen. Die Gewinnmaximierungsbedingung „Preis gleich Grenzkosten" kann daher als

$$p = w/GPA$$

umgeschrieben werden. Wenn wir beide Seiten dieser Gleichung durch GPA dividieren, erhalten wir

$$p \times GPA = w \, ,$$

die bekannte Bedingung, daß das Wertgrenzprodukt ($p \times GPA$) gleich dem Lohnsatz sein muß. Und wenn wir nun wiederum beide Seiten der Gleichung durch p dividieren, erhalten wir

$$GPA = w/p,$$

die Bedingung, daß das Grenzprodukt der Arbeit gleich dem realen Produktlohn ist. Alle diese Bedingungen sind also nur drei verschiedene Arten, den gleichen Zusammenhang zu beschreiben.

Zwei wichtige Schlußfolgerungen lassen sich aus diesen Bedingungen ableiten. Erstens hängt die Nachfrage nach Arbeit nur vom realen Produktlohn ab, das heißt vom Lohn dividiert durch den Preis des produzierten Gutes. Wenn sich sowohl die Löhne als auch die Preise verdoppeln, bleiben die Nachfrage nach Arbeit und die Angebotsmenge des Gutes davon unberührt. Zum zweiten senkt eine Lohnerhöhung bei konstanten Preisen die Nachfrage nach Arbeit. Dieser Effekt kann unter verschiedenen Blickwinkeln betrachtet werden. Der reale Produktlohn ist gestiegen. Daher muß die Grenzproduktivität der Arbeit steigen, damit die Bedingung „die Grenzproduktivität der Arbeit ist gleich dem realen Produktlohn" erfüllt werden kann. Aber aufgrund des Prinzips abnehmender Grenzerträge kann die Grenzproduktivität nur erhöht werden, wenn der Arbeitseinsatz reduziert wird.

Alternativ kann die Lohnerhöhung als eine Erhöhung der Grenzkosten für die Einstellung einer zusätzlichen Arbeitskraft gesehen werden, während der Grenzerlös dieser Arbeitskraft bei konstanten Outputpreisen gleich bleibt. Daher liegt bei einem gleichbleibenden Beschäftigungsniveau der Grenzerlös der letzten eingestellten Arbeitskraft nun unter ihren Grenzkosten, und es lohnt sich für die Unternehmung, ihr Produktionsniveau zurückzufahren. Bei einem genügend hohen Lohnsatz kann es sogar passieren, daß die variablen Durchschnittskosten der Produktion über den Outputpreis steigen und die Unternehmung den Betrieb einstellt.

Kapitel 13

Das allgemeine Gleichgewicht

Nachdem wir nun alle grundlegenden Bestandteile des Modells der Wettbewerbswirtschaft – die Entscheidungen über Konsum, Arbeit, Sparen, Investition und Produktion – für sich untersucht haben, ist es an der Zeit, die Teile zusammenzufügen. Damit sind wir in der Lage, die elementaren Fragen der Wirtschaftswissenschaft zu beantworten, die wir in Kapitel 1 aufgeworfen haben: Was produziert wird, in welchen Mengen, auf welche Art und Weise, von wem und – die wichtigste Frage – wie die Entscheidungen über die Ressourcenallokation getroffen werden.

Dieses Kapitel vermittelt darüber hinaus einen ersten Einblick in die Komplexität einer modernen Volkswirtschaft. In dem riesigen Netz von Transaktionen, das die Volkswirtschaft der USA ausmacht, wird Druck auf irgendeinen Teil davon auch den Rest beeinflussen. Der rapide Verfall des Ölpreises im Jahr 1982 löste zum Beispiel einen Rückgang der Ölbohrungen in den Vereinigten Staaten aus. Dies führte wiederum zu einem Rückgang der wirtschaftlichen Aktivitäten insgesamt und damit zu einem Rückgang der Grundstückspreise in den Ölstaaten, vor allem in Texas. Viele Immobilienunternehmen konnten die für die Finanzierung neuer Häuser aufgenommenen Kredite nicht zurückzahlen und mußten den Geschäftsbetrieb einstellen. Da die meisten dieser Kredite von Savings and Loan Associations (S & L) stammten, mußten viele dieser Sparkassen Konkurs anmelden. Die Kosten für die Rettung der Texas S & Ls waren so groß, daß das gesamte Sparkassen-System in Bedrängnis geriet und die Regierung mit einem Hilfsprogramm einspringen mußte. Der Schnupfen in einem Teil der Volkswirtschaft führte damit zu einer Grippe in vielen anderen Sektoren.

Schließlich wird in diesem Kapitel auch erklärt, warum Wirtschaftswissenschaftler – im Großen und Ganzen – glauben, daß der Markt effiziente Lösungen für die grundlegenden ökonomischen Fragen bietet.

13.1 Die allgemeine Gleichgewichtsanalyse

Bei der Vorstellung des Marktgleichgewichts in Kapitel 4 haben wir jeweils nur einen Markt gleichzeitig betrachtet. Der Preis eines Gutes wurde durch den Ausgleich von Angebot und Nachfrage bestimmt. Der Lohnsatz wurde durch die Gleichheit von Angebot und Nachfrage nach Arbeit festgelegt. Der Zinssatz bestimmte sich aus dem Angebot und der Nachfrage nach Sparguthaben. Diese Form der Analyse wird **partielle Gleichgewichtsanalyse** genannt. Bei der Analyse eines Marktes werden die Vorgänge auf den übrigen Märkten vernachlässigt.

Aufgrund der gegenseitigen Abhängigkeiten in einer Volkswirtschaft stellt die partielle Gleichgewichtsanalyse jedoch eine übermäßige Vereinfachung dar, da die Nachfrage und das Angebot auf einem Markt von anderen Märkten bestimmt werden. Die Nachfrage nach Skiern hängt beispielsweise von den Preisen für Skipässe, Skistiefel und möglicherweise sogar Flugtickets ab. Der Gleichgewichtspreis für Skier wird damit von den Preisen für Skipässe, Skistiefel und Flugtickets beeinflußt. Aber in demselben Kreislauf wird auch die Nachfrage nach Skipässen und Skistiefeln wiederum von den Preisen für Skier abhängen. Entsprechend hängen auch der Gleichgewichtspreis für Skipässe und Skistiefel von den Skipreisen ab. Die **allgemeine Gleichgewichtsanalyse** erweitert die Perspektive des partiellen Gleichgewichts und trägt den gegenseitigen Wechselwirkungen und Interdependenzen zwischen den verschiedenen Teilen einer Volkswirtschaft Rechnung.

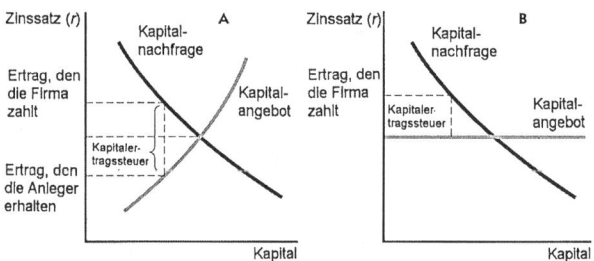

Abbildung 13. 1   Partielle Gleichgewichtsanalyse der Körperschaftssteuer. In Teil A führt die Körperschaftssteuer, die als Steuer auf den Kapitalertrag von Kapitalgesellschaften interpretiert wird, zu einem niedrigeren Ertrag für die Investoren und zu höheren Kapitalkosten für die Unternehmungen. In Teil B führt die Körperschaftssteuer nur zu höheren Kapitalkosten für die Unternehmungen.

Das Beispiel der Unternehmensbesteuerung

Die Auswirkungen der Körperschaftssteuer – der Besteuerung des Nettoeinkommens der Kapitalgesellschaften durch die Bundesregierung – sind ein Beispiel dafür, warum auf die allgemeine Gleichgewichtsanalyse oft nicht verzichtet werden kann. Abbildung 13.1 liefert eine partielle Gleichgewichtsanalyse dieser Steuer. In der Abbildung sind die Nachfrage- und Angebotskurven für Kapital im Unternehmenssektor eingezeichnet. Die Körperschaftssteuer wird als Steuer auf das Kapital dargestellt, da das Einkommen einer Unternehmung im allgemeinen als Ertrag des eingesetzten Kapitals interpretiert werden kann.

Die partielle Gleichgewichtsanalyse in Abbildung 13.1A zeigt, daß die Investoren nur einen Teil der Steuerlast tragen. Der Ertrag nach Steuern wird zwar vermindert, aber nicht um den vollen Steuerbetrag. In Teil B der Abbildung ist dagegen ein Fall dargestellt, bei dem die Investoren von der Steuerlast gar nicht getroffen werden, da das Kapitalangebot vollkommen elastisch ist (die Angebotskurve verläuft horizontal).

Anstelle der Investoren tragen nun die Konsumenten einen Teil der Steuerlast. Da sich für die Unternehmungen der Zinssatz verteuert, steigen ihre Kosten, und dies wird sich in höheren Gleichgewichtspreisen niederschlagen. Wenn infolge der höheren Preise der Absatz zurückgeht, wird auch die Nachfrage nach Arbeitskräften sinken und damit möglicherweise der Lohn. In diesem Fall tragen auch die Arbeitskräfte einen Teil der Steuerlast. Aber es gibt noch andere Faktoren, die berücksichtigt werden müssen. Die höheren Kapitalkosten können dazu führen, daß die Unternehmungen Maschinen durch Arbeitskräfte ersetzen, was zu einer Erhöhung der Arbeitsnachfrage führen würde. Bei höheren Konsumentenpreisen sinkt jedoch der reale Ertrag der Arbeit und das Angebot an Arbeitskräften wird möglicherweise zurückgehen.

Auch die Wechselwirkungen zwischen Kapital- und Personengesellschaften müssen berücksichtigt werden. Da in den USA über 80 Prozent des Geschäftsbetriebs außerhalb der Landwirtschaft im körperschaftlichen Sektor stattfindet, haben die wirtschaftlichen Aktivitäten in diesem Sektor erhebliche Auswirkungen auf den Rest der Volkswirtschaft. Wenn Investitionen im körperschaftlichen Sektor für die Kapitalgeber weniger attraktiv werden, werden sie ihr Kapital von dort abziehen und woanders investieren. In dem Maß, in dem das Kapital Personengesellschaften zufließt, wird die Rendite in diesem Sektor auf das Niveau der Rendite im körperschaftlichen Sektor zurückgehen. Eine vollständige allgemeine Gleichgewichtsanalyse muß alle diese Faktoren berücksichtigen.

Die allgemeine Gleichgewichtsanalyse zielt auf die Tatsache ab, daß alle Investitionen in der gesamten Volkswirtschaft im Gleichgewicht (risikobereinigt) den gleichen Ertrag bringen müssen. Eine Analyse der Körperschaftsteuer, die die Reaktionen bei Personengesellschaften nicht berücksichtigen würde, wäre bestenfalls unvollständig. Aber sie könnte auch zu schwerwiegenden Mißverständnissen führen. (Die meisten Wirtschaftswissenschaftler stimmen darin überein, daß langfristig der Hauptteil der Steuerlast aus der Körperschaftssteuer von Arbeitskräften und Konsumenten getragen wird und daß nur relativ wenig auf den Schultern der Unternehmungen, ihrer Aktionäre oder anderen Kapitalgebern verbleibt – im Gegensatz zur allgemeinen populären Auffassung.)

Die Reichweite der partiellen Gleichgewichtsanalyse

Beim Beispiel der Körperschaftssteuer ist klar, daß eine allgemeine Gleichge-wichtsanalyse notwendig ist. Aber manchmal kann man sein Augenmerk auch nur auf einen Markt richten, ohne sich über den Widerhall in der restlichen Volkswirt-schaft sorgen zu müssen. Unter bestimmten Umständen kann auch die partielle Gleichgewichtsanalyse eine einigermaßen genaue Antwort auf die Auswirkungen beispielsweise einer Steueränderung geben.

Eine partielle Gleichgewichtsanalyse ist zum Beispiel dann angemessen, wenn die sekundären Auswirkungen einer Steuererhöhung so weit verzweigt sind, daß sie ignoriert werden können, ohne die Analyse zu beeinträchtigen. Dies ist beispiels-weise der Fall, wenn sich die Nachfrage der Konsumenten von dem besteuerten Gut weg zu vielen, vielen anderen Gütern verschiebt. Jeder der Preise dieser Güter wird sich dann nur sehr wenig verändern. Und die gesamtwirtschaftliche Nachfra-ge nach Produktionsfaktoren (wie Arbeit und Kapital) ändert sich ebenfalls nur in vernachlässigbarem Ausmaß, so daß auch die Preise der Produktionsfaktoren praktisch gleich bleiben. Darüber hinaus haben diese leichten Preisänderungen bei anderen Gütern und den Produktionsfaktoren nur eine äußerst geringe Rückwir-kung auf den Industriezweig, den die partielle Analyse untersucht. Unter diesen Umständen wird die partielle Gleichgewichtsanalyse eine recht gute Annäherung für das liefern, was tatsächlich passiert.

Das Beispiel der Tabaksteuer

Die Auswirkungen der Besteuerung von Tabak sind ein gutes Beispiel für die An-wendung einer partiellen Gleichgewichtsanalyse. Die Bundessteuer auf ein Päck-chen Zigaretten betrug 1951 in den USA 42 Prozent des Preises, den der Konsu-ment bezahlte. Da die Steuer nicht an die Inflation angepaßt wurde, während der Preis für Zigaretten (ebenso wie für alles andere) stieg, schwand der Anteil der Tabaksteuer am Zigarettenpreis bis zum Ende der achziger Jahre bis auf 15 Pro-zent. Wir könnten nun untersuchen, welche Auswirkungen eine Erhöhung dieser Steuer haben würde. Immerhin könnte durch eine Verdoppelung der Tabaksteuer ein zusätzliches Steueraufkommen von knapp drei Milliarden Dollar jährlich reali-siert werden – und der prozentuale Steuersatz läge immer noch deutlich unter den 42 Prozent aus dem Jahre 1951.

Eine Steuer, die von den Unternehmungen erhoben wird, kann man sich immer als eine Erhöhung der Produktionskosten vorstellen. Abbildung 13.2 zeigt, daß die Steuer die Angebotskurve für Zigaretten um den Steuerbetrag nach oben ver-schiebt. Die Nachfrage sinkt von Q_0 auf Q_1. Da die Ausgaben für Zigaretten nur einen geringen Anteil am Einkommen der Haushalte ausmachen, hätte eine Erhö-hung ihres Preises um 15 Prozent nur eine geringe Auswirkung auf das sonstige Konsumverhalten. Die geringere Nachfrage nach Zigaretten (und die indirekt ver-änderte Nachfrage nach anderen Konsumgütern) wird zwar einen leichten Effekt auf die gesamtwirtschaftliche Nachfrage nach Arbeit haben, aber dieser Effekt ist so klein, daß er keine nennenswerte Rückwirkung auf den Lohnsatz haben wird. Ebenso wird die Steuer nur vernachlässigbare Auswirkungen auf die Kapitalrendite haben.

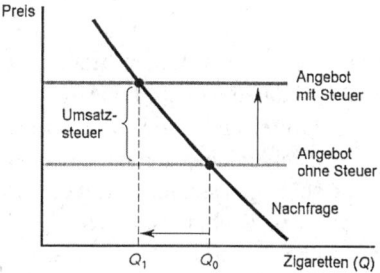

Abbildung 13.2   Partielle Gleichgewichtsanalyse der Auswirkungen einer Tabaksteuer. Die Besteuerung von Tabak erhöht den Preis für Zigaretten und reduziert den Konsum etwas. Die sekundären Auswirkungen dieser Steuer sind so geringfügig, daß sie vernachlässigt werden können.

Wenn die weitergehenden Auswirkungen auf das allgemeine Gleichgewicht wahrscheinlich so gering ausfallen werden, daß sie kaum wahrgenommen werden können, ist die partielle Gleichgewichtsanalyse über die Auswirkungen einer Tabaksteuer gerechtfertigt.

13.2 Das allgemeine Gleichgewichtsmodell der Wettbewerbswirtschaft

Die allgemeine Gleichgewichtsanalyse erfordert ein Modell der gesamten Volkswirtschaft. Bei der Untersuchung der Auswirkungen einer Steuererhöhung, der Einwanderung von Arbeitskräften oder irgend einer anderen Veränderung, „löst" man das allgemeine Gleichgewicht vor und nach der Veränderung und beobachtet, wie sich die einzelnen Variablen – Löhne, Preise, Zinsen, Produktionsmengen, Beschäftigung usw. – verändert haben.

Zur Demonstration der Vorgehensweise verwenden wir ein vereinfachtes Modell eines allgemeinen Gleichgewichts.

In diesem vereinfachten Modellrahmen nehmen wir an, daß alle Arbeitskräfte über die gleiche Ausbildung und die gleichen Fähigkeiten verfügen. Diese Vereinfachung ermöglicht es uns, einen einheitlichen Lohnsatz für alle Arbeitskräfte anzunehmen. In ähnlicher Weise vernachlässigen wir in unserer Analyse alle Risikoaspekte auf dem Kapitalmarkt. Damit können wir von einem einheitlichen Zinssatz ausgehen. Schließlich nehmen wir noch an, daß alle Unternehmungen das gleiche Gut produzieren; anders gesagt, der Gütermarkt besteht nur aus einem einzigen Gut. Wir haben damit eine Volkswirtschaft mit drei Märkten – dem Arbeitsmarkt, dem Kapitalmarkt und dem Gütermarkt – und können mit Hilfe der allgemeinen Gleichgewichtsanalyse die gegenseitigen Abhängigkeiten dieser Märkte untersuchen.

In Kapitel 9 haben wir gesehen, wie die Haushalte ihr Arbeitsangebot bestimmen. Haushalte bieten ihre Arbeitskraft an, weil sie Güter kaufen wollen. Ihr Arbeitsangebot ist damit sowohl vom Lohn als auch vom Güterpreis abhängig. Darüber hinaus wird es noch von der Verfügbarkeit anderer Einkommensquellen bestimmt. Der Einfachheit halber nehmen wir an, die einzige sonstige Einkommensquelle der Haushalte bestehe in der Rendite für ihre Finanz- und Sachinvestitionen. Damit sehen wir, daß das Arbeitsangebot mit allen drei Märkten verknüpft ist; es ist vom Lohn, vom Güterpreis und vom Zinssatz abhängig. In Kapitel 11 haben wir auf ähnliche Art und Weise bereits gesehen, daß die Nachfrage nach Arbeit ebenfalls vom Lohn, vom Zins und vom Preis, zu dem die Unternehmung ihr Produkt verkaufen kann, abhängt.

Gleichgewicht auf dem Arbeitsmarkt erfordert, daß die Nachfrage nach Arbeit gleich dem Angebot ist. Wenn wir die Arbeitsnachfragekurve zeichnen, nehmen wir normalerweise einfach an, daß der Preis des produzierten Gutes, p, und der Zinssatz (hier: r) konstant sind. Wir konzentrieren unsere Aufmerksamkeit nur auf den Lohnsatz, den Preis für die Arbeitskraft. Bei gegebenem p und r suchen wir nach dem Lohnsatz, bei dem Arbeitsnachfrage und Arbeitsangebot gleich groß sind. Dies ist eine partielle Gleichgewichtsanalyse des Arbeitsmarkts.

Selbst in unserer stark vereinfachten Modellwelt ist der Arbeitsmarkt nur einer von drei Märkten. Auch der Kapitalmarkt muß in die Betrachtung einbezogen werden. In Kapitel 9 haben wir gesehen, wie die Haushalte ihre Ersparnis bestimmen, die wiederum das verfügbare Angebot an Finanzkapital festlegt. Das Angebot an Kapital wird allgemein von dem Ertrag, den die Kapitalanlage erbringt (dem Zinssatz r) beeinflußt, sowie von den übrigen Einkommensquellen, die den Individuen zur Verfügung stehen, insbesondere dem Lohn. Da die Sparbereitschaft der Individuen davon abhängt, wie wohlhabend sie sich fühlen, und dieses Gefühl wiederum vom Verhältnis der Löhne zu den Preisen bestimmt wird, ist auch das Kapitalangebot von Löhnen, Zinsen und Preisen abhängig. In Kapitel 11 haben wir die Nachfrage der Unternehmungen nach Kapital abgeleitet. Diese wird ebenfalls von den Zinsen, die die Unternehmung für das geliehene Kapital zahlen muß, von den Preisen, zu denen sie ihre Produkte verkaufen kann, und von den Kosten der übrigen Produktionsfaktoren bestimmt.

Gleichgewicht auf dem Kapitalmarkt ist dann hergestellt, wenn die Nachfrage nach Kapital und das Angebot gleich groß sind. Die partielle Gleichgewichtsanalyse des Kapitalmarkts stellt wiederum auf den Ertrag des Kapitals, r, ab, bei dem Angebot und Nachfrage zum Ausgleich kommen. Aber sowohl die Nachfrage- wie auch die Angebotskurve sind ebenfalls vom Lohn und von Güterpreisen abhängig.

Schließlich gibt es noch den Gütermarkt. Kapitel 8 und 9 haben gezeigt, wie die Nachfrage der Haushalte nach Konsumgütern abgeleitet wird. Wir können den Entscheidungsprozeß des Haushalts gedanklich so unterteilen, daß er zunächst festlegt, wieviel Geld er für Konsum ausgeben will (Kapitel 9) und dann die Allokation dieses Betrages auf die verschiedenen Güter vornimmt (Kapitel 8). Bei nur einem Konsumgut fällt das zweite Problem natürlich weg. In unserem einfachen Modell wird die Nachfrage nach Gütern bei gegebenen Preisen damit vom Einkommen des Haushalts bestimmt, das wiederum vom Lohn- und vom Zinssatz abhängig ist.

In ähnlicher Art und Weise haben wir in Kapitel 12 analysiert, wie die Unternehmungen ihre Produktionsmenge festlegen: Der Preis muß den Grenzkosten entsprechen, und diese werden wiederum von den Löhnen und den Zinsen bestimmt. Gleichgewicht auf dem Gütermarkt erfordert, daß die Güternachfrage gleich dem Güterangebot ist. In der partiellen Gleichgewichtsanalyse fragen wir wiederum nur danach wie Angebot und Nachfrage nach Gütern vom Preis p bestimmt werden, aber wir wissen, daß beide auch vom Lohn und von der Kapitalverzinsung abhängig sind.

Der Arbeitsmarkt ist im Gleichgewicht, wenn die Arbeitsnachfrage dem Arbeitsangebot entspricht. Der Gütermarkt ist im Gleichgewicht, wenn die Nachfrage nach Gütern genauso groß ist wie das Angebot. Der Kapitalmarkt ist im Gleichgewicht, wenn Angebot und Nachfrage nach Kapital gleich groß sind. Die gesamte Wirtschaft ist nur dann im Gleichgewicht, wenn alle Märkte gleichzeitig geräumt sind (die Nachfrage ist auf allen Märkten gleich dem Angebot). Das allgemeine Gleichgewicht in unserer einfachen Wirtschaft tritt bei einem Lohn w, einem Preis p und einem Zinssatz r ein, bei denen alle drei Märkte im Gleichgewicht sind.

Im grundlegenden Gleichgewichtsmodell gibt es nur ein Gut, aber die Analyse kann leicht auf den realistischeren Fall ausgedehnt werden, in dem es viele Güter gibt. Dasselbe Netz von wechselseitigen Abhängigkeiten gilt zwischen verschiedenen Gütern und zwischen verschiedenen Gütern und verschiedenen Produktionsfaktoren. Erinnern wir uns an Kapitel 4: Die Nachfragekurve gibt die nachgefragte Menge eines Gutes – z.B. Bier – in Abhängigkeit vom Preis an; die Angebotskurve zeigt, welche Menge eines Gutes die Unternehmungen zu jedem Preis anbieten. Aber die Nachfragekurve nach Bier hängt von den Preisen der übrigen Güter und den Einkommensniveaus der verschiedenen Konsumenten ab; ähnlich wird die Angebotskurve für Bier von den Faktorpreisen einschließlich des Lohnsatzes, dem Zinssatz und vom Preis für Hopfen und andere Zutaten bestimmt. Diese Preise werden wiederum von den Angebots- und Nachfragebedingungen auf ihren jeweiligen Märkten beeinflußt. Die Aufgabe der allgemeinen Gleichgewichtsanalyse besteht darin, diejenige Kombination von Preisen zu finden, welche das Angebot und die Nachfrage nach allen Gütern und Produktionsfaktoren zum Ausgleich bringt.

13.3 Das Kreislaufmodell der Volkswirtschaft

Die allgemeine Gleichgewichtsanalyse ist nicht die einzige Methode, mit deren Hilfe der Zusammenhang zwischen den vielen Teilen einer Volkswirtschaft dargestellt werden kann. Haushalte kaufen Güter und Dienstleistungen von Unternehmungen. Haushalte bieten den Unternehmungen Arbeit und Kapital an. Das Einkommen der Individuen aus Löhnen und Zinsen wird für den Kauf von Gütern verwendet, die von den Unternehmungen produziert werden. Alle diese Transaktionen werden im **Kreislaufmodell** abgebildet.

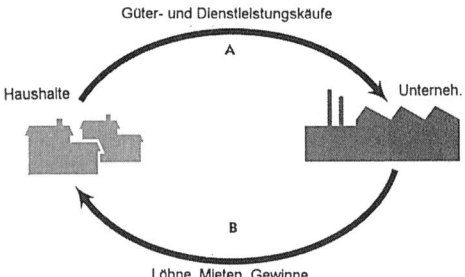

Abbildung 13.3   Ein einfaches Kreislaufdiagramm. In diesem einfachen Kreislaufdiagramm sind nur Arbeits- und Gütermärkte und nur der Haushalts- und der Unternehmenssektor abgebildet. Das Modell kann von jedem beliebigen Ausgangspunkt aus betrachtet werden. So fließen zum Beispiel durch den Kauf von Gütern und Dienstleistungen Mittel von den Haushalten zu den Unternehmungen. Von den Unternehmungen zu den Haushalten fließen Mittel in Form von Lohnzahlungen an die Arbeiter und in Form von Ausschüttung von Gewinnen an die Eigentümer.

Abbildung 13.3 zeigt das Kreislaufmodell einer vereinfachten Volkswirtschaft – es gibt nur Haushalte und Unternehmungen, die Haushalte sparen nicht, und die Unternehmungen investieren nicht. Dieses Kreislaufdiagramm dient zwei Zwecken. Erstens zeigt es, wie Geldmittel durch die Volkswirtschaft fließen. Um dies zu sehen, starten wir bei Punkt A und folgen dem Diagramm im Uhrzeigersinn. Der obere Pfeil zeigt an, daß die Haushalte den Unternehmungen Geld für den Kauf von Konsumgütern bezahlen. Der untere Pfeil (Punkt B) zeigt, daß die Unternehmungen dieses Geld dafür verwenden, um den Haushalten Löhne (für Arbeit), Pacht und Mieten (für die Haus- und Grundstückseigentümer) und Gewinne (für die Unternehmenseigentümer) zu bezahlen. Zum zweiten illustriert das Kreislaufdiagramm bestimmte Gleichgewichtsbedingungen in der Wirtschaft, die immer erfüllt sein müssen. Im Fall des einfachen Kreislaufs aus Abbildung 13.3 gibt es nur eine solche Gleichgewichtsbedingung. Das Einkommen der Haushalte (der Mittelzufluß aus den Unternehmungen, unterer Pfeil) muß genauso groß sein wie die Ausgaben der Haushalte (der Mittelfluß von den Haushalten zu den Unternehmungen, oberer Pfeil).

Abbildung 13.4 erweitert das Kreislaufmodell in dreierlei Hinsicht. Erstens werden Ersparnisse und Kapital berücksichtigt. Die Mittel, die von den Unternehmungen zu den Haushalten fließen, enthalten daher einen Kapitalertrag (Zinsen für Kredite und Anleihen, Dividenden auf Aktien). Der Mittelfluß von den Haushalten zu den Unternehmungen enthält nun Ersparnisse, die für den Kauf von Maschinen und Gebäuden verwendet werden. Und die Unternehmungen behalten nun einen Teil ihrer Gewinne für die Finanzierung von Neuinvestitionen ein.

Zweitens enthält das erweiterte Kreislaufdiagramm Ströme aus und in den Staatssektor. Einige Haushalte erhalten Transferzahlungen von der Regierung (Sozialleistungen). Einige verkaufen ihre Arbeitskraft an den Staat anstelle an private Firmen. Einige erhalten Zinszahlungen aus Krediten an die Regierung (Staatsanleihen). Und es gibt jetzt einen wichtigen zusätzlichen Mittelabfluß von den Haushalten: Einkommen, das in Form von Steuern an den Staat abgeführt wird. Auf ähnliche Art und Weise hat jetzt auch der Unternehmenssektor zusätzliche Einkommensquellen durch den Verkauf von Gütern und Dienstleistungen an den Staat und durch staatliche Subventionen an die Unternehmungen; die Steuern, die die Unternehmungen an den Staat zahlen, bilden einen zusätzlichen Mittelabfluß.

So wie die Ströme von und zum Haushalts- und Unternehmenssektor gleich groß sein müssen, muß auch der Mittelzufluß in den staatlichen Sektor genauso groß sein wie der Mittelabfluß.[1] Wenn der Staat ein Haushaltsdefizit aufweist – das ist

---

[1] Wir vernachlässigen die Möglichkeit, daß der Staat einfach Geld druckt, um für das zu bezahlen, was er bekommt. In den Vereinigten Staaten finanziert die Regierung Einkommensausfälle immer durch Kreditaufnahme.

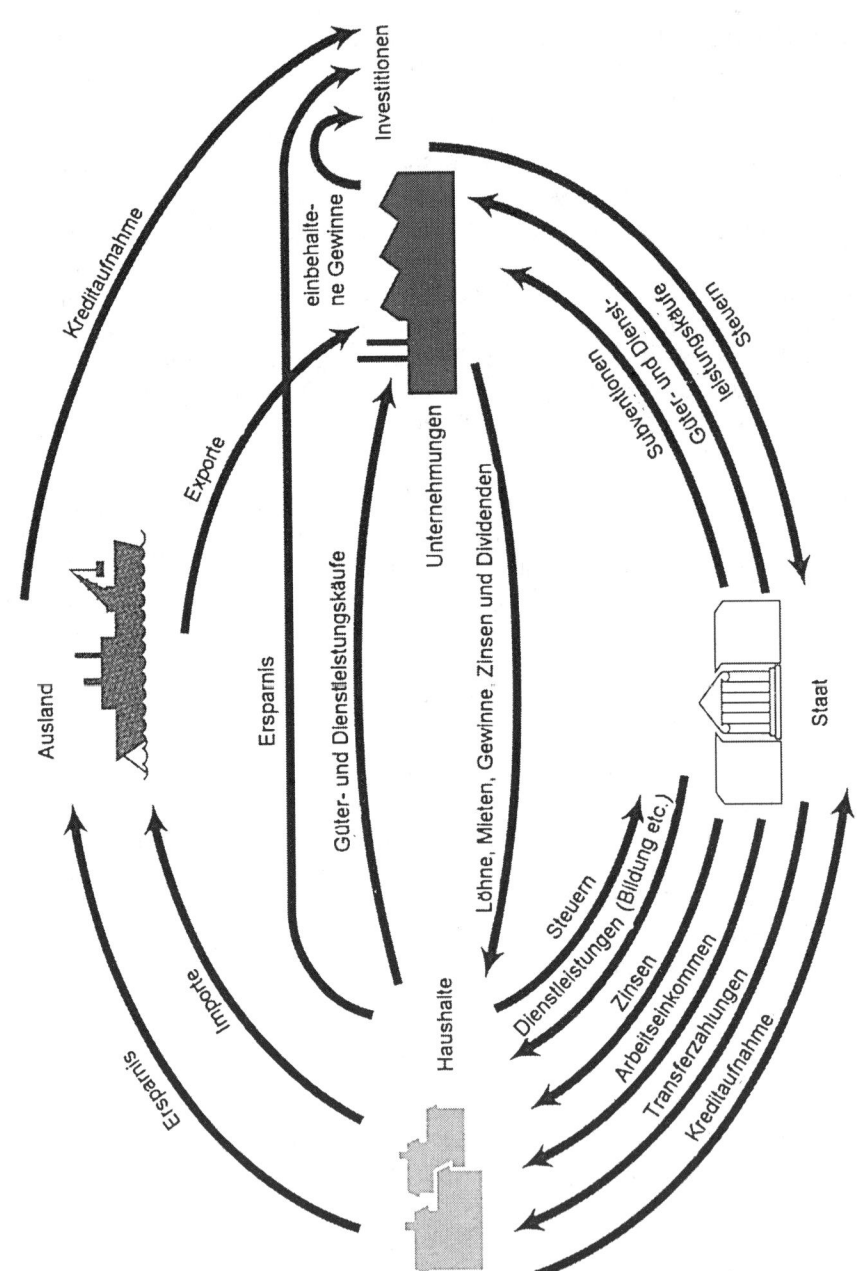

Abbildung 13.4 (Seite 366) Ein Kreislaufmodell mit Staat und Ausland. Das erweiterte Kreislaufdiagramm zeigt Arbeits-, Kapital- und Gütermärkte zusammen mit Haushalten, Unternehmungen, Staat und Ausland; es kann ebenfalls von jedem beliebigen Ausgangspunkt analysiert werden. Die Summe der Mittelzuflüsse in jeden Sektor muß gleich der Summe der Mittelabflüsse aus allen Sektoren sein.

der Fall, wenn die Regierung mehr Geld ausgibt als sie an Steuern einnimmt, so wie es in den letzten Jahren der Fall war – fließen die Mittel dem Staat in Form von Krediten zu. Die Regierung finanziert die Haushaltslücke durch Kreditaufnahme (in unserem Diagramm von den Haushalten).

Als Drittes kommen in Abbildung 13.4 die Mittelflüsse in und aus dem Ausland hinzu. Unternehmungen verkaufen ihre Güter an Ausländer (Exporte) und leihen Mittel von Ausländern. Haushalte kaufen Güter von Ausländern (Importe) und investieren Mittel in ausländische Unternehmungen. Wiederum müssen der Mittelabfluß aus einem Land und der Mittelzufluß ausgeglichen sein. Die Exporte der USA plus die Kreditaufnahme des Landes im Ausland (der Mittelzufluß aus dem Ausland) müssen genau so groß sein wie die Importe plus die Kreditvergabe an das Ausland (der Mittelabfluß in andere Länder).[2]

Die Zusammenhänge und Gleichgewichtsbedingungen, aus denen ein Kreislaufmodell besteht, sind die gleichen wie diejenigen, die im allgemeinen Gleichgewichtsmodell auftauchen. Selbst wenn die Wirtschaft keine Wettbewerbswirtschaft wäre, würden die Zusammenhänge und Gleichgewichtsbedingungen aus dem Kreislaufmodell immer noch gelten. Das Kreislaufmodell ist daher eine nützliche Erinnerung an die Tatsache, daß Veränderungen in einem Element der Volkswirtschaft durch Veränderungen in einem anderen Element ausgeglichen werden *müssen*, unabhängig davon ob wir uns in einer Wettbewerbswirtschaft befinden oder nicht.

Lassen wir das Kreislaufmodell arbeiten und untersuchen, wie sich eine Reduzierung der persönlichen Einkommensteuer, wie sie Präsident Reagan 1981 vorgenommen hat, auswirkt. Der Mittelzufluß in den Staatssektor wurde vermindert. Das Kreislaufdiagramm sagt uns, daß die Mittelflüsse in und aus dem Staatssektor ausgeglichen sein müssen. Das heißt, entweder muß eine andere Steuer erhöht werden oder die staatliche Kreditaufnahme steigen oder die Staatsausgaben müssen abnehmen.

---

[2] Die Bedingung kann auch anders formuliert werden. Die Differenz zwischen den US-Importen und -Exporten muß gleich dem Netto-Mittelzufluß aus dem Ausland sein (die Differenz zwischen dem, was das Land aus dem Ausland ausleiht, und dem, was es dorthin verleiht).

Unter die Lupe genommen: Mindestlohn und allgemeines Gleichgewicht

Das erste Mindestlohngesetz, das 1938 mit dem Fair Labor Standards Act verabschiedet wurde, hatte Auswirkungen auf das allgemeine Gleichgewicht, die den Charakter des Landes veränderten.

Als das Gesetz in Kraft trat, schrieb es vor, daß die Stundenlöhne nicht weniger als 32,5 Cents betragen durften. Da die Löhne im Süden sehr viel niedriger waren als im Norden, gab es dort sehr viel mehr Arbeitskräfte, die von der neuen Regelung betroffen waren. Zum Beispiel erhielten 44 Prozent der Textilarbeiter im Süden weniger als den Mindestlohn, aber nur sechs Prozent der Textilarbeiter im Norden. Besonders die Afro-Amerikaner im Süden waren betroffen. Viele verloren ihre Arbeit und wanderten in den Norden ab. Die Wirtschaft des Südens, die nicht mehr länger die niedrigen Löhne zahlen durfte, paßte sich an, indem nach neuen Investitionsmöglichkeiten gesucht wurde. Staaten wie Texas und Florida wurden dadurch zu den am schnellsten wachsenden Staaten des Landes.

Gavin Wright, Professor für Volkswirtschaftslehre an der University of Stanford, beschrieb die Situation folgendermaßen: "Der Gesamteffekt dieser Geschichte auf schwarze Amerikaner ist komplex, gemischt und ironisch. Die Entlassungen und das Leiden waren hart. Aber mit den Niedriglöhnen im Süden zerstörte die Bundesregierung auch die mächtigste Bastion von Rassismus und weißer Vorherrschaft. Die Bürgerrechtsbewegung der sechziger Jahre konnte den Kapitalhunger der Südstaaten als effektives Mittel für den Kampf um die Aufhebung der Rassentrennung nutzen. In ähnlicher Weise führte die Abwanderung nach Norden für viele Schwarze zu erheblichen Einkommensverbesserungen und neuen Ausbildungschancen; aber die gleiche Wanderungsbewegung führte andere Schwarze in die Ghettos mit hoher Arbeitslosigkeit, wo ihre Situation allein durch den Zeitablauf immer schlimmer wird."

Eine partielle Gleichgewichtsanalyse der Mindestlohngesetzgebung würde nur untersuchen, welche Auswirkungen das Gesetz auf den Arbeitsmarkt hätte. Aber für die Gesellschaft als Ganzes waren die Effekte dieser Gesetzgebung weitaus umwälzender, indem sie Fragen wie die Aufhebung der Rassentrennung und das Wachsen von Ghettos in den Städten berührten.

Quelle: Gavin Wright, "The Economic Revolution in the American South," *Journal of Economic Perspectives* (Sommer 1987), Band 1, S. 161-178.

13.4 Allgemeines Gleichgewicht und ökonomische Effizienz

Im ersten Teil dieses Kapitels haben wir das Grundmodell des allgemeinen Gleichgewichts in einer Wettbewerbswirtschaft eingeführt. In einer Wettbewerbswirtschaft führt das allgemeine Gleichgewicht zu Preisen, Löhnen und Kapitalerträgen, bei denen alle Märkte - für Güter, Arbeit Kapital (und andere Produktionsfaktoren) - geräumt werden. Eine Änderung der wirtschaftlichen Rahmenbedingungen, wie die Einführung einer Steuer, Migration von Arbeitskräften oder ein plötzlicher Rückgang der Angebotsmenge eines Gutes bei jedem Preis führen zu einem neuen Gleichgewicht für die Volkswirtschaft. Wir haben gesehen, wie sich diese Veränderungen auf den verschiedenen Märkten auswirken.

In der Volkswirtschaftslehre wird ein Marktgleichgewicht aber nicht nur beschrieben sondern auch bewertet. Die Frage ist, ob Wettbewerbsmärkte bei der Allokation der Ressourcen "gute Arbeit" leisten. In Kapitel 7 haben wir die "unsichtbare Hand" von Adam Smith kennengelernt, die besagt, daß Wettbewerbsmärkte effizient sind. Eine der wichtigsten Errungenschaften der modernen Volkswirtschaftslehre bestand in der Erkenntnis, in welchem Sinne und unter welchen Bedingungen Märkte effizient sind.

Pareto-Effizienz

Das wirtschaftswissenschaftliche Konzept der Effizienz hat mit der Wohlfahrt aller Individuen in einer Volkswirtschaft zu tun. Wenn niemand besser gestellt werden kann, ohne daß jemand anders schlechter gestellt wird, wird die Allokation der Ressourcen **pareto-effizient** genannt, nach dem großen italienischen Wirtschaftswissenschaftler und Soziologen Vilfredo Pareto (1848-1923). Wenn Wirtschaftswissenschaftler von Effizienz sprechen, meinen sie damit typischerweise Pareto-Effizienz. Die Aussage, daß ein Markt effizient ist, ist ein Kompliment. In derselben Art und Weise, wie eine effiziente Maschine ihre Inputs so produktiv wie möglich nutzt, läßt ein effizienter Markt keine Wege offen, den Output bei der gleichen Inputmenge zu erhöhen. Eine Person kann nur dadurch bessergestellt werden kann, daß man einer anderen Person etwas wegnimmt und die dadurch schlechterstellt.

Es ist einfach zu sehen, wann eine Ressourcenallokation nicht pareto-effizient ist. Nehmen wir an, die Regierung habe die Aufgabe, Schokoladen- und Vanilleeis zu verteilen, und nehme dabei keine Rücksicht auf die Präferenzen der Menschen. Nehmen wir weiter an, es gebe einige Menschen, die Schokoladeneis lieben und Vanilleeis hassen, und andere, die Vanilleeis lieben und Schokoladeneis hassen. Einige Liebhaber von Schokoladeneis werden Vanilleeis bekommen, und einige Fans von Vanilleeis werden Schokoladeneis erhalten. Diese Situation ist offensichtlich pareto-ineffizient. Beide Gruppen könnten durch den Tausch ihrer Ressourcen, in diesem Fall Eiskrem, besser gestellt werden.

Es gibt die weitverbreitete, aber falsche Ansicht, daß *alle* wirtschaftlichen Veränderungen nichts anderes als Umverteilungen darstellen. Die Gewinne des einen gehen immer zu Lasten eines anderen. Die Festlegung von Mieten ist ein Beispiel. Nach dieser Anschauung besteht der einzige Effekt der Mietpreisbindung in Umverteilung - die Hauseigentümer bekommen weniger und sind damit schlechter dran, genau in dem Maß, um das die Mieten reduziert werden (und die Mieter damit besser dran sind). In einigen Ländern haben die Gewerkschaften ähnliche Ansichten vertreten; für sie haben Lohnerhöhungen keine weiteren Folgen als die Umverteilung von Einkommen von den Eigentümern der Unternehmung hin zu den Arbeitern. Eine Mietpreisbindung, welche die Mieten unter dem Niveau hält, das den Markt für Mietwohnungen räumen würde, führt aber zu Ineffizienzen. Es gibt bessere Methoden als die Mietpreisbindung, um Leute zu unterstützen, die sich zu den gängigen Marktpreisen keine Wohnung leisten können, Methoden, die sowohl die Eigentümer als auch die Mieter besserstellen. Bei Vorhandensein einer Mietpreisbindung ist die Wirtschaft daher nicht pareto-effizient.

Bedingungen für die Pareto-Effizienz einer Marktwirtschaft

Damit eine Wirtschaft pareto-effizient ist, müssen die Bedingungen der Tauscheffizienz, der Produktionseffizienz sowie der optimalen Produktionsanpassung erfüllt sein. Wir werden jede dieser Bedingungen einzeln prüfen und dabei sehen, wie im Grundmodell der Wettbewerbswirtschaft Pareto-Effizienz erreicht wird. (Die wesentlichen Bestandteile dieses Modells sind rational handelnde, vollständig informierte Haushalte, die mit rational handelnden, gewinnmaximierenden Unternehmungen auf Märkten zusammentreffen, die nach dem Wettbewerbsprinzip funktionieren und auf denen keine Marktfehler, wie wir sie in Kapitel 7 diskutiert haben, auftreten.)

Tauscheffizienz

Die Bedingung der **Tauscheffizienz** erfordert, daß alles, was in einer Volkswirtschaft produziert wird, auf effiziente Art und Weise zwischen den Individuen verteilt wird. Wenn ich gerne Schokoladeneis mag und Sie lieber Vanilleeis essen, erfordert die Tauscheffizienz, daß ich das Schokoladeneis bekomme und Sie das Vanilleeis.

Wenn die Bedingung der Tauscheffizienz erfüllt ist, gibt es keinen weiteren Spielraum für Tauschakte zwischen den Individuen. In Kapitel 3 haben wir die Vorteile des freien Handels zwischen Individuen und Staaten diskutiert. Jede Einschränkung dieses Handels führt zu Tauschineffizienzen. In Kriegszeiten werden beispielsweise knappe Güter wie Zucker häufig rationiert. Die Menschen erhalten Berechtigungsscheine, die sie zum Kauf von, sagen wir, einem Pfund Zucker pro Monat berechtigen. Wenn der Zucker einen Dollar pro Pfund kostet, genügt es nicht, einen Dollar zu haben, man braucht außerdem den Berechtigungsschein. Es gibt häufig Kontroversen darüber, ob man den Menschen erlauben sollte, ihre Berechtigungsscheine zu verkaufen oder gegen andere, zum Beispiel für Butter, einzutauschen. Wenn die Regierung den Verkauf oder den Tausch der Berechtigungsscheine verbietet, wird die Wirtschaft nicht tauscheffizient - und damit auch nicht pareto-effizient sein.

Unter die Lupe genommen: Pareto-Verbesserungen am Himmel

Fluglinien wollen, daß ihre Flugzeuge so vollbesetzt wie möglich fliegen. Aber sie wissen auch, daß ein gewisser Prozentsatz der Passagiere, die ein Ticket für einen bestimmten Flug gebucht haben, nicht erscheinen werden. Daher haben die Fluglinien einen Anreiz, die Flüge zu "überbuchen". Sie verkaufen mehr Tickets als Sitze in einem Flugzeug vorhanden sind, unter der vernünftigen Annahme, daß es ausreichend Plätze für diejenigen geben wird, die tatsächlich erscheinen. Aber manchmal erscheinen alle Passagiere und dann muß eine Entscheidung getroffen werden, wer nicht mitfliegen darf. Für diese Auswahl stehen verschiedene Methoden offen.

In den sechziger Jahren nahmen die Fluglinien einfach diejenigen nicht mit, die zuletzt kamen, und buchten diese Passagiere für einen späteren Flug. Die ausgeschlossen Passagieren hatten keine Regreßmöglichkeiten. Diese Art der Politik verursacht aber hohen Blutdruck.

Um zu vermeiden, daß frustrierte Passagiere diese Kosten tragen müssen, könnte als zweite Möglichkeit die Regierung den Fluglinien einfach verbieten, ihre Flüge zu überbuchen. Aber in diesem Fall müßten einige Flugzeuge mit leeren Sitzplätzen fliegen, obwohl es Menschen gegeben hätte, die bereit gewesen wären, dafür zu bezahlen. Die Flugzeuge würden Gewinn- und Umsatzeinbußen verzeichnen, die Preise würden steigen, um den Umsatzausfall zu kompensieren, und die Passagiere, die bei dieser Regelung die leeren Sitzplätze nicht kaufen konnten, würden alle Verlierer sein.

Aber es gibt eine dritte Möglichkeit, die sowohl gegenüber dem Ausschlußverfahren als auch gegenüber dem Verbot des Überbuchens eine Pareto-Verbesserung darstellt. Heutzutage bieten die Fluglinien denjenigen, die bereit sind zu warten, ein kostenloses Ticket für einen zukünftigen Flug oder andere Vergünstigungen als Kompensation an. Die Menschen, die dieses Angebot annehmen, sind gemäß ihrer eigenen Einschätzung klar bessergestellt. Die Fluglinien profitieren dadurch, daß sie die Praxis des Überbuchens fortsetzen dürfen und damit ihre Flugzeuge so voll wie möglich bekommen können. Da die kostenlosen Tickets meist für Flüge ausgegeben werden, in denen es sowieso noch leere Sitzplätze gibt, belaufen sich die Grenzkosten für die Fluglinien beinahe auf Null. Dies ist eine Pareto-Verbesserung aus der realen Welt. Alle Beteiligten sind zumindest nicht schlechter gestellt und viele sind sogar besser gestellt als vorher.

Quelle: Julian L. Simon, "An Almost Practical Solution to Airline Overbooking," *Journal of Transport Economics and Policy* (Mai 1968), S. 201f.

Produktionseffizienz

Damit eine Volkswirtschaft pareto-effizient ist, muß auch die Bedingung der **Produktionseffizienz** erfüllt sein. Das heißt, es darf nicht möglich sein, von einem Gut mehr zu produzieren, ohne von einem anderen weniger zu produzieren. Mit anderen Worten: Pareto-Effizienz erfordert, daß sich die Volkswirtschaft auf der Produktionsmöglichkeitenkurve befindet, die wir in Kapitel 2 kennengelernt haben.

Abbildung 13.5 zeigt die Produktionsmöglichkeitenkurve einer einfachen Volkswirtschaft, in der nur zwei Güter, Äpfel und Orangen, hergestellt werden. Wenn sich die Volkswirtschaft im Punkt *I*, innerhalb der Produktionsmöglichkeitenkurve, befindet, kann sie nicht pareto-effizient sein. Die Gesellschaft könnte sowohl mehr Äpfel als auch mehr Orangen produzieren, und indem sie sie an die Individuen verteilt, könnten die Menschen bessergestellt werden. Preise signalisieren den Unternehmungen die Knappheit der Inputfaktoren, die sie verwenden. Wenn sich alle Unternehmungen den gleichen Preisen für Arbeit, Kapitalgüter und andere Inputs gegenübersehen, werden sie geeignete Produktionsmethoden ergreifen, und die Produktionsfaktoren so einsetzen, daß sich die Volkswirtschaft auf der Produktionsmöglichkeitenkurve befindet.

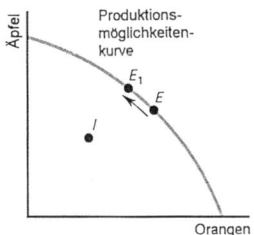

Abbildung 13.5   Die Produktionsmöglichkeitenkurve. Die Produktionsmöglichkeitenkurve zeigt die maximale Menge eines Gutes, die bei gegebener Outputmenge eines anderen Gutes produziert werden kann. Produktionseffizienz erfordert, daß sich die Volkswirtschaft auf der Produktionsmöglichkeitenkurve befindet. Entlang dieser Kurve besteht die einzige Möglichkeit, die Produktionsmenge eines Gutes (hier Äpfel) zu erhöhen, darin, die Produktion anderer Güter (Orangen) zu drosseln.

Optimale Produktionsstruktur

Die dritte Voraussetzung für Pareto-Effizienz ist die **optimale Produktionsstruktur**. Das heißt, das produzierte Güterbündel muß die Präferenzen der Individuen widerspiegeln. Die Volkswirtschaft muß sich an demjenigen Punkt der Produktionsmöglichkeitenkurve befinden, der den Nutzen der Individuen maximiert. Wiederum wird durch das Preissystem sichergestellt, daß diese Bedingung erfüllt ist.

Sowohl Haushalte als auch Individuen richten ihr Augenmerk auf die Trade-Offs. Die Unternehmungen achten darauf, wieviele Orangen sie zusätzlich produzieren können, wenn sie die Produktion von Äpfeln einschränken. Das Ergebnis wird durch die Steigung der Produktionsmöglichkeitenkurve ausgedrückt und heißt **Grenzrate der Transformation**. Die Unternehmungen vergleichen diesen Trade-Off mit dem relativen Nutzen aus der Produktion der beiden Güter - der durch die relativen Preise gegeben ist. Ähnlich achten die Haushalte auf die relativen Kosten von Äpfeln und Orangen - die wiederum durch die relativen Preise gegeben sind - und fragen sich, ob sie bei den gegebenen Trade-Offs lieber mehr Äpfel und weniger Orangen oder umgekehrt konsumieren wollen.

Änderungen der Präferenzen schlagen sich - durch das Wirken von Angebots- und Nachfragekurven - schnell in Preisänderungen nieder. Diese Preisänderungen werden dann von den Unternehmungen in Änderungen der Produktionsmengen umgesetzt. Nehmen wir an, die Volkswirtschaft produziere anfänglich bei Punkt E auf der Produktionsmöglichkeitenkurve in Abbildung 13.5. Die Konsumenten beschließen dann, daß sie Äpfel jetzt lieber und Orangen weniger gerne mögen. Die höhere Nachfrage nach Äpfeln wird zu einer Erhöhung des Apfelpreises führen, und dadurch werden auch mehr Äpfel produziert werden; gleichzeitig wird der Preis für Orangen aufgrund der niedrigeren Nachfrage fallen, und dies wird wiederum zu einer Verringerung der Orangenproduktion führen. Die Wirtschaft wird sich vom Punkt E zum Punkt E_1 bewegen, an dem mehr Äpfel und weniger Orangen produziert werden; die Zusammensetzung der produzierten Güter hat sich an die geänderten Präferenzen der Individuen angepaßt.

Pareto-Effizienz auf Wettbewerbsmärkten

Wir wissen nun, daß Wirtschaftswissenschaftler, wenn sie davon sprechen, daß die Marktwirtschaft effizient sei oder daß das Preissystem zu ökonomischer Effizienz führe, damit meinen, daß die Volkswirtschaft pareto-effizient ist: Niemand kann besser gestellt werden, ohne daß jemand anderes schlechter gestellt wird. Wir haben auch gesehen, wie Wettbewerbsmärkte sicherstellen, daß alle drei Grundbedingungen für Pareto-Effizienz erreicht werden: Tauscheffizienz, Produktionseffizienz und die optimale Produktionsstruktur.

Das Argument, daß Wettbewerbsmärkte Pareto-Effizienz gewährleisten, kann etwas lockerer auch so formuliert werden: Von einer Ressourcenumverteilung können nur diejenigen profitieren, die freiwillig dazu bereit sind. Aber im Wettbewerbsgleichgewicht haben die Individuen bereits alle Tauschhandlungen vorgenommen, zu denen sie bereit sind; niemand möchte bei der gegebenen Preisstruktur mehr oder weniger produzieren oder mehr oder weniger nachfragen.

Pareto-Effizienz besagt *nicht*, daß es keine Möglichkeiten gibt, ein oder mehrere Individuen besser zu stellen. Natürlich können einer Person Ressourcen weggenommen und anderen gegeben werden, und die Empfänger wären bessergestellt.

Wir haben gesehen, daß einige Individuen von bestimmten wirtschaftspolitischen Maßnahmen wie zum Beispiel der Mietpreisbindung profitieren - diejenigen, die das Glück haben, die günstigen Wohnungen zu bekommen. Aber in der Folge wird jemand anderes schlechter gestellt.

Ein Blick in die Wirtschaftspolitik: Die Kosten von Kindersitzen in Flugzeugen

In vielen Staaten müssen kleine Kinder in Autos in speziellen Kindersitzen sitzen. Warum sollte man also nicht auch für Kinder in Flugzeugen solche Sicherheitssitze vorschreiben? Im Sommer 1990 gab es verschiedene Anhörungen vor dem Kongreß zu diesem Thema. Alle stimmten darin überein, daß zumindest in einigen wenigen Fällen solche Sitze das Leben eines Kindes bei einem Flugzeugunglück retten könnten. Nichtsdestotrotz sprach sich die Federal Aviation Administration (FAA) gegen eine solche Regelung aus, nachdem sie die möglichen Folgen und Nebeneffekte abgewägt hatte.

Auf der Nutzenseite schätzte die FAA, daß obligatorische Kindersitze alle zehn Jahr bei einem Flugzeugunglück das Leben eines Kindes retten würde. Aber die Eltern müßten 185 $ ausgeben, um den Sicherheitssitz selbst zu bezahlen, zusätzlich zu dem normalen Flugpreis für das Kind. Bei der jetzigen Regelung dürfen Kinder unter zwei Jahren auf dem Schoß ihrer Eltern sitzen, so daß kein Extratikket für sie gekauft werden muß. Die FAA schätzte, daß angesichts dieser Zusatzkosten 20 Prozent der Familien mit kleinen Kindern, die jetzt fliegen, zu Hause bleiben oder mit dem Auto fahren würden. Der zusätzliche Autoverkehr würde nach den Schätzungen der FAA während der gleichen Zehn-Jahres-Periode zu zusätzlichen neun Unfalltoten auf den Autobahnen führen, 52 schweren Verletzungen und 2.300 leichteren Verletzungen.

Selbst diejenigen, die argumentieren, daß man den Wert eines Menschenlebens nicht mit noch so großen Zahlen beziffern kann, müssen über den regulierten Markt hinaussehen. Die erweiterte Perspektive macht klar, daß eine Reduzierung der Unfalltoten bei Flugzeugunglücken durch Sicherheitssitze für Kleinkinder beinahe mit Sicherheit zu einem noch größeren Verlust an Menschenleben führt.

Wettbewerbsmärkte und Einkommensverteilung

Effizienz ist besser als Ineffizienz, aber das ist nicht alles. Im Wettbewerbsgleichgewicht können einige Individuen sehr reich sein, während andere in bitterer Armut leben. Eine Person kann Fähigkeiten haben, die sehr hoch bewertet werden, und andere nicht. Wettbewerb kann zu einer effizienten Wirtschaft mit einer sehr ungleichen Ressourcenverteilung führen.

In einer Wettbewerbswirtschaft legt das Gesetz von Angebot und Nachfrage fest, wie das verfügbare Einkommen aufgeteilt wird. Es bestimmt den Lohn der Arbeitskräfte und die Rendite der Kapitaleigner und damit die Einkommensverteilung.

Zu wissen, wie die Einkommensverteilung bestimmt wird, ist wichtig, denn darin liegt die Antwort auf die Frage, für wen die Güter produziert werden. Wettbewerbsmärkte garantieren zwar ökonomische *Effizienz* - niemand kann bessergestellt werden, ohne daß jemand anderes schlechter gestellt wird - aber sie können auch Einkommensverteilungen erzeugen, die zumindest manchen Leuten moralisch abstoßend erscheinen. Eine Wirtschaft, in der einige Menschen in Luxusvillen leben, während andere gerade eben so ihren Lebensunterhalt bestreiten können, mag zwar effizient sein, aber die Situation erscheint wenig erstrebenswert. Sich selbst überlassen, können Wettbewerbsmärkte auf die Frage, für wen die Güter produziert werden, eine Antwort liefern, die nicht akzeptabel erscheint.

Das bedeutet jedoch nicht, daß der Mechanismus der Wettbewerbswirtschaft aufgegeben werden sollte, zumindest nicht unter den Bedingungen, die wir für unser Grundmodell angenommen haben, nämlich vollständig informierte, rational handelnde Konsumenten und Unternehmen, die auf vollkommenen Wettbewerbsmärkten aufeinandertreffen. Selbst wenn die Gesellschaft als Ganzes eine Umverteilung der Einkommen wünscht, sollte sie nicht auf den Wettbewerbsmechanismus verzichten. Statt dessen ist es lediglich notwendig, das Vermögen der Menschen umzuverteilen und den Rest dem Wirken der Wettbewerbsmärkte zu überlassen. Mit Hilfe einer entsprechenden Vermögensverteilung kann die Volkswirtschaft jede gewünschte Einkommensverteilung erreichen.

Vor allem durch Ausbildung und Erziehung, also über das Humankapital, kann der Staat die "Vermögens-"Verteilung beeinflussen. Indem alle Menschen, unabhängig vom Vermögen ihrer Eltern, eine kostenlose Grundausbildung erhalten, kann der Staat den Grad der Ungleichheit, der ansonsten bestehen würde, reduzieren. Dennoch bleibt die Ungleichheit in den Vereinigten Staaten groß – größer als in den meisten anderen westlichen Industriestaaten, wie wir in Kapitel 23 sehen werden.

Staatliche Eingriffe in das Marktgeschehen werden häufig damit gerechtfertigt, daß sie die Gleichheit erhöhen. Dahinter steht die weitverbreitete, aber (wie wir bereits gesehen haben) falsche, Ansicht, daß diese Maßnahmen über die Umverteilung hinaus keine weiteren Auswirkungen haben. Wir wissen aber, daß Umverteilungsmaßnahmen, die die relativen Preise ändern - wie zum Beispiel die Mietpreisbindung - die Effizienz einer Volkswirtschaft stören. Eine Folge geringerer Mieten ist zum Beispiel, daß die Rendite von Investitionen in Mietimmobilien sinkt und daher zu wenig Kapital in den Bau von Mietwohnungen investiert wird. Wegen dieser Unterinvestition ist die Volkswirtschaft nicht mehr effizient.

Wirtschaftliche Eingriffe zur Erhöhung der Gleichheit müssen daher mit Vorsicht behandelt werden. Um eine effiziente Ressourcenverteilung bei der gewünschten Einkommensverteilung zu erreichen, steht dem Staat als *einziges* Mittel die Umverteilung der Anfangsausstattung zur Verfügung, *wenn* die Annahmen des Modells vollkommenen Wettbewerbs erfüllt sind. Man kann sich also nicht nur auf den Marktmechanismus verlassen, sondern jeder Eingriff in den Markt kann auch tatsächlich dazu führen, daß die Wirtschaft nicht pareto-effizient ist.

Diese beiden Ergebnisse - daß Wettbewerbsmärkte pareto-effizient sind und daß jede pareto-effiziente Ressourcenallokation, unabhängig von der gewünschten Einkommensverteilung durch den Marktmechanismus erreicht werden kann - sind **Theoreme**. Das heißt, sie sind logische Schlußfolgerungen aus den grundlegenden Definitionen und Annahmen des Modells. Dazu gehören die Definitionen der Begriffe Wettbewerbswirtschaft und Pareto-Effizienz, aber auch die Annahme der Abwesenheit von Externalitäten. Wenn diese Annahmen nicht erfüllt sind, können Marktwirtschaften nicht pareto-effizient sein; dann können größere staatliche Eingriffe erforderlich sein, um pareto-effiziente Allokationen zu erreichen. Darauf werden wir in späteren Kapiteln genauer eingehen.

13.5 Ein Blick über das Grundmodell hinaus: Marktversagen und die Rolle des Staates

In diesem Kapitel haben wir die Bestandteile des Grundmodells der Wettbewerbswirtschaft zusammengesetzt und gezeigt, wie das Wettbewerbsgleichgewicht in einer idealtypischen Volkswirtschaft erreicht wird. In dem Ausmaß, in dem die Bedingungen in der realen Welt den Annahmen des Modells der vollkommenen Konkurrenz entsprechen, wird die Volkswirtschaft effizient sein. Dem Staat kommt dann über die Herstellung eines gesetzlichen Rahmens für die Markttransaktionen hinaus kaum eine wirtschaftliche Rolle zu.

Unter den Wirtschaftswissenschaftlern gibt es Vertreter einer freien Marktwirtschaft, die glauben, daß das ungehinderte Walten der Marktkräfte der beste Weg zu ökonomischer Effizienz ist. Sie gehen davon aus, daß das Wettbewerbsmodell die meisten Märkte in den meisten Situationen zutreffend beschreibt. Nach Ansicht dieser Wirtschaftswissenschaftler, zu denen auch der Nobelpreisträger Milton Friedman von der Hoover Institution an der Stanford University und der späte George Stigler von der Universität Chicago gehören, kommt dem Staat nur eine sehr beschränkte Rolle in der Wirtschaftspolitik zu. Wirtschaftspolitische Eingriffe sollten strikt auf den Ausgleich inakzeptabler Einkommensverteilungen beschränkt werden, und selbst auf diesem Feld sollte die Regierung zurückhaltend vorgehen.

Andere Wirtschaftswissenschaftler betonen die Unvollkommenheit der Märkte und sehen bei Konsumenten, Unternehmungen und Märkten in der Realität erhebliche Abweichungen von den Grundannahmen des Wettwerbsmodells. Aufgrund dieser

Marktunvollkommenheiten stellt sich ihnen die Frage, ob sich selbst überlassene freie Märkte zu ökonomisch effizienten Ergebnissen führen. Sie würden jedoch niemals das Grundmodell verwerfen. Es dient ihnen vielmehr als wichtiger Ausgangspunkt für ihre Forschungen. Viele Industrieökonomen, wie zum Beispiel Joseph Bain von der University of California in Berkeley oder F.M. Scherer von der Harvard University, argumentieren, daß der Wettbewerb beschränkt ist, und erklären, warum das so ist. Wenn auf dem Zigarettenmarkt kein Wettbewerb herrscht, wird das Wettbewerbsmodell für die Prognose der Folgen einer Erhöhung der Tabaksteuer falsche Ergebnisse liefern.

Andere Wirtschaftsforscher, wie der Nobelpreisträger Kenneth J. Arrow von der Universität Stanford betonen, daß Unternehmungen über die Qualität ihrer Arbeitskräfte nur unvollständig informiert sind und daß Investoren keine vollständigen Informationen über die Erträge verschiedener Anlagealternativen haben. Ihrer Ansicht nach führen diese unvollständigen Informationen dazu, daß Kapital- und Arbeitsmärkte anders funktionieren als Im Modell der vollkommenen Konkurrenz.

Wieder andere, wie der Nobelpreisträger Robert Solow vom MIT, argumentieren, daß das Wettbewerbsmodell im allgemeinen zutreffend ist, aber daß es wichtige Situationen gibt, bei denen man sich nicht ohne staatlichen Eingriff auf das Funktionieren der Marktkräfte verlassen kann. Sie beschäftigen sich mit Fragen der Umweltverschmutzung und der Arbeitslosigkeit. Paul Romer von der University of Calfornia at Berkeley und Paul David von der Universität Stanford bezweifeln zum Beispiel, daß Unternehmungen von sich aus genügend in Forschung und Entwicklung investieren werden, und argumentieren, daß dadurch das wirtschaftliche Wachstum behindert wird. Diese Wirtschaftswissenschaftler gehen davon aus, daß in den beschriebenen Fällen eine oder mehrere Annahmen des Grundmodells des Wettbewerbs verletzt sind und daß es daher Raum für staatliche Eingriffe gibt, um die ökonomische Effizienz zu erhöhen.

Im nächsten Teil dieses Buches geht es darum, welche Folgen Verletzungen der Grundannahmen haben, welche dieser Annahmen am stärksten zu hinterfragen sind, mit welchen Mitteln man ihre Gültigkeit überprüfen kann. und welche Konsequenzen für die Rolle des Staates daraus zu ziehen sind.

Bevor wir uns mit unvollständigen Märkten beschäftigen, sei noch eine Warnung ausgesprochen: Wenn Märkte nicht perfekt funktionieren und damit eine Möglichkeit für wirtschaftspolitisches Handeln bieten, heißt das nicht notwendigerweise, daß die Situation durch den staatlichen Eingriff auch verbessert wird.

In der Volkswirtschaftslehre wird weiterhin darüber gestritten werden, inwieweit das Modell der vollkommenen Konkurrenz die Märkte zutreffend beschreibt. Diese Auseinandersetzungen dürfen jedoch nicht über das große Maß an Übereinstimmung hinwegtäuschen, das bezüglich der Effizienz von Wettbewerbsmärkten besteht und das wir mit unserem siebten Konsenspunkt hervorheben wollen:

7 Die Effizienz von Wettbewerbsmärkten

Wettbewerbsmärkte stehen im Mittelpunkt moderner Volkswirtschaften. Durch das Motiv der Gewinnerzielung und das Preissystem führen Wettbewerbsmärkte zu ökonomischer Effizienz. Es gibt jedoch wichtige Ausnahmefälle, in denen freie Märkte nicht zu effizienten Ergebnissen führen. Zum Beispiel kann der Wettbewerb beschränkt sein oder es werden zu viele Güter mit negativen Externalitäten (wie Umweltverschmutzung) und zu wenige Güter mit positiven Externalitäten (wie Grundlagenforschung) produziert.

Zusammenfassung

1. Wenn eine wirtschaftliche Veränderung viele Märkte gleichzeitig betrifft, analysiert man die Wechselwirkungen zwischen den verschiedenen Teilen der Volkswirtschaft mit Hilfe der allgemeinen Gleichgewichtsanalyse. Aber wenn die sekundären Auswirkungen einer Veränderung vergleichsweise gering sind, genügt es, mit Hilfe der partiellen Gleichgewichtsanalyse den oder die wenigen betroffenen Märkte zu untersuchen.

2. Im Grundmodell des Wettbewerbs befindet sich die Wirtschaft dann im allgemeinen Gleichgewicht, wenn sich die Löhne, Zinsen und Preise so einstellen, daß auf allen Arbeits-, Kapital- und Gütermärkten das Angebot gleich der Nachfrage ist. Alle Märkte sind geräumt.

3. Kreislaufdiagramme zeigen die Ströme von Kapital, Arbeit und Gütern zwischen Haushalten, Unternehmungen, dem Staat und dem Auslandssektor. Die Ströme aus und in einen Sektor müssen ausgeglichen sein.

4. Unter den Grundannahmen des Wettbewerbsmodells ist die Ressourcenallokation einer Volkswirtschaft pareto-effizient; das heißt, niemand kann besser gestellt werden, ohne daß jemand anderes schlechter gestellt wird.

5. Die Einkommensverteilung, die auf Wettbewerbsmärkten entsteht, kann möglicherweise sehr ungleich sein. Unter den Grundannahmen des Wettbewerbsmodells kann jedoch durch eine Umverteilung der Anfangsausstattung eine ausgeglichenere Ressourcenallokation erreicht werden, die ebenfalls pareto-effizient ist. Darüber hinaus sind keine staatlichen Eingriffe erforderlich.

6. Einige Wirtschaftswissenschaftler vertreten die Ansicht, daß das Grundmodell des Wettbewerbs eine im wesentlichen akkurate Abbildung der meisten Teile der Volkswirtschaft liefert; die Märkte garantieren ökonomische Effizienz, und es gibt nur beschränkten Spielraum für staatliche Eingriffe. Andere halten dagegen, daß viele Märkte unvollkommen sind und daß das Grundmodell des Wettbewerbs nicht mehr als einen Ausgangspunkt für die Analyse bieten kann; für die Lösung einiger gesellschaftlicher Probleme sind daher staatliche Eingriffe erforderlich.

Schlüsselbegriffe

partielle Gleichgewichtsanalyse   pareto-effiziente Allokation   Kreislaufströme

allgemeine Gleichgewichtsanalyse   Produktionseffizienz   Tauscheffizienz

optimale Produktionsanpassung

Wiederholungsfragen

1. Was ist der Unterschied zwischen partieller und allgemeiner Gleichgewichtsanalyse? Wann ist welche Form besonders angemessen?

2. Nennen Sie die wichtigsten Ströme aus und in Unternehmungen, Haushalte, den Staat und den Auslandssektor!

3. Wie beantwortet eine Volkswirtschaft im allgemeinen Gleichgewicht die folgenden vier grundlegenden Fragen: Was wird produziert und in welcher Menge? Wie werden diese Güter produziert? Für wen werden sie produziert? Wer entscheidet, wie die Ressourcen alloziiert werden?

4. Was versteht man unter Pareto-Effizienz? Welche Bedingungen muß eine Volkswirtschaft erfüllen, um pareto-effizient zu sein? Ist die Volkswirtschaft effizient, wenn die Bedingungen des Grundmodells des Wettbewerbs erfüllt sind?

5. Wenn die Einkommensverteilung in einer Volkswirtschaft sehr ungleich ist, ist es dann notwendig, Preiskontrollen einzuführen oder die Preise auf Wettbewerbsmärkten anderweitig zu manipulieren, um eine größere Gleichheit in der Verteilung zu erreichen?

Aufgaben

1. Entscheiden Sie in jedem der folgenden Fälle, ob eine partielle Gleichgewichtsanalyse ausreichend wäre oder ob eine allgemeine Gleichgewichtsanalyse angebracht ist:
   a) eine Erhöhung der Alkoholsteuer;
   b) eine Erhöhung der Sozialversicherungsbeiträge;
   c) eine Dürre, die die Ernte im Mittleren Westen beeinträchtigt;
   d) ein Anstieg des Rohölpreises;
   e) die Einstellung des Geschäftsbetriebs einer größeren Fluggesellschaft.
   Begründen Sie jeweils Ihre Antwort.

2. Erklären Sie die möglichen Konsequenzen aus den folgenden Situationen anhand eines Kreislaufdiagramms mit Auslandssektor:
   a) ein Gesetz, das eine Lohnerhöhung für alle Beschäftigten vorschreibt;
   b) eine Entscheidung der Konsumenten, mehr zu importieren und weniger zu sparen;
   c) eine Erhöhung der Staatsausgaben, die durch eine Erhöhung der Körperschaftssteuer finanziert wird;
   d) eine Erhöhung der Staatsausgaben ohne begleitende Steuererhöhung.

3. Erklären Sie, inwieweit die folgenden Sachverhalte die ökonomische Effizienz beeinträchtigen könnten:

(a) Fluggesellschaften begrenzen die Anzahl der Passagierplätze, die sie zu einem günstigeren Preis verkaufen,;

(b) Ärzte verlangen von armen Patienten weniger Honorar als von reichen;

(c) Unternehmungen gewähren Mengenrabatte.

Welche zusätzlichen Transaktionen wären in jedem der geschilderten Fälle möglich?

4. Nehmen wir an, daß in der Stahlindustrie - bei gegebenem Produktionsniveau und gegebener Technologie - eine Maschine im Wert von 10.000 $ eine Arbeitskraft ersetzen kann. In der Automobilindustrie kann eine Maschine im Wert von 10.000 $ zwei Arbeitskräfte ersetzen. Ist diese Volkswirtschaft pareto-effizient, das heißt, befindet sie sich auf der Produktionsmöglichkeitenkurve? Falls nicht, erklären Sie, wie der gesamte Output an beiden Gütern erhöht werden kann, indem Maschinen und Arbeitskräfte zwischen den beiden Industriezweigen umgeschichtet werden.

5. Betrachten Sie drei verschiedene Wege, um arme Menschen zu unterstützen, so daß sie sich Essen, Kleidung und ein Dach über dem Kopf leisten können. Die erste Methode besteht in der Verabschiedung von Höchstpreisverordnungen, um diese elementaren Güter für alle erschwinglich zu machen. Bei der zweiten Methode verteilt die Regierung Gutscheine, die den armen Menschen eine Ermäßigung beim Kauf der lebensnotwendigen Güter einräumen. Im dritten Fall verteilt der Staat Einkommen an arme Menschen um. Welches Programm wird am wahrscheinlichsten zu einem pareto-effizienten Ergebnis führen? Erklären Sie, warum die anderen Programme kaum pareto-effizient sein werden!

Anhang: Pareto-Effizienz und Wettbewerbsmärkte

Das Konzept der Grenzrate der Substitution, das in den Anhängen zu den Kapiteln 8 und 9 eingeführt wurde, kann auch zur Erklärung dafür benutzt werden, warum Wettbewerbsmärkte pareto-effizient sind.

Tauscheffizienz

Tauscheffizienz kann nur dann erreicht werden, wenn alle Individuen die gleiche Grenzrate der Substitution haben, wenn sie also die gleiche Menge eines Gutes für eine Einheit eines anderen Gutes herzugeben bereit sind. Auf Wettbewerbsmärkten wählen die Individuen ein Güterbündel so, daß die Grenzrate der Substitution gleich den relativen Preisen ist. Da sich alle Individuen denselben relativen Preisen gegenübersehen, haben sie alle die gleiche Grenzrate der Substitution, und damit ist die Tauscheffizienz der Volkswirtschaft gewährleistet.

Ein einfaches Beispiel aus der Inselwirtschaft von Robinson Crusoe und Freitag veranschaulicht, warum Tauscheffizienz erfordert, daß alle Menschen die gleiche Grenzrate der Substitution haben. Nehmen wir an, Robinsons Grenzrate der Substitution zwischen Äpfeln und Orangen sei zwei, das heißt, er ist bereit, zwei Äpfel für eine zusätzliche Orange herzugeben. Freitags Grenzrate der Substitution zwischen Äpfeln und Orangen sei eins, das heißt, er würde für eine Orange nur einen Apfel aufgeben. Da die Grenzraten der Substitution der beiden nicht gleich sind, können wir einen besserstellen, ohne den anderen schlechterzustellen (oder wir können auch beide besserstellen). Die Allokation ist nicht pareto-effizient.

Um zu sehen, wie das geschehen kann, nehmen wir Freitag gedanklich eine Orange weg und geben sie Robinson. Robinson wäre dann bereit, zwei Äpfel dafür herzugeben und wäre immer noch genausogut gestellt wie vor dem Tausch. Wenn er Freitag nur eineinhalb Äpfel geben würde, wäre dieser auch bessergestellt. Freitag hätte dann eine Orange für eineinhalb Äpfel hergegeben, aber er wäre sogar bereit gewesen, die Orange abzugeben, wenn er nur einen Apfel dafür bekommen hätte.

Man kann leicht sehen, daß Robinson und Freitag ihre Tauschgeschäfte solange fortsetzen werden, bis sich ihre Grenzraten der Substitution angleichen. Wenn Freitag Orangen gegen Äpfel tauscht, nimmt seine Grenzrate der Substitution zu; er besteht darauf, für jede zusätzliche Orange, die er hergibt, immer mehr Äpfel zu bekommen. Ebenso nimmt Robinsons Grenzrate der Substitution in dem Maß ab, in dem er Äpfel hergibt und mehr Orangen bekommt; für jede zusätzliche Orange will er immer weniger Äpfel hergeben. Irgendwann werden die beiden die gleiche Grenzrate der Substitution haben und dann werden keine weiteren Tauschgeschäfte mehr durchgeführt. Daher ist die grundlegende Bedingung für Tauscheffizienz, daß alle Individuen die gleiche Grenzrate der Substitution haben.

Produktionseffizienz

Die Bedingung für Produktionseffizienz ist der Bedingung für Tauscheffizienz sehr ähnlich. Eine Volkswirtschaft kann nur dann effizient produzieren - sich auf ihrer Produktionsmöglichkeitenkurve befinden, wenn die Grenzrate der technischen Substitution zwischen beliebigen zwei Inputs in beliebigen zwei Firmen gleich ist. Die Grenzrate der technischen Substitution ist der Betrag, um den der Einsatz eines Inputs reduziert werden kann, wenn der andere Input um eine Einheit erhöht wird, so daß der Output konstant bleibt (vgl. Anhang zu Kapitel 11).

Gewinnmaximierende Unternehmungen in einer Wettbewerbswirtschaft wählen eine Faktorkombination so, daß die Grenzrate der technischen Substitution der verschiedenen Inputs gleich dem relativen Preisverhältnis dieser Inputs ist. Wenn alle Unternehmungen denselben relativen Inputpreisen gegenüberstehen, haben sie alle die gleiche Grenzrate der technischen Substitution und die Effizienz der Produktion wird erreicht.

Konstruieren wir ein Beispiel mit der Stahl- und der Automobilindustrie. In der Stahlindustrie sei die Grenzrate der technischen Substitution zwischen Ausgaben für Kapital und Arbeit 2.000 $; das heißt, wenn eine Unternehmung eine Arbeitskraft mehr einsetzt, kann sie 2.000 $ an Ausrüstung sparen (oder, gleichbedeutend, sie kann zwei Maschinen im Wert von 1.000 $ durch eine Arbeitskraft ersetzen).

In der Autoindustrie sei die Grenzrate der technischen Substitution dagegen nur 1.000 $; durch eine zusätzliche Arbeitskraft kann eine Maschine im Wert von 1.000 $ ersetzt werden. Die Grenzraten der technischen Substitution zwischen den Produktionsfaktoren sind nicht gleich, was bedeutet, daß die Volkswirtschaft nicht effizient produziert.

Betrachten wir den Fall, daß ein Arbeiter von der Auto- in die Stahlindustrie wechselt. Wenn die Stahlindustrie ihr Produktionsniveau aufrecht erhält, werden durch die zusätzliche Arbeitskraft in dieser Industrie zwei Maschinen frei. Eine dieser Maschinen könnte in die Autoindustrie überführt werden, so daß auch dort das Produktionsniveau aufrecht erhalten werden könnte. (Wir nehmen an, daß in der Autoindustrie eine 1.000-$-Maschine eine Arbeitskraft ersetzt.) Aber eine Maschine bleibt übrig. Sie kann in der Stahlindustrie, in der Autoindustrie oder in beiden eingesetzt werden, um die Produktion zu erhöhen.

Wenn die Anzahl der Arbeitskräfte in der Stahlindustrie steigt, nimmt die Grenzproduktivität der Arbeit in dieser Industrie ab, während durch die Reduzierung der Arbeitskräfte in der Autoindustrie die Grenzproduktivität der Arbeit dort zunimmt; das umgekehrte gilt für die Maschinen. Als Ergebnis davon bewegen sich die Grenzraten der technischen Substitution in den beiden Industrien aufeinander zu. Angespornt durch das Gewinnmotiv der einzelnen Firmen in den beiden Industrien werden sich auf Wettbewerbsmärkten Kapital und Arbeit zwischen den Unternehmungen solange hin- und herbewegen, bis die Grenzraten der technischen Substitution zum Ausgleich kommen und die Produktionseffizienz erreicht ist. Produktionseffizienz erfordert daher, daß die Grenzrate der technischen Substitution zwischen zwei beliebigen Inputfaktoren in jeder Verwendung gleich ist.

Optimale Produktionsstruktur

Die dritte Bedingung für Pareto-Effizienz erfordert, daß sich die Volkswirtschaft an demjenigen Punkt entlang der Produktionsmöglichkeitenkurve befindet, der die Präferenzen der Konsumenten widerspiegelt. Betrachten wir einen beliebigen Punkt auf der Produktionsmöglichkeitenkurve in Abbildung 13.5, sagen wir Punkt *E*. Die **Grenzrate der Transformation** gibt an, wieviele zusätzliche Einheiten eines Gutes die Volkswirtschaft bekommen kann, wenn sie auf eine Einheit eines anderen Gutes verzichtet - wieviele Kästen Bier zusätzlich produziert werden können, wenn die Produktion von Kartoffelchips um eine Tonne reduziert wird, oder wieviele zusätzliche Autos hergestellt werden können, wenn auf die Produktion eines Panzers verzichtet wird. Die Steigung der Produktionsmöglichkeitenkurve ist gleich der Grenzrate der Transformation. Die Steigung gibt an, wieviel mehr man von dem Gut, das an der vertikalen Achse abgetragen wird, bekommen kann, wenn eine Einheit des Gutes entlang der horizontalen Achse aufgegeben wird.

Die effiziente Anpassung der Produktionsstruktur erfordert, daß die Grenzrate der Substitution der Konsumenten gleich der Grenzrate der Transformation ist. Um zu

sehen, warum das so ist und wie Wettbewerbsmärkte die optimale Produktionsstruktur sicherstellen, betrachten wir eine Volkswirtschaft, in der zwei Güter,
Äpfel und Orangen, produziert werden. Nehmen wir an, daß die Grenzrate der
Substitution zwischen Äpfeln und Orangen gleich zwei ist - das heißt, die Individuen sind bereit, für eine zusätzliche Orange zwei Äpfel aufzugeben -, während
die Grenzrate der Transformation gleich eins ist - man muß auf die Produktion nur
eines Apfels verzichten, um eine zusätzliche Orange zu erhalten. Offensichtlich
zahlt es sich für die Unternehmungen aus, die Orangenproduktion zu erhöhen und
die Apfelproduktion zu reduzieren.

In einer Wettbewerbswirtschaft garantiert das Preissystem, daß die Volkswirtschaft
die Bedingungen der optimalen Produktionsanpassung erfüllt. Wir wissen, daß die
Konsumenten die Grenzrate der Substitution gleich dem relativen Preis setzen. In
ähnlicher Weise haben gewinnmaximierende Firmen einen Anreiz, entsprechend
der Preise, zu denen sie die Güter verkaufen können, mehr oder weniger davon zu
produzieren, solange bis die Grenzrate der Transformation gleich den relativen
Preisen ist. Wenn Konsumenten und Produzenten den gleichen relativen Preisen
gegenüberstehen, wird die Grenzrate der Substitution gleich der Grenzrate der
Transformation sein. Die optimale Produktionsanpassung wird also dann erreicht,
wenn sowohl für Konsumenten als auch für Produzenten dieselben Preise gelten.

Um genauer zu sehen, warum Unternehmungen in einer Wettbewerbswirtschaft die
Grenzrate der Transformation gleich den relativen Preisen setzen werden, betrachten wir eine Unternehmung, die sowohl Äpfel als auch Orangen produziert.
Wenn die Unternehmung Arbeitskräfte von der Apfel- in die Orangenproduktion
umschichtet, sinkt die Produktion von Äpfeln, während diejenige von Orangen
steigt. Nehmen wir an, die Produktion von Äpfeln sinke um zwei Kisten und diejenige von Orangen steige um eine Kiste. Die Grenzrate der Transformation beträgt
dann zwei. Wenn eine Kiste Äpfel vier Dollar kostet und eine Kiste Orangen zehn
Dollar, verliert die Unternehmung acht Dollar Umsatz aus dem Verkauf von Äpfeln, aber sie macht zehn Dollar mehr Umsatz aus dem Verkauf von Orangen. Offensichtlich lohnt sich die Produktionsumschichtung für die Unternehmung. Sie
wird solange Ressourcen aus der Apfelproduktion in die Orangenproduktion um-
schichten, bis die Grenzrate der Transformation gleich dem relativen Preisverhältnis ist. Das gleiche Ergebnis tritt ein, wenn Äpfel und Orangen von verschiedenen
Firmen produziert werden.[3]

---

[3] Das Konzept der optimalen Produktionsstruktur kann veranschaulicht werden, indem
man eine Familie von Indifferenzkurven (vgl. Anhang zu Kapitel 8) über das Diagramm
der Produktionsmöglichkeitenkurve legt. Der Einfachheit halber nehmen wir an, daß alle
Individuen gleich seien. Das höchste Wohlfahrtsniveau, das ein repräsentatives Individuum erreichen kann, wird durch den Tangentialpunkt seiner Indifferenzkurve mit der Produktionsmöglichkeitenkurve abgebildet. Die Steigungen beider Kurven sind an diesem

Die Grundbedingung für die optimale Produktionsstruktur, die Gleichheit der Grenzraten von Substitution und Transformation, wird daher auf Wettbewerbsmärkten erfüllt, weil die Unternehmungen die Grenzrate der Transformation entsprechend den relativen Preisen setzen, ebenso wie die Konsumenten ihre Grenzrate der Substitution.

Tangentialpunkt gleich groß. Die Steigung der Indifferenzkurve ist die Grenzrate der Substitution des Konsumenten; die Steigung der Produktionsmöglichkeitenkurve ist die Grenzrate der Transformation. Sie die Pareto-Effizienz erfordert daher auch die Berührung der beiden Kurven, daß die Grenzrate der Substitution gleich der Grenzrate der Transformation ist.

Teil III: Unvollkommene Märkte

In Teil II haben wir das Modell der vollkommenen Konkurrenz entwickelt. Wenn die reale Welt den Annahmen dieses Modells entsprechen würde, dann könnte man auf Markteingriffe von Seiten des Staates verzichten. Die Märkte würden für ein effizientes Wirtschaftsergebnis sorgen. Wenn ein Ergebnis als ungerecht beurteilt würde, so könnte die Gesellschaft einfach die Anfangsausstattung umverteilen und den Rest den Märkten überlassen.

In den zweihundert Jahren, seit Adam Smith behauptete, daß die Märkte grundsätzlich die wirtschaftliche Effizienz sicherstellen, haben die Wirtschaftswissenschaftler dieses Modell sorgfältig erforscht. Nichts, was sie entdeckt haben, hat ihren Glauben daran erschüttert, daß die Märkte im großen und ganzen die effizienteste Methode zur Koordinierung einer Volkswirtschaft sind. Allerdings haben sie beträchtliche Abweichungen zwischen der Funktionsweise moderner Volkswirtschaften und dem Wettbewerbsmodell gefunden. Dennoch nutzen die meisten Wirtschaftswissenschaftler noch immer das Modell der vollkommenen Konkurrenz als Ausgangspunkt für die Entwicklung reichhaltigerer, realitätsnäherer Modelle. In den Teilen III und IV werden wir darlegen, auf welche Weisen die reale Welt vom Modell des Konkurrenzmarktes abweicht. Die grundlegenden Unterschiede werden hier kurz aufgezählt.

1. Auf den meisten Märkten ist die Konkurrenz nicht so vollkommen, wie es das Modell voraussetzt. Zum Beweis dafür brauchen wir uns nur an bekannte Markennamen zu erinnern. Wenn Amerikaner an Bier denken, fällt ihnen Budweiser, Miller und Coors ein. Bei Autos denken sie an Chevrolet, Ford, Chrysler und Toyota. Man könnte die Liste der Beispiele beliebig fortsetzen; man kann sich kaum ein Konsumgut vorstellen, ohne gleich einen Markennamen damit zu verbinden. Das Modell der vollkommenen Konkurrenz gilt für Märkte wie den Weizen- oder den Roheisenmarkt, wo die Produkte verschiedener Firmen im wesentlichen identisch und vollkommen gegeneinander substituierbar sind. In diesem Modell gibt es keinen Raum für Markennamen. Wenn eine Firma ihren Preis nur wenig über dem gängigen Marktpreis ansetzt, verliert sie alle ihre Kunden an die Konkurrenz. In der realen Welt verliert eine Unternehmung, die ihren Preis über den der Konkurrenten anhebt, einige Kunden aber bei weitem nicht alle. Ein Budweiser-Fan würde wahrscheinlich auch zehn Cents mehr für eine Sechserpackung Budweiser-Bier bezahlen als für die gleiche Menge Coors-Bier. Im Modell der vollkommenen Konkurrenz akzeptieren die Unternehmungen bei ihren Produktionsentscheidungen den Marktpreis als gegeben und brauchen sich keine Gedanken darüber zu machen, wie ihre Konkurrenten auf ihr Marktverhalten reagieren werden. In der realen Welt verwenden viele Firmen enorme Energien darauf, die Aktionen und Reaktionen ihrer Konkurrenten vorherzusehen. In den Kapiteln 14-16 beschäftigen wir uns mit unvollständiger Konkurrenz auf den Produktmärkten und mit der Antwort des Staates

auf diese Situation. In Kapitel 19 geht es auch um unvollständige Konkurrenz auf dem Arbeitsmarkt.

2. Das Modell der vollkommenen Konkurrenz nimmt den technologischen Wandel einfach nicht zur Kenntnis. Es zeigt uns, wie Effizienz hergestellt wird, wenn Konsumenten und Unternehmungen auf Wettbewerbsmärkten miteinander interagieren, aber es geht davon aus, daß alle Unternehmungen mit einer gegebenen Technologie arbeiten. Der Wettbewerb spielt sich in diesem Modell über den Preis ab, aber in der realen Welt konkurrieren die Unternehmungen hauptsächlich durch die Entwicklung neuer und besserer Produkte und durch Verbesserung der Produktionstechnik, des Transports und der Marketingmethoden, die die Herstellungs- und Vermarktungskosten senken und damit einen niedrigeren Verkaufspreis ermöglichen. Dieser Wettbewerb findet nicht wie im Modell zwischen einer Vielzahl kleiner Produzenten statt sondern zwischen wenigen Industriegiganten wie Du Pont und Dow Chemical oder zwischen großen etablierten Firmen wie IBM auf der einen Seite und Newcomern wie den vielen kleinen Computerfirmen, die schließlich einen großen Marktanteil für sich gewinnen konnten, auf der anderen Seite. In Kapitel 17 werden wir das Wettbewerbsmodell erweitern, um ein allgemeineres Verständnis der Wettbewerbsprozesse zu gewinnen und zu sehen, wie man den technologischen Fortschritt fördern kann.

3. Im Modell der vollkommenen Konkurrenz haben Konsumenten und Unternehmungen jederzeit kostenlosen Zugang zu den Informationen, die sie brauchen, um auf beliebigen Märkten zu agieren. Die Käufer kennen stets die Qualität der Produkte, die sie kaufen, ob es sich nun um Aktien oder festverzinsliche Wertpapiere, um ein Haus, ein Auto oder einen Kühlschrank handelt. Die Unternehmungen kennen bei Neueinstellungen die Produktivität eines jeden Bewerbers, und die Arbeitskräfte wissen genau, was an einem neuen Arbeitsplatz als Gegenleistung für den versprochenen Lohn von ihnen erwartet wird.

Unvollkommene Information und unvollkommener Wettbewerb kommen auf Gütermärkten, Arbeitsmärkten und Kapitalmärkten vor, wenn auch in verschiedener Form. Nehmen wir zum Beispiel den Produktmarkt (Kapitel 18). Die Konsumenten können nicht alle Eigenschaften eines Produkts vor dem Kauf ermitteln; sie müssen sich zum Teil auf die Reputation des Herstellers oder Verkäufers verlassen. Bei einem zu niedrigen Preis befürchten sie vielleicht, daß das Produkt Schund ist; sie benutzen also zum Teil den Preis, um die Qualität zu beurteilen - eine deutliche Abweichung vom Modell der vollkommenen Konkurrenz mit wichtigen Konsequenzen.

Oder betrachten wir den Arbeitsmarkt, der in Kapitel 19 genauer dargestellt wird: Im Wettbewerbsmodell weiß der Arbeitgeber genau, was er von einem Angestellten erwartet, und er weiß auch, ob der Angestellte seinen Erwartungen gerecht wird. Er bezahlt den Angestellten nur dann, wenn dieser seinen Vertrag erfüllt hat. Leistungsanreiz und Arbeitsmotivation sind einfach kein Thema. In der Praxis ist die Motivation der Arbeitskräfte über eine entsprechende - oft leistungsabhängige - Gestaltung der Entlohnung ein zentrales Anliegen des Personalmanagements.

Oder stellen wir uns den Kapitalmarkt vor: Jede Unternehmung muß versuchen, ihren Kapitalbedarf bestmöglich zu decken, entweder über Kredite oder über die Erhöhung des Eigenkapitals. Überraschenderweise impliziert das Modell der vollkommenen Konkurrenz, daß es keinen Unterschied macht, auf welchem Weg die Unternehmung ihr Kapital beschafft. Kapitel 20 zeigt Faktoren auf, von denen im Wettbewerbsmodell abstrahiert wird und die erklären, warum die Art der Finanzierung durchaus eine Rolle spielt und wie die Unternehmungen diese wichtigen Entscheidungen treffen.

Es gibt noch andere wichtige Fragen, die im Rahmen des Modells der vollkommenen Konkurrenz nicht angesprochen werden, weil die Antwort entweder trivial oder unwichtig wäre. Es ist zum Beispiel gleichgültig, *wer* die unternehmerischen Entscheidungen trifft, wenn das Ergebnis des Entscheidungsprozesses unabhängig davon immer das gleiche ist. Es spielt auch keine Rolle, ob eine Firma eine andere übernimmt, denn die gewinnmaximierenden Entscheidungen über Produktionsmenge und Produktionstechnologie verändern sich dadurch nicht. In der Realität ist es wichtig, wer eine Firma managt, und eine Firmenübernahme kann gravierende Auswirkungen haben. In Kapitel 20 diskutieren wir einige der Schlüsselfragen in bezug auf die Kontrolle und das Management von Unternehmungen.

Um der Vollständigkeit unseres Vergleichs willen führen wir hier noch einige Punkte an, die über das Thema von Teil III hinausgehen.

4. Im Wettbewerbsmodell trägt die Produktions- und Vermarktungskosten allein der Verkäufer und der Nutzen aus dem Konsum kommt ausschließlich dem Käufer zugute. In Kapitel 7 sind wir jedoch bereits den externen Effekten begegnet, den Kosten oder Nutzen einer wirtschaftlichen Aktivität, die in der Kalkulation der Marktteilnehmer nicht berücksichtigt sind. Das können positive externe Effekte sein (wie der Nutzen der Landesverteidigung) oder negative externe Effekte (wie die Umweltverschmutzung). Auf die externen Effekte werden wir in Teil IV zurückkommen.

5. Im Modell der vollkommenen Konkurrenz wird die Frage, welche Güter in welchen Mengen produziert werden, dahingehend beantwortet, daß alle Güter, für die es eine Nachfrage gibt und die über Märkte bereitgestellt werden können, auch tatsächlich produziert und verkauft werden. Bäume mit goldenen Blüten und Pillen, die ewige Jugend garantieren, kommen natürlich nicht in Frage. Aber wenn die Kunden grüne Haartönungen kaufen wollen oder krebs-

erregende Tabakprodukte oder Lebensversicherungen mit vielen Extras, dann kann man davon ausgehen, daß die Unternehmungen solche Güter auch anbieten werden. Es gibt jedoch viele Beispiele dafür, daß die Märkte Güter oder Dienstleistungen nicht zur Verfügung gestellt haben, obwohl ihre Herstellungskosten die Zahlungsbereitschaft der Kunden nicht überschritten hätten. Die offensichtlichsten Beispiele sind im Versicherungswesen zu finden, wo der Staat mit Programmen wie der Arbeitslosenversicherung, der Rentenversicherung und der Krankenversicherung für Rentner die Lücke gefüllt hat. Wir haben das Problem der fehlenden Märkte zuerst in Kapitel 7 angesprochen und werden in Teil IV darauf zurückkommen.

6. Im Modell der vollkommenen Konkurrenz werden alle Märkte geräumt - Angebot und Nachfrage stimmen beim Marktpreis überein. Jahrzehntelange Erfahrungen zeigen aber, daß die Märkte oft nicht geräumt werden. Das Ergebnis ist unfreiwillige Arbeitslosigkeit, manchmal in massivem Umfang. Während der Weltwirtschaftskrise war zum Beispiel jeder vierte Arbeitnehmer arbeitslos.

7. Selbst wenn die Märkte effizient sind, kann die Art und Weise der Ressourcenverteilung gesellschaftlich inakzeptabel sein. Wir haben dieses Problem in Kapitel 7 angesprochen, als es darum ging, wie der Staat das Einkommen umverteilen kann, wenn die durch den Markt bewirkte Einkommensverteilung gesellschaftspolitisch nicht akzeptiert wird. In Teil IV werden wir auf dieses Thema zurückkommen.

Im Modell der vollkommenen Konkurrenz ist wenig Raum für den Staat, weil die Märkte die wirtschaftliche Effizienz garantieren. In diesem Überblick haben wir einige Gründe dafür aufgezeigt, warum man mit den Märkten unzufrieden sein kann: Das Marktergebnis kann tatsächlich ineffizient sein, oder es ist zwar effizient aber gesellschaftlich nicht akzeptabel. In jedem dieser Fälle wird möglicherweise nach dem Staat gerufen. In den folgenden Kapiteln zeigen wir nicht nur die Grenzen des Marktes, sondern beschreiben und beurteilen auch die Maßnahmen, die der Staat unternimmt, um den Markt zu korrigieren.

Das Modell der vollkommenen Konkurrenz und die reale Welt

Modell	Realität
1. Auf allen Märkten herrscht vollkommener Wettbewerb.	1. Die meisten Märkte sind durch unvollständigen Wettbewerb charakterisiert.
2. Das technologische Know-how ist gegeben und verändert sich nicht.	2. Technologischer Wandel ist ein zentraler Bestandteil des Wettbewerbs in modernen Industriegesellschaften.
3. Alle Marktteilnehmer haben ständig Zugang zu den Informationen, die sie für ihr Agieren an den Märkten benötigen.	3. Die richtige Information ist manchmal überhaupt nicht verfügbar und meistens nicht kostenlos zu haben. Auf vielen Märkten sind die Käufer schlechter informiert als die Verkäufer.
4. Alle Kosten und Nutzen wirtschaftlicher Handlungen gehen direkt in die Kalkulation des jeweiligen Verursachers ein.	4. Externe Effekte bedeuten, daß Kosten und Nutzen in den Marktpreisen nicht korrekt enthalten sind und daß der Markt ein unzureichendes Angebot an öffentlichen Gütern bereitstellt.
5. Für alle gewünschten Güter existiert ein Markt.	5. Es kommt vor, daß Märkte nicht existieren, obwohl die Herstellungskosten für die betreffenden Güter oder Dienstleistungen die Zahlungsbereitschaft der Konsumenten nicht übersteigen würden.
6. Es gibt keine unfreiwillige Arbeitslosigkeit	6. Es gibt unfreiwillige Arbeitslosigkeit.
7. Wettbewerbsmärkte sorgen für eine effiziente Allokation der Ressourcen.	7. Effizienz genügt nicht. Die durch den Markt hergestellte Einkommensverteilung kann gesellschaftlich unakzeptabel sein.
8. Der Staat hat keine wirtschaftlichen Aufgaben.	8. Der Staat spielt in der Wirtschaft eine bedeutende Rolle. Zu seinen Aufgaben gehört die Korrektur von Marktversagen, die Organisation der Sozialversicherung und die Umverteilung des Einkommens.

Kapitel 14

Monopole und unvollkommener Wettbewerb

Im Modell der vollkommenen Konkurrenz, das wir in Teil II diskutiert haben, gibt es auf jedem Markt so viele Käufer und Verkäufer, daß kein einzelner Haushalt und kein einzelnes Unternehmen glaubt, mit seinem Verhalten den Gleichgewichtspreis am Markt beeinflussen zu können. Käufer und Verkäufer nehmen den Preis als Datum hin und entscheiden lediglich, wieviel sie beim gegebenen Preis kaufen bzw. verkaufen wollen. Zum „Marktpreis" kann der Verkäufer soviel absetzen, wie er will. Aber jeder Versuch, den Markt zu überlisten, hat dramatische Folgen. Wenn er zum Beispiel einen höheren Preis verlangt als die Konkurrenz, fällt der Absatz auf null.

Allerdings herrscht nicht auf allen Märkten ein reger Wettbewerb. AT&T war jahrelang der einzige Vermittler von Ferngesprächen. Kodak kontrollierte den Markt für Filme und Alcoa den Aluminiummarkt. Einige Firmen waren in einem bestimmten Produktbereich so dominierend, daß ihr Markenname zum Synonym für das Produkt selbst geworden ist, wie zum Beispiel Kleenex und Jell-O.

In manchen Branchen, wie zum Beispiel bei den Limonadengetränken, wird der Markt von einer Handvoll Firmen dominiert (Coca-Cola, Pepsi, Canada Dry), deren Produkte ähnlich aber nicht identisch sind. Wenn eine dieser Unternehmungen ihren Preis um zwei oder drei Prozent erhöht, dann verliert sie einige Kunden, aber bei weitem nicht alle. Wenn sie ihren Preis um zwei oder drei Prozent senkt, gewinnt sie zusätzliche Kunden, aber nicht den ganzen Markt. Solche Unternehmungen nehmen den Marktpreis nicht einfach als gegeben hin, sondern sie „setzen" ihn. Sie sind **Preissetzer**. Märkte, auf denen nur ein eingeschränkter Wettbewerb herrscht, sind Gegenstand dieses und des nächsten Kapitels.

14.1 Marktstrukturen

Eine Möglichkeit, ein einfacheres Bild von einer Volkswirtschaft zu gewinnen, besteht darin, daß man sie in Einzelmärkte zerlegt. Ein Einzelmarkt in den Vereinigten Staaten ist zum Beispiel der Markt für Personenwagen, auf dem Ford, General Motors, Chrysler und verschiedene ausländische Firmen als Anbieter auftreten.

Wenn Wirtschaftswissenschaftler Märkte analysieren, dann betrachten sie zuerst die **Marktstruktur**, also die Organisationsform des Marktes. Die Marktstruktur, die dem Wettbewerbsmodell in Teil II zugrunde liegt, heißt vollkommener Wettbewerb. Es gibt zum Beispiel so viele Weizenbauern, daß realistischerweise kein einzelner Anbieter hoffen kann, den Weizenpreis, der durch das Gesetz von Angebot und Nachfrage zustande gekommen ist, verändern zu können.

Oft jedoch ist der Wettbewerb nicht „vollkommen" sondern beschränkt. Märkte mit unvollkommenem Wettbewerb teilt man grob in drei Kategorien ein. Im Extremfall gibt es überhaupt keinen Wettbewerb, sondern eine einzige Unternehmung versorgt den gesamten Markt. Das nennt man **Monopol**. Stromerzeuger haben oft ein regionales Monopol bei der Elektrizitätsversorgung. Da man erwarten würde, daß die Monopolgewinne andere Anbieter auf den Markt locken, muß es irgendeine Marktzutrittsbarriere geben, denn sonst könnte eine Unternehmung ihre Monopolposition nicht lange halten. Weiter unten werden wir sehen, welche Arten von Marktzutrittsbarrieren es gibt.

Bei der zweiten Marktstruktur wird der Markt von mehreren Unternehmungen versorgt, so daß ein gewisser Wettbewerb entsteht. In diesem Fall spricht man von einem **Oligopol**. Die Automobilindustrie in den Vereinigten Staaten ist mit drei großen Herstellern ein gutes Beispiel. Wegen der geringen Zahl der Konkurrenten muß ein Anbieter auf einem Oligopolmarkt bei all seinen Marktaktivitäten mit den Reaktionen seiner Konkurrenten rechnen. Wenn zum Beispiel General Motors Ratenkäufe zu günstigen Bedingungen anbietet, können sich die anderen Firmen veranlaßt sehen, mit diesem Angebot gleichzuziehen; General Motors muß bei der Formulierung seines Angebots diese Reaktion miteinkalkulieren. Im Gegensatz dazu hat ein Monopolist keine Konkurrenten und braucht deshalb nur die unmittelbaren Konsequenzen eines Sonderangebots zu bedenken. Und bei vollkommener Konkurrenz kann eine Unternehmung auch ohne Sonderangebote zum Marktpreis beliebige Mengen verkaufen.

Die dritte Marktstruktur, die sogenannte **monopolistische Konkurrenz**, ist gegeben, wenn die Zahl der Anbieter größer ist als im Oligopol aber zu gering für vollkommene Konkurrenz. Ein Beispiel ist der Markt für preisgünstige Bekleidung mit Anbietern wie J.C. Penney, Sears, Kmart und anderen ähnlichen Ladenketten. Jede Kette hat ihr eigenes Fabrikat, das von keiner anderen Kette verkauft wird. Aber Machart und Qualität der Kleidungsstücke sind bei allen Ketten ähnlich genug, daß es zu einem erheblichen Wettbewerb kommt. Andererseits gibt es auch genügend Unterschiede, so daß sich die Anbieter nicht als Preisnehmer verhalten müssen; der Wettbewerb ist also beschränkt. Der Wettbewerbsgrad ist bei monopolistischer Konkurrenz höher als im Oligopol, denn es sind so viele Anbieter am Markt, daß jeder einzelne die Reaktionen seiner Konkurrenten ignorieren kann. Wenn eine Unternehmung den Preis senkt, kann sie eine große Zahl von zusätzlichen Kunden an sich ziehen. Aber die Anzahl der Kunden, die sie von einem einzelnen Konkurrenten abwirbt ist so gering, daß keiner der Konkurrenten einen Anreiz zum Zurückschlagen hat.

Sowohl im Oligopol als auch bei monopolistischer Konkurrenz herrscht ein gewisser Wettbewerb. Im Vergleich zur vollkommenen Konkurrenz ist dieser Wettbewerb jedoch eingeschränkt. Man spricht deshalb auch von **unvollkommener Konkurrenz**.

In diesem Kapitel beschäftigen wir uns mit dem Monopol und der monopolistischen Konkurrenz. Oligopole werden in Kapitel 15 analysiert. Wir untersuchen zunächst die Fragen, wie ein Monopolist Preis und Outputmenge festsetzt und wie sich das Marktergebnis auf Monopolmärkten von demjenigen bei vollkommener Konkurrenz unterscheidet. Dann wenden wir uns der häufigeren Marktform der monopolistischen Konkurrenz zu und analysieren die wichtigsten Bestimmungsgründe des Wettbewerbs auf solchen Märkten. Als nächstes geht es um die Marktzutrittsbarrieren, die es einer Unternehmung bei unvollkommener Konkurrenz gestatten, über lange Zeit hinweg überdurchschnittliche Gewinne zu machen. Im letzten Abschnitt schließlich behandeln wir Märkte, bei denen die Marktzutrittsbarrieren so niedrig sind, daß die Gewinne gegen null gehen, aber gleichzeitig der Wettbewerb hinreichend beschränkt ist, so daß jeder Anbieter seine Preise verändern kann, ohne alle seine Kunden zu verlieren.

14.2 Das Marktergebnis im Monopol

Das Interesse der Wirtschaftswissenschaftler an Monopolen und anderen Formen von beschränktem Wettbewerb rührt hauptsächlich von der Beobachtung, daß der Output oder das Angebot innerhalb solcher Marktstrukturen geringer ist als bei vollkommener Konkurrenz. Zum besseren Verständnis betrachten wir einen Monopolisten, der von allen seinen Kunden einen einheitlichen Preis verlangt, und zeigen, wie er seine Angebotsmenge bestimmt.

Ein Monopolist und eine Unternehmung, die in Konkurrenz steht, haben einige Ähnlichkeiten. Beide versuchen, den Gewinn zu maximieren. Um ihren Output zu bestimmen, vergleichen sie den zusätzlichen Erlös (oder Grenzerlös), den sie mit einer zusätzlichen Outputeinheit erwirtschaften könnten, mit den zusätzlichen Kosten (oder Grenzkosten) für die Produktion dieser Einheit. Wenn der Grenzerlös die Grenzkosten übersteigt, lohnt es sich, den Output zu erhöhen. Wenn umgekehrt der Grenzerlös unter den Grenzkosten liegt, lohnt es sich, die Produktion einzuschränken. Das Grundprinzip, nach dem der Output bestimmt wird, ist also für eine Unternehmung bei Wettbewerb und für einen Monopolisten gleich. Jeder produziert gerade soviel, daß Grenzerlös und Grenzkosten übereinstimmen.

Der entscheidende Unterschied zwischen einem Monopolisten und einer Unternehmung bei vollkommener Konkurrenz liegt darin, daß letztere den Preis akzeptiert, der durch die Marktkräfte zustande kommt. Wenn eine solche Unternehmung die Produktion um eine Einheit erhöht, entspricht ihr Grenzerlös genau dem Preis. So ist zum Beispiel der Grenzerlös, den ein Bauer erhält, wenn er einen zusätzlichen Zentner Weizen verkauft, eben der Marktpreis von einem Zentner Weizen. Ein Monopolist jedoch kann nur dann mehr verkaufen, wenn er seinen Preis senkt. Sein Grenzerlös entspricht also *nicht* dem aktuellen Marktpreis.

Wir können diesen Unterschied auch anhand einer Graphik zeigen. Bei vollkommenem Wettbewerb ist eine Unternehmung mit einer horizontalen Nachfragekurve konfrontiert, wie Abbildung 14.1A zeigt. Der Preis p^* ist der „Marktpreis". Die Unternehmung kann zu diesem Preis so viel verkaufen, wie sie will, zu einem höheren Preis jedoch gar nichts. In einer Branche wie dem Weizenanbau mit einer Million Anbietern macht jeder Bauer mit seiner Angebotsmenge gerade ein Millionstel des Marktes aus. Selbst wenn ein einzelner durchschnittlicher Anbieter seine Produktion verdoppeln würde, würde das Gesamtangebot nur um ein Millionstel steigen - eine vernachlässigbare Menge, die der Markt ohne wahrnehmbare Preisänderung absorbieren kann.

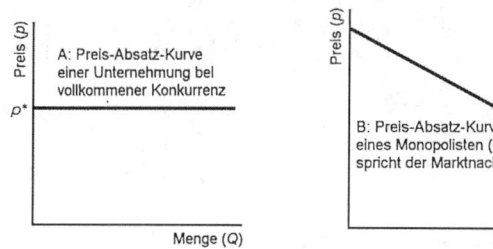

Abbildung 14.1 Die Nachfragekurven eines Anbieters bei vollkommener Konkurrenz und eines Monopolisten. Eine Unternehmung bei vollkommener Konkurrenz, die sich als Preisnehmer verhält, kann zum Marktpreis so viel verkaufen, wie sie will; sie kann aber nicht den Preis erhöhen, ohne ihren gesamten Umsatz einzubüßen. Sie ist mit einer horizontalen Nachfragekurve konfrontiert, wie sie in Teil A eingezeichnet ist. Ein Monopolist versorgt den gesamten Markt; er kann eine größere Menge also nur zu einem geringeren Preis verkaufen. Teil B zeigt die abwärts geneigte Nachfragekurve, die Marktnachfragekurve, mit der es der Monopolist zu tun hat.

Im Gegensatz dazu ist die Nachfragekurve, mit der ein Monopolist rechnen muß, abwärts geneigt, wie in Abbildung 14.1B. Definitionsgemäß beherrscht der Monopolist den gesamten Markt; eine Verdoppelung seines Outputs ist also eine Verdoppelung des gesamten Marktangebots und muß daher eine deutliche Wirkung auf den Preis haben. Wenn Alcoa zu der Zeit, als es noch ein Monopol für Aluminium hatte, seine Produktion um ein Prozent erhöht hätte, wäre das Gesamtangebot an Aluminium um ein Prozent gestiegen. Selbst eine so geringe Angebotsveränderung hätte eine beobachtbare Veränderung der Marktpreise bewirkt.

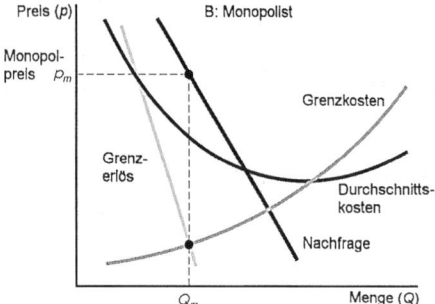

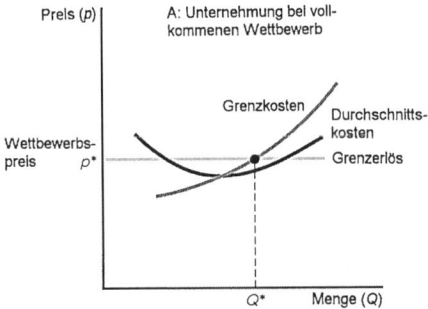

Abbildung 14.2 Die Gleichheit von Grenzerlös und Grenzkosten im Gewinnmaximum.
Wenn eine Unternehmung unter den Bedingungen der vollkommenen Konkurrenz ihre
Outputmenge um eine Einheit verändert, gewinnt oder verliert sie genau den Marktpreis
(p^*). Um den Gewinn zu maximieren, produziert die Unternehmung diejenige Menge, bei
der die Grenzkosten dem Grenzerlös, in diesem Fall also dem Marktpreis, entsprechen. Teil
B zeigt die abwärts geneigte Grenzerlöskurve eines Monopolisten. Der Monopolist wählt
ebenfalls diejenige Menge, bei der die Grenzkosten gleich dem Grenzerlös sind. Im Mono-
polfall ist jedoch der Grenzerlös niedriger als der Preis.

Der Grenzerlös eines Monopolisten kann in zwei separate Komponenten zerlegt
werden. Erstens erhält die Unternehmung einen zusätzlichen Erlös aus dem Ver-

kauf der zusätzlichen Outputeinheit. Dieser zusätzliche Erlös ist einfach der Marktpreis. Aber die Unternehmung kann den zusätzlichen Output nur absetzen, wenn sie den Preis senkt. Der Grenzerlös ist also der Preis, den sie für eine zusätzliche Outputeinheit erhält abzüglich der Erlösminderung durch die Preissenkung bei allen anderen verkauften Einheiten. Für einen Monopolisten ist also der Grenzerlös aus der Produktion einer zusätzlichen Outputeinheit stets geringer als der Preis für diese zusätzliche Einheit. Nur bei der „ersten" produzierten Mengeneinheit stimmen Grenzerlös und Preis überein.

Das kann man durch eine einfache Gleichung ausdrücken:

$$\text{Grenzerlös} = \text{Nettoanstieg des Erlöses}$$
$$\text{aus dem Verkauf einer zusätzlichen Einheit}$$

$$= \text{Preis} + \Delta p \times Q$$

wobei Δp für die Preisänderung steht und Q für die ursprünglich verkaufte Menge. Bei vollkommenem Wettbewerb gilt $\Delta p = 0$, so daß der Grenzerlös dem Preis entspricht. Für einen Monopolisten ist Δp negativ und damit der Grenzerlös kleiner als der Preis.

Abbildung 14.2A zeigt die Outputentscheidung einer Unternehmung bei vollkommenem Wettbewerb. Der Grenzerlös entspricht genau dem Marktpreis p^*. Teil B zeigt die Outputentscheidung eines Monopolisten. Der Grenzerlös ist immer niedriger als der Preis. Man beachte, daß beim Monopol im Gewinnmaximum die Grenzkosten niedriger sind als der Preis, denn die Grenzkosten sind gleich dem Grenzerlös und der Grenzerlös ist niedriger als der Preis. Der Preis ist das, was die Käufer für eine zusätzliche Einheit dieses Produkts zu zahlen bereit sind; er mißt den Grenznutzen einer zusätzlichen Einheit für den Konsumenten. Der Grenznutzen einer zusätzlichen Einheit ist also größer als die Grenzkosten. Letztendlich ist das der Grund dafür, daß Monopole die ökonomische Effizienz verringern.[1]

Das Ausmaß der Outputverringerung hängt davon ab, wie groß der Unterschied zwischen Grenzerlös und Preis ist. Dieser Unterschied wiederum wird durch die Steigung der Nachfragekurve bestimmt. Bei sehr elastischen (relativ flachen) Nachfragekurven brauchen die Preise nicht sehr stark zu sinken, wenn der Absatz steigen soll. Teil A der Abbildung 14.3 zeigt, daß der Grenzerlös hier nicht sehr viel niedriger ist als der Preis. Die Unternehmung produziert die Menge Q_m, bei welcher der Grenzerlös den Grenzkosten entspricht. Q_m ist nur geringfügig niedriger als der Wettbewerbsoutput Q_c, bei dem Preis und Grenzkosten übereinstimmen. Wenn die Nachfragekurven weniger elastisch sind, wie in Teil B, können die Preise bei steigendem Output deutlich zurückgehen; dann wird der Grenzerlös der

---

[1] In Kapitel 16 wird genauer beschrieben, wie die Effizienzverluste, die mit Monopolen verbunden sind, quantifiziert werden können.

Unternehmung für die Produktion einer zusätzlichen Outputeinheit viel geringer sein als der Preis, den sie für diese Einheit am Markt erhält.

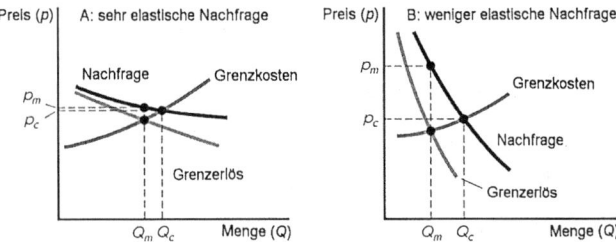

Abbildung 14.3 Monopolergebnis und Nachfrageelastizität. In Teil A steht der Monopolist einer sehr elastischen Marktnachfrage gegenüber, so daß der Preis bei steigendem Output nur wenig zurückgeht und der Monopolpreis nicht viel höher ist als der Wettbewerbspreis. In Teil B ist der Monopolist mit einer weniger elastischen Marktnachfrage konfrontiert; in diesem Fall sinkt der Preis deutlich mit steigendem Output und liegt im Gewinnmaximum erheblich höher als der Wettbewerbspreis.

Je elastischer die Nachfrage ist, desto geringer ist die Differenz zwischen Grenzerlös und Preis. Das kann man mit Hilfe der Definitionen von Nachfrageelastizität und Grenzerlös zeigen:

$$\text{Nachfrageelastizität} = \frac{\text{Änderung der Nachfragemenge}}{\text{Nachfragemenge}} : \frac{\text{Preisänderung}}{\text{Preis}}$$

$$= -\frac{\Delta Q}{Q} : \frac{\Delta p}{p}.$$

Wenn wir eine Mengenänderung von 1 betrachten (wie bei der Berechnung des Grenzerlöses), so daß $\Delta Q = 1$, dann gilt

$$\text{Nachfrageelastizität} = -\frac{1}{Q} : \frac{\Delta p}{p} = -\frac{p}{\Delta p \times Q}, \text{und}$$

Grenzerlös = Preis + Preisänderung × Absatzmenge

$$= p + (\Delta p \times Q)$$

$$= p \left(1 + \frac{\Delta p \times Q}{p} \right)$$

$$= p \, (1 - 1 / \text{ Nachfrageelastizität}).$$

Bei einer Nachfrageelastizität von 2 beträgt als der Grenzerlös 0,5 × *p*. Bei einer Nachfrageelastizität von 10, beträgt der Grenzerlös 0,9 × *p*.

Ein Beispiel: Die Firma ABC-ment

Die beiden ersten Spalten der Tabelle 14.1 enthalten die Nachfragedaten für die Firma ABC-ment, die in einer bestimmten Region ein Monopol für Zement hat. Bei jedem Preis kann sie eine bestimmte Outputmenge absetzen. Wenn sie den Preis senkt, kann sie mehr Zement verkaufen. Die Baufirmen in der Region werden dann beim Bau eines Hauses mehr Zement und weniger Holz und andere Baumaterialien verwenden.

Der Einfachheit halber gehen wir davon aus, daß Zement in Einheiten von 1.000 Kubikmetern verkauft wird. Bei einem Preis von 10.000 $ pro Einheit kann die Firma eine Einheit verkaufen, bei einem Preis von 9.000 $ verkauft sie zwei Einheiten und bei einem Preis von 8.000 $ drei Einheiten. Die dritte Spalte der Tabelle zeigt zu jeder Outputmenge den Gesamterlös (Preis × Absatzmenge). Der Grenzerlös einer zusätzlichen Einheit (von 1.000 m³) ist die Differenz zwischen dem Erlös von zum Beispiel drei und zwei Einheiten. Man beachte, daß in jedem Fall der Grenzerlös niedriger ist als der Preis.

Abbildung 14.4 zeigt die Nachfrage- und Grenzerlöskurven, die sich aus diesen Daten ergeben. Bei jeder Outputmenge liegt die Grenzerlöskurve unterhalb der Nachfragekurve. Wie man aus der Tabelle ersehen kann, geht nicht nur der Preis mit steigendem Output zurück, sondern auch der Grenzerlös.

Der gewinnmaximale Output, bei dem der Grenzerlös gerade den Grenzkosten entspricht, ist mit Q_m bezeichnet. In unserem Beispiel gilt Q_m = 4.000 m³. Wenn die Anzahl der Kubikmeter von 3.000 auf 4.000 steigt, beträgt der Grenzerlös 4.000 $ und die Grenzkosten ebenfalls. Bei diesem Outputniveau ist der Preis mit 7.000 $ deutlich höher als die Grenzkosten. Der Gesamterlös liegt mit 28.000 $ ebenfalls höher als die Gesamtkosten, die 24.000 $ betragen.[2]

---

[2] In diesem Beispiel ist die Unternehmung indifferent zwischen den Produktionsmengen 3.000 und 4.000 m³. Wenn die Kosten für den zusätzlichen Output ein wenig über 4.000

Tabelle 14.1　Die Preis-Absatz-Kurve der Firma ABC-ment

Menge (in m³)	Preis (in $)	Gesamterlös (in $)	Grenzerlös (in $)	Gesamtkosten (in $)	Grenzkosten (in $)
1.000	10.000	10.000		15.000	
2.000	9.000	18.000	8.000	17.000	2.000
3.000	8.000	24.000	6.000	20.000	3.000
4.000	7.000	28.000	4.000	24.000	4.000
5.000	6.000	30.000	2.000	29.000	5.000
6.000	5.000	30.000	0	35.000	6.000

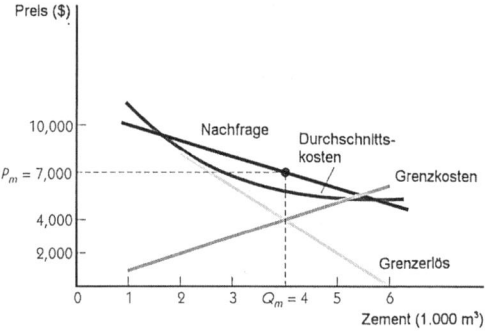

Abbildung 14.4 Nachfrage und Grenzerlös. Bei jedem Outputniveau liegt die Grenzerlöskurve unterhalb der Nachfragekurve.

$ hinausgehen, wird sie nur 3.000 m³ herstellen; wenn die Grenzkosten etwas weniger als 4.000 $ betragen, wird sie 4.000 m³ herstellen.

Anwendungsbeispiel: Monopolpreis versus Wettbewerbspreis

Das Verhältnis zwischen dem Monopolpreis und dem Preis bei vollkommenem Wettbewerb kann mit Hilfe der Formel im Text leicht berechnet werden:

$$GE = \text{Grenzerlös} = p \, (1 - 1/\text{Nachfrageelastizität}).$$

Ein Monopolist realisiert die Menge, bei der Grenzerlös und Grenzkosten gleich sind. Angenommen, die Grenzkosten (*GK*) sind konstant. Dann gilt:

$$GK = p \, (1 - 1/\text{Nachfrageelastizität})$$

oder

$$p = \frac{GK}{1 - 1/\text{Nachfrageelastizität}}.$$

Im Gegensatz dazu haben wir gesehen, daß auf einem Markt bei vollkommenem Wettbewerb der Preis den Grenzkosten entspricht:

$$p = GK.$$

Im Monopol liegt der Preis also um den Faktor

$$\frac{1}{1 - 1/\text{Nachfrageelastizität}}$$

höher. Wenn die Nachfrageelastizität überall entlang der Nachfragekurve 2 beträgt, ergibt sich

$$\frac{1}{1 - 1/2} = 2.$$

Der Monopolpreis ist also in diesem Fall doppelt so hoch wie der Preis bei vollkommener Konkurrenz. Bei Grenzkosten von einem Dollar beträgt der Wettbewerbspreis einen Dollar und der Monopolpreis zwei Dollar.

Was geschieht nun, wenn den Herstellern eine Steuer auferlegt wird, welche die Grenzkosten der Produktion von einem auf 1,5 \$ erhöht? In einer Wettbewerbswirtschaft steigt der Preis um den vollen Steuerbetrag. Obwohl die Steuer von den Herstellern erhoben wird, können diese die Steuerlast auf die Konsumenten überwälzen. Im Monopol steigt der Preis auf drei Dollar. Die Steuerüberwälzung beträgt also mehr als 100 Prozent. Ein Steuersatz von 50 Cents führt dazu, daß die Konsumenten einen Dollar mehr für das Produkt bezahlen müssen.

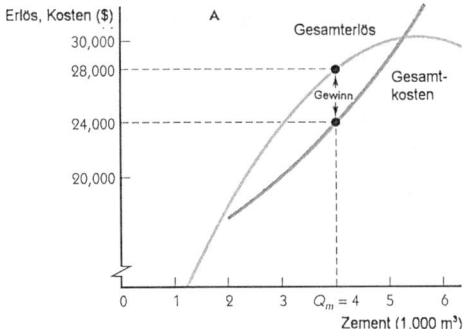

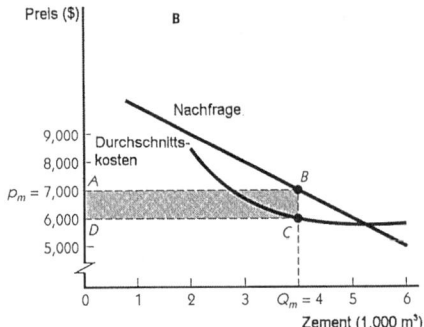

Abbildung 14.5 Der Monopolgewinn. Teil A zeigt den Gewinn als Abstand zwischen der Erlöskurve und der Kostenkurve. Das Maximum liegt beim Output Q_m = 4.000 m³. Die Unternehmung macht Gewinn, wenn der Marktpreis über den Durchschnittskosten liegt, wie in Teil B. Der Monopolgewinn entspricht der Fläche ABCD, also dem Stückgewinn multipliziert mit der Absatzmenge.

Monopolgewinne

Monopolisten maximieren ihre Gewinne, indem sie diejenige Menge produzieren, bei der Grenzerlös und Grenzkosten gleich sind. Wie Abbildung 14.5 zeigt, kann der gesamte Monopolgewinn auf zweierlei Arten ermittelt werden. Teil A zeigt Gesamterlös und Gesamtkosten (aus Tabelle 14.1) für jedes Outputniveau der Firm ABC-ment. Die Differenz zwischen Erlös und Kosten - der Abstand zwischen den beiden Kurven - ist der Gewinn. Dieser Abstand ist beim Output Q_m = 4.000 m³ am größten. Wir sehen, daß bei diesem Outputniveau der Gewinn 4.000 $ beträgt (28.000 $ - 24.000 $). In Teil B wird der Gewinn mit Hilfe der Durchschnittskosten errechnet. Der Gesamtgewinn entspricht dem Stückgewinn multipliziert mit der Anzahl der produzierten Einheiten. Der Stückgewinn ist die Differenz zwischen dem Preis und den Durchschnittskosten. Damit entspricht der Gesamtgewinn des Monopolisten der schraffierten Fläche ABCD. Wieder beträgt das Ergebnis 4.000 $: (7.000 $ - 6.000 $) × 4.

Der Monopolist erzielt einen Extragewinn, denn er kann einen geringeren Output zu einem höheren Preis verkaufen als der Unternehmer bei vollkommener Konkurrenz. Da dieser Extragewinn nicht notwendig ist, um den Monopolisten zu einer größeren Leistung zu bewegen (tatsächlich produziert er ja weniger als alle Anbieter zusammen bei vollkommener Konkurrenz), spricht man auch von einer **Monopolrente**.

Preisdiskriminierung

Das Hauptziel eines Monopolisten ist die Gewinnmaximierung und er erreicht es, indem er Grenzerlös und Grenzkosten gleich setzt, so daß der Preis über den Grenzkosten liegt. Monopolisten haben jedoch auch noch andere Mittel zur Verfügung, um ihren Gewinn zu steigern. Eines der wichtigsten ist die Preisdiskriminierung. Das bedeutet, daß der Monopolist auf verschiedenen Absatzmärkten (an verschiedene Kundengruppen) zu unterschiedlichen Preisen verkauft.

Abbildung 14.6 zeigt einen Monopolisten, der in den USA und in Japan jeweils diejenige Menge absetzt, bei welcher Grenzerlös und Grenzkosten gleich sind. Die Nachfragekurven, denen die Firma in den beiden Ländern gegenübersteht, unterscheiden sich voneinander. Deshalb verlangt die Unternehmung verschiedene Preise für das gleiche Gut, obwohl die Grenzkosten gleich sind. (Im Gegensatz dazu entsprechen auf einem Wettbewerbsmarkt die Grenzkosten dem Preis, so daß der Preis auf beiden Märkten unabhängig von der Gestalt der Nachfragekurve der gleiche sein muß, wenn man einmal von den unterschiedlichen Transportkosten absieht.) Wenn die Preise in zwei Ländern verschieden sind, werden Zwischenhändler auftreten, die das Produkt dort kaufen, wo der Preis niedriger ist, und im anderen Land wieder verkaufen. Eine Unternehmung kann versuchen, den Zwischenhändlern einen Strich durch die Rechnung zu machen, indem sie - wie das viele japanische Firmen tun - die beiden Produkte mit unterschiedlichen Etiketten

versieht und sich weigert, außerhalb des Landes, in dem das Gut ursprünglich verkauft worden ist, Kundendienst zu leisten oder Garantien anzuerkennen.

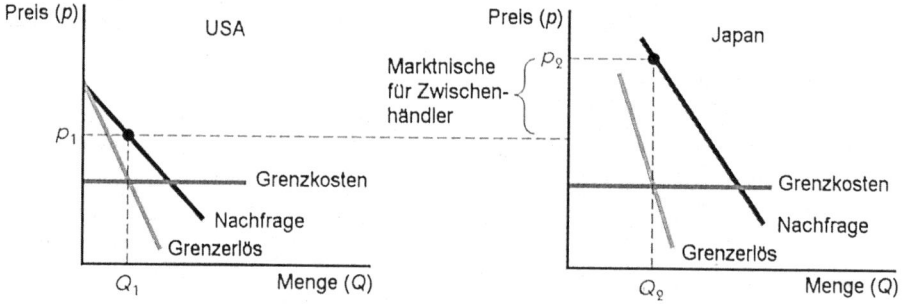

Abbildung 14.6 Preisdiskriminierung. Ein Monopolist, der sein Produkt in zwei verschiedenen Ländern verkauft, hat es unter Umständen mit zwei verschiedenen Nachfragekurven zu tun. Obwohl er in beiden Ländern Grenzerlös und Grenzkosten gleich setzt, wird
er unterschiedliche Preise verlangen.

Auch innerhalb eines Landes kann ein Monopolist Preisdiskriminierung betreiben,
vorausgesetzt der Wiederverkauf des Gutes ist schwierig und er kann zwischen
Käufern mit hoher und solchen mit niedriger Preiselastizität der Nachfrage unterscheiden. Ein Energieversorgungsunternehmung kann für die Kilowattstunde in
Abhängigkeit vom Verbrauch unterschiedliche Preise verlangen, denn die Übertragung von Elektrizität an andere Kunden ist nur schwer möglich. Wenn die Gefahr besteht, daß Großkunden eigene Stromgeneratoren installieren oder sich auf
eine andere Energiequelle umstellen könnten, wird das Energieversorgungsunter-
nehmen von ihnen einen niedrigeren Preis verlangen als von den Kleinverbrau-
chern. Eine Fluggesellschaft mit einem Monopol für eine bestimmte Route, wird
vielleicht von Geschäftsreisenden höhere Preise verlangen als von Touristen. Die
Unternehmung weiß, daß den Geschäftsreisenden nichts anderes übrig bleibt, als
diese Reise zu buchen, während den Touristen viele Alternativen offenstehen. Sie
können an einen anderen Ort reisen, an einem anderen Tag oder auch mit einem
anderen Verkehrsmittel wie dem Auto oder der Bahn. Durch solche Absatzmetho-
den kann der Monopolist einen höheren Gewinn erzielen als mit einem einheitlichen Preis für alle Kunden. Wie wir sehen werden, wenden auch Unternehmungen
bei monopolistischer Konkurrenz diese Praktiken an. Auch hier sind die Fluggesellschaften wieder ein lehrreiches Beispiel. Es gibt zwar seit 1936 das Robinson-
Patman-Gesetz, das die Preisdiskriminierung einschränken sollte, es ist aber nur
teilweise erfolgreich.

14.3 Unvollkommener Wettbewerb

Auf den meisten Märkten gibt es mehr als einen Anbieter. Im Modell der vollkommenen Konkurrenz glaubt jede Unternehmung, daß sie den Preis nicht beeinflussen kann, daß sie also bei einer Preiserhöhung ihren gesamten Absatz einbüßen
wird. Außerhalb der Landwirtschaft ist jedoch unvollkommener Wettbewerb die
typischere Marktform. Die Unternehmungen konkurrieren oft heftig gegeneinander. Aber jede einzelne glaubt, daß sie bei einer Preissenkung nur einige aber nicht
alle Kunden anderer Unternehmungen für sich gewinnen kann; und bei einer Preiserhöhung rechnet jeder Anbieter damit, daß er einige, aber nicht alle seine Kunden
verlieren wird.

Man kann die Wettbewerbsintensität auf einem bestimmten Markt daran ablesen,
wieviel Prozent ihres Absatzes eine Unternehmung verliert, wenn sie ihren Preis
erhöht, also an der Preiselastizität ihrer Nachfrage. Auf Märkten mit vollkommener Konkurrenz steht jeder Anbieter einer horizontalen Nachfragekurve gegenüber.
Die Preiselastizität der Nachfrage nach seinem Output ist unendlich. Auf solchen
Märkten sind die Unternehmungen Preisnehmer. Sie haben keinerlei **Marktmacht**,
das heißt sie haben kein Gewicht, das sie in die Waagschale werfen könnten wie
ein Monopolist. Sobald unvollkommener Wettbewerb ins Spiel kommt, ist jede
Unternehmung mit einer negativ geneigten Nachfragekurve konfrontiert. Je steiler
die Nachfragekurve verläuft, desto mehr Marktmacht hat die Unternehmung.

Zwei Faktoren beeinflussen die Preiselastizität der Nachfrage, mit der eine Unternehmung rechnen muß, und damit ihre Marktmacht: erstens die Anzahl der Unternehmungen am Markt, oder allgemeiner der Grad der Konzentration auf einige
wenige Unternehmungen, und zweitens die Unterschiedlichkeit der Produkte der
verschiedenen Anbieter.

Anzahl der Unternehmungen am Markt

Der Wettbewerb ist tendenziell in Branchen mit vielen Unternehmungen (Textilindustrie, Schuhe) intensiver als in Branchen, die von wenigen Firmen beherrscht
werden (Kühl- und Gefrierschränke, Grußkarten, Limonadegetränke). Tabelle 14.2
zeigt für ausgewählte Branchen den Prozentsatz des Outputs, der von den vier
größten Unternehmungen hergestellt wird. Das ist eine Möglichkeit, den **Konzentrationsgrad** einer Branche zu messen. Wenn der Marktanteil der vier größten
Firmen hoch ist, wie in der Automobil- oder Kupferindustrie, dann haben die einzelnen Unternehmungen beträchtliche Marktmacht. Das gilt auch dann, wenn sie
ähnliche oder identische Produkte herstellen, wie zum Beispiel beim Kupfer. Ist
dieser Marktanteil niedrig wie in der Möbelbranche oder in der Damenbeklei-

dungsindustrie, dann ist auch die Marktmacht gering; jede Unternehmung steht praktisch einer horizontalen Nachfragekurve gegenüber.[3]

Tabelle 14.2   Konzentrationsgrad in verschiedenen Branchen

Branche	Marktanteil der vier größten Firmen (%)
Damenkostüme und -mäntel	14
Fahrzeuge und Karosserien	81
Frühstücksflocken	92
Halbleiter und elektronisches Zubehör	36
Holzmöbel	15
Kupfer	92
Särge	53

Quelle: *Census of Manufacturing* (1982), Bd. 7, Tabelle 6.

Produktdifferenzierung

Die Wettbewerbsintensität einer Branche hängt nicht nur vom Konzentrationsgrad ab, sondern auch von der Ähnlichkeit der Produkte verschiedener Firmen. In einigen Branchen sind die hergestellten Güter mehr oder weniger identisch: Kupfer von Kennecott Copper ist im wesentlichen das gleiche wie Kupfer von Anaconda Copper. Meistens sind jedoch die Produkte einer Branche mit unvollkommenem Wettbewerb auch unvollkommene Substitute, das heißt sie sind ähnlich genug, daß man sie für die gleichen Zwecke gebrauchen kann, und gleichzeitig verschieden genug, daß sie in einigen Verwendungen bzw. aus der Sicht einiger Kunden Qualitätsunterschiede aufweisen. Kellogg's Cornflakes und das No-Name-Produkt einer Supermarktkette können völlig gleich aussehen. Aber mehr Menschen kaufen Kellogg's, auch wenn es etwas teurer ist.

Wenn Produkte ähnlich sind, sich aber doch voneinander unterscheiden, spricht man von **Produktdifferenzierung**. Unternehmungen auf unvollkommenen Märkten geben sich große Mühe, um ihre Produkte von denen der Konkurrenz geringfügig aber doch erkennbar abzusetzen.

---

[3] In der Theorie wie in der Praxis ist der schwierigste Schritt bei der Konzentrationsmessung die Abgrenzung des relevanten Marktes, ein Thema, das in Kapitel 16 aufgegriffen wird.

Arten der Produktdifferenzierung

Viele Unterschiede zwischen verwandten Produkten können die Konsumenten sehen, hören oder schmecken. Aber die Basis für die Produktdifferenzierung kann auch die geographische Lage sein. Viele Leute zahlen lieber mehr für den Service in einer nahegelegenen Autowerkstatt, anstatt fünfzig Meilen zu einer preisgünstigeren Werkstatt zu fahren. Sie sind bereit, für die Milch in einem Lebensmittelladen um die Ecke mehr zu bezahlen als im Supermarkt an der Hauptstraße.

Wenn es bei einem Gut schwierig ist, vor dem Kauf die Qualität zu beurteilen, verlassen sich die Konsumenten stark auf den Ruf der Firma. Sie kaufen Aspirin von Bayer, auch wenn es teurer ist als die Sorte, die der Drugstore selbst hergestellt hat, weil sie glauben, daß es von höherer Qualität ist. (Tatsächlich besteht Aspirin selbst einfach nur aus Acetylsalicylsäure und nichts anderem. Dennoch können unterschiedliche Bindemittel verwendet werden, so daß die Wirkung unterschiedlich sein kann.) Die Konsumenten sind also oft bereit, für ein Markenprodukt mehr zu bezahlen.

Unwissen und die Kosten der Informationsbeschaffung sind oft der Grund dafür, daß die Produkte zweier Firmen unvollkommene Substitute füreinander sind. Eine Konsumentin sieht ein Kleid für 45 $. Sie weiß vielleicht oder vermutet, daß irgendein anderes Geschäft das gleiche Kleid für 35 $ anbietet, aber sie weiß nicht welches. Es kostet sie Zeit und Geld, danach zu suchen, und sie kann nicht sicher sein, daß es dann auch vorrätig sein wird. Sie kauft also das Kleid trotz allem für 45 $. Hätte das Geschäft den Preis auf 55 $ erhöht, dann hätte sie sich wahrscheinlich die Mühe gemacht, zu suchen. Wenn ein Geschäft seine Preise erhöht, entscheiden sich mehr Kunden, nach günstigen Angeboten zu suchen, und der Umsatz geht zurück.

Unvollkommener Wettbewerb durch Produktdifferenzierung

Wenn zwei Güter vollkommene Substitute sind, entscheiden sich die Konsumenten für das billigere. In einer Phantasiewelt, in der alle Frühstücksflocken aus der Sicht aller Konsumenten vollkommen gegeneinander substituierbar sind, würden sie auch alle zum gleichen Preis verkauft werden. Wenn eine Marke ihren Preis leicht senken würde, würden alle Konsumenten zu dieser Marke übergehen (vorausgesetzt, sie sind über die Preise genau informiert). Wenn eine Firma ihren Preis leicht anheben würde, würden alle Konsumenten zur Konkurrenz abwandern. Das ist der Grund, warum die Nachfragekurve aus der Sicht eines Anbieters von vollkommen substituierbaren Gütern horizontal ist wie in Abbildung 14.7A.

Wenn dagegen die meisten Konsumenten die verschiedenen Marken als unvollkommene Substitute betrachten, ist die Nachfragekurve für jede einzelne Unternehmung negativ geneigt wie in Teil B der Abbildung. Wie wir gesehen haben, bedeutet das eine Abweichung vom Modell der vollkommenen Konkurrenz. Einige

Konsumenten mögen ihre Frühstücksflocken gerne weich und bezahlen mehr für Cornflakes, die schnell durchweicht sind. Andere ziehen Knusprigkeit vor und bezahlen mehr für Cornflakes, die nicht weich werden. Angenommen Kellogg's Corn Flakes werden langsamer weich als ein Konkurrenzprodukt. Wenn nun der Preis für Kellogg's steigt, werden einige Konsumenten, denen die Knusprigkeit weniger wichtig ist, auf das Konkurrenzprodukt umsteigen. Sie sind nicht bereit, den Preisunterschied zu bezahlen. Aber anderen sind knusprige Flocken einen viel höheren Preis wert. Kellogg's verliert also nicht seinen gesamten Absatz, selbst wenn es deutlich teurer ist als die Konkurrenz. Aus dem gleichen Grund kann Kellogg's durch eine Preissenkung nicht alle Konsumenten an sich ziehen. Diejenigen, die ihre Flocken weich wollen, werden für das Konkurrenzprodukt mehr bezahlen.

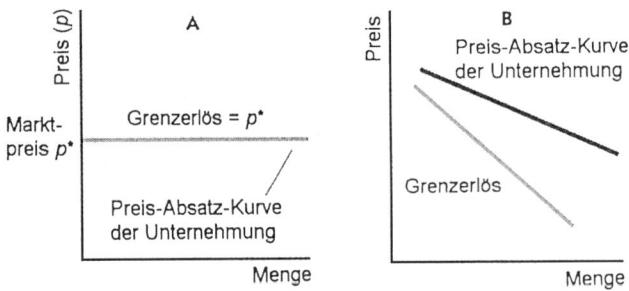

Abbildung 14.7 Nachfragekurven bei vollkommenem und unvollkommenem Wettbewerb. Teil A zeigt die Nachfragekurve aus der Sicht eines Anbieters bei vollkommenem Wettbewerb: Wenn er seinen Preis erhöht, werden alle Kunden ein Ersatzprodukt finden. Die Grenzerlöskurve eines solchen Anbieters ist mit seiner Nachfragekurve identisch. Teil B zeigt Nachfragekurve und Grenzerlöskurve für einen Unternehmung, für deren Produkte es nur unvollkommene Substitute gibt.

Es spielt keine große Rolle, ob die Unterschiede zwischen den Marken objektiv existieren oder nur in den Augen der Konsumenten. Auch wenn Kellogg's Corn Flakes mit dem Konkurrenzprodukt identisch wären, aber die Kellogg's-Werbung einige Konsumenten davon überzeugt hätte, daß es einen Unterschied gibt, werden sie die Marke nicht wechseln, wenn Kellogg's einen höheren Preis verlangt. Zahlreiche Studien beweisen, daß Konsumenten oft Unterschiede sehen, die gar nicht existieren. In einer Studie wurde das gleiche Waschmittel in zwei verschiedenen Verpackungen mit unterschiedlichen Markennamen getestet. Hausfrauen sollten beurteilen, mit welcher Marke ihre Wäsche sauberer wird. Die eine Hälfte sah keinen Unterschied, aber die andere Hälfte behauptete signifikante Unterschiede festgestellt zu haben. In einer anderen Studie wurde das gleiche Bier in drei verschiedene Flaschen abgefüllt und mit den Aufschriften *Premium, Standard* und *Discount* versehen. Nachdem sie lange Zeit die Biere aus den verschiedenen Flaschen getrunken hatten, wurden die Konsumenten gefragt, welches Bier sie bevorzugten. Sie wählten durchwegs das „*Premium*"-Bier.

14.4 Marktzutrittsbarrieren

Normalerweise locken Gewinne neue Firmen auf den Markt. Damit ein Monopol bestehen bleiben kann, muß es Faktoren geben, welche die Entstehung von Wettbewerb verhindern. Auch bei unvollkommenem Wettbewerb können Extragewinne nur erhalten bleiben, wenn irgend etwas den Markteintritt neuer Firmen verhindert. Solche Faktoren nennt man **Marktzutrittsbarrieren**. Sie haben viele Formen, angefangen von gesetzlichen Regelungen, durch die (aus guten oder weniger guten Gründen) der Wettbewerb verboten oder eingeschränkt wird, über technische Eigenheiten, die der Anzahl der Anbieter auf einem Markt eine natürliche Grenze setzen, bis hin zu Marktstrategien, mit deren Hilfe sich Unternehmungen potentielle Konkurrenten vom Hals halten.

Wenn die Marktzutrittsbarrieren gering sind, kann ein Monopol nur vorübergehend bestehen. Der Monopolgewinn wird Konkurrenten anlocken und die Unternehmung wird ihre Monopolposition verlieren. Wenn es viele Zutrittsbarrieren gibt, so ist dies - selbst wenn sie den Zutritt nur verzögern - ein Grund zur Sorge, insbesondere dann, wenn die Unternehmungen selbst aktiv werden, um solche Barrieren zu schaffen.

Staatlich geschützte Monopole

Früher wurden viele Monopole vom Staat geschaffen. Im siebzehnten Jahrhundert gab die britische Regierung der East India Company ein Monopol für den Handel mit Indien. Das Salzmonopol im Frankreich des achtzehnten Jahrhunderts besaß das ausschließliche Recht auf den Verkauf von Salz. Selbst heute vergeben Regierungen gewisse Monopolkonzessionen, zum Beispiel örtliche oder regionale Monopole auf die Elektrizitäts- und Telephonversorgung.

Die wichtigsten staatlich geschützten Monopole sind heute aber die Patente. Wie wir in Kapitel 1 gesehen haben, gibt ein Patent den Erfindern für eine beschränkte Zeit (zur Zeit sind das 17 Jahre) das ausschließliche Recht, die von ihnen erfundenen Produkte herzustellen bzw. dafür Lizenzen zu vergeben. Der Grund liegt darin, daß ohne Patentrechte jede neue Erfindung sofort kopiert würde, so daß die Erfinder selbst daran wenig verdienen könnten und damit keinen wirtschaftlichen Anreiz für neue Erfindungen hätten. Die Väter der amerikanischen Verfassung hielten Erfindungen für so wichtig, daß sie in einer eigenen Klausel der neugeschaffenen Bundesregierung das Recht zur Vergabe von Patenten gaben.

Ein Blick in die Wirtschaftspolitik: Wie man Patente nutzt, um eine Monopolposition aufrechtzuerhalten - der Fall Xerox

Mit Hilfe einer Kombination aus Marktstrategien und Patentrechten können Firmen noch lange nach dem Ablauf des ursprünglichen Patentschutzes eine marktbeherrschende Position aufrechterhalten. Während Patente Innovationen anregen sollen, führt der Mißbrauch von Patentrechten nicht nur zu höheren Preisen, sondern in einigen Fällen sogar zu einer Verlangsamung des technischen Fortschritts. Es ist aber nicht immer einfach, einen solchen Mißbrauch aufzudecken.

Bis in die frühen siebziger Jahre hinein war der Name Xerox beinahe ein Synonym für Photokopierer. Xerox hat den Photokopierer erfunden; die Firma hat mehr als 1.700 eng miteinander verwandte Patente auf den Photokopierprozeß; und sie hielt einen Marktanteil von ungefähr 95 Prozent aller Photokopiermaschinen in den USA.

1972 warf die Federal Trade Commission (FTC) Xerox vor, daß die Firma ihre vielen Patente nicht dazu benutzte, um eine neue Erfindung für einen begrenzten Zeitraum zu schützen, sondern um den Markt für Photokopierer auf unbestimmte Zeit zu monopolisieren.

Nachdem sich Ermittlungen und Streitigkeiten über mehrere Jahre hingezogen hatten, wurde ein Vergleich geschlossen. Im wesentlichen gab die Firma nicht zu, irgend etwas falsch gemacht zu haben, war aber trotzdem bereit, ihr Verhalten zu ändern. Im Juli 1975 erklärte sich Xerox bereit, anderen Konkurrenten die Nutzung seiner Patentrechte zu erlauben und ihnen sogar Zugang zu einigen zukünftigen Patenten zu ermöglichen. Darüber hinaus wurde Xerox verpflichtet, alle anhängigen Gerichtsverfahren wegen unerlaubter Nutzung seiner Patente gegen andere Unternehmungen fallenzulassen. Ein Sprecher der FTC erklärte, daß diese (und einige andere) Schritte die „Hauptquelle der marktbeherrschenden Stellung von Xerox im Bereich der Bürokopierautomaten ausschalten" würden.

Da sie nicht länger mit einer Klage wegen des Verstoßes gegen die Patentrechte von Xerox rechnen mußten, drängten andere Firmen auf den Markt für Photokopierer, allen voran die japanische Firma Ricoh. Die Preise für Photokopierer gingen stark zurück. 1980 hatte Xerox in den USA nur noch einen Marktanteil von 46 Prozent. Bei den billigeren Maschinen war der Marktanteil auf 31 Prozent gesunken und der Abwärtstrend hielt an.

In den folgenden Jahren kam es zu einer Fülle von Innovationen. Nicht nur wurden die Kopiergeräte billiger, sondern es kamen auch neue Produkte wie Farbkopierer und in Faxgeräte integrierte Kopierer auf den Markt.

Quellen: Business Week, 16. Dezember 1972, S. 24, 12. Oktober 1981, S. 126, 13. Februar 1989, S. 90; *Wall Street Journal*, 17. April 1975, S. 8, 31. Juli 1975, S. 7; *Fortune*, 17. Juni 1991, S. 38.

Auf manchen Märkten beschränkt der Staat auch den Marktzutritt und damit den Wettbewerb. Die Lizenzanforderungen für viele Professionen (Anwälte, Steuerberater, Ärzte), deren offensichtlicher Zweck es ist, die Konsumenten gegen inkompetente Anbieter zu schützen, können gleichzeitig die Anzahl der qualifizierten Anbieter beschränken und damit auch den Wettbewerb auf dem entsprechenden Markt.

Alleineigentum an einem wesentlichen Input

Eine andere Marktzutrittsbarriere und Quelle von Monopolmacht ist das Alleineigentum einer Unternehmung an einer Ressource, die nicht produziert werden kann. So könnte zum Beispiel ein Aluminiumhersteller versuchen, durch den Aufkauf aller Vorkommen von Bauxit, das für die Aluminiumproduktion unentbehrlich ist, eine Monopolstellung aufzubauen. Eine einzige südafrikanische Firma, De Beers, hat beinahe ein weltweites Monopol auf das Diamantenangebot. Tatsächlich gibt es aber relativ wenige Beispiele für solche Monopole.

Information

Information ist in der Wirtschaft nicht so vollständig und allgegenwärtig, wie man sich das im Wettbewerbsmodell aus Teil II vorstellt. Beim Thema Marktzutrittsbarrieren stoßen wir auf zwei von vielen verschiedenen Wegen, auf denen Information oder ein Mangel an Information das Marktergebnis beeinflußt. Erstens treiben Unternehmungen Forschung, um einen technologischen Vorsprung vor den Konkurrenten zu gewinnen. Selbst wenn sie kein Patent erhalten, dauert es einige Zeit, bis ihre Erkenntnisse sich verbreiten und auch den Konkurrenten bekannt sind. Auch die Tatsache, daß Unternehmungen in anderen Produktionszweigen die Branchengeheimnisse nicht kennen, stellt eine wichtige Marktzutrittsbarriere dar. Coca-Cola hütet seine Formel mit größter Sorgfalt, um seine Position am Markt für Limonadegetränke zu behaupten.

Zweitens haben die Konsumenten nur unvollständige Informationen über die Produkte, die von den verschiedenen Anbietern verkauft werden. Eine neue Firma muß die potentiellen Käufer nicht nur über ihr Produkt informieren, sondern sie auch noch davon überzeugen, daß das Produkt mehr wert ist als die der Konkurrenten. Wenn Güter sich in bezug auf Eigenschaften, die nicht leicht zu beobachten sind, stark unterscheiden, ist es unter Umständen nicht genug, einfach einen niedrigeren Preis zu fordern. Die Konsumenten könnten einen niedrigeren Preis als Signal für eine niedrigere Qualität interpretieren. Möglicherweise muß man massiv Werbung machen und Freiexemplare verschenken, damit sie das Produkt überhaupt ausprobieren. Auch solche Einführungskosten sind eine bedeutende Marktzutrittsbarriere.

Größenvorteile und natürliche Monopole

Manchmal ist die Produktionstechnologie selbst dafür verantwortlich, daß es auf einem Markt nur eine oder sehr wenige Firmen geben kann. Es wäre zum Beispiel ineffizient, wenn zwei Unternehmungen jede Straße einer Großstadt mit Stromkabeln versorgen würden und wenn ein Haus seine Elektrizität von der einen Firma beziehen würde und das nächste von der anderen. Ähnlich gibt es in den meisten Gegenden nur eine Kiesgrube oder Betonfabrik. Diese Situationen bezeichnet man als **natürliche Monopole**.

Ein natürliches Monopol tritt immer dann auf, wenn die Produktionsstückkosten mit zunehmender Firmengröße immer geringer werden, und zwar auch noch bei einem Produktionsniveau, das mehr als ausreicht, um den ganzen Markt zu versorgen. Wenn mit steigendem Umfang der Produktion die Durchschnittskosten abnehmen, spricht man von Größenvorteilen, ein Begriff, den wir in Kapitel 11 eingeführt haben. Abbildung 14.8 zeigt einen Monopolmarkt, auf dem die Nachfragekurve die Durchschnittskostenkurve bei einem Outputniveau schneidet, bei dem die Durchschnittskosten noch immer im Abnehmen begriffen sind. Wenn die Produktionsmenge groß genug ist, werden die Durchschnittskosten möglicherweise steigen, aber dieses Outputniveau ist für das aktuelle Marktgleichgewicht nicht relevant. So haben zum Beispiel die Unternehmungen der Zementindustrie U-förmige Durchschnittskostenkurven und das kostenminimale Outputniveau ist recht hoch. Entsprechend gibt es in kleineren abgelegenen Gemeinden ein natürliches Zementmonopol.

Eine Firma, die ein natürliches Monopol hat, ist vor Konkurrenten geschützt, denn sie kann einen Marktneuling leicht unterbieten. Da neu auf einen Markt gekommene Firmen typischerweise kleiner sind und die Durchschnittskosten mit zunehmender Größe sinken, müssen die Durchschnittskosten der Konkurrenten höher sein. Der Monopolist fühlt sich deshalb relativ immun gegenüber Marktzutrittsdrohungen. Solange er nicht mit Marktzutritten rechnet, verhält er sich wie jeder andere Monopolist und produziert diejenige Menge, bei welcher Grenzerlös und Grenzkosten übereinstimmen, wie in Abbildung 14.8, wo der Monopolist die Menge Q_m zum Preis p_m auf den Markt bringt.

Ob eine bestimmte Branche ein natürliches Monopol ist, hängt davon ab, wie hoch der kostenminimale Output im Vergleich zum Gesamtmarkt ist. Ist die Nachfrage hoch genug, so bewegt sich der Monopolist auf dem aufsteigenden Ast seiner Durchschnittskostenkurve. An diesem Punkt kann der Monopolist durch einen Marktneuling unterboten werden, denn dieser kann mit derjenigen Produktionsmenge einsteigen, bei der die Durchschnittskosten am geringsten sind. Bei entsprechend hoher Nachfrage ist der Markt also kein natürliches Monopol mehr. In mittelgroßen Städten kann es mehrere Zementhersteller geben, so daß an die Stelle des Monopols ein Oligopol tritt.

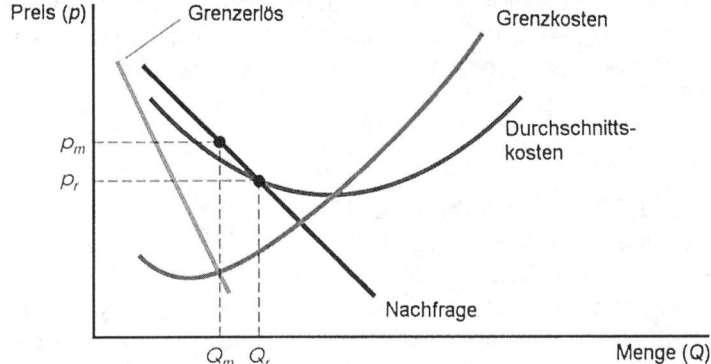

Abbildung 14.8   Ein natürliches Monopol. Bei einem natürlichen Monopol schneidet die Nachfragekurve die Durchschnittskostenkurve in deren abwärts geneigten Ast, hier bei der Menge Q_r und dem Preis p_r. Jede Unternehmung, die versucht, den Markt zu betreten und weniger als Q_r zu produzieren, wird höhere Durchschnittskosten haben als der natürliche Monopolist. Jede Unternehmung, die versucht, den Markt zu betreten und mehr als Q_r zu produzieren, wird feststellen, daß sie nicht ihren gesamten Output zu einem Preis verkaufen kann, der die Durchschnittskosten deckt.

Eine der wichtigsten Determinanten der Marktgröße sind die Transportkosten. Eine der wichtigsten Determinanten der kostenminimalen Outputmenge ist der Umfang der Fixkosten. Je höher die Kosten sind, die eine Firma aufwenden muß, um die Produktion zu beginnen, desto größer ist die Produktionsmenge, bei der die Durchschnittskosten am geringsten sind.

Mit Hilfe der Fixkosten kann man auch erklären, warum jede Variante eines Gutes nur von einer begrenzten Anzahl von Anbietern hergestellt wird, und warum die Anzahl der Varianten eines Gutes beschränkt ist. Es kann zum Beispiel sehr teuer sein, die Farben herzustellen, um den Farbton eines Autos leicht zu variieren. Aus diesem Grund bieten Automobilhersteller ihre Modelle nur in einer begrenzten Anzahl von Lackierungen an. Vielleicht würden einige Käufer ein hellorange-farbenes Auto bevorzugen, aber die meisten Autohersteller bieten diese Farbe nicht an. Der Grund ist wahrscheinlich, daß die zusätzlichen Kosten, die aufgewendet werden müßten, um einige Autos hellorange zu lackieren, den zusätzlichen Erlös der Firmen aus diesem Angebot übersteigen würden.

Da Produktions- und Transportkosten sich mit der Zeit verändern können, kann sich auch die Anzahl der Unternehmungen in einem Markt ändern. Die Vermittlung von Ferngesprächen war lange Zeit ein natürliches Monopol. Telephongespräche wurden über Drahtleitungen übertragen und es wäre ineffizient gewesen, das Leitungsnetz zu verdoppeln. Mit zunehmender Nachfrage nach Telephondiensten und mit der Entwicklung alternativer Technologien wie der Satellitentechnik verlor dieser Markt die Eigenschaften eines natürlichen Monopols. Heute stehen auf dem Markt für Ferngespräche eine große Zahl von Unternehmungen miteinander im Wettbewerb.

Marktstrategien

Einige Monopole und Oligopole kann man durch keinen der bisher diskutierten Faktoren erklären. Sie sind nicht durch staatliche Eingriffe entstanden und sind auch keine natürlichen Monopole; und es gibt auch keine Informationsprobleme, die den Marktzutritt anderer Anbieter verhindern. Viele Firmen, deren Monopolposition ursprünglich vielleicht auf einer technischen Neuerung oder einem Patent beruht hat, schaffen es, auch nach dem Auslaufen des Patentschutzes zumindest für einige Zeit ihre marktbeherrschende Stellung beizubehalten. IBM, Kodak und Polaroid sind drei Beispiele dafür. Diese Firmen haben durch entsprechende Marktstrategien andere Firmen vom Marktzutritt abgeschreckt und dadurch ihre dominierende Stellung verteidigt.

Wenn eine Unternehmung in eine Branche einsteigen will, die von einer einzigen Firma dominiert wird, dann muß sie nicht nur den gegenwärtigen Gewinn dieser Firma einschätzen, sondern auch den Gewinn nach ihrem Markteintritt. Wenn ein potentieller Konkurrent glaubt, daß die gegenwärtig dominierende Firma auf einen Marktzutritt wahrscheinlich mit Preissenkungen und einem unerbittlichen Konkurrenzkampf reagieren wird, dann kann er zu der Ansicht kommen, daß Preise und Gewinne zwar im Moment hoch aussehen, daß sie aber vermutlich bei einem Marktzutritt jäh zusammenbrechen würden.

Etablierte Unternehmungen haben also ein Interesse daran, potentielle Konkurrenten davon zu überzeugen, daß die gegenwärtig hohen Gewinne verschwinden würden, wenn die neue Firma den Markt betreten sollte. Um diese Überzeugung und damit effektive Marktzutrittsbarrieren zu schaffen, gibt es vor allem drei Methoden: Kampfpreisunterbietung, die Schaffung von Überschußkapazitäten und die Einführung von Eintrittssperrenpreisen.

- *Kampfpreisunterbietung:* Wenn auf einem bestimmten Markt in der Vergangenheit bei jedem Markteintritt die Preise drastisch zurückgegangen sind, dann kann es sein, daß neue Unternehmungen vor einem Engagement auf diesem Markt zurückschrecken. Eine etablierte Firma kann ihren Preis absichtlich unter die Produktionskosten des neuen Konkurrenten senken, um ihn vom Markt zu vertreiben und um andere potentielle Konkurrenten abzuschrecken. Im Verlauf dieses Prozesses kann die etablierte Firma Verluste machen, aber sie hofft, diese Verluste wiedereinbringen zu können, sobald die neue Firma den Markt verlassen hat und die Preise wieder auf das Monopolniveau angehoben werden können. Dieses Verhalten wird Kampfpreisunterbietung genannt und verstößt (in den USA und in der Europäischen Union, Anm. d. Übers.) gegen das Wettbewerbsrecht. Da Technologie und Nachfrage sich ständig ändern, ist es jedoch oft schwierig zu unterscheiden, ob eine Firma tatsächlich Kampfpreisunterbietung betrieben hat, oder ob sie ihren Preis einfach gesenkt hat, um der verstärkten Konkurrenz Rechnung zu tragen. Unternehmungen, die ihre Preise senken, behaupten immer, daß sie durch die Konkurrenz dazu „gezwungen" worden sind.

Vorwürfe wegen Kampfpreisunterbietung werden zwar oft erhoben, die Gerichte stellen jedoch hohe Anforderungen an die Beweise. So hat zum Beispiel vor kurzem Liggett, eine Tabakunternehmung, die billige No-name-Zigaretten herstellt und damit den Markenzigaretten Marktanteile streitig macht, behauptet, daß Brown & Williamson Kampfpreisunterbietung betrieben hätte. Der Vorwurf lautete, daß B&W Liggett zwingen wollte, seine Preise zu erhöhen, um die Nachfrage wieder zugunsten der Markenzigaretten von B&W zu verschieben. B&W senkte die Preise seiner Zigarettenmarken, um Liggett vor einem Preiskampf zu warnen. In der Vorinstanz urteilte die Jury zugunsten von Liggett. 1993 hob das oberste Gericht jedoch das Urteil der Vorinstanz auf.

• *Überschußkapazitäten*: Eine andere Strategie, die eine Unternehmung einschlagen kann, um potentielle Konkurrenten davon zu überzeugen, daß die Preise bei einem Marktzugang fallen werden, besteht im Aufbau von Produktionskapazitäten über die gegenwärtig benötigten hinaus. Selbst wenn Produktionsstätten und Maschinen nur selten genutzt werden, stellen sie doch eine zusätzliche Drohung für potentielle Konkurrenten dar. Ein Newcomer wird angesichts dieser Überschußkapazitäten feststellen, daß die etablierte Firma mit minimalem Aufwand die Produktion sehr stark ausdehnen kann. Überschußkapazitäten sind also ein Signal, daß die marktbeherrschende Unternehmung bereit und in der Lage ist, einen scharfen Preiskampf zu führen.

• *Eintrittssperrenpreise*: Ein Monopolist kann die Preissetzung auch dazu benutzen, um potentielle Konkurrenten vom Marktzutritt abzuschrecken. Ein potentieller Konkurrent wird den aktuellen Marktpreis kennen und eine fundierte Vorstellung von seinen eigenen Produktionskosten haben. Aber er hat wahrscheinlich keine genauen Informationen über die Kostenkurve der etablierten Firma. Diese kann versuchen, potentielle Konkurrenten davon zu überzeugen, daß ihre Grenzkosten niedrig sind und daß sie ihren Preis leicht reduzieren könnte, wenn ein Marktzutritt droht.

Angenommen, ein potentieller Konkurrent weiß, daß der Grenzerlös des Monopolisten 70 Prozent des Preises beträgt. Wenn der Monopolist einen Preis von zehn Dollar setzt, dann beträgt der Grenzerlös sieben Dollar. Der potentielle Konkurrent wird nun davon ausgehen, daß der Monopolist diejenige Menge produziert, bei der Grenzkosten und Grenzerlös übereinstimmen, und wird bei seinen Überlegungen Grenzkosten von sieben Dollar zugrunde legen.

Der Monopolist vermutet, daß die potentiellen Konkurrenten solche Berechnungen anstellen. Er hat also einen Anreiz, seine Kosten niedriger erscheinen zu lassen, als sie sind, und damit den Marktzutritt weniger attraktiv aussehen zu lassen, als er tatsächlich wäre. Das kann er erreichen, indem er einen niedrigeren Preis setzt. Wenn es ihm gelingt, den potentiellen Konkurrenten davon zu überzeugen, daß die Grenzkosten unter sechs Dollar liegen müssen (anstatt bei sieben Dollar), damit sich der Marktzutritt lohnt, dann ist seine Monopolposition um so besser geschützt. Das ist ein Beispiel für eine Palette von Preissetzungspraktiken, die als Eintrittssperrenpreise bekannt sind. Dabei setzt der Monopolist einen Preis, der unterhalb des normalen Monopolpreises liegt, und produziert eine Menge, bei der die Grenzkosten bereits höher sind als der Grenzerlös. Er handelt so, denn er ist sich dessen bewußt, daß hohe Gewinne Aufmerksamkeit auf sich ziehen. Je mehr Aufmerksamkeit ein Markt auf sich zieht, desto eher wird irgendein Unternehmer zu der Überzeugung gelangen, daß sich ein Marktzutritt lohnen könnte.

Einige Strategien zur Abschreckung potentieller Konkurrenten sind gesamtwirtschaftlich gesehen mit Ressourcenverschwendung verbunden. Das gilt zum Beispiel für das Vorhalten von Überkapazitäten. Andere, wie zum Beispiel das Setzen von Eintrittssperrenpreisen, sind für die Konsumenten von Nutzen und dämpfen die nachteiligen Folgen von Monopolsituationen oder Wettbewerbsbeschränkungen.

14.5 Gleichgewicht bei monopolistischer Konkurrenz

Auf manchen Märkten sind die Zutrittsbarrieren so niedrig, daß die Zahl der Anbieter irgendwann die Gewinne auf null drückt. Doch selbst dann herrscht bei heterogenen Produkten unvollkommener Wettbewerb. Wenn sich alle Produkte leicht voneinander unterscheiden, hat es jede Unternehmung mit einer negativ geneigten Nachfragekurve zu tun. In diesem Abschnitt analysieren wir Märkte, bei denen die Fixkosten hoch genug sind, daß jede Unternehmung mit einer negativ geneigten Nachfragekurve konfrontiert ist; gleichzeitig sind aber genügend Unternehmungen am Markt, so daß jede einzelne die Folgen ihres Verhaltens für die Konkurrenten vernachlässigen kann. Das ist der Fall der monopolistischen Konkurrenz, die zuerst 1933 von Edward Chamberlin von der Harvard Universität untersucht wurde.

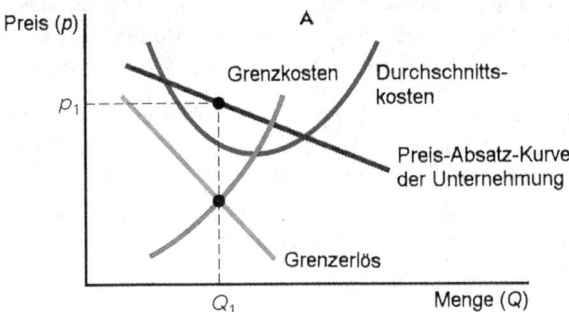

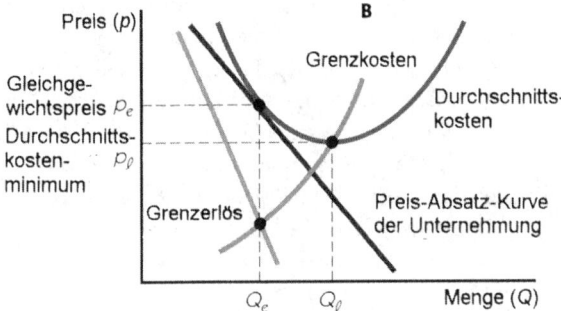

Abbildung 14.9   Das Gewinnmaximum einer Unternehmung bei monopolistischer Konkurrenz. Bei monopolistischer Konkurrenz kann die Unternehmung ihre Produktionsmenge so wählen, daß Grenzerlös und Grenzkosten (Q_1) übereinstimmen, und diese Menge dann zu dem Preis (p_1) verkaufen, der durch die Nachfragekurve vorgegeben ist. In Teil A liegt der Preis über den Durchschnittskosten, so daß die Unternehmung einen Gewinn erzielt, der für andere Unternehmungen ein Anreiz ist, sich auf diesem Markt zu engagieren. Wenn neue Unternehmungen auf den Markt kommen, wird der Marktanteil jeder einzelnen Firma kleiner, und die Nachfragekurve, der jede einzelne Firma gegenübersteht, verschiebt sich nach links. Es kommt solange zu Markteintritten, bis die Nachfragekurve die Durchschnittskostenkurve berührt (Teil B). Wenn eine Unternehmung die Menge Q_e produziert, kommt sie gerade auf ihre Kosten; in dieser Situation gibt es keinen Anreiz, den Markt zu betreten oder ihn zu verlassen.

Abbildung 14.9 zeigt einen Markt, auf dem monopolistische Konkurrenz herrscht. Wir nehmen an, daß im Ausgangszustand alle Unternehmungen den gleichen Preis p_1 verlangen. Wenn nun eine Unternehmung ihren Preis leicht senken würde, würde sie den Konkurrenten einige Kunden abwerben. Gibt es zum Beispiel 20 Firmen am Markt, dann wird eine Unternehmung, die den Preis unterbietet, mehr als ein Zwanzigstel der Gesamtnachfrage auf sich ziehen. Und wenn eine Firma ihren

Preis über den der Konkurrenten anhebt, wird sie einen Teil ihrer Kunden verlieren. Jede Firma geht davon aus, daß sie ihren Preis oder ihre Produktionsmenge verändern kann, ohne daß sich die Preise der anderen Produkte verändern. Also ist jede Firma mit der in der Abbildung gezeigten Nachfragekurve konfrontiert.

Die Unternehmung produziert diejenige Menge, bei der Grenzerlös und Grenzkosten übereinstimmen. Das Marktgleichgewicht ist also (p_1,Q_1). In der Abbildung ist im Gleichgewicht der Preis höher als die Durchschnittskosten. Man kann sich diese Situation als eine Art Minimonopol vorstellen, weil jede Firma ein Monopol auf ihre eigene Marke oder ihre eigene Geschäftslage hat.

Wenn aber die etablierten Firmen Monopolgewinne realisieren, gibt es einen Anreiz für neue Konkurrenten, sich auf diesem Markt zu engagieren, und zwar solange bis die Gewinne auf null gefallen sind wie im Modell der vollkommenen Konkurrenz. *Das ist der entscheidende Unterschied zwischen dem Monopol und der monopolistischen Konkurrenz.* In beiden Fällen stehen die Unternehmungen abwärts geneigten Nachfragekurven gegenüber. In beiden Fällen verhalten sie sich so, daß Grenzerlös und Grenzkosten übereinstimmen. Aber bei monopolistischer Konkurrenz gibt es keine Marktzutrittsbarrieren. Solange positive Gewinne erwirtschaftet werden, kommt es zu Marktzutritten. Wenn neue Firmen den Markt betreten, reduziert sich der Marktanteil jeder einzelnen Firma. Die Nachfragekurve jeder Firma verschiebt sich also nach links wie in Teil B der Abbildung. Dieser Prozeß setzt sich fort, bis die Nachfragekurve die Durchschnittskostenkurve im Punkt (p_e, Q_e) berührt. In diesem Punkt ist der Gewinn null.

Die Abbildung zeigt auch die Grenzerlös- und Grenzkostenkurven der Unternehmung. Das Gewinnmaximum, wo sich beide Kurven schneiden, liegt genau bei derjenigen Produktionsmenge, bei der die Nachfragekurve die Durchschnittskostenkurve berührt. Das muß so sein, denn in jedem anderen Punkt liegen die Durchschnittskosten über dem Preis, so daß der Gewinn negativ ist. Nur in diesem Punkt ist der Gewinn null. Also ist das die gewinnmaximale Outputmenge.

Das Gleichgewicht bei monopolistischer Konkurrenz hat einige interessante Eigenschaften. Man beachte, daß im Gleichgewicht Preis und Durchschnittskosten über den minimalen Durchschnittskosten liegen, zu denen das Gut produziert werden könnte. *Es wird also weniger zu einem höheren Preis produziert.* Aber es gibt hier einen *Trade-Off.* Während bei vollkommener Konkurrenz alle Produkte vollkommene Substitute füreinander sind, ist in der Welt der monopolistischen Konkurrenz eine Vielfalt von Produkten verfügbar. Die Menschen schätzen die Vielfalt und sind bereit, dafür einen höheren Preis zu bezahlen. Die Tatsache, daß die Güter zu einem Preis verkauft werden, der höher liegt als die minimalen Durchschnittskosten, bedeutet nicht notwendig, daß die Wirtschaft ineffizient ist.

Ob der Markt nun in der Realität zuwenig oder zuviel Produktvielfalt hervorbringt, ist umstritten. Beides ist möglich. Entscheidend ist, daß es hier um einen Trade-Off geht: Größere Vielfalt kann man nur zu höheren Kosten bekommen.

Unter die Lupe genommen:
IBM - vom Beinahe-Monopol zur Beinahe-Konkurrenz

IBM hat in den fünfziger Jahren begonnen, sich mit Computern zu befassen, und hat sehr schnell eine marktbeherrschende Stellung bei Großrechnern erreicht. Die IBM-Computer waren oft technologisch am weitesten entwickelt und hatten einen außerordentlich guten Ruf in bezug auf Service und Kundenberatung. In jenen Tagen, als die Computer den meisten ihrer Nutzer noch recht geheimnisvoll erschienen, bedeutete dieser Ruf sehr viel.

IBM war niemals ein Monopolist in der engen Bedeutung des Wortes. Während der sechziger und siebziger Jahre hatte die Firma Konkurrenten wie Control Data, Honeywell, Sperry Univac, Burroughs und NCR. Aber noch 1980 hatte IBM mehr als 80 Prozent des Weltmarkts für Großrechner. Oft erzielte die Firma von einem Jahr auf das nächste zweistellige Zuwachsraten beim Umsatz.

Zu Beginn der neunziger Jahre war ihr Marktanteil jedoch dramatisch geschrumpft. Am PC-Markt, der am schnellsten wuchs, hatte IBM 1990 nur noch einen Anteil von 15 Prozent. Emporkömmlinge wie Apple, Compaq, Dell und AST sowie ausländische Produzenten wie NEC und Toshiba dominierten den Markt. IBM war zu dramatischen Einsparungen gezwungen. Zum ersten Mal in der Firmengeschichte kam es zu massenhaften Entlassungen. Durch umfassende Reorganisationsmaßnahmen versuchte man, die Firma beweglich genug zu machen, daß sie auf diesem schnellebigen Markt wieder konkurrieren konnte. Weniger als zwei Jahrzehnte nachdem das Justizministerium versucht hatte, IBM in kleinere Einheiten zu zerschlagen, weil die Firma zu nahe an einer Monopolstellung war, mußte sie sich bereits abstrampeln, um ihren Marktanteil zu halten. Das ist ein Beispiel aus der realen Welt für Joseph Schumpeters Vision der Märkte, auf denen marktbeherrschende Firmen angesichts des intensiven technologischen Wettbewerbs durch neue Anbieter ihre Position nur vorübergehend halten können.

14.6 Schumpeter-Wettbewerb

Joseph Schumpeter, der berühmte Wirtschaftswissenschaftler aus Harvard, stellte sich eine ganz andere Form von monopolistischem Wettbewerb vor. Er sah, daß bestimmte Märkte zu bestimmten Zeiten von ein oder zwei technologisch überlegenen Firmen beherrscht wurden. Die dominierenden Firmen müssen ständig um ihre Vorherrschaft kämpfen, denn alte Technologien werden durch Innovationen ersetzt. Selbst wenn die führende Unternehmung nicht durch eine andere verdrängt wird, hält die Drohung der potentiellen Konkurrenz sie in Atem. Solange eine Unternehmung den Markt dominiert, verhält sie sich wie ein Monopolist: Sie wählt ihre Produktionsmenge so, daß Grenzkosten und Grenzerlös übereinstimmen, und produziert damit weniger als bei vollkommener Konkurrenz. Aber wenn sie ihre Position aufrechterhalten will, muß sie ihre Gewinne reinvestieren, um neue Produkte herzustellen und neue, kostengünstigere Produktionsmethoden zu entwikkeln. In Schumpeters Sichtweise wird der Nachteil, der durch die monopolistischen Aspekte unvollkommener Märkte entsteht, nämlich die geringere Produktionsmenge, durch die größeren Forschungs- und Entwicklungsanstrengungen, die durch die Extragewinne finanziert werden, mehr als wettgemacht. In Kapitel 17 werden wir uns mit diesen Fragen näher befassen.

Zusammenfassung

1. Wirtschaftswissenschaftler unterscheiden vier breite Kategorien von Marktstrukturen: vollkommene Konkurrenz, Monopol, Oligopol und monopolistischer Wettbewerb (die beiden letzteren werden zusammenfassend als unvollständiger Wettbewerb bezeichnet).

2. Bei vollkommenem Wettbewerb ist jede Unternehmung mit einer horizontalen Nachfragekurve konfrontiert und verhält sich als Preisnehmer. Auf Märkten mit unvollkommener oder fehlender Konkurrenz steht jede Unternehmung einer abwärts geneigten Nachfragekurve gegenüber und verhält sich als Preissetzer.

3. Sowohl Monopolisten als auch Unternehmungen auf Konkurrenzmärkten maximieren ihren Gewinn, indem sie diejenige Menge produzieren, bei welcher der Grenzerlös den Grenzkosten entspricht. Bei vollkommener Konkurrenz ist jedoch der Grenzerlös gleich dem Marktpreis, während er im Monopol unter dem Marktpreis liegt.

4. Da der Monopolpreis höher ist als der Grenzerlös, bezahlen die Käufer für das Produkt mehr als die Grenzkosten; ein Monopolist produziert also weniger als eine Unternehmung bei vollkommener Konkurrenz, für die der Preis den Grenzkosten entspricht.

5. Von unvollkommener Konkurrenz spricht man, wenn relativ wenige Firmen den Markt beherrschen und /oder wenn die Angebote sich durch die Gütereigenschaften oder durch den Firmenstandort unterscheiden oder auch wenn Unterschiede nur in der Wahrnehmung der Konsumenten bestehen.

6. Monopole und unvollkommene Konkurrenz können durch natürliche oder durch künstliche Marktzutrittsbarrieren aufrechterhalten werden.

7. Bei monopolistischer Konkurrenz sind die Marktzutrittsschranken so niedrig, daß neue Anbieter auf den Markt kommen bis die Gewinne auf null gefallen sind; die Anzahl der Firmen ist klein genug, daß jede einer abwärts geneigten Nachfragekurve gegenüber steht, und groß genug, daß jede die Reaktionen der Konkurrenten auf ihr eigenes Verhalten ignorieren kann.

Schlüsselbegriffe

Monopol	Monopolrente	natürliches Monopol
Oligopol	Preisdiskriminierung	Kampfpreisunterbietung
monopolistische Konkurrenz	Produktdifferenzierung	Eintrittssperrenpreise
unvollkommene Konkurrenz	Marktzutrittsbarrieren	

Wiederholungsfragen

1. Was ist der Unterschied zwischen vollkommener und unvollkommener Konkurrenz? Was ist der Unterschied zwischen einem Oligopol und monopolistischer Konkurrenz?

2. Warum ist für eine Unternehmung bei vollkommenem Wettbewerb der Grenzerlös gleich dem Preis aber nicht für einen Monopolisten?

3. Wie sollte ein Monopolist seine Produktionsmenge wählen, wenn er den Gewinn maximieren will? Erläutern Sie, warum bei kleineren oder größeren Produktionsmengen der Gewinn zurückgeht. Wenn ein Monopolist keine Konkurrenten hat, was hindert ihn dann daran, seinen Preis so hoch zu setzen wie er will, um einen höheren Gewinn zu erzielen?

4. Was sind die wichtigsten Quellen der Produktdifferenzierung?

5. Welche Marktzutrittsbarrieren gibt es? Beschreiben Sie die wichtigsten davon.

6. Was ist ein natürliches Monopol?

7. Beschreiben Sie das Marktgleichgewicht bei monopolistischer Konkurrenz. Warum liegt der Preis der typischen Unternehmung über dem Minimum der Durchschnittskosten, obwohl der Marktzutritt nicht behindert ist?

Aufgaben

1. Wie ist es möglich, daß von einem bestimmten Outputniveau an der Erlös eines Monopolisten zurückgeht, wenn er mehr produziert und verkauft?

2. Angenommen, es gibt nur eine einzige Firma, die Zigaretten produziert, und die Grenzkosten der Produktion sind konstant. Weiter sei angenommen, daß der Staat auf jede Packung Zigaretten eine Steuer von zehn Cents erhebt. Wird bei einer linearen Nachfragekurve ($Q = a - bp$, wobei Q für die Outputmenge steht und p für den Preis; a und b sind Konstanten) für Zigaretten der Preis um mehr oder weniger als zehn Cents steigen?

3. Welche Strategien kann eine Möbelfirma einsetzen, um ihre Produkte zu differenzieren?

4. Angenommen, eine Tankstelle an einer befahrenen Kreuzung ist von vielen Konkurrenten umgeben, die das gleiche Benzin verkaufen. Zeichnen Sie die Nachfragekurve mit der die Tankstelle konfrontiert ist, sowie ihre Grenz- und Durchschnittskostenkurven. Erklären Sie die Gewinnmaximierungsregel für diese Situation. Nun stellen Sie sich vor, daß die Tankstelle einen neuen Benzinzusatz anbietet, den sie Blitzamin nennt, und daß sie eine Werbekampagne startet mit dem Slogan: „Packen Sie Blitzamin

in Ihren Tank." Keine andere Tankstelle bietet Blitzamin an. Zeichnen Sie die Nachfragekurve, der die Tankstelle nach dieser Werbekampagne gegenübersteht. Erklären Sie die Gewinnmaximierungsregel für diese Situation und illustrieren Sie sie mit einem geeigneten Diagramm.

5. Erläutern Sie, warum die Konsumenten kurzfristig von Kampfpreisunterbietungen profitieren können aber nicht langfristig.

6. Warum ist es für einen Monopolisten sinnvoll, einen Punkt auf der Nachfragekurve zu wählen, an dem der Preis etwas niedriger ist als an der Stelle, wo Grenzerlös und Grenzkosten übereinstimmen.

7. Angenommen, die Nachfragekurve für ein Produkt ist linear: $Q = a - bp$:
   a) Stellen Sie den Preis in Abhängigkeit von der produzierten Menge dar.
   b) Welcher Zusammenhang besteht zwischen dem Erlös und der Produktionsmenge?
   c) Angenommen, der Output steigt leicht an von Q auf $(Q + \Delta Q)$. Wie verändert sich der Erlös? Wenn ΔQ klein ist (viel kleiner als eins), dann ist $(\Delta Q)^2$ eine sehr kleine Zahl. Wenn wir Ausdrücke mit $(\Delta Q)^2$ vernachlässigen, wie sieht dann die Beziehung zwischen Grenzerlös und Output aus?
   d) Zeigen Sie, daß der Grenzerlös auch folgendermaßen geschrieben werden kann: $GE = 2p - a/b$
   e) Angenommen, $b = 1$ und $a = 100$. Zeichnen Sie die Nachfragekurve und die Grenzerlöskurve.
   f) Wie hoch sind bei Grenzkosten von einem Dollar der Preis bei vollkommenem Wettbewerb und der Monopolpreis?
   g) Angenommen, der Hersteller muß für jede produzierte Outputeinheit eine Steuer von zehn Cents bezahlen. Wie verändert sich dadurch der Monopolpreis? Wie verändert sich der Preis bei vollkommenem Wettbewerb?

Anhang A: Das Monopson

In jedem Markt können Wettbewerbsbeschränkungen auf der Käufer- und/oder auf der Verkäuferseite auftreten. In diesem Kapitel haben wir uns auf den unvollkommenen Wettbewerb zwischen den Verkäufern eines Gutes konzentriert. Wenn es auf einem Markt nur einen einzigen Käufer gibt, dann spricht man von einem **Monopson**. Obwohl Monopsone relativ selten sind, spielen sie doch eine gewisse Rolle. Der Staat ist ein Monopsonist auf dem Markt für eine Vielzahl von High-Tech-Verteidigungssystemen.

Auf manchen Arbeitsmärkten ist eine einzige große Firma beinahe ein Monopsonist. Auf vielen Märkten ist ein Arbeitgeber mit einer ansteigenden Arbeitsangebotskurve konfrontiert, zumindest bei Arbeitskräften mit bestimmten Qualifikationen. Wenn in einer Kleinstadt nur eine einzige große Firma existiert, und besonders, wenn diese Stadt etwas abgelegen ist, dann steht die Firma wahrscheinlich solchen ansteigenden Arbeitsangebotskurven gegenüber. Ein Beispiel ist Gary im Bundesstaat Indiana, eine Stadt, die von U.S. Steel gegründet wurde und noch immer von dieser Firma dominiert wird.

Ein Monopson hat ähnliche Folgen wie ein Monopol. Die Grundregel lautet auch hier wieder: Produziere diejenige Menge, bei der Grenzerlös und Grenzkosten gleich sind. Der Käufer weiß jedoch, daß er für eine größere Menge einen höheren Preis bezahlen muß. Wenn also die Firma keine Preisdiskriminierung betreiben kann, sind die Grenzkosten für eine weitere Einheit nicht einfach der Preis, den die Firma für diese Einheit zu bezahlen hat, sondern auch die Preiserhöhung, die sie für alle bisher gekauften Einheiten hinnehmen muß.

Abbildung 14.10 Das Monopson. Wenn ein Monopsonist von einem Produktionsfaktor eine größere Menge kauft, muß er nicht nur für die letzte Einheit einen höheren Preis bezahlen, sondern für alle gekauften Einheiten; dadurch liegen die Grenzkosten für Produktionsfaktoren höher als der Preis. Der Monopsonist wählt die Beschäftigung L^* zum Lohnsatz w_m, denn hier entsprechen die Grenzkosten dem Wertgrenzprodukt. Auf einem Arbeitsmarkt bei vollkommenem Wettbewerb würde die Firma die Beschäftigung L_c zum Lohnsatz w_c wählen. Ein Monopsonist beschäftigt also weniger Arbeitskräfte zu einem niedrigeren Lohn als eine Unternehmung bei vollkommenem Wettbewerb.

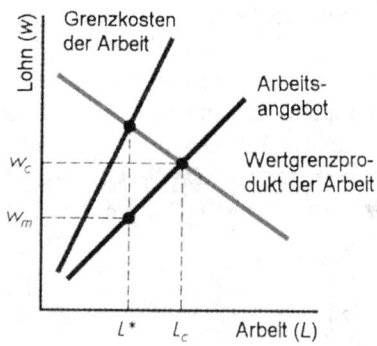

Abbildung 14.10 zeigt die Folgen dieser Situation für einen Arbeitsmarkt. In Kapitel 12 haben wir gesehen, daß auf Wettbewerbsmärkten die Unternehmungen so viele Arbeitskräfte einstellen, daß das Wertgrenzprodukt der Arbeit (WGP) dem Lohn entspricht, also den Grenzkosten der Beschäftigung einer zusätzlichen Arbeitskraft. Die Abbildung zeigt die Kurve für das Wertgrenzprodukt der Arbeit; es wird um so kleiner je mehr Arbeitskräfte beschäftigt werden. Die Abbildung zeigt auch die ansteigende Arbeitsangebotskurve. Daraus kann die Unternehmung die Grenzkosten der Beschäftigung einer zusätzlichen Arbeitskraft ersehen, nämlich den Lohn zuzüglich des Lohnanstiegs für alle bereits beschäftigten Arbeitskräfte. Offensichtlich liegt die Grenzkostenkurve über der Arbeitsangebotskurve. Die Unternehmung stellt solange weitere Arbeitskräfte ein, bis im Punkt L^* das Wertgrenzprodukt der Arbeit den Grenzkosten entspricht. Die Beschäftigung ist niedriger als in einer Situation, in der die Unternehmung nicht darauf Rücksicht nimmt, daß bei zusätzlichen Einstellungen der Lohnsatz ansteigt.

Anhang B: Die Faktornachfrage im Monopol
und bei unvollkommenem Wettbewerb

In Kapitel 12 haben wir gesehen, daß eine Unternehmung bei vollkommener Konkurrenz solange Arbeitskräfte einstellt, bis das Wertgrenzprodukt (der Wert dessen, was man mit einer zusätzlichen Arbeitsstunde herstellen kann) dem Lohn entspricht. Entsprechend wird auch von jedem anderen Produktionsfaktor soviel
nachgefragt, daß das Wertgrenzprodukt dem Faktorpreis entspricht. Aus diesem
Ergebnis konnten wir die Arbeitsnachfragekurve (oder die Nachfragekurve für jeden anderen Produktionsfaktor) ableiten.

Eine ganz ähnliche Analyse kann man bei unvollkommener Konkurrenz anwenden.
Ein Monopolist dehnt die Beschäftigung aus bis zu dem Punkt, an dem der zusätzliche Erlös aus einer weiteren Arbeitsstunde, also das Wertgrenzprodukt, dem
Lohnsatz entspricht. Auf einem Wettbewerbsmarkt ist das Wertgrenzprodukt einfach gleich dem Outputpreis mal der zusätzlich produzierten Menge. Auf einem
Monopolmarkt ist das Wertgrenzprodukt (WGP) gleich dem Grenzerlös einer zusätzlichen Einheit (GE) mal dem physischen Grenzprodukt (GP): $WGP = GE \times GP$.

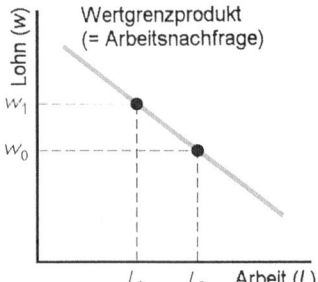

**Abbildung 14.11 Die Wertgrenzprodukt-
kurve.** Eine Unternehmung dehnt die Beschäftigung bis zu dem Punkt aus, an dem
das Wertgrenzprodukt einer zusätzlichen
Arbeitskraft den Grenzkosten entspricht.
Auf einem Arbeitsmarkt bei vollkommenem
Wettbewerb sind dagegen die Grenzkosten
der Arbeit gleich dem Lohn.

Abbildung 14.11 zeigt die Wertgrenzproduktkurve und die Beschäftigungsmenge.
Die Wertgrenzproduktkurve ist abwärts geneigt, und zwar aus zwei Gründen: Erstens ist das physische Grenzprodukt um so geringer, je mehr produziert wird (das
ist einfach das Gesetz des abnehmenden Grenzertrags). Zweitens geht der Grenzerlös mit steigendem Output zurück. Die Unternehmung erhöht die Beschäftigung
bis zum Punkt L_0, wo das Wertgrenzprodukt dem Lohn entspricht. Wenn der
Lohnsatz von w_0 auf w_1 steigt, geht die Beschäftigung von L_0 auf L_1 zurück. Die
Arbeitsnachfragekurve ist also bei unvollkommenem Wettbewerb abwärts geneigt
wie bei vollkommenem Wettbewerb auch.

Kapitel 15

Oligopole

Wenn eine Branche durch monopolistische Konkurrenz gekennzeichnet ist, geht jede Firma davon aus, daß ihre Handlungen bei den Konkurrenten keine Reaktionen hervorrufen. Auf einem Oligopolmarkt dagegen gibt es so wenige Firmen, daß jede einzelne sich bei allem, was sie tut, darüber Gedanken machen muß, wie ihre Konkurrenten darauf reagieren werden. Das gilt für Flugreisen, Zigaretten, Aluminium, Kraftfahrzeuge und viele andere Märkte. So muß zum Beispiel eine Fluggesellschaft, die Vielfliegerrabatte anbietet, damit rechnen, daß ihre Konkurrenten darauf mit ähnlichen Angeboten reagieren.

Wenn ein Oligopolist seinen Preis senken möchte, muß er bedenken, daß die Konkurrenten das gleiche tun könnten, und daß er dann keinen Wettbewerbsvorteil erzielen wird. Oder, noch schlimmer, ein Konkurrent könnte auf die Preissenkung mit einem Preiskampf reagieren und seinen eigenen Preis noch weiter herabsetzen. Verschiedene Oligopole verhalten sich recht unterschiedlich. Ein Oligopolist ist immer hin- und hergerissen zwischen seinem Bedürfnis, die Konkurrenten zu überlisten, und dem Bewußtsein, daß er durch Zusammenarbeit mit den anderen Oligopolisten und durch eine gemeinsame Beschränkung des Outputs seinen Teil des höheren Branchengewinns verdienen kann.

In diesem Kapitel geht es um die wichtigste Frage, mit der eine Firma im Oligopol konfrontiert ist, nämlich ob sie durch eine Absprache mit den Konkurrenten über die Beschränkung des Outputs ihren Gewinn erhöhen wird oder ob sie mit den Konkurrenten einen aktiven Preiswettbewerb austrägt. Die Analyse der Oligopolmärkte besteht aus drei Abschnitten. Im ersten Abschnitt diskutieren wir Absprachen oder Zusammenarbeit zwischen den Oligopolisten und die Probleme, die für die Firmen daraus entstehen. Der zweite Abschnitt zeigt, wie die Firmen den Wettbewerb beschränken können, selbst wenn sie nicht formal zusammenarbeiten. Im dritten Abschnitt wird beschrieben, was geschieht, wenn die Oligopolisten tatsächlich miteinander konkurrieren.

15.1 Absprachen

Manchmal versuchen Oligopolisten zusammenzuarbeiten, um ihren Gewinn zu maximieren. Im Ergebnis handeln sie dann gemeinsam, so als ob sie ein Monopol wären, und teilen sich den entstehenden Gewinn. Die Häufigkeit solcher Absprachen wurde schon von Adam Smith, dem Begründer der modernen Volkswirtschaftslehre, bemerkt: „Geschäftsleute des gleichen Gewerbes kommen selten, selbst zu Festen und zur Zerstreuung, zusammen, ohne daß das Gespräch in einer Verschwörung gegen die Öffentlichkeit endet oder irgendein Plan ausgeheckt wird, wie man die Preise erhöhen kann."[1] Eine Gruppe von Unternehmungen, die eine Absprache über ihre Zusammenarbeit getroffen haben, nennt man ein **Kartell**. Die Organisation der erdölexportierenden Länder (OPEC) zum Beispiel, trifft Absprachen über die Beschränkung der Ölförderung, über die Ölpreise und damit auch über die Gewinne der Mitgliedsländer.

Gegen Ende des neunzehnten Jahrhunderts waren viele wichtige Städte in den USA durch zwei oder mehr Eisenbahnlinien verbunden. Wenn sie in lebhafter Konkurrenz zueinander standen, waren die Gewinne niedrig. So dauerte es nicht lange, bis sie entdeckten, daß sie durch kooperatives Verhalten die Preise und damit auch ihre Gewinne erhöhen konnten.

Um die Jahrhundertwende traf sich der Richter Elbert H. Gary, der Präsident der größten amerikanischen Stahlfirma, der U.S. Steel Company, jeden Sonntag mit bedeutenden Mitgliedern der Branche zu einem Dinner, bei dem die Stahlpreise festgesetzt wurden. Doch obwohl Kartelle den Branchengewinn erhöhen, ist es schwer, das erforderliche kooperative Verhalten über längere Zeit hinweg durchzusetzen. Betrachten wir der Reihe nach die drei wichtigsten Probleme, mit denen ein Kartell konfrontiert ist.

Das Problem der Vertragsdurchsetzung

Mit Hilfe eines Kartells versuchen die Oligopolisten den Output zu beschränken und damit die Preise über die Grenzkosten hinaus anzuheben. Das größte Problem dabei ist, daß es sich für jedes einzelne Mitglied auszahlt, die Kartellabsprache zu unterlaufen. Wenn alle anderen Kartellmitglieder ihren Output beschränken, so daß der Preis über den Grenzkosten liegt, dann lohnt es sich für ein einzelnes Kartellmitglied, seinen Output zu erhöhen und von dem höheren Preis zu profitieren. Man sagt, eine solche Firma verhält sich gegenüber dem Kartell als Trittbrettfahrer: Die anderen Firmen bezahlen den Preis der Zusammenarbeit, indem sie ihren Output reduzieren, während der Trittbrettfahrer den höheren Preis ohne Umsatzverzicht erhält. Wenn jedoch zu viele Kartellmitglieder ihren Output über das vereinbarte Niveau hinaus anheben, bricht das Kartell zusammen. So erging es während der achtziger Jahre auch dem Ölkartell der OPEC. Außer Saudi-Arabien haben alle ölproduzierenden Länder die ihnen zugewiesenen Förderquoten systematisch überschritten.

Der Anreiz zum Unterlaufen des Kartellvertrags ist in Abbildung 15.1 dargestellt, und zwar unter der Voraussetzung, daß alle Kartellmitglieder die gleichen konstanten Grenzkosten haben. Die Abbildung zeigt die Marktnachfragekurve sowie den Output Q_c und den Preis p_c, bei dem der Gesamtgewinn des Kartells maxi-

---

[1] Adam Smith, *Der Wohlstand der Nationen*, Erstes Buch, Zehntes Kapitel, Zweiter Teil, Hrsg. v. H. Recktenwald, München 1978, S. 112.

miert wird (also denjenigen Punkt, bei dem der Grenzerlös für das Kartell insgesamt den Grenzkosten entspricht). Aber der Grenzerlös für das gesamte Kartell entspricht nicht dem Grenzerlös jeder einzelnen Firma. Jede Firma glaubt, daß sie die Kartellvereinbarung ungestraft unterlaufen kann. Wenn sie ihren Preis nur ein wenig niedriger setzt als p_c und ihre Produktion um eine Einheit erhöht, macht sie einen Gewinn von etwas weniger als p_c minus den Grenzkosten für die zusätzliche Einheit. Bei einer großen Differenz zwischen Preis und Grenzkosten besteht ein starker Anreiz zum Verstoß gegen die Kartellvereinbarung.

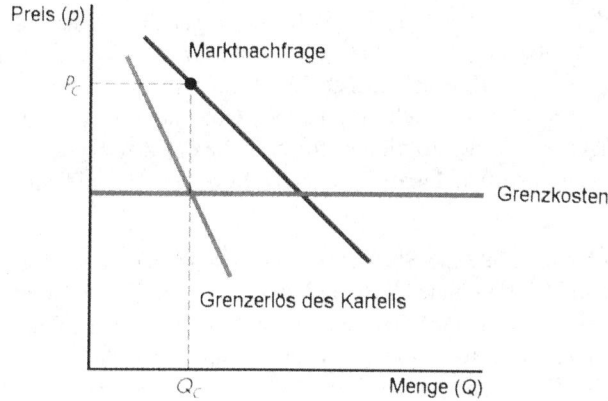

Abbildung 15.1 Der Anreiz zum Verstoß gegen den Kartellvertrag. Eine große Lücke zwischen dem Preis und den Grenzkosten gibt jedem Kartellmitglied einen starken Anreiz, gegen den Kartellvertrag zu verstoßen; p_c ist der vereinbarte Kartellpreis.

Ein weiteres Problem, das manche Kartellmitglieder dazu ermutigt, gegen die Verabredung zu verstoßen, besteht darin, daß die Mitglieder oft glauben, daß sie nicht ihren gerechten Anteil am Gewinn erhalten. Mit dieser Schwierigkeit hatte auch die OPEC zu kämpfen. Jedes Land innerhalb des Kartells ist in einer anderen wirtschaftlichen Situation. Die ölreichen Scheichtümer gehören gemessen am Pro-Kopf-Einkommen zu den reichsten Ländern der Welt. Aber für arme Länder wie Indonesien ist das Einkommen aus dem Ölexport eine Ressource, die für die wirtschaftliche Entwicklung genutzt werden könnte. Es gibt keine einfache Formel, die diesen Ländern helfen könnte, zu entscheiden, welche Förderquoten jedem Land zugeteilt werden sollten und wie die Last der Produktionsbeschränkung, die notwendig ist, um einen hohen Marktpreis aufrechtzuerhalten, verteilt werden sollte. Bei denjenigen, die das Gefühl haben, unfair behandelt worden zu sein, ist die Gefahr am größten, daß sie versuchen, die Kartellvereinbarung zu unterlaufen.

Das wichtigste Problem eines Kartells ist also die Durchsetzung der Kartellvereinbarungen gegenüber jedem einzelnen Mitglied. Diese Selbstkontrolle bereitet in den Vereinigten Staaten besondere Schwierigkeiten, weil es sowohl auf Bundesebene als auch auf der Ebene der Einzelstaaten sogenannte **Antitrust-Gesetze** gibt, die Kartelle verbieten. Das macht es den Firmen unmöglich, zusammenzukommen und gesetzlich bindende Verträge zu unterschreiben, die jedes Mitglied dazu verpflichten, den Output niedrig und den Preis hoch zu halten.

Unter die Lupe genommen: die Mitschuld der Regierung

Abgestimmtes Verhalten über längere Zeit aufrechtzuerhalten ist schwierig, insbesondere, wenn es gegen die Gesetze verstößt. Ironischerweise hat die Regierung manchmal eine Mitschuld an der Beschränkung des Wettbewerbs. In bezug auf alkoholische Getränke gibt es zum Beispiel in manchen Bundesstaaten Gesetze, die es den Händlern in einem Staat verbieten, in einem anderen Staat zu verkaufen. Welche dramatischen Folgen solche Restriktionen für den Handel zwischen den Bundesstaaten haben können, hat sich kürzlich in New York am Beispiel der Milch gezeigt.

In den dreißiger Jahren verabschiedete der Staat ein Gesetz, das Molkereien anderer Staaten den Verkauf von Milch in New York verbietet. 1979 hat die Molkerei Farmland aus New Jersey das New Yorker Gesetz angefochten. Nach acht Jahren Rechtsstreit wurde der Molkerei das Recht zugesprochen, in New York City Milch zu verkaufen. Vor dieser Entscheidung hatten fünf Molkereien einen Anteil von mehr als 90 Prozent am Milchmarkt von New York City. Als nach dem Urteil Farmland und andere Molkereien neu auf den Markt kamen, fielen die Milchpreise in der Stadt um bis zu 70 Cents pro Gallone. Durch die niedrigeren Milchpreise sparen die New Yorker Konsumenten bis zu 100 Mio. $ pro Jahr.

Der Gewinn aus einer Kartellvereinbarung kann jedoch so hoch sein, daß Unternehmungen die Risiken auf sich nehmen, die mit einer Rechtsverletzung verbunden sind. Einer der berühmtesten Fälle war ein Kartell der Elektroindustrie, an dem auch Westinghouse und General Electric beteiligt waren. Sie wurden dabei erwischt, daß sie bei Ausschreibungen von Großprojekten, wie etwa den Elektroturbinen für einen Damm, heimlich zusammengearbeitet hatten. Sie hatten vereinbart, abwechselnd das günstigste Angebot abzugeben, und benutzten dazu ein raffiniertes System, das auf dem Mondkalender und den Mondphasen beruhte. Ihr Plan war so gut ausgedacht, daß das Komplott erst nach Jahren entdeckt wurde.

Das Koordinationsproblem

In Ländern, in denen explizite Kartellabsprachen illegal sind, müssen die Mitglieder eines Oligopols sich auf **stillschweigende Vereinbarungen** verlassen, wenn sie ihre gemeinsame Marktmacht ausnutzen wollen. Stillschweigende Vereinbarungen beruhen auf dem unausgesprochenen Verständnis, daß die Interessen des Oligopols am besten gewahrt werden können, wenn seine Mitglieder einander nicht zu stark Konkurrenz machen und insbesondere Preiskämpfe vermeiden. Dennoch stimmen die Interessen der einzelnen Firmen oft nicht genau überein. Und es liegt in der Natur einer stillschweigenden Vereinbarung, daß man nicht genau festlegen kann, wie sich jede Firma in jeder denkbaren Situation verhalten soll. Wenn Kosten- oder Nachfragekurven sich verschieben, zum Beispiel weil die Technologie oder der Konsumentengeschmack sich verändert hat, müssen sich die Mitglieder eines Kartells über die angemessenen Veränderungen des Outputs und der Preise verständigen. Eine neue technische Entwicklung kann einer Firma mehr Nutzen bringen als den anderen und diese Firma wird dann den Output stärker erhöhen wollen als die anderen. Wenn die Oligopolisten offen miteinander verhandeln könnten, wären sie vielleicht in der Lage, miteinander ins Geschäft zu kommen. Weil das Gesetz sie aber an dieser geradlinigen Lösung hindert, haben findige Oligopolisten eine Reihe von Wegen entwickelt, um dieses Koordinationsproblem zu umgehen.

Eine Möglichkeit besteht darin, daß eine bestimmte Unternehmung zum **Preisführer** wird. Diese Firma, die oft die zweit- oder drittgrößte der Branche ist, setzt den Preis, und die anderen ziehen nach. Einige Wirtschaftswissenschaftler behaupten, daß American Airlines für eine gewisse Zeit der Preisführer unter den Fluggesellschaften war. Wenn sich in der Flugbranche die Kosten- oder Nachfragebedingungen änderten, pflegte American Airlines eine neue Flugpreisstruktur anzukündigen, die von den anderen Fluggesellschaften dann nachgeahmt wurde. Es ist schwer nachzuweisen, daß es sich bei solchen Abläufen um eine unerlaubte Zusammenarbeit handelt - die Firmen behaupten einfach, daß sie auf ähnliche Marktkräfte reagieren.

Manchmal ist die Kommunikation zwischen den Firmen einer Branche so subtil, daß es beinahe unmöglich ist, sie zu entdecken. So ist das Justizministerium zum Beispiel dahinter gekommen, daß die Fluggesellschaften sich über das Flugbuchungssystem miteinander verständigt haben. Normalerweise wird ein Tarifcode benutzt, um anzugeben, wann und unter welchen Einschränkungen ein bestimmter Flugpreis gilt. Aber die Fluggesellschaften haben einen Weg gefunden, um mit

Hilfe eines Tarifcodes für fiktive Flugpreise einander mitzuteilen, wie sie auf vorgeschlagene Flugpreisänderungen auf bestimmten Teilmärkten reagieren würden.[2]

Eine andere Möglichkeit besteht darin, die Zusammenarbeit durch geeignete Marketingpraktiken zu erleichtern. Ein Beispiel dafür ist die „Unterbietungs-Klausel": Einige Mitglieder des Oligopols verpflichten sich, etwa in Zeitungsanzeigen, keinen höheren Preis zu verlangen als der billigste Konkurrent. Elektronikhändler stellen oft solche Behauptungen auf. Für den Konsumenten sieht das wie ein gutes Geschäft aus. Um zu verstehen, warum dieses Verhalten tatsächlich zu höheren Preisen führen kann, muß man es aus der Perspektive der konkurrierenden Unternehmungen betrachten. Angenommen, ein Elektronikladen, A, verkauft einen bestimmten Artikel mit einem Einkaufspreis von 90 $ für 100 $; die eigenen Kosten betragen fünf Dollar, so daß ein Gewinn von fünf Dollar bleibt. Nehmen wir weiter an, ein anderer Laden, B, würde gerne ein paar Kunden abwerben und wäre bereit, den gleichen Artikel für 95 $ zu verkaufen und damit den Händler A zu unterbieten. B muß aber davon ausgehen, daß er durch eine Preissenkung keine Kunden gewinnen kann, weil A bereits versprochen hat, mit dem niedrigeren Preis gleichzuziehen. Darüber hinaus weiß B, daß er durch die Preissenkung auch an seinen bisherigen Kunden weniger Geld verdienen wird. Preisunterbietung zahlt sich infolge dessen einfach nicht aus. Ein Verhalten, das scheinbar den Wettbewerb intensiviert, erleichtert also offensichtlich die Zusammenarbeit.

In vielen Branchen haben Oligopolisten eine Vielzahl von Kooperationsmöglichkeiten geschaffen wie zum Beispiel die gegenseitige Hilfe bei Lieferengpässen, oder den Austausch von Forschungsergebnissen und anderen Informationen. In der Elektronikindustrie und in anderen Hightech-Branchen ist der Austausch von Forschungsinformationen von besonderer Bedeutung. Im Groß- und Einzelhandel ist es vor allem wichtig, einander auszuhelfen, wenn man bestimmte Waren nicht auf Lager hat. So kann zum Beispiel ein Biergroßhändler einem Konkurrenten Bier zur Verfügung stellen, wenn dessen Lagerbestände nicht ausreichen, um der Nachfrage seiner Einzelhändler nachzukommen. Jede Firma, die gegen die stillschweigende Preisvereinbarung verstoßen würde, würde von dieser Kooperation ausgeschlossen.

Unter die Lupe genommen: Wie Preisabsprachen zustande kommen

Preisabsprachen sind oft nur schwer gerichtlich zu verfolgen, denn die Beteiligten geben sich große Mühe, um ihre Aktivitäten zu verbergen. Gelegentlich gelangt jedoch eine private Unterredung an die Öffentlichkeit, wie zum Beispiel 1983 in

---

2 Wie nicht anders zu erwarten, bestritten die Fluggesellschaften diesen Vorwurf. Aber im Jahr 1993 unterschrieben sie eine Vereinbarung über die Beendigung dieser Praxis.

dem Antitrustverfahren gegen American Airlines und Braniff Airlines. Das folgende ist ein Ausschnitt aus einem mitgeschnittenen Telefongespräch zwischen Robert Crandall, dem Direktor von American Airlines, und Howard Putnam, dem Direktor von Braniff Airlines, das in dem Prozeß als Beweismittel verwendet wurde. (Die beiden Fluggesellschaften hatten zuvor in oligopolistischer Konkurrenz gestanden und sich bei Flügen von und nach Dallas gegenseitig im Preis unterboten.

CRANDALL: Ich finde, es ist furchtbar dumm ... hier zu sitzen und uns gegenseitig die Köpfe einzuschlagen und keiner von uns verdient einen Pfennig. ... Wir können beide hier sein, und dann gibt es keinen Platz für Delta. Aber es gibt, soweit ich sehen kann, keinen Grund, unsere beiden Gesellschaften zu ruinieren.

PUTNAM: Haben Sie mir einen Vorschlag zu machen?

CRANDALL: Ja, ich habe einen Vorschlag. Erhöhen Sie Ihre verdammten Flugpreise um 20 Prozent. Ich werde die meinen am nächsten Morgen erhöhen. ... Auf diese Weise verdienen Sie mehr und ich auch.

PUTNAM: Wir können uns nicht über die Preissetzung unterhalten.

CRANDALL: Oh (herausgeschnitten), Howard. Wir können über jedes verdammte Thema reden, über das wir reden wollen.

Das Justizministerium veröffentlichte eine Abschrift dieses Gesprächs, als es gegen die Firma American Airlines und Robert Crandall wegen versuchter Monopolisierung von Flugrouten und wegen Preisabsprachen mit Braniff Anklage erhob. Nach einem mehrmonatigen Rechtsstreit ließ jedoch ein Bundesrichter die Anklage fallen. Die Entscheidung wurde damit begründet, daß das Gespräch zwar offensichtlich ein Angebot zur gemeinsamen Preisanhebung enthielt, daß es aber kein Versuch zur Monopolisierung im Sinne des Gesetzes gewesen sei. Der Richter schrieb auch, daß „das Verhalten von Crandall bestenfalls unprofessionell und seine Wortwahl geschmacklos" gewesen sei, zog aber den Schluß, daß keine Konspiration zur Monopolisierung stattgefunden habe, da Putnam das Angebot abgelehnt habe.

Crandall hat Glück gehabt. Wenn er eine etwas andere Formulierung gewählt hätte, oder wenn Putnam auf seinen Vorschlag eingegangen wäre, hätte er leicht schuldig gesprochen werden können. Aber man kann sich ausmalen, wieviele ähnliche Gespräche heute zwischen Firmenmanagern stattfinden, ohne daß die Regierung die Leitung abhört.

Quellen: Robert E. Taylor und Dean Rotbart: American Air Accused of Bid to Fix Prices. Wall Street Journal, 24. Februar, 1983, S. 2; Dean Rotbart: American Air, Its President Gets Trust Suit Voided. Wall Street Journal, 14. September 1983, S. 2.

Das Problem des Marktzutritts

Drittens sind Kartelle mit einem ähnlichen Problem konfrontiert wie ein Monopolist. Hohe Kartellgewinne lassen anderen Firmen den Marktzutritt attraktiv erscheinen oder veranlassen Nichtmitglieder zur Ausweitung ihrer Produktion. Dieses Schicksal widerfuhr auch der OPEC. Wenn ihre Mitglieder den Ölpreis anhoben, dehnten Nichtmitglieder wie Großbritannien, Kanada und Mexiko ihre Produktion aus.

Einige Wirtschaftswissenschaftler, wie zum Beispiel William Baumol von den Universitäten New York und Princeton, argumentieren, daß in manchen Märkten schon die Marktzutrittsdrohung stark genug ist, um die Preise niedrig zu halten, selbst wenn die größte Firma einen Marktanteil von mehr als 90 Prozent hat. Wenn die Preise die Produktionskosten auch nur leicht übersteigen würden, käme es sofort zu Marktzutritten und damit zwangsweise zu Preissenkungen. In solchen Fällen genügt die **potentielle Konkurrenz**, also die Möglichkeit von Marktzutritten, um die Preise niedrig zu halten. Eintritts- und Austrittskosten müssen jedoch relativ gering sein, damit die potentielle Konkurrenz wirksam ist. Andernfalls wird auch bei hohen Preisen keine Firma den Markt betreten, es sei denn, sie hat Gründe anzunehmen, daß die Preise auch nach einem Marktzutritt hoch bleiben werden.

Früher haben die Verfechter der Theorie der bestreitbaren Märkte (*contestable markets*) die Fluglinien als wichtigstes Beispiel für einen Markt ohne Zugangsbeschränkungen angeführt. Eine Fluggesellschaft könnte einen Markt, auf dem die Preise über den Kosten liegen (zum Beispiel den Markt für Flüge zwischen San Francisco und Los Angeles) leicht betreten. Also würde die potentielle Konkurrenz niedrige Preise garantieren, selbst wenn eine bestimmte Strecke nur von ein oder zwei Fluggesellschaften geflogen wird. Als aber gegen Ende der achtziger Jahre die Flugpreise für viele Strecken mit beschränktem Wettbewerb sprunghaft anstiegen, erwies sich der potentielle Wettbewerb als nicht stark genug, um die Preise niedrig zu halten. Die potentiellen Konkurrenten erkannten, daß die Marktzutrittskosten nicht unerheblich waren: Die Konsumenten mußten informiert und dazu überredet werden, ihre gewohnte Fluglinie zu wechseln, Abfertigungsschalter mußten eröffnet werden, und so weiter. Die Erfahrung hatte sie gelehrt, daß nach ihrem Marktzutritt die Preise fallen würden, und sie dadurch keine Möglichkeit haben würden, diese Kosten wieder einzubringen.

Es gibt bemerkenswert viele Oligopole, die lange Zeit bestehen, ohne daß es zu nennenswerten Marktzutritten kommt. In der Filmbranche gibt es einen neuen Anbieter (Fuji), aber sie bleibt von wenigen Firmen dominiert. Andere Oligopole, wie die Automobilindustrie, die Zigarettenindustrie und die Aluminiumindustrie, sind über lange Zeit hinweg relativ unverändert geblieben. Sogar die Anzahl der Marktzutrittsversuche war begrenzt; Tucker und Kaiser sind die beiden berühmtesten Fehlschläge in der Automobilindustrie. Das legt den Schluß nahe, daß die Marktzutrittsbarrieren, die wir in Kapitel 14 diskutiert haben, in vielen Situationen stark genug sind, so daß die Bedrohung durch den potentiellen Wettbewerb die etablierten Firmen nicht davon abhält, Preise über den Grenzkosten zu verlangen.

15.2 Spieltheorie: Das Gefangenendilemma

In der modernen Oligopoltheorie untersucht man die Zusammenarbeit zwischen den Oligopolisten mit Hilfe eines Zweiges der Mathematik, der Spieltheorie genannt wird. Die Teilnehmer an einem Spiel können bestimmte Spielzüge machen, die durch die Spielregeln definiert sind. Die Ergebnisse des Spiels, also das, was jeder Teilnehmer am Ende erhält, werden als Auszahlungen bezeichnet, und hängen vom Verhalten jedes einzelnen Spielers ab. Jeder Teilnehmer an einem Spiel wählt eine Strategie; er entscheidet sich für bestimmte Spielzüge. Wenn in einem Spiel jeder Teilnehmer mehr als einen Spielzug hat (wenn es also mehr als eine Runde oder Periode gibt), können die Züge davon abhängen, was in den vergangenen Perioden geschehen ist. Die Spieltheorie geht davon aus, daß jeder Mitspieler sich rational verhält und das gleiche auch von seinen Rivalen annimmt. Jeder versucht, seine eigene Auszahlung zu maximieren. Mit Hilfe der Spieltheorie versucht man vorauszusagen, was jeder Spieler tun wird. Die Antwort hängt von den Spielregeln und den möglichen Auszahlungen ab.

	B gesteht	**B schweigt**
A gesteht	A erhält 3 Jahre B erhält 3 Jahre	A erhält 3 Monate B erhält 5 Jahre
A schweigt	A erhält 5 Jahre B erhält 3 Monate	A erhält 1 Jahr B erhält 1 Jahr

Ein Beispiel für ein solches Spiel ist das **Gefangenendilemma**. Zwei Gefangene, A und B, die eines gemeinschaftlichen Verbrechens beschuldigt werden, werden in getrennten Räumen untergebracht. Ein Kriminalbeamter hält jedem der beiden eine kleine Rede: „Die Situation ist folgendermaßen. Wenn Ihr Partner gesteht und Sie schweigen, dann erhalten Sie fünf Jahre Gefängnis. Gestehen Sie beide, dann werden Sie nur zu drei Jahren verurteilt. Es ist aber auch möglich, daß Ihr Partner keine Aussage macht. Wenn Sie dann ebenfalls schweigen, können wir Sie nur für ein Jahr ins Gefängnis bringen. Sollte aber Ihr Partner die Aussage verweigern und Sie gestehen, dann lassen wir Sie in drei Monaten heraus. Ob Ihr Partner sich so oder so verhält, für Sie ist es in jedem Fall besser, wenn Sie gestehen. Also fangen Sie am besten gleich damit an." Dieser Handel wird beiden Gefangenen angeboten.

Das Diagramm zeigt die Ergebnisse dieses Verfahrens. Das linke obere Feld zeigt zum Beispiel das Ergebnis, wenn A und B gestehen. Das rechte obere Feld zeigt das Ergebnis, wenn A gesteht und B schweigt. Und so weiter.

Anwendungsbeispiel: Spieltheorie und Duopol

Mit Hilfe der Spieltheorie kann man erklären, warum trotz der offensichtlichen Vorteile der Zusammenarbeit Kartelle sich oft nicht lange halten. Die Matrix zeigt die Gewinne in einem Duopol, bei dem jeder Duopolist die Wahl hat zwischen Kooperation (Outputbeschränkung) einerseits und Nicht-Kooperation (Preiswettbewerb) andererseits.

Wenn sich beide kooperativ verhalten, sind die Gewinne hoch - in unserem Beispiel erhält jeder einen Gewinn von einer Milliarde Dollar. Wenn Duopolist A seinen Output beschränkt, und B versucht, ihn zu übervorteilen, sinkt der Gewinn von A auf 400 Mio. $, während der Gewinn von B auf 1,3 Mrd. $ ansteigt. Der Branchengewinn geht zurück (1,7 Mrd. $ gegenüber 2 Mrd. $ zuvor), denn wenn nur eine Firma ihren Output beschränkt, ist der Gesamtoutput höher und der Preis niedriger als zuvor. Das Ergebnis ist symmetrisch, wenn der zweite Duopolist seinen Output beschränkt, aber der erste sich nicht an die Abmachung hält. Wenn sich schließlich beide einen heftigen Preiskampf liefern, sinkt der Preis sprunghaft, und die Gewinne jeder Unternehmung gehen auf 500 Mio. $ zurück. Der Vorteil der Zusammenarbeit ist in diesem Beispiel enorm: Die Gewinne verdoppeln sich. Trotzdem werden die Unternehmungen im Gleichgewicht gegeneinander konkurrieren.

	B kooperiert	B kooperiert nicht
A kooperiert	A: 1,0 Mrd. $ B: 1,0 Mrd. $	A: 0,4 Mrd. $ B: 1,3 Mrd. $
A kooperiert nicht	A: 1,3 Mrd. $ B: 0,4 Mrd. $	A: 0,5 Mrd. $ B: 0,5 Mrd. $

Firma A stellt folgende Überlegung an: Wenn B seinen Output beschränkt und ich tue es ebenfalls, dann erhalte ich einen Gewinn von 1 Mrd. $; beschränke ich aber meinen Output nicht, dann kann ich meinen Gewinn auf 1,3 Mrd. $ steigern. Offensichtlich ist es für mich in diesem Fall vorteilhaft, den Output nicht zu beschränken. Angenommen, B hält sich nicht an die Abmachung, ich aber schon, dann beträgt mein Gewinn 400 Mio. $; verhalte ich mich dagegen selbst ebenfalls nicht kooperativ, so steigt mein Gewinn auf 500 Mio. $. In jedem Fall - unabhängig vom Verhalten meines Konkurrenten - bin ich besser daran, wenn ich meinen Output nicht beschränke. Firma B stellt genau die gleichen Überlegungen an, und das Ergebnis liegt auf der Hand: Keine der beiden beschränkt ihren Output und jede erwirtschaftet einen Gewinn von 500 Mrd. $, also die Hälfte des Gewinns, den sie durch Zusammenarbeit hätten realisieren können.

Im gemeinsamen Interesse beider Gefangener ist es offensichtlich das beste, daß beide schweigen und ihr Jahr absitzen. Aber das egoistische Interesse jedes einzelnen Gefangenen sagt ihnen, daß es am besten ist, zu gestehen, unabhängig davon, ob der Partner gesteht oder nicht. Wenn jedoch beide ihrem Eigeninteresse folgen und gestehen, sind sie am Ende schlechter daran und müssen für drei Jahre ins Gefängnis. Das Gefangenendilemma ist ein einfaches Spiel, bei dem es für beide Teilnehmer nachteilig ist, wenn sie unabhängig voneinander ihrem Eigeninteresse folgen. Beide wären besser gestellt, wenn sie die Möglichkeit hätten, sich auf eine Geschichte zu einigen und dem jeweils anderen Konsequenzen anzudrohen, wenn er von dieser Geschichte abweicht.

Das Gefangenendilemma taucht in einer Vielzahl von Zusammenhängen auf. So hat man zum Beispiel während des Kalten Krieges das Wettrüsten zwischen den Vereinigten Staaten und der Sowjetunion auf diese Weise beschrieben. Wenn das andere Land aufrüstet, so wurde auf jeder Seite argumentiert, dann muß man Schritt halten. Rüstet der Gegner nicht auf, so kann man durch den Ausbau der eigenen Waffensysteme einen Vorteil erlangen. Obwohl es vielleicht für beide Seiten besser gewesen wäre, sich auf einen Aufrüstungsverzicht zu einigen, waren die Anreize so gesetzt, daß beide sich zum Aufrüsten gezwungen sahen.

Dieses Spiel kann auch direkt auf die Zusammenarbeit zwischen zwei Oligopolisten angewendet werden. (Ein Markt mit zwei Anbietern wird Duopol genannt.) Angenommen, beiden Firmen einigen sich darauf, die Produktion zu beschränken, um höhere Preise und höhere Gewinne zu erhalten. Jeder Duopolist stellt nun folgende Überlegung an. Ob mein Konkurrent den Vertrag einhält oder nicht, es ist für mich von Vorteil, die Produktion auszudehnen. Hält sich mein Konkurrent nicht an die Abmachung, dann genießt er alle Vorteile aus meiner Produktionsbeschränkung, ohne einen Preis dafür zu bezahlen. Hält er sich an die Abmachung und beschränkt seinen Output, dann lohnt es sich für mich, den Vertrag zu unterlaufen. Da beide Firmen dieses Kalkül anstellen, steigt die Produktion und der Preis fällt unter denjenigen Preis, bei dem der gemeinsame Gewinn maximiert wird.

In den Beispielen für das Gefangenendilemma, die wir bisher vorgestellt haben, trifft jede Seite nur eine Entscheidung. Wenn aber Firmen oder Länder über einen gewissen Zeitraum miteinander interagieren, dann haben sie mehr Möglichkeiten, die Einhaltung von Vereinbarungen durchzusetzen. Nehmen wir zum Beispiel an, jeder Oligopolist kündigt an, daß er seine Preise nicht senken wird, solange auch der Konkurrent auf Preissenkungen verzichtet. Für den Fall, daß der Konkurrent sich nicht an die Abmachung hält, droht er mit Ausweitung der Produktion und Preissenkung. Auf den ersten Blick würde man erwarten, daß diese Drohung ausreicht, um die Kooperation der beiden Firmen sicherzustellen.

Stellen wir uns vor, was geschieht, wenn die beiden Firmen damit rechnen, daß sie zwar über die nächsten zehn Jahre hinweg auf dem gleichen Markt miteinander konkurrieren werden, daß aber nach dieser Zeit ein neues Produkt auf den Markt kommen wird, das die gesamte Branchenkonstellation verändert. Für jede Firma wird es sich lohnen, im zehnten Jahr gegen die Abmachung zu verstoßen, denn dann kann der Konkurrent nicht mehr zurückschlagen, weil sich ein Jahr später die gesamte Branche verändert haben wird. Fragen wir nun, was im neunten Jahr geschehen wird. Beide Firmen können sich ausrechnen, daß sich ein kooperatives Verhalten im zehnten Jahr für keine von ihnen lohnen wird. Wenn sie sich aber im zehnten Jahr ohnehin nicht an den Vertrag halten werden, dann ist die Drohung mit einem Vertragsbruch in der Zukunft vollkommen unwirksam. Also wird auch im neunten Jahr jede Firma davon ausgehen, daß es sich lohnt, die vereinbarte Produktionsquote zu überschreiten. Die Zusammenarbeit ist also auch im neunten Jahr nicht stabil. Verfolgt man diese Logik rückwärts, dann kommt man zu dem Ergebnis, daß eine Absprache schon unmittelbar nach ihrem Entstehen verletzt wird.

Wirtschaftswissenschaftler haben Laborexperimente durchgeführt, um zu testen, wie sich Individuen in verschiedenen Spielsituationen tatsächlich verhalten. Diese Art von **experimenteller Wirtschaftswissenschaft** hat den Vorteil, daß der Forscher jeweils einen Aspekt des Spiels verändern kann, um herauszufinden, welche Faktoren für das Verhalten entscheidend sind. In einer Gruppe von Experimenten wurde untersucht, wie Menschen in Situationen, die dem Gefangenendilemma ähneln, miteinander kooperieren. Diese Experimente haben gezeigt, daß die Teilnehmer oft recht einfache Strategien entwickeln, die zwar kurzfristig irrational erscheinen mögen, die aber effektiv die Kooperation sicherstellen, wenn das Spiel oft wiederholt wird. Eine beliebte Strategie ist „*Tit-for-Tat*" („wie du mir, so ich dir"). Wenn du deinen Output erhöhst, tue ich es auch, selbst wenn ich dadurch meinen Gewinn nicht maximieren kann. Wenn die konkurrierende Firma an diese Drohung glaubt, und insbesondere, wenn sie schon einige Male wahrgemacht worden ist, wird sie vielleicht entscheiden, daß es lohnender ist, zu kooperieren und die Produktion niedrig zu halten. Es ist gut möglich, daß in der Realität solche einfachen Strategien eine wichtige Rolle spielen, so daß sich Unternehmungen auf Märkten mit nur drei oder vier konkurrierenden Anbietern keinen allzu heftigen Konkurrenzkampf liefern.

15.3 Wettbewerbsbeschränkendes Verhalten

Wenn es für Oligopolisten leicht wäre, zusammenzukommen und Vereinbarungen zu treffen, dann würden sie es tun. Ihre gemeinsamen Gewinne würden sich dadurch erhöhen. Sie hätten zwar immer noch das Problem der Gewinnverteilung, aber jeder von ihnen wäre besser gestellt als bei gegenseitiger Konkurrenz. Wir haben jedoch gesehen, daß es erhebliche Hindernisse für die Zusammenarbeit gibt. Wenn die Firmen einer Branche kein Kartell bilden können, um den Wettbewerb zu beenden, und wenn sie Marktzutritte nicht verhindern können, so können sie doch zumindest versuchen, den Wettbewerb zu reduzieren und potentielle Konkurrenten abzuschrecken.

In Kapitel 14 haben wir einige Möglichkeiten beschrieben, wie eine Firma potentielle Konkurrenten abschrecken kann. Hier geht es um Verhaltensweisen von Firmen, die dazu dienen, den Wettbewerb zu beschränken. Einige dieser **wettbewerbsbeschränkenden Verhaltensweisen** wurden durch den Federal Trade Commission Act von 1914 verboten. Diese Praktiken sind zwar nicht so erfolgreich wie ein Kartell, was die Erhöhung des Gewinns anbetrifft, sie sind aber durchaus geeignet, die Preise zu erhöhen. In einigen Fällen können sie für die Konsumenten sogar nachteiliger sein als ein regelrechtes Kartell. Viele wettbewerbsbeschränkende Verhaltensweisen zielen auf die Großhändler und Einzelhändler, welche die Produkte eines Herstellers verkaufen. Man nennt diese Praktiken **vertikale Wettbewerbsbeschränkungen**. Im Gegensatz dazu sind **horizontale Wettbewerbsbeschränkungen** Preisvereinbarungen zwischen Herstellern oder Großhändlern, die auf dem gleichen Markt anbieten.

Ein Beispiel für vertikale Wettbewerbsbeschränkungen sind **Alleinverkaufsrechte**. Hier gibt ein Hersteller einem Großhändler oder Einzelhändler das exklusive Recht, ein Produkt innerhalb einer bestimmten Region anzubieten. Die Produzenten von Bier oder Limonadengetränken zum Beispiel geben ihren Händlern oft Alleinverkaufsrechte. Coca Cola stellt seinen eigenen Sirup her und verkauft ihn dann an Abfüllfirmen, die das Sodawasser hinzufügen. Coca Cola gibt diesen Abfüllfirmen das Alleinverkaufsrecht, das heißt die Supermärkte in einer bestimmten Gegend können das Getränk nur von einer einzigen Quelle beziehen. Ein Laden in Michigan kann Coca Cola nicht von der Abfüllfirma in New Jersey beziehen, selbst wenn diese einen niedrigeren Preis verlangt. Indiana hat ein Gesetz verabschiedet, das Alleinverkaufsrechte für Bier innerhalb dieses Staates verbietet. Infolge dessen sind die Bierpreise dort bedeutend niedriger als in anderen Staaten.

Ein anderes Beispiel für wettbewerbsbeschränkendes Verhalten sind **Ausschließlichkeitsverträge**, in denen ein Hersteller den Händler verpflichtet, keine Konkurrenzprodukte zu verkaufen. Man kann zum Beispiel sicher sein, daß man an einer Exxon-Tankstelle nur Benzin von Exxon erhält, nicht von Texaco oder Mobil. Wie die meisten Raffinerien besteht Exxon darauf, daß seine Vertragstankstellen ausschließlich Exxon-Benzin verkaufen.

Ein drittes Beispiel für wettbewerbsbeschränkendes Verhalten sind **Koppelungsverträge**, bei denen ein Konsument gleichzeitig mit dem Kauf eines Produkts noch ein weiteres erwerben muß. Hypothekengesellschaften zum Beispiel haben früher Hypotheken oft nur unter der Bedingung gegeben, daß der Hausbesitzer auch die Feuerversicherung bei ihnen abschließt. Nintendo hat seine Konsole so konstruiert, daß sie nur mit Nintendo-Spielen benutzt werden kann. Im Endeffekt erzwingt die Firma eine Koppelung von Konsole und Computerspielen. In der Anfangszeit der

Computerindustrie hat IBM seine Computer so gestaltet, daß sie nur mit Periphe-
riegeräten (z.B. Druckern) von IBM benutzt werden konnten.

Ein letztes Beispiel für wettbewerbsbeschränkendes Verhalten ist die **Preisbindung der zweiten Hand.** Dabei verlangt der Hersteller, daß jeder Einzelhändler
sein Produkt zum Listenpreis verkaufen muß. Wie mit dem Alleinverkaufsrecht
wird auch hiermit der Zweck verfolgt, den Wettbewerbsdruck auf der Einzelhan-
delsebene zu verringern.

Ein Blick in die Wirtschaftspolitik:
Wettbewerbsbeschränkendes Verhalten und der Fall Microsoft

Microsoft beherrscht weltweit den Markt für PC-Software. Fast zwei Drittel aller
installierten PC-Betriebssysteme und mehr als die Hälfte der Spreadsheet-
Programme sind Microsoft-Produkte. Der Gewinn der Firma betrug 1993 fast eine
Milliarde Dollar und ihre Marktwert ist höher als der von General Motors. Am 16.
Juli 1994 unterschrieb Microsoft einen außergerichtlichen Vergleich: Die Europäische Union und das amerikanische Justizministerium hatten die Firma beschuldigt,
wettbewerbsbeschränkende Praktiken angewandt zu haben. Das war das erste Mal,
daß zwei wichtige Vollzugsorgane aus verschiedenen Teilen der Welt zusammengearbeitet hatten, um eine Anklage zu erheben und den Rechtsstreit wieder beizu-
legen.

Größe ist nicht selbst schon ein Verbrechen. Die Gründe für die Anklage waren
subtiler. Konkurrenten hatten sich darüber beklagt - und das Justizministerium
hatte dieser Klage zugestimmt - daß Microsoft unfaire Handelspraktiken benutzte,
um seine marktbeherrschende Stellung zu etablieren und auszubauen. Ein Vertrag
mit verschiedenen PC-Herstellern, die Programme wie Microsoft Windows und
DOS auf ihren Computern installierten, wurde als Beispiel genannt. Microsoft
machte seine Forderungen einfach vom Umsatz des PC-Herstellers abhängig, also
zum Beispiel von der Gesamtzahl der ausgelieferten PCs, nicht von der Anzahl der
PCs, auf denen die Programme tatsächlich installiert worden waren. Wenn also ein
Konkurrent ein gleichwertiges Programm auf den Markt brachte, hatte der Hersteller keinen Anreiz, es zu installieren, denn er hatte ja bereits für MS-Windows
und MS-DOS bezahlt. Microsoft leugnete jedes Fehlverhalten, aber die Firma verpflichtete sich mit ihrer Unterschrift unter den Vergleich, diese Praktiken in Zukunft zu unterlassen.

Man kann darüber streiten, ob die Europäische Union und das amerikanische Justizministerium recht hatten, als sie das Vergleichsabkommen akzeptierten, oder
ob sie weiter hätten gehen sollen. Kritiker sagen, daß durch den Vergleich die
marktbeherrschende Stellung von Microsoft kaum geschwächt worden ist, denn es
ist der Firma weiterhin gestattet, Mengenrabatte zu geben, so daß der Preis für die
Installation von Windows und DOS auf einem zusätzlichen PC weiterhin sehr

niedrig ist. Da die Entwicklung des Betriebssystems der Firma bei den Anwenderprogrammen einen deutlichen Vorteil verschafft, wollten einige Kritiker, daß Microsoft in zwei Firmen aufgespalten werden sollte. Eine Firma sollte Betriebssysteme entwickeln, die andere Anwenderprogramme, und zwischen beiden sollte eine strikte Trennung bestehen, man sprach von einer chinesischen Mauer. Dadurch hätten die Konkurrenten gleiche Startbedingungen bei der Entwicklung von Anwenderprogrammen erhalten.

Zugunsten von Microsoft wurde vorgebracht, daß der Vergleich eine angemessene Balance zwischen dem Innovations- und dem Wettbewerbsinteresse darstellte. Die Vertreter dieses Standpunkts argumentierten, daß die marktbeherrschende Stellung von Microsoft einerseits ein Ergebnis wettbewerbsfähiger Preise sei - Microsoft hatte die Betriebssysteme zuletzt unter 100 $ verkauft - und andererseits die Folge seiner Innovationsfreudigkeit, denn die Programme wurden ständig um neue Funktionen erweitert.

Quelle: New York Times, 18. Juli 1994, S. D1-4.

Die Folgen von wettbewerbsbeschränkenden Verhaltensweisen

Oft rechtfertigen Unternehmungen ihre wettbewerbsbeschränkenden Verhaltensweisen damit, daß sie ausschließlich eine Verbesserung der wirtschaftlichen Effizienz bezweckten. Sie argumentieren, daß Alleinverkaufsrechte den Händlern einen größeren Anreiz geben, ihr Territorium zu pflegen. Nach der gleichen Logik geben Ausschließlichkeitsbindungen den Händlern einen Anreiz, ihre Aufmerksamkeit auf die Produkte eines Herstellers zu konzentrieren.

Entgegen diesen Behauptungen bewirken wettbewerbsbeschränkende Verhaltensweisen oft eine Verringerung der Effizienz. Alleinverkaufsrechte für Bier machen es zum Beispiel sehr großen Händlern mit Läden in vielen verschiedenen Absatzgebieten unmöglich, ein zentrales Lager einzurichten und die Verteilung an die einzelnen Läden kostengünstiger zu gestalten.

Unabhängig davon, ob sie effizienzsteigernd oder effizienzmindernd sind, können wettbewerbsbeschränkende Verhaltensweisen zu höheren Preisen führen, indem sie den Konkurrenzdruck vermindern.

Einige dieser Praktiken bewirken eine Kostenerhöhung oder eine anderweitige Behinderung der Konkurrenzfirmen. In den achtziger Jahren haben mehrere große Fluglinien Computerbuchungssysteme entwickelt, die sie zu sehr attraktiven Preisen an Reisebüros verkauft haben. Wenn das Hauptziel dieser Systeme der Dienst am Kunden gewesen wäre, dann hätte man sie so gestaltet, daß sie alle Flüge aufgelistet hätten, deren Abflugzeit den Fahrgastwünschen entsprach. Statt dessen bot jede Fluglinie nur für ihre eigenen Flüge einen schnellen Überblick; die Flüge anderer Fluglinien konnten die Mitarbeiter des Reisebüros nur durch zusätzliche Arbeit herausfinden. Die Fluglinien profitierten von diesen Buchungssystemen, nicht weil sie den Konsumentenwünschen am besten entsprochen hätten, sondern weil sie die Konkurrenten benachteiligten und damit die Wirksamkeit des Wettbewerbs reduzierten.

Ausschließlichkeitsbindungen zwischen Herstellern und Händlern sind ein anderes Beispiel dafür, wie eine Firma aus dem Schaden für die Konkurrenz Profit schlagen kann. Der Vertrag kann einen konkurrierenden Hersteller zwingen, unter großen Kosten ein eigenes Vermarktungssystem aufzubauen. Der etablierte Händler wäre vielleicht in der Lage gewesen, zu relativ niedrigen zusätzlichen Kosten auch das zweite Produkt mitzuverteilen. Die Ausschließlichkeitsbindung erhöht die Gesamtkosten für die Verteilung der Produkte. Gerichte haben die Legalität dieser und ähnlicher Praktiken unterschiedlich beurteilt. In einigen Fällen wurden sie als illegal verurteilt, weil sie den Wettbewerb reduzierten, in anderen Fällen wurden sie erlaubt, weil das Gericht davon überzeugt werden konnte, daß es sich um vernünftige Geschäftspraktiken handelte.

15.4 Die vielen Dimensionen des Wettbewerbs zwischen Oligopolisten

Im Modell der vollkommenen Konkurrenz, das wir in Teil Zwei behandelt haben, ist ganz klar, worin der Wettbewerb besteht. Die Unternehmungen arbeiten an der Senkung ihrer Produktionskosten. Zum herrschenden Marktpreis können sie so viel verkaufen, wie sie wollen. Sie brauchen sich keine Gedanken zu machen über schlaue Marketingstrategien, neue Produkte und Werbefeldzüge: Aber diese und viele andere Entscheidungen sind der Kriegsschauplatz, auf dem sich der Wettbewerb zwischen Oligopolisten abspielt. Dieser Wettbewerb ist unerbittlich, und die Firmen versuchen ständig, die Konkurrenten zu überlisten und ihre Reaktionen vorherzusehen. Das ganze ist wie ein Spiel mit ungeschriebenen Regeln, die noch dazu nicht einmal völlig klar sind. American Airlines hat vielleicht gedacht, daß ein Vielfliegerprogramm der Firma einen Vorsprung verschaffen würde, und Delta Airlines mag bei der Einführung seines Meilenrabatts das gleiche gedacht haben. Aber einige der konkurrierenden Fluggesellschaften hatten mehr ungenutzte Kapazität als American und Delta. Da es diesen Firmen weniger Kosten verursacht hat, Freiflüge zu verschenken, konnten sie sogar noch attraktivere Programme anbieten. Am Ende hatten American und Delta keinen wirklichen Vorteil gewonnen.

15.5 Preis- und Mengenwettbewerb

Selbst wenn es wie in unserer bisherigen Analyse nur um die Bestimmung von Preisen und Produktionsmengen geht, sind die Entscheidungen eines Oligopolisten noch recht komplex. Einerseits ist die Unternehmung im Oligopol in einer ähnlichen Lage wie bei monopolistischer Konkurrenz. Sie steht einer abwärts geneigten Nachfragekurve gegenüber, die ihre Vorstellungen darüber zusammenfaßt, welche Mengen sie zu jedem Preis verkaufen kann, bzw. welche Preise sie erzielen kann, wenn sie versucht, bestimmte Mengen abzusetzen. Der Oligopolist wählt denjenigen Punkt auf der Nachfragekurve, bei dem sein Gewinn maximiert wird. Er setzt in anderen Worten Grenzerlös und Grenzkosten gleich. Diese Darstellung ist zwar richtig, verdeckt aber alle realen Schwierigkeiten der Oligopolanalyse. Wieviel ein Oligopolist zu einem bestimmten Preis verkaufen kann, oder welchen Marktpreis er für eine bestimmte Produktionsmenge erzielen kann, hängt vom Verhalten seiner Konkurrenten ab.

In der Oligopoltheorie trifft man verschiedene Annahmen darüber, welche Verhaltensweisen der Konkurrenten jede Firma erwartet.

Cournot-Wettbewerb

Möglicherweise glaubt ein Oligopolist, daß seine Konkurrenten eine bestimmte Menge produzieren und verkaufen, und daß sie von dieser Menge nicht abweichen werden, unabhängig davon, welches Produktionsniveau er selbst wählt. Wenn die Firma ihre Produktionsmenge erhöht, erwartet sie, daß ihre Konkurrenten die Preise senken, bis sie die gewohnte Absatzmenge realisieren können. Ein Wettbewerb, bei dem ein Oligopolist davon ausgeht, daß die Outputmenge seiner Konkurrenten unveränderlich ist, wird Cournot-Wettbewerb genannt, nach Augustin Cournot, einem französischen Wirtschaftswissenschaftler und Ingenieur, der diese Situation 1838 als erster analysiert hat. Industriezweige wie Aluminium oder Stahl, bei denen die Maschinen den größten Teil der Produktionskosten ausmachen, während die variablen Kosten eine relativ geringe Rolle spielen, werden oft als Beispiele für den Cournot-Wettbewerb genannt. Neue Produktionsanlagen hinzuzufügen ist teuer und die bestehenden Anlagen nicht auszulasten erspart der Firma relativ wenig Geld. Damit ist der Output zumindest kurzfristig durch die Kapazität der bestehenden Produktionsanlagen bestimmt.

Bertrand-Wettbewerb

Beim Cournot-Wettbewerb maximiert jede Unternehmung ihren Gewinn, indem sie die richtige Produktionsmenge wählt. Bei ihren Überlegungen geht sie davon aus, daß das Outputniveau der Konkurrenten unveränderlich ist. Wie wir gesehen haben, ist diese Annahme sinnvoll für Industriezweige, bei denen eine Veränderung der Produktionskapazität Zeit beansprucht und bei denen die Kapitalkosten den größten Anteil an den gesamten Produktionskosten haben. In vielen Branchen ist es jedoch einfach, die Kapazität zu erhöhen. Ein Taxiunternehmen in einer Großstadt kann leicht ein neues Auto kaufen und neue Fahrer anwerben. Eine Fluggesellschaft mag zwar einige Zeit brauchen, um die Gesamtzahl ihrer einsatzbereiten Flugzeuge zu erhöhen, aber sie kann sehr schnell dafür sorgen, daß mehr

Flugzeuge die Strecke zwischen Chicago und New York bedienen. Bei Firmen in solchen Branchen kann man sich vorstellen, daß sie einen Preis setzen und ihren Output so anpassen, daß sie die Nachfrage, die zu diesem Preis entsteht, befriedigen können. Sie wählen den Preis so, daß ihr Gewinn maximiert wird, gegeben ihre Vorstellungen über das Verhalten der Konkurrenten. Eine häufige Annahme ist die, daß die Preise der Konkurrenten unveränderlich sind. Oligopole, bei denen jede Firma ihren gewinnmaximalen Preis wählt unter der Voraussetzung, daß die Preise der Konkurrenten unveränderlich sind, sind durch Betrand-Wettbewerb charakterisiert, so genannt nach dem französischen Wirtschaftswissenschaftler Joseph Bertrand, der 1883 diese Form des Wettbewerbs als erster analysiert hat.

Wenn die Konkurrenten ihre Preise unverändert lassen, kann ein Oligopolist durch eine Preissenkung viele Kunden anlocken. Solange jedoch die Produkte zweier Konkurrenten unvollkommene Substitute sind (aus irgendeinem der Gründe, die wir in Kapitel 14 diskutiert haben), kann eine Firma durch eine Preissenkung nicht *alle* Kunden an sich ziehen.

Geknickte Nachfragekurven

Drittens kann ein Oligopolist auch annehmen, daß seine Konkurrenten zwar bei Preissenkungen nachziehen, daß sie aber auf Preiserhöhungen nicht reagieren werden. In dieser Situation muß der Oligopolist davon ausgehen, daß er nicht viel Umsatz gewinnen wird, wenn er seinen Preis senkt, denn die Konkurrenten werden die Preissenkung mitmachen. Andererseits wird er beträchtliche Umsatzverluste erleiden, wenn er seinen Preis erhöht, denn er wird von den Konkurrenten, die ihre Preise unverändert lassen, unterboten werden. Die Nachfragekurve, der ein solcher Oligopolist gegenübersteht, hat einen Knick wie in Abbildung 15.2. Unterhalb des aktuellen Preises, p_1, ist die Kurve sehr steil, was die Tatsache ausdrückt, daß durch Preissenkungen nur wenig Umsatz gewonnen werden kann. Oberhalb von p_1 ist die Kurve relativ flach, und zeigt, daß die Firma viele Kunden an die Konkurrenten verliert, denn diese weigern sich, Preiserhöhungen mitzumachen. Die Zeichnung zeigt auch die Grenzerlöskurve, die bei der aktuellen Produktionsmenge einen Sprung hat. Stellen wir uns vor, was geschieht, wenn die Firma den Output um eine Einheit erhöhen möchte. Sie muß ihren Preis deutlich verringern, denn die Konkurrenten ziehen bei jeder Preissenkung mit. Ihr Grenzerlös ist entsprechend gering. Wenn die Firma dagegen erwägt, die Produktion um eine Einheit zu verringern, braucht sie ihren Preis nur geringfügig erhöhen, da die Konkurrenten ihre Preise unverändert lassen werden. Die Erlösminderung durch die Verringerung des Outputs um eine Einheit ist also wesentlich größer als der zusätzliche Erlös durch die Vergrößerung des Outputs um eine Einheit. Bei einer flachen Nachfragekurve sind Preis und Grenzerlös nicht weit voneinander entfernt.

Der Sprung in der Grenzerlöskurve bedeutet, daß bei dem entsprechenden Output, Q_1, der Erlösrückgang durch die Einschränkung der Produktion viel größer ist als der Erlöszuwachs durch die Ausweitung der Produktion. Daraus ergibt sich eine wichtige Konsequenz. Geringfügige Veränderungen der Grenzkosten, zum Beispiel von GK_1 auf GK_2, haben keine Auswirkungen auf Output und Preis. Firmen, die glauben einer geknickten Nachfragekurve gegenüberzustehen, haben also einen guten Grund, mit Preisänderungen zurückhaltend zu sein.

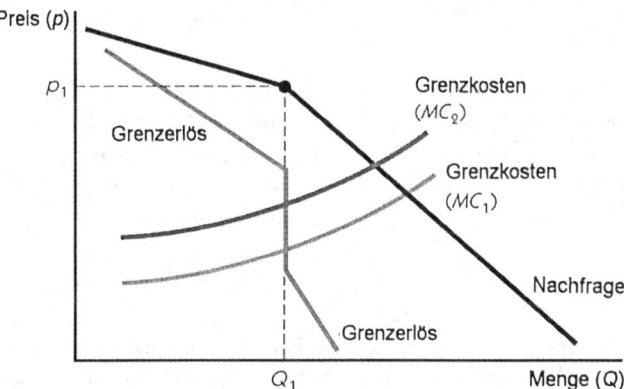

Abbildung 15.2 Eine geknickte Nachfragekurve. Die Nachfragekurve des Oligopolisten ist oberhalb des aktuellen Preises (p_1) relativ flach und zeigt, daß der Oligopolist große Absatzeinbußen hinnehmen muß, wenn er seinen Preis erhöht, ohne daß die Konkurrenten mitziehen. Unterhalb des aktuellen Preises ist die Nachfragekurve jedoch relativ steil und drückt damit aus, daß der Oligopolist durch eine Preissenkung nicht viel Umsatz gewinnen kann, da die Konkurrenten ihren Preis ebenfalls senken werden. Der große Sprung in der Grenzerlöskurve hat zur Folge, daß eine Firma auch bei einer Verschiebung der Grenzkostenkurve unter Umständen Preis und Output nicht verändern wird.

15.6 Die Bedeutung des unvollkommenen Wettbewerbs

Viele typische Erscheinungen einer modernen Wirtschaft - vom Vielfliegerbonus bis hin zu der Ankündigung, stets mit dem billigsten Konkurrenzangebot gleichzuziehen, von den Markennamen bis zu den jährlichen Werbeausgaben in Milliardenhöhe - können durch das Wettbewerbsmodell nicht nur nicht erklärt werden, sondern stehen dazu sogar in Widerspruch. Diese Phänomene spiegeln die Unvollkommenheit des Wettbewerbs wider, die in weiten Teilen der Wirtschaft eine große Rolle spielt. Viele Wirtschaftswissenschaftler stimmen darin überein, daß die Extremfälle des Monopols (wo keinerlei Wettbewerb herrscht) und der vollständigen Konkurrenz (wo die einzelne Firma keinerlei Einfluß auf die Marktpreise hat)

selten sind und daß die meisten Märkte durch unvollständigen Wettbewerb gekennzeichnet sind. Allerdings gibt es Meinungsverschiedenheiten darüber, wie
weit die Vorhersagen des Modells der vollständigen Konkurrenz von der Realität
entfernt sind. Die Befürworter des Modells behaupten, daß es in vielen, wenn nicht
in den meisten Situationen eine gute Näherung darstellt. Dennoch gibt es einen
breiten Konsens darüber, daß verschiedene Phänomene und Märkte nur aufgrund
von Wettbewerbsbeschränkungen verstanden werden können. Unvollständiger
Wettbewerb ist der Gegenstand unseres achten Konsenspunkts.

8 Unvollkommener Wettbewerb

*Auf vielen Märkten herrscht unvollkommener Wettbewerb. Auf solchen Märk-
ten ist sich jede Firma bewußt, daß ihre Absatzmenge und andere Marketin-
gaktivitäten möglicherweise den Preis beeinflussen, den sie erzielen kann. In
vielen Fällen müssen die Unternehmungen strategisch denken und die Reaktionen ihrer Konkurrenten in ihre Entscheidungen miteinbeziehen.*

Zusammenfassung

1. Oligopolisten müssen wählen, ob sie ihren Gewinn durch Zusammenarbeit mit ihren
   Konkurrenten erhöhen wollen, oder durch Wettbewerb. Sie müssen sich darüber klar
   werden, wie ihre Konkurrenten auf jede ihrer Aktivitäten reagieren werden.

2. Eine explizite und offene Vereinbarung über die Zusammenarbeit in einer Gruppe von
   Firmen wird als Kartell bezeichnet. Einerseits können die Gewinne aus solchen Absprachen recht hoch sein. Andererseits ist die Wirksamkeit von Kartellen begrenzt
   durch den Anreiz zum Verstoß gegen die gemeinsame Vereinbarung, durch die Schwierigkeiten der Vertragsdurchsetzung, durch die Koordinationsprobleme, die immer dann
   auftauchen, wenn es notwendig wird, auf Veränderungen der wirtschaftlichen Situation
   zu reagieren, und durch neue Anbieter, die von den Kartellgewinnen angezogen werden. Obwohl Kartelle nach dem US-amerikanischen Wettbewerbsrecht verboten sind,
   finden die Unternehmungen immer wieder Möglichkeiten der stillschweigenden Zusammenarbeit, zum Beispiel, indem sie einem Preisführer folgen, oder durch Konkur-
   renzpreisklauseln.

3. Wenn die Bedrohung durch die potentielle Konkurrenz genügt, um die Unternehmungen dazu zu veranlassen, daß sie Preis und Menge so setzen wie auf einem Wettbewerbsmarkt, dann spricht man von einem Markt ohne Zutrittsschranken.

4. Selbst wenn sie nicht explizit zusammenarbeiten, versuchen Unternehmungen, den
   Wettbewerb zu beschränken durch Alleinverkaufsrechte, Ausschließlichkeitsbindungen, Koppelungsverträge und Preisbindung der zweiten Hand. In manchen Fällen können Firmen ihren Gewinn steigern, indem sie den Konkurrenten erhöhte Kosten aufbürden und damit ihre Wettbewerbsfähigkeit beeinträchtigen.

5. Beim Cournot-Wettbewerb wählt ein Oligopolist seine Produktionsmenge unter der
   Annahme, daß die Outputniveaus der Konkurrenten unveränderlich sind.

6. Im Bertrand-Wettbewerb setzt jede Firma den Preis ihres Produkts unter der Annahme, daß die Konkurrenten ihre Preise nicht verändern.

7. Wenn die Konkurrenten eines Oligopolisten bei Preissenkungen grundsätzlich mitziehen und auf Preiserhöhungen grundsätzlich nicht reagieren, dann steht dieser Oligopolist einer geknickten Nachfragekurve gegenüber. Bei einer geknickten Nachfragekurve hat die Grenzerlöskurve einen Sprung. Das bedeutet, daß die Firma bei geringfügigen Kostenveränderungen Preis und Produktionsmenge oft unverändert läßt.

Schlüsselbegriffe

Kartell	Bertrand-Wettbewerb	Antitrust-Gesetze
potentielle Konkurrenz	Cournot-Wettbewerb	Gefangenendilemma
geknickte Nachfragekurve	bestreitbare Märkte	

Wiederholungsfragen

1. Warum ist die Analyse des Oligopols schwieriger als die des Monopols, der vollkommenen Konkurrenz oder der monopolistischen Konkurrenz?

2. Was sind die Vorteile eines Kartells? Warum hat jedes Kartellmitglied einen Anreiz, die Vereinbarungen zu unterlaufen und seine Produktionsmenge zu erhöhen? Beschreiben Sie das „Gefangenendilemma" und erläutern Sie, was es mit dem Problem des Verstoßes gegen die Kartellvereinbarungen zu tun hat. Mit welchen anderen Problemen sind Kartelle konfrontiert?

3. Beschreiben Sie einige Möglichkeiten, wie Unternehmungen stillschweigend zusammenarbeiten können, wenn explizite Vereinbarungen gesetzlich verboten sind.

4. Was versteht man unter einem Markt ohne Zutrittsschranken?

5. Nennen und definieren Sie drei wettbewerbsbeschränkende Verhaltensweisen.

6. Beschreiben Sie die verschiedenen Formen des Wettbewerbs zwischen Oligopolisten mit Hilfe der *Erwartungen* über die Reaktionen der Konkurrenten. Für welche Situationen sind diese Wettbewerbsformen jeweils realistisch?

7. Welche Erwartungen über das Verhalten seiner Konkurrenten muß ein Oligopolist haben, wenn er glaubt, einer geknickten Nachfragekurve gegenüberzustehen? Warum verändert eine Firma, die mit einer geknickten Nachfragekurve konfrontiert ist, ihren Preis auch dann nicht, wenn sich die Kosten ändern?

Aufgaben

1. Erklären Sie, warum in einem Kartell jedes Mitglied einen Anreiz hat, gegen die gemeinsame Vereinbarung zu verstoßen. Inwiefern unterstützt diese Tatsache die Wirksamkeit gesetzlicher Kartellverbote?

2. Warum können Vereinbarungen zwischen Unternehmungen über den Austausch von Forschungsergebnissen, über gemeinsame Umweltschutzmaßnahmen oder gegenseitige

Hilfe bei Lieferengpässen letztendlich die Zusammenarbeit zum Zweck von Produktionsbeschränkung und Preiserhöhung erleichtern?

3. Erläutern Sie, inwiefern jede der folgenden Verhaltensweisen dazu dienen kann, potentielle Konkurrenten vom Marktzutritt abzuschrecken:
    a) die Schaffung von Überschußkapazitäten;
    b) das Versprechen, unter allen Konkurrenten stets den günstigsten Preis zu bieten;
    c) ein Verkaufspreis, der unter demjenigen Preis liegt, bei dem Grenzerlös und Grenzkosten übereinstimmen (Hinweis: Nehmen Sie an, daß die potentiellen Konkurrenten über die Grenzkosten der etablierten Firma unsicher sind. Warum würden sie vom Marktzutritt abgeschreckt werden, wenn sie glauben, daß die etablierte Firma niedrige Grenzkosten hat? Warum könnten sie von einem niedrigen Preis auf niedrige Grenzkosten schließen?);
    d) Rabattangebote an Kunden, die sich langfristig an die Firma binden.

4. Erklären Sie, warum Vielfliegerprogramme (bei denen Fluggesellschaften für jede zurückgelegte Meile Punkte vergeben, die dann in Preisvergünstigungen umgetauscht werden können) den Wettbewerb zwischen den Fluggesellschaften verringern könnten. Versetzen Sie sich in die Rolle eines Beraters einer Fluggesellschaft in der Zeit, als es noch keine Vielfliegerprogramme gab. Hätten Sie die Einführung eines solchen Programms empfohlen? Von welcher *Annahme* über die Reaktionen anderer Fluggesellschaften wären Sie ausgegangen? Inwiefern hätte diese Annahme ihre Einschätzung beeinflußt?

5. Der Firma Nintendo ist mehrmals vorgeworfen worden, daß sie versucht, ihre Konkurrenten vom Markt zu verdrängen. Bei diesen Beschuldigungen ging es unter anderem darum, daß Nintendo (a) den Spielentwicklern nicht erlaubt, Spiele auch für andere Firmen herzustellen, und (b) Läden, die Nintendo-Spiele verkaufen, dafür bestraft, wenn sie auch Spiele konkurrierender Firmen führen, zum Beispiel indem sie, besonders in Zeiten von Lieferengpässen, ihre Bestellungen zurückstellt. Warum kann Nintendo durch diese Verhaltensweisen seinen Gewinn erhöhen?

6. In einigen Branchen gibt es einen großen, sehr effizienten Anbieter und viele kleinere, die weniger effizient produzieren. Beschreiben Sie das Gleichgewicht auf diesem Markt. Wie hängt es vom Niveau der Nachfrage ab? Wie verändern sich Preis und Gewinn, wenn die große Firma weitere Kosteneinsparungen realisiert

7. Stellen Sie sich zwei Oligopolisten vor, die vor der Wahl stehen, „viel" oder „wenig" zu produzieren. Die Matrix enthält ihre Gewinne in Abhängigkeit von ihren Entscheidungen über die Produktionsmenge.

	A produziert viel	**A produziert wenig**
B produziert viel	A: 2 Mio. $ B: 2 Mio. $.	A: 1 Mio. $ B: 5 Mio. $
B produziert wenig	A: 5 Mio. $ B: 1 Mio. $	A: 4 Mio. $ B: 4 Mio. $

Aufgrund welcher Logik wird die Firma B zu dem Schluß kommen, daß es sinnvoll ist „viel" zu produzieren, unabhängig davon, wie Firma A sich verhält? Zu welcher Entscheidung wird die Firma A kommen? Inwiefern könnten beide Firmen in diesem Fall durch Zusammenarbeit gewinnen?

8. Beschreiben Sie mit Hilfe des Gefangenendilemmas, was in den folgenden beiden Situationen geschieht:

a) Auf dem Zigarettenmarkt gibt es zwei Anbieter, Benson & Hedges und Marlboro. Wenn nur Benson & Hedges Werbung macht, kann die Firma Kunden von Marlboro abwerben. Wenn nur die Firma Marlboro Werbung betreibt, wird sie auf Kosten von Benson & Hedges Kunden anlocken. Werben Sie jedoch beide, so bleibt ihr Kundenstamm erhalten. Sind die beiden Konkurrenten ernsthaft unglücklich, wenn der Staat die Zigarettenwerbung verbietet? Tatsächlich haben sich beide Firmen über entsprechende Gesetzesvorlagen bitter beschwert, auch als es um die gezielte Werbung für Kinder ging. Warum?

b) Betrachten wir zwei Filmproduzenten, Fuji und Kodak. Die Konsumenten wünschen einen Film, der Farben gut wiedergibt und nicht körnig ist. Angenommen, ihre Produkte waren ursprünglich von vergleichbarer Qualität. Wenn eine der beiden Firmen Forschung und Entwicklung betreibt und ihr Produkt damit verbessert, nimmt sie der anderen Kunden weg. Forschen beide und entwickeln vergleichbare Produkte, so bleiben die Marktanteile unverändert. Die Matrix zeigt die hypothetischen Auszahlungen. Dabei sind die Kosten für Forschung und Entwicklung berücksichtigt.

	Kodak forscht nicht	**Kodak forscht**
Fuji forscht nicht	Kodak: 100 Mio. $ Fuji: 100 Mio. $.	Kodak: 150 Mio. $ Fuji: 0 Mio. $
Fuji forscht	Kodak: 0 Mio. $ Fuji: 150 Mio. $	Kodak: 80 Mio. $ Fuji: 80 Mio. $

Erläutern Sie, warum beide Firmen forschen werden, obwohl ihre Gewinne dadurch niedriger ausfallen. Könnte das Ergebnis trotz der niedrigeren Gewinne gesellschaftlich wünschenswert sein?

9. 1990 hat der Irak Kuwait besetzt und einen großen Teil seiner Ölfelder zerstört. Nachdem der Irak den Krieg verloren hatte, wurde das Land praktisch vom Ölmarkt ausgeschlossen und daran gehindert, sein Öl zu verkaufen. Angenommen Kuwait und Irak hatten besonders niedrige Produktionskosten. Welche Wirkung hat dieser Produktionsausfall auf die internationalen Ölpreise, wenn die OPEC sich so verhält, daß der gemeinsame Kartellgewinn maximiert wird? 1996 wurde erwogen, dem Irak den Verkauf einer begrenzten Menge von Öl zu erlauben. Welche Reaktion der OPEC würde man daraufhin erwarten?

10. Erklären Sie, wie Alleinverkaufsrechte, Ausschließlichkeitsbindungen, Koppelungsverträge und Preisbindung der zweiten Hand den Gewinn eines Oligopolisten erhöhen

können. Mit welchen Argumenten könnte eine Firma behaupten, daß diese Verhaltens-weisen die Effizienz fördern?

Anhang: Das Marktgleichgewicht im Oligopol

In diesem Anhang untersuchen wir genauer, wie sich Firmen auf einem Oligopol-markt verhalten und welches Gleichgewicht sich aus ihren Interaktionen ergibt.

Cournot-Wettbewerb

Im Oligopolmodell von Cournot geht jede Firma davon aus, daß die Produktions-menge ihrer Konkurrenten konstant ist. Der Einfachheit halber betrachten wir den Fall eines Duopols, also eines Marktes mit nur zwei Anbietern, wie er in Abbil-dung 15.3 dargestellt ist.

Die Nachfragekurve eines Duopolisten ist in diesem Fall einfach die Marktnach-fragekurve, die um die Produktionsmenge des Konkurrenten nach links verschoben ist.[3] Ausgehend von dieser Nachfragekurve können wir die Grenzerlöskurve ein-zeichnen. Die Firma produziert diejenige Menge, bei der Grenzerlös und Grenzko-sten übereinstimmen.

Normalerweise ist der Gleichgewichtsoutput im Cournot-Modell geringer als bei vollkommener Konkurrenz aber größer als im Monopol. Erinnern wir uns daran, daß jede Firma im Gewinnmaximum Grenzkosten und Grenzerlös gleichsetzt. Bei vollkommener Konkurrenz entspricht der Grenzerlös einfach dem Preis. Beim Monopol ist der Grenzerlös niedriger als der Preis, und zwar wegen der Preissen-kung für die gesamte bisher verkaufte Menge. Das gleiche gilt für den Cournot-Wettbewerb. Der Output muß also geringer sein als bei vollkommener Konkur-renz. Wenn es aber zwei identische Firmen gibt, produziert jede nur die Hälfte des gesamten Outputs. Die Erlöseinbuße, die eine der beiden Firmen durch einen Preisrückgang erleidet, ist also geringer als im Monopol. Ein Teil der Einbuße wird ja von der Konkurrenzfirma getragen, die der Cournot-Annahme zufolge ih-ren Output beibehält. Der Grenzerlös liegt also näher beim Preis als im Monopol. Da im Cournot-Modell der Grenzerlös bei jeder Produktionsmenge höher ist als im Monopol, ist auch der Output im Gleichgewicht höher.

---

[3] Diese Nachfragekurve wird manchmal auch residuale Nachfragekurve oder Restnachfra-gekurve genannt.

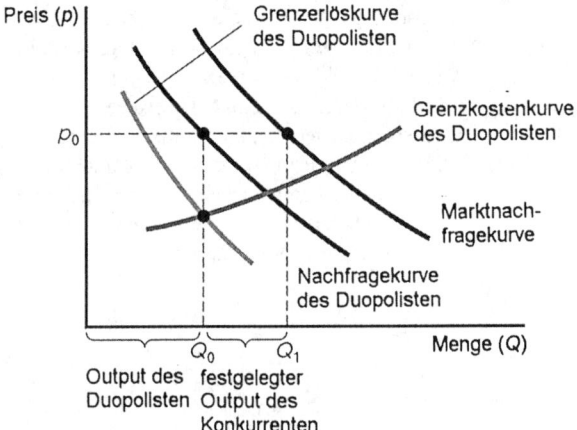

Abbildung 15.3 Cournot-Wettbewerb in einem Duopol. Im Cournot-Modell verläuft die Nachfragekurve des Duopolisten parallel zur Marktnachfragekurve. Der Abstand zwischen beiden Kurven ist die Produktionsmenge, auf die sich die Konkurrenzfirma festgelegt hat. Bei gegebener Nachfragekurve maximiert der Duopolist seinen Gewinn, indem er wie üblich Grenzkosten und Grenzerlös gleichsetzt.

Um das Gleichgewicht zu beschreiben, müssen wir die Interaktion der beiden Unternehmungen betrachten. Das zentrale Instrument dieser Analyse ist die **Reaktionsfunktion**, die für jedes Outputniveau der einen Firma das Outputniveau der anderen Firma angibt. Sie zeigt, in anderen Worten, die Reaktion einer Firma auf die Handlungen der anderen. Nehmen wir zum Beispiel die Aluminiumindustrie in der Zeit nach dem Zweiten Weltkrieg; die beiden größten Firmen waren Alcoa und Reynolds. Die Reaktionsfunktion für Alcoa wird in Abbildung 15.4a dargestellt. Sie ist negativ geneigt.

Um das zu verstehen, müssen wir uns daran erinnern, wie jeder Oligopolist im Cournot-Modell seine Produktionsentscheidungen trifft. Er setzt Grenzerlös und Grenzkosten gleich wie in Teil B der Abbildung. Wenn Reynolds die Produktion erhöht, geht die Nachfrage für Alcoa bei jedem Preis zurück. Wenn Alcoa die gleiche Menge absetzen möchte, wie bisher, muß die Firma ihren Preis senken. Die Abbildung zeigt die neuen Nachfrage- und Grenzerlöskurven; sie liegen links von den entsprechenden Kurven, die vor der Outputerhöhung bei Reynolds gegolten haben. Also ist auch die optimale Outputmenge niedriger: Wenn Reynolds die Produktionsmenge erhöht, nimmt Alcoa sie zurück.

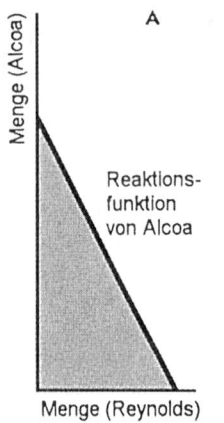

Abbildung 15.4 Die Reaktionsfunktion. Die Reaktionsfunktion in Bild A zeigt die Produktionsmenge von Alcoa in Abhängigkeit vom Output bei Reynolds. Man beachte, daß der Output bei Alcoa um so geringer wird, je mehr Reynolds produziert. Der Grund wird in Teil B deutlich. Ein Anstieg der Produktionsmenge der Konkurrenzfirma verschiebt die Nachfragekurve einer Unternehmung nach links. Damit verschiebt sich auch die Grenzerlöskurve nach links, und infolge dessen geht der Output zurück.

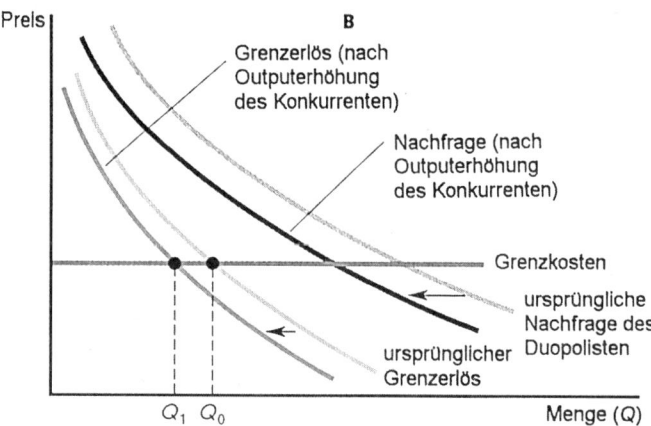

Die gleiche Argumentation können wir auf die Firma Reynolds anwenden. Die Reaktionskurve in Abbildung 15.5 zeigt zu jedem Outputniveau von Alcoa (gemessen an der vertikalen Achse) das Outputniveau von Reynolds gemessen an der horizontalen Achse). Das Marktgleichgewicht ist der Schnittpunkt der beiden Reaktionsfunktionen, der Punkt *E*. Der Schnittpunkt der Reaktionsfunktionen ist ein Gleichgewicht, weil bei gegebenen Vorstellungen über die Reaktion des Konkurrenten keine Firma ihr Marktverhalten ändern will. Kurz: Es gibt keinen Veränderungsdruck. Den Gleichgewichtspreis kann man auf der Marktnachfragekurve für Aluminium ablesen, und zwar bei derjenigen Menge, die der Summe der Produktionsmengen von Alcoa und Reynolds entspricht.

Abbildung 15.5 Marktgleichgewicht bei Cournot-Wettbewerb. Jede Unternehmung maximiert ihren Gewinn unter der Annahme, daß der Output der anderen Firma unveränderlich bleiben wird. Gleichgewicht herrscht im Schnittpunkt der beiden Reaktionskurven. In diesem Punkt hat keine der beiden Firmen einen Anlaß, ihre Produktionsmenge zu verändern.

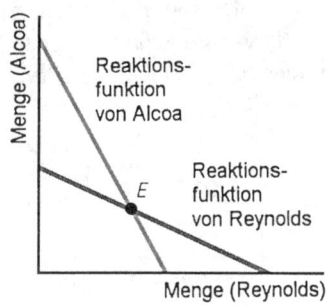

Bertrand-Wettbewerb

In Abbildung 15.6 benutzen wir Reaktionsfunktionen, um das Marktgleichgewicht in einem Bertrand-Duopol zu beschreiben. Im Bertrand-Modell nimmt jeder Duopolist an, daß die Konkurrenzfirma ihren Preis nicht verändert. Stellen wir uns zum Beispiel zwei Matratzenhersteller vor, Superschlaf und Himmelsruhe, deren Produkte unvollkommene Substitute sind. In diesem Fall zeigen die Reaktionsfunktionen zu jedem Preis der einen Firma den Preis, den die andere Firma verlangt. Wenn die Firma Superschlaf ihren Preis erhöht, wird Himmelsruhe es optimal finden, den Preis ebenfalls zu erhöhen. Deshalb haben die Reaktionsfunktionen eine positive Steigung. Das Gleichgewicht liegt im Punkt *E*.

Im Bertrand-Modell stellen die Firmen sich ihre Nachfragekurven elastischer vor als im Cournot-Modell. Das kann man leicht sehen, wenn man sich den Extremfall vorstellt, daß die Produkte der beiden verschiedenen Firmen vollkommene Substitute sind. Wenn in diesem Fall eine Firma einen geringfügig niedrigeren Preis verlangt als die Konkurrenz kann sie den gesamten Markt für sich gewinnen; wenn sie einen geringfügig höheren Preis verlangt, verliert sie ihren gesamten Umsatz. Jede Firma steht also einer horizontalen Nachfragekurve gegenüber. Das bedeutet, daß selbst in einem Duopol das Marktergebnis dem der vollkommenen Konkurrenz entspricht, wenn beide Unternehmungen glauben, daß die Konkurrenzfirma bei Preisänderungen nicht mitziehen wird, und wenn die beiden Produkte *vollkommene* Substitute sind.

Wir können diesen Wettbewerbsprozeß folgendermaßen betrachten. Angenommen, beide Firmen produzieren mit konstanten Grenz- und Durchschnittskosten. Da jede Unternehmung glaubt, die Konkurrenz werde von ihrem Preis nicht abrücken, solange er über den Grenzkosten liegt, geht jede davon aus, daß es lohnt, den Preis geringfügig zu senken. Ist ihre Annahme richtig, so kann sie damit den Gesamtmarkt für sich gewinnen. Aber die Konkurrenzfirma folgt der gleichen Logik

und geht mit ihrem Preis noch etwas mehr herunter. Der Prozeß setzt sich fort bis
der Preis so weit gefallen ist, daß kein Gewinn übrigbleibt. Bei einem Gewinn von
Null lohnt es sich nicht, den Preis noch weiter zu senken.

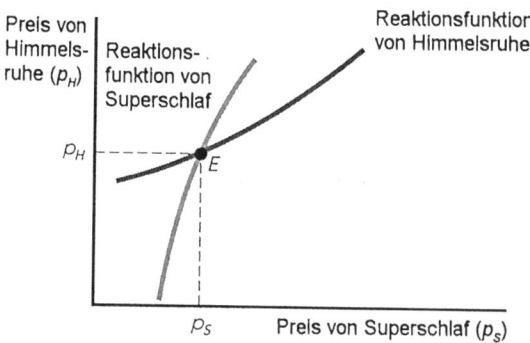

Abbildung 15.6 Marktgleichgewicht bei Bertrand-Wettbewerb. Das Gleichgewicht liegt
im Schnittpunkt der beiden Reaktionsfunktionen, die für jede Firma den gewinnmaximalen
Preis zeigen unter der Annahme, daß der Preis der anderen Firma unveränderlich ist. Wenn
eine Firma ihren Preis erhöht, steigt auch der gewinnmaximale Preis der anderen Firma, so
daß die Reaktionsfunktionen eine positive Steigung haben.

Im allgemeinen sind die Produkte zweier Duopolisten keine vollkommenen Substitute, so daß jede Firma mit einer abwärts geneigten Nachfragekurve konfrontiert
ist. Im Gleichgewicht liegt der Preis über den Grenzkosten. Der Output ist geringer
als bei vollkommener Konkurrenz, aber höher als bei Cournot-Wettbewerb.

Kapitel 16

Wettbewerbspolitik

Die meisten Amerikaner haben eine schlechte Meinung über Monopole. Sie werden mit ungerechten Einkommensunterschieden und undemokratischer Machtkonzentration assoziiert. Demgegenüber sind Wirtschaftswissenschaftler vor allem an der ökonomischen Effizienz interessiert. Aus politischen wie aus ökonomischen Gründen hat es sich der Staat zu seiner Aufgabe gemacht, den Wettbewerb zu fördern und den Mißbrauch von Marktmacht zu begrenzen. In diesem Kapitel rekapitulieren wir die ökonomischen Auswirkungen von Wettbewerbsbeschränkungen und untersuchen dann die Maßnahmen mit deren Hilfe der Staat versucht, die negativen Folgen von Wettbewerbsbeschränkungen zu mildern.

16.1 Die Nachteile von Monopolen und anderen Wettbewerbsbeschränkungen

Bei Monopolen und anderen Branchen mit unvollkommenem Wettbewerb sind hauptsächlich vier Arten von ökonomischen Ineffizienzen zu beobachten: eingeschränkte Produktion, nachlässiges Management, unzureichende Anstrengungen bei Forschung und Entwicklung, sowie die ständige Suche nach ökonomischen Renten. Diese Probleme sind im Zusammenhang mit Monopolen (auf die wir uns hier konzentrieren) am einfachsten zu sehen; sie treten aber auf allen Märkten mit unvollkommenem Wettbewerb auf.

Reduzierte Produktion

Wie Firmen auf Konkurrenzmärkten leben auch Monopolunternehmungen davon, daß sie die von den Konsumenten gewünschten Güter und Dienstleistungen produzieren und damit Gewinne machen. Monopolisten haben aber Möglichkeiten zur Gewinnerzielung, die Unternehmungen bei Wettbewerb nicht offenstehen. Eine Möglichkeit besteht darin, durch Produktionsbeschränkungen den Preis in die Höhe zu treiben (siehe Kapitel 14). Auf diese Weise können sie ihre Kunden übervorteilen. Indem die Kunden das Produkt des Monopolisten kaufen, zeigen sie, daß sie diese Situation einem Verzicht auf das Produkt vorziehen. Sie bezahlen aber mehr dafür, als in einer Situation mit Wettbewerb unter mehreren Anbietern.

Ein Monopolist, der Grenzerlös und Grenzkosten gleichsetzt, produziert eine geringere Menge als eine Vielzahl von Anbietern, die miteinander in Wettbewerb stehen, vorausgesetzt, die Nachfragekurve und die Kosten stimmen überein. Abbildung 16.1 zeigt, daß der Monopoloutput, Q_m, viel geringer ist als der Output bei Wettbewerb, Q_c, wo der Wettbewerbspreis, p_c, mit den Grenzkosten übereinstimmt. Der Monopolpreis, p_m, ist deutlich höher als p_c.

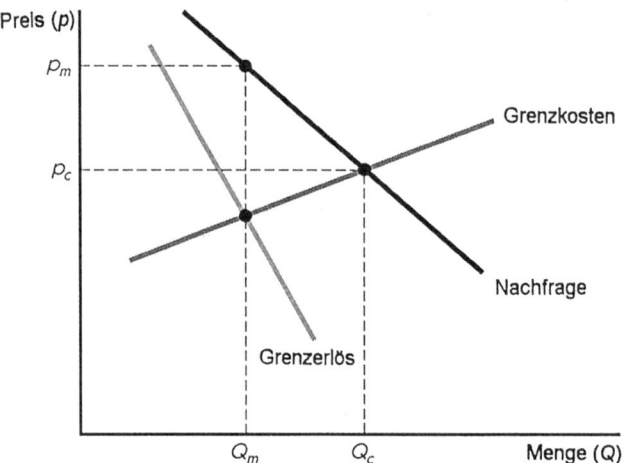

Abbildung 16.1 Der ineffiziente Output des Monopolisten. Bei vollkommenem Wettbewerb entspricht der Preis den Grenzkosten. Es wird der Output Q_c zum Preis p_c abgesetzt. Ein Monopolist produziert dagegen die Menge Q_m, bei welcher Grenzerlös und Grenzkosten übereinstimmen, und verkauft sie zum Preis p_m, der über den Grenzkosten liegt.

Der Preis eines Gutes mißt die Zahlungsbereitschaft des Käufers für eine zusätzliche Einheit des Gutes. Er mißt, in anderen Worten, den Grenznutzen des Gutes für den Konsumenten. Bei vollkommenem Wettbewerb entspricht der Preis den Grenzkosten, so daß im Gleichgewicht der Grenznutzen der letzten Einheit für den Konsumenten (der Preis) gerade den Grenzkosten der Produktion für die Unternehmung entspricht. Bei der niedrigeren Produktionsmenge des Monopolisten ist der Grenznutzen einer weiteren Einheit - also der Preis, den die Kunden dafür zu zahlen bereit wären - höher als die Grenzkosten.

Indem wir die Produktionsentscheidung eines Monopolisten mit dem aggregierten Output der Unternehmungen in einem Wettbewerbsmarkt vergleichen, können wir den gesellschaftlichen Verlust durch ein Monopol bewerten. Der Einfachheit halber haben wir in Abbildung 16.2 konstante Grenzkosten angenommen. Die Grenzkostenkurve entspricht also der horizontalen Linie beim Wettbewerbspreis p_c. Der Monopolist produziert den Output Q_m, bei dem Grenzkosten und Grenzerlös übereinstimmen, und stellt fest, daß er den Preis p_m verlangen kann, also denjenigen Preis, bei dem der Output Q_m nachgefragt wird.

Daraus ergeben sich zwei Arten von Verlusten, die beide mit dem eingeführten Konzept der Konsumentenrente zu tun haben, das in Kapitel 8 eingeführt worden ist. Dort haben wir gesehen, daß bei einem einheitlichen Marktpreis die negativ geneigte Nachfragekurve die für die meisten Konsumenten eine Prämie impliziert. Die Punkte links vom Schnittpunkt der Nachfragekurve mit der Preislinie bedeuten, daß die Menschen bereit wären, mehr für das Gut zu bezahlen als sie müssen. Bei vollkommenem Wettbewerb entspricht die Konsumentenrente in Abbildung 16.2 der gesamten schattierten Fläche zwischen der Nachfragekurve und der Linie beim Preis p_c.

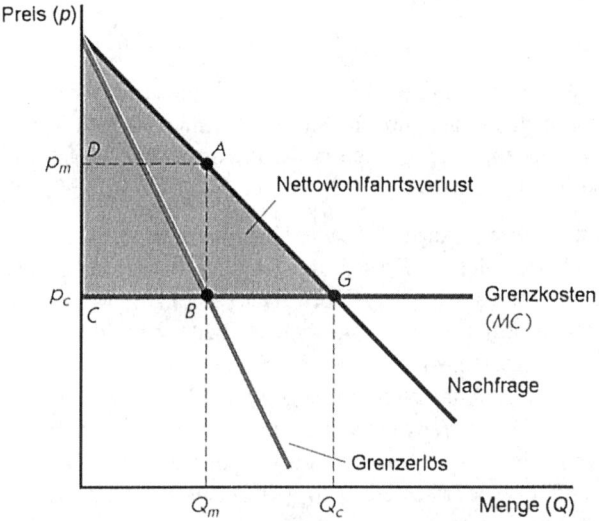

Abbildung 16.2 Die gesellschaftlichen Kosten des Monopols. Der höhere Monopolpreis schmälert die Konsumentenrente. Ein Teil dieses Verlusts (das Rechteck *ABCD*) ist einfach ein Einkommenstransfer von dem Konsumenten an den Monopolisten; der Rest (das Dreieck *ABG*) ist der Netto-Wohlfahrtsverlust durch das Monopol.

Der Monopolist beschneidet diese Konsumentenrente. Erstens verlangt er einen Preis, p_m, der über dem Wettbewerbspreis liegt. Dieser Verlust entspricht dem Preisunterschied multipliziert mit der tatsächlich produzierten und konsumierten Menge. Dieser Nachteil für die Konsumenten ist kein Verlust für die Gesellschaft insgesamt. Es ist vielmehr ein Einkommenstransfer, denn der höhere Preis ist letztendlich für den Monopolisten ein Erlös. Zweitens reduziert der Monopolist aber auch die produzierte Menge. Während auf einem Wettbewerbsmarkt die Menge Q_c angeboten werden würde, verkauft der Monopolist nur die geringere Menge Q_m. Dieser zweite Verlust betrifft die Gesellschaft insgesamt und wird **Netto-**

Wohlfahrtsverlust des Monopols genannt. Konsumentenrente rechts von Q_m, gemessen durch das Dreieck *ABG*, geht verloren, ohne daß daraus ein Gewinn für den Monopolisten entsteht.

Einige Wirtschaftswissenschaftler, wie zum Beispiel Arnold Harberger von der University of California in Los Angeles, haben argumentiert, daß diese Wohlfahrtskosten des Monopols relativ gering sind und vielleicht drei Prozent des Outputwerts eines Monopolisten ausmachen. Andere glauben, daß die Verluste durch die Outputbeschränkungen höher sind. Auf jeden Fall ist die Outputbeschränkung nur eine der Quellen von Ineffizienzen, die Monopole mit sich bringen.

Nachlässiges Management

In Kapitel 11 haben wir argumentiert, daß jede Unternehmung versucht, ihre Produktionskosten zu minimieren. Unternehmungen, die ohne nennenswerten Wettbewerb eine Menge Geld verdienen, haben jedoch in der Praxis oft keinen Anreiz, die Kosten so niedrig wie möglich zu halten.

Ohne Wettbewerb ist es oft schwer zu sagen, ob eine Unternehmung effizient gemanagt wird. Nehmen wir als Beispiel die Kosten, die AT&T entstehen durch die Vermittlung eines Telefongesprächs von New York nach Chicago. Als AT&T noch ein Monopol auf die Vermittlung von Ferngesprächen hatte, hätte die Firma vielleicht behauptet, daß ihre Kosten so niedrig wie möglich seien. Allerdings hätten nicht einmal erfahrene Ingenieure diese Aussage wirklich überprüfen können. Als sich auf diesem Markt Konkurrenz entwickelt hatte, konnten die Aktionäre von AT&T die Kosten mit denjenigen von Sprint, MCI und anderen Konkurrenzfirmen vergleichen, und der Wettbewerb gab jeder Unternehmung einen Anreiz, so effizient wie möglich zu sein.

Verringerte Forschungs- und Entwicklungstätigkeit

Der Wettbewerb motiviert die Unternehmungen, neue Produkte und kostengünstigere Produktionstechniken zu entwickeln. Im Gegensatz dazu wird ein Monopol vielleicht den Gewinn einstecken wollen, ohne den technischen Fortschritt allzu aggressiv zu verfolgen.

Natürlich sind nicht alle Monopole so unbeweglich. Bell Labs, die Forschungsabteilung von AT&T, war während der Zeit, in der AT&T praktisch ein Monopol auf Telefondienstleistungen hatte, eine Quelle wichtiger Innovationen. Der Laser und der Transistor sind nur zwei Beispiele dafür. Aber AT&T war auch in einer einmaligen Position. Die Preise für seine Leistungen wurden vom Staat gesetzt, und zwar so, daß die Firma einen Anreiz hatte, Geld für Forschungszwecke auszugeben. Aus dieser Perspektive war der Forschungsbeitrag von AT&T vor allem eine Folge der staatlichen Regulierung.

Im Gegensatz zu Bell Labs wird der Automobilindustrie und der Stahlindustrie in den USA oft vorgeworfen, daß sie aufgrund ihrer technologischen Selbstzufriedenheit hinter der ausländischen Konkurrenz zurückfalle. Gegen Ende des Zweiten Weltkriegs hatten diese Branchen eine weltweit dominierende Position erreicht. Nachdem sie über viele Jahre hinweg hohe Gewinne eingefahren hatten, verloren sie in den siebziger und achtziger Jahren einen bedeutenden Teil des Marktes an ausländische Firmen. In den achtziger Jahren konnten ausländische Automobil und Stahlfirmen ihre US-amerikanischen Konkurrenten nicht nur aufgrund von niedrigeren Löhnen unterbieten, sondern auch aufgrund von technologischen Fortschritten und damit effizienteren Produktionsprozessen.

Rent-Seeking

Die vierte Quelle der ökonomischen Ineffizienz von Monopolen ist die Versuchung, der die Monopolisten ausgesetzt sind, Ressourcen für unproduktive Zwecke auszugeben. So verwenden sie zum Beispiel Ressourcen darauf, potentiellen Konkurrenten den Marktzutritt zu erschweren, um eine Monopolstellung zu erreichen oder aufrechtzuerhalten.

Manchmal ist die Monopolposition einer Unternehmung mindestens zum Teil das Ergebnis von staatlicher Protektion. Viele Entwicklungsländer geben einer heimischen Unternehmung ein Monopol für ein bestimmtes Gut und sorgen dafür, daß dieses Gut nicht importiert werden kann. In einer solchen Situation werden Unternehmungen Lobbyisten und Politiker dafür bezahlen, daß sie die wettbewerbsbeschränkenden Regulierungen aufrechterhalten, um so ihre Gewinne auf einem hohen Niveau zu halten. Solche Aktivitäten sind gesellschaftliche Verschwendung. Reale Ressourcen (einschließlich der Arbeitszeit) werden benutzt, um günstige politische Bedingungen herzustellen, und nicht, um Güter und Dienstleistungen zu produzieren. Deshalb ist es eine berechtigte Sorge, daß die Bereitschaft der Regierungen, den Wettbewerb zu beschränken, Unternehmungen ermutigt, Geld in das Abschöpfen von Monopolrenten (*Rent-seeking*) zu investieren anstatt in die Entwicklung besserer Produkte.

Um eine Monopolposition zu erreichen und zu erhalten, würde eine Firma maximal so viel Geld ausgeben, wie sie in Form von Monopolgewinnen verdienen kann. Die Verschwendung durch *Rent-seeking* kann viel größer sein als der Wohlfahrtsverlust durch die Beschränkung der Produktion.

Andere Nachteile durch eingeschränkten Wettbewerb

In den Kapiteln 14 und 15 haben wir gesehen, daß Märkte mit wenigen dominierenden Anbietern häufiger sind als Monopole. Im Vergleich zum Monopol sind einige der hier besprochenen Ineffizienzen bei eingeschränktem Wettbewerb geringer. Der Output ist zum Beispiel niedriger als bei vollkommenem Wettbewerb aber höher als im Monopol. Und wie wir im nächsten Kapitel sehen werden, ist der

Wettbewerb um neue Produkte (Forschung und Entwicklung) oft recht intensiv. Es gibt aber andere Ineffizienzen, die bei eingeschränktem Wettbewerb schlimmer sind als auf Monopolmärkten. Bei eingeschränktem Wettbewerb verwenden die Unternehmungen zum Beispiel viele Ressourcen darauf, den Marktzutritt zu erschweren, den Wettbewerb zu reduzieren und die Preise zu erhöhen. Solche Ausgaben mögen den Gewinn erhöhen, aber sie sind auch eine Ressourcenverschwendung und schaden den Konsumenten. Bei unvollkommenem Wettbewerb kann es zum Beispiel sein, daß Unternehmungen Überschußkapazitäten aufbauen, um potentielle Konkurrenten am Marktzutritt zu hindern. Eine Firma kann sich einen Wettbewerbsvorteil verschaffen, indem sie nicht ihre eigenen Kosten senkt, sondern diejenigen ihres Konkurrenten erhöht, zum Beispiel indem sie ihn an der Nutzung existierender Vertriebswege hindert. Eine Firma kann auch Geld für uninformative (aber suggestive) Werbung ausgeben.

16.2 Natürliche Monopole und Wettbewerbspolitik

Wenn unvollkommener Wettbewerb so viele Nachteile mit sich bringt, wie die obige Analyse suggeriert, könnte man sich fragen, warum man nicht einfach vollkommenen Wettbewerb gesetzlich vorschreibt. Um diese Frage zu beantworten, müssen wir uns die Gründe für die Unvollkommenheit des Wettbewerbs (Kapitel 14) ins Gedächtnis zurückrufen.

Ein Grund sind die vom Staat verliehenen Patente. Monopolgewinne aus Patenten sind eine Belohnung für Erfinder und Innovatoren und damit ein notwendiges Stimulans für Aktivitäten, die für eine kapitalistische Wirtschaft überlebenswichtig sind. Dieses Thema werden wir in Kapitel 17 ausführlicher diskutieren.

Ein zweiter Grund liegt darin, daß die Produktionskosten manchmal niedriger sind, wenn es nur einen einzigen Anbieter in der Branche gibt. Ein solches natürliches Monopol ist in Abbildung 16.3 dargestellt. Obwohl die Grenzkosten konstant sind, nehmen die Durchschnittskosten im relevanten Outputbereich ab. Dazu kommt es, wenn die Fixkosten sehr hoch sind. Natürliche Monopole sind ein schwieriges Problem für die Wettbewerbspolitik. Wie jede andere Firma wird ein natürlicher Monopolist diejenige Menge produzieren, bei der Grenzerlös und Grenzkosten übereinstimmen. In Abbildung 16.3 ist das die Menge Qm. Die Firma verkauft diese Menge zum Preis p_m, der über den Grenzkosten liegt. Sie produziert also weniger und verlangt einen höheren Preis als eine Unternehmung bei vollkommenem Wettbewerb (mit der Outputmenge Q_c und dem Preis p_c).

Aber im Fall eines natürlichen Monopols ist das Ergebnis des vollkommenen Wettbewerbs schon durch die sinkenden Durchschnittskosten ausgeschlossen. Stellen wir uns vor, was geschehen würde, wenn man Preis und Grenzkosten gleichsetzen würde. Im natürlichen Monopol nehmen die Stückkosten ab und die Grenzkosten liegen unter den Stückkosten. Setzt man also Preis und Grenzkosten gleich, dann liegt der Preis unter den Stückkosten, und die Firma macht einen Verlust in Höhe der schattierten Fläche in der Abbildung. Wenn der Staat durchsetzen will, daß ein natürliches Monopol denjenigen Output produziert, bei dem der Preis den Grenzkosten entspricht, muß er die Firma subventionieren, um die Verluste zu decken. Die Steuern müßten erhöht werden, um die Subventionen zu finanzieren, und dadurch würden wieder andere wirtschaftliche Kosten entstehen. Darüber hinaus wäre es für den Staat wahrscheinlich schwierig, die Größenordnung der tatsächlich nötigen Subvention festzustellen. Manager und Arbeiter in einer solchen Firma würden übertriebene Angaben liefern über die Höhe der Löhne und anderer Kosten, die notwendig sind, um den gewünschten Output zu produzieren.

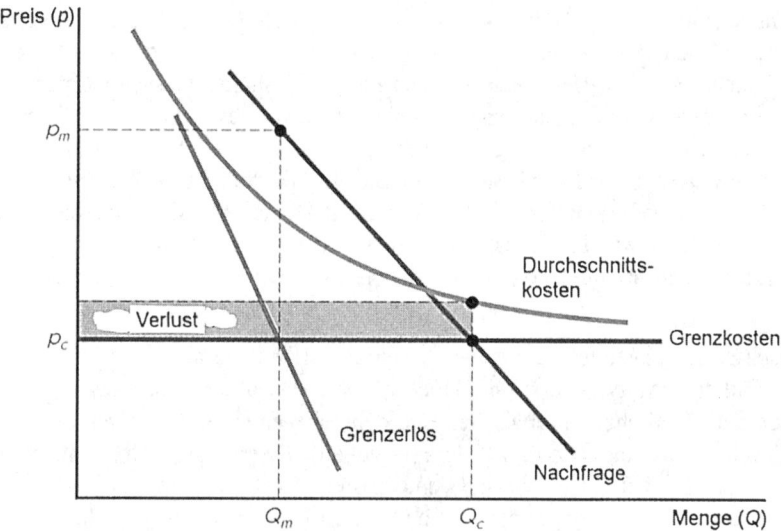

Abbildung 16.3 Die Regulierung eines natürlichen Monopols. Ein natürliches Monopol setzt Grenzerlös und Grenzkosten gleich und produziert die Menge Q_m zum Preis p_m. Bei vollkommenem Wettbewerb wäre der Preis gleich den Grenzkosten und die Anbieter würden die Menge Q_c zum Preis p_c verkaufen. Das Wettbewerbsergebnis kann jedoch in diesem Fall nicht durchgesetzt werden, da p_c unter den Durchschnittskosten des natürlichen Monopols liegt und die Firma damit gezwungen wäre, einen Verlust zu machen.

Im folgenden erläutern wir drei verschiedene Lösungen für das Problem der Regulierung von natürlichen Monopolen.

Staatseigentum

In vielen Ländern ist der Staat einfach der Eigentümer von natürlichen Monopolen
wie zum Beispiel Strom-, Gas- und Wasserversorgung. Auch Staatsmonopole sind
jedoch problematisch. Als Produzent ist der Staat oft nicht besonders effizient.

Den Managern fehlen oft die nötigen Anreize zu Kostensenkung und durchgrei-
fender Modernisierung, insbesondere weil der Staat oft allzu bereitwillig Verluste
durch Subventionen kompensiert. Hinzu kommt, daß eine Unternehmung im
Staatseigentum immer wieder politischem Druck ausgesetzt ist. Politischer Druck
kann zum Beispiel die Standortentscheidung eines öffentlichen Versorgungsbe-
triebs beeinflussen, denn Politiker möchten gerne in ihrem Wahlkreis Arbeitsplätze
schaffen. Politischer Druck kann auch verhindern, daß notwendige Rationalisie-
rungen stattfinden. Oft werden öffentliche Unternehmungen dazu gezwungen, zu
Preisen unter den Grenzkosten anzubieten und das Defizit durch Erlöse aus anderen Dienstleistungen zu decken, eine Praxis, die man als **Quersubventionierung**
bezeichnet. Firmenkunden müssen dadurch relativ zu den Kosten, die sie verursachen, oft einen höheren Preis bezahlen als private Haushalte. Tatsächlich geht es
hier um eine versteckte Besteuerung und eine versteckt Subventionierung; Firmen
werden besteuert, um haushalte zu subventionieren. Dieses Phänomen ist beim
wichtigsten Staatsmonopol der USA, nämlich beim Postdienst zu beobachten. Die
Post verlangt für die Auslieferung von Briefen in kleinen ländlichen Gemeinden
den gleichen Preis wie in Großstädten, trotz der enormen Kostenunterschiede.
Kleine Gemeinden erhalten von größeren eine Subvention für Postdienstleistun-
gen.

Es ist schwer festzustellen, um wieviel weniger effizient Staatsunternehmungen
gegenüber dem privaten Sektor sind. Doch waren es vor allem Effizienzvergleiche
zwischen den staatlichen europäischen und den privaten amerikanischen Telefon-
firmen, welche die weltweite Privatisierungswelle motiviert haben. Großbritannien
hat die staatliche Telefongesellschaft und andre öffentliche versorgungsbetriebe
verkauft, Japan die Telefongesellschaft und die Eisenbahn, Frankreich die staatlichen Banken und viele andere Unternehmungen. Jedoch sind nicht alle Staatsunternehmungen weniger effizient als ihre privaten Konkurrenten. So hat zum Beispiel Kanada zwei wichtige Eisenbahnlinien, eine staatliche und eine private, die
sich in bezug auf die Effizienz kaum unterscheiden. Vielleicht liegt das darin, daß
der Wettbewerb die staatliche Eisenbahn zwingt, so effizient zu sein wie die private. Viele der Staatsunternehmungen in Frankreich scheinen ebenso effizient gemanagt zu werden wie private Firmen. Das könnte an dem hohen Prestige des öffentlichen Dienstes in Frankreich liegen, der es den Staatsunternehmiungen erlaubt,
sein Personal unter den talentiertesten Menschen des Landes auszusuchen. Vielleicht liegt es aber auch daran, daß der Unterschied zwischen Staatsunternehmungen und großen privaten Unternehmungen nicht so groß ist, wie es das gängige

Vorurteil über den ineffizienten Staat haben will, besonders dann nicht, wenn sie unter einem gewissen Wettbewerbsdruck stehen.

Regulierung

In einigen Ländern beläßt man natürliche Monopole im privaten Sektor, aber unterwirft sie einer staatlichen Regulierung. Das ist auch in den USA üblich. Öffentliche Versorgungsbetriebe auf Gemeindeebene zum Beispiel sind in privater Hand, unterliegen aber einer Regulierung durch die einzelnen Staaten. Auf Bundesebene werden die Preise für Ferngespräche und für den Ferntransport von Erdgas reguliert.

Das Ziel der Regulierung ist ein möglichst niedriger Preis, der es dem Monopolisten erlaubt, einen angemessenen Ertrag für seine Investitionen zu erhalten. . Oder anders ausgedrückt: Man versucht, den Preis den Durchschnittskosten anzunähern, wobei die Durchschnittskosten bereits einen „normalen Ertrag" für die Investitionen der Firmeneigentümer enthalten. Ist die Regulierung erfolgreich, dann macht die Unternehmung keinen Monopolgewinn. Eine solche Output- und Preisregulierung wird in Abbildung 16.4 mit dem Output Q_r und dem Preis p_r gezeigt.

Zwei Kritikpunkte werden gegen die Regulierung als Lösung für das Problem des natürlichen Monopols vorgebracht. Der erste ist, daß die Regulierung oft selbst ineffizient ist. Dabei gibt es mehrere Quellen für Ineffizienzen. Die Regulierungsbehörde beabsichtigt, die Preise so zu setzen, daß die Firmen einen fairen Ertrag für ihr Eigenkapital erwirtschaften. Um aber einen möglichst hohen Gewinn zu machen, setzen die regulierten Firmen möglichst viel Eigenkapital ein, was zu überhöhten Investitionen führen kann. Hinzu kommt, daß die vorgeschriebene Preisstruktur manchmal darauf hinausläuft, daß einige Kundengruppen, oft die Unternehmungen, überhöhte Preise zahlen müssen, um andere Gruppen zu subventionieren. Diese Quersubventionierung kommt bei privat geführten aber staatlich regulierten natürlichen Monopolen genauso oft vor wie bei Staatsunternehmungen. Zudem werden die Innovationsanreize geschwächt, wenn die Firmen bei jeder Kostensenkung mit einer entsprechenden Senkung der regulierten Preise rechnen müssen. Erst kürzlich haben die Regulierungsbehörden in den USA erkannt, daß Innovationen nicht stattfinden, wenn sie nicht belohnt werden. Sie haben sich darauf geeinigt, den Versorgungsbetrieben erhöhte Gewinne aus Effizienzverbesserungen mindestens für einige Jahre zu lassen.

Der zweite Kritikpunkt läuft darauf hinaus, daß die Regulierungsbehörden das öffentliche Interesse aus den Augen verlieren. Die Theorie von der **Vereinnahmung der Regulierungsbehörden** (*regulatory capture*) argumentiert, daß Regulierungsbehörden sich oft auf die Seite derer schlagen, die sie eigentlich regulieren sollen. Das kann durch Bestechung und Korruption geschehen, aber der wahrscheinlichere Weg ist, daß einfach mit der zeit die Angestellten einer regulierten Firma persönliche Freundschaften mit den Regulierungsbeamten entwickeln, und die Beamten sich auf ihre Erfahrung und Urteilsfähigkeit verlassen. Schlimmer noch, die Regulierungsbehörden tendieren (notwendigerweise) dazu, ihr Personal aus den regulierten Branchen zu rekrutieren. Aus dem gleichen Grund kann es sein, daß Angestellte der Regulierungsbehörden, die „Verständnis" für die Branche zeigen, mit guten Jobs belohnt werden, wenn sie den Staatsdienst verlassen.

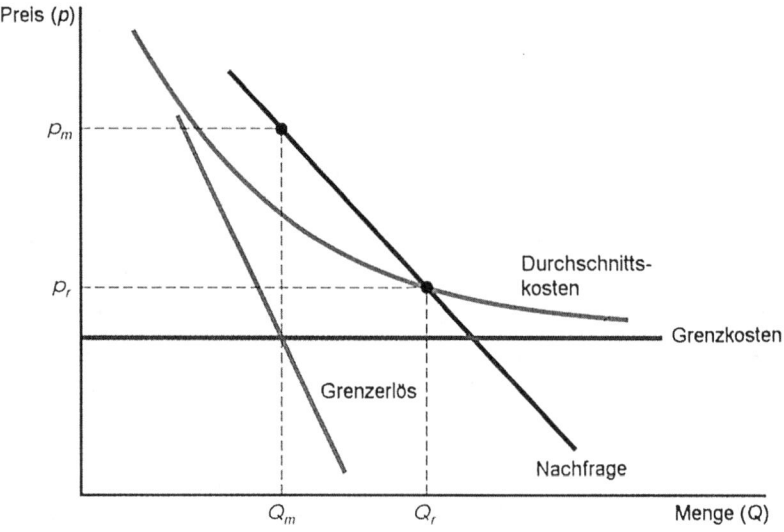

Abbildung 16.4 Die Regulierung eines natürlichen Monopols. Die Regulierungsbehörde versucht, denjenigen Punkt auf der Marktnachfragekurve zu wählen, bei dem die Unternehmung die größte Menge zu kostendeckenden Preisen anbietet. Das ist der Punkt (Q_r, p_r), bei dem die Nachfragekurve die Durchschnittskostenkurve schneidet.

Ein Blick in die Wirtschaftspolitik: Die Vergesellschaftung der Flugsicherung

Jeden Tag fliegen 66.000 Flugzeuge über den amerikanischen Kontinent. Bei den ständigen Überschneidungen der Flugwege ist es fast ein Wunder, daß es nicht mehr Zusammenstöße gibt. Der Grund dafür ist die Flugsicherung, die gegenwärtig von der Federal Aviation Administration betrieben wird.

Dieses System ist jedoch aufgrund von Haushaltsschwierigkeiten nicht auf dem neuesten technischen Stand gehalten worden. Es war zwar eine der ersten Behörden, die in großem Umfang Computer eingesetzt hat, aber ein großer Teil der ursprünglichen, inzwischen längst veralteten Computerausrüstung ist noch immer in

Benutzung. Der Mangel an langfristigen Investitionen und die staatlichen Beschränkungen bei der Ausrüstung und dem Personal haben die Betriebskosten der Flugsicherung erhöht und seine Fähigkeit, mit den Anforderungen der Zukunft fertig zu werden, in Frage gestellt. Im April 1994 hat die Clinton-Regierung im Kongreß eine Gesetzesvorlage über die Verwandlung der Flugsicherung in eine Quasi-Aktiengesellschaft eingebracht. Nach diesem Plan würde die Flugverkehrskontrolle fast wie eine private Aktiengesellschaft geleitet werden. Ihr Einkommen bestünde aus „Nutzungsgebühren", die von den Fluggesellschaften, die das System nützen, zu entrichten wäre sowie aus einer Steuer auf Flugtickets. Wie jede andere Aktiengesellschaft könnte sie Fremdkapital aufnehmen. Im Verwaltungsrat wären unter anderem die Fluggesellschaften und die Regierung vertreten. Genauso wie der Staat die Sicherheitsaufsicht über die privaten Fluggesellschaften ausübt, würde er weiterhin eine Aufsicht über die Flugsicherung ausüben. Der Hauptunterschied zwischen dieser „öffentlichen" Gesellschaft und einer privaten Aktiengesellschaft bestünde darin, daß sie keine Aktien verkaufen kann. Und ihre Aufgabe wäre nicht die Gewinnmaximierung, sondern die Sicherstellung einer hocheffizienten Flugsicherung - die zum Beispiel unnötige Abflugverzögerungen minimiert - zu den niedrigsten Kosten.

Diese privatisierte Flugsicherungsgesellschaft wäre natürlich ein Monopolist. Da aber seine Hauptkunden, die Fluggesellschaften, im Verwaltungsrat vertreten wären, hätte sie nur einen sehr begrenzten Spielraum zum Mißbrauch ihrer Monopolmacht. Dennoch bleibt die Sorge, daß eine solche Gesellschaft mit ihrer Preissetzung oder durch andere Maßnahmen eine Kundengruppe gegenüber einer anderen bevorzugen könnte. Die Sorge über den möglichen Mißbrauch von Marktmacht war der Grund, warum man die Vergesellschaftung, aber nicht die Privatisierung vorschlug. Die Gesellschaft sollte im öffentlichen Sektor bleiben und der Staat eine aktive Rolle bei der Bestimmung der Geschäftspolitik behalten.

Die großen Fluggesellschaften waren von dem Vorschlag begeistert. Aber die Vertreter der privaten Luftfahrt - der Eigentümer von Privatflugzeugen und Firmenflugzeugen - warne dagegen. Der Grund ist die bestehende Quersubventionierung. Derzeit bezahlt die private Luftfahrt sehr wenig für die Dienstleistungen der Flugsicherung. Die Vergesellschaftung würde möglicherweise Forderungen nach einer Abschaffung dieser Quersubventionierung auslösen. Unter anderem wegen des Widerstands dieser Interessengruppe ist der Vorschlag im Kongreß gescheitert.

Wettbewerbsförderung

Und schließlich versucht der Staat den Wettbewerb zu fördern, auch wenn es ein unvollkommener Wettbewerb bleiben muß. Um diese Strategie zu verstehen, rufen wir uns zunächst ins Gedächtnis zurück, warum Wettbewerb nicht realisierbar ist, wenn die Durchschnittskosten im relevanten Outputbereich abnehmen.

Wenn zwei Firmen den Markt unter sich aufteilen, hat jede von ihnen höhere Stückkosten als eine Firma, die den ganzen Markt an sich reißt. In Abbildung 16.5 steht Q_d für den Output jeder Firma im ursprünglichen Duopol und DK_d für ihre Durchschnittskosten. Durch Unterbieten der Konkurrenz wäre jede Unternehmung in der Lage, den gesamten Markt für sich zu gewinnen *und gleichzeitig* ihre Stückkosten zu reduzieren. Aus dem gleichen Grund weiß ein natürlicher Monopolist, daß er einen Preis über den Durchschnittskosten, DK_m, verlangen kann, ohne sich über mögliche Marktzutritte Sorgen zu machen. Potentielle Konkurrenten, die versuchen könnten, einen Teil des Gewinns zu vereinnahmen, wissen, daß der natürliche Monopolist wegen seines höheren Outputniveaus niedrigere Kosten hat und sie jederzeit unterbieten kann.

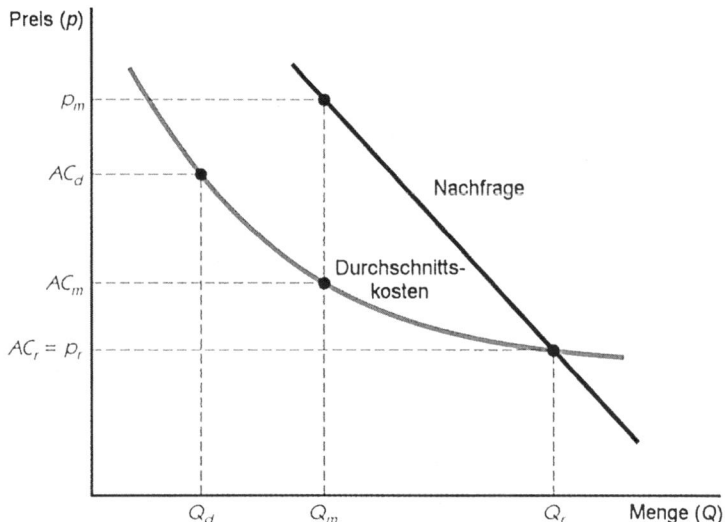

Abbildung 16.5 Die Unmöglichkeit des Wettbewerbs bei sinkenden Durchschnittskosten. Wenn sich zwei Unternehmungen einen Markt teilen und jede davon den Output Q_d umsetzt, könnte eine Firma ihren Output auf Q_m verdoppeln und dadurch ihre Kosten senken und den Konkurrenten unterbieten. Die größere Firma hat gegenüber dem kleineren Konkurrenten einen Kostenvorteil.

Selbst unter diesen Bedingungen argumentieren einige Wirtschaftswissenschaftler (wie wir in Kapitel 15 gesehen haben), daß ein Monopolist nicht wirklich mehr als die Durchschnittskosten verlangen würde, denn ein Konkurrent könnte jederzeit den gesamten Markt an sich reißen. (Das Gleichgewicht bei einem Gewinn von Null wäre in der Abbildung beim Output Q_r und beim Preis $DK_r = p_r$ erreicht. Aus dieser Sicht genügt potentieller Wettbewerb, um die Preise niedrig zu halten. Der potentielle Wettbewerb erzwingt den Preis p_r, bei dem die Nachfragekurve die Durchschnittskostenkurve schneidet.

Die meisten Wirtschaftswissenschaftler sind nicht so zuversichtlich in bezug auf die Wirksamkeit des potentiellen Wettbewerbs. Wie wir in Kapitel 15 gesehen haben, war der potentielle Wettbewerb nicht in der Lage, auf Strecken, die nur von ein oder zwei Linien geflogen werden, die Flugpreise niedrig zu halten.

Gegen Ende der siebziger und in den achtziger Jahren sind viele Regierungen zu der Überzeugung gelangt, daß durch Wettbewerb, auch wenn er noch so unvollkommen sein sollte, mehr erreicht werden kann als durch Regulierung, und es begann ein Prozeß der Deregulierung. Die Deregulierung konzentrierte sich auf Branchen wie Luftfahrt, Schienenverkehr und Straßentransporte, bei denen der Wettbewerb ein Chance hat, weil die Skalenerträge nur in einem begrenzten Bereich steigen. Der Staat hat auch versucht, zu unterscheiden, in welchen Teilen dieser Branchen Wettbewerb funktionieren könnte und in welchen Teilen er wahrscheinlich unwirksam sein würde. In der Telekommunikation zum Beispiel gab es einen starken Wettbewerb im Bereich der Ferngespräche und nur geringe Skalenerträge in der Produktion von Endgeräten. Entsprechend wurde die Regulierung für diese Bereiche der Branche verringert oder ganz abgeschafft.

Die Vorteile des Wettbewerbs haben sich in den meisten Bereichen bestätigt. Der Lastwagentransport, bei dem die Argumente für eine staatliche Regulierung besonders zweifelhaft erschienen, war vielleicht die eindeutigste Erfolgsgeschichte, denn die Preise sind spürbar zurückgegangen. Die Eisenbahngesellschaften scheinen finanziell gesünder zu sein als unter der Regulierung. Aber die Kohlebergwerksgesellschaften, die für den Kohlentransport auf die Eisenbahn angewiesen sind, beklagen sich darüber, daß die Eisenbahnen ihre Monopolstellung ausgenutzt haben und die Tarife stark erhöht haben.

Die Deregulierung der Luftfahrt ist in den letzten Jahren wieder kontroverser diskutiert worden. Nach einem Anfangserfolg mit neuen Fluggesellschaften, niedrigeren Preisen und besser ausgebauten Streckennetzen hat eine Konkurswelle die Anzahl der Fluggesellschaften reduziert. Viele Flugplätze, so zum Beispiel St. Louis, Atlanta und Denver, sind von ein oder zwei Fluggesellschaften dominiert, die für die entsprechenden Strecken oft extrem hohe Preise verlangen. Es hat eine Preisdiskriminierung entwickelt, bei der Geschäftsleute, die nicht Wochen im voraus buchen können, vier oder fünf mal so viel für den gleichen Platz bezahlen wie ein Urlauber.

Die Deregulierung ist bisher nicht auf natürliche Monopole wie die Wasserversorgung ausgedehnt worden. Aber bei der Elektrizitätsversorgung hat bereits ein Prozeß der begrenzten Deregulierung begonnen. Bei der Stromerzeugung, die normalerweise kein natürliches Monopol ist, kann ein gewisser Wettbewerb realisierbar sein, so daß die staatliche Regulierung verringert werden kann. Die Stromverteilung wird dagegen ein natürliches Monopol bleiben, das weiterhin der Regulierung unterworfen sein wird.

16.3 Instrumente der Wettbewerbspolitik

Nur ein Teil des Wettbewerbsversagens hat mit natürlichen Monopolen zu tun. Andere Unvollkommenheiten sind, wie wir gesehen haben, das Ergebnis aggressiver Geschäftspraktiken; die Firmen versuchen, Marktmacht zu gewinnen, indem sie potentielle Konkurrenten abschrecken oder unerlaubte Absprachen treffen.

Unter die Lupe genommen: Die Zerschlagung von AT&T

Als 1984 AT&T zerschlagen und der Telekommunikationssektor teilweise dereguliert wurde, war die Diskussion von resigniertem Zynismus geprägt. Die Bundesregierung hatte sich mit dem Telefonservice eines der wenigen Dinge ausgesucht, die wirklich funktionierten, und würde ihn gewiß verpfuschen. AT&T hatte praktisch für jedermann Ortsgespräche und Ferngespräche vermittelt. Nach der Deregulierung wurden die Ortsverbindungen von regionalen Telefongesellschaften übernommen (die manchmal „Baby Bell" genannt werden), während der Markt für Ferngespräche dem Wettbewerb zwischen AT&T, MCI, Sprint und anderen geöffnet wurde. Den öffentlichen Reaktionen nach hätte man meinen können, das Ende der modernen Kommunikation stünde bevor. Die Leute beschwerten sich darüber, wie verwirrend es sei, zwei verschiedene Telefonrechnungen zu erhalten, eine für die Ortsgespräche und eine für die Ferngespräche, und behaupteten, der Service sei schlechter geworden.

Der Fairneß halber muß man zugeben, daß die Deregulierung des Telefondienstes inzwischen einigermaßen positive Resultate zeitigt. Es wird Zeit, die Deregulierungsentscheidung in einem etwas positiveren Licht zu sehen.

Die technologische Seite der Geschichte ist klar. In den fünf Jahren nach der Deregulierung sind die Preise für das Leasen eines Telefons um die Hälfte zurückgegangen. Neue Telefondienstleistungen wie Anruferwarteschlangen, Telefonmailboxen, Konferenzschaltungen, automatisches Wählen und Anrufweiterschaltung sind populär geworden. Natürlich wären mit der Zeit viele dieser technologischen Neuerungen auch ohne Deregulierung gekommen. Aber der erhöhte Wettbewerbsdruck hat den Prozeß beschleunigt.

Was den Preis betrifft, so ist das Ergebnis eher zwiespältig. Der Preis für Ferngespräche ist in diesem fünf Jahren um bis zu 40 Prozent zurückgegangen. Die Rechnungen für Ortsgespräche sind jedoch deutlich gestiegen, so daß ein großer Teil des Preisrückgangs bei Ferngesprächen dadurch absorbiert wird. Diese Veränderungen sind von Wirtschaftswissenschaftlern größtenteils vorhergesehen worden. Vor der Deregulierung hat AT&T für Ferngespräche überhöhte Preise verlangt, um die Ortsgespräche damit zu subventionieren. Durch die Deregulierung sind nun die Preise für Orts- und Ferngespräche ein realistischeres Abbild der jeweiligen Kosten. Alle Telefondienstleistungen sind vor der Deregulierung langsam billiger geworden; dieser Trend hat sich seither fortgesetzt.

Offensichtlich hat die Deregulierung des Telefondienstes Vorteile gebracht. Es ist auch klar, daß davon vor allem diejenigen profitieren, die die neuen Telefondienstleistungen am häufigsten benutzen und die viele Ferngespräche führen. 1996 hat der Kongreß ein neues Regulierungsprogramm für die Telekommunikationsindustrie verabschiedet.

Wenn Wettbewerbsförderung nicht ausreicht, versucht der Staat durch **Antitrust-Politik** den Wettbewerb durchzusetzen.

Wie wir sehen werden, sind solche Maßnahmen oft umstritten gewesen. Interessenvertreter der Konsumenten und der geschädigten Firmen unterstützen diese Politik oft und argumentieren, daß andernfalls Unternehmungen sich mehr auf wettbewerbsbeschränkende Strategien konzentrieren würden als auf die Produktion von Gütern, die die Konsumenten zufriedenstellen. Viele Firmen haben jedoch auch vorgebracht, daß solche Maßnahmen die wirtschaftliche Effizienz mindern. Selbst wenn zum Beispiel Alleinverkaufsrechte für die Händler der effizienteste Verteilungsweg für die Produkte einer Firma sind, muß sie sich darüber Gedanken machen, daß ein solcher Vertrag möglicherweise gegen die **Antitrust-Gesetze** verstößt. Die Wettbewerbspolitik des Staates pendelt ständig zwischen der Sorge um den Wettbewerb und den Bedenken wegen der Effizienzverluste durch die gesetzlichen Vorschriften.

In den USA ist der Staat offiziell seit Ende des neunzehnten Jahrhunderts mit den negativen Folgen des unvollkommenen Wettbewerbs befaßt. Tabelle 16.1 gibt einen Überblick über die Meilensteine der Antitrust-Politik. Dabei geht es zum Teil um die Einführung von Gesetzen und zum Teil um bedeutende Gerichtsentscheidungen. Man kann zwei Ziele unterscheiden, nämlich (1) die Verhinderung von Marktbeherrschung und (2) die Verhinderung des Mißbrauchs einer marktbeherrschenden Stellung.

Die Verhinderung von Marktbeherrschung

In diesem Abschnitt geht es darum, wie der Staat versucht, wirtschaftliche Macht in Grenzen zu halten. In den Jahrzehnten nach dem amerikanischen Bürgerkrieg haben die Unternehmer in mehreren Branchen versucht, **Konzerne** zu bilden. Das waren Organisationen, die einen Markt kontrollierten. Ein Einzelner hat eine maßgebliche Beteiligung an einer Firma, die ihrerseits wieder an allen anderen Firmen der Branche beteiligt sind. Durch das Hinzufügen von immer mehr Schichten - Firmen, die Firmen kontrollieren, die wieder andere Firmen kontrollieren, und so weiter - kann man mit einer relativ geringen Eigentumsbeteiligung enorme wirtschaftliche Macht gewinnen.

Wenn die Aktien einer Firma breit gestreut sind, braucht man keine Aktienmehrheit, um diese Firma zu kontrollieren. Ein Einzelner oder eine Gruppe, die nur zehn oder zwanzig Prozent der Aktien hält, kann oft bereits einen entscheidenden Einfluß ausüben, da die übrigen Aktionäre entweder sehr unterschiedliche Interessen vertreten oder sich völlig gleichgültig verhalten. Einer der berühmtesten Konzrene des neunzehnten Jahrhunderts war der Ölkonzern, bei dem Rockefeller und seine Partner zuletzt 90 Prozent des Öls, das in Amerika zwischen 1870 und 1899 verkauft wurde kontrollierten. Zu Beginn des neunzehnten Jahrhunderts vereinigten Andrew Carnegie und J.P. Morgan viele kleinere Stahlunternehmungen zu der Firma U.S. Steel, die in ihrer besten Zeit einen Anteil von 65 Prozent am amerikanischen Stahlmarkt hatte.

Die Erfahrungen mit diesen Räuberbaronen haben zur Verabschiedung des *Sherman Antitrust Act* von 1890 geführt, der „jeden Vertrag, jede Konzernbildung und jede Absprache verbietet, die geeignet ist, den Handel zu beschränken." Weiter wird „jede Person, die einen Teil des Handelsverkehrs zwischen den verschiedenen Staaten oder mit dem Ausland monopolisiert, oder zu monopolisieren versucht, oder die mit einer anderen Person oder Personengruppe Verabredungen zum Zweck der Monopolisierung trifft, eines Vergehens für schuldig befunden." (In der Neufassung von 1974 wurden Verstöße gegen dieses Gesetz zum Verbrechen erklärt.) Zwei wichtige Entscheidungen nach dem *Sherman Act* waren die Zerschlagung von Standard Oil und American Tobacco im Jahr 1911, zwei Firmen, die jeweils eine marktbeherrschende Stellung innehatten.

1914 wurde der *Sherman Act* durch den *Clayton Act* ergänzt, der es jeder Unternehmung verbot, Aktien einer Konkurrenzfirma zu erwerben, wenn dadurch der Wettbewerb deutlich reduziert würde. Dieses Gesetz verbot auch personelle Verflechtungen in der Firmenleitung von Unternehmungen, die miteinander in Konkurrenz stehen (zum Beispiel darf nicht ein- und dieselbe Person in beiden Verwaltungsräten sitzen). Diese zusammenschlußfeindlichen Vorschriften wurden 1950 im *Celler-Kefauver-Antimerger Act* noch weiter ausgebaut.

Tabelle 16.1 Bahnbrechende Antitrust-Gesetze und Gerichtsentscheidungen

1890	*Sherman Antitrust Act*	Verbietet alle Handlungen, die den Handel beschränken.
1911	Urteile gegen Standard Oil und American Tobacco	Beide Firmen (die jeweils einen Marktanteil von mehr als 90 Prozent hatten) wurden in kleinere Unternehmungen aufgeteilt.
1914	*Clayton Act*	Verbietet unfaire Geschäftspraktiken. Beschränkt Zusammenschlüsse, die den Wettbewerb spürbar verringern würden
1914	Gründung der Federal Trade Commission	Aufgabe der Federal Trade Commission ist es, bei unfairen Geschäftspraktiken zu ermitteln und ihre Beendigung anzuordnen.
1936	*Robinson-Patman Act*	Verstärkt die Vorschriften des Clayton Acts; verbietet Preisdiskriminierung.
1945	Urteil gegen Alcoa	Alcoa, eine Firma mit einem Anteil von 90 Prozent am amerikanischen Aluminiummarkt, wurde wegen Verstoßes gegen den Sherman Act verurteilt
1946	Tabak-Urteil	Die Tabakindustrie, ein enges Oligopol, wurde nach dem Sherman Act wegen verbotener Absprache verurteilt.
1950	*Celler-Kefauver Act*	Weitere Einschränkungen von wettbewerbsreduzierenden Zusammenschlüssen.
1956	Urteil gegen Du Pont	Brachte eine weitere Definition des Marktes. Entschied, daß ein Marktanteil von 20 Prozent nicht ausreicht, um von einer marktbeherrschenden Stellung zu sprechen.

Es geht dem Staat in der Wettbewerbspolitik nicht darum, Größe an sich zu verbieten. In den sechziger Jahren wurden riesige Mischkonzerne gebildet, die Unternehmungen aus so unterschiedlichen Branchen wie Stahl, Öl und Film unter einer Leitung zusammenschlossen. So hat zum Beispiel United Airlines die Autovermietung Hertz und die Hotelkette Westin aufgekauft. Diese Mischkonzerne sind zwar riesig, haben aber meistens auf keinem Markt eine marktbeherrschende Stellung und fallen damit nicht unter die Antitrust-Gesetze. Die Antitrust-Gesetze wurden geschaffen, um horizontale Zusammenschlüsse einzuschränken und den Wettbewerb innerhalb eines Marktes zu sichern. Im Gegensatz dazu spricht man von einem vertikalen Zusammenschluß, wenn eine Unternehmung eine Zulieferfirma oder eine Handelsfirma aufkauft und damit die verschiedenen Stufen des Produktionsprozesses unter einem Dach vereinigt. So produzierte zum Beispiel

Ford seinen eigenen Stahl und General Motor kaufte den Karosseriehersteller Fisher Body und viele spezialisierte Unternehmungen, die Batterien, Zündkerzen und andere Fahrzeugteile herstellten.

Nach der herrschenden Rechtsmeinung ist Marktmacht für sich betrachtet also nicht die Hauptzielrichtung der Antitrust-Gesetze. Um eine Unternehmung wegen eines Verstoßes gegen die Antitrust-Gesetze verurteilen zu können, muß man beweisen, daß sie ihre Marktposition durch wettbewerbsbeschränkende Geschäftspraktiken erhalten hat, oder daß sie ihre Marktmacht mißbraucht, um solche Praktiken durchzusetzen.

Die Abgrenzung des relevanten Marktes

Wenn man wissen will, ob eine Unternehmung einen Markt beherrscht, muß man fragen, welchen Marktanteil sie hat. Die Debatte dreht sich also um die Abgrenzung des relevanten Marktes. Wir haben bisher Marktmacht durch eine abwärts geneigte Nachfragekurve ausgedrückt, um zu zeigen, daß die Unternehmung ihre Preise erhöhen kann, ohne alle ihre Kunden zu verlieren. Diese Marktmacht hat sowohl mit der Anzahl der Firmen in der Branche zu tun als auch mit dem Ausmaß der Produktdifferenzierung. Beide Faktoren hängen wiederum davon ab, wie man den relevanten Markt abgrenzt.

- *Geographische Marktgrenzen:* Im vergangenen Vierteljahrhundert hat die Bedeutung des internationalen Handels für die Vereinigten Staaten und für die Weltwirtschaft ständig zugenommen. Diese Veränderung hat alle Aspekte der Volkswirtschaft berührt, einschließlich des Wettbewerbs auf vielen Märkten. Heute machen die Importe neun Prozent des Sozialprodukts aus, dreimal so viel wie in den fünfziger und sechziger Jahren.

  Während die Konzentration in der heimischen Automobilindustrie gestiegen ist - drei Firmen teilen sich mehr als 90 Prozent der amerikanischen Autoproduktion - hat der Wettbewerb auf diesem Markt in den achtziger und neunziger Jahren zugenommen, weil die Konkurrenz aus dem Ausland stärker geworden ist, und weil ausländische Firmen wie Toyota und Honda in den USA Produktionsstätten errichtet haben. Amerikanische Firmen können nicht mehr wie früher ihre Preise erhöhen ohne sich darüber Sorgen zu machen, daß ihre Kunden auf japanische oder europäische Importwagen umsteigen könnten. Heute muß man die Intensität des Wettbewerbs auf einem Markt global beurteilen - es genügt nicht mehr, einfach abzuzählen, wieviele Firmen ein bestimmtes Produkt in den Vereinigten Staaten herstellen.

- *Produktdifferenzierung:* Wenn die Produkte verschiedener Anbieter unvollkommene Substitute sind, ist es schwer, den Markt sachlich abzugrenzen.

Betrachten wir zum Beispiel den Biermarkt. Die Bierhersteller könnten behaupten, daß Premium-Biere und Discount-Biere tatsächlich zwei verschiedene Märkte sind, weil relativ wenige Konsumenten von einem zum anderen wechseln. In den frühen fünfziger Jahren hatte Du Pont praktisch ein Monopol auf dem Markt für Zellophan. 1956 gewann die Unternehmung einen Monopolprozeß, indem sie geltend machte, daß dieser Markt nur Teil eines größeren Marktes für „Einwickelmaterial" sei, denn braunes Papier sei ein gutes, wenn auch nicht vollkommenes Substitut für Zellophan. An diesem größeren Markt hatte Du Pont keinen besonders hohen Anteil (ca. 18 %).

- *Juristische Kriterien:* Heute sind vor Gericht zwei Kriterien für die Marktabgrenzung und die Definition von Marktmacht ausschlaggebend. Das erste Kriterium ist der Einfluß einer Preisänderung bei einem Produkt auf die Nachfrage nach einem anderen Produkt. Wenn ein Preisanstieg bei Aluminium eine deutliche Erhöhung der Nachfrage nach Stahl bewirkt, dann können Stahl und Aluminium als Teil desselben Marktes betrachtet werden. Zweitens hat eine Firma Marktmacht, wenn sie ihren Preis zum Beispiel um zehn Prozent erhöhen kann und dadurch nur einen relativ kleinen Teil ihres Umsatzes einbüßt. (Bei vollkommener Konkurrenz würde eine Firma, die ihren Preis um zehn Prozent erhöht, alle ihre Kunden verlieren. Das ist also ein praktikabler Ansatz, um die Intensität des Wettbewerbs auf einem Markt zu messen.)

Bevor eine große Unternehmung eine konkurrierende Firma aufkaufen oder mit ihr fusionieren kann, muß sie die Wettbewerbsbehörde davon überzeugen, daß dieser Zusammenschluß den Wettbewerb nicht ernsthaft beeinträchtigt. Obwohl zum Beispiel Dr. Pepper nur einen kleinen Anteil am Markt für nichtalkoholische Getränke hatte, war der Staat davon überzeugt, daß der vorgeschlagene Aufkauf durch Coca Cola einen deutlichen negativen Effekt auf den Wettbewerb auf einem ohnehin schon hochkonzentrierten Markt haben würde.

Die Bekämpfung von wettbewerbsbeschränkenden Geschäftspraktiken

Zur Wettbewerbsförderung im Sinne der Beschränkung der Konzentration innerhalb einer Branche kommt hinzu, daß der Staat auch wettbewerbsbeschränkendes Verhalten von Unternehmungen kontrolliert und gegebenenfalls verbietet. Hier beginnt die Geschichte mit dem *Federal Trade Commission Act* von 1914. Der erste Satz dieses Gesetzes lautet: „Unfaire Methoden des geschäftlichen Wettbewerbs sind rechtswidrig." Präsident Wilson sah die Aufgabe der neuen Kommission darin „Sachwalter für die schweigenden Konsumenten" zu sein. Seit dieser Zeit hat der Kongreß eine Reihe von Gesetzen verabschiedet, die diese allgemeinen Formulierungen mit konkretem Inhalt füllen.

Viele der wettbewerbsbeschränkenden Verhaltensweisen, um die es dem Staat hier geht, haben mit den Beziehungen zwischen einer Unternehmung und ihren Zulieferern und Händlern zu tun. Dazu gehören Koppelungsverträge, Ausschließlichkeitsbindungen und Preisdiskriminierung. Diesen drei Praktiken sind wir bereits begegnet. Koppelungsverträge zwingen einen Käufer, beim Kauf eines Gutes zusätzlich noch andere Produkte zu kaufen. Eine Ausschließlichkeitsbindung besteht, wenn der Produzent von einer Firma, die sein Produkt verkaufen möchte, verlangt, daß sie keine Konkurrenzprodukte verkauft. Von Preisdiskriminierung spricht man, wenn verschiedene Konsumenten unterschiedlich Preise bezahlen müssen, die nicht durch Kostenunterschiede bei der Belieferung der verschiedenen Konsumenten gerechtfertigt sind. Der *Robinson-Patman-Act* von 1936 verschärfte die Vorschriften gegen Preisdiskriminierung und erleichterte die Verurteilung von Firmen, die solche Praktiken anwenden. Andere Verhaltensweisen, die darauf abzielen, den Marktzutritt zu erschweren oder kartellähnliche Absprachen zu erleichtern (siehe die Kapitel 14 und 15) sind ebenfalls illegal.

Die genaue Definition einer gesetzwidrigen Wettbewerbsbeschränkung hat sich im Lauf der Zeit mit der Interpretation der Antitrust-Gesetze durch die Gerichte verändert. Einige Praktiken, wie zum Beispiel Preisabsprachen, sind *per se* illegal. 1961 wurden General Electric, Westinghouse und andere Produzenten von elektrischen Anlagen deswegen verurteilt. Sie bezahlten Geldstrafen in Millionenhöhe und einige ihrer Manager wanderten ins Gefängnis. Heute gilt jedoch für die meisten Geschäftspraktiken die sogenannte „Vernunftregel". Danach gilt ein Verhalten als akzeptabel, wenn gezeigt werden kann, daß es sich um ein vernünftiges Geschäftsgebaren handelt, das darauf abzielt, die wirtschaftliche Effizienz zu verbessern. Solche Effizienzverbesserungen werden gegen die höheren Preise abgewogen, die aus der Wettbewerbsbeschränkung resultieren.

So wird zum Beispiel Budweiser Bier über ein System von Händlern ausgeliefert, die jeweils für eine bestimmte Region zuständig sind und sich nicht gegenseitig Konkurrenz machen dürfen. Der Justizminister von New York argumentierte, daß solche Alleinvertriebsrechte den Wettbewerb einschränkt und damit die Preise erhöht. Die Firma Anheuser-Busch hat dagegengehalten, daß das System die Bierauslieferung effizienter macht und notwendig ist, um sicherzustellen, daß die Kunden frisches Bier erhalten. Die Firma bestand darauf, daß ihr Verteilungssystem der Vernunftregel entspricht und diese Sichtweise ist bisher von den Gerichten bestätigt worden.

Die Durchsetzung der Antitrust-Gesetze

Heute gibt es sowohl auf der Bundesebene als auch auf der Ebene der Einzelstaaten Antitrust-Gesetze, für die Strafgerichte und Zivilgerichte zuständig sind. Der Staat wird nicht nur aktiv, wenn es darum geht, existierende Monopole zu zerschlagen, sondern auch um Unternehmungen am Aufbau einer übermäßigen Marktmacht zu hindern.

Die Federal Trade Commission und die Antitrust-Abteilung des Justizministeriums sind in erster Linie für die staatlichen Bemühungen um Wettbewerbsförderung zuständig. Die FTC arbeitet wie eine Polizeibehörde und ermittelt, wenn Beschwerden an sie herangetragen werden. Sie kann einzelnen Unternehmungen Ratschläge zur Gesetzesinterpretation erteilen, Richtlinien für ganze Branchen herausgeben, und sogar genaue Regeln und Vorschriften erlassen, denen die Unternehmungen folgen müssen. Wenn notwendig, setzt die FTC diese Entscheidungen gerichtlich durch.

Ein interessanter und umstrittener Aspekt der Antitrust-Gesetze ist die Nutzung der *privaten* Strafverfolgung. Jede Firma, die glaubt, daß sie durch wettbewerbsbeschränkende Geschäftspraktiken einer anderen Firma geschädigt worden ist, kann Klage einreichen und erhält im Erfolgsfall die dreifache Summe des entstandenen Schadens einschließlich der Anwaltsgebühren. Diese Vorschrift soll private Firmen ermutigen, den Staat auf Gesetzesverstöße aufmerksam zu machen. So hat zum Beispiel die Firma MCI gegen ihren Konkurrenten AT&T Klage erhoben und behauptet, daß sie von AT&T durch unfaire Handelspraktiken behindert wurde als sie versuchte, in das Geschäft mit der Vermittlung von Ferngesprächen einzusteigen. Die Jury schätzte, daß MCI aufgrund der Aktivitäten von AT&T Gewinne in Höhe von 600 Mio. $ eingebüßt hatte, und verurteilte AT&T zu Schadensersatzleistungen in der dreifachen Höhe, also 1,8 Mrd. $, an MCI. Höhere Instanzen haben diese Summe dann im Berufungsverfahren wieder reduziert.

Für die private Strafverfolgung bei Antitrust-Gesetzen sprechen zwei Argumente. Erstens sind diejenigen, die durch die wettbewerbsbeschränkenden Verhaltensweisen geschädigt werden, in der besten Position, um einen Gesetzesverstoß aufzudecken. Zweitens kann es sein, daß der Staat aufgrund des potentiellen politischen Einflusses von Kartellen und marktbeherrschenden Firmen diese Gesetze nur halbherzig durchsetzt.

Dagegen steht die Sorge über die steigenden Kosten der Antitrust-Prozesse: die Anzahl der privaten Klagen hat sich zwischen den sechziger und den siebziger Jahren verdoppelt. Viele befürchten auch, daß Unternehmungen die Drohung mit einer Antitrust-Klage dazu nutzen können, um die Kosten einer Konkurrenzfirma in die Höhe zu treiben. So hat zum Beispiel die Firma Chrysler General Motors wegen Verletzung der Antitrust-Gesetze verklagt, als GM ein Joint Venture mit einer japanischen Firma eingehen wollte, dann jedoch die Klage fallen gelassen, als sie einen japanischen Partner für ein eigenes Joint Venture gefunden hatte. Sobald eine Firma ihren Konkurrenten erfolgreich Kunden abgeworben hat, kann sie von diesen wegen unfairen Geschäftspraktiken vor Gericht gebracht werden. So kann es geschehen, daß Unternehmungen bei Kostensenkungen zögern, ihre Preise zu senken, aus Furcht, daß sie wegen Kampfpreisunterbietung angeklagt werden könnten.

Anwendungsbeispiel: Coca Cola und Pepsi im Fusionsfieber

Die Coca Cola Company und die Firma PepsiCo, Inc., beherrschen den Markt für nichtalkoholische kohlensäurehaltige Getränke. Anfang 1986 wollte jede der beiden Unternehmungen durch Firmenkäufe expandieren. Im Januar beantragte PepsiCo den Aufkauf von 7-Up, dem viertgrößten Limonadenhersteller, zu einem Kaufpreis von 380 Mio. $. Im Februar wollte Coca Cola für 470 Mio. $ Dr. Pepper, die drittgrößte Firma am Markt kaufen.

Durch diese Fusionen wären die Marktführer noch größer geworden. CocaCola und PepsiCo hatten bereits Marktanteile von 39 bzw. 28 Prozent; der Umsatz von Dr. Pepper betrug sieben Prozent, der von 7-Up sechs Prozent des Marktes. Die nächstgrößte Firma nach 7-Up war R. J. Reynolds (bekannt für Canada Dry und Sunkist), mit einem Marktanteil von fünf Prozent.

Die Federal Trade Commission kündigte ihren Widerstand gegen die Fusionen an. Um die Auswirkungen einer Fusion auf den Wettbewerb einzuschätzen benutzt der Staat oft den sogenannten Herfindahl-Hirschman-Index (HHI). Der HHI ist die Summe der mit sich selbst multiplizierten Marktanteile. Wenn es in einer Branche nur einen einzigen Anbieter gibt, beträgt der HHI $(100)^2 = 10.000$. Besteht ein Industriezweig aus 1.000 Firmen, mit einem Marktanteil von je 0,1 Prozent, dann ist der HHI $(0,1)^2 \times 1.000 = 10$. Höhere HHI-Werte zeigen also eine geringere Wettbewerbsintensität an.

In den Fusionsrichtlinien der Bundesregierung von 1982 werden drei Kategorien von Märkten unterschieden mit jeweils unterschiedlichen Politikempfehlungen.

HHI	Politikempfehlung
HHI < 1.000: nicht konzentriert	Fusionen sind ohne Einspruch des Staates zu erlauben.
1.000 < HHI < 1.800: mäßig konzentriert	Einspruch, wenn durch die Fusion der HHI um mehr als 100 Punkte steigt.
HHI > 1.800: konzentriert	Einspruch, wenn durch die Fusion der HHI um mehr als 50 Punkte steigt.

Vor den Fusionen wurde ein etwas vereinfachter HHI für die Limonadeindustrie berechnet (unter der Annahme, daß die 15 Prozent des Marktes, die nicht auf das Konto der fünf größten Firmen gingen, gleichmäßig auf 15 kleine Hersteller verteilt sind):

$$HHI = 39^2 + 28^2 + 7^2 + 6^2 + 5^2 + 15(1)^2 = 2.430.$$

PepsiCo hätte durch die Fusion mit 7-Up einen Marktanteil von 34 Prozent erhalten und damit den HHI auf 2.766 erhöht. Durch die beiden beantragten Fusionen zusammen wäre der HHi auf 3.312 gestiegen.

Nachdem die FTC ihren Widerstand angekündigt hatte, gab PepsiCo die Fusionspläne mit 7-Up sofort auf. Coca Cola verfolgte den Aufkauf von Dr. Pepper weiter, bis im August 1986 ein Bundesgericht entschied, daß dieser Plan ein völlig ungeschminkter und durch keinerlei erkennbaren Vorteil gerechtfertigter Versuch sei, die Konkurrenz auszuschalten.

Das Gerichtsverfahren brachte jedoch ein Geheimnis ans Licht. Im Prozeß wurden firmeninterne Notizen veröffentlicht, die entstanden waren, nachdem PepsiCo ein Kaufangebot für 7-Up abgegeben hatte. In diesen Notizen drückten Manager von Coca Cola die Befürchtung aus, daß die FTC trotz der Fusionsrichtlinien die PepsiCo-Fusion genehmigen könnte. Durch die Ankündigung der Pläne zum Aufkauf von Dr. Pepper hoffte Coca Cola, die FTC dazu zu bringen, beide Fusionen zu blockieren, wie es dann auch tatsächlich geschah. Damit wollte man verhindern, daß PepsiCo durch einen Fusion so groß werden könnte wie Coca Cola.

Quellen: Timothy K. Smith und Scott Kilman, „Coke to Acquire Dr. Pepper Co. for $470 Million," Wall Street Journal, 21. Februar 1986, S. 2; Andy Pastor und Timothy K. Smith, „FTC Opposes Purchase Plans by Coke, Pepsi;" Wall Street Journal, 23. Juni 1986, S. 2. Pasztor und Smith, „Coke Launched Dr. Pepper Bid to Scuttle Plans by PepsiCo, Documents indicate," Wall Street Journal, 29. Juli 1986, S. 3; Pasztor und Smith, „Coke's Plan to Buy Dr. Pepper is Blocked by U.S. Judge, Pending Decision by FTC," Wall Street Journal, 1. August 1986, S.3.

Aktuelle Antitrust-Kontroversen

Wie und wann genau die Antitrust-Gesetze durchgesetzt werden sollen, ist noch immer eines der umstrittensten Themen der Wirtschaftspolitik. In den vergangenen Jahren hat sich die Kontroverse auf zwei Hauptfragen konzentriert.

Erstens geht es darum, unter welchen Voraussetzungen die Fusion konkurrierender Firmen genehmigt werden soll. 1982 hat sich die Regierung neue Richtlinien für solche Fusionen gegeben, die vielen Kritikern nicht streng genug sind. Die Befürworter der lockereren Regeln argumentierten, daß auf den heutigen globalisierten Märkten der Wettbewerb beinahe immer stark genug ist, um niedrige Preise und wirtschaftliche Effizient sicherzustellen. Jede Unternehmung, die versuchen würde, eine Monopolposition zu nutzen, um einen zu hohen Preis zu fordern, oder die ihre Kosten nicht unter Kontrolle hätte, wäre sofort einem heftigen Ansturm der Konkurrenz ausgesetzt. Eine solche Firma könnte eine Monopolposition höchstens für eine kurze Zeit halten. So haben Ricoh, Canon und viele andere der Firma Xerox ihre Monopolposition bei Kopierern genommen, und auf dem Filmmarkt greift Fuji derzeit die dominierende Stellung von Kodak an. Darüber hinaus, so wird argumentiert, bestrafen alle Versuche, die Firmengröße zu beschränken, die erfolgreicheren Unternehmungen und behindern die Nutzung von Größen- und Verbundvorteilen. Da ausländische Regierungen ihre eigenen Firmen keinen ähnlichen Beschränkungen unterwerfen, würden amerikanische Unternehmungen dadurch benachteiligt. Nur große Firmen können groß angelegte Forschungsvorhaben finanzieren, die notwendig sind, um die Wettbewerbsfähigkeit der USA zu erhalten.

Die Kritiker dieser Sichtweise geben zu bedenken, daß man sich auf den internationalen Wettbewerb nicht verlassen kann, auch wenn natürlich der Wettbewerb durch die internationale Konkurrenz intensiver wird. Darüber hinaus bezweifeln sie die Bedeutung von Skalen- und Verbundvorteilen. Viele der führenden amerikanischen Exportunternehmungen sind relativ kleine Firmen wie zum Beispiel Compac Computer. Und ein intensiverer Wettbewerb zwischen den Anbietern in den Vereinigten Staaten ist wegen der niedrigeren Preise nicht nur für die Konsumenten von Vorteil, sondern verbessert auch die Konkurrenzfähigkeit der amerikanischen Unternehmungen im Ausland.

Zweitens ist umstritten, wie der Staat mit wettbewerbsbeschränkenden Verhaltensweisen umgehen sollte - insbesondere mit bestimmten Klauseln in den Verträgen mit Kunden und Zulieferern wie Ausschließlichkeitsbindungen, Koppelungsverträgen und Alleinvertriebsrechten, also den sogenannten vertikalen Wettbewerbsbeschränkungen, die wir in Kapitel 15 diskutiert haben. Einige sind mit Richard Posner (früher an der Universität von Chicago, heute Bundesrichter) der Meinung, daß der Wettbewerb im Großen und Ganzen wirksam ist, und daß für solche Geschäftspraktiken eine Legalitätsvermutung gelten solle. Andere, wie Steven Salop von der Georgetown Law School, glauben, daß der Wettbewerb sehr oft unvollkommen ist. Aus Untersuchungen der angeblichen Effizienzvorteile dieser Praktiken ziehen diese Beobachter den Schluß, daß das typische Motiv die weitere Einschränkung des Wettbewerbs ist. Wenn überhaupt eine Veränderung der gegenwärtigen Vernunftregel nötig sein sollte, so plädieren sie für die Vermutung, daß diese Praktiken wettbewerbsbeschränkenden Charakter haben. Die Beweislast läge dann bei den Unternehmungen, die sich solcher Praktiken bedienen. Sie müßten nachweisen, daß die Effizienzgewinne größer sind als die Nachteile durch den verringerten Wettbewerb.

Zusammenfassung

1. Mit Monopolen und unvollkommener Konkurrenz sind vor allem die folgenden vier Probleme verbunden: Produktionseinschränkungen; nachlässiges Management; Mangel an Anreizen zum technischen Fortschritt; und Ressourcenverschwendung durch Rent-Seeking.

2. Da bei einem natürlichen Monopol die Durchschnittskosten in dem für die Marktnachfrage maßgeblichen Outputbereich sinken, kann eine große Unternehmung ihre Konkurrenten unterbieten. Jeder Versuch des Staates, einen Preis in Höhe der Grenzkosten (wie bei vollkommener Konkurrenz) durchzusetzen, zwingt die Firma, Verluste zu machen, weil im natürlichen Monopol die Grenzkosten unter den Durchschnittskosten liegen.

3. Wenn der Staat ein natürliches Monopol als öffentliche Unternehmung führt, kann er Preise und Outputmengen direkt bestimmen. Er setzt die Unternehmung damit aber auch politischem Druck aus und riskiert eine ineffiziente Unternehmensführung.

4. In den Vereinigten Staaten werden natürliche Monopole staatlich reguliert. Die Regulierungsbehörde versucht, die Preise so niedrig und den Output so hoch zu setzen, daß die Unternehmung gerade noch kostendeckend arbeiten kann. Auf die verantwortlichen Beamten wird aber oft politischer Druck ausgeübt, damit sie Quersubventionierung zulassen und sie werden auch oft von den regulierten Unternehmungen beeinflußt oder abgeworben.

5. In manchen Fällen kann der Wettbewerb die Preise ebenso wirkungsvoll niedrig halten wie Staatseigentum oder staatliche Regulierung.

6. Die Antitrust-Politik fördert den Wettbewerb einerseits dadurch, daß es jeder Firma schwerer gemacht wird, einen Markt zu beherrschen, und andererseits dadurch, daß wettbewerbsschädigende Verhaltensweisen eingeschränkt werden.

7. Nach der „Vernunftregel" können sich Unternehmungen gegen den Vorwurf der Wettbewerbsschädigung mit der Behauptung verteidigen, daß ihr Verhalten gleichzeitig die Wirtschaftlichkeit erhöht. In solchen Fällen müssen die Gerichte oft entscheiden, ob die potentiellen Effizienzgewinne durch die beanstandeten Geschäftspraktiken schwerer wiegen als ihre potentiellen wettbewerbsschädigenden Wirkungen.

Schlüsselbegriffe

horizontale Zusammenschlüsse   vertikale Zusammenschlüsse   Quersubventionierung
Wettbewerbspolitik   Nettowohlfahrtsverlust

Wiederholungsfragen

1. Was meint ein Wirtschaftswissenschaftler mit der Aussage, daß ein Monopoloutput „zu gering" oder ein Monopolpreis „zu hoch" sei? Womit wird das Marktergebnis im Monopol verglichen?

2. Warum hat ein Monopolist möglicherweise keinen Anreiz, die Kosten so niedrig wie möglich zu halten?

3. Warum hat ein Monopolist möglicherweise keinen Anreiz, Forschungs- und Entwicklungsmöglichkeiten aggressiv zu verfolgen?

4. Welche Ausgaben eines Monopolisten könnte man aus gesamtgesellschaftlicher Sicht für Verschwendung halten?

5. Erläutern Sie, warum die Grenzkostenkurve im natürlichen Monopol unterhalb der Durchschnittskostenkurve liegt. Welche Folgen ergeben sich daraus?

6. Welches Problem entsteht unweigerlich, wenn der Staat ein natürliches Monopol so reguliert, daß der Preis den Grenzkosten entspricht? Wie kann der Staat durch Übernahme der Firma in staatliche Verantwortung oder durch Regulierung mit diesem Problem umgehen? Welche anderen Probleme entstehen jeweils wieder durch diese Lösungen?

7. Was ist mit der Vereinnahmen von Regulierungsbehörden gemeint?

8. Erklären Sie den Unterschied zwischen einem horizontalen und einem vertikalen Zusammenschluß.

9. Erläutern Sie, welche Maßnahmen der Staat einsetzt, um das Erlangen einer marktbeherrschenden Stellung zu erschweren und um wettbewerbsschädigende Verhaltensweisen einzuschränken. Welche Probleme tauchen bei der Umsetzung der Wettbewerbspolitik auf? Schildern Sie die aktuellen Kontroversen zu diesem Thema.

Aufgaben

1. Vor der Deregulierung der Telekommunikationsindustrie im Jahr 1984 war AT&T der einzige Vermittler von Orts- und Ferngesprächen. Einige Firmen haben argumentiert, daß sie Ferngespräche zwischen den großen Städten billiger anbieten könnten als AT&T. AT&T war aber dagegen, diesen Firmen zu erlauben, ausschließlich im Fernvermittlungsbereich tätig zu werden. Wenn diese anderen Firmen (die keinen technologischen Vorteil hatten) Ferngespräche tatsächlich billiger hätten anbieten können, was folgt daraus über die Quersubventionierung zwischen Orts- und Ferngesprächen bei AT&T? Was wäre geschehen, wenn man von AT&T verlangt hätte, Ortsgespräche weiterhin zum gleichen Tarif anzubieten, und gleichzeitig im Ferngesprächsektor Wettbewerb zugelassen hätte?

2. „Die Geschichten von Hammern für 400 $ und Toilettensitzen für 1.000 $, die vom Verteidigungsministerium gekauft worden sind, beweisen, daß der private Sektor effizienter ist als der öffentliche Sektor." Kommentieren Sie diese Aussage.

3. Welches Anreizproblem taucht auf, wenn die Regulierungsbehörde sicherstellen will, daß ein natürliches Monopol kostendeckend arbeiten kann?

4. Erläutern Sie, warum ein gewisser, wenn auch unvollkommener Wettbewerb für die Konsumenten im Vergleich zu einem unregulierten natürlichen Monopol eine Verbesserung darstellen kann. Warum ist ein solcher Wettbewerb für die Konsumenten nicht

so vorteilhaft wie eine extrem geschickte Regulierungsbehörde und warum ist er möglicherweise besser als viele real existierenden Regulierungsbehörden?

5. Sollte man in Gerichtsverfahren wegen der Verletzung von Antitrust-Gesetzen Effizienzgewinne als Verteidigungsargument gelten lassen?

Kapitel 17

Technischer Wandel

Im zwanzigsten Jahrhundert waren die Vereinigten Staaten lange Zeit führend bei der Entdeckung und Anwendung neuer Technologien. Alexander Graham Bell und das Telefon, die Brüder Wright und das Flugzeug, Thomas Edison und eine ganze Reihe von elektrischen Geräten - das waren alles bekannte Erfolgsgeschichten. Diese Tradition amerikanischer Erfindungen und Innovationen setzte sich mit Produkten wie dem Transistor und dem Laser fort. Amerikanische Firmennamen wie IBM, Eastman Kodak und Xerox wurden zu Synonymen für die neuen Produkte, die diese Firmen auf den Markt brachten. In jüngerer Zeit haben Intel, Microsoft und Genentech aufgrund ihrer Innovationen schnelles Wachstum und finanziellen Erfolg erlebt.

Die große Stärke der Marktwirtschaft ist ihre Fähigkeit, die Produktivität zu erhöhen, den Lebensstandard zu heben und neue Produkte auf den Markt zu bringen. Dennoch wird in dem einfachen Wettbewerbsmodell, das wir in Teil II in den Mittelpunkt gestellt haben, der Stand der Technik als gegeben angenommen.

Um zu verstehen, wodurch das Innovationstempo bestimmt wird, müssen wir also über das Standard-Wettbewerbsmodell hinausgehen.

Erstens herrscht in Branchen, in denen der technische Fortschritt eine große Rolle spielt, beinahe zwangsläufig unvollkommene Konkurrenz. Zweitens geht das Modell der vollkommenen Konkurrenz davon aus, daß Haushalte und Unternehmungen sich den gesamten Nutzen ihrer Aktivitäten selbst aneignen und die gesamten Kosten selbst tragen. Diese Annahme berücksichtigt die externen Effekte nicht, die durch den technologischen Wandel verursacht werden. Zweifellos haben wir alle von den vielen Erfindungen, die im vergangenen Jahrhundert gemacht wurden, profitiert. Man stelle sich nur einmal vor, wie das Leben ohne Radio, Fernsehen, Autos, Flugzeuge, Waschmaschinen und Geschirrspülmaschinen aussehen würde. Alexander Graham Bell, Henry Ford und die Brüder Wright sind für ihre Erfindungen belohnt worden, einige davon sogar sehr reichlich. Aber die Kreation dieser neuen Produkte verschafft den Konsumenten einen Nutzen, der über das, was sie dafür bezahlen müssen, weit hinausgeht. Erfindungen haben bestimmte Eigenschaften von öffentlichen Gütern und verursachen externe Effekte.

In diesem Kapitel zeigen wir zunächst, warum technologischer Wandel unweigerlich mit unvollkommener Konkurrenz verknüpft ist. Dann diskutieren wir die Eigenschaften, die der technische Fortschritt mit den öffentlichen Gütern gemeinsam hat, sowie die alternativen Wege der Forschungsförderung.

17.1 Technischer Wandel und unvollkommener Wettbewerb

In modernen Volkswirtschaften besteht ein großer Teil des Wettbewerbs in dem ständigen Versuch, neue Produkte und neue Produktionsmethoden für bereits existierende Produkte zu entwickeln. Die Unternehmungen verwenden beträchtliche Ressourcen auf Forschung (die Entdeckung neuer Ideen, Produkte und Prozesse) und Entwicklung (die Vervollkommnung eines neuen Produkts bis zur Marktreife). In Branchen, bei denen der technologische Wandel und die Forschungs- und Entwicklungsaktivitäten eine große Rolle spielen, wie zum Beispiel in der Computer- und in der Pharmaindustrie, bemühen sich die Unternehmungen, durch neue und (zumindest in den Augen der Konsumenten) bessere Güter oder kostengünstigere Produktionsmethoden Gewinne zu machen. Nur durch solche Gewinne können sich die Investitionen in Forschung und Entwicklung (F&E) auszahlen.

Technologischer Wandel und unvollkommener Wettbewerb sind zwangsläufig miteinander verbunden, und zwar aus vier Gründen. Erstens muß man Erfindungen durch Patente vor dem Wettbewerb schützen, um die Innovation anzuregen, denn nur so können sich die Forschungs- und Entwicklungsausgaben auszahlen. Patente haben den einzigen Zweck, den Wettbewerb zu beschränken. Zweitens haben Branchen, für die der technische Wandel besonders wichtig ist, typischerweise hohe Fixkosten. Das impliziert fallende Durchschnittskosten über einen großen Outputbereich, ebenfalls eine Eigenheit, die den Wettbewerb beschränkt. Drittens ist es für Branchen mit schnellem technologischem Wandel typisch, daß die zunehmende Erfahrung mit einer neuen Produktionsmethode sich in einem drastischen Kostenrückgang ausdrückt. Und schließlich ist es schwierig, für neue und kleine Unternehmungen Kapital aufzutreiben, weil die Banken F&E-Aktivitäten im allgemeinen nicht finanzieren. Alle diese Gründe erschweren den Marktzutritt und verringern den Wettbewerb im Sinne des Standard-Wettbewerbmodells.

Patente

Wie wir schon in Teil Eins gesehen haben, ermächtigt die Verfassung der Vereinigten Staaten den Kongreß, „Autoren und Erfindern für eine begrenzte Zeit das alleinige Recht auf die Verwertung ihrer Schriften und Entdeckungen" zu gewähren. Wirtschaftswissenschaftler bezeichnen den Output solcher kreativer Aktivitäten als **geistiges Eigentum**. Die „begrenzte Zeit" des Patentschutzes beträgt gegenwärtig 17 Jahre. Während dieser Zeit dürfen andere Produzenten das geschützte Produkt nicht herstellen, und sie dürfen ohne die Erlaubnis des Patentinhabers die Erfindung nicht einmal für die Herstellung ihrer eigenen Produkte nutzen. Ein Patentinhaber kann anderen die Nutzung seines Patents oder den Verkauf seiner Produkte erlauben und erhält dafür eine Patentgebühr.

Der *Trade-off* zwischen kurzfristiger Effizienz und Innovation

Das Patentwesen garantiert dem Erfinder ein zeitweiliges Monopol und ermöglicht
es ihm dadurch, sich einen Teil der Erträge aus seiner Erfindung selbst anzueig-
nen. In Kapitel 16 haben wir gesehen, daß ein Monopolist im Vergleich zu Anbietern bei vollkommenem Wettbewerb eine geringere Menge zu höheren Preisen auf
den Markt bringt. Warum billigt der Staat trotzdem diese Monopole?

In Kapitel 13 ging es um die Frage, warum der vollkommene Wettbewerb, bei dem
Preis und Grenzkosten übereinstimmen, wirtschaftliche Effizienz garantiert. Dort
sind wir von einer gegebenen Technologie ausgegangen. Diese Art der wirtschaftlichen Effizienz, bei der Erfindungen und Innovationen nicht berücksichtigt sind,
bezeichnen wir als **statische Effizienz**.

Langfristig ist eine Volkswirtschaft nur dann effizient, wenn es gelingt, zwischen
dieser kurzfristigen Betrachtungsweise und dem langfristigen Ziel der Förderung
von Forschung und Innovation die richtige Balance zu finden. Innovation ist nur
möglich, wenn die Firmen für ihre Investitionen einen Ertrag erhalten, und das
setzt wiederum ein gewisses Maß an Monopolmacht voraus. Wenn in einer
Volkswirtschaft diese kurz- und langfristigen Anliegen im richtigen Gleichgewicht
sind, sprechen wir von **dynamischer Effizienz**.

Eine wichtige patentrechtliche Bestimmung, welche die Balance zwischen der statischen Effizienz und den für die dynamische Effizienz notwendigen Innovations-
anreizen beeinflußt, ist die **Lebensdauer des Patents**. Wenn Patente nur für eine
kurze Zeit gelten, dann ist der Innovationsanreiz geringer als in einer Situation, in
welcher der Patentschutz und damit auch das Monopol über einen längeren Zeitraum bestehen bleiben, aber gleichzeitig ist die Wirtschaft statisch betrachtet effizienter. Haben Patente dagegen eine lange Lebensdauer, dann ist der Innovationsanreiz groß, aber der Nutzen aus der Innovation ist beschränkt. Insbesondere
müssen die Konsumenten lange Zeit warten, bis die Preise fallen. Die siebzehnjährige Lebensdauer der Patente in den USA ist ein Versuch, zwischen den Interessen
der Konsumenten und denjenigen der Firmen, die in Forschung und Entwicklung
investieren, einen Kompromiß zu finden.

Ein Beispiel: Die Firma Süßmelonen

Abbildung 17.1 zeigt die Wirkung eines Patents der Firma Süßmelonen für eine
neue billigere Methode zur Gewinnung von gefrorenem Wassermelonensaft. Der
Einfachheit halber sind die Grenzkosten der Produktion in diesem Beispiel konstant. Vor der Innovation hatten alle Hersteller die gleichen Grenzkosten c_0. Die
Innovation der Firma Süßmelonen reduziert die Grenzkosten auf c_1. Angenommen, die Branche stand vor der Innovation in vollkommenem Wettbewerb, so daß
der Preis den Grenzkosten c_0 entsprach. Jetzt ist jedoch die Firma Süßmelonen in
der Lage, ihre Konkurrenten zu unterbieten. Mit dem Patentschutz verkauft die

Unternehmung das Gut für einen Preis, der etwas unterhalb von p_0 liegt. Ihre Konkurrenten müssen den Markt verlassen, denn zu diesem neuen, niedrigeren Preis können sie ihre Kosten nicht decken. Die Firma Süßmelonen hat damit den gesamten Markt für sich erobert. Sie verkauft die Menge Q_1 zum Preis p_1 und macht einen Stückgewinn von AB. Der Gesamtgewinn entspricht der schattierten Fläche $ABCD$. Die Innovation lohnt sich, wenn die Gewinne die Forschungskosten überwiegen. (Diese Gewinne kann man sich als Rente für die überlegene Technologie der Firma vorstellen.)

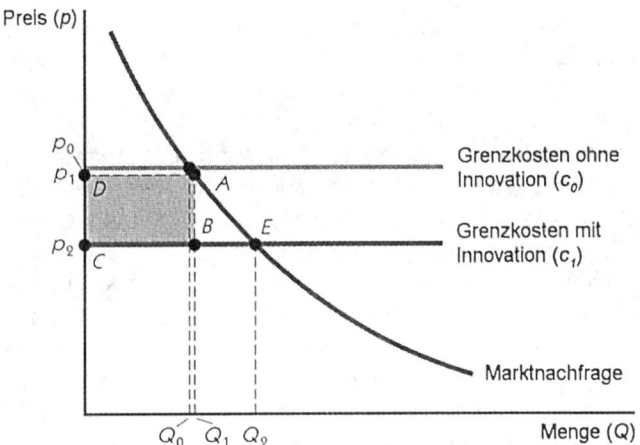

Abbildung 17.1   Die wirtschaftlichen Auswirkungen von Patenten. Hier hat eine Innovation die Grenzkosten der Produktion von c_0 auf c_1 reduziert. Vor der Innovation war $p_0 = c_0$ der Gleichgewichtspreis. Ein Erfinder mit einem Patent wird den Preis jedoch auf p_1 senken, also etwas unter p_0, und wird die Menge Q_1 verkaufen. Der Gesamtgewinn entspricht der schattierten Fläche $ABCD$. Wenn der Patentschutz ausläuft, kehren die Konkurrenten auf den Markt zurück, der Preis sinkt auf $p_2 = c_1$, und die Gewinne fallen auf null.

Wenn der Patentschutz ausläuft, kommen andere Unternehmungen auf den Markt und nutzen die kostengünstigere Technologie. Der Wettbewerb drückt den Preis auf die neuen niedrigeren Grenzkosten c_1 und der Output steigt auf Q_2. Der neue Gleichgewichtspunkt ist E. Hier sind die Konsumenten deutlich bessergestellt. Die statische Effizienz hat sich verbessert, denn der Preis entspricht den Grenzkosten. Aber die Firma Süßmelonen erhält keinen weiteren Ertrag für ihre Forschungs- und Entwicklungsausgaben.

Gäbe es keinen Patentschutz, so würden die Konkurrenten das neue Entsaftungs-
verfahren sofort kopieren, und der Preis würde auf c_1 fallen, sobald die Innovation
verfügbar wäre. Die Firma Süßmelonen würde absolut keinen Gewinn erzielen. (In
der Praxis beansprucht die Nachahmung natürlich Zeit. Während dieser Zeit
könnte die Unternehmung aus der Innovation zumindest einigen Gewinn ziehen.)
Wäre der Patentschutz dagegen dauerhaft, dann hätten die Konsumenten nur einen
geringen Nutzen aus der Innovation, da keine Preiskonkurrenz stattfinden könnte.
Der Output wäre mit Q_1 nur wenig höher als vor der Innovation, und der Preis
bliebe hoch.

Der Umfang des Patentschutzes

Der Umfang des Patentschutzes ist so wichtig wie seine Dauer. Stellen wir uns vor,
jemand macht eine Erfindung, die einem bereits patentierten Produkt ähnlich, aber
nicht damit identisch ist. Dann stellt sich die Frage, ob diese Variante ebenfalls
patentiert werden kann, oder ob das ursprüngliche Patent auch Produkte mit geringfügigen Veränderungen umfaßt. In Kapitel 1 haben wir den Patentanspruch
von George Baldwin Selden diskutiert, der argumentierte, daß sein Patent alle
selbstgetriebenen Benzinfahrzeuge umfaßt. Er versuchte, Henry Ford und andere
Pioniere der Automobilindustrie zur Zahlung von Patentgebühren zu zwingen, aber
Ford hat diesen Anspruch erfolgreich abgewehrt. In jüngerer Zeit hat es im Zusammenhang mit der Gentechnologie und mit der Supraleitfähigkeit patentrechtliche Kontroversen gegeben. Dabei geht es zum Beispiel darum, ob eine Unternehmung, die einen Teil eines Gens dekodiert und eine Nutzung für diese
Erbinformation findet, dafür ein Patent erhalten kann, und ob dieses Patent gegebenenfalls nur den betreffenden Teil oder das ganze Gen umfaßt.

Die ursprünglichen Erfinder wünschen sich natürlich einen möglichst breiten Patentschutz, der ihr eigenes Produkt und alle verwandten Produkte umfaßt. Die Zu-
spätgekommenen plädieren für einen möglichst engen Patentschutz, damit sie Varianten und Anwendungen herstellen können, ohne Patentgebühren bezahlen zu
müssen. Wie so oft in der Wirtschaftswissenschaft haben wir es hier mit einem
Trade-off zu tun. Ein umfangreicher Patentschutz stellt sicher, daß der Ersterfinder
einen größeren Gewinn aus seiner Innovation ziehen kann. Ein zu breiter Patentschutz behindert Folgeinnovationen, da der Gewinn anderer Firmen, welche die
Idee weiterentwickeln, durch die Patentgebühren, die sie an den ursprünglichen Erfinder bezahlen müssen, aufgesogen wird.

Firmengeheimnisse

Wenn Patente dazu dienen, dem Erfinder Gewinne zu sichern, ist auf den ersten
Blick unverständlich, warum viele Firmen für ihre neuen Produkte und Prozesse
keinen Patentschutz beantragen. Ein Hauptgrund dafür liegt darin, daß man ein
Patent nur erhält, wenn man die Einzelheiten seiner Erfindung enthüllt, eine In-

formation, die für die Forschungs- und Entwicklungsprogramme der Konkurrenz außerordentlich hilfreich sein kann.

Um solche Enthüllungen zu vermeiden, ziehen es Firmen manchmal vor, ihre Innovationen als **Firmengeheimnis** zu behandeln. Ein Firmengeheimnis ist eine Innovation oder das Wissen über einen Produktionsprozeß, das eine Firma anderen nicht zugänglich machen will. Firmengeheimnisse spielen in der Metallurgie eine große Rolle, wo neue Legierungen in der Regel nicht patentiert werden. Firmengeheimnisse haben gegenüber Patenten einen großen Nachteil. Wenn eine Konkurrenzfirma unabhängig vom Ersterfinder den selben Prozeß zum Beispiel für eine Metallegierung entdeckt, kann sie das Verfahren nutzen, ohne Patentgebühren zu bezahlen, obwohl sie es nicht als erste entdeckt hat.

Einen Teil des Gewinns aus einer Erfindung kann der Erfinder schon dadurch einheimsen, daß er der erste am Markt ist. Typischerweise hat eine Firma, die ein Produkt zuerst einführt, einen entschiedenen Vorteil gegenüber den Konkurrenten, denn sie kann Markentreue und Reputation aufbauen. Für Nachzügler ist es oft schwer, in einen solchen Markt einzudringen, selbst wenn sie weder durch ein Patent noch durch ein Firmengeheimnis daran gehindert werden.

Forschung und Entwicklung als Fixkosten

Patente und Firmengeheimnisse sind nicht die einzigen Gründe dafür, daß in Branchen, in denen der technische Wandel eine große Rolle spielt, in der Regel keine vollständige Konkurrenz herrscht. Eine weitere Erklärung liegt darin, daß Forschungs- und Entwicklungsausgaben Fixkosten sind. Das heißt, daß die Kosten einer Erfindung nicht davon abhängig sind, wie oft diese Idee in der Produktion genutzt wird.[1] Die Höhe der Fixkosten ist einer der Faktoren, welche die Wettbewerbsintensität in einer Branche bestimmen. Je höher die Fixkosten im Vergleich zur Marktgröße sind, desto wahrscheinlicher ist es, daß es auf diesem Markt nur wenige Anbieter und einen unvollkommenen Wettbewerb geben wird.

Da die Ausgaben für Forschung und Entwicklung Fixkosten sind, nehmen die Durchschnittskosten in Branchen mit hohen Forschungs- und Entwicklungsausgaben über einen weiten Outputbereich hinweg ab. In Kapitel 11 haben wir gesehen, daß Unternehmungen typischerweise U-förmige Durchschnittskostenkurven haben. Fixkosten bedeuten, daß die Durchschnittskosten zunächst mit wachsender Stückzahl abnehmen; aber aus all den Gründen, die wir in Kapitel 11 diskutiert haben, nehmen sie jenseits eines bestimmten Outputniveaus wieder zu. Bei hohen Fixko-

---

[1] Die Forschungs- und Entwicklungsausgaben selbst können variieren. Unterschiede im Ausgabenniveau haben einen Einfluß darauf, wann neue Produkte auf den Markt gebracht werden können, und ob eine Firma den Wettlauf um ein neues Produkt gewinnen kann.

sten haben große Firmen niedrigere Stückkosten als kleine Firmen und damit einen Wettbewerbsvorteil (siehe Abbildung 17.2). In Branchen mit hohen Fixkosten findet man deswegen tendenziell relativ wenige Anbieter und unvollkommenen Wettbewerb. Es ist deshalb nicht überraschend, daß die Chemieindustrie, in der Forschung und Entwicklung eine außerordentlich wichtige Rolle spielen, hochkonzentriert ist.

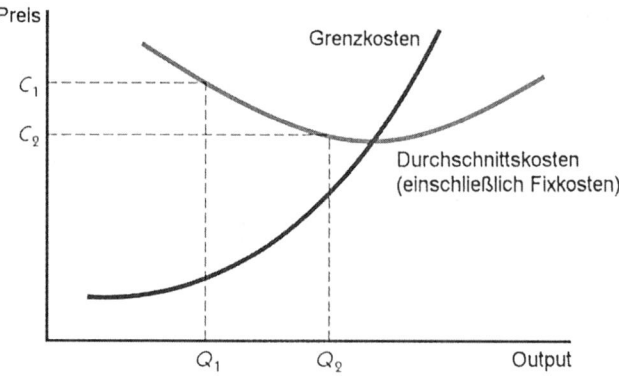

Abbildung 17.2   Die Kosten für Forschung und Entwicklung. Die Ausgaben für Forschung und Entwicklung sind Fixkosten, deren Höhe nicht von der Produktionsmenge abhängt. In Branchen mit hohen F&E-Ausgaben sind über einen weiten Outputbereich hinweg sinkende Stückkosten zu beobachten. Firmen mit niedrigen Produktionsmengen (Q_1) haben höhere Durchschnittskosten als solche mit höheren Produktionsmengen (Q_2).

Mit zunehmender Größe haben Unternehmungen auch einen größeren Anreiz, sich mit Forschung zu befassen. Angenommen, eine kleine Firma produziert eine Million Kugelschreiber pro Jahr. Wenn sie eine bessere Produktionstechnologie entdeckt, die ihre Kosten um einen Dollar pro Kugelschreiber verringert, spart sie 1 Mio. $ pro Jahr. Eine große Firma, die 10 Mio. Kugelschreiber pro Jahr herstellt, kann mit der gleichen Entdeckung 10 Mio. $ sparen. Große Firmen haben also auch einen größeren Anreiz, sich in Forschung und Entwicklung zu engagieren, und durch dieses Engagement können sie wiederum schneller wachsen als ihre kleineren Konkurrenten.

Die F&E-Abteilung einer großen Firma hilft ihr, einen Wettbewerbsvorteil zu gewinnen, kann jedoch gleichzeitig auch Managementprobleme verursachen. Es kann leicht passieren, daß besonders innovative Mitarbeiter in der bürokratischen Umgebung einer großen Unternehmung Erstickungsgefühle bekommen und sich für ihren Forschungseinsatz nicht angemessen entlohnt fühlen. In der Computerindustrie zum Beispiel haben viele fähige Leute die größeren Unternehmungen verlassen und eigene Firmen gegründet.

Im Bereich der Innovation hat also die Größe gleichzeitig Vor- und Nachteile. Wichtige Erfindungen wie das Nylon, der Transistor und der Laser sind von großen Unternehmungen gemacht worden; andererseits haben kleine Firmen und individuelle Erfinder die Apple-Computer, die Polaroid-Kameras und den Kodak-Film entwickelt und sind aufgrund ihres Erfolgs zu großen Firmen geworden. Ein Ziel der Wettbewerbspolitik ist es, eine wirtschaftliche Umgebung zu erhalten, in der kleine, innovative Firmen gegen die etablierten Riesen erfolgreich konkurrieren können.

Learning by Doing

Manche Produktivitätsfortschritte sind nicht das Ergebnis gezielter Forschungs- und Entwicklungsaufwendungen, sondern ein zufälliges Nebenprodukt der Produktion selbst. Wenn Firmen in der Produktion Erfahrung sammeln, sinken ihre Kosten. Diese Art von technologischem Fortschritt nennt man *learning by doing* (lernen durch Tun). Der systematische Zusammenhang zwischen der kumulativen Produktionserfahrung und den Kosten wird **Lernkurve** genannt und wurde zuerst in der Flugzeugindustrie entdeckt, wo man beobachten konnte, daß die Produktionskosten dramatisch fallen, sobald man mehr Flugzeuge eines bestimmten Typs produziert hat.

Die Tatsache, daß die Grenzkosten mit der Produktionsmenge (und der gesammelten Erfahrung) abnehmen, ist der dritte Grund, warum technischer Fortschritt und unvollständige Konkurrenz miteinander verknüpft sind. Die älteste Unternehmung einer Branche hat gegenüber den anderen Firmen einen besonderen Vorteil. Die Erfahrung der ältesten Firma überträgt sich höchstens teilweise, aber niemals vollständig auf andere Firmen. Aufgrund des Wissens, das die älteste Firma gewonnen hat, liegen ihre Kosten unter denen der potentiellen Konkurrenten, und dadurch kann sie diese immer unterbieten. Deshalb zögern potentielle Konkurrenten, einen Markt zu betreten, auf dem *learning by doing* einen bedeutenden Einfluß auf die Kosten hat. Aus dem gleichen Grund gehen Unternehmungen davon aus, daß die Gewinne aus einem Produkt, bei dem *learning by doing* einen großen Nutzen bringt, relativ sicher sind. So wie Unternehmungen um die Wette forschen, um als erste ein bestimmtes Patent anmelden zu können, so wetteifern sie auch darum, als erste ein Produkt anzubieten, das eine steile Lernkurve hat. Dieses Verhalten kann man zum Beispiel in der Mikrochip-Industrie allgemein beobachten.

Wenn *learning by doing* eine große Rolle spielt, produzieren die Unternehmungen mehr als diejenige Menge, bei der Grenzerlös und gegenwärtige Grenzkosten übereinstimmen, denn diese Mehrproduktion in der Gegenwart reduziert die zukünftigen Produktionskosten. Dabei hängt der Umfang der Mehrproduktion davon ab, wie steil die Lernkurve ist.

Unter die Lupe genommen: Eli Whitney und die Entkörnungsmaschine

Ein Patent ist nicht unbedingt eine Garantie dafür, daß der Erfinder mit seiner Entdeckung einen Ertrag erwirtschaften kann. Andere können sein Patentrecht verletzen, das heißt, sie können die Idee verwenden, ohne dafür zu bezahlen. In diesem Fall muß der Erfinder sie verklagen. Prozesse wegen Patentrechtsverletzungen sind häufig. In den letzten Jahren hat Apple Computer gegen Microsoft prozessiert und Polaroid gegen Kodak, um nur zwei derartige Fälle zu nennen. Eines der berühmtesten Beispiele dafür, daß ein Erfinder Schwierigkeiten hatte, sein Patentrecht durchzusetzen, ist Eli Whitney mit seiner Entkörnungsmaschine. Gegen Ende des achtzehnten Jahrhunderts war die Textilindustrie in England und den nordamerikanischen Staaten in vollem Gang, aber es kam ständig zu Engpässen bei der Baumwolle. Die Baumwollsorte, die in den Südstaaten angebaut wurde, hätte den Bedarf decken können, aber jemand mußte eine kostengünstige Methode finden, um die Samen von der Baumwolle zu trennen. Zu diesem Zweck erfand Eli Whitney die Baumwollentkörnungsmaschine. Whitney tat, was man von einem Erfinder erwartet. Er bewarb sich um ein Patent und erhielt es im Jahr 1794. Er fand einen Partner für die Finanzierung und gründete eine Unternehmung, um die Maschinen herzustellen. Die Entkörnungsmaschine stellte sich als ein wahres Wunderwerk heraus, das den amerikanischen Südstaaten den Wohlstand brachte. Aber Whitney erhielt nur wenig von dem Ertrag.

Das Problem bestand darin, daß Whitneys Maschine gleichzeitig sehr effektiv und sehr einfach war. Für die Baumwollpflanzer war es leicht, die Entkörnungsmaschine zu kopieren und einige kleinere Veränderungen vorzunehmen. Wenn Whitney wegen einer Patentverletzung klagte, tendierten die Gerichte in den Baumwollstaaten dazu, festzustellen, daß sein Patentrecht nicht wirklich verletzt worden war. Schließlich einigten sich die Staaten South Carolina, North Carolina, Tennessee und Georgia darauf, Whitneys Rechte gegen eine einmalige Summe abzukaufen. Diese Summe reichte jedoch kaum aus, um die Ausgaben von Whitney und seinem Partner zu decken.

Whitney blieb bei seiner Lebensaufgabe als Erfinder, aber er machte sich nie wieder die Mühe, für eine Erfindung ein Patent anzumelden. Von ihm stammt der Satz: „Eine Erfindung kann so wertvoll sein, daß sie für den Erfinder wertlos ist." Whitneys Erfahrung war außergewöhnlich. Heute bietet das Patentrecht einen unentbehrlichen Schutz für Firmen, die neue und bessere Produkte entwickeln. Sie können sich auch dafür entscheiden, ihre neue Technologie mit anderen zu teilen und ihre Rechte gegen Patentgebühren zu verkaufen. Bei manchen Firmen, wie zum Beispiel bei Texas Instruments, machen die Patentgebühren einen beträchtlichen Teil der Einnahmen aus.

Zugang zu den Kapitalmärkten

Banken sind im allgemeinen nicht bereit, Kapital für Forschung und Entwicklung zur Verfügung zu stellen, denn solche Ausgaben sind oft sehr riskant, und diese Risiken sind nicht versicherbar. Wenn eine Bank einen Kredit für ein Gebäude gibt, erhält sie bei Zahlungsunfähigkeit des Schuldners das Gebäude. Gibt sie dagegen einen Kredit für Forschung und Entwicklung und stellt sich das Forschungsprojekt als Fehlschlag heraus, oder gelingt es der Konkurrenz, das Patent zuerst anzumelden, dann erhält die Bank unter Umständen am Ende gar nichts. Es ist auch schwierig für die Banken, die Chancen eines Forschungsprojekts zu beurteilen - Erfinder sind in bezug auf ihre Ideen immer optimistisch. Dieses Problem wird noch dadurch verschlimmert, daß ein Erfinder möglicherweise den Banken oder potentiellen Investoren nicht gerne alle Informationen über seine Idee zur Verfügung stellt, aus Angst daß jemand seine Idee stehlen und den Wettlauf zum Markt oder zum Patentamt gewinnen könnte.

Für etablierte Firmen in Branchen mit unvollkommenem Wettbewerb und wachsender Nachfrage stellt die Finanzierung der Forschungsausgaben kein ernstes Problem dar. Sie können F&E-Ausgaben aus ihren Gewinnen bezahlen. Deshalb findet der Großteil der Forschung und Entwicklung einer Volkswirtschaft in solchen Firmen statt. Aber für neue und kleine Firmen ist die Kapitalbeschaffung ein Problem und auch für Firmen in Branchen, wo intensiver Wettbewerb den Gewinn jeder einzelnen Unternehmung in engen Grenzen hält. Infolge dessen kann eine marktbeherrschende Position einen selbstverstärkenden Effekt haben. Der höhere Output bedeutet, daß eine solche Firma durch kostensenkende Innovationen mehr gewinnen kann. Und durch die größeren Gewinne hat sie mehr Ressourcen für F&E-Ausgaben zur Verfügung.

Heute wird Forschung und Entwicklung in neuen und kleinen Firmen meist von Risikokapital-Beteiligungsgesellschaften finanziert. Diese Firmen beschaffen Kapital, hauptsächlich von Pensionsfonds, Versicherungsgesellschaften und reichen Privatleuten, und investieren es dann in die vielversprechendsten F&E-Vorhaben. Risikokapitalgesellschaften verlangen als Ausgleich für ihre Risikoübernahme oft einen bedeutenden Anteil an der neuen Unternehmung und sie kontrollieren normalerweise sehr genau, wie ihr Geld ausgegeben wird. Oft spezialisieren sie sich auf bestimmte Gebiete wie zum Beispiel die Computertechnologie oder die Biotechnologie. In weniger aufsehenerregenden Branchen ist es oft schwierig, Finanzquellen für Forschung und Entwicklung zu finden, denn die Risikokapital-Beteiligungsgesellschaften zögern unter Umständen, in ein sehr riskantes Vorhaben zu investieren.

Unter die Lupe genommen:
Joseph Schumpeter und der Schumpeter-Wettbewerb

Unter den Wirtschaftswissenschaftlern hat Joseph Schumpeter die Bedeutung der Innovationen für die Marktwirtschaft am stärksten hervorgehoben. Schumpeter begann seine Karriere in Österreich, wo er vom Frühjahr bis zum Oktober 1919 dem Kaiser von Österreich-Ungarn als Finanzminister diente. Am Ende seines Berufslebens war er ein berühmter Professor für Wirtschaftswissenschaften an der Universität Harvard. Sein Bild von der Volkswirtschaft unterschied sich deutlich vom Modell der vollkommenen Konkurrenz. Dieses Modell beschreibt ein Gleichgewicht, einen Zustand der Welt, in dem es keine Veränderung gibt. Schon das Konzept des Gleichgewichts war für Schumpeter fragwürdig. Für ihn war die Wirtschaft ständig im Fluß, und die Aufgabe des Wirtschaftswissenschaftlers war es, die Kräfte zu verstehen, die diese Veränderungen bewirkten.

Schumpeter beschrieb den Wirtschaftsablauf als einen Prozeß der schöpferischen Zerstörung. Ein innovativer Unternehmer konnte durch ein neues Produkt oder einen kostengünstigeren Produktionsprozeß eine marktbeherrschende Stellung erlangen. Aber irgendwann würde er diese Position wieder verlieren und ein neuer innovativer Unternehmer würde seinen Platz einnehmen.*

Schumpeter befürchtete, daß die riesigen Unternehmungen, die zu seiner Zeit entstanden, die Innovationskräfte lähmen und den Prozeß der schöpferischen Zerstörung beenden könnten. Bisher haben sich seine Befürchtungen als unbegründet erwiesen; tatsächlich waren aber viele der größten Firmen, wie etwa IBM, nicht in der Lage, den Innovationsprozeß so zu managen, daß sie mit neu auf den Markt gekommenen Konkurrenten hätten Schritt halten können.

Moderne Schumpeterianer bedienen sich oft der Biologie, um den Veränderungsprozeß zu erklären. Sie beschreiben ihn als *Evolutionsprozeß*. Sie sehen einen langsamen Veränderungsprozeß mit vielen Zufallselementen, in dem es den fittesten Unternehmungen durch Glück oder Geschicklichkeit gelingt, neue Produkte oder neue Geschäftsmethoden zu entdecken, die sich in ihrer speziellen Umgebung besser bewähren, als diejenigen der Konkurrenten. Dadurch überleben sie, und ihre Praktiken werden von anderen Unternehmungen nachgeahmt.

So wie die Beachtung und das Verständnis für den Innovationsprozeß gewachsen sind, hat auch die Zahl der Wirtschaftswissenschaftler zugenommen, die sich als Schumpeterianer begreifen. Die österreichische Schumpeter-Gesellschaft stiftet jedes Jahr einen Preis, um jemanden in der „Schumpeter-Tradition" zu ehren. 1994 wurde der Preis einem Amerikaner verliehen, und zwar Ted Turner, dem Gründer der CNN.

* Wir haben diese Art des Wettbewerbs - eine Abfolge von Monopolen - in Kapitel 14 unter der Überschrift **Schumpeter-Wettbewerb** beschrieben.

17.2 Grundlagenforschung als öffentliches Gut

Ausgaben für Erfindungen oder Innovationen sind fast immer mit externen Effekten verbunden. Externe Effekt treten, wie wir in Kapitel 7 gelernt haben, immer dann auf, wenn die Handlungen eines Einzelnen oder einer Unternehmung für andere Kosten oder Nutzen verursachen. Den Gesamtnutzen einer F&E-Investition bezeichnen wir als **sozialen Nutzen**. Auch mit Patentschutz können sich die Erfinder nur einen Bruchteil des sozialen Nutzens ihrer Erfindungen selbst aneignen. Eine Unternehmung, die eine kostengünstigere Produktionsmethode entdeckt hat, wird wahrscheinlich schon während der Lebensdauer des Patents ihren Preis senken, um der Konkurrenz Kunden abzuwerben. Davon profitieren die Konsumenten. Nachdem das Patent abgelaufen ist, profitieren die Konsumenten sogar noch mehr, weil die Konkurrenz den Preis weiter nach unten drückt. Und der Nutzen einer Erfindung auf einem Gebiet überträgt sich auf andere Bereiche. Der Transistor, der die Elektronik revolutioniert hat, wurde in den Bell Laboratorien von AT&T erfunden. AT&T erntete den Nutzen aus seiner direkten Anwendung in der Telekommunikation. Aber die Vorteile in Form von besseren Radios, Fernsehern und anderen Produkten konnten andere für sich verbuchen.

Aus gesamtgesellschaftlicher Sicht ist die **Grundlagenforschung** besonders wertvoll. Grundlagenforschung ist wissenschaftliche Arbeit, die zu einer breiten Palette von Anwendungen führt. Die Grundlagenforschung in der Physik hat zum Beispiel die Ideen hinter vielen Dingen, die uns heute selbstverständlich erscheinen, wie dem Laser, dem Transistor und der Atomenergie, hervorgebracht. Die privaten Erträge, die eine Unternehmung aus der Grundlagenforschung erzielen kann, und die in Abwesenheit von staatlichen Eingriffen die Ausgaben für die Grundlagenforschung determinieren, sind im Vergleich zum sozialen Nutzen dieser Aktivitäten vernachlässigbar. Tatsächlich produziert die Grundlagenforschung externe Effekte in einem solchen Ausmaß, daß man sie als öffentliches Gut betrachten kann.

Öffentliche Güter sind durch zwei Eigenschaften definiert. Erstens ist es schwierig, jemanden von der Nutzung eines öffentlichen Gutes auszuschließen. Grundlagenforschung führt zur Entdeckung von Naturgesetzen. Solche Gesetze wie zum Beispiel die Supraleitfähigkeit oder sogar die Tatsache, daß es bestimmte Stoffe gibt, die bei Temperaturen deutlich über dem absoluten Nullpunkt Supraleitfähigkeit aufweisen, können nicht patentiert werden.

Zweitens kann ein öffentliches Gut von einer weiteren Person benutzt werden, ohne daß zusätzliche Kosten entstehen. Man spricht von der Nichtrivalität im Konsum. Eine zusätzliche Person, die sich über eine grundlegende Entdeckung informiert, nimmt dem ursprünglichen Entdecker nichts von seinem Wissen weg, kann aber natürlich den Gewinn reduzieren, den der ursprüngliche Entdecker aus seiner Entdeckung ziehen kann. Tatsächlich kann ein enormer Nutzen daraus entstehen, wenn man die Früchte der Grundlagenforschung mitteilt, sobald sie verfügbar sind, denn andere Forscher können dieses Wissen in ihrer Suche nach Innovationen nutzen.

Wie bei allen öffentlichen Gütern führt der Markt zu einer Unterversorgung mit Grundlagenforschung. Deshalb unterstützt der Staat die Grundlagenforschung durch die National Science Foundation, die National Institutes of Health und andere Organisationen. Ein Teil der F&E-Ausgaben des Verteidigungsministeriums fließt ebenfalls in die Grundlagenforschung. Trotzdem gibt es unter den Wirtschaftswissenschaftlern eine wachsende Sorge, daß die Ausgaben für die Grundlagenforschung unzureichend sind.

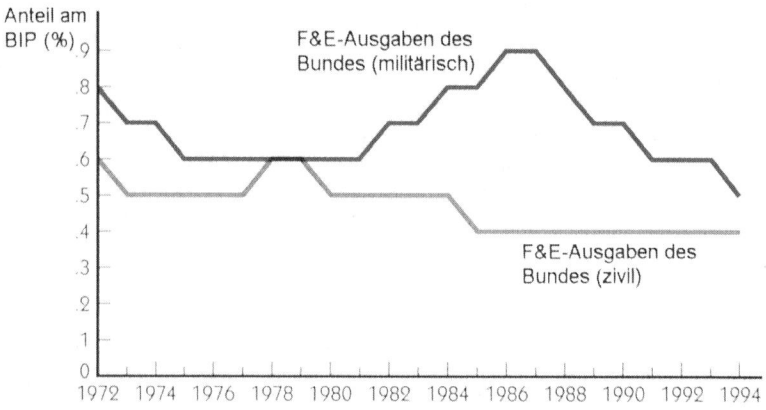

Abbildung 17.3 Ausgaben der US-Bundesregierung für Forschung und Entwicklung. Die Abbildung zeigt die F&E-Ausgaben der US-Bundesregierung als Prozentsatz des nationalen Outputs. Die Kurve der nichtmilitärischen Forschungs- und Entwicklungsausgaben verläuft seit 1972 völlig flach, während die Forschungsausgaben im militärischen Bereich während der achtziger Jahre gestiegen sind. *Quelle: Statistical Abstract of the United States*, 1995, Tabelle 979.

Abbildung 17.3 zeigt, daß die zivile Forschungsförderung der US-Bundesregierung, gemessen am Bruttoinlandsprodukt, in den beiden letzten Jahrzehnten nicht gestiegen ist. Mit dem Ende des Kalten Krieges gab es einen Versuch, die Forschungsförderung der Bundesregierung von militärischen zu zivilen oder in beiden Bereichen nutzbaren Technologien umzuschichten. Dennoch sind noch immer 55 Prozent der staatlichen Forschungsausgaben militärischer Natur. Obwohl die Vereinigten Staaten in etwa den gleichen Prozentsatz ihrer Wirtschaftskraft für Forschung aufwenden wie Japan und Deutschland, geben sie doch weniger davon für die Entwicklung neuer Produkte und Produktionsprozesse aus, um die Wettbewerbsfähigkeit der amerikanischen Industrie zu verbessern (siehe Abbildung 17.4). Statt dessen investieren sie mehr Geld in die Entwicklung besserer und wirkungsvollerer Waffen. Das könnte auch zumindest teilweise erklären, warum heute fast die Hälfte aller Patente, die das U.S. Patent Office vergibt, an Ausländer gehen. (Erfinder haben auch in anderen Ländern Anspruch auf ein Patent, nicht nur in ihrem Heimatland.)

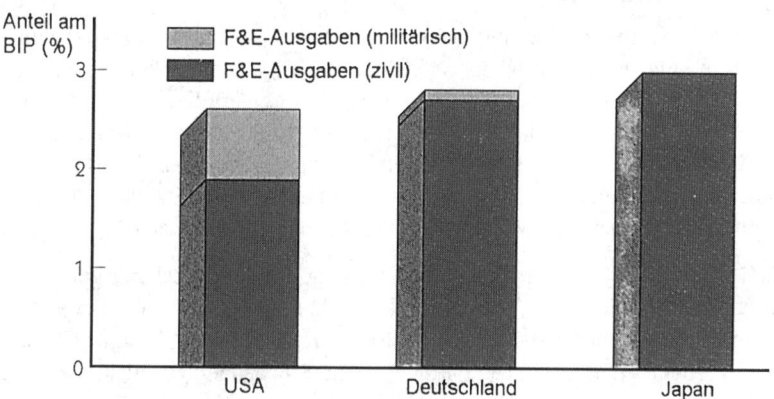

Abbildung 17.4 Internationaler Vergleich der Forschungs- und Entwicklungsausgaben. Gemessen am Bruttoinlandsprodukt entsprechen die Forschungsaufwendungen der USA in etwa denen anderer Länder. Der Unterschied liegt in der Allokation dieser Gelder: In den USA sind die Forschungsausgaben stärker auf den militärischen Sektor konzentriert als in Japan und Deutschland. *Quelle: Science and Engineering Indicators*, 1993, National Science Foundation.

17.3 Die Förderung des technischen Wandels durch den Staat

Es gibt war eine breite Übereinstimmung darüber, daß der Staat den Innovationsprozeß durch den Schutz des geistigen Eigentums und durch die Förderung der Grundlagenforschung anregen sollte; andere Methoden der Forschungsförderung sind jedoch umstritten.

Subventionen

Eine Methode der staatlichen Forschungsförderung sind Subventionen. Diese Herangehensweise wird mit dem Argument kritisiert, daß der Staat sich in der Auswahl der zu subventionierenden Projekte als nicht besonders geschickt erwiesen hat. Als Beleg wird angeführt, daß die Concorde, das Überschallflugzeug, das mit

Hilfe der französischen und der britischen Regierung entwickelt worden ist, niemals aus den roten Zahlen herausgekommen ist. In den USA hat der Staat Milliardenbeträge für erfolglose Versuche zur Entwicklung synthetischer Treibstoffe ausgegeben. Breit gestreute Subventionen, wie etwa Steuergutschriften für F&E-Ausgaben, sind zwar nicht an die Auswahl bestimmter Projekte durch den Staat geknüpft, sind aber wegen ihrer relativ hohen Kosten für den Staat umstritten. Kritiker argumentieren, daß nur ein kleiner Teil der entgangenen Steuereinnahmen zu zusätzlichen Forschungsausgaben wird.

Trotzdem gibt es Stimmen, die eine aktivere Rolle des Staates in der Forschung mit der Begründung unterstützen, daß auch mit der angewandten Forschung beträchtliche externe Erträge verbunden sind. Diese Aussage impliziert, daß der private Sektor auch in die angewandte Forschung zu wenig investiert. Maßnahmen zur Unterstützung ausgewählter Branchen der Wirtschaft nennt man Industriepolitik, auch wenn es sich bei diesen Branchen nicht immer um eine Industrie im konventionellen Wortsinn handelt, wie zum Beispiel bei der Landwirtschaft.

Die Befürworter einer staatlichen Förderung für angewandte Forschung geben zu, daß der Staat nicht immer die erfolgreichsten Projekte ausgesucht hat. Aber sie argumentieren, daß Forschungsausgaben von Natur aus riskant sind, und daß man keine ungebrochene Erfolgsbilanz erwarten kann. Sie behaupten auch, daß der Staat tatsächlich beachtliche Erfolge erzielt hat. Als Beleg führen sie an, daß die landwirtschaftliche Produktivität im Laufe des vergangenen Jahrhunderts um mehr als 1.000 Prozent gestiegen ist. Das ist ein Ergebnis nicht nur der Forschung, die an staatlichen Landwirtschaftsschulen unternommen worden ist (und die die Bundesregierung seit mehr als 100 Jahren unterstützt), sondern auch der staatlich geförderten Verbreitung von Wissen durch den *Agricultural Extension Service*.

Die Befürworter einer aktiveren Rolle des Staates bei der Forschungsförderung argumentieren, daß das Ziel nicht so sehr darin besteht, vielversprechende Projekte auszusuchen, sondern eher darin, Bereiche zu identifizieren, in denen ohne staatliche Unterstützung deutlich zu wenig investiert würde, zum Beispiel weil die Forschung dort hohe externe Erträge hat. Es gibt keine trennscharfe Unterscheidung zwischen Grundlagenforschung und angewandter Forschung, sondern eher ein Kontinuum, denn auch in manchen angewandten Projekten werden Erkenntnisse gewonnen, die sich auf andere Bereiche übertragen lassen (Spillover-Effekte). Eine deutliche Unterinvestition ist in Branchen wie der Landwirtschaft wahrscheinlich, wo es eine große Zahl kleiner Produzenten gibt (im Gegensatz zur Chemieindustrie zum Beispiel, die aus wenigen führenden Firmen besteht). Geschickt angelegte staatliche Forschungsprogramme sind nicht ein Ersatz für die Bemühungen des privaten Sektors, sondern eher eine Ergänzung. Im Durchschnitt gehen Erhöhungen der staatlichen Ausgaben auch mit einer Erhöhung und nicht mit einem Rückgang der privaten Forschungsausgaben einher.

Ein Blick in die Wirtschaftspolitik:
Erfolgreiche staatliche Forschungsprogramme

Staatliche Programme werden oft als verschwenderisch und unproduktiv kritisiert. Aber staatlich geförderte Forschungsprogramme haben eine beachtliche und lange Geschichte von Erfolgen und sollten entsprechend anerkannt werden.

Im neunzehnten Jahrhundert stand die Landwirtschaft im Mittelpunkt des Wirtschaftslebens. Entsprechend hat der Staat seine Forschungsbemühungen auf diesen Sektor konzentriert. Der staatlichen Forschungsförderung gebührt ein großer Teil des Lobs für den eindrucksvollen Anstieg der landwirtschaftlichen Produktivität in den letzten hundert Jahren.

Heute ist die Telekommunikation einer der zukunftsträchtigsten Sektoren - man spricht manchmal vom Informations-Superhighway - und der Staat hat mit seiner Förderung dabei eine wichtige Rolle gespielt. 1842 unterstützte die Bundesregierung die erste Telegraphenleitung von Samuel Morse zwischen Baltimore und Washington. In jüngerer Zeit hat die Bundesregierung das Internet entwickelt, das Menschen und Computer in der ganzen Welt miteinander verbindet.

Ein Indikator für die Bedeutung - und den Erfolg - der staatlichen Forschungsförderung ist die Tatsache, daß praktisch alle amerikanischen Nobelpreisgewinner in den Naturwissenschaften und in der Medizin von der Bundesregierung unterstützt worden sind. Die Grundlagenforschung dieser Wissenschaftler hat neue Industrien wie zum Beispiel die Biotechnologie hervorgebracht und hat den technischen Vorsprung des Landes gefestigt.

Die Befürworter von staatlichen Technologieprogrammen argumentieren weiter, daß der Staat mit der Industrie partnerschaftlich zusammenarbeiten sollte, um die Wirksamkeit von F&E-Investitionen zu erhöhen. Sie schlagen vor, daß der Staat von der Industrie Eigenleistungen verlangen soll und daß Fondsgelder auf der Basis eines breiten Wettbewerbs vergeben werden sollen. Neue Technologieprogramme, die während der Amtszeit von Präsident Clinton aufgelegt worden sind, arbeiten mit diesem Ansatz. In den vergangenen Jahren sind hunderte von Partnerschaftsvereinbarungen zwischen privaten Firmen und staatlichen Laboratorien abgeschlossen worden. Es ist noch zu früh, um den Erfolg dieser neuen Bemühungen zu beurteilen, aber die Erfahrungen mit früheren, ähnlichen Programmen waren ermutigend. Sematech, ein kooperatives Forschungsunternehmen der Elektronikindustrie in Austin, Texas, das mit staatlichen Subventionen in Höhe von 90 Mio. $ pro Jahr unterstützt worden ist und bei der Erholung dieser Branche in den achtziger Jahren eine große Rolle gespielt hat, hat im Oktober 1994 angekündigt, daß es ab dem Haushaltsjahr 1997 keine staatliche Unterstützung mehr benötigen würde.

Internationale Komplikationen

Subventionen wecken jedoch in der internationalen Arena das Gespenst des unfairen Wettbewerbs. Länder, die mit Konkurrenz von staatlich subventionierten ausländischen Firmen konfrontiert sind, erheben oft Ausgleichszölle, das heißt, Importsteuern, die den Nutzen dieser Subventionen kompensieren sollen. Wenn Europa und die Vereinigten Staaten miteinander in der Unterstützung einer bestimmten Branche wetteifern, ist zu befürchten, daß die Branche davon zwar einen Nutzen hat, aber auf Kosten der Steuerzahler in beiden Ländern. Deshalb hat man im Wege internationaler Vereinbarungen versucht, das Ausmaß der Subventionierung zu reduzieren. Breit gestreute Forschungssubventionen, zum Beispiel über das Steuersystem, sind immer noch erlaubt, aber gezielte Subventionen sind entweder verboten oder doch zumindest zu fragwürdigen Praktiken erklärt worden.

Protektionismus

Unternehmungen in unterentwickelten Ländern argumentieren oft, daß sie vom internationalen Wettbewerb abgeschottet werden müßten, um das Wissen zu erwerben, das sie bräuchten, um auf den Weltmärkten konkurrenzfähig zu werden. Das ist das sogenannte **Erziehungszollargument**. Die meisten Wirtschaftswissenschaftler stehen diesem Argument skeptisch gegenüber. Sie sehen es hauptsächlich als Ausdruck von Rent-seeking, als eine Ausrede, um sich vom Wettbewerb abschotten und die Preise und Gewinne erhöhen zu können. Der beste Weg, um wettbewerbsfähig zu werden, besteht darin, sich dem Wettbewerb auszusetzen und sich nicht davon zu isolieren. Wenn die Firmen im Aufholprozeß Hilfe brauchen, sollte sie in Form von Subventionen gegeben werden, deren Kosten explizit und offensichtlich sind im Gegensatz zu den versteckten Kosten durch die höheren Preise, die aus dem Zollschutz resultieren.

Die Lockerung der Antitrust-Politik

Die Antitrust-Politik, die wir in Kapitel 16 geschildert haben, gründete auf der Überzeugung, daß der Staat versuchen sollte, die Märkte dem Modell des vollkommenen Wettbewerbs anzunähern. Aber das zunehmende Bewußtsein von der Bedeutung von Forschung und Entwicklung für moderne Volkswirtschaften hat dazu geführt, daß manche Stimmen Veränderungen fordern.

Das wichtigste Argument für eine Veränderung geht dahin, daß eine Zusammenarbeit zwischen den Firmen einer Branche mit dem Ziel, Wissen auszutauschen und die Forschung zu koordinieren, die Internalisierung der externen Effekte von Forschung und Entwicklung bewirkt. Aber die Antitrust-Behörden haben lange Zeit befürchtet, daß die Zusammenarbeit bei Forschung und Entwicklung leicht zu einer Zusammenarbeit auf anderen Gebieten, wie zum Beispiel der Preissetzung, führen kann, die gegen das öffentliche Interesse gerichtet wäre. Die staatliche Politik hat versucht, eine vernünftige Balance zwischen beiden Anliegen zu finden.

1994 wurde der *National Cooperative Research Act* verabschiedet, der kooperative Projekte in einem bestimmten Rahmen erlaubt. Gemeinschaftsunternehmungen, die nach diesem Gesetz registriert worden sind, sind gegen das Risiko geschützt, in einem zivilrechtlichen Antitrust-Prozeß zum dreifachen Schadensersatz verurteilt zu werden. Damit ist aber nicht jedes Antitrust-Risiko aufgehoben. Im Verlauf der achtziger Jahre wurden mehr als 100 solcher Gemeinschaftsunternehmungen registriert. Die bekanntesten sind das Electric Power Research Institute, das von den Energieversorgern gegründet worden ist, Bell Communications Research, eine Gründung der lokalen Telefongesellschaften, und Sematech.

Ein Blick in die Wirtschaftspolitik:
Wettbewerb versus Kooperation in der Flugzeugherstellung

Die Milliarden-Summen, die man benötigt, um ein neues Flugzeug zu entwickeln, haben aus der Flugzeugindustrie eine Art weltweites natürliches Monopol gemacht. Derzeit gibt es nur zwei Firmen, die an der Entwicklung großer Passagierflugzeuge arbeiten: Boeing in den Vereinigten Staaten und Airbus in Europa.

Airbus wird von verschiedenen europäischen Regierungen subventioniert, was zu Beschwerden der US-amerikanischen Regierung wegen „unfairen" Wettbewerbs geführt hat. Die Position der amerikanischen Regierung ist jedoch nicht sehr glaubwürdig, denn sie hat über Jahrzehnte hinweg ihre eigene Flugzeugindustrie durch das Militär subventioniert. Private Firmen brauchten nur geringfügige Investitionen aufzubringen, um militärische Entwicklungen für den zivilen Gebrauch anzupassen.

Die Vereinigten Staaten und Europa haben die Gefahren eines Subventionswettbewerbs erkannt und eine Vereinbarung unterzeichnet, welche die Subventionen für die Entwicklung von Flugzeugen auf beiden Seiten beschränkt. Inzwischen gibt es aber eine neue Gefahr für den Wettbewerb: Boeing und Airbus diskutieren eine Kooperation bei der Entwicklung der nächsten Generation von Jumbo-Jets. Nach ihrer Aussage sind die Entwicklungskosten so astronomisch, daß eine Zusammenarbeit unentbehrlich ist, wenn der Innovationsprozeß weitergehen soll. Kritiker befürchten, daß die beiden Firmen tatsächlich versuchen, ein weltweites Kartell zu errichten - und damit praktisch ein unreguliertes Monopol - mit dem Ziel, ihre eigenen Gewinne auf Kosten der Konsumenten zu erhöhen.

17.4 Technischer Wandel und Wirtschaftswachstum

Der Lebensstandard in den Vereinigten Staaten ist heute viel höher als vor 100 Jahren. Der Grund liegt darin, daß die Produktivität - der Output pro Arbeitsstunde

- enorm gestiegen ist. Hinter diesem Anstieg steckt der technische Fortschritt. Es gibt zwar viele Geschichten von Entdeckungen, die beinahe zufällig gemacht wurden (wie zum Beispiel die Entdeckung des Penizillins durch Fleming); in der modernen Wirtschaft sind aber die meisten Fortschritte das Ergebnis einer bewußten Allokation von Ressourcen zugunsten von Forschung und Entwicklung. Die Bedeutung und die Konsequenzen des technologischen Wandels stellen unseren neunten Konsenspunkt dar.

9 Innovation

> *Moderne Volkswirtschaften sind auf Innovation angewiesen. Unvollständiger Wettbewerb ist in denjenigen Branchen, in denen der technische Fortschritt am wichtigsten ist, weit verbreitet. Der Staat spielt im Innovationsprozeß eine entscheidende Rolle, nicht nur beim Schutz des geistigen Eigentums (durch Patente und Copyrechte), sondern auch bei der Förderung der Grundlagenforschung.*

Zusammenfassung

1. In Branchen, für die der technische Wandel wichtig ist, herrscht beinahe zwangsläufig unvollkommener Wettbewerb. Patente sind ein Mittel, das der Staat benutzt, um Unternehmungen die Nachahmung von technischen Innovationen anderer zu erschweren. Eine Firma mit einem Patent hat ein staatlich garantiertes Monopol. Die Ausgaben für Forschung und Entwicklung sind Fixkosten; wenn sie hoch sind, gibt es wahrscheinlich nur wenige Anbieter und einen beschränkten Preiswettbewerb in der betreffenden Branche.

2. Langlebige und umfangreiche Patente reduzieren den Wettbewerb (zumindest kurzfristig), bieten aber einen größeren Innovationsanreiz. Ist der Patentschutz zu umfangreich, dann werden dadurch Folgeinnovationen verhindert.

3. *Learning by doing* kann eine Quelle des technologischen Fortschritts sein, weil dadurch Unternehmungen (oder Länder), die ein Gut zuerst hergestellt haben, gegenüber allen später kommenden Anbietern einen Vorteil haben.

4. Forschung und Entwicklung haben im allgemeinen positive externe Effekte für Konsumenten und andere Unternehmungen. Da sich aber eine innovative Firma nicht den gesamten sozialen Nutzen aus ihrer Erfindung aneignen kann, wird sie tendenziell weniger investieren als dem sozialen Optimum entspricht.

5. Grundlagenforschung hat beide zentralen Eigenschaften eines öffentlichen Gutes: Es ist schwer, andere vom Nutzen der Forschung auszuschließen, und die Grenzkosten dafür, daß eine zusätzliche Person die neue Idee nutzt, sind null.

6. Zur Förderung des technischen Fortschritts gibt es eine Anzahl von wirtschaftspolitischen Instrumenten: Patente, direkte staatliche Forschung, Steuervergünstigungen für F&E-Ausgaben von Unternehmungen, zeitweiliger Schutz vor technisch fortgeschritte-

nen ausländischen Konkurrenten, sowie die Lockerung von Antitrust-Bestimmungen, damit potentielle Konkurrenten bei Forschungsprojekten zusammenarbeiten können.

Schlüsselbegriffe

Patent	Lernkurve	Erziehungszollargument
Firmengeheimnis	Industriepolitik	*Learning by doing*

Wiederholungsfragen

1. Auf welche Weise verletzen Branchen, in denen der technische Fortschritt eine wichtige Rolle spielt, die Annahmen des Standard-Wettbewerbsmodells?

2. Warum gewähren Regierungen Patente und damit zeitweilige Monopolrechte? Erläutern Sie den *Trade-off*, mit dem die Gesellschaft konfrontiert ist, wenn es darum geht, über die Dauer und den Umfang von Patentrechten zu entscheiden.

3. Auf welche Weise verschafft *Learning by doing* etablierten Firmen einen Vorteil gegenüber zukünftigen Konkurrenten?

4. Warum ist es schwieriger, für Forschung und Entwicklung Kapital zu beschaffen als für andere Projekte? Wie können etablierte Firmen mit diesem Problem umgehen? Was können Marktneulinge tun?

5. Auf welche Weise entstehen aus Forschung und Entwicklung positive externe Effekte? Warum implizieren diese externen Erträge, daß private Firmen unter Umständen zu wenig für Forschung ausgeben?

6. Erläutern Sie, warum man die Grundlagenforschung als öffentliches Gut betrachten kann. Warum wird die Gesellschaft wahrscheinlich zuwenig in die Grundlagenforschung investieren?

7. Welches sind die Argumente für und gegen Industriepolitik?

8. Mit welchem möglichen *Trade-off* hat es eine Gesellschaft zu tun, die ihre Antitrust-Gesetze lockern möchte, um gemeinsame Forschungs- und Entwicklungsvorhaben zu ermöglichen?

Aufgaben

1. Stellen Sie sich vor, daß der Kongreß einen Gesetzesvorschlag berät, die gegenwärtige siebzehnjährige Lebensdauer eines Patents auf acht Jahre zu verkürzen. Welche negativen Auswirkungen auf die Innovationsrate könnte diese Veränderung haben? Welcher positive Effekt für die Volkswirtschaft könnte damit verbunden sein?

2. Angenommen, ein Erfinder hat vor vielen Jahren ein Patent auf Orangensaft erhalten. Danach sei ein anderer Erfinder gekommen und habe ein Patent für Limonade beantragt. Nun behauptet der erste Erfinder, das Orangensaftpatent sei so zu interpretieren, daß es alle Fruchtsäfte umfaßt. Der zweite Erfinder argumentiert dagegen, daß das ursprüngliche Patent nur für eine bestimmte Methode der Herstellung einer bestimmten

Art von Fruchtsaft gilt. Mit welchem *Trade-off* hat man es zu tun, wenn man für Fälle wie diesen Regeln aufstellt?

3. Ein Patent garantiert zwar ein zeitweiliges Monopol für eine bestimmte Erfindung, verlangt aber auch, daß der Erfinder die Details seiner Erfindung öffentlich zugänglich macht. Unter welchen Bedingungen könnte eine Unternehmung (wie CocaCola) es vorziehen, sich auf das Firmengeheimnis zu verlassen, anstatt ihre Formeln mit Hilfe von Patenten zu schützen?

4. Warum könnte eine Unternehmung in Forschung und Entwicklung investieren, obwohl sie nicht glaubt, daß sie ihre Erfindungen patentieren können wird?

5. *Learning by doing* scheint in der Halbleiterindustrie wichtig zu sein, wo die Vereinigten Staaten und Japan die Hauptproduzenten sind. Erklären Sie, warum amerikanische und japanische Firmen miteinander darum wetteifern, neue Generationen von Halbleitern als erste herauszubringen. Warum könnten andere Länder versuchen, ihre eigene Halbleiterindustrie mit Hilfe einer Erziehungszollstrategie zu entwickeln?

Kapitel 18

Unvollkommene Information am Gütermarkt

Für Wirtschaftswissenschaftler war es nie ein Geheimnis, daß die Wirklichkeit nicht dem Modell der vollkommenen Konkurrenz entspricht. Seit Adam Smith bis heute haben sie immer wieder Theorien über Monopole und unvollkommenen Wettbewerb vorgelegt. Einige davon sind in den Kapitel 14-17 dargestellt worden.

Eine weitere Einschränkung des Modells der vollkommenen Konkurrenz ist erst kürzlich in den Vordergrund getreten: die Annahme der **vollkommenen Information**, die bedeutet, daß alle Marktteilnehmer über die Güter, die am Markt gehandelt werden, immer hundertprozentig informiert sind. Durch die Konstruktion von Modellen mit **unvollkommener Information** sind die Wirtschaftswissenschaftler beim Schließen der Lücke zwischen Wirklichkeit und Modellwelt einen großen Schritt vorwärts gekommen.

Dieses Kapitel gibt einen groben Überblick über die wichtigsten Informationsprobleme am Gütermarkt und zeigt auf, wie in Marktwirtschaften mit diesen Problemen umgegangen wird und wie infolgedessen das Grundmodell aus Teil II modifiziert werden muß. In den folgenden Kapiteln werden wir sehen, welche Informationsprobleme auf Arbeitsmärkten auftreten (Kapitel 19) und welche an den Kapitalmärkten und beim Management von Unternehmungen (Kapitel 20). In den Teilen IV und V dieses Buches wird es dann um die wichtigsten makroökonomischen Probleme gehen, die zumindest teilweise ebenfalls auf Informationsprobleme zurückgeführt werden können.

18.1 Das Informationsproblem

Im Modell der vollkommenen Konkurrenz wird vorausgesetzt, daß Haushalte und Unternehmungen gut informiert sind. Das heißt, daß sie ihre Möglichkeitenmenge kennen und wissen, welche Güter zu welchen Preisen verfügbar sind. Noch bemerkenswerter ist, daß sie in diesem Modell auch über die Eigenschaften jedes Gutes einschließlich seiner Lebensdauer Bescheid wissen. Würden diese Annahmen zutreffen, so wäre das Einkaufen recht einfach!

Das Modell setzt auch voraus, daß die Konsumenten ihre Präferenzen kennen, das heißt, daß sie wissen, was sie mögen. Sie wissen nicht nur, wieviele Orangen sie für einen Apfel bekommen können, sondern auch, wieviele Orangen sie bereit sind für einen Apfel einzutauschen. Bei Äpfeln und Orangen mag das einleuchtend sein. Aber wie sollen zum Beispiel Studenten wissen, wieviel Spaß oder gar Nutzen sie aus einer College-Ausbildung ziehen werden, bevor sie diese Erfahrung gemacht haben? Ein junger Mensch kann nicht wissen, ob er gerne Arzt oder

Rechtsanwalt wäre. Er hat aus der Beobachtung eine gewisse Vorstellung über diese Berufe, aber seine Informationen sind bestenfalls unvollständig.

Nach dem Modell der vollkommenen Konkurrenz sind auch die Unternehmungen perfekt informiert. Sie kennen die beste verfügbare Technologie. Sie kennen die Produktivität jedes Arbeitsplatzbewerbers. Sie wissen von jedem potentiellen Zulieferer, zu welchen Preisen und in welcher Qualität er die benötigten Inputs anbietet. Und sie wissen, zu welchen Preisen sie ihre Produkte verkaufen können, und zwar nicht nur heute, sondern in jeder denkbaren zukünftigen Situation.

Wie irreführend ist die Annahme der vollkommenen Information?

Die Tatsache, daß Konsumenten und Unternehmungen nicht vollkommen informiert sind, ist an sich noch nicht notwendig eine relevante Kritik am Modell der vollkommenen Konkurrenz; auch der Einwand, daß auf den Märkten kein vollkommener Wettbewerb herrscht, führt ja nicht dazu, daß wir das Modell verwerfen. Die relevante Frage ist vielmehr, ob es Situationen gibt, in denen uns das Modell in die Irre führt. Dies wäre dann der Fall, wenn es wichtige wirtschaftliche Phänomene gibt, die nur erklärt werden können, wenn man die Unvollkommenheit der Informationen berücksichtigt, oder wenn wichtige Prognosen des Modells aufgrund der Annahmen über den Informationsstand von Konsumenten und Unternehmungen falsch sind.

In den letzten beiden Jahrzehnten sind die Wirtschaftswissenschaftler mehr und mehr zu der Auffassung gelangt, daß es tatsächlich solche Situationen gibt. Zum Beispiel könnte es sein, daß College-Absolventen nicht nur deswegen ein höheres Einkommen erzielen als Highschool-Absolventen, weil sie auf dem College Dinge gelernt haben, die ihre Produktivität erhöhen, sondern auch weil ihnen der College-Abschluß im Bewerbungsprozeß geholfen hat. Arbeitgeber können aus einem Vorstellungsgespräch nicht schließen, welche Bewerber besonders produktive Arbeitskräfte sein werden. Sie halten sich deshalb an den College-Abschluß, um diejenigen zu identifizieren, die über eine höhere Lernfähigkeit verfügen. College-Absolventen sind *tatsächlich* im Durchschnitt produktivere Arbeitskräfte. Aber es ist falsch, daraus den Schluß zu ziehen, daß das College notwendigerweise ihre Produktivität *erhöht* hat. Möglicherweise erleichtert es den Firmen einfach nur, die produktiveren von den weniger produktiven Arbeitskräften zu unterscheiden.

Die Informationsfunktion der Preise

Das Preissystem bietet für einige Informationsprobleme brillante Lösungen. Wir haben gesehen, wie die Preise die Produktion koordinieren und wie sie Informationen über die Knappheit von Gütern kommunizieren. Die Unternehmungen brauchen die Vorlieben und Trade-Offs von Hans oder Julia nicht zu kennen. Der Preis sagt dem Hersteller, wie hoch der Grenznutzen einer weiteren Einheit seines Produktes ist, und mehr braucht er nicht zu wissen. Genauso braucht eine Unternehmung nicht zu wissen, wieviel Eisenerz in Minnesota noch gefördert werden kann, welche Kosten mit seiner Aufbereitung verbunden sind, und so weiter. Sie braucht lediglich den Preis für das Eisenerz zu kennen. Daraus kann sie entnehmen, wie knapp diese Ressource ist und wieviel Aufwand sie treiben sollte, um sparsamer damit umzugehen. Preise und Märkte sind die Grundlage des Anreizsystems in einer Marktwirtschaft. Es gibt aber einige Informationsprobleme, mit denen die Märkte nicht gut umgehen können, und unvollkommene Information kann das Funktionieren der Märkte behindern.

Märkte für Informationen

Information hat einen Wert, und die Menschen sind bereit, dafür zu bezahlen. In diesem Sinne können wir Information als ein Gut wie jedes andere auffassen. Es gibt einen Markt für Informationen und auch einen Preis, genauso wie es Märkte für Arbeitsleistungen und für Kapital gibt. Manchmal wird unser Wirtschaftssystem sogar als Informationswirtschaft bezeichnet. Jedes Jahr geben die Anleger Millionen für Rundbriefe und Zeitschriften aus, die sie über Aktien, Wertpapiere und andere Investitionsmöglichkeiten informieren. Spezialzeitschriften verkaufen Informationen über Hunderte von Gütern.

Informationsmärkte sind jedoch bei weitem nicht vollkommen, und zwar aus guten Gründen. Der offensichtlichste Grund liegt darin, daß Information eben *nicht* ein Gut wie jedes andere ist. Wenn man einen Stuhl kauft, kann man ihn ansehen, sich darauf setzen und entscheiden, ob er einem gefällt. Beim Kauf von Informationen ist das nicht möglich. Der Verkäufer kann entweder sagen: „Vertraue mir. Ich sage dir, was du wissen mußt," oder er kann die Information herzeigen und sagen: „Hier ist die Information. Wenn es das ist, was du wissen wolltest, dann bezahle mich bitte dafür." Im ersten Fall wären Sie berechtigterweise skeptisch, im zweiten Fall würden Sie vielleicht nicht zahlen wollen. Wenn man die Information bereits hat, hat man keinen Anreiz mehr, sie zu bezahlen.

Manchmal gibt es ein grundlegendes Glaubwürdigkeitsproblem. Man könnte sich zum Beispiel fragen, warum ein Börsenberater, der *wirklich* weiß, daß eine bestimmte Aktie an Wert gewinnen wird, diese Information weitergeben sollte, selbst wenn er dafür bezahlt wird. Er könnte ja auch hingehen und damit selbst ein Vermögen verdienen. Vielleicht ist er sich seiner Sache aber nicht so sicher und möchte lieber, daß andere ihr Geld riskieren.

Selbst nachdem ein Produzent oder ein Konsument alle Informationen gekauft hat, für die er zu zahlen bereit ist, ist sein Informationsstand noch immer ziemlich unvollständig. Manche Informationen sind einfach zu teuer, verglichen mit dem Nutzen, den sie bringen. Im folgenden untersuchen wir einige der Konsequenzen von unvollkommener Information.

18.2 Der Gebrauchtwagenmarkt und das Problem der adversen Selektion

Haben Sie sich schon einmal gewundert, warum ein drei Monate altes, gebrauchtes Auto um so viel billiger ist - oft um 20 Prozent - als ein Neuwagen? Sicherlich werden Autos nicht so schnell abgenutzt. Die Freude über ein neues Auto kann einen gewissen Wert haben, aber in drei Monaten wird auch das Auto, das man neu gekauft hat, „gebraucht" sein. Einige Tausend Dollar sind ein hoher Preis für dieses kurze Vergnügen.

George Akerlof von der University of California in Berkeley hat dafür eine einfache Erklärung gegeben, die auf unvollkommener Information beruht. Manche Autos sind nicht so gut wie andere. Sie haben versteckte Fehler, die dem Eigentümer erst auffallen, nachdem er das Auto eine Zeitlang gefahren hat. Bei solchen fehlerhaften Autos tritt eine Panne nach der anderen auf. Garantien verringern zwar die finanziellen Kosten für den Eigentümer eines solchen Wagens, ersparen ihm aber nicht Mühe und Ärger - die Zeit, die es kostet, den Wagen in die Werkstatt zu bringen, die Angst vor der nächsten Panne. Der Eigentümer würde ein solches Auto natürlich gern an jemand anderen weitergeben. Bei einem hohen Gebrauchtwagenpreis werden auch einige zufriedene Eigentümer ihren Wagen verkaufen, um zum Beispiel das neueste Modell zu kaufen. Je niedriger der Preis ist, desto mehr gute Gebrauchtwagen werden vom Markt zurückgezogen, weil ihre Eigentümer sie lieber behalten wollen. Die durchschnittliche Qualität der zum Kauf angebotenen Gebrauchtwagen wird *sinken*. In der Volkswirtschaftslehre nennt man diesen Effekt **adverse Selektion**. Die Zusammensetzung der Autos, die zum Verkauf angeboten werden, verschlechtert sich, wenn die Preise fallen. In Kapitel 6 sind wir dem Phänomen der adversen Selektion am Versicherungsmarkt begegnet. Im Zusammenhang mit den Unvollkommenheiten des Arbeitsmarktes (Kapitel 19) und des Kapitalmarktes (Kapitel 20) wird uns dieses Thema wieder beschäftigen.

Abbildung 18.1 zeigt die Konsequenzen der unvollkommenen Information für das Gleichgewicht am Gebrauchtwagenmarkt. In Teil A der Abbildung ist zu jedem Preis (gemessen an der horizontalen Achse) die durchschnittliche Qualität der am Markt angebotenen Gebrauchtwagen abgetragen. Wenn der Preis steigt, steigt auch die durchschnittliche Qualität. Teil B zeigt die Angebotskurve und die Nachfragekurve für Gebrauchtwagen. Mit steigendem Preis nimmt auch die Anzahl der am Markt angebotenen Autos zu, und zwar aus den üblichen Gründen. Die Nachfragekurve hat dagegen eine eigenartige Form: Sie steigt zunächst mit dem Preis an, und weist erst ab einem gewissen Preisniveau die übliche negative Steigung auf. Der Grund liegt darin, daß die Durchschnittsqualität mit dem Preis ansteigt. Die Nachfrage hängt aber nicht nur vom Preis sondern auch von der Qualität ab, also vom Preis-Leistungs-Verhältnis. Wenn bei fallenden Preisen die Qualität rasch abnimmt, wird die nachgefragte Menge ebenfalls zurückgehen, denn die Konsumenten erhalten weniger Leistung für ihr Geld. Das Gleichgewicht ist im Teil B der Abbildung mit *E* bezeichnet.

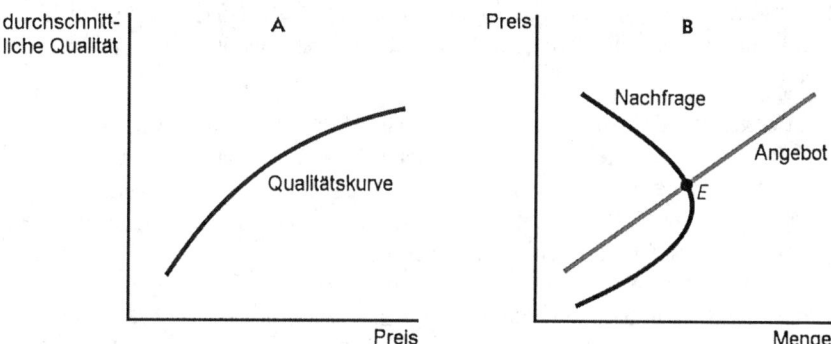

Abbildung 18.1 Der Markt für Gebrauchtwagen. Teil A zeigt, daß die durchschnittliche Qualität der angebotenen Gebrauchtwagen mit dem Preis steigt. In Teil B ist eine typische ansteigende Angebotskurve zu sehen, aber die Nachfragekurve hat nur im oberen Ast den üblichen Verlauf. Im unteren Bereich sinkt die Nachfrage mit dem Preis, denn die Käufer wissen, daß bei niedrigeren Preisen auch die Qualität geringer ist. Das Marktgleichgewicht liegt im Punkt *E*.

Die Situation am Gebrauchtwagenmarkt ist durch **asymmetrische Information** zwischen Käufern und Verkäufern charakterisiert. Das heißt, der Verkäufer eines Gebrauchtwagens hat mehr Information über das Produkt als der Verkäufer. Viele Märkte sind durch asymmetrische Information gekennzeichnet. Asymmetrische Information hat unter anderem zur Folge, daß es viel weniger Käufer und Verkäufer auf dem Markt gibt als bei vollkommener Information. Wirtschaftswissenschaftler bezeichnen einen solchen Markt als **eng**. Manchmal kann ein Markt so eng sein, daß er praktisch gar nicht existiert. Der Gebrauchtwagenmarkt ist ein Beispiel für einen engen Markt. Die Käufer wissen vielleicht, daß es einige ehrliche Anbieter gibt, die aus irgendwelchen Gründen immer ein neues Auto fahren wollen. Aber es sind auch Anbieter dabei, die versuchen, ein schadhaftes Auto loszuwerden. Die Käufer können die Qualität der angebotenen Gebrauchtwagen nicht beurteilen. Anstatt ein Risiko einzugehen, kaufen sie einfach nicht. Durch die niedrige Nachfrage sinkt natürlich der Preis und der Anteil an schadhaften Autos nimmt zu. Es handelt sich also um einen Teufelskreis.

Signale

Wenn man ein gutes Auto verkaufen will, möchte man die potentiellen Käufer von seiner Qualität überzeugen. Man könnte ihnen natürlich erzählen, daß das Auto in Ordnung ist, aber sie haben keinen Grund, dem Verkäufer zu glauben. Hier gilt ein einfacher Grundsatz: *Handlungen sind glaubwürdiger als Worte.* Es gibt eine Reihe von Handlungen, mit denen man die Käufer von der Qualität eines Autos überzeugen kann.

Die Tatsache, daß Chrysler bereit ist, für seine Autos eine Garantie über fünf Jahre und 50.000 Meilen zu geben, ist bezeichnend für das Vertrauen, das Chrysler zu seinen Produkten hat. Die Garantie ist viel wert, nicht nur weil sie das Risiko reduziert, daß man viel Geld für Reparaturen ausgeben muß, sondern auch, weil der Käufer glaubt, daß Chrysler eine solche Garantie nicht aussprechen würde, wenn die Schadenswahrscheinlichkeit nicht sehr gering wäre. Handlungen wie diese sind also ein **Signal** für höhere Qualität. Ein Signal ist wirksam, wenn es Güter voneinander unterscheidet, hier Autos von hoher Qualität und solche von niedriger Qualität. Eine Garantie über fünf Jahre kostet den Hersteller umso mehr, je höher die Wahrscheinlichkeit ist, daß das Auto innerhalb dieser fünf Jahre niederbrechen wird. Die Kunden wissen das und können daraus schließen, daß eine Firma, die bereit ist, eine solche Garantie zu geben, qualitativ hochwertige Autos verkauft.

Wenn man zu einem Autohändler geht, möchte man gerne sicher sein, daß es ihn noch gibt, wenn man Probleme mit dem neuen Auto hat. Manche Firmen signalisieren ihre Beständigkeit, indem sie viel Geld für ihren Ausstellungsraum ausgeben. Damit zeigen sie, daß es für sie teuer wäre, einfach nur zusammenzupacken und zu gehen. (Natürlich gibt es auch andere Gründe für einen schicken Ausstellungsraum.)

Äußere Zeichen wie eine bessere Garantie oder ein größerer Ausstellungsraum werden nicht nur wegen des direkten Vorteils gewählt, den die Kunden davon haben, sondern weil sie die Kunden von der Qualität des Produkts oder der Seriosität der Firma überzeugen. In gewissem Sinn bewirkt der Wunsch, Informationen zu geben, eine „Verzerrung" der unternehmerischen Entscheidungen, verglichen mit einer Welt vollkommener Information. Wenn zum Beispiel die Kunden aus der Qualität des Ausstellungsraums keinen direkten Nutzen ziehen, sind die Kosten für Bau und Unterhalt einer luxuriösen Verkaufsumgebung eine Ressourcenverschwendung.

Die Beurteilung der Qualität aufgrund des Preises

Es gibt noch einen anderen Hinweis, den die Käufer benutzen, um die Qualität der angebotenen Produkte zu beurteilen, und das ist der Preis. Die Konsumenten schließen vom Verkaufspreis auf die Qualität der Güter. So wissen sie zum Beispiel, daß bei einem niedrigen Gebrauchtwagenpreis im Durchschnitt die Wahrscheinlichkeit höher ist, einen schadhaften Wagen zu erwischen. Die meisten Verkäufer wissen auch, daß die Käufer das wissen.

Unter die Lupe genommen: Automakler und unvollkommene Information

Ein Makler ist jemand, der Verträge zwischen zwei Parteien vermittelt. Früher haben zum Beispiel Heiratsvermittler künftige Ehepartner zusammengebracht. Börsenmakler vermitteln zwischen den Käufern und Verkäufern von Aktien. Genauso gibt es Automakler, die Käufer und Verkäufer von Gebrauchtwagen zusammenbringen.

In jedem Fall ist ein Makler jemand, dessen Geschäft nur durch unvollkommene Information möglich wird. Man könnte ja sonst einfach losgehen und sich einen Ehepartner oder eine Aktie oder ein Auto auswählen. Offensichtlich liegt das Problem darin, daß es dabei eine große Auswahl gibt und daß es Zeit, Energie und Geld kostet, um sich so zu informieren, daß man eine gute Entscheidung treffen kann. Ein guter Makler hat die ganze Zeit Kontakt zum Markt und ist über die Entwicklung auf dem laufenden. Sicherlich ist es effizienter, wenn sich relativ wenige Menschen über Angebot und Nachfrage auf dem laufenden halten, als wenn alle Käufer und Verkäufer sich die gleichen Informationen beschaffen müssen.

Betrachten wir zum Beispiel die Arbeitsweise von Automaklern. Man ruft einen Makler an (normalerweise stehen sie im Branchenverzeichnis) und beschreibt das Auto, das man sucht, die Marke, das Modell, das Herstellungsjahr und das Zubehör. Der Makler sucht dann nach dem besten Angebot.

Ein Makler zu sein ist auf den ersten Blick eine seltsame Art, sich seinen Lebensunterhalt zu verdienen. Wie kommt es, daß jemand dafür bezahlt wird, nach Autos zu suchen? Die Antwort liegt darin, daß die Suche nach einem geeigneten Gebrauchtwagen Zeit und Energie kostet; man muß sich mit Autohändlern auseinandersetzen und über den Preis streiten. Selbst wenn der Käufer mehrere Tage oder Wochen mit der Suche verbringt, hat er keine Garantie dafür, daß er das beste Angebot finden wird. Einen erfahrenen Makler zu beauftragen, wird sicher Zeit und Energie sparen und kann am Ende sogar einen niedrigeren Preis bringen. Ein guter Makler kennt die üblichen Provisionen und die Gebühren, die die Händler dafür verlangen, daß sie ein Auto für den Verkauf herrichten. Indem er solche Faktoren berücksichtigt, kann er oft einen besseren Preis aushandeln.

Nicht jeder wird die Dienste eines Automaklers brauchen oder wollen. Aber für diejenigen, die das Gefühl haben, daß ihre Information über den Gebrauchtwagenmarkt extrem unvollkommen ist, mag es eine weise Entscheidung sein, einen Makler zu beauftragen.

Quelle: „A Better Way to Buy a Car?" *Consumer Reports*, September 1989, S. 593-595.

Auf Märkten mit unvollkommener Information sind die Anbieter *Preissetzer*. Bei der Festlegung ihrer Preise berücksichtigen sie, was die Konsumenten über die Qualität der angebotenen Produkte denken werden. Die Sorge über die Rückschlüsse auf die Qualität, die die Konsumenten (zu Recht oder zu Unrecht) ziehen, behindern die Wirksamkeit des Preiswettbewerbs. In unserem Gebrauchtwagenbeispiel haben wir gesehen, daß mit steigendem Preis die durchschnittliche Qualität der angebotenen Autos ebenfalls steigt. Wenn aber die Anbieter denken, daß die Kunden günstig angebotene Autos für schlecht halten, weil sie glauben, daß die Qualität stärker abnimmt als der Preis, werden sie den Preis nicht senken, um nicht dadurch Kunden abzuschrecken. Unter solchen Umständen wird eine Unternehmung selbst dann den Preis nicht senken, wenn sie zum herrschenden Preis nicht so viel absetzen kann, wie sie gerne möchte.

Dadurch kann eine Situation aufrechterhalten bleiben, in der offensichtlich ein Angebotsüberschuß herrscht. Unvollkommene Information bedeutet, daß das Gleichgewicht nicht im Schnittpunkt von Angebot und Nachfrage liegt. Das ist ein Ergebnis mit schwerwiegenden Konsequenzen, das in vielen der noch folgenden Kapitel eine Rolle spielen wird.

Informationsprobleme sind faszinierend, weil sie das Modell der vollkommenen Konkurrenz auf den Kopf stellen. Seit langem weiß man, daß die Preise in einer Marktwirtschaft wichtige Informationen über die Knappheit enthalten. Aber die anderen Informationsfunktionen der Preise und ihre Folgen sind erst vor kurzem klar geworden. Die Verkäufer manipulieren die Preise so weit wie möglich, um die dadurch übermittelten Informationen zu kontrollieren. Die Käufer ihrerseits durchschauen diese Manipulationen. Und ihre Befürchtung, daß der Verkäufer versucht, ein schlechtes Auto loszuwerden, verhindert manches Geschäft. Wenn es ernstzunehmende Informationsprobleme gibt, sind die Märkte eng oder gar nicht vorhanden. Alternativ kann es zu einer Einschränkung des Preiswettbewerbs kommen. Selbst bei einem Angebotsüberschuß kann es sein, daß die Unternehmungen ihre Preise nicht senken und die Märkte nicht geräumt werden.

18.3 Das Anreizproblem

Wir sind in diesem Buch immer wieder auf eines der zentralen Probleme jeder Volkswirtschaft gestoßen, das darin besteht, Anreize zu setzen, die die Menschen zu den besten Entscheidungen bringen. Anreizprobleme tauchen immer dann auf, wenn die Menschen nicht die ganzen Folgen ihrer Handlungen zu tragen haben. Der Zusammenbruch der amerikanischen Sparkassen mit einem Schaden von mehreren Milliarden Dollar ist zum größten Teil auf falsche Anreize zurückzuführen, wenn auch Betrug dabei eine gewisse Rolle gespielt haben mag. Da der Staat die Garantie für die Einlagen übernommen hatte, hatten die Kunden keinen Anreiz, das Geschäftsgebaren der Sparkassen zu überwachen. Aus dem gleichen Grund hatten die Eigentümer vieler Sparkassen einen Anreiz, hohe Risiken einzugehen. Im Erfolgsfall konnten sie die Gewinne behalten. Bei einem Mißerfolg mußte der Staat den Verlust ausgleichen.

Wenn die Anreize falsch gesetzt sind, wie das bei den amerikanischen Sparkassen der Fall war, sprechen wir von einem *Moral-hazard*-Problem (siehe Kapitel 6) Dieser Ausdruck stammt ursprünglich aus der Versicherungsbranche. Die Versicherten haben keinen ausreichenden Anreiz, das Ereignis, gegen das sie versichert sind, zu vermeiden; würde die Versicherung mehr als 100 Prozent des Schadens abdecken, so hätten die Versicherten sogar einen Anreiz, das Ereignis herbeizuführen. Eine solche Verhaltensweise galt als unmoralisch, daher der Ausdruck. Heute sehen Wirtschaftswissenschaftler darin einfach ein Anreizproblem, ohne jeden moralischen Unterton. Jemand, der eine Brandversicherung abgeschlossen hat, hat einen geringeren Anreiz, einen Brand zu vermeiden. So kann es zum Beispiel sein, daß sich die Installation einer Sprinkleranlage für ihn nicht lohnt, obwohl sie sich lohnen würde, wenn man die erwarteten Kosten für die Brandschutzversicherung mit in die Rechnung einbeziehen würde. Deswegen wird die Brandschutzversicherung wahrscheinlich den Einbau einer Sprinkleranlage verlangen oder sie wird eine niedrigere Versicherungsprämie festsetzen, wenn jemand eine solche Anlage hat. Auf diese Weise lohnt es sich dann wieder, eine Sprinkleranlage zu installieren.

Im Modell der vollkommenen Konkurrenz in Teil II geben Privateigentum und Preise die richtigen Anreize. Jeder wird für die Ausführung bestimmter Aufgaben belohnt. Probleme ergeben sich dann, wenn jemand für eine Leistung nicht belohnt wird oder wenn er nicht die ganzen Kosten seiner Handlungen zu tragen hat. In unserer Volkswirtschaft trifft man ständig auf solche Anreizprobleme.

An den Gütermärkten müssen die Unternehmungen einen Anreiz haben, Qualitätsprodukte herzustellen. Auch hier entpuppt sich das Anreizproblem wieder als Informationsproblem. Wenn die Kunden die Qualität des Produkts immer beim Kauf schon erkennen würden, könnten die Anbieter von qualitativ hochwertigen Produkten immer einen höheren Preis verlangen, und keine Unternehmung könnte mit minderwertigen Produkten einen Gewinn machen. Die meisten von uns haben schon einmal die Erfahrung gemacht, daß sie in einem neu eröffneten Restaurant gut gegessen hatten und dann beim zweiten Mal feststellen mußten, daß die Qualität abgenommen hatte. Offensichtlich ist hier mit den Anreizen irgendetwas schiefgegangen.

Marktlösungen

Bei einfachen Transaktionen können Anreizprobleme dadurch gelöst werden, daß man Belohnungen und Sanktionen festlegt. Angenommen, man betraut jemanden mit der Aufgabe, ein Dokument zu tippen. Dann könnte man vertraglich festlegen, daß der Auftragnehmer 25 $ erhält, wenn er das getippte Dokument am nächsten Tag spätestens um 17 Uhr abliefert. Für jeden Tippfehler würden 50 Cents abge-

zogen und für jede Stunde Verspätung ein Dollar. Dieser Vertrag setzt einen Anreiz für den Auftragnehmer, die Arbeit pünktlich und fehlerlos abzuliefern.

Ein Blick in die Wirtschaftspolitik: Sparkonten für Krankheitskosten

Als Reaktion auf die steil ansteigenden Kosten von Medicare (staatliche Krankenversicherung für die Rentner in den USA) haben Wirtschaftspolitiker eine Reihe
von Reformvorschlägen gemacht, unter anderem den Vorschlag, steuerfreie Sparkonten für Krankheitskosten (*medical savings accounts* = MSAs) einzurichten. Die
MSAs sollten die Menschen dazu anregen, sich gegen Krankheitskosten bei hoher
Selbstbeteiligung privat versichern zu lassen. Die Versicherungsgesellschaft würde
zum Beispiel von allen Kosten, die über 1.000 $ hinausgehen, 80 Prozent bezah-
len. In diesem Fall beträgt der Selbstbehalt 1.000 $ plus 20 Prozent der darüber
hinausgehenden Krankheitskosten. Bei dieser Regelung hätten die Menschen einen
Anreiz, die Kosten ihrer Gesundheitsversorgung niedrig zu halten, und die Versicherungsprämie wäre wahrscheinlich deutlich niedriger als die Kosten im gegenwärtigen System. Jeder Versicherte würde über die Differenz zwischen der neuen
privaten Versicherungsprämie und den Kosten des Staates nach der alten Regelung
einen Scheck erhalten. Dieses Geld könnten die Leute auf ein steuerfreies Sparkonto einzahlen und für die nicht versicherten Kosten ihrer Gesundheitsversorgung
verwenden.

Das klingt zunächst gut: Verbesserte Anreize verringern die Kosten sowohl für den
Staat als auch für den Einzelnen. Aber Anreizprobleme sind oft verquickt mit Problemen der adversen Selektion, und Kritiker sind der Meinung, daß die Anreizwirkungen des neuen Systems durch adverse Selektion wieder zunichte gemacht würden. Die Reichen und Gesunden werden die MSA-Option wählen und zur
Standardoption zurückkehren, wenn ihr Gesundheitszustand sich verschlechtert.
Dadurch werden die Kosten unter der neuen Option ersichtlich niedriger sein, aber
hauptsächlich aufgrund von adverser Selektion und nicht wegen der verbesserten
Anreize. Die gleiche adverse Selektion wird die durchschnittlichen Kosten derjenigen, die im Standardsystem bleiben, erhöhen. Die Nettokosten für den Staat
könnten dabei sogar ansteigen. Dieses Problem könnte korrigiert werden, wenn es
eine Möglichkeit gäbe, die Zahlungen an den Gesundheitszustand des Einzelnen
anzupassen. Solche „Risikoanpassungen" werden seit mehreren Jahren diskutiert,
aber bisher hat niemand eine befriedigende Methode zu ihrer Berechnung gefunden.

Aber selbst relativ einfache Transaktionen sind meist komplizierter als diese. Je
komplizierter die Transaktion, umso schwieriger ist es, das Anreizproblem zu lösen. Sie wollen Ihr Gras gemäht haben und der zwölfjährige Sohn Ihres Nachbarn
ist bereit, es zu mähen. Sie wollen, daß er auf Ihren Rasenmäher gut aufpaßt.

Wenn er sieht, daß ein Stein im Weg liegt, sollte er ihn aufheben. Er hat aber im Grunde keinen Anreiz, Ihren Rasenmäher achtsam zu behandeln. Sie könnten ihm die Reparatur in Rechnung stellen, wenn der Rasenmäher auf einen Stein gestoßen ist, aber woher wollen Sie wissen, ob der Stein nicht im Gras verborgen war? Wenn er dagegen einen eigenen Rasenmäher mitbringen würde, hätte er die richtigen Anreize. Deshalb ist das Privateigentum zusammen mit dem Preissystem so eine effektive Lösung des Anreizproblems. Aber der Sohn Ihres Nachbarn hat wahrscheinlich nicht genug Geld, um sich seinen eigenen Rasenmäher zu kaufen. Dann ist ein Anreizproblem unvermeidlich. Entweder lassen Sie ihn Ihren Rasenmäher benutzen und tragen das Risiko, daß er ihn beschädigt. Oder Sie leihen ihm Geld, damit er sich selbst einen kaufen kann; in diesem Fall gehen Sie das Risiko ein, daß er Ihnen das Geld nicht zurückbezahlt.

Viele private Unternehmungen müssen Leute einstellen, damit sie Maschinen bedienen, die hundert- oder tausendmal mehr wert sind als ein Rasenmäher. Jede Unternehmung möchte gerne, daß ihre Arbeitskräfte Mühe und Sorgfalt aufwenden, klar miteinander kommunizieren und Verantwortung übernehmen. Neben dem Privateigentum und den Preisen verfügt die Marktwirtschaft noch über weitere Teillösungen für diese Anreizprobleme, die man grob in Vertragslösungen und Reputationslösungen einteilen kann.

Vertragslösungen

Wenn zwei Parteien sich darauf einigen, daß die eine für die andere etwas tun wird, unterschreiben Sie normalerweise einen Vertrag, der die Bedingungen des Geschäfts spezifiziert. Zum Beispiel erklärt sich eine Firma bereit, ein Produkt von einer bestimmten Qualität zu einer bestimmten Zeit an einem bestimmten Ort zu liefern. In der Regel enthält der Vertrag auch „Befreiungsklauseln". Wenn ein Streik ausbricht, das Wetter schlecht ist und so weiter, dann kann die Lieferung verschoben werden. Es kann auch Klauseln geben, die die Bezahlung davon abhängig machen, unter welchen Umständen und auf welche Weise der Auftrag ausgeführt wurde.

Verträge versuchen das Anreizproblem dadurch zu lösen, daß genau festgelegt wird, was jeder Vertragspartner in jeder Situation zu tun hat. Aber niemand kann jede Eventualität berücksichtigen. Und selbst wenn man es könnte, würde es viel zu lange dauern, alle Möglichkeiten aufzuschreiben.

Es gibt Situationen, in denen es für den Anbieter extrem teuer wäre, alle Vertragsbedingungen zu erfüllen. Er könnte die versprochene Frist einhalten, aber nur zu sehr hohen Kosten; wenn der Käufer eine Verspätung um nur einen Tag akzeptieren würde, könnte er viel sparen. Um den Anbietern einen Anreiz zu geben, daß sie die Vertragsbedingungen nur dann verletzen, wenn es wirklich wirtschaftlich zwingende Gründe gibt, enthalten die meisten Verträge Strafen für Lieferungsver-

Ein Blick in die Wirtschaftspolitik:
Informationsprobleme und Anreizstrukturen im Gesundheitssektor

Eines der Schlüsselthemen im Präsidentschaftswahlkampf von 1992 war die Reform des Gesundheitssektors. Die Vereinigten Staaten geben einen größeren Anteil ihres gesamtwirtschaftlichen Einkommens für die Gesundheitsversorgung aus und haben eine niedrigere Lebenserwartung und eine höhere Säuglingssterblichkeit als viele andere entwickelte Länder. Das läßt sich zum größten Teil durch Informationsprobleme und das damit verbundene Marktversagen erklären. *Moral hazard* - das Fehlen von Anreizen zum sparsamen Umgang mit Gesundheitsausgaben, weil ein großer Teil der Rechnung von der Versicherung bezahlt wird - ist eine Quelle des Marktversagens. Die andere ist die adverse Selektion - der Versuch jeder Versicherungsgesellschaft, die Patienten mit dem niedrigsten Risiko an sich zu binden und diejenigen, die hohe Kosten verursachen, den anderen zu überlassen.

Im Modell der vollkommenen Konkurrenz wird vorausgesetzt, daß die Konsumenten gut informiert sind. Aber die Konsumenten gehen zum Arzt, um von ihm darüber informiert zu werden, was ihnen fehlt. Hinzu kommt, daß sie sich normalerweise auch bei der Therapie auf den Rat des Arztes verlassen müssen. Wirtschaftswissenschaftler weisen darauf hin, daß ein System, in dem jede ärztliche Dienstleistung honoriert wird, einen Anreiz zur Überversorgung gibt. Überversorgung bedeutet, daß die Grenzkosten der ärztlichen Leistungen höher sind als der Grenznutzen für den Patienten.

Heute arbeiten in den USA mehr und mehr Ärzte in sogenannten Gesundheitsmanagementorganisationen, in denen sie für jeden Patienten im voraus ein Fallhonorar erhalten. Sie tun dann, was sie in diesem Fall für nötig halten, und bekommen kein zusätzliches Einkommen für zusätzliche Leistungen. In solchen Organisationen verursachen Ärzte im Durchschnitt geringere Kosten und führen weniger Operationen durch, ohne daß negative Auswirkungen auf die Gesundheit der Patienten erkennbar wären. Kritiker befürchten, daß dieses Gesundheitsmanagement den Ärzten einen Anreiz zur Unterversorgung gibt, weil sie für zusätzliche Leistungen keinerlei Kompensation erhalten. Aber die Befürworter argumentieren, daß jede Organisation, die zu wenig Leistungen erbringt, ihre Patienten schnell verlieren würde. Die Reputation stellt eine wirksame Disziplin dar. Manche Arbeitgeber stellen beide Systeme gleichermaßen zur Verfügung und gewähren ihren Beschäftigten den gleichen Zuschuß, unabhängig davon, ob sie den Gesundheitsmanagementplan wählen oder das übliche System, in dem für jede Dienstleistung ein Honorar bezahlt wird. Die zusätzlichen Kosten des teureren Honorarsystems müssen die Patienten dann selbst tragen. Es zeigt sich, daß im Durchschnitt mehr als die Hälfte der Beschäftigten den Gesundheitsmanagementplan wählen. Offensichtlich haben sie das Gefühl, daß die zusätzlichen Leistungen, die sie erhalten könnten, die zusätzlichen Kosten nicht wert sind.

zögerungen. Die Vertragsstrafe gibt dem Anbieter einen Anreiz, rechtzeitig zu liefern, aber nicht zu jedem Preis.

Manchmal kann der Anbieter auf die Idee kommen, daß es sich einfach nicht lohnt, den Vertrag zu erfüllen. Wenn er sich nicht an die Vereinbarung hält, spricht man von einem **Vertragsbruch**. Wenn ein Vertrag gebrochen worden ist, landen die Vertragsparteien letztendlich meist vor Gericht, und das Rechtssystem legt fest, welchen Schadenersatz die vertragsbrüchige Partei der anderen zu bezahlen hat. Verträge, die für eine Vielzahl von Umständen die Pflichten aller Parteien festlegen, helfen, die Anreizprobleme zu lösen. Aber auch bei einem noch so komplizierten Vertrag werden immer Zweideutigkeiten und Streitpunkte übrigbleiben. Verträge sind immer unvollständig, und ihre Durchsetzung ist teuer, und deshalb können sie das Anreizproblem nur teilweise lösen.

Reputationslösungen

Die Reputation spielt im Anreizsystem von Marktwirtschaften eine extrem wichtige Rolle. Eine Reputation ist eine Art von Garantie. Selbst wenn der Kunde weiß, daß er diese Garantie nicht selbst einlösen kann - sie ist kein „Geld-zurück-Versprechen" - weiß er auch, daß die Person oder die Firma durch schlechte Leistungen ihren guten Ruf schädigen würde. Der Wunsch, ihre Reputation zu erhalten, gibt den Unternehmungen einen Anreiz, qualitativ hochwertige Produkte herzustellen. So ist es zum Beispiel eine Baufirma ihrem guten Ruf schuldig, ein Haus zum versprochenen Zeitpunkt oder zumindest nicht sehr viel später fertigzustellen.

Damit die Reputation ein wirksamer Anreizmechanismus sein kann, müssen die Firmen etwas verlieren, wenn ihre Reputation Schaden leidet. Dieses „Etwas" ist natürlich Gewinn. Die Pflege der Reputation stellt nur dann einen Anreiz dar, wenn es einen Gewinn einzubüßen gibt.

Wir sehen also, daß sich Märkte mit unvollkommener Information auch noch auf andere Weise von Märkten mit vollkommener Information unterscheiden. Auf Konkurrenzmärkten mit vollkommener Information sorgt der Wettbewerb dafür, daß die Preise bis zu den Grenzkosten sinken. Bei Produkten, deren Qualität durch einen Reputationsmechanismus aufrechterhalten wird, muß der Preis über den Grenzkosten bleiben, unabhängig davon, ob Wettbewerb herrscht oder nicht.

Nun könnte man sich fragen, warum auf Märkten, wo die Reputation eine wichtige Rolle spielt, der Wettbewerb nicht zu Preisunterbietung führt. Wenn der Preis „zu niedrig" ist, haben die Firmen keinen Anreiz, ihre Reputation aufrechtzuerhalten. Die Konsumenten wissen das und erwarten minderwertige Produkte. Es gibt auch noch einen anderen Grund, warum eine Firma nicht notwendigerweise durch Preisunterbietung mehr Kunden anlocken kann. Die meisten Konsumenten haben irgendwann einmal erlebt, daß eine Unternehmung versucht hat, von ihrer Reputation zu leben. Head zum Beispiel war in den USA die Spitzen-Skimarke der sieb-

ziger Jahre. Bei hohen Preisen war die Nachfrage natürlich begrenzt. Als die Firma
ihren Preis senkte, stieg der Umsatz. Die Konsumenten griffen zu, denn sie wußten
von der hohen Qualität und hielten das Angebot für ein Schnäppchen. Aber wirkliche Schnäppchen sind nicht so häufig. Durch die niedrigeren Preise gingen auch
die Gewinne zurück, und Head hatte wenig Anreiz, seine Reputation aufrechtzuerhalten.

Reputation als Marktzutrittsbarriere

Auf Märkten, wo die Reputation sehr wichtig ist, herrscht oft ein sehr unvollkommener Wettbewerb. Die Notwendigkeit, eine Reputation aufzubauen, wirkt als
Marktzutrittsbarriere und beschränkt den Wettbewerb in diesen Branchen. Wenn
die Konsumenten zum gleichen Preis die Wahl haben zwischen dem Produkt einer
etablierten Firma mit guter Reputation und dem Produkt eines Newcomers ohne
Reputation, werden sie sich normalerweise für das Produkt der etablierten Firma
entscheiden. Beim Kauf eines neuen Fernsehers zum Beispiel wählt man vielleicht
einen Sony anstelle einer genauso teuren neuen Marke, über deren Qualität und
Verläßlichkeit bisher nichts bekannt ist. Der Newcomer muß einen hinreichend
niedrigen Preis und eine gute Garantie bieten. Manchmal müssen neue Firmen ihr
Produkt beinahe verschenken, um sich am Markt zu etablieren. Der Marktzugang
wird dadurch extrem teuer.

18.4 Das Suchproblem

Ein grundlegendes Informationsproblem besteht darin, daß die Konsumenten herausfinden müssen, wo welche Güter zu welchen Preisen angeboten werden. Die
Haushalte müssen klären, welche Arbeitsplätze für sie in Frage kommen und welche Möglichkeiten sie haben, ihr Geld anzulegen. Genauso müssen Unternehmungen herausbekommen, welcher Nachfragekurve sie gegenüberstehen und wo und
zu welchem Preis sie die notwendigen Inputs erhalten können. Anders ausgedrückt: Beide Marktseiten müssen sich über ihre Möglichkeitenmengen klar werden.

Im Modell der vollkommenen Konkurrenz wird ein bestimmtes Gut überall zum
gleichen Preis angeboten. Wenn scheinbar die gleichen Schuhe in einem Laden 25
$ kosten und in einem anderen daneben 35 $, dann muß es sich in diesem Modell
wirklich um zwei verschiedene Produkte handeln. Sind die Schuhe tatsächlich
identisch, dann muß der Konsument für den teureren Preis einen besseren Service
erhalten.

In Wirklichkeit kann es aber durchaus vorkommen, daß das gleiche Gut in ver-
schiedenen Geschäften zu unterschiedlichen Preisen verkauft wird und daß der
Preisunterschied nicht durch Unterschiede in der Servicequalität oder der Lage des
Geschäfts erklärt werden kann. In solchen Fällen sprechen wir von einer **Preisdis-**

persion. Wenn es nichts kosten würde, sich über alle Preise zu informieren (oder wenn vollkommene Information herrschen würde wie im Modell der vollkommenen Konkurrenz), würden die Konsumenten solange suchen, bis sie den niedrigsten Preis gefunden hätten. Und kein Geschäft, das mehr verlangt als den niedrigsten Preis am Markt, hätte jemals irgendwelche Kunden. Existieren jedoch Informationskosten, dann hat auch ein teurer Laden einige Kunden, und die höhere Gewinnspanne gleicht den niedrigeren Umsatz aus. Auf diese Weise kann Preisdispersion bestehen bleiben.

Wenn sich Preise und Qualitäten unterscheiden, müssen Haushalte und Firmen beträchtliche Energien für die Suche aufwenden. Arbeitskräfte suchen einen guten Arbeitsplatz. Firmen suchen gute Arbeitskräfte. Konsumenten suchen nach den besten Qualitäten und den niedrigsten Preisen. Auch in der Fachsprache nennt man diesen Prozeß des Sammelns von Informationen **Suchprozeß**.

Suchen ist eine wichtige und teure wirtschaftliche Aktivität. Weil er teuer ist, endet ein Suchprozeß in der Regel, bevor man alle relevanten Informationen hat. Man weiß daß es irgendwo noch günstigere Angebote gibt, aber es ist einfach zu teuer, sie zu suchen. Vielleicht fürchtet man sich vor der Enttäuschung, wenn man einen Tag oder eine Woche nach dem Kauf eines neuen Computers dasselbe Gerät um zehn Prozent billiger angeboten sieht. Aber man sollte den Kauf trotzdem nicht bereuen. Es wäre durchaus möglich gewesen, daß man kein besseres Angebot gefunden hätte und daß der Preis in der Zwischenzeit sogar noch gestiegen wäre. Man hat dieses Risiko im Auge gehabt, sowie die Kosten einer weiteren Suche und den Nutzen, den man davon haben würde, wenn man noch am gleichen Tag über den Computer verfügen könnte, anstatt zu warten und vielleicht ein noch günstigeres Angebot zu finden. Nach sorgfältigem Abwägen der Kosten und Nutzen einer weiteren Suche hat man sich entschlossen, gleich zu kaufen.

In Abbildung 18.2 wird auf der horizontalen Achse die Suchzeit gemessen und auf der vertikalen Achse der erwartete Grenznutzen der Suche. Auf der einen Seite kann man sagen, daß der erwartete marginale Suchgewinn immer geringer wird, je mehr man schon gesucht hat. Im allgemeinen erkundigt man sich zuerst dort, wo man die besten Aussichten zu haben glaubt. Nach und nach bezieht man dann auch weniger erfolgversprechende Orte in die Suche mit ein. Stellen Sie sich vor, Sie wollen einen Gebrauchtwagen kaufen. Sie könnten zuerst in die Zeitung schauen und dann zu einem nahegelegenen Autohändler gehen. Zuletzt werden Sie vielleicht die Straßen entlang fahren und nach Autos Ausschau halten, die ein Schild mit der Aufschrift „zum Verkauf" im Fenster haben. Auf der anderen Seite nehmen mit der Länge des Suchprozesses die Grenzkosten der weiteren Suche zu. Dahinter steht die Tatsache, daß man umso weniger Zeit für andere Dinge hat, je mehr Zeit man mit dem Suchen verbringt. Die Opportunitätskosten einer zusätzlichen Stunde Suche steigen also. Die Marktteilnehmer wählen diejenige Suchzeit, bei der der erwartete Grenzgewinn der Suche gerade den Grenzkosten entspricht.

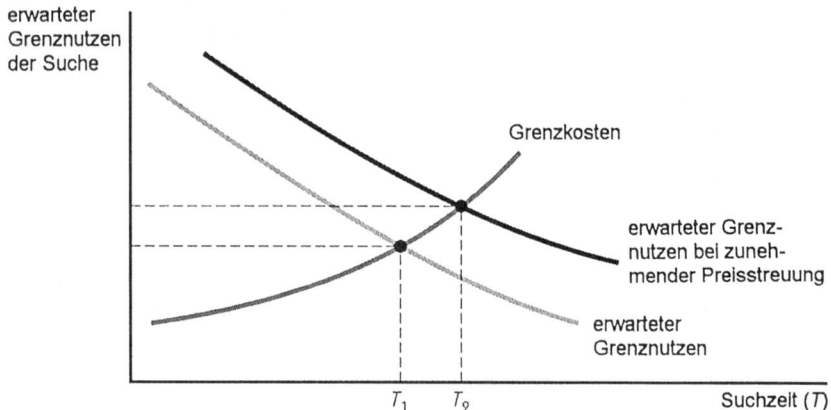

Abbildung 18.2 Suche. Konsumenten suchen solange, bis der erwartete Grenzgewinn der weiteren Suche den Grenzkosten entspricht. Eine größere Preisdispersion läßt den Grenzgewinn der Suche ansteigen und führt damit zu längeren Suchprozessen.

Steigt die Dispersion der Preise (oder Qualitäten), so steigt normalerweise auch der Suchgewinn, denn es gibt eine bessere Chance, ein wirklich gutes Angebot zu finden und der Unterschied zwischen guten und schlechten Angeboten ist größer. Die Kurve des erwarteten Grenzgewinns der Suche verschiebt sich also nach oben und der Suchprozeß verlängert sich von T_1 auf T_2.

Suche und unvollkommener Wettbewerb

Die Unternehmungen wissen, daß Suchen teuer ist, und machen sich diese Tatsache zunutze. Sie wissen, daß sie nicht alle ihre Kunden verlieren werden, wenn sie ihre Preise anheben. Und wenn ein Geschäft seine Preise leicht senkt, wird es nicht sofort alle Kunden anderer Geschäfte an sich ziehen können. Die Kunden müssen sich über den Preisvorteil erst informieren und das braucht Zeit. Hinzu kommt, daß die Konsumenten selbst dann, wenn sie von dem niedrigeren Preis gehört haben, möglicherweise bezweifeln, daß Qualität und Service vergleichbar sind, daß das Gut vorrätig sein wird und so weiter.

Die Tatsache, daß Suchprozesse teuer sind, bedeutet, daß die Nachfragekurve aus der Sicht einer einzelnen Unternehmung negativ geneigt ist. Der Wettbewerb ist notwendigerweise unvollkommen.

Betrachten wir zum Beispiel die Nachfrage nach einem bestimmten Walkman. Wenn Sie das Geschäft betreten, haben Sie eine Vorstellung, zu welchem Preis

Anwendungsbeispiel:
Die Erklärung der Arbeitsplatzmobilität mit Hilfe der Suchtheorie

Die Suchtheorie hat wichtige Anwendungen für den Arbeitsmarkt. Neulinge am Arbeitsmarkt haben typischerweise eine viel höhere Fluktuationsrate als ältere Arbeitskräfte. Während ältere Arbeitskräfte normalerweise viele Jahre lang beim gleichen Arbeitgeber bleiben, kündigen jüngere Arbeitskräfte oft schon nach wenigen Wochen oder Monaten. Diesen Unterschied kann man mit Hilfe der Suchtheorie erklären.

Vergleichen wir zunächst die Arbeitsplatzsuche eines sechzigjährigen Arbeitnehmers mit der eines dreißigjährigen. Selbst wenn der Sechzigjährige einen besseren Arbeitsplatz findet, wird er seine Vorteile höchstens noch einige wenige Jahre genießen können. Für den Dreißigjährigen ist der Grenzgewinn der zusätzlichen Suche viel größer: Es gibt zumindest die Möglichkeit, daß er zwanzig Jahre oder länger bei dem neuen Arbeitgeber bleiben wird. Bei der Abwägung von Grenzgewinn und Grenzkosten der Arbeitsplatzsuche kommen beide zu unterschiedlichen Ergebnissen.

Zwei weitere Faktoren wirken in die gleiche Richtung. Erstens wissen jüngere Arbeitskräfte über ihre eigenen Präferenzen (ihre Vorlieben und Abneigungen) und auch über den Arbeitsmarkt weniger gut Bescheid. Durch Arbeitsplatzwechsel erhalten sie über beides zusätzliche Informationen. Zweitens ist den Arbeitgebern dieser Zusammenhang bewußt, so daß bei einem jüngeren Arbeitnehmer mit einem häufigen Arbeitsplatzwechsel kein Stigma verbunden ist. Im Gegensatz dazu befürchten die Arbeitgeber bei einem älteren Bewerber vielleicht, daß er nur deshalb einen neuen Arbeitsplatz sucht, weil er weiß, daß er wegen schlechter Leistungen entlassen oder degradiert werden wird. Übermäßige Arbeitsplatzmobilität wird bei einem älteren Arbeitnehmer oft als „schlechtes" Signal interpretiert.

---

dieser Walkman angeboten werden sollte. Der Händler verlangt 70 $ dafür. Sie wissen vielleicht, daß Sie das Gerät möglicherweise anderswo um fünf Dollar billiger erhalten können. Aber Sie fragen sich, ob es Ihnen die zusätzliche Zeit und Mühe und das Benzin wert ist, herumzufahren und in anderen Geschäften, die das Produkt vielleicht führen könnten, nach einem günstigeren Angebot zu suchen. Manche Kunden sind bereit, die zusätzlichen fünf Dollar zu bezahlen, einfach um nicht mehr weitersuchen zu müssen. Wenn das Geschäft nun seinen Preis auf 75, 80 oder 85 $ erhöht, werden einige Kunden, die den Walkman für 70 $ gekauft hätten, beschließen, daß es sich lohnt, die Suche fortzusetzen. Das Geschäft verliert also durch die Preiserhöhung einige, aber nicht alle seiner Kunden. Damit steht es einer negativ geneigten Nachfragekurve gegenüber. Wenn die Suche keine Kosten verursachen würde, würde jeder in den Laden gehen, der den Walkman zum niedrigsten Preis verkauft, und Händler, die einen höheren Preis verlangen, hätten keinen Umsatz. Märkte, auf denen die Suche kostspielig ist, werden infolgedessen durch die Modelle der unvollständigen Konkurrenz in den Kapiteln 14 und 15 besser beschrieben.

Suche und Informationsvermittler

Es gibt Unternehmungen, die als Vermittler zwischen Anbietern und Nachfragern dienen, indem sie bei der Sammlung von Informationen helfen. Diese Unternehmungen sind Teil des Informationsmarktes, den wir zu Beginn dieses Kapitels erwähnt haben. Eine der Funktionen eines guten Kaufhauses besteht zum Beispiel darin, daß es den Kunden einen Teil der Suchkosten erspart. Die Einkäufer des Kaufhauses suchen unter Hunderten von Produzenten die besten Angebote und diejenigen Produkte, die ihre Kunden interessieren werden. Gute Kaufhäuser bauen eine Reputation in bezug auf die Fähigkeiten ihrer Einkäufer auf. Die Kunden haben immer noch ein Suchproblem - sie müssen vielleicht mehrere Kaufhäuser aufsuchen - aber das verursacht bei weitem weniger Kosten, als direkt bei den Herstellern zu suchen. Auch Zeitschriften wie *Consumer Reports*, die ihre Leser mit detaillierten Informationen über Produktqualitäten und Preise versorgen, ersparen den Konsumenten beträchtliche Suchkosten.

18.5 Werbung

Die Konsumenten haben einen Anreiz, herauszufinden, wo sic am günstigsten kaufen können. Entsprechend haben auch die Unternehmungen einen Anreiz, den Kunden ihre großartigen Angebote bekanntzumachen. Manche Firmen geben viel Geld für Werbung aus, um potentielle Käufer über ihre Produkte, Preise und Standorte zu informieren.

In einem alten Witz über die Werbung sagt ein Manager: „Wir wissen, daß die Hälfte des Geldes, das wir für Werbung ausgeben, verschwendet ist, aber wir wissen nicht, welche Hälfte." Dieser Witz sagt eine Menge über die Ökonomie der Werbung aus. In den Vereinigten Staaten verwenden manche Firmen zwei, drei oder mehr Prozent ihres Gesamtertrags für Werbung. Die gesamten Werbeausgaben belaufen sich auf mehr als 130 Mrd. $; etwas mehr als die Hälfte davon wird für landesweite Werbung ausgegeben. Um diese Zahl in ein Verhältnis zu setzen, sei hinzugefügt, daß die gesamten Ausgaben für Sozialhilfe auf der Ebene des Bundes, der Einzelstaaten und der Gemeinden nicht sehr viel höher sind.

Werbung kann über die vorhandenen Kaufmöglichkeiten informieren und damit eine wichtige ökonomische Aufgabe erfüllen. Wenn eine neue Fluggesellschaft beginnt, bestimmte Strecken zu fliegen, muß sie diese Information ihren potentiellen Kunden übermitteln. Die Tatsache, daß ein neues Produkt entwickelt worden ist, muß erst bekanntgemacht werden. Wenn eine Firma erfolgreich sein will, genügt es nicht, einfach nur den Preis zu senken und sich dann gemütlich zurückzulehnen und zu warten. Unternehmungen müssen neue Kunden werben und aktiv Informationen übermitteln.

Aber nicht die gesamte Werbung dient der Information über Produkteigenschaften und Preise. Nehmen wir eine typische Bier- oder Autowerbung. Sie enthält fast keine Informationen über das Produkt, sondern versucht, ein Image zu erzeugen, mit dem sich potentielle Käufer identifizieren werden. Daß es mit dieser Art von Werbung tatsächlich gelingt, Konsumenten dazu zu überreden, entweder ein Produkt auszuprobieren oder diesem Produkt treu zu bleiben und kein anderes zu versuchen, zeigt, daß das Konsumentenverhalten viel komplizierter ist, als es in einfachen Theorien über Wettbewerbsmärkte dargestellt wird. Nur wenig Menschen entscheiden sich für ein Auto oder für einen neuen Anzug ausschließlich deshalb, weil sie einen Werbespot im Fernsehen gesehen haben. Aber Entscheidungen über die Kleidung, die sie tragen, das Bier, das sie trinken, und das Auto, das sie fahren, werden durch eine Vielzahl von Faktoren beeinflußt, unter anderem auch von ihrem Selbstbild und von der Meinung ihrer Peer-group. Diese Bilder und Meinungen wiederum können durch Werbung beeinflußt werden.

Um diese verschiedenen Rollen der Werbung zu betonen, unterscheidet man zwischen informativer Werbung und manipulierender Werbung. Informative Werbung will die Konsumenten darüber aufklären, welche Eigenschaften ein Produkt hat, wo man es bekommt, und was es kostet. Manipulierende Werbung will, daß die Konsumenten ein gutes Gefühl zu dem betreffenden Produkt entwickeln. Das kann soweit gehen, daß sogar falsche Informationen verbreitet werden, um die Konsumenten zu verwirren und ihnen einen Unterschied zwischen verschiedenen Marken vorzuspiegeln, der in Wirklichkeit gar nicht existiert.

Werbung und Wettbewerb

Werbung ist sowohl eine Ursache als auch eine Folge von unvollkommener Konkurrenz. Auf einem Markt mit vollkommener Konkurrenz, wo viele Hersteller identische Produkte anbieten, lohnt es sich für einen einzelnen Anbieter nicht, für die Vorzüge eines Gutes Reklame zu machen. Werbung für Weizen oder Mais bekommt man im allgemeinen nicht zu sehen. Wenn eine solche Werbung erfolgreich wäre, würde sie einfach die Nachfragekurve für das betreffende Produkt nach außen verschieben. Die gesamte Nachfrage nach Weizen würde vielleicht ansteigen, aber die Auswirkungen auf den Absatz des Weizenfarmers, der die Werbung bezahlt hat, wären vernachlässigbar. Wenn alle Weizenfarmer sich zusammentun würden, könnte es sich für sie lohnen, als Gruppe Werbung zu betreiben. In den letzten Jahren haben in den USA Vereinigungen der Hersteller von Milch, Orangen, Mandeln, Rosinen und Rindfleisch genau das getan.

Wenn es der Werbung allerdings gelingt, in den Köpfen der Konsumenten die Vorstellung zu erzeugen, daß Produkte verschiedener Hersteller sich voneinander unterscheiden, dann sind die Hersteller mit negativ geneigten Nachfragekurven konfrontiert, und es herrscht unvollständiger Wettbewerb. Bei unvollständigem Wettbewerb kann man mit Hilfe der Werbung die Nachfrage nach den Produkten einer Firma erhöhen.

Werbung und Gewinn

Werbung hat nicht nur das Ziel, die Vorstellung von Produktunterschieden zu erzeugen und damit die Steigung der Nachfragekurve zu verändern, sondern auch die Nachfragekurve nach außen zu verschieben wie in Abbildung 18.3. Wenn eine Unternehmung ihre Werbeanstrengungen verstärkt, kann sie Kunden von Konkurrenzfirmen oder von anderen Produkten abziehen. Eine erfolgreiche Reklame für eine bestimmte Zigarettenmarke wird entweder einige Raucher dazu bringen, die Marke zu wechseln, oder einige Nichtraucher verleiten, das Rauchen anzufangen.

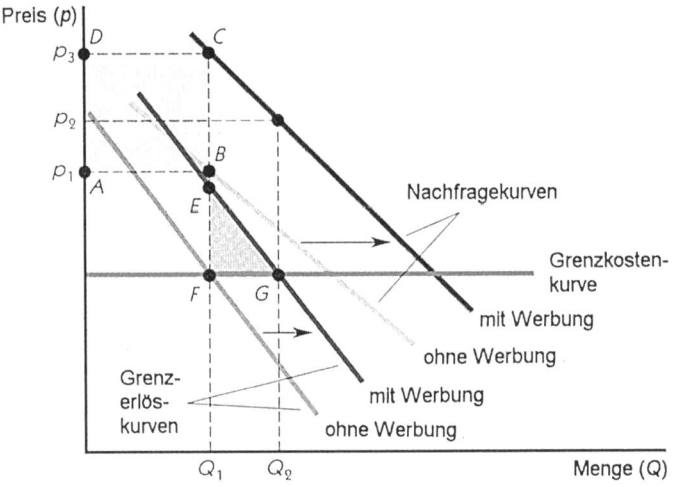

Abbildung 18.3 Verschiebung der Nachfragekurve durch Werbung. Erfolgreiche Werbung verschiebt die Nachfragekurve aus der Sicht der betreffenden Unternehmung. Bei unvollständiger Konkurrenz kann der Anbieter dann den neuen Grenzerlös mit den alten Grenzkosten gleichsetzen und dadurch Preis und Output erhöhen.

Der zusätzliche Gewinn durch die Verschiebung der Nachfragekurve kann in zwei Komponenten zerlegt werden. Erstens kann die Unternehmung die bisherige Menge zu einem höheren Preis verkaufen (p_3 anstelle von p_1). Dabei steigt der Gewinn um die ursprüngliche Absatzmenge (Q_1) mal der Preisänderung ($p_3 - p_1$); in der Abbildung ist das die Fläche *ABCD*. Zweitens kann sie die Absatzmenge steigern.

Das liegt daran, daß die Werbung die Grenzerlöskurve nach oben verschiebt. Auch bei unvollkommener Konkurrenz setzt die Unternehmung Grenzkosten und Grenzerlös gleich, so daß der Output von Q_1 auf Q_2 zunimmt. Der auf diese Weise geschaffene zusätzliche Gewinn wird durch die Fläche zwischen Grenzerlös- und Grenzkostenkurve von Q_1 bis Q_2 gemessen. Die Grenzkosten bleiben unverändert. Diese zweite Komponente des zusätzlichen Gewinns entspricht also der Fläche *EFG*. Damit ist der Nettozuwachs des Gewinns gleich der Fläche *ABCD* plus der Fläche *EFG* minus der Kosten für die Werbung.

Bisher sind wir davon ausgegangen, daß die anderen Unternehmungen ihren Werbeaufwand nicht verändert haben. Die Auswirkungen der Werbung auf den Gewinn der betreffenden Unternehmung sowie auf den Branchengewinn sind schwieriger zu erfassen, wenn man die Reaktionen der Konkurrenzfirmen mitberücksichtigt. In dem Maße, in dem die Werbung lediglich den Umsatz innerhalb der Branche umverteilt, hat sie im Gleichgewicht kaum Auswirkungen auf die Nachfrage. Angenommen, die Werbung für Nike-Schuhe führt dazu, daß Käufer von Reeboks auf Nike umsteigen und umgekehrt. Abbildung 18.4 zeigt die Nachfragekurve für den Fall daß (1) keine der beiden Firmen wirbt, (2) ausschließlich Reebok wirbt und (3) beide Firmen werben. Im letzteren Fall ist die Nachfragekurve die gleiche wie in der Situation ohne jegliche Werbung. Preis und Output sind gleich; der Gewinn ist um die Werbeausgaben niedriger. Wir haben hier ein weiteres Beispiel für ein Gefangenendilemma. Wenn die Firmen kooperieren könnten und sich darauf einigten, auf Werbung zu verzichten, wären sie beide besser gestellt. Aber ohne eine solche Kooperation lohnt es sich für jede von beiden, Werbung zu betreiben, unabhängig davon, was die Konkurrenzfirma macht. Das staatliche Verbot für Zigarettenwerbung in Radio und Fernsehen hat vielleicht - im Namen der Gesundheitspolitik - das Gefangenendilemma für die Tabakindustrie teilweise gelöst.

Abbildung 18.4   Wie die Werbung zweier Firmen sich gegenseitig neutralisiert. Wenn nur eine Unternehmung Werbung betreibt, kann sich die Nachfragekurve für ihr Produkt nach außen verschieben. Werben aber beide Firmen, dann kann die Nachfragekurve die gleiche Lage haben wie in dem Fall, daß keine der beiden Firmen wirbt.

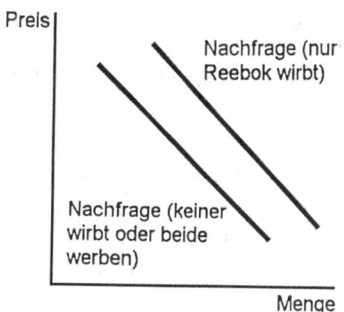

In Wirklichkeit hat die Zigarettenindustrie aber insgesamt doch einen Vorteil davon, wenn alle Zigarettenfirmen werben. Einige Menschen, die sonst vielleicht nicht geraucht hätten, werden zum Rauchen verleitet, und andere werden dazu gebracht, ihren Zigarettenkonsum zu erhöhen. Dennoch ist die Verschiebung der Nachfragekurve für eine bestimmte Firma viel geringer, wenn alle Firmen werben, verglichen mit einer Situation, in der sie alleine Werbung betreibt.

Unter die Lupe genommen: Werbung für Orangensaft

Im einfachen Modell des vollkommenen Wettbewerbs würde ein neuer Orangen-safthersteller ankündigen, daß sein Produkt am Markt ist, den herrschenden Marktpreis akzeptieren oder unterbieten und mit dem Verkauf beginnen. Als Procter und Gamble 1983 in das Geschäft mit dem Orangensaft einstiegen, setzten sie den Preis für ihren Citrus Hill etwas niedriger als die etablierten Konkurrenten Tropicana und Minute Maid und verteilten flächendeckend Gutscheine für Citrus Hill. Offensichtlich hatten sie aber das Gefühl, daß das noch nicht genügte, um dem Produkt einen guten Start zu verschaffen. Laut *Business Week* beschloß die Firma ein Budget von 75 bis 100 Mio. $ für Werbung und Verkaufsförderung. (Zum Vergleich: Alle Orangensaft-Anbieter zusammen hatten einen Jahresumsatz von nur 2,5 Mrd. $.)

Aus dieser und vielen ähnlichen Episoden kann man zwei Dinge lernen. Erstens zeigen die beträchtlichen Werbebudgets der Hersteller, daß sie Preisunterbietung für keine ausreichende Wettbewerbsstrategie halten. Zweitens trägt aus der Sicht der Hersteller Werbung offensichtlich dazu bei, daß die Konsumenten ihr Produkt als einzigartig ansehen, selbst wenn die meisten Kunden die verschiedenen Marken kaum unterscheiden können, wie das beim Orangensaft der Fall ist. Die Firmen können sich dann diese Wahrnehmung zunutze machen, um einen höheren Gewinn zu erzielen.

Quelle: *Business Week*, 31. Oktober 1983.

18.6 Die Bedeutung der unvollkommenen Information

Die moderne Volkswirtschaft wird manchmal auch „Informationswirtschaft" genannt. Das liegt zum einen daran, daß die großen Fortschritte in der Computer-technologie die Kapazitäten zur Verarbeitung von Information enorm erhöht haben. Zum anderen ist es dadurch zu erklären, daß ein großer Teil der wirtschaftlichen Aktivität mit dem Sammeln, Verarbeiten und Verbreiten von Information zu tun hat. Personalmanager versuchen möglichst viel über potentielle neue Arbeitskräfte herauszufinden; Angestellte in den Kreditabteilungen der Banken versuchen die Bonität potentieller Schuldner einzuschätzen; Marktforscher versuchen, den potentiellen Kundenkreis für ein neues Produkt zu bestimmen; große Kaufhäuser haben Einkäufer, die die Welt nach neuen Anbietern von Modeartikeln durchkämmen. Aber so viele Informationen wir auch haben, sind wir doch selten damit zufrieden.

Information ist nicht nur unvollkommen sondern auch asymmetrisch. Der Verkäufer eines Autos weiß mehr über dessen schlechte Eigenschaften als der Käufer. Der Arbeitsanbieter weiß mehr über seine eigenen Stärken und Schwächen als die Firma, bei der er ein Vorstellungsgespräch hat. Der Kreditnehmer weiß vielleicht mehr über einige der Eventualitäten, die seine Zahlungsfähigkeit beeinflussen könnten, als der Kreditgeber. Weil die Parteien in einer Transaktion nicht immer einen Anreiz haben, die ganze Wahrheit zu sagen, kann es für die besser informierte Partei schwierig sein, ihr Wissen den anderen überzeugend mitzuteilen.

In den letzten Jahren sind sich die Wirtschaftswissenschaftler mehr und mehr darüber einig geworden, daß solche Informationsunvollkommenheiten das Verhalten von Individuen und Märkten grundsätzlich verändern. Das ist die Basis für unseren zehnten Konsenspunkt.

10 Unvollkommene Information

Die Tatsache, daß Haushalte und Unternehmungen ihre Entscheidungen in der Regel bei unvollkommener Information treffen, hat einen Einfluß auf das Verhalten der Märkte. Die Marktteilnehmer versuchen, die Informationsknappheit auszugleichen. Auf vielen Märkten, wo adverse Selektion und Moral-hazard-Probleme eine Rolle spielen, benutzen die Anbieter die Preise, um Informationen über die Qualität ihrer Produkte zu vermitteln. Arbeitsanbieter und Unternehmungen versuchen, Informationen über ihre Eigenschaften zu signalisieren, und eine Reputation aufzubauen.

18.7 Der Einfluß des Staates auf die Information am Markt

Informationsprobleme können zu verschiedenen Formen des Marktversagens führen. Aus Sorge um die Folgen unzulänglicher Information für die Konsumenten hat der Gesetzgeber eine Reihe von Vorschriften zum Verbraucherschutz verabschiedet. Der *Wheeler-Lea-Act* von 1938 verbot betrügerische Geschäftspraktiken und ermächtigte die Federal Trade Commission, eine Behörde, die über die Einhaltung des Wettbewerbsrechts wacht, falsche und betrügerische Werbung zu unterbinden. Andere Gesetze verpflichten Kreditgeber, den effektiven Zinssatz anzugeben, und reglementieren Packungsaufschriften, um eine Irreführung der Konsumenten zu verhindern. Die Securities and Exchange Commission (Börsenaufsichtsbehörde) verpflichtet die Verkäufer von Aktien und festverzinslichen Wertpapieren, eine beträchtliche Menge an Informationen zu publizieren.

Ein großer Teil dieser Gesetze ist jedoch nur beschränkt wirksam. Ein Hersteller von Frühstücksflocken druckt vielleicht auf die Verpackung nicht nur die vorgeschriebenen Informationen, sondern auch noch viele andere von unterschiedlicher Wichtigkeit. Der Konsument kann nicht alle Informationen aufnehmen und verarbeiten und weiß vielleicht nicht, worauf er achten muß. Die staatlichen Aufsichtsbehörden sind sich dieser Probleme bewußt und verlangen manchmal, daß vorgeschriebene Informationen eine bestimmte Form und Buchstabengröße haben müssen, damit sie besonders auffallen; das ist zum Beispiel bei der Warnung vor den gesundheitlichen Gefahren des Rauchens der Fall. Wollte man jedoch in größerem Umfang solche Vorschriften erlassen, so wäre das zumindest extrem teuer.

Beim Verbot betrügerischer Werbung taucht das Problem auf, daß es nicht immer leicht ist, zwischen Manipulation und Betrug eine klare Trennlinie zu ziehen. Werbefachleute sind sehr geschickt bei dieser Art von Gratwanderung; wenn eine ausdrückliche Behauptung als Betrug aufgefaßt werden könnte, genügt vielleicht schon ein suggestiver Hinweis. Für die Kongreßabgeordneten und die Gerichte ist es eine unlösbare Aufgabe, zwischen informativer und irreführender Werbung zu unterscheiden.

Zusammenfassung

1. Das Modell der vollkommenen Konkurrenz geht davon aus, daß die Marktteilnehmer über alle gehandelten Güter und ihre Preise vollständig informiert sind. In Wirklichkeit ist die Information oft unvollkommen. Wirtschaftswissenschaftler haben das Grundmodell modifiziert, um eine Reihe von Informationsbeschränkungen berücksichtigen zu können.

2. Adverse Selektion tritt auf, wenn die Konsumenten die wahre Qualität eines Produktes nicht beurteilen können. Wenn der Preis des Gutes fällt, verschlechtert sich die qualitative Zusammensetzung des Angebots; die nachgefragte Menge kann dann beim niedrigeren Preis tatsächlich geringer sein als beim höheren.

3. Hersteller von Qualitätsprodukten können versuchen, den hohen Standard ihrer Produkte zu signalisieren, indem sie zum Beispiel bessere Garantien bieten.

4. Wenn die Konsumenten die Qualität nach dem Preis beurteilen, kann es einen bestimmten Preis geben, zu dem man das beste Preis-Leistungs-Verhältnis bekommt. Die Unternehmungen haben keinen Anreiz, diesen „besten" Preis zu unterbieten, selbst wenn bei diesem Preis das Angebot die Nachfrage übersteigt. Infolgedessen kann es zu einem Marktgleichgewicht bei gleichzeitigem Angebotsüberschuß kommen.

5. Bei vollkommener Information geben das Privateigentum und die Preise allen Marktteilnehmern die richtigen Anreize. Bei unvollkommener Information gibt es zwei Methoden, die helfen, die richtigen Anreize herzustellen, nämlich Verträge mit Eventualitätsklauseln und die Reputation der Anbieter. Damit Firmen einen Anreiz haben, ihre Reputation zu pflegen, muß damit ein höherer Gewinn verbunden sein. Der Gleichge-

wichtspreis kann auf einem solchen Markt über den Grenzkosten liegen. Die Reputation kann eine Marktzutrittsbarriere darstellen.

6. Bei teuren Suchprozessen kann es zu Preisdispersion und unvollständigem Wettbewerb kommen, da jede Firma einer negativ geneigten Nachfragekurve gegenübersteht.

7. Mit Werbung versucht man das Kaufverhalten der Konsumenten zu beeinflussen, entweder durch die Vermittlung der relevanten Informationen über Preise und Produkteigenschaften oder durch Manipulation oder auch durch eine Mischung von beidem.

Schlüsselbegriffe

unvollkommene Information	enge Märkte	unvollkommene Märkte
asymmetrische Information	adverse Selektion	Verbraucherschutz
Preisdispersion	Signal	Suchprozeß

Wiederholungsfragen

1. Warum werden Märkte für Information wahrscheinlich nicht so gut funktionieren wie Märkte für andere Güter wie etwa Weizen?

2. Warum wären schadhafte Gebrauchtwagen in einer Welt vollkommener Information kein Problem für die Konsumenten? Warum hat die Nachfragekurve für Gebrauchtwagen in einer Welt unvollkommener Information einen ansteigenden Ast?

3. Warum sind in einer Welt vollkommener Information Signale überflüssig? Wozu dienen Signale bei unvollkommener Information?

4. Angenommen, die Konsumenten denken, daß ein höherer Preis höhere Qualität signalisiert. Warum gibt es auf einem solchen Markt Situationen, in denen die Unternehmungen keinen Anreiz haben, die Preise zu senken, um mehr Umsatz zu machen?

5. Auf welche Weise tragen Eventualitätsklauseln in Verträgen dazu bei, die richtigen Anreize herzustellen? Auf welche Probleme stößt man, wenn man versucht, Verträge zu machen, die alle Eventualitäten regeln?

6. Inwiefern ist die Reputation ein Leistungsanreiz? Was ist notwendig, damit eine Unternehmung einen Anreiz hat, ihre Reputation zu pflegen? Inwiefern kann der gute Ruf etablierter Firmen eine Marktzutrittsbarriere für neue Firmen darstellen?

7. Welche Kosten und Nutzen hat die Suche nach Marktinformationen? Wie beeinflußt die Existenz von Preisdispersion den Nutzen von Suchprozessen? Könnte es in einer Welt vollkommener Information Preisdispersion geben? Wie beeinflussen die Suchkosten die Natur des Wettbewerbs auf einem Markt?

8. Beschreiben Sie, wie die Werbung die Nachfragekurve für die Produkte einer Unternehmung verändern könnte. Welchen Einfluß haben diese Veränderungen auf die Preise bzw. auf den Gewinn?

9. „In der Praxis kann man Informationsprobleme meistens dadurch lösen, daß man gesetzlich vorschreibt, welche Informationen die Anbieter eines Gutes bzw. die Anbieter

von Kapitalanlagen potentiellen Käufern bzw. Anlegern zugänglich machen müssen." Diskutieren Sie diese Aussage.

Aufgaben

1. Eine Firma sammelt Informationen über Pferderennen und verkauft eine Gazette, in der die Sieger prognostiziert werden. Warum könnte man geneigt sein, den Tips in dieser Gazette zu mißtrauen?

2. Auf welche Weise könnte eine Putzfirma zu signalisieren versuchen, daß sie Ihr Haus jedesmal pünktlich und sorgfältig saubermachen wird?

3. Warum könnte ein Autoverleih daran zweifeln, daß seine Kunden die richtigen Anreize haben, die gemieteten Autos pfleglich zu behandeln? Wie könnte man versuchen, dieses Problem vertraglich zu lösen? Kann man davon ausgehen, daß ein Vertrag dieses Problem vollständig lösen kann?

4. Bei L. L. Bean, einem großen Versandhaus in den USA, ist es seit langem üblich, jedes verkaufte Produkt jederzeit unabhängig von der Begründung des Käufers zurückzunehmen. Warum könnte es sich für eine gewinnmaximierende Unternehmung lohnen, eine solche Rücknahmegarantie zu geben?

5. Würden Sie zwischen den Läden einer Metropole oder zwischen denen von mehreren Kleinstädten, die 50 Meilen voneinander entfernt liegen, eine größere Preisdispersion erwarten? Begründen Sie Ihre Antwort.

6. Warum ist der Erfolg von Kaufhäusern zum Teil auf die Suchkosten zurückzuführen?

Kapitel 19

Unvollkommenheiten am Arbeitsmarkt

In Teil II haben wir die Ähnlichkeit von Arbeitsmarkt und Gütermarkt betont. Die Haushalte fragen Güter nach und die Unternehmungen bieten sie an; das Preissystem fungiert dabei als Vermittler. Genauso fragen die Unternehmungen Arbeit nach, die Arbeitskräfte bieten sie an, und der Lohn vermittelt zwischen beiden Marktseiten. Die Unternehmungen stellen solange Arbeitskräfte ein, bis der Lohn dem Wertgrenzprodukt der Arbeit entspricht, gerade so wie sie auch Kohle einkaufen würden bis zu dem Punkt, an dem das Wertgrenzprodukt der Kohle ihrem Preis entspricht.

In diesem Kapitel betrachten wir den Arbeitsmarkt aus einer anderen Perspektive. So wie wir in den letzten fünf Kapiteln einige der Abweichungen der Gütermärkte vom Modell der vollkommenen Konkurrenz untersucht haben, geht es uns hier darum, wie sich die Arbeitsmärkte von diesem Modell unterscheiden. Wir werden sehen, daß Arbeitsmärkte wie Gütermärkte durch unvollkommenen Wettbewerb gekennzeichnet sind. Die Gewerkschaften sind dafür das offensichtlichste Beispiel; wir werden uns ihre Geschichte ansehen und ihren Einfluß auf die Löhne und die Beschäftigung, die Preise und Mengen am Arbeitsmarkt.

Informationsprobleme spielen am Arbeitsmarkt eine noch größere Rolle als an den Gütermärkten. Zum Teil ist das dadurch zu erklären, daß man Arbeitskräfte eben nicht mit Kohleklumpen vergleichen kann. Sie müssen motiviert sein, um eine gute Leistung zu erbringen. Ihre Motivation hängt von den Arbeitsbedingungen ab und von der Höhe ihres Lohns im Vergleich zur Entlohnung in anderen Unternehmungen. Die Unternehmungen wissen, wie wichtig diese Faktoren sind, wenn es darum geht, Arbeitskräfte anzuwerben und zu halten, und nehmen in ihrer Personalpolitik darauf Rücksicht.

19.1 Gewerkschaften

Gewerkschaften sind Organisationen der Arbeitnehmer, die den Zweck haben, für ihre Mitglieder bessere Arbeitsbedingungen und höhere Löhne durchzusetzen. Ihre Hauptwaffe ist die Drohung mit der kollektiven Arbeitsverweigerung, dem **Streik**.

Eine kurze Geschichte der Gewerkschaften in den USA

Gewerkschaften haben heute in der amerikanischen Wirtschaft weniger Bedeutung als früher und sie haben in den USA immer eine weniger wichtige Rolle gespielt als in vielen europäischen Ländern. Der Aufbau der Gewerkschaften begann in den Vereinigten Staaten im späten neunzehnten und frühen zwanzigsten Jahrhundert.

Eine Vielzahl von Berufsgewerkschaften wurde gegründet, die qualifizierte Arbeitskräfte wie Zimmerleute, Installateure und Drucker vertraten. 1986 wurde als Dachverband die American Federation of Labor (AFL) gegründet. Die AFL, die von Samuel Gompers geführt wurde, vereinigte eine Anzahl von Berufsgewerkschaften unter einem Dach, um ihre Verhandlungsmacht zu erhöhen.

Der Aufstieg der Gewerkschaften

In den dreißiger Jahren wurde die Macht der Gewerkschaften durch zwei Ereignisse gestärkt, den Zusammenschluß der wichtigsten Industriegewerkschaften zum Congress of Industrial Organizations (CIO) und die Verabschiedung eines Gesetzes (*Wagner Act*), das die Gewerkschaften legalisierte. Die Gründung des CIO war von großer Bedeutung, einmal weil diese Organisation für alle Arbeitskräfte zuständig war, für die qualifizierten ebenso wie für die unqualifizierten, und zum anderen, weil sie alle Arbeitskräfte einer Unternehmung vertrat. Die Industriegewerkschaften stärkten die Verhandlungsmacht der Arbeitnehmerseite, indem sie alle Arbeitskräfte vereinigten. Die Anführer dieser Gewerkschaft, wie zum Beispiel Walter Reuther von der United Automobile Workers (UAW), waren im ganzen Land bekannt, und die Gewerkschaften waren in der Lage, für ihre Mitglieder beträchtliche Lohnerhöhungen und Verbesserungen der Arbeitsbedingungen durchzusetzen. Der *Wagner Act* von 1935 führte das *National Labor Relations Board* ein, eine Institution, deren Aufgabe es war, ein Verfahren für die Zulassung von Gewerkschaften zu entwickeln und die Unternehmungen an bestimmten Praktiken zu hindern, mit denen sie die gewerkschaftliche Organisierung der Arbeitskräfte zu verhindern suchten.

Der Niedergang der Gewerkschaften

Aus Sorge, daß das Kräftegleichgewicht sich zu stark zugunsten der Gewerkschaften verschoben haben könnte, verabschiedete der Kongreß 1947 den *Taft-Hartley Act*. Dieses Gesetz sollte zwei Probleme lösen. Erstens hatten die Gewerkschaften geltend gemacht, daß sie durch das Aushandeln besserer Verträge und Arbeitsbedingungen allen Beschäftigten eines Betriebes Vorteile verschafften. Deshalb verlangten sie, daß alle Arbeitskräfte einer gewerkschaftlich organisierten Unternehmung der Gewerkschaft beitreten sollten; es entstanden sogenannte *union shops*, das heißt Betriebe, die nur gewerkschaftlich organisierte Arbeitskräfte einstellten und solche, die sich verpflichteten, innerhalb von 30 Tagen nach der Einstellung der Gewerkschaft beizutreten. Kritiker vertraten die Meinung, daß das Recht auf Arbeit nicht auf Gewerkschaftsmitglieder begrenzt sein sollte. Das *Taft-Hartley*-Gesetz ermöglichte es den Bundesstaaten, *union shops* zu verbieten. Daraufhin verabschiedeten viele Staaten Gesetze, die den nicht organisierten Arbeitskräften das Recht auf eine Arbeitsstelle zusprachen, oder um die Formulierung der Gewerkschaften zu gebrauchen, das Recht, Gewerkschaftslöhne zu erhalten ohne Gewerkschaftsbeiträge zu bezahlen.

Zweitens war der *Taft-Hartley Act* eine Reaktion auf die verheerenden wirtschaftlichen Auswirkungen von Streiks auf nationaler Ebene. Arbeitsniederlegungen bei der Eisenbahn, in der Stahlindustrie oder im Kohlebergbau konnten weit über die direkt betroffenen Firmen hinaus allen Branchen der Volkswirtschaft Schaden zufügen. Das Gesetz ermächtigte den Präsidenten bei einer Gefährdung der nationalen Wohlfahrt eine Abkühlungsphase von acht Tagen zu verkünden, während der die Arbeitskräfte an ihren Arbeitsplatz zurückkehren mußten.

Seit der Mitte der fünfziger Jahre ist die Gewerkschaftsmacht in den Vereinigten Staaten stetig zurückgegangen. Abbildung 19.1 zeigt den starken Anstieg der Mitgliedzahlen in den dreißiger Jahren und dann noch einmal während des Zweiten Weltkriegs, als die Regierung die gewerkschaftliche Organisation in allen Rüstungsbetrieben förderte. Aber seit dieser Zeit fällt es den Gewerkschaften schwer, neue Mitglieder anzuwerben, und der Organisationsgrad bei den Beschäftigten außerhalb der Landwirtschaft ist zurückgegangen. Seit 1984 liegt der Anteil der gewerkschaftlich organisierten Arbeitskräfte unter 20 Prozent. Tatsächlich ist nicht nur der Organisationsgrad zurückgegangen, sondern auch die absolute Zahl der Gewerkschaftsmitglieder. Heute gibt es ungefähr 17 Mio. Gewerkschaftsmitglieder, eine Million weniger als im Jahr 1960.

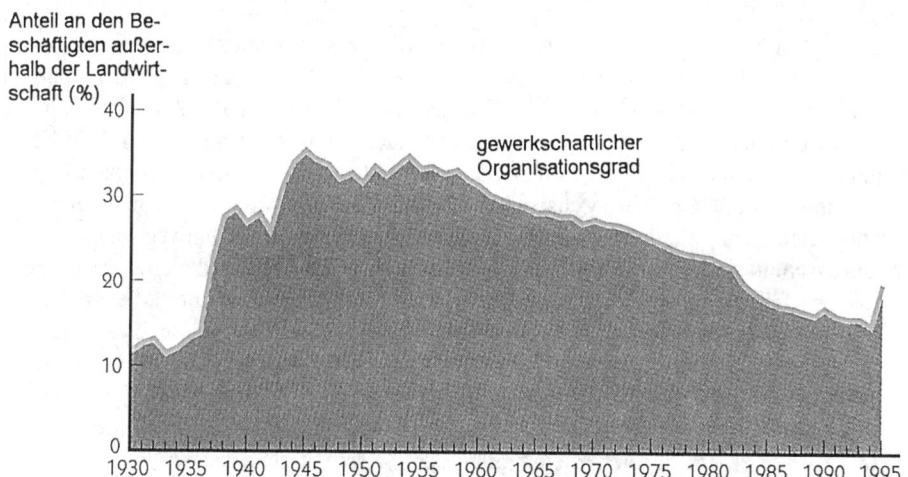

Abbildung 19.1   Der gewerkschaftliche Organisationsgrad der Arbeitskräfte in den USA. Der Prozentsatz der Arbeitskräfte, die einer Gewerkschaft angehören, ist in den dreißiger und frühen vierziger Jahren stark gestiegen, aber seit 1950 mehr oder minder ständig zurückgegangen. *Quelle: Employment and Earnings* (verschiedene Jahrgänge).

Diese Zahlen verbergen den noch größeren Niedergang der Gewerkschaften im privaten Sektor. 1960 lag der gewerkschaftliche Organisationsgrad im öffentlichen

Sektor bei sechs Prozent. Heute beträgt er mehr als 35 Prozent, während nur jeder zehnte Beschäftigte in der privaten Wirtschaft einer Gewerkschaft angehört.

Eine Erklärung für diesen fortschreitenden Niedergang ist die enorme Verbesserung der Arbeitsbedingungen. Ob diese Verbesserung nun auf gewerkschaftlichen Druck oder technologischen Fortschritt zurückzuführen ist, bleibt offen. In jedem Fall sind Gewerkschaften aus der Sicht der Arbeitskräfte nicht mehr so notwendig.

Ein zweiter Grund hat mit strukturellen Veränderungen in der amerikanischen Wirtschaft zu tun. Die Gewerkschaften haben an Bedeutung verloren, weil die traditionell gewerkschaftlich organisierten Branchen (wie die Automobil- und Stahlindustrie) an Gewicht eingebüßt haben und der Dienstleistungssektor, in dem die Gewerkschaften immer schon schwach vertreten waren, gewachsen ist.

Drittens sind Gewerkschaften auf Wettbewerbsmärkten weniger wirkungsvoll. Bei beschränktem Wettbewerb gibt es Monopolgewinne oder Renten, und die Gewerkschaften haben die Möglichkeit, für ihre Mitglieder einen Anteil an diesen Renten zu erhalten. Aber wenn auf den Märkten Wettbewerb herrscht, können die Unternehmungen für ihre Produkte nicht mehr als den Marktpreis verlangen und, wenn sie überleben wollen, können sie ihren Beschäftigten einfach nicht mehr als den Konkurrenzlohn bezahlen.

Gegen Ende des neunzehnten und zu Beginn des zwanzigsten Jahrhunderts haben die hohen Löhne in den Schuh- und Textilfabriken Neuenglands die Unternehmungen dazu gebracht, ihre Betriebe in den nicht gewerkschaftlich organisierten Süden auszulagern. Hohe Löhne vertreiben auch heute amerikanische Unternehmungen ins Ausland. Wenn es den Gewerkschaften nicht gelingt, sicherzustellen, daß ihre Mitglieder überdurchschnittlich produktiv sind, können sie nur bei unvollkommenem Wettbewerb ihre Löhne über längere Zeit hinweg über dem Durchschnitt halten. In den siebziger und achtziger Jahren war die amerikanische Industrie einem verschärften Wettbewerb ausgesetzt, zum einen durch die Konkurrenz aus dem Ausland und zum anderen durch die Deregulierung des Lastwagentransports, des Flugverkehrs, des Ölsektors, des Banksektors und des Telekommunikationssektors, um nur die wichtigsten Bereiche zu nennen. Durch diese Verschärfung des Wettbewerbs schwanden die Möglichkeiten der Gewerkschaften, im privaten Sektor für die Arbeitskräfte höhere Löhne durchzusetzen.

Eine letzte Erklärung für Wachstum und Niedergang der Gewerkschaften sind die sich verändernden gesetzlichen Rahmenbedingungen. Wenn die Gewerkschaften von den Gesetzen unterstützt und ermutigt werden, florieren sie. Wenn nicht, gehen sie ein. So hat der *Wagner Act* den Boden bereitet für das Wachstum der Gewerkschaften in den dreißiger Jahren. Der *Taft-Hartley Act* hat ihren Niedergang in der Nachkriegszeit eingeläutet.

Wirtschaftliche Auswirkungen der Gewerkschaftsarbeit

Die Quelle der Gewerkschaftsmacht ist das kollektive Handeln. Wenn Arbeitskräfte sich in einer Gewerkschaft vereinigen, verhandeln sie nicht länger als isolierte Einzelne. Die Gefahr einer Arbeitsniederlegung oder eines Bummelstreiks stellt einen Unternehmer vor viel größere Probleme als die Gefahr einer Kündigung durch einen einzelnen Arbeitnehmer.

Abbildung 19.2 Die Monopolmacht der Gewerkschaft. Gewerkschaften sind Anbieter von Arbeitskraft, die über Marktmacht verfügen. Wenn sie ihre Lohnforderungen erhöhen, verringern sie die Nachfrage nach den Arbeitsleistungen ihrer Mitglieder.

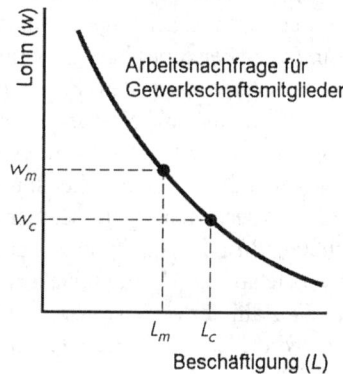

Im Arbeitsmarktmodell der vollkommenen Konkurrenz sind die Arbeitskräfte Preisnehmer, die einen gegebenen Marktlohn akzeptieren müssen. Aber in Situationen mit einer negativ geneigten Arbeitsnachfragekurve wie in Abbildung 19.2[1] haben die Gewerkschaften eine gewisse Preissetzungsmacht. Infolge davon erhält ein Arbeiter mit einer bestimmten Qualifikation in einem gewerkschaftlich organisierten Betrieb einen höheren Lohn als ein vergleichbarer Arbeiter anderswo. Die Unternehmung würde gerne die billigeren, nicht organisierten Arbeitskräfte einstellen und könnte sie auch leicht anwerben, aber sie hat einen Vertrag mit der Gewerkschaft, der sie daran hindert. Wenn aber die Gewerkschaften den Lohn anheben, beschäftigen die Unternehmungen weniger Arbeitskräfte. Höhere Löhne sind nur um den Preis einer niedrigeren Beschäftigung möglich. In der Abbildung

---

[1] In Kapitel 12 haben wir gezeigt, wie die Arbeitsnachfragekurve bei Wettbewerb abgeleitet wird. Die Unternehmungen stellen solange Arbeitskräfte ein, bis der Lohn dem Wertgrenzprodukt der Arbeit entspricht. Die Ableitung der Arbeitsnachfragekurve im Monopol und bei unvollkommener Konkurrenz folgt der gleichen Logik. Die Unternehmungen erhöhen die Beschäftigung bis zu dem Punkt, an dem der Grenzerlös, also der zusätzliche Erlös, den sie durch den Verkauf des zusätzlichen Outputs einer weiteren Arbeitseinheit erhalten, dem Lohn entspricht.

sieht man, daß eine Lohnsteigerung von w_c auf w_m mit einer Verringerung der Beschäftigung von L_c auf L_m einhergeht.

Kurzfristige Gewinne auf Kosten der langfristigen Beschäftigung

Manchmal gelingt es den Gewerkschaften zumindest für einige Zeit, die Beschäftigung und die Löhne zu erhöhen. Sie stellen den Arbeitgeber vor zwei Alternativen: Er kann entweder einen höheren Lohn bezahlen *und* das Beschäftigungsniveau über der Arbeitsnachfrage zu diesem Lohn halten oder den Betrieb schließen. Wenn der Arbeitgeber bereits versunkene Kosten in Form von Maschinen und Gebäuden hat, wird er den Forderungen der Gewerkschaft vielleicht nachgeben. Praktisch nimmt ihm die Gewerkschaft seinen Monopolgewinn und/oder Kapitalertrag teilweise weg. Auf Wettbewerbsmärkten, wo keine Monopolgewinne anfallen, können die höheren Löhne nur aus dem Kapitalertrag des Arbeitgebers bezahlt werden. Aber solche Unternehmer werden das Interesse an weiteren Investitionen verlieren. Mit zunehmendem Verschleiß des Kapitals verliert die Drohung der Gewerkschaft an Wirkung. Da sich der Unternehmer weigert, mehr zu investieren, geht die Zahl der Arbeitsplätze zurück. Selbst wenn die Gewerkschaften kurzfristige Gewinne erzielen, bezahlen sie dafür mit dem langfristigen Verlust von Arbeitsplätzen.

Auswirkungen auf nicht gewerkschaftlich organisierte Arbeitskräfte

Die heutigen Gewinne der Gewerkschaftsmitglieder kosten nicht nur zukünftige Arbeitsplätze, sondern sie gehen unter Umständen auch auf Kosten von Arbeitskräften in anderen Sektoren der Wirtschaft, und zwar aus zwei Gründen. Erstens ist es gut möglich, daß die höheren Löhne in Form von höheren Preisen auf die Konsumenten überwälzt werden, insbesondere wenn auf den Gütermärkten unvollständige Konkurrenz herrscht. Zweitens werden durch die höheren Löhne (und die verringerte Beschäftigung) im gewerkschaftlich organisierten Sektor die Löhne in anderen Sektoren gedrückt, weil das Angebot an nicht gewerkschaftlich organisierten Arbeitskräften steigt. Im Gegensatz dazu wird manchmal argumentiert, daß hohe Gewerkschaftslöhne auch auf die Löhne in nicht organisierten Unternehmungen eine Sogwirkung haben. Zum Beispiel kann es sein, daß die gewerkschaftsfreien Unternehmungen höhere Löhne zahlen, um die Wahrscheinlichkeit zu verringern, daß ihre Belegschaften sich organisieren. In bestimmten Sektoren mag dieser Effekt eine wichtige Rolle spielen, aber die meisten Wirtschaftswissenschaftler glauben, daß die Auswirkungen auf nicht organisierte Arbeitskräfte im großen und ganzen negativ sind.

Arbeitsplatzsicherheit und Innovation

Wie wir bereits in Kapitel 17 erläutert haben, profitiert die Wirtschaft als Ganzes von einer Innovation, während bestimmte Gruppen dadurch Verluste erleiden. In einer innovationsfreudigen Wirtschaft wird von Arbeitskräften, die durch neue Erfindungen freigesetzt werden, erwartet, daß sie neue Fertigkeiten erlernen und sich neue Arbeitsplätze suchen. Wenn bei einer Veränderung der Nachfrage (entweder durch neue Technologie oder durch Geschmacksänderungen) die Arbeitskräfte nicht mit Mobilität reagieren, ist die Wirtschaft ineffizient.

Technologische Veränderungen sind eine Bedrohung für die Arbeitsplatzsicherheit, nach der die Gewerkschaften für ihre Mitglieder streben. Deshalb haben Gewerkschaften immer wieder versucht, Innovationsprozesse, die die Nachfrage nach den Arbeitsleistungen ihrer Mitglieder verringern könnten, zu verlangsamen. Arbeitsplatzwechsel sind notwendig für die wirtschaftliche Effizienz, aber sie sind auch kostspielig, und die Kosten müssen überwiegend die betroffenen Arbeitskräfte tragen. Vor der Entwicklung von Gewerkschaften und der Einführung von Arbeitslosenunterstützung verursachte der Strukturwandel beträchtliches Elend. Die Arbeitskräfte konnten sich gegen diese Beschäftigungsrisiken nicht versichern, aber sie konnten Gewerkschaften bilden, die versuchten, die Arbeitsplatzsicherheit zu verbessern. Heute sucht man in vielen Ländern nach Möglichkeiten, die Arbeitskräfte vor den Risiken des Arbeitsplatzwechsels zu schützen, ohne die Arbeitsmobilität zu behindern, die für die wirtschaftliche Effizienz so entscheidend ist. So hat man zum Beispiel in Schweden umfangreiche Programme zur Erleichterung von Arbeitsplatzwechsel und Umschulung entwickelt.

Gewerkschaften und Politik

Wie wir gesehen haben, hängt das Schicksal der Gewerkschaften zum großen Teil von den rechtlichen Rahmenbedingungen ab. Die Gewerkschaften haben auch gelernt, daß sie Dinge, die am Verhandlungstisch nicht durchsetzbar sind, manchmal über den politischen Prozeß erreichen können. So haben sie zum Beispiel eine politische Kampagne zur Erhöhung der gesetzlichen Mindestlöhne durchgeführt.

Gleichzeitig haben die Gewerkschaften in ihrer politischen Haltung gezeigt, daß sie die wirtschaftlichen Kräfte anerkennen, die ihre Verhandlungsmacht und ganz allgemein das Lohnniveau bestimmen. So haben sie die Politik der Beschäftigungssicherung aktiv unterstützt. Sie haben versucht, Importbeschränkungen durchzusetzen in dem Glauben, daß dadurch die Nachfrage nach amerikanischen Produkten und damit auch die Beschäftigung steigen würde. Und sie haben sich für Zuwanderungsbeschränkungen eingesetzt in dem Bewußtsein, daß ein Anstieg des Arbeitsangebots zu Lohnsenkungen führt.

Und schließlich haben die Gewerkschaften auch auf politischem Weg für mehr Sicherheit am Arbeitsplatz gekämpft. Heute versucht die *Occupational Safety and Health Administration* (OSHA) sicherzustellen, daß Arbeitskräfte keinen unnötigen Gefahren ausgesetzt werden. Ziel der OSHA ist es, Vorkommnisse wie die in der Asbestindustrie, wo Arbeitskräfte lebensbedrohlichen Risiken ausgesetzt waren, in Zukunft so weit wie möglich zu verhindern.

Unter die Lupe genommen: Gewerkschaften in anderen Ländern

Die Gewerkschaften sind für die Verringerung des Produktivitätswachstums in den Vereinigten Staaten verantwortlich gemacht worden, obwohl nur jeder sechste Arbeitnehmer gewerkschaftlich organisiert ist. Dieser Anteil ist geringer als in den meisten anderen Industrieländern. In Japan zum Beispiel gehört jeder vierte Arbeitnehmer einer Gewerkschaft an. In Deutschland liegt der Anteil bei über einem Drittel, in Kanada und Großbritannien bei 42 Prozent und in Dänemark und Schweden bei über 70 Prozent.

Wer die Schuld für den Niedergang der wirtschaftlichen Macht der Vereinigten Staaten bei den Gewerkschaften sucht, muß erklären, wie es möglich ist, daß in Japan und Deutschland bei einem höheren gewerkschaftlichen Organisationsgrad die Produktivität schneller wächst. Und wer den Rückgang des gewerkschaftlichen Organisationsgrades in den Vereinigten Staaten auf das Wachstum des Dienstleistungssektors oder auf den zunehmenden globalen Wettbewerb zurückführt, muß angeben, warum diese Faktoren in anderen Ländern mit einem viel höheren Organisationsgrad der Arbeiterschaft einhergehen als in den USA.

Ein Teil der Antwort liegt in dem unterschiedlichen Charakter der Gewerkschaften in verschiedenen Ländern. In Finnland und Portugal zum Beispiel verhandeln die Gewerkschaften mit den Arbeitgebern und mit der Regierung auch über allgemeine politische Themen. In Deutschland finden Tarifverhandlungen tendenziell auf Branchenebene statt. Im Gegensatz dazu handeln die Gewerkschaften in den USA und in Japan in der Regel Firmentarifverträge aus.

Hinzu kommt, daß die gesetzlichen Rahmenbedingungen in manchen Ländern die Bildung von Gewerkschaften erleichtern, während sie in anderen Ländern dem Management Möglichkeiten zur Bekämpfung der Gewerkschaften an die Hand geben. Als Margaret Thatcher in den siebziger Jahren Premierministerin von Großbritannien war, war eines ihrer Hauptziele das in ihren Augen bestehende Machtungleichgewicht zugunsten der Gewerkschaften zu korrigieren.

Diese internationale Perspektive zeigt, daß die Frage, ob Gewerkschaften generell „gut" oder „schlecht" sind, zu einfach gestellt ist. Stattdessen sollte es darum gehen, ob Gewerkschaften in irgendeiner Form in der amerikanischen Wirtschaft eine nützliche Rolle spielen. Richard Freeman von der Harvard University ist dieser Meinung. Er argumentiert: „Ein gewerkschaftlicher Organisationsgrad, wie er in Skandinavien zu finden ist, scheint mir in einem großen und heterogenen Land wie den Vereinigten Staaten weder möglich noch wünschenswert zu sein. ... Dennoch stützen Forschungsergebnisse die Ansicht, daß ein höherer Organisationsgrad notwendig wäre, damit die Arbeitskräfte nicht auf Marktlösungen oder auf staatliche Interventionen in bezug auf die Arbeitsbedingungen angewiesen sind." Freeman legt den Schluß nahe, daß die amerikanischen Gewerkschaften in Zukunft ihre Aufmerksamkeit weniger auf die Durchsetzung höherer Löhne und Sozialleistungen und mehr auf die Verbesserung der Arbeitsbedingungen konzentrieren müssen.

So wie die amerikanischen Unternehmungen in anderen Ländern nach alternativen Modellen für eine erfolgreiche Unternehmensführung gesucht haben, können auch die Gewerkschaften anderer Länder Vorbilder dafür sein, wie die amerikanischen Gewerkschaften mithelfen können, die Arbeitsproduktivität in den USA wieder zu verbessern.

Quellen: International Labour Office, *World Labour Report* (1992). Richard Freeman, „Is Declining Unionization of the U.S. Good, Bad, or Irrelevant?" in Lawrence Mishel und Paula Voos (Hrsg.), *Unions and Economic Competitiveness* (Armonk, N.Y.: Sharpe, 1992), S. 143-72.

Grenzen der Gewerkschaftsmacht

In den Vereinigten Staaten hat keine Gewerkschaft ein Monopol auf *alle* Arbeitskräfte. Eine Gewerkschaft kann höchstens ein Monopol auf diejenigen Arbeitskräfte haben, die gegenwärtig für eine bestimmte Unternehmung arbeiten. Die Macht der Gewerkschaften ist also zum Teil darauf zurückzuführen, daß eine Firma ihre Belegschaft nicht leicht austauschen kann. Wenn eine Gewerkschaft einen Streik ausruft, kann die betroffene Unternehmung vielleicht einige Arbeitskräfte einstellen, aber es ist teuer, eine ganze neue Belegschaft anzuwerben und auszubilden. Tatsächlich verfügen die Gewerkschaftsmitglieder über den größten Teil der Kenntnisse, die man braucht, um neue Arbeitskräfte anzulernen. Ein Bushel Weizen gleicht dem anderen aufs Haar, aber ein Arbeiter hat nicht viel Ähnlichkeit mit einem anderen. Arbeitskräfte außerhalb der Firma sind keine vollkommenen Substitute für qualifizierte Mitarbeiter.

Die Gefahr der Einstellung anderer Arbeitskräfte

Sind die Fertigkeiten in einer Branche nicht firmenspezifisch und ist es den Gewerkschaften nicht gelungen, die Unterstützung der meisten qualifizierten Arbeitskräfte zu gewinnen, dann kann eine Unternehmung streikende Arbeitskräfte ersetzen, und die Macht der Gewerkschaften ist begrenzt. Caterpillar, ein Hersteller von Traktoren und Straßenbaumaschinen, überstand einen langen Streik der United Auto Workers, der am 21. Juni 1993 begann. Schließlich kündigte das Management an, daß man Arbeitskräfte, die nicht an ihren Arbeitsplatz zurückkehrten, ersetzen werde. Kurz nachdem die Unternehmung begann, ihre Drohung wahrzumachen, gab die Gewerkschaft klein bei.

In vielen Fällen sind jedoch die Fertigkeiten der Arbeitskräfte firmenspezifisch. Genauso wie aus der Sicht der Arbeitgeber Arbeitskräfte außerhalb der Firma keine vollkommenen Substitute für eingearbeitete Mitarbeiter sind, so ist auch aus der

Sicht der Arbeitnehmer ein Arbeitsplatz kein vollkommenes Substitut für einen anderen. Deshalb legen sowohl die Arbeitskräfte als auch die Unternehmungen oft Wert darauf, die bestehenden Beziehungen zu erhalten. Beide Seiten sind aneinander gebunden. Die Verhandlungsmacht beider Seiten hängt davon ab, was es die Firma kostet, andere Mitarbeiter zu gewinnen, beziehungsweise was es die Beschäftigten kostet, auf andere Arbeitsplätze zu wechseln. Der Gesamtbetrag, den beide Seiten dadurch gewinnen, daß sie ihre Beziehungen fortsetzen, wird als Verhandlungsgewinn bezeichnet. Bei den Verhandlungen zwischen Gewerkschaften und Management geht es hauptsächlich darum, wie dieser Verhandlungsgewinn verteilt werden soll.

Die Gefahr der Arbeitslosigkeit

Die Gewerkschaften haben mittlerweile verstanden, daß langfristig höhere Löhne mit niedrigerer Beschäftigung einhergehen. Wenn die Arbeitsmarktsituation allgemein schlecht ist, wächst die Angst vor den Beschäftigungsfolgen von Gewerkschaftsverträgen. Das hat sich zu Beginn der achtziger Jahre gezeigt, als viele Arbeitsplätze in gewerkschaftlich organisierten Betrieben durch eine tiefe Rezession bedroht waren. Besonders die Automobilindustrie, die auch noch mit der Konkurrenz aus Japan zu kämpfen hatte, war davon betroffen.

In der Tarifverhandlungsrunde, die 1981 begann, war die Ford Motor Company die erste Firma, die sich mit den United Automobile Workers einigte. In dem neuen 30-Monats-Vertrag verzichteten die UAW für zwei Jahre auf die jährliche Lohnerhöhung, die automatische Anpassung der Löhne an die Lebenshaltungskosten wurde zeitlich verschoben und eine Reihe von bezahlten Sonderurlaubstagen gestrichen. Der Vertrag sah auch vor, daß neueingestellte Arbeitskräfte nur 85 Prozent des üblichen Lohns erhielten, und schuf damit ein zweistufiges Lohnsystem. Im Gegenzug unterschrieb Ford ein Moratorium für die Schließung von Fabriken, eine Garantie, daß zusätzliche Gewinne, die während der Laufzeit des Vertrags anfallen sollten, mit der Belegschaft geteilt würden, Verbesserungen bei der Arbeitnehmermitbestimmung und mehr Arbeitsplatzsicherheit. General Motors schloß einige Monate später einen ähnlichen Vertrag, und Chrysler konnte aufgrund seiner schlechteren finanziellen Situation sogar noch mehr Zugeständnisse herausschlagen. Die Zugeständnisse der Gewerkschaft wurden für die gesamte Vertragslaufzeit auf insgesamt etwa drei Milliarden Dollar geschätzt. Ähnliche Lohnkürzungen gab es unter anderem bei den Fluglinien und in der Stahlindustrie.

Der Vertrag zwischen Ford und UAW war in den achtziger Jahren das Vorbild für die Tarifverträge in der Automobilindustrie. Die Gewerkschaften machten Lohnzugeständnisse und verlangten dafür mehr Arbeitsplatzsicherheit. General Motors verpflichtete sich für die nächsten sechs Jahre, Arbeitskräfte mit mindestens einem Jahr Firmenzugehörigkeit nicht zu entlassen, wenn sie durch neue Technologien überflüssig wurden.

19.2 Lohnunterschiede

Nach dem Modell der vollkommenen Konkurrenz zu schließen werden gleiche Güter auch zu gleichen Preisen verkauft. Die Löhne sind der Preis am Arbeitsmarkt; aber selbst ohne Gewerkschaftseinfluß werden ähnlich qualifizierte Arbeitskräfte, die ähnliche Tätigkeiten verrichten, oft recht unterschiedlich bezahlt. So verdienen zum Beispiel manche Sekretärinnen doppelt so viel wie andere. In diesem Abschnitt geht es darum, wie man solche Lohndifferenzen erklären kann.

Der erste Erklärungsansatz ist die **Kompensationstheorie des Lohnes**. Arbeitsplätze, die ähnlich benannt werden, können recht unterschiedliche Anforderungen haben. Einige sind weniger angenehm als andere, mit mehr Überstunden verbunden oder ungünstiger gelegen. Das sind die **nichtpekuniären** Eigenschaften eines Arbeitsplatzes. Dazu gehören auch das Maß an Entscheidungsfreiheit und die gesundheitlichen Risiken, die mit dem Arbeitsplatz verbunden sind, sowie die Variabilität des Einkommens. Nach der Kompensationstheorie des Lohnes würde man erwarten, daß die Löhne die unterschiedliche Attraktivität dieser nichtpekuniären Eigenschaften widerspiegeln. Lohnunterschiede entstehen dann, weil die Unternehmungen ihre Arbeitskräfte für die negativen Aspekte eines Arbeitsplatzes entschädigen müssen.

Andere Lohnunterschiede sind auf die unterschiedliche Produktivität der Arbeitskräfte zurückzuführen. Selbst bei gleicher Ausbildung und Arbeitserfahrung sind manche Arbeitskräfte produktiver als andere.

Mit den beiden bisherigen Erklärungen bewegen wir uns noch im Rahmen des Modells der vollkommenen Konkurrenz. Lohnunterschiede können aber auch durch unvollständige Information entstehen. Die Arbeitskräfte brauchen Zeit, um sich über verschiedene Beschäftigungsmöglichkeiten zu informieren. So wie manche Waren in einem Geschäft teurer verkauft werden als in einem anderen, bezahlen auch einige Firmen höhere Löhne als andere. Ein Arbeitsanbieter akzeptiert unter Umständen einen relativ schlecht bezahlten Job einfach deshalb, weil er nicht wußte, daß er in der gleichen Gegend auch einen höheren Lohn hätte erhalten können.

Beschränkte Information hat auch für die Unternehmungen wichtige Implikationen. Im Modell der vollkommenen Konkurrenz stehen die Firmen einer horizontalen Arbeitsangebotskurve gegenüber. Wenn sie die Löhne nur ein wenig über den gängigen Marktlohn anheben, können sie so viele Arbeitskräfte einstellen, wie sie wollen. In der Praxis ist die Arbeitsmobilität nicht ganz so unbeschränkt. Selbst wenn Arbeitskräfte in anderen Unternehmungen das höhere Lohnangebot kennen, werden sie wahrscheinlich nicht sofort den Arbeitsplatz wechseln. Sie befürchten vielleicht, daß sie für den Arbeitsplatz nicht gut geeignet sind, oder daß der Arbeitgeber höhere Löhne bietet, weil die Arbeit unattraktiv ist.

Zweitens ist den Unternehmungen die Qualität ihrer Belegschaft wichtig. Wenn ein Arbeitgeber dem Angestellten einer anderen Firma einen höheren Lohn bietet und dieser akzeptiert, stellt er sich vielleicht die Frage, was das über die Qualität dieses Angestellten aussagt. Möglicherweise hat der bisherige Arbeitgeber ihm nur deshalb nicht selbst einen höheren Lohn angeboten, weil er weiß, daß die Produktivität seines Angestellten dieses Angebot nicht rechtfertigt. Vielleicht zeigt auch die Bereitschaft des Angestellten zum Wechsel des Arbeitsplatzes einen Mangel an Loyalität oder einen unsteten Charakter; in diesem Fall bleibt er vielleicht nicht lange genug bei der neuen Firma, daß sich seine Einarbeitung lohnt. Diese Befürchtungen behindern wiederum die Arbeitsplatzmobilität, denn die Arbeitgeber bevorzugen ihre eigene Belegschaft selbst dann, wenn sie andere Arbeitskräfte mit ähnlichen Qualifikationen zu niedrigeren Löhnen anwerben könnten.

Es gibt noch eine Reihe anderer Hindernisse für die Arbeitsmobilität, einschließlich der Umzugskosten in eine andere Stadt.

Bestimmte Bevölkerungsgruppen sind weniger mobil als andere. So ziehen zum Beispiel ältere Arbeitskräfte nicht so leicht um wie jüngere. Manchmal nutzen die Arbeitgeber solche Unterschiede aus, um die Löhne zu drücken. In dem Wissen, daß die älteren Arbeitskräfte nicht kündigen werden, auch wenn die Löhne nicht mit der Inflation Schritt halten, verweigern ihnen die Arbeitgeber manchmal Lohnerhöhungen. Auf diese Weise kommt es zu Lohndiskriminierung nach dem Alter.

Diskriminierung

Von Diskriminierung spricht man, wenn zwei Arbeitskräfte mit ähnlichen arbeitsplatzrelevanten Eigenschaften unterschiedlich behandelt werden. Wenn besser ausgebildete Arbeitskräfte einen höheren Lohn erhalten, so handelt es sich dabei nicht um Diskriminierung, vorausgesetzt, das höhere Bildungsniveau führt zu höherer Produktivität. Auch wenn ältere Arbeitskräfte weniger produktiv sind und deshalb niedrigere Löhne erhalten, ist das keine Diskriminierung. Wenn aber die älteren Arbeitskräfte genauso produktiv sind wie die jüngeren und der Arbeitgeber lediglich ihre niedrigere Mobilität ausnutzt, dann *ist* das Diskriminierung.

Vor vierzig Jahren war die Diskriminierung am Arbeitsmarkt direkt und offen. Manche Arbeitgeber weigerten sich einfach, Afroamerikaner einzustellen. Heute nimmt die Diskriminierung subtilere Formen an. Die Unternehmer sind bestrebt, alle Arbeitsplätze zu möglichst niedrigen Kosten mit den besten verfügbaren Arbeitskräften zu besetzen und sie treffen ihre Entscheidungen aufgrund von unvollständiger Information. Bei ihrer Prognose über zukünftige Arbeitsleistungen stützen sie sich auf die Informationen, die sie zur Verfügung haben. Vielleicht haben die Arbeitgeber die Erfahrung gemacht, daß Arbeitskräfte, die ein renommiertes College besucht haben, im Durchschnitt produktiver sind als Konkurrenten aus weniger bekannten Schulen. Afroamerikaner und Lateinamerikaner, denen es gelungen ist, eine Collegeausbildung zu erhalten, stammen häufiger aus weniger etablierten Schulen. Wenn aus dem Bewerberpool diejenigen ausgewählt werden, die über ein Diplom von einer renommierten Schule verfügen, dann kommen viele Afroamerikaner und Lateinamerikaner von vornherein nicht in Betracht. Diese subtilere Form der Diskriminierung wird **statistische Diskriminierung** genannt.

Manchmal steht hinter der Ungleichbehandlung verschiedener Gruppen weder ein altmodisches Vorurteil noch statistische Diskriminierung. Ein Arbeitgeber fühlt sich vielleicht einfach wohler, wenn er es mit der Art von Leuten zu tun hat, an die er immer schon gewöhnt ist. In einer Welt, in der unfähige Arbeitskräfte enormen Schaden anrichten können und in der große Unsicherheit darüber herrscht, wie man gute Arbeitskräfte erkennen kann, mag es sein, daß Spitzenmanager sich auf die Empfehlungen von bestimmten vertrauenswürdigen Angestellten verlassen. Solche Urteile werden unweigerlich durch Freundschaften und andere Beziehungen beeinflußt. Viele behaupten, daß diese Art der Rekrutierung aufgrund von *old boy networks*, also von Beziehungen zwischen Männern, die meist die gleiche Schule besucht haben, durchbrochen werden muß, wenn man der Diskriminierung ein Ende bereiten will.

Wenn Frauen oder Angehörige einer ethnischen Minderheit niedrigere Löhne erhalten, spricht man von **Lohndiskriminierung**. Heute ist Lohndiskriminierung wahrscheinlich weniger verbreitet als **Arbeitsplatzdiskriminierung**, die darin besteht, daß benachteiligte Gruppen einen schlechteren Zugang zu den besser bezahlten Arbeitsplätzen haben. Oft sagt man, daß Frauen an eine „gläserne Decke" stoßen: Sie können bis ins mittlere Management aufsteigen, aber nicht darüber hinaus.

Bestimmte Marktkräfte begrenzen tendenziell das Ausmaß der Diskriminierung. Wenn eine Frau bei vergleichbarer Produktivität schlechter bezahlt wird als ein Mann, dann lohnt es sich für eine Unternehmung, die Frau einzustellen. Stellt sie dagegen einen Mann ein, so macht sie weniger Gewinn. Oder anders ausgedrückt: Die Unternehmung bezahlt einen Preis für die Diskriminierung. Wenn es genug Firmen gibt, denen der Gewinn wichtiger ist als ihre Vorurteile, dann steigen durch den Wettbewerb die Löhne der Frauen solange an, bis sie das Niveau der Löhne von Männern mit vergleichbarer Produktivität erreicht haben.

Seit den sechziger Jahren hat die US-Regierung bei der Bekämpfung der Diskriminierung eine zunehmend aktive Rolle gespielt. 1964 verabschiedete der Kongreß das Bürgerrechtsgesetz, das Diskriminierung in Beschäftigungsverhältnissen verbietet, und gründete die Equal Employment Opportunity Commission (Kommission für Chancengleichheit am Arbeitsmarkt), deren Aufgabe es ist, Fälle von Diskriminierung zu verfolgen. Die Reichweite dieser Gesetze wurde 1975 mit einem Verbot der Altersdiskriminierung noch erweitert.

Darüberhinaus müssen Firmen, die Staatsaufträge erhalten wollen, Aktionspläne gegen die Diskriminierung von Minderheitengruppen vorlegen. Sie müssen aktiv versuchen, Frauen und Angehörige von ethnischen Minderheiten anzuwerben und ihnen den Aufstieg in besser bezahlte Positionen zu erleichtern. Manchmal geschieht diese Förderung durch Quoten, die sicherstellen sollen, daß eine bestimmte Anzahl oder ein Anteil an den jeweiligen Arbeitsplätzen Frauen oder Angehörigen anderer benachteiligter Gruppen vorbehalten sind. Kritiker wenden ein, Quoten seien diskriminierend, denn sie implizieren, daß jemand, der einer Minderheitengruppe angehört, einem höher qualifizierten weißen Mann vorgezogen wird. Ein Ziel der Antidiskriminierungsgesetze war es jedoch, die Menschen dazu zu bringen, daß sie nicht ständig in Kategorien von Rasse oder Geschlecht denken. Die Gerichte haben das bestätigt und Quoten nur in besonderen Situationen zugelassen, wenn es etwa darum geht, spezielle Auswirkungen von Diskriminierung in der Vergangenheit wiedergutzumachen.

19.3 Die Motivation der Arbeitskräfte

In der bisherigen Diskussion haben wir die Arbeitskräfte so behandelt als ob sie Maschinen wären. Wie Maschinen haben auch Arbeitskräfte einen Preis, nämlich den Lohn. Aber selbst in den Augen des profitgierigsten und hartherzigsten Arbeitgebers besteht ein Unterschied zwischen Menschen und Maschinen. Ein Mensch bringt eine gewisse Anpassungsfähigkeit und eine Vielzahl von Fähigkeiten und Erfahrungen an seinen Arbeitsplatz mit. Die meisten Maschinen können nur eine Aufgabe erledigen, und selbst Roboter können nur das tun, wofür sie programmiert worden sind. Maschinen haben allerdings einen Vorteil gegenüber Menschen. Wenn sie nicht gerade zusammengebrochen sind, machen sie das, was man ihnen anschafft. Arbeitskräfte müssen dagegen motiviert werden, wenn sie hart arbeiten und gute Entscheidungen treffen sollen.

Das kann man als ein Informationsproblem betrachten. Im Modell der vollkommenen Konkurrenz in Teil II dieses Buches werden die Arbeitskräfte dafür bezahlt, daß sie bestimmte Aufgaben ausführen. Der Arbeitgeber weiß genau, ob die vereinbarte Aufgabe in der vereinbarten Art und Weise erledigt worden ist. Wenn ein Arbeiter seinen Vertrag nicht erfüllt, erhält er keine Bezahlung. Die Bezahlung ist ausreichend, um die Motivation sicherzustellen. Aber in Wirklichkeit haben die Arbeitskräfte oft beträchtliche Entscheidungsfreiheit. Die Arbeitgeber sind nur begrenzt darüber informiert, was ihre Arbeitskräfte zu jedem Zeitpunkt tun. Deshalb müssen sie ihre Belegschaft motivieren, damit jeder einzelne seine Fähigkeiten voll einsetzt.

Um die Arbeitskräfte zu motivieren, benutzen die Arbeitgeber Zuckerbrot und Peitsche. Sie können gute Leistungen belohnen, indem sie Bezahlung und Beförderung von der Leistung abhängig machen, und sie können Arbeitskräfte für ihre Bummelei durch Entlassung bestrafen. Einige Arbeitskräfte haben ein beträchtliches Maß an Autonomie und Entscheidungsfreiheit; andere werden genauer überwacht. Die Mischung zwischen Zuckerbrot und Peitsche, zwischen Autonomie und direkter Beaufsichtigung, ist von Arbeitsplatz zu Arbeitsplatz und von Branche zu Branche verschieden. Unter anderem hängt sie davon ab, wie leicht es ist, die Arbeitskräfte direkt zu überwachen, oder die Entlohnung von der Leistung abhängig zu machen.

Akkordlöhne und Arbeitsanreiz

Wenn Arbeitskräfte genau entsprechend ihrem Output entlohnt werden, so daß ihre Bezahlung bei höherer Produktivität steigt und bei niedrigerer Produktivität abnimmt, dann haben sie einen geeigneten Anreiz, hart zu arbeiten. Ein Entlohnungssystem, bei dem die Bezahlung davon abhängt, wieviele Stücke angefertigt worden sind oder wie oft jede Tätigkeit ausgeführt worden ist, wird **Akkordlohn** genannt. Nur wenige Amerikaner erhalten überwiegend oder gar ausschließlich Akkordlöhne. Normalerweise erhält man sogar für Akkordarbeit einen Grundlohn und einen Zuschlag, der von der produzierten Menge abhängt.

Hier stellt sich die Frage, warum nicht mehr Arbeitgeber Akkordarbeit einführen, wenn dadurch die Leistungsmotivation erhöht wird. Ein wichtiger Grund liegt darin, daß die Arbeitskräfte bei Akkordentlohnung ein beträchtliches Risiko tragen. Ein schlechtes Arbeitsergebnis kann auch einfach Pech sein. Zum Beispiel kann ein Handelsvertreter, der eine umsatzabhängige Kommission erhält, also ebenfalls eine Art von Akkordlohn, seine Produkte vielleicht deshalb nicht absetzen, weil es einfach keine Nachfrage dafür gibt.

Mit einem garantierten Grundlohn gibt eine Unternehmung ihren Arbeitskräften ein stabiles Einkommen und verringert die Risiken, die sie zu tragen haben. Aber je niedriger die leistungsabhängige Lohnkomponente ist, desto weniger Anreiz haben die Arbeitskräfte, sich besonders anzustrengen. Es gibt also einen *Trade-off* zwischen Einkommenssicherheit und Leistungsanreiz. Eine Mischung aus einem garantierten Grundlohn (einschließlich der Lohnnebenleistungen) und leistungsabhängigen Prämien ist also ein Versuch der Arbeitgeber, zwischen Sicherheit und Leistungsanreiz eine Balance zu finden.

Akkordlöhne sind aber auch deshalb nicht weiter verbreitet, weil die Arbeitgeber um die Qualität der Arbeit fürchten. Am Fließband zum Beispiel kann man die produzierte Menge leicht messen, nicht aber die Qualität. Wenn die Bezahlung der Arbeitskräfte ausschließlich von der Anzahl der produzierten Artikel abhängt, dann haben sie einen Anreiz, die Quantität auf Kosten der Qualität zu steigern. Letztendlich macht die Unternehmung dadurch vielleicht weniger Gewinn als bei einem geringeren Output von höherer Qualität.

Hinzu kommt, daß die meisten Arbeitskräfte eine Vielzahl von Aufgaben zu erledigen haben, von denen nur einige leicht definiert und in ein Akkordsystem gepreßt werden können. Die Arbeitgeber haben zum Beispiel ein Interesse daran, daß neu eingestellte Arbeitskräfte durch erfahrene Mitarbeiter angelernt werden. Bei Akkordentlohnung haben die Beschäftigten aber keinen Anreiz dazu, ihren Kollegen auf diese oder irgendeine andere Weise zu helfen. Genauso haben Verkäufer, die auf Kommissionsbasis bezahlt werden, keinen Anreiz, potentielle Kunden, die keinen unmittelbaren Geschäftsabschluß erwarten lassen, gut zu informieren und zu bedienen. Selbst wenn durch gute Beratung die Wahrscheinlichkeit steigt, daß ein Kunde zum Kauf in das Geschäft zurückkehrt, ist es doch recht gut möglich, daß ein anderer Verkäufer die Kommission erhalten wird. Wenn Sie diesen Effekt beobachten wollen, besuchen Sie den Ausstellungsraum eines Autohändlers, machen Sie klar, daß Sie nicht vorhaben, an diesem Tag einen Wagen zu kaufen und sehen Sie selbst, welchen Service Sie erhalten.

Ein Blick in die Wirtschaftspolitik: Mindestlöhne

Gesetzlich vorgeschriebene Mindestlöhne, die nicht unterschritten werden dürfen, sind von Wirtschaftswissenschaftlern mit dem Argument kritisiert worden, daß sie den Arbeitskräften am unteren Ende der Lohnskala, denen sie eigentlich nutzen sollten, tatsächlich Schaden zufügen.

Diese Behauptung beruht auf dem traditionellen Arbeitsmarktmodell aus Teil II dieses Buches. Dort führt ein Anstieg des Lohnes über das Marktgleichgewicht hinaus zu einer Verringerung der Beschäftigung. Diejenigen, denen es gelingt, einen Arbeitsplatz zu erhalten, haben einen Vorteil davon; wer dagegen zur Arbeitslosigkeit gezwungen wird, hat einen Nachteil. Aus dieser Sicht scheint ein Mindestlohn im Kampf gegen die Armut das falsche Mittel zu sein.

Allerdings haben wir in diesem Kapitel darauf hingewiesen, daß Arbeitsmärkte anders funktionieren als die Märkte für viele andere Güter. Arbeitskräfte müssen motiviert sein, damit sie eine gute Leistung erbringen. Hohe Löhne verbessern die Produktivität, verringern die Fluktuation und bewirken, daß weniger Arbeitskräfte dem Arbeitsplatz unentschuldigt fernbleiben. Rationale Firmen werden diesen Zusammenhang in ihrer Lohnpolitik berücksichtigen. Wenn der Staat die Unternehmungen durch ein Mindestlohngesetz dazu zwingt, höhere Löhne zu bezahlen, kann es trotzdem sein, daß die erhöhte Produktivität den Lohnanstieg weitgehend ausgleicht, so daß der Beschäftigungseffekt recht gering ausfällt.

Wenn auf einem Arbeitsmarkt unvollkommener Wettbewerb herrscht, kann ein Mindestlohn die Beschäftigung sogar erhöhen. Aufgrund der unvollkommenen Mobilität der Arbeitskräfte stehen die Unternehmungen einer ansteigenden Arbeitsangebotskurve gegenüber. Da alle Arbeitskräfte mit ähnlichen Arbeitsaufgaben gleich behandelt werden müssen, kann die Anwerbung von zusätzlichen Arbeitskräften sehr teuer sein. Die Firma muß nicht nur den *neuen* Arbeitskräften einen höheren Lohn anbieten, sondern sie muß auch für alle bisherigen Mitarbeiter den Lohn erhöhen. Das kann bewirken, daß Unternehmungen vor Neueinstellungen zurückschrecken. Gibt es eine gesetzliche Lohnuntergrenze, so entsprechen die Grenzkosten der Einstellung eines neuen Mitarbeiters genau diesem Mindestlohn, sind also unter Umständen niedriger als in einer Situation ohne Mindestlohn. Das würde bedeuten, daß die Unternehmungen tatsächlich mehr Arbeitskräfte einstellen werden.

Diese Sichtweise deckt sich mit den Ergebnissen von mehreren neueren empirischen Studien, die gezeigt haben, daß ein Mindestlohn vernachlässigbare oder sogar positive Beschäftigungseffekte hat. Einige Wirtschaftswissenschaftler haben auf umfassendere positive Folgen von Mindestlöhnen hingewiesen. Sie geben den Firmen einen Anreiz, mehr in ihre Arbeitskräfte zu investieren und damit deren Produktivität zu steigern. Gavin Wright, ein bekannter Wirtschaftshistoriker an der Stanford University, argumentiert, daß Mindestlöhne bei der wirtschaftlichen Entwicklung der Südstaaten eine bedeutende Rolle gespielt haben. Vom Ende des amerikanischen Bürgerkriegs bis zur Weltwirtschaftskrise war der Süden bei weitem ärmer als der Norden und hatte ein sehr niedriges Lohnniveau. Die Mindestlohngesetzgebung bewirkte in den Südstaaten einen dramatischen Strukturwandel weg von den Niedriglohnbranchen und hin zu dynamischen Industriezweigen mit höheren Löhnen.

Ein weiterer möglicher Vorteil einer Anhebung der Mindestlöhne besteht darin, daß durch den größeren Abstand zwischen dem Einkommen eines Wohlfahrtsempfängers und demjenigen eines Arbeiters der Anreiz zur Aufnahme einer Beschäftigung steigt.

Effizienzlöhne

Wenn der Output leicht gemessen werden kann, ist es sinnvoll, die Zuckerbrotmethode einzusetzen und die Bezahlung zumindest teilweise an die Leistung zu knüpfen. Ist dagegen die Arbeitsanstrengung leicht zu überwachen, ist es günstiger, mit der Peitsche zu drohen und Arbeitskräfte, die bummeln, zu entlassen. Es ist aber oft sehr teuer, die Arbeitsanstrengung kontinuierlich zu überwachen. Eine Alternative sind weniger häufige Kontrollen verbunden mit einer hohen Strafe, wenn ein Arbeitnehmer beim Bummeln erwischt wird. Diese Methode kann eine Firma zum Beispiel dadurch anwenden, daß sie Löhne bezahlt, die über den Marktlöhnen liegen. Wenn dann ein Angestellter entlassen wird, erleidet er einen hohen Einkommensverlust. Je höher der Lohn, umso härter ist die Strafe bei einer Entlassung. Genauso kann man Arbeitskräfte, die bei jeder Überprüfung Fleiß zeigen, durch eine bessere Bezahlung belohnen und dadurch einen Leistungsanreiz schaffen.

Das sind Beispiele dafür, daß höhere Löhne die Arbeitskräfte motivieren und die Produktivität steigern. Hohe Löhne verringern aber auch die Fluktuation, bewirken Loyalität, verbessern die Arbeitsqualität und ermöglichen es der Firma, produktivere Arbeitskräfte anzuwerben. Aus all diesen Gründen kann es sich für eine Firma lohnen, mehr zu bezahlen als absolut notwendig ist, um die erwünschte Anzahl von Arbeitskräften zu rekrutieren. Die Theorie, daß höhere Löhne die Nettoproduktivität der Arbeitskräfte erhöhen, wird **Effizienzlohntheorie** genannt. Während nach der konventionellen Arbeitsmarkttheorie Produktivitätssteigerungen zu höheren Löhnen führen, behauptet die Effizienzlohntheorie den umgekehrten Zusammenhang.

Die Effizienzlohntheorie bietet auch eine Erklärung für bestimmte Lohnunterschiede. Bei Arbeitsplätzen, an denen die tägliche Überwachung der Arbeitskräfte sehr kostspielig ist oder ein großer Schaden angerichtet werden kann (wenn man zum Beispiel durch das Drücken eines falschen Knopfes eine ganze Maschine zerstören kann), werden die Arbeitgeber wahrscheinlich eher versuchen, mit Hilfe von höheren Löhnen eine gute Leistung sicherzustellen.

Diese „Vertrauenslöhne" können erklären, warum in kapitalintensiven Industrien die Arbeitskräfte bei vergleichbaren Fähigkeiten besser bezahlt werden als in Branchen, die geringere Investitionen pro Arbeitsplatz erfordern. Sie können auch erklären, warum Arbeitskräfte, denen viel Bargeld anvertraut wird (mit dem sie sich davonmachen könnten), bei gleicher Qualifikation besser bezahlt werden als andere. Es geht nicht so sehr darum, daß sie höhere Löhne erhalten, weil sie vertrauenswürdig sind; vielmehr geht man davon aus, daß man ihnen mehr vertrauen kann, weil sie höhere Löhne erhalten und weil die Furcht vor dem Verlust dieser guten Bezahlung das ehrliche Verhalten fördert.

Andere Leistungsanreize

Ein weiterer wichtiger Leistungsanreiz sind bessere Aufstiegschancen, verbunden mit entsprechend höherer Bezahlung, für Arbeitskräfte, die sich bewährt haben. Oft ist es aber schwer zu beurteilen, wie schwierig die Aufgaben an einem Arbeitsplatz sind. Eine Möglichkeit der Leistungsbewertung sind Wettbewerbe, bei denen der Gewinner einen wertvollen Preis (zum Beispiel eine Prämie) erhält. Nehmen wir zum Beispiel eine Firma, die ein neues Produkt einführt. Wenn ein Verkäufer Erfolg hat, weiß man nicht, ob er damit sein besonderes Verkaufstalent bewiesen hat oder ob sich das Produkt quasi von selbst verkauft. Alle Verkäufer sind jedoch ungefähr in der gleichen Situation. Derjenige, der das meiste verkauft, gewinnt den Wettbewerb und erhält eine Prämie.

Die Spitzenmanager am oberen Ende der Hierarchie in den größten amerikanischen Firmen erhalten viel höhere Durchschnittsgehälter als ihre Kollegen in vielen anderen westlichen Industrieländern, oft mehrere Millionen Dollar im Jahr. Unter Wirtschaftswissenschaftlern ist man sich über die Gründe nicht einig. Einige interpretieren diese Gehälter als Prämien in einem Wettbewerb, andere erklären sie durch die überragende Leistung dieser Manager oder als Vertrauenslöhne. Manche

Unter die Lupe genommen: Lohnzusatzleistungen

Der Stundenlohn, den ein Arbeiter erhält, ist oft nur ein kleiner Teil der tatsächlichen Arbeitskosten. So lag zum Beispiel 1993 der Durchschnittslohn (oder das Durchschnittsgehalt) in der amerikanischen Privatwirtschaft bei 11,90 $ pro Stunde. Die Gesamtkosten einer Arbeitsstunde lagen jedoch bei 16,70 $, also um ganze 40 Prozent höher.

Die Differenz sind die Lohnzusatzleistungen. Die Arbeitgeber bezahlten jedem Arbeitnehmer durchschnittlich 1,11 $ pro Stunde für den Jahresurlaub, die bezahlten Feiertage und die Fehlzeiten wegen Krankheit, 0,42 $ pro Stunde für spezielle Prämien und Leistungszulagen, 1,19 $ pro Stunde für Versicherungen, insbesondere die Krankenversicherung, und 0,48 $ pro Stunde für Betriebsrenten. Hinzu kamen 1,52 $ Sozialabgaben für staatlich vorgeschriebene Programme wie Renten- und Arbeitslosenversicherung. Diese Leistungen haben natürlich für die Arbeitskräfte einen Wert, aber sie sind auf ihren Gehaltskonten nicht sichtbar.

Lohnzusatzleistungen bringen eine Komplikation in das einfache Arbeitsmarktmodell aus Teil II dieses Buches. In diesem Modell versuchen die Arbeitsanbieter diejenige Firma zu finden, die ihnen den höchsten Lohn bezahlt, während die Unternehmer versuchen, diejenigen Arbeitskräfte auszuwählen, die den niedrigsten Lohn akzeptieren. Die Existenz von Lohnzusatzleistungen bedeutet, daß die Arbeitnehmer nicht nur ihren Nettolohn sondern auch alle übrigen Leistungen der Firma berücksichtigen müssen.

Warum bieten die Arbeitgeber so gerne Lohnzusatzleistungen an, anstatt ihrer Belegschaft einfach höhere Löhne und Gehälter zu bezahlen? Der wichtigste Grund hat mit der Steuergesetzgebung zu tun; wenn die Arbeitnehmer aus ihrem Einkommen die Krankenversicherung selbst bezahlen, müssen sie für den entsprechenden Betrag Einkommensteuer bezahlen. Wenn aber die Unternehmung die Krankenversicherung für sie übernimmt, wird diese Zusatzleistung nicht zum Einkommen gerechnet. Hinzu kommt, daß viele Firmen die Lohnzusatzleistungen dazu benutzen, um den Arbeitnehmern einen Anreiz zur Firmentreue zu geben. So haben Arbeitnehmer zum Beispiel oft erst bei einer bestimmten Dauer der Firmenzugehörigkeit einen Anspruch auf eine Betriebsrente. Solche Regelungen zeigen, daß die Arbeitgeber langjährige Mitarbeiter nicht gerne verlieren wollen und lieber zusätzliche Leistungen anbieten, als die Kosten und die Mühe der Einstellung und Einarbeitung von neuen Arbeitskräften auf sich zu nehmen. Trotzdem bleibt - wenn man von den Steuervorteilen einmal absieht - unklar, warum diese Mitarbeiter weit überwiegend durch Lohnzusatzleistungen und nicht durch höhere Löhne für ihre Firmentreue belohnt werden.

Quelle: *Statistical Abstract of the United States* (1994).

haben aber auch den Verdacht, daß die Spitzenmanager einfach genügend Macht haben, um beträchtliche Beträge (wenn es sich dabei auch nur um einen kleinen Teil der Ressourcen einer Unternehmung handelt) in Form von höheren Gehältern in ihre eigenen Taschen zu wirtschaften. In den letzten Jahren haben Unternehmungen alternative Methoden zur Steigerung der Arbeitsmotivation und damit der Produktivität erprobt. Einige haben zum Beispiel Arbeitsgruppen eingeführt und die Bezahlung von der Teamleistung abhängig gemacht. Dadurch haben die Mitglieder einer Arbeitsgruppe einen Anreiz, sich gegenseitig auf die Finger zu sehen und einander zu helfen. Beim schwedischen Autohersteller Volvo glaubt man, daß die Einführung von Teams die Produktivität der Belegschaft erhöht hat. Manche Unternehmungen haben auch die Arbeitnehmermitbestimmung ausgeweitet. Durch Mitbestimmung lernen beide Seiten, daß Kooperation erfolgversprechender ist als Konflikt. So können zum Beispiel neue Produktionsmethoden den Interessen der Unternehmung und der Belegschaft gleichzeitig dienen; wenn die Firma ihren Umsatz erhöht, haben alle einen Nutzen davon.

Zumindest langfristig spiegeln Löhne und Arbeitskosten die Einstellung der Belegschaft wider. Wenn eine bestimmte Unternehmung aus der Sicht der Arbeitskräfte eine attraktive Arbeitsumgebung bietet, kann sie ihren Arbeitskräftebedarf zu niedrigeren Löhnen decken als andere Firmen, und die Menschen, die sie anwirbt, werden besser arbeiten und der Firma länger treu bleiben. Wenn die Belegschaft mehr Autonomie, mehr Mitbestimmungsmöglichkeiten oder Verbesserungen in irgendeinem anderen Bereich verlangen, lohnt es sich für die Firma, auf diese Wünsche einzugehen.

Zusammenfassung

1. Seit den fünfziger Jahren ist der Anteil der gewerkschaftlich organisierten Arbeitnehmer in den USA zurückgegangen. Dafür könnten folgende Gründe verantwortlich sein: die allgemeine Verbesserung der Arbeitsbedingungen; der Rückgang der verarbeitenden Industrie, in der die Gewerkschaften traditionell stark waren, zugunsten des Dienstleistungssektors; der verschärfte Wettbewerb am Gütermarkt, der den Unternehmungen weniger Lohnspielraum läßt; und eine tendenziell gewerkschaftsfeindliche Atmosphäre im Rechtswesen der USA.

2. Von den Gewerkschaften durchgesetzte Lohnerhöhungen müssen zumindest langfristig in der Regel mit Beschäftigungseinbußen und niedrigeren Löhnen im nicht gewerkschaftlich organisierten Sektor bezahlt werden. Die Gewerkschaften haben bei der Verbesserung der Arbeitsplatzsicherheit eine große Rolle gespielt, wenn auch manchmal auf Kosten der Innovation. Manche Verbesserungen für die Arbeitnehmer haben sie auch auf politischem Wege durchgesetzt, so zum Beispiel den Mindestlohn und die Gesetze über Unfall- und Gesundheitsschutz am Arbeitsplatz.

3. Die Macht der Gewerkschaften ist beschränkt, wenn die Unternehmungen die Möglichkeit haben, neue, nicht gewerkschaftlich organisierte Arbeitskräfte einzustellen, und wenn die Gewerkschaftsmitglieder von Arbeitslosigkeit bedroht sind.

4. Lohnunterschiede können durch Unterschiede in der Art der Arbeit (Kompensationstheorie des Lohnes), durch Unterschiede in der Produktivität, durch unvollständige Information der Arbeitskräfte über ihre Beschäftigungsmöglichkeiten oder durch Diskriminierung erklärt werden.

5. Die Arbeitgeber versuchen, die Arbeitskräfte zu motivieren und zu einem hohen Arbeitseinsatz zu bringen und benutzen dabei eine Mischung aus direkter Überwachung, Belohnungen für gute Leistungen und Sanktionen für schlechte Leistungen. Sie zahlen höhere Löhne als die Konkurrenz (Effizienzlöhne), gewähren Beförderungen und Prämien, machen die Entlohnung vom relativen Erfolg abhängig (Wettbewerbe) oder entgelten Teamleistungen.

Schlüsselbegriffe

Kompensationstheorie des Lohnes   Lohndiskriminierung   Akkordlohn
statistische Diskriminierung   Arbeitsplatzdiskriminierung   Effizienzlohntheorie

Wiederholungsfragen

1. Hat die Macht der Gewerkschaften in den USA in den letzten Jahrzehnten zugenommen oder abgenommen? Warum? In welchem Sektor ist die Anzahl der Gewerkschaftsmitglieder am meisten gewachsen? Wie kann man das erklären?

2. Wie wirkt sich eine erfolgreiche Gewerkschaftsarbeit auf das Lohnniveau und die Investitionen im gewerkschaftlich organisierten Sektor aus? Wie wirkt sie auf die Löhne in Unternehmungen, deren Belegschaften nicht gewerkschaftlich organisiert sind?

3. Wie könnte eine höhere Arbeitsplatzsicherheit für gewerkschaftlich organisierte Arbeitskräfte dazu führen, daß sie weniger effizient arbeiten?

4. Ist es kurzfristig für eine Gewerkschaft sinnvoll, sich einer Innovation zu widersetzen? Und langfristig?

5. Welche alternativen Erklärungen für Lohnunterschiede kennen Sie?

6. Warum stellen Akkordlöhne einen Leistungsanreiz dar? Warum sind Akkordlöhne nicht weiter verbreitet?

7. Was besagt die Effizienzlohntheorie?

Aufgaben

1. Welche Parallelen gibt es zwischen Arbeitsmärkten und Gütermärkten? Wodurch unterscheiden sie sich voneinander?

2. Erläutern Sie, warum die beiden folgenden Aussagen gleichzeitig zutreffen können:
   a) Es gelingt den Gewerkschaften, die Löhne ihrer Mitglieder zu erhöhen;

b) Gewerkschaften haben keinen Einfluß auf das durchschnittliche Lohnniveau der Volkswirtschaft.

3. Welchen Einfluß könnte jedes der folgenden Ereignisse auf die Macht der Gewerkschaften haben?
   a) Ein Staat verabschiedet ein Gesetz, das das Recht auf Arbeit garantiert.
   b) Die Importe aus dem Ausland nehmen zu.
   c) Die gesamtwirtschaftliche Arbeitslosenquote geht zurück.
   d) Der Gewinn der Unternehmungen steigt an.

4. Angenommen, jemand arbeitet für 15 $ pro Stunde und bewirbt sich bei einer anderen Firma, die einen Stundenlohn von 18 $ bezahlt. Warum könnte diese Firma bezweifeln, ob der Bewerber wirklich 18 $ pro Stunde wert ist? Wie könnte der Bewerber versuchen, diese Zweifel zu zerstreuen?

5. Eine Unternehmung weiß, daß eine Lohnsenkung um zehn Prozent dazu führen würde, daß zehn Prozent ihrer Belegschaft kündigen würde. Wie könnte adverse Selektion dazu führen, daß die Arbeitsleistung in der Unternehmung um mehr als zehn Prozent zurückgeht?

6. Fortschritte in der Computertechnologie ermöglichen es, Schreibkräfte mit Hilfe eines Programms zu überwachen, das die Anzahl der Anschläge auf der Tatstatur an einem gegebenen Arbeitstag abzählt. Mitarbeiter am Telefon können nach der Anzahl der Anrufe, die sie entgegennehmen, und nach der durchschnittlichen Dauer eines Anrufs bewertet werden. Würden Sie erwarten, daß diese Veränderungen die Produktivität steigern? Begründen Sie Ihre Antwort.

7. Wenn jemand aus dem mittleren Management in eine Spitzenposition aufsteigt, verdoppelt oder verdreifacht sich oft sein Gehalt. Warum liegt darin aus der Sicht der Theorie der vollkommenen Konkurrenz ein Rätsel? Welche Gründe könnte eine gewinnmaximierende Unternehmung dafür haben?

Kapitel 20

Die Unternehmung: Finanzierung, Kontrolle und Management

Der Vorstand und das obere Management sind diejenigen, die die Hauptverantwortung für Entscheidungen einer Unternehmung tragen. Aber das Management der meisten Kapitalgesellschaften ist nicht vollkommen autonom. Ein Sprichwort sagt: „Wer zahlt, schafft an." Im Kontext der Unternehmensentscheidungen heißt das, daß die Anleger, die einer Firma Geld zur Verfügung stellen, natürlich eine gewisse Kontrolle über das Management der Firma haben müssen.

In Kapitel 9 haben wir Eigenkapital und Fremdkapital aus der Perspektive der Anleger betrachtet. Hier übernehmen wir die Sichtweise einer Unternehmung, die Kapital beschafft und Sicherheiten zur Verfügung stellt. Derjenige Zweig der Wirtschaftswissenschaften, der sich mit den Konsequenzen unterschiedlicher Methoden der Kapitalbeschaffung befaßt, wird **Finanzierung** genannt. Die Bedeutung dieses Themas wurde von der Nobelpreisstiftung 1990 anerkannt, als sie William Sharpe von der Stanford University, Merton Miller von der University of Chicago und Harry Markowitz vom City College der Stadt New York den Wirtschaftsnobelpreis für ihre Pionierarbeit auf diesem Gebiet verliehen hat.

Interessanterweise taucht keines der Probleme, mit denen wir uns hier beschäftigen, in Teil II im Kontext des Modells der vollkommenen Konkurrenz auf. Dort haben alle Unternehmungen nur ein einziges Ziel, nämlich die Maximierung ihres Gewinns oder Marktwertes. Das ist genau das, was auch die Anleger wollen. Da über die Zielsetzung der Unternehmung Einigkeit besteht, taucht das Problem der Kontrolle nirgends auf. Selbst die Art der Finanzierung durch Fremd- oder Eigenkapital spielt im Modell der vollkommenen Konkurrenz keine Rolle. In der Realität sind Fragen der Finanzierung und Kontrolle Stoff für Schlagzeilen und absorbieren die Aufmerksamkeit der wirtschaftlichen Führungskräfte.

20.1 Die Rechtsform der Unternehmung

In den Vereinigten Staaten können Unternehmungen zwischen den Rechtsformen der Einzelunternehmung, der Personengesellschaft und der Kapitalgesellschaft wählen: Die einfachste Form ist die **Einzelunternehmung**. Eine solche Firma hat einen einzigen Eigentümer. Wenn ein Student ein Geschäft daraus macht, seinen Mitstudenten Vorlesungsskripten zu verkaufen, würde das Finanzamt ihn als Einzelunternehmung registrieren. Wegen der Vorteile einer Kapitalgesellschaft, mit denen wir uns noch beschäftigen werden, bleiben nur die kleinsten Firmen Einzelunternehmungen.

Wenn zwei oder mehr Menschen zusammen eine Firma gründen, wählen sie in der Regel die Form der **Personengesellschaft**. Wie die Einzelunternehmungen sind auch die meisten Personengesellschaften relativ klein: Sally & Sue Delikatessen oder Bob & Andy Waschsalon. Es gibt jedoch auch einige Personengesellschaften, die viel größer sind. Große Wirtschaftsprüferkanzleien und Anwaltskanzleien sind oft als Personengesellschaften mit Hunderten von Partnern organisiert.

Die höchste Organisationsform ist die **Kapitalgesellschaft**. Hier ist das Firmeneigentum in Anteile zersplittert, die als Aktien bezeichnet werden. Durch den Kauf einer Unternehmensaktie erwirbt der Käufer einen Eigentumsanteil mit den entsprechenden Stimmrechten und Anrechten auf den Unternehmensgewinn. Die wichtigste Eigenschaft der Kapitalgesellschaft, die die Entstehung der heutigen Riesenfirmen wie IBM, General Motors und Exxon erst ermöglicht hat, ist die **beschränkte Haftung**.

In Einzelunternehmungen und Personengesellschaften haften die Eigentümer unbeschränkt. Nehmen wir zum Beispiel Josef Schmidt, der ein Restaurant eröffnet, ohne einen Anwalt zu engagieren, der ihn in Fragen der Rechtsform beraten könnte. Er investiert eigene Ersparnisse in Höhe von 50.000 $ und nimmt einen Kredit über 200.000 $ auf, um die Pacht für die ersten fünf Jahre und die Innenausstattung zu finanzieren. Unglücklicherweise ist er weder ein begnadeter Koch noch ein guter Geschäftsmann und es gelingt ihm nicht, genügend Gäste anzuziehen. Nachdem er es ein Jahr lang versucht hat, gibt er sein Restaurant auf. Er ist aber für die Schulden der Firma immer noch haftbar. Er hat nicht nur die 50.000 $ Eigenkapital verloren, sondern ist vielleicht sogar gezwungen, sein Haus zu verkaufen, um die Kredite in Höhe von 200.000 $ zurückzubezahlen, für die er in vollem Umfang haftet.

In einer Personengesellschaft haftet jeder Partner in vollem Umfang für alle Schulden der Firma. Angenommen, Josef Schmidt und sein Partner Alfred Jonas eröffnen zusammen ein Geschäft: jeder investiert 25.000 $, und beide zusammen nehmen über 200.000 $ Kredite auf. Wenn Alfred kein Haus und auch kein anderes Vermögen hat und deshalb im Konkursfall nicht helfen kann, die Schulden zu begleichen, haftet Josef wieder in vollem Umfang mit seinem Privatvermögen für die Kredite.

In einer Kapitalgesellschaft können die Eigentümer ihre Haftung begrenzen. Wenn Josef Schmidt sein Restaurant als Kapitalgesellschaft gründet und es ihm gelingt, Alfred Jonas und andere dazu zu bringen, daß sie Miteigentümer der Firma werden und Anteile kaufen, kann er seine 50.000 $ investieren und seine Haftung auf diesen Betrag beschränken. Die Unternehmung haftet dann für alle ihre Schulden, und im Konkursfall wird das ganze Betriebsvermögen verkauft. Von dem Geld, das auf diese Weise beschafft wird, werden zuerst die Gläubiger befriedigt (Banken und Eigentümer von Unternehmensanleihen); was übrigbleibt, erhalten Josef und seine Mitaktionäre. Die Anteilseigner verlieren also im Konkursfall wahrscheinlich das ganze Geld, das sie in die Unternehmung investiert haben, *aber sie verlieren nicht mehr als das.* Als Eastern Airlines im März 1989 Konkurs anmeldete, mußten die Aktionäre der Fluggesellschaft nicht befürchten, daß sie ihre Häuser verkaufen müßten, um die Milliardenkredite der Firma zurückzubezahlen.

Durch die beschränkte Haftung haben größere Kapitalgesellschaften noch einen weiteren Vorteil gegenüber anderen Rechtsformen: Der Handel mit Unternehmensanteilen wird dadurch erleichtert. Zwar geht der Anleger mit dem Kauf einer Aktie das Risiko ein, daß er sein investiertes Geld verliert. Aber dieses Risiko ist relativ gering, im Vergleich zu dem Risiko, das jemand eingeht, der in eine Partnerfirma investiert. Hier haftet jeder Partner in vollem Umfang für alle Rechnungen, wenn seine Partner ihren Teil nicht bezahlen können. Deshalb muß ein Investor, der sich in eine Personengesellschaft einkauft, die Vermögensverhältnisse aller anderen Partner kennen, um das eigene Risiko einschätzen zu können. Für die Investition in eine Kapitalgesellschaft sind solche Informationen nicht nötig. Deshalb verfügen Kapitalgesellschaften über einen viel größeren Pool potentieller Investoren. Die Eigenschaft der begrenzten Haftung ist so attraktiv, daß heute viele große und kleine Firmen als Kapitalgesellschaften gegründet werden. Selbst ein Einzelunternehmer, der rechtlich gut beraten ist, wird wahrscheinlich seiner Firma die Rechtsform einer Kapitalgesellschaft geben, um sein Privatvermögen zu schützen.

Es gibt noch einen weiteren wichtigen Unterschied zwischen den drei Rechtsformen. In einer Einzelunternehmung ist klar, wer das letzte Wort hat. Gibt es jedoch viele Eigentümer, Partner oder Anteilseigner, dann sind immer Meinungsverschiedenheiten möglich. Es muß dann Regeln für die Konfliktlösung geben. So wählen zum Beispiel die Aktionäre einen Vorstand, der die obere Führungsebene auswählt. Wenn die Mehrheit der Aktionäre mit den Entscheidungen des Vorstands nicht einverstanden sind, können sie einen neuen Vorstand wählen. Das kommt allerdings nur selten vor.

20.2 Die Finanzierung

Kapitalgesellschaften haben viele Möglichkeiten, ihre Investitionen zu finanzieren. Wir konzentrieren uns im folgenden auf drei Alternativen. Eine Kapitalgesellschaft kann Kredite aufnehmen, entweder bei einer Bank oder direkt von den Investoren durch die Emission von Industrieanleihen. Sie kann neue Aktien begeben, deren Käufer dann ein Recht auf eine Beteiligung am Gewinn in Form von Dividendenzahlungen erwerben. Wenn die Gewinne hoch genug sind, kann die Unternehmung sie auch dazu verwenden, um ihre Investitionen selbst zu finanzieren, anstatt Dividenden auszubezahlen.

Abbildung 20.1 ist eine schematische Darstellung des *Cash-flow* einer Kapitalgesellschaft. Die Unternehmung erhält Geldmittel auf drei Wegen: als Erlös aus dem

Verkauf ihrer Produkte, als Fremdkapital von den Banken und aus dem Verkauf von Anleihen, und als Eigenkapital aus dem Verkauf neuer Aktien. Sie verwendet diese Geldmittel, um ihre Ausgaben für Löhne, Rohstoffe und andere Produktionskosten zu decken und um ausstehende Kredite zurückzubezahlen. Was danach übrigbleibt, kann entweder in Form von Dividenden an die Aktionäre ausgeschüttet oder als **thesaurierter Gewinn** in der Unternehmung zurückbehalten werden als finanzielle Reserve oder für weitere Investitionen.

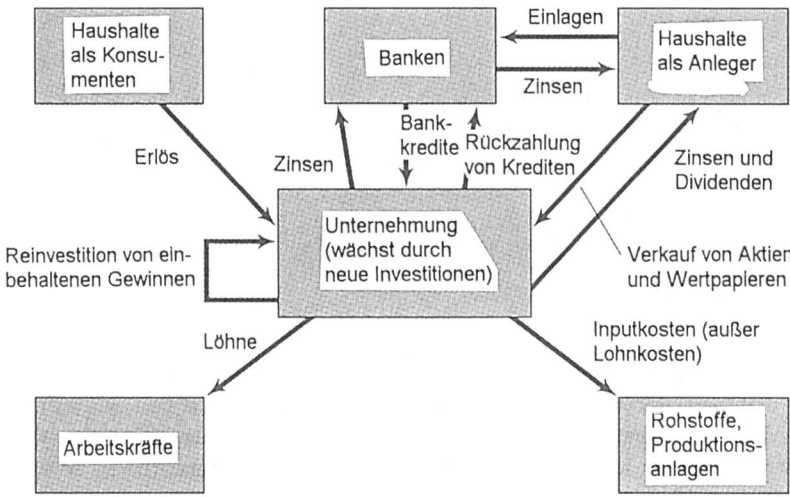

Abbildung 20.1 Der Cash-flow einer Kapitalgesellschaft. Eine Kapitalgesellschaft erhält Geld von ihren Kunden, aus Bankkrediten und von Anlegern, die Unternehmensanleihen oder neu emittierte Aktien kaufen. Sie benutzt das Geld, um ihre Arbeitskräfte zu bezahlen, um Rohstoffe und Ausrüstungen zu kaufen, um Kredite zurückzubezahlen und Dividenden an die Aktionäre zu verteilen.

In den Kapiteln 6 und 9 ging es um die Eigenschaften von Finanzanlagen: den durchschnittlichen Ertrag, das Risiko, die steuerliche Behandlung und die Liquidität. Dort haben wir die Dinge aus der Sicht des Anlegers betrachtet. Festverzinsliche Wertpapiere haben ein geringeres Risiko und bringen einen niedrigeren Ertrag als Aktien. Bei Aktien setzt sich die Rendite aus den Dividenden und den Kapitalgewinnen zusammen. Und Kapitalgewinne sind mit beträchtlichen Steuervorteilen verbunden.

Hier machen wir uns die Sichtweise der Unternehmung zu eigen. Das Management einer Kapitalgesellschaft will die Finanzierung so gestalten, daß den Interessen der

Aktionäre am besten gedient ist. In der traditionellen Theorie argumentiert man, daß für die Entscheidung zwischen Fremdfinanzierung und Eigenfinanzierung zwei Faktoren ausschlaggebend sind. Erstens die Kapitalkosten, also das, was die Unternehmung an die *neuen* Investoren bezahlen muß, damit sie über ihre Geldmittel verfügen kann. Dieser „durchschnittliche Ertrag" für die Geldgeber ist bei Fremdkapital niedriger als bei Eigenkapital. Die Kreditlösung ist also aus der Sicht neuer Investoren weniger attraktiv aber aus der Sicht der Unternehmung attraktiver.

Das zweite Thema ist das Risiko, insbesondere das Konkursrisiko. Während eine Unternehmung keine festen Zahlungsverpflichtungen gegenüber ihren Anteilseignern hat, schuldet sie Anleihebesitzern und anderen Gläubigern bestimmte Beträge zu bestimmten Terminen. Die Unternehmung nimmt deshalb durch Verschuldung ein größeres Risiko auf sich. Wenn sie nicht genügend liquide Mittel hat, um ihre Zahlungsverpflichtungen zu erfüllen, und sich die Mittel auch nicht auf dem Kreditweg beschaffen kann, muß sie Konkurs anmelden. Je mehr Kredite die Unternehmung aufnimmt, desto umfangreicher werden diese festen Zahlungsverpflichtungen, und desto größer ist die Gefahr der Zahlungsunfähigkeit. Während also ein Kreditgeschäft aus der Sicht des Investors sicherer erscheint, ist es für die Unternehmung riskanter. Unter diesem Aspekt ist Eigenkapital für die Unternehmung günstiger.

Nach der traditionellen Finanzierungstheorie ist die Unternehmung mit einem *Trade-off* zwischen Ertrag und Risiko konfrontiert. Allgemein gilt: Je höher die Verschuldung ist, desto niedriger sind die Kapitalkosten und desto höher ist das Konkursrisiko. Der Leiter der Finanzabteilung muß in diesem Szenario eine angemessene Balance zwischen Risiko und Ertrag finden.

Dieser *Trade-off* zwischen Risiko und Ertrag hat eine komplizierte Struktur. Angenommen, der Unternehmung sind nur ihre *durchschnittlichen* Kapitalkosten wichtig. Da die Zahlungen an Anleihebesitzer niedriger sind als die Zahlungen an Anteilseigner, könnte sie versucht sein, immer mehr Fremdkapital aufzunehmen. Mit zunehmender Verschuldung wird das Eigenkapital immer rentabler; man spricht von der Hebelwirkung des Fremdkapitals oder vom **Leverage-Effekt**; gleichzeitig steigt aber auch das Risiko der Anteilseigner. Der Ertrag des Eigenkapitals ist einfach das, was nach der Bezahlung der Gläubiger übrigbleibt. Je stärker sich die Unternehmung verschuldet, desto größer ist die Gefahr, daß für die Anteilseigner überhaupt nichts mehr übrigbleibt. Die Folge davon ist, daß sie einen immer höheren Ertrag anbieten muß, um an neues Eigenkapital zu kommen.

1958 haben Franco Modigliani und Merton Miller von der University of Chicago ein bemerkenswertes Theorem bewiesen. Sie zeigten, daß es unter offensichtlich recht allgemeinen Bedingungen keinen Unterschied macht, wie die Unternehmungen ihre Mittel beschaffen, denn bei zunehmender Verschuldung sinken zwar die

Kapitalkosten, aber diese Ersparnis wird durch die steigenden Kosten des Eigen-kapitals genau aufgewogen.

Wir können die Unternehmung im Modigliani-Miller-Theorem mit einem Kuchen vergleichen. Gläubiger und Anteilseigner erhalten verschiedene Stücke des Kuchens. Aber die Größe des Kuchens, der Realwert der Unternehmung, hängt nicht davon ab, wie man ihn aufteilt. Die Kapitalstruktur der Unternehmung hat lediglich einen Einfluß auf die Verteilung von Gewinn und Risiko.

Die Rolle der Kapitalstruktur

Wie das einfache Modell der gewinnmaximierenden Unternehmung bei vollkommener Konkurrenz ist auch das Modigliani-Miller-Theorem lediglich ein nützlicher Rahmen für die Analyse wichtiger Themen. Wenn wir beschreiben können, unter welchen Umständen die Finanzierungsentscheidung keine Rolle spielt, können wir die Bedeutung der Kapitalstruktur einer Firma klarer herausarbeiten. Im folgenden untersuchen wir die Rolle der Kapitalstruktur im Hinblick auf den Konkursfall, die Besteuerung, die Anreize für das Management, die Einschätzung des Firmenwerts durch den Markt und die Unternehmenskontrolle. Dabei wird sich herausstellen, warum in bestimmten Situationen das Verhältnis zwischen Fremd-kapital und Eigenkapital eben doch eine große Rolle spielt.

Die Folgen im Konkursfall

Wie wir bereits gesehen haben, steigt mit der Verschuldung auch das Konkursrisi-ko. Modigliani und Miller vernachlässigten in ihrer Untersuchung alle direkten Kosten im Konkursfall. Ein Konkurs ist mit hohen *direkten* Kosten für Aktionäre, Gläubiger und Manager verbunden. 1993 wurden zum Beispiel 700.000 neue Firmen gegründet und 86.000 Konkurse angemeldet, darunter von so bekannten Firmen wie International Harvester, einst einer der weltweit größten Hersteller von landwirtschaftlichen Maschinen, Western Union, Railroad Express, Pennsylvania Central Railroad und Eastern Airlines. Diese Zahlen sind typisch. Und wenn die Kreditgeber die Höhe ihrer Kredite nicht begrenzen und ihre Schuldner genau überwachen würden, wäre die Konkursquote vielleicht noch deutlich höher.

Die Angst vor Konkursen ist also ein Faktor, der der Verschuldung Grenzen setzt. Banken setzen in der Regel Obergrenzen für die Kreditvergabe an eine Unternehmung. Wenn sie über eine bestimmte Grenze hinausgehen, verlangen sie einen Zinssatz, der sie für das Konkursrisiko entschädigt; dann beschränken aber die Schuldner selbst die Höhe ihrer Kreditaufnahme, denn sie erkennen, daß sie sich durch weitere Verschuldung einem unverhältnismäßig hohen Konkursrisiko aussetzen.

Anwendungsbeispiel:
Schätzung der Steuervorteile von Fremdkapital gegenüber Eigenkapital

Betrachten wir eine Unternehmung mit einem völlig sicheren Investitionsvorhaben in Höhe von einer Milliarde Dollar, das einen Ertrag von zehn Prozent abwirft, der genau dem Kapitalmarktzins entspricht. Die Unternehmung kann das Projekt entweder über Anleihen (Fremdkapital) oder über Aktien (Eigenkapital) finanzieren. Uns geht es hier darum, welche steuerlichen Überlegungen dabei relevant sind.

Wenn die Unternehmung eine Anleihe auflegt und dafür 100 Mio. $ Zinsen bezahlt, schuldet sie dafür keine Körperschaftssteuer, da Zinszahlungen vom zu versteuernden Einkommen abgezogen werden können; die Investoren müssen jedoch ihr Zinseinkommen versteuern. Angenommen, der Grenzsteuersatz der Einkommensteuer beträgt 50 Prozent. In diesem Fall bezahlen die Investoren 50 Mio. $ an Einkommensteuern.

Emittiert die Unternehmung dagegen Aktien und bezahlt die 100 Mio. $ als Dividende, dann muß sie zunächst 35 Prozent Körperschaftssteuer abführen und verfügt dann nur noch über 65 Mio. $ Gewinn, den sie verteilen kann. Die Aktionäre müssen dann noch 50 Prozent davon als Einkommensteuer abführen, so daß die Steuerbelastung insgesamt 67,5 Mio. $ beträgt (35 Mio. $ für die Unternehmung und 32,5 Mio. $ für die Aktionäre), 17,5 Mio. $ mehr als bei Fremdfinanzierung.

Es gibt aber noch eine andere Alternative: Die Firma kann Aktien emittieren und anstatt Dividenden zu bezahlen einen Teil des Gewinns einbehalten, zum Beispiel für weitere Investitionen. Die Anleger können ihren Ertrag realisieren, indem sie ihre Aktien verkaufen und nur die Kapitalgewinnsteuer bezahlen. Für Steuerpflichtige mit hohen Einkommen ist die Kapitalgewinnsteuer niedriger als die Einkommensteuer für Zinsen oder Dividenden. Hinzu kommt, daß sie die Steuerzahlung verschieben können, indem sie den Aktienverkauf verschieben. Wenn sie ihre Aktien bis zu ihrem Tod behalten, können sie der Besteuerung sogar ganz entkommen; davon haben sie zwar selbst keinen Vorteil, wohl aber ihre Erben. Infolge davon ist der *effektive* Steuersatz auf Kapitalgewinne im Durchschnitt recht niedrig. Gehen wir der Einfachheit halber davon aus, daß dieser Steuersatz zehn Prozent beträgt. Dann müssen insgesamt Steuern in Höhe von 41,5 Mio. $ bezahlt werden, 35 Mio. $ Körperschaftssteuer und 6,5 Mio. $ Kapitalgewinnsteuer, weniger als im Fall der Fremdfinanzierung.

Der steuerliche Vergleich zwischen Fremdkapital und Eigenkapital hängt also von der Situation der Investoren und von der Gewinnverwendung durch die Unternehmung ab, also davon, ob sie die Gewinne in Form von Dividenden ausschüttet oder in der Unternehmung zurückbehält.

Steuerliche Konsequenzen

Die Steuergesetzgebung beeinflußt die Entscheidung über die Kapitalstruktur, weil Zinszahlungen von der Steuer abgezogen werden können, Zahlungen an Anteilseigner (Dividenden) jedoch nicht. Unter diesem Aspekt würde eine Unternehmung lieber Zinsen als Dividenden bezahlen. Natürlich muß sie auch in Betracht ziehen, wie die persönlichen Einkommen der Investoren steuerlich behandelt werden. Kapitalgewinne, Dividenden und Zinsen werden in den USA unterschiedlich besteuert. Nach der gegenwärtigen Gesetzeslage werden Kapitalgewinne leicht begünstigt. Da ein großer Teil der Aktienerträge in Form von Kapitalgewinnen anfällt, haben Aktien dadurch einen kleinen Vorteil gegenüber Fremdkapital. Trotzdem scheint das Steuerrecht netto eher die Aufnahme von Fremdkapital zu begünstigen.

Auswirkungen auf die Leistungsanreize für das Management

Ein anderer Grund, warum die Kapitalstruktur für die Unternehmung von Bedeutung ist, liegt darin, daß Fremdkapital und Eingenkapital unterschiedliche Leistungsanreize für das Management mit sich bringen. Eine Rücken-zur-Wand-Theorie der Unternehmensfinanzierung geht davon aus, daß ein hoher Fremdfinanzierungsgrad die Manager dazu zwingt, hart zu arbeiten, um die Zahlungsunfähigkeit zu vermeiden. Nach dieser Theorie haben in einer Unternehmung, die überwiegend durch Eigenkapital finanziert ist und zumindest einen kleinen Gewinn erwirtschaftet, die Manager kaum Anreiz, die Wirtschaftlichkeit zu verbessern.

In den siebziger Jahren zum Beispiel bescherte der plötzliche Anstieg der Ölpreise den Ölgesellschaften üppige Gewinne. Die Unternehmungen tätigten unkluge Investitionen, so daß es zu einer Übernahmewelle kam, die hauptsächlich kreditfinanziert war. Es gibt Anzeichen dafür, daß unter dem Druck der erhöhten Verschuldung das Management dieser Firmen tatsächlich effizienter wurde.

Aber die höhere Konkursgefahr, die mit einem hohen Schuldendienst verbunden ist, kann auch Probleme verursachen. Es kann soweit kommen, daß die Manager all ihre Energie dafür aufwenden, die Firma am Leben zu erhalten, anstatt für solide Investitionen, die für das langfristige Gedeihen nötig sind. Konkursgefährdete Firmen können auch versucht sein, übermäßige Risiken auf sich zu nehmen. Das Management könnte sich auf ein Glücksspiel einlassen in dem Bewußtsein, daß die Firma nicht viel zu verlieren hat, da sie wahrscheinlich ohnehin in Konkurs gegangen wäre, daß aber im Erfolgsfall eine Chance besteht, die Firma wieder auf die Füße zu bekommen. Die Festlegung der richtigen Kapitalstruktur ist also wirklich eine Herausforderung. Ist die Verschuldung zu niedrig, dann werden vielleicht die Ressourcen der Unternehmung nicht effizient genutzt; ist sie zu hoch, dann wird die Konkursgefahr die Anreize für kluge, langfristige Investitionen zerstören.

Konsequenzen für die Einschätzung des Firmenwertes durch den Markt

Die Kapitalstruktur einer Unternehmung hat auch einen Einfluß darauf, wie die Marktteilnehmer die Zukunftsaussichten der Unternehmung beurteilen. Die meisten Investoren glauben, daß die Manager die Zukunftsaussichten einer Unternehmung besser beurteilen können als Außenseiter. Wenn die Manager das Risiko für gering halten, werden sie mehr Kredite aufnehmen, denn es ist damit kein Konkursrisiko verbunden. Die Bereitschaft zur Kreditaufnahme ist daher ein starkes und direktes Signal für das Vertrauen der Führungsebene in die Zukunft ihrer Firma, ein überzeugenderes Signal als ein Glanzpapierprospekt, der die Zukunft der Firma in leuchtenden Farben schildert. Da Fremdfinanzierung für das Management einen Leistungsanreiz darstellt und gleichzeitig potentielle Aktionäre von den Zukunftsaussichten der Firma überzeugt, verringert die Verschuldung die gesamten Kapitalkosten der Firma und erhöht ihren Marktwert.

Finanzierung und Kontrolle

Und schließlich gibt es noch einen letzten wichtigen Unterschied zwischen Fremdkapital und Eigenkapital, und der hat mit der Kontrolle über die Firma zu tun.

In früheren Kapiteln haben wir die Unternehmung als eine monolithische Einheit behandelt. Die Unternehmung traf die Entscheidungen über das Produkt, die Produktionsmethode und die Produktionsmenge, und orientierte sich dabei an der Maximierung von Gewinn oder Marktwert. In der Praxis treffen jedoch einzelne Manager innerhalb der Unternehmung diese Entscheidungen. Sie vertreten verschiedene Meinungen und verfolgen verschiedene Interessen. Es kann sein, daß ihre Interessen mit dem Ziel der Gewinnmaximierung nicht vollkommen übereinstimmen. Und selbst wenn sie damit übereinstimmen, ist vielleicht nicht offensichtlich, durch welches Verhalten die Unternehmung dieses Ziel am besten erreichen kann. In einer Welt mit vollkommener Information (Teil II) ist es leicht, die grundlegenden Produktionsentscheidungen zu treffen. In der Realität sind jedoch schon die einfachsten Entscheidungen mit Unsicherheit belastet. Ein Beispiel ist die Entscheidung von GM in den achtziger Jahren über umfangreiche Investitionen in die Robotertechnik. Hier ging es um die Frage, ob man warten sollte, bis die Technologie besser ausgereift sein würde, oder ob man versuchen sollte der Konkurrenz auf diesem Feld voraus zu sein. Die Investitionen von GM haben sich zumindest bisher scheinbar nicht ausgezahlt.

Die Art der Kapitalbeschaffung hat Implikationen in bezug auf die Kontrolle über die Firma. Ein Unternehmer, der zusätzliche Geldmittel benötigt, schreckt oft vor einer Erhöhung des Eigenkapitals zurück, weil Anteilseigner ein Stimmrecht bei der Wahl des Vorstands haben, der in der Firma offiziell die meiste Macht ausübt, indem er die Führungskräfte auswählt. Jeder Unternehmer kennt die Geschichte von Steven Jobs, der die Firma Apple Computer mitgegründet hat und einige Jahre später, als Apple vor finanziellen Problemen stand, aus der Firma hinausgeworfen wurde. Im Gegensatz dazu haben Anleihegläubiger und Banken kein Mitsprache-recht in bezug auf das Management der Unternehmung, außer wenn es zum Kon-kurs kommt.

In der Realität kann es jedoch durchaus passieren, daß die Aktionäre weniger Ein-fluß auf die unternehmerischen Entscheidungen haben als die Banken und andere Gläubiger. Das liegt daran, daß die Kontrollmöglichkeiten der Aktionäre durch In-formations- und Anreizprobleme eingeschränkt werden. Für Informationen sind sie auf die Manager angewiesen, die ihnen soweit wie möglich nur das erzählen, was sie wissen sollen. Und die meisten Aktionäre haben wenig Anreiz, genügend Zeit und Mühe zu investieren, um sich über die Qualität der Unternehmensführung wirklich gut zu informieren, weil sie nur über einen sehr kleinen Anteil an den Aktien verfügen. In den meisten großen amerikanischen Firmen besitzt kein Ak-tionär mehr als ein paar Prozent des umlaufenden Aktienkapitals. Das ist ein klas-sisches Beispiel für das Problem der öffentlichen Güter. Alle Aktionäre würden aus einer Verbesserung der Managementqualität Nutzen ziehen, aber keiner hat genügend Anreiz, sich ausreichend zu informieren, um das Management kompe-tent beurteilen zu können.

Banken und andere Gläubiger haben mehr Macht, weil die meisten Firmen zumin-dest von Zeit zu Zeit für ihre Kapitalbeschaffung vollständig auf sie angewiesen sind und weil die Gläubiger den gewährten Kredit jederzeit zurückziehen können. Die Unternehmensleitung wird deshalb dem Standpunkt ihrer Bankiers großes Gewicht zumessen. Da Banken großen Firmen oft beträchtliche Summen leihen, haben sie sowohl den Anreiz als auch die Kompetenz, über deren finanzielle Si-tuation und die Qualität ihres Managements auf dem laufenden zu bleiben.

Der sicherste Weg für Unternehmer, die befürchten, die Kontrolle über die Firma aus der Hand geben zu müssen, ist die Finanzierung von Investitionen aus einbe-haltenen Gewinnen. Wenn jedoch die Eigenmittel zu gering sind, wie das typi-scherweise bei jungen Firmen der Fall ist, werden sie versucht sein, sich nach an-deren Geldquellen umzusehen. In diesem Fall glauben sie, daß der erwartete Ertrag das Risiko des Kontrollverlusts wert ist.

Beschränkte finanzielle Optionen

Wir haben gesehen, daß die Vor- und Nachteile verschiedener Methoden der Ka-pitalbeschaffung uns helfen, die Finanzierungsentscheidungen einzelner Unter-nehmungen besser zu verstehen. Oft können Unternehmungen jedoch nur zu sehr unvorteilhaften Bedingungen Kredite aufnehmen oder neues Eigenkapital beschaf-fen. Sie sind dann unter Umständen gezwungen, ihre Investitionen auf die Höhe des thesaurierten Gewinns zu beschränken.

Kreditrationierung

Wenn Haushalte oder Unternehmungen im Prinzip bereit sind, den gängigen Marktzins zu bezahlen, aber zu diesem Zinssatz keine Kredite erhalten, spricht man von **Kreditrationierung**. Um den Vorgang der Kreditrationierung zu verstehen, betrachten wir Checkout Systems, eine hypothetische mittelständische Unternehmung der Softwarebranche. Die Firma produziert Software für elektronische Ladenkassen, mit der man gleichzeitig Lagerbestandsverzeichnisse führen und andere Buchhaltungsaufgaben erledigen kann. Die Firma ist mit ihrer Software erfolgreich, weiß aber auch, daß sie sehr viel mehr Gewinn machen könnte, wenn sie auch die dazugehörige Hardware verkaufen würde, also die Rechner, Bildschirme und Registrierkassen. Checkout kann die Hardware von einem Computerhersteller bekommen, bräuchte aber zwei Millionen Dollar für ein Lagerhaus und den Einkauf der Maschinen. Die Unternehmung ist zuversichtlich, daß die Investition einen konstanten Ertrag von mindestens 30 Prozent bringen würde. Sie hat jedoch keine einbehaltenen Gewinne, die sie in die Expansion der Firma investieren könnte.

Das ist nur der Anfang des Problems. Angenommen, der gängige Marktzins für Kredite an kleine Firmen liegt bei 14 Prozent. Die Unternehmung hat zu diesem Zinssatz eine Kreditlinie von 400.000 $. Aber ihre Bank weigert sich, mit zusätzlichen Krediten die geplante Expansion zu finanzieren. Die Geschäftsführung von Checkout bietet einen Zinssatz von 16 Prozent an, aber die Bank lehnt ab. Die Manager fragen, ob es irgendeinen Zinssatz gibt, zu dem die Bank bereit wäre, den gewünschten Kredit zu geben. Die Bank verneint.

Abbildung 20.2 Der Zusammenhang zwischen Zinssatz und Ertrag. Mit steigendem Zinssatz verlassen tendenziell gute Schuldner den Markt und nur solche mit hohem Zahlungsunfähigkeitsrisiko bleiben zurück. Wenn der Zins über eine bestimmte kritische Grenze hinaus ansteigt, nehmen die notleidenden Kredite so stark zu, daß sich der erwartete Ertrag für den Kreditgeber verringert. Bei höheren Zinssätzen kann es auch sein, daß die Kreditnehmer größere Risiken eingehen und dadurch ebenfalls den erwarteten Ertrag für den Kreditgeber schmälern.

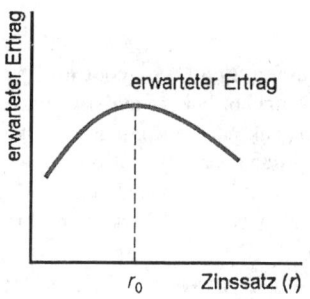

Die Bank weiß, daß das Kreditrisiko bei bestimmten Schuldnern höher ist als bei anderen, aber sie hat keine Möglichkeit, herauszufinden, welche Schuldner das sind. Sie ist also mit einem Problem der adversen Selektion konfrontiert. Wenn sie den Zinssatz erhöht, um Firmen wie Checkout den gewünschten Kredit bewilligen zu können, kann es tatsächlich sein, daß der durchschnittliche Ertrag aus dem Kreditgeschäft zurückgeht. Der Grund liegt darin, daß bei höheren Zinssätzen die „besten" Schuldner, also diejenigen, bei denen eine Zahlungsunfähigkeit am wenigsten wahrscheinlich ist, auf den Kredit verzichten.

Abbildung 20.2 zeigt, daß der Ertrag des Kreditgebers beim Zinssatz r_0 ein Maximum aufweist. Die Bank wird ihren Zinssatz nicht über dieses Niveau hinaus anheben, auch wenn bei diesem Zinssatz die Kreditnachfrage das Angebot übersteigt.

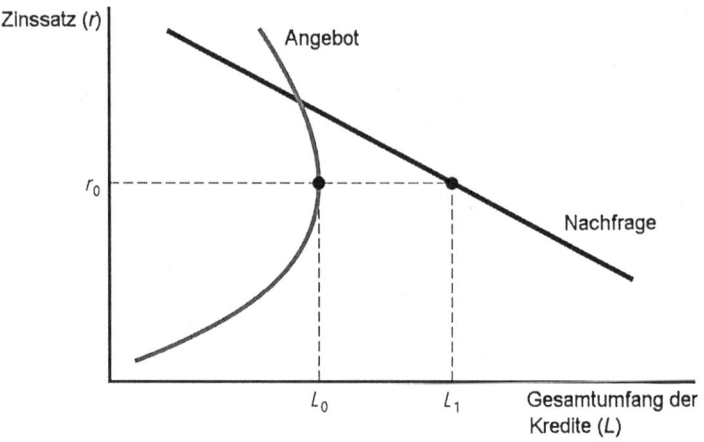

Abbildung 20.3.   Angebot und Nachfrage nach Kapital bei Kreditrationierung. Das Kreditangebot hängt vom erwarteten Ertrag ab. Wenn dieser Ertrag bei hohen Zinssätzen zurückgeht, hat die Kreditangebotskurve einen abwärts geneigten Ast. Auch wenn die Kreditnachfrage beim Zinssatz r_0 das Angebot übersteigt, wird der Kreditgeber seinen Zinssatz nicht erhöhen, denn dadurch würde der erwartete Ertrag sinken. Infolgedessen kann im Gleichgewicht eine Überschußnachfrage nach Krediten existieren.

Betrachten wir nun den Kreditmarkt für eine bestimmte Art von Krediten, zum Beispiel kleine Hypothekenkredite (unter 100.000 $) für selbstbewohnte Häuser. Die Kreditangebotskurve hat nicht die übliche Form. Abbildung 20.3 enthält die Information aus Abbildung 20.2 und zeigt, daß die Kreditangebotskurve in ihrem oberen Ast negativ geneigt ist. Dieser Kurvenverlauf beruht auf der vernünftigen Annahme, daß das Kreditangebot mit dem durchschnittlichen Ertrag ansteigt (den man nicht mit dem Zinssatz verwechseln sollte). Oberhalb von r_0 ist die Angebotskurve negativ geneigt, weil bei diesen Zinssätzen der durchschnittliche Ertrag zurückgeht und damit auch das Kreditangebot.

Es gibt drei Formen der Kreditrationierung. Manche Kunden erhalten Kredite, aber weniger als sie möchten. Bei einigen Kunden wird der Kreditantrag abgelehnt, obwohl vergleichbare Bewerber durchaus einen Kredit erhalten. Und dann gibt es ganze Kategorien von Bewerbern, deren Anträge einfach abgelehnt werden. Eine Bank kann es zum Beispiel ablehnen, eine Urlaubsreise oder ein Studium zu finanzieren oder den Kauf eines Hauses in einem bestimmten Stadtteil. In keinem dieser Fälle wird es den Antragstellern helfen, einen höheren Zinssatz anzubieten.

Wenn die Kreditgeber über vollkommene Information verfügen würden, gäbe es keine Rationierung. Sie würden dann zum Ausgleich für höhere Risiken höhere Zinssätze verlangen, aber alle Antragsteller, die bereit wären, einen angemessenen Zinssatz zu bezahlen, würden Kredite bekommen. Der Kreditrationierung liegt also ein Mangel an Information zugrunde. Die Kreditgeber können den Antragsteller noch so viele Formulare ausfüllen lassen, Referenzen von ihm verlangen und Gespräche mit ihm führen - sie wissen doch, daß sie niemals an alle relevanten Informationen herankommen können. Deshalb entwickeln sie Faustregeln für die Vergabe von Krediten. Bei gut geführten kleinen Unternehmungen stimmen sie zu, Konsumkredite an Studenten oder Investitionskredite an neue Softwarefirmen lehnen sie ab, denn beide Gruppen haben ein hohes Zahlungsunfähigkeitsrisiko.

Je niedriger der geforderte Zinssatz, umso größer ist natürlich die Nachfrage nach Krediten. In Abbildung 20.3 wird der erwartete Ertrag beim Zinssatz r_0 maximiert, aber das Kreditangebot bleibt bei diesem Zinssatz hinter der Nachfrage zurück. Es kommt zu Kreditrationierung: In Höhe von L_0 werden Kredite vergeben, während die gesamte Nachfrage L_1 beträgt. Viele kreditwürdige Antragsteller erhalten zum gängigen Zinssatz keinen Kredit. Die Größenordnung der Kreditrationierung wird durch die Lücke zwischen der Nachfrage L_1 und dem Angebot L_0 gemessen.

Neben der unvollkommenen Information gibt es noch einen zweiten Grund für die Kreditrationierung. Betrachten wir noch einmal das Beispiel von Checkout Systems. Die Bank weiß, daß die Manager von Checkout übermäßig riskante Entscheidungen treffen könnten, ohne daß sie das im einzelnen kontrollieren kann. Sie befürchtet vielleicht, daß ein solches risikofreudiges Verhalten umso wahrscheinlicher sein wird, je höher der verlangte Zinssatz ist. Je mehr Risiken die Firma eingeht, umso höher ist die Wahrscheinlichkeit eines Konkurses, und umso geringer ist die Wahrscheinlichkeit, daß ein Gläubiger seine Forderungen wird eintreiben können, und damit auch der erwartete Ertrag aus diesem Kredit. Wie in Abbildung 20.2 können mit steigendem Zinssatz tatsächlich die erwarteten Erträge der Bank zurückgehen, weil der Zinssatz einen negativen Anreizeffekt hat.

Eigenkapitalrationierung

Nun könnte man meinen, daß Unternehmungen, die keinen Kredit erhalten, sich einfach durch die Ausgabe von neuen Aktien Geld beschaffen. Etablierte Firmen nutzen jedoch diesen Weg der Kapitalbeschaffung nur sehr selten. In den vergangenen Jahren wurde weniger als ein Zehntel des Finanzbedarfs durch Eigenkapitalerhöhungen gedeckt. Der Grund ist leicht zu sehen: Wenn eine Firma neue Aktien emittiert, erleiden die bestehenden Aktien tendenziell einen Kursverlust, der oft sogar recht hoch ausfällt. Nehmen wir zum Beispiel an, daß eine Unternehmung mit einem Marktwert von einer Million Dollar in Höhe von 100.000 $ neue Aktien begibt, und daß der Aktienkurs um fünf Prozent fällt. Damit müssen die bisherigen Aktionäre der Firma auf 50.000 $ verzichten, um von neuen Investoren 100.000 $ zu beschaffen. Das ist natürlich ein unattraktives Geschäft.

Es gibt mehrere Gründe dafür, warum die Erhöhung des Eigenkapitals oft einen negativen Einfluß auf den Aktienkurs hat. Erstens sinkt aus der Sicht des Marktes durch die Aktienemission der Firmenwert. Die Anleger vermuten, daß die Manager und die bisherigen Eigentümer der Unternehmung vor allem dann Aktien verkaufen wollen, wenn sie aufgrund ihrer besseren Informationen glauben, daß der Markt die Aktien derzeit überbewertet. Die Besorgnis der Marktteilnehmer wird noch gesteigert, weil sie sehr wohl wissen, daß Unternehmungen normalerweise zuerst versuchen, bei Banken Kapital zu beschaffen. Die Anleger fragen sich, ob die Firma vielleicht deshalb versucht, neue Aktien zu emittieren, weil die Banken ihr keinen Kredit mehr geben. Sie werden nur dann in die Firma investieren, wenn sie dabei ein ausreichend gutes Geschäft machen, das heißt, wenn der Aktienkurs niedrig genug ist.

Wie wir bereits gesehen haben, hat die Verschuldung einen positiven Anreizeffekt auf die Manager. Aus dem gleichen Grund kann eine Eigenkapitalerhöhung einen negativen Anreizeffekt haben, denn die Firma erhält mehr Spielgeld ohne konkrete Rückzahlungsverpflichtung.

Aus diesen und anderen Gründen sinkt bei Neuemissionen in der Regel der Aktienkurs. Deshalb beschaffen sich etablierte Firmen nur sehr selten Kapital durch die Ausgabe von Aktien.

Überblick: Der Lebenszyklus einer Unternehmung

Wir haben nun die Vor- und Nachteile der verschiedenen Methoden der Kapitalbeschaffung unter verschiedenen Aspekten betrachtet. In den verschiedenen Phasen im Lebenszyklus einer Unternehmung haben diese Überlegungen ein unterschiedliches Gewicht. Für eine junge Unternehmung ist es anfangs schwer, Kredit zu erhalten, und unmöglich, Aktien zu emittieren. Die Eigentümer müssen auf ihre eigenen Ersparnisse und auf die Investitionen von Freunden und Verwandten zurückgreifen. In manchen Hightech-Branchen können sie sich vielleicht an Risikokapital-Beteiligungsgesellschaften wenden (siehe Kapitel 6). Solche Unternehmungen stellen nicht nur Kapital zur Verfügung, sondern auch Managementberatung und verlangen dafür einen kräftigen Anteil an der Firma. Je mehr sich die junge Unternehmung etabliert, desto leichter wird es, Kredit zu erhalten, und schließlich kann sie an die Börse gehen. Im weiteren Verlauf ihres Lebens wird sie einen großen Teil ihrer Investitionen durch einbehaltene Gewinne finanzieren. In ihren späteren Jahren wird sie vielleicht sogar Aktienpakete zurückerwerben.

20.3 Firmenübernahmen, Firmenkontrolle und der Markt für Manager

Wenn man als kleiner Aktionär glaubt, daß das Management den Gewinn nicht maximiert, kann man nicht viel anderes tun, als seine Anteile zu verkaufen. Ist man aber reich oder hat man Zugang zu anderen Geldquellen, so kann man versuchen, genügend Aktien zu kaufen, um die Kontrolle über die Firma zu gewinnen. Dazu braucht man nicht unbedingt eine Aktienmehrheit. Möglicherweise kann man andere Aktionäre überreden, das eigene Vorhaben mit ihrer Stimme zu unterstützen. Vielleicht kann man sogar das Management durch großzügige Abfindungen dazu überreden, den Führungswechsel zu unterstützen und sich still zurückzuziehen. Wenn eine Unternehmung über eine andere die Kontrolle übernimmt, so spricht man von einer **Firmenübernahme**. Geschieht das Ganze gegen den Widerstand der zweiten Unternehmung, so handelt es sich um eine **feindliche Übernahme**. Manchmal kommt es durch eine Fusion zur Firmenübernahme. Die beiden Unternehmungen vereinigen sich, und die Aktionäre erhalten Aktien der neuen fusionierten Unternehmung im Austausch gegen Aktien der beiden früheren Unternehmungen. Manchmal kommt eine Übernahme auch dadurch zustande, daß eine Firma eine andere einfach aufkauft.

In den achtziger Jahren haben die Firmenübernahmen stark zugenommen, wie man aus den Abbildungen 20.4 und 20.5 ablesen kann. Gleichzeitig ist die Durchschnittsgröße der übernommenen Firmen gestiegen. Früher dachte man, daß Unternehmungen in der Größenordnung von TWA, Marathon Oil oder Nabisco gegen Übernahmeversuche gefeit seien, weil niemand genügend Kapital aufbringen könnte, um die Aktien aufzukaufen. Aber es hat sich gezeigt, daß die Größe keine Grenze darstellt: 1988 wurde RJR Nabisco für mehr als 20 Mrd. $ gekauft.

Fusionen und Firmenaufkäufe sind nach 1988 weniger geworden, und zwar aus einer Vielzahl von Gründen. Viele Fimenübernahmen waren durch *Junk Bonds* finanziert worden zu Zinssätzen von mindestens 15 Prozent. Das wahre Risiko wurde aber selbst durch diese scheinbar recht hohen Zinssätze noch unterschätzt. Insbesondere 1990, als die Wirtschaft in die Rezession abglitt, wurde eine Unternehmung nach der anderen zahlungsunfähig. Nachdem die Rezession vorüber war, fanden 1994 und 1995 wieder viele Übernahmen statt. Die strukturellen Veränderungen in der Wirtschaft und die Deregulierung können diesen Wiederanstieg erklären. So kam es zum Beispiel im Zuge des raschen Strukturwandels in der Telekommunikationsbranche, unter anderem bedingt durch die antizipierten Veränderungen in der staatlichen Regulierung, zu einer Welle von Fusionen und Firmenaufkäufen.

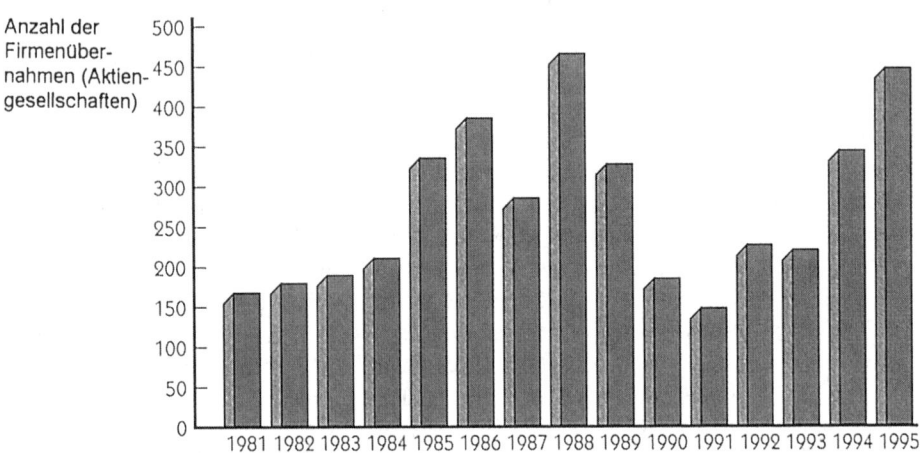

Abbildung 20.4 Anzahl der Firmenübernahmen in den USA. Die Anzahl der Firmenaufkäufe hat sich zwischen 1981 und 1988 fast verdreifacht. Danach ging die Zahl zurück, um
in der Mitte der neunziger Jahre wieder anzusteigen. *Quelle: Mergerstat Review* 1995
(1996), S. 35.

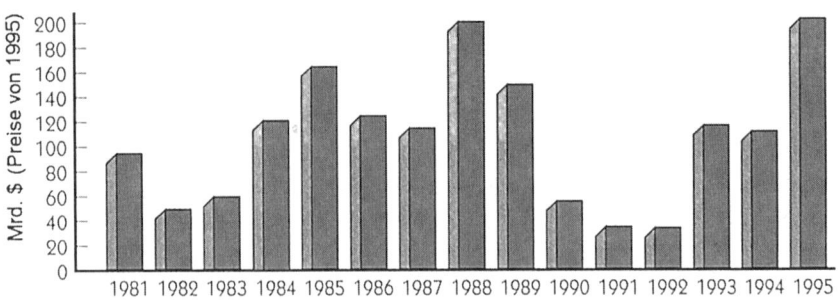

Abbildung 20.5 Wert der Firmenübernahmen in den USA. Der Wert der aufgekauften
Aktiengesellschaften hat sich ebenfalls zwischen 1981 und 1988 fast verdreifacht. In Preisen von 1995 gerechnet ist der Wert der aufgekauften Firmen nach 1988 zurückgegangen,
aber dann bis 1995 wieder angestiegen. *Quelle: Mergerstat Review* 1995 (1996), S. 35.

In den achtziger Jahren gerieten Firmenübernahmen in Verruf wegen der unmoralischen Vorgehensweise einiger der daran beteiligten führenden Manager. Mehrere von ihnen landeten im Gefängnis. Um einen fairen Handel zu gewährleisten, verbietet der Staat den Managern einer Unternehmung, die über Insiderinformationen verfügen, diese Informationen am Aktienmarkt auszunutzen (siehe Kapitel 9). Wenn also der Präsident einer Ölgesellschaft weiß, daß seine Firma gerade ein größeres Ölfeld entdeckt hat, dürfen er und seine Familie keine neuen Aktien der Firma erwerben. Die Gerichte haben dieses grundsätzliche Verbot des Insiderhandels auch auf diejenigen ausgedehnt, die mit dem Kauf und Verkauf von Unternehmungen zu tun haben. Wenn jemand weiß, daß seine Firma gerade einer anderen Unternehmung ein Übernahmeangebot macht, das den Aktienkurs dieser Unternehmung hochschnellen lassen wird, darf er diese Information nicht zur eigenen Bereicherung benutzen.

Eine andere unzulässige Praxis ist der Kauf von Aktienpaketen zum Zweck der Erpressung. Übernahmespezialisten kauften Aktien einer Firma und drohten dann mit einer Übernahme. Dabei war es nicht wirklich ihre Absicht, die Unternehmung aufzukaufen; sie wollten lediglich die Firma dazu zwingen, das Aktienpaket mit einem Aufschlag wieder zurückzukaufen, um die Übernahme zu verhindern.

Widerstand gegen Firmenübernahmen kommt nicht nur vom Management der übernommenen Firma, sondern auch von den Arbeitskräften in beiden beteiligten Unternehmungen. Wenn sie nach einer Übernahme mit hohen Schulden belastet sind, schnallen die Firmen oft den Gürtel enger und entlassen Arbeitskräfte oder schließen ganze Produktionsstätten. Natürlich sind manche dieser Veränderungen genau der Grund für die Übernahme: Das alte Management hatte nicht genügend auf Kosteneffizienz geachtet.

Das Für und Wider von Firmenübernahmen

In der Debatte über die Firmenübernahmen geht es oft darum, wie gut die Märkte funktionieren - in diesem Fall die Märkte für Manager und für Finanzkapital.

Das Hauptargument zugunsten der Übernahmen geht dahin, daß sie ein erfolgreicher Weg sind, um schlechte Manager auszutauschen. Eine Firma ist vielleicht unter ihrem alten Management eine Million Dollar wert, und ihre 100.000 Aktien werden zu zehn Dollar gehandelt. Ein anderes Management wäre möglicherweise in der Lage, die Ressourcen der Unternehmung besser zu nutzen und ihren Wert auf zwei Millionen Dollar (oder 20 $ pro Aktie) zu erhöhen. Selbst wenn die übernehmende Firma einen zehnprozentigen Aufschlag auf den Aktienkurs bezahlt und 1,1 Mio. $ für die Unternehmung bezahlt, macht sie mit diesem Geschäft einen Gewinn von 900.000 $. Aus dieser Sicht hat eine Übernahmeschlacht Ähnlichkeit mit einer Auktion. Die Firma wird an denjenigen Bieter verkauft, der den höchsten Preis zu zahlen bereit ist, weil er glaubt, daß er die Ressourcen der Firma am effektivsten nutzen kann.

Nachdem er die Auktion gewonnen hat, muß der höchste Bieter dafür sorgen, daß die Unternehmung genügend Gewinn macht, um sein Gebot zu rechtfertigen. Wenn die nach der Übernahme eingesetzten Manager tatsächlich bessere Arbeit leisten, erzielt die übernehmende Firma einen Gewinn. Aus dieser Sicht sind Übernahmen ein Ausdruck des Wettbewerbs zwischen Managern. Sie zeigen, daß der Markt für Manager funktioniert. In den achtziger Jahren war ein großer Teil der Übernahmeaktivitäten in der Ölbranche ein Versuch verschiedener Investoren, die amerikanischen Ölgesellschaften in profitablere Geschäftsfelder umzulenken.

Firmenübernahmen sind also ein nützliches Mittel der Disziplinierung, selbst für solche Manager, die selbst gar nicht unmittelbar davon bedroht sind. Manager wissen, daß die Gefahr einer feindlichen Übernahme besteht, wenn sie ihre Arbeit nicht gut machen. Sie wissen auch, daß eine gut geführte Unternehmung vor einer Übernahme relativ sicher ist, denn interessierte Dritte werden die Qualität des Managements erkennen und sich klarmachen, daß sie den Unternehmensgewinn wahrscheinlich nicht steigern könnten. Wenn auch der typische Kleinaktionär dem Management nicht über die Schulter schauen kann, so hält doch ständig eine ganze Armee investitionshungriger Kapitalgesellschaften Ausschau nach schlecht geführten Unternehmungen, die unter einem neuen Management zu neuem Erfolg geführt werden könnten.

Übernahmen sind von besonderer Bedeutung, weil alle anderen Möglichkeiten der Kontrolle über das Management großer Kapitalgesellschaften relativ wirkungslos sind. Wie bereits erwähnt, haben die meisten Aktionäre weder einen Anreiz noch genügend Informationen oder Kompetenz, um das Management wirksam zu kontrollieren. Sie haben im Grunde nur die Möglichkeit, die Vorstandsmitglieder zu wählen. Die meisten Anleger verkaufen einfach ihre Aktien, sobald sie mit der Unternehmensführung unzufrieden sind. Die Befürworter von Firmenübernahmen (und freien Märkten) tendieren zu der Meinung, daß die Aktionäre als die wahren Eigentümer einer Unternehmung die Möglichkeit haben sollten, ihr Eigentum, wann immer sie wollen, an den Meistbietenden zu verkaufen.

Als die Zahl der Firmenübernahmen gegen Ende der achtziger Jahre einen Rekordstand erreichte, entstand eine lebhafte politische Debatte über dieses Phänomen. Mit der Zeit verblassen jedoch die Erinnerungen an den Zusammenbruch des *Junk-Bond*-Marktes und an den Einsatz illegaler Mittel, und so könnte es leicht zu einer neuen Übernahmewelle kommen und damit auch zu einer Wiederbelebung der politischen Debatte.

Viele Wirtschaftswissenschaftler sind der Meinung, daß die Vorteile von Firmenübernahmen übertrieben worden sind. Sie argumentieren, daß bei einer Übernahme nicht unbedingt die alte Unternehmensführung durch ein effizienteres Team ersetzt wird, sondern daß dabei oft nur das Management einer Unternehmung seinen ungezügelten Drang nach Macht auslebt. Einige Erfahrungen bestätigen diese Sichtweise. Im Durchschnitt führen Übernahmeaktivitäten nicht zu einer Steigerung der

Aktienkurse einer Unternehmung. Das gilt besonders für solche Gesellschaften, bei denen das Management einen relativ geringen Anteil am Eigenkapital hat, denn in diesem Fall haben die Manager wenig Anreiz, sich um die Auswirkungen ihrer Aktivitäten auf den Aktienkurs zu kümmern. Professor Andrei Shleifer von der Harvard University hat gezeigt, daß Manager mit starken Egos - die zum Beispiel ihr eigenes Bild im Jahresbericht der Firma besonders gut sichtbar plazieren - besonders häufig Firmenübernahmen anstreben.

Kritiker dieser Praxis behaupten auch, daß schon die Bedrohung durch eine mögliche Übernahme ungünstige Auswirkungen hat, denn sie zwingt die Unternehmungen, sich möglichst unattraktiv zu machen. Das kann einerseits bedeuten, daß sie versuchen, ihre Effizienz zu steigern. Sie können aber auch andere Wege wählen, die zu einer Verringerung der Effizienz führen. Die Manager der bedrohten Firma können zum Beispiel versucht sein, zugunsten des kurzfristigen Gewinns langfristige Projekte hintanzustellen, in der Hoffnung, daß ein höherer Gewinn ihre Managementleistung besser aussehen läßt, als sie tatsächlich ist. Da Unternehmungen mit umfangreichen überschüssigen Geldmitteln besonders attraktive Übernahmeziele sind, könnten sie sich auch veranlaßt sehen, die überschüssigen Mittel so schnell wie möglich auszugeben und dabei schlechte Investitionsentscheidungen treffen. Oder sie könnten sich stark verschulden, so daß die Aktienrendite mit einem größeren Risiko behaftet wäre. Solche Aktionen sind nur selten im langfristigen Interesse der Firma.

Und schließlich weisen die Kritiker auch darauf hin, daß ein Management, das seine knappe Zeit mit der Abwehr von Übernahmeversuchen verbringt, weniger Zeit zur Verfügung hat, um die Effizienz zu steigern und die Produkte zu verbessern.

Gesetze zur Einschränkung von Firmenübernahmen

Interessanterweise machen die größten Anhänger und die größten Gegner des Wettbewerbsmodells oft gemeinsame Sache gegen Gesetze zur Einschränkung von Firmenübernahmen. Wirtschaftswissenschaftler, die fest an das Marktsystem glauben, argumentieren, daß feindliche Übernahmen wie jede Veränderung Gewinner und Verlierer mit sich bringen, und daß im Großen und Ganzen die Disziplin, die der Wettbewerb erzwingt, Wirtschaft effizienter und die meisten Menschen wohlhabender macht.

Andere wie Andrei Shleifer von der Harvard University und Rob Vishny von der University of Chicago Business School haben weniger Vertrauen zum vollkommenen Wettbewerb, wie wir ihn in Teil II dargestellt haben. Aber auch sie argumentieren, daß ohne die Gefahr einer feindlichen Übernahme die Manager sich noch mehr verschanzen und ihren Eigeninteressen nachgehen würden, als das heute ohnehin schon der Fall ist. Obwohl auch sie den potentiellen Mißbrauch, wie zum Beispiel die Möglichkeit von erpresserischen Übernahmeversuchen, sehen, meinen sie doch, daß in der unvollkommenen Welt, in der wir leben, die Vorteile der Disziplinierung durch die Übernahmegefahr größer sind als die Kosten des Mißbrauchs.

Ein Blick in die Wirtschaftspolitik: Warum die Unternehmungen in Pennsylvania nicht gegen Übernahmen geschützt werden wollen

Anfang 1990 verabschiedete Pennsylvania ein Gesetz, das es den Unternehmungen erlaubte, Übernahmen zu verhindern. Dieses Gesetz bestand hauptsächlich aus drei Bestimmungen. Erstens wurde es Aktionären, die ein großes Aktienpaket erworben hatten, sehr schwer gemacht, innerhalb eines Jahres nach einem Übernahmeangebot ihr Stimmrecht für oder gegen diese Übernahme auszuüben. Zweitens erlaubte das Gesetz dem Vorstand, die Interessen der Belegschaft und der Kunden über die Interessen der Aktionäre zu stellen. Eine dritte Vorschrift verlangte, daß Investoren Gewinne aus einem erfolglosen Übernahmeversuch an die Firma zurückgeben mußten, die das Ziel dieses Versuchs war.

Nun könnte man denken, daß die Unternehmungen über diesen Schutz erfreut sein würden. Das Gesetz sah jedoch auch vor, daß sich Unternehmungen auf eigenen Wunsch von einer oder allen diesen Vorschriften freistellen lassen konnten. Ungefähr zwei Dutzend der größten Unternehmungen des Staates (darunter auch Westinghouse, H. J. Heinz, Mellon Bank, Allegheny Ludlum und Quaker Chemical) optierten gegen mindestens eine der Schutzvorschriften.

Warum verzichtet eine Unternehmung freiwillig auf diesen Schutz? Viele Aktionäre, vor allem die großen institutionellen Anleger wie etwa die staatlichen Pensionsfonds, wollen keine Aktien von Unternehmungen, die gegen Übernahmen geschützt sind, denn mit der Abschaffung der Übernahmedrohung kann der Zwang zur Effizienz abnehmen. Wenn viele Großaktionäre die Aktien einer Gesellschaft nicht mehr nachfragen, sinkt der Kurs. Tatsächlich blieben von der ersten Vorlage des Gesetzes bis zu seiner Verabschiedung die Aktienkurse von Unternehmungen aus Pennsylvania um sieben Prozent hinter der durchschnittlichen Kursentwicklung zurück.

Mit der Verabschiedung des Übernahmeschutzgesetzes standen die Unternehmungen in Pennsylvania einem *Trade-off* gegenüber. Sie konnten sich gegen Übernahmen schützen in dem Bewußtsein, daß einige Anleger diesen Schritt negativ bewerten würden und daß dadurch der Aktienkurs leiden würde. Oder sie konnten angreifbar bleiben, aber gleichzeitig ihre Geschäfte so führen, daß der Aktienkurs hoch bleiben würde und sie damit ein unattraktives Übernahmeziel sein würden.

Quelle: Leslie Wayne, „Many Companies in Pennsylvania Reject State's Takeover Protection", *New York Times*, 20. Juli 1990, S. 41.

Trotz dieser Argumente sind Gesetze geschaffen worden, die das Marktergebnis einer Firmenübernahme verändern. Einige Staaten ermöglichen es den Unternehmungen, „Giftpillen" zu schaffen, Maßnahmen, die dafür sorgen, daß die Firma im Falle einer erfolgreichen Übernahme teilweise zerstört wird. Und im Kongreß wurde darüber debattiert, ob man bei Krediten, die zur Finanzierung einer feindlichen Übernahme dienen, die Steuervorteile abschaffen sollte. Dahinter stand zum Teil der Einfluß von Interessengruppen und zum Teil die Befürchtung, daß durch die hohen Schulden, die zur Finanzierung von Übernahmen angehäuft werden, die Gefahr einer Konkurswelle zunimmt. Tatsache ist aber, daß Gesetze zur Einschränkung von Firmenübernahmen den Aktionären schaden, und zwar aus mehreren Gründen. Die Aktionäre können nicht mehr von dem bei Übernahmen üblichen Kampf um die Firmenanteile profitieren. Die Wahrscheinlichkeit, daß ein inkompetentes Management durch eine Übernahme ersetzt wird, wird geringer. Und das alte Management ist ohne die disziplinierende Wirkung des Übernahmemechanismus stärker in Gefahr, auf Kosten der Aktionäre seine Eigeninteressen zu verfolgen.

20.4 Entscheidungsfindung

In Kapitel 1 haben wir vier grundlegende Fragen aufgezählt: Was und wieviel soll produziert werden? Wie soll produziert werden? Für wen soll produziert werden? Und *wer trifft diese Entscheidungen*? Der größte Teil dieses Buches beschäftigt sich mit den ersten drei Fragen. Aber das Kontrollproblem hat ganz wesentlich mit der letzten Frage zu tun. In diesem Abschnitt geht es darum, welchen Einfluß die Organisation der Unternehmung (und der Wirtschaft insgesamt) darauf hat, wer die Entscheidungen trifft und wie sie zustande kommen.

Das *Principal-Agent*-Problem

Selbst wenn eine Unternehmung nur einen einzigen Eigentümer hat, gibt es ein Kontrollproblem, denn der Eigentümer kann nicht alle Entscheidungen selbst treffen. Er muß einen Teil der Entscheidungen an Untergebene delegieren, die sie ihrerseits ebenfalls teilweise wieder weiterdelegieren. Hier stellt sich das Problem, wie man sicherstellen kann, daß diese Manager sich so verhalten, wie es den Interessen des Eigentümers am besten entspricht. Das ist ein Beispiel für ein breites Spektrum von Anreizproblemen.

In Kapitel 6 haben wir zur Kenntnis genommen, daß Anreizprobleme immer dann auftauchen, wenn jemand nicht die vollen Konsequenzen seiner Handlungen zu tragen hat oder nicht in den vollen Genuß der Früchte seiner Bemühungen kommt. Wenn ein Manager eine gute Entscheidung trifft, gedeiht die Unternehmung und die Aktionäre verbuchen einen Kapitalgewinn. Wenn er eine schlechte Entscheidung trifft, haben sie den Schaden. Die Aktionäre würden deshalb die Manager gerne motivieren so zu handeln, daß der Aktienwert maximiert wird. Dieses spezielle Anreizproblem wird als ***Principal-Agent*-Problem** bezeichnet. Der Chef oder Prinzipal (hier der Eigentümer) möchte seinen Handlungsbevollmächtigten (hier den Manager) gerne dazu bringen, seine (des Chefs) Interessen zur Leitlinie seiner Handlungen zu machen. Aber beide Teile wissen, daß der Eigentümer nicht einfach aufgrund des Ergebnisses beurteilen kann, ob sich der Manager richtig verhalten hat.

Unter die Lupe genommen: die besten Manager fürs Geld?

Wie die Tabelle zeigt, verdienen manche Spitzenmanager schwindelerregende Summen, oft zweistellige Millionenbeträge im Jahr. Befürworter dieser hohen Gehälter weisen darauf hin, daß Spitzenmanager Entscheidungen treffen, von denen das Überleben ihrer Unternehmungen abhängt, und daß sie verdienen, für weise Entscheidungen entsprechend belohnt zu werden. Ein großer Teil der Bezahlung eines Spitzenmanagers besteht aus Aktienbezugsrechten. Ihre hohen Einkommen sind deshalb teilweise darauf zurückzuführen, daß sich der Aktienkurs der Unternehmung gut entwickelt hat. Damit haben sie einen Anreiz, die Interessen der Aktionäre zu wahren.

In den letzten Jahren waren jedoch mehr und mehr kritische Stimmen zu vernehmen. Hier sind einige ihrer Hauptargumente:

1. Die Einkommen der Spitzenmanager sind überproportional gewachsen. 1974 war zum Beispiel das Einkommen eines typischen Chief Ececutive Officers 35mal so hoch wie das eines durchschnittlichen Arbeiters. Anfang der neunziger Jahre verdiente ein *Chief Executive Officer* 120mal so viel wie ein Arbeiter.

2. In den USA liegt die Bezahlung der Spitzenmanager weit über derjenigen in anderen Ländern. In Japan ist das Durchschnittseinkommen eines *Chief Executive Officer* nur 20mal so hoch wie das eines Arbeiters, in Großbritannien 35mal so hoch. Diese Unterschiede in der Bezahlung der Spitzenmanager gehen nicht mit entsprechenden Produktivitätsunterschieden einher.

3. Die Bezahlung der Spitzenmanager ist nicht wirklich anreizgerecht, denn sie steigt oft sogar dann, wenn es der Unternehmung schlecht geht. So gingen zum Beispiel während der Rezession von 1990 die Gewinne um sieben Prozent zurück, während gleichzeitig die Einkommen der Spitzenmanager um sieben Prozent anstiegen.

Die Kritiker weisen auch darauf hin, daß Managergehälter oft vom Vorstand festgelegt werden, der dabei von einem externen Berater unterstützt wird. Vorstand und Berater werden aber von den Spitzenmanagern ausgewählt. Ein intelligenter Plan, der die Bezahlung der Spitzenmanager an die langfristige Entwicklung des

Aktienkurses der Unternehmung bindet, kann zwar ein nützlicher Leistungsanreiz sein; in der Vergangenheit haben diese Pläne aber oft nur dazu gedient, daß die Spitzenmanager sich unkontrolliert bereichern konnten.

Die zehn höchstbezahlten Spitzenmanager des Jahres 1995

Name	Firma	Jahresgehalt 1995 in Mio. $
1. Lawrence Coss	Green Tree Financial	65,6
2. Sanford Weill	Travelers Group	49,8
3. John Welch Jr.	General Electric	22,1
4. Gordon Binder	Amgen	21,5
5. James Donald	DSC Communications	19,2
6. Casey Cowell	U. S. Robotics	18,6
7. Floyd English	Andrew Corp.	17,7
8. Howard Solomon	Forest Laboratories	17,0
9. Stanley Gualt	Goodyear Tire and Rubber	16,6
10. Edward Brennan	Sears, Roebuck	16,4

Quellen: „How High can CEO Pay Go?", *Business Week*, 22. April 1996; Graef Crystal, *In Search of Excess*, New York: Norton, 1991.

Die Interessen von Managern und Eigentümern sind oft recht unterschiedlich. Ein Manager, der eine Geschäftsreise plant, wählt vielleicht eine teurere Fluglinie, weil er bei dieser Fluglinie für sich selbst Punkte für einen Vielfliegerrabatt sammelt. Der Vertreter einer Computerfirma kümmert sich vielleicht ganz besonders eifrig um einen bestimmten Kunden, nicht weil er sich davon einen größeren Umsatz verspricht, sondern weil er versucht, einen neuen Arbeitsplatz an Land zu ziehen.

Das *Principal-Agent*-Problem hat zwei wichtige Aspekte: Es geht einmal darum, wie sehr sich der Handlungsbevollmächtigte anstrengt, und zum anderen darum, welche Risiken er eingeht. Wenn zum Beispiel ein Manager besonders hart arbeitet, erhalten die Eigentümer der Unternehmung (die Aktionäre) einen Teil des Lohnes. Weil der Manager nicht den gesamten Lohn seiner Mühe erhält, hat er möglicherweise nicht genügend Anreiz, sein Bestes zu geben.

Unter die Lupe genommen: Was ist gutes Management?

Ungeachtet der Interessenkonflikte zwischen Managern und Aktionären entspricht es dem Selbstbild der amerikanischen Manager, daß sie für ihre Firma hart arbeiten und ihr Bestes geben. Die Bestsellerliste der Sachbücher enthält fast immer ein oder zwei Titel, die eine bessere Managementmethode versprechen. Die Popularität dieser Bücher beweist, daß viele Manager daran interessiert sind, ihre Arbeit zu verbessern; die Tatsache, daß ein Buch nach dem anderen veröffentlicht wird und daß die Ratschläge einander oft widersprechen, zeigt die ewige Hoffnung der amerikanischen Manager, daß die versprochenen Erfolgsrezepte schon hinter der nächsten Ecke zu finden sind.

In den fünfziger und sechziger Jahren wurden Managementmethoden in Büchern oft so dargestellt, als ob die richtige Entscheidung immer in ein paar einfachen Schritten zu finden sei. Die Manager wurden angewiesen, ihre Ziele zu klären, herauszufinden, wie sie diese Ziele am besten erreichen konnten und den Grad der Zielerreichung ständig zu überprüfen; ein guter Rat, der jedoch nicht sehr hilfreich ist. Die einfache Darstellung von vor vierzig Jahren bot keine Hilfe beim Umgang mit den Problemen der Unsicherheit und der unvollkommenen Information, die den Prozeß der Entscheidungsfindung in Unternehmungen durchdringen; sie lieferte auch keine Lösung für das Problem der Motivation von Untergebenen, das Principal-Agent-Problem.

Neuere Exemplare dieser Bücherkategorie sind nicht sehr viel erfolgreicher. 1983 veröffentlichten Tom Peters und Robert Waterman den Bestseller *In Search of Excellence*. In dem Buch ging es hauptsächlich darum, daß Manager sich diejenigen Unternehmungen zum Vorbild machen sollten, die von den Autoren als herausragend dargestellt werden. Das charakteristische Merkmal dieser Unternehmungen war eine außergewöhnlich starke Erfolgsorientierung und eine mitarbeiterfreundliche Personalpolitik.

Allerdings brachten die folgenden Jahre vielen dieser herausragenden Unternehmungen, die Peters und Waterman identifiziert hatten, kein Glück. So wurde in dem Buch zum Beispiel eine Fluggesellschaft namens People Express, die Flüge mit einfachstem Service anbot und einige Jahre lang wie Unkraut gewachsen war, als herausragende Unternehmung mit innovativer Personalpolitik genannt. Sie ging in Konkurs und wurde zwei Jahre nach Erscheinen des Buchs von Continental Airlines aufgekauft. Tatsächlich haben die Firmen, die als Rollenvorbild hingestellt wurden, in den fünf Jahren nach der Veröffentlichung des Buches nicht viel besser abgeschnitten als irgendeine zufällig ausgewählte Gruppe von Unternehmungen.

Aber schon fünf Jahre später meldeten sich beide Autoren wieder zu Wort mit neuen Büchern, die neue Vermutungen über das Geheimnis des Erfolgs enthielten. 1988 behauptete Tom Peters in seinem Buch *Thriving on Chaos*, daß es keine herausragenden Unternehmungen gibt. Stattdessen listete er 45 Richtlinien auf, wie man mit einer hektischen und chaotischen geschäftlichen Umwelt umgehen sollte. Das ebenfalls 1988 veröffentlichte Buch von Robert Waterman *The Renewal Factor* beschrieb Beispiele von Unternehmungen, die durch neue Produkte, Strategien und Arbeitsweisen außergewöhnliche Erfolge erzielt hatten. Natürlich war die Liste der vorgestellten Firmen nicht die gleiche wie fünf Jahre zuvor.

Es gibt viele andere Managementbücher mit einer Unzahl von Themen. Einige schlagen vor, daß amerikanische Firmen sich japanische Unternehmungen zum Vorbild nehmen sollen. Andere betonen die Notwendigkeit, bei der Belegschaft oder bei den Kunden Loyalität zu wecken.

Diese Bücher verdeutlichen den Unterschied zwischen nützlichen Anekdoten und ernsthafter wirtschaftswissenschaftlicher Forschung. Von einer systematischen Untersuchung des Themas kann nur die Rede sein, wenn erfolgreiche und erfolglose Firmen gleichermaßen in den Blick genommen werden.

Nur selten wird die Einstellung eines Managers zum Risiko genau mit der des Eigentümers übereinstimmen. Einerseits kann es sein, daß Manager sich vorsichtiger verhalten, als es dem Eigentümer lieb ist. Sie wissen schließlich, daß ihnen möglicherweise der Aufstieg verweigert oder gar der Arbeitsplatz gekündigt wird, wenn die Projekte, für die sie verantwortlich sind, scheitern. Andererseits kann es auch sein, daß Manager risikofreudiger sind als Eigentümer, denn sie spielen mit fremdem Geld. Ist das Projekt ein Fehlschlag, dann geht der Verlust auf das Konto der Firma; ist es ein Erfolg, dann wird der Manager für seine Genialität gelobt. Wirtschaftswissenschaftler sind sich jedoch einig, daß in den meisten Fällen die Manager aus der Sicht der Eigentümer eher zu wenig risikofreudig sind.

- *Eigentum als Lösung*: Die offensichtlichste Lösung für das Principal-Agent-Problem besteht darin, daß der Eigentümer jedem Manager den Teil der Firma verkauft, für den er verantwortlich ist. Als Eigentümer hätte der Manager den richtigen Anreiz. Strengt er sich mehr an, so kann er die Früchte davon selbst einheimsen. Geht er Risiken ein, so gehen Gewinn und Verlust auf sein eigenes Konto. Meistens hat jedoch der Manager nicht das nötige Kapital, um seine Firma zu kaufen, und selbst wenn er es hätte, wäre er nicht dazu bereit. Die Einkünfte eines Eigentümers sind sehr viel variabler als ein Gehalt, denn sie hängen nicht nur von der eigenen Anstrengung, sondern auch von den Launen des Marktes ab. Ein Manager wird oft nicht bereit sein, dieses Risiko zu übernehmen.

Hinzu kommt, daß man die meisten modernen Kapitalgesellschaften nicht so aufspalten kann, daß jeder Manager zum Eigentümer wird und daß die einzelnen Teile effizient arbeiten können. Manchmal kann man eine große Unternehmung in mehrere voneinander getrennte Unternehmungen aufteilen. Aber für jeden Teil bleiben dann immer noch gewaltige Principal-Agent-Probleme übrig.

- *Leistungsabhängige Bezahlung als Lösung*: Eine zweitbeste Lösung für das *Principal-Agent*-Problem besteht darin, daß die Entlohnung des Handlungsbevollmächtigten Anreize enthält, die die Interessen des Prinzipals widerspiegeln. So erhalten zum Beispiel Handelsvertreter Kommissionen, und Arbeiter können sich oft für eine Leistungszulage qualifizieren, wenn sie selbst oder ihre Abteilung ein bestimmtes Produktionsziel überschreiten. Ein spezieller Leistungsanreiz für Spitzenmanager ist ein Bonus in Form eines **Aktienbezugsrechts**, dessen Wert vom Firmenergebnis abhängt. Angenommen, die Aktien einer bestimmten Unternehmung werden gegenwärtig zum Kurs von 30 $ gehandelt. Das Aktienbezugsrecht erlaubt es dem Manager, innerhalb einer festgelegten Frist eine bestimmte Anzahl von Aktien zum Kurs von 30 $ zu erwerben. Der Manager kann zum Beispiel die Option erhalten, innerhalb der nächsten drei Jahre 100.000 Aktien zum Kurs von 30 $ zu kaufen. Steigt dann der Aktienkurs der Unternehmung auf 40 $, so kann der Manager die Aktien für drei Millionen Dollar kaufen und anschließend sofort für vier Millionen Dollar wieder verkaufen. Dadurch erzielt er einen Bonus von einer Million Dollar, vermutlich für seinen Beitrag zur Erhöhung des Marktwerts der Firma. Es ist durchaus üblich, daß Unternehmungen ihre Spitzenmanager mit Aktienbezugsrechten im Wert von mehreren Millionen Dollar versorgen.

- *Kontrolle als Lösung*: Geeignete Leistungsprämien können helfen, die Interessen des Handlungsbevollmächtigten mit denen des Prinzipals vereinbar zu machen. Sie lösen das Problem aber nicht vollständig. Ein Prinzipal kann darüberhinaus den Spielraum für Handlungen, die gegen seine Interessen gerichtet sind, einschränken, indem er seine Untergebenen kontrolliert und sich darüber informiert, was sie tun *sollten* und was sie *tatsächlich* tun.

Es ist nicht leicht für Eigentümer oder Spitzenmanager, über die Vorgänge in einer großen Unternehmung auf dem laufenden zu sein. Sie können natürlich leicht feststellen, ob die Betriebsstätten produzieren, aber sie können nicht wissen, ob wirklich das Nötige getan wird, um den Gewinn zu maximieren. Eine wesentliche Hilfe beim Sammeln der notwendigen Informationen sind die Buchführungssysteme, die mittlerweile in allen großen Unternehmungen angewendet werden. Sie versorgen die Spitzenmanager mit wichtigen Informationen, zum Beispiel über die relative Rentabilität jedes Unternehmensteils.

Dennoch bleibt die Kontrolle unvollkommen. Eine langfristige Beziehung zwischen Prinzipal und Handlungsbevollmächtigtem verbessert die Wirksamkeit der Kontrolle, auch wenn sie unvollständig bleibt, denn beide Seiten lernen, daß sie aus der Fortsetzung dieser Beziehung einen Nutzen ziehen. Ein Angestellter wird dann nicht jede Gelegenheit ausnutzen, sich auf Kosten der Firma einen Vorteil zu verschaffen. Er weiß, daß ein solches Selbstbedienungsverhalten irgendwann einmal ans Tageslicht kommt, und daß dann sein weiterer Aufstieg gefährdet sein wird oder er möglicherweise sogar seinen Arbeitsplatz verliert.

Zentralisierung und Dezentralisierung

Der wichtigste Aspekt der Entscheidungsstruktur einer Unternehmung ist der Grad der **Zentralisierung** oder **Dezentralisierung**. Eine Firma, in der der Chief Executive Officer alle wichtigen Entscheidungen trifft, ist hochgradig zentralisiert und gleicht darin einer Volkswirtschaft, in der alle Entscheidungen von einem zentralen Wirtschaftsministerium getroffen werden. Allerdings ist bei allen großen Organisationen ein gewisser Grad an Dezentralisierung zu beobachten. Der oberste Chef einer Aktiengesellschaft verfügt einfach nicht über die Zeit und noch weniger über die Information, die er bräuchte, um alle Alltagsentscheidungen selbst zu treffen.

Infolge der Dezentralisierung haben die Untereinheiten einer Firma beträchtliche Entscheidungsspielräume. Hier stellt sich zum Beispiel die Frage, ob die Chevrolet-Abteilung von General Motors selbst darüber entscheiden darf, welche neuen Modelle entwickelt werden sollen, oder ob die oberste Firmenleitung in diese Entscheidung mit einbezogen werden muß. Welche Entscheidungen sind so wichtig, daß man sie zur Chefsache machen sollte? Mit dieser Grundsatzfrage ist jede wirtschaftliche Organisation konfrontiert.

Verschiedene Grade von Zentralisierung und Dezentralisierung sind mit *Trade-offs* verbunden. Zentralisierte Entscheidungsprozesse gehen in der Regel mit einer stark hierarchischen Organisationsstruktur einher. Jedes Projekt muß auf einem wohldefinierten Dienstweg von einer Reihe von Managern abgesegnet werden. Durch dieses feine Sieb verringert sich die Wahrscheinlichkeit, daß schlechte Projekte angenommen werden. Aber der Prozeß des Siebens bringt es mit sich, daß auch gute Projekte abgelehnt werden. In einem dezentralisierten Entscheidungsprozeß wird jedes Vorhaben weniger oft geprüft. Es kann leichter passieren, daß auch einige schlechte Projekte angenommen werden. Aus dem gleichen Grund kommt es aber auch weniger oft vor, daß ein gutes Projekt abgelehnt wird.

Vorteile der Zentralisierung

Hierarchische Entscheidungsprozesse sorgen möglicherweise für eine bessere Koordination zwischen den Abteilungen einer großen Unternehmung. Das ist vor allem dann wichtig, wenn externe Effekte im Spiel sind, wenn zum Beispiel der Nutzen aus der Forschung einer Abteilung anderen Abteilungen zugute kommt. Bei der Entwicklung eines neuen Motors - ein aufwendiges Unterfangen - könnte es sich auszahlen, wenn die verschiedenen Abteilungen von General Motors ihre Forschungs- und Entwicklungsanstrengungen koordinieren. Selbst wenn am Ende die verschiedenen Einheiten beschließen, unterschiedliche Motoren zu produzieren, werden sie trotzdem feststellen, daß es sich lohnt, die Forschungsprogramme aufeinander abzustimmen und zum Beispiel neue leichtere Werkstoffe zu entwickeln, aus denen die Motoren hergestellt werden können.

Für einen zentralisierten Entscheidungsprozeß spricht auch, daß man damit Parallelentwicklungen und Doppelarbeit vermeiden kann, die unweigerlich entstehen, wenn die einzelnen Abteilungen einer Firma autonom arbeiten. Die Befürworter einer zentralisierten Unternehmensstruktur argumentieren, daß es ineffizient ist, wenn jede Abteilung ihre eigene Rechtsberatung und ihr eigenes Marketingpersonal hat.

Vorteile der Dezentralisierung

Einige der Argumente, die von den Befürwortern einer zentralisierten Firmenstruktur vorgebracht werden, kann man umkehren und als Gründe für eine stärkere Dezentralisierung ins Feld führen. So weisen zum Beispiel die Verfechter der Dezentralisierung darauf hin, daß es durchaus von Vorteil sein kann, wenn verschiedene Einheiten innerhalb einer Organisation ähnliche Aufgaben erfüllen: Der dadurch entstehende Wettbewerb sorgt für eine hohe Motivation und gibt auch eine Basis für den Leistungsvergleich zwischen verschiedenen Abteilungen und damit für Entscheidungen über die Zuweisung von Geldmitteln.

In einer dezentralisierten Organisationsstruktur können einzelne Produktionseinheiten Entscheidungen an ihre besonderen Umstände und Bedürfnisse anpassen, so daß sie die unterschiedlichen Einstellungen und Fähigkeiten der Belegschaft widerspiegeln. Bei zentralisierten Entscheidungen bleibt es für die oberste Firmenleitung, so sehr sie sich auch darum bemühen mag, immer schwierig, die notwendige Information von den Mitarbeitern zu erhalten, die tatsächlich mit dem Produktionsprozeß zu tun haben. Dezentralisierung ermöglicht auch eine größere Bandbreite von Experimenten und beschleunigt Entscheidungen über neue Projekte.

Viele Firmen versprechen sich offensichtlich von der Dezentralisierung große Vorteile. Großunternehmungen wie General Motors sind in Bereiche untergliedert, die, zumindest in bezug auf einen Teil ihrer Aufgaben (wie zum Beispiel das Marketing), über eine beträchtliche Autonomie verfügen. Während einige Entscheidungen, wie etwa das Design eines neuen Motors oder einer neuen Karosserie, zentral gefällt werden, sind andere Kompetenzen stark dezentralisiert. Pontiac und Buick operieren auf leicht unterschiedlichen Märkten; selbst wenn die technischen Grundlagen weitgehend dieselben sind, so meint doch jeder Bereich, das Auto - zum Beispiel mit einer eigenen Innenausstattung - an seinen speziellen Markt anpassen zu können und eine zielgenauere Marketingstrategie verfolgen zu können, als die zentrale Hauptverwaltung. Die Computerfirma Hewlett-Packard ist in eine große Zahl von Einheiten aufgeteilt, die alle die Möglichkeit haben, in eigener Regie Forschungsprojekte durchzuführen.

Zentralisierung und Dezentralisierung in der gesamten Volkswirtschaft

Die Vor- und Nachteile der Zentralisierung innerhalb einer Unternehmung kann man auf die Volkswirtschaft insgesamt übertragen. Für die amerikanische Volkswirtschaft ist ein hoher Grad der Dezentralisierung charakteristisch. Jede Unternehmung entscheidet selbst über ihre Aktivitäten. Projekte und Ideen, die von einer Unternehmung abgelehnt werden, werden von anderen aufgegriffen. Es gibt einen breiten Konsens darüber, daß Dezentralisierung wünschenswert ist. Der Vorteil, daß gute Projekte mit größerer Wahrscheinlichkeit in Angriff genommen werden, wiegt schwerer als der Nachteil, daß die gleiche Idee in scheinbar redundanter Art und Weise immer wieder geprüft wird. Es gibt viele Geschichten über Erfinder und Unternehmer, deren brillante Ideen nur deshalb eine Chance hatten, weil sie in einem dezentralisierten System nach vielen vergeblichen Versuchen doch noch einen Unterstützer gefunden haben.

Trotz der Dezentralisierung der US-amerikanischen Volkswirtschaft sind viele ihrer autonomen Unternehmungen stark hierarchisch organisiert. Selbst Firmen wie Exxon mit einem Umsatz von mehreren Milliarden Dollar sind noch immer in hohem Grade zentralisiert. Die amerikanische Wirtschaft ist also eine Mischung aus dezentralisierten und zentralisierten Strukturen. Über die richtige Balance zwischen Zentralisierung und Dezentralisierung wird es immer Meinungsverschiedenheiten geben, sowohl innerhalb der Unternehmungen wie auch in der Gesellschaft insgesamt.

20.5 Die Grenzen der Unternehmung

Viele Firmen verkaufen PCs. Die meisten davon machen selbst nur die Endmontage. Sie kaufen Festplatten, Gehäuse, Bildschirme und Tastaturen in großen Mengen, montieren daraus PCs und verkaufen sie. Hier stellt sich die Frage, warum sie nicht expandieren und die Einzelteile für ihre PCs selbst produzieren. Man könnte auch umgekehrt fragen, warum die Hersteller dieser Teile sie nicht selbst zusammensetzen. Schließlich will jede Unternehmung ihren Gewinn steigern und solche Firmenerweiterungen scheinen die Hauptquellen des Wachstums zu sein.

Wirtschaftswissenschaftler interessieren sich für die Bedingungen dafür, daß eine Firma ihre Größe oder die Anzahl ihrer Produkte beschränkt. Sie untersuchen, wie die Grenzen einer Unternehmung zustandekommen. Oder anders ausgedrückt: Sie fragen, unter welchen Umständen eine Unternehmung lieber am Markt mit anderen Unternehmungen Geschäfte macht, anstatt die benötigten Produkte selbst herzustellen. Worin liegen die Vor- und Nachteile von Märkten? In modernen Volkswirtschaften hängt der Grad der Zentralisierung oder Dezentralisierung eng damit zusammen, welche Produkte innerhalb einer Unternehmung hergestellt werden und welche am Markt von anderen Firmen gekauft werden.

Der PC-Markt ist durch einen hohen Grad an Dezentralisierung gekennzeichnet. Der Markt wird von den Unternehmungen ausgiebig genutzt. Die Hersteller von Tastaturen haben einen viel größeren Markt als nur den der PCs; sie können also Größenvorteile erzielen, die nicht möglich wären, wenn sie sich darauf beschränken würden, Tastaturen für PCs herzustellen. Sie fürchten auch das Risiko, das sie eingehen müßten, wenn sie alle ihre Eier in einen Korb (den PC-Markt) legen würden. Das gleiche gilt für die Hersteller der anderen PC-Teile. Dieses Spezialisierungsmuster läßt jedoch eine Marktnische für Montagefirmen übrig, die die Teile von außen einkaufen und den fertigen Computer mit gutem Gewinn verkaufen können.

Der Grad an Dezentralisierung auf dem PC-Markt ist jedoch ungewöhnlich. Viele wirtschaftliche Aktivitäten spielen sich eher innerhalb von Unternehmungen ab als zwischen ihnen. Große Firmen stellen die Zwischenprodukte, die sie für ihr Endprodukt brauchen, selbst her und möglicherweise sogar die Inputs für diese Zwischenprodukte. In diesem Fall spricht man von **vertikaler Integration**. (Im Gegensatz dazu bedeutet **horizontale Integration**, daß sich Unternehmungen zusammenschließen, die das gleiche Produkt herstellen.) Früher einmal besaß U.S. Steel seine eigenen Eisenerz-Minen und seine eigene Schiffsflotte für den Transport von Eisenerz. Die Firma stellte nicht nur Roheisen her, sondern auch weiterverarbeitete Stahlprodukte wie zum Beispiel die Stangen, die am Bau benutzt werden. Die Ford Motor Company besaß früher ein eigenes Walzwerk, um das Stahlblech für ihre Autos herzustellen.

Tabelle 20.1 Vergleich zwischen großen Firmen und kleinen Ländern

Umsatz großer US-amerikanischer Firmen im Jahr 1993 (in Mrd. $)		Sozialprodukt mittelgroßer Volkswirtschaften im Jahr 1992 (in Mrd. $)	
General Motors	134	Norwegen	113
Ford	109	Thailand	110
Exxon	98	Griechenland	67
IBM	63	Ägypten	34

Quelle: Fortune, 18. April 1994; *World Development Report* (1994).

Tabelle 20.1 zeigt, daß der Output einiger großer, vertikal integrierter Unternehmungen so groß ist wie das gesamte Sozialprodukt mehrerer mittelgroßer Länder.[1]

---

[1] Der Vergleich hinkt. Eigentlich müßte dazu man die Wertschöpfung der Firmen heranziehen, also die Differenz zwischen ihrem Absatz und den Kosten für die eingekauften Vorprodukte. Doch selbst die Wertschöpfung von General Motors und Ford ist größer als die von Ägypten und Griechenland.

Innerhalb dieser Unternehmungen sind die Beziehungen durch Befehlsstrukturen bestimmt, also durch direkte Entscheidungen der Manager, auch wenn diese Befehle selbst durch Vorstellungen von Gewinnen und Preisen beeinflußt sein können (die oft wesentlich von den Gewinnen und Preisen am Markt abweichen).

Für die Entscheidung über eine vertikale Integration sind eine Reihe von Faktoren ausschlaggebend. Ein wichtiges Argument sind die Transaktionskosten, also die Extrakosten (über den Preis der gekauften Güter hinaus) in Form von Geld, Zeit und Mühe, die bei der Durchführung eines Geschäfts anfallen. Ronald Coase von der University of California in Los Angeles erhielt 1991 den Nobelpreis unter anderem wegen seines Beitrags zur Erforschung des Einflusses der Transaktionskosten auf die Grenzen der Unternehmung, also darauf, welche Aktivitäten innerhalb einer Firma und welche zwischen verschiedenen Firmen stattfinden.

Betrachten wir zum Beispiel das Problem einer großen Industrieunternehmung, die ihren Angestellten eine Krankenversicherung anbietet. Die Firma könnte stattdessen Beiträge an eine Versicherungsgesellschaft bezahlen, die sich dann um die Erstattungsansprüche der Versicherten zu kümmern hat. Aufgrund der Größe der Belegschaft ist es jedoch wirtschaftlich gangbar, die medizinische Versorgung der Angestellten direkt zu bezahlen. Die Unternehmung könnte eine Krankenversicherungsabteilung einrichten, wäre dann aber mit all den Managementproblemen konfrontiert, die wir in diesem Kapitel diskutiert haben. Auch wenn sie auf ihrem eigenen Geschäftsgebiet gut ist, hat sie doch keinen komparativen Vorteil im Bereich des Krankenversicherungswesens und verfügt nur über knappe Managementressourcen. Deshalb kann es trotz der Transaktionskosten für die Unternehmung effizienter sein, den Markt zu nutzen und die Krankenversicherungsleistungen von außen einzukaufen.

In anderen Fällen kann eine Unternehmung durch vertikale Integration Transaktionskosten sparen. Betrachten wir eine Chemiefirma auf der Suche nach neuen Produkten, die sie verkaufen könnte. Sie könnte einem externen Labor den Auftrag geben, ein neues Medikament zu entwickeln, und sie könnte externe Handelsvertreter benutzen, um die vorhandene Produktpalette zu vermarkten. Aber dann stellt sich die Frage, wie die Unternehmung sicherstellen kann, daß das externe Labor wirklich versucht, eine bahnbrechende Entdeckung zu machen, und daß die externe Vertreterfirma sich ernsthaft bemüht, einen hohen Umsatz zu erzielen.

Transaktionskosten sind genau so real wie Produktionskosten. Man kann sogar sagen, daß die Transaktionskosten an Bedeutung gewonnen haben, seit die Produktionskosten durch Innovationen wie zum Beispiel das Fließband enorm gesunken sind. Umgekehrt haben viele Innovationen der letzten beiden Jahrzehnte die Transaktionskosten verringert. So ist es zum Beispiel durch die Computertechnik leichter geworden, die Informationen zu verarbeiten, die für die Durchführung von Transaktionen erforderlich sind.

Die richtige Balance zu finden zwischen Zentralisierung und Dezentralisierung und zwischen Eigenproduktion und Einkauf von außen - das sind zwei zentrale Probleme, mit denen die Manager aller Großunternehmungen konfrontiert sind.

Zusammenfassung

1. Die drei wichtigsten Formen des Unternehmenseigentums in den USA sind Einzelunternehmungen, Personengesellschaften und Kapitalgesellschaften. Nur Kapitalgesellschaften bieten den Vorteil der begrenzten Haftung; das bedeutet, daß die Investoren für die Schulden der Unternehmung nicht mit ihrem Privatvermögen haften.

2. Das Modigliani-Miller-Theorem besagt, daß unter bestimmten vereinfachenden Annahmen die Finanzierungsstruktur einer Unternehmung für die Finanzierungskosten keine Rolle spielt. Sie spielt allerdings sehr wohl eine Rolle, wenn es um Konkurse, Besteuerung, Managementanreize und das Problem der Kontrolle in der Unternehmung geht.

3. Aktiengesellschaften unterstehen formal der Kontrolle der Aktionäre; wenn aber das Aktieneigentum breit gestreut ist, kann es sein, daß die Aktionäre ihr Kontrollrecht nicht wirksam ausüben können. Gläubiger (wie zum Beispiel die Banken) haben zwar formal mit Ausnahme eines Konkursverfahrens kein Mitspracherecht, können aber in der Praxis die Kapitalversorgung der Unternehmung und damit auch die unternehmerischen Entscheidungen unmittelbar beeinflussen.

4. Von Kreditrationierung spricht man, wenn jemand keinen Kredit erhält, obwohl er eine Verzinsung anbietet, die über dem Marktzinssatz liegt. Die Gläubiger befürchten, daß ihr durchschnittlicher Ertrag abnehmen könnte (daß also das Risiko notleidender Kredite zunehmen könnte), wenn sie den Zinssatz anheben.

5. Unternehmungen sind in der Regel nicht bereit, das Eigenkapital zu erhöhen, wenn damit ein deutlicher Kursverlust der Altaktien verbunden ist.

6. Zugunsten von Firmenübernahmen wird angeführt, daß sie dazu dienen, weniger effiziente Managementteams durch effizientere zu ersetzen. Dagegen wird argumentiert, daß Übernahmen oft weniger eine Frage der Effizienz als eine Ego- oder Machtfrage sind und daß die Gefahr einer Übernahme die betroffenen Unternehmungen daran hindert, sich auf ihre eigentlichen Aufgaben zu konzentrieren.

7. Die Eigentümer einer Unternehmung stehen vor dem Problem, wie sie die Manager dazu motivieren können, hart zu arbeiten und bei Risikoentscheidungen das allgemeine Interesse der Firma und nicht ihr eigenes persönliches Interesse zu verfolgen. Man spricht in diesem Zusammenhang vom Principal-Agent-Problem.

8. Eine wichtige Frage für alle wirtschaftlichen Organisationen, ob Unternehmungen oder ganze Volkswirtschaften, ist der Grad der Zentralisierung oder Dezentralisierung. Im Prinzip kann eine eher zentralisierte Entscheidungsstruktur die Koordination verbessern, einen effizienteren Umgang mit externen Effekten garantieren, sowie die Gefahr der Doppelarbeit verringern und auch die Gefahr, daß „schlechte" Projekte angenommen werden. Dezentralisierung gibt mehr Spielraum für Experimente und Leistungs-

vergleich, sorgt für mehr Flexibilität, beschleunigt die Entscheidungsprozesse und erhöht die Chancen, daß „gute" Projekte angenommen werden.

9. Jede Firma muß sich entscheiden, ob sie benötigte Güter oder Dienstleistungen selbst herstellt oder am Markt kauft. Diese Entscheidung hängt mindestens zum Teil von den Transaktionskosten ab.

Schlüsselbegriffe

Einzelunternehmung	Leverage-Effekt	beschränkte Haftung
Personengesellschaft	Modigliani-Miller-Theorem	Dezentralisierung
Kapitalgesellschaft	Kreditrationierung	Zentralisierung
Principal-Agent-Problem	vertikale Integration	Transaktionskosten
Firmenübernahme	horizontale Integration	

Wiederholungsfragen

1. Erläutern Sie die Unterschiede zwischen Einzelunternehmungen, Personengesellschaften und Kapitalgesellschaften.

2. Welchen Einfluß haben das Konkursrisiko und die steuerliche Behandlung von Zinsen und Dividenden auf die Attraktivität der Eigenfinanzierung? Inwiefern gibt ein hoher Verschuldungsgrad den Managern einen Anreiz, ihre Leistung zu steigern?

3. Warum kann es sein, daß der Markt eine Eigenkapitalerhöhung als negatives Signal in bezug auf den Wert der betreffenden Unternehmung interpretiert?

4. Haben die Banken oder die Kleinaktionäre wirksame Mittel der Kontrolle über eine Firma? Gilt Ihre Antwort auch für Großaktionäre?

5. Was versteht man unter Kreditrationierung? Warum greifen die Banken zu diesem Mittel?

6. Welches sind die Argumente für und gegen Firmenübernahmen?

7. Was versteht man unter dem *Principal-Agent*-Problem? Inwiefern könnte eine leistungsabhängige Bezahlung oder eine Beteiligung am Firmeneigentum zur Lösung dieses Problems beitragen?

8. Welches sind die Vor- und Nachteile von zentralisierten bzw. dezentralisierten Entscheidungsstrukturen innerhalb einer Unternehmung?

9. Wie entscheidet eine Unternehmung, ob sie eine Aufgabe selbst erledigt oder nach außen vergibt?

Aufgaben

1. Stellen Sie sich vor, Sie gründen eine Unternehmung mit einem Startkapital von 350.000 \$, die anschließend in Konkurs geht, ohne Geld verdient zu haben. Wie hoch ist Ihr potentieller Verlust,

a) wenn die Firma eine Einzelunternehmung ist, und Sie 50.000 $ Eigenmittel investiert und über den Rest bei einer Bank einen Kredit aufgenommen haben?

b) wenn die Firma eine Personengesellschaft ist, und wenn Sie und neun Freunde jeweils 5.000 $ Eigenmittel investiert und über den Rest bei einer Bank einen Kredit aufgenommen haben?

c) wenn die Firma eine Kapitalgesellschaft ist, von der Sie und neun Freunde Eigentumsanteile in Höhe von je 5.000 $ gekauft haben, und die in Höhe von 300.000 $ bei einer Bank Kredit aufgenommen hat?

2. Mitte der achtziger Jahre wurde in den USA das Konkursrecht geändert, um Konkurserklärungen einfacher und kostengünstiger zu machen. Würden Sie erwarten, daß diese Gesetzesänderung die Gründung von Personengesellschaften oder die Gründung von Kapitalgesellschaften begünstigt? Begründen Sie Ihre Antwort.

3. Speak Software, eine kleine Softwareentwicklungsfirma, bewirbt sich um einen Bankkredit zur Finanzierung einiger neuer Computer. Die Bank weist den Kreditantrag ab. Speak Software bietet einen höheren Zinssatz an, wird aber trotzdem abschlägig beschieden. Erläutern Sie mit Hilfe eines Diagramms, das den Zusammenhang zwischen dem Zinssatz und dem erwarteten Ertrag der Bank aufzeigt, warum die Bank diese Form der Kreditrationierung praktiziert.

4. Die Aktien der Kitbits Company, eines Herstellers von Katzenkeksen, werden zu einem Kurs von 40 $ gehandelt. Ein Investor versucht, die Firma zu übernehmen und bietet 59 $ pro Aktie. Die Aktionäre müssen sich entscheiden, ob sie ihre Anteile an den Investor verkaufen und einen Gewinn von zehn Dollar pro Aktie mitnehmen, oder ob sie ihre Aktien behalten wollen. Unter welchen Umständen könnte es sinnvoll sein, die Aktien zu behalten? Denken Sie dabei vor allem an die Auswirkungen auf das zukünftige Management der Firma.

5. Inwiefern kann eine Unternehmung, die versucht, eine Übernahme zu verhindern, sich dadurch selbst schaden? Welche Maßnahmen könnten eine Übernahme verhindern und dabei gleichzeitig die Unternehmung stärken?

6. Denken Sie sich eine Art der Entlohnung aus, die Manager dazu bringen würde, mehr Risiken einzugehen.

7. Eine Firma erwägt die Einrichtung von zwei neuen Geschäftsbereichen. Ein neuer Bereich wäre ein eigener Fahrzeugpark als Alternative zur Benutzung von Mietautos. Der andere Bereich wäre ein Forschungs- und Entwicklungslabor als Alternative zur Vergabe von Aufträgen an externe Labors. Analysieren Sie, unter welchen Umständen es sinnvoll sein könnte, diese Aufgaben in die Firma zu integrieren oder aber sie weiterhin nach außen zu vergeben. Denken Sie dabei vor allem an die Transaktionskosten und an den komparativen Vorteil.

8. In verschiedenen europäischen Ländern hat es starke Bewegungen für die Arbeitnehmermitbestimmung gegeben. Dabei ging es zum Beispiel darum, daß dem Vorstand auch Gewerkschaftsvertreter angehören. Dabei taucht ein *Principal-Agent*-Problem auf: Diskutieren Sie, wie man die Arbeitnehmervertreter dazu motivieren kann, im Interesse der Arbeitnehmer zu handeln.

Teil IV: Wirtschaftspolitische Fragen

Im Modell der vollkommenen Konkurrenz, das wir in Teil II vorgestellt haben, kommt nur der private Sektor vor, Unternehmungen und Haushalte. Der Staat spielt jedoch in einer modernen Volkswirtschaft eine zentrale Rolle. In den USA geht etwa ein Drittel des gesamtwirtschaftlichen Outputs durch die Hände des Staates (auf der Ebene der Gemeinden, der Bundesstaaten oder des Bundes). Die Wirtschaftspolitik des Staates berührt unser Leben und unsere Wirtschaft in vielfältigster Weise. In Kapitel 7 haben wir einen kurzen Überblick über die Rolle des Staates in der Wirtschaft gegeben, und in Teil III haben wir gesehen, wie der Staat versucht, den Wettbewerb und den technischen Fortschritt zu fördern. In diesem Teil geht es um die Umweltpolitik und die Verteilungspolitik, sowie um politische Entscheidungsprozesse im allgemeinen.

In Kapitel 21 greifen wir noch einmal das Thema der externen Effekte auf, das in Kapitel 7 eingeführt worden ist, und beschäftigen uns mit den negativen externen Effekten wirtschaftlicher Aktivitäten auf die Umwelt. In den vergangenen 25 Jahren hat der Staat erfolgreich versucht, die Umweltschäden zu begrenzen. Wir untersuchen das Marktversagen, das zur Umweltverschmutzung führt, und geben einen Überblick über die alternativen Methoden, mit denen der Staat versucht, dieses Marktversagen zu korrigieren. Auch die Erschöpfung der natürlichen Ressourcen, die in den letzten Jahren immer mehr zum Thema geworden ist, wird angesprochen. Dabei geht es um die Frage, ob Märkte ausreichend Anreize zur Bewahrung von natürlichen Ressourcen wie Öl und Mineralien geben. Und schließlich betrachten wir Situationen, in denen der Staat den Konsum bestimmter Güter vorschreibt (wie bei der Schulpflicht) oder verbietet (wie bei illegalen Drogen). Diese Art der staatlichen Intervention beruht nicht allein auf Effizienzüberlegungen, sondern hat andere Gründe.

Selbst bei effizienten Märkten kann es sein, daß die marktmäßige Verteilung der Ressourcen unter den Menschen gesellschaftlich nicht akzeptabel erscheint. Armut, Obdachlosigkeit und ungenügende medizinische Versorgung sind nur einige Beispiele. Die Einkommensverteilung ist ein wichtiges Anliegen moderner Gesellschaften und ihrer Regierungen, ein Anliegen, das in den Vereinigten Staaten aufgrund der zunehmenden Ungleichverteilung von Einkommen und Vermögen an Bedeutung gewonnen hat. Natürlich hängt das verfügbare Einkommen der Haushalte nicht nur von ihrem Verdienst ab, sondern auch von ihrer steuerlichen Belastung. In Kapitel 22 diskutieren wir die aktuelle Entwicklung der Einkommensverteilung in den USA. Darüber hinaus beschreiben wir das amerikanische Steuersystem und bewerten es anhand bestimmter grundlegender Kriterien. Auch die staatlichen Sozialversicherungen und die Probleme, mit denen sie heute konfrontiert sind, werden in Kapitel 22 behandelt.

Der Staat unterscheidet sich von Haushalten und Unternehmungen in vielerlei Weise, unter anderem auch in seinen Entscheidungsprozessen. In einer demokratischen Gesellschaft sind die Präferenzen der Menschen recht verschieden. Einige möchten, daß der Staat mehr Geld in das Bildungswesen investiert, andere wollen mehr Mittel für Parks oder für den Bau von Kampfflugzeugen. Wie die *kollektiven* Entscheidungen zustande kommen, und welchen Einflüssen sie ausgesetzt sind, hat gravierende Auswirkungen auf die Allokation der Ressourcen. In Kapitel 23 werden diese Themen diskutiert. Nicht nur die Märkte können versagen, auch die staatlichen Interventionen sind nicht immer effizient. In Kapitel 23 analysieren wir einige der systematischen Gründe für solches Staatsversagen.

Mit Teil IV ist unsere Diskussion über die Abweichungen der Realität vom Modell der vollkommenen Konkurrenz abgeschlossen, mit einer Ausnahme. Das Wettbewerbsmodell geht davon aus, daß alle Märkte geräumt werden, auch der Arbeitsmarkt. Aber die Arbeitslosigkeit ist ein unübersehbares Faktum. Zu bestimmten Zeiten kommt es sogar zu Massenarbeitslosigkeit, so zum Beispiel während der Weltwirtschaftskrise, als ein Viertel der Erwerbsbevölkerung keinen Arbeitsplatz hatte. In späteren Teilen des Buches wird es um die Ursachen von Arbeitslosigkeit gehen und darum, was der Staat gegen Arbeitslosigkeit tun kann.

Kapitel 21

Externe Effekte und Umweltpolitik

In diesem und den beiden nächsten Kapiteln geht es um die Rolle des Staates in der Wirtschaft, ein Thema, das bereits in Kapitel 7 in groben Zügen behandelt worden ist. Der Staat gibt den wirtschaftlichen Beziehungen den rechtlichen Rahmen. Darüber hinaus kann er sich aber auch genötigt sehen, in die Wirtschaft einzugreifen, wenn die Märkte keine effizienten Ergebnisse hervorbringen. Man spricht dann von einer **Korrektur des Marktversagens** durch den Staat.

Wir kennen bereits verschiedene Gründe für ineffiziente Marktergebnisse. Einer davon ist die unvollkommene Konkurrenz. Wettbewerbsmärkte sind aus all den Gründen, die wir in Kapitel 17 vorgestellt haben, oft nicht in der Lage, die technologische Innovation hervorzubringen, die für das Gedeihen einer Volkswirtschaft erforderlich ist. Die Antwort des Staates auf dieses Problem sind die Patentgesetze und andere Rechtsnormen, die die Innovationstätigkeit fördern sollen.

Marktversagen kann auch durch die Informationsprobleme bedingt sein, die wir in den Kapiteln 18 und 19 beschrieben haben. So wissen zum Beispiel die Hersteller tendenziell mehr über ihre Produkte als sie den Kunden verraten. Der Staat reagiert darauf mit gesetzlichen Vorschriften über wahrheitsgemäße Werbung.

Eine andere Art von Marktversagen haben wir bisher nicht ausreichend beschrieben. Es geht um die externen Effekte, also die Kosten und Nutzen einer wirtschaftlichen Handlung, die sich nicht vollständig im Marktpreis widerspiegeln. In Kapitel 7, wo das Thema zum ersten Mal aufgetaucht ist, ging es vor allem um positive externe Effekte, wie sie zum Beispiel mit öffentlich bereitgestellten Gütern verbunden sind. Im folgenden beschäftigen wir uns mit den negativen externen Effekten und der Umweltpolitik.

21.1 Negative externe Effekte und Überangebot

Im Modell der vollkommenen Konkurrenz wird vorausgesetzt, daß Produzenten und Konsumenten die Kosten ihrer wirtschaftlichen Handlungen in vollem Umfang selbst tragen und daß ihnen auch der Nutzen aus diesen Handlungen in vollem Umfang selbst zufällt. Das ist jedoch oft nicht der Fall. Diejenigen Kosten und Nutzen, die in den Marktpreisen nicht zum Ausdruck kommen, werden als externe Effekte bezeichnet.

Externe Effekte können positiv oder negativ sein, je nachdem, ob jemand einen Nutzen erhält, für den er nicht bezahlt hat, oder Kosten trägt, die er nicht verursacht hat. Von Gütern mit positiven externen Effekten, wie zum Beispiel For-

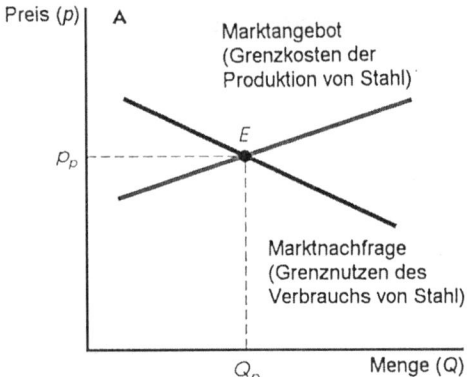

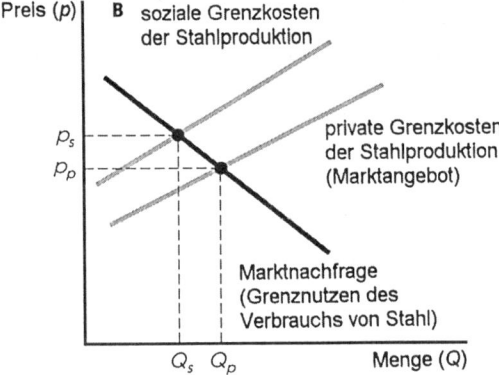

Abbildung 21.1 Bei negativen externen Effekten sind Produktion und Absatz zu hoch.
Auf einem Markt mit vollkommener Konkurrenz ist die Marktangebotskurve die
(horizontale) Summe der Grenzkostenkurven aller beteiligten Firmen, während die
Marktnachfragekurve zeigt, wieviel die letzte Einheit des Gutes irgendeinem Konsumenten
wert ist. In Teil A der Abbildung sind im Schnittpunkt der beiden Kurven oder im Marktgleichgewicht mit der Menge Q_p und dem Preis p_p die privaten Grenzkosten gleich dem
Grenznutzen. Die privaten Grenzkosten sind diejenigen Kosten, die von der Herstellerfirma
tatsächlich bezahlt werden. Wenn darüber hinaus für die Gesellschaft insgesamt Kosten
entstehen, wie zum Beispiel Umweltverschmutzung, dann sind die sozialen Grenzkosten
höher als die privaten. Bei der Menge Q_s entspricht der Preis (der Grenznutzen für die
Gesellschaft) den sozialen Grenzkosten (Teil B der Abbildung). Tauchen die externen
Kosten in der Kalkulation des Herstellers nicht auf, dann produziert er die Menge Q_p, die
größer ist als Q_s.

schung und Entwicklung, wird am Markt zuwenig angeboten. Bei der Entscheidung über die Nachfrage nach einem Gut denkt jeder Haushalt und jede Firma nur an den eigenen Nutzen, nicht jedoch an den Nutzen, den andere daraus ziehen könnten. Aus dem gleichen Grund wird von Gütern mit negativen externen Effekten, wie zum Beispiel Luft- und Wasserverschmutzung, am Markt zuviel angeboten. Die Tatsache, daß die Kosten und Nutzen einer Transaktion sich nicht vollständig im Marktpreis spiegeln, ist ein klassisches Beispiel für ein Marktversagen und damit eine Rechtfertigung für das Eingreifen der öffentlichen Hand.

Abbildung 21.1A zeigt Angebots- und Nachfragekurven für ein bestimmtes Gut, sagen wir für Stahl. Der Schnittpunkt E der beiden Kurven mit dem Output Q_p und dem Preis p_p stellt das Marktgleichgewicht dar. In Kapitel 13 haben wir erklärt, warum das Gleichgewicht effizient ist, wenn keine externen Effekte vorliegen. Der Preis drückt den Grenznutzen aus, den die Käufer durch eine zusätzliche Mengeneinheit Stahl erhalten (er mißt ihre Zahlungsbereitschaft für eine weitere Einheit des Gutes). Andererseits ist der Preis auch ein Maß für die Grenzkosten der Produktion. Im Punkt E stimmen Grenznutzen und Grenzkosten des Gutes überein.

Stellen wir uns vor, was geschieht, wenn bei der Stahlproduktion externe Effekte entstehen, wenn also die Stahlfirmen Luft und Wasser ungestraft verschmutzen. Die **sozialen Grenzkosten** - also die Grenzkosten, die von der Gesellschaft insgesamt getragen werden müssen - sind nun höher als die **privaten Grenzkosten** - also die Grenzkosten, die beim Hersteller selbst anfallen. Man beachte, daß auf einem Wettbewerbsmarkt die Angebotskurve durch horizontale Aggregation der *privaten* Grenzkostenkurven aller Anbieter zustande kommt. Teil B stellt die beiden Situationen einander gegenüber. Wir sehen, daß die soziale Grenzkostenkurve für die Stahlproduktion oberhalb der privaten Grenzkostenkurve liegt. Setzt man also soziale Grenzkosten und sozialen Grenznutzen gleich, dann ist das effiziente Niveau der Stahlproduktion (Q_s) niedriger als in einer Situation mit ausschließlich privaten Kosten (Q_p).

Wenn bei der Stahlproduktion externe Kosten entstehen, wird also auf einem freien Markt zuviel Stahl hergestellt. Nun kann man auch fragen, wie es um die Nachfrage nach technischen Ausrüstungen zur Schadstoffreduzierung bestellt ist. Durch solche Ausgaben werden anderen positive externe Effekte zuteil, denn der dadurch geschaffene Nutzen, die sauberere Luft, kommt hauptsächlich anderen zugute. Abbildung 21.2 zeigt die Nachfrage einer Unternehmung nach schadstoffreduzierenden technischen Ausrüstungen in einer Situation ohne staatliche Umweltschutzgesetzgebung. Die Nachfrage ist ziemlich niedrig, denn die Unternehmung selbst hat davon nur einen geringen Nutzen. Der private Grenznutzen der Ausgaben für umweltschutztechnische Ausrüstungen ist niedrig. Die Unternehmung setzt private Grenznutzen und private Grenzkosten gleich und bestimmt so ihr Ausgabenniveau für Umweltschutztechnik (Punkt E). In der Abbildung ist auch der soziale Grenznutzen schadstoffreduzierender Ausrüstungen zu sehen, der viel größer ist als der private Grenznutzen. Die effiziente Lösung ist der Punkt E', wo sozialer Grenznutzen und Grenzkosten übereinstimmen. Wirtschaftliche Effizienz setzt also voraus, daß für den Umweltschutz mehr ausgegeben wird als auf einem freien Markt.

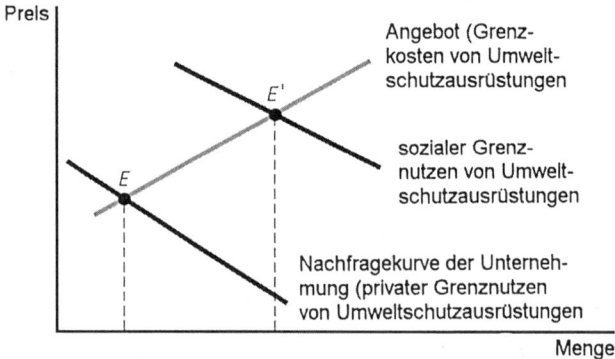

Abbildung 21.2 Bei positiven externen Effekten sind Produktion und Absatz zu niedrig. Da technische Ausrüstungen zur Vermeidung von Umweltverschmutzung bei der Produktion positive externe Effekte erzeugen, ist ihr sozialer Grenznutzen höher als der private. Wenn die Unternehmung nur ihren privaten Nutzen berücksichtigt, realisiert sie den Punkt E und verwendet weniger Umweltschutzausrüstungen als im Punkt E', wo der Grenznutzen für die Gesellschaft insgesamt den Grenzkosten entspricht.

Eine der wichtigsten Aufgaben des Staates in der Wirtschaft ist die Korrektur von Ineffizienzen, die durch externe Effekte entstehen. Unter allen Arten von negativen externen Effekten ist die Umweltverschmutzung vielleicht am auffälligsten.

Umweltschutzprobleme: Beispiele

Das Gas FCKW, das als Treibstoff in Sprühdosen und als Kühlmittel in Klimaanlagen verwendet wird, hat anscheinend einen Teil der Ozonschicht der Atmosphäre zerstört und damit die Gefahr einer globalen Klimaveränderung geschaffen und viele Menschen möglicherweise einer Strahlung ausgesetzt, die Krebs verursachen kann. Das ist ein weltweiter externer Effekt. Anfang 1990 wurde ein wichtiges multinationales Abkommen unterzeichnet, durch das letztendlich für dieses und ähnliche Gase ein Verwendungsverbot erreicht werden sollte. Die Art des externen Effekts war in diesem Fall klar: Wenn dieses Gas irgendwo auf der Welt verwendet wird, kann das letztlich katastrophale Auswirkungen auf alle Menschen haben.

Ein weiterer wichtiger multinationaler Vertrag wurde 1992 in Rio de Janeiro abgeschlossen. Seit Beginn der industriellen Revolution sind enorme Mengen an fossilen Brennstoffen (Kohle, Erdöl und Erdgas) verbraucht worden. Bei ihrer Verbrennung entsteht Kohlendioxid (CO_2). Kohlendioxid wird vom Meerwasser absorbiert und von den Pflanzen zur Photosynthese genutzt. Aber in den letzten Jahrzehnten ist die Emissionsrate viel höher gewesen als die Absorptionsrate, so viel höher, daß die CO_2-Konzentration in der Atmosphäre heute um 25 Prozent höher ist als zu Beginn der industriellen Revolution. Für die nächsten Jahrzehnte wird prognostiziert, daß sich diese Konzentration mindestens noch verdoppeln wird, wenn keine wirksamen Gegenmaßnahmen ergriffen werden. Die UNO hat eine internationale Expertenkommission berufen, die eine Einschätzung des Ausmaßes und der Konsequenzen dieser dramatischen Veränderungen der Erdatmosphäre vorlegen sollte. Ihre Ergebnisse waren alarmierend. Die Gase erzeugen einen „Treibhauseffekt", der zu einer globalen Erwärmung führt. Diese Erwärmung wird zwar wahrscheinlich nur einige wenige Grad ausmachen, kann aber trotzdem großen Schaden anrichten: ein teilweises Abschmelzen der Polarkappen, ein Anstieg des Meeresspiegels, die Überflutung von sehr niedrig gelegenen Ländern, wie etwa Bangladesch, die schnellere Ausbreitung der Wüsten.

In Rio einigten sich die Industrieländer darauf, ihre Emissionen bis zum Jahr 2000 auf das Niveau von 1990 zurückzuführen. Die Emissionen hängen vom Energieverbrauch ab, und der Energieverbrauch steigt normalerweise mit der Güterproduktion. Das Ziel von Rio kann also nur erreicht werden, wenn einerseits die Energieverwendung deutlich effizienter wird und andererseits Energiequellen mit hohen Emissionen (wie Kohle) durch solche mit geringen oder gar keinen Emissionen ersetzt werden (wie Wasserkraft).

Dies sind Beispiele für globale externe Effekte. Die meisten externen Effekte sind räumlich eng begrenzt. So ersticken zum Beispiel viele Millionenstädte in ihrem eigenen Smog, der hauptsächlich durch Autoabgase entsteht. Viele Flüsse und Seen sind so verschmutzt, daß es gefährlich ist, daraus zu trinken oder darin zu schwimmen.

21.2 Umweltpolitik

Seit die externen Kosten der Umweltverschmutzung mehr und mehr erkannt werden, haben die alternativen Instrumente, die der Staat nutzen kann, um diese Kosten zu begrenzen, in Wirtschaftswissenschaft und Politik beträchtliche Aufmerksamkeit auf sich gezogen. In diesem Abschnitt untersuchen wir einige der wichtigsten Maßnahmentypen.

Eigentumsrechte

Einige Wirtschaftswissenschaftler, allen voran der Nobelpreisträger Ronald Coase von der Law School der University of Chicago, plädieren dafür, daß der Staat einfach die Eigentumsrechte neu definieren soll. Das Coase-Theorem besagt, daß bei wohldefinierten Eigentumsrechten die Märkte ohne direkte staatliche Interventionen mit externen Effekten fertig werden können. Betrachten wir zum Beispiel einen kleinen See, in dem jeder fischen kann, ohne dafür zu bezahlen. Kein Fischer kümmert sich darum, daß für die anderen umso weniger Fische übrig bleiben, je mehr er selbst dem See entnimmt. Wenn der Staat die Eigentumsrechte neu bestimmen und das Fischereirecht an einen Einzelnen vergeben würde, dann hätte dieser jeden Anreiz, die Fischerei effizient zu betreiben. Externe Effekte würden nicht auftreten. Der Eigentümer des Fischereirechts würde seine langfristigen Interessen ebenso berücksichtigen wie die kurzfristigen. Er würde erkennen, daß durch Überfischung im laufenden Jahr der Bestand im nächsten Jahr dezimiert sein würde. Bei einem großen See würde er vielleicht andere fischen lassen und für jeden gefangenen Fisch eine Gebühr verlangen, oder er würde jedem Fischer eine bestimmte Fangquote zuteilen. Er würde die Fangregeln und die Preise so gestalten, daß eine Überfischung des Sees verhindert würde.

Dieses Beispiel soll zeigen, daß das Problem der Überfischung mit einem minimalen staatlichen Eingriff gelöst werden kann. Der Staat braucht nur die Eigentumsrechte vernünftig zuzuweisen.

Solche Probleme sind häufig. Die Regierung der USA verpachtet Staatsland an Viehfarmer. Da die Farmer nur Pächter sind, verursachen sie oft externe Kosten für potentielle zukünftige Nutzer, indem sie das Land überweiden. Dadurch entstehen Umweltschäden wie zum Beispiel Bodenerosion. Würde man die Eigentumsrechte ändern und das Land an die Farmer verkaufen, dann hätten sie Grund, es vor Schäden zu bewahren. Bei der Entscheidung über die Zahl der Rinder, die das Land in einem gegebenen Jahr abweiden, würden sie die Auswirkungen auf die Qualität der Weide und damit auf die Größe der Herde, die im nächsten Jahr darauf geweidet werden kann, mit in Betracht ziehen.

Coase hatte die Vorstellung, daß bei wohldefinierten Eigentumsrechten ein effizientes Ergebnis durch Marktlösungen oder Verhandlungen unter den potentiellen Nutzern sichergestellt würde. Betrachten wir zum Beispiel einen Konflikt zwischen Rauchern und Nichtrauchern über die Frage, ob das Rauchen in einem bestimmten Raum erlaubt sein sollte. Die Raucher muten den Nichtrauchern externe Kosten zu. Coase schlägt hier eine einfache Lösung vor. Man gebe das Eigentumsrecht an der Luft einem Einzelnen, sagen wir einem Raucher. Er hat das Recht zu entscheiden, ob Rauchen erlaubt ist oder nicht. Der Einfachheit halber gehen wir davon aus, daß nur zwei Menschen den Raum benutzen wollen, ein Raucher und ein Nichtraucher. Wenn die frische Luft dem Nichtraucher mehr wert ist als dem Raucher das Rauchen, wird der Nichtraucher dem Raucher genügend Geld anbieten, um ihn für den Verzicht auf das Rauchen zu entschädigen. Wenn umgekehrt die Eigentumsrechte dem Nichtraucher gegeben werden und wenn der Wert des Rauchens für den Raucher höher ist als der Wert der frischen Luft für den Nichtraucher, dann könnte der Raucher dem Nichtraucher eine Entschädigung anbieten.

Coase zeigte nicht nur, daß die Zuweisung von Eigentumsrechten ein effizientes Ergebnis garantiert, sondern auch, daß die Art und Weise dieser Zuweisung lediglich die Einkommensverteilung beeinflußt, aber nicht die wirtschaftliche Effizienz. Ob das Rauchen erlaubt wird, hängt ausschließlich davon ab, ob die Raucher dem Rauchen einen höheren Wert beimessen als die Nichtraucher der frischen Luft.

Die Beliebtheit des Coase-Theorems kommt daher, daß es dem Staat nur eine minimale Rolle zuweist. Der Staat klärt einfach nur die Eigentumsrechte und überläßt die effiziente Allokation den privaten Märkten. Die Anwendungsmöglichkeiten für das Theorem sind jedoch begrenzt, da die Verhandlungs- und Einigungskosten recht hoch sein können, vor allem, wenn viele Menschen beteiligt sind. Man stelle sich vor, wie schwierig es wäre, ein Eigentumsrecht an der Atmosphäre zuzuweisen und alle Menschen, die durch die Luftverschmutzung geschädigt werden, mit all denjenigen verhandeln zu lassen, die zur Luftverschmutzung beitragen.

Heute ist man sich im Großen und Ganzen darüber einig, daß die Zuweisung von Eigentumsrechten nur für wenige Situationen mit externen Effekten eine Lösung sein kann, und daß die meisten externen Kosten, insbesondere die Probleme der Umweltverschmutzung, ein aktiveres Eingreifen des Staates erforderlich machen. Zu den Instrumenten, die dem Staat hierfür zur Verfügung stehen, gehören Umweltauflagen, Umweltsteuern, Subventionen für Umweltschutzmaßnahmen und die Einrichtung von Umweltmärkten.

Umweltauflagen

Als der umweltpolitische Handlungsbedarf erkannt war, reagierte der Staat zunächst mit Vorschriften und Auflagen. Elektrizitätswerke, die stark schwefelhaltige Kohle verbrannten, durften kein Schwefeldioxid mehr in die Atmosphäre emittieren. Sie erhielten die Auflage, ihre Anlagen mit Filtern nachzurüsten, die den Schwefel zurückhielten. Für Autos wurden Katalysatoren vorgeschrieben. Diese Art der Umweltpolitik wird manchmal als Kommando- und Kontrollpolitik bezeichnet.

Die ersten Probleme wurden bald offensichtlich. Der gleiche Nutzen für die Umwelt könnte oft mit viel geringeren Kosten erreicht werden, als durch die sehr spezifischen Auflagen. Das liegt zum Teil daran, daß in gesetzlichen Vorschriften die unzähligen unterschiedlichen technischen und organisatorischen Bedingungen in verschiedenen Unternehmungen nicht berücksichtigt werden können, und zum Teil daran, daß neu entstehende Technologien nur sehr langsam Eingang in die gesetzlichen Auflagen finden. Darüber hinaus erstickt die Auflagenpolitik jeden Anreiz zur Entwicklung neuer Umwelttechnologien, denn diese Technologien dürften oft gar nicht eingesetzt werden, auch wenn sie besser wären als die vorgeschriebenen Verfahren.[1]

Hinzu kommt, daß bei der Formulierung von Auflagen politische Beeinflussungen nicht zu vermeiden sind, wodurch ebenfalls unnötig hohe Kosten entstehen. Die Hersteller von stark schwefelhaltiger Kohle befürchteten, daß die Kosten der Filtertechnologie sie im Wettbewerb mit den Herstellern schwach schwefelhaltiger Kohle benachteiligen würden. (Unter dem Aspekt der wirtschaftlichen Effizienz ist das natürlich ein erwünschtes Marktergebnis, denn die sozialen Kosten einschließlich der negativen Folgen für die Umwelt sind bei der stark schwefelhaltigen Kohle höher als bei den Konkurrenzprodukten.) Es gelang ihnen, den Kongreß dahingehend zu beeinflussen, daß bei der Verbrennung von schwach schwefelhaltiger Kohle unnötigerweise ebenfalls Filter eingesetzt werden müssen. Genauso haben es die Hersteller von Äthanol (insbesondere die dominierende Firma ADM) geschafft, daß zur Verringerung der Luftverschmutzung ein Benzinzusatz auf Getreidebasis gesetzlich vorgeschrieben wurde anstelle eines Zusatzes auf Ölbasis, obwohl dieser billiger und möglicherweise sogar umweltfreundlicher gewesen wäre.[2]

Unter die Lupe genommen: Der Walmarkt

Amerikaner essen pro Kopf und Jahr durchschnittlich 28,5 kg Rindfleisch, 22,5 kg Schweinefleisch und 21 kg Hühnerfleisch, und niemand äußert je die Befürchtung, daß dieser Fleischkonsum zum Aussterben von Rindern, Schweinen oder Hühnern führen könnte. Relativ wenige Amerikaner essen Walfleisch, aber in bestimmten Ländern, wie zum Beispiel in Japan, gilt Walfleisch als Delikatesse. Aufgrund der Sorge, daß die Wale durch die Jagd vom Aussterben bedroht sein könnten, wurde 1986 eine internationale Konvention unterzeichnet, die den kommerziellen Walfang für eine gewisse Zeit verbietet. Nun könnte man sich fragen, warum das Marktsystem zwar sicherstellt, daß es immer viele Rinder, Schweine und Hühner gibt, aber gleichzeitig bestimmte Walarten mit Ausrottung bedroht.

---

[1] Befürworter der Auflagenpolitik behaupten andererseits, daß strenge Vorschriften in einigen Fällen die Entwicklung neuer Technologien geradezu erzwungen hätten, weil die gesetzlichen Umweltstandards mit den vorhandenen Technologien nicht eingehalten werden konnten.

[2] Als die amerikanische Originalausgabe dieses Buches gedruckt wurde, ist diese Vorschrift von den Gerichten gerade ausgesetzt worden.

Aus wirtschaftswissenschaftlicher Sicht muß man hier in beiden Fällen die Eigentumsrechte untersuchen. Farmer, die Rinder, Schweine und Hühner aufziehen, sind auch die Eigentümer dieser Tiere und haben damit einen Anreiz, dafür zu sorgen, daß es von diesen Tieren immer genügend gibt. Aber kein Einzelner und kein Land ist Eigentümer der Meere und der darin lebenden Wale. Es gibt zwar einen wirtschaftlichen Anreiz, Wale zu jagen und ihr Fleisch zu verkaufen, aber niemand hat einen direkten wirtschaftlichen Vorteil davon, daß er die Wale pflegt und dazu beiträgt, ihre Zahl zu erhöhen.

Dieses Problem ist unter der Bezeichnung „Tragödie der Allmende" bekannt. Wenn sich ein Stück Land oder ein Gewässer wie der Ozean im Besitz der Allgemeinheit befindet, hat jeder einen wirtschaftlichen Anreiz, diese Ressource auszubeuten, aber keiner hat einen Anreiz, sie zu pflegen. Die Folge davon kann zum Beispiel die Ausrottung der Wale sein.

Natürlich ist das Allmendeproblem nicht auf Wale beschränkt. Die Dezimierung der Büffel in der amerikanischen Prärie ist ein anderes Beispiel, oder die Verschmutzung von Luft und Wasser, die ja ebenfalls der Allgemeinheit gehören.

Bald nachdem 1986 das Moratorium für den kommerziellen Walfang in Kraft getreten war, sahen mehrere Länder plötzlich die Notwendigkeit, Wale für wissenschaftliche Zwecke zu jagen. So kündigte zum Beispiel Japan 1987 das dringende Bedürfnis an, für wissenschaftliche Zwecke ungefähr halb so viele Wale zu töten, wie das Land bisher für kommerzielle Zwecke gefangen hatte. Island gab bekannt, daß das Fleisch von den zu Forschungszwecken getöteten Walen nach Japan verschifft würde, wo man es mit einem sehr hohen Gewinn würde verkaufen können. Spätere internationale Abkommen haben die Anzahl der Wale, die gefangen werden dürfen, streng begrenzt. Daraufhin hat sich der Bestand an Zwergwalen schnell erholt, so daß der kommerzielle Walfang in begrenztem Umfang wieder aufgenommen worden ist.

Quellen: Die Zahlen über den Fleischkonsum stammen aus *Statistical Abstract of the United States* (1994), die Informationen über den Walfang aus Timothy Appel, „Japan Finds Loophole in Whaling Ban," *Christian Science Monitor*, 15. April 1987, S. 1.

Steuern und Subventionen

Viele Wirtschaftswissenschaftler glauben, daß Steuern und Subventionen sich besser als Vorschriften und Auflagen dafür eignen, ein gesellschaftlich erwünschtes Verhalten zu erzielen. Steuern sind die Peitsche und Subventionen das Zuckerbrot. Beide dienen dazu, die privaten Kosten an die sozialen Kosten anzugleichen.

Umweltsteuern haben insofern eine Ähnlichkeit mit den Strafgebühren für den Verstoß gegen Umweltauflagen, als beide die Kosten umweltbelastender Aktivitäten erhöhen und sie dadurch weniger attraktiv machen. Aber Steuern unterscheiden sich von Auflagen in einem ganz wesentlichen Punkt. Auflagen sind ein plumpes Instrument. Sie bestrafen Unternehmungen für Umweltbelastungen, die über einen festgelegten Grenzwert hinausgehen, aber Umweltsünder, die knapp unter diesem Grenzwert bleiben, kommen ungeschoren davon. Umweltsteuern können so bemessen werden, daß sie die Gesamtverschmutzung genauso stark reduzieren, wie das im Rahmen einer Kommando- und Kontrollpolitik geschehen wäre. Sie sind ein zusätzlicher Kostenfaktor, mit dem die Unternehmungen zu rechnen haben, wenn sie im Geschäft bleiben wollen. Sie haben damit einen Anreiz, ihre Emissionen soweit wie möglich zu reduzieren und neue kostengünstige Methoden zu finden, die es erlauben, die Umweltverschmutzung noch weiter zu verringern, anstatt nur die gegebenen Grenzwerte einzuhalten. Das ist effizienter Umweltschutz, weil diejenigen Produzenten, die weniger Umweltverschmutzung verursachen, dafür auch durch niedrigere Kosten belohnt werden.

Anwendungsbeispiel: Auswirkungen einer Mineralölsteuererhöhung

Mit der Nutzung von Kraftfahrzeugen sind verschiedene externe Effekte verbunden: Autofahren kann zu Staus führen, es verursacht Luftverschmutzung (Smog) und trägt zum Treibhauseffekt bei. Ein Teil der Unfallkosten wird von Unbeteiligten oder auch von der Allgemeinheit getragen (zum Beispiel über die Krankenversicherungsleistungen).

Die Mineralölsteuer kann dazu benutzt werden, um das Autofahren einzuschränken. In den meisten europäischen Ländern ist die Mineralölsteuer pro Gallone um ein bis zwei Dollar höher als in den USA. Welche Auswirkungen hätte eine Erhöhung der Mineralölsteuer, die den Benzinpreis insgesamt um zehn Prozent anheben würde?

Angenommen, die kurzfristige Preiselastizität der Benzinnachfrage beträgt 0,3. Kurzfristig würde dann aufgrund der Benzinpreiserhöhung die Anzahl der zurückgelegten Kilometer um drei Prozent verringert.

Langfristig ist die Preiselastizität der Nachfrage nach Benzin höher, sagen wir 1,2. Das bedeutet, daß der Benzinverbrauch um 12 Prozent zurückgehen würde und eine entsprechend stärkere Verringerung der Luftverschmutzung und der Treibhausgase erreicht würde. Einer der Gründe für die langfristig höhere Preiselastizität liegt jedoch darin, daß die Menschen auf kleinere Autos mit geringerem Benzinverbrauch umsteigen. Die Reduzierung von Staus und Verkehrsunfällen könnte also langfristig bedeutend geringer ausfallen als kurzfristig. (Die Preiselastizität der Nachfrage ist langfristig auch deshalb höher, weil die Menschen näher an ihren Arbeitsplatz ziehen oder an eine Bahnlinie, damit sie nicht mehr soviel fahren müssen.)

Subventionen, wie zum Beispiel Steuergutschriften für die Anschaffung von Emissionsfiltern, sind ein alternatives Mittel zur Förderung des Umweltschutzes. Subventionen sind wirtschaftlich ineffizient. Nehmen wir den Fall einer Stahlfirma: Bei einer Subventionsregelung brauchen die Unternehmungen nicht die vollen Kosten ihrer Aktivitäten zu tragen. Ein Teil der Kosten wird vom Staat übernommen. Dadurch kann Stahl zu Preisen verkauft (und gekauft) werden, die seine Produktionskosten nicht vollständig decken. Auf diese Weise wird die Stahlproduktion und die dabei entstehende Umweltverschmutzung auf einem Niveau gehalten, das aus gesamtgesellschaftlicher Sicht als zu hoch bezeichnet werden muß. Natürlich sind den Unternehmungen Subventionen lieber als Steuern.

Handelbare Emissionsrechte

Ein weiteres Instrument der Umweltpolitik sind **handelbare Emissionsrechte**. Die Unternehmungen erhalten vom Staat (durch Kauf oder Zuweisung) eine Lizenz für eine bestimmte Menge an Emissionen. Auch hier kann der Staat die Emissionsrechte so bemessen, daß jede Unternehmung gerade so viele Emissionen verursacht wie unter einer Auflagenpolitik. Die Unternehmungen dürfen jedoch ihre Verschmutzungslizenzen verkaufen. Wenn eine Firma ihre Emissionen halbiert, könnte sie einen Teil ihrer Emissionsrechte an eine andere Firma verkaufen, die ihre Produktion und damit auch ihre Schadstoffemissionen erhöhen will.

Die Anreizwirkung ist bei handelbaren Emissionsrechten ähnlich wie bei Umweltsteuern. Ein Markt für Emissionsrechte fördert die Entwicklung besserer Umwelttechnologien, anstatt nur dafür zu sorgen, daß die Umweltverschmutzung knapp unter einem vom Staat festgesetzten Grenzwert bleibt. Wenn der Staat die Umweltverschmutzung mit der Zeit vermindern möchte, kann er die Lizenzen so gestalten, daß sich die darin verbrieften Emissionsrechte von Jahr zu Jahr um einen bestimmten Betrag verringern. In den USA wurde Anfang der achtziger Jahre ein solches schrumpfendes Emissionsrecht benutzt, um den Bleigehalt des Benzins zu verringern. Varianten dieser Idee werden seit kurzem eingesetzt, um andere Arten der Luftverschmutzung, wie zum Beispiel die Emissionen von Schwefeldioxid, unter Kontrolle zu bekommen.

Vergleich der alternativen Instrumente

Indirekte Anreize wie Steuern oder handelbare Emissionsrechte haben im Vergleich zu direkten Auflagen einen wichtigen Vorteil. Es geht nicht darum, ob Umweltverschmutzung erlaubt sein soll - schließlich ist es in einer Industriegesellschaft so gut wie unmöglich, die Luftverschmutzung ganz abzuschaffen. Es wäre auch nicht effizient, denn die Kosten würden den Nutzen bei weitem übersteigen. Es geht vielmehr darum, wie stark die Umweltverschmutzung eingeschränkt werden sollte. Dabei müssen stets *Grenz*nutzen und *Grenz*kosten gegeneinander abgewogen werden. Im Rahmen einer Auflagenlösung ist das nicht möglich. Wenn dagegen der Staat die sozialen Kosten der Umweltverschmutzung feststellt und die Steuern oder den Preis der Emissionslizenzen entsprechend festlegt, werden die Unternehmungen Schadstoffbelastungen genau soweit einschränken, daß die Grenzkosten der Schadstoffvermeidung genau ihrem sozialen Grenznutzen entsprechen (der natürlich mit den Grenzkosten der Schadstoffbelastung identisch ist). Jede Unternehmung hat dann genau die richtigen Anreize.

Regierungen bevorzugen oft Vorschriften und Auflagen, weil sie glauben, daß sie die Ergebnisse besser kontrollieren können. Aber diese Kontrolle kann auch eine Illusion sein. Wenn ein unerreichbarer Standard gesetzt wird, wird das entsprechende Gesetz wahrscheinlich wieder aufgehoben werden. Als zum Beispiel die Autohersteller festgestellt hatten, daß die Kosten für die Einhaltung verschiedener Vorschriften prohibitiv hoch waren, beantragten sie mehrmals eine einstweilige Verfügung gegen die Inkraftsetzung dieser Vorschriften und waren damit auch oft erfolgreich.

Man darf auch nicht vergessen, daß die Wahl der gesellschaftlich effizienten Umwelttechnik der leichtere Teil des umweltpolitischen Problems ist. Das „richtige" Verschmutzungsniveau herauszufinden ist viel schwieriger. Über die Folgen der Umweltverschmutzung herrscht große Unsicherheit, und die Bewertung bestimmter umweltpolitischer Optionen ist immer sehr umstritten. Niemand weiß, inwieweit Umweltschäden reversibel sind, oder welcher Wert einer Tierart, wie dem Fleckenkauz oder der arktischen Wildnis zugemessen werden soll. Diese Fragen werden immer kontrovers bleiben.

Ein Blick in die Wirtschaftspolitik: Auflagen ohne begleitende Finanzierung, Wertminderungen und Kosten-Nutzen-Analyse

In dem Kongreß mit republikanischer Mehrheit, der 1995 zusammentrat, dominierten drei Themen die umweltpolitische Debatte: Auflagen ohne begleitende Finanzierung (die Bundesregierung erteilt Einzelstaaten und Gemeinden Auflagen, ohne ihnen dafür die nötigen Mittel zur Verfügung zu stellen); Wertminderungen (von Privateigentum) durch Umweltschutzvorschriften; und Kosten-Nutzen-Analysen (anhand einer Abwägung von Kosten und Nutzen wird entschieden, ob eine neue umweltpolitische Vorschrift eingeführt und wie sie gestaltet werden soll).

Auflagen ohne begleitende Finanzierung: Die Bundesregierung erlegt den Staaten und Gemeinden bestimmte Umweltschutzvorschriften auf, für deren Kosten sie nicht aufkommt. Kritiker wandten ein, daß der Bund für Aufgaben, die er delegiert, auch die Mittel bereitstellen sollte. Umweltschützer befürchteten, daß eine solche Vorschrift das Ende der staatlichen Regulierung im Umweltbereich bedeuten würde, da Mittel aus dem Bundeshaushalt nur sehr schwer zu beschaffen sind. Wirtschaftswissenschaftler haben zu zeigen versucht, daß gut durchdachte Umweltschutzvorschriften soziale und private Kosten miteinander in Einklang bringen. Das gilt unabhängig davon, ob die Vorschriften für eine private Unternehmung oder für die Abwasserbeseitigung einer Gemeinde gelten. Wenn die lokalen Behörden bei der Abwasserbeseitigung externe Kosten verursachen, indem sie die Gewässerqualität verschlechtern, sollten sie auch die Extrakosten tragen, die notwendig sind, um den externen Effekt zu beenden. (Natürlich haben nicht alle Aufgaben, die der Bund den nachgeordneten Gebietskörperschaften überträgt, den Charakter einer Korrektur externer Effekte.)

Wertminderungen: Was für den öffentlichen Sektor die Auflagen ohne begleitende Finanzierung sind, sind für den privaten Sektor die Wertminderungen durch Umweltschutzvorschriften. Ein Beispiel ist der Fall eines Farmers, dem verboten wird, ein Feuchtgebiet trockenzulegen und zu bepflanzen. Kritiker haben argumentiert, daß der Staat die Eigentümer entschädigen sollte, wenn er Vorschriften erläßt, die den Wert ihres Eigentums mindern. Auch hier fürchteten die Umweltschützer, daß in Zeiten knapper öffentlicher Mittel durch eine solche Bedingung die Umweltschutzpolitik zum Erliegen käme. Sie stimmten zwar zu, daß die Verfassung Enteignungen ohne Kompensation verbietet, schlugen aber gleichzeitig vor, daß die Gerichte entscheiden sollten, ob und wann eine Wertminderung stattgefunden habe. Die Gerichte haben diesen Begriff in der Praxis bisher recht eng ausgelegt: Nur in extremen Fällen stellten sie eine Wertminderung fest. Das Problem liegt darin, daß praktisch jede politische Entscheidung Eigentumswerte beeinflußt. Wenn das Federal Reserve Board den Zins ändert, kann das ungeheure Auswirkungen auf die Marktwerte von Finanzanlagen haben. Auch hier kann man nicht auf Wertminderung klagen. Die Frage ist, wo man die Grenze ziehen soll.

Kosten-Nutzen-Analyse: Die Kosten durch die Regulierung im Umweltbereich steigen und werden heute auf mehr als 100 Mrd. $ pro Jahr geschätzt. Die Notwendigkeit, die Formulierung von Vorschriften auf eine gründlichere Analyse zu stützen, ist daher kaum von der Hand zu weisen. Eine solche Analyse sollte die Kosten und Nutzen von Umweltschutzvorschriften untersuchen und die Regierung dazu veranlassen, nur solche Vorschriften zu erlassen, deren Nutzen die Kosten übersteigen, und sich auf diejenigen Bereiche zu konzentrieren, bei denen die Umweltrisiken am höchsten sind. Auf den ersten Blick könnte man meinen, daß diese Grundsätze, die von den meisten Wirtschaftswissenschaftlern unterstützt werden, ausnahmslos angewandt werden sollten. Tatsächlich sind auch sowohl von Präsident Bush als auch von Präsident Clinton entsprechende Ausführungsbestimmungen für Umweltschutzvorschriften erlassen worden. Einige Umweltschützer vertreten jedoch einen puristischen Standpunkt. Sie argumentieren, daß die Gesundheit eines Kindes nicht Gegenstand einer nüchternen Kosten-Nutzen-Analyse sein kann. Und sie befürchten eine „Paralyse durch Analyse" - daß nämlich der Prozeß der Erstellung von Kosten-Nutzen-Analysen die Umweltpolitik effektiv lähmen wird.

21.3 Natürliche Ressourcen

In umweltpolitischen Debatten ist es ein immerwiederkehrendes Thema, daß unsere Gesellschaft ihre natürlichen Ressourcen zu schnell verschwendet. Wir haben eine alarmierende Verbrauchsrate von Öl und anderen fossilen Energieträgern. Laubwälder, die Hunderte von Jahren brauchen, um nachzuwachsen, werden abgeholzt, und die Vorkommen an lebenswichtigen Ressourcen wie Phosphor schwinden dahin. Immer wieder wird nach dem Staat gerufen, der intervenieren soll, um die knappen natürlichen Ressourcen zu erhalten. Diejenigen, die an die Unfehlbarkeit der Märkte glauben, lehnen sich dagegen auf. Die Preise können ihrer Meinung nach den Verbrauch der natürlichen Ressourcen ebenso gut lenken wie den Verbrauch von irgendwelchen anderen knappen Gütern. Preise sind ein Maß für die Knappheit und geben - solange Konsumenten und Unternehmungen gut informiert sind und keine anderen Anzeichen von Marktversagen zu beobachten sind - Konsumenten und Unternehmungen die richtigen Signale dafür, wieviel Aufwand sie für die Erhaltung der Ressourcen treiben sollten.

Beide Positionen enthalten ein Körnchen Wahrheit. Preise dienen in der Regel wirklich als Knappheitssignale und führen zu wirtschaftlicher Effizienz, *solange es nicht zu Marktversagen kommt.* Wir haben einige Fälle gesehen, in denen die private Marktwirtschaft ohne staatliche Intervention nicht effizient arbeitet, Fälle, in denen externe Kosten (Umweltverschmutzung) auftreten oder eine Ressource (wie die Fische im Meer) keinen Preis hat.

Wie ist nun die Situation bei natürlichen Ressourcen wie Bauxit (aus dem Aluminium gemacht wird) oder Kupfer, die sich in Privateigentum befinden? Der Eigentümer eines Bauxitvorkommens hat ein klar definiertes Eigentumsrecht. Angenommen, er bezahlt für die Umweltverschmutzung, die er durch den Bauxitabbau verursacht, eine angemessene Steuer. Im Preis für sein Produkt sind also sowohl soziale als auch private Kosten enthalten. Die Frage des Raubbaus an den natürlichen Ressourcen läßt sich nun darauf reduzieren, ob das Bauxit mehr wert ist, wenn man es heute am Markt verkauft oder wenn man es im Boden beläßt und für den Abbau in der Zukunft aufbewahrt. Die Antwort hängt davon ab, was das Bauxit in Zukunft, sagen wir in dreißig Jahren, wert sein wird. Wenn es in 30 Jahren mehr wert sein wird als heute (einschließlich einer Kompensation für das Warten), wird der Eigentümer das Bauxit auch dann im Boden lassen, wenn er in dreißig Jahren möglicherweise nicht mehr am Leben sein wird. Er maximiert nämlich auf diese Weise den Wert seines Eigentums und kann von dieser weisen Entscheidung profitieren, indem er sein Bergwerk verkauft, um seinen Ruhestand zu finanzieren. Der Verkaufspreis sollte den abdiskontierten Gegenwartswert des Bauxits widerspiegeln.

Wenn dieser Bergwerksbesitzer und andere Bauxithersteller das Bauxit heute vermarkten und damit die Weltbauxitvorräte erschöpfen, so gibt es dafür zwei mögliche Gründe. Entweder ist dieses Ergebnis gesellschaftlich effizient, weil die Gesellschaft das Bauxit heute höher bewertet als morgen. Oder die Bergwerkseigentümer haben den Wert des Bauxits in dreißig Jahren falsch eingeschätzt und die zukünftigen Preise unterschätzt, obwohl sie jeden Anreiz dazu haben, eine möglichst genaue Prognose zu bekommen. Wenn sie tatsächlich einer Fehleinschätzung unterliegen, könnten wir das Ergebnis als Marktversagen betrachten; aber es gibt keinen Grund zu der Erwartung, daß eine staatliche Bürokratie bei der Schätzung zukünftiger Preise besser abschneiden sollte als die Unternehmungen.

Aus gesamtgesellschaftlicher Sicht gibt es jedoch zwei plausible Gründe dafür, warum Privateigentümer den zukünftigen Nutzen einer natürlichen Ressource unterschätzen könnten. Erstens könnten die Eigentümer einer natürlichen Ressource in einem Land mit unsicheren Eigentumsrechten befürchten, daß man ihnen ihr Eigentum wegnehmen wird, wenn sie es nicht bald verkaufen. Es könnte zum Beispiel eine Revolution ausbrechen, in deren Verlauf der Staat natürliche Ressourcen enteignet, ohne die Eigentümer zu entschädigen. Selbst in Ländern wie den USA, wo man keine Enteignungen zu befürchten braucht, können neue staatliche Vorschriften die Förderung der Ressource in Zukunft verteuern oder höhere Steuern den Verkauf der Ressource in Zukunft weniger attraktiv machen. Zweitens sind Haushalte wie Unternehmungen oft mit begrenzten Verschuldungsmöglichkeiten und sehr hohen Zinssätzen konfrontiert. Das bedeutet, daß die Kapitalmärkte bei der Abdiskontierung zukünftiger Erträge einen sehr hohen Zinssatz zugrundelegen, einen viel höheren Zinssatz als die Gesellschaft oder der Staat.

Höhere Zinssätze führen zu einer schnelleren Erschöpfung natürlicher Ressourcen. Angenommen, eine Ölgesellschaft steht vor der Entscheidung, ob eine bestimmte Ölmenge heute gefördert werden soll oder erst im nächsten Jahr. Der Einfachheit halber vernachlässigen wir die Förderkosten und nehmen an, daß der Nettoertrag aus dem Ölverkauf einfach dem Marktpreis entspricht. Wenn der Preis für ein Barrel Öl heute der gleiche ist wie im nächsten Jahr, ist die Entscheidung einfach. Die Unternehmung wird das Öl heute verkaufen. Wird jedoch erwartet, daß der Ölpreis um zehn Prozent steigt, dann muß die Unternehmung den abdiskontierten Gegenwartswert des Öls, das im nächsten Jahr verkauft werden wird, mit dem heute möglichen Ertrag vergleichen. Um den Gegenwartswert zu berechnen, dividieren wir einfach den Preis des nächsten Jahres durch eins plus dem Zinssatz. Beträgt der Zinssatz zehn Prozent, dann ist ein Dollar, den man in einem Jahr erhält, heute um zehn Prozent weniger wert als ein Dollar, den man heute erhält. Liegt also der Zinssatz unter zehn Prozent, so lohnt es sich für die Unternehmung, mit der Förderung zu warten; ist der Zinssatz höher als zehn Prozent, lohnt es sich, das Öl bereits heute zu fördern. Bei höheren Zinssätzen haben die Unternehmungen einen größeren Anreiz, die Ölförderung zu beschleunigen.

Manchmal hat der Staat die Verschwendung natürlicher Ressourcen verschlimmert. In den USA wächst zum Beispiel das meiste Bauholz in staatseigenen Wäldern. Der Staat verpachtet seine Wälder an die Forstwirtschaft und nimmt dabei weniger Rücksicht auf die wirtschaftliche Effizienz als auf die Bitten der entsprechenden Interessengruppen. Politische Maßnahmen mit dem Ziel, den Ölimport zu beschränken, haben auch die Nutzung einheimischer Ressourcen gefördert nach dem scheinbar perversen Motto „laßt uns Amerika zuerst ausbluten". Der Staat hat auch den Wasserpreis für Farmer niedrig gehalten und damit die Wasserverschwendung gefördert mit einer Reihe von negativen Folgen: Unterirdische Wasserbecken, die sich über Jahrhunderte hinweg gebildet hatten, sind geleert worden, der Grundwasserspiegel ist gesunken, und der Boden mancherorts ausgelaugt worden. In jedem dieser Fälle hätten private Eigentumsrechte und das Wirken des Marktes zu Lösungen geführt, die beinahe jeder in der Gesellschaft bevorzugt hätte.

21.4 Meritorische Güter

In diesem Kapitel ging es darum, daß staatliche Interventionen bei Marktversagen, zum Beispiel bei externen Effekten, gerechtfertigt werden können. Für manche Menschen ist jedoch unser Umgang mit der Umwelt und den natürlichen Ressourcen der Erde nicht einfach eine Frage der wirtschaftlichen Effizienz sondern eine Frage der Moral. Sie argumentieren, daß zum Beispiel der Walfang nicht unter der engen Perspektive ökonomischer Kosten und Nutzen gesehen werden sollte. Das ist nur eines von vielen Beispielen für Situationen, in denen der Staat sich nicht nur deshalb einmischt, weil Marktprozesse nicht zu einem effizienten Ergebnis führen, sondern auch deshalb, weil die Regierung glaubt, daß es Werte gibt, die über den individuellen Präferenzen stehen, und daß sie das Recht und die Pflicht hat, ihren Bürgern diese Werte aufzuzwingen. Für bestimmte, ausgewählte Bereiche läßt der Staat die Grundprämisse der *Konsumentensouveränität*, wonach jeder selbst am besten weiß, was für ihn gut ist, nicht gelten und handelt stattdessen paternalistisch, das heißt unter der Prämisse, daß der Staat in diesen Dingen bessere Entscheidungen trifft als die einzelnen Bürger. Güter, deren Konsum der Staat verlangt, wie zum Beispiel den Schulbesuch, nennt man meritorische Güter. Es kommt aber auch vor, daß der Staat den Konsum bestimmter Güter wie Drogen und Pornographie (und zwischen 1919 und 1933 Alkohol) verbietet. Auch solche Verbote werden nicht einfach nur wegen der externen Effekte beim Konsum dieser Güter ausgesprochen.

Zusammenfassung

1. Wenn das Marktergebnis nicht effizient ist, können staatliche Eingriffe in die Wirtschaft gerechtfertigt sein. Vor allem bei positiven oder negativen externen Effekten werden die Marktprozesse nicht zu einem effizienten Ergebnis führen.

2. Eine Möglichkeit, mit externen Effekten umzugehen, ist die Zuweisung von klar abgegrenzten Eigentumsrechten.

3. Der Staat kann externe Kosten im Umweltbereich durch Auflagen, durch Steuern und Subventionen oder durch die Einführung handelbarer Emissionslizenzen korrigieren.

4. Auf einem vollkommenen Markt werden natürliche Ressourcen mit einer effizienten Rate verbraucht. Trotzdem kann es sein, daß Ressourcen im Privateigentum zu schnell abgebaut werden, und zwar aus zwei Gründen. Erstens befürchten die Eigentümer vielleicht, daß neue Gesetze den Verkauf der Ressourcen in Zukunft ganz verhindern oder zumindest den Verkaufsertrag verringern könnten. Zweitens können die Eigentümer mit hohen Zinssätzen konfrontiert sein, so daß sie zukünftiges Einkommen weniger hoch bewerten wie die Gesellschaft im allgemeinen. Hohe Zinssätze führen zu einer schnelleren Ausbeutung natürlicher Ressourcen.

Schlüsselbegriffe

Marktversagen	private Grenzkosten	Auflagenpolitik
Coase-Theorem	soziale Grenzkosten	

Wiederholungsfragen

1. Nennen Sie verschiedene Arten von Marktversagen. Warum betrachten Wirtschaftswissenschaftler Marktversagen als Rechtfertigung für staatliche Interventionen?

2. Warum wird auf einem freien Markt von einem Gut, dessen Produktion und/oder Konsum negative externe Effekte wie Umweltverschmutzung verursacht, zuviel produziert? Warum wird auf einem freien Markt von einem Gut, das positive externe Effekte wie zum Beispiel Emissionsverminderung mit sich bringt, zu wenig produziert?

3. Wie kann man durch die Zuweisung von Eigentumsrechten externe Effekte korrigieren, und wo stößt dieser Ansatz auf Grenzen?

4. Welche Vorteile haben handelbare Emissionsrechte gegenüber Umweltauflagen? Warum ist es besser, Emissionen zu besteuern, als Filteranlagen zu subventionieren?

5. Wie können Märkte den Verbrauch an natürlichen Ressourcen effizient steuern? In welchen Fällen liefern die Märkte keine korrekten Signale für das richtige Förderungstempo von nicht-erneuerbaren Ressourcen wie zum Beispiel Öl?

Aufgaben

1. Die Bewohner eines Studentenwohnheims wollen eine Party mit einer sehr lauten Band veranstalten, die für die Bewohner des benachbarten Wohnheims mit externen Kosten in Form von Lärmbelästigung verbunden sein wird. Die Universitätsverwaltung hat beschlossen, daß jedes Wohnheim das Recht hat, den Auftritt einer Band in einem anderen Wohnheim zu unterbinden. Wie können die Studenten, die das Fest planen, die Erkenntnisse aus dem Coase-Theorem anwenden, um den geplanten Auftritt durchzusetzen?

Angenommen, die Universitätsverwaltung hat beschlossen, daß kein Wohnheim ein anderes daran hindern kann, eine Band zu engagieren, unabhängig von deren Lautstärke. Wie können die Bewohner des Nachbarwohnheims die Erkenntnisse aus dem Coase-Theorem anwenden, um zu erreichen, daß die Band nicht so lange spielen wird, wenn sie die Musik als Lärmbelästigung empfinden? Wie ändert sich Ihre Antwort, wenn die Band für die Bewohner des Nachbarwohnheims positive externe Effekte verursacht?

2. Bei der Herstellung von Lastwagen entstehen alle möglichen Arten von Umweltverschmutzung; Für die Zwecke dieses Beispiels nennen wir sie einfach zusammenfassend „Blop". Die Herstellung eines Lastwagens verursacht eine Einheit Blop, und ein Blop kostet die Gesellschaft 3.000 $. Auf dem Lastwagenmarkt soll Wettbewerb herrschen. Angebot und Nachfrage sind der folgenden Tabelle zu entnehmen:

Preis (1.000 $)	19	20	21	22	23	24	25
angebotene Menge	480	540	600	660	720	780	840
nachgefragte Menge	660	630	600	570	540	510	480

Zeichnen Sie Angebots- und Nachfragekurve für diese Branche. Wie hoch sind Preis und Output im Gleichgewicht? Zeichnen Sie nun die soziale Grenzkostenkurve ein. Wie hoch wären Preis und Output im Gleichgewicht, wenn man auch die sozialen Kosten berücksichtigen würde?

Angenommen, die Regierung sieht einen politischen Handlungsbedarf wegen der Emissionen bei der Lastwagenproduktion. Wie könnte sie Steuern und Subventionen einsetzen, um die externen Kosten zu korrigieren? Stellen Sie die Auswirkungen von Steuern und Subventionen anhand einer Graphik dar. (Kümmern Sie sich dabei nicht um den genauen Maßstab.) Warum werden Wirtschaftswissenschaftler wahrscheinlich der Steuerlösung gegenüber der Subventionslösung den Vorzug geben?

3. Betrachten Sie einen kleinen See mit einer bestimmten Anzahl von Fischen. Je mehr Fische ein Fischer fängt, um so weniger stehen für die anderen zur Verfügung. Stellen Sie anhand einer Graphik die privaten und sozialen Kosten und Nutzen des Fischens dar, sowie das Marktgleichgewicht und das gesellschaftlich effiziente Niveau dieser Aktivität. Erklären Sie, wie man durch eine Fischereisteuer ein effizientes Ergebnis herbeiführen könnte. Erläutern Sie auch, wie man durch die Vergabe der Eigentumsrechte an den Fischen im See an eine einzelne Person zu einem effizienten Ergebnis kommen könnte.

Je mehr Fische im laufenden Jahr herausgenommen werden, desto weniger werden für die nächste Saison übrigbleiben. Erläutern Sie, warum die Fischfangrate effizient sein wird, wenn der See einen einzigen Eigentümer hat. Angenommen, jeder kann nach Belieben in diesem See fischen. Würden Sie dann erwarten, daß im laufenden Jahr zu viele Fische gefangen werden?

4. Betrachten wir einen überfüllten Raum, in dem sich ebenso viele Raucher wie Nichtraucher aufhalten. Jeder Raucher wäre bereit, für das Recht zu rauchen einen Dollar zu bezahlen. Jeder Nichtraucher würde 50 Cents bezahlen, um den Raum rauchfrei zu halten. Angenommen, das Rauchen ist nicht erlaubt. Könnte jeder im Raum davon pro-

fitieren, wenn man das Rauchen erlauben würde? Wie? Wie könnte ein effizientes Ergebnis zustande kommen, wenn die Eigentumsrechte an der sauberen Luft den Nichtrauchern zugeteilt würden? Wie unterscheiden sich die Ergebnisse mit und ohne anfängliches Rauchverbot? Welche Probleme könnten auftreten, wenn Rauchen nicht erlaubt ist und wenn die Nichtraucher nicht alle damit einverstanden sind, das Rauchen trotzdem zuzulassen?

Kapitel 22

Steuern, Transfers und Umverteilung

Im zwanzigsten Jahrhundert ist die Verringerung der durch den Markt geschaffenen Einkommensungleichheit immer mehr zu einer staatlichen Aufgabe geworden. Ohne staatliche Hilfe reicht das Einkommen mancher Familien kaum zum Überleben. Kinder, die das Pech haben, in verarmte Familien hineingeboren zu werden, haben düstere Zukunftsperspektiven. Die meisten Industrieländer haben sich deshalb bemüht, ein Sicherheitsnetz für die Armen aufzubauen, und haben Programme entwickelt, die Menschen unabhängig von ihrem Einkommen bei Krankheit, Arbeitslosigkeit und im Alter unterstützen. In manchen Ländern hat man einen aktiveren Ansatz gewählt und versucht, Chancengleichheit herzustellen.

Die Einkommensumverteilung ist eng mit der Besteuerung verknüpft. In diesem Kapitel befassen wir uns zunächst mit den Argumenten für eine staatliche Umverteilungspolitik und dann mit zwei wichtigen verteilungspolitischen Instrumenten, nämlich den Steuern und den Sozialleistungen (Transfers).

22.1 Argumente für eine Einkommensumverteilung

Umverteilungspolitik wird mit anderen Argumenten begründet als andere wirtschaftspolitische Eingriffe des Staates. Die Rolle des Staates, so wie wir sie bisher entwickelt haben, beruht auf der Prämisse, daß wirtschaftspolitische Interventionen immer dann gerechtfertigt sind, wenn es darum geht, ein Marktversagen zu korrigieren (unvollkommener Wettbewerb, unvollständige Information, externe Effekte) und ein effizientes Ergebnis sicherzustellen. In solchen Situationen geben die Märkte keine befriedigende Antwort auf die grundlegenden wirtschaftlichen Fragen, welche Güter in welchen Mengen und mit welcher Technologie hergestellt werden sollen.

Wenn es jedoch um die Frage geht, für wen die Güter produziert werden, müssen staatliche Eingriffe anders begründet werden. In einer Marktwirtschaft bestimmen die Einkommen der Menschen, wer die produzierten Güter konsumiert. So verdienen zum Beispiel Menschen mit einer höheren Qualifikation oder mehr Kapital ein höheres Einkommen und können deshalb auch mehr konsumieren. Arbeits- und Kapitalmärkte mögen effizient sein in dem Sinne, daß Löhne und Kapitalerträge aus volkswirtschaftlicher Sicht die richtige Anreizstruktur darstellen. Aber die marktbestimmte Einkommensverteilung führt gleichzeitig dazu, daß einige Menschen über Milliarden von Dollar verfügen, während andere obdachlos sind, nicht genug zu essen haben und keine ausreichende medizinische Versorgung erhalten. Die Begründung einer Politik der Einkommensumverteilung beruht also nicht auf dem Streben nach wirtschaftlicher Effizienz, sondern auf übergeordneten gesellschaftlichen Werten. Es gibt einen allgemeinen Konsens darüber, daß der Staat helfen sollte, wenn die am Markt erzielten Einkommen zu niedrig sind, um ein annehmbares Minimum an Lebensstandard aufrechtzuerhalten. Entscheidend ist jedoch, *wie* der Staat hilft, denn die Umverteilungspolitik steht oft im Widerspruch zur wirtschaftlichen Effizienz.

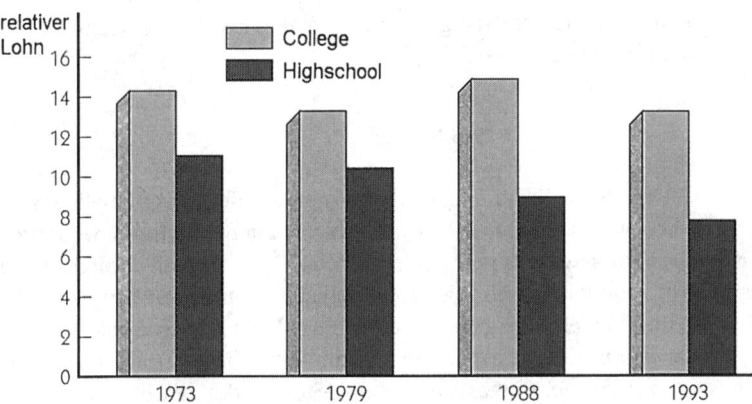

Abbildung 22.1 Die zunehmende Einkommensungleichheit. In den letzten zwanzig Jahren hat der Lohnabstand zwischen qualifizierten und unqualifizierten Arbeitskräften deutlich zugenommen. Dieser Trend wird deutlich, wenn man die Reallöhne von neu in den Arbeitsmarkt eingetretenen Highschool- und Collegeabsolventen miteinander vergleicht. Die Reallöhne von Highschoolabsolventen sind seit 1973 kontinuierlich zurückgegangen und lagen 1993 um 30 Prozent unter dem Niveau von 1973. Im gleichen Zeitraum haben sich die durchschnittlichen Reallöhne von Collegeabsolventen nur wenig verändert. *Quelle*: John Bound und George Johnson, „What are the Causes of Rising Wage Inequality in the United States?", *FRBNY Economic Policy Review* (Januar 1995), S. 11.

22.2 Die Entwicklung der Einkommensverteilung in den USA

Die Einkommensverteilung ist mehr und mehr in die Diskussion geraten, weil der Lohnabstand zwischen qualifizierten und unqualifizierten Arbeitskräften in den vergangenen zwanzig Jahren gewachsen ist. Die Reallöhne für unqualifizierte Arbeit sind in diesem Zeitraum dramatisch zurückgegangen. Gleichzeitig sind die Reallöhne für qualifizierte Arbeitskräfte konstant geblieben oder nur unwesentlich gesunken, so daß die Lohndifferenz zugenommen hat (siehe Abbildung 22.1). Die Familien am unteren Ende der Einkommensskala konnten zwar einen Teil dieser

Differenz durch Verlängerung ihrer Arbeitszeit ausgleichen (wobei oft beide Elternteile einer Erwerbsarbeit nachgehen); trotzdem ist ihr Realeinkommen zurückgegangen. Hinzu kommt, daß sich die Familienstrukturen geändert haben und der Anteil der Alleinerziehenden zugenommen hat. Dadurch ist die Anzahl der armen Kinder so stark gestiegen, daß heute beinahe jedes vierte Kind in den USA unter der Armutsgrenze lebt.

Was man gegen die zunehmende Ungleichheit tun kann, hängt vom Zeithorizont ab. Langfristig wird man vor allem Verbesserungen bei der allgemeinen und beruflichen Bildung anstreben. Kurzfristig konzentriert sich die Aufmerksamkeit auf Steuern und Sozialleistungen.

22.3 Steuern

In den USA erhält der Staat Steuereinnahmen aus unterschiedlichen Quellen. Das Einkommen von Privatleuten und Unternehmungen wird in der **Einkommensteuer** bzw. der **Körperschaftssteuer** erfaßt. Immobilien (Gebäude und Grundstücke) fallen unter die Steuerhoheit der Einzelstaaten, die eine **Grundsteuer** erheben. An großen Erbschaften und Geschenken beteiligt sich der Staat über **Erbschafts- und Schenkungssteuern**. Spezielle Regelungen betreffen die Besteuerung von Kapitalgewinnen (den Wertzuwachs eines Vermögensgegenstandes zwischen Kauf und Verkauf). Lohneinkommen unterliegen in den USA nicht nur der Einkommensteuer sondern auch einer **Lohnsummensteuer** (der sogenannten *payroll tax*, die auf die Lohnsumme einer Unternehmung erhoben und zur Hälfte den Arbeitnehmern vom Lohn abgezogen wird). Das Aufkommen aus der Lohnsummensteuer dient zur Finanzierung von Renten- und Krankenversicherung.

Bestimmte Güter und Dienstleistungen werden mit **Verbrauchssteuern** belastet. Die höchsten Steuersätze gelten für Alkohol und Tabak, weshalb man auch von „Sündensteuern" spricht. Die Verbrauchssteuern auf Flugreisen und Benzin haben den Charakter von Gebühren, denn sie werden zweckgebunden für den Ausbau von Flughäfen und Straßen verwendet. Verbrauchssteuern auf Parfum, Luxuswagen, Yachten und teure Pelzmäntel zielen auf die Reichen ab und werden als Luxussteuern bezeichnet. Andere Verbrauchssteuern, wie zum Beispiel die Steuer auf Telefondienstleistungen, haben keine andere Rechtfertigung als die Erzielung von Einnahmen. In den meisten Staaten gibt es eine allgemeine **Umsatzsteuer**, von der jedoch typischerweise viele Güter (wie etwa Lebensmittel) ausgenommen sind.

An dieser Liste sieht man, daß nur wenige Transaktionen der Besteuerung entgehen. Abbildung 22.2 zeigt das Gewicht der verschiedenen Steuerarten in den Haushalten von Bund, Bundesstaaten und Gemeinden. Auf Bundesebene (Teil A der Abbildung) ist die wichtigste Einnahmequelle die individuelle Einkommensteuer, die fast die Hälfte des gesamten Steueraufkommens ausmacht, gefolgt von der Lohnsummensteuer. Auf der Ebene der Einzelstaaten und Gemeinden (Teil B) ist die Umsatzsteuer die wichtigste Einnahmequelle.

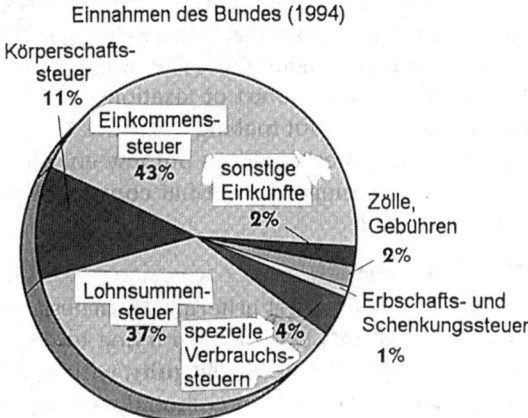

Einnahmen des Bundes (1994)

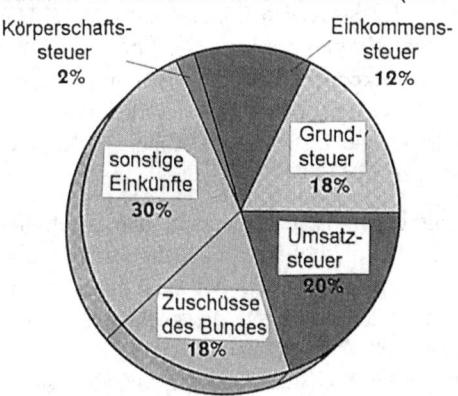

Einnahmen der Bundesstaaten und Gemeinden (1991-92)

Abbildung 22.2 Das Gewicht der verschiedenen Steuerarten. Auf Bundesebene bringt die Einkommensteuer die meisten Einnahmen, gefolgt von der Lohnsummensteuer und der Körperschaftssteuer (Teil A). Teil B zeigt, daß die Einnahmequellen von Einzelstaaten und Gemeinden stärker zersplittert sind; dazu gehören Umsatzsteuern und Grundsteuern, aber auch Einnahmen von übergeordneten Gebietskörperschaften.
Quelle: Economic Report of the President (1996), Tabellen B-78, B-82.

Ein Blick in die Wirtschaftspolitik: Die Besteuerung von Kapitalgewinnen

Kapitalgewinne sind heute in mehrfacher Hinsicht steuerbegünstigt. Der Höchstsatz beträgt 28 Prozent gegenüber 39,6 Prozent bei anderen Einkommensarten. Hinzu kommt, daß die Steuern nur bezahlt werden müssen, wenn Vermögensgegenstände verkauft werden, und nicht schon dann anfallen, wenn sich ihr Wert erhöht. Diese zeitliche Verschiebung der Steuerzahlung entspricht einer Verringerung des Steuersatzes um mindestens ein Viertel (sieben Prozentpunkte). Wenn jemand stirbt, gehen die Vermögensgegenstände auf seine/ihre Erben über und der Kapitalgewinn bleibt endgültig unversteuert, ein Verlust für den Staatshaushalt von schätzungsweise 30 Mrd. $ pro Jahr. Und es gibt wesentliche Steuervergünstigungen für Investitionen in neue Unternehmungen, wenn das Engagement mindestens fünf Jahr lang aufrechterhalten wird.

Vor 1986 wurden Kapitalgewinne steuerlich sogar noch stärker bevorzugt. Der Steuersatz betrug 40 Prozent des normalen Einkommensteuersatzes. Viele Anleger würden gerne zu den guten alten Zeiten zurückkehren. Manchmal wird dieses Anliegen auch durch trickreiche Haushaltsrechnungen untermauert. Wenn die Kapitalgewinnsteuer gesenkt wird (insbesondere wenn diese Steuersenkung als vorübergehend angesehen wird), sehen sich einige Haushalte veranlaßt, ihre Vermögenswerte früher zu verkaufen. Dadurch steigt vorübergehend das Steueraufkommen, wenn auch insgesamt die Summe der von den Haushalten bezahlten Steuern zurückgeht. Langfristig verliert der Staat also Einnahmen und das Haushaltsdefizit steigt. Einige Anleger, die ihre Vermögenswerte sonst bis zum Tod behalten hätten und damit der Besteuerung entkommen wären, werden möglicherweise durch die niedrigere Kapitalgewinnsteuer dazu gebracht, sie vor ihrem Tod zu verkaufen. Dennoch gibt es bestenfalls schwache statistische Anhaltspunkte dafür, daß das Steueraufkommen dadurch steigen würde.

Befürworter einer Senkung der Kapitalgewinnsteuer glauben, daß dadurch die Wirtschaft stärker stimuliert würde und daß die höheren Wachstumsraten automatisch mit höheren Steuereinnahmen einhergehen würden. Mit dem gleichen Argument wurden 1981 die Steuern gesenkt. Damals arbeitete die Volkswirtschaft weit unter dem Vollbeschäftigungsniveau, so daß eine Expansion möglich gewesen wäre; aber selbst unter diesen Bedingungen hat die Steuersenkung nicht zu einer Erhöhung des Steueraufkommens geführt.

Kritiker einer Senkung der Kapitalgewinnsteuer argumentieren, daß bei Vollbeschäftigung wenig Spielraum für eine zusätzliche Expansion besteht. Auf jeden Fall verzerrt eine Veränderung der Kapitalgewinnbesteuerung das Investitionsmuster. Wenn zusätzliche Investitionen erwünscht sind, so läßt sich dies am besten über eine Zinssenkung erreichen. Man sollte sich also auf solche Maßnahmen konzentrieren, die das Haushaltsdefizit verringern und damit eine Zinssenkung möglich machen. Von einer Senkung der Kapitalgewinnsteuer profitieren vor allem die

Reichen, denn das Vermögen ist noch stärker konzentriert als das Einkommen. Hinzu kommt, daß eine steuerliche Bevorzugung von Investitionen, die bereits getätigt worden sind, keinen Anreizeffekt hat.

Trotz dieser Kritikpunkte sind die Aussichten für eine Senkung der Kapitalgewinnsteuer weiterhin gut. Wir leben in einer Zeit knapper Haushaltsmittel und die offizielle Berechnung der Kosten einer solchen Steuersenkung beschränkt sich auf einen Zeitraum von sieben Jahren. Gleichzeitig werden die dadurch hervorgerufenen zusätzlichen Kapitalgewinne hoch eingeschätzt. Diese Berechnungsmethode läßt eine Senkung der Kapitalgewinnsteuer erschwinglicher erscheinen als andere Steuersenkungen. Nach einigen Schätzungen würde das Steueraufkommen innerhalb der nächsten sieben Jahre dadurch sogar steigen.

Kennzeichen eines guten Steuersystems

Ein Drittel des gesamten amerikanischen Sozialprodukts geht an den Staat. Es ist deshalb nicht überraschend, daß über die Struktur des Steuersystems viel diskutiert wird. Man kann die Kunst der Besteuerung vergleichen mit der Kunst, eine Gans zu rupfen, ohne daß sie kreischt. Es ist eine allgemeine Erfahrung, daß jeder gerne staatliche Dienstleistungen in Anspruch nimmt, aber niemand gerne Steuern zahlt. Dennoch gibt es weitgehende Übereinstimmung darüber, wie ein „gutes" Steuersystem aussieht. Es hat fünf Charakteristika.

- *Gerechtigkeit:* Die meisten Leute halten Gerechtigkeit für das wichtigste Kriterium. Aber Gerechtigkeit ist wie Schönheit oft ein recht subjektiver Begriff. Wirtschaftswissenschaftler definieren Gerechtigkeit vor allem anhand von zwei Grundsätzen: **Horizontale Gerechtigkeit** bedeutet, daß Menschen in der gleichen oder einer ähnlichen wirtschaftlichen Lage in etwa die gleichen Steuern bezahlen sollten. **Vertikale Gerechtigkeit** ist gegeben, wenn Menschen, denen es wirtschaftlich besser geht, auch höhere Steuern bezahlen müssen.

  Wenn die Reichen einen höheren Prozentsatz ihres Einkommens zu bezahlen haben als die Armen, spricht man von einem **progressiven Steuersystem**, im umgekehrten Fall von einem **regressiven Steuersystem**. Das Steuersystem ist auch dann regressiv, wenn die Reichen zwar absolut mehr Steuern bezahlen als die Armen, aber einen geringeren Anteil ihres Einkommens.

  In den USA ist der Einkommensteuertarif progressiv, da der Steuersatz mit dem Einkommen steigt. Verbrauchsteuern für Tabak und Alkohol sind Beispiele für regressive Steuern, da die Armen einen größeren Teil ihres Einkommens für diese Güter ausgeben. Die Umsatzsteuern der Einzelstaaten sind insgesamt regressiv, weil im allgemeinen nicht alle Güter besteuert werden - man denke etwa an Ferien in Europa - und weil bei den Reichen der Einkommensanteil, der auf diese Weise der Besteuerung entgeht, höher ist als bei den Armen.

- *Effizienz*: Das zweite Kriterium für ein gutes Steuersystem ist die Effizienz. Das Steuersystem sollte die Allokation so wenig wie möglich beeinflussen und sollte ein bestimmtes Steueraufkommen zu möglichst geringen Kosten für die Steuerzahler erbringen. Sehr hohe Steuersätze können die Arbeitsbereitschaft und die Sparneigung reduzieren und damit die Effizienz der Volkswirtschaft beeinträchtigen. Besondere Steuern auf bestimmte Güter wie zum Beispiel Verbrauchssteuern auf Parfum, Boote oder Flugtickets halten die Konsumenten vom Kauf dieser Güter ab und beeinträchtigen damit ebenfalls die Effizienz.

Das Einkommensteuersystem der USA enthält viele Bestimmungen, die bewirken, daß einige wirtschaftliche Aktivitäten begünstigt werden und andere benachteiligt. Zum Beispiel können bestimmte Ausgaben für die Kindererziehung von der Steuerschuld abgezogen werden. Die Versorgung der Kinder wird also vom Staat subventioniert. Genauso können Unternehmungen Ausgaben für Forschung und Entwicklung steuermindernd geltend machen. Solche **Steuersubventionen** sind entgangene Steuereinnahmen und kosten den Staat genauso Geld wie direkte Subventionszahlungen.

- *Einfachheit*: Das dritte Kriterium für die Qualität eines Steuersystems ist seine Einfachheit. Die Verwaltung des Steuersystems und das Eintreiben der Steuern verursachen dem Staat und den Steuerzahlern hohe Kosten. Zu den Verwaltungskosten der Steuerbehörden kommen jedes Jahr Milliarden von Stunden für das Ausfüllen der Steuererklärungen hinzu, Stunden, in denen auch Güter und Dienstleistungen hätten produziert werden können. Milliarden von Dollar werden von den Steuerzahlern für Steuerberater und Anwälte und von den Finanzämtern für das alljährliche Ritual der Vorbereitung und Bearbeitung der Steuererklärungen ausgegeben. Ein einfaches Steuersystem macht es auch schwer, durch Tricks der Besteuerung zu entgehen.

- *Flexibilität*: Das vierte Kriterium ist die Flexibilität. Es kann wünschenswert sein, die Steuersätze der wirtschaftlichen Lage anzupassen. Bei einem guten Steuersystem sollte diese Anpassung relativ leicht zu bewältigen sein.

- *Transparenz*: Und schließlich sollte ein gutes Steuersystem auch transparent sein, so daß man leicht feststellen kann, wer wieviel Steuern bezahlt. Das Prinzip der Transparenz hat Ähnlichkeiten mit dem Verbot der irreführenden Werbung. Steuerzahler sind Konsumenten von öffentlichen Dienstleistungen. Sie sollten wissen, was sie und andere für die Leistungen, die sie erhalten, bezahlen müssen.

Bewertung des US-amerikanischen Steuersystems

Im folgenden gehen wir der Frage nach, wie gut das Steuersystem der USA diese fünf Kriterien erfüllt, und ob die wichtigsten Steuerreformen des letzten Jahrzehnts das Steuersystem verbessert haben.

- *Gerechtigkeit*: Wie schon erwähnt, ist die Einkommensteuer auf Bundesebene im Großen und Ganzen progressiv. Menschen mit besonders niedrigem Einkommen brauchen überhaupt keine Einkommensteuer zu bezahlen. Ab einer bestimmten Einkommensgrenze, die von der Familiengröße abhängt, beträgt der Steuersatz 15 Prozent. (1995 betrug die Einkommensgrenze für eine vierköpfige Familie 16.550 $.) Das bedeutet, daß man für 100 $ zusätzliches Einkommen 15 $ zusätzliche Steuern zu bezahlen hat; das ist der **Grenzsteuersatz**. Bei höheren Einkommen steigt der Grenzsteuersatz auf 28 Prozent und schließlich auf 39,6 Prozent.

Der durchschnittliche Steuersatz gibt das Verhältnis der Steuerschuld zum zu versteuernden Einkommen an. Während der Grenzsteuersatz Sprünge aufweist, steigt der durchschnittliche Steuersatz kontinuierlich an. Abbildung 22.3 zeigt für 1995 Grenz- und Durchschnittssteuersätze für eine durchschnittliche vierköpfige Familie, die nur pauschale Steuerabzüge geltend gemacht hat.

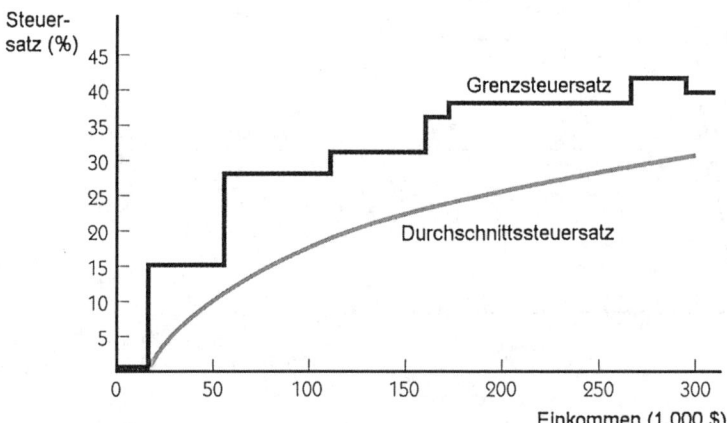

Abbildung 22.3 Grenz- und Durchschnittssteuersätze. Wie man sieht, weist der Grenzsteuersatz Sprünge auf, während der Durchschnittssteuersatz kontinuierlich zunimmt. *Quelle*: Internal Revenue Service, Form 1040 (1995).

Die Einkommensteuer ist nur eine von mehreren einkommensabhängigen Steuern. Auch die Lohnsummensteuer (Sozialabgaben) steigt bis zu einer gewissen Grenze mit dem Einkommen. Eine **Steuergutschrift auf Arbeitseinkommen** soll das Einkommen von Niedriglohnempfängern mit Familien ergänzen; ab einer bestimmten Einkommensgrenze nehmen die Zahlungen, die man aus diesem Programm erhält, wieder ab. Abbildung 22.4 faßt alle einkommensabhängigen Bundessteuern zusammen: die Einkommensteuer, die Steuergutschrift auf Arbeitseinkommen und die Lohnsummensteuer. Der Kurvenverlauf ist bemerkenswert wegen seiner unregelmäßigen Form - eine Folge des Zusammenspiels der verschiedenen Teile des Steuersystems - aber auch weil sich der Grenzsteuersatz über einen weiten Bereich der Einkommensverteilung hinweg kaum verändert.

Um zu beurteilen, ob das amerikanische Steuersystem insgesamt progressiv ist, müssen wir nicht nur die einkommensabhängigen Steuern auf Bundesebene betrachten, sondern alle Steuern, einschließlich der Körperschaftssteuer und der Steuern, die von den Bundesstaaten und Gemeinden erhoben werden.

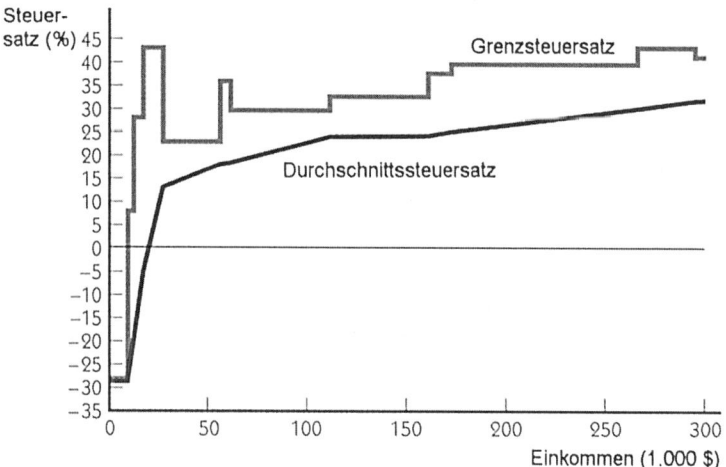

Abbildung 22.4   Grenz- und Durchschnittssteuersatz unter Berücksichtigung verschiedener Steuern auf Bundesebene. Die Einkommensteuer ist nur eine von mehreren direkten Steuern. Mit steigendem Einkommen verändern sich die Einkommensteuer, die Lohnsummensteuer, und die Steuergutschrift auf Arbeitseinkommen; insgesamt ergibt sich ein kompliziertes Muster von Grenzsteuersätzen.
Quelle: Internal Revenue Service, Form 1040 (1995).

Auf der Ebene der Staaten und Gemeinden sind viele Steuern regressiv. Das liegt daran, daß Haushalte mit mittlerem und niedrigem Einkommen im Vergleich zu den Reichen einen größeren Teil ihres Einkommens für Güter verwenden, die von den Bundesstaaten mit Umsatzsteuern belastet werden. Das gesamte gegenwärtige Steuersystem, also die leicht progressiven Bundessteuern und die leicht regressiven Steuern der untergeordneten Gebietskörperschaften zusammen, ist nach der Meinung der meisten Experten nur sehr leicht progressiv.

- *Effizienz*: 1981 und 1986 fanden zwei bedeutende Reformen des Einkommensteuersystems statt. Offiziell wurde damit beabsichtigt, das System effizienter, gerechter und einfacher zu machen. Ein wichtiger Erfolg dieser Reformen war, daß durch die Senkung des Grenzsteuersatzes die Allokationsverzerrung verringert wurde. 1981 wurde der höchste Grenzsteuersatz von 70 auf 50 Prozent reduziert. Durch den Tax Reform Act von 1986 wurde er noch einmal auf 33 Prozent gesenkt. Ein Grenzsteuersatz von 70 Prozent bedeutet, daß man weniger als ein Drittel seines zusätzlichen Verdienstes behalten kann; dadurch wird der Leistungsanreiz spürbar verringert. 1993 wurden diese Veränderungen teilweise wieder zurückgenommen und der Grenzsteuersatz auf 39,6 Prozent angehoben (wenn man die Krankenversicherungsbeiträge und die Regelungen, nach denen bestimmte Abzüge stufenweise reduziert werden, mitberücksichtigt, liegt der höchste Grenzsteuersatz sogar etwas über 42 Prozent). Andererseits wurden einige verzerrende Elemente, wie zum Beispiel die steuerliche Bevorzugung des Öl- und Gasverbrauchs, beibehalten. Das Steuersystem der USA ist also unter dem Gesichtspunkt der Effizienz heute deutlich besser zu beurteilen als vor 15 Jahren, doch es bleibt noch viel Spielraum für weitere Verbesserungen.

- *Einfachheit*: Amerikaner leben in einer komplexen Gesellschaft. Neben vielen anderen Faktoren sind auch ihre Steuergesetze gleichzeitig Ursache und Ausdruck dieser Komplexität. Weil man versucht hat, das Steuersystem gerecht zu gestalten und alle Bürger in ähnlichen Situationen gleich zu behandeln, sind die Gesetze immer komplizierter geworden. Bei hohen Steuersätzen geben sich Privatleute wie Unternehmungen Mühe, Steuern legal zu vermeiden. Bei hohen Steuersätzen kann es sich für einen Geschäftsmann lohnen, beinahe soviel Energie auf die Steuervermeidung zu verwenden wie auf die Entwicklung besserer Produkte. Die Steuergesetze haben sich aus diesem ständigen Konflikt zwischen dem Staat und den Steuerzahlern entwickelt; sobald eine neue Möglichkeit der Steuervermeidung entdeckt worden ist, verändert man das Gesetz, um das Schlupfloch zu schließen. Unweigerlich wird ein neues Schlupfloch entdeckt und ebenfalls wieder repariert. Heute füllt das Bundessteuergesetz viele Bände.

Einfachheit scheint ein schwer faßbares Ziel zu sein. Viele Wirtschaftswissenschaftler sind davon überzeugt, daß die Vereinigten Staaten ein wirklich einfaches Steuersystem haben könnten, daß sie dafür aber andere Ziele aufgeben müßten. Zum Teil ist die Komplexität darauf zurückzuführen, daß man versucht hat, die Einkommensteuer progressiv zu gestalten und auch Kapitalerträge zu besteuern. Aber die steuerliche Bevorzugung von Kapitaleinkommen ist ebenfalls eine Quelle von Komplexität, weil man dann Regelungen braucht, um zu verhindern, daß andere Einkommensarten in eine steuerlich bevorzugte Form umgewandelt werden.

- *Flexibilität*: Eine der schwächsten Seiten des amerikanischen Steuersystems ist sein Mangel an Flexibilität. Jedesmal wenn eine Steuerreform vorgeschlagen wird, werden alle hier diskutierten Fragen neu aufgeworfen. Es wird darüber diskutiert, wie verschiedene Gruppen betroffen sind, und welchen Einfluß die Reform auf die Effizienz hat. Grundlegende Wertfragen, etwa die Frage, wie progressiv das Steuersystem sein sollte, werden jedesmal wieder zur Sprache gebracht. Interessengruppen betrachten jede Steueränderung als Gelegenheit, sich um Vergünstigungen zu bemühen. Veränderungen der Steuergesetze sind erfahrungsgemäß extrem schwierig und zeitaufwendig.

- *Transparenz*: Von allen Teilen des Steuersystems ist die Verteilung der Belastung durch die Körperschaftssteuer vielleicht am wenigsten transparent. Zwar wird diese Steuer von den Unternehmungen abgeführt, aber die meisten Wirtschaftswissenschaftler sind sich darüber einig, daß ein großer Teil der Steuerlast über geringere Löhne und / oder höhere Preise auf Arbeitnehmer und Haushalte abgewälzt wird. Die Umsatzsteuer ist unter dem Gesichtspunkt der Transparenz am zweitschlechtesten zu beurteilen. Politiker lieben die Umsatzsteuer, weil sie wissen, daß die meisten Bürger niemals herausfinden, wieviel sie tatsächlich für staatliche Dienstleistungen ausgeben.

22.4 Transfers

Der Staat kann die Einkommensverteilung auch durch Sozialleistungsprogramme (Transfers) beeinflussen. Transfers sind Zahlungen, die die Haushalte erhalten, ohne daß sie gleichzeitig im Gegenzug einer produktiven Beschäftigung nachzugehen brauchen. Transferzahlungen können aus privaten Quellen kommen, wie zum Beispiel Firmenrenten oder Stipendien von privaten Universitäten. Der Staat ist für ein breites Spektrum von Transferprogrammen verantwortlich. Im folgenden beschäftigen wir uns mit zwei wichtigen Gruppen von staatlichen Sozialleistungen, den **einkommensabhängigen Sozialleistungen**, deren Zweck es ist, Geld von Bürgern mit hohem Einkommen an solche mit niedrigem Einkommen umzuverteilen, und der **Sozialversicherung**, die Menschen in Notsituationen unabhängig von ihrem Einkommen unterstützt.

Sozialleistungen für Bedürftige

Politiker versuchen oft, Wähler zu gewinnen, indem sie ihrer Sorge für die Armen Ausdruck geben. Mitgefühl für die vom Glück weniger Begünstigten ist ein grundlegender menschlicher Wert. Staatliche Programme zur Unterstützung der Armen basieren auf der Überzeugung, daß alle Bürger eine gemeinsame Verantwortung für diejenigen tragen, die in Not geraten sind. Obwohl keine Einigkeit darüber besteht, inwieweit diese Verantwortung vom Staat oder von privaten Wohlfahrtseinrichtungen übernommen werden sollte, spielt in allen Industrieländern der Staat zumindest bei der Bereitstellung eines Sicherheitsnetzes für die am meisten Benachteiligten eine bedeutende Rolle.

Derzeit gibt es fünf wichtige Wohlfahrtsprogramme für amerikanische Bürger mit niedrigem Einkommen. AFDC (*Aid to Families with Dependent Children*), meist als *„welfare"* („Wohlfahrt") bezeichnet, zahlt Sozialhilfe an arme Familien (meist Haushalte mit nur einem Elternteil). *Medicaid* stellt für Familien, die von AFDC unterstützt werden, und für andere arme Kinder die Gesundheitsversorgung zur Verfügung. Das Lebensmittelmarkenprogramm verteilt Gutscheine für den Kauf von Lebensmitteln. SSI (*supplemental security income*) gewährt alten und behinderten Menschen mit niedrigem Einkommen Geldleistungen, um ihre Sozialrente aufzustocken. Im Rahmen von Wohnförderungsprogrammen kann man entweder in einer staatlichen Wohnung untergebracht werden oder Mietgutscheine erhalten. Zusätzlich geben die Einzelstaaten und Gemeinden allgemeine Hilfsleistungen an diejenigen, die durch die Maschen des sozialen Netzes fallen. Lebensmittelmarken und SSI sind Bundesprogramme (die Einzelstaaten können die Zahlungen von SSI aufstocken). Die anderen Programme sind von Staat zu Staat verschieden, wobei die Bundesregierung typischerweise nur grobe Richtlinien vorgibt, aber einen großen Teil der Finanzierung beiträgt.

Im folgenden konzentrieren wir uns auf die beiden am meisten umstrittenen Programmbereiche: die Sozialhilfe und die Wohnförderung.

Sozialhilfe

Von allen einkommensabhängigen Sozialleistungen ist AFDC am meisten umstritten. Im Wahlkampf von 1992 versprach Präsident Clinton, „die Sozialhilfe, wie wir sie kennen, abzuschaffen", ein Impuls, der von vielen Republikanern geteilt wird. 1996 wurde ein großes Wohlfahrtsreformgesetz vom Kongreß verabschiedet und vom Präsidenten unterzeichnet, das dem Anspruch auf Sozialhilfeleistungen durch den Bund ein Ende machte, die meisten Einzelheiten der Wohlfahrtsprogramme den Bundesstaaten überließ und ihnen eine feste Geldsumme zusprach, mit denen die Programme finanziert werden sollten. Diese Reform beruht auf drei Prinzipien:

1. *Schaffung von Arbeitsanreizen*: Es gibt heute einen starken Konsens darüber, daß die Sozialhilfe für alle Arbeitsfähigen nur ein Übergang zu einer bezahlten Beschäftigung sein sollte. Sozialhilfeempfänger brauchen einen Arbeitsanreiz. Das EITC-Programm (*earned income tax creedit*) bietet ein großes Zuckerbrot, indem es die Löhne von Niedrigverdienenden subventioniert. Die Peitsche in der neuen Wohlfahrtsgesetzgebung besteht darin, daß die Zahlungen nach zwei Jahren beendet werden („zeitlich begrenzte Sozialhilfe").

2. *Verbesserung der Chancen*: Um am freien Arbeitsmarkt einen Arbeitsplatz zu erhalten, muß man die nötigen Qualifikationen aufweisen. Deshalb enthalten die meisten Reformvorschläge auch Bestimmungen über die Unterstützung von Weiterbildung und Arbeitsplatzsuche.

3. *Stärkung der Eigenverantwortung*: Die meisten Reformvorschläge enthalten auch Maßnahmen, die es den Eltern ermöglichen sollen, ihre Kinder finanziell zu unterstützen und ein entsprechendes Verantwortungsgefühl zu entwickeln.

Ein Ziel der Reform von 1996 war die Verringerung der Sozialhilfekosten, aber der Erfolg der Initiative könnte neue Ausgaben, etwa für Kindererziehung und Fortbildung, erforderlich machen.

Unter die Lupe genommen: Die Festlegung der Armutsgrenze

Die offizielle Armutsgrenze ist ausschlaggebend dafür, wieviele Menschen der Staat zu den „Armen" zählt. Wir wollen uns ansehen, wie die Armutsgrenze selbst bestimmt wird.

In den späten sechziger Jahren entwickelte Molly Orshansky, eine Beamtin der Sozialversicherungsverwaltung, ein Verfahren zur Messung der Armut aufgrund von Umfragen zur Ausgabenstruktur der Haushalte. Sie fand heraus, daß eine typische Familie ein Drittel ihres Einkommens für Lebensmittel ausgab. Dann sammelte sie Informationen über Mindestlebensmittelbudgets für Familien verschiedener Größe und multiplizierte diese Zahlen mit drei, um die Armutsgrenzen für verschiedene Familiengrößen zu schätzen. Orshanskys Armutsgrenzen wurde 1969 mit geringen Abwandlungen offiziell übernommen und seither an die allgemeine Inflation angepaßt.

Diese Methode zur Berechnung der Armutsgrenze kann man unter vielerlei Gesichtspunkten in Frage stellen. Wir beschränken uns hier auf drei Kritikpunkte:

Erstens stammt die Umfrage, aus der Orshansky geschlossen hat, daß die Haushalte ein Drittel ihres Einkommens für Lebensmittel verwenden, aus dem Jahr 1955. Seit damals hat sich die Ausgabenstruktur der Haushalte verschoben. Heute geben die Haushalte nur noch ein Viertel oder ein Fünftel ihres Einkommens für Nahrungsmittel aus. Würde man das Mindestlebensmittelbudget entsprechend mit vier oder fünf multiplizieren, dann läge die Armutsgrenze bei einem viel höheren Einkommen.

Zweitens berücksichtigt die Armutsgrenze keine Sachleistungen. Viele Sozialleistungen erhält man nicht in Form von Geld sondern in Form von Gütern oder Dienstleistungen, wie zum Beispiel Medicaid, Lebensmittelmarken oder subventionierte Schulmittagessen. Wenn diese Leistungen zum Einkommen hinzugerechnet würden, läge die Anzahl der Menschen, die unterhalb der Armutsgrenze leben, ungefähr um 20 Prozent niedriger.

Und schließlich haben einige Kritiker vorgeschlagen, Armut als relativen Begriff zu definieren. Sie argumentieren, daß die untersten fünf oder zehn oder 20 Prozent der Gesellschaft arm sind im Vergleich zu allen anderen. Armut ist in dieser Sicht einfach ein extremer Fall von Ungleichheit.

Vielen geht diese letzte Kritik zu weit. Sie befürchten, daß ein relativer Armutsbegriff der Armutsbekämpfung die moralische Dringlichkeit nehmen könnte. Bemühungen zur Gewährleistung des Grundbedarfs an Lebensmitteln, Wohnung, Kleidung und medizinischer Versorgung finden dagegen breite gesellschaftliche Unterstützung, auch wenn man sich über die Definition dieses Grundbedarfs nicht einig ist.

In einer 1995 veröffentlichten Studie der National Academy of Sciences wurde eine grundlegende Reform der Armutsmessung vorgeschlagen. Über die Einbeziehung von Sachleistungen in die Einkommensberechnung war man sich einig. Die schwierigen Fragen, die mit der Anrechnung von medizinischen Leistungen verbunden sind, konnten jedoch nicht ganz gelöst werden. Soll man einem Kranken mit niedrigem Einkommen, der 150.000 $ für eine Nierentransplantation erhält, diese Summe zu seinem Einkommen addieren mit der Folge, daß er dann zu einer der höheren Einkommensgruppen gerechnet wird? Die Studie schlägt eine Anpassung der Armutsgrenze vor, die etwas über die Inflationsrate hinausgeht, sie regt aber nicht an, die Armutsgrenze proportional zum Anstieg des Durchschnittseinkommens zu erhöhen, wodurch die Armut zu einer rein relativen Erscheinung gemacht würde. Doch selbst dieser Kompromiß stieß bei einem Ausschußmitglied der Akademie auf starken Widerstand.

Quelle: Joyce E. Allen und Margaret C. Simms, „Is a New Yardstick needed to Measure Poverty?" *Focus*, Februar 1990, S. 6-8; *Measuring Poverty: A New Approach*, National Academy of Science, 1996.

Wohnförderung

Staatliche Wohnprojekte werden manchmal, nicht ganz zu unrecht, als „Lagerhäuser für die Armen" beschrieben. Da es nicht gelingt, die Armen in ihr Umfeld stärker zu integrieren, tragen öffentliche Wohnprojekte noch dazu bei, den Teufelskreis der Armut aufrechtzuerhalten. Hinzu kommt, daß viele Wohnförderungsprogramme ungerecht sind. Diejenigen, die das Glück haben, in das Programm aufgenommen zu werden, erhalten großzügige Unterstützungsleistungen, aber viele mit dem gleichen Einkommen und der gleichen Familiengröße erhalten überhaupt nichts. Das Ganze wird noch dadurch verschlimmert, daß eine Subvention, die an einen bestimmten Wohnsitz gebunden ist, die Arbeitsmobilität behindert. Und schließlich verursachen öffentliche Wohnprojekte hohe Kosten, und ihre Qualität ist oft wesentlich geringer als die privater Wohnungen mit vergleichbarem Kostenaufwand.

Alle diese Nachteile öffentlicher Wohnprojekte haben dazu geführt, daß der Staat sein Engagement bei der direkten Versorgung mit günstigem Wohnraum verringert und verstärkt auf marktgerechtere Lösungen setzt. Bedürftige erhalten Wohnförderung in Form von Mietgutscheinen. Durch die Verwendung dieser Gutscheine steigt die Nachfrage nach preisgünstigem Wohnraum, und mehr Bauträger werden veranlaßt, solchen Wohnraum bereitzustellen. Darüberhinaus haben Gutscheine noch weitere Vorteile. Sie erlauben es den Empfängern, ihre Wohnung in einem größeren Gebiet und nicht nur in den Innenstädten zu suchen, und sie können „übertragbar" gemacht werden, so daß die Empfänger umziehen können, wenn sie eine günstige Arbeitsmöglichkeit gefunden haben, ohne ihre Wohnförderung zu verlieren.

Sozialversicherung

Die meisten Amerikaner sind weder reich noch arm, sondern gehören zur Mittelschicht. Sie sehen, daß die Armen kostenlose medizinische Versorgung erhalten. Sie wissen, daß die Reichen Steuerberater bezahlen, um Schlupflöcher auszunutzen und der Steuer zu entgehen. Sie fühlen sich geschröpft und ungerecht behandelt. Zum Teil ist das ein Problem der Wahrnehmung. Die Mittelschicht profitiert tatsächlich von vielen „versteckten" Schlupflöchern, durch die sich ihre Steuerschuld verringert. Lohnzusatzleistungen wie Beiträge zur Krankenversicherung oder zu einem betrieblichen Rentenfonds bleiben im allgemeinen unversteuert. Hinzu kommen eine Reihe von sogenannten Mittelschichtprogrammen, aus denen man Unterstützung erhält, ohne Bedürftigkeit nachweisen zu müssen. Die wichtigsten davon sind die Sozialversicherungen. Sozialversicherungen haben insofern Ähnlichkeiten mit privaten Versicherungen, als die Menschen ihren eigenen Versicherungsschutz über die Lohnsummensteuer bezahlen. Unter anderen, nicht weniger wichtigen Aspekten unterscheiden sie sich jedoch von privaten Versicherungen, wie wir im folgenden sehen werden.

Die Last der Sozialversicherungsbeiträge

Der erste Mythos über die Sozialversicherung betrifft die Frage, wer dafür bezahlt. Die Sozialversicherung wird durch eine Steuer auf die Löhne finanziert, die zu 50 Prozent die Arbeitgeber und zu 50 Prozent die Arbeitnehmer bezahlen. Diese Aufteilung der Steuer existiert jedoch nur an der Oberfläche; wenn die Arbeitnehmer die gesamte Steuer zu bezahlen hätten, wären die wirtschaftlichen Konsequenzen genau die gleichen.

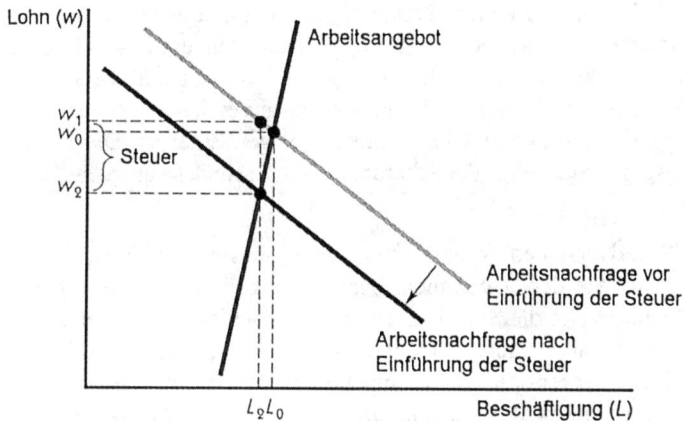

Abbildung 22.5 Die Inzidenz der Lohnsummensteuer. Die Lohnsummensteuer treibt einen Keil zwischen die Kosten einer zusätzlichen Arbeitsstunde für den Arbeitgeber (Lohn plus Steuer) und den Lohn, den der Arbeitnehmer tatsächlich erhält. Die Größenordnung dieses Keils hängt nicht davon ab, ob die Steuer vom Arbeitgeber oder vom Arbeitnehmer erhoben wird. Die Steuer führt dazu, daß weniger Arbeitskräfte bei einem von w_0 auf w_2 reduzierten Gleichgewichtslohn beschäftigt werden.

Das wird in Abbildung 22.5 mit Hilfe von Angebots- und Nachfragekurven für den Arbeitsmarkt gezeigt. Betrachten wir eine Lohnsummensteuer, die der Arbeitgeber abführen muß. Die vertikale Achse mißt den Lohn, den der Arbeitnehmer *erhält*. Da die Kosten für einen Arbeitnehmer dem Lohn *plus* der Steuer entsprechen, verschiebt die Steuer die Arbeitsnachfragekurve nach unten. Im neuen Gleichgewicht erhalten die Arbeitskräfte niedrigere Löhne. Wenn die gleiche Steuer direkt den Arbeitskräften auferlegt würde, würden sie genau den gleichen Nettolohn erhalten. Normalerweise sinkt der Lohn um weniger als den Steuerbetrag; das Ausmaß des Lohnrückgangs hängt von der Elastizität der Angebots- und Nachfragekurven ab. Die Abbildung zeigt den „Normalfall" mit einem relativ unelastischen Arbeitsangebot; in diesem Fall sinken die Löhne beinahe um den vollen Steuerbetrag.

Die Umverteilungsfunktion der Sozialversicherung

Auch daß Sozialversicherungen keine Umverteilungswirkungen haben ist ein Mythos. In jeder Versicherung erhalten einige Mitglieder mehr zurück als sie beigetragen haben und andere weniger. Das ist in gewissem Sinne auch der eigentliche
Zweck der Versicherung. Niemand weiß, ob er nicht im nächsten Jahr einen Krankenhausaufenthalt benötigen wird. Also kaufen die Leute eine Versicherung für
stationäre Behandlungen. Diejenigen, die das Glück haben, daß sie nicht ins Kran-
kenhaus müssen, helfen den Krankenhausaufenthalt der anderen zu finanzieren.
Aber bei einer privaten Versicherung entspricht die Versicherungsprämie im
Durchschnitt den Leistungen, die man erhält (einschließlich der Verwaltungskosten, die oft beträchtlich sind). In einer Sozialversicherung gibt es jedoch oft keinen engen Zusammenhang zwischen den Beiträgen und den durchschnittlichen
Leistungen. So erhalten zum Beispiel alleinstehende, gutverdienende Versicherte
pro Dollar Versicherungsbeitrag im Durchschnitt weniger Versicherungsleistungen
als Familien mit niedrigem Einkommen und einem einzigen Ernährer. Die Sozialversicherung hat also nicht nur eine Versicherungsfunktion sondern auch eine Umverteilungsfunktion.

Insoweit, als die Sozialversicherung eine Versicherungsleistung anbietet, die die
Menschen wollen, und die der Markt nicht bereitstellt, erfüllt sie eine wichtige
ökonomische Aufgabe. Wenn die Sozialversicherung jedoch deswegen beliebt ist,
weil jeder glaubt, daß jemand anderer seine Rechnung bezahlt, muß ihre Rolle und
Aufgabe neu überdacht werden. Zum Teil rührt die Popularität der Sozialversicherung daher, daß die Mehrheit der Bevölkerung, die Mittelschicht, davon einen
Nutzen zu haben scheint. Das Problem ist jedoch, daß es nicht genügend „Reiche"
gibt, um diese Programme zu bezahlen, so daß die Mittelschicht sie selbst bezahlen muß. Und die Steuern, die zu ihrer Finanzierung erforderlich sind, können
ernsthafte negative Anreizeffekte haben. Diese unerwünschten Wirkungen müssen
gegen den Nutzen aus der Umverteilung abgewogen werden.

22.5 Kosten und Nutzen der Umverteilung

Das Steuersystem, die Sozialleistungen für Bedürftige und die Sozialversicherung
spielen in den USA eine wichtige Rolle, wenn es um die in Kapitel 1 formulierte
Grundfrage geht, für wen die Güter produziert werden. Jede gesellschaftliche
Gruppe möchte möglichst wenig Steuern bezahlen und möglichst viele Leistungen
erhalten, und jeder beschwert sich über einen Mangel an Gerechtigkeit. Aber der
Streit darüber, was gerecht ist, wird wohl niemals beigelegt werden. Aus wirtschaftswissenschaftlicher Sicht ist zu befürchten, daß zumindest einige Bemühungen um Gerechtigkeit dazu führen könnten, daß die Gesamtgröße des zu verteilen-
den Kuchens kleiner wird, so daß am Ende fast alle einen Nachteil haben.

Trade-off zwischen Gerechtigkeit und Effizienz

Wirtschaftswissenschaftler beteiligen sich an der Umverteilungsdiskussion, indem sie die Kosten und Konsequenzen verschiedener Programme klären, auch die von alternativen Steuersystemen. Systeme, die die Reichen stärker besteuern oder den Armen selbst dann eine Unterstützung bieten, wenn sie arbeitsfähig sind (wobei die Unterstützung aber vom Zustand der Arbeitslosigkeit abhängig ist) haben mit großer Wahrscheinlichkeit negative Auswirkungen auf die Leistungsanreize. In der Wirtschaftswissenschaft versucht man, genau auszurechnen, wie bedeutend diese Wirkungen sind.

Klar ist, daß der Staat nur dann Einkommen an die Armen umverteilen kann, wenn er die Steuern für Menschen mit mittleren und hohen Einkommen erhöht, was deren Arbeitsanreiz schwächt. Über die Größenordnung dieses *Trade-offs* sind sich aber die Wirtschaftswissenschaftler nicht einig. Die meisten würden der Behauptung zustimmen, daß sehr hohe Steuersätze die Leistungsanreize stark vermindern. Die hohen Grenzsteuersätze von 60 Prozent oder mehr, die früher in Europa üblich waren, hatten wahrscheinlich starke negative Auswirkungen auf die Effizienz. Man kann aber darüber streiten, ob bei den gegenwärtig gültigen Grenzsteuersätzen in den Vereinigten Staaten eine Steuererhöhung die Leistungsanreize *stark* beeinträchtigen würde.

Aus wirtschaftswissenschaftlicher Sicht geht es um den *Trade-off* zwischen Gerechtigkeit (der Verteilung des Kuchens) und Effizienz (der Größe des Kuchens), zwischen der Verringerung der Lebensrisiken (durch die Sozialversicherung) und den Leistungsanreizen. Jenseits dieser *Trade-offs* geht es um grundlegende gesellschaftliche Wertfragen; es geht darum, welche Art von Gesellschaft wir haben wollen *unter Berücksichtigung der eingeschränkten wirtschaftlichen Wahlmöglichkeiten, die wir haben.* Dabei werden nicht nur Fragen der Effizienz, der Gerechtigkeit und der wirtschaftlichen Sicherheit berührt, sondern auch die Bürgerrechte und die soziale Verantwortung.

Verteilung und Umverteilung in den Vereinigten Staaten

In diesem Abschnitt stellen wir die Frage, ob es dem Staat mit seinem Steuersystem, seinen Wohlfahrtsprogrammen und seiner Sozialversicherung tatsächlich gelingt, die Einkommensverteilung zu verändern. Um diese Frage zu beantworten, brauchen wir ein Maß für die Einkommensverteilung. Wirtschaftswissenschaftler benutzen oft die sogenannte **Lorenzkurve**, um die Ungleichheit in einer Volkswirtschaft darzustellen. Die Lorenzkurve zeigt den kumulativen Anteil der ärmsten fünf, zehn, 15 etc. Prozent der Bevölkerung am gesamtwirtschaftlichen Einkommen. Abbildung 22.6 zeigt die Lorenzkurven für die Vereinigten Staaten mit und ohne staatliche Umverteilung. Bei vollkommener Gleichverteilung könnten die ärmsten 20 Prozent der Bevölkerung über 20 Prozent des Einkommens verfügen,

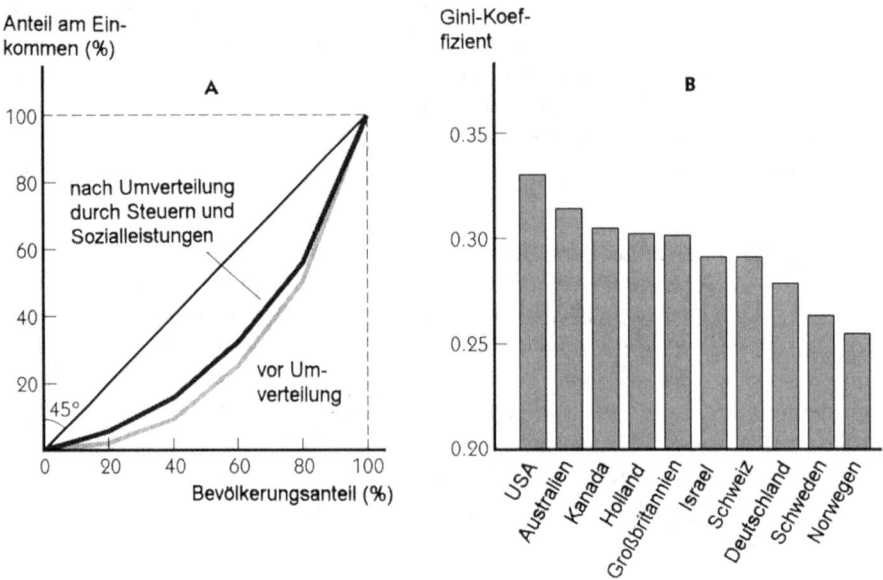

Abbildung 22.6 Ein Maß für die Ungleichheit. Steuern und Transfers beeinflussen die Einkommensverteilung. Teil A der Abbildung zeigt zwei Lorenzkurven für die Vereinigten Staaten im Jahr 1989, eine für die Einkommensverteilung vor Steuern und Sozialleistungen, die andere für die Einkommensverteilung danach. Offensichtlich bewirken diese Mechanismen eine gewisse Umverteilung, denn sie verschieben die Lorenzkurve näher zur Diagonalen. Teil B zeigt die Rangfolge einiger Industrieländer nach dem Gini-Koeffizienten, einem Standardmaß für die Ungleichheit. Die USA stehen an erster Stelle: Sie wiesen unter den zehn Ländern die größte Ungleichheit bei der Einkommensverteilung auf. *Quellen: Current Population Reports* (1990), S. 5, Tabelle B; *Luxembourg Income Study Database* (1989).

die ärmsten 40 Prozent über 40 Prozent des Einkommens usw. Die Lorenzkurve wäre eine gerade 45°-Linie. Eine starke Einkommenskonzentration könnte so aussehen, daß die ärmsten 80 Prozent der Bevölkerung fast gar nichts erhalten, während die reichsten fünf Prozent der Bevölkerung 80 Prozent des Einkommens auf sich vereinigen; in diesem Fall wäre die Lorenzkurve stark durchgebogen. Das Doppelte der Fläche zwischen der 45°-Linie und der Lorenzkurve ist ein häufig angewandtes Maß für die Ungleichheit, der sogenannte **Gini-Koeffizient**.

Wie man sieht, liegt die Lorenzkurve der USA nach Steuern und Sozialleistungen deutlich innerhalb der Lorenzkurve vor Umverteilung; alle staatlichen Umverteilungsprogramme zusammen bewirken also tatsächlich, daß die Einkommensverteilung weniger ungleich ist als sie es aufgrund der Markteinkommen wäre. Der verteilungspolitische Nutzen ist also unbestreitbar, auch wenn man sich über die Kosten in Form von Effizienzeinbußen nicht einigen kann.

Trotzdem ist die Einkommensungleichheit in den Vereinigten Staaten größer als in anderen Industrieländern. In Teil B der Abbildung 22.6 sind zehn Industrieländer nach einem Maß für die Ungleichheit geordnet. Die Vereinigten Staaten belegen Platz Nummer eins: Sie haben unter den zehn betrachteten Ländern die Einkommensverteilung mit der größten Ungleichheit.

Zusammenfassung

1. Selbst wenn die Märkte effizient sind, kann die Einkommensverteilung Anlaß zur Unzufriedenheit geben.

2. Sowohl bei den Löhnen als auch beim Einkommen insgesamt hat die Ungleichheit in den Vereinigten Staaten zugenommen.

3. Auf der Bundesebene bringt die Einkommensteuer die meisten Einnahmen, auf der Ebene der Einzelstaaten die Umsatzsteuer.

4. Ein Steuersystem kann nach fünf Kriterien beurteilt werden: nach der horizontalen und vertikalen Gerechtigkeit, nach seiner Effizienz, seiner Einfachheit, seiner Flexibilität und seiner Transparenz.

5. Alle Sozialleistungsprogramme sind ein Balanceakt zwischen dem Anliegen der Gleichheit (das Hilfe in besonderen Notlagen mit einschließt) und dem der Effizienz (bei dem es darum geht, daß Bedürftige und Steuerzahler wirksame Leistungs- und Sparanreize haben).

6. Sozialversicherungen wie die Rentenversicherung und Medicare können von allen in Anspruch genommen werden, unabhängig von ihrem Einkommen. Es findet aber eine gewisse Umverteilung statt, so daß einige Gruppen durchschnittliche Leistungen erhalten, die ihre Beiträge übersteigen.

Schlüsselbegriffe

Einkommensteuer	Lohnsummensteuer	regressive Steuer
Körperschaftssteuer	Umsatzsteuer	progressive Steuer
Grundsteuer	horizontale Gerechtigkeit	Lorenzkurve
Gini-Koeffizient	vertikale Gerechtigkeit	

Wiederholungsfragen

1. Wird ein effizienter Markt notwendigerweise eine einigermaßen gleichmäßige Einkommensverteilung hervorbringen? Diskutieren Sie.

2. Was ist die Hauptquelle der Staatseinnahmen auf Bundesebene? Auf der Ebene der Bundesstaaten?

3. Welches sind die fünf Charakteristika eines guten Steuersystems? Wie ist das Steuersystem der USA im Hinblick auf diese Kriterien zu beurteilen? Was ist der Unterschied zwischen horizontaler und vertikaler Gerechtigkeit? Was ist der Unterschied zwischen einer progressiven und einer regressiven Steuer?

4. Wie kann eine Sozialversicherung wie zum Beispiel die Rentenversicherung, zu der alle Arbeitskräfte beitragen und aus der alle Rentner Leistungen erhalten, eine Umverteilung bewirken?

5. Wie werden die wirtschaftlichen Anreize durch Steuer- und Verteilungspolitik beeinflußt? Wie werden sie durch Sozialversicherungen beeinflußt? Beschreiben Sie einige der relevanten Trade-offs.

6. Was ist eine Lorenzkurve? Was kann man daran sehen?

Aufgaben

1. Erläutern Sie, wie eine Steuergutschrift für ein Gut mit positiven externen Effekten (wie Forschung und Entwicklung) die wirtschaftliche Effizienz fördern kann. Dann erklären Sie, wie eine Steuergutschrift für andere Güter ohne solche Externalitäten die wirtschaftliche Effizienz beeinträchtigen kann.

2. Angenommen, ein Land hat eine einfache Steuerstruktur, in der für alle Einkommen über 10.000 $ ein Steuersatz von 20 Prozent gilt. Sie sollen einen Vorschlag bewerten, bei dem es darum geht, den Steuertarif progressiver zu gestalten, indem für alle Einkommen über 100.000 $ ein Grenzsteuersatz von 80 Prozent eingeführt wird. Zeichnen Sie die Budgetbeschränkung für einen Haushalt mit hohem Einkommen. Wie beeinflußt der Steuerzuschlag diese Budgetbeschränkung? Wie verändert sich der Arbeitsanreiz? Kann es passieren, daß durch die Steuererhöhung die tatsächlichen Steuereinnahmen aus hohen Einkommen zurückgehen?

3. Angenommen, der Kongreß beschließt eine Erhöhung der Sozialversicherungsleistungen, die durch eine Erhöhung des Arbeitgeberanteils an der Lohnsummensteuer finanziert werden soll. Wären die Arbeitnehmer dadurch vor der Steuererhöhung geschützt? Zeichnen Sie ein Diagramm, um Ihre Antwort zu illustrieren.

4. Zeichnen Sie Lorenzkurven für die folgenden Länder. In welchem Land ist die Ungleichheit am größten? In welchem Land ist sie am geringsten?

	ärmstes Fünftel	2. Fünftel	3. Fünftel	4. Fünftel	reichstes Fünftel
USA	4,7	11,0	17,4	25,0	41,9
Japan	8,7	13,2	17,5	23,1	37,5
Deutschland	6,8	12,7	17,8	24,1	38,7

5. Jemand denkt darüber nach, ob er seinen Arbeitsplatz kündigen und von der Sozialhilfe leben soll. Wie könnte die Tatsache, daß die Sozialhilfe zeitlich begrenzt ist, seine Entscheidung beeinflussen? Ist es denkbar, daß die zeitliche Begrenzung nicht nur Menschen dazu bringt, von selbst aus dem Sozialhilfeprogramm auszuscheiden, sondern auch die Anzahl derjenigen reduziert, die die Sozialhilfe überhaupt in Anspruch nehmen?

Kapitel 23

Politische Entscheidungsprozesse

Wenn man einmal von Diktaturen absieht, so ist das staatliche Handeln nicht Ausdruck der Präferenzen eines einzelnen Menschen. Es ist vielmehr das Ergebnis kollektiver Entscheidungen (*public choice*). Die Bedeutung der *Public-choice*-Theorie wurde anerkannt, als James Buchanan von der George Mason University für seine Pionierarbeit auf diesem Gebiet den Nobelpreis erhielt.

In diesem Kapitel geht es darum, wie kollektive Entscheidungen getroffen werden. Wir untersuchen politische Entscheidungsprozesse in Demokratien sowohl auf der theoretischen als auch auf der praktischen Ebene. Im Mittelpunkt stehen die Probleme, die mit Mehrheitsentscheidungen und mit dem Einfluß von Interessengruppen zu tun haben. In den letzten Jahren gab es in den USA immer wieder erhebliche Unzufriedenheit mit der Regierung. Die Analyse dieses Kapitels hilft zu verstehen, warum die Regierung die Erwartungen der Bürger oft nicht erfüllt. Es hat in letzter Zeit auch eine starke Bewegung gegeben, die es sich zum Ziel gesetzt hat, den Staat „den Bürgern zurückzugeben"; man will die Kompetenzen der Bundesregierung beschneiden und die politische Verantwortung auf der Ebene der Bundesstaaten und Gemeinden stärken. In diesem Kapitel werden wir sehen, was die Volkswirtschaftslehre über die angemessene Zuordnung von Aufgaben zu den verschiedenen Gebietskörperschaften zu sagen hat.

23.1 Entscheidungsprozesse in einer Demokratie

In einer Demokratie sollen die Entscheidungen der Regierung den Wünschen der Mehrheit entsprechen. Die Vereinigten Staaten sind aber keine direkte Demokratie, in der die Bürger über jedes Gesetz abstimmen. Stattdessen wählen die Amerikaner den Präsidenten und die Kongreßabgeordneten, sowie die Volksvertreter auf der Ebene der Bundesstaaten und Gemeinden, die dann die Gesetze machen. Bundesgesetze müssen von beiden Häusern verabschiedet und vom Präsidenten unterschrieben werden. Der Präsident kann gegen ein Gesetz sein Veto einlegen, und dieses Veto kann durch eine Zweidrittelmehrheit in jedem Haus überstimmt werden. Politikwissenschaftler beschäftigen sich mit der ganzen Bandbreite von Themen und Akteuren, die den politischen Prozeß ausmachen, einschließlich der Koalitionsbildung und der Rolle von Interessengruppen und Medien. Wirtschaftswissenschaftler haben einen engeren Blickwinkel und analysieren, wie rationale Bürger ihren Präferenzen im politischen Wahlprozeß Ausdruck geben und wie kollektive Entscheidungen dieses Stimmverhalten widerspiegeln.

Kollektive Entscheidungsprozesse

In Kapitel 8 haben wir auf einfache Weise beschrieben, wie ein Konsument sein Einkommen verwendet: Er wählt den am meisten präferierten Punkt auf seiner Budgetbeschränkung. Bei der Allokation der öffentlichen Mittel sind Gemeinden, Staaten und Bundesregierung ebenfalls mit Budgetbeschränkungen konfrontiert. Sie können zum Beispiel mehr Kampfflugzeuge kaufen und dafür weniger Geld für die Schulen ausgeben, oder sie können die Sozialrenten erhöhen und dafür die Ausgaben für die medizinische Versorgung der Rentner kürzen. Der große Unterschied zwischen individuellen und kollektiven Entscheidungen besteht darin, daß die einzelnen Bürger über politische Entscheidungen unterschiedlicher Meinung sein können. Rentner wollen vielleicht eine Erhöhung der Sozialrenten; Familien mit Kindern wünschen sich mehr Geld für das Schulwesen; Geschäftsleute sehen möglicherweise Gewinnchancen durch höhere Verteidigungsausgaben. Aus diesen widersprüchlichen Vorstellungen muß irgendwie eine Entscheidung herausdestilliert werden.

Es gibt viele Theorien über kollektive Entscheidungsprozesse - unter anderem auch solche, die den Einfluß der Interessengruppen in den Mittelpunkt stellen - aber die einfachste Theorie beschäftigt sich direkt mit dem Abstimmungsprozeß. In einer Demokratie herrscht angeblich die Mehrheit. Im folgenden Abschnitt gehen wir der Frage nach, welche Folgen sich daraus für die Ressourcenallokation ergeben.

Mehrheitswahlrecht und Medianwähler

Betrachten wir zum Beispiel die Entscheidung über die Höhe der Ausgaben für öffentliche Schulen. Manche Bürger wollen dafür mehr ausgeben, andere weniger. Wer wird sich durchsetzen? Nach der **Medianwählertheorie** ist das Ergebnis einer Mehrheitsentscheidung bemerkenswert einfach zu prognostizieren. Es ist der Medianwähler - eine Hälfte der Bevölkerung will weniger ausgeben als dieser Wähler und die andere mehr - dessen Interessen am Ende dominieren. Angenommen, der Medianwähler möchte, daß pro Schüler 5.000 $ ausgegeben werden und es gibt insgesamt 40.001 Wähler. Bei jeder Abstimmung zwischen 5.000 $ pro Schüler und einem geringeren Betrag, etwa 3.000 $, wird die Mehrheit für 5.000 $ stimmen. Das gleiche gilt, wenn zwischen 5.000 $ und einem höheren Betrag abgestimmt wird. Der Medianwähler wird immer mit derjenigen Gruppe stimmen, deren Wunschbetrag am nächsten bei 5.000 $ liegt, so daß am Ende eine Mehrheit für 5.000 $ herauskommt. Das ist die Entscheidung, die der Medianwähler getroffen hätte, wenn die Entscheidung allein seine Sache gewesen wäre.

Natürlich stimmen die Wähler über die meisten Fragen nicht direkt ab, sondern wählen Politiker, die Abstimmungen durchführen. Politiker wollen jedoch wiedergewählt werden. Um die Wahrscheinlichkeit ihrer Wiederwahl zu erhöhen, vertreten sie Standpunkte, die für möglichst viele Wähler attraktiv sind. Wenn die Politiker von beiden großen Volksparteien versuchen, die Anzahl der auf sie entfallenden Wählerstimmen zu maximieren, werden sie alle Positionen einnehmen, die den Ansichten des Medianwählers entsprechen.

Um das zu verstehen, stellen wir uns vor, die von den verschiedenen Bürgern gewünschten Ausgaben für das öffentliche Schulwesen seien der Höhe nach geordnet. Weiter nehmen wir an, daß es zwei Parteien A und B gibt, und daß der Ausgabenvorschlag der Partei A gerade so hoch ist, daß 40 Prozent der Wähler einen niedrigeren Ausgabenbetrag und 60 Prozent der Wähler einen höheren Ausgabenbetrag wünschen. Dann kann die Partei B die Wahl einfach dadurch gewinnen, daß sie einen Ausgabenbetrag vorschlägt, bei dem 41 Prozent der Wähler darunter und 59 Prozent darüber liegen; dadurch würde sie 59 Prozent der Wählerstimmen auf sich vereinigen - ein überwältigender Sieg. Natürlich weiß das die Partei A und sie wird versuchen, ihre Position so zu formulieren, daß die Opposition nicht so leicht eine Mehrheit gewinnen kann. Es gibt also für beide Parteien einen starken Anreiz, einen Standpunkt einzunehmen, der sich von demjenigen des Medianwählers möglichst wenig unterscheidet.

Diese Theorie erklärt, warum die Wähler oft das Gefühl haben, daß sie nicht wirklich zwischen zwei verschiedenen Programmen wählen können: Um bei der Wahl nicht zu unterliegen, versuchen beide Parteien, eine Position in der Mitte zu finden. Wir können damit auch das Verhalten der Regierung vorhersagen: Sie wird versuchen, so gut wie möglich die Interessen des Medianwählers zu realisieren.[1]

Das Wahlparadox

Regierungen sind in ihren Handlungsweisen nicht immer konsistent. Das mag nicht überraschen, wenn man bedenkt, daß die Entscheidungen des Staates nicht die Präferenzen eines einzelnen Menschen widerspiegeln. Man kann sogar zeigen, daß eine Mehrheitsentscheidung zu einem unbestimmten Ergebnis führen kann, wenn nur drei Menschen über drei Alternativen abstimmen. Auf dieses sogenannte **Wahlparadox** hat vor mehr als zweihundert Jahren der Franzose Marquis de Condorcet hingewiesen. Betrachten wir das einfache Beispiel von drei Leuten, die zusammen ins Kino gehen wollen und die Auswahl auf drei Filme reduziert haben. Die Tabelle auf Seite 629 gibt die individuellen Präferenzen wieder.

Wenn sie je zwei Filme miteinander vergleichen, stellen sie fest, daß sie eine 2:1-Entscheidung für *Young and Romantic* und gegen *Third and Goal to Go* treffen würden und ebenso eine 2:1-Entscheidung für *Third and Goal to Go* und gegen

---

[1] Das Prinzip, daß beide Parteien sich immer mehr dem Zentrum (im Sinne der Ansichten des Medianwählers) annähern, wurde zuerst von dem Wirtschaftsstatistiker Harold Hotelling gefunden, der an der Columbia University und an der North Carolina State University unterrichtet hat.

Automatic Avengers. Aufgrund dieser Information würde man logischerweise erwarten, daß sie auf jeden Fall dem Film *Young and Romantic* gegenüber *Automatic Avengers* den Vorzug geben würden. Aber wenn sie darüber abstimmen, kommt eine 2:1-Entscheidung für *Automatic Avengers* heraus. Also kann kein Film diese Mehrheitsentscheidung gewinnen. Durch eine Mehrheitsabstimmung können sie je zwei Filme miteinander vergleichen, aber sie können nicht alle drei in eine Reihenfolge bringen.

	Jessica	Ralph	Bruno
1. Wahl	Young and Romantic	Third and Goal to Go	Automatic Avengers
2. Wahl	Third and Goal to Go	Automatic Avengers	Young and Romantic
3. Wahl	Automatic Avengers	Young and Romantic	Third and Goal to Go

Der Nobelpreisträger Kenneth Arrow hat ein noch bemerkenswerteres Ergebnis bewiesen. Unter bestimmten Umständen führen alle Wahlsysteme (Zweidrittelmehrheit, gewichtete Mehrheit, usw.) zu der gleichen Art von Unentscheidbarkeit. Inkonsistenzen sind ein inhärentes Merkmal des Entscheidungsprozesses jeder demokratischen Regierung. Die einzige Möglichkeit, diesem Problem zu entgehen und sicherzustellen, daß konsistente Entscheidungen getroffen werden, besteht darin, einen einzigen Menschen mit allen Entscheidungen zu betrauen. Auf diese Weise erhält man konsistente Entscheidungen aber keine demokratische Regierung!

Glücklicherweise sind Inkonsistenzen in demokratischen Entscheidungsprozessen nicht unvermeidlich. Wenn zum Beispiel bei Mehrheitsentscheidungen nur eine einzige Variable zur Abstimmung steht, sagen wir die Höhe der Ausgaben für das staatliche Schulwesen, und wenn jeder Wähler ein bestimmtes Ausgabenniveau präferiert und diejenige Variante wählt, die diesem Niveau am nächsten kommt, wird immer der Medianwähler den Ausgang bestimmen. Manchmal sind die Präferenzen aber komplizierter; so bevorzugen zum Beispiel einige Menschen ein hohes Ausgabenniveau für öffentliche Schulen und sind dann auch bereit, ihre Kinder auf diese Schulen zu schicken. Wenn die Ausgaben für das staatliche Schulwesen in ihren Augen aber unzureichend sind, schicken sie ihre Kinder auf Privatschulen. Deshalb bevorzugen sie ein sehr niedriges Ausgabenniveau gegenüber einem mittleren Ausgabenniveau. Wenn die Alternativen nicht einfach mit „mehr" oder „weniger" beschrieben werden können (wie in dem Beispiel mit den drei Filmen), dann taucht das Wahlparadox auf, und es gibt keine Möglichkeit, das Ergebnis des Abstimmungsprozesses theoretisch vorherzusagen.

Interessengruppen und Rent-seeking

Die Medianwählertheorie gibt eine klare Antwort auf die Frage, wie in einer Demokratie Entscheidungen getroffen werden. Oft entspricht jedoch das Verhalten einer Regierung nicht im entferntesten den Interessen des Medianwählers sondern eher denen bestimmter Interessengruppen.

Eine ökonomische Erklärung dafür besteht darin, daß Volksvertreter immer höhere Wahlkampffonds benötigen, um erfolgreich wiedergewählt zu werden, und daß Interessengruppen oft bereit sind, gegen politische Zugeständnisse an ihre speziellen Interessen diese Mittel zur Verfügung zu stellen. In den USA argumentieren diese Gruppen, daß die Berücksichtigung ihrer speziellen Interessen auch im allgemeinen Interesse liege. So verlangen zum Beispiel die Gas- und die Ölindustrie umfangreiche Steuersubventionen und betonen dabei die Bedeutung der Energie für die amerikanische Wirtschaft.

In der Wirtschaftswissenschaft bezeichnet man solche Aktivitäten als *Rent-seeking*. Wie wir aus Kapitel 12 wissen, spricht man von Rente, wenn ein Produktionsfaktor einen Ertrag erzielt, der höher ist als derjenige Ertrag, der notwendig ist, damit dieser Produktionsfaktor überhaupt am Markt angeboten wird. In Kapitel 16 haben wir gesehen, daß der Ausdruck *Rent-seeking* verwendet wird, wenn einzelne Bürger oder Unternehmungen Ressourcen darauf verwenden, Renten oder andere spezielle Zugeständnisse politisch durchzusetzen. Der Staat hat die Macht, Steuern und Zölle zu erheben, Subventionen zu gewähren und auf andere Weise in private Märkte einzugreifen und kann dadurch die Profitabilität der verschiedenen Unternehmungen enorm beeinflussen. So ist zum Beispiel der Versuch der Autohersteller in den achtziger Jahren, Importbeschränkungen durchzusetzen, ein Fall von *Rent-seeking*. Ein Schutz vor der Konkurrenz aus dem Ausland bedeutet, daß sie für ihre Produkte höhere Preise erzielen und damit einen größeren Gewinn machen können.

In den Haushaltsdebatten der Jahre 1995 und 1996 erregte eine Bestimmung mit dem Titel „*corporate welfare*" einige Aufmerksamkeit. In einer Zeit, in der vielen Gruppen, wie etwa den Empfängern von Sozialhilfe und staatlich finanzierten medizinischen Leistungen, Opfer abverlangt würden - so wurde argumentiert - sei es nur fair, wenn auch große Unternehmungen ihren Anteil beitragen müßten. Durch steuerliche Bevorzugungen und andere, oft versteckte, Subventionen (wie zum Beispiel den Verkauf von Bauholz unter dem Marktwert) entgehen dem Fiskus jährlich Einnahmen in Milliardenhöhe. Als Teil ihres Plans zur Verringerung des Haushaltsdefizits schlug die Clinton-Regierung vor, innerhalb von sieben Jahren Subventionen im Wert von mehr als 40 Mrd. $ zu streichen.

Solange der Staat die Macht hat, Renten und andere Vergünstigungen zu gewähren, sind *Rent-seeking*-Aktivitäten lohnend und die Entscheidungen der Regierung sind entsprechend verzerrt. Dabei macht es keinen großen Unterschied, ob die Einflußnahme die Form der direkten Bestechung annimmt, wie das oft in Entwicklungsländern der Fall ist, oder ob mit Hilfe von Wahlkampfspenden das Abstimmungsverhalten von Kongreßabgeordneten gelenkt werden soll. Die Konsequenzen sind wahrscheinlich in beiden Fällen ähnlich: Der Staat läßt sich von Interessengruppen beeinflussen.

Ein Blick in die Wirtschaftspolitik: Motorisierte Wähler

Oft werden Abstimmungsergebnisse einfach durch die Wahlbeteiligung bestimmt. In gewissem Sinn ist es für die Wähler nicht *rational*, an einer Wahl teilzunehmen. Es kostet Zeit, sich die nötigen Informationen zu beschaffen und zur Wahl zu gehen. Und die Wahrscheinlichkeit, daß irgendein Einzelner das Ergebnis beeinflussen kann, ist vernachlässigbar gering. Sicherzustellen, daß ein Gemeinwesen gut regiert wird, ist ein öffentliches Gut: Alle profitieren davon, wenn die Regierung gut funktioniert und, wie bei allen öffentlichen Gütern gibt es eine Tendenz zur Unterversorgung.

Die Tatsache, daß der Einzelne einen so geringen Anreiz zur Wahlbeteiligung hat und daß die Wahlbeteiligung den Wahlausgang so stark beeinflußt, ist den Politikern nicht verborgen geblieben. Zwar legen alle Parteien Lippenbekenntnisse ab für eine möglichst hohe Wahlbeteiligung, aber diejenige Partei, die sich von der Beteiligung der Nichtwähler einen Gewinn erwartet, wird sich wahrscheinlich stärker darum bemühen. So hat zum Beispiel Präsident Clinton nach seinem Amtsantritt im Jahr 1993 ein Gesetz vorgeschlagen, das den Wählern die Registrierung vereinfachen sollte. Dieses Gesetz, das *Motor Voter bill* („Gesetz für motorisierte Wähler") genannt wurde, weil es vorsah, daß man sich gleichzeitig mit dem Erwerb eines Führerscheins ins Wählerverzeichnis aufnehmen lassen konnte, traf auf den Widerstand einiger Republikaner. Als Grund brachten sie vor, daß es auf diese Weise mehr Ausländern ohne Wahlrecht gelingen könnte, in die Wählerverzeichnisse hineinzurutschen. Der republikanische Gouverneur von Kalifornien, Pete Wilson, kritisierte auch, daß das Gesetz eine typische Aufgabe ohne Finanzierung sei, eine Pflicht, die den Staaten von der Bundesregierung auferlegt wird, ohne daß sie gleichzeitig die zur Durchführung erforderlichen Mittel vom Bund erhalten. Skeptiker aus den Reihen der Demokraten hatten allerdings den Verdacht, daß es den Republikanern tatsächlich um die Auswirkungen auf das Wahlergebnis ging.

Bürokratie

Ein weiterer Aspekt des staatlichen Verhaltens, der mit dem *Principal-Agent*-Problem zu tun hat, wird in der Theorie der Bürokratie erfaßt. Der Staat besteht nicht nur aus gewählten Volksvertretern sondern auch aus Beamten, deren Aufgabe es ist, die staatlichen Programme zu verwalten. So wie im privaten Sektor die

Interessen der Manager nicht vollkommen mit denen der Aktionäre übereinstimmen, handeln auch die Manager der öffentlichen Verwaltung nicht unbedingt so, wie es das Wahlvolk über die gewählten Volksvertreter am liebsten hätte - oder so, wie es im weiteren Sinne dem öffentlichen Interesse entspricht.

Auch wenn es ihnen durchaus darum geht, ihre Arbeit gut zu machen, sind Bürokraten doch immer auch an ihrer eigenen Karriere interessiert. So kann zum Beispiel die Angst davor, einen Fehler zu machen, dazu führen, daß sie sich risikoavers verhalten. Weil es so schwierig ist, den „Output" der Administration zu bewerten, wird die Leistung oft stärker daran gemessen, inwieweit sich jemand an bestimmte bürokratische Abläufe gehalten hat, was das Wuchern der Bürokratie teilweise erklärt. Bürokraten können ein Interesse daran haben, ihre Einflußsphäre auszudehnen, genauso wie Geschäftsleute ein Interesse an der Erhöhung ihres Umsatzes haben. Während jedoch Geschäftsleute ihren Umsatz dadurch erhöhen, daß sie ein Gut zu einem günstigeren Preis anbieten, erhöhen Bürokraten ihren Einfluß, indem sie den Gesetzgeber überreden, ihnen mehr Mittel oder Personal zur Verfügung zu stellen oder ihren Aufgabenbereich auszudehnen. Das führt zu einem Wettbewerb zwischen den Bürokraten, der unter Umständen nachteilige Folgen hat.

Agrarpolitik: Eine Fallstudie

Die Agrarpolitik ist eine wahre Fundgrube für das Studium der verworrenen Motive des Staates und der Öffentlichkeit und des Marktversagens, das die staatlichen Aktivitäten häufig charakterisiert. In den Vereinigten Staaten gibt es umfangreiche Subventionsprogramme für die Landwirtschaft, die 1986 einen Rekordwert von mehr als 25 Mrd. $ pro Jahr erreichten. Die Gesamtkosten für die amerikanischen Konsumenten sind jedoch viel höher, denn eines der Hauptziele des Programms ist die Stützung der Preise für landwirtschaftliche Produkte, die die Konsumenten letztendlich zu bezahlen haben.

Der Staat rechtfertigt seine Agrarpolitik mit zwei Begründungen. Da sind zunächst die starken Schwankungen von Preisen und Output in der Landwirtschaft, Risiken, gegen die sich ein Farmer nicht adäquat versichern kann. Die Agrarpolitik wird deshalb manchmal damit begründet, daß man versucht, die Preise zu stabilisieren. Die Preise werden aber nicht auf dem Niveau eines durchschnittlichen Marktpreises stabilisiert, wie man es eigentlich erwarten würde, wenn das Ziel wirklich die Risikoverminderung wäre. Stattdessen werden sie auf einem höheren Niveau stabilisiert, so daß der Staat auf manchen Märkten umfangreiche Aufkäufe tätigen muß, um die Preise und Produktionsbeschränkungen aufrechtzuerhalten. Man muß auch bedenken, daß die Farmer vor allem das Einkommensrisiko fürchten. Preisstabilisierung kann aber das *Einkommens*risiko nicht eliminieren. Das Einkommen hängt vom Outputpreis, der Outputmenge und den Kosten ab. Preisstützungsprogramme betreffen nur eine dieser drei Variablen. Das Ziel der Risikoverminderung könnte man also durch eine andere Gestaltung der Agrarpolitik besser erreichen. Tatsächlich gibt es heute Märkte, auf denen die Farmer effektiv sicherstellen können, daß sie zum Zeitpunkt der Ernte einen bestimmten Preis erzielen werden; das macht die Rolle des Staates noch fragwürdiger.

Zweitens wird die Agrarpolitik, zumindest soweit sie den kleinen Bauernhöfen zugute kommt, als Sozialpolitik für ländliche Gegenden gerechtfertigt. Diese Begründung ist jedoch wenig glaubhaft, denn eine Politik, die die Landwirtschaft durch Preiserhöhungen unterstützt, führt natürlich dazu, daß Großbetriebe mehr erhalten als Kleinbetriebe, denn die Subvention ist umso höher, je mehr ein Betrieb auf den Markt bringt. Um herauszufinden, ob es dem Staat hier wirklich um die Armutsbekämpfung geht, muß man zwei Fragen stellen: Gibt es irgendeinen Grund, warum dem Staat arme Landwirte mehr am Herzen liegen sollten als Arme in irgendwelchen anderen Sektoren der Volkswirtschaft? Angenommen, es gibt einen solchen Grund, könnte man dann nicht eine Agrarpolitik konzipieren, die dieses Problem direkter angeht, anstatt gleichzeitig den landwirtschaftlichen Großbetrieben hohe Subventionen zukommen zu lassen? Tatsächlich ist das Durchschnittseinkommen in der Landwirtschaft heute höher als außerhalb der Landwirtschaft; das gesamte Lohneinkommen in der Landwirtschaft ist zwar in den letzten Jahren zurückgegangen, aber die durchschnittliche *Lohnsumme* eines bäuerlichen Haushalts liegt heute über 30.000 $ und damit fast so hoch wie das durchschnittliche *Einkommen* einer Familie in den USA.

Schlimmer noch, die Agrarpolitik hat in vielen Fällen zur Verschlechterung der Umweltqualität beigetragen. Aufgrund der Eigenheiten des Agrargesetzes erhalten die Farmer geringere Zuwendungen, wenn sie Fruchtwechsel praktizieren, obwohl dadurch die Bodenqualität verbessert werden kann. Die hohen Mengensubventionen begünstigen auch einen exzessiven Gebrauch von Düngemitteln und Pestiziden. Das 1996 verabschiedete neue Agrargesetz hat diese Verzerrungen zum Teil wieder zurückgenommen.

Es gibt für die Agrarpolitik eine einfache Erklärung: Die entsprechenden Interessengruppen versuchen, auf Kosten der Steuerzahler und Konsumenten das Einkommen ihrer Mitglieder zu erhöhen. Nehmen wir zum Beispiel die Bestimmungen für den Reis- und Tabakanbau. Viele Reisfarmen befinden sich in Kalifornien auf bewässertem Land. Selbst bei hohen Subventionen ist der Reisanbau nur deshalb profitabel, weil auch der Wasserpreis stark subventioniert wird. Es stellt sich die Frage, weshalb die Regierung eines Staates, der ständig mit Wasserknappheit zu kämpfen hat, den Reisanbau subventioniert. Genauso könnte man fragen, warum sich die Regierung die Botschaft, daß Rauchen der Gesundheit schadet, viel Geld hat kosten lassen und gleichzeitig den Tabakanbau subventioniert hat.

Allgemeiner geht es darum, wie man den offensichtlich überproportionalen Einfluß bestimmter kleiner Interessengruppen erklären kann. Die Farmer, die weniger als zwei Prozent der amerikanischen Bevölkerung ausmachen, haben erreicht, daß sie von der Bundesregierung enorme Subventionszahlungen erhalten. Die Erklärung, die der Nobelpreisträger Gary Becker vorgeschlagen hat, läuft darauf hinaus, daß das Trittbrettfahrerproblem umso geringer ist, je kleiner die Gruppe ist. Die Bestechung von Abgeordneten zur Durchsetzung der eigenen Interessen ist ein öffentliches Gut. Alle Weizenfarmer profitieren von einer Weizensubvention. Alle Stahl- oder Autohersteller haben einen Vorteil von Handelsbarrieren gegen preisgünstigere Importe aus dem Ausland. Aber weil es sich hier um kleine Gruppen handelt, ist es leichter, alle Betroffenen dazu zu überreden, daß sie sich an den Kosten der Lobbyarbeit beteiligen. Bei all diesen Subventionsprogrammen gibt es auch Verlierer. Die Verlierer sind nicht nur insgesamt zahlreicher als die Gewinner, ihr Verlust ist auch insgesamt größer als der Gewinn der begünstigten Interessengruppen. Aber jeder von ihnen verliert nur wenig, während jeder der Begünstigten sehr viel gewinnt. Der Widerstand gegen den Einfluß der Interessengruppen ist ebenfalls ein öffentliches Gut, und jeder Betroffene hat einen Anreiz, sich als Trittbrettfahrer zu verhalten. Im Ergebnis ist es für große Gruppen wie die Konsumenten schwieriger, sich zu organisieren, als für spezielle Interessengruppen wie zum Beispiel eine Branche.

Unter die Lupe genommen:
Volkswirtschaftslehre und Reform des Haftungsrechts

Im Vorfeld der Wahlen vom November 1994 unterschrieben die republikanischen Kongreßabgeordneten und diejenigen, die es werden wollten, den „Vertrag mit Amerika". Darin versprachen sie unter anderem eine Reform des amerikanischen Haftungsrechts.

Im neunzehnten Jahrhundert konnte man in den USA nur für Handlungsweisen, die stark von der Norm abwichen, gerichtlich haftbar gemacht werden, wenn zum Beispiel das Haus des Nachbarn in die Luft flog, weil man Sprengstoff im Garten aufbewahrt hatte. Handlungen, die stark von der Norm abweichen, kommen definitionsgemäß nicht allzu oft vor; die Haftpflicht war also recht eingeschränkt. Anfang des zwanzigsten Jahrhunderts wurde dieses Haftungsrecht als nicht mehr ausreichend empfunden. Schließlich kommen auch viele Menschen zu Schaden, wenn alles seinen normalen Gang geht, am Arbeitsplatz, im Straßenverkehr, beim Benutzen verschiedener Produkte und so weiter. Wenn die Haftpflicht nur bei ungewöhnlichen Verhaltensweisen greift, erhalten die meisten Menschen, die ohne eigenes Verschulden verletzt werden, keine Entschädigung.

In den dreißiger und vierziger Jahren wiesen Wirtschaftswissenschaftler darauf hin, daß Arbeitgeber, Autofahrer und Produkthersteller keinen ausreichenden Anreiz zur Sorgfalt haben, wenn sie für die Kosten, die sie anderen Menschen aufbürden, nicht einzustehen brauchen. Sie schlugen vor, die Haftpflicht als eine Art Versicherungssystem zu betrachten. So würden sich zum Beispiel die Produzenten gegen Schadenersatzansprüche „versichern", indem sie für ihre Produkte einen geringfügig höheren Preis verlangen (der dann quasi eine Versicherungsprämie enthält) und das Geld benutzen, um denjenigen, die durch ihre Produkte verletzt worden sind, die gerichtlich festgelegte Entschädigung zu bezahlen.

Bis zum Beginn der sechziger Jahre hatte sich die sogenannte „strenge" Haftpflicht durchgesetzt, bei der man für jeden Schaden, den man verursacht, verantwortlich gemacht wird, unabhängig davon, ob man sich normwidrig verhalten hat oder nicht. Man sah darin ein nützliches Mittel, um die Menschen zu mehr Vorsicht anzuhalten und um sicherzustellen, daß Unfallopfer eine Entschädigung erhalten. Aber die strenge Haftpflicht verursachte wieder andere Probleme. Sie verringerte zwar das Auftreten negativer externer Effekte, führte aber zu einer Lawine von Gerichtsverfahren, die manchmal geradezu schikanös waren, und zu einem entsprechenden Anstieg der Haftpflichtversicherungsprämien. Hinzu kam, daß die Hersteller, die für jeden Schaden haftbar gemacht wurden, unabhängig davon, wie sorgfältig sie ihr Produkt getestet hatten, immer mehr zögerten, innovative Produkte einzuführen.

Die Gerichte haben sogar den sogenannten „Strafschadenersatz" zugelassen, also einen Schadenersatz, der über den tatsächlich entstandenen Verlust hinausgeht, um die Firmen dazu zu bringen, sich noch sorgfältiger um die Produktsicherheit zu bemühen. Aber Kritiker behaupten, daß die Jurys zu weit gegangen sind. Der Vertrag mit Amerika versucht, den Strafschadenersatz einzuschränken und so die Balance wiederherzustellen. Ob das gelingt, oder ob das Pendel wieder nach der anderen Richtung ausschlagen wird, ist bei dieser Reform die entscheidende Frage.

23.2 Staatsversagen

Daß die Märkte im großen und ganzen die effizienteste Organisationsform der Wirtschaft sind, ist heute allgemein akzeptiert, ebenso wie die Vorstellung, daß es unter bestimmten Umständen zu Marktversagen kommt, wie zum Beispiel die Umweltverschmutzung zeigt. Die Rolle des Staates bei der Korrektur des Marktversagens ist eher umstritten, wobei die meisten Amerikaner der Meinung sind, daß auch bei einem gravierenden Marktversagen der Staat die Sache wahrscheinlich eher verschlimmern als verbessern wird.

Tatsächlich sind die Erfahrungen nicht ganz so eindeutig, wie man aufgrund der staatsfeindlichen Rhetorik glauben könnte. Der Staat spielt seit langem eine wichtige Rolle in der Wirtschaft und die Liste der allgemein anerkannten Erfolge ist entsprechend lang. Der erstaunliche Anstieg der landwirtschaftlichen Produktivität über die letzten 75 Jahre wird allgemein der staatlich unterstützten Forschung und Aufklärung der Farmer über neue Technologien zugute gehalten. Staatliche Laboratorien haben von der Atomenergie bis zur Entdeckung des Aids-Virus bahnbre-chende Forschungsergebnisse vorzuweisen. Die wichtigsten Entwicklungsschritte in der Computertechnologie und bei Düsentriebwerken waren ein Ergebnis staatli-cher Forschungsförderung. Die Entwicklung des Telekommunikationssektors ba-sierte auf staatlicher Unterstützung, von der ersten Telegraphenverbindung zwi-schen Baltimore und Washington im Jahr 1842 bis hin zur Entwicklung des Internet in den siebziger und achtziger Jahren. Daß die Amerikaner begannen, sich als eine Nation zu fühlen, hat auch mit den kontinentüberspannenden Eisenbahnli-nien zu tun, die erst dadurch ermöglicht wurden, daß der Staat den Eisenbahnge-sellschaften enorme Mengen an Land überlassen hat. Luft- und Wasserqualität ha-ben sich durch die umweltpolitischen Aktivitäten des Staates verbessert.

Auch in bezug auf die relative Ineffizienz des Staates sind die Erfahrungen ge-mischt. Die staatliche Canadian National Railroad ist anscheinend genauso effizi-ent wie die private Canadian Pacific Railroad. Und selbst die verschriene Post hat es geschafft, Ihre Produktivität im Vergleich zu anderen Sektoren überdurch-schnittlich zu steigern.

Trotzdem gibt es auch beeindruckende Beispiel für Staatsversagen - von öffentli-chen Wohnanlagen, die schlimmer sind als jeder Slum, bis hin zu den Kostenüber-schreitungen bei Rüstungsprojekten. Und einige der staatlichen Erfolge hatten fragwürdige Nebeneffekte: Die Interstate-Highways haben zwar die Transportzei-ten drastisch reduziert, aber auch zur Ausbreitung des Stadtgebiets beigetragen, unter der viele amerikanische Großstädte leiden. Die schlimmsten Probleme waren meistens das Ergebnis des komplexen Zusammenspiels zwischen dem privaten und dem öffentlichen Sektor. Die Krise der Sparkassen, die die amerikanischen Steuer-zahler mehr als 200 Mrd. $ gekostet hat, war die Folge von übermäßig spekulati-ven Investitionen durch die Manager der privaten Sparkassen. Aber die staatliche Einlagenversicherung hat es den Sparern ermöglicht, ihr Geld den Sparkassen zu geben, ohne sich über seine Verwendung irgendwelche Gedanken zu machen. So haben die Sparkassen immer riskantere Investitionen getätigt, ohne auf die Kon-teninhaber Rücksicht zu nehmen. Und die staatliche Aufsichtsbehörde hat es ver-säumt, angesichts der sich verschlechternden Bankbilanzen strenge Maßnahmen zu ergreifen, und hat damit die Kosten des Debakels für die Steuerzahler letztendlich noch erhöht.

Um zu klären, welche Rolle für den Staat angemessen ist und wie seine Erfolgsbi-lanz verbessert werden kann, muß man zuerst die *systematischen* Ursachen des Staatsversagens verstehen. Systematisches Staatsversagen tritt hauptsächlich in drei Formen auf, nämlich als Anreizprobleme, Budgetprobleme und unbeabsich-tigte Konsequenzen des staatlichen Handelns.

Anreize und Budgetbeschränkungen

Im Gegensatz zu privaten Organisationen hat der Staat die Möglichkeit, Zwang auszuüben. Er kann die Bürger dazu zwingen, Steuern zu zahlen. Er kann Unternehmungen, die sich am zwischenstaatlichen Handel beteiligen, daran hindern, einen Lohn zu bezahlen, der unter dem gesetzlich vorgeschriebenen Mindestlohn liegt. Und so weiter. Da diese Macht enorme Möglichkeiten des Mißbrauchs mit sich bringt, hat man bestimmte Verfahrensregeln entwickelt, um die Bürger gegen staatliche Willkür zu schützen.

Ein gutes Beispiel für die Anreizprobleme, die durch solche Verwaltungsvorschriften entstehen können, sind die Regeln für die Beschäftigung im öffentlichen Dienst. Diese Regeln sollen sicherstellen, daß Beschäftigte im öffentlichen Dienst nicht diskriminiert oder anderweitig willkürlich behandelt werden. Diese Regeln sind jedoch oft inflexibel und machen es schwierig, Beamten, die genauso gut arbeiten wie Angestellte im Privatsektor mit vergleichbarer Qualifikation und Arbeitsmotivation, vergleichbare Gehälter oder Aufstiegsmöglichkeiten zu bieten. Noch schwieriger ist es für den Staat, inkompetente und faule Arbeitskräfte zurückzustufen oder zu entlassen. Deshalb hat der öffentliche Sektor nur begrenzte Möglichkeiten, durch Personalmanagement seine Effizienz zu maximieren.

Hinzu kommt, daß es für den Staat schwierig ist, langfristige Verpflichtungen einzugehen, die als bindend wahrgenommen werden. Die Republikaner, die 1994 den „Vertrag mit Amerika" mit seinen Garantien in bezug auf Steuern, Haushaltsdefizit und ähnliche Themen unterschrieben haben, werden diesen Vertrag einhalten oder auch nicht. Wenn sie sich nicht daran halten, haben die amerikanischen Wähler keine *rechtliche* Handhabe. Jeder Kongreß kann Entscheidungen früherer Kongresse rückgängig machen, auch wenn man vielleicht versucht, Gesetze und Gesetzgebungsregeln so zu formulieren, daß eine gewisse Kontinuität gewahrt wird. Die beschränkte Fähigkeit des Staates, bindende Zusagen zu machen, kann gravierende wirtschaftliche Folgen haben. Nehmen wir als Beispiel ein Versprechen der Regierung, die Zinssätze zu stabilisieren. Die gegenwärtige Regierung kann die Investoren vielleicht davon überzeugen, daß sie die Zinssätze niedrig halten wird. Sie hat aber keinerlei Kontrolle darüber, was bei den nächsten Wahlen passiert. Die Investoren wissen das und machen sich ihr eigenes Bild vom Zinsrisiko; dadurch kann die Wirksamkeit der gegenwärtigen Regierungspolitik verringert werden. Die gegenwärtige Regierung kann dafür sorgen, daß ein Anstieg der Inflationsrate zukünftige Regierungen teuer zu stehen kommt; sie kann zum Beispiel kurzfristige Staatsschuldpapiere herausgeben, so daß bei einer Beschleunigung der Inflation die Zinsbelastung des Staatshaushalts stark steigen würde.

Ein weiterer Faktor, der die Effizienz der Wirtschaftspolitik unterminieren und zu Entscheidungen gegen die wohlverstandenen gesellschaftlichen Interessen führen kann, ist der für den demokratischen Prozeß typische politische Druck. Ein Hauptbeispiel dafür ist das Interesse der Vertreter der Legislative an ihrer Wiederwahl.

Das kann dazu führen, daß bestimmte Projekte unterstützt werden, die im Wahlbezirk eines einflußreichen Abgeordneten Arbeitsplätze schaffen und seine Wiederwahl begünstigen, aber aus gesamtwirtschaftlicher Sicht nicht sinnvoll sind. Hinzu kommt, daß die enormen Wahlkampfkosten den gewählten Volksvertretern einen Anreiz geben, die Ansichten und Bedürfnisse derjenigen, die ihren Wahlkampf finanziell unterstützt haben, besonders zu beachten. Auf diesem Weg können zum Beispiel Lobbyisten einen Einfluß ausüben, der zu der Bedeutung der von ihnen vertretenen Interessen in keinerlei Verhältnis steht.

Haushaltsrechtliche Vorschriften

Budgetbeschränkungen und Ausgabenvorschriften der öffentlichen Verwaltung unterscheiden sich von denen im privaten Sektor auf dreierlei Weise. Erstens sind die Budgetbeschränkungen für Entscheidungsträger im öffentlichen Dienst weniger streng. Im Gegensatz zu einer Privatfirma, die mit Zahlungsunfähigkeit rechnen muß, wenn die Verluste zu hoch werden, kann eine öffentliche Unternehmung sich leichter an den Staat um Hilfe wenden. Man spricht in diesem Zusammenhang von **weichen Budgetbeschränkungen.** So macht zum Beispiel in den USA die staatliche Eisenbahngesellschaft Amtrak weiterhin Verluste, obwohl die Regierung das Gegenteil versprochen hat. Ein Hauptgrund für diese Verluste sind arbeitsrechtliche Regelungen, die der Gesellschaft vom Staat aufgezwungen worden sind: Sie muß nicht nur bei Entlassungen Entschädigungen bezahlen sondern auch bei Versetzungen, und zwar selbst dann, wenn der neue Arbeitsplatz nicht sehr weit vom alten entfernt liegt. Weiche Budgetbeschränkungen schwächen die Effizienzanreize für die Manager öffentlicher Unternehmungen. Nichts hält Manager so gut auf Trab wie die Konkursgefahr.

Zweitens ist der öffentliche Sektor im Unterschied zum privaten auf die alljährliche Mittelbewilligung angewiesen. Dadurch können kurzfristige Ausgabenbeschränkungen entstehen, die langfristig nicht kosteneffizient sind. Die beschränkte Flexibilität bei den Investitionen ist ein besonders unseliger Nebeneffekt der jährlichen Haushaltsbeschlüsse. So hat die Clinton-Regierung zum Beispiel die Vergesellschaftung der Flugsicherung unter anderem deshalb vorgeschlagen, um diesem starren Korsett zu entkommen. Obwohl die Flugsicherung bei der Unfallverhütung beachtliche Leistungen erbringt, haben viele eine Katastrophe kommen sehen. Die Computer der Flugsicherung waren so veraltet, daß sie zum Teil noch mit Vakuumröhren betrieben wurden. Die Flugsicherung war wahrscheinlich der größte Abnehmer dieser veralteten Produkte, die in den Vereinigten Staaten gar nicht mehr hergestellt werden und aus Polen importiert werden müssen. Der Staat konnte einfach nicht innerhalb eines Jahres die geschätzten 30 Mrd. $ ausgeben, die notwendig gewesen wären, um das System zu modernisieren.

Drittens stehen auch einige der Verfahrensvorschriften zur Kostenkontrolle einer effizienten Haushaltspolitik des Staates entgegen. Niemand freut sich über eine

Verschwendung öffentlicher Geldmittel, am wenigsten die Steuerzahler oder die Kongreßabgeordneten, die den Zorn der Steuerzahler fürchten müssen. Um Verschwendung und Korruption zu verhindern, hat der Staat im Beschaffungswesen detaillierte Vorschriften über die Buchführung und die öffentliche Ausschreibung von Aufträgen erlassen. Manchmal verursachen jedoch diese Verfahrensvorschriften mehr Kosten als Einsparungen, und das nicht nur wegen des zusätzlichen bürokratischen Aufwands. Eine spezielle Arbeitsgruppe unter Vizepräsident Al Gore beleuchtete das Verfahren beim Einholen konkurrierender Angebote. Für den Kauf von T-Shirts zum Beispiel hat der Staat in seinem Bemühen um präzise Spezifikationen, damit die Anbieter genau um den gleichen Auftrag konkurrieren, eine Dokumentation mit 30 eng beschriebenen Seiten hervorgebracht, die von den potentiellen Bietern sorgfältig zu befolgen sind. Solche bürokratischen Auswüchse verringern die Anzahl der Firmen, die an einem Staatsauftrag interessiert sind und steigern die Kosten für Güter und Dienstleistungen, die der Staat aufbringen muß. Gore empfahl in seinem Bericht unter anderem, daß der Staat solche gewöhnlichen Produkte „von der Stange" kaufen solle. Solche und ähnliche Reformen des Beschaffungswesens sind im *Federal Acquisitions Streamlining Act* von 1994 enthalten, von dem jährliche Einsparungen in Milliardenhöhe erwartet werden.

Unbeabsichtigte Nebeneffekte

Informationsprobleme plagen den Staat genauso wie die private Wirtschaft. Es gibt aber eine Unsicherheit, die ein spezielles Problem des öffentlichen Sektors ist: die unvorhergesehenen Folgen staatlicher Handlungen für die Handlungsanreize im öffentlichen wie im privaten Bereich. So ist zum Beispiel durch *Medicare*, ein Programm zur Subventionierung der medizinischen Versorgung alter Menschen, die Nachfrage dieser Bevölkerungsgruppe nach medizinischen Leistungen stark angestiegen, so daß die Kosten weit über den ursprünglich geplanten Ansatz hinaus angestiegen sind. (Seit den sechziger Jahren, als das *Medicare*-Programm verabschiedet wurde, haben sich die Methoden zur Prognose solcher Verhaltensänderungen und ihrer Implikationen für die Kosten stark verbessert. Aber das Problem der unvorhergesehenen Folgen staatlicher Handlungen ist dadurch keineswegs gelöst worden.)

Zwei oft zitierte Beispiele sind die Interstate-Highways und die Programme zur Sanierung der Innenstädte. Nach dem Zweiten Weltkrieg wollte man ein geeignetes Schnellstraßensystem schaffen, um der raschen Zunahme des Autoverkehrs Rechnung zu tragen. Aber die Schnellstraßen erleichterten es den Menschen, zwischen den Innenstädten und dem Umland zu pendeln und leistete damit der Stadtflucht Vorschub. Diese Flucht in die Vorstädte - zusammen mit der Verwahrlosung der Stadtzentren - war also eine unbeabsichtigte Folge eines Programms, das eigentlich das Schnellstraßensystem verbessern sollte.

Stadtsanierungsprogramme wurden ins Leben gerufen, um dem Niedergang der Innenstädte ein Ende zu machen. Alte Gebäude wurden abgerissen und durch neue Wohnungen und Büroräume ersetzt. Aber in den abgerissenen Häusern waren preisgünstige Wohnungen, während die neu gebauten Wohnungen überwiegend für Haushalte mit mittlerem und hohem Einkommen geeignet waren. Auf diese Weise trugen die Stadtsanierungsprogramme unabsichtlich dazu bei, daß der für die Unterschicht erschwingliche Wohnraum knapper wurde und daß mit der Zeit die Obdachlosigkeit zunahm.

Ein Blick in die Wirtschaftspolitik: Die Neuerfindung des Staates

Das Erkennen eines Problems ist nur der erste Schritt zu seiner Lösung. Es ist zwar allgemein anerkannt, daß der Staat oft seine Versprechungen nicht einhält und es immer wieder an Effizienz mangeln läßt, aber dieses Problem tatsächlich anzugehen ist eine große Herausforderung. Vizepräsident Gore stellte sich 1993 dieser Herausforderung mit seinem *National Performance Review* (NPR), der oft als Gores Initiative zur „Neuerfindung des Staates" bezeichnet worden ist.

Darin wurde vor allem empfohlen, daß der Staat sich bei seiner Organisation erfolgreiche Firmen zum Vorbild nehmen sollte. Behörden sollten die Bürger als Kunden oder Klientel betrachten. Sie sollten die von den Kunden gewünschten Dienste anbieten und dabei die Kosten berücksichtigen, die sie ihren Kunden auferlegen (wie zum Beispiel die Wartezeit). Einer Umfrage zufolge hat diese neue Kundenorientierung dazu geführt, daß der Telefondienst der Sozialversicherung es inzwischen mit dem der besten Privatunternehmungen aufnehmen kann.

Der NPR hat auch angeregt, daß nach Möglichkeit Leistungskriterien entwickelt werden sollten, und daß Behörden und Manager nach diesen Leistungskriterien bewertet werden sollten.

Weiter empfahl der NPR die möglichst weitgehende Vergesellschaftung oder Privatisierung staatlicher Aktivitäten. Bei einer Vergesellschaftung funktioniert eine Behörde wie eine Kapitalgesellschaft, wenn auch der Staat weiterhin der Eigentümer bleibt. Öffentliche Gesellschaften sind zum Beispiel die Tennessee Valley Authority, der Postdienst und die Uranium Enrichment Corporation (USEC), die nukleares Brennmaterial für Stromkraftwerke herstellt. NPR hat auch die Vergesellschaftung der Flugsicherung empfohlen. Die Privatisierung geht einen Schritt weiter und übergibt das Eigentum an den privaten Sektor. Die jüngste Privatisierung war der Verkauf der staatlichen Heliumproduktion. Einige Experten haben auch die Privatisierung der USEC vorgeschlagen, andere befürchten jedoch, daß ein solcher Schritt negative Konsequenzen für die Sicherheit hätte. Es hat auch Vorschläge zur Privatisierung der Flugsicherung gegeben, die aber ebenfalls auf vehemente Kritik gestoßen sind.

23.3 Dezentralisierung und die Rolle der Bundesregierung

Seit Bestehen der USA ist nicht nur allgemein über die Rolle des Staates gestritten worden, sondern auch über die Aufgabenteilung zwischen der Ebene der Bundes- regierung und der Ebene der Einzelstaaten und Gemeinden. Nach der Verfassung sind alle Aufgaben, die nicht explizit der Bundesregierung übertragen worden sind, den Staaten und der Bevölkerung vorbehalten. Diese Regelung ist im Laufe der Zeit unterschiedlich interpretiert worden, so daß sich die Rolle der Bundesre- gierung je nach der wirtschaftlichen Situation verändert hat. Die „Klausel über den Handel zwischen den Bundesstaaten", die der Bundesregierung das Recht gibt, den zwischenstaatlichen Handel zu regulieren, ist sehr flexibel genutzt worden, um ei- ne Unzahl von Aktivitäten zu rechtfertigen.

Im Grunde geht es bei dieser Debatte um die Vor- und Nachteile der Zentralisie- rung gegenüber der Dezentralisierung von Entscheidungen über staatliche Aktivi- täten und deren Durchführung. **Dezentralisierung** bedeutet in diesem Kontext die Bereitstellung von Gütern und Dienstleistungen durch die Bundesstaaten und Ge- meinden. Da die Märkte ein dezentrales System zur Herstellung von privaten Gü- tern und Diensten sind, gibt uns die Lehre vom Marktversagen einen Hinweis auf Situationen, in denen Dezentralisierung *nicht* funktioniert.

Erstens wird die Aufgabenerfüllung durch Bundesstaaten und Gemeinden immer dann zu *keinem* effizienten Ergebnis führen, wenn externe Effekte im Spiel sind. Die Luftverschmutzung in Chicago verursacht sauren Regen in New York. Kinder, die in einem Staat eine unzureichende Ausbildung erhalten, fallen im Erwachse- nenalter unter Umständen in einem anderen Staat der Sozialhilfe zur Last. Das sind Beispiele für negative externe Effekte. Es gibt aber auch positive Externalitäten. Auch hier ist der Bildungssektor ein gutes Beispiel. Einige Staaten, wie zum Bei- spiel Wisconsin, geben viel Geld für die staatlichen Universitäten aus und bewir- ken dadurch einen Nutzen, der nicht nur den Steuerzahlern im eigenen Staat zu- gute kommt, die diese Unterstützung finanziert haben. Zweitens gibt es zwar einige öffentliche Güter, die nur den Bewohnern einer bestimmten Region zugute kom- men, die sogenannten **lokalen öffentlichen Güter** (wie zum Beispiel Bibliotheken und Straßen von ausschließlich lokaler Bedeutung), andere dagegen sind für das ganze Land von Nutzen. So ist zum Beispiel die Landesverteidigung ein nationales öffentliches Gut. Aus Effizienzgründen müssen nationale öffentliche Güter vom Bund bereitgestellt werden.

Drittens kann man sich nicht nur auf die Märkte sondern auch auf bestimmte Ein- zelstaaten und Gemeinden nicht verlassen, wenn es darum geht, eine gesellschaft- lich akzeptable Einkommensverteilung sicherzustellen. Durch eine Senkung der Zuwendungen an die Armen kann zum Beispiel jeder Staat und jede Gemeinde den Anteil der Armen an der Bevölkerung reduzieren, denn sie gehen woanders hin um zu überleben. In diesem Zusammenhang spricht man manchmal von einem „Rennen um den letzten Platz".

So wie es Umstände gibt, in denen Dezentralisierung nicht zum erwünschten Ergebnis führt, so gibt es auch Situationen, in denen Dezentralisierung Marktvorteile bietet. Hier ist als erstes zu erwähnen, daß Lösungen auf Bundesebene immer dann zu schwerfällig sind, wenn in den verschiedenen Staaten und Gemeinden unterschiedliche Bedürfnisse und Präferenzen eine Rolle spielen. Die Einzelstaaten und Gemeinden haben eine gute Motivation, spezielle Bedürfnisse, die durch die besonderen politischen, sozialen und wirtschaftlichen Gegebenheiten in ihrem Gemeinwesen entstehen, wahrzunehmen und darauf zu reagieren. Ein zweiter wichtiger Punkt ist, daß Dezentralisierung es verschiedenen Staaten erlaubt, für gemeinsame Probleme unterschiedliche Lösungen auszuprobieren. In diesem Sinn kann man die Bundesstaaten als Laboratorien betrachten, deren erfolgreiche Experimente von anderen imitiert werden können. So wird zum Beispiel *Medicaid* teilweise auf der Ebene der Einzelstaaten finanziert und reguliert. Auf diese Weise konnten einzelne Staaten mit verschiedenen Möglichkeiten der Kostenkontrolle experimentieren. Neben anderen Staaten hat zum Beispiel Minnesota *Medicaid* durch sogenannte Health Maintenance Organizations (HMOs) ergänzt. Diese HMOs verringern den Anreiz zur Überbehandlung, indem sie ein festes Fallhonorar berechnen unabhängig von der Diagnose und den tatsächlich erbrachten Leistungen. Oregon wiederum hat das Spektrum der abgedeckten Leistungen reduziert und dafür den Kreis der Zuwendungsberechtigten erweitert.

Bei vielen öffentlichen Leistungen sind die Verantwortlichkeiten zwischen den verschiedenen staatlichen Ebenen verteilt. Eine typische Form der Aufgabenteilung besteht darin, daß die Bundesregierung den größten Teil der Rechnung bezahlt und grobe Richtlinien erläßt, während die Staaten, bzw. die Gemeinden die Programme innerhalb dieser Rahmenrichtlinien durchführen. Diese Art der Arbeitsteilung funktioniert jedoch nicht immer gut. Wenn die Bundesregierung das meiste zur Finanzierung beisteuert, ist der Anreiz zu einem kosteneffizienten Ausgabenverhalten für die Bürokraten auf Staats- und Gemeindeebene entsprechend verringert. So bezahlt der Bund derzeit bis zu 90 Prozent der Unterhaltskosten für die Schnellstraßen. Das gibt den Staaten einen starken Anreiz, das ihnen zugeteilte Geld vollständig zu verbrauchen, auch wenn sie wissen, daß das Geld nicht kosteneffizient genutzt wird (wenn sie die Möglichkeit hätten, das Geld anders zu nutzen, würden sie es tun).

Zweimal ist in jüngster Zeit die Debatte über die Aufgaben des Bundes in den Mittelpunkt der politischen Aufmerksamkeit geraten. Zu Beginn seiner Amtszeit schlug Ronald Reagan einen Neuen Föderalismus vor - er wollte die Verantwortung für eine Reihe von Bundessozialleistungen auf die Einzelstaaten verlagern. Die Grundsatzdiskussion wurde damals überschattet von den potentiellen fiskalischen Konsequenzen für die Bundesstaaten. Die Gouverneure hatten nichts dagegen, die Verantwortung für die Durchführung der Programme zu übernehmen, aber sie lehnten es ab, auch einen größeren Teil der Finanzierung zu übernehmen.

Nach den Wahlen im November 1994, die der republikanischen Mehrheit im Repräsentantenhaus und im Senat ein Ende bereiteten, stand die Dezentralisierung im Mittelpunkt der politischen Debatte: (1) Die Bundesstaaten sollten bei der Verwendung der Mittel mehr Freiheiten erhalten; (2) viele bisher getrennte Programme sollten in Form eines Bundeszuschusses an die Einzelstaaten zusammengefaßt werden; und (3) der Programmerfolg sollte mit Hilfe von Leistungskriterien gemessen werden, um den Staaten und Gemeinden Effizienzanreize zu geben und um zu beurteilen, inwieweit sie die von der Bundesregierung vorgegebenen Ziele erfüllten. Diese Grundsätze sind weitgehend konsensfähig, aber in der Praxis gibt es noch immer viele strittige Punkte. So ist zum Beispiel eine Bestimmung vom Kongreß verabschiedet und vom Präsidenten unterzeichnet worden, die Gesetze, die den Staaten und Gemeinden Kosten auferlegen, ohne ihnen die entsprechenden Mittel zur Verfügung zu stellen (die sogenannten Auflagen ohne begleitende Finanzierung) nur unter bestimmten Bedingungen zuläßt. Die Größenordnung der Kosten muß bekannt sein, bevor ein solches Gesetz verabschiedet werden kann. Den Kritikern geht diese Bestimmung nicht weit genug. Andere sind dagegen der Meinung, daß in einigen Fällen die Auflagen ohne begleitende Finanzierung mit Umweltschutzauflagen für private Produzenten verglichen werden können: so sollte zum Beispiel die Bundesregierung das Recht haben, einen Staat daran zu hindern, daß er seinen Abfall in den Gewässern eines anderen Staates entsorgt.

Vielleicht am meisten umstritten waren in den Jahren 1995 und 1996 einige Fragen im Zusammenhang mit *Medicaid*: Sollten Kinder *im ganzen Land* einen Anspruch auf ein Mindestniveau an medizinischer Versorgung haben, oder sollte die Bundesregierung den Einzelstaaten einfach einen Pauschalzuschuß gewähren, den sie für die medizinische Versorgung nach eigenem Ermessen ausgeben konnten? Offensichtlich gibt es ein breites Spektrum zwischen den Extremen (keine Verwendungseinschränkungen oder kein Ermessensspielraum). Bei der Diskussion geht es vor allem darum, wo auf dieser Skala die verschiedenen Programme in gemeinsamer Verantwortung von Bund und Bundesstaaten angesiedelt werden sollen.

Der Streit über die richtige Aufteilung der Verantwortung zwischen der Bundesebene und der Ebene der Einzelstaaten, insbesondere bei Aktivitäten, die mindestens zum Teil von den Einzelstaaten finanziert werden müssen, hat begonnen, als die Kolonien sich von der britischen Krone losgesagt haben und wird wahrscheinlich auch nicht in absehbarer Zeit beigelegt werden.

Zusammenfassung

1. Verschiedene Wähler haben unterschiedliche Auffassungen darüber, was die Regierung zu tun hat. In manchen Fällen kann durch eine Mehrheitsabstimmung keine eindeutige

Entscheidung gefunden werden. In anderen Fällen entspricht das Ergebnis einer Mehrheitsabstimmung den Präferenzen des Medianwählers.

2. Das Verhalten der Regierung spiegelt manchmal die Interessen bestimmter Gruppen, die versuchen, spezielle Vorteile für sich zu erlangen. Ihre Bemühungen zur Durchsetzung ihrer Interessen werden als *Rent-seeking*-Aktivitäten bezeichnet.

3. Systematisches Staatsversagen entsteht durch zu schwache oder falsche Anreize, durch starre Regeln im Haushalts- und Beschaffungswesen und die Unfähigkeit des Staates, die Konsequenzen seiner Programme, insbesondere die dadurch hervorgerufenen Verhaltensänderungen, vollständig vorherzusehen.

4. Die zentrale Bereitstellung von öffentlichen Gütern und Dienstleistungen ist dann zu bevorzugen, wenn sie mit externen Effekten verbunden ist, die über die Grenzen der Einzelstaaten hinausgehen, wenn es sich um nationale öffentliche Güter handelt oder wenn es um Fragen der Einkommensverteilung geht. Lokale öffentliche Güter sollten dagegen dezentral (von den Bundesstaaten und Gemeinden) bereitgestellt werden; das erleichtert die Abstimmung auf die lokalen Präferenzen und Bedürfnisse und das Experimentieren mit verschiedenen Problemlösungen.

Schlüsselbegriffe

Wahlparadox	*Public-choice*-Theorie	*Rent-seeking*
Medianwählertheorie	weiche Budgetbeschränkung	Staatsversagen

Wiederholungsfragen

1. Was versteht man unter dem Wahlparadox?

2. Was ist ein Medianwähler? Warum spielt der Medianwähler bei Mehrheitswahlen eine so große Rolle?

3. Wie beeinflussen Interessengruppen und Bürokraten das Verhalten des Staates?

4. Inwiefern haben staatliche Unternehmungen andere Rahmenbedingungen als private? Welche Auswirkungen haben diese Unterschiede auf die Anreizstrukturen?

5. Beschreiben Sie die Vor- und Nachteile der Bereitstellung öffentlicher Güter und Dienstleistungen auf der Ebene der Gemeinden und Bundesstaaten bzw. auf der nationalen Ebene.

Aufgaben

1. Der Präsident versucht zu entscheiden, welchem der drei folgenden Ziele er oberste Priorität einräumen soll: Haushaltskonsolidierung (d), Steuersenkungen für mittlere Einkommen (m) und Aufrechterhaltung der Sozialleistungen für die Armen (p). Er legt die Frage seinen Beratern in drei getrennten Sitzungen vor. Angenommen, er hat drei Berater und läßt in jeder Sitzung abstimmen. Sein politischer Berater wählt die Reihenfolge $\{m - d - p\}$, sein Wirtschaftsberater die Reihenfolge $\{d - p - m\}$ und sein

gesundheitspolitischer Berater die Reihenfolge $\{p - m - d\}$. Welches Ergebnis kommt bei den Abstimmungen heraus?

2. Sie erwägen, einen Imbißstand an einem Strand von einer Meile Länge zu eröffnen, aber sie wissen, daß ein anderer Verkäufer ebenfalls plant, einen Stand aufzubauen. Wo sollten Sie Ihren Stand errichten, wenn die Badegäste entlang des Strands gleichmäßig verteilt sind und jeweils an dem nähergelegenen Imbißstand kaufen? Wo sollten die beiden Stände plaziert sein, wenn es darum geht, die durchschnittliche Entfernung für die Kunden zu minimieren? (Hinweis: Denken Sie an die Situation zweier politischer Parteien, die um Wählerstimmen konkurrieren.)

3. Obwohl das Medianwählertheorem vorhersagt, daß die beiden politischen Parteien sich in der Mitte treffen werden, scheinen sie in der Praxis doch oft weit voneinander entfernt zu sein. Benutzen Sie die Medianwählertheorie, um das Ergebnis einer zweistufigen Abstimmung zu prognostizieren. In der ersten Runde bestimmen die Wähler innerhalb jeder Partei ihren Kandidaten. Beschreiben Sie das Ergebnis des Wahlprozesses unter der Voraussetzung, daß die Wähler sich in der ersten Runde nicht strategisch verhalten, daß sie sich also für denjenigen Kandidaten entscheiden, den sie wirklich bevorzugen, und nicht für denjenigen, von dem sie glauben, daß er gewinnen wird. Wie könnte die Tatsache, daß die Wähler an den Rändern des politischen Spektrums sich stärker an der Wahl beteiligen, das Ergebnis beeinflussen?

4. Bei manchen Programmen bezahlt die Bundesregierung die Hälfte der Kosten, aber überläßt die Entscheidung über die Höhe der Ausgaben den Einzelstaaten. Wie könnte sich dieses Arrangement auf die Höhe der Ausgaben auswirken? Welchen Einfluß könnte der Reichtum eines Staates darauf haben, in welchem Umfang er solche Programme nutzt?

5. Welche Vor- und Nachteile hat die Übertragung von Verantwortung an die Staaten und Gemeinden bei folgenden Programmen: (a) Interstate-Highways; (b) Straßen von lediglich lokaler Bedeutung; (c) Sozialhilfe; (d) Beihilfe für die Gesundheitsausgaben der Armen; (e) Ausbildungs- und Umschulungsprogramme.

6. 1996 wurde das Wohlfahrtssystem reformiert. Seitdem erhält jeder Staat einen Pauschalzuschuß vom Bund, während die Bundeszuschüsse zuvor einen bestimmten Anteil der Ausgaben abdeckten, wobei dieser Anteil bei armen Staaten etwas höher war als bei reichen. Bedenken Sie die unterschiedlichen Anreize und Grenzkosten und erläutern Sie, warum ein Staat, der nach der Reform genauso viel Geld vom Bund erhält wie vorher, unter Umständen beschließt, weniger Geld für Sozialhilfe auszugeben. Einige Kritiker befürchteten, daß es noch schlimmer kommen würde und daß es ein Rennen um den letzten Platz geben würde, bei dem jeder Staat seine Sozialhilfesätze senkt, damit die Sozialhilfeempfänger in einen benachbarten Staat umziehen. Erläutern Sie, warum diese Befürchtung mit dem Medianwählertheorem konsistent ist.

7. Bei fast jeder Wahl gibt es Beschwerden über unzulässige Einflußnahme seitens bestimmter Interessengruppen, die viel Geld für den Wahlkampf zur Verfügung stellen. Ein Verbot von Ausgaben, die den Zweck haben, für sich persönlich einen politischen Vorteil zu erlangen, gilt als Eingriff in das Recht der freien Meinungsäußerung, das durch das *First Amendment* (erste Verfassungsänderung) garantiert wird. Ein Verbot

von Wahlkampfspenden gilt als unfaire Benachteiligung von Kandidaten, die über keine eigenen Mittel verfügen, gegenüber solchen, die ihren Wahlkampf selbst bezahlen können. Diskutieren Sie die Vor- und Nachteile folgender Lösungen: (a) Der Wahlkampf wird aus dem Staatshaushalt finanziert; (b) den Spendern wird verboten, innerhalb eines Zeitraums von sagen wir einem Jahr auf die Abgeordneten, deren Wahlkampf sie unterstützt haben, Einfluß zu nehmen.

8. Bei Interessengruppen denkt man oft an bestimmte Branchen wie die Stahlindustrie oder die Automobilindustrie. Vor kurzem hat jedoch die American Association of Retired Individuals (AARP), die versucht, die Interessen der Rentner zu vertreten, Aufsehen erregt. Unter Wirtschaftswissenschaftlern wächst die Sorge über die langfristige Finanzierbarkeit der Sozialversicherungen in den Vereinigten Staaten. Wenn die Babyboom-Generation das Rentenalter erreicht haben wird, werden enorme Anforderungen auf die Rentenversicherung und auf *Medicare* und *Medicaid* zukommen. Wie prognostiziert die Medianwählertheorie die Antwort der Politik auf dieses Problem und wie die Theorie über Interessengruppen?

Teil V: Theorie der Vollbeschäftigung

„Frieden und Wohlstand" schreiben sich viele Politiker im Wahlkampf auf ihre Fahnen, und ihre Unfähigkeit, den Wohlstand zu erhalten, hat schon vielen Regierungen eine Niederlage eingebracht. Unter den Bürgern ist die Meinung weit verbreitet, daß die Regierung für die Aufrechterhaltung der Vollbeschäftigung, für stabile Preise und für die Schaffung von wachstumsfreundlichen wirtschaftlichen Rahmenbedingungen verantwortlich ist. In den USA findet diese Vorstellung ihren Ausdruck im Vollbeschäftigungsgesetz von 1946 (Full Employment Act); dort heißt es: „Es ist die ständige Politik und Verantwortung der Bundesregierung, mit allen geeigneten Mitteln ... einen möglichst hohen Stand der Beschäftigung, der Produktion und der Kaufkraft sicherzustellen."

Obwohl die meisten Wirtschaftswissenschaftler diese Vorstellung noch immer teilen, sind sie sich über die Konsequenzen daraus nicht einig. Manche behaupten, daß der Staat keine Kontrolle über die Fluktuationen von Output und Beschäftigung hat; andere argumentieren, daß - abgesehen von seltenen Ereignissen wie der Weltwirtschaftskrise in den dreißiger Jahren - weder Inflation noch Arbeitslosigkeit ein großes *wirtschaftliches* Problem darstellen, auch wenn damit offensichtlich politische Probleme verbunden sind; wieder andere glauben, daß der Staat selbst zu den Ursachen von Arbeitslosigkeit, Inflation und Wachstumsschwäche ebenso beiträgt wie zur Lösung dieser Probleme. Wir werden diese unterschiedlichen Interpretationen in den folgenden Kapiteln genauer erörtern.

Arbeitslosigkeit, Inflation und Wachstumsschwäche sind Funktionsprobleme der Gesamtwirtschaft. In früheren Kapiteln haben wir gesehen, wie das Gesetz von Angebot und Nachfrage auf den Märkten für Orangen, Äpfel und andere Güter funktioniert. Zu bestimmten Zeiten geht es einer Branche gut und einer anderen schlecht. Aber, wenn man die Kräfte verstehen will, die den Zustand der Volkswirtschaft als Ganzes bestimmen, muß man über die besonderen Umstände und Zufälligkeiten, die irgendeine bestimmte Branche betreffen, hinausschauen. Das ist der Bereich der Makroökonomik. Die Makroökonomik beschäftigt sich nicht mit dem Output einzelner Produkte wie Orangensaft oder Erdnußbutter und auch nicht mit der Nachfrage nach Steinmetzen, Maurern oder Programmierern. Es geht darin vielmehr um den Zustand der Gesamtwirtschaft, um das gesamtwirtschaftliche Niveau des Outputs und der Beschäftigung und um die Stabilität des allgemeinen Preisniveaus. Es geht darum, die „Krankheiten" zu erklären, die die Volkswirtschaft manchmal befallen, die Episoden von Massenarbeitslosigkeit, steigenden Preisen und wirtschaftlicher Stagnation, und aufzuzeigen, was der Staat tun kann, um diese Krankheiten zu vermeiden, beziehungsweise um sie zu heilen.

Thema der *makroökonomischen Theorie* sind die Bestimmungsgründe des Niveaus von Beschäftigung und Output, sowie der Inflationsrate und der Wachstumsrate. Die Makroökonomik hat aber auch einen politischen Aspekt: Die Maßnahmen, die der Staat ergreifen kann, um die Beschäftigung zu fördern, Inflation zu verhindern und das Wachstum anzuregen, werden unter der Bezeichnung *Stabilisierungspolitik* zusammengefaßt.

Wir beginnen das Studium der Makroökonomik in Kapitel 24 mit den wichtigsten statistischen Maßzahlen, die den Zustand der Volkswirtschaft beschreiben, also mit der Arbeitslosenquote, der Inflationsrate und der Wachstumsrate. In Kapitel 25 wird dann, aufbauend auf der mikroökonomischen Analyse von Teil II, ein aggregiertes Modell der Volkswirtschaft entworfen. Dabei konzentrieren wir uns auf den Arbeitsmarkt, den Gütermarkt und den Kapitalmarkt. Es wird beschrieben, wie Arbeitsangebot und Arbeitsnachfrage den Reallohn bestimmen, und wie der Reallohn auf Verschiebungen der beiden Kurven reagiert. Als nächstes sehen wir, wie die Vorgänge am Gütermarkt und am Kapitalmarkt das Preisniveau und den Zinssatz bestimmen. In diesem grundlegenden gesamtwirtschaftlichen Modell gehen wir von Vollbeschäftigung aus. Die Wachstumsrate ist, mindestens zum Teil, durch die Investitionsausgaben im Marktgleichgewicht determiniert. Veränderungen des Preisniveaus (und der Inflationsrate) sind eine Folge von Veränderungen der Geldmenge.

Der internationale Handel spielt in der US-amerikanischen Volkswirtschaft eine immer wichtigere Rolle. Die Exporte sind viel schneller gewachsen als die Volkswirtschaft insgesamt. Und die Vereinigten Staaten nehmen jedes Jahr im Ausland Kredite in Milliardenhöhe auf. In Kapitel 25 gehen wir deshalb auch darauf ein, wie sich die internationalen Wirtschaftsbeziehungen auf den Gütermarkt und den Kapitalmarkt auswirken.

In den letzten Jahren ist das rasant wachsende Handelsbilanzdefizit und das Defizit im Bundeshaushalt, das 1992 fast fünf Prozent des Outputs der gesamten Volkswirtschaft erreichte, besonders häufig in der öffentlichen Diskussion gewesen. In Kapitel 26 benutzen wir das Vollbeschäftigungsmodell aus Kapitel 25, um diese und einige andere wichtige Probleme darzustellen. Die Analyse zeigt zum Beispiel, daß das Handelsbilanzdefizit weitgehend eine Folge des Haushaltsdefizits darstellt, und daß das Haushaltsdefizit darüberhinaus auch für die Wachstumsschwäche verantwortlich ist.

Kapitel 24

Gesamtwirtschaftliche Ziele und Maßzahlen

So wie Ärzte die Temperatur eines Patienten messen, um herauszufinden, wie krank er ist, verwenden Wirtschaftswissenschaftler Statistiken, um ein quantitatives Maß für die wirtschaftliche Leistung zu erhalten. In diesem Kapitel stellen wir die wichtigsten statistischen Maßzahlen vor, mit deren Hilfe man den allgemeinen Zustand der Volkswirtschaft beschreibt. In diesen Zahlen suchen Wirtschaftswissenschaftler nach Mustern. Sie untersuchen, ob auf gute Jahre regelmäßig schlechte Jahre folgen, oder ob hohe Arbeitslosenquoten normalerweise von Inflation begleitet sind. Wenn sie Regelmäßigkeiten finden, suchen sie nach den Gründen dafür.

Wir diskutieren in diesem Kapitel auch die Meßprobleme, die mit fast jeder ökonomischen Variablen verbunden sind. Wenn die Arbeitslosenquote oder die Inflationsrate sich um ein paar Zehntel eines Prozentpunktes verändern, so bedeutet das oft nicht viel, genauso wie eine Temperaturveränderung um ein Zehntel Grad bei einem Kranken kaum jemals Grund zur Besorgnis sein wird. Aber über einen längeren Zeitraum hinweg können sich die Variablen, die den Zustand der Volkswirtschaft beschreiben, dramatisch ändern. Wenn die Arbeitslosenstatistik einen Anstieg von fünf auf zehn Prozent zeigt, wird kaum jemand daran zweifeln, daß die Arbeitslosigkeit beträchtlich gestiegen ist.

Wir diskutieren im folgenden die Konzepte Arbeitslosigkeit, Inflation und Wachstum und erläutern, wie jedes davon gemessen wird.

24.1 Die drei makroökonomischen Krankheiten

In Kapitel 1 haben wir die Volkswirtschaft als ein Netz von miteinander verbundenen Arbeits-, Güter- und Kapitalmärkten beschrieben. Das Diagramm in Abbildung 1.5, das oft als Kreislaufdiagramm bezeichnet wird, zeigt Unternehmungen, die Arbeit und Kapital von den Haushalten erhalten und damit Güter produzieren, die dann wieder an die Haushalte verkauft werden; diese kaufen die Güter mit dem Einkommen, das sie verdienen, wenn sie den Unternehmungen Arbeit und Kapital zur Verfügung stellen. Wenn man diese wechselseitigen Abhängigkeiten bedenkt, ist es nicht überraschend, daß Probleme, die in einem Teilbereich der Volkswirtschaft entstehen, sich auch in anderen Bereichen manifestieren. Symptome in einem Teilbereich können eine Krankheit in einem anderen Bereich des Systems anzeigen.

Spätere Kapitel werden uns in die Lage versetzen, das gesamte System zu verstehen. Hier konzentrieren wir uns zunächst auf die Symptome, von denen jedes einzelne mit einem bestimmten Teilbereich des Systems am engsten verbunden ist.

Im Präsidentschaftswahlkampf von 1992 haben zwei Slogans eine empfindliche Saite getroffen: „Es geht um die Wirtschaft, Dummkopf!" und „Jobs, Jobs, Jobs." Amerika befand sich im dritten Jahr einer Rezession. Obwohl die **Arbeitslosenquote** im historischen Vergleich nicht sehr hoch war - jeder dreizehnte Arbeitnehmer hatte keinen Job - fühlten sich viele von Arbeitslosigkeit bedroht, und es ging eine große Angst um. Und auch dieses Niveau der Arbeitslosigkeit stellt eine deutliche Abweichung vom Modell der vollkommenen Konkurrenz dar, in dem alle Ressourcen, einschließlich der Arbeitskraft, vollbeschäftigt und die Märkte geräumt sind.

Zwei Jahre später begannen die Wirtschaftspolitiker sich über ein anderes Problem Sorgen zu machen, nämlich über die **Inflation** oder den allgemeinen Preisanstieg. Auch diese Preissteigerungen - es waren zwischen zwei und vier Prozent jährlich - waren im historischen Vergleich gemäßigt. Aber die Wirtschaftspolitiker fürchteten, daß die Inflationsrate steigen könnte. Erst vor fünfzehn Jahren waren zweistellige Inflationsraten zu verzeichnen gewesen (13,3 Prozent im Jahr 1979). Trotzdem war die Inflation in den USA harmlos im Vergleich zu anderen Ländern. In der Ukraine hat die Inflationsrate vor kurzem 10.000 Prozent im Jahr erreicht! Inflation - der kontinuierliche Anstieg des Preisniveaus über viele Monate hinweg - bedeutet, daß Angebot und Nachfrage auf dem Gütermarkt nicht bei einem stabilen Preisniveau im Gleichgewicht sind.

Obwohl vielleicht zu jedem beliebigen Zeitpunkt Arbeitslosigkeit oder Inflation die Hauptthemen sind, geht es langfristig eigentlich um den Lebensstandard. Zu Beginn der siebziger Jahre hatten die Amerikaner im Durchschnitt die Erwartung, daß nicht nur ihre Kinder einen höheren Lebensstandard genießen würden, sondern daß auch ihre eigenen Einkommen im Lauf der Zeit kontinuierlich ansteigen würden - ein Muster, das mehr als hundert Jahre lang die Erfahrung geprägt hatte. Aber um 1973 herum begann sich das gewohnte Muster aufzulösen. Die Einkommen von Durchschnittsfamilien stagnierten, und diejenigen am unteren Ende der Einkommensverteilung gingen zurück, manchmal sogar dramatisch. Das Problem war das unzureichende **Wirtschaftswachstum**. Es war zum Teil darauf zurückzuführen, daß am Kapitalmarkt nicht genügend Geld zur Verfügung stand, um neue Investitionen und Innovationen zu finanzieren.

Diese drei Krankheiten, Arbeitslosigkeit, Inflation und mangelndes Wirtschaftswachstum, sind die gesamtwirtschaftlichen Probleme, gegen die die Mittel der Stabilisierungspolitik mit wechselndem Erfolg eingesetzt werden.

24.2 Wachstum

Über mehrere Generationen hinweg hatten die Amerikaner es für selbstverständlich gehalten, daß jede Generation materiell gesehen ein besseres Leben hatte als die vorhergehende, und jahrzehntelang waren sie davon ausgegangen, daß ihre Unternehmungen in bezug auf Wettbewerbsfähigkeit und Produktivität in der Welt führend waren. Der ständige Anstieg der Produktivität (Output pro Arbeitsstunde) war die Grundlage der kontinuierlichen Verbesserung des Lebensstandards. Ab 1973 begann man, diese Erwartungen immer mehr anzuzweifeln. Der Produktivitätsanstieg verlangsamte sich von etwa drei Prozent jährlich zwischen 1950 und 1973 auf etwa ein Prozent jährlich von 1973 bis 1995. Diese Veränderungen schlugen sich in einem langsameren Anstieg der durchschnittlichen Einkommen nieder.

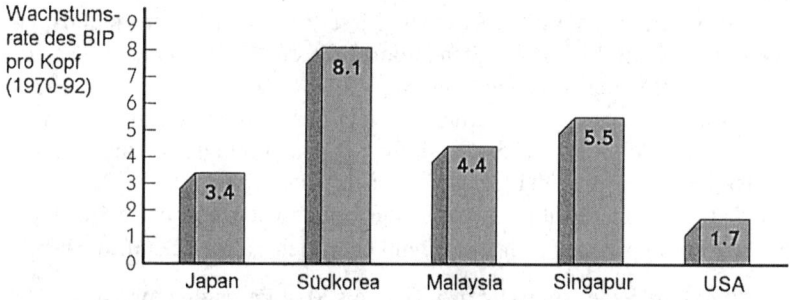

Abbildung 24.1 Wachstumsraten des Pro-Kopf-Outputs im internationalen Vergleich. In den letzten Jahrzehnten war das Wachstum in anderen Ländern höher als in den Vereinigten Staaten.

Wenn man Outputniveaus zwischen verschiedenen Ländern oder in einem Land über einen längeren Zeitraum hinweg miteinander vergleicht, muß man Unterschiede in der Bevölkerungszahl in Rechnung stellen. Den **Pro-Kopf-Output** erhält man, wenn man den Gesamtoutput einfach durch die Bevölkerungszahl teilt. Wie Abbildung 24.1 zeigt, ist der Pro-Kopf-Output in Japan und einigen anderen ostasiatischen Ländern in den letzten zwanzig Jahren viel schneller gewachsen als in den Vereinigten Staaten. Jahrelang konnten sich die Amerikaner damit trösten, daß diese Länder einfach einen Aufholprozeß durchmachten. Aber seit den achtziger Jahren ist die Produktivität in einigen Branchen in Japan höher als in den Vereinigten Staaten.

Die Messung des gesamtwirtschaftlichen Outputs

Der Output einer Volkswirtschaft besteht aus Millionen von unterschiedlichen Gütern. Wir könnten berichten, wieviel von jedem Gut die Volkswirtschaft produziert hat: 1.362.478 Hämmer, 473.562.382 Kartoffeln, 7.875.342 Armbanduhren, und so weiter. Solche Daten mögen für manche Zwecke nützlich sein, aber sie geben keine Information über den Zustand der Gesamtwirtschaft. Wenn im nächsten Jahr die Produktion von Hämmern um fünf Prozent steigt, die Produktion von Kartoffeln um zwei Prozent zurückgeht und die Produktion von Armbanduhren um sieben Prozent zunimmt, weiß man nicht, ob und gegebenenfalls um wieviel der Gesamtoutput gestiegen oder zurückgegangen ist.

Wir brauchen also eine einfache Maßzahl für den gesamtwirtschaftlichen Output. Hämmer, Kartoffeln, Armbanduhren und Milliarden anderer Produkte faßt man zusammen, indem man ihren Geldwert aufaddiert. Dabei berücksichtigt man ausschließlich die Endprodukte (also solche Produkte, die nicht selbst wieder zur Produktion anderer Güter verwendet werden) und kommt so zu einer einzigen Maßzahl für die Produktion der Volkswirtschaft. Diese Zahl wird **Bruttoinlandsprodukt** oder **BIP** genannt. Sie ist das Standardmaß für den Output einer Volkswirtschaft und die Summe des gesamten Geldwerts aller Güter und Dienstleistungen, welche die Bewohner eines Landes während einer bestimmten Periode hergestellt haben. Das BIP enthält alles von den Knöpfen bis zu den Flugreisen und von den Haarschnitten bis zum Öl. Dabei macht es keinen Unterschied, ob die Produktion im öffentlichen oder im privaten Sektor stattgefunden hat, und ob die Güter und Dienstleistungen von privaten oder von öffentlichen Haushalten gekauft werden.[1]

Es gibt allerdings ein Problem, wenn man Geld als Maß für den Output verwendet. Der Wert eines Dollars verändert sich mit der Zeit. Schokoladeriegel, Bücher und Kinokarten kosten heute mehr als vor zehn Jahren. Unsere Maßzahl soll uns nicht vortäuschen, daß der Output gewachsen ist, wenn in Wirklichkeit nur die Preise gestiegen sind.

Um einen Vergleich über die Zeit hinweg zu ermöglichen, korrigiert man das BIP um Veränderungen des durchschnittlichen Preisniveaus. Das nicht korrigierte BIP wird als **nominales BIP** bezeichnet. Der Ausdruck reales BIP wird für inflations-

---

[1] Wir benutzen die Preise nicht nur deshalb, weil sie eine bequeme Möglichkeit des Vergleichs bieten, sondern auch deshalb, weil sie die Wertschätzung der Konsumenten für die verschiedenen Güter widerspiegeln. Wenn der Preis einer Orange zweimal so hoch ist wie der eines Apfels, so bedeutet das, daß eine Orange einen doppelt so hohen Grenznutzen hat wie ein Apfel.

bereinigte BIP-Zahlen verwendet, die im Zeitvergleich ein realistischeres Maß für die Entwicklung der tatsächlichen Produktion darstellen. Um das reale BIP zu berechnen, nimmt man einfach den Nominalwert des BIP - den Geldwert aller Güter und Dienstleistungen, die in der Volkswirtschaft produziert worden sind - und teilt ihn durch ein Maß für das Preisniveau. Das reale BIP ist also folgendermaßen definiert:

$$\text{reales BIP} = \frac{\text{nominales BIP}}{\text{Preisniveau}}.$$

Wenn das nominale BIP im letzten Jahr um drei Prozent gestiegen ist, aber die Inflationsrate ebenso bei drei Prozent liegt, dann ist das reale BIP unverändert.

Eine andere Möglichkeit, um auf das reale BIP zu kommen, besteht darin, daß man das BIP bei unveränderten Preisen berechnet; man multipliziert also einfach die Anzahl der Äpfel, die im laufenden Jahr produziert worden sind, mit den Apfelpreisen eines Basisjahres (eines Jahres, das als Vergleichszeitraum benutzt wird) und addiert dazu die Anzahl der Orangen, die im laufenden Jahr produziert worden sind, multipliziert mit dem Orangenpreis des Basisjahres. Mit Hilfe dieser Rechnung erhält man den Realwert des heutigen BIP zu Preisen des Basisjahres.

Dieser Ansatz führt zu Schwierigkeiten, wenn die *relativen* Preise sich dramatisch verändern. Wenn mit zunehmender Produktionszahl der Preis von Computern stark fällt, wie es in den letzten zwanzig Jahren geschehen ist, und wenn man ein früheres Basisjahr wie zum Beispiel 1987 zugrundelegt, dann sieht es so aus, als ob der reale Output stark gestiegen wäre. Wechselt man dann das Basisjahr, wie das von Zeit zu Zeit gemacht wird, dann scheint das Wirtschaftswachstum plötzlich abzunehmen; im neuen Basisjahr sind die Computerpreise niedriger, so daß jeder Computer im BIP weniger Gewicht hat. Natürlich ist das Wirtschaftswachstum nicht wirklich zurückgegangen; nur der Wechsel des Maßstabs hat das Bild verzerrt.

Um dieses Problem zu vermeiden, hat das Bureau of Economic Analysis, die Regierungsbehörde, die für die Berechnung der BIP-Zahlen verantwortlich ist, im Januar 1996 seine Methode geändert. Sie berechnet jetzt ein Maß, das als **verkettetes reales BIP** bezeichnet wird. Sie berechnet das Realeinkommen von 1996 mit den Preisen von 1995, das Realeinkommen von 1997 mit den Preisen von 1996 und so weiter. Dieses Maß gibt Auskunft darüber, um wieviel das BIP im letzten Jahr gestiegen wäre, wenn die Preise sich seit dem vorletzten Jahr nicht verändert hätten. Wenn der Output 1997 um drei Prozent höher ist als 1996 und 1996 zwei Prozent höher als 1995, dann ist er 1997 um fünf Prozent höher als 1995.

Das Produktionspotential

Das BIP mißt, wieviel die Volkswirtschaft tatsächlich produziert hat. Aber manchmal könnte die Volkswirtschaft eigentlich mehr produzieren. Das **Produktionspotential** ist das potentielle BIP und gibt an, wieviel die Volkswirtschaft produzieren *könnte*, wenn die Kapazität der Arbeitskräfte und der Maschinen voll ausgenutzt würde.

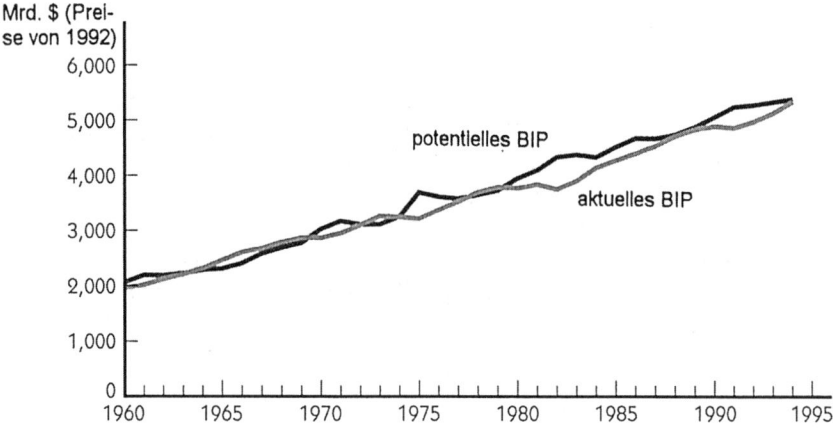

Abbildung 24.2   Potentielles und aktuelles BIP. Das potentielle BIP mißt, wieviel die Volkswirtschaft produzieren könnte, wenn sie alle ihre Ressourcen nutzen würde. Das aktuelle BIP zeigt, was die Volkswirtschaft tatsächlich produziert. Beide sind über den betrachteten Zeitraum hinweg gewachsen. *Quelle*: ERP (1996), Tabellen B-2, B-50.

Abbildung 24.2 zeigt, wie das potentielle (reale) BIP und das tatsächliche (reale) BIP im Lauf der letzten 35 Jahre gestiegen sind.[2] Der Output wächst nicht kontinuierlich und es gibt immer wieder Perioden, in denen der tatsächliche Output weit unter dem Produktionspotential liegt. Der zackige Verlauf der Kurven in der Abbildung zeigt kurzfristige Fluktuationen um einen Aufwärtstrend. Manchmal stellen diese Fluktuationen nur eine Verlangsamung der Wachstumsrate dar; manch-

---

[2] Abbildung 24.2 zeigt, daß das tatsächliche BIP in manchen Jahren über dem potentiellen BIP gelegen hat. Das ist möglich, weil die Schätzung des Produktionspotentials auf Annahmen über das normale Niveau der Arbeitslosigkeit beruht und auf der Tatsache, daß selbst in wirtschaftlich guten Zeiten immer ein kleiner Teil der Kapazität nicht genutzt wird. Vor allem, wenn sich ein Land für einen Krieg rüstet, kann das aktuelle BIP für kurze Zeit erheblich über dem geschätzten Produktionspotential liegen.

mal geht der Output aber auch zurück, wie in den Perioden von 1971 bis 1973, von 1980/81 und von 1990/91. Eine starke Abweichung vom Trend nach oben nennt man **Hochkonjunktur** oder **Boom**, eine starke Abweichung nach unten heißt **Rezession**. Schwere Rezessionen werden auch als **Depressionen** bezeichnet. Die letzte Depression war die Weltwirtschaftskrise, die im Jahr 1929 begann. Die Volkswirtschaft hat sich bis zum zweiten Weltkrieg davon nicht vollständig erholt. Während es für einen Boom keine genaue Definition gibt, spricht man von einer Rezession, wenn das BIP in mindestens zwei aufeinanderfolgenden Quartalen zurückgegangen ist. (Für statistische Zwecke unterteilt man das Jahr in Quartale.)

Die Fluktuationen der volkswirtschaftlichen Produktion werden manchmal als **Konjunkturzyklen** bezeichnet. Aber der Ausdruck Zyklus suggeriert ein Maß an Regelmäßigkeit, das nicht wirklich zu beobachten ist. Zwar zeigt die Volkswirtschaft immer wieder Abschwünge, aber der Zeitraum zwischen einer Talsohle (dem Tiefpunkt einer Rezession) und der nächsten, oder zwischen einer Konjunkturspitze und der nächsten schwankt von einigen wenigen bis zu acht Jahren. Tatsächlich ist die Wahrscheinlichkeit eines wirtschaftlichen Abschwungs fünf Jahre nach der letzten Talsohle um nichts größer als drei Jahre danach, und selbst raffinierte statistische Modelle können den nächsten Wendepunkt im Konjunkturzyklus nicht vorhersagen.

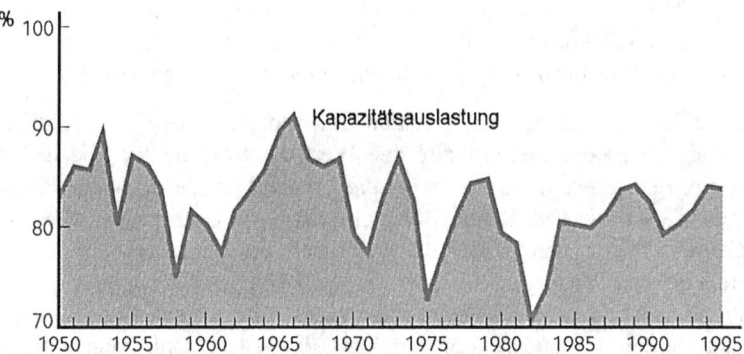

Abbildung 24.3 Die Kapazitätsauslastung. Der Kapazitätsauslastungsgrad mißt den Anteil der Maschinen und Gebäude, die aktuell genutzt werden. Die Zahl schwankt zwischen 70 Prozent in einer Rezession und 90 Prozent in einem Boom. *Quelle: ERP* (1996), Tabelle B-50.

In Rezessionen arbeitet die Volkswirtschaft deutlich unter ihrem Potential. Die Arbeitslosigkeit ist hoch und ein großer Teil der Maschinenkapazität liegt brach. Abbildung 24.3 zeigt für die vergangenen Jahrzehnte den Prozentsatz der industriellen Kapazität Amerikas, der tatsächlich genutzt worden ist. Die Zahlen schwanken von etwas mehr als 70 Prozent in einer Rezession bis zu mehr als 90 Prozent im Boom. (Da immer einige Maschinen repariert und gewartet werden müssen und andere brachliegen, weil sie der gegenwärtigen Wirtschaftsstruktur nicht entsprechen, erreicht der Kapazitätsauslastungsgrad niemals 100 Prozent.) Ein niedriger Auslastungsgrad ist genau wie Arbeitslosigkeit eine Verschwendung von knappen ökonomischen Ressourcen.

Die Messung des BIP: Der Wert des Outputs

Es gibt drei Wege um das (reale oder nominale) BIP zu messen, die alle zum gleichen Ergebnis führen. Zwei davon benutzen Outputdaten. Der dritte benutzt Einkommensdaten und beruht auf der Tatsache, daß alle Outputwerte für irgendjemanden ein Einkommen darstellen.

Die Verwendungsrechnung

Auf den ersten Blick ist die Messung des BIP eine zwar umfangreiche aber doch unkomplizierte Aufgabe. Man sammelt einfach die Dollarwerte aller Güter und Dienstleistungen, die in einem Land verkauft worden sind und addiert sie. Leider ist die Aufgabe nicht ganz so einfach, denn man muß zuerst zwischen Endprodukten und Vorprodukten unterscheiden. Endprodukte, wie Autos, Bücher, Brot und Schuhe, werden an Konsumenten verkauft. Vorprodukte werden zur Produktion weiterer Güter benutzt, wie zum Beispiel Kohle zur Stahlproduktion oder Äpfel zur Produktion von Apfelmuskonserven. Ein Gut wie ein Apfel kann also entweder ein Endprodukt oder ein Vorprodukt sein, je nachdem, wozu es benutzt wird.

Die Unterscheidung zwischen Endprodukten und Vorprodukten ist deshalb so wichtig, weil der Wert der Endprodukte den Wert der Vorprodukte, die in ihre Herstellung eingegangen sind, *bereits beinhaltet.* Wenn Ford ein Auto für 12.000 $ verkauft, dann kann diese Zahl zum Beispiel Reifen von Uniroyal im Wert von 100 $ beinhalten. Würde man im BIP den Erlös des Autoherstellers und den des Reifenherstellers berücksichtigen, so wäre das eine Doppelzählung. Das gleiche gilt für Stahl, Plastik und andere Teile, aus denen das Auto besteht. Wenn Vorprodukte benutzt werden, um andere Vorprodukte herzustellen, dann könnten sogar Dreifach- oder Vierfachzählungen auftreten.

Eine Möglichkeit, den Wert der Endprodukte einer Volkswirtschaft zu berechnen, besteht darin, zu berücksichtigen, wer diese Produkte kauft. Es gibt vier Möglichkeiten. Einige Endprodukte werden von Haushalten konsumiert; wir sprechen vom gesamtwirtschaftlichen **Konsum** und schließen alle Konsumgüter ein, unabhängig davon, wo sie produziert worden sind. Einige werden von Unternehmungen benutzt, um Gebäude und Produktionsanlagen herzustellen; das ist die gesamtwirtschaftliche **Investition**, und auch hier sind wieder alle Investitionsgüter eingeschlossen, unabhängig davon, wo sie produziert worden sind. Andere Endprodukte werden vom Staat gekauft; hier sprechen wir vom **Staatsverbrauch**. Wieder andere Güter, die wir **Exporte** nennen, gehen ins Ausland. Wenn keine Güter aus dem Ausland gekauft würden, dann bestünde das BIP einfach aus dem Konsum, der privaten Investition, dem Staatsverbrauch und dem Export. Nicht alle diese Güter werden jedoch im Inland produziert. Zur Berechnung des BIP fehlt also noch ein letzter Schritt. Wir müssen die Importgüter abziehen. Damit ergibt sich

$$BIP = C + I + G + X - M$$

mit C = Konsum, I = Investition, G = Staatsverbrauch, X = Export und M = Import. Die Differenz zwischen Export und Import wird auch als **Außenbeitrag** bezeichnet. Diese Gleichung ist eine **Identität**, das heißt, es ist (definitionsgemäß) immer wahr, daß das BIP der Summe aus Konsum, Investition, Staatsverbrauch und Außenbeitrag entspricht.

Die Entstehungsrechnung

Bei der zweiten Berechnungsmethode betrachtet man direkt den Produktionsprozeß. Die Produktion der meisten Waren erfolgt in mehreren Stufen. Nehmen wir zum Beispiel das Auto. Auf der ersten Stufe seiner Herstellung werden Eisenerz, Kohle und Kalkstein gefördert. In einem zweiten Schritt werden diese Rohstoffe zu einem Stahlwerk transportiert. Auf der dritten Stufe stellt eine Stahlfirma aus diesen Bestandteilen Stahl her. Zuletzt werden der Stahl und andere Inputs wie Gummi und Plastik vom Autohersteller zu einem Auto zusammengefügt. Die Differenz zwischen dem, was der Autohersteller für das fertige Auto erhält, und dem, was er für die Vorprodukte bezahlen muß, ist die **Wertschöpfung** des Autoherstellers.

Wertschöpfung = Erlös einer Firma - Kosten für die Vorprodukte

Man kann das BIP berechnen, indem man die Wertschöpfung jeder Produktionsstufe aufaddiert.

BIP = Summe der Wertschöpfung aller Unternehmungen.

Die Verteilungsrechnung

Bei der dritten Methode zur Berechnung des BIP mißt man das Einkommen, das durch den Verkauf der Produkte entsteht und nicht den Wert der Güter selbst. Dieser Weg wird als **Verteilungsrechnung** des BIP bezeichnet. Firmen verwenden ihre Erlöse für fünf verschiedene Zwecke. Sie bezahlen Löhne, Zinsen, Vorprodukte und indirekte Steuern wie zum Beispiel die Umsatzsteuer und sie behalten den Rest als ihren Gewinn.

Erlöse = Löhne + Zinsen + Kosten für Vorprodukte + indirekte Steuern + Gewinne

Wir wissen bereits, daß die Wertschöpfung einer Unternehmung dem Erlös abzüglich der Kosten für die Vorprodukte entspricht. Also gilt:

Wertschöpfung = Löhne + Zinsen + indirekte Steuern + Gewinne.

Da das BIP gleich der Summe der Wertschöpfung aller Unternehmungen ist, muß es auch gleich der Summe aller Löhne, Zinsen, Gewinne und indirekten Steuern sein:

BIP = Löhne + Zinsen + indirekte Steuern + Gewinne.

Die Menschen erhalten Einkommen in Form von Löhnen, Zinsen und Gewinnen aus Unternehmungen, die sie besitzen (oder an denen sie Anteile haben). Also entspricht die rechte Seite dieser Identitätsgleichung gerade dem Gesamteinkommen aller Haushalte plus den Staatseinnahmen aus indirekten Steuern. Das ist ein sehr wichtiges Ergebnis, das in der Volkswirtschaftslehre oft benutzt wird und deshalb besonders herausgestellt werden soll: *Der gesamtwirtschaftliche Output entspricht dem gesamtwirtschaftlichen Einkommen.*

Unterschiede zwischen individuellem Einkommen und Volkseinkommen

Der Begriff des Einkommens, der oben benutzt wird, um das BIP zu berechnen, unterscheidet sich etwas von der Alltagsverwendung dieses Begriffs, und es ist wichtig, sich diesen Unterschied klarzumachen.

Erstens betrachten die Menschen meistens auch Kapitalgewinne als Einkommen. Ein **Kapitalgewinn** ist ein Anstieg im Wert eines Vermögensgegenstandes und stellt entsprechend keine Produktion (keinen Output) dar. Die gesamtwirtschaftlichen Einkommenskonten, aus denen das BIP berechnet wird, stellen auf die Produktion von Gütern und Diensten ab und enthalten deshalb keine Kapitalgewinne.

Zweitens sind Gewinne, die von Unternehmungen einbehalten werden, ein Teil des Volkseinkommens, auch wenn die Menschen solche einbehaltenen Gewinne nicht als Teil ihres Einkommens betrachten. Auch hier liegt der Grund wieder darin, daß das BIP den Wert der Produktion mißt, und daß die Gewinne ein Teil dieses Produktionswertes sind, unabhängig davon, ob sie tatsächlich an die Aktionäre ausgeschüttet werden oder in der Unternehmung verbleiben.

Vergleich zwischen Verwendungs- und Verteilungsrechnung

Wir haben gelernt, daß der Output der Volkswirtschaft in vier Kategorien eingeteilt werden kann: Konsum, Investition, Staatsverbrauch und Außenbeitrag. Nun teilen wir das Einkommen der Volkswirtschaft in drei Kategorien ein: Zahlungen an die Arbeitskräfte, die hauptsächlich aus Löhnen bestehen, Zahlungen an die Kapitaleigentümer in Form von Gewinnen, Zinsen und Mieten, und indirekte Steuern. Tabelle 24.1 zeigt, daß Verwendungs- und Verteilungsrechnung zum gleichen Wert des BIP führen: 1995 betrug das BIP der USA ungefähr 7.248 Mrd. $.

Tabelle 24.1 Zwei Berechnungsmethoden für das BIP der USA von 1995

Endprodukte	Mrd. $	Einkommen	Mrd. $
Konsum	4.923,4	Löhne und Gehälter, etc.	4.209,4
Investition	1.067,5	Gewinne, Zinsen, Mieten, etc.	2.442,5
Staatsverbrauch	1.358,5	Indirekte Steuern	595,9
Außenbeitrag	-101,7	Summe	7.247,8
Summe	7.247,8		

Daß der Wert des Outputs dem Wert des Einkommens entspricht, ist kein Zufall, sondern eine Folge des Wirtschaftskreislaufs. Der Erlös jeder Unternehmung aus dem Verkauf ihrer Güter muß an irgend jemand anderen in der Volkswirtschaft in Form von Löhnen, Gewinnen, Zinsen oder Steuern zurückfließen. Das Einkommen der Haushalte fließt seinerseits wieder an die Unternehmungen zurück in Form von Konsumausgaben oder von Krediten, die letztendlich von den Unternehmungen für ihre Investitionen genutzt werden, oder an den Staat in Form von Steuern oder Krediten (für die die Haushalte neu emittierte Staatsanleihen erhalten). Auch das Geld, das der Staat ausgibt, muß von jemand anderem in der Volkswirtschaft gekommen sein - entweder von den Haushalten oder von den Unternehmungen in Form von Steuern oder Krediten.

Alternative Maße für den gesamtwirtschaftlichen Output

Die US-Regierung hat seit 1991 das BIP als wichtigste statistische Maßzahl für den Output verwendet. Davor wurde das **Bruttosozialprodukt (BSP)** benutzt. Das Bruttosozialprodukt mißt die Einkommen der Einwohner eines Landes einschließlich der Einkommen, die sie aus dem Ausland erhalten (Löhne, Kapitalerträge); es enthält nicht die Einkommen, die in das Ausland fließen. Im Gegensatz dazu sind Einkommen aus dem Ausland im BIP nicht enthalten. Es mißt also die Güter und Dienstleistungen, die tatsächlich *innerhalb* des Landes produziert worden sind. Das BIP war das Standardmaß für den Output, das von den meisten europäischen Ländern benutzt worden ist, für die der Handel traditionell viel wichtiger war als für die Vereinigten Staaten. Mit steigender Bedeutung des internationalen Handels war es nur natürlich, daß auch die Vereinigten Staaten zu diesem Maß übergegangen sind. Darüber hinaus hat der Wechsel Vergleiche mit der Wirtschaftsleistung anderer Länder leichter gemacht.

Die Berücksichtigung von Maschinen und anderen Kapitalgütern (Gebäuden) ist ein weiteres Problem bei der Messung des volkswirtschaftlichen Outputs. Im Produktionsprozeß werden die Maschinen abgenutzt. Diese Abnutzung ist ein Teil der Produktionskosten und sollte gegen den Output verrechnet werden.

Ein Blick in die Wirtschaftspolitik:
Eine Verlangsamung des Wirtschaftswachstums?

Zu Beginn des Jahres 1996 brach ein Streit darüber aus, ob die Wirtschaft der USA schneller wachsen könnte, als sie es in den vergangenen zwanzig Jahren getan hat. Seit 1973 waren die Wachstumsraten deutlich geringer als in den fünfziger und sechziger Jahren. Während es bei der politischen Diskussion darum ging, wie man das Wirtschaftswachstum beschleunigen könnte, wiesen Wirtschaftswissenschaftler darauf hin, daß ein Teil der scheinbaren Verlangsamung nur eine statistische Täuschung infolge von wohlbekannten Meßproblemen sein könnte.

Die Messung von Qualitätsänderungen

Bei vielen Produkten, wie zum Beispiel bei Computern, verändert sich die Qualität fast jedes Jahr. Die Statistiker versuchen bei der Berechnung des BIP Veränderungen der Qualität zu berücksichtigen. Als zum Beispiel zu Beginn der siebziger Jahre erstmals Katalysatoren in die Autos eingebaut werden mußten, stieg der Preis der Neuwagen an. Die Statistiker entschieden, daß diese Kostenerhöhung eine Qualitätsverbesserung darstellt und den realen Output erhöht: Die Konsumenten kaufen ein besseres Auto. Aber in einigen Branchen wie zum Beispiel im Finanzwesen, im Gesundheitssektor und in der Computerindustrie könnten diese Anpassungen unzureichend sein. Das reale Wachstum des BIP wird entsprechend unterschätzt und da diese Branchen schnell wachsen, kann es sein, daß die Größenordnung dieser Unterschätzung heute größer ist als vor dreißig Jahren.

Die Messung der staatlichen Dienstleistungen

In die übliche BIP-Berechnung gehen Preise und Mengen zum Zeitpunkt des Verkaufs ein. Es gibt aber auch Güter, die nicht - oder zumindest nicht direkt - verkauft werden.

Eine wichtige Kategorie von solchen Gütern sind die Eigenleistungen des Staates. Angenommen, die Verwaltungsbeamten werden effizienter und lernen, Fahrzeugzulassungen schneller abzuwickeln. Das könnte bedeuten, daß der Staat die gleiche Aufgabe mit weniger Arbeitskräften erfüllen kann. Im BIP ist aber einfach nur das Arbeitsentgelt der Beamten enthalten, nicht der tatsächliche Wert ihrer Leistungen. Wenn der Staat effizienter wird, kann das gemessene BIP sinken, obwohl der tatsächliche Output - zum Beispiel die Anzahl der neu zugelassenen Fahrzeuge - steigt. Auch in diesem Fall würde die konventionelle BIP-Messung das reale Wirtschaftswachstum unterschätzen.

Nichtvermarktete Güter

Güter und Dienstleistungen, die wie die Hausarbeit nicht am Markt verkauft werden, stellen ein ähnliches Meßproblem dar. Die Statistik unterschätzt das wahre Niveau der Produktion in der Volkswirtschaft, denn sie ignoriert solche wirtschaftlichen Aktivitäten. Wenn zum Beispiel ein Ehepartner zuhause bleibt und wäscht und kocht, wird das im BIP nicht erfaßt. Geht jedoch die gleiche Person einer Erwerbsarbeit nach und bezahlt jemand anderen für das Waschen und Kochen, so wird ihre Arbeit und die Arbeit der Haushaltshilfe im BIP berücksichtigt.

Wenn auf diese Weise mehr und mehr Güter und Dienstleistungen, die zuvor nicht am Markt verkauft worden sind, in den gemessenen Output der Volkswirtschaft mit einbezogen werden, wird die Wachstumsrate des BIP das tatsächliche Wirtschaftswachstum überschätzen.

Betrachten wir zum Beispiel eine Unternehmung, die eine Maschine im Wert von 1.000 $ hat und sie zusammen mit Arbeit im Wert von 600 $ benutzt, um Güter im Wert von 2.000 $ zu produzieren. Gehen wir weiter davon aus, daß die Maschine am Ende des Jahres völlig abgenutzt ist. Die Unternehmung hat dann einen Nettooutput von 400 $ erwirtschaftet: 2.000 $ minus die Arbeitskosten *und* minus den Wert der abgenutzten Maschine.

Die Wertminderung der Maschine wird als **Abschreibung** bezeichnet. Da Maschinen sich unterschiedlich schnell abnutzen, ist es außerordentlich schwierig, die richtige Abschreibungsrate für die Maschinen einer Volkswirtschaft zu finden. Ein einfacher Ausweg ist das BIP, denn bei seiner Berechnung werden keine Abschreibungen berücksichtigt. Der Ausdruck *Brutto*inlandsprodukt soll daran erinnern, daß in dieser Maßzahl die gesamte Produktion erfaßt ist. Wirtschaftswissenschaftler benutzen manchmal auch das Nettoinlandsprodukt (NIP), das sich ergibt, wenn man vom Bruttoinlandsprodukt einen Schätzwert für die Abschreibungen abzieht:

$$NIP = BIP - Abschreibungen.$$

Die Schätzwerte für die Abschreibungen gelten allerdings als wenig zuverlässig. Deshalb benutzt man meistens das BIP als Maßzahl für den Output einer Volkswirtschaft. Da BIP, BSP und NIP sich parallel zueinander entwickeln, spielt es keine große Rolle, welches Maß man benutzt, solange man nicht zwischen verschiedenen Maßen hin- und herwechselt.

Die Messung des Lebensstandards

Das BIP gibt Auskunft über das allgemeine Niveau der wirtschaftlichen Aktivität eines Landes, über die Güter und Dienstleistungen, die für den Markt produziert werden. Damit wird aber nur ein Aspekt der allgemeinen Wohlfahrt einer Gesellschaft gemessen. Oft setzt man zusätzlich andere soziale Indikatoren ein, wie zum Beispiel die Alphabetisierungsrate (den Prozentsatz der Bevölkerung, der lesen oder schreiben kann), die Kindersterblichkeitsrate (den Prozentsatz der Kinder, die vor Erreichen eines bestimmten Alters sterben) oder die Lebenserwartung.

Das BIP läßt die Umweltschäden, die mit dem wirtschaftlichen Wachstum einhergehen können, außer acht. BIP-Zahlen können einen falschen Eindruck vom erreichten Lebensstandard vermitteln. Angenommen, ein armes Land beschließt, seine Hartholzwälder zu roden, um das Einkommen zu erhöhen. Diese Wälder brauchen Jahrhunderte, um nachzuwachsen. Die Rodung erhöht den gemessenen Output der Volkswirtschaft, aber sie verringert das Vermögen des Landes. Der Output kann also nicht dauerhaft aufrechterhalten werden. Die Vereinten Nationen arbeiten an einer neuen Methode der nationalen Buchführung, dem sogenannten **Grünen BIP**, mit dem man versucht, Veränderungen der Umweltqualität und der natürlichen Ressourcen zu erfassen. Im obigen Beispiel wäre das Grüne BIP geringer als das konventionelle BIP, denn man würde vom konventionellen BIP die Verringerung der natürlichen Ressourcen abziehen. Daran könnten die Politiker erkennen, daß der konventionell gemessene Anstieg des BIP, der durch die Rodung der Hartholzwälder zustande gekommen ist, nicht von Dauer sein kann, denn er beruht nicht auf einer Zunahme des gesellschaftlichen Vermögens, sondern auf dem Verbrauch dieses Vermögens.

24.3 Arbeitslosigkeit

Langfristig ist die Steigerung des Lebensstandards das zentrale wirtschaftliche Ziel. In einer Rezession gibt kurzfristig vor allem die Arbeitslosigkeit Anlaß zur Sorge. Aus wirtschaftswissenschaftlicher Sicht stellt die Arbeitslosigkeit eine Ressourcenverschwendung dar. Menschen, die arbeitswillig und arbeitsfähig sind, werden nicht produktiv eingesetzt. Aus der Sicht der Arbeitslosen und ihrer Familien bringt die Arbeitslosigkeit wirtschaftliche Not und Veränderungen des persönlichen Lebensstils mit sich. Wenn ein Mensch über längere Zeit hinweg arbeitslos ist, kann er seine laufenden Ausgaben wie Miete, Elektrizität und Wasser nicht mehr decken; er muß sich eine billigere Wohnung suchen und auch andere materielle Lebensgewohnheiten einschränken.

Durch Arbeitslosigkeit büßen die Menschen nicht nur ihren Lohn ein; sie kann auch ihrem Selbstwertgefühl einen empfindlichen Schlag versetzen. In den Ballungsgebieten Amerikas können heute die Arbeitslosen nicht mehr zur Landwirtschaft zurückkehren, wie das während der Kolonialzeit noch möglich gewesen sein mag. Statt dessen kann es geschehen, daß sie mit ihren Familien gezwungen sind, zwischen der Armut und dem bitteren Beigeschmack staatlicher Fürsorge oder privater Wohltätigkeit zu wählen. Viele solche Familien zerbrechen unter diesem Druck.

Arbeitslosigkeit stellt jede Altersgruppe vor unterschiedliche Probleme. Junge Leute brauchen einen Job, um ihre Arbeitsfähigkeit zu entwickeln; das gilt für technische Fertigkeiten ebenso wie für die Grundvoraussetzungen einer erfolgreichen Erwerbstätigkeit wie Pünktlichkeit und Verantwortungsgefühl. Anhaltende

Jugendarbeitslosigkeit bedeutet nicht nur eine Verschwendung wertvoller Ressourcen in der Gegenwart, sondern verringert auch die zukünftige Produktivität der Erwerbsbevölkerung. Die Arbeitslosen erhalten kein On-the-Job-Training, um ihre Fertigkeiten zu verbessern, und sie entwickeln keine Arbeitsgewohnheiten, die ihre Arbeitsproduktivität erhöhen. Hinzu kommt, daß junge Langzeitarbeitslose besonders in Gefahr sind, sich der Gesellschaft zu entfremden und sich sozial schädlichen Aktivitäten wie Kriminalität und Drogenmißbrauch zuzuwenden.

Menschen in den mittleren Jahren und ältere Arbeitskräfte werden durch den Verlust ihres Arbeitsplatzes vor ganz andere Probleme gestellt. Zwar verbieten Gesetze des Bundes und der Einzelstaaten die Diskriminierung aufgrund des Alters; Arbeitgeber zögern aber oft, ältere Arbeitskräfte einzustellen. Sie befürchten vielleicht, daß ältere Menschen häufiger krank oder arbeitsunfähig werden als jüngere. Vielleicht zweifeln sie auch an ihrer Lernfähigkeit. Wenn ältere Arbeitskräfte lange arbeitslos gewesen sind, haben sie vielleicht einen Teil ihrer Fertigkeiten verloren. Wenn sie einen Job finden, ist er oft mit einem niedrigeren Einkommen und einem geringeren Status verbunden als der letzte und läßt möglicherweise einen Teil ihrer Fähigkeiten ungenutzt. Solche Veränderungen stellen für den Erwerbstätigen und seine Familie eine große Belastung dar.

Zusätzlich zu diesen persönlichen Verlusten bringt die Arbeitslosigkeit auch für die Gemeinden hohe Kosten mit sich. Wenn in einer Kleinstadt viele Menschen ihren Arbeitsplatz verlieren, zum Beispiel weil eine große Firma in Konkurs geht oder ihren Standort verlegt, werden auch die meisten anderen Bewohner der Stadt in Mitleidenschaft gezogen, denn es zirkuliert weniger Geld und der Absatz aller Güter geht zurück, von Autos und Wohnraum bis hin zu Benzin und Lebensmitteln. Je höher die Arbeitslosigkeit ist, desto weniger Menschen bezahlen Gemeindesteuern, so daß auch die Qualität von Schulen, Bibliotheken, Parks und Polizeiarbeit bedroht sein kann.

Arbeitslosigkeit kann auch die Rassentrennung in der Gesellschaft verstärken. Unter der schwarzen Bevölkerung ist die Arbeitslosenquote im allgemeinen mehr als doppelt so hoch wie unter der weißen. Während der achtziger und frühen neunziger Jahre lag die Arbeitslosenquote unter schwarzen Jugendlichen zwischen 16 und 19 Jahren, die gerade am Anfang ihres Erwerbslebens standen, durchschnittlich bei 37 Prozent mit einem Gipfel von beinahe 50 Prozent in den Rezessionsjahren 1982 und 1983.

Arbeitslosigkeit ist eine Tragödie für die Betroffenen und ihre Familien, eine Quelle von Chaos und finanziellen Belastungen für die Gemeinden und eine Verschwendung produktiver Ressourcen für die Gesellschaft insgesamt.

Die Größenordnung des Problems

Mitten unter den etwa 125 Mio. Menschen, die jeden Morgen aufstehen und zur Arbeit gehen, lebt eine fluktuierende Gruppe von mehreren Millionen gesunden Menschen, die das nicht tun. Während des Rezessionsjahrs 1991 hatten 8,5 Mio. Menschen keine Erwerbsarbeit, ein Viertel davon über 15 Wochen oder länger. Gemessen am gesamtwirtschaftlichen Output ist der Produktionsausfall durch Arbeitslosigkeit ein beträchtlicher Verlust. Einer Schätzung zufolge betrug der Outputverlust durch die hohe Arbeitslosigkeit in den frühen achtziger Jahren zwischen 122 und 320 Mrd. $ pro Jahr. Das entspricht einem Produktionsausfall pro Kopf zwischen 500 und etwas mehr als 1.300 $.[3] Wenn wir von dieser letzten Zahl ausgehen, hätte also jeder Mann, jede Frau und jedes Kind in den Vereinigten Staaten durchschnittlich ein zusätzliches Einkommen von 1.300 $ gehabt, wenn alle Arbeitslosen eine produktive Beschäftigung gehabt hätten.

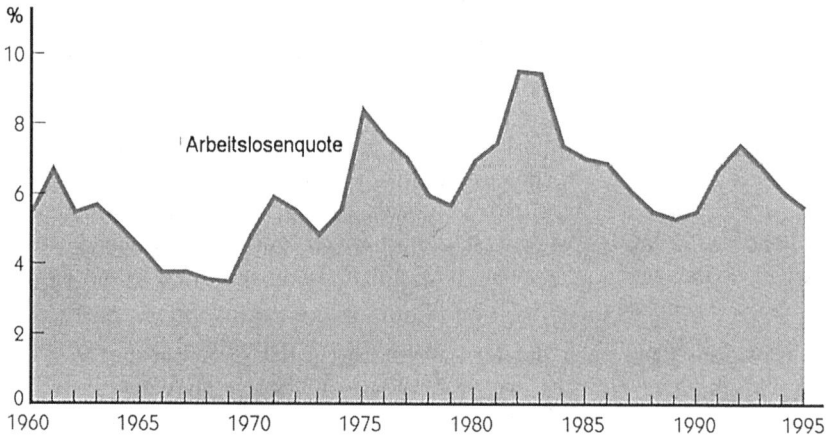

Abbildung 24.4 Die Arbeitslosenquote in den USA. Die Arbeitslosigkeit ist in der US-amerikanischen Wirtschaft ein Dauerphänomen. Sie steigt in Rezessionsjahren und fällt während der Hochkonjunkturphasen, geht aber niemals auf null zurück. *Quelle:* *ERP*(1996), Tabelle B-37.

---

[3] A. Blinder, *Hard Heads, Soft Hearts* (Reading, Mass.: Addison-Wesley, 1987).

Die Arbeitslosenstatistik

In den Vereinigten Staaten werden Daten zur Arbeitslosigkeit vom Department of Labor gesammelt; eine repräsentative Auswahl von Haushalten wird regelmäßig befragt und zwar auch darüber, ob ein Mitglied des Haushalts gegenwärtig auf Arbeitssuche ist. Die **Arbeitslosenquote** ist die Anzahl der Arbeitsuchenden im Verhältnis zur gesamten Erwerbsbevölkerung. Wenn 120 Mio. Amerikaner beschäftigt sind und zehn Millionen angeben, daß sie einen Job suchen, aber noch keinen gefunden haben, dann beträgt die Erwerbsbevölkerung insgesamt 130 Mio. Menschen. Die Arbeitslosenquote errechnet sich wie folgt:

$$\text{Arbeitslosenquote} = \frac{\text{Anzahl der Arbeitslosen}}{\text{Erwerbspersonen}}$$

$$= \frac{\text{Anzahl der Arbeitslosen}}{\text{Anzahl der Beschäftigten} + \text{Anzahl der Arbeitslosen}}$$

$$= \frac{10 \text{ Mio.}}{120 \text{ Mio.} + 10 \text{ Mio.}} = 7{,}7\,\%.$$

Abbildung 24.4 zeigt die Entwicklung der Arbeitslosenquote der Vereinigten Staaten seit 1960. Zwei Tatsachen kann man dieser Graphik entnehmen. Erstens ist die Arbeitslosigkeit ein Dauerphänomen. Zweitens ist das Niveau der Arbeitslosigkeit sehr veränderlich. In den schlimmsten Tagen der Weltwirtschaftskrise war mehr als ein Viertel der amerikanischen Erwerbsbevölkerung arbeitslos. Die Arbeitslosenquote unter den Industriearbeitern war mit einem Drittel sogar noch höher. Erst 1983 betrug die Arbeitslosenquote in den Vereinigten Staaten beinahe zehn Prozent. Zu Beginn der neunziger Jahre lag sie zwischen 5,4 und 7,4 Prozent; damit war sie zwar viel niedriger als in den frühen achtziger Jahren aber immer noch höher als in der Mitte der sechziger Jahre, als nur vier Prozent der Erwerbsbevölkerung arbeitslos waren.

In anderen Ländern war die Arbeitslosigkeit oft schlimmer als in den USA (siehe Abbildung 24.5). In vielen europäischen Ländern ist sie während der achtziger Jahre auf über zehn Prozent angestiegen und in vielen Entwicklungsländern auf über 20 Prozent.

Probleme mit der Arbeitslosenstatistik

Die Arbeitslosenstatistik soll messen, wieviele Arbeitskräfte aktiv nach einer Beschäftigung suchen, aber keine finden können. Die Information stammt aus einer Haushaltsbefragung und die Ergebnisse solcher Befragungen hängen oft davon ab, wie sie durchgeführt werden. So veränderte zum Beispiel im Januar 1994 das Bureau of Labor Statistics die Methode, mit der die allmonatlichen Befragungen durchgeführt werden. Das Timing hätte nicht schlechter sein können: Die Volks-

wirtschaft begann sich gerade von der Rezession zu erholen und eine wichtige
wirtschaftspolitische Initiative, die Haushaltskonsolidierung des Jahres 1993 begann ihre Wirkung zu entfalten. Die Wirtschaftspolitiker wollten wissen, wie sich
der Zustand der Volkswirtschaft veränderte. Es war so, als ob eine Ärztin eine
neue Medizin an einem Kranken ausprobieren und gleichzeitig auch ein neues, unvollkommen kalibriertes Thermometer benutzen würde. Erste Vergleiche führten
zu der Vermutung, daß die Arbeitslosenquote mit dem neuen Maß um etwa 0,6
Prozent höher erscheinen würde als mit dem alten Maß. Aber in den Monaten nach
der Einführung der neuen Befragungstechnik ist der Unterschied zwischen dem
alten und dem neuen Maß beträchtlich zurückgegangen; inzwischen ist die Lücke
zwischen beiden Maßen vernachlässigbar.

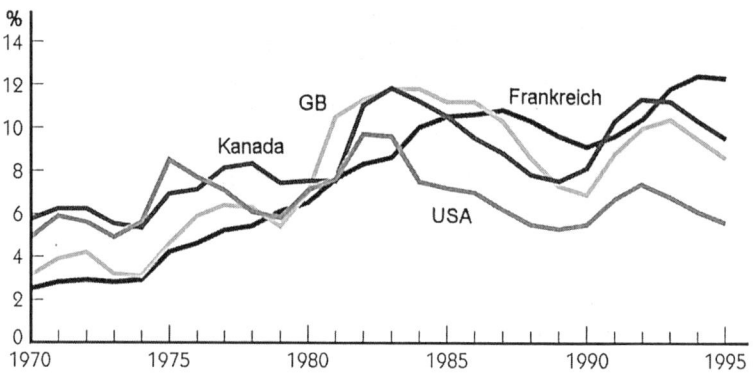

Abbildung 24.5 Arbeitslosigkeit im internationalen Vergleich. In anderen Industrieländern ist die Arbeitslosenquote in den letzten Jahren oft viel höher gewesen als in den USA.
Quelle: *ERP* (1996), Tabelle B-105.

Ein anderes Problem mit der Messung der Arbeitslosigkeit kommt daher, daß -
insbesondere in einer lange anhaltenden Rezession - viele Menschen entmutigt
werden und aufhören, nach Arbeit zu suchen. Da sie nicht aktiv nach einer Beschäftigung suchen, erscheinen sie in der Statistik nicht als Arbeitslose. Die Arbeitslosenstatistik unterschätzt also die Anzahl derjenigen, die arbeiten würden,
wenn ein Job verfügbar wäre. Der Anteil der Beschäftigten oder Arbeitsuchenden
an der Bevölkerung im erwerbsfähigen Alter wird **Erwerbsquote** genannt. Wegen
der entmutigten Arbeitskräfte geht die Erwerbsquote in Rezessionen tendenziell
zurück.

Trotz dieser Mängel der Statistik kann man aus einem deutlichen Anstieg der Arbeitslosenquote schließen, daß sich das Wirtschaftswachstum verlangsamt hat. Ei-

nige Arbeitskräfte haben ihren Arbeitsplatz verloren, ohne einen neuen zu finden, und die Unternehmungen haben vermutlich das Tempo der Neueinstellungen reduziert.

Formen der Arbeitslosigkeit

Wirtschaftswissenschaftler unterscheiden zwischen verschiedenen Arten von Arbeitslosigkeit. Kurz vor Weihnachten gibt es im ganzen Land bei Kaufhäusern und Einkaufszentren eine riesige Nachfrage nach Verkaufspersonal für den Einzelhandel. In vielen Teilen des Landes verlangsamt sich im Winter aus klimatischen Gründen die Bautätigkeit. Aus den gleichen Gründen nimmt der Tourismus oft im Sommer zu und damit auch die Anzahl der Jobs in dieser Branche. Das Arbeitsangebot steigt ebenfalls im Sommer, weil Schüler und Studenten vorübergehend die Anzahl der Erwerbspersonen vermehren. Arbeitslosigkeit, die nur zu bestimmten Jahreszeiten auftritt, wird **saisonale Arbeitslosigkeit** genannt. Da solche jahreszeitlichen Veränderungen der Beschäftigung und der Arbeitslosigkeit normal sind, wird die veröffentlichte Arbeitslosenquote um den durchschnittlichen Betrag der saisonalen Arbeitslosigkeit korrigiert. Wenn also die unkorrigierte Arbeitslosenquote im Sommer normalerweise um durchschnittlich 0,4 höher liegt als zu anderen Jahreszeiten, dann ist die saisonal korrigierte Arbeitslosenquote für den Juli gleich der gemessenen Arbeitslosenquote abzüglich der 0,4 Prozentpunkte.

Während die Arbeitskräfte am Bau, in der Landwirtschaft und im Tourismus regelmäßig mit saisonaler Arbeitslosigkeit konfrontiert sind, ist bei anderen Arbeitskräften die Arbeitslosigkeit nur ein Teil des normalen Übergangs von einem Arbeitsplatz zum anderen. Diese Art der Arbeitslosigkeit nennt man **friktionelle Arbeitslosigkeit**. In einer dynamischen Volkswirtschaft wie der amerikanischen, in der immer einige Branchen wachsen und andere im Niedergang begriffen sind, gibt es immer Arbeitsplatzwechsel und damit auch friktionelle Arbeitslosigkeit.

Die meisten Fälle von Arbeitslosigkeit sind kurzfristig; wenn jemand seinen Arbeitsplatz verliert, so ist er im Durchschnitt nur drei Monate lang arbeitslos. Ungefähr zehn Prozent der Arbeitsuchenden sind jedoch länger als sechs Monate arbeitslos. Diese langfristige Arbeitslosigkeit hat oft strukturelle Ursachen in der Volkswirtschaft und wird als **strukturelle Arbeitslosigkeit** bezeichnet. Oft ist eine beträchtliche strukturelle Arbeitslosigkeit zu beobachten, die mit einer ebenso beträchtlichen Anzahl offener Stellen einher geht, denn den Arbeitslosen fehlen die Qualifikationen, die für die neu geschaffenen Stellen erforderlich sind. So kann es zum Beispiel offene Stellen für Computerprogrammierer geben, während gleichzeitig viele Bauhandwerker arbeitslos sind. Genauso ist es möglich, daß in den Regionen des Landes, deren Wirtschaft expandiert (wie zum Beispiel im Sunbelt) zu wenige Arbeitskräfte zu finden sind, während gleichzeitig in Regionen, die im Niedergang begriffen sind, Arbeitslosigkeit herrscht (wie zum Beispiel in Michigan zur Zeit des Rückgangs der Nachfrage nach US-amerikanischen Autos).

Arbeitslosigkeit, die im Abschwung ansteigt und im Aufschwung zurückgeht, wird **konjunkturelle Arbeitslosigkeit** genannt; sie steht in diesem Teil des Buches im Mittelpunkt. Der Staat hat ein besonderes Interesse daran, die Häufigkeit und Intensität der Rezessionen und damit der konjunkturellen Arbeitslosigkeit durch wirtschaftspolitische Maßnahmen zu vermindern. Der Staat versucht auch, durch die Bereitstellung von Arbeitslosenunterstützung die Auswirkungen der Arbeitslosigkeit zu mildern.

Wenn die Volkswirtschaft in eine Rezession eintritt, geht die Arbeitsnachfrage zurück; würde die verringerte Nachfrage gleichmäßig auf alle Arbeitskräfte verteilt, so wären die sozialen Verwerfungen begrenzt. Aber in der Realität verringert sich die Arbeitszeit für die meisten Arbeitskräfte nur unwesentlich, während einige wenige ihren Arbeitsplatz ganz verlieren. Ungelernte Arbeitskräfte und Angehörige von Minoritäten sind besonders vom Verlust ihres Arbeitsplatzes bedroht. Die Arbeitslosenquoten dieser Gruppen schnellen in einer Rezession oft in die Höhe.

24.4 Inflation

In den zwanziger Jahren, zur Zeit der Stummfilme, kostete eine Kinoeintrittskarte einen Nickel (fünf Cents). Bereits gegen Ende der vierziger Jahre, in der Blütezeit von Hollywood war der Preis auf 50 Cents gestiegen. In den sechziger Jahren kostete der Eintritt zwei Dollar und heute mehr als sieben Dollar. Dieser stetige Preisanstieg ist nichts Außergewöhnliches. Die meisten anderen Güter haben im Lauf der Zeit ähnliche Preiserhöhungen erfahren. Dieser Anstieg des allgemeinen Preisniveaus wird Inflation genannt. Während sich die Arbeitslosigkeit tendenziell auf bestimmte Bevölkerungsgruppen konzentriert, ist von der Inflation jeder betroffen. Es kann deshalb nicht überraschen, daß bei hohen Inflationsraten der Inflationsbekämpfung auf der politischen Agenda fast immer höchste Priorität eingeräumt wird.

Wenn nur der Preis eines einzelnen Gutes steigt, spricht man nicht von einer Inflation. Eine Inflation liegt vor, wenn die Preise von fast allen Gütern steigen. Die Steigerungsrate des allgemeinen Preisniveaus wird **Inflationsrate** genannt.

Die Messung der Inflation

Wenn im Laufe eines Jahres die Preise aller Güter um den gleichen Prozentsatz steigen würden, sagen wir zum Beispiel um fünf Prozent, dann wäre die Messung der Inflation einfach: Die Inflationsrate für dieses Jahr wäre fünf Prozent. Die Schwierigkeiten kommen daher, daß die Preise verschiedener Güter mit unterschiedlichen Raten steigen und daß manche Güter sogar billiger werden. In den vergangenen zwanzig Jahren sind die Preise von Obst und Gemüse um 220 Prozent gestiegen, der Benzinpreis um 138 Prozent und die Preise für medizinische Versorgung um 383 Prozent; die Preise von Computern sind jedoch um mehr als

90 Prozent gefallen. Die Veränderung des allgemeinen Preisniveaus wird als *durchschnittlicher* prozentualer Preisanstieg berechnet. Da aber einige Güter im Budget des typischen Konsumenten einen größeren Raum einnehmen als andere, muß in dieser Berechnung das mengenmäßige Verhältnis der Güter zueinander berücksichtigt werden. Eine Preisänderung bei Mieten und Immobilien zum Beispiel hat ein viel größeres Gewicht als eine Preisänderung bei Bleistiften. Wenn der Bleistiftpreis um fünf Prozent sinkt, aber der Preis für Wohnraum um fünf Prozent steigt, muß ein allgemeines Maß für das Preisniveau einen Anstieg anzeigen.

Die übliche Methode zur Berücksichtigung des unterschiedlichen Gewichts verschiedener Güter ist einfach. Man fragt, wieviel die Konsumenten ausgeben müßten, um im laufenden Jahr das gleiche Güterbündel zu kaufen wie im vergangenen Jahr. Wenn man zum Beispiel für ein Güterbündel, das 1995 20.000 $ gekostet hat, 1996 22.000 $ ausgeben müßte, sagt man, daß die Preise *im Durchschnitt* um zehn Prozent gestiegen sind. Solche Ergebnisse werden oft in Form eines **Preisindex** ausgedrückt, der zur Vereinfachung des Vergleichs das Preisniveau jedes beliebigen Berichtsjahres relativ zum Preisniveau eines gemeinsamen Basisjahres ausdrückt.

Der Preisindex für das Basisjahr ist definitionsgemäß 100. Der Preisindex für ein beliebiges anderes Jahr wird berechnet, indem man das Preisniveau dieses Jahres durch das Preisniveau des Basisjahres dividiert und das Ganze mit 100 multipliziert. Wenn zum Beispiel 1995 unser Basisjahr ist und wir den Preisindex für 1996 finden wollen, berechnen wir zuerst die Kosten eines bestimmten Güterbündels im Jahr 1996 (22.000 $), dividieren dann das Ergebnis durch die Kosten des gleichen Güterbündels im Jahr 1995 (20.000 $) und erhalten den Wert 1,1. Der Preisindex für 1996 ist also 1,1 × 100 = 110. Ein Index von 110 mit 1995 als Basisjahr bedeutet, daß die Preise 1996 durchschnittlich um zehn Prozent höher waren als 1995.

Es gibt mehrere Preisindizes, die jeweils auf verschiedenen Güterbündeln beruhen. Um die Preisänderungen zu verfolgen, die für die amerikanischen Haushalte wichtig sind, sammelt der Staat Preisdaten für dasjenige Güterbündel, das die Konsumausgaben des durchschnittlichen Haushalts am besten repräsentiert. Dieser Index heißt **Verbraucherpreisindex** (*Comsumer Price Index*) oder CPI. Um dieses Güterbündel zu bestimmen, führt das Bureau of Labor Statistics eine Konsumausgabenerhebung durch, die etwa alle zehn Jahre aktualisiert wird.

Die amerikanischen Erfahrungen mit der Inflation

Wie wir gelernt haben, ist die Inflationsrate der prozentuale Anstieg des Preisniveaus innerhalb eines Jahres. Abbildung 24.6 zeigt die Entwicklung der Inflationsrate für die Vereinigten Staaten während dieses Jahrhunderts. Drei interessante Merkmale sind auffallend.

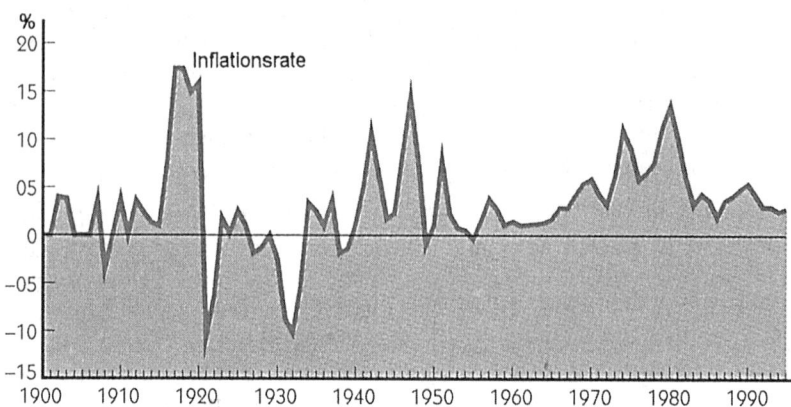

Abbildung 24.6   Die Inflationsrate in den USA. Die Inflationsrate ist der prozentuale Anstieg des Preisniveaus in einem gegebenen Jahr. Man beachte, daß die Inflation in der ersten Hälfte des Jahrhunderts mit Ausnahme der beiden Weltkriege meist niedrig war, in den siebziger Jahren stark angestiegen und dann in den achtziger Jahren etwas zurückgegangen ist. *Quellen*: ERP (1996), Tabelle B-60; *Historical Statistics of the United States.*

Erstens waren die Preise während dieses Jahrhunderts meistens relativ stabil. Die Inflationsrate lag unter fünf Prozent mit Ausnahme von drei Perioden, nämlich dem Ersten Weltkrieg, dem Zweiten Weltkrieg und der Zeit von 1973 bis 1981. Von der Jahrhundertwende bis zu den frühen sechziger Jahren betrug die durchschnittliche Inflationsrate nur etwa ein Prozent pro Jahr.

Zweitens kann das Preisniveau tatsächlich sinken. Während der Rezession, die auf den Ersten Weltkrieg folgte, gingen die Preise um mehr als 15 Prozent zurück, während der Weltwirtschaftskrise der dreißiger Jahre sogar um mehr als 30 Prozent. Man kann es sich in einer Zeit, in der die Inflation als ständig gegenwärtige Bedrohung erlebt wird, kaum vorstellen, aber am Ende des neunzehnten Jahrhunderts hatte man mehr Angst vor der **Deflation**, also vor einem stetigen Rückgang des Preisniveaus. Menschen, die sich damals verschuldet und den Preisrückgang nicht vorhergesehen hatten, stellten plötzlich fest, daß die Summe, die sie zurückzahlen mußten, sehr viel mehr wert war, als die Summe, die sie ausgeliehen hatten. Sie waren darüber genauso aufgebracht, wie es die Anleger heute sind, wenn durch die Inflation die Summe, die sie aus einer Finanzanlage zurückerhalten, weniger wert ist, als die Summe, die sie ursprünglich investiert haben.

Und schließlich hat es auch einige Perioden mit hohen Inflationsraten gegeben. Die auffälligste Episode in jüngerer Zeit waren die späten siebziger und frühen achtziger Jahre. Im Jahr 1980 allein sind die Preise um mehr als 13 Prozent gestiegen.

Anwendungsbeispiel: Die Berechnung des Verbraucherpreisindex

Indem man die Bewegungen einer Unmenge von Preisen in einem einzigen Index zusammenfaßt, kann man Preistrends über die Zeit hinweg leichter studieren. Angenommen, im Jahr 1990 hätte die durchschnittliche amerikanische Familie monatlich 1.000 $ für einen bestimmten Güterkorb ausgegeben und der gleiche Güterkorb hätte im Jahr 1996 1.200 $ gekostet. Der Preisindex für 1996 ist das Verhältnis zwischen den Ausgabensummen der Jahre 1996 und 1990, multipliziert mit 100. Das heißt,

$$CPI \text{ für } 1996 = 1.200/1.000 \times 100 = 120.$$

Der Vorteil eines Index besteht darin, daß wir die Indizes verschiedener Jahre miteinander vergleichen können. Der CPI für 1973 war 44, derjenige für 1994 war 148. Zwischen diesen beiden Jahren ist der Index um 104 angestiegen; die Zunahme betrug also

$$100 \times 104/44 = 236 \%.$$

Von 1973 bis 1994 sind die Preise durchschnittlich um 236 Prozent gestiegen.

Die folgende Abbildung zeigt die Entwicklung des Verbraucherpreisindex von 1900 bis in die Gegenwart, wobei 1983 als Basisjahr dient. Wir können zum Beispiel ablesen, daß die Preise 1920 ein Fünftel der Preise im Jahr 1983 betrugen.

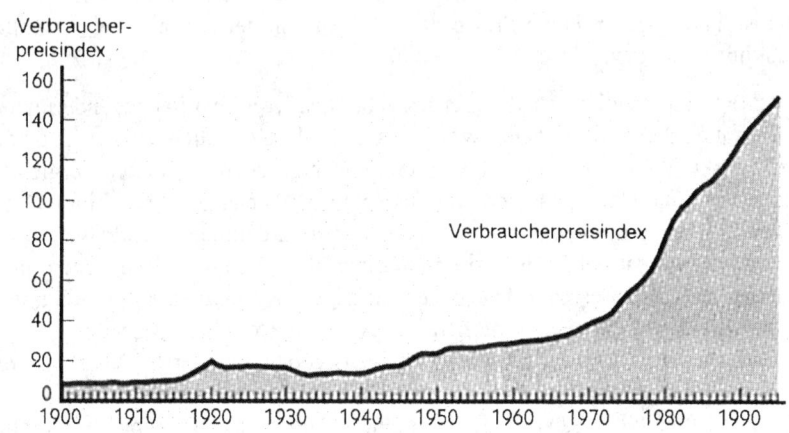

Quelle: *ERP*(1996), Tabelle B-56.

Ein Blick in die Wirtschaftspolitik: Die Auswirkungen des Preisindex

Preisindizes spielen im Wirtschaftsleben eine immer wichtigere Rolle, trotz des trockenen, technischen Beigeschmacks, der ihnen anhaftet. Rentenzahlungen sind an den Preisindex der Lebenshaltung gebunden und ebenso Steuerklassen und Steuerfreibeträge. Wenn der Index die Steigerungen der Lebenshaltungskosten (Inflationsraten) übertreibt, nimmt die reale Kaufkraft der Rentner zu und die realen, inflationsbereinigten Steuereinnahmen nehmen ab. Durch beide Verzerrungen steigt das Haushaltsdefizit des Staates - im ersten Fall wegen der erhöhten Ausgaben, im zweiten Fall wegen der verringerten Einnahmen.

Anfang 1994 war deutlich geworden, daß der Preisindex, den die Bundesregierung für die Anpassung von Renten und Steuern verwendet hatte, schwerwiegende Fehler enthielt und die jährliche Inflationsrate um 0,5 bis 1,5 Prozent überschätzte. Mehrere geplante Veränderungen werden diese Schätzfehler mindestens teilweise korrigieren. In der Zwischenzeit, bis die Verbesserungen eingeführt worden sind, werden jedoch dem Finanzministerium aufgrund des verzerrten Index schätzungsweise 100 Mrd. $ oder mehr verloren gehen.

Drei Probleme führen zu der systematischen Überschätzung der Inflation. Das erste Problem ist der festgelegte Güterkorb. Preisindizes werden im allgemeinen berechnet, indem man die Ausgabensumme für einen ganz bestimmten Güterkorb ermittelt, der einem durchschnittlichen Konsummuster entspricht. Aber während sich die Konsumgewohnheiten im Lauf der Zeit ständig verändern, wird der Güterkorb nur selten neu ermittelt (so wird zum Beispiel 1997 zum ersten Mal seit 1982-84 der Güterkorb revidiert). Da die Menschen teurer gewordene Güter einsparen und dafür mehr Geld für Güter ausgeben, deren Preis relativ günstiger geworden ist, haben Güter, deren Preise stark steigen, mit der Zeit ein viel zu großes Gewicht im Preisindex.

Das zweite Hauptproblem ist die Berücksichtigung von Qualitätsveränderungen. Neue Produkte, die auf irgendeine Weise besser sind als die alten, kommen ständig auf den Markt. Wenn man die Preise von alten und neuen Produkten vergleicht, muß man die Qualitätsunterschiede berücksichtigen. Wenn der Preis eines Gutes um zehn Prozent gestiegen ist, aber Lebensdauer und Funktionalität verbessert worden sind, dann ist der Preis real um weniger als zehn Prozent gestiegen, ja er kann sogar real gesunken sein. Die Berücksichtigung von Qualitätsveränderungen kann manchmal einfach sein: Eine neue Maschine leistet doppelt so viel wie die entsprechende alte. Meistens ist der Vergleich jedoch schwierig. Wenn wir die Qualität von Computern mit Hilfe der Anzahl von Berechnungen pro Minute und der Speicherkapazität messen, ergibt sich eine phänomenale Senkung der Computerpreise. Aber selbst damit sind die Qualitätsverbesserungen nicht vollständig erfaßt. Wir können heute Dinge mit dem Computer tun, die vor 25 Jahren zu keinem Preis vorstellbar waren. Ein anderes Beispiel ist ein neues Medikament, das eine

Krankheit heilt, die bis dahin als unheilbar gegolten hat. Das Bureau of Labor Statistics versucht Qualitätsveränderungen zu berücksichtigen. Aber es ist unstrittig, daß diese Anpassungen unvollständig sind, und daß die Inflationsrate trotzdem um einige Zehntel bis zu mehr als einem Prozent überschätzt wird.

Ein dritter Typ von Problemen ist technischer Art und hat mit der Art und Weise der Datenerhebung und mit den Einzelheiten der Berechnungsmethoden zu tun.

Viele Wirtschaftswissenschaftler glauben, daß die geplanten Verbesserungen die Verzerrung des CPI nicht vollständig beheben werden. Sie schlagen deshalb vor, daß bei der Indexierung von Renten und Steuerfreibeträgen von der CPI-Inflationsrate 1 oder 0,5 Prozent abgezogen werden soll.

Die Bedeutung der Inflation

In modernen Volkswirtschaften ist viel getan worden, um die schmerzhaften Auswirkungen der Inflation zu mildern. Steigende Preisniveaus gehen normalerweise mit steigenden Löhnen einher. Wenn Löhne und Preise mit der gleichen Rate steigen, wird der Lebensstandard der Arbeitskräfte nicht beeinträchtigt. Die US-amerikanische Regierung hat Maßnahmen ergriffen, um das Einkommen von Rentnern an die allgemeine Preisentwicklung anzupassen. Am wichtigsten ist vielleicht, daß die Sozialhilfesätze „indexiert" worden sind, das heißt, sie werden automatisch an die Veränderungen der Lebenshaltungskosten angepaßt.

Es stellt sich die Frage, warum dann die Inflationsbekämpfung in der Wirtschaftspolitik eine solch hohe Priorität genießt. Darauf gibt es anscheinend drei Antworten.

Erstens gibt es immer noch einige Gruppen, die unter der Inflation leiden. Jeder, dessen Einkommen nicht vollständig an die Inflationsrate angepaßt wird, erleidet durch einen Anstieg des Preisniveaus einen Verlust. Zweitens bewirkt ein plötzlicher Anstieg der Inflationsrate, daß Kreditrückzahlungen real weniger wert sind als der ursprüngliche Kredit. Dadurch werden die Gläubiger schlechter gestellt, während die Schuldner einen Vorteil haben. Wenn die Inflationsrate schwankt, ist mit Kreditvergabe und Kreditaufnahme ein größeres Risiko verbunden.

Drittens haben viele das Gefühl, daß mit einer Volkswirtschaft grundsätzlich etwas nicht stimmt, wenn das, was vor fünf Jahren einen Dollar gekostet hat, heute zwei Dollar kostet. Manchmal haben diese Beobachter recht. Die Inflation kann grobe Irrtümer der staatlichen Wirtschaftspolitik widerspiegeln wie zum Beispiel überhöhte Staatsausgaben oder eine zu reichliche Kreditvergabe. Aber häufig ärgert man sich über die Inflation, wenn das zugrunde liegende Problem ganz woanders zu suchen ist. Der starke Ölpreisanstieg im Jahr 1973 hat weltweit eine Inflationsspirale in Gang gesetzt. Da die USA an die ölexportierenden Länder mehr bezahlen mußten, waren sie in gewissem Sinne ärmer geworden. Das mußte sich in einem Einkommensverlust ausdrücken. Hinzu kam, daß die weltweite Rezession, die durch den Ölpreisanstieg von 1973 ausgelöst worden war, die notwendige Einkommensreduktion noch vergrößert hat. Die Reallöhne der Arbeitskräfte gingen also zurück. Sie sahen in der Inflation die Ursache für den Rückgang ihres Lebensstandards. Aber die Inflation war nicht wirklich daran schuld, sondern die Ölpreissteigerungen.

Da sich die Volkswirtschaft an die Inflation angepaßt hat, wird unter Wirtschaftswissenschaftlern mehr und mehr darüber diskutiert, inwieweit maßvolle Inflationsraten überhaupt ein Anlaß zur Sorge sein sollten - also jene drei bis sechs Prozent Inflation, die während der letzten Jahrzehnte regelmäßig zu verzeichnen waren. Man macht sich darüber Gedanken, ob bei niedrigen Inflationsraten die Therapie nicht schlimmer ist als die Krankheit selbst. Dennoch sind die meisten Wirtschaftswissenschaftler der Ansicht, daß zumindest zweistellige Inflationsraten ein Symptom für eine Funktionsstörung der Volkswirtschaft sind. Und natürlich besteht Einigkeit darüber, daß eine galoppierende Inflation, wie sie Israel und einige lateinamerikanische Länder erlebt haben, eine extrem zerrüttende Wirkung auf die Volkswirtschaft hat.

Alternative Inflationsmaße

Der Verbraucherpreisindex ist ein Maß für die Inflation, das auf den Ausgaben des durchschnittlichen Konsumenten beruht. Andere Preisindizes werden mit Hilfe verschiedener anderer Güterkörbe berechnet. Einer davon ist der **Herstellerpreisindex**, der das durchschnittliche Preisniveau aller von den Herstellern verkauften Güter mißt. Dieser Index ist nützlich, weil er einen Hinweis darauf gibt, wie sich die Konsumentenpreise in der nahen Zukunft entwickeln werden. Wenn die Hersteller für ihre Lieferungen an die Großhändler höhere Preise erhalten, werden normalerweise irgendwann auch die Einzelhändler höhere Preise verlangen müssen. Das schlägt sich dann in einem höheren Verbraucherpreisindex nieder.

In Abschnitt 24.2 haben wir festgestellt, daß man das reale BIP erhält, wenn man das nominale BIP um die Inflationsrate korrigiert. Der Preisindex, mit dessen Hilfe das reale BIP berechnet wird, heißt **BIP-Deflator**. Er vergleicht ein Berichtsjahr und ein Basisjahr in bezug auf die Geldsumme, die nötig gewesen wäre, um alle Güter und Dienstleistungen zu kaufen, die in der Volkswirtschaft produziert worden sind. Der BIP-Deflator ist also in anderen Worten ein gewichteter Durchschnitt der Preise verschiedener Güter und Dienstleistungen, wobei die Gewichte dem jeweiligen Anteil der Güter und Dienstleistungen am BIP entsprechen.

24.5 Beziehungen zwischen den drei wichtigsten Variablen

Oft sind die Veränderungen der wichtigsten makroökonomischen Variablen systematisch voneinander abhängig. Wenn sich zum Beispiel die Volkswirtschaft in einer Rezession befindet, wie im Jahr 1982, steigt tendenziell die Arbeitslosenquote, die Inflationsrate nimmt ab und das Wachstum stagniert. Dieser Zusammenhang ist leicht zu erklären. Wenn es der Wirtschaft schlecht geht, verringern die Unternehmungen ihren Output, entlassen Arbeitskräfte und stellen keine neuen ein. Hinzu kommt, daß Preiserhöhungen unwahrscheinlicher sind, wenn die Unternehmungen auf einem Wettbewerbsmarkt mit Absatzschwierigkeiten konfrontiert sind.

24.6 Stromgrößen und Bestandsgrößen

BIP, BSP und NIP messen den Output *pro Jahr*, also innerhalb eines bestimmten *Zeitraums*. Solche Maßzahlen werden **Stromgrößen** genannt. Wenn es in den Nachrichten heißt, „die soeben veröffentlichten, vierteljährlichen BIP-Daten zeigen, daß das BIP vier Billionen Dollar pro Jahr betragen hat", so bedeutet das, daß Güter und Dienstleistungen im Wert von einer Billion im Laufe dieses Quartals produziert worden sind. Unter der Voraussetzung, daß das Produktionsniveau über ein Jahr aufrechterhalten wird, ergibt sich daraus ein Gesamtwert von Gütern und Dienstleistungen in Höhe von vier Billionen.

Im Gegensatz dazu beziehen sich **Bestandsgrößen** auf einen bestimmten *Zeitpunkt*. Eine der wichtigsten Bestandsgrößen ist der Kapitalstock, der Gesamtwert aller Gebäude und Maschinen, die das Produktionspotential einer Volkswirtschaft ausmachen.

Zwischen Stromgrößen und Bestandsgrößen besteht ein einfacher Zusammenhang. Der Kapitalstock am Ende des Jahres 1996 zum Beispiel entspricht dem Kapitalstock am Ende des Jahres 1995 plus bzw. minus der Zugänge bzw. Abgänge während des Jahres 1996. Die Investitionen sind die Stromgröße, die den Kapitalstock erhöht, die Abschreibungen sind die Stromgröße, die ihn vermindert.

Ähnlich können wir die *Anzahl* der Arbeitslosen als Bestandsgröße betrachten. Die Arbeitslosenzahl am Ende des Jahres 1996 ergibt sich aus der Arbeitslosenzahl am Ende des Jahres 1995 plus bzw. minus der Zugänge bzw. Abgänge während des Jahres 1996. Entlassungen, Kündigungen und Neueintritte in das Erwerbsleben sind Stromgrößen, die den Bestand an Arbeitslosen erhöhen; Neueinstellungen und Rückzüge aus dem Erwerbsleben sind Stromgrößen, die den Arbeitslosenbestand verringern.

Zusammenfassung

1. Die drei wichtigsten gesamtwirtschaftlichen Ziele für den Staat sind niedrige Arbeitslosigkeit, niedrige Inflation und hohes Wirtschaftswachstum. Die Makroökonomik untersucht, wie sich diese aggregierten Variablen infolge des Verhaltens von Haushalten und Unternehmungen verändern, und wie sie wirtschaftspolitisch beeinflußt werden können.

2. Die Produktivität ist in den vergangenen beiden Jahrzehnten in den USA nicht so schnell gestiegen wie in der Zeit davor.

3. Das Bruttoinlandsprodukt (BIP) ist das am häufigsten verwendete Maß für den volkswirtschaftlichen Output. Das reale BIP ergibt sich, wenn man das BIP um Preisniveauänderungen korrigiert.

4. Für das BIP gibt es drei Berechnungsmethoden: die Verwendungsrechnung, die den Wert aller Güter für den Endverbrauch, die in der Volkswirtschaft produziert worden sind, addiert; die Entstehungsrechnung, und die Verteilungsrechnung.

5. Arbeitslosigkeit verursacht nicht nur für die Betroffenen Kosten, sondern auch für die Gesellschaft insgesamt, denn sie verliert das, was die Arbeitslosen hätten beitragen können, und muß sie letztendlich auf andere Weise unterstützen.

6. Saisonale Arbeitslosigkeit, wie sie zum Beispiel im Bausektor in Gegenden mit strengen Wintern auftritt, ist zu bestimmten Jahreszeiten normal. Friktionelle Arbeitslosigkeit tritt auf, wenn Menschen von einem Job zum anderen wechseln. Strukturelle Arbeitslosigkeit wird durch den Strukturwandel in der Volkswirtschaft verursacht, wenn die neu geschaffenen Arbeitsplätze sich in ihrem Anforderungsprofil von den verlorengegangenen alten Arbeitsplätzen unterscheiden. Die konjunkturelle Arbeitslosigkeit steigt oder sinkt in Abhängigkeit von der Konjunkturlage.

7. Die Inflationsrate ist der prozentuale Anstieg des Preisniveaus innerhalb eines Jahres. In den Vereinigten Staaten war die Inflationsrate während der ersten Hälfte dieses Jahrhunderts meist niedrig; sie stieg in den siebziger und frühen achtziger Jahren stark an und ging gegen Ende der achtziger Jahre und zu Beginn der neunziger Jahre wieder etwas zurück. In manchen Ländern hat es Zeiten mit sehr hohen Inflationsraten gegeben, in denen die Preise in einem gegebenen Jahr um einen zwei- oder sogar dreistelligen Faktor gewachsen sind.

8. Die Inflationsrate wird gemessen als prozentuale Veränderung der Ausgabensumme für einen bestimmten Güterkorb innerhalb eines Jahres. Verschiedene Preisindizes wie zum Beispiel der Verbraucherpreisindex oder der Herstellerpreisindex, basieren auf verschiedenen Güterkörben.

9. Viele gesamtwirtschaftliche Variable scheinen in ihrer Entwicklung systematisch voneinander abhängig zu sein. So geht zum Beispiel ein Boom tendenziell mit einem Rückgang der Arbeitslosigkeit und einem Anstieg der Inflationsrate und der Produktivität einher. In einer Rezession verhält es sich umgekehrt.

10. In den Wirtschaftswissenschaften unterscheidet man zwischen Stromgrößen - wie dem Output pro Jahr - und Bestandsgrößen - wie dem Kapitalstock.

Schlüsselbegriffe

Arbeitslosenquote	Bruttoinlandsprodukt (BIP)	nominales BIP
Inflation	reales BIP	verkettetes reales BIP
potentielles BIP	Nettoinlandsprodukt (NIP)	Grünes BIP
Konjunkturzyklen	Abschreibungen	Verbraucherpreisindex
Hochkonjunktur, Boom	Erwerbsquote	BIP-Deflator
Rezession	saisonale Arbeitslosigkeit	Deflation
Depression	friktionelle Arbeitslosigkeit	Produzentenpreisindex
Wertschöpfung	strukturelle Arbeitslosigkeit	Stromgrößen
Bruttosozialprodukt (BSP)	konjunkturelle Arbeitslosigkeit	Bestandsgrößen

Wiederholungsfragen

1. Welches sind die drei Hauptziele der Stabilisierungspolitik?

2. Was ist der Unterschied zwischen dem nominalen BIP, dem realen BIP und dem potentiellen BIP?

3. Wie unterscheiden sich die Verwendungsrechnung, die Entstehungsrechnung und die Verteilungsrechnung des BIP?

4. Wie sind BIP, BSP und NIP definiert?

5. Wie hat sich in den vergangenen zwei Jahrzehnten die Wachstumsrate der Produktivität entwickelt?

6. Wie unterscheiden sich die friktionelle Arbeitslosigkeit, die saisonale Arbeitslosigkeit, die strukturelle Arbeitslosigkeit und die konjunkturelle Arbeitslosigkeit?

7. Welche Gruppen sind in der Regel am meisten betroffen, wenn die Arbeitslosigkeit zunimmt?

8. Wie kann man die Inflationsrate messen, wenn die Preise verschiedener Güter unterschiedlich stark steigen?

9. Sind alle Menschen von der Inflation in gleicher Weise betroffen? Begründen Sie Ihre Antwort.

Aufgaben

1. Würden Sie erwarten, daß in einer Rezession das reale BIP schneller zurückgeht oder das potentielle BIP? Ist es möglich, daß das potentielle BIP steigt, während das reale BIP zurückgeht?

2. Georg gibt sein Taschengeld für drei Arten von Gütern aus: Süßigkeiten, Zeitschriften und Leihvideos. Er erhält zur Zeit ein Taschengeld von 30 $ pro Monat, von dem er zehn Schokoriegel zu je einem Dollar und vier Zeitschriften zu je drei Dollar kauft und vier Filme zu je zwei Dollar ausleiht. Berechnen Sie einen Georg-Preisindex (GPI) für

diesen Güterkorb für die folgenden Fälle (setzen Sie dabei das gegenwärtige Preisniveau gleich 100):

a) Die Leihgebühr für Videofilme steigt auf drei Dollar.

b) Die Leihgebühr für Videofilme steigt auf drei Dollar und der Preis für Schokoriegel geht um 0,20 $ zurück.

c) Die Leihgebühr für Videofilme steigt auf drei Dollar, der Preis für Schokoriegel geht um 0,20 $ zurück, und der Preis für Zeitschriften steigt auf vier Dollar.

3. Ein Anstieg des Verbraucherpreisindex betrifft oft verschiedene Gruppen auf unterschiedliche Weise. Überlegen Sie, welche Rolle die Güter Wohnen, Reisen und Bildung für verschiedene Bevölkerungsgruppen spielen und erläutern Sie, warum diese Gruppen durch Preissteigerungen bei den genannten Bestandteilen des Konsumentenwarenkorbs unterschiedlich betroffen sind. Wie könnte man einen „Stadt-CPI" und einen „Land-CPI" berechnen?

4. Berechnen Sie mit Hilfe der folgenden Daten über die US-amerikanische Wirtschaft, um wieviel Prozent das reale BIP zwischen 1965 und 1975 bzw. zwischen 1975 und 1985 gewachsen ist.

	1965	1970	1975	1980	1985	1990	1995
nominales BIP (Mrd. $)	700	1.000	1.600	2.700	4.000	5.500	7.000
Verbraucherpreisindex	100	115	160	250	320	415	480

5. Ein großer Teil dieses Kapitels hat sich damit beschäftigt, wie Daten angepaßt werden, um bestimmte Fragen zu beantworten; man nimmt zum Beispiel eine Inflationsbereinigung vor oder dividiert durch die Bevölkerungszahl. Welche Anpassungen würden Sie bei der Analyse der Bildungsausgaben, bzw. der Ausgaben der Sozialversicherung vornehmen?

6. Normalerweise werden Unternehmungen zu Beginn einer Rezession nicht sofort Arbeitskräfte entlassen - zumindest nicht proportional zu ihrem Umsatzrückgang. Welche Entwicklung des Outputs pro Arbeitskraft und des Outputs pro Arbeitsstunde im Verlauf des Konjunkturzyklus würden sie erwarten?

Kapitel 25

Das Vollbeschäftigungsmodell

Wenn wir die Geschichte in Zehnjahresabständen betrachten, dann zeigt sich, daß die Marktwirtschaft für beinahe alle Menschen, die danach suchen, Arbeitsplätze schafft. So ist zum Beispiel in den achtziger Jahren die Erwerbsbevölkerung in den USA um 19 Mio. Menschen gewachsen, und die Anzahl der Beschäftigten hat sich um etwa die gleiche Zahl erhöht. Daß die Märkte auch manchmal versagen ist offensichtlich, wenn jeder zehnte, oder wie es während der Weltwirtschaftskrise der Fall war, jeder vierte Arbeitnehmer keinen Arbeitsplatz finden kann. Aber immer, wenn der Markt eine Zeit lang zu wenige Arbeitsplätze geschaffen hat, ist auch wieder eine Zeit gekommen, in der die Volkswirtschaft aufgeholt hat. Während zum Beispiel in den Jahren 1991 und 1992 die Wirtschaft stagnierte, und nur eine Million neuer Arbeitsplätze entstanden, wurden danach in den zweieinhalb Jahren von Januar 1993 bis Juni 1995 mehr als sieben Millionen neue Arbeitsplätze geschaffen.

Die ökonomischen Theorien im nächsten Teil des Buches erklären, warum es immer wieder Zeiten gibt, in denen der Markt bei der Schaffung von Arbeitsplätzen versagt, und was der Staat wirtschaftspolitisch dagegen tun kann. In diesem Teil des Buches beschäftigen wir uns damit, wie die Volkswirtschaft langfristig funktioniert, also wie genügend Arbeitsplätze geschaffen werden, um alle neu hinzugekommenen Erwerbspersonen zu integrieren. Wir konzentrieren uns dabei auf die gesamtwirtschaftliche Entwicklung - also auf die Veränderungen makroökonomischer Größen wie Output und Lohnniveau - bei vollbeschäftigten Ressourcen. Wir zeigen, wie gut funktionierende Wettbewerbsmärkte die Vitalität der amerikanischen Volkswirtschaft erklären. Kein Staatsbeamter kann ausrechnen, wo die sieben Millionen neuen Arbeitskräfte, die von 1996 bis zum Jahr 2000 zur Erwerbsbevölkerung hinzu kommen werden, beschäftigt werden können. Hätte man irgend jemanden vom Präsidenten abwärts gefragt, wo all die neu hinzugekommenen Arbeitskräfte in der Wachstumsphase von 1993 und 1994 Arbeit finden würden, so hätte niemand darauf eine genaue Antwort geben können, wenn auch klar war, in welchen Branchen die Arbeitsnachfrage wahrscheinlich am meisten expandieren würde. Aber aufgrund der Erfahrungen in der Vergangenheit hätte man sagen können, daß irgendwie und irgendwo die Volkswirtschaft genügend Arbeitsplätze schaffen würde. Die volkswirtschaftlichen Theorien, die wir in diesem und dem folgenden Kapitel untersuchen, helfen, diesen Prozeß der Entstehung neuer Arbeitsplätze zu erklären.

25.1 Gesamtwirtschaftliches Gleichgewicht

Das Modell, das wir hier anwenden, ist das grundlegende Wettbewerbsmodell aus früheren Kapiteln. Nach diesem Modell interagieren eine große Zahl von Haushalten und Unternehmungen auf Arbeits-, Güter- und Kapitalmärkten. Unternehmungen nutzen die Arbeitskraft, die die Haushalte anbieten, zur Produktion von Gütern und entschädigen die Arbeitskräfte durch Lohnzahlungen. Die Haushalte sparen und finanzieren damit Investitionen der Unternehmungen in Fabriken und Produktionsanlagen. Für die Nutzung ihrer Ersparnisse erhalten die Haushalte von den Unternehmungen Zinsen und Dividenden. Mit ihrem Arbeitseinkommen und dem Ertrag ihrer Ersparnisse kaufen die Haushalte die Produkte, die von den Unternehmungen hergestellt worden sind.

Aus dem Modell der vollkommenen Konkurrenz kann man zwei wichtige Schlüsse ziehen. Erstens sind alle Märkte miteinander verbunden. Was auf einem Markt geschieht, hat Auswirkungen auf andere Märkte. So hängt zum Beispiel die Nachfrage nach Arbeit vom Produktionsniveau am Gütermarkt ab. Zweitens sind es die Löhne, Zinsen und Preise, die Angebot und Nachfrage aneinander anpassen. In diesem Teil des Buches konzentrieren wir uns weiterhin auf Güter-, Arbeits- und Kapitalmärkte und gehen davon aus, daß die nötigen Lohn-, Zins- und Preisanpassungen hinreichend schnell ablaufen, um alle Märkte stets im Gleichgewicht zu halten. Es werden also alle Märkte geräumt in dem Sinne, daß Angebot und Nachfrage übereinstimmen. Diese Annahme ist nicht nur ein bequemer Ausgangspunkt; sie ermöglicht uns auch recht weitgehende Einblicke in einige der wichtigsten gesamtwirtschaftlichen Fragen. Zu Beginn dieses Kapitels haben wir festgestellt, daß die Volkswirtschaft *irgendwie* jedes Jahr für Millionen neu hinzugekommener Arbeitskräfte Arbeitsplätze schafft. Dieser Prozeß wird von keiner staatlichen oder privaten Stelle gemanagt. Die Zauberkraft des Marktes - die Anpassungen von Löhnen und Preisen, die den Arbeitsmarkt ins Gleichgewicht bringen - leitet diesen Prozeß, und das Modell, das im folgenden dargestellt wird, erklärt, wie das zustande kommt.

Zwischen der Analyse in diesen Kapiteln und der mikroökonomischen Analyse, die wir in früheren Kapiteln gesehen haben, gibt es einen wichtigen Unterschied. In der Makroökonomik konzentrieren wir uns auf aggregierte Größen, auf den Gesamtoutput anstelle der Produktionsmengen einzelner Produkte. Wir beziehen uns auf die Beschäftigung insgesamt und auf Durchschnittspreise, die wir als das Preisniveau bezeichnen. Wir beschreiben die Volkswirtschaft so, als ob alle Arbeitskräfte identisch wären und alle Unternehmungen das gleiche Gut herstellen würden. Indem wir diese aggregierten Größen betrachten, ignorieren wir die Vielfalt der mikroökonomischen Details, mit denen wir uns vorher beschäftigt haben. Hinter einem Anstieg des Preisniveaus versteckt sich eine Unzahl an Veränderungen von relativen Preisen. Einige Preise sind schneller gestiegen als dieser Durchschnitt, andere sind langsamer gestiegen oder sogar gesunken. Die Grundvoraussetzung der gesamtwirtschaftlichen Analyse ist, daß wir viele Aussagen über die aggregierten Größen treffen können, ohne die kleineren Einzelheiten in den Blick zu nehmen.

Unter die Lupe genommen:
Wie es zu der Teilung in Mikro- und Makroökonomik kam

Heute kennen sogar ökonomische Laien die Ausdrücke Mikroökonomik und Makroökonomik. Aber die Wirtschaftswissenschaftler haben erst begonnen in diesen Begriffen zu denken, als in den dreißiger Jahren die Weltwirtschaft einen Zusammenbruch erlitt, der als die Weltwirtschaftskrise bekannt geworden ist. In den USA ist die Wirtschaft zwischen 1929 und 1933 um 39 Prozent geschrumpft; die Arbeitslosenquote erreichte im Jahr 1933 die 25-Prozent-Marke. Das Forschungsinteresse verlagerte sich zugunsten der Bestimmungsgründe der gesamtwirtschaftlichen Variablen wie Arbeitslosenquote und BIP.

John Maynard Keynes gab der allgemeinen Stimmung Ausdruck, als er 1936 schrieb: „Die Spaltung der Nationalökonomie verläuft meiner Meinung nach zwischen der Theorie der einzelnen Branche oder Unternehmung, dem Ertrag und der Verteilung einer gegebenen Ressourcenausstattung einerseits und der Theorie des Outputs und der Beschäftigung der *gesamten* Wirtschaft andererseits."

Die Ausdrücke mikroökonomisch und makroökonomisch finden sich zum ersten Mal bei P. de Wolff, einem wenig bekannten Wirtschaftswissenschaftler am Statistischen Institut der Niederlande. In einem Artikel von 1941 schrieb de Wolff: „Die mikroökonomische Interpretation bezieht sich auf die Relation ... für eine Einzelperson oder eine Familie. Die makroökonomische Interpretation ist von der entsprechenden Relation ... für eine große Gruppe von Personen oder Familien (soziale Schichten, Nationen, etc.) abgeleitet."

In den sechziger und siebziger Jahren beklagten viele Wirtschaftswissenschaftler, daß sich das makroökonomische Denken zu weit von seinen mikroökonomischen Wurzeln entfernt hatte. Es ist interessant, daß einige der wichtigsten wirtschaftswissenschaftlichen Arbeiten der letzten zwanzig Jahre - die in den folgenden Kapiteln beschrieben werden - versucht haben, den Graben zwischen beiden Denkrichtungen wieder zu überbrücken und zu erklären, wie aus der Interaktion von rationalen, wohlinformierten Konsumenten und gewinnmaximierenden Unternehmungen manchmal Arbeitslosigkeit, Inflation und Wachstumsschwankungen entstehen können.

Quelle: Hal R. Varian, „Microeconomics", in: Eatwell, Milgate und Newman (Hrsg.), *The New Palgrave: A Dictionary of Economics* (1987), 3:461-63.

25.2 Der Arbeitsmarkt

Im Modell der vollkommenen Konkurrenz werden annahmegemäß alle Märkte geräumt. Am Arbeitsmarkt bedeutet Markträumung Vollbeschäftigung. Der Lohnmechanismus sorgt dafür, daß jeder, der zum üblichen Marktlohn einen Arbeitsplatz möchte, für den er qualifiziert ist, auch einen erhalten wird. Allerdings spricht man in der Wirtschaftswissenschaft bereits von Vollbeschäftigung der Erwerbsbevölkerung, wenn immer noch ein gewisser geringer Prozentsatz an Arbeitslosigkeit besteht. Wie wir in Kapitel 24 gesehen haben, gibt es in modernen Volkswirtschaften immer eine gewisse friktionelle Arbeitslosigkeit, weil Arbeitskräfte ihren Arbeitsplatz wechseln oder gerade neu auf den Arbeitsmarkt gekommen sind und zum ersten Mal nach einem Arbeitsplatz suchen. Vollbeschäftigung sollte also nicht mit einer Arbeitslosenquote von null gleichgesetzt werden.

Die Annahme, daß die Arbeitslosenquote auf null sinken kann, ist zwar offensichtlich unrealistisch; sie ist aber dennoch eine nützliche Vereinfachung, insbesondere, wenn man sich mit Perioden beschäftigt, in denen die Arbeitslosigkeit relativ niedrig war, wie zum Beispiel die Jahre 1989 und 1995.

Am gesamtwirtschaftlichen Arbeitsmarkt spielt die Beziehung zwischen dem Lohnniveau (w) und dem Preisniveau (P) eine große Rolle. In der Wirtschaftswissenschaft unterscheidet man zwischen Real- und Nominallöhnen. Man erhält den Reallohn, wenn man den Nominallohn durch das Preisniveau dividiert (w/P). Wenn sich also Löhne und Preise in gleicher Weise verändern, bleibt der Reallohn unverändert. Nehmen wir zum Beispiel an, daß Nominallöhne und Preisniveau im Lauf eines Jahres jeweils um zwei Prozent gestiegen sind. Der Reallohn wäre dann genauso hoch wie zu Beginn dieses Jahres, denn der Anstieg des Nominallohns wäre durch den proportionalen Preisanstieg kompensiert worden. Bleibt dagegen das Preisniveau konstant, dann stellt jede Nominallohnveränderung auch eine Reallohnveränderung dar. Verändert sich der Nominallohn nicht, während das Preisniveau steigt (oder fällt), dann fällt (steigt) der Reallohn.

Abbildung 25.1 zeigt den gesamtwirtschaftlichen Arbeitsmarkt mit den aggregierten Angebots- und Nachfragekurven für Arbeit; dabei wird der Reallohn (w/P) auf der vertikalen Achse und die Arbeitsmenge (L) auf der horizontalen Achse gemessen.

Bei gegebener Maschinenausstattung und Technologie hängt die aggregierte Arbeitsnachfrage von den Löhnen, den Preisen für die produzierten Güter und den Preisen für andere Inputs wie Rohstoffe und Maschinen ab. Die aggregierte Arbeitsnachfragekurve zeigt für jeden Lohn die Anzahl der von den Unternehmungen nachgefragten Arbeitsstunden, unter der Voraussetzung, daß die Preise für die Inputs und die hergestellten Produkte unverändert bleiben. Je niedriger der Lohn ist, desto höher ist die Nachfrage nach Arbeit. Für diesen Zusammenhang gibt es zwei Gründe. Erstens lohnt es sich, Arbeitskräfte gegen Maschinen zu substituieren, wenn die Löhne relativ zu den Kapitalkosten sinken. Zweitens bedeutet ein fallender Lohn, daß Arbeit relativ zum Preis der produzierten Güter billiger wird (so daß beim alten Beschäftigungsniveau das Wertgrenzprodukt der Arbeit höher ist als der Lohn), und auch aus diesem Grund werden die Arbeitgeber mehr Arbeitskräfte einstellen. Infolgedessen verläuft die Arbeitsnachfragekurve von links oben nach rechts unten, wie im Diagramm gezeigt.

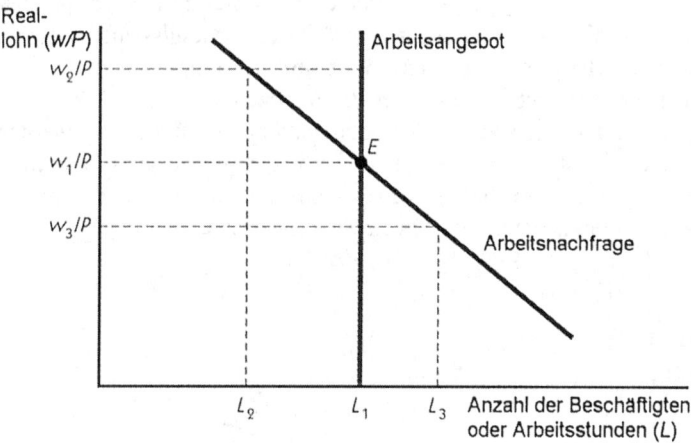

Abbildung 25.1 Gleichgewicht am Arbeitsmarkt. Das Arbeitsmarktgleichgewicht ist der Schnittpunkt zwischen den aggregierten Nachfrage- und Angebotskurven für Arbeit. Ist der Reallohn höher als derjenige, bei dem Angebot und Nachfrage übereinstimmen (w_1/P), so kommt es zu Arbeitslosigkeit, und die Konkurrenz der Arbeitskräfte gegeneinander drückt den Lohn. Unterhalb von w_1/P herrscht ein Nachfrageüberschuß, der die Löhne nach oben treibt.

Die Abbildung zeigt auch eine aggregierte Arbeitsangebotskurve. Der Einfachheit halber gehen wir davon aus, daß das Arbeitsangebot unelastisch ist.[1] Das bedeutet, daß man nur entweder eine volle Vierzigstundenwoche oder überhaupt nicht arbeiten kann. Niemand betritt oder verläßt den Arbeitsmarkt aufgrund von Lohnveränderungen, und niemand reduziert oder erhöht deswegen seine Arbeitsstunden. Diese Annahme einer festen Wochenstundenzahl hat den Vorteil, daß wir anstelle

---

[1] Man erinnere sich an die Definition der Elastizität aus Kapitel 5: prozentuale Mengenänderung dividiert durch prozentuale Preisänderung. Ein unelastisches Arbeitsangebot bedeutet also, daß ein einprozentiger Lohnanstieg das Angebot nur um einen winzigen Prozentsatz erhöht. Eine vollkommen unelastische Arbeitsangebotskurve ist vertikal: Das Arbeitsangebot reagiert überhaupt nicht auf Lohnänderungen.

der Arbeitsstunden pro Woche auch die Anzahl der beschäftigten Arbeitskräfte auf der horizontalen Achse der Abbildung abtragen können. Die Arbeitsstunden pro Woche sind einfach jeweils das Vierzigfache der beschäftigten Arbeitskräfte.

Die einfache Analyse von Angebot und Nachfrage impliziert, daß das Marktgleichgewicht im Schnittpunkt E von Angebots- und Nachfragekurve liegen muß. Der Grund dafür ist leicht zu sehen: Wenn der Lohn zufällig über dem Gleichgewichtslohn w_1/P liegt, zum Beispiel bei w_2/P, dann beträgt die Arbeitsnachfrage L_2 und ist viel niedriger als das Angebot L_1. Es kommt also zu einem Angebotsüberschuß. Diejenigen, die einen Job suchen, werden ihre Arbeitskraft zu einem geringeren als dem üblichen Lohn anbieten und damit die Löhne für die bereits Beschäftigten unterbieten. Durch diesen Konkurrenzprozeß sinken die Löhne, bis schließlich Angebot und Nachfrage wieder übereinstimmen. Umgekehrt werden bei einem niedrigeren Lohn (w_3/P) die Unternehmungen in der Volkswirtschaft mehr Arbeit nachfragen als angeboten wird. Indem sie gegeneinander um die knappen Arbeitskräfte konkurrieren, werden sie den Lohn bis w_1/P steigern.

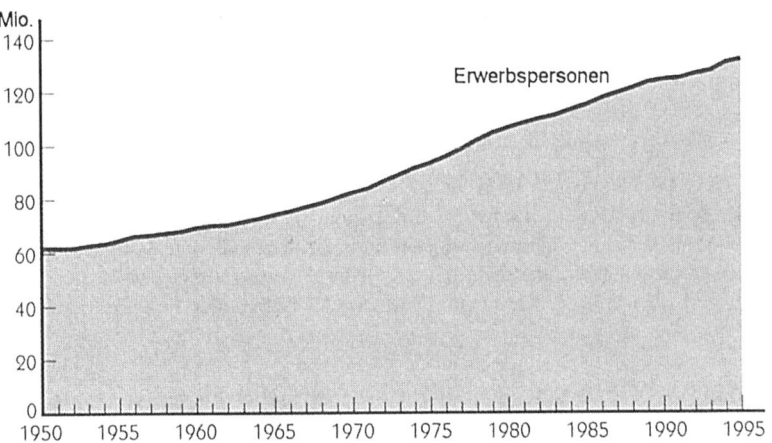

Abbildung 25.2 Die Zunahme der Erwerbsbevölkerung in der Zeit nach dem Zweiten Weltkrieg. In den siebziger Jahren ist die Erwerbsbevölkerung besonders stark gestiegen, weil die Babyboom-Generation das erwerbsfähige Alter erreicht hatte. In den achtziger Jahren hat die Erwerbsbevölkerung um mehr als vier Millionen Einwanderer zugenommen.

Verschiebungen der Angebots- und Nachfragekurven am Arbeitsmarkt

Das Konkurrenzmodell ermöglicht klare Voraussagen über die Folgen von Verschiebungen der Angebots- oder Nachfragekurve am Arbeitsmarkt. Betrachten wir zuerst Verschiebungen der Arbeitsangebotskurve. Die Ursache kann sein, daß mehr junge Menschen das erwerbsfähige Alter erreichen als alte Menschen aus dem Erwerbsleben ausscheiden, daß ein Einwanderungsschub stattfindet, oder daß aufgrund gesellschaftlicher Veränderungen mehr Frauen am Erwerbsleben teilnehmen. Abbildung 25.2 zeigt die Zunahme der Erwerbsbevölkerung über die vergangenen 45 Jahre. Insbesondere in den siebziger Jahren ist ein schneller Anstieg zu sehen. Die Folgen einer solchen starken Veränderung des Arbeitsangebots werden in Abbildung 25.3 dargestellt. Die Angebotskurve (die hier als vertikale Linie eingezeichnet ist) verschiebt sich nach rechts. Der gleichgewichtige Reallohn geht zurück. Die Volkswirtschaft reagiert auf niedrigere Löhne durch die Schaffung von mehr Arbeitsplätzen. Die Löhne (der Preis für die Arbeitskraft) sind für die Unternehmungen ein Indikator, daß Arbeit in gewissem Sinne weniger knapp ist als zuvor, und daß sie die Arbeitskraft deshalb weniger sparsam einsetzen sollten.

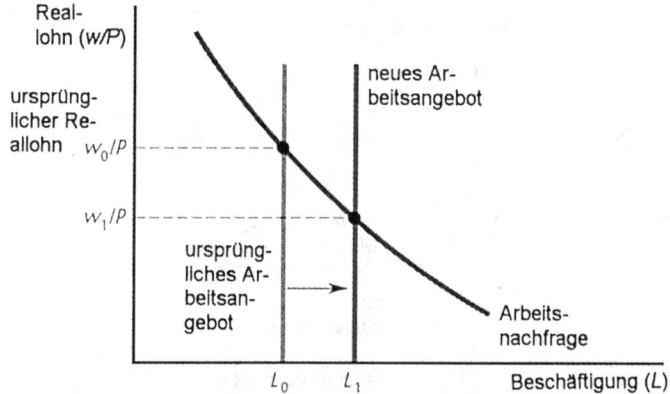

Abbildung 25.3 Auswirkungen einer Verschiebung des Arbeitsangebots. Eine Verschiebung der Angebotskurve nach rechts führt zu einem Rückgang des Reallohns.

Betrachten wir nun die Auswirkungen einer Verschiebung der Arbeitsnachfragekurve. Wir gehen zunächst davon aus, daß aufgrund eines Rückgangs der Investitionen den Arbeitskräften weniger Maschinen zur Verfügung stehen. Dadurch reduziert sich die Arbeitsproduktivität, und die Arbeitsnachfragekurve verschiebt sich nach links wie in Teil A der Abbildung 25.4. Bei gegebenem Reallohn wollen die Unternehmungen weniger Arbeitskräfte beschäftigen als vorher.

Teil B zeigt die Auswirkungen einer technologischen Verbesserung auf die Arbeitsnachfrage. Die Arbeitskräfte sind produktiver und die Arbeitsnachfragekurve verschiebt sich nach rechts.

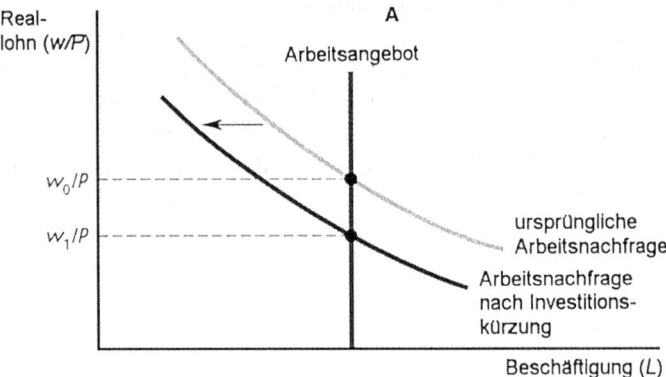

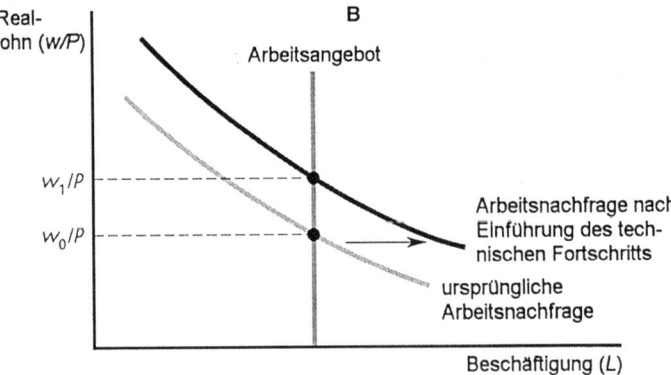

Abbildung 25.4 Auswirkungen von Veränderungen der Investitionsausgaben und der Technologie. Durch Veränderungen der Investitionsausgaben oder der Technologie verschiebt sich die Arbeitsnachfragekurve. Teil A zeigt einen Rückgang der Investitionen. Die Arbeitskräfte haben weniger Maschinen zur Verfügung und die Arbeitsnachfragekurve verschiebt sich nach links, so daß der Reallohn sinkt. Teil B zeigt die Auswirkungen einer technologischen Verbesserung. Die Nachfragekurve verschiebt sich nach rechts, weil die Grenzproduktivität der Arbeitskräfte steigt, und diese Verschiebung führt zu einer Reallohnerhöhung.

Diese Beispiele legen den Schluß nahe, daß Erhöhungen der Investitionsausgaben und technologische Verbesserungen generell zu einer Steigerung der Arbeitsnachfrage führen, die durch eine Rechtsverschiebung der Arbeitsnachfragekurve dargestellt wird. Dennoch kann es sein, daß die Nachfrage nach einigen Arbeitsarten, insbesondere nach ungelernten Arbeitskräften, durch Investitionen in neue Maschinen und Technologien zurückgeht, während die Nachfrage nach qualifizierten Arbeitskräften zunimmt. In diesem Fall besteht der Arbeitsmarkt eigentlich aus zwei Märkten, nämlich aus dem Markt für qualifizierte Arbeitskräfte und dem Markt für unqualifizierte Arbeitskräfte. Ein Anstieg der Investitionsausgaben oder eine technologische Verbesserung erhöht die Nachfrage nach qualifizierten Arbeitskräften wie in Teil B der Abbildung 25.4, reduziert aber gleichzeitig die Nachfrage nach ungelernten Arbeitskräften wie in Teil A. Die zunehmende Lohndifferenz zwischen Arbeitskräften unterschiedlicher Qualifikationsniveaus ist ein Beispiel für interessante makroökonomische Phänomene, die man nicht mit Hilfe einer Analyse des Gesamtarbeitsmarktes verstehen kann.

25.3 Der Gütermarkt

So wie sich der Reallohn anpaßt, um Angebot und Nachfrage nach Arbeitskräften in Übereinstimmung zu bringen, so passen sich in unserem Wettbewerbsmodell auch die Preise an, um das Gleichgewicht auf dem Gütermarkt herzustellen.

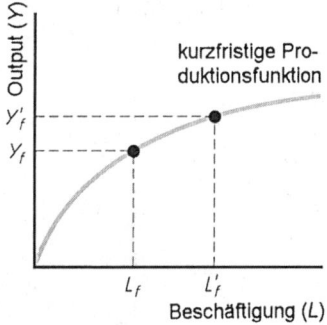

Abbildung 25.5 Kurzfristige Produktionsfunktion. Kurzfristig, also bei gegebener Technologie und einer gegebenen Ausstattung mit Gebäuden und Produktionsanlagen, steigt der Output mit der Beschäftigung, jedoch mit abnehmenden Grenzerträgen. (Jede weitere Zunahme des Inputs führt zu einer kleineren Zunahme des Outputs.) Bei L_f ist Vollbeschäftigung erreicht; Y_f ist also das Vollbeschäftigungsniveau der Produktion. Ein Anstieg des Arbeitsangebots führt zu einer Bewegung entlang der kurzfristigen Produktionsfunktion; das Vollbeschäftigungsniveau des Outputs steigt auf Y_f'.

Das gesamtwirtschaftliche Güterangebot

Zu jedem Zeitpunkt verfügt die Volkswirtschaft über einen bestimmten Kapitalstock, eine Menge von Maschinen und Gebäuden, die mit den Vorprodukten und der Arbeitskraft kombiniert werden, um den Output zu produzieren. Wenn mehr Arbeitskräfte beschäftigt werden, steigt der Output, jedoch mit einer abnehmenden Rate. Dieses Verhältnis zwischen Beschäftigung und Output heißt **kurzfristige Produktionsfunktion** und ist in Abbildung 25.5 dargestellt. Die produktivsten

Maschinen werden zuerst genutzt; wenn mehr Arbeitskräfte beschäftigt werden, werden ihnen ältere und weniger produktive Maschinen zugewiesen.

Wir sind bisher von einem gegebenen Arbeitsangebot ausgegangen. Mit diesem gegebenen Arbeitsangebot hat die Volkswirtschaft eine bestimmte Produktionskapazität, die wir als Produktionspotential oder **Vollbeschäftigungsniveau des Outputs** bezeichnen. Dieses Outputniveau kann man auch als **gesamtwirtschaftliches Güterangebot** betrachten. Es stellt diejenige Gütermenge dar, welche die Unternehmungen bei gegebenem Kapitalstock anbieten wollen, vorausgesetzt, daß Löhne und Preise flexibel sind und Vollbeschäftigung herstellen können.

Ausnahmsweise kann der Output auch die Produktionskapazität übersteigen: So kann zum Beispiel während eines Krieges für kurze Zeit der Output noch weiter erhöht werden, indem man Instandhaltungsarbeiten verschiebt, die Maschinen im Dreischichtbetrieb laufen läßt und so weiter.

Wenn das Arbeitsangebot steigt, erhöht sich auch bei gegebenem Kapitalstock das Produktionspotential der Volkswirtschaft. Das kann durch eine Bewegung entlang der kurzfristigen Produktionsfunktion dargestellt werden. Abbildung 25.5 zeigt, daß eine Erhöhung der Beschäftigung von L_f auf L_f' zu einer Steigerung des Outputs von Y_f auf Y_f' führt.

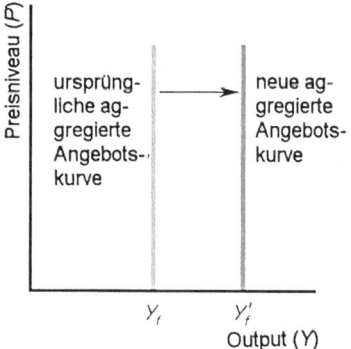

Abbildung 25.6   Aggregierte Angebotskurve. Wenn durch Reallohnanpassungen der Arbeitsmarkt geräumt wird, ist die aggregierte Güterangebotskurve eine vertikale Linie. Eine Zunahme der Erwerbsbevölkerung bewirkt eine Rechtsverschiebung der Angebotskurve.

Die gesamtwirtschaftliche Angebotskurve zeigt für jedes Preisniveau die Höhe des aggregierten Güterangebots. Man beachte, daß das gesamtwirtschaftliche Güterangebot überhaupt nicht vom Preisniveau abhängt, wenn die Reallöhne beweglich genug sind, um den Arbeitsmarkt ins Gleichgewicht zu bringen. Deshalb ist in Abbildung 25.6 die gesamtwirtschaftliche Güterangebotskurve (die manchmal auch als langfristige aggregierte Angebotskurve bezeichnet wird, da sie auf der Annahme beruht, daß langfristig der Arbeitsmarkt geräumt ist) als vertikale Linie eingezeichnet. Wir haben gesehen, daß eine Zunahme der Erwerbsbevölkerung die gesamtwirtschaftliche Angebotskurve nach rechts verschiebt, wie in der Abbildung dargestellt.[2]

Gesamtwirtschaftliche Güternachfrage und Gleichgewichtsoutput

Die aggregierte Nachfrage ist die Gesamtsumme aller Güter und Dienstleistungen, die von allen Haushalten und Unternehmungen der Volkswirtschaft, sowie vom Staat und aus dem Ausland nachgefragt werden. In Kapitel 24 haben wir vier Komponenten des gesamtwirtschaftlichen Outputs unterschieden: Konsum, Investitionen, Staatsausgaben und (Netto-)Exporte. Bei der Analyse der gesamtwirtschaftlichen Nachfrage geht es also um diese Nachfragekomponenten.

Abbildung 25.7 Gesamtwirtschaftliche Nachfragekurve. Die aggregierte Nachfragekurve verläuft von links oben nach rechts unten. Der Schnittpunkt zwischen der aggregierten Nachfragekurve und der aggregierten Angebotskurve stellt das Gütermarktgleichgewicht dar.

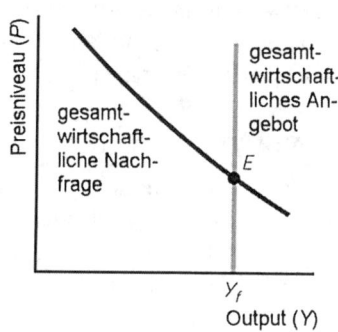

Die gesamtwirtschaftliche Nachfragekurve in Abbildung 25.7 zeigt für jedes Preisniveau die nachgefragte Menge an Gütern und Dienstleistungen. Sie ist abwärts geneigt und hat damit die gleiche Form wie die Nachfragekurven, die wir schon kennengelernt haben. Der Grund ist leicht zu verstehen, wenn man sich auf den Konsum konzentriert, der 70 Prozent der gesamtwirtschaftlichen Nachfrage ausmacht. Die realen Konsumausgaben der Haushalte (also die Konsumausgaben unter Berücksichtigung von Preisniveauänderungen) hängen von ihrem realen Vermögen ab. Wenn die Menschen reicher sind, kaufen sie mehr Güter. Ein wichtiger Teil des Vermögens sind Geld und andere Finanzanlagen, die auf Dollars lauten, wie zum Beispiel Staatsschuldpapiere. Wenn das Preisniveau steigt, sinkt der reale Wert dieser Anlagen. Das Realvermögen der Haushalte geht zurück und damit auch ihre Konsumausgaben. Ein höheres Preisniveau geht mit einem niedri-

---

[2] Später werden wir sehen, wie Veränderungen der Technologie und der Investitionsausgaben die kurzfristige Produktionsfunktion nach rechts außen verschieben und damit - selbst bei unverändertem Arbeitsangebot - auch die aggregierte Güterangebotskurve.

geren Konsumausgabenniveau und damit mit einer niedrigeren gesamtwirtschaftlichen Nachfrage einher, wie in der Abbildung dargestellt.[3]

Das Gleichgewicht, also der Schnittpunkt zwischen der aggregierten Nachfragekurve und der aggregierten Angebotskurve, bestimmt das Preisniveau und den Output. Da wir wissen, daß im Gleichgewicht Angebot und Nachfrage einander entsprechen, und da das Angebot mit Y_f gegeben ist, beträgt der gleichgewichtige Output ebenfalls Y_f.

25.4 Der Kapitalmarkt

Wenden wir uns nun dem Kapitalmarkt zu. Damit am Kapitalmarkt Gleichgewicht herrscht, müssen Ersparnis (Kapitalangebot) und Investitionsausgaben (Kapitalnachfrage) übereinstimmen.

Die Ersparnis

Die wichtigsten Bestimmungsgründe der Ersparnis sind das Einkommen und der Zinssatz. Jedes Jahr entscheiden die Haushalte, welchen Teil ihres Einkommens sie für den laufenden Konsum ausgeben, und wieviel sie für zukünftige Konsumausgaben, also für das Alter, für Notlagen, für die Ausbildung ihrer Kinder oder für ein neues Auto oder ein neues Haus, sparen wollen. Haushalte mit höherem Einkommen geben durchschnittlich mehr aus und sparen mehr. Natürlich ist hier das Einkommen nach Steuern relevant, das den Haushalten effektiv für ihre Ausgaben zur Verfügung steht, das sogenannte **verfügbare Einkommen**. Wenn also der Staat die Steuern erhöht und damit das verfügbare Einkommen reduziert, geht auch die Ersparnis der Haushalte zurück.

In diesem Kapitel gehen wir davon aus, daß Kapitalstock und Arbeitsangebot gegeben sind. Wenn Löhne und Preise beweglich genug sind, um die Räumung des Arbeitsmarktes sicherzustellen, ist der aggregierte Output gegeben. Wir benutzen nun ein wichtiges Ergebnis aus Kapitel 24: Dort haben wir gesehen, daß das volkswirtschaftliche Einkommen dem aggregierten Output entspricht. Das Geld, das benutzt wird, um Güter zu kaufen, muß irgendjemandem als Einkommen zufließen. Wenn der gesamtwirtschaftliche Output gegeben ist, ist auch das aggregierte Einkommen gegeben. Wir setzen hier auch voraus, daß die Steuern unverändert bleiben, so daß mit dem aggregierten Einkommen auch das aggregierte verfügbare Einkommen gegeben ist.

---

[3] Später werden wir sehen, daß es auch noch andere Gründe für diese Form der aggregierten Nachfragekurve gibt.

Bei einem gegebenen verfügbaren Einkommen hängt die Ersparnis vor allem vom Zinssatz, also von ihrem Ertrag, ab. Abbildung 25.8 zeigt zwei verschiedene Möglichkeiten. In Teil A steigt die Ersparnis mit dem Zinssatz deutlich an, während sie in Teil B auf Veränderungen des Zinssatzes kaum reagiert. Empirische Studien legen den Schluß nahe, daß die Ersparnis nur wenig zinsreagibel ist, und das heißt, daß die Sparkurve fast vertikal verläuft wie in Teil B der Abbildung. Der Einfachheit halber gehen wir für den Rest dieses Kapitels von einer vollkommen unelastischen Sparkurve aus, das heißt, wir stellen die Sparkurve als vertikale Linie dar.

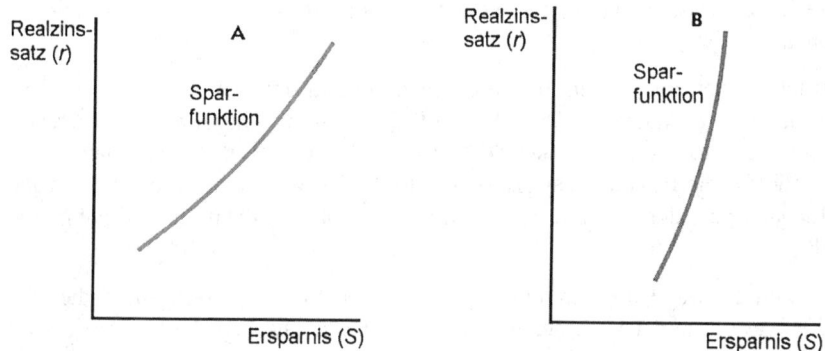

Abbildung 25.8   Ersparnis und Realzinssatz. Die beiden Teile der Abbildung zeigen unterschiedliche Sparkurven. In Teil A steigt die Ersparnis mit dem Zinssatz. In Teil B reagiert die Ersparnis nur wenig auf Zinsänderungen, eine Annahme, die durch empirische Untersuchungen bestätigt wird.

Natürlich bedeutet eine Zinserhöhung zunächst einen größeren Anreiz zum Sparen; sie hat also einen Substitutionseffekt. Aber bei höheren Zinssätzen haben die Sparer auch ein höheres Einkommen und infolgedessen konsumieren sie mehr und sparen weniger; das ist der Einkommenseffekt der Zinserhöhung. Die beiden Effekte wirken einander entgegen und kompensieren sich gegenseitig. Deshalb ist die Ersparnis nicht besonders zinsreagibel.

Bei der Einschätzung des Ertrags für die Ersparnis muß man die Inflation berücksichtigen, also die Tatsache, daß ein Dollar in der Zukunft weniger Kaufkraft haben wird als heute. Die relevante Größe ist also der Realzinssatz, den man erhält, wenn man vom Nominalzinssatz die Inflationsrate abzieht. Wenn der Nominalzinssatz zehn Prozent beträgt, und die Inflationsrate vier Prozent, dann beträgt der Realzinssatz sechs Prozent. So wie wir bei der gesamtwirtschaftlichen Analyse des Arbeits- und Gütermarktes die Unterschiede zwischen den Arbeitsarten und Gütern vernachlässigen, ignorieren wir auch hier die Unterschiede zwischen den verschiedenen Anlagemöglichkeiten und Zinssätzen, die in der Volkswirtschaft existieren, und gehen einfach von einem einheitlichen Zinssatz aus.

Die Investitionsnachfrage

Wirtschaftswissenschaftler benutzen das Wort Investition in zwei verschiedenen Bedeutungen. Haushalte investieren in Aktien und Wertpapiere, also in Finanzanlagen. Durch diese **Finanzinvestitionen** stellen sie den Unternehmungen die Mittel zur Verfügung, um langlebige Produktionsgüter wie Gebäude und Maschinen zu finanzieren. Diese Käufe stellen Investitionen in Produktionsgüter oder **Sachinvestitionen** dar. Wenn in der Makroökonomik von Investitionsausgaben die Rede ist, so sind damit immer Sachinvestitionen gemeint und nicht Finanzinvestitionen.

Unternehmungen investieren, um ihre Produktionskapazität zu erhöhen, also um mehr Güter zu produzieren. Vom Verkauf dieser zusätzlichen Produkte erwarten sie einen Ertrag, der die Kosten der zusätzlichen Arbeitskräfte und Materialien deckt, die für die Produktionssteigerung erforderlich waren, sowie die Kosten für die Finanzierung der Investition, und der darüber hinaus noch einen Gewinn übrigläßt.

Es gibt also zwei Hauptbestimmungsgründe der Investitionsausgaben: die Zukunftserwartungen der Unternehmer, die wir zunächst als gegeben annehmen, und den Zinssatz. Viele Unternehmungen finanzieren ihre Investitionen mit geliehenem Geld. Die Kosten für diese Kredite sind der Zinssatz. Da die Unternehmungen ihre Kredite mit Dollars zurückzahlen, die wegen der Inflation an Kaufkraft eingebüßt haben, ist der Realzinssatz die relevante Kostengröße.

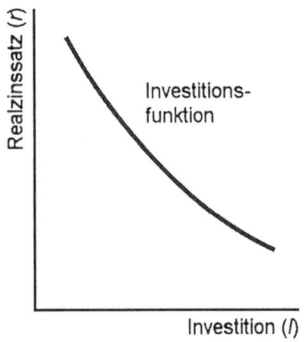

Abbildung 25.9   Die Investitionsfunktion.
Die Investitionsfunktion zeigt für jeden Realzinssatz die Höhe der realen Investitionsausgaben. Sie ist abwärts geneigt, das heißt, die Investitionen sind um so höher, je geringer der Realzinssatz ist.

Je höher der Zinssatz ist, um so weniger Investitionsprojekte sind profitabel - das heißt, um so weniger Projekte werfen nach Abzug der Zinszahlungen an die Bank für den Investor einen Ertrag ab, der ausreicht, um ihn für das Risiko, das er auf sich genommen hat, zu belohnen. Selbst wenn eine Unternehmung genügend Bargeld zur Verfügung hat, spielt der Zinssatz eine Rolle. Die Zinsen sind dann die Opportunitätskosten für die Eigenmittel der Unternehmung, also das, was sie erhalten hätte, wenn sie das Geld einfach dem Staat oder einer anderen Firma geliehen hätte, anstatt es selbst zu investieren.

Die **Investitionsfunktion** zeigt für jeden Realzinssatz die Höhe der (realen) Investitionsausgaben. Die Investitionsfunktion verläuft von links oben nach rechts unten: Mit abnehmendem Realzinssatz nehmen die Investitionsausgaben zu. Abbildung 25.9 zeigt die Investitionsfunktion, wobei der Realzinssatz auf der vertikalen Achse und die realen Investitionsausgaben auf der horizontalen Achse abgetragen sind.

Man kann sich auch noch auf andere Weise klarmachen, warum der Zinssatz eine so große Rolle spielt: Während die Unternehmung heute Geld ausgeben muß, um Maschinen zu kaufen, fließen die Erträge in Form von erhöhten Gewinnen erst in der Zukunft. Ein Dollar, den man in der Zukunft erhält, ist nicht so viel wert wie ein Dollar zum gegenwärtigen Zeitpunkt: Man könnte ja heute einen Dollar zur Bank bringen und damit Zinsen verdienen; wenn der Zinssatz sieben Prozent beträgt, wird sich der Dollar in zehn Jahren verdoppelt haben. Deshalb sagt man, der **Gegenwartswert** von zwei Dollar in zehn Jahren beträgt einen Dollar. (Der Gegenwartswert eines Dollars in der Zukunft entspricht der Summe, die jemand heute bereit wäre, für diesen Dollar auszugeben.) Ein Zinsanstieg verringert den Gegenwartswert zukünftiger Dollars. Bei einem Zinssatz von 14 Prozent hat sich ein Dollar, den man heute zur Bank bringt, in fünf Jahren verdoppelt und in zehn Jahren vervierfacht. Also ist ein Dollar, den man in zehn Jahren erhält, heute nur einen Vierteldollar wert, während er bei einem Zinssatz von sieben Prozent einen halben Dollar wert wäre. Eine Investition wird durchgeführt, wenn der Gegenwartswert der erwarteten Gewinne höher ist als die Kosten; bei einem höheren Zinssatz erfüllen weniger Investitionsprojekte dieses Kriterium. Das gesamtwirtschaftliche Niveau der Investitionsausgaben geht also zurück.

Gleichgewicht am Kapitalmarkt

Der gleichgewichtige Realzinssatz ist derjenige Zinssatz, bei dem Ersparnis und Investition übereinstimmen. Abbildung 25.10 zeigt für jeden Realzinssatz die Auswirkungen einer gestiegenen Investitionsnachfrage. In Teil A der Abbildung steigen sowohl der gleichgewichtige Realzinssatz als auch das Gleichgewichtsniveau von Ersparnis und Investition. In Teil B verändert sich lediglich der gleichgewichtige Realzinssatz. Da die Ersparnis nicht auf den Realzinssatz reagiert und im Gleichgewicht Ersparnis und Investition übereinstimmen müssen, bleiben die Investitionsausgaben unverändert. Eine Rechtsverschiebung der Sparkurve, so daß

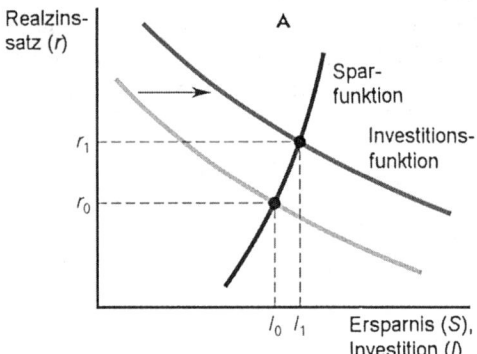

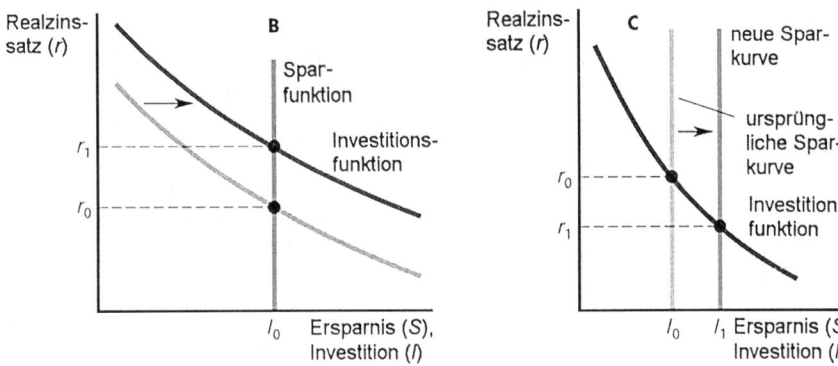

Abbildung 25.10 Gleichgewicht am Kapitalmarkt. Gleichgewicht setzt voraus, daß die Kapitalnachfrage (die Investition) dem Angebot (der Ersparnis) entspricht. Das Niveau der geplanten Investitionsausgaben ist um so niedriger, je höher der Realzinssatz ist. Es wird angenommen, daß in der Volkswirtschaft Vollbeschäftigung herrscht. In Teil A führt ein Anstieg des Realzinssatzes zu einer leichten Erhöhung der Ersparnis. In Teil B und Teil C ist die Ersparnis nicht zinsreagibel, so daß die Sparkurve als gerade, vertikale Linie gezeichnet werden kann. Im Gleichgewicht entspricht die Investition einfach dem Vollbeschäftigungsniveau der Ersparnis. Die Teile A und B stellen eine Verschiebung der Investitionsfunktion dar, so daß bei jedem Realzinssatz die Investitionsnachfrage höher ist als vorher. In Teil A erhöht sich die Investition von I_0 auf I_1; in Teil B dagegen steigt wegen der unelastischen Ersparnis lediglich der Realzinssatz von r_0 auf r_1, während die Investition (und die Ersparnis) unverändert bleibt. Teil C zeigt eine Rechtsverschiebung der Sparkurve. Bei jedem Realzinssatz wird mehr gespart als vorher; infolgedessen steigt der Realzinssatz von r_0 auf r_1 und die Investitionsausgaben gehen von I_0 auf I_1 zurück.

die Ersparnis bei jedem Realzinssatz höher liegt als vorher, resultiert dagegen in einer Verringerung des Realzinssatzes und einer Erhöhung der Investition (Teil C). Da die Sparkurve beinahe vertikal verläuft, muß eine Verschiebung der Sparkurve zu einer entsprechenden Veränderung der Investitionsausgaben führen.

25.5 Das allgemeine Gleichgewicht

Wir können nun das allgemeine Gleichgewicht der Volkswirtschaft beschreiben, also den Reallohn, das Preisniveau und den Zinssatz, die Arbeitsmarkt, Gütermarkt und Kapitalmarkt zum Ausgleich bringen:

Der Reallohn paßt sich so an, daß Arbeitsangebot und Arbeitsnachfrage übereinstimmen. Dadurch wird der Gleichgewichtsreallohn bestimmt. Das Preisniveau stellt sicher, daß die gesamtwirtschaftliche Güternachfrage dem Angebot entspricht; das Angebot seinerseits ist gleich dem Vollbeschäftigungsniveau des Outputs. Der Gleichgewichtsoutput entspricht also dem Produktionspotential, demjenigen Output, den die vorhandenen Arbeitskräfte mit dem gegebenen Kapitalstock produzieren können. Und schließlich bewirken die Anpassungen des Realzinssatzes, daß bei diesem Vollbeschäftigungsoutput Ersparnis und Investition übereinstimmen.[4]

---

[4] Man kann tatsächlich zeigen, daß aus der Gleichheit von Ersparnis und Investition beim Vollbeschäftigungsoutput folgt, daß die gesamtwirtschaftliche Güternachfrage auch dem gesamtwirtschaftlichen Güterangebot entspricht.

In unserem vereinfachten Modell ohne Staat und Außenhandel hat die gesamtwirtschaftliche Nachfrage nur zwei Komponenten, die Investition und den Konsum:
$$Y^d = C + I.$$
Da der gesamtwirtschaftliche Output immer dem gesamtwirtschaftlichen Einkommen entspricht, ist der Vollbeschäftigungsoutput, Y_f, gleich dem Vollbeschäftigungseinkommen und dieses Einkommen wird für Sparen und Konsum verwendet:
$$Y_f = C + S \text{ oder } S = Y_f - C.$$
Wenn also die geplante Investition (die durch die Investitionskurve dargestellt wird) dem Vollbeschäftigungsniveau der Ersparnis entspricht, so daß
$$I = S^d,$$
wobei das hochgestellte d daran erinnern soll, daß es hier um die geplante Ersparnis geht, dann folgt aus der zweiten Gleichung, daß
$$I = Y_f - C.$$
Wir setzen die vierte Gleichung in die erste ein und erhalten
$$Y^d = C + I = C + Y_f - C = Y_f;$$
also stimmen die gesamtwirtschaftliche Nachfrage und der Vollbeschäftigungsoutput oder das gesamtwirtschaftliche Angebot überein und der Gütermarkt ist im Gleichgewicht.

Die Anwendung des allgemeinen Gleichgewichtsmodells

Das allgemeine Gleichgewichtsmodell ist nützlich, denn es hilft, die Auswirkungen von Veränderungen an einem bestimmten Markt auf alle anderen Märkte der Volkswirtschaft zu verstehen.

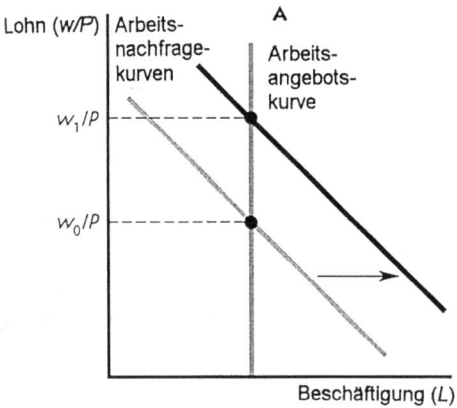

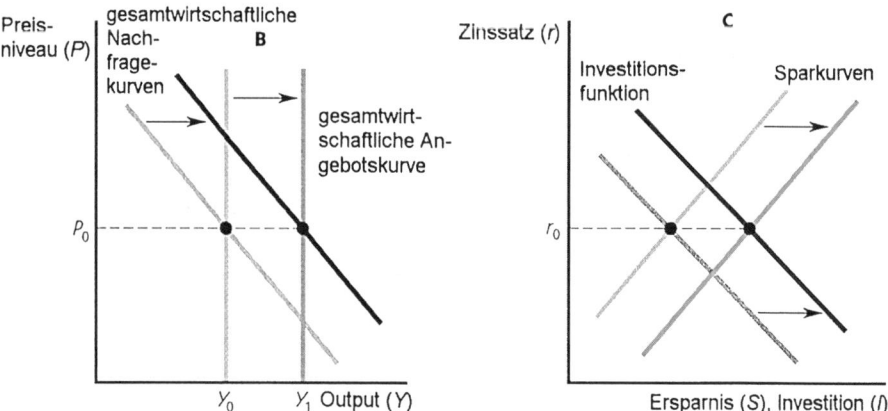

Abbildung 25.11 Die volkswirtschaftlichen Auswirkungen der Einführung von PCs. Teil A der Abbildung zeigt den Arbeitsmarkt. PCs erhöhen das Wertgrenzprodukt der Arbeitskräfte und führen zu einer Rechtsverschiebung der Arbeitsnachfragekurve und einem Anstieg des gleichgewichtigen Reallohns von w_0 auf w_1. Teil B stellt den Gütermarkt dar. Durch die gestiegene Arbeitsproduktivität verschiebt sich die gesamtwirtschaftliche Güterangebotskurve nach rechts. Der Output steigt von Y_0 auf Y_1. Wenn die gesamtwirtschaftli-

che Nachfrage ebenfalls steigt (wegen der gestiegenen Investitionsausgaben und der aufgrund des höheren Einkommens gestiegenen Konsumnachfrage), dann verschiebt sich auch die aggregierte Nachfragekurve nach rechts. Steigt die aggregierte Nachfrage im gleichen Ausmaß wie das aggregierte Angebot, so bleibt das Preisniveau P_0 unverändert. Teil C zeigt den Kapitalmarkt. Die Investitionsausgaben nehmen zu, da die Unternehmungen Computer kaufen; die Ersparnis nimmt zu wegen des gestiegenen Einkommens. Investitions- und Sparkurve verschieben sich also nach rechts. Der Nettoeffekt auf den Zinssatz kann (wie in der Abbildung gezeigt) gleich null sein.

Betrachten wir zum Beispiel die volkswirtschaftlichen Folgen der Einführung von PCs. Das Wertgrenzprodukt der Arbeitskräfte nimmt zu und diese Zunahme bewirkt eine Rechtsverschiebung der Arbeitsnachfragekurve. Der gleichgewichtige Reallohn steigt, wie in Teil A der Abbildung 25.11 zu sehen ist.

Wegen der gestiegenen Arbeitsproduktivität bei unverändertem Arbeitsangebot steigt der Vollbeschäftigungsoutput; in Teil B der Abbildung wird das durch die Rechtsverschiebung der aggregierten Güterangebotskurve ausgedrückt. Die gesamtwirtschaftliche Nachfrage kann ebenfalls steigen, denn die Unternehmungen machen sich die Gewinnmöglichkeiten zunutze, die durch die neue Computertechnologie eröffnet werden, und erhöhen (bei jedem Realzins) ihre Investitionsausgaben. Gleichzeitig bewirkt das gestiegene Einkommen, daß die Konsumausgaben und die Ersparnis (bei jedem Realzinssatz) steigen. Wenn die aggregierte Nachfrage im gleichen Ausmaß steigt wie das aggregierte Angebot, bleibt das Preisniveau unverändert. Natürlich kann die Verschiebung der Nachfragekurve beim Preisniveau P_0 auch größer oder geringer ausfallen als die Verschiebung der Angebotskurve, so daß das Preisniveau entweder steigt oder fällt.

Der Anstieg der Investition bzw. der Ersparnis bei jedem Zinssatz wird durch eine Rechtsverschiebung der Investitionsfunktion bzw. der Sparfunktion dargestellt (Teil C). Im Gleichgewicht kann der Realzinssatz steigen, fallen oder unverändert bleiben; in der Abbildung ist der Zinssatz stabil geblieben.

Wir haben uns hier auf die Auswirkungen dieser Veränderungen in der Gegenwart konzentriert; es gibt aber auch wichtige Konsequenzen, die erst in der Zukunft zum Tragen kommen. In der Zukunft wird der Kapitalstock und damit auch die Produktionskapazität gestiegen sein. Es sind also nicht nur alle heute existierenden Märkte miteinander verbunden, sondern es gibt auch einen Zusammenhang zwischen den Märkten heute und den Märkten in der Zukunft.

25.6 Erweiterungen des Grundmodells

In der Makroökonomik geht es in erster Linie um Wirtschaftspolitik, zum Beispiel um die Auswirkungen erhöhter Staatsausgaben oder einer erhöhten Geldmenge. Wenn man Staatsausgaben, Geld und Außenhandel in das allgemeine Gleichgewichtsmodell integriert, kann man es benutzen, um solche wirtschaftspolitischen Fragen zu analysieren.

Der Staat

Wenn man den Staat in die Analyse einführt, so sind davon sowohl der Gütermarkt als auch der Kapitalmarkt betroffen. Am Gütermarkt erhöhen die Staatsausgaben die aggregierte Nachfrage, aber die Steuern reduzieren das verfügbare Einkommen und verringern dadurch die private Güternachfrage.

Am Kapitalmarkt kann man sich die Rolle des Staates im allgemeinen Gleichgewichtsmodell leicht klarmachen. In Abbildung 25.12 verschiebt sich durch die Verringerung des verfügbaren Einkommens infolge der Besteuerung die Sparkurve nach links und die gleichgewichtige Ersparnis geht von S_0 auf S_1 zurück. Bei unveränderter Investitionsfunktion steigt der gleichgewichtige Zinssatz und die gleichgewichtigen Investitionen verringern sich entsprechend.

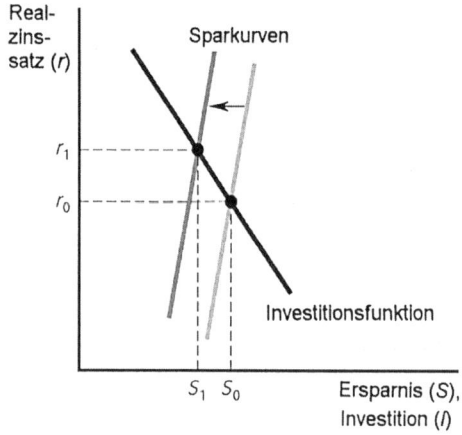

Abbildung 25.12　Die Rolle des Staates am Kapitalmarkt. Die Steuern reduzieren das verfügbare Einkommen und damit die Ersparnis und verschieben die Sparkurve nach links von S_0 nach S_1. Der Gleichgewichtszinssatz steigt von r_0 auf r_1 und die Investitionsausgaben gehen zurück.

Die Tätigkeit des Staates wirkt sich auch auf die Zusammensetzung des Outputs aus. Abbildung 25.13 zeigt, wie sich durch eine Zunahme der Staatsausgaben und eine entsprechende Erhöhung des Steueraufkommens die Zusammensetzung des Outputs verändert. Dabei wird angenommen, daß die Gesamtgröße des Kuchens unverändert bleibt, und daß vorher und nachher Vollbeschäftigung herrscht. Damit bewirkt die Veränderung von Staatsausgaben und Steuern lediglich eine Veränderung der Aufteilung des Kuchens. Investitionen und Konsumausgaben gehen zurück, um für die gestiegenen Staatsausgaben Raum zu schaffen; man spricht vom **Verdrängungseffekt der Staatsausgaben** oder auch von **Crowding-Out**. Selbst wenn der Staat die zusätzlichen Ausgaben - in unserem Beispiel drei Prozent des BIP - vollständig durch zusätzliche Steuern finanziert, werden die Konsumausgaben nicht um den vollen Betrag reduziert, da die Haushalte auf die Steuererhöhung auch mit einer Reduktion ihrer Spartätigkeit reagieren.

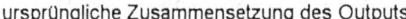

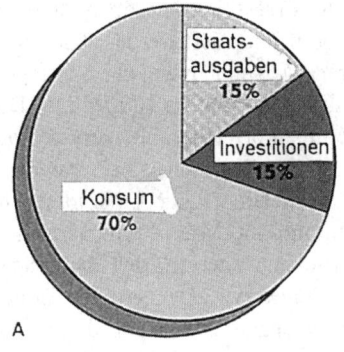
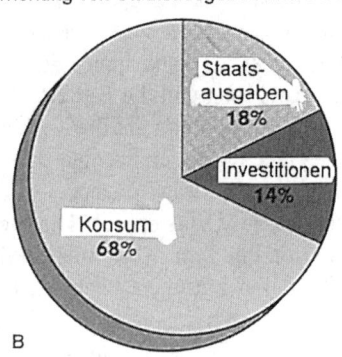

Abbildung 25.13   Der Verdrängungseffekt einer steuerfinanzierten Staatsausgabenerhöhung. Zusätzliche Staatsausgaben, die durch zusätzliche Steuern finanziert werden, führen zu einem Rückgang von Konsum- und Investitionsausgaben. Man sagt, die Staatsausgaben verdrängen die privaten Ausgaben.

Die Geldversorgung

Der Staat kann auch durch Veränderungen der umlaufenden Geldmenge die Volkswirtschaft beeinflussen. Das geschieht im Rahmen der Geldpolitik, ein Thema, das wir später aufgreifen werden. An dieser Stelle ist es wichtig, die Folgen einer Veränderung der Geldversorgung im Vollbeschäftigungsmodell zu verstehen.

Im Großen und Ganzen sind sich die Wirtschaftswissenschaftler darüber einig, daß in einer vollbeschäftigten Volkswirtschaft die Geldversorgung ausschließlich das Preisniveau beeinflußt. Insbesondere hat sie keinen Einfluß auf die Menge der produzierten Güter oder die Anzahl der beschäftigten Arbeitskräfte. Stellen wir uns zum Beispiel vor, die gesamte Geldmenge der Volkswirtschaft würde verzehnfacht. Damit haben wir einfach nur eine Null an die Geldmenge angehängt. Eine Zehndollarnote wird zu einer Hundertdollarnote; ein Girokontobestand von 250 $ ist nun 2.500 $ wert usw. Vollkommen effiziente Händler, die wissen, daß die Geldmenge sich verzehnfacht hat, würden einfach alle Preise verzehnfachen. Auf diese Weise würde die Menge der Güter und Dienstleistungen, die tatsächlich produziert und konsumiert werden, unverändert bleiben; die Erhöhung der Geldmenge hätte keine reale Auswirkung. Lediglich die Zahlen auf den Banknoten, den Kontoauszügen und den Preisetiketten würden sich verändern.

Anwendungsbeispiel: Die Größenordnung der Verdrängung von Investitionsausgaben durch zusätzliche steuerfinanzierte Staatsausgaben

Zusätzliche Staatsausgaben verdrängen private Investitionsausgaben, und zwar auch dann, wenn sie voll durch zusätzliche Steuern finanziert werden. Diesen Verdrängungseffekt kann man leicht quantifizieren. Angenommen, der Staat erhöht seine Ausgaben und die Besteuerung der Haushalte um jeweils 100 Mrd. $. Durch die Steuererhöhung geht das verfügbare Einkommen der Haushalte zurück, so daß sie bei jedem Zinssatz weniger sparen als vorher. Der Einfachheit halber gehen wir davon aus, daß die Haushalte von jedem zusätzlichen Dollar Einkommen nach Steuern zehn Cents sparen. Die Steuererhöhung um 100 Mrd. $ reduziert also die Ersparnis um zehn Milliarden Dollar. Wir nehmen weiter an, daß die Ersparnis vollkommen zinsunelastisch ist, daß also die Sparkurve eine vertikale Linie ist. Wenn die Ersparnis den Investitionsausgaben entspricht und wenn die Ersparnis um zehn Milliarden Dollar reduziert wird, dann gehen auch die Investitionsausgaben um diesen Betrag zurück. Im neuen Gleichgewicht ist der aggregierte Output unverändert (beim Vollbeschäftigungsniveau); die Staatsausgaben sind um 100 Mrd. $ gestiegen und dieser Anstieg wird kompensiert durch einen Rückgang der Konsumausgaben um 90 Mrd. $ und einen Rückgang der Investitionen um zehn Milliarden Dollar.

Wenn die Ersparnis eine geringe positive Zinselastizität aufweist, dann führt ein Zinsanstieg zu einer leichten Erhöhung der Ersparnis. Die Investitionsausgaben werden also höher sein und der Konsum niedriger als bei vollkommen zinsunelastischer Ersparnis.

Daraus kann man auch allgemeinere Schlußfolgerungen ziehen: Ein Anstieg der Geldmenge, der mit einem proportionalen Anstieg des Preisniveaus einher geht, hat keine realen Auswirkungen auf die Volkswirtschaft; man spricht von der **Neutralität des Geldes**. Wenn in einer Volkswirtschaft Vollbeschäftigung herrscht und die Preise vollkommen flexibel sind, werden die Preise proportional zur Geldmenge ansteigen. Die Neutralität des Geldes ist also eine wesentliche Eigenschaft des Vollbeschäftigungsmodells. Das kann man sich klarmachen, indem man die Auswirkungen eines Anstiegs der Geldmenge auf Gütermarkt, Arbeitsmarkt und Kapitalmarkt anhand der Abbildung 25.14 nachvollzieht.

Teil A der Abbildung zeigt die aggregierte Nachfragekurve und die aggregierte Angebotskurve. Ein Anstieg der Geldmenge bedeutet, daß sich die Kassenbestände der Haushalte und Unternehmungen erhöhen, daß also das private Vermögen zunimmt. Das bewirkt eine Rechtsverschiebung der gesamtwirtschaftlichen Nachfragekurve. Das Preisniveau steigt von P_0 auf P_1, aber das gleichgewichtige Outputniveau bleibt bei Y_0.

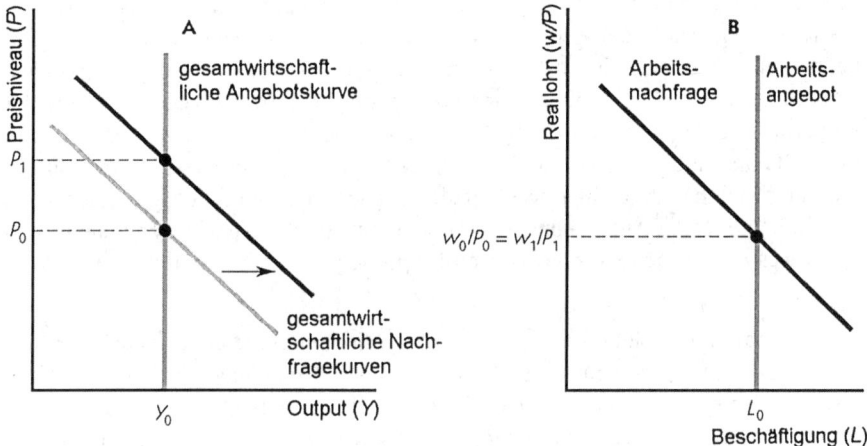

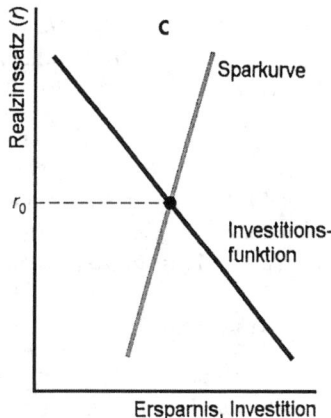

Abbildung 25.14   Auswirkungen einer Geldmengenerhöhung. Teil A zeigt den Gütermarkt. Der Anstieg der Geldmenge führt zu einer Rechtsverschiebung der aggregierten Nachfragekurve. Das Preisniveau steigt von P_0 auf P_1 und das gleichgewichtige Outputniveau bleibt unverändert bei Y_0. Teil B zeigt den Arbeitsmarkt. Der Nominallohn (w) steigt proportional zum Anstieg des Preisniveaus, so daß der Reallohn unverändert bleibt. Teil C zeigt den Kapitalmarkt. Da die Spar- und Investitionskurven die realen Niveaus der entsprechenden Variablen wiedergeben, verändern sie sich nicht. Der Realzinssatz r_0 wird nicht berührt.

In Teil B sehen wir die aggregierten Angebots- und Nachfragekurven am Arbeitsmarkt. Am Arbeitsmarkt bewirkt der Preisniveauanstieg einen entsprechenden Anstieg des Nominallohns von w_0 auf w_1, so daß der Reallohn auf seinem ursprünglichen Niveau verharrt, $w_0/P_0 = w_1/P_1$. Bei diesem Reallohn entspricht die Arbeitsnachfrage weiterhin dem Angebot. Das gestiegene Preisniveau bewirkt also am Arbeitsmarkt lediglich einen proportionalen Anstieg des Nominallohns. Es gibt aber keine realen Auswirkungen, das heißt, der gleichgewichtige Reallohn und das Gleichgewichtsniveau der Beschäftigung L_0 werden nicht berührt.

Am Kapitalmarkt hängen sowohl die reale Ersparnis als auch die reale Investition vom Realzinssatz ab, der durch den Preisniveauanstieg nicht verändert wird. Entsprechend verschiebt sich in Teil C weder die Sparkurve noch die Investitionskurve. Bei jedem Realzinssatz steigen die nominale Ersparnis und die nominalen Investitionsausgaben genau proportional zum Anstieg der Geldmenge. Der Grund liegt darin, daß Haushalte und Unternehmungen den Dollarbetrag von Ersparnis und Investition erhöhen müssen, um beim gestiegenen Preisniveau den Wert der Ersparnis und der Investitionsausgaben beizubehalten. Da das Kapitalmarktmodell in Teil C der Abbildung sich auf reale Größen bezieht, sind diese Veränderungen hier nicht sichtbar. Auch hier bestätigt sich wieder die Neutralität des Geldes, denn es gibt keine realen Auswirkungen auf den Kapitalmarkt. Nur die nominalen Spar- und Investitionsbeträge verändern sich proportional zur Veränderung des Preisniveaus.

Die Neutralität des Geldes zeigt, wie wichtig die Unterscheidung zwischen realen und nominalen Phänomenen ist. Wenn wir uns auf nominale Variable beziehen, wie zum Beispiel auf das nominale BIP oder den Nominallohn, meinen wir den aktuellen Geldwert dieser Variablen, also den Wert *ohne* Korrekturen zur Berücksichtigung von Preisniveauänderungen. Wie dieses Beispiel zeigt, wird im Vollbeschäftigungsmodell mit flexiblen Preisen genau zwischen realen und nominalen Phänomenen unterschieden. Die Beziehungen zwischen den realen Variablen - um die es in dem Modell vor allem geht - sind von Veränderungen der nominalen Variablen vollkommen unabhängig.

Man sollte jedoch die Begrenztheit dieses Modells nicht aus den Augen verlieren. Wenn Preiserhöhungen buchstäblich keine Folgen hätten, wäre die Inflation kein Anlaß zur Sorge. In späteren Kapiteln werden wir uns mit der schwierigeren Frage befassen, wie Geldmengenerhöhungen wirken, wenn keine Vollbeschäftigung herrscht und die Preise nicht vollkommen flexibel sind.

Der Außenhandel

Der Außenhandel bringt grundlegendere Veränderungen in die Analyse hinein. Er betrifft den Gütermarkt, denn die Nettoexporte sind eine von vier Komponenten der aggregierten Güternachfrage. Wichtiger ist vielleicht noch, daß der Außenhandel eine zusätzliche Quelle zur Finanzierung von Investitionen darstellt. Die Sparkurve, wie wir sie bisher verwendet haben, gibt nur die inländischen Kapitalquellen wieder. Wenn die geplanten Investitionsausgaben höher sind als die inländischen Ersparnisse, können die Unternehmungen auch im Ausland Kredit aufnehmen. Eine Volkswirtschaft, die mit anderen Ländern Handel treibt, die anderen Ländern Kredit gibt und von ihnen Kredit aufnimmt, wird **offene Volkswirtschaft** genannt. Eine kleine offene Volkswirtschaft wie die Schweiz steht im wesentlichen einer horizontalen Kapitalangebotskurve zu einem gegebenen Realzinssatz gegenüber. Wenn die Schweiz einen etwas höheren Zinssatz bezahlt als andere Länder (wobei natürlich auch Risikozuschläge zu berücksichtigen sind), werden die Kapitalanbieter ihre Mittel in die Schweiz umlenken. Bezahlt die Schweiz dagegen einen etwas geringeren Zinssatz als andere Länder, so wird sie kein Kapital erhalten. Auch die Kapitalgeber im Land selbst werden ihre Mittel im Ausland investieren. Für ein kleines Land ist der Zinssatz ein Datum, das durch den internationalen Kapitalmarkt vorgegeben ist. Das wird in Abbildung 25.15 so dargestellt, daß der Zinssatz r^* gegeben ist. Ein fester Zinssatz wiederum bedeutet, daß das Niveau der Investitionsausgaben ebenfalls festgelegt ist (I^* in Abbildung 25.15). Bleibt die Ersparnis hinter den Investitionen zurück, so wird die Differenz (B_0) durch Auslandsverschuldung finanziert. Eine Reduktion der Ersparnis führt zu einer erhöhten Auslandsverschuldung (B_1), läßt aber die Investitionsausgaben unverändert.

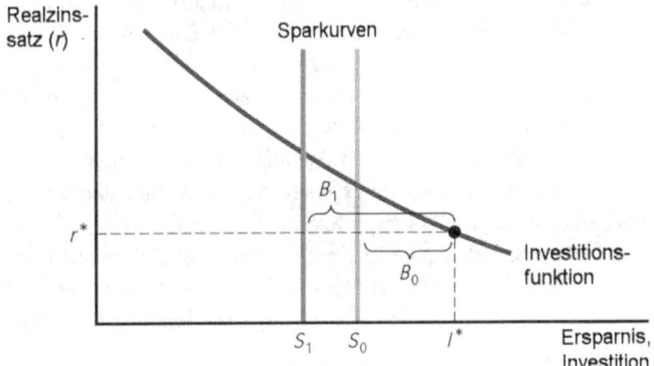

Abbildung 25.15 Das Kapitalangebot in einer kleinen offenen Volkswirtschaft. In einer kleinen offenen Volkswirtschaft ist der Realzinssatz r^* am internationalen Kapitalmarkt bestimmt. Dadurch ist auch das Niveau der Investitionsausgaben I^* festgelegt. In der Abbildung wird vorausgesetzt, daß die Ersparnis nicht vom Zinssatz abhängt. Wenn die inländische Ersparnis S_0 niedriger ist als die Investition, wird die Differenz durch Kreditaufnahme im Ausland finanziert. Eine Reduktion der Ersparnis auf S_1 führt zu einer Erhöhung der Auslandsverschuldung, berührt aber die Investitionen nicht.

Ein Blick in die Wirtschaftspolitik: Ein weltweiter Kapitalmangel?

Kaum begann sich die Weltwirtschaft von der Rezession der frühen neunziger Jahre zu erholen, als die Zeitungen eine neue Schreckensbotschaft verkündeten: Es gebe Anzeichen für einen weltweiten Kapitalengpaß.

Wirtschaftswissenschaftler sprechen natürlich selten von Engpässen, denn sie wissen, daß die Preise (in diesem Fall die Zinssätze) sich an Angebot und Nachfrage anpassen. Was den Menschen Sorge bereitet hat, war die Möglichkeit, daß sich die Weltsparkurve nach links und die Weltinvestitionskurve nach rechts verschieben könnte, und daß diese Kombination die realen Zinssätze nach oben treiben könnte. Der Grund für diese Angst war unschwer erkennbar. Innerhalb eines Jahres war der Realzinssatz von einem Prozent auf vier Prozent angestiegen und lag damit viel höher als in den ersten neun Jahrzehnten dieses Jahrhunderts (zwischen 0,5 und 1,5 Prozent im Durchschnitt).

Einige Faktoren legten den Schluß nahe, daß diese Situation nicht einfach nur als vorübergehender Irrläufer interpretiert werden konnte. Erstens lagen die nationalen Sparquoten in Europa, den Vereinigten Staaten und Japan deutlich unter ihren jeweiligen Werten vor zehn Jahren, durchschnittlich vielleicht um vier Prozent des BIP. Zweitens stellten die osteuropäischen Länder und Rußland eine riesige Region für potentielle Investitionen dar, die sich endlich dem Weltkapitalmarkt öffnete. Und man war schon dabei, die Bedingungen für ausländische Direktinvestitionen zu verbessern, wenn auch die Reformen langsamer vorangingen, als zunächst erwartet worden war. Drittens begannen viele Entwicklungsländer, die zuvor ausländische Investoren abgewiesen hatten, aktiv um Investitionen zu werben. Diese neu entstehenden Märkte waren zwar, gemessen am Weltkapitalmarkt, noch immer klein, sie stellten jedoch ein enormes potentielles Nachfragewachstum dar. Einige der Länder mit den höchsten Wachstumsraten, wie Singapur und China, waren in der Lage, Sparquoten aufrechtzuerhalten, die in etwa im Einklang stehen mit ihren hohen Investitionsquoten (mehr als 25 Prozent des BIP). Aber in Südasien und Lateinamerika konnte die Investitionsnachfrage die Ersparnis leicht um ein Beträchtliches übersteigen.

Es ist zu früh, um sagen zu können, ob die hohen Realzinsen auch in den nächsten Jahrzehnten ein Charakteristikum des Weltkapitalmarktes bleiben werden. In diesem Fall müßten amerikanische Unternehmungen höhere Realzinssätze bezahlen. Höhere Realzinsen führen wiederum zu einer Verringerung der Investitionen, wenn sie nicht durch eine Rechtsverschiebung der Investitionskurve kompensiert werden. (Zu einer solchen Verschiebung der Investitionskurve könnte es kommen, wenn durch den technischen Fortschritt und durch neue Geschäftsmethoden die Erträge neuer Investitionen hinreichend steigen würden.)

Dieses Ergebnis steht in einem deutlichen Gegensatz zu unserem früheren Ergebnis für die geschlossene Volkswirtschaft, in der es keine Auslandsverschuldung und keine Kreditvergabe an das Ausland gab. Dort haben wir festgestellt, daß eine Verringerung der Ersparnis (eine Linksverschiebung der Sparkurve) zu einem Rückgang der Investitionen führt. Es gibt einen ähnlichen Gegensatz bei den Auswirkungen einer steuerfinanzierten Staatsausgabenerhöhung. In einer geschlossenen Volkswirtschaft verringert sich durch die Steuererhöhung die Ersparnis der Haushalte und damit auch die gesamtwirtschaftliche Investition. In einer offenen Volkswirtschaft bleibt die Investition unverändert.

Obwohl die Investitionsausgaben zunächst nicht berührt werden, hat die erhöhte Auslandsverschuldung Folgen für die Zukunft. In der Zukunft müssen Zinszahlungen an das Ausland geleistet werden, und diese Zinszahlungen verringern den Lebensstandard ganz ähnlich wie eine Verringerung der Investitionen. Diese Wirkungen werden im nächsten Kapitel ausführlich diskutiert.

Die Wirtschaft der USA

Die Vereinigten Staaten sind eine offene Volkswirtschaft. Aber sie haben ein so großes Gewicht in der Weltwirtschaft, daß - im Gegensatz zum Fall eines kleinen Landes wie der Schweiz - Veränderungen ihrer Sparfunktion Auswirkungen auf den internationalen Zinssatz und damit auf den Weltkapitalmarkt haben. Die USA produzieren ungefähr ein Viertel des Weltoutputs und ihre Ersparnis beträgt ein Fünftel des Weltkapitalangebots. Eine Linksverschiebung der amerikanischen Sparkurve erhöht also den Realzinssatz am Weltkapitalmarkt und verringert die Investitionen in den Vereinigten Staaten. Da sich die Wirkung auf die ganze Welt verteilt, ist die Veränderung der Investitionen in den USA selbst viel geringer als sie es wäre, wenn die Vereinigten Staaten eine geschlossene Volkswirtschaft wären.

Bis hierher sind wir davon ausgegangen, daß die Kapitalmärkte der ganzen Welt vollkommen miteinander integriert sind. Das ist aber bei weitem nicht der Fall. Die Menschen sind über ihr eigenes Land besser informiert als über andere Länder. Amerikanische Anleger verlangen für Auslandsinvestitionen einen etwas höheren Ertrag, um dieses höhere Risiko auszugleichen. In den letzten Jahren hat aufgrund des verbesserten Informationsflusses die Größenordnung dieser Risikoprämie abgenommen. Aber das Kapital fließt noch immer nicht vollkommen frei, so daß die Zinssätze nicht vollkommen aneinander angeglichen werden, und ein Rückgang der Ersparnis in den USA wird nicht vollständig durch erhöhte Kapitalzuflüsse aus dem Ausland ausgeglichen.

Nun stellt sich die Frage, um wieviel die Investitionen in den USA zurückgehen, wenn sich die Sparkurve beispielsweise um eine Milliarde Dollar nach links verschiebt. Schätzungen für die unmittelbare Nachkriegszeit haben ergeben, daß der Investitionsrückgang in den USA zwischen 800 Millionen und einer Milliarde

Dollar liegen würde, also beinahe ebenso hoch wäre wie der Rückgang der Ersparnis. Neuere Schätzungen zeigen, daß heute die Wirkung viel geringer wäre, nämlich irgendwo zwischen 350 und 500 Mio. $.

Ein Blick in die Wirtschaftspolitik:
Fortschritte an den internationalen Kapitalmärkten

Im Rahmen der NAFTA, der nordamerikanischen Freihandelszone, sind alle Handelsbarrieren in Nordamerika abgeschafft worden. Im Vorfeld der Ratifizierung des NAFTA-Vertrags debattierte Vizepräsident Al Gore mit Ross Perot, der gegen die Vereinbarung war. In einer seiner bemerkenswertesten Formulierungen sprach Perot von einem „gigantischen Sauggeräusch" mit dem Mexiko Investitionen und Arbeitsplätze aus den Vereinigten Staaten abziehen würde. Er malte den Zuhörern aus, wie Mexiko mit seinen billigen Arbeitskräften Tausende von Fabriken anziehen würde und wie in den USA Hunderttausende ihren Arbeitsplatz verlieren würden. Seine Vorhersagen haben sich als falsch erwiesen, teilweise deshalb, weil eine geringfügige Reduzierung der Zölle kaum spürbare Auswirkungen hat. Hinzu kam, daß arbeitsintensive Unternehmungen (also diejenigen, die sehr viele ungelernte Arbeitskräfte benötigen) längst dabei waren, ihre Produktion ins Ausland zu verlagern, zum Beispiel nach Malaysia, China und Korea; die NAFTA könnte vielleicht einige dieser Unternehmungen dazu veranlassen nach Mexiko zu gehen, aber es war unwahrscheinlich, daß sie einen großen Effekt auf den gesamten Investitionsfluß haben würde.

Perot hat aber einen wichtigen Aspekt der NAFTA hervorgehoben: Sie ist nicht nur ein Handelsabkommen sondern auch ein Investitionsabkommen. Viele Länder erkennen mehr und mehr, daß neben dem Freihandel vor allem die Öffnung der Kapitalmärkte wichtig ist, so daß das Kapital dorthin fließen kann, wo die Erträge am höchsten sind. Durch die freie Kapitalmobilität erhöht sich das Bruttoinlandsprodukt der Welt. Wenn der Ertrag einer Investition in einem Land acht Prozent beträgt und in einem anderen 24 Prozent, dann bringt eine Milliarde Dollar, die in dem letzteren Land investiert wird, einen zusätzlichen Ertrag von 160 Mio. $ im Jahr. Hinzu kommt, daß Handels- und Investitionsströme oft miteinander verbunden sind. Amerikanische Firmen, die zum Beispiel in Asien investieren, kaufen oft Vorprodukte und Komponenten bei anderen Firmen in den USA ein.

Internationale Investitionsvereinbarungen haben vor allem zwei Ziele. Erstens geht es um die Gleichstellung mit heimischen Unternehmungen. Amerikanische Unternehmungen, die im Ausland investieren, sollen von ihren Gastländern nicht benachteiligt werden; sie sollen genauso behandelt werden, wie die heimischen Unternehmungen. Zweitens geht es um die Gegenseitigkeit. Ausländische Regierungen sollen US-amerikanische Firmen genauso behandeln, wie die USA Firmen aus den entsprechenden Ländern behandeln. Während über das erste Prinzip allgemein Einigkeit besteht, ist das zweite eher umstritten. So hat zum Beispiel Japan amerikanischen Banken bisher nicht erlaubt, in bestimmten ländlichen Gegenden Zweigstellen zu eröffnen; und Japan verlangt strenge Tests für Autoersatzteile, die in Reparaturwerkstätten verwendet werden, wenn sie nicht vom ursprünglichen Autohersteller selbst kommen. Gleichbehandlung bedeutet, daß diese Praktiken zulässig sind, solange auch japanische Firmen den gleichen Regelungen unterworfen sind. Umgekehrt hatten die USA ein Gesetz, das es den Banken verbot, Zweigstellen in mehr als einem Bundesstaat zu eröffnen. Nach dem Gleichstellungsprinzip wären auch solche Beschränkungen zulässig, wenn sie einheitlich angewendet würden. Oft bewirken solche national einheitlichen Regelungen trotzdem eine effektive Diskriminierung ausländischer Unternehmungen. Beinahe alle in Japan verkauften Autos sind japanische Fabrikate, so daß die japanischen Hersteller den Reparaturwerkstätten die Ersatzteile liefern können; und die Testprozedur ist so langwierig, daß amerikanische Ersatzteilfirmen effektiv vom Markt ausgeschlossen werden. Die größere Offenheit der US-amerikanischen Wirtschaft und ihre geringere Regelungsdichte bedeutet, daß es für ausländische Firmen einfacher ist, sich auf dem amerikanischen Markt zu etablieren, als umgekehrt für amerikanische Firmen im Ausland. Das Prinzip der Gegenseitigkeit ist notwendig, um gleiche Startchancen herzustellen.

Dennoch haben weniger entwickelte Länder oft überzeugende Argumente dafür, daß Regelungen, die für entwickelte Industrieländer angemessen sind, für sie nicht passen würden. Internationale Abkommen zur Harmonisierung von nationalen Vorschriften sind nötig, um die beiden Prinzipien der Gleichbehandlung und der Gegenseitigkeit miteinander vereinbar zu machen.

Konsens in der Makroökonomik

Makroökonomische Themen machen oft Schlagzeilen in Zeitungen und Nachrichtensendungen. Dafür gibt es gute Gründe. Wie wir in Kapitel 24 gesehen haben, haben die Probleme der Arbeitslosigkeit, der Stagnation und der Inflation gravierende und weitreichende Folgen. Bei geringen Produktivitätszuwächsen sorgt man sich wegen des unzureichenden Wirtschaftswachstums; wenn die Arbeitslosenquote steigt, konzentriert man sich auf die bevorstehende Rezession; nimmt der Verbraucherpreisindex schneller zu, so gilt die Aufmerksamkeit der Inflation. Diese Probleme und die Art, wie man damit umgeht, werden oft heftig und kontrovers diskutiert. Die Expertenmeinungen zu diesen Themen gehen oft auseinander und man könnte das alte Sprichwort für wahr halten, wonach zwei Wirtschaftswissenschaftler stets drei unterschiedliche Meinungen haben. Tatsächlich herrscht aber unter den Wirtschaftswissenschaftlern eine bemerkenswerte Einigkeit über grundlegende makroökonomische Prinzipien. In diesem Kapitel sind wir unserem elften und zwölften Konsenspunkt begegnet:

11 Staatsausgaben bei Vollbeschäftigung

Wenn in einer geschlossenen Volkswirtschaft Vollbeschäftigung herrscht, geht eine Erhöhung der Staatsausgaben immer zu Lasten des privaten Konsums oder der Investitionen. Selbst wenn die zusätzlichen Ausgaben durch zusätzliche Steuern finanziert werden, werden private Investitionen verdrängt, weil Steuererhöhungen normalerweise zu einem Rückgang der Ersparnis führen. In einer offenen Volkswirtschaft führen erhöhte Staatsausgaben zu einer Zunahme der Auslandsverschuldung, aber in den Vereinigten Staaten genügt die zusätzliche Auslandsverschuldung nicht, um den Rückgang der Ersparnis vollständig aufzufangen. Die Investitionen gehen also trotzdem zurück.

12 Neutralität des Geldes

Bei Vollbeschäftigung führt ein Anstieg der Geldmenge ausschließlich zu einem proportionalen Anstieg von Preisen und Löhnen, hat aber keinerlei reale Auswirkungen.

Ausblick

In diesem Kapitel haben wir das Modell der vollkommenen Konkurrenz benutzt, um das gesamtwirtschaftliche Gleichgewicht bei Vollbeschäftigung zu analysieren. Wir haben gesehen, wie durch Reallohnveränderungen sichergestellt wird, daß die Arbeitsnachfrage stets dem Angebot entspricht, selbst dann, wenn durch technischen Fortschritt und neue Investitionen Arbeitskräfte eingespart werden. Wir haben auch gesehen, wie Preise und Zinssätze sich an Verschiebungen der Investitionsnachfrage anpassen, so daß die Produktionskapazitäten der Volkswirtschaft stets voll genutzt werden und daß die Ersparnis beim Vollbeschäftigungsoutput stets der Investitionsnachfrage entspricht.

Langfristig passen sich Löhne, Preise und Zinssätze tatsächlich in etwa in der beschriebenen Weise an. Kurzfristig jedoch ist das oft nicht der Fall. Wenn Anpassungen an wirtschaftliche Veränderungen sofort stattfinden würden, dann wäre das Vollbeschäftigungsmodell auch kurzfristig eine gute Beschreibung der Volkswirtschaft. Aber die Löhne und vor allem die Preise sind oft inflexibel und passen sich nicht an die markträumenden Niveaus an. Wie wir in den folgenden Kapiteln sehen werden, ergeben sich daraus tiefgreifende Konsequenzen für das kurzfristige Verhalten der Volkswirtschaft. Zuerst werden wir jedoch einige wichtige Implikationen des Vollbeschäftigungsmodells näher betrachten.

Zusammenfassung

1. Gesamtwirtschaftliches Gleichgewicht herrscht, wenn die aggregierten Größen Beschäftigung, Output und Investitionsnachfrage ihre Gleichgewichtswerte erreicht haben. Im Vollbeschäftigungsmodell sind diese Gleichgewichtswerte durch Angebot und Nachfrage auf den jeweiligen Märkten bestimmt. Vollbeschäftigung wird durch die Flexibilität von Löhnen und Preisen erreicht.

2. Der Reallohn bringt Angebot und Nachfrage am Arbeitsmarkt zum Ausgleich. Ein Anstieg des Arbeitsangebots führt zu einer Verringerung der Reallöhne, die wiederum einen Anreiz für die Unternehmungen darstellt, zusätzliche Arbeitsplätze bereitzustellen.

3. Das Vollbeschäftigungsniveau des Outputs ist diejenige Gütermenge, welche die Volkswirtschaft mit ihrem gegebenen Kapitalstock bei Vollbeschäftigung herstellen kann. Die Produktionskapazität der Volkswirtschaft wächst mit steigendem Arbeitsangebot.

4. Das Preisniveau paßt sich so an, daß die aggregierte Güternachfrage mit dem aggregierten Güterangebot in Übereinstimmung gebracht wird.

5. Der Realzinssatz (bei dessen Berechnung die Inflationsrate berücksichtigt wird) bringt Investitionsnachfrage und Ersparnis zum Ausgleich. Der gewünschte Umfang der Investitionen nimmt mit steigendem Realzinssatz ab. Die Ersparnis hängt vom verfügbaren Einkommen und vom Realzinssatz ab. Bei flexiblen Löhnen und Preisen herrscht Vollbeschäftigung und der Output entspricht stets dem Vollbeschäftigungsniveau. Da der aggregierte Output gleich dem gesamtwirtschaftlichen Einkommen ist, ist bei gegebenen Steuern auch das verfügbare Einkommen gegeben. Also ist im Vollbeschäftigungsmodell der Zinssatz die wichtigste Variable zur Bestimmung der Ersparnis. Ein Anstieg des Realzinssatzes führt zu einer geringfügigen Zunahme der Ersparnis.

6. In einer geschlossenen Volkswirtschaft führen zusätzliche steuerfinanzierte Staatsausgaben zu einer Verdrängung von Konsum- und Investitionsnachfrage. In einer kleinen offenen Volkswirtschaft bleiben die Investitionsausgaben unverändert, während die Auslandsverschuldung zunimmt. Die Vereinigten Staaten sind eine große offene Volkswirtschaft; entsprechend liegt die Wirkung irgendwo zwischen den Ergebnissen für eine kleine offene Volkswirtschaft und eine geschlossene Volkswirtschaft.

7. Linksverschiebungen der Sparkurve führen in einer geschlossenen Volkswirtschaft zu einer Verringerung der Investitionsausgaben und in einer offenen Volkswirtschaft zu einer Erhöhung der Kreditaufnahme im Ausland.

8. Alle Märkte der Volkswirtschaft sind miteinander verbunden. Veränderungen auf einem Markt haben Auswirkungen auf alle anderen Märkte.

9. Bei Vollbeschäftigung und vollkommen flexiblen Löhnen und Preisen gilt die Neutralität des Geldes: Erhöhungen der Geldmenge führen lediglich zu Preiserhöhungen.

Schlüsselbegriffe

kurzfristige Produktions- funktion	aggregierte Nachfragekurve	Investitionsfunktion
Vollbeschäftigungsniveau	aggregierte Angebotskurve	Gegenwartswert
des Outputs	offene Volkswirtschaft	Sachinvestition
Verdrängungseffekt	geschlossene Volkswirtschaft	Finanzinvestition
(Crowding-Out)	verfügbares Einkommen	Neutralität des Geldes

Wiederholungsfragen

1. Wie wird auf Wettbewerbsmärkten mit flexiblen Löhnen und Preisen sichergestellt, daß immer Vollbeschäftigung herrscht? Was bringt die Unternehmungen dazu, genau die richtige Anzahl von Arbeitsplätzen zu schaffen, damit alle neu auf den Arbeitsmarkt gekommenen Arbeitsanbieter Beschäftigung finden?

2. Beschreiben Sie die Auswirkungen einer Verschiebung der Arbeitsangebotskurve auf den gleichgewichtigen Reallohn und das potentielle BIP (Vollbeschäftigungsniveau des Outputs).

3. Wodurch ist die Produktionskapazität der Volkswirtschaft (das aggregierte Angebot, das potentielle BIP) bestimmt? Warum steigt das gesamtwirtschaftliche Güterangebot, wenn das Arbeitsangebot zunimmt?

4. Was versteht man unter der gesamtwirtschaftlichen Güternachfragekurve? Warum ist sie abwärts geneigt? Warum ist die gesamtwirtschaftliche Güterangebotskurve eine vertikale Linie? Wodurch ist das Preisniveau bestimmt?

5. Was versteht man unter der Investitionskurve? Warum geht die Investition zurück, wenn der Realzinssatz steigt? Welche Rolle spielen die Erwartungen bei der Investitionsnachfrage?

6. Wodurch ist die Höhe der Ersparnis bestimmt? Erläutern Sie, warum bei Vollbeschäftigung und gegebenem Steueraufkommen auch das verfügbare Einkommen gegeben ist. Erläutern Sie, warum die Ersparnis nicht besonders zinsreagibel ist.

7. Wie wird der gleichgewichtige Zinssatz bestimmt?

8. Welchen Einfluß haben steuerfinanzierte Staatsausgaben auf das Marktgleichgewicht?

9. Was ist der Unterschied zwischen einer geschlossenen und einer offenen Volkswirtschaft? Beschreiben Sie den Unterschied anhand der Auswirkungen einer Staatsausgabenerhöhung.

10. Wie unterscheidet sich die Volkswirtschaft der Vereinigten Staaten von einer geschlossenen Volkswirtschaft bzw. von einer kleinen offenen Volkswirtschaft wie der Schweiz?

Aufgaben

1. In diesem Kapitel sind wir davon ausgegangen, daß das Arbeitsangebot nicht vom Reallohn abhängt. Angenommen, ein höherer Reallohn führt dazu, daß mehr Menschen eine Erwerbsarbeit suchen. Zeigen Sie Schritt für Schritt, wie sich die Analyse verändert. (Stellen Sie das Gleichgewicht am Arbeitsmarkt dar. Wie verändern sich Reallohn, Beschäftigung, BIP und Ersparnis, wenn sich die Arbeitsangebotskurve nach rechts verschiebt?)

2. Wenn durch erhöhte Investitionen der Kapitalstock zunimmt, kann man mit einer gegebenen Anzahl von Arbeitskräften mehr produzieren. Welche Auswirkungen hat das auf die kurzfristige Produktionsfunktion und das Vollbeschäftigungsniveau des Outputs?

3. Unternehmungen stellen so viele Arbeitskräfte ein, daß der Reallohn dem Grenzprodukt der Arbeit entspricht, also dem zusätzlichen Output, den eine weitere Arbeitskraft herstellt. Erläutern Sie, warum die Steigung der kurzfristigen Produktionsfunktion dem Grenzprodukt der Arbeit entspricht. Erläutern Sie, warum bei abnehmenden Grenzerträgen ein Anstieg des Reallohns einen Rückgang der Arbeitsnachfrage zur Folge hat. Zeichnen Sie je ein Beispiel für eine Rechtsverschiebung der kurzfristigen Produktionsfunktion aufgrund von technischem Fortschritt, die dazu führt, daß die Arbeitsnachfrage (bei jedem Reallohn) zurückgeht bzw. steigt.

4. Erklären Sie, wie sich bei der Arbeitsangebotskurve (bei der Sparkurve) Einkommens- und Substitutionseffekt gegenseitig kompensieren. Kann technologischer Fortschritt auch zu niedrigeren Reallöhnen führen?

5. Zeigen Sie, welche Wirkungen eine Veränderung an einem Markt - zum Beispiel ein Anstieg des Arbeitsangebots - auf andere Märkte hat. Wie war es zum Beispiel in den siebziger und achtziger Jahren möglich, daß eine starke Zunahme des Arbeitsangebots kaum Auswirkungen auf die Reallöhne hatte?

6. Beschreiben Sie die Auswirkungen einer Steuererhöhung ohne entsprechende Zunahme der Staatsausgaben, bzw. die Auswirkungen einer Erhöhung der Staatsausgaben ohne entsprechende Steuererhöhung.

7. Nennen Sie einige Gründe dafür, daß auch in einer offenen Volkswirtschaft Investition und Ersparnis eng miteinander korreliert sein können.

8. „Selbst wenn in einer offenen Volkswirtschaft ein Rückgang der Ersparnis nicht zu einem Rückgang der Investitionen führt, haben zukünftige Generationen dadurch einen Nachteil." Diskutieren Sie diese Aussage.

9. Gegeben sei eine geschlossene Volkswirtschaft, die zunächst mit einer Ersparnis (Investitionsnachfrage) von 400 Mrd. $ und einem Realzinssatz von vier Prozent im Gleichgewicht ist. Die Haushalte sparen zehn Prozent ihres Einkommens in Höhe von vier Billionen Dollar. Der Staat belastet die Haushalte mit einer zusätzlichen Steuer in Höhe von 100 Mrd. $ und finanziert damit zusätzliche Staatsausgaben in gleicher Höhe. Angenommen, die Ersparnis ist völlig zinsunelastisch und ein zehnprozentiger Anstieg des Realzinssatzes (von 4 auf 4,4 Prozent) verringert die Investitionsnachfrage um 2,6 Prozent. Wie hoch sind im neuen Gleichgewicht die Ersparnis, die Investitions-

nachfrage und der Realzinssatz? Zeigen Sie, daß bei einer Zinselastizität der Ersparnis von 0,1 (der Zinsanstieg führt zu einer Erhöhung der Ersparnis um 4 Mrd. $) der Realzinssatz um sieben Prozent auf 4,28 Prozent steigt. Wie verändert sich in diesem Fall die Investitionsnachfrage?

Kapitel 26

Die Anwendung des Vollbeschäftigungsmodells

Das Bundeshaushaltsdefizit wurde während der achtziger Jahre stark aufgebläht. Während sich zuvor hauptsächlich Wirtschaftswissenschaftler und Politologen dafür interessiert hatten, wurde es nun zu einem Problem im nationalen Rampenlicht. Schon vor den Präsidentschaftswahlen im Jahr 1992 wurden die riesigen Defizite in öffentlichen Meinungsumfragen ständig als eines der wichtigsten Probleme des Landes eingestuft. In diesem Kapitel beleuchten wir die Folgen des Defizits mit Hilfe des Modells, das in Kapitel 25 entwickelt worden ist. Ein anderes großes Problem der achtziger Jahre war das riesige Handelsbilanzdefizit; jedes Jahr überstiegen die Importe der USA die Exporte um mehrere Milliarden Dollar. Mit Hilfe des Vollbeschäftigungsmodells kann man auch das Handelsbilanzdefizit erklären und verstehen, wie es durch verschiedene wirtschaftspolitische Maßnahmen beeinflußt werden könnte.

In Kapitel 24 haben wir die drei grundlegenden wirtschaftlichen Probleme Stagnation, Arbeitslosigkeit und Inflation beschrieben. Natürlich kann das Vollbeschäftigungsmodell aus Kapitel 25 das Problem der Arbeitslosigkeit nicht direkt beleuchten. Wir werden aber im nächsten Kapitel zeigen, wie man in diesem Modell Arbeitslosigkeit darstellen kann, indem man einfach eine der kritischen Modellannahmen verändert. Im letzten Kapitel haben wir gesehen, daß das Vollbeschäftigungsmodell nützliche Einsichten in die Natur der Inflation ermöglicht - da das Preisniveau in diesem Modell proportional zur Geldmenge steigt. In diesem Kapitel werden wir zeigen, daß man auch in bezug auf das Wachstum aus diesem Modell nützliche Hinweise ableiten kann.

26.1 Das Haushaltsdefizit

Wenn der Staat in einem gegebenen Jahr mehr ausgibt, als er durch Steuern und andere Einnahmequellen erhält, hat er ein Defizit, das man als **Haushaltsdefizit** bezeichnet, um es vom Außenhandelsdefizit zu unterscheiden. Er muß sich verschulden, um dieses Defizit zu finanzieren. 1981 hat die Regierung die Steuern gesenkt, ohne die Staatsausgaben entsprechend zu reduzieren. Abbildung 26.1 zeigt den daraus resultierenden Anstieg des Haushaltsdefizits. In den zwölf Jahren von 1981 bis 1992 hat sich das Bundeshaushaltsdefizit von 60 Mrd. $ auf 280 Mrd. $ mehr als vervierfacht. Selbst wenn man die Inflation berücksichtigt, war der Anstieg des Defizits dramatisch. Zum ersten Mal in der Geschichte der USA wurden die Staatsschulden in Friedenszeiten dermaßen erhöht.

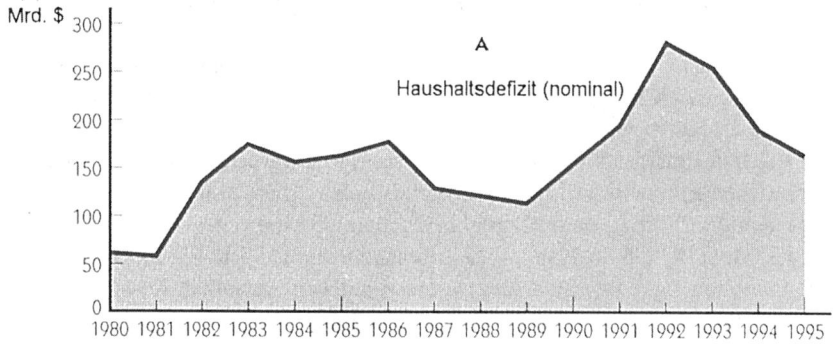

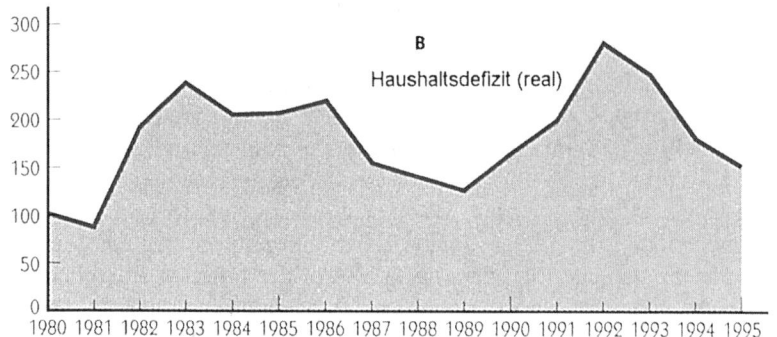

Abbildung 26.1 Das Bundeshaushaltsdefizit. Unabhängig von der Art der Messung ist die Kreditaufnahme der Bundesregierung während der achtziger Jahre dramatisch gestiegen. Teil A zeigt das nominale Haushaltsdefizit, Teil B das um die Inflationsrate korrigierte, reale Haushaltsdefizit. *Quelle: ERP* (1996), Tabellen B-3, B-74.

Die **Staatsverschuldung** ist die kumulierte Summe aller Staatsschulden. Abbildung 26.2 zeigt, daß die Verschuldung der US-Bundesregierung nach dem Zweiten Weltkrieg dramatisch zurückgegangen und während der Amtszeit von Reagan und Bush rapide angestiegen ist.

Der Clinton-Regierung ist es gelungen, das Haushaltsdefizit von 4,9 Prozent des BIP im Jahre 1992 auf 1,6 Prozent des BIP im Jahre 1996 zu reduzieren. Abbildung 26.3 zeigt, daß infolge dieser Bemühungen im Jahr 1995 Haushaltsdefizit und Schuldenstand in den USA niedriger waren als in vielen europäischen Ländern oder in Kanada.

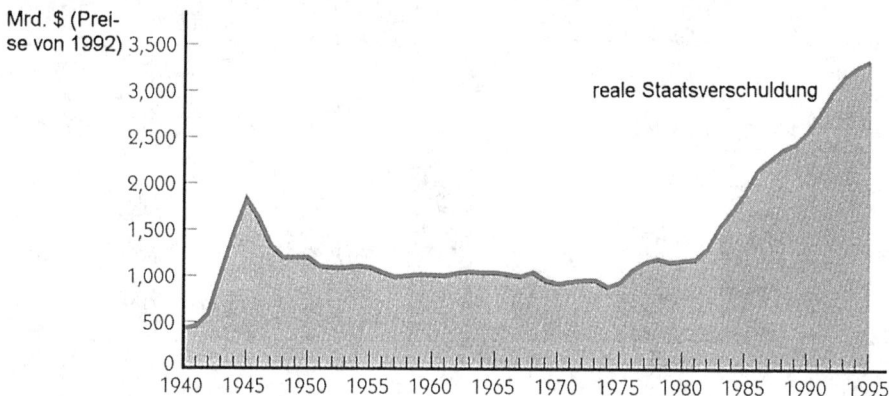

Abbildung 26.2 Der Schuldenstand der US-Bundesregierung im Verhältnis zum BIP.
Die Verschuldung des Bundes ist nach dem Zweiten Weltkrieg dramatisch zurückgegangen und während der Amtszeit von Reagan und Bush (1981-1992) rapide angestiegen. *Quelle*: *ERP* (1996), Tabellen B-3, B-74.

In Kapitel 37 werden wir einige der politischen und wirtschaftlichen Ereignisse, die zur Entstehung des Defizits beigetragen haben, ausführlicher diskutieren, sowie die Debatten darüber, wie schädlich das Haushaltsdefizit für das wirtschaftliche Wohlergehen eigentlich sei. Hier versuchen wir lediglich, mit Hilfe des Modells aus Kapitel 25 eine qualitative Vorstellung von den Folgen zu bekommen. In Kapitel 25 haben wir die Wirkungen einer steuerfinanzierten Erhöhung der Staatsausgaben diskutiert. Hier betrachten wir die Wirkungen einer Staatsausgabenerhöhung, der keine höheren Steuern gegenüberstehen. (Die gleichen Ergebnisse gelten auch für eine Steuersenkung, die wie im Jahr 1981 nicht durch entsprechende Einsparungen im Staatshaushalt finanziert wird.) Wir haben gesehen, daß es einen großen Unterschied macht, ob wir es mit einer offenen oder einer geschlossenen Volkswirtschaft zu tun haben. Auch hier untersuchen wir wieder die beiden Extremfälle - die geschlossene Volkswirtschaft und die kleine offene Volkswirtschaft - und erinnern uns daran, daß die Volkswirtschaft der USA zwischen diesen Extremen liegt.

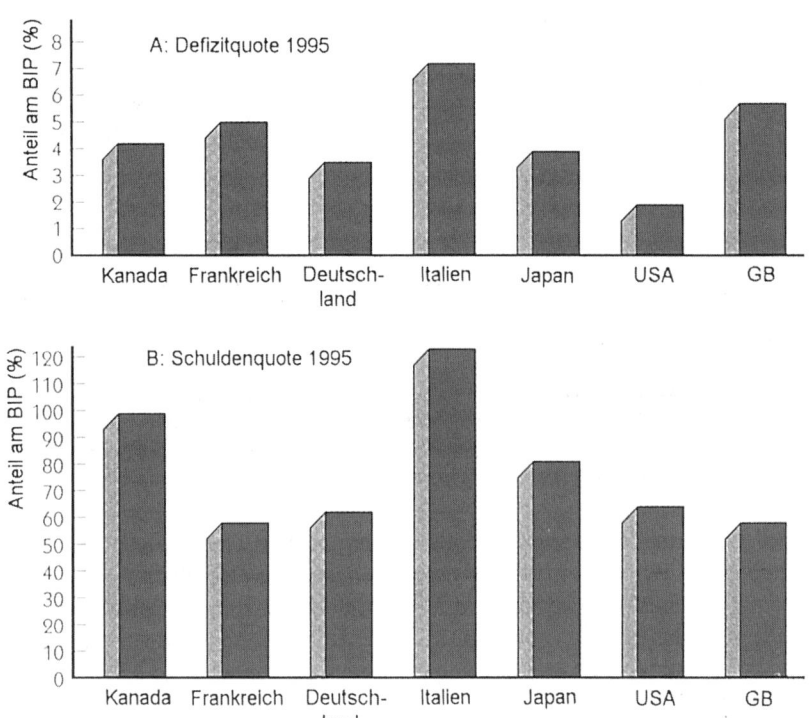

Abbildung 26.3 Staatsverschuldung im internationalen Vergleich. Viele europäische Länder und Kanada hatten 1995 höhere Defizitquoten und Staatsschuldquoten als die Vereinigten Staaten. *Quelle*: OECD, *Economic Outlook*, (Juni 1996).

Die geschlossene Volkswirtschaft

Wenn der Staat seine Ausgaben erhöht, ohne die Steuern zu erhöhen, muß er die Differenz durch Kredite finanzieren.[1] Die private Ersparnis, S_p, dient der Finanzierung des Haushaltsdefizits, D, sowie der Finanzierung der Investitionen, I:

---

[1] Früher haben manche Regierungen einfach Geld gedruckt, um die Differenz zu bezahlen. Heute ist in den entwickelten Industrieländern das Drucken von Geld als Mittel der Haushaltsfinanzierung eher die Ausnahme als die Regel.

$$S_p = D + I.$$

Alternativ können wir das Haushaltsdefizit auch als negative öffentliche Ersparnis definieren:

$$D = -S_g.$$

Aus dieser Sicht können wir die erste Gleichung folgendermaßen umschreiben:

$$S_p - D = I$$

oder

$$S = S_p + S_g = I.$$

Die gesamtwirtschaftliche Ersparnis, S, bestehend aus der privaten Ersparnis (von Haushalten und Unternehmungen) S_p und der Ersparnis des Staates S_g, ist gleich der Investitionsnachfrage.

In Abbildung 26.4 zeigt sich die Erhöhung des Haushaltsdefizits als Linksverschiebung der Sparkurve, durch die im Gleichgewicht die Investition abnimmt und der Realzinssatz steigt. Da die Investitionsnachfrage gesunken ist, werden in der Zukunft auch der Output und der Lebensstandard sinken.

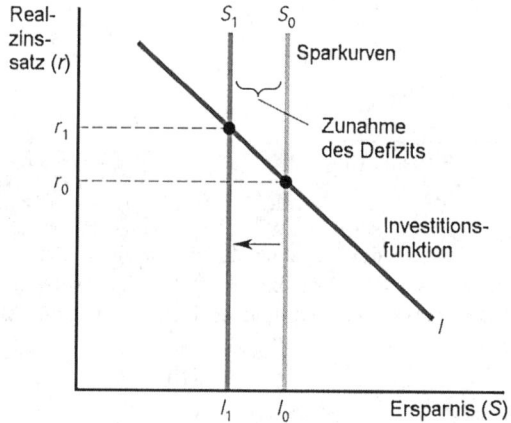

Abbildung 26.4 Wirkungen einer Erhöhung des Haushaltsdefizits in einer geschlossenen Volkswirtschaft. Das höhere Haushaltsdefizit bedeutet einen Rückgang der gesamtwirtschaftlichen Ersparnis. Durch die Linksverschiebung der Sparkurve steigt im Gleichgewicht der Zinssatz und die Investition nimmt ab.

Die kleine offene Volkswirtschaft

Der Unterschied zwischen einer offenen und einer geschlossenen Volkswirtschaft liegt darin, daß die offene Volkswirtschaft bei einem Rückgang der inländischen Ersparnis ihre Investitionen mit Hilfe anderer Länder finanzieren kann. In Abbildung 26.5 ist das gestiegene Haushaltsdefizit als Verringerung der inländischen Ersparnis dargestellt. Die Linksverschiebung der Sparkurve läßt jedoch die Investitionen unberührt - diese sind einfach durch den internationalen Realzinssatz bestimmt. Allerdings erhöht sich dabei die Kreditaufnahme aus dem Ausland; in zukünftigen Jahren wird das Land ärmer sein, denn es muß für seine Auslandsschulden Zinsen bezahlen. Auch in diesem Fall wird der Lebensstandard in der Zukunft niedriger sein als ohne den Anstieg des Haushaltsdefizits.

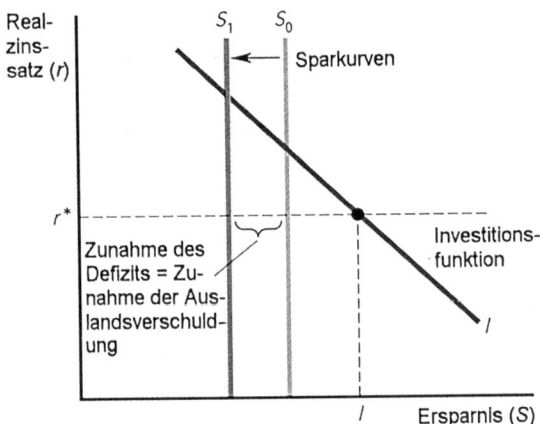

Abbildung 26.5   Wirkungen einer Erhöhung des Haushaltsdefizits in einer kleinen offenen Volkswirtschaft. Die Erhöhung des Haushaltsdefizits bedeutet eine Linksverschiebung der gesamtwirtschaftlichen Sparkurve. Die Investitionen bleiben unverändert, aber die Auslandsverschuldung steigt.

Die große offene Volkswirtschaft

In Kapitel 25 haben wir gesehen, daß die Vereinigten Staaten eine große offene Volkswirtschaft sind - mit Eigenschaften, die eine Mischung darstellen zwischen denen einer geschlossenen und denen einer kleinen offenen Volkswirtschaft. Wenn die USA ein Haushaltsdefizit haben, erhöhen sie ihre Auslandsverschuldung, aber die Zinssätze steigen und einige private Investitionen werden verdrängt. Als grobe Faustregel kann man sich merken, daß zwischen 30 und 50 Prozent des Haushaltsdefizits durch erhöhte Kreditaufnahme im Ausland finanziert werden.

Wenn man untersucht, wer die zusätzlichen Staatsanleihen gekauft hat, die in den letzten Jahren herausgegeben worden sind, dann stellt man fest, daß nur ein Teil des zusätzlichen Haushaltsdefizits direkt von Ausländern finanziert worden ist. Wenn das Haushaltsdefizit indirekt von Ausländern finanziert wird, sind die Folgen jedoch vielleicht sogar noch schlimmer. Ein hohes Haushaltsdefizit steigert die Auslandsverschuldung entweder direkt, wenn der Staat selbst im Ausland Kredit aufnimmt, oder indirekt, indem es die verfügbare inländische Ersparnis aufsaugt, so daß die Amerikaner kein Geld mehr haben, um in ihre eigene Wirtschaft zu investieren, und Ausländer die Lücke füllen. Einige Wirtschaftswissenschaftler haben das so formuliert, daß Staatsverschuldung Investitionen aus dem Ausland „hereindrängen" kann (*„Crowding-in"*).

26.2 Das Handelsbilanzdefizit

Das **Handelsbilanzdefizit** ist die Differenz zwischen Importen und Exporten bezogen auf ein Jahr. Haushaltsdefizit und Handelsbilanzdefizit sind zur gleichen Zeit explodiert. Von etwa 20 Mrd. $ pro Jahr zwischen 1977 und 1982 stieg es auf (nominal) 102 Mrd. $ im Jahr 1984 und auf 142 Mrd. $ oder 3 Prozent des BIP im Jahr 1987, und ging dann 1995 wieder auf 96 Mrd. $ oder 1,4 Prozent des BIP zurück.

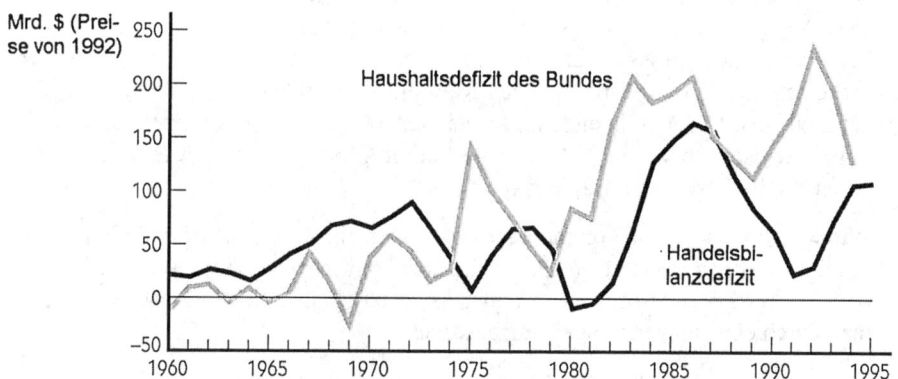

Abbildung 26.6   Haushaltsdefizit und Handelsbilanzdefizit. Die Zunahme des Haushaltsdefizits zu Beginn der achtziger Jahre ging mit einer erhöhten Auslandsverschuldung einher. Die Korrelation ist auffällig, wenn sie auch kein Beweis für einen Kausalzusammenhang ist. *Quelle: ERP* (1996), Tabellen B-2, B-78.

Abbildung 26.6 zeigt, wie sich das Haushaltsdefizit und das Handelsbilanzdefizit parallel zueinander entwickelt haben. Das ist kein Zufall, denn beide sind eng miteinander verbunden. Den Grund dafür kennen wir schon: In einer offenen Volkswirtschaft führt eine Erhöhung des Haushaltsdefizits, also einer Erhöhung der Staatsausgaben, die nicht durch eine entsprechende Steuererhöhung finanziert wird (oder eine Steuersenkung, der keine entsprechende Ausgabensenkung gegenübersteht), zu einer Zunahme der Auslandsverschuldung. Im folgenden werden wir sehen, warum eine Erhöhung der Auslandsverschuldung eine Zunahme des Handelsbilanzdefizits impliziert.

Kapitalströme

Um den Zusammenhang zwischen Auslandsverschuldung und Handelsbilanzdefizit zu sehen, muß man zuerst die Verbindung zwischen Handelsströmen und Kapitalströmen verstehen. Sehen wir uns an, was passiert, wenn ein Amerikaner ein deutsches Auto kauft. Er bezahlt seinen Autohändler in amerikanischer Währung. Der Händler kauft den Wagen - ebenfalls gegen Dollar - von einem Importeur. Der Importeur kauft das Auto vom deutschen Hersteller, der in D-Mark bezahlt werden möchte. Für den Importeur stellt das kein Problem dar: Er geht zum Beispiel in Deutschland zu einer Bank und tauscht seine Dollar gegen D-Mark ein. Die Bank wird diese Dollar aber nicht behalten. Sie wird sie an jemanden verkaufen, der entweder Güter aus den USA kaufen oder in eine auf Dollar lautende Finanzanlage investieren möchte.

In den USA spricht man von einem **Kapitalimport**, wenn Geld in die USA fließt, unabhängig davon, ob damit Investitionsgüter gekauft werden oder ob es auf Bankkonten oder in amerikanischen Staatsanleihen angelegt oder an Amerikaner verliehen wird, zum Beispiel für den Kauf eines deutschen Autos. US-Dollar, die aus ähnlichen Gründen in andere Länder fließen, nennen wir **Kapitalexport**. Meistens interessieren wir uns für den **Nettokapitalimport**, also die Differenz zwischen Kapitalimport und Kapitalexport.

Wie wir gesehen haben, kommt jeder Dollar, den ein Amerikaner für ein Importgut ausgibt, wieder zurück; entweder werden damit amerikanische Exportgüter bezahlt oder es werden Investitionen in den USA getätigt. Diesen Zusammenhang kann man durch eine einfache Gleichung ausdrücken:

Güterimport = Güterexport + Kapitalimport.

Wenn wir die Güterexporte von beiden Seiten dieser Gleichung abziehen, erhalten wir die grundlegende Handelsbilanzgleichung:

Handelsbilanzdefizit = Güterimport - Güterexport = Kapitalimport.

Handelsbilanzdefizit und Kapitalimport sind also zwei Seiten einer Medaille. Anders ausgedrückt: Haushalte und Unternehmungen in den USA können nur dann mehr aus dem Ausland importieren als sie ins Ausland exportieren, wenn die Ausländer bereit sind, die Differenz durch Kredite oder Investitionen in den USA zu finanzieren.

Ein Blick in die Wirtschaftspolitik: Die Haushaltskonsolidierung von 1993

Die Stimme von Vizepräsident Al Gore war ausschlaggebend dafür, daß der sogenannte *Omnibus Budget Reconciliation Act* (OBRA) von 1993 verabschiedet werden konnte, der Steuern und Staatsausgaben für die kommenden Jahre festlegte. Die Demokraten nahmen für sich in Anspruch, daß sie endlich das Problem der explodierenden Haushaltsdefizite, die Hinterlassenschaft der Amtszeit von Reagan und Bush, in den Griff bekommen hätten. Die Republikaner behaupteten, daß OBRA 93 die Vitalität der Wirtschaft gefährdete, weil die Steuern erhöht würden, anstatt die Staatsausgaben zu senken. Manche warnten sogar davor, daß das Haushaltsdefizit sich verschlimmern würde, weil die Steuererhöhungen die wirtschaftliche Aktivität bremsen und damit das Steueraufkommen reduzieren würden.

Letztendlich kam es jedoch zu einer echten Haushaltskonsolidierung. Während ohne OBRA 93 ein Anstieg des Haushaltsdefizits auf bis zu 350 Mrd. $ im Jahre 1996 prognostiziert worden war, betrug das tatsächliche Defizit, nachdem OBRA 93 in Kraft getreten war, ungefähr 140 Mrd. $. Die Wirtschaft erfuhr eine kräftige Erholung, die selbst schon deutlich zur Reduktion des Haushaltsdefizits beitrug. Die Clinton-Regierung sagte natürlich, daß die Haushaltskonsolidierung das Vertrauen in die Wirtschaft wiederhergestellt und zu niedrigeren Zinssätzen geführt und damit den Anstieg der Investitionsnachfrage und die wirtschaftliche Erholung beschleunigt hätte. Kritiker hielten dagegen, daß die Erholung der Stärke der amerikanischen Wirtschaft zuzuschreiben sei und trotz der Steuererhöhungen stattgefunden habe.

Etwa ein Drittel des Defizitabbaus geht auf das Konto der konjunkturellen Entwicklung. Der Rest wurde je zur Hälfte durch erhöhte Steuereinnahmen und durch Ausgabenkürzungen erreicht. Abgesehen von einer relativ bescheidenen Anhebung der Mineralölsteuer trafen die Steuererhöhungen vor allem die obersten zwei Prozent der Bevölkerung, deren Grenzsteuersatz von etwa 30 auf etwa 40 Prozent anstieg. Die Steuerbelastung für 40 Mio. Amerikaner - Haushalte mit Jahreseinkommen unter 28.000 $ - ist dagegen effektiv zurückgegangen. Trotzdem glaubte ein großer Prozentsatz der Amerikaner, von den Steuererhöhungen betroffen zu sein. Diese Vorstellung hat stark dazu beigetragen, daß Forderungen nach einer Steuersenkung für die Mittelschicht laut wurden.

In einer Welt des multilateralen Handels muß die Handelsbilanz der Vereinigten Staaten gegenüber irgendeinem bestimmten Land nicht ausgeglichen sein. Ange-

nommen, Japan hat gegenüber Europa eine ausgeglichene Handelsbilanz und die
USA haben gegenüber Europa eine ausgeglichene Handelsbilanz, aber japanische
Anleger investieren gerne in Europa und Europäer investieren gerne in den Vereinigten Staaten. Europa hat eine ausgeglichene Kapitalbilanz, weil der Kapitalimport aus Japan durch den Kapitalexport in die Vereinigten Staaten ausgeglichen
wird. In dieser Situation steht dem amerikanischen Handelsbilanzdefizit gegenüber
Japan ein Kapitalzufluß aus Europa gegenüber. Für jedes Land muß jedoch gelten,
daß das aggregierte Handelsbilanzdefizit dem aggregierten Kapitalbilanzüberschuß
entsprechen muß.

Die Zahlungsbilanzgleichung gilt bei einem Nettokapitalexport genauso wie bei
einem Nettokapitalimport. In den fünfziger Jahren hatten die Vereinigten Staaten
einen deutlichen Handelsbilanzüberschuß. Europa und Japan konnten durch ihre
Exporte in die Vereinigten Staaten nicht genügend Dollars verdienen, um die gewünschten Importe zu bezahlen, und überbrückten die Differenz durch Kredite aus
den USA. Amerika hatte einen Nettokapitalexport zu verzeichnen, der zu einer
ständig wachsenden Nettogläubigerposition führte. Heute exportiert Japan mehr
als es importiert, und die Differenz entspricht dem japanischen Nettokapitalexport.

Wechselkurse

Wenn ein Land seine Kreditaufnahme im Ausland erhöht (bzw. senkt), stellt der
Wechselkurs sicher, daß sich die Nettoimporte daran anpassen. Der Wechselkurs
gibt an, in welchem Verhältnis zwei Währungen gegeneinander getauscht werden
können. Im Oktober 1995 erhielt man zum Beispiel für einen Dollar ungefähr 100
japanische Yen. Wechselkurse können sich sehr schnell verändern. 1992 war der
Dollar 126 ¥ wert, zu Anfang des Jahres 1995 nur noch 100 ¥. Er fiel dann auf ungefähr 85 ¥ im März desselben Jahres, ein Wertverlust von 15 Prozent in drei Monaten. Wenn der Dollar gegenüber dem Yen an Wert verliert, spricht man von einer **Abwertung**; der Yen hat dabei an Wert gewonnen, er hat also eine
Aufwertung erlebt.

Der Wechselkurs ist also ein Preis, nämlich der relative Preis zweier Währungen.
Wie jeder Preis wird der Wechselkurs durch das Gesetz von Angebot und Nachfrage bestimmt. Der Einfachheit halber bleiben wir bei dem Wechselkurs zwischen
Dollar und Yen und ignorieren die Tatsache, daß am Weltdevisenmarkt alle Währungen miteinander verbunden sind. Abbildung 26.7 zeigt den Dollarmarkt: Der
Wechselkurs des Dollar gegenüber dem Yen ist auf der vertikalen Achse abgetragen, die Menge der US-Dollars auf der horizontalen Achse. Die Angebotskurve
stellt diejenige Dollarmenge dar, die Amerikaner verkaufen wollen, um japanische
Güter zu kaufen und in Japan zu investieren. Bei höheren Wechselkursen - wenn
man also für einen Dollar mehr Yen erhält - bieten die Amerikaner mehr Dollar an.
Die Dollarangebotskurve verläuft also von links unten nach rechts oben. Die Nachfragekurve stellt diejenige Dollarmenge dar, welche die Japaner kaufen wollen, um

amerikanische Güter zu importieren oder in den Vereinigten Staaten zu investieren. Bei höheren Wechselkursen - wenn man also mehr Yen braucht, um einen Dollar zu kaufen - fragen die Japaner weniger Dollar nach; die Nachfragekurve verläuft also von links oben nach rechts unten. Der gleichgewichtige Wechselkurs e_e liegt im Schnittpunkt von Angebots- und Nachfragekurve.

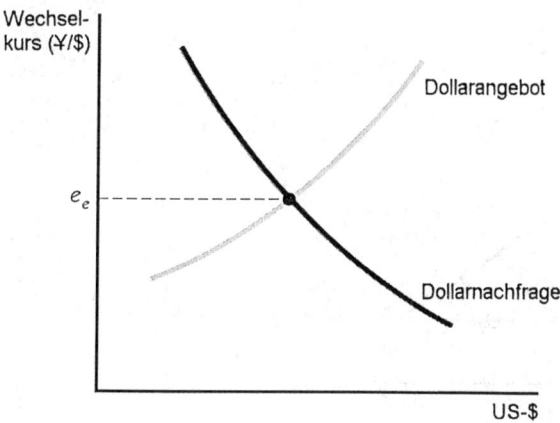

Abbildung 26.7 Gleichgewicht am Dollarmarkt. Der Wechselkurs ist der relative Preis zweier Währungen. Der gleichgewichtige Wechselkurs, e_e, liegt im Schnittpunkt der Angebots- und der Nachfragekurve am Dollarmarkt.

Nun kann man sehen, wie der Wechselkurs die Güter- und Kapitalströme zwischen zwei Ländern miteinander verbindet. Wir bleiben bei unserem Beispiel mit den Vereinigten Staaten und Japan. Angenommen, die USA wollen in Japan mehr Kredit aufnehmen. Angelockt durch höhere Zinssätze fließt mehr Investitionskapital aus Japan in die Vereinigten Staaten. Bei jedem Wechselkurs ist die Dollarnachfrage der Japaner höher als vorher; die Dollarnachfragekurve verschiebt sich also nach rechts wie in Abbildung 26.8. Der gestiegene Zinssatz bewirkt auch, daß Investitionen in Japan für amerikanische Anleger weniger attraktiv sind, so daß auch sie mehr im eigenen Land investieren. Die Amerikaner bieten also bei jedem Wechselkurs weniger Dollars an, und die Dollarangebotskurve verschiebt sich nach links. Diese Verschiebungen von Angebot und Nachfrage am Dollarmarkt führen dazu, daß der Wechselkurs von e_0 auf e_1 steigt - der Dollar wird aufgewertet und der Yen abgewertet.[2] Da die Kaufkraft des Dollar in bezug auf japanische Güter gestiegen ist, nehmen die Importe der USA (die japanischen Exporte) zu. Auf diese Weise sorgen Wechselkursänderungen dafür, daß sich Handelsbilanzdefizit und Auslandsverschuldung im Gleichschritt bewegen.

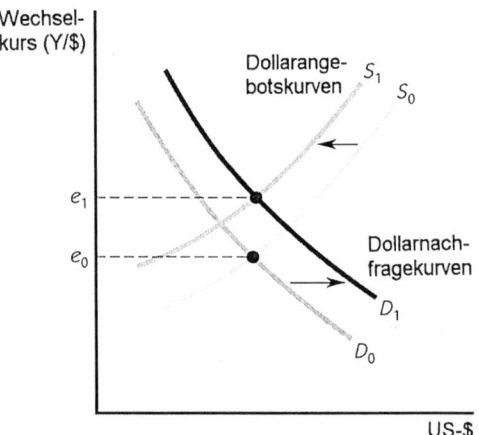

Abbildung 26.8   Die Wirkung einer erhöhten Auslandsverschuldung auf den Wechselkurs. Angenommen, der gleichgewichtige Wechselkurs liegt zunächst bei e_0. Höhere Zinssätze in den Vereinigten Staaten ziehen Investitionen aus Japan an und verschieben die Dollarnachfragekurve nach rechts. Gleichzeitig beschließen mehr Amerikaner, ihr Geld lieber in den USA als im Ausland anzulegen, so daß sich die Dollarangebotskurve nach links verschiebt. Der Wechselkurs steigt von e_0 auf e_1. Bei diesem höheren Wechselkurs erhält man mehr Yen für einen Dollar, so daß die Amerikaner mehr Güter aus Japan importieren. Entsprechend gehen die Exporte aus den USA zurück.

Die Identität von Ersparnis und Investition

Wir wenden uns nun wieder der Frage zu, die wir zu Beginn dieses Abschnitts diskutiert haben. Dort haben wir gesehen, daß in den achtziger Jahren das Haushaltsdefizit und das Außenhandelsdefizit gleichzeitig gewachsen sind. Diese Gleichzeitigkeit war kein Zufall: Da die Vereinigten Staaten mehr Kredit aufnehmen mußten, um das erhöhte Haushaltsdefizit zu finanzieren, stiegen die Zinssätze. Die hö-

---

[2] In Kapitel 33 werden wir sehen, daß die Angelegenheit in Wirklichkeit etwas komplizierter ist. Die Anleger müssen auch erwartete Veränderungen der Wechselkurse berücksichtigen.

heren Zinssätze zogen ausländische Anleger an; die verstärkte Kreditaufnahme im Ausland trug zur Finanzierung des Haushaltsdefizits bei. Gleichzeitig gewann der Dollar an Wert (durch die erhöhte Nachfrage nach Dollars zum Zweck der Investition in den USA), wodurch die Exporte abnahmen und die Importe stiegen, also letztlich das amerikanische Handelsbilanzdefizit zunahm.

Den Zusammenhang zwischen dem Haushaltsdefizit und dem Handelsbilanzdefizit (oder der Auslandsverschuldung) kann man auch mit Hilfe der Spar- und Investitionsgleichung darstellen:

> Private Ersparnis (von Haushalten und Unternehmungen) + Kapitalimporte
> = Investitionen in Produktionskapital + Haushaltsdefizit des Staates

Private Ersparnisse und Kapitalzuflüsse aus dem Ausland sind die „Quellen" der Finanzmittel, die dann für private Investitionen und für das Haushaltsdefizit des Staates verwendet werden. Ein etwas anderer Ansatz besteht darin, daß man das Haushaltsdefizit als Entsparen oder als negative Ersparnis interpretiert. Wie ein privater Haushalt, so spart auch der Staat, wenn er weniger ausgibt als einnimmt, und er entspart, wenn seine Ausgaben das Einkommen übersteigen. Die Identität von Ersparnis und Investition kann also auch folgendermaßen geschrieben werden:

> Private Ersparnis + staatliche Ersparnis + Kapitalzufluß aus dem Ausland
> = Investition.

Diese Gleichung sagt aus, daß bei einem Anstieg des Haushaltsdefizits und bei gleichbleibender privater Ersparnis und Investition die Kapitalzuflüsse aus dem Ausland steigen müssen, so daß am Ende mehr amerikanisches Finanz- oder Sachkapital in der Hand von Ausländern ist. Aus der Gleichung kann man aber nicht schließen, welche Anlagegüter die Ausländer kaufen werden. Sie können einige der neu ausgegebenen Staatsanleihen kaufen oder sie können die Staatsanleihen den Amerikanern überlassen und in amerikanische Firmen investieren.

Das Problem mit den Handelsbilanzdefiziten

Kreditaufnahme im Ausland ist nicht unbedingt abzulehnen, so wie es ja auch generell nicht notwendig falsch ist, sich zu verschulden. Im ersten Jahrhundert ihrer Existenz haben die Vereinigten Staaten hohe Auslandskredite aufgenommen. In diesem Jahrhundert haben die USA dagegen in den meisten Jahren mehr Geld an andere Länder und an ausländische Investoren verliehen, als sie sich im Ausland geborgt haben. Dahinter steht ein typisches Muster. In den frühen Phasen der industriellen Entwicklung verschulden sich viele Länder, um ihre Wirtschaft aufzubauen, und bezahlen die Kredite dann mit einem Teil der Erträge aus ihren Investitionen wieder zurück. Die Rolle der reiferen Volkswirtschaften ist es, Kapital zu verleihen.

Durch die enormen Handelsbilanzdefizite der USA in den achtziger Jahren hat sich dieses Muster umgekehrt. So wie durch die staatliche Kreditaufnahme Jahr für Jahr die Staatsverschuldung immer mehr ansteigt, so wächst auch die Auslandsverschuldung, wenn ein Land Jahr für Jahr im Ausland Kredit aufnimmt, um sein Handelsbilanzdefizit zu finanzieren.

Die Handelsbilanzdefizite der achtziger Jahre haben bewirkt, daß die Vereinigten Staaten sich im Lauf eines Jahrzehnts vom größten Kreditgeber der Welt zum größten Schuldner der Welt entwickelt haben. Die Auslandsverbindlichkeiten der USA sind insgesamt genauso hoch wie die Summe der Auslandsschulden der drei großen lateinamerikanischen Schuldnerländer, Mexiko, Brasilien und Argentinien. Die Zahlen über die Auslandsverbindlichkeiten privater Schuldner sind nicht sehr verläßlich; dennoch ist klar, daß die Auslandsschulden der USA riesige Ausmaße haben und noch immer im Wachsen begriffen sind.

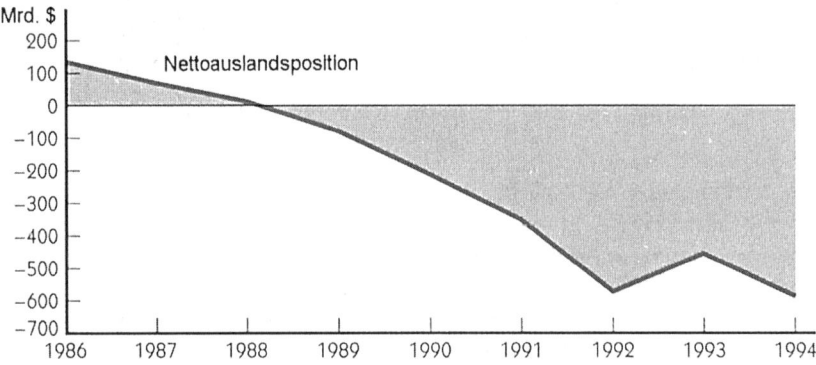

Abbildung 26.9   Die Vereinigten Staaten werden zur Schuldnernation. Zu Anfang der achtziger Jahre waren die Vereinigten Staaten eine große Gläubigernation; das heißt, die Amerikaner besaßen mehr ausländische Vermögensanlagen als umgekehrt Ausländer US-amerikanische Vermögenswerte in Händen hielten. Anfang der neunziger Jahre waren die USA ein Schuldnerland mit hohen Auslandsverbindlichkeiten geworden. *Quelle: ERP* (1996), Tabelle B-103.

Abbildung 26.9 zeigt, daß die USA Mitte der achtziger Jahre ihre Nettogläubigerposition verloren haben. Zu Beginn dieses Jahrzehnts hatten die Vereinigten Staaten eine positive Nettoauslandsposition; das ist die Summe aller amerikanischen Vermögensanlagen im Ausland plus die Forderungen an Ausländer minus die Summe aller ausländischen Vermögensanlagen in den USA minus die Verbindlichkeiten an Ausländer.[3] Die ständigen Handelsbilanzdefizite haben dazu geführt, daß diese Position am Ende des Jahrzehnts negativ war. Zum ersten Mal seit dem Ersten Weltkrieg bezahlen die Amerikaner mehr Zinsen und Dividenden an das Ausland, als sie von dort erhalten.

Die Folgen für das Land sind mit einem privaten Schuldner vergleichbar, der einen hohen Bankkredit aufgenommen hat. Wenn er den Kredit nicht nutzt, um eine Investition zu tätigen, deren Ertrag mindestens seine Zinsverpflichtungen deckt, dann muß er seinen Konsum einschränken, um Zinsen und Tilgung an die Bank zu bezahlen. Angenommen, die Auslandsschulden der USA erreichen im Jahr 2000 den Wert von einer Billion Dollar und der durchschnittliche Zinssatz liegt bei sechs Prozent. Dann beträgt die Zinszahlung allein für jeden Einwohner des Landes einschließlich der Kinder 200 $ pro Jahr.

Die Analyse des Handelsbilanzdefizits mit Hilfe des Vollbeschäftigungsmodells

Das Vollbeschäftigungsmodell kann helfen, den Ursprung des Handelsbilanzdefizits zu verstehen und wirtschaftspolitische Maßnahmen zu seiner Verringerung zu beurteilen. Wie wir gesehen haben, führt eine Zunahme des Haushaltsdefizits (ein Rückgang der gesamtwirtschaftlichen Ersparnis) in einer offenen Volkswirtschaft zu einem Anstieg der Kreditaufnahme im Ausland, und diese wiederum über die Anpassung der Wechselkurse zu einer Erhöhung des Handelsbilanzdefizits.

Um das Handelsbilanzdefizit zu reduzieren, kann man entweder die Investitionsfunktion nach links verschieben wie in Teil A der Abbildung 26.10, oder man kann die gesamtwirtschaftliche Sparkurve nach rechts verschieben wie in Teil B der Abbildung. Eine Reduktion der Investitionen ist offensichtlich nicht besonders wünschenswert, weil dann die Volkswirtschaft in der Zukunft weniger produktiv wäre. Deshalb geht es vor allem darum, die gesamtwirtschaftliche Sparkurve zu verschieben. Dazu muß man entweder die staatliche Ersparnis erhöhen (also das Haushaltsdefizit reduzieren) oder die private.

---

3 Man muß diese Zahlen sehr vorsichtig interpretieren. Kritiker betonen, daß viele amerikanische Vermögensanlagen im Ausland seit dem Zeitpunkt ihres Entstehens stark an Wert zugenommen haben, daß aber die Daten diese Wertsteigerungen nicht adäquat wiedergeben. Dennoch kann über den allgemeinen Trend kaum Zweifel bestehen: Die Nettoauslandsposition der USA hat sich deutlich verschlechtert.

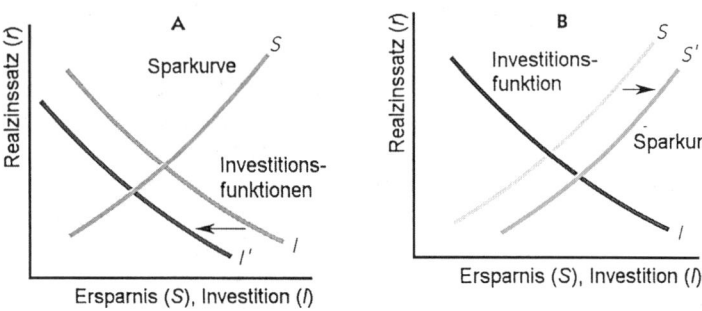

Abbildung 26.10   Wirtschaftspolitische Maßnahmen zur Reduzierung des Handelsbilanzdefizits. Man kann das Handelsbilanzdefizit entweder durch eine Linksverschiebung der Investitionskurve (Teil A) oder durch eine Rechtsverschiebung der Sparkurve (Teil B) reduzieren.

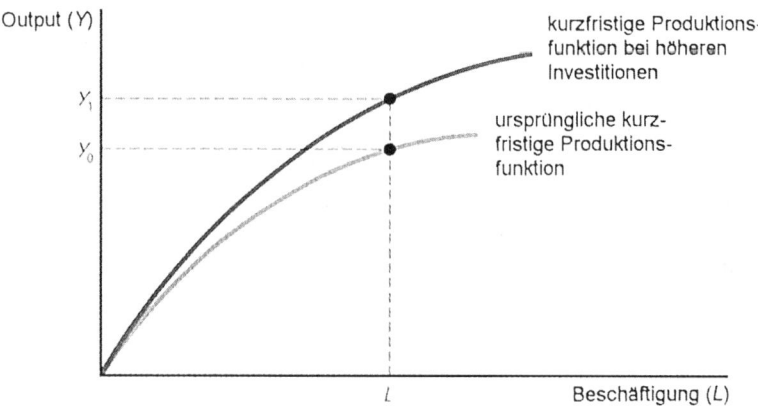

Abbildung 26.11   Die Steigerung des volkswirtschaftlichen Produktionspotentials. Eine höhere Arbeitsproduktivität durch Investitionen in Ausbildung und Training, ein größerer und produktiverer Kapitalstock durch Investitionen in Fabriken und Produktionsanlagen und technischer Fortschritt durch Investitionen in Forschung und Entwicklung verschieben die kurzfristige Produktionsfunktion nach außen, so daß bei jedem Beschäftigungsniveau mehr produziert werden kann als vorher.

26.3 Wachstum

Mit Hilfe des Vollbeschäftigungsmodells kann man auch wirtschaftspolitische Maßnahmen zur Wachstumsförderung analysieren. Es gibt drei Wege, um das Wachstum zu beschleunigen: (1) die Erhöhung der Arbeitsproduktivität durch Verbesserungen bei der Ausbildung, (2) die Erhöhung und Verbesserung des Kapitalstocks durch vermehrte Investitionen in Fabriken und Ausrüstungen, sowie in die **Infrastruktur** (z.B. Straßen und Flughäfen) und (3) die Beschleunigung des technischen Fortschritts durch öffentliche und private Ausgaben für Forschung und Entwicklung. Alle drei Ausgabenkategorien sind **Investitionen**, also Ausgaben in der Gegenwart mit dem Ziel, in der Zukunft Erträge zu erwirtschaften. Wenn in Menschen investiert wird, spricht man oft vom **Humankapital**. Alle drei Arten von Investitionen verschieben die zukünftige kurzfristige Produktionsfunktion nach außen wie in Abbildung 26.11, so daß bei jedem Beschäftigungsniveau ein größerer Output produziert werden kann.

In einer geschlossenen Volkswirtschaft gibt es im Prinzip zwei Möglichkeiten, die Investitionen zu steigern: Man muß entweder die Investitionsfunktion oder die Sparfunktion nach rechts verschieben.

Abbildung 26.12 Auswirkungen einer Steuergutschrift auf Investitionen in einer geschlossenen Volkswirtschaft. Eine Steuergutschrift auf Investitionen verschiebt die Investitionskurve nach rechts und führt im Gleichgewicht zu einem höheren Zinssatz und zu höheren Investitionen. Durch die höhere Investitionsnachfrage steigt mindestens kurzfristig die Wachstumsrate.

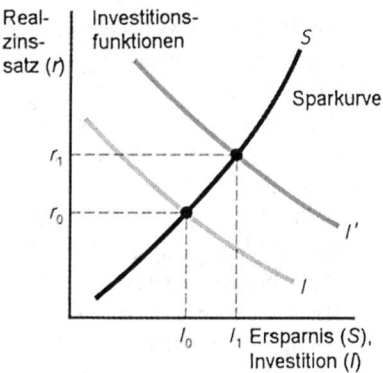

Investitionsförderung

In vielen Ländern hat man versucht, die Investitionskurve mit Hilfe der Steuerpolitik zu verschieben (Abbildung 26.12). Eine **Steuergutschrift auf Investitionen** erlaubt einer Unternehmung, einen Teil der Investitionskosten von ihrer Steuerschuld abzuziehen, so daß letztendlich der Staat die Investition teilweise finanziert. Angenommen, die Steuergutschrift beträgt zehn Prozent der Investitionskosten. Wenn eine Maschine 100 $ kostet und wenn zehn Dollar von der Steuerschuld abgezogen werden können, dann betragen die Nettokosten der Maschine nur 90 $. Natürlich wird die Unternehmung unter diesen Umständen mehr investieren.

Eine andere Möglichkeit der steuerpolitischen Investitionsförderung ist die **beschleunigte Abschreibung**. Wenn zum Beispiel eine Unternehmung eine Maschine kauft, deren Lebensdauer zehn Jahre beträgt, dann kann sie jedes Jahr zehn Prozent des Neuwerts der Maschine von ihrem zu versteuernden Einkommen abziehen, um den Wertverlust der Maschine zu berücksichtigen. Dieser Abzug wird Abschreibung genannt. 1981 hat die Regierung ein Gesetz verabschiedet, das es den Unternehmungen erlaubt, ihre Abschreibungen zu beschleunigen. So können sie zum Beispiel so tun, als ob eine Maschine anstelle von zehn Jahren nur eine Lebensdauer von fünf Jahren hat und in den ersten fünf Jahren jeweils zwanzig Prozent des Neuwerts abziehen. Das bedeutet, daß die Steuerzahlungen in den ersten fünf Jahren niedriger ausfallen. Ein Dollar zum heutigen Zeitpunkt ist aber viel mehr wert als ein Dollar in fünf Jahren. Durch die beschleunigte Abschreibung wird der Gegenwartswert der abschreibungsbedingten Steuerabzüge stark erhöht. Dadurch werden Investitionen attraktiver und die Investitionskurve verschiebt sich nach rechts.

Sparförderung

Auch das Sparen wird meistens durch Steuervorteile gefördert. In den USA gibt es steuerfreie Sparkonten, die *individual retirement accounts* (IRAs), und die sogenannten 401K- und 403B-Pläne. Die IRAs haben möglicherweise die private Ersparnis erhöht, weniger durch die zusätzlichen Sparanreize, die sie bieten, als durch die Werbung der Banken zum Verkauf der Sparanlagen. Kritiker dieses Instruments argumentieren jedoch, daß die IRAs, selbst wenn sie die private Ersparnis erhöht hätten, insgesamt eine negative Wirkung auf die gesamtwirtschaftliche Ersparnis gehabt haben. Jeder Steuervorteil führt zu einer Reduktion der Steuereinnahmen des Staates und damit zu einer Erhöhung des Haushaltsdefizits. Und das Haushaltsdefizit entspricht, wie wir gesehen haben, einer negativen staatlichen Ersparnis. Wenn die verlorenen Steuereinnahmen höher sind als der Anstieg der privaten Ersparnis, geht die gesamtwirtschaftliche Ersparnis tatsächlich zurück. Um wieviel die private Ersparnis durch die Steuerermäßigung steigt, hängt von der Zinselastizität der Ersparnis ab. Den meisten Schätzungen zufolge ist die Ersparnis relativ unelastisch, das heißt, eine Abschaffung der Kapitalertragssteuer würde zwar den Ertrag nach Steuern wesentlich erhöhen, würde aber nicht einmal einen Sparer mit einem Grenzsteuersatz von 40 Prozent zu einer deutlichen Erhöhung seiner Ersparnis bewegen. Der Grund ist einfach: Wenn jemand für das Alter spart, muß er für ein bestimmtes Alterseinkommen um so weniger sparen, je höher der

Zinssatz nach Steuern ist.[4] Wenn die Ersparnis relativ unelastisch ist, reicht der Anstieg der privaten Ersparnis nicht aus, um die Zunahme des Haushaltsdefizits auszugleichen und die gesamtwirtschaftliche Ersparnis geht zurück. Abbildung 26.13 illustriert die beiden möglichen Fälle.

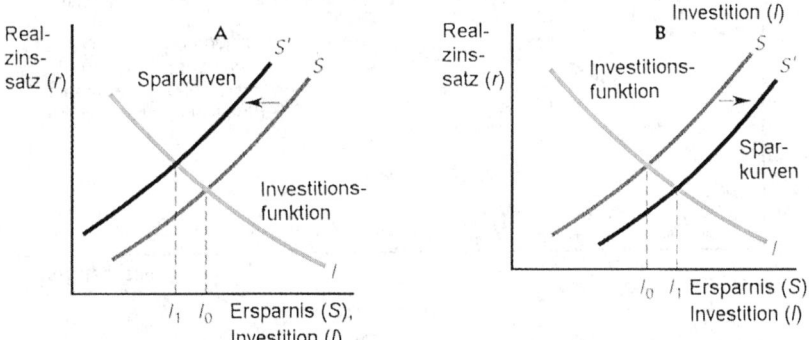

Abbildung 26.13   Sparförderung in einer geschlossenen Volkswirtschaft. Steuerfreie Sparkonten geben den Haushalten einen größeren Anreiz zum Sparen, aber der damit verbundene Steuervorteil bedeutet einen Einnahmeverlust für den Staat und damit eine Erhöhung des Haushaltsdefizits. In Teil A der Abbildung genügt der Anstieg der privaten Ersparnis nicht, um das erhöhte Haushaltsdefizit auszugleichen, so daß sich die gesamtwirtschaftliche Sparkurve nach links verschiebt. Die Investitionen gehen letztendlich zurück. In Teil B steigt die private Ersparnis stärker an als das Haushaltsdefizit; die gesamtwirtschaftliche Sparkurve verschiebt sich nach rechts; dadurch sinken die Zinssätze und steigen die Investitionen und damit auch das Wachstum.

Haushaltskonsolidierung

Wir haben gesehen, daß man eine Verringerung des Haushaltsdefizits als Rechtsverschiebung der gesamtwirtschaftlichen Sparkurve darstellen kann. Der Nettoeffekt auf das Wachstum hängt jedoch davon ab, wie das Haushaltsdefizit zurückgeführt wird. In Abbildung 26.14 zeigen wir einen Fall, in dem die Haushaltskonso

---

[4] Höhere Zinssätze bedeuten, daß die Sparer wohlhabender sind und in der Gegenwart mehr konsumieren können. Das ist der Einkommenseffekt. Gleichzeitig führt ein höherer Zinssatz nach Steuern dazu, daß der Anreiz zum Sparen steigt. Das ist der Substitutionseffekt. Für jeden Dollar Konsumverzicht in der Gegenwart kann der Sparer in der Zukunft mehr konsumieren. Einkommens- und Substitutionseffekt gleichen sich in etwa gegenseitig aus.

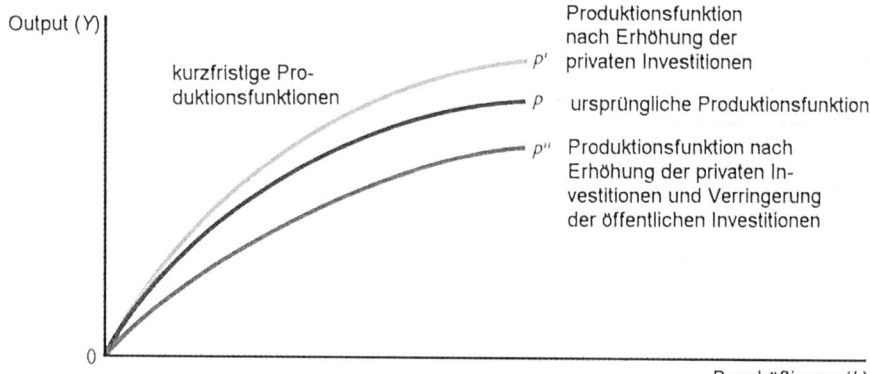

Abbildung 26.14 Haushaltskonsolidierung und Wirtschaftswachstum. Eine Verringerung des Haushaltsdefizits verschiebt die gesamtwirtschaftliche Sparkurve nach rechts und führt damit zu niedrigeren Zinssätzen und höheren Investitionen. Dadurch verschiebt sich die zukünftige kurzfristige Produktionsfunktion nach außen von *0P* auf *0P'*. Wenn jedoch diese Haushaltskonsolidierung durch Einschnitte bei den produktiven öffentlichen Investitionen erreicht wird, verschiebt sich dadurch die kurzfristige Produktionsfunktion nach innen. Es ist durchaus möglich, daß dadurch netto der zukünftige Output gesenkt wird, wie es der Kurve *0P''* entspricht.

lidierung tatsächlich das Wachstum bremst. Wir wissen, daß eine Rechtsverschiebung der gesamtwirtschaftlichen Sparkurve zu niedrigeren Zinsen und höheren privaten Investitionen führt. Dadurch verschiebt sich die zukünftige kurzfristige Produktionsfunktion ·der Volkswirtschaft nach außen (*0P'*). Wenn nun aber der Staat das Haushaltsdefizit dadurch reduziert, daß er bei den produktiven öffentlichen Investitionen (Forschung, Erziehung, Infrastruktur) spart, dann verschiebt sich die zukünftige kurzfristige Produktionsfunktion nach innen und zwar unter das Niveau vor der Haushaltskonsolidierung (*0P''*). Wenn die private Ersparnis, wie in Abbildung 26.13, auf den Zinssatz nach Steuern positiv reagiert, führt eine Rückführung des Haushaltsdefizits um einen Dollar im allgemeinen nicht zu einer Erhöhung der privaten Investitionen um einen Dollar (da die Investitionskurve negativ geneigt ist[5]). Selbst wenn also öffentliche Investitionen *weniger* produktiv sind als private Investitionen, kann eine Haushaltskonsolidierung durch Einschnitte bei

---

[5] Nur wenn die Investitionsfunktion eine horizontale gerade Linie wäre, würde eine Rechtsverschiebung der positiv geneigten Sparkurve um einen Dollar zu einer Erhöhung der Investitionen um einen Dollar führen.

den Investitionen das Wirtschaftswachstum verlangsamen. Und es gibt Anzeichen dafür, daß öffentliche Investitionen in Ausbildung, Forschung und Infrastruktur tatsächlich höhere Grenzerträge haben könnten als private Investitionen.

Die offene Volkswirtschaft

In einer offenen Volkswirtschaft muß die Investition nicht der inländischen Ersparnis entsprechen, denn das Land kann im Ausland Kredit aufnehmen, um seine Investitionen zu finanzieren. Aus dem gleichen Grund führen Veränderungen der inländischen Ersparnis nicht notwendig zu Veränderungen der Investition in gleicher Höhe. In einer kleinen offenen Volkswirtschaft, die zum Weltmarktzins r^* einem vollkommen elastischen Kapitalangebot gegenübersteht, ist das Investitionsniveau durch diesen Zinssatz vorgegeben.

In einer großen offenen Volkswirtschaft wie den Vereinigten Staaten bewegen sich jedoch Ersparnis und Investition tendenziell im Gleichschritt; eine Zunahme der Ersparnis führt zu einer Zunahme der Investition, wenn auch nicht unbedingt in gleicher Höhe. Wie wir gesehen haben, kommen heute die meisten Schätzungen zu dem Ergebnis, daß ein Anstieg der inländischen Ersparnis um einen Dollar die Investitionsausgaben um 35 bis 50 Cents erhöht.

Wenn eine kleine offene Volkswirtschaft ihre Wachstumsrate erhöhen möchte, muß sie versuchen, ihre Investitionsfunktion zu beeinflussen; Verschiebungen der Sparkurve beeinflussen nur die Kreditaufnahme im Ausland (was, wie wir gesehen haben, wichtige Konsequenzen für das zukünftige wirtschaftliche Wohlergehen des Landes hat).

Konsens in der Makroökonomik

In diesem Kapitel steckt der dreizehnte Konsenspunkt in der Makroökonomik:

13 Wachstum

Der Lebensstandard kann nur steigen, wenn die Produktivität zunimmt; eine Zunahme der Produktivität erfordert Ausgaben für Forschung und Entwicklung, Investitionen in neue Technologien, Produktionsanlagen, Ausrüstungen und Infrastruktur, sowie eine Verbesserung der Qualifikation der Arbeitskräfte.

In einer geschlossenen Volkswirtschaft kann man die Investitionen erhöhen, indem man entweder die Investitionskurve nach rechts verschiebt (zum Beispiel durch Steuergutschriften auf Investitionen) oder die Sparkurve (zum Beispiel durch Steuervergünstigungen für Ersparnisse). Sparförderungsprogramme durch Steuervergünstigungen können aber auch zu einem Rückgang der gesamtwirtschaftlichen Ersparnis führen, wenn die dadurch hervorgerufene zusätzliche private Ersparnis niedriger ist als die Zunahme des Haushaltsdefizits. Ähnliches gilt für die Investi-

tionsförderung: In einer geschlossenen Volkswirtschaft führt eine Haushaltskonsolidierung zu einer Zunahme der privaten Investitionen; wenn aber die Verringerung des Defizits durch Einsparungen bei den öffentlichen Investitionen erreicht
wird, können dadurch Output und Lebensstandard in der Zukunft tatsächlich verringert werden.

Zusammenfassung

1. Die frühen achtziger Jahre waren in den Vereinigten Staaten durch einen plötzlichen
   Anstieg des Haushaltsdefizits charakterisiert. Infolge davon wuchs die Staatsverschuldung stark an. Von 1993 an wurde das Budgetdefizit deutlich reduziert.

2. In einer geschlossenen Volkswirtschaft führt ein Anstieg des Budgetdefizits zu einer
   Verringerung der privaten Investitionen und zu höheren Zinssätzen. Der Nettoeffekt einer Verringerung des Haushaltsdefizits hängt davon ab, wie diese Konsolidierung erreicht wird. Wenn sie auf Einsparungen bei den öffentlichen Investitionen beruht, wird
   sich das Wachstum wahrscheinlich verringern, da die erhöhten privaten Investitionen
   vermutlich nicht ausreichen werden, um den Rückgang der öffentlichen Investitionen
   auszugleichen.

3. In einer kleinen offenen Volkswirtschaft hat ein Anstieg des Haushaltsdefizits keine
   Auswirkungen auf die Investitionen, sondern führt zu einer Erhöhung der Kreditaufnahme im Ausland und des Handelsbilanzdefizits. Durch die Erhöhung der Auslandsverschuldung nimmt der zukünftige Wohlstand der Bürger ab, denn sie müssen dafür
   Zinsen bezahlen.

4. Die starke Zunahme des Handelsbilanzdefizits seit den achtziger Jahren kann größtenteils durch die gleichzeitige Zunahme des Haushaltsdefizits erklärt werden. Das Handelsbilanzdefizit muß dem Kapitalimport entsprechen. Auf drei verschiedenen Wegen
   könnten das Handelsbilanzdefizit und das Haushaltsdefizit der USA abgebaut werden:
   durch eine Verringerung der privaten Investitionen (im Hinblick auf das langfristige
   Wachstum keine gute Idee), durch eine Zunahme der Ersparnis von Haushalten und
   Unternehmungen (eine gute Idee, aber der Staat kann das Sparverhalten kaum beeinflussen), oder durch eine Verringerung des Bundeshaushaltsdefizits.

5. Die Spar-Investitions-Gleichung besagt für eine offene Volkswirtschaft, daß die Summe der privaten Ersparnis, der Kapitalzuflüsse aus dem Ausland und der staatlichen Ersparnis gleich den Investitionsausgaben ist. Jede Veränderung irgendeiner Komponente
   dieser Identität muß notwendig Veränderungen bei anderen Komponenten mit sich
   bringen.

6. Eine Zunahme der Investitionen in Humankapital, in Fabriken und Produktionsanlagen,
   in die Infrastruktur oder die Technologie verschiebt die kurzfristige Produktionsfunktion nach außen, so daß der Vollbeschäftigungsoutput und die Wachstumsrate der
   Volkswirtschaft steigen. Investitionen können entweder durch Steuergutschriften angeregt werden oder durch beschleunigte Abschreibungen, oder in einer geschlossenen
   Volkswirtschaft auch durch steuerliche Sparförderung. Wegen der niedrigen Zinselasti-

zität der Ersparnis sind Steuervergünstigungen zum Zweck der Sparförderung möglicherweise nicht sehr wirksam.

Schlüsselbegriffe

Haushaltsdefizit	Steuergutschrift für Investitionen	Wechselkurse
Handelsbilanzdefizit	beschleunigte Abschreibung	Aufwertung
Infrastruktur	Zinselastizität der Ersparnis	Abwertung
Humankapital	Kapitalimport	Kapitalexport

Wiederholungsfragen

1. Wie hat sich der Umfang des US-amerikanischen Haushaltsdefizits in den achtziger Jahren verändert? Welcher Zusammenhang besteht zwischen dem Haushaltsdefizit und der Staatsverschuldung?

2. Welche Folgen hat ein Anstieg des Haushaltsdefizits für die privaten Investitionen in einer offenen Volkswirtschaft bzw. in einer geschlossenen Volkswirtschaft?

3. Warum hängen die Auswirkungen einer Haushaltskonsolidierung auf das Wachstum davon ab, ob die Konsolidierung durch Einsparungen bei den öffentlichen Investitionen, durch Einsparungen beim öffentlichen Konsum oder durch Steuererhöhungen zustande gekommen ist?

4. Wie hat sich das Handelsbilanzdefizit während der achtziger Jahre entwickelt? Wie hat sich die Auslandsverschuldung der USA während der achtziger Jahre verändert? Welcher Zusammenhang besteht zwischen diesen beiden Veränderungen?

5. Welcher Zusammenhang besteht zwischen dem Handelsbilanzdefizit und dem Zufluß von Auslandskapital?

6. Welcher Zusammenhang besteht zwischen dem Handelsbilanzdefizit und dem Haushaltsdefizit?

7. Was versteht man unter dem Wechselkurs? Wie wird er bestimmt? Inwiefern sorgen Wechselkursanpassungen dafür, daß der Kapitalimport dem Handelsbilanzdefizit entspricht?

8. Welche Folgen haben ständige Handelsbilanzdefizite?

9. Wie lautet die Identität von Ersparnis und Investition für eine offene Volkswirtschaft?

10. Wie kann der Staat die Investition und die Ersparnis anregen?

11. Wie unterscheidet sich die Wachstumspolitik einer kleinen offenen Volkswirtschaft von der Wachstumspolitik einer großen offenen Volkswirtschaft?

Aufgaben

1. Angenommen, in einem bestimmten Land beträgt die private Ersparnis sechs Prozent des BIP und die Kreditaufnahme im Ausland ein Prozent des BIP; der Staatshaushalt

sei ausgeglichen. Wie hoch sind die Investitionen? Wie verändert sich Ihre Antwort, wenn ein Haushaltsdefizit in Höhe von 1,5 Prozent des BIP vorliegt?

2. Warum spielt es eine Rolle, ob sich ein Land im Ausland verschuldet, um den Ausbau seines Eisenbahnnetzes zu finanzieren oder um eine Erhöhung der Sozialrenten zu finanzieren?

3. Angenommen, Investitionen in Humankapital hätten einen Ertrag von 15 Prozent, private Investitionen einen Ertrag von zehn Prozent und staatliche Investitionen in die Forschung einen Ertrag von 25 Prozent. Nehmen wir weiter an, das Haushaltsdefizit betrage 100 Mrd. $ pro Jahr. Die Regierung will bei den Gesundheitsausgaben 50 Mrd. $ einsparen, bei den Bildungsausgaben 40 Mrd. $ und im Forschungsetat zehn Milliarden Dollar. Wie wirkt sich diese Haushaltskonsolidierung auf das Wachstum aus?

4. Das Primärdefizit ist definiert als Differenz zwischen den Staatsausgaben ohne Zinszahlungen und den Steuereinnahmen; es gibt an, wie hoch das Defizit gewesen wäre, wenn der Staat aus vergangenen Jahren keine Schulden geerbt hätte. Die folgende Tabelle zeigt das Primärdefizit für verschiedene Jahre. (Ein negatives Vorzeichen bedeutet, daß der Staat einen Haushaltsüberschuß hat.) Warum könnte das Konzept des Primärdefizits nützlich oder relevant sein?

Jahr	Primärdefizit	tatsächliches Haushaltsdefizit
1980	21,3	73,8
1985	82,8	212,3
1990	37,2	221,4
1995	-68,4	163,8

5. Angenommen, die Volkswirtschaft wächst um fünf Prozent pro Jahr und die Schuldenquote (Staatsverschuldung/BIP) beträgt 50 Prozent. Es existiert ein kritischer Wert der Defizitquote (Haushaltsdefizit/BIP), so daß die Schuldenquote steigt, wenn die Defizitquote diesen Wert übersteigt, und fällt, wenn die Defizitquote unter diesem Wert liegt. Wie hoch ist dieser kritische Wert?

6. Die Auslandsverschuldung der USA ist höher als die von Mexiko, Brasilien und Argentinien zusammen. Bedeutet das notwendigerweise, daß die Vereinigten Staaten ein größeres Schuldenproblem haben als diese Länder? Begründen Sie Ihre Antwort. Können Sie sich eine Situation vorstellen, in der ein Privathaushalt höher verschuldet ist als ein anderer, aber ein geringeres Schuldenproblem hat?

7. Wenn der Kongreß ein Gesetz verabschieden würde, das es Ausländern verbietet, Schatzwechsel der USA zu kaufen, würde dann die Staatsverschuldung nicht zu einem Kapitalimport führen?

8. Japan hatte während der achtziger Jahre einen hohen Handelsbilanzüberschuß. Müßte Japan deshalb an den internationalen Kapitalmärkten ein Kreditgeber oder ein Kreditnehmer sein?

9. Wenn ein Land in einem Jahr im Ausland Kredite im Höhe von 50 Mrd. $ aufnimmt, und wenn es Güter im Wert von 800 Mrd. $ importiert, welchen Wert haben dann seine Exporte? Wie lautet die Antwort, wenn dieses Land keine Kredite aufnimmt, sondern in Höhe von 100 Mrd. $ Kredite an das Ausland vergibt?

10. Wenn andere Länder einen Nutzen davon haben, daß sie ihre Produkte in die Vereinigten Staaten exportieren, warum sollte sie dann die Regierung der USA nicht besteuern für das Privileg, in den USA verkaufen zu dürfen?

Teil VI: Theorie der Unterbeschäftigung

In Teil V haben wir die Theorie der Vollbeschäftigung vorgestellt. Dabei sind wir davon ausgegangen, daß die Volkswirtschaft so funktioniert wie im Modell der vollkommenen Konkurrenz: Preise, Löhne und Zinssätze passen sich so schnell und vollständig an, daß alle Märkte immer geräumt sind. Diese Annahme mag unrealistisch sein, aber das Modell ist dennoch lehrreich. Wir haben gesehen, wie die Haushaltsdefizite des Staates private Investitionen verdrängen und die Auslandsverschuldung erhöhen, und wir haben einen genaueren Blick auf das wirtschaftliche Wachstum geworfen.

Um die zwei wichtigsten makroökonomischen Fragen, die Entstehung von Arbeitslosigkeit und Inflation, zu analysieren, muß das Vollbeschäftigungsmodell modifiziert werden. In diesem Teil beschäftigen wir uns mit der Arbeitslosigkeit, in Teil VII mit der Inflation. Wie wir gesehen haben, hat die amerikanische Volkswirtschaft langfristig immer wieder genügend Arbeitsplätze geschaffen, um mit der wachsenden Erwerbsbevölkerung Schritt zu halten. Aber kurzfristig verursacht das Mißverhältnis zwischen Nachfrage und Angebot am Arbeitsmarkt immer wieder öffentliche Empörung und Wahlniederlagen für die amtierenden Politiker. Man geht heute davon aus, daß der Staat dafür verantwortlich ist, die Volkswirtschaft in gleichmäßiger Fahrt zu halten und übermäßige Arbeitslosigkeit zu vermeiden.

Hier in Teil VI untersuchen wir die Frage, wie man die Vollbeschäftigung aufrechterhalten kann. Der wichtigste Unterschied zu Teil V besteht darin, daß wir nicht länger davon ausgehen, daß schnelle Lohn- und Preisanpassungen für Markträumung sorgen. Der Einfachheit halber nehmen wir hier an, daß Löhne und Preise gegeben sind und sich überhaupt nicht anpassen. In Teil VII geht es dann um die Mitte zwischen den Extremen: Wir werden untersuchen, wie die Anpassungsprozesse von Löhnen und Preisen aussehen, und warum sie oft so langsam ablaufen.

Kapitel 27 gibt einen Überblick über die Theorie der Unterbeschäftigung und führt einige Grundbegriffe ein. In den nächsten beiden Kapiteln geht es um den Gütermarkt. Kapitel 28 analysiert die gesamtwirtschaftliche Nachfrage, die in Unterbeschäftigungssituationen das Niveau des gesamtwirtschaftlichen Outputs bestimmt. In Kapitel 29 werfen wir einen genaueren Blick auf die beiden wichtigsten Elemente der gesamtwirtschaftlichen Nachfrage, den Konsum und die Investitionen.

In den Kapiteln 30 bis 32 konzentrieren wir uns dann auf den Kapitalmarkt und auf die Zusammenhänge zwischen Kapitalmarkt und Gütermarkt. Wir beginnen in Kapitel 30 mit einer Abhandlung über das Geld. In Kapitel 31 geht es dann um die Geldtheorie, also darum, wie sich Veränderungen der Geldmenge und der Verfügbarkeit von Krediten auf das Niveau der wirtschaftlichen Aktivität auswirken, und wie der Staat Geldmenge und Kreditvergabe beeinflussen kann. Kapitel 32 fügt das gesamte Modell der Unterbeschäftigung bei fixen Löhnen und Preisen zusammen und beantwortet die Frage, wie man mit Hilfe von Fiskalpolitik und Geldpolitik die Vollbeschäftigung wiederherstellen kann. Um die Rolle dieser beiden alternativen Politikinstrumente besser zu verstehen, werden die damit verbundenen Probleme und Konsequenzen miteinander verglichen.

Kapitel 27

Eine allgemeine Theorie der Unterbeschäftigung

In allen Marktwirtschaften herrscht eine gewisse Arbeitslosigkeit. In einer dynamischen Wirtschaft gibt es immer einige schrumpfende Unternehmungen und Branchen, in denen Arbeitsplätze verlorengehen, während gleichzeitig anderswo neue Arbeitsplätze entstehen. Die Arbeitsanbieter brauchen Zeit, um von einem Arbeitsplatz zu einem anderen zu wechseln. Manchmal ist die Arbeitslosenquote jedoch sehr hoch, wie wir in Kapitel 24 gesehen haben. In solchen Situationen übernimmt der Staat die Verantwortung für den Abbau der Arbeitslosigkeit - nicht notwendigerweise auf null, aber auf ein niedrigeres Niveau.

Wir haben gesehen, wie alle Märkte der Volkswirtschaft miteinander verbunden sind. Der Arbeitsmarkt ist mit dem Gütermarkt verbunden, und der Gütermarkt mit dem Kapitalmarkt. Der Arbeitsmarkt reagiert besonders sensibel auf Veränderungen am Gütermarkt: Wenn die Produktion zurückgeht, sinkt auch die Nachfrage nach Arbeit. Passen sich die Reallöhne zu langsam an, so entsteht Arbeitslosigkeit. Mit der Frage, warum die Reallöhne sich nur langsam anpassen, werden wir uns in Teil VII befassen. In diesem Kapitel geht es um die Folgen der Lohnträgheit. Nach einer kurzen Bemerkung über die Natur makroökonomischer Modelle wird der Arbeitsmarkt diskutiert, dann der Gütermarkt und schließlich der Kapitalmarkt. Am Ende des Kapitels wird der neue Analyserahmen auf einige makroökonomische Episoden der Nachkriegszeit angewandt.

27.1 Mehr über makroökonomische Modelle

In Teil V wurde das makroökonomische Vollbeschäftigungsmodell entwickelt. Die kritische Annahme war, daß Löhne und Preise sich so schnell anpassen, daß immer alle Märkte geräumt sind, auch der Arbeitsmarkt. Es gibt also in diesem Modell keine Arbeitslosigkeit. In diesem Kapitel beschäftigen wir uns dagegen explizit mit dem Problem der Arbeitslosigkeit. Der Hauptgrund für Arbeitslosigkeit liegt darin, daß Löhne sich an Verschiebungen der Arbeitsnachfrage oder des Arbeitsangebots nicht schnell genug anpassen, so daß *mindestens für einige Zeit und manchmal für recht lange Zeit* die Arbeitsnachfrage bei den gegebenen Marktlöhnen und -preisen unter dem Angebot liegen kann. In diesem Teil des Buches nehmen wir der Einfachheit halber an, daß Löhne und Preise sich überhaupt nicht anpassen; man spricht von **Lohn- und Preisstarrheit**. Die Folgen sind in etwa die gleichen wie bei einer langsamen Anpassung, die zwar in Richtung Markträumung geht, aber nicht schnell genug, um Übereinstimmung von Angebot und Nachfrage herzustellen. Während einige Preise, wie zum Beispiel diejenigen an der Börse, sich sehr schnell anpassen, verändern sich andere - und insbesondere die Löhne - nur langsam. In den USA schließen Gewerkschaften zum Beispiel oft Dreijahresverträge ab, und selbst Unternehmungen, deren Belegschaften nicht gewerkschaftlich organisiert sind, geben den Arbeitskräften ihre Löhne zu Beginn des Jahres bekannt und zögern lange, ehe sie die Löhne senken, nur weil anderswo billigere Arbeitskräfte zur Verfügung stehen, oder weil die Nachfrage nach ihren Produkten abgenommen hat. Am unteren Ende der Lohnskala verhindern Mindestlohngesetze, daß die Löhne gesenkt werden, selbst wenn die Arbeitgeber das gerne hätten. Im Lauf der vergangenen fünfzehn Jahre war die Arbeitslosenquote in den meisten Ländern Europas viel höher als in den USA, ein Phänomen, das zumindest teilweise der größeren Lohnstarrheit in Europa zugeschrieben wird.

Die Tatsache, daß langsame Lohn- und Preisanpassungen zu dauerhafter Arbeitslosigkeit führen können, ist einer der Gründe warum man sich in der Makroökonomik so sehr mit der Dynamik der Märkte beschäftigt, also damit, wie und vor allem wie schnell Märkte sich verändern. In Teil Sieben werden wir die Dynamik der Volkswirtschaft beschreiben und uns dabei vor allem auf die Preis- und Lohnanpassungen konzentrieren.

In diesem Teil des Buches beschäftigen wir uns mit der kurzen Frist, einer Zeitspanne, die von einer Woche oder einem Monat bis zu einigen Jahren dauern kann. Wir gehen davon aus, daß in diesem Zeitraum zwar in der Volkswirtschaft Investitionen getätigt werden, daß aber die Nettoveränderung des Kapitalstocks so gering ist, daß sie vernachlässigt werden kann. Außer wenn wir uns explizit auf Veränderungen der staatlichen Aktivitäten beziehen, nehmen wir an, daß die Steuersätze, das Ausgabenniveau und die Geldmenge gegeben sind.

27.2 Der Arbeitsmarkt

Da es in diesem Teil des Buches vor allem um die Arbeitslosigkeit geht, ist es ganz natürlich, die Diskussion mit dem Arbeitsmarkt zu beginnen. In Kapitel 25 haben wir das Gleichgewicht am Arbeitsmarkt als Schnittpunkt der aggregierten Arbeitsangebots- und Nachfragekurve beschrieben. Beide hängen vom Reallohn ab. Hier gehen wir davon aus, daß die Preise fest sind, so daß wir nicht zwischen Nominallöhnen und Reallöhnen zu unterscheiden brauchen.

Unsere Darstellung des Arbeitsmarktes beruhte auf zwei Vereinfachungen. Wir sind davon ausgegangen, daß jeder Arbeitsplatz mit einer Vierzigstundenwoche verbunden ist, und daß die Reallöhne keinen Einfluß auf das aggregierte Arbeitsangebot haben.[1] Deshalb war die aggregierte Arbeitsangebotskurve vertikal. Die

---

[1] Wenn jeder Arbeitsanbieter genau vierzig Stunden in der Woche arbeitet, kann man auf die horizontale Achse entweder die Anzahl der Arbeitskräfte oder die Anzahl der Arbeitsstunden schreiben.

Löhne waren flexibel, paßten sich also an, um Angebot und Nachfrage zur Übereinstimmung zu bringen (w_1/P in Abbildung 27.1).

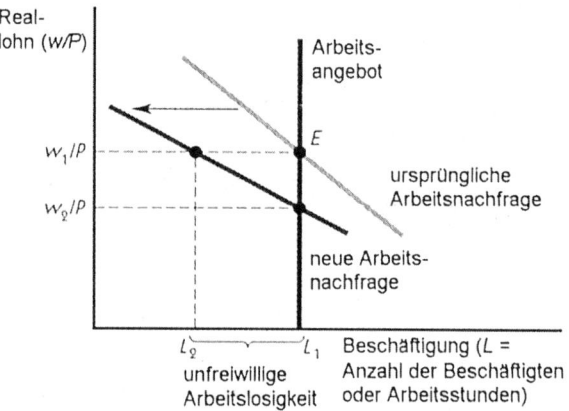

Abbildung 27.1   Auswirkungen einer Verschiebung der Arbeitsnachfrage bei fixen Löhnen. Das Gleichgewicht am Arbeitsmarkt entspricht dem Schnittpunkt der aggregierten Arbeitsangebots- und Arbeitsnachfragekurve. Wenn die Arbeitsnachfrage zurückgeht und der Lohn gegeben ist, sinkt die Beschäftigung von L_1 auf L_2.

Die Frage ist nun, was geschieht, wenn sich die Löhne nicht schnell genug anpassen. Angenommen, die Arbeitsnachfragekurve verschiebt sich aus irgendeinem Grund nach links, so daß bei jedem Lohn weniger Arbeitskräfte nachgefragt werden. Beim alten Gleichgewichtslohn w_1/P ist das Arbeitsangebot größer als die Nachfrage. Wenn jedoch der Lohn beim ursprünglichen Niveau w_1/P verharrt oberhalb des Lohns, bei dem die Arbeitsnachfrage dem Angebot entsprechen würde - wird die Arbeitsnachfrage der Unternehmungen nicht steigen. Bei diesem Lohn können nicht alle Arbeitsanbieter eine Beschäftigung finden. Wer keine Beschäftigung hat, ist unfreiwillig arbeitslos. In Abbildung 27.1 beträgt die Arbeitsnachfrage L_2, das Angebot jedoch L_1. Der Abstand zwischen diesen beiden Punkten mißt die unfreiwillige Arbeitslosigkeit. Bei diesem hohen Lohn übersteigt das Arbeitsangebot die Nachfrage.

Die unfreiwillige Arbeitslosigkeit, die bei Lohnstarrheit durch Verschiebungen der Arbeitsnachfrage entsteht, würde viel weniger soziale Probleme verursachen, wenn die Auswirkungen auf die ganze Bevölkerung verteilt werden könnten. Selbst wenn die Arbeitsnachfrage um zehn Prozent zurückgehen würde und die Löhne nicht sinken würden, würden sich die Folgen in Grenzen halten, wenn jeder seine

Arbeitszeit um zehn Prozent reduzieren würde. In diesem Fall käme es zu *Unter-beschäftigung*. Jeder arbeitet vielleicht nur 36 Stunden pro Woche, obwohl er lieber 40 Stunden arbeiten würde.

In einer modernen Industriegesellschaft stellt sich das Problem anders. Wenn der Arbeitsmarkt aus dem Gleichgewicht kommt, reduziert sich für die meisten Arbeitskräfte die Arbeitszeit nicht oder nur wenig; nur einige wenige haben das Pech, daß sie zum gängigen Lohn überhaupt keinen Vollzeitarbeitsplatz finden. Das ist das Problem der Arbeitslosigkeit. Wenn das Arbeitsangebot zum herrschenden Marktlohn die Nachfrage übersteigt, kommt es immer zu „Rationierung" - einige Arbeitsanbieter werden nicht so viel Arbeitszeit verkaufen können, wie sie gerne möchten. Aber die Auswirkungen dieser Rationierung sind nicht gleichmäßig über die ganze Volkswirtschaft verteilt; während es einigen Arbeitskräfte überhaupt nicht gelingt, ihre Dienste zu verkaufen, bleiben andere bei voller Arbeitszeit beschäftigt. Viele gesellschaftliche Probleme, die mit einer Reduktion der Arbeitsnachfrage verbunden sind, haben damit zu tun, daß die wirtschaftliche Last sich auf einige wenige konzentriert.

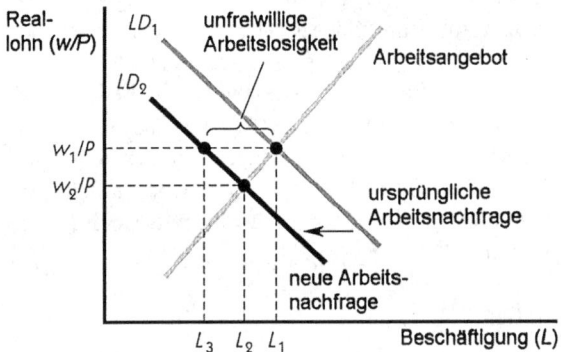

Abbildung 27.2 Auswirkungen einer Verschiebung der Arbeitsnachfragekurve bei fixen Löhnen und elastischem Arbeitsangebot. Wenn die Löhne nicht fallen können, führt eine Linksverschiebung der Arbeitsnachfragekurve zu unfreiwilliger Arbeitslosigkeit. Passen sich die Löhne an, so geht die Beschäftigung ebenfalls zurück, aber dieser Beschäftigungsrückgang ist freiwillig.

Die Analyse bleibt weitgehend gleich, wenn man anstelle einer vertikalen eine von links nach rechts ansteigende Arbeitsangebotskurve voraussetzt. Das würde bedeuten, daß die Arbeitskräfte den Umfang ihres Arbeitsangebots von der Lohnhöhe abhängig machen; bei niedrigeren Löhnen bieten sie weniger Arbeit an, bei höheren Löhnen mehr. Bei sehr niedrigen Löhnen beschließen vielleicht sogar einige Menschen, überhaupt keine Arbeit anzubieten. Abbildung 27.2 zeigt eine steigende Arbeitsangebotskurve. Ursprünglich soll die Arbeitsnachfragekurve LD_1 gelten; im Gleichgewicht beträgt der Lohn w_1/P und die Beschäftigung L_1. Nehmen wir nun an, daß bei jedem Lohn die Arbeitsnachfrage zurückgeht, daß sich also die Arbeitsnachfragekurve von LD_1 nach LD_2 verschiebt. Wenn sich die Löhne schnell anpassen würden, gäbe es ein neues Gleichgewicht mit dem Lohn w_2/P und dem niedrigeren Beschäftigungsniveau L_2. In diesem Fall wird der Rückgang der Beschäftigung als **freiwillige Arbeitslosigkeit** bezeichnet. Beim niedrigeren Lohn w_2/P wollen weniger Menschen arbeiten; wer arbeiten will, hat einen Arbeitsplatz, und wer arbeitslos ist, hat seine Beschäftigung freiwillig aufgegeben.

Wenn dagegen nach der Verschiebung der Arbeitsnachfragekurve der Lohn bei w_1/P verharrt, geht die Beschäftigung auf L_3 zurück. Bei diesem Lohn ist die Zahl der Arbeitswilligen viel höher, nämlich weiterhin L_1. Die Arbeitskräfte, die zum marktüblichen Lohn w_1/P arbeitsfähig und arbeitswillig sind, aber keinen Arbeitsplatz finden können, sind von **unfreiwilliger Arbeitslosigkeit** betroffen.

Viele Wirtschaftswissenschaftler glauben, daß die Arbeitsangebotskurven der einzelnen Arbeitskräfte zwar nicht vollkommen unelastisch (oder vertikal) aber doch relativ unelastisch sind, und daß der größte Teil der Reaktionen des aggregierten Arbeitsangebots auf Lohnänderungen mit Ein- und Austritten aus dem Erwerbsleben zu tun haben und nicht mit einer Variation der gewünschten Wochenarbeitszeit. Auch ein Rückgang der Arbeitsnachfrage führt, wie wir bereits bemerkt haben, meistens zu einer Verringerung der Anzahl der Beschäftigten und weniger zu einer Verringerung der Wochenarbeitszeit der Beschäftigten. In der folgenden Analyse nehmen wir deshalb der Einfachheit halber an, daß die wöchentliche Arbeitszeit fest vorgegeben ist, und daß sich ein Rückgang der Arbeitsnachfrage direkt auf die Beschäftigtenzahl auswirkt.

Arbeitslosigkeit und Lohnstarrheit

Wenn wir Daten zum Reallohn betrachten - also dem um Veränderungen des Preisniveaus korrigierten Lohnniveau - dann stellen wir fest, daß sich der Lohn nur sehr wenig an die gesamtwirtschaftliche Situation anpaßt. Abbildung 27.3 vergleicht die Entwicklung von Reallohn und Arbeitslosenquote von 1982 bis 1994. In diesem Zeitraum schwankte die Arbeitslosenquote zwischen 5,3 und 9,7 Prozent, während der Reallohn fast unverändert blieb. Selbst während der Weltwirtschaftskrise, einer Zeit mit massenhafter Arbeitslosigkeit, gingen die Reallöhne nicht oder nur sehr wenig zurück.

Bedenkt man die relativ geringfügigen Veränderungen der Reallöhne, dann kann man die Größenordnung der Beschäftigungsveränderungen nicht durch Bewegungen entlang einer gegebenen, steilen Arbeitsangebotskurve erklären. Zwei andere Erklärungsmöglichkeiten bieten sich an. Entweder bleibt der Arbeitsmarkt immer im Gleichgewicht. Dann ist die Arbeitsangebotskurve nicht nur nicht unverändert, sondern sie verschiebt sich dramatisch, und zwar so, daß die Verschiebungen der Arbeitsnachfragekurve genau kompensiert werden; in diesem Fall bleiben trotz großer Schwankungen in der Beschäftigtenzahl die Reallöhne unverändert. Nur wenige Wirtschaftswissenschaftler würden diese Interpretation akzeptieren. Selbst wenn es zu plötzlichen dramatischen Verschiebungen der Arbeitsangebotskurve käme, ist es doch sehr unwahrscheinlich, daß sie gerade das richtige Ausmaß hätten, um die Verschiebungen der Arbeitsnachfragekurve zu kompensieren.

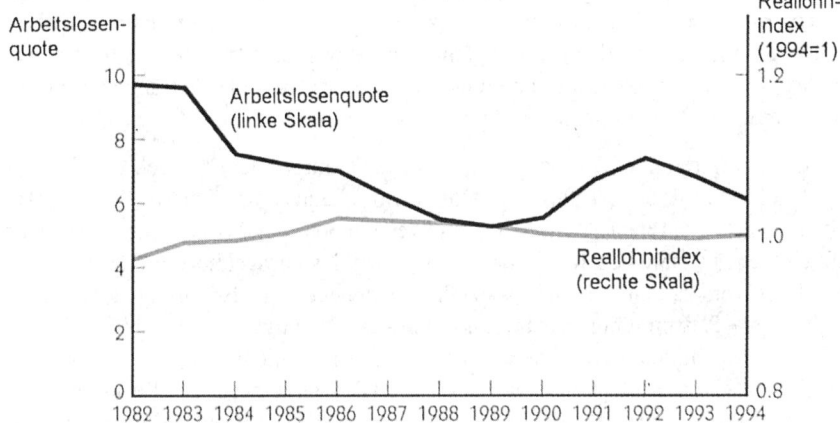

Abbildung 27.3   Reallöhne und Arbeitslosigkeit. Zwischen 1982 und 1995 schwankte die Arbeitslosenquote zwischen 5,3 und 9,7 Prozent. Der Reallohn blieb beinahe konstant.

Es bleibt also nur die zweite mögliche Erklärung: Zumindest zeitweise ist die Arbeitsnachfrage geringer als das Angebot, und damit der Arbeitsmarkt im Ungleichgewicht. Diese Situation wird durch eine Verschiebung der Arbeitsnachfragekurve wie in den Abbildungen 27.1 und 27.2 ausgelöst. Solche Verschiebungen können sich recht häufig ereignen, hauptsächlich wegen Veränderungen des Produktionsniveaus. Die Löhne sinken nicht genug, um das Gleichgewicht wiederherzustellen, so daß unfreiwillige Arbeitslosigkeit entsteht. Da man sich über diese Interpretation weitgehend einig ist, können wir sie als vierzehnten Konsenspunkt vorstellen:

14 Arbeitslosigkeit

Arbeitslosigkeit wird typischerweise durch Verschiebungen der Arbeitsnachfragekurve bei nicht hinreichend flexiblen Löhnen ausgelöst. Diese Verschiebungen der Arbeitsnachfragekurve sind normalerweise durch Veränderungen des aggregierten Outputs bedingt.

Unter die Lupe genommen: Die G-7 und das weltweite Arbeitsplatzproblem

Im März 1994 trafen sich die Regierungschefs der sieben wichtigsten Industrieländer (genannt die G-7) in Detroit. Das war das erste Gipfeltreffen zum Thema Arbeit, auf dem das weltweite Problem der Arbeitslosigkeit und die möglichen Gegenmaßnahmen diskutiert werden sollten. Seit mehr als einem Jahrzehnt hatte Europa unter hoher Arbeitslosigkeit gelitten. In Irland und Spanien war beinahe ein Fünftel der Erwerbsbevölkerung arbeitslos. In den Niederlanden war zwar die offizielle Arbeitslosenstatistik besser, aber in Wahrheit war hier die Arbeitslosigkeit oft als Erwerbsunfähigkeit getarnt, von der ebenfalls jeder fünfte Arbeitnehmer betroffen war. Großzügigere Erwerbsunfähigkeitsrenten und eher nachlässige Kontrollen brachten viele Arbeitslose dazu, sich nicht arbeitslos sondern erwerbsunfähig zu melden. In den Vereinigten Staaten war man gerade dabei, die Arbeitslosigkeit in den Griff zu bekommen, aber in vielen anderen Ländern war sie noch immer ein Problem, wie das Balkendiagramm zeigt.

Alle Länder waren sich darüber einig, daß das Hauptproblem bei den angelernten und ungelernten Arbeitskräften lag. Die Nachfragekurve nach dieser Art von Arbeit hatte sich nicht genügend nach rechts verschoben, um das gestiegene Angebot aufzufangen; in manchen Ländern hatte sich die Nachfragekurve vielleicht sogar nach links verschoben. Aus der Vielzahl der angebotenen Erklärungen fand eine die breiteste Zustimmung: Technologische Veränderungen haben die Nachfrage nach gut ausgebildeten Arbeitskräften (zum Beispiel solchen, die mit Computern umgehen können) relativ zu ungelernten Arbeitskräften erhöht. Die Reaktionen auf diese Verschiebungen von Angebots- und Nachfragekurven am Arbeitsmarkt waren von Land zu Land unterschiedlich. In den USA gingen die Reallöhne für ungelernte Arbeitskräfte zurück. In Europa verhinderten höhere Mindestlöhne einen Lohnrückgang am unteren Ende der Qualifikationsskala. Die Reallöhne der Beschäftigten in Europa waren seit den siebziger Jahren um etwa zwei Prozent pro Jahr gestiegen, während sie in den Vereinigten Staaten praktisch stagnierten.

Wenn man auch das Hauptaugenmerk auf die ungelernten Arbeitskräfte gelegt hatte, so schien doch in Europa das Problem tiefere Ursachen zu haben. In der ersten Hälfte der neunziger Jahre wurden im privaten Sektor netto praktisch keine zusätzlichen Arbeitsplätze geschaffen im Gegensatz zu den USA, wo im privaten Sektor in den Jahren von 1993 bis 1995 mehr als sieben Millionen neue Arbeitsplätze entstanden. Es gibt zwar keine allgemein akzeptierte Erklärung für die schlechte Arbeitsmarktbilanz der Europäer, aber ein häufig angeführter Gesichtspunkt ist die geringere Flexibilität der Arbeitsmärkte, die es für die Unternehmungen schwieriger macht, Arbeitskräfte zu entlassen. Die Kehrseite der größeren Arbeitsplatzsicherheit ist eine größere Zurückhaltung der Firmen bei Neueinstellungen.

In Europa hatten also weniger Menschen einen Arbeitsplatz, aber den Beschäftigten ging es wirtschaftlich besser. Die europäische Lösung brachte eine größere Ungleichheit zwischen den Arbeitskräften mit sich (höhere Löhne versus überhaupt kein Lohn) und eine geringere wirtschaftliche Effizienz, da die Ressource Mensch stark unterbeschäftigt war.

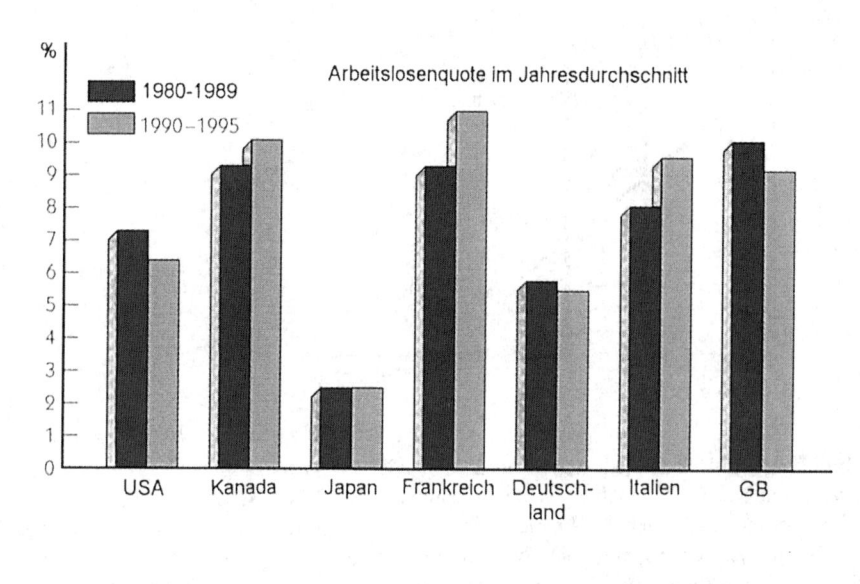

Arbeitslosigkeit und aggregiertes Arbeitsangebot

Arbeitslosigkeit entsteht zwar meistens durch plötzliche Linksverschiebungen der Arbeitsnachfragekurve; gelegentlich kann jedoch auch, wie in Abbildung 27.4 dargestellt, eine starke Rechtsverschiebung der Arbeitsangebotskurve Arbeitslosigkeit auslösen. Normalerweise verändert sich das aggregierte Arbeitsangebot nur langsam durch demographische Veränderungen oder Veränderungen der Erwerbsquote. Es gibt aber auch Zeiten, in denen sich das aggregierte Angebot in einer kurzen Zeitspanne dramatisch verändert. So war zum Beispiel Israel zu Beginn der neunziger Jahre mit einer Einwanderungswelle aus Rußland konfrontiert, durch die sich seine Erwerbsbevölkerung um mehr als zehn Prozent erhöht hat. Kurzfristig haben sich die Reallöhne nicht schnell genug angepaßt, und die Arbeitslosigkeit ist gestiegen. Erstaunlicherweise ist die Arbeitslosenquote innerhalb von fünf Jahren wieder auf ihr ursprüngliches Niveau gesunken; allerdings scheint diese Anpassung mehr durch eine kompensierende Verschiebung der gesamtwirtschaftlichen Arbeitsnachfragekurve zustande gekommen zu sein, als durch eine Verringerung

des Reallohns. Plötzliche Verschiebungen der Arbeitsangebotskurve können zum
Beispiel auch durch Veränderungen der Steuergesetze ausgelöst werden, die dazu
führen, daß sich die Erwerbsquote in der Bevölkerung ändert, obwohl in der Praxis
solche Veränderungen in der Regel in kleineren Schritten vor sich gehen.

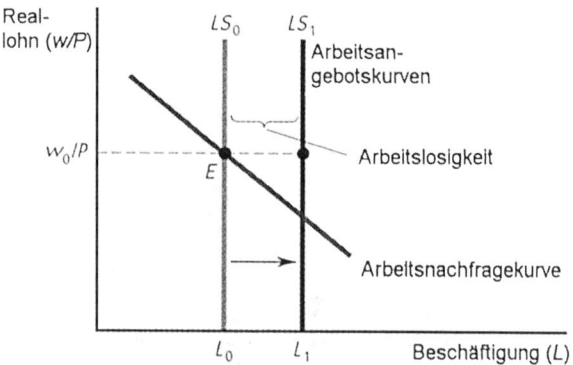

Abbildung 27.4   Arbeitslosigkeit und aggregiertes Arbeitsangebot. Arbeitslosigkeit
kann durch Rechtsverschiebungen der gesamtwirtschaftlichen Arbeitsangebotskurve ausgelöst werden, wenn sich die Löhne nicht anpassen. Ursprünglich ist w_0/P der Gleichgewichtslohn, der dem Schnittpunkt zwischen der Arbeitsnachfragekurve und der ursprünglichen Arbeitsangebotskurve (LS_0) entspricht. Dann verschiebt sich die gesamtwirtschaftliche
Arbeitsangebotskurve von LS_0 nach LS_1. Der Reallohn verharrt bei w_0/P, wo die Arbeitsnachfrage L_0 geringer ist als das Arbeitsangebot, so daß Arbeitslosigkeit entsteht.

27.3 Der Gütermarkt in der kurzen Frist

Um das Phänomen der Arbeitslosigkeit zu verstehen, muß man sich darüber klar
werden, woher die Schwankungen des gesamtwirtschaftlichen Outputs kommen.
Deshalb wenden wir uns jetzt dem Gütermarkt zu. In Kapitel 34 werden wir auf
ein anderes Grundthema der Theorie der Arbeitslosigkeit zurückkommen, nämlich
auf die Frage, warum sich die Löhne zu langsam anpassen.

Wie schon beim Arbeitsmarkt geht es auch bei der Analyse des Gütermarktes um
die aggregierten Angebots- und Nachfragekurven. Abbildung 27.5 zeigt noch einmal die Gütermarktdarstellung aus Kapitel 25 mit der vertikalen gesamtwirtschaftlichen Angebotskurve, die die abwärts geneigte gesamtwirtschaftliche Nachfragekurve im Punkt E schneidet. Wie wir aus Kapitel 25 wissen, definiert die aggregierte Angebotskurve das Vollbeschäftigungsniveau des Outputs, das wir mit Y_s
bezeichnen. Im Punkt E herrscht Vollbeschäftigung beim Preisniveau P_0.

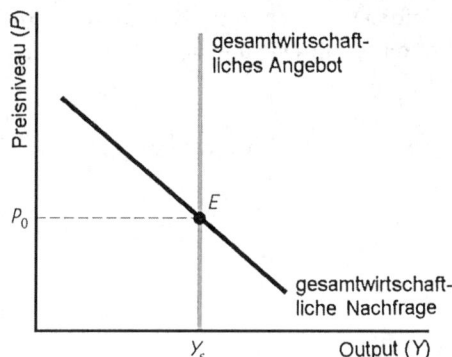

Abbildung 27.5   Der Gütermarkt. Das Vollbeschäftigungsniveau des Outputs Y_s ist durch die vertikale aggregierte Angebotskurve gegeben. Die aggregierte Nachfragekurve schneidet die Angebotskurve beim Preisniveau P_0. Im Schnittpunkt von Angebots- und Nachfragekurve (E) wird das Vollbeschäftigungsgleichgewicht realisiert.

So wie wir bei der kurzfristigen Analyse des Arbeitsmarktes von fixen Löhnen ausgegangen sind, setzen wir für die kurzfristige Analyse des Gütermarktes fixe Preise voraus. Kurzfristig reagieren die Preise nur wenig auf Veränderungen von Angebot und Nachfrage. Automobilhersteller zum Beispiel verändern ihre Preise typischerweise nur dann, wenn neue Modelle auf den Markt kommen. Preisänderungen sind mit Kosten verbunden - zum Beispiel für das Drucken neuer Kataloge und Preislisten - und auch mit Risiken: Wenn eine Firma ihre Preise erhöht, und die Konkurrenz zieht nicht mit, dann kann es passieren, daß sie sich durch die Preiserhöhung selbst aus dem Markt katapultiert und wichtige Kunden verliert. Es gibt zwar einige wenige Märkte, die sich an Veränderungen von Angebot und Nachfrage innerhalb eines Tages oder noch schneller anpassen, wie die Börse oder der Goldmarkt; bei den meisten Gütern und Dienstleistungen herrscht aber eine beträchtliche Preisstarrheit, und zwar sowohl bei den Herstellerpreisen wie auch bei den Groß- und Einzelhandelspreisen.

Abbildung 27.6 illustriert die kurzfristigen Auswirkungen einer Linksverschiebung der aggregierten Nachfragekurve. Beim Preisniveau P_0 produzieren die Unternehmungen nur diejenige Menge Y_1, die sie auch verkaufen können, also weniger als den Vollbeschäftigungsoutput. Eine unmittelbare Auswirkung der Produktionseinschränkung ist ein Rückgang der Arbeitsnachfrage. Wegen der Lohnstarrheit am Arbeitsmarkt kommt es zu unfreiwilliger Arbeitslosigkeit. Irgendwann werden sich die Preise und Löhne vielleicht anpassen, und die Volkswirtschaft wird sich entlang der aggregierten Nachfragekurve auf ihr zukünftiges Vollbeschäftigungsgleichgewicht E_f zubewegen, vorausgesetzt, die aggregierte Nachfragekurve verharrt in ihrer neuen Position AD_1. Aber dieser Anpassungsprozeß liegt jenseits der hier betrachteten kurzen Frist. In einem Zeitraum von ein oder zwei Jahren wird die Volkswirtschaft bei P_0 steckenbleiben mit einem Output unterhalb der Kapazität und mit unfreiwilliger Arbeitslosigkeit.

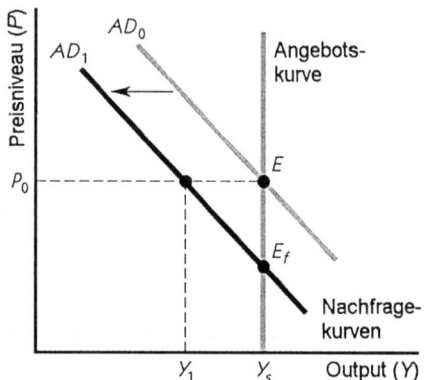

Abbildung 27.6 Produktion unterhalb der Kapazitätsgrenze. Bei Preisstarrheit bewirkt eine Linksverschiebung der aggregierten Nachfragekurve, daß die Volkswirtschaft hinter dem Vollbeschäftigungsniveau des Outputs Y_s zurückbleibt. Das Outputniveau Y_1 ist durch die aggregierte Nachfragekurve bei P_0 gegeben. Wenn die aggregierte Nachfragekurve bei AD_1 verharrt, wird sich die Volkswirtschaft irgendwann entlang dieser Nachfragekurve zum neuen Vollbeschäftigungsgleichgewicht E_f bewegen.

Ein anderes Szenario ist ebenso denkbar und wird in Abbildung 27.7 dargestellt. Angenommen, die Volkswirtschaft befindet sich ursprünglich im Vollbeschäftigungsgleichgewicht, und die aggregierte Nachfragekurve verschiebt sich nach rechts. Beim Preisniveau P_0 übersteigt die Nachfrage das Angebot, der Output ist jedoch durch das aggregierte Angebot Y_s beschränkt; es entsteht ein inflationärer Druck auf die Preise, und schließlich bewegt sich die Volkswirtschaft entlang der aggregierten Angebotskurve auf das neue Vollbeschäftigungsgleichgewicht E_f zu. In dieser Situation ist nicht die Arbeitslosigkeit das Problem sondern die Inflation, ein Thema, das in späteren Kapiteln detailliert zur Sprache kommt. Hier gilt es festzuhalten, daß die Inflation immer dann zum Thema wird, wenn die Nachfrage beim gegebenen Preisniveau das Angebot übersteigt; zu Arbeitslosigkeit kommt es dagegen immer dann, wenn umgekehrt die Nachfrage beim gegebenen Preisniveau hinter dem Vollbeschäftigungsangebot zurückbleibt.

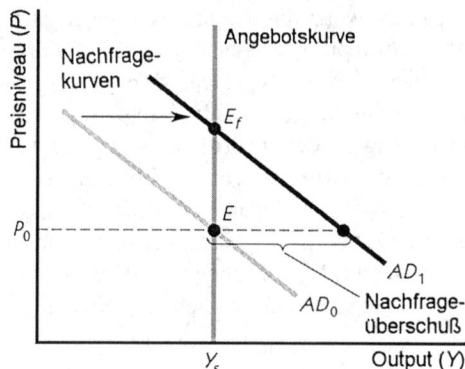

Abbildung 27.7   Nachfrageüberschuß. Wenn sich die aggregierte Nachfragekurve nach rechts verschiebt (von AD_0 nach AD_1), dann übersteigt die Nachfrage beim Preisniveau P_0 die Produktionskapazität der Volkswirtschaft. Durch den Nachfrageüberschuß kommt es zu einem inflationären Druck auf die Preise. Irgendwann wird sich die Volkswirtschaft schließlich entlang der aggregierten Angebotskurve auf das neue Vollbeschäftigungsgleichgewicht E_f zubewegen.

Die Volkswirtschaft bei unausgelasteten Kapazitäten

Die Volkswirtschaft kann aus vielen Gründen hinter dem Vollbeschäftigungsniveau des Outputs zurückbleiben. Alles was die Konsumnachfrage, die Investitionsnachfrage, die Staatsausgaben oder die Nettoexporte beim gegebenen Preisniveau verringert, kann zu einer Linksverschiebung der gesamtwirtschaftlichen Nachfragekurve führen und damit die Produktion unter das Vollbeschäftigungsniveau drücken. Durch ein Konjunkturtief in Mexiko, Japan oder Europa verringert sich in diesen Ländern die Nachfrage nach US-amerikanischen Gütern; dadurch sinken bei jedem Preisniveau die Exporte der USA. Oder, wenn zum Beispiel die Unternehmungen das Vertrauen in die Zukunft verlieren, werden sie weniger gewillt sein zu investieren. Solche unerwarteten Verschiebungen der aggregierten Nachfragekurve nennt man **Nachfrageschocks**. Manchmal können auch Verschiebungen der Angebotskurve eine plötzliche Ausweitung der Produktionskapazität bewirken: eine Immigrationswelle, die die Volkswirtschaft nicht sofort absorbieren kann, oder ein technologischer Fortschritt, der die Produktionskapazität bei unverändertem Arbeitsangebot erweitert. Wenn solche Verschiebungen plötzlich und unerwartet kommen, nennt man sie **Angebotsschocks**.

Unabhängig von den Gründen sind bei unausgelasteten Produktionskapazitäten die wirtschaftspolitischen Optionen klar: Entweder man wartet, bis sich die Volkswirt-

schaft von selbst an das neue Vollbeschäftigungsgleichgewicht angepaßt hat, oder
man unternimmt etwas, um die aggregierte Nachfragekurve nach rechts zu verschieben und dadurch beim bestehenden Preisniveau die Produktion wieder zum
Vollbeschäftigungsniveau zurückzuführen. In der Vergangenheit haben Wirtschaftspolitiker immer wieder versucht, diesen Weg zu gehen. Wie der Wirtschaftswissenschaftler John Maynard Keynes einmal gesagt hat: „Langfristig sind
wir alle tot." Daß die Volkswirtschaft langfristig wieder zur Vollbeschäftigung zurückkehren wird, ist ein schlechter Trost für die Arbeitslosen. In Abbildung 27.8
liegt das ursprüngliche Outputniveau Y_0 unterhalb der Kapazitätsgrenze. Wenn es
gelingt, die gesamtwirtschaftliche Nachfragekurve nach rechts zu verschieben,
kann die Volkswirtschaft schneller zum Vollbeschäftigungsoutput - oder zumindest in diese Richtung - zurückgeführt werden als dies bei sich selbst überlassenen
Märkten möglich ist.

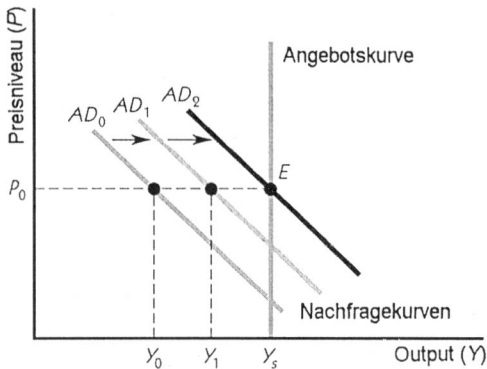

Abbildung 27.8 Die Wiederherstellung der Vollbeschäftigung. Wenn es beim Preisniveau P_0 dem Staat gelingt, die aggregierte Nachfragekurve genügend nach rechts zu verschieben, dann kann die Volkswirtschaft wieder bei voller Kapazität arbeiten. Wenn sich
die gesamtwirtschaftliche Nachfragekurve von AD_0 nach AD_1 verschiebt, erhöht sich der
Output von Y_0 auf Y_1. Mit der Nachfragekurve AD_2 erreicht die Volkswirtschaft beim
Preisniveau P_0 Vollbeschäftigung.

Alles was beim gegebenen Preisniveau die Konsumnachfrage, die Investitionsnachfrage, die Staatsausgaben oder die Nettoexporte erhöht, kann zu einer Rechtsverschiebung der gesamtwirtschaftlichen Nachfragekurve führen. Eine Option für
den Staat besteht darin, seine Ausgaben zu erhöhen. Wenn der Staat zum Beispiel
seine Verteidigungsausgaben erhöht, steigt die aggregierte Nachfrage bei jedem
Preisniveau, und die Nachfragekurve verschiebt sich nach rechts. Da die Volks-

wirtschaft ungenutzte Produktionskapazitäten hat, resultiert daraus eine Erhöhung des Outputs.

Eine Erhöhung der Staatsausgaben als Reaktion auf unfreiwillige Arbeitslosigkeit ist ein Akt der **Fiskalpolitik**. Als Fiskalpolitik bezeichnet man alle Veränderungen von Staatsausgaben und Steuern, die darauf abzielen, die gesamtwirtschaftliche Situation zu verbessern, also zum Beispiel bei unausgelasteten Kapazitäten den Output zu erhöhen. Wirtschaftswissenschaftler sprechen manchmal auch von **fiskalischen Anreizen**, wenn sich der Staat bemüht, die wirtschaftliche Aktivität mit fiskalpolitischen Mitteln zu stimulieren.

Die Angebotsseite des Marktes

Bisher haben wir uns auf die Nachfrageseite des Marktes und auf Verschiebungen der aggregierten Nachfragekurve konzentriert. Jetzt geht es um die Frage, welche Folgen ein Anstieg des aggregierten Angebots bei unfreiwilliger Arbeitslosigkeit und unausgelasteten Kapazitäten hat.

Eine Erhöhung der volkswirtschaftlichen Produktionskapazität (Rechtsverschiebung von Y_S) kann die Folge neuer Investitionen oder neuer Technologien sein. Abbildung 27.9 zeigt eine Rechtsverschiebung der aggregierten Angebotskurve, ausgehend von einer Situation, in der die Volkswirtschaft beim Preisniveau P_0 unterhalb ihrer Kapazität arbeitet. Dadurch wird lediglich die Lücke zwischen Angebot und Nachfrage vergrößert; der Output verändert sich nicht.

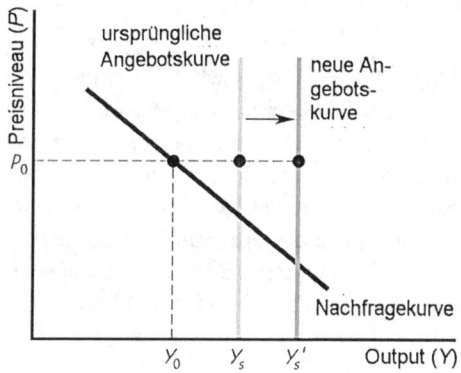

Abbildung 27.9 Ein Anstieg des gesamtwirtschaftlichen Angebots. Beim herrschenden Preisniveau P_0 ist die aggregierte Nachfrage kleiner als Y_S, so daß eine Erhöhung der volkswirtschaftlichen Produktionskapazität kurzfristig keine Wirkung auf den Output hat.

Anwendungsbeispiel: Die Quantifizierung des Zusammenhangs zwischen dem Arbeitsmarkt und dem Gütermarkt

Die verantwortlichen Wirtschaftspolitiker müssen mehr wissen als nur, daß eine Outputerhöhung zu einer Zunahme der Beschäftigung führen wird. Sie brauchen quantitative Informationen über diesen Zusammenhang: Sie wollen zum Beispiel wissen, um wieviel der Output steigen wird, wenn es ihnen gelingt, die Arbeitslosigkeit um einen Prozentpunkt von sieben auf sechs Prozent zu verringern, oder die Zinssätze um einen Prozentpunkt von vier auf drei Prozent zu senken. Für ihre Berechnungen verwenden sie oft einfach Faustregeln, die aus historischen Erfahrungen abgeleitet sind. Die bekannteste davon ist das Gesetz von Okun, benannt nach Arthur Okun, der unter Präsident Johnson Vorsitzender des Council of Economic Advisers war. Er rechnete aus, daß der prozentuale Anstieg des Outputs ungefähr doppelt so hoch war, wie der prozentuale Rückgang der Arbeitslosenquote. Bei einem Rückgang der Arbeitslosenquote von sieben auf sechs Prozent wird also die Produktion um zwei Prozent zunehmen.

So war zum Beispiel zu Beginn des Jahres 1996 die Ansicht weitverbreitet, daß das Federal Reserve Board die Zinssätze senken sollte, da keinerlei inflationärer Druck zu beobachten war. Man hoffte, auf diese Weise das Wachstum anregen zu können. Im Februar 1996 betrug die Arbeitslosenquote 5,5 Prozent. Wenn es gelingen würde, durch niedrigere Zinssätze die Arbeitslosenquote auf 5,2 Prozent zu senken, dann würde nach dem Gesetz von Okun der Output um ungefähr 0,6 Prozent höher liegen (als ohne die Zinssenkung). Berücksichtigte man, daß für das laufende Jahr ein Wirtschaftswachstum von ungefähr zwei Prozent vorhergesagt worden war, so konnte man von einem beachtlichen Anstieg der Wachstumsrate *für dieses Jahr* sprechen.

Das Gesetz von Okun kann auch umgekehrt interpretiert werden. Zu Anfang des Jahres 1993 betrug die Arbeitslosenquote etwas mehr als sieben Prozent. Die Wirtschaftspolitiker wollten wissen, um wieviel der Output ansteigen müßte, um die Arbeitslosenquote auf sechs Prozent zu senken. Das Gesetz von Okun enthält die Antwort auf diese Frage: Die Wachstumsrate hätte um zwei Prozent höher liegen müssen als in einer Vergleichssituation, in der das Wachstum ausschließlich auf dem Produktivitätsanstieg und dem Anstieg der Beschäftigung bei *unveränderter* Arbeitslosenquote (wegen der Zunahme der Erwerbspersonen) beruht. Bei einem BIP von ungefähr 6,5 Billionen Dollar bedeutete das, daß die gesamtwirtschaftliche Nachfrage um etwa 130 Mrd. $ hätte erhöht werden müssen.

Besteht dagegen ein Nachfrageüberschuß am Gütermarkt (siehe Abbildung 27.7), so wird eine Erhöhung des aggregierten Angebots diesen Überschuß und damit auch den inflationären Druck verringern. Das war zu Beginn der achtziger Jahre ein Teil der Argumentationslinie bei den Verfechtern der angebotsorientierten

Wirtschaftspolitik; insbesondere durch Steuersenkungen wollte man das Arbeitsangebot und die Investitionsnachfrage erhöhen. Es hat sich aber herausgestellt, daß solche angebotsorientierten Maßnahmen nur eine geringe Wirkung hatten, während die nachfrageseitigen Wirkungen der Geldpolitik das Geschehen dominierten.

Drei weitere Konsenspunkte

Die wichtigsten Ergebnisse dieser Analyse des gesamtwirtschaftlichen Gütermarktes können in drei Konsenspunkten zusammengefaßt werden.

15 Wirtschaftliche Anreize bei unausgelasteten Kapazitäten

Wenn die Volkswirtschaft unterhalb ihrer Kapazität arbeitet, führt ein Anstieg der gesamtwirtschaftlichen Nachfrage bei jedem Preisniveau zu einer Erhöhung des aggregierten Outputs mit relativ geringfügigen Auswirkungen auf die Preise.

Dabei ist es natürlich gleichgültig, aus welcher Quelle die Erhöhung der gesamtwirtschaftlichen Nachfrage kommt, aus dem privaten Konsum, den privaten Investitionen, den Staatsausgaben oder den Nettoexporten.

16 Die Folgen einer Überstimulierung der Volkswirtschaft

Wenn die Volkswirtschaft nahe an der Kapazitätsgrenze arbeitet und die meisten Maschinen und Arbeitskräfte voll beschäftigt sind, dann hat eine weitere Zunahme der Nachfrage nach Gütern und Dienstleistungen bei jedem Preisniveau kaum mehr Auswirkungen auf den Output und führt statt dessen zu inflationärem Druck.

17 Die Folgen einer Kapazitätserweiterung bei unausgelasteten Kapazitäten

Wenn die Produktionskapazität einer Volkswirtschaft nicht ausgelastet werden kann, hat eine Ausdehnung der Kapazität kaum Auswirkungen auf den Output.

27.4 Der Zusammenhang mit dem Kapitalmarkt

Arbeitsmarkt und Gütermarkt sind zwei der drei wichtigsten Märkte einer Volkswirtschaft; beide sind auf interessante Weise mit dem Kapitalmarkt verbunden.

Am Kapitalmarkt werden die Zinssätze durch die **Geldpolitik** der Zentralbank beeinflußt. In den USA ist das Federal Reserve Board (kurz: die Fed) die staatliche Behörde, die für die Kontrolle der Geldmenge und der Zinssätze verantwortlich ist. Die Zentralbank kann Zinssätze senken und erhöhen und hat damit einen wichtigen Einfluß auf Güter- und Arbeitsmarkt. Betrachten wir zunächst den Gütermarkt. Niedrige Zinssätze können die private Bautätigkeit und die Investitionsnachfrage fördern und dadurch zu einer höheren Güternachfrage und einem höheren Produktionsniveau führen. Wenn die Zentralbank eine wirtschaftliche Stagnation diagnostiziert, kann sie sich entschließen, den Zinssatz zu senken. Abbildung 27.10 zeigt die Folgen einer Zinssenkung am Gütermarkt. Es kommt zu einer Rechtsverschiebung der aggregierten Nachfragekurve. Wenn die Volkswirtschaft Überschußkapazitäten hat, führt eine solche Verschiebung der aggregierten Nachfragekurve zu einer Erhöhung des gesamtwirtschaftlichen Outputs. Am Arbeitsmarkt steigt dadurch die Beschäftigung.

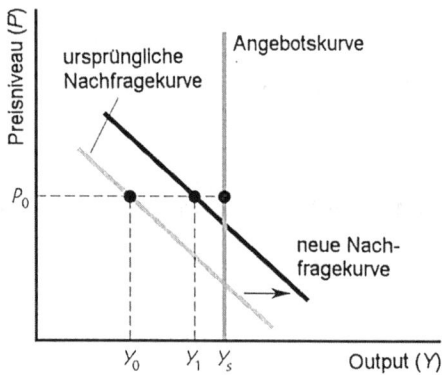

Abbildung 27.10   Der Zusammenhang zwischen Kapitalmarkt und Gütermarkt. Niedrigere Zinssätze führen zu einem Anstieg der Investitionsnachfrage, der als Rechtsverschiebung der aggregierten Nachfragekurve dargestellt werden kann. Wenn die Volkswirtschaft ursprünglich unausgelastete Kapazitäten hat, nimmt die gesamtwirtschaftliche Produktion zu.

Wenn andererseits die Zentralbank einen Anstieg der Inflationsrate befürchtet, wird sie normalerweise den Zinssatz erhöhen. Inflationärer Druck entsteht typischerweise dann, wenn beim herrschenden Preisniveau die gesamtwirtschaftliche Nachfrage größer ist als das Vollbeschäftigungsniveau des Outputs (Abbildung 27.7). Ein höherer Zinssatz dämpft die aggregierte Nachfrage - bei jedem Preisniveau geht die Menge der von den Unternehmungen geplanten Investitionsausgaben zurück - so daß sich die Nachfragekurve nach links verschiebt. Wenn die Zentralbank die wirtschaftliche Situation richtig eingeschätzt hat, wird der Volkswirtschaft durch die Linksverschiebung der Nachfragekurve einfach nur der inflationäre Druck genommen, ohne daß sich der Output spürbar verändert. Wenn sie jedoch den Zinssatz zu stark erhöht und dadurch die aggregierte Nachfragekurve zu weit nach links verschiebt, so daß die Nachfrage beim gegebenen Preisniveau P_0 niedriger ist als Y_s, wird der Output zurückgehen und die Arbeitslosigkeit zunehmen.

Damit schließt sich der Kreis, und wir sehen, daß alle Märkte der Volkswirtschaft miteinander verbunden sind. Das gilt auch für die wichtigsten wirtschaftspolitischen Anliegen. Die Zentralbank kann die wirtschaftliche Aktivität durch Zinssenkungen stimulieren. Wenn sie andererseits die Inflation allzu entschlossen bekämpft und den Zinssatz zu stark erhöht, wird die Investitionsnachfrage entmutigt und das Wachstum möglicherweise geschwächt. Durch ein zu aggressives Vorgehen kann sie den Output reduzieren und dadurch Arbeitslosigkeit verursachen. Anstatt nur die Inflation zu bremsen, kann sie die Wirtschaft in eine Rezession stoßen. In späteren Kapiteln werden wir diese Zusammenhänge und die *Trade-off*s, mit denen die Wirtschaftspolitiker konfrontiert sind, weiter verfolgen.

27.5 Makroökonomische Erfahrungen aus der Nachkriegszeit

Der breite Konsensbereich in der Makroökonomik ist zum Teil das Ergebnis einer Reihe von harterworbenen Erkenntnissen und Erfahrungen in den Jahrzehnten nach dem Zweiten Weltkrieg. Die folgenden kurzen historischen Abrisse beleuchten einige der wichtigsten wirtschaftspolitischen Auseinandersetzungen dieser Periode.

Die Steuersenkung unter Kennedy

1963 schien die Arbeitslosenquote auf dem unannehmbar hohen Stand von 5,5 Prozent zu verharren. Zehn Jahre zuvor hatte sie bei 2,8 Prozent gelegen. 1959 betrug sie bereits 5,3 Prozent. Die wirtschaftspolitischen Berater von Präsident Kennedy glaubten, daß eine Senkung der individuellen Einkommensteuer die Konsumnachfrage der Haushalte erhöhen würde. Dadurch würde sich die gesamtwirtschaftliche Nachfragekurve nach rechts verschieben, und diese Verschiebung - so glaubten Kennedys Berater - würde zu einer Steigerung des Outputs bei weitgehend unveränderten Preisen führen. Sie waren nämlich davon überzeugt, daß Produktionskapazitäten in Form von Maschinen und Arbeitskräften brachlagen. Deshalb mußte die Verschiebung der Nachfragekurve zu einer Outputerhöhung führen wie in Abbildung 27.11.

Eine Outputerhöhung impliziert, wie wir gesehen haben, eine Zunahme der Beschäftigung. Die Vorhersagen der Berater von Präsident Kennedy haben sich als richtig herausgestellt. Die Arbeitslosigkeit sank 1965 auf 4,4 Prozent und blieb während der zweiten Hälfte der sechziger Jahre unter vier Prozent. Außerdem wuchs das reale BIP zwischen 1964 und 1966 mit der bemerkenswerten Rate von durchschnittlich 5,5 Prozent.

Das Programm von Reagan

Als Präsident Reagan 1981 an die Regierung kam, war die Ansicht weitverbreitet, daß die hohe und anscheinend immer noch steigende Inflation gestoppt werden sollte. Daß dies dann auch tatsächlich geschah, wird im allgemeinen Paul Volcker, dem Vorsitzenden des Federal Reserve Board zugeschrieben. Allerdings verursachte er dabei die schlimmste Rezession der Nachkriegszeit. Die Fed ergriff scharfe Maßnahmen, um die Kreditvergabe zu begrenzen und die Zinssätze zu erhöhen. Die Zinssätze erreichten Rekordhöhen von über 20 Prozent, bevor Volcker die Inflation für besiegt erklärte. (Wie die Fed das macht, und welche Auswirkungen solche Maßnahmen haben, wird in den Kapiteln 30 und 31 dargestellt.) Die Maßnahmen der Fed bewirkten, daß Unternehmungen ihre Investitionsausgaben kürzten und Haushalte weniger Autos und Immobilien kauften. Interessanterweise wirkte die Fiskalpolitik zur gleichen Zeit stimulierend auf die gesamtwirtschaftliche Nachfrage. Reagan senkte die Steuern, ohne die Staatsausgaben entsprechend zu verringern. Aber der kontraktive Effekt der höheren Zinssätze hat den expansiven Effekt der Steuersenkungen mehr als wettgemacht, und die aggregierte Nachfragekurve verschob sich nach links wie in Abbildung 27.12. In der Abbildung wird der ursprüngliche inflationäre Druck so dargestellt, daß die Nachfrage beim ursprünglichen Preisniveau P_0 das Angebot übersteigt. Aber durch die Politik der Fed wurde die aggregierte Nachfragekurve so weit nach links verschoben, daß beim Preisniveau P_0 die Nachfrage am Ende viel geringer war als das Angebot: Die Volkswirtschaft fiel in eine tiefe Rezession. Die durchschnittliche Arbeitslosenquote stieg auf über elf Prozent an und erreichte in manchen Landesteilen die Zwanzigprozentmarke. Allerdings hatte die Rezession tatsächlich zur Folge, daß die Inflation gezügelt wurde, denn die Inflationsrate ging von 13 Prozent im Jahr 1980 auf 3,2 Prozent im Jahr 1983 zurück.

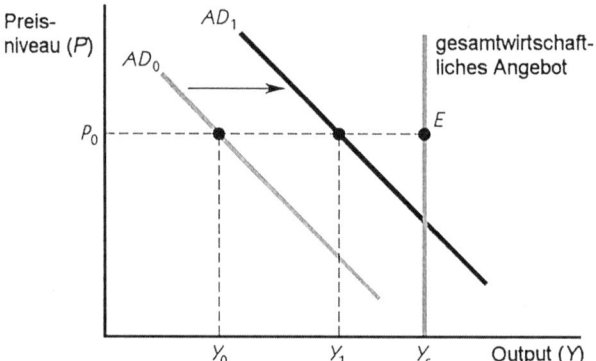

Abbildung 27.11   Die Steuersenkung unter Kennedy. Durch die Steuersenkung von 1963 verschob sich die aggregierte Nachfragekurve nach rechts und der Output stieg von Y_0 auf Y_1.

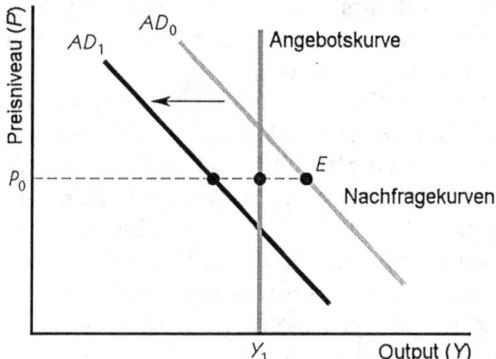

Abbildung 27.12   Die Geldpolitik stoppt die Inflation und verursacht eine Rezession.
Gegen Ende der siebziger Jahre und zu Beginn der achtziger Jahre befürchtete das Federal
Reserve Board eine galoppierende Inflation. Es ergriff Maßnahmen, um die Kreditvergabe
und damit die Konsum- und Investitionsnachfrage einzuschränken. Die entsprechende
Linksverschiebung der aggregierten Nachfragekurve verursachte eine tiefe Rezession. Die
Auswirkungen waren so stark, daß die expansiven Effekte der Steuersenkung von 1981
mehr als wettgemacht wurden. Allerdings wurde die Inflation erfolgreich gebremst.

Die Rezession von 1991

Der Ursprung der Rezession von 1991 ist noch immer nicht ganz geklärt. In der
vielleicht häufigsten Interpretation begann alles damit, daß zwischen 1989 und
1991 die Inflation allmählich anstieg. Die Fed war darüber zunehmend beunruhigt
und trat auf die Bremse, indem sie die Zinsen anhob. Es war vorhersehbar, daß die
starke Linksverschiebung der gesamtwirtschaftlichen Nachfragekurve den Gleichgewichtsoutput verringern würde. Als die Fed dann ihre geldpolitischen Zügel
wieder lockerte und die Zinsen auf drei Prozent senkte, um die Volkswirtschaft
wieder anzukurbeln, zeigte sich die Wirkung zögernder und langsamer als man
erwartet hatte. Oft heißt es, die schleppende wirtschaftliche Erholung hätte zur
Wahlniederlage von Präsident Bush im Jahr 1992 beigetragen.

Zwei Faktoren machen diese Geschichte komplizierter. Der Golfkrieg, der im August 1990 mit der irakischen Invasion Kuwaits begann, fiel zeitlich mit der Rezession beinahe zusammen; manchmal wird behauptet, der plötzliche Anstieg der Ölpreise habe die Konjunktur abgewürgt. Die meisten Beobachter haben jedoch bemerkt, daß die Verlangsamung der wirtschaftlichen Aktivität bereits kurz davor
eingesetzt hatte. Dennoch mag die Belastung der Wirtschaft durch den Krieg zum
Abschwung mit beigetragen haben.

Zweitens fand Präsident Bush bei seinem Amtsantritt ein krisenanfälliges Bankensystem vor. Der drohende Konkurs der Sparkassen machte eine Rettungsaktion erforderlich, die den Steuerzahler mehr als 150 Mrd. $ kostete. Nachlässigkeiten bei
der Bankenaufsicht während der vorangegangenen Jahre hatten zu diesem Debakel
beigetragen. Aus Angst, den gleichen Fehler zu wiederholen, reagierten die Auf-
sichtsbeamten mit Übereifer und zwangen die Banken, die Kreditvergabe an weniger kreditwürdige Kunden einzuschränken. Die geschwächte finanzielle Basis der
Banken in vielen Teilen des Landes trug ebenfalls dazu bei, daß sie weniger
schnell bereit waren, Kredite zu vergeben, die auch nur im geringsten als riskant
eingeschätzt wurden. Dadurch kam es zu Einschnitten bei der Kreditvergabe, so
daß sich die aggregierte Nachfragekurve nach links verschob. Man kann darüber
streiten, ob diese Verschiebung für sich genommen bereits eine Rezession hätte
auslösen können; fest steht aber, daß die Banken durch ihre geschwächte Finanzla-
ge weniger gewillt und in der Lage waren, auf die geldpolitische Lockerung der
Fed zu reagieren, und das erklärt mindestens teilweise, warum es der Fed nicht
gelang, die wirtschaftliche Erholung mit der gewünschten Schnelligkeit herbeizuführen.

Haushaltskonsolidierung zur Stimulierung der Volkswirtschaft

Die letzte Episode, von der wir berichten wollen, war ein Drama, das sich in den
Jahren 1993 und 1994 abgespielt hat. Clinton versprach bei seinem Amtsantritt,
die Volkswirtschaft wieder in Schwung zu bringen. Clintons Haushaltsplan für
1993, der vom Kongreß mit knapper Mehrheit verabschiedet wurde, enthielt Ausgabenkürzungen in Höhe von ca. 250 Mrd. $ und Steuererhöhungen über die näch-
sten fünf Jahre in gleicher Höhe, so daß sich insgesamt eine Reduktion des Haushaltsdefizits um 500 Mrd. $ ergab. Viele Wirtschaftswissenschaftler waren be-
sorgt, daß die Ausgabenkürzungen und Steuererhöhungen die gesamtwirtschaftliche Nachfrage schwächen könnten. Potentiell hätten sie die Rezession verschlimmern können. Aber es zeigte sich eine andere Wirkung: Die Verringerung der
Kreditnachfrage (und die erwarteten weiteren Reduktionen in den nächsten Jahren)
führte zu einer Zinssenkungen, und die niedrigeren Zinsen stimulierten die Investitionsnachfrage. Der Nettoeffekt war eine Rechtsverschiebung der aggregierten
Nachfragekurve. Die Volkswirtschaft kam wieder in die Gänge, und innerhalb von
zwei Jahren wurden mehr als fünf Millionen neue Arbeitsplätze geschaffen.

Bemerkenswert ist, daß sowohl in dieser Episode als auch zu Beginn der Amtszeit
von Reagan Zinseffekte stärker waren als fiskalpolitische Effekte. Unter Reagan
führten hohe Zinssätze trotz einer expansiven Fiskalpolitik in eine Rezession; 1993
und 1994 führten niedrige Zinssätze trotz einer kontraktiven Fiskalpolitik zur wirtschaftlichen Erholung.

Wie so oft sind die Fakten mit mehr als einer Interpretation vereinbar: Einige sind
der Meinung, daß es sich hier tatsächlich um eine ganz normale Erholung nach ei-

ner Rezession gehandelt hat, und daß die Haushaltskonsolidierung diese Erholung nicht verursacht, sondern höchstens gedämpft hat. In dieser Interpretation ist der Bremseffekt der Ausgabenkürzungen und Steuererhöhungen stärker gewesen als die stimulierende Wirkung der aufgrund niedriger Zinssätze angestiegenen Investitionsausgaben, aber die Wirtschaft hatte soviel Schwungkraft, daß trotz der staatlichen Politik eine Erholung stattfinden konnte.

Ein Blick in die Wirtschaftspolitik: Die Rolle der Wirtschaftsstatistik

Da wirtschaftspolitische Maßnahmen einige Zeit brauchen, um ihre Wirkung zu entfalten, hätten die Verantwortlichen gerne eine Kristallkugel, um die Zukunft vorherzusehen. Wenn ohne politischen Eingriff in sechs Monaten eine Rezession beginnt, muß man im Grunde heute schon Gegenmaßnahmen ergreifen. Aber die Wirtschaftspolitiker haben nicht nur keine Kristallkugel, um die Zukunft zu sehen - sie wissen oft nicht einmal genau über den Zustand der Wirtschaft in der Gegenwart oder sogar in der Vergangenheit Bescheid. Es kostet Zeit, verläßliche wirtschaftliche Daten zu gewinnen, aus denen sich die Stärke der wirtschaftlichen Aktivität ablesen läßt. Am schnellsten verfügbar sind die Daten über die Beschäftigung. Monatliche Daten zur Beschäftigungslage werden jeweils in der zweiten Woche eines Monats gesammelt und dann in der ersten Woche des Folgemonats veröffentlicht. Bei anderen wichtigen Datenreihen dauert es Wochen, bis sie zur Verfügung stehen. Und auch wenn sie dann schließlich veröffentlicht werden, sind die Zahlen nur vorläufig und können später noch stark korrigiert werden.

Nach den 1991 vorliegenden Outputdaten zu schließen, war der wirtschaftliche Abschwung recht mild. Aber mehr als vier Jahre später, im Januar 1995, wurden revidierte Daten veröffentlicht. Diese Zahlen haben gezeigt, daß der Abschwung viel stärker gewesen war, als man zuvor wahrgenommen hatte. Viele Experten sind der Meinung, daß die Fed, wenn sie damals diese Daten zur Verfügung gehabt hätte, sehr viel stärker eingegriffen hätte, und daß die Wirtschaft sich dann schneller erholt hätte, und die Wahlen anders ausgegangen wären. Es gibt aber auch skeptische Stimmen. Schließlich benutzt die Fed eine Vielzahl wirtschaftlicher Indikatoren, von denen der Output nur einer ist. Dennoch kann man sagen, daß bessere und aktuellere Daten es den Wirtschaftspolitikern erleichtern würden, wohlinformierte Entscheidungen zum richtigen Zeitpunkt zu treffen.

Zusammenfassung

1. Die makroökonomische Theorie der Arbeitslosigkeit geht davon aus, daß Löhne und Preise kurzfristig fix sind.

2. Um die Arbeitslosigkeit zu verstehen, muß man erklären, warum der gesamtwirtschaftliche Arbeitsmarkt nicht geräumt wird. Wenn es zu einer Linksverschiebung der aggregierten Arbeitsnachfragekurve oder zu einer Rechtsverschiebung der aggregierten Arbeitsangebotskurve kommt, und wenn die Reallöhne auf diese Veränderungen nicht reagieren, dann fällt beim herrschenden Lohn die Nachfrage hinter das Angebot zurück, und es kommt zu unfreiwilliger Arbeitslosigkeit.

3. Zu einer Linksverschiebung der Arbeitsnachfragekurve kommt es, wenn die Unternehmungen aufgrund eines Nachfragerückgangs für ihre Produkte bei jedem Preis ihre Produktion drosseln.

4. Wenn am Gütermarkt die aggregierte Nachfrage beim gegebenen Preisniveau geringer ist als die Produktionskapazität der Volkswirtschaft bei Vollbeschäftigung, dann ist der Output durch die Nachfrage beschränkt. Wenn es gelingt, die gesamtwirtschaftliche Nachfragekurve nach rechts zu verschieben, steigt der Output und die Beschäftigung, und die Volkswirtschaft kehrt möglicherweise zur Vollbeschäftigung zurück.

5. Wenn beim gegebenen Preisniveau die aggregierte Nachfrage das Angebot übersteigt, ist der Output durch die Produktionskapazität begrenzt, und es kommt zu einem Preisauftrieb.

6. Alle Märkte der Volkswirtschaft sind miteinander verbunden. Infolgedessen haben Störungen am Gütermarkt Auswirkungen auf den Arbeitsmarkt, und Störungen am Kapitalmarkt haben Auswirkungen auf den Gütermarkt. Wenn zum Beispiel unfreiwillige Arbeitslosigkeit herrscht, können niedrigere Zinssätze zu einem Anstieg der Investitionsnachfrage und damit zu einem höheren Output und zu mehr Beschäftigung führen.

Schlüsselbegriffe

unfreiwillige Arbeitslosigkeit	Nachfrageschock	Fiskalpolitik
freiwillige Arbeitslosigkeit	Angebotsschock	fiskalische Anreize
Geldpolitik	Federal Reserve Board (Fed)	

Wiederholungsfragen

1. Würde es jemals Arbeitslosigkeit geben, wenn die Arbeitsmärkte immer geräumt würden? Was ist damit gemeint, daß der Arbeitsmarkt nicht geräumt wird? Wodurch entsteht die Arbeitslosigkeit?

2. Wenn der Arbeitsmarkt immer geräumt wird, kann dann das Niveau der Beschäftigung schwanken?

3. Welche Schlüsse ziehen Sie aus den beiden folgenden Tatsachen?
   a) Die Arbeitsangebotskurve ist relativ unelastisch.

b) Große Schwankungen bei der Beschäftigung gehen mit relativ kleinen Schwankungen der Reallöhne einher.

4. Wodurch kann sich die gesamtwirtschaftliche Arbeitsnachfragekurve verschieben?

5. Wenn die Preise starr sind und *über* dem Preisniveau liegen, bei dem Angebot und Nachfrage übereinstimmen, wie hoch wird dann der Output sein? Was wird bei einer Linksverschiebung (bzw. einer Rechtsverschiebung) der gesamtwirtschaftlichen Nachfragekurve geschehen? Welche Auswirkungen hat eine Linksverschiebung (bzw. eine Rechtsverschiebung) der gesamtwirtschaftlichen Angebotskurve?

6. Wenn die Preise starr sind und *unter* dem Preisniveau liegen, bei dem Angebot und Nachfrage übereinstimmen, wie hoch wird dann der Output sein? Was wird bei einer Linksverschiebung (bzw. einer Rechtsverschiebung) der gesamtwirtschaftlichen Nachfragekurve geschehen? Welche Auswirkungen hat eine Linksverschiebung (bzw. eine Rechtsverschiebung) der gesamtwirtschaftlichen Angebotskurve?

7. Auf welche Weise sind die verschiedenen Märkte der Volkswirtschaft miteinander verbunden?

8. Beschreiben Sie einige der wichtigsten makroökonomischen Episoden der Nachkriegszeit mit Hilfe von Angebots- und Nachfragekurven.

Aufgaben

1. In den siebziger Jahren kam eine große Anzahl von Arbeitskräften neu auf den US-amerikanischen Arbeitsmarkt. Dieser Zustrom speiste sich aus zwei Quellen: Die Babyboom-Generation war erwachsen geworden, und die Erwerbsbeteiligung der Frauen stieg spürbar an. Welche Auswirkungen haben diese Faktoren bei flexiblen Löhnen auf das Gleichgewichtsniveau der Löhne und auf die Beschäftigung? Wie lautet die Antwort unter der Annahme, daß die Löhne starr sind? In welchem Fall kommt es zu Arbeitslosigkeit? Erläutern Sie Ihre Antwort anhand eines Diagramms. Wie wirkt sich der Anstieg des Arbeitsangebots auf den Gütermarkt aus? Illustrieren Sie Ihre Antwort mit Hilfe eines Diagramms.

2. Bald nachdem der Irak im August 1990 Kuwait besetzt hatte, fürchteten viele Unternehmungen, daß eine Rezession ins Haus stand. In der Erwartung, daß die Nachfrage nach ihren Produkten zurückgehen würde, begannen sie die Produktion einzuschränken. Wie verändert sich bei flexiblen Löhnen das Gleichgewichtsniveau der Löhne und der Beschäftigung? Wie lautet die Antwort, unter der Annahme, daß die Löhne starr sind? In welchem Fall kommt es zu Arbeitslosigkeit?

3. Anfang 1995 war Mexiko mit einer finanziellen Krise konfrontiert, die das Land in eine tiefe Rezession stürzte. Die USA exportieren nach Mexiko mehr Güter als in irgendein anderes Land mit Ausnahme von Kanada. Welche kurzfristigen Auswirkungen hat eine solche Krise (für sich genommen) auf die gesamtwirtschaftliche Nachfragekurve und den gesamtwirtschaftlichen Output in den USA?

4. Zu Beginn der neunziger Jahre gab es einen massiven Einwanderungsstrom aus Rußland nach Israel. Die Arbeitslosenquote war jedoch schon nach wenigen Jahren wieder

auf einem normalen Niveau angelangt, und zwar bei weitgehend unveränderten Reallöhnen. Erläutern Sie mit Hilfe der aggregierten Angebots- und Nachfragekurven für
Güter und Arbeit, wie dieses Ergebnis zustande gekommen sein kann. (Hinweis: Immi-
granten bringen sowohl eine zusätzliche Güternachfrage als auch ein zusätzliches Arbeitsangebot ins Land.)

5. Als Bill Clinton Anfang 1993 Präsident wurde, lag die Arbeitslosenquote etwas über
    sieben Prozent, und man sorgte sich wegen der allzu langsamen wirtschaftlichen Erho-
    lung. Clinton schlug ein kleines Paket von wirtschaftlichen Anreizen vor, das haupt-
    sächlich höhere öffentliche Investitionen enthielt, und vom Kongreß abgelehnt wurde.
    Zeigen Sie mit Hilfe eines Diagramms, wie dieses Paket die gesamtwirtschaftliche
    Nachfragekurve und den Output beim gegebenen Preisniveau hätte verändern können.
    Kritiker befürchteten, daß die Regierung mehr Kredit hätte aufnehmen müssen, um die
    zusätzlichen Ausgaben zu finanzieren, und daß dadurch die Zinsen in die Höhe getrie-
    ben und private Investitionen verdrängt worden wären. Zeigen Sie, wie sich unter die-
    sen Bedingungen die aggregierte Nachfragekurve und der Output beim gegebenen
    Preisniveau verändert hätten.

6. In der Makroökonomik konzentriert man sich meistens auf die gesamtwirtschaftliche
    Beschäftigung und vernachlässigt Unterschiede zwischen verschiedenen Arbeitsarten.
    Manchmal jedoch werden breite Kategorien wie zum Beispiel qualifizierte und unqua-
    lifizierte Arbeitskräfte unterschieden. Der Einfachheit halber nehmen wir an, daß nur
    diese beiden Arbeitsarten existieren und daß sie in der Regel nicht gegeneinander sub-
    stituiert werden können.

    a) Zeichnen Sie Angebots- und Nachfragekurven für qualifizierte und unqualifizierte
        Arbeitskräfte und markieren Sie auf jedem Markt das ursprüngliche Gleichgewicht.

    b) Angenommen, es kommt zu einer technologischen Veränderung, welche die Nach-
        frage nach qualifizierten Arbeitskräften bei jedem Lohn erhöht und gleichzeitig die
        Nachfragekurve für unqualifizierte Arbeit nach links verschiebt. Kann es bei starren
        Löhnen dazu kommen, daß auf einem Arbeitsmarkt offene Stellen nicht besetzt
        werden können, während gleichzeitig auf einem anderen Arbeitslosigkeit herrscht?

Kapitel 28

Die gesamtwirtschaftliche Nachfrage

In Kapitel 27 haben wir gesehen, daß Arbeitslosigkeit durch eine Linksverschiebung der Arbeitsnachfragekurve ohne den entsprechenden Reallohnrückgang entsteht. Wir haben auch gelernt, daß der wichtigste Grund für eine solche Verschiebung der Arbeitsnachfragekurve ein Rückgang der gesamtwirtschaftlichen Produktion ist. Um die Ereignisse am Arbeitsmarkt zu verstehen, müssen wir uns also mit dem Gütermarkt beschäftigen, mit denjenigen Faktoren, die den Output und seine Veränderungen bestimmen.

In diesem und in den folgenden Kapiteln geht es um eben diese Frage, und zwar immer unter der Annahme, daß der Output keine Beschränkung darstellt, das heißt, daß die Maschinenkapazitäten nicht ausgenutzt sind und daß Arbeitslosigkeit besteht. In diesem einfachen Szenario wird der Output vollständig durch die gesamtwirtschaftliche Nachfrage bestimmt.

Aufgabe dieses Kapitels ist es, zu erklären, wie bei einer gegebenen Höhe von Löhnen und Preisen das Niveau der gesamtwirtschaftlichen Nachfrage bestimmt wird, wodurch Veränderungen der gesamtwirtschaftlichen Nachfrage bewirkt werden, und warum der Output so stark schwanken kann.

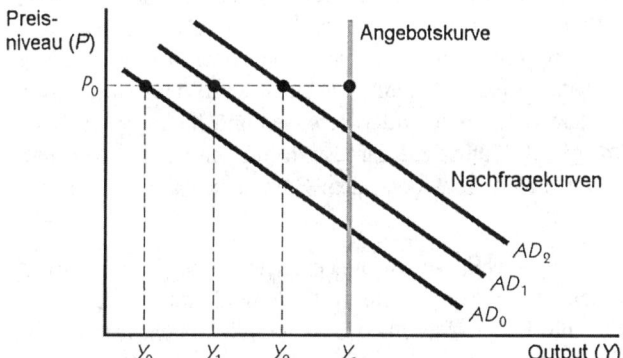

Abbildung 28.1 Verschiebungen der gesamtwirtschaftlichen Nachfragekurve bei unausgelasteten Kapazitäten. Wenn die Volkswirtschaft unterhalb ihrer Kapazität arbeitet, führen Verschiebungen der aggregierten Nachfragekurve zu Veränderungen des Outputniveaus beim gegebenen Preisniveau P_0.

28.1 Einkommen-Ausgaben-Analyse

Kehren wir für einen Moment zum Gütermarktmodell des Kapitels 27 zurück, und betrachten wir eine Situation, in der die Volkswirtschaft weit unterhalb ihrer Kapazität arbeitet. Abbildung 28.1 zeigt die aggregierten Angebots- und Nachfragekurven: Beim Preisniveau P_0 ist die gesamtwirtschaftliche Nachfrage viel geringer als die Produktionskapazität der Volkswirtschaft. In dieser Situation führt eine Verschiebung der Nachfragekurve von AD_0 nach AD_1 zu einer Ausweitung der gesamtwirtschaftlichen Produktion von Y_0 auf Y_1.

Es stellt sich nun die Frage, wodurch die Höhe der gesamtwirtschaftlichen Nachfrage bei einem gegebenen Preisniveau bestimmt wird, und wodurch Nachfrageveränderungen ausgelöst werden. Erinnern wir uns an die vier Komponenten des gesamtwirtschaftlichen Outputs und der Nachfrage: Konsum, Investition, Staatsausgaben und Nettoexporte. Die gesamtwirtschaftliche Nachfrage bei einem bestimmten Preisniveau ist einfach nur die Summe der genannten Nachfragekomponenten bei diesem Preisniveau. Wir können die Nachfrage als Ausgaben der vier Sektoren der Volkswirtschaft interpretieren, die Ausgaben der privaten Haushalte für Konsumgüter, die Ausgaben der Unternehmungen für Investitionsgüter, die Ausgaben des Staates für öffentliche Güter und Dienstleistungen und die Ausgaben des Auslands für die Nettoexporte.

Das Gleichgewichtsniveau des Outputs und der aggregierten Nachfrage kann man mit Hilfe der **gesamtwirtschaftlichen Ausgabenkurve** bestimmen. Der Ausdruck gesamtwirtschaftliche Ausgaben bezeichnet die Gesamtheit der Ausgaben für Konsum, Investitionen, öffentliche Güter und Dienste und Nettoexporte. Die gesamtwirtschaftliche Ausgabenkurve zeigt bei einem gegebenen Preisniveau das Verhältnis zwischen den gesamtwirtschaftlichen Ausgaben und dem gesamtwirtschaftlichen Einkommen, dem Einkommen aller Personen und Institutionen in der Volkswirtschaft. Sie wird in Abbildung 28.2 dargestellt mit den gesamtwirtschaftlichen Ausgaben auf der vertikalen Achse und dem Einkommen auf der horizontalen Achse.

Die gesamtwirtschaftliche Ausgabenkurve hat drei entscheidende Charakteristika. Erstens hat sie einen steigenden Verlauf - wenn das Volkseinkommen steigt, nehmen auch die gesamtwirtschaftlichen Ausgaben zu. Veränderungen von anderen Variablen (wie zum Beispiel der Zinssätze, der Steuersätze oder der Wechselkurse) verursachen Verschiebungen der gesamtwirtschaftlichen Ausgabenkurve nach oben oder unten oder können sogar ihre Steigung verändern.

Zweitens bewirkt eine Erhöhung des Einkommens um einen Dollar, daß die gesamtwirtschaftlichen Ausgaben um weniger als einen Dollar steigen. Der Grund dafür liegt darin, daß die Konsumenten einen Teil ihres zusätzlichen Einkommens sparen. In Abbildung 28.2 ist auch eine 45°-Linie durch den Ursprung eingezeichnet. Diese Linie hat eine Steigung von eins. Überall auf dieser Linie geht eine Veränderung um einen Dollar auf der horizontalen Achse (Einkommen) mit einer Veränderung um einen Dollar entlang der vertikalen Achse (Ausgaben) einher. Die gesamtwirtschaftliche Ausgabenkurve ist dagegen flacher als die 45°-Linie, denn die gesamtwirtschaftlichen Ausgaben steigen nur unterproportional mit wachsendem Einkommen.

Drittens sind die gesamtwirtschaftlichen Ausgaben auch bei einem Volkseinkommen von null positiv. Das zeigt sich daran, daß die gesamtwirtschaftliche Ausgabenkurve die vertikale Achse im Punkt A oberhalb des Ursprungs schneidet.

Die beiden Tatsachen, (a) daß die gesamtwirtschaftliche Ausgabenkurve flacher ist als die 45°-Linie durch den Ursprung, und (b) daß die gesamtwirtschaftlichen Ausgaben auch bei einem Einkommen von null positiv sind, implizieren, daß die beiden Linien sich schneiden, wie in der Abbildung dargestellt.

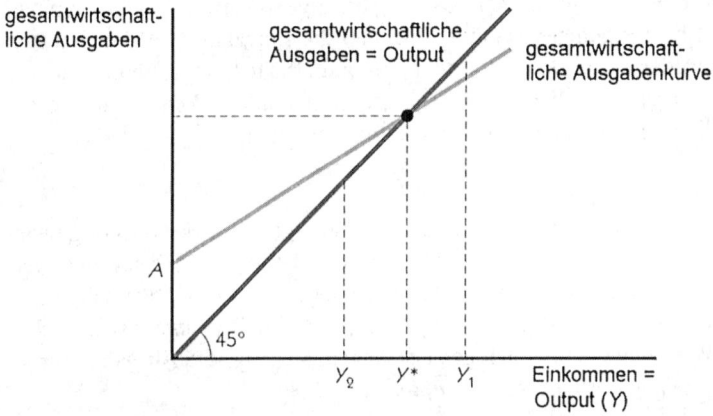

Abbildung 28.2 Gesamtwirtschaftliche Ausgabenkurve und Einkommen-Ausgaben-Analyse. Die gesamtwirtschaftliche Ausgabenkurve zeigt für jedes Niveau des Volkseinkommens die Summe von Konsumausgaben, Investitionsausgaben, Staatsausgaben und Nettoexporten. Die gesamtwirtschaftlichen Ausgaben steigen mit dem Einkommen. Der Schnittpunkt zwischen der gesamtwirtschaftlichen Ausgabenkurve und der 45°-Linie markiert das Gleichgewicht. Liegt der Output höher als Y^*, wie zum Beispiel Y_1, dann sind die gesamtwirtschaftlichen Ausgaben kleiner als der Output. Produzierte Güter können nicht verkauft werden, und es kommt zu einer ungeplanten Aufstockung der Lagerbestände. Das Gegenteil gilt für Outputniveaus unterhalb von Y^*.

Es stellt sich nun die Frage, welcher Unterschied zwischen der gesamtwirtschaftlichen Ausgabenkurve und der gesamtwirtschaftlichen Nachfragekurve aus Kapitel 27 besteht. Die gesamtwirtschaftliche Ausgabenkurve zeigt die Ausgaben für jedes

Einkommen bei einem gegebenen Preisniveau; die gesamtwirtschaftliche Nachfragekurve zeigt dagegen die Ausgaben für jedes Preisniveau, unter der Voraussetzung, daß das Einkommen seinem (kurzfristigen) Gleichgewichtsniveau entspricht. Das bringt uns zu unserer zentralen Frage: Wie wird das (kurzfristige) Gleichgewichtsniveau des Outputs bestimmt, wenn die Volkswirtschaft unterhalb ihrer Kapazitätsgrenze arbeitet? Um diese Frage zu beantworten, brauchen wir zwei weitere Konzepte.

Die Identität von Einkommen und Output

Das Einkommen der Volkswirtschaft entspricht ihrem Output (wie in Kapitel 24 gezeigt worden ist). Wenn ein Gut gekauft wird, muß das Geld, das dafür bezahlt wird, letztendlich irgend jemandes Einkommen sein, Lohneinkommen in den Taschen der Arbeitskräfte, die das Gut (oder eines seiner Vorprodukte) hergestellt haben, Zinseinkommen in den Taschen derjenigen, die der Herstellerfirma Geld geliehen haben, oder Gewinn in den Taschen der Eigentümer der Unternehmung. Der Einfachheit halber gehen wir davon aus, daß die Einwohner des betrachteten Landes (netto) weder Einkommen aus dem Ausland erhalten, noch Einkommen an das Ausland bezahlen, so daß BIP und BSP zusammenfallen. Wenn Y für das gesamtwirtschaftliche Einkommen steht, können wir schreiben:

$$\text{BIP} = Y.$$

Mit dieser Identität haben wir unser zweites notwendiges Analysekonzept gewonnen. Sie erlaubt es uns, die horizontale Achse der Abbildung 28.2 auf zwei verschiedene Weisen zu interpretieren. Wir können sagen, die gesamtwirtschaftliche Ausgabenkurve zeigt die Ausgaben für jedes Niveau des volkswirtschaftlichen *Einkommens*. Wir können aber auch genauso sagen, sie zeigt die Ausgaben für jedes Niveau des volkswirtschaftlichen *Outputs*.

Der Gleichgewichtsoutput

Normalerweise produziert eine Unternehmung nur das, was sie glaubt verkaufen zu können. Das bedeutet, daß der Gesamtoutput, der von allen Unternehmungen produziert wird, der gesamten Güternachfrage entsprechen muß. Das ist unser drittes notwendiges Konzept. Anders ausgedrückt: Im Gleichgewicht müssen die gesamtwirtschaftlichen Ausgaben (A) und der gesamtwirtschaftliche Output (BIP) übereinstimmen. Da der Output dem volkswirtschaftlichen Einkommen (Y) entspricht, gilt die folgende einfache Gleichung:

$$A = \text{BIP} = Y.$$

In Abbildung 28.2 steht bei der 45°-Linie durch den Ursprung „gesamtwirtschaftliche Ausgaben = Output". Auf dieser Linie liegen alle Punkte, bei denen die gesamtwirtschaftlichen Ausgaben (vertikale Achse) und das volkswirtschaftliche Einkommen, das dem Output entspricht, (horizontale Achse) übereinstimmen.

Das Gleichgewicht wird an demjenigen Punkt der gesamtwirtschaftlichen Ausgabenkurve erreicht, der auch die Bedingung erfüllt, daß die gesamtwirtschaftlichen Ausgaben dem Output entsprechen. Das ist der Schnittpunkt zwischen der gesamtwirtschaftlichen Ausgabenkurve und der 45°-Linie. Der entsprechende Gleichgewichtswert des Outputs wird mit Y^* bezeichnet.

Wenn der Gleichgewichtsoutput festgestellt wird, indem man das Einkommen und die aggregierten Ausgaben zueinander in Beziehung setzt, spricht man von der **Einkommen-Ausgaben-Analyse.** Man kann sich auf zwei verschiedene Weisen klarmachen, daß Y^* das Gleichgewicht ist. Zum einen kann man feststellen, daß nur in diesem Punkt beide Gleichgewichtsbedingungen erfüllt sind. Im Gleichgewicht muß alles, was produziert worden ist, auch gekauft werden. Also müssen die gesamtwirtschaftlichen Ausgaben dem gesamtwirtschaftlichen Output (Einkommen) entsprechen, wie es auf der 45°-Linie der Fall ist. Im Gleichgewicht müssen aber auch die gesamtwirtschaftlichen Ausgaben den Ausgabenwünschen der Haushalte, der Unternehmungen und des Staates beim gegebenen Niveau des volkswirtschaftlichen Einkommens entsprechen; diese Ausgabenwünsche sind durch die gesamtwirtschaftliche Ausgabenkurve gegeben.

Der zweite Weg besteht darin, daß man sich überlegt, was geschieht, wenn das Einkommen höher ist als Y^*. Bei Y_1 zum Beispiel liegt die gesamtwirtschaftliche Ausgabenkurve unterhalb der 45°-Linie. Haushalte, Unternehmungen und Staat wollen also bei diesem Niveau des volkswirtschaftlichen Einkommens weniger ausgeben als dem Einkommen (dem Output) entspricht. Es werden mehr Güter produziert, als die Menschen kaufen wollen. Einige dieser Güter werden gelagert, andere, wie zum Beispiel Erdbeeren, sind nicht lagerfähig und verrotten einfach.

Wirtschaftswissenschaftler unterscheiden zwischen **geplanten Lagerbeständen** und **ungeplanten Lagerbeständen.** Unternehmungen halten freiwillig gewisse Lagerbestände, denn dadurch können sie effizienter arbeiten. Geplante Lagerbestände werden als Investition betrachtet, und ihr Aufbau ist ein Teil der Investitionsausgaben in der gesamtwirtschaftlichen Ausgabenkurve. Ungeplante Lagerbestände sind einfach Güter, welche die Unternehmungen produziert haben und nicht verkaufen können. Beim Einkommen Y_1 in Abbildung 28.2 stellen die Unternehmungen fest, daß sie ungeplante Lagerbestände ansammeln, das heißt, daß sie Güter herstellen, die nicht verkauft werden können und die entweder verrotten oder die Lagerbestände über das gewünschte Maß hinaus aufstocken. Sie reagieren darauf durch eine Einschränkung der Produktion, bis sie den Punkt Y^* erreichen. Beim Einkommen Y_2 liegt die gesamtwirtschaftliche Ausgabenkurve über der 45°-Linie. Haushalte, Unternehmungen und Staat geben mehr aus, als dem volkswirtschaftlichen Einkommen (Output) entspricht. Anders ausgedrückt: Sie kaufen mehr als die Volkswirtschaft herstellt. Das ist möglich, weil die Unternehmungen Lagerbestände verkaufen können. Wenn Lagerbestände unter das gewünschte Niveau abgebaut werden, erhöhen die Unternehmungen ihre Produktion, bis das Gleichgewicht wieder hergestellt ist und der Output (das Einkommen) wieder bei Y^* liegt.

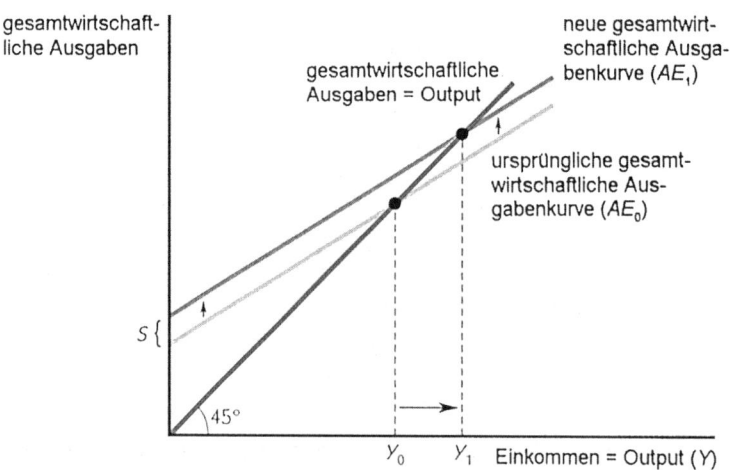

Abbildung 28.3   Auswirkung einer Verschiebung der gesamtwirtschaftlichen Ausgabenkurve. Eine Verschiebung der gesamtwirtschaftlichen Ausgabenkurve nach oben führt zu einem Anstieg des Gleichgewichtsoutputs. Dabei steigt der Output stärker als die aggregierten Ausgaben; d.h., $Y_1 - Y_0$ ist größer als S.

Verschiebungen der gesamtwirtschaftlichen Ausgabenkurve

Die gesamtwirtschaftliche Ausgabenkurve verschiebt sich, wenn irgendwelche Veränderungen in der Volkswirtschaft die Haushalte, die Unternehmungen oder den Staat dazu veranlassen, *bei jedem Einkommensniveau* mehr oder weniger auszugeben. Abbildung 28.3 zeigt, was geschieht, wenn sich die gesamtwirtschaftlichen Ausgaben bei jedem Niveau des gesamtwirtschaftlichen Einkommens um den Betrag S erhöhen. Die neue gesamtwirtschaftliche Ausgabenkurve ist mit A_1 bezeichnet. Der Gleichgewichtsoutput steigt von Y_0 auf Y_1, *also um mehr als den Betrag S*. Das Verhältnis zwischen dem Anstieg der Ausgaben und dem Anstieg des Gleichgewichtsoutputs hängt von der Steigung der gesamtwirtschaftlichen Ausgabenkurve ab. In Abbildung 28.4 verschiebt sich die gesamtwirtschaftliche Ausgabenkurve um den gleichen Betrag wie in Abbildung 28.3, aber die Kurve ist flacher. Infolge dessen fällt der Anstieg des Gleichgewichtsoutputs viel geringer aus.

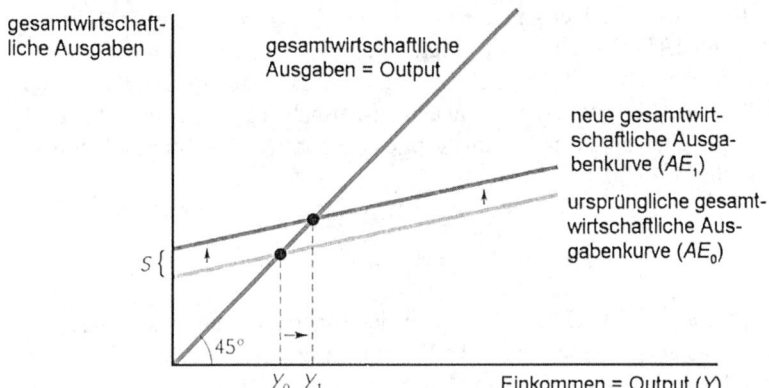

Abbildung 28.4 Die Bedeutung der Steigung der gesamtwirtschaftlichen Ausgaben-kurve. Je flacher die gesamtwirtschaftliche Ausgabenkurve ist, desto geringer ist die Out-puterhöhung bei einer gegebenen Verschiebung der Ausgabenkurve nach oben.

Eine mathematische Formulierung

Wir können das Gleichgewicht auf einfache Weise algebraisch beschreiben. Die gesamtwirtschaftlichen Ausgaben entsprechen der folgenden Gleichung:

$$A = b + dY.$$

Dabei ist b der vertikale Achsenabschnitt der gesamtwirtschaftlichen Ausgaben-kurve (der Wert von A bei $Y = 0$), und d die Steigung der gesamtwirtschaftlichen Ausgabenkurve (eine Erhöhung des Einkommens um einen Dollar führt zu einer Erhöhung der Ausgaben um d Dollar). Da die Steigung kleiner als 45 Grad ist, muß d zwischen null und eins liegen. Das Gleichgewicht ist erreicht, wenn die ag-gregierten Ausgaben dem Einkommen entsprechen, das unter unseren einfachen Annahmen gleich Y ist.:

$$A = Y.$$

Wir setzen die zweite Gleichung in die erste ein und erhalten

$$Y = b + dY.$$

Auflösen nach Y ergibt:

$$Y = b/(1-d).$$

Eine Verschiebung der gesamtwirtschaftlichen Ausgabenkurve nach oben ist gleichbedeutend mit einem Anstieg von b, sagen wir auf $b+1$. Dann steigt Y um einen Betrag $1/1\text{-}d$. Da d kleiner ist als eins, ist $1/(1\text{-}d)$ größer als eins. Bei $d = 0,9$ ist $1\text{-}d = 0,1$ und $1/(1\text{-}d) = 10$. Das bedeutet, daß eine Verschiebung der gesamtwirtschaftlichen Ausgabenkurve um einen Dollar das BIP um zehn Dollar erhöht. Diese grundlegende Eigenschaft des Einnahmen-Ausgaben-Modells wird Multiplikator genannt. Weiter unten in diesem Kapitel werden wir den Multiplikator genauer untersuchen.

28.2 Ausblick

Wir haben gerade zwei wichtige Prinzipien der Makroökonomik kennengelernt: (1) Verschiebungen der gesamtwirtschaftlichen Ausgabenkurve führen zu Verschiebungen des volkswirtschaftlichen Gleichgewichtsoutputs, und (2) der Outputzuwachs ist größer als die Ausgabenerhöhung und wächst mit der Steigung der gesamtwirtschaftlichen Ausgabenkurve. Im weiteren Verlauf dieses Kapitels erforschen wir die Implikationen dieser beiden Aussagen. Dabei geht es um zwei Fragen.

Die erste Frage lautet: Was bestimmt die Steigung der gesamtwirtschaftlichen Ausgabenkurve? Wie wir gesehen haben, führt eine Verschiebung der Ausgabenkurve zu einem Outputzuwachs, der um so höher ausfällt, je größer die Steigung der Ausgabenkurve ist. Die zweite Frage lautet: Wodurch werden Verschiebungen der gesamtwirtschaftlichen Ausgabenkurve verursacht? Hier geht es auch darum, ob und wie der Staat eine solche Verschiebung bewirken kann. Im letzten Kapitel haben wir gesehen, daß Arbeitslosigkeit entsteht, wenn sich die Arbeitsnachfragekurve verschiebt, ohne daß sich die Löhne entsprechend nach unten anpassen. Der Hauptgrund für eine Verschiebung der Arbeitsnachfragekurve ist eine Veränderung des Gleichgewichtsoutputs. Bei niedrigem Output ist auch die Arbeitsnachfrage gering. Wenn der Staat das Gleichgewichtsniveau des Outputs erhöhen kann, indem er irgendwie die gesamtwirtschaftliche Ausgabenkurve verschiebt, dann kann er auch einen Anstieg der Beschäftigung bewirken.

Um diese Fragen zu beantworten, müssen wir jede der vier Ausgabenkomponenten genauer untersuchen: (1) die Konsumgüter, wie zum Beispiel Lebensmittel, Fernsehgeräte oder Kleidung, die von den Haushalten gekauft werden; (2) die Investitionen in Kapitalgüter wie Maschinen oder Gebäude, die von den Unternehmungen gekauft werden, um andere Produkte damit herzustellen; (3) die Ausgaben des Staates für Güter und Dienstleistungen, die zum Teil dem laufenden Konsum dienen (öffentlicher Konsum) und zum Teil, wie etwa Gebäude und Straßen, wegen ihres zukünftigen Nutzens gekauft werden (öffentliche Investitionen); und (4) die Nettoexporte. Man spricht hier von *Netto*exporten, da man von dem Wert der Güter, die ins Ausland verkauft werden, den Wert derjenigen Güter und Dienstleistungen abziehen muß, die im Ausland produziert und von Haushalten, Unternehmungen und staatlichen Stellen in den USA gekauft worden sind, also der Importe.

Wenn A für die gesamtwirtschaftlichen Ausgaben steht, C für die Konsumausgaben, I für die Investitionen, G für die Staatsausgaben und E für die Nettoexporte, dann kann man die Komponenten der gesamtwirtschaftlichen Ausgaben in Gleichungsform aufschreiben:

$$A = C + I + G + E.$$

Diese Gleichung ist nur eine Definition. Sie sagt aus, daß Konsumausgaben, Investitionsausgaben, Staatsausgaben und Nettoexporte zusammengenommen die gesamtwirtschaftlichen Ausgaben ergeben. Die Nettoexporte werden manchmal auch $X - M$ geschrieben, wobei X für die Exporte und M für die Importe steht. Bezogen auf die Wirtschaft der USA stehen hinter diesen Symbolen beinahe astronomische Zahlen. 1995 betrugen die gesamtwirtschaftlichen Ausgaben 7.248 Mrd. \$, davon der Konsum 4.923 Mrd. \$ (67,9 Prozent von A), die Investitionen 1.067 Mrd. \$ (14,7 Prozent von A), die Staatsausgaben 1.359 Mrd. \$ (18,8 Prozent von A), der Export 805 Mrd. \$ und der Import 906 Mrd. \$ (der Nettoexport betrug also -1,4 Prozent von A). Im folgenden wird jede einzelne dieser Ausgabenkategorien für sich betrachtet.

28.3 Der Konsum

Der wichtigste Bestimmungsfaktor des Konsums ist das Einkommen. Im Durchschnitt geben Familien mit höheren Einkommen mehr Geld für den Konsum aus. Tabelle 28.1 zeigt den Zusammenhang zwischen Konsum und Einkommen für eine hypothetische Familie. Die gleiche Information ist in Abbildung 28.5A graphisch dargestellt, wobei die Konsumausgaben entlang der vertikalen Achse und das Einkommen entlang der horizontalen Achse gemessen werden. Die positive Steigung dieser Linie zeigt, daß die betrachtete Familie um so mehr konsumiert, je höher ihr Einkommen ist. Den Zusammenhang zwischen den Konsumausgaben eines Haushalts und seinem Einkommen nennt man **Konsumfunktion**. Verschiedene Familien haben unterschiedliche Konsummuster, weil sich der Geschmack und die Lebensumstände voneinander unterscheiden; aber das Muster, das in Tabelle 28.1 zum Ausdruck kommt, ist recht typisch.

Tabelle 28.1   Das Verhältnis zwischen Einkommen und Konsumausgaben

Einkommen (in \$)	5.000	10.000	20.000	30.000
Konsum (in \$)	6.000	10.500	19.500	28.500

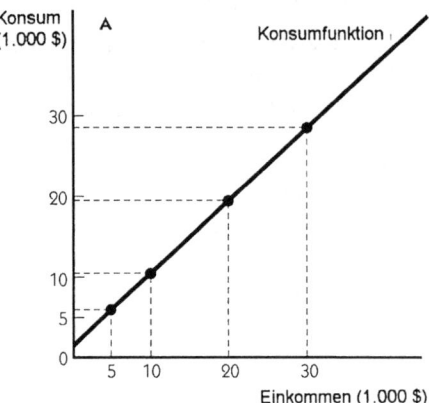

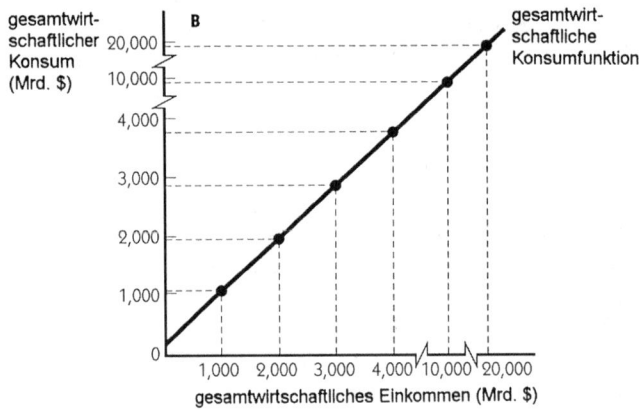

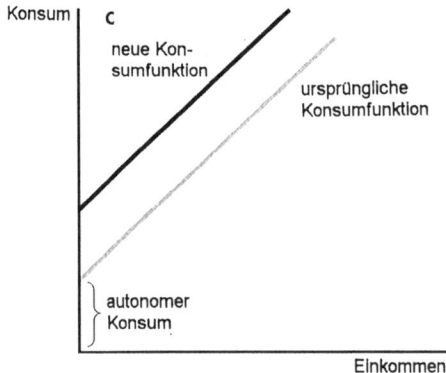

Abbildung 28.5 (Seite 772) Die Konsumfunktion. Wenn das Einkommen zurückgeht, verringert sich auch der Konsum. Die Steigung der Konsumfunktion gibt an, um wieviel die Konsumausgaben zunehmen, wenn sich das Einkommen um einen Dollar erhöht, und wird auch Konsumneigung genannt. Teil A zeigt die Konsumfunktion einer Familie, Teil B zeigt eine aggregierte Konsumfunktion. In Teil C ist eine *Verschiebung* der Konsumfunktion abgebildet. Derjenige Teil des Konsums, der nicht vom Einkommen abhängt, wird autonomer Konsum genannt. In Teil C nimmt der autonome Konsum zu, aber die Konsumneigung bleibt unverändert.

Der aggregierte Konsum ist die Summe der Konsumausgaben aller Haushalte in der Volkswirtschaft. So wie eine typische Familie mit steigendem Einkommen ihre Konsumausgaben erhöht, steigt auch der aggregierte Konsum, wenn das gesamte Einkommen der Volkswirtschaft zunimmt. In der Makroökonomik ist die **gesamtwirtschaftliche Konsumfunktion** von Interesse, also das Verhältnis zwischen dem gesamtwirtschaftlichen Konsum und dem gesamtwirtschaftlichen Einkommen. Dabei geht es vor allem um das verfügbare Einkommen, also um das, was die Menschen in der Tasche haben, nachdem sie ihre Steuern bezahlt haben. Da wir aber im Moment noch den Staat außer acht lassen, ist das verfügbare Einkommen mit dem volkswirtschaftlichen Einkommen identisch. Das Verhältnis zwischen dem gesamtwirtschaftlichen Konsum und dem Einkommen der Volkswirtschaft ist in Tabelle 28.2 gegeben und in Abbildung 28.5B graphisch dargestellt.

Tabelle 28.2 Gesamtwirtschaftlicher Konsum und gesamtwirtschaftliches Einkommen

Gesamtwirtschaftliches Einkommen (Mrd. $)	Konsum (Mrd. $)
1.000	1.050
2.000	1.950
3.000	2.850
4.000	3.750
6.500	6.000
10.000	9.150
20.000	18.150

Die Konsumneigung

Der Betrag, um den die Konsumausgaben ansteigen, wenn das verfügbare Einkommen um einen Dollar zunimmt, wird **Konsumneigung** genannt. Für die Vereinigten Staaten insgesamt lag die Konsumneigung in den letzten Jahren irgendwo zwischen 0,9 und 0,97. Das heißt, von jedem zusätzlichen Dollar Einkommen, den die Haushalte erhalten, geben sie durchschnittlich zwischen 90 und 97 Prozent für den Konsum aus.[1] Wenn das aggregierte Einkommen um 100 Mrd. $ ansteigt, dann erhöht sich der gesamtwirtschaftliche Konsum um 90 bis 97 Mrd. $. In der hypothetischen Konsumfunktion in Abbildung 28.5B beträgt die Konsumneigung 0,9: Wenn das verfügbare Einkommen um eine Billion Dollar steigt, erhöht sich der aggregierte Konsum um 900 Mrd. $.

Die Steigung der gesamtwirtschaftlichen Konsumfunktion enthält eine wichtige Information. Sie gibt an, um wieviel der gesamtwirtschaftliche Konsum (gemessen entlang der vertikalen Achse) steigen wird, wenn das aggregierte verfügbare Einkommen (gemessen entlang der horizontalen Achse) um einen Dollar zunimmt. In anderen Worten: Die Steigung der gesamtwirtschaftlichen Konsumfunktion ist die Konsumneigung. Je flacher die Steigung ist, ums so niedriger ist die Konsumneigung.

Abbildung 28.5C zeigt eine Verschiebung der Konsumfunktion. Der Schnittpunkt mit der vertikalen Achse, der das Konsumniveau bei einem verfügbaren Einkommen von null anzeigt, verschiebt sich nach oben. Dieser Teil des Konsums, der nicht vom Einkommen abhängt, wird manchmal auch **autonomer Konsum** genannt.[2] Durch die abgebildete Verschiebung wird die Konsumneigung nicht berührt; das heißt, die Steigung der Konsumfunktion bleibt gleich. Manchmal verändern sich gleichzeitig der autonome Konsum und die Konsumneigung. Gegen Ende der achtziger Jahre schienen sowohl der autonome Konsum als auch die Konsumneigung höher zu sein als in vorangegangenen Jahrzehnten.

Wie bei jeder Kurve, so muß man auch hier sorgfältig unterscheiden zwischen Konsumveränderungen, die eine Bewegung entlang einer Konsumfunktion darstellen - die Zunahme des Konsums, die mit höheren Einkommen einher geht - und solchen Veränderungen, die einer Verschiebung der Konsumfunktion entsprechen. In Kapitel 29 werden wir einige der Faktoren kennenlernen, die zu Verschiebungen der Konsumfunktion führen.

Die Konsumfunktion kann auch in Gleichungsform geschrieben werden:

$$C = a + cY_d.$$

---

[1] Gegen Ende der achtziger Jahre betrug der Konsum manchmal bis zu 97 Prozent des Haushaltseinkommens. In den letzten Jahren ist der Konsum etwas niedriger gewesen. Diese Zahlen beziehen sich auf die Konsumquote, also das durchschnittliche Verhältnis zwischen Konsum und verfügbarem Einkommen. Die Konsumneigung ist etwas geringer.

[2] Ein Haushalt kann auch bei einem Einkommen von null konsumieren, indem er seine Ersparnisse aufbraucht.

Dabei steht C für den Konsum, a für die autonomen Konsumausgaben, c für die Konsumneigung und Y_d für das verfügbare Einkommen nach Steuern.

Die Sparneigung

Ein Haushalt kann einen zusätzlichen Dollar verfügbares Einkommen entweder ausgeben oder sparen; Ersparnis und Konsum ergänzen sich also. Die Definition „Einkommen = Konsum + Ersparnis" bedeutet, daß die Ersparnis um zehn Cents zunehmen muß, wenn das Einkommen um einen Dollar steigt und davon 90 Cents für den Konsum ausgegeben werden. Die Erhöhung der Ersparnis, die aus einem zusätzlichen Dollar Einkommen resultiert, wird **Sparneigung** genannt. Sie ist das Gegenstück der Konsumneigung und muß sich mit dieser immer zu eins ergänzen:

$$\text{Sparneigung} + \text{Konsumneigung} = 1.$$

Wenn in den USA heute die Konsumneigung hoch ist, so bedeutet das gleichzeitig, daß die Sparneigung niedrig ist. Vor fünfzig Jahren lag die Konsumneigung zwischen 0,8 und 0,9; sie war also niedriger als heute. Von jedem zusätzlichen Dollar verfügbares Einkommen wurden zwischen 80 und 90 Cents für den Konsum ausgegeben. Entsprechend war die Sparneigung höher; zwischen 10 und 20 Cents von jedem zusätzlichen Dollar verfügbares Einkommen wurden gespart.

28.4 Die Investition

Wie wir in Kapitel 25 gesehen haben, unterliegen die jährlichen Investitionsausgaben in Abhängigkeit vom Zinssatz großen Schwankungen. Hier interessieren wir uns jedoch für das Verhältnis zwischen den gesamtwirtschaftlichen Ausgaben und dem gesamtwirtschaftlichen Einkommen, wie es durch die aggregierte Ausgabenkurve beschrieben wird. Wir gehen davon aus, daß die Höhe der Investitionsausgaben nicht mit dem Niveau des Einkommens im gleichen Jahr zusammenhängt. Diese Annahme dient vor allem der Vereinfachung, aber sie drückt auch die Ansicht aus, daß die Investitionen in erster Linie durch die Erwartungen der Unternehmung über ihre zukünftigen wirtschaftlichen Aussichten bestimmt sind. Entsprechend haben die Ereignisse im laufenden Jahr und insbesondere die Höhe des volkswirtschaftlichen Einkommens keinen großen Einfluß auf die Investitionsausgaben (siehe Tabelle 28.3). Wir können nun den Gleichgewichtsoutput in einem einfachen Wirtschaftsmodell ohne Staat und Außenhandel analysieren. Die gesamtwirtschaftlichen Ausgaben bestehen in diesem Modell nur aus Konsum- und Investitionsausgaben.

In Tabelle 28.3 wird die Information aus Tabelle 28.2 mit fixen Investitionsausgaben in Höhe von 500 $ kombiniert. Da wir den Staat mit seinen Steuern und Ausgaben noch nicht in das Modell einbezogen haben, ist das verfügbare Einkommen

Tabelle 28.3 Die aggregierten Ausgaben (Modell ohne Staat und Außenhandel)

Verfügbares Einkommen ($)	Konsum ($)	Investitionen ($)	Gesamtwirtschaftliche Ausgaben ($)
1.000	1.050	500	1.550
2.000	1.950	500	2.450
3.000	2.850	500	3.350
4.000	3.750	500	4.250
6.500	6.000	500	6.500
10.000	9.150	500	9.650
20.000	18.150	500	18.650

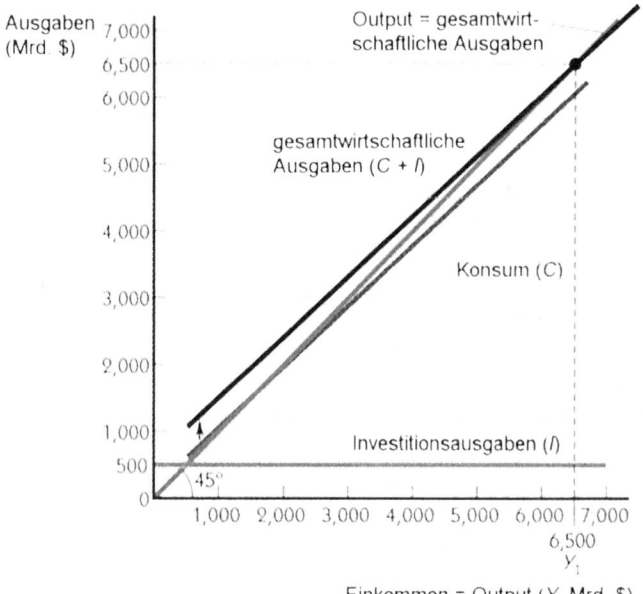

Abbildung 28.6 Die aggregierten Ausgaben in einem Modell ohne Staat und Außenhandel. Da die Investitionen fix sind, liegt die gesamtwirtschaftliche Ausgabenkurve in einem festen Abstand oberhalb der Konsumfunktion. Die Steigung von $C + I$ entspricht der Steigung der Konsumfunktion, also der Konsumneigung.

mit dem volkswirtschaftlichen Einkommen identisch. Die Tabelle zeigt die aggregierten Ausgaben für verschiedene Niveaus des volkswirtschaftlichen Einkommens. Die aggregierten Ausgaben sind die Summe aus Konsum- und Investitionsausgaben in der vierten Spalte der Tabelle und sind in Abbildung 28.6 graphisch dargestellt. Da wir davon ausgegangen sind, daß die Investitionen nicht vom laufenden Einkommen abhängig sind, ist die Steigung der oberen Linie in der Abbildung genauso groß wie die Steigung der Konsumfunktion: Mit steigendem Einkommen wachsen die aggregierten Ausgaben um genau den gleichen Betrag wie die Konsumausgaben; die Steigung der gesamtwirtschaftlichen Ausgabenkurve entspricht also ebenfalls der Konsumneigung. Das Gleichgewicht - der Schnittpunkt zwischen der gesamtwirtschaftlichen Ausgabenkurve und der 45°-Linie - liegt bei einem Einkommen von $Y_1 = 6.500$ Mrd. $.

Der Multiplikator

Eine der wesentlichen Erkenntnisse aus der Einkommen-Ausgaben-Analyse ist die folgende: Faktoren, die die gesamtwirtschaftliche Ausgabenkurve verschieben, haben einen um ein Vielfaches stärkeren Effekt auf den Output. Angenommen, die aggregierte Ausgabenkurve verschiebt sich durch zusätzliche Investitionen um eine Milliarde Dollar nach oben. Wir gehen weiterhin davon aus, daß die Konsumneigung 0,9 beträgt. In der ersten Runde ist die Auswirkung der zusätzlichen Investitionsausgaben klar (siehe Tabelle 28.4): Der Output erhöht sich um die eine Milliarde Dollar, die die Unternehmungen zusätzlich für Kapitalgüter ausgeben. Das ist jedoch nur der Anfang. Der Wert des zusätzlichen Outputs verteilt sich als zusätzliches Einkommen an die Haushalte der Volkswirtschaft, entweder in Form von höheren Löhnen, oder in Form von höheren Zinszahlungen oder höheren Gewinnen, die als Einkommen an die Eigentümer der Unternehmung fließen. Bei einer Konsumneigung von 0,9 führt das zu einer Erhöhung der Konsumnachfrage um $0,9 \times 1$ Mrd. $ = 900$ Mio. $. Dieser Effekt der zweiten Runde erzeugt einen zusätzlichen Output und damit wieder ein zusätzliches Einkommen in Höhe von 900 Mio. $; daraus entsteht in der dritten Runde eine Ausweitung des Konsums um $0,9 \times 900$ Mio. $ = 810$ Mio. $. In der nächsten Runde wächst der Output um $0,9 \times 810$ Mio. $, dann um 0,9 mal diesen Betrag und so weiter. Wenn man aus allen Runden die Summe bildet, führt in diesem Beispiel eine Erhöhung der Investitionsausgaben um eine Milliarde Dollar zu einem Anstieg des Gleichgewichtsoutputs um zehn Milliarden Dollar.

Leider funktioniert der Multiplikatorprozeß auch in der umgekehrten Richtung. So wie ein Anstieg der Investitionen einen um ein Vielfaches höheren Anstieg des Outputs hervorruft, so bewirkt auch Rückgang der Investitionen einen um ein Vielfaches stärkeren Rückgang des Outputs. In unserem Beispiel mit einer Konsumneigung von 0,9 bewirkt ein Rückgang der Investitionen um eine Milliarde Dollar einen Rückgang des gesamtwirtschaftlichen Outputs um zehn Milliarden Dollar. Das Verhältnis zwischen der Veränderung der Investitionsausgaben und der Veränderung des Outputs, die letztendlich dadurch bewirkt wird, nennt man Investitionsmultiplikator oder einfach kurz **Multiplikator**. Ein Anstieg der Staatsausgaben oder der Nettoexporte hat einen ähnlichen Multiplikatoreffekt.

Tabelle 28.4 Auswirkungen eines Anstiegs der Investitionsausgaben um 1 Mrd. \$ (in Mio. \$)

erste Runde	1.000
zweite Runde	900
dritte Runde	810
vierte Runde	729
fünfte Runde	656
sechste Runde	590
siebente Runde	531
achte Runde	478
neunte Runde	430
zehnte Runde	387
elfte Runde	349
zwölfte und alle weiteren Runden	3.140
Summe	10.000

Anwendungsbeispiel: Die Berechnung des Gleichgewichtsoutputs

Der Gleichgewichtsoutput kann folgendermaßen berechnet werden. Da

$$C = a + cY$$

und

$$A = C + I = a + cY + I,$$

und da im Gleichgewicht die gesamtwirtschaftlichen Ausgaben dem Einkommen entsprechen,

$$A = Y,$$

gilt

$$Y = a + cY + I$$

oder

$$Y = \frac{a + I}{1 - c}.$$

Beträgt zum Beispiel $a = 2$ Billionen \$, $I = 1$ Billion \$ und $c = 1/2$, so lautet das Ergebnis $Y = 6$ Billionen \$.

In unserem einfachen Modell ohne Staat und ohne Außenhandel hat der Multiplikator eine einfache mathematische Form: 1/(1-Konsumneigung). Wie wir gesehen haben, wird jeder Dollar, den ein Haushalt nicht für den Konsum ausgibt, gespart; ein zusätzliches Einkommen von einem Dollar muß also entweder in den Konsum oder in die Ersparnis fließen. Also gilt (1 - Konsumneigung) = Sparneigung. Dieses Ergebnis erlaubt es uns, die Multiplikatorformel umzuschreiben:

$$\text{Multiplikator} = \frac{1}{1 - \text{Konsumneigung}} = \frac{1}{\text{Sparneigung}}.$$

In anderen Worten: Der Multiplikator ist der Kehrwert der Sparneigung. Bei einer Konsumneigung von 0,9 ist die Sparneigung 0,1 und der Multiplikator beträgt 10.

Anwendungsbeispiel: Die Berechnung des Multiplikators

Im letzten Anwendungsbeispiel haben wir gezeigt, daß

$$Y = \frac{a + I}{1 - c}.$$

Um den Multiplikator zu berechnen, nehmen wir an, daß I um einen Dollar steigt. Dann ist

$$Y_1 = \frac{a + I + 1}{1 - c}.$$

Die Veränderung von Y, $Y_1 - Y$ findet man durch Subtraktion:

$$Y_1 - Y = \frac{1}{1 - c}.$$

Je kleiner die Konsumneigung c ist, um so flacher ist die gesamtwirtschaftliche Ausgabenkurve und um so kleiner ist der Multiplikator. Bei $c = 0,9$ ist der Multiplikator zehn. Bei $c = 0,8$ ist der Multiplikator fünf.

28.5 Staat und Außenhandel

Wenn der Staat und der Außenhandel in die Analyse einbezogen werden, funktioniert der Multiplikator im wesentlichen genauso. Veränderungen der Staatsausgaben und der Nettoexporte führen über den Multiplikatorprozeß zu größeren Veränderungen des Gleichgewichtsoutputs. Allerdings verändert sich, wie wir sehen werden, durch die Einbeziehung von Staat und Außenhandel die Größe des Multiplikators.

Ein Blick in die Wirtschaftspolitik:
Ein kleiner Anreiz kann eine große Wirkung haben

Die Multiplikatortheorie zeigt, daß ein kleiner Anreiz eine große Wirkung haben kann. 1993 als die Wirtschaft der USA immer noch im Abschwung war und die Arbeitslosigkeit mehr als sieben Prozent betrug, schlug der neu gewählte Präsident Clinton ein kleines Anreizpaket vor, das hauptsächlich aus öffentlichen Investitionen in Höhe von ungefähr 16 Mrd. $ bestand. Bei einem Inlandsprodukt von sechs Billionen Dollar sind 16 Mrd. $ auf den ersten Blick eine recht kleine Zahl, etwa ein viertel Prozent. Aber bei einem Multiplikator von zwei könnte man dadurch den gesamtwirtschaftlichen Output um 32 Mrd. $ erhöhen. Eine solche Outputerhöhung wiederum würde die Arbeitslosenquote um zwei oder drei Zehntel eines Prozentpunkts beschneiden - nicht genug, um die Arbeitslosenquote auf sechs Prozent oder weniger zu drücken, aber genug, um den Erholungsprozeß zu beschleunigen und zu zeigen, daß die Regierung bereit war, der Rezession, die damals bereits seit fast zwei Jahren herrschte, etwas entgegenzusetzen. Tatsächlich betrachtete man das geringe Volumen des Pakets als Vorteil: Für den Fall, daß die wirtschaftliche Erholung von selbst schneller in Gang kommen sollte, als prognostiziert worden war, lief man kaum Gefahr, damit die Konjunktur zu überhitzen.

Der Staat im Einkommen-Ausgaben-Modell

Gesamtwirtschaftlich gesehen hat der Staat eine zwiespältige Rolle: Durch seine Ausgaben steigt die gesamtwirtschaftliche Nachfrage und gleichzeitig geht durch die Besteuerung das Einkommen der Haushalte zurück. Betrachten wir zuerst die Steuern. Da der Konsum vom verfügbaren Einkommen der Haushalte abhängt - also von demjenigen Einkommen, das ihnen übrig bleibt, nachdem sie ihre Steuern bezahlt haben - reduzieren die Steuern die Konsumnachfrage.

Das Gesamteinkommen entspricht dem Gesamtoutput Y. Das verfügbare Einkommen ist einfach das Gesamteinkommen abzüglich der Steuern T:

$$\text{verfügbares Einkommen} = Y - T.$$

Steuern haben zweierlei Wirkungen. Erstens reduzieren sie den Konsum, da bei jedem Niveau des gesamtwirtschaftlichen Einkommens durch die Steuern das verfügbare Einkommen niedriger wird. Die Steuern verschieben die gesamtwirtschaftliche Ausgabenkurve nach unten. Zweitens ist der Multiplikator niedriger (die Steigung der aggregierten Ausgabenkurve ist geringer), weil die Steuern typischerweise mit dem Einkommen steigen. Ein Anstieg des Gesamteinkommens um einen Dollar führt zu einer geringeren Konsumerhöhung, wenn ein Teil des zusätzlichen Einkommens an den Staat abgeführt werden muß.

Ohne Besteuerung bedeutet eine zusätzliche Investition von einem Dollar eine Einkommenserhöhung um einen Dollar und damit eine Steigerung des Konsums in Höhe der Konsumneigung. Dieser zusätzliche Konsum löst die nächste Runde der

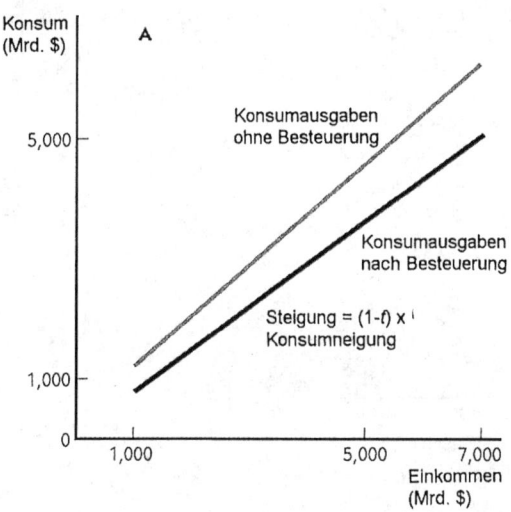

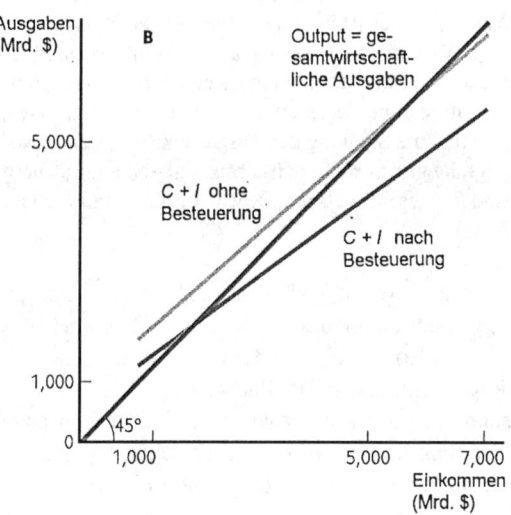

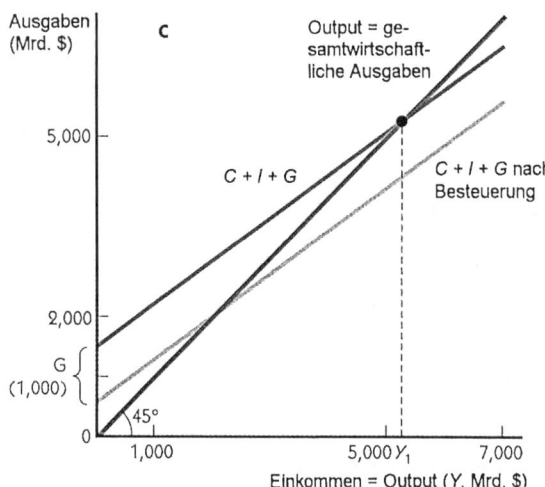

Abbildung 28.7 Die Rolle des Staates im Einkommen-Ausgaben-Modell. Steuern verringern das verfügbare Einkommen. Wie Teil A der Abbildung (Seite 781) zeigt, ist bei jedem Niveau des gesamtwirtschaftlichen Einkommens das verfügbare Einkommen niedriger und damit auch der Konsum. Da die Steuern mit dem Einkommen steigen, führen Einkommenserhöhung im Vergleich zu einer Situation ohne Besteuerung zu geringeren Konsumerhöhungen. Bei einem Steuersatz von *t* beträgt die Steigung der Ausgabenkurve (1-*t*)×*c*, wobei *c* die Konsumneigung ist. Teil B zeigt die gesamtwirtschaftlichen Ausgaben mit Steuern aber ohne Staatsausgaben. In Teil C sind die gesamtwirtschaftlichen Ausgaben mit Steuern und Staatsausgaben dargestellt.

Output- und Einkommensteigerungen aus. Wenn von jedem Dollar 25 Cents an den Staat abgeführt werden müssen, dann steigt das verfügbare Einkommen nur um 75 Cents. Die Konsumerhöhung ist also um ein Viertel geringer als ohne Besteuerung. In anderen Worten: Die Konsumfunktion ist flacher, wie man in Teil A der Abbildung 28.7 sieht. Entsprechend ist auch die gesamtwirtschaftliche Ausgabenfunktion, die in Teil B der Abbildung gezeigt wird, flacher. Und weil die gesamtwirtschaftliche Ausgabenkurve flacher ist, ist der Multiplikator kleiner.

Die Berücksichtigung der Staatsausgaben im Modell wäre einfacher, wenn sich Einnahmen und Ausgaben des Staates im Gleichschritt entwickeln würden. Der Staat kann jedoch Kredit aufnehmen und mehr ausgeben, als er in Form von Steuern eingenommen hat. Wenn die jährlichen Ausgaben des Staates seine Steuereinnahmen übersteigen, dann hat er ein **Haushaltsdefizit.**

Anwendungsbeispiel:
Der Multiplikator in einer geschlossenen Volkswirtschaft mit Staat

Wenn wir die Aktivitäten des Staates hinzufügen, lautet die Gleichung für die gesamtwirtschaftlichen Ausgaben

$$A = C + I + G = a + cY_d + I + G,$$

wobei Y_d für das verfügbare Einkommen steht. Der Einfachheit halber gehen wir davon aus, daß die Steuern ein bestimmter Prozentsatz vom Einkommen sind, so daß

$$Y_d = Y(1 - t).$$

Im Gleichgewicht entsprechen die gesamtwirtschaftlichen Ausgaben dem Einkommen:

$$A = C + I + G = a + cY(1 - t) + I + G.$$

Damit gilt

$$Y = \frac{a + I + G}{1 - c(1 - t)}.$$

Also lautet der Multiplikator

$$\frac{1}{1 - c(1 - t)}.$$

Für $c = 0,8$ und $t = 0,25$ hat der Multiplikator den Wert 2,5. Im Gegensatz dazu hat der Multiplikator in einer Welt ohne Steuern den Wert fünf, ist also doppelt so groß. Warum der Multiplikator ohne Steuern höher ist, ist leicht zu verstehen. Ohne Besteuerung wird aus jedem zusätzlichen Dollar zusätzlicher Konsum in Höhe von 80 Cents. Mit Besteuerung bewirkt eine Einkommensteigerung um einen Dollar nur einen zusätzlichen Konsum von $0,8 \times (1-0,25)$ \$ = 60 Cents.

Über die Auswirkungen von Haushaltsdefiziten gibt es unterschiedliche Ansichten. Wir gehen hier von der vereinfachenden Annahme aus, daß das Defizit selbst (im Unterschied zu dem Ausgabenungleichgewicht, das zu dem Defizit geführt hat) keine *direkten* Auswirkungen auf Konsum- und Investitionsausgaben hat. Weiter nehmen wir an, daß die Staatsausgaben nicht automatisch mit dem Einkommen steigen, sondern daß sie fix sind. Während also die Steuern die gesamtwirtschaftliche Ausgabenkurve nach unten verschieben und flacher machen, verschieben die Staatsausgaben sie nach oben, wie man in Teil C der Abbildung 28.7 sieht. In diesem Diagramm sind die Verschiebung der Ausgabenkurve nach oben durch die Staatsausgaben und die Verschiebung nach unten durch die Steuern (Teil B) übereinandergelegt. Man beachte, daß die Investitionen I (die im Beispiel der Abbildung 28.7 500 Mrd. \$ betragen) und die Staatsausgaben G die Ausgabenkurve nach oben verschieben, ohne ihre Steigung zu verändern. Die Steigung in Teil C der Abbildung ist die gleiche wie in Teil B. Gleichgewicht wird wieder im Schnittpunkt der gesamtwirtschaftlichen Ausgabenkurve und der 45°-Linie erreicht. Eine Erhöhung der Staatsausgaben kann eine starke Anreizwirkung auf die Volkswirtschaft ausüben. Wenn sich die Wirtschaft aber in einer schweren Rezession befindet, muß der Staat unter Umständen die Ausgaben sehr stark erhöhen, um den Output auf das Vollbeschäftigungsniveau anzuheben.

Der Außenhandel im Einkommen-Ausgaben-Modell

Bisher haben wir die wichtige Rolle des internationalen Handels in unserer Analyse nicht berücksichtigt. Wir haben also eine geschlossene Volkswirtschaft dargestellt, die weder exportiert noch importiert. Heute stehen die Vereinigten Staaten und andere Industrieländer aber in einem sehr regen wirtschaftlichen Austausch mit anderen Ländern, sie sind also offene Volkswirtschaften.

Der internationale Handel kann starke Auswirkungen auf den gesamtwirtschaftlichen Output haben. Die Möglichkeit zu exportieren stellt eine Ausweitung des Marktes für die heimischen Güter dar. In den letzten Jahren haben die USA Güter und Dienstleistungen im Umfang von annähernd zehn Prozent ihres Inlandsprodukts exportiert. Bei kleineren Ländern machen die Exporte einen viel größeren Anteil am Output aus: bei Großbritannien zum Beispiel 26 Prozent und bei Japan zwölf Prozent.

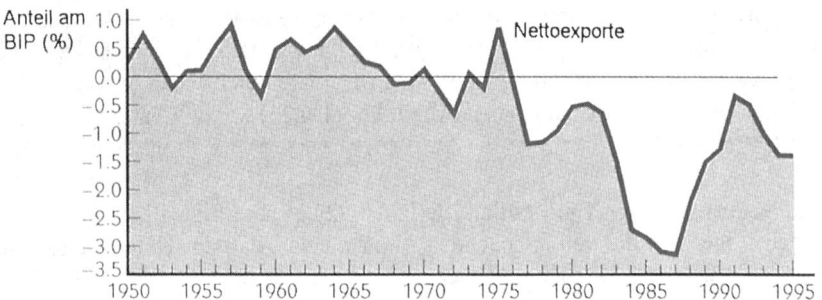

Abbildung 28.8 Nettoexporte der USA seit 1950. In den fünfziger und sechziger Jahren waren die Nettoexporte der USA im allgemeinen positiv; in den achtziger Jahren sind sie dagegen weit unter null gefallen. *Quelle: ERP*(1996), Tabelle B-1.

Aber genauso wie der Markt für die heimischen Güter durch Exporte erweitert wird, wird er durch Importe verringert. Importe und Exporte berühren also die gesamtwirtschaftliche Ausgabenkurve auf verschiedene Weise. In den letzten Jahren waren in den USA die Importe höher als die Exporte. Gegen Ende der achtziger Jahre lagen die Nettoexporte zwischen minus zwei und minus drei Prozent des BIP. Der Außenhandel hat nicht nur seine Größenordnung relativ zur Gesamtwirtschaft verändert, sondern die Nettoexporte sind dramatisch gesunken, wie man in Abbildung 28.8 sieht.

Die Importe

Wenn die Haushaltseinkommen steigen, kaufen die Konsumenten in den USA nicht nur mehr amerikanische Produkte sondern auch mehr Produkte aus dem Ausland. Analog zur Konsumfunktion kann man auch eine **Importfunktion** zeichnen. (Da wir Investitionen und Staatsausgaben als fix angenommen haben, haben wir bisher keine Kurve, die eine dieser Größen auf das Einkommen bezieht.) Die Importfunktion zeigt zu jedem Einkommensniveau die Höhe der Importe an. Tabelle 28.5 zeigt für verschiedene Einkommensniveaus hypothetische Importwerte. Der Einfachheit halber gehen wir davon aus, daß die Importe nur von den Konsumenten gekauft werden, und daß ihre Höhe deshalb vom verfügbaren Einkommen abhängt. Die Importfunktion ist in Abbildung 28.9 dargestellt.

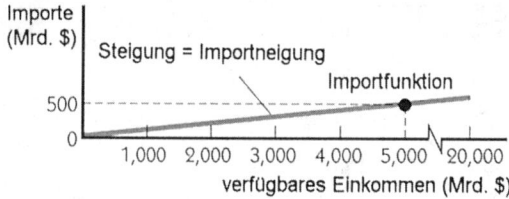

Abbildung 28.9 Die Importfunktion. Die Importe (*M*) steigen mit dem verfügbaren Einkommen kontinuierlich an. Die Steigung der Importfunktion entspricht der Importneigung.

Tabelle 28.5   Importe und verfügbares Einkommen (Mrd. $)

Verfügbares Einkommen	1.000	2.000	3.000	4.000	5.000	10.000	20.000
Importe	100	200	300	400	500	1.000	2.000

Die Exporte

Wieviele Güter Ausländer von den Vereinigten Staaten kaufen, hängt vom Einkommen der Ausländer ab und weniger vom Einkommen in den Vereinigten Staaten. Die Exporte können auch von anderen Faktoren beeinflußt werden, wie zum

Beispiel von den Marketinganstrengungen amerikanischer Unternehmungen und den Preisen amerikanischer Güter im Vergleich zu denen ausländischer Güter. Uns geht es hier um die Bestimmung des Outputs in den Vereinigten Staaten. Der Einfachheit halber nehmen wir an, daß diese Faktoren vorgegeben sind und nicht von der Outputentwicklung in den Vereinigten Staaten abhängen. Insbesondere gehen wir davon aus, daß die Einkommen der Ausländer nicht in signifikanter Weise von den Einkommen in den USA abhängen. Also können wir das Niveau der Exporte mit 400 Mrd. $ als gegeben betrachten.

Die Differenz zwischen Exporten und Importen (der Nettoexport) wird auch als Handelsbilanz bezeichnet. Tabelle 28.6 enthält zu jedem Niveau des gesamtwirtschaftlichen Einkommens die Nettoexporte. Bei sehr niedrigen Einkommen sind die Nettoexporte positiv. Das heißt, die Exporte sind höher als die Importe. Mit steigendem Einkommen nehmen die Importe zu, während der Export unverändert bleibt. Irgendwann sind schließlich die Importe höher als die Exporte und die Handelsbilanz wird negativ.

Tabelle 28.6   Nettoexporte (in Mrd. $)

Verfügbares Einkommen	Exporte	Importe	E (Exporte - Importe)
1.000	400	100	300
2.000	400	200	200
3.000	400	300	100
4.000	400	400	0
5.000	400	500	-100
10.000	400	1.000	-600
20.000	400	1.800	-1.400

Wie die Steuern hat auch der Außenhandel die Wirkung, daß er die gesamtwirtschaftliche Ausgabenkurve abflacht. Das liegt daran, daß jeweils ein Teil des zusätzlichen Einkommens für Importe verwendet wird und nicht für im Inland hergestellte Güter. Also steigen die gesamtwirtschaftlichen Ausgaben - die Ausgaben für heimische Güter - um einen geringeren Betrag. In einer geschlossenen Volkswirtschaft bewirkt ein Einkommenszuwachs um einen Dollar einen Anstieg der aggregierten Ausgaben in Höhe der Konsumneigung. In einer offenen Volkswirtschaft steigen die aggregierten Ausgaben in der gleichen Situation um Konsumneigung *minus* Importneigung. Die Differenz zwischen den beiden kann man als Neigung zum Konsum heimischer Güter interpretieren.

Diesen Zusammenhang kann man in Tabelle 28.7 sehen, wo für verschiedene Niveaus des gesamtwirtschaftlichen Einkommens jeweils das verfügbare Einkommen, der Konsum, die Investition, die Staatsausgaben und die Nettoexporte angegeben sind. Immer wenn das aggregierte Einkommen um 1.333 Mrd. $ ansteigt, wächst das verfügbare Einkommen nur um 1.000 Mrd. $; und während die Konsumnachfrage um 900 Mrd. $ steigt, nehmen die Nettoexporte um 100 Mrd. $ *ab* (weil die Importe zunehmen), so daß der Nettoanstieg der aggregierten Ausgaben nur 800 Mrd. $ beträgt. In einer geschlossenen Volkswirtschaft mit Staat hätten die aggregierten Ausgaben um 900 Mrd. $ zugenommen.

Tabelle 28.7 Übersicht über die gesamtwirtschaftlichen Ausgaben (in Mrd. $)

Einkommen	verfügbares Einkommen	Konsum	Investition	Staats-ausgaben	Netto-exporte	aggregierte Ausgaben
1.333	1.000	1.050	500	1.000	300	2.850
2.666	2.000	1.950	500	1.000	200	3.650
4.000	3.000	2.850	500	1.000	100	4.450
5.125	3.844	3.609	500	1.000	16	5.125
5.333	4.000	3.750	500	1.000	0	5.250
13.333	10.000	9.150	500	1.000	-600	10.050
26.666	20.000	18.150	500	1.000	-1.400	18.250

Bei einem Einkommen von 5.333 Mrd. $ (einem verfügbaren Einkommen von 4.000 Mrd. $) sind die Nettoexporte null. Bei höheren Einkommensniveaus sind die Nettoexporte negativ. Bei niedrigeren Niveaus sind sie positiv. Der Außenhandel erhöht also die aggregierten Ausgaben bei niedrigeren Einkommensniveaus und senkt sie bei höheren Einkommensniveaus.

In Abbildung 28.10 wird noch einmal das Diagramm der Einkommen-Ausgaben-Analyse benutzt, um zu zeigen, wie das Outputniveau bestimmt wird. Wie zuvor wird die Gleichgewichtsbedingung $Y = A$ durch die 45°-Linie dargestellt. Die gesamtwirtschaftliche Ausgabenkurve enthält nun alle ihre Komponenten $C + I + G + (X - M)$. Die Steigung dieser Kurve ist noch flacher als in Abbildung 28.7C. Der Grund liegt darin, daß bei steigendem Einkommen eine der Komponenten der gesamtwirtschaftlichen Ausgaben, die Nettoexporte, tatsächlich abnimmt. Gleichgewicht herrscht wieder im Schnittpunkt zwischen Ausgabenkurve und 45°-Linie, beim Outputniveau Y_0 (gleich 5.125 Mrd. $).

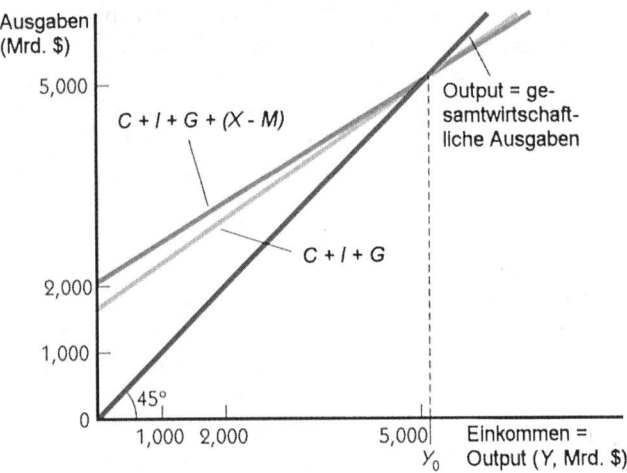

Abbildung 28.10   Einkommen-Ausgaben-Analyse mit Außenhandelssektor. Addiert man die Exporte in einer gegebenen Höhe, so verschiebt sich die aggregierte Ausgabenkurve nach oben. Addiert man jedoch die Importe, so wird die Steigung der Kurve flacher, da ein Teil des gesamtwirtschaftlichen Einkommens nun zum Kauf von im Ausland hergestellten Produkten verwendet wird. Dadurch wird der Multiplikator reduziert.

Wir wissen, daß eine flachere gesamtwirtschaftliche Ausgabenkurve mit einem niedrigeren Multiplikator einhergeht. Um genau zu verstehen, wie das im Fall des Außenhandels funktioniert, stellen wir uns wieder den Ablauf des Multiplikatorprozesses durch mehrere Runden hindurch vor. In der ersten Runde erhöht die zusätzliche Investition den Output. In der zweiten Runde ist es der Anstieg der Konsumausgaben, der durch die gestiegenen Einkommen im Investitionsgütersektor ausgelöst wird. Dieser Effekt wird in der dritten Runde noch verstärkt, weil die höheren Einkommen derjenigen, die an der Produktion der zweiten Runde beteiligt waren, wieder einen Anstieg des Konsums auslösen. Und so weiter. Nun ist aber der Effekt der zweiten Runde dadurch verringert, daß ein Teil der zusätzlichen Konsumausgaben für Importe verwendet wird. Wenn die Konsumneigung 0,9 beträgt, der Steuersatz 0,25 und die Importneigung 0,1, dann steigt Konsumgüterproduktion im Inland nur um 600 Mio. $ (nicht um 675 Mio. $ wie in einer Situation ohne Außenhandel oder um 900 Mio. $ wie in einer Situation ohne Staat und Außenhandel).[3] Aber nicht nur die Wirkung der zweiten Runde ist verringert son-

---

3 Von der einen Milliarde Dollar nimmt der Staat 25 Prozent und läßt den Haushalten nur
   750 Mio. $. Die Haushalte verwenden 90 Prozent von diesem Betrag für den Konsum,

dern auch die Wirkung der dritten Runde. Der Einkommensanstieg von 600 Mio. $ in der zweiten Runde führt in der dritten Runde zu einer Zunahme der Nachfrage nach heimischen Konsumgütern in Höhe von 360 Mio. $.

Anwendungsbeispiel: Der Multiplikator in einer offenen Volkswirtschaft

Berücksichtigt man den Außenhandel, so lautet die Gleichung für die gesamtwirtschaftlichen Ausgaben

$$A = C + I + G + X - M.$$

Die Importe hängen vom verfügbaren Einkommen ab und sind durch die Importfunktion gegeben:

$$M = mY_d,$$

wobei m für die Importneigung steht; die Exporte sind fix. Also gilt für die aggregierten Ausgaben

$$A = a + cY(1-t) + I + G + X - m(1-t)Y.$$

Im Gleichgewicht entsprechen die aggregierten Ausgaben dem Einkommen:

$$Y = \frac{a + I + G + X}{1 - (1 - t)(c - m)}.$$

Also lautet der Multiplikator

$$\frac{1}{1 - (1 - t)(c - m)}.$$

Wenn $t = 0{,}25$, $c = 0{,}8$ und $m = 0{,}1$, dann beträgt der Multiplikator

$$\frac{1}{1 - (1 - 0{,}25)(0{,}8 - 0{,}1)} = 2{,}1.$$

Er ist also viel kleiner als in einem Modell ohne Außenhandel (2,5).

Wenn ein größerer Teil des zusätzlichen Einkommens in jeder neuen Runde nicht für im Inland produzierte Güter ausgegeben wird, ist der Multiplikator kleiner. Wird ein Teil des Einkommens nicht für den Kauf von heimischen Gütern verwendet, so spricht man in der Wirtschaftswissenschaft von **Sickerverlusten**. In einer geschlossenen Volkswirtschaft gibt es zwei Arten von Sickerverlusten: die Erspar-

---

aber zehn Prozent für Importe, so daß nur 80 Prozent dieses zusätzlichen Einkommens für heimische Güter ausgegeben werden. Die Nachfrage nach heimischen Konsumgütern steigt also um 0,8×750 Mio. $ = 600 Mio. $.

nis und die Besteuerung. In einer offenen Volkswirtschaft kommen noch die Importe hinzu.

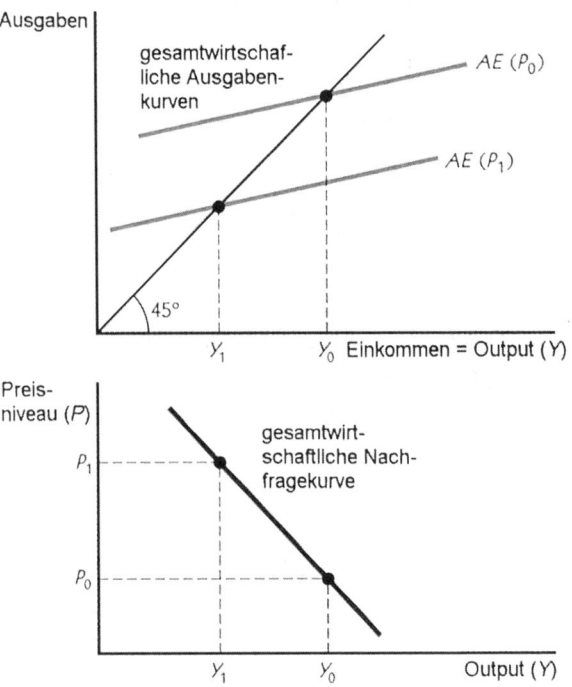

Abbildung 28.11 Die Ableitung der gesamtwirtschaftlichen Nachfragekurve. Der obere Teil der Abbildung zeigt, wie sich ein Preisniveauanstieg von P_0 nach P_1 auf die gesamtwirtschaftliche Ausgabenkurve auswirkt. Der Gleichgewichtsoutput reduziert sich von Y_0 auf Y_1. Die aggregierte Nachfragekurve im unteren Teil beschreibt die Gleichgewichtswerte der gesamtwirtschaftlichen Nachfrage (und des Outputs) in Abhängigkeit vom Preisniveau.

28.6 Die Ableitung der gesamtwirtschaftlichen Nachfragekurve

Am Anfang dieses Kapitels stand ein Diagramm mit aggregierten Angebots- und Nachfragekurven. Ziel dieses Kapitels war es, zu zeigen, wie bei jedem Preisniveau die aggregierte Nachfrage und der Gleichgewichtsoutput bestimmt werden. Wir können die Analyse nutzen, um die aggregierte Nachfragekurve *abzuleiten,* indem wir einfach fragen, wie die gesamtwirtschaftliche Nachfrage und der Gleichgewichtsoutput auf eine Veränderung des Preisniveaus reagieren. Um diese Frage zu beantworten, brauchen wir lediglich festzustellen, wie sich die gesamtwirtschaftliche Ausgabenkurve verschiebt, wenn das Preisniveau zu- oder abnimmt. Steigt das Preisniveau, so werden die Konsumenten bei jedem Einkommen weniger nachfragen, da der Realwert ihrer Kontenbestände gesunken ist. Auch wenn das gegenwärtige Preisniveau relativ hoch ist im Vergleich zum (erwarteten) zukünftigen Preisniveau, kann es sein, daß die Haushalte gegenwärtigen Konsum (der relativ teuer geworden ist) durch zukünftigen Konsum ersetzen. In beiden Fällen verschiebt sich die gesamtwirtschaftliche Ausgabenkurve nach unten, wie in Abbildung 28.11, und der Gleichgewichtsoutput geht zurück. Während also der Gleichgewichtspunkt Y_0 auf derjenigen gesamtwirtschaftlichen Ausgabenkurve liegt, die zum Preisniveau P_0 gehört, liegt Y_1 auf der gesamtwirtschaftlichen Ausgabenkurve, die für das Preisniveau P_1 gilt. In späteren Kapiteln werden wir noch genauer darstellen, wie Veränderungen des Preisniveaus die aggregierte Ausgabenkurve verschieben.

28.7 Grenzen des Einkommen-Ausgaben-Ansatzes

Der gesamtwirtschaftliche Output ist aus der Sicht des Einkommen-Ausgaben-Ansatzes durch die gesamtwirtschaftliche Ausgabenkurve bestimmt. Es spielt also ausschließlich die gesamtwirtschaftliche Nachfrage eine Rolle, nicht jedoch das gesamtwirtschaftliche Angebot. Es sei daran erinnert, daß die gesamtwirtschaftliche Nachfrage immer dann das Feld beherrscht, wenn Produktionskapazitäten brachliegen. Gibt es Maschinen und Arbeitskräfte, die unterbeschäftigt sind und jederzeit produktiv eingesetzt werden könnten, wenn nur die entsprechende Nachfrage nach den von ihnen produzierten Gütern vorhanden wäre, dann sind allein Nachfrageänderungen ausschlaggebend für die Höhe des gesamtwirtschaftlichen Outputs.

Es gibt Zeiten, in denen die Volkswirtschaft Überschußkapazitäten hat, und der hier gewählte Ansatz, der Kapazitätsbeschränkungen vernachlässigt, sinnvoll ist. Es gibt aber auch andere Zeiten, in denen die Volkswirtschaft nahe an ihrer Kapazitätsgrenze arbeitet. Dann muß man das gesamtwirtschaftliche Angebot betrachten, um ein vollständiges Bild zu erhalten.

Zusammenfassung

1. Die Einkommen-Ausgaben-Analyse zeigt, wie das Gleichgewichtsniveau des Outputs bestimmt wird, wenn die Volkswirtschaft Überschußkapazitäten hat, so daß die aggregierte Nachfrage das Outputniveau bestimmt. Das Preisniveau wird dabei durchweg als gegeben angenommen.

2. Der Gleichgewichtsoutput wird bestimmt durch den Schnittpunkt der 45°-Linie und der gesamtwirtschaftlichen Ausgabenkurve. Die gesamtwirtschaftliche Ausgabenkurve gibt zu jedem Niveau des gesamtwirtschaftlichen Einkommens das Niveau der gesamtwirtschaftlichen Ausgaben an, während die 45°-Linie diejenigen Punkte enthält, bei denen die Ausgaben dem Output (dem Einkommen) entsprechen.

3. Verschiebungen der gesamtwirtschaftlichen Ausgabenkurve haben Veränderungen des gleichgewichtigen Outputniveaus zur Folge. Wie stark der Output steigt, wenn sich die aggregierte Ausgabenkurve nach oben verschiebt, hängt von der Steigung der Kurve ab. Ein großer Teil der makroökonomischen Analyse beschäftigt sich damit, wodurch die Steigung der gesamtwirtschaftlichen Ausgabenkurve bestimmt ist, wodurch sich die Kurve verschiebt, und wie der Staat eine Kurvenverschiebung bewirken kann.

4. Die gesamtwirtschaftlichen Ausgaben sind die Summe aus Konsumausgaben, Investitionsausgaben, Staatsausgaben und Nettoexporten. Die Nettoexporte sind die Differenz zwischen Exporten und Importen.

5. Die Konsumausgaben steigen mit dem verfügbaren Einkommen; die Beziehung zwischen Einkommen und Konsum wird Konsumfunktion genannt. Die Konsumneigung gibt an, um wieviel die Konsumnachfrage steigt, wenn das verfügbare Einkommen um einen Dollar zunimmt. Die Sparneigung ist entsprechend als Anstieg der Ersparnis bei einer Zunahme des verfügbaren Einkommens um einen Dollar zu interpretieren. Da das gesamte Einkommen entweder gespart oder für Konsumzwecke ausgegeben werden muß, ergänzen sich Konsumneigung und Sparneigung zu eins.

6. Der Multiplikator ist derjenige Faktor, mit dem man eine Veränderung der Investitions- oder Staatsausgaben multiplizieren muß, um die dadurch bewirkte Veränderung des gesamtwirtschaftlichen Outputs zu berechnen. In einem einfachen Modell ohne Staatsausgaben, Steuern und Nettoexporte beträgt der Multiplikator der Investitionsausgaben 1/(1-Konsumneigung) oder 1/Sparneigung.

7. Die Staatsausgaben erhöhen die gesamtwirtschaftlichen Ausgaben; die Steuern verringern das verfügbare Einkommen und damit den Konsum. Wenn die Steuern mit dem Einkommen steigen, nimmt der Konsum mit dem Einkommen weniger stark zu, da ein Teil des zusätzlichen Einkommens an den Staat abgeführt werden muß. Die gesamtwirtschaftliche Ausgabenkurve ist flacher und der Multiplikator kleiner.

8. Exporte erhöhen die gesamtwirtschaftliche Nachfrage und Importe reduzieren sie. Während die Importe mit dem Einkommen zunehmen, sind die Exporte weitgehend durch Vorgänge im Ausland bestimmt. Durch den Außenhandel wird die gesamtwirtschaftliche Ausgabenkurve flacher, denn ein Teil des zusätzlichen Einkommens wird stets für ausländische und nicht für heimische Produkte ausgegeben. Infolgedessen ist der Multiplikator kleiner.

9. Die gesamtwirtschaftliche Ausgabenkurve wird benutzt, um bei gegebenem Preisniveau den gleichgewichtigen Output festzustellen (unter der Annahme, daß die volkswirtschaftlichen Produktionskapazitäten nicht ausgelastet sind). Mit steigendem Preisniveau verschiebt sich die gesamtwirtschaftliche Ausgabenkurve nach unten und der Gleichgewichtsoutput nimmt ab. Die gesamtwirtschaftliche Nachfragekurve zeigt den Gleichgewichtsoutput in Abhängigkeit vom Preisniveau.

Schlüsselbegriffe

gesamtwirtschaftliche	Konsumfunktion	Multiplikator
Ausgabenkurve	Konsumneigung	Importfunktion
Einkommen-Ausgaben-Analyse	autonomer Konsum	Importneigung
geplante Lagerbestände	Sparneigung	Handelsbilanz
ungeplante Lagerbestände	Sickerverluste	

Wiederholungsfragen

1. Was versteht man unter der gesamtwirtschaftlichen Ausgabenkurve? Aus welchen Komponenten bestehen die aggregierten Ausgaben?

2. Wie wird das Gleichgewichtsniveau des Outputs bestimmt? Warum sind Punkte auf der gesamtwirtschaftlichen Ausgabenkurve oberhalb der 45°-Linie nicht stabil? Warum sind Punkte auf der gesamtwirtschaftlichen Ausgabenkurve unterhalb der 45°-Linie nicht stabil?

3. Was ist eine Konsumfunktion? Wodurch ist ihre Steigung bestimmt? Was ist eine Importfunktion? Wodurch ist ihre Steigung bestimmt?

4. Welche Folgen hat eine Verschiebung der gesamtwirtschaftlichen Ausgabenkurve? Nennen Sie ein Beispiel dafür, wie eine solche Verschiebung zustande kommen könnte.

5. Illustrieren Sie den Unterschied zwischen einer Veränderung der Konsumausgaben aufgrund eines Einkommensanstiegs bei gegebener Konsumfunktion und einer Veränderung der Konsumnachfrage aufgrund einer Verschiebung der Konsumfunktion.

6. Warum müssen sich die Konsumneigung und die Sparneigung immer zu eins ergänzen?

7. Zeigen Sie, daß die Größenordnung der Auswirkungen einer gegebenen Verschiebung der gesamtwirtschaftlichen Ausgabenkurve auf den Gleichgewichtsoutput von der Steigung der aggregierten gesamtwirtschaftlichen Ausgabenkurve abhängt. Wodurch ist diese Steigung bestimmt? Wie wird sie durch Steuern und durch Importe beeinflußt?

8. Wie kommt es, daß eine Erhöhung (eine Senkung) der Investitionsnachfrage oder der Staatsausgaben eine stärkere Erhöhung (Senkung) des gesamtwirtschaftlichen Outputs bewirkt? Was versteht man unter dem Multiplikator?

9. Welche Beziehung besteht zwischen der gesamtwirtschaftlichen Ausgabenkurve und der gesamtwirtschaftlichen Nachfragekurve? Wie verschiebt sich die gesamtwirtschaftliche Ausgabenkurve, wenn das Preisniveau steigt? Wie kann man die gesamtwirtschaftliche Nachfragekurve ableiten?

Aufgaben

1. In Konsumentenland besteht folgender Zusammenhang zwischen dem gesamtwirtschaftlichen Einkommen und der Konsumnachfrage:

Gesamtwirtschaftliches Einkommen (in Mrd. $)	1.500	1.600	1.700	1.800	1.900
Konsum (in Mrd. $)	1.325	1.420	1.515	1.610	1.705

a) Berechnen Sie zu jedem Einkommen die gesamtwirtschaftliche Ersparnis.
b) Wie hoch ist in Konsumentenland die Konsumneigung?
c) Wie hoch werden Konsum und Ersparnis sein, wenn das gesamtwirtschaftliche Einkommen auf 2.000 Mrd. $ steigt?

2. Gehen Sie nun davon aus, daß die Investitionsausgaben in Konsumentenland bei jedem Outputniveau 180 Mrd. $ betragen. Zeichnen Sie die Konsumfunktion und die gesamtwirtschaftliche Ausgabenkurve für diese einfache Volkswirtschaft. Wodurch ist die Steigung der gesamtwirtschaftlichen Ausgabenkurve bestimmt? Wie hoch ist der Gleichgewichtsoutput?

3. Berechnen Sie die ersten vier Runden der Multiplikatorwirkung eines Anstiegs der Investitionsausgaben um 10 Mrd. $
   a) für eine geschlossene Volkswirtschaft ohne Staat und mit einer Konsumneigung von 0,9;
   b) für eine geschlossene Volkswirtschaft mit einer Konsumneigung von 0,9 und einem Steuersatz von 0,3;
   c) für eine offene Volkswirtschaft mit einer Konsumneigung von 0,9, einem Steuersatz von 0,3 und einer Importneigung von 0,1.

4. Was muß mit der Konsumfunktion geschehen sein, wenn die Ersparnis bei jedem Niveau des verfügbaren Einkommens höher ist als vorher? Welche Folgen hat diese Veränderung für das Gleichgewichtsniveau des Outputs?

5. Erklären Sie mit Hilfe des Einkommen-Ausgaben-Diagramms, warum es für das Gleichgewichtsniveau des Outputs gleichgültig ist, ob die Investitionsausgaben, die Staatsausgaben oder die Nettoexporte zurückgehen.

6. In einer stabileren Volkswirtschaft (in der der gesamtwirtschaftliche Output weniger empfindlich auf kleine Veränderungen der Exportausgaben oder einer anderen Ausgabenkategorie reagiert) sind fiskalpolitische Eingriffe des Staates weniger wirkungsvoll (durch eine Veränderung der Staatsausgaben wird die Wirtschaft nur wenig stimuliert); in einer weniger stabilen Volkswirtschaft ist die staatliche Fiskalpolitik wirkungsvoller. Erklären Sie, warum zwischen der Stabilität der Volkswirtschaft und den fiskalpolitischen Einflußmöglichkeiten des Staates ein *Trade-off* besteht.

Kapitel 29*

Konsum und Investition

Nachdem wir das allgemeine Instrumentarium der Einkommen-Ausgaben-Analyse entwickelt haben, werden nun zwei Komponenten der gesamtwirtschaftlichen Ausgaben, die Konsumausgaben und die Investitionsausgaben, näher untersucht. Dadurch werden zum einen die Schwankungen der wirtschaftlichen Aktivität verständlicher; zum anderen gewinnt man einen tieferen Einblick in die wirtschaftspolitischen Maßnahmen, die der Staat ergreifen kann, um diese Schwankungen zu vermindern und die Wirtschaft zu stimulieren.

29.1 Der Konsum

Die Konsumfunktion, die wir in Kapitel 28 vorgestellt haben, sagt aus, daß die Nachfrage der Haushalte nach Gütern und Dienstleistungen mit dem verfügbaren Einkommen steigt. Kennt man das verfügbare Einkommen des laufenden Jahres, so kann man mit Hilfe der Konsumfunktion die Konsumausgaben dieses Jahres vorhersagen.

Abbildung 29.1 zeigt, daß die einfache Konsumfunktion, die oft auch als keynesianische Konsumfunktion bezeichnet wird, zumindest einen guten Ausgangspunkt darstellt. Wenn sich Einkommen und Konsum streng parallel zueinander entwickeln würden, wie es die einfache Konsumfunktion prognostiziert, würden alle Punkte in der Abbildung auf einer Geraden liegen. Tatsächlich ist die Beziehung beinahe linear. Trotzdem haben Wirtschaftswissenschaftler immer wieder versucht, noch bessere Konsumfunktionen zu entwickeln.

Zukunftsorientierte Konsumfunktionen

In den Jahrzehnten nach Keynes haben viele Wirtschaftswissenschaftler die Vorstellung, daß der Konsum hauptsächlich vom laufenden Einkommen abhängt, in Frage gestellt. Sie argumentierten, daß die Menschen bei ihren Konsumentscheidungen ihr gesamtes Lebenszeiteinkommen zugrunde legen, daß sie aus guten und schlechten Jahren einen Durchschnitt bilden und davon ausgehen, daß das Einkommen mit der Berufserfahrung normalerweise ansteigt.

Der Nobelpreisträger Franco Modigliani hat zum Beispiel betont, daß die Menschen für den Altersruhestand sparen. Er nannte dieses Sparmotiv das **Lebenszyklussparen**. Damit wollte er ausdrücken, daß die Menschen sparen, um den Kon-

---

* Dieses Kapitel kann übersprungen werden, ohne daß der Zusammenhang verlorengeht.

sum nach dem Rückzug aus dem Erwerbsleben nicht beschneiden zu müssen. Milton Friedman, ebenfalls ein Nobelpreisträger, hob hervor, wie die Zukunftserwartungen den Konsum in der Gegenwart beeinflussen: Die Menschen sparen in guten Jahren, um auf schlechte Jahre vorbereitet zu sein. Er nannte diese Sichtweise die permanente Einkommenshypothese des Konsums. Das **permanente Einkommen** ist das durchschnittliche Einkommen eines Menschen über seine gesamte Lebenszeit hinweg gerechnet. Friedman betonte, daß der Konsum weniger vom laufenden Einkommen abhängt als von diesem durchschnittlichen **Lebenszykluseinkommen**. Modigliani sah die Rolle der Ersparnis in der Glättung des Konsums zwischen den aktiven Jahren und dem Ruhestand, Friedman in der Glättung des Konsums zwischen guten und schlechten Jahren. Beiden Sichtweisen liegt die Vorstellung zugrunde, daß die Menschen stabile Konsummuster schätzen.

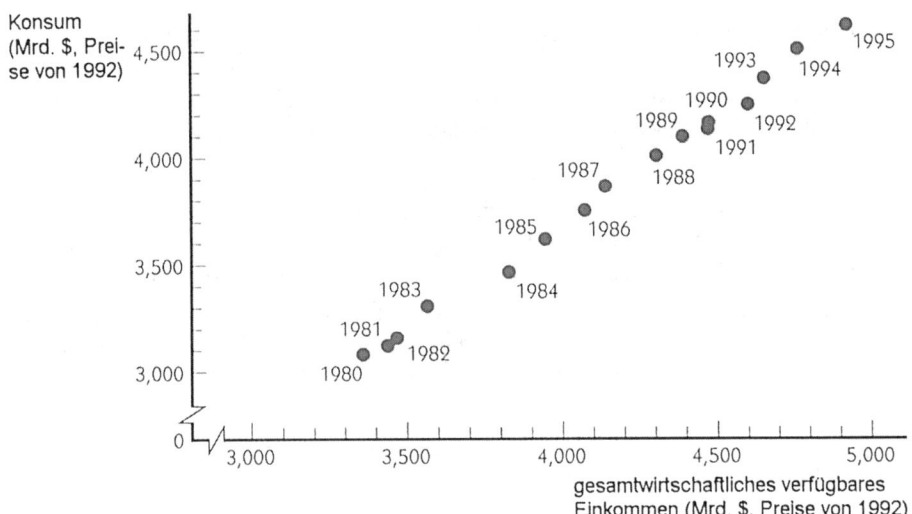

Abbildung 29.1   Konsum und verfügbares Einkommen seit 1980. Während der achtziger und frühen neunziger Jahre war der Zusammenhang zwischen dem verfügbaren Einkommen und dem Konsum bemerkenswert eng. *Quelle: ERP* (1996), Tabelle B-28.

Die zukunftsorientierten Theorien über Sparen und Konsum haben andere Implikationen als die traditionelle keynesianische Theorie, derzufolge der Konsum einfach vom Einkommen des laufenden Jahres abhängt. Man stelle sich einen Menschen vor, der in einem bestimmten Jahr zufällig einen unerwarteten Lotteriegewinn von einer Million Dollar erhält. Bei einer Konsumneigung von 0,9 sagt die keynesianische Konsumfunktion voraus, daß er im gleichen Jahr noch

900.000 $ von seinem Gewinn für Konsumgüter ausgeben wird. Die zukunfts-orientierten Konsumtheorien legen den Schluß nahe, daß der glückliche Gewinner das zusätzliche Einkommen über sein gesamtes Leben verteilen wird. Ähnlich wird ein Steuerzahler diesen Theorien zufolge seinen Konsum nicht dramatisch erhöhen, wenn der Staat die Steuern in einem bestimmten Jahr vorübergehend senkt; er wird statt dessen den zusätzlichen Konsum, den die Steuersenkung dieses einen Jahres möglich macht, über sein ganzes Leben verteilen. Aus dieser Sicht sind also *vorübergehende* Steueränderungen ein weit weniger wirkungsvolles Mittel zur Konsumbelebung als das keynesianische Modell glauben macht.

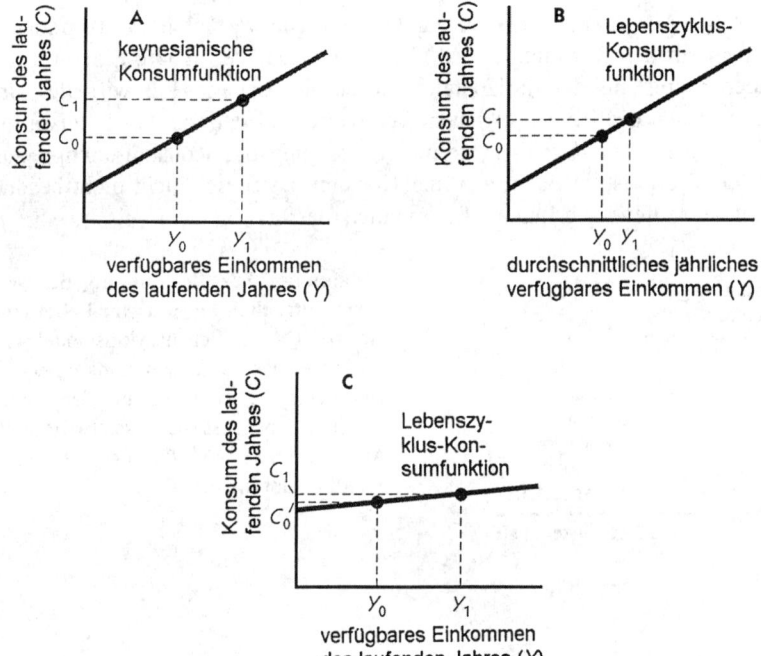

Abbildung 29.2　Auswirkungen einer vorübergehenden Einkommensveränderung im Lebenszyklusmodell . Bei der keynesianischen Konsumfunktion, die in Teil A abgebildet ist, hat eine vorübergehende Einkommensänderung eine starke Wirkung auf den Konsum. Im Lebenszyklusmodell (Teil B) bewirkt eine vorübergehende Einkommensveränderung nur eine geringfügige Veränderung des durchschnittlichen jährlichen (Lebenszeit-) Einkommens. Teil C zeigt den Konsum in Abhängigkeit vom Einkommen des laufenden Jahres aus der Sicht der Lebenszyklusmodelle. Da sich der Konsum nicht sehr stark verändert, ist die Lebenszyklus-Konsumfunktion sehr flach.

In Abbildung 29.2 werden die zukunftsorientierten Konsumfunktionen und die
keynesianische Konsumfunktion für einen einzelnen Haushalt miteinander verglichen. Angenommen, ein Haushalt erhält eine einmalige Erhöhung seines verfügbaren Einkommens. Wenn der Konsum darauf entsprechend der keynesianischen
Konsumfunktion reagiert, wird er von C_0 auf C_1 steigen, wie in Teil A abgebildet.

Die zukunftsorientierten Theorien sagen voraus, daß der Konsum sich nicht sehr
stark verändern wird. Das kann man auf zwei verschiedene Weisen darstellen. Teil
B der Abbildung zeigt den Konsum in Abhängigkeit vom durchschnittlichen verfügbaren Einkommen, wobei der Durchschnitt über die gesamte Lebenszeit einer
Person gebildet wird. Die einmalige Einkommenserhöhung von Y_0 auf Y_1 hat nur
eine geringe Auswirkung auf das durchschnittliche verfügbare Einkommen und
damit auch auf den Konsum. In Teil C ist wieder das verfügbare Einkommen des
laufenden Jahres auf der horizontalen Achse abgetragen. Hier wird der Unterschied zwischen der keynesianischen Sichtweise und derjenigen der zukunftsorientierten Theoretiker durch die geringere Steigung der Konsumfunktion ausgedrückt. Die Linie ist so flach, weil der Konsum aus dieser Sicht nicht besonders
stark auf das laufende verfügbare Einkommen reagiert.

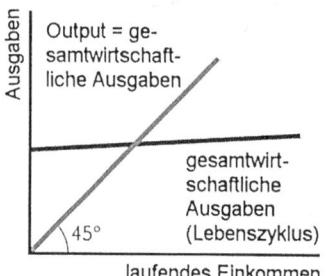

**Abbildung 29.3 Bestimmung des gesamt-
wirtschaftlichen Outputs im Lebenszyklus-
modell.** Da im Lebenszyklusmodell Veränderungen des laufenden Einkommens eine
viel geringere Wirkung auf den laufenden
Konsum haben, ist die gesamtwirtschaftliche
Ausgabenkurve viel flacher und damit der
Multiplikator kleiner.

Das Prinzip, daß der Konsum nicht nur vom Einkommen des laufenden Jahres
sondern auch von langfristigeren Überlegungen abhängt, gilt auch auf der gesamtwirtschaftlichen Ebene. Abbildung 29.3 zeigt die Folgerungen aus den zukunftsorientierten Theorie für die gesamtwirtschaftlichen Ausgaben und den Gleichgewichtsoutput. Da der Zusammenhang zwischen dem laufenden Einkommen und
dem Konsum schwächer ist als im keynesianischen Modell, ist die gesamtwirtschaftliche Ausgabenkurve hier viel flacher; eine Erhöhung des laufenden Einkommens führt also zu relativ geringen Veränderungen des Konsums und der aggregierten Ausgaben. Das hat wiederum einen starken Einfluß auf den
Multiplikator. Ein Anstieg der Investitionsausgaben zum Beispiel, der die gesamtwirtschaftliche Ausgabenkurve nach oben verschiebt, erhöht den Gleichge-

wichtsoutput um einen Betrag, der nur wenig höher ist als der ursprüngliche Anstieg der Investitionen. Der Multiplikator ist also sehr klein.

Vermögen und Kapitalgewinne

Aus der Sicht der zukunftsorientierten Konsumtheorien ist nicht nur das laufende Einkommen für die Bestimmung der Konsumausgaben relativ unwichtig, sondern es sind auch weitere Variablen von Bedeutung, die Keynes ignoriert hat. Zum Beispiel geben reichere Menschen bei jedem Niveau des laufenden Einkommens mehr Geld für den Konsum aus. Da es einen Zusammenhang zwischen Konsum und Vermögen gibt, bewirken Vermögensänderungen auch Veränderungen des Konsumverhaltens.

Die Unterscheidung zwischen Einkommen und Vermögen als Bestimmungsgrößen des Konsums ist sehr wichtig. Es geht hier um den Unterschied zwischen Stromgrößen und Bestandsgrößen. Sowohl das Einkommen als auch der Konsum sind Stromgrößen. Sie werden in Geldeinheiten *pro Zeiteinheit* (zum Beispiel Dollar pro Jahr) gemessen. Das Vermögen ist dagegen eine Bestandsgröße.[1] Es wird in Geldeinheiten *an einem Stichtag* gemessen. Den zukunftsorientierten Theorien zufolge gibt es gar keinen Grund, warum der laufende Konsum eines Menschen von seinem laufenden Einkommen abhängen sollte. Das Vermögen ist ein besseres Maß dafür, welche Konsumausgaben sich ein Mensch leisten kann.[2]

Kapitalgewinne oder Wertänderungen von Vermögensteilen verändern das Vermögen eines Haushalts. Diese Theorien sagen also voraus, daß ein Anstieg der Aktienkurse oder der Immobilienpreise, der für dauerhaft gehalten wird, dazu führt, daß die Eigentümer solcher Vermögensanlagen ihre Konsumausgaben erhöhen. Sie tun das, weil ihr Gesamtvermögen gewachsen ist, selbst wenn sich dieser Wertanstieg nicht unmittelbar im Einkommen niederschlägt.

Es gibt einige Erfahrungen, die diese Sichtweise stützen. Viele Wirtschaftswissenschaftler glauben, daß der Börsenkrach des Jahres 1929 die Konsumfunktion nach unten verschoben und so zu der darauf folgenden Weltwirtschaftskrise beigetragen hat. Andererseits kam es im Oktober 1987, als die Aktienkurse an einem einzigen Tag um 22 Prozent gefallen sind, nicht wie erwartet zu einem deutlichen Rückgang

---

[1] Eine weitere Bestandsgröße in der Makroökonomik ist zum Beispiel der Kapitalstock; eine weitere Stromgröße ist der Zinsertrag.

[2] Dabei wird das Vermögen sehr breit definiert: Es schließt auch das Humankapital mit ein, also den Gegenwartswert der zukünftigen Arbeitseinkommen. (Eine Definition des Gegenwartswerts findet sich in Kapitel 25.)

Unter die Lupe genommen: Ein empirisches Rätsel und eine geniale Theorie - die permanente Einkommenshypothese von Friedman

Ein empirisches Rätsel inspirierte Milton Friedman zu seiner permanenten Einkommenshypothese. Die Geschichte von der Lösung dieses Rätsels illustriert die Arbeitsweise eines erfahrenen Wirtschaftswissenschaftlers.

Wenn man für verschiedene Jahre das gesamtwirtschaftliche verfügbare Einkommen der Haushalte mit den entsprechenden gesamtwirtschaftlichen Konsumausgaben korreliert, erhält man ein Bild, das in etwa Teil A der untenstehenden Abbildung entspricht. Diese Daten legen eine Konsumfunktion nahe, in der die Konsumausgaben mit dem Einkommen proportional ansteigen. Setzt man aber für ein bestimmtes Jahr die Konsumausgaben verschiedener Einkommensgruppen in Beziehung zum laufenden Einkommen dieser Gruppen, so entspricht das Bild mehr Teil B der Abbildung. Daraus könnte man auf eine Konsumfunktion schließen, bei welcher der Konsum mit dem Einkommen nur unterproportional steigt. Friedman stellte sich die Aufgabe, den scheinbaren Widerspruch zwischen diesen Daten aufzulösen.

Seine geniale Lösung war, daß der Konsum vom langfristigen oder „normalen" Einkommen der Menschen abhängt, das er permanentes Einkommen nannte. Friedman beobachtete, daß Menschen in den untersten Einkommensgruppen überproportional häufig mit ungewöhnlich schlechten Jahren konfrontiert waren. Umgekehrt waren unter den Beziehern besonders hoher Einkommen überproportional viele Menschen, die ungewöhnlich gute Jahre zu verzeichnen hatten. Wer ein unerwartet schlechtes Jahr hatte, reduzierte seinen Konsum nicht entsprechend; wer ein unerwartet gutes Jahr hatte, gab nicht entsprechend mehr für den Konsum aus. Damit konnte Friedman erklären, warum in Zeitreihenuntersuchungen die Konsumausgaben der gesamten Bevölkerung proportional zum Einkommen anstiegen, obwohl der Konsum jedes einzelnen Haushalts mit dem verfügbaren Einkommen nur unterproportional zunahm.

Der Wirtschaftswissenschaftler Robert Hall von der Stanford University hat auf eine beunruhigende Konsequenz aus der permanenten Einkommenshypothese hingewiesen. Wenn das Ausgabenniveau, das ein Konsument wählt, vom permanenten Einkommen abhängt, das alle Informationen über das in der Zukunft erwartete Einkommen in sich enthält, verändert sich der Konsum nur aufgrund von unerwarteten Entwicklungen. Unerwartete Entwicklungen sind ihrer Natur nach zufällig und nicht vorhersehbar. Die permanente Einkommenshypothese sagt also vorher, daß Veränderungen der Konsumausgaben weitgehend zufällig und unvorhersehbar sind - keine gute Nachricht für Wirtschaftswissenschaftler, die es sich zur Aufgabe gemacht haben, die Entwicklung der Konsumausgaben zu verstehen und zu prognostizieren.

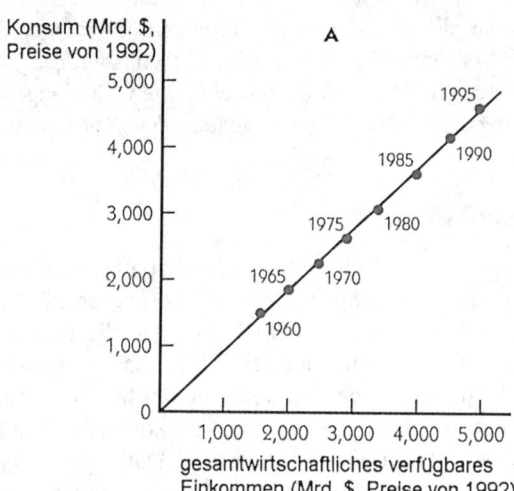

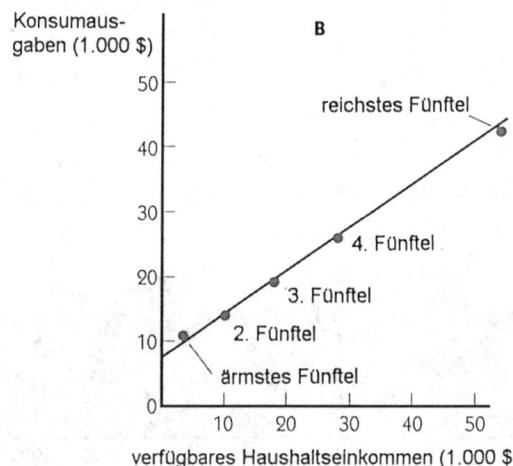

Teil A der Abbildung zeigt, daß der Konsum im Zeitablauf beinahe proportional zum Einkommen angestiegen ist. Teil B illustriert die Tatsache, daß beim Vergleich von verschiedenen Einkommensgruppen die Konsumausgaben der Haushalte mit dem Einkommen unterproportional ansteigen; das gilt besonders für die Haushalte am oberen Ende der Einkommenskala. *Quellen: ERP* (1995), Tabelle B-28; *Consumer Expenditure Survey* (1988).

der Konsumausgaben. Die Konsumenten haben auf diesen Kapitalverlust kaum reagiert. Das hat damit zu tun, daß die Menschen auf Vermögensänderungen nur langsam reagieren, und daß sie 1987 ihren Konsum noch nicht vollständig an die Aktienpreiserhöhungen der vorangegangenen Jahre angepaßt hatten. Ein lange anhaltender ständiger Rückgang der Aktienkurse könnte jedoch den Konsum stark beeinträchtigen.

Empirische Daten zur Konsumtheorie

Die permanente Einkommenshypothese und die Lebenszyklushypothese enthalten mehr als nur ein Körnchen Wahrheit. Tatsächlich sparen die Menschen für ihren Ruhestand; der Lebenszyklus spielt also eine wichtige Rolle. Und die Haushalte versuchen wirklich, den Konsum zwischen guten und schlechten Jahren zu glätten; also ist auch die permanente Einkommenshypothese relevant. Trotzdem scheinen die Konsumausgaben der Haushalte stärker vom laufenden Einkommen abzuhängen, als man das aufgrund der beiden Theorien erwarten würde. Dafür gibt es zwei Gründe, nämlich die Existenz dauerhafter Konsumgüter und die Kreditrationierung.

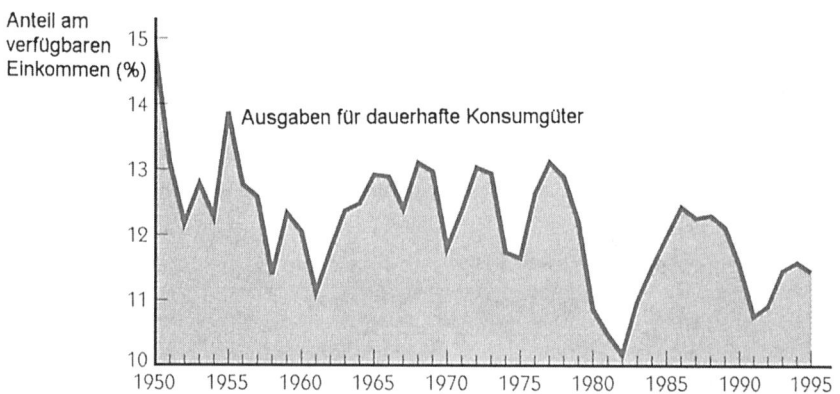

Abbildung 29.4 Die Ausgaben für dauerhafte Konsumgüter. Die jährlichen Ausgaben für dauerhafte Konsumgüter schwanken beträchtlich, weit mehr als die Konsumausgaben insgesamt. Quelle: ERP (1996), Tabellen B-1, B-28.

Dauerhafte Konsumgüter

Güter wie Autos, Kühlschränke und Möbel nennt man dauerhafte Konsumgüter. Der Kauf eines dauerhaften Konsumgutes ähnelt einer Investitionsentscheidung, denn man kauft diese Güter wegen der Dienste, die sie über eine Reihe von Jahren hinweg leisten. Die Entscheidung, den Kauf eines dauerhaften Konsumgutes zu verschieben, hat ganz andere Konsequenzen, als die Entscheidung, bei Lebensmitteln oder anderen nichtdauerhaften Konsumgütern zu sparen. Wenn jemand heute keine Erdbeeren kauft, muß er ohne sie auskommen. Entschließt man sich aber, ein dauerhaftes Konsumgut nicht zu kaufen, so heißt das nicht, daß man ohne dieses Gut auskommen muß. Es bedeutet einfach nur, daß man sich mit den Diensten zufriedengibt, die ein älteres Gut der gleichen Art noch leistet. Den Kauf eines neuen Autos zu verschieben, verursacht oft nur relativ geringe Kosten; man kann sich auch noch etwas länger mit dem alten Auto begnügen.

Wenn ein Haushalt vorübergehend ein niedriges Einkommen hat, dann nimmt er nicht einen Kredit auf, um dauerhafte Konsumgüter zu kaufen, sondern er schiebt den Kauf einfach auf. Ebenso wird ein Arbeitnehmer, der den Verlust seines Arbeitsplatzes befürchtet, wahrscheinlich seine Ausgaben für dauerhafte Konsumgüter beschränken. Abbildung 29.4 zeigt den Anteil der Ausgaben für dauerhafte Konsumgüter am verfügbaren Einkommen von den fünfziger Jahren bis heute. Die Schwankungen dieser Ausgaben sind anscheinend zusammen mit den Veränderungen der Investitionsnachfrage für einen großen Teil der Konjunkturschwankungen verantwortlich. Veränderungen in der Nutzung dauerhafter Konsumgüter und damit im tatsächlichen Konsum sind viel geringer.

Kreditrationierung

Empirische Studien zeigen, daß selbst die Ausgaben für nichtdauerhafte Konsumgüter stärker vom laufenden Einkommen abhängen, als man aufgrund der zukunftsorientierten Konsumtheorien erwarten würde. Diese Theorien und insbesondere die permanente Einkommenshypothese gehen davon aus, daß jemand, der vorübergehend ein geringeres Einkommen hat, sein Konsumniveau trotzdem aufrechterhalten kann. Anders ausgedrückt: Sie setzen voraus, daß die Konsumenten entweder umfangreiche Ersparnisse haben, von denen sie vorübergehend zehren können, oder daß sie sich leicht einen Kredit beschaffen können. Auf viele Menschen trifft keine dieser Voraussetzungen zu. Selbst in den Vereinigten Staaten haben die meisten Haushalte nur geringe liquide Mittel, auf die sie zurückgreifen können. Oft haben sie beträchtliche Ersparnisse in einer Rentenversicherung angelegt, aus der sie erst im Rentenalter Auszahlungen erhalten können. Vielleicht sind sie auch Eigentümer ihres Hauses, aber das würden sie nur in äußerster Not verkaufen. Hinzu kommt, daß die Banken gerade in Notzeiten, wenn jemand arbeitslos ist, oder sein Geschäft schlecht läuft, am wenigsten bereit sind, Kredit zu geben. (Ein Sprichwort sagt, daß die Banken nur denjenigen Geld geben, die es nicht brauchen.)

Von **Kreditrationierung** spricht man, wenn jemand zum Marktzinssatz keinen Kredit erhält, weil er nicht genügend Sicherheiten anbieten kann. Viele Menschen sind von Kreditrationierung betroffen. Wer kein Vermögen hat und keinen Kredit erhält, ist gezwungen, bei sinkendem Einkommen seine Konsumausgaben einzuschränken. Bei diesen Menschen sind die Konsumausgaben eng an das laufende Einkommen geknüpft.

Ohne Kreditrationierung wären kurze Zeiten der Arbeitslosigkeit kein besonders großes Problem. Vorübergehende Entlassungen würden den Betroffenen wesentlich weniger Schwierigkeiten bereiten. Um das zu verstehen, müssen wir noch einmal das Konzept des Gesamtvermögens betrachten. Nehmen wir zum Beispiel an, daß Iwo vierzig Jahre lang erwerbstätig sein wird, daß sein Gehalt zu Anfang 25.000 $ pro Jahr beträgt und jährlich real um fünf Prozent steigt. Bei einem Realzinssatz von fünf Prozent beträgt der Gegenwartswert seines Lebenszeiteinkommens eine Million Dollar. Falls er kein anderes Vermögen hat und auch nicht unerwartet zu Geld kommt, zum Beispiel durch eine Erbschaft von seiner Großtante, ist diese Million sein gesamtes Vermögen. Angenommen, Iwo verliert seinen Arbeitsplatz und ist ein halbes Jahr lang arbeitslos. Auf den ersten Blick sieht das wie ein persönliches Unglück aus. Aber bei näherem Hinsehen stellt man fest, daß er nur etwas mehr als ein Prozent seines Gesamtvermögens verloren hat.

Wenn Iwo in Höhe von sechs Monatsgehältern Kredit aufnehmen könnte, hätte er keinerlei Schwierigkeiten mit der Rückzahlung und die kurze Phase der Arbeitslosigkeit wäre keine Tragödie. Da er seine Ausgaben nur um etwas mehr als ein Prozent einschränken muß, genügt es, wenn er gelegentlich auf einen Kinobesuch, ein Essen in einem teuren Restaurant oder etwas ähnliches verzichtet. Für die meisten Menschen wäre es jedoch eine größere Katastrophe, wenn sie für ein halbes Jahr arbeitslos wären, nicht wegen der Verringerung ihres Lebenszeitvermögens, sondern weil sie ohne Arbeitsplatz keinen Kredit erhalten, außer vielleicht zu sehr hohen Zinssätzen. Wegen dieser Kreditbeschränkungen, die für die meisten Menschen mit niedrigen oder mittleren Einkommen gelten, ist die traditionelle keynesianische Konsumfunktion mehr als relevant. Wenn das laufende Einkommen zurückgeht, müssen die Menschen notgedrungen auch ihren Konsum reduzieren.

Makroökonomische Implikationen der zukunftsorientierten Konsumtheorien

Die hier vorgestellten alternativen Konsumtheorien haben zwei Arten von makroökonomischen Implikationen. Erstens gehen die zukunftsorientierten Konsumtheorien davon aus, daß der Konsum nicht sehr stark vom laufenden Einkommen abhängt; damit behaupten sie, daß die gesamtwirtschaftliche Ausgabenkurve flach ist und der Multiplikator niedrig. Für die Volkswirtschaft ist das gleichzeitig eine gute und eine schlechte Nachricht. Es ist eine gute Nachricht, weil ein niedriger Multiplikator bedeutet, daß ein Rückgang der Investitionsausgaben das gesamtwirtschaftliche Einkommen viel weniger beeinträchtigt. Es ist gleichzeitig eine schlechte Nachricht, weil die Bemühungen des Staates, die Wirtschaft durch vorübergehende Steuersenkungen zu stimulieren oder eine überhitzte Konjunktur durch vorübergehende Steuererhöhungen zu dämpfen, viel weniger wirkungsvoll sein werden als bei einem hohen Multiplikator.

Ein Blick in die Wirtschaftspolitik: Eine Konjunkturspritze kurz vor den Wahlen als Test für die zukunftsorientierten Konsumtheorien

Ende 1991 und Anfang 1992, kurz vor der Präsidentschaftswahl, steckte die Wirtschaft der USA noch immer in der Rezession, und Präsident Bush beschloß ein schnelles Programm zur Anregung der wirtschaftlichen Aktivität. Es bestand aus zwei Teilen.

Erstens reduzierte er den Umfang der von der Finanzbehörde einbehaltenen Steuern; dadurch blieb zwar die Steuerschuld letzten Endes die gleiche, aber die Zahlung wurde verschoben. Bush hoffte, daß die Menschen mit mehr Geld in der Tasche auch mehr ausgeben würden, obwohl der Tag der Abrechnung nur hinausgeschoben worden war. Das war ein klarer Test für die zukunftsorientierten Konsumtheorien. Das verfügbare Einkommen des Jahres 1992 erhöhte sich, aber das permanente Einkommen blieb vollkommen unverändert. Wenn die zukunftsorientierten Theorien zutrafen, hätte die Maßnahme wirkungslos sein müssen. Tatsächlich war aber eine signifikante positive Wirkung auf die Konsumausgaben zu beobachten.

Zweitens wurden die Ministerien angewiesen, das Tempo ihrer Ausgaben zu erhöhen. Auch hier wurden die Gesamtausgaben (auf das Jahr bezogen) nicht verändert, sondern lediglich zeitlich vorgezogen. Das sollte der Wirtschaft kurzfristig Auftrieb geben.

Viele verspotteten diese Maßnahmen als wirkungslose Wahlkampfmaschen, aber sie haben anscheinend tatsächlich gewirkt, wenn auch nicht schnell genug für den Präsidenten. Die Wirtschaft erlebte im vierten Quartal 1992 einen Aufschwung, der allerdings zu spät kam, um die Wahlen noch zu beeinflussen.

Zweitens benennen die zukunftsorientierten Konsumtheorien andere Einflußfaktoren des Konsums und tragen damit zur Klärung der Frage bei, warum sich der Anteil der Konsumausgaben am verfügbaren Einkommen von Jahr zu Jahr verändern kann. Erwartungen in bezug auf die zukünftige wirtschaftliche Lage, Veränderungen bei der Kreditgewährung durch die Banken und Veränderungen der Immobilien- und Aktienpreise sind einige der Faktoren, die solche Verschiebungen der Konsumfunktion bewirken können. Diese Verschiebungen wiederum verursachen größere Veränderungen des gesamtwirtschaftlichen Gleichgewichtsoutputs. Sie erklären zum Beispiel, warum ein leichter Abschwung sich selbst verstärken kann.

Der Abschwung kann bewirken, daß die Konsumenten das Vertrauen in die Zukunft verlieren. Sie machen sich Sorgen um ihre Arbeitsplätze und beschränken ihre Ausgaben für dauerhafte Konsumgüter. Gleichzeitig schränken die Banken die Kreditvergabe ein, denn sie befürchten, daß bei einer Verschlechterung der wirtschaftlichen Lage die Kreditnehmer ihre Schulden nicht zurückzahlen können werden. Selbst risikofreudige Konsumenten, die trotz der ungewissen Zukunft gerne ein neues Auto kaufen würden, werden vielleicht nur schwer eine Bank finden, die bereit ist, ihnen Kredit zu geben. Der Nettoeffekt ist eine Verschiebung der Konsumfunktion nach unten, die den ursprünglichen Rückgang des gesamtwirtschaftlichen Einkommens verstärkt.

29.2 Die Investitionen

Schwankungen im Niveau der Investitionsausgaben sind wahrscheinlich der Hauptgrund für die Instabilität der gesamtwirtschaftlichen Ausgaben und damit auch der gesamtwirtschaftlichen Produktion. Abbildung 29.5 zeigt das ganze Ausmaß der Volatilität der Investitionen. In den letzten Jahrzehnten haben die Investitionsausgaben zwischen 13 und 18 Prozent des BIP geschwankt.

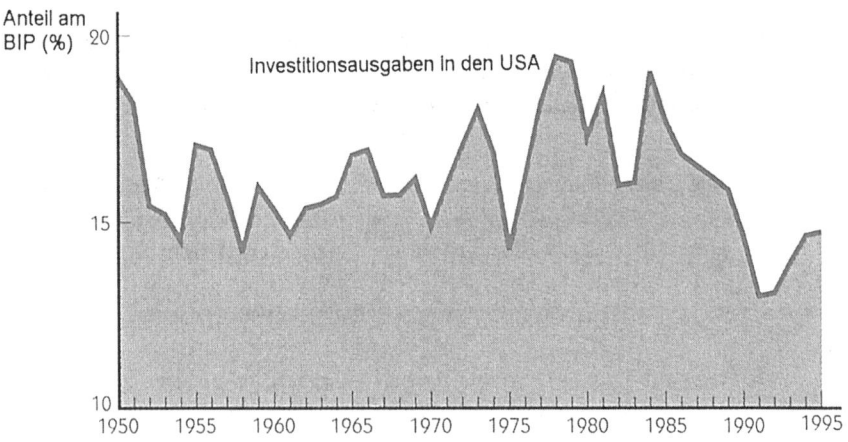

Abbildung 29.5 Die Variabilität der Investitionsausgaben. Der Anteil der Investitionen am BIP hat in den vergangenen Jahren stark geschwankt. *Quelle*: *ERP* (1996), Tabelle B-1.

Die Investitionsausgaben kann man in drei Kategorien einteilen. Die erste Kategorie sind die Ausgaben der Unternehmungen für neue Kapitalgüter; dazu gehören neben Gebäuden und Maschinen zum Beispiel auch Fahrzeuge, Registrierkassen und Schreibtische. Das sind die **Ausrüstungsinvestitionen**. Unternehmungen investieren auch in die Lagerhaltung; sie lagern Fertigprodukte für den Verkauf und Rohmaterialien, die für die Produktion benötigt werden. Das nennt man **Lagerinvestitionen**. Die dritte Kategorie umfaßt die Ausgaben der Haushalte für neue Immobilien. Wenn gebrauchte Kapitalgüter oder Altbauten den Eigentümer wechseln, so zählt das nicht zu den Investitionsausgaben, weil sich der Output dadurch nicht erhöht. Auch Finanzinvestitionen wie die Ausgaben der Haushalte für Aktien oder festverzinsliche Wertpapiere sind nicht darin enthalten, obwohl sie ein verwandtes Konzept sind. Aktien kauft man meistens von jemand anderen. Für den Käufer ist der Kauf eine Investition, aber für den Verkäufer ist er eine „Desinvestition". Es hat also einfach ein Eigentümerwechsel stattgefunden. Es besteht allerdings ein enger Zusammenhang zwischen Investitionen in neue Kapitalgüter und dem Kapitalmarkt im allgemeinen: Wenn Unternehmungen neue Aktien begeben oder Kredit aufnehmen, indem sie Anleihen emittieren, dann verschaffen sie sich damit die Finanzmittel, mit denen sie neue Kapitalgüter kaufen können. Auf diese Weise sind Finanzinvestitionen und Kapitalinvestitionen (mit denen wir uns hier beschäftigen) eng miteinander verbunden.

Wir beschränken unsere Analyse auf die Investitionsausgaben der Unternehmungen, also auf zwei der drei großen Kategorien von Investitionsausgaben, die Ausrüstungsinvestitionen und die Lagerinvestitionen. Neu gebaute Häuser und Eigentumswohnungen interpretiert man am besten als sehr langlebige Konsumgüter; für die entsprechende Nachfrage gelten die gleichen Grundsätze wie für die Nachfrage nach dauerhaften Konsumgütern.

Im folgenden beschäftigen uns drei Fragen: Wodurch ist das Niveau der Investitionsausgaben bestimmt? Warum schwankt es so stark? Und wie kann der Staat darauf Einfluß nehmen? Wir diskutieren diese Fragen zuerst für die Ausrüstungsinvestitionen und dann für die Lagerinvestitionen.

Ausrüstungsinvestitionen

Um sich für eine Investition zu entscheiden, muß eine Unternehmung davon überzeugt sein, daß die erwarteten zukünftigen Erträge ausreichen, um sie für die mit der Investition verbundenen Risiken zu entschädigen. Darüber hinaus gehen die Firmen davon aus, daß ein Dollar in der Zukunft weniger wert ist als ein Dollar heute; wenn man heute einen Dollar hat, kann man ihn auf ein Bankkonto einzahlen und im nächsten Jahr *mit Zinsen* zurückerhalten. Wenn der Zinssatz steigt, verlieren Dollar in der Zukunft an Wert gegenüber sofort verfügbaren Dollar. Das bedeutet, daß weniger Projekte in der Zukunft Erträge erwirtschaften, die hoch genug sind, um den Investor für die entgangenen Zinszahlungen zu entschädigen. Das ist am leichtesten zu verstehen, wenn wir uns vorstellen, daß die Unternehmungen das

Unter die Lupe genommen: Der Unternehmensschleier

Wenn Unternehmungen Gewinne machen, können sie diese entweder in Form von Dividenden an die Aktionäre ausschütten, oder sie können sie zurückbehalten (thesaurieren) und investieren. Die einbehaltenen oder **thesaurierten Gewinne**, die man als Ersparnis der Unternehmungen interpretieren kann, sind mehr als dreimal so hoch wie die Ersparnis der Haushalte.

Wenn eine Unternehmung spart, indem sie Gewinne einbehält, sollten die Gewinne in der Zukunft steigen, sobald ihre Investition beginnt Erträge abzuwerfen. Die Erwartung dieser höheren Gewinne sollte die Aktienkurse der Firma steigen lassen, und die Aktionäre sollten sich entsprechend reicher fühlen.

Vollkommen rationale Aktionäre würden den erhöhten Aktienwert aufgrund von einbehaltenen Gewinnen genauso bewerten wie eine eigene Ersparnis. Sie würden also diesen Vermögensgewinn in ihre Sparentscheidungen einfließen lassen. Das ist allerdings nur realistisch, wenn die Anleger über die Vorgänge innerhalb der Unternehmung vollkommen informiert sind und sie vollkommen durchschauen - wenn sie durch den Schleier der Unternehmung hindurchschauen können, wie die Wirtschaftswissenschaftler sagen. Neuere Theorien betonen die volkswirtschaftlichen Konsequenzen einer durch den Unternehmensschleier getrübten Sicht der Aktionäre.

Diese Überlegungen werden nicht nur durch die schiere wissenschaftliche Neugier motiviert. Das Ausmaß, in dem die Menschen durch den Schleier sehen können, hat Auswirkungen auf die Höhe des Ausgabenmultiplikators. Angenommen, die Unternehmungen erhöhen ihre Investitionen, finanzieren diese zusätzlichen Ausgaben durch thesaurierte Gewinne und verzichten darauf, die Dividenden zu erhöhen. Wenn die Menschen nur wahrnehmen, daß ihre Dividenden nicht gestiegen sind, ohne zu verstehen, daß die Unternehmungen ihr Geld in produktive Investitionen gesteckt haben, verringern sie möglicherweise ihren Konsum. Dann werden die gesamtwirtschaftlichen Ausgaben durch den ursprünglichen Anstieg der Investitionen insgesamt viel weniger steigen, als man aufgrund der traditionellen keynesianischen Theorie erwarten würde.

Die Steuerreform von 1986 stellte einen Test für die Theorie vom Unternehmensschleier dar. Dieses Gesetz verringerte die individuelle Einkommensteuer und erhöhte die Körperschaftssteuer um den entsprechenden Betrag (ungefähr 120 Mrd. $ über fünf Jahre). Diejenigen Fachleute, die der Meinung waren, daß die Menschen den Unternehmensschleier durchschauen können, argumentierten, daß der Anstieg des verfügbaren Einkommens keine Auswirkung auf den Konsum haben würde, da die Menschen wüßten, daß sich die gesamte Steuerbelastung nicht verändert hatte. Dennoch nahm der Konsum etwas zu, eine Tatsache, die zeigt, daß der Unternehmensschleier wirklich existiert.

Geld für ihre Investitionsprojekte leihen müssen. Höhere Zinssätze lassen die Projektkosten steigen. Weniger Projekte haben einen ausreichend hohen Ertrag, um diese gestiegenen Zinskosten zu bezahlen. Also führen höhere Zinssätze zu niedrigeren Investitionsausgaben. Der Zusammenhang zwischen Zinssatz und Investitionen wird durch die Investitionsfunktion ausgedrückt, die wir in Kapitel 25 eingeführt haben, und ist in Abbildung 29.6 als negativ geneigte Kurve dargestellt. Natürlich ist es der Realzinssatz, der für die Investitionen relevant ist, also die Kosten für die Geldmittel nach Abzug der Inflationsrate. Wenn der Nominalzinssatz steigt und im gleichen Ausmaß auch die zukünftigen Preise steigen, dann bleiben die Investitionsentscheidungen der Unternehmungen unberührt. Und natürlich ist für langfristige Investitionen der langfristige Realzinssatz ausschlaggebend, also der Zinssatz für Kredite über die jeweilige Lebensdauer der Investition.

Abbildung 29.6 Die Investitionsfunktion. Bei höheren Realzinssätzen gehen die Investitionsausgaben der Unternehmungen zurück.

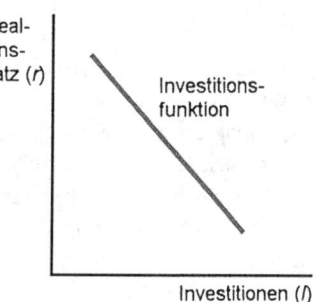

Erwartungen und Risiko

Die Vorhersage der zukünftigen Erträge ist vielleicht der schwierigste Teil einer Investitionsentscheidung. In manchen Fällen spielen **technologische Risiken** eine Rolle, wenn die Unternehmung eine neue Technologie verwendet, die sich als unzuverlässig herausstellen könnte. In den meisten Fällen bestehen erhebliche **Marktrisiken.** Es ist unklar, ob das Produkt einen Markt finden wird, zu welchem Preis man es verkaufen kann, welche Lohnforderungen die Arbeitnehmer in der Zukunft stellen werden, und wie sich die Preise für Energie und andere Inputfaktoren entwickeln werden. Die Unternehmung hat keine Kristallkugel: Sie muß aufgrund von möglichst guten Informationen einen Schätzwert annehmen und sich über die verbleibende Unsicherheit im klaren sein.

Normalerweise verlangen Unternehmungen eine Kompensation für die Risiken die sie auf sich nehmen. Die Höhe dieser Kompensation ist hauptsächlich von drei Faktoren abhängig: von der Größenordnung des Risikos, von den Möglichkeiten, die eine Unternehmung hat, das Risiko mit anderen zu teilen, und von der Risikofreude der Entscheidungsträger. Wenn sich die Volkswirtschaft in einer Rezession befindet, gehen die Unternehmungen in der Regel von einem höheren Investitionsrisiko aus. Es ist vor allem der Aktienmarkt, der den Unternehmungen die Möglichkeit bietet, Risiken zu teilen. Bei Firmen, deren Aktien breit gestreut sind, teilt eine große Zahl von Menschen das Risiko. Wenn der Aktienmarkt boomt, ist es für die Unternehmungen nicht schwer, ihr Aktienkapital zu erhöhen und die Risiken noch breiter zu streuen. Und schließlich hängt die Fähigkeit und Bereitschaft einer Firma, Risiken auf sich zu nehmen, von ihrer eigenen finanziellen Kraft ab. Wenn ihr Eigenkapital durch eine Serie von Verlusten ausgehöhlt worden ist, und wenn sie bereits Kredit aufnehmen mußte, um liquide zu bleiben, verringert sich ihre Fähigkeit und Bereitschaft, neue Risiken einzugehen.

Der Akzelerator

Einer der wichtigsten Einflußfaktoren auf die Investitionsnachfrage sind die Erwartungen in bezug auf die zukünftigen Umsätze. Wenn die laufenden Umsätze hoch sind, werden die Unternehmungen möglicherweise auch für die Zukunft ähnlich hohe oder sogar noch steigende Umsätze erwarten. Bei hohen und weiterhin steigenden Umsätzen brauchen die Unternehmungen mehr Produktionskapital; das heißt, sie werden mehr investieren wollen. Ein Anstieg der Staatsausgaben zum Beispiel löst also nicht nur über den Multiplikator eine Zunahme des gesamtwirtschaftlichen Outputs aus, sondern die Outputzunahme selbst bewirkt darüber hinaus auch noch eine Erhöhung der Investitionen, die die Wirtschaft noch mehr stimuliert. Die Tatsache, daß Outputzunahmen zu höheren Investitionen führen und damit eine selbstverstärkende Wirkung haben, bezeichnet man als **Akzeleratoreffekt**.

Verfügbarkeit von Geldmitteln

Es gibt noch eine weitere wichtige Bestimmungsgröße der Investitionsnachfrage. Wir sind bisher davon ausgegangen, daß die Unternehmungen nach Belieben zum Marktzins Kredite aufnehmen können. Besonders in Zeiten eines wirtschaftlichen Abschwungs *behaupten* aber viele Firmen, daß sie nicht so viel Kredit erhalten, wie sie gerne hätten. Wenn sie kein Fremdkapital aufnehmen können, müssen sie zur Finanzierung ihrer Investitionen auf den thesaurierten Gewinn zurückgreifen, also den Teil des Gewinns, den sie nicht als Dividende an die Aktionäre ausgeschüttet haben.

So behaupteten zum Beispiel während der Rezession von 1992 viele Bauträger, daß sie keine Kreditmittel aufnehmen könnten, um ihre Bauprojekte weiterzuführen. Die Banken weigerten sich einfach, weitere Kredite zu geben. Zu diesem Zeitpunkt hatten viele Banken bereits durch Zahlungsrückstände ihrer Schuldner beträchtliche Verluste erlitten und wollten deshalb kein weiteres Risiko auf sich nehmen. Von den Banken war zu hören, daß die Bankaufsichtsbehörden sie ohnehin gezwungen hätten, ihre Kreditvergabe einzuschränken. Einige Banken - und viele Wirtschaftswissenschaftler - argumentierten jedoch, daß es gar nicht um die mangelnde Bereitschaft der Banken zur Kreditvergabe ging. Das Problem war vielmehr, daß es nicht genügend gute Schuldner gab, und daß viele Schuldner nicht bereit waren, einen Zinssatz zu bezahlen, der mit der Risikoeinschätzung der Banken vereinbar war.

Tatsächlich finanzieren viele Firmen den größten Teil ihrer Investitionen aus thesaurierten Gewinnen, und zwar auch dann, wenn sie leicht Kredit aufnehmen könnten. Große Firmen verfügen noch über zwei andere Geldquellen: Sie können an der Börse Aktien emittieren oder am Anleihemarkt neue Anleihen auflegen. In einer Rezession gehen jedoch normalerweise auch die Börsengeschäfte nicht besonders gut, so daß die Firmen kaum neue Aktien unter das Publikum bringen könnten; die gegenwärtigen Eigentümer müßten einen großen Teil ihrer Firma verkaufen, um einen begrenzten Kapitalbetrag zu beschaffen, vielleicht mehr als ihnen die zusätzlichen Geldmittel wert sind. Und auch der Anleihemarkt wird wahrscheinlich nicht viel freundlicher sein und einen aus der Sicht der Schuldner exorbitanten Zinssatz verlangen, um das aus der Sicht der Gläubiger hohe Risiko der Kreditvergabe mitten in der Rezession auszugleichen. In der Praxis führt deshalb in der Einschätzung vieler Firmen die begrenzte Verfügbarkeit von Geldmitteln - insbesondere in einer Rezession - zu einer Beschränkung der Investitionsausgaben.

Abbildung 29.7 Die Auswirkungen einer Rezession auf die Investitionsnachfrage. Wenn die Wirtschaft in eine Rezession abgleitet, gehen die Gewinnerwartungen zurück, die Möglichkeiten zur Verteilung von Risiken nehmen ab, und Kredite sind schwerer zu bekommen. Das führt zu einer Linksverschiebung der Investitionskurve.

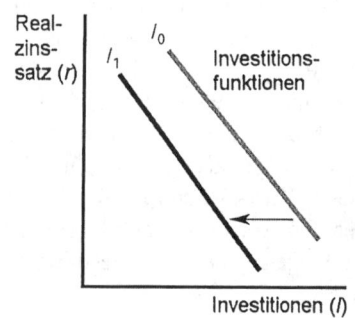

Rezessionen

In Zeiten der wirtschaftlichen Rezession verschiebt sich typischerweise die Investitionskurve nach links, wie in Abbildung 29.7. Die Gewinnerwartungen gehen zurück, die Risiken erscheinen größer, es gibt weniger Möglichkeiten zur Verteilung von Risiken, und die Fähigkeit und Bereitschaft zur Übernahme von Risiken nimmt ab. Hinzu kommt, daß Unternehmungen, die keine Kredite aufnehmen können und zur Finanzierung ihrer Investitionen auf thesaurierte Gewinne angewiesen sind, weniger Mittel zur Verfügung haben. Die Banken, deren Kapitalbasis bereits durch die Zahlungsschwierigkeiten ihrer Kunden angegriffen ist, und die bei neuen Krediten das Risiko höher einschätzen als zuvor, schränken ihre Kreditvergabe möglicherweise ein. Unter diesen Umständen kann es sein, daß sogar ein beträchtlicher Rückgang des Realzinssatzes keine große zusätzliche Investitionsnachfrage hervorrufen kann.

Ein Blick auf die empirischen Daten

Es gibt reichlich Hinweise darauf, daß eine Senkung der Zinssätze tatsächlich die Investitionen anregt. Einige Investitionsarten - wie zum Beispiel die Bauinvestitionen - reagieren empfindlicher auf Zinsänderungen als andere (wie etwa die Lagerinvestitionen, um die es im nächsten Abschnitt geht). Als zum Beispiel gegen Ende des Jahres 1994 die Zinssätze stiegen, ging die Anzahl der begonnenen Bauprojekte schnell zurück. Umgekehrt nahmen die Bauaktivitäten zu Beginn des Jahres 1995 bei fallenden Zinssätzen schnell wieder zu.

Die Zinssätze sind ein wichtiger, aber nicht der einzige Bestimmungsgrund der Investitionsnachfrage: Wie wir gesehen haben, können auch Veränderungen in den Erwartungen, in der Risikoeinschätzung und in der Bereitschaft zur Risikoübernahme die Investitionskurve verschieben. Abbildung 29.8 zeigt, daß es Phasen gibt, in denen der größte Teil der Investitionsschwankungen offenbar mit diesen anderen Variablen zu tun hat. Teil A der Abbildung zeigt die Investitionsausgaben und den langfristigen Realzinssatz von 1954 bis 1969; Teil B zeigt die gleichen Variablen von 1930 bis 1995. Zwei Beobachtungen fallen auf: Es gab lange Zeitabschnitte (wie zum Beispiel die fünfziger und sechziger Jahre), in denen sich die Zinssätze nur wenig verändert haben (von etwas weniger als zwei Prozent bis etwas weniger als drei Prozent). Die Volatilität der Investitionsausgaben während dieser Periode kann kaum auf Veränderungen des Zinssatzes zurückgeführt werden. Zu Anfang der achtziger Jahre waren die Zinssätze deutlich höher als in den Sechzigern, aber die Investitionen waren (im Verhältnis zum BIP) nicht viel niedriger.

Wir wissen jetzt, warum Ausrüstungsinvestitionen so stark schwanken können: Veränderungen bei den Erwartungen, bei der Verfügbarkeit von Geldmitteln, beim Eigenkapital der Unternehmungen und bei den Zinssätzen können die Höhe der Investitionsausgaben beeinflussen. Keynes hielt die Investitionsentscheidungen der Unternehmer für so unberechenbar, daß er sagte, sie seien von „tierischen Instinkten" („animal spirits") geleitet.

Lagerinvestitionen

Lagerinvestitionen sind ein besonders volatiler Teil der Investitionsausgaben. Viele Unternehmungen haben sehr umfangreiche Lagerbestände an Produktionsmaterialien und Fertigprodukten. 1995 betrug der Wert der Lagerbestände in den

USA 1.250 Mrd. $ bei einem Monatsumsatz der Unternehmungen in Höhe von 500 Mrd. $. In anderen Worten: Für jeden Dollar Monatsumsatz wurden Waren im Wert von 2,50 $ gelagert.

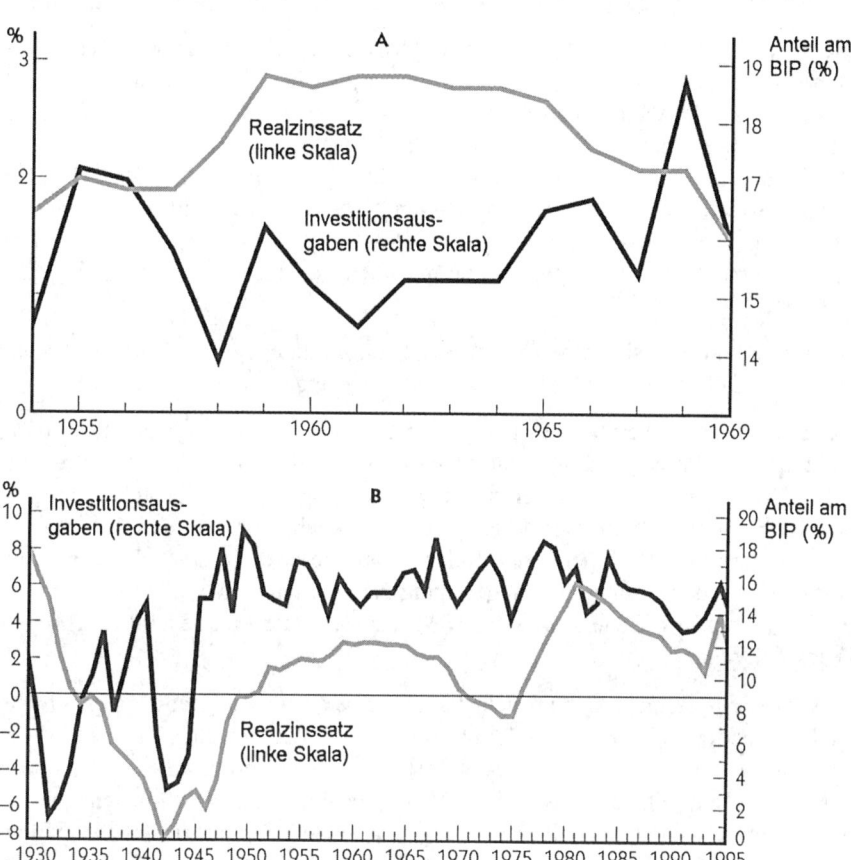

Abbildung 29.8 Realzinssatz und Investitionen. Teil A: Es gab lange Zeitabschnitte, in denen sich der Realzinssatz kaum verändert hat. (Auf der linken vertikalen Skala kann man ablesen, daß in den fünfzehn Jahren zwischen 1954 und 1968 der höchste und der niedrigste Realzinssatz nur um 1,2 Prozentpunkte auseinander lagen.) Dennoch schwankten die Investitionsausgaben zwischen 14 und 19 Prozent des BIP. Teil B: Betrachtet man einen längeren Zeitraum, so zeigen sich größere Bewegungen des Realzinssatzes, aber die Veränderungen der Investitionsausgaben (im Verhältnis zum BIP) stehen in keinem engen Zu-

sammenhang zu den Veränderungen des langfristigen Zinssatzes; oft gehen sie sogar zurück, obwohl der langfristige Zinssatz ebenfalls abnimmt (wie zum Beispiel während eines großen Teils der achtziger Jahre). *Quellen*: *ERP* (1996); *Historical Statistics of the United States*, Serie #13J, S. 210 f., und Serie X474, S. 1003.

Unter die Lupe genommen: *Just-in-time-Management* der Lagerhaltung

Die Firma Simmons produziert die in den USA sehr bekannten Beautyrest-Matratzen. Aber Mitte der achtziger Jahre war man bei Simmons alles andere als entspannt. Die Produktionskosten waren so hoch, daß die finanzielle Stabilität bedroht war. Die Unternehmung verfügte über ein Netz von 19 Produktionsstätten und 67 Kaufhäusern, die mit Hilfe von 128 Sattelschleppern und 250 Anhängern beliefert wurden. Die Transportkosten allein betrugen sechs Prozent des Umsatzes und die Lagerkosten waren sehr hoch. Die Lösung war ein System der Just-in-time-Produktion. Simmons produzierte nur noch, *nachdem* ein Auftrag eingegangen war.

Die Firma unterzog sich einer Neuorganisation, in deren Verlauf sämtliche Kaufhäuser, fünf Produktionsstätten und 43 Lastwagen abgeschafft wurden.

Der Simmons-Plan beruhte auf dem Just-in-time-Lagerhaltungssystem, das Toyota 1972 als erste Firma eingeführt hatte. Die Idee war, die Lagerbestände auf ein absolutes Minimum zu beschränken, indem man die Inputs erst bereitstellte, wenn sie unmittelbar gebraucht wurden. Das System hatte sich noch während der siebziger Jahre in der gesamten japanischen Industrie ausgebreitet. In den achtziger Jahren wurde es von der US-amerikanischen Industrie übernommen, und zwar zuerst von großen Firmen wie General Motors, IBM, Hewlett Packard, General Electric und Black & Decker.

Just-in-time-Systeme ersparen nicht nur die Kosten der Lagerhaltung, sie tragen auch auf andere Weise zur Modernisierung von Unternehmungen bei. Das Wirtschaftsmagazin *The Economist* beschreibt das folgendermaßen: „Eine beliebte Analogie ist das Wasser eines Flusses. Wenn der Wasserstand fällt, tauchen Felsen auf. Diese Felsen kann man dann beseitigen, anstatt sich daran zu stoßen." Mit anderen Worten: Eine umfangreiche Lagerhaltung verdeckt möglicherweise eine Vielzahl anderer organisatorischer Probleme. Bemühungen zur Reduzierung der Lagerbestände können sich als wirkungsvolles Instrument zur Förderung der Effizienz insgesamt erweisen.

Die Ausbreitung von *Just-in-time*-Systemen kann spürbare Auswirkungen auf die gesamtwirtschaftliche Stabilität haben. So kam zum Beispiel im März 1995 innerhalb von zwei Wochen nach dem Beginn eines Streiks in zwei Bremsenfabriken von General Motors die gesamte Produktion von GM zum Erliegen: Es gab keine

Lagerbestände an Bremsen und ohne Bremsen konnten keine Autos gebaut werden. Mehr als 200.000 Arbeitskräfte verloren vorübergehend ihre Arbeit.

Gleichzeitig kann aber auch die allgemeine Stabilität der Volkswirtschaft verbessert werden. Eine Unternehmung mit umfangreicher Lagerhaltung wird bei einem Umsatzrückgang möglicherweise Einkauf und Produktion drastisch vermindern und Lagerbestände abbauen. Eine Unternehmung mit *Just-in-time*-Management der Lagerhaltung wird Einkauf und Produktion nur in dem Umfang reduzieren, in dem der Umsatz zurückgegangen ist.

Quellen: *The Economist*, 25. April 1987, S. 68; Richard J. Schonberger, „The Transfer of Japanese Management Approaches to U.S. Industry," *Academy of Management Review* (1982) 7:479-87; „Bringing JIT's Benefits to the Bottom Line," *Traffic Management* (November 1991), S. 57.

Mit der Lagerhaltung sind Kosten verbunden. Firmen, die zur Finanzierung ihrer Lagerhaltung Kredite aufnehmen und diese Kredite nach dem Verkauf der Lagerbestände zurückzahlen wollen, müssen in der Zwischenzeit Zinsen bezahlen. Wenn eine Unternehmung ihre Lagerhaltung selbst finanziert, ist sie mit Opportunitätskosten konfrontiert. Die Mittel, die durch die Lagerhaltung gebunden sind, könnten auch für andere Zwecke verwendet werden. Nicht nur die gelagerten Güter selbst kosten Geld, sondern auch der Lagerraum und eventuelle Wertminderungen, die durch die Lagerung entstehen können.

Angesichts dieser Kosten fragt man sich, warum die Unternehmungen so große Lagerbestände halten. Auf der Inputseite hat die Lagerhaltung die Funktion der **Produktionserleichterung**. So ist es zum Beispiel für eine Druckerei sehr teuer, wenn das Papier ausgeht und wenn Arbeitskräfte und Maschinen untätig sind, bis der Nachschub kommt. Auf der Outputseite verlassen sich die Kunden oft darauf, daß der Hersteller das Gut dann liefern kann, wenn sie es brauchen. Das ist nur möglich, wenn die Herstellerfirma ausreichend Lagerbestände hat, um die erwartete Nachfrage zu befriedigen. Wenn Aufträge mit Verspätung ausgeführt werden, kann es sein, daß sich die Kunden anderen Herstellern zuwenden.

Lagerhaltung ermöglicht den Unternehmungen auch Kostenersparnis durch eine konstante Produktionsgeschwindigkeit. Es ist teuer, das Produktionsniveau vom Umsatz abhängig zu machen. Die täglichen oder sogar monatlichen Schwankungen wären zu groß. Arbeitskräfte und Maschinen wären einmal untätig und ein andermal gezwungen, Überstunden zu machen. Unternehmungen bevorzugen deshalb ein gleichmäßiges Produktionsniveau. Zusammen mit einer unsteten Nachfrage nach ihren Produkten ergibt sich daraus die Notwendigkeit der Lagerhaltung. Um die Produktion zu glätten, nimmt man in Zeiten schwacher Nachfrage Fertigprodukte auf Lager und holt sie in Spitzenzeiten wieder heraus. Die Lagerhaltung hat also auch die Funktion der **Produktionsglättung**.

Unter dem Gesichtspunkt der Produktionserleichterung sind die Lagerbestände mit dem Niveau des Outputs und der gesamtwirtschaftlichen Nachfrage positiv korreliert: Je höher der Output, desto höher ist auch die Lagerhaltung. Unter dem Gesichtspunkt der Produktionsglättung sind die Lagerbestände mit den gesamtwirtschaftlichen Ausgaben negativ korreliert: Sie nehmen zu, wenn die Ausgaben abnehmen. Diese Logik würde zu dem Schluß führen, daß die Lagerhaltung die Schwankungen der gesamtwirtschaftlichen Produktion verringert, indem sie es den Unternehmungen erlaubt, ein gleichmäßiges Produktionsniveau beizubehalten.

Tatsächlich scheint aber die Lagerhaltung die Konjunkturschwankungen zu verschärfen anstatt sie zu dämpfen. Die Lagerinvestitionen variieren weit mehr als der Output und erklären, wie wir bereits angedeutet haben, einen großen Teil der Schwankungen bei den gesamtwirtschaftlichen Ausgaben. Das gilt sogar für die Lagerbestände an Konsumgütern, bei denen man eigentlich erwarten würde, daß die Produktionsglättung eine besonders große Rolle spielt.

Ein Grund für die Ausgabenschwankungen könnte auch hier wieder die Risikoscheu der Unternehmungen und die begrenzte Verfügbarkeit von Krediten sein. Wenn die Volkswirtschaft in eine Rezession abgleitet, stellen die Unternehmungen oft fest, daß ihr Reinvermögen abgenommen hat. Sie sind dann weniger zu Investitionen bereit und davon sind auch die Lagerinvestitionen betroffen. Wo das möglich ist, würden sie gerne „desinvestieren", also Vermögenswerte in Geld zurückverwandeln. Die bei weitem einfachste Art der Desinvestition ist der Verkauf von Lagerbeständen. Wenn eine Unternehmung mit Kreditrationierung konfrontiert ist, kann sie gezwungen sein, Lagerbestände abzubauen, um das notwendige Kapital aufzubringen. Und selbst wenn sie noch nicht direkt gezwungen ist, ihre Lagerbestände aufzulösen, kann es sein, daß sie eine Kreditrationierung in der Zukunft befürchtet und im Vorgriff darauf versucht, ihre Lagerhaltung zu reduzieren.

Ungeplante Lagerinvestitionen

Wenn eine Rezession beginnt, werden die Lagerbestände oft „unfreiwillig" aufgestockt. Einzelhändler zum Beispiel bestellen auf der Grundlage der erwarteten Verkäufe; wenn der Absatz nicht stattfindet, stellen die nicht verkauften Waren Lagerbestände dar. Diese ungeplanten Lagerinvestitionen können schnell Rückwirkungen auf die Produktion haben, da die Händler ihre Bestellungen bei den Herstellern verringern. Niedrigere Auftragsbestände führen wiederum rasch zu einer Einschränkung der Produktion. Wenn Produktionseinschränkungen darauf zurückzuführen sind, daß die Unternehmungen versuchen, ihre Lagerbestände wieder mit dem Umsatz in Einklang zu bringen, spricht man von „Lagerkorrekturen". Zyklische Schwankungen, die durch Lagerinvestitionen ausgelöst werden, nennt man **Lagerzyklen.**

Maßnahmen zur Investitionsförderung

Der Staat kann zwar nicht alle Bestimmungsgrößen der Investitionsnachfrage kontrollieren; er verfügt aber über verschiedene wirtschaftspolitische Instrumente, die sie beeinflussen können. Wenn die Geschäftswelt davon überzeugt ist, daß die Regierung sich der wirtschaftlichen Stabilität verpflichtet fühlt, werden die Unternehmer die gesamtwirtschaftlichen Risiken geringer einschätzen und möglicherweise eher zu Investitionen bereit sein. Aber die Psychologie der Manager zu durchschauen oder womöglich zu kontrollieren, ist ein schwieriges Geschäft.

Der Staat kann statt dessen die Steuergesetze verändern, um Investitionsausgaben attraktiver zu machen. Er kann zum Beispiel eine **Steuergutschrift** für Investitionen einführen. Bei einer Steuergutschrift kann ein bestimmter Anteil (z.B. sechs Prozent) der Investitionsausgaben von der Steuerschuld abgezogen werden. Das ist so, *als ob* der Staat sechs Prozent der Kosten einer Maschine bezahlen würde (vorausgesetzt, die Unternehmung oder der Selbständige hat eine hinreichend hohe Steuerschuld). Vorübergehende Steueränderungen können besonders wirkungsvoll sein; eine zeitlich begrenzte Steuergutschrift hat den gleichen Effekt wie ein Preisnachlaß: Eine Unternehmung, die eine Maschine während der Geltungsdauer der Steuergutschrift kauft, spart Geld, genau so als ob der Verkäufer vorübergehend den Preis gesenkt hätte. Die Auswirkungen solcher vorübergehender Steuervergünstigungen sind besser prognostizierbar als die Wirkungen von Maßnahmen, die das psychologische Klima verändern sollen. Aber vorübergehende Steueränderungen sind ein schwerfälliges Instrument, denn sie kommen nur zustande, wenn Kongreß und Präsident aktiv werden. Vorübergehende Steueränderungen können auch die Ressourcenallokation verzerren, obgleich die makroökonomischen Vorteile - im Form eines höheren Outputniveaus - unter Umständen die mikroökonomischen Verluste durch diese Verzerrungen mehr als wettmachen.

Meistens verläßt sich der Staat jedoch auf die Geldpolitik, durch die sowohl die Verfügbarkeit von Krediten als auch die Kreditbedingungen beeinflußt werden. Unternehmungen beschaffen sich Mittel über den Kapitalmarkt. Wie und wann der Staat durch die Währungsbehörden den Kapitalmarkt (die Zinssätze und die Verfügbarkeit von Krediten) beeinflußt, das sind wichtige und schwierige Fragen, die wir in den nächsten drei Kapiteln untersuchen werden. An dieser Stelle sei lediglich noch einmal auf die Zusammenhänge zwischen den einzelnen Teilen des makroökonomischen Puzzles hingewiesen. Das Geschehen auf dem Gütermarkt (das Gleichgewichtsniveau des Outputs) beeinflußt den Arbeitsmarkt (das Ausmaß der Arbeitslosigkeit in der Volkswirtschaft), und die Situation am Kapitalmarkt (die Zinssätze und die Verfügbarkeit von Krediten) beeinflußt wiederum die Investitionen und damit den Gütermarkt.

Zusammenfassung

1. Die keynesianische Konsumfunktion betont die Bedeutung des laufenden verfügbaren Einkommens bei der Bestimmung der Konsumausgaben. Im Gegensatz dazu stellen zukunftsorientierte Konsumtheorien das Gesamtvermögen eines Konsumenten einschließlich seines Lebenszeiteinkommens in den Mittelpunkt; die Ersparnis dient dazu, die Konsumausgaben zu glätten. Die Lebenszyklushypothese des Konsums sagt aus, daß die Menschen während ihres Erwerbslebens sparen, um im Ruhestand ihren Konsum aufrechterhalten zu können. Die permanente Einkommenshypothese besagt, daß die Menschen in guten Jahren sparen, um die Einkommensverluste in schlechten Jahren auszugleichen.

2. Gilt die traditionelle (keynesianische) Konsumfunktion, so kann der Staat die Konsumausgaben eines Jahres manipulieren, indem er für dieses Jahr den Einkommensteuersatz verändert. Gelten dagegen die zukunftsorientierten Konsumtheorien, dann haben vorübergehende Steuersenkungen nur einen begrenzten Einfluß auf den Konsum, da die Menschen bei ihren Konsumentscheidungen einen längeren Zeithorizont zugrunde legen.

3. Sowohl die Lebenszyklushypothese als auch die permanente Einkommenshypothese behaupten, daß der Konsum vom Lebenszeitvermögen abhängt, und daß Vermögensänderungen (einschließlich der Änderungen von Vermögenserträgen) deshalb die Höhe der Konsumausgaben beeinflussen.

4. Der Konsum der Haushalte scheint stärker vom laufenden Einkommen abzuhängen, als man aufgrund der Lebenszyklushypothese oder der permanenten Einkommenshypothese erwarten würde. Die Konsumenten können den Kauf von dauerhaften Konsumgütern leicht verschieben, wenn ihr Einkommen zurückgeht. Auch die begrenzten Verschuldungsmöglichkeiten (Kreditrationierung) sorgen dafür, daß die Konsumausgaben der vielen Haushalte mit geringen Ersparnissen eng an das laufende Einkommen gebunden bleiben.

5. Die zukunftsorientierten Konsumtheorien implizieren eine flache gesamtwirtschaftliche Ausgabenkurve und einen niedrigen Ausgabenmultiplikator.

6. Schwankungen in der Höhe der Investitionsausgaben sind wahrscheinlich der Hauptgrund für die Instabilität der gesamtwirtschaftlichen Ausgaben. Die Investitionen kann man in drei Kategorien einteilen: Ausrüstungsinvestitionen und Lagerinvestitionen der Unternehmungen, sowie Ausgaben der Haushalte für neue Häuser und Eigentumswohnungen.

7. Die Investitionen hängen zwar vom Realzinssatz ab; historisch läßt sich aber zeigen, daß ein großer, wenn nicht der größte Teil der Schwankungen der Investitionsausgaben auf andere Faktoren zurückzuführen sind: Die Investitionsfunktion verschiebt sich durch Veränderungen bei den Erwartungen, bei der Risikoeinschätzung, sowie bei der Bereitschaft und Fähigkeit zur Risikoübernahme.

8. Mit steigendem Einkommen steigen tendenziell auch die Investitionsausgaben, teilweise weil für die Zukunft höhere Umsätze erwartet werden, teilweise auch weil mit steigendem BIP die Gewinne zunehmen und damit auch die Verfügbarkeit von Mitteln für

Investitionen. Der Zusammenhang zwischen dem Einkommen und den Investitionsausgaben wird Akzelerator genannt.

9. Die meisten Unternehmungen finanzieren den größten Teil ihrer Investitionen mit einbehaltenen Gewinnen. Wenn eine Firma weder über die Banken noch über den Aktienmarkt Mittel beschaffen kann - oder zumindest nur zu sehr unattraktiven Bedingungen - wird sie möglicherweise den Eindruck haben, daß ihre Investitionsausgaben durch den Mangel an verfügbaren Mitteln begrenzt werden.

10. In einer Rezession sind die Investitionsausgaben niedrig, (a) weil die erwarteten zukünftigen Gewinne zurückgehen, (b) weil die niedrigeren laufenden Gewinne es den Firmen unmöglich machen, ihre Investitionsprojekte selbst zu finanzieren, und (c) weil Banken und Unternehmungen die Risiken höher einschätzen, während ihre Fähigkeit zur Übernahme von Risiken abnimmt, so daß ihre Bereitschaft zur Kreditvergabe bzw. ihre Investitionsbereitschaft zurückgeht.

11. Die Lagerhaltung dient der Produktionserleichterung und der Produktionsglättung. Die Schwankungen der Lagerinvestitionen tragen zu den Konjunkturschwankungen bei: Ein geringfügiger, nicht antizipierter Abschwung führt zu ungeplanten Lagerinvestitionen. Sobald die Unternehmungen ihre Bestellungen reduzieren, um die unbeabsichtigte Lageraufstockung wieder rückgängig zu machen, verringert sich der Output.

12. Die Regierung kann die Investitionen fördern, indem sie ihre Handlungsbereitschaft zur Aufrechterhaltung eines hohen Beschäftigungs- und Produktionsniveaus demonstriert und damit die Zuversicht der Unternehmer stärkt; andere Mittel der Investitionsförderung sind Steuergutschriften und geldpolitische Maßnahmen zur Erleichterung der Kreditbeschaffung.

Schlüsselbegriffe

Lebenszyklusersparnisse	thesaurierte Gewinne	Produktionserleichterung
Lebenszykluseinkommen	dauerhafte Konsumgüter	Produktionsglättung
Ausrüstungsinvestitionen	Steuergutschrift	Akzeleratoreffekt
Lagerinvestitionen	Lagerzyklus	

Wiederholungsfragen

1. Welche Unterschiede bestehen zwischen dem keynesianischen Konsummodell, dem Lebenszyklusmodell und dem permanenten Einkommensmodell?

2. Warum folgt aus der Lebenszyklushypothese und aus der permanenten Einkommenshypothese, daß vorübergehende Steueränderungen wenig Einfluß auf den Konsum in der laufenden Periode haben?

3. Welche Faktoren beeinflussen die Ausgaben für dauerhafte Konsumgüter? Warum schwanken diese Ausgaben so stark?

4. Warum bewirkt die Tatsache der Kreditrationierung, daß der Konsum stärker vom laufenden Einkommen abhängt, als man aufgrund der zukunftsorientierten Konsumtheorien erwarten würde?

5. Welche Arten von Investitionen gibt es? Warum hängt die Höhe der Investitionsausgaben vom Realzinssatz ab? Welche anderen wichtigen Bestimmungsgründe der Ausrüstungsinvestitionen kennen Sie? Welchen Einfluß hatten in der Vergangenheit diese verschiedenen Bestimmungsgrößen auf die Schwankungen der Investitionsausgaben?

6. Was versteht man unter dem Akzeleratoreffekt? Welche Ursachen und welche Folgen hat er?

7. Aus welchen Quellen können Unternehmungen Investitionen finanzieren?

8. Warum gehen die Investitionen in einer Rezession tendenziell zurück?

9. Warum betreiben Unternehmungen Lagerhaltung? Was sind die Kosten und Nutzen von Lagerbeständen? Was versteht man unter ungeplanten Lagerinvestitionen und welche Rolle spielen sie? Was könnten die Ursachen für die starke Volatilität der Lagerinvestitionen sein?

10. Wie kann der Staat die Investitionen fördern?

Aufgaben

1. Bei welcher Konsumtheorie hätte eine vorübergehende Steuersenkung die größte Wirkung auf die Konsumausgaben? Bei welcher Theorie hätte ein dauerhafte Erhöhung der Sozialrenten die stärkste Wirkung auf den Konsum? Bei welcher Theorie hätte ein dauerhafter Anstieg des Arbeitslosengeldes den größten Einfluß auf die Konsumausgaben? Erläutern Sie Ihre Antwort.

2. Welche Konsumtheorie behauptet, daß die gesamtwirtschaftliche Ersparnis von den jeweiligen Bevölkerungsanteilen der Menschen im Ruhestand und im Erwerbsalter abhängt? Welche Theorien sagen vorher, daß die Konsumausgaben nicht sehr davon abhängen, ob die Volkswirtschaft sich in einem Boom oder in einer Rezession befindet? Geben Sie eine Begründung an.

3. Angenommen, der Staat würde durch spezielle Programme dafür sorgen, daß die Haushalte leichter Kredit erhalten können. Würden Sie erwarten, daß sich die Abhängigkeit des Konsumverhaltens vom laufenden Einkommen dadurch verstärkt oder abschwächt? Begründen Sie Ihre Antwort.

4. Wie würde ein Börsenkrach den Zusammenhang zwischen Konsum und Einkommen beeinflussen? Wie würden sich stark steigende Immobilienpreise auf den Zusammenhang zwischen Konsum und Einkommen auswirken? Zeichnen Sie die Verschiebungen der Konsumfunktion, um Ihre Antwort zu illustrieren. Wie unterscheiden sich Ihre Vorhersagen, je nachdem, ob der Konsument sich entsprechend der keynesianischen Konsumhypothese, der Lebenszyklushypothese oder der permanenten Einkommenshypothese verhält?

5. Eine Unternehmung, die mit einem langfristigen Realzinssatz von drei Prozent rechnet, bewertet eine Liste von möglichen Investitionsprojekten. Jedes Projekt kostet 10.000 $, aber die Projekte unterscheiden sich in bezug auf den Zeithorizont und die Höhe der Erträge. Beim ersten Projekt ist mit einem Rückfluß von 12.000 $ in zwei Jahren zu rechnen; das zweite wird in drei Jahren 12.500 $ abwerfen; beim dritten Projekt wird ein Rückfluß in Höhe von 13.000 $ nach vier Jahren erwartet. Welche Projekte lohnen sich? Verändert sich Ihre Antwort, wenn der erwartete Zinssatz fünf Prozent beträgt? Gehen Sie dabei von stabilen Preisen aus.

6. Bewerten Sie die Projekte aus Aufgabe 5 neu unter der Annahme, daß die Inflation vier Prozent pro Jahr beträgt, und daß die Rückflüsse Nominalwerte zum Zeitpunkt der Auszahlung darstellen. Sind die Investitionsprojekte immer noch lohnend?

7. Zeigen Sie anhand eines Diagramms, wie die folgenden Ereignisse die Investitionsausgaben verändern.
   a) Die Regierung führt eine Steuergutschrift für Investitionen ein.
   b) Die Unternehmungen glauben, daß die wirtschaftliche Zukunft erfreulicher sein wird, als man noch vor kurzem gedacht hatte.
   c) Der Realzinssatz sinkt.

8. Angenommen, der Staat erhöht die Einkommensteuer und gewährt gleichzeitig in gleicher Höhe eine Steuergutschrift für Investitionen. Beschreiben Sie, unter welchen Umständen dieses Maßnahmenbündel die größte Wirkung auf die gesamtwirtschaftlichen Ausgaben hätte. Bedenken Sie dabei die verschiedenen Konsumtheorien, sowie den Unterschied zwischen einer dauerhaften und einer vorübergehenden Steueränderung.

9. Warum hat der Kauf eines dauerhaften Konsumgutes Ähnlichkeiten mit einer Investition? Wie könnte ein Anstieg des Zinssatzes oder eine Veränderung der Verfügbarkeit von Krediten die Nachfrage nach dauerhaften Konsumgütern beeinflussen?

10. Warum würden die Lagerinvestitionen die Volkswirtschaft stabilisieren, wenn die meisten Lagerbestände der Produktionsglättung dienen würden? Inwiefern stützt die Lagerhaltung bei Konsumgütern das Argument, daß die Lagerhaltung wesentlich von Einflüssen bestimmt wird, die nichts mit der Produktionsglättung zu tun haben? Nennen Sie eine mögliche Erklärung für das beobachtete Verhaltensmuster.

Warum würde man erwarten, daß mit dem Output auch das Niveau der gewünschten Lagerhaltung zunimmt? Erklären Sie, warum dieser Akzeleratorzusammenhang zur wirtschaftlichen Instabilität beitragen könnte. Wie würden Zinsänderungen, Veränderungen bei den Lagerhaltungskosten und Innovationen beim Lagerhaltungsmanagement das gewünschte Verhältnis zwischen Lagerhaltung und Umsatz beeinflussen?

Anhang: Die Identität von Ersparnis und Investition

Normalerweise assoziiert man Ersparnis mit Investitionen und betrachtet beides als Tugenden nach dem Motto: „Ein gesparter Pfennig ist ein verdienter Pfennig." Zusätzliche Investitionsausgaben erhöhen die zukünftige Produktivität der Volkswirtschaft. Oft hört man, daß die Amerikaner mehr sparen sollen. Dahinter steht die Annahme, daß sich Ersparnisse automatisch in Investitionsausgaben verwandeln

Bei einer *geschlossenen* Volkswirtschaft, die sich auf ihrer Produktionsmöglich-keitenkurve befindet und alle Ressourcen vollständig nutzt, bedeutet eine höhere Ersparnis (ein Konsumrückgang), daß mehr Kapitalgüter produziert werden können. In diesem Fall verändern sich Ersparnis und Investition stets im Gleichschritt. Aber wenn die Volkswirtschaft unterhalb ihrer Produktionsmöglichkeitenkurve arbeitet, kann eine Erhöhung der Ersparnis (eine Reduktion des Konsums) dazu führen, daß die Wirtschaft einfach noch weiter hinter ihren Produktionsmöglichkeiten zurückbleibt.

In offenen Volkswirtschaften entwickeln sich Ersparnis und Investition auch dann nicht unbedingt im Gleichschritt, wenn die Produktionsmöglichkeiten ausgeschöpft werden. Das liegt daran, daß die Volkswirtschaft Investitionen auch durch Auslandskredite finanzieren kann und nicht auf die möglicherweise zu geringe inländische Ersparnis angewiesen ist.

Bei der Einkommen-Ausgaben-Analyse des Kapitels 28 geht es um den Zusammenhang zwischen den gesamtwirtschaftlichen Ausgaben und dem Einkommen. Gleichgewicht herrscht, wenn die gesamtwirtschaftlichen Ausgaben dem Einkommen entsprechen. Alternativ kann man die Bestimmung des gesamtwirtschaftlichen Outputs auch mit Hilfe von Ersparnis und Investition beschreiben. Der Einfachheit halber betrachten wir zuerst eine geschlossene Volkswirtschaft ohne Staat, bei der das gesamtwirtschaftliche Einkommen mit dem verfügbaren Einkommen identisch ist. Wir gehen also davon aus, daß keine Steuern gezahlt werden und keine Staatsausgaben anfallen, daß die Unternehmensgewinne vollständig in Form von Dividenden ausgeschüttet werden, und daß keine Kredite im Ausland aufgenommen werden können. Später werden wir diese Annahmen lockern, um ein vollständigeres Bild zu erhalten.

Definitionsgemäß können die Haushalte ihr Einkommen entweder ausgeben oder sparen:

$$\text{Einkommen} = \text{Konsum} + \text{Ersparnis} \qquad (29.1)$$

Ohne Staatsausgaben und Nettoexporte können die produzierten Güter nur zwei Zwecken dienen: dem Konsum und der Investition. Der Output Y kann also in zwei Komponenten aufgespalten werden:

$$Y = \text{Konsum} + \text{Investition.} \qquad (29.2)$$

Kombiniert man diese beiden Identitäten, so ergibt sich eine neue. Da der Wert des gesamtwirtschaftlichen Outputs dem Einkommen entspricht,

$$Y = \text{Einkommen,} \qquad (29.3)$$

kann man die rechten Seiten von (29.1) und (29.2) miteinander gleichsetzen:

$$\text{Konsum} + \text{Ersparnis} = \text{Konsum} + \text{Investition} \qquad (29.4)$$

Zieht man von beiden Seiten dieser Gleichung den Konsum ab, so erhält man

$$\text{Ersparnis} = \text{Investition.} \qquad (29.5)$$

Man kann diese Identität verstehen, wenn man sich vorstellt, daß die Unternehmungen eine bestimmte Menge an Gütern herstellen, deren Wert genau dem Einkommen der Haushalte in der Volkswirtschaft entspricht (da die Unternehmungen alle Einnahmen an irgend jemanden bezahlen, der daraus sein Einkommen bezieht). Der Teil des Einkommens, der nicht für den Konsum ausgegeben wird, wird definitionsgemäß gespart. Auf der Outputseite können die Unternehmungen die hergestellten Güter entweder verkaufen oder auf Lager nehmen. Ein Teil der Lagerinvestitionen ist geplant, weil die Unternehmungen die Lagerhaltung brauchen, um zu überleben. Ein Teil ist ungeplant, weil überraschende Abschwünge die Absatzplanungen zunichte machen können. Sowohl geplante als auch ungeplante Lagerzugänge werden als Investitionen betrachtet. Alle Güter, die nicht konsumiert werden, stellen also definitionsgemäß Investitionen dar.

Die Identität (29.5) kann in eine Gleichung umgewandelt werden, mit deren Hilfe man den gesamtwirtschaftlichen Output bestimmen kann, vorausgesetzt, daß die Unternehmungen im Gleichgewicht die Produktion einschränken, wenn es zu unbeabsichtigten Aufstockungen der Lagerbestände kommt. In diesem Fall entspricht im Gleichgewicht die tatsächliche Investition der unter den gegebenen Marktbedingungen gewünschten Investition (einschließlich der Lagerinvestition). Die Gleichgewichtsbedingung lautet also

$$\text{Investition} = \text{geplante Investition.} \qquad (29.6)$$

Betrachten wir nun die linke Seite der Identität (29.5). Die Konsumfunktion gibt zu jedem Einkommensniveau an, wieviel die Menschen für den Konsum ausgeben wollen. Da aber alles, was nicht für den Konsum ausgegeben wird, Ersparnis ist, kann man aus der Konsumfunktion eine Sparfunktion ableiten, die zu jedem Einkommensniveau die Ersparnis angibt.

$$\text{Ersparnis} = \text{Einkommen } (Y) - \text{Konsum} \qquad (29.7)$$

Abbildung 29.9 zeigt die Sparfunktion. Die Steigung der Kurve, also der Betrag, um den die Ersparnis ansteigt, wenn sich das Einkommen um eine Einheit erhöht, wird Sparneigung genannt. Sparneigung und Konsumneigung ergänzen sich zu eins.

Da die Ersparnis der Investition entsprechen muß, und da im Gleichgewicht tatsächliche und geplante Investition übereinstimmen, muß im Gleichgewicht gelten:

$$\text{Ersparnis} = \text{geplante Investition} \qquad (29.8)$$

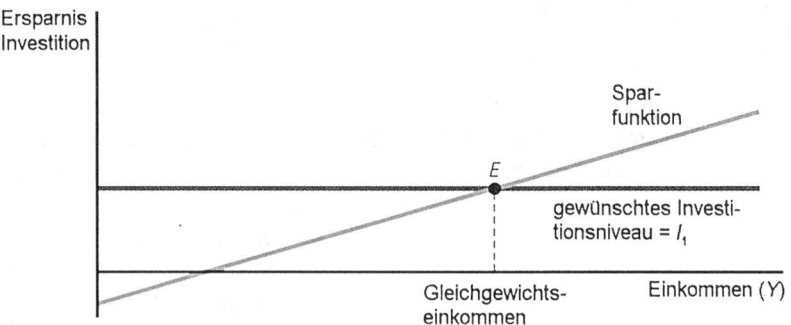

Abbildung 29.9   Sparkurve und gesamtwirtschaftliches Einkommen. Mit steigendem Einkommen nimmt die von den Haushalten gewünschte Ersparnis zu. Der Betrag, um den die Ersparnis zunimmt, wenn das Einkommen um einen Dollar steigt - die Steigung der Sparfunktion - wird Sparneigung genannt. Im Gleichgewicht entspricht die Ersparnis den geplanten Investitionen. Gleichgewicht herrscht also dort, wo die Sparkurve die Linie der Investitionsausgaben schneidet.

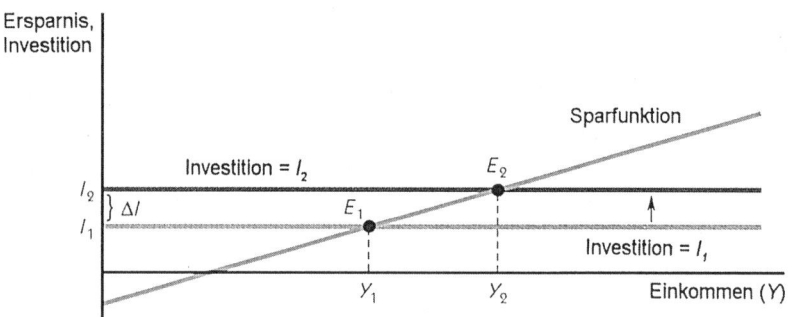

Abbildung 29.10   Die Anwendung des Ersparnis-Investitions-Diagramms. Eine Erhöhung der Investitionsausgaben von I_1 auf I_2 führt zu einer Steigerung des Outputs von Y_1 auf Y_2; der Anstieg des Outputs ist ein Vielfaches der ursprünglichen Veränderung der Investitionen.

Die Abbildung zeigt ein festes Niveau der geplanten Investition (I_1). Die Kurve der gewünschten Investition verläuft horizontal, da angenommen wird, daß die Investitionsausgaben nicht vom Einkommen abhängen. Gleichgewicht herrscht im Schnittpunkt *E* zwischen Investitionskurve und Sparkurve.

Wie die Einkommen-Ausgaben-Analyse zeigt auch die Ersparnis-Investitions-Analyse, wie ein Anstieg der Investitionsausgaben zu einem um ein Vielfaches höheren Anstieg des Outputs führt. In Abbildung 29.10 ist zu sehen, daß eine Erhöhung der Investitionsausgaben von I_1 auf I_2 eine Verschiebung des Gleichgewichts von E_1 nach E_2 und eine Erhöhung des Outputs von Y_1 auf Y_2 bewirkt. Auch hier ist die Veränderung des Outputs wieder größer als die ursprüngliche Veränderung der Investitionsausgaben ΔI. Das ist nicht weiter überraschend, da die Einkommen-Ausgaben-Analyse und die Ersparnis-Investitions-Analyse nur zwei verschiedene Möglichkeiten sind, die gleiche Sache zu betrachten.

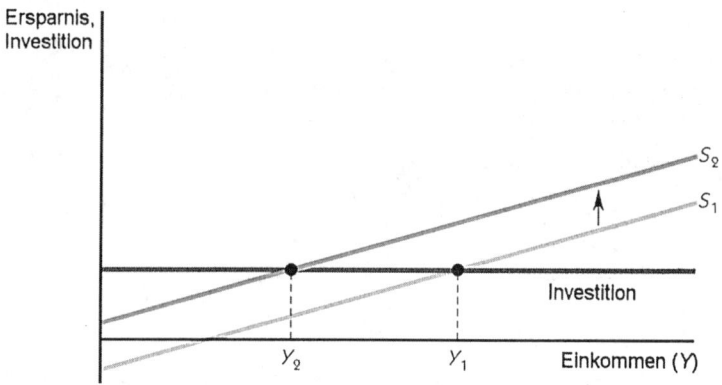

Abbildung 29.11 Die Sparfunktion und das Sparparadox. Wenn das Niveau der Investitionsausgaben durch andere Faktoren bestimmt wird und fest vorgegeben ist, bewirkt eine größere Sparsamkeit, die sich in einer Verschiebung der Sparfunktion nach oben ausdrückt, keine Veränderung der Ersparnis sondern lediglich einen Outputrückgang von Y_1 auf Y_2.

Das Sparparadox: Mit Hilfe eines ähnlichen Diagramms können wir eine Schlußfolgerung illustrieren, die auf den ersten Blick paradox erscheint. Wenn die Produktionskapazitäten einer Volkswirtschaft nicht vollständig ausgeschöpft werden, kann es sein, daß ein Anstieg der Sparsamkeit, also eine Erhöhung der Ersparnis bei jedem Einkommensniveau, überhaupt keine Auswirkungen auf das Gleichgewichtsniveau von Ersparnis und Investition hat. Die einzige Konsequenz der größeren Sparsamkeit ist ein Rückgang des gesamtwirtschaftlichen Einkommens und der gesamtwirtschaftlichen Produktion. Abbildung 29.11 zeigt die Wirkung einer Verschiebung der Sparfunktion nach oben - bei jedem Einkommensniveau ist die

Ersparnis höher als zuvor. Aber im Gleichgewicht müssen Ersparnis und Investition übereinstimmen. Bei fixen Investitionsausgaben muß auch der Gleichgewichtswert der Ersparnis fix sein. Dieses gleichgewichtige Niveau der Ersparnis kann nur erreicht werden, wenn das Einkommen von Y_1 auf Y_2 zurückgeht.

Kapitel 30

Geld und Kredit

Manche meinen, Geld sei die Wurzel alles Bösen. Andere sagen, das Geld sorge dafür, daß sich die Welt dreht. In Wirklichkeit ist es nicht das Geld an und für sich, das irgend etwas *tut*. Die reale Volkswirtschaft besteht aus Menschen aus Fleisch und Blut, die mit Hilfe von Maschinen Güter herstellen, deren Zweck es ist, Bedürfnisse direkt zu befriedigen. Geld ist im Grunde nur bedrucktes Papier oder Zahlen auf einem Kontoauszug. Es befriedigt Bedürfnisse nur indirekt, nämlich wenn es benutzt wird, um Güter und Dienstleistungen zu kaufen.

In Kapitel 25 sind wir dem Prinzip der Neutralität des Geldes begegnet. Bei Vollbeschäftigung führt ein Anstieg der Geldmenge lediglich zu einem proportionalen Anstieg von Preisen und Löhnen, hat aber keinerlei reale Auswirkungen. Und doch gilt die Kontrolle der Geldmenge als eine derart wichtige Aufgabe des Staates, daß eine mangelhafte Geldpolitik nicht nur für Inflationen sondern auch für Depressionen verantwortlich gemacht wird. Kurzfristig kann nämlich die Volkswirtschaft spürbar vom Zustand der Vollbeschäftigung abweichen, und unter solchen Bedingungen kann die Geldpolitik den Output und die Beschäftigung nachhaltig beeinflussen.

Wir haben immer wieder betont, daß alle Märkte miteinander verbunden sind. Produktionsschwankungen verursachen Beschäftigungsschwankungen. Veränderungen des aggregierten Outputs kann man auf Veränderungen der gesamtwirtschaftlichen Nachfrage zurückführen, insbesondere auf Veränderungen der Investitionsnachfrage. Die Investitionsnachfrage hängt von den Zinssätzen ab und von anderen Aspekten des Kapitalmarktgeschehens.

Wir wenden uns deshalb jetzt dem Kapitalmarkt zu. In diesem und den nächsten beiden Kapiteln werden wir sehen, wie der Staat durch die Geldpolitik die Zinssätze und die Verfügbarkeit von Krediten und damit auch das Niveau der Investitionsausgaben kurzfristig beeinflussen kann. In diesem Kapitel geht es darum, was Geld ist, welche Funktionen es hat, und warum es eine so große Rolle spielt. Die beiden folgenden Kapitel werden zeigen, wie, warum und in welcher Situation die Geldpolitik das Niveau der wirtschaftlichen Aktivität beeinflussen kann.

30.1 Geld ist alles, was die Geldfunktionen erfüllt

Mit dem Begriff „Geld" ist in der Alltagssprache viel mehr gemeint als nur Banknoten und Münzen. Wenn jemand fragt, wieviel Geld Sie für Ihre Arbeit bekommen, meint er damit Ihr *Einkommen*. Die Redeweise „Sowieso hat eine Menge Geld" bezieht sich auf ein großes *Vermögen*, nicht auf eine große Menge Bargeld.

Erhebt jemand den Vorwurf, Unternehmungen seien „nur am Geld interessiert", dann ist damit eine einseitige Orientierung am *Gewinn* gemeint.

Wirtschaftswissenschaftler definieren das Geld durch seine Funktionen; wir müssen deshalb zunächst die Geldfunktionen beschreiben, um dann eine formale Definition des Geldes zu entwickeln.

Geld als Tauschmittel

Die **Tauschmittelfunktion des Geldes** besteht darin, den Handel zu erleichtern, also den Austausch von Gütern oder Dienstleistungen zum gegenseitigen Nutzen. Wenn Güter oder Dienstleistungen ohne die Vermittlung des Geldes direkt gegeneinander ausgetauscht werden, spricht man von **Tauschhandel**. Zwei Familien hüten abwechselnd gegenseitig ihre Kleinkinder, oder ein Arzt und ein Rechtsanwalt konsultieren sich gegenseitig, ohne dafür Honorar zu verlangen. Zwischenstaatliche Verträge enthalten manchmal Vereinbarungen über Tauschhandel. Zum Beispiel wird ein bestimmte Menge Öl gegen eine bestimmte Anzahl von Maschinen oder Waffen getauscht. Ein Tauschhandel zwischen zwei Staaten wird auch als **Kompensationsgeschäft** bezeichnet.

Tauschhandel funktioniert am besten in einfachen Volkswirtschaften. Man kann sich einen Bauern in früherer Zeit vorstellen, der in seinem Dorf mit dem Hufschmied, dem Schneider, dem Lebensmittelhändler und dem Arzt Tauschgeschäfte abgeschlossen hat. Allerdings setzt ein einfaches Tauschgeschäft eine **Bedürfniskoinzidenz** voraus. Das heißt, ein Mensch muß etwas anzubieten haben, was der andere haben will, und umgekehrt. Heinrich hat Kartoffeln und braucht Schuhe, während Josef ein überschüssiges Paar Schuhe hat und Kartoffeln braucht. Ein Tauschhandel kann beide zufriedenstellen. Wenn Heinrich jedoch Feuerholz anzubieten hat, das Josef nicht braucht, dann kommt auch der Handel mit den Schuhen nicht zustande, es sei denn mindestens einer von ihnen macht sich auf die Suche nach anderen Leuten, mit deren Hilfe vielleicht ein multilateraler Tauschhandel möglich wird. Geld macht den multilateralen Handel viel einfacher. Heinrich verkauft sein Feuerholz gegen Geld an jemand anderen und benutzt dann das Geld, um Josefs Schuhe zu kaufen. Welche Bequemlichkeit das Geld bietet, wird noch klarer, wenn man die Milliarden von Tauschgeschäften bedenkt, die in einer modernen Volkswirtschaft stattfinden.

Im Prinzip kann jedes leicht transportierbare und lagerbare Gut als Tauschmittel dienen. Letztendlich ist es eine gesellschaftliche Übereinkunft, welcher Gegenstand als Geld benutzt werden soll. Jemand akzeptiert Geld als Bezahlung für die Güter, die er verkauft, weil er darauf vertraut, daß andere Menschen, von denen er Güter kaufen möchte, es ebenfalls akzeptieren werden. In verschiedenen Kulturen wurden zu verschiedenen Zeiten alle möglichen Gegenstände als Geld benutzt. Die Indianer Nordamerikas benutzten Wampum, die Bewohner der Südseeinseln Kaurimuscheln. Im Zweiten Weltkrieg benutzten die Kriegsgefangenen Zigaretten als Tauschmittel und in vielen Gefängnissen ist das heute ähnlich.

Lange Zeit war Gold das wichtigste Tauschmittel. Allerdings hängt der Wert einer Goldmünze von ihrem Gewicht und ihrer Reinheit ab und auch von Angebot und Nachfrage am Goldmarkt. Es wäre teuer, das Gold bei jeder Transaktion zu wiegen und seine Qualität zu beurteilen. Deshalb war es bis zum Beginn des zwanzigsten Jahrhunderts eine der Aufgaben des Staates, Goldmünzen zu prägen und für ihr Gewicht und ihre Qualität zu garantieren. Da Gold jedoch ein weiches Metall ist, nutzt es sich durch den Gebrauch ab. Kriminelle bereicherten sich, indem sie die Ränder der Goldmünzen abkratzten. Die wulstigen Ränder der Zehn- und Fünfundzwanzig-Cent-Münzen erinnern noch an die Münzen, die man entwickelt hat, um diesen Diebstahl unmöglich zu machen.

Heute werden in allen entwickelten Ländern der Welt Papiergeld (das vom Staat eigens zu diesem Zweck gedruckt wird) und Metallmünzen benutzt. Die meisten geschäftlichen Transaktionen werden jedoch nicht mit Bargeld abgewickelt, sondern mit Bankschecks, Kreditkarten oder Überweisungen. Wirtschaftswissenschaftler betrachten deshalb Girokonten ebenso als Geld wie das Bargeld, denn Schecks und Kreditkarten werden weithin als Zahlungsmittel akzeptiert und erfüllen somit die Tauschmittelfunktion. Da die meisten Menschen mehr Geld auf ihren Girokonten haben als in ihren Geldbeuteln, ist das von den Wirtschaftswissenschaftlern gemessene Geldangebot offensichtlich viel größer als der Wert der im Umlauf befindlichen Scheine und Münzen.

Geld als Wertaufbewahrungsmittel

Die Menschen sind nur dann bereit, Geld im Tausch gegen Güter entgegenzunehmen, wenn sie daran glauben, daß sie das Geld später gegen diejenigen Güter und Dienstleistungen eintauschen können, die sie selbst benötigen. Damit also das Geld seine Tauschmittelfunktion erfüllen kann, muß es mindestens für eine gewisse Zeit seinen Wert behalten. Man spricht von der **Wertaufbewahrungsfunktion des Geldes**. Es gab eine Zeit, als die Regierungen befürchteten, daß Papiergeld als solches in der Zukunft nicht akzeptiert werden würde und daß es deshalb als Wertaufbewahrungsmittel weniger geeignet sei als Gold. Die Menschen vertrauten dem Papiergeld nur, weil es durch Goldreserven gedeckt war. (Wenn man wollte, konnte man seine Papierdollars gegen Gold eintauschen.)

Heute arbeiten jedoch alle modernen Volkswirtschaften mit Papiergeld ohne Edelmetalldeckung. Dieses Geld hat nur deshalb Wert, weil es vom Staat herausgegeben wird, und weil die Menschen bereit sind, es im Austausch gegen Güter zu akzeptieren. Auf Dollarscheinen ist ein Aufdruck zu finden, der dem Bedürfnis der Menschen nach Sicherheit Rechnung trägt: „Dieser Geldschein ist ein gesetzliches Zahlungsmittel für alle Schulden gegenüber dem Staat und gegenüber Privaten." Die Tatsache, daß diese Geldscheine gesetzliches Zahlungsmittel sind, bedeutet, daß man jede Schuld über einen Betrag von 100 $ tilgen kann, indem man dem Gläubiger eine Hundertdollarnote gibt.

Neben dem Geld gibt es viele andere Wertaufbewahrungsmittel. Gold, das kein „Geld" mehr ist, weil es seine Tauschmittelfunktion eingebüßt hat, dient dennoch weiterhin als Wertaufbewahrungsmittel. In Indien bewahren die Menschen zum Beispiel einen großen Teil ihrer Ersparnisse in Form von Gold auf. Land, Aktien und Wertpapiere, Öl und Mineralien sind Beispiele für Wertaufbewahrungsmittel. Keines davon ist vollkommen sicher, denn man weiß nicht genau, wie hoch ihr Tauschwert in der Zukunft sein wird. Aber Bargeld, Girokontenbestände und andere Formen von Geld sind ebenfalls kein vollkommen sicheres Wertaufbewahrungsmittel. Wenn sich die Preise ändern, dann verändert sich auch die Kaufkraft der Dollar in Ihrer Tasche oder auf Ihrem Bankkonto.

Unter die Lupe genommen: Als die Stadt Atlanta ihr eigenes Geld druckte

Im neunzehnten und beginnenden zwanzigsten Jahrhundert gab es im Süden und Westen der USA in ländlichen Gegenden oft zuwenig Bargeld für die alltäglichen Transaktionen. Arbeiter konnten keine Lebensmittel und Kleidungsstücke einkaufen, Rechnungen wurden nicht bezahlt, und die Wirtschaft in diesen Gegenden stagnierte oder fiel sogar zurück.

In solchen Situationen war es üblich, daß Gemeinden, private Unternehmungen und manchmal auch die Bundesstaaten selbst ihr eigenes Geld druckten, das offiziell *scrip* hieß und in der Umgangssprache als „Seifeneinwickelpapier", „Schienbeinpflaster" und unter vielen anderen, weniger salonfähigen Bezeichnungen bekannt war. Die Idee war, daß die Ausgabe von Ersatzpapiergeld die örtliche Wirtschaft in Gang hielt, bis wieder genügend offizielles Bargeld verfügbar war und das Ersatzpapiergeld dagegen eingetauscht werden konnte.

Das letzte Mal, daß in den Vereinigten Staaten in größerem Umfang Ersatzpapiergeld ausgegeben wurde, war während der Weltwirtschaftskrise zu Beginn der dreißiger Jahre. Allenthalben gingen Banken in den Konkurs, und ein Run auf eine Bank war ein alltägliches Ereignis. Man denke daran, daß es zu dieser Zeit noch keine Einlagensicherung gab. Als Franklin Roosevelt Anfang 1933 Präsident wurde, war eine seiner ersten Amtshandlungen die Bekanntgabe von Bankfeiertagen für die Woche vom 6. bis zum 12. März. Er ließ alle Banken für eine Woche schließen, damit die Leute sich entspannen und wieder zurechtfinden konnten.

In dieser Zeit waren aber auch Girokonten noch nicht sehr weit verbreitet und die Arbeitskräfte erhielten ihren Wochenlohn bar auf die Hand. Wenn die Unternehmungen nicht zur Bank gehen konnten, konnten sie ihre Arbeitskräfte nicht bezahlen.

Jede Region paßte sich an diese finanziellen Störungen auf andere Weise an. Betrachten wir zum Beispiel Atlanta: Die Stadt druckte in der ersten Hälfte der dreißiger Jahre acht mal Ersatzpapiergeld mit einem Nennwert von insgesamt 2,5 Mio. $. Eine der ersten Zahlungen ging an die Lehrer, und die Stadt stellte sicher, daß Rich's, ein bekanntes Kaufhaus in Atlanta, die Scheine zum vollen Nennwert akzeptierte. Viele andere Geschäfte bewerteten das Ersatzpapiergeld jedoch nur mit 75 oder weniger Prozent des Nennwerts. Dazu muß man sich klarmachen, daß ein Geschäft, das Ersatzpapiergeld akzeptierte, um es später bei der Stadt gegen Bargeld einzutauschen, praktisch der Stadt als Herausgeberin des Ersatzpapiergeldes einen Kredit gab.

Solche Geschichten über Ersatzpapiergeld mögen heute antiquiert erscheinen (obwohl der Staat Kalifornien erst 1992 in einer finanziellen Krise seine Angestellten mit etwas ähnlichem wie einer Ersatzpapiergeldwährung bezahlt hat). Aber sie zeigen, daß die Wirtschaft ohne einen Gegenstand, der als Tauschmittel, (kurzfristiges) Wertaufbewahrungsmittel und Recheneinheit dienen kann, einfach nicht funktionieren kann. Heute stellt die Federal Reserve sicher, daß immer genügend Bargeld zur Verfügung steht. Aber in den dreißiger Jahren war die Ausgabe einer Ersatzpapiergeldwährung eine Möglichkeit, wie eine Stadt die verheerenden Auswirkungen der Weltwirtschaftskrise abfedern konnte.

Quelle: William Roberts, „Lenders of the Next-to-Last Resort: Scrip Issue in Georgia During the Great Depression,“ *Economic Review of the Federal Reserve Bank of Atlanta* (September - Oktober 1990), S. 16-30.

Geld als Recheneinheit

Als Tauschmittel und Wertaufbewahrungsmittel dient das Geld auch noch einem dritten Zweck. Es ist eine Methode, um den relativen Wert verschiedener Güter zu messen. Man spricht von der Funktion des Geldes **als Recheneinheit**. Wenn eine Banane 25 Cents kostet und ein Pfirsich 50 Cents, dann ist ein Pfirsich zweimal so viel wert wie eine Banane. Jemand, der Bananen gegen Pfirsiche eintauschen möchte, muß einen Preis von zwei Bananen pro Pfirsich zugrunde legen. Geld ist also ein einfacher und bequemer Maßstab für relative Marktwerte.

Stellen wir uns vor, wie schwierig es für die Unternehmungen wäre, ohne einen solchen Maßstab ihren Erfolg einzuschätzen. Aus der Buchführung kann man vielleicht entnehmen, wieviel von jeder Ware die Unternehmung gekauft oder verkauft hat. Aber die Tatsache, daß die Unternehmung mehr Gegenstände verkauft als gekauft hat, sagt nichts über ihren wirtschaftlichen Erfolg aus. Dafür muß man den Wert der Verkäufe relativ zum Wert der Einkäufe kennen. Geld liefert die Recheneinheit, mit deren Hilfe solche Werte verglichen werden können.

Damit haben wir die wirtschaftswissenschaftliche Definition des Geldes vorbereitet. Geld ist alles, was allgemein als Tauschmittel, Wertaufbewahrungsmittel und Recheneinheit akzeptiert wird. In anderen Worten: Geld ist alles, was die Geldfunktionen erfüllt.

Die Messung der Geldmenge

Die **Geldmenge** ist wie der Kapitalstock eine Bestandsgröße. Die meisten anderen Variablen, die in diesem Kapitel eine Rolle spielen, sind ebenfalls Bestandsgrößen, aber sie haben einen wichtigen Einfluß auf die Stromgrößen (wie das Niveau der wirtschaftlichen Aktivität, das in Geldeinheiten *pro Jahr* gemessen wird).

Die Hauptschwierigkeit bei der Messung der Geldmenge besteht darin, daß es Dinge gibt, die einige, aber nicht alle Geldfunktionen erfüllen. So dienen zum Beispiel die Chips eines Spielkasinos innerhalb des Kasinos und vielleicht auch in einigen nahegelegenen Geschäften und Restaurants als Zahlungsmittel. Aber außerhalb des Kasinos ist niemand verpflichtet, sie als Zahlungsmittel zu akzeptieren; sie sind weder ein allgemein akzeptiertes Zahlungsmittel noch eine Recheneinheit.

Auf jeden Fall zählen die Geldscheine und Münzen, die wir mit uns herumtragen, zur Geldmenge. Wirtschaftswissenschaftler rechnen jedoch auch andere Dinge, die alle drei Geldfunktionen erfüllen, zur Geldmenge. Girokonten oder **Sichteinlagen** (so genannt, weil sie von ihrem Eigentümer mit Hilfe von Überweisungen oder Schecks sofort - „auf Sicht" - abgerufen werden können) gehören dazu und auch einige andere Kontenarten. Dabei ist es nicht klar, wo die Grenze zu ziehen ist, denn es gibt ein Kontinuum von Posten, die auf alle Fälle zur Geldmenge zu rechnen sind, über solche, die in vielen oder in manchen Situationen Geldfunktionen erfüllen können, bis hin zu solchen, die sich überhaupt nicht als Geld eignen.

Um dieser Situation Rechnung zu tragen, unterscheidet man mehrere Maße für die Geldmenge. In der engsten Abgrenzung, **M1** genannt, ist die Geldmenge die Summe aus Bargeld, Reiseschecks und Sichtguthaben. In anderen Worten: M1 enthält Bargeld und solche Aktiva, die im Bankensystem wie Bargeld behandelt werden können. Ende 1995 betrug M1 in den USA 1.123 Mrd. $.

Die Geldmenge **M2** ist etwas weiter definiert und enthält neben M1 noch einige Posten, die als beinahe vollkommene Substitute für M1 gelten können. Dazu gehören Sparguthaben bis zu 100.000 $, sowie Termingelder (Guthaben, die für einen bestimmten Zeitraum zwischen sechs Monaten und fünf Jahren auf einem Konto festgelegt sind), Geldmarktfonds von privaten Anlegern und Eurodollars (US-Dollar-Konten bei europäischen Banken). M2 lag Ende 1995 bei 3.781 Mrd. $.

Allen Posten in M2 ist gemeinsam, daß sie sehr liquide sind und leicht in M1 umgewandelt werden können. Natürlich kann man nicht ein Hemd oder ein Kleid mit einem Sparguthaben bezahlen. Aber es ist nicht schwer, Mittel auf einem Sparkonto in eine Form umzuwandeln, die der Verkäufer akzeptieren wird. Man kann das Geld entweder vom Sparkonto auf ein Girokonto überweisen oder in bar abheben.

Das dritte Maß für die Geldmenge, **M3**, enthält M2 (und damit auch M1) und darüberhinaus große Sparguthaben (über 100.000 $) sowie institutionelle Geldmarktfonds. M3 ist fast so liquide wie M2 und belief sich Ende 1995 auf 4.564 Mrd. $.

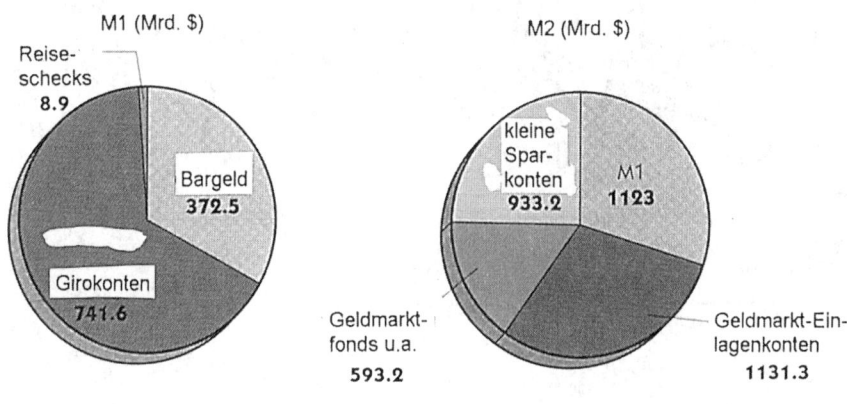

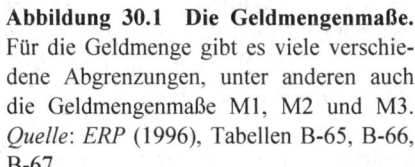

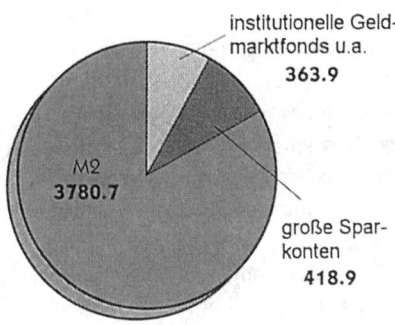

Abbildung 30.1 Die Geldmengenmaße.
Für die Geldmenge gibt es viele verschiedene Abgrenzungen, unter anderen auch die Geldmengenmaße M1, M2 und M3. *Quelle*: *ERP* (1996), Tabellen B-65, B-66, B-67.

Abbildung 30.1 zeigt die relative Größe dieser drei verschiedenen Geldmengenaggregate.[1] Aus Abbildung 30.2 kann man erkennen, daß sie mit unterschiedlichen Raten wachsen.

---

[1] Die Definition dieser Geldmengenaggregate ist von Land zu Land unterschiedlich. Sie werden jeweils so abgegrenzt, daß sie sich unter den gegebenen Umständen als geldpolitische Steuer- und Zielgröße eignen. In Deutschland umfaßt M1 ebenfalls Bargeld und Sichteinlagen. M2 beinhaltet darüber hinaus noch Termineinlagen mit einer Befristung

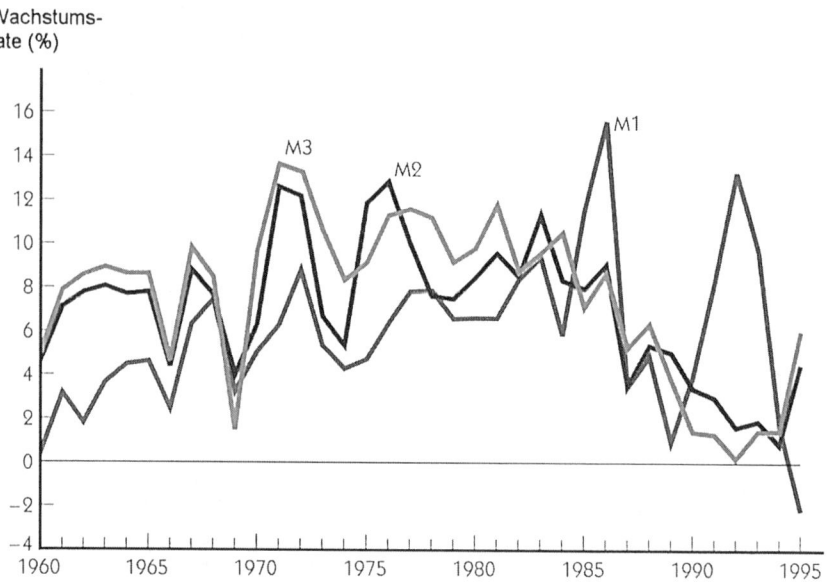

Abbildung 30.2 Wachstum der Geldmenge. Hier kommt es darauf an, welches Maß für die Geldmenge man benutzt. Während der achtziger Jahre wiesen die verschiedenen Geldmengenmaße unterschiedliche Wachstumsraten auf. *Quelle*: *ERP* (1996), Tabelle B-69.

Durch die jüngsten Veränderungen im Finanzsektor - wie zum Beispiel das Wachstum der Investmentfonds, die zunehmende Nutzung von Kreditkarten, und (in den USA) die Einführung von Konten mit Kreditlinien, die durch Hypotheken gesichert sind - ist es noch schwieriger geworden, eine sinnvolle Abgrenzung der Geldmenge zu finden. So besitzen in den USA zum Beispiel viele Anleger Anteile an Wertpapierfonds, die in Staatsanleihen investieren und über die man per Scheck verfügen kann. Wenn jemand einen Scheck auf einen Investmentfonds ausschreibt, verkauft der Fonds genau so viele Wertpapiere, wie nötig sind, um den Scheckbetrag auf das Girokonto des Kunden zu überweisen. Fondsanteile können in einem Sekundenbruchteil in ein Sichtguthaben verwandelt werden. Ein Investmentfonds, auf den man Schecks ausschreiben kann, ist also so gut wie Geld. Trotzdem werden diese Fonds im Gegensatz zu den Geldmarktfonds nicht in die Geldmenge mit einbezogen.

---

unter vier Jahren. M3 umfaßt M2 und zusätzlich die Spareinlagen mit gesetzlicher Kündigungsfrist.

Unter die Lupe genommen: ein kleines Glossar finanzieller Fachausdrücke

Eines der Probleme bei der Definition des Geldes ist die große Vielzahl von Vermögenswerten, die nicht direkt als Tauschmittel benutzt werden, die aber leicht in etwas verwandelt werden können, das als Tauschmittel benutzt werden *könnte*. Die Frage, ob diese Aktiva in die Geldmenge mit einbezogen werden sollen, kann nicht eindeutig beantwortet werden. Im folgenden werden neun Finanzaktiva definiert, die zum Teil schon in früheren Kapiteln vorgekommen sind. Sie alle haben Geldfunktion und sind nach ihrer Geldnähe geordnet.

Bargeld: Geldscheine und Münzen

Reiseschecks: Schecks, die von einer Bank oder von einer speziellen Firma wie zum Beispiel American Express ausgegeben werden und die weithin als Zahlungsmittel akzeptiert werden und auf Verlangen gegen Bargeld eingetauscht werden können.

Sichtguthaben oder Girokonten: Konten, über die man durch Barabhebungen, Überweisungen oder Schecks jederzeit verfügen kann.

Sparkonten: Konten, über die man offiziell nur nach einer gewissen Kündigungsfrist verfügen kann. In Deutschland kann man jedoch bis zu einem bestimmten Höchstbetrag jederzeit abheben; in den USA erlauben die Banken in der Praxis auch Barabhebungen ohne Kündigung.

Terminkonten: Bankkonten, auf denen Geld für einen bestimmten Zeitraum festgelegt ist (zwischen einem Monat und fünf Jahren); bei Abhebungen vor dem Termin wird eine Strafgebühr fällig.

NOW (*negotiable order of withdrawal*): Verzinsliches Sparkonto, über das mittels Scheck verfügt werden kann.

Geldmarkt-Einlagenkonten: Hochverzinsliche Sparkonten, die eine an den Geldmarktsätzen orientierte Verzinsung bieten, und über die man in begrenztem Umfang auch per Scheck verfügen kann.

Geldmarktfonds: Investmentfonds, die in Schatzwechsel, Termingelder und ähnliche sichere Wertpapiere investieren. In den USA kann man normalerweise per Scheck über solche Fonds verfügen; sie haben also Ähnlichkeiten mit den NOW-Konten.

Eurodollar: Auf US-Dollar lautende Bankkonten bei Banken außerhalb der USA (vor allem in Europa).

Geld und Kredit

Wie wir gesehen haben, ist die wichtigste Eigenschaft des Geldes seine Tauschmittelfunktion. Heute werden jedoch viele Transaktionen ohne Geld abgewickelt, also ohne die Aktiva, die in M1, M2 oder M3 enthalten sind. Anstatt mit Geld zu bezahlen, nimmt man einen Kredit auf. Ein Einzelhändler, der einen Anzug, ein Möbelstück oder ein Auto verkauft, erhält oft kein Geld, sondern ein Zahlungsversprechen für die Zukunft. Natürlich ist der Kredit an das Geld gebunden, das heißt, er wird in Geldeinheiten gemessen. Der Kunde möchte heute kaufen und wird über das notwendige Geld erst morgen verfügen. Auch der Händler möchte, daß der Kunde heute kauft, und ist bereit, auf das Geld bis morgen oder bis nächste Woche zu warten. Das Geschäft ist also für beide Seiten vorteilhaft. Da aber der Austausch nicht simultan erfolgt, muß der Händler sich auf das Versprechen des Kunden verlassen.

Ein Sprichwort sagt, Versprechen werden gemacht, um gebrochen zu werden. Wenn sie aber zu oft gebrochen werden, können die Händler ihren Kunden nicht vertrauen und es kommt zu keinen Kreditkäufen mehr. Deshalb gibt es einen Anreiz für die Entwicklung von Institutionen, die, wie zum Beispiel die Banken, darauf spezialisiert sind, diejenigen Schuldner zu erkennen, die ihre Rückzahlungsversprechen wahrscheinlich werden halten können, und sicherzustellen, daß sie den Verpflichtungen, die sie eingegangen sind, auch wirklich nachkommen.

Wenn eine Bank beteiligt ist, braucht sich der Händler nicht auf das Wort des Kunden zu verlassen. Statt dessen muß der Kunde die Bank davon überzeugen, daß er seinen Kredit tatsächlich zurückzahlen wird. Angenommen, eine Bank gibt Lukas einen Kredit, von dem er sich ein Auto kauft. Wenn er sein Zahlungsversprechen später bricht und den Kredit nicht zurückbezahlt, ist der Autohändler geschützt. Statt dessen muß die Bank versuchen, Lukas zur Einhaltung seines Versprechens zu zwingen.

Moderne Volkswirtschaften stützen sich immer mehr auf den Kredit als Grundlage von Transaktionen. Banken haben langjährige Erfahrungen mit der Vergabe von **Kreditlinien** an Unternehmungen. Von einer Kreditlinie spricht man, wenn eine Bank einer Unternehmung (bis zu einer gewissen Obergrenze) auf Abruf automatisch Kredit gewährt. Mit der Vielzahl von Kreditkarten, die in den siebziger und achtziger Jahren Verbreitung fanden, wurden auch Millionen von Konsumenten Kreditlinien gewährt; sie können damit Güter kaufen, auch wenn sie weder über Bargeld noch über Sichtguthaben verfügen. In den USA kann ein Konsument auch leicht einen Kredit erhalten, der durch den sogenannten reinen Wert seines Hauses gesichert ist (sogenannte *home equity loans*; der reine Wert ist die Differenz zwischen dem Marktwert und dem Hypothekenkredit, mit dessen Hilfe der Hauskauf finanziert wurde). Als die Immobilienpreise in den achtziger Jahren rapide anstiegen, erschloß sich für Millionen von Hauseigentümern eine Quelle leicht zugänglicher Kredite.

Diese Innovationen machen es den Menschen leichter, Kredit zu erhalten. Aber sie verwischen auch Definitionen, die zuvor klar und eindeutig zu sein schienen und zwingen die Wirtschaftswissenschaftler, die Rolle des Geldes in der Volkswirtschaft neu zu überdenken.

30.2 Die Finanzordnung in modernen Volkswirtschaften

Die **Finanzordnung** einer Volkswirtschaft umfaßt alle Institutionen, die Ersparnisse von Haushalten und Unternehmungen sammeln, deren Einkommen höher ist als ihre Ausgaben, und anderen Haushalten und Unternehmungen zukommen lassen, die mehr ausgeben wollen, als ihr Einkommen erlaubt. Im folgenden wollen wir die wichtigsten dieser Institutionen näher betrachten.

Die Finanzordnung der Vereinigten Staaten erlaubt es den Konsumenten, Autos, Fernseher und Videogeräte zu kaufen, auch wenn sie dafür nicht genug Geld haben, und sie ermöglicht es den Unternehmungen, in Produktionsanlagen und neue Maschinen zu investieren. Manchmal fließt das Geld direkt von einem Haushalt, der gespart hat, zu einer Unternehmung, die zusätzliche Finanzmittel braucht. Wenn zum Beispiel ein Anleger eine neue Unternehmensanleihe von General Motors kauft, das zu einem bestimmten Termin einen bestimmten Rückzahlungsbetrag verspricht, dann hat er sein Geld direkt an General Motors ausgeliehen.

Die meisten Gelder werden aber über **Finanzintermediäre** vermittelt. Das sind Unternehmungen, die zwischen den Sparern und den Kreditnehmern stehen. Die wichtigste Gruppe der Finanzintermediäre sind die Banken, aber es gibt auch noch viele andere, einschließlich der Sparkassen und Versicherungsgesellschaften. Sie alle sind damit beschäftigt, potentielle Kreditnehmer auf ihre Kreditwürdigkeit hin zu beurteilen und die Kredite, die sie vergeben haben, zu überwachen. Finanzintermediäre nehmen „Einlagen" von privaten Haushalten entgegen und investieren sie. Indem sie ihre Mittel vielen verschiedenen Verwendungen zuführen, diversifizieren sie ihre Investitionen und reduzieren so das Risiko. Eine Investition mag sich als Fehlschlag herausstellen, aber es ist unwahrscheinlich, daß viele Investitionen mißlingen. Dadurch gewinnen die Finanzintermediäre eine Sicherheit, die nicht möglich wäre, wenn sie alle ihre Mittel auf die gleiche Weise anlegen würden. Finanzintermediäre unterscheiden sich in bezug auf ihre Eigentümer, in bezug auf den Kreis der Anleger und die Art der Investitionen.

Das Bankensystem

So wie es ein Kontinuum von Finanzaktiva gibt - vom Bargeld und den Girokonten bis hin zu den Geldmarktkonten - welche die Geldfunktionen unterschiedlich gut erfüllen, so gibt es auch ein Kontinuum von Finanzintermediären, welche die Funktionen einer Bank auf unterschiedliche Weise erfüllen. Finanzintermediäre spielen in unserem Finanzsystem eine wichtige Rolle. Ihr Verhalten hat Einfluß auf die Geldmenge, insbesondere in ihren weiteren Definitionen M2 und M3. Der Einfachheit halber beschränken wir uns im folgenden auf die Geschäftsbanken und die engste Geldmengendefinition M1. Traditionell spielen die Banken bei der Kapitalbeschaffung der Unternehmungen die wichtigste Rolle. Deshalb konzentriert sich auch der Staat auf die Banken bei seinen Bemühungen, die Investitionsnachfrage und damit auch das Niveau der gesamtwirtschaftlichen Aktivität zu beeinflussen.

Regierungen verfolgen heutzutage gegenüber den Banken zwei Ziele. Das erste ist der Konsumentenschutz: Wenn Banken Konkurs anmelden, können die Bankkunden die Ersparnisse eines ganzen Lebens verlieren. Der durchschnittliche Sparer ist nicht in der Lage, die Buchführung einer Bank zu überprüfen, um die Seriosität ihrer Geschäfte einzuschätzen. In den dreißiger Jahren, in der Zeit der Weltwirtschaftskrise, mußten Hunderte von Banken schließen und hinterließen Tausende von verzweifelten Sparern. Heute unterliegt das Bankwesen einer strengen Regulierung. Zusätzlich werden die Einlagen durch eine staatliche Agentur versichert, um die Verluste der Sparer im Falle eines Konkurses zu begrenzen.

Das zweite Ziel, das der Staat gegenüber dem Bankensystem verfolgt, ist die Stabilisierung der wirtschaftlichen Aktivität. Wir haben gesehen, welch wichtige Rolle das Bankensystem spielt, indem es Geldmittel von den Sparern entgegennimmt und sie den Investoren zur Verfügung stellt. Wenn das Bankensystem zusammenbricht, erhalten die Unternehmungen keine Mittel, um ihre Investitionen zu finanzieren, und die ganze Volkswirtschaft hat darunter zu leiden. Allgemeiner ausgedrückt: Das Verhalten der Banken beeinflußt das Niveau der Investitionsausgaben und dieses wiederum das Niveau der gesamtwirtschaftlichen Aktivität. Ein scharfer Rückgang der Investitionsnachfrage kann die Volkswirtschaft in eine Rezession treiben; ein scharfer Anstieg der Investitionsnachfrage kann eine Inflationsspirale in Gang setzen.

Die Zentralbank

Verschiedene Volkswirtschaften haben für diese beiden, eng miteinander verbundenen Zwecke unterschiedliche Institutionen und Gesetze entwickelt. Die wichtigste Institution in jedem Land ist die **Zentralbank**. Von der Zentralbank können die anderen Banken Kredite erhalten. Sie ist aber mehr als eine Bank der Banken. Sie hat auch eine Verantwortung für die gesamtwirtschaftliche Stabilität, da sie die Geldmenge und die Verfügbarkeit von Krediten kontrolliert, und sie reguliert das Bankensystem um seine finanzielle Gesundheit sicherzustellen. In den Vereinigten Staaten heißt die Zentralbank **Federal Reserve** und wurde 1913 gegründet. Die Federal Reserve besteht aus dem Verwaltungsrat, dem Board of Governors oder **Federal Reserve Board**, das mit seinem Stab ein System von zwölf regionalen **Federal-Reserve-Banken** beaufsichtigt und mit ihnen zusammen die Aktivitäten von 6.000 Mitgliedsbanken überwacht. Federal Reserve Board und Federal-

Reserve-Banken zusammen sind das Herz des US-Zentralbanksystems, das auch alle Mitgliedsbanken umfaßt, und werden oft einfach die „Fed" genannt.[2]

Abbildung 30.3 Die Struktur des amerikanischen Zentralbanksystems. Die Federal Reserve arbeitet sowohl auf der nationalen Ebene als auch auf der Ebene von Verwaltungsbezirken. Die Mitglieder des Board of Governors werden vom Präsidenten ernannt; von den Direktoren der Banken in den Verwaltungsbezirken werden einige durch den nationalen Zentralbankrat ernannt, andere kommen aus den Mitgliedsbanken in den Verwaltungsbezirken selbst; der Offenmarktausschuß besteht aus den vom Präsidenten ernannten Mitgliedern des Board of Governors und aus Vertretern der Federal-Reserve-Banken in den Verwaltungsbezirken.

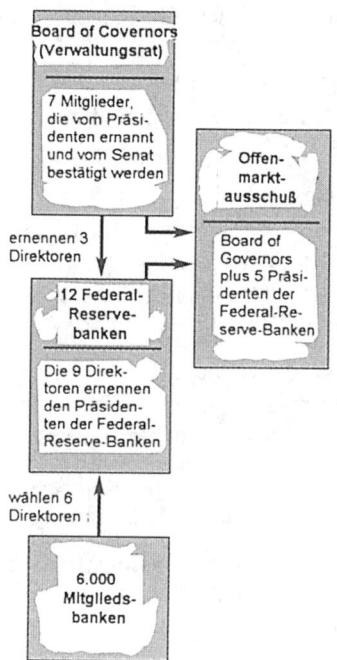

Die Struktur dieses Systems ist in Abbildung 30.3 dargestellt. Das Federal Reserve Board besteht aus sieben Mitgliedern, die für eine Amtsperiode von vierzehn Jahren ernannt werden (ihre tatsächliche Amtszeit liegt allerdings durchschnittlich bei nur etwa sieben Jahren). Während theoretisch jedes Mitglied des Zentralbankrats eine Stimme hat, vereinigt traditionell der Vorsitzende eine enorme Macht auf sich. Er wird vom amerikanischen Präsidenten für eine Amtszeit von vier Jahren ernannt, wobei seine Amtszeit absichtlich nicht mit derjenigen des Präsidenten zusammenfällt. Ist er erst einmal ernannt, so ist er theoretisch vom Präsidenten und vom Kongreß vollkommen unabhängig. Da die Finanzmittel der Fed aus ihren ei-

---

[2] Die Federal-Reserve-Banken sind zwar offiziell Eigentum der Mitgliedsbanken und deshalb rechtlich gesehen nicht wirklich eine staatliche Institution; der größte Teil der Gewinne der Fed, die sich im Jahr auf etwa 25 Mrd. $ belaufen, werden aber an den Finanzminister abgeführt.

genen Gewinnen kommen, können der Präsident und der Kongreß nicht einmal damit drohen, daß sie der Fed die Finanzierung kürzen. Trotzdem muß der Vorsitzende des Zentralbankrats in regelmäßigen Abständen dem Kongreß über die Aktivitäten und den Haushalt der Fed berichten.

Unter die Lupe genommen: Ein kleines Glossar der Finanzintermediäre

Eine Vielzahl von Finanzintermediären nehmen Geldmittel vom Publikum entgegen und geben sie an Kreditnehmer weiter oder investieren sie anderweitig. Es gibt viele gesetzliche Unterschiede zwischen diesen Institutionen; die wichtigsten betreffen die Arten von Krediten oder Investitionen, die sie tätigen dürfen. Die folgende Liste ordnet die Finanzintermediäre der USA in etwa entsprechend dem Umfang ihrer Forderungen.

Geschäftsbanken: Banken, die entweder vom Bund (*national banks*) oder von einem Einzelstaat (*state banks*) die Konzession erhalten haben, Einlagen entgegenzunehmen und Kredite zu vergeben.

Lebensversicherungen: Unternehmungen, die von den Versicherten Prämien erhalten, aus denen Versicherungsleistungen bezahlt werden.

Savings and loan associations (S & L's): Sparkassen, die ursprünglich ihre Einlagen ausschließlich für Hypothekenkredite verwenden durften; zu Anfang der achtziger Jahre erhielten sie mehr Freiheiten in bezug auf die Kredite, die sie vergeben dürfen.

Kreditvereinigungen: Kooperative (gemeinnützige) Institutionen, die von den Gewerkschaften organisiert werden, um Einlagen von Mitgliedern entgegenzunehmen und Kredite an Mitglieder zu vergeben.

Investmentfonds: Finanzintermediäre, die Mittel von einer Gruppe von Anlegern investieren. Die wichtigsten Beispiele sind Aktienfonds, die in Aktien investieren, Rentenfonds, die in festverzinsliche Wertpapiere investieren, und Geldmarktfonds, die in liquide Anlagen wie Schatzwechsel und Termineinlagen investieren. In den USA kann man über viele Investmentfonds per Scheck verfügen.

Institutionelle Geldmarktfonds: Geldmarktfonds, die von institutionellen Anlegern gehalten werden.

CMA^{TM} (*cash management accounts*): Konten bei einer Brokerfirma (der Markenname wurde der Firma Merill Lynch gegeben, die als erste solche Konten einführte), die es den Kunden ermöglichen, Aktien, festverzinsliche Wertpapiere und andere Finanzanlagen in einem einzigen Konto zusammenzufassen und darüber per Scheck zu verfügen.

Die Kontrolle der Geldmenge

Die USA sind in zwölf Verwaltungsbezirke eingeteilt, von denen jeder eine eigene Federal-Reserve-Bank hat. Aber die Verantwortung für die wirtschaftliche Stabilisierung durch die Kontrolle der Geldmenge liegt beim **Offenmarktausschuß** der Federal Reserve, dem **Federal Open Market Committee**. Dieser Ausschuß besteht aus dem Board of Governors und aus fünf der zwölf Präsidenten der Federal-Reserve-Banken (die sich turnusmäßig abwechseln). Der Name hat mit der Arbeitsweise des Ausschusses zu tun. Die Fed betreibt **Offenmarktgeschäfte**. Man spricht vom offenen Markt, weil die Fed bei diesen Geschäften direkt am Kapitalmarkt agiert und Staatsschuldpapiere kauft und verkauft wie ein privater Anleger oder eine Unternehmung. (Später in diesem Kapitel werden wir sehen, wie diese Geschäfte die Geldmenge beeinflussen und über welche anderen Mittel zur Kontrolle der Geldmenge die Fed verfügt.) Wenn der Offenmarktausschuß seine Ziele festgelegt hat, werden die Geschäfte selbst von der Federal-Reserve-Bank von New York ausgeführt wegen der räumlichen Nähe dieser Bank zu den riesigen Kapitalmärkten in New York.

Die Bankenaufsicht

Das zweite Hauptziel einer Zentralbank ist die Wahrung der finanziellen Gesundheit der übrigen Banken des Landes. In den USA braucht jede Bank eine Zulassung entweder von der Bundesregierung oder von einem Bundesstaat. Abbildung 30.4 zeigt, daß zwei Drittel aller Banken ihre Zulassung von einem Bundesstaat haben. Alle vom Bund zugelassenen Banken und einige der Banken einzelner Staaten gehören zum Federal-Reserve-System; man nennt sie **Mitgliedsbanken** im Gegensatz zu den **Nichtmitgliedsbanken**, die nicht zum Federal-Reserve-System gehören. Die Einlagen von so gut wie allen US-amerikanischen Banken sind bis zu einem Höchstbetrag von 100.000 $ bei der Federal Deposit Insurance Corporation (Bundeseinlagenversicherungsgesellschaft) versichert, und zwar unabhängig davon, ob die Banken zum Zentralbanksystem gehören oder nicht.

Die meisten Banken sind von einem Bundesstaat zugelassen und gehören nicht zum Federal-Reserve-System. Mit Ausnahme der großen Banken des Staates New York sind sie meist recht klein. Einige wenige Großbanken (drei Prozent aller Banken) verfügen über 70 Prozent der Aktiva innerhalb des Bankensystem; die kleinsten 60 Prozent kontrollieren weniger als acht Prozent der Aktiva. Die 16 größten Banken, von denen jede eine Bilanzsumme von mehr als 20 Mrd. $ aufweist, kontrollieren ein Drittel aller Aktiva im gesamten Bankensystem.

Die Mitgliedsbanken des Federal-Reserve-Systems unterliegen einer dreifachen Bankenaufsicht. Einmal durch den Präsidenten der Bankenaufsichtsbehörde, der dem Finanzminister untersteht, dann durch die Federal Deposit Insurance Corporation und schließlich durch die Federal Reserve selbst. Dennoch sind Ende der achtziger und Anfang der neunziger Jahre eine Reihe von Banken in Konkurs gegangen oder dem Konkurs nur knapp entkommen, darunter auch recht große Banken - eine Erfahrung, die Fragen über die Qualität der Bankenaufsicht aufgeworfen hat.

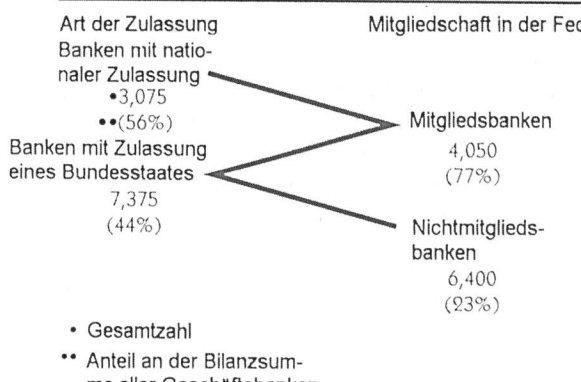

Abbildung 30.4 Bankzulassungen und Mitgliedschaft im Zentralbanksystem. Zwei Drittel aller Banken haben ihre Zulassung von einem Bundesstaat erhalten. Alle vom Bund zugelassenen Banken und einige von Einzelstaaten zugelassene Banken sind Mitglieder im Federal Reserve System. Die Einlagen von fast allen Banken, unabhängig davon, ob sie auf Bundesebene oder auf der Ebene eines Bundesstaates angesiedelt sind, sind bei der Federal Deposit Insurance Corporation versichert. *Quelle: Statistics on Banking* (1995), Tabelle 104.

Ein Blick in die Wirtschaftspolitik: Die Sparkassenkrise

Die amerikanischen Sparkassen (savings and loan associations) haben die Aufgabe, die Ersparnisse ihrer Kunden in Hypothekenkredite umzuwandeln, wobei im Falle der Zahlungsunfähigkeit die Bundesregierung selbst für die Sparkonten garantiert. Sie galten stets als besonders seriös und vertrauenswürdig. Dieser gute Ruf ging in der zweiten Hälfte der achtziger Jahre, als ein großer Teil der Sparkassenbranche vom Konkurs bedroht war, ganz plötzlich verloren. Die Anzahl der Bankkonkurse schoß in die Höhe und war mit 221 Fällen im Jahr 1988 mehr als zwanzig mal so hoch wie im Jahr 1980. Immer wieder wurden Geldgier und Korruption als Ursache des Problems genannt. Die Lösung war teuer. Die Stützungsaktion der Regierung, die 1989 eingeleitet wurde, kostete die Steuerzahler insgesamt mehr als 100 Mrd. $.

Im nachhinein sind sich fast alle Beobachter darüber einig, daß einige skrupellose Sparkassenmanager das System ausgebeutet hatten und daß die Wurzeln der Krise in Washington lagen. Tatsächlich fing das Problem in den siebziger Jahren an sich zu entwickeln, als die Fed plötzlich begann, die Zinssätze anzuheben. Die Sparkassen mußten dadurch bei weitem höhere Zinsen für ihre Spareinlagen bezahlen, als sie durch die in den Jahren davor vergebenen Festzinskredite verdienen konnten. Daraufhin lockerte die Regierung die Bestimmungen über die Verwendung der Einlagen durch die Sparkassen und erlaubte Investitionen mit höherem Ertrag und höherem Risiko. Durch die höheren Erträge konnte die Krise für einige weitere Jahre hinausgeschoben werden. Aber die Kehrseite der höheren Erträge liegt in dem höheren Ausfallsrisiko der Investitionen. Gegen Ende der achtziger Jahre kam es zu hohen Verlusten, sowohl am Immobilienmarkt als auch am Markt für Risikoanleihen (auch *Junk-bonds* genannt), wo sich die Sparkassen stark engagiert hatten.

Die unangenehme Wahrheit ist, daß Manager und Kunden der Sparkassen rational auf die falschen Anreize reagierten, die mit einer Einlagensicherung verbunden sind. Vom Konkurs bedroht hatten die Sparkassen kaum eine andere Wahl als den riskanten Kurs weiterzuverfolgen, denn die hohen Erträge erlaubten ihnen zumindest die Weiterführung ihrer Geschäfte. Und sie kamen problemlos an die Geldmittel, denn die Kunden brauchten sich schließlich über das Geschäftsgebaren der Sparkassen keine Sorgen zu machen (zumindest soweit ihre Einlagen die Obergrenze von 100.000 $ nicht überschritten). Diejenigen Sparkassen, die die höchsten Zinsen bezahlten und die größten Risiken auf sich nahmen, zogen die meisten Einlagen an.

Die staatlichen Aufsichtsbehörden trugen ihrerseits zu dem Problem bei. Als das Problem zuerst auftauchte, hätten sie erkennen müssen, daß die Verschlechterung der finanziellen Situation der Sparkassen eine genauere Kontrolle erforderlich machte. Die Sparkassen erhöhten ihre Sparzinsen, während die Erträge für alte Hypothekenkredite auf niedrigen Niveaus fixiert waren. Die Aufsichtsbehörden hätten befürchten müssen, daß die Sparkassen unangemessene Risiken eingingen, um sich aus dieser mißlichen Lage zu befreien. Statt dessen lockerte der Staat die Regulierung. Als sich dann Mitte der achtziger Jahre die Krise zuspitzte und immer mehr Sparkassen Konkurs anmeldeten, kam es zu Überreaktionen. Damit man ihnen keine Nachlässigkeit vorwerfen konnte, begannen die Aufsichtsbehörden die Vorschriften zu verschärfen und ihre Einhaltung unbarmherzig durchzusetzen. Banken und Sparkassen reagierten darauf mit einer Kreditvergabepolitik, die noch konservativer war, als die neuen Standards verlangten. Der Rückgang der Kreditgewährung trug zum wirtschaftlichen Abschwung der frühen neunziger Jahre stark bei.

30.3 Geldschöpfung in modernen Volkswirtschaften

Um zu verstehen, wie die Fed die Geldmenge kontrolliert, müssen wir mehr über die Geschäfte einer Bank wissen, insbesondere darüber, wie Banken Geld schaffen. Geld kommt heutzutage nur noch zu einem kleinen Teil aus der Münzanstalt und der Notenpresse; der größte Teil wird im Bankensystem geschaffen. Wenn jemand Geld zur Bank bringt, trägt der Bankangestellte das Geld nicht in einen Tresorraum und steckt es in ein kleines Fach mit dem Namen des Kontoinhabers, um es dort aufzuheben, bis es wieder vom Konto abgehoben wird. Die Banken wissen aus Erfahrung, daß nicht ihre sämtlichen Kunden ihr Geld am gleichen Tag zurückfordern werden. Einige werden in der nächsten Woche kommen, einige in zwei Wochen und manche erst nach einem Jahr oder länger. In der Zwischenzeit kann die Bank das eingezahlte Geld verleihen und dafür Zinsen verlangen. Je mehr Geld die Kunden bei der Bank anlegen, desto mehr Kredite kann sie vergeben und desto mehr Geld wird sie verdienen. Um Kunden zu gewinnen, bezahlt die Bank Zinsen für ihre Einlagen und reicht damit einen Teil der Kreditzinsen, die sie eingenommen hat, weiter.

Es stellt sich die Frage, wieviel Kredit eine Bank vergeben kann, ohne ein allzu großes Risiko einzugehen. Das Geld, das die Banken zurückbehalten, für den Fall, daß die Konteninhaber es zurückfordern, wird Reserve genannt. Je geringer der Anteil der Einlagen, den die Bank als Reserve hält, um so mehr Geld kann sie verdienen, und um so größer ist gleichzeitig die Gefahr, daß sie nicht genügend Mittel zur Hand haben wird, wenn eine große Zahl von Kunden ihre Einlagen zur gleichen Zeit zurückfordern. Um zu verstehen, wie die Reservehaltung funktioniert, und wie sie die Geld- und Kreditmenge, die in einer Volkswirtschaft zur Verfügung steht, beeinflußt, müssen wir die Bilanz einer typischen Bank genauer betrachten.

Die Bankbilanz

Bankiers sehen die Welt verkehrt herum. Aus der Perspektive einer Bank sind Kredite Vermögen oder „Aktiva" und Einlagen Verbindlichkeiten oder „Passiva". Wie die Bilanz jeder anderen Firma ist die **Bankbilanz** eine Aufstellung der Aktiva und Passiva der Bank. Aktiva sind die Vermögenswerte im Eigentum der Bank einschließlich der Schulden, die andere bei der Bank haben. Das ist der Grund, warum Bankkredite als Aktiva in der Bankbilanz erscheinen. Passiva sind die Verbindlichkeiten der Bank gegenüber anderen. Die Konteninhaber haben der Bank Geld geliehen. Auf Wunsch erhalten sie ihr Geld jederzeit zurück. Deshalb werden die Einlagen von der Bank als Passiva behandelt.

Tabelle 30.1 zeigt die Bilanz der Americabank. Die Aktivseite ist in drei Gruppen eingeteilt: ausstehende Kredite, Staatsschuldpapiere und Reserven, einschließlich der Bargeldreserven im Tresorraum. Am wenigsten sicher sind die ausstehenden

Kredite. Sie enthalten Kredite an Unternehmungen, Hypothekenkredite, Konsum-kredite, Kredite für die Renovierung von Häusern und so weiter. Staatsschuldpa-piere sind sicherer als Kredite an Haushalte und Unternehmungen. Typischerweise halten die Banken vor allem Schatzwechsel, das sind kurzfristige Staatsanleihen, die 30, 60 oder 90 Tage nach dem Ausgabedatum fällig sind.[3] Am sichersten sind die Reserven, die als Einlagen bei der „Bank der Banken", der regionalen Federal-Reserve-Bank, und als Bargeld im Tresor gehalten werden.

Tabelle 30.1 Bilanz der Americabank

Aktiva (in Mio. $)		Passiva (in Mio. $)	
Kredite an Haushalte und Unternehmungen	28	Einlagen	30
Staatsschuldtitel	2		
Reserven	3	Reinvermögen	3
Summe	33	Summe	33

Wieviel Geld jemand für schlechte Zeiten auf die Seite legt, hängt teilweise davon ab, wie leicht er sich Kredit verschaffen kann. Das gilt auch für Banken. Wenn sie leicht von anderen Banken Geld leihen können, um einen Engpaß bei den Reser-ven aufzufangen, brauchen sie nur sehr wenig Reserven zu halten. In den USA ist die regionale Federal-Reserve-Bank die Bank der Banken, die anderen Geldinsti-tuten Kredite gibt. (Die Banken haben jedoch kein automatisches Anrecht auf ei-nen Kredit; die Fed muß mit dem Kreditantrag einverstanden sein. Viele Zentral-banken nutzen diese Entscheidungsmacht, um das Verhalten der Banken zu beeinflussen.) Banken müssen aber nicht nur aus Vorsicht Reserven halten. Die Fed erlegt ihnen Mindestreserveverpflichtungen auf. Heute ist der Umfang der Bankreserven mehr von der Bankenregulierung diktiert als vom Urteil der Banken selbst über das richtige Maß an Vorsicht. Schließlich sind Schatzwechsel genauso sicher wie Einlagen bei der Fed und bringen einen höheren Ertrag. Der Umfang der Mindestreserveverpflichtungen ist primär am Ziel der Geldmengenkontrolle ausgerichtet. Tabelle 30.2 zeigt die gegenwärtigen Mindestreservesätze. In diesem Bankensystem wird also nur ein Teil der Kundeneinlagen als Zentralbankgeld ge-halten.

---

[3] Langfristige Staatsanleihen weisen große Kursschwankungen auf, da ihr Marktwert vom aktuellen Zinssatz abhängt. Banken halten vor allem kurzfristige Staatsschuldpapiere, weil sie risikoscheu sind und das Risiko von Zinsänderungen innerhalb einer relativ kur-zen Zeitperiode gering ist.

Tabelle 30.2 Gesetzliche Mindestreserve

Einlagentyp	Mindestreservesatz (in % der Einlagen)
Sehr hohe Sichteinlagen (> 54 Mio. $)	3
andere Sichteinlagen (< 54 Mio. $)	10
alle anderen Einlagen	0

Quelle: Federal Reserve Bulletin (1995)

Die Passivseite der Bilanz der Americabank enthält zwei Posten: die Einlagen und das Reinvermögen. Zu den Einlagen gehören die Girokonten oder Sichteinlagen und verschiedene Arten von Spar- und Terminkonten. Das Reinvermögen der Bank ist einfach die Differenz zwischen dem Wert ihrer Forderungen und dem Wert ihrer Verbindlichkeiten. Anders ausgedrückt: Das Reinvermögen ist das, was übrigbliebe, wenn die Forderungen der Bank verkauft und die Konteninhaber ausbezahlt würden.

Da das Reinvermögen als Differenz zwischen Forderungen und Verbindlichkeiten *definiert* ist, müssen die Summen auf beiden Seiten der Bilanz immer gleich sein.

Die Geldschöpfung der Banken

Wie wir gesehen haben, sind die Münzen und Scheine, die vom Finanzministerium herausgegeben werden, ein relativ kleiner Teil der Geldmenge. Der Rest des Geldes wird von den Banken geschaffen.

Um die Geldschöpfung der Banken zu verstehen, betrachten wir alle 10.450 Banken der USA als eine riesige Superbank. Wir nehmen an, daß die Fed eine Mindestreserve von zehn Prozent der Einlagen verlangt. Weiter gehen wir davon aus, daß eine Multimilliardärin eine Milliarde Dollar in bar auf ihrem Bankkonto einzahlt.

Die Bank geht nach folgender Logik vor. Sie weiß, daß sie ein Reserven-Einlagen-Verhältnis von eins zu zehn aufrechterhalten muß; gleichzeitig steht sie einer großen Kreditnachfrage gegenüber. Wenn die Bank einen Kredit vergibt, erhält der Kreditnehmer zunächst kein Bargeld. Der Kredit wird ihm vielmehr auf seinem Girokonto gutgeschrieben. In der Bankbilanz entspricht das einer Bilanzverlängerung auf beiden Seiten: Auf der Aktivseite steht ein zusätzlicher Kredit und auf der Passivseite eine zusätzliche Einlage. Wenn die Bank Kredite im Wert von neun Milliarden Dollar vergibt, sind ihre Einlagen um zehn Milliarden Dollar gestiegen (die eine Milliarde, welche die Kundin ursprünglich eingezahlt hat, plus die neun Milliarden, die durch die Kredite hinzugekommen sind). Das Bargeld in Höhe von einer Milliarde Dollar trägt die Bank zur Fed und erhält dafür eine Einlage in gleicher Höhe, so daß sie auf der Aktivseite ihrer Bilanz eine zusätzliche Reserve von einer Milliarde Dollar verbuchen kann. Die Reserven haben also um eine Milliarde zugenommen und die Einlagen um zehn Milliarden; damit ist die Mindestreserveverpflichtung erfüllt.

Wie Tabelle 30.3 zeigt, kann man das gleiche Ergebnis auch auf einem langsameren Weg erreichen. Aus der Sicht der Bank bedeutet die Einlagenerhöhung von einer Milliarde Dollar, daß sie 100 Mio. $ an die Federal Reserve überweisen muß, um ihre Mindestreserveverpflichtung zu erfüllen. In Höhe der verbleibenden 900 Mio. $ (0,9 × 1 Mrd. $) kann sie jedoch neue Kredite vergeben. Das entspricht der Bilanz der ersten Runde in der Tabelle. Die Einlagen sind im Vergleich zur Ausgangssituation um eine Milliarde Dollar gestiegen, die ausstehenden Kredite um 0,9 Mrd. $ und die Reserven um 0,1 Mrd. $.

Der Einfachheit halber gehen wir davon aus, daß die gesamte Kreditsumme an einen einzigen Kunden ausgereicht wird. Desktop Publishing leiht 900 Mio. $, um von ComputerAmerica neue Computer zu kaufen. Wenn Desktop für die Computer 900 Mio. $ bezahlt hat, landet dieses Geld auf dem Konto von ComputerAmerica. Der zusätzliche Kredit von 900 Mio. $ spiegelt sich also in zusätzlichen Einlagen in gleicher Höhe wider. Das sieht man auf der rechten Seite der Bilanz der zweiten Runde, wo die Einlagen nun von 101 Mrd. $ auf 101,9 Mrd. $ angestiegen sind.

Tabelle 30.3 Aggregierte Bilanz der Geschäftsbanken

Gleichgewicht vor der Einlagenerhöhung			
Aktiva (in Mrd. $)		**Passiva (in Mrd. $)**	
Kredite an Private	91	Einlagen	100
Staatsschuldtitel	2		
Reserven	10	Reinvermögen	3
Summe	103	Summe	103

Erste Runde (Erhöhung der Einlagen um 1 Mrd. $, Erhöhung der Kredite um 0,9 Mrd. $)			
Aktiva (in Mrd. $)		**Passiva (in Mrd. $)**	
Kredite an Private	91,9	Einlagen	101,0
Staatsschuldtitel	2,0		
Reserven	10,1	Reinvermögen	3,0
Summe	104,0	Summe	104,0

Zweite Runde
(Erhöhung der Einlagen um 0,9 Mrd. $, Erhöhung der Kredite um 0,81 Mrd. $[a])

Aktiva (in Mrd. $)		Passiva (in Mrd. $)	
Kredite an Private	92,71	Einlagen	101,90
Staatsschuldtitel	2,00		
Reserven	10,19	Reinvermögen	3,00
Summe	104,90	Summe	104,90

Dritte Runde
(Erhöhung der Einlagen um 0,81 Mrd. $, Erhöhung der Kredite um 0,73 Mrd. $[a])

Aktiva (in Mrd. $)		Passiva (in Mrd. $)	
Kredite an Private	93,44	Einlagen	102,71
Staatsschuldtitel	2,00		
Reserven	10,27	Reinvermögen	3,00
Summe	105,71	Summe	105,71

Neues Gleichgewicht
(Summe der zusätzlichen Einlagen: 10 Mrd. $,
Summe der zusätzlichen Kredite: 9 Mrd. $)

Aktiva (in Mrd. $)		Passiva (in Mrd. $)	
Kredite an Private	100	Einlagen	110
Staatsschuldtitel	2		
Reserven	11	Reinvermögen	3
Summe	113	Summe	113

[a] In jeder neuen Runde entsprechen die zusätzlichen Einlagen den zusätzlichen Krediten der letzten Runde; die zusätzlichen Kredite entsprechen 90 Prozent der zusätzlichen Einlagen.

Aber mit diesen zusätzlichen Einlagen von 900 Mio. $ hat die Bank die Möglichkeit, ihre Kreditvergabe noch einmal um 810 Mio. $ (= 0,9 × 900 Mio. $) auszuweiten, denn 90 Mio. $ muß sie den Reserven zuführen. Diese Veränderungen sind auf der linken Seite der Bilanz der zweiten Runde zu erkennen. Man stelle sich vor, daß die gesamten 810 Mio. $ an verschiedene Firmen ausgeliehen werden, von denen jede mit dem Geld neue Güter einkauft. In jedem Fall verkauft irgendeine andere Firma ihr Produkt und legt den Erlös in der Superbank an. Infolge davon nehmen die Einlagen bei der Superbank in der dritten Runde noch einmal um 810 Mio. $ zu.

Die Bank ist aber noch immer nicht im Gleichgewicht. Aufgrund der neuerlichen Erhöhung der Einlagen um 810 Mio. $ kann sie in Höhe von 729 Mio. $ (= 0,9 × 810 Mio. $) neue Kredite vergeben. Und so setzt sich der Prozeß fort. Man beachte, daß in jeder neuen Runde die Zunahme der Einlagen geringer ausfällt als in der vorherigen. In der zweiten Runde steigen die Einlagen um 900 Mio. $, in der dritten um 810 Mio. $ und so weiter. Die letzte Bilanz in der Tabelle zeigt das neue Gleichgewicht nach der ursprünglichen Einlagenerhöhung: Die Einlagen sind insgesamt um das Zehnfache der ursprünglichen Einlage gewachsen (von 100 Mrd. $ auf 110 Mrd. $), die Kredite um das Neunfache (von 91 Mrd. $ auf 100 Mrd. $). Die „Spritze" für das Bankensystem von einer Milliarde Dollar hat sich in eine Erhöhung der Geldmenge um zehn Milliarden Dollar verwandelt.

In dieser neuen Situation ist das Bankensystem wieder im Gleichgewicht. Die Reserven von elf Milliarden Dollar entsprechen genau zehn Prozent der Einlagen. Die Bank kann keinen Kredit mehr vergeben, ohne die Mindestreserveverpflichtung zu verletzen.

Auf diese Weise führt jede neue Einlage im Bankensystem zu einer um ein Vielfaches höheren Zunahme der Einlagen. Das ist das „Wunder" eines Bankensystems, in dem nur ein Teil der Kundeneinlagen als Zentralbankgeld gehalten werden. Die Einlagen wachsen um den Faktor 1/Mindestreservesatz. Im Beispiel der Superbank betrug der Mindestreservesatz zehn Prozent; der Kehrwert davon ist zehn. Bei einem Mindestreservesatz von 20 Prozent hätten die Einlagen um den Faktor 1/0,2 zugenommen, also um das Fünffache. Dabei ist zu beachten, daß mit den Einlagen auch die vergebenen Kredite zunehmen.

In diesem Beispiel „sickert" kein Geld aus dem Bankensystem heraus. Das heißt, niemand beschließt, sein Guthaben in bar abzuheben, und die Verkäufer lassen ihre Erlöse stets auf dem Bankkonto liegen. Kommt es zu Sickerverlusten, dann fällt die Zunahme der Einlagen und damit auch die Zunahme der Geldmenge geringer aus. In der Realität sind diese Sickerverluste ziemlich groß. M1 ist nur etwa dreimal so groß wie die Reserven, und sogar das Verhältnis von M2 zu den Reserven liegt nur zwischen elf und zwölf. Dennoch gilt, daß eine Zunahme der Bankreserven um einen bestimmten Betrag die Geldmenge um ein Vielfaches dieses Betrages ansteigen läßt. Das Verhältnis zwischen der Veränderung der Reserven und der daraus resultierenden Veränderung der Einlagen wird **Geldmengenmultiplikator** genannt.[4]

Geldmengenmultiplikatoren in einem Bankensystem mit vielen Banken

Wenn mehr als eine Bank in den Prozeß involviert ist, funktioniert der Geldmengenmultiplikator genauso. Angenommen, Desktop Publishing und ComputerAmerica haben ihre Konten bei verschiedenen Banken, nämlich bei der BankNational bzw. bei der BankUSA. Wenn Desktop Publishing zugunsten von ComputerAmerica einen Scheck über 900 Mio. $ ausstellt, wird diese Summe von der BankNational an die BankUSA überwiesen. Diese stellt nun fest, daß sie mehr Kredite vergeben kann als vorher. Aufgrund der Zunahme ihrer Einlagen um 900 Mio. $ kann sie 0,9 × 900 Mio. $ = 810 Mio. $ zusätzlich verleihen. Angenommen, die Bank verleiht die 810 Mio. $ an die NewTelephone Company, die das Geld benutzt, um von Equipment Manufacturing eine Maschine zur Herstellung von Telefonapparaten zu kaufen. Wenn die Firma Equipment Manufacturing ihr Konto bei der BankIllinois hat, dann wird diese Bank, nachdem die Maschine bezahlt worden ist, feststellen, daß ihre Einlagen um 810 Mio. $ zugenommen haben, und sie daher in Höhe von 0,9 × 810 Mio. $ = 729 Mio. $ zusätzliche Kredite vergeben kann. Der Prozeß setzt sich fort, bis das neue Gleichgewicht mit einer Zunahme der Geldmenge um zehn Milliarden Dollar erreicht ist, genau wie in unserem ersten Beispiel mit der Superbank. Das Bankensystem als Ganzes hat dann die Geldmenge um ein Vielfaches der ursprünglichen Einlage ausgeweitet. Dieses Vielfache entspricht dem Faktor 1/Mindestreservesatz.

Es sollte klar geworden sein, daß in einem Bankensystem mit vielen Banken eine einzelne Bank die Einlagen nicht vervielfachen kann. Möglicherweise sind einzelne Banken sich nicht einmal ihrer Rolle im Geldschöpfungsprozeß bewußt. Sie sehen lediglich, daß ihre Einlagen zugenommen haben, und daß sie deshalb mehr Kredite vergeben können.

Dieser Prozeß der Vervielfachung von Einlagen mag ein wenig an einen Zauberer erinnern, der Kaninchen aus dem Hut zieht: Hier wird scheinbar aus nichts etwas gemacht. Aber man muß sich diesen Vorgang als einen realen physischen Prozeß vorstellen. Einlagen werden geschaffen, indem man Einträge auf Konten macht; heute sind es elektronische Impulse, die Daten auf Speichermedien eintragen. Die Schaffung neuer Bankeinlagen unterliegt Regeln, die festlegen, unter welchen Um-

---

[4] Dieser Multiplikator sollte nicht mit dem Ausgabenmultiplikator des Kapitels 9 verwechselt werden. Der Ausgabenmultiplikator zeigt, daß ein Anstieg der Investitionsnachfrage oder der Staatsausgaben um einen bestimmten Betrag im Gleichgewicht zu einer Zunahme der aggregierten Ausgaben um ein Vielfaches des ursprünglichen Betrags führt. Bei der Berechnung der beiden Multiplikatoren gibt es allerdings offensichtliche Ähnlichkeiten.

ständen bestimmte Einträge in den Kontenbüchern gemacht werden dürfen. Es sind diese Regeln - insbesondere die Mindestreserveanforderungen - die es dem Bankensystem ermöglichen, die Einlagen um ein Vielfaches der ursprünglichen Einlagenerhöhung auszuweiten.

30.4 Die Instrumente der Geldpolitik

Die meisten Veränderungen der Geldmenge werden nicht dadurch ausgelöst, daß jemand eine Milliarde Dollar in bar bei einer Bank einzahlt. Der Geldschöpfungsprozeß hängt auch nicht mehr wie früher davon ab, daß jemand Gold bei der Bank deponiert oder es an sie verkauft. Veränderungen der Geldmenge sind vielmehr ein Ergebnis der Entscheidungen des Federal Reserve Board. Die Fed schafft neue Reserven für die Banken, und zwar in der Absicht, die Geldmenge und die Kreditvergabe auszuweiten. Durch solche Entscheidungen beeinflußt die Fed das Niveau der wirtschaftlichen Aktivität. Der Zusammenhang zwischen den Handlungen der Fed und ihren Auswirkungen auf das Niveau der wirtschaftlichen Aktivität ist der Gegenstand der beiden nächsten Kapitel. Hier geht es uns einfach um den Einfluß der Fed auf die Geld- und Kreditmenge. Wie wir gesehen haben, stellen Geld und Kredit die beiden Seiten einer Bankbilanz dar. Wenn die Einlagen (das Geld) zunehmen, müssen entweder die Bankkredite an private Kunden oder die Schatzwechsel in den Händen der Bank zunehmen. Oft verteilt sich die Zunahme auf beide Posten. Letztendlich geht es zwar um die Kreditvergabe der Banken; die Fed kann aber die Kreditvergabe nicht direkt kontrollieren, sondern muß sie indirekt über die Geldmenge beeinflussen. Die Fed hat drei Instrumente, mit deren Hilfe sie die Geldmenge verändern kann: die Mindestreserveanforderungen, den Diskontsatz und die Offenmarktgeschäfte.

Mindestreserveanforderungen

Das einfachste Mittel, über das die Fed verfügt, ist eine Veränderung der **Mindestreserveanforderungen**. Die Fed bestimmt den Mindestbetrag, den jede Bank als Reserve halten muß. Der Staat könnte zwar im Prinzip für die Mindestreserve auch verschiedene andere Formen vorschreiben (Bargeld, Staatsschuldpapiere, Gold), aber die Fed verlangt, daß die Reserven als Einlagen bei der Federal Reserve gehalten werden - zum Teil deshalb, weil durch diese Bestimmung die Einhaltung der Mindestreserveverpflichtung leichter überwacht werden kann.

Wir nehmen zunächst einen Mindestreservesatz von zehn Prozent der Einlagen an und überlegen, was geschieht, wenn der Mindestreservesatz auf fünf Prozent gesenkt wird. Jede Bank stellt nun fest, daß sie über **freie Reserven** oder **Überschußreserven** verfügt - Reserven, die über den gesetzlich vorgeschriebenen Betrag hinausgehen. Das bedeutet, daß jede Bank in der Lage ist, mehr Kredit zu vergeben. Während zuvor vielleicht ein Engpaß bei den Geldmitteln die Banken

852 Teil VI: Theorie der Unterbeschäftigung

daran gehindert hat, Projekte zu finanzieren, die sie eigentlich für lohnend hielten, werden sie nun diese Kreditgeschäfte abschließen. Die neuen Kredite werden für zusätzliche Ausgaben verwendet und schaffen neue Einlagen, aus denen weitere Kredite vergeben werden können. Damit ist der Multiplikatorprozeß ein weiteres Mal in Gang gesetzt worden.

Diskontsatz

Das zweite Instrument der Geldpolitik ist der **Diskontsatz**. Das ist der Zinssatz, den die Banken bezahlen müssen, wenn sie sich bei den Federal-Reserve-Banken verschulden. Wie wir bereist erläutert haben, nennt man die Federal-Reserve-Banken die Banken der Banken, weil sie den Banken Kredit geben und ihre Einlagen verwalten. Wenn der Diskontsatz hoch ist, verlangen auch die Banken von ihren Schuldnern hohe Zinsen und erschweren möglicherweise auch den Kunden den Zugang zu den Krediten.

Betrachten wir eine Bank mit einer aggressiven Geschäftspolitik, deren Reservehaltung stets gerade den Mindestreserveanforderungen genügt, während sie den Rest ihrer Mittel für Kreditgeschäfte nutzt. Wenn ein wichtiger Kunde plötzlich seine Einlagen abziehen möchte, ist die Bank gezwungen, sich entweder von anderen Banken oder von den Federal-Reserve-Banken Geldmittel auszuleihen. Wenn der Diskontsatz steigt, ist damit immer auch ein Anstieg des Zinssatzes für Kredite zwischen den Banken verbunden. Der Diskontsatz ist für jede Bank ein Teil der direkten Kosten des Kreditgeschäfts. Wenn sie für ihre Kredite bei der Fed mehr bezahlen muß, muß sie auch von ihren eigenen Kreditkunden mehr verlangen.

Wenn die Bank eine weniger aggressive Politik verfolgt und mehr Mittel in Form von Schatzwechseln oder anderen liquiden Anlageformen hält, macht eine umfangreiche Abhebung nur eine kleinere Anpassung nötig: Die Bank verkauft einfach einen Teil ihrer liquiden Vermögenswerte. Wenn der Diskontsatz steigt, wird es teurer, sich in einer Engpaßsituation bei der Fed zu refinanzieren; dadurch haben die Banken einen Anreiz, mehr liquide Anlageformen und Schatzwechsel zu halten, was wiederum bedeutet, daß sie weniger Kredite vergeben.

Die Fed kann die Banken nicht nur über eine Diskontsatzerhöhung zu einer Einschränkung ihrer Kreditvergabe bringen; sie kann auch die Diskontkredite rationieren. Das heißt, sie kann sich weigern, einer Bank zum festgelegten Diskontsatz weitere Kredite zu geben. Das zwingt die Bank zu kostspieligeren Abhilfemaßnahmen, um die Mindestreserveanforderungen der Fed zu erfüllen. Finanziell gesunde Banken können jedoch normalerweise voneinander Kredit erhalten, so daß dieses Instrument heute in seiner Wirkung beschränkt ist.

Der Diskontsatz ist der einzige Zinssatz, den die Fed direkt festsetzt. Alle anderen Zinssätze bilden sich am Markt durch die Kräfte von Angebot und Nachfrage. Da die Fed aber die Bereitschaft der Banken zur Kreditvergabe beeinflußt, kann sie gleichzeitig einen indirekten Einfluß auf die Kreditzinsen und die Sparzinsen aus-üben. Die Zinssätze, die der Staat für kurzfristige (Schatzwechsel) und langfristige Kredite bezahlt, unterliegen ebenfalls den Marktgesetzen. Die Fed kann mit ihren Entscheidungen auch diese Zinssätze nur indirekt beeinflussen.

Die Fed verändert den Diskontsatz oft, nicht so sehr wegen seiner direkten Wir-kungen, sondern als Signal für ihre geldpolitischen Absichten. Wenn die Fed den Diskontsatz senkt, weiß der Markt, daß die Fed ernsthaft versucht, den Zugang zu Krediten in der Volkswirtschaft zu erleichtern. Wenn sie den Diskontsatz anhebt, weiß der Markt, daß die Fed eine Beschränkung der Kreditvergabe erreichen will. Aber die Fed verändert den Diskontsatz auch manchmal als Reaktion auf bereits vollzogene Zinsänderungen am Markt. Wenn die Marktzinssätze gestiegen sind, aber die Fed den Diskontsatz nicht entsprechend angehoben hat, kann die Diffe-renz zwischen dem Diskontsatz und dem Zinssatz, den die Banken für ihre Kredite erhalten, recht groß werden. Dann könnten die Banken versucht sein, sich bei der Fed unangemessen hoch zu verschulden. Diskontsatzänderungen signalisieren also nicht immer eine geldpolitische Kursänderung; manchmal sind sie auch einfach nur ein Ausdruck dafür, daß die Fed sich an den Markt anpaßt.

Offenmarktgeschäfte

Offenmarktgeschäfte sind in den USA das wichtigste Instrument der Geldmengen-kontrolle. Bei Offenmarktgeschäften tritt die Fed direkt auf dem Markt als Käufer oder Verkäufer von Staatsschuldpapieren auf. Angenommen, die Fed kauft Staats-schuldpapiere im Wert von einer Million Dollar von dem reichen Joe Brown (oder von tausend verschiedenen Familien) und bezahlt ihn mit einem Scheck. Joe Brown trägt den Scheck zur AmericaBank, die ihm den Betrag auf seinem Konto gutschreibt. Die AmericaBank präsentiert den Scheck der Fed, die der Bank dafür ein Guthaben von einer Million Dollar einräumt. Die AmericaBank hat nun zu-sätzliche Einlagen sowie zusätzliche Reserven in Höhe von einer Million Dollar und kann entsprechend zusätzliche Kredite in Höhe von 900.000 $ vergeben. Der Multiplikatorprozeß wird in Gang gesetzt, und die gesamte Ausweitung der Geld-menge wird ein Vielfaches der ursprünglichen Einlagenerhöhung von einer Million Dollar ausmachen. Die Summe der ausstehenden Bankkredite wird dann ebenfalls um ein Vielfaches der ursprünglichen Einlagenerhöhung angewachsen sein.

Verkauft Joe Brown seine Staatsschuldpapiere nicht an die Fed sondern an einen anderen privaten Bürger, Jill White, so hat dies eine ganz andere Wirkung. In die-sem Fall nehmen die Bankeinlagen von Jill White um eine Million Dollar ab, wäh-rend der Kontostand von Joe Brown um eine Million Dollar steigt. Die Geldmittel im Bankensystem insgesamt bleiben unverändert. Der Multiplikatorprozeß wird nur dann ausgelöst, wenn dem Bankensystem Geldmittel von außen zufließen, ins-besondere von den Federal-Reserve-Banken.

Die Fed verfügt also über drei indirekte Möglichkeiten zur Kontrolle der Geldmenge und der Kreditschöpfung der Banken. Über die Mindestreserveanforderungen legt sie fest, welchen Anteil ihrer Einlagen die Banken als Reserve halten müssen. Durch den Diskontsatz beeinflußt sie die Kosten von Reserveengpässen. Durch die Offenmarktgeschäfte beeinflußt sie die Versorgung mit Reserven. Mit diesen drei Instrumenten beeinflußt die Fed die Ressourcen, die den Banken für Kredite zur Verfügung stehen, sowie die Attraktivität der Kreditvergabe im Vergleich zum Kauf von liquiden Vermögensanlagen wie zum Beispiel von Schatzwechseln.

Anwendungsbeispiel: Die Kontrolle der Geldmenge

Nehmen wir an, daß der Staat aus irgendeinem Grund die Geldmenge um eine Milliarde Dollar erhöhen möchte. Der Geldmengenmultiplikator bestimmt nun, in welchem Umfang zusätzliche Bankreserven geschaffen werden müssen, um den gewünschten Anstieg der Geldmenge herbeizuführen.

Wenn der Geldmengenmultiplikator 20 beträgt, dann wird ein Anstieg der Reserven in Höhe von 50 Mio. $ eine Zunahme der Geldmenge um eine Milliarde Dollar bewirken.

Die Bestimmung des Geldmengenmultiplikators ist aber in der Praxis nicht einfach. Wenn man voraussetzt, daß ein Mindestreservesatz von fünf Prozent vorgeschrieben ist, daß die Banken keine Überschußreserven halten, und daß alle Haushalte und Unternehmungen stets ihr ganzes Geld auf Bankkonten aufbewahren, dann beträgt der Geldmengenmultiplikator 20.

In der Praxis ist der Geldmengenmultiplikator aber variabel. In einer Rezession wollen die Banken möglicherweise Überschußreserven halten, obwohl es normalerweise sichere Anlageformen mit einer positiven Rendite gibt (wie zum Beispiel die Schatzwechsel) so daß es sich nicht lohnt, unverzinsliche Reserven bei der Fed zu halten. Hinzu kommt, daß Haushalte und Unternehmungen möglicherweise einen Teil ihres Geldes in bar halten, anstatt auf Bankkonten. Ein wichtiges Anliegen der Zentralbankmanager ist es, die Prognostizierbarkeit von Geldmengenänderungen zu verbessern.

Die Wahl des geeigneten Instruments

Von den drei beschriebenen Instrumenten benutzt die Federal Reserve die Offenmarktgeschäfte am häufigsten. Veränderungen des Diskontsatzes und der Mindestreserveanforderungen sind ein plumpes Werkzeug im Vergleich zu der Feinsteuerung, die durch Offenmarktgeschäfte möglich wird. Deshalb verändert man die Mindestreservesätze und die Diskontsätze nicht in regelmäßigen Abständen, sondern nur, um einen größeren geldpolitischen Kurswechsel anzukündigen. Solche Veränderungen können als Signal für eine Straffung oder Lockerung der Kreditpolitik recht wirkungsvoll sein. Wenn die Banken eine straffere Kreditpolitik vorhersehen, können sie ihre Kreditvergabe einschränken und die Unternehmungen können ihre Investitionspläne verschieben.

30.5 Die Stabilität des US-amerikanischen Bankensystems

Das System der einlagenabhängigen Reservehaltung erklärt, wie die Banken Geld schöpfen und warum sie ohne die Hilfe der Fed in Schwierigkeiten geraten können. Gut geführte Banken haben auch vor der Einführung der Fed und ihrer Mindestreservebestimmungen Reserven in Höhe des erwarteten durchschnittlichen laufenden Tagesbedarfs gehalten. Eine Bank konnte aber schnell in Schwierigkeiten geraten, wenn der Bedarf an einem Tag über ihre Reservehaltung hinausging. Wenn - aus welchen Gründen auch immer - viele Sparer gleichzeitig ihr Vertrauen zu einer Bank verlieren, werden sie alle auf einmal versuchen, ihre Guthaben abzuziehen. Die Bank wird das notwendige Geld nicht zur Verfügung haben, da sie den größten Teil davon ausgeliehen hat und die ausstehenden Kredite nicht von heute auf morgen kündigen kann. Ein solcher **Run** auf eine Bank war im Amerika des neunzehnten Jahrhunderts ziemlich häufig. Man kennt solche Szenen aus alten Western-Filmen: In einer Kleinstadt stehen die Kunden Schlange vor der Bank, die ihre Reserven nach dem Motto „wer zuerst kommt, mahlt zuerst" ausbezahlt, bis nichts mehr übrig ist. Ein solcher Run konnte selbst eine finanziell gesunde Bank sehr schnell in den Konkurs treiben. Wenn das Gerücht aufkam, daß eine Bank in Schwierigkeiten war, und daraufhin einige Sparer zur Bank rannten, um ihre Konten zu leeren, dann fühlten sich andere Anleger töricht, wenn sie nicht auch selbst hingingen und ihre Guthaben abhoben. Ein einziges bösartiges Gerücht konnte also dazu führen, daß eine finanziell gesunde Bank schließen mußte. Eine solche Panik konnte auch einen Run auf andere Banken auslösen und so das Bankensystem und die gesamte örtliche Wirtschaft destabilisieren.

Vorkehrungen gegen die Gefahr eines Runs auf die Banken

Panikartige Kontenauflösungen haben das amerikanische Bankensystem früher immer wieder heimgesucht. Tatsächlich war die Gründung der Fed im Jahr 1913 unter anderem dadurch motiviert, daß man die Gefahr eines Runs auf die Banken verringern wollte. Die letzte größere Panik ereignete sich im Jahre 1933 mitten in der Weltwirtschaftskrise. Seit damals hat sich eine Vielzahl von Sicherheitsvorkehrungen entwickelt, so daß heute diese Gefahr größtenteils gebannt ist. Im modernen amerikanischen Bankensystem sind auf vier Ebenen Sicherheitsvorkehrungen eingebaut.

Erstens hat die Fed die Funktion einer letzten Refinanzierungsstelle der Kreditinstitute. Wenn eine Bank mit einem Run konfrontiert ist, kann sie von der Fed Geldmittel leihen, um die Krise zu überbrücken. Wenn man weiß, daß die Bank ihren Verpflichtungen auf jeden Fall nachkommen könnte, gibt es natürlich keinen Grund, Guthaben plötzlich abzuziehen. Die Fed gewährt Kredite, wenn eine Bank im Prinzip zahlungsfähig ist (wenn also ihre Forderungen höher sind als die Verbindlichkeiten) und nur vorübergehend einen Liquiditätsengpaß hat. Die beiden nächsten Maßnahmen haben den Zweck, die Wahrscheinlichkeit zu verringern, daß Liquiditätsprobleme oder gar Zahlungsunfähigkeit überhaupt auftreten.

Zweitens legt die Fed Mindestreserveanforderungen fest. Auch solche Bankmanager, die selbst nicht genügend Verantwortungsgefühl haben, um ausreichend Reserven zu halten, werden dazu gezwungen.

Ein gewisser Schutz ist drittens auch auf der Ebene der Bankeigentümer eingebaut. Die meisten Banken werden von Investoren gegründet, die einen bestimmten Geldbetrag zur Verfügung stellen und dafür einen Eigentumsanteil erwerben. Diese Anfangsinvestition zeigt sich im Reinvermögen der Bank, also der Differenz zwischen ihren Forderungen und ihren Verbindlichkeiten, die im Lauf der Zeit durch die Gewinne bzw. Verluste der Bank zu- bzw. abnimmt. Wenn die Bank falsche Investitionsentscheidungen trifft, dann können die Anteilseigner gezwungen werden, die Kosten zu tragen. Diese Pufferfunktion der Anteilseigner schützt nicht nur die Sparer, sondern gibt auch der Bank einen Anreiz, bei ihrer Kreditvergabe vorsichtiger zu sein. Wenn Bankkredite notleidend werden, riskieren die Eigentümer den Verlust ihres gesamten Kapitals. Wenn allerdings das Reinvermögen der Bank zu gering ist, können die Eigentümer die Situation so interpretieren, daß sie zwar eine Gewinnchance haben aber kein Verlustrisiko tragen. Wenn riskante Investitionen gut gelaufen sind, fallen die zusätzlichen Gewinne der Bank zu. Sind sie schiefgegangen, so muß zwar die Bank Konkurs anmelden, aber da die Eigentümer nur wenig eigenes Kapital eingesetzt haben, haben sie nicht viel zu verlieren. Um diese Gefahr zu vermeiden, verlangt der Staat, daß das Reinvermögen der Banken in einem bestimmten Verhältnis zu ihren Einlagen steht. Diese **Eigenkapitalrichtlinien** sind ein Schutz gegen Zahlungsunfähigkeit; sie stellen sicher, daß eine Bank, die schlecht investiert hat und viele ihrer Forderungen nicht eintreiben kann, trotzdem in der Lage ist, Guthaben auszubezahlen. (Im Gegensatz dazu sind die Reserven und die Möglichkeit der Kreditaufnahme bei der Fed ein Schutz gegen Illiquidität; sie stellen sicher, daß die Sparer auf Wunsch auch Bargeld erhalten können.) Gelegentlich - in den letzten Jahren etwas häufiger - kommt es vor, daß das Reinvermögen einer Bank durch notleidende Kredite so stark schrumpft, daß sie die Eigenkapitalvorschriften nicht mehr erfüllen kann.

Als vierte und letzte Sicherheitsbremse gründete der Staat 1933 die Federal Deposit Insurance Corporation (FDIC). Seit dieser Zeit müssen bundesweit zugelassene Banken und Sparkassen Versicherungen abschließen, die die Rückzahlung aller

Kundeneinlagen bis zu einer Obergrenze von 100.000 $ pro Konto garantieren. Da die Bundesregierung für die Einlagen garantiert, brauchen Sparer, die den Zusammenbruch einer Bank befürchten, ihre Konten nicht aufzulösen. Die Einlagenversicherung schützt also nicht nur die Sparer, sondern sie hat auch eine enorm stabilisierende Wirkung für das ganze Bankensystem. Durch ihre schiere Existenz wird die Gefahr, gegen die sie versichern soll, bereits viel weniger wahrscheinlich. Das ist so, als ob eine Lebensversicherung irgendwie das Leben verlängern könnte.

Die Einlagenversicherung hat jedoch auch einen gravierenden Nachteil. Die Konteninhaber haben keinen Anreiz mehr, das Geschäftsgebaren der Banken zu beobachten, um sicherzustellen, daß sie ihre Geldmittel in sichere Anlagen investieren. Unabhängig davon, was die Bank mit dem Geld macht, sind die Einlagen geschützt. Insoweit, als die Eigenkapitalrichtlinien nicht ausreichen, um die Banken zu einer vorsichtigen Kreditpolitik anzuhalten, müssen die Bankaufsichtsbehörden die volle Verantwortung für die Sicherheit und Seriosität der Banken übernehmen.

In Kapitel 31 werden wir uns mit den Zusammenhängen zwischen der Geldpolitik, der finanziellen Situation der Banken, der Geld- und Kreditschöpfung und dem Niveau der wirtschaftlichen Aktivität näher beschäftigen.

Zusammenfassung

1. Geld ist alles, was in einer bestimmten Gesellschaft als Tauschmittel, Wertaufbewahrungsmittel und Recheneinheit allgemein akzeptiert wird.

2. Es gibt viele Möglichkeiten, die Geldmenge zu messen. Die bekanntesten Geldmengenabgrenzungen sind M1, M2 und M3. Alle drei Maße enthalten sowohl das umlaufende Bargeld als auch die Sichteinlagen, jedoch in unterschiedlichem Ausmaß weitere enge Substitute von Bargeld und Sichteinlagen.

3. Der Käufer eines Gutes braucht über das notwendige Geld nicht unbedingt sofort zu verfügen, wenn der Verkäufer oder ein Kreditinstitut bereit ist, ihm einen Kredit zu gewähren.

4. Allen Finanzintermediären, also Banken, Sparkassen, Investmentfonds, Versicherungsgesellschaften und so weiter, ist gemeinsam, daß sie zwischen denjenigen, die überschüssige Geldmittel haben, und denjenigen, die zusätzliche Geldmittel brauchen, die Verbindung herstellen.

5. Der Staat engagiert sich aus zwei Gründen im Bankensektor. Erstens reguliert er die Geschäftstätigkeit der Banken und sorgt für eine Einlagenversicherung, um die Sparer zu schützen und die Stabilität des Finanzsystems sicherzustellen. Zweitens nimmt er Einfluß auf die Bereitschaft der Banken zur Kreditvergabe und versucht damit, auf das Niveau der Investitionsausgaben und der gesamtwirtschaftlichen Aktivität einzuwirken.

6. Wenn ihre Einlagen steigen, können die Banken durch Kreditschöpfung die Geldmenge um ein Vielfaches der ursprünglichen Einlagenerhöhung ausweiten. Wenn jede Bank so

viele Kredite wie möglich vergibt, und wenn weiter die Kreditnehmer jeden Dollar für Güterkäufe ausgeben und die Verkäufer den gesamten Erlös auf ihrem Bankkonto hinterlegen, ist der Geldschöpfungsmultiplikator gleich dem Kehrwert des von der Fed festgelegten Mindestreservesatzes. In der Praxis ist der Geldschöpfungsmultiplikator viel geringer.

7. Das Federal Reserve Board kann die Geldmenge durch eine Veränderung der Mindestreserveanforderungen, durch eine Veränderung des Diskontsatzes oder durch Offenmarktgeschäfte beeinflussen.

8. Durch Mindestreserveanforderungen, Eigenkapitalrichtlinien und Einlagensicherung, sowie durch die Funktion der Fed als letzte Refinanzierungsstelle der Kreditinstitute kommt es heute kaum mehr zu einem Run auf die Banken.

Schlüsselbegriffe

Tauschmittel	Finanzintermediäre	Geldmengenmultiplikator
Wertaufbewahrungsmittel	Finanzordnung	Sichteinlagen
Recheneinheit	Zentralbank	Reserven
Geldmenge	Mindestreserveanforderungen	Diskontsatz
M1, M2, M3	Offenmarktgeschäfte	Eigenkapitalrichtlinien

Wiederholungsfragen

1. Durch welche drei Charakteristika ist das Geld definiert?

2. Wie unterscheiden sich M1, M2 und M3?

3. Müssen sich Konsumenten oder Unternehmungen bei Großeinkäufen auf die Mittel beschränken, die sie in Form von Bargeld und Sichteinlagen zur Verfügung haben? Erläutern Sie Ihre Antwort.

4. Wie sieht das US-amerikanische Zentralbanksystem aus?

5. Welches sind die beiden Hauptgründe für die Einmischung des Staates im Bankensektor?

6. Auf welchen drei Wegen kann die Federal Reserve die Geldmenge verringern?

7. Was hat der Staat unternommen, um die Gefahr eines Runs auf die Banken zu verringern?

Aufgaben

1. Geben Sie für jede der folgenden Vermögensanlagen an, welche Geldfunktionen sie erfüllen und welche nicht:
   a) ein Haus;
   b) ein Tagespaß für einen Vergnügungspark;
   c) Deutsche Mark in den Händen eines Bewohners von Dallas, Texas;
   d) ein Gemälde;

e) Gold.

2. Wie könnte man Sparer dadurch schützen, daß der Staat den Banken verbietet, sich an riskanten Geschäften wie Versicherungen, Aktienhandel oder *Venture-Capital*-Firmen zu beteiligen? Was sind die möglichen Kosten und Nutzen solcher Verbote für die Sparer und für den Staat?

3. Down Home Savings verfügt über die folgenden Forderungen und Verbindlichkeiten: Staatsschuldpapiere und Reserven in Höhe von sechs Millionen Dollar; Einlagen in Höhe von 40 Mio. $, ausstehende Kredite in Höhe von 36 Mio. $. Zeichnen Sie eine Bilanz für diese Bank. Wie hoch ist das Reinvermögen?

4. Welche Faktoren könnten den Wert des Kreditportfolios einer Bank beeinflussen? Schildern Sie, wie Veränderungen bei diesen Faktoren es der Bankaufsichtsbehörde erschweren, die Größenordnung des Reinvermögens der Bank festzustellen. Warum interessieren sich die Aufsichtsbehörden für die Höhe des Reinvermögens?

5. Beim Umgraben in seinem Garten findet der glückliche Robert einen Steinkrug mit 100.000 $ in bar. Um wieviel wird die Geldmenge insgesamt ansteigen, wenn Robert dieses Geld auf seiner Bank einzahlt und der Mindestreservesatz fünf Prozent beträgt?

6. Wie ist zu erklären, daß sich die Geldmenge verändert, wenn die Fed Schatzwechsel verkauft, während sie unverändert bleibt, wenn eine große Firma Schatzwechsel verkauft (vorausgesetzt, die Fed ist nicht der Käufer)?

7. „Solange die Zentralbank bereit ist, an jede Bank mit einem positiven Reinvermögen Kredite zu vergeben, sind Mindestreserveanforderungen überflüssig. Die Stabilität des Bankensystems basiert auf der Rolle der Zentralbank als letzte Refinanzierungsquelle der Kreditinstitute sowie auf Maßnahmen wie den Eigenkapitalrichtlinien, die die finanzielle Gesundheit der Banken gewährleisten sollen." Kommentieren Sie diese Aussage.

Kapitel 31

Geldtheorie

In Kapitel 30 haben wir den engen Zusammenhang zwischen Geld- und Kredit-schöpfung gesehen. In diesem Kapitel wird erklärt, warum die Geldmenge und die Verfügbarkeit von Krediten volkswirtschaftlich von großer Bedeutung sind. Vor diesem Hintergrund wird die Funktionsweise der Geldpolitik verständlich, also all jener politischen Maßnahmen und Instrumente, welche das Geldangebot und die Verfügbarkeit von Krediten beeinflussen.

Veränderungen der Geldmenge und der Verfügbarkeit von Krediten sind tatsäch-lich zwei Seiten derselben Medaille. Wir betrachten zuerst den direkten Einfluß der Geldpolitik auf die Geldmenge und dann ihre Auswirkungen auf die Kreditver-sorgung.

31.1 Geldversorgung und wirtschaftliche Aktivität

In diesem Kapitel setzen wir weiterhin ein fixes Preisniveau voraus. (Man erinnere sich daran, daß bei vollkommen flexiblen Preisen Veränderungen der Geldmenge proportionale Veränderungen des Preisniveaus auslösen, während die reale Geld-menge unverändert bleibt.) Bei fixen Preisen gibt es nur zwei mögliche Auswir-kungen einer Geldmengenerhöhung. Erstens könnten die Menschen, die das zu-sätzliche Geld bekommen, es einfach behalten. Ihre Bankguthaben würden wach-sen, ohne daß der Rest der Volkswirtschaft irgend etwas davon bemerken würde. In diesem Fall wäre die Geldpolitik relativ wirkungslos. Ein solches Ergebnis ist vor allem dann wahrscheinlich, wenn die Volkswirtschaft sich in einer tiefen Re-zession befindet. Zweitens könnten die Menschen das zusätzliche Geld ausgeben. Wenn die Preise fix sind, und die Volkswirtschaft über freie Kapazitäten verfügt, werden durch diese erhöhten Ausgaben das Einkommen und der Output steigen.

Tatsächlich bewirkt eine Geldmengenerhöhung eine Mischung aus Veränderungen der Geldhaltung und des Outputs. Ein Ziel dieses Kapitels ist es, verständlich zu machen, unter welchen Umständen die eine oder die andere dieser Wirkungen vorherrscht.

In Kapitel 30 haben wir die drei Geldmengenkonzepte M1, M2 und M3 kennen-gelernt. Für unsere Zwecke brauchen wir meistens nicht präzise anzugeben, welche dieser Definitionen wir meinen. Es ist aber naheliegend, daß wir uns auf M1 be-ziehen, und zwar aus zwei Gründen. Erstens ist M1 diejenige Geldmenge, die am direktesten der Kontrolle der Fed unterliegt. Die Geldpolitik entfaltet ihre Wirkun-gen ja vor allem durch das Bankensystem. In M2 und M3 sind Posten enthalten wie zum Beispiel Geldmarktfonds, die nicht direkt an das Bankensystem gebunden sind. Zweitens geht es uns hier vor allem um die Rolle des Geldes als Tauschmittel. Die Geldmenge M1, also die Summe aus Bargeldumlauf und Sichtguthaben, bezieht sich am unmittelbarsten auf die Tauschmittelfunktion des Geldes.

Dabei konzentrieren wir uns vor allem auf den Teil von M1, der am stärksten der Kontrolle durch die Fed unterliegt, nämlich auf die Sichteinlagen und andere Kontenarten, über die man per Scheck verfügen kann. Das ist auch deshalb angemessen, weil sie mit mehr als 70 Prozent die wichtigste Komponente von M1 darstellen.

Die Umlaufgeschwindigkeit des Geldes

Die Geschwindigkeit, mit der das Geld in der Volkswirtschaft zirkuliert, wird **Geldumlaufgeschwindigkeit** genannt. Sie ist für die Geldpolitik so wichtig wie die Geldmenge selbst. Wenn die Menschen, nachdem sie für etwas bezahlt worden sind, ihr Geld wochenlang unter der Matratze behalten, zirkuliert das Geld sehr langsam. In einer geschäftigen Großstadt, wo das Geld schnell von einer Hand in die andere wandert, reicht eine gegebene Geldmenge für ein viel größeres Transaktionsvolumen aus. Die Umlaufgeschwindigkeit des Geldes ist formal definiert als das Verhältnis zwischen BIP und Geldmenge. Wenn Y den realen Output einer Volkswirtschaft darstellt, also die Menge der produzierten Güter, und P einen gewogenen Durchschnitt ihrer Preise (das Preisniveau), dann ist PY das nominale BIP (das, wie wir wissen, dem nominalen aggregierten Einkommen entspricht). Wir schreiben V für die Geldumlaufgeschwindigkeit und M für die Geldmenge; dann gilt[1]

$$V \equiv PY/M.$$

Diese Gleichung wird manchmal auch als **Verkehrsgleichung** bezeichnet.

Anhand der Verkehrsgleichung können wir die möglichen Wirkungen einer Geldmengenerhöhung sehen. Wenn bei unverändertem Preisniveau M zunimmt, dann muß entweder V sinken oder Y ansteigen. Diese beiden möglichen Konsequenzen einer Geldmengenerhöhung haben wir bereits zu Beginn dieses Kapitels erwähnt. Die Menschen könnten das zusätzliche Geld einfach behalten, wodurch die Umlaufgeschwindigkeit abnehmen würde, oder sie kaufen mehr, und der Output steigt.

In der Geldtheorie geht es im wesentlichen um die Frage, unter welchen Umständen das eine oder das andere Ergebnis zu erwarten ist. Wenn die Geldpolitik ausschließlich die Geldhaltung beeinflußt, ist sie im Hinblick auf den aggregierten Output und die Beschäftigung vollkommen wirkungslos. Wenn sie jedoch auch einen gewissen Einfluß auf den Output hat, dann kann sie ein nützliches Instrument zur Stimulierung der Volkswirtschaft sein. Vielleicht braucht man eine hohe Dosis

---

[1] Das Symbol "$\equiv$" bedeutet "ist definiert als" oder "ist identisch mit".

der Medizin, also eine starke Zunahme der Geldmenge, um ein bestimmtes Ziel zu erreichen, aber es ist möglich. Um die Frage zu beantworten, unter welchen Umständen die Menschen zusätzliches Geld einfach behalten werden, müssen wir die Bestimmungsfaktoren der Geldnachfrage verstehen.

Anwendungsbeispiel: Die Berechnung der Geldumlaufgeschwindigkeit

Um zu verstehen, wie die Geldumlaufgeschwindigkeit berechnet wird, benutzen wir die Verkehrsgleichung Geldumlaufgeschwindigkeit (V) = Einkommen (PY)/Geldmenge (M) und verwenden das folgende Zahlenbeispiel: PY = 6 Billionen \$ pro Jahr und M = 1 Billion \$. In diesem Fall beträgt die Geldumlaufgeschwindigkeit (V) sechs pro Jahr. Wenn zur Produktion eines Gutes im Wert von einem Dollar nur eine Transaktion erforderlich wäre, müßte jeder Dollar im Durchschnitt sechsmal pro Jahr von einer Hand in die andere wechseln um einen Output (ein Einkommen) von sechs Billionen Dollar zu produzieren. Würde die Geldmenge (M) statt dessen nur 500 Mrd. \$ betragen, so müßte jeder Dollar zwölfmal pro Jahr oder doppelt so schnell den Eigentümer wechseln (V = 12).

Die Geldnachfrage

Die Geldumlaufgeschwindigkeit hängt davon ab, in welchem Ausmaß die Menschen bereit sind, Geld zu halten oder zu behalten. Da Bargeld unverzinslich ist, ist es wie eine heiße Kartoffel - man hat einen starken Anreiz, es weiterzugeben. Die Menschen haben also ein Interesse daran, Bargeld entweder in Güter umzutauschen oder in zinstragende Anlageformen wie zum Beispiel Schatzwechsel. Der einzige Grund, Bargeld zu halten, ist die damit verbundene Bequemlichkeit. Man kann seine Einkäufe mit Bargeld bezahlen aber nicht mit einem Schatzwechsel, und der Umtausch von Schatzwechseln in Bargeld ist mit Transaktionskosten verbunden.

Der Einfluß der Zinssätze

Wieviel Geld man halten möchte, ist das Ergebnis einer Abwägung zwischen dem Nutzen der Geldhaltung (der Bequemlichkeit) und ihren Opportunitätskosten (den entgangenen Zinsen, also den Zinsen, die man hätte verdienen können, wenn man Bargeld oder Sichteinlagen in verzinslicher Form angelegt hätte). Wenn man für Sichtguthaben keine Zinsen erhält und für sehr kurzfristige Schatzwechsel vier Prozent pro Jahr, dann verursacht die Geldhaltung Kosten in Höhe von vier Prozent jährlich. Heute bringen (in den USA) auch Sichteinlagen Zinsen, so daß die Opportunitätskosten der Geldhaltung auf Girokonten im Vergleich zu früher gesunken sind. Dennoch genügt die Differenz zwischen dem Zinssatz für Sichteinlagen und den Erträgen anderer Anlageformen mit vergleichbarem Risiko, um die

Menschen von umfangreicher Geldhaltung abzuhalten. Wir wählen hier als Vergleichsgröße den Zinssatz für Schatzwechsel, einfach weil diese genauso sicher sind wie Geld. Der einzige Unterschied besteht darin, daß Schatzwechsel eine höhere Verzinsung haben, und Geld sich besser als Tauschmittel eignet.

Die Geldnachfrage hat große Ähnlichkeiten mit der Nachfrage nach anderen Gütern; insbesondere ist sie vom Preis abhängig. Der Nominalzinssatz (i), den ein Anleger mit Staatsschuldpapieren hätte verdienen können, kann als Preis des Geldes interpretiert werden, denn er mißt die Opportunitätskosten der Geldhaltung. Wenn der Nominalzinssatz steigt, geht die Geldnachfrage zurück (siehe Abbildung 31.1).

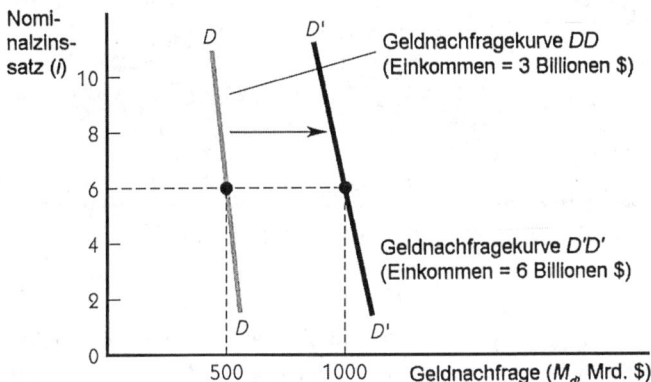

Abbildung 31.1 Die Geldnachfragekurve. Mit steigenden Opportunitätskosten der Geldhaltung (also mit steigendem Zinssatz) geht die Nachfrage nach Geld zurück. Eine Einkommenserhöhung bewirkt eine Rechtsverschiebung der Geldnachfragekurve von *DD* nach *D'D'*.

Der Einfluß des Einkommens

Der Nutzen der Geldhaltung hat mit der Tauschmittelfunktion des Geldes zu tun. Je mehr Transaktionen jemand abzuwickeln hat, desto mehr Geld wird er halten wollen. Dieser Teil der Geldnachfrage wird **Transaktionskasse** genannt. Die Transaktionskassse steigt mit dem *Nominal*einkommen: Ein höheres Einkommen bedeutet, daß der Umfang der Güterkäufe und damit der Wert der Transaktionen zunimmt. Tatsächlich steigt die Geldnachfrage proportional mit dem Nominalwert des Einkommens bzw. des Outputs PY: Wenn sich die Preise verdoppeln, dann brauchen die Menschen unter sonst gleichen Umständen doppelt soviel Geld, um die gleichen Transaktionen abzuwickeln wie vorher. Tabelle 31.1 enthält ein hypothetisches Zahlenbeispiel. In Abbildung 31.1 sehen wir, daß ein Einkommensanstieg die Geldnachfragekurve nach rechts verschiebt. Die linke Kurve gilt für ein Einkommensniveau von drei Billionen Dollar, die rechte für ein Einkommensniveau von sechs Billionen Dollar. Die Tabelle und die Abbildung illustrieren die beiden grundlegenden Eigenschaften der Geldnachfrage. Sie ist ceteris paribus um so niedriger, je höher der Zinssatz ist. Und sie nimmt bei unverändertem Zinssatz proportional zum Einkommen zu.

Tabelle 31.1 Die Geldnachfrage

Nominalzinssatz	Geldnachfrage (in Mrd. $) bei einem Einkommen von	
	3 Billionen $	6 Billionen $
2 %	550	1.100
4 %	525	1.050
6 %	500	1.000
8 %	475	950
10 %	450	900

Gleichgewicht

Im Gleichgewicht paßt sich der Zinssatz so an, daß die Geldnachfrage dem Geldangebot entspricht. Abbildung 31.2 zeigt zwei Geldangebotskurven und eine Nachfragekurve. Die Geldversorgung kontrolliert der Staat (die Fed) mit Hilfe der in Kapitel 30 beschriebenen Instrumente. Die Geldmenge, die der Staat zur Verfügung stellt, ist vom Zinssatz völlig unabhängig. Deshalb haben die Geldangebotskurven einen vertikalen Verlauf. Beim Geldangebot MS_0 ist i_0 der gleichgewichtige Zinssatz.

Die in diesem Abschnitt beschriebenen Hypothesen - daß der Nominalzinssatz die Opportunitätskosten der Geldhaltung bestimmt, daß die Geldnachfrage mit steigendem Zinssatz abnimmt und daß der Zinssatz sich so einstellt, daß Geldangebot und Geldnachfrage übereinstimmen - werden häufig als **keynesianische Geldtheorie** oder **traditionelle Geldtheorie** bezeichnet. Keynes hat mit Hilfe dieser Theorie erklärt, wie die Geldpolitik funktioniert, wenn sie funktioniert, und warum sie manchmal wirkungslos ist. Er hat die Auswirkungen einer Geldmengenänderung auf den Zinssatz aufgezeigt, die Auswirkungen einer Zinsänderung auf die Investitionsausgaben, sowie die Auswirkungen einer Veränderung der Investitionsausgaben auf das Niveau des gesamtwirtschaftlichen Einkommens. Im folgenden werden wir jeden Schritt dieser Analyse genauer betrachten.

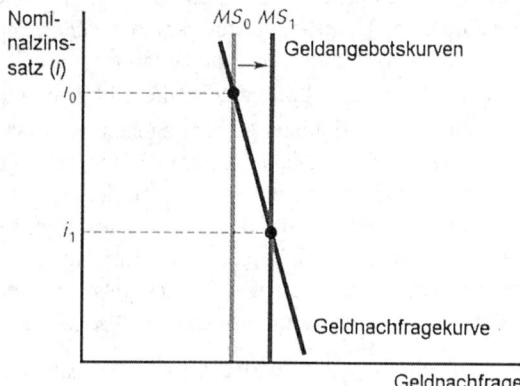

Abbildung 31.2 Geldmarktgleichgewicht. Der Zinssatz paßt sich so an, daß die Geldnachfrage dem Angebot entspricht. In diesem Diagramm führt eine Verschiebung des Geldangebots von MS_0 auf MS_1 zu einer starken Zinsänderung, weil die Geldnachfrage eine relativ geringe Zinselastizität aufweist.

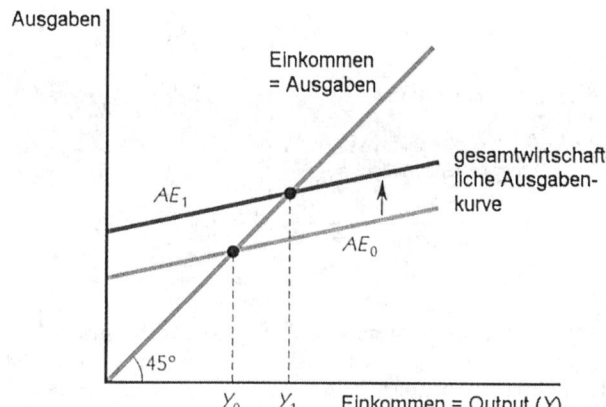

Abbildung 31.3 Ein geldpolitischer Stimulus. Ein Anstieg der Geldmenge verschiebt die gesamtwirtschaftliche Ausgabenkurve nach oben, weil die Unternehmungen ihre Investitionsausgaben erhöhen. Letztendlich kommt dadurch ein höherer Gleichgewichtsoutput zustande.

Geldpolitik und Zinssatz

Anhand von Abbildung 31.2 kann man auch sehen, wie Veränderungen der Geldmenge zu Zinsänderungen führen können. Ursprünglich beträgt die Geldmenge
MS_0 und der gleichgewichtige Zinssatz i_0. Wenn der Staat die Geldmenge auf MS_1
erhöht, geht der Zinssatz auf i_1 zurück. In der Abbildung ist die Geldnachfrage
relativ zinsunelastisch, so daß ein Anstieg der Geldmenge bei gegebenem gesamtwirtschaftlichen Einkommen einen starken Zinsrückgang auslöst. Wenn der Zinssatz abnimmt, steigen die Investitionsausgaben und mit ihnen über den Multiplikatoreffekt Produktion und Einkommen. (Tatsächlich hängen die Investitionsausgaben, wie wir weiter oben bereits gesehen haben, nicht vom Nominalzinssatz
sondern vom *Real*zinssatz r ab. Aber in diesem Teil des Buches gehen wir von
einem fixen Preisniveau aus, so daß Nominal- und Realzinssätze identisch sind.)

Die Zunahme der Investitionen verschiebt die gesamtwirtschaftliche Ausgabenkurve nach oben (siehe Abbildung 31.3) und führt dazu, daß der gleichgewichtige
Output von Y_0 auf Y_1 steigt.

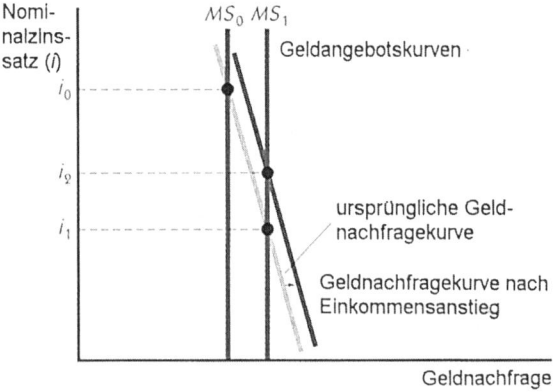

Abbildung 31.4   Auswirkungen einer Geldmengenerhöhung: zweite Runde. In der
ersten Runde führt eine Geldmengenerhöhung zu Zinssenkungen (Abbildung 31.2), die
wiederum einen Anstieg des gesamtwirtschaftlichen Einkommens bewirken (Abbildung
31.3). Durch das höhere Einkommensniveau verschiebt sich nun die Geldnachfragekurve
nach oben (da die Menschen bei jedem Zinssatz mehr Geld halten wollen). Der neue
Gleichgewichtszinssatz ist i_2.

Mit steigendem Einkommen verschiebt sich die Geldnachfragekurve nach rechts
(siehe Abbildung 31.4). In dem Gleichgewicht, das letztendlich erreicht wird, wird

deshalb der Zinssatz irgendwo zwischen i_0 und i_1 liegen. Der neue Gleichgewichtszinssatz ist in der Abbildung mit i_2 bezeichnet.

Wir können nun das Kapitalmarktgleichgewicht beim neuen Gleichgewichtszinssatz darstellen: Teil A der Abbildung 31.5 zeigt das Niveau der Investitionsausgaben I_2 beim Realzinssatz r_2 (der dem neuen gleichgewichtigen Nominalzinssatz i_2 entspricht); in Teil B ist die gesamtwirtschaftliche Ausgabenkurve für das Investitionsniveau I_2 sowie der entsprechende Gleichgewichtsoutput Y_2 zu sehen.

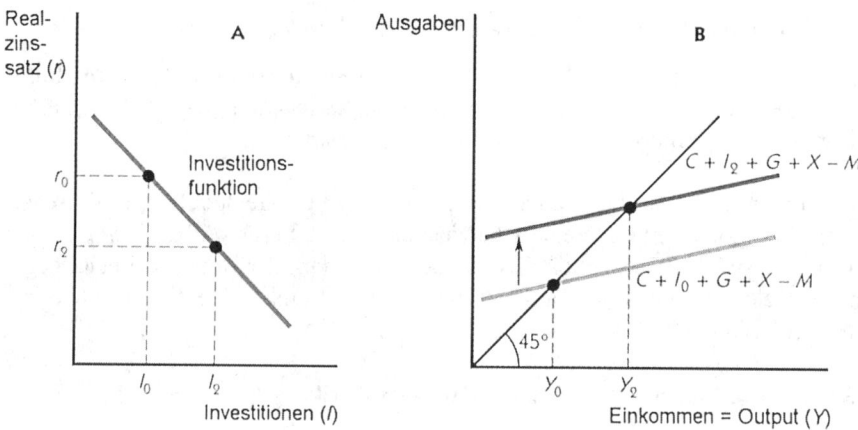

Abbildung 31.5 Die Wirkungen einer Geldmengenerhöhung im Gesamtzusammenhang. Ein Anstieg der Geldmenge führt zu einer Zinssenkung. Teil A zeigt, daß der niedrigere Zinssatz mit höheren Investitionsausgaben verbunden ist. Die erhöhte Investition zeigt sich in Teil B als Verschiebung der gesamtwirtschaftlichen Ausgabenkurve nach oben, die bei jedem Preisniveau einen höheren Gleichgewichtsoutput mit sich bringt. Infolge davon verschiebt sich in Teil C die aggregierte Nachfragekurve nach rechts.

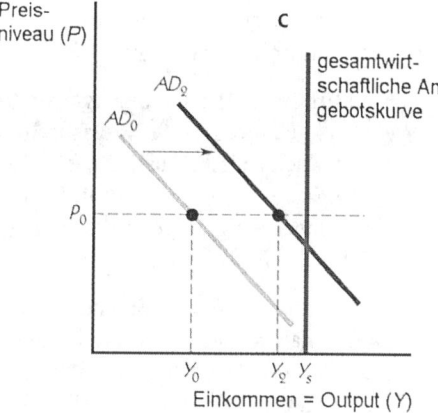

Jede gesamtwirtschaftliche Ausgabenkurve setzt ein bestimmtes fixes Preisniveau voraus. Eine Geldmengenerhöhung hat bei jedem Preisniveau einen ähnlichen Effekt. In Kapitel 28 haben wir gezeigt, wie man die gesamtwirtschaftliche Nachfragekurve ableitet, indem man für jedes Preisniveau den Schnittpunkt der aggregierten Ausgabenkurve mit der 45°-Linie bestimmt. Da nun bei jedem Preisniveau

ein höherer Gleichgewichtsoutput zustande kommt, hat sich die gesamtwirtschaftliche Nachfragekurve nach rechts verschoben, wie in Teil C der Abbildung dargestellt. In diesem Kapitel setzen wir stets fixe Preise und freie Produktionskapazitäten voraus. In Teil C erkennt man, wie die Verschiebung der aggregierten Nachfragekurve letztendlich zu einem Anstieg des aggregierten Outputs von Y_0 auf Y_2
führt.

Das Ergebnis dieses Abschnitts fassen wir in unserem achtzehnten Konsenspunkt
zusammen:

18 Geldpolitik als Mittel zur Stimulierung der Wirtschaft

> *Bei Überschußkapazitäten und starren Preisen ist eine Erhöhung der Geld
> menge normalerweise ein wirkungsvolles Mittel, um die Wirtschaft zu stimulie
> ren und ein höheres Produktionsniveau zu erreichen.*

Während man sich im Prinzip darüber einig ist, daß die Geldpolitik die Wirtschaft
stimulieren kann, gibt es keine Übereinstimmung in bezug auf die *quantitativen
Auswirkungen* der Geldpolitik (also darüber, wie stark der Output bei einer gegebenen Geldmengenerhöhung ansteigt) und die *Kanäle* oder Mechanismen, über die
die Geldpolitik die Volkswirtschaft beeinflußt.

Bedingungen für die Wirksamkeit der Geldpolitik

Wie stark der Output aufgrund einer Geldmengenerhöhung ansteigt, hängt hauptsächlich von drei Faktoren ab: (1) von der Zinselastizität der Geldnachfrage, (2)
von der Zinselastizität der Investitionsnachfrage und (3) von der Größe des Ausgabenmultiplikators.

Eine Erhöhung der Geldmenge hat eine geringere Wirkung auf den Output, wenn
die Geldnachfrage relativ elastisch ist, das heißt, wenn die Geldnachfragekurve
relativ flach ist. Ein Anstieg der Geldmenge läßt dann den Zinssatz nur geringfügig
sinken (siehe Teil A der Abbildung 31.6). Unter sonst gleichen Umständen impliziert eine geringfügige Zinssenkung, daß die Investitionen und letztendlich das
BIP nur wenig zunehmen.

Eine Erhöhung der Geldmenge wird auch dann nur eine geringe Wirkung auf den
Output haben können, wenn die Investitionen nicht sehr stark auf Zinsänderungen
reagieren (unelastische Investitionsnachfrage). In diesem Fall hat eine Zinssenkung
aufgrund einer Geldmengenerhöhung nur wenig Einfluß auf die Investitionsausgaben und damit auch auf das BIP (siehe Teil B der Abbildung 31.6).

Und schließlich hat eine Geldmengenerhöhung auch bei einem niedrigen Ausgabenmultiplikator nur wenig Einfluß auf den Output. Je niedriger der Multiplikator
ist, desto geringer ist auch die Zunahme des BIP, die ein gegebener Anstieg der
Investitionsausgaben bewirken kann. Und, wie wir in Kapitel 28 gesehen haben, ist

der Multiplikator um so kleiner, (1) je höher die Sparneigung ist, (2) je höher die Steuersätze sind und (3) je größer die Importneigung ist.

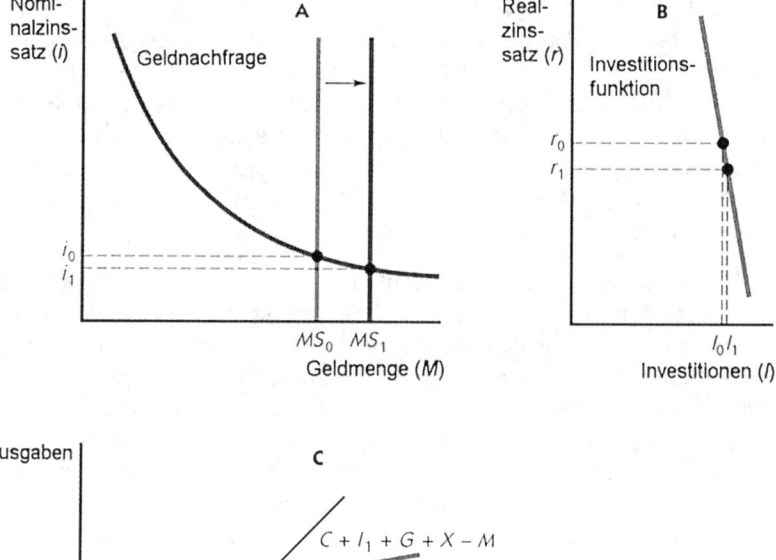

Abbildung 31.6 Wirkungen der Geldpolitik in einer tiefen Rezession. Teil A zeigt, daß ein Anstieg der Geldmenge nur eine geringfügige Zinssenkung bewirkt, wenn die Geldnachfragekurve flach ist. In Teil B ist zu erkennen, daß eine Zinssenkung nur zu einem bescheidenen Zuwachs der Investitionsausgaben führt, wenn die Investitionskurve einen steilen Verlauf hat. In Teil C ist dargestellt, daß eine Zunahme der Investitionen bei einer sehr flachen gesamtwirtschaftlichen Ausgabenkurve (also bei einem niedrigen Multiplikator) nur eine bescheidene Erhöhung des aggregierten Outputs bewirken kann.

Viele Wirtschaftswissenschaftler sind mit Keynes der Meinung, daß in einer tiefen Rezession die Geldpolitik relativ wirkungslos ist. Sie glauben, daß die Geldnachfragekurve in etwa der Abbildung 31.6A entspricht: Mindestens bei niedrigen

Zinssätzen ist sie relativ flach. Das führt dazu, daß es den Währungsbehörden schwer fällt, den Zinssatz noch weiter zu senken. Verschärfend kommt hinzu, daß in tiefen Rezessionen die Preise sogar fallen können, eine Tatsache, die uns über den Rahmen dieses Modells hinausführt, aber nichtsdestotrotz sehr real ist. Während der Weltwirtschaftskrise sind die Preise um 25 Prozent zurückgegangen. Während der Rezession in Japan in den Jahren 1994 und 1995 sind die Preise ebenfalls leicht gefallen. Für die Investoren ist der Realzinssatz entscheidend, also die Differenz zwischen dem Nominalzinssatz und der Inflationsrate. Wenn der Nominalzinssatz fällt, aber die Inflationsrate gleichzeitig noch stärker zurückgeht, steigt der Realzinssatz. Bei fallenden Preisen sind die Realzinssätze höher als die Nominalzinssätze. Wenn die Preise um zehn Prozent pro Jahr zurückgehen, entspricht sogar ein Nominalzinssatz von null schon einem Realzinssatz von zehn Prozent, der im historischen Vergleich sehr hoch ist.

Sind die Investoren erst einmal pessimistisch in bezug auf die wirtschaftlichen Aussichten, dann muß der Zinssatz sehr stark fallen, um sie zu höheren Investitionsausgaben anzuregen. Da definitionsgemäß in einer Rezession beträchtliche Überschußkapazitäten vorhanden sind, liegt der Grenzertrag zusätzlicher Investitionsausgaben nahe bei null. Neue Produktionsanlagen erhöhen einfach nur die Überschußkapazitäten, aber nicht den Gewinn. Nur wenn die neuen Maschinen viel besser sind als die alten (wenn sie mit so viel weniger Arbeit auskommen, daß die eingesparten Arbeitskosten die zusätzlichen Kapitalkosten mehr als wettmachen) oder wenn sie dazu gedacht sind, ein neues Produkt herzustellen, wird es sich für die Unternehmungen lohnen, zusätzliche Investitionsausgaben zu tätigen. Hinzu kommt, daß in einer längeren Verlustperiode die Geldreserven einer Unternehmung schwinden und ihre Verschuldung zunimmt. Bei Konkursgefahr wird eine Unternehmung zögern, zusätzliche Investitionen zu schultern, selbst wenn sie die Banken dazu überreden könnte, ihr die notwendigen Mittel auszuleihen. Im Ergebnis bedeutet das, daß in einer Rezession die Investitionskurve nicht nur nach unten wandert, sondern auch relativ unelastisch wird, daß also Zinssenkungen kaum zusätzliche Investitionsausgaben hervorrufen können (siehe Teil B der Abbildung 31.6).

Da ein Anstieg der Geldmenge nur eine geringe Zinssenkung auslöst, und die Zinssenkung kaum Auswirkungen auf die Investitionsnachfrage hat, kann die Geldmengenerhöhung auch den Output nur geringfügig erhöhen. Das ist in Teil C der Abbildung 31.6 dargestellt.

Um die Wirkungslosigkeit der Geldpolitik in einer tiefen Rezession darzustellen vergleicht man sie manchmal mit jemandem, der versucht, einen Bindfaden zu schieben. Die Wirtschaftswissenschaftler sind zwar verschiedener Meinung darüber, wie tief eine Rezession sein muß, damit die Geldpolitik ihre Wirkung verliert; über das grundlegende Prinzip sind sie sich aber einig. Das bringt uns zum neunzehnten Konsenspunkt der Volkswirtschaftslehre:

19 Geldpolitik in einer tiefen Rezession

Wenn die Volkswirtschaft in einer tiefen Rezession steckt, ist die Geldpolitik relativ wirkungslos und schlecht geeignet, um eine wirtschaftliche Erholung einzuleiten.

Manche Befürworter der Geldpolitik geben zu bedenken, daß es nur darum geht, ob die Geldpolitik überhaupt eine Wirkung zeigt. Wenn eine Veränderung der Geldmenge um einen bestimmten Prozentsatz nur eine schwache Wirkung hat, so bedeutet das einfach, daß die Währungsbehörden energischere Maßnahmen ergreifen und die Geldmenge um einen größeren Prozentsatz erhöhen müssen.

Der Monetarismus

Es gibt zwar eine breite Übereinstimmung über die beiden obigen Konsenspunkte, also darüber, daß die Geldpolitik mit Ausnahme von Zeiten tiefer Rezession ein wirkungsvolles Instrument zur Belebung der wirtschaftlichen Aktivität darstellt; dennoch behaupten einige Wirtschaftswissenschaftler, die man **Monetaristen** nennt, daß die Geldpolitik *ausschließlich* auf das Preisniveau wirkt. Ihrer Meinung nach ist die Grundvoraussetzung dieses Kapitels, die Preisstarrheit, einfach falsch. Sie argumentieren statt dessen, daß die Preise auch kurzfristig flexibel sind. Deshalb hat eine Geldmengenerhöhung keinen Einfluß auf Output oder Beschäftigung, sondern führt lediglich zu einer Veränderung des Preisniveaus. Genauer gesagt gehen die Monetaristen davon aus, daß die Preise sich in etwa proportional zur Geldmenge verändern. Sie glauben, daß das Vollbeschäftigungsmodell des Kapitels 25 zu jeder Zeit zutrifft. Einige Monetaristen sagen darüber hinaus, daß selbst in einer Unterbeschäftigungssituation, wenn die Produktionskapazitäten der Volkswirtschaft nicht ausgelastet sind, Geldmengenerhöhungen sich überwiegend in Preisniveauänderungen niederschlagen.

Um zu verstehen, wie die Monetaristen zu dieser Schlußfolgerung kommen, müssen wir noch einmal die Verkehrsgleichung betrachten. Wir haben diese Gleichung als *Definition* der Geldumlaufgeschwindigkeit eingeführt. Die Monetaristen treffen jedoch eine zusätzliche Annahme - sie gehen davon aus, daß die Geldumlaufgeschwindigkeit konstant ist. Damit gilt

$$M\overline{V} = PY,$$

wobei der Querstrich über dem V daran erinnern soll, daß V eine Konstante ist. Wird darüber hinaus auch Y als gegeben angenommen (etwa beim Vollbeschäftigungsniveau), so muß jede Erhöhung von M mit einer proportionalen Erhöhung von P einhergehen.

Aus dieser Gleichung kann man auch eine einfache Regel für die Expansion der Geldmenge ableiten. Will man die Preise stabil halten und wächst das Realeinkommen zum Beispiel mit einer jährlichen Rate von zwei Prozent, dann sollte die Geldmenge ebenfalls um zwei Prozent pro Jahr zunehmen. Die Monetaristen sind der Meinung, daß die Geldpolitik sich auf die Steuerung der Geldmenge beschränken sollte, und daß die Geldmenge proportional zum Anstieg des realen Outputs zunehmen sollte. Dadurch könnte Preisstabilität erreicht werden.

Das sind die *Schlußfolgerungen* der Monetaristen. Man kann jedoch ganz leicht den Bezug zur traditionellen Geldtheorie herstellen. Aus monetaristischer Sicht ist die Geldnachfrage einfach proportional zum Nominaleinkommen. Sie hängt nicht vom Zinssatz ab. Man beachte den Gegensatz zur traditionellen keynesianischen Theorie. Während Keynes annahm, daß die Geldnachfragekurve in tiefen Rezessionen beinahe horizontal verläuft (daß also die Zinselastizität der Geldnachfrage sehr hoch ist), gehen die Monetaristen von einer vertikalen Geldnachfragekurve aus (also von einer zinsunabhängigen Geldnachfrage).

$$M_d = \text{Konstante} \times Y_m,$$

das heißt, die Geldnachfrage M_d ist gleich einer Konstanten multipliziert mit dem Nominaleinkommen Y_m. Da Geldnachfrage und Geldangebot übereinstimmen,

$$M_d = M_s,$$

geht ein erhöhtes Geldangebot mit einer proportionalen Zunahme des aggregierten Nominaleinkommens einher. Da das Nominaleinkommen dem Preisniveau P mal dem realen Output Y entspricht, gilt weiter

$$Y_m = PY.$$

Wenn Y fix ist, dann ist eine Erhöhung des Nominaleinkommens Y_m gleichbedeutend mit einer entsprechenden Erhöhung des Preisniveaus. In anderen Worten: Wenn sich die Geldmenge verdoppelt, muß sich im Gleichgewicht auch die Geldnachfrage verdoppeln. Die Geldnachfrage kann sich nur verdoppeln, wenn sich das aggregierte Nominaleinkommen verdoppelt, und dies wiederum ist nur möglich, wenn sich das Preisniveau verdoppelt.

Die Annahme, daß die Geldnachfrage nicht vom Zinssatz abhängt, ist also gleichbedeutend mit der Annahme, daß die Geldumlaufgeschwindigkeit (PY/M) konstant ist. Die Theorie, daß aufgrund der konstanten Geldumlaufgeschwindigkeit Geldmengenerhöhungen einfach zu proportionalen Erhöhungen des Nominaleinkommens führen, wird **Quantitätstheorie des Geldes** genannt. In der Vergangenheit hat es zwar lange Perioden gegeben, in denen die Geldumlaufgeschwindigkeit beinahe konstant war; in den letzten Jahren hat sie sich jedoch verändert und ist oft schwer zu prognostizieren gewesen (siehe die Abbildungen 31.7 und 31.8).

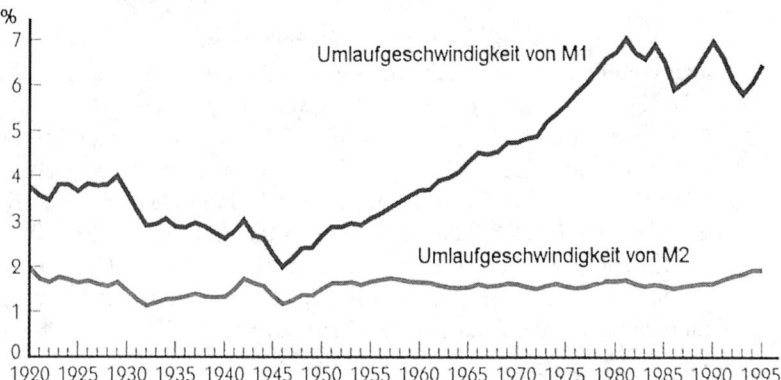

Abbildung 31.7 Die Geldumlaufgeschwindigkeit seit 1920. Die Geldumlaufgeschwindigkeit nahm während der Weltwirtschaftskrise deutlich ab und stieg nach dem Zweiten Weltkrieg bis 1980 ziemlich kontinuierlich an. Seit 1980 hat sich dieser Trend dramatisch verändert. *Quelle: ERP* (1996), Tabellen B-1, B-65.

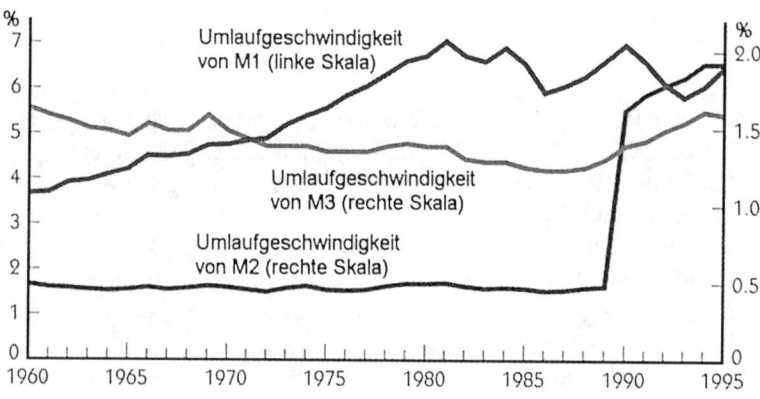

Abbildung 31.8 Die Geldumlaufgeschwindigkeit seit 1960. Diese Abbildung zeigt etwas detaillierter die Entwicklung der Geldumlaufgeschwindigkeit während der vergangenen 35 Jahre und insbesondere das unregelmäßige Muster des letzten Jahrzehnts. *Quelle: ERP* (1996), Tabellen B-1, B-65.

Unter die Lupe genommen:
Monetaristische Experimente - die Fed verursacht eine Rezession

Bis Mitte der siebziger Jahre konzentrierte sich die Federal Reserve hauptsächlich auf die Zinssätze. Wenn die Fed der Meinung war, daß die Wirtschaft einen Anreiz brauchte, traf sie eine Entscheidung darüber, wie weit der Zinssatz fallen sollte, und erweiterte dann die Geldmenge (zum Beispiel durch Offenmarktgeschäfte) bis dieses Zinsziel erreicht war. Als Paul Volcker 1979 zum Vorsitzenden des Federal Reserve Board ernannt wurde, kündigte er an, daß die Fed die Geldmenge in Zukunft mit einer vorher festgelegten Rate würde steigen lassen, ungeachtet der Zinsentwicklung. Er ersetzte also den Zinssatz als Zielvariable durch die Geldmenge. Die Wachstumsrate der Geldmenge wurde ausreichend niedrig angesetzt, um die Inflationsrate, die von 6,7 Prozent im Jahr 1977 auf 9,0 Prozent im Jahr 1978 und 13,3 Prozent im Jahr 1979 angestiegen war, entscheidend zu senken.

Volckers Politik basierte auf der Theorie, daß die Geldumlaufgeschwindigkeit konstant oder zumindest gut prognostizierbar ist. Wenn die Geldmenge gleichmäßig wachsen würde mit einer Rate, die mit der Zunahme der Güterproduktion (und einer eventuell prognostizierten Veränderung der Geldumlaufgeschwindigkeit) vereinbar war, dann würde das Preisniveau stabil bleiben. Man erinnere sich an die Definition der Geldumlaufgeschwindigkeit $V = PY/M$.

Die Fed hat diese Politik energisch verfolgt. Sobald die Geldmenge schneller zunahm als vorgesehen, griff die Fed zur Offenmarktpolitik und verkaufte Staatsschuldtitel. Das Wachstum der Geldmenge verringerte sich, aber die Zinssätze stiegen auf zehn, dann 15 und schließlich 20 Prozent und trieben so die Wirtschaft 1980 und 1981-82 zweimal in die Rezession.

Die Fed hat diese Politik der strikten Geldmengenkontrolle wieder aufgegeben, und zwar aus zwei Gründen. Erstens ging die Inflationsrate stark zurück; sie fiel 1982 auf 3,8 Prozent. Aufgrund der Rezession und der stark gesunkenen Teuerungsrate schien es wichtiger, die Wirtschaft zu stimulieren als die Inflation abzuwehren. Zweitens wurde immer deutlicher, daß die Geldumlaufgeschwindigkeit keine Konstante war, und gleichzeitig machte die schnelle Weiterentwicklung der Institutionen im Finanzsektor eine angemessene Definition der Geldmenge immer schwieriger. Man konnte leicht fordern, daß die Geldmenge mit einer konstanten Rate wachsen sollte, aber in der Praxis war unklar, ob man sich dabei auf M1, M2 oder M3 beziehen sollte. Heute beobachten die Währungsbehörden die Zinssätze und alle Geldmengenabgrenzungen und versuchen, ein Gefühl dafür zu entwickeln, was diese manchmal widersprüchlichen Indikatoren über die jeweilige Situation aussagen.

31.2 Kritik der traditionellen Geldnachfragetheorie

In der traditionellen Geldtheorie beeinflußt die Geldpolitik die Wirtschaft über einen einfachen Mechanismus. Wenn der Staat die Geldmenge erhöht, müssen die Zinssätze fallen, damit Geldnachfrage und Geldangebot wieder übereinstimmen; die niedrigeren Zinssätze induzieren dann zusätzliche Ausgaben für Investitionen und dauerhafte Konsumgüter und stimulieren so die gesamtwirtschaftliche Nachfrage. In den letzten Jahren ist diese Theorie aufgrund der Veränderungen im US-amerikanischen Finanzsystem erneut unter die Lupe genommen worden. Insbesondere haben Wirtschaftswissenschaftler die Geldnachfragefunktion, die dieser Theorie zugrundeliegt, in Frage gestellt. Einige kritische Fragen beziehen sich auf den Zusammenhang zwischen der Geldmenge und dem Einkommen, andere auf den Einfluß der Zinssätze auf die Geldnachfrage.

Zusammenhang zwischen Geld und Einkommen

Wie wir bereits gesehen haben, ist es vor allem die Tauschmittelfunktion, die das Geld von anderen Finanzaktiva wie zum Beispiel Schatzwechsel unterscheidet. Die traditionelle Geldtheorie impliziert, daß die Menschen um so mehr Geld halten wollen, je höher ihr Einkommen ist. Anders ausgedrückt: Es gibt einen einfachen Zusammenhang zwischen dem Volumen der Transaktionen und der Höhe des Einkommens. Das wäre zutreffend, wenn die meisten Transaktionen direkt mit dem Output verknüpft wären. Beispiele für solche Transaktionen sind etwa die Lohnzahlungen und die Einkäufe von Vorprodukten durch die Unternehmungen oder die Konsumgüterkäufe der Haushalte.

Tatsächlich liegen aber reine Finanzmarkttransaktionen dem Wert nach vor den Käufen von Gütern und Dienstleistungen. Jemand verkauft seine Aktien von General Motors, weil er glaubt, daß der Kurs sinken wird. Jemand anderer kauft sie in der Erwartung, daß der Kurs steigen wird. Das Volumen dieser Finanztransaktionen hat überhaupt keinen direkten Bezug zum gesamtwirtschaftlichen Output und Einkommen. Das Verhältnis zwischen dem Umfang dieser Transaktionen und dem gesamtwirtschaftlichen Einkommen kann sich je nach der wirtschaftlichen Situation deutlich verändern. Wenn die Unsicherheit und das Tempo der Veränderungen zunehmen, können solche Transaktionen häufiger werden, denn die Menschen haben verschiedene Erwartungen über die Zukunft und unterliegen einer raschen Veränderung ihrer persönlichen Lebensumstände.

Längerfristig beeinflußt noch eine Vielzahl weiterer Faktoren den Zusammenhang zwischen Geld und Einkommen. So müssen zum Beispiel nicht alle Transaktionen in bar oder per Scheck bezahlt werden; in den USA werden heute die meisten Transaktionen über Kreditkarten abgewickelt. Solange man Kredit erhält, braucht man weder Geld auf einem Bankkonto noch Bargeld in der Tasche zu haben, um ein Auto zu kaufen oder einen Urlaub in Hawaii zu buchen. Man kann mit einer

Kreditkarte bezahlen oder einen Scheck verwenden, der durch einen Konsumhypothekenkredit gedeckt ist. Natürlich gibt es bestimmte Transaktionen, die man auch heute nicht einfach über Kredite abwickeln kann. In den meisten Städten der Vereinigten Staaten muß man zum Beispiel Taxifahrten in bar bezahlen. Aber in Australien akzeptieren die Taxifahrer Visa, MasterCard und American Express. Diejenigen Transaktionen, für die man bereits zum Zeitpunkt ihrer Abwicklung Geld im Sinne von M1 benötigt, sind ein relativ kleiner und schrumpfender Teil aller Transaktionen in einer modernen Volkswirtschaft.

Im Grunde hat die Technologie unsere Vorstellungen von der Rolle und Umlaufgeschwindigkeit des Geldes vollkommen verändert. Geldmarktfonds investieren in Schatzwechsel, und trotzdem können die Anteilseigner per Scheck darüber verfügen wie über ein Bankkonto. Technisch hat der Geldmarktfonds eine Vereinbarung mit einer Bank, auf die der Scheck tatsächlich ausgestellt wird. Angenommen, Josef bezahlt Johannes mit einem Scheck, und Johannes bringt der Scheck zu seiner Bank. Wenn der Scheck bei der Bank von Josefs Geldmarktfonds eingelöst wird, überweist der Geldmarktfonds sofort die nötige Summe auf Josefs Konto, von wo das Geld ebenso schnell an die Bank von Johannes überwiesen wird, so daß es seinem Konto gutgeschrieben werden kann. Zu Anfang hatten wir gesagt, daß die Menschen Geld anstelle von Schatzwechseln halten, weil es ein besseres Tauschmittel ist. Die neuen Technologien bewirken, daß die Leute Schatzwechsel als Tauschmittel benutzen können.

Der Zusammenhang zwischen den Zinssätzen und der Geldnachfrage

Das bringt uns zu der zweiten Gruppe von Kritikpunkten: Wie wir gesehen haben, wird der größte Teil des Geldes als Sichteinlagen gehalten, und im Gegensatz zu der Zeit, als die traditionelle Geldtheorie formuliert wurde, werden Sichteinlagen heute in den USA generell verzinst. Die Opportunitätskosten der Geldhaltung entsprechen also nicht dem Zinssatz sondern der *Differenz* zwischen etwa der Rendite von Schatzwechseln und der Verzinsung von Girokontenguthaben. Diese Differenz ist im allgemeinen gering und hat vor allem mit den Kosten der Bank für die Kontoführung zu tun. Die Existenz von verzinslichen Girokonten läßt zweifeln, ob und in welchem Umfang die Geldnachfrage tatsächlich noch auf Zinsänderungen reagiert.

Weitere Kritikpunkte gegenüber der traditionellen Geldtheorie

Die traditionelle Geldtheorie setzt voraus, daß Geldmengenänderungen sich über Anpassungen der *Real*zinssätze auf die Volkswirtschaft übertragen. Es hat aber in der Vergangenheit lange Zeitabschnitte gegeben, in denen sich die Realzinssätze nur sehr wenig verändert haben (siehe Abbildung 29.8 auf Seite 813). Die Nominalzinssätze entwickeln sich tendenziell parallel zur Inflationsrate, so daß die Schwankungen bei den Realzinssätzen viel geringer sind als bei den Nominalzinssätzen. Die Geldpolitik scheint jedoch Auswirkungen zu haben, die viel durchschlagender sind, als man aufgrund der relativ geringen Veränderungen bei den Realzinssätzen vermuten würde.

Ein Blick in die Wirtschaftspolitik: Die Erholung des Bankensystems

In den Jahren 1992 und 1993 durchlief das Bankensystem in den USA eine erstaunliche Erholungsphase. Die Fed senkte die kurzfristigen Zinsen auf drei Prozent, und die Einlagenzinsen gingen ebenso zurück. Die Kreditzinsen, die die Banken von ihren Schuldnern verlangten, blieben jedoch auf hohem Niveau. Die Zinsen für Sollbestände auf Kreditkartenkonten zum Beispiel blieben weiterhin zwischen 16 und 20 Prozent. Durch diese riesigen Zinsspannen waren die Banktresore schnell wieder gefüllt.

Es war allerdings auch ein bißchen Glück dabei: Wegen der großen Differenz zwischen langfristigen und kurzfristigen Zinssätzen gingen viele Banken ein Risiko ein und kauften langfristige Staatsanleihen, die viel höhere Zinsen brachten als die kurzfristigen Schatzwechsel. Bei Staatsschuldpapieren besteht zwar nicht die Gefahr der Zahlungsunfähigkeit, aber die Preise der langfristigen Staatsanleihen hätten fallen können mit katastrophalen Folgen für die betroffenen Banken. (Zu dieser Zeit bezogen sich die Bankvorschriften nur auf Kreditausfallrisiken und nicht auf Kursrisiken.) Gegen Ende des Jahres 1992 begann der Kurs dieser langfristigen Anleihen deutlich zu steigen. Die Banken konnten also zusätzlich zu den höheren Erträgen auch noch enorme Kapitalgewinne verbuchen. Je mehr sich die Wirtschaft erholte, desto mehr erweiterten die Banken ihre Kreditportfolios und reduzierten ihre Bestände an langfristigen Staatsanleihen. Der Kurssturz bei langfristigen Anleihen im Jahr 1994 hatte also relativ geringe Auswirkungen auf den Bankensektor.

Mit gestiegenen Reinvermögen waren die Banken bereit, wieder mehr Kredite zu vergeben. Die Kreditzinsen fielen, die Investitionsausgaben nahmen zu, und die Wirtschaft begann wieder kräftiger zu wachsen.

31.3 Alternative Übertragungsmechanismen

Die traditionelle Geldtheorie ist also an mehreren Fronten in Frage gestellt worden. Die Kritik betrifft sowohl die zugrundeliegende Geldnachfragetheorie als auch die Rolle der Zinssätze. Dennoch hat die Geldpolitik anscheinend Einfluß auf die Volkswirtschaft. Im folgenden stellen wir mehrere alternative Wirkungsmechanismen vor, die erklären, wie geldpolitische Impulse auf die Volkswirtschaft übertragen werden.

Verfügbarkeit von Krediten

Ein Kanal ist der Umfang der Kreditgewährung. In Kapitel 30 haben wir die beiden Seiten der Bankbilanz betrachtet, ihre Einlagen und ihre Aktivposten einschließlich der ausstehenden Kredite. Die Federal Reserve hat verschiedene Instrumente zur Verfügung, um sowohl die Einlagen bei den Banken (die Geldmenge) als auch die Kreditversorgung der Wirtschaft zu reduzieren. Abbildung 31.9 zeigt Kreditangebot und Kreditnachfrage in Abhängigkeit vom Zinssatz. Eine restriktive Geldpolitik bewirkt eine Verringerung des Kreditangebots; die Kreditangebotskurve verschiebt sich nach links, der gleichgewichtige Zinssatz am Kreditmarkt steigt, und die Kreditsumme geht zurück.

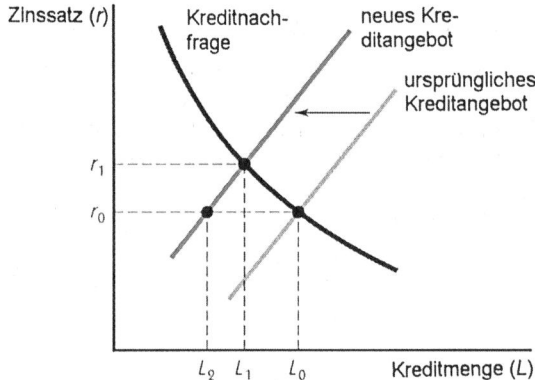

Abbildung 31.9   Übertragung eines geldpolitischen Impulses über den Kreditmarkt.
Durch eine restriktive Geldpolitik verringert sich bei jedem Zinssatz das Kreditangebot. Dadurch steigt der gleichgewichtige Zinssatz (von r_0 auf r_1) und die Summe der vergebenen Kredite geht von L_0 auf L_1 zurück. Manchmal sind die Zinssätze starr und passen sich nicht an. Dann ist die Kreditnachfrage größer als das Kreditangebot und es kommt zu Kreditrationierung. In diesem Fall geht die Summe der vergebenen Kredite noch stärker zurück, und zwar bis auf L_2.

Manchmal kommt es vor, daß die Banken den Kredit rationieren. Auch zu normalen Zeiten geben sie nicht jedem Kredit, der sich zu den aktuellen Zinssätzen verschulden möchte. Manchmal jedoch erhalten nicht einmal alle diejenigen Antragsteller einen Kredit, die aus der Sicht der Bank im Prinzip kreditwürdig wären. Natürlich könnten die Banken einen höheren Zinssatz fordern; aber sie fürchten vielleicht, daß dadurch gerade die besten Risiken, also diejenigen Kunden, die den Kredit mit der höchsten Wahrscheinlichkeit zurückzahlen werden, zur Konkurrenz getrieben werden oder überhaupt von ihrem Vorhaben Abstand nehmen. Bei starren Zinssätzen hat eine Verschiebung der Kreditangebotskurve eine noch stärkere Wirkung als bei anpassungsfähigen Zinssätzen, wie man in Abbildung 31.9 erkennen kann.

Eine Verknappung der Kreditmittel muß nicht immer zu Kreditrationierung führen; die Banken können statt dessen auch die Kreditbedingungen verschärfen, sie können zum Beispiel höhere Sicherheiten verlangen.

In jedem Fall führt die Einschränkung der Kreditvergabe (die Linksverschiebung der Kreditangebotskurve) zu einem Rückgang der Investitionen, entweder wegen der gestiegenen Zinsen (die viele Investitionsprojekte weniger attraktiv erscheinen lassen), oder weil andere Bedingungen des Kreditvertrags verschärft werden, um von der Kreditaufnahme abzuschrecken, oder auch weil die Investoren einfach nicht die erforderlichen Mittel erhalten können.

Portfoliotheorien

Alternativ können geldpolitische Impulse auch über die Preise von Aktien und langfristigen festverzinslichen Wertpapieren auf die Volkswirtschaft übertragen werden. Wenn die Nominalzinssätze zurückgehen, steigt typischerweise der Kurs langfristiger festverzinslicher Wertpapiere. Die Menschen fühlen sich reicher und deshalb geben sie mehr für den Konsum aus. Darüber hinaus wenden sich die Anleger vermehrt dem Aktienmarkt zu, da die Rentenwerte weniger Rendite bringen. Mit zunehmender Nachfrage steigen die Aktienpreise. Höhere Aktienkurse beleben nicht nur den Konsum sondern auch die Investitionsausgaben: Mehr Unternehmungen halten den Zeitpunkt für geeignet, um neue Aktien herauszugeben, ihr Kapital zu erhöhen und neue Investitionen zu finanzieren.

Die **Portfoliotheorien** gehen davon aus, daß die Geldpolitik das Niveau der wirtschaftlichen Aktivität nicht so sehr *direkt* über die Zinssätze beeinflußt (als Ergebnis des Zusammenspiels von Angebot und Nachfrage am Geldmarkt) sondern eher indirekt über eine Vielzahl von Entscheidungen der Anleger zur Anpassung ihrer **Portfolios**, also der Bündel von Vermögenswerten einschließlich der Aktien und festverzinslichen Wertpapiere, über die sie verfügen. Durch diese Anpassungen der Nachfrage nach anderen Vermögenswerten verändert sich deren Preis; und durch solche Preisänderungen entfaltet die Geldpolitik letztendlich ihren stärksten Einfluß.

31.4 Geldpolitik in einer offenen Volkswirtschaft

In der heutigen offenen Weltwirtschaft ist der Wechselkurs einer der wichtigsten Wege, über die die Geldpolitik das Niveau der wirtschaftlichen Aktivität beeinflussen kann: Eine Zinssenkung führt zu einem Rückgang des Wechselkurses - die Anzahl der Yen, die man für einen Dollar erhält, nimmt ab. Ein niedrigerer Wechselkurs macht amerikanische Produkte im Ausland wettbewerbsfähiger und ausländische Güter im Inland weniger attraktiv; damit steigen die Exporte und die Importe gehen zurück. So ist zum Beispiel zwischen Januar und April 1995 der Wechselkurs des Dollars gegenüber dem Yen um ungefähr 20 Prozent gefallen. Damit ist für einen japanischen Konsumenten der Preis für ein amerikanisches Hemd im Wert von 100 $ von 10.000 auf 8.000 ¥ gefallen. Für amerikanische Konsumenten sind die Preise japanischer Güter um 25 Prozent gestiegen. Für einen Computer, der in Japan für 100.000 ¥ verkauft wird und damit in den Vereinigten Staaten 1.000 $ kostete, müssen die Amerikaner nun 1.250 $ ausgeben. (In der Praxis fallen die Preisänderungen etwas weniger dramatisch aus, da kurzfristig Export- und Importhändler einen Teil der Wechselkursveränderung „absorbieren".)

Bei steigenden Exporten und abnehmenden Importen nehmen die *Netto*exporte zu. Wie Abbildung 31.10 zeigt, führt ein Anstieg der Nettoexporte zu einer Erhöhung des aggregierten Outputs. In diesem Abschnitt erläutern wir im einzelnen, wie die Geldpolitik den Wechselkurs beeinflußt. Wir beginnen mit einem Rückblick auf die Determinanten des Wechselkurses.

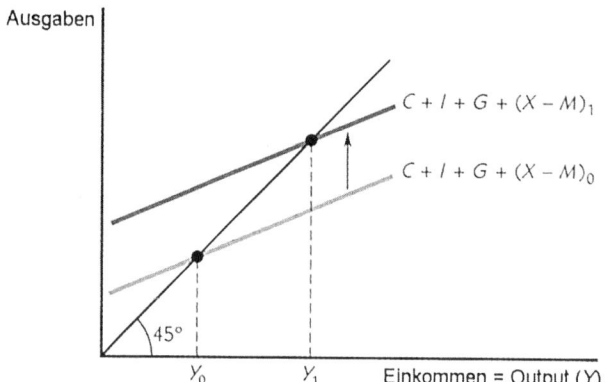

Abbildung 31.10   Wirkung einer Erhöhung der Nettoexporte auf den aggregierten Output. Durch eine Abwertung verringert sich der Preis amerikanischer Güter relativ zu ausländischen Gütern, so daß die Exporte steigen und die Importe zurückgehen. Ein Anstieg der Nettoexporte verschiebt die gesamtwirtschaftliche Ausgabenkurve nach oben und führt im Gleichgewicht zu einem höheren Output.

Der Einfluß der Geldpolitik auf den Wechselkurs

In Kapitel 26 haben wir gesehen, daß der Wechselkurs des Dollar gegenüber dem Yen durch den Schnittpunkt zwischen Dollarangebots- und Dollarnachfragekurve bestimmt ist. Die Nachfrage nach Dollars ist wiederum durch die japanische Nachfrage nach US-amerikanischen Gütern und durch die japanischen Wünsche nach Investitionen in den Vereinigten Staaten bestimmt. Umgekehrt erklärt sich das Dollarangebot durch die Nachfrage der US-Amerikaner nach japanischen Gütern sowie durch die von ihnen gewünschten Investitionen in Japan. Wenn die Fed den Zinssatz senkt, ist es für Ausländer weniger attraktiv, in den USA Geld anzulegen; gleichzeitig werden für die Amerikaner Geldanlagen im Ausland interessanter. Dadurch verschiebt sich die Dollarnachfragekurve nach links und die Dollarange-botskurve nach rechts wie in Abbildung 31.11. Netto ergibt sich daraus eine Dollarabwertung bei gestiegenen Exporten und gesunkenen Importen.

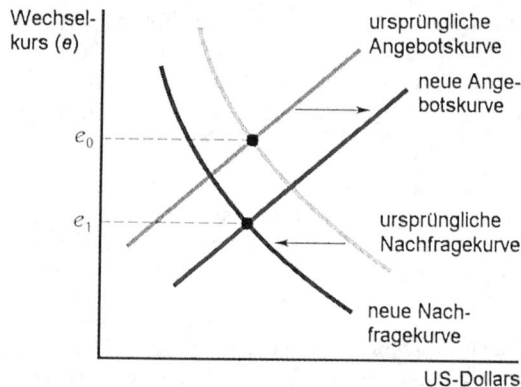

Abbildung 31.11 Auswirkung der Geldpolitik auf den Wechselkurs. Eine Zinssenkung in den Vereinigten Staaten bringt mehr Amerikaner dazu, ihr Geld im Ausland anzulegen; dadurch steigt (bei jedem Wechselkurs) das Dollarangebot. Gleichzeitig gehen die Investitionen von Ausländern in den Vereinigten Staaten zurück; dadurch sinkt (bei jedem Wechselkurs) die Dollarnachfrage. Insgesamt fällt dadurch der gleichgewichtige Wechselkurs von e_0 auf e_1.

Die verringerte Wirksamkeit traditioneller Mechanismen der Geldpolitik in einer offenen Volkswirtschaft

Mit dem Wechselkurs gibt es zwar einen neuen Wirkungsmechanismus der Geldpolitik, gleichzeitig können aber in einer offenen Volkswirtschaft andere Übertragungswege der Geldpolitik an Wirksamkeit einbüßen. Wie wir gesehen haben, ist die Verringerung der Kreditvergabe einer der Wege, auf denen die Geldpolitik ihren Einfluß ausübt. Wenn aber amerikanische Unternehmungen im Ausland Kredit aufnehmen können, dann führt eine Einschränkung der Kreditgewährung durch die amerikanischen Banken einfach nur dazu, daß die Kreditnehmer versuchen, sich anderswo Mittel zu beschaffen. Natürlich hat nicht jeder Zugang zu ausländischen Banken. Aber für Tausende von multinationalen Firmen ist dieser Weg gangbar. Und wenn ausreichend viele von diesen Unternehmungen sich auf die Beschaffung von Fremdkapital im Ausland umstellen, werden dadurch bei den amerikanischen Banken Mittel frei, die sie denjenigen Kunden zur Verfügung stellen können, die keinen Zugang zu ausländischen Banken haben.

Zusammenfassung

1. Theorien über die Auswirkungen der Geldpolitik auf die Volkswirtschaft berücksichtigen beide Seiten der Bankbilanz, also das Geld und den Kredit.

2. Bei fixen Preisen können sich Veränderungen der Geldmenge auf die Geldhaltung oder auf den Output auswirken. Wenn die Volkswirtschaft beträchtliche Überschußkapazitäten hat, wird bei einer Geldmengenerhöhung normalerweise der Output steigen; in einer tiefen Rezession wird die Wirkung auf den Output möglicherweise nur sehr gering ausfallen.

3. Traditionelle Geldtheorien betonen vor allem die Abhängigkeit der Geldnachfrage vom Nominalzins und vom Einkommen. Im Gleichgewicht muß die Geldnachfrage dem Geldangebot entsprechen. Veränderungen der Geldmenge führen zu Zinsänderungen und bewirken auf diesem Wege Veränderungen der gesamtwirtschaftlichen Ausgaben und des gleichgewichtigen Outputs.

4. In einer tiefen Rezession kann die Geldnachfrage sehr zinselastisch und die Investitionsnachfrage sehr zinsunelastisch werden, so daß die Geldpolitik relativ wirkungslos sein kann.

5. Nach der Quantitätstheorie des Geldes ist die Geldnachfrage nicht vom Zinssatz abhängig, und entsprechend ist die Geldumlaufgeschwindigkeit konstant. Jede Geldmengenerhöhung führt dann zu einem proportionalen Anstieg des gesamtwirtschaftlichen Nominaleinkommens. In den letzten Jahren ist jedoch die Geldumlaufgeschwindigkeit nicht nur nicht konstant gewesen, sondern ihre Entwicklung war kaum noch prognostizierbar.

6. Die traditionelle Geldtheorie kann aus vielerlei Gründen kritisiert werden. Für viele Transaktionen wird kein Geld mehr benutzt, und bei vielen Transaktionen werden Vermögenswerte ausgetauscht, die mit der Einkommensentstehung kaum mehr etwas zu tun haben. Durch technologische und strukturelle Veränderungen kann sich der Zusammenhang zwischen Geld und Einkommen verschieben. In den USA erhält man heute für den größten Teil des Geldes Zinsen, und die Opportunitätskosten der Geldhaltung sind nur noch die Differenz zwischen der Geldverzinsung und dem Zinssatz für Schatzwechsel.

7. In den Portfoliotheorien geht es um die Auswirkungen von geldpolitischen Impulsen auf Angebot und Nachfrage nach verschiedenen Vermögenswerten einschließlich des Geldes und um die dadurch hervorgerufenen Preisänderungen dieser Vermögenswerte.

8. Kreditorientierte Theorien betonen die Auswirkungen der Geldpolitik auf Kreditvergabe der Banken.

9. In einer offenen Volkswirtschaft hat die Geldpolitik in der Regel einen geringeren Einfluß auf die Zinssätze und die Verfügbarkeit von Krediten als in einer geschlossenen Volkswirtschaft. Wenn die Fed versucht, die Kreditvergabe zu beschränken oder die Zinssätze zu erhöhen, können die amerikanischen Unternehmungen im Ausland Kredite aufnehmen.

10. In einer offenen Volkswirtschaft wirkt die Geldpolitik auf die Wechselkurse: Eine Verringerung der Geldmenge erhöht die Zinssätze und führt damit zu einer Aufwertung des Dollars, zu einem Rückgang der Exporte und einem Anstieg der Importe.

Schlüsselbegriffe

Geldumlaufgeschwindigkeit	Transaktionskasse	Verkehrsgleichung
Quantitätstheorie des Geldes	Monetaristen	Portfoliotheorien

Wiederholungsfragen

1. Welche Auswirkungen kann eine Geldmengenänderung haben?

2. Warum geht die Geldnachfrage mit steigendem Zins zurück? Worin bestehen die Opportunitätskosten der Geldhaltung, wenn Geld Zinsen bringt (wie zum Beispiel verzinsliche Girokonten)?

3. Welche anderen Faktoren (außer dem Zinssatz) können das Verhältnis zwischen Geldnachfrage und Einkommen verändern?

4. Warum ist in einer tiefen Rezession eine Geldmengenerhöhung möglicherweise kein geeignetes Mittel, um die Investitionsnachfrage anzukurbeln?

5. Auf welchen Annahmen beruht die Quantitätstheorie des Geldes? Welche Schlußfolgerungen kann man aufgrund dieser Annahmen ziehen? Ist die Konstanz der Geldumlaufgeschwindigkeit empirisch bestätigt?

6. Welche alternativen Wirkungsmechanismen der Geldpolitik werden von den Portfoliotheorien vorgeschlagen?

7. Beschreiben Sie, wie die Geldpolitik die Investitions- oder Konsumausgaben beeinflussen kann, *selbst wenn sie kaum eine Wirkung auf die Zinssätze hat*.

8. Was bedeutet die Tatsache, daß eine Volkswirtschaft offen ist, für die Geldpolitik? Welchen Einfluß haben die Wechselkurse auf das Gleichgewichtsniveau des Outputs? Wie wirken geldpolitische Impulse auf die gleichgewichtigen Wechselkurse?

Aufgaben

1. Wie hoch ist die Geldumlaufgeschwindigkeit, wenn das BIP vier Billionen Dollar und die Geldmenge 200 Mrd. $ beträgt? Wie verändert sich Ihre Antwort, wenn bei gleicher Geldmenge das BIP auf fünf Billionen Dollar ansteigt? Angenommen, die Geldmenge steigt auf 250 Mrd. $, während das BIP mit vier Billionen Dollar unverändert bleibt; was bedeutet das für die Geldumlaufgeschwindigkeit?

2. Zeichnen Sie die Geldnachfragekurve aufgrund der folgenden Daten:

Zinssatz (in %)	7	8	9	10	11	12
Geldnachfrage (in Mrd. $)	900	880	860	840	820	810

   Wie wirken sich Veränderungen des gesamtwirtschaftlichen Einkommens auf die Geldnachfragekurve aus?

3. Erläutern Sie mit Hilfe von Angebots- und Nachfragediagrammen, warum es von der Zinselastizität der Geldnachfragekurve abhängt, ob die Geldpolitik einen nennenswerten Einfluß auf den Zinssatz haben kann.

4. Erklären Sie, warum es von der Zinselastizität der Investitionsnachfrage abhängt, ob die Geldpolitik einen nennenswerten Einfluß auf die aggregierte Nachfrage haben kann.

5. Erläutern Sie, wie jede der folgenden Entwicklungen die Geldnachfrage beeinflussen kann:
   a) Eine Verzinsung für Girokontenguthaben wird eingeführt;
   b) der Gebrauch von Kreditkarten nimmt zu;
   c) die elektronische Abbuchung vom Bankkonto des Kunden setzt sich mehr und mehr durch.
   Würden diese Veränderungen der Geldnachfrage die Möglichkeiten der Fed, die Volkswirtschaft mit geldpolitischen Mitteln zu beeinflussen, notwendigerweise beeinträchtigen?

6. Wie würde sich ein Anstieg des gesamtwirtschaftlichen Einkommens auf den Wechselkurs auswirken? Vor 1973 galten *fixe* Wechselkurse, die vom Staat festgelegt und mit Hilfe von Käufen und Verkäufen von Dollars am Devisenmarkt verteidigt wurden. Demgegenüber bedeuten *flexible* Wechselkurse, daß die Wechselkurse sich frei einpendeln können, um Angebot und Nachfrage an den Devisenmärkten zum Ausgleich zu bringen. Vergleichen Sie die Wirkungen eines Anstiegs der Investitionsausgaben auf den gleichgewichtigen Output bei fixen und bei flexiblen Wechselkursen.

7. Beschreiben Sie die Auswirkungen einer Aufwertung des Yen gegenüber dem Dollar auf die japanische Volkswirtschaft mit Hilfe der gesamtwirtschaftlichen Ausgabenkurve.

8. Im Text haben wir gesehen, daß bei einem Wirtschaftswachstum von zwei Prozent im Jahr und bei konstanter Geldumlaufgeschwindigkeit der Staat das Geldmengenwachstum auf zwei Prozent jährlich beschränken muß, wenn er die Preise stabil halten will. Tatsächlich ist die Geldumlaufgeschwindigkeit mit der Zeit allmählich zurückgegan-

gen. Angenommen, die Umlaufgeschwindigkeit hängt nicht vom Zinssatz ab und geht jedes Jahr mit einer konstanten Rate von einem Prozent zurück. Was bedeutet das für die Rate des Geldmengenwachstums, die die Währungsbehörden anstreben sollten, wenn sie die Preise stabil halten wollen?

9. Angenommen, die Banken befürchten, daß sie durch eine Zinserhöhung Kreditnehmer mit höherem Risiko (das heißt mit geringerer Rückzahlungswahrscheinlichkeit) anziehen würden. Kreditnehmer, denen bewußt ist, daß sie ihre Schulden möglicherweise nicht zurückzahlen werden, könnten weniger empfindlich auf Zinserhöhungen reagieren, während Kreditnehmer, die in konservative, sichere Projekte investieren, möglicherweise zu dem Schluß kommen werden, daß sich Kreditaufnahme und Investition bei hohen Zinssätzen nicht lohnen. Warum könnte das bedeuten, daß eine Zinserhöhung für die Bank möglicherweise zu einem Rückgang ihrer erwarteten Erträge führt? Angenommen, es gibt einen Zinssatz, bei dem die erwarteten Erträge maximal sind, das heißt, von dem an weitere Zinserhöhungen zu einem Rückgang der erwarteten Erträge führen. Was würde geschehen, wenn bei diesem Zinssatz die Kreditnachfrage das Angebot übersteigen würde? Würden die Banken trotzdem den Zinssatz erhöhen?

10. Benutzen Sie die Verkehrsgleichung, um die alternativen möglichen Auswirkungen einer Geldmengenänderung zu erläutern.
    a) Was passiert, wenn Geldumlaufgeschwindigkeit und Output konstant sind?
    b) Was passiert, wenn Preisniveau und Geldumlaufgeschwindigkeit konstant sind?
    c) Was sagt die traditionelle Geldtheorie darüber aus, wie sich die Geldpolitik normalerweise auf die Umlaufgeschwindigkeit des Geldes auswirkt? Was bedeutet das für die Auswirkungen der Geldpolitik auf den Output (bei konstanten Preisen) im Vergleich zu einer Situation mit konstanter Geldumlaufgeschwindigkeit?
    d) Wie wirkt sich nach der traditionellen Geldtheorie die Geldpolitik in Zeiten tiefer Rezession aus?
    Was ist Ihrer Meinung nach die plausibelste Reaktion der Preise auf einen Anstieg der Geldmenge, wenn die Volkswirtschaft unter großen Überschußkapazitäten und hoher Arbeitslosigkeit leidet?

11. Angenommen, der Kreditzins ist aus irgendwelchen Gründen fix und es kommt zu Kreditrationierung. Stellen Sie diese Situation in einem Diagramm dar. Angenommen, es gibt Unternehmungen, die ihre Investitionsprojekte überwiegend mit Fremdkapital finanzieren. Sie investieren ihren gesamten Cash-flow und zusätzlich sämtliche Kreditmittel, die sie erhalten können. Wie entwickeln sich die Investitionen, wenn diese Firmen ein schlechtes Jahr haben, weil zum Beispiel wegen einer vorübergehenden Konjunkturflaute in anderen Ländern ihr Exportabsatz zurückgeht? Zeigen Sie, wie sich die Investitionsnachfrage und das BIP entwickeln, wenn aufgrund expansiver geldpolitischer Maßnahmen das Kreditangebot bei jedem Zinssatz steigt. Erläutern Sie anhand des Diagramms, warum die Geldpolitik in solchen Situationen noch wirkungsvoller sein könnte, wenn sich der Zinssatz anpassen könnte.

Angenommen, die Währungsbehörden sorgen für eine Erhöhung der verfügbaren Kredite um 100 Mrd. $ und der Ausgabenmultiplikator beträgt zwei. Wie entwickelt sich das BIP, wenn der Zinssatz unverändert bleibt?

Angenommen, der Zinssatz ist flexibel und bringt stets Kreditnachfrage und Kreditangebot (in einer geschlossenen Volkswirtschaft) zum Ausgleich. Wir gehen weiter davon aus, daß die Zinselastizität der Ersparnis eins beträgt, so daß eine Zinssenkung von zehn auf neun Prozent die Ersparnis um zehn Prozent reduziert. Die Investitionsausgaben (und damit auch die Ersparnis) sollen ursprünglich 900 Mrd. $ betragen. Aufgrund einer geldpolitischen Maßnahme stehen bei jedem Zinssatz zusätzliche Kreditmittel in Höhe von 100 Mrd. $ zur Verfügung, aber gleichzeitig sinkt der Zinssatz von zehn auf neun Prozent. Berechnen Sie, wie sich in diesem Fall das BIP verändert.

Anhang: Eine algebraische Ableitung des Geldmarktgleichgewichts

Die Gleichung für die Geldnachfrage kann folgendermaßen geschrieben werden:

$$M_d = M_d(r, PY).$$

Dabei ist M_d die Geldnachfrage. Wenn M_s für das Geldangebot steht, lautet die Gleichgewichtsbedingung:

$$M_s = M_d(r, PY). \tag{31.1}$$

Aus Kapitel 28 wissen wir, daß

$$Y = C + I + G,$$

wobei I (die Investitionsausgaben) vom Zinssatz r abhängt, und G (die Staatsausgaben) als konstant angenommen wird. Wenn der Konsum $(1-s)$ mal dem Einkommen Y ist, dann gilt

$$Y = (1-s)Y + I(r) + G,$$

oder

$$Y = \left[I(r) + G \right] / s. \tag{31.2}$$

Mit (31.1) und (31.2) haben wir zwei Gleichungen mit zwei Unbekannten (vorausgesetzt, das Preisniveau P ist gegeben). Durch die Lösung sind Einkommen und Zinssatz im Gleichgewicht bestimmt. Ein Anstieg der Geldmenge führt zu einer neuen Lösung mit einem niedrigeren Zinssatz und einem höheren Niveau des gesamtwirtschaftlichen Einkommens.

Kapitel 32

Geld- und Fiskalpolitik

Die Hauptziele der Geld- und Fiskalpolitik sind die Aufrechterhaltung der Vollbeschäftigung, die Förderung des Wirtschaftswachstums und die Wahrung der Preisstabilität. In den Kapiteln 25 und 26 haben wir gesehen, daß die Wirtschaftspolitik bei Vollbeschäftigung vor allem das Niveau der Investitionsausgaben und damit die Wachstumsrate beeinflussen kann. Bei Vollbeschäftigung ist die Größe des Kuchens unveränderlich, und der Staat kann nur auf die Verteilung des Kuchens Einfluß nehmen. Herrscht jedoch Arbeitslosigkeit und werden die Ressourcen nicht vollständig genutzt, so kann der Staat durch sein wirtschaftspolitisches Handeln sowohl die Größe des Kuchens als auch seine Verteilung beeinflussen. Selbst wenn die Investitionen nur einen kleinen Teil des gesamtwirtschaftlichen Outputs ausmachen, wird durch eine ausreichend starke Erhöhung des Outputs das Investitionsniveau erhöht und das Wachstum langfristig angeregt.

Im folgenden nutzen wir die Ergebnisse der letzten fünf Kapitel, um darzustellen, wie man mit Hilfe von Geld- und Fiskalpolitik die Wirtschaft stimulieren und das Wachstum fördern kann. Wir werden die Wirkungen der Geldpolitik und der Fiskalpolitik miteinander vergleichen und verschiedene Probleme analysieren, die bei der Anwendung der entsprechenden wirtschaftspolitischen Instrumente heute entstehen. In späteren Kapiteln wird es dann darum gehen, wie man mit Hilfe der Geld- und Fiskalpolitik die Preisstabilität aufrechterhalten kann.

32.1 Fiskalpolitik

In Kapitel 27 haben wir die Fiskalpolitik definiert. Zur Fiskalpolitik gehören alle Bemühungen zur Verbesserung der gesamtwirtschaftlichen Lage durch Veränderungen bei den Staatsausgaben und der Besteuerung. In einer Unterbeschäftigungssituation kann die Wirtschaftspolitik durch Staatsausgabenerhöhungen oder Steuersenkungen helfen, die Vollbeschäftigung wiederherzustellen. Erinnern wir uns an die graphische Darstellung der gesamtwirtschaftlichen Ausgaben in Kapitel 28. Eine Erhöhung der Staatsausgaben verschiebt die aggregierte Ausgabenkurve nach oben (siehe Abbildung 32.1A). Der Gleichgewichtsoutput steigt bei jedem Preisniveau, und die gesamtwirtschaftliche Nachfragekurve verschiebt sich nach rechts (siehe Abbildung 32.1B). Eine Steuersenkung beläßt mehr Geld in den Taschen der Konsumenten und führt so zu einer Erhöhung der Konsumausgaben. Auch dadurch verschiebt sich die aggregierte Ausgabenkurve nach oben und die aggregierte Nachfragekurve nach rechts. In beiden Fällen wird die Volkswirtschaft wieder näher an das Vollbeschäftigungsniveau des Outputs herangeführt.

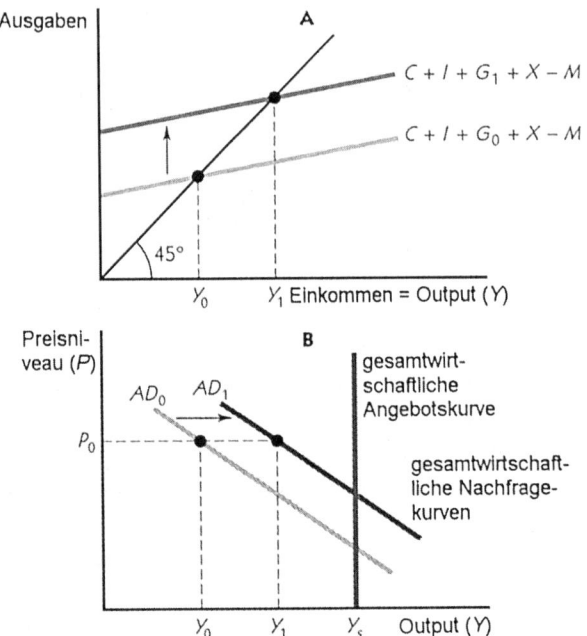

Abbildung 32.1   Die Auswirkungen einer Erhöhung der Staatsausgaben. Wenn die Staatsausgaben erhöht werden, verschiebt sich die aggregierte Ausgabenkurve nach oben, und der gleichgewichtige Output nimmt bei jedem Preisniveau zu. Infolgedessen verschiebt sich die gesamtwirtschaftliche Nachfragekurve nach rechts, und zwar um den Multiplikator mal der Erhöhung der Staatsausgaben. Bleibt das ursprüngliche Preisniveau P_0 unverändert, so steigt der Gleichgewichtsoutput um genau diesen Betrag (Multiplikator mal Erhöhung der Staatsausgaben).

Beschäftigungspolitik mit Hilfe von Budgetdefiziten

Problematisch ist, daß Staatsausgabenerhöhungen oder Steuersenkungen das Haushaltsdefizit vergrößern. Selbst wenn der fiskalische Anreiz uns heute einen größeren Wohlstand beschert, wird zukünftigen Generationen eine Verschuldung aufgebürdet, die ihren Wohlstand schmälert. Wenn allerdings der Staat seine Investitionen (in Infrastruktur, Humankapital oder Forschung) erhöht, könnte dadurch der Wohlstand zukünftiger Generationen sogar gesteigert werden, vorausgesetzt die Erträge dieser Investitionen übersteigen den Zinssatz. In vielen Bereichen sind die geschätzten Erträge sehr hoch. Bei Investitionen in die Forschung kommen die meisten Schätzungen auf Erträge von über 20 Prozent, und auch bei Bildungsinvestitionen werden Erträge geschätzt, die weit über dem Zinssatz liegen.

Doch selbst wenn die zusätzlichen Ausgaben für Konsumzwecke verwendet werden, scheint das Ergebnis günstig zu sein. Angenommen, der Staat gibt eine Milliarde Dollar für öffentlichen Konsum aus. Infolge des Multiplikators ist der Nettoanstieg des laufenden Einkommens wesentlich höher. Bei einem Multiplikator von zwei steigt das gesamtwirtschaftliche Einkommen um zwei Milliarden Dollar. Irgendwann in der Zukunft, vielleicht in der nächsten Hochkonjunktur, muß der zusätzliche öffentliche Kredit mit Zinsen zurückgezahlt werden. Die Staatsverschuldung ist aber nur um eine Milliarde Dollar erhöht worden. Der *Trade-off* zwischen dem Anstieg des gesamtwirtschaftlichen Einkommens in der Gegenwart (2 Mrd. $) und der Einschränkung des Konsums in der Zukunft, wenn der öffentliche Kredit (1 Mrd. $) einschließlich der Zinsen zurückbezahlt werden muß, scheint günstig zu sein. Tatsächlich erscheint dieser *Trade-off* in einem noch günstigeren Licht, wenn sich der Staat bei seinen eigenen Bürgern verschuldet hat. In diesem Fall wird die Regierung einfach einen Teil der Bevölkerung höher besteuern, um die ursprünglichen Ausgaben an diejenigen zurückzubezahlen, die die Staatsschuldpapiere gekauft haben. Dann käme es nicht zu einer Verringerung des aggregierten Konsums sondern lediglich zu einem Ressourcentransfer von den Steuerzahlern zu den Eigentümern von Staatsschuldpapieren.

Anwendungsbeispiel: Arbeitsplatzschaffung

Im Januar 1993 betrug die Arbeitslosenquote in den USA 7,1 Prozent. Es gab mehr als neun Millionen Arbeitslose. Die Clinton-Regierung schlug ein Anreizpaket in Höhe von 16 Mrd. $ vor, um zur Verringerung der Arbeitslosigkeit beizutragen. Wieviele Arbeitsplätze wären dadurch geschaffen worden?

1. Schritt: Berechnung der gesamtwirtschaftlichen Outputerhöhung. Angenommen, der Multiplikator beträgt zwei. Dann wäre der gesamtwirtschaftliche Output (das BIP) um ungefähr 32 Mrd. $ gestiegen.

2. Schritt: Berechnung der zusätzlichen Arbeitsplätze, die durch diese Outputzunahme entstehen. In der Vergangenheit ist eine Outputerhöhung um zwei Prozent mit einer Verringerung der Arbeitslosenquote um einen Prozentpunkt einhergegangen. (Das ist das Gesetz von Okun, so benannt nach dem Vorsitzenden des Council of Economic Advisers unter Präsident Johnson, der als erster diesen Zusammenhang aufgedeckt hat.) Bei einem BIP von sechs Billionen Dollar sind zwei Prozent 120 Mrd. $. Eine Erhöhung des BIP um 32 Mrd. $ wäre also mit einer Verringerung der Arbeitslosenquote um 0,27 Prozentpunkte verbunden. Bei einer Erwerbsbevölkerung von ungefähr 127 Millionen bedeutet das 127 Mio. × 0,0027 = 340.000 Arbeitsplätze.

Der *Trade-off* wird allerdings dadurch etwas verschlechtert, daß die negative Ersparnis des Staates (das Haushaltsdefizit) einen Teil der privaten Ersparnis aufsaugt, der andernfalls für Investitionsausgaben zur Verfügung gestanden hätte. Also ist der Kapitalstock der Volkswirtschaft geringer und damit auch das zukünftige gesamtwirtschaftliche Einkommen, so daß zukünftige Generationen einen Wohlstandsverlust erleiden.

Haushaltspolitische Restriktionen

In den letzten Jahren hatten viele Länder riesige Haushaltsdefizite. In dieser Situation war eine beschäftigungspolitisch motivierte Erhöhung der Staatsausgaben anscheinend oft politisch nicht durchsetzbar. In den Vereinigten Staaten hat sich der Kongreß selbst die Restriktion auferlegt, daß er die Ausgaben nicht über ein bestimmtes vereinbartes Niveau hinaus erhöhen wird, wenn nicht gleichzeitig der Beschluß gefaßt wird, die Steuern um einen entsprechenden Betrag zu erhöhen. Solche Beschlüsse sind aber eher unwahrscheinlich, angesichts der Tatsache, daß die Erhebung neuer Steuern politisch dermaßen unpopulär ist, insbesondere in einer Rezession. Die Europäische Union hat im Vertrag von Maastricht festgelegt, daß die Mitglieder einer zukünftigen Währungsunion bis 1997 ihre Haushaltsdefizite auf drei Prozent des BIP begrenzen müssen. Um dieses Ziel zu erreichen, müssen die meisten Länder der EU ihre Ausgaben kürzen oder die Steuern erhöhen. Da bleibt wenig Raum für Ausgabenerhöhungen oder Steuersenkungen zur Ankurbelung der Wirtschaft. In solchen Situationen muß sich der Staat auf die Mittel der Geldpolitik beschränken.

Der Multiplikator eines ausgeglichenen Zusatzbudgets

Nun kann man fragen, was geschieht, wenn der Staat gleichzeitig und in gleichem Umfang Steuern und Staatsausgaben erhöht. Der **Multiplikator eines ausgeglichenen Zusatzbudgets** gibt an, um wieviel sich das BIP erhöht, wenn die Staatsausgaben und die Steuern um jeweils einen Dollar ansteigen. Durch die Steuererhöhung verringert sich das verfügbare Einkommen und damit der private Konsum. Dadurch wird die expansive Wirkung der erhöhten Staatsausgaben zwar größtenteils aber eben nicht vollständig wettgemacht. Erinnern wir uns daran, daß eine Verringerung des verfügbaren Einkommens um einen Dollar den Konsum nur um einen Dollar mal der Konsumneigung reduziert. Der Nettoeffekt einer steuerfinanzierten Staatsausgabenerhöhung - nachdem der Multiplikatorprozeß vollständig abgelaufen ist - ist eine Erhöhung des gesamtwirtschaftlichen Einkommens um den Betrag der zusätzlichen Staatsausgaben (und nicht um ein Vielfaches dieses Betrags wie bei einer kreditfinanzierten Ausgabenerhöhung). Der Multiplikator eines ausgeglichenen Zusatzbudgets beträgt also eins.

Angenommen, Staatsausgaben und Steuern werden um eine Milliarde Dollar erhöht. (Der Einfachheit halber vernachlässigen wir die Abhängigkeit der Steuereinnahmen vom Einkommen, sowie die Exporte und Importe.) Der Nettoeffekt der ersten Runde ist

1 Mrd. $ - Konsumneigung × 1 Mrd. $ = (1- Konsumneigung) × 1 Mrd. $.

Der Ausgabenmultiplikator, wie wir ihn aus Kapitel 28 kennen, lautet

$$\frac{1}{1 - \text{Konsumneigung}}.$$

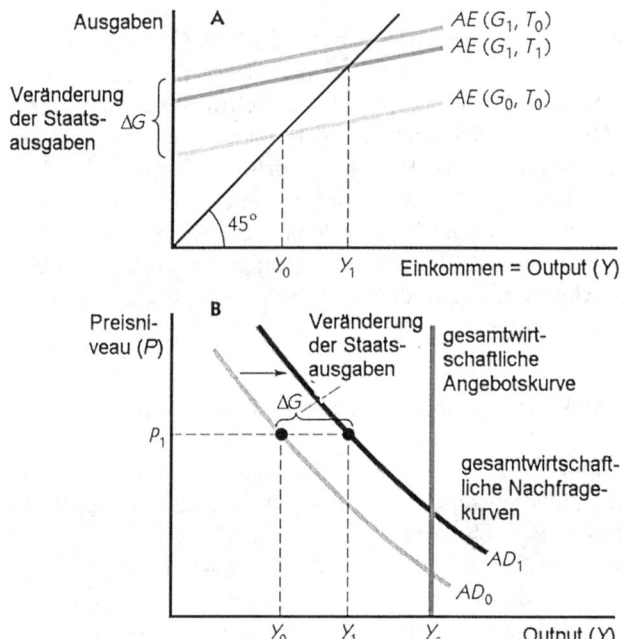

Abbildung 32.2 Auswirkungen eines ausgeglichenen Zusatzbudgets. In Teil A erscheinen drei aggregierte Ausgabenkurven. $AE(G_0, T_0)$ entspricht den aggregierten Ausgaben vor der steuerfinanzierten Staatsausgabenerhöhung. $AE(G_1, T_0)$ stellt die Wirkung dar, die die Ausgabenerhöhung gehabt hätte, wenn sie kreditfinanziert worden wäre. $AE(G_0, T_1)$ zeigt die Wirkung der steuerfinanzierten Staatsausgabenerhöhung; der Multiplikator des ausgeglichenen Zusatzbudgets beträgt eins, so daß die Outputerhöhung der Staatsausgabenerhöhung entspricht. In Teil B ist zu sehen, daß sich die gesamtwirtschaftliche Nachfragekurve um den Betrag der Ausgabenerhöhung nach rechts verschiebt.

Also beträgt der Nettoeffekt

$$\frac{1}{1-\text{Konsumneigung}} \times 1 - \text{Konsumneigung} \times 1\text{ Mrd. \$} = 1\text{ Mrd. \$}.$$

Abbildung 32.2 illustriert die Auswirkungen einer steuerfinanzierten Staatsausgabenerhöhung. Die gesamtwirtschaftliche Nachfragekurve verschiebt sich um den Betrag der zusätzlichen Staatsausgaben nach rechts, so daß der Output entsprechend steigt.

32.2 Geldpolitik

In früheren Kapiteln haben wir gesehen, wie man mit Hilfe der Geldpolitik die Volkswirtschaft stimulieren kann. Eine Zunahme der Geldmenge führt zu niedrigeren Zinsen und erhöhter Kreditvergabe und regt damit die Investitionen an. Dadurch verschiebt sich die gesamtwirtschaftliche Ausgabenkurve nach oben und die gesamtwirtschaftliche Nachfragekurve nach rechts, so daß der Output bei jedem Preisniveau steigt (siehe Abbildung 32.3). Wie wir in Kapitel 31 gesehen haben, spielt in einer offenen Volkswirtschaft noch ein anderer Mechanismus eine Rolle: Sobald die Zinssätze fallen, sinkt der Wechselkurs; dadurch steigen die Exporte, während die Importe zurückgehen. Die Nettoexporte nehmen also zu, und damit verschiebt sich ebenfalls die aggregierte Ausgabenkurve nach oben.

32.3 Wechselwirkungen zwischen Geld- und Fiskalpolitik

Bisher haben wir die Geldpolitik und die Fiskalpolitik behandelt, als seien sie zwei voneinander abgegrenzte Politikbereiche. Tatsächlich gibt es aber zwischen ihnen wichtige Wechselwirkungen. Betrachten wir noch einmal die Wirkungen einer expansiven fiskalpolitischen Maßnahme. Wenn die Währungsbehörden gleichzeitig die Zinssätze anheben, kann die Geldpolitik die expansive Wirkung der Fiskalpolitik ganz oder teilweise neutralisieren. Die beiden Maßnahmen zielen in entgegengesetzte Richtungen. So war es in den USA zu Beginn der achtziger Jahre, als die restriktive Geldpolitik die Wirkungen der expansiven Fiskalpolitik überkompensiert und die Volkswirtschaft in eine tiefe Rezession getrieben hat.

Beide Politikbereiche können aber auch Hand in Hand arbeiten. So konnten zum Beispiel im Jahr 1993 die *direkten* kontraktiven Wirkungen der Haushaltskonsolidierung teilweise durch entgegengerichtete geldpolitische Maßnahmen vermieden werden. Die Arbeitslosigkeit ist sogar gesunken. Wirtschaftswissenschaftler sprechen manchmal von einer **akkomodierenden Geldpolitik**, um auszudrücken, daß sich die Geldpolitik hier an eine veränderte Fiskalpolitik (oder andere Veränderungen der wirtschaftlichen Umweltbedingungen) anpaßt, um die gesamtwirtschaftliche Lage stabil zu halten.

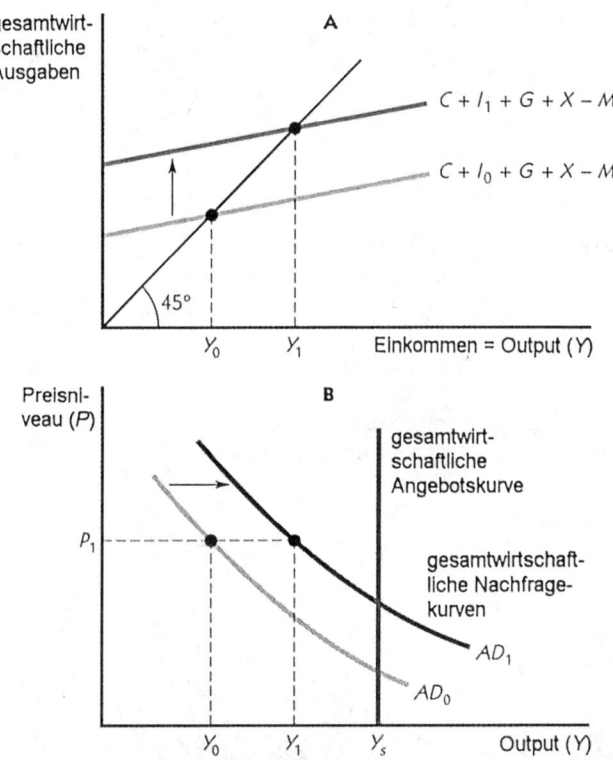

Abbildung 32.3 Wirkung der Geldpolitik. Eine Geldmengenerhöhung führt zu niedrigeren Zinssätzen und erhöhter Kreditvergabe und stimuliert damit die Investitionsnachfrage. Dadurch verschiebt sich die aggregierte Ausgabenkurve nach oben (Teil A). Die gesamtwirtschaftliche Nachfragekurve verschiebt sich nach rechts, so daß der aggregierte Output bei jedem Preisniveau steigt (Teil B).

Würden die Währungsbehörden angesichts einer fiskalischen Expansion (eines Anstiegs der Staatsausgaben) nichts tun (die Geldmenge konstant halten), so würden die Zinssätze ansteigen. Die Erhöhung des gesamtwirtschaftlichen Einkommens würde zu einer Zunahme der Geldnachfrage führen, und die Zinssätze müßten steigen, um die Geldnachfrage wieder an die unveränderte Geldmenge anzupassen. Die Zinserhöhung würde die Investitionsnachfrage beeinträchtigen. Die erhöhten Staatsausgaben würden also die privaten Investitionen teilweise verdrängen. Netto ist die expansive Wirkung auf die Volkswirtschaft geringer, möglicherweise sogar viel geringer, als bei einer stärker akkomodierenden Haltung der Währungsbehörden.

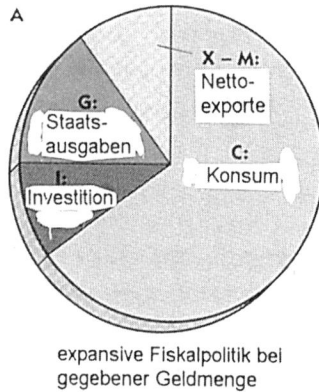

expansive Fiskalpolitik bei
gegebener Geldmenge

Abbildung 32.4   Auswirkungen von Geld- und Fiskalpolitik im Vergleich. Der Anteil der Investitionsausgaben ist am höchsten, wenn ausschließlich geldpolitische Mittel zur Wiederherstellung der Vollbeschäftigung genutzt werden, und am niedrigsten, wenn die Währungsbehörden die Geldmenge konstant halten und nur die Staatsausgaben steigen.

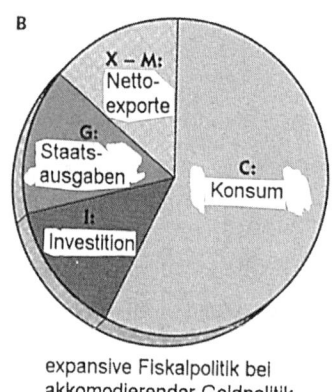

expansive Fiskalpolitik bei
akkomodierender Geldpolitik

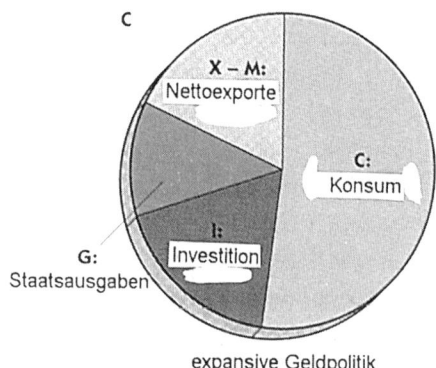

expansive Geldpolitik

32.4 Unterschiede zwischen Geld- und Fiskalpolitik

Zwischen Geldpolitik und Fiskalpolitik gibt es große Unterschiede in bezug auf die Zusammensetzung des Outputs, die Wirksamkeit und die Zeitverzögerungen, mit denen die Wirkungen spürbar werden.

Auswirkungen auf die Zusammensetzung des Outputs

Angenommen, man könnte die Wirtschaft entweder mit einem geldpolitischen Anreiz oder mit einem fiskalpolitischen Anreiz jeweils gleich stark stimulieren. Benutzt man die Geldpolitik, so fallen die Zinsen und die Investitionen werden angeregt. Damit wird in der Zukunft ein höheres Einkommensniveau erzielt. Mit geldpolitischen Mitteln kann der Staat Wachstum und Vollbeschäftigung gleichzeitig fördern. Wendet man statt dessen bei gegebener Geldmenge fiskalpolitische Mittel an, dann müssen mit dem Einkommen auch die Zinssätze steigen, um Geldnachfrage und Geldangebot im Gleichgewicht zu halten. Abbildung 32.4 vergleicht die Zusammensetzung des BIP unter alternativen Annahmen in bezug auf die eingesetzten wirtschaftspolitischen Instrumente. Dabei ist die Fiskalpolitik eine Mischung aus Steuersenkungen und Ausgabenerhöhungen. Geld- und Fiskalpolitik können zwar beide geeignet sein, die Vollbeschäftigung wiederherzustellen, sie haben aber unterschiedliche Auswirkungen auf das zukünftige Wirtschaftswachstum.

Diese Unterschiede verwischen sich jedoch, wenn die zusätzlichen Staatsausgaben für Investitionen verwendet werden. Ein beträchtlicher Teil der öffentlichen Ausgaben - in den letzten Jahren waren es ungefähr 16 Prozent - sind Investitionen in Realkapital wie zum Beispiel der Bau von Straßen und Gebäuden. Hinzu kommen große Summen, die in Humankapital und Technologie investiert werden und damit ebenfalls der Wachstumsförderung dienen. Wenn der Staat die Wirtschaft stimuliert, indem er die öffentlichen Investitionen steigert, anstatt die Zinssätze zu senken und damit die privaten Investitionen anzuregen, hängt die Wirkung auf das Wachstum von den relativen Ertragsraten dieser beiden Investitionsformen ab.

Unterschiede in der Wirksamkeit von Geldpolitik und Fiskalpolitik

Erinnern wir uns an den Konsenspunkt 19 aus Kapitel 31: Wenn sich die Volkswirtschaft in einer tiefen Rezession befindet, kann die Geldpolitik unwirksam sein. Geldmengenerhöhungen haben dann unter Umständen kaum Auswirkungen auf den Zinssatz, und Zinssenkungen bewirken keine nennenswerte Steigerung der Investitionsausgaben.

Auch die Wirksamkeit bestimmter fiskalpolitischer Maßnahmen ist in Frage gestellt worden. In manchen Situationen wird eine Steuersenkung keine nennenswerten zusätzlichen Konsumausgaben hervorrufen können. Die Konsumenten, die sich Sorgen über die Zukunft machen und die Steuersenkung nicht für dauerhaft halten, sparen die freigewordenen Mittel.[1] In einer lang anhaltenden Rezession,

---

1 In Kapitel 29 haben wir diese zukunftsorientierten Konsumentscheidungen im einzelnen untersucht. Die Konsumenten orientieren ihre Ausgaben nicht am laufenden Einkommen, sondern am permanenten oder Lebenszeit-Einkommen, und eine einmalige Steuersen-

wenn viele Konsumenten von Kreditbeschränkungen betroffen sind, sind jedoch auch vorübergehende Steuersenkungen wahrscheinlich ein wirksames Mittel zur Erhöhung der Konsumausgaben.

Unter die Lupe genommen:
Der Staatsschleier und die Wirkung von Haushaltsdefiziten

Wenn der Staat im laufenden Jahr bei unveränderten Ausgaben die Einkommensteuern senkt, steigt das Haushaltsdefizit. Für die Steuerzahler ist das Haushaltsdefizit eine Verbindlichkeit. Irgendwann in der Zukunft müssen die Steuern erhöht werden, um Zins und Tilgung zu bezahlen. Wenn die Steuerzahler wissen, daß sie eine Steuersenkung im laufenden Jahr mit Steuererhöhungen in der Zukunft bezahlen müssen, und daß ihr Lebenszeit-Einkommen insgesamt unverändert bleiben wird, wird eine Steuersenkung (bei unveränderten Staatsausgaben) möglicherweise keinerlei Auswirkungen auf den Konsum haben. Diese Sichtweise geht offensichtlich über die bereits vorgestellte permanente Einkommenshypothese und das Lebenszyklus-Modell des Konsums noch hinaus. Danach hätte eine vorübergehende Steuersenkung eine (wenn auch geringe) Auswirkung auf das Lebenszeitvermögen und damit auch auf den laufenden aggregierten Konsum.

Die Vorstellung, daß es für den laufenden Konsum *keinen* Unterschied macht, ob der Staat eine gegebene Ausgabensumme über Steuern oder Kredite finanziert, daß vielmehr beide Finanzierungsarten vollkommen äquivalent sind, wird Ricardianisches Äquivalenztheorem genannt. Dieser Name bezieht sich auf David Ricardo, den englischen Wirtschaftswissenschaftler des neunzehnten Jahrhunderts, der auch das Prinzip des komparativen Vorteils entdeckt hat. Ricardo beschrieb das Äquivalenztheorem und verwarf es dann als irrelevant. In den letzten Jahren hat Robert Barro von der Harvard University es neu formuliert und mit Argumenten gestützt.

Nach dem Ricardianischen Äquivalenztheorem hätte der massive Anstieg der Staatsverschuldung in den achtziger Jahren zu einer umfangreichen Zunahme der privaten Ersparnis führen müssen. Wenn rationale Konsumenten Haushaltsdefizite beobachten, sollten sie erwarten, daß es irgendwann in der Zukunft zu Steuererhöhungen kommt, und sollten beginnen, die dafür notwendigen Mittel beiseite zu legen. Aber anstatt zu steigen, ist die private Sparquote der Vereinigten Staaten in den achtziger Jahren weiter auf ihrem niedrigen Niveau geblieben.

Es gibt viele Gründe dafür, warum das Ricardianische Äquivalenztheorem nicht gilt. Viele Menschen denken und handeln nicht so, wie es das Modell vorsieht. Viele Steuerzahler haben nur sehr vage Vorstellungen über das wahre Ausmaß des

---

kung bewirkt nur eine geringe Veränderung des individuellen Lebenszeiteinkommens oder permanenten Einkommens.

Haushaltsdefizits und machen sich die Folgen zukünftiger Steuererhöhungen nicht klar. Wenn die Menschen diese Konsequenzen nicht richtig sehen und in ihre Entscheidungen einbeziehen, spricht man von einem „Staatsschleier", ähnlich dem „Unternehmensschleier", von dem die Rede ist, wenn sie die Vorgänge innerhalb von Unternehmungen nicht in Rechnung stellen.

Wenn die Last der Rückzahlung der Staatsschulden an zukünftige Generationen weitergegeben werden kann, und wenn die Eltern diese Belastung ihrer Erben nicht durch eine erhöhte private Hinterlassenschaft vollständig ausgleichen, dann bedeutet die Steuersenkung tatsächlich eine Erhöhung des Lebenszeitvermögens der gegenwärtigen Generation, und es ist zu erwarten, daß die aggregierten Konsumausgaben dieser Generation steigen.

Viele Wirtschaftswissenschaftler befürchten, daß die steigenden Haushaltsdefizite - also Steuersenkungen ohne gleichzeitige Einsparungen bei den Ausgaben, oder Ausgabenerhöhungen ohne zusätzliche Steuereinnahmen - selbst schon einen dämpfenden Effekt auf die Volkswirtschaft haben. Da der Staat das Defizit über die Kapitalmärkte finanzieren muß, wird ein Teil der privaten Investitionen verdrängt. Bei der Einschätzung der Nettowirkungen der Fiskalpolitik muß man das in Rechnung stellen: Wenn zusätzliche kreditfinanzierte Staatsausgaben in entsprechender Höhe private Investitionen verdrängen, haben sie keine belebende Wirkung. In der offenen Volkswirtschaft der Vereinigten Staaten dürfte dieser zinsbedingte Verdrängungseffekt nicht so dramatisch sein. Es kann zwar zu einem gewissen Verdrängungseffekt durch Veränderungen des Wechselkurses kommen; da aber Import- und Exportanpassungen extrem langsam ablaufen und manchmal bis zu zwei Jahre brauchen, bevor sie abgeschlossen sind, kann dieser wechselkursbedingte Verdrängungseffekt die Wirksamkeit der Fiskalpolitik kurzfristig nicht allzu stark beeinträchtigen.

Unterschiedliche Zeitverzögerungen bei Geld- und Fiskalpolitik

Geld- und Fiskalpolitik unterscheiden sich auch in der Geschwindigkeit, mit der sie wirksam werden. Die Geldpolitik stimuliert die Wirtschaft über Zinssenkungen und erhöhte Investitionen in Produktionsanlagen und Gebäude. Nachdem die Unternehmungen die Zinssenkungen wahrgenommen haben, kann es einige Zeit dauern, bis sie neue Investitionsgüter in Auftrag geben, und bis sich diese neuen Bestellungen im Produktionsniveau der Investitionsgüterindustrie niederschlagen. Auch im Bausektor dauert es eine Weile, bis neue Baupläne gezeichnet worden sind, bis Baugenehmigungen erteilt worden sind und die Bauarbeiten beginnen können. Typischerweise dauert es mindestens sechs Monate bis die Wirkungen einer geldpolitischen Maßnahme spürbar werden. Im Gegensatz dazu haben erhöhte Staatsausgaben eine direkte und unmittelbare Wirkung auf das Einkommen.

Ein Blick in die Wirtschaftspolitik:
Haushaltskonsolidierung und Beschäftigungspolitik

Bei seinem Amtsantritt im Januar 1993 war Präsident Clinton mit zwei wirtschaftspolitischen Herausforderungen konfrontiert: Die seit 1981 jährlich wiederkehrenden, riesigen Haushaltsdefizite waren inzwischen auf 4,9 Prozent des BIP gestiegen, und die Wirtschaft befand sich in einer lang anhaltenden Rezession mit einer Arbeitslosenquote, die immer noch über sieben Prozent lag. Diese beiden Probleme schienen gegensätzliche wirtschaftspolitische Maßnahmen zu erfordern: Höhere Haushaltsdefizite konnten vielleicht die Wirtschaft stimulieren, würden aber das Verschuldungsproblem verschärfen. Die Clinton-Regierung beschloß ein Programm zur langfristigen Haushaltskonsolidierung; die Ausgaben wurden gesenkt und die Steuern erhöht, Maßnahmen, von denen man erwarten würde, daß sie die Rezession verschlimmern. Dennoch behauptete die Clinton-Regierung, daß ihre Politik die wirtschaftliche Erholung begünstigt habe.

Diese Episode zeigt die komplexen Zusammenhänge zwischen Geldpolitik, Erwartungen und Fiskalpolitik, sowie die potentielle Bedeutung des Timings. Die Regierung versuchte, das Konsolidierungsprogramm so zu strukturieren, daß der größere Teil der Ausgabenkürzungen in die Haushaltsjahre 1995 und 1996 fiel, nicht so sehr, weil man den politischen Ärger mit den Ausgabenkürzungen verschieben wollte, sondern weil man glaubte, daß bis dahin die anderen wirtschaftspolitischen Maßnahmen Wirkung zeigen würden, und daß eine wirtschaftliche Erholung eingesetzt haben würde, die stark genug sein würde, um diese Ausgabenkürzungen zu verkraften.

Clinton glaubte, daß das Haushaltskonsolidierungsprogramm das Vertrauen in die Volkswirtschaft wieder herstellen würde, das Vertrauen darauf, daß die Probleme unter Kontrolle seien. Die Argumentation war wie folgt: Bei geringeren Haushaltsdefiziten würde der Staat zukünftig weniger mit den privaten Investoren um die Finanzmittel konkurrieren. Die Investoren würden diese Situation antizipieren, und dadurch würden die langfristigen Zinssätze fallen, ohne daß die Fed entsprechende Maßnahmen ergreifen müßte. (Das war auch tatsächlich der Fall.) Die niedrigeren langfristigen Zinssätze würden zur wirtschaftlichen Erholung beitragen. Die Fed wiederum würde die geldpolitischen Zügel lockern, da die Gefahr einer Überhitzung der Volkswirtschaft durch excessive Haushaltsdefizite verringert wäre. Tatsächlich beließ die Fed die Zinssätze während des gesamten Jahres 1993 bei drei Prozent und hob sie erst im Februar 1994 wieder an, als sich die wirtschaftliche Erholung bereits deutlich abzeichnete.

Die Regierung hoffte, daß der geldpolitisch induzierte Rückgang der kurzfristigen Zinssätze und der durch das gewachsene Vertrauen der Investoren induzierte Rückgang der langfristigen Zinssätze die direkten kontraktiven Wirkungen der Fiskalpolitik überkompensieren würden. Tatsächlich kam es zu einer wirtschaftli-

chen Erholung. Die meisten Wirtschaftswissenschaftler glauben, daß die Volkswirtschaft sich auf jeden Fall irgendwann erholt hätte, daß aber durch die Haushaltskonsolidierung diese Erholung wahrscheinlich schneller und kräftiger eingesetzt hat, als dies andernfalls möglich gewesen wäre.

Es gibt auch noch eine andere wichtige Quelle von Zeitverzögerungen: Der Staat
muß erst eine Entscheidung treffen, um tätig zu werden. Die Verantwortlichen
müssen sehen, daß die Wirtschaft sich in einer Rezession befindet und daß ein
wirtschaftspolitischer Anreiz gebraucht wird. Diese Entscheidungsverzögerungen
dauern oft recht lange. Sie können durch den Einsatz von **automatischen Stabilisatoren** vermieden werden; das sind Ausgaben, die automatisch steigen, bzw.
Steuern, die sich automatisch verringern, wenn sich die wirtschaftliche Situation
verschlechtert.

Die Volkswirtschaft hat eine ganze Reihe solcher automatischer Stabilisatoren. Die
Ausgaben der Arbeitslosenversicherung steigen im Abschwung automatisch. Auch
die Ausgaben der Rentenversicherung steigen, da mehr Menschen Frührente oder
Invalidenrente beantragen. Die Einkommensteuer hat wegen ihrer progressiven
Tarifstruktur ebenfalls die Funktion eines automatischen Stabilisators. Von einer
progressiven Einkommensteuer spricht man, wenn der Steuersatz mit dem Einkommen steigt. Wenn also das gesamtwirtschaftliche Einkommen steigt, steigt
auch der durchschnittliche Steuersatz und der Anteil der Steuern am BIP. Umgekehrt nehmen im Abschwung die Steuereinnahmen selbst bei einem linearen Steuertarif ab. Bei einem progressiven Steuertarif gehen sie sogar noch mehr zurück,
da sich der durchschnittliche Steuersatz verringert. Die progressive Ausgestaltung
des Steuersystems verstärkt also seine Rolle als automatischer Stabilisator.[2]

Der Staat könnte, wenn er wollte, den Grad der automatischen Stabilisierung erhöhen. So hat man zum Beispiel in den USA die maximale Anspruchsdauer für Arbeitslosengeld in langen Rezessionsphasen von den üblichen 26 Wochen auf 39
Wochen oder mehr verlängert. Solche Verlängerungen könnten automatisiert werden.

---

[2] Vor 1986 war das Steuersystem in den USA nicht indexiert, das heißt, es paßte sich nicht
automatisch an Veränderungen des Preisniveaus an. In den siebziger Jahren trafen hohe
Arbeitslosenquoten mit hohen Inflationsraten zusammen, eine Situation, die als Stagflation bezeichnet wird. Das nominale BIP war deshalb immer noch im Steigen begriffen,
als das reale BIP bereits abnahm. Die progressive Ausgestaltung des nicht indexierten
Steuersystems führte dazu, daß der durchschnittliche Steuersatz stieg und dadurch der
Abschwung noch verstärkt wurde. Durch eine Indexierung kann man erreichen, daß der
durchschnittliche Steuersatz nur steigt, wenn das reale BIP zunimmt.

Konsequenzen eines Verschuldungsverbots in der Verfassung

Viele Menschen sind der Meinung, daß es von Verantwortungslosigkeit zeugt, wenn der Staatshaushalt ein Defizit aufweist, weil der Staat wie eine Unternehmung nicht ständig Verluste machen kann.[3] Durch die riesigen Haushaltsdefizite der achtziger Jahre spitzte sich die Debatte über diesen Punkt zu: Es entstand eine starke politische Bewegung, die forderte, daß eine Verpflichtung der Regierung zur Vorlage eines ausgeglichenen Haushalts in der Verfassung verankert werden sollte. Ein Vorschlag für eine solche Verfassungsänderung, das sogenannte *balanced budget amendment*, wurde 1995 vom Repräsentantenhaus verabschiedet und verfehlte die notwendige Zweidrittelmehrheit im Senat nur um eine Stimme.

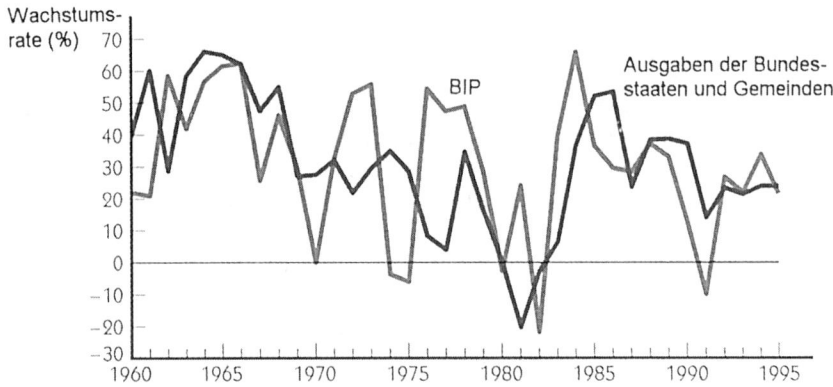

Abbildung 32.5 Ausgaben der Bundesstaaten und Gemeinden. Die Abbildung stellt die Wachstumsrate des BIP und die Ausgaben der Bundesstaaten und Gemeinden einander gegenüber. Diese Ausgaben steigen im Boom und nehmen in der Rezession ab, und verstärken damit die konjunkturellen Schwankungen. *Quelle: ERP* (1995), Tabelle B-2.

Die meisten Wirtschaftswissenschaftler waren gegen ein Verschuldungsverbot in der Verfassung, vor allem weil es ihrer Meinung nach die Funktionsfähigkeit der automatischen Stabilisatoren zerstören würde. Wie wir gesehen haben, führen automatische Stabilisatoren im Abschwung typischerweise zu Ausgabenerhöhungen und Einnahmeausfällen, bewirken also ein Haushaltsdefizit. Unter dem *balanced budget amendment* wäre die Regierung gezwungen, die Wirtschaft zu destabilisieren, denn sie müßte in einer Rezession, wenn gerade die gegenteilige

---

[3] Eine tiefergehende Diskussion der wirtschaftlichen Folgen von Haushaltsdefiziten bietet Kapitel 37.

Medizin notwendig wäre, entweder die Steuern erhöhen oder die Ausgaben kürzen. In vielen amerikanischen Bundesstaaten besteht die Pflicht zum Haushaltsausgleich. Abbildung 32.5 zeigt, daß die Ausgaben der Bundesstaaten und Gemeinden typischerweise im Aufschwung steigen und im Abschwung sinken und damit die zyklischen Schwankungen noch verstärken.

Anwendungsbeispiel: Die Berechnung des Vollbeschäftigungsdefizits

Die Bedeutung des Vollbeschäftigungsdefizits (manchmal auch strukturelles Defizit genannt) ist im Text erläutert worden. Stellen wir uns eine Volkswirtschaft vor, deren Arbeitslosenquote sieben Prozent beträgt, und die nach allgemeiner Auffassung bei einer Arbeitslosenquote von 5,5 Prozent ohne inflationären Druck funktionieren könnte. Aus Kapitel 24 wissen wir, daß in jeder Volkswirtschaft immer einige Menschen von friktioneller oder saisonaler Arbeitslosigkeit betroffen sind. Wir können also davon ausgehen, daß eine Arbeitslosenquote von 5,5 Prozent dem Vollbeschäftigungsniveau des Outputs entspricht. Nehmen wir weiter an, daß das Haushaltsdefizit 300 Mrd. $ beträgt und der Output sechs Billionen Dollar, und daß eine Verringerung der Arbeitslosenquote um einen Prozentpunkt mit einer Zunahme des Outputs um zwei Prozent einhergeht. Wie hoch ist das Vollbeschäftigungsdefizit?

1. Schritt: Wir berechnen das Vollbeschäftigungsniveau des Outputs. Eine Verringerung der Arbeitslosenquote von sieben auf 5,5 Prozent erfordert 180 Mrd. $ zusätzlichen Output.

2. Schritt: Wir berechnen den Einfluß einer Outputerhöhung auf Steuereinnahmen und Staatsausgaben. Ein Anstieg des BIP um 100 $ führt zu einer Erhöhung der Steuereinnahmen des Bundes in Höhe von ungefähr 20 $. Gleichzeitig sinken die Ausgaben des Bundes (da die Ansprüche an die Arbeitslosenversicherung zurückgehen, da weniger Menschen Invalidenrente beantragen, usw.). Der Einfachheit halber nehmen wir an, daß eine Zunahme des BIP um 100 $ die Ausgaben um fünf Dollar senkt. Durch die Zunahme des BIP um 180 Mrd. $ steigen also die Staatseinnahmen um 36 Mrd. $, während die Ausgaben um neun Milliarden Dollar sinken.

3. Schritt: Wir korrigieren das ursprüngliche Haushaltsdefizit um diese Beträge. Vollbeschäftigungsdefizit = 300 Mrd. $ - 36 Mrd. $ - 9 Mrd. $ = 255 Mrd. $.

Wenn die Fiskalpolitik nicht mehr zur Stabilisierung der Volkswirtschaft genutzt wird, oder noch schlimmer, wenn sie zur wirtschaftlichen Instabilität beiträgt, lastet die Verantwortung für die Stabilisierungspolitik direkt und ausschließlich auf den Schultern der Währungsbehörden. Das bedeutet, daß die Zinssätze stärker schwanken müssen, als dies andernfalls nötig wäre, und daß damit stärkere expansive und kontraktive Wirkungen auf die zinssensiblen Branchen (Wohnungsbau, dauerhafte Konsumgüter und industrielle Ausrüstungen) ausgehen. Da die Geldpolitik lange und variable Wirkungsverzögerungen hat (typischerweise sechs Monate oder mehr), wird die wirtschaftliche Aktivität insgesamt stärkere Schwankungen aufweisen. Und es gibt auch Zeiten, in denen die Geldpolitik relativ wirkungslos ist, wie etwa während der Weltwirtschaftskrise und in der Rezession des Jahres 1991. In solchen Situationen wird der Abschwung länger und tiefer sein, als das der Fall wäre, wenn die automatischen Stabilisatoren ihre Wirkung entfalten könnten.

Zur Verringerung dieser destabilisierenden Wirkungen wird vorgeschlagen, nicht das tatsächliche Budget auszugleichen, sondern ein **Vollbeschäftigungsdefizit** von null anzustreben. Das Vollbeschäftigungsdefizit ist dasjenige Defizit, das aufgetreten wäre, wenn sich die Volkswirtschaft im Zustand der Vollbeschäftigung befunden hätte. Diese Regel würde also Ausgaben- und Einnahmenveränderungen zulassen, die durch die aktuelle wirtschaftliche Situation bedingt sind. In einer Rezession ist das Vollbeschäftigungsdefizit geringer als das tatsächliche Defizit. Die meisten Wirtschaftswissenschaftler sind der Meinung, daß der Staat verantwortungsvoll handelt, solange kein Vollbeschäftigungsdefizit auftritt. Wenn es eine Verfassungsänderung zum Haushaltsausgleich geben soll, so argumentieren viele, dann sollte sie sich auf das Vollbeschäftigungsdefizit beziehen.

Zusammenfassung

1. Eine Erhöhung der Staatsausgaben (ohne entsprechende Steuererhöhung) stimuliert die Volkswirtschaft, verursacht aber auch ein Haushaltsdefizit. Wenn der Staat die zusätzlichen Mittel für Investitionen ausgibt, deren Erträge höher sind als der Zinssatz, dann können die zusätzlichen Staatsausgaben die Volkswirtschaft sowohl in der Gegenwart als auch in der Zukunft stärken.

2. Eine steuerfinanzierte Erhöhung der Staatsausgaben kann die Volkswirtschaft stimulieren, hat aber keine Multiplikatorwirkung.

3. Die Geldpolitik stimuliert die Volkswirtschaft über erhöhte Investitionen und Nettoexporte. Eine expansive Geldpolitik hat also einen stärkeren positiven Effekt auf das Wirtschaftswachstum als eine expansive Fiskalpolitik, es sei denn die zusätzlichen Haushaltsmittel werden für Investitionen ausgegeben. In tiefen Rezessionen ist die Geldpolitik jedoch möglicherweise nicht sehr wirkungsvoll.

4. Die Wirkungsverzögerungen können bei der Geldpolitik länger sein als bei der Fiskalpolitik.

5. Automatische Stabilisatoren haben eine stabilisierende Wirkung auf die Volkswirtschaft, ohne daß Politiker eine aktive Entscheidung treffen müssen.

6. Die meisten Versionen von Verfassungsvorschriften über einen ausgeglichenen Staatshaushalt würden die automatischen Stabilisatoren außer Kraft setzen und damit die Volkswirtschaft destabilisieren. Die ganze Last der Stabilisierung würde der Geldpolitik auferlegt.

Schlüsselbegriffe

Multiplikator eines   automatische Stabilisatoren   Vollbeschäftigungsdefizit
ausgeglichenen Zusatzbudgets   akkomodierende Geldpolitik

Wiederholungsfragen

1. Wie verschieben sich die gesamtwirtschaftliche Ausgabenkurve und die gesamtwirtschaftliche Nachfragekurve bei einer Erhöhung der Staatsausgaben? Wie verschieben sich diese Kurven durch einen geldpolitischen Impuls?

2. Beschreiben Sie den *Trade-off* zwischen der Gegenwart und der Zukunft, der mit einer Zunahme der Staatsausgaben verbunden ist, wenn sich die Volkswirtschaft in einer Rezession befindet. Welchen Einfluß hat die Art der Staatsausgaben auf diesen *Trade-off*? Gibt es auch dann einen *Trade-off*, wenn der Staat die zusätzlichen Mittel für Investitionen mit hohen Erträgen einsetzt? Warum kann der *Trade-off* sogar dann attraktiv erscheinen, wenn die zusätzlichen Staatsausgaben in den öffentlichen Konsum fließen?

3. Welche Wirkung haben zusätzliche Staatsausgaben, die vollständig durch Steuererhöhungen finanziert werden?

4. Vergleichen Sie die Auswirkungen der Geldpolitik und der Fiskalpolitik in bezug auf das Niveau der Investitionen und die Zusammensetzung des Outputs.

5. Welche anderen Faktoren sind bei der Wahl zwischen Geld- und Fiskalpolitik von Bedeutung?

6. Wie würde sich eine Verfassungsvorschrift über einen ausgeglichenen Staatshaushalt auf die Stabilität der Volkswirtschaft auswirken?

7. Was versteht man unter automatischen Stabilisatoren, und warum sind sie von Bedeutung?

Aufgaben

1. Beschreiben Sie, wie ein Rückgang des Preisniveaus zu einem Anstieg der aggregierten Nachfrage und des Gleichgewichtsoutputs führt, vorausgesetzt, die Geldmenge bleibt unverändert und die Produktionskapazität der Volkswirtschaft wird nicht ausgenutzt.
   a) Zeigen Sie die Wirkung auf den Zinssatz mit Hilfe der Geldangebots- und Geldnachfragekurve.
   b) Zeigen Sie die Wirkung auf die Investitionsausgaben mit Hilfe der Investitionsfunktion.
   c) Zeigen Sie die Wirkung auf den Gleichgewichtsoutput mit Hilfe der gesamtwirtschaftlichen Ausgabenkurve.

2. Welchen Unterschied macht es, ob die Währungsbehörden bei einer Staatsausgabenerhöhung die Geldmenge konstant halten oder sie so ausweiten, daß der Zinssatz konstant bleibt? Vergleichen Sie die Wirkungen

   a) auf die Geldangebotskurve, die Geldnachfragekurve und den gleichgewichtigen Zinssatz,

   b) auf die Höhe der Investitionen,

   c) auf die gesamtwirtschaftliche Ausgabenkurve und das Gleichgewichtsniveau des Outputs bei gegebenem Preis, sowie

   d) auf die gesamtwirtschaftliche Nachfragekurve.

3. Angenommen, Sie sind für die Geldpolitik verantwortlich. Die Volkswirtschaft arbeitet um 60 Mrd. $ (ein Prozent) unterhalb ihrer Kapazität von sechs Billionen Dollar.

   a) Sie erfahren, daß die Regierung weder die Staatsausgaben noch die Steuersätze verändern will. Um wieviel müssen Sie die Geldmenge erhöhen? Gehen Sie von folgenden Werten aus: Zinselastizität der Geldmenge = 0,8; Einkommenselastizität der Geldnachfrage = 1; Zinselastizität der Investitionen = 0,8; Investitionsausgaben = zehn Prozent des BIP (540 Mrd. $); Ausgabenmultiplikator = 2.

   b) In einigen Ländern werden die Währungsbehörden von der Regierung direkter kontrolliert als in den Vereinigten Staaten. Angenommen, die Regierung kündigt eine geplante Erhöhung der Staatsausgaben zur Wiederherstellung der Vollbeschäftigung an und wünscht, daß die Währungsbehörden den Zinssatz konstant halten. Um wieviel müssen sie die Geldmenge erhöhen? Gehen Sie von den gleichen Annahmen aus, wie in Teil a). Um wieviel müssen bei einem Ausgabenmultiplikator von zwei die Staatsausgaben erhöht werden, um die Vollbeschäftigung wiederherzustellen?

   c) Gehen Sie nun davon aus, daß die Währungsbehörden unabhängig sind und angekündigt haben, daß sie die Geldmenge nicht verändern werden. Um wieviel müssen die Zinssätze steigen, wenn es der Regierung gelingt, die Vollbeschäftigung wiederherzustellen? Wie wirkt sich das auf die Investitionsausgaben aus? Was folgt daraus für die notwendige Erhöhung der Staatsausgaben?

4. Wenn die Menschen reicher werden, geben sie mehr Geld für den Konsum aus. Wenn die Preise fallen, steigt der *Realwert* desjenigen Vermögens, dessen Nominalwert festgelegt ist, wie das zum Beispiel bei Geld oder Staatsschuldpapieren der Fall ist. Würden Sie erwarten, daß die Auswirkungen auf den Konsum geringfügig oder deutlich spürbar sind? Angenommen, Staatsschuldpapiere und Geld stellen zehn Prozent des gesamtwirtschaftlichen Vermögens dar, und ein Anstieg des Realvermögens um zehn Prozent führt zu einer Zunahme der Konsumausgaben um 0,6 Prozent. Gehen wir weiter davon aus, daß der Konsum 90 Prozent des BIP darstellt, und daß der Ausgabenmultiplikator zwei beträgt. Um wieviel Prozent wird das BIP in etwa steigen, wenn die Preise um fünf Prozent fallen? Angenommen, die Volkswirtschaft arbeitet um zehn Prozent unterhalb ihrer Produktionskapazität. Wie lange würde es dauern, bis die Vollbeschäftigung wiederhergestellt ist, wenn die Preise mit einer Rate von fünf Prozent pro Jahr kontinuierlich fallen?

5. Der gesamtwirtschaftliche Output liegt um 60 Mrd. $ (ein Prozent) unter der Produktionskapazität von sechs Billionen Dollar. Die Regierung erwägt alternative Maßnahmen zur Stimulierung der Volkswirtschaft. Angenommen, der Ausgabenmultiplikator be-

trägt zwei und die Investitionen sind vollkommen zinsunelastisch. Berechnen Sie die Erhöhung der Staatsausgaben, die notwendig ist, um die Vollbeschäftigung wiederherzustellen. Wie stark müßten die Staatsausgaben erhöht werden, wenn die Regierung das Zusatzbudget vollständig über Steuererhöhungen finanzieren möchte? Kann die Produktion auch mit Hilfe der Geldpolitik angekurbelt werden?

6. Betrachten wir den Extremfall, daß Haushalte und Unternehmungen eines Landes beim gegebenen Realzinssatz in beliebiger Höhe Kredite im Ausland aufnehmen oder Kredite an Ausländer vergeben können. Können die Währungsbehörden das Niveau der realen Investitionsausgaben beeinflussen? Sobald die Währungsbehörden versuchen, den Zinssatz anzuheben, fließt Kapital aus dem Ausland zu und der Wechselkurs steigt. Beschreiben Sie
   a) wie sich die zusätzliche Nachfrage nach US-Dollar durch ausländische Anleger, die in den USA investieren möchten, auf den Wechselkurs auswirkt;
   b) wie sich die Wechselkursänderung auf die aggregierte Ausgabenkurve und das BIP auswirkt.

7. Nach den Planungen der EU werden sich mehrere europäische Länder zu einer Europäischen Währungsunion zusammenschließen, in der es nur noch eine einzige Währung geben wird. Das bedeutet, daß die Wechselkurse zwischen diesen Ländern unwiderruflich festgelegt sein werden und daß es einen einheitlichen Zinssatz geben wird. Die Regierungen haben bestimmte Kriterien als Zugangsvoraussetzungen zur EWU vereinbart. Eine davon ist die Begrenzung des Haushaltsdefizits auf maximal drei Prozent des BIP. Wie könnte sich diese Haushaltskonsolidierung makroökonomisch auswirken,
   a) wenn die Währungsbehörden jedes Landes die Zinssätze konstant halten?
   b) wenn die Zinssätze gesenkt werden?
   Warum könnte bei konstanten Zinssätzen die simultane Verringerung der Haushaltsdefizite aller beteiligten Länder in jedem Land zu einem stärkeren Outputrückgang führen als dies bei einer isolierten Haushaltskonsolidierung dieses Landes der Fall gewesen wäre? Illustrieren Sie Ihre Antwort mit Hilfe von Diagrammen.

8. Angenommen, nach der Einführung der gemeinsamen Währung sind die Zinssätze in allen Ländern der Europäischen Währungsunion gleich. Nehmen wir weiter an, daß die Arbeitslosenquote in einem Land der Währungsunion, zum Beispiel in Frankreich, zunimmt. Was kann die Regierung tun, um die Vollbeschäftigung wiederherzustellen?

   Vergleichen Sie die beschäftigungspolitischen Optionen in Frankreich innerhalb einer Europäischen Währungsunion mit denjenigen in Kalifornien. Welche Ähnlichkeiten und welche Unterschiede sehen Sie zwischen beiden Situationen?

9. Vergleichen Sie Geldpolitik und Fiskalpolitik in bezug auf ihre langfristigen Auswirkungen auf das Wirtschaftswachstum
   a) in einer geschlossenen Volkswirtschaft;
   b) bei international vollständig integrierten Kapitalmärkten.

Teil VII: Lohn- und Preisdynamik und Stabilisierungspolitik

Bisher haben wir nur zwei der drei wichtigsten makroökonomischen Probleme diskutiert: Wachstumsschwäche und Arbeitslosigkeit. Wir wenden uns nun dem dritten Problem zu, der Inflation, und fragen, wodurch sie verursacht wird, warum sie ein Problem darstellt, und was der Staat dagegen tun kann.

Es geht jedoch in diesem Teil des Buches nicht nur darum, die Darstellung der drei wichtigsten makroökonomischen Probleme abzurunden. Vielmehr beschreiben und erklären wir auch die *Dynamik von Preis- und Lohnanpassungen*. In den Teilen V und VI haben wir betont, daß der Unterschied zwischen der Theorie der Vollbeschäftigung und der Theorie der Unterbeschäftigung vor allem in den Annahmen über die Preis- und Lohnanpassungen zu sehen ist. In Teil V reagieren Löhne und Preise schnell, so daß der Arbeitsmarkt immer im Gleichgewicht ist. In Teil VI sind Löhne und Preise fix. Wir haben sozusagen einen Schnappschuß der Volkswirtschaft gemacht, bevor wir den dynamischen Prozeß untersuchen. Dabei waren wir uns darüber im klaren, daß Löhne und Preise unter Druck geraten, wenn beim herrschenden Lohnsatz die Arbeitsnachfrage niedriger ist als das Angebot oder wenn beim herrschenden Preisniveau die Güternachfrage hinter dem Güterangebot zurückbleibt. Aber die Anpassung findet nicht sofort statt. Genauso verhält es sich, wenn es in einer Vollbeschäftigungssituation zu einer Rechtsverschiebung der gesamtwirtschaftlichen Nachfragekurve kommt, so daß am Gütermarkt beim herrschenden Preisniveau ein Nachfrageüberschuß entsteht. Auch hier führt der inflationäre Druck nicht sofort zu Preisanpassungen.

Die Tatsache, daß Löhne und Preise starr sind und sich nicht sofort anpassen, bedeutet, daß nach jeder Störung Angebot und Nachfrage zumindest für eine gewisse Zeit nicht übereinstimmen. Wenn beim herrschenden Lohn- und Preisniveau die Nachfrage hinter dem Angebot zurückbleibt, ist der Output durch die aggregierte Nachfrage begrenzt, und ein Anstieg der aggregierten Nachfrage - zum Beispiel aufgrund einer Zunahme der Staatsausgaben - erhöht Output und Beschäftigung.

Um zu verstehen, warum Arbeitslosigkeit hartnäckig bestehen bleibt, und warum die Preise nicht nur einmal sondern über längere Zeit hinweg beständig steigen, muß man die Dynamik der Anpassungsprozesse begreifen. In diesem Teil *beschreiben* wir, welche Regelmäßigkeiten in der Lohn- und Preisdynamik zu beobachten sind, und *erklären* zum einen die Auswirkungen dieser beobachteten Muster und zum anderen die Ursachen von Lohn- und Preisstarrheiten.

Teil VII besteht aus drei Kapiteln. Kapitel 33 gibt eine einfache Beschreibung der Lohn- und Preisdynamik und erklärt die wichtigsten Bestimmungsgründe der Inflationsrate. In Kapitel 34 werfen wir einen genaueren Blick auf den Arbeitsmarkt und untersuchen die Ursachen von Lohnstarrheiten. In Kapitel 35 schließlich werden die Einsichten aus Teil I, Teil V und Teil VI genutzt, um einige der wichtigsten stabilisierungspolitischen Probleme und Kontroversen zu diskutieren. Dabei

geht es darum, ob und mit welchen Mitteln der Staat eine aktive Stabilisierungspolitik betreiben soll.

Kapitel 33

Inflation: Lohn- und Preisdynamik

Es ist ein Glaubenssatz der politischen Rhetorik, daß Inflation schlecht ist. Die allgemeine Abneigung gegen die Inflation ist so stark, daß ihre Bekämpfung durch den Staat normalerweise als Selbstverständlichkeit gilt. Wenn jedoch der Staat die Inflation bekämpfen soll, müssen wir wissen, wodurch sie verursacht wird. Wir brauchen eine Erklärung dafür, warum einige Länder höhere Inflationsraten haben als andere, und warum die Inflationsrate heute in der Vereinigten Staaten niedriger ist als vor fünfzehn Jahren.

Nun könnte man sich fragen, warum der Staat der Inflation nicht einfach ein Ende setzt, wenn sie so unbeliebt ist. Dem steht jedoch entgegen, daß die Verringerung der Inflationsrate normalerweise mit Kosten verbunden ist, Kosten in Form einer höheren Arbeitslosenquote. In diesem Kapitel betrachten wir den *Trade-off* zwischen Inflation und Arbeitslosigkeit und gehen der Frage nach, wie dieser *Trade-off* verändert werden kann. Viele Wirtschaftswissenschaftler glauben, daß es langfristig gar keinen *Trade-off* gibt: Der Versuch, die Arbeitslosenquote unter ein bestimmtes Niveau zu drücken, ist zum Scheitern verurteilt. Die Inflation würde dadurch immer schneller ansteigen, bis sie selbst anstelle der Arbeitslosigkeit als zentrales wirtschaftspolitisches Problem gesehen wird.

33.1 Kosten der Inflation

Wir haben Wachstum, Arbeitslosigkeit und Inflation als die drei wichtigsten makroökonomischen Probleme identifiziert. Teil V war den Fragen des Wachstums gewidmet, Teil IV denen der Arbeitslosigkeit. Hier, in Teil VII, stehen die Inflation und der Zusammenhang zwischen Inflation und Arbeitslosigkeit im Mittelpunkt. Während die Kosten der Arbeitslosigkeit offensichtlich sind - nicht nur der Outputverlust sondern auch die Not der Betroffenen ist handgreiflich - sind die Kosten der Inflation subtiler und haben sich im Lauf der Zeit immer mehr gemildert.

Die Leute spüren, daß mit der Wirtschaft etwas nicht stimmt, wenn hohe Inflationsraten zu beobachten sind. Die abhängig Beschäftigten befürchten, daß ihre Lohneinkommen nicht mit dem Preisniveau Schritt halten können und daß dadurch ihr Lebensstandard in Gefahr ist. Sparer befürchten, daß das Geld, das sie in der Zukunft erhalten werden, weniger wert sein wird als das Geld, das sie angelegt haben, so daß ihnen am Ende nicht genug bleiben wird, um im Alter bequem davon zu leben.

Wenn die Inflation antizipiert wird, verschwindet ein großer Teil ihrer Folgekosten. Wenn zum Beispiel die Arbeitskräfte wissen, daß die Preise im laufenden Jahr um zehn Prozent steigen werden, können sie Lohnsteigerungen aushandeln, die ausreichen, um die Inflation aufzufangen. Wenn die Kreditgeber wissen, daß die Rückzahlungen weniger wert sein werden als die ausgeliehene Summe, können sie diesen Wertverlust in ihren Zinsforderungen berücksichtigen oder ganz auf die Kreditvergabe verzichten.

Doch selbst wenn die Inflation nicht vollkommen antizipiert wird, können Arbeitskräfte und Anleger sich gegen ihre Auswirkungen immunisieren, indem sie Löhne und Zinsen **indexieren**. Wenn zum Beispiel die Löhne vollständig indexiert sind, führt ein Anstieg des Preisniveaus um ein Prozent automatisch zu einer Lohnerhöhung um ein Prozent.

In den letzten Jahren sind in den USA sowohl die Sozialrenten als auch die Steuersätze indexiert worden. In vielen Ländern, einschließlich Großbritannien, Kanada und Neuseeland, sind Staatsanleihen indexiert, so daß die Sparer wissen, daß ihre Erträge nicht durch die Inflation geschmälert werden können. Im Mai 1996 kündigte die amerikanische Regierung ihre Absicht an, indexierte Staatsanleihen auf den Markt zu bringen.

Die Verlierer bei einer Inflation

Die Indexierung mildert zwar die Auswirkungen der Inflation, sie bietet aber keinen vollständigen Schutz. Einige Menschen leiden besonders stark unter der Inflation, weil sie von der Indexierung am wenigsten geschützt werden. Darunter sind die Kreditgeber, die Steuerzahler und die Eigentümer von Geldvermögen.

- *Kreditgeber:* Da die meisten Kredite nicht vollständig indexiert sind, führt ein Anstieg der Inflationsrate dazu, daß die Kreditgeber von den Schuldnern weniger zurückerhalten, als sie ihnen ausgeliehen haben. Viele Menschen investieren einen großen Teil ihrer Ersparnisse für das Alter in Anleihen oder andere festverzinsliche Wertpapiere. Diese Anleger verlieren, wenn eine starke Inflation eintritt bevor sie die Früchte ihrer Sparsamkeit ernten können. Das Ausmaß ihrer Verluste hängt zu einem großen Teil davon ab, inwieweit die Preisänderungen antizipiert worden sind. Nach dem Zweiten Weltkrieg haben viele Leute Anleihen mit einer jährlichen Verzinsung von drei oder vier Prozent gekauft. Mit hohen Inflationsraten haben sie dabei nicht gerechnet. Als gegen Ende der siebziger Jahre zweistellige Inflationsraten erreicht wurden, konnte der Zinssatz, den sie erhielten, bei weitem nicht den Wertverlust ihrer Anlagen wettmachen. Real betrachtet haben ihre Ersparnisse einen negativen Ertrag abgeworfen.

- *Steuerzahler:* Das Steuersystem der USA ist nur teilweise indexiert, und die Inflation schädigt die Sparer oft zusätzlich noch über das Steuersystem. Es werden nämlich alle Kapitalerträge besteuert, einschließlich derjenigen Zinsen, die lediglich die Inflation ausgleichen. Infolge dessen sind die realen Erträge nach Steuern oft negativ. Gehen wir von einer Inflationsrate von zehn Prozent aus und von einem Zinssatz vor Steuern von zwölf Prozent. Wenn der Anleger sein Zinseinkommen mit 33 Prozent versteuern muß, ist der Ertrag nach Steuern neun Prozent, also nicht genug, um ihn für die Inflation zu entschädigen. Sein realer Zinsertrag nach Steuern beträgt minus ein Prozent.

- *Eigentümer von Geldvermögen:* Die Inflation macht die Geldhaltung teuer, denn das Geld verliert ständig an Wert. Da das Geld viele Transaktionen erleichtert, schmälert die Inflation die Effizienz der Volkswirtschaft, indem sie die Geldhaltung erschwert. Die Entwertung des Geldes durch die Inflation wirkt wie eine Steuer auf die Geldhaltung. In den Wirtschaftswissenschaften wird diese verzerrende Wirkung der Inflation deshalb als **Inflationssteuer** bezeichnet.

In modernen Volkswirtschaften, in denen Girokonten das Bargeld weitgehend ersetzt haben und Sichtguthaben in der Regel verzinst werden, spielt diese Verzerrung keine so große Rolle mehr. Mit der Inflationsrate steigt normalerweise auch der Zinssatz für Sichtguthaben. Sogar in Argentinien lag während der siebziger Jahre, als die Preissteigerung 800 Prozent pro Monat betrug, die monatliche Verzinsung der Bankkonten über 800 Prozent. Trotzdem werden ärmere Menschen, die nicht über ein Bankkonto verfügen und einen großen Teil ihrer geringen Habe in Form von Bargeld halten müssen, durch die Geldentwertung geschädigt.

- *Die Volkswirtschaft insgesamt:* Für die Gesamtwirtschaft bringt die Inflation zweierlei Kosten mit sich. Die ersten haben mit den relativen Preisen zu tun. Da Preissteigerungen niemals vollkommen miteinander koordiniert sind, führt ein Anstieg der Inflationsrate zu einer größeren Variabilität der relativen Preise. Wenn die Schuhhersteller nur alle drei Monate Preisanpassungen vornehmen, dann können im dritten Monat, kurz bevor die Preise steigen, Schuhe relativ billig sein, und direkt nach der Preisanpassung relativ teuer. Im Gegensatz dazu werden sich die Lebensmittelpreise vielleicht während der gesamten drei Monate kontinuierlich verändern. Dann wird sich auch das Verhältnis zwischen den Lebensmittelpreisen und den Schuhpreisen ständig verändern. Wenn die durchschnittliche Inflationsrate nur zwei oder drei Prozent pro Jahr beträgt, ist das kein großes Problem. Aber bei einer durchschnittlichen Inflationsrate von zehn Prozent pro Monat verursacht die Inflation reale Allokationsverzerrungen. Bei sehr hohen Inflationsraten werden tendenziell beträchtliche Ressourcen dafür aufgewendet, die Inflationskosten zu vermeiden und aus den Preisunterschieden zwischen verschiedenen Anbietern Vorteile zu ziehen. Anstatt Bargeld herumzutragen, das sehr schnell an Wert verliert, deponieren die Menschen ihr Geld so schnell wie möglich auf verzinslichen Bankkonten.

Die zweite Art von gesamtwirtschaftlichen Inflationskosten hat damit zu tun, daß die Inflation Risiko und Unsicherheit erzeugt. Bei vollkommener Indexierung hätte die Unsicherheit über die Inflationsrate keine Konsequenzen. Da die Indexierung aber niemals vollkommen ist, wird die Planung durch Unsicherheit erschwert. Wer für seine Altersversorgung spart, kann niemals genau wissen, wieviel Geld er auf die Seite legen soll. Unternehmungen, die Kredit aufnehmen, sind unsicher über den Preis, den sie für ihre Produkte erzielen werden. Firmen können auch geschädigt werden, wenn sie in langfristigen Arbeitsverträgen Lohnerhöhungen entsprechend der *antizipierten* Inflationsrate vereinbaren. Wenn sie dann später feststellen, daß die Preise, die sie für ihre Produkte erzielen, aus irgendeinem Grund weniger schnell steigen als die vertraglich festgelegten Löhne, dann haben sie das Nachsehen.

Unter die Lupe genommen:
Die Hyperinflation der zwanziger Jahre in Deutschland

Nach dem Ersten Weltkrieg verlangten die Siegermächte von Deutschland umfangreiche Reparationszahlungen. Die schiere Höhe der Reparationen, verbunden mit den kriegsbedingten Zerstörungen der industriellen Anlagen machte den Deutschen die Zahlungen beinahe unmöglich. Unter anderen war es John Maynard Keynes, damals Wirtschaftsberater der britischen Regierung, der kritisierte, daß die Reparationen zu hoch seien. Um einen Teil ihrer finanziellen Verpflichtungen zu erfüllen, begann die deutsche Regierung einfach Geld zu drucken.

Daraufhin stieg sowohl die umlaufende Geldmenge als auch das Preisniveau, wie man der Abbildung entnehmen kann. Zwischen Januar 1922 und November 1923 stieg das Preisniveau um einen Faktor von beinahe 20 Milliarden.* Da der Wert des Geldes so schnell abnahm, versuchten die Leute verzweifelt, ihr Geld auszugeben, sobald sie es erhalten hatten. Keynes erzählte oft, daß die Deutschen immer zwei Bier auf einmal bestellten, obwohl sie das zweite dann wahrscheinlich warm trinken mußten, weil sie fürchteten, daß der Preis gestiegen sein würde, wenn sie das erste Bier getrunken haben würden.

Bei einer jährlichen Inflationsrate von 100 Prozent verliert das Geld jedes Jahr die Hälfte seines Wertes. Wenn man heute 100 $ spart, wird diese Summe in fünf Jahren nur noch die Kaufkraft von drei Dollar haben. Zwar können sich die Nominalzinssätze auch an sehr hohe Inflationsraten anpassen. Doch wenn diese hohen Inflationsraten auf unerwartete Weise schwanken, kann die Wirkung verheerend sein.

Zeiten der Hyperinflation verursachen eine massive Vermögensumverteilung. Wer schlau ist oder Glück hat und sein Vermögen in ausländischer Währung oder in Form von Grundbesitz hält, wird durch die Hyperinflation nur wenig verlieren.

Diejenigen, die sich nicht solcher „inflationssicheren" Anlagenformen bedienen können, müssen mit ansehen, wie ihr Vermögen dahinschwindet.

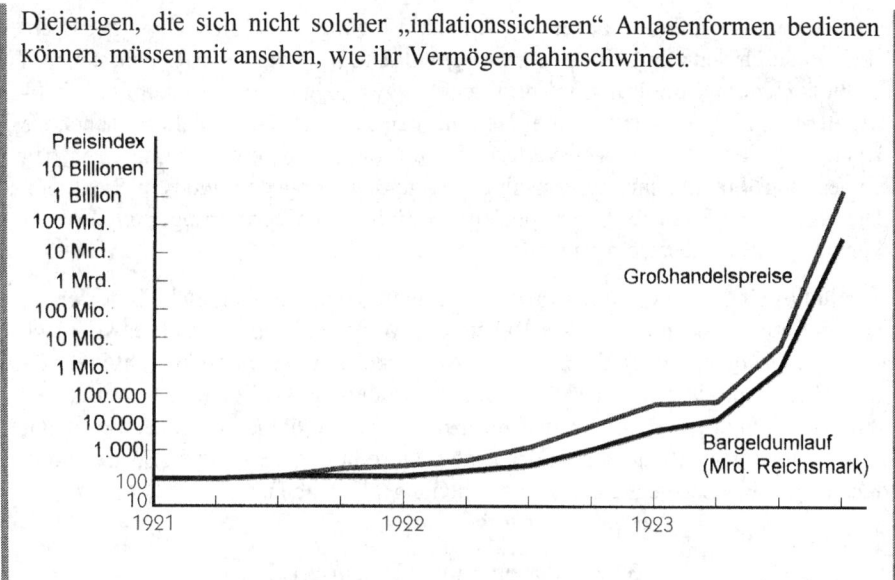

In den zwanziger Jahren erreichte die Inflation in Deutschland eine schier unglaubliche Höhe. Ende 1923 waren die Preise 10 Milliarden mal so hoch wie zwei Jahre zuvor.

*Thomas Sargent, „The Ends of Four Big Inflations", in Robert Hall (Hrsg.), *Inflation*, Chicago: University of Chicago Press, 1982, S. 74 f.

Vermeintliche Inflationskosten

Wie wir gesehen haben, verursacht die Inflation erhebliche Kosten, aber ein großer Teil der Abneigung gegen die Inflation beruht auf Mißverständnissen. In einer Meinungsumfrage über Nutzen und Schaden durch die Inflation würden die meisten Leute behaupten, daß sie durch die Inflation geschädigt werden. Ein großer Teil davon ist aber einfach nur ihre *Wahrnehmung*. Die Menschen „spüren" Preiserhöhungen viel lebhafter als die entsprechenden Einkommenserhöhungen. Sie „spüren" die höheren Zinssätze für ihre Kredite deutlicher als den geringeren Dollarwert, mit dem sie die Kredite zurückzahlen. Sieht man genauer hin, so stellt man fest, daß durch eine nicht antizipierte Inflation wahrscheinlich mehr Menschen gewinnen als verlieren. Das liegt einfach daran, daß es wahrscheinlich mehr Schuldner als Gläubiger gibt, und daß die Schuldner von einer unerwarteten Inflation profitieren.

Oft kommt es auch vor, daß sich die Menschen in einer Inflationsperiode nicht nur schlechter fühlen, sondern tatsächlich schlechter gestellt sind - allerdings ist daran nicht die Inflation schuld. Die Ölpreiserhöhungen von 1973 haben in den USA eine ausgedehnte Inflation ausgelöst. Da die Vereinigten Staaten Öl importieren, sind sie durch den Ölpreisanstieg ärmer geworden. Irgendjemands Lebensstandard mußte sinken und die Inflation sorgte dafür. Diejenigen, deren Einkommen fiel - ungelernte Arbeiter, deren Löhne nicht mit den Preisen Schritt hielten - sahen als Ursache für ihren Einkommensverlust oft die Inflation, die mit dem Ölpreisanstieg einher ging. Die allgemeine Preisniveausteigerung war jedoch nur ein Symptom. Die eigentliche Ursache dieser speziellen Inflation und der verringerten Realeinkommen war der scharfe Anstieg der Ölpreise.

Zweifellos sind die Kosten der Inflation heute durch die umfangreiche Indexierung anders verteilt und niedriger als früher. Die Wirtschaftswissenschaftler sind sich über die *Größenordnung* der negativen Auswirkungen der Inflation nicht mehr einig. Vieles spricht dafür, daß hohe Inflationsraten starke nachteilige Wirkungen auf die Leistung einer Volkswirtschaft haben. Aber es gibt kaum Anzeichen dafür, daß die mäßigen Inflationsraten der letzten Jahre in den Vereinigten Staaten überhaupt irgendwelche nennenswerten Nachteile gehabt haben.

33.2 Inflation und Arbeitslosigkeit

Obwohl man sich über die *Größenordnung* der Inflationskosten nicht einig ist, würden die Regierungen sicherlich die Inflation bekämpfen, wenn nicht auch mit der Inflationsbekämpfung Kosten verbunden wären. Eine niedrigere Inflationsrate kann normalerweise nur durch eine höhere Arbeitslosigkeit erkauft werden. In diesem Abschnitt analysieren wir den Zusammenhang zwischen Inflation und Arbeitslosigkeit.

In den beiden vorangegangenen Teilen des Buches haben wir zwei verschiedene Modelle der Volkswirtschaft untersucht. Diese Modelle beruhen auf gegensätzlichen Annahmen über Preise und Löhne. Im Vollbeschäftigungsmodell sind wir davon ausgegangen, daß Preise und Löhne vollkommen flexibel sind. Im Unterbeschäftigungsmodell haben wir angenommen, daß Preise und Löhne fix sind. Das Vollbeschäftigungsmodell gibt uns ein nützliches Bild von den langfristigen Anpassungsvorgängen in einer Volkswirtschaft. Letztendlich passen sich Preise und Löhne so an, daß die Volkswirtschaft zum Vollbeschäftigungsniveau des Outputs zurückkehrt. Das Unterbeschäftigungsmodell gibt ein genaueres Bild für die sehr kurze First, in der sich Löhne und Preise nur wenig oder gar nicht anpassen. Unser Ziel ist es nun, einen Mittelweg zwischen der sehr kurzen Frist des Unterbeschäftigungsmodells (mit fixen Löhnen und Preisen) und der langen Frist des Vollbeschäftigungsmodells zu beschreiben.

In Teil IV haben wir uns auf den Fall konzentriert, daß beim gegenwärtigen Preisniveau P_0 die gesamtwirtschaftliche Nachfrage hinter dem Angebot zurückbleibt. Das ist in Abbildung 33.1 durch die gesamtwirtschaftliche Nachfragekurve AD_1 dargestellt. Wie wir wissen, ist in dieser Situation der Output (Y_1) durch die aggregierte Nachfrage begrenzt. In einer Unterbeschäftigungssituation können die verantwortlichen Politiker versuchen, die aggregierte Nachfragekurve nach rechts zu verschieben und damit den Output zu erhöhen und die Arbeitslosigkeit zu reduzieren. Wenn aber die aggregierte Nachfragekurve zu weit nach rechts verschoben wird, sagen wir nach AD_2, dann übersteigt die Nachfrage beim herrschenden Preisniveau P_0 das Angebot; es entsteht ein Preisauftrieb und die Inflation erhebt ihr häßliches Haupt. Wenn andererseits AD_2 die Ausgangssituation darstellt, dann kann der Preisauftrieb durch Linksverschiebungen der aggregierten Nachfragekurve gedämpft werden. Geht man aber zu weit, dann wird der Output unter das Vollbeschäftigungsniveau fallen.

Abbildung 33.1   Kurzfristiges Gleichgewicht. Wenn die gesamtwirtschaftliche Nachfrage beim gegenwärtigen Preisniveau hinter dem gesamtwirtschaftlichen Angebot zurückbleibt, wird der Output durch die Nachfrage (Y) begrenzt und es kommt zu unfreiwilliger Arbeitslosigkeit. Ist das gesamtwirtschaftliche Angebot beim gegenwärtigen Preisniveau geringer als die Nachfrage, dann begrenzt das Angebot den Output, und es entsteht ein Preisauftrieb.

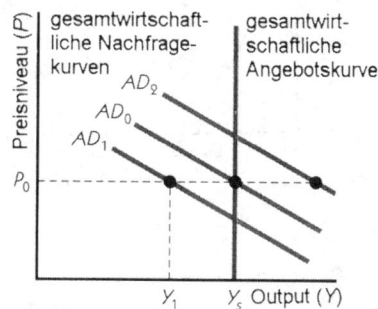

Die Probleme der Inflation und der Arbeitslosigkeit liegen auf entgegengesetzten Seiten der aggregierten Angebotskurve. Wenn die gesamtwirtschaftliche Güternachfrage beim gegenwärtigen Preisniveau das gesamtwirtschaftliche Angebot übersteigt, macht die Volkswirtschaft eine Inflation durch, während sie sich auf ihr zukünftiges Gleichgewichtsniveau zubewegt. Wenn auf der anderen Seite die gesamtwirtschaftliche Nachfrage beim herrschenden Preisniveau hinter dem Angebot zurückbleibt, wird die Arbeitslosigkeit zum Problem. In beiden Fällen hängt die Höhe der Inflationsrate bzw. der Arbeitslosenquote davon ab, wie groß die Lücke zwischen Angebot und Nachfrage ist; je größer die Lücke ist, desto stärker ist die Wirkung. Der wechselseitige Zusammenhang zwischen Inflation und Arbeitslosigkeit ist der Schlüssel zum Verständnis der Anpassungsdynamik - der Mittelweg zwischen dem Vollbeschäftigungsmodell und dem Unterbeschäftigungsmodell, die wir bisher betrachtet haben.

Wirtschaftswissenschaftler und Wirtschaftspolitiker stehen vor einer dreifachen Herausforderung. Sie müssen (1) den Zustand der Volkswirtschaft zu einem beliebigen Zeitpunkt diagnostizieren, (2) herausfinden, wie dieser Zustand durch wirtschaftspolitische Maßnahmen günstig beeinflußt werden kann und (3) prognostizieren, wie sich Inflation und Arbeitslosigkeit in Zukunft wahrscheinlich entwikkeln werden. Zwei der wichtigsten Faktoren für die Einschätzung des Zustands der Volkswirtschaft sind die Arbeitslosenquote - ein Maß für die „Anspannung" am Arbeitsmarkt - und die Lohnänderungsrate. Auch die Bedingungen an den Güter- und Kapitalmärkten werden untersucht, aber die Arbeitslosigkeit und die Löhne sind aus verschiedenen Gründen ein besonders gutes Maß für den Zustand der Volkswirtschaft und für die weitere Entwicklung der Inflationsrate.

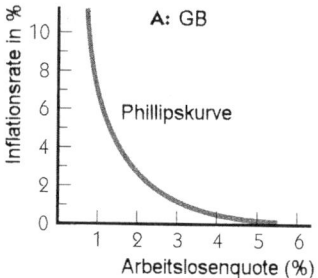

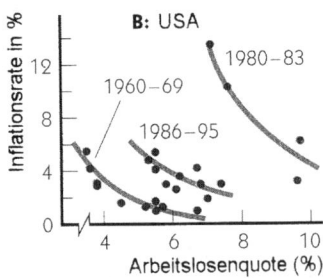

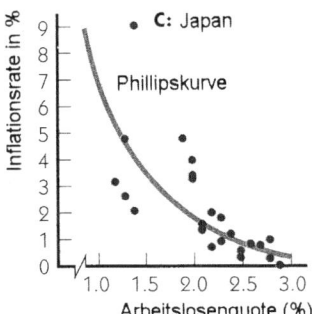

Abbildung 33.2   Die Phillipskurve. Die Phillipskurve zeigt, daß die Inflationsrate steigt, wenn die Arbeitslosenquote zurückgeht. Teil A ist das Diagramm, das A. W. Phillips tatsächlich im Jahr 1958 für die britische Wirtschaft gezeichnet hat. Teil B stellt den Phillipskurvenzusammenhang für US-Daten in den sechziger Jahren, den frühen achtziger Jahren, und den späten achtziger und frühen neunziger Jahren dar. Teil C ist eine Phillipskurve für Japan von 1970 bis 1995. *Quelle: ERP* (1995), Tabellen B-40, B-63, B-110, B-111.

Die Phillipskurve

Die Veränderungsrate der Löhne folgt der gleichen Logik wie die Veränderungsrate der Preise. Je größer die Lücke zwischen Nachfrage und Angebot beim gegenwärtigen Preisniveau ist, desto mehr stehen die Preise unter Druck und desto *schneller* werden sie steigen. Genauso verhält sich der Arbeitsmarkt: Je „angespannter" der Arbeitsmarkt ist, desto schneller werden aller Erwartung nach die Löhne (als Preis der Arbeit) steigen. Diese Beziehung zwischen Arbeitslosenquote und Inflationsrate wird **Phillipskurve** genannt nach A. W. Phillips, einem Neuseeländer, der in den fünfziger Jahren in England Wirtschaftswissenschaften gelehrt hat. Wie Abbildung 33.2 zeigt, ist die Phillipskurve in einer Reihe von Fällen empirisch bestätigt worden.

Die verschiedenen Diagramme in Abbildung 33.2 zeigen die Phillipskurve für verschiedene Länder und Zeiträume. In jedem Fall wird bei einer positiven Arbeitslosenquote eine Inflationsrate von null erreicht. Dafür gibt es mehrere Gründe. In einer Volkswirtschaft ist nicht jeder Arbeitsanbieter für jeden Job qualifiziert. Es kommt vor, daß Fahrzeugbauer arbeitslos sind, während gleichzeitig bei Computerprogrammierern ein Nachfrageüberschuß herrscht. Wenn die Löhne auf eine Überschußnachfrage stärker reagieren als auf ein Überschußangebot, wird der Durchschnittslohn steigen, auch wenn die Überschußnachfrage auf einem Teilarbeitsmarkt genau dem Überschußangebot auf einem anderen Teilarbeitsmarkt entspricht. Genauso kann in Detroit Arbeitslosigkeit herrschen, während gleichzeitig in Seattle offene Stellen vorhanden sind. Aber die arbeitslosen Fahrzeugbauer aus Detroit können nicht einfach in Seattle Jobs in der Flugzeugindustrie erhalten. Überdies werden immer einige Arbeitskräfte gerade den Arbeitsplatz wechseln; in Kapitel 24 haben wir in diesem Zusammenhang von der friktionellen Arbeitslosigkeit gesprochen.

Die Rolle der Inflationserwartungen

Die stabile Beziehung zwischen Arbeitslosigkeit und Inflation scheint in den siebziger Jahren verschwunden zu sein. Hohe Arbeitslosenquoten und hohe Inflationsraten traten gleichzeitig auf. Dafür gibt es eine einfache Erklärung: Bei jedem Niveau der Arbeitslosigkeit hängt die Lohnsteigerungsrate von den Erwartungen in bezug auf die Inflation ab. Wenn die Arbeitnehmer Preissteigerungen erwarten, werden sie zum Ausgleich höhere Lohnzuwächse fordern; und die Arbeitgeber werden auf diese Forderung eingehen, denn sie glauben, daß sie für ihre Produkte höhere Preise erzielen können werden.

Die Inflationserwartungen waren in den siebziger Jahren hoch und führten dazu, daß höhere Inflationsraten mit höheren Arbeitslosenquoten einhergingen. Das ist in Abbildung 33.3 graphisch dargestellt. Die Phillipskurve verschiebt sich nach oben, denn ihre Lage wird durch die veränderten Inflationserwartungen bestimmt. Während der siebziger Jahre hat sich die Phillipskurve wiederholt nach oben verschoben, um dann in den frühen achtziger Jahren zur Ruhe zu kommen. Die Phillipskurve stabilisiert sich, wenn die tatsächliche Inflation der erwarteten Inflation entspricht. Das geschieht bei einem ganz bestimmten Wert der Arbeitslosenquote, der manchmal auch als **natürliche Arbeitslosenquote** bezeichnet wird (U^* in Abbildung 33.3).

Um die Rolle der natürlichen Rate der Arbeitslosigkeit besser zu verstehen, halten wir uns vor Augen, wie die Inflationserwartungen durch die Erfahrungen der jüngsten Vergangenheit und durch die antizipierten Veränderungen der politischen und wirtschaftlichen Rahmenbedingungen beeinflußt werden. Nehmen wir den einfachen Fall adaptiver Erwartungen: Hier passen sich die Inflationserwartungen ein-

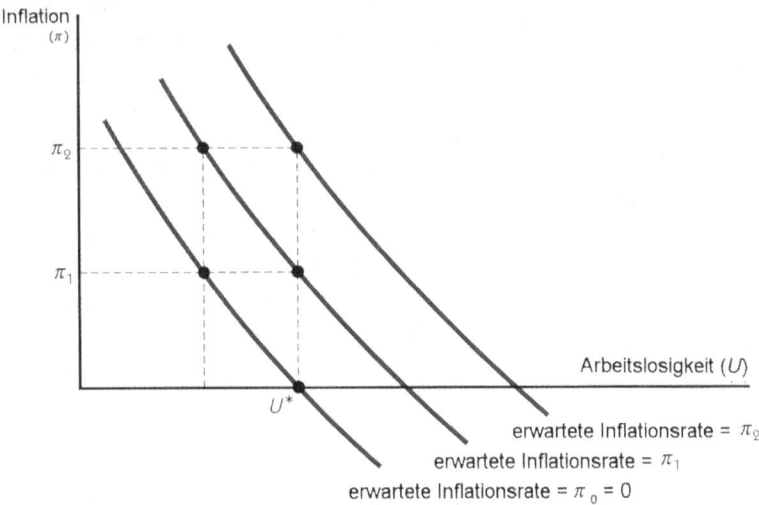

Abbildung 33.3   Die Abhängigkeit der Phillipskurve von den Inflationserwartungen.
Die Lage der Phillipskurve hängt von den Inflationserwartungen ab. Wird ein Anstieg der
Inflationsrate erwartet, so verschiebt sich die Phillipskurve nach oben. U^* ist die natürliche
Rate der Arbeitslosigkeit, auch NAIRU genannt (*non-accelerating inflation rate of unemployment* = diejenige Arbeitslosenquote, bei der sich die Inflation nicht beschleunigt). Bei
U^* entspricht die tatsächliche Inflationsrate immer genau der erwarteten Inflationsrate. Bei
einer niedrigeren Arbeitslosenquote ist die Inflation höher als erwartet, und die Phillipskurve verschiebt sich noch weiter nach oben. Bei einer höheren Arbeitslosenquote ist die Inflation geringer als erwartet, und die Phillipskurve verschiebt sich nach unten.

fach an die Erfahrungen der jüngsten Vergangenheit an. Angenommen in einer
Volkswirtschaft waren die Preise über längere Zeit hinweg stabil. Aufgrund dieser
historischen Erfahrung erwarten die Arbeitnehmer eine Inflationsrate von null; das
entspricht in Abbildung 33.3 derjenigen Phillipskurve, die mit $\pi = 0$ bezeichnet
ist. Angenommen es gelingt dem Staat, die Arbeitslosigkeit unter die Rate U^* (bei
der tatsächliche und erwartete Inflationsrate übereinstimmen) zu drücken und sie
auf diesem niedrigeren Niveau zu halten. Dadurch wird ein Anstieg der Inflationsrate ausgelöst. Sobald die Inflationsrate steigt, verschiebt sich die Phillipskurve
nach oben, so daß jede Arbeitslosenquote mit einer höheren Inflationsrate verbunden ist. Wenn der Staat die Arbeitslosenquote weiterhin unterhalb von U^* hält,
wird auch die Inflationserwartung weiter steigen und zu einer weiteren Verschiebung der Phillipskurve nach oben führen. Wenn also der Staat versucht, die Arbeitslosenquote unter ihrem natürlichen Niveau zu halten, nimmt die Inflationsrate

kontinuierlich zu. Jedesmal wenn die Inflationsrate steigt, sorgt die Anpassung der Inflationserwartungen für einen weiteren Anstieg. Deshalb nennt man die natürliche Rate der Arbeitslosigkeit auch **NAIRU** (*non-accelerating inflation rate of unemployment* = diejenige Arbeitslosenquote, bei der sich die Inflation nicht beschleunigt).

Eine Volkswirtschaft kann ihre Arbeitslosenquote nicht dauerhaft unter die NAIRU drücken, wenn sie nicht ständig steigende Inflationsraten in Kauf nehmen will. Das ist in den Vereinigten Staaten heute einer der zentralen Konsenspunkte unter Makroökonomen.

20 Der Trade-off zwischen Inflation und Arbeitslosigkeit

Wenn die Arbeitslosenquote dauerhaft unterhalb der NAIRU liegt, steigt die Inflationsrate; wenn sie oberhalb der NAIRU liegt, nimmt die Inflationsrate ab. Eine Volkswirtschaft kann ihre Arbeitslosigkeit nicht dauerhaft unterhalb der NAIRU halten, ohne mit ständig steigenden Inflationsraten konfrontiert zu sein.

Dieser Konsens hat eine wichtige Konsequenz für die Wirtschaftspolitik: Der Staat sollte nicht versuchen, die Arbeitslosenquote unter die NAIRU zu drücken.

Wichtig ist dabei die Frage, wie schnell die Phillipskurve sich nach oben verschiebt, wenn die Arbeitslosenquote unterhalb der NAIRU liegt. Die Antwort hängt teilweise von den Inflationserfahrungen der jüngsten Vergangenheit ab: Wenn die Inflationsrate hoch war und sich ständig stark verändert hat, ist jeder dafür sensibilisiert, die Inflationserwartungen reagieren schnell, und auch die Phillipskurve verschiebt sich schnell. Nachdem in den letzten Jahren in den Vereinigten Staaten die Inflationsrate niedrig und stabil war, muß man mit einer eher schleppenden Reaktion rechnen: Wenn die Arbeitslosenquote ein Jahr lang um zwei Prozentpunkte unterhalb der NAIRU gehalten wird, wird die Inflationsrate um einen Prozentpunkt steigen. Umgekehrt müßte man die Arbeitslosenquote ein Jahr lang um zwei Prozentpunkte über der NAIRU halten (oder sechs Monate lang um vier Prozentpunkte), wenn man die Inflationsrate um einen Prozentpunkt senken wollte. Der Betrag, um den man die Arbeitslosenquote ein Jahr lang über der NAIRU halten müßte, um die Inflationsrate um einen Prozentpunkt zu senken, wird **Opferrate** genannt. 1996 wurde die Opferrate in den Vereinigten Staaten auf etwa zwei geschätzt.

Verschiebungen der NAIRU

Obwohl das *Konzept* der NAIRU inzwischen auf breite Zustimmung stößt, kommen Wirtschaftswissenschaftler zu unterschiedlichen Schätzungen über die Höhe der kritischen Arbeitslosenquote, unterhalb derer die Inflationsrate zu steigen be-

Anwendungsbeispiel: Berechnung der Opferrate

In den späten achtziger Jahren glaubte man, daß die NAIRU zwischen 6,0 und 6,2 Prozent lag. In der untenstehenden Tabelle sind die Arbeitslosenquoten zwischen 1987 und 1990 aufgeführt. Während dieser Zeit stieg die Inflationsrate von 4,4 auf 6,1 Prozent. Wir wollen zeigen, daß diese Daten mit einer Opferrate von 1,4 konsistent sind, wenn man davon ausgeht, daß die NAIRU 6,2 Prozent betrug.

1987 lag die Arbeitslosenquote bei 6,2 Prozent, was dem angenommenen Wert für die NAIRU entspricht, so daß die Inflationsrate nicht gestiegen ist. (Obwohl sich die Arbeitslosigkeit von Monat zu Monat verändert, nehmen wir die Differenz aus dem Jahres*durchschnitts*wert der Arbeitslosenquote und der NAIRU und teilen das Ergebnis durch die Opferrate. Die Opferrate gibt an, wie weit die Arbeitslosenquote ein Jahr lang über der NAIRU liegen muß, um die Inflationsrate um einen Prozentpunkt zu senken; also kann man den Kehrwert der Opferrate als denjenigen Anstieg der Inflationsrate interpretieren, der zustande kommt, wenn man die Arbeitslosenquote ein Jahr lang um einen Prozentpunkt unter der NAIRU hält.) 1988 erhöhte sich die Inflationsrate um einen halben Prozentpunkt (0,7 : 1,4 = 0,5), 1989 kamen etwas weniger als 0,7 Prozentpunkte hinzu und 1990 wieder ein halber Prozentpunkt. Die Daten zwischen 1987 und 1990 sind also in der Tat mit einer Opferrate von 1,4 konsistent.

Jahr	Arbeitslosenquote	Inflationsrate
1987	6,2	4,4
1988	5,5	4,9
1989	5,3	5,6
1990	5,5	6,1

Quelle: *ERP* (1996), Tabellen B-38, B-60.

ginnt. Das liegt daran, daß die NAIRU selbst sich im Lauf der Zeit verändern kann. In der zweiten Hälfte der achtziger Jahre glaubten die meisten Wirtschaftswissenschaftler, die NAIRU liege in den USA etwa bei sechs Prozent oder etwas darüber. Als die Arbeitslosenquote erst auf 5,8 Prozent und dann auf 5,6 Prozent sank und während der Jahre 1994 und 1995 in diesem Bereich blieb, glaubten immer mehr Wirtschaftswissenschaftler, daß die NAIRU gesunken sei. In seinem Jahresbericht vom Februar 1995 kam der Sachverständigenrat von Präsident Clinton zu dem Schluß, daß die NAIRU zurückgegangen sei und nunmehr in einem

Bereich von 5,5 bis 5,8 Prozent liege. Im Februar 1996 meinten sie, der Bereich müsse wahrscheinlich noch niedriger angesetzt werden. Andere Experten befürchteten, daß es doch zu einer neuen Inflation kommen würde, wenn auch mit einer langen Zeitverzögerung. Heute glauben nur wenige Wirtschaftswissenschaftler, daß die Daten ausreichen, um daraus einen präzisen Wert für die NAIRU abzuleiten; bestenfalls kann man einen Bereich plausibler Werte angeben.[1]

Einige Veränderungen der NAIRU sind vorhersehbar. Bedingt durch Arbeitsplatzwechsel gibt es immer eine gewisse friktionelle Arbeitslosigkeit. Wer neu auf den Arbeitsmarkt kommt, ist häufiger von Arbeitsplatzwechseln betroffen oder muß länger nach einer Stelle suchen. In den siebziger Jahren erreichte die Babyboom-Generation das Arbeitsalter, und die Erwerbstätigkeit der Frauen nahm zu. Infolge davon stieg die NAIRU. In den neunziger Jahren haben sich diese Trends umgekehrt, was zum Teil den Rückgang der NAIRU erklärt. Auch wirtschaftspolitische Maßnahmen zur Erleichterung des Arbeitsplatzwechsels können die NAIRU senken. Der Wettbewerbsdruck ist gestiegen und die Macht der Gewerkschaften ist zurückgegangen; dadurch kommt es häufiger zu Lohnsenkungen und die durchschnittliche Lohnsteigerungsrate hat abgenommen. Auch diese Entwicklung hat dazu beigetragen, daß die NAIRU zurückgegangen ist.

Die langfristige Phillipskurve

Die Beziehung zwischen Arbeitslosenquote und Inflationsrate, die sich *langfristig* einstellt, wird langfristige Phillipskurve genannt und ist in Abbildung 33.4 dargestellt. Die langfristige Phillipskurve verläuft senkrecht und liegt genau bei der Arbeitslosenquote, die wir als NAIRU bezeichnet haben. Eine Volkswirtschaft kann ihre Arbeitslosigkeit nicht *dauerhaft* unter die NAIRU senken, ohne mit einer sich ständig beschleunigenden Inflation dafür zu bezahlen. Man kann eine niedrigere Arbeitslosenquote nicht durch eine leicht erhöhte Inflationsrate erkaufen. Kurzfristig gibt es allerdings dennoch einen *Trade-off*, das heißt es ist möglich um den Preis einer höheren Inflationsrate die Arbeitslosigkeit zu reduzieren.

Rationale Erwartungen

In dem obigen Beispiel verschiebt sich die Phillipskurve mit der Zeit schrittweise nach oben, in dem Maße, in dem die Marktteilnehmer höheren Inflationsraten ausgesetzt sind und die entsprechenden Erwartungen in ihre Lohnverhandlungen einfließen lassen. Wir haben angenommen, daß die Erwartungen sich an die tatsächli-

---

[1] In Europa haben die weitreichenden strukturellen Veränderung der letzten 15 Jahre die Unsicherheit über den Wert der NAIRU noch vergrößert. Viele Wirtschaftswissenschaftler in Europa halten diese Unsicherheit für so hoch, daß das Konzept keinen wirtschaftspolitischen Nutzen bringt.

che Erfahrung anpassen; wenn die Erwartungen auf diese Weise gebildet werden, spricht man von **adaptiven** Erwartungen.

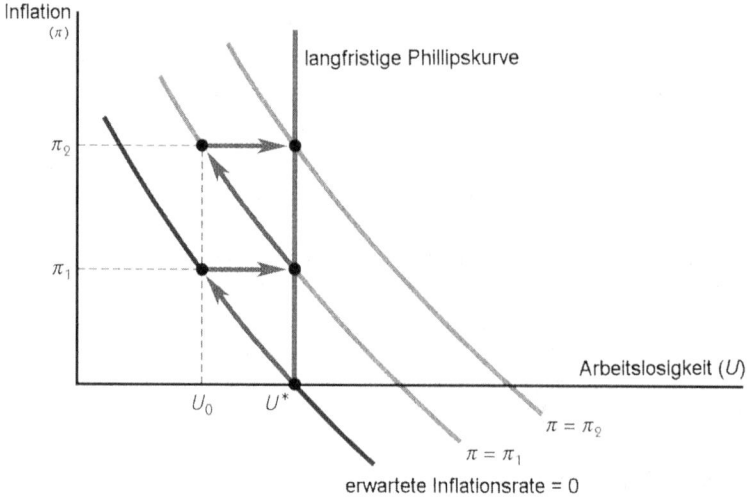

Abbildung 33.4   Eine vertikale langfristige Phillipskurve. Angenommen, die Preise sind ursprünglich stabil und der Staat beschließt, eine geringere Arbeitslosigkeit dadurch zu „erkaufen", daß er eine gewisse Inflation in Kauf nimmt. Die Arbeitslosigkeit wird für kurze Zeit auf U_0 reduziert, aber dann verschiebt sich die Phillipskurve aufgrund der veränderten Inflationserwartungen (π_1) nach oben, so daß sich die Arbeitslosenquote wieder auf U^* erhöht. Wenn nun der Staat von neuem versucht, die Arbeitslosenquote unter U^* zu drücken, kann das nur gelingen, wenn die Inflation noch weiter steigt (auf π_2). Dadurch verschiebt sich die Phillipskurve noch einmal nach oben. Würde man nun die Inflation bei π_2 halten, so würde die Arbeitslosenquote wieder auf U^* ansteigen. Nur wenn man in Kauf nimmt, daß die Inflationsrate ständig ansteigt, kann eine Arbeitslosenquote unter U^* aufrechterhalten werden. Die einzige Arbeitslosenquote, die aufrechterhalten werden kann, ohne daß sich die Inflationsrate ändert, ist U^*: Die langfristige Phillipskurve ist vertikal.

In seinem bahnbrechenden Werk aus den siebziger Jahren, für das er 1995 den Nobelpreis bekam, behauptet Robert Lucas, daß die Verschiebung der Phillipskurve nach oben sich auch sehr viel schneller vollziehen könnte. Die Marktteilnehmer müssen nicht unbedingt warten, bis sie die Inflation am eigenen Leib erfahren haben, um sie in ihre Erwartungen einzubauen. Sie können die Inflation auch *rational antizipieren*. Wenn zum Beispiel der Staat versucht, die Volkswirtschaft durch eine Ausdehnung der Geldmenge zu stimulieren, werden Unternehmungen und Arbeitnehmer durch rationale Überlegungen vorhersehen, daß die Preise steigen werden, und diese Erwartung wird ihr Verhalten bestimmen. Solche Erwartungen, die auf dem Verständnis der strukturellen Zusammenhänge in der Volkswirtschaft beruhen, werden als **rationale Erwartungen** bezeichnet.

Ein Blick in die Wirtschaftspolitik: Indexierte Staatsanleihen

Im Mai 1996 kündigte Finanzminister Robert Rubin an, daß die Vereinigten Staaten beabsichtigten, sich der kleinen Gruppe von Ländern anzuschließen, die indexierte Staatsanleihen auflegen. Solche Wertpapiere garantieren unabhängig von der Inflationsrate einen bestimmten *realen Ertrag*. Wenn ein indexiertes Wertpapier einen Realzinssatz von einem Prozent verspricht, und wenn die Inflationsrate vier Prozent beträgt, dann wird es mit insgesamt fünf Prozent verzinst; beträgt die Inflationsrate zwei Prozent, dann bringt es einen nominalen Ertrag von drei Prozent.

Indexierte Staatsanleihen haben eine Anzahl weiterer wichtiger Vorteile. Einer betrifft das Sparen für die Altersversorgung. Derzeit haben die Menschen keine Möglichkeit, ihre Ersparnisse für den Ruhestand vollkommen sicher anzulegen. Wer in festverzinsliche Wertpapiere investiert, nimmt damit das Risiko einer Erhöhung der Inflationsrate auf sich. Wenn ein Wertpapier mit sieben Prozent verzinst wird und die Inflation auf zehn Prozent steigt, kann es sein, daß der Anleger beim Eintritt in den Ruhestand viel weniger vermögend ist, als er gedacht hatte. Viele Rentenkassen bieten Verträge an, bei denen die Renten mit der Inflation steigen. Aber der einzelne Sparer hat nicht die Möglichkeit, seine Ersparnisse so anzulegen, daß er damit gegen eine hohe Inflationsrate versichert ist.

Ein weiterer Vorteil besteht darin, daß der Staat auf diese Weise wahrscheinlich seine Kreditkosten senken kann. Da einzelne Sparer und Rentenkassen das Inflationsrisiko nicht gerne tragen, sind sie bereit für eine Inflationsversicherung zusätzlich zu bezahlen, und der Staat kann das Inflationsrisiko besser tragen als irgend jemand sonst.

Und schließlich gibt es noch einen Vorteil für Wirtschaftspolitiker und Wissenschaftler. Aus der Ertragsdifferenz zwischen indexierten und nicht indexierten Anleihen kann man wichtige Informationen über die Inflationserwartungen gewinnen. Wenn zum Beispiel der Zinssatz für nicht indexierte Anleihen um einen Prozentpunkt steigt, während der Preis für indexierte Anleihen unverändert bleibt, kann man daraus schließen, daß die Inflationserwartungen der Anleger um einen Prozentpunkt gestiegen sind.

Die These der rationalen Erwartungen hat sehr weitreichende Implikationen. Angenommen die Regierung kündigt ihre Absicht an, die Arbeitslosenquote durch eine Geldmengenerhöhung unter der NAIRU zu halten. Unternehmungen und Arbeitnehmer würden dann die erhöhte Inflation antizipieren, und dadurch würde sich die Phillipskurve sofort nach oben verschieben. Wenn die Wirkung des beschleunigten Geldmengenwachstums vollständig antizipiert würde, würden die Preise tatsächlich proportional zur Geldmenge steigen; die reale Geldmenge würde sich überhaupt nicht verändern, und damit wäre es auch nicht möglich, das Niveau der wirtschaftlichen Aktivität zu beeinflussen. In diesem Fall gilt die vertikale Phillipskurve auch in der kurzen Frist möglicherweise sogar für Zeiträume unter einem Jahr.

Wie schnell die Erwartungen sich anpassen, hängt von den wirtschaftlichen Gegebenheiten ab. Wenn die Inflationsrate über einen langen Zeitraum hinweg stabil war, werden Haushalte und Unternehmungen diese Inflationsrate wahrscheinlich als gegeben hinnehmen. Sie werden ihre Erwartungen nur allmählich verändern. Aber wenn Haushalte und Firmen eine Zeitlang mit hohen und stark schwankenden Inflationsraten konfrontiert waren, erkennen sie die Wichtigkeit einer korrekten Vorhersage der Inflationsrate, und in diesem Fall werden die Erwartungen wahrscheinlich auf wirtschaftspolitische Veränderungen sehr sensibel reagieren.

Diese schnelle Anpassung der Erwartungen hat einen interessanten Aspekt. Der Staat kann zwar die Arbeitslosigkeit nicht unter die NAIRU drücken, ohne eine schnell zunehmende Inflation auszulösen; umgekehrt verursacht aber eine Reduktion der Inflationsrate möglicherweise kaum Kosten. Wenn Unternehmungen und Haushalte daran glauben, daß der Staat die Inflationsrate reduzieren wird, können die Inflationserwartungen beinahe über Nacht entscheidend gesenkt werden mit der Folge, daß sich die Phillipskurve entsprechend nach unten verschiebt. Das Problem besteht natürlich darin, daß die Regierung andere davon überzeugen muß, daß ihre Inflationsbekämpfung erfolgreich sein wird. Diese Art von Glaubwürdigkeit aufzubauen kann unter Umständen schwierig sein; der Preis besteht dann darin, daß man über längere Zeit hinweg hohe Arbeitslosenquoten in Kauf nehmen muß.

33.3 Inflation, gesamtwirtschaftliche Nachfrage und Angebotsanalyse

Im letzten Abschnitt haben wir uns auf den Arbeitsmarkt konzentriert und beschrieben, wie das Niveau der Arbeitslosigkeit zusammen mit den Inflationserwartungen die Inflationsrate bestimmt. Da sich Löhne und Preise in die gleiche Richtung entwickeln, geben uns die Bestimmungsfaktoren der Lohninflation Aufschluß über die Inflation insgesamt. In diesem und dem nächsten Abschnitt werden wir die Verbindung zwischen Arbeitsmarkt und Gütermarkt genauer betrachten. Dadurch können wir den Zusammenhang zwischen der dynamischen Analyse dieses Kapitels, bei der es um die Veränderungsraten von Löhnen und Preisen geht, und der statischen Analyse von Teil V und Teil VI mit den aggregierten Angebots- und Nachfragekurven besser verstehen.

Das aggregierte Angebot

Zunächst rufen wir uns den Gütermarkt mit der aggregierten Nachfrage und dem aggregierten Angebot ins Gedächtnis zurück. In früheren Kapiteln haben wir das potentielle BIP als diejenige Outputmenge beschrieben, welche die Volkswirtschaft mit Hilfe des verfügbaren Arbeitsangebots und des vorhandenen Bestands an Fabriken und Produktionsanlagen herstellen könnte. Der Einfachheit halber sind wir von einem unelastischen Arbeitsangebot ausgegangen. Infolge dessen hatten Preisniveauänderungen keinen Einfluß auf die Anzahl der Erwerbspersonen und damit auch nicht auf den potentiellen Output.

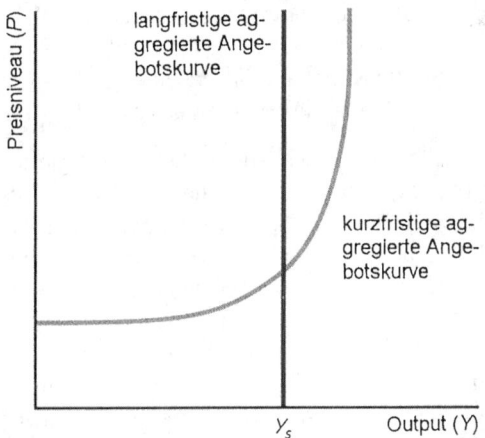

Abbildung 33.5 Die kurzfristige aggregierte Angebotskurve. Die kurzfristige aggregierte Angebotskurve zeigt für ein bestimmtes gegebenes Lohnniveau diejenige Outputmenge, die bei jedem Preisniveau hergestellt wird. Im Gegensatz dazu gibt die langfristige aggregierte Angebotskurve diejenige Outputmenge an, die hergestellt wird, wenn die Löhne flexibel sind, so daß eine als „normal" anzusehende Auslastung von Arbeit und Kapital aufrechterhalten werden kann. Da Arbeit und Kapital für kurze Zeit mehr leisten können, als dieser Normalauslastung entspricht, kann das kurzfristige aggregierte Angebot bei hohen Preisen das langfristige aggregierte Angebot übersteigen. Die kurzfristige aggregierte Angebotskurve hat drei Abschnitte: Einen flachen Abschnitt, wo große Überschußkapazitäten vorhanden sind, einen vertikalen Abschnitt, wo die Produktionskapazität vollkommen ausgeschöpft ist, und dazwischen einen Abschnitt mit ansteigendem Kurvenverlauf.

Man kann sich das aggregierte Angebot einer Volkswirtschaft auch als diejenige Outputmenge vorstellen, die hergestellt würde, wenn Löhne und Preise vollkommen flexibel wären, so daß die Arbeitskräfte immer vollbeschäftigt wären. Wegen dieser Voraussetzung, daß sich Löhne und Preise vollständig anpassen und so die Vollbeschäftigung sicherstellen können, nennt man die vertikale aggregierte Angebotskurve manchmal auch die **langfristige aggregierte Angebotskurve.**

Manchmal wollen die Unternehmungen nicht alle verfügbaren Arbeitskräfte einstellen, wenn der Preis, den sie für ihre Produkte erzielen *relativ* zu den bezahlten Löhnen zu niedrig ist. Die **kurzfristige aggregierte Angebotskurve** beruht auf der Annahme, daß die Löhne fix sind, daß sie also nicht fallen können, um die Vollbeschäftigung sicherzustellen. Sie zeigt, welche Mengen die Unternehmungen bei jedem Preisniveau anbieten wollen. Typischerweise hat sie den in Abbildung 33.5 gezeigten Verlauf. Diese Kurve besteht aus drei Teilen. Wenn Überschußkapazitäten vorhanden sind, dann sind beträchtliche Outputerhöhungen möglich, ohne daß das Preisniveau nennenswert steigt; das ist der horizontale Abschnitt. Wenn die Volkswirtschaft alle ihre Ressourcen vollständig ausnützt, ist auch ein noch so hoher Preisanstieg nicht in der Lage, eine Outputzunahme hervorzurufen; das ist der vertikale Abschnitt. Dazwischen steigt die Kurve an; das bedeutet, daß höhere Preise die Hersteller dazu bringen, ihre Maschinen stärker auszulasten.

Der Zusammenhang zwischen dem vertikalen Ast der kurzfristigen aggregierten Angebotskurve, der langfristigen aggregierten Angebotskurve und der NAIRU bedarf einer genaueren Erklärung. Wie wir in Kapitel 24 gesehen haben, kann die Volkswirtschaft kurzfristig eine Leistung bringen, die über die hundertprozentige Auslastung ihrer Normalkapazität hinausgeht, wenn Instandhaltungsarbeiten an den Maschinen verschoben werden. Darüber hinaus kann man für kurze Zeiträume die Arbeitskräfte dazu bringen, Überstunden zu machen, oder man kann vorübergehend zusätzliche Arbeitskräfte mobilisieren. Langfristig ist es aber nicht möglich, Instandhaltungsarbeiten hinauszuschieben oder den Arbeitskräften zusätzliche Schichten aufzubürden. In dem Ausmaß, in dem man den Arbeitskräften und Maschinen eine Mehrbelastung zumuten kann, liegt der vertikale Abschnitt der kurzfristigen aggregierten Angebotskurve rechts von der langfristigen aggregierten Angebotskurve, wie in Abbildung 33.5 gezeigt. Die Lage der langfristigen aggregierten Angebotskurve stellt die *Normal*auslastung der gesamtwirtschaftlichen Produktionskapazität dar. Wenn die Volkswirtschaft mehr leistet, als ihrer Normalauslastung entspricht, entsteht ein Preisauftrieb; wenn sie dagegen unterhalb ihrer Normalauslastung arbeitet, geraten die Preise unter Druck. Also entspricht das langfristige aggregierte Angebot der NAIRU; bei dieser Arbeitslosenquote nimmt die Inflationsrate weder zu noch ab.

Kurzfristiges Gleichgewicht

Wir können nun sehen, wie der (*kurzfristige*) Gleichgewichtsoutput vom Preisniveau abhängt. Bei einem sehr hohen Preisniveau (Abbildung 33.6A) liegt die gesamtwirtschaftliche Nachfrage unter dem Angebot - der vertraute Fall aus Teil VI.

Die Unternehmungen produzieren nur, was sie verkaufen können. Der Output entspricht der aggregierten Nachfrage.

Teil B illustriert den Fall, daß beim herrschenden Preisniveau P_1 das kurzfristige aggregierte Angebot zwar größer ist als das langfristige aggregierte Angebot aber immer noch geringer als die aggregierte Nachfrage. Der Output wird hier durch die kurzfristige aggregierte Angebotskurve begrenzt.

Allgemein gilt folgendes Prinzip: Es ist immer die kurze Marktseite, die dominiert.

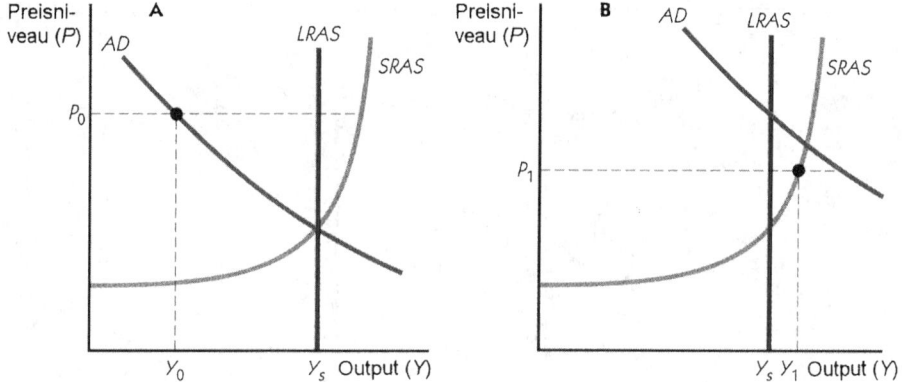

Abbildung 33.6   Die Bestimmung des kurzfristigen Outputs. Die Kurven in den Diagrammen A und B zeigen die aggregierte Nachfrage (*AD*), das kurzfristige aggregierte Angebot (*SRAS*) und das langfristige aggregierte Angebot (*LRAS*). In Teil A ist beim Preisniveau P_0 die aggregierte Nachfrage geringer als das Angebot. Der Output ist Y_0. In Teil B ist beim herrschenden Preisniveau P_1 das kurzfristige Angebot zwar größer als das langfristige, aber immer noch geringer als die Nachfrage. Hier wird der Output durch die kurzfristige aggregierte Angebotskurve bestimmt.

Verschiebungen der aggregierten Nachfragekurven

Mit Hilfe dieses Modells können wir zeigen, wie sich Verschiebungen der aggregierten Nachfragekurven auf den Inflationsdruck auswirken. Man kann drei Situationen unterscheiden. In Teil A der Abbildung 33.7 schneidet die aggregierte Nachfragekurve die kurzfristige aggregierte Angebotskurve ursprünglich in deren horizontalem Abschnitt. Das ursprüngliche Preisniveau ist P_0 und der ursprüngliche Output Y_0. Es sind große Überschußkapazitäten vorhanden. Eine Rechtsverschiebung der aggregierten Nachfragekurve führt zu einem neuen Gleichgewichts-

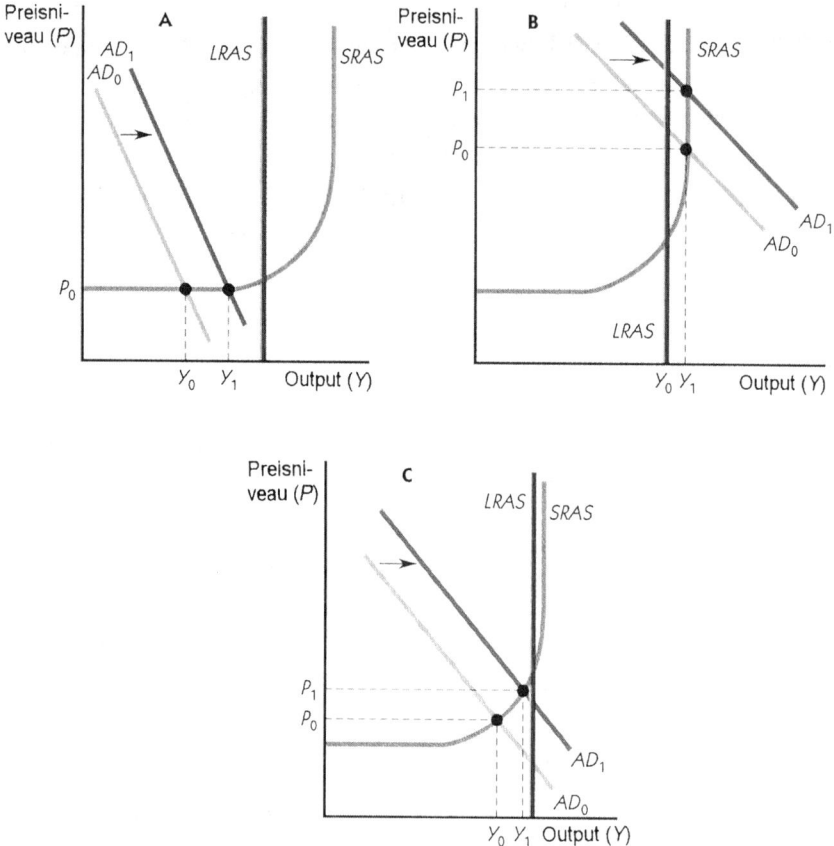

Abbildung 33.7 Verschiebungen der aggregierten Nachfragekurve. Die Kurven in den Diagrammen A, B und C zeigen die aggregierte Nachfrage (*AD*), das langfristige aggregierte Angebot (*LRAS*) und das kurzfristige aggregierte Angebot (*SRAS*). Teil A: Das ursprüngliche Gleichgewicht liegt auf dem horizontalen Ast der kurzfristigen aggregierten Angebotskurve, so daß Rechtsverschiebungen der aggregierten Nachfragekurve zu einer Erhöhung des Outputs führen aber nicht zu einem Preisauftrieb. Teil B: Das ursprüngliche Gleichgewicht liegt auf dem vertikalen Ast der aggregierten Angebotskurve, so daß Verschiebungen der aggregierten Nachfragekurve den Output nicht erhöhen können aber einen beträchtlichen Inflationsdruck auslösen. Teil C: Das ursprüngliche Gleichgewicht liegt auf dem ansteigenden Ast der aggregierten Angebotskurve. Rechtsverschiebungen der aggregierten Nachfragekurve führen zu einem Preisauftrieb. Wenn sich sonst nichts ändert, wird das Gleichgewicht schließlich bei einem höheren Preisniveau P_1 und einem höheren Output Y_1 wieder hergestellt.

output Y_1. Bei Y_1 besteht kein Nachfrageüberschuß am Gütermarkt und kein Preisauftrieb. Wegen der hohen Überschußkapazitäten hat die Erhöhung der aggregierten Nachfrage keinen inflationären Druck ausgelöst.

In Teil B schneidet die aggregierte Nachfragekurve die kurzfristige aggregierte Angebotskurve in deren vertikalem Ast. In der Ausgangssituation war das Preisniveau P_0 und die aggregierte Nachfrage entsprach auch hier wieder gerade dem Angebot. Hier führt jedoch eine Rechtsverschiebung der Nachfragekurve nicht zu einer Veränderung des Outputs - schließlich hat die Volkswirtschaft ihre Produktionskapazität bereits voll ausgeschöpft. Stattdessen entsteht ein starker Preisauftrieb. Eine Inflation, die durch eine Rechtsverschiebung der aggregierten Nachfragekurve ausgelöst wird, nennt man **Nachfragesoginflation**.

Die Darstellung in Abbildung 33.7B entspricht der Situation im Jahr 1965. Zu dieser Zeit war die Produktionskapazität der USA beinahe ausgeschöpft. Präsident Johnson wollte in Vietnam einen Krieg beginnen, aber er wollte den Amerikanern nicht sagen, wie teuer ein solcher Krieg werden könnte. Deshalb beschloß er, die Steuern nicht zu erhöhen, oder zumindest nicht so weit, daß man damit den Krieg hätte bezahlen können. Auch andere Staatsausgaben wollte er nicht kürzen, insbesondere nicht sein *War-on-Poverty*-Programm. Das Ausgangsgleichgewicht lag auf dem vertikalen Ast der aggregierten Angebotskurve, und die erhöhten Staatsausgaben verschoben die aggregierte Nachfragekurve nach rechts, so daß ein inflationärer Druck entstand. Die Inflationsrate, die zu Beginn der sechziger Jahre zwischen einem und zwei Prozent gelegen hatte, stieg bis zum Jahr 1970 auf das damals schwindelerregende Niveau von sechs Prozent an.

In Teil C schneidet die aggregierte Nachfragekurve die kurzfristige aggregierte Angebotskurve ursprünglich in deren ansteigendem Ast. Wieder herrscht im Ausgangszustand Gleichgewicht zwischen Angebot und Nachfrage beim Preisniveau P_0. Wieder löst eine Rechtsverschiebung der aggregierten Nachfragekurve einen Preisauftrieb aus; allerdings steigt hier mit dem Preisniveau auch der Output, da die aggregierte Angebotskurve in dieser Gegend einen steigenden Verlauf hat.

Das Ausmaß in dem Verschiebungen der aggregierten Nachfragekurve Preiserhöhungen oder Outputerhöhungen nach sich ziehen, hängt also von der Steigung der kurzfristigen aggregierten Angebotskurve ab: Ist sie horizontal, so steigt der Output und es entsteht kein Preisauftrieb; ist sie vertikal, so kann der Output nicht steigen, und statt dessen kommt es zu einem starken Preisauftrieb; steigt sie an, so kommt es *gleichzeitig* zu Outputerhöhungen und inflationärem Druck. Aus diesem statischen Bild kann man die typische Form einer Phillipskurve ableiten, wie Abbildung 33.8 zeigt. Bei einer hohen Arbeitslosenquote führt eine gegebene Rechtsverschiebung der aggregierten Nachfragekurve (sagen wir ein Anstieg der aggregierten Nachfrage beim gegebenen Preisniveau um ein Prozent) zu einer starken Verringerung der Arbeitslosenquote und einer sehr geringen Zunahme der Inflati-

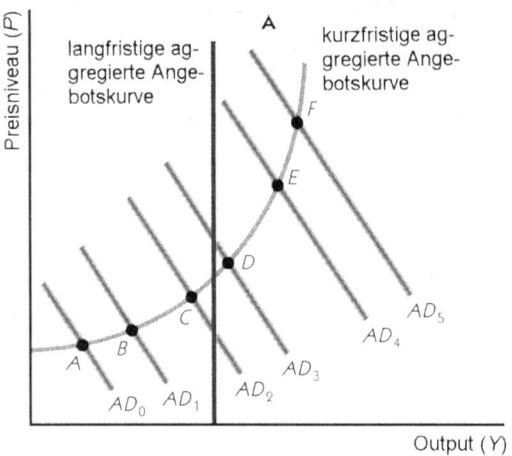

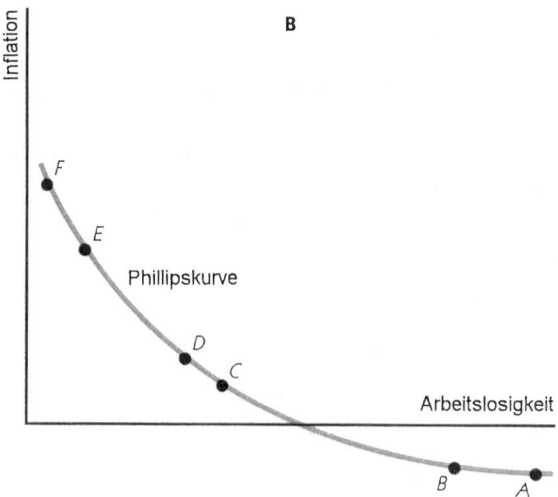

Abbildung 33.8   Die Form der Phillipskurve: Wie statische Verschiebungen der aggregierten Nachfragekurve in Bewegungen auf der Phillipskurve übersetzt werden können. Wenn große Überschußkapazitäten vorhanden sind und die Arbeitslosenquote entsprechend hoch ist, führen Verschiebungen der aggregierten Nachfragekurve zu einer starken Verringerung der Arbeitslosenquote bei geringfügiger Erhöhung der Inflationsrate (Bewegung von *A* nach *B*). Bei sehr niedriger Arbeitslosigkeit reduziert sich die Arbeitslosenquote dagegen nur geringfügig, während die Inflationsrate stark ansteigt (Bewegung von *E* nach *F*). Dazwischen führen Verschiebungen der aggregierten Nachfragekurve zu einer mittleren Verringerung der Arbeitslosenquote und einer ebensolchen Erhöhung der Inflationsrate (Bewegung von *C* nach *D*).

onsrate (Bewegung von *A* nach *B*); bei einer niedrigen Arbeitslosenquote führt die gleiche Rechtsverschiebung der aggregierten Nachfragekurve zu einer geringfügigen Verringerung der Arbeitslosenquote und einer starken Erhöhung der Inflationsrate (Bewegung von *E* nach *F*); dazwischen sind die Veränderungen von Arbeitslosenquote und Inflationsrate weniger extrem (Bewegung von *C* nach *D*).

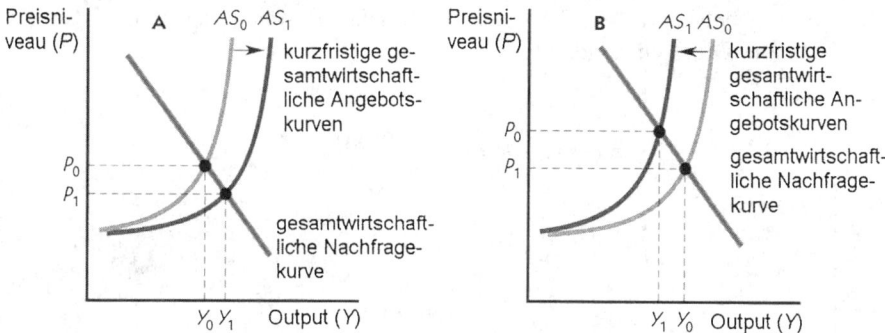

Abbildung 33.9 Verschiebungen der kurzfristigen aggregierten Angebotskurve. Die kurzfristige aggregierte Angebotskurve kann sich entweder aufgrund einer Kapazitätserhöhung oder einer Kostensenkung nach rechts unten verschieben, oder aufgrund eines Kapazitätsrückgangs oder einer Kostensteigerung nach links oben. Teil A zeigt die Verschiebung nach rechts unten von AS_0 nach AS_1, die dazu führt, daß es beim ursprünglichen Preisniveau zu einem Preissenkungsdruck kommt. Bei fallenden Preisen wird schließlich der Output steigen. Teil B zeigt die Kurvenverschiebung nach links oben von AS_0 nach AS_1, durch die beim ursprünglichen Preisniveau ein Preisauftrieb entsteht.

Verschiebungen der aggregierten Angebotskurve

Teil A und Teil B der Abbildung 33.9 zeigen die beiden Richtungen, in die sich die kurzfristige aggregierte Angebotskurve verschieben kann. Eine Erhöhung der Produktionskapazität (zum Beispiel wegen zusätzlicher Investitionen) oder eine Kostensenkung (zum Beispiel wegen fallender Ölpreise) können die Kurve nach rechts unten verschieben. Das ist in Teil A der Abbildung dargestellt. Letztendlich geraten dadurch beim ursprünglichen Preisniveau die Preise unter Druck. Teil B zeigt eine Verschiebung der kurzfristigen aggregierten Angebotskurve in die entgegengesetzte Richtung, nach links oben. Die Ursache dafür kann eine Kostenerhöhung sein, wie zum Beispiel die dramatische Ölpreiserhöhung in den siebziger Jahren. Infolge davon kommt es beim ursprünglichen Preisniveau zu einem Preisauftrieb, der zu Inflation führt. Eine Inflation, die durch eine solche Verschiebung der aggregierten Angebotskurve zustande kommt, nennt man **Kostendruckinflation**.

1973 beschloß die Organisation erdölexportierender Länder (OPEC), der hauptsächlich Staaten des Nahen Ostens angehören, ihre Ölexporte in bestimmte westliche Länder, einschließlich der Vereinigten Staaten, zu stoppen. Selbst nachdem das Embargo wieder aufgehoben wurde, begrenzte die OPEC weiterhin ihre Ölförderung, so daß der Ölpreis drastisch anstieg. Für die gesamte Wirtschaft der Vereinigten Staaten stiegen dadurch die Produktionskosten. Die kurzfristige aggregierte Angebotskurve verschob sich nach links oben mit der Folge, daß ein inflationärer Druck entstand.

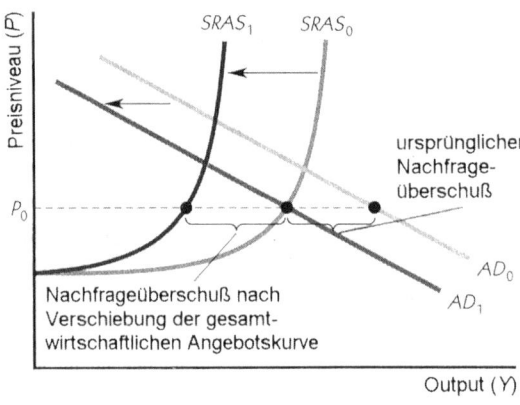

Abbildung 33.10 Der Ölpreisschock und das Ende des Vietnamkriegs. Die Beendigung des Vietnamkriegs verschob die aggregierte Nachfragekurve nach links von AD_0 nach AD_1. Normalerweise hätte dadurch ein Preissenkungsdruck entstehen müssen. Gleichzeitig verschob jedoch der Ölpreisschock die kurzfristige aggregierte Angebotskurve nach links oben von $SRAS_0$ nach $SRAS_1$. Beim alten Preisniveau P_0 ging der Output zurück, während der inflationäre Druck bestehen blieb.

Der Zeitpunkt hätte nicht schlechter sein können. Die Staatsausgaben zur Finanzierung des Vietnamkriegs hatten ja bereits eine Inflation in Gang gesetzt. Als die Truppen allmählich aus Vietnam abgezogen wurden, hätte die Verringerung der Staatsausgaben zu einer Linksverschiebung der aggregierten Nachfragekurve führen und die Inflation bremsen können. Aber die Verschiebung der kurzfristigen aggregierten Angebotskurve nach oben war groß genug, um diesen Effekt mehr als auszugleichen, und die Volkswirtschaft geriet in eine **Stagflation**, das heißt Inflation und Arbeitslosigkeit stiegen gleichzeitig. Das wird in Abbildung 33.10 dargestellt. Die Inflationsphase, die mit einer Rechtsverschiebung der aggregierten Nachfragekurve aufgrund des Vietnamkriegs begonnen hatte, wurde durch eine Linksverschiebung der aggregierten Angebotskurve infolge des Ölembargos fortgesetzt. Darüber hinaus stiegen während dieser Zeit die Inflationserwartungen und trugen ihrerseits zur Verstärkung des Inflationsprozesses bei.

33.4 Das Beharrungsvermögen der Inflation

In einem früheren Abschnitt dieses Kapitels haben wir erläutert. daß die Inflationsrate keine Veränderungstendenz aufweist, wenn die Arbeitslosenquote auf dem Niveau der NAIRU verharrt. Die Inflation hat dieses Beharrungsvermögen, weil höhere Löhne zu höheren Preisen führen (und dazu, daß höhere Preise erwartet werden) und diese wieder zu höheren Löhnen. Bei höheren Preisen verlangen die Arbeitnehmer höhere Löhne, und die Arbeitgeber sind bereit, sie zu bezahlen. Und bei höheren Löhnen verlangen die Unternehmungen höhere Preise für ihre Produkte, und die Konsumenten sind bereit, sie zu bezahlen.

Es macht keinen großen Unterschied, wie die Inflation begonnen hat - ob als Nachfragesoginflation, also durch eine Verschiebung der aggregierten Nachfragekurve, oder als Kostendruckinflation, also durch eine Verschiebung der aggregierten Angebotskurve. Wenn der Prozeß einmal in Gang gesetzt worden ist, führen Lohnerhöhungen zu Preiserhöhungen und diese wieder zu Lohnerhöhungen in einem ununterbrochenen Teufelskreis.

Die Erwartungen stärken das Beharrungsvermögen der Inflation. Die Lohnforderungen der Arbeitskräfte basieren auf ihren Erwartungen in bezug auf den Preisanstieg; und die Unternehmungen setzen ihre Preise auf der Grundlage von Erwartungen über die Entwicklung der Löhne und anderer Kosten.

Wenn das Beharrungsvermögen der Inflation stark ist, kann es sein, daß man lange Perioden der Arbeitslosigkeit in Kauf nehmen muß, um die Inflationsrate entscheidend zu senken. Bei einer hohen Arbeitslosenquote mäßigen die Arbeitnehmer ihre Lohnforderungen; niedrigere Lohnforderungen ermöglichen dann einen langsameren Anstieg der Preise. Wenn die Arbeitskräfte allmählich wahrnehmen, daß die Inflation sich verlangsamt, wirkt sich das weiterhin mäßigend auf ihre Lohnforderungen aus.

Manchmal kann jedoch eine Inflation sehr schnell gestoppt werden, wenn es gelingt, die Erwartungen radikal zu verändern. Wenn der Staat Maßnahmen ergreift, die nach allgemeiner Überzeugung die Inflation wirksam bekämpfen, dann kann es zum Beispiel sein, daß die Arbeitskräfte ihre Lohnforderungen mäßigen, und daß die Unternehmungen zu keinen Lohnerhöhungen mehr bereit sind, da sie davon ausgehen, daß sie für ihre Produkte in Zukunft keine höheren Preise erzielen können.

33.5 Geldpolitik

Inflation wird oft als ein im wesentlichen monetäres Phänomen betrachtet. So auch in Teil V dieses Buches, wo wir vollkommen flexible Preise vorausgesetzt haben. Eine Zunahme der Geldmenge führt unter diesen Bedingungen zu einer Zunahme des Preisniveaus, ohne irgendwelche realen Auswirkungen. Im Gegensatz dazu hat die Geldpolitik in Teil VI bei vollkommen starren Preisen zwar durchaus Auswirkungen auf den Output aber keinen *unmittelbaren* Einfluß auf die Inflation. In diesem Teil schlagen wir eine Brücke zwischen vollkommen flexiblen und vollkommen starren Preisen und zeigen, daß die Geldpolitik im allgemeinen sowohl den Output als auch die Inflationsrate beeinflußt. Abbildung 33.11 zeigt, daß eine Zunahme der Geldmenge zu einer Rechtsverschiebung der aggregierten Nachfragekurve führt. Angenommen, die gesamtwirtschaftliche Nachfrage entspricht ursprünglich genau dem (kurzfristigen und langfristigen) Angebot und es gibt keine Inflation. Die Verschiebung der gesamtwirtschaftlichen Nachfragekurve verursacht dann beim herrschenden Preisniveau einen inflationären Druck, der allmählich zu Preiserhöhungen führt. Bei steigenden Preisen nimmt der Output entlang der kurzfristigen aggregierten Angebotskurve zu. Mit dem Output erhöht sich auch die Beschäftigung. Teil B der Abbildung zeigt, daß die Arbeitslosenquote unter das Niveau der NAIRU fällt, und daß infolgedessen der Inflationsprozeß einsetzt. Auf diese Weise kann eine Erhöhung der Geldmenge eine Inflationsperiode einläuten.

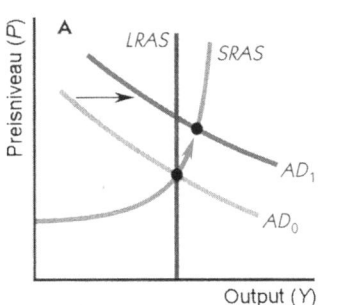
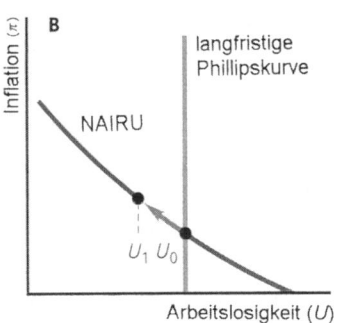

Abbildung 33.11 Eine übermäßig expansive Geldpolitik löst einen Inflationsprozeß aus. Eine Erhöhung der Geldmenge bedeutet eine Rechtsverschiebung der aggregierten Nachfragekurve (Teil A). Es entsteht ein Preisauftrieb. Mit steigenden Preisen nimmt der Output entlang der kurzfristigen aggregierten Angebotskurve zu. Mit dem Output steigt auch die Beschäftigung. In Teil B sinkt die Arbeitslosenquote unter die NAIRU, so daß sich die Inflation beschleunigt.

Die Geldpolitik kann ebenfalls dazu beitragen, das Beharrungsvermögen der Inflation zu stärken. Wenn die Währungsbehörden zulassen, daß sich die Geldmenge im Gleichschritt mit den Preisen erhöht, ermöglicht sie damit den Fortbestand der Inflation. Umgekehrt kann sie allerdings auch durch restriktive Maßnahmen die Inflationsrate senken.

Ob die Geldpolitik eine kontraktive Wirkung hat, hängt vor allem von der Wachstumsrate der Geldmenge ab. In Kapitel 12 haben wir gesehen, daß die Geldnachfrage normalerweise (bei jedem Zinssatz) mit dem *Nominal*einkommen steigt. Wenn zum Beispiel die reale Wachstumsrate einer Volkswirtschaft zwei Prozent beträgt und die Inflationsrate drei Prozent, dann muß die Geldmenge um fünf Prozent pro Jahr steigen, damit sie bei unverändertem Zinssatz gerade der erhöhten Geldnachfrage entspricht. Wächst die Geldmenge weniger schnell, so müssen die Zinssätze steigen, um das Gleichgewicht am Geldmarkt aufrechtzuerhalten, und dadurch verringern sich die Investitionsausgaben. Die gesamtwirtschaftliche Nachfragekurve verschiebt sich nach links, und der inflationäre Druck nimmt ab.

33.6 Erwartungen und Wechselkurse

In Kapitel 31 haben wir gesehen, daß die Geldpolitik ihre Wirkung auf die Volkswirtschaft über zwei Kanäle entfaltet: Sie beeinflußt die Zinssätze und damit die Investitionen; und in einer offenen Volkswirtschaft wirkt sie auf die Wechselkurse und damit auf die Nettoexporte. Eine Zinssenkung macht Finanzinvestitionen in einem Land weniger attraktiv; damit sinkt die Nachfrage nach der Währung dieses Landes und damit auch der Wechselkurs. Durch den Rückgang des Wechselkurses werden die Produkte des Landes im Ausland wettbewerbsfähiger, so daß die Exporte zunehmen; gleichzeitig verteuern sich die Produkte anderer Länder im Inland, so daß die Importe zurückgehen. Das Ergebnis ist ein Anstieg der Nettoexporte, der die aggregierte Nachfragekurve nach rechts verschiebt. Die gleiche Argumentation kann man auf eine kontraktive geldpolitische Maßnahme anwenden. Durch den Zinsanstieg steigt der Wechselkurs; damit gehen die Nettoexporte zurück, und die gesamtwirtschaftliche Nachfragekurve verschiebt sich nach links.

In dieser Analyse haben wir eine kritische Bestimmungsgröße des Wechselkurses vernachlässigt, und zwar die Erwartungen, die eine Prognose der Auswirkungen der Geldpolitik auf die Wechselkurse erschweren. Wenn amerikanische Anleger Yen halten und der Dollar an Wert gewinnt, dann erleiden sie einen Kapitalverlust. Betrachten wir zum Beispiel Jakob, der im April 1995 bei einem Wechselkurs von 80 ¥/$ 80.000 ¥ gekauft und dafür 1.000 $ bezahlt hat. Vier Monate später betrug der Wechselkurs 100 ¥/$. Wenn er nun seine Yen verkauft hätte, hätte er 800 $ erhalten - ein Verlust von 20 Prozent in nur vier Monaten. Wenn die Anleger eine Dollaraufwertung erwarten, verkaufen sie Yen und kaufen Dollar, so daß die Nachfrage nach Dollar steigt. Also steigt auch der Wechselkurs, und ihre Erwartungen werden bestätigt. Offensichtlich kann so eine Spirale steigender Wechselkurse entstehen, da - mindestens bis zu einem gewissen Punkt - jeder Wertzuwachs des Dollar die Erwartung verstärkt, daß der Dollar noch weiter steigen wird.

Wie die Anleger und Spekulatoren ihre Erwartungen bilden und wie diese Erwartungen von der Geldpolitik beeinflußt werden, das ist eine komplizierte Angelegenheit, die man noch nicht vollständig versteht. Aber die Inflationserwartungen spielen dabei eine wichtige Rolle. Wenn für die Vereinigten Staaten eine höhere Inflationsrate erwartet wird als für Japan, dann werden die Anleger glauben, daß *langfristig* der Dollar gegenüber dem Yen an Wert verlieren muß.

Die Erwartungen verstärken den dämpfenden Effekt einer restriktiveren Geldpolitik: Wenn die Anleger glauben, daß die Währungsbehörden Maßnahmen ergreifen, um die Konjunktur zu dämpfen und damit die Inflation zu verringern, werden sie erwarten, daß der Dollar gegenüber dem Yen an Wert gewinnen wird (im Vergleich zu einer Situation ohne restriktive Geldpolitik), und diese Zukunftserwartung führt in der Gegenwart zu einer höheren Dollarnachfrage und damit zu einem höheren Wechselkurs. Durch den gestiegenen Außenwert des Dollar werden importierte Güter für Amerikaner attraktiver, während amerikanische Güter in Japan teurer werden, so daß der Export zurückgeht.

33.7 Ursachen für Lohn- und Preisstarrheiten

In diesem Kapitel ging es um die Anpassung von Löhnen und Preisen; wir haben zum Beispiel beschrieben, daß die Löhne um so schneller steigen, je niedriger die Arbeitslosenquote ist. Diese empirischen Gesetzmäßigkeiten sind einleuchtend; je enger der Arbeitsmarkt wird, desto stärker konkurrieren die Arbeitgeber um die verfügbaren Arbeitskräfte und desto stärker werden die Löhne steigen. Für Wirtschaftswissenschaftler sind solche Erklärungen aber nicht vollkommen befriedigend. Wenn sich nämlich Löhne und Preise schneller anpassen würden, könnte die Arbeitslosigkeit nicht so lange bestehen bleiben. Für das langsame Tempo der Lohn- und Preisanpassungen hat man drei entscheidende Gründe gefunden: Anpassungskosten, Risiko und unvollständige Informationen und schließlich die unvollkommene Konkurrenz, die geknickte Nachfragekurven und Arbeitsangebotskurven mit sich bringt.[2]

---

[2] Man könnte aus diesen Faktoren sogar schließen, daß Preise und Löhne unter bestimmten Umständen überhaupt nicht auf kleine Veränderungen der Nachfrage oder der Kosten reagieren. Aber die Volkswirtschaft besteht aus vielen Unternehmungen, die sich in sehr unterschiedlichen Situationen befinden. So kann es sein, daß einige überhaupt nicht reagieren, während andere sich vollständig anpassen. Im Durchschnitt ergibt sich dann eine langsame Anpassung. Im nächsten Kapitel betrachten wir Erklärungen, die vor allem für den Arbeitsmarkt relevant sind.

Anpassungskosten

Eine erste Erklärung für Preisstarrheiten hat damit zu tun, daß Preisänderungen mit Kosten verbunden sind. Wenn Firmen ihre Preise ändern, müssen sie neue Angebots- und Preislisten drucken oder ihre Kunden auf andere Weise über die Preisänderungen informieren. Solche Preisänderungskosten können recht hoch sein, aber die Befürworter dieser Erklärung für Preisstarrheiten, zu denen Gregory Mankiw, George Akerlof und Janet Yellen gehören, weisen darauf hin, daß selbst geringfügige Anpassungskosten große Auswirkungen haben können. Wenn in einer Volkswirtschaft jede einzelne Unternehmung aus Kostengründen ihre Preise nur langsam anpaßt, kann insgesamt eine beträchtliche Preisstarrheit entstehen, auch wenn die Anpassungskosten nur gering sind.

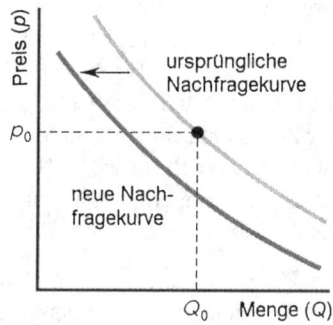

Abbildung 33.12   Anpassungskosten. Wenn eine Unternehmung feststellt, daß sich ihre Nachfragekurve verschoben hat, muß sie entweder die Preise oder die Produktionsmenge anpassen. Welchen Weg sie wählt, hängt zum Teil von den verschiedenen Anpassungskosten und den damit verbundenen Risiken ab. Wenn Kosten oder Risiken bei einer Preisanpassung höher sind als bei einer Mengenanpassung, wird die Unternehmung den Preis unverändert lassen und statt dessen die Menge reduzieren. So kommt es zu Preisstarrheit.

Wenn eine Unternehmung, wie in Abbildung 33.12, mit einer Verschiebung der Nachfragekurve für ihre Produkte konfrontiert ist, muß sie sich zwischen Mengenanpassung und Preisanpassung entscheiden. Nun sind zwar beide mit Kosten verbunden, aber die Kosten einer Mengenanpassung sind fast immer viel höher. In einer solchen Entscheidungssituation werden die Unternehmungen lieber die Preise als die Mengen anpassen. Infolgedessen sind *in den meisten Situationen* die direkten Anpassungskosten keine überzeugende Erklärung für Preisstarrheiten.

Risiko und unvollständige Information

Risiko und unvollständige Information sind wichtige Gründe für Preis- und Lohnstarrheiten. Unternehmungen leben mit großer Unsicherheit in bezug auf die Folgen von Lohn- und Preisänderungen. Ob eine Firma durch eine Preissenkung ihren Umsatz steigern kann, hängt von den Reaktionen der Kunden und der anderer Firmen in der Branche ab. Wenn die Konkurrenten daraufhin ihre Preise ebenfalls senken, wird die Firma unter Umständen ihren Marktanteil nicht erhöhen können, und die Preissenkung wird einfach nur den Gewinn schmälern. Reagieren die Konkurrenten jedoch nicht, so kann die Firma einen Wettbewerbsvorteil gewinnen. Die Kunden wiederum könnten denken, daß es sich nur um den Anfang einer Serie von Preissenkungen handelt, und könnten beschließen, ihre Käufe zu verschieben, bis die Preise noch niedriger geworden sind; so könnte eine Preissenkung sogar zu Umsatzeinbußen führen. Ähnlich hängen die Folgen einer Lohnsenkung von den Reaktionen der Arbeitskräfte und der Konkurrenzfirmen ab. Andere Unternehmungen könnten ihre Löhne unverändert lassen und die Gelegenheit nutzen, um der Firma ihre besten Arbeitskräfte abzuwerben. Alternativ könnten sie auch ihre eigenen Löhne entsprechend senken. Im einen Fall würden die Gewinne sinken, im anderen Fall würden sie steigen.

Mit Lohn- und Preisänderungen ist oft eine größere Unsicherheit verbunden als mit Veränderungen von Produktion und Beschäftigung. Wenn eine Unternehmung ihre Produktion einschränkt und wenn diese Einschränkung nicht zu drastisch ist, riskiert sie lediglich, daß ihre Lagerbestände stärker dezimiert werden als erwartet, und in diesem Fall erhöht sie einfach die Produktion in der nächsten Periode, um die Lagerbestände wieder aufzufüllen. Wenn sich die Produktionskosten im Lauf der Zeit nicht sehr stark ändern, birgt eine Produktionseinschränkung entsprechend wenig zusätzliches Risiko. Genauso ist es auch viel weniger riskant, die Beschäftigung zu verringern, indem man einfach ausscheidende Arbeitskräfte nicht ersetzt, als die Löhne zu senken.

Da Unternehmungen gerne Risiken vermeiden, versuchen sie auch starke Lohn- und Preisänderungen zu vermeiden; lieber akzeptieren sie etwas größere Mengenänderungen bei Produktion oder Beschäftigung. Infolgedessen sind Löhne und Preise starr.

Geknickte Nachfragekurven

Eine dritte Gruppe von Erklärungen führt die Preisrigiditäten auf die Form der Nachfragekurve zurück, mit der die Unternehmungen bei unvollkommenem Wettbewerb konfrontiert sind. Erinnern wir uns daran, daß bei vollkommenem Wettbewerb jede Unternehmung einer horizontalen Nachfragekurve gegenübersteht. Bei unvollkommenem Wettbewerb dagegen ist die Nachfragekurve aus der Perspektive einer einzelnen Unternehmung abwärts geneigt, ja sie kann sogar beim gegenwärtigen Preis p_0 einen Knick aufweisen wie in Abbildung 33.13. Der Knick bedeutet, daß die Umsatzeinbußen bei einer Preiserhöhung viel größer sind als der Umsatzzuwachs bei einer Preissenkung.

Es gibt zwei Gründe, warum eine Nachfragekurve einen Knick aufweisen kann - oder anders gesagt: warum die Reaktionen auf Preiserhöhungen und Preissenkungen sehr verschieden sind. Erstens gehen die Unternehmungen davon aus, daß ihre eigenen Kunden Preiserhöhungen sofort wahrnehmen und nach günstigeren Bezugsquellen für das betreffende Gut suchen. Wenn sie aber die Preise senken, ohne einen großen Werbeaufwand zu betreiben, kann es sein, daß die Kunden anderer

Anbieter ihre Preissenkung nicht wahrnehmen werden, so daß sie nicht sehr viele neue Kunden dazugewinnen können.

Zweitens befürchten die Unternehmungen, daß ihre Konkurrenten bei einer Preiserhöhung nicht mitziehen werden, und daß sie dann viele Kunden verlieren werden. Wenn sie jedoch ihre Preise senken, so werden die Konkurrenten das als Bedrohung auffassen und ihre eigenen Preise ebenfalls senken, und die Unternehmung wird aus ihrem Versuch, die Konkurrenten zu übertreffen, kaum Nutzen ziehen können.

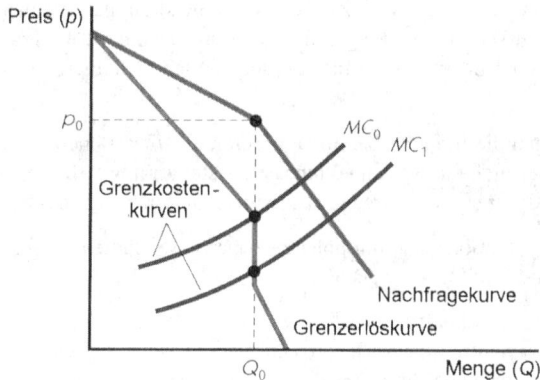

Abbildung 33.13 Geknickte Nachfragekurven und Preisstarrheit. Wenn eine Unternehmung durch eine Preiserhöhung mehr Umsatz verliert, als sie durch eine Preissenkung gewinnen kann, weist ihre Nachfragekurve einen Knick auf. Bei einer geknickten Nachfragekurve hat die Grenzerlöskurve einen vertikalen Abschnitt, denn der zusätzliche Erlös bei einer Preissenkung ist geringer als der Erlösrückgang bei einer Preiserhöhung; kleine Veränderungen der Grenzkosten haben dann keinerlei Veränderung von Preis oder Output zur Folge.

Geknickte Nachfragekurven haben eine schwerwiegende Implikation: Kleine Veränderungen der Grenzkosten haben möglicherweise keinerlei Auswirkung auf den Produktpreis. Selbst wenn es einer Firma gelingt, ihre Produktionskosten zu senken, wird sie weiterhin den Preis p_0 in Abbildung 33.13 verlangen. Geknickte Nachfragekurven führen also zu Preisstarrheiten: Kleine Kostenänderungen, etwa aufgrund einer Lohnsenkung, haben keine Auswirkungen auf die Produktions- oder Preisentscheidungen der Unternehmung.

Eine ähnliche Argumentation gilt für den Arbeitsmarkt, wo die Unternehmungen höhere Löhne bezahlen müssen, um mehr Arbeitskräfte mit der notwendigen Qualifikation anzuwerben. Lohnsenkungen und Lohnerhöhungen können *unterschied-liche* Reaktionen auslösen. Wenn eine Unternehmung die Löhne erhöht, werden die Konkurrenten vielleicht mitziehen aus Angst, ihre besten Arbeitskräfte zu verlieren; bei einer Lohnsenkung werden die Konkurrenten jedoch möglicherweise nicht reagieren und statt dessen mit Hilfe ihrer höheren Löhne die besten Arbeitskräfte an sich ziehen. Eine Lohnsenkung kann sich also als recht kostspielig herausstellen.

Zusammenfassung

1. Die Kosten einer Inflation hängen von ihrer Höhe und Variabilität ab, vom Ausmaß der Indexierung, sowie davon, ob sie antizipiert wird. Zu den Kosten gehören die Ressourcen, die aufgewendet werden müssen, um die Folgen der Inflation selbst bzw. die Folgen der erhöhten Unsicherheit zu mildern. Durch Indexierung können viele dieser Kosten gesenkt werden.

2. Die allgemeine Abneigung gegen die Inflation beruht zum Teil auf Mißverständnissen. So wird die Inflation zum Beispiel für Realeinkommensverluste verantwortlich gemacht, die während einer Inflationsperiode auftreten, aber andere Ursachen haben.

3. Ceteris paribus sind niedrigere Inflationsraten mit höheren Arbeitslosenquoten verbunden. Dieser Zusammenhang wird Phillipskurve genannt.

4. Die Inflationsrate, die mit einer bestimmten Arbeitslosenquote einhergeht, steigt mit den Inflationserwartungen. Wenn also der Staat versucht, die Arbeitslosigkeit sehr niedrig zu halten, wird die Inflationsrate ständig ansteigen, da jede Erhöhung der Inflationsrate in die Erwartungen der Menschen eingeht. Mit steigenden Inflationserwartungen verschiebt sich die Phillipskurve nach oben.

5. Diejenige Arbeitslosenquote, bei der die Inflationsrate stabil bleibt, weil die tatsächliche Inflation der erwarteten Inflation entspricht, wird NAIRU genannt (*non-accelerating inflation rate of unemployment*).

6. Die NAIRU kann sich verändern, wenn sich die Struktur der Erwerbstätigen verschiebt oder wenn Löhne und Preise durch erhöhten Wettbewerb auf den Arbeits- und Gütermärkten unter Druck geraten.

7. Bei rationalen Erwartungen spiegeln sich wirtschaftspolitische Veränderungen direkt in den Inflationserwartungen wider. Schon die Ankündigung einer Politikveränderung kann die Phillipskurve nach oben verschieben.

8. Die kurzfristige aggregierte Angebotskurve gibt für jedes Preisniveau an, welche Mengen die Unternehmungen anbieten wollen (vorausgesetzt die Löhne bleiben unverändert). Sie hat drei Abschnitte: einen horizontalen Abschnitt, wo aufgrund der unausgelasteten Produktionskapazitäten der Output bei weitgehend unveränderten Preisen stark steigen kann, einen vertikalen Abschnitt, der die Kapazitätsgrenze der Volkswirtschaft darstellt, und dazwischen einen Abschnitt mit steigendem Kurvenverlauf.

9. Wenn beim gegenwärtigen Preisniveau die aggregierte Nachfrage das aggregierte Angebot übersteigt, entsteht ein inflationärer Druck. Löhne und Preise passen sich aber nicht sofort an, um Arbeits- und Gütermärkte zu räumen. Die Veränderungsrate von Preisen und Löhnen hängt von der Größenordnung der Lücke zwischen Angebot und Nachfrage ab.

10. Die Inflation hat ein beträchtliches Beharrungsvermögen. Einmal in Gang gesetzt, kann sie lange andauern, denn Lohnerhöhungen führen zu Preiserhöhungen und Preiserhöhungen wiederum zu Lohnerhöhungen.

11. Die Geldpolitik kann entweder zulassen, daß die Geldmenge im Gleichschritt mit den Preisen wächst, und damit zur Fortdauer der Inflation beitragen, oder sie kann die Wachstumsrate der Geldmenge begrenzen und damit die Inflation bremsen.

12. Es gibt drei Gründe dafür, warum sich Preise und Löhne oft nur langsam anpassen. Die Unternehmungen können mit hohen Anpassungskosten konfrontiert sein. Sie können eine Anpassung von Produktion und Beschäftigung vorziehen, weil die damit verbundene Unsicherheit weniger groß ist als bei einer Veränderung von Preisen und Löhnen. Und schließlich können sie geknickten Nachfrage- und Arbeitsangebotskurven gegenüberstehen.

Schlüsselbegriffe

Indexierung	NAIRU	Inflationssteuer
Phillipskurve	kurzfristige und langfristige	Nachfragesoginflation
adaptive Erwartungen	aggregierte Angebotskurve	Kostendruckinflation
rationale Erwartungen	natürliche Arbeitslosenquote	

Wiederholungsfragen

1. Welche tatsächlichen und vermeintlichen Kosten der Inflation kennen Sie? Wie haben sich die Kosten der Inflation durch die Indexierung verändert? Warum macht es einen Unterschied, ob die Inflation antizipiert wird oder nicht?

2. Warum gibt es kurzfristig einen *Trade-off* zwischen Inflation und Arbeitslosigkeit?

3. Welche Rolle spielen die Erwartungen bei Verschiebungen der Phillipskurve? Welchen Unterschied macht es, ob die Erwartungen adaptiv oder rational sind?

4. Was versteht man unter der NAIRU? Warum beschleunigt sich die Inflation, wenn die Arbeitslosenquote unter der NAIRU liegt? Warum könnte die langfristige Phillipskurve einen vertikalen Verlauf haben?

5. Welche Faktoren beeinflussen die NAIRU?

6. Welche Form hat die typische kurzfristige aggregierte Angebotskurve?

7. Welcher Zusammenhang besteht zwischen der dynamischen Analyse der Phillipskurve und der statischen Analyse der aggregierten Angebots- und Nachfragekurven?

8. Welche Faktoren begünstigen das Beharrungsvermögen der Inflation?

9. Welchen Einfluß hat die Geldpolitik auf die Inflation? Welchen Unterschied macht es dabei, ob die Menschen rationale Erwartungen haben? Welchen Unterschied macht es, ob die Volkswirtschaft offen ist?

10. Nennen Sie einige Erklärungen für Lohn- und Preisstarrheiten.

Aufgaben

1. Patrizia verdient 40.000 $ im Jahr, aber ihr Arbeitsvertrag enthält keine automatische Anpassung an die Inflation. Angenommen, die Inflationsrate beträgt fünf Prozent jährlich und Patrizias Gehalt steigt jedes Jahr um zwei Prozent; um wieviel Prozent hat dann nach drei Jahren die Kaufkraft ihres Einkommens abgenommen?

2. Patrick erhält zum Geburtstag zwei Hundertdollarnoten geschenkt. Weil er die Geldscheine gerne bewundert, hebt er sie ein Jahr lang auf. Wieviel Inflationssteuer bezahlt er bei einer Inflationsrate von sechs Prozent? Wie hoch wäre der Realwert dieser 200 $ am Ende des Jahres, wenn er das Geld auf einem Bankkonto mit einer Verzinsung von vier Prozent eingezahlt hätte? Wie hoch wäre der Realwert am Ende des Jahres, wenn er das Geld in einen Geldmarktfonds mit einer Rendite von acht Prozent investiert hätte?

3. „Bei einer positiven Inflationsrate ist es unfair, den Kapitalgewinn, also den Wertzuwachs von Aktien und Wertpapieren, genauso hoch zu besteuern wie das gewöhnliche Einkommen." Diskutieren Sie diese Aussage und beachten Sie dabei besonders den Unterschied zwischen Kapitalgewinnen und Zinseinkommen.

4. Es ist vorgeschlagen worden, die Renten in den USA an die gegenwärtige Lohnentwicklung anzupassen, so daß die Rentner nicht hinter den Beschäftigten zurückbleiben. Welche Folgen hätten Rentenerhöhungen, die nicht an den Preisniveausteigerungen sondern an den Lohn- und Gehaltserhöhungen der aktiven Generation orientiert wären?

5. Gegenwärtig steigen die Rentenzahlungen in den USA entsprechend der Entwicklung des Verbraucherpreisindex. Nun gibt es eine weitverbreitete Meinung, daß der Verbraucherpreisindex die wahre Inflationsrate übertreibt, weil zum Beispiel Qualitätsverbesserungen nicht adäquat berücksichtigt werden. Angenommen, die jährliche Steigerungsrate des Verbraucherpreisindex liegt ungefähr um einen halben Prozentpunkt über der wahren Inflationsrate. Diskutieren Sie das Für und Wider einer Indexbindung der Rentenhöhe an den Verbraucherpreisindex abzüglich 0,5 Prozent.

6. Warum könnte eine einmalige Erhöhung der Mehrwertsteuer anders auf die Inflationsrate wirken als andere Ereignisse, die eine Inflationsspirale auslösen können?

7. Die Opferrate mißt, um wieviel Prozent die Arbeitslosenquote für ein Jahr erhöht werden müßte, um die Inflationsrate um ein Prozent zu senken. Bei einer Opferrate von zwei kann man die Inflationsrate um einen halben Prozentpunkt senken, indem man entweder zwei Jahre lang eine um 0,5 Prozent höhere Arbeitslosenquote in Kauf nimmt oder ein Jahr lang eine um eine Prozent höhere Arbeitslosenquote oder ein halbes Jahr lang eine um zwei Prozent höhere Arbeitslosenquote. Wie lange dauert es bei einer Opferrate von eins, bis die Inflationsrate um zwei Prozentpunkte zurückgegangen ist?

8. Angenommen, der Staat hätte die Arbeitslosenquote zwei Jahre lang um einen Prozentpunkt unter der NAIRU gehalten und die Inflationsrate wäre in dieser Zeit von drei auf vier Prozent gestiegen. Gehen wir weiter davon aus, daß die Kosten der Inflationsbekämpfung genauso hoch sind wie der Nutzen (in Form einer niedrigeren Arbeitslosenquote), der mit einer höheren Inflationsrate einhergeht. Was müßte der Staat tun, um die Inflationsrate auf ihr ursprüngliches Niveau zurückzuführen? Wie hoch ist die Opferrate?

9. 1994 betrug die Arbeitslosenquote in den Vereinigten Staaten beinahe sechs Prozent. Andere Indikatoren ließen vermuten, daß die Volkswirtschaft kaum Überschußkapazitäten hatte und deutliche Anzeichen einer beginnenden Inflation aufwies. Hätten Sie die Zinssätze erhöht, wenn Sie in der Position der Fed gewesen wären? Begründen Sie Ihre Antwort.

10. „Wenn sich die Erwartungen schnell an Veränderungen der wirtschaftlichen Situation und der Wirtschaftspolitik anpassen, kann leicht ein Inflationsprozeß in Gang gesetzt werden. Unter den gleichen Umständen ist es aber auch einfach, die Inflation zu stoppen." Diskutieren Sie diese Aussage. Welche Folgerungen für die Wirtschaftspolitik könnte man daraus ziehen?

11. Erläutern Sie mit Hilfe von aggregierten Angebots- und Nachfragekurven, ob und unter welchen Umständen die folgenden Ereignisse eine Inflation auslösen können:
    a) Eine Verbesserung der Zukunftserwartungen von Unternehmern;
    b) eine Erhöhung des Diskontsatzes;
    c) die Entwicklung wichtiger neuer Technologien;
    d) ein Anstieg der Importpreise;
    e) eine Erhöhung der Staatsausgaben.

12. Welche Auswirkungen hätte die Nachricht, daß sich die OPEC - das Kartell der erdölproduzierenden Länder - aufgelöst hat und daß infolgedessen ein drastischer Rückgang des Ölpreises zu erwarten ist, auf die Phillipskurve?

13. Während Sie in Ihrer Freizeit mit alten wirtschaftlichen Daten herumspielen, stellen Sie fest, daß 1963 die Arbeitslosenquote 5,5 Prozent und die Inflationsrate 1,3 Prozent betragen haben; 1972 lag die Arbeitslosenquote bei 5,5 Prozent und die Inflationsrate bei 3,2 Prozent; 1979 ging eine Arbeitslosenquote von 5,8 Prozent mit einer Inflationsrate von 11,3 Prozent einher; 1988 wurde eine Arbeitslosenquote von 5,5 Prozent und eine Inflationsrate von 3,6 Prozent gemessen. Kann man aus diesen Daten irgendwelche Schlußfolgerungen über die Form der kurzfristigen oder der langfristigen Phillipskurve ziehen? Wie könnte man diese Daten interpretieren?

Kapitel 34

Arbeitslosigkeit: Ursachen für Lohnstarrheit

Viele Arbeitslose, eine große Zahl von Bewerbern für jede ausgeschriebene Stelle, Konkurse und Entlassungen - das sind alles Anzeichen einer Rezession. Die mit der Arbeitslosigkeit verbundene menschliche Not erinnert dringlicher als der entgangene Output und die gesunkenen Gewinne an die Selbstverpflichtung der Politik zur Begrenzung von Ausmaß und Kosten der Arbeitslosigkeit. Um die richtigen Maßnahmen zur Bekämpfung der Arbeitslosigkeit zu finden, muß man zunächst ihre Ursachen verstehen.

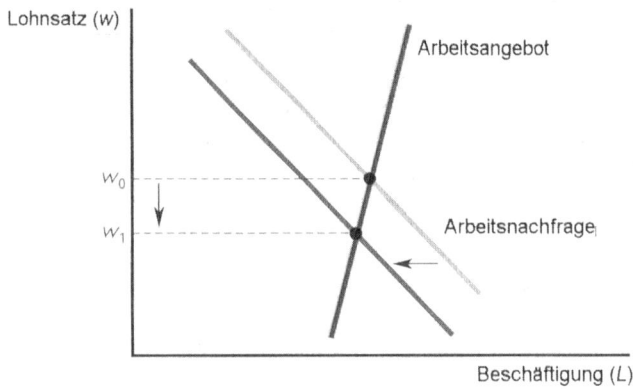

Abbildung 34.1 Veränderungen der Arbeitsnachfrage und Reallohn. Die traditionelle Theorie führt zu dem Schluß, daß eine Linksverschiebung der Arbeitsnachfragekurve mit einem Rückgang der Reallöhne verbunden ist.

Arbeitslosigkeit bedeutet, daß das Arbeitsangebot die Arbeitsnachfrage übersteigt. Dennoch haben wir bei der makroökonomischen Erklärung der Arbeitslosigkeit in Teil VI den Gütermarkt und nicht den Arbeitsmarkt in den Mittelpunkt gestellt. Dafür gibt es einen einfachen Grund. Einer Veränderung der Beschäftigungssituation liegt meist eine Veränderung des Outputs zugrunde. Und die meisten Outputveränderungen sind auf Veränderungen der aggregierten Nachfrage zurückzuführen. Es kommt jedoch noch ein wichtiger Erklärungsfaktor hinzu, den wir in Kapitel 25 betont haben. Unabhängig von der Ursache für die Veränderung der Arbeitsnachfrage könnte die Vollbeschäftigung aufrecht erhalten werden, wenn die Reallöhne sich entsprechend anpassen würden. Der tiefste Grund für die Arbeitslosigkeit ist am Arbeitsmarkt selbst zu suchen. Es ist die mangelnde Anpassungsfähigkeit der Reallöhne an Veränderungen der wirtschaftlichen Situation. Im letzten Kapitel haben wir mehrere Gründe für Lohn- und Preisstarrheiten angeführt. In diesem Kapitel konzentrieren wir uns auf spezielle Eigenheiten des Arbeitsmarktes, die zur Inflexibilität der Löhne, insbesondere der *Real*löhne, beitragen können.

34.1 Löhne und Beschäftigung

Die beobachtbaren Veränderungen der Beschäftigung (oder der Arbeitslosigkeit) und der Löhne sind nur schwer mit dem Modell der vollkommenen Konkurrenz in Übereinstimmung zu bringen. Wenn wir dieses Modell auf den Arbeitsmarkt anwenden, kommen wir zu dem Ergebnis, daß ein Rückgang der Arbeitsnachfrage, wie zum Beispiel in einer Rezession, mit einem Rückgang des Reallohns verbunden sein muß (siehe Abbildung 34.1). Eine Linksverschiebung der Arbeitsnachfragekurve führt zu einer Lohnsenkung. Wenn das Arbeitsangebot nicht auf Lohnänderungen reagiert, das heißt, wenn die Arbeitsnachfragekurve unelastisch ist, wie das in der Abbildung durch den steilen Kurvenverlauf dargestellt ist, geht der Reallohn stark zurück.

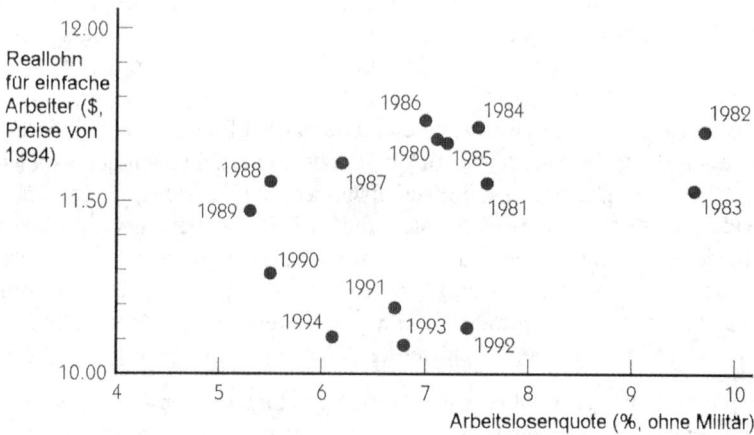

Abbildung 34.2 Reallöhne und Arbeitslosigkeit. Wenn man Reallöhne und Arbeitslosenquote in eine Graphik bringt, entsteht kein klares Muster. Anscheinend können große Veränderungen der Arbeitslosenquote mit relativ geringen Reallohnänderungen einhergehen. *Quelle*: *ERP*(1995), Tabellen B-40, B-45.

Die Realität scheint sich nicht nach diesem Modell zu richten. So sind zum Beispiel während der Weltwirtschaftskrise bei sinkender Arbeitsnachfrage die Reallöhne in der verarbeitenden Industrie sogar gestiegen. Nach einer Schätzung sind die Reallöhne zwischen 1929 und 1934 um mehr als 20 Prozent gestiegen, während die Arbeitslosenquote von 5,5 Prozent auf 22 Prozent zunahm. Ein Beispiel aus jüngerer Zeit sind die achtziger Jahre, als die Reallöhne ebenfalls stiegen, während die Arbeitslosenquote von 5,2 Prozent auf 9,5 Prozent zunahm.

Abbildung 34.2 zeigt Reallöhne und Arbeitslosenquoten während der achtziger und frühen neunziger Jahre. Die Reallöhne haben auf Veränderungen der Arbeitslosenquote kaum reagiert. Dafür gibt es drei mögliche Erklärungen. Erstens könnte die Arbeitsangebotskurve mehr oder minder horizontal verlaufen wie in Abbildung 34.3A. Bei einer Verschiebung der Arbeitsnachfragekurve kommt dann ein neues Gleichgewicht entlang der Arbeitsangebotskurve zustande. Fast alle Wirtschaftswissenschaftler lehnen diese Interpretation ab, denn sehr viele empirische Daten weisen darauf hin, daß die Arbeitsangebotskurve relativ unelastisch ist und damit nicht einen flachen sondern einen steilen Verlauf hat.

Zweitens wäre es möglich, daß Verschiebungen der Arbeitsangebotskurve diejenigen der Arbeitsnachfragekurve gerade ausgleichen, wie in Teil B der Abbildung 34.3. Auch dadurch könnte ein Muster entstehen, bei dem Beschäftigungsschwankungen mit relativ geringen Reallohnänderungen verbunden sind. Auch hier wäre der Arbeitsmarkt letztendlich wieder im Gleichgewicht. Der Beschäftigungsrückgang in der Weltwirtschaftskrise wäre aus dieser Sicht auf eine verringerte Arbeitsbereitschaft oder, was das gleiche bedeutet, auf einen verstärkten Wunsch nach Freizeit zurückzuführen gewesen. In Kapitel 27 haben wir gesehen, daß es durch den Anstieg der Frauenerwerbsquote und durch den Eintritt der Babyboom-Generation in das Erwerbsleben tatsächlich deutliche Verschiebungen des Arbeitsangebots gegeben hat. Die meisten Wirtschaftswissenschaftler sehen jedoch keine überzeugenden Anzeichen dafür, daß sich die Arbeitsangebotskurve mit dem Konjunkturzyklus verschiebt, noch dazu in dem Umfang, der notwendig wäre, um diese Erklärung gelten zu lassen. Und sie sehen auch keinen Grund dafür, warum Verschiebungen der Arbeitsnachfragekurve normalerweise durch Verschiebungen der Arbeitsangebotskurve ausgeglichen werden sollten.

Die dritte Interpretation geht dahin, daß es eine Verschiebung der Arbeitsnachfragekurve ohne entsprechende Verschiebung der Arbeitsangebotskurve und *ohne einen entsprechenden Rückgang des Reallohns* gegeben hat (siehe Abbildung 34.3C). Der Arbeitsmarkt bleibt im Ungleichgewicht stecken. Beim Lohn w_0/P würden die Arbeitskräfte gerne weiterhin Arbeit im Umfang L_0 anbieten. Aber durch die Verschiebung der Arbeitsnachfrage werden beim Lohnsatz w_0/P nur noch L_1 Arbeitskräfte beschäftigt. Die Differenz, L_0-L_1, entspricht der Anzahl der Arbeitslosen. Wenn der Lohn nicht sinken kann, würden die meisten Wirtschaftswissenschaftler und praktisch die gesamte Öffentlichkeit der Meinung sein, daß die

Arbeitslosigkeit unfreiwillig ist. Die Menschen möchten *zum herrschenden Lohnsatz* arbeiten, aber es gibt keine Beschäftigung für sie. Dieses Argument gilt selbst dann, wenn es zu einer leichten Verschiebung der Arbeitsangebotskurve und einer geringfügigen Veränderung des Lohnsatzes kommt. Die Lohnanpassung ist zu gering, um Angebot und Nachfrage in Übereinstimmung zu bringen.

Abbildung 34.3C wirft eine Frage auf, die für die Makroökonomik von fundamentaler Bedeutung ist. Wie kann man die offensichtliche Tatsache erklären, daß die Löhne angesichts einer Linksverschiebung der Arbeitsnachfragekurve nicht zurückgehen? Wie wir im folgenden Abschnitt sehen werden, gibt es dafür eine Vielzahl von Gründen.

34.2 Ursachen für Lohnstarrheiten

Einige Erklärungen für Lohnstarrheiten haben wir schon im letzten Kapitel kennengelernt. Für die gegenwärtige Diskussion sind zwei Möglichkeiten von Bedeutung. Erstens kann es sein, daß die Unternehmungen aufgrund von gewerkschaftlichem Druck oder gesetzlicher Bestimmungen die Löhne nicht senken können. Und zweitens kann es sein, daß der herrschende Lohnsatz für eine Unternehmung effizient ist in dem Sinne, daß sie bei diesem Lohnsatz ihren Gewinn maximieren kann. In diesem Fall würde es sich nicht auszahlen, das Lohnniveau zu senken, selbst wenn sich die Arbeitsnachfragekurve verschiebt. Die Ursachen für Lohnstarrheiten können von Branche zu Branche verschieden sein und sie können auch gleichzeitig auftreten.

Gewerkschaften, Tarifverträge und gesetzliche Mindestlöhne

Verträge und Gesetze können verhindern, daß die Reallöhne bei einem Beschäftigungsrückgang sinken. So wie es Preisuntergrenzen geben kann (siehe Kapitel 5) kann es auch Lohnuntergrenzen geben. Das wichtigste Beispiel sind Tarifverträge.

Tarifverträge

In manchen Branchen erklärt die Macht der Gewerkschaften die Lohnstarrheiten. So haben zum Beispiel in den USA die hohen Löhne in der Stahlindustrie zweifellos zu den hohen Produktionskosten in dieser Branche beigetragen und insbesondere in den siebziger und achtziger Jahren zu dem Niedergang der amerikanischen Firmen am Weltstahlmarkt. 1982 betrug der Durchschnittslohn in der Stahlindustrie 13,96 $ pro Stunde und lag damit um 64 Prozent über dem Durchschnittslohn des gesamten produzierenden Gewerbes. (Danach sind die Löhne in der Stahlindustrie relativ zu den Löhnen anderer Branchen stark zurückgegangen.)

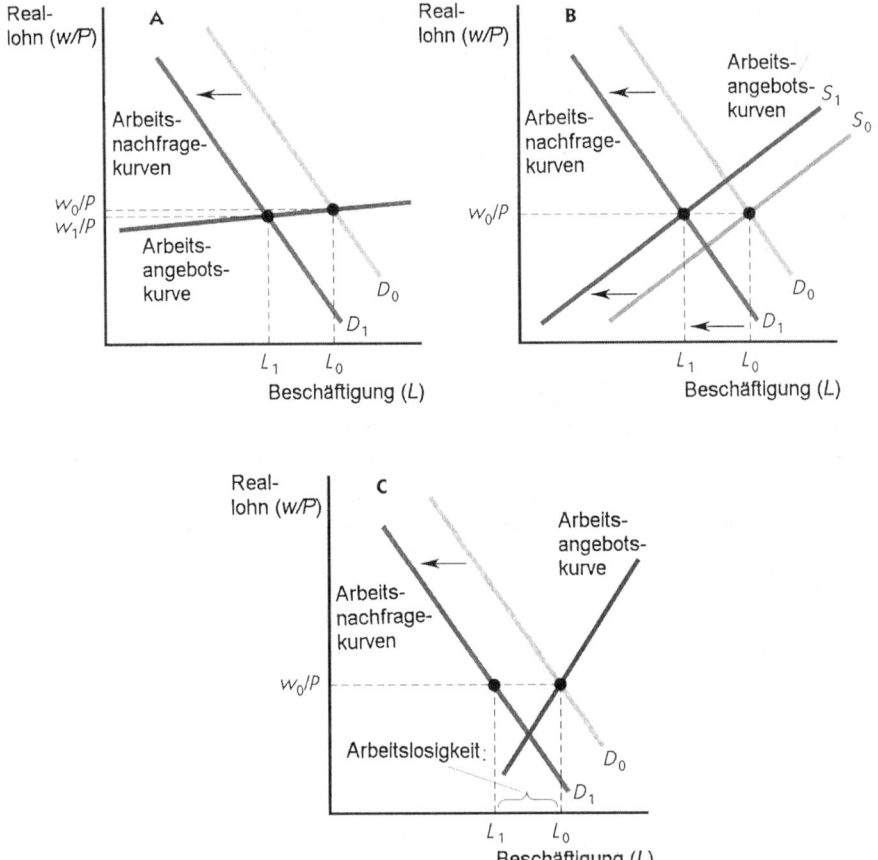

Abbildung 34.3   Warum die Löhne auf Verschiebungen der Arbeitsnachfragekurve nicht reagieren. Teil A der Abbildung zeigt eine sehr unelastische Arbeitsangebotskurve. Eine Linksverschiebung der Nachfragekurve von D_0 nach D_1 würde die Beschäftigung verringern, die Löhne jedoch unberührt lassen. In Teil B ist eine gleichzeitige Verschiebung von Angebots- und Nachfragekurve dargestellt. Die Verschiebung der Arbeitsnachfragekurve von D_0 nach D_1 würde für sich genommen zwar den Lohn sinken lassen; sie wird aber durch eine Verschiebung der Arbeitsangebotskurve von S_0 nach S_1 kompensiert, so daß das Lohnniveau unverändert bleibt. In Teil C verschiebt sich die Arbeitsnachfragekurve von D_0 nach D_1, aber aus irgendeinem Grund fallen die Löhne nicht. Das Ergebnis ist unfreiwillige Arbeitslosigkeit.

Wenn hohe Tariflöhne die Wettbewerbsfähigkeit einer Branche untergraben, tragen Gewerkschaften und Arbeitgeber gleichermaßen die Verantwortung. Oft bestehen die Gewerkschaften sogar angesichts sinkender Beschäftigung auf hohen Löhnen. Und für die Arbeitgeber ist es manchmal einfacher, die Gewerkschaftsforderungen zu erfüllen - selbst wenn dadurch die wirtschaftliche Gesundheit der Unternehmung langfristig Schaden leidet - als langwierige Verhandlungen auf sich zu nehmen oder gar einen Streik zu riskieren.

In einer gewerkschaftlich organisierten Branche kann es sogar im Interesse der Beschäftigten liegen, Löhne zu fordern, die so hoch sind, daß dadurch die Arbeitsnachfrage spürbar reduziert wird. Wenn eine Gewerkschaft immer höhere Löhne fordert, hat der Arbeitgeber einen Anreiz, die Belegschaft zu verringern. Wenn jedoch der angestrebte Beschäftigungsrückgang langsam genug ist, genügt es, die natürliche Fluktuation auszunutzen, also einfach nur diejenigen Arbeitskräfte, die in den Ruhestand gehen oder von sich aus kündigen, nicht zu ersetzen. In diesem Fall ist die Arbeitsplatzsicherheit der Beschäftigten nicht bedroht. In den USA enthalten die Verträge zwischen den Gewerkschaften und den Unternehmungen eine Klausel, welche die Beschäftigung von Arbeitskräften verbietet, die nicht der Gewerkschaft angehören. Dadurch kann niemand den Tariflohn unterbieten.

In schlimmen Rezessionsjahren kommt es gelegentlich vor, daß eine Gewerkschaft eine Lohnsenkung akzeptiert. So haben in den USA zum Beispiel die Gewerkschaften der Flugzeugbranche, der Automobilbranche und der Stahlindustrie während der Rezession zu Beginn der achtziger Jahre lieber Lohnsenkungen hingenommen als den Konkurs ihrer Unternehmungen zu riskieren.

Die Wirtschaftswissenschaftler sind sich nicht einig darüber, ob Gewerkschaften für ihre Mitglieder langfristig Löhne durchsetzen können, die über den Löhnen auf einem Wettbewerbsmarkt liegen. Aber kaum jemand zweifelt daran, daß Gewerkschaften die Lohnanpassung verlangsamen. Ein Grund liegt darin, daß Tarifverträge eine feste Gültigkeitsdauer haben, die in den USA typischerweise drei Jahre beträgt. Wenn der Tarifvertrag kurz vor einem wirtschaftlichen Abschwung unterzeichnet worden ist, kann es mehr als zwei Jahre dauern, bis eine Lohnanpassung möglich wird, selbst wenn die Arbeitskräfte sofort damit einverstanden wären. Und wenn dann zum Zeitpunkt der Neuverhandlungen die wirtschaftliche Erholung bereits stattgefunden hat, sind die Löhne durch den wirtschaftlichen Abschwung weitgehend unberührt geblieben.

Zweitens enthalten Tarifverträge vor allem in Zeiten hoher und stark schwankender Inflationsraten manchmal Klauseln, die eine automatische Anpassung der Löhne an die Lebenshaltungskosten vorsehen. Die Folge davon ist, daß die Reallöhne durch Veränderungen der Inflationsrate oder der Arbeitslosenquote kaum berührt werden.

Selbst wenn die Gewerkschaften ihre Lohnforderungen von der Arbeitslosenquote abhängig machen, passen sich die durchschnittlichen Tariflöhne nur langsam an Veränderungen der Arbeitslosigkeit an, denn die Tarifverhandlungen in den verschiedenen Branchen und Unternehmungen sind zeitlich gestaffelt.

Tarifverträge liefern jedoch keine vollständige Erklärung der Lohnstarrheiten in den Vereinigten Staaten. Hohe Arbeitslosigkeit gab es schon, bevor die Gewerkschaften an Bedeutung gewannen, und auch in den letzten Jahren waren die Arbeitslosenquoten hoch, trotz des Niedergangs der Gewerkschaften in den vergangenen drei Jahrzehnten. 1929, als die Weltwirtschaftskrise begann, waren nur sieben Prozent der Erwerbstätigen gewerkschaftlich organisiert. Während der Rezession von 1982 erreichte die Arbeitslosenquote die Zehnprozentmarke, und nur 18,8 Prozent der Erwerbstätigen gehörten einer Gewerkschaft an.

Theorie der impliziten Kontrakte

Tarifvertragsähnliche Lohnstarrheiten können auch ohne eine Gewerkschaft oder einen expliziten Arbeitsvertrag entstehen. Das liegt daran, daß die Beziehungen zwischen einer Firma und ihren Angestellten durch einen Vielzahl von stillschweigenden Übereinkünften geregelt werden, die sich im Lauf der Zeit zwischen beiden Seiten entwickelt haben. Diese stillschweigenden Übereinkünfte bezeichnet man als **impliziten Kontrakt**.

Arbeitskräfte sind in der Regel risikoscheu. Viele haben feste finanzielle Verpflichtungen wie zum Beispiel die Monatsmiete für ihre Wohnung oder die Ratenzahlung für das Auto. Sie wollen nicht, daß sich ihre Löhne an jede Veränderung von Angebot und Nachfrage am Arbeitsmarkt anpassen. Die Unternehmungen können diese Marktschwankungen leichter tragen. Erstens verfügen die Firmeninhaber meistens über ein größeres Vermögen und können damit Einkommensschwankungen leichter auffangen. Zweitens können sich Firmen bei kurzfristigen Liquiditätsengpässen leichter Kredit beschaffen als Arbeitnehmer.

Da die Unternehmungen unter Schwankungen ihrer wirtschaftlichen Situation weniger leiden als einzelne Arbeitskräfte, lohnt es sich für sie, ihrer Belegschaft zumindest eine gewisse indirekte „Versicherung" anzubieten. Arbeitskräfte akzeptieren einen konstanten Lohn von einer verläßlichen Unternehmung, selbst wenn dieser Lohn im Durchschnitt niedriger ist als ein stark schwankender Lohn bei einer anderen Firma. In diesem Fall versorgt die Unternehmung die Arbeitskräfte mit einer Art von Versicherungsleistung, denn es existiert ein impliziter Kontrakt, eine stillschweigende Übereinkunft darüber, daß die Löhne sich nicht an die monatlichen oder jährlichen Schwankungen des Arbeitsmarktes anpassen. Das heißt, die Unternehmung verhält sich, *als ob* sie ihren Arbeitskräften den Lohn vertraglich garantiert hätte. Man spricht von einem impliziten Kontrakt, denn es handelt sich um ein wechselseitiges Einvernehmen aber nicht um einen formalen oder expliziten Vertrag. In einer solchen Situation kann man den Lohn gedanklich in zwei

Komponenten aufspalten: den Marktlohn, also denjenigen Lohn, den die Beschäftigten anderswo erhalten würden, und eine implizite Versicherungskomponente. Wenn der Marktlohn relativ niedrig ist, kann der Lohn über dem Marktlohn liegen. Die Beschäftigten erhalten dann eine Leistung aus der impliziten Versicherungspolice. Ist der Marktlohn dagegen hoch, dann liegt ihr Lohn unter dem Marktlohn. Die Differenz ist die Prämie, die sie für die Lohnstabilität bezahlen.

Für viele Branchen, in denen langfristige Beschäftigungsverhältnisse vorherrschen, gibt die Theorie der impliziten Kontrakte eine überzeugende Erklärung für die relative Stabilität der Löhne. Sie vermag aber nicht, Entlassungen zu erklären. Das Risiko, das den Arbeitskräften die größte Sorge bereitet, ist der völlige Verlust ihres Einkommens. Im Rahmen der Theorie der impliziten Kontrakte kommt man daher zu dem Schluß, daß die Unternehmungen **Kurzarbeit** einführen werden, anstatt Arbeitskräfte zu entlassen; sie werden für alle Beschäftigten die Arbeitszeit verkürzen. Einige amerikanische Unternehmungen haben tatsächlich mit Kurzarbeit experimentiert, aber Personalfreisetzungen sind in den USA wesentlich häufiger.

Befürworter der Theorie der impliziten Kontrakte bieten zwei Erklärungen für Entlassungen an, die letztendlich beide unbefriedigend sind. Die erste bezieht sich auf die Fixkosten der Beschäftigung und setzt voraus, daß die Produktivität mit der Länge des Arbeitstages überproportional abnimmt. Wenn ein Arbeiter die erste halbe Stunde braucht, um sich an seinem Arbeitsplatz einzurichten, die letzte halbe Stunde, um seinen Arbeitsplatz aufzuräumen, und eine halbe Stunde für die Mittagspause, dann gehen von einem Sechsstundentag die gleichen zwei Stunden verloren wie bei einem Achtstundentag. Eine Unternehmung, die durch die Verkürzung des Arbeitstages von acht auf sechs Stunden ihre Arbeitskosten um 25 Prozent reduzieren möchte, muß dann feststellen, daß ihre Produktivität um 33 Prozent abgenommen hat. Das ist jedoch keine Erklärung für Entlassungen, denn Kurzarbeit könnte auch weniger Arbeitstage pro Woche bedeuten anstatt weniger Arbeitsstunden pro Tag.

Die zweite Erklärung läuft darauf hinaus, daß die Arbeitslosenversicherung Entlassungen begünstigt. In den meisten Ländern erhalten die Menschen bei einer Entlassung keine Versicherungsleistung, wenn sie keinen Vollzeitarbeitsplatz hatten. (In einigen europäischen Ländern gibt es heute auch Kurzarbeitergeld.) Wenn eine Unternehmung die Arbeitswoche verkürzt, teilt sie sich die Kosten mit den Arbeitnehmern. Wenn sie dagegen Arbeitskräfte entläßt, teilt der Staat die Kosten. Diese Erklärung ist deshalb unbefriedigend, weil auch dieses Problem durch eine andere Form des Work-Sharing gelöst werden könnte, nämlich durch vorübergehende Entlassungen in Form der Jobrotation. Eine Gruppe von Arbeitskräften wird für zwei Monate entlassen, eine andere für die nächsten zwei Monate, und so weiter. Eine solche Jobrotation kommt jedoch in der Realität äußerst selten vor.

Aber die durchschlagendste Kritik an der Theorie der impliziten Kontrakte ist eine andere: Sie erklärt nicht wirklich, warum die Löhne für neu eingestellte Arbeitskräfte nicht fallen, wenn Arbeitslosigkeit herrscht. Selbst in der tiefsten Rezession ist der Arbeitsmarkt wie eine Drehtür: Es gibt immer einige Arbeitskräfte, die ihren Arbeitsplatz kündigen, und einige Firmen, die neue Arbeitskräfte einstellen. Auch wenn die Theorie der impliziten Kontrakte erklären könnte, warum einige Arbeitskräfte entlassen werden, liefert sie doch keine Erklärung dafür, warum die Unternehmer neu eingestellten Arbeitskräften nicht niedrigere Löhne bezahlen als der bisherigen Belegschaft. Wenn die Löhne für Neueinstellungen ausreichend fallen würden, gäbe es vermutlich keine Arbeitslosigkeit.

Insider-Outsider-Theorie

Auf der Suche nach einer Erklärung dafür, daß Unternehmungen in einer Rezession die Löhne für Neueinsteiger nicht senken, haben Wirtschaftswissenschaftler die **Insider-Outsider-Theorie** entwickelt. Insider sind in diesem Fall diejenigen, die in einer bestimmten Firma eine feste Stelle haben. Outsider sind diejenigen, die gerne in dieser Firma arbeiten würden.

Die Insider-Outsider-Theorie rückt die Ausbildungskosten in den Mittelpunkt. Jede Unternehmung braucht Arbeitskräfte, die mit den firmenspezifischen Abläufen vertraut sind. Die Einarbeitung wird größtenteils von Beschäftigten mit längerer Firmenzugehörigkeit, den Insidern, geleistet. Die Insider erkennen, daß sie durch die Einarbeitung von neuen Arbeitskräften, also von Outsidern, ihre eigene Verhandlungsposition innerhalb der Firma schwächen. Die Unternehmung kann versprechen, ihnen weiterhin höhere Löhne zu bezahlen als den Neuzugängen, aber die Insider wissen, daß dieses Versprechen gebrochen werden kann. In zukünftigen Verhandlungssituationen können die Arbeitgeber die Verfügbarkeit von Niedriglohnarbeitern ausnutzen, um den Lohn der anderen Beschäftigten zu drücken. Angesichts dieser Gefahr werden sich die Insider weigern, sich an der Einarbeitung der Outsider zu beteiligen, wenn nicht dafür gesorgt wird, daß die Interessen der neuen Beschäftigten mit ihren eigenen identisch sind. Das kann die Firma nur erreichen, indem sie eine ähnliche Entlohnung anbietet. Infolgedessen sind die Löhne nach unten starr und die Arbeitslosigkeit bleibt bestehen.

Aus der Insider-Outsider-Theorie ergibt sich weiterhin, daß eine Firma selbst dann, wenn die Insider bereit sind, neue schlechter entlohnte Arbeitskräfte anzulernen, die Bereitschaft dieser neuen Arbeitskräfte, einen niedrigeren Lohn zu akzeptieren, nicht ernst nehmen sollte. Sobald ein Outsider ein firmenspezifisches Training erhalten hat, ist er ein Insider und kann als solcher aus der Unternehmung einen höheren Lohn herausholen.

Firmeninterne Lohnstrukturen, bei denen neue Arbeitskräfte für die gleiche Arbeit schlechter bezahlt werden als solche mit längerer Firmenzugehörigkeit, werden **zweistufige Lohnstrukturen** genannt. Offensichtlich sind zweistufige Lohnstrukturen bei den Unternehmungen nicht beliebt. Die meisten Experimente dieser Art, wie zum Beispiel der Vertrag von 1982 zwischen Ford und seinen Arbeitern, der vorsah, daß neu eingestellte Arbeitskräfte 85 Prozent des Lohnes der übrigen Belegschaft erhalten sollten, sind relativ kurzlebig. Das Ford-Experiment wurde bereits 1984 wieder aufgegeben.

Gesetzliche Mindestlöhne

Ein vom Staat festgelegter Mindestlohn kann zu Arbeitslosigkeit führen. Der Mindestlohn ist eine staatlich durchgesetzte Lohnuntergrenze. In dem Maß, in dem die Arbeitskräfte Löhne unterhalb des Mindestlohns akzeptieren würden und die Unternehmungen, wenn es erlaubt wäre, solche Löhne anbieten würden, verhindert der Mindestlohn die Übereinstimmung von Arbeitsangebot und Arbeitsnachfrage. Die meisten Arbeitskräfte in den Vereinigten Staaten verdienen deutlich mehr als den Mindestlohn; die Mindestlohngesetzgebung hat also kaum Auswirkungen auf die Arbeitslosenquoten dieser Beschäftigtengruppen. Viele Wirtschaftswissenschaftler sind aber der Meinung, daß der gesetzliche Mindestlohn wahrscheinlich die Arbeitslosigkeit ungelernter und sehr junger Arbeitskräfte, die gerade erst in das Erwerbsleben eintreten, verschärft. Es kann jedoch sein, daß diese Wirkung nicht sehr stark ist. Als zum Beispiel die Regierung 1990 einen speziellen niedrigeren Mindestlohn für Teenager festgelegt hat, haben nur relativ wenige Unternehmungen von dieser Gelegenheit Gebrauch gemacht. Sie haben ihren jungen Angestellten Löhne bezahlt, die über dem neuen Mindestlohn lagen. Dennoch darf man nicht vergessen, daß in Rezessionen die Arbeitslosenquoten von ungelernten und von sehr jungen Arbeitskräften oft überdurchschnittlich stark steigen.

Die Effizienzlohntheorie

Auch in einer Welt ohne explizite oder implizite Kontrakte kann es sein, daß die Löhne nicht genügend fallen, um die Arbeitslosigkeit zu beseitigen, weil die Unternehmungen feststellen, daß sie bei Löhnen, die über dem markträumenden Lohnsatz liegen, höhere Gewinne machen. Höhere Löhne können die Gewinnlage einer Unternehmung verbessern, wenn sie mit höherer Produktivität verbunden sind.

In Kapitel 1 haben wir gesehen, daß Henry Ford seinen Arbeitern doppelt so viel bezahlt hat, wie damals üblich war, als er 1914 seine Autofabrik eröffnete. Er wollte sie dazu bringen, hart zu arbeiten. Er wußte, daß seine neue Produktionstechnik, das Fließband, den Gewinn erhöhen würde, wenn die Arbeitskräfte nur die richtige Motivation hätten. Viele moderne Unternehmungen wenden die gleiche Philosophie an.

Die Abhängigkeit der Produktivität vom Lohn

Aus drei Gründen können Unternehmungen durch höhere Löhne ihren Gewinn steigern: Die Löhne haben Einfluß auf die Qualität der Arbeiterschaft, auf ihre Motivation und auf die Personalfluktuation. Jeder dieser drei Bereiche ist ausgiebig erforscht worden. Die Produktivität kann dabei nicht nur von der Lohnhöhe abhängen, sondern auch vom Vergleich mit den Löhnen anderer Unternehmungen und von der Arbeitslosenquote.

- *Qualität der Arbeitskräfte*: Es kommt recht häufig vor, daß eine Firma nach einer Lohnsenkung feststellt, daß sie ihre besten Arbeitskräfte verloren hat. Oft führen Unternehmungen diese Erfahrung als Begründung dafür an, warum sie Lohnsenkungen vermeiden. Das ist ein Beispiel für die sogenannte adverse Selektion: Die durchschnittliche Qualität der Arbeitsanbieter, die einer Firma zur Verfügung stehen, wird durch eine Lohnsenkung negativ (advers) beeinflußt.[1] Wenn eine Unternehmung die Löhne senkt, werden vor allem die besten Arbeitskräfte kündigen, denn sie sind es, die mit der größten Wahrscheinlichkeit einen neuen Arbeitsplatz zum alten (oder einem höheren) Lohn finden.

- *Arbeitsanstrengung*: Wenn alle Unternehmungen den markträumenden Lohn bezahlen würden, hätte kein Arbeitnehmer einen Anreiz, sich bei der Arbeit besondere Mühe zu geben. Jeder würde von der folgenden Überlegung ausgehen: „Wenn ich Dienst nach Vorschrift mache, werde ich entweder erwischt oder nicht. Wenn ich nicht erwischt werde, erhalte ich meinen Lohn und habe mir eine Anstrengung gespart. Wenn ich Pech habe und erwischt werde, riskiere ich, entlassen zu werden. Da aber der Arbeitsmarkt nach dem Modell der vollkommenen Konkurrenz funktioniert, kann ich zum gleichen Lohn sofort einen neuen Arbeitsplatz bekommen. Letztendlich kann man mich also nicht dafür bestrafen, daß ich mich nicht angestrengt habe."

Unternehmungen, deren Löhne über dem markträumenden Niveau liegen, werden feststellen, daß sie damit eine wirksame Drohung gegen Faulpelze in der Hand haben, und zwar aus zwei Gründen: Erstens müssen Arbeitskräfte, die beim Bummeln erwischt und entlassen werden, mit dem niedrigeren Lohn vorliebnehmen, den andere Unternehmungen bezahlen. Zweitens entsteht dadurch, daß viele Unternehmungen einen solchen höheren Lohn bezahlen, eine gewisse Arbeitslosigkeit, denn zu den höheren Löhnen werden die Unternehmungen weniger Arbeitskräfte beschäftigen. Dann droht den Arbeitern mit der Entlassung eine gewisse Zeit der Arbeitslosigkeit.

---

[1] Es sollte klar geworden sein, daß wir hier nicht mehr von der Annahme identischer Arbeitskräfte ausgehen.

Gehen wir von einem Lohn aus, der gerade hoch genug ist, um die Arbeiter vom Bummeln abzuhalten. Wir wissen, daß dieser Lohn höher sein muß, als der markträumende Lohn. Wenn ein Arbeitsloser einer bestimmten Firma anbietet, für einen niedrigeren Lohn zu arbeiten, wird er nicht eingestellt. Sein Angebot ist nicht glaubwürdig. Die Unternehmung weiß, daß es sich zu dem niedrigeren Lohn einfach nicht auszahlt, sich anzustrengen.

Aus dieser Sicht hat auch eine wohlgemeinte soziale Absicherung der Arbeitslosen durch den Staat düstere Folgen. Angenommen der Staat erhöht aus sozialen Erwägungen das Arbeitslosengeld. Damit sinken für die Betroffenen die Kosten der Arbeitslosigkeit; also müssen die Unternehmungen die Löhne erhöhen, um den Anreiz zur Arbeitsanstrengung aufrechtzuerhalten. Durch die Lohnsteigerungen nimmt die Beschäftigung ab. Die Erhöhung des Arbeitslosengeldes führt also letztendlich zu einer Erhöhung der Arbeitslosenquote.

Höhere Löhne können aber auch noch aus einem anderen Grund die Arbeitsmoral verbessern. Wenn die Arbeitskräfte der Meinung sind, daß sie von der Firma ausgenutzt werden, fühlen sie sich im Recht, wenn sie ihrerseits die Firma ausnutzen. Haben sie jedoch das Gefühl, daß ihr Arbeitgeber sie gut behandelt - und dazu gehört auch ein angemessener Lohn - dann sind sie im Gegenzug auch zu einer besonderen Anstrengung bereit.

- *Fluktuationsrate*: Eine Lohnsenkung führt dazu, daß die Anzahl der Kündigungen pro Jahr, die **Fluktuationsrate**, steigt. Es verursacht Kosten, neue Arbeitskräfte anzuwerben und einzustellen, die Arbeitsplätze zu finden, die ihren Fähigkeiten und Interessen am besten entsprechen, und sie einzuarbeiten. Deshalb versuchen die Unternehmungen, durch höhere Löhne ihre Fluktuationsrate zu senken. Je niedriger die Löhne sind, desto mehr Arbeitskräfte finden einen besser bezahlten oder aus anderen Gründen attraktiveren Arbeitsplatz. Eine Unternehmung kann zwar in einer Rezession durch Lohnsenkungen kurzfristig einen kleinen Teil ihrer direkten Lohnkosten einsparen; sobald die Nachfrage wieder steigt und die verlorenen Arbeitskräfte ersetzt werden müssen, werden diese Einsparungen aber durch die erhöhten Einstellungs- und Einarbeitungskosten mehr als aufgezehrt. Definieren wir die *Netto*produktivität als das, was die Arbeitskräfte produzieren abzüglich der Beschäftigungsfixkosten für Anwerbung, Einstellung und Einarbeitung; höhere Löhne reduzieren diese Fluktuationskosten und führen auf diese Weise zu einer höheren Nettoproduktivität.

Die Bestimmung des Effizienzlohns

Wenn höhere Löhne mit einer höheren Nettoproduktivität einhergehen, dann kann es sich für einen Arbeitgeber auszahlen, auch angesichts eines Überschußangebots an Arbeitskräften die Löhne nicht zu senken. Möglicherweise läßt nämlich eine Lohnsenkung die Produktivität der Belegschaft derart abnehmen, daß die gesamten Arbeitsstückkosten dadurch ansteigen.

Der Unternehmer möchte denjenigen Lohn bezahlen, bei dem die gesamten Arbeitskosten minimiert werden. Dieser Lohn wird **Effizienzlohn** genannt. Es gibt keinen Grund, warum der Effizienzlohn und der markträumende Lohn übereinstimmen sollten. Die Effizienzlohntheorie legt den Schluß nahe, daß die Arbeitskosten bei einem Lohn minimiert werden, der über dem markträumenden Lohn liegt. Eine gewinnmaximierende Firma wird den Effizienzlohn bezahlen, auch wenn er über dem markträumenden Lohn liegt. Es gibt dann zwar Arbeitslose, die gerne zu einem niedrigeren Lohn arbeiten würden, aber es lohnt sich nicht, sie einzustellen. Bei dem niedrigeren Lohn wird die Produktivität so stark abnehmen, daß die Arbeitsstückkosten ansteigen.

Wenn die Produktivität deshalb von den Löhnen abhängt, weil der Lohn die Arbeitsanstrengung beeinflußt, *muß* der Effizienzlohn über dem markträumenden Niveau liegen. Wenn aber die Produktivität aus anderen Gründen vom Lohn abhängt, kann der Effizienzlohn auch niedriger sein als der markträumende Lohn. In diesem Fall wird die Konkurrenz der Firmen um die Arbeitskräfte dafür sorgen, daß der Marktlohn bezahlt wird. Die Unternehmungen würden lieber den niedrigeren Effizienzlohn bezahlen, aber sie finden zu diesem Lohn einfach keine Arbeitskräfte. Deshalb ist in der Effizienzlohntheorie der markträumende Lohn eine Lohnuntergrenze.

Allgemein hängt der Effizienzlohn für eine bestimmte Unternehmung von zwei Faktoren ab: von dem Lohnniveau in anderen Unternehmungen und von der Arbeitslosenquote. Wenn in anderen Unternehmungen ein relativ niedriger Lohn bezahlt wird, wird die Unternehmung feststellen, daß sie ihren Lohn nicht ganz so hoch zu setzen braucht, um eine hohe Arbeitsmotivation zu erzeugen. Die Arbeitnehmer wissen, daß sie bei einer Entlassung wahrscheinlich nur einen schlechter bezahlten Arbeitsplatz finden werden. Dadurch steigen die Kosten einer Entlassung für den Betroffenen, und das gibt den Arbeitskräften einen Anreiz, sich mehr anzustrengen. Das Lohnniveau in anderen Unternehmungen spielt aber auch noch aus anderen Gründen eine Rolle. Bezahlt eine Unternehmung verglichen mit anderen Arbeitgebern einen hohen Lohn, so verliert sie bei einer Lohnsenkung weniger Arbeitskräfte; die Kosten einer Lohnsenkung in Form einer erhöhten Fluktuationsrate werden also niedriger sein. Darüber hinaus wird es einer solchen Unternehmung leichter fallen, hochqualifizierte Arbeitskräfte anzuwerben.

Wenn die Arbeitslosenquote steigt, stellen die Unternehmungen ebenfalls fest, daß schon ein etwas niedrigerer Lohn ausreicht, um ein hohes Maß an Arbeitsanstrengung hervorzurufen. Die Arbeitskräfte wissen, daß sie bei einer Entlassung mehr Schwierigkeiten haben werden, einen neuen Arbeitsplatz zu finden.

Unter die Lupe genommen: Effizienzlöhne in Tansania

Die zentrale Aussage der Effizienzlohntheorie - daß Arbeitgeber unter Umständen Arbeitskosten sparen können, indem sie die Löhne *erhöhen* - kann recht überraschende Implikationen haben. Wie Alfred Marshall, ein berühmter Wirtschaftswissenschaftler des späten neunzehnten und frühen zwanzigsten Jahrhunderts einmal gesagt hat: „...hochgelohnte Arbeit (ist) im allgemeinen ergiebig und eben darum nicht teuere Arbeit ..., eine Tatsache, die hoffnungsreicher für die Zukunft ist als irgend eine uns bekannte, doch jedenfalls das Problem der Verteilung ... ungemein kompliziert gestaltet." * Im ersten Kapitel dieses Buches haben wir das Beispiel von Henry Ford gebracht, der sich den Effizienzlohnzusammenhang zunutze gemacht hat und höhere Löhne in der Automobilindustrie eingeführt hat. Aber auch für Entwicklungsländer kann man aus dieser Theorie verblüffende Folgerungen ziehen.

Betrachten wir die Erfahrung des ostafrikanischen Landes Tansania, das 1964 durch die Vereinigung von Tanganyika und Sansibar entstanden ist. Als das Gebiet, das heute Tansania genannt wird, 1961 in die Unabhängigkeit entlassen wurde, arbeiteten die meisten Lohnempfänger auf großen Plantagen. Wie in Afrika üblich, waren sie in der Regel Wanderarbeiter, die ihre Heimatdörfer mehrmals im Jahr besuchten. Ihre Produktivität war niedrig und ihr Lohn gering. Nach der Unabhängigkeit verabschiedete die Regierung ein Dekret, das die Löhne für die Landarbeiter verdreifachte. Die Plantagenbesitzer warnten vor einer Katastrophe; sie dachten, ein solch massiver Anstieg des Preises für Arbeit konnte sie nur in den Ruin treiben. Aber die Regierung setzte diesen Befürchtungen eine andere Vorhersage entgegen, die auf der Effizienzlohntheorie beruhte: Sie erwartete, daß die Arbeiterschaft durch die höheren Löhne produktiver und verläßlicher werden würde.

Die Prognose der Regierung stellte sich als richtig heraus. In Tansania wird zum Beispiel Sisal angebaut, eine Pflanze mit starken weißen Fasern, die zu Schnüren und Stoffen verarbeitet werden können. Unter dem Einfluß der Effizienzlohnpolitik hat sich die Sisalproduktion vervierfacht. Dafür waren nicht nur Veränderungen beim physischen Produktionskapital verantwortlich sondern auch die verbesserten Beschäftigungsbedingungen, die dazu führten, daß den Plantagen besser motivierte und besser qualifizierte Arbeitskräfte zur Verfügung standen. Allerdings ging die Beschäftigung in der Sisalindustrie innerhalb von mehreren Jahren nach der Lohnerhöhung von 129.000 auf 42.000 zurück, ein Beispiel dafür, daß Effizienzlöhne die Arbeitslosigkeit erhöhen können.

* Alfred Marshall, Handbuch der Volkswirtschaftslehre, Stuttgart und Berlin 1905, S. 493.

Quellen: Mrinal Datta-Chaudhuri, *Journal of Economic Perspectives* (Summer 1990), S. 25-39; Richard Sabot, „Labor Standards in a Small Low-Income Country: Tanzania", Overseas Development Council (1988).

Aus der Effizienzlohntheorie ergibt sich auch die Schlußfolgerung, daß die Löhne sich nur langsam anpassen können. Keine Unternehmung will als erste ihre Löhne senken, und zwar aus mehreren Gründen. Die Firmen befürchten, daß ihre besten Arbeitskräfte von anderen Unternehmungen abgeworben werden. Und sie befürchten auch, daß die Arbeitsmoral und damit die Produktivität zurückgeht, wenn die Belegschaft sieht, daß ihre Löhne unter denen in ähnlichen Firmen liegen. Jede Firma senkt deshalb ihr Lohnniveau nur langsam und läßt den Abstand zur Konkurrenz nicht allzu groß werden. Wenn alle Unternehmungen ihre Löhne senken, steigt allmählich die Beschäftigung und die Arbeitslosigkeit geht zurück.

Diese Verhaltensmuster stehen im Widerspruch zum Modell der vollkommenen Konkurrenz, in dem bei einer relativ unelastischen Arbeitsangebotskurve Veränderungen der Arbeitsnachfrage rasche und starke Lohnreaktionen hervorrufen. Diese Lohnanpassungen sind es, die die Arbeitslosigkeit verhindern.

Ein Blick in die Wirtschaftspolitik: Gesetzliche Mindestlöhne

In den USA herrscht seit langem die Meinung, daß jemand, der 52 Wochen im Jahr einer Vollzeitbeschäftigung nachgeht, genügend verdienen sollte, um sich und seine Familie zu ernähren. Während der Weltwirtschaftskrise gab der Kongreß dieser Meinung Gesetzeskraft durch den *Fair Labor Standard Act* von 1938 (Gesetz über faire Arbeitsbedingungen). Dieses Gesetz enthielt auch eine Bestimmung über den Mindestlohn, den die meisten Unternehmungen ihren Arbeitskräften zu bezahlen hatten. Seit damals hat der Kongreß den Mindestlohn mehrmals erhöht, um den steigenden Lebenshaltungskosten Rechnung zu tragen. Im allgemeinen lag der Mindestlohn etwa bei der Hälfte des Durchschnittslohns aller Arbeitnehmer. Während der achtziger Jahre wurde er jedoch nicht erhöht. Erst als er beinahe auf einen historischen Tiefstand gesunken war, wurde er 1991 mit Unterstützung beider Parteien wieder angehoben. Aber bis zur Mitte der neunziger Jahre war er wieder auf den niedrigsten Stand seit beinahe 40 Jahren abgesunken. Die Frage, ob er wieder angehoben werden sollte, war 1996 sehr umstritten.

Wirtschaftswissenschaftler waren lange gegen Mindestlöhne gewesen. Sie argumentierten, daß jeder Preis, der künstlich über dem markträumenden Niveau gehalten wird, zu Verzerrungen führt. Sie befürchteten, daß eine Anhebung des Mindestlohns die Arbeitslosenquote der niedrig qualifizierten Arbeitskräfte erhöhen würde. Aber Untersuchungen aus den frühen Neunzigern, insbesondere die Arbeiten von Professor David Card und Alan Krueger von der Princeton University, stellten diese Ansicht in Frage. Man suchte nach einem natürlichen Experiment, zwei Nachbarstaaten in einer vergleichbaren wirtschaftlichen Situation aber mit unterschiedlich hohen Mindestlöhnen. 1992 erhöhte New Jersey seinen Mindestlohn, aber das benachbarte Pennsylvania nicht. In einer Studie über Niedriglohnangestellte in Restaurantbetrieben wurden keine signifikanten negativen Auswirkungen festgestellt. Diese und andere Untersuchungen haben dazu geführt, daß viele Wissenschaftler sich von der herrschenden Lehre abgewendet haben: Ein bescheidener Mindestlohn hat anscheinend keine signifikanten Beschäftigungswirkungen.

Eine Erklärung dafür liefert die Effizienzlohntheorie: Höhere Löhne führen zu einer höheren Produktivität, wodurch die zusätzlichen Arbeitskosten weitgehend ausgeglichen werden. Tatsächlich wurde im Lauf der Debatten über die Anhebung des Mindestlohns von 4,25 $ auf 5,15 $ (über zwei Jahre) geschätzt, daß mindestens drei Millionen Arbeitskräfte mit Stundenlöhnen zwischen 5,15 und 5,75 $ ebenfalls Lohnerhöhungen erhalten würden. Die Tatsache, daß sich die Arbeitgeber auch ohne gesetzlichen Zwang für Lohnerhöhungen entscheiden, zeigt, daß die Arbeitsmärkte anders funktionieren als Märkte für gewöhnliche Güter wie Stahl; die Arbeitgeber machen sich Gedanken über den Einfluß der Löhne auf die Produktivität. Eine Anhebung der Mindestlöhne setzt einen neuen „Standard" für faire Beschäftigungsbedingungen und setzt sich deshalb auch in andere Lohngruppen hinein fort.

Viele Wirtschaftswissenschaftler hatten auch deshalb von einer Erhöhung des Mindestlohns abgeraten, weil sie glaubten, daß man den unteren Einkommensschichten mit anderen Mitteln wirkungsvoller hätte helfen können. Früher waren es nämlich oft Teenager oder Zweitverdiener aus nicht gerade armen Familien, die zum Mindestlohn arbeiteten. Mit der Zeit waren die Mindestlohnempfänger aber immer häufiger auch die Hauptverdiener einer Familie. Heute trägt ein Mindestlohnempfänger durchschnittlich 50 Prozent zum Haushaltseinkommen bei.

Ein weiterer Vorteil einer Anhebung des Mindestlohns liegt darin, daß dadurch die Differenz zwischen dem Sozialhilfeeinkommen und dem niedrigsten Lohneinkommen steigt und damit der Anreiz zur Aufnahme einer Beschäftigung.

Quelle: David Card und Alan Krueger, *Myth and Measurement*, (Princeton: Princeton University Press, 1995).

Erklärung für Entlassungen

Mit Hilfe der Effizienzlohntheorie kann man auch erklären, warum in einer Situation, in der das Arbeitsangebot um ein Viertel reduziert werden müßte, die Menschen nicht einfach 30 statt 40 Wochenstunden arbeiten und damit verhindern, daß 25 Prozent der Arbeitskräfte entlassen werden müssen. Durch die proportionale Verringerung der Wochenarbeitszeit würde eine Unternehmung im Endeffekt auch den Monatslohn proportional kürzen. Damit würde sie genau in die oben skizzierte Falle gehen. Die Lohnsenkung könnte dazu führen, daß ein überproportionaler Anteil der besseren Arbeitskräfte die Firma verlassen. Diese Arbeitskräfte können anderswo eine Vollzeitbeschäftigung bei vollem Lohn bekommen und werden das attraktiver finden als einen Teilzeitjob mit der entsprechend niedrigeren Bezahlung. (Sie genießen vielleicht die zusätzliche Freizeit, aber davon können sie nicht ihre Hypothekenraten bezahlen.) Darüber hinaus werden die Teilzeitbeschäftigten feststellen, daß der Anreiz zu einer besonderen Arbeitsanstrengung abgenommen hat. Wenn sie sich keine große Mühe geben, können sie zwar entlassen werden; aber der Verlust einer Teilzeitbeschäftigung ist nicht so bedrohlich wie der Verlust einer Vollzeitbeschäftigung. Im Gegensatz zu anderen, alternativen Sichtweisen der Lohnstarrheit hat also die Effizienzlohntheorie den Vorteil, daß man damit auch Massenentlassungen erklären kann.

Auswirkungen der Arbeitslosigkeit auf verschiedene Arbeitnehmergruppen

Ein auffälliger Aspekt der Arbeitslosigkeit in den Vereinigten Staaten sind die stark unterschiedlichen Arbeitslosenquoten von verschiedenen Bevölkerungsgruppen. Auf Wettbewerbsmärkten passen sich die Löhne an die jeweilige Produktivität an. Gruppen mit höherer Arbeitsproduktivität werden entsprechend höhere Lohnsätze erhalten, während solche mit niedrigerer Produktivität auch entsprechend weniger verdienen. Aber beide Arbeitnehmergruppen haben eine Beschäftigung. Es gibt keinen Grund dafür, warum verschiedene Gruppen in unterschiedlichem Maß von Arbeitslosigkeit betroffen sein sollten. Wir müssen also den Rahmen des Wettbewerbsmodells verlassen, um zu verstehen, warum die gruppenspezifischen Arbeitslosenquoten sich voneinander unterscheiden.

Die Effizienzlohntheorie argumentiert, daß es Arbeitskräftegruppen geben kann - wie zum Beispiel Teilzeitarbeitskräfte oder solche mit eingeschränkten Fähigkeiten - die bei jedem Lohn eine so niedrige Produktivität aufweisen, daß es sich für eine Firma kaum lohnt, sie einzustellen. Anders ausgedrückt: Sie erhalten zwar einen niedrigen Lohn, aber dieser niedrige Lohn spiegelt lediglich ihre niedrige Produktivität. Durch eine Lohnerhöhung würde ihre Produktivität nicht genügend steigen, um den höheren Lohn zu rechtfertigen. Und eine Lohnsenkung würde ihre Produktivität verringern, so daß auch diese Option nicht in Frage kommt.

Es sind diese Gruppen, deren Einstellung sich in guten Zeiten für die Unternehmung gerade noch lohnt, die die Hauptlast der Beschäftigungsschwankungen zu tragen haben. Sehr junge Arbeitskräfte zum Beispiel haben nicht nur im Durchschnitt eine höhere Arbeitslosenquote, sondern sie sind auch von Beschäftigungsschwankungen überproportional betroffen.

Grenzen der Effizienzlohntheorie

Die Effizienzlohntheorie leistet für eine Vielzahl von unterschiedlichen Situationen einen Beitrag zur Erklärung von Lohnstarrheiten, nämlich bei hohen Einarbeitungs- und Fluktuationskosten, bei Arbeiten, deren Produktivität nur schwer überwacht werden kann, und solchen, bei denen Unterschiede in der individuellen Produktivität groß sind und eine wichtige Rolle spielen, aber vor der Einstellung und Einarbeitung nur schwer festgestellt werden können. Aber dort, wo Akkordlöhne bezahlt werden, wo die Einarbeitungskosten niedrig sind und eine Überwachung leicht möglich ist, dürften Effizienzlohnüberlegungen eine geringere Rolle spielen. Diese Situationen werden wahrscheinlich auch durch eine größere Lohnflexibilität gekennzeichnet sein, zumindest wenn gewerkschaftlicher Druck, implizite Kontrakte oder die Rücksichtnahme auf Insider-Interessen keine Rolle spielen.

Das Okunsche Gesetz und die versteckte Arbeitslosigkeit

Die Arbeitslosenquote, so hoch sie manchmal auch sein mag, gibt oft nicht das ganze Ausmaß der Unterbeschäftigung wider. Für die Unternehmungen ist es teuer, Arbeitskräfte anzuwerben und einzuarbeiten. Bei einem vorübergehenden Nachfrageeinbruch vermeiden sie oft Entlassungen, weil sie befürchten, daß die entlassenen Arbeitskräfte anderswo Arbeit suchen könnten. Die Firmen horten also ihre Arbeitskräfte, obwohl sie sie nicht auslasten können. Das ist eine Form der **versteckten Arbeitslosigkeit**. Die Beschäftigten erscheinen zwar am Arbeitsplatz, haben aber nicht genug zu tun. Auch versteckte Arbeitslosigkeit ist also eine Verschwendung menschlicher Ressourcen.

Arthur Okun, der Vorsitzende des Council of Economic Advisers unter Präsident Johnson, hat auf die quantitative Bedeutung der versteckten Arbeitslosigkeit hingewiesen. Er zeigte, daß der Output im Aufschwung stärker steigt als die Beschäftigung und im Abschwung stärker abnimmt als die Beschäftigung. Dieses Ergebnis wird **Okunsches Gesetz** genannt. In Okuns Untersuchung ging ein Rückgang der Arbeitslosenquote um einen Prozentpunkt mit einem Outputzuwachs von drei Prozent einher. Die meisten Wirtschaftswissenschaftler glauben, daß auch heute noch eine Beschäftigungszunahme mit einem überproportionalen Anstieg des Outputs verbunden ist; allerdings dürfte dieser Outputanstieg heute niedriger sein als in Okuns Studie. Neuere Schätzungen kommen zu dem Ergebnis, daß eine Zunahme der Arbeitslosenquote um einen Prozentpunkt einem Rückgang des Outputs um zwei bis zweieinhalb Prozent entspricht (als Faustregel gehen wir in diesem Buch immer von zwei Prozent aus). Das Okunsche Gesetz ist bemerkenswert, denn es scheint einem der wirtschaftswissenschaftlichen Grundprinzipien zu widersprechen, dem Gesetz des abnehmenden Grenzertrags, demzufolge ein Rückgang der Arbeitslosenquote um einen Prozentpunkt einen unterproportionalen Anstieg des Outputs bewirken müßte. Es gibt jedoch eine einfache Erklärung für das Okunsche Gesetz. Viele, die während einer Rezession beschäftigt sind, sind nur teilweise ausgelastet. Sobald die Wirtschaft wieder Tritt faßt, haben sie wieder mehr zu tun, und das führt zu der unerwarteten Zunahme des Outputs.

34.3 Wirtschaftspolitische Fragen

In diesem Kapitel ging es um die Frage, warum die Löhne nicht ausreichend flexibel sind, um Angebot und Nachfrage am Arbeitsmarkt auszugleichen. Die Erklärungen, die wir gefunden haben, ergänzen einander. Bei niedrig qualifizierten Arbeitskräften spielen die Mindestlöhne eine Rolle. Für einige Branchen ist die Politik der Gewerkschaften der ausschlaggebende Erklärungsfaktor. Bei manchen Arbeitsplätzen liegt es vor allem an den Effizienzlohnerwägungen der Arbeitgeber.

Zwar kommt es manchmal tatsächlich zu Lohnsenkungen, wie zum Beispiel während der Weltwirtschaftskrise. Für die unternehmerischen Entscheidungen sind jedoch die *Real*löhne, also das Verhältnis zwischen Löhnen und Preisen, relevant. Die Löhne fallen *nicht schnell genug*, um Angebot und Nachfrage zum Ausgleich zu bringen. Alle Faktoren, die wir in diesem Kapitel behandelt haben, spielen dabei eine Rolle, denn sie erklären einerseits, warum Lohnanpassungen oft nicht möglich sind, und andererseits, warum sie gegebenenfalls nur sehr langsam vonstatten gehen.

Wenn der Arbeitsmarkt nicht geräumt wird und unfreiwillige Arbeitslosigkeit entsteht, gibt es möglicherweise wirtschaftspolitischen Handlungsbedarf. Im folgenden geben wir einen Überblick über die arbeitsmarktpolitischen Instrumente, die dem Staat zur Verfügung stehen. Dazu gehören Maßnahmen zur Erhöhung der Lohnflexibilität, Transfereinkommen für Arbeitslose zur Senkung der Kosten der Arbeitslosigkeit und die Verbesserung der Arbeitsmarkteffizienz durch aktive Maßnahmen zur Wiedereingliederung von Arbeitslosen.

Flexibilisierung

Wirtschaftswissenschaftler und Praktiker, die Lohnstarrheiten als Hauptursache der Arbeitslosigkeit betrachten und glauben, daß sie durch Gewerkschaftspolitik und implizite Kontrakte erzeugt werden, haben nach Wegen zur Flexibilisierung der Löhne gesucht. In Japan zum Beispiel haben große Unternehmungen langfristige (lebenslange) implizite Kontrakte mit ihren Arbeitnehmern, aber die Arbeitskräfte erhalten einen wesentlichen Teil ihres Lohnes in Form von Jahresprämien. In der Praxis bedeutet das, daß der Lohn eines Arbeitnehmers in Abhängigkeit von der wirtschaftlichen Lage seiner Firma von Jahr zu Jahr schwankt. Die Arbeitslosigkeit ist in Japan deutlich weniger variabel als in den Vereinigten Staaten, und viele Wirtschaftswissenschaftler glauben, daß die flexiblen Löhne dabei eine wichtige Rolle spielen. In seinem Buch *Das Beteiligungsmodell* (*The Share Economy*) hat Martin Weitzman von der Harvard University ein ähnliches Entlohnungssystem für US-amerikanische Firmen empfohlen.

Flexible Löhne sind aus zwei Gründen für die Arbeitskräfte wenig attraktiv. Erstens müßten sie ein größeres Risiko in Form von Einkommensschwankungen tragen. Beim derzeit in den USA praktizierten System laufen Arbeitskräfte mit langer

Firmenzugehörigkeit, die auf Seiten der Gewerkschaften oft die Tarifverhandlungen führen, kaum Gefahr, in schlechten Zeiten entlassen zu werden. Sie sind relativ gut gegen jährliche Schwankungen oder den vollständigen Verlust ihres Einkommens gesichert. Würden dagegen Jahresprämien eingeführt, so wären alle Arbeitskräfte unabhängig von der Dauer ihrer Betriebszugehörigkeit einem beträchtlichen Risiko ausgesetzt. Die Unternehmung kann aber im allgemeinen das Konjunkturrisiko besser tragen als der einzelne Arbeitnehmer, wie wir in der Diskussion über implizite Kontrakte ausgeführt haben.

Zweitens befürchten die Arbeitnehmer, daß vor allem diejenigen Firmen, die die geringsten Gewinne erwarten, bereit sein werden, ihren Angestellten im Austausch gegen Lohnzugeständnisse hohe Gewinnanteile zu versprechen. Tatsächlich bedeutet die Gewinnabhängigkeit der Lohnzahlungen, daß die Situation der Arbeitnehmer derjenigen der Aktionäre gleicht: Das Schicksal der Unternehmung entscheidet darüber, wieviel sie erhalten. Es hilft nichts, einen großen Anteil am Gewinn einer Unternehmung zu haben, die keine Gewinne macht.

Dieser zweite Grund zeigt, warum die Gewerkschaften Tarifsystemen mit gewinnabhängigen Löhnen kein Vertrauen schenken. Ihre Befürchtung, daß Unternehmungen, die keinen Gewinn machen, am bereitwilligsten ihren Gewinn mit der Belegschaft teilen wollen, erwies sich als gerechtfertigt, als 1985 die Beschäftigten der Eastern Airlines tatsächlich eine Lohnsenkung im Austausch gegen eine Gewinnbeteiligung akzeptierten. Die Fluggesellschaft ging kurz danach in Konkurs.

Es bleibt die Tatsache, daß weite Teile der japanischen Industrie ein flexibleres Entlohnungssystem anwenden, und daß dieses System anscheinend die Beschäftigungsschwankungen verringert. Japan scheint die Hindernisse überwunden zu haben, die einer Anbindung der Löhne an die Gewinne entgegenstehen. Wie das möglich war, ob es auch in den Vereinigten Staaten gelingen könnte, die Löhne zu flexibilisieren, und wie sich der Staat dabei verhalten soll, darüber werden die Wirtschaftswissenschaftler weiterhin debattieren.

Die Verringerung der Kosten der Arbeitslosigkeit

Während der letzten fünfzig Jahre hat man es als Aufgabe des Staates betrachtet, nicht nur die Arbeitslosigkeit zu bekämpfen, sondern auch die Kosten der Arbeitslosigkeit für die Betroffenen zu reduzieren. Es hat sich aber gezeigt, daß es schwierig ist, die Arbeitslosenunterstützung so zu gestalten, daß sie nicht wieder weitere wirtschaftliche Probleme verursacht.

Arbeitslosenversicherung

Die wichtigste Maßnahme zur Verringerung der Kosten der Arbeitslosigkeit ist die Arbeitslosenversicherung. Sie wurde 1935, mitten in der Weltwirtschaftskrise, mit der Verabschiedung des *Social Security Act* ins Leben gerufen. Die Arbeitslosenversicherung ist, innerhalb bestimmter Rahmenvorschriften des Bundes, Sache der Einzelstaaten und wird deshalb regional unterschiedlich gehandhabt. Typischerweise erhält ein Arbeitsloser 26 Wochen lang bis zu 50 Prozent seines vorherigen Gehalts. Bei sehr hohen Arbeitslosenquoten ist manchmal die maximale Bezugsdauer auf 39 Wochen oder mehr heraufgesetzt worden. Voraussetzung für einen Anspruch auf Arbeitslosengeld ist eine gewisse Mindestbeschäftigungsdauer: Man muß zum Beispiel in dem Jahr vor Eintritt der Arbeitslosigkeit 40 Wochen lang beschäftigt gewesen sein. Wer neu in den Arbeitsmarkt eintritt, ist also nicht gegen Arbeitslosigkeit versichert.

Der Arbeitslosenversicherung wird vorgeworfen, daß die Arbeitslosen dadurch einen geringeren Anreiz zur Arbeitsplatzsuche hätten. Einige empirische Beobachtungen bestätigen diese Meinung. Die Anzahl der Menschen, die genau dann einen Arbeitsplatz finden, wenn ihr Anspruch auf Arbeitslosengeld ausläuft, ist viel zu groß, um als bloßer Zufall abgetan zu werden. Ein anderer Einwand geht dahin, daß eine großzügige Arbeitslosenunterstützung unabhängig vom Lohnniveau und der Arbeitslosenquote die Arbeitsmotivation verringert, weil die Entlassungsdrohung dadurch ihren Schrecken verliert. Um die Anreizwirkung des Lohnes wiederherzustellen, müssen die Unternehmungen höhere Löhne bezahlen; dadurch steigen die Arbeitskosten und die Beschäftigung nimmt ab. Folgt man dieser Argumentation, dann kommt man zu dem Schluß, daß die Arbeitslosenversicherung tatsächlich die Arbeitslosenquote erhöht.

Wir haben hier ein neues Beispiel für einen bereits vertrauten *Trade-off*. Wirtschaftliche Regelungen, die das Risiko verringern, vermindern auch die Leistungsanreize. Wer eine Arbeitsplatzgarantie erhält, verliert den Anreiz, sich anzustrengen. Wenn die Arbeitslosenversicherung das durch die Entlassung verlorene Einkommen vollständig ersetzen würde, hätten die Beschäftigten keinerlei wirtschaftlichen Anreiz, eine besondere Arbeitsleistung zu erbringen. Und die Arbeitslosen hätten keinen Anreiz, sich nach einer neuen Beschäftigung umzusehen. Deshalb argumentieren einige Kritiker der gegenwärtigen Arbeitslosenversicherung, daß die Verringerung des Risikos und damit die Verminderung der wirtschaftlichen Anreize bereits zu weit gehe.

Andere Kritiker sagen, die Arbeitslosenunterstützung komme in den USA den falschen Zielgruppen zugute. Für diejenigen, die nur kurzfristig arbeitslos sind, sei die Förderung übertrieben; für die Langzeitarbeitslosen und diejenigen, die neu ins Erwerbsleben eintreten, sei sie nicht ausreichend. In den Augen vieler Wirtschaftswissenschaftler ist eine Versicherung für Arbeitslosigkeitszeiten von sechs bis acht Wochen nicht notwendig. Ihrer Meinung nach sollten die Menschen in der Lage sein, eine so kurze Zeit aus ihren Ersparnissen oder mit Hilfe von Krediten zu überbrücken. Eine Versicherung sollte generell nur *große* Verluste abdecken, gegen die sich der Einzelne nicht selbst absichern kann. In einer neueren Studie wird berechnet, daß die Arbeitslosenversicherung 1,1 Mrd. $ pro Jahr einsparen könnte, wenn die Arbeitslosen erst nach einer Wartezeit von zwei Wochen Anspruch auf Versicherungsleistungen hätten.

Aktive Maßnahmen zur Wiederbeschäftigung von Arbeitslosen

1994 schlug der Arbeitsminister Robert Reich (der zuvor an der Kennedy School in Harvard gelehrt hatte) vor, die Arbeitsmarktpolitik, die bis dahin lediglich passiv die Kosten der Arbeitslosigkeit gemildert hatte, umzustrukturieren und aktive Maßnahmen zur Wiederbeschäftigung von Arbeitslosen einzuführen. Dabei ging es um Anreize und Geldmittel zur Förderung der Mobilität. Das Ziel war eine Verbesserung der Effizienz des Arbeitsmarktes. Durch ein landesweites Netz von *„one-stop job centers"* sollten Informationen zu Jobsuche, Weiterbildung und Umschulung bereitgestellt werden. Umschulungen und Weiterbildungen sollte auf die verfügbaren Arbeitsplätze ausgerichtet sein. Nach 26 Wochen sollten nur noch diejenigen Anspruch auf weitere Leistungen der Arbeitslosenversicherung haben, die an einem Programm zur Weiterbildung und Arbeitsplatzsuche teilnehmen.

Zusammenfassung

1. Unfreiwillige Arbeitslosigkeit liegt vor, wenn das Arbeitsangebot beim herrschenden Marktlohn die Arbeitsnachfrage übersteigt. Dazu kommt es, wenn die Arbeitsnachfrage bei jedem Lohn zurückgeht, und die Reallöhne sich nicht an diese Veränderung anpassen.

2. Erklärungen dafür, warum die Unternehmungen unter Umständen die Löhne und damit die Arbeitslosigkeit nicht senken können, liefern Tarifverträge, Mindestlohngesetze, implizite Kontrakte, sowie die Insider-Outsider-Theorie (die erklärt, warum Unternehmungen neu eingestellten Arbeitskräften keine niedrigeren Löhne bezahlen).

3. Eine Lohnsenkung kann tatsächlich zu einem Anstieg der Arbeitskosten führen, weil (a) die besten Arbeitskräfte die Firma verlassen, so daß die durchschnittliche Qualität der Belegschaft sinkt, (b) die Arbeitsmotivation der Beschäftigten abnimmt, und (c) die Fluktuationskosten steigen.

4. Die Unternehmungen verzichten in einer Rezession oft auf die vollständige Auslastung ihrer Belegschaft. Dieses Horten von Arbeitskräften hat zur Folge, daß im Aufschwung der Output oft stärker steigt als die Beschäftigung.

5. Durch gewinnabhängige Löhne könnte man die Beschäftigungsschwankungen vermindern. Allerdings müßten die Arbeitnehmer dann das Risiko einer Einkommensminderung in schlechten Zeiten tragen und befürchten, daß vor allem diejenigen Unternehmungen zu hohen Gewinnbeteiligungen für die Arbeitnehmer bereit wären, deren Gewinnerwartungen besonders niedrig sind.

6. Die Arbeitslosenversicherung reduziert die Kosten des Arbeitsplatzverlustes für die Betroffenen, aber sie reduziert damit auch gleichzeitig den Leistungsanreiz für die Beschäftigten und den Anreiz zur aktiven Arbeitsplatzsuche für die Arbeitslosen. Die Re-

aktionen der Unternehmungen können sogar eine Erhöhung der Arbeitslosigkeit zur Folge haben anstatt einer Senkung.

Schlüsselbegriffe

implizite Kontrakte   Fluktuationsrate   Okunsches Gesetz
Insider-Outsider-Theorie   Effizienzlohn   Kurzarbeit

Wiederholungsfragen

1. Wodurch entsteht unfreiwillige Arbeitslosigkeit?

2. Zählen Sie Gründe dafür auf, warum Unternehmungen nicht bereit oder nicht in der Lage sein könnten, die Löhne zu senken.

3. Wahr oder falsch: „Die Macht der Gewerkschaften und die Mindestlohngesetze sind der Hauptgrund für die Lohnstarrheit und damit für die Arbeitslosigkeit in der US-amerikanischen Wirtschaft." Erläutern Sie Ihre Antwort.

4. Warum würde sich eine Unternehmung an einen impliziten Kontrakt halten, obwohl er nicht rechtswirksam ist? Warum würde sich ein Arbeitnehmer daran halten?

5. Warum führt die Theorie der impliziten Kontrakte zu dem Schluß, daß Kurzarbeit wahrscheinlicher ist als Entlassungen?

6. Nennen Sie drei Gründe, warum die Produktivität von der Lohnhöhe abhängen kann.

7. Was ist der Unterschied zwischen einem Effizienzlohn und einem markträumenden Lohn?

8. Wie kann man mit Hilfe der Effizienzlohntheorie unterschiedliche gruppenspezifische Arbeitslosenquoten erklären?

9. Mit welchem *Trade-off* hat es eine Gesellschaft zu tun, die versucht, die wirtschaftliche Sicherheit der Arbeitskräfte durch ein höheres Arbeitslosengeld oder durch mehr Arbeitsplatzsicherheit zu verbessern?

Aufgaben

1. 1996 verabschiedete der Kongreß ein Gesetz, das den Mindestlohn in zwei Schritten von 4,25 $ auf 5,15 $ pro Stunde anhob. Erklären Sie mit Hilfe der Effizienzlohntheorie, warum von dieser Lohnerhöhung möglicherweise nur eine geringe Beschäftigungswirkung ausgeht.

2. Sind implizite Kontrakte in Branchen mit überwiegend kurzfristigen Beschäftigungsverhältnissen oder in Branchen mit überwiegend langfristigen Beschäftigungsverhältnissen wahrscheinlicher? Begründen Sie Ihre Antwort.

3. Einige Unternehmungen haben ein zweistufiges Entlohnungssystem vorgeschlagen, bei dem neu eingestellte Arbeitskräfte niedrigere Löhne erhalten als solche mit längerer Betriebszugehörigkeit. Würde man im Licht der Erkenntnisse der Insider-Outsider-

Theorie erwarten, daß sich solche zweistufigen Entlohnungssysteme eher in ausbildungsintensiven Branchen durchsetzen, oder in Branchen, in denen die innerbetriebliche Ausbildung keine große Rolle spielt?

4. Beim Scharnierhersteller Doorware Corporation ist das folgende Verhältnis zwischen Stundenlohn und Produktivität zu beobachten:

Stundenlohn (in $)	8	10	12	14	16	18	20
Scharniere pro Arbeitsstunde	20	24	33	42	52	58	60

Zeichnen Sie eine Produktivitäts-Lohn-Kurve. Wie kann man aus dieser Kurve den Effizienzlohn ablesen? Berechnen Sie den Output pro Dollar Arbeitskosten für die Doorware Corporation. Wie hoch ist der Effizienzlohn?

5. Geben Sie für die folgenden Branchentypen an, ob dort wahrscheinlich Effizienzlöhne zu beobachten sein werden, oder eher nicht.
   a) Branchen mit relativ niedrigen Ausbildungs- und Fluktuationskosten;
   b) Branchen, in denen die individuelle Produktivität nur schwer überwacht werden kann;
   c) Branchen mit vielen Arbeitsplätzen, an denen die individuellen Produktivitätsunterschiede relativ groß sind.

Anhang: Ableitung des Effizienzlohns

Die Kurve in Abbildung 34.4 stellt einen möglichen Zusammenhang zwischen den Löhnen und der Produktivität dar. Wir bezeichnen diese Kurve als **Lohn-Produktivitäts-Kurve**. Die Produktivität kann man hier als Outputeinheiten pro Zeiteinheit messen, also etwa „Anzahl der Stecknadeln, die in einer Stunde hergestellt werden". Es gibt einen Mindestlohn w_m, unterhalb dessen die Unternehmung kaum Arbeitskräfte findet. Zu dem sehr niedrigen Lohn w_1 kann die Unternehmung nur den Bodensatz des Arbeitsmarktes anwerben, Arbeitskräfte, die sonst nichts gefunden haben. Die Arbeitsmoral und Leistungsbereitschaft sind niedrig. Die Arbeitskräfte kündigen, sobald sie anderswo einen Job erhalten, so daß die Fluktuationsrate recht hoch ist.

Sobald die Unternehmung den Lohn erhöht, steigt auch die Produktivität. Nach einiger Zeit steht die Unternehmung in dem Ruf, hohe Löhne zu bezahlen, und zieht die besten Arbeitskräfte an. Arbeitsmoral und Arbeitsleistung sind hoch, die Fluktuation ist niedrig. Wie so oft werden jedoch auch hier irgendwann die abnehmenden Grenzerträge spürbar. Je höher der Lohn bereits ist, desto geringer ist die Produktivitätswirkung weiterer Lohnerhöhungen. Die Unternehmung orientiert sich nicht an den Lohnkosten pro Beschäftigtem sondern an den Lohnkosten pro Outputeinheit. Sie möchte also nicht den Lohn minimieren, sondern den Lohn geteilt durch die Produktivität.

Anders ausgedrückt: Die Unternehmung will den Output pro Dollar Arbeitskosten maximieren (wir gehen davon aus, daß alle anderen Kosten fix sind). Die Produktivität ist definiert als Outputmenge pro Zeiteinheit (Stecknadeln pro Stunde), und der Lohnsatz stellt die Arbeitskosten pro Zeiteinheit dar (Dollar pro Stunde). Wenn man also die Produktivität durch den Lohnsatz dividiert, erhält man folgende Gleichung:

$$\frac{\text{Produktivität}}{\text{Lohn}} = \frac{\text{Ouput / Zeiteinheit}}{\text{Geldeinheiten / Zeiteinheit}} = \frac{\text{Ouput}}{\text{Geldeinheiten (= Arbeitskosten)}}.$$

Die Entscheidung, den Output pro Dollar Arbeitskosten zu maximieren, ist also mathematisch äquivalent mit der Entscheidung, das Verhältnis zwischen Produktivität und Lohn zu maximieren. Um festzustellen, bei welchem Lohnniveau dieses Ziel erreicht wird, sind in Abbildung 34.4 Linien vom Ursprung zu Punkten auf der Lohn-Produktivitäts-Kurve eingezeichnet. Die Steigung einer solchen Linie entspricht dem Verhältnis zwischen Produktivität (der vertikalen Achse) und Lohn (der horizontalen Achse).

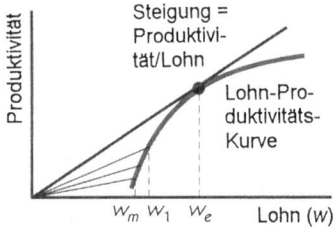

Abbildung 34.4   Der Zusammenhang zwischen Lohn und Produktivität. Mit steigenden Löhnen nimmt auch die Produktivität zu, und zwar zunächst rasch und dann immer langsamer. Der Effizienzlohn ist derjenige Lohn, bei dem das Verhältnis zwischen Lohn und Produktivität am höchsten ist. Man findet ihn, indem man durch den Ursprung eine Tangente an die Lohn-Produktivitäts-Kurve zeichnet.

Wenn wir den Lohn immer weiter erhöhen und die entsprechenden Punkte auf der Lohn-Produktivitäts-Kurve mit dem Ursprung verbinden, wächst die Steigung dieser Verbindungslinien zuerst an und nimmt dann wieder ab. Diejenige Linie durch den Ursprung mit der höchsten Steigung ist die Tangente an die Lohn-Produktivitäts-Kurve. Am Tangentialpunkt kann man den Lohn ablesen, bei dem die Arbeitskosten minimiert werden, den Effizienzlohn w_e.

Abbildung 34.5 zeigt, daß Veränderungen der Arbeitslosenquote die Lohn-Produktivitäts-Kurve verschieben können. Bei einer höheren Arbeitslosenquote ist jeder Lohnsatz mit einer höheren Produktivität der Arbeitskräfte verbunden. Der Effizienzlohn, also derjenige Lohn, bei dem das Verhältnis zwischen Produktivität und Lohn maximiert wird, geht ebenfalls etwas zurück, nämlich von w_0 auf w_1.

Die Veränderung des Effizienzlohns kann relativ gering ausfallen, auch wenn die Lohn-Produktivitäts-Kurve relativ stark verschoben wird.

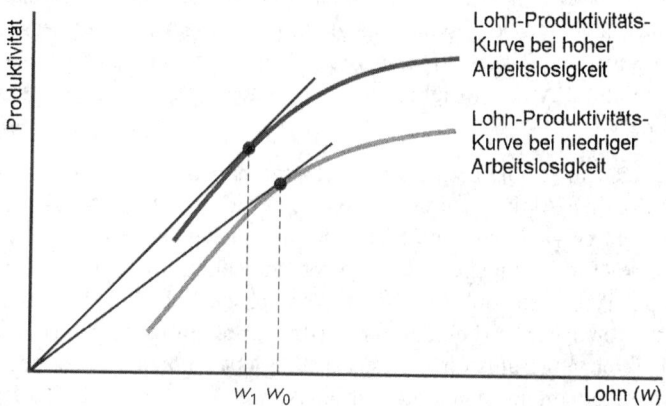

Abbildung 34.5 Verschiebungen der Lohn-Produktivitäts-Kurve. Wenn die Arbeitslosigkeit sinkt, haben die Arbeitskräfte mehr alternative Beschäftigungsmöglichkeiten. Da eine Entlassung weniger Probleme mit sich bringt, strengen sich die Arbeitskräfte bei jedem Lohn weniger an als vorher; die Produktivität geht also zurück. In dem hier gezeigten Fall ist die höhere Arbeitslosenquote mit einem niedrigeren Effizienzlohn verbunden.

Kapitel 35

Inflation und Arbeitslosigkeit: Wirtschaftspolitische Konzepte

Wirtschaftspolitisches Handeln ist manchmal wie ein Drahtseilakt. Wenn man sich zu weit auf eine Seite lehnt, steigt die Arbeitslosigkeit. Beugt man sich statt dessen zu weit zur anderen Seite, so steigt das Preisniveau. Schlimmstenfalls kann es sogar passieren, daß Inflation, Arbeitslosigkeit und langsames Wirtschaftswachstum gleichzeitig auftreten.

Viele der grundlegenden makroökonomischen Probleme haben mit den Schwankungen der wirtschaftlichen Aktivität zu tun. Wenn der wirtschaftliche Motor ins Stottern kommt, braucht er vielleicht eine Starthilfe, um wieder in Gang zu kommen. Wenn sich die Nachfrage dagegen zu stürmisch entwickelt, rückt die Inflationsgefahr bedrohlich näher. Sowohl Arbeitslosigkeit als auch Inflation können wirtschaftliche Not verursachen. Arbeitslosigkeit trifft vor allem junge Menschen hart, die nicht von ihren angesammelten Ersparnissen leben können, aber auch Schwarze, Lateinamerikaner und ungelernte Arbeitskräfte. Die Inflation schadet vor allem den Rentnern, deren Einkommen nicht mit der Geldentwertung Schritt halten.

Im folgenden fassen wir diese Kosten noch einmal kurz zusammen und konzentrieren uns dann auf die Frage, ob und mit welchen Mitteln (Geldpolitik oder Fiskalpolitik) der Staat Stabilisierungspolitik betreiben soll. Anschließend beleuchten wir einige dieser zentralen wirtschaftspolitischen Fragen mit Hilfe eines historischen Rückblicks über die wichtigsten wirtschaftspolitischen Debatten der vergangenen drei Jahrzehnte.

35.1 Die Auswirkungen von Inflation und Arbeitslosigkeit

Wenn der Staat Maßnahmen ergreift, um die wirtschaftliche Aktivität anzuregen oder zu dämpfen, ist er stets mit einem *Trade-off* konfrontiert. Betrachten wir die Entscheidungssituation, in der sich die verantwortlichen Wirtschaftspolitiker in den Jahren 1994 und 1995 befanden, als die Arbeitslosenquote von sieben auf sechs Prozent und schließlich auf 5,4 Prozent zurückging. Man war sich darüber einig, daß an irgendeinem Punkt ein inflationärer Druck entstehen würde. Der genaue Zeitpunkt war jedoch nicht klar. Wenn die Fed zum Beispiel zu früh aktiv werden und die Zinssätze zu stark erhöhen würde, könnte sie den Aufschwung abwürgen und die Volkswirtschaft wieder in die Rezession treiben. Wenn sie dagegen zu lange warten würde, würde die Inflation steigen. Dann wäre die Frage, welche Kosten mit einer höheren Inflationsrate verbunden wären und wie teuer es sein würde, sie wieder zu senken.

Die grundlegenden *Trade-off*s

In früheren Kapiteln haben wir die Antworten auf diese Fragen bereits vorbereitet: Die Kosten einer hohen Arbeitslosenquote - einschließlich des entgangenen Outputs - sind offensichtlich. Wenn man die Arbeitslosenquote um einen Prozentpunkt (sagen wir von sieben auf sechs Prozent) senkt, steigt in der Regel der Output um zwei Prozent. Bei einem Inlandsprodukt von zehn Billionen Dollar sind das 200 Mrd. $ pro Jahr.

Auch die Inflation hat ihre Kosten, obwohl wir in Kapitel 33 zu dem Schluß gekommen sind, daß bei den niedrigen Inflationsraten, die in den Vereinigten Staaten über die letzten fünfzehn Jahre hinweg zu beobachten waren, ein Teil dieser Kosten eher eingebildet sind als real.

In Kapitel 33 sind auch die *Trade-off*s klar dargelegt worden. Heute geht es nicht mehr so sehr darum, ob man etwas mehr Inflation in Kauf nehmen will, um eine vorübergehende Senkung der Arbeitslosenquote zu erreichen. Den verantwortlichen Wirtschaftspolitikern ist bewußt, daß eine Volkswirtschaft nicht dauerhaft unterhalb der NAIRU arbeiten kann, ohne daß sich die Inflation beschleunigt; die meisten Regierungen versuchen nicht einmal mehr, sich den kurzfristigen Vorteil zunutze zu machen, der dadurch zustande kommt, daß die Arbeitslosenquote normalerweise schneller sinkt, während die Inflationsrate erst mit einer gewissen Zeitverzögerung steigt. Heutzutage dreht sich die wirtschaftspolitische Debatte mehr um die Risiken. Sollte die Regierung eher eine aktive Stabilisierungspolitik betreiben oder konservative Zurückhaltung üben, wenn über die Höhe der NAIRU Unsicherheit herrscht? Inwieweit sollte sie einen Anstieg der Inflationsrate riskieren, um nicht andererseits Gefahr zu laufen, daß die volkswirtschaftlichen Ressourcen weniger gut genutzt werden, als das möglich wäre? Bei der Abwägung dieser Risiken werden jedoch immer noch die Kosten von Inflation und Arbeitslosigkeit bewertet. Wie zu erwarten ist, machen sich diejenigen, die die Arbeitslosigkeit für das gewichtigere Problem halten, für eine aktivere Stabilisierungspolitik stark, während diejenigen, denen es vor allem um die Vermeidung von Inflation geht, eine konservativere Politik befürworten.

Unterschiedliche Sichtweisen der *Trade-off*s

Der Schlüssel zum Verständnis dieser verschiedenen Standpunkte ist die Tatsache, daß Arbeitslosigkeit und Inflation verschiedene Bevölkerungsgruppen treffen. Niedriglohnempfänger und andere benachteiligte Gruppen profitieren am meisten von Maßnahmen zur Senkung der Arbeitslosigkeit. Da sie nur wenig Ersparnisse haben, tragen sie nur einen geringen Teil der Inflationskosten. Die Kosten eines unerwarteten Anstiegs der Inflationsrate tragen vor allem diejenigen, die in langfristige festverzinsliche Wertpapiere investiert haben; sie müssen zusehen, wie der Wert dieser Papiere mit steigenden Nominalzinsen abnimmt, wie es typischerweise der Fall ist, wenn die Inflationsrate steigt.

Es ist also nicht überraschend, daß die Gewerkschaften in der Regel eine aggressivere Stabilisierungspolitik einfordern, während die Investoren der Wall Street eine konservativere Politik verlangen. Da eine aktive Stabilisierungspolitik in der Regel auch bedeutet, daß die Fed die Zinssätze senkt und daß der Output steigt, was beides im Interesse der Unternehmungen liegt, kann es nicht überraschen, daß Industrievereinigungen wie die National Association of Manufacturers meist ebenfalls eine solche Politik unterstützen. In diesem Zusammenhang spricht man in den USA oft von einem Interessenkonflikt zwischen Wall Street und Main Street (der Hauptgeschäftsstraße eines Ortes).

35.2 Konjunkturschwankungen und Stabilisierungspolitik

Daß hohe Wachstumsraten, eine niedrige Arbeitslosigkeit und stabile Preise wünschenswert sind, darüber ist man sich weitgehend einig. Uneinigkeit herrscht jedoch unter Wirtschaftswissenschaftlern über die Rolle des Staates bei der Verfolgung dieser Ziele und über die geeigneten wirtschaftspolitischen Instrumente. Einige Wirtschaftswissenschaftler glauben, daß der Staat mit seinen Eingriffen wenig bewirken kann, oder schlimmer noch, daß er die Volkswirtschaft dadurch lediglich destabilisiert. Andere behaupten, daß staatliche Interventionen in der Regel erfolgreich sind.

Der Einfachheit halber teilen wir die Wirtschaftswissenschaftler je nach ihrem Standpunkt in dieser Frage in zwei grobe Kategorien ein: die Befürworter und die Gegner von Interventionen. Die Gegner staatlicher Interventionen haben tendenziell ein großes Vertrauen in die Märkte und wenig Vertrauen zum Staat. Da sie glauben, daß sich die Volkswirtschaft schnell und effizient an Störungen anpaßt, sehen sie keinen wirtschaftspolitischen Handlungsbedarf. Die Befürworter einer aktiven Wirtschaftspolitik gehen stattdessen davon aus, daß die Märkte sich nur langsam anpassen, so daß es zu ausgedehnten Perioden der Arbeitslosigkeit kommen kann; sie argumentieren, daß staatliche Eingriffe die Vollbeschäftigung schneller wieder herstellen können als der Markt alleine.

Abbildung 35.1 zeigt die Wachstumsrate des Outputs über die letzten 125 Jahre. Die Abbildung illustriert die zentrale Herausforderung, vor der man steht, wenn man die Wirtschaft „steuern" möchte, nämlich ihre extremen Schwankungen. Es gibt keine isolierte Episode, in der sich die aggregierte Nachfragekurve nach links verschiebt, so daß Arbeitslosigkeit entsteht. In einem solchen Fall wäre das Rezept einfach: Man verschiebe entweder mit Hilfe der Geldpolitik oder mit Hilfe der Fiskalpolitik die aggregierte Nachfragekurve wieder nach rechts. Das eigentliche Problem besteht darin, daß die Volkswirtschaft ständig in Veränderung begriffen ist und neue Schwankungen produziert. Manche Gegner einer aktiven Stabilisierungspolitik gestehen zu, daß die Märkte sich langsam anpassen, argumentieren aber, daß die Bemühungen des Staates mehr Schaden anrichten als Nutzen stiften.

Da gibt es zum Beispiel die Befürchtung, daß stabilitätspolitische Maßnahmen lange Zeit brauchen, bis sie wirksam werden, und daß sie deshalb die Wirtschaft erst dann stimulieren, wenn sie schon wieder gebremst werden müßte, und umgekehrt. Einige Wirtschaftswissenschaftler meinen sogar, daß die Wirtschaftspolitik tatsächlich die Konjunkturschwankungen verstärkt hat. Ob man glaubt, daß der Staat intervenieren sollte oder nicht, hängt sehr stark damit zusammen, welche Ansichten über den Ursprung und die Natur der Konjunkturschwankungen man vertritt.

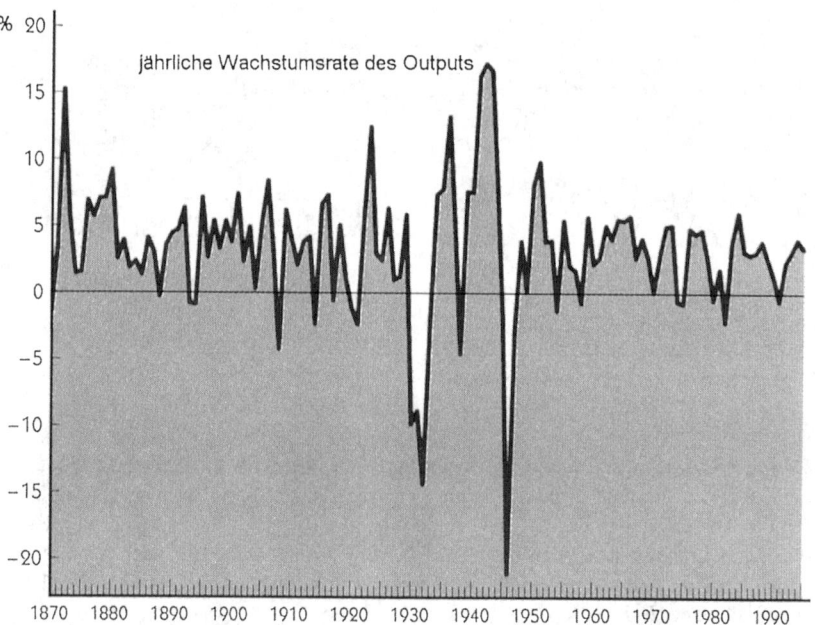

Abbildung 35.1 Veränderungsrate des Outputs 1870-1995. In den vergangenen 25 Jahren waren sehr unterschiedliche Wachstumsraten zu beobachten. Nach dem zweiten Weltkrieg, als der Staat aktiv versuchte, die Wirtschaft zu stabilisieren, sind die Konjunkturschwankungen aber scheinbar geringer gewesen als davor. *Quellen*: Angus Maddison, *Dynamic Forces in Capitalist Development*, Oxford University Press, 1991; *ERP* (1996).

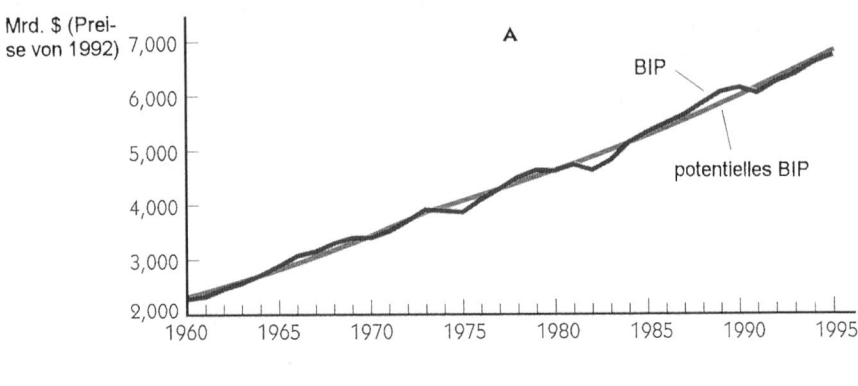

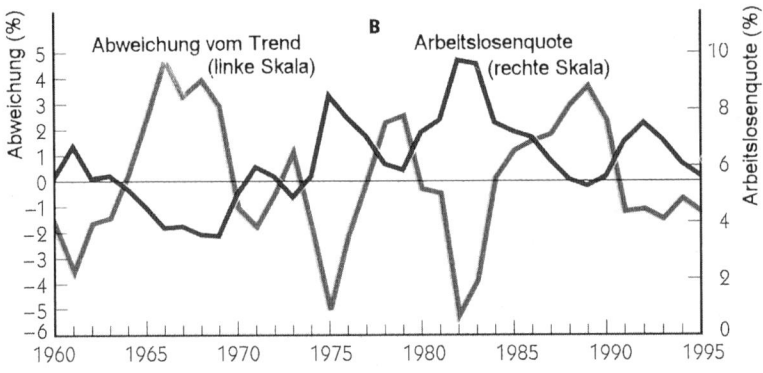

Abbildung 35.2   Konjunkturelle Schwankungen des Outputs. Teil A zeigt für die letzten 35 Jahre, wie die reale Produktion um den langfristigen Trend schwankte. In Teil B werden die Abweichungen des BIP von seinem langfristigen Wachstumstrend mit den Arbeitslosenquoten verglichen. Man beachte, daß Abweichungen des BIP nach oben tendenziell mit niedrigen Arbeitslosenquoten einhergehen und umgekehrt. *Quelle*: *ERP* (1995), Tabellen B-1, B-40, B-116.

Konjunkturschwankungen

Abbildung 35.2A zeigt die Entwicklung der wirtschaftlichen Produktion in den USA über die letzten 35 Jahre. Die gerade Linie, die durch die Daten gezogen worden ist, zeigt den Wachstumspfad des Outputs für den Fall einer konstanten Wachstumsrate. Diese Linie stellt den **langfristigen Wachstumstrend** der Volkswirtschaft dar. Der tatsächliche Output liegt manchmal über der Trendlinie und manchmal darunter. Aus Teil B kann man ablesen, um wieviel Prozent die Volkswirtschaft jeweils über oder unter dem Wachstumstrend der vergangenen 35 Jahre

gelegen hat. In die Abbildung ist auch die Entwicklung der Arbeitslosenquote eingezeichnet, um die negative Korrelation zwischen den Abweichungen des Outputs
vom Trend und der Arbeitslosigkeit zu illustrieren. Von einer Rezession spricht
man nur dann, wenn der Output tatsächlich abnimmt, aber auch eine positive
Wachstumsrate, die weit unter dem Trend liegt, stellt einen wirtschaftlichen Abschwung dar, der beträchtliche Folgen hat.

Früher glaubten die Wirtschaftswissenschaftler, daß solche Schwankungen der
wirtschaftlichen Aktivität unvermeidlich seien - sie waren so regelmäßig, daß man
sie Konjunkturzyklen nannte. Aber zumindest seit dem Zweiten Weltkrieg war der
zeitliche Abstand zwischen zwei Rezessionen extrem variabel, wie Abbildung 35.3
zeigt. Die durchschnittliche Dauer eines wirtschaftlichen Aufschwungs betrug 50
Monate, der kürzeste Aufschwung war zwölf Monate lang, der längste 106 Monate. Der Aufschwung, der 1991 begann, ist überdurchschnittlich lang gewesen.

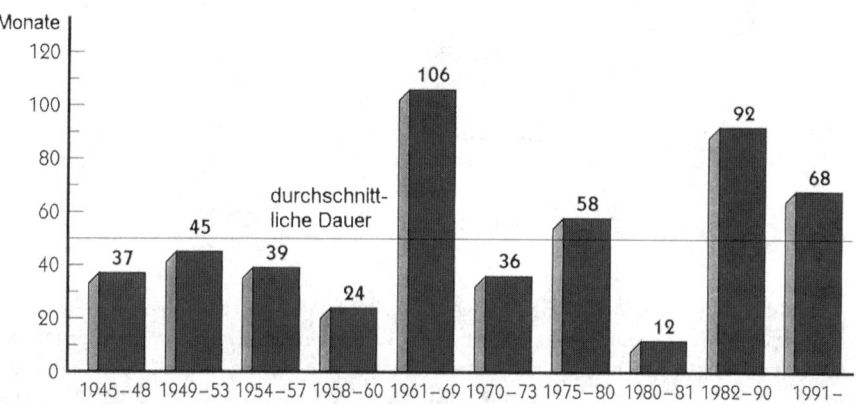

Abbildung 35.3 Die Dauer von wirtschaftlichen Aufschwungsphasen. In den letzten 50
Jahren haben wirtschaftliche Expansionsphasen sehr unterschiedlich lange angehalten. Der
Durchschnitt liegt bei 50 Monaten; der kürzeste Aufschwung dauerte zwölf Monate, der
längste 106 Monate. Als dieses Buch (in seiner amerikanischen Originalfassung) gedruckt
wurde, hatte der 1991 begonnene Aufschwung bereits 68 Monate gedauert. *Quelle: ERP*
(1996), Abbildung 2-11.

Früher dachte man, daß alle vier Jahre ein Abschwung kommen *mußte.* Im vierten
Jahr eines Aufschwungs rechnete jeder damit, daß die Rezession schon um die Ek-
ke lauerte. Es war so, als ob ein Aufschwung an Altersschwäche sterben mußte.
Aber es gibt kaum Anzeichen dafür, daß wirtschaftliche Aufschwünge an Altersschwäche sterben; wie Abbildung 35.4 deutlich macht, ist eine Lebensdauer von

drei Jahren beinahe genauso wahrscheinlich wie eine von fünf Jahren. Abbildung 35.4 zeigt aber auch, daß Abschwünge tendenziell viel kürzer sind als Aufschwünge, und daß ihr baldiges Ende um so wahrscheinlicher ist, je länger sie bereits dauern. Ein Grund dafür liegt darin, daß der wirtschaftspolitische Handlungsdruck in einer Rezession mit der Zeit immer stärker wird.

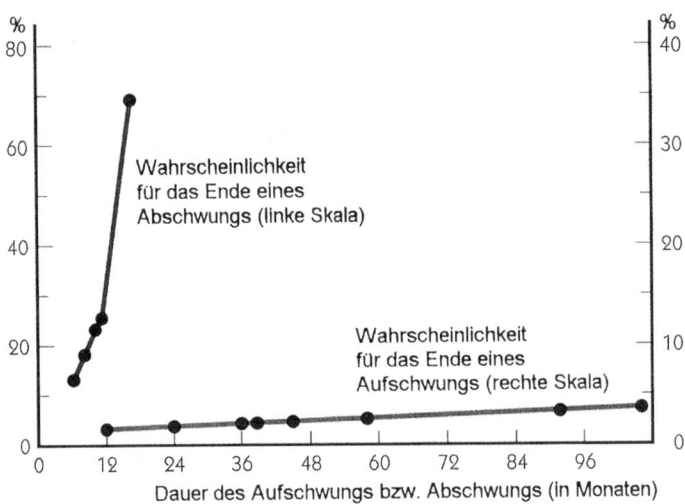

Abbildung 35.4   Die Wahrscheinlichkeit für eine konjunkturelle Wende. Je länger ein Abschwung bereits dauert, um so höher ist die Wahrscheinlichkeit, daß er im nächsten Monat beendet sein wird. Das gilt jedoch nicht für expansive konjunkturelle Phasen. Nach drei Jahren ist das Ende eines Aufschwungs kaum weniger wahrscheinlich als nach vier oder fünf Jahren. *Quelle*: *ERP* (1996), Abbildung 2-12.

Zwar haben Auf- und Abschwünge eine sehr unterschiedliche Dauer; dennoch folgen konjunkturelle Schwankungen ganz charakteristischen Mustern. Im Abschwung verlangsamt sich das Outputwachstum (manchmal werden die Wachstumsraten sogar negativ) und die Arbeitslosigkeit nimmt zu. Die tatsächlich geleisteten Arbeitsstunden pro Arbeitnehmer gehen tendenziell zurück, die Inflation verlangsamt sich, und manchmal sinken die Preise sogar.

Über diese Beschreibung der Konjunkturphasen ist man sich in der Wirtschaftswissenschaft einig; über die *Ursachen* und das richtige Verhalten des Staates dagegen gehen die Meinungen auseinander. Manche glauben, daß Konjunkturschwankungen durch **exogene** Schocks ausgelöst werden, also durch Störungen, die außerhalb der Märkte ihren Ursprung haben, so wie zum Beispiel Kriege einen

Boom auslösen können. Andere betonen **endogene** Faktoren, die für Instabilität sorgen, Eigenschaften des Marktsystems selbst, wie zum Beispiel die Tendenz der Wirtschaftsteilnehmer, im Aufschwung zu optimistisch zu werden und zu viel zu investieren (auch in Lagerbestände); dieses Verhalten führt dann wieder den nächsten Abschwung herbei, denn die Investitionstätigkeit wird eingeschränkt, sobald man die Überinvestition erkannt hat. Heute glauben die meisten Wirtschaftswissenschaftler, daß die Konjunkturschwankungen durch eine Mischung aus exogenen und endogenen Faktoren zu erklären sind: Ein externer Schock (wie zum Beispiel eine Ölpreiserhöhung) kann eine Wirtschaft hart treffen; aber es sind dann endogene Faktoren, die manchmal die anfängliche Wirkung verstärken und die Erholung hinauszögern.

Zum Teil sind die Schwankungen der wirtschaftlichen Aktivität eine unvermeidliche Folge davon, daß die Menschen nicht in der Lage sind, die Zukunft vollkommen vorherzusagen. Es gibt immer Zeiten, in denen die Unternehmungen die Nachfrage überschätzen und zuviel produzieren. Wenn der Absatz hinter der Produktion zurückbleibt, werden Lagerbestände aufgebaut. Mit zunehmenden Lagerbeständen wächst auch der Anreiz für die Unternehmungen, ihre Produktion einzuschränken. Und aus dem gleichen Grund kann es auch passieren, daß stabilisierungspolitische Eingriffe ihr Ziel verfehlen, denn auch der Staat kann nicht mit Sicherheit vorhersagen, wie sich die wirtschaftliche Lage entwickeln wird. In vielen Fällen kann man vielleicht nicht einmal genau sagen, wie die gegenwärtige wirtschaftliche Lage aussieht. Statistische Daten zur konjunkturellen Situation kann man immer nur mit einer gewissen Zeitverzögerung erheben.

Nach dem Zweiten Weltkrieg gingen die meisten Abschwungperioden in den Vereinigten Staaten mit starken Zinserhöhungen durch die Fed einher. Diese Zinserhöhungen wiederum waren durch Anzeichen einer schon bestehenden oder unmittelbar drohenden Inflation motiviert. In einigen Fällen, wie zum Beispiel beim Ölpreisschock von 1973, haben exogene Schocks bei der Beschleunigung der Inflation eine Rolle gespielt. In anderen Fällen hat die natürliche Auftriebskraft der Wirtschaft die aggregierte Nachfrage über das aggregierte Angebot hinaus anwachsen lassen. Es ist umstritten, ob die Geldpolitik die Wirtschaft hätte feiner steuern können, ob sie zum Beispiel durch eine rechtzeitige Anhebung der Zinssätze dafür hätte sorgen können, daß sich die aggregierte Nachfrage genau im gleichen Tempo entwickelt wie das aggregierte Angebot; dann hätte sich die Inflation nicht beschleunigt und die Fed hätte den „Tritt auf die Bremse" vermeiden können. Oder, nachdem die Inflation schon einmal bestand, hätte man vielleicht die Konjunktur langsamer bremsen und damit die Inflation wirksam eindämmen können, ohne eine tiefe Rezession auszulösen.

Die Befürworter einer aktiven Stabilisierungspolitik glauben, daß man mit geeigneten Maßnahmen einerseits die endogenen Kräfte verringern kann, die Konjunkturschwankungen auslösen oder verschlimmern, zum Beispiel indem man die automatischen Stabilisatoren verstärkt, die wir in Kapitel 32 diskutiert haben, und andererseits die Wahrscheinlichkeit erhöhen kann, daß staatliche Interventionen tatsächlich stabilisierend wirken.

Argumente gegen eine aktive Stabilisierungspolitik

Für die Meinung, daß der Staat nicht intervenieren sollte, um die Wirtschaft zu stabilisieren, gibt es unterschiedliche Begründungen. Manche Wirtschaftswissenschaftler glauben, daß die Märkte effizient sind, so daß der Staat kaum etwas besser machen kann; andere meinen, daß der Staat keine wirksamen Instrumente zur Verfügung hat; wieder andere sind der Ansicht, daß die Stabilisierungspolitik sehr wohl spürbare Folgen hat, daß sie aber oft das Gegenteil des Beabsichtigten bewirkt. Wir werden im folgenden jede dieser Sichtweisen genauer betrachten.

Die Theorie der realen Konjunkturzyklen: Aktive Stabilisierungspolitik ist unnötig

Staatliche Eingriffe sind offensichtlich unnötig, wenn die Märkte ständig effizient arbeiten und Vollbeschäftigung garantieren. Die Vertreter der **Theorie der realen Konjunkturzyklen** betrachten exogene Schocks, wie zum Beispiel die Ölpreissteigerungen von 1973 und 1979, als Ursache wirtschaftlicher Schwankungen, glauben aber, daß die Märkte sich schnell anpassen und daß Preise und Löhne flexibel genug sind, um die Vollbeschäftigung schnell wieder herzustellen. Auf jeden Fall braucht dieser Anpassungsprozeß weniger Zeit als der Staat benötigt, bis er ein Problem erkannt und geeignete Maßnahmen ergriffen hat und bis diese Maßnahmen dann tatsächlich Wirkung zeigen. Da die Märkte normalerweise die Vollbeschäftigung garantieren, braucht sich der Staat nur um die Inflation zu kümmern. Erinnern wir uns an das Ergebnis aus Teil Fünf, daß in einer vollbeschäftigten Wirtschaft die Preise tendenziell im Gleichschritt mit der Geldmenge steigen. Preisstabilität - und Vollbeschäftigung - können also erreicht werden, wenn die Währungsbehörden die Geldmenge entsprechend der Wachstumsrate des realen BIP steigen lassen.

Neue klassische Makroökonomik: Aktive Stabilisierungspolitik ist unwirksam

Einige Gegner einer aktiven Stabilisierungspolitik behaupten, daß der Staat nicht einmal kurzfristig den Output beeinflussen kann, weil der private Sektor jede staatliche Maßnahme weitgehend rückgängig macht. Wenn der Staat zum Beispiel die Geldmenge erhöht, werden die Marktteilnehmer bei rationalen Erwartungen davon ausgehen, daß dadurch einfach nur das Preisniveau steigen wird. Die Preise passen sich sofort an, so daß die *reale* Geldmenge unverändert bleibt. Die expansiven Wirkungen der Geldmengenerhöhung werden damit vollständig zunichte gemacht, und die Geldpolitik hat keine *realen* Auswirkungen. Genauso wird eine Zunahme des Haushaltsdefizits durch einen Anstieg der privaten Ersparnis vollkommen ausgeglichen, da die Haushalte die Notwendigkeit einer zukünftigen Steuererhöhung vorhersehen.

Der Standpunkt, daß aktive stabilitätspolitische Maßnahmen weitgehend unwirksam sind, und, soweit sie wirksam sind, nur einen kurzfristigen aber keinen dauerhaften Vorteil versprechen, wurde von den Vertretern der **neuen klassischen Makroökonomik** und ihrem Begründer Robert Lucas von der University of Chicago vorgebracht.

Aktive Stabilisierungspolitik ist kontraproduktiv

Wenn man dem Markt nicht vertraut, muß man deshalb noch lange nicht glauben, daß der Staat in der Lage ist, die Marktergebnisse zu korrigieren. Einige Kritiker der aktiven Stabilisierungspolitik sehen mehr Mängel in der Funktionsweise der Märkte, als die Vertreter der Theorie der realen Konjunkturzyklen oder der neuen klassischen Makroökonomik und haben doch wenig Vertrauen in die Fähigkeiten des Staates, die gesamtwirtschaftliche Leistung zu verbessern. Manche glauben sogar, daß staatliche Eingriffe kontraproduktiv sind, und zwar aus zwei Gründen.

Erstens stellen sie fest, daß es bedeutende **Zeitverzögerungen** gibt, bis der Staat nachdem er ein Problem erkannt hat, die entsprechenden Maßnahmen ergreift, und bis die gesamtwirtschaftlichen Wirkungen dieser Maßnahmen sich voll entfaltet haben. Wenn sich schließlich die Wirkungen zeigen, paßt die Maßnahme unter Umständen gar nicht mehr ins Bild. Zeitverzögerungen wären an sich kein Problem, wenn der Staat die wirtschaftliche Entwicklung und die Auswirkungen seiner wirtschaftspolitischen Maßnahmen genau prognostizieren könnte. Aber die Regierung sieht die Zukunft wie jeder andere auch nur durch eine beschlagene Kristallkugel und läuft deshalb ständig Gefahr, die falsche Maßnahme zu ergreifen. In den letzten Jahren sind die Regierungen auf das Timing-Problem aufmerksam geworden. Einer der Gründe dafür, warum Präsident Bush 1991 mitten im Abschwung keine starken Mittel zur Stimulierung der Wirtschaft anwenden wollte, war die Befürchtung, daß zusätzliche Staatsausgaben oder Steuersenkungen überflüssig und potentiell schädlich sein könnten, weil die Rezession nur oberflächlich war und die wirtschaftliche Erholung möglicherweise schon bald ganz von selbst einsetzen würde.

Zweitens sehen die Kritiker einer interventionistischen Politik systematische politische Gründe dafür, daß Interventionen häufig fehlgeleitet sind. Die Politiker wollen kurz vor der Wahl eine günstige wirtschaftliche Lage. Deshalb tendieren sie dazu, die Wirtschaft zu überhitzen, denn die Vorteile in Form einer höheren Beschäftigung werden noch vor der Wahl sichtbar, während sich die Kosten in Form von Inflation (hoffentlich) erst nach der Wahl bemerkbar machen.

Unter die Lupe genommen: Politische Konjunkturzyklen

Einige Wirtschaftswissenschaftler, wie zum Beispiel Bruno Frey von der Universität Zürich und William Nordhaus von der Yale University, vertreten die Meinung, daß zwischen dem Wahlprozeß und den Konjunkturschwankungen ein enger Zusammenhang besteht.

Erstens stellen sie fest, daß die Wählerschaft sehr sensibel auf die wirtschaftliche Situation reagiert. Bei hoher Arbeitslosigkeit tendieren die Menschen dazu, die Amtsinhaber abzuwählen, weil sie sie für die schlechte wirtschaftliche Lage verantwortlich machen. Politologen und Wirtschaftswissenschaftler können inzwischen mit Hilfe dieser wirtschaftlichen Faktoren erstaunlich genaue Prognosen erstellen, zum Beispiel darüber, wieviele Sitze im Repräsentantenhaus an eine andere Partei gehen werden.

Zweitens geht diese Theorie davon aus, daß die Politiker sich dieser Zusammenhänge bewußt sind. Da sie wiedergewählt werden wollen, sorgen sie dafür, daß kurz vor den Wahlen entsprechende wirtschaftspolitische Maßnahmen ergriffen werden.

Drittens unterstellt die Theorie den Wählern Kurzsichtigkeit. Ihre Verfechter argumentieren, daß es sich für die Politiker lohnt, kurz vor den Wahlen die Wirtschaft übertrieben stark zu stimulieren, selbst wenn sich daraus, wie das regelmäßig der Fall ist, nach den Wahlen negative Folgen ergeben. Die Überhitzung der Wirtschaft erzeugt Inflation; um die Inflation zu bezwingen, ergreift die Regierung nach den Wahlen restriktive Maßnahmen und verursacht damit Arbeitslosigkeit. Die Wähler haben aber ein kurzes Gedächtnis und grollen nicht über lange Zeit hinweg. Wenn sich die Volkswirtschaft bis zur *nächsten* Wahl erholt hat, sind sie versöhnlich gestimmt. Aus dieser Sicht ist also der Wahlprozeß die Hauptquelle von Konjunkturschwankungen.

Interessanterweise lagen die Prognosemodelle 1992, als Clinton Bush besiegte, und 1994 als die Republikaner nach 40 Jahren zum erstenmal wieder in beiden Häusern des Kongresses die Mehrheit errangen, völlig falsch. 1992 war die Summe aus Arbeitslosenquote und Inflationsrate historisch gesehen so niedrig, daß sich aus den meisten Modellen die Wiederwahl von Bush ergab. 1994 war die wirtschaftliche Lage gemessen an diesen beiden Variablen die beste seit drei Jahrzehnten, und die Amtsinhaber hätten außerordentlich gut abschneiden müssen. Aber bei beiden Wahlen waren die Amtsinhaber die Verlierer. Eine Erklärung, die manchmal vorgebracht worden ist, geht dahin, daß die Wähler trotz allem ihre Unzufriedenheit ausdrückten. Die makroökonomischen Variablen waren zwar günstig, aber die Realeinkommen vieler Amerikaner waren seit zwanzig Jahren nicht gestiegen und teilweise sogar zurückgegangen.

Regelbindung anstelle von diskretionärer Stabilisierungspolitik

Die Kritiker des Interventionismus behaupten, daß der Staat in der Vergangenheit, ob aus politischen Motiven oder einfach aufgrund der beschriebenen Zeitverzögerungen, die Konjunkturschwankungen tatsächlich noch verstärkt hat. Wenn der Staat Maßnahmen ergreift, um einen Boom zu dämpfen, wird die Verringerung der Nachfrage gerade dann wirksam, wenn die wirtschaftliche Aktivität ohnehin schon wieder schwächer wird, und verstärkt damit noch die Abwärtsbewegung. Umgekehrt tritt bei einer expansiven Wirtschaftspolitik die nachfrageerhöhende Wirkung erst auf, wenn die Wirtschaft sich gerade von selbst wieder erholt, und heizt damit die Inflation an. Kritiker der aktiven Stabilisierungspolitik wie zum Beispiel der Nobelpreisträger Milton Friedman, der früher an der University of Chicago gelehrt hat und heute am Hoover-Institut der Stanford University arbeitet, schließen daraus, daß die Wirtschaftspolitik sich an einfachen *Regeln* orientieren sollte. So glauben zum Beispiel **Monetaristen** wie Friedman, daß der Staat die Wachstumsrate der Geldmenge konstant halten sollte, anstatt auf bestimmte wirtschaftliche Ereignisse oder Bedingungen mit einer Anpassung der Geldmenge zu reagieren. Aus ihrer Sicht könnte der Staat durch die Befolgung solcher Regeln eine der wichtigsten Quellen von Unsicherheit und Instabilität in der Wirtschaft ausschalten, nämlich die Unsicherheit über die zukünftigen wirtschaftspolitischen Maßnahmen des Staates.

Darüber hinaus sind sie der Meinung, daß die Regierung per Gesetz an bestimmte Regeln gebunden sein sollte, so daß sie gar nicht nach eigenem Ermessen handeln kann. Damit will man das Problem der **Zeitinkonsistenz** ausschalten. Selbst wenn der Staat heute verspricht, sich an bestimmte Regeln zu halten, zum Beispiel im Abschwung keine expansiven Maßnahmen zu ergreifen, wird er sich nicht an diese Regeln halten (oder kann es aus politischen Gründen gar nicht). Die Regierung kann zum Beispiel ankündigen, daß eine bestimmte Steueränderung dauerhaft ist, und sie kann sogar einer Selbsttäuschung erliegen und tatsächlich daran glauben. Aber wenn sich die Umstände verändern, wird sich auch die Politik verändern. Und die Tatsache, daß die Politik sich verändern wird, und daß Haushalte und Unternehmungen mit solchen Veränderungen rechnen, hat ungeheure Auswirkungen auf das Verhalten der Wirtschaftsteilnehmer. So hat man zum Beispiel 1981 durch ein neues Gesetz der Immobilienbranche besondere Steuervorteile gewährt. Die Absicht des Gesetzgebers war, daß diese Steuervorteile von Dauer sein sollten. Daraufhin kam es zu einem regelrechten Immobilienboom. Dieser Boom ist teilweise dadurch zu erklären, daß die Bauträger es eilig hatten, den Steuervorteil auszunutzen, denn sie waren davon überzeugt, daß er eines Tages wieder rückgängig gemacht werden würde. Und sie hatten recht: Im Jahr 1986 wurde der Steuervorteil wieder abgeschafft.

Argumente für eine aktive Stabilisierungspolitik

Das zwingendste Argument für eine aktive Stabilisierungspolitik beruht auf der Überzeugung, daß die Erholung ohne staatliche Intervention unzumutbar lange dauern kann, und daß es Maßnahmen gibt, die alles in allem geeignet sind, die Konjunkturschwankungen zu verringern. In der Praxis *müssen* Regierungen oft intervenieren: Sie stehen unter einem politischen Druck, der es ihnen nicht erlaubt, untätig daneben zu sitzen, wenn die Wirtschaft in eine tiefe Rezession abrutscht. Zumindest die Fed muß in bezug auf ihr geldpolitisches Verhalten ständig Entscheidungen treffen. Selbst wenn sie die Geldmenge konstant hält oder mit einer vorgegebenen Rate wachsen läßt, sind dazu Entscheidungen nötig. Sie muß prognostizieren, wie sich die Geldmenge ohne ihr Eingreifen entwickeln wird, und sie muß einschätzen, wie sich bestimmte Handlungsweisen auf die Geldmenge auswirken werden.

Die Kritiker einer aktiven Stabilisierungspolitik gehen davon aus, daß sich die Märkte schnell anpassen, und daß Arbeitslosigkeit deshalb immer nur ein kurzfristiges Phänomen sein kann. Es hat aber auch schon Zeiten gegeben, in denen diese Annahme nicht zu überzeugen vermochte: Während der Weltwirtschaftskrise zum Beispiel hielt die Massenarbeitslosigkeit über viele Jahre hinweg an. In einigen europäischen Ländern lagen die Arbeitslosenquoten mehr als zehn Jahre lang über zehn Prozent. In früheren Kapiteln haben wir die Ursachen und Folgen von Lohn- und Preisstarrheiten erläutert. In der Praxis geraten die Regierungen deshalb bei hohen Arbeitslosenquoten unter enormen Handlungsdruck.

Heute vertreten vor allem die **Neokeynesianer** die Ansicht, daß der Staat eine aktive Stabilisierungspolitik betreiben kann und soll. Wie Lord Keynes sind sie der Meinung, daß Arbeitslosigkeit dauerhaft sein kann und daß die Marktkräfte, die die Wirtschaft zur Vollbeschäftigung zurückführen, so langsam arbeiten, daß staatliche Eingriffe notwendig sind. Im Unterschied zu älteren keynesianischen Analysen betont der Neokeynesianismus die Mikroökonomik. Die Neokeynesianer sind mit den Vertretern der Theorie der realen Konjunkturzyklen und der neuen klassischen Wirtschaftstheorie darüber einig, daß die Volkswirtschaft hauptsächlich aus Konkurrenzmärkten besteht, auf denen gewinnmaximierende Unternehmungen agieren. Allerdings glauben die meisten Neokeynesianer, daß die Märkte oft weit vom Modell der vollkommenen Konkurrenz abweichen, und daß sie sich aus vielerlei Gründen - zum Beispiel wegen Anpassungskosten und unvollkommener Information - nicht schnell an Störungen anpassen können.

Aus neokeynesianischer Sicht gibt es zwar durchaus Mechanismen, durch die die Wirtschaft exogene Schocks dämpfen und absorbieren kann, es gibt aber auch endogene Kräfte, die manchmal dazu führen, daß solche Schocks verstärkt werden und daß ihre Folgen lange spürbar bleiben. Kritiker einer staatlichen Interventionspolitik betonen vor allem die stabilisierenden Kräfte. Wenn Unternehmungen aufgrund von Absatzproblemen ihre Lagerhaltung ausweiten mußten und deshalb ihre Produktion einschränken, gehen Löhne und Preise zurück. Bei niedrigeren Löhnen und Preisen steigt ihre Bereitschaft, neue Maschinen zu kaufen; gleichzeitig ergreifen viele Haushalte die günstige Gelegenheit, um dauerhafte Konsumgüter und Immobilien anzuschaffen. Durch diese Entscheidungen steigt die aggregierte Nachfrage und damit wird die dämpfende Wirkung der unfreiwilligen Lageraufstockung wieder ausgeglichen.

Im Gegensatz dazu betonen die Neokeynesianer vor allem die destabilisierenden Kräfte innerhalb der Volkswirtschaft. So hätte man zum Beispiel den Ölpreisrückgang des Jahres 1985 in den USA als gute Nachricht auffassen können, denn die Ölpreissteigerungen von 1973 und 1979 wurden dadurch teilweise wieder rückgängig gemacht. Der unerwartete Preisverfall führte jedoch zu massiven Erschütterungen und Konkurswellen in den ölproduzierenden Bundesstaaten, von denen auch der Immobiliensektor und der Bankensektor in diesen Staaten in Mitleidenschaft gezogen wurden; das Ergebnis war ein allgemeiner Rückgang der wirtschaftlichen Aktivität. Die Folgen waren weit über die Ölindustrie hinaus zu spüren und schienen sich im Zuge ihrer Ausbreitung in der Region eher noch zu verstärken.

Der Multiplikator-Akzelerator-Zusammenhang

Von allen systematischen endogenen Mechanismen, die Konjunkturschwankungen verstärken, ist der bekannteste der Multiplikator-Akzelerator-Zusammenhang. Den Multiplikator haben wir bereits kennengelernt: Eine Zunahme der Exportnachfrage wird durch den Multiplikator verstärkt, so daß der Anstieg des BIP am Ende die ursprüngliche Exportzunahme um das Zwei- oder Dreifache übersteigen kann. Das ist aber noch nicht alles: Aufgrund der Zunahme des BIP erhöhen Unternehmungen ihre Investitionen, um die gestiegene Güternachfrage befriedigen zu können. Im Durchschnitt braucht man für einen Output im Wert von einem Dollar Kapital im Wert von zwei bis drei Dollar. Wenn also die Unternehmungen erwarten, daß der Output um 100 Mrd. $ steigen wird, werden sie ihren Kapitalstock um 200 bis 300 Mrd. $ ausweiten wollen. Dieser Zusammenhang wird **Akzelerator** genannt. Durch die Ausdehnung der Investitionsnachfrage wächst das BIP noch mehr. Bei einem Multiplikator von zwei führen zusätzliche Investitionen in Höhe von 200 Mrd. $ zu einem weiteren Anstieg des BIP um 400 Mrd. $. Dieser Anstieg des BIP kann jedoch wiederum eine weitere Zunahme der Investitionsnachfrage zur Folge haben. Auf diese Weise tragen Multiplikator und Akzelerator dazu bei, daß sich der ursprüngliche exogene Schock, die Zunahme der Exporte, vergrößert und fortpflanzt.

Die Struktur der Volkswirtschaft kann nicht nur dazu führen, einen exogenen Schock zu vergrößern und fortzupflanzen, sie kann auch einen Aufschwung in einen Abschwung verwandeln. Um das zu verstehen, stellen wir uns eine Volkswirtschaft vor, die ständig wächst. Irgendwann kommt sie an eine Grenze. So können zum Beispiel Engpässe bei den Arbeitskräften die Expansion einer Volkswirtschaft beschränken. Wenn solche Grenzen erreicht sind, hört die Volkswirtschaft auf zu wachsen oder sie wächst zumindest langsamer. Bei einer niedrigeren Wachstumsrate geht jedoch die Nachfrage nach Investitionsgütern zurück und damit - verstärkt durch die Multiplikatorwirkung - auch die aggregierte Nachfrage. Ein Abschwung beginnt. Mit sinkendem Output fällt die Investitionsnachfrage noch mehr und der Abschwung wird weiter verstärkt. Möglicherweise kommen die Investitionen völlig zum Stillstand. Aber irgendwann sind die alten Maschinen abgenutzt oder veraltet. Dann braucht man sogar bei dem niedrigen Produktionsniveau der Rezessionsphase neue Investitionen. Diese neuen Investitionen stimulieren die allgemeine Nachfrage und diese stimuliert wieder die Investitionen; der Aufschwung beginnt.

Andere Selbstverstärkungsmechanismen

Die innere Struktur der Volkswirtschaft kann auch noch auf anderen Wegen konjunkturelle Schwankungen verstärken. Zum Beispiel sind die Unternehmungen zur Finanzierung ihrer Investitionen oft auf Gewinne angewiesen. Sie können vielleicht nicht unbegrenzt Kredit erhalten und sehen auch keine Möglichkeit, durch die Ausgabe neuer Aktien Mittel zu beschaffen. Vielleicht sind auch nur die Kosten einer solchen Mittelbeschaffung so hoch, daß sie lieber Eigenmittel verwenden wollen. Im Abschwung gehen jedoch die Gewinne zurück; wenn mit dem Gewinn auch die Investitionsnachfrage sinkt, wird der Abschwung dadurch noch verstärkt.

Die Neokeynesianer gestehen zu, daß Anpassungen bei den Zinssätzen und den Preisen diese destabilisierenden Einflüsse *teilweise* kompensieren können - so kann zum Beispiel ein Zinsrückgang in der Rezession die Investitionsnachfrage der Unternehmungen anregen - sie sind aber einfach zu schwach, um die Destabilisierung ganz zu verhindern.

35.3 Maßnahmen zur Verbesserung der gesamtwirtschaftlichen Stabilität

Die Befürworter einer aktiven Stabilisierungspolitik behaupten nicht nur, daß die Märkte allein die Vollbeschäftigung nicht sicherstellen können, sondern auch, daß staatliche Interventionen zur Stabilisierung der Volkswirtschaft beitragen können und auch immer wieder beigetragen haben. Es hat zwar in der Vergangenheit Situationen gegeben, in denen wirtschaftspolitische Maßnahmen möglicherweise einen Abschwung noch verschlimmert haben; trotzdem glauben sie, daß die Stabilisierungspolitik im Großen und Ganzen eine positive Rolle gespielt hat, wie man zum Beispiel auch aus Abbildung 35.1 ablesen kann. Vor dem Zweiten Weltkrieg hat der Staat keine systematische Stabilisierungspolitik betrieben; in dieser Zeit waren die Konjunkturschwankungen anscheinend stärker, und es kam öfter vor, daß der Output nicht nur langsamer wuchs, sondern sogar zurückging.

Während Wirtschaftswissenschaftler oft darüber debattieren, *ob* der Staat überhaupt intervenieren sollte, geht es unter Wirtschaftspolitikern darum, *wann* und *wie* solche Interventionen durchzuführen sind. Es gibt drei Arten von Maßnahmen, die dazu gedacht sind, die gesamtwirtschaftliche Stabilität zu verbessern.

Erstens sollte der Staat versuchen, die Struktur der Volkswirtschaft so zu verändern, daß sie an Stabilität gewinnt. Dabei geht es vor allem um die automatischen Stabilisatoren (siehe Kapitel 32), die dazu führen, daß die Staatsausgaben im Abschwung von selbst ansteigen.

Zweitens sollte der Staat diskretionäre Maßnahmen ergreifen, um die Wirtschaft bei niedrigem Output und hoher Arbeitslosigkeit zu stimulieren, und bei starker Inflation zu dämpfen.

Drittens sollte er versuchen, die NAIRU zu senken, so daß Preisstabilität (bzw. eine konstante Inflationsrate) bei einem niedrigeren Niveau der Arbeitslosigkeit erreicht werden kann.

Diskretionäre Stabilisierungspolitik anstelle von Regelbindung

Die Befürworter einer aktiven Stabilisierungspolitik behaupten, daß diskretionäre staatliche Interventionen erfolgreich sein können und es auch immer wieder waren. Ihrer Meinung nach zeigen die bisherigen Erfahrungen auch, daß es nicht möglich ist, einfache Regeln zu befolgen. Betrachten wir zum Beispiel die Regel, daß die Geldmenge einfach mit einer konstanten Rate wachsen sollte, und zwar mit der Wachstumsrate des *realen* BIP. Da die Währungsbehörden die Geldmenge nicht direkt kontrollieren können, erfordert die Einhaltung dieser Regel trotz allem eine Reihe von diskretionären Entscheidungen: Die Währungsbehörden müssen die Entwicklung der Volkswirtschaft prognostizieren und auf der Basis dieser Prognose zu einem Urteil darüber kommen, durch welche Maßnahmen die gewünschte Wachstumsrate der Geldmenge zu erreichen sei. Solche Regelbindungen waren zwar Ende der siebziger und Anfang der achtziger Jahre überaus populär, manche ihrer Auswirkungen sah man jedoch als ungünstig an. Die zielbewußte Verfolgung dieser Politik während der Amtszeit von Paul Volcker als Vorstandsvorsitzender der Fed ließ die Zinssätze auf über 17 Prozent ansteigen und führte die Vereinigten Staaten in die schlimmste Rezession seit 50 Jahren. Darüber hat sich, wie wir in Kapitel 31 gesehen haben, der Zusammenhang zwischen den monetären Aggregaten (der Geldmenge) und dem Output in den vergangenen zwei Jahrzehnten drastisch verändert, so daß der theoretische Unterbau dieses Ansatzes ins Wanken geraten ist. Die Zentralbanken sind gezwungen, diskretionäre Maßnahmen zu ergreifen, und sei es auch nur, um sich ein Urteil darüber zu bilden, ob sich die Struktur der Volkswirtschaft verändert hat.

Trade-off zwischen Inflation und Arbeitslosigkeit

Ist die Entscheidung für eine aktive Stabilisierungspolitik gefallen, so geht es darum, die richtigen Maßnahmen zu finden. Kapitel 33 liefert die analytische Basis für diese Entscheidungen. Natürlich hätte man gerne gleichzeitig niedrige Inflationsraten und niedrige Arbeitslosenquoten. In den Jahren unmittelbar nach der Entdeckung der Phillipskurve glaubten die meisten Wirtschaftswissenschaftler, daß zwischen diesen beiden Zielen ein *Trade-off* besteht. Wer die Kosten der Inflation besonders hoch einschätzte, riet zu einer höheren Arbeitslosenquote, wer dagegen die Kosten der Arbeitslosigkeit für gravierender hielt, empfahl eine niedrigere Arbeitslosenquote. Hinter dem Streit über die richtigen wirtschaftspolitischen Maßnahmen steckten also Meinungsverschiedenheiten über die *Kosten* von Inflation und Arbeitslosigkeit. Mit Blick auf die Härten, die die Arbeitslosigkeit den Betroffenen auferlegt, rieten die einen zu Maßnahmen zur Senkung der Arbeitslosigkeit; eingedenk der Folgen der Inflation für die Anleger und die Rentner, die für ihren Lebensunterhalt auf Zinszahlungen angewiesen sind, machten sich die anderen für Maßnahmen zur Senkung der Inflationsrate stark.

Aber in den siebziger Jahren, als die Arbeitslosenquote und die Inflationsrate gleichzeitig stiegen und die Wirtschaftswissenschaftler sich der Bedeutung der Inflationserwartungen und der Beharrungskraft der Inflation stärker bewußt wurden, entwickelte sich ein wachsender Konsens darüber, daß die Arbeitslosigkeit nicht dauerhaft unterhalb der NAIRU liegen kann, ohne daß die Inflationsrate ständig steigt.

Ein Blick in die Wirtschaftspolitik: Die sanfte aber holperige Landung von 1995

Zwischen 1992 und 1994 erholte sich die amerikanische Wirtschaft allmählich von der Rezession des Jahres 1991. Die Arbeitslosenquote sank langsam von 7,6 auf 5,4 Prozent. Als sie sich der Sechs-Prozent-Marke näherte, die man damals für die NAIRU hielt, befürchtete die Fed eine Überhitzung der Volkswirtschaft und begann, die Zinssätze anzuheben. Von 1994 an erhöhte sie die Zinsen sechsmal um insgesamt drei Prozentpunkte. Man hoffte auf eine sanfte Landung - einen glatten Übergang von der Erholungsphase zu einer Phase anhaltenden Wachstums, ohne ein Überschießen, das zu Inflation führen würde und damit wieder zu Zinssteigerungen und einem erneuten Abschwung. (Die untenstehende Abbildung zeigt eine sanfte Landung im Vergleich zu dem typischeren Muster des Überschießens.)

Als im Jahr 1996 bei steigendem Wachstum die Arbeitslosenquote allmählich auf den niedrigen Stand von 5,1 Prozent zurückging, hatte man im Nachhinein den Eindruck, daß die Fed eine Landung geschafft hatte, die vielleicht nicht perfekt war aber doch so sanft wie irgendeine in den letzten Jahrzehnten. Tatsächlich hatte die Fed die Entwicklung der Volkswirtschaft nicht korrekt prognostiziert; da die

die Fed die Entwicklung der Volkswirtschaft nicht korrekt prognostiziert; da die statistischen Daten erst nach einer gewissen Zeitverzögerung zur Verfügung standen, hatte sie nicht einmal ein genaues Bild der wirtschaftlichen Situation zu dem Zeitpunkt, als sie handeln mußte. Kritiker haben gegen die Zinserhöhungen im Dezember 1994 und im Februar 1995 lautstark protestiert mit der Begründung, daß eine neue konjunkturelle Schwäche bereits absehbar sei. Die Fed hat diese Warnungen ignoriert. Im Januar 1996 konnte man an den revidierten statistischen Daten erkennen, daß das Wachstum bereits im Februar 1995, als die Fed die Zinssätze gerade anhob, zum Stillstand gekommen war; im ersten Quartal des Jahres 1995 betrug es weniger als ein halbes Prozent. Als im Frühjahr 1995 die ersten Daten bekannt wurden und die Furcht vor einem wirtschaftlichen Abschwung zunahm, war aus der sanften Landung eine sanfte aber holperige Landung geworden.

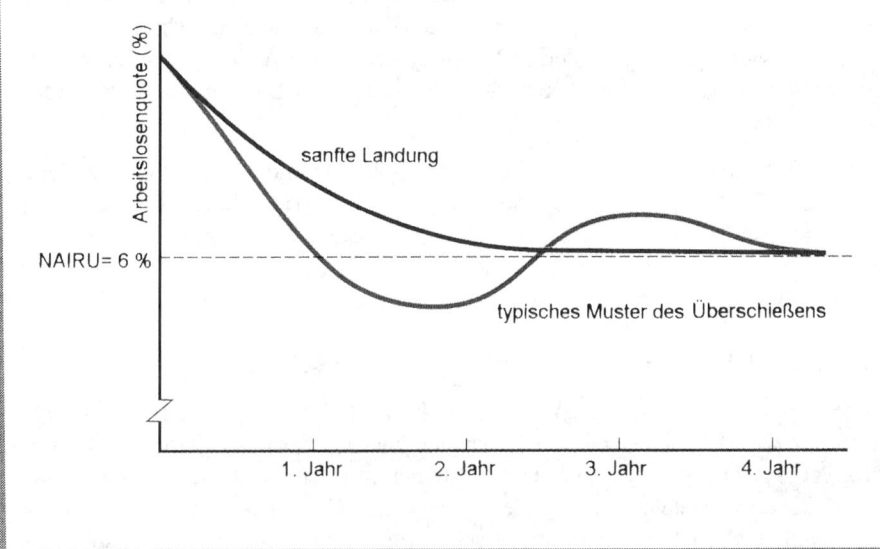

Dennoch blieben zwei Streitpunkte in bezug auf den *Trade-off* bestehen. Man war sich zwar darüber einig, daß die langfristige Phillipskurve mehr oder weniger senkrecht verläuft; dennoch dachten einige Wirtschaftswissenschaftler, daß kurzfristig, für einen Zeitraum von vielleicht einigen Jahren, eine niedrigere Arbeitslosigkeit mit einem nur geringfügigen Anstieg der Inflationsrate verbunden sein könnte. Andere befürchteten, daß aufgrund von rationalen Erwartungen selbst kurze Perioden mit einer Arbeitslosenquote unterhalb der NAIRU zu hohen Inflationsraten führen könnten. Aus ihrer Sicht stand die Volkswirtschaft an einem Abgrund: Wenn man sich zu weit auf die Seite niedrigerer Arbeitslosenquoten lehnte, würde die Inflation sehr rasch in die Höhe schnellen.

Die Erfahrungen der letzten 15 Jahre in den USA lassen eindeutig darauf schließen, daß diese Befürchtungen nicht begründet waren. Leichte Abweichungen von der NAIRU nach oben oder unten führen anscheinend nur zu einem geringfügigen Anstieg bzw. Rückgang der Inflationsrate. Die Wirtschaft steht nicht an einem Abgrund.

Die zweite Meinungsverschiedenheit bezog sich auf die Kosten der Inflationsbekämpfung. Angenommen, die Wirtschaftspolitiker machen einen Fehler und drücken die Arbeitslosenquote unter die NAIRU, so daß die Inflationsrate leicht ansteigt. Dann stellt sich die Frage, was es kostet, die Inflationsrate wieder zu verringern. Offensichtlich müßte man für eine Weile eine Arbeitslosenquote über der NAIRU in Kauf nehmen. Diejenigen, die empfahlen, vorsichtshalber sicherzustellen, daß die Arbeitslosenquote niemals unter die NAIRU fiele, befürchteten, daß die Kosten der Inflationsbekämpfung sehr hoch sein würden. Dabei dachten sie insbesondere an die Erfahrungen der siebziger und achtziger Jahre: Um die Inflationserwartungen, die in den siebziger Jahren bei zweistelligen Inflationsraten entstanden waren, wieder abzubauen, mußten die USA eine tiefe Rezession durchmachen.

Aber die Erfahrungen mit der Bekämpfung nicht allzu hoher Inflationsraten legen den Schluß nahe, daß die Kosten hier nur gering sind. Tatsächlich kann man davon ausgehen, daß der Verlust an Output und Beschäftigung durch die Antiinflationspolitik durchaus aufgewogen wird von dem Gewinn an Output und Beschäftigung während der Zeit, in der die Arbeitslosenquote unterhalb der NAIRU liegt.

Die Durchführung der Stabilisierungspolitik: Zwischenziele

Bisher ging es in unserer Diskussion um die *Trade-offs* und die *Ziele der Stabilisierungspolitik*. Doch selbst wenn man sich über die Ziele der Stabilisierungspolitik geeinigt hat, kann es immer noch Meinungsverschiedenheiten darüber geben, wie man diese Ziele am besten erreicht. So kann es zum Beispiel sein, daß die Regierung die NAIRU auf 5,6 Prozent schätzt und die Arbeitslosenquote auf diesem Niveau halten will; sie kann die Arbeitslosenquote aber nicht direkt kontrollieren. Die Fed möchte vielleicht die Inflationsrate bei drei Prozent halten, hat aber ebenfalls keine direkte Kontrolle darüber. Im Lauf der Zeit haben Wirtschaftswissenschaftler eine Reihe von Zwischenzielen vorgeschlagen, Variablen, die nicht unbedingt um ihrer selbst willen interessant sind, die aber einfacher zu kontrollieren sind als die eigentlichen Ziele und mit diesen eng verbunden sind (zumindest nach der damaligen Meinung). So konzentrierten sich in den siebziger und achtziger Jahren viele Zentralbanken auf die Geldmengenaggregate M1, M2 und M3. Man glaubte, daß man durch die Kontrolle der Geldmenge die Inflationsrate stabilisieren könne. Dahinter stand die Vorstellung, daß es eine stabile Beziehung zwischen der Geldmenge und dem Nominaleinkommen gebe. Wenn die Geldmenge um drei Prozent stieg, würde auch das Nominaleinkommen nur um drei Prozent steigen.

Und da die meisten Vertreter dieser Theorie glaubten, daß Vollbeschäftigung der normale Zustand einer Volkswirtschaft sei, würde sich daraus eine Inflationsrate von null ergeben, vorausgesetzt der Vollbeschäftigungsoutput würde ebenfalls um drei Prozent steigen. (Die Wachstumsrate des Nominaleinkommens entspricht der Wachstumsrate des Realeinkommens multipliziert mit der Preissteigerungsrate.) Aber gerade als die Theorie weithin Anerkennung gefunden hatte, löste sich der empirische Zusammenhang auf, wie wir in Kapitel 31 gesehen haben. Das Verhältnis der Geldmenge (etwa M1) zum Nominaleinkommen veränderte sich plötzlich auf schwer vorhersehbare Weise. Die Geldmenge war also kein gutes Zwischenziel mehr. Zu anderen Zeiten haben sich die Zentralbanken auf Variablen wie den Realzinssatz, die Inflationsrate oder die Arbeitslosenquote konzentriert. In den USA verfolgt die Fed heute einen eklektischen Ansatz und bezieht Daten über alle diese Variablen (einschließlich der Geldmengenaggregate) in ihre Analyse mit ein.

Maßnahmen zur Reduzierung der NAIRU

Diskretionäre Geld- und Fiskalpolitik, wie aggressiv und kompetent auch immer sie eingesetzt wird, kann die Konjunkturschwankungen niemals vollständig eliminieren. Deshalb versucht der Staat die Struktur der Volkswirtschaft zu verbessern, die Konjunkturschwankungen zu dämpfen und die NAIRU zu reduzieren, so daß niedrigere Arbeitslosenquoten möglich werden ohne die Gefahr einer steigenden Inflationsrate. Die wichtigsten Maßnahmen zur Dämpfung der Konjunkturschwankungen sind die automatischen Stabilisatoren (siehe Kapitel 32), die im Abschwung automatisch das Steueraufkommen reduzieren und die Staatsausgaben erhöhen. Hier geht es uns vor allem um Maßnahmen zur Senkung der NAIRU.

Der Staat hat auf verschiedenen Wegen versucht, die NAIRU zu verringern: Durch die Förderung der beruflichen Mobilität, durch die Intensivierung des Wettbewerbs und durch direkte Lohn- und Preiskontrollen sowie durch moralischen Druck.

Förderung der beruflichen Mobilität

Durch Maßnahmen, die dazu führen, daß die Menschen weniger Zeit brauchen, um den Arbeitsplatz zu wechseln, kann der Staat die friktionelle Arbeitslosigkeit und damit auch die NAIRU verringern. Dazu gehören zum Beispiel die sogenannten *one-stop job centers*, wo man nicht nur sehr schnell feststellen kann, welche offenen Stellen eventuell in Frage kommen, sondern auch Informationen über Fortbildungs- und Umschulungsmöglichkeiten erhält. Ein wichtiger Teil der aktiven Arbeitsmarktpolitik in Schweden sind Fortbildungs- und Umschulungsprogramme, die den Arbeitslosen diejenigen Fertigkeiten vermitteln, die für die neu geschaffenen Arbeitsplätze gebraucht werden. Im Dezember 1994 schlug Präsident Clinton ein breit angelegtes Fortbildungsprogramm vor: Wer seinen Arbeitsplatz verloren hatte, sollte Ausbildungsgutscheine erhalten, die es ihm ermöglichen, sich an einer Ausbildungsstätte seiner Wahl weiterqualifizieren zu lassen.

Anwendungsbeispiel:
Die Berechnung des Risikos einer aggressiven Vollbeschäftigungspolitik

In den neunziger Jahren war ein zentrales Problem der Fed die Unsicherheit über die Höhe der NAIRU. Die Fed muß die Risiken - die Kosten und Nutzen - die mit einem „Überschießen" verbunden sind, abwägen gegen die Risiken einer Politik, die das Ziel zu niedrig steckt.

1994 schätzten zum Beispiel einige Wirtschaftswissenschaftler die NAIRU auf 6,0 Prozent, während andere dachten, daß sie auf etwa 5,6 Prozent gefallen sei. Was wäre geschehen, wenn die Fed eine NAIRU von 5,6 Prozent angenommen hätte, während der wahre Wert bei 6,0 Prozent gelegen hätte? In Kapitel 33 haben wir gelernt, daß die Opferrate angibt, um wieviel die Arbeitslosenquote für ein Jahr über der NAIRU gehalten werden muß, damit die Inflationsrate um einen Prozentpunkt zurückgeht. Die Opferrate wird üblicherweise ungefähr auf zwei geschätzt. Daraus kann man umgekehrt schließen, daß die Inflationsrate um 0,2 Prozentpunkte ansteigen wird, wenn die Arbeitslosenquote ein Jahr lang um 0,4 Prozentpunkte unter der NAIRU liegt. Der Irrtum der Fed hätte also zur Folge gehabt, daß die Inflationsrate um 0,2 Prozentpunkte gestiegen wäre.

Hätte andererseits die Fed weiterhin eine NAIRU von 6,0 Prozent vorausgesetzt, während sie in Wirklichkeit auf 5,6 Prozent gefallen wäre, so hätte die Volkswirtschaft mehr Arbeitslosigkeit ertragen müssen als notwendig gewesen wäre, um die Preise stabil zu halten. Es stellt sich nun die Frage, wieviel Output verloren gegangen wäre, wenn die Fed diese unnötig hohe Arbeitslosenquote ein Jahr lang aufrechterhalten hätte. Nach heutigen Schätzungen geht man davon aus, daß eine Verringerung der Arbeitslosenquote um einen Prozentpunkt den Output um zwei Prozent erhöht (Okunsches Gesetz). Daraus folgt, daß eine Arbeitslosenquote, die um 0,4 Prozent „zu hoch" ist, die Volkswirtschaft 0,8 Prozent des BIP kostet. Bei einem Bruttoinlandsprodukt von sechs Billiarden Dollar sind das 48 Mrd. $ pro Jahr, ein ziemlich hoher Preis.

Besonders in Europa hat es aber auch wirtschaftspolitische Maßnahmen gegeben, die wahrscheinlich die berufliche Mobilität verringert und damit die NAIRU erhöht haben. So ist eine mögliche Nebenwirkung von Kündigungsschutzgesetzen, daß die Arbeitgeber sich bei der Einstellung neuer Arbeitskräfte stärker zurückhalten; dadurch wird der Prozeß des Arbeitsplatzwechsels behindert. Durch eine Veränderung dieser Gesetze könnte man die NAIRU senken.

Förderung des Wettbewerbs

Ein zweiter Ansatz, der Ende der siebziger und Anfang der achtziger Jahre viel Aufmerksamkeit auf sich gezogen hat, hat mit einer Rechtsverschiebung der aggregierten Angebotskurve wie in Abbildung 35.5 zu tun. Dadurch nimmt der Output zu und der inflationäre Druck wird reduziert. Eine Möglichkeit, die Angebotskurve nach rechts zu verschieben, besteht darin, daß man wettbewerbsbehindernde Vorschriften reduziert.

Eine solche Deregulierung und andere wettbewerbsfördernde Maßnahmen können die NAIRU verringern: Ein intensiverer Wettbewerb - insbesondere auch eine Öffnung gegenüber dem internationalen Wettbewerb - führt dazu, daß der inflationäre Druck auch bei einer niedrigen Arbeitslosenquote abnimmt. So befürchten zum Beispiel die Arbeitnehmer, wenn sie deutliche Lohnsteigerungen verlangen, daß die von ihnen hergestellten Produkte gegenüber den Importen aus dem Ausland nicht wettbewerbsfähig sein werden, daß die Nachfrage nach diesen Produkten sinken wird und sie riskieren, ihre Arbeitsplätze zu verlieren.

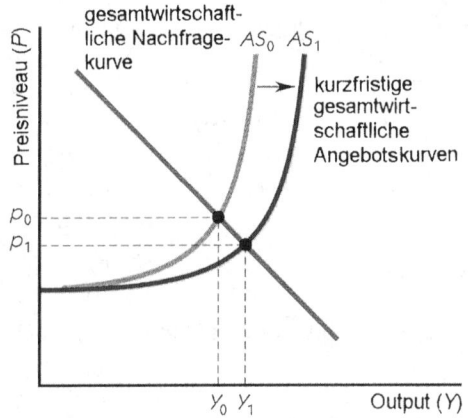

Abbildung 35.5 Auswirkungen von Deregulierungsmaßnahmen im industriellen Sektor. Die Abschaffung von Vorschriften, die den Wettbewerb behindern, schlägt sich in einer Rechtsverschiebung der kurzfristigen aggregierten Angebotskurve von AS_0 nach AS_1 nieder. Der Output steigt und der inflationäre Druck nimmt ab.

Lohn- und Preiskontrollen und moralischer Druck (moral suasion)

In den fünfziger und sechziger Jahren glaubten viele, daß der Wettbewerb (die Marktkräfte) nicht ausreichte, um Preis- und Lohnsteigerungen unter Kontrolle zu halten. Mächtige Gewerkschaften konnten unabhängig von der Arbeitslosenquote hohe Lohnsteigerungen verlangen und durchsetzen; und Branchen wie die Stahlindustrie, die von einigen wenigen großen Herstellern dominiert wurden, konnten selbst bei hohen Überschußkapazitäten ihre Preise erhöhen und machten von dieser Möglichkeit auch Gebrauch. In einigen Fällen hat der Staat versucht, den Inflationsdruck durch direkte Lohn- und Preiskontrollen zu verringern. Solche Kontrollen beeinträchtigen die Allokationsfunktion der Preise und bürden damit der Volkswirtschaft hohe Kosten auf; hinzu kommt, daß sie tendenziell nur kurzfristig wirksam sind. Wenn die Preiskontrollen aufgehoben werden, kommt es zu einem rapiden Preisanstieg, der jedweden Nutzen aus den niedrigeren Preissteigerungsraten während der Zeit der Preiskontrollen wieder zunichte macht. Heute gibt es kaum noch Wirtschaftswissenschaftler, die Lohn- und Preiskontrollen als Mittel zur Senkung der NAIRU empfehlen würden.

Ein weniger einschneidendes Mittel, das einige Regierungen ausprobiert haben, ist moralischer Druck (*moral suasion*); dabei versucht man, Arbeitgeber und Arbeitnehmer zu überreden, daß sie Preise und Löhne nicht erhöhen sollen. Die Regierung setzt Lohn- und Preisrichtlinien und hofft, daß sich Arbeitskräfte und Unternehmungen freiwillig daran halten. Dabei ist der Staat nicht allein auf den Appell an die Moral angewiesen; er kann vielmehr damit drohen, daß Unternehmungen die sich nicht an seine Vorschläge halten, keine öffentlichen Aufträge mehr erhalten, und verfügt damit über ein wirksames Druckmittel. Es gibt einige Beispiele für dramatische Episoden, in denen die Regierung mit dieser Methode anscheinend Erfolg hatte. Präsident Kennedy, der befürchtete, daß eine angekündigte Preiserhöhung von U.S. Steel eine Inflationsspirale in Gang setzen würde, nötigte die Unternehmung erfolgreich, die Preiserhöhung zurückzunehmen. Heute bezweifeln jedoch die meisten Wirtschaftswissenschaftler, daß moralischer Druck langfristige Auswirkungen auf die Preissetzung haben kann.

35.4 Eine kurze Geschichte der Stabilisierungspolitik

Die historische Erfahrung, die in Abbildung 35.1 zum Ausdruck kommt, zeigt deutlich, daß Geld- und Fiskalpolitik die wirtschaftlichen Schwankungen nicht haben beseitigen können. Aber die Schwankungen erscheinen heute kleiner als vor dem Zweiten Weltkrieg, und dazu hat die Wirtschaftspolitik möglicherweise beigetragen. In den folgenden Abschnitten geben wir einen kurzen Überblick über die wichtigsten stabilisierungspolitischen Auseinandersetzungen der vergangenen drei Jahrzehnte.

Blütezeit der diskretionären Fiskalpolitik: die sechziger Jahre

Unter Präsident Kennedy und Präsident Johnson hatte die diskretionäre Fiskalpolitik ihre Blütezeit. 1963, in einer Phase wirtschaftlicher Schwäche, rieten Kennedys Wirtschaftsberater, die allesamt überzeugte Keynesianer waren, zu einer Steuersenkung, um die Wirtschaft zu beleben. Diese Steuersenkung wurde in die Tat umgesetzt und hatte auch die erwartete Wirkung. Im Jahre 1968, als der Vietnamkrieg zu einer Überhitzung der Konjunktur geführt hatte, empfahlen die Berater von Präsident Johnson die Einführung eines Steuerzuschlags, um die Wirtschaft etwas zu dämpfen.

Inflation und Antiinflationspolitik

Als die Inflation in den siebziger Jahren deutlich zunahm, geriet die Preisstabilisierung immer stärker in den Mittelpunkt der Makroökonomik. Die Tatsache, daß Inflation und Arbeitslosigkeit gleichzeitig anstiegen - ein Phänomen, das unter der Bezeichnung Stagflation bekannt wurde - ließ das traditionelle Konzept der Phillipskurve mit einem stabilen *Trade-off* zwischen Inflation und Arbeitslosigkeit zweifelhaft erscheinen. Wie wir gesehen haben, ging es in der neuen klassischen Makroökonomik vor allem um die Rolle der Erwartungen, die sich ganz schnell ändern können. Das bedeutete, daß eine fehlgeleitete Wirtschaftspolitik sehr schnell eine Inflation auslösen konnte; aber es bedeutete auch, daß man mit den richtigen Mitteln die Inflation schnell wieder unter Kontrolle bringen konnte.

Da sich die Wirtschaftspolitik unfähig gezeigt hatte, einen stabilen gesamtwirtschaftlichen Rahmen herzustellen, entstand ein neues Interesse an festen Regeln für Geld- und Fiskalpolitik. Eine Wirtschaftspolitik auf der Grundlage solcher Regeln würde sich sofort auszahlen: Die Erwartung, daß die Inflation dadurch unter Kontrolle gebracht würde, würde die Inflationsrate in kürzester Zeit verringern. Insbesondere der Monetarismus, dessen Vertreter die Preisniveaustabilität durch ein gleichmäßiges Wachstum der Geldmenge wahren wollten, genoß für kurze Zeit in vielen Industrieländern große Popularität; allerdings büßte er schon bald seine Glaubwürdigkeit ein, da der stabile Zusammenhang zwischen der Geldmenge und dem gesamtwirtschaftlichen Einkommen verlorenging. In den Vereinigten Staaten gelang es durch eine restriktive Geldpolitik, die Inflation von zwölf Prozent im Jahr 1979 auf drei Prozent im Jahre 1983 zu verringern, allerdings unter hohen Kosten, denn am tiefsten Punkt der Rezession betrug die Arbeitslosigkeit mehr als zehn Prozent. Es ist noch immer umstritten, ob man durch ein eher schrittweises Vorgehen in der Geldpolitik die Inflation mit geringeren Kosten erfolgreich hätte eindämmen können.

Angesichts der hohen Inflationsraten schien die Ursache des Stabilitätsproblems nicht eine zu geringe gesamtwirtschaftliche Nachfrage zu sein. Die Wirtschaftswissenschaftler wandten deshalb ihre Aufmerksamkeit stärker der Angebotsseite des Marktes zu. Tatsächlich waren Angebotsschocks, insbesondere die Ölpreissteigerungen von 1973 und 1979, ein Hauptgrund für die Inflation. Präsident Reagan wollte gleichzeitig die Steuern *und* die Inflation verringern. Eine Steuersenkung verschiebt die aggregierte Nachfragekurve nach rechts, da das verfügbare Einkommen der Konsumenten steigt. Eine Steuerentlastung kann aber auch die aggregierte Angebotskurve nach rechts verschieben, *wenn* sie dazu führt, daß die Menschen mehr arbeiten und die Unternehmungen mehr investieren. Darüber hinaus setzte Präsident Reagan auch den Prozeß der *Deregulierung* fort, den Präsident Carter begonnen hatte; hier ging es um die Abschaffung von wettbewerbsbeschränkenden Vorschriften in Branchen wie dem Flugverkehr oder der Erdgasversorgung. Steuersenkungen und Deregulierung haben Auswirkungen auf die Angebotsseite des Marktes. Wenn die Wirkungen auf der Angebotsseite stärker sind als die Wirkungen auf der Nachfrageseite, geht die Inflation zurück; dominieren jedoch die nachfrageseitigen Effekte, dann ist eine Steuersenkung inflationär. Einige Wirtschaftsberater von Präsident Reagan glaubten, daß die angebotsseitigen Effekte dominieren würden. Die meisten Wirtschaftswissenschaftler waren allerdings skeptisch in bezug auf die *Größenordnung* dieser Wirkungen: Kurzfristig würde sich die Angebotskurve nicht sehr stark verschieben. Die Erfahrung schien diese Vorhersagen zu bestätigen. Die Inflation wurde durch geldpolitische Maßnahmen unter Kontrolle gebracht; der starke Zinsanstieg (auf 17 Prozent) machte die expansive Fiskalpolitik mehr als wett und bewirkte eine deutliche Linksverschiebung der aggregierten Nachfragekurve.

Wirtschaftspolitik in den neunziger Jahren

Da die Steuersenkung von 1981 nicht mit einer entsprechenden Ausgabenkürzung einherging, entstanden riesige Haushaltsdefizite. Innerhalb von zwölf Jahren vervierfachte sich die Staatsverschuldung und die Neuverschuldung stieg auf über fünf Prozent des BIP.

Stabilisierungspolitik bei hohen Haushaltsdefiziten

Anfang der neunziger Jahre gab es eine breite Übereinstimmung darüber, daß der Haushalt konsolidiert werden mußte. Daraus ergaben sich wichtige Folgen für die Stabilisierungspolitik: Es gab praktisch keinerlei Spielraum für eine diskretionäre Fiskalpolitik mehr. Als Präsident Clinton im Januar 1993 sein Amt antrat, sah er sich einem Dilemma gegenüber. Er hatte im Wahlkampf versprochen, die Arbeitslosigkeit zu reduzieren, aber die Notwendigkeit einer Haushaltskonsolidierung hätte nach der traditionellen makroökonomischen Theorie der Volkswirtschaft eine riesige Last auferlegt und die aggregierte Nachfragekurve nach links verschoben. Dann kam es jedoch zu einem Aufschwung und zu einem Rückgang der Arbeitslosenquote von sieben auf 5,5 Prozent, obwohl das Defizit zwischen 1992 und 1996 von 290 Mrd. $ auf 107 Mrd. $ verringert wurde. Es gab eine einfache Antwort auf dieses Rätsel: Die Verringerung der Haushaltsdefizite hatte zu Zinssenkungen geführt. Es war *als ob* die Regierung und die Währungsbehörde ihre Maßnahmen koordiniert hätten, so daß die expansive Geldpolitik die Wirkungen der kontraktiven Fiskalpolitik mehr als wettgemacht hätte. Hinzu kam, daß die Finanzmärkte die Haushaltskonsolidierung offensichtlich für glaubwürdig hielten: Die langfristigen Zinssätze fielen, noch bevor die Reduzierung des Haushaltsdefizits vollständig in Kraft gesetzt war. Das gab den zinsempfindlichen Branchen, wie zum Beispiel dem Bausektor, einen starken Auftrieb. Befürworter der Regierungspolitik argumentierten, daß die Haushaltskonsolidierung und die daraus resultierende Zinssenkung zwar wichtig gewesen sei, daß aber geschäftsfördernde wirtschaftliche Rahmenbedingungen eine mindestens ebenso große Rolle gespielt hätten. Dabei ging es vor allem um die Förderung des Wettbewerbs durch eine aggressive Antitrustpolitik, durch die Öffnung der Märkte im In- und Ausland für den internationalen Wettbewerb (siehe Kapitel 38) und durch die Deregulierung insbesondere im Telekommunikationssektor, wo 1996 nach sechzig Jahren die bisherige Regulierung durch ein neues Gesetz abgelöst wurde.

Geldpolitik und Unsicherheit über die NAIRU

Die wichtigste wirtschaftspolitische Debatte der neunziger Jahre drehte sich um die Frage, *wie* expansiv die Geldpolitik sein sollte. Dabei ging es um die Unsicherheit über die Höhe der NAIRU und die relativen Risiken einer aggressiven oder konservativen Strategie. Anfang der neunziger Jahre wurde die NAIRU allgemein auf etwa sechs Prozent geschätzt. Als die Arbeitslosenquote 1995 auf 5,4 Prozent sank, ohne daß ein Inflationsdruck spürbar gewesen wäre, gewannen viele Wirtschaftswissenschaftler die Überzeugung, daß die NAIRU niedriger sei und daß die Zinssätze niedrig bleiben sollten, um eine Fortsetzung der Wachstumsphase zu ermöglichen. Andere befürchteten, daß lange Zeitverzögerungen im Spiel waren und daß sich die beginnende Inflation erst Monate später zeigen würde. Zwischen 1994 und 1995 erhöhte die Fed die Zinssätze schrittweise von drei auf fast sechs Prozent, da sie wußte, daß sich die Wirkung ihrer Maßnahmen erst nach sechs oder mehr Monaten voll entfalten würde, und eine konjunkturelle Überhitzung befürchtete. Dennoch setzte sich das Wachstum fort (wenn auch mit einer bescheideneren Rate) und die Arbeitslosigkeit ging bis auf 5,4 Prozent zurück, ohne Anzeichen einer steigenden Inflation. Die Diskussion darüber, ob man die geldpolitische Lockerung hätte beibehalten sollen, setzte sich bis ins Jahr 1996 hinein fort. Viele Konservative revidierten zwar ihre Schätzung der NAIRU, waren aber davon überzeugt, daß ein weiterer Rückgang der Arbeitslosigkeit die Inflation in Gang setzen würde. Einige argumentierten, daß die Fed nicht viel tun konnte, um die Arbeitslosenquote zu senken, solange der Finanzmarkt daran glaubte, daß eine Inflation bevorstand; selbst wenn sie die kurzfristigen Zinssätze unverändert ließe, würden die Zinsen am langfristigen Ende doch steigen und die Konjunktur dämpfen. Andere empfahlen, die Arbeitslosenquote schrittweise auf 5,3, 5,2 oder sogar 5,1 Prozent zu senken, um herauszufinden, wie niedrig sie sein konnte, ohne den Inflationsprozeß in Gang zu setzen. Allen Beteiligten war klar, daß über die Höhe der NAIRU Unsicherheit bestand. Es ging um eine Abwägung zwischen den Kosten und Nutzen einer konservativen Strategie, die vorübergehend auf höhere Wachstumsraten verzichtete, bis man mehr Erkenntnisse gewonnen hätte, und dem Risiko einer vorübergehend höheren Inflation für den Fall, daß man im Rahmen einer aggressiven Strategie die Arbeitslosenquote weiter senken würde und sich dann herausstellte, daß die NAIRU tatsächlich 5,5 Prozent oder mehr betrug.

Arbeitsplatz- und Lohnsicherheit

Mitte der neunziger Jahre war die gesamtwirtschaftliche Lage zwar gut (der sogenannte Elendsindex, die Summe aus Arbeitslosenquote und Inflationsrate, war so niedrig wie schon seit dreißig Jahren nicht mehr), aber viele Menschen waren darüber nicht so begeistert, wie man aufgrund der Statistik hätte erwarten können. Viele Arbeitnehmer fühlten sich unsicher. Dieses Gefühl der Unsicherheit ist auf zwei Entwicklungen zurückzuführen.

Erstens waren angesichts des gestiegenen Wettbewerbsdrucks viele amerikanische Firmen gezwungen, umzustrukturieren und ihre Organisation zu „verschlanken". Ein aufsehenerregendes Beispiel war AT&T, die Anfang 1996 die Reduzierung ihrer Belegschaft um 40.000 Arbeitskräfte ankündigte. Es gab zwar keine deutlichen Anzeichen dafür, daß die Arbeitsplatzverlustrate - die Wahrscheinlichkeit, daß ein Arbeitnehmer mit einer Betriebszugehörigkeit von mindestens drei Jahren seinen Arbeitsplatz verlieren würde - insgesamt nennenswert gestiegen war, aber für Büroangestellte und ältere Arbeitskräfte, deren Arbeitsplätze bis dahin relativ sicher gewesen waren, war die Rate plötzlich viel höher.

Zweitens hatten sich seit 1973 die Löhne immer weiter auseinanderentwickelt. Dabei hatte sich nicht nur der Abstand zwischen den niedrigsten und den höchsten Lohneinkommen vergrößert, sondern am unteren Ende der Lohnskala (bei den untersten 40 Prozent) waren sogar die *Reallöhne* zurückgegangen. Mitte der neunziger Jahre gab es zwar Anzeichen für eine Verlangsamung dieser Entwicklung oder sogar für eine leichte Trendwende; die Reallöhne am unteren Ende waren jedoch immer noch niedriger als vor zwei Jahrzehnten. Diese Zunahme der Einkommensungleichheit bedeutete, daß diejenigen, die ihre Arbeitsplätze verloren, ihren Lebensstandard gefährdet sahen; selbst wenn sie einen neuen Arbeitsplatz fanden, war er nicht so gut bezahlt. Arbeitslose, die eine neue Vollzeitbeschäftigung fanden, mußten eine Lohnsenkung von durchschnittlich zehn Prozent hinnehmen; selbst drei Jahre nach dem Verlust des alten Arbeitsplatzes hatte ein Viertel von ihnen noch keine neue Beschäftigung gefunden. (Von diesen zog sich die Hälfte einfach aus dem Erwerbsleben zurück.)

Joseph Schumpeter, ein berühmter Wirtschaftswissenschaftler des frühen zwanzigsten Jahrhunderts, der die Rolle der Innovationen besonders betont hat, beschrieb die Marktwirtschaft als einen Prozeß der kreativen Zerstörung: Es werden immer gleichzeitig Arbeitsplätze zerstört und andere neu geschaffen. Die oben erwähnten Entlassungen bei AT&T sind ein gutes Beispiel dafür: Während die Firma AT&T ihre Belegschaft reduzierte, stieg die Beschäftigung im Telekommunikationssektor insgesamt an, weil durch die Intensivierung des Wettbewerbs in dieser Branche eine große Palette neuer Produkte eingeführt wurde. Die Volkswirtschaft insgesamt profitiert von diesem Prozeß; auf einzelne Menschen, nämlich diejenigen, die ihren Arbeitsplatz verlieren, wirkt er sich jedoch negativ aus.

Die Befürworter einer aktiven Stabilisierungspolitik glauben, daß der Staat versuchen sollte, nicht nur die Größenordnung der Konjunkturausschläge zu reduzieren, sondern auch die Kosten der Arbeitslosigkeit und des Arbeitsplatzwechsels. Während die Gegenseite argumentiert, daß Arbeitslosigkeit ohnehin nur ein vorübergehendes Phänomen sei, und daß die Betroffenen damit selbst fertig werden müßten (zum Beispiel durch rechtzeitiges Sparen), sind die Interventionisten der Meinung, daß die staatlichen Arbeitslosenversicherungen einen wichtigen Beitrag zur wirtschaftlichen Sicherheit der Arbeitnehmer geleistet haben. (Das ist wahr, auch wenn sie vielleicht gleichzeitig zu höheren Arbeitslosenquoten geführt haben, weil sie für die Arbeitslosen den Anreiz zur aktiven Arbeitsplatzsuche verringert haben.)

Um der neuen Sorge aufgrund der wirtschaftlichen Unsicherheit zu begegnen, ist eine Vielzahl von Maßnahmen vorgeschlagen worden. Am wichtigsten sind niedrige Arbeitslosenquoten, damit die Beschäftigungschancen für Arbeitslose steigen. Ein gutes „Sicherheitsnetz" - einschließlich einer großzügigen Regelung des Arbeitslosengeldes - trägt dazu bei, die Risiken der Arbeitnehmer einzudämmen. Die größte Angst bereitet den Arbeitslosen in den USA der Verlust des Krankenversicherungsschutzes. In ihrem Haushaltsplan für 1996 hat die Clinton-Regierung vorgeschlagen, eine Krankenversicherung für Arbeitslose einzuführen, aber dieser Vorschlag ist bis heute vom Kongreß nicht gebilligt worden.

Zur Erleichterung des Arbeitsplatzwechsels liegen drei Gruppen von Vorschlägen vor. Da gut ausgebildete Arbeitskräfte einen Arbeitsplatzwechsel leichter bewältigen können, ergibt sich hier ein zusätzlicher Grund für die Förderung des Bildungswesens. Die Programme der aktiven Arbeitsmarktpolitik, die wir in diesem Kapitel erwähnt haben, zielen darauf ab, die Informationen und die Fortbildung zur Verfügung zu stellen, die die Arbeitslosen brauchen, um wieder Beschäftigung zu finden. Um die Bedeutung dieser Bemühungen zu unterstreichen, hat Arbeitsminister Robert Reich vorgeschlagen, das Arbeitslosenversicherungssystem in Zukunft „Wiederbeschäftigungssystem" zu nennen.

Die dritte Gruppe von Vorschlägen hat mit der Renten- und Krankenversicherung zu tun. Viele Versicherungsverträge enthalten Klauseln, die Leistungen für Krankheiten von Familienmitgliedern aus der Zeit vor Antritt des neuen Arbeitsplatzes ausschließen. Hier wurden Vorschläge gemacht, um die Übertragbarkeit von betrieblichen Krankenversicherungen und Rentenversicherungen zu verbessern. Im Juli 1996 hat der Kongreß ein wichtiges Gesetz zur Förderung der Übertragbarkeit der Krankenversicherung verabschiedet.

Viel weniger Übereinstimmung herrscht in bezug auf mögliche Maßnahmen zur Reduzierung der gestiegenen Lohn- und Einkommensungleichheit. Da schlecht ausgebildete Arbeitskräfte am meisten unter einer Rezession leiden, ist die Aufrechterhaltung eines hohen Beschäftigungsstandes nicht nur aus stabilisierungspolitischer Sicht sondern auch aus verteilungspolitischer Sicht wünschenswert.

Die wirtschaftlichen Herausforderungen des einundzwanzigsten Jahrhunderts

Wie wir gesehen haben, hat jede Zeit ihre eigenen wirtschaftlichen Probleme. So schwierig es ist, die wirtschaftliche Situation ein oder zwei Jahre im voraus zu prognostizieren, so schwierig ist es auch, die zentralen wirtschaftspolitischen Probleme und Kontroversen des nächsten Jahrzehnts vorherzusehen. Wahrscheinlich werden uns die Herausforderungen, die wir in diesem Kapitel diskutiert haben - die Aufrechterhaltung der Vollbeschäftigung bei stabilen Preisen und der Umgang mit den Sorgen von schlecht ausgebildeten Arbeitslosen und Niedriglohnempfängern - dann noch immer begleiten. Wahrscheinlich werden auch die beiden Themen, die wir in den nächsten Kapiteln behandeln - Wachstumsförderung und Haushaltskonsolidierung - noch immer im Vordergrund stehen. Aber wie auch immer die Probleme aussehen werden - die analytischen Instrumente und die Denkweise, die wir in diesem und den beiden vorangegangenen Teilen des Buches vorgestellt haben, werden weiterhin im wesentlichen bestimmen, wie die Wirtschaftspolitiker an diese Probleme herangehen.

Ein Blick in die Wirtschaftspolitik:
Die Debatte über die Qualität der neugeschaffenen Arbeitsplätze

Die folgende Abbildung zeigt, daß die Vereinigten Staaten im Gegensatz zu Europa in den vergangenen Jahren bei der Schaffung neuer Arbeitsplätze sehr erfolgreich waren. Die weitaus meisten Arbeitsplätze, die zwischen 1994 und 1996 in den G-7-Ländern (den sieben wichtigsten Industrieländern) geschaffen wurden, sind in den USA entstanden, und zwar zu mehr als 90 Prozent im privaten Sektor. Im April 1996 trafen sich die führenden Wirtschaftspolitiker der G-7-Länder in der französischen Stadt Lille, um die Beschäftigungssituation zu diskutieren. Im Bewußtsein der drückenden Arbeitsmarktprobleme in Europa und gleichzeitig besorgt über die Qualität der in Amerika geschaffenen Arbeitsplätze - in Anspielung auf die Hamburger-Brater *McJobs* genannt - warb Präsident Chirac für einen „dritten Weg". Die Amerikaner hielten dagegen, daß diese Vorstellung von der Arbeitsplatzschaffung in den USA einfach falsch sei. Sicherlich, eine große Zahl der neuen Arbeitsplätze waren im Dienstleistungssektor entstanden; schließlich war Amerika dabei, sich von der Industriegesellschaft zur Dienstleistungsgesellschaft zu entwickeln, genauso wie das Land sich im neunzehnten und zu Beginn des zwanzigsten Jahrhunderts von einer landwirtschaftlich geprägten Gesellschaft zu einer Industriegesellschaft entwickelt hatte. Aber der Dienstleistungssektor schließt auch technologisch anspruchsvolle und gut bezahlte Arbeitsplätze mit ein wie etwa die Finanzdienstleistungen und die Computerdienstleistungen. Eine genauere Analyse zeigte, daß die Mehrzahl der neuen Arbeitsplätze (mehr als 60 Prozent) in Branchen und Berufen mit mittleren Einkommen (etwas über dem volkswirtschaftlichen Durchschnittseinkommen) entstanden waren.

Hinzu kommt, daß die Zahl der Menschen, die sich mit Teilzeitarbeitsplätzen begnügten, weil sie keine Vollzeitarbeitsplätze finden konnten, ständig zurückgegangen war, während die Zahl derjenigen, die mehrere Jobs hatten, mit etwa sechs Prozent in etwa unverändert geblieben war. Zwar sind einige dieser Veränderungen durch den Konjunkturzyklus zu erklären (typischerweise haben im Aufschwung mehr Menschen mehrere Jobs gleichzeitig, einfach weil sie leichter zu bekommen sind), das Gesamtbild bestätigt jedoch nicht den Vorwurf, daß die USA keine qualitativ hochwertigen Vollzeitarbeitsplätze geschaffen hätte.

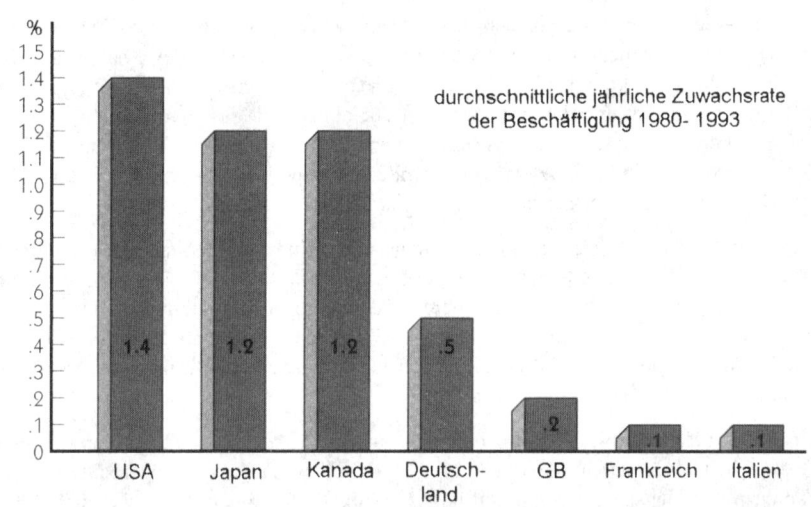

Quelle: Bureau of Labor Statistics, Department of Labor.

Zusammenfassung

1. Die Kosten der Inflation und die Kosten der Arbeitslosigkeit werden tendenziell von verschiedenen Bevölkerungsgruppen getragen. Die Kosten der Arbeitslosigkeit treffen vor allem die unqualifizierten Arbeitskräfte.

2. Die Wirtschaft ist ständigen Fluktuationen unterworfen. Diese Konjunkturschwankungen sind teilweise durch exogene Störungen verursacht; teilweise entstehen sie aber auch endogen bedingt durch die Struktur der Wirtschaft. Die wirtschaftliche Struktur kann auch exogene Schocks verstärken, so daß deren Wirkungen noch lange anhalten,

nachdem die ursprüngliche Störung längst vorbei ist. Aufschwungphasen unterscheiden sich sehr stark in bezug auf ihre Dauer, Abschwungphasen in bezug auf ihre Tiefe. Dennoch gibt es ausgeprägte Ähnlichkeiten zwischen verschiedenen Konjunkturzyklen in der Art und Weise, wie die Veränderungen der verschiedenen Variablen (wie Output, Beschäftigung und durchschnittliche Arbeitszeit) miteinander zusammenhängen.

3. Die Kritiker einer aktiven Stabilisierungspolitik argumentieren, daß die Märkte sich schnell anpassen, so daß Arbeitslosigkeit nur von kurzer Dauer sein kann. Interventionsversuche des Staates sind nicht nur unnötig sondern auch weitgehend wirkungslos, da sie durch das Verhalten von Haushalten und Unternehmungen unterlaufen werden. Soweit sie tatsächlich wirkungsvoll sind, verstärken solche Maßnahmen oft noch die Konjunkturschwankungen wegen der langen Zeitverzögerungen und der beschränkten Information der Wirtschaftspolitiker und auch deswegen, weil es sich politisch lohnt, kurz vor den Wahlen die Wirtschaft zu überhitzen.

4. Die meisten Regierungen glauben, daß sie eine aktive Stabilisierungspolitik betreiben sollten. Ohne staatliche Interventionen kann es zu lange anhaltenden Phasen der Massenarbeitslosigkeit kommen. Wirtschaftspolitiker geben zwar zu, daß es oft lange Zeitverzögerungen gibt und daß politische Entscheidungen oft auf unvollkommener Information beruhen, so daß Interventionen manchmal zur falschen Zeit erfolgen oder kontraproduktiv sind. Trotzdem kann Stabilisierungspolitik erfolgreich sein und ist es im Durchschnitt auch gewesen.

5. Kritiker einer diskretionären Stabilisierungspolitik sind der Meinung, daß die Regierungen ihren Ermessensspielraum aufgeben und sich an feste Regeln binden sollten. Die Gegner dieser Position argumentieren, daß man mit Regelbindungen wichtige wirtschaftspolitische Instrumente aufgibt und daß darüber hinaus feste Regeln niemals gut funktionieren, weil sie nicht auf die sich ständig verändernde Struktur der Volkswirtschaft reagieren.

6. In der aktuellen wirtschaftspolitischen Diskussion herrscht Übereinstimmung darüber, daß Arbeitslosenquoten unterhalb der NAIRU nicht lange aufrechterhalten werden können. Die Debatte dreht sich um folgende Punkte: (a) Wie hoch ist die NAIRU? Ist sie durch strukturelle Veränderungen der Wirtschaft gesunken? (b) Welche Risiken sind mit einer aggressiven Strategie verbunden, die versucht, die Arbeitslosenquote genau auf dem Niveau der NAIRU zu halten, welche mit einer zurückhaltenderen Strategie, die nur dann eine Senkung der Arbeitslosenquote anstrebt, wenn erwiesen ist, daß die NAIRU ebenfalls niedriger liegt?

7. Die Befürworter einer aggressiven Strategie glauben, daß es hohe Kosten in Form von entgangenem Output und wirtschaftlicher Unsicherheit verursacht, wenn man die Arbeitslosigkeit nicht so niedrig wie möglich hält, ohne die Gefahr allzu hoher Inflationsraten einzugehen. Die realen Kosten einer gewissen, niedrigen Inflationsrate halten sie demgegenüber für gering, insbesondere, wenn viele Verträge indexiert werden. Sie glauben auch, daß die Korrektur von „Fehlern", die darin bestehen, daß man die Arbeitslosenquote für kurze Zeit unter die NAIRU gedrückt hat, nicht allzu kostspielig ist. Die Befürworter einer vorsichtigeren Strategie befürchten, daß einmal in Gang gekommene Inflationsprozesse nur schwer wieder unter Kontrolle gebracht werden können und daß dafür in der Regel über lange Zeit hinweg eine höhere Arbeitslosenquote in

Kauf genommen werden muß. Sie glauben, daß Inflation hohe Kosten mit sich bringt, und daß darüber hinaus der kurzfristige Nutzen einer verringerten Arbeitslosenquote geringer ist als die Risiken einer erhöhten Arbeitslosenquote für den Fall, daß ein Inflationsprozeß in Gang gesetzt wird und die Fed gezwungen ist, die Inflation zu bekämpfen.

8. Der Staat kann versuchen, die Konjunkturausschläge durch automatische Stabilisatoren zu verringern und die NAIRU zu senken (durch aktive Arbeitsmarktpolitik, Wettbewerbsförderung und moralischen Druck).

9. Jede Periode in der Geschichte der amerikanischen Wirtschaft hatte ihre eigenen Probleme. Während des Vietnamkriegs war das Problem die Überhitzung der Volkswirtschaft; die siebziger Jahre waren vor allem von hohen Inflationsraten und von Stagflation geprägt; später ging es darum, nach der tiefen Rezession von 1981-83 und nach der leichten Rezession von 1991-92 die Wirtschaft wieder zu beleben. Mitte der neunziger Jahre war die Inflation unter Kontrolle, die Arbeitslosigkeit relativ gering und das Haushaltsdefizit verringert; in dieser Situation waren die Hauptaufgaben die Stimulierung des Wirtschaftswachstums, die Verringerung der Einkommensungleichheit - oder zumindest die Anhebung der Reallöhne am unteren Ende der Einkommensskala - die Förderung der wirtschaftlichen Sicherheit und die weitere Senkung des Haushaltsdefizits.

Schlüsselbegriffe

exogen	Monetaristen	Geldmengenaggregate
endogen	Neokeynesianer	Zeitinkonsistenz
realer Konjunkturzyklus		

Wiederholungsfragen

1. Inwiefern haben Inflation und Arbeitslosigkeit unterschiedliche Auswirkungen auf verschiedene Bevölkerungsgruppen? Wie beeinflussen diese Unterschiede die Standpunkte in bezug auf die Stabilisierungspolitik?

2. Welche alternativen Erklärungen für Konjunkturschwankungen kennen Sie? Wie sehen die Vertreter dieser Theorien jeweils die Rolle des Staates?

3. Worum geht es in aktuellen Debatten über die Stabilisierungspolitik? Beschreiben Sie die Meinungsverschiedenheiten in bezug auf Risiken einer aggressiven Strategie, die versucht, die Arbeitslosenquote so nahe wie möglich bei der NAIRU zu halten.

4. Warum sind manche Wirtschaftswissenschaftler der Meinung, daß stabilisierungspolitische Interventionen des Staates entweder unnötig oder unerwünscht sind? Wie lauten die Gegenargumente?

5. Beschreiben Sie die Debatte über Regelbindung versus diskretionäre Wirtschaftspolitik.

6. Was kann der Staat tun, um die NAIRU zu senken?

7. Wie konnte die Regierung 1993 die Steuern erhöhen und die Ausgaben senken und dabei trotzdem zur wirtschaftlichen Erholung beitragen?

8. Beschreiben Sie die wichtigsten stabilisierungspolitischen Probleme der vergangenen vier Jahrzehnte.

9. Mit welchen stabilisierungspolitischen Herausforderungen sind die USA gegenwärtig konfrontiert?

Aufgaben

1. Mit welchen Verhaltensweisen kann der private Sektor die folgenden wirtschaftspolitischen Maßnahmen unterlaufen? In welchen Fällen werden Ihrer Meinung nach die Interventionen des Staates vollkommen wirkungslos bleiben?
   a) Die Zentralbank erhöht die Geldmenge.
   b) Die Regierung erhöht die Staatsausgaben, ohne die Steuern anzuheben.
   c) Der Staat erhöht die Renten, um den Lebensstandard der Rentner zu verbessern. (Gehen Sie davon aus, daß die Rentner gegenwärtig eine gewisse finanzielle Unterstützung von ihren Kindern erhalten, oder daß die Menschen sparen, um einen bestimmten Lebensstandard im Alter abzusichern.)
   d) Der Staat versucht, die Vermögensungleichheit durch eine höhere Erbschaftssteuer zu verringern.

2. In parlamentarischen Demokratien, wie zum Beispiel Großbritannien, kann der Premierminister eine Veränderung der Steuern oder der Staatsausgaben ankündigen und beinahe sofort umsetzen. (Wenn das Parlament die Vorlage der Regierung nicht ratifiziert, so ist das gleichbedeutend mit einem Mißtrauensvotum und führt zum Sturz der Regierung.) Wie könnte diese Regelung die Balance in der Anwendung von fiskalpolitischen und geldpolitischen Instrumenten beeinflussen?

3. Einige Kritiker der Indexierung von Staatsschuldverschreibungen argumentieren, daß die Indexierung die Entschlossenheit des Staates zur Bekämpfung der Inflation schwächen könnte. Sind die *realen* Kosten einer Erhöhung der Inflationsrate für den Staat höher, wenn die Staatsverschuldung durch indexierte langfristige Staatsschuldverschreibungen finanziert worden ist, oder wenn sie durch konventionelle langfristige Staatsschuldverschreibungen finanziert worden ist? Vergleichen Sie die realen Kosten eines Anstiegs der Inflationsrate für die Eigentümer der Staatsschuldpapiere in beiden Situationen. Glauben Sie, daß die Indexierung den Willen zur Bekämpfung der Inflation stärken oder schwächen wird?

Andere Kritiker von indexierten Staatsschuldpapieren führen an, daß die Indexierung dem Staat ein gewaltiges Risiko auferlegt, da mit steigender Inflationsrate auch die Zinszahlungen des Staates zunehmen. Die Befürworter der Indexierung halten dem entgegen, daß die Indexierung die Schwankungen der *realen* Zinszahlungen des Staates vermindert und damit auch sein Risiko. Angenommen, die Inflationsrate wird in der Zukunft entweder fünf oder 15 Prozent betragen, wobei beide Situationen gleich wahrscheinlich sind. Vergleichen Sie eine indexierte Staatsschuldverschreibung mit einer realen Verzinsung von zwei Prozent und eine herkömmliche Staatsschuldverschreibung mit einer nominalen Verzinsung von zwölf Prozent im Hinblick auf die damit verbundenen Risiken. Welche Form der Staatsschuldverschreibung ist aus der Sicht des Staates mit einem geringeren Risiko verbunden?

4. Warum würde ein Multiplikator-Akzelerator-Modell prognostizieren, daß sich im Aufschwung die Wachstumsraten irgendwann wieder verringern werden, bzw. daß im Abschwung die Wachstumsraten irgendwann wieder zunehmen werden?

5. Im traditionellen Multiplikator-Akzelerator-Modell führt ein Anstieg des BIP um 100 Mrd. $ zu einer erhöhten Nachfrage nach Kapital. Angenommen das erwünschte Kapital-Output-Verhältnis beträgt zwei, und die Outputerhöhung um 100 Mrd. $ wird allgemein für dauerhaft gehalten. Um wieviel nimmt dann der erwünschte Kapitalstock zu? Wie stark steigt die Investitionsnachfrage, wenn die Unternehmungen versuchen, die Kapitallücke innerhalb eines Jahres aufzufüllen? Gehen Sie davon aus, daß die Preise der Kapitalgüter im Boom steigen und in der Rezession zurückgehen. Warum könnte dann ein Outputanstieg im Boom zu einer geringeren Zunahme der Investitionsnachfrage führen und in der Rezession zu einer stärkeren Zunahme? Wie verändert sich die Investitionsnachfrage, wenn die Unternehmungen glauben, daß die wirtschaftliche Expansion nicht von Dauer sein wird?

6. Ein Entscheidungsbaum beschreibt die Konsequenzen jeder Entscheidung in Abhängigkeit vom Eintreffen bestimmter unsicherer Ereignisse. Betrachten Sie den Entscheidungsbaum für die Entscheidung der Fed in bezug auf ihre stabilitätspolitische Strategie. Die Fed ist unsicher über die Höhe der NAIRU, die entweder bei fünf oder bei sechs Prozent liegen kann. Die aggressive Strategie würde bedeuten, daß die Fed eine Arbeitslosenquote von fünf Prozent anstrebt; bei einer vorsichtigen Strategie würde sie sich mit einer Arbeitslosenquote von sechs Prozent begnügen. Welche Folgen jede dieser Strategien hat, hängt vom tatsächlichen Wert der NAIRU ab.

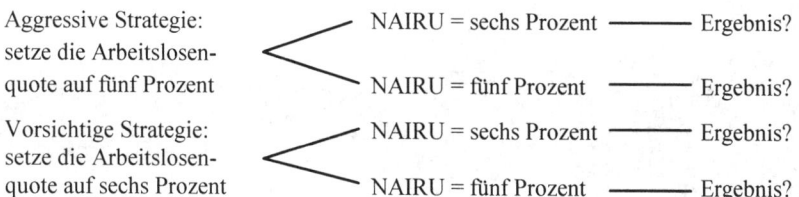

Tragen Sie für jeden Zweig des Entscheidungsbaumes das Ergebnis ein. Gehen Sie dabei von folgenden Annahmen aus: (a) Es dauert zwei Jahre, um die tatsächliche Höhe der NAIRU herauszufinden. (Wenn die Fed die aggressive Strategie verfolgt und die NAIRU tatsächlich sechs Prozent beträgt, wird sich die höhere Inflationsrate, die den wahren Wert der NAIRU erkennen läßt, in zwei Jahren zeigen.) (b) Hält man die Arbeitslosenquote ein Jahr lang um einen Prozentpunkt unterhalb (oberhalb) der NAIRU, so steigt (sinkt) die Inflationsrate um einen Prozentpunkt. (c) Eine Abnahme (Zunahme) der Arbeitslosenquote um einen Prozentpunkt geht mit einer Zunahme (Abnahme) des Outputs um zwei Prozent einher. (d) Das BIP beträgt ursprünglich zehn Billiarden Dollar. (e) Nachdem sich die tatsächliche Höhe der NAIRU herausgestellt hat, verändert die Fed die Arbeitslosenquote so, daß die Wirtschaft innerhalb von zwei

Jahren wieder zur ursprünglichen Inflationsrate zurückkehrt. (f) Vernachlässigen Sie eventuelle indirekte Auswirkungen der Inflation auf den Output.

Wie verändern sich Output und Inflationsrate bei jeder wirtschaftspolitischen Option während der nächsten vier Jahre? Ermitteln Sie die *Trade-off*s zwischen der aggressiven und der vorsichtigen Strategie.

Teil VIII: Ausgewählte Probleme der Stabilisierungspolitik

Neben Arbeitslosigkeit und Inflation haben in den letzten Jahren auch andere wirtschaftliche Themen Schlagzeilen gemacht: Die Haushaltsdefizite der Vereinigten Staaten, die Hungersnot in Äthiopien und die wirtschaftlichen Krisen der ehemaligen Ostblockländer sind einige Beispiele. In diesem Teil des Buches nutzen wir die Prinzipien und Einsichten, die wir in den vorangegangenen Kapiteln entwickelt haben, um diese und andere aktuelle wirtschaftspolitische Themen zu analysieren.

In Kapitel 36 geht es um ein wichtiges Problem der USA, nämlich um die Verlangsamung des Wirtschaftswachstums. Die amerikanische Volkswirtschaft wächst nicht mehr so schnell wie in früheren Jahrzehnten und auch nicht so schnell wie einige ihrer Hauptkonkurrenten. Wir untersuchen die Ursachen des Wirtschaftswachstums und fragen, was der Staat tun kann, um das Wachstum zu fördern.

Kapitel 37 beschäftigt sich mit dem Haushaltsdefizit, das nun seit mehr als einem Jahrzehnt im Mittelpunkt der öffentlichen Diskussion gestanden hat. Wir analysieren, welchen Einfluß das Defizit auf die Volkswirtschaft hat, und wie es verringert werden kann.

Die amerikanische Wirtschaftspolitik muß im internationalen Kontext betrachtet werden. Deshalb beschäftigen wir uns in diesem Buch immer wieder mit internationalen Themen. In Kapitel 38 geht es um die Außenhandelspolitik, um Gesetze über fairen Wettbewerb und um internationale Handelsvereinbarungen wie GATT und NAFTA.

Der Zusammenbruch des Sowjetreichs ist, ebenso wie seine Entstehung, zweifellos eines der größten Ereignisse des zwanzigsten Jahrhunderts. Nach dem Ersten Weltkrieg errichteten die Sowjets ein alternatives Wirtschaftssystem, von dem sie glaubten, daß es eines Tages den Kapitalismus besiegen werde. In Kapitel 39 stellen wir dar, auf welchen Grundsätzen dieses System beruhte, warum es versagt hat und mit welchen Problemen die Ostblockländer heute in der Phase des Übergangs zum Kapitalismus konfrontiert sind.

Die weitaus meisten Menschen leben in Ländern, in denen die Einkommen nur einen Bruchteil der Einkommen in den USA, Westeuropa, Japan und den anderen entwickelten Industrieländern betragen. Gemessen am Lebensstandard in diesen unterentwickelten Ländern, die man als die Dritte Welt bezeichnet, sind die meisten Menschen, die in den Industrieländern zu den Armen gerechnet werden, tatsächlich einigermaßen wohlhabend. In Kapitel 40 stellen wir einige Hauptunterschiede zwischen Entwicklungsländern und Industrieländern dar und untersuchen die wichtigsten Probleme, mit denen es die Entwicklungsländer zu tun haben, wenn sie versuchen, sich aus dem Sumpf der Armut zu befreien, in der sie seit Jahrhunderten gelebt haben.

Kapitel 36

Wachstum und Produktivität

Die Veränderungen im amerikanischen Lebensstandard während der letzten hundert Jahre sind schier unglaublich. Um 1900 war die Güterversorgung der Amerikaner nur wenig besser als die eines durchschnittlichen Einwohners von Mexiko oder der Philippinen heute. Die Lebenserwartung war niedrig, unter anderem deshalb, weil Krankheiten wie Pocken, Diphtherie, Typhus und Keuchhusten noch immer an der Tagesordnung waren. Im Jahre 1900 war es 15mal so wahrscheinlich, an Masern zu erkranken, wie heute. Wenige Amerikaner hungerten, da Land reichlich vorhanden war, aber jede Form von Luxus war die Ausnahme. Die Menschen arbeiteten, so lange sie konnten. Wenn sie nicht mehr dazu in der Lage waren, übernahmen ihre Kinder die Verantwortung für sie; einfach in Rente zu gehen war unmöglich.

Während des neunzehnten Jahrhunderts war der Lebensstandard in England und einigen anderen europäischen Staaten vielleicht etwas höher als in den Vereinigten Staaten. Der Lebensstandard dieser Staaten war der höchste der Welt, aber selbst in Europa gab es Hungersnöte. Während der berühmten Kartoffelhungersnot in Irland von 1845 bis 1848 starb mehr als ein Zehntel der Bevölkerung, ein weiteres Zehntel wanderte nach Amerika aus. Für die Bevölkerung Asiens, Afrikas und Latein Amerikas, damals wie heute der größte Teil der Weltbevölkerung, war das Leben noch schwieriger.

Ein höherer Lebensstandard zeigt sich nicht nur in höherem Einkommen und höherer Lebenserwartung, sondern auch in kürzeren Arbeitszeiten und einer besseren Ausbildung. Verbesserte Ausbildung ist gleichzeitig Ursache und Folge eines höheren Lebensstandards. Tabelle 36.1 vergleicht Daten für die USA von 1900 und 1995, wobei ein deutlicher Kontrast im Lebensstandard auffällt. Der eigentliche Grund für diese Unterschiede ist die Zunahme des Outputs pro Arbeitsstunde, also der in Kapitel 24 beschriebenen Arbeitsproduktivität. Ein Hauptanliegen dieses Kapitels ist es, verständlich zu machen, warum die Produktivität steigt und warum dieses Wachstum sich in den letzten beiden Jahrzehnten verlangsamt hat.

Die Wachstumsraten in einer Volkswirtschaft hängen von zwei Faktoren ab: der Zunahme der geleisteten Arbeitszeit und der Zuwachsrate des Outputs pro Arbeitsstunde, also der Arbeitsproduktivität.

Während der neunziger Jahre waren beide merklich kleiner, als in den Sechzigern. Um dies zu verstehen, müssen wir die Ursachen des Anstiegs von Arbeitszeit und Arbeitsproduktivität untersuchen.

Tabelle 36.1 Die USA 1900 und 1995

	1900	1995
Bevölkerung	76 Millionen	263 Millionen
Lebenserwartung	47 Jahre	77 Jahre
BSP (in Preisen von 1995)	420 Mrd. $	7.250 Mrd. $
BSP pro Kopf (in Preisen von 1995)	5.500 $	27.500 $
Durchschnittliche Wochenarbeitszeit in der verarbeitenden Industrie	59 Stunden	42 Stunden
Durchschnittlicher Stundenlohn in der verarbeitenden Industrie (in Preisen von 1995)	4,40 $	12,35 $
Anzahl der Telefone	1,3 Mio.	> 200 Mio.
Anteil der 5- bis 19jährigen, die zur Schule gehen	51 %	93 %

Quellen: *Economic Report of the President* (1996); *Statistical Abstract of the United States* (1995).

36.1 Produktivität

Fast ein Jahrhundert lang waren die Vereinigten Staaten im Zentrum des technologischen Fortschritts, der die Welt verändert hat. Telegraph, Telefon, Laser, Transistor, Flugzeuge, das Fließband, Düsenantrieb, Atomenergie... die Liste der technologischen Errungenschaften der USA ließe sich beliebig fortsetzen. Neben diesen bahnbrechenden Entwicklungen stehen unzählige kleinere Errungenschaften: neue und verbesserte Produkte, ebenso wie die kostengünstigere Produktion bestehender Produkte. Das Land hat davon enorm profitiert. Lebensstandard und Produktivität sind schnell und gleichmäßig gewachsen und sind heute in den USA höher als in jedem anderen vergleichbaren Land.

Abbildung 36.1 zeigt andererseits, daß das Produktivitätswachstum - die Zunahme des Volkseinkommens pro Kopf - sich in den siebziger und frühen achtziger Jahren wesentlich verlangsamt hat und seitdem auf einem niedrigen Niveau verharrt. (Die Produktivität reagiert stark auf Konjunkturschwankungen. Wenn sich die Wirtschaft nach einer Rezession erholt, steigt der Output stärker als die Beschäftigung, und die Produktivität nimmt stark zu. Wenn die Wirtschaft in eine Rezession schlittert, sinkt der Output schneller als die Beschäftigung, und die Produktivität fällt. Daher mißt man in der Wirtschaftswissenschaft Produktivitätszuwächse jeweils von einem Konjunkturgipfel zum nächsten (also zwischen Zeitpunkten, in denen die Produktionsfaktoren voll ausgeschöpft werden), oder über genügend lange Zeitspannen, damit Zyklen gegenüber dem langfristigen Trend unwichtig werden. Abbildung 36.1 folgt diesem Konzept und zeigt den Produktivitätszuwachs im Durchschnitt der letzten zehn Jahre. Es zeigen sich trotzdem zyklische Effekte: Der niedrige Produktivitätszuwachs im Jahr 1982 kann auf die schwere Rezession in diesem Jahr zurückgeführt werden.)

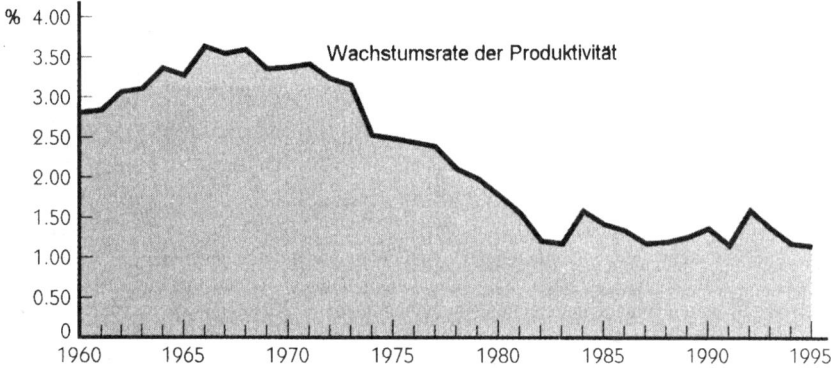

Abbildung 36.1 Produktivitätstrends in den USA. Die Wachstumsrate der Produktivität ging in den siebziger Jahren stark zurück. (Zugrunde liegen über ein Jahrzehnt gemittelte Pro-Kopf-Einkommen, die jeweils dem letzten Jahr des Jahrzehnts zugeordnet wurden.) *Quelle: ERP*(1996).

Man könnte sich nun fragen, ob es wirklich so einen großen Unterschied macht, wenn das durchschnittliche Wachstum der Produktivität von etwa zwei auf ein Prozent fällt. Dieser eine Prozentpunkt ist deshalb so wichtig, weil sich solche Differenzen mit der Zeit addieren. Man betrachte folgende Beispielrechnung: Zwei Länder starten auf gleichem Wohlstandsniveau; das eine wächst um ein Prozent pro Jahr, das andere um zwei. Der Unterschied in der Produktivität wäre einige Jahre lang kaum wahrnehmbar. Nach 30 Jahren wäre das langsamer wachsende Land jedoch nur drei Viertel so reich, wie das Land mit der höheren Wachstumsrate. Das niedrigere Wirtschaftswachstum in den Vereinigten Staaten verglichen mit anderen Industriestaaten erklärt, warum viele Staaten inzwischen fast mit den USA gleichgezogen haben (siehe Abbildung 36.2).

Niedrigere Produktivitätszuwächse bedeuten auch niedrigere Zuwächse beim Lebensstandard. Im Durchschnitt werden die Menschen von allem etwas weniger haben - kleinere Häuser, schlechtere Gesundheitsversorgung, weniger Reisen und weniger öffentliche Leistungen. Viele Familien konnten ihr Einkommen steigern, jedoch nur, indem beide Ehepartner arbeiteten; die kürzere Freizeit belastet diese Familien und stellt einen Verlust an Lebensqualität dar.

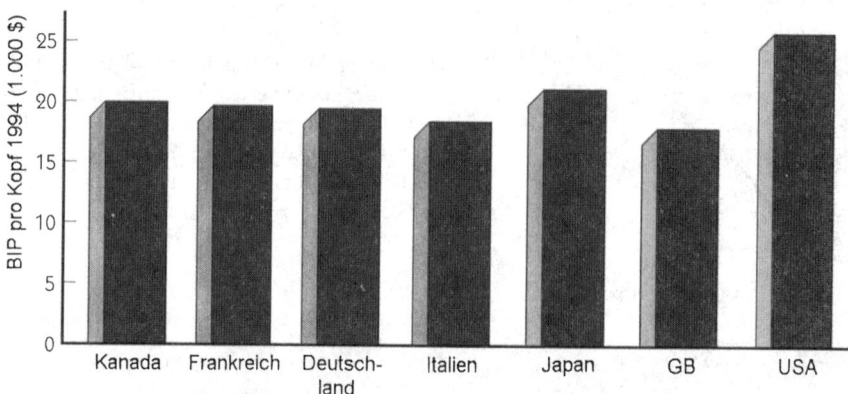

Abbildung 36.2   Das BIP pro Kopf. Die Vereinigten Staaten haben immer noch das höchste Bruttoinlandsprodukt pro Kopf, obwohl die übrigen Staaten wegen der geringen Wachstumsrate in den USA aufgeholt haben. *Quelle: World Development Report* (1996), Tabelle 1.

Um zu verstehen, warum sich der Produktivitätszuwachs verlangsamt hat, muß man erst verstehen, was den Output pro Stunde überhaupt wachsen läßt. Hier unterscheidet man vier entscheidende Faktoren: Sparen und Investition, Ausbildung und Qualität der Arbeitskräfte, Reallokation von Ressourcen aus Sektoren mit niedriger Produktivität in solche mit hoher Produktivität, sowie Forschung und Entwicklung. In den folgenden Abschnitten werden diese Faktoren nacheinander untersucht.

Ersparnis und Investition

Die Arbeitskräfte sind heute produktiver als vor 20 oder 100 Jahren, weil sie bessere und mehr Maschinen haben als damals. Ein amerikanischer Textilarbeiter kann weit mehr produzieren als ein Textilarbeiter in Indien wegen der Unterschiede in der Maschinerie, die er benutzt. Viele Textilarbeiter in Indien benutzen Handwebrahmen, wie sie in Amerika vor zweihundert Jahren verwendet wurden.

Wenn der Anteil der Investitionen am Bruttoinlandsprodukt groß ist, nimmt das eingesetzte Kapital pro Arbeitskraft zu. In der Wirtschaftswissenschaft nennt man das **Kapitalvertiefung**. Mit dem eingesetzten Kapital wächst auch der Output pro Arbeitskraft. Angenommen, ein Land hat eine Investitionsrate von zehn Prozent des BIP und eine niedrige Kapitalausstattung pro Arbeitskraft. Wächst die Investition auf 15 Prozent des Bruttoinlandsprodukts, so steigt die Kapitalausstattung pro Arbeitskraft (die Kapitalintensität) und damit auch die Produktivität. Dies zeigt Abbildung 36.3. Nimmt die Kapitalintensität von k_0 nach k_1 zu, so steigt der Output pro Arbeitskraft von y_0 auf y_1.

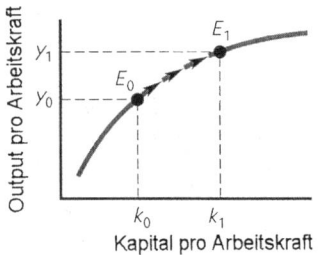

Abbildung 36.3 Investition und Produktivität. Eine Zunahme der Investitionsrate (Verhältnis der Investitionsausgaben zum BIP) führt zu Kapitalvertiefung. Steigt die Kapitalintensität, so nimmt auch der Output pro Arbeitskraft zu.

In den Kapiteln 25 und 26 haben wir die Beziehung zwischen Investition und Ersparnis untersucht. In einer geschlossenen Volkswirtschaft ist die Investition gleich der Ersparnis, wie Abbildung 36.4 zeigt. In dieser Abbildung haben wir angenommen, daß die Ersparnis nicht vom Zinssatz abhängt. Eine Verminderung der Ersparnis führt zu höheren Zinssätzen, und höhere Zinssätze bewirken niedrigere Investitionen.

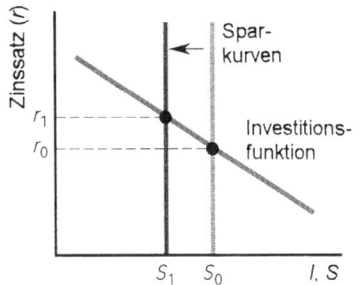

Abbildung 36.4 Investition und Ersparnis. Niedrigere Sparquoten ziehen höhere Zinsen und ein niedrigeres Investitionsniveau nach sich.

In einer offenen Volkswirtschaft sind die Dinge etwas komplizierter. Die inländische Ersparnis muß nicht gleich der Investition sein, weil das Land Investitionen mit Auslandskrediten finanzieren kann. (In diesem Fall steigt das Bruttosozialprodukt, das keine Zins- und Dividendenzahlungen an Ausländer enthält, weniger stark als das Bruttoinlandsprodukt, welches die gesamte in einem Land hergestellte Outputmenge darstellt. Bürger eines solchen Landes müssen die Vorteile eines Produktivitätsanstiegs mit Ausländern teilen. Aber trotz der Offenheit der amerikanischen Volkswirtschaft tendieren Ersparnis und Investition in dieselbe Richtung, wobei eine Reduktion der nationalen Ersparnis um 100 $ die Investitionen um 35-50 $ vermindert.

Abbildung 36.5 vergleicht die Sparquoten einiger Industrieländer. Sowohl verglichen mit anderen Ländern, wie auch im historischen Vergleich ist die Sparquote in Amerika niedrig. Zum Beispiel beträgt sie weniger als ein Siebtel der Sparquote Japans. Wegen ihres negativen Effekts auf die Investition, könnte die niedrige Sparquote ein Grund für die Verlangsamung des Produktivitätswachstums sein.

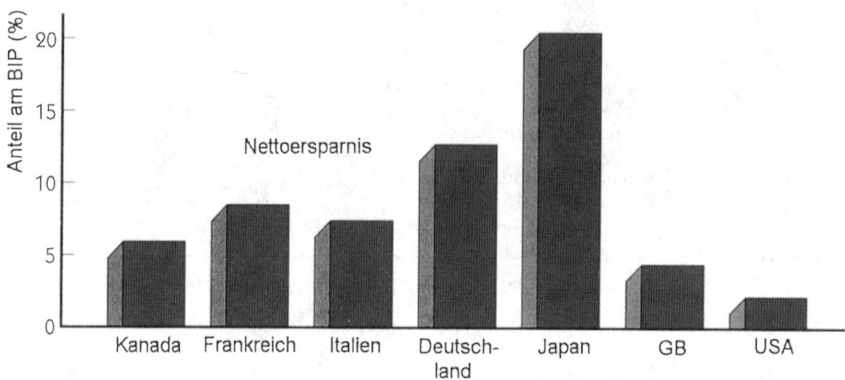

Abbildung 36.5   Die Sparquoten einiger Industrieländer. Während der achtziger und neunziger Jahre war die Sparquote in den USA drastisch niedriger, als in anderen Industrieländern. *Quelle:* OECD, *Economic Outlook* (1990).

Ursachen der niedrigen Sparquote in den USA

Um zu verstehen, warum die Sparquote in Amerika so niedrig ist, ist es nützlich, das Sparen in drei Komponenten aufzuteilen: die Ersparnis der Haushalte, die Ersparnis der Unternehmungen und die Ersparnis des Staates (der Budgetüberschuß, falls vorhanden). Abbildung 36.6 zeigt diese Komponenten sowie die gesamte Ersparnis im Zeitablauf. Die Abbildung zeigt, daß das niedrige Sparniveau vor allem auf ein riesiges Haushaltsdefizit sowie auf eine niedrige Sparquote der Haushalte zurückzuführen ist. Ab 1993 gelang es der Regierung, das Defizit von fast fünf Prozent des BIP im Jahre 1992 auf unter zwei Prozent im Jahre 1996 zu senken. Während dieser Zeit ging jedoch die Spartätigkeit der Haushalte etwas zurück, so daß die gesamtwirtschaftliche Ersparnis weniger stark wuchs. In diesem Kapitel konzentrieren wir uns auf die Ersparnis der Haushalte; das Budgetdefizit wird in den Kapiteln 26 und 37 behandelt.

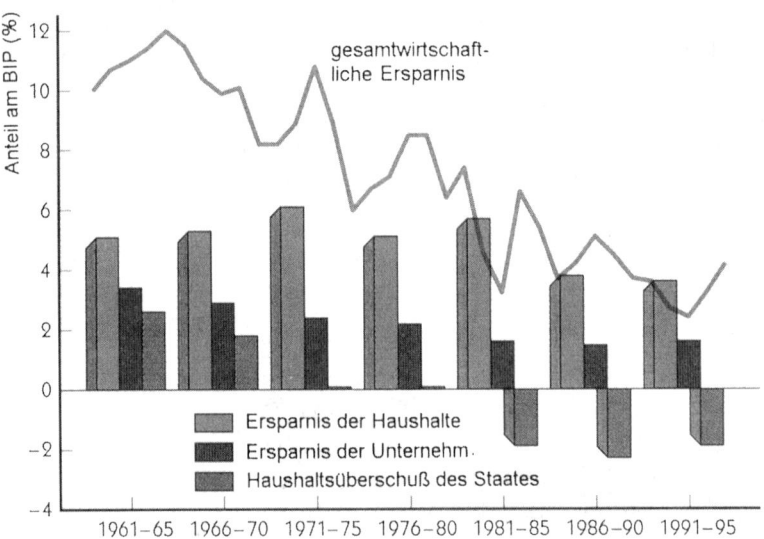

Abbildung 36.6   Der Rückgang der Ersparnis in den USA. Haushalte, Unternehmungen und Staat tragen zur Ersparnis bei. In den Achtzigern war die gesamtwirtschaftliche Ersparnis außergewöhnlich niedrig. Obwohl alle drei Komponenten niedrig waren, war der Einfluß der öffentlichen Hand am stärksten, gefolgt von dem der Haushalte. Das Budgetdefizit verschlimmerte sich 1991 und 1992, aber nach der Verabschiedung des Gesetzes zur Verminderung des Haushaltsdefizits im Jahr 1993 und durch den wirtschaftlichen Aufschwung verbesserte es sich merklich. *Quelle: ERP* (1996), Tabelle B-28.

Wir können das in den Kapiteln 8 und 9 entwickelte Modell der Konsumnachfrage zur Analyse des Sparverhaltens heranziehen. Preise (hier der Zinssatz) und individuelle Präferenzen bestimmen die Entscheidungen zwischen gegenwärtigem und zukünftigem Konsum. Der Einzelne spart, für zukünftige Bedürfnisse, sei es für die Altersversorgung (Lebenszeit-Sparen), sei es um sich ein Haus zu kaufen oder seinen Kindern ein Studium zu ermöglichen (Zielsparen), sei es für Notfälle, wie Zeiten, in denen er ein niedrigeres Einkommen erwartet, etwa durch Arbeitslosigkeit, oder Zeiten mit hohen Ausgaben für medizinische Versorgung (Vorsichtssparen), oder sei es, um seinen Kindern etwas vererben zu können (Sparen zur Vererbung).

Während der letzten beiden Jahrzehnte haben sich alle diese Sparanreize verringert. Verbesserungen der sozialen Absicherung (vor allem während der siebziger Jahre) verringerten das Bedürfnis nach privater Altersvorsorge, verbesserte Kreditbedingungen und Versicherungen - sowohl von staatlicher Seite wie von den Arbeitgebern - ließen die Menschen weniger für Notlagen sparen. Verbesserte Kreditbedingungen bei den Banken bedeuteten unter anderem auch, daß man eine geringere Anzahlung für ein Haus leisten mußte, und verbesserte staatliche Kreditprogramme für Studenten erlaubten es den Eltern, weniger für die Ausbildung ihrer Kinder zu sparen.

Eine Veränderung dagegen hätte die Ersparnis eigentlich in die Höhe treiben müssen: die Erhöhung der Gewinne nach Steuern. In den achtziger Jahren fielen die Steuern auf Kapitalerträge von 70 Prozent im Jahr 1980 auf 28 Prozent im Jahr 1986, und die Gewinne vor Steuern stiegen stark an. Trotzdem sank die Ersparnis. Das sollte aber nicht zu sehr verwundern, denn die Wirkung des Realzinssatzes nach Steuern auf die Höhe der Spareinlagen ist zwar positiv aber sehr gering (vgl. Kapitel 5)[1].

Die bisher besprochenen Veränderungen sind als Erklärung für das niedrige Sparniveau allein noch nicht ausreichend. Daher wurden weitere Erklärungsansätze entwickelt.

Die **Lebenszyklus-Theorie des Sparens** betont das Faktum, daß in verschiedenen Lebensabschnitten das Sparverhalten variiert. In der Altersgruppe der 45- bis 65-jährigen ist die Ersparnis normalerweise hoch. Befreit von der Last der Kindererziehung, sehen die Menschen die Notwendigkeit, Geld für ihren Ruhestand zurückzulegen. Der Anteil der Bevölkerung in dieser Altersgruppe ist seit Mitte der siebziger Jahre niedrig, begann aber in den Neunzigern zu steigen. Dies sollte die Sparquote anheben.

Einige Wirtschaftswissenschaftler haben argumentiert, daß die starken Steigerungen der Immobilienpreise in den Achtzigern dazu geführt haben, daß mehr Menschen ihr Geld in Form von Grundbesitz angelegt hätten; diese Ersparnisse würden aber in der volkswirtschaftlichen Gesamtrechnung nicht berücksichtigt. Diese Erklärung erschien damals plausibel; sie impliziert allerdings, daß die Ersparnis steigt, sobald die Immobilienpreise stagnieren oder sinken, wie es Ende der achtziger und Anfang der neunziger Jahre geschah. Das war aber nicht der Fall.

Manche Wirtschaftswissenschaftler lasteten schließlich die niedrige Sparquote einer Verschiebung der Wertvorstellungen an. Die „Jetzt"-Generation wolle in der Gegenwart konsumieren und vererbe weniger Geld an ihre Nachkommen.

Wie auch immer die Erklärung für die niedrige Ersparnis aussieht, gibt es doch kaum eine Möglichkeit, die Ersparnis zu steigern, um dadurch die Produktivität

---

[1] Dort wurde gezeigt, daß der Substitutionseffekt die Ersparnis erhöht, der Einkommenseffekt es senkt. Während der Gesamteffekt theoretisch unbestimmt bleibt, ist er empirisch gering positiv.

anzuheben: Mikroökonomische Instrumente zur Sparförderung, wie etwa steuerliche Anreize, haben, wenn überhaupt, einen geringen Effekt. Daher wurden verstärkt makroökonomische Politikmaßnahmen - vor allem die Verringerung des Haushaltsdefizits - als Hauptinstrument der Regierung zur Investitionsförderung gesehen: Wenn der Staat weniger Kredit aufnimmt, sinkt der Zinssatz und die Investition wird angeregt. Eine Reduktion des Haushaltsdefizits steigert die gesamtwirtschaftliche Ersparnis. Diese Strategie zur Steigerung der Ersparnis verfolgt die Clinton-Regierung seit 1993. (Zugleich ist es wichtig, *wie* das Defizit verringert wird. Wenn produktivitätssteigernde öffentliche Ausgaben für Infrastruktur, Bildung und Forschung gestrichen werden, kann die gesamte Investition zurückgehen und die Produktivitätssteigerung sich verlangsamen.

Infrastruktur

Die meisten Diskussionen über das niedrige Investitionsniveau in den Vereinigten Staaten konzentrieren sich auf die *privaten* Investitionen. Aber auch die öffentlichen Investitionen sind von Bedeutung. Dazu gehören unter anderem Straßen, Brücken, Flug- und Seehäfen, also die gesamte **Infrastruktur**. Ohne ausreichende Infrastruktur kann der private Sektor nicht angemessen funktionieren. Während der achtziger Jahre war nicht nur das Haushaltsdefizit gewaltig, sondern die Investitionen in die Infrastruktur sanken. In vielen Fällen wurden sogar Erhaltungsmaßnahmen unterlassen, so daß im Jahre 1992 die Infrastruktur des Landes in schlechterem Zustand war, als zehn Jahre früher. Während das Kapital in öffentlicher Hand 1970 noch 50 Prozent des BIP ausmachte, lag es 1990 nur noch bei 40 Prozent. Dieser schrumpfende öffentliche Kapitalstock hat die Produktivität gebremst, wenn auch dieser Effekt nicht genau quantifiziert werden kann.

Wirtschaftspolitische Instrumente zur Spar- und Investitionsförderung

Die Regierung hat nur begrenzte Möglichkeiten zur Stimulierung der Spar- und Investitionstätigkeit. Eine Reduktion des Budgetdefizits steigert die gesamtwirtschaftliche Ersparnis, und in einer geschlossenen (oder nicht vollkommen offenen) Volkswirtschaft führt das zu mehr Investition. Verkleinert man das Budgetdefizit aber auf Kosten der Infrastrukturinvestitionen (oder anderer Formen der Investition, etwa der Bildungsausgaben), so kann sich das kontraproduktiv auswirken. Erstens kann die gesamtwirtschaftliche Investition (öffentlich und privat) sinken; zweitens können die öffentlichen Investitionen einen mindestens ebenso hohen Ertrag abwerfen, wie die hieraus finanzierten privaten.

Wenn die Wirtschaft sich im Zustand der Vollbeschäftigung befindet, hat eine Subventionierung der Investitionsausgaben kaum Auswirkungen auf die gesamtwirtschaftlichen Investitionen. Bei gegebenen Staatsausgaben und gegebenem Konsum der privaten Haushalte muß die Zentralbank die Leitzinsen anheben, damit die Nachfrage den Vollbeschäftigungsoutput nicht übersteigt. Da die Ersparnis vom Zinssatz relativ unabhängig ist, werden die Investitionen (die gleich der Ersparnis bei Vollbeschäftigung sind) wenig beeinflußt werden. In einer offenen Volkswirtschaft führen Investitionssubventionen zu erhöhten Investitionen und Auslandsschulden. Wenn die Subventionen den Grenzertrag der Investition vor der Subvention unter die Kosten des ausländischen Kapitals senken, dann ist das Land aufgrund der zusätzlichen Investitionen in einer schlechteren Situation als vorher. Das Bruttoinlandsprodukt, die eigentliche Produktionsleistung, steigt, aber das Bruttosozialprodukt, also der Betrag den die Inländer selbst verbrauchen können, fällt.

Das Bruttoinlandsprodukt kann dann steigen, wenn die Ersparnis steigt (und der Konsum sinkt). Wegen des geringen Einflusses des Zinssatzes auf die Ersparnis sehen viele Wirtschaftswissenschaftler den möglichen Nutzen einer steuerpolitischen Sparförderung skeptisch. Es gibt allerdings Hinweise darauf, daß die steuerfreien Rentensparkonten in den USA die Ersparnis tatsächlich erhöht haben, vor allem weil Banken und andere Finanzdienstleister diese für Werbezwecke verwendet haben, um ihre Einlagen aufzustocken.

Andere Bestimmungsfaktoren der Produktivität

So wichtig niedrige Spar- und Investitionsquoten zur Erklärung der niedrigen Zuwachsrate der Produktivität sind, gibt es doch noch andere Einflußfaktoren. Wie oben beschrieben, führt Kapitalakkumulation zu einer Zunahme des Outputs pro Arbeitskraft - der Produktivität. Dieser Effekt gilt aber nur für kurze Zeiträume. Nach einer Erhöhung der Spar- und Investitionsquote erreicht die Volkswirtschaft schließlich eine neue Kapitalintensität. Das nennt man Kapitalvertiefung. Bei der neuen Kapitalintensität arbeitet die Volkswirtschaft auf einem höheren Produktivitätsniveau, aber die *Produktivitätszunahme* ist beendet. Dies zeigt die Abbildung 36.7, die eine hypothetische Zeitreihe für den realen Output benutzt, um den Wachstumspfad der Volkswirtschaft anzuzeigen. Der Wachstumspfad hat offensichtlich drei Teile: Das Segment *AB* zeigt den Wachstumspfad der Volkswirtschaft vor der Erhöhung der Spar- und Investitionsquote. Das steilere, darauf folgende Stück *BC* repräsentiert die Phase der Kapitalakkumulation, hervorgerufen durch die Steigerung der Spar- und Investitionsquote. Da die Kapitalintensität wächst, steigt auch die Produktivität und die gesamtwirtschaftliche Wachstumsrate. Wenn aber die neue, höhere Kapitalintensität erreicht ist, fällt die Volkswirtschaft wieder auf ihre ursprüngliche Wachstumsrate zurück, abgebildet im Teilstück *CD*.

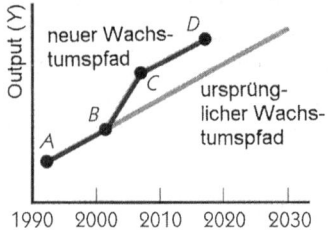

Abbildung 36.7   Kurz- und langfristige Wirkungen der Kapitalvertiefung. Kapitalvertiefung führt zu höherem Pro-Kopf-Output (Produktivität) und dadurch zu Wirtschaftswachstum, aber die Einflüsse auf die Wachstumsrate der Produktivität (im Gegensatz zu ihrem Niveau) sind nur kurzfristig. Die Graphik zeigt drei Abschnitte eines hypothetischen Wachstumspfades. *AB* repräsentiert die Wirtschaft vor einer Erhöhung von Ersparnis und Investition, das steile Teilstück *BC* steht für die Periode der Kapitalakkumulation, hervorgerufen durch eine Steigerung von Ersparnis und Investition. Ist das neue, höhere Niveau der Kapitalintensität erst erreicht, so fällt die Wirtschaft auf ihre ursprüngliche Wachstumsrate zurück, wie am Segment *BC* abzulesen ist.

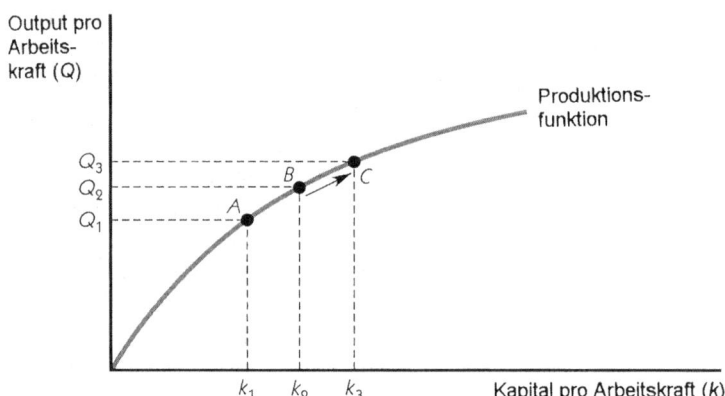

Abbildung 36.8   Der abnehmende Grenzertrag des Kapitals. In einer gegebenen Produktionsfunktion führt ein Anstieg der Kapitalintensität von k_2 nach k_3 zu einer geringeren Steigerung der Produktivität als ein Anstieg von k_1 nach k_2.

Diese Analyse scheint darauf hinzudeuten, daß ein wiederholtes Anheben der Spar- und Investitionsquote, also eine ständige Kapitalvertiefung, zu einer langfristigen Steigerung der Wachstumsrate der Produktivität und also zu einer langfristigen Steigerung des Wirtschaftswachstums führen könnte. Dies ist *nicht* der Fall, aufgrund des Gesetzes vom abnehmenden Grenzertrag, das besagt, daß bei steigender Kapitalausstattung pro Arbeitskraft, die jeweiligen Outputzuwächse abnehmen. Schließlich führt ein weiterer Anstieg der Kapitalintensität zu praktisch keiner Steigerung des Pro-Kopf-Outputs mehr. Abbildung 36.8 zeigt, daß bei einer Steigerung der Kapitalintensität von k_2 auf k_3 der Zuwachs des Outputs pro Arbeitskraft wesentlich geringer ausfällt als bei einer etwa gleich starken Steigerung der Kapitalintensität von k_1 auf k_2.

Dennoch ist das Produktivitätswachstum in Zeiten schneller Kapitalakkumulation nicht zurückgegangen. Abbildung 36.9 zeigt die Zuwachsraten der Produktivität in den Vereinigten Staaten in Perioden von zwei Jahrzehnten seit 1880. Von 1900 bis 1970, also während einer Zeit enormer Kapitalakkumulation, stieg der Produktivitätszuwachs. Eine ähnliche Situation kann man im Ausland beobachten. Japan hatte zum Beispiel während des letzten Vierteljahrhunderts ständig steigende Produktivitätszuwächse und zugleich eine starke Zunahme der Kapitalintensität.

Abbildung 36.9 Langfristiges Produktivitätswachstum in den USA. Die Wachstumsrate der Produktivität stieg am Anfang des Jahrhunderts, einer Zeit starker Kapitalakkumulation, stark an, um in den letzten Jahrzehnten wieder zu fallen. *Quelle:* Angus Maddison, *Dynamic Forces in Capitalist Development,* 1991.

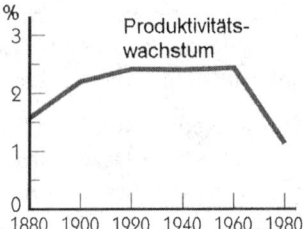

Die Kapitalvertiefung ist jedoch nicht der einzige, ja nicht einmal der wichtigste Grund für die Produktivitätssteigerung. Wenn wir verstehen wollen, warum die Wachstumsrate der Produktivität gesunken ist, müssen wir uns anderen Quellen zuwenden.

Qualitätssteigerungen der Arbeiterschaft

Eine zweite wichtige Grundlage von Produktivitätssteigerung, heute sogar wichtiger als die gestiegene Kapitalintensität, ist die verbesserte Qualität der Arbeiterschaft. Eine moderne Industriewirtschaft benötigt eine gut ausgebildete Arbeiterschaft und gut ausgebildete Techniker und Wissenschaftler, die Innovationen entwickeln und umsetzen können.

Ausgaben für Aus- und Weiterbildung erhöhen das Qualifikationsniveau der Arbeiterschaft und die Produktivität. Diese Ausgaben sind Investitionen - genauso wie die Investitionen in Maschinen und Gebäude. Und genau wie durch Investitionen in Fabriken und Ausstattung physisches Kapital gebildet wird, sagt man, daß Ausgaben für Bildung in **Humankapital** resultieren. Die Steigerung des Humankapitals ist also eine der wichtigsten Ursachen für das Wirtschaftswachstum.

Ein Blick in die Wirtschaftspolitik:
Die Reform des amerikanischen Bildungssystems

Auf die Beunruhigung über die Qualität der Ausbildung in den Vereinigte Staaten hat die Politik durch verschiedene Reformen reagiert. Meistens hat man sich nicht darauf beschränkt, einfach die Bildungsausgaben zu erhöhen: Schon jetzt wird in den USA pro Student mehr Geld ausgegeben, als fast überall sonst auf der Welt. Die Frage ist vielmehr, wie man das Geld produktiver einsetzen kann.

Da das amerikanische Bildungssystem einige Leistungen, die von ihm erwartet werden, klar verfehlt, versucht ein Teil der Initiativen, „Goals 2000" genannt, Ziele und Leistungsmaßstäbe zu definieren. Wegen der Mobilität der Amerikaner wäre es sehr nützlich, nationale Standards zu definieren, damit die Arbeitgeber wüßten, was ein Schulabschluß in Mississippi, Kalifornien oder New York wert ist. Aber die Behörden auf Länder- und Gemeindeebene, die traditionell für das Bildungswesen verantwortlich sind, haben sich stark gegen die Einführung nationaler Standards gewehrt. Daraufhin hat der Gesetzgeber die Bundesstaaten darin unterstützt, ihre eigenen Ziele und Qualitätsstandards einzuführen.

Für die Reform von Grund- und Oberschule gibt es viele Vorschläge. Die meisten beinhalten eine Dezentralisierung, also eine größere Selbständigkeit der Schulen gegenüber den Schulbezirken. Man hat auch vorgeschlagen, den Eltern einen gewissen Geldbetrag für die Ausbildung ihrer Kinder in Form von Gutscheinen zu geben und sie die Schule frei wählen zu lassen, um den Wettbewerb zwischen den Schulen und damit die Qualität der Ausbildung zu steigern. Kritiker wandten ein, solche Vorschläge seien das Ende der öffentlichen Schulen, würden die soziale Spaltung in der Ausbildung vergrößern und könnten keine Qualitätsverbesserung bewirken. Dies gelte vor allem in Gemeinden mit weniger gebildeten Eltern, die zu einer kompetenten Wahl der Schule und einem gezielten Einfluß auf die Schulpolitik weniger in der Lage wären, als gebildetere Eltern.

Einige Initiativen zur Förderung von benachteiligten Kindern, zum Beispiel *Head Start*, scheinen sich wirtschaftlich spürbar auszuzahlen. Es konnte nachgewiesen werden, daß *Head Start*, das Hilfe im Vorschulalter bietet, längerfristig die akademische Leistungsfähigkeit steigert: Teilnehmer des Programmes blieben mit geringerer Wahrscheinlichkeit sitzen und beendeten die Highschool häufiger.

In letzter Zeit hat die Regierung versucht, Programme zu entwickeln, die den Übergang von der Highschool zum Arbeitsplatz erleichtern sollen. Deutschland hat seit langem ein erfolgreiches Ausbildungssystem für Lehrlinge, und das neue „*School-to-Work*"-Programm unterstützt die Bundesstaaten darin, solche Kooperationen mit der Industrie zu starten.

Eine repräsentative landesweite Umfrage ergab, daß Unternehmungen mit besser ausgebildeter Belegschaft eine signifikant höhere Arbeitsproduktivität besaßen: Stieg die Ausbildungszeit um zehn Prozent, so stieg die Produktivität um 8,6 Prozent. Der Ertrag der Ausbildung ist merklich gestiegen - obwohl die Zahl der gut Ausgebildeten ebenso gestiegen ist: 1994 verdienten Vollzeitangestellte mit mindestens einem Collegeabschluß durchschnittlich 74 Prozent mehr pro Woche, als Angestellte mit Highschoolabschluß; im Jahr 1979 waren es nur 36 Prozent. Obwohl ein Teil dieses Unterschiedes darauf zurückzuführen ist, daß Universitätsabsolventen generell fähiger sind als die Durchschnittsbevölkerung (und also auch ohne Universität ein höheres Einkommen erzielen würden), scheinen die Erträge der Ausbildung selbst unter Berücksichtigung von Familienhintergrund und schulischen Leistungen immer noch signifikant. Man schätzt, daß ein einziges Jahr im College das Einkommen um mindestens fünf bis zehn Prozent steigert.

Stärken des amerikanischen Bildungssystems

In letzter Zeit war, zumindest quantitativ, eine starke Zunahme der Bildung in den USA zu beobachten. Mehr Schüler beenden die Highschool. Die Zahl der vorzeitigen Abgänge sank im Zeitraum von 1973 bis 1993 von 14,1 auf 11 Prozent. Mehr Schüler besuchen ein College und erwerben dort einen Abschluß. Der Anteil der Highschool-Abgänger, die sich an einem College einschreiben, stieg von 48 Prozent im Jahr 1980 auf 62 Prozent im Jahr 1993. Jetzt, da eine neue, besser ausgebildete Arbeiterschaft die alte ersetzt, hat sich der Anteil der Arbeitnehmer mit College-Abschluß fast verdoppelt, von 16 Prozent im Jahr 1973 auf 29 Prozent im Jahr 1993. Die Anmeldungen für ein Graduiertenstudium stiegen sogar noch stärker als der Collegebesuch.

Eine spezielle Stärke des amerikanischen Bildungssystems war immer schon seine Chancengleichheit. Während in anderen Ländern die Entscheidung, ob ein Kind die Universität besuchen kann, in der frühen Jugend getroffen wird (manchmal schon mit elf Jahren), werden in den USA solche Entscheidungen viel später getroffen, und den Schülern werden oft weitere Einstiegsmöglichkeiten offengehalten. Eine frühe Auswahl auf der Basis von Testergebnissen bevorzugt Kinder gut ausgebildeter Eltern entscheidend.

Eine weitere große Stärke ist das amerikanische System der Junior Colleges und staatlichen Universitäten, von denen viele eine qualitativ hochwertige Ausbildung für diejenigen bereitstellen, die sich private Schulen nicht leisten können, oder deren Highschool-Ergebnisse nicht ausreichend waren. In vielen Ländern werden solche Schüler von der weiteren Ausbildung ausgeschlossen. (Komischerweise ist das amerikanische System, das doch verglichen mit anderen entwickelten Staaten in vielen Bereichen sehr egalitär ist, in bezug auf die Studiengebühren eher das Gegenteil. Viele europäische Universitäten verlangen praktisch keine Studiengebühren, und einige zahlen die Lebensunterhaltskosten der Studenten ganz oder zum Teil.)

Eine weitere Stärke sind die amerikanischen Universitäten, die zu den besten der Welt gehören. Studenten aus fast allen anderen Ländern kommen in die Vereinigten Staaten. Die Entdeckungen und Innovationen der Forschungsinstitute an amerikanischen Universitäten sind eine wichtige Basis für die technologische Spitzenposition der USA.

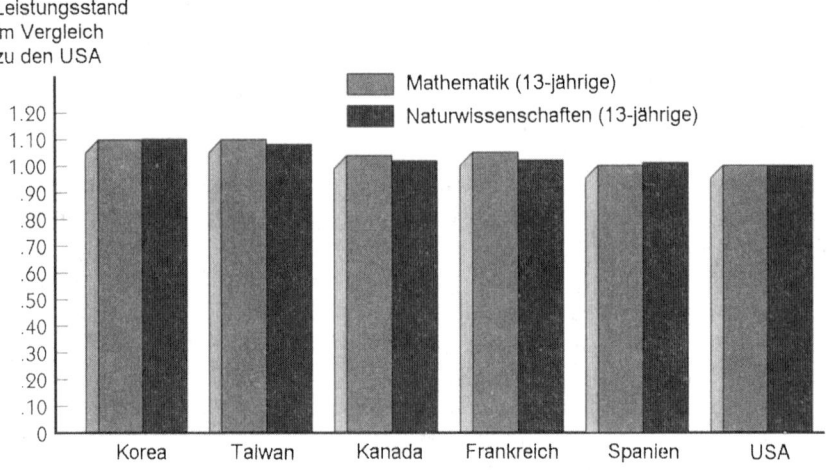

Abbildung 36.10   Testleistungen in Mathematik und Naturwissenschaften. Amerikanische Schüler schneiden in diesen standardisierten Tests schwach ab, verglichen mit Schülern anderer Länder. *Quelle: The Condition of Education* (1996), U.S. Department of Education, Tabellen 390, 394.

Symptome eines Humankapitalproblems in den USA

Trotz dieser großen Stärken im amerikanischen Bildungssystem gibt es Symptome für Probleme, die für die Verlangsamung der Produktivitätssteigerung in den USA verantwortlich sein könnten. Wahrend die Vereinigten Staaten in quantitativer Hinsicht gut dastehen, mit hohen Bildungsausgaben und hohen Einschreibungsziffern an den Universitäten, ist die Qualität der Ausbildung eher niedrig. In einer Anzahl von standardisierten Tests, vor allem in den Naturwissenschaften und in Mathematik, liegen amerikanische Schüler hinter denen vieler anderer Staaten - einschließlich solcher, die bis vor kurzem als Entwicklungsländer eingestuft wurden, wie etwa Korea und Taiwan (siehe Abbildung 36.10). Natürlich sind die standardisierten Tests nicht perfekt und nur begrenzt aussagefähig; eines der vielen Probleme ist der Ausschluß der Kreativität beim Testen. Aber die Tests geben über den Erfolg bei bestimmten Ausbildungszielen Aufschluß, so zum Beispiel über die Sicherheit in Grundlagenwissen. Daher ist der geringe Erfolg der amerikanischen Studenten beunruhigend.

Während Amerika in bezug auf die Einschreibungsziffern an den Universitäten an der Spitze steht, ist der Anteil der amerikanischen Collegestudenten, die Naturwissenschaften und Ingenieurberufe studieren, niedriger als in anderen Staaten, etwa Japan und Korea. Untersuchungen legen nahe, daß der Anteil der Ingenieure und Naturwissenschaftler an der Arbeiterschaft ein wesentlicher Bestimmungsfaktor für schnelles Wirtschaftswachstum ist.

Schließlich wird einem großen Teil der amerikanischen Bevölkerung die Möglichkeit genommen, sein volles Potential auszuschöpfen. Die Rolle des familiären Hintergrundes beim Ausbildungserfolg wird mehr und mehr wahrgenommen. Kinder, die in Armut aufwachsen, haben eine geringere Chance, eine ihren Fähigkeiten angemessene Ausbildung zu erhalten. Der Anteil der Kinder aus armen Familien ist in den letzten Jahrzehnten merklich gestiegen, von 15 Prozent im Jahr 1970 auf 21 Prozent im Jahr 1992. Mit der Flucht in die Vorstädte, die in den fünfziger Jahren begann, wuchsen Drogenmißbrauch und Gewalt in den innerstädtischen Schulen, und die Bewohner der Stadtzentren hatten eine geringere Chance auf eine gute Schulbildung. Außerdem wurde die Collegeausbildung für Kinder armer Familien immer unerschwinglicher. Die Gebühren an öffentlichen und privaten Colleges und Universitäten stiegen weit schneller als die Lebenshaltungskosten. Währenddessen sanken die Realeinkommen armer Familien und die reale Höhe der staatlichen Unterstützungen und Kredite. Daher ist es nicht verwunderlich, daß sich die Kluft zwischen dem Anteil der Kinder aus reichen und armen Familien mit höherer Bildung vergrößert hat.

Reallokation von Ressourcen von Sektoren geringer zu Sektoren hoher Produktivität

Im Laufe des vergangenen Jahrhunderts hat sich die USA von einem Agrarstaat erst zu einem Industriestaat, und schließlich zu einem Dienstleistungsstaat entwickelt. Abbildung 36.11 zeigt diesen dramatischen Strukturwandel. Der Dienstleistungssektor in seiner breiten Definition beinhaltet nicht nur traditionelle Dienstleistungen, wie Haarschnitte und Mahlzeiten im Restaurant, sondern auch hochwertigere Leistungen, wie zum Beispiel die von Ärzten, Rechtsanwälten, Bildungsinstituten und Computerprogrammierern. Der Gesundheitssektor ist mittlerweile auf über 14 Prozent des BIP gewachsen.

Der Wechsel von der Landwirtschaft zum verarbeitenden Gewerbe erklärt zum Teil den Produktivitätszuwachs zu Anfang des Jahrhunderts. Obwohl das Produk-

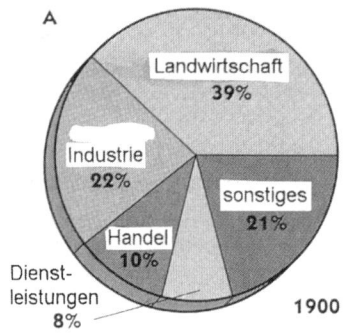

Abbildung 36.11 Sektoraler Strukturwandel. In der ersten Hälfte des Jahrhunderts verschob sich der Schwerpunkt der Beschäftigung vom landwirtschaftlichen zum industriellen Sektor, in der zweiten Hälfte vom industriellen Sektor zum Dienstleistungssektor. *Quelle: Historical Statistics of the United States* (1975); *ERP* (1996), Tabelle B-42.

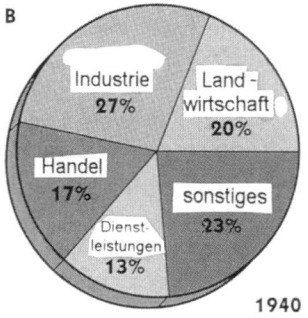

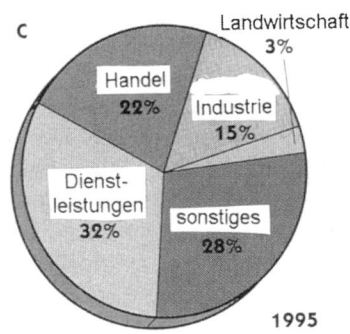

tivitätsniveau in der Landwirtschaft schnell anstieg, blieb es unter dem der Industrie. Daher stieg die durchschnittliche Produktivität der Volkswirtschaft, als Arbeitskräfte von wenig produktiven Arbeitsplätzen in der Landwirtschaft zu produktiveren Arbeitsplätzen in der verarbeitenden Industrie wechselten. Heute, da fast die gesamte Arbeiterschaft außerhalb der Landwirtschaft arbeitet - und die Produktivität in der Landwirtschaft so stark gestiegen ist, daß die Einkommen mit denen außerhalb der Landwirtschaft vergleichbar sind - kann dieser Austausch nicht länger ein Grund für Produktivitätsanstieg sein. Aber es bleiben weitere Möglichkeiten offen. Die Produktivität ist in der Telekommunikation und in den exportorientierten Sektoren wesentlich größer, als in anderen Teilen der Wirtschaft. Die Deregulierung in der Telekommunikationsbranche wird die Bewegung von Ressourcen in diesen Sektor erleichtern. Ebenso werden die vor kurzem geschlossenen internationalen Handelsverträge (siehe Kapitel 38) weitere Möglichkeiten für Wachstum im Export eröffnen. Beides zusammen sollte zur Steigerung der Produktivität insgesamt beitragen.

Technologischer Wandel

Dieser letzte Grund für Produktivitätssteigerungen ist vielleicht der wichtigste. Vor 1973 war der technische Fortschritt für bis zu zwei Drittel des Produktivitätswachstums verantwortlich. Ein wesentlicher Unterschied zwischen der Wirtschaft heute und um 1900 ist die Alltäglichkeit des Wandels im modernen Wirtschaftssystem. Der Prototyp des Erfinders im neunzehnten und frühen zwanzigsten Jahrhundert waren Menschen wie Thomas Edison und Alexander Graham Bell - Einzelgänger, die allein oder mit einer geringen Anzahl von Helfern arbeiteten. Kleinunternehmer und Erfinder sind heute immer noch wichtig, um neue Produkte zu entwickeln, speziell in der Computerindustrie. Aber der Prototyp des modernen Forschungsprogramms, wie das Mondlandungsprogramm der Vereinigten Staaten, beschäftigt Tausende von Wissenschaftlern, die einige wenige Jahre zusammenarbeiten, um das zu verwirklichen, was wenige Jahre vorher noch undenkbar schien. Technologischer Wandel wird in der modernen Wirtschaft systematisch und in großem Stil betrieben. Moderne Forschung findet in riesigen Laboratorien mit Tausenden von Angestellten statt. Während einige dieser Laboratorien von der Regierung betrieben werden, etwa Brookhaven, Argonne und die Lawrence Laboratorien, in denen physikalische Grundlagenforschung betrieben wird, sind viele in privater Hand, etwa die Bell Laboratorien (im Besitz von AT&T), in denen der Transistor und der Laser entwickelt wurden. Die Mehrzahl der großen Firmen gibt etwa drei Prozent ihrer Bruttoeinkünfte für Forschung und Entwicklung aus.

Das heutige Niveau technologischen Fortschritts ist so selbstverständlich, daß es schwer zu glauben ist, wie anders die Ansichten angesehener Wirtschaftswissenschaftler des frühen neunzehnten Jahrhunderts waren. Die Reallöhne der Arbeitskräfte waren wenig höher als 500 Jahre zuvor, als die Beulenpest einen großen Teil der Bevölkerung Europas vernichtet und so eine große Knappheit an Arbeit geschaffen hatte. Nach einem halben Jahrtausend geringen, wenn überhaupt wahrnehmbaren Wachstums erwartete Thomas Malthus, einer der größten Wirtschaftswissenschaftler seiner Zeit, daß die Bevölkerung schneller wachsen werde, als die ökonomischen Ressourcen zu ihrer Ernährung. In dieser düsteren Vorhersage kam der technologische Wandel nicht vor.

Ausgaben für Forschung und Entwicklung

Ein wesentlicher Faktor für die Geschwindigkeit des technologischen Wandels ist die Höhe der Ausgaben für Forschung und Entwicklung. Diese Ausgaben sind eine Form von Investition, denn sie werden in der Zukunft Erträge ab.

Die gesamten F&E-Ausgaben der Vereinigten Staaten sind zwar, verglichen mit dem BIP, relativ hoch - nur in Deutschland und Japan sind sie höher - es fließt jedoch ein Großteil davon in die Verteidigung, wie Abbildung 36.12 zeigt. Forschung und Entwicklung außerhalb des Verteidigungssektors spielt in den USA eine relativ geringe Rolle. Abbildung 36.13 stellt die Entwicklung des Anteils der privaten und öffentlichen F&E-Ausgaben am BIP in den letzten 20 Jahren dar. Die Forschungsausgaben des Bundes sind sogar gefallen. Während deutsche und japanische Wissenschaftler ihre Zeit darauf verwenden, bessere Konsumgüter herzustellen, ist ein unverhältnismäßig großer Anteil der amerikanischen Wissenschaftler damit beschäftigt, Bomben, Raketen und andere Waffen herzustellen.

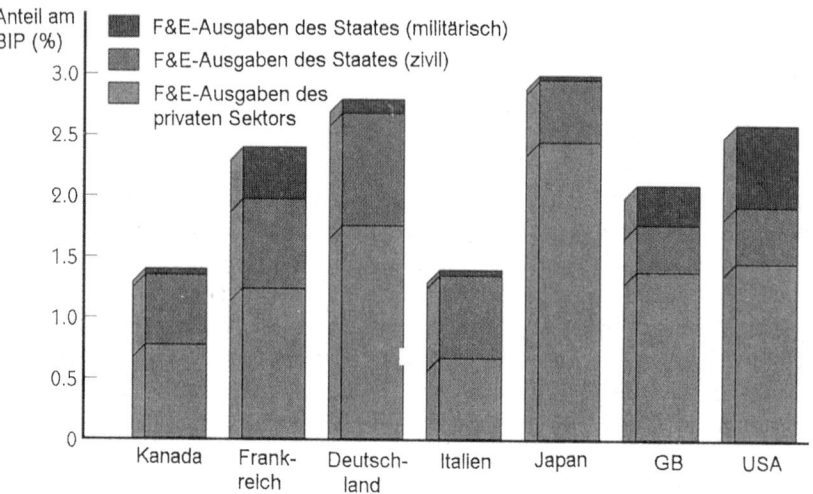

Abbildung 36.12   Internationaler Vergleich der Ausgaben für Forschung und Entwicklung. Die gesamten F&E-Ausgaben der USA sind zwar relativ hoch, der größte Teil davon entfällt aber auf den Verteidigungssektor *Quelle:* National Science Foundation, „Science and Engineering Indicators" (1993), Tabellen 4-3, 5-39.

Diese Unterinvestition in Forschung und Entwicklung zeigt sich in der amerikanischen Patentstatistik. Der Abbildung 36.14 entnimmt man, daß die USA, relativ zur Bevölkerung, in diesem Bereich hinter Japan, Großbritannien und Deutschland rangieren.

Die hohen Erträge von F&E-Ausgaben stützen die Ansicht, daß hier eine Unterinvestition vorliegt: Einige Schätzungen sprechen von 25 Prozent Rendite für die forschenden Unternehmungen, und da ein Großteil der Gesamtrendite anderen Firmen zugute kommt, sind die Wohlfahrtsgewinne sogar noch größer. Ein hohes Risiko, verbunden mit der begrenzten Möglichkeiten der Kreditaufnahme für Forschung und Entwicklung erklären einen Teil dieser offensichtlich bestehenden Unterinvestition..

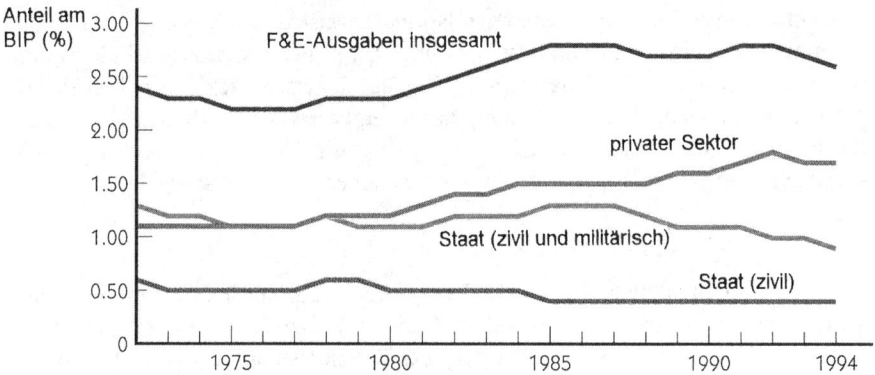

Abbildung 36.13 F&E-Ausgaben der USA in Prozent des BIP. Die gesamten F&E-Ausgaben der Vereinigten Staaten sind seit 1972 leicht gestiegen, in den letzten Jahren sind sie wieder leicht rückläufig. Der Anstieg privater Forschungsausgaben hat den Rückgang öffentlicher Forschungsausgaben wettgemacht. Öffentliche zivile Forschungsausgaben verharrten auf einem niedrigen Niveau; sie fielen von 0,6 Prozent des BIP im Jahre 1972 auf 0,4 Prozent im Jahre 1994. *Quelle: Statistical Abstract of the United States* (1995), Tabelle 979.

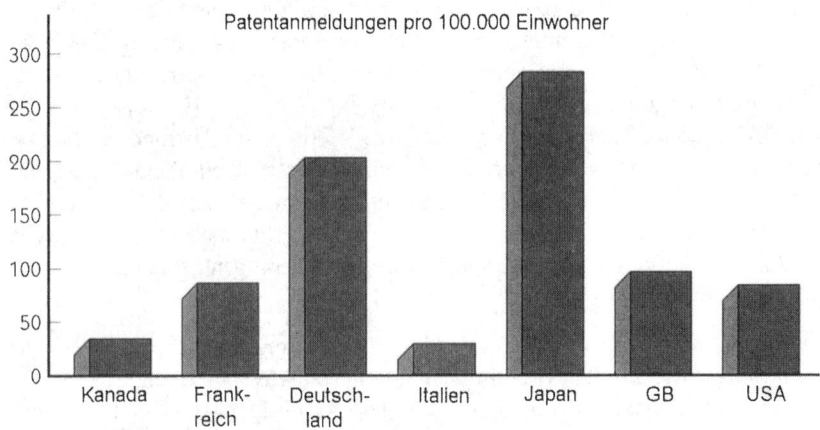

Abbildung 36.14 Patentanmeldungen im internationaler Vergleich. In den Vereinigten Staaten wurden weniger Patente pro 100.000 Einwohner angemeldet als in Deutschland, Großbritannien und Japan. *Quelle: OECD, Datenbank.*

Einige Wirtschaftswissenschaftler geben zwar die Unterinvestition in Forschung und Entwicklung zu, stellen aber ihre Relevanz für die Erklärung der *heutigen* Produktivitätsverlangsamung, in Frage. Normalerweise dauert es Jahre, bis sich die Ergebnisse von Forschung und Entwicklung in der Produktivitätsstatistik niederschlagen. Rührte die Verlangsamung der Produktivitätsentwicklung in den siebziger Jahren von mangelnden Forschungsausgaben her, so hätten die Ausgaben hierfür in den fünfziger und sechziger Jahren getätigt werden müssen. Aber die sechziger Jahre waren eine Periode besonders hoher Forschungsausgaben.

Andere mögliche Erklärungen

Andere Faktoren könnten für den Rückgang des Wachstums des technischen Fortschritts verantwortlich sein. Zwei davon, die in letzter Zeit Berühmtheit erlangt haben, sind die zunehmende Bedeutung des Dienstleistungssektors und der unerwartete Anstieg der Energiepreise in den siebziger Jahren.

- *Der Dienstleistungssektor:* Einige Wirtschaftswissenschaftler, wie etwa William Beaumol von den Universitäten New York und Princeton, argumentieren, der Niedergang der Schwerindustrie - der Stahl- und Kraftfahrzeugbranche und generell der verarbeitenden Industrie - und das Wachstum im Dienstleistungssektor könnten die Verlangsamung des Produktivitätswachstums in der letzten Zeit erklären. In den letzten Jahren war der Produktivitätsanstieg in der verarbeitenden Industrie wirklich recht kräftig, sogar höher als während der sechziger Jahre. Diejenigen, die ein geringes Potential für technologische Veränderungen im Servicebereich sehen, bringen oft Beispiele wie das Friseurhandwerk ins Spiel: Die einzige wesentliche Veränderung auf diesem Gebiet in den letzten hundert Jahren war der elektrische Haarschneider. Andere Wirtschaftswissenschaftler dagegen sehen das weniger düster. Sie weisen auf die Entwicklung effizienterer Methoden der Auslieferung von Fastfood bei McDonald's hin, sowie auf Verbesserung bei einigen der größten Handelsunternehmen, welche die Spanne zwischen Verkaufs- und Einkaufspreisen reduziert haben, und auf die Computerrevolution, die weiterhin neue technologische Möglichkeiten für das Bankgeschäft, für Versicherungen, Bilanzierung und Design eröffnet.

Die wachsende Bedeutung des Dienstleistungssektors könnte trotz allem die *gemessene* Produktivität beeinflussen. Die Produktivität errechnet sich aus *realem* Output geteilt durch die geleisteten Arbeitsstunden. Um den realen Output zu berechnen, muß man ihn um die Preisveränderungen korrigieren. Wir haben aber in Kapitel 24 gesehen, daß diese Korrektur nicht einfach ist. Es ist unklar, welcher Teil eines Preisanstiegs die Qualitätsverbesserungen repräsentiert, und wie neue Produkte, wie etwa Bankautomaten, bewertet werden sollen. Viele Wirtschaftswissenschaftler meinen, diese Anpassungen in ihrer üblichen Form unterschätzten den Einfluß von Qualitätsverbesserungen und damit das wahre Produktivitätswachstum. Außerdem würden die Messungen im Dienstleistungssektor außerordentlich stark verfälscht, so daß mit der Expansion des Dienstleistungssektors das Ausmaß der Unterschätzung des Produktivitätsanstiegs zugenommen hat.

- *Die Energiekrise:* Es gibt noch andere Faktoren, die den technologischen Wandel behindern könnten. Einige Wirtschaftswissenschaftler betonen besonders, die Verlangsamung des Fortschritts habe um 1973 stattgefunden, als die Ölpreise in die Höhe schossen. Ein Großteil des existierenden Kapitals war für eine Welt mit niedrigen Ölpreisen geschaffen, und ein Großteil der Investitionen in den folgenden Jahren hat nicht der Kapitalvertiefung gedient, sondern dem Ersatz von altem Kapital durch energiesparendere Maschinen und Gebäude. Aus diesem Blickwinkel überschätzen die Standardmethoden die Nettoinvestition seit 1973. Weiter hätten Firmen einen größeren Anteil ihres Budgets auf Energieeinsparungen verwendet, wiederum auf Kosten der Forschung, die die allgemeine Produktivität hätte steigern können. Andere Wirtschaftswissenschaftler bezweifeln den Einfluß der Ölpreissteigerung, da der reale Ölpreis Mitte der achtziger Jahre auf das alte Niveau gefallen war. In jedem Fall sind Energieausgaben nur ein kleiner Teil des Bruttoinlandsprodukts.

Unter die Lupe genommen: Endogene Wachstumstheorie

Technologischer Fortschritt ist die primäre Ursache für die Erhöhung des Lebensstandards. Neuere Theorien des Wirtschaftswachstums, etwa die wichtigen Beiträge von Karl Shell aus Cornell und Paul Romer aus Berkeley, betonen, daß der technologische Wachstumspfad mindestens zum Teil endogen, das heißt eine Konsequenz staatlicher und privater Forschungs- und Entwicklungsausgaben ist. Natürlich sind Innovationen in gewisser Weise unvorhersehbar. Science-fiction-Autoren mögen über die Entdeckungen des nächsten Jahrhunderts spekulieren, aber niemand hätte Anfang des neunzehnten Jahrhunderts den Transistor, die Lasertechnologie, die Atomenergie und die vielen anderen Durchbrüche vorhersagen können, die die Produktivität verbessert haben. Dennoch führen Ausgaben für Forschung im Großen und Ganzen zu neuen Entdeckungen. Forschung ähnelt der Suche nach Öl: Man kann nicht sicher sein, wo man Öl findet. Hat man aber eine wohlüberlegte Suchstrategie, so gibt es einen starken Zusammenhang zwischen den Ausgaben für Suchaktionen und der Menge an gefundenem Öl. Für die nächste Zeit zumindest können höhere Ausgaben für Forschung und Entwicklung das Produktivitätswachstum erhöhen.

Die wirtschaftspolitischen Debatten der neunziger Jahre

Die wirtschaftspolitische Diskussion hat sich auf öffentliche und private F&E-Ausgaben konzentriert. Wegen der Bedeutung von *Spillover*-Effekten und Externalitäten - diejenigen, die Forschung betreiben, ernten nur einen Bruchteil der Erträge - gibt es allgemeine Übereinstimmung darüber, daß die Regierung Forschung und Entwicklung durch Steuervergünstigungen unterstützen sollte (etwa die progressive F&E-Steuerabschreibung, bei der die Regierung effektiv 25 Prozent der Steigerung von F&E-Ausgaben bezahlt).

Weit kontroverser sind dagegen direkte Ausgaben der Regierung zur Entwicklung neuer Technologien oder Subventionen für Firmen, die diese Entwicklungen betreiben. Kritiker bezeichnen solche Subventionen als „Industriepolitik" - ein Versuch des Staates, in die Ressourcenallokation auf Märkten einzugreifen. Ihrer Meinung nach hat der Staat in der Vergangenheit in der Regel nicht diejenigen Projekte mit den größten Erfolgsaussichten unterstützt. Sie halten profitorientierte Unternehmungen für geeigneter, hier die richtigen Entscheidungen zu treffen.

Ein Blick in die Wirtschaftspolitik: Flachbildschirme

Flachbildschirme sind Bildschirme, wie sie in Laptops verwendet werden. Sie sind kompakt und haben vielseitige militärische und zivile Verwendungszwecke. 1994 kündigte das Verteidigungsministerium seine erste größere Initiative für die duale Nutzung von Technologien an: die Unterstützung von Produktion und Forschung an Flachbildschirmen. Zu dieser Zeit wurden fast alle solchen Bildschirme aus Japan importiert. Das Verteidigungsministerium zeigte sich besorgt, das Fehlen einer Produktionsstätte für diese wichtigen High-Tech-Komponenten in den USA könnte sich für die amerikanische Rüstungsindustrie nachteilig auswirken. Aber es gibt nicht nur militärische Anwendungen sondern auch zivile, und es wäre sinnlos, nur den militärischen Einsatz dieser Technologie zu unterstützen.

Wie zu erwarten war, provozierte diese Initiative ein gemischtes Echo. Kritiker befürchteten, sie wäre der Anfang einer aggressiveren Industriepolitik. Angesichts dessen, daß ein Großteil der modernen Technologie auch militärische Anwendungen hat, wurde befürchtet, die amerikanische Regierung werde jede Industrie unterstützen, die gegenüber der internationalen Konkurrenz nicht bestehen kann. Befürworter dagegen begrüßten die Einsicht, daß zivile und militärische Technologie stark verwandt sind und daß die kostengünstigste Unterstützung des Militärs durch eine breitere Förderung des zivilen Sektors zu erreichen sei.

Wortführer der Technologiebranche wenden dagegen ein, es gebe wichtige *Spillover*-Effekte aus technologischer Forschung, sowie klare Anzeichen einer Unterinvestition in Hochtechnologie (die zu erwarten ist, zieht man die *Spillover*-

Effekte und die beschränkten Möglichkeiten der Firmen, riskante Forschungsprojekte zu finanzieren, in Betracht), und der Staat habe eine glaubwürdige Erfolgsliste vorzuweisen; dazu gehören in der jüngeren Vergangenheit die Computerentwicklung, das Internet und die Chipindustrie. Zudem ist in letzter Zeit die Erfolgswahrscheinlichkeit der Technologieprogramme gestiegen. Zum Beispiel ist die Eigenbeteiligung der Subventionsempfänger am investierten Kapital gestiegen, und durch den Einsatz unabhängiger Experten, die die Wahrscheinlichkeit von Spillover-Effekten beurteilen sollten, wurde ein scharfer Wettbewerb zwischen den Empfängern geschaffen.

Die Befürworter einer aktiven Technologiepolitik argumentieren, die Regierung habe unter dem Deckmantel des Verteidigungshaushalts schon lange Industriepolitik betrieben. Aus ihrer Sicht geht es darum, ob nach dem Ende des kalten Krieges eine Neuverteilung der Forschungsausgaben mit mehr zivilem Nutzen stattfinden sollte.

Eine weitere wichtige Diskussion dreht sich darum, in welchem Ausmaß Forschungs- und Entwicklungsausgaben gekürzt werden sollen, um das Haushaltsdefizit zu reduzieren oder die Steuern zu senken. Befürworter behaupten, Reduktion des Haushaltsdefizits und Steuererleichterungen würden das Wachstum ankurbeln, während Kritiker argumentieren, diese Maßnahmen seien kontraproduktiv, wenn man die hohen Erträge von Forschungsausgaben und ihre große Bedeutung für den wirtschaftlichen Aufschwung mit einbezöge.

Totale Faktorproduktivität

Alle diese Faktoren, die niedrigen und fallenden Spar- und Investitionsquoten, die abnehmende Qualität der Ausbildung in den Vereinigten Staaten und die sinkenden Ausgaben des Staates für zivile Forschung und Entwicklung, können zur niedrigen und fallenden Produktivitätssteigerungsrate beigetragen haben. Wirtschaftswissenschaftler haben versucht, den Einfluß der verschiedenen Faktoren zu quantifizieren. Dazu haben sie eine Methode angewandt, die Analyse der **totalen Faktorproduktivität** genannt wird. Hier untersucht man auf der Basis der Daten über Ertrag und Zuwachs des Kapitals (des Sachkapitals wie des Humankapitals), um wieviel die Produktivität gestiegen wäre, wenn kein technologischer Fortschritt stattgefunden hätte.

Angenommen, der Anteil des Output, der sich auf das Kapital zurückführen läßt (der gesamte Kapitalertrag geteilt durch das BIP) - sei 20 Prozent, und die Kapitalwachstumsrate zehn Prozent. Der Anteil des Kapitals am Output (20 Prozent) multipliziert mit der Kapitalwachstumsrate (zehn Prozent) gibt uns an, wieviel das

Wachstum des Kapitals zum Wirtschaftswachstum beiträgt (zwei Prozent).[2] Dieselbe Logik kann man auf das Arbeitsaufkommen anwenden. Aber Kapital und Arbeit sind nicht für das gesamte Wachstum verantwortlich. Der Anteil des Wachstums, der nicht auf Steigerungen des Kapital- oder Arbeitseinsatzes zurückzuführen ist, wird Steigerung der totalen Faktorproduktivität genannt. Die Wachstumsrate der totalen Faktorproduktivität berechnet sich folgendermaßen:

$$TFP = g_Q - (S_K \times g_K) - (S_L \times g_L)$$

wobei

S_K = Anteil des Kapitals am BIP

S_L = Anteil der Arbeit am BIP

g_Q = Wachstumsrate des Outputs

g_K = Wachstumsrate des Kapitals

g_L = Wachstumsrate des Arbeitseinsatzes.

Das Wachstum der totalen Faktorproduktivität zeigt die steigende Effizienz, mit der eine Volkswirtschaft ihre Ressourcen verwendet. Ein Grund hierfür sind Forschung und Entwicklung, aber zumindest vor 1973 konnte ein großer Teil des Wachstums der totalen Faktorproduktivität nur schwer erklärt werden. Der Teil, der nicht erklärt werden konnte, wurde Residuum genannt - der Teil des Wachstums, der „übrigblieb", nachdem alle systematischen Gründe des Wachstums angerechnet worden waren. Die Verbreitung neuer Produktionstechniken, etwa aus-

---

[2] Um dies zu verstehen, betrachten wir die Veränderung des Outputs ΔQ, die einem Kapitalzuwachs von ΔK zugeordnet werden kann. Wenn r der Zinssatz ist, gilt

$$\Delta Q = r\Delta K \, .$$

Der prozentuale Zuwachs von Q beträgt

$$\frac{\Delta Q}{Q} = \frac{r\Delta K}{Q} \, .$$

Multipliziert man Zähler und Nenner des Ausdrucks auf der rechten Seite mit K, so erhält man

$$\frac{\Delta Q}{Q} = \frac{rK\Delta K}{QK} \, .$$

rK/Q ist einfach der Anteil des Kapitals am BIP (rK ist der gesamte Kapitalertrag, Q ist der Output). Daher ist der Outputzuwachs, der auf Kapitalwachstum zurückzuführen ist, das prozentuale Kapitalwachstum multipliziert mit der Kapitalquote.

tauschbarer Teile im neunzehnten Jahrhundert, des Fließbands im zwanzigsten Jahrhundert und des *Just-in-Time-Managements* der Lagerbestände in den letzten Jahren sind technologische Fortschritte, die von F&E-Ausgaben nur wenig beeinflußt werden und also einen Teil des Residuums bilden.

Abbildung 36.15 benützt die oben beschriebene Methode, um die Gründe der Produktivitätssteigerung in drei verschiedenen Perioden zu untersuchen: 1960-73, 1973-90 und 1990-94.

Man kann aus der Abbildung verschiedene Schlüsse ziehen. Erstens war die gesamte Steigerung der Produktivitätswachstumsrate vor 1973 viel größer als danach. Dies ist die Verlangsamung des Produktivitätswachstums, die wir schon erwähnt hatten. Zweitens kann seit 1973 fast das gesamte Wachstum durch Steigerungen der Inputs erklärt werden (inklusive Forschung und Entwicklung), während es vor 1973 ein großes Residuum gab. Das Schrumpfen des Residuums scheint für den Großteil der Verlangsamung der Produktivität der Grund zu sein. Drittens haben seit 1973 das Kapitalwachstum weniger und Steigerungen des Humankapitals (Ausbildung und Erfahrung) mehr zum Wirtschaftswachstum beigetragen.

Abbildung 36.15 Komponenten des Wachstums. Berücksichtigt man die Veränderungen von Ausbildung und Erfahrung der Arbeiterschaft und die Entwicklung des Kapitalstocks, sowie der Ausgaben für Forschung und Entwicklung, so bleibt noch mehr als die Hälfte des Rückgangs des Produktivitätswachstums seit 1973 unerklärt.

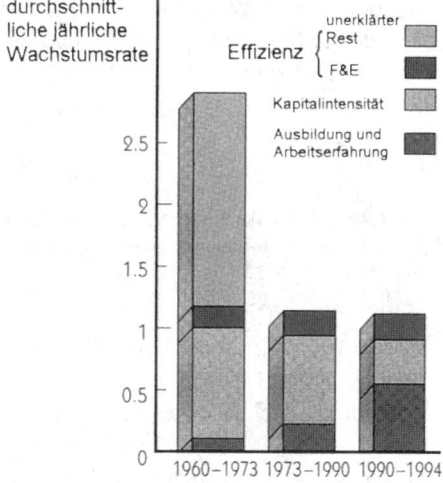

Diese Ergebnisse - speziell die Tatsache, daß die ungewöhnlich hohen Produktivitätssteigerungen in den fünfziger und sechziger Jahren nur schwer erklärbar sind - stellen Wirtschaftswissenschaftler, die Langzeitprognosen erstellen wollen, vor schwierige Probleme. War der rapide Anstieg der Produktivität in den Fünfzigern und Sechzigern eine Ausnahmeerscheinung, resultierend aus zwei Jahrzehnten schwerer Depression und Krieg, in denen wirtschaftliche Innovationen konsequent zurückgestellt wurden? Oder waren die siebziger und achtziger Jahre eine Ausnahmezeit - eine Zeit der Anpassung an fundamentale technologische Entwicklungen, etwa die Ausbreitung des Computers, deren Früchte erst in der Zukunft geerntet werden?

Anwendungsbeispiel: Berechnung der totalen Faktorproduktivität

Zwischen 1990 und 1994 stieg das BIP gemäß Schätzungen um 7,3 Prozent, der Kapitalstock um 6,6 Prozent und das Arbeitsaufkommen - korrigiert um die Verbesserungen in der Ausbildung - um 5,4 Prozent. Wie hoch war während dieser Periode der Anstieg der totalen Faktorproduktivität, wenn der Anteil des Kapitals am Output 30 Prozent und der Anteil der Arbeit 70 Prozent beträgt?

Wir beginnen mit folgender Formel für die totale Faktorproduktivität (siehe Seite 1030):

$$\text{TFP} = g_Q - (S_K \times g_K) - (S_L \times g_L).$$

Das prozentuale Wachstum der totalen Faktorproduktivität ist gleich dem realen Wirtschaftswachstum (g_Q) abzüglich dem Wachstum, das auf Kapital zurückgeführt werden kann ($S_K \times g_K$), abzüglich dem Wachstum, das auf Arbeit zurückgeführt werden kann($S_L \times g_L$). Setzt man die Daten von 1990 bis 1994 ein, so erhält man:

$$\text{TFP} = 7,3 - (0,3 \times 6,6) - (0,7 \times 5,4) = 1,54$$

Die totale Faktorproduktivität stieg also in diesem Zeitraum um 1,54 Prozent.

36.2 Entwicklung der Erwerbsbevölkerung

An früherer Stelle in diesem Kapitel haben wir festgestellt, daß das Produktivitätswachstum gleich der Zunahme der geleisteten Arbeitsstunden plus der Zunahme des Outputs pro Stunde, also der Arbeitsproduktivität, ist.

Das langsame Wachstum während der Mitte der neunziger Jahre war zum Teil auf die langsame Zunahme der Produktivität und zum Teil auf das geringe Wachstum der geleisteten Arbeitsstunden zurückzuführen. 1995 lag die Arbeitslosigkeit bei vergleichsweise niedrigen 5,5 Prozent, aber die Zunahme der geleisteten Arbeitsstunden lag nur bei etwa einem Prozent, verglichen mit 2,3 Prozent in den sechziger Jahren.

Die Entwicklung der Erwerbsbevölkerung wird durch zwei Faktoren beeinflußt, die Bevölkerungsentwicklung und die Veränderung der Erwerbsquote. In der Depression gingen die Geburtenraten zurück, um nach dem Zweiten Weltkrieg stark zu steigen (Babyboom-Generation). Als die Babyboomer in den späten Sechzigern und Siebzigern ins Arbeitsleben eintraten, stiegen die Arbeitnehmerzahlen spürbar. In der Geschichte der USA hat oft die Immigration wesentlich zum Anstieg des Arbeitsaufkommens beigetragen.

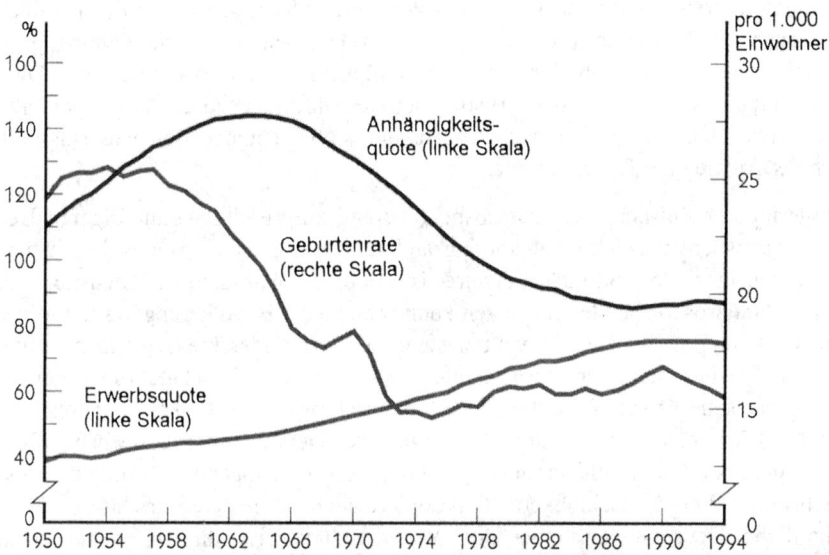

Abbildung 36.16 Erwerbsbeteiligung der Frauen, durchschnittliche Anzahl von (finanziell abhängigen) Kindern und Geburtenrate. In den Neunzigern stagnierte die Erwerbsbeteiligung der Frauen, nachdem sie in den siebziger und achtziger Jahren stark gewachsen war. Dieser Trend scheint eng mit einer inzwischen konstanten Anzahl von (finanziell) abhängigen Kindern pro Frau im Erwerbsleben zusammenzuhängen. Seit Beginn der neunziger Jahre dürfte der Rückgang der Abhängigenquote und die damit zusammenhängende Zunahme der Frauenerwerbsbeteiligung verebbt sein. *Quelle: ERP* (1996), Graphik 2-4.

Die Entscheidung über die Teilnahme am Erwerbsleben wird durch eine große Anzahl ökonomischer und nicht-ökonomischer Faktoren bestimmt. Während des letzten Vierteljahrhunderts gab es einen starken Anstieg der Erwerbsbeteiligung der Frauen, dessen Wirkung durch einen Rückgang der Erwerbsbeteiligung der Männer zum Teil aufgehoben wurde. Veränderungen der Wertvorstellungen hinsichtlich der Teilnahme von Frauen, speziell Frauen mit Kindern, am Arbeitsleben haben zum veränderten Erwerbsverhalten der Frauen beigetragen, ebenso wie Veränderungen der gewünschten Familiengröße, der Rückgang der Diskriminierung und die Erhöhung des Ausbildungsniveaus. Verbesserte soziale Absicherung und Rentenansprüche haben andererseits viele Männer dazu veranlaßt, früher in Rente zu gehen.

Daß die Wachstumsrate der amerikanischen Erwerbsbevölkerung in den neunziger Jahren niedriger war als erwartet, wurde vor allem einem Rückgang des Wachstums der Frauenerwerbsquote zugeschrieben (siehe Abbildung 36.16). Ein Faktor, der dies erklären könnte, ist die Anzahl der Unterhaltsempfänger in der Familie. Da Frauen ihre Kinder in fortgeschrittenerem Alter bekamen und die Familiengröße sank, sank auch die Zahl der Unterhaltsempfänger pro erwerbstätiger Frau. Dieser Rückgang scheint mit einem Anstieg der Beschäftigungsquote von Frauen einherzugehen. Jetzt, da sich diese „Abhängigenquote" eingependelt hat, stagniert auch der Anstieg der Erwerbsquote.

Ein geringerer Zuwachs der Erwerbsbevölkerung aufgrund eines niedrigeren Bevölkerungswachstums hat einen spürbar anderen Effekt, als niedrigeres Wachstum durch niedrigere Produktivität. Letzteres ist mit einem langsameren Wachstum des Lebensstandards verbunden. Dagegen kann schnelleres Bevölkerungswachstum zu Übervölkerung und mehr Umweltbelastung führen. Andererseits glauben einige Wirtschaftswissenschaftler, die schnelle Expansion der Wirtschaft, die versucht, die gewachsene Erwerbsbevölkerung zu integrieren, führe zu einer Dynamik, die das Produktivitätswachstum anregt: Steigendes Wachstum der Erwerbsbevölkerung führe so (jedenfalls in gewissen Grenzen) zu steigendem Produktivitätswachstum. Aber die Schlußkette funktioniert auch in der Gegenrichtung: Wirtschaftliche Depressionen, etwa die Weltwirtschaftskrise, führen zu niedrigen Geburtenraten.

36.3 Die Kosten des Wirtschaftswachstums

Der Glaube an die Vorteile des wirtschaftlichen Fortschritts ist weitverbreitet. Wenige sprechen sich offen für wirtschaftliche Stagnation und niedrigeren Lebensstandard aus. Aber nicht jeder profitiert vom technischen Fortschritt. Anfang des neunzehnten Jahrhunderts zerstörten Arbeiter lieber die arbeitssparenden Maschinen, als von ihnen um ihre Jobs gebracht zu werden. Man nannte sie Ludditen, nach ihrem Anführer Ned Ludd, dessen Rolle stark mystifiziert worden ist. Bedenken, daß Arbeitskräfte durch Innovationen um ihre Jobs gebracht werden könnten, sind heute nicht weniger realistisch.

Wie wir schon einmal betont haben, muß man im Auge behalten, daß technischer Fortschritt ebenso Arbeit schafft, wie zerstört. Natürlich kann es sein, daß ältere Menschen weniger lernfähig sind als jüngere; deshalb haben ältere Arbeitskräfte, die entlassen werden, echte Schwierigkeiten, einen vergleichbaren neuen Job zu bekommen.

So verwundert es nicht, daß technischer Fortschritt oft auf Widerstand stößt. Zwar ist nach allgemeiner Ansicht solcher Widerstand zwecklos - die Veränderungen werden irgendwann ohnehin stattfinden - und die Gewinne des Fortschritts übersteigen seine Kosten; es wird aber in den USA zunehmend als die Verantwortung der Regierung angesehen, Menschen, die durch den technischen Fortschritt aus dem Arbeitsleben herausgefallen sind, zu helfen, wieder eine Anstellung zu finden. Solche Hilfen kann man als eine Art Versicherung betrachten. Die meisten Arbeitnehmer ziehen die Möglichkeit in Betracht, daß ihr Arbeitsplatz einmal durch die Technologie überflüssig gemacht werden könnte. Das Wissen in einem solchen Fall des Arbeitsplatzverlustes jedenfalls zum Teil abgesichert zu sein, trägt zu einem Gefühl der Sicherheit bei, das von den meisten Arbeitnehmern hoch geschätzt wird.

Allgemeiner haben wir in Teil V gesehen, daß bei flexiblen Löhnen die Wirtschaft langfristig genügend Jobs bereitstellt, um die Nachfrage zu befriedigen. In Teil VI haben wir gesehen, daß kurzfristig Lohn- und Preisstarrheiten zu signifikanter Unterbeschäftigung führen können, daß aber die Regierung durch geeignete Maßnahmen die Wirtschaft nahe dem Vollbeschäftigungsniveau halten kann. Wenn die Regierung eine solche Politik betreibt, wird die Sorge um den Arbeitsplatz geringer. Der Widerstand gegen neue Technologien, die zu Arbeitsplatzverlust führen, wird sinken, wenn die Arbeitskräfte darauf vertrauen, daß die Wirtschaft zugleich neue Anstellungsmöglichkeiten bereitstellt.

36.4 Gibt es Grenzen des Wachstums?

Anfang des neunzehnten Jahrhunderts sagte der englische Wirtschaftswissenschaftler Thomas Malthus eine Entwicklung voraus, in der ständig steigende Arbeiterzahlen die Löhne auf das Existenzminimum herabdrücken würden, wenn nicht darunter. Er erwartete, daß jeder technische Fortschritt die Löhne nur zeitweilig steigen lassen würde. Mit dem erneuten Anwachsen der Arbeiterschaft würden die Löhne wieder auf das Existenzminimum fallen.

Im Laufe des letzten Jahrhunderts sank die Wachstumsrate der Bevölkerung, eine Tatsache, die ebenso erstaunlich ist wie der Anstieg des technologischen Produktivitätswachstums. Man hätte erwartet, daß Verbesserungen in der Medizin und in den hygienischen Verhältnissen zu einer Explosion der Bevölkerungszahlen führen würden. Aber die Ausbreitung von Geburtenkontrolle und Familienplanung hatten genau den gegenteiligen Effekt, jedenfalls in den entwickelteren Staaten. Die Größe der Durchschnittsfamilie ist inzwischen auf ein Niveau gefallen, das das Bevölkerungswachstum fast zum Stillstand gebracht hat, wenn man einmal von der Einwanderung absieht. Wer sich heute mit den Grenzen des Wachstums beschäftigt, konzentriert sich auf erschöpfbare Ressourcen, z.B. Öl, Gas, Phosphor oder Kalium, die im Produktionsprozeß verbraucht werden und so dem Wachstum Grenzen setzen.

Die meisten Wirtschaftswissenschaftler teilen diese Befürchtungen nicht, sondern glauben, die Marktkräfte könnten Anreize für die verantwortliche Nutzung von natürlichen Ressourcen bieten, da jedes Gut, das knapper wird, dessen Preis also steigt, die Suche nach Substituten anregt. So hat der Anstieg des Ölpreises zu kleineren, sparsameren Autos, kühleren und besser isolierten Häusern und einer Suche nach alternativen Energiequellen, etwa Erdenergie und synthetischen Brennstoffen, geführt, worauf der Ölkonsum zurückgegangen ist.

Es gibt allerdings einen Bereich, in dem der Preismechanismus nicht gut funktioniert - der Bereich der Externalitäten. Ohne Eingreifen des Staates hätten Produzenten keinen Anreiz, sich um Luft- und Wasserverschmutzung zu kümmern. Weiter haben in unserer global vernetzten Welt die Handlungen eines Landes externe Effekte auf andere Länder. Die Abholzung des Regenwaldes in Brasilien zum Beispiel könnte globale klimatische Folgen haben. Die Entwicklungsländer argumentieren hier, sie könnten schlecht für die Kosten des Umweltschutzes aufkommen, wenn nicht einmal genug Geld für Industrialisierung vorhanden ist. Die meisten Wirtschaftswissenschaftler glauben nicht an eine Alles-oder-nichts-Entscheidung. Wir müssen nicht auf Wachstum verzichten, um die Umwelt zu erhalten. Trotzdem könnte eine Sensibilisierung für den Zustand unserer Umwelt unser Verhältnis zum Wachstum beeinflussen. Durch diese Sensibilisierung entsteht ein neuer Konsens über eine **nachhaltige Entwicklung**, also über ein Wachstum, das die natürlichen Ressourcen und die Umwelt nicht auf eine Weise ausbeutet, die nicht endlos aufrechterhalten werden kann. Oft können politische Maßnahmen getroffen werden, die die wirtschaftliche Effizienz erhöhen und zugleich unerwünschte Wirkungen auf die Umwelt mindern. Beispiele sind die Kürzung von Energiesubventionen und von Subventionen, die zu starkem Verbrauch von Pestiziden und Düngemitteln in der Landwirtschaft führen.

36.5 Die Prognose

Obwohl unser Jahrhundert durch einen starken Anstieg der Produktivität gekennzeichnet war, verlief das Produktivitätswachstum nicht gleichmäßig. Es gab Perioden relativer Stagnation genauso wie Zeiten, in denen die wirtschaftliche Energie und das Wachstum explodierten. Es stellt sich also die Frage, ob das Absinken des Produktivitätswachstums in den USA nur eine vorübergehende Phase war, oder ob umgekehrt die großen Steigerungsraten der Produktivität in den Fünfzigern und Sechzigern die Ausnahme waren.

Die Analysen dieses Kapitels können Pessimismus und Optimismus gleichermaßen begründen. Es gibt keine schnellen und einfachen Methoden, die Faktoren, die den

Produktivitätsanstieg behindern, etwa die niedrige Sparquote, auszuschalten. Aber einige Ursachen des langsamen Produktivitätswachstums sind leichter zu ändern. Darunter fallen die Versäumnisse der Regierung im Hinblick auf die Infrastruktur, das hohe Budgetdefizit und die niedrigen Ausgaben für Forschung und Entwicklung in Bereichen, die zur Steigerung der wirtschaftlichen Produktivität beitragen könnten, anstatt nur die Kampfbereitschaft des Militärs zu erhöhen.

Die meisten Wirtschaftswissenschaftler glauben, die USA werde nie wieder die technologische Vormachtstellung erlangen, die sie so lange innehatte. Aber es herrscht ein allgemeiner Optimismus darüber, daß die Wirtschaft der USA zu höheren Wachstumsraten der Produktivität zurückkehren kann, vorausgesetzt, die Regierung trifft die richtigen Maßnahmen.

Zusammenfassung

1. In den frühen siebziger Jahren erlebten die Vereinigten Staaten einen spürbare Verlangsamung des Produktivitätsanstieges, verglichen mit den beiden vorhergehenden Jahrzehnten. Auch scheinbar kleine Veränderungen in der Wachstumsrate der Produktivität haben über eine oder zwei Generationen starke Effekte auf den Lebensstandard.

2. Es gibt vier wichtige Gründe für das Produktivitätswachstum: Steigerungen des Kapitalstocks (Investition), eine höhere Qualität der Arbeiterschaft, größere Effizienz in der Allokation von Ressourcen und technologischer Wandel. Seit 1973 kann fast der gesamte Produktivitätsanstieg durch Steigerung des Kapitalstocks, verbessertes Humankapital und Ausgaben für Forschung und Entwicklung erklärt werden. In der letzten Zeit wurde der Einfluß des Humankapitals wichtiger, der des Sachkapitals weniger wichtig.

3. Die Sparquote ist in den USA in letzter Zeit gefallen. Gründe sind unter anderem die Verbesserung des staatlichen Rentensystems, ein besserer Versicherungsschutz und leichterer Zugang zu Krediten, sowie eine Veränderung der sozialen Einstellungen.

4. Da das private Sparverhalten auf die Kapitalerträge nach Steuern nur schwach reagiert (die Zinselastizität ist niedrig), ist es schwer, die Sparquote durch Steueranreize zu steigern. Eine Senkung des Haushaltsdefizits - wie etwa 1993 - könnte effektiver sein.

5. Die Erhöhung des Humankapitals durch verbesserte Ausbildung ist ein wichtiger Grund für Produktivitätssteigerungen. Es gibt hohe Renditen auf Investitionen im Bildungswesen. Das amerikanische Bildungssystem besitzt zwar eindeutige Stärken, es gibt aber Anlaß zur Sorge über die Qualität der Vorbereitung der amerikanischen Studenten auf das Berufsleben und über die geringe Anzahl von Wissenschaftlern und Ingenieuren in der Ausbildung.

6. Das zwanzigste Jahrhundert war in den USA durch den Übergang von der Agrargesellschaft zur Industriegesellschaft und zuletzt zur Dienstleistungsgesellschaft geprägt. Einige Wirtschaftswissenschaftler glauben, die Möglichkeiten technologischen Fort-

schritts seien im Dienstleistungsbereich geringer als im verarbeitenden Gewerbe, und dies sei ein Grund für die Verlangsamung des Produktivitätswachstums.

7. Verbesserungen in der Technologie, zum Teil eine Folge von F&E-Ausgaben, sind eine wichtige Ursache von Produktivitätssteigerungen. Der amerikanische Staat betreibt Forschungsförderung sowohl durch eigene F&E-Ausgaben als auch indirekt durch Steuererleichterungen; allerdings sind die Mittel für Forschungsförderung außerhalb des Verteidigungssektors im letzten Vierteljahrhundert zurückgegangen.

8. Zum Teil kann man den Wachstumsrückgang auch durch das verringerte Wachstum der Erwerbsbevölkerung erklären. Dahinter stehen zum einen demographische Entwicklungen, wie Veränderungen der Geburtenraten, und zum anderen ein verändertes Erwerbsverhalten. Es gibt einen allgemeinen Trend dahin, daß Männer weniger und Frauen stärker am Ertragsleben teilnehmen.

9. Es gab lange Zeit Bedenken, die natürlichen Ressourcen (etwa Öl) könnten zur Neige gehen und das Wirtschaftswachstum stoppen. Die meisten Wirtschaftswissenschaftler vertrauen jedoch darauf, daß die Preise solcher Ressourcen steigen, wenn sie knapper werden, und daß dadurch ein sparsamer Umgang mit diesen Ressourcen und die Suche nach Alternativen angeregt wird.

10. Nachhaltige Entwicklung benötigt Wachstumsstrategien, welche die Ressourcen und die Umwelt so nutzen, daß das Wachstum auch in der Zukunft aufrechterhalten werden kann.

Schlüsselbegriffe

Kapitalvertiefung	Lebenszyklus-Theorie des Sparens	Infrastruktur
totale Faktorproduktivität	nachhaltige Entwicklung	

Wiederholungsfragen

1. Wahr oder falsch: „Da wachstumsorientierte politische Maßnahmen nur einen Effekt von ein oder zwei Prozent im Jahr haben, sind sie zu vernachlässigen." Erläutern Sie Ihre Antwort.

2. Zählen Sie die vier möglichen Gründe für ein Wachstum der Produktivität auf.

3. Welche verschiedenen Erklärungen für die Verlangsamung des Produktivitätsanstieges gibt es?

4. Was sind die Komponenten der gesamtwirtschaftlichen Ersparnis, und wie haben sie sich in den USA während der achtziger Jahre verändert?

5. Zählen Sie Gründe für den Rückgang der Sparquote in den letzten Jahren auf.

6. Werden staatliche Maßnahmen zur Erhöhung des Ertrags von Spareinlagen, zum Beispiel die Steuerfreiheit von Kapitalerträgen, notwendigerweise zu einem starken Anstieg der Ersparnis beitragen?

7. Welche Beziehung besteht (a) in einer geschlossenen, (b) in einer kleinen offenen oder (c) in einer großen offenen Volkswirtschaft (Beispiel: die USA) zwischen Veränderungen der Spareinlagen und Veränderungen der Investitionsausgaben? Wie sieht die Verbindung zwischen Veränderungen des Kapitalstocks (Investition) und der Wachstumsrate der Produktivität auf kurze Sicht aus? Welcher Zusammenhang besteht langfristig zwischen Veränderungen des Kapitalstocks und dem Niveau der Produktivität (Output pro Arbeitskraft)? Was ist mit Kapitalvertiefung gemeint?

8. Welche Maßnahmen kann die Regierung ergreifen, um Forschung und Entwicklung zu unterstützen?

9. Was ist totale Faktorproduktivität, und wie kann sie gemessen werden?

10. Welche Kosten verursacht das Wirtschaftswachstum? Wie kann die Regierung mit diesen Kosten umgehen, ohne das Wachstum einzuschränken?

11. Warum befürchtet man, daß es Grenzen des Wirtschaftswachstums gibt? Wodurch ist diese Sorge in der Vergangenheit zerstreut worden?

Aufgaben

1. Werden die folgenden Veränderungen die Sparquote der Haushalte heben oder senken?
   (a) Der Anteil der Bevölkerung zwischen 45 und 64 Jahren steigt.
   (b) Staatliche Programme stellen sichere Altersvorsorge bereit.
   (c) Kreditkarten breiten sich aus.
   (d) Der Anteil der 21- bis 45-jährigen nimmt zu.
   (e) Staatliche Programm zur Kreditfinanzierung des Studiums werden verabschiedet.

2. Erklären Sie, wie die folgenden Faktoren die durchschnittliche Arbeitsproduktivität heben oder senken:
   (a) eine erfolgreiche Reform des Bildungswesens;
   (b) der Zufluß neuer Arbeitskräfte in die Wirtschaft;
   (c) die Einführung des Vorruhestands;
   (d) hohe Arbeitslosigkeit während einer Rezession;

3. Angenommen, eine Firma beschließt, eine Million Dollar für F&E-Projekte auszugeben, die sich in Patenten niederschlagen, die sie in zehn Jahren für 2,5 Mio. $ verkaufen kann. Die Firma ist risikoneutral. Wird die Firma die F&E-Projekte verwirklichen wenn der Zinssatz zehn Prozent beträgt? Wie ändert sich die Rechnung der Firma, wenn die Regierung einen 20-prozentigen Steuernachlaß für F&E-Ausgaben gewährt?

4. Erklären Sie, warum ein schneller Zustrom von Arbeitskräften kurzfristig zu einem niedrigeren Output pro Arbeitskraft (einer niedrigeren Produktivität) führen kann. Ist die Wirkung auf die Produktivität vom Ausbildungsgrad der Arbeiter abhängig?

5. Erklären Sie unter Verwendung von Angebots- und Nachfragekurven, wie ein technologischer Wandel, etwa die Einführung des Computers, zu niedrigeren Löhnen für ungelernte Arbeitskräfte und höheren Löhnen für gut ausgebildete Arbeitskräfte führen kann.

6. Welchen Einfluß auf das Investitionsniveau hat in einer offenen Volkswirtschaft

(a) ein erhöhtes Budgetdefizit;

(b) gestiegene Ausgaben der öffentlichen Hand, finanziert durch Steuereinnahmen, durch die das verfügbare Einkommen der Haushalte zurückgeht;

(c) eine Steuervergünstigung für Investitionen?

Verwenden Sie hierzu die Ergebnisse des Kapitels 25.

Kapitel 37

Haushaltsdefizit und Haushaltskonsolidierung

In Kapitel 26 haben wir gesehen, wie in den USA ab 1981 das Haushaltsdefizit in die Höhe schoß. Die steigenden Haushaltsdefizite führten zu einem hohen Schuldenstand und damit zu einem verstärkten Schuldendienst der Regierung. Seit 1993 sank das Defizit nicht nur als Anteil des BIP, sondern auch in absoluten Zahlen. Das Verhältnis der Verschuldung zum BIP, die sogenannte Schuldenquote, stabilisierte sich und begann schließlich zu sinken. Von 1995 an entwickelte sich ein Konsens aller Fraktionen, auf einen ausgeglichenen Haushalt hinzuarbeiten. Trotzdem blieb umstritten, wie diese Haushaltskonsolidierung herbeizuführen sei, und ob selbst die drastischsten Maßnahmen die langfristigen Probleme des Landes überhaupt lösen könnten.

Das vorliegende Kapitel behandelt die Ursachen des Schuldenproblems und die Diskussion über Auswirkungen und Bekämpfung des Haushaltsdefizits. Der letzte Abschnitt handelt von langfristigen Problemen der Vereinigten Staaten und anderer Industrienationen.

37.1 Ursachen des Schuldenproblems der USA

Das heutige Schuldenproblem der USA begann etwa im Jahr 1981. Wie in Kapitel 26 gezeigt, entstand in den Achtzigern und Neunzigern ein riesiger Schuldenberg, der 1992 mit einer realen Neuverschuldung von 290 Mrd. $ seinen Höhepunkt erreichte. Abbildung 37.1 zeigt die Entwicklung des Haushaltsdefizits im Verhältnis zum BIP. Die Neuverschuldung erreichte 1983 mit 6,3 Prozent des BIP ihren höchsten Wert nach dem Ende des zweiten Weltkrieges. In den späten achtziger Jahren schwankte er zwischen drei und fünf Prozent und sank schließlich von 4,9 Prozent im Jahr 1992 auf zwei Prozent Mitte der neunziger Jahre.

Um die Ursachen dieses riesigen Haushaltsdefizits zu verstehen, untersucht man am besten, was sich zwischen den Siebzigern (und früheren Jahrzehnten) und den achtziger Jahren verändert hat. Die folgenden fünf Punkte sind die wichtigsten Antworten auf diese Frage.

- *Gesunkene Steuereinnahmen des Staates:* Während der siebziger Jahre machten die Steuereinnahmen des Staates etwa 18 bis 19 Prozent des BIP aus. 1980 und 1981 stiegen sie auf mehr als 20 Prozent. (Man mache sich klar, daß ein Prozent einer Wirtschaftsleistung von mehreren Billionen Dollar ein zweistelliger Milliardenbetrag ist.) Die Steuerreformen während der Reagan-Regierung senkten den Steueranteil auf sein vorheriges Niveau von 18 bis 19 Prozent des

BIP. Die leichte Steuererhöhung von 1993 hat daran im wesentlichen nichts geändert.

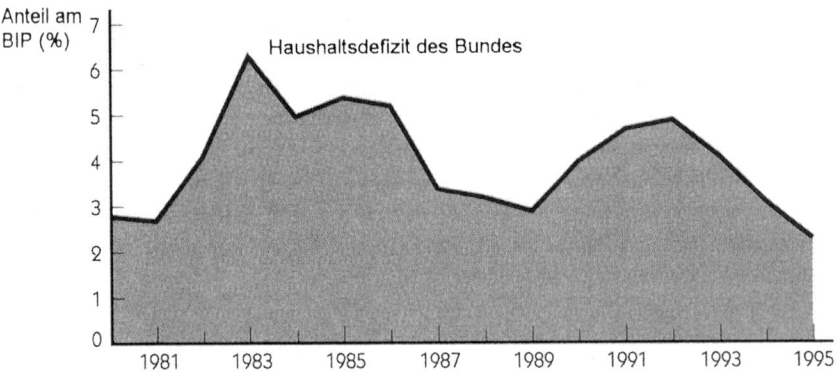

Abbildung 37.1 Die Neuverschuldung des Staates als Prozentsatz des BIP von 1980 bis 1995. Das Haushaltsdefizit als Prozentsatz des BIP erlangte 1983 mit 6,3 Prozent seine Höchstmarke nach dem Krieg. Seitdem ist es langsam auf 2,3 Prozent im Jahr 1995 gefallen. *Quelle: ERP* (1996), Tabelle B-75.

- *Höhere Verteidigungsausgaben:* Nach der Beendigung des Vietnamkrieges sanken die Verteidigungsausgaben von 8,4 Prozent des BIP im Jahr 1970 auf 4,9 Prozent im Jahr 1979. In diesem Jahr begann jedoch der Einmarsch der Sowjetunion in Afghanistan, worauf Präsident Carter ein höheres Verteidigungsbudget forderte. Ronald Reagan verwirklichte dann nach seiner Wahl im Jahr 1980 diese Pläne. Von 1983 bis 1988 lag der Verteidigungshaushalt bei über sechs Prozent des BIP. Nach dem Ende des kalten Krieges wurde der Verteidigungshaushalt auf unter vier Prozent des BIP zurückgefahren. Obwohl durch die Gefahr regionaler Kriege in verschiedenen Teilen der Welt die „Friedensdividende" geringer ausgefallen ist, als viele gehofft hatten, war die Kürzung des Verteidigungshaushaltes wesentlich an der Verringerung des Defizits nach 1993 beteiligt.

- *Höhere Ausgaben für Altersvorsorge:* In dem Maße, in dem der Anteil der Älteren an der Bevölkerung gewachsen war, sowohl absolut, als auch als Anteil an der Gesamtbevölkerung, stiegen die Ausgaben für Altersvorsorge und Gesundheitsausgaben drastisch an. Diese Leistungen lagen in den siebziger Jahren bei 5,0 Prozent des BIP, stiegen auf über sechs Prozent des BIP im Jahr 1980 und nahe sieben Prozent 1982. Seit Mitte der neunziger Jahre liegen sie bei etwa sieben Prozent des BIP.

- *Steigende Gesundheitsausgaben:* Durch die Regierungsprogramme für die medizinische Versorgung der schlechter Verdienenden, *„Medicare"* und *„Medicaid"*, trägt die Regierung einen größeren Anteil der gesamten Ausgaben für Gesundheitsvorsorge. Heute zahlt der Staat alleine 30 Prozent der gesamten Gesundheitskosten. Die Kosten im Gesundheitswesen sind insgesamt stark gestiegen. Während der achtziger und frühen neunziger Jahre stiegen die Gesundheitsausgaben mit einer Rate von fast zwölf Prozent pro Jahr, verdoppelten sich also alle sechs Jahre. Verschiedene Anstrengungen der Regierungen Bush und Clinton senkten diese Zuwachsrate auf Werte zwischen acht und zehn Prozent, was immer noch weit über der Wachstumsrate der gesamten Volkswirtschaft liegt.

- *Höhere Zinszahlungen:* Wie andere Schuldner auch, zahlt der Staat Zinsen. In den siebziger Jahren lagen die Zinszahlungen bei ca. 1,5 Prozent des BIP, zwischen 1983 und 1990 überstiegen sie jedoch drei Prozent des BIP. Daran war vor allem das steigende Haushaltsdefizit schuld. Wenn die Staatsverschuldung 1995 (inflationsbereinigt) das Niveau von 1981 hätte, wäre der Staatshaushalt ausgeglichen, anstatt eine Neuverschuldung von 160 Mrd. $ auszuweisen. Defizite werden durch Zinszahlungen automatisch größer.

- *Faktoren, die nicht für das Schuldenproblem verantwortlich sind:* In gewisser Weise kann jede Ausgabe als Beitrag zum Haushaltsdefizit angesehen werden. Wenn diese Ausgabe nicht getätigt worden wäre, so sänke - ceteris paribus - die Staatsverschuldung. Aber einige Faktoren, denen normalerweise die Schuld an der Staatsverschuldung zugeschoben wird, verdienen dies nicht. Umfragen zufolge glauben viele Amerikaner, daß Sozialausgaben und Zahlungen an das Ausland die Hauptschuld dafür tragen. Aber Sozialausgaben, etwa AFDC (*Aid to Families with Dependent Children*) und die Ausgaben für Lebensmittelmarken, liegen bei unter vier Prozent des gesamten Bundeshaushalts, und dieser Anteil ist während der letzten Jahrzehnte gefallen. Die Zahlungen an Familien im Rahmen des AFDC-Programms sanken von 1970 bis 1993 um 55 Prozent. Zahlungen an das Ausland sind ebenfalls vernachlässigbar gering - etwa ein Prozent des Bundeshaushaltes. Nach einer Senkung der Sozialausgaben und der Hilfen für das Ausland würde immer noch ein substantielles Budgetdefizit übrigbleiben.

37.2 Konsequenzen des Haushaltsdefizits

Wenn die Regierung ein Defizit verbucht, muß sie sich verschulden, um die Differenz zwischen Ausgaben und Einnahmen zu begleichen. Wenn sie jedes Jahr ein Defizit ausweist, muß sie sich jedes Jahr neu verschulden. Die aggregierte Summe dieser Kredite ist die *Staatsverschuldung.* Abbildung 37.2 zeigt die stark steigende Staatsverschuldung. Als Konsequenz dieser steigenden Schuldenlast muß die Regierung immer mehr Zinsen zahlen – ein Faktor, der wie wir vorher gesehen haben, wiederum zu einem höheren Defizit führt.

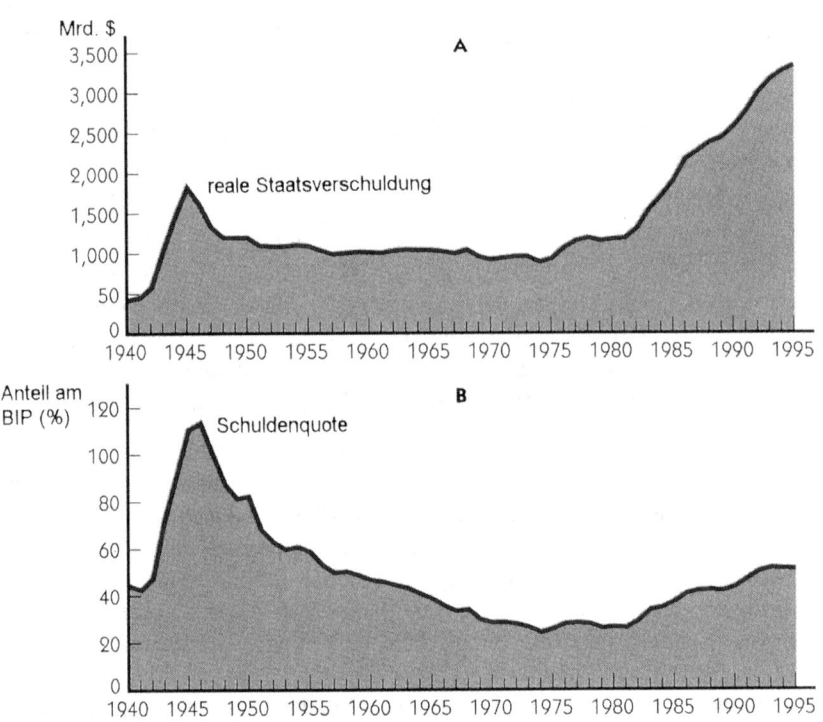

Abbildung 37.2   Die Staatsverschuldung. Die Staatsverschuldung repräsentiert die Summe der früheren Budgetdefizite. Teil A der Abbildung zeigt die (inflationsbereinigte) Staatsverschuldung, die in den achtziger Jahren enorm angestiegen ist. In den frühen neunziger Jahren hatte sie die bisherige Höchstmarke nach dem Zweiten Weltkrieg weit überschritten. Teil B bildet die Schuldenlast in Prozent des BIP ab. Obwohl die reale Verschuldung Mitte der Neunziger weiter stieg, erreichte die Schuldenquote ein konstantes Niveau.

Wirtschaftswissenschaftler haben oft argumentiert, Staatsverschuldung sei sinnvoll oder sinnlos, je nachdem, wofür das Geld verwendet wird. Es ist sinnvoll, sich Geld zu leihen für ein Haus, das viele Jahre bewohnt, oder für ein Auto, das lange Zeit benützt wird. Hier werden Zahlungen für einen Gegenstand, der über längere Zeit genutzt wird, über diese Zeit verteilt. Es ist wirtschaftlich sinnvoll, sich Geld für eine Ausbildung zu leihen, die später zu einem besser bezahlten Beruf führt.

Wenn man aber heute die Reisekosten von vor zwei Jahren bezahlt, sollte man sich entschließen, seine Kreditkarte in den Müll werfen.

Ganze Länder sind in einer ähnlichen Situation. Die Aufnahme eines Kredites zur Finanzierung einer Straße, Schule oder eines Industrieprojekts mit langer Nutzungsdauer erscheint sinnvoll. Schulden für Projekte zu machen, die nie vollendet (oder sogar nie gestartet) werden, oder für die Begleichung der laufenden Gehälter von Regierungsbeamten, ist viel problematischer. Viele Länder haben mehr Schulden aufgenommen, als sie vernünftigerweise zurückzahlen können, was ihnen starke Steuererhöhungen und einen sinkenden Lebensstandard eingebracht hat. Andere haben es einfach versäumt, ihre Schulden zurückzuzahlen, und so ihre Kreditwürdigkeit in der Zukunft in Frage gestellt.

Die Finanzierung von Staatsausgaben über Schulden statt über Steuern, führt auf kurze Sicht zu mehr Konsum, da das verfügbare Einkommen höher ist. Wenn die Wirtschaft im Vollbeschäftigungszustand ist, bedeutet ein erhöhter Konsum geringere Investitionen. Um die Wirtschaft im Vollbeschäftigungsoutput zu halten, muß die Notenbank die Leitzinsen erhöhen. Die Defizitfinanzierung führt also zu einer niedrigeren Investitionsnachfrage, und auf lange Sicht zu geringerem Output und Lebensstandard.

Eine Absenkung des Defizits hat den gegenteiligen Effekt: Sie läßt die Zinsen fallen, regt die Investitionen an, stärkt so das Wirtschaftswachstum und sorgt für einen steigenden Lebensstandard in der Zukunft.

Auswirkungen des Haushaltsdefizits auf zukünftige Generationen

Durch Verschuldung wälzt der Staat die Last geringerer Konsumausgaben auf zukünftige Generationen ab. Die Regierung der Vereinigten Staaten finanzierte den Zweiten Weltkrieg zum Teil durch Verschuldung, anstatt die Steuern zu erhöhen. Angenommen, die Wertpapiere, die sie ausgegeben hatte, wurden von vierzig Jahre alten Arbeitnehmern gekauft. Dreißig Jahre später, als diese Arbeitnehmer in den Ruhestand gingen, beschließt die Regierung, diese Wertpapiere auszuzahlen, indem sie die Steuern anhebt. Insgesamt hat dann die Regierung Geldmittel von der heutigen Arbeitnehmerschaft auf jene umverteilt, die während des Krieges gearbeitet hatten, und nun in Rente gegangen sind. So wurde ein Teil der Kriegskosten auf die abgewälzt, die erst nach dem Krieg zu arbeiten begonnen hatten. Der Lebenszeit-Konsum der Arbeitnehmer, die während des Krieges vierzig waren, wird dadurch wenig beeinflußt. Sie hätten andernfalls ihre Ersparnisse in Aktien oder Wertpapiere von Firmen gesteckt. Der Krieg (soweit er durch Schulden, also Emission von Wertpapieren finanziert wurde) hat den Gesamtbetrag, den sie während ihres Lebens ausgegeben haben, nicht beeinflußt; lediglich die Art der Anlage änderte sich.

Unter die Lupe genommen: Die Messung des Haushaltsdefizits

Die Haushaltsdefizite der achtziger und neunziger Jahre waren gewaltig. Auf dem Höhepunkt, 1992, betrug das Defizit 290 Mrd. $. Im Jahr 1996 war es bis auf 117 Mrd. $ gesunken. Aber absolute Dollarwerte sind nicht unbedingt der richtige Weg, die Größe und Bedeutung eines Defizits zu beschreiben. Man sollte auch die Inflationsrate und das gesamtwirtschaftliche Wachstum mit einbeziehen.

Robert Eisner von der Northwestern University plädiert für das Konzept des *realen Defizits*, das um die Inflation bereinigt ist. Bei einer Gesamtschuldenlast des Staates von etwa 3,6 Billionen $, bedeutet eine Inflationsrate von drei Prozent eine Reduktion der Schulden um 108 Mrd. $ pro Jahr. Dieser Rückgang der realen Schuldenlast sollte, nach Eisner, vom Anstieg der Schulden durch das Budgetdefizit abgezogen werden. Im Fiskaljahr 1996 lag diese inflationsbereinigte Neuverschuldung nur bei neun Milliarden Dollar, verglichen mit einem gemessenen Defizit von 117 Mrd. $.

Nach dieser Definition verbuchte die Carter-Regierung sogar einen inflationsbereinigten Haushaltsüberschuß, verursacht durch die Verringerung der Schulden durch Inflation. Im Gegensatz dazu waren die eher niedrigen Inflationsraten der Regierungen Reagan und Bush nicht dazu angetan, die von starken Mehrausgaben verursachten Defizite abzubauen.

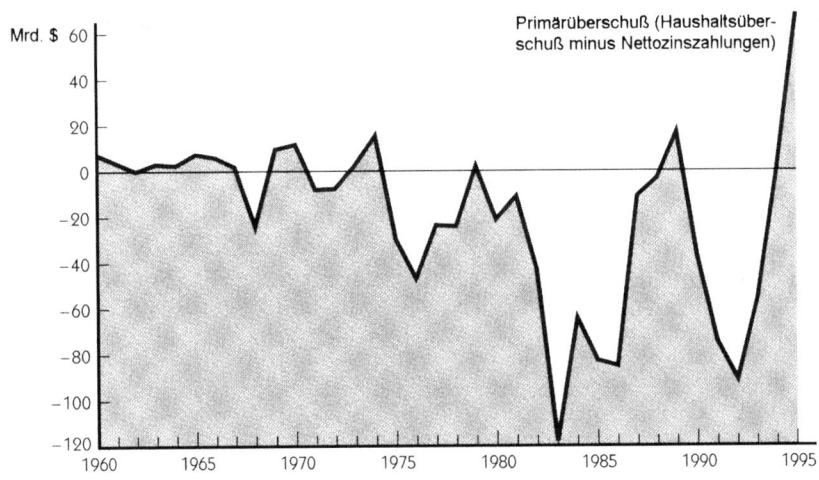

Das Vollbeschäftigungsdefizit oder *strukturelle Defizit* bezieht die wirtschaftliche Aktivität mit ein (siehe Kapitel 13). Als zum Beispiel 1992 die Wirtschaft in einer Rezession steckte, lag das Defizit offiziell bei 269 Mrd. $ und war damit das höchste in der Geschichte der USA. Das strukturelle Defizit betrug nur 191 Mrd. $, immer noch enorm, aber doch um 78 Mrd. $ niedriger, als das tatsächlich gemessene. Die Reagan-Jahre schneiden unter diesem Aspekt besonders schlecht ab. Abgesehen vom Zweiten Weltkrieg war das strukturelle Defizit nie so hoch wie damals.

In den letzten Jahren, wie auch schon kurz nach dem Ersten und Zweiten Weltkrieg, mußte die Regierung einen enormen Schuldenberg abbauen. Die Zinszahlungen für diese Schulden machen es besonders schwer, ein ausgeglichenes Budget zu erreichen. Das *Primärdefizit* berechnet, wie groß die Neuverschuldung gewesen wäre, wenn es keine ererbten Schulden und also keine Zinszahlungen gegeben hätte. Wenn der Regierungshaushalt einen primären Überschuß ausweist, bedeutet das, daß die Einnahmen die laufenden Ausgaben (ohne Zinszahlungen) übersteigen. 1995 verbuchte die Regierung zum zweiten Mal seit 1979 einen primären Budgetüberschuß (siehe Abbildung auf Seite 1046).

Quelle: ERP (1996), Tabelle B-76.

Alternative Ansichten über die Lasten der Staatsverschuldung

Obwohl die bisher präsentierte Analyse die vorherrschende Meinung wiedergibt, halten manche ihr entgegen, sie übertreibe die Belastung durch das Haushaltsdefizit. Hierzu werden die folgenden beiden Argumente angeführt.

„Schulden sind unwichtig, denn wir schulden sie uns selbst"

Früher wurde in den Vereinigten Staaten oft argumentiert, das Haushaltsdefizit sei unwichtig, denn die Amerikaner schuldeten das Geld einfach sich selbst. Die Auswirkungen eines Budgetdefizits wurden mit der wirtschaftlichen Situation einer Familie verglichen, wenn ein Familienmitglied einem anderen Geld leiht. Ein Familienmitglied ist dann vielleicht bessergestellt, ein anderes schlechter, aber diese Verschuldung ist für die Familie als Ganzes eher unwichtig. Die Finanzierung von öffentlichen Ausgaben durch Kreditaufnahme, so argumentierte man, könnte den Wohlstand zwischen den Generationen neu verteilen, das Vermögen verbliebe aber in den Händen von amerikanischen Bürgern.

Heute sehen wir, daß dieses Argument in drei Punkten falsch ist. Erstens beeinflußt eine Verschuldung im Inland die Investitionen, und also die zukünftigen Löhne und die Produktivität, wie schon erwähnt. Zweitens schulden wir heute das Geld tatsächlich nicht uns selbst. Die Vereinigten Staaten nehmen Kredite im Ausland auf. Wenn dieses Land über seine Verhältnisse lebt, sind die Konsequenzen nicht anders, als wenn eine Familien über ihre Verhältnisse lebt. Am Ende muß sie den Preis für ihre Konsumexzesse bezahlen. Ist in einem Land die Konsumneigung zu groß, werden zukünftige Generationen dafür zur Kasse gebeten. Drittens ist zur Zahlung von Kreditzinsen ein hohes Steuerniveau nötig, und Steuern führen zu Verzerrungen in der Wirtschaft, verhindern Arbeit und Ersparnis. (Allerdings gibt es zwischen den Wirtschaftswissenschaftlern Meinungsverschiedenheiten über das Ausmaß dieses Effekts.)

Das Ricardianische Äquivalenztheorem

Es gibt ein etwas jüngeres Argument dafür, daß angesichts gestiegener Haushaltsdefizite die Haushalte mehr sparen als vorher. Robert Barro aus Harvard entwickelte hier ein Argument von David Ricardo (einem der größten Wirtschaftswissenschaftler des neunzehnten Jahrhunderts), das dieser selbst übrigens später wieder verworfen hat. Diesem Argument zufolge sorgen sich die Menschen so sehr um ihre Kinder, daß sie ihr vererbbares Vermögen zu steigern versuchen, wenn sie ihre Nachkommen durch die zukünftige Staatsverschuldung belastet sehen. Um mehr vererben zu können, steigern sie ihre Ersparnis um genau soviel, daß das Budgetdefizit des Staates ausgeglichen wird: Die gesamtwirtschaftliche Ersparnis bleibt damit konstant. Das erhöhte Entsparen durch den Staat wird von der zusätzlichen Ersparnis der privaten Haushalte voll ausgeglichen. Diese Meinung wird **Ricardianisches Äquivalenztheorem** genannt, weil sie Steuern und Kreditaufnahme als äquivalente Mittel zur Finanzierung von Ausgaben ansieht.

Die Datenlage unterstützt die theoretische Konzeption von Barro nicht. Eine Erhöhung des Budgetdefizits mag zu einem leichten Anstieg der Ersparnis der Haushalte führen, der Effekt ist aber viel zu gering, um den Anstieg des Haushaltsdefizits auszugleichen. In den späten achtziger und neunziger Jahren, als die Neuverschuldung des Staates bei über fünf Prozent des BIP lag, betrug die Sparquote der Haushalte nur drei bis vier Prozent. Wenn Barros Theorie korrekt wäre, lägen bei einem ausgeglichenen Staatshaushalt die Sparquoten der Haushalte bei unplausiblen minus ein bis zwei Prozent.

37.3 Die Lösung des Defizitproblems

In gewisser Weise ist das Defizitproblem einfach zu lösen: Entweder man steigert die Einnahmen oder man senkt die Ausgaben. Im Moment scheint die Stimmung für Steuererhöhungen schlecht zu sein. Daher konzentriert sich die Diskussion auf eine Steigerung der Effizienz des Staatsapparates oder Kürzungen von öffentlichen Programmen.

Während der gesamten Zeit, in der das Haushaltsdefizit stieg, sprachen sich Politiker für diese beiden Maßnahmen aus. Es stellt sich deshalb die Frage, warum vor 1993 so wenig Fortschritte gemacht wurden.

Ausgabenkürzungen

Versteht man die Ausgabenpolitik des Staates, so erklärt sich, warum es während der achtziger Jahre so schwierig war, die Ausgaben zu kürzen. Es gibt zwei grundsätzlich verschiedene Arten von Staatsausgaben: **diskretionäre** und **nicht-diskretionäre**. Über diskretionäre Ausgaben - etwa Militärausgaben, Kosten der Regierungstätigkeit, sowie die meisten Aus- und Weiterbildungsprogramme - wird für ein Jahr entschieden. Jedes Jahr haben der Kongreß und der Präsident die Entscheidungsgewalt über die Höhe dieser Ausgaben. Im Gegensatz dazu bestehen die nicht-diskretionären Ausgaben aus Zinszahlungen für die Staatsschuld sowie **Leistungsansprüchen** an den Staat, d.h. gesetzlich festgelegten Zahlungen (z.B. Sozialversicherung, Gesundheitsvorsorge, Lebensmittelmarken) an Menschen, die bestimmte Bedingungen erfüllen. Diese Ausgaben sind gesetzlich bzw. vertraglich festgelegt.

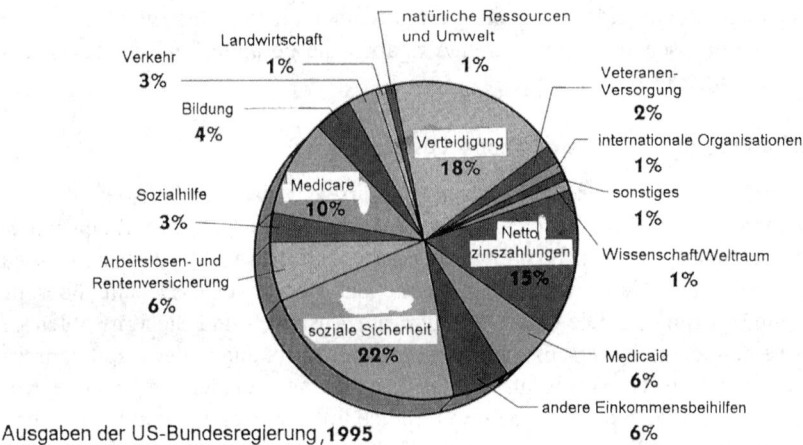

Ausgaben der US-Bundesregierung, 1995

Abbildung 37.3   **Die Herausforderung der Haushaltskonsolidierung.** Ein Großteil der öffentlichen Ausgaben verteilt sich auf drei Gebiete: Verteidigung, Leistungsansprüche an den Staat und Zinszahlungen. Um das Haushaltsdefizit zu senken, müssen zumindest bei einigen dieser Gebiete starke Kürzungen gemacht werden, denn die anderen Posten des Haushalts sind einfach nicht groß genug, um einen nennenswerten Beitrag zu leisten. *Quelle: ERP* (1995), Grafik 2-12; *ERP* (1996), Tabelle B-77.

Die Fehler der achtziger Jahre

Präsident Reagan hatte sich verpflichtet, die Sozialversicherung nicht zu kürzen, zugleich aber die Verteidigungsausgaben anzuheben. Unter diesen Verpflichtungen hätte eine Senkung des Haushaltsdefizits eine drastische Kürzung anderer Programme erfordert, was offensichtlich inakzeptabel war. Die gesamten nicht-militärischen diskretionären Ausgaben betrugen weniger als 300 Mrd. $, so daß es praktisch unmöglich war, damit ein Haushaltsloch von 200 Mrd. $ (1992 war es auf beinahe 300 Mrd. $ angewachsen) durch einfache Ausgabenkürzung zu stopfen.

Die Aufgabe, das Defizit zu kürzen und auf einem niedrigen Niveau zu halten (Haushaltskonsolidierung), ist heute sehr ähnlich. Abbildung 37.3 zeigt, daß nicht-militärische diskretionäre Ausgaben einen kleinen Teil des gesamten Haushalts ausmachen. Speziell die Leistungsansprüche der älteren Generation - die Sozialversicherung, *Medicare* und große Teile von *Medicaid* - sind umfangreich und werden noch deutlich steigen, wenn die Babyboom-Generation das Rentenalter erreicht. Solange diese Programme nicht reformiert sind, stehen die anderen Teile des Haushalts weiter unter Druck. Wenn man aber davon ausgeht, die Steuern könnten nicht erhöht und die Verteidigungsausgaben nicht gekürzt werden, müssen die nicht-militärischen diskretionären Ausgaben die gesamte Last der Haushaltskonsolidierung tragen.

Aktuelle Fragen zur Haushaltskonsolidierung

Ende 1995 wurde eine allseitige Übereinkunft erreicht, das Haushaltsdefizit in wenigen Jahren abzubauen. Von 1992 bis 1996 wurde das Defizit wirklich um 60 Prozent reduziert, inflationsbereinigt und relativ zum BIP war der Einschnitt sogar noch stärker. Die Neuverschuldungsdebatte hat sich in eine Debatte über die Staatsquote gewandelt. Die eine Seite führt an, Ausgaben und Steuern sollten gesenkt werden, denn Steuersenkungen, insbesondere Senkungen der Kapitalertragssteuern, kurbelten das Wachstum an. Die Gegenseite argumentiert, weitere Kürzungen der Ausgaben torpedierten Investitionen in Humankapital und Hochtechnologie, die hohe Renditen abwerfen; solche Kürzungen seien kontraproduktiv, denn das Wachstum würde insgesamt verlangsamt. Weiter führt sie ins Feld, eine Senkung der Kapitalertragssteuern begünstige die Besserverdienenden, die sowieso in den letzten zwanzig Jahren am stärksten vom Wachstum profitiert hätten, und ihr Effekt auf das Wachstum sei zweifelhaft. Es gebe wenig Hinweise auf einen Einfluß der Kapitalertragssteuern auf die gesamtwirtschaftliche Ersparnis, die Investitionsausgaben und das Wirtschaftswachstum[1]. Stattdessen würden bestimmte Anlageformen durch eine Senkung der Kapitalertragsteuer eine bevorzugte

---

[1] An früherer Stelle haben wir bereits darauf hingewiesen, daß die Sparquote auf Kapitalerträge nur schwach reagiert.

steuerliche Behandlung erfahren, was zu einer Verzerrung der Allokation und weiter zu einem Rückgang von wirtschaftlicher Effizienz und Wachstum führen würde.

Anwendungsbeispiel:
Die Wirkung der Haushaltskonsolidierung auf das Wirtschaftswachstum

Eine Verringerung des Defizits soll Platz für private Investitionen machen und so das Wirtschaftswachstum ankurbeln. Fraglich ist jedoch das Ausmaß dieser Wirkung. Angenommen, man reduziert ein Budgetdefizit von 150 Mrd. $ auf null. Das niedrigere Defizit senkt den Zins, steigert so die Investitionen, senkt die Auslandsschulden und könnte die Ersparnis im Inland senken. Geht man von einer zinsunelastischen Ersparnis aus, so steigert ein Anstieg der gesamtwirtschaftlichen Ersparnis um 100 $ die Investitionen um 50 $, wie wir früher schon gesehen haben. Also steigert eine Verringerung des Defizits um 150 Mrd. $ die Investitionen um 75 Mrd. $. Bei einem Kapitalstock von 15 Billionen $, entspricht das einem Anstieg von 0,5 Prozent.* Wenn die Kapitalquote 20 Prozent beträgt, bedeutet das eine Steigerung des Outputs um 0,1 Prozent. Dies mag sehr klein erscheinen, aber kumuliert über viele Jahre macht es einen großen Unterschied.

* In Kapitel 36 haben wir gezeigt, daß die Steigerung des Wirtschaftswachstums, hervorgerufen durch einen gestiegenen Kapitalstock, gleich der Kapitalquote mal dem prozentualen Wachstum des Kapitals war.

Während eine Senkung des Haushaltsdefizits von der großen Mehrheit begrüßt wurde, vertraten einige die Meinung, Steuersenkungen seien wichtiger, als Haushaltskonsolidierung. Selbst wenn eine Verringerung des Defizits möglich wäre, wären die positiven Effekte von Steuersenkungen (Arbeits- und Sparanreize) weit stärker, als die negativen Folgen eines gestiegenen Defizits. Die meisten Wirtschaftswissenschaftler standen diesen **Angebotstheoretikern**, die den durch die Steuersenkung gestiegenen Input von Kapital und Arbeit betonten, kritisch gegenüber. Kritiker der angebotsorientierten Wirtschaftswissenschaft argumentierten, es gebe keine statistischen Belege für ein stark gestiegenes Angebot. Das „Reagan-Experiment" einer Senkung der Steuersätze (der Spitzensteuersatz wurde von 70 Prozent auf 50 Prozent im Jahr 1981 und 30 Prozent im Jahr 1986 gesenkt) habe sich als Fehler entpuppt und zu riesigen Defiziten geführt.

Ein Blick in die Wirtschaftspolitik:
Die Beurteilung des Konsolidierungsprogramms der Clinton-Regierung

Das *Congressional Budget Office* (CBO) hat seit langem den Ruf der Unparteilichkeit. Als Clinton seine Gesundheitsreformen begann, war der Demokrat Bob Reischauer Direktor des CBO. Da er jedoch der Ansicht war, das Einsparpotential der Gesundheitsreformen sei unklar, lehnte er es ab, ein hohes Sparpotential zu attestieren. Die Überparteilichkeit des CBO wurde wieder unter Beweis gestellt, als nach der Übernahme von Kongreß und Senat durch die Republikaner der neue Präsident des CBO, June O'Neill, den Vorschlag der Republikaner zur Gesundheitsreform ebenso als weniger sparwirksam einstufte, als von den Republikanern gewünscht.

Bei anderen Themen fragten sich einige Kritiker, ob sich das CBO von ihrer traditionellen Überparteilichkeit verabschiedet hätte. Stellt man etwa die Frage, wie die Zinsen auf eine Senkung des Defizits reagieren, so sind die Konsequenzen offensichtlich. Sinken die öffentlichen Ausgaben, so trifft die Zentralbank Maßnahmen, das Vollbeschäftigungsniveau zu halten, so daß die Zinsen sinken. Sicherlich ist es schwierig, das Ausmaß des Zinsrückgangs zu schätzen, denn es hängt von der Zinselastizität der Investitionen ab (vom prozentualen Anstieg der Investitionen bei einer einprozentigen Senkung der Zinsen). Über diese Zinselastizität gehen die Schätzungen der Wirtschaftswissenschaftler erheblich auseinander. Unangefochten davon kam das CBO zu dem Ergebnis, die Zinsen würden um 1,7 Prozent fallen. Trotzdem weigerte sich das CBO, dem Kürzungsprogramm der Clinton-Regierung irgendeinen Bonus für Zinssenkungen zu geben, da nach ihren Schätzungen das Kürzungsprogramm kein *voll* ausgeglichenes Budget herstellte. Kritiker des CBO bemerkten, daß man zwar über das Ausmaß des Zinsrückgangs streiten könne, daß die Kürzungen aber auf jeden Fall einschneidend genug seien, um eine *gewisse* Senkung des Zinsniveaus zu erreichen - etwa im Verhältnis zum Ausmaß der Ausgabenkürzungen.

Andere Kritiker betonten, selbst die Schätzung des Haushaltsdefizits durch das CBO (ganz abgesehen vom Zinssenkungseffekt) sei problematisch, denn diese Schätzungen seien konservativer als sowohl die der Clinton-Regierung als auch die der großen Mehrheit der Wirtschaftsforschungsinstitute. Weiter fehlten bei der Schätzung der Steigerungsraten der Gesundheitsausgaben wichtige neue statistische Trends; dadurch seien die Schätzungen höher ausgefallen als die der Versicherungsstatistiker, die über Jahre hinweg die Daten gesammelt und die Schätzungen herausgegeben hätten. CBO-freundliche Kommentatoren stellten fest, das CBO würde einfach weiterhin dieselben Zahlen verwenden, die es schon unter den Demokraten verwendet hätte. Man könne also das CBO nicht wegen Parteilichkeit kritisieren, sondern höchstens wegen seiner langfristigen Methoden.

37.4 Verbesserung der Haushaltsplanung

Die Hartnäckigkeit des Haushaltsdefizits brachte die Forderung nach einer Änderung des Beschlußverfahrens für den Haushalt auf. In diesem Abschnitt betrachten wir zwei solche Reformen. Die erste wurde schon gesetzlich verankert, die zweite steckt noch in der Diskussionsphase.

Der *Budget Enforcement Act*

1990 verabschiedete der Kongreß den *Budget Enforcement Act* als Mittel, um unkontrolliert wachsende Defizite zu verhindern. Wenn der Kongreß ein neues Gesetz verabschiedet, muß er für dessen Finanzierung entweder die Steuern erhöhen, oder Ausgaben in gleicher Höhe an anderer Stelle kürzen. Das *Congressional Budget Office* (CBO) - zusammengesetzt aus Fachleuten aller Fraktionen - „beurteilt" das Programm, d.h. berechnet seine Kosten. Natürlich muß dabei vieles geschätzt werden. In den kürzlich geführten Debatten über die Gesundheitsreform argumentierte das CBO, auf kürzere Sicht würde die staatlich gemanagte Gesundheitsversorgung nur zu begrenzten Einsparungen führen. Wenn sie der geplanten Versorgung ein großes Einsparpotential attestiert hätten, wäre es viel leichter gewesen, die Gesundheitsreform zu verabschieden.

Der Investitionshaushalt

Unternehmungen betonen den Unterschied zwischen Ausgaben für Maschinen - Kapitalausgaben - und anderen Ausgaben. Investitionen verbessern die Möglichkeiten einer Firma zur Produktion in der Zukunft. Wir haben schon früher bemerkt, daß es einen wichtigen Unterschied macht, ob Schulden zur Finanzierung von Investitionsausgaben oder zur Finanzierung zum Beispiel einer Reise aufgenommen werden. Öffentliche Buchhaltungssysteme unterscheiden, im Gegensatz zu den privaten, nicht zwischen diesen beiden Ausgabeformen. Private Unternehmungen unterscheiden nicht nur zwischen verschiedenen Ausgabearten, sondern führen eine eigene Kapitalbilanz, die ihre Anlagen (inklusive Maschinen) und Verbindlichkeiten ausweist.

Es wurde mehrfach gefordert, die Regierung solle einen Investitionshaushalt aufstellen, der Ausgaben für Investitionen ausweisen soll. Während das in einigen Ländern geschehen ist, unterblieb es in den Vereinigten Staaten, teilweise weil die Abgrenzung der Investitionsausgaben ein politisches Problem darstellt. Die meisten Investitionshaushalte führen nur physisches Kapital an, wie zum Beispiel die Infrastruktur. Vertreter des Bildungswesens hatten befürchtet, ein solcher Investitionshaushalt würde Ressourcen von der Humankapitalbildung, also von Ausbildung und Forschung, abziehen. In ähnlicher Weise argumentierten Vertreter des Gesundheitswesens, eine gute Gesundheitsversorgung für Kinder sei eine Investition in deren Zukunft, würde ihre Produktivität steigern und zukünftige Gesundheitsausgaben senken.

Andere Strategien

Zwei weitere Vorschläge zur Reform des Haushaltsgesetzgebungsverfahrens wurden allgemein diskutiert. Der erste, das *Line-item-veto*, gibt dem Präsidenten das Recht, sein Veto gegen einzelne Ausgaben in einem Haushaltsgesetz einzulegen. Diese Reform trat Januar 1997 in Kraft. Bis dahin konnte der Präsident nur den gesamten Gesetzentwurf annehmen oder ablehnen. Häufig wollte er einen großen Gesetzentwurf für Vereidigungsausgaben nicht nur wegen einer geringfügigen verschwenderischen Ausgaben für den Wahlkreis eines Kongreßabgeordneten ablehnen.

Ein Blick in die Wirtschaftspolitik: Das *Line-Item-Veto*

Ein weiterer Vorschlag zur Haushaltskonsolidierung ist das *Line-item-veto*, das dem Präsident die Möglichkeit gibt, einzelne Haushaltsposten der Gesetzentwürfe, die er vom Kongreß bekommt, mit einem Veto zu belegen. Mitglieder des Kongresses statten solche Gesetzentwürfe oft mit „Fleischtöpfen" aus, zum Beispiel mit neuen Gerichtsgebäuden in ihren Wahlkreisen. Das *Line-item-veto* soll es dem Präsident ermöglichen, solche Ausgaben abzuschmettern.

Verschiedene Bundesstaaten haben solche Sonderregelungen. Die Erfahrung zeigt, daß in solchen Bundesstaaten die Ausgaben nicht niedriger sind, als in den anderen. Ein Grund könnte sein, daß die Gouverneure dann in „Abmachungen" miteinbezogen werden, die den Zweck haben, das Gesetz passieren zu lassen.

Zwar sagten viele Mitglieder des Kongresses ihre Unterstützung für das *Line-item-veto* zu; sie zeigten sich jedoch besorgt darüber, daß dadurch die Macht des Präsidenten gesteigert würde. Trotzdem verabschiedete der Kongreß 1996 das Gesetz, das dann nach der Absegnung durch den Präsidenten in Kraft trat.

Der andere Vorschlag ist ein Zusatz zur Verfassung, das *Balanced-budget-amendment*, das den Kongreß dazu verpflichtet, ein ausgeglichenes Budget zu verabschieden. Dies wurde schon in Kapitel 32 besprochen. Ein solcher Zusatz verfehlte die Verabschiedung schon mehrmals um wenige Stimmen. Befürworter meinen, eine solche Regelung fördere (per definitionem) die Ausgabendisziplin und zwinge die Regierung zu einem ausgeglichenen Budget. Kritiker weisen auf die großen Schwierigkeiten der Umsetzung hin: Was passiert, wenn der Kongreß seine Zustimmung verwehrt, etwa weil die Einnahmen wegen einer schweren Rezession sinken? Weiter benötigt man für die Planung eines ausgeglichenen Budgets, basierend auf geplanten Ausgaben und Einnahmen, eine Instanz für die Schätzung dieser Größen. Wer soll diese Instanz sein und wie kann hier politische Einflußnahme ausgeschlossen werden? Viele Wirtschaftswissenschaftler kritisieren das *Balanced-budget-amendment*, da es eines der wichtigsten Werkzeuge der Stabilisierungspolitik unwirksam macht. Nach diesem Gesetz müßte die Geldpolitik allein dafür sorgen, die Volkswirtschaft im Vollbeschäftigungsoutput zu halten. Diejenigen, die die Möglichkeiten der Geldpolitik zur schnellen Bekämpfung einer Rezession als eher gering ansehen, zeigen sich über einen solchen Zusatz besonders besorgt. Einige Vorschläge - allerdings nicht die, die vom Kongreß beinahe angenommen worden wären - haben daher im Falle einer Rezession Ausnahmeregelungen vorgesehen.

37.5 Das langfristige Problem: Leistungsansprüche der älteren Generation

Selbst wenn es den USA gelänge, ihr Defizit in den nächsten Jahren abzubauen, wäre ein langfristiges Problem noch nicht aus der Welt: Die Leistungsansprüche für Alters- und Gesundheitsversorgung werden in den kommenden Jahrzehnten explodieren. Dafür sind vor allem zwei Gründe ausschlaggebend. Zum einen wird der Prozentsatz der älteren Menschen an der Gesamtbevölkerung der Vereinigten Staaten stark ansteigen; es steigt also die Zahl der Empfänger von Sozialversicherungsleistungen und Leistungen des *Medicare*-Programms. Zum anderen könnten die Kosten der Gesundheitsversorgung für die Älteren weiter steigen.

Der wachsende Anteil der älteren Generation in den USA

Die zwanzig Jahre nach dem Zweiten Weltkrieg spendierten den Vereinigten Staaten einen ungeheuren Anstieg der Geburtenrate, den sogenannten Babyboom. Während der ersten Jahrzehnte des einundzwanzigsten Jahrhunderts wird die Babyboom-Generation das Rentenalter erreichen. Zur gleichen Zeit steigt die Lebenserwartung auf ungeahnte Höhen. Im Jahr 1935, als das Sozialversicherungssystem eingeführt wurde, lag die Restlebenserwartung eines 65-jährigen bei nur 12,5 Jahren. 1995 war sie um 50 Prozent auf 17,5 Jahre gestiegen; im Jahr 2040 soll sie 19,5 Jahre, oder nach einigen Schätzungen sogar 21 Jahre erreichen. Diese Trends der Bevölkerungsentwicklung werden gewaltige Auswirkungen haben. Die Anzahl der älteren Menschen wird im Jahr 2040 um 38 bis 44 Millionen gestiegen sein, und es wird mehr Rentner pro Arbeitnehmer geben, wie Abbildung 37.4 zeigt.

Dieser Anstieg der Zahl der Leistungsempfänger wurde natürlich vorhergesagt. Die Abgabensätze für die Sozialversicherung und die Gesundheitsversorgung wurden so festgesetzt, daß heute die Einnahmen die Ausgaben überschreiten; der Überschuß wird in einen staatlichen Fonds eingezahlt, der ausgeschüttet wird, wenn die Babyboom-Generation das Rentenalter erreicht. Die Schwierigkeit ist nur, daß der zurückgelegte Betrag nicht ausreicht. 1996 wurde geschätzt, daß der Fonds für das Gesundheitswesen in sechs Jahren aufgebraucht sein würde. In der

Sozialversicherung werden beginnend mit dem Jahr 2020 die Ausgaben die Einnahmen überschreiten, so daß die Rücklagen allmählich sinken. Im Jahre 2030 werden sie diesen Schätzungen zufolge dann völlig aufgebraucht sein.

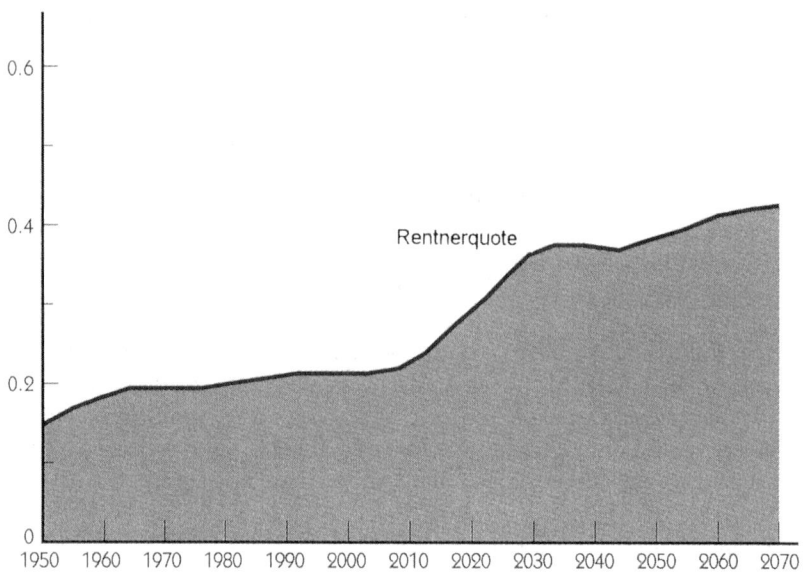

Abbildung 37.4   Bisheriges und zukünftiges Verhältnis von Rentnern zu Erwerbstätigen. Die Rentnerquote ist das Verhältnis zwischen der Zahl der über 65-jährigen und der Zahl der 20-64-jährigen. Diese Quote wird im einundzwanzigsten Jahrhundert voraussichtlich dramatisch steigen.

Steigende Gesundheitskosten für ältere Menschen

Trends bei den Kosten im Gesundheitswesen verschärfen das Problem noch zusätzlich. In den achtziger und frühen neunziger Jahren sind die Gesundheitskosten weit schneller gestiegen als die sonstigen Lebenshaltungskosten. Während dieser Zeitspanne stiegen die Gesundheitskosten pro Person der oberen Altersgruppe sogar überproportional: Die Ausgaben im Rahmen von *Medicare* stiegen um mehr als zehn Prozent im Jahr. Solche Ausgabenzuwächse werden in den kommenden Jahrzehnten kaum finanzierbar sein.

Die Kostenexplosion im Gesundheitswesen hat unter Politikern heftige Diskussionen ausgelöst. Die Steigerungsraten der Gesundheitskosten und der *Medicare-*

Ausgaben schienen Anfang bis Mitte der Neunziger wieder zu sinken. Es gab weitreichende Strukturreformen in der privaten Gesundheitsversorgung, zum Beispiel eine starke Zunahme privater Krankenversicherer, die sich möglicherweise auch auf die *Medicare*-Ausgaben positiv auswirken. Es wird aber allgemein bezweifelt, daß diese Maßnahmen allein das Problem aus der Welt schaffen können.

Die Steigerung des Bevölkerungsanteils der älteren Mitbürger und die wachsenden Ausgaben für ihre Gesundheitsversorgung bescherten dem Land riesige Kostensteigerungen, die die Einnahmen der Sozialversicherung und des *Medicare*-Haushalts weit überschritten. Schon sagen einige Kritiker, die Ausgaben für die Rentner stünden in keinem Verhältnis zu denjenigen für Kinder und Jugendliche. Eine Studie errechnete Ausgaben der Bundesregierung für die Rentner in Höhe von 16.000 $ pro Kopf, gegenüber 1.200 $ für ein Kind unter 18 Jahren.

Lösungen für das Problem der langfristigen Leistungsansprüche

Die Arithmetik des Staatshaushaltes erlaubt nur zwei Lösungen für das Problem der langfristigen Leistungsansprüche an den Staat: steigende Einnahmen oder sinkende Ausgaben. Einnahmen steigen durch höhere Steuersätze oder steigende Einkommen (durch höhere Produktivität). Ausgaben sinken, wenn staatliche Programme gekürzt oder gestrichen werden, oder die Zahl der Empfangsberechtigten reduziert wird. Das derzeitige politische Klima ist für Steuererhöhungen ungünstig, obwohl der für die Konsolidierung der Sozialversicherungen notwendige Betrag relativ bescheiden wäre. Ein Plus von weniger als drei Prozent bei der Lohnsteuer wäre wahrscheinlich ausreichend.

Eine andere Maßnahme zur Kostensenkung besteht in der Veränderung der Struktur der Leistungsempfänger. Die gestiegene Lebenserwartung und der Rückgang körperlicher Arbeit am gesamten Arbeitsaufkommen sowie der verbesserte Gesundheitszustand der älteren Menschen bieten Möglichkeiten zur Reform der Sozialversicherung. Viele 65-jährige könnten weiter arbeiten. Die Sozialversicherungsreform von 1983 trug dem Rechnung und hob das normale Rentenalter auf 67 Jahre an. Weitere Vorschläge wollen das Rentenalter an die Lebenserwartung koppeln – mit einem Anstieg der Lebenswartung würde dann automatisch auch das Rentenalter steigen.

Es wurde auch vorgeschlagen, Mittel aus den Sozialversicherungsfonds am Kapitalmarkt anlegen. Langfristig bringen Wertpapiere eine weit höhere Rendite, als Staatsanleihen (wo die Fonds im Moment angelegt sind). Wenn Wertpapiere weiterhin eine so gute Rendite erbringen, könnten die Fonds sogar langfristig aufgestockt werden, ohne die Leistungen zu kürzen oder die Steuern zu heben. Kritiker bemängeln die Unsicherheit der Erträge am Aktienmarkt, und befürchteten eine Verschlechterung der Situation. Weiter geben sie zu bedenken, die Regierung müsse dann höhere Zinsen für ihre Schulden zahlen, was das Schuldenproblem noch verschärfen würde. Zur Zeit gibt es keine Übereinstimmung über das wahrscheinliche Ausmaß der Zinssteigerung und damit über die quantitative Bedeutung des Problems.

Die Kostensteigerungen bei der Gesundheitsversorgung der Rentner stellt ein schwerwiegenderes Problem dar, und alle sind sich einig, daß diese Kosten unter Kontrolle gebracht werden müssen. Ein scheinbar einfacher Weg ist die Absenkung der Vergütungen für Ärzte und Krankenhäuser. Gegner dieses Plans argumentieren, es gebe Grenzen dieses Vorgehens: Unter einer gewissen Schwelle würden die Betroffenen ihre Leistungen nicht mehr am Markt anbieten oder die Qualität der Leistungen würde sinken, und wir könnten schon nahe bei diesem Punkt anlangt sein. Eine weitere Möglichkeit, die staatlichen Gesundheitskosten zu kontrollieren, wäre es, den Älteren selbst einen höheren Anteil der Kosten aufzubürden. Diese Maßnahmen sind aber nicht sehr populär, denn sie würden viele ältere Menschen in die Armut treiben. Eine umfassendere Einbeziehung des Eigenvermögens nach dem Motto wer mehr hat, soll auch mehr zahlen könnte zwar die Kostenlage verbessern, würde aber das grundsätzliche strukturelle Problem nicht lösen.

Strukturelle Reformen haben sich auf zwei Ansätze konzentriert: Verbesserung der Anreize für die Konsumenten und verbessertes Gesundheitsmanagement. Die meisten Menschen zahlen ihre größeren medizinischen Ausgaben über Versicherungen, haben also keinen Anreiz zu sparen. Befürworter von Sparanreizen sprechen sich für eine Unterstützung von verstärkter Eigenbeteiligung aus. Unfall- und Krankenversicherungen, die nur größere Ausgabenposten des Versicherten begleichen, sollen unterstützt werden. Ein weiterer Vorschlag befürwortet steuerfreie Sparkonten für medizinische Ausgaben, auf die man regelmäßig einzahlt, um sie im Notfall in Anspruch nehmen zu können. Kritiker halten dem entgegen, ein Großteil der explosiv wachsenden Gesundheitskosten bestünde gerade aus höheren medizinischen Ausgaben, so daß die Reform am zentralen Punkt vorbeiginge. Weiter würden Konten für medizinische Ausgaben die Kosten des Staates nur wenig senken, denn die Bevölkerung würde die Versicherungen mit hoher Eigenbeteiligung wählen, solange sie gesund sei, dann aber im Fall einer Krankheit zu den üblichen Versicherungsformen wechseln. Hier fielen aber schon jetzt die meisten Kosten an.

Weitere Reformen beschäftigen sich mit dem sogenannten Gesundheitsmanagement. Sie beziehen sich auf das Faktum, daß die meisten Entscheidungen über Inanspruchnahme von medizinischen Leistungen von den Ärzten gefällt werden. Hier sollen die richtigen Anreize geschaffen werden. Ein System, in dem Ärzte für jede erbrachte Leistung bezahlt werden, verleitet sie dazu, mehr Leistungen als nötig zu abzurechnen (vor allem, weil die Kosten meistens von Versicherungen oder vom Staat und nicht vom Patienten getragen werden). Beim Gesundheitsmanagement erhält der Dienstleister (normalerweise eine private Gesundheitsvorsorgeeinrichtung) pro Patient und Jahr einen bestimmten Betrag. So hat er einen Anreiz, sicherzustellen, daß der Patient zum Beispiel eine nötige präventive Behandlung erhält, was sich günstig auf die Kosten auswirkt. Aufgrund der Gesundheitsreformen des Jahres 1983 erhalten die Krankenhäuser einen fixen Betrag für jede behandelte Krankheit. Davor wurde für die tatsächlich erbrachten Leistungen gezahlt. Diese Regelung stellte einen Anreiz dar, die Behandlungskosten zu senken. Leider verleitete sie die Krankenhäuser auch dazu, die Patienten möglichst schnell wieder zu entlassen. Wie zu erwarten war, schossen die Kosten der Nachbehandlung in die Höhe. Ein allgemein diskutierter Vorschlag würde den Krankenhäusern die Verantwortung für Behandlung und Nachbehandlung übertragen, so daß sie versuchen würden, die Gesamtkosten zu begrenzen und nicht nur die Kosten des Krankenhausaufenthalts.

Einige Kritiker dieser Vorschläge behaupten, Amerika wäre nicht in der Lage, sein Kostenproblem im Gesundheitswesen zu lösen, wenn es nicht die eigentliche Ursache bekämpfte: den schnellen technologischen Wandel, der die Lebenszeit verlängert - zu einem hohen Preis. Die Technologieentwicklung selbst wäre ein Folge falscher Anreize: Da lebensverlängernde Technologien fast zu jedem Preis angewandt würden, gäbe es für Forscher wenig Gründe, deren Kosten in Betracht zu ziehen (im Unterschied zu anderen Branchen, wo Kosten entscheidend sind). Die Forschung müsse kostenbewußter werden, und ein größerer Anteil solle darauf verwendet werden, die Kosten der medizinischen Behandlung zu drücken.

Hier stellen sich der Gesellschaft grundsätzliche Fragen: Welcher Anteil ihrer Ressourcen soll für Lebensverlängerung verwendet werden und welcher Anteil für andere Ziele, etwa eine Verbesserung der Produktivität der jüngeren Bevölkerung? Ist eine 20.000 $ teure Hüftoperation für eine 90-jährige, die nur noch wenige Jahre zu leben hat, die beste Verwendung der Ressourcen eines Landes? Dies sind schwierige und unangenehme Fragen, aber solange die Gesellschaft als Ganzes mit ihren medizinischen Unterstützungsprogrammen die Bürde dieser Kosten trägt, lassen sie sich nicht umgehen.

Zusammenfassung

1. Die frühen achtziger Jahre waren von einem sprunghaften Anstieg des Bundeshaushaltsdefizits bestimmt. Hierfür lassen sich fünf wesentliche Gründe anführen: niedrigere Steuern, höhere Verteidigungsausgaben, höhere Unterstützungsleistungen für die ältere Generation, gestiegene Gesundheitskosten und eine höhere Zinsbelastung.

2. Kreditaufnahme durch den Staat kann eine Belastung für zukünftige Generationen sein. Erstens müssen kommende Generationen möglicherweise für die Rückzahlung der Schulden aufkommen: Es findet ein Transfer zwischen zwei Generationen statt. Zweitens kann staatliche Kreditaufnahme private Investitionen verdrängen, was zukünftiges Volkseinkommen und Beschäftigung beeinträchtigt. Drittens muß bei einer Auslands-

verschuldung Amerika als Ganzes einen Teil seines Volkseinkommens für Zinszahlungen an Ausländer abgeben, was den Lebensstandard senkt.

3. Staatliches Entsparen (Haushaltsdefizite) wurde bisher nicht durch private Ersparnis aufgewogen, wie das Äquivalenztheorem von Ricardo nahelegt. Weiter ist es unrichtig, zu sagen „Schulden machen keinen Unterschied, denn wir schulden sie uns selbst."

4. Kostensteigerungen durch gestiegene Leistungsansprüche, eine steigende Zinslast durch eine höhere staatliche Verschuldung sowie eine größere Neigung, Verteidigungsprojekte zu finanzieren, erschweren es, das Defizit zu verringern oder wenigstens unter Kontrolle zu halten. Diskretionäre Staatsausgaben außerhalb des Verteidigungsbereichs stellen einen relativ kleinen Anteil des Staatshaushaltes dar. Ohne Kürzungen der Leistungsansprüche oder des Verteidigungsbudgets zieht ein Nulldefizit riesige Einschnitte dieser Ausgaben nach sich.

5. Die momentane Debatte konzentriert sich auf die Staatsquote. Hier argumentieren einige für Steuerkürzungen, die durch Ausgabenkürzungen finanziert werden. Andere betonen die hohen Erträge von öffentlichen Ausgaben für Ausbildung, Forschung und Infrastruktur: Kürzungen an dieser Stelle würden sich negativ auf das Wachstum auswirken. Diejenigen, die angebotsorientiert argumentieren, betonen die expansive Wirkung von Steuersenkungen, selbst wenn diese nicht durch Ausgabenkürzungen getragen werden. Ihrer Meinung nach überschreiten hier die positiven Effekte die Nachteile eines gestiegenen Staatsdefizits.

6. Versuche in der Vergangenheit, das Gesetzgebungsverfahren des Staatshaushaltes zu reformieren, waren wenig erfolgreich. Die Verpflichtung, weitere Ausgaben durch erhöhte Steuern oder eine Senkung der Ausgaben zu finanzieren (nicht eingerechnet die gestiegenen Leistungsansprüche an den Staat), hat das Wachstum der Neuverschuldung begrenzt, diese aber nicht gesenkt. Andere Vorschläge einer Reform des Gesetzgebungsverfahrens beinhalten das Balanced-Budget-Amendment, die Einführung von Investitionshaushalten und das *Line-item-veto*.

7. Leistungsansprüche - z.B. gestiegene Sozialversicherungsausgaben und staatliche Gesundheitsausgaben - stellen eine massives langfristiges Haushaltsproblem dar. Zum Anstieg dieser Leistungsansprüche haben unter anderem die älter werdende Bevölkerung, die gestiegene Lebenserwartung, das niedrigere Rentenalter und die explodierenden Kosten im Gesundheitswesen beigetragen.

8. Vorschläge, die staatlichen Kosten der Gesundheitsversorgung einzudämmen, beinhalten bessere Anreize für die Konsumenten, wirtschaftlich mit medizinischen Leistungen umzugehen. Außerdem sollen Ärzte verstärkt dazu angehalten werden, die Gesundheitsversorgung effizient zu gestalten.

Schlüsselbegriffe

Ricardianisches Äquivalenztheorem
angebotsorientierte
  Wirtschaftswissenschaft
Balanced-Budget-Amendment

diskretionäre Ausgaben
nicht-diskretionäre
  Ausgaben
Gesundheitsmanagement

Line-item-veto
Leistungsansprüche

Wiederholungsfragen

1. Wie entwickelte sich die Neuverschuldung in den achtziger Jahren? Gab es ähnlich hohe Defizite in der Zeit seit dem Krieg?

2. Nennen Sie fünf Veränderungen, die zu den großen Haushaltsdefiziten der achtziger Jahre beigetragen haben.

3. Welche Verbindung besteht zwischen den Haushaltsdefiziten und der Verschuldung der Vereinigten Staaten?

4. Welche Konsequenzen hat eine gestiegene Schuldenlast in einer geschlossenen, welche in einer offenen Volkswirtschaft? Welche positiven und welche negativen Effekte hat eine Verschuldung im Ausland für zukünftige Generationen?

5. Was ist mit dem Satz „Schulden haben keine Bedeutung, denn wir schulden sie uns selbst" gemeint? Warum ist dieses Argument falsch?

6. Die politischen Schwierigkeiten, die Verteidigungsausgaben, die Leistungsansprüche an den Staat und die Zinszahlungen zu kürzen, legen eine Kürzung in anderen Bereichen nahe. Warum führt dies nicht zu substantiellen Einsparungen?

7. Wie wurde Haushaltsplanungsverfahren geändert, um die Defizite zu kontrollieren? War diese Änderung erfolgreich? Welche weiteren Vorschläge wurden gemacht, und welche Schwierigkeiten bringen diese mit sich?

8. Welche Rolle spielen Leistungsansprüche an den Staat für das Wachstum des Defizits? Welche Gründe haben die Kostensteigerungen bei den Sozialausgaben? Welche Lösungsmöglichkeiten gibt es?

Aufgaben

1. Wahr oder falsch: „Staatliche Verschuldung transferiert nur Ressourcen von der heutigen Generation auf eine zukünftige. Das gesamte Volksvermögen wird davon nicht betroffen." Geben Sie Gründe für ihre Meinung an.

2. Erklären Sie, wie die Senkung des Haushaltsdefizits in einer geschlossenen Volkswirtschaft das langfristige Wachstum anregt. Verwenden Sie die Identität von Ersparnis und Investitionen. Benutzen Sie die früher eingeführte Graphik zu Ersparnis und Investitionen, um die Effekte in einer geschlossenen und einer offenen Volkswirtschaft gegenüberzustellen.

3. Angenommen, ein gewisses Land habe eine Ersparnis der Haushalte von sechs Prozent des BIP, eine Neuverschuldung im Ausland von einem Prozent des BIP und ein ausge-

glichenes Budget. Wie hoch sind die gesamten Investitionen? Wie ändert sich die Antwort, wenn das Budgetdefizit 1,5 Prozent des BIP beträgt?

4. Die reale Staatsverschuldung (in Preisen von 1995) betrug im Jahr 1995 3,6 Billionen, gegenüber 1,3 Billionen im Jahr 1980. Angenommen, 50 Prozent dieser Steigerung der Schuldenlast wäre sonst in Investitionen geflossen, so daß der Kapitalstock 1995 um 1,15 Billionen gewachsen wäre. Weiter angenommen, der Kapitalstock betrug 1995 15 Billionen Dollar. Um wieviel niedriger war das BIP 1995 durch diese nicht getätigten Investitionen, wenn die Kapitalquote bei 20 Prozent liegt? (Tip: Verwenden sie Ergebnisse aus Kapitel 36 und vergleichen Sie die Outputsteigerungen mit den Inputsteigerungen.)

5. Ein Vorschlag zur Haushaltskonsolidierung ist das *Balanced-Budget-Amendment*, ein Zusatz zur Verfassung, der die Regierung dazu verpflichtet, jedes Jahr einen ausgeglichenen Haushalt auszuweisen.
   a) Erklären Sie, warum bei einer Rezession die Regierung entweder die Steuern anheben oder die Ausgaben senken müßte.
   b) Welche Auswirkung hätten Steuererhöhungen oder Ausgabensenkungen unter diesen Umständen?
   c) Wie würden Sie das *Balanced-Budget-Amendment* gestalten, damit die Regierung nicht dazu gezwungen wäre, in einer Rezession entweder die Steuern zu erhöhen, oder die Ausgaben zu senken?
   d) Angenommen, die Zinsen müßten angehoben werden, um eine überhitzte Konjunktur zu beruhigen. Warum müßte die Regierung unter *dem Balanced-Budget-Amendment* entweder die Steuern erhöhen oder die Ausgaben senken? Erklären Sie allgemein das Zusammenspiel von Geld- und Fiskalpolitik unter *dem Balanced-Budget-Amendment.*

6. Sollen Ausgaben für die Gesundheitsversorgung von Kindern als Investition betrachtet und im Investitionshaushalt aufgeführt werden? Welche anderen Ausgaben könnten mit Recht als Investitionen eingestuft werden?

7. Angenommen, der Staat verkauft einen Teil des Landes, das er im Moment als Weideland verpachtet. Sollten die Erlöse dieser Maßnahme zur Senkung des Haushaltsdefizits verwendet werden? Wie würde eine solche Transaktion im Investitionsbudget behandelt?

8. „Die Ressourcen, die im Zweiten Weltkrieg ausgegeben wurden, wurden zwischen 1940 und 1945 verbraucht. Also trug die damals lebende und Steuern zahlende Bevölkerung die Last der Kriegskosten, ganz egal, wie diese finanziert wurden." Diskutieren Sie diese Aussage.

9. Wie beeinflußt die Art der Haushaltskonsolidierung das Wirtschaftswachstum?
   a) Nehmen Sie an, die Regierung erhöhe die Kapitaleinkommensbesteuerung. Welche Auswirkungen hat dies auf die gesamtwirtschaftliche Ersparnis, wenn man die Veränderungen der privaten Ersparnis und das niedrigere Haushaltsdefizit berücksichtigt? Welche Auswirkungen hat es auf die Investitionen? (Tip: Inwieweit hängt ihre Antwort von der Zinselastizität der Ersparnis ab?)

b) Nehmen Sie an, die Regierung hebe die Einkommenssteuern. Welche Auswirkungen hat dies auf das BIP? (Tip: Inwiefern hängt Ihre Antwort von der Elastizität des Arbeitsangebots ab?) Welche Auswirkungen hat dies auf das Haushaltsdefizit und die Investitionen?

c) Nehmen Sie an, die Regierung kürze die Ausgaben für Investitionen in Technologie und Ausbildung, die eine Rendite von 15 Prozent abwerfen, wohingegen die Grenzproduktivität der privaten Investitionen bei sieben Prozent liegt.

Kapitel 38

Außenhandelspolitik

Wenn man ein beliebiges Bekleidungsgeschäft betritt und die Labels betrachtet, stellt man fest, daß einige Kleidungsstücke in den USA hergestellt sind, andere in Hongkong, Malaysia, China, Taiwan, den Philippinen oder Indien. Heute kann man in Amerika Produkte aus der ganzen Welt kaufen, während Bewohner anderer Länder in amerikanischen Flugzeugen fliegen, amerikanische Medikamente einkaufen oder amerikanische Filme sehen. In Kapitel 3 haben wir gesehen, wie alle Länder aufgrund komparativer Vorteile sich durch Handel besser stellen.

Trotz der Vorteile durch den Handel bestehen in vielen Staaten Handelshemmnisse. Seit 50 Jahren arbeiten die USA zusammen mit anderen Ländern darauf hin, diese Handelshemmnisse abzubauen. Dieses Kapitel behandelt die bestehenden Handelshemmnisse und die Vorschläge zu deren Beseitigung.

38.1 Instrumente der Handelspolitik

Länder, die *keine* Handelshemmnisse aufgebaut haben, betreiben **Freihandel**. Die meisten Länder verhalten sich mehr oder weniger **protektionistisch,** beschränken also auf die eine oder andere Weise den Güterimport. Maßnahmen, die direkt oder indirekt Importe oder Exporte beeinflussen, werden **Handelspolitik** genannt. Dieser und der nächste Abschnitt behandeln die Arten von Handelshemmnissen, ihre gesamtwirtschaftlichen Kosten und ihre wirtschaftlichen und politischen Begründungen. Der nächste Abschnitt beschreibt die internationalen Bemühungen zum Abbau dieser Handelshemmnisse.

Es gibt vier wichtige Arten von Handelshemmnissen: Zölle, Quoten, freiwillige Exportbeschränkungen und andere **nicht-tarifäre Handelshemmnisse** und eine Reihe von Gesetzen, die *fair trade laws*, die alles in allem den Welthandel eher beschränken, als fördern.

Zölle

Zölle sind einfach eine Besteuerung der Importe. Da Zölle nur auf ausländische Produkte erhoben werden, stellen sie eine Benachteiligung dieser Produkte dar. Sie verhindern Importe.

Abbildung 38.1 zeigt die Wirkungen von Zöllen. Sie enthält eine fallende Nachfragekurve für ein bestimmtes Gut und eine steigende Angebotskurve der inländischen Unternehmungen. Der Einfachheit halber betrachten wir den Fall eines kleinen Landes: Der Preis, den es für ein bestimmtes Gut zahlt, hängt nicht von der abgenommenen Menge ab. Wenn keine Zölle erhoben werden, entspricht der Preis im Inland dem Weltmarktpreis p^*. Das Land produziert die Menge Q_s, konsumiert Q_c und importiert die Differenz Q_c-Q_s. Nach Einführung eines Zolles steigt der Preis, den die Konsumenten zahlen müssen, von p^* auf p^*+t, wobei t der Zoll ist. Die einheimische Produktion steigt auf Q_s', so daß der Gewinn der Unternehmungen zunimmt. Die Konsumenten werden dagegen schlechter gestellt, da der Preis, den sie zahlen müssen, ebenfalls steigt. Ihr Konsum reduziert sich auf Q_c'. Da die Produktion steigt, der Konsum aber sinkt, sinken die Importe: Die inländische Industrie wird gegen ausländische Importe geschützt.

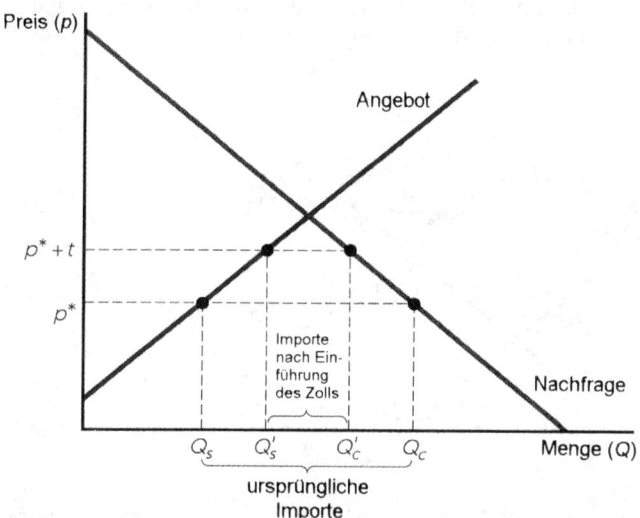

Abbildung 38.1 Auswirkungen von Zöllen. Ein kleines Land sieht sich einer horizontalen Angebotskurve beim Weltmarktpreis p^* gegenüber. Ohne Zölle beträgt der inländische Preis p^*. Das Land produziert die Menge Q_s (Wert auf der Angebotskurve, der zu p^* gehört), konsumiert die Menge Q_c (Wert auf der Nachfragekurve, der zu p^* gehört) und importiert Q_c-Q_s. Ein Zoll der Höhe t hebt den inländischen Preis auf p^*+ t, senkt den Konsum auf Q_c' (Wert auf der Nachfragekurve, der zu p^*+ t gehört) und hebt die inländische Produktion auf Q_s' (Wert auf der Angebotskurve, der zu p^*+ t gehört). Die Produzenten im Inland werden so besser gestellt, die Konsumenten schlechter.

Importquoten

Anstatt Zölle zu verhängen, setzten viele Staaten lieber **Importquoten** fest, begrenzen also die Menge der ausländischen Güter, die importiert werden dürfen. In den fünfziger Jahren verhängten die USA zum Beispiel eine Importquote auf Öl. Bis heute regeln strenge Quoten den Import von Textilien.

Anwendungsbeispiel: Berechnung der Wohlfahrtsverluste durch Zölle

Wir können den Nettoverlust der Gesellschaft durch die Einführung von Zöllen berechnen. Die Differenz zwischen dem, was die Konsumenten zu zahlen bereit sind, und dem, was sie tatsächlich bezahlen, wird Konsumentenrente genannt. Der Grenznutzen der letzten konsumierten Einheit ist gleich dem bezahlten Preis, so daß die Konsumentenrente null ist. Aber für die ersten konsumierten Einheiten würden die Konsumenten normalerweise mehr zahlen, was sich in der fallenden Nachfragekurve der Abbildung unten niederschlägt. In der Ausgangssituation ist die Konsumentenrente gleich der Fläche des Dreiecks ABC, also der Fläche zwischen der Nachfragekurve und dem Preis p*. Nach dem Preisanstieg ist sie gleich der Fläche *ADE*, also um die Fläche *BCED* geringer.

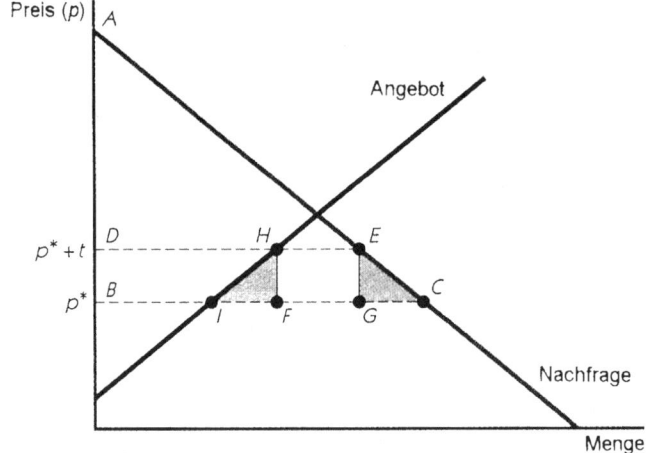

Von diesem Verlust stellt das Rechteck *BDHF* die zusätzlichen Einnahmen der Unternehmer dar (der Preisanstieg *BD* mal der produzierten Menge) und *HFGE* die Zolleinnahmen des Staates (die Importe *HE* mal dem Zoll *t*). Ein Teil der zusätzlichen Einnahmen der Unternehmer entspricht den gestiegenen Produktionskosten. Der Rest ist eine Marge zwischen Preis und Grenzkosten, also ein Gewinn (Fläche *BIHD*). Daher ist der Wohlfahrtsverlust für die Volkswirtschaft insgesamt gleich der Fläche der zwei Dreiecke *EGC* und *HFI*. Das Dreieck *EGC* entspricht einem Verlust der Konsumenten, wie er auch von einem Preisanstieg im Monopol hervorgerufen wird. Das Dreieck *HFI* stellt die Verschwendung von Ressourcen durch die Ausweitung der inländischen Produktion dar. Sie war möglich, weil durch den Zoll die Kosten der inländischen Produktion die des Imports übersteigen.

Die Produzenten sprechen sich häufig für Quoten aus. Da die importierbaren Mengen beschränkt sind, steigt der inländische Preis über den des Weltmarktes. Bei Quoten kennen die Produzenten genau das ausländische Angebot. Wenn ausländische Hersteller effizienter produzieren, oder wenn die Wechselkurse sich zu ihren Gunsten verändern, können sie trotzdem nicht mehr absetzen. In diesem Sinne verschaffen Quoten den Produzenten einen größeren Vorteil, als Zölle: Sie schwächen die Konkurrenz ab.

Quoten und Zölle sind beide dazu geeignet, den inländischen Preis über den Weltmarktpreis anzuheben. Beide schützen die einheimischen Produzenten. Es gibt allerdings einen wichtigen Unterschied: Diejenigen, die eine Importlizenz besitzen, können Güter zum Weltmarktpreis einkaufen, zum inländischen Preis verkaufen, und so einen Gewinn machen. Die Regierung verschenkt also ihre Zolleinnahmen. Diese Gewinne werden **Quotenrenten** genannt.

Freiwillige Exportbeschränkungen

In letzter Zeit haben internationale Abkommen die Zölle gesenkt und die Anwendung von Quoten beschränkt. Daraufhin haben viele Länder versucht, dem internationalen Wettbewerbsdruck auf andere Weise zu entgehen. Eine solche Möglichkeit, die in den achtziger Jahren populär war, sind die **freiwilligen Exportbeschränkungen** (FEB). Anstatt etwa den Import von Automobilen zu beschränken, drängten die Vereinigten Staaten Japan dazu, seine Exporte selbst zu begrenzen.

Die Bereitschaft Japans, die FEBs zu akzeptieren, läßt sich auf zwei Weisen erklären. Zum einen befürchtete Japan, die USA würden sonst stärkere Maßnahmen ergreifen, etwa die Verhängung von Zöllen. Aus japanischer Sicht sind FEBs Zöllen vorzuziehen, weil die Zollgewinne japanischen Firmen zugute kommen. Zum anderen nötigten die FEBs die japanischen Automobilhersteller zu gegenseitigen Absprachen. Es hätte schon vorher in ihrem Interesse gelegen, Absprachen zu treffen, aber dies wäre kartellrechtlich nicht möglich gewesen. Die FEBs „zwangen" die Automobilindustrie zu den Mengenbeschränkungen, die sie selbst gewählt hätten, wenn das rechtlich möglich gewesen wäre. Daher ist es nicht verwunderlich, daß sie sich den Auflagen fügten. Die Kosten der japanischen FEBs für den amerikanischen Verbraucher waren enorm. Er zahlte durch die Preissteigerung für jeden so erzeugten Arbeitsplatz mehr als 100.000 $.

FEBs und Importquoten sind die offensichtlichsten Handelshemmnisse. Sie sind aber heute wahrscheinlich nicht die wichtigsten. Ein ganzes Bündel von Maßnahmen beeinflußt den Handel in ähnlicher Weise. Bestimmungen im Gesundheitswesen etwa wurden als Handelshemmnis mißbraucht. Als die Russen 1996 drohten, keine amerikanischen Hühner mehr zu importieren, da sie angeblich die Gesundheitsauflagen nicht erfüllten, sahen sich die Hühnerproduzenten der USA trotz

Zollfreiheit einer Handelsbeschränkung gegenüber. Verschiedenste Regelungen wurden dazu mißbraucht, nicht-tarifäre Handelshemmnisse aufzubauen.

Im Zuge des Abbaus der Zollschranken nahmen in den achtziger Jahren die nicht-tarifären Handelsbeschränkungen zu. Laut einer Studie des Internationalen Währungsfonds waren 1980 ein Achtel aller US-Importe von Handelshemmnissen betroffen; am Ende des Jahrzehnts war es ein Viertel. Man schätzt, daß Handelshemmnisse aller Art Konsumenten und Unternehmungen davon abhalten, Waren im Wert von bis zu 50 Mrd. $ zu importieren. Japan wurde von diesen Maßnahmen besonders hart getroffen. Anfang der neunziger Jahre unterlagen 40 Prozent der japanischen Importe in die USA irgendeiner Form von protektionistischer Regulierung.

38.2 Gesetze über einen fairen Wettbewerb im internationalen Handel

Die Mehrzahl der Menschen glaubt an Wettbewerb. Aber die meisten glauben auch, daß dieser Wettbewerb fair sein muß. Wenn jemand sie unterbieten kann, dann wittern sie einen Betrug. In den USA gibt es einige Gesetze, die effektiven und freien Wettbewerb im Inland sicherstellen sollen. Die meisten Staaten haben auch Gesetze erlassen, die einen „fairen Wettbewerb" im internationalen Handel garantieren. Die meisten Wirtschaftswissenschaftler sind jedoch der Ansicht, daß es sich hier in Wahrheit um protektionistische Maßnahmen handelt, die den Wettbewerb einschränken und Importe verhindern. Um fairen Wettbewerb zu garantieren, sollten nach Meinung vieler Wirtschaftswissenschaftler im internationalen Handel die gleichen Gesetze gelten wie im Inland. Es sollte nicht zwei „Fairness-Standards" geben, einen im Inland und einen auf internationaler Ebene. Neuseeland und Australien haben in ihren Handelsbeziehungen dieselben Regeln eingeführt, wie sie dort auch im nationalen Handel gelten. Anderswo waren die Fortschritte geringer.

Anti-Dumping-Gesetze

Der Begriff **Dumping** bezeichnet den Verkauf von Produkten im Ausland zu Preisen unter den Selbstkosten und unter den Preisen im Inland. Normalerweise freuen sich die Konsumenten im Inland über solche Billigverkäufe. Es gibt aber Grund zur Sorge, wenn zum Beispiel Rußland den USA billiges Aluminium verkauft, denn es könnte sich dabei um eine ruinöse Preiskonkurrenz handeln. Durch den Verkauf von Waren unter den Produktionskosten versuchen die russischen Hersteller, amerikanische Firmen aus dem Markt zu drängen. Wenn sie erst einmal eine Monopolstellung erreicht haben, können sie die Preise anheben. In diesem Falle ist der Gewinn für die amerikanischen Konsumenten nur kurzfristig. Bei vollkommener Konkurrenz kann ein solcher Preiskampf nicht auftreten, weil hier die Firmen keine Möglichkeit der Preissteigerung haben. In fast allen Fällen, in denen

Dumping festgestellt wurde, war der Wettbewerb intensiv genug, daß solche Preiskämpfe von geringer Bedeutung waren.

Es ist zu beobachten, daß die Anti-Dumping-Gesetze überwiegend zu protektionistischen Zwecken mißbraucht werden. Ist Dumping einmal festgestellt, so wird eine Steuer (ein Zoll) in Höhe der Differenz zwischen dem Preis und den geschätzten Produktionskosten erhoben. Nach diesem Kriterium könnten die meisten amerikanischen Firmen des Dumpings überführt werden. Kritiker der Anti-Dumping-Gesetze befürchten, daß andere Länder sich der amerikanischen politischen Praxis anschließen könnten. In diesem Falle würde man, kaum daß man die Zollschranken aufgehoben hätte, einen neuen Typ von Handelshemmnissen einführen.

Subventionen und Ausgleichssteuern

Eine weitere, allgemein als unfair angesehene Praxis ist die Subvention inländischer Produktion oder Exporte durch den Staat. Die Regierung könnte zum Beispiel einigen inländischen Produzenten Steuernachlässe gewähren oder einen Teil ihrer Kosten übernehmen. Diese Subventionen geben den betroffenen Firmen einen unfairen Wettbewerbsvorteil. Der Handel wird hier nicht durch komparative Vorteile, sondern durch die relative Subventionshöhe gesteuert.

Die übliche Logik der Wirtschaftswissenschaft scheint hier auf den Kopf gestellt. Schließlich kommen diese ausländischen Subventionen amerikanischen Bürgern zugute. Dagegen vorzugehen ist offensichtlich nur dann richtig, wenn die Subventionen Teil eines Preiskampfes sind und dazu dienen, amerikanische Firmen vom Markt zu drängen, um nachher durch die neu gewonnene Monopolstellung die Preise anheben zu können. Die meisten ausländischen Subventionen fallen aber nicht in diese Kategorie.

Widerstand gegen solche Subventionen kommt meistens von Firmen, die ihre Geschäftsgrundlage bedroht sehen. Der Anstieg der Konsumentenrente ist zwar größer als der Rückgang der Produzentenrente, jeder einzelne Konsument hat aber nur einen geringfügigen Vorteil, und die Konsumenten insgesamt sind eher schlecht organisiert. Die Produzenten, die eine wesentlich bessere Lobby haben, sind dagegen bereit, ihren Forderungen in Washington Gehör zu verschaffen. Daher hat der Kongreß Gesetze verabschiedet, die es der Regierung erlauben, sogenannte **Ausgleichssteuern** zu erheben, also Steuern, die die Wettbewerbsvorteile durch Subventionen wieder rückgängig machen.

Während die Regierung anderen Staaten vorwirft, Subventionen zu erheben, verfolgt sie diese Praxis selbst, meistens in Form von Exportsubventionen. Die USA hat verschiedentlich den Export von Weizen, Schweinefleisch, Pfirsichen und einer Reihe weiterer Produkte subventioniert.

Ein Blick in die Wirtschaftspolitik:
"Ersatzländer" und Golfwagen in Kanada

Frage: Wenn Kanada selbst keine Golfwagen produziert, wie kann dann der Preis von Golfwagen in Kanada dazu herangezogen werden, um Polen des Dumpings zu beschuldigen?

Antwort: Die Vereinigten Staaten bewirken manchmal Wunder, wenn ihre Marktposition in Gefahr ist.

Das Standardkriterium für Dumping ist, ob ein Land Güter auf dem amerikanischen Markt unterhalb der Produktionskosten verkauft, oder billiger als zuhause oder in einem anderen Land. Für Staaten ohne marktwirtschaftliches System hat das Wirtschaftsministerium ein spezielles Kriterium formuliert, nämlich die Kosten die entstünden, wenn das Produkt in einem „vergleichbaren Land" (oder „Ersatzland") produziert würde.

Der folgende Fall ist authentisch: Polen wurde vorgeworfen, Golfwagen zu Dumpingpreisen auf den amerikanischen Markt zu werfen. Zu dieser Zeit produzierte Kanada gar kein vergleichbares Produkt. Das Wirtschaftsministerium fragte: Wieviel hätte es Kanada gekostet, solche Golfwagen herzustellen, wenn es sie hergestellt hätte? Wie nicht anders zu erwarten, war dieser Preis höher als der Preis der wirklich in den USA verkauften Golfwagen, und Polen wurde des Dumpings für schuldig befunden. Mit ähnlichen Argumenten wurde gegen russische Verkäufe von Bodenschätzen vorgegangen.

Jahrelang hatten die Staaten des Westens der Sowjetunion und anderen sozialistischen Ländern die Vorteile der Marktwirtschaft gepredigt. Nach dem Fall des eisernen Vorhangs im Jahr 1989 begannen viele ehemalige Ostblockstaaten, ihre Volkswirtschaften auf ein marktwirtschaftliches System umzustellen. Im alten System hatten diese Staaten hauptsächlich untereinander Handelsbeziehungen unterhalten, und ein großer Teil dieses Handels wurde auf der Basis von Naturaltausch abgewickelt. In der neuen Ära versuchten sie, in den internationalen Markt einzutreten, wie jede andere Marktwirtschaft auch.

Während viele Produkte aufgrund von Mängeln in Design und Qualität für westliche Märkte unbrauchbar waren, konnte Rußland sich auf riesige natürliche Ressourcen, wie etwa Uran und Aluminium, stützen, die es zu wettbewerbsfähigen Preisen fördern konnte. Weiter ging durch den geschrumpften Verteidigungshaushalt der Eigenbedarf Rußlands an diesen Rohstoffen stark zurück. Das Land plante den Einstieg in den internationalen Markt für diese Güter zu einem unglücklichen Zeitpunkt, da die Rezession in den westlichen Industrieländern zu einem Nachfragerückgang und damit zu niedrigeren Preisen für diese Güter führte. Das durch Rußland weiter gestiegene Angebot verschärfte die Situation noch.

Amerikanische Produzenten versuchten russische Exporte durch Dumpingklagen oder deren Androhung zu verhindern. Obwohl Rußland diese Güter wahrscheinlich weder zu niedrigeren Preisen als im Inland oder im übrigen Ausland, noch unter den Produktionskosten verkaufte, wurde diese Drohung durch die „Ersatzland-Klausel" sehr real. Rußland stimmte 1994 einer Einschränkung der Aluminium-produktion zu, unter der Bedingung, daß andere Länder nachzögen.

Den Wirtschafts- und Verteidigungsministerien schien dies ein vernünftiger Weg, einem Handelskrieg zu entgehen. Aber die Konsumenten zahlten dafür einen versteckten Preis in Form von gestiegenen Preisen für Aluminium und Aluminium-produkte. Im April 1994 kündigte das Justizministerium eine Untersuchung an, ob diese Vereinbarungen und Maßnahmen die Kartellgesetze verletzten.

Nachdem klar geworden war, daß die alten Anti-Dumping-Gesetze den Problemen der Transformationsländer im Osten nicht gerecht würden, versprach Clinton bei Gipfeltreffen mit Jelzin in den Jahren 1993 und 1994, sie zu reformieren. Ein Vorschlag wurde dem Kongreß überreicht, konnte sich aber nicht durchsetzen. Solange keine Reform dieser Gesetze verabschiedet ist, wird der Marktzugang dieser Länder ein Grund für Spannungen bleiben. Mit Recht beschuldigen sie die marktwirtschaftlichen Staaten, das nicht zu verwirklichen, was sie predigen, nämlich die Tugenden des freien Marktes

Außenhandelsschocks

Und schließlich gibt es noch Gesetze die weniger mit „unfairem" Handel als mit den Konsequenzen eines schnellen wirtschaftlichen Wandels zu tun haben. Solche Veränderungen, speziell Importschocks, können starke negative Auswirkungen auf bestimmte Branchen haben.

Die Gesetzgebung gegen solche Schocks soll kurzfristig den Markt absichern, bis die Industrie Zeit gehabt hat, sich auf die Situation einzustellen. In der Praxis sind die Anti-Dumping-Gesetze so viel effektiver, daß die Gesetze gegen Marktschocks selten zur Anwendung gelangen.

38.3 Politische und wirtschaftliche Argumente für Protektionismus

In Kapitel 3 wurde gezeigt, wie Freihandel allen beteiligten Ländern zugute kommt: Jedes Land produziert das Gut, bei dem es einen komparativen Vorteil besitzt. Dennoch ist Protektionismus weit verbreitet, und zwar aus einem einfachen Grund: Protektionismus hebt die Preise. Die Verluste der Konsumenten durch gestiegene Preise sind höher als die Gewinne der Produzenten durch gestiegene Gewinne. Aber die Produzenten sind gut organisiert, die Konsumenten dagegen nicht.

Deshalb spielen die Stimmen der Produzenten in der öffentlichen Diskussion eine größere Rolle als die der Konsumenten.

Es gibt ein starkes Gegengewicht gegen die politische Durchsetzung protektionistischer Interessen: die Interessen von Exportfirmen, die befürchten, daß andere Länder nachziehen, wenn die USA ihre Märkte gegen Importe abschotten. Daher sind es stets vor allem die exportorientierten Firmen wie Boeing, die sich für internationale Vereinbarungen für freien und fairen Wettbewerb - das Thema des nächsten Abschnitts - einsetzen.

Aber bevor wir uns diese internationalen Vereinbarungen näher anschauen, müssen wir andere wirtschaftliche Aspekte des Protektionismus betrachten. Im Freihandel geht es nämlich dem Land im ganzen besser, einigen Gruppen kann es aber schlechter gehen als vorher. Das sind vor allem vom Strukturwandel betroffene Firmen und Arbeitnehmer, Niedriglohngruppen und Arbeitskräfte, in deren Branche ohne Freihandel wenig Wettbewerb herrscht.

Firmen und Arbeitskräfte, die vom Strukturwandel betroffen sind

China hat komparative Vorteile in der Produktion billiger Textilien, während die USA komparative Vorteile im Sektor der technologisch anspruchsvollen verarbeitenden Industrie hat, z.B. in der Produktion moderner Telephonanlagen. Wenn die USA ihren Markt für chinesische Textilien öffnen, können amerikanische Textilproduzenten vom Markt verdrängt werden, und die betroffenen Belegschaften müssen sich woanders neue Arbeitsplätze suchen. Diese Verluste werden aber mehr als aufgewogen durch die Gewinne der Exportindustrie. Prinzipiell könnten die Gewinner in den exportorientierten Branchen die Verlierer kompensieren und immer noch einen Gewinn erzielen. Das passiert aber selten, was den Widerstand der Verlierer gegen den Freihandel verständlich macht.

Gewöhnlich schmerzen die verlorenen Gewinne der vom Freihandel beeinträchtigten Firmen die Wirtschaftswissenschaftler wenig. Das ist schließlich eines der Risiken, die eine Unternehmung zu tragen hat, und für die sie im Normalfall gut entlohnt wird. Innovationen zerstören alte Industriezweige: Die Erfindung des Automobils schadete z.B. dem Handel mit Pferdewagen. Aber die Einführung neuer Technologien oder billigerer Produkte zu verhindern ist eine schlechte Wirtschaftspolitik.

Oft herrscht mehr Sympathie für die Arbeiter, die durch den Welthandel einen Schaden erleiden, obgleich es keinen Grund gibt, warum man sich nicht genauso um diejenigen sorgen sollte, die von neuen Innovationen profitieren könnten. Wenn die Wirtschaft nahe ihrem Vollbeschäftigungsoutput arbeitet, kann die Mehrzahl der betroffenen Arbeitnehmer einen neuen Job finden. Aber in der Zwischenzeit sind sie arbeitslos, und wenn sie eine neue Arbeitsstelle finden, sind die Löhne oft niedriger als in der alten. (In den letzten Jahren mußte in den Vereinigten Staaten ein Arbeitnehmer, der seinen Job verloren und eine neue Festanstellung gefunden hat, mit einem Lohnverlust von durchschnittlich zehn Prozent rechnen.) Während es diesen Arbeitnehmern schlechter geht, geht es den Arbeitnehmern insgesamt besser, denn in den neuen Exportindustrien sind die Löhne viel höher (um durchschnittlich 13 bis 15 Prozent), als im Durchschnitt aller Branchen. Um die Übergangskosten für entlassene Arbeitnehmer zu mildern, hat der Kongreß ein spezielles Hilfsprogramm verabschiedet, das sie bei der Jobsuche und der dazu nötigen Weiterbildung unterstützt.

Die Sorge um die entlassenen Arbeitnehmer ist besonders groß, wenn eine hohe Arbeitslosigkeit herrscht, denn dann ist es für die Arbeitslosen besonders schwer, eine neue Anstellung zu finden. Die Arbeiter in der Automobilindustrie in Michigan, deren Arbeitsplätze aufgrund von japanischen Importen verloren gehen, meinen, ihre Arbeitsplätze würden von den Japanern gestohlen. In solchen Situationen wird die hohe Arbeitslosenquote dem Freihandel zur Last gelegt. Wenn die Importe beschränkt würden, so wird argumentiert, würden in Amerika Arbeitsplätze erhalten bleiben.

Die *Beggar-thy-neighbor*-Politik

In Kapitel 27 hatten wir gesehen, daß der Output durch die aggregierte Nachfrage begrenzt sein kann. Die aggregierte Nachfrage besteht aus Konsum, Investitionen, Staatsausgaben und Exportüberschuß. Der Exportüberschuß ist die Differenz zwischen Exporten und Importen. Gestiegene Importe senken also den Exportüberschuß und damit auch die aggregierte Nachfrage, das Inlandsprodukt und die Beschäftigung. Importrestriktionen zur Steigerung der aggregierten Nachfrage nennt man *Beggar-thy-neighbor*-Politik, weil im eigenen Land zu Lasten anderer Länder Arbeitsplätze gewonnen werden. Wenn Amerika weniger importiert, exportiert das Ausland weniger. Beschränkungen der Importe in die USA können zunächst einen positiven Einfluß auf die amerikanische Wirtschaft haben. Aber die Gewinne sind normalerweise nur vorübergehend: Andere Länder werden amerikanische Güter nur importieren, wenn sie auch in die USA verkaufen können. Auf Exporteinbrüche, die sie als Folgen protektionistischer Maßnahmen interpretieren, reagieren andere Länder meistens aktiv mit Gegenmaßnahmen, nach dem Motto „Auge um Auge, Zahn um Zahn". Aber auch ohne explizite Vergeltungsmaßnahmen des Auslandes führt eine Importbeschränkung normalerweise dazu, daß die Exporte später ebenfalls fallen. Ohne Exporte in die USA geht das Einkommen der anderen Länder zurück, und mit den Einkommen auch ihre Importe, unter anderem auch die Importe aus den Vereinigten Staaten.

Das abschreckendste Beispiel einer *Beggar-thy-neighbor*-Politik ist das *Hawley-Smoot*-Zollgesetz von 1930, als die Weltwirtschaftskrise begann. Durch dieses Gesetz wurden die Importzölle für viele Produkte so stark angehoben, daß ein großer Teil des Imports unterbunden wurde. Die übrigen Staaten reagierten, die Importe der USA gingen zurück, und die Einkommen der USA und der anderen Staaten sanken. Durch den Einkommensrückgang und die Gegenmaßnahmen der anderen Länder wurden letztendlich weniger Waren der USA gekauft, als vorher. Die Exporte der USA fielen, und verstärkten so die Rezession. Der Einbruch des Welthandels, der durch das *Hawley-Smoot*-Gesetz eingeleitet wurde - siehe auch Abbildung 38.2 - wird oft als Grund für das Ausmaß der Weltwirtschaftskrise angesehen.

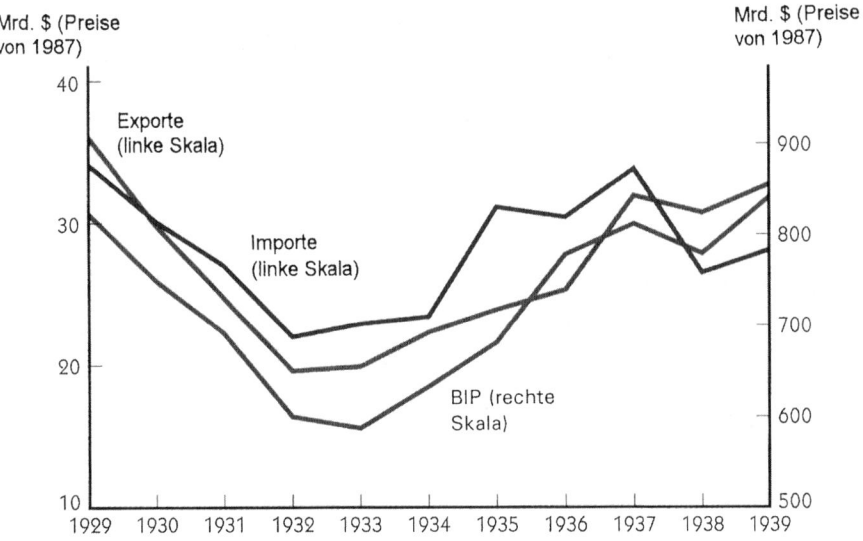

Abbildung 38.2   Der Rückgang des Welthandels während der Weltwirtschaftskrise.
Die Exporte und Importe der Vereinigten Staaten gingen während der Weltwirtschaftskrise dramatisch zurück. Dazu hat das *Hawley-Smoot*-Zollgesetz von 1930 wesentlich beigetragen.

Lohnentwicklung in den betroffenen Sektoren

Abgesehen von den zeitlich begrenzten Problemen des Strukturwandels und der Arbeitslosigkeit gibt es langfristige Auswirkungen auf die Arbeitnehmer in den betroffenen Sektoren. Die USA hat bei der Herstellung von Flugzeugen und Hightech-Produkten, die gut ausgebildete Arbeitskräfte benötigen, einen komparativen Vorteil. Je mehr von diesen Gütern exportiert wird, um so mehr steigt in den USA die Nachfrage nach gut ausgebildeten Arbeitskräften, deren Löhne dann ebenfalls steigen. Andererseits haben die Vereinigten Staaten komparative Nachteile bei Produkten, für die viele niedrig qualifizierte Arbeitskräfte benötigt werden, wie etwa einfache Textilien. In dem Maße, in dem importierte Ware mit einheimischer konkurriert, fällt der Bedarf nach niedrig qualifizierten Arbeitskräften, und ihre Löhne sinken.

Als Ursache für diesen Rückgang der Löhne von niedrig qualifizierten Arbeitskräften werden oft die Importe aus Entwicklungsländern, etwa aus China, betrachtet, wo die Löhne um ein Vielfaches niedriger sind als in den USA. Unter Wirtschaftswissenschaftlern herrscht aber Einigkeit darüber, daß nur ein Bruchteil dieses Lohnrückgangs, etwa 20 Prozent, auf den internationalen Handel zurückzuführen sind. Trotzdem sind diejenigen, deren mageres Einkommen gefährdet ist, unter den stärksten Befürwortern von Handelsbeschränkungen. Dagegen ist es aus wirtschaftswissenschaftlicher Sicht vernünftiger, nicht den Handel zu beschränken, sondern die Ausbildung zu verbessern. Einerseits geht es den Arbeitnehmern mit höherer Ausbildung besser, da ihre Produktivität gestiegen ist; andererseits sinkt so die Zahl der niedrig qualifizierten Arbeitskräfte, so daß deren Löhne ebenfalls steigen, was die negativen Effekte des Welthandels ausgleicht.

Intensivierung des Wettbewerbs

Der Welthandel hat auch unangenehme Folgen für Industriezweige mit beschränktem Wettbewerb. Durch Wettbewerbsbeschränkungen kommen die Unternehmungen in den Genuß von Oligopol- oder Monopolprofiten. Diese werden zum Teil an die Arbeitnehmer weitergegeben. Vor allem, wenn die Arbeitnehmer gewerkschaftlich organisiert sind, können sie weit höhere Löhne erhalten, als ähnlich qualifizierte Arbeitnehmer in anderen Industriezweigen.

Der Welthandel verstärkt den Wettbewerb und läßt so die Monopol- und Oligopolgewinne schmelzen. Die Firmen sind dazu gezwungen, die Löhne des freien Marktes zu zahlen, also die niedrigsten Löhne, zu denen Arbeitskräfte mit einem gegebenen Ausbildungsniveau zu haben sind.

Das Erziehungszollargument

Wirtschaftswissenschaftler sind der Frage nachgegangen, ob es auch aus ökonomischer Sicht legitime Gründe für Protektionismus geben kann, ob also unter bestimmten Umständen, Protektionismus im nationalen Interesse sein kann und nicht nur im Interesse der geschützten Industriezweige. Zwei Argumente haben in diesem Zusammenhang eine Rolle gespielt.

Das erste ist das sogenannte **Erziehungszollargument**. Die Produktionskosten in neuen Industriezweigen sind oft hoch und sinken mit der Zeit, wenn die Erfahrung wächst. Man argumentiert nun, daß neue Firmen nie in der Lage wären, die nötige Erfahrung für eine effektive Produktion zu erlangen, wenn sie nicht durch Protektion vor ausländischer Konkurrenz geschützt wären. Dies gelte vor allem in weniger entwickelten Ländern.

Ein Blick in die Wirtschaftspolitik: Japan als Handelspartner

Die Wirtschaftsbeziehungen zwischen Japan und den Vereinigten Staaten (und vielen anderen Ländern) sind seit Jahren angespannt. Der Grund liegt in Japans riesigem Handelsüberschuß (siehe die nachfolgende Graphik) und verschiedenen Verordnungen, die den japanischen Markt gegen ausländische Konkurrenten abschirmen. Anfang 1993 unterzeichneten Japan und die USA einen sogenannten Rahmenvertrag über den Marktzutritt, um diese Probleme zu beseitigen. Dabei ging es vor allem um Zwischenprodukte, Versicherungen und den Automobilsektor.

Die Diskussionen förderten einige Meinungsunterschiede zu Tage. Erstens führte Japan den Außenhandelsüberschuß zum größten Teil auf die hohe Sparquote, also ein makroökonomisches Phänomen, zurück. In Kapitel 7 erhielten wir

$$X - M = S_d - I .$$

Der Außenhandelsüberschuß ist also gleich der Differenz zwischen der Ersparnis im Inland (einschließlich der staatlichen Ersparnis) und der Investition. Japans Handelsüberschuß könnte nur verringert werden, wenn es seine Investitionen steigerte, oder seine Ersparnis verringerte. Da die Zinsen in Japan bereits niedrig waren - sie betrugen 1995 weniger als ein Prozent pro Jahr - gab es wenig Möglichkeit, die Investitionen zu stimulieren; die Sparneigung wollte Japan aber nicht einschränken.

Die Vereinigten Staaten wollten Japan dazu bringen, die Importe durch gezielte Maßnahmen anzuregen. Fiskalpolitik zur Anregung der Konjunktur, Staatsausgabenerhöhungen und Steuersenkungen, würden die Importe beleben. Weiter forderten sie einen Abbau der Handelshemmnisse, etwa von Bestimmungen, die amerikanischen Zulieferern den Zugang zum japanischen Automobilmarkt verwehrten solchen, die japanische Firmen vom Kauf ausländischer Produkte abhielten.

Um sicherzustellen, daß Japan diese Handelshemmnisse abbauen würde, wollten die USA quantitative Zielvorgaben einführen. In früheren Verhandlungen hatte Japan versprochen, Handelshemmnisse abzubauen, hatte diese Versprechungen aber dann nicht eingehalten. Die USA zeigten sich besorgt, daß ohne solche quantitativen Vorgaben kein Erfolg erzielt werden könnte. Japan seinerseits argumentierte, die Festsetzung von Zielvorgaben würde einer Steuerung des Handels gleichkommen, und dies widerspräche den Prinzipien des Freihandels. Schließlich wurde ein Kompromiß gefunden: Einige wichtige Indikatoren sollten ständig beobachtet werden, feste Quoten sollten aber nicht festgesetzt werden.

Ein drittes Thema war die Frage, inwieweit die Regierungen für die Marktzutrittsbarrieren überhaupt verantwortlich waren. Jede Seite konnte viele Fallbeispiele anführen. US-Autos hatten in Japan wenig Erfolg, einfach weil die amerikanischen

Automobilproduzenten nur Autos mit Steuerrädern auf der rechten Seite bauten. Dies war symptomatisch für die mangelnde Einsicht in die Realitäten des Marktes.

Aber die Amerikaner führten eine Vielzahl von Beispielen dafür an, daß gesetzliche Vorschriften und die Art ihrer Anwendung den Marktzugang behinderten. Als etwa Finanzdienstleister aus den USA in Japan neue Produkte einführen wollten, wurden sie daran gehindert unter dem Vorwand, ihre „Sicherheit" müsse noch von der Kontrollbehörde geprüft werden. Während dieser Verzögerung bereiteten sich japanische Firmen auf den Markteintritt vor. So verloren die amerikanischen Firmen den komparativen Vorteil, den sie ohne die Verzögerung gehabt hätten.

Es gibt in den Argumenten beider Seiten ein Körnchen Wahrheit: Grundsätzlich ist der Außenhandelsüberschuß eine Folge makroökonomischer Ungleichgewichte, des Überschusses der Ersparnis über die Investitionen in Japan und der Investitionen über die Ersparnis in den USA. Auf der anderen Seite unterdrücken Handelshemmnisse den Zugang von Ausländern zu japanischen Märkten, halten die Preise in Japan auf einem hohen Niveau und hindern die Japaner am Kauf importierter Waren. Selbst wenn eine Beendigung dieser Praxis das Außenhandelsungleichgewicht nicht beseitigen würde, so wäre doch der Vorwurf der unfairen Handelspraktiken aus der Welt geschafft.

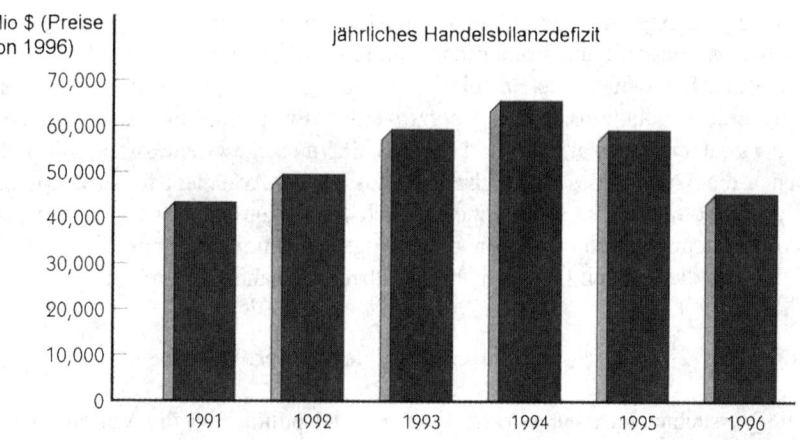

Das Außenhandelsdefizit der USA gegenüber Japan. Die USA hatten ein riesiges Handelsbilanzdefizit gegenüber Japan. Im Jahre 1995 begann es zu sinken. Das Defizit für 1996 wurde nach den Daten der ersten neun Monate geschätzt. *Quelle:* Department of Commerce, Bericht FT-900.

Die Wirtschaftswissenschaft stand diesem Argument immer skeptisch gegenüber. Wenn der Eintritt in einen Markt profitabel ist, werden irgendwann Gewinne erwirtschaftet. Eine Firma sollte also bereit sein, heute einen Preis unter den Kosten zu verlangen, um so die nötige Erfahrung zu erlangen. Die Verluste von heute würden dann durch die zukünftigen Profiten mehr als ausgeglichen. In letzter Zeit hat jedoch das Erziehungszollargument wieder mehr Beachtung gefunden. Denn Unternehmungen können Verluste nur überbrücken, wenn sie Kredite aufnehmen können. Bei schlecht funktionierenden Kapitalmärkten können die Firmen sich nicht durch Kredite finanzieren, selbst wenn ihre Zukunftsaussichten gut sind. Diese Gefahr besteht vor allem in weniger entwickelten Ländern.

Dieses Argument mag legitim sein, aber es rechtfertigt keine protektionistischen Maßnahmen. Es ist vielmehr ein Argument für staatliche Unterstützung durch Kredite oder direkte Subventionen. Wirtschaftswissenschaftler bevorzugen ein solche Unterstützung gegenüber dem Protektionismus, da sie durchsichtiger ist. Eine Subvention ist für alle sichtbar. Protektionismus läuft dagegen auf eine versteckte Besteuerung der Konsumenten hinaus. Der Mangel an Transparenz ermutigt das sogenannte *Rent-seeking*[1]: Industrielobbies wenden Ressourcen auf, um die Regierung dazu zu überreden, diese versteckten Steuern zu erheben, die ihnen selbst zugute kommen.

Theorie des strategischen Handels

Ein weiteres Argument besagt, daß Protektionismus - durch das Senken der Kosten im Inland - einem Land strategische Handelsvorteile über seine Konkurrenten geben kann. Es können zum Beispiel Skalenvorteile, also sinkende Grenzkosten bei steigender Produktionsmenge, genutzt werden. Protektionismus sichert einen großen Absatzmarkt im Inland, und sorgt so für niedrige Grenzkosten. Die Fälle in denen die **Theorie des strategischen Handels** als Argument für Protektionismus angewandt werden kann, scheinen jedoch recht begrenzt. Und selbst, wenn die Voraussetzungen dafür gegeben sind, bringt Protektionismus nur dann einen Vorteil, wenn die anderen Länder nicht dieselben Maßnahmen ergreifen.

38.4 Internationale Kooperation

Die Versuchungen einer kurzsichtigen Handelspolitik und die Vorteile des Freihandels haben viele Länder seit dem Zweiten Weltkrieg dazu gebracht, ihre Han-

---

[1] Renten sind Zahlungen an einen Produktionsfaktor, die nicht notwendig sind, um die benötigte Faktorleistung sicherzustellen. Protektionismus führt zu höheren Preisen und damit zu Profiten über dem Wettbewerbsniveau. Diese zusätzlichen Gewinne werden Renten genannt. Ironischerweise führen diese höheren Gewinne zu Markteintritten, durch die die Renten wieder verschwinden - allerdings bei höheren Preisen.

delsschranken abzubauen. Auf globaler Ebene sind die Bemühungen um den Freihandel unter dem Namen GATT (*General Agreement on Tariffs and Trade*) bekannt geworden. Auf regionaler Ebene sind Zollunionen und Freihandelszonen entstanden.

Das GATT und die WHO

Nach dem Zweiten Weltkrieg merkten die meisten Staaten, daß eine neue Weltwirtschaftsordnung mit niedrigeren Handelsschranken viele Vorteile mit sich bringen würde. So entstand das GATT, das 1995 durch die WHO (Welthandelsorganisation) ersetzt wurde.

Das GATT beruhte auf drei wichtigen Prinzipien. Das erste war das *Prinzip der Gegenseitigkeit:* Wenn ein Land seine Handelsschranken abbaute, konnte es erwarten, daß die anderen Staaten im GATT nachziehen würden. Die zweite war das *Meistbegünstigungsprinzip:* Kein Mitglied des GATT konnte spezielle, günstigere Handelskonditionen mit einem oder wenigen anderen Mitgliedern aushandeln. Das dritte war das *Prinzip der Transparenz:* Importquoten und andere Handelshemmnisse sollten in Zölle umgewandelt werden, so daß ihre Wirkung abgeschätzt werden konnte.

Das GATT hat sich in mehreren Phasen entwickelt, die Runden genannt werden (die Kennedy-Runde, abgeschlossen im Jahr 1967, die Tokio-Runde bis 1979 und zuletzt die 1993 beendete Uruguay-Runde). Insgesamt haben diese Runden die Zölle auf Industriegüter stark gesenkt. 1947 betrug der mittlere Zoll auf Industriegüter 40 Prozent. 1992 lag er bei fünf Prozent, und die Uruguay-Runde hat ihn noch weiter gesenkt.

Die Uruguay-Runde war in zweierlei Hinsicht wichtig. Sie weitete die Prinzipien des fairen und freien Welthandels auf eine Reihe von schwierigeren Gebieten aus. Es gab z.B. Vereinbarungen zur Kürzung von Agrarsubventionen, speziell von Exportsubventionen. Weiter wurde vereinbart, die Rechte an geistigem Eigentum, Patente und Copyrights, zu respektieren. Zweitens wurde die WHO gegründet, um die Beschlüsse durchzusetzen. Vorher mußte ein Land, das sich im Handel unfair behandelt sah, sich an den GATT-Ausschuß wenden, der den Fall prüfen mußte. Selbst wenn der Ausschuß unparteiisch war, hatte er im Fall von unfairen Handelspraktiken wenig effektive Druckmittel in der Hand. Die WHO erlaubt es Ländern, die von unfairen Handelspraktiken betroffen sind, Vergeltungsmaßnahmen zu ergreifen.

Regionale Handelsblöcke

Das GATT und die WHO waren recht erfolgreich darin, die Handelsschranken zwischen den Staaten abzubauen. Aber die Fortschritte wurden nur langsam erreicht, weil Übereinkünfte zwischen so vielen Ländern schwer herzustellen sind.

Unterdessen haben sich viele Länder zu **Handelsblöcken** zusammengeschlossen, in denen nicht nur die Handelsschranken wegfielen, sondern auch Bewegungen von Kapital und Arbeit erleichtert wurden. Vielleicht die wichtigste ist die **Europäische Union**, die Nachfolgeorganisation der **Europäischen Gemeinschaft**, in der heute fast alle europäischen Länder vertreten sind. Die **NAFTA** (North American Free Trade Association), soll sich mit der Zeit zu einer nordamerikanischen Freihandelszone entwickeln, in der Güter und Dienstleistungen zollfrei und ohne Importquoten gehandelt werden. Weitere kleinere Freihandelszonen gibt es zwischen Neuseeland und Australien, sowie in Zentral- und Lateinamerika.

Während der Vorteil von internationalen Absprachen zum Abbau von Handelsschranken klar ist, wird über die Auswirkungen regionaler Handelsblöcke diskutiert. Wenn die Handelsschranken in einer Freihandelszone fallen, belebt sich der Handel in dieser Zone. Die gefallenen Handelsschranken führen zu **Handelsschaffung**, aber auch zu **Handelsumlenkung**. Handel mit Ländern außerhalb der Freihandelszone wird abgeblockt, selbst wenn diese Länder bei einem Produkt einen komparativen Vorteil gegenüber den Mitgliedern des Handelsblocks haben. Daher ist der Nettogewinn nur dann positiv, wenn die Handelsschaffung die Handelsumlenkung überwiegt. Wenn eine Handelsblock geschaffen wird, werden normalerweise die Zölle gegenüber den übrigen Staaten harmonisiert. Geschieht dies auf dem niedrigsten Niveau (und nicht auf dem durchschnittlichen oder einem höheren Niveau), so ist der Nettoeffekt meistens positiv.

Wenn ein regionales Handelsabkommen auch gegenseitige Investitionen umfaßt, löst das spezielle Besorgnis aus, vor allem, wenn die Mitglieder einen sehr unterschiedlichen Lebensstandard haben. In der Diskussion über den NAFTA-Vertrag argumentierte Ross Perot, Mexiko würde große Mengen von Kapital absaugen, das sonst in den USA investiert worden wäre. Nicht nur würde der Abfluß von Kapital nach Mexiko die USA viele Jobs kosten. Es würden auch viele amerikanische Firmen wegen der niedrigen Lohnkosten nach Mexiko auswandern; das Kapital, das auf diese Weise nach Mexiko fließen würde, würde der amerikanischen Wirtschaft fehlen.

Diese Argumente haben einen generellen Fehler. Sie berücksichtigen nicht, daß die Kapitalmärkte heute bereits global arbeiten. Die Vereinigten Staaten sind bei Investitionen nicht auf ihre eigenen Ersparnisse angewiesen, sondern das Kapital fließt zu rentablen Investitionsobjekten, egal wo diese sich befinden. Wenn es in den USA gute Investitionsmöglichkeiten gibt, wird das Kapital dorthin fließen, unabhängig davon, wieviel Geld Amerikaner in Mexiko investieren. Behindert man den freien Kapitalverkehr, so kann das Kapital nicht mehr an den Ort seiner höchsten Produktivität fließen und die Weltwirtschaft verliert an Effizienz.

Das Perot-Argument basiert auf das Vorstellung, daß die Weltwirtschaft ein Nullsummenspiel ist, so daß jeder Gewinn für Mexiko ein Verlust für die Vereinigten Staaten sein muß. Das ist so als würde ein Land durch Importe immer Arbeitsplätze verlieren. Die Gewinne des Auslands durch den Export gehen zu Lasten des Inlandes, wo weniger Jobs geschaffen werden können. In Kapitel 3 wurde gezeigt, was an diesem Argument nicht stimmt: Durch die Ausnutzung komparativer Vorteile geht es *beiden* Ländern besser, wenn sie sich auf dasjenige Gut spezialisieren, das sie am besten herstellen können. Die Arbeiter erhalten höhere Löhne, wenn sie in einem Sektor mit höherer Produktivität arbeiten, und die Konsumenten profitieren von den niedrigeren Preisen. Ebenso verhält es sich mit den Investitionen: Wenn die Investitionen dahin fließen, wo die Rendite am höchsten ist, steigt das Weltsozialprodukt. Da die Erträge des Kapitals steigen, wenn es effizient angelegt ist, kann auch die Sparquote steigen, was den Umfang der verfügbaren Mittel erhöht. Steigt die Sparquote und wird das Kapital effizienter genutzt, so nimmt die Wachstumsrate der Weltwirtschaft zu.

Aber ebenso wie nicht notwendigerweise jeder vom Freihandel profitiert, so profitiert auch nicht notwendigerweise jeder vom freien Kapitalverkehr mit Mexiko. Mexiko wird durch seinen verbesserten Zugang zum riesigen amerikanischen Markt attraktiver für ausländische Investoren, so daß auch Kapital aus anderen Ländern nach Mexiko fließen wird. Die meisten Wirtschaftswissenschaftler halten den Nettoeffekt auf die Investitionen in den USA für vernachlässigbar, wenn nicht positiv. Industriezweige in den USA, die größere Absatzmöglichkeiten in Mexiko erwarten, werden mehr investieren und damit den Investitionsrückgang von Firmen, die unter der mexikanischen Konkurrenz leiden, mehr als wettmachen.

Die Kapitalströme verstärken sogar den positiven Effekt des Freihandels, denn es gibt wichtige Wechselwirkungen zwischen Auslandsinvestitionen und Handel. Amerikanische Firmen, die im Ausland produzieren, verwenden gewöhnlich mehr amerikanische Teile, genauso wie französische Firmen im Ausland mehr französische Teile verwenden. So sind Direktinvestitionen oft ein Wegbereiter für den Export.

Trade-offs zwischen regionalen und internationalen Handelsvereinbarungen

Der potentielle *Trade-off* zwischen dem Handel innerhalb einer Region und dem Handel mit Drittländern hat einige Wirtschaftswissenschaftler, etwa Jagdish Bhagwati von der Columbia University, dazu gebracht, regionale Handelsvereinbarungen abzulehnen. Ein weiteres Problem sind die politischen Kosten: Hier geht es zum Beispiel darum, ob die Vereinigten Staaten ihre begrenzten politischen Mittel zur Durchsetzung von regionalen oder internationalen Vereinbarungen einsetzen sollen. In letzter Zeit hat die US-Regierung eine pragmatische Politik verfolgt. Ihr Hauptziel ist es, mit internationalen Initiativen mittels der WHO alle wirtschaftlichen Schranken abzubauen. Zugleich setzt sie sich massiv für eine Reduktion von Handelsschranken in regionalen Vereinbarungen innerhalb Nordamerikas und mit den Pazifikanrainerstaaten ein. Vereinbarungen mit einigen wenigen

Ein Blick in die Wirtschaftspolitik: Merkantilismus einst und heute

Merkantilismus wird ein Denkschule genannt, die in Europa zwischen 1500 und 1800 vorgeherrscht hat und die die Macht und den Reichtum des Staates vor allem durch eine aggressive Exportpolitik zu steigern versuchte. Außerdem beschränkte man die Importe und wollte allgemein die Staatsmacht durch einen möglichst großen Vorrat an Gold und Silber sichern. Josiah Child, ein bekannter Merkantilist, schrieb 1693: „Außenhandel schafft Reichtum, Reichtum schafft Macht, und Macht sichert unseren Handel und unseren Glauben."

Um viele Güter zu exportieren mußte ein Land mehr produzieren als konsumieren; die Bewohner mußten also angehalten werden, für niedrige Löhne hart zu arbeiten.

Adam Smith, der Vater der modernen Wirtschaftswissenschaft, erkannte die Denkfehler des Merkantilismus. Er argumentierte, der Wohlstand eines Landes sei nicht nach seinen Gold- und Silbervorräten, sondern nach der Produktivität seiner Ressourcen zu beurteilen. Smith zeigte, daß selbst die militärische Macht eines Landes, also seine Armee, nicht mit den Gold- und Silbervorräten, sondern mit physischen Produkten, wie Schiffen, Nahrung, Kleidung und Waffen ausgerüstet wird.

Seit Adam Smiths Attacke gegen den Merkantilismus hat sich die Welt dramatisch verändert. Aber das merkantilistische Gedankengut lebt weiter und ist heute genauso zu kritisieren wie damals.

Moderne Merkantilisten befürworten den Export, nicht weil er die Goldreserven steigert, sondern weil er Arbeitsplätze schafft. Ebenso werden Importe abgelehnt, weil sie zu Arbeitsplatzabbau und Abhängigkeit vom Ausland führen. Einige Länder wie Japan und Korea haben mit stark exportorientierter Politik Erfolg gehabt, was nach Meinung der meisten Wirtschaftswissenschaftler zu ihrem wirtschaftlichen Wohlstand beigetragen hat. Der Grund hierfür ist aber nicht die Anhäufung von Reichtümern, wie der Merkantilismus glauben macht. Japan und Korea konnten ihren Kapitalstock vor allem durch ihre außergewöhnlich hohe Sparquote so schnell steigern. Ihre Exportpolitik machte es notwendig, in der Industrie effizient zu produzieren und hohe Qualitätsstandards einzuhalten. Diese Politik brachte sie dazu, sich dem Wettbewerb zu stellen und auf hohem technologischen Niveau zu produzieren.

Heute hält man in den USA Handel für wichtig, weil er den Lebensstandard hebt. (Die Schaffung von Arbeitsplätzen ist dagegen eine Aufgabe des Federal Reserve Board, das die Wirtschaft bei Vollbeschäftigung halten soll.) Die Amerikaner spezialisieren sich auf Produkte, in denen sie komparative Vorteile haben, und ihre Firmen produzieren durch internationale Konkurrenz effizienter. Diese Argumente gebrauchte im wesentlichen auch Adam Smith, als er sagte, Protektionismus könne für die Unternehmer angenehm sein, Freihandel käme jedoch der ganzen Gesellschaft zugute.

Partnern können leichter zu erreichen sein als mit allen Ländern auf einmal. Dies gilt vor allem für schwierigere Themen, wie den Kapitalverkehr und die Deregulierung. Die US-Regierung sieht erfolgreiche regionale Vereinbarungen als gutes Druckmittel, um internationale Vereinbarungen durchzusetzen.

Zusammenfassung

1. Ein Land hat neben Zöllen noch verschiedene andere Möglichkeiten, sich abzuschotten. Diese nichttarifären Handelshemmnisse sind unter anderem. Importquoten, freiwillige Exportbeschränkungen und Vorschriften mit handelsbeschränkender Wirkung. Quoten und freiwillige Exportbeschränkungen sind jetzt durch internationale Abkommen abgeschafft. Während in den letzten Jahrzehnten die Zölle enorm abgebaut wurden, haben die übrigen Handelsbeschränkungen etwas zugenommen.

2. Während alle Länder vom Freihandel profitieren, kann er für einige Gruppen in einem Land ungünstig sein. In den Vereinigten Staaten können die Löhne von ungelernten Arbeitskräften und von Beschäftigten in Industriezweigen, die vorher wenig Konkurrenz gespürt haben, sinken. Einige Arbeitnehmer werden ihren Arbeitsplatz verlieren und Unterstützung bei der Arbeitsplatzsuche benötigen.

3. Gesetze zur Förderung eines fairen Wettbewerbs - Anti-Dumping-Gesetze, Ausgleichssteuern und Gesetze gegen Außenhandelsschocks - werden oft in protektionistischer Art und Weise verwendet.

4. Der Widerstand gegen Importe wächst, wenn die Arbeitslosigkeit hoch ist. Aber eine *Beggar-thy-neighbor*-Politik, die Arbeitsplätze durch Importbeschränkung erhalten will, ist meistens kontraproduktiv.

5. Die WHO, die Nachfolgerorganisation des GATT, stellt einen Rahmen zum Abbau von Handelsschranken dar. Sie gründet sich auf die Prinzipien der Gegenseitigkeit, der Meistbegünstigung und der Transparenz. Die Uruguay-Runde erweiterte den Freihandel auf neue Gebiete wie Landwirtschaft und geistiges Eigentum und gründete die WHO.

6. Die Schwierigkeiten, die mit weltweiten Freihandelsvereinbarungen verbunden sind, haben dazu geführt, daß regionale Handelsblocks geschaffen wurden, wie zum Beispiel die NAFTA. Diese regionalen Handelsvereinbarungen können eine Handelsumlenkung mit sich bringen, die den Nutzen aus der Handelsschaffung wieder neutralisieren.

Schlüsselbegriffe

Protektionismus	*Beggar-thy-neighbor*-Politik	Handelsschranken
Welthandelsorganisation (WHO)	Entwicklungszollargument	Handelsumlenkung
GATT	Ausgleichssteuern	Handelsschaffung
NAFTA	Theorie des strategischen	
freiwillige Exportbeschränkungen	Handels	

Wiederholungsfragen

1. Auf welche Art und Weise versuchen Staaten, ihre Industrie gegen Importen abzuschotten?

2. Was ist der Unterschied zwischen Zöllen und Importquoten?

3. Warum geht es den Konsumenten durch Zölle schlechter?

4. Welche Gesetze sollen einen fairen Wettbewerb im internationalen Handel garantieren? Was bewirken sie in der Praxis?

5. Wie wirken nicht-tarifäre Handelshemmnisse auf den internationalen Handel?

6. Wie ist es möglich, daß einige Gruppen durch Freihandel verlieren, während es dem Land insgesamt besser geht? Welche Gruppen sind in den Vereinigten Staaten am meisten betroffen?

7. Was versteht man unter einer *Beggar-thy-neighbor*-Politik? Welche Auswirkungen hat sie?

8. Was für Aufgaben haben das GATT und die WHO? Welche Prinzipien liegen ihnen zugrunde? Welche Fortschritte hat das GATT erreicht, und welche Ergebnisse hatte die Uruguay-Runde?

9. Was ist die NAFTA? Welche Vorteile haben regionale Handelsvereinbarungen?

10. Was bedeuten die Begriffe Handelsschaffung und Handelsumlenkung?

Aufgaben

1. Angenommen, japanische Produkte kommen in den USA aus der Mode. Würde dies Japans Exporte beeinflussen? Wie würde sich der Wechselkurs entwickeln? Wie würde sich das Volkseinkommen in Japan verändern, wenn die Regierung keine Gegenmaßnahmen ergreifen würde? Welche Auswirkungen hätte dies wiederum auf den Export und das Volkseinkommen der USA, falls die US-Regierung nichts dagegen unternimmt? Verwenden Sie Diagramme aus diesem Kapitel, um diese Fragen zu beantworten.

2. Erklären Sie, warum sich bei einer Rezession in Japan und gleichzeitiger wirtschaftlicher Erholung in den USA die Zahlungsbilanz verschlechtert.

3. Erklären Sie, warum eine Lockerung der japanischen Einfuhrregelungen den Yen-Dollar-Wechselkurs aber nicht die Handelsbilanz ändern könnte. Warum wäre diese Lockerung für die USA trotzdem von Vorteil?

4. Im Jahr 1993 fiel der Aluminiumpreis. Das hatte verschiede Gründe: Die Weltwirtschaft befand sich in einer Rezession, durch neue Techniken konnten Aluminiumdosen mit zehn Prozent weniger Aluminium hergestellt werden, und Rußland begann, Aluminium zu exportieren, das es nicht mehr für seine Flugzeugindustrie benötigte. Amerikanische Aluminiumproduzenten drohten mit Anti-Dumping-Klagen gegen Rußland, obwohl Rußland das Aluminium zu Weltmarktpreisen verkaufte. Was wäre wohl passiert, wenn die Anti-Dumping-Klagen eingereicht worden wären? (Folgendes Hintergrund-

wissen könnte hierfür nützlich sein: Japan importiert in großem Stil Aluminium und einige Aluminiumproduzenten in den USA besitzen Anteile an Produktionsstandorten außerhalb der Vereinigten Staaten.)

5. Wenn Sie einer Regierung angehören würden, die versucht die Importe zu beschränken, wie könnten Sie dann Verordnungen zu diesem Zweck einsetzen?

6. Warum ziehen nicht alle amerikanischen Firmen nach Mexiko um, wenn die Löhne in Mexiko nur ein Drittel der amerikanischen betragen?

7. Haben die USA einen Vorteil oder einen Nachteil davon, daß Investitionen in Mexiko attraktiver werden?

8. Sollten die Vereinigten Staaten ausländische Autoproduzenten (z.B. Mazda) anders behandeln als amerikanische Firmen? Sollte man Ford, Chrysler und GM die Erlaubnis für ein Forschungskonsortium geben, das diese Firmen ausschließt? Sollte die amerikanische Regierung ein solches Forschungskonsortium mit Geld unterstützen?

9. Welche Prioritäten sollte die US-Regierung setzen, wenn es darum geht, ausländische Märkte für US-amerikanische Firmen zu öffnen? Sollten die Interessen amerikanischer Arbeitskräfte, die Interessen amerikanischer Unternehmungen oder die Interessen amerikanischer Anleger im Vordergrund stehen? In welcher Reihenfolge würden Sie folgende Projekte verwirklichen: (a) Öffnung des japanischen Marktes für „Toys-R-Us" Spielzeug, das in China hergestellt wird; (b) Öffnung des japanischen Wertpapiermarktes, so daß Goldman Sachs und andere amerikanische Investmentfirmen an japanische Pensionsfonds verkaufen können; (c) Öffnung des japanischen Automobilmarktes, um Autos von GM, Ford und Chrysler in Japan zu verkaufen; und (d) Öffnung des chinesischen Automarktes, um von Toyota und Mazda in den USA hergestellte Autos in China zu verkaufen?

Kapitel 39

Alternative Wirtschaftssysteme

Die Sowjetunion existiert nicht mehr, und viele ehemals kommunistische Staaten in Osteuropa und dem Baltikum ändern ihre Wirtschaftssysteme in Richtung Marktwirtschaft. Sogar China, das bevölkerungsreichste Land der Welt, hat sich der Marktwirtschaft verschrieben – wobei es allerdings politisch das kommunistische System beibehält. Diese Umwälzungen verdecken den Blick auf die Zeit der Rivalität zwischen den Marktwirtschaften Westeuropas und der USA auf der einen, und der kommunistischen Sowjetunion auf der anderen Seite. Noch im Jahr 1979 glaubten viele bekannte Wirtschaftswissenschaftler, die Sowjetunion werde die USA einholen, und schließlich den wirtschaftlichen Wettlauf gewinnen.

Heute sehen sich die ehemals kommunistischen Staaten einem ökonomisch weit überlegenen Westen gegenüber. Dieses Kapitel behandelt die Unterschiede zwischen dem Kommunismus sowjetischer Prägung und dem westlichen Wirtschaftssystem und erklärt den Unterschied in Wachstum und Lebensstandard. Am Ende des Kapitels betrachten wir zwei andere Ausprägungen des Kommunismus: die Arbeiterkooperativen im ehemaligen Jugoslawien und die Versuche in Ungarn und China, marktwirtschaftliche Elemente in den Sozialismus zu integrieren.

Die Untersuchung dieser alternativen Wirtschaftssysteme gibt nicht nur einen Einblick in einen der wichtigsten wirtschaftlichen und politischen Konflikte des zwanzigsten Jahrhunderts. Wenn man versteht, warum der Sozialismus gescheitert ist, versteht man auch, warum der Markt funktioniert.

39.1 Terminologie

Um die verschiedenen wirtschaftlichen Systeme zu beschreiben, braucht man einige Fachbegriffe. Im **Sozialismus** besitzt und betreibt der Staat die wichtigsten Produktionsmittel, also Fabriken für Autos, Stahlwerke, Minen, das Telefonsystem usw. Im **Kommunismus** sind alle Produktionsmittel Staatseigentum - nicht nur Fabriken, sondern auch Gebäude und Land. Bis heute hat kein Land das Privateigentum vollständig abgeschafft. Die Menschen besitzen immer noch ihre Kleidung und langlebige Konsumgüter wie Autos und Fernseher.

Der Begriff „Kommunismus" wird für diejenigen Volkswirtschaften benutzt, die nach dem zweiten Weltkrieg unter den Einfluß der Sowjetunion und Chinas gelangten. Diese Länder hatten ein Wirtschaftssystem, in dem der Staat nicht nur die Produktionsmittel besaß, sondern auch eine starke, zentrale Kontrolle über die wirtschaftlichen Entscheidungen ausübte. Wegen der wichtigen Rolle der zentralen Planung werden diese Volkswirtschaften **Planwirtschaften** genannt. In diesen

Staaten gab es keine freien Wahlen, die Meinungsfreiheit und viele andere Freiheitsrechte demokratischer Staaten waren stark eingeschränkt.

Das Wirtschaftssystem der USA und Westeuropas wird oft als **Kapitalismus** bezeichnet, wegen der wichtigen Rolle des Privatkapitals in diesen Ländern. Manchmal bezeichnet man sie auch als Mischwirtschaften, da der Staat eine wichtige Rolle spielt, oder als Marktwirtschaften, weil Haushalte und Unternehmungen auf Märkten interagieren. Die Tabelle 39.1 vergleicht den Lebensstandard der kommunistischen Länder in der Zeit vor den großen wirtschaftlichen und politischen Umwälzungen der Jahre 1989-91 mit dem der übrigen Welt.

Tabelle 39.1   Vergleich des Lebensstandards in Planwirtschaften und Marktwirtschaften

	BSP pro Kopf ($, Preise von 1988)	Jährliche Wachstumsrate des BSP (%) 1965-1988	Lebenserwartung bei der Geburt (Jahre)	Analphabetenrate bei Erwachsenen (%)
	Planwirtschaften:			
UdSSR	2.660	4.0	70	< 5
China	330	5.4	70	31
Ungarn	2.460	5.1	71	< 5
	Marktwirtschaften			
USA	19.840	1.6	76	< 5
Indien	340	1.8	58	57
Italien	13.330	3.0	77	< 5
Ägypten	660	3.6	63	56
Schweden	19.300	1.8	77	< 5

39.2 Die Wurzeln von Sozialismus und Kommunismus

Im achtzehnten und neunzehnten Jahrhundert begann die industrielle Revolution, das Wirtschaftssystem und die Gesellschaft radikal zu verändern. Durch neue Technologien entstanden die ersten Fabriken, die Arbeiter begannen vom Land in die Städte zu ziehen. In den schnell wachsenden Städten lebten die Arbeiter oft unter schrecklichen Umständen. Um ihre Familien zu ernähren, mußten außer den Eltern auch die Kinder in den Fabriken arbeiten, mit langen Arbeitszeiten und unter ungesunden Bedingungen. In bestimmten Zeitintervallen fielen die Volkswirtschaften in eine Rezession oder Depression. Arbeiter wurden entlassen, mußten betteln, stehlen oder hungern. Das Leben der besitzlosen Arbeiter auf dem Lande war kaum idyllischer. In Irland zum Beispiel verhungerte in den vierziger Jahren des vorigen Jahrhunderts ein Fünftel der Bevölkerung, eine halbe Million Menschen.

Während der Großteil der Bevölkerung um das Überleben kämpfte, besaßen einige beträchtlichen Reichtum, der oft geerbt war. Zwischen den Reichen und Armen gab es eine kleine, aber wachsende Mittelschicht, hauptsächlich Handwerker und Kaufleute. (Heute gibt in den Vereinigten Staaten und Europa die Mittelschicht - Geschäftsleute, Handwerker und Angestellte mit hohen Löhnen - den Ton an.)

Die Frage, ob und wie man diese Zustände ändern könnte, beschäftigte viele Gesellschaftstheoretiker seit dem späten achtzehnten Jahrhundert. Viele schoben die Schuld dem kapitalistischen Wirtschaftssystem zu. Der einflußreichste Kritiker des Kapitalismus war ein Deutscher, der in England lebte, Karl Marx.

Marx glaubte, die Wirtschaft werde sich durch geschichtliche Kräfte zwangsweise vom Feudalismus zum Kapitalismus und später vom Kapitalismus zum Sozialismus und Kommunismus entwickeln. Es werde kein Privateigentum mehr geben, und alle wirtschaftlichen Entscheidungen würden vom Staat getroffen. „Jeder nach seinem Vermögen", schrieb Marx[1], „und jedem nach seinen Bedürfnissen." Die grundsätzlichen wirtschaftlichen Fragen, was produziert werden sollte, in welchen Mengen, auf welche Weise, für wen, und wer die Entscheidungen fällen sollte, wurden in Marx' Vorstellung im Gegensatz zur Marktwirtschaft vom Staat entschieden.[2]

Unter den überzeugten Verfechtern der Ideen von Marx war ein russischer Revolutionär, Wladimir Ilytsch Lenin. Im Oktober 1917 übernahmen die Bolschewiki, Lenins Partei, die sich zum Kommunismus bekannten, die Macht. Es entstand der erste „kommunistische" Staat. Es war nicht einfach, Marx' Ideen in ein Programm zu übersetzen: Ein großes, armes, weitgehend unterentwickeltes und bäuerliches Land mußte regiert werden. Es war eine Ironie der Geschichte, daß Rußland, das vor der Revolution mit dem Kapitalismus kaum in Berührung gekommen war, das erste Land war, das Marx' Ideen umzusetzen versuchte. Marx hatte vorhergesagt, ein Land würde auf dem *Weg* zum Sozialismus durch eine kapitalistische Phase gehen, erwartete also eine Wendung zum Sozialismus zuerst in Ländern wie Frankreich oder England.

---

[1] Kritik des Gothaer Programms.

[2] Nach der Ansicht von Marx sind Sozialismus und Kommunismus nur Übergangsstadien zu einem Zustand, in dem der Staat sich auflösen würde. Wie die Produktion dann organisiert würde - was produziert werden sollte, wie und für wen - wurde offengelassen.

Die Adaption Marxscher Ideen durch Lenin und seinen Nachfolger Stalin in Rußland hat den Kommunismus, wie wir ihn heute kennen, mindestens ebenso stark geprägt wie diese Ideen selbst. Darüber, wie Marx auf die nachfolgende Entwicklung reagiert hätte, kann man nur spekulieren. Einen Hinweis gibt sein Kommentar zu den Ideen der französischen Marxisten: „Ich für meinen Teil bin kein Marxist.“

Desillusionierung über den Markt

In den Vereinigten Staaten und anderen entwickelten Länder herrscht heute weitverbreitetes Vertrauen in den Markt und seine Fähigkeit, Ressourcen effizient zu nutzen. Natürlich gibt es Marktversagen, temporäre Arbeitslosigkeit und arme Regionen. Aber wir haben in diesem Buch gesehen, wie der Markt die Ressourcen im Großen und Ganzen effizient verteilt. Weiter haben wir gesehen, wie staatliche Maßnahmen dem Marktversagen entgegenwirken und – wenn der politische Wille vorhanden ist – Einkommensungerechtigkeiten, die der Markt erzeugt, ausgleichen können.

Aber dieses Vertrauen bestand nicht immer und wird auch heute nicht von allen geteilt. Als die USA 1927 in die Weltwirtschaftskrise rutschten, von der sie sich bis zum Beginn des zweiten Weltkrieges nicht richtig erholten, wurden Millionen von Amerikanern arbeitslos. Etwas schien mit dem kapitalistischen Wirtschaftssystem nicht in Ordnung zu sein. Die gewachsenen Erwartungen von Millionen von Menschen, die in Indien, dem übrigen Asien, Afrika und Südamerika in bitterer Armut leben, hat der Markt bisher nicht erfüllt. Und auch in den Industrieländern ist der allgemeine Wohlstand an vielen vorbeigegangen.

Es ist also nicht verwunderlich, daß viele sich ein anderes Wirtschaftssystem wünschen, das mehr Wirtschaftswachstum und mehr Gerechtigkeit bringt. Der Sozialismus schien lange Zeit die richtige Antwort zu sein. Man erwartete von einem Staat, der die Wirtschaft kontrolliert, Sicherheit vor Rezessionen und vor dem, was man als „Chaos des Marktes“ bezeichnete, etwa den Überschußkapazitäten in einer Branche bei gleichzeitigen Kapazitätsengpässen in einer anderen.

39.3 Die Funktionsweise von Planwirtschaften sowjetischer Prägung

Privatvermögen, Preise und Gewinn spielen in der Marktwirtschaft eine wichtige Rolle. In der Planwirtschaft sind die drei wichtigsten Faktoren zentrale Planung, Druck und politische Kontrolle.

In den Planwirtschaften sowjetischer Prägung waren Produktionsentscheidungen und Koordination der wirtschaftlichen Aktivitäten Gegenstand der zentralen Planung durch Staatsministerien. In Fünfjahresplänen wurden genaue Produktionsziele festgesetzt, etwa um wieviel die Produktion von Stahl oder Nahrungsmittel steigen sollte. Die Leiter der einzelnen Unternehmungen bekamen genaue Anweisungen darüber, wieviel und wie produziert werden sollte.

Unter die Lupe genommen: Marxistische Wirtschaftstheorie

Von den vielen Verfechtern des Sozialismus im neunzehnten Jahrhundert hatte Karl Marx den größten Einfluß. Seine Theorien waren nicht nur für die Entwicklung des Sozialismus in der Sowjetunion wichtig, sondern sie waren der Ausgangspunkt der marxistischen Wirtschaftstheorie. Wie in jeder anderen Theorieschule wuchsen hier mit der Theorie auch die Meinungsverschiedenheiten der Mitglieder. Die wichtigsten Ideen sollen im folgenden vorgestellt werden.

Eine wichtige Frage ist, wie die Preise bestimmt werden, oder bestimmt werden sollen. Nach dem volkswirtschaftlichen Standardmodell geschieht dies durch Angebot und Nachfrage. Marx verwendete stattdessen die Arbeitswertlehre, die er vom britischen Wirtschaftswissenschaftler David Ricardo übernommen hatte. Nach dieser Theorie bemißt sich der Wert eines Gutes nach der Menge an Arbeit, die zu seiner Herstellung notwendig ist. Je arbeitsaufwendiger ein Gut ist, desto mehr ist es demnach wert. Marx sah die Differenz zwischen dem Preis eines Gutes und seinen Arbeitskosten - den Gewinn der Unternehmung und die Rendite des Kapitals - als Ausbeutung der Arbeiterschaft. In der Marktwirtschaft wird dagegen der Gewinn als Anreiz für Unternehmungen und das Kapital als knapper Produktionsfaktor gesehen, der - genau wie Boden oder Arbeit - nur dann effizient eingesetzt wird, wenn er einen Ertrag abwirft.

Daneben ist bei Marx wichtig, wie das Wirtschaftssystem das menschliche Leben beeinflußt. In diesem Buch wurden die Präferenzen der Menschen als gegeben angesehen: Die Nachfrage nach Süßigkeiten und CDs basiert demnach auf den Präferenzen jedes einzelnen Konsumenten. Und wir haben uns nicht gefragt, warum die Arbeitnehmer faulenzen, wenn ihnen kein Anreiz geboten wird.

Nach Ansicht vieler Marxisten werden die Menschen in einer anderen Gesellschaftsordnung weniger materialistisch, offener für gegenseitige Hilfe und engagierter bei ihrer Arbeit sein. Man kann etwa in Kriegszeiten oft eine Änderung des Verhaltens beobachten. Darüber, ob die menschliche Natur formbar genug ist, um in irgendeinem Gesellschaftssystem diese idealistischen Zustände über längere Zeit aufrechtzuerhalten, kann man natürlich streiten. Klar ist, daß dies keine Planwirtschaft nach sowjetischem Muster erreicht hat.

Eine dritter Aspekt der marxistischen Theorie bezieht sich auf die Verbindungen zwischen Wirtschaft und Politik. Marxisten behaupten, daß die Machtverhältnisse über die Verteilung bestimmen: Die wirtschaftliche Macht der Monopole und die politische Macht der Reichen sind hier entscheidend. Die Reichen beeinflussen die Regierung und erreichen so, was sie im freien Wettbewerb nie erlangt hätten. Ihrer

Meinung nach gibt es Fälle, in denen der Staat Hunderte Millionen von Dollar für einen Krieg zur Wahrung von geschäftlichen Interessen ausgibt und zur gleichen Zeit behauptet, kein Geld für die Sanierung von Armenghettos oder die Ausbildungsförderung für Bedürftige zu haben. Die Diskussion darüber, ob diese Behauptungen gerechtfertigt sind, führt uns, wie alle Fragen der Wertung oder der allgemeinen Moral, über die Grenzen der Wirtschaftswissenschaften hinaus.

Marx könnte recht gehabt haben in bezug auf den Einfluß der Wirtschaft auf die Entwicklung der Gesellschaft. Es ist eine Ironie der Geschichte, daß die wirtschaftlichen Kräfte dem Sozialismus mehr geschadet haben als dem Kapitalismus. Der wirtschaftliche Erfolg im Westen und das Versagen des Sozialismus sowjetischer Prägung haben zur Ablehnung dieses Systems in Osteuropa und der Sowjetunion geführt.

Marktanreize wurden zum Teil auch durch schieren Druck ersetzt. Wir haben in früheren Kapiteln gesehen, daß wirtschaftliche Anreize eher als Zuckerbrot oder eher als Peitsche wirken können. Unter Joseph Stalin war in der Sowjetunion die Peitsche vorherrschend: Wer seine Planziele nicht einhalten konnte, wurde nach Sibirien verfrachtet.

Anstelle von Anreizen wurden auch politische Kontrolle und Belohnungen eingesetzt. Wichtige Positionen in der Wirtschaft wurden mit treuen Parteimitgliedern besetzt. In der Revolutionszeit sahen viele im Sozialismus die überlegene Wirtschafts- und Gesellschaftsform. Als glühende Anhänger dieser Ideologie brauchten sie keine wirtschaftlichen Anreize, um ihre Planziele zu erreichen. Die nötigen Anreize lieferte die Aussicht auf Beförderung. Mit der Zeit wurde die Parteimitgliedschaft von einer Frage der politischen Überzeugung zu einer notwendigen Voraussetzung, um Karriere zu machen. Unter Leonid Breschnew, dem Generalsekretär der kommunistischen Partei von 1964 bis 1982, verbreitete sich diese zynische Einstellung. Parteimitglieder bekamen nicht nur bessere Arbeitsstellen, sondern auch andere Vorteile, zum Beispiel Zugang zu Läden mit Waren, die sonst nicht zu haben waren.

Ein grundsätzlicher Bestandteil der Marktwirtschaft, der Wettbewerb, war verpönt. So wie im politischen Bereich die kommunistische Partei ein Monopol besaß, gab es für die Staatsbetriebe keine Konkurrenz, und sie konkurrierten auch nicht miteinander. Natürlich herrschte trotzdem Wettbewerb, nämlich um gute Stellungen, die ein höheres Einkommen und Zugang zu begehrten Waren boten. Hier kam es aber nicht darauf an, ob man innovative neue Produkte herstellte oder solche, die beim Konsumenten gut ankamen. Vielmehr war derjenige erfolgreich, dessen Verhalten den Zielen und Vorschriften der Bürokratie entsprach und der in das politische Spiel von Bürokratie und Partei paßte.

Verglichen mit der Marktwirtschaft versagten die Planwirtschaften kläglich, einfach weil ihnen die nötigen Informationen fehlten. Oft wurden zum Beispiel Positionen falsch besetzt. Die Arbeitsplatzsicherheit verminderte den Leistungsanreiz. Über die Bezahlung und sogar über Beförderungen wurde oft nicht nach Leistungskriterien entschieden. Ohne diese Anreize leisteten die Arbeiter aber nur das erforderliche Minimum.

Ebenso brachte es den Unternehmungen nichts, mehr zu produzieren, als ihr Plan vorsah. Sie hatten sogar einen Anreiz, es nicht zu tun. Wenn sie zeigten, daß sie mehr oder mit weniger Inputs produzieren konnten, wurden ihre Quoten angehoben. Ohne ein Preissystem kam es oft zu Versorgungsmängeln, nicht nur bei Konsumgütern, sondern auch bei Inputs für die Produktion. Daher horteten die Unternehmungen alles Rohmaterial, das ihnen in die Hände fiel.

Das Fehlen von Preisen und Gewinnen hatte weitere schwächende Auswirkungen. In der Markwirtschaft bestimmen die Renditen, wo Kapitel investiert wird. Die Jagd nach Gewinnen ist für die Unternehmer ein Anreiz, und, was ebenso wichtig ist, Verluste bringen eine Firma dazu, zu schließen. Da in sozialistischen Volkswirtschaften der Staat alle Unternehmungen besitzt und alle Gewinne erhält, geht von den Gewinnen keine Anreizwirkung aus. Ebenso wird eine Produktion selten wegen Verlusten aufgegeben. Wenn eine Unternehmung Verluste erleidet, kommt der Staat dafür auf. János Kornai, ein ungarischer Wirtschaftswissenschaftler, der sowohl in seiner Heimat, wie in Harvard lehrt, nennt dieses Phänomen **weiche Budgetbeschränkung** im Gegensatz zu der harten Budgetbeschränkung für Firmen in der Marktwirtschaft. Im sozialistischen System werden Unternehmungen für Verluste nicht bestraft und haben keinen Anreiz, sparsam mit den Ressourcen umzugehen oder Innovationen zu entwickeln.

In gewisser Weise war es für die sowjetischen Führung sinnvoll, sich nicht um Gewinne zu kümmern, da die Preise für Produkte wie für Inputs (einschließlich Arbeit und Kapital) nicht markträumend waren. Sie zeigten nicht den Knappheitsgrad der verwendeten Ressourcen oder produzierten Güter an. Daher waren die Gewinne auch kein Maßstab für Nutzen und Kosten der Produktion einer Unternehmung und die Renditen auf Investitionen - in Rubel - kein Maßstab für die Allokation von Kapital. Preise und Löhne sagten wenig darüber aus, ob eine Firma Arbeit, Kapital oder andere Inputs sparsamer verwenden sollte.

Es ist vielleicht kein Zufall, daß die Sowjetunion den größten Erfolg in Bereichen hatte, in denen der Markt selbst in kapitalistischen Volkswirtschaften keine große Rolle spielt, etwa in der militärischen Forschung, der Raumfahrt, sowie in Mathematik und Physik. In Ermangelung von Preisen und Zinssätzen zur Lenkung von Investitionen fällte man Entscheidungen nach bestimmten Vorstellungen über den „richtigen" Entwicklungspfad. Stalin hatte hierzu zwei Grundideen. Erstens erkannte er, daß Ressourcen, die nicht in den Konsum gingen, zu Investitionen verwendet werden konnten. Er wollte die Volkswirtschaft, dargestellt in der Produktionsmöglichkeitenkurve der Abbildung 39.1, vom Punkt E_0 zum Punkt E_1 führen, den Konsum also reduzieren. Ein Ziel der Kollektivierung in der Landwirtschaft war, die Landbevölkerung so weit wie möglich auszubeuten. Ebenso wurden die Löhne der städtischen Arbeiter niedrig gehalten. Indem sie die Löhne drückten und das Angebot an Konsumgütern knapp hielten erzwangen die Zentralplaner eine hohe gesamtwirtschaftliche Sparquote.

Abbildung 39.1 Schnelle Industrialisierung: Eine Bewegung entlang der Produktionsmöglichkeitenkurve. Die Sozialisten sowjetischer Prägung bevorzugten die Schwerindustrie, wo sie die Investitionen stark steigerten. Wie die Produktionsmöglichkeitenkurve zeigt, kann dies nur auf Kosten des Konsums gehen. Die zentralen Planer versuchten, die Volkswirtschaft an einen Punkt wie E_1 zu bringen, mit hohem Output an Investitionsgütern und niedrigem Output an Konsumgütern.

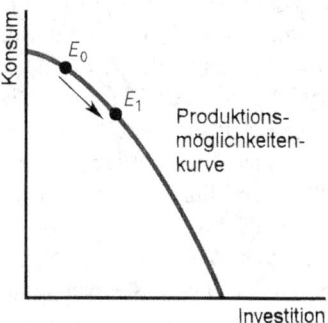

Stalins zweite Idee war die Konzentration von Investitionen in der Schwerindustrie. Er sah in riesigen Fabriken, wie etwa Stahlwerken, das zentrale Symbol, das moderne Staaten von weniger entwickelten, agrarischen Staaten unterschied. Daher investierte er vor allem in die Schwerindustrie, was wenig Mittel für Landwirtschaft, Konsumgüterindustrie oder Bauwesen übrigließ. In gewissem Sinn hingen auch beide Ideen zusammen. Wegen der niedrigen Löhne und dem geringen Konsum waren wenig Investitionen für die Konsumgüterindustrie nötig.

Das Sowjetsystem und die Ungleichheit

Die sowjetische Regierung mit ihrem Planungsministerium entschied nicht nur was und wie produziert wurde, sondern auch für wen. Bei dieser Entscheidung spielten drei Merkmale der Sowjetideologie eine wichtige Rolle. Erstens konzentrierten sich die sozialistischen Volkswirtschaften auf die Schwerindustrie zu Lasten der Landwirtschaft. Die Landwirtschaft trug dann, wie zu erwarten war, den Löwenanteil der Kosten. Eine erzwungene Kollektivierung in der Landwirtschaft drückte die Löhne. Effektiv wurde die Landwirtschaft stark besteuert.

Zweitens kann man ein Programm, das eine hohe Sparquote und einen niedrigen Konsum beinhaltet, als Präferenz für den Konsum zukünftiger Generationen zu Lasten der heutigen Generation interpretieren.

Drittens wurde versucht, die Ungleichheit in der Gesellschaft abzubauen, so zumindest die politische Rhetorik. Die Regierung setzte alle Löhne fest; sie entschied über den Einkommensabstand zwischen gelernten und ungelernten Arbeitskräften. Einige Güter verteilte sie direkt, etwa Wohnungen und medizinische Versorgung.

Inwieweit das Sowjetsystem zu mehr Gleichheit führte, ist umstritten. Auf der einen Seite gab es nach der Enteignung von Land und Vermögen keine Reichen mehr. Weiter wurde durch freie medizinische Versorgung und hohe Subventionen für Wohnraum und Lebensmittel ein soziales Netz für die Armen geschaffen. Außerdem wurde mit der Arbeitslosigkeit ein wesentlicher Grund für Armut abgeschafft. Auf der anderen Seite blieben die Unterschiede im Lebensstandard zwischen den Ärmsten der Gesellschaft und der Parteispitze enorm. Ganze Familien aus normalen Verhältnissen lebten zusammengepfercht in einem Raum. Und obwohl niemand hungerte, wurden viele Stunden mit dem Anstehen für die notwendigsten Bedürfnisse des Lebens verschwendet. Im Gegensatz dazu verbrachten die Parteispitzen ihre Ferien am Schwarzen Meer, konnten in speziellen Läden Produkte kaufen, die sonst nicht zu haben waren, und wurden vom Chauffeur durch die Gegend gefahren. Sie besaßen also Güter und Befugnisse, die auch im Westen nicht an der Tagesordnung waren. Es gab auch große Gehaltsspannen, die denen im Westen durchaus vergleichbar waren; allerdings waren damit vermutlich geringere Unterschieden im Lebensstandard verbunden, da der Staat viele Produkte extrem billig zur Verfügung stellte.

Selbst die offensichtlichste Errungenschaft des Sozialismus, das Fehlen der bittersten Armut, wurde in den letzten Jahren in Frage gestellt. Zwischen 1960 und 1961 verhungerten zum Beispiel in China nach Schätzungen etwa 20 Millionen Menschen. In einer Demokratie hätte eine freie Presse wahrscheinlich dafür gesorgt, daß ein solches Unglück nicht hätte passieren können. In China geschah es fast unbemerkt.

39.4 Das Versagen des Sozialismus

Viele Jahrzehnte lang schien es, als sei Stalins Programm erfolgreich gewesen. Er trieb die Nettoinvestitionen auf bisher unbekannte Höhen, mehr als 23 Prozent im Jahre 1937. Viele Fabriken wurden gebaut. Den offiziellen Statistiken zufolge waren die Wachstumsraten hoch, und die Industrialisierung schritt schnell voran; allerdings wird die Zuverlässigkeit dieser Statistiken heute angezweifelt. Jedenfalls waren die Fortschritte von politischen Repressionen begleitet. Der wirtschaftliche Aufschwung der UdSSR wurde vom Zweiten Weltkrieg unterbrochen, in dem schätzungsweise 20 Millionen Russen starben. Die Wirtschaft wurde stark zurückgeworfen.

In der Zeit nach dem Zweiten Weltkrieg gelangte Osteuropa unter die Herrschaft des Sozialismus: Polen, die Tschechoslowakei, der Ostteil Deutschlands, Ungarn,

Rumänien, Bulgarien, Jugoslawien und Albanien wurden sozialistisch, und schließlich, im Jahr 1949, auch China.[3] Im Falle der osteuropäischen Staaten geschah dies nicht freiwillig. Es war der Preis, den sie für die Befreiung von Deutschland durch die russischen Truppen am Ende des Krieges zahlten. Vor dem Krieg hatten einige dieser Staaten einen recht hohen Lebensstandard. Andere, wie etwa Albanien, waren sehr arm und unterentwickelt.

Die folgenden Jahrzehnte sahen mehrere Wechsel in der Einstellung zum sowjetischen Experiment des Sozialismus. Zuerst wurde die „Effizienz" des Systems gelobt. Die Planwirtschaft ersetzte das offenkundige Chaos des Marktes. Investitionen konnten rational gelenkt, Ressourcen in kürzester Zeit mobilisiert werden. Außerdem konnte die Regierung die hohe Sparquote erzwingen, die für eine schnelle Entwicklung nötig war. In Lehrbüchern und populären Schriften war die Rede von einem *Trade-off* zwischen Wachstum und Entwicklung auf der einen Seite und Freiheit auf der anderen. Man hielt eine starke zentrale Kontrolle für notwendig, um ein schnelles Wachstum zu erreichen. Weiter glaubte man, der Sozialismus könnte die Lebensqualität auf ein Niveau heben, das die Marktwirtschaften nie erreichen könnten. Grundlegende Dienstleistungen wie Gesundheitsversorgung und Bildung könnten den Massen zur Verfügung gestellt werden.

Aber als Länder wie die Tschechoslowakei und Ungarn, die vor dem Krieg florierten, hinter den anderen europäischen Ländern zurückblieben, regten sich Zweifel über das System. Bald wurde klar, daß diese Länder nicht so schnell wuchsen, wie erwartet, und daß die höhere Sparquote nur den Mangel an Effizienz ausglich.

Mitte der siebziger Jahre wurden Anzeichen einer schwelenden wirtschaftlichen Krise offensichtlich. Während die landwirtschaftliche Produktivität in den Vereinigten Staaten und Westeuropa sprunghaft stieg, stagnierte sie im Ostblock. Nikita Chruschtschow, der Rußland seit Stalins Tod führte, bis er 1964 von Breschnew abgelöst wurde, erkannte die Probleme in der Landwirtschaft und leitete mehr Ressourcen in diesen Sektor. Aber im Jahr 1973 begann die Sowjetunion in großem Umfang Weizen von den USA und anderen westlichen Staaten einzukaufen, um die Bevölkerung zu ernähren.

Als Michael Gorbatschow 1985 an die Macht kam, wurde das Ausmaß der Probleme des Landes noch klarer. Offensichtlich waren viele Statistiken der industriellen Produktion sogar noch stärker übertrieben, als viele Skeptiker geglaubt hatten. Wohlfahrtsindikatoren wie zum Beispiel die Kindersterblichkeit waren ähnlich verzerrt.

---

[3] Die Mongolei hatte schon viel früher, nämlich 1924, den Sozialismus sowjetischer Prägung übernommen. Kuba zog 1959 mit seiner eigenen Form nach. Nordkorea und Nordvietnam führten gleich nach ihrer Unabhängigkeit ein sozialistisches System ein.

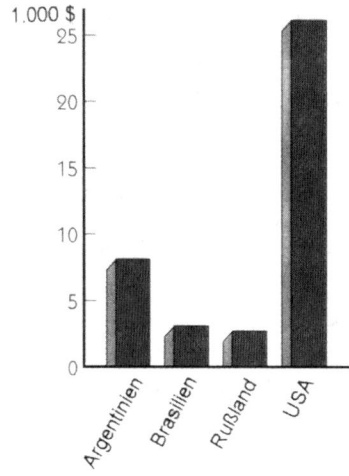

Abbildung 39.2   Der Lebensstandard in Rußland. Heute, nach Jahrzehnten sozialistischer Herrschaft, liegt der mittlere Lebensstandard in Rußland auf dem Niveau von Brasilien, Argentinien und anderen Schwellenländern. *Quelle: World Development Report* (1996), Tabelle 1.

In den Augen der meisten Wirtschaftswissenschaftler war das Experiment des Sozialismus, wie ihn die Sowjetunion betrieben hatte, ein Fehler. Heute, mehr als 70 Jahre nach Beginn dieses Experiments liegt das Pro-Kopf-Einkommen in Rußland bei weniger als einem Zehntel des Pro-Kopf-Einkommens in den USA. Das sowjetische System hatte bemerkenswerte Errungenschaften wie den Sputnik hervorgebracht, aber keine produktive und wachsende Wirtschaft.

Ursachen für das Scheitern des Sozialismus

Der andauernde Erfolg des kapitalistischen Systems und das Scheitern des Sozialismus sowjetischer Prägung kann auf vorhandene bzw. fehlende Anreize und Märkte zurückgeführt werden.

Die Sozialisten erkannten die Bedeutung von Anreizen nicht. Die Arbeiter in der kollektivierten Landwirtschaft und in den Industriebetrieben hatten keine Anreize, mehr zu leisten, als von ihnen gefordert wurde. Die Unternehmungen durften die erwirtschafteten Gewinne nicht behalten, und die Entlohnung der Manager hing nicht von der Rentabilität der Unternehmung ab. Es gab keinen Wettbewerb, und die weiche Budgetbeschränkung, also die Tatsache, daß die Regierung die Verluste der Unternehmungen trug, schwächten den Leistungsanreiz für die Unternehmensführung weiter.

Unter die Lupe genommen: Umweltzerstörung in der Sowjetunion

Einer der angeblichen Vorteile der Planwirtschaft war, daß die sozialistische Unternehmung im Unterschied zu den gewissenlosen Kapitalisten Kosten und Nutzen aller Mitglieder der Gesellschaft in ihre Rechnung mit einbezog. Im Bereich des Umweltschutzes wurde dieses Versprechen nicht gehalten. Mit den Worten einer kürzlich erschienen Studie: „Wenn die Historiker schließlich eine Autopsie der Sowjetunion und des Sowjetkommunismus durchführen, könnten sie am Ende Tod durch Ökozid feststellen."

Marktwirtschaften haben häufig Schwierigkeiten, mit externen Effekten wie der Umweltverschmutzung zurechtzukommen. Aber mit ihren hochgesteckten Wachstumszielen handelten sich die Zentralplaner in der Sowjetunion noch schlimmere Umweltprobleme ein. Die Öl- und Energiepreise wurden künstlich niedrig gehalten als Unterstützung für energieintensive Industriezweige. Aber die niedrigen Preise förderten den verschwenderischen Umgang mit Energie. Zusammen mit einem Mangel an Umweltschutzmaßnahmen führte dies zu einer gesundheitsgefährdenden Luftverschmutzung. Heute erkranken in dem Industriezentrum, das früher Magniogorsk hieß, neun von zehn Kindern an Krankheiten, wie Bronchitis, Asthma und Krebs, die mit der Luftverschmutzung zusammenhängen.

Ohne einen Landeigentümer, der einen Anreiz hat, die Bodenqualität aufrechtzuerhalten, führte der hochintensive Ackerbau zu Verseuchung mit Pestiziden und zu Bodenerosion. Dreiviertel des Oberflächenwassers in der ehemaligen Sowjetunion ist heute aus industriellen oder landwirtschaftlichen Quellen verseucht.

Das wahrscheinlich bekannteste Ergebnis von allen war die Explosion des Atomreaktors von Tschernobyl im Jahr 1986, das 20 Millionen Sowjetbürger massiver Strahlenbelastung aussetzte. Wenn dieses Kraftwerk gezwungen worden wäre, ausreichende Sicherheitsvorkehrungen zu treffen, um solche „Externalitäten" zu verhindern, wäre es wahrscheinlich schon vor Jahren geschlossen worden.

Anstatt das ökologische Marktversagen zu korrigieren, haben es die Zentralplaner der Sowjetunion zu ökologischen Katastrophen ausgeweitet.

Quellen: „Rubbishing of a Superpower," *The Economist*, 25. April 1992, S. 99 f.; M. Feshbach und A. Freindly, *Ecocide in the USSR* (New York: Basic Books, 1992).

Genauso wichtig war der fehlende Anreiz zu Wachstum und Innovation. Die steigende Produktivität und die damit einhergehende Lohnentwicklung in den Industrieländern im Laufe des letzten Jahrhunderts war zum großen Teil der Verdienst von Unternehmern. Diese Unternehmer hat sicher nicht die Sorge um die Wohlfahrt der Arbeiter motiviert sondern das Gewinnstreben und die Suche nach den besten Erträgen für ihr Kapital. Aber wie schon Adam Smith sagte: Diese Motive sind bei weitem die beste Methode, den Reichtum eines Landes zu mehren.

Die Sozialisten wollten den Marktmechanismus der Allokation von Ressourcen durch Zentralplanung ersetzen. Hierbei stießen sie auf zwei Probleme. Erstens hatte die Bürokratie nicht die nötigen Informationen für eine effiziente Allokation. Die Unternehmensleiter hatten keine Veranlassung, den Zentralplanern mitzuteilen, mit welchen Inputmengen am sparsamsten produziert werden konnte. Sie hatten im Gegenteil jeden Grund, mehr zu fordern, als sie wirklich brauchten, denn das vereinfachte ihnen die Arbeit. Weiter hatten sie keinen Grund, ihre Planziele zu übertreffen, den dann würden ihnen die Zentralplaner für das nächste Jahr höhere Ziele setzen.

Zweitens konnte die Zentrale die verschiedenen Unternehmungen nicht perfekt überwachen und sicherstellen, daß die Ressourcen in der vorgesehenen Art und Weise verwendet wurden. Die Unternehmungen hatten nur begrenzte Motivation, die Anweisungen der Planer auszuführen. Sie wurden dafür nicht belohnt und nur lückenhaft überwacht. Manager konnten oft Ressourcen der Unternehmung für ihre privaten Zwecke nutzen. Ihr Widerwille gegen die Planungsbehörde wurde noch gestärkt durch unerfüllbare Anforderungen, die die Planer an sie stellten, wenn sie zum Beispiel einen bestimmten Output forderten, ohne die erforderlichen Inputs bereitzustellen. Um ihre Quoten zu erreichen, mußten sie die Inputs auf einem „grauen" Markt außerhalb des Planungssystems einkaufen.

Die Sozialisten erkannten nicht, wie wichtig Kapitalmarkt, Zinsen und Gewinne sind. Wie wir in diesem Buch gesehen haben, ist Kapital eine knappe Ressource, die effizient verwendet werden muß. Die Preise stellen dazu die richtigen Signale bereit. Da in der Planwirtschaft die Preise verordnet und nicht vom Markt festgelegt wurden, lieferten sie nicht die richtigen Informationen. Die Planungsstäbe der sozialistischen Staaten konnten sich noch so sehr anstrengen, es fehlten ihnen einfach die nötigen Informationen, um effiziente Investitionsentscheidungen zu treffen.

Im Licht der Knappheit von Kapital ergab die sowjetische Strategie der Investition in die Schwerindustrie wenig Sinn. Es wäre sinnvoller gewesen, sich auf weniger kapitalintensive Sektoren der Volkswirtschaft zu konzentrieren.

Der Mangel an Anreizen für die Arbeiter, das Unvermögen der Planer, die Ressourcen effizient zu allozieren, sowie die ineffiziente Verwendung der Ressourcen durch die Unternehmungen sind die Hauptgründe für das wirtschaftliche Versagen des Systems. Es gab aber noch andere Gründe. Die Freudlosigkeit des Lebens, das Fehlen von beruflichen Möglichkeiten in diesem System, die vielen Stunden, die man für verrottetes Gemüse oder ein Stückchen Fleisch anstehen mußte, führten zu einer sozialen Dauerkrise, die sich in einer hohen Zahl von Alkoholikern ausdrückte. Dies wiederum schwächte ihre Arbeitsproduktivität. Im Sozialismus schienen die Arbeitnehmer im wahrsten Sinne des Wortes von ihrer Arbeit entfremdet zu sein.

39.5 Wirtschaftliche Reformen in den sowjetsozialistischen Ländern

Als das Scheitern des Sozialismus sowjetischer Prägung offensichtlich wurde, begann man, verschiedene Reformprojekte zu diskutieren. Es gab offensichtlich drei Möglichkeiten: Man konnte versuchen, mit verstärkten Anstrengungen das sozialistische System zum Laufen zu bringen, man konnte den Sozialismus aufgeben und zu einer Marktwirtschaft übergehen oder einen dritten Weg zwischen Kapitalismus und Sozialismus suchen. Drei Jahrzehnte lang, beginnend mit Chruschtschow, verfolgte die Sowjetunion die erste Strategie. Die Arbeiter wurden dazu gebracht, mehr zu leisten, und Geld wurde in die Landwirtschaft gepumpt – ohne allerdings die Produktivität stark zu steigern. Kampagnen zur Verbesserung der Arbeitsproduktivität, zum Beispiel durch Einschränkung des Wodkakonsums, wurden ins Leben gerufen.

1990 und 1991 gab es eine heftige Debatte, ob die erste Strategie aufgegeben werden sollte. Im Oktober 1990 kündigte Gorbatschow an, die Sowjetunion werde in 500 Tagen zum Kapitalismus übergehen. Nach kurzer Zeit gab er diesen Plan wieder auf, worauf die Wirtschaftswissenschaftler, die ihn beraten hatten, zurücktraten. Es schien, als würde er noch einmal versuchen, den Sozialismus zu reformieren. Aber dann, nach einem fehlgeschlagenen Staatsstreich im August 1991 und der Auflösung der Sowjetunion, wurden die Pläne wieder geändert: Die meisten der neu entstandenen Staaten schienen sich einer Art von Marktwirtschaft verschrieben zu haben.

Die Befürworter eines dritten Weges wollten die Stärken des Kapitalismus mit denen des Sozialismus verbinden. Ungarn versuchte diesen Weg zu gehen. Aber der vielleicht erfolgreichste Versuch in dieser Richtung wurde in China gemacht, wo im sogenannten „Verantwortungssystem" den Bauern im wesentlichen erlaubt wurde, einen Großteil ihrer Produkte auf dem freien Markt zu verkaufen und die erwirtschafteten Gewinne zu behalten. Infolgedessen sind Ende der siebziger und Anfang der achtziger Jahre die Erträge in der Landwirtschaft explodiert. Das jährliche Wachstum der Getreideproduktion in den sechs Jahren nach der Einführung des Verantwortungssystems (1978-84) betrug fünf Prozent, im Gegensatz zu durchschnittlich 3,5 Prozent in den 13 Jahren vorher (1965-1978).

Marktwirtschaftlicher Sozialismus

Viele der Reformen basierten auf der Idee des marktwirtschaftlichen Sozialismus, mit dem man die Vorteile des Marktmechanismus mit dem Besitz der Produktionsmittel durch den Staat verbinden wollte. Oskar Lange, der Professor für Volkswirtschaft an der University of Chicago war, bevor er nach dem Zweiten

Weltkrieg nach Polen zurückkehrte und Vizepräsident der kommunistischen Regierung dort wurde, war ein führender Vertreter dieser Richtung.

Im marktwirtschaftlichen Sozialismus haben die Preise dieselbe Allokationsfunktion, wie im Kapitalismus. Die Preise sollen so festgesetzt werden, daß Angebot und Nachfrage übereinstimmten. Die Unternehmungen sind Preisnehmer und stehen untereinander im Wettbewerb. Sie maximieren bei gegebenen Preisen ihren Gewinn, indem sie einen Output produzieren, bei dem der Preis den Grenzkosten entspricht. Sie stellen so viele Arbeitnehmer ein, bis das Wertgrenzprodukt der Arbeit gleich dem Lohn ist. Aber da der Staat im Besitz aller Produktionsmittel ist, fällt er die Investitionsentscheidungen anhand eines nationalen Planes, in dem die Prioritäten der volkswirtschaftlichen Entwicklung definiert sind. Regierung und Unternehmungen arbeiten bei der Planung eng zusammen, wobei die Unternehmungen die Planer darüber informieren, was benötigt wird, um die Produktionsziele zu erreichen.

In den dreißiger Jahren gab es eine intensive Debatte zwischen den Vertretern des marktwirtschaftlichen Sozialismus, unter ihnen Oskar Lange, und einer Gruppe österreichischer Wirtschaftswissenschaftler, zu denen Ludwig von Mises und der Nobelpreisträger Friedrich von Hayek gehörten. Die Österreicher glaubten nicht daran, daß die Regierung genügend Informationen für eine effiziente Allokation des Kapitals besäßen. Ihrer Meinung nach war die Aufgabe, Ressourcen zu allozieren oder auch nur markträumende Preise zu setzten, für ein Planungsbüro zu schwierig. (Wie sich gezeigt hat, lagen sie da im wesentlichen richtig.) Sie glaubten auch nicht, daß staatseigene Betriebe sich wie private Unternehmungen verhalten würden. In ihren Augen war der marktwirtschaftliche Sozialismus zum Scheitern verurteilt. Dessen Befürworter wiesen auf das hartnäckige Marktversagen hin, um es in heutiger Terminologie auszudrücken. Kapital- und Versicherungsmärkte sind nicht vollkommen, es gibt externe Effekte, und unvollkommenen Wettbewerb. Außerdem sind die kapitalistischen Volkswirtschaften anfällig für periodische Krisen, für Rezessionen und Depressionen. Der Hinweis auf diese Fehler des Marktes beweist natürlich nicht, daß der marktwirtschaftliche Sozialismus hier mehr, oder auch nur genauso viel Erfolg gehabt hätte wie der Kapitalismus.

Probleme des marktwirtschaftlichen Sozialismus

Dem marktwirtschaftlichen Sozialismus verursachen vor allem zwei Aufgaben Probleme: Die Beschaffung der nötigen Informationen für die Preissetzung und die Schaffung geeigneter Leistungsanreize für die Manager.

- *Informationen zur Preissetzung:* Um markträumende Preise zu setzen, müssen die Planer Angebots- und Nachfragekurven kennen. Sie brauchen sehr viel Informationen darüber, was die Konsumenten wünschen und was die Firmen produzieren können. Diese Informationen sind aber schwer zu bekommen, unter anderem weil die Firmen keinen Anreiz haben, der Planungsbehörde ihre wahren Produktionsmöglichkeiten offenzulegen. Selbst mit guten Informationen ist es für die Planer sehr schwer, die Preise auf dem markträumenden Niveau festzulegen. Zu Langes Zeit konnte man noch hoffen, daß das Problem mit schnelleren Computern lösbar sein würde. Heute werden die Computer immer schneller, und es wird zunehmend klarer, daß die gleichzeitige Festsetzung der Preise für Millionen von Gütern auch mit einem noch so hochentwikkelten Computer nicht möglich ist.

Inzwischen hat man erkannt, daß die Preise in der Marktwirtschaft zwar eine zentrale Rolle spielen, daß sie aber nur ein Teil des Anreizsystems des Marktes sind. Die Käufer interessieren sich auch für die *Qualität* der Produkte, die sie kaufen. Weiter ist wichtig, die Inputs zur richtigen Zeit zu bekommen. Wenn in einer sozialistischen Volkswirtschaft etwa eine bestimmte Anzahl von Nägeln produziert werden, Stellt die Nagelfabrik kurze, dicke Nägel her. Wenn daraufhin die Länge der Nägel genau festgelegt wird, reagiert die Unternehmung mit der Verwendung des billigsten verfügbaren Stahls. Der Nagel bricht, wenn man zu stark auf ihn einschlägt. Wenn verlangt wird, daß der Stahl nicht zu brüchig sein darf, wird die Firma einen Stahl finden, der sich leicht verbiegt, und deshalb für viele Zwecke nicht brauchbar ist.

In einer Marktwirtschaft wird eine Firma nur dann zum Marktpreis produzieren, wenn sie ihre Produkte auch absetzen kann. In der Planwirtschaft verkauft ein Produzent seine Produkte einfach an eine andere Staatsfirma, die dann das Problem hat, die Güter weiterzuverkaufen. Als China zum Beispiel den Preis von Fächern zu hoch ansetzte, wurden riesige Mengen von Fächern produziert, die nicht abgesetzt werden konnten, während die Versorgung mit anderen Konsumgütern völlig mangelhaft war.

Falsche Preise für Konsumgüter bringt Unannehmlichkeiten, falsche Preise für Produktionsfaktoren bringt den ganzen Produktionsprozeß durcheinander. Wenn einer Unternehmung, die Zwischenprodukte herstellt, ein wichtiger Input fehlt, kann sie andere Firmen nicht beliefern. Ein Mangel an einer kritischen Stelle kann sich über weite Teile der Volkswirtschaft ausbreiten.

- *Anreize:* Im marktwirtschaftlichen Sozialismus fehlen der Firmenleitung oft die richtigen Anreize. Wenn die Firma einen Gewinn erwirtschaftet, kann sie ihn nicht behalten. Marktwirtschaftlicher Sozialismus löst also nicht das Problem der weichen Budgetbeschränkungen. Außerdem fehlt der Wettbewerb, ein essentieller Bestandteil des Anreizsystems der Marktwirtschaft, was sich auf das gesamte Verhalten der Wirtschaftsteilnehmer niederschlägt: Die Kundenwünsche haben keinen Einfluß auf Produktionsentscheidungen.

Das Experiment mit dem marktwirtschaftlichen Sozialismus war jedoch teilweise erfolgreich, jedenfalls verglichen mit dem Sozialismus sowjetischer Prägung. Wie erwähnt hatte das Verantwortungssystem in China riesige Produktionssteigerungen in der Landwirtschaft zur Folge. Insgesamt streitet man aber über den Erfolg dieser Experimente. Einige behaupten, dem marktwirtschaftlichen Sozialismus fehlten gerade die Vorteile von Kapitalismus und Sozialismus, nämlich die Leistungsanreize der Marktwirtschaft und die wirtschaftliche Kontrolle des alten Sozialismus. In Ungarn, das vor 1989 auf dem Weg zum marktwirtschaftlichen Sozialismus am weitesten fortgeschritten war, entwickelte sich ein Konsens gegen dieses System.

1992 verabschiedete China weitere Reformen, durch die Preissetzung und Investitionen mehr und mehr den Unternehmungen überlassen wurden. Auch diese Form des marktwirtschaftlichen Sozialismus unterschied sich vom Kapitalismus durch die Eigentumsrechte. Die meisten Unternehmungen gehörten dem Staat oder den Kommunen, oder waren Kooperativen. Dieses System, das sich seit 1979 entwickelte, hat beachtliche Ergebnisse hervorgebracht: Fast zwanzig Jahre lang wurden Wachstumsraten von mehr als zehn Prozent erzielt.

Arbeiterkooperativen in Jugoslawien

Ein weiteres sozialistisches Experiment wurde in Jugoslawien durchgeführt. Marschall Tito, ein Kommunist, der den Kampf gegen die Nazis anführte und nach dem Zweiten Weltkrieg in Jugoslawien Staatschef wurde, brach im Jahr 1948 mit Stalin. In den folgenden Jahren wurden Dezentralisierung und Entscheidungsbefugnisse der Unternehmungen ein wichtiger Bestandteil der jugoslawischen Wirtschaft. Die Firmen gingen in die Hände der Arbeiter über, die ihre Firmenleitung selbst wählten. (In der Praxis übte die kommunistische Partei einen erheblichen Einfluß sowohl auf die Unternehmensentscheidungen, wie auf die Auswahl der Firmenleiter aus.)

Die Idee von kooperativen Unternehmungen im Besitz und unter Leitung der Arbeiter hat in den USA wie in Europa eine lange Tradition. Noch heute gibt es in den Vereinigten Staaten einige sehr erfolgreiche Firmen, die den Arbeitern gehören: Amana, ein Kühlschrankhersteller, Avis, die zweitgrößte Leihwagenfirma, und W. W. Norton, der die englische Originalausgabe dieses Buches produziert hat. Ulgar, ein erfolgreicher Hersteller von Haushaltsgeräten, begann als eine Kooperative in Mondragon, Spanien und ist heute, mit Tausenden von Arbeitern in vielen verschiedenen Produktionsstätten, noch immer als Kooperative organisiert.

Ein wichtiges Argument für Kooperativen ist, daß die Arbeiter auch Teilhaber der Firma sind und daß sie sich deshalb mit der Firma verbunden fühlen und mehr Leistungsmotivation haben. Dieses Argument gilt für Kooperativen mit relativ wenigen Arbeitskräften, nicht aber für größere Kooperativen. Dieses Problem hat sich in Jugoslawien gezeigt. Manager, die von den Arbeitern gewählt wurden, können ebenso weit von ihnen entfernt sein, wie Manager, die von einem Aufsichtsrat gewählt wurden. In Kooperativen mit Tausenden von Arbeitern bekommt jeder Arbeiter einen verschwindend kleinen Teil des zusätzlichen Gewinns, der durch seine

Mehrarbeit entsteht. Die erfolgreichsten Kooperativen sind daher oft kleine Unternehmungen.

In Jugoslawien stellte sich den Kooperativen noch ein anderes Problem: Sie hatten keinen Anreiz, neue Arbeitnehmer anzuwerben. Wenn neu eingestellte Arbeitnehmer die gleichen Rechte haben, wie die alten, muß der Gewinn durch eine größere Anzahl von Arbeitern geteilt werden. Sei es aus diesem, oder einem anderen Grund, Jugoslawien hatte immer mit hohen Arbeitslosenquoten zu kämpfen.

Die Investitionen stellten ein drittes Problem dar. Wenn die Arbeiter in Jugoslawien ihre Kooperative verließen, bekamen sie nichts. Daher war es für sie langfristig kein Vorteil in die Unternehmung zu investieren, oder sonst ihren Marktwert zu steigern. Sie hatten keinen Grund, Investitionen zu tätigen, die nach ihrem Ausscheiden noch Renditen abwarfen.[4]

Einige dieser Probleme sind nicht notwendig mit Kooperativen verbunden. Wenn in Amerika oder Europa ein Arbeitnehmer eine Kooperative verläßt, nimmt er sein Kapital mit. Es wird als Teilhaber der Firma gesehen; sein Anteil wird gemäß der Satzung der Kooperative nach seinen Dienstjahren und seiner Stellung bemessen. Nach derselben Logik muß ein Arbeitnehmer, der in die Kooperative eintritt, einen Anteil kaufen. (Die Firma kann ihm das Geld leihen, so daß er einen geringeren Lohn erhält, bis er seinen Kapitalanteil beigesteuert hat.) Je besser es einer Kooperative geht, desto mehr erhält er, wenn er aus der Firma ausscheidet. Dies ist offensichtlich ein Anreiz für die Kooperative, gute Investitionsentscheidungen zu treffen.

39.6 Transformation zur Marktwirtschaft

Viele ehemals sozialistische Staaten, unter anderem Ungarn, Tschechien und Polen haben den Weg zur Marktwirtschaft eingeschlagen. Andere wie Bulgarien, Rumänien und Albanien streben einige Reformen in Richtung Marktwirtschaft an, wobei allerdings offen bleibt, wie weit diese Reformen gehen und wie schnell sie vollzogen werden sollen. Die folgenden Abschnitte beschreiben die wichtigsten Probleme dieser Länder auf ihrem Weg zur Marktwirtschaft.

Diese Probleme der Transformation werden noch verschärft durch das wirtschaftliche Chaos in der ehemaligen Sowjetunion, dem wichtigsten Handelspartner der osteuropäischen Staaten. Diese Länder sehen sich einerseits den Schwierigkeiten

---

[4] Die Liste der Schwierigkeiten, mit denen Jugoslawien zu kämpfen hatte, ist in keiner Weise vollständig. Es gab noch viele andere, etwa den mangelnden Wettbewerb im Großhandel mit landwirtschaftlichen Produkten, der zu niedrigen Einnahmen der Bauern führte und die landwirtschaftliche Produktion unwirtschaftlich machte.

des Umbruchs gegenüber, andererseits der Notwendigkeit, in neue Märkte einzudringen, nachdem der Handel mit der ehemaligen Sowjetunion zusammengebrochen ist. Hinzu kommt, daß die Produkte, die sie an die Sowjetunion geliefert hatten, qualitativ den Ansprüchen der Konsumenten in Westeuropa, den USA oder Japan nicht genügen. Sie müssen nicht nur neue Märkte erobern, sondern auch ihre Produktion umstellen.

Makroökonomische Probleme

Die erste wirtschaftliche Hürde, mit der die osteuropäischen Volkswirtschaften konfrontiert sind, ist eine Periode des Umbruchs, in der der Lebensstandard der meisten Einwohner noch unter das bereits niedrige Niveau zu Zeiten des Sozialismus fällt.

Ein wesentliches Problem der sozialistischen Staaten war die ineffiziente Allokation von Ressourcen. Um eine Volkswirtschaft von einem Punkt unterhalb der Produktionsmöglichkeitenkurve (etwa Punkt A der Abbildung 39.3) an ihren Rand zu bringen, müssen Ressourcen neu verteilt, Fabriken geschlossen und Arbeitnehmer entlassen werden. Dies äußert sich in hohen Arbeitslosenquoten. Die Arbeitslosigkeit in der Übergangszeit ist wie friktionelle Arbeitslosigkeit, nur um ein Vielfaches vergrößert. In Polen, dem Land, das zuerst mit der Transformation begann, kam es zu Arbeitslosenquoten zwischen 25 und 30 Prozent. In Rumänien gingen Minenarbeiter, deren Löhne um ein Drittel gekürzt worden waren, auf die Straße und brachten so den marktorientierten Ministerpräsidenten zu Fall. Der Nachfolger war allerdings ein Wirtschaftswissenschaftler, der noch mehr um marktwirtschaftliche Reformen bemüht war.

Arbeitslosigkeit ist in Osteuropa ein besonders schwerwiegendes Problem, da dort für Menschen, die ihren Arbeitsplatz verloren haben, nicht wie in Westeuropa und den USA ein soziales Netz zur Verfügung steht. Das ist nicht verwunderlich, da es im Sozialismus keine offene Arbeitslosigkeit gab. Firmen beschäftigten Arbeiter, auch wenn es für sie keine Arbeit mehr gab, denn es gab keinen Zwang zur Gewinnerzielung und keine Budgetbeschränkung. Heute, in der Übergangsphase, spüren die Unternehmungen ihre Budgetbeschränkung. Da die Kapitalmärkte noch nicht gut funktionieren, werden keine neuen Unternehmungen gegründet; etablierte Firmen expandieren nicht und können die freigewordenen Arbeitskräfte nicht aufnehmen.

Inflation ist heute in Osteuropa ein wichtiges Thema, einerseits weil jeder sie zu spüren bekommt, andererseits weil die Löhne nicht mit der Preissteigerung mithalten können, der Lebensstandard also fällt. In Rußland wurde die Inflation erst 1994 unter Kontrolle gebracht, und selbst danach lag sie noch bei 18 Prozent pro Jahr.

Abbildung 39.3   Ineffizienz im Sozialismus.
Die Planwirtschaften haben ihre Ressourcen
nicht effizient eingesetzt, sie arbeiteten also
weit unterhalb der Produktionsmöglichkeitenkurve, etwa am Punkt *A*. Führt man die Volkswirtschaft vom Punkt *A* zum Punkt *B*, so ist das
mit großen Effizienzsteigerungen ver-bunden.

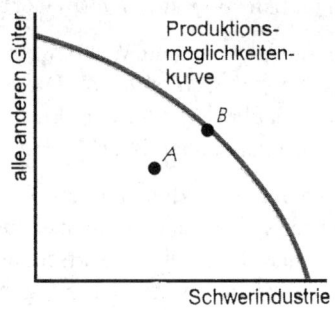

Warum es während der Transformation zu Inflation kommen muß, ist klar. In den
Planwirtschaften lagen die Preise unter dem markträumenden Niveau. In Rußland
war der Brotpreis so niedrig, daß es für die Bauern billiger war, Brot an ihre
Schweine zu verfüttern, als Getreide. Mangelnde Versorgung war programmiert.
Als die Preise flexibel geworden waren, kam es natürlich zu Preissteigerungen. Ein
einmaliger Preisanstieg ist auch an sich nicht schädlich. Die Gefahr liegt in der
Entstehung von Inflationserwartungen, durch die die Inflation immer weiter ange-
trieben wird.

Große Haushaltsdefizite führen zu inflationärem Druck. Wenn die Kontrolle des
Staates über die Wirtschaft nachläßt, fallen oft Einnahmequellen des Staates weg.
Im Sozialismus konnte der Staat einfach die Gewinne der Unternehmungen ein-
streichen. Wenn er seine Einnahmen steigern wollte, mußte er nur die Preise anheben, oder die Löhne senken. Als der Staat diese Rechte aufgab, verlor er seine
Haupteinnahmequelle. Aber Ausgabenkürzungen sind in Osteuropa nicht einfacher
als anderswo. Der Staatshaushalt ist durch die Subventionierung von Nahrungsmitteln stark belastet, aber Kürzungen in diesem Bereich stoßen auf zähen Widerstand. Als in vielen Unternehmungen die Gewinne zurückgingen und sich oft sogar
in Verluste verwandelten, fanden sich die Transformationsländer in einem Dilemma. Sie konnten die unprofitablen Unternehmungen subventionieren oder schließen. Die Staatseinnahmen waren beschränkt, so daß die Subventionen durch
Schulden finanziert werden mußten, was den inflationären Druck verstärkte. Wenn
die Firmen geschlossen wurden, stieg die Arbeitslosigkeit. In Polen entschied man
sich für Arbeitslosigkeit. In Rußland schien man zu Beginn der neunziger Jahre
Inflation zu bevorzugen; die Arbeitslosenquote blieb relativ niedrig. In einigen
Ländern kam es gleichzeitig zu hoher Inflation und hoher Arbeitslosigkeit.

Privatisierung und Wettbewerb

Privateigentum und Wettbewerb sind Kernstücke einer Marktwirtschaft. Wettbewerb *zuzulassen* ist leicht. Die Regierung kann jedem, der die nötigen Mittel hat, die Erlaubnis geben, eine Firma zu eröffnen. Den Wettbewerb anzukurbeln und aufrechtzuerhalten ist schwieriger.

Eine wichtige Methode, um den Wettbewerb anzukurbeln, ist für die osteuropäischen Staaten der Freihandel: die Öffnung gegenüber der Konkurrenz aus dem Ausland. Die meisten Wirtschaftswissenschaftler halten Freihandel auf lange Sicht für förderlich. Einige aber argumentieren mit einer Variante des Erziehungszollarguments, die etwa folgendermaßen lautet: Firmen in den ehemals sozialistischen Volkswirtschaften waren jahrzehntelang vom Wettbewerb abgeschirmt. Es ist nicht fair, sie schlagartig dem Wettbewerb auszusetzen und ihr Überleben von diesem Markttest abhängig zu machen. Sie brauchen Zeit, um sich auf den Wettbewerb einzustellen.

Eine weitere Möglichkeit, privaten Wettbewerb zu fördern, ist der Verkauf von Teilen eines Staatsunternehmens an Privatunternehmer. Kleine Betriebe, wie Friseursalons, Restaurants oder Läden zu verkaufen bereitet wenig Schwierigkeiten. Die Probleme beginnen beim Verkauf von großen Firmen wie Auto- oder Zementfabriken. Der Verkauf an Ausländer bereitet eine Unmenge schwieriger Probleme. Kein Land sieht seine Firmen gerne im Besitz von Ausländern. Und wenn eine Unternehmung zu einem zu niedrigen Preis ans Ausland verkauft wird, sieht das so aus, als würde man die schwer verdienten Ersparnisse verschenken. In Osteuropa gibt es noch ein weiteres Problem: Unter den Reichsten dieser Länder sind oft ehemalige Parteimitglieder. Es liegt eine bittere Ironie darin, diejenigen, die sich früher im kommunistischen System bereichert haben, heute in einflußreichen Positionen als Kapitalisten wiederzutreffen.

In den verschiedenen Ländern wurde das Problem der Privatisierung unterschiedlich angegangen. Die tschechische Republik privatisierte zuerst den Einzelhandel; man verkaufte die Läden an Inländer mit einer bestimmten Obergrenze pro Person und verbot für zwei Jahre einen Weiterverkauf an Ausländer; dabei nahm man in Kauf, daß viele der verhaßten alten Parteibosse zu Großkapitalisten wurden. Wirtschaftlicher Erfolg war in den Augen der Reformer in Tschechien wichtiger als Rache. Die Regierung verteilte Gutscheine an die Bürger, mit denen man Anteile an ehemaligen Staatsfirmen ersteigern konnte. Auf diesem Wege hoffte man, auf einen Schlag zu privatisieren und einen funktionierenden Aktienmarkt zu schaffen. Durch eine breite Streuung des Unternehmenseigentums versuchte man einen Kapitalismus fürs Volk zu schaffen. Das Problem, mit dem die Tschechen jetzt zu kämpfen haben, besteht darin, daß es in Firmen ohne Großaktionäre nur wenig Kontrolle des Managements gibt. Es gibt Vorschläge zur Lösung dieses Problems, etwa die Einführung von Holdings oder Investmentbanken, aber es wurde bisher noch kein Konsens gefunden.

Im Gegensatz dazu wird in Ungarn die Meinung vertreten, ausländische Käufer brächten mehr Vorteile als Nachteile mit sich, nicht zuletzt das Knowhow der ausländischen Firmen. Die Regierung weist darauf hin, daß in Belgien mehr als 40 Prozent der Unternehmungen in ausländischer Hand sind ohne erkennbare Nachteile für das Land. Sie sehen ausländische Firmen in einer ähnlichen Rolle in Ungarn.

In Rußland wurden wie in Tschechien Gutscheine ausgegeben, allerdings ein großer Anteil an die Arbeiter und Manager der jeweiligen Firmen, was Zweifel an der Wirksamkeit der Kontrolle des Managements aufkommen läßt.

Die Geschwindigkeit des Übergangs

Das Tempo der Privatisierung ist in verschiedenen Ländern und Sektoren sehr unterschiedlich. In Rußland waren 1995 schon 55 Prozent der Großbetriebe privatisiert, wenn man von Schlüsselbereichen, wie dem Energiesektor einmal absieht. In der tschechischen Republik sind es 70 Prozent, wogegen in Bulgarien und Rumänien die Privatisierung sehr langsam voran kommt.

Die ehemals sozialistischen Staaten stehen bei der Frage nach dem richtigen Tempo der Transformation vor einem schwierigen Problem. Eine Möglichkeit ist die Schocktherapie. Man stürze sich ins kalte Wasser, ertrage eine kurze, katastrophale Periode, um später den Wohlstand zu genießen. Die zweite ist ein allmählicher Übergang, der außer wirtschaftlichen auch politische Aspekte berücksichtigt. Es könnte ja durchaus sein, daß die Schocktherapie zu schmerzhaft ist, um die politische Unterstützung der Reformen aufrecht zu halten.

Polen entschied sich für die Schocktherapie, zumindest auf makroökonomischer Ebene. Die Inflation wurde unter Kontrolle gebracht, was allerdings zu einem starken Rückgang von Output und Beschäftigung führte, sowie zum Sturz der Regierung, die den Plan beschlossen hatte. Selbst nachdem die makroökonomischen Korrekturen durchgeführt sind, bleiben mikroökonomische Probleme bestehen, etwa die Effizienz der Produktion, oder die Reallokation von Arbeit und Kapital. Die meisten anderen Länder gingen vorsichtiger vor.

Eine Schwierigkeit besteht darin, daß sich der Erfolg einer Marktwirtschaft auf eine ganze Reihe von Institutionen stützt und nicht allein durch die Einführung abstrakter Prinzipien erreicht werden kann. Diese Institutionen müssen vernünftig funktionieren, wenn die Wirtschaft florieren soll. Die Finanzinstitute müssen sich für potentielle Kreditanwärter entscheiden, die Kredite überwachen, und dafür Sorgen, daß das Kapital möglichst produktiv und in der vereinbarten Weise investiert wird. Es muß einen gesetzlichen Rahmen geben, der festlegt, wie vertragliche Rechte geltend gemacht werden können und was passiert, wenn eine Partei ihre Pflichten nicht erfüllen kann (Konkurs). Es muß eine Wettbewerbspolitik geben, die Kartelle und Fusionen kontrolliert und für einen fairen Wettbewerb sorgt.

Ein Blick in die Wirtschaftspolitik: Schocktherapie

Die Debatte über das Tempo des Umbruchs wurde kontrovers geführt - sowohl in den betroffenen Ländern als auch unter den Beobachtern im Ausland. Die Verfechter eines schellen Umbruchs zitierten das berühmte Sprichwort: „Man kann über einen Graben nicht in zwei Schritten springen." Befürworter eines langsameren Übergangs wiesen darauf hin, daß es „auch neun Monate braucht, um ein Kind zu bekommen", worauf die andere Seite antwortete: „Man kann aber nicht ein bißchen schwanger sein".

Hier geht es gleichzeitig um wirtschaftliche und um politische Fragen. Führt ein schneller Übergang zu hohen Arbeitslosenquoten, so kann es zu politischer Desillusionierung kommen, und politischer Druck kann den Reformprozeß stoppen. Als in Rußland die Wirtschaftsreformer im Dezember 1993 die Wahlen verloren, kritisierte Strobe Talbott, der für die russisch-amerikanischen Beziehungen verantwortlich war (und später stellvertretender Außenminister wurde), die Schocktherapie sei zuviel Schock und zuwenig Therapie gewesen. Er meinte wohl, der Übergang hätte zu schnell stattgefunden, ohne ausreichende Rücksicht auf die davon Betroffenen.

Darauf antworteten die Reformbefürworter, der Umbruch sei nicht zu schnell sondern zu langsam gekommen. In gewisser Weise hatten beide recht. Der Übergang fand langsam statt: Die Arbeitslosenzahlen waren niedrig, ebenso das Privatisierungstempo. Andererseits fiel durch die starke Inflation der Lebensstandard vieler älterer Menschen, deren Renten nicht mit der Preisentwicklung mithalten konnten. In der Hast der Reformen wurden zu wenig Aufmerksamkeit auf den Aufbau eines sozialen Netzes verwendet.

Selbst diejenigen Staaten, die den Rückgang der Wirtschaftsleistung aufhalten und umkehren konnten, sahen sich einem Problem wachsender Ungleichheit in der Gesellschaft gegenüber.

Darüberhinaus haben die westlichen Marktwirtschaften ein soziales Netz aufgebaut, um bestimmten Teilen der Gesellschaft, etwa den Arbeitslosen, zu helfen. Da dies in den sozialistischen Staaten kein Problem war, existiert dort auch kein soziales Netz. Es könnte einen riesigen Tribut von der Bevölkerung der Transformationsländer fordern, wenn man mit dem Umbruch und der damit verbundenen Arbeitslosigkeit fortführe, ohne daneben ein soziales Netz zu errichten. Die Budgetzwänge, denen sich diese Länder gegenüber sehen, erschweren jedoch die schnelle Einführung solcher Netze.

Die Befürworter einer langsamen Transformation glauben, der langfristige Erfolg in diesen Ländern könnte sichergestellt werden, wenn man jeden einzelnen Schritt sorgfältig durchdenken, daraufhin die der Situation adäquateste Lösung auswählen, und die hierfür nötigen Kredite in den Vereinigten Staaten, Westeuropa und Japan aufnehmen würde.

Heute bekennen sich fast alle Staaten der ehemaligen Sowjetunion offiziell zu marktwirtschaftlichen Reformen. In einigen sind die Fortschritte mit bloßem Auge kaum wahrnehmbar. In der Ukraine hat man sich gegen solche Reformen so lange wie möglich gewehrt. Aber 1994, als die Inflationsrate auf mehr als 100 Prozent pro Monat gestiegen war und der Staat seine Energieimporte nicht mehr zahlen konnte - die Fabriken drohten mit Schließung, Wohnungen konnten nicht mehr geheizt werden, und die Bauern bekamen kein Öl mehr für ihre Traktoren - wurden Reformen eingeleitet. In anderen Ländern, etwa in Tschechien, schritten die Reformen schnell voran.

Selbst bei schnellem Reformtempo wird es Jahre, wenn nicht Jahrzehnte dauern, bis die meisten Transformationsländer sich von den Problemen, die sie aus der Zeit des Sozialismus geerbt haben, erholt haben.

Zusammenfassung

1. Der Sozialismus wuchs auf dem Nährboden der schweren wirtschaftlichen Probleme des neunzehnten Jahrhunderts: einschneidende Rezessionen und Depressionen, Arbeitslosigkeit und schlechte Arbeits- und Lebensbedingungen.

2. Im Sozialismus sowjetischen Typs fällten die Bürokraten der zentralen Planungsbehörde alle wichtigen Entscheidungen darüber, was produziert wurde, wie und für wen. Es gab keinen Wettbewerb, und die Preise sagten nichts über die relativen Knappheitsverhältnisse aus. Privateigentum war nur in begrenztem Umfang erlaubt.

3. In sozialistischen Volkswirtschaften fehlten den Arbeitern und der Firmenleitung die nötigen Anreize. Die Unternehmungen hatten wenig Anreiz, Gewinne zu machen, da diese dem Staat zufielen, und ebensowenig Anreiz, Verluste zu vermeiden, da der Staat alle Defizite trug. Die Firmen hatten also eine weiche Budgetbeschränkung. Weiter schützte der Staat im Sozialismus die Arbeiter vor Entlassung. Diese Sicherheit wurde erkauft durch eine schwache Leistungsmotivation.

4. In den sowjetsozialistischen Volkswirtschaften zwang die Regierung dem Land eine hohe Sparquote (und damit niedrigen Konsum) auf und investierte bevorzugt in den Ausbau der Schwerindustrie. Der Regierung fehlten oft die nötigen Informationen, um eine kompetente Entscheidung über die Allokation von Ressourcen zu fällen. Die Zentralplanung konnte den Markt nicht ersetzen.

5. Heute hat nach Meinung der meisten Wirtschaftswissenschaftler der Sozialismus nach sowjetischem Vorbild versagt. Der Lebensstandard in Rußland ist heute nicht höher, als der vieler Entwicklungsländer.

6. Drei mögliche Reformen wurden für die Planwirtschaft vorgeschlagen: verstärkte Anstrengungen für den Erfolg des bestehenden Systems, Aufgabe des Systems und Über-

gang zur Marktwirtschaft und die Suche nach einem dritten Weg zwischen Sozialismus und Kapitalismus. Heute konzentriert man sich auf die letzten beiden Alternativen.

7. Auf dem Weg in die Marktwirtschaft sind die Transformationsländer besonders von Arbeitslosigkeit und Inflation betroffen. In diesen Ländern gibt es kein soziales Netz, um diejenigen aufzufangen, die vom Umbruch geschädigt worden sind.

8. Die Privatisierung ehemaliger Staatsbetriebe stellt in vielen Ländern ein Problem dar, weil sie nur ungern an Ausländer oder ehemalige Parteifunktionäre verkaufen, die als einzige die nötigen Mittel für den Kauf solcher Firmen hätten. Trotzdem kommt in vielen Ländern die Privatisierung gut voran; vor allem die Ausgabe von Gutscheinen hatte viel Erfolg.

Schlüsselbegriffe

Sozialismus   weiche Budgetbeschränkung   Kommunismus
Planwirtschaft

Wiederholungsfragen

1. Welche Probleme gaben Anlaß zur Kritik des Kapitalismus durch Karl Marx?

2. Nennen Sie einige Hauptmerkmale des Sozialismus sowjetischer Prägung.

3. Wie wird im Sozialismus, anders als im Kapitalismus, die Sparquote bestimmt? Wie wird hier, wie dort die Allokation des Kapitals gesteuert? Wer entscheidet im Sozialismus, welche Güter produziert werden?

4. Warum sind Budgetbeschränkungen in sozialistischen Ländern „weich" und in Marktwirtschaften „hart"?

5. Was versteht man unter marktwirtschaftlichem Sozialismus? Welche Ansichten vertreten seine Verfechter? Welche Probleme ergeben sich hier?

6. Was sind Kooperativen? Welche Vorteile sahen ihre Befürworter? Welchen Schwierigkeiten standen die Arbeiter in den jugoslawischen Kooperativen gegenüber?

7. Welches sind die wichtigsten Probleme der Länder, die von sozialistischer Planwirtschaft zur Marktwirtschaft übergingen? Warum stehen diese Länder häufig unter inflationärem Druck? Warum steigt häufig die Arbeitslosigkeit?

8. Welche Vorteile erhoffen sich sozialistische Länder von der Privatisierung? Auf welche Schwierigkeiten treffen die Privatisierungsprogramme?

9. Welche Vor- und Nachteile hat die Schocktherapie für Länder im Transformationsprozeß?

Aufgaben

1. Erklären Sie, inwieweit folgende Anreize im Sozialismus sich von denen in der Marktwirtschaft unterscheiden:
   a) der Anreiz für Manager, richtige Entscheidungen zu treffen,
   b) der Anreiz für Arbeitnehmer, möglichst gute Arbeitsleistungen zu erbringen,
   c) der Anreiz für Bankangestellte, mögliche Kreditkunden genau zu überprüfen.

2. Warteschlangen ergeben sich, wenn es bei bestimmten Gütern Engpässe gibt. Verwenden Sie Angebots- und Nachfragekurven, um zu erklären, warum Preiskontrollen im Sozialismus zu Warteschlangen führen.

3. Gibt es das Problem weicher Budgetbeschränkungen nur in sozialistischen Ländern?

4. Warum wurden in sozialistischen Staaten fast kaum soziale Netze aufgebaut?

5. In den sozialistischen Staaten waren Wohnungen sehr schwer zu bekommen, und ein Großteil wurden von Firmen vergeben. Welche Auswirkungen könnte dies auf die Mobilität des Faktors Arbeit haben?

6. Hätten Sie als Führungskader eines kommunistischen Landes lieber ein hohes Einkommen oder Zugang zu speziellen Kaufhäusern, wo mit Sicherheit alle Waren vorrätig sind? Erläutern Sie ihre Antwort.

7. Stellen Sie sich vor, Sie seien sechzig Jahre alt und Mitglied einer Arbeiterkooperative in Jugoslawien. Würden Sie neue Arbeitnehmer einstellen, wenn Sie dabei nur an Ihre eigenen Interessen denken? Würden Sie langfristige Investitionen befürworten?

Kapitel 40

Wirtschaftliche Entwicklung

Drei Viertel der Weltbevölkerung leben in Entwicklungsländern. In den Vereinigten Staaten assoziiert man mit dem Begriff Unterentwicklung oft ländliche Gebiete oder heruntergekommene Wohn- und Geschäftsviertel in den Städten. Das Leben in Entwicklungsländern stellt die Menschen vor viel ernstere Schwierigkeiten. Nicht heruntergekommene Häuser sind das Problem, sondern daß ein großer Teil der Bevölkerung gar keine Wohnungen hat, nicht die Begrenztheit des Nahrungsmittelangebots, sondern daß viele Menschen hungern, nicht eine mangelhafte Gesundheitsversorgung, sondern daß sie häufig gar nicht vorhanden ist. Der Unterschied im Lebensstil zwischen den USA und einigen Entwicklungsländern ist größer als der Unterschied zwischen den USA heute und vor 200 Jahren.

Die Frage der Entwicklung stellt für die Wirtschaftswissenschaft eines der schwierigsten Probleme dar. Es gibt keine einfachen Konzepte, denen man nur folgen bräuchte, um zu erfolgreichen Lösungen zu kommen. Trotzdem haben in den vergangenen Jahrzehnten die Wirtschaftswissenschaftler über den Entwicklungsprozeß viel dazugelernt, wie wir in diesem Kapitel zeigen werden.

40.1 Hintergrundinformationen

Statistiken können nicht vollständig beschreiben, was es bedeutet, in einem Entwicklungsland zu leben, aber sie geben einen Anhaltspunkt. In den USA liegt die Lebenserwartung bei der Geburt bei etwa 77 Jahren. In Peru sind es 65 Jahre, in Indien 61 und in Nigeria 52 Jahre. In den USA sterben acht von 1000 Neugeborenen, in Brasilien 57, in Pakistan 95 und in Äthiopien 112. Der durchschnittliche Amerikaner absolviert zwölf Jahre Schulausbildung, der durchschnittliche Afrikaner nur fünf Jahre. Indien hat etwa dreieinhalb mal so viele Einwohner wie die Vereinigten Staaten, aber nur ein Fünftel seines Bruttoinlandsprodukts; das BIP pro Kopf beträgt also in Indien ungefähr fünf Prozent von dem in Amerika.

Diese Fakten sind durch einen Teufelskreis miteinander verbunden. Wenige oder gar keine Ausbildung, Unterernährung und schlechte Gesundheitsversorgung drücken die Produktivität und damit das Einkommen. Aufgrund ihres niedrigen Einkommens können sich die Menschen in den Entwicklungsländern keine bessere Ausbildung, Ernährung oder Gesundheitsversorgung leisten. Das Leben in den Entwicklungsländern ist hart. In vielen afrikanischen Staaten, deren Lebensstandard schon vorher niedrig war, ist die Bevölkerung schneller gewachsen als das BIP, so daß das Pro-Kopf-Einkommen sogar gefallen ist. Die Lebensqualität verbessert sich nicht, sie verschlechtert sich.

Die Vereinten Nationen und die Weltbank (eine Bank, die von einigen wichtigen Industrieländern nach dem Zweiten Weltkrieg zum Zweck der Kreditvergabe an Entwicklungsländer gegründet wurde) teilen die Länder der Welt in drei Kategorien ein: Länder mit niedrigem Einkommen, deren Bruttosozialprodukt pro Kopf 1994 unter 725 $ lag, Länder mit hohem Einkommen mit einem BSP pro Kopf von mehr als 8.955 $ und Länder mit mittlerem Einkommen, deren BSP pro Kopf 1994 zwischen diesen beiden Werten lag. Die Länder mit niedrigem Einkommen werden als **Entwicklungsländer** bezeichnet, diejenigen mit mittlerem Einkommen als **Schwellenländer** und diejenigen mit hohem Einkommen als **entwickelte Länder**. Da ihr Reichtum auf stärkerer Industrialisierung beruht, spricht man auch von **Industrieländern.**

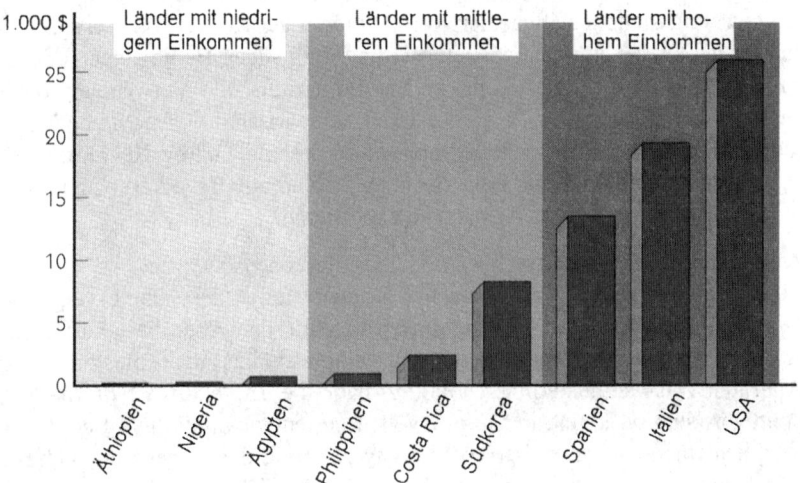

Abbildung 40.1 Unterschiede im Pro-Kopf-Einkommen. Einige Schwellenländer wie Costa Rica haben Pro-Kopf-Einkommen, die bis zu zehnmal so hoch sind wie diejenigen der ärmsten Länder der Welt und doch nur ein Zehntel des Pro-Kopf-Einkommens in den reichsten Ländern der Welt betragen. *Quelle*: *WDR* (1996), Tabelle 1. Die Umrechnung in Dollar beruht auf Kaufkraftparitäten.

Die Einkommensschere zwischen den reichen Ländern, Westeuropa, den USA, Kanada, Japan, Australien und Neuseeland, ist in den letzten hundert Jahren stark geschrumpft, die zwischen Industrie- und Entwicklungsländern dagegen nicht. Abbildung 40.1 zeigt das Pro-Kopf-Einkommen in einigen Entwicklungsländern, von 100 $ in Äthiopien bis zu 720 $ in Ägypten. In den USA lag es zur gleichen Zeit bei 25.880 $, war also 250- bzw. 35mal so groß. Es gibt jedoch Anzeichen dafür, daß eine Änderung möglich ist. Einige Länder haben in letzter Zeit sichtbare Fortschritte gemacht.

Erstens haben sich einige Länder von Entwicklungsländern zu Schwellenländern entwickelt; sie werden zur Gruppe der neuen Märkte gerechnet. Sehr erfolgreich waren etwa die „vier kleinen Tiger", Südkorea, Taiwan, Singapur und Hongkong. Nur 30 Jahre nach dem alles verwüstenden Koreakrieg, hat sich Korea von einem unterentwickelten Land zu einem wichtigen Produzenten entwickelt und exportiert nicht nur einfache Produkte, wie Textilien, sondern auch Autos (Hyundai) und Computer (viele IBM-Klone), für die ein hohes technisches Know-how benötigt wird. Vielleicht noch spektakulärer ist der Aufstieg Japans von einem Schwellenland zu einem der reichsten Länder der Welt.

Zweitens gibt es einige Beispiele von Erfolgen *innerhalb* der Gruppe der Entwicklungsländer. In den frühen sechziger Jahren wurden in einigen landwirtschaftlichen Forschungsstationen (finanziert vor allem von der Rockefeller Gesellschaft) auf der ganzen Welt Samen entwickelt, die unter günstigen Bedingungen den Ertrag pro Hektar enorm steigern konnten. Die Einführung und Verwendung dieser Samen hat, zusammen mit stark verbesserten landwirtschaftlichen Methoden, zu enormen Ertragssteigerungen geführt und wurde deshalb **Grüne Revolution** genannt. Indien war endlich in der Lage, seine explodierende Bevölkerung zu ernähren und sogar noch Weizen ins Ausland zu exportieren.

Drittens stellen selbst die düsteren Zahlen über die Lebenserwartung - 57 Jahre in Bangladesch und 52 Jahre in afrikanischen Staaten südlich der Sahara (verglichen mit 77 in den USA) - für viele Länder einen Fortschritt dar. Aber diese Fortschritte haben in einigen Ländern eine Schattenseite: eine Bevölkerungsexplosion, die an den Alptraum von Malthus erinnert. Malthus hatte die These aufgestellt, die Nahrungsmittelproduktion könne mit der Bevölkerungsentwicklung nicht Schritt halten. Wirklich wuchs in Kenia die Bevölkerung aufgrund der verbesserten Gesundheitsversorgung Anfang der achtziger Jahre mit erstaunlichen 4,1 Prozent pro Jahr (was eine Verdoppelung alle 18 Jahre bedeutet), während das Wirtschaftswachstum nur 1,9 Prozent pro Jahr betrug. Outputwachstum steigert das Pro-Kopf-Einkommen nicht, wenn die Bevölkerung noch schneller wächst.

Die achtziger Jahre waren für einige der ärmsten Länder ein besonders schweres Jahrzehnt, wie Abbildung 40.2 zeigt. Die Wirtschaftsleistung der afrikanischen Staaten südlich der Sahara[1] stagnierte praktisch während der letzten 25 Jahre. In den achtziger Jahren fiel sie sogar um 2,4 Prozent pro Jahr. In Lateinamerika war im letzten Vierteljahrhundert die Wirtschaft um etwa zwei Prozent pro Jahr ge-

---

[1] ohne Südafrika.

wachsen; in den Achtzigern ging das Pro-Kopf-Einkommen um jährlich 0,7 Prozent zurück.

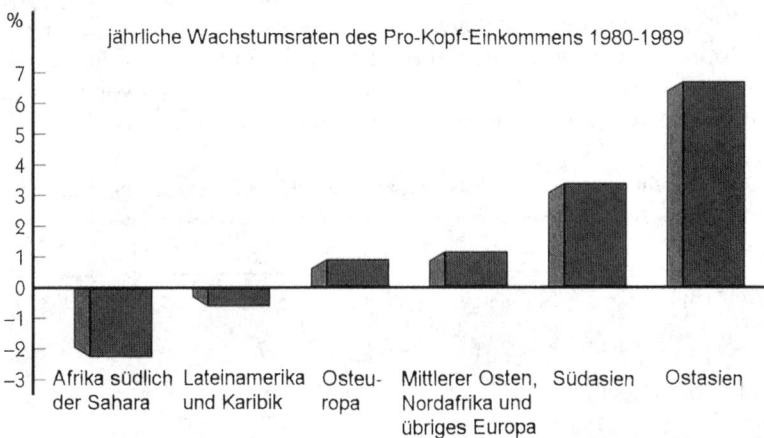

Abbildung 40.2   Wachstumsraten des Pro-Kopf-Einkommens. Die achtziger Jahre waren eine schlechte Zeit für die ärmsten Länder der Welt. Das Wirtschaftswachstum war noch geringer als in den sechziger und siebziger Jahren. *Quelle: WDR* (1990).

Das Leben in einem Entwicklungsland

So, wie es große Unterschiede zwischen Entwicklungsländern und Industrieländern gibt, gibt es auch große Unterschiede innerhalb der Entwicklungsländer. Das größte Entwicklungsland, China, hat eine kommunistische Regierung. Die Regierung Indiens, des zweitgrößten Entwicklungslandes, bekennt sich offiziell zum Sozialismus, das Land ist aber gleichzeitig die größte Demokratie der Welt. Die Analphabetenquote in Costa Rica ist mit der in Industrieländern vergleichbar; in Afrika südlich der Sahara kann mehr als die Hälfte der Bevölkerung weder lesen noch schreiben. Man muß also vorsichtig sein mit allgemeinen Aussagen über Entwicklungsländer. Trotzdem gibt es ein paar Beobachtungen, die auf die *meisten* dieser Länder zutreffen.

Tabelle 40.1 faßt einige der wichtigsten Indikatoren für den Lebensstandard zusammen und vergleicht das Industrieland USA, das Schwellenland Mexiko und das Entwicklungsland Indien. Das Einkommen und die Lebenserwartung sind in den meisten Entwicklungsländern niedrig. Ein großer Teil der Bevölkerung lebt auf dem Land und arbeitet in der Landwirtschaft. Aus Mangel an modernen Geräten wie zum Beispiel Traktoren werden nur kleine Flächen bearbeitet (ein oder zwei *acre*, verglichen mit mehr als 100 in den USA). Oft fehlt Geld für produktivitäts-steigernde Inputs wie Dünger und Pestizide. Der Düngemittelverbrauch ist zum Beispiel nur halb so groß wie in Industrieländern. In vielen Ländern haben die meisten Arbeiter in der Landwirtschaft keinen Grundbesitz, müssen also das Land eines Großgrundbesitzers bewirtschaften und dafür einen Teil der Erträge, mei-stens die Hälfte, als **Pachtzins** an ihn abgeben. In einigen Ländern wurde im Zuge einer **Landreform** das Land an die Bauern umverteilt. Solche Landreformen gin-gen in Taiwan und Japan dem beachtlichen Wirtschaftsaufschwung voraus. In an-dern Ländern, wie den Philippinen und Peru, waren sie nur teilweise erfolgreich.

Tabelle 40.1   Indikatoren des Lebensstandards in den USA, Mexiko und Indien

	USA	Mexiko	Indien
BSP pro Kopf (in $)	25.880	4.180	320
Lebenserwartung (in Jahren)	77	71	62
Landwirtschaft (in % des BSP)	2	8	32
Energieverbrauch pro Kopf (in kg Öl-Äquivalent)	7.662	1.525	235
Nahrungsmittelausgaben (in % des Haushaltseinkommens)	13	35	52
Gesundheitsausgaben (in % des Haushaltseinkommens)	14	5	3
Durchschnittliche jährliche Inflationsrate (1984-94)	3,3	40,0	9,7
Durchschnittliches jährliches Bevölkerungswachstum (1984-94)	1,0	2,0	2,0
Säuglingssterblichkeit (pro 1000 Lebendgeborene)	8	35	70
Einwohner pro Arzt	420	1.242	2.460
Bevölkerung der Städte mit mehr als einer Million Einwohner (in % der Gesamtbevölkerung)	43	28	9

Quelle: World Development Report (1991-1996). Die Daten sind in den meisten Fällen aus dem Jahr 1994.

In den vergangenen fünfzig Jahren fand in den meisten Entwicklungsländern eine allmähliche Verstädterung statt (siehe auch Abbildung 40.3). Die Bewohner der Städte haben einen viel höheren Lebensstandard, zum Beispiel bessere Ausbildung und Gesundheitsversorgung. Wegen der starken Gegensätze zwischen Stadt und Land wurden diese Länder gelegentlich auch **duale Volkswirtschaften** genannt. Auch innerhalb der Städte gibt es große Einkommensunterschiede: Regierungsangestellte und die wenigen Glücklichen im produzierenden Gewerbe verdienen ein Vielfaches der Durchschnittslöhne. Diese hohen Löhne ziehen Arbeiter aus den ländlichen Gegenden an, so daß die Arbeitslosigkeit in den Städten steigt. In einigen Städten liegt sie bei über 20 Prozent.

Abbildung 40.3 Die Verstädterungsquote. Der Prozentsatz der Bevölkerung, der in Städten lebt, ist in Industrieländern höher als in Entwicklungsländern. *Quelle: WDR* (1996), Tabelle 9.

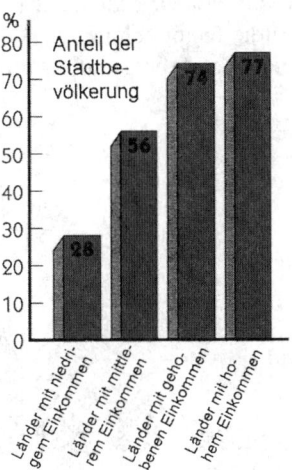

40.2 Erklärungsansätze für Unterentwicklung

Zum Teil läßt sich die Armut der Entwicklungsländer auf einen Mangel an Ressourcen zurückführen. Sie haben weniger physisches Kapital pro Kopf, und - bei höheren Analphabetenquoten und kürzerem durchschnittlichem Schulbesuch - weniger Humankapital. Die niedrige Kapitalausstattung liegt nicht an niedrigen Sparquoten - die meisten Entwicklungsländer haben deutlich höhere Sparquoten als die Vereinigten Staaten (siehe Abbildung 40.4). Ihr hohes Bevölkerungswachstum zwingt sie dazu, viel zu sparen, nur um den Status Quo aufrechtzuerhalten.

Ein starkes Bevölkerungswachstum hat noch einen anderen Effekt. Es führt zu einem hohen Anteil junger Menschen, die vom Einkommen anderer abhängig sind. Dies erschwert die Aufgabe, die Qualität der Ausbildung zu steigern.

Hier liegt ein Teufelskreis vor. Frauen mit hohem Ausbildungsniveau haben meistens kleinere Familien. Einerseits sind sie besser über Familienplanung informiert, andererseits sind die Opportunitätskosten der Kindererziehung für sie höher, denn sie müssen auf mehr Einkommen verzichten.

Niedriges Ausbildungsniveau und geringe Kapitalausstattung hindern die Entwicklungsländer daran, moderne Technologie in großem Stil einzusetzen. Abgesehen von einigen bedeutenden Ausnahmen[2] sind sie auf Industriezweige spezialisiert, die hauptsächlich ungelernte Arbeiter beschäftigen (und wenig Kapital pro eingesetzter Arbeitskraft benötigen) wie etwa die Textilindustrie.

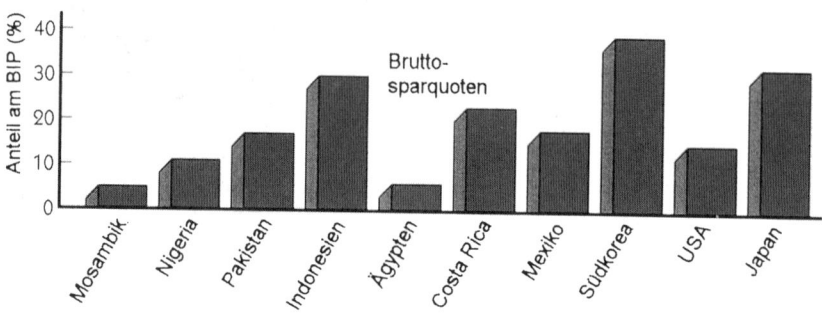

Abbildung 40.4   Sparquoten verschiedener Länder. Die Sparquoten in den Entwicklungsländern sind oft höher als in den USA, aber niedriger als in andern Industriestaaten wie zum Beispiel Japan. *Quelle:* Weltbank, *WDR (1996).*

Die Bedeutung des Kapitals

Wir wollen der Frage nachgehen, ob der Unterschied zwischen entwickelten und unterentwickelten Ländern auf den Mangel an Kapital oder eher auf die ineffiziente Nutzung des vorhandenen Kapitals zurückzuführen ist. Wenn der Mangel an Kapital entscheidend wäre, hätten die Entwicklungsländer nach dem Gesetz des fallenden Grenzertrags viel höhere Renditen zu verzeichnen als die Industrieländer. Je mehr Kapital nämlich ein Land relativ zur Bevölkerung besitzt, umso niedriger ist der Output pro Maschine und damit der Grenzertrag des Kapitals. Diese Differenz würde wiederum zu einem Abfluß von Kapital aus den Industrieländern

---

[2] Indien hat zum Beispiel eine breite, gut ausgebildete Elite und ist ein Zentrum für die Softwareentwicklung geworden.

in die Entwicklungsländer führen, denn die Unternehmungen suchen profitable Anlagemöglichkeiten für ihr Kapital.

Anwendungsbeispiel: Magische Verstärkung durch exponentielles Wachstum

Das Hauptziel der Entwicklungsländer ist die Anhebung des Lebensstandards, d.h. des Pro-Kopf-Einkommens. Die Strategie besteht aus zwei Teilen: höheres Wachstum des BIP und niedrigeres Bevölkerungswachstum. Oft scheint eine solche Politik wenig Erfolg zu haben: Das Wachstum des BIP könnte etwa von zwei auf vier Prozent steigen, und das Bevölkerungswachstum von drei auf eineinhalb Prozent sinken. Aber solche kleinen Unterschiede können auf mehrere Jahrzehnte gesehen durch Kumulation große Effekte haben.

Mit einem Wachstum von vier Prozent verdoppelt sich der Output eines Landes zum Beispiel alle 18 Jahre, während ein anderes Land bei zwei Prozent Wachstum dafür 36 Jahre braucht. Wenn die beiden Länder ursprünglich den gleichen Output hatten, bedeutet das, daß in dem relativ kurzen Zeithorizont von 72 Jahren das eine Land *viermal* soviel Output produziert wie das andere. In 144 Jahren, etwas weniger als eineinhalb Jahrhunderten, hat sich das auf den Faktor 16 erweitert. (Um dies zu berechnen, kann man die „72er Regel" verwenden: Etwas, das mit der Rate g wächst, verdoppelt sich in einer Zeit von 72 dividiert durch g.*)

Nach der gleichen Regel verdoppelt ein Land mit drei Prozent Bevölkerungswachstum seine Bevölkerung in 24 Jahren, mit 1,5 Prozent Wachstum in 48 Jahren. Wenn zwei Länder ursprünglich die gleiche Bevölkerung haben, hat das Land mit dem höheren Bevölkerungswachstum nach 144 Jahren eine achtmal so große Bevölkerung wie dasjenige mit der niedrigeren Wachstumsrate.

Wenn das Land mit dem schnelleren Wirtschaftswachstum auch das niedrigere Bevölkerungswachstum hätte, wäre sein Output pro Kopf dann 128mal so groß.

Es liegt natürlich keine Magie in diesem exponentiellen Wachstum: Eine höhere Wachstumsrate heute bedeutet eine größere Wirtschaftsleistung morgen und damit eine größere Basis für das weitere Wachstum. Der Kraft dieses Verstärkungseffekts ist aber real. Vor fünfzig Jahren hatte Korea ein etwas niedrigeres Pro-Kopf-Einkommen als Indien. Da es Jahr für Jahr etwas höhere Wachstumsraten aufwies, hat Korea heute ein achtmal so großes Pro-Kopf-Einkommen wie Indien.

* Wenn das BIP mit der Rate von g pro Jahr wächst, wird es in t Jahren um den Faktor e^{gt} gewachsen sein. $e^{0.72} = 2$, also verdoppelt sich das BIP, wenn $gt = 0,72$ ist. Aus $g = 0,02$ folgt $t = 0,72/0,02 = 36$, aus $g = 0,04$ folgt $t = 0,72/0,04 = 18$.

Unter die Lupe genommen: Transnationale Firmen als Kapitalgeber

Den Entwicklungsländern fehlt das Kapital, um zum einen Maschinen zu kaufen und die Produktion anzukurbeln und zum anderen das Humankapital ihrer Bevölkerung zu verbessern. Aber woher soll das Kapital kommen?

Entwicklungsländer können sich durch eigenes Sparen Kapital verschaffen. Länder wie Mexiko, Brasilien und Südkorea haben gezeigt, daß sie mehr als 20 Prozent ihres jährlichen BIP sparen können. Im Weltdurchschnitt gesehen geht es diesen Ländern recht gut. Die ärmsten Länder in Afrika oder Asien sparen nur sieben Prozent ihres BIP.

Alle anderen Alternativen stützen sich auf Investitionen aus dem Ausland, sei es in Form von Entwicklungshilfe, von Krediten privater Banken oder von ausländischen Direktinvestitionen. Das Problem mit der Entwicklungshilfe sind die begrenzten Mittel, die zur Verfügung stehen. Vor einigen Jahren betrug die Entwicklungshilfe, die alle Entwicklungsländer zusammen erhielten, nur ein Prozent ihres gemeinsamen BIP.

Eine weitere Möglichkeit ist Privatkapital, meistens Kredite von Banken. Dies wurde in den siebziger Jahren mit verheerenden Folgen versucht. Nach den Erfahrungen mit Ländern wie Brasilien, Argentinien und Mexiko, die in den achtziger Jahren zahlungsunfähig wurden, zögern die US-amerikanischen Banken, sich in eine neue massive Kreditvergabe zu stürzen. Anfang der neunziger Jahre wurden sie wieder mutiger, nur um sich 1995 die Finger an der mexikanischen Pesokrise zu verbrennen.

Die letzte Möglichkeit sind ausländische Direktinvestitionen, also Investitionen trans- oder multinationaler Firmen. Dies hat einige offensichtliche Vorteile. Die multinationalen Firmen haben ein Interesse, ihre Investitionen zu überwachen und sorgfältig zu managen, wodurch die Mittel mit größerer Wahrscheinlichkeit effizient eingesetzt werden. Das Risiko wird von den Unternehmungen und nicht vom Staat getragen. Und schließlich bringen die investierenden Firmen oft neue Technologien ins Land und bilden Arbeitskräfte aus.

Der größte Nachteil der Direktinvestitionen ist politischer Natur. Die Regierungen der Entwicklungsländer bevorzugen häufig Kredite oder Geldspenden, über deren Verwendung sie selbst entscheiden, gegenüber Direktinvestitionen, bei denen ausländische Managern das Sagen haben. Früher gab es in vielen Entwicklungsländern Gesetze, durch die ausländische Direktinvestitionen abgeblockt wurden. Als jedoch die anderen Finanzierungsmöglichkeiten knapper wurden, erschien die Alternative der Direktinvestitionen attraktiver. Im Moment werden nur etwa zehn Milliarden Dollar pro Jahr in Entwicklungsländern direkt investiert. Andererseits ist in einem kürzlich erschienenen UN-Report zu lesen:

„In einer Zeit großer internationaler Kapitalbewegungen und schnellen technologischen Wandels wenden sich mehr und mehr Entwicklungsländer an transnationale Firmen zur Stimulierung ihrer Wirtschaft. Transnationale Firmen können vielen Entwicklungsländern bedeutende langfristige Impulse geben. Eine wichtige Komponente der zukünftigen Entwicklungspolitik liegt in der Förderung dieser beiderseitigen Interessen."

Quelle: United Nations Center on Transnational Corporations, *Transnational Corporations in World Development* (New York: United Nations 1988), S. 10-11.

Empirisch läßt sich eine Differenz im Grenzertrag des Kapitals feststellen, aber diese Differenz ist zu klein, um im Kapitalmangel das Hauptproblem der Entwicklungsländer zu sehen. Wäre der Kapitalmangel das Hauptproblem, so würden die Entwicklungsländer das vorhandene Kapital intensiv nutzen. Aber dies ist normalerweise nicht der Fall. Fabriken legen zum Beispiel in Industrieländern öfter Sonderschichten ein als in Entwicklungsländern.

Ein größeres Wachstumshindernis ist in vielen Entwicklungsländern die mangelnden Effizienz beim Einsatz der knappen Mittel. Venezuela, das in den siebziger Jahren versuchte, seine Dollars aus dem Ölexport so schnell wie möglich auszugeben, erzielte ein Outputwachstum von nur zehn Cent für jeden in physisches Kapital investierten Dollar. In den USA und anderen entwickelten Staaten liegt im Gegensatz dazu der zusätzliche Output durch jeden investierten Dollar bei 30 bis 50 Prozent, also drei bis fünfmal höher. In vielen Entwicklungsländern führen höhere Investitionen einfach nicht zu mehr Output.

Es gibt hierfür eine Reihe von Gründen. Einige Wirtschaftswissenschaftler, wie etwa Walter Rostow von der University of Texas, argumentieren, daß jedes Land nur eine begrenzte Absorptionskapazität für zusätzliches Kapital hat. In Entwicklungsländern fehlt das Humankapital, die Erfahrung und das technische Knowhow, um viele Projekte gleichzeitig zu verfolgen. Die Absorbtionskapazität ist in den ärmsten Ländern am niedrigsten. Wenn die Investitionen höher sind als die Absorptionskapazität, liefern sie sehr niedrige Erträge.

Viele Ökonomen glauben jedoch, daß es zwei tiefere Gründe für niedrige Kapitalerträge gibt: das Fehlen eines ausgebildeten Kapitalmarktes, um Kapital effizient anlegen zu können, und gut gemeinte Regierungsprogramme, die jedoch Projekte mit niedriger Rendite fördern. Bisher glaubten viele Länder, sie müßten als Symbol ihres Entwicklungsfortschrittes ein Stahlwerk oder sonst eine große Fabrik besitzen, selbst wenn hierfür die wirtschaftliche Situation des Landes gänzlich ungeeignet war.

Unter die Lupe genommen: Die internationale Schuldenkrise

Kreditaufnahme im Ausland kann wirtschaftlich gesehen genau das Richtige sein. Zum Beispiel wurde im neunzehnten Jahrhundert ein großer Teil des Eisenbahnsystems der USA mit Wertpapieren finanziert, die in Europa ausgegeben wurden. In den letzten zwei Jahrzehnten haben Regierungen und Unternehmungen in Entwicklungsländern Milliarden von Dollars von Banken aus den USA oder anderen Industriestaaten geliehen, wie die Tabelle unten zeigt. Anfang der achtziger Jahre wurde klar, daß im Gegensatz zu den Eisenbahngesellschaften des neunzehnten Jahrhunderts, die ihre Investitionen zurückzahlen konnten, einige der Hauptschuldner, vor allem Brasilien, Argentinien und Mexiko, ihren Verpflichtungen nicht mehr nachkommen konnten. Die daraus erwachsende Krise gefährdete die wirtschaftlichen Aussichten der Entwicklungsländer und die Existenz vieler amerikanischer Banken.

Die unmittelbare Grund der Krise war einfach. In den Siebzigern waren die Zinsen niedrig, und die Banken saßen auf einem Berg von „Öldollar", Geld, das die erdölproduzierende Länder, vor allem im mittleren Osten, durch die seit 1973 hohen Ölpreise verdient hatten. Dieses Geld wollten sie jetzt im Ausland direkt investieren oder anlegen. Schuldner wie Gläubiger glaubten, die Kredite würden das Wachstum anregen und die Rückzahlung sei kein Problem.

Drei Ereignisse änderten diese Einschätzung: Erstens stiegen Ende der siebziger Jahre die Zinsen gewaltig an. Die Zinszahlungen übertrafen bei weitem die schlimmsten Erwartungen der Schuldner. Zweitens fiel die Weltwirtschaft Anfang der achtziger Jahre in eine Rezession, und die weltweite Verlangsamung des Wachstums machte es den Entwicklungsländern noch schwerer, ihre Schulden zurückzuzahlen. Drittens fielen Anfang der achtziger Jahre die Ölpreise. Einige der größten Schuldner waren Ölproduzenten, etwa Mexiko und Indonesien, und sie hatten geplant, ihre Schulden durch den Verkauf von Öl zu begleichen.

Man kann jedoch nicht nur die unglücklichen Umstände für die Schuldenkrise verantwortlich machen. Die Banken sind mitschuldig, denn sie haben es versäumt, das Risiko ihrer Kredite zu berücksichtigen. Sie hätten die Volatilität von Produktpreisen wie dem Ölpreis vorhersehen müssen. Und sie vertrauten blindlings den Versprechungen ausländischer Regierungen, daß die Kredite produktiv angelegt würden. Ein Großteil des Geldes wurde in Projekte investiert, die wahrscheinlich von Anfang an nicht wirtschaftlich waren. Im Gegensatz dazu haben einige Länder mit einer besseren Wirtschaftspolitik, wie zum Beispiel Südkorea, zwar ebenfalls hohe Kredite im Ausland aufgenommen, sie aber gewinnbringend angelegt und dann auch wieder zurückgezahlt.

Massive Kreditausfälle konnten nur durch Umschuldungen verhindert werden. Wenn ein Kredit fällig war, liehen die Banken dem Land mehr Geld und verschoben so effektiv den Zeitpunkt der Rückzahlung. Als Bedingung für diese Um-

schuldungen verpflichteten die Gläubiger die Schuldnerländer zu stabilisierungspolitischen Maßnahmen, wie zum Beispiel dem Abbau der riesigen Haushaltsdefizite. Aber diese Strategie, die Entwicklungsländer unter Druck zu setzen, hatte ihre
eigenen Probleme. Die einzige Möglichkeit für ein Land, seine Schulden zurückzuzahlen, war erhöhtes Wachstum. Dies erforderte aber mehr Kapital, das die
Gläubigerbanken nur ungern zur Verfügung stellten. Als einzige Möglichkeit erwies sich ein teilweiser Schuldenerlaß in der Hoffnung, daß dann der Rest später
zurückgezahlt werden würde.

Ein Schuldenerlaß, der einer Schenkung an das Schuldnerland gleichkommt, bringt
ebenfalls Probleme mit sich. Es besteht die Gefahr, daß diese Nachgiebigkeit auch
andere Länder dazu bringt, in Zukunft mehr zu leihen, als sie zurückzahlen können. Und man kann auch kritisieren, daß ein Land wie Brasilien, nur weil es mehr
geliehen hat, ein solches Milliardengeschenk erhält, während andere Länder Lateinamerikas oder Afrikas leer ausgehen.

Staatliche oder staatlich garantierte
Auslandskredite (in Mrd. $)

Land	1989	1994
Brasilien	84	128
Indien	54	99
Argentinien	51	77
Indonesien	41	97
Ägypten	40	33
China	37	101
Polen	35	42
Türkei	35	66
Nigeria	32	34
Venezuela	25	37
Algerien	24	30
Philippinen	23	39
Marokko	19	23
Korea	17	55

Quelle: Weltbank, *WDR* (1996).

Ungleichheit

Viele Entwicklungsländer sind auch von einer starken Einkommensungleichheit
geprägt. Tausende Obdachloser schlafen auf der Straße, während die Reichen in
teuren Autos durch die Gegend fahren. Ein Teil dieser Ungleichheit rührt einfach

vom Gesetz von Angebot und Nachfrage her. Es gibt ein Überangebot an ungelernten Arbeitern, und einen Mangel an ausgebildeten Fachkräften und Unternehmern, so daß die Löhne der Ungelernten niedrig sind und die der qualifizierten Arbeitskräfte hoch.

Ältere Theorien legten den Schluß nahe, daß die Ungleichheit zum Wirtschaftswachstum beiträgt. Sir Arthur Lewis, der für seine Arbeiten zur Entwicklungsökonomik den Nobelpreis erhielt, behauptete, ein sogenannter **Arbeitskräfteüberschuß** würde die Löhne niedrig und die Gewinne hoch halten. Arbeiter, die gerade genug zum Überleben verdienen, sparen wenig, Kapitalisten dafür umso mehr, so daß höhere Profite zu einer höheren Sparquote führen. Es gibt also aus dieser Sicht einen *Trade-off* zwischen Wachstum und Verteilungsgerechtigkeit.

Heute glauben dagegen viele Wirtschaftswissenschaftler, Wachstum und Verteilungsgerechtigkeit seien komplementär, und berufen sich dabei auf das „Ostasienwunder", das weiter unten in diesem Kapitel diskutiert wird.

40.3 Verfehlte Politik

Vor dem Zweiten Weltkrieg waren die meisten Länder Afrikas und Asiens Kolonien der europäischen Mächte. Als sie im Zuge der Neuordnung nach dem Krieg in die Unabhängigkeit entlassen wurden, übernahmen die neuen Regierungen die Verantwortung für die wirtschaftliche Entwicklung im Lande. Fast alle waren der Meinung, ein starker Einfluß des Staates sei nötig. Einige, wie zum Beispiel Indien, schlugen sogar eine dezidiert sozialistische Marschrichtung ein. Diese Haltung erklärt sich zum Teil daraus, daß man den westlichen Kapitalismus als ausbeuterisch ansah, zum Teil aber auch aus dem scheinbaren Erfolg der schnellen Industrialisierung in der Sowjetunion.

Planung

In vielen Entwicklungsländern versuchte die Regierung, die Wirtschaft durch Planung zu steuern. Ein „Planungsministerium" entwarf einen detaillierten Plan, meistens für fünf Jahre, der genau festlegte, um wieviel die Wirtschaft wachsen sollte, wieviele Investitionen in jedem Sektor vorgesehen waren, wer den Output eines Sektors erhalten und woher jeder Sektor seine Inputs beziehen sollte. Planungsministerien hatten enorme Befugnisse, etwa die Allokation des Kapitals und der Devisen, die für den Import von Rohstoffen benötigt wurden.

In vielen Entwicklungsländern tätigte die Regierung einen Teil der Investitionen selbst, gab aber auch den privaten Unternehmungen starke Anreize zur Einhaltung des Regierungsplan, etwa durch Beschränkung des Zugangs zum Außenhandel oder durch Erleichterung der Kreditaufnahme für genehmigte Investitionsprojekte.

Im letzten Jahrzehnt, schon vor dem Scheitern des Sowjetkommunismus, ist eine deutliche Desillusionierung bezüglich der Planung eingetreten. Planwirtschaften wie Indien hatten weniger Erfolg als solche ohne staatliche Planung wie Hongkong. Dafür gibt es gute Gründe. Als man in den sechziger Jahren glaubte, Planung sei nötig, bedachte man nicht, daß in allen Wirtschaftssystemen ständig Planung stattfindet. Als sich zum Beispiel U.S. Steel in den frühen zwanziger Jahren entschied, ein Stahlwerk am Südufer des Michigansees zu errichten, stellte es sicher, daß es Anbieter für ihre Inputs gab, und daß sie transportiert werden konnten: Kalk aus Indiana, Kohle und Koks aus Illinois und Eisenerz aus Minnesota. Darüber hinaus wurden ausreichende Absatzmöglichkeiten sichergestellt. Die Frage ist nicht, ob Planung nötig ist - das ist sie auf jeden Fall - sondern ob sie am effektivsten von einem zentralen Regierungsbüro oder von einzelnen Firmen durchgeführt werden kann. Heute sind die meisten Wirtschaftswissenschaftler skeptisch, was die Fähigkeiten eines zentralen Planungsbüros betrifft.

Ein Hauptargument für die zentrale Planung war, daß man glaubte, sie könne die Wirtschaft besser koordinieren. In den letzten fünfzig Jahren haben sich die Planungsbüros jedoch meistens als unfähig zur Koordination erwiesen. Ein Grund ist, daß sie oft nicht die notwendigen Informationen haben. Auch sind private Firmen besser als Planbürokraten in der Lage, sich mit den Details von Investitionen zu befassen, also über die Art der Anlagen und die Bautechnik zu entscheiden und sicherzustellen, daß bei der Erstellung effizient gearbeitet wird. Diese Details sind mehr als alles andere für den Erfolg eines Projektes verantwortlich.

Entwicklungsanstöße für die Volkswirtschaft

Der Sinn der Planung war natürlich nicht nur, den Markt bei seiner Rolle als Koordinator der wirtschaftlichen Aktivitäten zu ersetzen. Es ging mindestens ebenso sehr darum, der Volkswirtschaft Entwicklungsanstöße zu geben, um das Wachstum zu beschleunigen.

Einige Methoden hierzu wurden von der Sowjetunion kopiert, etwa die Konzentration auf kapitalintensive Industriezweige wie die Schwerindustrie. Viele Länder verfolgten eine Strategie der **Importsubstitution**, also der Substitution von Importgütern durch heimische Produkte. Aus dieser Sicht ist eine moderne Industrie das wichtigste Kennzeichen eines entwickelten Landes. Anstatt Stahl, Autos, Fernseher, Computer und ähnliche Produkte zu importieren, sollte man sie lieber selbst herstellen, um das nötige Know-how für die Modernisierung zu erwerben. Dieser Entwicklungsstrategie haben sich die meisten großen Entwicklungsländer wie Indien, China und Brasilien nach dem Zweiten Weltkrieg verschrieben. Gelegentlich wurde die Importsubstitution auf die Spitze getrieben, wenn zum Beispiel auf im Inland produzierten Computern bestanden wurde, obwohl sie in der Funktion gegenüber importierten Computer mangelhaft abschnitten.

Indien hat, wie viele andere Entwicklungsländer, die eigenen Firmen stark bevorzugt; mindestens 50 Prozent einer Firma mußten in indischer Hand sein. Als Coca-Cola sich weigerte, sein streng gehütetes Rezept an seine indische Tochtergesellschaft weiterzugeben, hat die indische Regierung die Firma kurzerhand geschlossen. Zeitweilig schien „indische Cola für Inder" die Parole der indische Nationalisten zu werden, so wie „kauft amerikanisch" die Parole der Befürworter des Protektionismus in den Vereinigten Staaten war.

Der Ansatz der Importsubstitution hat aber auch seine Nachteile. Handelsbarrieren, die zum Schutz der inländischen Unternehmungen aufgebaut worden waren, können letztendlich ineffiziente Produzenten schützen. Die Abschottung von der Konkurrenz aus dem Ausland führt dazu, daß Anreize zu Innovation und Effizienzsteigerung fehlen. Außerdem sind die Profite, die unter dem Schutz Handelsschranken entstehen, oft eine Quelle von Korruption in der Regierung. Handelsschranken bleiben, wenn sie eingeführt sind, oft viele Jahre lang bestehen.

In einigen Fällen ist die Wertschöpfung der geschützten Industriezweige sogar negativ. Betrachten wir einen Automobilhersteller, der in einem Entwicklungsland produziert. Die Wertschöpfung dieses Automobilherstellers ist nicht der gesamte Wert eines Autos, sondern nur die Differenz zwischen diesem Wert und dem der importierten Teile. Angenommen, es wird so schlampig gearbeitet, daß ein beträchtlicher Teil der importierten Teile beschädigt wird. Es könnte dann für das Land billiger sein, das ganze Auto zu importieren, als die Teile zu importieren und das Auto im Land zu montieren. Abgeschottet von der Konkurrenz kann der Automobilhersteller natürlich immer noch Profit machen. Die Konsumenten leiden darunter, denn sie müssen höhere Preise bezahlen.

Das Problem ist noch schwerwiegender, wenn der geschützte Industriezweig Zulieferer für andere Industriezweige ist, wie etwa die Stahlindustrie. Die Autoproduktion könnte zum Beispiel profitabel sein, wenn der Automobilhersteller seinen Stahl zu Weltmarktpreisen einkaufen könnte. Wenn er aber dazu gezwungen wird, heimischen Stahl zu künstlich hoch gehaltenen Preisen zu kaufen, kann er nicht mehr mit der ausländischen Konkurrenz mithalten. Die Regierung könnte versuchen, das Problem durch Subventionierung der Automobilherstellung zu umgehen. So entsteht dann aus einer protektionistischen Maßnahme oder Subvention ein ganzes Geflecht von Subventionen und protektionistischen Maßnahmen in anderen Sektoren.

Obwohl eine protektionistische Handelspolitik zur Förderung von Importsubstitution normalerweise zu starker Ineffizienz führt, hat sie sich für eine gewisse Zeit in einigen Ländern als erfolgreich herausgestellt, etwa in Brasilien, das mehrere Jahrzehnte lang ein steiles Wachstum aufwies, bevor es in den achtziger Jahren in die Schuldenkrise stürzte. Verfechter der Importsubstitution weisen auch darauf hin, daß einige der größten Wachstumssprünge der heutigen Industrieländer zu Kriegszeiten stattgefunden haben, als die Wirtschaft sich nach innen orientierte, und nicht auf den Export ausgerichtet war. Sie argumentieren weiter, das Beispiel Japans beweise, daß zumindest für Konsumgüter Importsubstitution, also die Entwicklung eines heimischen Marktes, dem Export vorangehen müsse. Bevor Japan im Ausland erfolgreich Autos habe verkaufen können, habe es erst einmal im Lande einen Markt für japanische Autos aufbauen müssen.

Von der Regierung verursachte Probleme

Oft haben Regierungen dem Entwicklungsprozeß ihres Landes sogar geschadet. Sie haben Ressourcen, die unter ihrer Kontrolle standen, ineffizient eingesetzt und in den Marktprozeß eingegriffen und dessen effiziente Ressourcenallokation behindert. Einige Länder folgten nicht nur bei der zentralen Planung sondern auch bei der Entwicklungsstrategie dem Beispiel der Sowjetunion und konzentrierten sich auf Industriezweige wie die Stahlindustrie ohne Rücksicht darauf, ob dieser Weg für sie geeignet war.

In China befahl Mao Tse Tung, riesige Flächen von Reis- auf Weizenanbau umzustellen - vielleicht weil Weizen in den Industrieländern so weit verbreitet war. Der Boden war hierfür ungeeignet, und die landwirtschaftliche Produktion ging zurück. Der Wechsel zum Weizenanbau hat den Boden sogar noch unfruchtbarer gemacht, so daß nach der Rückkehr zum Reis die Produktivität niedriger war.

Auch im privaten Sektor gibt es Fehlinvestitionen wie zum Beispiel den Edsel oder die nikotinfreie Zigarette, die ihren Produzenten Verluste in sechsstelliger Millionenhöhe bescherte. Aber weil in einem solchen Fall die Firmen (bzw. ihre Eigentümer) die Kosten ihrer eigenen Fehler tragen, haben sie auch einen starken Anreiz, solche Fehler zu vermeiden. Eine Unternehmung, die einen Fehler macht, kann sich nicht unendlich lange finanzieren. Als Ford erkannte, daß der Edsel ein Fehler war, wurde die Produktion sofort gestoppt und weitere Verluste vermieden. Die Firma wußte, daß man solche Verluste grundsätzlich als unveränderlich akzeptieren muß, und handelte danach.

Die Regierung dagegen kann eine unprofitable Firma über Jahre hinweg unterstützen. Außerdem haben Fehler von Regierungen eine andere Größenordnung als Fehler von Unternehmungen. Wenn ein einzelner Bauer Weizen statt Reis anbaut, sind seine Verluste nicht mit denen zu vergleichen, die in ganz China durch Maos Fehler entstanden sind.

Maos Fehler war ein Fehlurteil, nicht eine Folge davon, daß er Privatinteressen verfolgt hätte. Einige Probleme der Entwicklungsländer kommen auch von der Korruption im Staatsapparat, wobei private Interessen mit denen des Staates in Konflikt geraten. Korruption tritt häufig in Ländern mit starkem Staatseinfluß auf, vor allem wenn der Außenhandel durch protektionistische Maßnahmen beschränkt wird. Wenn die Regierung eine hohe Importsteuer einführt oder für einen Industriezweig auf andere Weise von der ausländischen Konkurrenz abschottet, können die geschützten Firmen ihre Preise und damit ihre Gewinne steigern. Gibt es nur eine oder zwei solcher Firmen gibt, so sind sie versucht, ihre Gewinne mit den Beamten, die für die Außenhandelspolitik verantwortlich waren, zu teilen. Ein Beamter, der dies weis, hat einen starken Anreiz, die Unternehmungen um eine Gewinnbeteiligung anzugehen.

Ein Blick in die Wirtschaftspolitik: Die Pesokrise in Mexiko

Im Januar 1995 verlor der mexikanische Peso an einem einzigen Tag ein Viertel seines Wertes (gegenüber dem Dollar); im Lauf der folgenden Wochen waren es mehr als 40 Prozent. Die Regierungen der USA und anderer Länder und der Internationale Währungsfonds (IWF) wurden um Hilfe gebeten. Der IWF gewährte Kredite im Wert von 7,7 Mrd. $, die USA steuerten 20 Mrd. $ bei.

Für die Medien und die breite Öffentlichkeit kam die Pesokrise wie ein Schock. Viele Wirtschaftswissenschaftler, wie Rudiger Dornbush vom MIT, hatten dagegen die Krise vorhergesagt. Die mexikanische Regierung unter Präsident Salinas hatte sehr eindrucksvolle wirtschaftliche Reformen eingeleitet, und die Unterzeichnung des NAFTA-Abkommens war ein zukunftsweisender Schritt für Mexiko. Aber auf makroökonomischer Ebene war die Wirtschaftspolitik weniger vernünftig. Einige Jahre lang waren die mäßigen Budgetdefizite durch kurzfristige Dollarkredite finanziert worden. Die Regierung hatte sich sehr bemüht, den Peso stabil zu erhalten, trotz der überdurchschnittlich hohen Inflationsrate. Daher war der Peso Ende 1994 um mindestens 25 Prozent überbewertet. Wirtschaftswissenschaftler in der mexikanischen Regierung hatten dies erkannt, aber man wollte den Peso vor der anstehenden Wahl nicht abwerten. Die neue mexikanische Regierung brauchte nur drei Wochen, um zu erkennen, daß sie den Wert des Peso nicht halten konnte, sah aber keine Möglichkeit, ihn sanft abzuwerten.

Viele verloren Millionen durch den Verfall des Peso. Weitere Millionen gingen durch den darauffolgenden Börsenkrach verloren. Schließlich befürchteten die Besitzer von mexikanischen Staatsanleihen, die Regierung werde sie nicht ausbezahlen können, wenn die Papiere fällig würden. Die amerikanische Regierung wiederum war besorgt, die sich abzeichnende Rezession könnte auf andere Schwellenländer übergreifen und ihre Wachstumsaussichten zerstören. Auch fürchtete man eine Einwanderungswelle in die USA, falls Mexiko in eine Wirtschaftskrise stürzen sollte. Diese Gründe sprachen für eine Rettungsaktion für Mexiko.

Kritiker dieser Aktion meinten, die eigentlichen Nutznießer seien die Investoren, die diese Risiken hätten vorhersehen müssen. Die Peso-Abwertung sei gut für die mexikanische Wirtschaft, denn sie werde die Exporte anheizen und die Importe drosseln. Tatsächlich verwandelte sich das mexikanische Außenhandelsdefizit 1995 in einen Außenhandelsüberschuß.

Ob die Rettungsaktion richtig war, ist bis heute nicht abschließend geklärt. Mexiko erlebte eine tiefe wirtschaftliche Krise, in der die Arbeitslosigkeit und die Zinsen kletterten. Mitte des Jahres 1996 zeigte die Wirtschaft Anzeichen einer Erholung, obwohl das Bankensystem noch immer auf wackeligen Füßen stand; dennoch konnte Mexiko die Hälfte der US-amerikanischen Regierungskredite zurückzahlen.

Trotz dieser Hilfsaktion bekamen andere Länder wie Argentinien den „Ansteckungseffekt" zu spüren, der aus dem Verlust des Anlegervertrauens resultierte. Es ist schwer zu sagen, um wieviel schwerer diese Länder getroffen worden wären, hätte es keine Rettungsaktion gegeben.

In den USA und anderswo entwickelte sich ein Konsens darüber, daß sich die Erfahrung mit Mexiko nicht wiederholen darf. Bei einem Treffen der Führer der wichtigsten Industriestaaten in Halifax, Neuschottland, im Jahr 1995 wurden Reformen auf den Weg gebracht, die die Beobachtung der verschiedenen Volkswirtschaften durch den IWF verbessern sollten. Die Märkte sollten besser über die Risiken informiert werden, die sie zu erwarten hatten, und für den Fall einer Krise sollten mehr Kredite bereitgestellt werden. Eine Diskussion wurde begonnen über die Entwicklung von internationalen Vereinbarungen zur Abwicklung notleidender Kredite, vergleichbar mit den nationalen Konkursverfahren für Unternehmungen. Ob diese Maßnahmen ausreichen, um weitere Krisen zu verhindern, wird sich erst noch herausstellen.

Diese Probleme gibt es in allen Ländern. Die Bauaufsicht in New York wurde zum Beispiel immer wieder vor Gericht verklagt, Schmiergelder angenommen zu haben, um das Baugenehmigungsverfahren zu beschleunigen. Trotzdem stellen sich solche Probleme vor allem in Ländern, in denen die Löhne im Vergleich zu den Schmiergeldern niedrig sind, in denen es keine freie Presse gibt, die solche Aktivitäten beobachten kann, und in denen die Regierungsverordnungen leichter zu umgehen sind.

Zwischen ehrlichen Fehlern und Korruption gibt es noch eine dritte Kategorie: die *Rent-seeking*-Aktivitäten. Wenn der Staat besondere Vergünstigungen verteilen kann, werden viele diese Vergünstigungen zu erlangen versuchen. Firmen werden versuchen, die Regierung von der Notwendigkeit eines Außenhandelsschutzes zu überzeugen, um so ihre Gewinne zu steigern. Sie können einfach Schmiergelder geben oder den Wahlkampf von Regierungsmitgliedern unterstützen, die ihnen gewogen sind.

Kritiker einer aktiven Rolle des Staates in der Wirtschaftsentwicklung, wie Anne Krueger von der Stanford University, ehemals Vizepräsidentin der Weltbank, begründen ihre Haltung mit diesen Problemen. Aus ihrer Sicht sind zwar Situationen *denkbar*, in denen staatliche Eingriffe die Entwicklung fördern. Wenn man aber sieht, wie Regierungen in der Realität handeln, und berücksichtigt, welche kontraproduktiven Anreize für Regierungsbeamte sich daraus zwangsläufig ergeben, wird klar, daß staatliche Aktivitäten den Entwicklungsprozeß stören können und das tatsächlich auch oft tun.

40.4 Das Ostasienwunder

Als die Entwicklungsstrategien, die auf staatlicher Planung, Importsubstitution und Förderung der Schwerindustrie beruhten, im Scheitern begriffen waren, erreichten die Länder Ostasiens mit einer anderen Strategie jährliche Wachstumsraten von sieben Prozent und mehr. Bei diesen Wachstumsraten verdoppelt sich das BIP alle zehn Jahre.

Mehrere Faktoren haben zu diesem Erfolg entscheidend beigetragen. Auch in diesen Ländern spielten die Regierungen eine aktive Rolle. Aber sie verfolgten marktorientierte Strategien, die auf eine Entwicklung des privaten Sektors abzielten. Sie wollten den Markt stärken und „lenken", nicht abschaffen. Eine zentrale Strategie war die Sicherung der makroökonomischen Stabilität der Wirtschaft, vor allem die Vermeidung hoher Inflationsraten. Teil dieser Strategie war eine solide Fiskalpolitik der Regierung ohne die hohen Haushaltsdefizite, die für Entwicklungsländer typisch sind.

Die ostasiatischen Länder wollten diejenigen Faktoren stärken, die für das Wachstum entscheidend sind, wie zum Beispiel die Sparquote, die in einigen dieser Länder über 25 Prozent beträgt (siehe Abbildung 40.5). In Japan floß mehr als ein Drittel dieser Ersparnisse auf Konten der von der Regierung gegründeten Postbanken. Sie boten vor allem für die Landbevölkerung eine sichere und einfache Sparmöglichkeit. In Singapur gründete die Regierung einen Fonds, in den die Arbeitnehmer 40 Prozent ihres Einkommens einzahlen mußten, und aus dem nicht nur die Altersversorgung, sondern auch der Kauf von Eigenheimen finanziert wurde. Mehr als 70 Prozent der Einwohner von Singapur leben heute im eigenen Haus - in einem Land, das 1959 bei seiner Entlassung in die Unabhängigkeit eine Arbeitslosenquote von mehr als 30 Prozent, und eine verschwindend kleine Quote von Eigenheimen hatte.

Viele ostasiatische Länder begannen ihren Wachstumsschub mit einer niedrigen Analphabetenquote. Aber sie unternahmen noch weitere Schritte, besonders um die Chancen für Frauen zu verbessern. Sie erkannten, daß sie den technologische Rückstand überwinden mußten, um sich zu entwickeln. Viele dieser Länder, insbesondere Taiwan und Südkorea, schickten Tausende von Jugendlichen in die Vereinigten Staaten, um dort Naturwissenschaften und Ingenieurwesen zu studieren. Sie gaben Unsummen aus, um in ihren Ländern gute Universitäten einzurichten.

Diese Regierungen beeinflußten die Allokation von Kapital in vielfacher Weise. Die Banken wurden dazu angehalten, keine Kredite für den Erwerb von Grund und Boden oder für langlebige Konsumgüter zu geben. Dies führte zu hohen privaten Sparquoten und verhinderte Immobilienspekulationen, die oft eine Quelle der Instabilität in der Wirtschaft sind. So waren mehr Mittel für wachstumsfördernde Investitionen wie etwa neue Produktionsanlagen verfügbar.

Außerdem gründeten diese Länder Entwicklungsbanken, um langfristige Investitionsprojekte in Branchen wie dem Schiffbau, der Stahlindustrie und der chemischen Industrie zu unterstützen. Diese Eingriffe stießen auf mehr Kritik, und ihre Erfolge waren nicht so eindeutig. Die Stahlwerke in Taiwan und Korea gehören zu den effizientesten in der Welt. Andererseits stieg, kurz nachdem die chemische Industrie in Korea ins Leben gerufen worden war, der Ölpreis stark an, und durch die Verteuerung dieses wichtigen Rohstoffs erlitt die Branche fast zwei Jahrzehnte lang Verluste. Als der Ölpreis fiel, besserte sich die Lage. Die Verfechter solcher Initiativen argumentieren, sie hätten positive Auswirkungen auf andere Industriezweige und seinen Teil einer langfristigen Wachstumsstrategie.

In Japan ergriff die Regierung eine Reihe anderer Maßnahmen, um bestimmte Industriezweige zu fördern. Unter ihren aufsehenerregendsten Erfolgen war ihr Eintritt in den Chipmarkt. Anfang der achtziger Jahre sah es aus, als ob Japan diesen Markt völlig beherrschen würde, bis dann amerikanische Produzenten, wie Intel und andere auf den Plan traten. Ein Beispiel für die Gefahren staatlicher Lenkung ist der fehlgeschlagene Versuch der japanischen Regierung, Honda (einen Produzenten von Motorrädern) vom Eintritt in den Automarkt abzuhalten, mit dem Argument, es gebe schon zu viele Automobilhersteller.

Exportinduziertes Wachstum

Ein Merkmal, das die ostasiatischen Länder von weniger erfolgreichen Entwicklungsländern unterschied, war die Konzentration auf die Exporte. Eine Wachstumsstrategie, die sich auf den Export konzentriert, wird **exportinduziertes Wachstum** genannt, im Gegensatz zu der bereits behandelten Strategie der Importsubstitution. Auf verschiedensten Wegen wurden den Unternehmungen der Export erleichtert; unter anderem erhielten sie günstige Kredite, oft zu subventionierten Zinssätzen.

Bei exportinduziertem Wachstum produzieren die Unternehmungen gemäß ihrem langfristigen komparativen Vorteil. Das ist nicht der kurzfristige komparative Vorteil, der auf den heutigen Ressourcen und dem heutigen Wissen beruht. Es ist ein dynamischer komparativer Vorteil, der sich auf erworbene Fähigkeiten und Technologien stützt und durch *Learning-by-doing*, also durch die im Arbeitsprozeß selbst gewonnenen Erfahrungen entsteht. Durch die Exportorientierung bleibt die Nachfrage für Produkte eines Entwicklungslandes nicht durch die niedrigen

Einkommen seiner Einwohner beschränkt. Es kann auf dem ganzen Weltmarkt seine Produkte absetzten.

Befürworter eines exportinduzierten Wachstums glauben auch, daß der Wettbewerb im Exportmarkt ein wichtiger Stimulus für Effizienz und Modernisierung ist. Im harten internationalen Wettbewerb kann nur der bestehen, der genau das zu produziert, was die Konsumenten wünschen, in der nötigen Qualität und zu möglichst niedrigen Preisen. Dieser harte Wettbewerb erzwingt die Spezialisierung auf (arbeitsintensive) Produkte, bei denen Entwicklungsländer mit niedrigem Lohnniveau komparative Vorteile haben, und er bringt die Unternehmungen dazu, ihre Produktionstechniken zu optimieren. International tätige Firmen zeigen oft Möglichkeiten auf, wie die Effizienz verbessert werden kann. So hat zum Beispiel der Kleiderfabrikant Benetton Produktionstechniken eingeführt, die große Stückzahlen mit schneller Anpassungsfähigkeit in Stil und Farbe verbinden. So konnte das Unternehmen den größten Teil seiner Produktion in Entwicklungsländer verlagern und die dortigen, niedrigen Löhne nutzen.

Und schließlich hat exportinduziertes Wachstum den Technologietransfer erleichtert. Firmen, die in Industrieländer exportieren, kommen nicht nur mit effizienteren Herstellern in diesen Ländern in Kontakt, sondern lernen auch, die dortigen Standards und Produktionstechniken zu adaptieren. Sie verstehen zum Beispiel besser, warum Pünktlichkeit und Qualität in der Produktion wichtig sind.

Auf dem Weg zu mehr Verteilungsgerechtigkeit

Ein weiteres Charakteristikum der Entwicklungsstrategie Ostasiens ist die Betonung der Verteilungsgerechtigkeit. Wir haben bereits einige Merkmale dieser egalitären Politik genannt: die Eigenheimförderung in Singapur, das fast flächendeckende Angebot an primärer und sekundärer Schulausbildung, auch für Frauen, und die Landreformen, die zum Beispiel in Taiwan und Japan dem Wachstumsschub vorausgingen. In vielen dieser Länder versuchte die Regierung auch, zu hohe Lohndifferenzen und den Prestigekonsum der Reichen zu verhindern.

Die Erfahrung Ostasiens hat gezeigt, daß hohe Sparquoten möglich sind, ohne, wie im Sowjetsystem, von Zwangsmaßnahmen Gebrauch zu machen und ohne das Ziel der Verteilungsgerechtigkeit aufzugeben. Die Umverteilungsmaßnahmen haben sogar das Wirtschaftswachstum angekurbelt. Die Landreform hat zu gestiegener Produktivität in der Landwirtschaft geführt. Das vorher übliche Pachtsystem war effektiv eine 50-prozentige Steuer auf den Output. Die gute Ausbildung hat die Produktivität direkt gesteigert und die Einführung fortschrittlicher Technologien erleichtert. Eine bessere Ausbildung für Frauen ist, wie bereits erwähnt, mit niedrigerem Bevölkerungswachstum verbunden.

Aber der größte Segen für die Entwicklung könnte in den Auswirkungen der Verteilungsgerechtigkeit auf die Politik liegen. Hohe Einkommensunterschiede führen oft zu politischer Instabilität, und diese ist schädlich für das wirtschaftliche Klima. In einer solchen Atmosphäre werden sich in- und ausländische Firmen mit Investitionen zurückhalten. Die ostasiatischen Länder sind nicht nur politisch bemerkenswert stabil, sondern haben auch mit zunehmendem wirtschaftlichen Wohlstand große Fortschritt bei der Demokratisierung gemacht.

Ein Fehler, den diese Länder zum Beispiel vermieden haben, sind massive Lebensmittelsubventionen. Oft wird behauptet, sie würden die Ungleichheit mildern, aber ihre Auswirkungen sind in Wirklichkeit problematischer. Lebensmittelsubventionen kommen normalerweise nur den Bewohnern der Städte zugute und werden oft mit Steuermitteln (oder niedrig gehaltenen Preisen) aus ländlichen Gegenden bezahlt. Da die Stadtbevölkerung meistens wohlhabender ist als die Landbevölkerung, kommt dies einer Umverteilung von den sehr Armen zu den Armen gleich. Lebensmittelsubventionen können auch eine gewichtige Belastung des Staatshaushaltes sein und Mittel für wachstumsfördernde Investitionen abziehen.

40.5 Die neue Rolle des Staates

Die zentrale Frage, die sich viele Entwicklungsländer heute stellen, lautet: Was können wir aus dem Erfolg der ostasiatischen Länder und dem Mißerfolg der anderen lernen? Was sollen die Regierungen tun und was sollen sie unterlassen, um das Wirtschaftswachstum zu beschleunigen? Heute herrscht ein breiter Konsens über die wesentlichen Elemente einer erfolgreichen Entwicklungsstrategie.

- *Makroökonomische Stabilität:* Die Regierung sollte nicht nur makroökonomische Stabilität herstellen, sondern auch ein ausgeglichenes Budget verabschieden.

- *Gutes Investitionsklima:* Ein günstiges Investitionsklima, auch für Direktinvestitionen aus dem Ausland, fördert das Wachstum einerseits durch Vergrößerung des Kapitalstocks, andererseits durch mehr Technologietransfer.

- *Kontrolle des Bevölkerungswachstums:* Hohe Wachstumsraten der Bevölkerung sind eine Belastung für jedes Land, speziell aber für die ärmeren. Mit dem ersparten Kapital werden Wohnraum für die wachsende Bevölkerung und Maschinen für neue Arbeitskräfte geschaffen, und es bleibt wenig übrig für eine produktivitätssteigernde Kapitalintensivierung. Heute ist die Informationslage über Empfängnisverhütung fast überall gut, aber dieses Wissen allein ist nicht ausreichend. Die Menschen müssen auch bereit sein, kleinere Familien zu haben. Wenn es kein soziales Netz gibt, verlassen sich Eltern darauf, daß die Großfamilie sie im Alter unterstützt. Kinder bedeuten natürlich mehr als nur wirtschaftliche Vorteile. Empirisch hat sich gezeigt, daß einer der sichersten Wege, das Bevölkerungswachstum zu kontrollieren, gestiegene Kosten (Opportunitätskosten) für die Kindererziehung sind; eine bessere Ausbildung für Frauen bewirkt genau dies. Deshalb hat bessere Ausbildung für Frauen nicht nur direkte Vorteile durch steigende Produktivität, sondern auch indirekte durch sinkendes Bevölkerungswachstum.

- *Mehr und bessere Ausbildung:* Ausbildung steigert die Produktivität der Arbeitnehmer und erlaubt es der Wirtschaft, fortschrittliche Technologien einzusetzen.

- *Bereitstellung der institutionellen Rahmenbedingungen:* Einige Beispiele sind ein gut funktionierendes Rechtssystem, starke Wettbewerbsgesetze und eine Finanzordnung, die für die Sicherheit und Effektivität des Kapitalmarkts sorgt.

- *Bereitstellung von Infrastruktur:* Auf diesem Gebiet ist die Arbeitsteilung zwischen dem öffentlichen und dem privaten Sektor starken Veränderungen unterworfen. Viele Länder haben die Erfahrung gemacht, daß Teile der Infrastruktur, wie etwas Mautstraßen, auch vom privaten Sektor zur Verfügung gestellt werden können, was den Staat von finanziellen und organisatorischen Lasten befreit.

- *Vermeidung von Protektionismus:* Maßnahmen, die wie der Protektionismus den Wettbewerb reduzieren, lassen Kosten und Preise steigen und sollten deshalb vermieden werden.

Diese Elemente einer Entwicklungsstrategie sind allgemein anerkannt. Andere sind dagegen strittig. So haben zum Beispiel viele ostasiatische Länder den Export sowie den Transfer und die Adaption moderner Technologien aktiv gefördert. Die meisten Beobachter der Entwicklung in Ostasien sprechen dieser Politik einigen Anteil am wirtschaftlichem Erfolg dieser Länder zu. Kritiker wenden ein, in anderen Ländern seien die Versuche der Regierung, die Entwicklung zu „steuern" kläglich gescheitert. Diese Politik sei nur privaten Interessengruppen zugute gekommen und habe deren Gewinne gemehrt, anstatt das Wirtschaftswachstum zu steigern.

40.6 Die Rolle der Industriestaaten

Die direkte Entwicklungshilfe, insbesondere aus den Vereinigten Staaten, hat in den letzten Jahren an Bedeutung verloren. 1995 haben die USA gemessen am BIP weniger Geld für Entwicklungshilfe ausgegeben als irgendein anderes Industrieland und selbst in absoluten Zahlen weniger als Frankreich, Deutschland oder Japan. Hinzu kommt, daß ein überproportionaler Teil dieser Gelder an Israel und Ägypten fließt.

Heute sind die internationalen Kapitalmärkte weit besser organisiert als vor fünfzig Jahren. Anlagen in „*emerging markets*" sind heiße Tips an der Wall Street. Länder wie China oder Thailand, in denen eine investitionsfreundliche Atmosphäre herrscht, haben keine Probleme, Kredite zu bekommen. Die ärmsten Länder, speziell in Afrika, haben immer noch einen großen Bedarf an Entwicklungshilfe. Alle Entwicklungsländern brauchen Unterstützung auf Gebieten wie Technik, medizinische Versorgung und Ausbildung, an denen der private Sektor kein besonderes Interesse hat.

Wie erfolgreich solche Hilfen bisher gewesen sind, wird zur Zeit heftig debattiert. Sicherlich haben sowohl private Organisationen als auch Regierungsprojekte beachtliche Erfolge vorzuweisen. Die Entwicklung von ertragreichen Getreidesorten durch die Rockefeller-Stiftung und die Verbreitung von Saatgut und neuen Techniken in den Entwicklungsländern haben zur sogenannten „Grünen Revolution" geführt. Länder wie Indien können sich heute mit Nahrungsmitteln selbst versorgen. Aber es hat auch Fehlschläge gegeben: Die Verteilung von Nahrungsmitteln drückt die einheimischen Preise und schädigt damit die Bauern und die heimische Produktion. Einigen größeren Projekten wurde vorgeworfen, die Umwelt zu schädigen und nicht einmal genügend Gewinn abzuwerfen, um die Zinsen für die Kredite zu decken.

Heute wird ein immer größerer Teil der Hilfen von internationalen Entwicklungsbanken vergeben, von der Weltbank, von regionalen Banken in Asien, Afrika und Lateinamerika, und von der Europäischen Bank für Wiederaufbau und Entwicklung, kurz EBRD (*European Bank for Reconstruction and Development*), die sich auf die osteuropäischen Staaten und die ehemalige Sowjetunion konzentriert.

Obwohl die Unterstützung durch die USA zurückgegangen ist, betonen viele Wirtschaftswissenschaftler die Bedeutung von Handel für Entwicklungsländer, wie auch für Industrieländer. Weniger entwickelten Ländern Zugang zum US-amerikanischen Markt zu geben, ist eine Maßnahme, die beiden hilft. Die Konsumenten in den USA profitieren durch eine größere Produktvielfalt und niedrigere Preise. Die Entwicklungsländer profitieren durch einen riesigen Absatzmarkt für ihre Produkte. Die USA hat ein System, das die Handelsbeziehungen mit ärmeren Ländern regelt, GSP (*General System of Preferences*) genannt. Wie immer bei Welthandel werden einige Produzenten in den USA und ihre Arbeiter den Verlust von Arbeitsplätzen an Niedriglohnländer anprangern. Wie wir aber in Kapitel drei gesehen haben, überwiegen die Vorteile des Handels seine Nachteile für bestimmte Gruppen.

40.7 Perspektiven

Die verbesserten Produktionsmittel, die die industrielle und wissenschaftliche Revolution in den letzten beiden Jahrhunderten hervorgebracht hat, haben den Menschen, die das Glück hatten, in Westeuropa oder Nordamerika zu leben, einen immer höheren Lebensstandard eingebracht. Die letzten fünfzig Jahre haben die

Früchte des Wohlstands in vollem Maße nach Japan, und bis zu einem gewissen Grade auch in Schwellenländer wie Singapur, Südkorea und Taiwan gebracht.

Auch anderswo gab es vereinzelte Erfolge. Die Gegend um Sao Paulo in Brasilien vermittelt den Eindruck von Wohlstand. Indien ist, wie schon gesagt, in bezug auf die Nahrungsmittel zum Selbstversorger geworden. Thailand hat einen Aufschwung erlebt. Oft sind solche Erfolge prekär: Die Schuldenkrise der achtziger Jahre war ein größerer Rückschlag; das Wachstum stagnierte und in einigen Fällen sank das Volkseinkommen sogar. Trotzdem ist die wichtigste Botschaft der letzten Jahrzehnte, daß Erfolg möglich ist. Es gibt realistische Aussichten, daß immer mehr Länder aus dem Teufelskreis der Armut, in dem sie Jahrhunderte lang gelebt haben, ausbrechen können, wenn sie eine kluge Politik verfolgen und politische Stabilität genießen.

Aber für die ärmsten Länder, zum Beispiel die Länder Afrikas südlich des Äquators, denen physisches Kapital und Humankapital fehlt und deren explodierende Bevölkerung immer wieder immer wieder jeden Produktionsfortschritt zunichte macht, sieht die Zukunft nicht so rosig aus. Hoffnungslosigkeit führt zu politischer Instabilität, und dadurch wird die wirtschaftliche Entwicklung noch weiter erschwert.

Zusammenfassung

1. In Entwicklungsländern ist die Lebenserwartung meistens niedriger, die Kindersterblichkeit höher, und die Ausbildung schlechter als in Industrieländern. Ein größerer Teil der Bevölkerung lebt auf dem Lande, und die Wachstumsraten der Bevölkerung sind höher.

2. In den letzten Jahren haben Schwellenländer wie Südkorea, Singapur, Hongkong und Taiwan ihre wirtschaftliche Leistung enorm verbessert. Andere Entwicklungsländer, etwa Indien, haben die Lebensmittelproduktion drastisch erhöht. Dagegen hat sich der Lebensstandard in einigen der ärmsten Länder sogar verschlechtert, weil das Wachstum der Bevölkerung das Wirtschaftswachstum überholt hat.

3. Das Fehlen von physischem Kapital, Ausbildung, Technologie und funktionierenden Kapitalmärkten trägt zur Unterentwicklung bei. Diese Faktoren sind miteinander verknüpft: Ein niedriger Ausbildungsstand verhindert den Transfer fortschrittlicher Technologie, und niedrige Einkommen machen es schwer, massiv in Bildung zu investieren.

4. Zentrale Planung war in Entwicklungsländern wenig erfolgreich. Den Regierungen fehlen die nötigen Informationen, und häufig verwenden sie ihre Ressourcen falsch.

5. Die Politik der Importsubstitution wurde oft mit protektionistischen Mitteln durchgeführt, was die Preise im Inland steigen ließ und zu Ineffizienz geführt hat. Werden die Produzenten von Zwischenprodukten vor der Konkurrenz aus dem Ausland geschätzt, so wirkt sich das auch auf diejenigen Industriezweige aus, die diese Inputs verwenden.

6. Der Erfolg der ostasiatischen Länder basiert auf einer aktiven Rolle des Staates in der Wirtschaft. Die Regierungen dieser Länder haben die Entwicklung von Märkten gefördert und die Märkte genutzt anstatt sie abzuschaffen; sie haben zu hohen Investitions- und Sparquoten beigetragen, die Ausbildung massiv gefördert, die Kapitalmärkte verbessert, um eine effiziente Allokation des knappen Kapitals zu ermöglichen, den Export gefördert und die Einkommensungleichheit reduziert.

7. Eine wirksame Entwicklungspolitik enthält folgende Elemente: Aufrechterhaltung makroökonomischer Stabilität (einschließlich einer vernünftigen Haushaltspolitik), Schaffung eines guten Investitionsklimas, Beschränkung des Bevölkerungswachstums, Bereitstellung von mehr und besseren Ausbildungsmöglichkeiten, Sicherung der institutionellen Rahmenbedingungen (einschließlich einer funktionierenden Rechtsordnung, insbesondere einer vernünftigen Wettbewerbsgesetzgebung und Finanzordnung), Bereitstellung von Infrastruktur (Straßen, Elektrizitätsversorgung) durch Private oder den Staat.

8. Industrieländer können Entwicklungsländern durch finanzielle Mittel, technische Hilfeleistungen und Öffnung ihrer Märkte helfen.

Schlüsselbegriffe

Entwicklungsländer	Schwellenländer	duale Volkswirtschaften
Industrieländer	Grüne Revolution	Importsubstitution
exportinduziertes Wachstum		

Wiederholungsfragen:

1. Nennen sie einige wichtige Unterschiede zwischen Entwicklungsländern und Industrieländern.

2. Welche Haupthindernisse gibt es für das Wachstum in den Entwicklungsländern? Warum ist Kapitalmangel *für sich genommen* nicht der wichtigste Faktor? Wie kann Kapitalmangel überwunden werden? Wie hängen diese Faktoren zusammen?

3. Warum erschwert schnelles Bevölkerungswachstum in einem Land die Steigerung des Lebensstandards?

4. Warum hat die Methode der zentralen Planung versagt? Gibt es in Marktwirtschaften auch Planung?

5. Warum und wie haben Regierungen versucht, die Wirtschaft zu lenken und in den Allokationsprozeß des Marktes einzugreifen? Vergleichen Sie die Strategien der Importsubstitution und der Exportförderung. Warum waren Exportförderungsstrategien im großen und ganzen erfolgreicher?

6. Welche Faktoren waren für das Ostasienwunder verantwortlich?

7. Warum kann Umverteilung das Wirtschaftswachstum steigern?

8. Wie kann der Staat Entwicklung und Wachstum fördern?

9. Wie können die Industriestaaten die wirtschaftliche Entwicklung der ärmeren Länder fördern?

Aufgaben

1. In den Vereinigten Staaten wuchs die Wirtschaft in den achtziger Jahren real um durchschnittlich 2,6 Prozent pro Jahr. In Indien wuchs sie in dieser Zeit um durchschnittlich 5,3 Prozent. Gleichzeitig lag das Bevölkerungswachstum in den USA bei 0,8 Prozent und in Indien bei 2,1 Prozent pro Jahr. Welches Land konnte den mittleren Lebensstandard seiner Bevölkerung während dieser Zeit stärker steigern und um wieviel?

2. 1967 lag das nominale BSP in Kenia bei neun Milliarden Schilling und 1987 bei 135 Mrd. Schilling. Das Preisniveau (mit 1980 als Basisjahr) stieg von 40 im Jahr 1967 auf 200 im Jahr 1987. Die Bevölkerung Kenias wuchs in diesen zwanzig Jahren von 10 auf 22 Mio. Menschen. Um wieviel ist in dieser Zeit der reale Output pro Kopf insgesamt gewachsen?

3. Wahr oder falsch: „Entwicklungsländer haben wenig Kapital, weil ihre Sparquoten niedrig sind. Wenn sie mehr sparen würden und mehr Hilfen vom Ausland bekämen, könnten sie ihr wirtschaftliches Wachstum beschleunigen." Erläutern Sie Ihre Antwort.

4. Wie könnte jeder der folgenden Faktoren Unternehmungen in den Entwicklungsländern behindern?
   a) Es gibt keine funktionierenden Kapitalmärkte;
   b) die Wirtschaft wird ständig und überall durch den Staat kontrolliert;
   c) es fehlen Firmen, die Dienstleistungen für andere Firmen anbieten;
   d) Großunternehmungen sind traditionell überwiegend in ausländischer Hand.

5. Was sagt die Wirtschaftswissenschaft zu der Frage, ob die Infrastruktur vom Staat bereitgestellt werden soll? (Hinweis: Sehen Sie sich noch einmal das Kapitel über öffentliche Güter an.)

6. Angenommen, mehrere Entwicklungsländer gehen gleichzeitig zu einer Strategie der Exportförderung über. Wie würden Weltmarktmengen und -preise von typischen Exportgütern aus Entwicklungsländern (zum Beispiel Mineralien, landwirtschaftliche Produkte und Textilien) reagieren? Wie könnte sich diese Entwicklung auf den Erfolg der Strategie des exportinduzierten Wachstums auswirken?

7. Erklären Sie, inwieweit die Idee der Importsubstitution auf kurze Sicht mit der Nutzung des komparativen Vorteils kollidiert. Müssen diese Konzepte auf lange Sicht unvereinbar sein? Erläutern Sie Ihre Antwort.

8. Warum könnte eine Familie in einem Entwicklungsland einen größeren wirtschaftlichen Anreiz haben, viele Kinder in die Welt zu setzen, als eine Familie in einem Industrieland?

Index